中華民國史檔案資料滙編

第五輯 第二編

政治（五）

中國第二歷史檔案館編

鳳凰出版傳媒集團 鳳凰出版社

目　录

〔八〕工农群众运动

(一)战时“民运政策”

（三）农民运动

一、“农运政策”

〔九〕重大惨案

(一)黄河决堤

(二)重庆大隧道惨案

〔八〕工农群众运动

(一)战时“民运政策”

1.国家总动员设计委员会关于制定战时民众团体工作指导纲要草案密函

(1937年8月13日)

国家总动员设计委员会民众指导组密函　组字第0001号

径启者:本组业于本月十日上午九时召开第三次会议,讨论指导民众团体战时工作计划,经将是项计划拟订,定名为战时民众团体工作指导纲要草案,并将条文逐条修正公决记录在卷。相应检同第三次会议记录,并附战时民众团体工作指导纲要草案各一份,随函送达,即希查照转陈鉴核为荷。此致

国家总动员设计委员会秘书组

附送:战时民众团体工作指导纲要草案乙份第三次会议录乙份

中华民国二十六年八月十三日

民众指导组第三次会议录

时间:八月十日上午九时

地点:训练总监部

出席委员:杜心如(因病缺席)、黄梦飞、陈礼江、郝更生、顾树森、袁守谦(徐代)、朱为谂、雷震(陈代)

秘书:张可畏　记录:宋民钟

主席:朱为谂

开会如仪

Ⅰ.报告事项:(1)宣读第二次议决案。

(2)对于高中以上学校学生战时后方服务组织与训练办法大纲及童子军战时服务办法之条文文字上拟予修改各点。(顾委员报告)

Ⅱ.讨论事项:(1)对于高中以上学校学生战时后方服务组织与训练办法大纲及童子军战时服务办法条文,修改意见,提请复决案。(顾委员提)

决议:通过案业已呈会,所请修改应予保留。

(2)指导民众团体战时工作实施纲要草案,提请公决案。

决议:(一)名称——战时民众团体工作指导纲要草案。

(二)条文——照修正案通过呈会。(附修正案)

散会:十一时

战时民众团体工作指导纲要草案

一、为适应战时需要,完成民众动员之准备与实行各项任务起见,特订定本纲要。

二、除合于兵役年龄之男子及经第一次受训期满之壮丁,关于军事上之组织训练与服务,由训练总监部、军政部督促各省、市军训会暨师团管区司令部依法切实办理外,各民众团体(包括职业团体及文化宗教慈善等团体)战时动员任务,均依本纲要之规定指导实施之。

三、战时民众团体动员任务指导实施之要领如左:

1.精神方面:以坚强三民主义之信念,启发民族意识,国家观念,增进民力,充实国力,安内攘外,复兴民族为主旨。

2.任务方面:以分别各民众团体之性质环境,指导其切实履行战时所需要之各种动员任务,在严密组织,服从纪律,统一指导之下,协助政府,为有计划、有步骤之持久抗敌斗争。

四、除一般动员任务之训练实施外,对于有关战事之各种技术人才，应特别予以调查统计，并拟定训练办法，加紧训练。

五、战时一般民众组织及各项动员任务之指导实施，依照战时民众组织训练与服务实施办法办理之。

六、为集中各地民众抗敌力量起见，各省市民众团体得联合组织有系统之抗敌后援会，受当地高级党政军机关之指挥。

七、为便于统制及推进动员任务起见，遇必要时，现有之各工商团体得使其为省市或县市之联合。

八、民众团体动员任务中，除关于军事方面之直接活动另有规定外，得酙酌各地情形区分为侦察、防空、交通、运输、通讯、救护、宣传、慰劳、救济、掩埋及其他有关战事之各种公益事业等部门，由各民众团体分别担任或协助督促办理之。

九、各民族团体动员任务指导实施之要领如次：

1. 农人方面：应使其增加农产，储蓄物品，保护道路、森林、交通、工具、公用材料，练习防空技能，救护灾变，并开发交通，建筑防御工事，办理自卫，参加兵役，侦察敌情，防止汉奸等。

2. 工人方面：应使其消弭劳资争议，保护生产机关，刺探敌情，补助通讯，安辑流亡，协助运输消防，贡献熟练技术，修理道路、桥梁、电线及其他军用工具，并服务纠察，防止间谍及汉奸之活动等。

3. 商人方面：应使其稳定金融，平衡物价，调节粮食，拒收仇货，储备必须物品，认募战时公债，维持生产事业，供给资源，举办公益事业，赈济灾民，防止奸商之活动等。

4. 妇女方面：应使其看护伤病，抚恤老弱，保养孤幼及慰劳军民等。

5. 其他文化宗教慈善等团体：分别性质及环境情形，使其服役于各种动员任务。

十、各项动员任务之组织训练，以不妨碍民众之本业为原则。

十一、本办法经国家总动员设计委员会核定施行。

〔国家总动员会议档案〕

2. 贵州省党部关于严加审核各种抗日团体函

（1938年6月2日）

中国国民党贵州省党部公函　组字第823号

案准贵州省动员委员会动字第八八号公函开：案奉委座三十七年五月梗办四鄂电开：查该省各县现在既依法组织动员委员会，又设有抗敌后援分会，已无虑不能执行必要之工作，其他假抗日为名所组织之团体，如其系统不明，宗旨不正，反足以减少总动员之力量，希即转知党政军各机关，对各地方以抗日名义成立之团体，均应由该会严加审核，如属确切需要始准备案，否则一律予以取缔，以免妨害社会秩序，并希将办理情形具报为要。等因。除提会报告外，相应函请遵照办理，并转饬所属一体遵照。等因。准此。自应遵办，惟查黔省各县人民团体之组织，悉依法由党部指导成立，受政府监督管理，虽未敢云各该团体皆属健全，但尚能为党所领导，而绝少非法活动者。自抗战发生后，本部除遵令指导成立各县抗援分会外，并积极策动旧有民众团体，努力战时后方工作，究以黔省地处边隅，民智太低，不能不多方宣导，激发其爱国情绪，以利用推动战时一切政令，屡从工作之经验教训中，感于抗援分会力量不够，乃指导各县党部，将尚无组织之民众，就其职业性质分别组成抗日救国会，使抗日字样鲜明，易于扩大印象。另一方面，复鉴于反动份子之活动，辄假救亡之名，阴行开展，为防范计，是项组织，亦有必要，至此类团体之形成，对党部政府之关系，完全遵照人民团体组织程序办理，并隶属于抗敌后援会下工作，以谋加强总动员之力量。乃前因本省动员委员会于本年三月九日第十次会议决议有：为集中抗战力量，齐一动员步骤，安定后方秩序起见，本省一切抗日活动工作，在党政军方面者，应统一于动员委员会，在民众方面者，应统一于动员委员会监督指导下，由各机关法团社团及学校推派代表所组织之抗敌后援会办理，凡非法令许可或未经中央主管机关许可以抗日为名一切组织，无论公开或秘密，一律从严取缔禁止，以防流弊。等语。细绎案文，意在防范反动份子，滥行组织团体，以期统一动员步骤。至对于依法申请，经党部核准者，当不在此限。殊自此项决议通行后，一部份县政府，竟曲解法令，即党部领导组织之团体，亦认为非法，以致先后发生安顺下江大塘等县，禁止经党部核准组织之抗日团体（前已另行呈报有案），纠纷迭出，几使党部无法行使职权，工作进行，横遭阻碍。兹准前由，理合将各种困难缘由，具文函请大部明白规定，对于各地方以抗日名义成立之团体，仍须根据人民团体组织程序经党部核准后，始得准予组织，以一事权，俾利进行，是否可行，敬祈鉴核示遵。此上

中央社会部

特派委员　李次温

中华民国二十七年六月二日

〔社会部档案〕

3. 国民党中执会抄送战时民众动员指导纲领函

（1938年10月4日）

中国国民党中央执行委员会秘书处公函　渝仁几字第三二三九号

案准军事委员会政治部冬治民电称：本部为策进战时民众动员，增强抗战力量起见，拟订战时民众动员指导纲领，呈奉委座核准，并已依照第二条丙项之规定组织视察指导团，分派战区各省工作。除分电外，特抄同上项纲领电达，请转饬所属知照。等由。经报告中央第九十五次常会在案。除由会分行外，相应检同上项纲领函达，即希查照为荷。此致

中央社会部

附送战时民众动员指导纲领一份

中华民国二十七年十月四日

战时民众动员指导纲领

(一)战时民众动员,以实现全民有力出力有钱出钱为原则。

军事委员会政治部(以下简称本部)为使动员运用确实起见,特定本纲领,除战时国民军事组训整备纲领及其他战时法令另有规定者外,依左列范围,因人因地因时因事指导之。

(甲)关于一般性质者:

1. 各地动员委员会之指导设计工作。

2. 各地抗敌后援会之宣慰、救济、征募、侦察等工作。

3. 都市防护团防空防毒等工作。

4. 社会组合之战时运用。

(乙)关于军事性质者:各省市军管区司令部所属各县市国民自卫总队工作:

1. 常备队:本队之在营编练补充及游击;常备队支队(即民间武装)之在乡聚散编练及游击(游击动员只限于战场或失陷县市)。

2. 预备队(即社训队)之在乡编练补充及警备。

3. 后备队(即国民兵义勇壮丁队)之在乡镇保甲编组补充,按期演习,及补助任务之分配服务(即警备、工事、运输、交通、救护等)。

在沦陷地区,如有特殊困难未能照(乙)项编练者,得利用民间原有之组织,适宜运用之。

(丙)关于知识份子之战时指导及其他有关抗战建国之地方事项。

上述甲、丙两项属于普遍性质者,可酌量指导。乙项属于军事性质者之动员运用,于取得当地军事长官或军管区司令之同意为之。

(二)本部为便于指导前条事项,经常或临时派遣左列人员:

甲、省(市)民众动员指导专员:每省(市)一员,协助省(市)动员委员会主任委员,办理民众动员一切指导设计事宜,如系失陷省

(市),得与国民军训处联合办公。

乙、县(市)民众动员指导员:每县(市)一员,协助县(市)动员委员会主任委员,办理民众动员一切指导设计事宜,如系失陷县(市),得与国民自卫总队联合办公,并得增派助理人员。

丙、战区民众动员视察指导团:视需要情形分区派遣之,每团设主任一员,团员十员至五十员巡回督导。

丁、总动员检阅官:临时呈请派遣之。

上述甲、乙、丙三项人员,应与地方各部门主管机关联络,并受战区司令长官、军管区司令、地方行政长官及所在地高级政治部主任之指导,务使编练整备与动员运用,确实联系。

(三)前条人员,除执行职务外,对于第一条甲项地方一般动员机构,得呈请加以健全或调整,务使合于抗战需要。

(四)部派指导检阅人员对地方党政人员办理动员工作之成绩,得调查考核,呈由本部转行该管机关分别奖惩。

(五)部派指导人员应视当地情形,敌人情况及国军要求,以决定其每一时期之工作重心,并应按旬呈报简明工作报告,分呈本部及当地军政高级长官,如有改进意见或亟待解决事项,应径呈本部。

(六)部派指导人员服务规则另定之。

(七)本纲领呈奉军事委员会核准施行。

〔社会部档案〕

4. 军委会政治部关于加强民众团体管理电

(1939年6月4日)

国民政府军事委员会政治部代电

中央社会部:查人民自动组织抗战团体,其经费人事固由自筹,但工作方面须受所在地党政军机关之指挥督监,方能有计划的进行,以发挥效能。如听其自由流转,随便活动,到处居于客体,不仅表现凌乱，无法指导，即各该团体亦将深感工作毫无重心。驯至道听途说，随心所欲，轶出法令规定与本身使命以外。兹经规定：(一)各地党政机关及各级政治部，对战时民众团体加以整理后，即须严格管理统制，并支配其工作。(二)各团体如有所行动，必须取得管理机关之命令，按命令中所赋予之使命活动。(三)过境之团体，必须向当地最高党政军机关呈验许可证，如负有临时活动之使命，并须呈验管理机关之命令或介绍文件，否则应加防范。以上三项除饬属遵照外，特电查照为荷。赞同即希转饬所属知照为荷。军事委员会政治部。巳微。治运巴。印。

〔社会部档案〕

5. 社会部颁布抗战时期文化团体指导工作纲要

(1939年7月27日)

抗战时期文化团体指导工作纲要

二十八年七月二十七日中央社会部颁布施行

一、关于文化团体组织之调整

1. 会同政府办理文化团体总登记。

a. 所有文化团体均应在当地主管官署呈准立案后，方得正式活动。

b. 未经呈准立案之各文化团体，应即于限期内补行立案手续。

c. 未经呈准主管官署立案之文化团体，而在限期内又不补行立案手续者，得严厉取缔之。

d. 各地文化团体，因所在地沦陷而迁移他处者，应向迁移地主管官署呈请备案。

2. 根据以下诸原则整理现有文化团体。

a. 会员星散，负责无人，经费无着，陷于有名无实之停顿状态者，应令停止活动或解散。

b. 一部份或大多数会员有违反三民主义及本党政纲政策之言论行动，而负责人无法制止者，应予改组或解散。

c. 组织不健全，不合于文化团体组织大纲及施行细则之规定者，应予调整。

d. 凡学科性质相同之团体，在可能范围内应予以合并。

e. 凡抗战时期间所必需之文化团体，而尚未组织者，应即发动并指导其组织。

二、关于文化团体工作之指导

1. 指导并奖励文艺团体暨文艺界人士建立三民主义文艺基础，努力编著民族抗战剧本、小说及通俗读物，发行抗战画报，举行大规模之展览，改进文艺著作之刊行。

2. 指导并奖励教育团体暨教育界人士努力抗战时期之教育，尤须设法推动沦陷区域教育工作之进行。

3. 指导并奖励自然科学团体暨自然科学家努力于战争科学之发明及有关军事科学工作之进行，灌输民众战时科学常识，提倡科学化运动，期全国各界均能以科学精神及科学思想努力抗战建国工作。

4. 指导并奖励社会科学团体暨社会科学家努力于抗战建国理论之建设工作，完成全国人民精神总动员，增强抗战必胜建国必成之信念，于三民主义最高原则之下统一全国人民之思想与行动。

5. 指导并奖励宗教团体努力于积极救亡工作，发挥其国内与国际宣传之最大效能，并策动其参加抗战后援会之各种工作队。

6. 指导并奖励各种国际文化团体努力对外宣传及联络工作，展开国民外交，俾与政府外交方针相呼应。

7. 调查学术团体所研究之专门问题，并拟定各项重要问题，发交各学术团体研究。

〔社会部档案〕

6. 国民政府颁布非常时期维持治安紧急办法令

（1940 年 7 月 24 日）

国民政府训令 渝文字二五三号
中华民国二十九年七月二十四日

令文官处

为令知事：查维持治安，保卫秩序，为国家施政之基础，值此非常时期，尤关重要。本府前经制定公布之各项特别刑事法规，虽因涉及军事、政治或经济建设方面，其性质各有不同，要皆以维持地方治安增强抗战建国力量为依归。颁行以来，各地人民尚能仰体意旨，遵守秩序，维护安宁，惟间亦有不肖之徒，违法乱纪，破坏治安，此种行动，不仅为患地方，抑且妨害抗战。兹为指示军警机关彻底肃清奸宄防遏乱萌起见，特再制定非常时期维持治安紧急办法，明令公布，对于违法人犯之侦察逮捕，非法集合之制止解散，违禁物品之检查扣押以及预备阴谋犯并共同嫌疑犯之并予处置等，均有明白规定，务期在事军警，共体斯旨，严格执行。除分行外，合行抄发该办法，令仰知照，并转饬所属一体知照。此令。

计抄发非常时期维持治安紧急办法一份

国民政府主席　林　森
行政院院长　蒋中正
军政部部长　何应钦

非常时期维持治安紧急办法

（二十九年七月二十四日公布）

第一条　非常时期肃清奸宄、维持治安及保卫公共秩序，适用本办法之规定。

第二条　左列各款人犯，军警应严密注意侦察逮捕，必要时并得以武力或其他有效方法制止之。

一、惩治汉奸条例第二条各款之罪；

二、危害民国紧急治罪法第一条第一项各款之罪；

三、战时军律第七条之罪；

四、陆海空军刑法第十七条、第二十七条、第七十九条及第八十二条之罪；

五、惩治盗匪暂行办法第三条及第四条各款之罪。

前项办法对于预备或阴谋犯亦适用之，但以各该法有处罚之规定者为限。

第三条　左列各款人犯，军警应当场逮捕或解散之，于必要时并得以武力或其他有效方法排除其抗拒。

一、战时军律第八条之罪；

二、惩治偷漏关税暂行条例第二条及第三条各款之罪；

三、非常时期农工商矿管理条例第三十条之罪；

四、刑法第一百四十九条至一百五十六条之罪及第一百七十三条至第一百九十条之罪。

第四条　对于违犯本办法所列举之人犯，得实施左列之处分：

一、搜索其身体住宅或其他处所；

二、检查扣押其邮件、电报、印刷品、宣传品或其他文书及图书；

三、携带或收藏武器、弹药、爆烈物、无线电机或其他供犯罪所用物品者，不问曾否受有允准，扣押之。

第五条　违犯本办法所列举人犯之同居家属、雇用人或受雇人有共犯嫌疑者，得并予逮捕。

第六条　明知为违犯本办法所列举之人犯，而藏匿、容留或使之隐避者，得逮捕之。

第七条　军警为本办法之处理时，应立即报告该管上级长官，逮捕之人犯或扣押之物品，应立即解送较近之宪兵队、保安队长官、警察局长、县长或检察官讯问后，分别情形依法办理。

第八条　本办法未规定之条款，而在其他法令上为犯罪并有扰乱治安之虞者，准用本办法处理。

第九条　军警依本办法处理时，并应注意一般人民之权利，迅速恢复秩序。

第十条　本办法自公布日施行。

〔国民政府档案〕

7. 蒋介石关于控制民众集会电

（1940年10月5日）

国民政府军事委员会快邮代电　字第2958号

社会部谷部长勋鉴：顷据刘总司令略称：查近来异党人员在渝市区内常有演讲，会场秩序多感紊乱，拟恳通令嗣后民众集会演讲，应事前呈奉核准后，方准举行以维治安。等语。据此，查民众集会本不宜过分限制，惟为防止奸人播弄莠言，蛊惑人心计，嗣后如有公开集会，应在该部先行登记，再会同卫戍总司令部派员到场监视，以资防范。除指令外，仰即遵照办理为要。中正。微。川侍六。

〔社会部档案〕

8. 国民政府颁布非常时期取缔集会演说办法令

（1940年10月29日）

国民政府训令　渝文字九五九号　中华民国二十九年十月二十九日

令文官处

为令饬事：据本府文官处签呈称：准国防最高委员会秘书厅二十九年十月二十四日国综字第一三四九三号函开：案奉国防最高委员会颁布非常时期取缔集会演说办法，并规定先在重庆市施行，除由会分令重庆卫戍总司令部、重庆市政府遵照外，相应检同非常时期取缔集会演说办法函请查照转陈分饬知照。等由。理合签请鉴核。等情。据此，应即照办。除饬复并分行外，合行抄发原附办法令仰知照，并转饬所属知照。此令。

计抄发原附非常时期取缔集会演说办法一份

国民政府主席　林　森
行政院院长　蒋中正
内政部部长　周钟岳

非常时期取缔集会演说办法

一、凡以讨论时事及其他含有政治性之目的在任何地点公开集会及演说，适用本办法。

二、前条之集会及演说，须先得当地警察机关之许可。

三、召集人及演讲人姓名、职业、住址、开会目的及其地点、日时、预计参加人数与其职业别及演讲要旨，应详报当地警察机关。

四、集会及演讲时，应由当地警察机关派员莅视，召集人及演讲人应接受其指导与纠正。

五、违反本办法之规定者，当地警察机关得停止或解散之。

六、本办法施行区域以命令定之。

七、本办法自公布日施行。

〔国民政府档案〕

9. 社会部关于今后指导民众运动的要旨①

(1940年11月)

一、抗战时期指导民众运动的最高原则

本党临时全国代表大会，关于今后指导民众运动的原则，在抗战建国纲领已项内，规定了四条：

1. 发动全国民众，组织农工商团体，改善而充实之，使有钱者

① 此件选自1940年11月社会部编《怎样指导民众运动》。

出钱，有力者出力，为争取民族生存之抗战而动员。

2. 在抗战期间，于不违背三民主义最高原则及法令范围内，对于言论集会结社，当与以合法之充分保障。

3. 救济战区难民及失业民众，施以组织及训练以加强抗战力量。

4. 加强民众之国家意识，使能补助政府肃清反动，对于汉奸严行惩办，并依法没收其财产。

同时在抗战建国纲领总则内明白规定：三民主义暨总理遗教为抗战建国之最高准绳，全国一切力量，均应在本党及最高领袖领导之下，集中全力，向前迈进。

因此抗战时期指导民众运动的最高原则，综括起来，为下列三项：

1. 凡民众团体之组织及活动，均应以实行三民主义为目标，以拥护政府，拥护领袖，为行动的准则。

2. 凡民众团体之组织及活动，均应以动员全国人力财力，争取抗战胜利为中心。

3. 凡民众团体之组织及活动，除协助抗战工作而外，对于国家经济政治教育及国防之建设，亦应兼筹并顾，不得偏废，以达抗战建国相因相成的目的。

二、抗战时期指导民众运动的一般任务

（一）精神方面：应使人民之抗战情绪久而不堕，抗战认识久而愈明，胜利信念久而弥坚。

（二）物质方面：应使人民尽地之利以增生产，尽物之用，以节消费，畅货之流以均分配。

三、抗战时期指导各种民众团体的原则

（一）对于农人团体：农会为辅助农业改进之组织，抗战时期，军民日用物品，务求无稍缺乏，故应以全力促其组织之完成，谋生产之改进，与农村家庭手工业之发展。

(二)对于工人团体:我人欲造成国家现代化,务使国家趋于工业化,工会之主要任务,厥在增进工人之科学技术与工作效能,使工厂之为敌损坏者,早日恢复;工厂如能继续开工者,增进其生产,故组织务必使之健全,主持组织者的观念务必使之正确。

(三)对于商人团体:商会之基础,在各种同业公会,故同业公会应使之在各地普遍设立,并协助其为有效的纵的与横的联系,使对内无供求不称货物停滞之虞,对外多增出口货量,以收平衡外汇之利。

(四)对于自由职业团体:应使之成立,而予以正确之指导,务使各分子均能在其职业中,随时随地为抗战作有力之贡献,为建国树事业之基础。

(五)对于学术团体:应依学术之分类,有计划的分别指导其成立,并充实其工作,务使全国学者均能用其所学,以增进战时生产,发明代用物品,解决军事上各种困难问题。

(六)对于文艺团体:应尽量使其发展,而予以严格之管理及正确材料之供给,俾在抗战期间,充分发挥其唤起民众,教育民众之效能。

(七)对于宗教团体:应发挥其国内与国际宣传之最大效能,宜分别设法,多取得联络,并加以指导。

(八)对于学生自治会、新生活运动会、妇女会等团体:均以训练自治之能力,养成现代生活为其主要之任务,应极力协助,加强其组织与能力,使国民精神总动员之工作,由此而得迅速实现。

(九)对于教育会、文化建设协会及各项问题研究会等团体应有整个的指导计划,毋使组织零乱,而增社会思想之复杂。

(十)对于慈善救济团体:应切实使其发展,而详细考察其内容,务使工作切实,贫苦被难人民得其实惠。

(十一)对于卫生协进会、体育协进会等团体:应力求其组织之普遍成立,俾养成民众以体育为娱乐之习惯,锻炼其身心,健全其体魄，为充实国防之基础。

四、今后指导民众团体的方式

依照修正指导民众运动方案第二项第三条的规定：人民团体以党部辅导民众自行组织为原则。其附文中，又指明党员应接受上级党部之命令及指导，参加人民团体，作核心之活动。这样，党部党员与人民团体便可以交织成三角的连环关系：第一是党部对于党员之隶属关系；第二是党部对于民众团体之辅导关系；第三是党员在民众团体中之核心关系。但是不幸，过去各地办理民众运动的结果，使党部与民众团体渐变成隶属关系；这一环的加强，其他两环，就逐渐萎缩，甚至于消灭。年来本党在民众运动中的许多病态，其主要的原因，实由于这种关系的畸形发展，所以今后本党指导民众团体活动的主要方式，必须是：(一)党部指导党员，在民众团体中发生党团作用；(二)民众团体的管理，应以通过政府执行为原则。

〔国民党中央执行委员会秘书处档案〕

10. 行政院公布非常时期统一社会运动办法令

(1941年9月21日)

民国三十年九月二十一日院令公布

第一条　凡关于社会运动及人民团体目的事业外一般活动之推行，悉依本办法之规定。

第二条　社会运动以三民主义暨抗战建国纲领为准绳，以发扬民族精神，改良社会风尚，增进公共福利，辅助政令推行为目的。

第三条　社会运动之主管官署，在中央为社会部，在省为社会处，未设社会处之省，为民政厅，在直隶行政院之市为社会局，在县市为县市政府。

第四条　社会运动之推行，应先由发起人拟具推行计划，呈经主管官署核准，并派员督导。

社会运动涉及其他机关之主管事项时，应由前项主管官署会商该管机关办理。

社会运动之发起人为政府机关时，应先咨商前项主管官署办理之。

第五条　社会运动之推行机关，除法令另有规定外，应依照人民团体组织程序，呈经主管官署许可立案。

第六条　推行社会运动之经费，由发起人及参加之单位自筹之，主管官署得酌量情形予以补助。

第七条　举行征募财物运动时，除依本办法第四条规定外，应依其他有关法令办理。

第八条　各项社会运动应将办理经过呈报主管官署备案。

第九条　本办法自公布日施行。

〔国民政府教育部档案〕

(二)工 人 运 动

一、防止工人罢工措施

1. 实业部关于防止工潮办法与行政院往来函

(1937年8月)

(1)实业部公函(8月6日)

实业部公函　劳字第六一六九号

案准贵部第六——20号笺函:以奉院长谕,关于消弭工潮一案,嘱商同中央民训部拟具办法见复,以便转陈核定等由。本部经与中央民训部会商,拟定办法五项,相应抄同会商记录函达查照,即请转陈核夺为荷。此致

行政院政务处

抄附会商记录一份

中华民国廿六年八月

会商记录

一、请行政院通令各省市政府努力推行劳动契约法、最低工资法及工厂法,以政府力量随时予以指导督促(至劳动契约法与最低工资法之施行期当另案呈请办理)。

二、请行政院通令各省市政府,调查最近三十年来之工人生活物价、工资、工时情形,编成指数,以为订立雇佣契约及处理工潮之依据,并令饬各省市主管官署随时调整劳工之生活物价。

三、请行政院通令各省市政府尽量推行劳工教育,训练工人技能,以增进工人之知识,提高工作之效率,期能增加工厂产量,改善劳工待遇。

四、请行政院通令各省市政府转饬全国各工厂，于可能范围内应尽量公布其营业计划及经济概况，使工人明了其本厂之真实情形，而有与厂共存共荣之精神。

五、拟由实业部会同中央民训部召集全国劳动会议，以研讨劳动问题之实际情形，举行时期暂定本年十月，参加分子：1. 各省市党政机关主管人员；2. 各省市劳资双方代表；3. 中央有关各部会代表；4. 专家。

(2)行政院复函(8 月 16 日)

案准贵部二十六年八月六日劳字第六一六九号公函：以关于消弭工潮一案，经与中央民众训练部会商，拟定办法五项，函请查照转陈核夺等由。准此。当经转陈奉院长谕：应准照该部会商办法，通饬各省市政府遵照办理，等因。除由院令行外，相应函复查照。此致

实业部

行政院秘书长　翁文灏

魏道明代

〔国民政府实业部档案〕

2. 行政院抄发非常时期工会管制暂行办法令

(1941 年 8 月 21 日)

行政院训令　勇玖字第 12033 号

中华民国三十年八月二十一日发

令社会部

查非常时期工会管制暂行办法，业经本院制定公布，应即通饬施行。合亟抄发该项办法，令仰知照，并转饬所属一体知照。此令。

附抄发非常时期工会管制暂行办法一份

院长　蒋中正

非常时期工会管制暂行办法

行政院三十年八月　日公布施行

第一条　非常时期为加强工会之管制起见，特订定本办法。

第二条　管制工会之程序，先从运输、市政、文化各类重要职业工会实施，次及各重要产业工会，由地方主管官署视当地实际情形分别指定之。

第三条　实施本办法之地方主管官署，在县市为县市政府，在直隶行政院之市为社会局。

第四条　本办法第二条指定之各业工人于本办法施行后尚未组织工会者，主管官署应派员指导，限期组织工会。

第五条　主管官署对于工会应行管制之事项如左：

一、限令具有工会会员资格之工人依法入会，并随时考查，违者依法处分。

二、指导工会组织或健全其分会、支部、小组等之基层组织。

三、令饬工会发给会员证，会员如有变动情形，应于月终呈报。

四、工会无会所者，限令其设置之。

五、工会理监事不称职者，得调整或变更其职务。

六、依法派遣曾经训练合格人员充任工会书记。

七、分期调集工会理监事或会员实施思想生活业务等训练，此项训练以不妨碍工作为原则。

第六条　凡实施管制之工会，除工会法规定之任务外，应以左列事项为中心工作：

一、协助政府平定工资。

二、协助政府调制所属会员工资及生活费指数。

三、协助政府征调所属会员服行工役。

四、指导会员改进生产技术，节约器材消耗，增加生产效率。

五、举办教育合作卫生娱乐等福利事业。

六、发动会员参加战时服务工作。

第七条　凡实施管制之工会，其经费不足时，主管官署得酌予补助或命令各该业资方补助之。受补助之工会，应将收支情形按月呈报主管官署，如不按月呈报或账目不清者，应即停止补助。

第八条　军事紧急时期实施管制之工会，应商承救济机关办理工人救济安置事宜。

第九条　工会法第三条列举各种事业工人所组织之工会不适用本办法之规定。

第十条　凡实施管制之工会，如有违反本办法之规定，得视情节之轻重，依照工会法第四十七条之规定处以罚锾或予以整理。

第十一条　凡实施管制之工会，理监事会员违反本办法之规定时，得撤销其职务或予以停业之处分。

第十二条　各业雇主违反本办法之规定或妨碍本办法之实施时，得处以罚锾。

第十三条　主管官署实施管制工会涉及其目的事业时，应会商各该事业主管机关办理之。

第十四条　主管官署应将指定实施管制之工会及本办法第四条、第五条办理情形专案逐级呈报社会部备查。

第十五条　本办法自公布之日施行。

〔社会部档案〕

3. 张兹闿关于防止工人怠工罢工办法呈

（1945年6月25日）

签呈　材签字第110号

查近来各工厂常有劳资纠纷及罢工情事发生，为设法防止之计，首须将法令规定详为考虑，计有以下各条：

一、国家总动员法（三十一年三月二十九日国民政府公布，同年五月五日施行）第十四条：本法实施后，政府于必要时得以命令预防或解决劳工纠纷，并得对于封锁工厂、罢工、怠工及其它足以妨碍生产之行为严行禁止。

二、同法实施纲要（三十一年六月二十二日行政院通令颁行）第二实施国家总动员法之机构与业务分配：（10）第十四条“以命令预防或解决劳工纠纷，并得对于封锁工厂、罢工、怠工及其他足以妨碍生产之行为严行禁止”，国营事业之属于军政部及其他军事机关主管者，由军政部掌理之，国营事业及私人企业之属于其他各部会署局主管者，由社会部掌理，各主管机关协助之。

三、妨害国家总动员惩罚暂行条例（三十一年六月二十九日公布，同年八月一日施行）第五条：有左列情事之一者，处七年以下有期徒刑，得并科十万元以下罚金。（四）违反或妨害依国家总动员法第十四条规定所发禁止之命令者。

四、非常时期农矿工商管理条例（二十七年十月府令修正公布）第十一条指定各企业之员工不得罢市、罢工或怠工。

同法第三十条：违反第十一条之规定，罢工、罢市或煽惑罢工、罢市者，处七年以下有期徒刑，并得科一千元以下之罚金，怠工或煽惑怠工者，处一年以下有期徒刑或拘役。

根据以上法令，则应由政府发表命令预防或禁止罢工（国家总动员法第十四条），如有违反，始能适用罚则（七年以下徒刑及十万元以下之罚金），如□□农矿工商管理条例则经经济部指定之企业，其员工如有罢工情事，即可适用罚则处分（按各项重要企业经经济部指定无须再发表命令）。

此外尚有工会法（三十二年十一月二十日府令修正公布）第二十九条规定：在非常时期不得以任何理由宣言罢工；又同法第三十四条规定，工会职员或会员不得有左列各项行为：

一、封锁商店或工厂；

二、擅取或毁损商店工厂之货物器具；

三、逮捕或殴击工人与雇主；

四、限制雇主雇用其介绍之工人；

五、集会或巡行时携带武器；

六、对于工人之勒索；

七、命令会员怠工；

八、擅行抽收佣金或捐项。

但工会法对违反第二十九条之规定者并无罚则，自可援用总动员法及农矿工商管理条例，至于工会法第三十四条，则对于具体行为有详细规定，如违反者有第五十九条“得处以五百元以下之罚款，但其行为触犯刑法者，仍依刑法处断”之罚则。

又劳资争议处理法（三十二年五月三十一日国民政府修正公布）第三十七条规定：工人或工人团体不得有左列行为：

一、封闭商店或工厂；

二、擅取或毁损商店、工厂货物、器具；

三、强迫他人罢工。

同法第三十九条规定：违反者，主管官署及调解委员会或仲裁委员会得随时制止，不服制止者，得处以二百元以下之罚金，其行为涉及刑事者，仍依刑事处断。

本局对于此类事件应采之步骤，似宜召集有关机关、经济部、社会部、重庆市社会局会商下列各项办法：

一、由经、社两部及本局依照国家总动员法第十四条之规定，会衔颁发布告预防或禁止罢工怠工及其他足以妨碍生产之行为。

二、有此类事件发生后，应否先按工会法及劳资争议处理法之程序进行，抑应就国家总动员法之处理，另拟较为详细迅速处理之程序。

三、发生此种情事如何由军警迅速派队维持秩序及执行总动员法之规定。

四、对不合法之劳工组织如何取缔。

是否有当，理合签请鉴核示遵。谨呈

局长

副局长

职张兹闿　谨签

六月二十五日

〔国民政府经济部档案〕

4. 战时生产局关于防止工人怠工罢工办法会议纪录

（1945年7月2日）

时间：三十四年七月二日下午三时

地点：战时生产局会议室

出席者：经济部　欧阳仑　李昌烈

社会部　王家树　刘晋暄

重庆卫戍总司令部　黄季伟

重庆市社会局　王瑞钟

战时生产局　张兹闿、周复、

张传琦、张鹗

主席：张兹闿　纪录：张鹗

一、报告事项

主席报告：目前各工厂常有怠工罢工情事发生，对于战时生产影响甚大，本局特邀请各有关机关代表到此开会，商讨根据法令及事实方面如何迅谋防制办法，请各位代表发表意见。

社会部代表王家树报告：本部对于防止怠工罢工，最近拟有办法从三方面着手：（一）经济方面：（1）工资根据行政院核准之重庆市产业工人福利设施及工资调整实施办法，不必俟工人请求，必要时由政府命令厂方自动予以调整；（2）工时各厂工作有超过十二小时者，由政府命令改善。（二）感情方面：（1）各工厂自订之管理规则有与工厂法违背者，应由政府予以纠正；（2）管理员态度不好亦易引起小隔阂，今后拟加强训练、管理及福利人员期使明了法令及熟习劳工情形；(3)工厂法所规定之工厂会议有促成劳资协调作用，拟选择一二大厂予以试行；(4)行政院核准之福利设施办法，各厂应依照规定尽先举办食堂、宿舍、工人补习学校及子弟学校、诊疗所、消费合作社等，以安定工人生活。(三)政治方面：(1)加强工会组织；(2)加强训练现有工会之理监事；(3)除合法工会外，绝对禁止其他团体或个人在工厂活动，吸收工人；(4)各工业区应有主管机关常驻人员，并随时取得联系；(5)举行党政军机关会报，互换情报消息。

社会部代表刘晋暄报告：本部对于解决工潮，现只作到行政处置，因目前工潮发生不仅因为经济问题，而实牵涉及政治问题，今后为防制起见，似应依照重庆市工人福利设施及工资调整办法，由政府预先调整工资，不必等发生事故再行设法；又福利方面，亦应依照政府规定办理。而劳资双方感情，亦应于平时维持，不可造成对立现象，各有关机关尤须经常举行会报，以资联系。

卫戍总部代表黄季伟报告：目前工潮发生不全由于生活问题，而另有其他复杂原因，本部由各方面情报分析，每次工潮均有人在后面策动，今后对于工会组织应多少施以强迫力量，至卫戍总部方面，对治安自须负责维持，对非工人而在工厂活动者，决予取缔，关于违反怠工罢工法令，本部决依法惩办。

经济部代表欧阳仑报告：工厂会议在未有把握控制工人前，似应慎重考虑举行，以免流弊。

二、讨论事项

(一)为预防怠工罢工起见，可否依照国家总动员法第十四条之规定，由有关机关先行会衔布告禁止案。

决议：由社会部、经济部、战时生产局会衔布告禁止怠工、罢工及其他足以妨碍生产之行为(社会部主稿)，并函知卫戍总部查照办理。

(二)各工厂管理规则应如何制定案。

决议:由重庆市社会局令饬各厂自行制定管理规则,呈由社会局召集有关机关开会核定施行。

(三)如有怠工罢工事件发生应如何依照妨害国家总动员惩罚暂行条例第五条之规定执行案。

决议:请社会部研究再行决定。

散会。

〔国民政府经济部档案〕

5. 社会部等关于禁止工人罢工布告

(1945年)

社　会　部
战时生产局 布告　劳管字第一〇一号

查自抗战以还,我举国上下戮力同心,在前方则英勇杀敌,在后方则加强生产,工作虽殊,而报国则一。迩者,抗战进入最后阶段,胜利在望,凡我国人,正宜体念时艰,及时奋勉,庶抗建大业早收一篑之功。乃近查渝市近郊工厂间有少数不良分子,昧于大义,为便利一己私图,不惜鼓煽风潮,酿成怠工罢工情事,良用痛心。须知此种行动不独影响战时生产,尤足妨害社会安宁,干犯国家法纪,爰特严申诰诫。嗣后凡我厂矿工作同胞,务宜激发爱国天良互勉互励,以恪尽国民天职,完成战时生产任务,万勿为少数奸人所愚弄,致罹法网。至劳资间如有意见上之分歧,应依照劳资争议处理法呈请主管官署依法处理,秉公裁断。倘仍有不依法定手续谋求解决而径出诸怠工罢工行动者,一经发觉,定按国家总动员惩罚暂行条例从严究办,决不姑宽,望各懔遵勿违为要。此布。

部长　谷正纲

局长　翁文灏

〔国民政府经济部档案〕

二、各地工人罢工概况

1.陈铁夫等关于重庆电力厂工人罢工有关呈函稿

（1939年4—11月）

（1）陈铁夫等呈（4月23日）

窃等向在重庆市电力厂担任各项技术工作，已历六载无紊。缘等在电力厂工作，除应得工资外，每年应有享受红酬之权，早经载在重庆市电力公司章程，并经前实业部核准在案；殊该公司自开幕营业以来，数年于兹，不特红酬概不分配，即工等每月应得之工资，而该公司竟将星期休息日应得之工资克扣不发，并按日计算，等于零工，工等辛劳终日，未尝一饱与毫无保障，扪思之余，不寒而栗；本年一月，有工友谢增贵、郑银洲、秦伯君等，回忆公司虐待工友情形，乃毅然另谋出路，遂向该公司数次要请长假而去，日前有总工程师程本臧（兼工务科长）竟以私人名义牌告，开除谢增贵等三人，再假公司名义，公函资源委员会，要将三工友解渝究办云云。查谢增贵等三人有志高迁，该公司既经准彼离厂，今复公函“解渝究办”，岂非有意侮辱工人者乎？故全厂工友在愤恨之余，乃推出工友钱铭德，代表全厂工人，向该公司提出交涉，要求收回该项侮辱牌告及陷害函文，与保证今后不再有同样事件发生，而张正谊。殊该程本臧、宋达金二人，立身资方，肆口詈骂，尽量侮辱，并口称非开除该代表钱铭德，不足以维资方之威信云云。旋即将无辜代表钱铭德牌告开除，工等复再推出代表向公司方面质问，该程本臧不惟不理，仍然破口詈骂，大肆侮辱，后因彼此言语龃龉，该程本臧竟先飨代表以耳光，因此遂至斗殴，此为当日之经过情形也。后经全厂工人大会决定：甲、现因抗战紧急之际，各组工作，暂维进行，不得罢工（但须俟公司方面能否完全接受四项条件为转移）。乙、呈请党政及各高级机关勒令该公司完全接受左列四项条件：一、恢复钱铭德工作。二、保障工人今后工作权益。三、平允加薪。四、今后不得无故再有侮辱工人情事发生。丙、推出铁夫等九人，代表全厂工友向党政及各高级机关请愿并申诉，不达目的，誓不终止。丁、倘该公司再不觉悟，一旦发生工友自动辞工情事，其责任概由公司负担。戊、请高级主管机关援用去年公布之“战时惩治贪污暂行条例”治以该公司克扣工厂工人工资罪以维国本，而儆效尤。等议在卷。除分呈外，理合具文呈请鉴核，准予勒令该公司接受工等四条件，及惩治“克扣工资”之罪，以儆奸玩，而利抗战，是否有当？伏候令遵！谨呈

中国国民党中央执行委员会社会部

重庆市电力厂全体工人请愿代表陈铁夫　陆锦荣　张增荣
刘晓涛　李启义　姜阿福
杨秀蓁　周鹤林　蒲绍钦

中华民国二十八年四月二十三日

(2)社会部函稿(4月26日)

据重庆市电力厂全体工人请愿代表陈铁夫等呈称：为克扣工资侮辱工友，经推出代表，要求电力公司收回陷害成命反被开除，兹另推代表提出正义条件四项，恳请勒令公司接受，以张正谊，否则一旦发生工友自动辞工事件，应由公司担负完全责任。等情。查此呈关系重大，应请迅予查明，详加报告，以凭核办。此致

余善群
肖如峰　同志

(3)陈铁夫等呈(5月9日)

窃代表等前以：“克扣工资，侮辱工友，经推代表要求公司收回陷害成命，反被开除，另推代表并提出正义条件四项，恳请勒令公司接受，以张正谊，否则一旦发生工友自动辞工事件，应由公司负

担完全责任。”一案;呈请钧部勒令重庆电力公司接受代表等所提四条件。四月廿四日,由重庆市社会局召集双方解决。事前代表等风闻该公司不愿与工人所谓“打平头官事”决不出席,故代表等亦未准备参加,讵料照市社会局召集时间,超过九十分钟之久,代表陈铁夫正欲离局之际,而公司代表杜岷英始到,代表陈铁夫以时间过久,不愿列席,而社会局代表估邀参加,结果:代表等所提四条件,该公司仅受两项,即“保障工人工作”“加薪务求平允”。其“恢复钱铭德工作”与“今后不得无故再有侮辱工人情事发生”两项,置诸不理,至该公司所提三项无理要求,在工等本未发生有怠工罢工,及破坏机器情事,当然无所谓同意与否?并且铁夫一人不能代表全体代表及全体工友之签字,仅及本身而已,即退一百步言,静候实行?然而该公司对“平允加薪”事,至今毫无影响,其“保障工人今后工作及权益”事,不特未履行,反于是夜(即廿四夜)由公司率领汽车数辆,逮捕代表等,继又以某部谍兵、宪兵及某部士兵一排、警察等,天天四出缉拿,夜夜挨户搜查,至本日止,仍未稍松,事实可查。代表等不知身犯何罪,罪犯何条?使代表及工等不能安心工作,该公司似此继续掀动工潮,希冀工人罢工,以便影响抗战生产,不啻资助敌人,其理甚明;复查工等自去年争分红酐起,至现在止,虽刻刻身遭公司剥削压迫与威逼,终未决定罢工,实因顾及国家抗战事大,然身如骷髅,愧未以身报国,衷心实惭。今该公司不惟不遵市社会局所决定,反而变本加厉,逼迫日甚;昨经全体工人大会决定:(一)请市社会局撤销四月廿四日之决定。(二)坚持请钧部转令市社会局勒令该公司接受四条件,不达目的,誓不终止。(三)请勒令电力公司援照南京电力厂疏散工人家属办法,由公司发给疏散费,以免工人旷工,而便安心工作。(四)倘代表及工人,如有一人遭暗捕或失踪情事发生,其罢工责任,概由公司负担。等议在卷。除分呈外,理合具文呈请钧部鉴核,准予转饬市社会局撤销四月廿四日之决定,并恳勒令该公司接受工等前提四条件,及由公司发给疏散工人家属费，不达目的，誓不终止。至代表及工人中，倘有发现遭暗捕或失踪事件其罢工责任，代表等不负丝毫责任，概由该公司负担也。以上各缘由，是否有当？伏候迅速解决并令遵！谨呈
中国国民党中央执行委员会社会部

重庆市电力厂工人请愿代表　陈铁夫　陆锦荣　张增荣
刘晓涛　李启义　杨秀蓁
周鹤林　蒲绍钦

中华民国二十八年五月九日

(4)李启义等呈(10月27日)

窃本厂工友钱铭德平素安心职务，对于工人福利事业，无不勇为。衅因重庆电力公司无故开除工友，处置欠当，乃由全体工友决定，推举钱铭德为全权代表向公司交涉，不料该公司工务科长程本臧，不惟不以善言开导，和平解决，反而詈骂，并复牌告开除代表公意之钱铭德，似乎有意掀动工潮，幸代表等对全体多方劝导，致未发生罢工怠工情事，且更一面努力工作，一面吁请各方面主张公道，并具文呈请钧部鉴核，准予令饬该公司恢复钱铭德工作，以免事件扩大；各在案。本年五月二十三日，由重庆市社会局召集代表等与公司代表开会调处，复于同月二十六日，奉到重庆市社会局社二字第四〇九号通知开："案奉市政府交下社会、经济两部函略：以该厂劳资纠纷，应妥速解决，具报等因；奉此。遵于五月二十三日，召集劳资双方调处，并征得双方代表同意，签订解决办法："一、钱铭德复工，俟法院宣告无罪后。"(二、三两项略)纪录在卷。除分别函令外，合亟通知该工人代表等切实遵照为要。等因；代表等遵候法院判决，未敢冒渎，旋于六月二月，奉四川重庆地方法院检查官不起诉处分书略开："右开被告陈铁夫，钱铭德，于民国二十八年度侦字第一五七六号，妨害秩序及伤害案件，业经侦察终结，认为应不起诉，爰依刑事诉讼法第二百三十一条第十款，第二百三十四条

处分，不起诉如左。”等因；复于本年六月二十九日，奉四川高等法院第一分院检察官处分书略开：“右列申请人石体元、程本臧，以妨害秩序及妨害自由，并伤害等罪，具控陈铁夫、钱铭德一案；对于民国二十八年六月二日重庆地方法院检察官所为不起诉处分声请再议，本首席检察官（中略）认为重庆地方法院检察官所为不起诉处分书为合法，爰依刑事诉讼法第二百三十六条第三项，予以驳回，特为处分如右。”各等因；奉此。查本案之起因，即为该公司之总工程师兼工务科长程本臧，在此抗战存亡之际，后方生产紧急到刻不容缓之时，先以无故开除三工友为导火线，继又开除代表公意之钱铭德，其是否蓄意掀动工潮，希冀工人罢工，姑不具论；但先后经两法院判决，认为犯嫌不足；代表等乃于七月初，将上项情形，具文呈请重庆市社会局，根据本年“五月二十三日所订解决办法第一项载：‘钱铭德复工，俟法院宣告无罪后。’成案，令饬该公司接受复工。”在案，殊该局承办本案之科员陈良屏，一再劝阻代表等不可多用公文表示，由伊设法达到复工目的云云。推缓延宕，直至今日，不惟纠纷未解决，而代表等前所具之公文，亦未见有批示，不卜用心在何？九月二十九日复由社会局召集公司代表与代表等调处，而公司代表衷玉麟，坚持拒绝钱铭德复工，并云：于十月七日答复社会局之调处，至十二日接社会局通知，仅召集钱铭德私人谈话，据钱云：公司不允复工，只给六个月无名钱，据云：系衷私人垫出，其余一概不理，并由陈良屏以恶言压迫工人降服，故铭德为尊崇电力厂工会会员人格起见，未予接受此项无聊调处，亦未领钱，仍希各位代表转请社会、经济两部主张公道，以维工运云云。等语；前来。惟查钱代表此次与公司之纠纷，系由全体工友所推举而向公司交涉者，该公司既不以合法手续解决，突然牌告开除，是则钱代表之损失，即系全体工人之损失，数月以来，所有钱代表本身及其全家生活费用，皆由全体工人等负担，计已达六七百元之巨，以现在情形观之，该科员陈良平代表社会局任意延宕本案纠纷，并压迫工人降服，实非现政府之立场，其余工人等损失，不知伊于胡底。兹因该局不能为工等解决纠纷，特具文吁恳钧部赐鉴核，主张公道，体念工人损失，以维工运，而张正谊，无任迫切待命之至！谨呈

中国国民党中央社会部

重庆电力厂工人请愿代表　李启义　杨秀蓁　刘晓涛　陆锦荣　张增荣

中华民国二十八年十月二十七日

(5)社会部函稿(11月3日)

案据重庆市电力厂工人请愿代表李启义等呈称：为本厂工友钱铭德复工问题，市社会局压迫工人降服，吁恳主张公道，以维工运，而免损失。等情。据此。查此案纠缠八月，迄未了结，殊于后方秩序不无影响。该钱铭德既经法院宣告无罪，应请迅予体察情形，速谋合理之解决。相应抄同原呈，函请查照办理，并希见复为荷。此致

重庆市执行委员会

〔社会部档案〕

2. 文官处关于香港九龙保安实业防毒面具公司工人绝食抗议厂方无理开除工人函

(1939年8月2日)

公函　渝字第二四〇八号

径启者：奉主席交下香港九龙保安实业防毒面具公司工人电为廿四日厂方因细故关厂男女工友四百余绝食已四天卧仆数十急待祖国挽救一案，奉谕交行政院，等因。相应检同原电函达查照。此致

行政院

计检送原电一件〔原缺〕

保安实业公司全体工友告全国各界同胞书

亲爱的全国各界父老、兄弟、姊妹们：

正当祖国在危难日深的时候，我们每个中国人都知道不应闹劳资纠纷，尤其是侨居香港的中国人，更不应该使国际友邦人士窃笑我们中国人民还是一盘散沙。

然而，事实太使我们难再忍受了，我们这群被××的炮火摧毁了家乡的工人，受雇在“保安公司”制造防毒面具，辛勤不懈的工作已经一年多，自从“八·一三”战事发生后，我们的厂方被迫迁移到香港，我们也随着工厂于去年六月间来香港工作，虽然所得的工资仅够维持生活，可是我们从来没有说过一句怨言，我们只当着厂方一定能因此而体念我们的苦衷。

然而，厂方并没像我们所想的一样，相反的，厂方竟时常为了一些小事情开除工人。最使人难忘的是，同事工友郑善章君在工作时被机器轧去了两个右手指，我们的经理胡庭梅先生竟认为他已不能工作，而把他开除了，不单没有津贴医药费，并且连回上海的川资都没有发给。

这个血淋淋的印象还没有消灭，接着厂方又在廿四日午前宣布开除工友何德兴了。我们大家都知道，何君平素在厂里工作勤谨，而这次不意他和服务员徐家信君发生口角，工务主任即禀告经理先生便把他开除。

论厂规来说，工人互相口角，所犯的罪是没有开除处分的，而且何君是和我们大家同样的都是无家可归，因此大家便在午后恳求经理先生从宽处罚，免得他失业后生生饿死。谁知经理先生的严厉拒绝在“谁代他来说情便开除谁，你们大家来代他说情我可以关厂”的叱咤声后，竟命司阍人把厂门真的锁起来了哟！

我们大家眼睁睁的看着厂门关锁之后，大家只觉得生活前途都充满了黑暗，因此大家宁愿饿死在厂里不出去，我们从当天起便决意绝食，冀望着厂方总可以发点恻隐之心，给予我们一条生路吧。

五天来，我们是静静地等着，在这绝食五天的过程中，我们虽然得到了广大的社会人士正义的同情与慰问，虽然得到香港劳工司大人的数度秉公出任调解，可是厂方却仍旧坚执不允接纳我们的最低要求，要求厂方恢复何德兴的工作与保障我们的生活。五天来，因饿病倒了同时工友十数人，我们这一群比较“强健”的工友，虽然明白知道着自己的未来前途是和他们一样，可是我们眼看着他们瘦得失去了人样，被红十字救护车送往医院，又因医院拒不收留，而差原车装回厂里来的时候，每个人的心中都充满了“死”的恐怖，但这样的死在工厂里，虽然并不能感动我们的厂方，可是我们大家以为终比回到沦陷区去当“顺民”强得多吧。

当我们静待厂方的恻隐之心至第六天（廿九日）的时候，我们欣幸地看见厂门突然开放了，可开放着的厂门给予了我们更多的恐怖，突然地一百多武装的西籍和印度籍的警察冲了进来，雄纠纠的把同情我们的二百多个女工友，在倾盆大雨中给予了她们一顿木棒和皮靴，连拖带打的赶出了厂门。同样的，我们这一群待宰割的工人也给这些雄纠纠的警察把我们从工场里赶出来，赶上了工厂的天雨漏水的第三层空楼，耳边充满了厂外女工们的悽厉的哭声，我们只有看着屋顶上面漏下的雨水，当它是老天洒下的同情之泪吧。

我们仍是静待着厂方的判决，可是，当第七天的午后，残酷的死神却把我们的青年力壮的同时工友周德润君底生命攫去了，虽然我们为了他的饿病，曾向厂方数番追求延医治疗，奈何厂方声言“召救护车需费五元，况且早已说明和你们这些待死的工人没有关系”，而坚决拒绝了我们的请求。周德润君为了争取生活保障，终于在囚禁式的三楼上于下午因饿病死了，气绝后的周德润却深蒙厂方把红十字救护车召来，并且还派了一队武装中西警察威严地从厂里护送往殓尸所哟。剩下的是他的老母弱妻和幼子，他们也将和我们一样的命运哟。

奈何哟，我们这一群仅剩一息的微弱的呼声，怎会使“香港反对虐待畜牲”的正义人士听见啊。我们这群被祖国视为国防生产的工人，虽然也是有情感有血肉的人类，虽然我们也是和厂方同样的被日本××主义侵略者迫得从可爱的祖国逃到香港来想活命的，可是祖国的同胞们，谁又知道我们的遭遇是这样的惨痛啊。

在今天我们仍是静静的在“保安工厂”里，虽然残酷的死神已经威胁着我们，可是我们只有等待着厂方的“恻隐之心”。同时，我们在垂死之前并没有忘记危难中的祖国，我们还祈求着亲爱的全国同胞们指示我们一条生路，使我们在垂死的路上获得援救，重为祖国争取最后胜利的英勇将士们制造更多的防毒面具。

香港保安实业公司制造防毒面具工厂绝食工人叩

九龙保安实业股份有限公司仝人

中华民国廿八年七月卅日

厂址：九龙牛池湾飞机场底

〔国民政府档案〕

3. 四川自贡市执委会关于盐业工人因强拉壮丁举行大罢工与社会部往来呈函

（1939年8月）

（1）四川省自贡市执委会呈（8月8日）

呈为呈报盐业工人大罢工始末及本会处理经过事：窃查自贡市为盐业特区，一般劳苦壮丁大半充当盐工，但此抗战期间中央以该项生产工人其重要性不减于前方抗战士兵，特明令缓服兵役在案。因此，自贡市应服兵役之壮丁，除缓役之盐工外，为数极少，而市筹备处办理兵役每月又须有一百二十名之配额，已极感困难，加以此次抽签结果，中签之人多逃匿在外，办理兵役之人员遂不免有拉丁充数之举，纷乱杂沓，盐工亦有被拉者，于是从来未有之大罢工案掀天沸地而起矣。

二日晨，早有被长垣镇联保办公处常备队拉去之工人袁少章、王全如、邱少云、李少华等四名系载福盐及新双盛井之烧盐工人，当时此四人禁闭于长垣镇办公处内(即五云村)，两井工人遂飞奔向炎帝宫工人团体办事处及盐业工会烧盐组办事处报告。炎帝宫当即推代表苏汝安一人，烧盐组当即推代表傅子周一人，向川康盐务管理局秤放主管员连德还处，请求向长垣联保办公处交涉释放。连德还当即用函通知该处。殊该处不允，谓须有东西盐场署公函场署。又备函前往该处，犹未释放，谓依照手续应待直接上官之市筹处命令释放，始能卸责。双方争执甚久，未能解决。其时天色已渐黄昏，四处盐工愈聚愈众，将近千人，群众心理已与日落天黑之境象同一，暗淡无光，其中忽有数人传说:“谓联保办公处已决定于当夜三更将所有禁闭壮丁送往前方，我们被禁闭的盐工工友无法要回矣。”登时一般聚众如着狂风之海水，大有波涛汹涌之势。适有一工人与该处守卫士兵发生口角冲突，该兵用刺刀刺伤工人。群众遂鼓乐蜂涌而上前，拟将卫兵拖下。于是双方血气冲动，已无理智作用。该处常备队遂帮同开枪。吼声与枪声齐作，当场击毙刘某一名，其余有受刀伤跌伤者又五人，为颜松林、廖和兴、代玉成、周树卿、何汉章等。川康盐务管理局及市警察局俱派队前来维持秩序，时有工人飞奔前来本会请求援助，而盐场公署亦来电话请即前去协同办理，本会派往该处侦查情况之工人亦同时返回报告各情，职遂同陈均楷同志驰往该处。距本会约五里，不一时即达。到时已夜静更深，天但于月明如昼中，见黑压压一片之群众，口叫嚣手指画，为数约有两千人。职遂与当场之有关机关负责人商讨，首先将禁闭之盐工袁少华等放出，并将受伤未死之颜松林、廖和兴、代玉成、周树卿、何汉章等五人抬送仁济医院，一面并由陈均楷同志当场晓谕，且告以本党领导工人之义。恰巧空袭警报造至，遂劝群众散去。

自三日晨起，自贡市各盐场工人宣布大罢工矣。凡东西两场之盐区，如自井之大坟堡部家垱及贡井等处，井灶俱告停顿。是日八九时即有工人如蜂之涌，一批一批涌进本会内，本会会址为一大唐〔堂〕，不一时人已挤满，复由大街两旁排列。当时人数已足有七八千人，陆续由远处来集者，更无容足之地，遂由正街一直到新桥一带伫立。但见万头攒动之声沸杂，此时人数已在二万人以上。在本会内群众不断呼喊，请求市党部主张公道。本会为紧急应付起见，一面用电话召集有关机关团体十四人，一面命工人推出代表三十二人，开联席会议，由本会主席。结果，工人代表关于安葬、抚恤、医药、惩凶、保障五项要求，由官方完全通过，官方提出复工案，亦由工人代表负责通过（会议纪录附呈）。会毕后，工人代表即向工人宣布复工。是时一部分工人即纷纷回去复工，但有一部分工人对于市筹处似有余恨未消，纷纷跑到市筹处之原址陕西庙去，冀图滋事，幸市筹处因避空袭关系，早已迁到距市街六七里之郊外。此时留在陕西庙者为其他机关。工人未得结果，徘徊于庙左右。此时便有危机发生，即平日本会认为其他色彩之分子及平日素不识面而带有智〔知〕识分子神态之人，时现于街头，形状至为活跃（此事容专案请示），本会认为极不好之现象，即刻召集平日相信之工头，作个别谈话，嘱其赶快劝工人回家。幸天色渐黑之际，街头亦少见工人矣。是日一部分情况已由本会“江午”电报告省党部在案。

翌日（四日）将本会领衔之联合布告一百张分贴四处（布告附呈），并将会议纪录铅印两千份正预备散发间，不料早饭后，又有千余工人齐集本会内，秩序甚好，只声称昨日议决案伊等尚不知内容，本会当众将议决案直接向伊等宣读一遍，并将所印之会议录分散一些给伊等。工人群众当即散去一大半，各回井灶，但有一部分工人仍不散去，向本会述陈意见。谓：前肇事之凶手须当场惩办。至本会多方解释，政府须依法办理，不能草率从事，结果此一部分工人虽散去，但时聚于街头及茶馆间。经本会派人侦查尚无其他举动，但昨日所见陌生面孔之人及平日可疑之人仍在街头活跃，本会即与川康盐务管理局税警队负责人及本市警察局商讨，一面监视已复工之井灶工人，不许外出，外人不许内入，一面严防市街反动分子，必要时，予以逮捕。是日有工人代表数人来本部报告，双盛井及大江井因已复工，被不良分子强迫停工，双方争斗，致将两井之小盐锅及窗户损坏，一部分并声明此等工人中之不良之分子事后铲除之。计是日复工者已有过半数，其一部分情况已由本会“支午”电报告省党部在案。

翌日（五日）晨，得各方报告，复工之井灶已占十分之九，本会又召集各工人代表数十人开茶话座谈会，并用大量点心食品招待，指示善后办法。各工人代表俱欢呼踊跃，高呼“中国国民党万岁”，情绪至为热烈。散会后并将所印之会议录全数分给与各代表带回分散各井灶工人。是日一部分情况已由本会“微午”电报省党部在案。

翌日（六日）晨，按各方情报全市井灶已完全复工，安静如常，即由本会以“麻晨”电报告省党部在案，此一场大罢工事件遂告结束。计此风潮经过四日其中有两个全日，在全体罢工中，损失约五六万元，幸早日能告结束，否则以事后消息而论，殊为万骇。盖在工潮结束而邻近之土匪前来援助者，已四伏于数十里外之市郊，但内部已健全，外邪亦不能入矣。在此事发生之初，化为拉丁杀人问题故，工人代表所提之五项要求不出本题范围，事后即有反动分子从中煽惑，冀图不轨，幸工人之受诱惑者极少。至于事后之检讨，本会对此事件发生自审不过五成把握，尚不料收束如此之速，盖以本会过去对庞大之盐业产业工人（为数七八万），无此力量彻底做到最低层工作，只因整理盐业产业工会之关系，常与工人中之大小头目接头，此次工人群众能始终向本会陈述痛苦，而未能为反动所诱惑者，即此数十大小头目始终向本会牵引灭故，侥幸将此一场大罢工处理结束，差告无罪。但兹事体大以后非彻底做到最低层工作不能言有十分把握，换而言之，即此七八万之每个盐工必须经过本党主

义训练，始足以终始抵抗反对势力。再容专案呈报请示，兹所有罢工及处理经过情形是否有当，理合具文呈报钧会敬候指令祗遵。谨呈

中国国民党中央执行委员会社会部

计送呈布告一张、会议纪录一张

中国国民党四川省自贡市执行委员会书记长　高定渊

中华民国二十八年八月八日

自贡市盐工因兵役问题发生罢工由市党部召集联席会议纪录

时间：八月三日午前十一时

地点：市党部

官方及盐业团体出席人

市党部书记长：高定渊　委员：陈均楷

市筹处秘书：贾松浦

兵役科长：李文达

东场场长：徐开茅

西场场长：何国儁

三民主义青年团自贡市分团筹备处：魏进轩

盐管代表：　方有章，齐志一

自卫总队部教官：陶燮尧

自贡市灶商会主席：李秉熙

自贡市票商灶公会主席：傅寅丞

盐业代表：刘圣基、侯性涵、李敬素

自贡市盐业产业工会常务理事：华相如

工人代表出席人：黄少怀等三十七人

主席：高定渊　纪录　牛健

一、报告事项（略）

二、讨论事项：

1. 受伤工人医药及生活费案：决议：以医好为止，其医药费由区院开列帐目向市筹处支领，其生活费仍照原薪开支，以复工为止。

2. 抚恤死亡家属案：决议：由死亡家属请求市筹处依法从优抚恤。

3. 请求安葬费案：决议：每人发给安葬费二百元，向市筹处支领。

4. 严办梁班长、郭班长案：决议：已经扣留查明办理。

5. 请求政府不得再有估拉事件发生盐业工人须依法保障案：决议：依法办理，以后由市筹处负责，不得再同样事件发生。

6. 各工人代表负责率领工友于本日午后三时以前一律恢复工作案：决议：由工人代表负责向工人宣布复工。

三、散会。

(2)社会部公函(8月26日)

中国国民党中央执行委员会社会部公函　渝字第5754号

据自贡市执行委员会呈为："呈报处理本市各盐业工人因兵役问题发生罢工事件经过情形"，等情。查该会处理此次工潮，颇适应机宜用能消弭变乱，殊堪嘉慰，以后：一，应切实严密基层组织——(如小组)即以小组为训练机关；二，应成立党的核心(如党团)，以掌握本党之领导权；三，应择要举办工人福利事业(由工会主办，党部居指导地位)。相应函达，查照转知为荷。此致

四川省执行委员会

〔社会部档案〕

4. 苏汰余等关于豫丰裕华两纱厂工人罢工有关电文

（1940 年 2—5 月）

（1）裕华纺织公司董事长苏汰余代电（2 月 19 日）

社会部钧鉴：商厂工人除少数技工暨少数纺织男女工外，其余突于二月十九日晨无故一律罢工，似此举动，恐有背景所操纵，值此抗战时期，后方生产最关重要，此种不良风气自应力予矫正。理合电呈伏请钧部派员迅即到厂维持，以维生产。不胜迫切恳祷之至。裕华纺织公司董事长苏汰余叩。皓。

（2）洪兰友等致社会部呈 （3 月 7 日）

重庆市工人服务队总部呈 务组字第四九六号
中华民国卅一年三月七日

钧部二月二十七日组二字第二二三〇〇号训令开："查本月十八、十九两日豫丰、裕华两纱厂发生工潮，该总队部派驻小龙坎区负责人员事前既无报告，工潮发生又未能迅速请示处理，实属玩忽职守，应即查明严予处分，并仰督饬所属人员，嗣后对于各业劳资动态，务须随时密切注意，防范未然为要。此令。"等因。奉此。查本部派驻沙磁区指导员朱同康及该区工厂调查员胡昭呈等二员，疏忽职务，当经予以各记大过一次之处分，以观后效。兹奉前因，理合将处分情形呈复鉴核。谨呈

部长谷

重庆市工人服务总队部总队长洪兰友

副总队长包华国

程朱溪

(3)情报 (4月2日)

渝共党分子鼓动豫丰纱厂罢工

重庆四月二四日讯:据报:豫丰纱厂全体工人为工资原以按日计算,要求改为以货计算事罢工,共党工人乘从中煽动,云厂方压迫过甚,幸女工方面向有妇女指导委员会工厂服务队在内从中调解,现已较平复,惟共党工人近在厂中仍进行个别离间云。

(4)社会部密令 (5月6日)

据密报:豫丰纱厂全体工人为要求将工资由日计算改为以货计算发动罢工,奸党工人乘机煽动,虽女工方面有妇女指导委员会工厂服务队从中调解,已较平复,惟奸党工人近在厂中仍进行个别离间,等语。查奸党阴谋煽动工潮,破坏生产,亟应严密防止,以遏乱萌。合行令仰该总队部遵照迅即密查具报,以凭核办为要。此令。

〔社会部档案〕

5. 蒋介石孔祥熙关于防止川东川北盐业工人罢工的电令

(1940年6月—1941年3月)

(1)蒋介石致孔祥熙密电(1940年6月11日)

国民政府军事委员会代电 侍密渝字第二二三四号
中华民国二十九年六月十一日

财政部孔兼部长勋鉴:养盐渝丙第二九三一七号代电悉。川东川北盐工风潮,据中所知,隐患堪虞,应令负责人员切实详报处理,切勿任令作应酬敷衍公事为盼。中正。巳尤侍秘谕。

(2)孔祥熙致盐务总局令(1941年3月22日)

财政部密指令 渝盐丙字第37184号
民国三十年三月廿二日

令盐务总局

艳六代电暨各呈及附件均悉，兹分别指示如次：

(一)据转陈关于奉令注意川北川东盐场工潮一案办理情形并录呈该总局派员调查川东川北各场盐工状况报告书暨川东局呈复遵办各节，察核尚属详晰。其川东区之云阳、大宁两场盐工既属比较复杂，川北区之三台、射洪、蓬溪、南阆、盐亭等场亦有异党活动情事，虽酝酿工潮未至扩大，均已处理平息，然此种动向至堪重视，应由该总局转饬川东川北各局，对于各该场盐工务应随时密切注意，并与当地党政机关切取连系，妥慎防范。至防范详细办法，查附赍之调查川东各场盐工动态及预防办法暨场务情形报告书内关于防止办法中盐场方面第一款责成灶户考察盐工之言行报告场署，第二款由场署把握工会领导权，第四款每场精明干练之调查员一二人，小场得指派人员兼充专门调查员工动态及其他有关盐务不法事宜，及附赍该总局督察员郑俊德建议防止盐工风潮办法内发展细胞组织，加强监视活动各办法，均尚具有见地，应即责由所属川区务局场各就当地情形，参酌上项办法，妥切办理，以期消患无形。又防止工潮办法，除严密防范外，应先从安定盐工生活着手，而安定盐工生活，应以就合理原则下提高盐工工资最为切要，应即饬由各场对于盐工工资务须考察当地物价情形随时酌予提高，俾使盐工生活得以安定，不致为奸人煽惑利用，其提高工资之数目，仍应由场报经管理局核明呈部查核。

(二)关于管理盐工办法，应从组织训练入手，近已由部咨商社会部筹设盐业特种工会加以严密组训，俟商有具体办法再行饬遵。

(三)关于盐工福利事宜，务宜积极进行，川北方面前据川北分局呈拟具体办法到部，业经核明指令遵照，并令知该总局有案既据饬由川康局并案核拟划一办法，应再饬催赶速具体拟专案呈部凭核定施行。

(四)据报川东分局对于该总局抄发之调查川东各场盐工动态及预防办法暨场务情形报告书所陈该分局安定盐工预防工潮整顿

场务及整训税警各项办法，察核尚无不合，应予备案，其加强各场署组织机构一项，据拟另案办理，应仍将办理情形详报查核。

以上各节统仰遵照办理。此令。

部长　孔祥熙

〔国民政府财政部档案〕

6. 四川省执委会检送南充丝业公司制丝厂工潮概述及处理经过函

(1940年8月6日)

中国国民党四川省执行委员会公函 社礼字第二六一四号
民国廿九年八月六日

案准贵部利组字第四三七〇号公函：为对处理南充工潮案，业经本部会同军事委员会及经济部商决四项办法，嘱查照办见后，等由。遵令自应照办。惟查本会奉文时，南充早已发生第二次工潮，同时本会业已商同川康绥靖主任公署及四川省政府各特派高级职员会同前往，妥为处理，去讫。准函。除当即转函绥署省府查照外、并抄同原函转知本会特派南充代表何委员培荣遵照办理在案，嗣据何委员函送“南充丝业公司制丝厂工潮概述及处理之经过”前来，相应随函送请贵部查核见后为荷。此致

中央社会部

附送南充丝业公司制丝厂工潮概述及处理之经过一份

主任委员　黄季陆

南充丝业公司制丝厂工潮概述及处理之经过

一、工潮发生之原因

1. 厂方之一再延工

南充丝业公司都井镇第二制丝厂，因修理锅炉机械，于六月初旬宣布暂时停工，并规定中旬复工，但至限期厂以缺乏燃料，虽迭

经工人要求，仍等牵延，因滋工人之愤懑。

2. 公司之招募艺徒及女工

该公司第四制丝厂于去年七月间即召有艺徒二百余名，女工百余名，厂内三百七十七部车位均经分配无余，二厂工人深恐二厂当局如法炮制影响职业，同时因二厂一再延工，积疑更浓，遂径向丝业公司南充办事处要求在四厂工作，乃酿成争执。

3. 工人声势之嚣张

自去秋抢茧风潮之后，政府当局以其生产数额之多寡，关系国家岁收甚巨，故对于工人恒未宽私盖欲以怀柔方式感化之；而使努力于生产事业，争取国防贸易之权益也，何如工人识浅，不明政府当局之苦心所在，犹存政府无奈我何之心理，遇事争冲，因迭有工潮之发生。

4. 流痞之弄工人

南充县流痞李孝三等，以目击工人之愚昧足资利用，以增其在县内之地位，乃于工人向厂方要求复工时，乘机自任工人代表，鼓动工人作非分之要求，遇有不遂即出而反对，甚更聚众骚扰秩序，殴辱职员，该厂工潮之扩大，该李孝三实不能辞其咎。

5. 厂方处置之失当

工潮既起，循经厂方对工潮之处理应力求平允，以服众心，而汹汹工潮庶几迎及而来，无如厂长头脑顽固不明事理，动辄以高压手段开除工人，而其开除工人又漫无标准，全视其善怒而定，于是工人骚然，工潮由之扩大。

6. 厂方之忽视工人福利

工厂之能否发展，产量之能否激增，品质之能否优良，要视劳资协调程度之深浅而定，质言之，即以劳资双方互遵福利之程度之深浅而定产额之多寡，品质之优逊，与夫工厂之发达与否。而该厂则不然，对于工人之福利，除供馐宿外，余如教育、卫生等项从未顾及，而工人之于工厂，以其福利无所保障，对于厂方之利益亦从不尊重，因形成对峙局势，遇有不怿，即生事端，该厂工潮迭出不穷，此其因素之一。

二、工潮之经过

1. 第一次工潮(三月十五日起至五月止)

该公司第二制丝厂于二月初旬以修理机件，宣告暂时停工，并规定于中旬开工。及时工人纷纷进厂准备开工，惟厂方因内部机件尚未修复，宣布延期一旬开工，逮期满，工人为维持生活计，要求即予复工，而厂方复以原料缺乏又宣告延期时，工人以厂方屡告延期复工，未予履行，颇疑厂方有意播弄。证注四厂招收艺徒女工，疑云更为滞积，乃相率入城要求工会派由工人代表江直廷向该公司经理交涉，即日复工，但未获果。于是工人大哗，于三月十五日集结数百人，径趋平城街四厂，请求在四厂复工，并声请四厂原工人迁送二厂。当该公司经理熊子昌反复宣布延期复工经由，并允为维持工人生活计，决将二厂提前复工，所缺燃料专电渝方设法救济，至在四厂工作一项，以车位业经分配，未便更换，若果欲变动，则无异置四厂工人失业于不顾，似觉不忍。正申言间突有自称工人代表李孝三者，鸣哨厉曰：我们要在四厂作工，现在快到食堂去吃饭吧。顿时秩序纷然，并将四厂原有工人卧床竟行强据，复将夜饭强食，计六十余桌。跟即以电话报告专员公署，不久即派社会科陈科长、张警佐前往，复召集工人开导，但卧床不理，该科长等亲到卧室向工人开导。彼时工人等称：“我们不能作主，现在代表等已走了，明天再向他们说罢。”陈知无法，只向工人说：“你们要守秩序，不要乱动，我明天再来向你们说话。”即去。是晚，天雨较寒，四厂原有工人因床位被占，仅由公司给与口包作被盖不能御寒，至夜半冷醒，全体旧有工人欲向该工等争斗，当由该公司负责人尽为开导制止，乃告无事。三月十六日晨六时许，四厂之外宿女工数十人来厂作工，因厂占据不能开工，该工等强迫女工加入团体，不准一人外出，彼时即来有去岁劫茧犯规被开除之女工王德元、叶素芳等，即向女工煽动，并强迫一致行动。七时许陈科长、张警佐复到该公司向该工等一再开导，仍不理。当时严禁公司收发信电及人员工役出入，顾形势紧张，陈科长见于开导无效，乃电话报告于陈专员，陈专员即下紧急命令于国民自卫队青团附率一分队前往该公司维持秩序，另令总工会主席秦起藩前往开导制止。团附亲率驰到后，即将工人守门人解除。彼时陈海清仍坚持守卫，几起冲突，工人始将守门撤退，交通暂时恢复。不久秦主席即到该公司，在办公室询明经过情形，当即声称即叫他们解散，复暗向工人曰："你们举十余代表来开会。"即去。是日，时而断绝交通，时而恢复，如是者几次。是日工人已增至七十余桌，午后专署即出牌告贴于厂门，兹抄录其牌告如次：

查南充县一部分工人聚集在丝公司，无理滋闹，不服调处，殊属不合，各地再有奸人煽动，图谋不轨情事发现。该工人等愚昧无知，受奸人利用，致扰乱后方治安，影响抗战，而不自觉实可悯，本司令维护治安有责，不愿不教而杀，特此再剀晓谕，作最后之警告，仰遵下列三点切实照办：(一)限该聚众工人等于即日午后全部解散；(二)该众工人等原属第二厂者，即日回第二厂，原属四厂者即日回四厂，遵照规章，照常工作；(三)原不在各厂作工工人及曾被开除工人或原非工人参加煽动者，一律听候总工会领导，整队到总工会登记遣散，准推代表或以书面申叙理由，听候核示。上列三点仰各禀准，如敢故违，决严拿首要，依军法从事。切切此告。

兼司令陈开泗

三月十七日上午，仍如昨状。陈专员命总工会将不属于二厂工人由总工会派员带至工会，属于二厂丝工即留于四厂内。十一时许，总工会主席秦起藩即到该公司将工人带去一百五六十人，陈专员跟即到总工会点名。彼时仅存一百几名，全系二厂丝工，当即开导后，交自卫队护送至二厂，陈专员复至四厂，即集合留四厂工人仅二百余名，即据册点名。点至半数(约一百廿余名)开导后并询问："愿否到二厂作工"，均齐声答复："愿去"，即派国民兵团杨分队长树清率兵一班护送至都井坝二厂。甫至平城街十字口，忽有暴徒数十人预伏于街口之茶馆内将馆内桌凳折毁，或手持柴块，向护送兵冲出，殴击杨分队长并士兵四名(重伤一名，三日后即死)夺去步枪四支。当时杨分队长将殴打人中之李孝三一名扭至四厂，面禀专员，专员正亲点其余工人名册，勿见杨分队长头部满血，又见工人涌回嘶闹，大呼打死专员。专员气极，将扭回之李孝三竹棍二下。于是厂外工人欲涌进打专员，厂内工人即直向专员进攻。彼时自卫队中队长王志道见工人暴动，专员有生命危险，为保护计，即命士兵向天开枪示威，专员乘机乃离工人包围圈中而至四厂办公室，然仍不能脱险，乃密命工役越墙而至专署报信。专署李秘书跟即命知保安团杨副司令派孙副官率兵一分队驰往四厂，至平城门十字口，工人阻进，并将孙副官殴击耳光。孙为奉命令系保护专员计，不暇顾及打人之工人，直奔四厂。专员复命人越墙拍电报告省府，一面持片请主席秦起藩速来制止。工役至秦寓时，见秦与工人代表开会，秦见专员名片，即向来人说："我晓得，我会来。"但至深夜亦未去。时半夜大雨忽至，专员即派副官、张警佐 向厂外围攻之工人交涉："今天夜已深了，天又下雨，现在在总工会备有招待请到总工会去，明天再说。"大部分工人乃散，小部分即到总工会，然有一部分工人聚于十字街口，作候击专员状。王中队长乃将步哨布置十字街口，专员与杨副司令、孙巡官等另由小巷绕道回专署。三月十八日拂晓，复聚集各帮工人约二千余人，于平城街十字街仪凤街各持柴块木棍猛攻四厂，正危急时，县府教科科长范佐丞，总工会主席秦起藩，缫丝业工会理事何海东、邱书五，防空哨长文济川，县党部李书记长亚东，国民兵团青团副等到达四厂向工人宣布举代表数人到厂会议商决条件。兹将由范科长所拟之条件抄录于后：

(1)二、四厂原工人即日编组(十人一组)，到四厂暂住，由丝公司尽量安插于四厂工作，其余安插于二厂，先用女工，后用男工，缓用学徒。

(2)缫丝工会会员之失业者,即日到总工会登记,经核定后,转报党部送丝公司录用。

(3)工人待遇俟入厂后,由劳资双方请总工会、党部、县府会商解决。

(4)受伤工友之需药及抚恤,俟受伤者送入医院诊疗后视伤势之轻重酌量拨给。

(5)工人保障办法,由党政厂工共商办法施行。

(6)工人入厂后,厂内秩序及治安由各组长负责,如有事故发生,以组长是问。

条件拟成后,遍觅公司熊经理盖章,该经理以条件不合理,不合法,又恐受威胁被迫盖章,乃越城墙而至乡间隐避。因觅熊子昌不得,乃迫丝公司低级高锡康将公司号章印,高以责任重大,不敢承诺,秦起藩等乃到商会晤侯副经理庆五,请彼签字盖章,彼以职权关系,亦推谢未盖(此条件现存专署内)。斯时工人全体拥入四厂,除毁损饭碗百余桌外,幸余无大损失。又工人吼称将打专署,专署即将机枪卫兵各门层层布置,工人惧怕未敢去。

十九日,丝公司南充办事处职员以进出其自由,乃将办事处迁至大北街四川省蚕业推广委员会南充区办事处办公,四厂职员除少部分留守外,余均星散。

二十日,工人除盘据四厂外,复派十余人至商会向侯副经理索钱,侯与同去专署门前乃散去。又该办事处副经理庆五接渝总公司皓电跟即报告于兼县长。兹将原文抄录如下:

顷奉总公司皓电开:饬本处第二制丝厂即日开工,第四制丝厂机件损坏,急待修理,暂缓开工,等因。奉此。遵即转饬第二制丝厂职员。跟速准备一切,特恳钧座转饬第二制丝厂缫丝工即日到二厂登记,办理手续,以便开工。谨呈　南充县兼县长陈

南充县府批示:“报告悉。已据情转令南充县总工会转饬该工

人等知照也。此令”。

廿一日，经公司南充办事处报告，兼县长云第二厂已准备就绪，定于廿四日开工，并请饬各工人离开四厂，以便修理。

廿三日，南充县府及县党部召集总工会及该公司副经理会商，决定办法如次：

(1)二厂工人先回二厂工作，其余工人如有失业者，先由总工会登记之后，交由党政方面审核后再交丝业公司负责安插。

(2)关于工人工作保障问题，俟工人入厂工作后，将厂规交地方党政机关工商团体及士绅酌予修正，呈报核准后施行，在过渡时期，以公司原有厂规为准。

廿四日，以工人仍聚于四厂，以是二厂仍未开工。

廿五日，总工会派江直廷到四厂向工人说：“现二厂已定期开工，应前往工作，如将来条件不得结果再行停工。”工人仍纷纷自去。斯时，前被开除女工王德元上前阻止，谓你们男工完全下去，恐怕我们女工力量单薄，请留一部分同驻四厂，于是男工百余人仍驻四厂。

廿六日，茧子已煮，本可开工，以工人须照自定之十人分组办法编组，厂方欲照工人技术优劣方法编组，争执未决，遂未开工。

二十七日，编车位问题仍未解决，丝公司报请县府处理。廿八日，县府令总工会派江直廷前往开导，仍暂照技术方法分组，俟开工后再由总工会编组。廿九日各工人分办保证书，工厂准备开工事宜，留驻四厂之百余男工到二厂。卅一日，编置车位。四月一日晨七时，开工。十五日，工人以时届发放工资之期，要求按日计工，发给工资。惟厂方以混乱期中，难于结算，未如所请，因酿冲突，幸经党政各方折冲，准予支借，一场风波始告平息。杪日又发生同样事件，正求调解间，忽奉军委会电令饬当地党政机关会商解决。其内容如：a. 惩治工潮首要分子，b. 解散总工会，c. 增加工人工资，d. 保障工人。

地方党政各方于奉到电令后，当即会商，经决定办法如下：a. 遵即惩治工潮首要分子，但不以牵连为原则；b. 实行改组工会；c. 遵会议增加工资，呈准省府按原额增加六成。但以工人要求过奢，厂方允准过吝，经数度折冲，呈准胡郭两厅转呈省府增至七成。

自开工起，每日进退工作时间不遵厂规规定，即技术之指导与管理亦为忽视，任所欲为。此第一次工潮之梗概也。

2. 第二次工潮：（五月杪至六月七日）

五月杪日，工人以不明厂方发放工资之计算方法，纷纷向厂方解释，并予核对。因厂方借词推诿，未予受理，引起工人之不满，而怒碎窗框上玻璃，撕破帐簿，发生争执。翌日厂方因愤工人之肇事，将认有滋事嫌疑之工人三十余名一并开除，并颁发出入证，以限止工人之出入，欲藉以遏止事态之扩大。但当日有少数工人因劳资发生冲突，驰往党政机关陈述经过，申请保护，余者留厂工作，静候取决。其留厂工作工人之一部，以驰往党政机关陈述经过之工人未发出入证，即将其所得者遗之，以便其出入，讵于放工时，门警索验出入证，而无法对词，又发生冲突。据厂方云，时适有永安联保邓主任者，率领壮丁队办理清乡，行经该厂门首，瞥见警工争执，入来排解，不意为一工人以卸下之牌告作武器，击中腰部，触发所佩连枪之装弹，致误伤工人一名。于是，工人大哗，群起质难，并声言缴械。遂于紊乱中缴得邓主任随弁所佩连枪两枝，但据当地政府声称，该永安联保主任入厂弹压，实系厂方所请求，并无缴械情事。按当日情况引证，两方申述，后说似较真实。邓主任见势大恶，即遁入厂内办公室暂避。讵工人犹尾随之，欲肇事端，而永安联保壮丁队队丁及厂警员见事已临危，未遑顾及其他，竟开枪示威，藉退工人，不意伤及工人四名，致事态更形扩大。是日午夜，丝公司职员陈继光、熊子昌等以事态突形严重，急趋专署陈述经过，请求派兵弹压。当令县府专饬壮丁队后撤，以安工人之危心。殊该队队长以一丁被囚，抗拒命令，当轴见势大危，乃派队前往，迫使壮丁后撤，并行保护厂内职工，秩序渐靖。同晚，厂内因发现沟内血迹淋漓，及工人房内血席两条，疑有谋害行为，乃据情报请县府依法侦查并处决，县府得报后，当即派员侦查，并将血席及沟内血泥携回化验，检验结果，血席之血确系人血，而沟内血泥之血因历时已久，不辨究为人血抑为猪血，且无其他端倪，遂曳疑案。惟据各方意见，谓按当时情况揣想恐系误会，盖援旧例，厂方于是须宰猪设肉遗食工人，以为犒劳，故于沟内遗有猪血，而疑者则误认为人血，其工人房内所遗血席，或系当时负伤工人之创血，错认为被害者之血迹。因是两疑，职工双方各执偏见，指认被害者为职内工，但时经旬余，迄未明被害者究为谁属，质诸职工亦不能确言被害者姓氏，但无尸属之追究显非谋害血案。于昨取各方陈述后，当经会议决定着县府依法侦查，以明事之真像，而判负责。三日，该厂职员林维栋为工人所虏，指为谋害案之主犯，吊打迫供，厥状颇惨。四日，该厂职员王文元晋城勾当私事行经十字街口，为工人所获，护至总工会私刑拷打，幸经党部李书记长、新九师胡副官长、县府陈科长之镇压，未至要害，力为保护该王文元之生命。计由李、胡、陈三人亲送县府暂押，以避凶焰。同晚，该公司经理熊子昌行经兵役训练班门首，为工人所见。避趋围挡，意图肇事，幸熊氏事前发觉，避入兵役训练班，幸免意外。五日起，工人自动编组，举组长，受工会之指导，秩序始稍平复。此第二次工潮始末之梗要也。

三、处理经过：

职等于八日受命处理南充丝业公司制丝厂工潮后，当即驰车前往，于翌晨抵达县境。当即征询当地党政军工人代表丝业公司负责人及绅民众等对于工潮之意见，及令陈述之经过，并即详密审查案情，检讨各方所推供之意见拟具解决之方案，分别于十一日下午六时，十五日上午二时召集当地党政军当轴负责人，举行解决工潮联席会议当经决定如下：

1. 第一次会议记录

省区县党政军代表为解决南充丝业公司工厂工潮联席会议记录

日期:六月十一日下午六时

地点:南充蚕业改良场

出席者:胡志超　赵云霖　李亚东　李才贵

曾晴初　唐锦伯　陈开泗　刘式民

余拱辰　文泽锐　雷鸿堃　何培荣

鲜炽贤　陈　诠

临时主席:何培荣　纪录　陈诠

开会如仪

甲、报告事项:(略)

乙、讨论事项:南充丝业公司工潮应如何解决案。

决议:

一、关于目前应即解决事项:

1. 厂方的:

a. 责令厂方从速另派厂长或负责人到厂负责。

b. 厂方奉令复工,应从速召集职员开工,至厂内秩序及职工之安全,暂由县府派队维持,在过渡时期中由专署县府党部责令工人代表协助厂方维持秩序,其期间之长短由专署斟酌办理。

c. 责令厂方遵照前次核定增加工资办法,依期结算发放,并于每次发放工资时附具按日计算细账,以便查对。

d. 责令厂方担负职工之医药费,其有残废者,酌给体恤金,恤金全数目由党政双方核定之。

2. 工方的:

a. 责令工方应立即切实服从党政军之命令入厂复工,并应接受厂方之管理与技术之指导。

b. 责令工人切实遵守秩序,努力生产。

c. 工人如有问题,应先向工厂请求解决,如无结果,应按级呈报工会转呈党政军当局听候解决，不得再事聚众滋扰混乱秩序。

3. 党政军当局的：

a. 关于此次工潮被开除工人，由专署县府党部负责查明真象，分别办理。

b. 由县府派遣请愿警代替护厂队，担任护厂工作。

二、关于善后事项：

1. 厂方的：a. 切实遵守厂规，b. 切实保障工人福利，其办法由当地党政军机关会同厂方议定之。

2. 工方的：a. 绝对尊重厂方利益；b. 绝对服从厂规。

3. 当地党政军的：

a. 由陈专员定期召集治安有关机关负责人商决治安方案实施，以维地方安宁；

b. 由李书记长商同县府拟具改组工会办法向主管机关呈准切实办理；

c. 由县党部会县府切实丝厂工人，使受工会之管理与指导，从事生产事业，并随时施以党化教育；

d. 由陈专员召集当地党政军机关速组防奸肃反委员会，布置防奸肃反工作；

e. 由陈专员负责筹组劳资仲裁委员会，主持今后劳资仲裁事宜。

省区县党政军代表为解决南充生丝公司工厂工潮第二次联席会议记录

日期：六月十五日下午二时

地点：蚕丝改良场

出席者：文泽锐　胡志超　雷鸿堃　曾晴初
唐锦伯　何培荣　李亚东　余拱辰
鲜炽贤　陈　诠

临时主席：雷鸿堃　记录：陈诠

开会如仪

甲、报告事项(略)

乙、讨论事项:

(一)被开除工人(廿二人)应如何安插案。决议:由省方代表责令公司在南充区设法安插。

(二)厂长处置失当应如何惩处案。决议:厂长处置失当,应明白宣布撤换。

(三)应如何惩办第二次工潮开枪分子案。决议:1.由地方政府查明论处;2.负伤职工之医药抚恤依前议办理。

(四)鼓动工潮殴伤官兵抢劫枪械首要分子李孝三应如何惩办案。决议:工潮肇事首要李孝三,由新编九师二旅县府负责密捕,交由保安队解省究办。

丙、散会:并分别于十日、十四日、十六日召集职工及工人组长训示处理本案经过,及省方党政军当局对丝公司职工之殷望,历数小时始竣事。

〔社会部档案〕

7.盐务总局关于调查川东川北各场盐工动态及预防工人罢工办法报告密呈

(1940年10月30日)

密呈　渝盐一二九三

前奉文下委员长蒋侍秘渝字第二二三四号巳尤代电内开:“川东川北盐工风潮隐患堪虞,应令负责人员切实详报处理,切勿任令作应酬敷衍公事。”并奉批:“令缪总办严密办理具报”。各等因。奉此。遵经密电川东川北两分局严密查察,随时妥慎处理,防患未然,并一面选派缉私督察员龚怡、丁宝裕二员前往川东,杨静波前往川北,严密调查,详细具报,并妥拟预防办法呈核各在案。兹据该督察员等先后呈送调查报告前来。查核所陈调查情形,尚属详尽,所拟防止办法，亦不无可采，除将原报告分别抄发川东川北两分局密存参考，并饬拟安定盐工防止风潮办法呈核外，理合照录报告书二份，备文呈遵，敬迄鉴赐核转，实为公便。再查川南各场关于盐工福利事项，早经设立盐工管理所积极办理，最近本局并迳令饬川康局拟定划一办法，以便全川各区同时举办，将来如有成效，再行推广于云南等产区，以期普遍安定盐民生活，预防工潮，容俟办法规定后，再行呈核合并陈明。谨呈

部次长

附抄呈　调查川东各场盐工动态及预防办法暨场务情况报告书一份

调查三台绵阳两场盐工动向及三台某党活动情形报告书一份

盐务总局总会办缪罗

调查三台绵阳两场盐工动向及三台某党活动报告书

案奉总局渝鹾字第一二九号训令内开："据报川北各场有人拟利用盐工暗中煽惑，以期酝酿工潮情事。当此加紧增产时期，设有工潮发生影响大局极巨，兹派员即日密赴该区各场实地严密调查，究竟有无前项情形，详细具报，并妥拟预防办法呈核，合行令遵照并将启程日期报查。"等因。奉此。自应遵办，除将出发步骤以巧电呈报总局备核外，兹谨将遵查三台、绵阳两场盐工动向某党活动情形分陈如次：

一、三台绵阳两场盐工生活情形及其动向：查三台绵阳两场盐业工人据估计，三台有一万人，绵阳有五千余人，分锉井、烧盐、车水及小工四种，其占盐工成分，锉工约百分二十，烧盐工约百分二十，车水工约百分五十，小工约百分十，锉井、烧盐工均为男子，车水工近因乡村壮丁被征入伍，多改用妇女与童工。工资极低微，除

伙食由井灶主供给外，计烧盐工过去每月仅三四元，车水工二三元，小工多无工资，即给工资亦不过一二元，锉井工均为包工制，其工资由来包锉井人发给，为数甚少，至多亦只三四元，妇女童工工资更少，每月不过一二元。因其工资有限，不足赡养家庭，故其生活极为贫苦。近来百物昂贵，盐工生活无法维持，遂相继以停工怠工手段向灶户要求增加工资。始也灶户多拒接受，继经官厅之劝告及因乡村人工缺乏，灶户情愿让步，将工资提高，故率未酿成严重风潮。现各盐工工资连伙食计算每月约四五十元，虽为数仍微，少数盐工如车水工人仍有怠工者，然短期间之劳资纠纷当可减少。至盐工之要求加资，多为生活所迫而自发，并未发现有反动分子于中煽惑，惟三台、绵阳两盐场盐工，每井灶均有一首领名曰揽子，其在盐工中占代表地位，可以左右盐工动向。近来各地盐工之要求增加工资，大半为其领导，盐工之要求组织团体亦系彼辈代表，此种分子甚不可漠视也。又车水工人之怠工亦极易为反动分子所利用，亦设法防止也。

三台绵阳两场盐工均有相当团结，促其成者为迷信，因盐工均信仰华光菩萨，故其形势上虽无组织，而所实际以所祀之神相同，彼此均有呼应，现因要求加资之需要，均有要求正当组织之倾向，此种要求虽未得到官厅准许，然由此可见盐工已渐走向有组织之行动。要求组织之发生，据闻射洪场马宗沟汪某所策动，汪某过去为某党分子，后因遭大破坏而消声匿迹，现是否又与某党发生关系，虽尚不知，然此说果确，则其别有企图想亦不成问题矣。

二、三台某党活动情形：查三台过去为某党活动之中心，而其基础之树立赵伯先确寓有力，然自大破坏后，分子星散，或转变，或退出，组织即根本瓦解，赵伯先被说服自首未成亦即潜逃宜昌，悬壶行医矣。赵氏返来后，担任三台师资训练所所长，虽在言论上不无不满现实之处，然行动方面亦未取有何表示，故某氏称其为某党三台领袖，似有未确。三台某党新活动之建立，似始于廿六、廿七年间，其领袖为谁，尚未查出，惟前三台场署职员王志先之住处确为一重要机关，所有某党文件与报纸之传布收发均由王氏任之，故其来往人士极为复杂。据其邻居谈东北大学、潼高中县初中之学生出入其门者甚多，并于深夜常有人在其住处集合，其妻亦为某党分子，并当日向其邻居宣传邪说，劝其邻居加入某党。惟此人于成都抢米案破露后，即偕妻潜逃，未能予以拘捕，殊为可惜也。新近周恩来由延安来渝，带来之陕大受训学生三台散布亦有已在乐安铺地方发现一姓段者，惟以该处无法存身，已赴成都，县党部为侦查其究竟，已派一忠实同志尾随而往。此外东大、潼中及教部第五服务团闻均有某党分子潜伏，然以线索难寻，正在设法侦查中。某党活动路线近侧重于建立最下层基础，其方式极为秘密，侦查极不易，惟为了解其究竟，职已与县党部机关领袖取得密切联系，并由于县党部之联络各县消息亦可互通矣。

奉此前因，除继续查报外，理合将上述情形具文呈请钧处核转总局查核。谨呈

缉私督察处

督察员杨静波（印）

调查川东各场盐工动态及预防办法暨场务情形报告书

窃奉钧座本年六月三十日渝磋字第一二九号训令开："据报川东各场有人拟利用盐工暗中煽惑，以期酝酿工潮情形，当此加紧增产时期，设有工潮发生，影响大局极巨，兹派该员等即日密赴该区各场实地严密调查，究竟有无前项，详细具报，并妥拟预防办法，呈核，除分令外，合行令仰遵照，并将启程日期报查。此令。情事等因。奉此。遵于七月七日离渝，搭轮赴涪陵，转赴各场详查，经于七月五日具报在案。惟查异党组织及活动素极秘密非事前对于彼辈活动情形调查有素，侦查关系布置周密者，无从知其概略。各县党政机关对防止异党工作素极注意，职等为求彻底明了川东各场县异党

活动情况，以便防范计，每至一县，即先访党政当局，探询一切，兹已历赴万县、忠县、云阳、奉节、开县各场县，详细调查完毕，于八月十九日返渝，除大宁场因地处川东边区，路途太远，适有方督员有章奉川东令赴该场调查其他案件，为节省公家旅费计已由职等面托顺便调查该场有无异党活动外，兹将职等已到各场调查得情形及预防之布置分呈报于后：

一、调查情形：

1. 万县方面：经分访县党部、驻县宪兵营及军政部驻万第三十五补充兵训练处政治部藉悉川东一带之异党组织系统为：中共中央南方局之下有四川省委，省委下有川东特委，特委下有万县、开达、石彭等中心县委，中心县委下有县委及特支部等，其活动地点多在学校及报馆活动，对象多为教职员及学生。川东巡视员刘孟伉常往来于万县、云阳、开县、奉节一带，川东各县异党活动多为刘孟伉指挥，云安场工人甚多，刘孟伉亦常赴该场活动，似有煽惑盐工罢工捣乱妨害制盐及该场治安之阴谋。万县共党主要分子为鲁济舟（曾充川东晚报社长，国华中学校长，国本小学董事长兼校长）、牟仲宇（共党万县负责人）、方仲华、李大坤、孙慕萍（常在万州报及川东晚报作文化宣传）、李治华、常健若等（均国民小学教员），现鲁济舟、牟仲宇等已秘密捕获监禁，报馆及国华、国本等学校兹经改组或封闭，关于川东各盐场方面尚未据获犯供述有煽惑盐工罢工捣乱之事实，惟刘孟伉迄未捕获，复访第七行政督察专员闵永濂，据谈：彼于六月间曾与国民参政员褚辅臣先生赴云安场巡视，该场盐工虽常有要求增加工资之举动，尚未查有被异党煽惑之事实等语。外训处政治部主任许克环、闵专员等对于防止异党分子活动工作均极注意，关于盐场方面异党活动之阴谋据许主任克环称：曾已三次向军委会报告，职等亦分别拜托其维护川东各盐场方面治安，彼等均欣然应允矣。

2. 云阳方面：该县情形复杂，异党分子亦多，民国二十四年曾发生共产暴动事实，当时该县图书馆长谭林、县党部委员袁方伯、城区小学校长温作民、龙坝乡团总赵伟等均为共党分子，二十四年一月十九日，首由赵伟率龙坝乡团丁二十余人进城，会同城内共党谭林、温作民、袁方伯及城区学校教职员并流氓五六十人于下午五时在该县网球场开会，决定是晚十时武装进攻城内各机关，温作民任总指挥。赵伟率团丁先攻团练局，劫夺枪枝，局长马仲楹精射击，当共匪击毙门卫冲入局内时，马局长手持短枪倚局内大树抵抗，连毙共匪多人，匪即溃退，嗣捕获参加暴动受伤之共党赵伟之弟赵雨，供出上情，方知为共党暴动，此经县府将首从各犯一一通缉有案，此即云阳所谓共党浩变经过。二十六年抗战军兴，中央容共抗日，该县被通缉之共党分子温作民、赵伟、谭林等即陆续返县，近来故态复萌，复于二十七年成立共党云阳县委，仍由温作民、袁方伯、余晓东等负领导责任，常开会于城外西平中学，城内设第一特支部，由城区小学教员韦奚成任组织，温作民住云阳折口子，常往来于城乡间。余晓东现在小江联保办公处充书记，韦奚成南川人，现已返南川合溪场原籍，袁方伯住云阳场，赵伟回县后充龙坝乡铁厂经理，此人为哥老会重要分子，本年五月因开云边境神匪起事案，被驻云保安第六团逮捕，现已押解万县讯究，另有青年共党盛超群，系西北红军抗日大学毕业，已经县府捕获，准其自新，现在重庆受训。云安盐场方面据三民主义青年团云阳区队负责人胡耀文云：共党仅有煽惑盐工捣乱盐场之阴谋，尚无煽惑及盐工参加异党组织之事实。云安场有河南河北两小学，以前河南校长魏秉权、河北校长周世庐及教员多人，均有共党嫌疑，作共党活动宣传甚力，本年上期均经县府撤换，现任河南校长陈玉璋为三民主义青年团员，河北校长陈砺亦为国民党员，性均纯正，教职员亦多更换，共党活动因亦停止。惟共党川东巡视员刘孟伉与盐场灶户郭莘仲有戚谊，刘至盐场即住郭莘仲家，以前河南小学校长魏秉权为郭之女婿，魏之参加共党活动系受到刘孟伉之指挥，刘孟伉名贞健化名郭启明，奉节青溪场人，年四十余岁，善书画，兼为金石家，开、万各县社会关系甚多，故常往来于其间，作共党活动，并在重庆曾充红卍字会编辑，近因第九区专员公署及云阳县府均欲逮捕，又已逃赴重庆，闻住朝天门安达公司，亦即共党在渝机关之一。郭莘仲为重财轻义之灶户与刘孟伉性情不同，闻并无加入共党之事实。该场盐工计有灶工二千余人，泄水工一千余人，零工一千余人，担盐工人约七百余人，运煤工人二百余人，煤矿工人约三千人，共计约八千人左右，制盐方面之灶井及零工约四千人，组有井灶产业工会，理事九人，由全体工人选举，受县党部及场署指导监督，另有工人代表二十五人，代表全体工人向工会负责。职等曾在场分别召集灶户代表，工会理事及工人代表等谈话，并向地方联保党部及士绅各方面详为调查，尚无向盐工方面发展组织及盐工有受共党煽惑酝酿工潮之事实。工会理事长张知白为该场公正绅士，亦证明工会及工人并无受人煽惑及参加共党活动之事实。惟该场于七月十一日早晨四时曾发生罢工风潮，先由大井泄水工人三十人开始，次即波及傍边之浣泉井，但不到一小时，即经工会理事蒲耀国、李明高等出而制止，恢复工作。事后经场署将为首倡罢工之工人赖兴才、李武员、李锦禄、蔡良材、郑绪南五名捕获，经场署及职等严加讯问，均称此次罢工并无作用，因在工会未成立之前，常于五八腊各节有局部停工要求，灶户增加工资之习惯，此次系效以往故辙，由一二人倡率，以米价每斗已涨至三十元，希图增加工资，初不知现在罢工之严重性，故经理事蒲耀国等出而制止，不到一点钟即行复工，被捕各人均表示悔悟，要求宽恕等语。查该场工资七月一日曾加一次，现在灶工每名每月工资达五六十元，井工每小时工资七角，每名每天可泄水四小时多至五小时不等，每名每月可得八九十元或百余元不等之工资，工价已超过川东任何各场之上，米价虽比他处较贵，但尚未至不能维持生活之程度，当此抗战增产期间，为防止效尤影响增产计，自不能以其无作用即不予置究，此经场署将捕各犯移送云阳县司法处惩办，以资儆戒。职等从各方面侦查此次罢工确系无意识之举动，尚无被人煽惑之情事，倘系被人煽惑，或系有计划之行为，则必系全场井灶工人一致行动，似不至先由一井开始，然后率及他井，尤不至经公会理事一呼而即自行复工之容易也。惟其袁方伯、魏秉权等尚潜伏该场，而现任西北抗日大学延安分校校长龙高轩亦为云安场人，潜滋暗长，不无隐患，云阳县长梁敬民对于异党活动表面虽愿意防止，惟实际方面不肯认真。县党部书记长杨秩东，当职等抵云阳时，因事下乡未晤，据云此人与参加浩变及现在潜伏云阳之共党分子大多均有友谊，不肯破除情面，其姪婿胡刍仁赴西北抗大读书，杨曾为之饯行，且闻以前尚有介绍青年赴西北抗大受训情形。如此灰色人才，领导一县党务，欲求防止异党活动，无异缘木求鱼。三民主义青年团云阳区队负责人胡耀文颇忠实，对于云阳异党活动调查甚详。关于盐场方面之防止异党活动办法除已在县城面嘱盐场驻县监运办事处温监运员与胡耀文发生关系外，并已面托胡耀文将盐场方面之异党活动消息，随时通知监运处，以便转知场署制止，彼等均已慨然承诺。场内方面除已嘱托当地联保主任区分部书记经常注意调查盐工之动态，监视共党袁方伯、魏秉权等之行动，遇有盐工无理要挟或共党向盐工煽惑捣乱时请其随时通知场署制止外，并经职等：(1)召集灶户代表谈话，将共党在抗战期间对民族国家之阴谋，在后方捣乱生产机关之鬼技详为晓示，责成其转知全体灶户，以后对于盐工言论行动应切实注意监视，如有倡率罢工或共党煽惑及作共党活动之事实发生，因工人为灶户所招雇，责成监视较为容易。(2)召集工会理事及工人代表至场署谈话，嘱其以后对于全体工人应严密管理，工人有正当要求，如因生活太高有增加工资之必要时，须先向工会请求转请场署解决，绝对不许任意要挟随便罢工，对于工人平日言论行动，工会及代表应经常注意考查，倘有过激分子及有受人煽惑罢工及其他妨害盐场秩序情事，工会及代表均应随时向场署报告，否则工会理事及代表连带负责。(3)除已口头严切责成外，并已商请场署对工会下一严切训令，将工会应注意事项逐一指明，责成其担负监视工人言行及考查报告之责。(4)场署职员谢云龙、朱杰均系三民主义青年团团员，忠实活泼，尚属有为之青年，已经职等会同场长责成除日常工作外，并担任盐场调查工作，嘱其经常与工会、地方联保及区分部书记、学校教员联络，调查盐工一切动态，并严密监视住场共党袁方伯、魏秉权等之行动。(5)税警第三区部已雇操兴鹏、郭林二人专门担负密查责任，职等亦已嘱其特别注意盐工之言行及共党在场活动情形。(6)嘱各方面多注意共党刘孟伉之行踪，如再来盐场，即由场署商请联保主任逮捕押送县府，因县府已奉专员公署令捕有案。(7)场长崔一萍精明干练，已商请以后盐工有轨外行动，即将其逮捕，移交县政府，依照非常时期维持治安紧急办法治罪。以上各项如能切实执行，云安盐场治安以后无问题矣。

3. 忠县方面：该县县长浦殿钦及县党部书记长谢锡九对于防止异党活动工作尚称积极，以前该县国民团副团长范相涛，县立初中教员邓晨曦均有异党嫌疑，现均去职。本年一月有邓晶三者，涪陵人，曾住该县国民兵团副团长范相涛处甚久，在县组织读书会、学术研究会、青年实验团等团体，吸引青年，专作异党活动，经党部会同县府逮捕说服自新，各项左倾团体亦经解散，县城已无异党活动情形。盐场方面涂井、洽甘井两处灶工与井工共计不过四百人，水工且多兼营他业，并非以挑卤水为常业，井灶工人均为灶户零星雇用，人数不多，又无工会等等之组织。据县党部书记长云：两场盐工尚未发现有被人煽惑及参加异党活动之情事。职等在涂、洽甘两井实地调查，结果亦复相同，惟涂驻井税警第三十二队分队长李驹佩确有异党嫌疑，忠县党部在邮局检获原充该分队班长现调川北南部税警游缉三中队二小队班长罗俊卿致李分队长信件一封，满纸异党语气(原信附呈)。职等在洽甘井时据该场长张笙仲及场署职员称：该分队长平日言论极为左倾，如订新华日报，经常阅读共党刊物，常与税警在其住房内开小组会议，向士兵宣传共党主义，以八路军游击战术作训练税警军事教材，在涂井组抗敌剧团，领导税警参加演剧，宣传共产主义，本年六月该场盐工要求增加工资，其申请书即为该分队长代为递入场署，并称工人生活如何痛苦，倘不增加工资恐有罢工之虑，语带要挟。经场署召集灶工开会，增加工资，方得寝事。本年五月有隆昌人廖某在该分队长处住一星期，颇似共党派来指示工作者，三十二队队长何树葆及涂井居民赵最和、陈之顺等所订之新华日报，均为该分队长介绍等语。似此该分队长确系共党分子无疑，职等在涂井时曾召该分队长谈话，劝其将参加共党实际情况明白申述，准其自新，并保障其职务，乃该员坚不承允，自系受异党麻醉已深无法挽救，职等抵万县后，即商准川东盐务管理分局，将该分队官兵调至万县以期企图说服。经在万以删电呈报钧座在案。不料川东局派税警三个分队前往接防时，该分队长李驹佩即于接防税警抵涂井之前一日（七月十八日），率一部税警畏亏潜逃，仅余税警五名带来万县，编入税警训练。李驹佩率警潜逃，殊为不法，已由川东局通缉归案法办矣。至涂、洽甘两井之以后防止异党活动办法，除已面嘱两井场务负责人经常注意考查盐工动态外，并已责成灶户严切监视盐工言行，倘以后盐工发生罢工及被人煽惑情事，灶户应连带负责。忠县盐场分署职员王重熙为三民主义青年团员，行为尚佳，已嘱其经常注意调查盐工动态，如有轨外行动，随时由场署制止。忠县党部书记长亦经职等面讬以后如有盐场工人及税警方面异党活动之情报，请其随时通知场署，以便制止，彼亦慨然承诺矣。

4.奉节方面：奉节党政军各方面对于异党活动工作甚为注意，异党奉节特支部亦经破获，计捕获县委书记江克钦、组织吴耕历、宣传黄泽国及总负责人王夔均属学校教职学生之列，现被捕各人除王夔态度不明，尚押县府外其余均已准其自新开释。盐场方面工人不多，灶工井工及运炭工人共计不过一千人，且该场只有半年开煎半年停工，井灶工人均已星散，评议公所职员亦以避免空袭移往乡间，无法召集谈话。据县党部书记长罗玉泽及县长易元明称：据捕获之共党自首报告，对于盐工方面尚无煽惑情事，惟驻忠县税警第三十二队第一班现调驻奉节班长陈大玉颇有共党嫌疑。职等在涂井时，即查得该班长与李驹佩时常通讯，故抵奉节后即首先检该班长书信，在其箱内检出共党刊物十余种及与税警结盟书帖多份。据驻奉节税警三十四队队长邓劲称：该班长言论甚为左倾，对其他税警称该班兄弟均曾与队长拜过把，遇事有队长负责，并以哥老会名义在奉节吸收会员，三十四队税警被其吸引加入哥老会者闻有十余人之多，奉节警备司令部班长士兵亦有被其吸收加入哥老会者，是否受共党利用，以哥老会名义作掩护而发展组织，不得而知。等情。此经职等召该班长至场署谈话，多方鞠讯反复劝谕，均不承认有参加共党情事，搜出书籍称系该班已革税警罗焜所有，系队上寄来，发展哥老会员亦不承认。等情。查该班长系高小毕业，文化程度尚高，询其对共党主义之见解，则又推拒一切不懂，性情狡猾，实属无法感化，此将其看押三十四队队部，返万县时已商准川东盐务管理局将其开革，免滋蔓延。该班尚有税警陈保、周武安二名与该班长交情甚密，亦有共嫌，惟无证据。今后防止盐场异党活动办法，除已面嘱场署将来开煎时责成灶户负责监视盐工言行指定专人负责考查盐工动态外，并已与县党部书记长罗玉泽切实联络，如发现有共党在盐场方面有活动时，随时通知场署拘送县府法办，因党部对于调查工作甚为重视，对异党活动尤特别注意也。

5.开县方面：该县县党部书记长肖洪九对于防止异党活动特别认真，平日派有同志打入异党担任内线工作，故对该县异党活动情形极为明了，惟该县长冯均逸为一官场老吏，对其他政务尚属认真，对异党活动不愿卖力制止，免惹麻烦，藉图见好于异党，以致党部方面对共党仅能侦查其活动情形，而无法制止。该县共党有一特支部组织，总负责人为秦朝亨，现充小学教员，其余黄楠材、许寅宾、刘仿韩、陈长德等，均为活动较力之分子，大都为该县学校教职员。温汤井盐场方面，据担任共党组织现已向县党部自首之共党张四维报告，共党尚无在盐场活动之事实，盐场井灶工人及零工并抬盐运炭工等，总数不及千人，井灶工均系灶户招雇，并无工会之组织，工资亦系灶户与工人自由议定，亦无任意要挟停工情事。职等在场除召集评议公所评议员及灶户代表谈话，嘱其切实注意盐工言行，遇有轨外行动，立即随时报告场署制止外，并与当地区党部、区分部书记及镇长陆德明等切实联络，请其注意异党活动及盐工之行动，帮同维持盐场治安，以利生产。驻场税警亦经召集官长谈话，嘱其严切注意部属及盐工方面之异党活动，该场范围内尚小，以后尚不致有意外问题发生。

总上所述，为川东各县异党活动一般情形及职等在各盐场布置之防止经过，根据调查结果，川东各县异党活动对象多为学校教职员学生及少数失意青年，各盐场方面除云安场盐工有工会组织外（系局部的已入会者不到二千人其余尚未加入工会），其余各场工人均系灶户零星雇用，漫无组织，且工人知识皆低，除要钱外大多不懂其他事务，与异党分子不接近，机关亦少，故尚无被人煽惑妨害盐场税警之事实。惟杜渐防微，免滋后患起见，自应该认真防范。税警方面，各队均系独立驻防，队长对于士兵政治训练极少注意，意志薄弱之官兵，难免不有被煽惑者，如驻忠县之三十二分队分队长李驹佩率一部分之畏亏潜逃，即其明证，亦应严加防止，以免后患。盐务机关招考员司亦宜特别注意以防异党混入，兹一并拟具防止办法如下：

二、防止办法：

甲、盐场方面：

1. 由场署责成灶户加紧管理盐工，各灶户应经常考察其所雇盐工之言行，如有过激分子无故要挟，倡率罢工者，应指明报告场署，倘以后发生工潮及其他扰乱盐场秩序妨害食盐生产情事，灶户隐瞒不报告，应与其所雇工连带负责。

2. 有工会组织之盐场，除责成灶户管理外，并由场署责成工会严密管理其会员工人，如有正当要求，应由工会依合法手续向场署请示办理，倘有任意罢工或被人煽惑妨害盐场秩序者，灶户与工会理事及工人三方面均应连带负责。

3. 凡有工会组织之盐场，其工会领导权应由场署把握，不能放弃，已有工会负责人不受场署领导者，应设法取缔，务使每一工会均能由场署指挥，以免被人利用妨碍场务。

4. 每一盐场设精明干练之调查员一二人，小场得指派职员兼充，专门调查盐场盐工动态及其他有关盐务办法事宜，如有不良分子混入盐场或煽惑盐工滋事者随时报告场署制止之。

5. 切实注意盐民盐工之生活及其有关盐民盐工福利事宜，如盐民生活过于痛苦，盐工工资确实不能维持当地最低生活者，场署应设法改善或协同灶户酌予增加工资，其他盐民盐工之医药卫生及教育等项，亦应设法注重，盐民盐工较多之大场，应酌设医务所及工人子弟学校，使盐民盐工能安心工作，不致受人煽惑或利用。

6. 每一大场应经常派驻督察员一人，联络当地党政机关，协同推进场务，有工会者，并指导工会监视工人思想言行，藉以防止异党活动事宜。

乙、盐务机关方面：

1. 盐务总局应成立税警特别党部，各省成立税警区党部，派督察员兼任各级党部书记。经常担任各级税警官兵政治训练及考察各级盐务人员及税警官兵思想言行事宜，并尽量征求本机关职员参加国民党（因机关成立特别党部与章则不符，税警虽属总局之一部，究为部队编制，且全国税警不下数万人，本机关低级员司亦众，不有党部领导，其思想难免不被人煽惑，走入歧途，税警特别党部名为税警而设立，实际即可认为本机关党务领导机关）。

2. 责成各级税警长官加紧士兵政治训练，并随时考察所属官兵思想言行，以后如发现官兵有参加异党活动情事，其主管直接长官应连带负责。

3.本机关各级主管人员应经常注意考察所属职员思想言行，如有员司参加异党活动者应即向上级机关举发。

4.派驻各区督察员，应经常与驻区党政机关联系，注意调查盐务人员及税警官兵之思想言行，如发现有参加异党活动者，应即向上级检举。

5.驻忠县洽甘井税警第三十二队队长何树葆，平日对于所属官兵，不加管束，致该队分队长李驹佩及一部分士兵参加异党，畏亏潜逃，殊属□□，且该队队长亦订阅新华日报，涂、洽甘两井税警时相往来，而驻奉节之该队第一班班长陈大玉并称被搜出之共党书籍系队上寄来，虽系分班独立驻防，然亦不能推诿职责，除该队第一分队长李驹佩已率一部分潜逃，驻奉节之该队第一班班长陈大玉已商请川东局将其开革，拟请免于置议外，队长何树葆拟请调充他职，该队士兵全数调税警训练所，施以严格训练后，分散编队，原有三十二分队另行组编，以资整顿而免蔓延。

〔国民政府财政部档案〕

8.顾建中等关于杨静波调查川北射洪等盐场盐业工人为增加工资与反对兵役进行斗争情况报告呈

（1940年11月16日）

查督察员杨静波前奉钧座渝鹾字第一二九号训令，调查川北各场盐工有无被人煽惑酝酿工潮情事，并妥拟预防办法呈候核夺一案，前据该员呈送调查三台绵阳盐工动向及三台某党活动情形到处，经并督导员方有章调查大宁场盐工情形呈及督导员丁宝榕、龚怡补具调查川东各场盐工动态报告书，以二五四号签呈钧座察核在案。兹续据杨静波呈送川北射洪、蓬溪、西充、南阆、盐亭等场盐工调查报告书一份，请予核转前来。查核内容，尚称翔实，所拟预防办法，亦颇扼要，惟据称关于改善盐工生活增加工资标准一节，与川北分局所定办法在原则上稍有不同之处是否可采，理合抄录原报告签请钧座并案鉴核。谨呈

总
会办

附抄录原报告一件

缉私督察处督察长顾建中
副督察长李熙元
副督察长陈省方

盐工调查报告

川北盐工，近以物价狂涨，原有工资，不足赡养家室，及缓役办理未善，已普遍展开增加工资与反对兵役斗争。此种斗争之发生，一方面固感于生活压迫，另一方面即为奸人煽惑，两相渗透互相为用，盐工斗争渐有变自发的为意识的，个别的为组织性之趋势，若不早为之计，则其势亘结盛成，暴发大规模之罢工或暴动，不惟盐场为糜烂，即后方治安亦将不堪收拾矣。复将射洪、蓬溪、西充、南阆、盐亭五场盐工状况，反动活动情形及防止工潮办法分陈如次：

甲、盐工状况

一、盐工种类及数目：查射洪、蓬溪、西充、南阆、盐亭五场盐工名目，虽有揽子、井匠、二邦手、短班、筒匠、车帮子、水匠、帮手、灶头、掌灶、丢火匠、小工等，然类别之概有四种：即井工、汲水、煎盐及小工是也。井工、煎盐工，通称技术工人，汲水、小工均属普通工人。技术工人多系男性，汲水、小工则杂有妇女童工，惟为数甚少耳。

盐工数目，射洪场八八三二名，蓬溪场三四九一名，西充场二三一一名，南阆场一二一二三名，盐亭场三九二六名。此种数目，射洪、蓬溪、南阆、盐亭四场系场署廿九年统计，西充为场署廿八年统

计，射洪、蓬溪、盐亭三场廿九年均较廿八年增加，计射洪增加六六五，蓬溪增一三八，盐亭增加一一五三，而南阆则较廿八年减少一三二八，西充廿年尚未统计，有无增加不知也。各场工人分类多以技术工人、普通工人别之，究井工、汲水、煎盐及杂工各占全人数若干，均无正确统计。又射洪、蓬溪、盐亭三场盐工多系专业，而西充、南阆两场则多半工半农，专业盐工，西充约占全数三分之二，南阆仅占三分之一，是故西充、南阆两场盐工多不固定也。

二、工作概况：井工汲水工作论班口，其时间长者十数小时，短者六七小时。煎盐工作分轮时间，最长一昼一夜，短者亦十余小时，惟停煎时则终日无事。杂工工作时间，随工作而定，每日至多亦不过十余小时耳。由是可知，盐工工作，尚不为苦，其工作外，仍有充分之休息时间也。

三、工资形态与工资数目：查射蓬等五场盐工工资，除井工系采包工外，均为计时工资，亦间有采用计件工资形态者，然为数甚少，仅南阆之建兴场杜家井大桥及盐亭三元场等处之汲水工资采此形态。计时工资又分按日、按月两种，煎盐因有定期，故工资多以日计。采此形态者，计有蓬溪之常乐、槐花、会宇、三汇，西充之李家场、碾砸庙，南阆之流马场、谢家河、城隍垭、元埧井、卢溪、楠木寺、罗面垭、大王庙、连兴场、兴隆场、大桥老鹳场、杜家井等处。汲水井工工资，亦有以日计者，惟仅蓬溪之常乐、槐花、三汇，南阆之城隍垭、卢溪、楠木寺、罗面垭、城关、定水寺等如是，余均计月工资也。又获得工资之多寡技术多无关系，煎盐工食宿通常多由主人供给，亦有货币工资外，另给食米若干而不供给伙食者，此盖盐业初脱离农业之特殊现象也。

工资数目因各场生活水准不同，工资计算有别，各场各地多寡不一，兹表如左：

1.射洪场

工别 垣别	煎盐工	汲水工	锉井工	修井工	小工	童工	附　注
城　关	二四元	二四元	三二元				此系一月工资伙食在内
大榆渡	八元	八元	一五元		八元		每人每月给米二斗一升合四十四元
大唐溪	一五元	上　一五元 中　一〇元 下　七元	一五元			五元	
柳树沱	二〇元	一四元	一八元				
青堤渡	一二—一四元	一二元	二〇元				
洋溪镇	三〇元	二四元	一五元				锉井每班人共六十五元

2.蓬溪场

工别 垣别	煎盐工	汲水工	锉井工	淘井工	水匠	小工	童工	附　注
常　乐	二·五元	二·五元						以日计伙食在内
明　月	一五元	一五元			二五元			以月计伙食灶户给
槐　花	一·二元	一·二元			〇·八元			以日计
板　桥	三—一六元	一二元			一七元			以月计伙食灶给
上　河	一五元	一五元			一〇元			以月计伙食灶给
下　河	一〇元	八元			一二元		四元	同上
会　宇	〇·三元	八元	一〇元			六元		煎盐以日计汲水锉井小工以月计伙食均由灶给
三　汇	〇·六元	〇·三元	三〇元	一五元		七元		煎盐汲水以日计锉井小工以月计
文　井	一五元	一五元			三〇元	九元		以月计

3. 西充场

垣别\工别	煎盐工	汲水工	锉井工	淘井工	小工	童工	附　　注
文　井	二一元	二四元			一五元		月计
会　龙	九元	一二元	二〇元				月计
李家场	一·五元	八元	一五元				煎盐以日计余以月计
忠和场	四元	一五元 一四元 八元		一六元			
义　兴	一五元	三〇元	二五元				煎盐伙食由灶供给
碾　砸	一·五元	二四元	三五元				煎盐日计余月计

4. 南阆场

垣别\工别	煎盐工	汲水工	锉井工	淘井工	小工	童工	附　　注
流　马	二·二元	三〇元	六〇元				煎盐每日二元二角余月计
黄金垭	一〇元	八元	二一元				每月每人二斗米
盘龙驲	一〇～二〇元	八～一八元	一八～二〇～二五元				每月每人二斗米
谢家河	一元	一六元	一六元				煎盐以日计每月约得十余元
三合场							盐工工资平均每月每人八至十二元加上食米约得六十元
梨子垭	一六元	一〇元	三〇元				煎盐汲水伙食炉给锉工自给
城隍垭	〇·六一〇·八元	六～七元	一元				煎盐每日工资六角至八角汲水每月二七元锉井每日一元平均每月每人可得三十元
猫见井	一四元	六～九元	一六元				均每月每人可得三十元

续上表

工别 垣别	煎盐工	汲水工	锉井工	修井工	小工	童工	附　　注
元垻井	〇·五元	六～一〇元	一〇～二〇元				煎盐每日五角伙食由炉供给汲水锉井每月均给米一斗八升
卢　溪 楠木寺 罗面垭	一一·五元	八～一二元	〇·八元	一·五元			煎盐每日一元至一元五角月得廿二三元淘井每月一元五角锉井八角一日
城　关	一五元	一〇元		一～二元			煎盐汲水每月二斗米淘井每月一元至二元
定水寺	三〇元	〇·七～〇·八元		二～三元			汲水七八角一日淘井每月二元至三元
大王庙	一·六元	四二元	六〇元				煎盐每日一元六角月得四十余元
连兴场	二～三元	八～一〇元	二〇元	一元	一元		煎盐每日二三元月得约六十元汲水九斗米月得约五十余元锉井一斗米月得七十四元淘井小工伙食费外一元一日
兴隆场 大　桥 老鹳场 杜家井	一七～二〇元	一七～三〇元					盐工每日一元月得十五元伙食自给井上用物亦由汲水工人自备者

5. 盐亭场

工别 垣别	煎盐工	汲水工	锉井工	淘井工	小工	童工	附　　注
富村驲	八〇元	九元	二〇元	二〇元			
三元场	八～一六元	〇.四元					汲水工每里每担四角一斗半米牙祭三次三斤肉
汪家沟	三～一六元	三～一六元	一八元	一八元			每人每月二斗米
两河口	一四～一五元	二二元		三〇元			月给米一斗二升至一斗七升

上表所列各场工资数目，皆为访问所得，虽非绝对正确，然各场盐工之待遇可想见一斑。又上表列工资数，均为盐工经过要求以新增加而累集成者，其原始工资尚不及此数也。各场灶户贴给工人食米，有一年九斗，有每月一斗数升至二斗二升者，极不一致，上表所注米数，亦系访问得之，均由灶户供给伙食，或贴给食米也。又空白各栏，均各该处无该项工人故未填列工资数。

四、工人与家庭生活及为工资斗争情形：查川北盐工，过去因受盐业衰落影响，所得工资为数甚少，除伙食由灶供给外，每月至多三五元，以之养家自必不足。近年川北盐业因抗战而繁荣，盐业利润较为优厚，灶户为维生产，对于工资虽均略有增加，然物价节节上涨与乎币值逐渐低落，致名义工资与实在工资悬差太巨，工人所得仍不足赡养家室。并以灶户供给工人之伙食，类多粗劣而鲜营养，故工人及家庭生活均极困苦。

盐工为求一饱，免受冻馁，势不得不向灶户要求增加工资，以资浥注。故要求加资之风已普遍展开，各场无时无地无之。其方式计分个别与集体两种，尤以个别为最普遍，全区各场到处皆有，采取集体者，分以灶为单位与数灶联盟两种，以灶为单位，即全灶工人同时要求，此种现象亦极普遍，各场较大灶厂，曾迭次发生。系灶联盟，系公推代表向灶主交涉。此以井灶团聚之处为盛，如射洪镇，大唐溪，洋溪镇，蓬溪场之上河、三汇，文井、西充场之文井、会龙、楼子、碾砸，南阆场之贺家咀，盐亭场之富驲等处，皆有类似事件发生。其手段多为停工、怠工，以罢工方式相威胁者，尚不多见，仅蓬溪文井、西充文井、会龙、碾砸、南阆贺家咀及盐亭汪沟两河等处，有此情事。然以灶户允加其工资，亦即旋发旋止，惟各地物价，有增无已，灶户虽不断将工资增加，究不能与物价相适应，故各场劳资纠纷仍一波未息一波又起，终无休止也。至要求加资纠纷之发生，出于自发者多，而为人煽动者仅发现射洪场之太和镇、大唐溪、蓬溪场上河、三汇、文井、西充场楼子、盐亭场富驲、汪沟等处。太和镇、大唐溪发生于八月间，其煽惑者为盐神会与青年社，蓬溪场上河、三汇、文井发生于七八月间，均为某党所鼓动，西充楼子发生于七月，为工人苏某所蛊惑，盐亭场富驲发生于八月，汪沟发生于上年三月，均为大匠人所主持。他如洋溪镇、文井、会龙、碾砸、贺家咀之发生集体行动，尚未查出为何人所主使，然以工人团结情形观之，工人中恐有某党分子匿于其间，为之联□否则无知识之盐工，绝不能形成坚固之团结。又各场盐工以灶为单位之加资斗争，恒甲灶平息，乙灶继起，乙灶平息，丙灶随之，各灶工人因轮流，亦以有政治头脑者从中支配也。

五、盐工兵役纠纷：查盐工缓役，早经军财两部，定有办法另令遵办在案。惟以盐工流动不居，及其场登记未确，与保甲人员办理兵役多不遵照办法，故各场盐工，时有被拉应征之纠纷发生，渺乎小者，固无论矣。因此而酿成风潮者，亦时有所闻。如射洪场太和盐所属书房咀同春灶工人李光金，八月二日被保长夏洪顺率丁估拉，激起盐工公愤，集聚数百人包围县府军事科长，大唐盐垣所属瞿家河同药灶工人唐明华，八月十一日被保长邓培先率队估拉，而发生盐工数百人殴伤队丁文奎章，洋溪镇德济灶灶工穆廷金被拉，盐工百余人在途劫持，蓬溪场上河因盐工被拉，聚众欲殴川北师管区某营孔营长，盐亭场汪家沟因灶工被拉而发生千余人之大罢工，均其例也。此种种风潮虽经各场场长相机调处而平息，然保甲盐工怨仇深结，若不妥为改善，则新事件必旋踵而至。至此种风潮之发生，表面观之当因保甲估拉盐工所致，然考诸实际，均有奸人乘机鼓动。射洪书房咀瞿家河一带据查有所谓青年社组织，该社在盐工中已建有组织，负责者为张文锦，此人在全黾寺附近以教书为掩护，始也与当地朱仲兴组织劳工社，并号召盐工二百余人集议向灶户要求增加工资，续而即煽动书房咀盐工作反兵役斗争，旋因书房咀反兵役斗争胜利，又发动瞿家河盐工反对兵役殴杀保长，此事幸得该县政府与该管场署当机立断，将为首之张文锦拘捕，并会衔布告禁止保甲估拉盐工及灶户不得包庇盐工，否则射洪下场一带类似事件，必相继不已。洋溪镇盐工聚众在途劫持穆廷金，为谁策动，虽无确切了解，然此事发生与书房咀同时，是否为青年社之整个计划，实不无可疑。并以穆廷金被拉后，有自称工人代表五人至联保处请求释放一点观之，洋溪镇盐工已组织矣。蓬溪上河风潮未成即平，然盐工之集合系某党分子谢某所鼓动。按谢现任民教馆长，闻在该县某党中为一重要角色也。盐亭汪家沟过去之反役大罢工，为灶户王某所主持，王某究为何如人虽不可知，惟汪家沟三元场富村驲一带盐工多射洪蓬溪籍，射蓬两县盐工民廿三四年多入某党，现汪家沟带之射蓬籍盐工有无某党分子匿迹其间，亦未可必也。此外各场灶户例不缓役，其为免服兵役，亦有鼓动盐工反兵役者，此种事实，已见之射洪盐亭。射洪书房咀瞿家河、洋溪镇及盐亭三元沟之发生反役风潮，灶户亦有极大关系。西蓬南三场虽无类似事实发生，然风闻灶户亦有必要时罢煎之言论，似此盐工缓役，若不速为设法调整，俾其合理，则必为盐场肇事之尤。

六、盐工团结情形：查各场盐工多无组织，惟近年因受改善待遇及反兵役斗争之教训，已渐有团结。除射洪马家沟射洪县党部已组有盐业工会，指定该处区分部书记汪绍云负责领导外，如射洪场、洋溪镇、瞿家河、大唐溪、蓬溪、三汇文井、西充场文井、会龙、盐亭场、富驲、汪沟等处盐工，均有秘密结合。南阆场、梨子垭、蓬溪场、上下河、明月、常乐、槐花、板桥、射洪场、大榆渡、青堤渡、西充场、楼子、义兴、碾砸、盐亭场、两河、毛公、章帮等处，盐工均互有联，其结合名义已知者有盐神会，在太和镇一带，由三台场广利井传去，负责人为谁尚未查出。咸泉会在盐亭场汪家沟主持者，何人不知也。劳工社在射洪大唐溪瞿家河一带主持者，即被射洪县府拘捕之张文锦，并有工人代表袁文金、田玉洪、张大兴、黄太荣等，恐亦该社重要分子也。蓬溪三汇有灶工杨开国者，正在向盐工索洋一元，纠合工人成立工会组织中。西充文会两处盐工闻有组织，惟名义为何，尚未查出。

综上所述可得结论如下：1. 射洪等五场盐工已大半与农业分离，而变为手工业工人。2. 盐工工资均已增加，惟仍不足养家。3. 盐工为求温饱，已展开普遍斗争，并斗争中已有反动分子参与领导。4. 因盐工缓役办理未善，反对兵役已极普遍，并有奸人主使而发生风潮。5. 盐工已有组织起来之自觉，并有若干地方盐工，已秘密团结起来。

乙、反动活动情形

查川北各场均为某党活动最力之区，尤以三台、射洪、蓬溪、南阆、盐亭为最。过去射洪马家沟、蓬溪三汇一带盐工罢工暴动，均为某党所主持，而南阆因近通南巴赤区，江东各属灶井工人泰半均入某党，并有担任赤匪职务者。廿四年委座莅川督师剿匪，川北各县党政机关与驻军组织清共委员会痛加清剿，某党分子转变逃窜，组织摧毁瓦解，活动遂告终止。抗战军兴，党禁开放，各党各派在不违反三民主义最高原则下，均得活动自由，某党野心未死，名为拥护领袖，为实现三民主义而奋斗，实者利用抗战时机，暗谋活动重兴组织，以树立夺取政权之基础。故自七七事变后，一面派员收拾各县残余，再造组织，一面由陕北调派大批受训青年，潜入各阶层密谋活动，各地残余或转变分子，对于现实多感不满，因见某党又可存在，亦复死灰复燃，谋与某党重修旧好，是以某党又蠢动矣。兹将其情形述之如左：

一、射洪：该县某党转变分子有二百人，此种人在政府服务者有傅赞先、吴长卿，经营盐业者除城关盐垣罗鼎九外，马家沟灶户工人为数甚多，惟均不识姓氏。此辈分子转变后原均加入本党，然以对现状不满，常有不正确之言论发出，甚尤堪注意者汪绍轩、傅赞先、吴长卿三人也。汪绍轩曾发动工人组织工会，嗣以不见信于党部遂止焉，现正潜伏乡间从事农业，傅赞先现为县动委会办事员，时发不满言论，然尚无其他行动也，吴长卿现任射洪香山场副乡长，言论亦多荒谬。新组织县城方面，肇于精华小学教员段炼（即段先玉陕大生）与县初中教员赵某，惟极脆弱，经洪沚涵将段炼带渝说服转变及赵某经县中校长请服务团（按赵为教部战区中小学教师服务团团员被派在射洪，县中服务）调回后，县城之组织即瓦解。陕北受训者另有二人：梁华聪者，射洪富丰场人也，曾受训于陕大，回县后曾经遂宁邮差石云程（邮工罢工之主持者现简阳）介绍，与该县邮差刘明庆发生关系，嗣为县党部发觉，将刘明庆说服转变，梁遂潜伏家乡活动未出。赵子振，太和镇人亦陕北受训者，现在太和镇活动。此外有所谓青年社、青年会、默朝教等秘密团体，在各处活动。青年社由资中传来，为某党之外围组织，其主要任务为鼓动后方人民反对兵役，暗杀邮政保甲人员，及搜罗乡村枪械，组织武力，闻有枪者入社，受特别待遇，无枪者受平等待遇，杀一联保主任六百元，杀一保长二百元，杀一甲长一百元。此种团体在盐工中已散有种子，业于上节详及矣。青年会与青年社性质相同，或即青年社之改称亦未定，惟青年会分子多为流氓地痞无业青年及土匪，其经常工作有谓专正开码头，故又名之飞机，有谓深夜练习武术，锻炼体力，以反对兵役，暗杀之准备，究其宗旨何在，组织如何，尚未查明也。在射洪间已有青年会组织者计有文星场柳树沱、复兴场、洋溪镇等处。文星场青年会之领袖闻为刘元钊，刘过去之某党也。柳树沱之领袖为流氓唐俊，商人张用成亦其重要分子，并该处盐工要求加资，张曾鼓动。复兴场之青年会系由盐亭木匠段某传来，其领袖为谁尚未查出。洋溪镇青年会与盐工亦有关系，加资反役斗争该会均寓有力，惟其领袖为谁则不知也。默朝教为一种迷信组织，其领袖闻为蓬溪完香寺唐二公爷，势力颇大，川北各县均有其分子，各处讲经念佛之男女及朝山进香者皆其徒众也。此种组织有汉奸嫌疑，并有人谓射洪之青年会亦变相组织，是也非也尚无法判明之。

二、蓬溪：抗战军兴后，某党在蓬溪活动，极为一时，尤以县城第二区为最，其组织在县城内有支部，在第二区有特区委员会，该县之教育界整个为其窃据，因之全县各处无处无其分子之散布，而县中教务主任许良昌（现在遂宁任私立初中校长）、三日刊编辑吕朝相（现去成都）及民教馆长谢某尤其重要者也。其活动以学生、盐工、贫农为对象。故县中学生，上下河盐工中均经其植有种子。去冬钱凤岐、陈叔年、谭味根先后被捕，虽略予该党一打击，然仅少数暴露分子被迫离开该县，其组织实未为摧毁，故其分子仍散处城乡继续活动，如煽惑上河盐工要求加资及反兵役，并鼓动上花园盐工范某走私，均其事实表现也。现在城乡之某党分子据职所知有无线电收音员刘学曾，大西街小学教员周方瑜、郭希蒨，明月场之陈右军，文井之吕由义等，刘学曾原为本党同志，现入某党以传布收音消息为吸收同志之媒介。故时与来往者闻有罗某、谢哨长、张科员、杜某（大西街教员）等二十余人。此外场署职员戴铭贤、商巡第六分队长单爱（调至乐玉）及检定助理员胡显祥亦均有某党重大嫌疑，而胡显祥尚系陕北受训归来者。按某党蓬溪组织之再造，实得力于川省旅外剧队，该队分子多为某党，在蓬演剧甚之，蓬溪知识青年经其介绍而加入某党者甚多，现在各处活动之某党分子均该队所登记也。

三、西充：某党在西充活动较弱，已知者仅有三青团西充分队长李清源及自陕北受训归来之杨华筠及其夫夏艾丁（湖北麻城），此三人因在县党部歌咏红军歌，杨、夏夫妇被县府拘捕，自愿脱离后均相继离开，西充居民刁蛮异常，对于政府法令多视为弁髦，并因小事辄聚众千数百人围攻县府。如前次丝业推广所将秋蚕种每张加价六角，集有蚕农二千余人围攻推广所及县府，县长动员全城武装弹压，立以放警报相吓，均未平息，卒由推广所取消加价，一场纠纷始告解决。盐工方面在文井、会龙、楼子等处均有团结，其中有无某党活动虽不了解，然此甚易为某党所利用也。

四、南阆：某党在南阆二十四年前曾有普遍发展，黄全垭、河埧场及江东各处曾由某党发动大规模之地方暴动，而江北梨子垭一带已为赤匪占据甚久，二十四年清共后，某党组织虽即瓦解，然至七七事变发生，过去之某党自首人复互相联系，企图死灰复燃，惟为党政机关所知，不久即被解散。此后由周光前、张宏道、张志和等组织大华农场、大中纱厂，以为活动之掩护，而某党组织遂又建立起矣。大华农场发展有数千人，分散于各处，并由郭梦生、罗裕康之集资在昇众保成设有分场，现为扩大组织，正在募集股金中。大中纱厂有男女工人数十人，仅为大华之附庸，尚谈不到作用也。周光前任大华经理，为某党之重要负责人，尝与苍阆中心县委何湘往返，并常至蓬安营山一带巡视。此人清共后曾被捕入狱，但历经拷问致耳为聋，卒未承认也。张宏道为大中经理，常往来于成阆间。张志和为县府教育科长，现任大华农场对外负责人，并营盐业。南部教育界因张志和关系，某党分子亦众。此外楠木寺乡长蒲俊弟、蒲超群与副乡长李复益亦为某党分子，并与大华有联系。盐业方面，城关盐垣垣副朱荣本（即朱清元）、灶户王涵盖、寒坡岭垣正谢芳惠亦均某党过去之首要分子，今年四月南阆灶户反对官收，即为朱等所领导。现三人均在南部，虽无轨外行动，然对政府时有不满言论。嘉陵江东岸各垣所属灶户盐工中赤匪残余尚多，此种人与大华农场有无联系尚不知也。

五、盐亭：某党在盐亭过去亦团结有二三千人，后均经肃清。近年由陕北归来者亦有数人，如毛公灶户王介如为盐亭某党有名分子，随红军北上，在陕北住两三年，近归来在毛公从事盐业。又两河口之陈济人，海门之李某，均曾受训陕大，现陈在塔子山小学教书，李在乡间，活动情形如何不知也。至某党在盐工方面活动尚未发现，惟富驲三元汪沟一带盐工已有秘密结合，即无某党从中活动，亦殊堪注意也。

综上以观，则某党在各场已渐活动起来，其在盐工方面虽无明显组织，然其毒爪已伸入矣，至各县党政机关对于某党本已严加防范，惟以防之而不得其道，及技术落后，某党之伪装掩护往往被一般人所忽视，故尚未作到知己知彼、百战百胜地步也。

丙、防止工潮办法：根据上述甲乙两项，可知射、蓬、西、南、盐五场盐工风潮已因生活压迫及缓役办理未善而肇其端，并由于反动之煽动领导渐趋严重，大有变自发的行动为意识的斗争之趋势。因此，为消隐患于未然，势非设法防止不可，惟防止工潮办法至多，欲其有效，又须根据事实针对症结，确定方策，爰就观感拟具办法如下：

一、改善盐工生活：查各场工潮之发生，据上所述多因生活压迫，而反动所可利用以滋扰者，亦以此为根，故为盐工免生事故，影响增产，对其生活必须设法改善，使之安定，改善盐工生活，兹事体大，欲切其要，又必从工资方面着手，现各工场工资原已增加，惟以物价上涨，币值低落，盐工生活仍不能维持，兹为使工资与物价相适应，对于工资应有以下之规定：

1. 根据各场一般劳工生活水准，规定划一最低工资额，各场现行工资虽因各地生活水准不同而互异，然除雇主供给食宿外，平均每月均可获得货币工资十元左右。此种工资数虽不少，然较之目前后方一般劳工所得，实不为多，为提高盐工待遇，促进增产，应根据目前各场劳工一般生活水准规定划一盐工最低工资额，以为各场灶户支付工资之依准。此种工资额之规定，或有人以为，川北场情复杂，既不易办到，亦无必要。然以目前各场盐工之发生逃跑观之，实属刻不容缓。案现在各场盐工之由甲场甲地而往乙场乙地或改业之他原因固极复杂，要以各场工资高低不一与盐业工资不及其他劳工所得优厚所致。现因乡村壮丁被征入伍，后方人工骤感缺乏，各业雇工为争取工人，多抛高价，致劳动市场价格上涨，一般工资率均被提高，劳动者为多得工资，自不能不舍贱而趋贵，盐工之有移动逃跑改业，此之理也。盐工为增产之必要条件，若仅有卤水燃料，而无人为之汲车煎烧，卤水自不能凝结成盐，故为增加盐产，提高盐工待遇，划一工资额，使盐工稳于盐场而不之他，实极重要。再盐工移动不变，极易为反动分子利用，以传播邪说，组织工人此种情事在清共前曾见于蓬溪、射洪，目前虽未发现，究难断其必无，即为便利管理盐工免遗反动利用之机，亦应规定划一工资额，以稳定盐工行动。职是之故根据一般劳动生活水准，规定划一最低工资额，即有困难亦应设法执行。

2. 工资增减以物价升降为标准：工人生活之是否可以维持决定于名义工资和实际工资之能否相应，而名义工资之能否适应实质工资，又以物价之升降为准。所谓名义工资，即工人所取得之货币数量，实质工资，即工人以其工资所能购得生活资料之分量。是故物价下落，工人之名义工资虽无变动，则其实质工资却已增加，反之，若物价腾贵，其名义工资虽未减少，而其实质工资亦即低落，若工资虽增加，而物价之增加更大，名义工资虽增加，而实质工资仍反减少。此一定不移之理，为一般学者所承认也，现各场工资虽渐增加，而工人生活仍无法维持者，即物价飞涨不已，致工资所购得生活资料之分量甚少，有以致之也。故为保障盐工生活，使之安定而不逃走，在划一工资额规定后之工资增减，应以物价之升降为标准，使盐工所得名义工资与实质工资相适应。言至此，不得不将川北分局所定办法提出一谈。按川北分局规定工资增减以盐价升降为标准，本有其根据，然不切合实际需要，因川北各盐价之上涨，尚不能与物价一致，纵工资随盐价上升，而增加仍不能维持生活，此其一。再盐价之涨落，物价固有关系，要多受制于市场供求法则，求过于供，盐价自然上涨，反之亦必跌落，即所以有旺淡月区别之理，故以盐价升降为工资增减之标准，盐价升时自可增加，反之盐价跌落，亦须随之下降。在目前有增无已情况下，工资即随物价上涨，已只可维持工人最低限之生活，倘以盐价跌落而降低工资，则盐工必相继离开盐场而改就其他职业矣。以物价升降为增加工资标准，或有人虑及损害灶户利润，然工资增加必刺激盐价上涨，灶户除其生产成本仍可获其应得之利润，试问何影响之有，所可影响者为食盐，人民因工资增加，刺激盐价，又加重其负担故也。惟食盐为人生必需品，不可一日或缺，纵贵而不缺，充其极亦不过使人民所得有所转移，而于生理上仍有裨益也。

3. 规定增加工资时间：现在各场盐工要求增加工资随时发生，故若划一工资额与工资增减标准规定后，而对增加工资不予时间之限制，则盐工随时滋扰，灶户不胜其烦矣。故为拘束盐工之欲望，而使之趋于合理，增加工资之时间应予以规定。规定工资增加时间，在目前物价有涨无跌情况下不宜过长，过长则盐工生活因受物价影响，无法维持，势必又停工怠工或罢工以相威胁，亦不可太短，太短则劳资纠纷无宁时矣。为其合理应权衡事实而予以适当之限定。

4. 规定给米数量：查各场工资除以货币支付外有按月贴给米者，此种办法颇合盐工实际需要，应饬令各场灶户普遍推行，惟目前各场给米数量极不一致，应予照划一之规定其数量以每人每月给米二斗为最适中。

5. 规定牙祭次数及肉类斤重：各场盐工食宿由灶供给者，每月必给肉食，俗名打牙祭，此亦安慰工之善者。惟查各场灶户给予盐工之牙祭次数不一，肉类太多，应予改善，使其一律俾盐工获得实惠，照牙祭次数应定为一月三次，猪肉一斤，如此不特盐工个人每十日可得肉食一次，即其家人亦可略吃腥荤矣。

二、保障盐工缓役：查各场盐工滋事，除工资问题外，即为兵役问题，且以此为最严重。按盐工缓役早经军财两部订有办法，遵之以行本无问题，可言而纠纷时起者，即因盐工流动不定，办理登记未臻确实，及兵役人员不遵守法令所致，为免盐工滋事，俾便增产，应有如左之改善：

1. 会同各县政府举办盐工彻查登记：查各场盐工登记，过去多由各场署饬令盐垣自由呈报，并未经彻查，因此灶户之亲朋均编入盐工册内，致真盐工与非盐工无分，遗保甲人员估拉攻击以口实，兹为切实保障盐工，免除包庇壮丁，应由各场署会同各县政府派员彻查，重新切实登记编造盐工姓名、年龄、籍贯、住址、面貌特征册五份，分存场署务所县府，乡公所及川北师管区司令部，并由各场署与各该县府印制布质盐工证发交盐工佩带，以资识别，其能拍制照片至备检证更为妥善。

2. 确定各场盐工数量：盐工为决定增产主要原因之一，不可或缺，若不充分具备，则盐产增加即不可能，是故为求增产，人工不感缺乏，应根据各场原有与新添灶井数目，将实需盐工数量加以确定，报请军财两部核准，以为各场灶户添雇盐工之依据，此事极为重要。目前盐工缓役不得切实保障，原因固多，要以盐工新陈代谢有以致之，并各场灶户开锉井眼，盐工不易雇请，亦因新盐工无缓役保障之故，为增产着想，此事确为首待解决者，若此不得解决，纵盐工登记确实亦难免有新纠纷发生也。

3. 举办盐工移动登记：查各场盐工现因各场工资高低不一常有移动，此不特与保障盐工缓役有极大窒碍，而某党利用以传播种子，亦极容易，故为防止反动利用与确保盐工缓役应办理盐工移动登记。

三、举办盐工及其子弟教育：1. 设立盐工识字班或补习班：查各场盐工多不识字，此不特有害于行政推行，且易为人利用，兹为培养盐工之知识，树立盐工向心力与中心信仰，使其积极为公服务，应于各场井灶团聚之处设立盐工识字班或补习班，以为训练盐工之所。2. 开办盐工子弟学校，各场盐工子弟因受经济压迫，亦多无就学机会，为笼络盐工感情，减轻负担，并救济大批失学儿童，应予各场适中地点开办盐工子弟学校一所，免费收容盐工子弟而教育之。上列两项学校之经费，均由公益捐项下开支。案各处之保育院、慈幼院由盐务机关拨款办理者甚多，现为训练盐工及教育其子弟而使之安心服务，努力工作，由公家拨款兴办盐工及其子弟教育,想亦为层峰所乐为也。

四、管理盐工防止反动:上列三项为安定盐工生活,减少劳资纠纷之根本办法,然仅可减少工潮之可能性,并不能根绝工潮,因劳资双方处于利害绝对相反之地位,在其利害冲突不显露或经某种改良而缓和时,固可相安无事,惟其关系一旦恶化,则新纠纷又因时而发生,某党以工人阶级代表自诩,对任何工人均不放弃注意,其发动工人之目的不在“公正工作时间公正工资”之获得,而在“消灭雇佣奴隶制度”解放工人。故其在实现此种目的过程中,对于工人任何经济斗争均不放松,尽量利用工人之自发斗争教育工人。川北盐业工人有十余万,在川北农村中为一最有联系最易团结之阶层,某党为树立其在川北农村之势力,二十四年前曾于盐工中建立组织,清共后虽均消灭,然由于近年来之新活动,又奠定新的基础。故为消弭盐场危机,便利增产,除积极改善盐工生活外,应严密管理盐工,防止反动。管理盐工川北分局已定有办法,其内容偏重事后管理,足资各场务机关处理劳资纠纷之法令根据,然欲防范于未然,收事前管理之效,仍须另拟办法以为补充,兹将管见述之于后:

1. 应规定汲水工人奖惩办法及盐场通则:查各场盐工最堪注意者为汲水工人,此种工人占盐工之最大多数,辄因工资而发生停工怠工,不将井水汲尽,此于增产影响最巨,为鼓励其工作,应定奖励办法,以为管理之根据。又各场灶户因工人庸愚无知,多对工人施以剥削,而狡猾盐工为对抗灶户,每辄无故取闹,为使工灶关系正常,并确保福利盐工方案之实现,应根据国府颁布之修正工厂法,定一盐场通则,以为范围工灶之根据。

2. 组织盐工职业工会:查关于组织盐工多数人不主张,川北分局前在三台田边子召集盐务会议,有人提出议案,即因反对而否决。职对此事亦多考虑,惟查各场工人因受生活斗争之教训,近多自动秘密结合团体,如官厅不设法使其秘密结合变为公开合法之组织，而施以合理领导，则一旦为奸人所把握，而加强其领导（现各场盐工无秘密结合已有奸人从中主持），必为盐场一大威胁，此其一；二、各场盐务人员政治水准太低，对于反动活动多认识不清，盐工行动之含有政治性者，往往被其忽视，是故若以管理盐工防止反动之重任责其负之，至多作到事后管理，欲其事前予以防范或消弭，恐有不能；三、某党因受过去之打击及知各方均在防止其活动，对于工作方式多取寄生政策，故欲了解盐工中有无某党，必接近盐工者，或盐工始可知之；四、对于某党在各处活动，各县党政机关本已加以注意，惟以各县党政下层组织不健全，与一般人员工作技术落后，故对防止工作尚未深入。综此以观，为寓防止反动于严密管理中，由各场主管机关会同各该县党部组织盐工职业工会，训练工运干部，负责管理领导，较为适当。兹事体大，欲其有益于盐工管理，而不为反动所利用，领导人选须慎重物色，若稍涉疏忽，为某党打入，则吾一切准备均为其所有，此不可不注意者一也；再盐工组织成立，刺激灶户亦必结合团体，以资对抗，自后劳资冲突即非个别行动，必形成两大营垒之斗争，因此盐工组织而不善为运用，不特盐场危机，未能因之而感少，并加重其严重性，止亦不可不寄与注意者也。由是观之，组织盐工利弊各半，究如何决定，请裁之耳。

3. 发展盐工细胞布置盐工情报网：查组织盐工利在以组织力量控制盐工行动，防止反动，然若领导不得其人即有流弊发生已如上述。若不组织工会，而欲管制盐工，防止反动，分化反动势力，破坏反动组织，以达防范未然之目的。积极方面可以宣传政府保障盐工之旨意，树立盐工向心力，并领导盐工积极努力工作第行此法，首须设置专人以主其事，即须于各场务机关设置专人以负发展训练与领导细胞之责。于川北分局设立独立部门，专司指导之责。此种人以各场务所设置之盐工登记员（为办理盐工移动登记必须添设此等人员）及各场署之调查员兼任，另于川北分局添设盐工视察室，以董其事即可。惟此等等专任或兼任人员，均须加以短期政治精神技术训练，以树立其中心信仰与忠党爱国精神，以为服务之基本。此为大体原则，若照此原则而实行，则仍须从详从计也。

综上各点，为防止工潮标本兼顾之办法。其改善盐工生活，保障盐工缓役，与举办盐工及其子弟教育均为从根树立防范未然之基础，管理盐工防止反动，则在纳盐工行动于正轨，而减少反动利用机会，并在盐工内布置秘密堡垒，使反动无法插足，果可完全实现，川北盐工风潮虽不能断为必无，然奸人即欲乘机煽动风潮，亦感困难矣。至盐工储蓄保险及其他有关盐工福利事项，川北分局召集各场场长及评议长员灶户负责代表会议，均经定有详细办法故从略。

〔国民政府财政部档案〕

9. 顾建中等关于郑俊德调查川北乐至简阳河边三场盐工情形及防止工人罢工办法报告呈

（1940年12月7日）

查川北各场盐工有被人煽惑酝酿工潮情事，前经令饬督察员杨静波、郑俊德分头调查，嗣据杨督察员将调查三台、绵阳、射洪、蓬溪、西充、南阆、盐亭等场情形，并拟具预防办法呈报到处，业经签请鉴核转呈在案。兹据郑督察员呈送调查乐至、简阳、河边三场盐工情形报告书，请予核转前来查核内容尚称翔实，所拟预防办法亦颇扼要，理合抄同原报告书签请钧座鉴核转呈，实为公便，谨呈

总
会 办

附抄原报告书一件

缉私督察处督察长　顾建中

副督察长　李熙元

副督察长　陈省方

乐至简阳河边场盐工调查报告

一、概说

查乐至场所辖产盐区域民风纯朴，其盐工均为当地土著农民，颇能忍苦耐劳，故该场生活程度虽高，而盐工工资反较他场为低，同时，全县尚未迁有工厂或学校，外来人士不易久留，该县人口四十余万，每月配征兵额仅三百余名，壮丁抽调未至严重阶段，盐工补充较易。简阳场为较大县份，人口约有一百廿余万，每月兵役配额一千余名，情形较乐至复杂，但全场仅辖三垣又一分仓，共计炉户卅余家，已登记盐工六百余人，以全县人口及兵役配额比较，关于盐工补充亦无特别困难，惟据查该县三星场地方有曾受县训曾充区长之卿云为有名共党，常藉哥老会关系四乡活动，后被人侦知密报县党部，该卿云已闻风逃走，此案曾报省党部有案，足见该县尚有潜伏危机，然盐工为数无多，俱散居各地，似未成为该党活动对象。该县与资阳、乐至、中江、金堂交界各地，近有匪徒潜滋，且已于资阳、乐至边境发生抢劫情事。至河边场(昔为蓬遂场)所辖盐区，系在中江三台遂宁乐至几县交界之间，交通梗塞，文化落后，但因地界数县，常有甲县壮丁逃役乙县，补充盐工特别容易，不过分子较为复杂而已。在本年上季，该场工人曾有几次大规模之加薪运动，经各方分别加薪抚慰，旋仍照常工作，其所含有政治意义尚不明显，值此生活必需各物日见飞涨之际，各场盐工现有工资实不足以维持生计，倘不早加改良，一经奸人从中煽动，则其为患殊堪顾虑。爰将简阳、乐至、河边三场盐工状况反动活动情形及防止工潮办法分陈于后。

河边场之盐工约分管事、灶匠、井匠、搬水匠、汲水匠及锉井工人六种，乐至仅有经理、汲水夫、灶匠(即煎盐)、井工(包括邦车)四种，至简阳场盐工则分经理、括灶、烧盐、打杂、堆柴、火房、山匠(即锉井匠)、简匠、赶车、挑水担炭等十一种之多，考其盐工种类不同原因，大都缘于厂情各殊故也。

二、盐工待遇

乐至厂井灶经理月薪约廿元，汲水夫每月工资七、八元，修井匠月薪十五、六元，邦车约五、六元（系计时），煎盐分掌火、帮火，掌火匠每月工资约廿元，帮火十一、二元，锉井工人每月工资约十元，概由灶户供给食宿。简阳场井灶经理及山匠月薪廿余元，赶车约十元，烧盐、打杂、括灶、堆柴、火房、筒匠、挑水、担炭等工人月薪各约十四、五元，其食宿均由灶户供给。至河边场之盐工待遇则与简阳不同，除膳宿例由灶户供给外，管事及掌火匠每日约得工资一元，灶匠与汲水匠每日各有工资八角，井匠每日工资六角，搬水匠每日工资三角，锉井工人每日工资四角，此简乐河三场近来盐工待遇情形也。

三、盐工工作时间及其生活状况

简乐二场之经理与河边场之管事，均系灶主设以监督井灶汲煎各工作及登记售盐账目或采买制盐所需器材，其工作时间无定。简阳场除烧盐匠以每月煎盐时间而定其工作时间外，其他工每日约工作六小时，河边场各种盐工工作时间每日约八小时，乐至场煎盐工工作时间以煎盐时间之长短而定工作时间之多寡，殊难固定，其他修井工人每日八小时，锉井工人每日工作十小时，汲水夫每日工作九小时，该三场因交通不便，工商业均不发达，人民几全部业农，尤以佃农最夥。佃农当中缺乏资本租佃、田土无多、生产有限、人口浩繁、不能自给自足者，即迫充盐工，盐工家属既为贫苦佃农，盐工又系该项佃农中之生活被迫者，则其生活之不能给足部分胥赖盐工救济矣。抗战以还，百物飞涨十余倍乃至三十余倍，其中以生活必需品价格增涨特甚，盐工待遇既如〈三〉项所述以微薄有限之工资，应付无限上涨之物价，自不能维持其举家生计。此为三场盐工生活普遍现象，若不设法改善，恐从此沦于饥饿线下，演成重大社会问题矣。

四、盐工数量

河边场井灶管事三百十四名，灶匠一千零六十四名，掌火匠三百另六名，井匠八百五十名，搬车匠一千一百六十四名，汲水匠一千一百四十八名，锉井匠四百三十二名，共计五千二百六十八名。乐至场已登记者计五千七百余人，添雇增产工人计约二千余人(现在办理登记中)，共约七千余人，经理人占百分之五，锉井工占百分之十，修井工占百分之廿，煎盐工占百分之十五，汲水工占百分之五十。简阳场已登记者四百七十余人，添雇增产工人约二百零五人(现正在办理登记)，共约六百八十二人，经理占百分之六，烧盐匠占百分之十五，汲水工占百分之五十。简阳场已登记者四百七十七人，添雇增产工人约二百零五人(现在正办理登记)，共约六百八十二人，经理占百分之六，烧盐匠占百分之十五，筒匠占百分之十二，山匠占百分之廿，赶车占百分之十二，挑水及担炭各占百分之十，伙房占百分之五，堆柴打杂占百分之十。

五、役政与盐工

大凡体力劳动工作必须年富力强者，方可为之，当兵与当盐工皆体力劳动也，壮丁非十八岁以上四十五岁以内之男子不合格，盐工亦非兵役年龄之男子不为功，是役政与盐工虽业务各异，而其需要条件则无不同，倘盐工多雇一名，壮丁即减少一人，壮丁多征一名，盐工即减少一人，值此抗战时期，壮丁为兵员补充源泉，盐工系食盐生产之直接分子，而产盐关系国课民生至重且大，两者同属当前要政。所以军财两部早经明定盐工缓役在案，川北分局每于召开场务会议时亦必须注意及之。盐工与役政既如是其重要而有密切相关，则随时随地皆有互为影响之可能，假令办理役政人员不顾及盐工缓役，盐场机关与役政人员不谋合作，其结果必致互相牵制，两无成效，表现反之，则役鹾两政必相率踏上正轨也。所幸简乐两场与各该地办理役政人员尚称妥洽，皆能兼筹并顾，现在乐至每月配征兵额三百廿名，缓役盐工七千余人，简阳每月配征兵额一千零八十名，缓役盐工共计六百八十二人，均经会同保甲册保。惟河边场灶户因办理增产间有争雇盐工情事，盐工亦有因此见异思迁者，时将姓名更换，在从前曾经发给缓役证章及登记照像之盐工，现在彼迁此就，姓名多不符合，兵役机关即认为有规避兵役分子，得以估拉，灶户对于盐工又无证件为保障，将来诚恐影响缓役，此项应请上峰施以善后办法俾利增产。

防止工潮办法

综上各情形，盐工在此各物高涨中，生活正有入不敷出底苦痛感觉，而又以役征办理未善，加之反动者乘机煽惑，形成了盐工雏形式的呐喊和反抗也，将来趋于扩大的有形的实际表现，这种形成是必然的，无可否认的；因此为消患于无形，必需予它以适当和有效的防止处置，兹就考查所得拟具办法如后：

1. 改善盐工待遇　川北盐工在抗战以前，原以物价与盐价率取它最低的工资代价，那时盐工以所得最低代价还可勉强维持他的最低生活，自民族自卫抗战发生以后，各物无节制的高涨，而盐工的工资仍然非常低廉，即有增加亦属有限，终究是赶不上畸形高涨的物价，以致盐工每月所得的代价（七八元至廿元）当然不能供给他的家小生活，因此除部分盐工自怨命薄的守旧工作，一部分盐工不改业即乘机作他的生活斗争，因之易受利诱和煽惑，形成了演绎式的无形与有形——怠工——停工——罢工等的生活斗争形式（如河边场盐工对灶户要求加给工资是），如此求增产期□□效非以盐工的待遇改善为前提不可。但盐工的待遇因循束缚，并无若何的奢望，如能仍随物价与盐价率加以增给，能使它在可能范围勉能维持他的最低生活就不会有若何严重事体发生。

2. 切实保障盐工缓役　兵役为现时要政，固不待言，但盐工为后方制盐之直接工人，其重要性亦与兵役相等，所以军财两部商订盐工缓役办法，以便双方兼顾。但盐工因生活高压关系变动甚大，故甲月登记盐工至乙月又有变动，以致主持兵役机关及保甲人员常估拉盐工情事发生，而奸人亦最易利用此种机会，尽其挑拨离间之能事，以致鹾役双方发生困难。故欲切实保障盐工缓役，则必先改良盐工生活待遇，务使其安心供职，不能随时异动，以免给兵役以口实，至关改善盐工待遇办法，因川北分局已拟有具体办法呈报，总局有案，兹不赘述，是保障盐工缓役亦应先从安定盐工生活着手，藉免鹾役两政同受其困也。

3. 防止工潮及反动活动办法　关于防止工潮办法，职于代理射洪场长任内曾有专案提出川北盐务会议，兹将该原案附呈，兹拟具补充办法于后。

为建议防止盐工风潮详密切实办法提请讨论案

标题：发展细胞组织加强监视活动

查射洪井灶散漫，盐工众多，而聚散无定，尤以近值抗战严重期间，生活高涨，盐工生活日趋艰苦，又兼以本年农作物欠丰，而未来生活之高涨自属意料中事，故盐工处此困苦环境中，最易受异党分子及一切奸人之鼓动与利用，如不切实有效防范，实足以影响盐产及后方治安。

理由：盐工生活及其环境既如上述，但一般盐工率皆知识浅陋，除于待遇上有时合理之要求外，平时大都自怨命薄，尚无虑其有其他行动，但一经奸人之鼓动利用以后，则其危险性必非常之大，不但足以妨碍盐产，且足以影响抗战后方之安宁，故极应发展内外线细胞组织，以期监视严密，并能藉细胞网之关系而获得可靠之情报，以为缉捕之根据，则盐工风潮自可消患于无形，而一切奸人均将无法施展其捣乱社会秩序技俩矣。

办法：盐场与当地党政机关应加强联络，并同时推动如下之办法：

（一）关于外线细胞者（亦称眼线）

（甲）由党部负责发动全县党员严密注视奸人踪迹及其活动范围与所在地，并于甲地发现可疑人物时，应立即注视其去向，并以最迅速之方法通知可疑人物所在地之党员，该地党员接获此项通知后亦应同时兼〔监〕视其行动，如此辗转通知，使奸计不售，且免奸人脱网。(乙)由党部或县府发动并领导各地之哥老会员，使其注意奸人之活动，因此项分子散布极广，无地无之，监视办法可参照甲项。

以上两端，应商同县府党部，开联席会议取得联络，协同办理。

(丙)由盐场署训练灶户，切实注意工人行动，并严禁灶户虐待盐工，致伤主雇情感，如灶户发现某灶盐工有可疑行动时立即密报场务所主任及登记员注意监视。以上办法由场署办理。

(二)关于内线细胞者

(甲)于盐区井灶比较集中地，责由灶户选择可靠盐工若干人(人数不定以能监视其盐工为度)加以政治及技术训练后，使其能从工人实际生活中得以获知奸人之活动范围及活动方法等，但此项训练纯熟之内线细胞，亦应参加奸人所召集之会议谈话或其他活动，一则免奸人疑心，一则可获得可靠情报，以为防范缉捕之根据。但此项细胞须个别领导，使细胞与细胞均不知道彼此关系，以收互相监视之效，而免不稳细胞供给不正确之消息或泄漏秘密。(乙)除上项内细胞外，仍应随时训练忠实可靠工人参加监视，盖可以防止过去细胞网有无腐化或不忠实情事发生。

以上两项应由场署于奉准后单独负责，令由各场务所主任及灶工登记员负责办理，场长负督办之责。

附注：查此项细胞组织，确为有效之防止盐工风潮办法，不过初次实行比较困难，但俟组织就绪后，而又领导得宜，则一切奸人活动均可防止，一切奸计均可予严重之打击，不过关于内线细胞最好每月能酌给津贴二三元，使其能努力工作，而收组织之实效。上项所述津贴，拟责令盐垣在盈余项下按月支给，具报场署备查(上项提案业于出席三台川北盐务会议时专案提出)。

附补充办法于后：

1. 各垣盐工登记员(或盐工管理员)薪工公费由垣开支,至收买细胞之少数费用亦应由垣负担。

2. 各场署主管人员因公务繁忙且署内亦缺乏技术人员,拟于各场署之承审员由本机关函请司法院酌派曾受法训之党方司法人员十名,分派各场,一面司承审职务,一面即可领导组训各垣盐工登记员,以便责有专司,但现在生活过高,此项人员最少需给以月薪一百廿元始能勉敷生活费用。

3. 凡关于各场承审员所领导之监视盐工工作除应秉承各场主管员之指挥监督外,在分局方面应迳由局长室领导,俾期迅速秘密,以利事机,必要时局长室亦可设此项人员一名,直接秉承局长意旨专负指导联络之责任。

4. 在各场所在各县党务方面亦应由本机关函请党方立予增派特务工作人员,恢复特务工作,以期各方兼顾,而收监视之宏效。

〔国民政府财政部档案〕

10. 王伯臣等关于四川犍为盐场工人罢工电呈

(1941年2—3月)

(1)王伯臣等代电(2月21日)

急。财政部盐务总局代总办刘钧鉴:犍场直接盐工于去年秋季呈准犍为县党部成立金山镇制盐产业工会后,即有该会负责人邓树林、袁邦佐、易泽周、刘仲权、钱少云、林桂生、姚安卿等代表要求增加工价□□继又请求按照盐价比例增加,钧已会同犍为场署予以准行在案。最近该工会代表等复有藉口米价高涨,要求工价倍加,虽经会同犍为场署予以圆满解决。该代表等仍予扬言否认,且于本日勒令四区金山镇各灶工人全体罢工,并胁迫一、二、三、五、六区工人停工集队游行请愿,高呼口号,随复砍篾塞井,任意冲撞殴打员工,捣毁什物,几经弹压竟置不闻,一切行动均有组织,至今犹未解散。事态非常严重,显系不肖分子从中煽惑主动,企图递演事变，若不予以有效制裁，一旦事态扩大，影响盐产，妨碍治安，关系极大，除分电外，特电恳钧局根据军委会二十九年四月二十日所颁保护盐场布告，迅赐处治以杜乱源，而维生产。临电引导伏候示遵。犍为盐场商联合办事处主任王伯臣、王方蕃、张权叩。马申。印。

(2)宋惠华签呈(2月22日)

据犍为场长金贵岩面称：犍场井灶工人因要求增加工资，于马晚集众千余人至场署请愿，当时因人数众多，秩序混乱，至挤坏场署门前岗亭，后经多方谕解，并经税警团小炮连协助维持秩序，始行退去。养日午前复来，经当地三民主义青年团犍为县代表，区署镇所向工人磋商，尚未解决，并因当地区署及各法团以此案关系地方治安甚大，深恐发生惨变，当即请驻竹根滩陆军第十七师派兵一连协助弹压，等语。查腊关场价早已核定令行，其中井灶工资一项已按当时生活程度情形予以核增，现该井灶工人等要求追加腊关一二月份工资，如予合理之要求，自应加以考虑，惟似此聚众捣乱已出常规，殊属不合，为顾全盐务威信起见，经职局会同当地机关责以大义，劝谕先行复工，再依法推举代表商讨是否应行增加工资问题，该井灶工人等已接受，于本晚八时退回各灶区复工。除最后解决详情再行呈报外，理合先行签请鉴核。谨呈

总会办缪罗

五通桥盐务分局长宋惠华　谨签

(3)宋惠华签呈(2月25日)

窃查关于犍场井灶工人因要求增加工资聚众要挟并有一部分灶工强迫全体井灶工人罢工一案，业将处理情形签呈鉴核在案。兹据该场场商办事处王主任伯臣等面称：二十四日晚，当地各机关法团代表等井灶工人代表等磋商增加工资数目，该井灶工人代表等

最后要求数目须每月按倍增加，核与公家所准一二月份各加四成及二月份再由公家津贴四成之数相差过巨，似此情形显系另有背景。该井灶代表于行前并声明二十五日恐仍将罢工，各机关法团代表等深恐二十五日又复发生罢工情事，乃提议二十五日十二时再行继续讨论，各等语。查该井灶工人代表等，初则要求加倍工资，继则声明仍将罢工，意颇叵测，似属别有用心，难保不无奸人从中鼓动，如果发生暴动，后患不堪设想，职局自应慎静应付，并面谕该主任仍本本局体恤盐工宗旨，努力和平解决。如果其意实在争论工资多寡，确无其他作用，不妨善言劝谕酌纳其请以免发生暴动，影响地方盐务。去后，职局诚恐该井灶工人另有企图，本日十二时如果仍无结果，深堪患忧，为未雨绸缪以防暴动起见，拟请钧局俯赐令饬税警团派队分驻各地扼要地点，保护盐场，以遏乱萌，所有各扼地点分驻兵力数目，另附清单一纸是否有当，理合签请钧局鉴核示遵实为公便。谨呈

总会办缪罗

附呈分驻地点兵力单一纸

五通桥盐务管理局局长宋惠华谨签

三十年二月二十五日

税警一团分驻犍场各扼要地点兵力清单

第一区：瓦　沱，青龙咀，	共一排；
第二区：杨柳湾，	一排；
第三区：柑子桥，	一排；
第三区：蓊草滩，	一连；
第四区：金山寺，顺河街	共一营；
第五区：灰山井，	一连；
第六区：红豆坡，	一排；

先家沟，　　　　　　　　　　　　　　　　共一排；
花篮街一带　　　　　　　　　　　　　　　一连。

(4)宋惠华签呈(2月27日)

案查关于犍场盐工要求增加工资一案，节经职局先后签报并奉钧局指令有案。兹查由场商补发各盐工一二两月份工资四成及由公家津贴二月份各盐工四成办法，业经盐工代表签字就范，已获结果，除电报川康局鉴核外，理合照录电稿随文附呈，仰祈鉴核。谨呈

总局总会办缪罗

计录呈电稿一件

五通桥盐务管理分局长宋惠华谨签

三十年二月廿七日

照录电稿一件

筦自井(六九二)号卤密第(六四九)养二电计邀钧察。敬日晚盐工代表仍要求工资按月增加一倍，否则有日复将罢工。似此恐非要求加薪之单纯问题，为免扩大并充分准备藉图应付而维后方生产起见，当约其候有日午刻解决。职局旋有将核准一二月份盐工工资，由场商补发四成，二月份因物价较高，由公家核给津贴四成，以示体恤，各盐工不得再事妄求，倘有不肖希图破坏后方生产，即予拘拿严办，届时该良善盐工应安心工作，勿相惊扰，剀切布告。一面报请总局转饬税警总团分布各要隘戒备。工人见布告多表感激，盖即采恩威并施之术，旋工人代表至即责以立照布告规定办法办理，否则显有企图，即予扣留，直至晚十时，该盐工代表始签字就范，宥感两日，工人亦均照旧工作。可见已获得结果，除详情另备代电陈报并分呈总局外，谨先电陈，伏乞鉴核。桥(感四)。印。

(5)盐务总局驻桥办事处电(3月3日)

万急。重庆总会办钧鉴:鹾总务〈312〉号,渝总〈425〉号电奉悉。查犍场工潮业已解决,迭经以科〈2346〉暨〈2366〉号两电转报在案。在本案解决之后,据宋局长将当时办理情形签呈前来,正核转间奉电前因,除指令该分局此案续办情形可呈由川康局转呈外,理合将原签呈随电文单抄呈核。桥处叩。肴一盐务总局驻桥办事处。

抄呈桥分局原签暨附件及本局鹾总务第六一六号密令

签呈

安奉钧局本年二月二十五日鹾总务第六一六号密令:关于犍场场商办事处电陈邓树林等煽惑工人罢工一案,饬即查明妥办报核,等因。奉此。查此案职局曾据该办事处径电暨犍场场署转呈到局,职局第一二二〇号签报情形系据犍为场长金贵岩二月二十二日面报,该场商办事处原电系二月二十一日发出,故其情形各有不同。近据场商办事处主任王伯臣等到局面称:工人代表声明二十五日恐仍罢工,等情。职局为遏乱萌计,曾经开具分驻各地兵力单,签请钧局核示并布告各井灶工人等应各安生业,遵照本布告所定办法办理,不得听信煽惑,自蹈非法,如有不肖分子从中鼓动,法令所在,决不姑容。分别张贴犍乐两场区各在案。奉令前因,正拟呈复,间复据犍为场署第三四七号呈报:井灶工人要求加价罢工暨复工情形前来,除俟加价问题解决再行续报并代电管理局鉴核外,理合照录犍署第三四七号原呈一件,并布告原文备文转呈仰祈鉴核。

再二十五日井灶工人并未继续罢工,据报该工人代表等已遵照职局布告规定办法办理是否属实,所有详情容俟据犍署呈到即转察核合并陈明。

正在缮录间,续据犍为场署本年二十六日犍字第三四七号呈称:查职场井灶工人复工后,至本月二十四日午前十二点钟,因加资问题工人要求过奢,解决无效,有重行罢工举动。当以形势紧张,经电请钧局迅速派武装税警赴金山寺镇压，用资防范在案，是日午后，由税警总团开拨一营到场，并奉钧局颁发布告张贴晓谕，工人气焰稍戢，未敢罢工。晚间复由五通镇长王海门、三民主义青年团团长吴学贵等进行调解，与工人代表袁再谟等会同商议，订定条件：所有一二两月应加工资津贴悉遵布告规定数目办理，并负责不再发生罢工及其他问题。所有解决工人要求加资情形理合抄同原条件一份具文呈请钧局鉴核备查。等情。附抄原条件一份。据此查该代表等既遵职局布告办理，尚无不合，除俟续报增加工资情形到局再转呈外，理合照录原条件一并呈鉴核。谨呈

盐务总局总会办

计录呈犍署第三四七号原呈一件布告文一件原条件一件

职宋惠华谨签　二月二十八日

抄呈犍为盐场公署原呈一件　犍字第三四七号　民国三十年二月廿四日发

案查前据金山寺井灶工人代表邓树林、刘相恒、刘仲全二月十四日报告称："工人等前以工价太少请求增加薪资一案，旋奉场商办事处公函加给二层半，闻命之下，如丧魂魄，因为现刻百物高涨，以米价来说，每斗值银一百元，工人等最高工资不过三十一元，仅买米三升，兹加二层半，总不到四十元，买米不到四升，家间数口不等以此工价何能维持，只得恳请场长大量增加工价，以救燃眉之急，万一不蒙垂念，工人等数万老小立即成为饿莩薰眼折臂自经之状场长可得而见，啼饥号寒之哭声场长可得而闻也。将来如到此种地步，既工人等救饥救寒之不暇，更有何力担任制盐及汲卤之工作，惟有改业另谋生路，而已当此生机将断，用特陈明苦情，恳请场长作主，从优加薪沾感无暨。"等情。据此当以事关生产及工人生活，爰令场商办事处以本年井灶工人工资准照腊关核定工价增加，

并批示知照在案。该代表等于十五日自向场商办事处要求加资时，职参加该处塔炉会议，当即商定一二月份工人工资各加四成，并剀切晓谕该代表等转知各工遵照规定，体念时艰，安心工作，勿得过事要求滋生事端，并令行金山寺制盐产业公会知照。二十日，该代表等复面呈井灶各愿接受一二两月份增加四成之价一案，请示办法，等情。到署。当以场署对于井灶工人生活至为关切，一二两月份准暂加四成，所有三月份工资应造具各工工资数目清册送署再行核定，并再令场商办事处遵照。殊二十一日金山寺稽查处稽查员朱进先回署面报：该处工人以加价不遂，有数灶工人已行罢工，等语。同时麇集工人数百于场署门外，势同要挟，亦未举派代表，职即躬亲向各工训话，言明官厅对于工人生活之注视，及规定此次加成之理由，并准一月份加给四成，二月份加价八成，以示体恤。该工等抗不接受延至傍晚，欲拥入场署，经税警鸣枪威吓，始行散去。复令饬朱稽查员转谕各灶主，立即召回工人，照常复工，以重盐产，倘该灶主任其停顿，所短产额，应即照数赔税，如工人仍未复业，有意捣乱，即开具名单呈署核办去讫。不意该工等欲壑难填，复鼓动各地工人于廿一日响应罢工，并击毁永和灶盐锅四口，工人一人受伤，协和灶五口，管事工人各一人受伤，志成灶一口，仁义、明远两灶各二口，复先后据灰山井顺和街两稽查处及护运三十三小队呈报罢工情形，请设法解决前来。正核办，该工等复于廿一日陆续蚁聚场署附近，职以事态扩大，当即预行加派税警妥为弹压，以免肇事，并以事关生产及后防治安，经请示钧局，并趋赴访犍为县第四区署刘区长，又电请县府派来张代表及五通金山两镇镇长共商维持治安办法，同时，各法团并请驻军十七师步兵一连驻扎两河口阻挡金山寺赴桥工人，以免扰乱秩序。经多方晓以救国大义，及抗战时期后方生产关系之大，每个国民均应忍苦耐劳，努力工作，以达抗战建国之目的，应即先行复工再筹妥善办法，并经场商办事处会商结果，由制盐产业公会易书记转谕各工人立即复业，再予解决工资问题。该工等已全体遵照于廿三日复工，照常生产静待解决。惟此事变先由金山寺发动，再波及各区，自应严加裁判，以安盐场。遂鼓动罢工及晓谕复工情形报请钧局鉴核备查。谨呈
五通桥管理分局局长宋

场长　金贵岩

民国三十二年二月二十五日

解决各井灶工人要求加薪条件

1. 本条件由各井灶代表袁再谟、杨德之、王世荣（以下简称代表）协同负责，调解人王海门、杨谋鳌、陈绍卿共同商榷订定之。

2. 所有三十年一、二两月应加工资津贴悉遵照五通桥盐务管理分局布告规定数目照给。

3. 各井灶工人自经复工后，倘中途再发生罢工或其他问题，应由各代表负责。

4. 本条件经双方签名盖章后，即发生效力。

5. 本条件共缮叁张，由双方各执一张外，以一张呈报盐务官厅备查。

各井灶工人代表　袁再谟　押
杨德之　押
王世荣　押
负责调解人　王海门章
杨谋鳌代
陈绍卿章

中华民国三十年二月二十五日

川东盐务管理局五通桥分局布告

查此次犍场盐业工人要求增加工资，始经犍为场长召集工人代表暨场商办事处负责人等议决，本年一二两月份各按各类工人

原支工资照加成，旋据工人代表报告，各类盐工以生活高涨，二月份增加工资数目四成不足维系，请求再予核增等情。又经犍为场长复行召集有关各方议决，二月份除增加工资四成外，再由公家核给津贴四成，合共八成，以示体恤，而资维系。上项拟议情形迭据犍为场长报告前来。本局以近来生活增高尚属实情，而所议一二月份各按各类盐工原支工资各加四成，二月份再予津贴四成，亦极妥协，而乐场情形相同，应并先行暂准候报上峰核夺。准查。现值抗战紧急时期，后方治安关系巨大，而川省各盐场增产济销重大使命，虽因生活增高，盐工无不痛苦，然公家对于盐工既已优予体恤，各类盐工允宜共体时艰，勉力以赴，本局深悉盐工素称良善，经自此次核加工资，另给津贴之后，各类盐工务须努力工作，以尽职责，倘有不肖之徒从中煽惑，意图捣乱，则法令所在，自当严拿究办，决不姑容。倘或执迷不悟，一意盲从，则我良善盐工宁不悔之已晚。用特剀切布告，仰各类盐工安心守职，勿听邪言，免贻伊戚是为至要。此布

中华民国三十年二月二十五日

局长　宋惠华

（6）王伯臣等呈（3 月 3 日）

犍为盐场场商联合办事处呈　场一四九号　民国三十年三月三日

查此次健场金山镇制盐产业工会要求增加工资不遵解决敢于纠众勒胁全体罢工二日游行捣毁一案：前经职处电呈后，一面即秉承盐务长官迅筹解决之意旨，请当地首长积极调处，不惜牺牲，尽量忍痛，结果虽以解决，暗潮究未平静，若不追原祸首予以惩戒，后患何堪设想。夙稔钧局关怀治安，注意生产，用将经过详情及应请求彻究之点胪呈鉴核如后：

查犍场盐工素性驯良，开厂于兹，向无他异，仅据父老传闻逊

清中叶有少数不肖分子组织蚩尤神会，造成局部罢工一次，旋经嘉定府尹格毙数人，予以解决，从此相安无事，日见融洽。殊去秋有本地地痞易泽周、袁再模、刘仲权等，假藉现行人民组织法令，向犍为县党部呈准立案，在金山镇成立“制盐产业工会”号召盐工强制入会，假公营私，勒索会费。当时只以事关法定组织，未便提出阻止，讵料包藏祸心，别有作用，于二十九年九月廿六日鼓动金山镇工人局部罢工，即由该区灶商自动增加工资六成，事以平息。继于一月十九日，该会又以米价高涨，请求追加工价，当以请求尚属合法，原则概予接受，惟盐务系属统制，考核向由官厅爰即据情转请场署核示，旋奉指令，准予一二两月各追加成，讵知贪欲无厌，得寸进尺，竟于本月二十一日勒令全场罢工集队游行，高呼口号，包围场署，任意冲撞。随复纠众分向各区井灶，胁迫停工，毁锅放水，砍篾塞井，朋殴员工，无所不至，气势汹汹，不可响违。几经劝导，置若罔闻，延及深夜，犹向职处负责人住宅冲撞叫骂，寻衅不休，一时风声鹤唳，全厂骚然。直至次日，始由五通、金山两镇长及第四区署青年团等代向当日领队首领约集谈判，往返磋商，随议随变，旋允复翻辗转交涉始行解决，所有一二两月工资既须按官定四成价格一体照加外，且须由官厅在一月份津贴四成，各灶灶主再在一月份津贴四成，两月各方八成，职处尊重最高当局注重后防生产至意，及顾全国税民食起见，不惜牺牲，忍痛接受，始由该会指命全场复工，此即事变经过详情也。

窃以现值抗战紧急关头，而盐务在统制之下，凡我场商均应仰体上行法令，努力生产，无敢稍渝。该产业工会既为盐工代表，应如何督率领导切取劳资合作，相互协调，共济时艰，始为合理，纵有若何请求，亦应采取正当途径，寻求合理解决，抑或请由盐务长官及该管直辖之犍为县党部主持商榷，庶与现行人民团体组织法令两相符合。否则弁髦法令，作俑生枝，短产误食，病民害国，关系何等重大。溯自该工会成立以来请求加价已达数次，官厅既准行，场商亦无不接受，而此次结果追加四成津贴，四成之解决原已超越各盐工最初愿望，于情于理根本无罢工理由，其所以不顾一切为所欲为，实由该工会少数分子之别有企图，借题发挥，爰有愚弄无知，指使罢工，鼓动工潮，追成事变之举。此种非法行动，即在平时及从前散商自由时代，已为法律所不容许，何况现值非常时期，所有盐场生产及后防治安均为最高当局所注视，岂容此等败类盲动支使致碍国家大计，伏读二十九年四月二十日我委员长颁布保护盐场通令，对于妨碍盐场扰乱盐场因而影响盐场生产者，准由当地盐务行政机关依法拿办，以昭炯戒。足见该产业工会此次非法鼓动事变，尤为现行战时法令之所不容许，其理由至明。矧夫本场范围至为辽阔，不特本身井灶星罗棋布，即外来各大工厂亦复所在多有，各类工人统计不下数十万，若不请予制裁，因此影响波及，则将来万一不幸再有同样事件发生，其妨害国防工业者尤非浅鲜。故以盐务生产及国防工业两点而言，对于该产业工会此项非法行动，已有不能不予以彻究之必要，抑尤有进者，该会发动事变后，竟敢遣派代表，分头结组领队指导，且有暗派便衣多人携带武器尾随保护，一切行动极有条理，以平素夙号善良缺乏智识之下层盐工，而竟敢于如此行动，毫无顾惮者实原各代表之含有其他工作，早有秘密活动用敢如是嚣张。故以后防治安一点而言尤非请求予以彻究，不为功。是以管见所及，于今后善后事宜有切盼迅赐实行者四：

一、请求彻底改组该产业工会：因该会既为少数不肖分子所操纵，若不予以芟夷尽净，革故鼎新，则隐患所存，力量依然，星火燎原，终成大患，此应请迅赐实行者一。

二、请求迅赐依法惩办首要：查本场盐工在逊清中叶所构成立局部罢工，亦原少数乱党煽惑而成，事后解决亦由嘉定府尹格毙首要始行平清，复辙犹存，前车可见，且此次倡乱各首要分子至为复杂，查其平常行动多已超出轨外，往往庠迹团体藉端生事，鼓动煽惑，惟恐不乱，当此国家多事之秋，犍场为后防工业重镇，牵动一发害及全身，祸水不除后患何堪设想，此应迅速赐实行者二。

三、请求令饬犍为县党部今后准设民众团体时事前应加考核组织，事后尤应监督训练免贻后患，查该产业工会自核准成立后为党部即未闻问，任其滋长，致伏祸端。值此抗战期中，人民集会结社固为现行法令所容许，但组织训练实为党务机关应有权责，此次犍为县党部对于该产业工会之行动，事前既未监督，事后尤无处置，探本溯源，责无旁贷，若不请求转令知照促其特予注意，则今后相率效尤何以惩前毖后，此应请赐实行者三。

四、请求优恤场商以示弥补：此次盐工事变，即就盐产一项而论亦已损失叁拾余万，而灶器材之损毁，员工被殴之医药与夫直接间接其他项之一切损失，尤属实有不赀，当此场商遭遇物价狂涨及核价不□成本至再亏折之际，不予弥补，实难维系，此应请迅赐实行者四。

以上各节是否有当，理合具文呈请钧局俯赐察核迅示祗遵。谨呈

财政部盐务总局代理总办刘

主任王伯臣

王方蕃

张仲权

(7)川康盐务管理局五通桥分局代电(3月26日)

盐务总局总会钧鉴：本年三月鹾总务第六三零号篠代电及附件均奉悉。查犍场场商联合办事处请求彻究勒胁全体罢工祸首，以维生产一案，曾据迳呈前来，刻正设法查办，容俟办理结果，再呈由川康局转呈察核。谨复。桥分局叩。寝。印。

〔国民政府社会部档案〕

11. 刘峙为严防东川邮政管理局员工酝酿罢工要求增加工资情况电

(1942年10月12日)

重庆卫戍总司令部代电　坤一韩字第五四一四号

重庆行政院院长蒋钧鉴:案查本部前据报称:东川邮政管理工作人员,近因生活高涨,待遇低薄,咸有罢工企图,若不预为防范,恐因此而有发生暴动之虞,等语。当经本部分别密令宪军警机关,饬属严密注意防范去复。兹据重庆市警察局十月九日呈称:查东川邮政管理局邮工人员,近以待遇低薄,有罢工及发生暴动企图转知防范一案,当经本局于九月一日分别密饬所属严密具报去讫,兹据第十分局长徐澍本月八日报告称:查近数日来,本管区内邮政员工多不依照办公时间按时到退,确有怠工现象,顷复探得内部传出消息,谓双十节以后,邮资加价,如再不能依照彼等请求条件予以加薪,即行推举代表组织罢工运动,等语。除派干警随时侦防外,理合报请鉴核,等情。据此除转报重庆市政府并指令该分局仍注意侦防具报外,理合转报钧部鉴核等情。除再令宪军机关注意严防并指复外,理合电呈鉴核。职刘峙叩。酉真坤一韩。印。

中华民国三十年十月　日　时

〔国民政府社会部档案〕

12. 缉私署等关于福建盐业工人罢工电

(1943年6月7日)

(1)缉私署致盐务总局代电(6月7日)

盐务总局公鉴:据福建缉私处辰皓电称:据杨卫康报告称:福建盐管局山前盐场接运处上迳至坑田段,每日运盐约在三千担,分配挑工每日工资廿二元,以粮价涨不敷糊口,于本月十二日起,全部罢工,要求增加工资,现尚未解决,等情。谨电察核。等情。除指复外，相应电请查照核办为荷。缉私署。三二巳虞渝缉查二3463。
中华民国三十二年六月七日

(2)盐务总局代电(6月16日)

财政部盐务总局代电　卤运〈卅二〉字第九八〇号
中华民国卅二年六月十六日

福建管理局鉴：案准缉私署巳虞渝缉查二〈3463〉号代电开：“据福建缉私处辰皓电称云云至请查照核办为荷。”等因。究竟实情如何，仰即查明办理具报。总局巳铣。

(3)福建盐务管理局代电(7月23日)

财政部福建盐务管理局快邮代电　福运销字第五三一号

盐务总局总办缪，会办张均鉴：卤运(卅二)字第九八〇号代电奉悉。遵查迳坑段挑工并无据报有罢工情事，且山前处因天雨不能挑运外，逐日均有盐斤到达，足证所称全属无稽。惟五月间，上迳站(福清分局)税警因目击工人拾盐发生冲突，枪杀工人一名，致该处上水及装包工人罢工数日，旋由福清分局发给收埋费三百元，并经调解复工，此项风潮当告平息。谨将发给运工收埋费三百元一节，报请核备。福建盐务管理局局长陈纪铨，副局长贝尔逊叩。
午梗。
中华民国三十二年七月二十三日

〔国民政府财政部档案〕

13. 何龙庆等关于镇压福华煤矿公司工人要求抚恤因煤矿爆炸工人惨死经过报告

(1943 年 6 月)

(1)何龙庆报告(6 月 12 日)

稽勇字第 1390 号

社情:富华煤矿公司发生惨剧

查本月十一日上午十一时有山洞孙家沟富华煤矿公司工人五十余人正在煤矿开煤时,讵煤矿自燃,致在矿内之工人五十余人全部惨遭焚毙,并有工程师一人,于事后入矿施救,亦被焚毙。迨至本月十二晨止因矿内空气窒塞,尸首迄未搬出。该公司所有住厂工人多拟暴行,经当地派宪兵五人警七人及一九六师士兵三十六名往厂弹压,尚未滋事,现该公司正妥商被难者之善后及抚恤办法。除续查报外,理合先行报请鉴核。谨呈

副总司令郭

总 司 令 刘

何龙庆

(2)孙伯謇报告(6 月 14 日)

情字第 174 号

山洞福华公司煤矿爆炸及与建川煤厂工人隔阂日深情形

据报:“查山洞凉风垭福华工矿有限公司煤矿厂窑内,于本月十一日午前十时许,因气候过热,突然爆炸,当时在矿内工作之工人二十余名全被炸死,邻近之建川煤厂工人中因与该厂工人多属友好,闻讯后,乃有工人十余名自动前往抢救。讵该矿被炸之后,煤气过浓,养气稀少,致建川煤厂驰往施救之十余工人亦完全窒息死于矿内。因此,乃引起建川煤厂全体职工之怀疑愤恨异常,准备聚众捣毁福华公司,以资报复,但因孔副院长祥熙在该公司投有巨资

关系，驻当地之宪兵二十一团第三营侦悉其情，乃饬所属第九连派队驰往镇摄，并竭力向建川煤厂工人调解，劝勿妄动，静候正当处理。目前该厂工人及两厂死难工人之家属，均愤愤不平，仍似有聚众捣毁福华公司之企图，等语。谨呈

代主任　陈转呈

参谋长

总司令刘

副总司令郭

兼组长　孙伯謇代

(3)何龙庆报告(6月15日)

稽勇字第1425号

富华煤矿公司惨剧案(续稽勇1390号)

查富华煤矿公司于十一日上午发生惨剧后，至十二日，该公司以入矿搬出尸首一具者即赏洋一千元，当日即有工人七名进矿搬尸。讵矿内氧气缺少，工人又遭窒息死者五人，生还者仅有二人，至十三日晨止仍无法将尸体搬出。现该公司正设法如何搬出尸体及商讨一切善后事宜，除继续侦查外，理合续报鉴核。谨呈

副司令郭
总司令刘

职　何龙庆

(4)何龙庆报告(6月17日)

稽勇字1449号

富华煤矿公司惨剧案(续稽勇1425号)

查富华煤矿公司于十二日设法搬尸失败后至十三日晚九时许，该公司正拟用通风管入矿搬运尸首时，忽有建川煤矿工头郑南奎、张进德率领建川厂工二百余名，围住富华公司，威胁该公司协

理陈胥聿提出条件:(一)购买上好棺盛殓死者;(二)先发抚恤金,再行搬尸安埋;(三)遍发黑布与所有工人佩戴,以表纪念死者。现富华公司除恤金一项须请示上级外,余均承认,现搬尸体事宜正设法进行中,至闹事工人已一九六师派兵弹压散去。除续查外,理合续报鉴核。谨呈

副总司令郭刘

何龙庆

(5)吴光运报告(6月26日)

宪兵第二十一团报告　团警(二)字第〇九三九号

案据本团第三营营长黄启汉六月十四日警字第一五六号报告称:"据第九连连长陈世华报称:据山洞福华工矿股份有限公司矿厂总务科科长张开元于六月十一日上午来队报称:本日上午十时许,本公司矿洞煤气爆炸,死伤多人,现有少数工人意图暴动,请派兵予以制止。"等情。当即派员率兵驰往孙家沟,会同警察处理。工人虽两度聚众,欲寻觅工程师殴打,均竭力劝止,得未酿成惨剧。于翌日,该公司复请来驻新桥一九六师五八七团六连兵力一排,担任警戒,曾因误会与工人发生斗殴,亦经劝解平息,双方均未受伤。嗣工人要求对死者从优抚葬,业由公司接受;工人气焰已消,不致再生枝节,乃于本(十二日)日下午六时将宪兵撤回。至煤洞爆炸原因,因洞内仍充满煤气,无法得悉。然据公司负责人称,于爆炸前分钟,曾经工程师三人(内有魏树九一名出洞后复陪一亲友返内参观致遭不测)入洞检视各部门工程设备,并未发现有何异状,其究竟原因无由判定。死亡人数约四五十人,受伤者五人,已告痊愈。现该公司工程人员正设法以机器排除煤气,以便清点死者及调查爆炸原因,为此理合备文报请鉴核。等情。据此。除饬该连严密查察注意工人行动,并将调查情形随时具报外,理合备文报请鉴核。等

情。据此。除指饬续查原因具报外，理合先行备文报请鉴核。谨呈
总司令刘

宪兵第二十一团团长吴光运

〔国民政府军令部战史会档案〕

14. 包华国关于猪鬃制造业工人罢工及被迫害情形呈

（1943年8月11日）

重庆市社会局呈 社元五字第〇八八二号
民国三十二年八月十一日

案查本市猪鬃制造业劳资争议，始于本年二月，该业工人初则随意应付工作，继则于五月初间擅自实行有组织之怠工，以致生产停顿，厂方损失。迭经本局先后召集双方秉公调处，裁定本年五月以前工资按照该业主工双方原工资增加百分之十五，六月以后，工资复照五月份所发工价增百分之六十，均经主工双方签字同意，工方具结保证不得怠工，并经命令不得再有同样情事发生。殊该业工人会后阳奉阴违，并图将此种方式扩大及于贵阳等地，以资要挟。主方鉴于工人前次怠工之损失，委屈求全，曾一再私自协议，均属无效。至七月二十三日，又由本局再度调处，经议定自七月一日起依照五月份原价另增百分之二十以作工人福利事业基金，其保存动用办法并须自该业工会拟具办法呈候政府核定施行。讵协定订未几，突据报该业工人复以威胁手段要求厂方发放福利事业基金，并要求于另加百分之六十以后，再比例增加百分之二十计算发给，所有南岸畜产和源等厂迫于威胁，业经如请发放，宝丰工厂未及照发，该厂工人又于本月四日实行罢工。等语。正办理间，复据该业公会呈称：案据宝丰公司八月五日报告称：径启者：查主工双方增加工价案，准大会通知从七月份起由厂方比照原工价例外津贴百分之二十作为工人福利事业基金，动用时由职工会拟具办法呈请社会局核定。敝厂工人于昨（四日）强迫厂方发给百分之二十津贴，

并照增加百分之六十计算后，再为计算发给，经厂方负责人召集代表解释一切，亦属无效，遂于午后四点钟停工，本日仍未复工。查前七月七日工人无故停工损失，曾准大会转奉社会局社元字第六八三号指令：以后例假补工一日，并以后不得再有无故停工之举动，否则严惩不贷。等由。在卷。用特函请大会转呈社会局依法迅以处决，并饬其赔偿厂方损失，以利生产，实为至感。又据同日畜产公司报告称：查此次猪鬃制造工人怠工风潮，甫经主方忍痛凭由上峰解决，以为此劳资必可协调，共向增进生产之途迈进，殊据敝公司所属龙门浩猪鬃厂负责人报称：本厂工友曲解七月二十三日主工联席会议之决议，强迫比照原工价六月已加百分之六十之总和，照总和数给予百分之二十福利事业基金，但动用此项基金，须由职工会拟具办法呈候社会局核示后方可动用。当根据协订事项，逐条解释。殊工友藐视法令。未奉社会局指令以前，强迫厂方职员发给，不可理喻，情势汹汹，势欲动武，厂方不堪威胁，又怨遭受侮辱，不得已暂避其锋，姑照彼等之要挟给予，以候报请公司转报大会，亟谋正当解决，等语。据此相应请大会迅予报请社会局依法采取有效措施，以免横生枝节，而资消灭工潮，维护生产，等情。到会。正拟办间，复据报和源公司猪鬃厂工友与宝丰畜产等公司所属工厂之工友发生同样之情形，且该公司有职员被工友殴辱之事。据报，上列各情工方其为计划之一致违法行动昭然若揭，无遵照双方协订之诚意，而蓄意酿出事端，亦至为显明，为政府威信计，为劳资双方之合法利益计，窃以为此种刁风实不可长，此种恶习必须铲除，为此报请钧局迅予违约工友以有效之制裁，并予各该工厂以相保障，实为公便。各等情。据此。当经派员查明，并将该厂此次罢工负有实际领导责任之工人陈少平、秦国轩、欧洪奎等三名勒传来局讯明属实。查该工等于兹抗战期间，经本局曲予周全，一再调处，均不遵守，竟敢实行罢工，实属有意违犯国家总动员法第十四条之规定，除将该工等送请卫戍总司令部按军法严办，及该业工会督率无状，

常务理事刘靖五撤职留任，畜产工厂代表助长工潮之穆成武开除会籍，以息工潮，并分别呈电函外，理合报请鉴核备查。谨呈
社会部

重庆市社会局局长包华国

〔社会部档案〕

15. 中统局关于四川生丝公司第一制造厂女工罢工情形函

(1944年1月)

(1)中统局函(1月22日)

中国国民党中央执行委员会调查统计局公函

渝情字第1014号

中华民国二十九年一月二十二日

兹有关于渝市生丝公司女工罢工报告一件相应抄同原报告，函请查照参考为荷。此致

中央社会部谷部长

附抄原报告一件

局长朱家骅

副局长徐恩曾

渝市生丝公司女工罢工

重庆一月十六日讯：四川生丝公司第一制造厂于本月十一日女工部分突然宣告罢工，按该厂女工共计四百余名，平时受厂方压迫，已屡次要求厂方平等待遇，增加工资，如何厂方均置之不理，并有种种剥削，如遇空袭停工扣资，迟到罚金等，故一般女工处此生活困苦厂方压迫下，乃于十一日商得女工同意，实行罢工，并推举代表吴泽玉、孙德辉等五人向厂方提出要求。其条件四项如下：(一)增加工资；(二)不扣空袭时工资；(三)奖罚严明；(四)改良卫生设备。现厂方尚未答复，闻该厂厂长陈世禄认为一般女工均属穷

人，不能长久罢工，态度颇为倔强云。

(2)严晋轩调查报告(1月24日)

奉派调查四川生丝第一厂罢工事。遵于十时出发，会同市党部代表欧阳有方同志前往磁器口。当即到达该厂时，全厂机声轧轧秩序井然，随作厂方询问，由该厂事务组主任邓公彦接见，据谈如下：(一)罢工事出于本月十一日下午，原因坐操工人误会厂方发给立操工人双工问题而起，当经渝市第三十区分部书记陈独生(前曾担任渝市民运工作)会同宪警当局出面调处，旋即平息，并于次日(十二日)复工寝事。查立操工人系应用新式机械，工人系来自长江下游，技术较高，故每日工资较坐操工稍高四五分钱，此乃事实，但发给立操工双工一节则绝无其事。厂方决不能厚此薄彼，可请调查；(二)关于工资问题，查本厂缫丝工人平均每日每人工资六角，高下各以五分钱为度，此次坐操工人要求增加至八角，厂方以兹事体大，因生丝公司所属养蚕制种等单位计有三十余个，应俟调查统计后，在统筹核定可能数目方可施行，据个人观察，此事虽不能如工人之愿如偿，但厂方已准备于旧历明年正月实行，其数约增至七八角之间大致尚可办到；(三)关于空袭时扣除工资一节，系随事实而定，如上午已开工，遇有警报，以半工计算，下午亦类推，但不论上下午解除警报后，尚有二三小时，可厂方规定工人仍须返厂继续工作，所谓扣除工资者，系对工人于解除警报后尚有余时不返厂工作者行之；(四)奖罚问题实为增进工人技术及发达生产的一种手段，厂方系按照缫丝折扣大小及匀度如何决定增减其工资数量以分计。例如：1.折扣：凡同一茧种，若平均以茧五担可缫丝一担，而某工人以四斤缫丝一斤则应奖，某工人以六斤缫丝一斤则应罚；2.匀度将工人所缫之丝摇入黑板上检验其粗细是否匀适，评定分数决定奖罚。(五)关于本厂卫生设备，莫不随时注意及之，查立操工因来自外省，本厂备有木质架床供给住宿，各部分工作场所亦甚整洁,现拟增辟防空洞一处,正交涉中。至此刘君即陪同职等分往各工场参观一遍,除随即告以刘君应改善之处外,所得印象佳,工人尚能安心工作,设备大致完善,本拟召集吴泽玉、孙德辉等工人代表谈话,职以事寝息,为免生枝节计,暂可作罢,欧阳同志亦以为然。辞出后,曾访渝市三十区分部书记陈独生同志,未遇乃再访问邻近第四联保办公处,承负责人江心之君接谈如下:此次生丝厂工潮事解决尚速,经陈独生书记出面调处后,于次日即告平息。查该厂陈厂长为人尚厚,闻此次坐操工人要求平等待遇,发给双工事系坐操工人操诸太急,因厂方虽有发给立操工人双工之议,但尚未实行,而坐操工人已力起力争,则厂方自可隐没否认。等语。事后职乃面托欧阳同志转知陈独生同志,应将本案处理经过具报市党部转送本部备核,当经同意。综上调查所得,大致已无问题,此后关于1. 增加工资问题,2. 空袭时扣除工资(应规定施行细则)俟市党部查复再核。本件拟存,查是否有当,理合将调查经过情形报请核示。

职　严晋轩谨呈

〔社会部档案〕

16. 包华国关于心生牙刷厂工人罢工情形呈

(1944年5月6日)

重庆市社会局呈 社字第一二四八号
民国三十三年五月六日

案据本市心生牙刷厂本年四月二十五日呈:以四月九日工厂马达火线发生故障,至十一日始经修复,在停电三日中,因属人力不可抗者,仅由厂供给食宿,不付津贴,工人全体请假罢工,请予查办,等情。前来。经即派员前往处理。复经主工双方商决立约五项如下:一、自四月二十八日起,全体工人开始复工;二、嗣后各工人均遵守厂内一切规则,并不得任意罢工(厂内之规则应即呈报社会局备查)；三、停电中三日津贴免发；四、工人返厂工作，厂方不得任意留难；五、工资应予调整(工资之调整应经厂方董事会之决议及社会局核准后实行)。本案遂告解决。除批饬该厂遵照外，理合将本案原因及处理情形报请备查指令祇遵。谨呈

社会部

重庆市社会局局长包华国

〔社会部档案〕

17. 复兴商业公司等关于南充县猪鬃厂工人要求提高工资进行罢工电

(1944年9—10月)

(1)复兴商业公司致贸易委员会代电(9月7日)

复兴商业公司代电 渝易业(卅三)字第一一一〇号

中华民国卅三年九月七日

贸易委员会钧鉴：案据四川畜产公司本年九月一日复字第三三二六八号函称：敬启者：顷据敝南充办事处函称：南充猪鬃厂工人要求增加工资百分之百不遂，发生全体怠工，敝处已于八月十八日将怠工事实具报南充县府，恳于制止，并盼严饬工人赔偿怠工伙食。嗣于廿四日蒙县府召该工会常务理事林伯丛面饬转谕该会员等克日复工，不服者指名具报，以便拘惩。殊南充工人竟不顾法令，更变本加厉，全体停工，并谓要求不遂，将发生暴动。等语。敝处为提防未然起见，除联合同业具报县府电述停工情形．恳予制止，严饬复工外，特此函呈请迅呈全国动员委员会并贸易委员会电南充县府严饬该工人等克日复工，以免影响生产，而利外销，等情。查工人罢工，妨害生产，除由敝公司联合同业具函同业公会转请全国动委会电令南充县府转饬复工外，诚恐旷日持久，仍不工作，自必影响贵公司合约鬃交期，拟视将来停工之久，暂保留交鬃期间之伸缩，特函奉达，即乞察照，并请转呈贸易委员会电南充县府迅饬复

工赐复为荷。等情。查该公司本年度订售本公司猪鬃七千担，已据交到者仅二千九百余担。亟待制交，以供外销。据函前情，除复准转呈核办外，理合据情转呈鉴核办理。复兴商业公司总经理席德柄公出协理余绍光代〈0907〉。

(2)南充县政府致贸易委员会代电(10月5日)

南充县政府快邮代电 社字第四四八号
中华民国卅年十月五日

重庆财政部贸易委员会鉴：准卅三出二字第六九七四号代电称：以据报本县猪鬃工人要求增加工资不遂，将发生暴动，转嘱设法制止并饬令克日复工见复，等因。查本县猪鬃工人为要求增加工资怠工事件，经将肇事者首要法办，各厂工人已严饬于本月十七日正常复工矣。相应电复，烦查照为荷。南充县长张鸿士。社申酉微。印。

〔社会部档案〕

18.宪兵司令部等关于顺昌铁工厂民生机器厂工人怠工罢工电

(1945年3—4月)

(1)宪兵司令部代电(3月11日)

宪兵司令部代电 警政渝字第1030号
中华民国三十四年三月十一日

重庆战时生产局公鉴：兹随电抄奉猫儿石顺昌铁工厂前后罢工情报一件，用特电请查照参考为荷。宪兵司令部警政渝寅真。附抄情报一件。

猫儿石顺昌铁工厂工人前后罢工经过

一、二月三日罢工情形

据报：猫儿石顺昌翻砂铁工厂工人四百余人，因请求厂方公布卅二年终红利分发情形与本年(卅四年)增加之数目,及请求翻砂部与机器部工人同等待遇问题,于二月三日晨,该工人等集议一致罢工,要挟厂方答复,嗣经厂长梁有耀当众宣布上项答复后,始于五日复工。

二、三月七日工潮演变经过:

该厂翻砂部工人因厂方以工作出货多寡而定工资,该工人等企图多得工资起见,请求加作夜工,厂方以各方所定之货□不□□□促□未允,而彼等则要求必须付给工资,夜间无工系厂方负责,同时以机器工人除例假不做夜工外,平时均做夜工,彼等认为厂方待遇不平。又机器工人郭道篆,于三月六日做工时,损坏锉刀一把,管理员即责其赔偿一部,以维厂规,郭不接受,继之厂方亦令其赔十分之一,郭亦不允,遂辞职他去。该部全体工人认系厂方逼迫,均抱不满。七日上午,该两部工人举出代表孙梅棠、陈汉林、朱璋、俞伟杰、贾纪璋、何泽林等,向厂方复提出要求:1.翻砂工人要享同一待遇;2.厂方不允翻砂工人之要求,因而翻砂工人离厂时则全体一律罢工;3.厂方必须将离职工人郭道篆找回;4.在工作时,非故意损毁家具不得追索赔偿等条件,当经该厂经理马雄冠出面调停,未获结果,直至八日仍在僵持,未克解决,现全体一致着重请求增加工资,事态益为扩大,八日下午社会部与劳工协会派员前往调解,仍无结果云。

(2)战时生产局代电(4月9日)

社会部劳动局重庆市社会局公鉴:查民生机器厂于三月十三日发生工人怠工一案,经派员前往实地调查,工人怠工目标不专在要求改善待遇,且三北机器厂及顺昌铁工厂等地工人亦相继发生类似事件,暗中是否有人主使,另有其他作用,相应电请查照,注意防范,以维生产为荷。战时生产局。渝制〈卯〉〈佳〉。印。

(3)社会部劳动局代电(4月24日)

社会部劳动局代电 发文动管三字第13377号
中华民国三十四年四月廿四日

战时生产局公鉴:三十四年四月九日产(卅四)制字第一四五四号代电奉悉。查顺昌铁工厂民生机器厂前因劳资发生纠纷,引起怠工,当经本局会同重庆市社会局派员迅予调处。本局为防止其他工厂发生类似事件,复经分函重庆卫戍总司令部,重庆市社会局暨令饬所属流动调查登记站,注意调查防范,以维战时生产。准电前由。相应将办理情形复请查照为荷。社会部劳动局。管三迴。印。

〔国民政府经济部档案〕

19. 程城等关于中国毛纺织厂工人罢工电呈

(1945年6月)

(1)程城代电(6月1日)

战时生产局局长翁鉴:顷准中国毛纺织厂厂长徐谟君巳东代电开:本厂工友本日上午七时规定上工时间均未上工,事前及当时并无正式或非正式罢工表示,推究缘由,因辰世上午二时,有梳纺工场夜班工友罗光清于半夜上工之后,无故停车怠工五小时影响所及,折减毛纱生产量达六十公斤,经主管职员一再劝导,悍然不听,不得已,予以开除处分之故。但该工友本人及工会方面亦均无所表示,殊深疑虑。查本厂近以赶制捐献军呢工作,不容稍有停顿,除分别陈报外,用特电达尚祈转呈上管官宪迅予劝导复工,依法办理,以利生产而维工业,等由。理合转呈钧核饬遵。战时生产局李家沱工业区公共事业管理委员会主任秘书程城 叩。巳东。

(2)刘鸿生代电(6月2日)

战时生产局钧鉴:商厂设在李家沱,男女工人千余,本年先后依法成立区党部及产业工会,相处向甚融洽。春间经董事会决议呈报军政部捐献军呢十万套计二十五万公尺，藉助军需。上月试织试染完讫，定于六月一日开始赶制，因先一日上午十二时，有梳纺工场夜班工人一名无故停车怠工五小时，该管技工职员劝导不从，不得已予以开除。讵即于六月一日发生工潮，全体突然罢工，该工人及工会方面事前均无所表示。鸿生闻讯赶往商同地方官宪，尽力劝导复工。自上午至子夜迄无成效。全体工人竟于夜半一时集合出厂，进城赴社会部请愿。目睹情势，窃恐工人受人利用，从中捣乱，影响军呢交货，耽误补给，罪过匪浅。理合电陈事状呼请俯赐维护密饬查究，曷胜迫切待命之至。除电呈军事委员会国家总动员会议经济社会部四川省政府外。中国毛纺织厂特种股份有限公司经理总经理刘鸿生叩。巳冬。

(3)李泽民代电(6月2日)

战时生产局局长翁鉴：李家沱中国毛纺织厂因开除工人罗光清，于本晨六时酿成罢工风潮，经职与社会科管科长，警察局林局长会同贵局张专员数度调解，均无效果，正在依法解决中，突于本夜二时余，由工头朱文进率领全部男女工人千余名涌出厂外，据云到渝社会部请愿，劝阻无效。睹其行动，显有奸党主使，除电呈社会部，重庆卫戍总司令部，四川省府三区专署外，援依非常时期农工矿商管理条例第八条之规定，电请贵局先行派员督导限期复工。用重工业。巴县县长李泽民。巳冬。印。

(4)李泽民代电(6月2日)

战时生产局局长翁钧鉴：李家沱中国毛织厂因开除工人发生罢工风潮，业经电呈在案。兹经职会同社会部张督导员，凌专员及党团军机关首长召集该厂工会理监举行座谈会，劝令先行恢工，至于开除工人依法查明处理，均经赞成通过，已于冬日全体工人复工。谨电奉开。巴县县长李泽民。冬。印。

(5)李泽民呈(6月　日)

巴县县政府呈 社急字第二十一号
中华民国三十四年六月

案查中国毛纺织厂此次发生工潮一案，经职会同社会部、战时生产局各代表及党团军警机关各首长召集该厂工会负责人员、工人代表等一再举行调处座谈会，除以令工人于本月冬日先行复工外，关于此次劳资双方发生纠纷真相，由政府查明依法处理。当经推定职与社会部张督导员、县党部沈书记长、分团部干事长、公共事业管理委员会程秘书等五人负责调查明晰，并限三日解决。旋经调查结果综合各方意见决定处理办法如次：(一)查工人罗光清在工作时间内擅自停工，不服主管人员之管理劝告，违抗命令，并引起工潮之发生，该工人实不能辞其咎，本应予以严重处分，惟姑念该工人年幼无知，事后尚知悔悟，着从宽处分，由该公司另予工作；(二)查该厂工会负责人员，对于这次工潮之发生，不特事前不加制止，事后又不呈报政府处理，以致事态扩大，实属领导无方，未尽职责，应予惩处，姑念该会成立不久，组织未臻健全，情尚可原，今后应由政府严加督促指导，以资改进，爰于本月六日将上项处理办法，召集劳资双方到场，公开宣示，均无异议，本案遂告解决。理合将处理经过情形，具文报请钧局核备示遵。谨呈

战时生产局局长翁

巴县县长　李泽民

(6)程城呈文

窃查本区中国毛纺织厂，前因开除怠工工友罗光清一名，致全厂工友于六月一日上午七时起均不上工一案，经已代电呈报在卷，兹将该厂停工以后及调处复工情形续呈。午后，当该厂事件发觉时，职比赴巴县县府与李县长商讨处理办法，经条谕社会科管科长

及警察局林局长等会同前往中国毛纺织厂，召集工会理监事及支部干事等开第一次调处会，商讨原则有二：一、先行复工问题，二、为开除罗光清处理问题。该工会人员坚持须先将罗光清复工后再行全体复工，否则不接受处理，以致毫无结果。至下午三时许，钧局张专员鹗莅区，复与会同县府管科长，警察局长等召开第二次调处会议，当时多数工友均愿复工，惟有工友朱文进及杨仲均二名从中把持，坚不承认，以致又无结果，突于六月二日上午一时三十分（即六月一日午夜），全体男女工人一千三百余人步行至重庆海棠溪，并推派代表何根法、朱文进等向社会部请愿。在未出发之前，据巴县警察局陈督察员振有声称：顷见新华日报记者路明在内活动。是晨职与张专员亦乘车赴渝向钧局报告后，旋至重庆卫戍总司令部，请其一方面调派军队前来本区警戒，一方面转令渝市宪警阻止请愿工人渡河入市，以防意外，复往社会部陈述经过，并请其派员莅区，会同调处。该部当派凌、王两专员及张督导等来区，到达之后，即由巴县县府通知地方党团及各有关机关开第三次调处会。当前决议办法三项：（一）六月三日下午七时全体复工；（二）罗光清问题由调处会推派代表调查事实后，再行依法解决；（三）推举社会部张督导、巴县党部沈书记长、三青分团龚干事长，县府李县长及张专员与职六人为调查代表。经过四五两日之调查及审讯，据工会理监事会人员及多数工人均承认此次罢工举动确有错误，且为违法，于是商得解决办法二项：（一）工人罗光清无故怠工以致引起罢工风潮，本应严办，惟该工人年幼无知，尚能悔悟，姑从宽处理，着由公司方面另予其他工作；工会负责人对于此次罢工，事前既不能设法制止，事后又不听候政府之处理，以致事态扩大，实属领导无方，未尽职责，姑念该会成立不久，组织尚未臻健全，今后应由政府严加督促指导，以资改进。以上二项办法，经当众宣布后，劳资两方均无异议，且认为结果圆满。所有中国毛纺织厂此次罢工事件发生后之调处情形及该工会在未罢工以前开会议论议案，抄录二份一并报

请鉴核备查。谨呈

处长　张

副局长彭

局长　翁

附工会理监事会讨论议案二份(略)

职程城谨呈

〔国民政府经济部档案〕

20.军政部第一纺织厂关于纱布厂女工怠工函呈

(1945年6月)

(1)致军需署长呈(6月8日)

军需署署长陈钧鉴:本厂纱布厂女工一部分于本月七日晨早餐后,突然不上班,打破竹篱,群趋对门山上怠工,经多方开导,并询其所以,据云:本年夏服布尚未发给,恐厂长走后不发,坚持要求发布,否则拒绝上班,等情。当时秩序颇乱,职恐演成罢工之势,故当时允即先行价发本年夏服,每人白布一丈五尺,始告平息。除详情另行调查呈核外,理合电请鉴核。职曹○○( )印。

(2)胡正诺密报(6月8日)

窃查纱布场女工藉口本晚发饷未能全部发完,遂于十二时半用餐毕后,即齐集厂门外糊吵,经职等劝导,均置之不理,亦不进厂,似此情形,纯系有意捣乱,刻纱布场业已部分停车。谨呈

职胡正诺　呈

(3)黄仲良呈(6月8日)

窃查本晚纱布场女工多数在中饭后突拥出门外捣乱,原因则为去年此时每一工友曾购平价布二段,肥皂三连,毛巾二条,目下虽已预价发夏服白布一段,其他各物恐易长关系而遥遥无期,为此

遂同甲乙班女工捣乱合作社门窗，后经职在操场召集讲话，再三解释后，女工仅有一部分回场内工作，一部分回宿舍，甲班允许在九日九时上班。窃查二日来女工如此嚣张，一事未平，一事又起，显系职平日领导无方，教化失策，衷心惭悚，恳祈钧座赐予处分为祷。谨呈

厂长曹

职黄仲良　呈

(4)致重庆卫戍总司令部公函(6月9日)

敬启者：本厂纱布场女工之一部分，近忽怠工举动，初以因天气炎热，不愿上班，系偶然偷懒所致，乃经百般劝导无效，愈演愈烈。昨晚竟肆行暴动，于深夜捣毁合作社，经本厂多次开导，并询彼等究为何因，以便解决，而彼等并不推出代表，亦无口头或书面要求，惟一意叫嚣乱嚷乱闹，不可理喻。查本厂工人，平夙颇为就范，以往向未发生怠工等情事，今突然发生此种不法现象，实恐有复杂分子从中领导挑拨利用情事，拟请贵部派员来厂密查，并派兵弹压，以资解决，藉免继续发生暴动事件。兹派员趋前接洽，敬祈察赐惠允为荷。

此致

重庆卫戍总司令部

重庆宪兵总司令部

厂长

(5)致军需署署长代电(6月9日)

军需署署长陈钧鉴：本厂女工一部分于本月七日晨，因要求发给本年工服布怠工，处理情形业经电请鉴核在案。讵于八日夜十二时许中餐后，纱布场大部分女工又于饭后停工冲出工作场所，肆意叫嚣，并捣毁合作社，经勘课长技士技佐及领工组长等百般劝导无

效，职当即督饬全体官佐竭力维持秩序，并召集男女工各部组长领工询问怠工起因，并饬彼等集合所属工人先行上工，如有问题可即提出，以凭解决，一面并通知小龙坎卫戍部稽查处及宪兵队派员到厂，防止事态扩大，继复派员用各种方法始将怠工工人能出首接谈者，召至本厂党部谈话。据彼等提出四项要求：（一）每人请发黑布一段；（二）每人请发毛巾二条；（三）每人请发肥皂三连；（四）每人发给应得夏服灰布或改发白布等等情。厂方以（一）、（二）两项合作社现无货可发，（二）项毛巾早已停织，实无法应允，至工服布一项，因给与或价发尚未奉令规定，先发给衬衣已属权宜，实不便再发给灰布，经允准转请后任办理，而工人众口一词，只称恐厂长走后别人不管，不发即不能上工云云。职以当兹新旧任移交在即，工人乘机取闹，本属无理，然若不设法打开僵局，则实恐愈演愈烈，收拾为难，致生产上蒙受重大损失，不得已应允再价发每人白布一段（合前每人三丈），工人始允复工，并谓本晚如不开始发给，十二时以后仍旧停工。等情。查此次工人无端滋事，既无为首之人，亦不提出条件，仅乱嚷乱闹，劝导不听，解释无效，初尚以系一部分女工无知所为，经详细调查，暗地有男工挑唆，似系有组织之行动，是否有无异党分子混迹其间，抑从傍唆使，正在调查，当另案密报。至职对于工人督导无方，致发生此种不幸事件，谨当自请处分，理合电请鉴核。职曹〇〇。叩。

〔军政部档案〕

21. 卢作孚等关于民生机器厂工人罢工情形呈

（1945年7月）

（1）卢作孚呈（7月21日）

窃据敝公司民生机器厂报告略称："窃本厂第五工场钳工赵顺阳，懈怠工作，不服技术员岳家军之纠正，于本月八日午正下工时，与钳工庄福生朋殴岳家军，致岳腰臂手臂均受重伤，当送仁济医院验伤治疗有证。本厂以该赵顺阳违犯厂规予以开除，庄福生着记大过一次之处分。同日，即接产业工会来函，要求本厂公平处理，等语。至十八日第五工场工人一百五十余人，联名请求产业工会要求本厂开除职员岳家军，否则全体请调，并限十九日答复。十八日午后，李代厂长以赵顺阳犯过开除，无法复职，如其今后职业成为问题，私人可代为介绍，至第五工场工人全体请调，兹事体大，应请从缓商议。等语。答复该会代表李泳棠。该案当允将此意见转达各工人去后，不意今日（廿一）即发生罢工不幸事件。理合报请公司处理”，等情。前来。查工人赵顺阳懈怠工作，不服纠正，并殴伤职员，该厂处理并无不平之处，讵料竟因此而引起罢工事件，妨害战时生产，破坏工场秩序，理合具情呈请钧局准予饬令该工人等迅即复工，并请彻究此次罢工主犯，以申法纪，而利生产，无任感祷之至。

谨呈

战时生产局

民生实业公司总经理　卢作孚

常务董事　戴自牧　代

(2)陈福海呈(7 月 22 日)

窃商场所属第五场有钳工赵顺阳，原派在眉山轮上工作，本月八日上午十一时忽至该场工作船，与唐西仲谈天，久久不去，该场管理工人技术员岳家军，以该赵顺阳在工作时间离开工作岗位，与人闲谈，实与厂规不合，当嘱令离去。乃该赵顺阳竟以恶言相报，吵闹不休，当经该场主任麦□登工程师制止，始恨恨而去。迄十二时放工时，该赵顺阳手握巨石，伫立江边，俟岳家军经过时，即任意辱骂，复由钳工庄福生从旁鼓动，高声叫打，该赵顺阳遂以土块痛击岳家军后脑，反扭其右手，拳足交加，致岳家军臂部腰部及手臂均受有暗伤，并扬言不准呈报上峰，否则以暗杀手段对付云云。事后据岳家军呈报前来，经派员彻查，皆属事实，当以赵顺阳逞凶殴人，应予开除，庄福生帮人行凶，记大过一次，此七月十日事也。是日忽接商场产业工会民工字第八四号函：略以赵顺阳与岳家军系工余互殴之事，又系双方不相让所致，函尾并有：“贵厂处理是项事件，务宜双方允平，以减少今后之纠纷，否则在公认不当之下，恐引此而发生其他事故，实非所宜，”等语。商厂以其语近恫吓，颇为诧异，除向该工会理事长李泳赓详加解释外，并于十六日略以赵顺阳凶殴岳家军，经查属实厂方为维持公众安全，不得不予以开除处分，并请其勿信一面之词，致生隔阂，等语。函复该工会去后。忽于十八日又接该工会民工字第八六号函请求将岳家军、赵顺阳一并开除，否则请将第五场各工友另调他场，函末并嘱于十九日答复，另附第五场全体工友签呈一份。商厂接此类似哀的美敦函件后，深恐发生事故，当于十九日由商厂负责人召集该工会理事长李泳赓及常务理事谈话，反复劝谕，达两小时之久，请其转达各工友勿走极端，并以二十日为厂中例假，此事应留待廿一日再行商量。乃廿一日晨，忽有一部分工友强迫其他工友停止工作，遂致形成全体罢工。重庆卫戍总司令部、宪兵司令部、社会局、市党部闻讯派员前来调解，约定是日下午三时解决，该工等不但不复工，且复集众入城请愿，有意扩大事态。查商厂现正承造钧局军用器材及交通部用供反攻之船只，今不服调解，不依工会法规自行罢工，影响商厂业务尚小，影响军用生产则关系战局甚大，且在辇毂之下，二千余工人自由行动，亦足妨碍治安，除将经过情形分别呈报外，理合呈请钧局鉴核，迅赐勒令复工，依法处置，以维护后方生产，而安秩序，是为公便。谨呈

战时生产局

民生实业股份有限公司民生机器厂厂长陈福海

(3)中统局情报(7月25日)

兹抄奉民生公司机器厂罢工情报一件，敬祈察收参考为荷。此

致

战时生产局

中央执行委员会调查统计局　卅四年七月二十五日

民生公司机器厂又罢工

据报江北青年坝民生公司机器厂，因工友赵顺阳与技术员岳家军发生殴打事件后，该厂以工友怠误工作，反而殴打职员，即将肇事工友开除，引起全体工友反对，曾提出条件，由产业公司函知厂方二日内答复，并恢复开除工友工作。时至昨(二十)日，厂方仍坚持不允，工人乃于今日午前七时全体罢工，系由产业公会理事长暨各部门负责工友□□，并有该厂冷作房工友范金甫、黄荣□二人奔走各部门鼓动罢工，且扬言不论任何工友，在该事件未解决以前，不得工作，否则即行殴打。因此全体工友皆纷纷离去工作场所，罢工既成事实后，厂方通知军警机关派员前往维持，现宪兵司令部、卫戍部均有人在场，并召集各部门负责人及工会理事长商讨解决办法，劝其恢复工作。该厂李厂长坚持开除肇事之工友必须离厂，并负责解决职业问题，而愿作担保人，以维持厂方威信。但工会理事长及各部门负责人坚持恢复开除工友工作后始能复工，否则即应将职员同时开除。厂方以职员执行职务被殴，应予保障，对工友之要求拒不接受，工友态度亦甚强硬。虽经军警宪力加劝解，亦无结果，仍未复工云。

(4)张鹗签呈(7月27日)

遵查民生机器厂因技工赵顺阳殴击管理员岳家军被厂方开除，工人要求将岳家军一并开除，于本月二十一日晨起，全体罢工，并集众入城向市府请愿，经市府派专员刘守英，社会局派科长叶定，市党部派秘书吴迪于二十二日下午前往调处，由厂方公告：“岳家军因病不能到公着即停职”等语。工人对“因病”两字不满，仍未复工，继经市政府一再劝令厂方让步，由公司卢总经理条谕：“岳家军应立即停职，静候政府依法解决”等语，再经厂方公告后，该工人等乃于二十四日午后六时全体复工，双方并经签订条件如下：

一、赵顺阳、岳家军殴打事件关于有违厂规部分，已经处理，岳家军亦经停职，应免再议。

二、厂方职工互相尊重人格，亦须自爱自治，一本爱事业爱国家精神，解决事业国家之困难，和睦共事，工友小有违规，亦宜多加劝导。

三、关于工友应守之一切规则，以后须积极使其完备，拟定细则呈主管官署核准公布执行，一切奖惩有所依据。

四、停工期间共三十六时，公私之间均有甚大之损失，工友复工后应继续补足三十小时，余六小时厂方仍给工资，以示体恤（补充工时办法：（一）每日多工作一小时，即午后六小时至七时；（二）八月五日休假日照常工作，俟补足三十小时为止）。

五、停工之一切责任及过失，复工之后双方俱不再理，应勇于改过，本同舟共济精神，将此遗憾涤除。

六、此次事件中工友代表等尤须有不同之新精神，努力作事，厂方亦不得稍存歧视，对于考绩待遇一依其工作之表现为准。

七、按“非常时期不得以任何理由宣言罢工”，工会法第二十九条有明文规定，同法第四十五条并规定：“工会有违及法令情节重大或破坏安宁秩序或妨害公益者，主管官署得解散之。”此次民生机器厂工潮，系由该厂产业工会发动，市党政机关派员前往调处，责成厂方尽量容忍让步，未据法令执行，此虽有不得已之苦衷，然工人气焰日高，动辄因小故即罢工请愿，而每次均因此而达到其不甚合理之圆满目的，因相习成风，纷纷效尤，各厂厂规因而废弛，多抱悲观消极之念，工业前途殊堪隐忧。理合将该厂工潮解决经过情形报请鉴核。谨呈

处长
副处长　转呈
局长
副局长

职张鹗　谨签　七月廿七日

〔国民政府经济部档案〕

22. 张子凯关于豫丰纱厂重庆分厂工人罢工情形电呈

(1945年7月)

(1)张子凯电(7月21日)

财政部花纱布管理局驻豫丰渝厂专员室代电

政豫渝字第二六七号

中华民国卅四年七月卅一日

花纱布管制局钧鉴:兹准驻在厂普(34)号代电开:本厂男女工人今晨上班时,藉要求发给平价布为名,忽全体罢工,并嘱工会出面接洽,群工拒不接受推举代表面谈,又拒绝不举。查平价布前经呈请贵局配发,只以久压未奉发下,致无法配合,今工潮既起,接洽无门,除电重庆市社会局核示外,特电贵室烦即具报贵局为荷,等由。准此。合亟转呈鉴核。

驻豫丰渝厂专员张子凯叩。午马。

(2)张子凯呈(7月21日)

查驻在厂男女工人约二千,于今晨起全体罢工,其口头理由:一、不发平价布;二、工资过低;三、伙食太坏,要求厂方答复并改善。经全日调处,尚未复工,理合报请鉴核。谨呈

局长尹

驻豫丰渝厂专员张子凯呈

〔国民政府经济部档案〕

23. 董志卿等关于永安电磁厂工人罢工情形呈
(1945年7月)

(1)董志卿呈(7月22日)

窃本厂鉴于物价随时波动,故对于员工待遇亦随时调查,本年一月份调整后,于四月份工资又加一倍,六月份复决定自七月份起,按工友成绩分别增加工资,除通知各科管理员将各工友平时成绩造具表册备核外,并由厂长分别与各科领工谈话,商讨调整标准,凡此行动皆为全厂工友所共知,复经于七月份全体员工月会时正式宣布,拟于七月十九日以前将所加工资确数发表。乃七月二日有机工科工友陈国才不听管理员周亨储之指挥,竟邀集多人将周管理员凶殴成伤,现尚在外医治中。此事发生后,本厂继续处理达一星期之久,仍未解决,以致周管理员所管之各科工资一时无法调整,而其他各科工资亦不能发表,本厂当即宣布增加工资数额不能如期于七月十九日宣布,但决在七月份内发表,并补发七月份全月应加之工资。不料有少数工友,竟因此提起无理质问,并于七月十六日煽动大众全体罢工,迄未复工。查在抗战期内,各厂工友一概不准罢工,早经中央政府命令通饬在案。本厂为有关国防之工厂,而工友竟敢继附近中国金属制片厂及运通炼油厂之后,发生工潮,似不无不良分子混迹其中,作有计划之煽动,以妨害生产,阻碍抗建,若不迅予制止,后果不堪设想。本厂所出各种电磁与国防民生均有密切关系,在此紧急之际,不得不沥陈经过,仰祈钧长鉴核迅予设法彻查,不良分子严予法办,以重工业而维生产,不胜迫切待命之至。谨呈

战时生产局局长翁

永安电磁厂股份有限公司董志卿谨呈

(2)张鹗签呈(7月27日)

遵查永安电磁厂工潮一案，据悉该厂机工陈国才因在工作时间无故停工，不服管理员周享储指导，反聚众多人将其殴伤。该厂因周管理员负伤后无人计算工作成绩，致原拟于七月十九日宣布根据成绩调整工资一事不得不延期办理，工人等遂于十六日起全体罢工，并派代表向社会局请愿及向新华日报发表新闻。旋经社会局派主任王端钟前往会同当地区公署宪兵队及陶瓷业职业工会代表调处，结果如下：

一、工人自七月二十四日起全体复工，否则愿受严厉处分。

二、由各科领工代表全体工人向社会局具结以后绝对不再有罢工怠工行为发生，否则愿受法令处分。

三、由机工科全体工人联名具函请周管理员回厂继续指导工作，以后全厂工人绝对服从各科管理员之指挥及厂方所订一切规则。

四、停工期间工资不计。

五、厂方于八月四日以前发表新加工资。

六、此次所加工资由百分之七十起按成绩增加。

该厂计有工人一百七十余人，业于二十四日上午全体复工。理合将该厂工潮解决经过情形报请鉴核。谨呈

处长
副处长 转呈
局长
副局长

职张鹗　谨签

〔国民政府经济部档案〕

24. 重庆卫戍总司令部召开调解猪鬃工人罢工会议记录

（1945年7月25日）

时间：三十四年七月二十五日（星期一）下午四时

地点：重庆卫戍总司令部政治部会议厅

出席人：王缵绪　市党部：方治　徐鸣亚　王梦杨

　　市政府：朱翰哲　经济部：袁昌烈

　　社会部：彭利人　战时生产局：张鹗

　　社会局：龙文治　叶定　劳动局：肖仲牟

　　警察局：何保鑫　政治部：侯志明　徐焕文

　　会报秘书处：黄季韦　稽查处：尹国交

主席：王缵绪　纪录：程路

甲、报告事项：

一、主席报告：略谓渝市迩来迭有工潮发生，对陪都社会秩序及后方治安影响甚大，日前南岸各猪鬃工厂又告罢工，已由各主管方面协同调处，尚未复工，兹特邀请各有关机关会商调解，以期作有效之防止，而利治安之维持。

二、市党部代表王梦杨报告：此次南岸各猪鬃工厂罢工事件之发生，系于本（七）月十四日该业工人要求增加工资，经其职业工会及同业公会商议，按原额增加百分之六十（按猪鬃工价为每斤六十元现增加九十六元）予以调价，延至十五日，有工人代表七人齐向市党部请愿，表示不满，比经市党部令其复工，而适于十六日厂方又以工人罢工，停止膳食，各工人亦即藉口停炊星散回家，几经劝促，仍未复工。旋社会局于二十日召集工人代表，允以除按原额增加百分之六十外，另酌给津贴，当由该代表等具结，决于二十二日复工，事后又未履行，现该工人代表已增至二十七人，分组与政府方面轮流接洽，迂回曲折，有意拖延滋扰，似有奸党从中把持，微闻该代表等扬言拟将此次罢工事件散发传单并写稿送登新华日报，以为声援，请予注意。

三、社会局代表叶定报告：查猪鬃工人罢工事件发生后，已调解数次，情形如市党部代表所述。按现时所加工资已达百分之六十，已超过物价指数（如按物价只能增加百分之二十五）该工人等刁狡成性，反复无常，显系有人从中操纵，作有计划之罢工。近闻工人代表陈国俊者暗中策动工人反对政府调处，应请当局予以查究云。

乙、议定事项：

一、关于猪鬃工潮事件由市党部、市政府、青年团重庆支团部、社会局、劳动局等单位，派员于二十四日下午至社会局集合，前往南岸猪鬃工厂协同调解（不另通知），并由社会局按原定办法先行示知劳资双方即日起复工。

二、由市党（团）部迅即劝促该猪鬃工人内之党团工人及其他附和者尽量先行复工以便查究其他不愿复工分子，而谋彻底解决。

三、陈国俊如确系故意操纵工人，鼓动工潮，应由市党部查明情形通知本总部当立予拘究。

四、嗣后工厂由市党（团）部选忠实之党团工人作工运斗争，遇有事件发生采取以工人对工人之方式，严厉制止奸党活动。

五、社会部、经济部、战时生产局等机关，根据战时动员法令所拟通饬各厂不得有罢工游行之布告，应检送卫戍总司令部，俾另示各厂按非常时期维护治安紧急办法严厉执行。

六、渝市各有关机关应轮流举行会报，交换意见，并共同商讨有关事件，由市党部拟定具体办法。

七、请中央机关对地方发生事件应取指导及监督立场，不必派员直接参加，俾使交涉对象单纯，权责分明，易于处理，且免奸人从中挑剔中央与地方之关系。

丙、散会。

〔国民政府社会部档案〕

（三）农民运动

一、“农运政策”

1. 社会部制订各级农会调整办法稿

（1938年10月31日）

各级农会调整办法　民国二十七年十月三十一日中央社会部制订

按我国农民运动，自民国十六年以还，渐趋消沉，各级农会虽多依法组织，而实质极为空虚，工作几近废弛。际此抗战建国时期，本党负有领导农运之责，亟应唤起占全国人口百分八十以上农民之国家意识，使其组织臻于健全，积极从事抗战建国工作，实为当务之急；且查所有农会法规，年来均经先后修正公布，各级农会尤应依法予以调整，爰特订定调整办法如次：

壹、调整方针

一、农民运动须以抗战建国纲领为一般工作之准绳。

二、农会组织须于短期内完成其法定系统。

三、各级农会务须达到农会为农民之组织，绝对防止土劣之操纵把持。

贰、组织的调整

一、凡原有县以下之区农会，依法一律撤销。

二、凡因区域变更而须合组或分组之区、乡农会，应即归并或分别组织。

三、凡市农会以及其所属区农会，因农民过少，其会员数量不足法定数额者，应即合并或撤销。

四、各级农会有逾期未改选者，应于半个月内改选完竣。

五、农会职员须以会员充任为原则，农业知识分子须立于协助农民改良技术推行合作之立场，参与农会工作，其不合于本条之规定者，应即改选。

六、凡区、乡农会之会员数量至少须占该区域内之农民数量百分三十以上，不足者，应从速设法征足。

七、凡一市、县之区、乡农会未超过该区域内区乡半数者，应即设法于三个月内完成过半数之组织。

八、凡已正式成立过半数区乡农会之市县，应即从速成立市、县农会。

九、凡已正式成立市县农会过半数之省，应即成立省农会。

叁、工作的调整

一、各级农会例会须按期举行，并呈报上级备核。

二、各区、乡农会之小组训练，应采用谈话方式，以讨论时事、日常生活、农村改善、农业改良为主题。

三、农会法第四条所规定之事项，应参照当地情形择要举办。

四、对于合作事业须积极推行，期于一年内每区乡农会至少设立合作社一所，其合作之种类以该地农民之需要或便于推行者为标准。

五、对于农村教育，须积极推行义务或补习教育，以识字运动为原则。

六、对于发展农村经济、调节粮食、开垦荒地、疏通水利诸端，应就当地情形详加研究。

七、上项研究结果应拟具体实施办法呈由上级党部商请政府协助施行，其已由政府办理者，应协助推行之。

八、对于会员政治训练，应努力施行，以巩固抗战中之政治社会的基础，并为宪政实施之准备。

九、凡市、县以下之各级农会，须与壮丁训练工作及地方自卫组织取得密切联系。

十、对于隐匿乡中之汉奸应协助政府密查侦缉，对于来乡之难民应协助政府妥为安抚，对于兵役应协助政府努力推行。

十一、对于农村中之较大集会，区乡农会均须积极参加，期能取得领导地位。

十二、对于通常之定期市集，须注意宣传与教育工作，如举行庆祝会、讲演会、戏剧、音乐会、农产畜牧比赛会之类。

肆、视导与考核

一、各市、县党部于奉到本办法后，关于第二项有关各条应积极完成，关于第三项各条须积极督导，逐渐施行。

二、各省市党部除将上项工作进行情形须随时呈报上级备核外，应分期派员视导，并考核其效能，报部备核。

〔社会部档案〕

2. 社会部核准施行农会组织须知

(1939年2月26日)

二十八年二月二十六日中央执行委员会社会部核准施行

一　导言

我国农民占全人口百分之八十以上，语其组织，百不得一，即有，亦徒具形式而已，其散漫状况，可以想见！际此抗战建国时期，组织农民，极关重要；惟中央对人民团体，向以党部辅导人民自行组织为原则，而农民知识较低，见闻较浅，于团体组织每以不知如何进行为苦；兹为减少此等困难起见，特依据各种有关法规，编成此篇，藉供一般农民及从事农运同志之参考。

二　农会宗旨

农会以发展农民经济，增进农民知识，改善农民生活而图农业之发达为宗旨。

三　组织原则

一、农会组织，采民主集权制(即农会之最高权力机关为会员大会或会员代表大会，其执行及监察权之行使，则属于会员大会或会员代表大会所产生之干事长或理事会及监事会)。

二、省市以下之农会,采有系统(即有隶属关系)之组织。

三、农会由党部辅导农民自行组织。

四、农会之构成份子,禁止非现在从事农业者参加。

五、农会应先行组织基本团体(即区乡农会),由基本团体逐级推行,并须由党部经过相当时期之指导与考核,认为健全时,始得合组上级团体。

四 组织程序

一、区乡农会组织程序

甲、发起组织

1. 调查该区域内具有会员资格者之全体人数。

2. 征求该区域内具有会员资格者五十人以上为发起人。

3. 征求该区域内具有会员资格并赞成设立农会者三分之一以上同意,随时将其姓名住址登记备查。

4. 举行发起人会议。

5. 由发起人连署,并推举代表,缮就代表履历,具备理由书,向市县党部申请许可组织。

6. 静候市、县党部派员视察。

乙、筹备组织

1. 俟市、县党部发给许可证并派定指导员后,即组织筹备会,推定筹备员,并呈报县、市党部及县、市政府备案。

2. 征求会员。

3. 拟订章程草案,呈请县、市党部核准后,再行呈报市、县政府备案。

丙、完成组织

1. 筹备完毕时,应订期召集会员举行成立大会,并先期呈报县、市党部暨市县政府,请求派员出席指导监督。

2. 举行成立大会时,应报告筹备经过,通过组织章程,并依法选举职员——干事长副干事长各一人，干事三人至五人，候补干事一人至三人。

3.成立大会经过及会员名册，职员履历表等件，须呈报市、县党部备案，同时须将其章程呈由市、县党部复核，经核准后，再行检同上述其他各件，一并呈报市、县政府并转经济部备案。

附注

1.凡中华民国人民住居该区域内，年满二十岁，具有左列资格之一者，得为区、乡农会会员：

(1)有农地者。

(2)佃农。

(3)一年以上之雇农。

(4)农业学校毕业者。

(5)具有农业知识与经验并现在从事农业者。

2.有左列情事之一者，不得为区、乡农会会员：

(1)被夺公权者。

(2)有反革命行为经判决确定者。

(3)吸食鸦片或其代用品者。

(4)禁止产者。

3.区、乡会申请许可组织时，应载明：

(1)该区域内具有会员资格者之全体人数。

(2)该区域内具有会员资格并同意设立农会者之姓名住址。

(3)发起人之姓名、年龄、住所，并应由发起人签名。

4.区、乡农会章程应载明：

(1)名称区域及会所之所在地。

(2)会员入会出会及除名之规定。

(3)职员名额权限任期及选任解任之规定。

(4)关于会议之规定。

(5)关于经费之规定。

(6)关于修改章程之规定。

5. 区、乡农会得依会员分布情形划分若干组，其办法于农会章程中规定之。

6. 会员入会，须由会员二人以上之介绍，并填具志愿书及登记表。

7. 会员登记表，应载明会员之姓名、性别、年龄、籍贯、资格、党籍、教育程度及家庭状况等项。

8. 凡市、县党部未成立之市、县，所有申请许可及备案等手续，应直接向该省党部呈请。

9. 凡市、县党部因故撤销派有党务指导员之市、县，所有上项手续，应呈由指导员转呈该省党部核办。

二、市、县农会组织程序

按市、县农会之组织程序，与区、乡农会同；其不同之点，列举于次：

1. 市、县农会会员，以其直接下级农会为会员，即正式成立之区、乡农会。

2. 市、县农会发起组织时，应征求该区域内正式成立区、乡农会过半数之同意。

3. 市、县农会申请许可组织时，应由同意设立该农会之区、乡农会干事长及副干事长签名。

4. 凡正式成立之区、乡农会，均应加入市、县农会之组织。

5. 市、县农会会员应由所属区、乡农会各选派代表二人出席会员大会。

三、省农会组织程序

按省农会之组织程序，亦与区、乡农会同，其不同之点，列举于次：

1. 省农会之指导机关为省党部，主管官署为省政府。

2. 省农会之会员，以其直接下级农会为会员，即正式成立之县、市农会。

3.省农会须有该省过半数之县、市，正式成立农会，方得依法组织。

4.省农会发起组织时，应征求该区域内正式成立县、市农会过半之同意。

5.省农会申请许可组织时，应由同意设立该农会之县、市农会干事长及副干事长签名。

6.凡正式成立之县、市农会，均应加入省农会之组织。

7.省农会会员，应由所属县、市农会各选派代表一人出席会员大会。

8.省农会职员为理监事制，设理事五人至九人，监事三人至五人，候补理事三人，候补监事二人，由会员大会选举之；又设常务理事三人，由理事互选之。

四、全国省农会联合会议如何召集：

1.经济部认为必要时。

2.经五省以上省农会之提议时。

3.联合会议之代表人数由经济部定之。

五 应注意事项

一、各级农会不得为营利事业。

二、同一区域内，每级农会以一个为限。

三、各级农会之区域，依其现有之行政区域，但区、乡农会遇有特别事由时，经该管监督机关之核准，得不依现有之行政区域设立之。

四、各级农会名称，应冠以：

1.某省农会；

2.某省某市、县农会；

3.某省某市、县，某区、乡农会。

其不依现有之区域者，得另冠名称，呈请该管监督机关核定之。

五、各级农会职员之候选人，以其所属农会会员为限。

六、上级农会职员之候选人，不限于下级农会出席之代表。

七、现任公务员，不得被选为各级农会职员。

八、各级农会选举之职员为无给职。

九、各级农会会员大会之决议以会员过半数之出席，出席会员过半数之同意行之。

十、各级农会职员之选举，须用直接选举制，以记名连选法选出之。

十一、各级农会职员之选举，须用各该会制定之选举票。

十二、各级农会职员之选举，须于十日前由各该会通知各选举人，并于五日前呈报当地高级党部暨主管官署或监督机关。

十三、县、市以上农会经该管监督机关之核准，得设评议员由会员大会选举之。

十四、各级农会之图记，呈由该管监督机关颁发之。

十五、各级农会应于每年度开始前拟具工作计划，呈送该管监督机关备案，其年度终了后之工作报告亦同。

〔社会部档案〕

3. 社会部指示农运中心工作密电

（1939年4月29日）

战地、区各省市党部鉴：〇密。查抗战胜利端赖民众之合作，对于战区农运，应以策动自卫或游击队之组织为中心工作。其已有该项组织者，应加强其力量；未组织者，应即发动农民，并联合自治机关及教师塾师中之党员或热血青年与知识分子，在军政长官指挥之下，迅速进行组织。希于电到一星期内将该项组织概况及策进计划先行报部备核。中央社会部。艳。印。

〔社会部档案〕

4. 沈鸿烈关于山东省策进农运计划密电

（1939年5月9日）

急。密。中央社会部勋鉴：顷奉饬报战区农运自卫或游击队组织概况及策进计划，除商同有关农运之机关团体人员进行策动组织外，谨将策进计划电陈如左：（壹）为策进本省农运制定本计划。（贰）策进农运方法：（一）指导监督并促进各级动员委员会之工作。（二）发动党员及热血青年与知识份子，在军政长官指挥之下，领导并参加农民自卫及游击队之组织及活动。（三）策动自卫队中之党员组织党团，使起领导作用，以加强抗战力量。（四）调查统计各自卫团及游击队之组织活动状况，及其优点劣点，转行政府分别奖惩，藉资策进。（五）举办民运训练班，培养农运干部人材。（六）全省各县农民组织分别环境情况，于最短期间完成。（叁）根据前条所列原则，应与社会部民运视察员、省动委会、省政设计委员会等有关人员及机关取得密切联系，并定期会报有关农运工作之情形，及交换策进工作之意见。（肆）制定工作纲要，分令各区县党部遵照执行，并按期报告，以便汇集转报。（伍）遴派民运视察员，视察各地农运状况，并指导其工作。（陆）农民运动列为各级党部之中心工作。（柒）本计划报部核准施行。等项是否可行，敬恳鉴核示遵。沈鸿烈。佳。印。

〔社会部档案〕

5. 福建省党部关于办理农民自卫组织情形代电

（1939年5月17日）

中央社会部钧鉴：艳电奉悉。查本省自卫动员组织于二十七年六月间，由福建省政府遵照军事委员会颁发之战区及失陷地区国民抗敌自卫团计划纲要，制定福建省国民抗敌自卫团暂行组织规则及实施办法暨福建省国民抗敌自卫团游击支队暂行组织纲要，关于自卫团之组织系规定省设国民抗敌自卫团总司令部，以省政府主席兼任总司令，保安处长兼任副司令；各行政督察区，设区国民抗敌自卫团司令部，以区行政督察专员兼任司令，团管区司令兼任副司令（师管区司令兼任团管区司令时，以师管区主席部员兼副司令）；各县市局设自卫团司令部，以县市局长兼任司令，军训教官兼副司令；各种特区及县市辖之区省会警察局辖之分局设国民抗敌自卫团联队部，以特种区区长（分局长）兼任联队长，军训督练员兼任副联队长；区辖各联保设国民抗敌大队部，联保主任兼任大队长，大队长以下设工程、运输、救护、侦察、警备、通讯、宣传等及其他各种队，每队辖若干分队，队长、分队长由该联保辖之保甲长兼任。至游击支队之发动，则规定必须在某地区已被敌侵占之后，或鄰于作战地带而开始发动游击战时，由抗敌自卫团总司令部呈由本省最高军事长官以命令成立之，在战区后方及中心地带绝对不准成立，并暂定福鼎、寿宁、霞浦、福安、屏南、宁德、古田、罗源、连江、闽侯、闽清、长乐、福清、平潭、东山、金门、永泰、永春、莆田、仙游、德化、惠安、定溪、晋江、南安、同安、长泰、龙溪、南靖、海澄、漳浦、平和、云霄、沼安等三十四县及省会（福州）南日岛特区三都特区、石码特区为游击支队发动地区，其开始准备编组成立及发动游击队，均由本省最高军事长官以命令行之，各县绝对禁止自行发动编组。本年一月间，省国民抗敌自卫团总司令部将前项暂行组织规则及实施办法加以修正，兹检具修正件送核。至本部暨所属各县市党部对于是项工作则随时与当地军政机关联系协作，所有办理情形曾经编列本部二十七年二月至十二月工作报告，内关于民训方面之第五项协同军政机关办理动员民众事宜一项呈核在案。又本部于二十七年九月间，奉中央组织部颁发战区及沦陷区党务工作大纲一种，嘱参酌当地环境，根据该大纲详拟实施办法呈核，等因。遵即拟就福建省战区及游击区党务工作实施办法，呈奉中央组织部核准后，于十二月间通饬各县市党部切实办理。又在案。奉电前因，理合将本省办理自卫动员组织情形电呈察核。福建省党部叩。篠。附修正福建省国民抗敌自卫团暂行组织规则及实施办法一份。［略］

〔社会部档案〕

6. 社会部检送江苏省策动农会组织农民自卫队办法及实施程序代电

（1939年7月15日）

中国国民党中央执行委员会社会部代电　发文渝字军4914号

战区各省市党部鉴：案准江苏省执行委员会呈送第四区党务指导专员办事处领导各县党部策动农会组织农民自卫队办法及实施程序一份，经核尚属可行，除电复准予备查，并分电战地党政委员会及战地各省市党部外，特检同上项办法及实施程序一份，电请查照参考。中央社会部。删。印。

附第四区党务指导专员办事处领导各县党部策动农会组织农民自卫队办法及实施程序一份。

中华民国二十八年七月

江苏省第四区党务指导专员办事处领导各县党部策动农会组织农民自卫队办法及实施程序

查抗战胜利，端赖民众之合作，对于战区农运尤应特别注意，各县党部应策动农运机构，领导拥有广大群众之农民组织农民自卫队，以为抗战之生力军，兹遵照中央社会部艳电，并参照本区实际情况，订定本办法及实施程序。

一、坚强各县各级农会之组织，不健全者予以调整，其调整步骤如左：

1、先行制表分发各县党部，调查各该县各级农会近况，并由县党部书记长负责考核，加具意见及评语，呈报本处转省备核，表式另订之。

2、各级农会如组织不健全或工作松懈者，由县党部呈由本处转省予以调整，并遴选整理委员若干人，报请本处转省核委。

二、各级农会健全之县，各县党部应即策动各级农会发起组织农民自卫队，以各乡农会会员为基本队员，征求青年农民参加，以党员为干部，取得其领导权。

三、前项县党部策动之办法，应事先扩大宣传，兹订定宣传办法如左：

1、各县应联合地方机关团体定期举行农民自卫宣传周及宣传大会。

2、通知区内各报纸刊物编印特刊，并不时著论宣传。

3、函各县教育局转令各教师塾师普遍宣传。

4、由本处编订农民自卫教材，分发各县乡村小学教学。

5、编印白话通俗自卫小册。

四、各县宣传工作完成后，应即会同地方自治机关(区及乡镇公所)着手筹备领导其组织，并由自治机关转报政府备案。

五、队伍成立后，应设法训练，授以游击战术之基本知识，该项训练办法由政府机关订定之。

六、前项组织时，各县党部应尽量介绍党员参加。

七、本办法及实施程序规定为本区各县党部六月份中心工作。

八、本办法及实施程序呈准江苏省执行委员会执行。

〔社会部档案〕

7. 广东省党部呈送策进战地农民运动工作计划纲要密电

(1939年8月17日)

广东省党部快邮代电　民联字第573号

重庆中央执行委员会社会部勋鉴：密查关于策进战地农运一

案，迭准艳感两电嘱办在案。现经拟定策进战地农民运动工作计划纲要，除通饬各县市党部遵办并函请广东省政府、广东军管区司令部转饬所属协办外，用特抄同原拟纲要及广东省民众抗日自卫团组织概况各一份，电请查核见复为荷。附抄策进战地农民运动工作计划纲要及广东省民众抗日自卫团组织概况各一份。曲江广东省执行委员会。篠。印。

策进战地农民运动工作计划纲要

廿八年七月中国国民党广东省执行委员会公布

一、目的

发动农民在本党领导下参加抗战建国工作，以争取抗战之胜利，促进建国之成功。

二、中心工作

发动农民参加游击队及自卫团队，协力抗敌守土。

三、辅助工作

1. 发动农民组织各种战时工作队（参照战区及沦陷区党务工作大纲及民众训练工作计划纲要办理）。

2. 指导农民组织乡农会——选定组织乡农会五个至十五个之曲江等十县，应按照原计划组织完成，本年九月份起至本年底止，定为策动组织乡农会之第二期，全省各县，除规定人民团体应维持现状之各县市外，均须组织乡农会五个以上，先将拟组各数及分月进度呈报查核。

3. 督导农民实行精神总动员。

子、农民之参加农会组织者，由农会主持人领导，切实举行左列各项工作：

a. 国民月会。

b. 公约实践。

c. 生活训练。

d. 思想训练。

e. 生产竞赛。

丑、农民之未参加农会组织者，除参加保甲组织举行前条所列五项工作外，并应参加地方之紧急战时服役，如军事工程之兴筑或撤除，防空消防之任务，军需品及伤病兵之输送等各项工作。

4. 深入农村推行各项社会运动：如兵役运动、新生活运动、国民经济建设运动、劳动服务运动、节约运动、献金运动、征募运动、救护慰劳运动、卫生体育运动、识字运动、党国旗尊敬运动等各项社会运动（参照国民训练工作计划纲要及其实施办法暨各省市党部推行各项社会运动六个月工作实施方案办理）。

四、关系配合：

1. 协助政府，切实执行优待抗敌军人家属各项办法，发动民众援助抗敌军人家属，并为之服务。

2. 协助政府，健全保甲组织，指导民众，促进乡村自治。

3. 督促政府，严惩贪官污吏及土豪劣绅，指导民众，检举贪污。

4. 协助政府及指导农民，流通农村金融，改善农产技术，改善交通运输，取缔垄断居奇，提倡垦荒造林，扶植农村副业，实行积谷储粮，实行禁烟禁赌，并指导农会实施农会法中农会之各项任务。

五、实施办法：

1. 各县党部除经常切实推进三、四两项工作外，应指派干练工作同志一人至二人，专责办理农运工作，轮回出发各乡村，策动农民参加游击队及自卫团队之组织及活动。

2. 下乡办理农运工作同志，应联合当地下级党部及自治机关参加活动，尤须号召当地党员、热血青年、知识分子、公正绅耆、在乡军人，参加工作。

3. 当地各已有游击队或自卫团队之组织者，应加强其力量，扩大其组织，未有此项组织者，应即进行组织，积极发动农民参加。

4. 游击队或自卫团队之组织，须符合法定编制，工作人员应受军政长官之指导。

5.各团队中须确切取得党的领导权,政训工作须以党的训练为中心,体察情形组织团队中之党团,注意吸收优秀分子入党,体察情形组织团队党部。

6.办理农运工作同志到达一工作地点,须注意地方干部之培养,期于党部人员离开后,工作仍得继续推进。

7.各团队之努力分子,随时调查报告,予以奖励,各团队应行改善之点,随时献陈意见,予以改善。

8.出发各乡村办理农运工作同志,每周须向主管党部报告工作一次,各县党部办理农运情形,须按月列入工作报告,以便汇集转报中央社会部。

9.农运工作列为各级党部中心工作及考绩主要项目之一。

六、工作步骤:

1.调查:

子、人力调查——人口、(各县人民)农民、(雇农,佃农,自耕农)适龄男女壮丁,干部(党员,教师,热血青年,在乡军人,公正绅耆及其他知识分子)特殊技能。

丑、物力调查——粮食,资财。

寅、器械调查——枪,炮,刀,矛,戟,镰,斧,锄,铲。

2.宣传:

子、敌人野心及暴行。

丑、我国军民英勇抗战史迹。

寅、生存只有自卫,妥协自取灭亡,及敌伪懦怯行为之活的事例。

卯、我抗战必胜,建国必成,及敌人必败之理由。

3.组织:照本战区现行编制,务使组织严密,纪律严明,指挥统一,运用灵活,给养经常。

4.训练:

子、游击战术；

丑、战时工作技能；

寅、三民主义及本党重要法令；

卯、生活训练；

辰、时事讲述。

5. 运用：由军政长官指挥运用，以不调出境为原则。

七、本纲要由中国国民党广东省执行委员会公布施行，并函报中央社会部备案。

〔社会部档案〕

8. 社会部抄送湖北省农民运动工作计划代电

（1939 年 8 月 24 日）

中国国民党中央执行委员会社会部代电

战地党政委员会、各省市党部鉴：准湖北省执行委员会函送策进本省农民运动工作计划一案，经核尚合，除电复应予备查及分电战地党政委员会外，特抄同附件电请查照为荷。中央社会部。回。印。

中华民国二十八年八月

策进本省农民运动工作计划

一、本计划系参酌本省现实情况，并依据中央颁布法令订定之。

二、常态之县指定宜昌、恩施、巴东、郧县、松滋、宜都、光化等七县于九月份内依照前颁进度表完成乡农会组织，十月份内成立县农会。

三、右列各县如环境特殊困难不能依照进度推行时，但必须组织三个以上乡农会，并将实际情形报核。

四、接近战区之县指定荆门、当阳、公安、监利、潜江、襄阳、宜城、南漳等八县于九月份内至少组织乡农会一个以上。

五、各县乡农会会址以设在下级党部所在地为原则。

六、各县党部于乡农会成立后，立派忠实党员三人至五人组织党团，切实领导。

七、沦陷县份，由督导委员督促所属各县党部会同各该地方军政长官积极策动农民尽量参加游击队组织。

八、常态县份由县党部会同地方军政机关组织农民自卫军，或劝导其编入国民自卫总队与义勇常备队等组织。

九、各县农会会员，自九月份起，实行编训，每周实施军事政治训练各二小时，但以不妨碍农民生产为原则。

十、各县党部书记长担任农民政治训练指导员，并聘用教员塾师与优秀党员担任训练员。

十一、各县须依据法令指导农会组织，为便利训练计，得利用保甲机构。

十二、鼓励党员或热血青年与知识份子加紧乡村抗敌宣传。

十三、确定农运为各县党部中心工作，严厉考成。

〔社会部档案〕

9. 社会部抄送浙江省战时策进农运工作计划代电

（1939年9月2日）

中国国民党中央执行委员会社会部代电

战地党政委员会、各省市党部鉴：准浙江省党部电送浙江省战时策进农运工作计划一案，经核除准予备查及分函战地党政委员会外，相应抄附原附件电请查照以备参考。中央社会部。冬。印。

中华民国二十八年九月

浙江省战时策进农运工作计划

一、本计划依据中央社会部二十八年四月艳电订定之。

二、本省各县市党部应依照本计划之规定，参酌实际情形，协同军政机关策进各该县市农运工作。

三、本省策进农运之方针

（一）应遵照本党主义政纲政策及抗战建国纲领之提示，作有计划有步骤之普遍活动。

（二）应以适应抗战军事行动之需要为出发点，并与军政机关密切联系，协同作战。

（三）争取战地农民秘密组织团体，加紧政治的、技术的训练，并指挥其活动。

（四）对战地各县应领导农民摧毁敌伪政权，厉行对敌经济封锁，并打击其财政经济文化等政策之推行。

（五）对非战地各县应领导农民参加战时服务，发展农村经济，增进农业生产，改善农民生活。

四、工作项目

（一）组织事项

甲、战地各县市

1. 策动党员及热血青年与知识份子领导农民组织自卫团队。

2. 策动自卫团队中之党员组织党团。

乙、非战地各县

1. 凡应组织而未组织之各级农会，应即指导其组织成立。

2. 凡已组织而未臻健全之各级农会，应即健全其组织。

3. 普遍组织各级农会之民运小组，并策动优秀党员组织党团。

（二）活动事项

甲、战地各县市

1. 训练农运干部及指挥行动人员。

2. 领导自卫团队协助我军反攻。

3. 领导农民侦察敌情，制裁汉奸，摧毁伪组织。

4. 领导农民破坏敌伪之生产、交通运输事业，并抢收重要物资。

5. 领导农民反抗敌伪组织之捐税与征发。

6. 领导农民拒用敌伪钞票及货物。

乙、非战地各县

1. 训练农运干部及培养技术人员。

2. 领导农民参加战时勤务。

3. 领导各级农会发展农业生产，以谋粮食之自给自足。

4. 领导各级农会发展合作事业，以谋农民生活之改善。

5. 领导各级农会指导农民改进特产之质量，鼓励外销。

6. 领导各级农会普行兵役宣传运动。

五、战地各县市对于非战地各县之各项工作，应于各该县市恢复常态时，即行实施，非战地各县对于战地各县市之各项工作，应预为切实准备，于必要时即行实施。

〔社会部档案〕

10. 国民政府修正公布农会法

（1943年6月14日）

农会法

三十二年六月十四日国民政府修正公布

第一章　总则

第一条　农会以发展农民经济，增进农民知识，改善农民生活，而图农业大发达，并协助政府关于国防及生产等政令之实施为宗旨。

第二条　农会为法人。

第三条　农会之主管官署为社会部及省、市、县主管社会行政官署，但其目的事业应依法受农林部或其他目的事业主管官署及省、市、县目的事业主管官署之指挥监督。

第四条　农会对于左列事项，应指导农民并协助政府或自治机关分别进行。

一、关于土地、水利之改良事项。

二、关于种子、肥料及农具之改良事项。

三、关于森林之培植及保护事项。

四、关于水旱病虫灾害之预防及救济事项。

五、关于粮食之储积及调剂事项。

六、关于农业贷款之推行事项。

七、关于农业教育及农村教育之推进事项。

八、关于治疗所、托儿所及养老济贫事业之举办事项。

九、关于公共图书室、阅报室之设置事项。

十、关于公共娱乐之举办事项。

十一、关于农业及农民之调查统计事项。

十二、关于政府机关之咨询及委托事项。

十三、关于农村及农业之发展、改良、推广事项。

十四、合于第一条所定宗旨之其他事项。

第五条　农会经当地目的事业主管官署之核准,得办理左列事项,但应呈报当地主管官署备案。

一、设置示范农田、农产陈列所及农具陈列所。

二、经营农场、农仓、垦荒、造林、合作事业及制造农具、肥料。

三、举行农产展览会、农产比赛会及农业讲习会。

第六条　农会对于有关农业之发展、改良事项得建议于地方及中央政府。

第七条　农会分乡农会、市区农会、县农会、市农会、省农会,乡农会或市区农会得依会员分布情形划分小组,下级农会应受上级农会之指导。

第八条　有左列情形之一时,社会部农林部得会同召集全国省市农会联合会议。

一、社会部或农林部认为必要时。

二、经五省市以上农会之提议时。

前项联合会议之代表人数，由社会、农林两部会同定之。

第二章　设立

第九条　同一区域内，每级农会以一个为限。

第十条　各级农会之区域依其现有之行政区域，但乡农会或市区农会遇有特别事由时，经当地主管官署核准，得不依现有之行政区域设立之。

农会区域依其现有之行政区域者，冠以该区域之名称，其不依现有之区域者，得另冠名称呈请当地主管官署核定之。

第十一条　乡农会或市区农会之设立，应由该区域内具有会员资格者五十人以上之发起。

县、市以上农会之设立，应有直接下级农会过半数之成立。

第十二条　农会之组织应由发起人向当地主管官署申请许可，经许可后，该主管官署应即派员指导，但必要时得由主管官署命令设立之。

第十三条　农会经许可组织后，应即推定筹备员组织筹备会，呈报当地主管官署备案。

第十四条　农会章程应载明左列事项：

一、名称。

二、宗旨。

三、区域。

四、会址。

五、任务或事业。

六、组织。

七、会员入会、出会及除名。

八、会员之权利与义务。

九、职员名额权限任期及其选任、解任。

十、会议。

十一、会费之数额。

十二、经费及会计。

十三、章程之修改。

第十五条　农会于召开成立大会前，应将筹备经过连同章程草案呈报主管官署，并请派员监选。

第十六条　农会组织完成时，应于十日内造具会员名册、职员略历册，连同章程各一份，呈报当地主管官署立案，该主管官署应将组织总报告表转报社会部备案，经核准后，并应由省级主管官署及社会部造具简表，分别转送同级目的事业主管官署备查。

前项组织总报告表及简报表之式样，由社会部定之。

第十七条　农会经核准立案后，应由当地主管官署颁发立案证书及图记。

前项立案证书及图记之式样，由社会部定之。

第三章　会　员

第十八条　凡中华民国人民住居该区域内，年满二十岁，具有左列资格之一者，除第三款至第五款所定者，得任意加入外，均应加入乡农会或市区农会为会员。

一、自耕农或半自耕农。

二、佃农。

三、一年以上之雇农。

四、具有农业知识与经验，并现在从事于农业改良工作者。

五、公、私团体经营农业之员工。

第十九条　有左列情事之一者，不得为农会会员。

一、背叛中华民国，经判决确定或在通缉中者。

二、褫夺公权者。

三、受破产之宣告而未复权者。

四、吸用鸦片或其代用品者。

五、禁治产者。

第二十条　上级农会以其下级农会为会员，下级农会为上级农会之会员时，各得派同数代表出席。

前项代表之名额，乡农会或市区农会二人，县农会或市农会一人，各由会员大会选举之，任期二年，期满应即依法改选，连选得连任。

第四章　职　员

第二十一条　乡农会或市区农会设理事三人至五人，候补理事一人或二人，监事一人，候补监事一人，由会员大会就会员中选举之，理事得互选一人为常务理事。

第二十二条　县、市农会设理事五人至九人，候补理事一人至三人，监事一人至三人，候补监事一人，由会员大会选举之，得由理事互选一人至三人为常务理事。

前项常务理事为三人时，得互选一人为理事长，监事为三人时，得互选一人为常务监事。

第二十三条　省农会或院辖市农会设理事九人至二十五人，候补理事三人至七人，监事三人至七人，候补监事一人或二人，由会员大会选举之。

前项理事互选三人至五人为常务理事，常务理事得互推一人为理事长，监事得互推一人为常务监事。

第二十四条　上级农会职员之候选人，不限于下级农会出席之代表。

第二十五条　上下级农会职员不得互相兼任。

第二十六条　小组设正、副组长各一人，由乡农会或市区农会指派，或由会员推定之。

第二十七条　各级农会职员之候选人，以其所属乡农会或市区农会会员为限。

第二十八条　现任公务员不得兼充农会职员。

第二十九条　农会选举之职员为无给职，但得依章程之所定支给公费。

第三十条　农会职员任期二年，期满应即依法改选，连选得连任。

第三十一条　农会职员改选完成后，应于十日内造具职员略历连同会员增减名册呈报当地主管官署备案，该主管官署应将改选总报告表逐级转报社会部备案，并应由省级主管官署及社会部造具简表分别转送同级目的事业主管官署备查，其整理与改组时同。

前项总报告表及简表之式样，由社会部定之。

第三十二条　农会选举之职员，因有不得已之事由，得经会员大会议决，准其辞职，其因职务上违背法令营私舞弊或有其他重大之不正当行为者，得经会员大会议决，令其退职或由主管官署将其解职。

第三十三条　县农会为指导农业技术及其他农业改进工作，得与县农业推广机关联合聘用农业指导人员。

第五章　会　议

第三十四条　农会会员大会分定期会议及临时会议两种，由常务理事或理事长召集之。

前项定期会议每年一次。

第三十五条　农会会员大会之决议，会员过半数之出席，出席会员过半数之同意行之。

第三十六条　左列各款事项之决议，以会员过半数之出席，出席会员三分之二以上之同意行之。

一、修改章程。

二、会员之除名。

三、职员之退职。

第三十七条　农会理事会议，县市以下农会每一月一次，省市农会每两月一次，由常务理事或理事长召集之，必要时得开临时会议。

监事会议，县、市农会每二月一次，省市农会每三月一次，由常务监事召集之，必要时得开临时会议。

第三十八条　小组会议每月举行一次，由组长召集之。

第三十九条　乡农会或市区农会如召集会员大会确有困难时，得召开会员代表大会，其代表选举办法由社会部定之。

第六章　经　费

第四十条　农会经费分左列二种：

一、会费：由会员负担之，分入会金及常年金两种，其最高数额由省级主管官署按照地方情形拟订呈报社会部备案。

二、事业费：农会经会员大会或代表大会议决，得募集事业费，并得将其所办经济业务之盈余提出一部份，或商请其曾经协助推行之农贷机关团体就所获利益中拨给一部份充事业费，必要时亦得由中央或地方政府补助之，事业费之募集办法及其用途，应经当地主管官署及目的事业主管官署之核准。

第四十一条　各级农会收支应于每年度终了时呈报当地主管官署核销，并通告各会员，同时应将年度收支报告分呈主管官署及目的事业主管官署逐级转呈社会农林两部备查。

第七章　处　分

第四十二条　农会违反法令妨害公益或怠忽任务时，主管官署得分别施以左列之处分。

一、警告。

二、撤消其决议。

三、整理。

四、解散。

农会经解散后，应即重行组织。

下级主管官署为第一项第三款或第四款之处分时，应经上级主管官署之核准。

第一项第一款及第二款之处分，目的事业主管官署亦得为之。

第四十三条　农会解散时，其财产应由当地主管官署指派人员清算，其清算人有代表农会执行清算上一切事务之权。

第六章　附　则

第四十四条　本法自公布日执行。

〔社会部档案〕

二、各地农民反虐政斗争

1. 承德芳关于四川中江县农民暴动情形报告

（1938年12月12日）

自新都事件发生后，风声所播，影响各县，中江由兵役田赋问题激起民怨，蠢蠢欲动，其初虽无显明之征兆，但明弛暗紧，似有一触即发之势。职在十一月份月报上，已将此种趋势扼要陈明矣。

事变自十二月五日起，迄十一日止，经过七昼夜，波及一一区十余乡场。暴民陆续聚集县城，城内武器甚感缺乏。城郊诸高地又先后为暴民所占，电线断，话报皆不通，后经冒险修理，得通三台，闭城困守，粮缺水断，人心惶惶，夜不安枕。职自接得事变消息后，当将库仓图记、印信、重要单据集中妥藏，并将库存现金恳托福音堂英国女教士 Miss Eddev 代为保管。八日电通，即电奉达，十日省保安队许团由双流开到，形势方为安定，当又电达。库仓始终安谧，毫无损失，至经过详情谨陈明如次。

1、事变起因

一、县区长官、联保主任，平时压迫乡民过甚；

二、征丁不公平，征贫免富，营私舞弊，勒索肥私；

三、已征壮丁在营受到待遇太苦，衣不得暖，食不得饱，来信向家中诉苦，父母妻子因而伤感者；

四、催粮过急，地主串同粮柜虐待贫佃，法峻刑酷，激动民怨；

五、优待出征壮丁之办法不见兑现；

六、汉奸土匪乘机煽动发生事变。

2、事变经过情形

十二月五日，永泰场联保办公处为暴民捣毁，电城告急。廖育群县长当即驰往，设法处置。到场不久，未及发言，即为妇孺老少壮丁所围，砖石乱飞，意欲置该县长于死地，幸由傑兴乡联保主任派武装壮丁赶到，抢救始得脱险。但所派壮丁二十余名，大半为暴民所杀，暴民即移恨于傑兴乡联保主任，蜂涌而来，当将联保办公处捣毁，并赴私宅破坏，杀伤眷属。五日下午，距永泰场发生事变仅二小时，迴水铺又山坡鸣锣，群众麇集，捣毁联保办公处，焚烧私宅，杀伤眷属。以上各场联保主任幸均于事变时脱身来城，得免于难。六日中午，县政府召集紧急会议，城门皆闭，会议结果，决定对暴民设法宣抚，采和平手段解决事变，一面急电省府请兵来县镇慑。城中随即开始肃奸工作，清查户口，将全城治安交由国民自卫总队负责。但人少械劣，更缺弹药，形势颇为可虑，晚间戒严。七日上午，职约同士绅二人赴东门外宣抚，状况似甚平静。七日为废历十三，适逢场期，深恐暴徒混入城中发生意外，即向彼等劝告停止赶场，返家静待，各安生业，勿受奸人愚惑，彼等亦唯唯而返。下午一时返城，甫坐定，北山枪声甚密，人声鼎沸，知有异，登高瞭望，则群众蚁集嘈嚷不止，相持约二小时，人渐溃散，此时县陆续接到各场告急电话，告急之后，电话即中断不通，显见电线已为暴徒折断。县府所派出之便衣侦探，亦报得各种惊人之情报，全市铺门紧闭，困坐于愁城之中。七日晚，日间冲散之群众又在城外滋扰，将南山场联保办公处及主任私宅烧毁，派去弹压壮丁鸣枪射击，暴徒即还击，双方皆有死伤。八日早往观捕获暴徒四十余人，然则所谓暴徒者，皆老弱妇孺，壮丁极少，形容枯槁，饥寒交迫，交谈之余，俱云彼等之来皆受他人威胁不得已而加入行列，摇旗呐喊，以壮声势，如彼等不如此，则暴徒必烧毁其住宅云云，可谓无辜可憐之尤。继问彼等有无主使主事之人，皆答不知，有无条件口号，则一、不抽丁，二、不完粮，三、打倒公务人员云云，可见平时县政保甲人员之作威作福致起民众仇视也。九日，城中弹药将尽，援兵未到，人心更形恐慌。晚间，县府大门堆置石条，准备巷战，众意县府如此荒唐，应受严厉之制裁。十日上午，广汉县长杜能来电，知省军可于今日到达县城，人心方见稳定，但地方士绅因不满廖县长平日行动，联名分电行营、绥署、省府，检举罪状。廖闻讯惊倒，痛苦流涕，夺枪自杀，但枪仍为他人夺回。士绅睹状益见作恶心虚，随即集议作进一步的行动。下午三时，省保安第二十团许团到，全城尚见镇定。随许团长同来者有省府新委县长肖烈百，宜宾人，绥署少将参议、省府顾问，军管区总务科长，出身军伍，过去未任县长。许团到后，众意暴徒必闻风而逃，事变必能随之平息，但事实则不然，暴徒明知许团之来，反而变本加厉，人聚愈众，枪声愈密，城中因兵力雄厚，有恃无恐，连日失眠之人亦泰然于枪声中安息矣。十一日午，新旧县长交卸，联名召集会议，地方著名士绅均到，贡献处置事变意见，决定抚重于剿，并成立宣抚委员会，会中各士绅列举过去积弊，并指斥廖不应以此事视同匪案，向上峰呈报。人民暴动必有缘因，即使受他人之利用，亦为贪官污吏所造成之机会云云。廖又痛哭流涕，全场报以一笑，窘态毕露，当非昔日所能预料也。会议时许团长并未参加，下午三时许，许团长返始悉事态已趋明朗，许团长已亲自向暴民发表谈话，暴民亦推举代表二人进城陈述一切真相。又为一白代表云：事变起，廖县长来永泰场时惟不清查事实公平处置，反而庇护联保主任，斥余等为汉奸，余等心有不甘，即采断然手段，[下残]（1）抽丁不依公平原则，富者单丁不抽，贫者单丁强抽，要挟勒索，舞弊肥私，有人作证，有数可稽；（2）税局催粮偏袒，地主欺压佃民，动辄拘押，不顾民隐；（3）各保积谷皆用老斗量，□□单位甚大，而优待出征壮丁时所发积谷，则以市斗量发（中江一老斗等于市斗二斗六升七），且杂有砻糠，欺骗忠良；（4）出征壮丁在遂宁受训，初秋送去衣着单薄，现已冬令，仍未领有棉衣，饮食不饱，父母妻子非常悲痛云云。许团长当负责表示可以改善现状，一场风波始现平息曙光。

3、事变地点

详附图，情况不明之处，据发稿时传闻所得，亦多罹难。（略）

4、损失情形

一、生命：死区员一人，自卫队壮丁十四人，失踪自卫队壮丁十八名，死联保主任保长眷属二十余人，暴动民众死一百余人，双方伤数不详。

二、财产：联保办公处房屋、主任私宅、镇场积谷、农民房屋、估计约有六万余元。

5、善后办法

县宣抚委员会业已成立，委员除各机关法团首长外，其他多系当地士绅，并于各场设立分会，以各该场之士绅为宣抚工作人员，并以驻军为武力后盾，宣抚会内分四组：（一）总务组（二）安抚组（三）宣传组（四）调查组，即日开始工作。职亦参□宣抚委员之一，惟就大势而言，此次事变，人的问题大于事的问题，群众既知廖已卸责，且县中又驻二团以上之兵力，显见政府处置之决 心，彼等自亦知难而退，此可于最先暴众拒不选出代表，而十一日即有代表入城发言点证之事实上，保甲人员之急需调整，亦为一般人所公认之迫切要求也，至以后政令如何推动，原状如何恢复，虽非短时期内所能奏效，但亦不是绝对困难。

6、事变性质分析

此次事变最初纯系农民暴动，烧杀均系泄愤行为，惟所烧所杀均以保甲人员为对象，但自七日以后，暴民枪枝骤增，显见已有土匪混杂在内。彼等动作非常老练，队旗号音俱全，且以县城为占领目标，意欲劫夺财物，故事态演变进程如次：（一）由单纯的农民暴动，进而成复杂的汉奸阴谋和土匪的骚扰；（二）最先是出于农民自动，最后则农民欲罢不能，为有枪的土匪所挟持，被驱为动乱的先锋。

7、事变对库仓业务之影响

此次事变对库仓业务上之影响颇大，但好在农民平时对库仓感情甚洽，即事变以后，职出城宣抚，彼等亦尚对职表示友好态度。至到期放款，一至城乡交通复原，即可陆续收回，连日事定各场合作社来电询问能否进城缴送还款，彼等一再说明决不损失信用。事变中，有无社员参加，尚不得而知，虽各社员负责人加以否认，但此事恐所难免，详情待职日内下乡查明再陈。合作社储押资金放款：一区郭家沟信社据云无损失，未接确报，圣寿寺信社尚未进仓；二区牟家楼龙龟桥谢家坝未得确息，但上述各仓均在乡下，谅无问题，牟家沟已进仓，尚未贷款，大堰塘（中兴）尚未进仓，详情续陈。

敬呈

主任徐

职承德芳谨上

〔国民政府经济部档案〕

2. 四川资阳县农民因国民党役政苛虐进行暴动被镇压屠杀有关文件

（1939 年 2 月）

（1）报告（2 月 2 日）

顷据报称：资阳县与资中邻封因联保及甲长抽壮丁舞弊，为农民反对，该县共十八个联保主任，人民则杀其十七，并聚集两三千人手持农具不散。县长则派遣保安团，将该种农民围击，共死伤七、八百人。此三日前事也，而附近各县正秘密会商中，如果成事，则祸不堪设想。敬祈转呈院长为叩。

(2)行政院密令(2月3日)

密令　吕1017

令本院调查员李永懋

据报:四川省资阳县农民,因保甲长抽送壮丁舞弊,聚众杀毙联保主任十七人,手持农具不散。县长派遣保安团围击,死伤农民七、八百人,附近各县农民正秘密会商中。等情。据此合行令仰该员遵照迅速驰往肇事地方,将本案发生经过及地方政府处理情形,详细查明具报,以凭核办。此令。

〔国民政府行政院档案〕

3. 军委会办公厅等关于陇东回民因负担太重起而暴动电函

(1939年6月)

(1)军委会办公厅代电(6月9日)

国民政府军事委员会办公厅快邮代电　办四渝字军五七九二号
中华民国三十八年六月九日

军令部公鉴:案奉交下马总指挥鸿宾江戌三电,逆首马国瑞率领教徒,忽于号夜暗袭我八支窑钟家口红套裱鹞子川、小坡、龚家庄各防地,经我官兵反复肉搏,均未得逞,唯驻小坡步兵一排被匪冲入院内,排长与士兵阵亡七人,受伤七人,匪在各阵地遗尸共四十五具,负伤甚多,生擒九人。据供称马国瑞为总司令,召集各县教徒,声言先解决驻山内卅五师,然后出山抗日,等语。除请示长官朱相机剿外,谨先奉闻。等情。并奉谕电复妥速剿抚,并抄送军令部。等因。除电复外,特电请查照为荷。渝。军委会办公厅。办四。佳。印。

(2)军委会办公厅代电(6 月 17 日)

国民政府军事委员会办公厅快邮代电　办四渝字第六〇七三号　中华民国二十八年六月十七日

军令部公鉴:案准中央组织部二十八年六月十六日忠渝边字第 8276 号公函:报前由兰州逃走之海固回变首领马国瑞,现在固原东山中,与赤区勾结,重振旗鼓。我东路交通兵袁团所属回兵一连,在固原南乡哗变投马,事态又形吃紧。等语。前来。相应转达查核。等由。除承办会电询朱长官有无兵变情事外,特电请查照为荷。(渝)。军委会办公厅。办四。霰。印。

(3)军委会办公厅代电(6 月 17 日)

国民政府军事委员会办公厅快邮代电　办四渝字第六〇八一号　中华民国二十八年六月十七日

军令部公鉴:案准中央执行委员会组织部忠渝边字第 8379 号公函:以据报甘肃海固民乱近日又扩张,聚众三千余人,并张言打倒马鸿宾部,盖因马部为前次解决该变民之主力也,朱绍良今日(六日)表示决以武力彻底解决之。等情。函请查核。等由。除函复外,相应电请查照为荷。渝。军事委员会办公厅。办四。洽。印。

(4)国民党中央秘书处密函(6 月 29 日)

中国国民党中央执行委员会秘书处密函　渝(28)机字第八九二八号　中华民国二十八年六月二十九日

案准派赴甘肃视察之姚委员大海电称:甘肃海原固原回民马国瑞聚众变乱,据报有汉奸在内主持,而围剿一周并无进展,拟请严令克期剿平。又变乱总因在人民负担太重,致奸民有所藉口,并宜切戒各县临时摊派,整肃官军,以苏民困,而靖后方。等语。除函行政院外,相应抄同原电函达,即希查照核办为荷。

此致

军事委员会

〔国民政府军令部战史编纂委员会档案〕

4. 甘肃无极教抗服兵役事件始末

（1939年8月）

甘肃无极教酿乱始末

（甲）无极教之起源

民国十九年，有山东人岳善恒（又名德久）来甘卖药，初仅携一药包，游动出售，复在榆中安家营（与皋兰县连界，距兰州省城百余里）开设药铺，与当地人民渐稔，遂自称无极教首领，传播其教。皋兰榆中间，信者渐多。二十五年，始入皋兰北乡之元泰堡、六墩子、铧尖滩、巴家坡、石涝池、水阜河等地，浸及古浪、永登、景泰、洮沙各县边境，迨后附从日众，被愚入教者，不下万人，然其中大半老弱妇孺，仅知礼神诵咒而已。直至抗战军兴，皋榆间逃避兵役分子为所吸收，潜力始大。踵岳来甘之李秀民（亦系山东人）又伪托唐李氏世民之后，以皇帝相号召，遂酿成三月无极教匪之乱。传有日人川村衣麻在幕后主持，但其说终未证实。

（乙）无极教之内幕

当岳善恒在榆中收徒传教之初，教人吞符念咒，名无极道，后以附从增多，始改称无极教，故与一般宗教有独特信仰者不同，且迷信之外，亦无任何精深教义，仅窃取同善社之唾余，杂以红枪会刀枪不入之说，成一愚昧集团，其内幕情形如下：

子、新徒入教，须设坛祭神，坛上供红牌位，上书“太上老君之位”，以糖菜等为供品，使参加者吞符，叩头焚表、燃香，复告以诵咒、坐静等方法，其符式如下：

［下略］

丑、其内部分文、武两科，习文者，仅画符、静座、诵咒；略如道教之修持；习武者，于参加之日起，一百二十天内，不剃发，不茹荤，不出卧室，尚须练习吞符运气等术。

寅、其组织以十二人为一同，同有同长，十二同为道，道有道长，道之上有社，社之上有会，会之上有部，皆以十二之数，逐层管辖，而由首领指定一人为长，一人为副，比乱端既启，始有传事长、兵站、主任等名目，此皆应实际需要，因事名职，非无极教之基本组织也。

卯、教徒每有远行，遇庙宇即拜，各人皆携一黑色饭碗，深藏衣底，据言系持洁净之意。

辰、其宣传要义，对老弱则动之以却病延年，趋吉避凶，对少壮则惑之饮符练气，刀剑莫入，迎合低级迷信心理，以售其欺骗之术。传有皋兰北乡住户宅内瓦砾夜飞，经教徒尕李书符镇压，怪异立止。同时零匪三、五行劫者，屡为教徒所驱散，愚民遂信之如神。教徒之黠者，更利用政治弱点，摭拾人民痛心疾首之事，以为宣传资料，益得无识者之好感，而盲从之徒益众。

（丙）无极教之分子

无极教之分子，几全系愚昧人民，其初意仅在保健邀福，强身御盗，故数龄幼童（教徒赵双福四岁、刘天锡、彭家哇皆八岁、陶三全子九岁、刘四有子十岁）及老妇、少妇参加者极多，其非尽蓄异图可知。唯岳善恒卖药传道，植根于十年之前，其“部”、“会”、“社”、“道”、“同”之组织隐类军事编制，武科之条件与拘束力，又较文科为严，且规定教徒远行，必以饭碗自随，有时并携带食物，似均寓有深意（甘肃地广人稀，旅行人数稍多，每苦无所得食，而厨具尤不敷用，行军时其困难更甚）。李秀民伪托唐太宗后裔，尤篝火狐鸣之甚者，此二人来甘均早，年皆壮盛，阴谋煽乱，当非一日。然其一般徒党，有盗匪野心者不过百分之一，盲目附和者实在百分之九十以上，余或因逃避兵役，或因痛恨驻军，遂亦步入歧途，而亦不过百分之六、七而已。

（丁）无极教蔓延之原因

无极教既无高深教义，树立中心信仰，复乏领导人材，策划健全组织，仅以简单幼稚之仪式，迎合民众迷信心理，竟亦蔓延数县，蠢动多时，其主要原因，固由人民文化落后，认识不清，为所愚弄，但亦有他种复杂因素存焉。

子、治安上之缺点：皋兰北乡与景泰毘鄰地方，面积辽阔，交通不便，保甲力量限于地广人稀，收效微薄，每有零匪发生，人民不堪其苦，期望生命财产之安定，异常迫切，团队与自卫武力，数量甚少，不敷分布，地方驻军，间有纪律未修，时出扰累善良，均不满民众之要求。岳善恒等觑破此种缺点，乃倡以符咒御刀枪之说，驱散零匪，无识者遂以其术可用，争相附和，藉以保其室家。

丑、经界上之缺点：皋兰与榆中交界处，插花飞地甚多，两县行政力量均难偏及，凡作奸犯科之徒，易于隐匿逃避，岳善恒等，在皋榆连界之安家营、大石头泉一带活动数年，未引起各方注意，实经界上之缺点，有以致之。

寅、政治上之缺点：凡无极教活动地区，多距县府遥远，保甲人员之贪污者，政府恒不易监督，故得肆行剥削，无所惮忌，近年因办理征兵人员弊端百出，人民怨毒已深，逃避兵役之壮丁，又往来于插花地带，时久无所归宿，故李秀民等蠢动之初，一倡“不服兵役自行抗战”之口号，而附从者骤多。

卯、军民不能合作：景泰、永登、古浪间，地阔民少，风俗朴厚，并无重武好斗之习，对盗匪尤深恶痛绝，徒以驻军因薪饷不足，恒有磕诈婪索之举，民众负担本重，又遭此无厌剥削，对驻军侧目已久，唯在高压势力之下，莫敢先发，迨无极教作乱，谬思藉此报复，遂急不择路，沦为匪寇，当各路围剿元泰堡教匪时，对永登马成祥部之冲营，顽抗独烈，可知其平日积愤之深也。

此外，则经济破产，民生困瘁，亦其主要原因之一，故无极教徒最多之处，亦即地方比较贫苦之处。综合上述诸端，人民在秩序上不能得安定，在生计上不能得温饱；在经济上不能望繁荣，在精神上不能去压迫，徬徨日久，毫无出路，而且知识幼稚，又无别择能力，神怪符咒之说，乃得乘虚而入，遂被一、二野心者所利用，以演成不幸之事件。

（戊）变乱始末与剿办经过

本年一月，榆中县府额外科员倪鸿钧奉命往第一区第四联保所属各村催办欠送壮丁，即有无极教徒马德元、张得海等出面阻挠，倪鸿钧应付乖方，且又勾结第四联保主任郑永龄，朋比勒索，贻教匪以口实，于一月二十二日夜，在新庄岭张廷福家内被匪猝击，郑死倪伤，变乱随之而起。岳善恒、李秀民、马德元等率少壮教匪百余人，绕道皋兰属石洞寺，至北山铧尖滩、源泰堡、萧家堡、六墩子等处盘踞，复托词在秦王川召开大会，须先期参加，违误者杀。二、三日间，永堡、景泰、洮沙、一条山（景泰属）、大靖（古浪属）等处教徒，集结者六、七百人，被岳善恒、李秀民等悉数禁闭铧家滩庙内，并派心腹持戈矛守之，不许外出。同时令其忠实徒党，四出索粮、索械，传布邪说，星星之火，势且燎原。军政当局，遂决定剿抚兼施，期于短期扑灭，因令皋兰县长何世英、甘肃民政厅视察员蒋镇、甘肃交通司令部营长王元，相续前往。何于二月四日到达中川村，值匪首段永昌，率其徒四十余人，纠众传教，何乃晓以大义，令其归劝教匪，解散还乡，政策可从宽免究，段去两日，再至何所，谓各教徒均愿乐从，请何转求朱主席，对教徒印发路证，并颁安民布告，始可各返原籍。何即据情电省，经朱主席报可，随即解散五百余人，仅铧尖滩、元泰堡少数未去，言正归还借用民物，事竣即行。九日，永登驻军（马步青所部）忽闻讯开至，冲突又起，教匪顽抗颇烈，伤亡五人，藉此复扬言政府无安抚诚意，何县长乃请永登驻军开回原防，续饬教徒速散。嗣见李秀民等盘踞元泰堡、萧家堡一带，希图抵抗。乃商同王元、蒋镇等，于十四日拂晓，督队进攻，占领萧家堡及其附近村庄，李秀民战死（一说系永登驻军所杀），教匪伤亡三十余人，王营亦有损失，岳善恒等抗拒数日，智穷力索，于二十一日夜突围溃走，辗转向皋兰西南部流窜。是时省方已令一九一师一一一三团团长廖凤远部侦查清剿，并饬皋兰县封锁黄河各渡口，旋被匪偷渡过河，由泉神庙、陡坡子等地，侵入西固城飞机场，连长李元闻变却走，机场无人守护，飞机师及飞机员工逃避一空，教匪正准备破坏间，适廖团闻警赶至，将匪击散，当即跟踪追击，在大小马莲滩泉神庙、陡坡子等处歼匪颇众，并俘获韩五十四等二十余人(韩自供曾在飞机场手杀三人)，自是匪始星散，不复集结成股。省方乃委警察局长马志超为清乡司令，并将连长李元，依军法处决，榆中县长黄哲真撤职，皋兰县长何世英撤职留任，皋兰第二区区长崔峒、第三区区长张钦儒撤职，送战区司令部讯办，西固城及东固城中川村各机场警戒力量，重行整备加强，同时由各党政军机关，合拟根绝无极教办法，分别实施，扰攘数月之无极教之乱，始完全告一段落。

(己)安缉与善后

教匪武力被消灭后，省府即将清乡任务，交马光超及各主管县负责办理，并确定善后办法，其要点如下：

一、军事方面：注意流散教匪活动，在水路要冲配备相当兵力，并派队警协省、县抗战工作团，分向教徒较多地区，督同区保甲人员办理善后工作。

二、政治方面：组织省、县抗战工作团，协助各县办理教徒自首、灾民救济、整理保甲及清查户籍、实施联保联坐等事，同时并努力于肃清贪污，彻惩兵役舞弊，以减少民间所受压迫。

三、经济方面：由主办农村合作机关，大量增益贷款，并筹组各种合作社。

四、教育方面：对无极教活动地区，积极推行民教，以提高知识水准，破除迷信心理，免再为邪说所惑。

五、经界方面：皋兰榆中插花飞嵌地区，清除无极教事项，由两县政府会定暂划管辖办法，呈省府核定施行。

六、自卫方面：皋兰县长何世英，于教匪初起时，曾令该县人民，编组保家队，省府令继续试办，以为清乡自卫之用。

以上各项善后办法，自分别实施后，地方渐趋安定，无极教徒多已自首登记，悔过还乡，间有野心不死者，亦皆因势不可为，深藏待机，不敢公然蠢动矣。

〔国民政府军令部战史编纂委员会档案〕

5. 军委会办公厅抄送朱绍良关于镇压陇东回民暴动经过及所拟清乡善后方案代电

（1939年9月11日）

国民政府军事委员会 代电 四渝字第八七九〇号
办　公　厅　快　邮 中华民国二十八年九月十一日

军令部公鉴：案奉交下甘肃省府二十八年八月二十日民一未字第四七五号代电：略以马国瑞三次倡乱及抚善后情形，检同海固化匪乱清乡善后方案，请核等由。附方案一份。准此。并奉谕准予备查，并抄送司令部。等因。除承办指令外，特抄同原代电暨附方案，电请查照为荷。渝。军事委员会办公厅。办四　真。印。附抄原代电暨原附方案各一件。

抄甘肃省政府朱主席二十八年八月未字第四七五号民一未哿代电

重庆军事委员会委员长蒋：查本省海原、固原一带民族杂处，历年纠葛丛滋，变乱迭起，故有十年一小乱，三十年一大乱之谣，足征好乱性成，治理困难，本府鉴于此种情形，特秉总理国内各民族一律平等之遗训，调和感情，藉此化除成见，消弥〔弭〕纠纷。唯是宗教关系，终非政治力量所能调协，遂有马国瑞之事变。按照陕西回教原分直黑任、尕的、任虎飞、苦布四大门宦，其尕的、任虎飞、苦布三门宦，历由教徒聘请阿訇传授经典，并无教主，直黑任一门宦，则有教主，且为世袭，教徒之对于教主爱若父母，敬若天神，请谒则有跪拜之礼仪，珍贵之贡献，倾家荡产，在所不惜，一有使命，竭力以赴，蹈汤就火，亦所乐为，其信仰之虔诚，适等藏民之于活佛。迷信既深，啸聚自易，已往变乱，率由此派倡之。前清马化潍，即此门宦之教主也，马化潍伏诛后，传位于马元章，元章传位于其四子马震武，而长子马忠武不与焉。马国瑞为忠武之长子，愤其祖不传位于父，以及于己心怀怨望觊觎教权而又熟睹已往军阀时代收编土匪之事实，出身□荷，骤登高位者比比皆是，以此错误之观念遂致演成死有余辜之罪戾。初以为聚众反抗政府，政府即可收编，则失之东隅者犹可收之桑榆，于是阴相结纳，散布徒党，处心积虑，盖非一日。后值王志道在沙沟一带从事宣传工作，并委马国瑞为回教抗敌救国工作团团长，意图团结教胞，共赴国难，用意未尝不是。唯王等不明回教之内容，率予委任，不免稍欠审慎，以致马国瑞利用名义，挟其传统势力，以抗款抗役相号召，裹胁愚民，回汉均有，于去年十一月二十日倡乱于沙沟。本省当以愚民滋事，不欲遽采武力制裁，且民族杂处，更不欲牵一发而动全身，经令当地县政府晓谕宣抚，并派东路交通司令马锡武扼要控制。兵不血刃，马匪自愿来省，经交马司令负责监视，并加约束，以资感化，第一次事件遂告平息。乃马匪余党马国璘、马英贵、白受采等好乱成性，又复聚众滋事，于本年一月十二日起窜扰固原、隆德之间，本府曲徇众议，仍不欲从严制裁，经呈请第八战区司令部委派高级参谋许显时、交通处长拜伟，率领政治委员分赴海固二县安抚，一以促其悔罪来归，一以安抚惊惶民众，并集部队采取包围形势，防其窜扰，迫其就范，复加拨振灾款及农贷款，办理化平县难民上庄，藉以分散其力量，杜绝其诱惑，循此办理第二次事件又告解决。所有善后事宜，经责成八十一军军长马鸿宾主持统筹一切，正积极推进中。而马国瑞野心未死，始则呈请归家，未予核准，继则化装潜逃，于是而有第三次事件。此次参加之众为数颇多，彼辈将政府宽大为怀之德意，误认为正规军之力量不过尔尔，马国瑞又以呼风唤雨之说，煽惑徒党，故甘为效命，至死不悟。本府详察前后经过，认为非从严处置，不足以戢其野心，特秉刑乱用重之规，为去莠安良之计，经调九十七师及东路交通司令骑兵团包围堵截，企图消灭之于固原第三区、隆德第一区之间。乃以和尚铺部队尚未到达，原驻仅有一步，竟被窜扰化平，企图南窜张家川，与其教众取得联络。差幸军队调动迅速，围剿于白丐河黄花川一带。其始匪窜化平之际，原以化民贫瘠，鼓惑甚易，讵知第二次事件解决以后，本府拨款救济难民，均已上庄，禾稼丰盈，秋收可卜，化民相率而告曰，庄稼已种，何必作乱，故参加者极鲜。煽惑既穷，声势日蹙，数日之内，遂行瓦解，马国瑞旋即歼灭，残余之众失其酋首，陆续星散。此第三次事件复告解决。综合前后事件经过情形，则马国瑞倡乱之主因：一则觊觎教权，一则心存利禄，以此动机时怀幻想，遂至利用王志道委任之名义，发生背谬之行为。所谓抗款抗役，所谓官吏压迫，皆为倡乱之藉口，而非事实之真相。所谓宗教关系，所谓民族问题，则对于马匪之估计太高，未免失诸悬揣。至于本府处理此案之方针，则始终认为政治问题，而非民族问题，盖如认为民族问题，则必引起善良之误会，反使卷入漩涡，必至解决愈难，其处理办法则因事实之演变而稍有不同，始则宽，继则宽严互济，终则稍严。盖火烈民畏，水懦民玩，始不宽则其恶未彰，人必议其太恶。终不严则其罪已暴，人必疵其弃法。权衡处置，颇费踌躇。兹者元恶已除，余众星散，参加者既畏威怀刑，自知敛迹，同情者亦凛于兵凶战危，不敢尝试，当不致再生波折，重演纠纷，以重钧座内顾之忧也。惟是事件甫平，人心未靖，残余匪众犹不免潜匿山林，徘徊歧路，亟待清乡根绝隐患，受害良民犹复流离转徙，不敢上庄，亟待善后抚慰疮痍。为办理此二项工作，前经委派本府民政厅长施奎龄巡视海固各县，安抚地方，督导善后，并指示清乡善后，以县长主持，驻军协助为原则。其办法：一、离庄民众必须限期上庄；二、匪民枪枝限期呈缴，准予免罪；三、良民枪枝重行登记，或由政府备价收买；四、逾期则由政府鼓励检举，一经查实，枪枝没收，并予法办。现据返兰报告，各县依据实施，颇著成效，特又制定海固化匪乱清乡善后方案，电饬海原、固原、化平、隆德、清水等县，一体实施，由八十一军军长马鸿宾督导办理，并责成各县县长负其全责。按照原定方案，清乡以查缴枪枝为先，善后以安抚良民为首，前者在使其倡乱无资，后者在使其鼓惑乏术，藉期双管齐下，一劳永逸。至于积极方面之工作：关于教育者，则第二次事件平息后，即拟于海原肇事区域增设小学七处，固原亦正详加规划，现仍根据原定步骤分别筹设，并责成各县妥为利用阿訇，切实劝导，最低限度不使其从中阻梗，则费力少，而成功多。关于经济者，由此次事件之得以迅速了结，实由化平方面以经济扶助政治所得之结果，今后将确定以经济扶助政治之政策，利用其原有经济基础，积极提倡生产事业，使其生活安定。关于政治方面，则第二次事件以后，所有肇事区域之县、区长，均已分别调整，现在各员颇能吃苦耐劳，嗣后当勤教严绳，树立清廉政治，并拟予沙沟地方划分海固隆三县一部，分区域设置治局，就近治理，刻正依据地方实际情形，详加规划中。总之，鉴于莠民之一再滋事，此次处理，务期切实彻底，藉以上纾钧系下靖间□，除分别实施随时呈报外，理合将海固事件前后经过情形并检同海固化匪乱清乡善后方案，电请鉴核示遵。职朱绍良。民一。未（　）。附呈方案一份。

海固化匪乱清乡善后方案

一、清乡

甲、匪徒之自首

（子）打破匪部之营连长组织，以免啸聚滋事。

（丑）匪部之官长士兵，均一律限期自首，其限期由各县斟酌实际情形完之，并呈报省政府备案。

（寅）自首匪徒之处置：

(1)连长等下级干部，一律征充壮丁；

(2)团营长等，由当地联保主任、保甲长等按管理嫌疑户办法，严加约束；

(3)协从匪众，一经自首，发给免罪证，准予从宽免究。

(卯)不自首匪徒之处置：

(1)逾期不自首之匪部官长悬赏通缉。

1、团长五百元；

2、营长二百元；

3、连长五十元。

(2)逾期不自首之匪徒，查缉后依法处断。

(辰)办理自首机关

(1)以各县县政府为办理匪部自首机关；

(2)地方辽阔县分得由区署代办；

(3)办理自首之机关应绝对严禁磕索。

(巳)自首之手续

(1)凡自首之匪部官兵，必须觅取三人以上之连环保，并备具悔过书，亲向县政府请求自首。

(2)前项保证书及悔过书式样，由县政府订之。县政府接到匪徒之悔过书及保证书以后，应即予以考询，如无他项情节者，即准发给免罪证。

(3)匪众如有畏罪不敢亲向县政府请求自首者，得□其保人代为自首，但五日后必须到案听候查询，逾期得取消其自首，但有其他特殊情形，经县政府核准者，不在此限。

乙、枪枝之查缴

(子)匪徒枪枝

(1)凡自首之匪徒，必须限期将枪枝缴出。

(2)在限期以内将枪枝呈缴者，由县政府备价收买，其价格由县政府订之。

(3)逾限仍不将枪枝呈缴者，一经查获，枪枝没收，并以为匪与私藏军火并合论罪。

(4)匪徒枪枝之查缴，由二区专员秉承马军长督率办理，必要时请军队协助。

(丑)良民枪枝

(1)良民枪枝一律限期重行登记，其守堡出力者，免缴照费。

(2)良民自愿将枪枝呈缴者，由政府备价收买，并予奖励。

(3)逾期不登记者，一经查获，枪枝没收，并以私藏军火论罪。

(寅)济匪登记枪枝

(1)凡以登记枪枝济匪者，以匪枪论。

(2)济匪登记枪枝呈缴者，由县政府备价收买。

(3)如限未将枪枝呈缴者，一经查获，枪枝没收，并以军火济匪论罪。

(卯)子、丑、寅三项之期限与匪徒之自首同时举办。

(辰)逾期不将枪枝呈缴或登记者，得悬赏鼓励检举，但应严禁诬枉。

(巳)八十一军已缴匪徒枪枝，应列表函知该管县政府查考，并换发收据。

二、善后

甲、匪众处置

(子)在押匪徒，查明其犯罪轻重，年龄大小，依照所在保甲户籍，由县政府与八十一军商酌，拨抵乱区壮丁。

(丑)在押匪徒家属，送化平中正教养院安置。

(寅)匪徒所欠壮丁粮款，仍照规定额补征。

(卯)已罚匪徒之罚款，拨充被害人抚恤费用，嗣后如有犯罪行为，应依法办理，不取罚款办法。

(辰)凡经安抚而逾限不归之匪徒，其财产暂收归公有，交被害人耕种。

乙、难民抚恤

(子)难民抚恤款项,就施厅长所发救济费及匪徒罚款拨充,不敷之数,由地方预备费项下开支。

(丑)难民损失,由主管县政府查明列表,送由马军长统筹分配赔款。

(寅)施厅长所发救济费,由县政府酌定标准,统筹分配。

(卯)按实际需要加拨农贷款,使其生产有资。

(辰)按照实际情形,由县政府呈请本府酌发振款,以维目前生活。

丙、奖惩

(子)剿匪伤亡之公务员、保安队人民,由各该县政府查明,呈由本府分别转请议恤。

(丑)剿匪有功之公务员、保安队人民,由各该县政府查明,呈由本府分别转请核奖。

(寅)剿匪不力之行政保甲人员,由各该县政府查明,呈由本府分别议处。

丁、重新整理保甲

(子)变乱区域保甲,应从速切实编查整理。

(丑)严格办理连坐保坐切结并切实执行。

(寅)公平划分保甲区域。

(卯)调整保甲长人选。

三、实施程序

甲、第一步安抚归庄,以一个月为期,期满办理清乡工作。

乙、第二步清乡,以一个月为期,期满办理善后工作。

丙、第三步善后,以一个月为期。

本方案由各该县政府斟酌实际情形,妥善办理。

〔国民政府军令部战史编纂委员会档案〕

6. 王月波关于陇东回民暴动情形呈

（1940年5月8日）

国民政府军事委员会西北联络专员办事处呈　公渝字第十三号

谨呈者：窃查中国回教新派（哲赫任耶）教主马震武于二十四年赴平养疴，适逢七·七事变，交通阻截，隐居故都将近五载，因其离乡过久，陇东、陇南教众顿失主脑，无识之辈乘机以起，至有去岁海固两次事变之发生，虽经军政当局竭诚疏导，幸暂告平息，唯以陇东、陇南教众之闭固成习，军政力量之弹压可治标，决难治本，故隐忧未泯。职为预防未然计，更以正本清源之道，非设法敦促马震武回籍主持不为功。旋经三次派员北上相迎，幸马君大义炳然，当允绕道西返。各节经过情形，已于3月17日□呈在案，并蒙钧院赠给航空旅费。现马教主业已抵渝，由军委会招待下榻柏林旅社，静候总裁召见。查马教主为中国回教新派唯一领袖，其意向动止足以影响数百万教胞之趋向，在抗战期间，如能善于运用，假以名义，饬令宣化以示羁靡，定较其他政治力量事半功倍，不但该派教胞有所适从，加以训练，布之边防，可作国之干城，驻守西北，亦可防异党蔓延，图后方之安定，增抗战之实力，莫善于此。谨将管见所及，理合具文呈明，是否有当，敬请鉴核示遵。谨呈

秘书长魏转呈

院长蒋

副院长孔

附抄呈军委会海固两次事变处理经过及善后情形报告四件

国民政府军事委员会西北联络专员王月波

中华民国二十九年五月八日

案奉钧会二月办四佳电内开：陇东教案发生之前因后果及现在情态，希迅速详密查报为要，等因。遵于二月灰日前往调查并为

宣抚，谨将调查情形缕陈如下：

肇事地点

海原之白崖子、鹞子川、石咗堡、小坡儿，后又扩大至韩明堡、陶家堡、夺儿堡固原之沙沟、杜家河、白家庄、上店子、杨中堡、硝口偏城、寇家店、红星堡及隆德之将台堡。

社会背景

查海固两县肇事区域，共有教民十余万人，因隔处边陲，距治城甚远，兼以交通不便，政治力量不能深入，又复地瘠民贫，文化落后，对于抗战建国毫无认识，而当地政府又不能洞察民隐，务其所急，一方对于呈办农贷未能普遍设施，使困苦民众不得遍沾实惠，致生轩轾之憾，一方未能积极宣传，俾一般文盲明了抗战。且于行政方面率多忽视，如保甲编制，教民往往以五、六十户、最多百户为一保，其他则以百户或百五十户为一保，对于派款征丁按保均派，轻重之间，自生不良现象。况□边区教民愚昧无知，素不明征派之意，偶失平衡，即怀愤恨。至教育方面，所有肇事区域，几无一校之设，以故彼方教民，多属文盲，知识缺乏，一切情形不克上达，政府士绅狃于苟安，不察民艰症结所在，有由来矣。

事变远因

去岁五月十六日，海原县长贾存诚及委员王志道（不悉属何机关）在该县之沐家营召开抗战宣传大会，各地阿衡（即掌教）及教民中之负有声望者，类多参加，对于抗战情绪极为兴奋。当由贾县长、王委员志道及抗敌后援会海原分会委任各阿衡及教绅以回民抗敌工作团及分团团长、团副、委员、干事等职，并委马国瑞为总团长。各员奉委后，遂于各清真寺中，对抗日工作有所活动。唯是时有被征服兵役之壮丁多人，因在受训期中以饮食习惯之不同，有私自逃回者，而各寺教长遂群诉之于马国瑞（系前教主马元章之嫡孙，马元章事迹附后），恳其自动组织教民参加抗战，国瑞以年轻无知亦以斯言为然，但未经呈明，率尔分头工作，极形紧张，以致外间不明真象，谣言烦兴。该县第三区联保主任王连及区长裴正员，以杯弓蛇影据报县府。贾县长亦不加详究，率呈第八战区朱司令长官，即责令马国瑞之堂叔马锡武（现任甘肃东路交通司令）将国瑞解省，马锡武即饬令所属袁团长福昌于十一月间，在隆德县境唐家庄将国瑞扣获解省，经朱司令审讯后即为开释，交由其叔在兰垣管束，并对有关各教民特予安抚。一场风波遂告平息。但当地政府及教民间又多一层隔阂矣。一方宥于知识，遂有非法团结之嫌，一方固执成见，即为事出有因之报于此，全民抗战中不能调整步骤，殊为遗憾。

事变之发生及经过

马国瑞之事甫经平息，乃该海原县长贾存诚复于二十八年一月间，以清乡为名，率联保主任王连带保安队四十余名，七日至沐家营，八日至百崖子，九日至小坡儿等处训话，并派保安队四处搜缴民间枪枝，有枪者缴枪，不缴者罚钱，且对马国瑞事痛加责斥，并述及前马化龙抵抗清兵往事，诋为国家叛逆，遂激起教民之大忌。各处搜枪之保安队又复大肆拘捕，被捕者计有鹞子川之马耀仓、马福禄、马子亨、马锡玉，小儿坡之马帮彦，韩明村之马如昌等，带至白崖子，严加拷打，并将马子亨、马如昌等加以匪刑，勒令交枪，以致该区教民相率逃匿山中，集有数百人，欲夜间围劫县长，以图报复。事为袁团长得悉，急驰鹞子川函知贾县长报警，并请对被捕人员释放，以防事件扩大。乃该县长未予采纳，竟将所拘者押回县城。此次共缴枪十余枝，罚洋千余元。

固原保安队第三中队队长马明山，命所属分队长穆玉清率队二十余人，于一月十六日四出搜枪，十四日至海原所属之十三堡艾好湾捕马福帮，因在逃未获，即折返固原所属之白家庄捕获马德昌之子严行拷打，缴枪一支，又至平坦沟缴曹玉禄枪一支。再固原西南区二十九保代理保长杨金贵，于一月九日率壮丁至上店子、红崖堡一带拘获马迁华等七人，通宵拷打，予以二百四十元之赎金，始获释放。十三日该县保安队分队长白中玉及马子章，率士兵十三名至保家堡安龙庄等处大肆搜捕，十五日复由白队长及区长李玉明、王绍武、马子章等率保安队数十名，至苦开英家堡等地搜缴枪械。海固边区教民一遭贾县长之摧残，一遭穆队长等之凌虐，群情激昂，认为不堪忍受，欲实行报复主义。乃于一月十五日在海原之白崖子、小坡儿、鹞子川及附近各保与毗连固原各村纠合起事，马国璘少年无知，甘为戎首，星晚即攻海原之红套儿王连堡子击毙王连之弟，十六日至沙沟袭击穆队长，穆队长退至李俊堡。该马国璘到处纠人收械，折返小坡儿一带集中。是时乱民已达千余，固原西南区杨中堡、上店子、红崖堡、硝口偏城等处教民亦纠合滋事，有阿衡马英贵者丧心病狂，自任渠魁，统领乱民将代理保长杨金贵之堡攻破，掳财缴械，借以泄愤，于十八日在小坡儿与马国璘会合，声势浩大，所有人数已在三千左右，内有少数汉人参加。其中十九日攻打李俊堡，焚毁穆队长房屋，并击毙其父，次日始行撤退，至二十三日马英贵率领六百余人围攻固原县城，相持一日，计伤驻军兵士二名、由平凉开往之特务长一、士兵一、平凉保安队士兵三，该英贵所领者亦伤亡三十余人，于当晚十时，退至杨中堡一带。二十九日马国璘率领二千余人，越海固边境，攻打隆德，激战十余小时，终未得逞。计死四十余名、伤七十余名，被俘三名。该马国璘于攻隆德失败后，退回固原之黄家堡。九七师五八二团跟踪追击，激战半日，计被击毙百余名，马国璘腿部亦受重伤，业经残废，军队牺牲一连。乱民经此次惨败，渐形分化，乌合民众日见减少，四面被驻军（一九一师、九七师、八十一军）重重包围，已无能为矣。

事变处理及善后

当事变扩大时，第二区行政专员张振武于一月二十二日到达固原，第八战区交通处拜处长伟、许高级参谋显时及郭顾问福金、一九一师马处长建新，于二十五日、二十七日亦先后奉命驰赴固原，协同办理。经分函马国璘、马英贵等，促其醒悟，于二十九日接马英贵复函，提出投诚受编条件：(一)将马国瑞放回；(二)呈请惩办祸首贾县长存诚；(三)公家准其抗日，发给枪枝，听候编制，指定驻防地点，否则归农。当经复函并派汉绅李效古、刘家驹及教绅马三魁等前往接洽，三十一日郭福金、马建新及教绅张禹川驰赴黑城镇，会同拜伟召见马英贵之代表，复偕同转赴沙沟大寨，与马广武(国璘之叔)商讨收编办法，并对彼方代表亲切劝慰，彼方遂将枪枝、马匹造册呈缴，集中指定地点，听候点编，延至二月十日，由郭福金、马建新将马英贵及其秘书白受采诱至黑城镇交由拜伟解县管押。彼方先后解缴破旧土造枪百余支，许显时、拜伟等于二十七日将马英贵等押解来省。至于一切善后，完全由马军长鸿宾负责办理，至善后办法，拟筹足一万五千一百元作抚恤赔偿之用，对于无辜被害者，计有沙沟三人、大寨一人、红套儿一人、李中堡一人，按教规每人给恤七百元，对受有损失者，酌予赔偿。斯项费用由主犯马国璘之父马忠武担任一千元，其叔马广武担任一千五百元，马振武担任三千元，从犯马国璠之父马继武担任一千元，马国璠认捐八百元，从犯马国琮担任八百元，共计八千一百元，不足之七千元由其他主从各犯分摊，至对被胁从各犯，由马军长、张专员暨海固两县县长发给良民证，对各从犯发给免究证(证样附呈)。职于三月六日赴固原之三营镇，随同马军长前往固属之李俊堡、沙沟、上店子、红崖堡及海属之大寨、小坡儿、红套儿等处视察、宣抚藉息余纷。各从犯马国琮、李国恩、张耀德、陈子福、马魁、马耀仓、秦忠鲜、马正荣、马占魁等，经职及马军长分别告诫，无不感激流涕，将枪械戈矛随时呈缴，政府亦不再深究，尚有伪官佐马德仓、袁廷祥等不明大义，随带枪枝逃匿山中，当局正在究办中，并由县政府重编保甲，清查户口，此事遂告平息。

窃查此次事变，本系星星之火，极易扑灭，乃地方政府不慎，抱薪而救，以至蔓延，几成燎原之势，幸军事当局托之武力，解决有法。但职为釜底抽薪，防患未然，恐事态扩大，蔓延各县，遂于二月十日离兰先赴与海固毗连之隆德，二十日离隆德赴化平，二十四日转赴华亭，二十八日离华亭转平凉，三月六日由平凉驰赴海固，每至一处，均深入教民区域，悉心调查，剀切宣慰，所有教民俱被感动，情绪异常热烈，均愿在最高领袖指导之下，一致抗战，现象极为良好。唯平凉、华亭、固原等县，各族间似尚有畛域之痕，治城以内不许教民寓居。教育方面尤为显著，如隆德一县，仅有七万人口，教民即占二万，于此二万人中，仅有高级小学毕业生一人，文化低落，可为浩叹，所幸教育当局二十八年度对各县回民初级小学已有增设，实施是在地方政府及回胞士绅努力提倡方可收效。奉电前因，理合将调查情形备文呈报，敬请鉴核。谨呈
主任贺转呈
委座

马元章事

查马元章，字光烈，居甘肃省固原县沙沟，前清末季，接替其先祖马明心主持之哲赫任耶（译者教派名）教派（在回教中称为新派），于陇宁间布道，宣化一时风靡，云从遐尔景仰。入民国后，历经元首及地方最高当局俱有奖褒，其为人持躬严谨，接物和易，仁爱慈祥，乐善好施，以故有马善人之称，加以德高望重，品学兼优，除国学外，又复精通阿拉伯文，当时誉之为教民泰斗，西北物望。不幸于民国九年冬，遭地震之害，与其三子仁武同压毙于沙沟之道堂中，以身殉教，殊堪痛惜。遗有长子忠武、次子广武、四子震武，教统即由震武接替。震武于二十四年被阻北平，现尚未归。如渠在籍，或不至发生此次不幸事件。该派教民布方，对于抗战建国自有相当贡献。

肇事原因

查前次海固事变（本年一月间），其原因不外地处边陲，教育落

后，一般民众无所统率，勇于私斗，而昧于公义，加以当地保甲组织不健全，致彼卑劣贪污之保甲长滥竽其间，利用乡民之无知，百般敲诈，更捏造事实加以诬告，而地方负有责任者，又复失察，使民众痛苦反为加深。其近因系海原第六区联保主任王连，假借公义逞报私仇，诬指民众私藏军械，或以极刑逼令缴纳，或以拘禁勒索巨款，受虐民众不堪其苦，又以教主马震武在平养疴，无所伸诉，再则教育落后，知识缺乏，不知以合法手续呼吁取直，乃纠结愚昧铤而走险，竟于一致抗战中演成民变惨剧，殊为遗憾。所幸当局筹妥对策，处理迅速，克告平息，已于三月二十五日报告在案。当此事件甫平创痍满目之后，本应加意安抚，与民更始。乃驻防海固接壤少数士兵，以教育落后，不知爱护民众，而一般不法之保甲长，又复拉拢不肖士兵鱼肉乡民，无所不至。当斯时也，适该地教主（哲赫忍耶派）后裔马国瑞逃出兰州之监视，潜回固原，原藉因宗教之关系，平时深为民众信仰，以故相率往诉，乞为援助。于是暗中号召，私谋蠢动，竟于本年五月间，以民众武力抗拒驻军及保甲长，不幸事件于兹再起。综观此次事变之造因及民众暴动之目的，殆与前次事变如出一辙。

事变经过及处理

五月二十九日，浓云密布，大雨如注，叛民二百余人，以海原小坡儿驻防部队未加防备，冒雨突袭，乘机攻入，驻军一排枪枝悉数被劫。伤叛民八人，士兵二人。叛民以袭击获胜，即呼啸而去。次日，参加民众骤见增加，计固原县属之上店子、红崖堡、挂马沟、大湾等处聚集数百人，海原县属之小坡儿、大寨、白崖子、鹞子川等处集结者几近千人，唯沙沟一带因马忠武（故教主马元章之长子，叛首马国瑞之父）极力镇压，尚称安静，亦无一人参加。其内该叛众即由马国瑞统率经固原县属之偏城骆驼巷□家套子奔集莲花湾，沿途民众多隶其教派之中，凡属教徒，必强令参加，否则认为出教，民众以信教坚定，且富服从性，率多陆续参加。途中马国瑞又伪令所部称吾人为反抗驻军压迫，自动参加抗日，对一般民众不得劫杀或滋扰等语。据叛民所经区域民众谈，叛民经过时，并不伤人，亦不抢劫，其他教民尤无仇视行动。

六月三日，叛众窜抵固原县属之杨家岭和家堡、五星堡、堡子滩至二道岔，与九十七师遭遇，发生激战，叛众不支，绕道南窜，企图越化平而达清水县属之张家川，因该处教民多系哲赫任耶派，以同一教派之关系，欲尽量号召扩充实力。斯时，隆德县第三区该派教民百余人，亦均暗相联结，蠕蠕欲动，并推代表二人往谒该区教主马继武，请示可否。马氏聆悉极为震怒，认为违法叛教，防碍抗战，当将该代表等严厉申斥，叛众见教主坚决反对，遂行瓦解，故隆德教民均未参预。

六月六日，叛众由固原县属之和尚铺扰化平县属之罗家滩、黄花川一带，并布告民众，略谓此次事变系为反抗虐政，故自动起来参加抗日，绝不害民，不扰民等语，沿途教民响应相从，当时国军亦自各方开来，取包剿之势。

六月八日晨，遂展开激战，意在歼灭，叛众见势不支，遂绕化平之红土樑窜往该县北面河一带，尔时九十七师师长韩锡侯、第二区行政专员张振武、化平县长郝遇林及化平士绅均抱穷寇莫追、和平解决之旨，故先后分函叛首马国瑞，嘱其悬崖勒马，散众归农，并宣述政府向以宽大为怀，决不追求，如果迷途知返，当予自新之路。讵料马国瑞执迷不悟分条要求：(一)政府须准其编组正式部队；(二)须发给枪枝及给养；(三)须指定驻扎地点。要求既属狂妄，主意又复坚定，各方理想中之和平解决遂告绝望。

六月十六日，国军无奈遂对叛众下最后总攻击令，叛众以乌合之众，更无作战经验，所持利器，率皆戈矛刀斧，至于枪支寥寥无几，故国军对之势如破竹，一鼓围歼，叛首毙命，漏网叛民四溃逃生。

六月十八日，复啸聚结合，意图反攻，经国军追击围剿，全部肃清，计叛众被击毙者六百余人，被俘获者百有余人，徼幸逃脱者十九一二。此次事变于一月之内克告平息，处理迅速，于兹可见。

善后情形

被俘百余人中，要犯三十四人，尽皆枭首，从犯三十余人，具保释放。此外尚有五十余人，虽非要犯，而仍有执迷不悟之虞，当由化平县长郝遇林呈明甘肃省府拨给款项，筹设教养院，收容教养，俟其觉悟，再行释放。又因叛众盘据化平十三日之久，民众相率逃避，以骚扰及混战而所受损失，为数甚巨，且化平地瘠民贫，素极艰苦，复遭此次祸变，困苦惨悽，目不忍睹。故省府特拨粮五百石，按户救济，更派民政厅长施奎龄携带巨款以工代振筑成公路百有余里，难民均霑实惠。至于海固两县之善后，凡已参加而逃回者，将兵器缴纳县府，并觅可靠保证，给予免究证，免究释放，同时九十七师政治部为追缴枪支以杜后患，并安抚难民各安生业起见，特组宣抚队从事宣传，并邀伊斯兰师范学校员生参加。初则极感困难，因民众见之避匿山间，后由伊斯兰学校员生会同当地保甲长深入山中，开诚劝导，未参加者，均忻悦遄返，已参加者，咸将兵械呈缴。因民众对该校员生素有好感，故极信任，复由施奎龄厅长拨给该校五百元，嘱组暑期宣传队三队，前往海固、化隆、华清等六县宣传，颇收实效。故肇事各地不久即恢复常态矣。

查哲赫任耶（译音）派在回教中称为新派，满清世季即由故教主马明心主持，号“兰山派”。迨明心作古，续起者为其后裔固原县沙沟马元章，即承先世之余荫，为教服务于陇宁间，布道宣化，一时风靡云从，遐迩景仰，加以德隆望重，品学兼优，国语、阿文靡不精通。民元以后，历任元首俱有褒奖，各地教民闻风影从良有以也，民九地震压毙道堂，粉身殉教，各方痛惜。元章故后，该派教统即由其四子震武接替，震武为人和平仁爱，端方直谅，为教宣劳克绍箕裘，故拥有教众达数百万人，即陇东一隅，已有三十余万，在西北各教派中，无出其右者。震武于二十四年赴平养疴，以“七·七”事变阻隔，羁留燕京，而一般教众顿失主脑，无所适从。当斯时也，其侄马国瑞（其长兄忠武之子，此次事变渠魁）以青年学子假先人之泽，为教胞所推崇，乃不思进取，反萌异念，欲夺其叔主教之权，故一再事变，迭为渠魁。职于第一次事变甫平之时，即思教胞百万无人领导，不为枭傑党羽，即为无首群龙，伏处后方，实为隐忧。当即商同教中耆老郭福金（甘肃省府顾问）等，请其速恳教主马震武设法回籍主持教务。旋派马舜赴平敦促，兹据回报，马教主已允返甘，现正在摒档中，拟由海绕道滇路出川陕，想不日即可成行等语。职意俟其抵昆明，当会同郭福金前往迎接，并向中枢引见，请示宣抚机宜及推进方策，中央如能因事利导，假以名义，饬令宣化以示羁縻，定较其他政治力量事半功倍，不但该派教胞有所适从，亦可坚其团结，纳入此轨，阋墙隐患无形消灭，倘令宣传兵役，自可收绝大效果，集彼健儿加以训练，布之国防，未始非国之干城也。图后方之安定，增抗战之实力，莫善于此。谨将管见所及随文附呈，是否有当敬请鉴核。

〔国民政府行政院档案〕

7. 潘文华关于广汉县民对役政不满起而暴动与孔祥熙来往密电

（1940年6月）

（1）潘文华密电（6月7日）

渝。孔院长庸公：〇密。窃查广汉县府因兵役问题处置失当，引起民众反感，遂藉此次壮丁抽签不公为辞，发生聚众围城捣毁区署情事，并与当地军队发生冲突，当时情况极形紊乱，颇有蔓延之势。职初据报，即商同元靖晋康岀派职署副官长黄瑾怀等驰往该县会同地方机关妥为处理。现据该员等报称：民众闻系无知蠢动，一经开喻，业已自行解散，此事日内即可完全结束。等情。除饬会同县府赶筹善后办法外，知关廑注，谨此电陈，蓉。潘文华叩。虞。午机印。

(2)孔祥熙复电(6月15日)

成都。潘副主任:虞午机电诵悉。孝密。广汉事处理得当,幸免蔓延,至慰至佩。孔祥熙。删。院二印。

〔国民政府行政院档案〕

8. 中统局等关于四川绵竹县民因役政黑暗起而暴动函呈

(1941年3--4月)

(1)中统局公函(3月27日)

中国国民党中央执行委员会调查统计局 公函 渝情乙各第二六五二号 中华民国三十年三月二十七日发

兹有关于川绵竹共党唆使教匪暴动报告一件,相应抄同原报告函请查照参考为荷。此致

行政院

附抄原报告乙件

局　长　朱家骅

副局长　徐恩曾

川绵竹共党唆使教匪暴动

成都三月二十二日讯

据报:绵竹历来共党分子极多,虽党政军各机关多方防范,无如党羽潜伏各处,一时不易根绝,且因著名有力份子言行左倾之王幹青等为其庇护,更为横行无忌,而乡愚又多迷信鬼神,到处善堂林立,名目之多,总计不下十余种。共党见有机可乘,乃设法从中操纵,假设神教,以书符、念咒、祈福、禳灾为号召,寖假党羽益众,其潜势力遂亦日渐扩大矣。

本年三月十日,全县抽签壮丁凡在服役年龄者,一时皆恐怖逃走,奸党乃利用教徒乘机号召谓:不愿当兵者跟我们来。又谓:我们

将县印夺转来保我们的老师当县长，我们就可以不当兵。同时该县党部据报在该县属之五福乡齐天庙处发现有教匪组织，并四处收买刀矛，党部即商请国民兵团派干事二人前往侦察，旋据回报该处设有善堂，举行月会，内中份子甚众多，信徒复杂，并供有当今皇帝万岁万万岁牌位等语。

三月十二日早上，又有五福乡乡长佘演阶至国民兵团密报，略谓据教员杨后止报称，在十二保红荻藤灵泉寺庙内，昨晚有教徒约三百余人之谱聚集开会，由巩老师率领，并与王家石桥袁有德、罗家庄三神庙门前罗家善堂张永松、钟继总等切取联络，其内容组织计分二十小组，共为一大队，每小组四十人，每一大队推一乡长统领，乡长系袁有德，企图昨夜暴动，首攻齐天庙，后攻五福社，再集中县城捣毁监狱，抢救被禁之罗良臣等犯。该国民兵团付团长张季高据报后，立即饬属配备戒严，并转而面报高县长。讵高县长认为此种报告空洞无凭，未可置信，后经多人之请，乃定于十二日午后二时，在县府召集治安会议。不意会议甫毕，突有便衣暴徒廿余人，由县城西门潜入，持刀窜进党部。廖书记长闻人声嘈杂，乃急由党部后路向县府跑去，该暴徒等跟踪追至县府一堂，向廖之脑后砍杀一刀，旋又追至三堂。该县县长秘书及党部廖书记长三人因无法逃脱，同时被难。高县长之夫人及李书记均受伤甚重。大门卫兵及自卫队等闻声入内开枪射击，当即击毙五人，生擒十人，余则逃出老西门，大呼：打倒委员长，掳富救贫、反对兵役、欢迎真命人主、中签者跟我走等口号，向安林及西山方面逸去。

(2)四川省政府呈文(4 月 30 日)

四川省政府呈 民一字第一一七六七号
中华民国三十年四月三十日发

案准钧院秘书处三十年四月勇贰第五二二〇号笺函：以据密报四川省绵竹共产党唆使教匪暴动情形到院，奉谕交四川省政府详查具报等因，抄送原情报嘱查照等电。准此。查绵竹教匪暴动案，前据该县府民政科长王遹于本年三月十二日电呈到府，除立电广汉谢无圻师陈营长、绵阳钟专员体道分别率队驰往剿办外，并派本府民政厅视察员张汉威前往彻查，暨密电各专署严密注意防范，一面并遴派曹文体前往继任县长各在案。嗣据各该员等先后将本案发生经过、处理情形及原因、背景具报到府，兹谨分项呈明如次：

一、肇事情形：三月十二日午后，高县长曾接该县国民兵团张副团长转据该县五福乡乡长余寅阶密告，称现有教匪聚会图谋攻城等情。高县长即召集紧急会议，商讨防范办法，经决议，晚间提前关锁城门，并于九时起，派队警清查城乡户口。甫散会后，约五时许，突有预伏城西三里许王家花园之教匪三十余人，便衣藏刀，由小西门潜入，杀死守门卫兵，沿城墙小路直扑县党部。时书记长廖铁翘在内惊觉，即向前院县政府奔逃，报知高县长。匪等追踪赶入县府，高县长及秘书叶晓坡闻警与廖书记长向房后逃避，登墙不及，均惨遭匪等以乱刀砍毙。时有县府收发裴科员由便门逃至外院，召集警队入内，当击毙教匪五名，并生擒黎少先等五名，余匪由教首胡德兴率领逃出县府，经西门逃逸无踪。是时，城内秩序大乱，经国民兵团张副团长派队维持，并追缉余匪，一面由地方各机关法团会商，推县政府民政科长王遹临时代理县长职务，并飞调各乡镇壮丁队入援，事态幸未扩大。

二、处理及善后情形：谢无圻师陈营长奉电后，即率队于三月元晨驰抵该县镇慑，并查缉首要。钟专员亦于删日到达。据电称当场所获匪犯黎少先、刘通轩、周继龙、黎敬臣、李先武等五名，经一再研讯，均供认聚众戕官，矢口不移，惟少有价值之口供。地方人士纷请正法，以寒匪胆。为应紧急处置，已将黎、刘、周三犯先行枪毙，留黎敬臣、李先武二犯以备质讯。另复捕获有主使嫌疑之杨镄及何图勳等，尚在严密审办中。等情。至新委县长曹文体业于三月二十日到职，地方秩序已恢复常态。又故县长高嶽及县府秘书叶晓坡均因公殉职，殊堪悼惜，已由省库拨发高故县长治丧费二千元，抚恤费三千元，叶故秘书治丧费一千元，抚恤费二千元，俾资棺殓而慰存没。

三、事变原因及背景：查该县去年十月间曾发生暴民捣毁营业税稽征所，并殴毙职员张仲芳情事，所获凶犯县府处置过宽，易启奸民玩法之心。旋又发生酒业工人罢工风潮，政府亦宽大为怀，未予深究。最近县府奉令限三个月内征送壮丁五百人，以前多仅就四乡征送，此次高县长令城区亦一律征送，商富子弟多不愿应征，奸党莠民乃乘机煽惑，教匪即利用不当壮丁为口号。又该县府戒备疏虞，致使数十持刀教匪如入无人之境，罹此巨变亦为原因之一。再本案重要背景系异党暗中主持活动，利用教匪所为。据逮捕之孝泉乡中心学校教员杨镄之供词及由何图勳家（何已在成都捕获）搜获之信件证明，彼等均为某党之重要分子，其活动范围及于安县、德阳、罗江、中江、金堂、广汉、梓潼、什邡等县，均有秘密组织勾结教匪、袍哥为其外围。如此次教匪定名为四川省三极会，以贫者至贫，富者至富，打富济贫为口号，匪徒生活概由该教老师供给，未行抢劫，其经费显别有来源与接济。此外复吸收政教人员为其内线，以实行暴动阴谋，因高故县长平时对异党活动制止甚严，为彼等所阴恨，故乘机煽惑暴动以杀害之。

综上所述，为本案发生经过及处理之大略情形。现为彻底办理本案计，除饬严密缉捕余党外，业将所获教匪黎敬臣、李先武及嫌疑各犯正提由本府保安处严密审讯中，俟审讯明白，再行详报。理合具文呈复，敬祈鉴核。谨呈

行政院

兼理四川省政府主席张群

〔国民政府行政院档案〕

9. 何应钦等镇压陇东回民暴动有关文电

（1941 年 5—7 月）

（1）何应钦电（5 月 28 日）

兰州朱长官逸民兄、平凉杨军长德亮兄：〇密。迭据各方密报，海原隆德回教匪首马国瑞纠结匪众千余人，势颇猖獗，近更由奸党派洪世五为该匪部军长，马任副军长，所用白色旗帜上，缀“除害安良”四红字，阴谋招纳匪众，相机进犯海固，等语。请即趁其羽翼未成，从速派队清剿，免贻后患。最近进剿情况如何，盼复。渝。何应钦。俭秘。

（2）情报（6 月 1 日）

甘肃回匪活动续报　卅年六月一日情报

关于甘肃回匪活动，经于 5 月 27 日情渝四〇〇号呈报在卷，兹据续报：

一、固原三岔镇奸党卵翼下之回教救国会支会，近散布宣言，略谓固原、沙沟、红崖子河一带回民，为坚持抗战，反对妥协投降，反对顽固部队之倒行逆施，全边区回民起来，一致奋斗等语。

二、回匪首领马国瑞，曾于去年 9 月赴延安受训，12月回固原，搜集自卫枪枝，聚合奸徒，从事活动，计在海原西杀沟一带有基本匪徒五百余人，枪三百余支，海原南七窝石窑一带，有基本匪徒七百余人，枪六百余支，马匪曾向匪徒声称：平凉四十二军杨德亮军长，现组织自卫队专门对付回民，我们要严密组织起来对抗等语。

三、该奸党马国瑞所领导之回匪人数不及二千名，且其枪械不足，其中有持刀矛者，唯因回民凶猛，故一般追击士兵多畏惧不前，该匪所到之地，均宣传我中央投降妥协出卖回民。

四、固原海原回匪之枪械弹药及一部份粮食，皆由奸党伪陕甘宁边区政府接济，其供给线，系由宁夏盐池之三山堡经环县及固原东北之七营镇，至李俊保西山山脉，而入匪窝。

五、五月中旬，回匪曾一度迫至泰安，离城仅20里，泰安城内居民逃避一空，唯回民皆未逃避，回匪所到之地，回民均响应附和。

(3)蒋介石等密电稿(6月2日)

长安蒋主席铭三兄：辰敬俭各府保一战电均悉。3904密。已令谷主席对该匪应彻底剿灭，不可收编。何〇〇。己冬。令一元忠。印。

兰州谷主席：据报：回匪暴动之事，最近闻有第八战区派某某员及二区保安副司令刘月轩并保二团团长前往固原所属沙沟调解之说，等语。对马国瑞匪部应彻底剿灭，不可收编，仰遵办具报为要。中〇。己冬。令一元忠。印。

(4)军令部密电(6月13日)

兰州朱长官一民兄：賓密。据报此次回变发生之主因为回民壮丁被征入伍者，分发各部队后营中不良官兵歧视回民，常以调笑态度迫食猪肉(回民禁忌)，因之有少数回兵潜回原籍，向教长信口传播，扩大其词，由近及远，群情大哗，予奸伪以可乘之机，复经其恶意挑拨，遂致扩大蔓延，等情。特电参考。军令部。覃。一元忠。印。

(5)郑忠华密呈(6月20日)

敬密启者：查6月19日第27次周会决定："关于奸伪利用回民扰乱后方，由军令部政治部共同研究决定之对策六项，修正通过，送军令部下令"。等语。兹特录案连同原项，抄奉敬请查照办理为荷。此上

刘次长

附抄修正通过之对策一件

郑忠体　敬启

三〇、六、廿

抄政治部与军令部共同研究之对策

一、谷主席所订之处置回民变乱四项办法(附四项办法),极中肯要,应监督切实实施。

二、八战区政治部、甘肃省党部应会同派遣优秀政工党工人员,参加清查户口,整理保甲及宣抚队之宣抚工作。

三、陕甘宁驻防国军部队长官,应关切回教士兵固有之生活方式,不得歧视,尤应防范任何足以引起回教士兵反感之事件发生。

四、由盐池经环县至固原为奸伪策动回民叛变之粮弹补给线,应设法切断。

五、由甘肃省党部、八战区政治部及社会部在甘工作人员与回教救国协会甘肃分会共同派员成立小组,专事回教人民运动之研究与指导。

六、应设法掌握回教人民优秀干部,并扶植其发展,以建立回教人民运动之有力基础。

抄附谷主席所订之处置回民变乱四项办法

一、会同驻军团队实行清乡。

二、除加强自卫队外,转饬组织义务警察,负地方自卫之责。

三、组织宣抚队,分赴被扰各地,宣抚并安辑流亡。

四、积极调查被害情形□□□□□。

〔国民政府军令部战史编纂委员会档案〕

10. 艾维藩关于第五十二师接兵部队在四川资中扰民引起罢市报告

(1941年12月27日)

报告　十二月二十七日于资中

前晚来此接兵之五十二师罗连,昨晨往西街亨达钟店煮饭,士兵与店方发生争执，经双方和平解决，昨午后复在该店煮饭，又生冲突，互相斗殴，店主、学徒、士兵皆有受伤，罗派特务长前往，特务长亦受伤，罗连将学徒一人带回，加以报复，民众群集，放出恶劣空气，纷云土匪来城，全体防护团员出动，造成严重局势。后由第一区刘指导员将学徒带回，刚出连部外间，即放枪二、三枪，随后他处亦有二、三枪声，交通断绝，更加严重。职立去县府，请李县长先制止防护团管区制止军队，保安队出动维持秩序，交通恢复，昨晚无事，今晨又全体罢市，大有中江广汉同样事件发生，职正会同各方制止中。余容后上。谨呈

主任官转呈

署长程

职艾维藩

〔兵役署档案〕

11. 军政部抄送逃兵在江西东乡县组织抗征团反对征兵征粮代电

（1942年6月4日）

军政部代电 渝管役人字第七三五〇号
中华民国卅一年六月四日发出

重庆内政部勋鉴：据驻南抚师管区视察员谭明藻东马代电第二项呈报：江西东乡县长过剑花于最短期间剿平逃兵暴动，足见该县长英勇有为，拟请酌予奖励，以昭激劝。等情。相应抄同原文电，请查照办理，并希见后为荷。渝军政部。辰（支）。管役人二。印。附抄驻南抚师区视察员谭明藻东马代电第二项文一件。

抄视察员驻南抚师区谭明藻东马代电第二项

江西东乡县小璜中原愉怡润城各乡，于卅年六月间因有逃兵及邻县窜来之逃兵，相与组织抗征团，约有三百余名，反对征兵征

粮，并威胁保甲，打家劫舍，绑票勒索，几有星火燎原之势。幸该县县长过剑花，电一百军派兵两连，并亲率该县自卫队，赴各乡剿抚，追踪数日，当将伪参谋何书田、伪团付刘英、伪营长乐新元等先后击毙，余众星散，并缴获梭標、土炮及其他武器数百件。嗣后派员宣抚，督饬乡保清查户口，举办连坐切结，除少数首领鲁香仁、李兰孙、刘绍冬等经布告悬赏购缉法办外，其余从犯因头脑简单，大半盲从，或被迫加入，故令该管乡保长饬其各具甘结造册呈报，准予自新。似此于最短期间剿平逃兵暴动，足见该县长过剑花英勇有为，拟请酌予奖励，以昭激劝（下略）。〔兵役署档案〕

12. 江静修关于湖北竹山县民众反对新县制及征粮抽丁发生暴动情形呈

（1942年7月1日）

主席钧鉴：职抵竹山之翌日，民众发生暴动，反对政府口号以反对新县制、不纳粮、不抽壮丁为辞。鄂边区各县均如是，组织大多类似以前红枪会神兵之流，到处抢掠，尤对政府人员更不客气，领导者大多地方绅士及保甲长，无论男女老少，均许参加。职以竹山非久留之处，乃商竹县长允与护送盐运者同行，以策安全。殊离竹山四十里，即行接战，遍地民众，喊杀之声如雷贯耳，沿途经百四十里之苦战，幸脱于难。然以此逗留迟行约计旬日，刻已抵郧阳。又离竹之第三日，民众已围攻竹山矣，据闻各地均出兵抚剿，此惟想不难弥止。然各地民气大多愤愤，并以汪党为口号而谓有密令举行者，苟若此，边战之区工作又多顾虑矣。职拟日内前往南阳，对今后工作，职当秉承钧座及署座训示及苦干实干之精神，尽忠职守，以报万一。再者职前卧病巫溪，详情已呈钧鉴，刻因各地物价飞涨，旅费不敷甚巨，拟恳提前拨汇七、八月份经费，以应急需。余容续呈。

敬颂

钧安

职江静修呈

七月一日

〔战史编纂委员会档案〕

13. 军委会关于湖北房竹两县因推行新县制激起暴动电呈

（1942年8—11月）

（1）军委会代电（8月22日）

国民政府军事委员会快邮代电 亨字第一二四七七号 中华民国三十一年八月廿二日

行政院勋鉴：前据报竹山县各乡民变捣毁县府，经饬由第五战区及鄂省府协同处理，业告□平。兹据鄂陕甘边区警备司令部呈称：该县与辖境之白河犬牙交错，除派队在白河境内防堵，并饬附近有关各县府注意防范外，并经调查肇事原因：一为该县政治不清明，一为奸党从中煽惑。如：（一）竹山县开办垦荒，不由有无荒地可开，而令每甲必须交苞谷五石，甲长无奈，遂有垦坟播植之举，多因公耕而荒私也。（二）倡办造产由乡发每户鸡卵一枚，而令一年之内交鸡一只，鸡卵百枚，否则纳五元则免，每甲饲羊豕一头，纳贿三十元者可免。（三）倡办合作社，凡境内各种土产均须卖于社内，不准私自运售，违者充公，但合作社所给之价，系由官定，不及市价之半；造纸原料构皮亦在统制之例，每石市价四十元，社价则二十元。但出售则照市价；猪肉不准私宰，每斤由社出价二元购入，以四元售出。（四）统制食粮凡一户所收食粮除自吃外，一律公购，禁止私卖，公粮多腐，私食无处可购。（五）清理公产，凡各姓祠堂及祠产均归公有。（六）综上各情，非由乡镇保甲误解新县制所致，即系藉新县制而营私舞弊，人民不堪其苦，怨言繁兴，奸人因而煽动，乃演目前之变。现竹山民变情况，除杀害排楼镇公所数人外，尚无若何剧烈行动，所希冀者，不过免除公购余粮及开放统制而已。传言此事暗中操纵者，为前任竹山县长贺某，事之虚实不可知，但对事变波动情势推测内幕决为有资产者主使无疑。此皆系该县政治不清，致民众发生反感等情。查此次该县发生民变，县政推行之不当，确为主因，特电请查照核办为荷。军事委员会。未号。令一亨绥。

(2)湖北省政府呈(11月4日)

湖北省政府呈报 省吏字第五一七二号
中华民国三十一年十一月四日于恩施

查房竹民变经过及剿抚情形，前经午省民社电呈鉴核在案，旋准钧院秘书处通知附发鄂陕甘边区警备司令部电呈嘱查明核办具报：当此事变之初起，即急令该管第八区专员刘翔驰往处理，并评审事实具报。去后，兹据刘专员呈报：到达竹山后不三日，事即平复，其事变起因及经过情形谨摘要分呈如后：

(一)事变起因：1.汉奸同善社蛊惑愚民，勾结帮会，作有计划之暴动，据缉获各犯供称，同善社首要分子卢立章受伪鄂北先行定国军军长杜新民、副军长张皎如之指使，于去年三月到竹山发展组织，对愚民以“保护真主登位归顺汪精卫不出征不出粮不纳税”等邪说相蛊惑，对旧日之大刀会、带子会、青红帮首领如孙习之、焦端甫等则以司令、团长、大队长等名义相诱骗，故彼等乐于从命。2.地主阶级之反动。去年竹山办理粮改颇为平允，地主阶级因出粮多而起反感，今夏征购军公粮二万石，及尽先向大户分配，地主阶级益为忿恨，适张皎如、卢立章从中煽动，遂挺身参加变乱，如王鸿贤、郭恕先等均系大粮户，在此次变乱中为积极分子。3.流氓地痞趁火打劫，近数年来，严饬各县取缔流氓地痞，大部分已改务正业，惟尚有少数不知觉悟者，如竹山之周成季、邓羊娃及房县之刘征五、何云山等，均系游惰无业，平时专以敲诈勒索为生计，经张皎如、卢立章之拉拢，乃大肆捣乱，趁火打劫。4.新旧势力斗争，乡政人员及保甲干部均由区干训班县干训所分期训练，受训学员回乡工作均极努力认真，毫不妥协，原任乡保甲长之腐恶分子，势力全被摧毁。形成对立状态，处处予新政以阻碍，其对新干部之仇视，不问可知，此次事变发现“打倒新县制”等标语即新旧势力斗争之证明。

（二）事变经过：奸党利用同善社名义鼓惑氓痞愚民聚众暴动，捣毁竹山田家壩牌楼等乡公所，占据田家峪口敦仁兴仁仓良牌楼等六乡，杀害竹山县督学曾省吾、乡长王薪，胆敢包围竹山县城，复经刘专员翔协同一二三师部队剿抚并施，始捣毁匪巢，生擒匪首孙习之等多人，要犯三十八人在缉，驱散胁从，变乱平息，现全县秩序完全恢复，一切新政仍照常推行。

（三）责任问题：查竹房两县发生事变，县长虽应负责，但考其内容，除汉奸作有计划之煽惑外，纯为推行新政及征兵购粮所引起之反响，此殆为改革过程中所难免之现象，该两县县长平时工作均尚努力，富于革命热情，拟从宽免究。

（四）善后办法：除责令该管专员公署严缉逃犯，铲除祸根，切实办理善后，安抚地方，并通令各县对于奸伪应具有警觉性，预为防范外，理合将竹房两县事变经过及处理善后情形报请钧院鉴核。谨呈

行政院院长蒋

湖北省政府主席陈诚

〔国民政府行政院档案〕

14. 龙骧等关于孔祥熙卫士藉势强买激成商人罢市报告呈

（1942年9月）

（1）龙骧报告（9月13日）

报告　九月十三日于南温泉

窃查江南地区指挥部派驻南泉军警督察处主任徐文彬，于本月九日在管理局开会时，被孔公馆警卫组汪副组长带来之卫士韩少伦持棍殴击，致腰部受伤事，经职于十一日到南泉调查，原南泉各界有感军警生活艰苦，副食费又有限，遂发起平价蔬菜优待军警

办法。查南泉驻十五补训处炮兵一连，宪兵一排，及警察派出所，办法条文中决议每日供给炮兵连油 11.5 斤、菜 30 斤，警察所油 1 斤、菜 20 斤，平价蔬菜每斤叁角，板油每斤四元，并于八月二八日施行，大家称便。此事为孔公馆警卫大队第二中队区队长姬世昌所闻，遂向管理局与督察处交涉，以大家系军人，要求享受平价蔬菜待遇，管理局允许转向蔬菜工会供给。不料本月二日有身着该队同样制服之士兵，以平价强买猪肉，屠商不愿，拟报告宪兵队制止，遂触该兵之怒，竟动武将屠商殴打而去。三日又有孔公馆卫士韩孝伦以平价给付买芋头，乡民虽不愿，亦无法阻止，大喊倒霉，愈发众愤，以致市场上有说孔公馆卫士藉势欺人，强迫买卖等谣言。四日屠商及贩卖蔬菜乡民罢市抵抗，管理局恐事情扩大，劝各商复业。此事被孔公馆警卫组副组长闻悉，以事关公馆名誉，乃于九日召集南泉各界在管理局开会，有所声明，并要求惩办主持罢市及赔偿公馆名誉。开会时，情绪紧张，大家为避免冲突，乃委曲求全计，遂公决由管理局出布告辟谣，词意以连日市场上发生纠纷事端，非孔公馆警士等语。各团体对此会甚感圆满。不意将行散会时，有卫士韩孝伦指着徐主任文彬称市场既非我们发生强迫买卖事，外间种种谣言你应负责，言毕即持棍向徐腰部一击，此时会场秩序混乱，由各团体劝解而散，该卫士韩孝伦亦被汪副组长文彬痛骂，并声言返部后从严处罚。查此会召集人系汪文彬，行凶卫士韩孝伦是汪带来；并查开会时在管理局附近满布探员，如临大敌，此事应由汪文彬负全责。又查南泉一向言论对孔公馆卫兵强买抑卖月有数起，唯在势力压迫之下，敢怒不敢言，谨将调查经过情形报请鉴核。谨呈
总司令刘
副总司令郭

第十五补训处联络参谋　龙骧

(2)徐文彬呈(9月27日)

南泉军警团联合督察处呈 联二(30)字第三〇号
卅一年九月廿七日

案奉钧处三十一年九月二十四日震办字第二三五〇号函开:“为奉令查询南泉孔公馆卫士强买蔬菜,激成商民罢市,后于九月九日召集各界商讨处置办法,所率卫士韩少伦乘机棍击职腰部,以致秩序混乱一案,嘱迅速办理见后并望将对此案意见附告”。等因。奉此。自应遵办。查九月一日事因孔公馆警卫队队长姬世昌来处要求参加平价采购蔬菜,当由南泉管理局面承准,于九月二日实行,不料二日上午在菜市场有身着该卫队同样之制服兵士,以廉价强购猪肉,该猪贩尤海泉当即报告宪兵制止,乃该兵士竟动武殴打尤海泉,不购而去。后于本月三日本市军警宪到市采买当由蔬菜业工会代表龚炎林领导平均购买时,有孔公馆官邸卫兵韩孝伦以平价给付买芋头,以致风传强迫平价采买蔬菜,肉贩遂罢市两天,于四日由南泉管理局着令各商复业,事已解决,于五日各商照常营业。至七日,由孔公馆官邸警卫组长汪文彬派韩孝伦来处迫传职与南泉管理局任科长伦昉上山讨偿名誉问题,职答于八日上午九时在南泉管理局公开讨论,当即回处传集工会代表龚炎林、尤海泉等商讨如何应付办法,忽于八日上午八时两工会代表均被该公馆副组长汪文彬先行强唤上山,内容未详。至十一时,始在南泉管理局开会讨论,决议由管理局会同属处布告辟谣,各方圆满解决。不料该卫士韩孝伦心怀凶恶,乘机持木棍向职殴打,致腰部受伤,腹内便血,当经医师治疗(伤单已呈江南地区指挥部)。职以受此侮辱,如何再能维持,当即呈报江南地区指挥部核办转呈在案。奉令前因,除将经过详情呈复外,关于属处今后行使职权及维持地方治安应如何办理之处,理合备文呈请鉴核指令示遵,实为公便。谨呈
重庆卫戍总司令部副官处

处长徐文彬

〔战史编纂委员会档案〕

15. 周焕文关于四川奉节县府军事科长征兵舞弊激起民变密电

(1942年9月20日)

兵役署视察室转呈署长程钧鉴:(　)密。查奉节县政府军事科长李渭清,藐视法令,不理业务,瞒上欺下,巧取豪赌,征集兵额,多由拉顶,现该县南乡已激起民变,恳请电令军区迅将该员撤职,交县扣办为祷。周焕文叩。申哿。

〔兵役署档案〕

16. 熊斌等关于陕西山阳县民为抗粮抗丁举行暴动及被镇压情形电

(1943年2—4月)

(1)熊斌致蒋介石密电(2月25日)

急。渝行政院长蒋钧鉴:○密。本省第四区专员刘学书及西荆公路警备司令许豼修转据山阳金县长报称:二月铣日拂晓,山阳县九里湾乡发生民变,将乡长王庆各杀害,并抢劫征收分处粮食,焚毁粮簿,其他枪枝公用物品掳掠一空,变民约五、六百人,窜聚唐家河附近。又唐家河乡亦发生民变,乡长陈书荣腿部折断,此次率众倡乱者,为当地匪首阮□科、祝剑钧、张明恭等,等语。已令第八师第二十四团王营长率步兵一连机枪一连附小炮一排,并令山阳金县长督率保甲,会同驰往九里湾镇压,妥为开导,和平解决,等情。到府。本府为防止事态扩大,当经电令安康第五区杭专员,由保八团抽派两中队兵力,星夜出发,向镇安茅坪一带前进防堵,并电该专员除运用兵力镇压外,应督饬金县长妥为开导,勿使事态扩大去后(待续)。职熊斌。丑有。府民保一战。印。

(2)熊斌致蒋介石密电(2月26日)

渝行政院长蒋钧鉴:○密。(续前电)旋据许警备司令甦修丑马恭震电转据镇安袁县长电称:匪众五、六百名,窜扰镇安边境界河(九甲湾西40里),本县已调保甲五百余人,派军事科长指挥,已与该匪接触,等语。查九甲湾(即天坑梁)西与镇安南与鄂省鄂西毗连,民性刁悍,已电令第八师二十四团黄营长、山阳镇安各县长及保八团部队切取联系,并令查明如果确系饥民生变,应予镇压,和平解决,如果系股匪□乱,或有奸匪在内煽动,别有作用,应即会同保八团部队及两县保甲严密围剿,务期肃清,等由。又据刘专员丑马录商电称:山阳九甲湾民变祸首阮开科等,以征实过重,结怨乡长为词,要求减征实粮,如另易乡长,即服从政府命令,等情。除分电后从速剿抚并电鄂省府转饬鄂西县驻军团队堵剿暨转报主座外,谨电鉴核。职熊斌。丑寝。府民保一战。印。

(3)熊斌致蒋介石密电(3月1日)

渝行政院院长蒋钧鉴:丑寝府民保一战电计蒙垂察:○密。顷据第四区专员刘学书丑漾署条电称:养日据山阳金县长电称:九里湾匪众于马日提出免粮免款免丁之要求条件,迭经开导,仍顽聚不悟,遂亲率自卫队同第八师廿四团第三营黄营长率步兵两连附小炮排已进至九甲湾附近之扈家垣,该匪数百人退据高山寨(九甲湾南五里),等情。职已令金县长商同黄营长妥为布置,迫令解散,如仍顽强,即行痛剿。又据镇安袁县长丑养电称:马日获该匪部情报,确有奸党作用,奸匪首为贾谐,湖北郧西关花铺人,悉郧西奸匪一队约百余人,会合当地土匪邹惠剑、阮开科等五、六百人,马日晚又向我酒河进攻,未逞,有号召民众鼓动抗拒壮丁粮款情事,等情。职已令保安第一大队长王澄之率所属一二中队,由茅坪经界河向山阳之唐家河前进助剿,除详情续报外,谨闻。等语。除电饬商同许警备司令甦修统一指挥军队团队协力剿抚并电鄂省府转饬郧西县团队防剿暨转报委座外，谨电鉴核。职熊斌。寅东。府民保一战。印。

(4)熊斌致蒋介石密电(3月2日)

渝行政院院长蒋：寅东府民保一战电计邀钧鉴：○密。顷准西荆公路许警备司令獬修丑养谍电：以据本部驻山阳县谍报员报称：唐家河乡乡长陈书荣，于2月篠日脱险来此，谈称叛民首领阮开科等于删日夜暴动时，扬言鄂省郧西县属四峡口镇安县属大坪镇等处同时响应暴动，抗粮抗丁，等情。查该叛民首领等，显系有计划之暴动，除饬山阳、镇安两县长与陆军部队严加防制外，谨再电呈。等由。除电饬与山阳、镇安各县地方团队严密剿抚，并电鄂省府饬属严密防范暨转报委座外，谨电鉴核。职熊斌。叩。寅冬。府民保一战。印。

(5)熊斌致蒋介石密电(3月3日)

渝行政院院长蒋钧鉴：寅冬府民保一战电计邀钧察：○密。顷据山阳县县长金铎丑敬电称：九里湾乡暴动匪众顽聚高山寨(九里湾南)，不能安辑，已于敬日晨六时会同驻军及保安保甲各队进剿，至12时即将高山寨、小寨子匪击退匪向天坑梁溃窜，正在追击中。等情。除复饬严密剿抚兼施迅予解决，并电镇安县长及鄂省府饬属防堵窜扰暨转报委座外，谨电鉴核。职熊斌。叩。寅江。府民保一战。印。

(6)行政院致熊斌密电(3月11日)

西安熊主席：仲密。有寝东江府民保一战各电均悉。仰责成地方主管人员限期妥为措置，毋使滋蔓，已电鄂省府协同防堵。行政院。真一。印。

(7)行政院致陈诚密电(3月11日)

恩施陈主席:仲密。据陕西熊主席电报山阳县发生民变,仰即饬属协同防堵,以免流窜。行政院。真一。印。

(8)熊斌致蒋介石密电(3月26日)

渝行政院长蒋钧鉴:寅铣府民保一战电计邀钧察:○密。据西荆公路许警备司令𤣱修、第四区专员吕学书寅篠电转据山阳县县长金铎电称:三月虞日,赴唐家河搜索,匪首阮开科在逃,现天坑梁、白麻塘等处百姓,经当地保长毛仪斌等具结保证,均已服从政府,并缴出步枪七支,至九甲湾唐家河两乡逃避及被胁民众均已返家,经分别安抚,已各安生业。等情。除令饬依照奉颁清乡条例,拟具清乡计划,克日办理外,谨呈。等语。除复饬严缉匪首阮开科等归案法办,并督饬实施清乡,以靖地方,并分报委座鉴核外,谨电鉴察。职熊斌。叩。寅寝。府民保一战。印。

(9)陈诚致行政院电(4月2日)

渝行政院:○。真一电奉悉。查山阳民变本府据报告,已饬冯司令派队防堵,并相机并剿在案。奉电前因。谨复鉴核。湖北省政府主席陈诚。卯冬。省参。印。

〔国民政府行政院档案〕

17. 军政部军务司抄送四川彭县等县民众暴动反对兵役情报

(1943年5月14日)

兹准政治部函送情报二件,与兵役相关,相应抄请查照参考为荷。此致

兵役署

附抄件二件

军政部军务司

抄件一

查本部先后据新繁、荣宁、彭县国民兵团政指室报告，略称彭县民众，藉反对兵役暴动情形，颇为严重。远因系过去失意乡镇保长、在乡军人，纠集哥老，欲掠取地方权位，藉此发端。近因则由驻县属之书经台警察中队，奸淫掳掠，引起人民痛恨，致被共产党利用。事实经过如下：本年二月二十三日，有匪自新繁窜至彭县书经台劫抢耕牛，经警察四中队截击，匪众即大呼四中队估拉壮丁，抢劫耕牛，当激动民众愤怒，群起攻击，该队伤亡三人，次夜前来搬运尸首，被匪众发觉，再度接触，被匪众追至距城五里之文化桥。二十六日进犯东门，声言每户壮丁，均须参加，否则焚烧房屋，竟聚两千余人，焚烧民房五十一间，并抢劫财物，驻军一六四师九七九团出城堵剿三小时，始击退匪众。是夜驻崇宁之九七九团第一营抵城助守。二十七日，派员出城交涉，匪方提四条件：（一）调换县长；（二）解散乡警队，并交出该队队长杨原；（三）缓征壮丁；（四）发放仓库军米。官方不许复起微战，幸驻军防范得力，保安大队迅速增援，二十八日，遂将匪众驱出县境。查是役焚毁民房损失，约计三百余万元，被劫财物，约计四、五十万元，据闻该匪原定计划，系待召集中签壮丁发动，嗣以县方有所准备，乃提前发动。灌县袁旭东及新繁、郫县，昨均齐集彭县，并发现中共二十八团之黑色红字旗，领导指挥者，为一黑须黑衣之中年，团内分若干青年队，队旗为白色红字，队以下分组，每组约十人左右，暴动前有组织计划，暴动时指挥亦属得法，全团以号音指挥，分组以哨声指示，暴民在第一线作先锋，土匪第二线，最后为指挥部，即系奸党武器，有轻机枪、小快枪等。现匪患虽平，其他相机待动之份子，尚潜伏各乡镇，倘不严密清查，加强组织，难免重演事变。等情。据此。查彭县为实验县，素蔑视国民兵组训及政训，去年国民兵大校阅，该县成绩最差，此次事变之初，据彭县国民兵团政指室报告，亦曾叠次建议，对实行抽签办法，民众多欠明瞭，应分层召开乡镇保甲会议，详细解释，免被奸党煽惑，而安定人民心理。殊县府诺而不行，致有此变。再查反对抽签之说，本部迭据毗近成都各县报告，多有是项报告活动。实堪注意。除另饬各单位协助地方注意，并努力宣传，以安人心外，伏乞鉴核示遵。四川军管区政治部主任骆德荣叩。仁二犀卯灰。

抄件二

一、郫县三月二十八、九两夜（古城乡鄰接彭县中平庄），有壮丁千余，聚资换帖，饮血酒反抗抽丁。

二、郫县奸人造谣：“宁可死在本地，不肯当兵死在他乡，大家准备武力，谁来征集，便与谁拚命。”清平乡有暴徒二、三百人，破断电杆，鸣枪二、三百发，大呼：中签壮丁，大家前来入伙。普兴乡亦有暴徒二、三百人，毁坏电杆，打入乡公所，劫去文件。

三、成都县因抗役，三月二十二日，暴徒暗杀马家场乡长黄光华，二十三日，温江甑子场，有暴徒百余捣毁乡公所，劫去壮丁名册，灌县以东，焚房屋百余间，闻亦系同样作用。

四、传言西康高级人员，因中央禁毒铲烟，遂利用社会哥老，借口壮丁待遇甚苦，及出川有出无回等，仅鼓动民众，拚死抗役，并供给枪枝子弹。

五、最近劫场事件颇多，如富顺之邓井关、泸县之兜山、起化怀德等镇、德阳之黄许镇、金堂新都间之泰兴场、龙王场等，均被抢劫，损失巨大，并多焚毁房屋。

六、十七、十八师将存余械弹，寄存有力哥老处，如卓甫臣、罗鹤成、思初、黄蜀平、穆瀛洲、蒋焕廷等，均在二团以上。

〔兵役署档案〕

18. 程厚之等关于四川遂宁县民不堪役政压迫与驻军冲突遭镇压情形电及蒋介石训令稿

(1943年5—6月)

(1)程厚之代电(5月23日)

重庆。行政院院长蒋、军政部部长何、军委会委员长蒋钧鉴:密。马日遂武师区基干团卫兵枪枝走火,误伤壮丁家属一人,养日身死。民众于午后四时聚众包围团部,发生冲突,该团官兵迫于正当防卫,死伤民众数人,排长一人。职等于出事之时,即会同郭县长及驻军各机关首长驰往开导,散而复聚,劝谕无效,迫不得已,自昨晚八时起实行宣布戒严。又以保安队大部在潼蓬边区担任清剿,在夏人数有限,乃公推驻军新九师李副师长为临时指挥官。夜半始暂平息,惟民众份子复杂,有无奸党指使,正在侦查中。本晨正会议善后事宜,殊民复聚集包围师区司令部,情势仍重,正多方设法处理中,详情续报。究应如何处置,伏乞指示机宜。四川十二区专员程厚之叩。秘书王玉章、副司令陈子衡代。辰梗。秘。印。

(2)程厚之代电(5月24日)

急。渝。行政院院长蒋、军委会委员长蒋、军政部长何钧鉴:△密。效晨民众复聚集师区,旋并捣毁师区合作社、直接税局、食糖专卖局,焚毁福生庄,演成暴动,显有奸党作用。经予紧急措施报由省府将当场捕获要犯四名,先行枪毙,暴民星散,事态即告平息。肇事首要正侦缉中。谨电报请鉴核。四川十二区专员程厚之、秘书王玉章、副司令陈子衡呈。辰迴。秘。印。

(3)蒋介石训令稿(6月1日)

训令

令军政部

据四川省第十二区行政督察专员程厚之等辰梗秘电报告:遂宁民众与遂武师管区司令部冲突情形到院。原电已据分送,应由该部迅速妥为处理具报。此令。

〔国民政府行政院档案〕

19. 熊静兰等关于四川遂宁县民因驻军枪杀壮丁家属激起暴动及被镇压情形文电

(1943年5—6月)

(1)遂宁通讯(5月23日)

(遂宁通讯)此间于昨日(22日)午后四时,遂武师管区基干团第二营第五连驻小西街南华宫有壮丁李某,前由保甲申送入营,伊有孀母,年逾六旬,今来营看望。该连卫兵持枪阻挡,老妪会儿心切,跪地向卫兵哀求,殊触犯卫兵,恼怒竟用枪将老妪击毙。当时,激动傍人之怒,咸抱不平,有数百人齐拥入该连乱打,该连新兵趁机逃飏甚多。结果该连带伤二人,民众带伤数人,内有某连附带伤甚重,命在旦夕。复有数百人一齐拥入天上宫基干团部,意在要求该团长将肇事军士交出,以便安定人心,不料该团部拥出军士开枪射击,竟将民众击毙十余人,带伤数人,内有一营长头部带伤(伤亡详细数字尚在调查中),幸有本地驻军新九师部队弹压民众,全城警戒,交通断绝,至晚秩序稍定。今晨(23日),仍有民众数百人聚集天上宫门前,请放壮丁,赔偿人命,又有数百人在大西街将遂武师管区合作社打滥,市面全体闭门,复向直接税局、食糖专卖局、农本局滋事,尚无负责机关正面解决。肇事一人如此,全县受害匪浅,希上级长官速设法合理解决,以安后方人心,增强前线补充吧。

卅二年五月廿三日傍晚记载

熊静兰

(2)沈长贵信(5月23日)

编辑先生：

昨前两日，遂宁发生了一幕枪杀百姓的惨剧，笔者兹将目睹情形及发生事件的原因略述于后。

事情是这样发生的，李老太有一个儿子，本月初被中签送去当壮丁了，现在收容于遂武师区司令部内。这些壮丁最近就要他调，这个消息传至李老太婆的耳朵时，她想亲爱的儿子要离开这里了，于是便买了肉，炒了几样菜，特地携到司令部来与她的儿子作最后的一面，并藉以饯行，这是她最大的期望，也是她慈祥的心灵。谁知到了司令部门前时，荷枪的卫兵不允许她进去，她失望地徘徊在卫兵的面前，不一会她流着泪作第二次的哀恳，要求卫兵放她进去，卫兵发怒了，恨恨地将无情的子弹对准李老太太射击五枪，不幸的她终于倒在血泊里了，但没有死，速送医院急施手术，因流血过多，溘然长逝。师管区自知欠理，暗由某长官出面与李方和平解决，愿给三千元与李方，以作葬埋之资，事情暂告结束。他们以开枪为儿戏，任意射击人民，待死后就用三千元作为赔偿代价，若用三万元的话，那么就可以随便枪杀十人。各位先生们，这区区数就可以结束一人的生命吗？恐怕不是这样简单吧！

第二日，李氏的族戚及该保保甲长闻讯后，便聚数十人至司令部，请求长官答复理由，又被这些毫无人性的卫兵用枪对准手无寸铁的百姓开枪二十余响，当场死者七人，重伤者八人，轻伤者十余人。全城的商店闻枪声忽起，惊惶失措，急急关门躲入屋内，不敢伸头外望，行人奔跑外窜，喊声、受伤者悲叫声充满了遂宁的每个角落，闻听者莫不流泪，秩序混乱，无异于敌人追至。幸蒙郭县长及新九师各派数百锐兵来城弹压，将每一城门戍守不许出入，喧哗之声方止，秩序渐告平静，嗣后新九师、县府派员调查死伤者之家属地址，劝往认尸领回。死者家属来领尸时，师管区全将死尸已抛于厕所粪坑内矣。此种残酷举动，实与暴敌屠杀我同胞无异。这句话也许有心人会说太过其词吧，但是我的答复便是："这全是事实。"

由上观之，本是一件小事，由于开枪之故，已化为一幕大惨剧了，肇事者不言而知的当然是遂武师区的士兵们，这他们也许不会否认吧。

现值抗战方殷，军民合作，一致对外为政府争取胜利之最高标的。师管区竟以开枪为儿戏，射击空拳赤掌之人民，扰乱大后方秩序，违背军民合作之原则，其罪大焉，希军政当局派员来遂详细调查，以明真相，并予依法惩处肇事者，方快人心，以炯后戒。望贵报赐予篇幅，并速披露为盼。此请
撰安

沈长贵于遂宁
三十二年五月廿三日

(3)遂宁县临时参议会代电(6月5日)

遂宁县临时参议会快邮代电　参总字第46号

重庆军委会委员长蒋钧鉴：窃吾遂不幸上月马日发生遂武师管区基干团第七连班长肖书贵枪伤入营壮丁李光扬之母龙氏惨死，以致引起养漾两日骚动，各情。前经以梗有两电各陈梗概，度邀钧察。兹幸泯忿悉平，秩序早复，驻军长官亦已明令戒严，各安生业，宁有他虞，唯当此非常时期，后方治安尤关重要，窃恐奸人乘机造谣，淆惑观听，谨再将当时事变真象敬为钧座缕晰陈之。李龙氏毙命翌日，师区虽有优予葬恤惩办军士之说，第未见诸实施，遗体已将腐烂，医院不容久停，其家属乃移至县城小西街南华宫七连连部，一面分向天上宫基干团部请愿，该团卫兵以丧家哭闹，不准入内，双方争执，路人不平，语杂人多，随声呼喝，卫兵持枪相向，民众揭砖以投，喧嚷既剧，秩序骚然，郭县长闻讯，立邀同新九师李副师

长竞芳、川北区马督导专员福祥、遂武区向司令凤武暨士绅税维城等多人前往调解弹压，奈民愤兵横，相持不决，调人甫抵营门，守兵竟已开枪，马、向两兵役长官，临场制止都未收效，李副师长、马专员、税维城三人且在枪弹砖石夹击之间，危险万状，只得引退。维城背部受伤，同时民众□祸两人，带伤七人，直至暮夜始行散去。地方官绅正协商善后之际，不图次晨又有多人环集团部门首，要求优恤死者，严办官兵，似仍未得要领。孰知此辈乃迁怒于师区合作社，加以捣毁，遂城军警虽多，想未取得连系，置不闻问，遂使蠢动愈甚，转于食糖专卖局、直接税局及福生庄等处生事，幸经驻军及保安队紧急处置，捕获四人枪毙，旋师区亦将肇事班长肖书贵枪决。敬日法团士绅并与郭县长亲赴医院抚慰死伤，在地方公款项下各给殓葬医药费用，群情安贴，事变已平。此则当日全案经过实在情形也。谨电上闻，伏唯垂察，倘蒙于下邑役政方面配额人事量于调整，以利进行于来日，藉消隔膜于无形，则尤感荷鸿施于靡既矣。临电不胜悚惶待命之至。遂宁县临时参议会机关法团士绅等同叩。己微。印。

中华民国三十二年六月

〔兵役署档案〕

20. 罗永权关于四川郫县等县民众反抗役政情形报告

（1943年7月19日）

奉钧室渝信役察5114号通知：为饬澈查郫县、成都县、温江县、灌县及金堂县、新都县等民众抗役及匪劫情形，经职调查所得呈复于后：

（一）郫县三月廿八、廿九两夜（古城乡邻接彭县中平庄）有壮丁六百余，聚资换帖，饮血酒，反抗抽丁。

（二）郫县奸人造谣：宁可死在本地，不肯当兵死在他乡，大家准备武力，谁来征集，便与谁拚命。又清平乡有暴徒二、三百人破断电杆，鸣枪二、三百发，大呼中签壮丁大家前来入伙。以上情形系受彭县事变影响，当时各县人心浮动所致。又郫县普兴乡公所被暴徒打毁之事，系因郫县李县长之青新接事，撤换乡长多名，普兴乡亦在内，于是卸任乡长唆使流氓毁打乡公所以示报复。

（三）成都县马家场乡长黄光华被杀，系土匪所为。缘黄乡长曾将土匪之弟捕获，土匪之哥含恨特来报复，此事并非民众抗役所致。又温江县镇子场大觉寺附近三月十七日晚确有暴徒密谋暴动，三月廿二、廿三日晚公平场南嶽庙等处亦有同样事件，但经保安队驰往弹压，始告平息，暴徒只不过鸣枪示威而已。灌县以东房屋迭次失慎，并非民众抗役所致。

（四）金堂县、新都县间之泰兴场、龙王场被劫，损失巨大，查系赵家渡一带之土匪所为，根本与兵役无关。据职观察，以为系大部分意志薄弱之乡愚，不愿服兵役，乃奸人从中煽动与乎匪徒趁火打劫所致，于是造成空气呼集成群，匪徒则携械鸣枪装腔作势，扰乱地方秩序，其目的则在劫财，其策略则假借兵役为其掩护。当闻匪徒在乡行劫，警丁前往递捕时，匪徒则大喊拉壮丁来了，乡愚无知，反对警丁所为，于是弄成莫测高深之误会，而匪徒则乘机逃去。以往川西情形大概如此，理合报请钧座鉴核。

谨呈

主任官转呈

副署长陈

署长程

职罗永权

〔兵役署档案〕

21. 张群关于四川遂宁县民暴动及镇压情形函

（1943年7月28日）

四川省政府公函 民字第21404号
民国三十二年七月二十八日发

案查：前据第十二区行政督察专员兼保安司令公署先后电报：遂宁遂武师管区司令部卫兵枪伤壮丁家属酿成事变，民众包围团部，发生冲突，互有伤亡，并将师区合作社、食糖专卖局、直接税局、农本局、福生庄捣毁，及当场捕获暴徒十一名，审讯明确，立将黄学万、李光五等四名枪决，遂武师管区司令部亦将肇事班长肖书贵枪决，请予核示。各等情前来。业经本府以：该署处理尚是，仰迅督饬切实宣抚严缉首要，一面责成乡镇保甲严制居民擅离本境，以免聚集滋扰，仍将经过伤亡及会商善后详情续报备核。等语。电饬遵照在案。兹据该署三十二年秘字第0177号呈称：

窃查此次遂宁不幸事件，原于遂武师管区基干团因接收壮丁足额奉命开拔在即消息传出，一般出征壮丁之家属纷纷前往探视其子弟。本月二十一日午后四时，有遂宁南强乡第六保征属李龙氏携带药品前往驻遂城小西街之基干团二营七连探视其子李光扬，该连守卫班长肖书贵坐于门前，枪枝横置膝上，见李龙氏来，作起立问询状，枪身下堕，以手握枪，误触机钮走火弹伤李龙氏。团部闻讯，立即派人送往博济医院治疗，一面报告师区司令向凤武。同时，当地保甲亦呈报县府。至五时许，李龙氏伤重身死，死者亲属要求从优抚恤，并准李龙氏之子释归治丧。县府派军事科科长刘玉麟晚间至向司令寓所洽商，向立即允四项办法：1、立将肇事班长拘押惩办；2 准先给予安埋费三千元；3 准李龙氏之子假释治丧；4 饬连长帮同料理装殓，并令全连官兵为之送丧。县府随即电知南强乡肖乡长转告其亲属，认为满意。惜此项处理办法及伤死情形外间不明真象，市民相传师区枪杀征属，咸有不平之感，时至夜晚，县府及师区亦无法向人民宣达真象。此二十一日午后肇事之起因也。

次日午前，南强乡乡长肖文汉同其亲属以及李龙氏之子(即已入营之壮丁)具领抚恤金三千元，当时毫无异言，仅茶馆酒肆议论纷云。午后三时许，罗连长随同其子至医院办理装殓，其时围观多人，言语庞杂，始则要求装殓从丰，继则群呼惩凶。罗连长见群情激昂，不能自主，乃与李龙氏之子同出医院，意欲回团部为之请求。于此时，观者愈聚愈众，煽惑鼓噪，群将尸体抬至小西街原肇事之连部内，而沿途之围观附和者益众，随即蜂拥至距小西街甚近之天上宫团部，声势汹涌，当将头门冲破，见物捣毁，群集院内。团部官兵避至殿内，持枪防御。街上行人闻风往观者更众，内外约以千计，狂呼乱吼，砖石飞击。职等得讯立即驰往，无法劝谕。地方士绅税维城、县长郭平暨驻军新九师副师长李竞芳、营长冯鹤等亦赶往劝谕。税绅舌敝唇焦劝导无效，反遭砖石乱击，税、冯二人均受殴伤。其时院内冲打甚烈，紧张万状，团部官兵迫于情势，不得不作正当防卫，开枪射击，伤倒数人，不仅未能慑退，反而激怒愈甚。川北兵役督导专员马福祥冒险挤入，立于桌上，向众劝谕，声嘶力竭，仍告无效。职等于天上宫街左右会同李副师长、邓团长、郭县长等分别督率军警截堵要道，驱逐群众。无知事起仓猝，人数众多，军民混杂，而院内相持互击，稍一急切失措，势必事态扩大。于此紧张繁复局面下，忍重犯难，施以镇压。先由外围驱逐，渐及门前，再至院内，和威并施，至六时半，始渐涣散。其时一部分被驱窜至小西街连部殴打捣毁击伤排长一人，全部在营壮丁亦于此时乘机脱逃，群众旋亦奔散。职等与李副师长、向司令、马专员、邓团长、郭县长等相率回至县府会商一切，并督饬红十会迅将受伤军民送入医院治疗，一面布置防务，并传锣晓谕。正商讨间，据报各街未散尽之民众激于连部枪伤征属之冤未伸，又遭团部击伤多人，流言蛊惑，又有复聚趋势。时已夜晚，为迅予防范镇压弭平计，不得不有紧急措置。乃由各首长签名举行紧急会议，又以保安队半数在潼蓬合武边区清剿，留遂仅有三中队。为与驻军协同动作，统一指挥以免步调零乱起见，决议即刻宣布临时戒严，公推李副师长竞芳为临时戒严指挥官，立即实施武力制压，倘有抗拒，即予逮捕。射击扰攘多时，至夜深始告平静，相约次晨八时互商善后。此二十三日事变发生处理经过情形也。经以辰养亥秘电呈报在案。

二十三日七时许，各首长正赴县府会商之际，即发现民众于黎明时遍帖标语诋毁师区，街民三、五成群，纷纷议论，天上宫团部门前复又围满民众，纷扰不已。正会商武力制止技术问题，并拟将昨日团部开枪伤民之官兵提押县府，以释疑忿，一面联衔布告合理解决方法，一面由职玉章及郭县长召集城内士绅及乡镇保甲人员讲话，嘱其分头劝谕。忽报群众改变行动，蜂拥至大西街捣毁师区合作社，并将货物抢夺一空，疯狂奔逐，附和愈众，旋即捣毁直接税局及食糖专卖局，至此，已由对师区转而扰乱社会，构成暴动行为，无可恕宥？群请临时戒严指挥官之李副师长迅予督队下令射击，复报该暴民等趋打遂宁县仓库，职等鉴于时机急迫，千钧一发，不容稍待，乃即迳派保安一中队驰奔仓库，责以共存共亡之令，该库幸得保全。暴民见有防御，乃折奔北门外街入福生庄，击毁纺纱发动机，并纵火焚烧纱花，殴打职员。职子衡乃率领队兵百余人，邀同李副师长所带士兵一班跟踪驰往该地。当时因民众甚多，为妥慎处理计，未敢遽予平面射击，以免误伤多数盲从附和暨无辜民众，反予奸人以口实，乃先向空射击，乘势冲入该庄将该暴民驱出。殊该暴民等一再反冲，率经力予驱散，并于此纷乱冲击中在该庄内捕获实施犯十一名，带回县府。当时情况若不紧急处置，治以极刑，实不足镇慑暴民，安定人心，经由电话报请钧府总值日官转呈下情，立将捕获各犯会同有关机关首长审讯明确，于午后四时左右，将吴汉清、黄学万、李光、温良辰四人等择尤枪决，盲从附和之徒乃咸知戒惧，畏缩星散。同时，遂武师区向司令亦以二十一日枪伤征属之班长肖书贵，虽非故意，但因此酿成此次重大事变，究属罪无可恕，亦于五时左右讯明枪决，并押办天上宫防卫失当之官兵。人民至此始知事态严重性，并悉暴徒及肇事之兵均遭正法，□感平服，人心大定，事变亦全部平息。此二十三日事件之演变与处理经过情形，经以辰梗、辰迴两电先后呈报鉴核在案。

综计此次事变死伤军民计：二十二日天上宫院内枪伤民众廖海清等六人，廖海清一名于次日伤重身死，基干团方面被砖石棍棒殴伤连副一人，排长一人，军士四人，以排长伤势较重；福生庄被暴徒殴伤男、女职员各一名，直接税局损失文件、票据、什物以及少数税款，估计约近十万元；食糖专卖局损失关防官章、文件、什物、职工衣服，亦值十万元左右；师区合作社货物损失约一、二万元；福生庄捣毁什物、机器及焚烧洋纱估计约在百万以上，此事变死伤损失情形也。

二十三日黄昏事平之后，接开紧急会议，商讨善后，防止未来，决议继续戒严，停止次日（二十四日）赶场，交通要道派兵防守，电令各乡镇说明事件平息，严禁妄听谣言，成群结队，被毁机关由县府派员调查登记，死伤军民拨用地方款一万元，由郭县长率同党团士绅政工人员分别调查、抚问、治疗、掩埋，继续戒严，侦拿首要，查究奸党。二十四日，续有决议，并严禁造谣生事，违即以奸党论罪，后于会议之时，向各机关法团士绅保甲说明事变真象及处理经过。二十五日，市面恢复秩序如常。二十六日，新任县长彭心明接事，午后会报续审在押盲从附和之暴徒□间军警党团政工人员全体动员，清查城内外户口，获有漏户违警犯十余名，由县府警局分别处办，师区复将基干团团营长分别处分，连长扣押，呈报上峰核办，预定三十日密告解严。同时，职署亦将在潼保安队星夜调回，加紧防范，此事件办理善后情形也。

至此次事变之发生，适值遂宁旧任县长郭平奉令准备交代一月有余，继任县长彭心明又以璧山原职尚未交卸，不能早日前来接收，致遂宁县政在此时期不无松懈之处，该县城区保甲组织管制素欠严密，事变之二十二日晚间，适彭县长抵遂之时。郭县长参与惩乱应变，虽尽瘁辛劳，然对部属控制运用亦难免力不从心之感，且当水陆要冲来往居民复杂，奸宄最易潜滋，以致参加暴乱及盲从附和民众大多附城居民，兼以霖雨愆期，形成旱象，物价暴涨，各地传播谣言，人心摇惑，一般无知愚民误感兵粮繁重，实易受波动而难于抑制，适藉枪伤征属之事，冲动而起，始系愚民妄动，无计划组织可言。迨至捣毁、纵火，则难免有奸人乘机混入。当时人众时迫，不易追寻首要，现仍严密侦缉，务获究办。此皆事变之各种因素和真实情况也。

自事起以迄弭平，职等均日夜亲与主持，虽在紧张混乱繁杂局面下，始终凛于时艰及职责所在，殚精竭虑，冒险犯难，未敢丝毫怠忽，策运筹划，谨慎将事，并与驻军协同动作，得以处置适当，迅速戢平，未使事态扩大。虽未能防之未然，然以事起仓卒肇因师区要亦不幸中之大幸，除尚有在押附从暴徒七名，由遂宁县府详审另报外，理合具文将此次遂宁事变详情暨处理善后经过缕呈钧府，俯赐鉴核并乞指示祗遵。等情。据此，除以呈悉。查前据该署先后电报遂宁事变，请予核示。前来。业经本府以辰艳电饬遵在案。兹据查报肇事经过，军民伤亡及各税收机关损失各情，仰候分别函请财政、经济两部查照、暨军政部查核，并俟准复再行饬遵此令。等语。指令并分函外，相应函请查照办理，并希见复为荷。此致

军政部

兼理主席张群

〔兵役署档案〕

22. 张国维关于抽丁纳税造成西京市停业混乱情况呈

（1943年8月13日）

沛公署座钧鉴：敬肃者：窃维接办西京市役政时届两载，虽竭尽全能，奉行命令，依法办理，因省会所在情形复杂，终鲜成效，谨

将困难情形，陈述如下：查西京市实行征兵事属创举，盖各商店员工多系雇佣性质，闻将实行抽签，相率辞工他往，店主无法干涉。在去年五月间，首次举办即有多数商店停止营业，以致造成市面混乱状态，而本市民众多系来自外省，或沦陷区，居留既无一定，户口日有变动，调查求其确实难乎其难。至本市国民兵组训，向由西京市国民兵团办理，因该团各级干部素质差异，良莠不一，违法事件时有发生，各界人士多所訾议。熊兼司令有鉴及此，时于本年二月间饬令本科接管负责办理。维谋工作推行顺利计，当即呈奉军区核准，将兵役科改为军事科，以符名实，下设征募、编训两股，一以办理壮丁征拨，一以专管国民兵组训事宜。自改组以来，对于各项工作虽无若何成绩表现，但国民兵组训业已次第实施，纳入轨道，惟西京市系西北重镇，一切人力财力均仰给于商家，就目前而言，每一商铺除应派受训之义勇警察、防护团、保甲服务队及国民兵普训常备队、自卫队、预备队外，每月尚须缴纳各项税捐、公债不下十余种之多，故商户均因派捐过重，无力负担，请求停业者，日有所闻。现又奉令积极准备办理本年度壮丁抽签，设若依法实施，势必促成各商户相率停业，市面引起混乱状态，再三思维，无法措施。总念维之财力薄弱，万难当此重任，与其贻误将来，无如及早引退，于公于私两多裨益，为此恳请钧座俯念下情，另行赐派工作，免有陨越之虞。至所企祷临颖神驰，不胜迫切待命之至。耑肃敬请钧安

旧部　张国维叩

八、十三

〔兵役署档案〕

（四）学 生 运 动

一、学运政策

1. 蒋介石关于禁止学生讲演密令

（1938年2月6日）

陈教育部长：通令各级学校校长，在抗战期间，凡未经当地政府许可，所有外来人员，无论借何名义，不准讲演，切实禁止。

中正

二月六日

〔国民政府教育部档案〕

2. 教育部关于禁止在校演讲密令稿

（1938年2月12日）

教育部密电令 汉教字第四四六号
中华民国二十七年二月十二日

国立专科以上学校校长
令 各省市教育厅厅局局长

吾国当对外抗战之际，全国国民必须统一意志，整齐步伐，方足以言团结御外侮而谋最后之胜利。兹为严防热血青年受人煽惑起见，值兹抗战期间，凡未经当地政府或校长许可，所有外来人员无论借何名义，不准在各级学校公开讲演或举行座谈会，以杜流弊。合亟仰该校、厅、局长切实执行，并转饬所属密切遵照为要。教育部。

〔国民政府教育部档案〕

3. 蒋介石关于严禁各校学生等集队游行密电

（1942年1月21日）

行政院转教育部、社会部暨各省市政府：我国自对暴日与轴心国宣战以来，责任愈加重大，事业益为艰巨，凡我全国国民均应刻苦沉着，严守纪律，各在本位，加倍振奋，克尽职责，发挥整齐严肃之战时精神，决不可再有任何粉饰虚矫之无谓铺张及影响后方社会秩序之行动，免使敌谍汉奸混入为祟。嗣后各省市及其所属地方，无论任何团体及学校学生与一般民众，概不得假借任何名义，集众游行，应由当地各级军政机关负责取缔，严切禁止，如有故违禁令者，不问何人主动，即以扰乱治安论罪，此实战时必须树立之纪律，亦即倡导人民力崇笃实之要图。除分行党政军各机关外，务仰恪切奉行，并转饬所属一体遵照并将奉电日期具报为要。中正。子马。侍秘。

〔国民政府行政院档案〕

4. 陈立夫关于制止各级学校学生参加群众集会游行等呈

（1943年4月27日）

案准广西省政府咨：为抄送该省临时参议会咨请省政府转呈中央严令各级党政机关不得任意召集学生参加民众大会或游行以重学业案，咨请察核。附原案办法呈请通令三项：一、各级党政机关，除国定纪念日外，不得任意召集各级学校全体员生参加民众大会或游行；二、各级学校，除国定纪念日外，不得停止课业，全体参加其他集会或游行；三、除国定纪念日外，地方各界团体机关临时组合所举办之民众大会或游行，必要时，学校得酌派代表参加。等由。到部。查中小学学生参加群众集会办法，本部经于二十七年准中央执行委员会秘书处函知并以第六八〇号训令转饬遵照在案。惟原办法只限于中小学方面，关于专科以上学校学生之参加群众集会，亦应予以规定，俾免旷误学业。兹准咨送该案办法所列三项，经核均属可行，除第二、三两项业经通饬所属遵照外，其第一项理合呈请钧院转请中央执行委员会通令各级党部及三民主义青年团知照。谨呈

行政院　院长蒋

副 院 长 孔

教育部部长陈立夫

〔国民政府行政院档案〕

5. 教育部关于控制各学校成立学生自治会训令稿

（1945 年 7 月 21 日）

训令

令 公私立各专科以上学校国立各中等学校
各省（市）教育厅（局）

查学生自治会之目的及其活动范围，在学生自治会规则中，已有详明之规定，绝不得以会干涉学校行政及参加校外各种团体组织或活动。近半年来，各校学生自治会闻有为少数不肖分子所把持利用，或鼓动学校风潮，或妄发所谓国是宣言，殊足以破坏校纪并淆乱社会之听闻。兹值暑假期间，各校校长及主管训导人员对于下学期学生自治会之改选事宜，务预与各该校三民主义青年团负责人缜密筹商，俾令后纯正学生确能主动组织自治会，从而掌握一切学生团体，不使不肖分子再有乘隙活动之余地。除分令外，合行令仰该校（院）、厅（局）遵照并转饬所属中等学校一体遵照。此令。

〔国民政府教育部档案〕

二、各校学生的爱国斗争

1. 周伯敏关于陕西学运及解散学生救国会密电

（1937年9月1日）

委员长蒋钧鉴：○密。前由邵部长力子转呈报告计蒙钧览，此间诸事渐入正轨，教育事业于稳定中力求进步，上期虽有不良学生反对军训及会考，经职力予纠正，已能安分。各校教职员屡经剀切晓谕，对中央意旨已有深切信仰。嗣后认真调整并时注意其思想与行动，总期于西北文化树立纯正基础。至学生救国会等非法组织，已严取销。现抗敌开始，并经遵照部令制订陕西战时教育纲领，实施训练，期能齐步伐听命政府，增加抗敌力量，上纾钧座眷念西陲之劳，尚乞训示时颁俾资遵照。临电不胜屏宫待命之至。职陕西教育厅长周伯敏叩。东。印。

〔战史编纂委员会档案〕

2. 庞鸿关于在西安破坏学生运动与陈立夫往来函

（1938年9月—1939年4月）

（1）庞鸿致陈立夫函（1938年9月5日）

敬启者：学生庞鸿（仪山）自八一三神圣的自卫战争爆发后，随即返陕（原籍）借读东大，时闻共党在西安学生群中秘密活动，极为活跃，遂即联络同志，秘密活动，于去岁九月促成抗协之成立，而对方（民先）当时酷用手段破坏抗协之组织。经时四月，参加之同志数达将千，其分子"商中"及"一中"学生较多，而素著大本营共党学生运动基础之"西师"、"二中"无一参加"抗协"组织。生有鉴及此，于去岁寒假，乘从事解决"西师"及"二中"学潮之际，联络优秀青年，于三月十七日成立"西北青年游击团"，后改称"西北青年抗敌先锋团"，简称先锋团，亦称抗先。成立后，即急开展救亡工作，训练同志，于四月廿，在半月寝食不足之奋斗中，成立全国文艺界抗敌协会西安分会。此步工作方告奠定，生又奉郭（紫峻）委员面谕，令即统一青运工作，经时一月半，始将复杂背景不同之十四青年团体，于六月廿三日假省党部大礼堂成立西北人士关怀对方极端忌妬之全国青年抗敌总会西北分会。成立后，又筹备庆祝大会及游艺募捐大会，共五天。以上各节，尽将对方（民先）学运斗争结果较著者，藉白君宝瑾赴汉受训晋谒部长之便，备陈于上。其“七七”西北青运工作直至目前为止，谨造一较详之青运工作报告，附函呈上，敬祈垂察。兹恳者陕西今为西北之咽喉，对方之根据地（陕北），请再急电授命党政教当局加强领导，严密联系，经费统一支配。而目前所患者经费困难，上层领导不力，致诸同志（从事下层工作者）每因经济困难，致工作无法开展，引起对方无谓之诬蔑和诽谤，其顿错〔挫〕诸同志之斗争精神，实非浅鲜，若不及早设法补助，则青运工作前途渺茫至不待卜而知矣。其次，生因对方斗争剧烈，而形成对方极端忌妒之状，恳祈部长设法施以保障。以上所请，如蒙恩准，生则曷胜感盼之至。谨此敬上
部长陈鉴核。

学生庞鸿九五谨上

西北青运的前前后后

自绥东战事爆发之后，共产党在西安学生当中才开始秘密活动，他利用了一般青年对绥东事件的热情，而潜伏了他们的理论主张，更因为张学良先生在北平召集了许多民先分子，而策动了西安师范的学潮（田校长事），于是西安学生救国联合会为响应西安师范而成立了左倾份子鼓动下的御用机关，并且提出了 CP 的中心口号，如“中国人不打中国人”“停止一切内战”“组织西北联军北上援绥”等，当时的活动方式是藉着西安学联的掩护，而在群众中反映出他们当时的主张。如一二九学生请愿纪念，梅世钧在十月革

命节纪念鲁迅等，就是一个很显明的例子。当时本党只注意于消极的制止，并没有积极的领导，以平抑息当时群众的情绪，同时因着东北救亡会的成立，西救的醞釀，民报救亡线的鼓吹，诱惑了许多纯洁的青年卷入于反动的旋涡，所以双一二事变与以前西安学生运动的高涨连带的关系。

在第二个阶段当中，因着西安事变的爆发，许多犯着左倾幼稚病的青年，提出了许多不正确的口号，如改组南京卖国的政府，清算国民党十年来执政的罪过等，并且利用西安全体同学的学联与少数份子的西救而作了公开活动的有力机关，杨明轩、张语遂、姜隆基、谢华等左倾分子，作了当时公开的领导要人，学生呼声、救亡线、沙河等刊物，作了CP当时青运的机关报。同时CP的核心组织民先也公然大肆活动，秘密组织西北青年大同盟一变而为西北青年文艺工作者协会，拢罗了许多纯洁的青年份子，而供他们的驱使。后因西安事变的和平解决，许多过激份子诱惑了很多坦白的青年而进了延安的抗大，所以西安的青运日渐消沉。可是中共的口号仍然流行在群众当中，中共的主张仍然能透过群众而反映在当时的社会，各校的青运因了西安事变的爆发，养成了浮躁浪漫不守规则的恶习，以至影响到当时各校。紊乱的状态直到“七七”事变，稍形沉寂的西安青运又显出蜗牛般的蠕动了。

在第三个阶段当中，因着全面抗战的开始，CP改变了他们过去活动的方式，而想煽动群众，用着不合法的手段争取合法的存在。所以在改组后援会口号提出对省党部的蔑灭，对于周厅长的谩骂，对政府种种措置的恶意批评，都表现出他们经常所用的惯技。同时他们把民先作了一个有为的支柱，并使其成立许多左派组织，如时代歌咏团、编辑人协会、西安文艺界协会、新文学促进会、教职员联合会、世界语学会，都作了他们活动掩护的机关。西北青年、战线、救亡、群众战斗、青年是他们文运的宣传的刊物，整个的西安青运弥满了红色的气焰。后本党为实际领导青年走上三民主义革命的光明大道，方有西北青年抗敌协会的成立。而CP份子当时尽了造谣中伤挑拨离间的能事，可是一般纯洁的青年经过了一个短期的考察，深知了他们的阴谋诡计，不但对CP的主张发生了疑问，甚至离开了他们的组织——民先——而跑到我们的阵营里来，这是象征着中共领导下的西安学运以趋于没落之日，而本党领导之青运已蒸蒸日上了。

在第四个阶段当中，是CP与本党斗争最激烈的时候。因为这一次关系着CP在西安的学运当中是否能够站定，故CP不惜利用许多青年群众对本党组织及本党同志予以整个的破坏及个别的打击。但是在那一种恶劣环境之中，而本党同志依然不避艰险，与反动分子作有形与无形之艰苦斗争，终止粉碎了CP造谣中伤的迷梦。尤其西北青年抗敌先锋团的成立，吸收了许多优秀的干部，争取了更广大的中立群众，更给CP以有力的严重打击，使本党的组织而益扩大。在目前民先因着政府的命令解散，内部分子愈形瓦解，事实上已无能为事矣。所以先锋团、抗协在西安学运当中形成了本党两个有力的支柱。此后本党的组织如雨后春笋，应时而出者有中华全国文艺界协会西安分会、战时服务团、战时工作团、后援会等等，都成了抗协先锋团之臂助。尤其可堪幸愉的统一了西北青运，成立了全国青年抗敌总会西北分会，在西安学运当中我们已替代了民先，而居于领导地位了。CP分子已跟了我们周转，而成了我们的尾巴主义。所以，在现在的西安，青运动向已由破坏而达到建设阶段，已由游击式的袭击而进入了正规军的抗战，不在于摇旗呐喊，而在于沉着苦干。这样以来，逼得CP分子把他们过去斗争的方式（非法的手段争取合法的存在），以改变为以合法的手段争取合法的存在，我们如果能够洞穿了CP的弱点与他们斗争的方式，在不同的环境中运用不同的策略，一定可以得到更大的胜利，这还看上级的领导与同志的苦斗精神如何。

庞　鸿

(2)陈立夫复庞鸿函稿(1939年4月27日)

仪山同志惠鉴:迭接报告,备述种种□所述各团体活动情形,至为详晰,工作亦至勤奋,殊甚嘉慰。所请由部令该地党政当局加强领导,严密联系,及统一经费支配各项,希拟具体计划,送候酌办。此复。顺颂党绥。

陈立○ 启

〔社会部档案〕

3. 中统局等有关破坏贵州学运函

(1939年10月)

(1)中统局公函(10月12日)

中国国民党中央执行委员会调查统计局公函 渝情字第五四三号

兹有关贵州共党对学运新方针报告一件,相应抄同原报告,函请查照参考为荷。此致

中央社会部陈部长

附抄原报告一件

局长:朱家华 副局长:徐恩曾

中华民国二十八年十月十二日

贵州共党对学运新方针

贵阳九月二十五日讯

贵州共党以过去四个月来对学运无所成就,乃估计目前客观形势和主观力量,确定本学期工作方针:

(一)建立各移黔学校组织基础,"大厦"虽原有基础,然以自身经济环境,而大多数已离开学校,"实中""清华"等校虽功课繁重,束缚学生课外活动机会,但均不应忽视各校在黔学运中之巨大作用,而应对原有同志加紧进行理论教育。

（二）广泛发展群众组织，用各种不同之组织形式和方法，建立大量小型群众组织，如体育会、歌咏队、读书会、社会科学研究会等，成为党的外围。

（三）加紧对顽固落后及一切认识不清而被利用之分子，进行争取说服和对坚决及反对分子作必要斗争或肃清工作，并指明其非政党间之摩擦或斗争。

（四）注意知识青年之桥梁作用，特别在学校所在地，组织乡村青年、苗族青年、妇女儿童，并将已有组织之少数邮工店员等扩大或改为单独部门之青年组织。

（五）贵州青年守旧生活态度应严重注意，肃清各种腐化、堕落、消极、散漫、灰颓的生活，特别肃清因恋爱问题而致代替一切毁灭一切之恶劣和危险倾向，干部同志最好不讲恋爱，以免引起纠纷，进而争取青年生活部分改善，培养高尚理想，崇高人格，建立真正严肃规范生活，提倡互助互爱共患难的精神，从生活上来团结青年。

（六）注意养成富有朝气有进取之学习精神，以便对马列主义、社会科学、抗战理论基础、统一战线下群众运动工作方式、妇运工作经验教训的接收和学习，在学校中要求教师增加必要知识之讲授，认真学习学校规定各课，争取群众中学习模范，来影响与教育各种民众，此外对各民族之语言、文字、风俗习惯等亦应注意云。

（2）国民党中执会社会部致贵州省执行委员会密函（10月28日）

密函　渝字第七二四四号

兹有关于贵州共党对学运新方针报告一件，相应抄同原报告函达查照，即希针对共党所定方针，妥慎进行下列各事：

一、依照本部六个月工作计划规定，凡有各党派活动之学校内，务须限期完成各该校内党团的组织，加强党的领导权。

二、广泛发展党的外围组织，策动党员在青年中组织各种小型团体，如读书会、体育会、各种研究会等，以工作对付工作，但须严防共党分子潜入活动。

三、对一切动摇及认识不清易被利用之分子，应随时进行理论教育，指出共党及其他党派在理论及行动上之错误，对反动分子则策动党员从事必要之斗争。

四、调查共党在乡村青年、苗族青年、妇女儿童、邮工店员中之各种活动，并摧毁其组织，另一方面，对以上各种青年应策动党员进行理论教育，并予以适当之组织。

五、培养、提拔、使用并正确指导青运干部，使干部同志在青年中能起模范领导作用，对谨守校规，认真学习及头脑清楚之青年学生，尤须注意吸收，以扩大党的青运干部。

六、消灭共党及其他党派不正确之宣传，禁止书店书摊发售违禁书刊（由各地图书杂志审查委员会严励〔厉〕执行），以免麻醉青年，但对青年则应进行循循善诱之说服工作，并指导其阅读正确书报，不必采用高压方式。

以上各点，务须会同当地教育行政机关妥慎办理，并转饬所属各县党部遵照办理具报为荷。此致

贵州省执行委员会

附抄关于贵州共党对学运新方针报告一件

部长陈〇〇

(3)陈立夫密函（10 月 28 日）

密函　渝字第七二四五号

兹有关于贵州共党对学运新方针报告一件，相应抄同原报告函达查照参考，并请转饬贵州省教育厅密切注意，会同贵州省党部拟具对策，予以适当之处置，仍希办理见复为荷。此致

教育部

附抄关于贵州共党对学运新方针报告一件

部长陈立夫

〔社会部档案〕

4. 周邦道关于国立第三中学学潮情形代电

（1939 年 11 月 5 日）

国立第三中学快邮代电 国字第一〇〇号 中华民国二十八年十一月五日

重庆教育部部长陈钧鉴:迭奉钧部电令饬制裁异党活动，纠正思想，厉行整理，各等因。遵经分别呈覆鉴核在案。本学期开始后，对于学生管训益加严格，并修订学生奖惩办法，切实施行。深以良莠不一，作育殊艰，不谨严慈之教难肩抗建之任。是以各项措施，无不一秉斯旨。上月高中部因加紧军事管理，限令学生将头发剪平，不意三年级各班为若干恶劣份子所操纵，公然反对，并煽动一、二年级一致行动。稽延数日，经剀切训诫，并将三年级学生盛德清予以记过处分后，始一律将头发强制剪去，然怨恨之念即从此生矣。继之一年级学生李懋清、王俊士二名，无故连续缺课，行为凶暴，屡违校规，毫不悛悔，均经依照校章先后着令退学。一般平日怠荡学生，深引为戒惧惶恐。三年级学生因于上星期未依规定手续□促成立级会，以为护身之盾，异党嫌疑份子(此项份子以三年级为较多)遂大肆活动，妄提案件，干涉学校行政，逾越级会范围，势颇猖獗。当经校委会议决定，令该级级会即行停止活动。时高中部主任毛岗鸣忽患肠胃炎，症甚重，请假调治，三年级学生万秉钦等，遂乘机挑拨是非，鼓动风潮。查该生性行乖戾，思想左倾，为异党恶化份子。经迭奉钧部及贵州省政府令函密查在案，以当时未得确实证据，故未即开除，本学期该生于第七周无故缺课连续三次，曾经记过示儆，近旬故意造谣鼓动风潮，本月二日更在教室黑板上大书诅咒师长文字，谓毛主任之病应用杉木黄土等项为药饵，悖情无法至于极点。如此害马不除，实无以隆师道而维教化，故于本月三日即将该生开除学籍。乃该生竟伙同思想恶化分子，以“学校管理过严人人自危”为词，利用群众冲动盲从之心理，纠合同级三班学生百人，此乘黑夜包围办公室，咆哮暴动，捣毁公物，侮辱师长，要求学校收回成命。当时驻铜贵州第一区保安付司令雷祥霖及铜仁县长刘旭光闻讯赶至，几经开导，而咆哮如故，延至午夜风寒难耐，被刘持而来之多数学生，因不直所为，乃相继先后归寝。翌日（本月四日），高三全体教职员以该级学生不堪教导，函请辞去教课及职务。至此，该级为首滋事学生惶急万分，以理发泄忿为词，逼诱高中一二年级各班中区队长徇情署名，捏辞妄电钧部，意图掩饰罪过。本校成立以来两年于兹，以教职员同人之兢兢业业，夙夜匪懈，秩序安定，谬荷奖勉有加，一旦发生此种意想不到之事故，良用痛心，弥增惭悚。当经召集校务委员紧急会议议决：电部请将高中三年级学生全体解散，另行登记，并请部迅电贵州省政府转饬地方军政机关协助办理。等语。纪录在卷。除经巳江电陈报外，理合将开除万秉钦及高三学生暴动各原委连同捣毁门窗公物照片六帧代电详报钧部，仰祈俯赐鉴核，迅颁明令，将高三学生全体解散，另行登记，并请电贵州省政府转饬当地军政机关予以协助。至登记后，被淘汰学生可否由部照整理各国立中学办法（二）（2）之规定，送由军事机关严格训练，均候电示祗遵。国立第三中学主席校务委员兼校长周邦道叩。微。同仁。

〔国民政府教育部档案〕

5. 国民党对复旦大学学生课余读书会等团体之活动秘密进行破坏有关文电

（1939年12月—1940年1月）

（1）国民党重庆市执委会代电（1939年12月4日）

中央社会部钧鉴：密。前奉中组部公函及军委会办公厅代电，嘱注意侦查邓颖超、李济甫、史良、曹孟君等活动情形，当经先后分令复旦、南开、重庆三大学及歌乐山各区分部查具报，并呈复在案。兹又据本市第四九区分部报称：查复旦大学学生活动团体，除三民主义青年团外，尚有共党策动之主要团体二，一为课余读书会，一为抗战文艺写作会。课余读书会有会员七十余人，其组织分总务、会计、体育、研究、出版、交谊七股，每股设正副股长各一人，股长之人选多非负实际策动责任者，该会主要负责人为杨敏、汪学纯、张元松、谢公望、郑彦梅(女)、王鸿祯、严文蔚、倪宁芳等，谢公望已于上季毕业离校，现服务于国民公报馆，张元松、郑彦梅为新闻系学生，本季移至化龙桥复旦中学内复旦大学新闻系分部攻读，与负责人有密切关系者有孙寿文、朱玉麟、何国宾、韩则民、张裕镇、蒋兰君、李明海、汪企伦等，其会址设于黄葛树东阳路七十三号。抗战文艺写作会有会员五十八人，其组织分总务、会计、研究、出版、康乐五股，每股设正付股长各一人，股长之人选亦多非主要负责人，该会之主要策动人为方璞德、陈绪宁、陈美安(女)、杨雪宝(女)、徐鸣等，与负责人有密切关系者有康穆(女)、张剑尘、李显京、邓春材、储娥英(女)、申济才、乔无兢、张念荪、王烈、邢长铭、周寿庚等，其会址设于土主路李显京家中。该二团体平时在校内之活动名义均以研究学术联络感情相号召，冀以掩人之耳目，而实际为执行和推动共党政策之秘密机关。表面工作有小组讨论出刊壁报，发行类似文艺之作品，普通会议多在校内举行，并请校方负责人参加，以表示其纯粹之立场。至于重要核心会议，则在校外或藉郊游举行之，虽内中负实务责任之会员亦鲜能知其底蕴。其联络感情多用聚餐会、运动会、交谊会之形式出之，每周轮流举行。该二团体之外围团体，有妇女慰劳支会与康乐体育会，妇女慰劳支会办有妇女识字班，康乐体育会为联络情感性质之团体。在本年暑期中赴泸州某地方参加共党组织之训练团者，有汪学纯、方璞德、乔无兢、张元松、郑彦梅、倪宁芳、徐鸣等，其中陈绪宗并于二十七年度下学期休学一季，赴陕北受训。该二团体本学期活动尤力，吸收新会员甚多。而抗战文艺写作会更形积极，从前小组讨论会每二周举行一次，现已改为一周一次，干部人员多至深夜方始返舍就寝，其紧张情形与有其他轨外活动可以概见。至于以后该二团体动向，当随时严密侦察具报。又第五九区分部报称：遵查现任儿童保育第一分院长为刘尊一女士，曹孟君系该分院第二任院长，于本年夏辞职。闻曹与立法院委员王崐伦系夫妻，过去住歌乐山保育院附近，现闻随王住独石桥立院附近，本月四日，本区分部郝书香同志曾在歇马乡遇见曹孟君，闻伊常往来歌渝一带，其确实住址未详。至邓某之行动，尚未探悉，当随时注意及之。及第一四二区分部报称：查曹孟君于本年八月间卸去儿童第一保育院院长职务后，即调妇女指导委员会服务，其家虽有歌乐山生机湾二号及歇马场白鹤岭二处，以居重庆之时为多，至史、邓二人之行踪拟俟继续侦查再行报告。各等情。前来。核查各项报告，均尚切实，特先行电陈察核示遵。中央直属重庆市执行委员会。支。印。

(2)国民党重庆市执委会代电(12月7日)

中央社会部钧鉴：密。前呈上组字第一八七五号支代电计邀鉴察。兹又据本市第四九区分部呈称：据续查复旦大学课余读书会与抗战文艺写作会二团体活动情形，可分为二：一为对会员间之感情加紧连络，如聚餐会与交谊会之增多，即其实证；一为对会员能力之认识，其所采用之方式，有个别谈话、小组讨论及拟就之表格由会员个别填写，此种表格内分姓名、年龄、籍贯、性别，次对何项学科有兴趣，再次即为个人之专长，如演说、写作、采访运动及其他特种技能，最后一项即为对本会(课余读书会与抗战文艺写作会)之批评与意见。至于各种方式之拟就，均由研究股负责，审查则由主要策动者负责。此外尚有各种不同之文字宣传，大意均为诋毁政府，挑衅本党，尤以煽惑民众倾向苏联之反动言论层出不穷。查校内各团体活动均经训育处登记许可，渠等假读书与写作之名而暗作种种不轨之行动，本区分部力虽足以监视与控制，而事实所限无法彻底解决，今后如何应付，恳祈切实指示，以便祗遵。奉令前因，合将该二团近来活动情形检同反动言论一纸，呈请钧会鉴核。等情。前来。谨再抄附该项反动言论一纸，电祈鉴核示遵。中央直属重庆市执行委员会。叩。

(3)社会部密电(12月19日)

重庆中央直属重庆市执行委员会鉴：密。支日代电奉悉。复旦大学课余读书会等两团体既系异党策动，自不能任其坐大，除函该校校长吴南轩同志严密注意该两团体负责人之活动，并令将会址移于校内，予以指导外，应请贵会转饬该校本党区分部会同三民主义青年团团员与之斗争。其法：(一)策动组织类似团体，期以行动打击其行为，以组织替代其组织，以实际工作之表现，压倒彼辈之声势；(二)拉拢其游离或无所谓之份子，使其分化而趋于转变；(三)吸收优秀同学，以厚本党之势力；(四)密派同志加入活动，施行掌握或破坏工作。除分函外，特电请查照办理。闻史良现住女青年会，并希查照。中央社会部。皓。印。

(4)社会部密电(12月19日)

重庆三民主义青年团重庆支团部鉴：密。顷准重庆市党部代电略开：据报复旦大学有共党策动之主要团体二种，可以概见，特转电陈察核示遵。等由。查各该团体既系异党策动，自不能任其坐大，应由该校本党党员与团员与之斗争，除函复转令该校区分部办理外，特电希贵部转饬团员与党员密切合作，以资肆应，其办理情形并希随时见复为荷。中央社会部。皓。印。

（5）社会部密电稿（12 月 19 日）

北碚复旦大学吴校长南轩勋鉴：密。顷准重庆市党部支日代电略开：据本市第四九区分部报称：查复旦大学有共党策动之主要团体二，抄至当随时严密侦查具报。等情。前来。特电陈鉴核示遵。等由。查各该团体既系课外活动之组织，应将会址移于校内，以受贵校之指导，其不良分子须请贵校严密监视其活动，并予以特殊之训练，使其转变而向善，其不法活动确有证据者，则请应用校章制裁之，事关指导学生活动，至希查核办理见复为荷。中央社会部。皓。印。

（6）洪兰友呈（12 月 30 日）

中国国民党直属重庆市执行委员会呈 组字第三一三五号

查复旦大学内共党之组织及活动情形，曾饬本市第四十九区分部随时密查具报转呈在案。兹复据该分部呈报数事，颇堪注意，特为转呈：（一）该党之课余读书会于上周内开时事座谈会，讨论题目为苏日携手之预测，大意谓将来苏日两国万一联合进攻中国，中国应持反日从苏之态度，盖日本为我唯一之敌人，苏联为我永久之友邦，若中国为苏联所统制，决无损害。彼等有此错误之观念，故其结论认为中国欲求民族之解放，惟有及早投入苏联怀抱之中。（二）本周校中法学院举行国语讲演比赛，该二团体参加之主要人颇多，其用意在藉此对同学作广大之宣传，故其内容荒谬绝伦，其辞句复愤怨谩骂，尤以徐鸣主讲之青年与民主、汪学纯主讲之宪政运动，竟敢公开煽动青年，诋毁政府。至其取材，全由全民抗战与新华日报上所载之言论而来，此等反动思想非平常习之有素及另有作用决不及此。（三）本校教授但荫荪先生（政治系主任、党员），郑学稼先生（经济系教授、现任职于中央调查统计局），平时于授课时间作青年思想之纠正与揭穿共党之阴谋，不免开罪于该二团体，于是在上周藉某教授辞职机会，该二团体遂从中造谣中伤，并于夜深满布驱逐某某标语,意欲使事态扩大,以便施其鬼蜮伎俩,幸本区分部同志窥其阴谋,向校方与同学道破,方使事态无形平息。查该二团体此种荒谬言论与卑污手段,实与汉奸无异,此不独有妨于抗战之进展而且影响于青年之思想颇巨。校方之训导处,似有袒护嫌疑,使各团体势力平均,以便处于超然地位,而操纵之。教授之中虽不乏明达干练之同志,时或劝诱指正,又以该二团体多方挑拨离间,以致三缄其口,是以该二团体近来之秘密活动,仍呈活跃现象。等情。除指令该区分部选派忠实同志参加该项团体;严密侦察其活动内容,随时具报,并策动其他团体公开纠正其言论外,理合转呈,鉴核示遵。谨呈

中央执行委员会社会部

中国国民党中央直属重庆市执行委员会主任委员洪兰友

中华民国二十八年十二月

(7)洪兰友函(1940年1月18日)

南轩吾兄惠鉴:关于贵校内某党策动组织团体秘密活动一案,前据密报到部,经于上年十二月十九日以代电转请:(一)将各该团体会址移置校内,以便指导;(二)不良份子予以严密监视,并特施训练;(三)不法活动查有确据者,应以校章制裁。各节。尚未准覆,兹据续报某党活动日益扩大,自宜严予制止,祈即转知训导处,密切注意,妥为处理,并将办理情形随时具报为荷。专颂

教祺

弟:洪○○谨启

(8)社会部函(1月18日)

准贵会组字第六○三五号呈为续呈复旦大学某党活动情形等由。查本案经于上月皓日电复在案,兹准具报各节。具见某党嚣张已甚,为严密应付计,尚须由贵会选择该校忠实干练之同志,如郑

学稼、但荫孙等，组织临时党团，以资运用。相应函复，查核办理。此致

中央直属重庆市执行委员会

(9)国民党中央社会部函(1月18日)

准贵厅二十八年□月霰日电告本市某党吸收青年情形嘱注意等由。当经分函中央组织部及重庆市党部转令各该大学或所在地区分部侦查具报。前去。兹迭接市党部转来复旦大学区分部报告到部，除电复转予指示应付，并分别函电教育部、该校校长及三民主义青年团外，相应抄同报告及处理经过，函复查照为荷。此致

军事委员会办公厅

附抄区分部报告两件分部处理经过一件

对复大某党活动一案处理经过

一、电市党部令该校党员会同三民主义青年团团员与之斗争，并指示：

(甲)策动组织类似团体，期以行动打击其行动，以组织替代其组织，以实际工作之表现，压倒彼方之声势。

(乙)联系其游离或无所谓之分子，使其分化而趋于转变。

(丙)吸收优秀同学及无所谓之份子，以孤其势。

(丁)密派同志加入活动，施行掌握或破坏工作。

二、电三民主义青年团重庆支部转令该校团员与党员密切合作，齐一行动。

三、电该校校长吴南轩同志，对该两团体负责人严密监视，并采取下列诸种措置：

(甲)将会址设于校内，由校方予以指导。

(乙)予以特殊之训练。

(丙)其不法活动确有证据者，应援用校章制裁之。

四、续函市党部选择该校忠实干练之同志，组织临时党团；以建立活动核心。

五、函教育部对该校某党情形予以注意。

六、续函该校校长重视此事。

〔社会部档案〕

6. 教育部关于中共领导贵州毅中等校学生进行爱国活动情形资料

（1940年4月12日）

贵州毅中与女中共党之活动

（甲）毅成中学校

（一）学校概述：毅成中学创立于民国二十二年，原设贵阳内，分为男女两部。去年春因避敌机轰炸，迁于平坝县，现有学生共约四百六十余人。该校性属私立，名义上虽受教育当局之指导监督，实际上该校聘请教师及招收学生均不受限制。因此之故，年来教员与学生多不纯洁，自移平坝后，为地方封建势力所克服，较在省城尤为复杂，除共产分子外，即添入哥老组织之活动。

（二）共党起源：二十四年，该校因受第三期学生张廷松及瓦照静二人左倾思想之影响，遂有学生旋赴陕北入抗日大学之事，迨“学联”在贵州开展组织时，该校学生梅德新等秘密参加，并由梅负责领导责任，且掌有自治会实权，把持全校工作。从二十七年中华民族解放先锋队秘密在黔成立，贵州地方部队暗中吸取各校学生参加组织。因此，在形势上，组织亦渐坚固，份子亦日愈增多，自然成为共党活动根据地之一。

（三）组织外围：去年春，该校由贵阳平坝聘有花谷平、李炳丞、郑培泽、李敏等为教员（李系外国沙驼话剧社之重要人物），即在校中大肆活动，发起组织“八一三”话剧社，全校学生签名参加达百余人。后因社会人士对于是项组织颇多怀疑，学校当局深恐影响学校名誉，危险殊甚，遂强迫解散。而花谷平等复秘密号召学生成立国光话剧社，借名研究话剧，从事救亡工作，实则吸取优秀学生参加共党，社址设于平坝南街，分由该地小学教师黄孔藻及徐德仪二人领导，每周集会一次，指定参加份子阅读左倾书籍。现花谷平离校，领导者仅黄徐二人。至郑培泽、李炳巨两教师，则领导一部分学生秘密组织读书会及学术研究会，参加份子异常复杂，除该校男女两部均有学生加入外，并收罗当地哥老首领曾宪昭及小学教师黄孔昭、徐德仪加入，常秘密集会于龙凤金鳌诸山，并经常规定阅读左倾书籍，目前发展方式以青年学生及回教青年为对象。

（四）活动情形：该校参加共党之员生，大部除进行上述各种组织发展方式外，且利用哥老组织，采用拜把形式，向各社会层及校内进行，一时全校入帮拜把风气很盛。彼辈复以各种名义为工作掩护，当该校学生自治会改选时，亦曾竞选争取领导，卒因竞选失败，盛气始馁。并常利用各种纪念日、宣传机会，四出宣传，揭发政府施政弱点，如征兵、征工、舞弊、土匪猖獗等，唤起人民同情，以图争取信仰。而花谷平、郑培泽等每至教课时，提出一部份最短时间，对学生作课外谈话，宣传抗日民族统一战线，实行革命的三民主义及总理三大政策，主张一省一县脱离中央独立，组织特别区等荒谬言论。

（五）现在状况：去年暑假后，学校当局即感共党在校中猖獗，恐将来事态演变严重，乃在本学期开始之前，对异党员生分别处理。一面对花谷平、郑培泽、李炳巨、蒋润诸教员予以辞职，异党学生，择其尤者，饬其退学，给予转学证书，或借他故不准参加考试，或以考试不及格，勒令修学等方式，清除之。惟异党在该校活动历史已久，其影响所及下之群众尚潜伏于校内者，在所不免。如新任教员余池秋，男中学生钱新华、张昌明、陈德炳；女中学生陈印元、黄承杰、于菊等，仍在校中执迷不悟，日常生活言行均有不正确之表现，且常与校外之黄孔藻、徐德仪来往，然在校中尚未敢活动。

（乙）省立贵阳女子中学校

一、起源：贵阳女子中学内，共党活动起源于民国二十五年的下季，因其时省立男师共党份子工作积极，向外开展，女中便为伊等工作对象。当时本党领导下之青年阵地社颇能把握各校较优秀之学生，因此反动工作在女中开展亦困难。廿六年开学后，女中青年阵地社有少数份子意志不坚，遂宣告部分破产，而该校随即成为共党活动大本营。

二、组织：女中共党组织系以筑光乐会与沙驼话剧社等外围团体为其掩饰，现系以读书会之秘密组织为其核心。自学校疏散至花溪后，以结拜姊妹为其发展的手段，而以班级自治会及学生自治会为公开活动之工具，主要负责人除上季毕业之毛淑仪等外，现在校中之领导人为凌中宗蕙、华丹丽、刘莹莹（以上三人负花溪图书馆及经济出入）、黄惠秋、曾会茼、王英霱（三人负责自治会）、丁文、李秀珍、朱敬、唐明星、赵汝、林安成、朱瑞珍、华相凤、马静英、周桂容、詹业俊、刘良炎、刘家祥、吴成之、孙家乾、余玖、于肃、蔡惠林诸人负班级自治会责任，此外尚有肖香凤、陈光瑕等负责行动工作，并有共党一支部直属伪省委领导。

三、活动：共党在该校发展份子及活动方式，初系以借反动书刊杂志为进攻之开始，进而介绍加入读书会，再进而结拜为姊妹，更进则介结[绍]加入为共党党员。因其把握自治会、班级自治会，尽量发挥作用，争取群众，一方面尽量讨好学校当局，打击本党同志，一方面利用种种方法，威吓利诱本党信仰不坚的同志，使其脱离本党。其整个计划在去年上半年是以花溪为中心，领导青岩一带及摆郎二哥寨，盖因花溪交通便利，兼车站站长高言诗（共党份子高旭之兄）与伊等关系密切。其大批书刊杂志由伊负责运输，并在花溪秘密设立图书馆，内容颇充实，伪省委派于蕴为中心（即花溪）负责人，每月支活动费七十元，此种经费系按月向贵阳生活书店及读新书店领取云。

〔国民政府教育部档案〕

7. 三战区战地失学失业青年招训会关于所属屯溪训导所学生被迫害情形代电

(1944年9月9日)

第三战区战地失学失业青年招致训练委员会分会 代电 招字第三七九八号 中华民国三十三年九月九日

重庆战地失学失业青年招致训练委员会钧鉴:未敬电奉悉,自应遵办。谨将处理屯溪训导所有奸党嫌疑学生情形列陈如次:(一)据屯溪训导所未冬电呈:各以该所学生李裕等十三名,因有奸党嫌疑,已于冬晨由当地最高军事机关缉讯,等情邮呈。等情。据报后,当即密令所属各单位严加防范,注意考核。(二)八月十六日复据屯溪训导所未微代电详呈云:查本所入夏以来,学生人数激增,份子渐感复杂,七月下半月陆续发生升旗绳索无故断落,暨旗杆于黑夜被毁者数次,并假借细故发生集体斗殴事件一次,比以事非偶然,当即饬员密切注意,并与安徽省政府皖南行署张主任宗良密商处理办法。未冬拂晓,由安徽省政府皖南行署会同第三战区苏浙皖边挺进军事总司令部、安徽省党部皖南办事处、徽屯警备司令部派遣工作人员到达本所,根据已得线索,实行搜查,比经搜获非法集会纪录一份,其中关于捣毁旗杆并拟在本所暴动捣乱等荒谬记载及关于记载奸党事实报纸多件,当场逮捕学生李裕、吴晓岚、冯宝琏、陈继庚、江春澄等五名,解案讯办,另有季文林、季遐林、季逸峰、季步銮、萧一成、赵同余、孙仕之、孙佑之等八名,于事前或藉故请假,或擅自潜出,致未落网,已由当局设法追缉归案讯办。除已以未冬电呈外,谨将经过情形先行报请鉴核,余候侦讯后再为续呈。等情。正拟办间,又据该所未灰电报:以未冬电呈李裕等一案,已由吴晓岚、冯宝琏二名供认不讳,余仍在侦讯中,等情。经并案复饬密切防范,并将其余全未讯实十一名有嫌疑学生处理结果申复,一俟得复，遵即呈报钧会。奉电前因，理合谨将办理经过先电呈复，仰祈鉴核为祷。第三战区战地失学失业青年招致训练委员会。申齐崇一。

〔战地失学失业青年招致训练委员会档案〕

8. 关于抗议国民党特务警察迫害成都市立中学学生有关文件

（1944年11月）

(1)成都市中全体同学告同胞书

敬爱的同学们，父老兄弟姐妹们！我们都是一群从十二三岁到十八九岁的男孩子和女孩子，我们用自己的热泪，代表着被刺刀刺倒在血泊中受害的同学，代表着躺在病院里呻吟的重伤同学，向你们宣布本校空前的惨案的真象，向你们请求正义公道的裁判，想你们该是愿意听完我们的哭诉，更会向我们伸出诚挚的声援的手吧！

很久以来，我们市中就混进了少数特殊学生，他们很少上课堂听课，因为读书并不是他们的目的，玩手枪、调戏女同学、欺侮男同学、监视教职员，就是他们的唯一目的，破坏校规，目无师长，鱼肉同学，无不出自他们的手笔。学校当局对他们从来就只能采取放任态度，而有特殊背景负责管制学生思想行动的军训教官，则更是从旁加以主使和鼓励，最近他们更是飞扬跋扈，闹得学校不安宁了。

若要说明这次惨案的原委，就不得不先叙述那般特殊学生，这一学期来在学校的一些非法行动。

最初有新班女同学的一位哥哥来校，替她请归宿假，当时管理先生正在查问中，就被这群特殊学生不分清红皂白，将这位女同学的哥哥痛打了一顿。事后校方对他们行凶的行为，提出稍加惩戒，不料他们不服气，反把牌告撕毁了。以后又因为开关电灯这点小事情，他们竟殴伤了保管职员李家福，校方即刻召开训导会议，照章开除了三个主凶的学籍。可是这几个特殊学生，反而又拉拢少数同学撕毁牌告,并且鼓励和逼迫高一班全体同学离校,要挟学校收回成命。政府是站在支持这些特殊学生方面,下令学校准予他们复学。他们回校以后,更加骄横,任意胡为。开始就公然割断女学生部电线,使得全体女同学不能自习。以后教员在升旗时劝他们不要捣乱秩序,反被他们当面痛骂了一顿。又每在晚上有空袭警报时,他们两三成群,在女同学群中横冲直闯,用些最下流的言词侮辱她们。紧急警报时,他们滥抽纸烟,绝不遵守防空规则,对于新班同学的壁报,也随便加以撕毁,专门向一般同学打麻烦,寻岔子。在饭厅里,又破坏伙食公约,同学起来质问,他们反而大肆威风,把质问他们的同学痛打一顿,这不是无法无天吗?这样横暴下去,学校的教育如何能够进行,学生的学习如何能够进行,同学和教员的安全如何能够保障呢?身历其境的我们,除非木石,谁不愤慨填胸,谁不痛心疾首呢?为了我们的学习自由和安全,大家一致的向学校当局提出抗议,要求立即开除这些捣乱为目的的特殊学生。学校当局开始接受同学们的请求,但在政府的压迫下马上又改变了论调,并声言说:"你们再闹下去将遭受武力镇压"。听到这个消息以后,我们的痛苦和感情几乎使自己失去了呼吸的能力,许多小同学都痛哭起来。我们百思而不能自解的是,为什么有背景的学生、三民主义青年 团团员就可以不守法,犯了法又为什么不准惩罚呢?因此我们又向省教育厅请愿,向成都余市长中英请愿,要求政府保障我们学习的自由和身体的安全。

但是我们所得到的回答,却是血淋淋的屠杀和镇压。十月三十一日下午五时,省警察局长兼成都特务头子——方超 亲率黄衣警士一千二百余名,荷枪实弹,并携有轻重机枪,真是如临大敌的把本校包围得水泄不通。同学们深感此种威力的非法,就群起质问方超根据什么法律,以武力来干涉学校内部事情,有这么多的武装力量,应该用到前线去打敌人,为什么用来对付我们几百手无寸铁的青年孩子。方超恼羞成怒,立即下令警察向数百徒手青年孩子冲锋。警察们以刺刀枪托直扑过来,逢人便打,见爬墙的便一刺刀挑下来,见奔逃的便一枪托揍上去,一时惨痛的呼号震天,淋漓的鲜血遍地。最可怜的是初中的小同学和女生,他们看到枪刀一起都吓得卧倒下来,警察们、特务们则狼心狗肺的从他们的身上践踏过去。像如此的残忍野蛮,就是铁石心肠的人们也不忍心正面去观看和听闻,而我们这一群心灵脆弱尚在发育的孩子,亲身遭遇到了这种惨境,内心的创痛又怎能够用言语形容呢。警察们特务们在打杀之余,更乘此混乱的局面,将学生手上的戒指、手表、袋里的法币、钱物搜掠 一空。尤其使我们痛心的是他们干了像日寇侮辱我们同胞一样的勾当,最卑鄙的污辱了毫无抵抗能力的女生,警察们、特务们在"胜利"归去的言笑中,竟扬言自得"今天把女学生摩'安逸'了,真当打牙祭"。这次本校惨案的结果,我们同学中受伤的有谭静涵、张长林、王周瓊、隆之芳、刘文蕙等三十余人,受重伤的达十余人,其中一女生因伤重要害,生命已危在旦夕。惨案发生以后,政府不但不惩办凶手,反而再派大批宪警特务人员会同军训教官,非法逮捕学生四十余人,缚以手铐而去。四十几位同学被拘禁,在潮湿无光的土牢里,达三天之久,三天水米不沾,受寒挨饿,无法睡眠,后经社会各界抗议,才予保释。现在方超为了推掉自己应受的惩处,便一口咬定说我们是"异党份子"。政府当局则无理的发出布告,说市中同学再不改过顺从,当一律送远征军,这种是非颠倒,黑白不分的暴政,真是叫我们哭诉无地,申冤无门呀。

全国同学们,同胞们:我们向你们恳求公正的裁判,究竟我们这群青年孩子犯了什么滔天大罪,值得政府用刀枪来屠杀我们,值得用脚镣手铐来折磨我们,值得用送远征军来威胁我们,值得给我们载上异党份子的罪名。当诸位父母抚爱着自己的儿女的时候,当诸位兄弟姐妹们在互相亲热和贴体的时候,听到我们这群不幸的孩子们,遭受惨绝人寰的残害,想到我们的女同学、男同学,在刺刀的面前遭受蹂躏的惨景,也会惊骇得哑口无言,为我们一洒同情之泪吧。我们相信全国一切有良心有血气的正义人士，一定不会坐视旁观，在教育机关化为屠场，任人身自由保障法令变成废纸，任青年孩子们不能安心读书，任警察特务到处横行，而不出来抗议的吧。现在成都的各大中学校同学已一致奋起，实行罢课，并于本月九日组成各校请愿团，向省政府请愿，在十一日举行了大规模的抗议游行示威，参加的人数达万余人，参加的学校有川大、华大、光大、金大、金女大、燕大、中大、齐鲁等八个大学及二十几个中学。各学校都发出了向全国同学和同胞呼吁的通电宣言，这种伟大的同情精神，使我们流着感激的眼泪，这证明民意尚在，正义尚存，但我们今天仍在强暴迫害之中，我们急迫的等待着各地同学和全国父老兄弟姐妹们的有力援助。支持我们能够达到以下几点最低限度的要求：

一、要求政府立即向社会公布市中惨案的真象。

二、要求政府立即将直接制造惨案的凶手方超、余中英撤职严办。

三、要求政府对被难受伤同学给予抚恤和医治！

四、要求政府保证以后不再用武力压迫屠杀学生，不再以暴力摧残教育。

五、要求开除不守校规欺压师长专门监视迫害同学的特殊学生。

六、要求政府撤消专门管制学生思想行动助成此次惨案的军训教官。

七、要求政府取消对学生思想活动的管制与镇压政策，保证教育机关的纯洁，保证我们学习的自由和免除恐怖的自由。

八、要求政府认真保障人权，认真保障人身自由，反对任意屠杀和逮捕。

成都市中全体男女同学同叩

(2)为成都市立中学同学被警察殴辱事金陵大学维护正义者特向各界申诉(11 月 7 日)

这惨痛的呼声,完全是激于我们由衷的同情。我们不忍眼见那一群天真无邪的弟妹们在暴力的摧残下牺牲,我们更由此感到一种沉重的压迫,即人身的无保障,自由的被剥夺,所以在良心的驱策下,我们要向各界人士呼吁:"请看,这惨无人寰的新闻。"

事实是这样:市中当局对学生的处罚失当,致引起了全体学生的公愤。于此,孰是孰非我们且不具论,我们只觉得年青的孩子总难免没有过失,而这些过失总不是滔天的大罪,校轴果若贤明,殷殷劝导,孩子们一时感情的冲动自可敉平。而该校当轴竟将这一群无辜的孩子视若蛇蝎,转请层峰,大兴围剿之师。当由省警局局长躬率黄衣警士千余名,轻重机枪剑戟毕陈,真是浩浩荡荡如临大敌。就这样市中被这一支队伍包围得水泄不通。同学们深觉此种威胁非法,乃群起而质问,言行之间难免有失常轨,该局长深感其尊严已被损伤,盛怒之下,于是下令僚属开始其伟大的屠杀暴行。一时哭喊之声震天,该局长却在保镖的护卫之下扬长而去,成都警察向已〔以〕欺侮弱小著称,故其攻击对象多为初中小娃儿与女生,你们想,在这种惊恐的场面下,不动武他(她)们也会吓得瘫软,何况警察们荷枪实弹以刺刀枪托向他(她)们攻击呢?所以刀枪一起,这班孩子们都吓得仆倒下来,不被打得头破血流,也被践踏不堪了。警察们得意忘形地打着,见爬墙的便一刺刀挑下来,见奔逃的就一枪托搂上去,真是将学生们打得落花流水,好不威风。此还在其次,这班狼心狗肺的东西竟更做出如此卑鄙无聊的事情来。他们打得热闹之余,乘此混乱之际,将学生们手上的金戒、手表、袋内的法币、钱物搜掠一空,并以最难见人的姿态任意侮辱毫无抵抗能力的女生,其卑污可知。综上暴行,即我们最痛恨的倭寇也不过如是,真不知他们为什么这样忍心,这样无人性?该局长既下过了"攻击令",便一直没有下过"休战令",直待这班警士们打得精疲力竭了,财物便便了，戏弄也够了，才自动休息下来，而呻吟呼号于地上者，计达二、三十人之多，轻伤尚不在内。此时该局长也打驾回銮了，并会同军训教官非法逮捕学生四十余名，缚以手铐而去。该四十余学生被拘禁在潮湿无光的土牢里，达三天之久，可怜他们三天水米不沾，无法睡眠。你们想，这种苦难一个未成年的孩子怎经受得起；所以后来虽云局长老爷开恩，将他们释放了，而他们的健康却已遭受了巨大的损害。

这惨绝人寰的新闻，照理该立刻引起社会广泛的关心，可是事实上这消息一直被隐埋着，所以我们深切恳请各界人士注意，当此政府号召智识青年从军，而智识青年也正踊跃从军的当儿，竟有一批人在做着屠杀智〔知〕识青年的工作，这批人不是倭寇，而是政府的官员，请问这政府将引起如何一种不良的恶果。当此政府宣布保障人身自由的时候，竟有一批人在非法逮捕，非法杀人，非法谋财，而且恣意地戏弄女生，这批人非他而是维持治安，执行法律的警察们，请问，这对政府的威信是怎样一种致命的打击。

所以为了同情这群真纯无邪的弟妹们，我们已一面募捐慰问，一面向各界呼吁："请给他们更多有力有效的援助。"

更为了维护政府的号召与法令，尊严与威信，我们要向政府当局请命："惩凶！惩凶！惩这破坏政府法令与威信，残杀青年学生的元凶！并保证以后再无此类事件发生。"

十一月七日

(3)成都文化界慰问市中同学书

对你们所遭受的迫害与侮辱，我们表示无比的愤怒，你们这年青的一代，未来国家的主人翁，中国文化的继承者，你们今日所遭受的不仅是教育界的奇耻大辱，而且将在抗战史上留下一个永不可磨灭的污点。

我们文化工作者，除对于这一次蹂躏人权的丑恶暴行向全社会人士提出控诉外，更向你们谨致最高友情的慰问。

叶圣陶等五十二人

〔国民政府教育部档案〕

9. 郑忠华抄送成都学运情报密函

（1944年12月11日）

敬密启者：兹抄送共产党等鼓动学潮经过情形情报一件，请查照注意为荷。此致

教育部

附抄一件

郑忠华敬启

卅三、十二、十一

渝市宪兵司令部情报十一月十八日：据蓉市十一月十一日消息，成都此次发生学潮，由于青年党共产党中国民主同盟份子鼓动企图乘机争取群众，打击政府，并藉此一以对张主席制止组织“国事座谈会、民主政治研究会”之表示不满，一以破坏青年从军运动（青年党之主旨），及奠定今后活动基础（共产之目的），同时亦欲藉此推倒方超、余中英以竞取警局及市政府之权位。十一日晚，四川、金陵、华西、燕京、光华诸大学及敬业济川省立成都各中学等，结集三千余人游行示威，张贴标语，散发传单，并群呼枪毙方超、余中英。十二日晨，亦有部份省立成中游行示威，张贴标语，并闻曾经分别派遣代表往乐山武大昆明联大及重庆等校活动。查此项学潮曾达至沸点，嗣即渐次低降，因青年党与共产党互争领导权，卒为共产（以少胜多）所夺取，故青年党表示放弃参加此一次运动。同时，政府方面亦经相当圆满之答复予各代表，兼以党团中坚份子，遵照上级指示，组织团体，阐发正义、利害是非、国家危机等，正言针对若辈盲动份子，作正面打击，并散发传单张贴标语，使其力量分散，

宣传效力减低，预料今后此一事态不致有扩大之趋势。兹将此次学潮幕后之党派首领及各大学代表姓名列举于下：

1. 青年党，张表芳、李璜、杨叔明，该党特工头目即为此次鼓动学潮扩大之主使人。

2. 共产党，黄宪章（康省训团特约讲师）、杨伯階（华西日报总编辑）、袁铭（金大学生等）。

3. 中国民主同盟四川支部经于本月五日在蓉成立，由张澜以重庆总部理事主席选出李璜、杨叔明、杨伯階、黄宪章等九人为理事，现正商议推行工作中。

4. 各大学代表，袁铭（金大）、贾唯英（华大）、吴成臣（华大）、李中（燕大）、郭文年（川大）、达汛清（川大）、郭如强（光大）等，中学部以敬业中学（青年党办）居多数（袁铭、贾唯英系共产份子）。

〔国民政府教育部档案〕

10. 刘峙关于破坏重庆沙磁文化区各校组织救亡会密函

（1944年12月11日）

重庆卫戍总司令部密函 戍密字第二九一九号
中华民国三十三年十二月十一日发

据报：查近因战局关系，沙磁文化区各校已入不安浮躁状态，学生与教授均相率交谈国事，功课荒芜，奸党亦藉时机，从中活动。十二月三日午后一时，该校奸党份子王家祥、潘志新、任健、曾庆冠、柯在铄、吕学礼、钟英、陈宏万、黄炳生、熊培远、熊永志等拾壹名，乘各校人心摇动之时，组织救亡会，在该校一〇一教室聚众开会，粘贴联合各党组织，联合政府等标语，并拟通电全国。其通电语句更荒谬绝伦，该校青年团及区党部同志获息后，当即纠合同志数十人前往会场设法阻止，因而正面与奸党份子发生冲突，而殴斗结果，奸党份子力量薄弱，被殴受伤三人，乃等阴谋乃告一结束。但沙磁各校已骚动不堪，现该校学生自治会等团体，已呈请学校当局，

永远开除此拾壹人学籍，并以扰乱后方治安，交政府以汉奸论罪。等情。据此除指复并分函外，相应函请查照饬属注意为荷。此致
教育部

总司令　刘峙

〔国民政府教育部档案〕

11. 郑忠华为破坏中央大学学生组织救亡会进行爱国活动的有关密报

（1944年12月）

（1）密报之一（12月11日）

敬启者：兹抄送中大奸伪发动成立救亡会未遂情报一件，请查照，对该校报告内列名学生，此后在校行动特加注意为荷。此致
教育部

附抄一件

郑忠华敬启 三十三、十二、十一
联发1855号

中大奸伪发动成立救亡会未遂

据报中大奸伪份子王家祥、曾庆冠等发起成立中央大学学生救亡会于十二月二日十二时半在一〇一教室召开成立大会。当时参加者除奸伪王家祥、曾庆冠、陈宏万及发起人熊永年、张洪夔、熊伯英、张致中、高洪章、高监斌、张隽生、张道真、张境清、黄志达、洪涛、钟英、李平、王鹏飞、何炳铄、潘志新、王世宁等外，尚有学生二百余人（内有奸伪份子及青年团员），在教室四周旁听者亦有百余人，由奸伪陈宏禹主席，当即宣布该会主张如下：

1. 迅速联合国内各党派，成立民主政府；

2. 革新政治；

3. 各党派应捐弃成见，来讨论策划政治；

4. 为挽救危亡，应提早实行民主。

并发表荒谬言论，诋毁政府，企图乘机破坏青年从军情绪。斯时，有多数学生不愿听其论调，且认为此种言论系汉奸企图破坏我国家民族者，乃大声唤打，另一学生即将主席拖出会场毒打后，该陈某等即行逃逸，另有多数学生复追出，闻中途捉获奸伪王家祥，并将其解送训导处处理。

又悉此次中大奸伪发起成立救亡会，系乘战局严重，人心沸腾之际，先成立该会，继而利用学生酝酿学潮，以期事态之扩大云。

(2)密报之二(12月14日)

敬密启者：据报中央大学奸伪份子于二日发动组织救亡会，三日即有学生一百余人签名布告主持正义，要求学校严办救亡会会员。其布告并提出意见三点：(一)请求学校彻查救亡会之组织；(二)请学校当局立刻将救亡会会员开除学籍；(三)请学校将王家祥、曾庆冠、熊永年、任健、陈宏万、潘志新、吕学礼、熊培远、柯炳谋、王培明等十一人解政府严办，以汉奸治罪。复据续报，发动中大学生救亡会奸伪份子于二日开会时，被青年团学生逮捕，送往训导处，羁押之奸伪任建、陈宏万、潘志新等三名已于当日晚深夜即由训导处释放。三日上午，有政治系三年级学生肖学曾(据云系奸伪主要份子昨日开救亡会时并未露面)及另外有奸伪学生二人(姓名不详)联袂进城，为此事活动。同时，奸伪王家祥、曾庆冠等原住五舍八室，是日随即他迁，不知搬至何处。又此次组织救亡会之诸奸伪已露面者，仅王家祥一人，本已在中大历史系毕业，本年暑期后，为继续其奸伪活动计，复回校再考入经济系三年级。余均为柏溪分校于最近搬至沙校校本部之二年级学生为最多(曾庆冠、史二上、熊永年、哲二上、任健、体二上、陈宏万哲二上、潘志新森林二上、娄学礼经济二上、熊培远理化一，熊现住柏溪分校系昨日由柏溪赶来赴会者)，其中有奸伪熊永年，为三民主义青年团团员，现在校中经常藉以活动化为“沙坪新闻”周刊社，该社系由熊任副社长，娄学礼任总编辑，曾庆冠任编辑，该“沙坪新闻”(铅印版)备案之获准，闻尚系以青年团之名义活动成功者，现中央团部尚不知其为奸伪份子，其他奸伪份子打入青年团，尚有中大土木系四年级学生刘永涛(即十八集团军办事处房东刘维章之子)及法律系三年级学生司俊夫等二人云。等语。除分函青年团中央团部外，至希贵部特加注意，并函知该校，于必要时将嫌疑重大为首份子依照规定酌送战时青年训导团受训，并将办理情形见复为荷。此致
教育部

郑忠华敬启 联发 1867 号
卅三、十二、十四

〔国民政府教育部档案〕

12. 朱家骅等关于防制中大学生进行爱国活动电令稿

(1944 年 12 月 12 日)

(1)朱家骅致蒋介石代电稿

军事委员会委员长钧鉴：三十三年十二月四日侍奉字第一四四七〇号代电祗悉。关于中央大学奸伪份子活动情形，除转饬该校严密防制并将详情查明具复外，理合电复，敬祈鉴核。教育部部长朱〇〇。养。

(2)给顾毓琇训令稿

令国立中央大学校长顾毓琇

案奉军事委员会三十三年十二月四侍奉字第一四四七〇号代电内开：据报：十一月二十日晨，中大女学生宿舍及男生第一宿舍发现有反动标语及“林祖涵同志告青年书”、周恩来同志告记者之传单，下午一时许，该校壁报架上亦有同样传单发现，等情。希切实注意防止为要。等因。奉此。除电复外，合行转饬知照，仰该校长

对于奸伪份子之活动，严密防制，并将详情查明具报为要。此令。

〔国民政府教育部档案〕

13. 新闻检查局等关于北碚各校以开除学籍迫害向重庆各报通讯的学生呈

(1944年12月—1945年2月)

(1)新闻检查局抄送的资料(1944年12月29日)

北碚各校近对学生活动力加控制，凡学生向重庆各报通讯者，一经查出，即予以开除学籍，闻体专校、歌剧学校及南善中学已因此各开除学生一人。这是北碚一张报纸传来的消息。

起先总以为“莫谈国事”便万事大吉，不行，现在当学生的还得“莫谈校事”。

起先只听到歌剧学校如此，不止，现在又加上两个，组成封锁新闻的联合阵线了。

陈部长在参政会上说：教育有什么不可公开的呢？有甚么？就有北碚这三个学校。

(2)歌剧学校校长王泊生密呈(1945年2月7日)

国立歌剧学校 密学第一一号
中华民国三十四年二月七日发

案奉钧部三十四年一月廿三日高3429号训令内开：据报该校学生有向重庆各报通讯者，一经查出，即予开除学籍，究属是何实情，仰即查明密报备核。等因。奉此。查本校并无禁止学生投稿情事，惟本年暑假曾开除学生杨山一名，实因该生屡在大公晚报投寄与事实不符之消息，破坏本校声誉，曾经本校一面函知该报予以更正，一面对该生严加劝导，奈屡戒不悛。嗣又经本校教导主任朱风林、训育员刘子彬于检查学生函件，发现该生化名杨也，与新华日报往还甚密，曾投寄诗稿讽刺政府，并在新民等报继续投稿，储意

破坏本校，实另有企图。因以破坏校誉为由，开除学籍，理合备文呈请鉴核。谨呈

教育部部长朱

国立歌剧学校校长王泊生

〔国民政府教育部档案〕

14. 中统局关于西南联大学生运动情报

(1945年4月30日)

兹抄奉奸党及民主政团鼓动联大反动情报乙件，敬祈察收参考为荷。此致

教育部

中央执行委员会调查统计局

中华民国卅四年四月卅日

奸党及民主政团鼓动联大反动

查此次联大学生散发于学校之宣言传单及贴于各街头之宣言壁报，实为民主政团及奸党操纵行使，业报有案，对一般无识青年工人及失意之军人公教人员甚有较大之反应。自奸伪宣言壁报贴出后，奸伪更利用机会于各街茶亭酒肆发动扩大之谣言攻势，公开诋毁政府，攻击本党，暴露我军事失利弱点。故一般无知民众均为奸伪大肆鼓吹后，对本党及政府发不满之言论。今特举近日街头巷尾茶房酒肆常听到之一般论调列下："当今政府对人民压迫太甚，人民不惟出钱出力出人，而且担负着重要捐税，使人民民不聊生，苦痛万分，而人民应有之权利丝毫没有，人民之生命财产亦毫无法律之保障，故中国亦应新换个为人民谋幸福之政府不可，对于贪污方面，当今政府从来未见从严法办过一个大贪官，即使贪污数万万元公款之案，亦不过撤职了事，过一个时机，又另任他职，致贪污者更为变本加厉，较前更甚，故今日中国，已真是民穷财尽，但此等大

贪官则大发其国难财，将钞票换为黄金，大量向美国送去。故前朝野人仕曾请求政府将国人所有存放美国之美金，全数提出收归国有，购买军火，以备反攻之用。但因现政府中大官大员无人不有美金存于美国者，故此请求对彼等有直接关系，未见照办。其次，当今国民党专政，近来高唱还政于民，准许各党派参加政府，但以前所被捕之许多政治犯则未见释放，而对于共产党方面则无一点宽大，容许他党参与政权。以上诸点均可看出，今日之国民政府，无异是法西斯独裁政府，故今日之中国，若要使人民有幸福日子，应组织个联合政府不可。”等语。查近日奸伪及民主政团各处拉拢工人及游民浪人等，暗地扩大活动，不久可能有暴动发生。又于学校方面大肆鼓吹学潮、游行或 示威、罢课，彼辈近来所以有如是之大活动，即运用联大学生自治会而对拉拢分子均言彼等之组织系经由龙主席特准成立，而彼等之一切活动均受其龙主席之指示。如此手段，似有离间滇省与中央之阴谋。

〔国民政府教育部档案〕

15. 新检局从新华日报稿件中检扣联大学生的呼吁搞

(1945年5月2日)

联大学生的呼吁　　　　重庆新华日报

国民政府国民党中央党部蒋介石先生，共产党中央政治局毛泽东先生、民主同盟左舜生先生、张君劢先生、章伯钧先生、沈钧儒先生、梁漱溟先生、保卫中国同盟宋庆龄先生、全国各抗日党派各省政府各总司令部各级学校各法团各报馆转全国同胞公鉴：

欧洲战局急转直下，亚洲决战迫在眉睫，旧金山会议即将举行制定世界和平方案。而回顾国内，则内部未能团结，贪污蔚成风气，军事接连溃败，经济日趋枯竭，外交开罪友邦，学术摧残殆尽，在这祖国危急存亡之秋，我联大二千五百同学不得不继浙大之后，对国是发出紧急呼吁。我们认为，只有民主才能团结，只有团结才能胜利，而十年前产生的国大代表，不足代表真正的民意，如此的国民代表大会，也无补于当前的危局，所以我们要求：

一、立即停止一党专政，承认各党各派的合法平等地位，集合各党派代表及资望与能力为国人所崇敬的无党派进步人士，举行国是会议，组织联合政府，实施紧急的战时措置。然等筹备真正能代表全国民意而不是一党包办的国民代表大会，制定宪法，实施宪政，我们认为这是争取胜利，实现民主的总关键，是全国进步人士应该为之呼吁奋斗的总目标。

二、立即取消一切特务活动，释放所有的爱国政治犯，确实保障人民集会结社身体等自由，立即取消有关军事秘密外一切检查制度，确实保障人民思想言论出版等自由。

三、立即以断然手段，没收因人民的饥饿与死亡而发国难财者的财产，没收在美冻结的三万万美金存款，及一切逃达海外的资金，以充战费，立即停止通货膨胀政策，采取一切有效步骤，使富人负担战费，改善人民生活。

四、立即成立联合统帅部，平等提高全国抗日军队待遇，确实保障出征军人家属生活。

五、立即根绝党化教育，实施战时教育，确实保障公教人员生活。

六、加强与各盟国合作，目前尤应从速敦睦中苏外交。

国势危急，时不我待，我们呼吁全国同胞，采纳我们的意见，促进联合政府的实现，我们呼吁全国学校男女同学团结一致，组织起来，为民主与胜利而奋斗，攘臂高呼！敬待回响！

昆明国立西南联大全体学生谨启

〔中央图书杂志审查委员会档案〕

16. 任泰关于阻止昆明各大学学生自治会联合举办五四纪念大会函

（1945年5月5日）

部、次长钧鉴：职一号抵昆，即将钧座对“五四”一切指示向梅熊两校长陈述，并会商应付办法，佥以高压手段不可采用，最好职不露面，由学校当局事前多方开导学生，劝阻各有关教授，并设法分化，一面与军警当局商洽如何防范与制止事件扩大。商定办法后，职即往见何总长与龙主席，转述钧座旨意，并请示办法。对所有决定，均表示赞同。一周以来，联大学生除组织各种座谈会外，并未有任何出轨行动。四日晨八时，各大学生在云大礼堂开会，经云大当局劝阻无效，午后一时，各大学中学学生在云大操场集合，开纪念五四运动大会。出席演讲者有闻一多（联大）、潘大奎（云大）、吴晗（联大）三教授，随即全体出发游行，绕正义路、护国路、金碧路等各大街，至五时半始回云大解散。一路高呼口号，遍贴标语。出动时经军警劝阻无效，仅沿途予以防范，力求避免冲突，幸未肇事。是日，学生曾以自治会名义，发通电致重庆及旧金山会议，据闻中央、浙大、武汉、中山、四川等校与其他大学学生已有信来，准备响应。又全国各大学学生现在设法重组全国学生联合会，请钧座严密注视。又此次运动，昆明各中学除中山中学外，均已参加，请钧座就近与龚仲钧厅长一谈。职意四日之游行，仅为所谓新五四运动之开始，今后政府对此等事件，如仅予以反面之制止，而不从正面设法应付，恐难收效。关于罗隆基、李公朴两氏，最好令其离开昆明，并予以适当之安置。闻罗氏颇欲出洋，至于对联大与云大有关各教授，今后应取何种态度，即请钧座与梅校长面商决定。余不赘陈，肃叩钧安。

附通电与口号各一份

职泰谨肃　五月五日

口　号

1. 立即停止一党专政！
2. 召开国是会议组织联合政府！
3. 取消特务组织！
4. 取消审查制度！
5. 恢复"五四"为青年节！
6. 全国学生联合起来！
7. 全国青年团结起来！

昆明各大学校学生自治会联合
举办"五四"纪念大会通电

全国同胞们：

"五四"是中国历史上的光荣节日，当时的青年激于爱国热诚，喊出"内除国贼外争国权"的口号，展开蓬勃的青年运动。到今天，我们还受着它的教育和鼓舞，任何忠实于历史的人，都不会抹杀它的功绩，忽视它的意义，否认它的价值。可是它作为青年节的资格，却横被取消，千万个青年丧失了纪念的权利，这是最不合公平的措置，是阉割历史的行为，是出于一个不光明的政治目的。今天我们几千同学在这里开会纪念，自己固然觉得更足珍重，更加感奋，可是想到就在这同一天，就在这同一国土上，成千成万的兄弟姊妹们不敢公开表示他们对五四的追怀，我们的沉痛万分深重，不能不对此提出抗议。

"五四"的先驱者，在他们的大旗上写着民主和科学的口号，可是到今天，二十六个年头过去了，科学精神没有得到正确的发扬，民主政治更需要积极的争取，专制变本加厉，国难已有增无减。在这敌人窥视，后方局势空前严重的今天，想到五四前辈的爱国热忱，所换来的不过尔尔，我们真有万分气愤焦灼之感。明天是国民党六全大开幕之期，我们要求这个有过领导革命的光荣，有过孙中山先生这样伟大的领袖，有过三民主义这样伟大理想的政党，反躬自责，好好的想一想，一十八年的专政造成如此的局面，在这千钧一发的关头，应该如何改弦更张，以期有所补救，以孙哲生先生为代表的国民党内进步人士，最近要求实行总理三大政策，实行国民党第一次全国代表大会宣言，和实行武汉时期所公布的抗战建国纲领，在这民意横被压抑的今天，孙先生等能为民前导，振臂高呼，我们愿作有力的声援，并表示衷心的敬意。

但是，我们认为国事至今，如患重病，非有彻底的改革，实不足以解救危难，振奋人心。因此，我们还要重申对国是的中心主张。

我们认为目前政治的专制，军事的失败，经济的危机，文化的破产，与社会上各种不合理的现象，概为一党专政所造成，非取消一党专政，不能加强军力，外御强敌；非取消一党专政，不能团结力量，挽救危局。因此，我们认为当前首急之务是废除一党专政，召开国是会议，组织联合政府。这是实现民主，争取胜利的唯一途径，任何因循欺骗的行为，都是对国家对人民的罪恶，都将为人民所不齿，为历史所遗弃。

其次，我们认为制止通货膨胀，改善士兵生活，废除特务制度，根绝党化教育，保障人民身体、言论、集会、结社自由，释放政治犯等等，也都是迫不及待的改革，尤应立即使之实现。

全国各党派各界的先生们，请再听一听我们这迫急的呼吁，让我们团结起来，在五四的大旗下，以更大的决心和努力，为民主而奋斗吧。

全国父老兄弟姊妹忠勇的将士们，局势太危急了，民主不能坐待，让我们勇敢地完成五四遗留给我们的使命，促成民主的实现吧。

全国大中小学的同学们，我们又一次地向你们呼吁了，五四的前辈们已经给我们树立了光辉的榜样，不要再犹豫，再沉默，团结起来，行动起来吧。

昆明各大学校学生自治会联合举办五四纪念大会叩

卅四年五月四日

〔国民政府教育部档案〕

17. 侍从室抄送浙江大学自由堡垒壁报及印发促进民主宪政宣言之主持人调查情报

（1945年5月11日）

径启者：奉谕抄送“浙江大学自由堡垒壁报及印发促进民主宪政宣言之主持人调查”一件，即请查照参考为荷。此致

教育部

附抄件一件

委员长侍从室　启

五月十一日

情报　五月十一日　侍奉第515号

浙大自由堡垒壁报及印发宣言之主持人调查

（一）自由堡垒报，系该校学生自治会出版股负责人刘茂森、郑文炎（均奸伪份子）等所主办，该报稿件不送训导处审查，而该校校长竺可桢、训导长郭彬龢二人亦抱放任态度，致该校奸伪势焰日益高涨，此外尚有“今天”、“呼吸”、“虹”、“生活”、“石榴花”等壁报，内容亦均极反动。

（二）该校发表促进民主宪政宣言，为该校学生自治会理事会主席康志良（江苏无锡人，年二十三岁，化学系三年级学生，平日言论反动，攻击政府，系奸伪份子）及该校各系学生代表会主席吴寿松（浙江绍兴人，年二十五岁，奸伪份子）二人所主持办理，该奸伪康志良于三月底考入军委会外事科在遵义招考之翻译员，不日将退学受训。　〔国民政府教育部档案〕

18. 侍从室关于昆明各大学联合举行五四周情报

（1945 年 5 月 16 日）

情报　五月十六日　侍奉 112 号

昆明各大学联合举行五四周

昆明西南联合大学、云南大学、中法大学、省立英文专门学校等四校学生自治会，联合举行五四周，由四月三十日起至五月六日止，每日均有集会。计四月三十日科学晚会，有教授李继侗、华罗庚、潘光旦、袁复礼、王竹溪、马大犹、黄予卿等出席演讲，五月一日音乐晚会，有各该校音乐团体演奏，五月二日诗朗诵晚会，有各该校新诗社出席，五月三日为五四以来青年运动总检讨晚会，有教授闻一多、吴晗、潘光旦、雷海宗、曾绍伦、周炳琳等六教授出席演讲，五月四日上午举行各种球赛，下午举行纪念会，晚举行游艺晚会，五月五日文艺晚会，五月六日戏剧晚会。

当五月四日下午在云南大学举行纪念会时，到有学生及群众二千余人，由西南联大学生自治会理事潘齐亮充主席，报告开会意义后，继由联大教授闻一多、吴晗、云大教授潘大逵等三人出席演讲，演讲完毕后，由主席建议游行，并由纠察人员（各校学生自治会选派者）强迫在场人员一律参加。当游行出发时，云南宪警即前往阻止，后经学生交涉仍无法制止，沿途游行时，开始唱奸伪歌曲，呼口号，并挨户及向行人散发传单、口号、宣言等印刷品，如遇盟军车辆，即高呼英文口号，又在沿途墙壁、百货店、戏院门口、盟军车辆上书写中英文标语，并闻此次纪念会及游行均系奸伪分子从中鼓动云。

〔国民政府教育部档案〕

19. 中统局关于浙江大学学生自治会发表我们对于黄金案意见的情报

（1945年6月2日）

浙大奸伪利用自治会名义印发我们对于黄金案的意见

遵义浙江大学奸伪重要份子康志良、吴寿松等，最近又利用该校学生自治会名义，印发“我们对于黄金案的意见”宣言，寄往各地中小学校，企图扩大事件。兹将该件的内容录列于下：

我们对于黄金案的意见 贵州遵义国立浙江大学学生自治会

在祖国广大的土地上，饥寒与死亡紧逼着人民，垂死的呻吟弥漫在每一个乡村和城市，法西斯强盗的炮火正向我们加紧进攻，半壁河山陷于敌手，两万万同胞沦为奴隶，国家的危机，岂有再甚于今天。然而，正在这时候，贪污舞弊之风却越来越疯狂，越来越猖獗，据报载，现在贪污已经打破一二位数字以上的惊人纪录，最近又发生令人痛心的黄金大舞弊案。

黄金是盟邦借给我们的，目的是让我们用来稳定物价，平准外汇的，就是说让我们有力量继续抗战，打击敌人，争取抗战的最后胜利。然而如今这大量的黄金竟被少数官僚奸商——国家的败类，仗他们特殊的权势，来干营私舞弊的勾当，这不单对不起盟邦，丧失了我们的国格，而且简直视国家的命运为儿戏，官僚政治种下的恶果竟有如此深重，怎不令人伤心而发指。

现在此案已经参政会和监察院一再调查，认为有重大之舞弊情节已无疑，而财政部竟公告“退款了结”。像这样的处理办法，显然是绝不能令人满意的，更不免有官官相护与偏袒纵容之嫌。因此，我们除拥护监察委员韩俊杰、李肖庭等诸先生向行政院建议三点（见四月十二日大公报）外，愿再提出下面的补充意见。

一、所有因特殊关系利用机会于二月廿八日购买黄金的存款，应无条件全部没收，迅速用以慰劳前线士兵和救济难胞、灾民。

二、此次黄金加价，事先由宋院长请示蒋主席后，仅财政部少数重要官员得知（见四月十四日大公报），则透漏消息者，颇有线索可寻，应请政府迅速裁撤此不肖官吏，并解送法院严惩。

三、三月廿八日延长办公时间的各行局，显系通同舞弊，应即将各该行局经理及其他重要有关人员撤职，并解送法院严办。

四、年来财部所属各机关发生贪污舞弊之巨案，已层出不穷（为花纱布局中茶公司食糖专卖局及此次之黄金案等），此风如任其继长，则国家前途何堪设想，所以应请财政部立即向全国人民宣布，公开保证以后不再有贪污舞弊案发生。

同胞们，这是我们应该坚持做到的最低要求，因为不如此，不足以挽救当前财政经济的危机，不如此，不足以加强抗战力量，不如此，不足以使国家免于灭亡，不如此，不足以争取最后胜利。我们愿吁请全国同胞，向政府作一致的要求，彻底实现民主，根绝官僚政治，扑灭贪污舞弊的颓风。

中华民国三十四年四月

〔国民政府教育部档案〕

20. 中统局关于桂林师范学院学生发表我们要民主胜利和平宣言的情报

（1945 年 6 月 2 日）

兹抄奉桂林师范学院发表“我们要民主胜利和平”宣言情报乙件，敬祈察收参考为荷。此致

朱部长

中央执行委员会调查统计局

三十四年六月二日

桂林师范学院发表“我们要民主胜利和平”宣言

平越五月三十一日讯：平越国立桂林师范学院学生发表宣言，

题为“我们要民主胜利和平”，兹将该宣言内容摘录于下：

国立桂林师范学院全体学生为响应浙大西南联大同学促进民主宪政暨对国是意见宣言

西线英勇的盟军已在柏林城头上升起了胜利的旗帜，纳粹祸首希特勒行将被架上断头台，东方日寇也正在“铜山东侧洛钟西应”。策励人类在民主胜利和平大道上迈进的旧金山会议，正在壮严隆重举行中，十八万万人民一齐举起愤怒的拳头，决将法西斯祸殃，从人类世界中铲除，建立起一个崭新的民主主义世界。

民主在放射着辉煌无比的胜利的光芒。

真正民主国家的人民，都在兴致勃勃的紧张工作，发出热烈的欢呼，迎接新世纪民主胜利和平底来临。然而，我们尚没有资格说“胜利在望”，为什么？因为我们没有民主。

团结抗战高呼了八年，分裂的局面今依然，国土缩小到无可再小，多数同胞辗转呻吟在敌人铁蹄下，流向内地的难胞，饥馑号寒，生命全无保障。仅存撮尔后方，复到处是毒疗烂疮，通货膨胀，游资充塞，生产萎缩，民族工业凋蔽，财富土地集中，奸商囤积垄断，贪污有如腐水泛滥，吸血者放纵其骄奢淫逸的生活，人民已倒在饥寒死亡线上。言论思想钳制，学术阉割，文化几已泯灭。强拉壮丁，军民交恶，士气消沉，演成接连惨败的局面。外交固执成见，大为友邦失望。特务横行，密网遍布，爱国青年，时遭绑架。人民痛苦已达极点，为什么？因为我们没有民主。

今天，美国盟邦已完成登陆海岸在大陆彻底击溃日寇的一切准备，苏联盟友也随时可以加入我们的战斗行列，但问题的关键却在“一切要看中国”，“看中国怎样变”，“怎样迎接”，一句话，看中国是否走向民主。

民主！民主！民主！没有民主就无法团结，没有团结就无法迎接盟军登陆，配合反攻，更休梦想胜利和平。民主是一切的前提，而联合政府是目前实施真正民主的正确道路。当前世界已有很多足资模范的先例，这是当前历史发展不可抗拒的潮流，只有顺应这一潮流，才能团结全国力量，只有迎接这一潮流，我们才能够割去一切毒疔烂疮，也只有迎接这一潮流，我们才能与一切爱好和平的人民并肩地走向民主胜利和平的新世界。

在这祖国万分危急的关头，全国人民都在迫切的祈望祖国走向民主团结的道路。浙大、西南联大等同学已发出民主团结的呼声，今天我们若再缄默，便是有背于民主时代，有负于哀吟在敌人铁蹄下的父母兄弟姐妹，有背于中国人为人的起码气概与道德。我们失掉了家，流徙内地的桂林师范学院全体同学，无党无派，亦无任何个人私图，本着爱护祖国的一片赤忱，谨以血泪的呼号披沥我们对国是底忠诚。

一、立即结束一党专政，无条件承认各党各派的合法地位，召开各党各派及无党无派人民代表会议，共商国是，组织联合政府，实施战时紧急措置，然后筹备召开真正代表全国的国民代表大会，制定宪法，实施宪政。

二、立即实行民主，动员彻底改革役政，武装民众，实行反攻。

三、开放民运，给人民以救国自由，释放所有爱国政治犯，确实保障人民身体、思想、言论、集会、结社、出版等自由。

四、立即取消特务及劳动营，训练团组织，废除有关军事秘密以外的一切检查制度。

五、严惩并严防一切对敌的暗中勾结活动，整肃抗战阵容。

六、立即以断然手段，严惩囤积奸商，没收冻结在美三万万美金，以充战费及救济难胞，立即制止通货膨胀，彻底改革现行经济政策，挽救危机。

七、立即实行公平合理负担减租减息，严惩高利贷者，改善人民生活，确实保障出征军人家属生活。

八、在联合政府下，成立统帅部，统一军队指挥，平等及提高待遇，立即发动反攻，迎接盟军登陆。

九、实施配合抗建实践的战时民主教育，切实保障学术研究自由，改善公务员生活。

十、加强与盟国团结合作，组织人民代表访问团，访问英、美、苏各盟国，以增进了解与团结。

全国亲爱的同胞们，忠勇的将士们，青年的同学们，民主胜利和平是当前新世纪明确而坚定的方向，让我们在这明确而坚定的方向前面团结一致，向前迈进吧。

全国大中小学的同学们，团结是民主胜利的旗帜，为了团结，我们无条件的赞同浙大同学成立全国学生总会的号召，我们并提议由浙大发起组织，立即进行筹备工作，以这个会的能否成立，为我们的呼声与实践行动是否一致的考验。

这该是时候了，历史给我们一次又一次的教训，彷徨等待懦弱畏缩、逃避现实是历史的罪人，仅凭热情冲动，高呼几下，不踏实地力干，也是罪过，在这阴沉的气氛下，我们要的是团结与有韧性，言行一致面向大众，面对困难，跨越千万重山，冲破千万道铁丝网，勇猛而敏捷的去擎起民主胜利和平的旗帜。

国立桂林师范学院全体同学

民国三十四年五月四日

〔国民政府教育部档案〕

21. 中执会秘书处关于检获浙江大学学生为促进民主宪政宣言与教育部往来函

（1945年6月—7月）

（1）中执会秘书处公函（6月11日）

中国国民党中央执行委员会秘书处公函

据贵州省党部呈：据遵义县党部检送浙江大学学生自治会为促进民主宪政宣言一份，措词荒谬，除饬该部严密注意外，恳请鉴核，并转知浙江大学当局注意。等情。相应检同原宣言函达，即希

查照核办见复为荷。此致
教育部
　　附检送原宣言一份

国立浙江大学全体学生为促进民主宪政宣言

“火已经烧到眉睫”，这是当前每个人对于国事的共同感觉。因之，救火也就成为我们每个人所急不容缓且不容旁贷的责任了。

一年来，由于英美苏诸盟友的密切合作，使整个反法西斯战争已进入到蓬勃热烈的胜利阶段，克里米亚会议不单以最民主的精神解决了欧洲的国际问题，而且更进一步的奠定了盟国在政治和军事上的团结合作，在欧洲轴心已经瓦解，法西斯野兽即将在他的老巢被剿灭。在太平洋美军的越岛攻势，已使菲律宾解放了，硫磺岛占领了，东京在饱尝着炸弹的滋味，眼看法西斯强盗即将崩溃。四月二十五日召开的旧金山会议，将计划着如何结束战争，如何维持战后的世界和平。瞻望前途，摆在全世界民主力量面前的真是一幅多么光辉灿烂的美景。

然而我们中国呢，一年来由中原会战的失败，直到湘桂沦陷，黔南告急，整个抗战心脏的西南濒于动摇，□□□□□□□丧地千里，造成了历史上空前未有的败绩，演出了人世间惨不忍闻的悲剧。而今敌人又将完成东南割裂区的扫荡，加紧布置沿海防务，使东南各省所有足资反攻的空军基地，尽陷敌手，增加了美军在华登陆的困难，延缓了我们反攻胜利的时机。试问，我们将何以对盟友，将何以言配合反攻。而行将举行的旧金山会议必将决定今后数十年，乃至于数百年的国际秩序，决定全世界各国的命运与前途，英美苏诸盟友正在广征民意，作充分之准备，组织全国一致的代表团，以图在会议中争取其地位。我们中华民族究竟是要求在国际上复兴，抑是沉沦，这正是大好时机。时乎不再，试问我们的政府又将作如何准备。

为什么当全世界反法西斯战争进入到蓬勃热烈的胜利阶段的时候，而我们反遭到如此重大的失败，造成了如此严重的危机呢。这根本的关键，就在于政治的不民主，由于政治的不民主，使国内至今还陷于四分五裂的局面，由于政治的不民主，使国家在财政上陷于极端的穷困，以致通货在高度的膨胀，物价在飞跃的上涨，，由于政治的不民主，使国家在经济上陷于破产。一方面是生产的萎缩，一方面是官僚奸商的投机所垄断，以至于民不聊生，社会混乱。由于政治的不民主，造成了政治上的腐败无能，贪赃枉法的习风，由于政治的不民主，造成了士兵生活的极端的恶劣，招致了军事上惨痛的失败；由于政治的不民主，在外交上遭受到盟友们的猜疑、轻蔑、谴责；由于政治的不民主，在文化教育上遭到种种扼制；由于政治的不民主，七八年来陷全国广大青年于极度的苦闷中……情势既已如今日之严重，若再不急图改革，则国家的前途将何以想像。因此，我们认为要挽救目前危机，只有立即改弦易辙，停止一党专政，实行民主政治。只有在民主政治中才可以完成全国一致的团结，使全国一切力量为反攻而集中。因此，我们站在国家青年的立场，站在大学青年的立场，必须要求共国两党在“国家至上”“民族至上”的最高前提下，捐除成见，精诚合作，共同挽救民族国家当前的危机。我们认为，在今天如果谁还把个人或党派的利益置于民族国家的利益之上，则必然是民族国家的叛徒，全国人民的公敌，必为全国人民所共弃。

其次，我们觉得若干年来政府既已屡次向国人发出召开国民大会，实施民主宪政的诺言，则诺言应该立即兑现。在今天时间既已如此紧迫，空言民主固属画饼充饥，预约民主也只是望梅止渴，犹豫拖延，实毫无补于事实。同时，国民代表大会之召集，绝不容为一党一派或少数人所操纵把持，因首先必须产生一公允合理的新组织，负责召集国民大会。欲使其公允合理，其成员必须包括各党各派的代表，及无党无派的才高望重的人士，只有这样，才可以产生真正代表人民的国大代表，才可以制定真正代表人民利益的宪法，才可以保证国民代表大会不致为少数人所把持操纵利用。同时，为了增强反攻力量，保证民主宪政之迅速实现，我们要求政府立即实行下列各端：

（一）确切保障人民言论、出版、通讯等之自由，废除军事秘密以外的一切检查制度。

（二）确切保障人民身体集会结社之自由，停止一切除了对敌人和汉奸以外的特务活动。

（三）取消一切党化教育之措施，切实保障人民思想与学术研究之自由。

（四）无条件承认各党派合法地位，并保障其公开活动。

（五）释放一切爱国政治犯及爱国青年。

（六）军队国家化，改善士兵生活，使全国各部队获得平等之待遇，以增强反攻力量。

（七）废除二十六年前所选之国大代表，并从速公布国大代表之新选举法，在新选举法中不得有“指定”□□□□□“当然”之类的规定。

（八）□□并严惩一切腐化官吏，以刷新吏治。

（九）取缔一切囤积操纵，严惩奸商，开发资源，以挽救财政经济之危机。

（十）党务费不得在国库中支取。

“天下兴亡，匹夫有责。”我们忝为今日国家之大学青年，受国家之教育与培养，更鉴于九十年来青年在民族革命史上的光荣事迹，目睹国家当前之危机，岂容再缄默无言，而实施民主实属燃眉之急。因此，本校全体同学在一致的要求下，不揣微声薄力，特向政府及全国各大中学同学、全国同胞作如上之呼吁，愿我全国各大中学同学及全国同胞共起响应之。

民国三十四年三月

(2)教育部公函(7月2日)

公函

案准贵处本年六月十一日文字第八八六一号公函:检送浙江大学学生自治会为促进民主宪政宣言一份,嘱查照核复,等由。查本部前据该会寄呈此项宣言一份前来,业经密饬该校校长切实予以纠正,并善为开导。准函前由,相应复请查照为荷。此致

中国国民党中央执行委员会秘书处

〔国民政府教育部档案〕

22. 中统局关于西南联大等校学生发起召开全国学生联合会函

(1945年6月16日)

中国国民党中央执行委员会调查统计局公函

据报奸伪为掌握全国学运及争取青年学生,乃策动西南联大、浙大两校之奸伪及左倾分子,发起召开全国学生联合会。几经磋商,现已决定由下列各大学正式发起:(一)联大(昆明),(二)浙大(遵义),(三)武大(乐山),(四)燕大(成都),(五)中大(重庆),并分函各校自治会及积极分子,列名发起组织,拟设总机构办事处于昆明联大。至学联召开之目的:(甲)在争取领导全国中等学校;(乙)反对党化及读死书教育政策;(丙)争取学校生活之改善。会议日期准备在暑假中亦或定于"七七"召开,因"七七"为抗战纪念,意义特别重大,惟恐筹备不及,确期尚未具体决定。延安方面除由延大教授(周而复)(现在渝)代表外,交通方便时,延安大学将派正式代表出席会议等情。相应函达贵部参考,并烦将该周而复之学历年龄籍贯等查明见复为荷。此致

教育部

〔国民政府教育部档案〕

23. 中执会组织部关于破坏西南联大等校学运函

（1945 年 6—8 月）

（1）组织部函（6 月 26 日）

中国国民党中央执行委员会组织部公函　发文卅四社普字第一八三三三号

查西南联大及浙江大学等校异党分子，利用学生自治会名义印发传单，攻击本党，诋毁政府，情形恶劣，而学校党部一旦撤销后，将来问题自必日益增多，此时似应选派干员前往就地筹谋对策，兹拟请贵部会同本部选派一人常期来往昆筑两地，切实指导。相应函请查照核酌见复为荷。此致

部长陈立夫

教育部

（2）教育部函（7 月 28 日）

公函　发文训字第三七四六三号

案准贵部本年六月廿六日社普字第一八三三三号公函：以西南联大及浙江大学等校异党分子活动甚烈，拟会同本部选派干员一人常期来往昆筑两地，以便就地筹谋对策，嘱查酌见复。等由。查本部于昆筑两地学校常派督学前往视察教育设施状况，关于异党活动之防制，拟请由贵部单独派员指导，本部督学当随时协助办理。准函前由，相应复请查照。又本部最近召开训育会议时，本案经密交研讨，遂致迟复，并希谅察为荷。此致

中央组织部

（3）教育部密函（8 月 18 日）

密启者：顷准中央组织部函送云南省党部密报一件到处。除复请分饬滇、黔两省党部加强领导青年工作从积极方面防制反动外，

关于闻一多□□□楚图南、吴晗□□□等煽动西南联大及云南大学生作种种反动运动，应如何处理一节，有关教育行政范围。相应抄附原件，函请查照，密商学校当局妥慎处理为荷。此致

教育部

附抄一件

郑忠华　启

八月十八日

抄件

为呈请鉴核事：窃属会近据调查报告：共党及民主政团同盟在本省活动甚力，民主同盟负责人为□□□李公朴、吴晗□□□□□□□等，共产党员负责人为楚图南、尚建巷、李昌庆等，彼辈多系大学教授或文化人，因而利用其职位随时向西南联合大学及云南大学学生煽动蛊惑，并主使作种种反动运动。本年四月四日，联大学生发表对国是的意见，内容多属反动主张，即系受民主同盟及共产党所策动指使。宣言发表后，彼辈复在社会上发动谣言攻势，极尽诋毁，以破坏政府威信，并在彼辈所出版之民主周刊上声应拥护，复决定于五四纪念日发动示威游行，声言以行动支持宣言。属会据报后，一面由宣传处策动本党有关宣传工作随时交换情报，商讨防止办法，一面会商云南省社会处，掌握各种社团及民众运动，免被操纵利用。五月一日，召集各界举行五一劳动纪念大会，随时查报各该反动分子之活动情形，协助联人青年团以种种方式分散反动力量，分函宪警机关注意防止各在案。嗣续据报，该党等于五月一日起至七日止煽惑西南联大等校学生举行五四周，并于五日夜作大规模学生运动，扩大所谓民主座谈会，五月四日，举行火炬竞走，作变相示威游行，其余各日均拟作各种不轨之行动，正洽商治安机关，严密防止。间奉钧部□感勇礼电饬防范西南联大等校学生反动游行。等因。经遵照密函治安机关转饬宪警，于五月一

日起务须严密防止。函教育厅转饬各校禁止学生参加彼辈所号召之非法游行，并于五月三日晚，派调统室出席昆明警备司令部召集会商防范有关事宜在案。殊该等活动并不因知我方防范而停止，仍照预定举行。五一晚曾开预备会，五三夜与联大举行所谓民主运动与青年运动座谈会，闻一多、吴晗两人大加煽动，并决定五四示威游行。至五四午后一时，联大学生于云大集合，由闻一多等领导出发，作有计划之示威游行，并组织宣传队作街头宣传，设笔队六十人，写街头标语，设纠察队者二十人，特种纠察十余人，声言武力对付国民党员及特务人员，沿途高呼反动口号，散发荒谬传单，于墙壁门窗上乱书反动标语。行至省党部门前，以石头乱打，并以粉笔于大门书写取消省党部，取消一党专政及特务组织，组织联合政府等字样。游行至五时半始散。入夜，彼辈尚欲火炬竞走，因天降大雨乃止。查其传单刊物标语及所呼口号，不惟言词谎〔荒〕谬，且全在诋毁政府。除饬调统室出动调查人员上紧继续侦查各反动党派今后言行外，对煽动主使人如闻一多、□□□楚图南、吴晗□□□等，应如何办理，以维法令，而免继续扩大之处，理合将该奸党及民主同盟发动游行示威详情，检附口号刊物一份，备文呈请钧部鉴核示遵。谨呈中央组织部部长陈。附呈五四纪念大会通电一份、口号一份、联大学生对国是意见一份、云大生对国是主张一份。

〔国民政府教育部档案〕

24. 国民党贵州省执委会关于西南联大学生发表对国是意见呈

（1945 年 8 月 25 日）

中国国民党贵州省执行委员会呈　米字第三一〇九号

案据毕节县党部三十四年七月二十三日毕秘(34)己字第 161 号呈稱：案具本会秘书张士贤同志报称：窃自于五月中旬间因事赴新村砖瓦厂，在该厂内发现西南联大学生反动宣传品一叠，据该厂经理田厚仁云系该厂主刘端彦送给者。查该刘端彦本有我党党籍，但其平素行为可疑，且常发攻击政府及我党言论，今此项宣传品又与渠有关，究应如何之处理，合签请鉴核。等情。附呈国立西南联合大学全体学生对国是的意见宣传品一件。到会。查是项传单内容荒谬，言论歪曲，如任其传播，将淆乱社会视听，除将原件抄发各县、市党部注意查扣，暨饬该县党部密查刘端彦行动具报外，理合将原件抄呈，恳祈钧会鉴核，准予转函国民政府教育部饬知该校当局严密注意为祷。谨呈

中央执行委员会

附抄呈国立西南联合大学全体学生对国是的意见一份

代主任委员伍家宥

代行拆书记长陈贻荪

照抄国立西南联合大学学生对国是的意见

历史在跃进，民主在昂扬，祖国在危难中，同胞在水火里。

抗战八年来，国土连年丧失，人民惨遭涂炭，贪污已成泛滥的狂流，特务作为统治的工具，财富集中，通货膨胀，大多数人民不能不陷于饥饿与死亡，统制思想，排除异己，正义的声音被迫归于喑哑，士兵辗转饥寒，接连溃败，外交固执成见，开罪友邦，社会正义全被凌夷，食血者流度其骄奢淫侈的生活，学术文化日趋贫困，顽固份子大肆其复古谬论。而今天胜利和民主的欢呼已响遍全球，举世进步的人士都把焦急的眼光投向中国，期待着我们团结一致，迎接盟军在华登陆，期待着我们的民主的姿态，参加旧金山会议，建设世界和平。但是，政府是故态依然，没有丝毫改革的迹象，这是为什么，因为中国没有民主。

我们高挂了三十四年的假民主招牌，而真正的民主始终没有实现。十年前，国民党一手包办，不是以民主方式选出的国民大会不能代表真正的民意，不能团结全国的力量，所以也不能够解救当

前的危局。

在这祖国十万火急的关头，我们——西南联大的二千五百同学，实在不能再安于缄默，不能不以血泪的呼号喊出我们对国是的意见。

一、立即停止一党专政，承认各党派的合法平等地位，集合各党派代表，及资望与能力为国人所崇敬无党无派进步人士，举行国是会议，组织联合政府，实施紧急的战时措置，然后筹备召开真正能代表全国民意而不是一党包办的国民代表大会，制定宪法，实施宪法，我们认为这是争取胜利，实现民主的总关键，是全国进步人士应该为之呼号奋斗的总目的。

二、立即取消一切特务活动，释放所有爱国政治犯，确实保障人民思想结社身体等自由，立即取消有关军事秘密外一切检查制度，确实保障人民思想言论出版等自由。

三、立即以断然手段，没收因人民的饥饿与死亡而发国难财者的财产，没收在美冻结的三万万美金存款，及一切逃亡海外的资金，以充战费，立即停止通货膨涨政策，采取一切有效步骤，使富人负担战费，改善人民生活。

四、立即成立联合统帅部，平等提高全国抗日军队待遇，确实保障出征军人家属生活。

五、立即根绝党化教育，实施战时教育，确实保障工教人员生活。

六、加强与各盟国合作，目前尤应从速敦睦中苏邦交。

总之，没有民主就没有团结，没有团结就没有胜利。民主是一切的前提，而联合政府是目前实现真正民主的唯一方案。只有这样，才能团结全国力量，只有这样，才能解救当前危局，也只有这样，才能获得最后胜利。

全国各党派各法团的先进们，让我们团结一致，争取胜利和民主的实现吧。

全国兄弟姐妹以及忠勇的将士们，让我们为胜利为民主贡献出一切力量吧。

全国各大中小学的同学们，祖国太危急了，浙大同学已发表了促进民主宪政呼吁学生界团结组织的宣言，同学们，沉默是逃避责任，散漫不能产生力量，在这祖国千钧一发的关头，让我们团结起来，组织起来，向胜利和民主进军吧。

这是我们赤诚的呼吁，我们希望它与全国进步人士要求民主胜利的呼声合成巨响，让民主自由的新中国在这巨响中出现。

昆明国立西南联合大学全体学生

4月6日

〔国民政府教育部档案〕

三、倒孔运动

1. 龙云等关于制止学生倒孔游行电呈

（1942年1—2月）

（1）龙云致蒋介石密电（1月6日）

重庆。委员长蒋、副院长孔：密。本午联大、中法、同济三校学生（本省学生未参加）突然结队游行，市面乱呼口号，张贴标语及以粉笔书写打倒孔院长字样。事前毫无所闻，发生后始询得系联大职员由渝传来郭泰祺等在港遇害消息，学生一时被激动所致。当即派宪警严予阻止，擦去标语，并饬邮电机关禁发通电、递寄消息及各报馆通信社禁登该项事件宣言、标语，市面秩序如常。谨将此事发生及处置情形电呈。龙云叩。鱼。参。机。印。

（2）中央图书杂志审查委员会致行政院呈（2月14日）

中央图书杂志审查委员会呈　世参字0058号
中华民国卅一年二月十四日发

案准中央宣传部三十一年二月五日要字4219号密函开：案准军事委员会战时新闻检查局函为：据贵州新闻检查处代电称：一月十八日筑市发现民生社印发之特号外二种，内容全系反孔，经查系本地某大学学生翻印，除商同当地有关机关严密查察制止外，特将该号外二纸随电附呈。等情。相应抄附原稿函达查照。等由到部。查该项印刷品既有发现，难免不寄至重庆及其他各地用，特抄同原稿二件函达查照，即希贵会转饬所属切实注意查禁，以杜流传为荷。等由，并附抄二件。准此。查关于本案前据四川省图书杂志审查处一月敬电略：以华西坝昨日发现反孔标语，各大学学生并酝酿反孔运动，昨奉张主席谕已会同新闻检查处设法制止言论及新闻机关之附合，今日无变动。等情。除即密令各省市审查处严密注意并转饬所属一体遵照，密为查禁外，谨抄同中央宣传部附发特号外二份，密呈鉴核。谨呈

行政院

院长蒋

副院长孔

中央图书杂志审查委员会主任委员潘公展　因公赴蓉

副主任委员印维廉　代拆代行

特号外，请传阅[略]

〔国民政府行政院档案〕

2. 中统局关于昆明各大学学生倒孔运动实况函

（1942年1月15日）

中国国民党中央执行委员会调查统计局公函　陪讯三字第0019号

兹有关于昆明各大学发生倒孔运动记详报告一件，相应抄同原报告函请查照参考为荷。

此致

吴秘书长铁城

附抄原报告乙件

昆明一月九日讯

一月六日午，西南联大、同济附中、中法大学、云南大学等校学生约千余人，举行示威倒孔游行。沿街高呼打倒孔祥熙等口号，并于各街用绿白有光纸粘贴反孔传单，复用粉笔大书特书反孔标语于各人民住户、铺户门墙上（标语口号等详后），各学生游行至各报馆门前时，鼓掌口称欢迎参加。查此事发生之远因，系自香港战争发生后，一般学生闻孔氏以飞机载运洋狗不载要人之消息，均甚愤慨，奸党分子更欲伺机活动。于是，前数日联大青年团内部同志曾向团建议如何控制将来可能发生之事件。然以事出意外，正值全校各部同学愤慨之际，致无法控制。一月五日刊出名“喊”之壁报，主张打倒孔氏，而各室同学亦先后出壁报响应，直至六日晨止，各寝室同学已先后全体响应，并要求自治会领导运动。惟自治会尚未产生，直延至下午联大一年级同学整队至新舍大操场，号召全体同学并出发游行，一呼百应，遂相率游行。大队游行后返校，复开全市学生联合大会，计到有西南联大、云南大学（少数）、中法大学、同济附中、天南中学等校学生，讨论组织讨孔运动大会，并主张修明政治，电请中央制裁孔祥熙。当场各校选出临时代表各三人等组织全市学生代表大会，负责领导倒孔运动。七日晨，西南联大各宿舍出刊《呐喊》、《呼声》、《正义》、《二十三》、《响应》等五种壁报，其大意为：（一）主张修明政治；（二）不畏威力，誓死讨孔；（三）争取罢官权；（四）铲除党内败类。同时，政治系讨孔声援会决议：通电全国声援，一致主张使讨孔运动普遍全国，并一面向地方当局声明，此次讨孔动机纯系诚正，全校学生并发动广泛的募集经费（八日晨已获国币千余元）。同时产生学生自治会讨孔运动委员会，该会组织股通知各宿舍选出代表一人，其任务为：（一）商讨一切对内组织事宜；

(二)代表宿舍内全体同学意见,传递该会决议及分配工作;(三)领导宿舍同学监视捣乱反孔运动之不良分子;(四)必要时,得召集宿舍同学开全体大会。同时,又拟于八日晚举行湘北大捷游行,嗣为地方当局禁止未果。该校当局于七日出示布告,劝告学生以后举行运动或游行,均须呈准教育厅、警察局及宪兵司令部,以免发生事端。布告贴出,旋被撕毁。该校学生联合运动会于七日晚集合代表至各报社质问:何以不刊登讨孔运动消息。八日晚,该校学生自治会讨孔运动委员会邀集校内各团体明社、论坛社、平社、湖南同学会、湖北同学会、贵州同学会、云南同学会、师范学院学生自治会、女生同学会、联大剧团、昆中校友会等共二十三单位代表,开讨论会,由女同学会代表虞佩洽主席,议决由出席代表组成讨孔运动后援会,选女同学会为正主席,讨孔运动委员会副主席之下设宣传、组织、事务三部,宣传部由论坛社负责,组织部由师范学院自治会负责,事务部由明社负责,其经费由出席单位各派五元。该会主要作用为讨孔运动会后援,当场提议:(一)请参政员、教授以迅速方法将该校讨孔运动情形传达驻会参政员;(二)讨孔的目的须做到政府明令将孔祥熙撤职,没收其财产;(三)参加单位确实注重直接行动。昆明市学生联合大会亦发表讨孔通电,内容为:(一)抗战四年余,军民忍苦耐劳为抗战牺牲;(二)孔祥熙存囤私营操纵外汇的种种不法事实;(三)在一个目标下,全国军民一致声援打倒孔祥熙。又,八日午前十时半,第十一集团军总司令宋希濂到西南联大演讲,以确实消息向学生报告,并以劝告方式嘱学生勿扩大事端。同时该校蒋校长亦以同一方式对学生训话,但学生态度始终不变,认宋氏演讲系为孔氏张目。九日午后,各大学学生并假中法大学校址,开全市学生代表大会,商议讨孔问题。此次发动人员多为中立学生,教授方面并有罗隆基、陈思齐等参加云。

反孔标语口号[略]

〔国民党党务系统档案汇集〕

3. 国民党云南省执委会关于查禁昆明西南联大等校学生倒孔运动经过情形呈

（1942年1月16日）

为呈报事：查本月六日午，昆明西南联合大学、同济附属中学、中法大学等学生约千余人举行游行，沿街高呼打倒孔祥熙等口号，张贴反孔传单标语。职会当经派调查统计室人员前往探悉，此事发生之原因，系本市朝报转载大公报修明政治社论后，一般学生对该社论中所称飞机运狗之消息均甚愤慨，共党分子及青年党分子更欲乘机活动。联大青年团内部同志曾向团建议如何控制将来可能发生之事件，但正值全校学生愤慨之际，内有共党嫌疑分子叙永学生数人于一月五日刊出名《喊》之壁报，主张打倒孔氏，并要求革命团体负责领导除孔运动，同时各寝室学生遂先后出布告响应，至六日晨止，各学生遂全体响应，并要求自治会领导运动。当时，自治会尚未产生，职员一时未能负责领导，延至正午，住昆中一年级联大学生整队至新校舍大操场号召全体学生出发游行。一呼百应，乃结队出发。待游行毕返校，复开全市学生大会，计到有联大、云大、中法、同济附中、天南中学等单位，讨论组织讨孔运动大会，主张修明政治等。当经通过各校临时选出代表三人，筹备全市各校学生代表大会。此项代表 大会之产生，共党分子拟争代表人选，惟尚无结果。统计此次发动学生中立分子居多，三青团团员参加者亦多，该团并于六日晚开全体大会讨论应付方法和声明立场，惟当晚所有各会均无具体决定。职会于六日晚一面通知各报请勿登载是日游行消息，一面通知宪警涂去各街标语口号，及发布新闻，加以辟正，并因讹传吴稚辉、郭泰祺、王宠惠先生等被困香港，致增群众愤慨，述明吴郭等人现在重庆，发交云南社转各报登载。至七日晨，联大学生似已缓和，惟午后该校忽出紧急号外云：空军处情报郭泰祺在南京播音讨孔委员长闻之痛哭流啼起来讨孔。各学生观此，又加紧讨孔运动之进行，并拟派员质问云南通讯社。同时于午后七时，复开会产生学生自治会讨孔运动会，并发起讨孔运动座谈会。同时，暗定于八日晚举行庆祝湘北胜利大游行，从中仍呼讨孔口号。职会查知其情，当又通知宪警制止，并由会即刻定期举行庆祝湘北大捷，以免学生自由行动，后各校学生渐知前传吴稚辉、郭泰祺等先生被困香港之消息不确，且迭经劝告，形势渐和缓，今日（十日）上午，联大讨孔运动委员会自行布告取消组织。此次风潮业经平息，除仍饬查暗中有无煽动外，理合将经过情形报请鉴核。谨呈

中央党部组织部

附呈学生等标语一份[略]

中国国民党云南省执行委员会

中华民国三十一年一月十六日

〔国民党党务系统档案汇集〕

4. 谢绍竑等关于查禁反孔号外及密查反孔人员有关文电

（1942 年 1—5 月）

（1）谢绍竑致战时新闻检查局代电（1 月 19 日）

重庆战时新闻检查局局长商、副局长李钧鉴：查本月十八日筑市发现民生社印发之特号外二种，内容全系反孔，深恐奸党利用机会策动青年，且此种临时刊物足资敌伪宣传资料，兹经再三调查，据称系本地某大学学生翻印，除已商同当地军警及各有关机关对于此种印品须严密查察切实制止外，特将该特号外二纸随电附呈，伏乞鉴核备查。职谢绍竑叩。皓。印。附呈特号外二纸[略]。

中华民国三十一年一月

(2)战时新闻检查局指令稿(1月29日)

指令

令贵州处

代电一件:为检呈民生社印发之特号外二种电请鉴核备查由代电暨附件均悉。经核处理甚妥,应准备查,并仰切实防止各报登载。此令。

(3)中宣部公函(2月5日)

中国国民党中央执行委员会宣传部公函　要字第4219号

接准贵局新指字第七二三二号函为:贵州新闻检查处呈送民生社印发之反孔特号外二种抄同原稿函嘱查照,等由。查该项号外之印发,显系具有背景,除分函军事委员会办公厅特检处、中央图书杂志审查委员会切实注意查禁外,仍希贵局转饬贵州新闻检查处密查该项号外究由何人或何种性质团体发出,以便取缔。用特函达,查照办理见复为荷。此致

军事委员会战时新闻检查局

部长　王世杰

中华民国卅一年二月五日

(4)贵州新闻检查处呈(5月25日)

案奉钧局新指字第七四〇七号训令内开:以前呈之民生社印发反孔特号外二种,经抄送中宣部参考,兹准复函,饬处密查该项号外究竟由何人或何种性质团体发出,以便取缔,令仰遵照办理,具报为要。等因奉此。查该项特号外在筑市发现时,经属处及宪兵第一团分别揭去,当即商同地方其他军警及有关各机关严密防范,切实制止,并密查实贴人,以明背景。同时,通知各报社勿予刊载。嗣后即未再有张贴,而民生印刷社社址,经查亦未发现,显系捏造。但闻此种印刷品,系受大公报所载飞机运洋狗消息影响,且闻自云

南西南联大传来，由本省遵义浙江大学学生翻印，转来本地实贴（遵义亦曾发现该项传单），惟未见其人，难以指证。奉令前因，理合备文呈复，仰鉴核转函，实为公便。谨呈

局长　商

副局长　李

贵州新闻检查处长谢绍竑

〔战时新闻检查局档案〕

5. 余井塘等关于镇压遵义浙江大学倒孔运动逮捕学生有关文电

（1942年1—3月）

（1）余井塘密电（1月21日）

特急。三台国立东北大学臧校长亲译：○密。转呈陈部长钧鉴：浙大学生昨游行，委座极震怒，乞即返。井塘叩。马。

（2）国民党中执会秘书处致教育部函（1月21日）

顷据贵州省执行委员会篠电称：据遵义县党部铣电称：浙大煽动倒孔祥熙运动，今晨八时，集众游行示威，张贴标语，发表宣言，除会同军政机关作有效制止外，谨电请示。等语。除电饬与该校党部团体切取联络，勿使事态扩大外，谨电呈报。等情。相应函达，即希查照为荷。此致

教育部

（3）教育部复国民党中执会秘书处函（1月30日）

案准贵处三十一年一月廿一日（31）字第九六五号公函：为据贵州省党部篠电转报遵义浙大煽动倒孔运动游行示威各情，除作有效制止勿使事态扩大外，电请鉴核一案，函嘱查照等由，准此。查此案发生后，本部当即电饬该校设法制止，并查明煽动风潮之首

要，予以严惩，另派本部钟督学道赞前往该校，剀切晓谕，嗣据该校电复风潮业已平息，并已照常上课等语。相应函复，希即查照为荷。此致

中国国民党中央执行委员会秘书处

(4)陈立夫致吴鼎昌密电稿(2月25日)

急。贵阳。贵州省政府吴主席勋鉴：○密。顷接遵义浙大来电称：日前遵义警备司令部夜间在该校女生宿舍捕去女生王蕙，复捕去学生何友谅、陈海鸣二人，事前并未通知校长。案情如何，请即详示。又，嗣后军警机关逮捕学生，希于事前商同学校负责人办理，并请饬知该司令部为荷。弟陈立夫○。丑经。

(5)浙大校长致教育部呈(2月26日)

查本校女生王蕙、男生何友谅突被逮捕，业经电陈在案，嗣经饬属详加调查此案经过，顷据报称：一、女生王蕙住遵义老城杨柳街本校女生宿舍，本月十九日午后八时，有着黑色大衣女宾一人至该宿舍访问王蕙，传达通报后，该女宾退至宿舍门外，旋王蕙出门与之相见，传达仅闻该女宾云你就是王蕙吗一语以后，王蕙随即失踪。二、男生何友谅因学校已放寒假，赁居遵义老城四方台三号，本月十九日午后十二时，该生业已就寝，突有来客四人入室搜查，并检出若干书籍信件，开单令该生签字后取去。次日晨八时，此四人又来将该生捕去。三、二十日下午经学校派人探询，闻地方当局口头声明，该两生确系政府机关捕去。等语前来。查此案军宪机关事先未通知本校，其详细情形无从悬揣，惟校中人心皇皇，殊感不安。理合陈明，敬祈钧部鉴核，指示方针，俾有遵循。谨呈

教育部

国立浙江大学校长竺可桢

中华民国三十一年二月二十六日

(6)吴鼎昌复陈立夫电(3月3日)

陈部长立夫兄:1331丑经电敬悉。此案经查系特种会报机关主办,请电该机关查询。弟吴鼎昌。寅江。秘国。印。

(7)张卓复陈立夫密电(3月12日)

军训部请转教育部陈部长钧鉴:寅肴文电敬悉。〇密。交通[浙江]大学王、何二生及该校自行解送之学生陈海右[鸣]一名,据系党方指捕送部,未经本部问讯,详情另询该省党部。敬复。遵义警备司令张卓叩。遵警庀。文。印。

〔国民政府教育部档案〕

6. 四川大学学生散发的倒孔运动特号外

(1942年1月)

香港电讯:本港将沦入敌手时,蒋委员长曾派遣驱逐机一架护送民航机数架来港,拟营救留港各界要人、党国元老。飞机抵埠时,被孔夫人全家把持,禁止他人上机,仅民航部某次长多方要求,飞机师又以拒绝驾驶为迫,始得上机。此次我方人物力损失空前,政府要员被俘者计有:陈济棠、郭泰祺、王宠惠、王正廷、顾维钧(传言已往南京)等,文化界名人被惨杀者如:邹韬奋被斫杀、茅盾被俘、高宗武、陶希圣被剥皮,闻名的历史学家李君亦跃海自杀。香港是文化人的都城,政府要员的集议地,这次杀的杀,跃海的跃海,无一生还者,造成入骨的血债。

重庆电讯:我政府派机营救留港要员归来抵渝时,全市欢腾,前往机场欢迎,但下机者仅孔夫人及其二小姐、老妈子头、洋狗十余条、箱子十余口而已,激起市民公愤。又因近来查抄屯集米面日用品等,多为孔祥熙氏所营,实难尽掩其恶行。我奔走国事的外交大员郭泰祺等,竟不如一条洋狗耶。

大公报为我国公正直言的报纸，该报纸社论为文畅论通击，在舆论激昂愤慨之下，孔氏竟以高价收购。是日报纸有高至三百元之巨价，打破中外报纸之新纪元，一面派人至各邮局检查当日报纸外流，企图掩尽天下人之口。

昆明电讯：孔氏全家乘机飞渝消息传到昆明，全市民心激动，联大、云大、昆华等大中学生五千余人讨孔示威大游行，一致决议组织讨孔行动委员会，并通电全国积极发动讨孔运动。

短评：竟不料我们抗战营垒中到今天还〔存〕在此种×××出卖国家民族的败类，而且又是所谓赫赫的××××官居极品的"显官"们所干出的勾当，他们利用××囤集居奇，操纵物价，劫取外汇，一手将我们千百万人×××推入水深火热的苦境中，这古今"卑污"之大成的行动，对我们艰苦持久的抗战是多么狠心的腰击啊。目前的纸币滥发和可怕的恶怕的通货澎胀，这就是孔夫人的德政，孔夫人的杰作，抗战难道是为制造他们发财的机会吗。不，决不。我们已忍痛受穷这样久，为祖国的自由与解放，为着神圣抗战，我们要站起来高呼：五年来抗战是我们成千成万同胞血泪身躯的堆积而成的，兑换来的，绝不许任何人利用它作为出卖国家民族发国难财饱私囊的幌子。我们要拥护蒋委员长抗战到底并改善人民生活，打倒囤集居奇、操纵物价、买卖外汇、牺牲政府要员、党国元老、文化战士的孔祥熙、宋霭龄之辈狐群狗党，要求贤明政府严惩孔祥熙没收其全部财产并用行动来讨灭孔贼，响应昆明市联大、云大号召的讨孔行动委员会，争取抗战民族解放战争的胜利。

严惩民族的罪人

民生社印　一九四二年一月十七日

朋友，你常常看报吗？你是不是想在报纸上看到许多你不知道的消息哩？可是实得其反，你完全为报纸骗了，在这里我可以告诉你一段前几天街头巷尾的号外：重庆专电：香港失守前，蒋委员长派驱逐机一队，保护民航机数架至港迎接中央委员返渝。谁知抵机场后，全为孔祥熙夫人把持，不准任何人上机，仅中航部次长经多番请求，始得上机。安然抵渝后，重庆上下欢腾，中央派员至机场欢迎由港受难返渝之要人。留下机者却仅孔夫人、孔二小姐、中航部次长一人，孔夫人之皮箱十余口，孔夫人之黄狗十余只，孔夫人之奶妈、大司傅××等人，留港之郭泰祺、顾维钧、王宠惠、陈济棠、王正廷、茅盾均已被俘至南京，高宗武、陶希圣被剥皮，邹韬奋被砍死。此消息传至重庆后，举国震怒。大公报为我国言论正确、大公无私之出版界，社评上曾载及此项消息，而孔氏欲想遮天下之耳目，特令其爪牙到处收买，每张出三百元，并扣发至各地之大公报（三十年十二月廿二日版），希逃避公论与国家法网。

你看了觉得痛心还是灰心哩？我们固然可惜许多为国家出力的这一班名人或被俘或被杀，我们固然可惜他们用国家有价值的力量去运输他们私人的物品，而我们更痛心的是政府不但不判处他们的罪恶，至却视如无事。似这样而引起的后果，我们敢断言定使现在正在为国家出力的人们感到灰心而失去斗志。朋友，你可以自己反省一下，现在你的事不管是否与国家有益，我敢断言，你一定是希望你的事业有所成就，而且你知道你的事业是与抗战胜利有关联的。可是现在呢？我们知道，不制裁这万恶的人，我们的胜利是永无达到的一天，那么还做什么事业呢？还有什么希望呢？所以我们为了自己，为了国家，我们是应当督促政府对这万恶财阀加以制裁！朋友，如果你想不做亡国奴，你说你拿出力量罢，为了国家，你难道怕他势力而不报么？假若你不敢，那么你就准备做顺民，或回到沦陷区里去顺民好了！

朋友，你愿意做倒孔的运动吗？那么下面的事，你可以尽你的力量去做：

一、向不知道这事的人告诉他这事的真象及严重性；

二、不听信一切孔家爪牙们为孔家辨说的艳词；

三、在你们所在的团体尽量力做倒孔的工作及成立倒孔会；

四、不做妨碍倒孔会的一切直接间接的事。

倒孔会

〔国民党党务系统档案汇集〕

(五)战时新生活运动

1. 新运总会报告战时工作概况稿

(1942年　月　日)

甲、本会性能简述

一、运动起缘

新生活运动创始于南昌,为蒋委员长首先倡导以身作则之一大社教运动。换言之,为我全体国民之生活革命运动,目的在以最简易而最急切之方法,涤除不良习性,其重要之条件,在化散漫为整齐,化垢污为清洁,化杂乱为简单,化奢侈为朴素,更进一步以中国固有美德,礼义廉耻,推行于国民日常生活食衣住行之中,而为立国之基。斯时,蒋委员长深悉日本有侵略之野心,民族陷极端之险境,为挽救国难,抵御外侮,非改善全国人民生活,焕发全国人民精神,不足以励精图治,奏其肤功。新生活运动乃应时而兴,各地均闻风响应,一扫过去浪漫浮荡奢侈享乐萎靡之风气。二十六年七七事变以来,敌人狰狞面目完全暴露,挟其重兵利器企图使我屈服。我全国军民在领袖领导之下,艰苦抗战,不屈不挠,五载以来,愈战愈强,以精神胜物资,以四维保国脉,新运之功未可泯焉。

二、成立时间

新生活运动于民国二十三年(西历一九三四年)二月十九日,由蒋委员长在江西南昌行营扩大纪念周宣布新运开始,此时全部运动即由南昌新生活运动促进会主持之。

三、组织概况

新运工作要在力行,故组织力求单纯,全部运动由总会规划通告施行,各省市县由当地最高行政长官及各机关各法团推派负责人员共同组织。为便于单位推行,各机关则有机关新生活运动委员会，各学校则有学校新运委员会，各铁路有铁路新运促进会，各航轮有航轮新运促进会，国外有华侨新运会或新运协进社。蒋委员长亲任总会会长，蒋夫人为指导长，委员长于军书旁午日理万机之际，仍时时注意改革人心之新生活运动，其性能可以概见。

四、八年经过撮要

本会发源于南昌，辉煌光大于南京，辗转迁徙于武汉、重庆，战时服务于西南西北，此为四个时期。其初步之工作，为推行整齐清洁运动，及实施军事艺术生产三化方案。据民国二十五年（西历一九三六年）之统计，成立省新运会者有二十一省，院辖市新运会者有四，县新运会有一千三百五十五，铁路新运会有十四，华侨新运会有十九。吾人纵观中国近百年史，欲求如此项运动推行之迅速与普遍者，实不多。观其次，则为本会倡导之劳动服务团，各省团团员总数为三八三八七〇人，各市团团员总数为八一二七二人，各路团团员总数为三〇一二一人，妇女新运会及妇女服务队亦在指导长指示下，遍在各大城市成立。抗战四月后，首都危急，总会迁于武汉，积极发动战时服务，慰劳受伤将士，救济被难义民。旋以四川为我民族复兴与根据地，发扬民气，移风易俗，刻不容缓，乃随政府西来重庆。此时工作，偏重于战时新运之宣传与实际之服务，各地新运会仍照常活动，虽接近战区之前方，时有工作报告，迄不停顿。五、六、七、八周年纪念时，会长均有广播训词昭示全国军民，切实奉行新运，以期奠立我民族光明进步现代生活之基础。此八年经过概况也。

乙、本会战时工作简述

本会为适应战时环境，除经常中心工作外，积极作抗建之宣传与社会之服务，他如协助政府扫荡烟毒，唤起民众锻炼体格，以及成立国民拒毒委员会，组织体育协进会，主办大学生暑期农村服务，倡导各种工作效率竞赛等，均有甚大之效果，另举荦荦大者分述如左。

一、节约献金

励行节约运动，举行献金，为本会首先倡导之事工。藉示有钱出钱，有力出力，共赴国难之意，本会五周年纪念在重庆市商会举行新运献金，今年八周年纪念在昆明亦举行节约献金，由黄总干事亲自主持，每次总数均在百万元以上，前者呈献政府、后者呈准分别移充服务基金及保育儿童之用。

二、伤兵之友

“伤兵之友”运动，为本会战时重要事工之一。自新运六周年（西历一九四〇年）扩大征友以来，国内外热心人士咸以伤兵为正义之战而负伤，卫国土，忠勇可钦，纷起赞助，计时二载，即征友团体社员五百一十六个，个人社员九十二万八千三百五十四人，社费总额达七百二十万四千二百六十三元零九分。伤友社工作之目的标意在补助政府财力人力之所不及，规定中心工作为：（一）特别营养。（二）灭虱沐浴治疥。（三）洗缝衣被。（四）补充卫生用品。同时举办服务人员训练班，分配全国医院为伤胞服务。复兴中国工业合作协会及中国红十字会合组“荣誉军人生产合作事业委员会”，拟于残教院及临残院内举办合作社，由伤友总社拨款三十万元兴办。今年冬季拟补助军医署所属各医院修理灭虱站一百座之费用，与十万伤胞之沐浴费，并派员赴各战区考察，以便随时增进伤患之福利，至其详细情形，该社另有专册记载。

三、盟友服务情形

日寇穷极思逞，对我战争无法结束，复在太平洋燃起战火。于是，素主正义之同盟国家，乃共同携手并肩作战，盟我之间交往日密。本会为解决盟友旅途中之困难，爰在中缅路上设立新运服务所，招待盟友旅途的食宿。在空军方面，只设有招待所，尽量为我英勇的空中战士服务，使其生活愉快，不致有异域之感。

四、运输员工服务情形

战局转变，路线增长，而战时运输攸关胜利，其重要可知。我运输员工，披星戴月，奔驰长途，载运军火与物质，其辛劳倍人，惟以沿路缺乏适当之休息地点，引以为苦。本会爰在公路设立新运服务所，其食宿康乐俱于此中，完全解决。计西北公路十八所——安西、玉门、酒泉、高台、山舟、武威、永登、兰州、定西、静宁、平凉、西安、宝鸡、双石铺、汉中、广元、秦安、江洛镇，中缅公路计八所——昆明、楚雄、下关、永平、保山、龙陵、芒市、遮放。

五、侨胞服务情形

缅战之始，侨胞撤退均以自由之祖国为其归宿，惟烽火连天，前途荆棘，若干侨胞只身返国，沿途饥寒露宿，情形至惨。本会除令中缅路的新运服务所尽量供给食宿外，复在昆明至贵阳间，增设五服务所，竭诚招待——平彝、曲靖、安南、安顺、昆明，除供食宿外，并代觅车辆，储备医药，诊治疾病等等。

六、边胞服务情形

为边胞服务，是一项新的工作。僻居边地的人民，文化落伍，知识浅薄，而卫生设备只寥若晨星，本会爰组织服务队，前赴边地工作，藉以启发其抗战情绪，报导国内外时事，并以边地疟疾与赤痢非常盛行，特附带医院，现有两队在云南墨江、丽江、宝地试验，嗣后视经济情况当再扩充。

七、空袭服务

自二十八年（西历一九三九年）五三开始，敌机对于渝市滥肆轰炸，投掷烧夷弹，恒至数百枚，全市精华，悉付一炬，灾民众多，情状凄惨，本会组有空袭服务队，每于警报之后，即出动维持秩序，指告民众入洞躲避。二十九年（西历一九四〇年）八月一九、二十两日大火中，本会星夜成立茶粥站，计有龙门浩、太平门、朝天门、龙王庙、桂花街、木货街、打铁街、七星岗、大阳沟及民权路新运宣传场各站，每日平均人数在五六百人以上，共为四万一千七百八十五人。本会指导长蒋夫人，亦亲赴各茶粥站亲切慰问灾民。同时，城区重要街道平民房屋均成瓦砾，市政当局以及地方人士合谋复兴计划，本会本协助政府恢复市容，促进新运之旨，乃创建新运模范区于中心区夫子池，四月完成。其宗旨为改进生活，服务社会，实行节约，倡导自助，增进健康福利人群设备有服务所、励志社、运动场、诊疗所、礼堂、宿舍、沐浴、理发、餐室、商店。自七周年成立后，逐渐改进，近添设新范小学校，收容附近失学儿童，倾全力注重于社会服务之工作，尽本会之棉薄焉。

八、敌后及战区工作概况

新生活运动在抗战建国途程中，不独后方各地仍呈活跃气象，即在敌后之各省，如福建、广东、浙江、安徽、江西，亦未稍停其事工。如举办同盟国家人文史地展览会，以唤起人民对于同盟国家之认识，而加强世界及被侵略国家阵线之团结，发动贡献救国公债息金运动，实施战时国民生活守则，举办各项救济，设立公共模范食堂，平抑地方物价，发动难民服务，推行公务员节约运动，以及卫生清洁工作。至各战区长官司令部，在各战区以发动新运宣传，以激励士气，加强抗战力量。

丙、今后展望

一、贯彻精神动员完成抗战工作

新运本旨原为恢复国有道德，实行战时生活，洗雪耻辱，求取独立。今后除以服务为实际行动外，仍当以礼义廉耻之精义，励行精神动员，以争取最后之胜利，驱逐敌寇退出国土，以完成抗战，而使人类得以享受合理愉快之生活，不再受侵略战争之痛苦。

二、加强盟友团结重建光明世界

太平洋烽火既起，全世界已划为两个阵线，一为法西斯集团，一为仁爱和平之民主国家，今年共同盟并肩作战，甘苦共尝，诚有切肤之关系，非同秦越所能漠视，胜则共荣共存，败则唇亡齿寒，故加强团结，视同一家，实为当前急务。本会当一秉过去宗旨，努力服务，向其迈进，促其实现，俾妖气完全扫荡，青天白日庄严光明之世界早日恢复，礼义廉耻之精神早日实现。

〔新生活运动委员会档案〕

2. 新运总会报告业务工作概况稿

（1942年　月　日）

甲、事工述要

新生活运动，自经会长于民国二十三年二月十九日在南昌倡导以来，因我国家民族迫切需要，曾得到各地热烈的响应，各地普遍组织分会，以致国外侨胞亦多纷纷设立会所，推展工作，一时雷厉风行，颇著成效。抗战以前，全国各省县多数已有分会之设，“新生活”一词，已为家喻户晓，妇孺皆知。只需全国同胞切实力行，必能奠定复兴民族基础。不意二十六年敌寇侵入，多数省份，相继遭受战祸，新生活运动之推展，亦遭受绝大之影响。新运总会鉴于国家环境遭此剧变，不得不权衡轻重，抉择缓急，配合抗战需要，转移事工方针，集中力量，在几项事工工作较有系统而切实之推进，兹将数年来业务概况简述于左：

一、各省新运会及公路铁路新运会：抗战以前，全国各省市、各铁路航线、公路，多有新运会之设立，推行工作，易收效果，抗战以来，因战事之关系，各省各路新运会继续推动工作者，有浙江、安徽、江西、湖南、福建、广东、绥远等十四省新运会及湘桂铁路、西南公路两新运会（附表一）虽在战争烽火剧烈之情况下，亦经常推展工作，受总会之领导，其工作除清洁规矩之推行，及卫生救济等外，如慰劳伤兵，战地服务，军民合作，兵役宣传等无不积极推展。

二、直属川省各县市会：四川为抗战根据地，本会为配合政府需要加强推展，川省各地新运工作，曾于二十八、九年先后蒙会长圈定重庆、成都、万县、滬州、绵阳、宣汉、达县、广元、南川、南充、阆中、资中、合川、内江、宜宾、江北、北碚、灌县、乐山、綦江、涪陵、江津、五通桥、自贡市、永川等二十五县市会，直辖总会办理，推行以来，尚多成效，嗣以各地物价波动太大，员工生活无法维持，不得已而裁撤一部份，现在存在者，尚有重庆、成都、万县、绵阳、南川等十二市县(附表二)经常遵照总会颁布工作方针，切实推行，考核各地推行状况，成绩尚佳，如夏令卫生、冬令救济，提倡体育运动，推行清洁规矩等工作，总会亦常派员赴各地视察督导各会工作。

三、各机关新运委员会：各机关团体新运委员会原为推行各该机关新运工作之机构，战前各机关多有张立，嗣因政府西迁，战事蔓延，各机关新运委员会几无形停顿，本年度会长指示重庆应为新运示范之区，各机关首长尤当多予倡导，身体力行，以领导部属，表率人民。本会于本年二月间进行组织各机关新运委员会，经三月之努力，各机关无不竭力赞同，目下已成立新运委员会共已达七十八个单位(附表三)，声应乞求收效颇巨，本会为加强联系，检讨工作，交换意见，互相观摩起见，复□每月一日举行新运工作人员月会一次，轮由各单位报告各该会工作，提出问题，共同研讨。举办以来，稍具成效，本月复随时颁发各机关团体推行新运实施办法，及工作要点，以备参考，此种办法果能推及全国各地，逐一健全组织，则必收更大之效果也。

四、成立伤友总社：抗战军兴，我数百万之忠勇将士为保卫国家民族之独立自由与敌寇厮杀疆场，拼命流血，国人实应为其服务以报其大恩，爰乃联合呼吁，发动社会人士，本有钱出钱有力出力之宗旨，为负伤将士服务，未几各地纷起响应，遂扩大为伤兵之友运动，嗣于二十九年二月十九日新运六周年纪念时，发动全国，普遍征募社友，成立伤兵之友社总社并观定四项中心工作：(一)为伤兵灭虱，沐浴治疥，(二)供给特别营养及开水，(三)洗缝衣服，(四)补助卫生用品，此外还有代写书信，娱乐慰问及普遍营养等。

总社工作人员与办公设备，均借本会原有机构及设施，以节省开支，各地募款多直接用于伤兵身上，同时于全国各重要市续成立伤兵之友分社，现共有一百一十处之多(附表四)。

为直接使伤患受到实惠计，总社于二十八年十二月先在江北第五陆军医院，试办服务工作，成绩至为良好，嗣即扩充推展至川、鄂、湘、粤、桂、黔、豫、陕、浙、赣、滇、闽、皖等十三省驻在各医院之服务队达一百二十五队之多，嗣经发动地方分社组队接办，或同其他机关团体合组服务队办理，目下由总社直接指挥者，仍有七十一队（附表五）分驻前后方各种医院内，举办四项中心工作。伤患同胞颇为欢迎，常来函总社述其感谢之忱，据三十一年度六月底之统计，受本社实惠为各服务队所服务之将士，已达六百零一万一千三百七十四人。总社尚办有全国医院灭虱工作，全国三百医院之灭虱站之修理费为总社负担，并派队直接办理灭虱、治疥等工作，野战区及收容所另办有五十六处灭虱站，工作以来，成绩均称良好。

五、陪都新运模范区：二十九年八月十九日敌机狂炸重庆繁盛市区顿成瓦砾，十余万市民及公务人员均惨遭无家可归之痛，本会本服务社会之宗旨，以达提倡新运之目的，特将夫子池广场辟为新运模范区一所，以期树立新运之模范，亦作以为总会实施方案之试验场所，而予市民日常生活各种之便利办理以来颇费周章，仰赖会长指导长之倡导，与各界贤达之匡助成立迄今三年余，兹谨将该区服务项目及人数列述于左。

（一）礼堂：为便利各界民众集合等用，但会场之中必须遵守新运各项规定计三十一度礼堂租借次数达次（附表六）。

（二）图书室：图书室三十一年度阅览人数为三一一〇四人（附表七）。

（三）日新浴室：三十一年度服务人数计一五三三三人（附表八）。

（四）寄宿舍：该区寄宿舍为示范新生活之住计内部设备简单整齐、取费低廉，拟三十一年度服务人数计二三一〇二人（附表九）。

（五）日新餐室：该区为示范新生活之食计办有日新餐室一处，

内分自助餐经济菜二种，自助餐以前每餐仅七元即可一饱，目下分为七元、十五元两种，据三十一年度统计，自助餐服务人数有四一六九二人，经济餐有九三八八〇人（附表十）。

（六）问讯处：问讯处服务人数三十一年度统计有四八六九二人。（附表十一）。

（二）体育工作：主办有健身班，以六个月为一期，并在星期例假主办球赛，计有各种球类等。

（三）组训工作：

1. 主办新范小学（附学生统计表附表十二）。

2. 组织歌咏团及会计夜校等各种补习班（附表十三）。

（四）职业指导工作（附表十五）。

（五）妇女工作

1. 举办母亲会。

2. 妇女卫生讲座。

3. 举办新运妇女半日小学，并注意儿童营养，分送豆代乳粉及倡办儿童卫生会，庆祝儿童节，妇女识字班、妇女缝纫班等，兹将各班统计列后（附件十六）。

六、公路新运服务所：本会为推行公路线新运工作，兼以服务交通员工，计曾于三十年冬于须缅公路上成立新运服务所，东起安顺，西迄畹町等十四处，为盟友、交通员工而服务。嗣因战事关系，减为六所（附件十七）。曾于三十一年四、五月间办理归国华侨招待工作，总计四个月，招待归侨，以每人招待一次食宿计算，共招待二十万三千人，对其食宿乘车皆尽量设法予以便利，归国侨胞无不称赞。又招待交通员工十三万余人，西南服务工作多具成效。乃于西北公路线上成立新运服务所九处，本年又增设五处（附件十八），自陕南之双石铺直达兰州，以迄安西，各重要站地皆有新运服务站，其对政府开发西北之计划有所配合。交通员工，开发西北人员，以及移垦人民、旅行西北人士等，西北各服务所多设有宿舍、餐室、图书室、交谊室等，便利行人，服务旅客，并推行各该地新运工作，实为西北各地新运工作之据点。

新运医疗队：新运医疗队之组织，系于民国二十七年武汉会战之际，上海爱国之士热心招募医生护士数人，组织一队，资助内地，为伤兵服务，数年来，由一队而增至八队，均由沪上人士担负资□。自太平洋战争发动后，沪方经济来源断绝，现由总会、妇女慰问会、战地服务团，拨款维持。其工作地点分布于豫鄂川滇桂湘赣粤等省前后方各地，其工作得各方协作及各团同仁之努力，成绩皆有足称，合远征军开赴前线工作（附件十九）。

八、中国战时服务委员会：本会及中华全国基督教协进会鉴于抗战既久，社会服务工作，亟应扩大范围，乃于三十一年冬联合设立中国战时服务委员会，聘国内外热心社会服务人士十六人为委员，委员会下设正副执行干事与职员五人，负责推展事工，大部职员均系调任，其中心工作为（一）协助伤兵之友运动。（二）推展荣誉军人生产事业。（三）盲人福利事业。（四）新兵健康服务。（五）前线服务所。（六）侨胞难胞救济等，目下已展开之事工计：

（一）新兵健康服务委员会：由妇女慰劳总会，拨款作内江区新兵健康服务工作试办费，本年一月派队前往，即举办特别营养，普通营养，供给豆浆护目医疗供应开水，沐浴，治疥，洗缝衣被，补充用品，代理家事，书报，娱乐及特别医疗等十二项工作，工作成绩颇佳。

（二）育残福利事业：已在嘉定五通桥设立育残医院，又于燕京大学设立残废福利服务专科训练，高级工作人才以为全国盲人学校作育师资。

（三）侨胞难胞救济：前经商准美援华会发抢救费四十万元，又由战时儿童保育会按月发生活费，已在陕西宝鸡收容难童七百五十人，施以短期教育，又筹集专款，将流浪陇海线之豫灾民壮丁五千人送往甘肃各地就食工赈。

九、边胞服务：本会为推行边胞服务工作，曾于三十一年九月于云南丽江、墨江（附件十七）两地设立边胞服务站，对于夷胞宣传抗战工作，灌输现代文化，科学常识，设立巡回医疗，为夷胞义诊，办理民众学校，开办图书室，提倡卫生体育等工作以来，多受边地夷胞之欢迎，该两地工作同志多为西南联大社会学系同学从事边地工作，颇为努力。

十、中央大学新运协进社：本会为推展学校新运工作计于国立中央大学设有中大新运协进社一处，专门负责推动中大新运工作，以期大学生对新运工作有深刻认识学成用世，领导各界推行新运工作刻已开始工作矣。

乙、工作困难

一、经费：本会经费，至本年度月仅十三万七千四百九十元，至各地省市县会有月仅数十元者，有数百元者，其经费如何支出，推展工作实多阻力，加以年来物价高涨，工作人员生活费尚不够维持，期其推动事工有如何之特别表现，实有难于言者。本会于经费百般困难之情况下，改尽方法，各方筹措，以尽力推展现有事工。

二、人才：新运工作完全为社会服务，其工作人员非但应有优良学识，尤应具备服务兴趣，高尚品格，忍苦耐劳之习性，方克有济。以此工作人员颇难物色，本会于二十八、二十九年虽曾有两期干部人员训练班之创办，或因待遇过微，或因人才难求，致不能如理想之成功致有良好计划不能见诸实施，有完善方法，因人力不足，未能见诸实行，因此本会工作受莫大影响，尤以本会工作人员之待遇原属低薄，于此战时又不能享有公务人员之待遇，以致生活均难维持，其三十年及三十一年度职员月仅生活费二、三百余元。此待遇之低薄，对工作之推进不无影响也。

三、社会疲顽：新生活运动原为革心运动，曾在热忱力行持久有恒方得获有效果，推行之初，社会人士尚多热烈实行，时日稍久，疲顽渐生，尤其社会各界领导者，若不躬身力行，其对新运之影响实亦至大焉。

丙、将来业务

除上述既有工作不断推进并予以加强成效外，嗣后业务计划举目如次：

一、关于新运服务所方面：完成全国公路线新运服务网。本会刻有西南新运服务所六处，西北十四处，最近拟与后勤部合作制设，由渝至昆至筑新运服务所二十余处，以完成西南、西北新运服务所之联系，逐渐推及于全国各公路线，以完成全国公路新运服务所网的组织，以期对抗建工作有更大之贡献。

二、关于伤友社方面：开展“虽残不废”运动，转移因伤致残纯粹消费人员为生产者，据过去组织合作社之经验，若筹有三千元之的款，即可训练一残伤同志为一生产者，并给以贷款，以资活动，从事合作生产，本年度工作拟多向这方面开展。

三、关于战时服务委员会方面：加强实施战时服务工作。本会与全国基督教协进会合组之战时服务委员会，虽仅数月，而工作成绩尚算良好，今后该会工作遵奉会长在全国基督教协进会招待会上所训示教会工作应与新运工作配合推进一点，积极推展一切服务工作云。

〔新生活运动委员会档案〕

3. 蒋介石在新运九周年纪念会上作新生活运动之重要及其实行之要领广播词稿

（1943年2月19日）

今天本席纪念新生活运动九周年的广播词，因为加入新生活运动纲要一段，所费时间很长。但这个纲要我今天如果不重念一遍，大家也许就遗忘了。所以我特别趁今天这个纪念日子，重行提起大家的注意。今天在座的各位同志必须知道：实行新生活运动就是我们实行三民主义最基本的工作。所以我们必须负起责任，切实推行。新生活运动发起迄今已经九年了，在发起的最初三年，也曾经风动一时，发生很大的效果，但是到了后来，尤其是最近五年以来，成绩一年不如一年，推行的热诚也一天不如一天，恐怕有许多同志把我当年提倡新生活运动的原意都忘记了。在各位同志也许是因为抗战时期业务繁剧重要，不能分心于社会运动的事业。过去的事已成过去，我们也不必再说，但从今以后，我们对于推行新生活运动就再不好因循坐误冷淡旁观了。因为在不平等条约没有废除以前，外国人原是把我们中国人当作次殖民地的人民看待，我们的生活行动欠整饬一点，人家还不怎么样注意。但自从不平等条约撤废之后，我们国家的地位已经提高，我们同胞一切生活行动，都要能和外国人相平等——坐要能和人家讲平等，立要能和人家讲平等，走路也要和人家讲平等。但是在外国几乎人人都受到了现代国民的训练，我们一般国民则处处都表现不够作一个现在时代的国民。这样，人家虽然以平等待我，我们自己如何能够与之平等相处而无愧？因此，我们在不平等条约废除以后，格外要推行新生活运动。尤其是我们一般党员，更要以实行新生活为等一要事，等一急务。所以我今天特别要将新生活运动纲要重新对全国同胞朗读一遍。希望新生活运动委员会与宣传部、教育部以及党政军各机关要会同研究出一个具体实行的办法，作持久有恒的推动。

三五年后，我们一般国民的生活习惯，能够除旧布新，振衰起敝，然后我们的国家才能真正和人家平等，达到文明强盛的境域。

讲到现在我们一般国民生活的情形，不仅是普遍的老百姓多不知检点不知整饬，就是我们一般公务人员，也比不上外国人，有些甚至和南洋一带殖民地土人的生活相差无几。我们如果不到印度与南洋，就不知道新生活运动的重要。过去印度与南洋各地的人民对于生活不知注意，不够现代文明的水准，所以要沦为殖民地，而西洋人之看待印度与南洋各地人民，只要他们不妨碍他的统治，无论他们的生活如何污秽、凌乱、迷信、腐败，他们都听之任之，并不希望其革新，西洋人他们自己之在印度与南洋各地的，其生活的整饬、自治的谨严到处都可以表现出来。平时一言一行，一举一动，都有一定的规律。我们由这些地方就可以知道一个国家、一个民族文明与野蛮，兴盛与衰弱，判然两途之由来，更可以知道新生活运动的重要。如果我们现在不能实行新生活，不能将一般国民过去旧的生活习惯改变过来，那无论我们在政治上、军事上如何成功，而国家平等的地位仍旧不能保障。我们中国现在要和列强讲平等，至少要使我们一般国民在生活习惯上能如外国国民平等才行。所以我认为新生活运动在今年必须作更积极更广泛的推行，必须有更切实更具体的表现。尤其是重庆市一定要照我最近的手条切实作到，以为全国的模范。必须使全市每一个家庭、每一个市民大家都能照新生活运动所标揭的规律，身体力行，才不愧为战时的首都，才能作全国的表率。

其次，在新生活运动纲要中，此次我曾经补充规定一点，就是实行新生活运动，必须由家庭作起，过去我们每发起一种社会运动，往往只注意在公共团体和公共场所里面推行，而个人与家庭似乎根本不负推行的义务，其实这是一个最大的错误。要知道家庭是社会的单位，也就是一切社会运动推行的起点。我们现在要实行新生活运动，如果不从家庭作起，不由父兄家长督促子弟实行，那就一定不能发生实在的效果。这一点希望今天在座的同志格外注意。而且要认识家庭里面实行新生活运动实在是一种最重要的教育。大家试看现在我们大学中学和小学一般学生的生活行动是何等的凌乱散漫，不重纪律。外国大、中、小学的学生，甚至幼稚园的学生，人人都知道重礼节，守秩序，对先生要恭敬，对同学要亲爱，对社会人事要有礼貌。他们不仅知道，而且能实行。他们所以能够如此者，一部分固然是学校教育的功效，而最大的原因，还是由于他们家庭教育的优良。儿童在家庭里面对于一切洒扫、应对进退的日用常行之事，都曾受过严格的训练，到了后来习与性成，就能自然而然的过着一种合理的生活。我们中国古代，对于这些地方本来就特别重视。但现在我们一般国民都不知道这种基本教育，对于我们立身处世关系之密切。今后必须彻底改正，身体力行，庶几十年、二十年之后，能造就出一般新的国民。这一点希望各位作家长的特别注意。即以我们中国古人所说的洒扫、应对、进退六字作为科目，切实讲求，督促子弟作到，这就是实行新生活运动的初步。即如洒扫房屋，不可只扫房屋的中央，而必须注意其四隅；凡是师长、同学或亲友来了，应该如何敬礼？如何招待？出入家庭，对于父母应如何鞠躬？问答如何应对？这些事情我们作父母的对于子女要随时指点，如有错误，就要随时改正。但是现在我们一般家庭忽视这些事情，学校教师也没有指导，所以我们社会上连真正知道敬礼的人都很少，我从前在日本军事学校的时候，起初三个月所教的完全是洒扫、应对、进退的基本常识，必须这几件事都有了相当的基础，然后再教其他。此其原因，就是因为这几件事乃是我们作人的根本。其关系于我们国家之建立，民族之复兴，比废除不平等条约尤为重要。现在不平等条约虽已取消，但我们国家今后能否建立，民族能否复兴，就要看我们一般国民能否改革其过去的生活习惯，使之适合于新生活运动的标准。

再次，就我平时在一般公共机关和私人住宅所见到的情形，今天也要提出来对各位说一说，现在一般机关与公馆的风气，真是一天不如一天，特别是勤务兵和男女仆人，有许多其习气之腐败堕落，实已到了极点。各位同志不到下面去看，就不知道实在的情形，即如打电话，这在外国的儿童都知道接话通话应该保持什么礼貌，而我们一般勤务兵或专管电话的人，态度之傲慢，言语之粗暴，气焰之嚣张，比北京政府时代的听差尤有过之，仆役的这种风气不改变，那无论我们作主人的如何谦恭下士，结果都要受其牵累。又如一般公馆里面男女佣人聚赌，这件事我曾经迭次的告诫：我们党政军同志要知道：我们作了国家公务人员，本身固然不可犯赌博的行为，同时还要约束家庭，尤其是男女佣人，不许赌博。否则，赌博不禁，那无论你治家如何严格，结果都是徒劳无功。因为聚赌就必有输赢，赢了的固然是奢侈浪费，而赌输了的势必要想种种方法来弥补，于是种种寡廉鲜耻的行为都可以作得出来。家庭里面还能不受其影响吗？这件事希望大家以后务必要留心检查，彻底禁绝才好。尤其是今天在座的各位同志，你们都是党政军负责干部，你们的私生活与国家政治、社会风气息息相关，如果身不修家不齐，则必牵累及政府的威信亦不能建立。政府的威信不立，国家政治何能修明？所以上面我列举的两件事，大家千万不可忽视！尤以赌博一项，今后大家必须以身作则，彻底革除，不必待宪警来干涉，而要能自动的禁绝。作到了这一点，才能谈到实行新生活，也才能谈到革命建国。总要使一般人民相信我们机关和公馆里面都是整齐严肃，秩然就理，处处可以作他们的表率，而决没有丝毫腐败的习气，然后信仰才能树立，政治才有效果。这段话我今天特别对各位亲爱的同志讲明，希望大家特别注意作到。

至于今后新运的实施，在地域上应以重庆为起点，而在项目上则应注重清洁与规矩（秩序）两项。社会部市政府和新生活运动委员会各机关从上到下，人人都要彻底实行。切实作到整齐清洁。我前次曾经有一张手条，规定每保应设立一个公共厕所和公共垃圾坑，将一切秽物，集中安置，市容就不会象现在这样凌乱污秽的情形。尤其是清洁检查，不可只注意到马路，一定要到各地弄堂、僻巷去巡视，才能看到真正的情形。我们要改革政治，改造社会，一定要从最切实最细微、最黑暗的地方作起，而尤其必须我们主管长官、高级干部，心到、口到、目到、手到、足到才能发生效果。即如部长在一部之内，市长在市区之内，凡是最污秽、最黑暗、最易发生毛病的地方，我们每天每周都要抽出工夫来检查，督促改进。

如此，市容才能整肃，社会才能健全。这种事看起来似乎无关轻重，而实际上关系我们国家的生死存亡，各位不可不努力作到。希望各位同志认识推行新生活的重要，而且要认识推行新运必须从最基本、最细微的地方作起，共同一致，互相勉励，来贯彻新生活运动的目的。

〔新生活运动委员会档案〕

4. 新运医务委员会报告各医疗队工作情形稿

（1943年12月）

壹、概言

本会各医疗队之成立，始于二十八年春。初由上海号召有志后方医护事业之从业人员，转入内地为军民服务。并唤起当地热心人士，集资遣送。重庆则由新运总会，组织新运医务委员会；配置工作，筹措费用。

自二十八年春，新运医已开始服务。本会于三十年及三十一年曾两次编辑工作报告。其间□况，不再赘述。仅对于经费数目，及治疗统计，略举梗概，新运医疗队经费，最初重庆只担任经常之办公费及薪津之一部份，至三十年杪太平洋战争爆发后，始全部由重庆筹措。自三十年七月至三十一年底，由妇女慰劳自卫抗战将士总会先后拨给经费三十五万元。新运总会拨给六万元，军事委员会战地服务团拨给三十九万元，共计国币捌拾万元。此时工作人员约八十人左右，待遇比较其他医疗机关略低，然服务精神则极高。自二十八年春至三十一年底，治疗人数已达七万二千八百七十九人之多。敷伤四十二万四千六百六十一次，施行大小手术五千四百二十次，矫治骨折八百三十九人。上述数目，自以前报告材料中摘出。至于其他门诊军民，治疗儿童、救护空袭、防疫注射等等，种类之多，不及备载。

三十二年初，各队因承以前工作范围，继续服务，因物价飞涨，各队在重质不重量之原则下略有调整。第三医疗队三十一年九月即已结束。继之结束者为驻零陵之第二队。此外，第五医疗队亦因经费关系于三月间改隶儿童保育会，仍主办儿童疗养院，该队番号取消。

第四队及第二队为适应前方需要，分别自重庆衡阳开入云南。第四队于三月下旬离白市驿，于四月中抵昆明，驻空军招待所服务。第七队于四月离一五五后方医院，五月抵昆明后，即随五十四军工作。先后驻留文山安宁，正向滇西推进中。

第八队及第一队先后于五月十日空袭时被炸，损失均重。现第八队已恢复工作，迁驻新址。第一队亦在逐渐恢复中。

综观本年各队工作，均渐次有其进展。被炸之两队，于秃砖败瓦之中，再接再厉力图恢复。流动之各队除驻地确定之时以外，均能随时随地，沿途为军民治疗。虽疏于汇报数字，而工作则未尝一日终止。惟以下半年物价波动太烈，待遇过低，各队优秀工作人员，见异思迁，挽留慰勉已尽最大能事。然各同工日常生活，已降至极低度，再卑则不能忍耐，此则本会所望于来年改进者也。

贰、新运医务委员会医疗队一览表

番号		第一队	第二队	第三队	第四队	第五队	第六队	第七队	第八队
成立时间		廿八年一月	四月	五月	八月	十一月	廿九年二月	三十年四月	六月
队长	前任	钱仲青	王昌来	柯馥贞	沈诗义	朱保良		沈天爵	胡成
	现任	苗秀成			黄利		梅国木	陈德安	潘作翰
驻地	过去	南郑 渑池	桂林 零陵 祁阳	邵阳 北碚	均县 白市驿	歌乐山	吉安 永平	吉安 衡阳 文山	

续上表

番号	第一队	第二队	第三队	第四队	第五队	第六队	第七队	第八队
现在驻地	西江			昆明		云南驿 保山	祥云 安宁	赣县
服务对象	归国侨胞 当地军民	伤兵民众	难童 伤兵民众	空军 伤兵民众	儿童	空军 伤兵边民	伤兵民众	民众儿童 重伤官兵
备考	殉职于东条山之夏县 钱队长三十年二月	三十二年二月结束	三十一年底结束		撤消番号 三十二年三月底			

叁、三十二年各队概况

(一)第一医疗队:本队在曲江成立诊所后,因战地青年营举办训练就诊人数日多。益以本年空袭救护频繁,红十字会拨赠药材不敷应用。而药价上涨至速,供不应求。本队商承国际救济会廉让药品之外,更请振济委员会按月拨给购药费一千五百元。使本队业务在物质艰难之中,尚能顺利进行,不幸十月四日曲江被空袭时,本队自建之诊所中弹,全部被毁,损失在二十万元以上。方由新运总会一次拨给救急及恢复工作费五万元,另由地方募款二万余元,从事重建诊所,恢复工作中。

(二)第二医疗队:本队原驻零陵第六十二后方医院服务。本年初因工作人员合同期满,坚请返籍。遂于三月起撤消番号,少数队员并入第七队。

(三)第四医疗队:本队原驻渝白市驿为空军服务。本年春以滇缅战事紧张,于三月中奉命开滇随军工作,抵昆后,因战事尚待开展，遂暂留驻昆明第一招待所，担任空军医疗工作。队长黄利并经战地服务团聘为昆明各招待所之卫生视察，负责改进环境卫生。并普遍施行防疫注射，体格检查等工作，深得盟邦人士之好评。

（四）第五医疗队：原驻歌乐山主持儿童疗养院。本年三月底，以经费无着撤销番号。至儿童疗养院院长，仍由前第五队队长朱保良担任。一切工作情形，仍继续报告本会，直至该队长向保育会辞职获准，本会发给退职金时为止。

（五）第六医疗队：本队于二十日由梅队长主持再度自渝增聘医护人员，经常维持工作人员三十员左右，承各有关团体拨增大批药械及慰劳品。三月中旬，组织巡回医院，遄赴前线，经田旺、蒲漂、小水开等地，后渡怒江越高黎贡山、深入腾冲近郊。历时二十九日，奔波一千二百余里，沿途医治伤兵难民。巡回医院虽属创举，然以前方医药缺乏，本队药械较为充裕，故前后出动达七次之多，大有欲罢不能之势，此外并在漕涧创办联合医院，于七月十三日开幕。至九月底始交与红十字会接收。原来主办之永平兵站医院医疗所，四月底暂时结束，初计划由第四队接办，后因昆明工作重要未果。保山野战医院为本队主力所在，设备完善，不亚后方之大医院，治疗统计，具见后表。云南驿空军医院由本队独当其任，业务频繁，且来治受伤盟友，成绩可与巡回医院比美。其他伤兵营养，灭虱工作，由本队伤友总社驻滇服务队合作办理，其经费不足之数由保山伤兵之友社分社补助。本队原有经常费每月四万五千元，因事业发展，物价波动，不敷应用。自八月起由七十一军按月补助二万元。空军情报台补助三千元。使一切工作益形生气勃勃。

（六）第七医疗队：四月初，本队由陈德安任队长。离衡阳一五五后方医院，开赴昆明配合滇缅前线军事需要。经昆明军政各方商洽配属五十四军服务。原定随军赴观山工作，以军止竹园，未再前进。其后七月又推进至文山。九月折返安宁，驻本军野战医院。十二月初又向祥云进发，以后将再随军西进。

（七）第八医疗队：第八队自成立以来，即驻赣县伤兵之友社辅助医院，为赣南各后方医院施行重伤治疗，成绩甚著。五月七日，敌机空袭。医院被毁，公私物件荡然无存。本会当即汇发救济费二万元。嗣以辅助医院炸后无适当地址□定停办。该队工作地点承蒋专员经国指定在虎岗中华儿童新村。十月底迁驻新址，从此该队之新任务为配合新赣南之建设工作。

肆、治疗统计[略]

〔新生活运动委员会档案〕

5. 蒋介石在新运十周年纪念日作广播词稿

（1944年2月19日）

全国同胞：

今天是新生活运动十周年纪念。回溯民国二十三年我在南昌发起这一个运动，到今天已满十年了！光阴迅速，我们国家和社会在这十年中间也经历了不少的变迁，在十年以前我们正在忍辱负重，作御侮复兴的准备，到今天，抗战已届七年，我们已有击溃日寇的把握，在十年以前，我们的国策还没有获得普遍的认识，我们的国家也没有受到世界的重视。到今天，我们已经和盟邦友邦订立了平等新约，我们中国已被认为维护世界和平的一个主要的支柱。在十年以前，我们提倡的礼义廉耻，许多人不免视为迂阔之谈，不急之务。到今天，大家已经在七年苦战中间领略了精神制胜的真意义认识了我们民族道德的真价值。在十年以前，大家对于敌寇侵略，只有一片空洞的悲愤心，到今天，大家已认清现代战争的真面目，我们全国军民的抗战精神和作战力量也就在现代战斗的洗练中而充实起来，成长起来。要怎样才配称为一个现代的国家，怎么样才不愧为一个现代的国民，才能生存于现在的时代，一般也已有大致的认识。总之时代是进步了，我们国家地位和人民观念也有显著的改变了，然而随着抗战工作的日益艰巨，和战后建国需要的迫切，我们的责任也格外加重了。当此新生活运动十周纪念的今天，抚今思昔，我实在有无限的感想，同时顾名思念，我更觉得有无限的警惕。

我在十年以前发起新生活运动，从抗战准备方面说是一种明耻教战的运动，从立国大计的一方面说也实在是一种复兴民族除旧布新的社会改造运动。我的主要目的是要恢复我们民族优良的道德精神，同时迎头赶上现在的时代，使我们国家不致成为落伍的国家，使我们民族不致成为被淘汰的民族。所以我常说："新生活就是战时生活，亦就是现代生活，不能实行新生活，就不配生存于现在的时代，不能立国于现代的世界。"这十年以来，我对于新生活运动年年有文告，岁岁有督促，但是我们检讨一下实际的效果是怎么样呢？我可以说：礼义廉耻的立国精神是多少被唤起了，尤其七年抗战，前线将士和战地同胞悲壮节烈的奋斗牺牲，可谓无负我提撕倡导的苦心了。但是我们通常社会和后方人民所表现的新生活，成绩是怎么样呢？有若干地方，始而热烈，终于冷淡下去了。也有若干地方，只有推行新生活运动的机构，而没有真正实行新生活的成绩，一般社会依旧是污秽、凌乱、浮靡、奢侈，不守规则，不重秩序，不爱清洁，不讲卫生，即或不然，也是只重表面，徒讲形式，通衢大道或者稍为清洁一点，小街僻巷就永不扫除，无人整理，不堪闻问了。至于说能深入于各个的家庭，表现于个人生活行动的改革，那更是绝无仅有，大城市尚且如此，推而至于乡镇地方就更可想而知了。这样腐败苟且的状况，大家能够安之若素，我不知道我们国家，将拿什么和人家讲平等，就是我们抗战胜利以后，我们又将何以生存于现代的世界，建设我们中国为现代的国家。

我十年以来，提倡新生活运动，因为求其简单易行，所以只提出〔整齐、清洁、简单、朴素、迅速、确实〕六个标准，大家只要有决心来实行，其实是并不难于做到的，但是十年经过，成绩如此。我细细研究，毕竟原因何在呢？我以为还是由于两种错误的观念，一种是以为这些都是极平常的事，是细微末节，不值得集中全力来推行，另一种想法则以为这些都是轻易而不急要的事，用不着急起直追来督促，这就是我们国父所说的中了“知易行难”的流毒，是我们革命建国的最大敌人。其实一般同胞和负有推行责任的同志，还是不明白新生活信条是现代国民必备的资格，现代国家存立的要素，也是民族强弱文野之所由分。我们中国能否成为现代的国家，我们中国社会能否成为现代化的社会，全看这一个运动能不能普及，能不能成功。大家如果能够认清此意，化除惰性，把知难的弊病克服了，要决心实行就很容易而并非难事了，我因为想到这一运动，有关民族盛衰存亡，提倡十年，竟然绝少成效，所以我在今年元旦，特别提醒我们全国军民“要自爱自重，实行新生活信条”。我更勉励我们党政军各级同志要以身作则来实行新生活，第一步至少要作到整齐和清洁，这是我们今年必须努力实行的一件大事，趁今天纪念的时候，我郑重唤起大家的注意，我更要告诉大家如何推行的要点。

我们新生活标准的最末一项是“确实”，新生活运动的本身，就决不可以有名而无实。所以第一点：各地负责推行新运的机构必须负起责任，实事求是，积极推动。第二点：各级党部和团部应该以新生活运动作为本身切要的业务，每一党员和团员不但要自己实行，还要各在服务地点，负起劝导协助促进新生活运动的责任。第三点：我们凡事都要有一个起点，我们首先要使每一机关，每一个团体，以及所有的学校，所有的部队，都能真正实行新生活，为一般民众的模范。第四点：新生活运动是化民成俗的运动，虽没有明文规定于法令，但是地方官吏本来就有化民成俗的责任，所以各地市长县长和警察人员不能以为推行新生活运动无关自己的职责而置之不问，我们县长市长要巡视所属的地区，考查并督促新生活运动的推行，警察更要随时随地指导民众，我们一般同胞也要接受指导和督促，互相勉励，共同实行。第五点：我以为新生活运动，最要紧的是示范，我们现在各县乡镇的中心学校和保国民学校已经逐渐普及了，我们虽不能使每一家庭每一国民都实行新生活，但我们的民众教育馆和乡镇中心学校与保国民学校都要作为新运示范的场所，所有房舍设备和周围环境，都要保持整齐清洁简单朴素的标准，并且适宜布置简单的庭园和娱乐设备，随时开放，使本乡本保的民众可以来游览休息，使之潜移默化而模仿推行于自己的家庭。第六点：我们对于新生活运动，必须有分期分区的考查，还要实行相互竞赛和批评，一市一县之中，哪一乡哪一县最有成绩，一乡之中，哪一保最有成绩，一保之中，哪一户最有成绩，都要公开表彰，使大家知道劝勉。而最要紧的关键，是要我们各地优秀同胞，以身作则，率先力行，并且鼓励乡邻，共同努力。我相信照上面各项办法配合施行，一定能够使提倡十年的新生活运动，发生普遍切实的功效，然后我们的社会环境革新了，民族的健康增进了，国民的精神振作了，而我们国家，也就能够有一日千里的进步了。

上面所说是关于个人生活的改造和社会环境的革新，除此以外，我还要提醒我们全体同胞的，我们新生活运动主要的旨趣，是要我们国民党能够积极振奋，克尽战时国民的义务。我们一般同胞要接受国家征召，服行兵役工役协助军队作战，奉行战时法令是不待说了。但是每一国民，不一定都有直接贡献抗战的机会，我现在特地提出两点足以加强抗战力量，同时足以充实建国基础的事项，希望全国同胞一致来实行。这两点的要义就是我在去年七七抗战纪念广播中所说的“勤劳和节俭”是人人可行也是人人易行的，我认为我们民族所以能够坚忍奋斗历久而不疲，完全是因为我们国民是天生具有勤劳节俭的特性。只要我们进一步发挥我们民族固有的特长，就可以减少我们抗战后期接近胜利时的艰难，也就可以促成我们战后建国事业的实现。这二点具体的工作是什么呢？

第一、要实行义务劳动。我们义务劳动法是于去年十二月间颁布了。义务劳动的主旨在于充实国力，也在于增进民生。我们的先民本来有“以劳教民富”的教条，我们国父的地方自治开始实行法，也有人民为所在地方服义务劳役以充地方自治经费的遗教。我常说我们国家虽然是缺乏资本的国家，但是我们有了这众多的人力，就不愁没有资本。我的主张是“劳力产生资本”，进一步说“劳力便是资本。”现在我们规定的劳动义务法，就是要各地人民每年抽出若干天的时间，无代价的为地方造产兴利，义务劳动的收益，完全归之于地方，不论与水利辟沟渠，筑堤坊，垦荒地，植林木，修道路，便交通，以至于其他有关地方公益的事业，人民都可以按其职业身份之所宜就地贡献自己的时力和劳力，而且劳动地点不出其本县本区，不必多耗奔走往返的时间，更尽量顾及实际的便利，以不妨害其本身职业为原则。这在实行劳动的人民，并不需要多大的牺牲，但是地方的富源开辟了，也就是国家的资本加厚了，而且地方事业可因此而繁荣，地方教育可因此而进步，人民程度可因此而提高，基层自治可因此而充实，不但有经济的意义，同时于政治建设也有实际的裨助。只要我们全国各地一律实行，国家便可以增添不少的国力，年年继续实行，效力更为宏大，这是我们同胞今年以后所应该踊跃实行的第一件事。

第二：要励行普遍储蓄。这是我在今年所要特别提倡的一件事。我从抗战以来，屡次告诫我国民要“增加生产和实行节约”，这本是战时国民最基本的义务。但是增加生产的收益，若用于提高个人的享受，则徒足以消耗物资，所以必须励行节约，同时节约生活所得的余资，如果只藏私囊，不能济助国用，或是化为游资，妨碍经济，则节约亦无补于国家。我们中国抗战的时期最为长久，而对于人民所课的赋税，比之其他战时国家都要轻微。就人民收入来说，现时除了公务人员和教育人员的生活比较艰苦以外，一般人民依其土地资本或劳力之所得，只有较战前为高。政府从前推行节约储蓄，只及少数都市和一部分人民收效还不宏大。我认为目前要增强抗战的力量，充裕我们生产建设的资金，最切要易行的办法，莫如就各省各县推行普遍储蓄，我已经嘱令主管机关切实拟议办法。每一户的储额不必过高，而重在储蓄的普遍与持久，希望普通有职业收入的国民，每户每月至少能认储国币壹百元，其他地主富户，收入较为丰裕的，要各依其收入总额储蓄百分之二十，如此积少成多，就可以集成巨额，化无用的游资，来充有益的国用。在人民既可养成节俭的美德，又可尽到国民报国的义务，实在是一举二得的事。希望我们的同胞，热烈响应我这一个号召，人人储蓄，家家储蓄，而且要月月储蓄，乡里乡党，互相劝勉，一致努力来实行。

上面所说的二点，对于我们国民精神的振作和生活的革新，有很大的关系，义务劳动的实行，可以鼓励勤劳，普遍储蓄的推行，可以鼓励节俭。勤劳与节俭本是我们民族几千年来传统的美德，亦是我们抗战所以能够长久支持主要的因素。现在抗战快达决胜的阶段，我们要努力争取最后的胜利，同时也接着就要开始作战后建国的准备。我们国民人人能勤劳，则精神必定振作，体魄必定强健，人人能节俭则生活必定整肃，意志必定坚固，趁这个抗战时期，发扬我们固有的美德，造成一般社会坚强热烈自主自强的新风气，那么我们辛苦而远大的建国工作，也就有了良好确实的基础。而我们国民也可以涤除游惰、奢靡的耻辱，不致被人轻侮为非现代的国民。我在今天因检讨新生活运动的成绩，而特别提出这两点具体工作来，就是因为勤俭是服务之本，整洁为强身之本，我们要改造社会转移风气，必须就其简平易，人人能知人人易行的要点着手。我要求我们同胞从今年起，在个人生活的改造方面，至少要做到整齐和清洁，在国民为国服务的方面，至少要实行劳动和储蓄。全国同胞们新生活运动的发起已经十年了。国际舆论都知道我们中国有新生活运动，认为是我们民族复兴的起点，但是我们实行的成绩各人反省起来，实在都应该感觉惭愧。从今天为始，希望大家立定决心，急起直追，来补救已往有名无实的缺点，人人奋发向上，崇礼义明廉耻，实行战时生活，履行战时义务，造成我们个人为现代的新国民，进而建立我们中国为三民主义的现代新中国！

〔新生活运动委员会档案〕

6. 新运总会伤兵之友社总社七年来工作概况总报告

（1946年12月　日）

一、本社沿革及组织概况

1. 总社沿革

民国廿七年冬，武汉敌军转进，继续入湘。衡阳各医院所住伤兵，均患人满，热心抗战的人士曾捐款七千余元备制寒衣，在圣诞节日赠送伤兵，于是创设伤兵之友社，遂由此一隅事而普遍全国。二十九年二月十八日蒋委员长特在新运六周年广播辞中昭告国人参加伤兵之友运动，遂在陪都成立伤兵之友社总社，并扩大征友运动，分为党务、政务、军警、青年、实业、商业、妇女、农工、教育、国际等十队，各界莫不踊跃参加，海内外人士亦均为之热烈响应。

是年四月间，总社在陪都成立理事会，聘请孔祥熙、蒋宋美龄、叶楚伧、何应钦、张群、陈立夫、朱家骅、王宠惠、张嘉璈、谷正纲、陈诚、刘峙、孙宋庆龄、孔宋蔼龄、冯李德全、何王文湘、沈慧莲、陈谭祥、张伯苓、康心如、于斌、徐堪、王秉钧、彭学沛、李奎安、卢作孚、吴国桢、康泽、陈心铭、王文山、余琪、黄作霖、徐维廉、章楚、王志圣、白克礼、段承泽为理事。经孔祥熙、蒋宋美龄、叶楚伧、何应钦、张群为常务理事。以孔祥熙为理事长，又指定黄仁霖为总干事，徐维廉为副总干事。四月二十日假嘉陵宾馆举行第一次理事会，通过总社组织大纲，决议总社分设总务、推行、训练三组。十二月二十日举行第二次理事会，加聘吴铁城、金宝善、叶贯之、卢致德、张蔼真、魏益三、潘小萼为理事。卅二年三月举行第三次理事会，通过三年来经费审核报告，开展“虽残不废”运动，加聘何明华、艾德敷二人为理事。卅三年二月廿一日举行第四次理事会，决议扩大伤兵与新兵服务工作，遂成立征募委员会，聘请冯玉祥、吴铁城、张治中、孔祥熙、蒋宋美龄、陈立夫、达维廉、梁寒操、艾德敷、谷正纲、贺耀组、翁文灏、康心如、黄仁霖、余琪为征募委员，并以冯玉祥为主任委员，吴铁城、张治中为副主任委员，余琪为总干事。卅四年二月二十日假盟军之友社举行第五次理事会，追认宋子文、王世杰、张治中、邵力子、张厉生、俞鸿钧、鹿钟麟、甘霖格、蒋廷黻、毕范理为理事，增聘冯玉祥、吴铁城、陈诚、于斌、谷正纲、鹿钟麟、金宝善等七人为常务理事，并增设工作设计指导委员会，聘请陆京士、林可胜、朱孝阑、陈立楷、胡阑生、甘霖格、章元善、朱静涛、达维廉、张蔼真、徐维廉为委员，以决定全社工作之设计事项，并积极指导工作之推进方策。

2. 总社组织概况

总社设理事会，原由理事四十一人组成之，现已增至六十人。其中十二人为常务理事，并以一人为理事长，组织常务理事会。理事会下设总干事副总干事各一人，总揽社务，并设秘书室视导室及总务、推行、训练、财务等四组分掌各项应办事宜。此外并分别组织经济审核委员会，荣誉军人生产事业委员会，征募委员会及工作设计指导委员会。

新生活运动促进总会伤兵之友社总社历年参加伤兵服务工作人员统计表[略]

新生活运动促进总会伤兵之友社总社工作一览表[略]

3. 各地分社组织概况

各地分社年来报告成立者已有一百五十一处。卅四年四月间曾拟定学校分社设立办法，分送重庆万县一带二十二个教会学校，洽请设立分社，各校均纷纷筹设中。旋因抗战胜利停止工作。兹将业经备案分社列表如次(见附表)。

新生活运动促进总会伤兵之友社总社历年设立分社一览表

（民国二十九年至三十四年）

各地分社

- 浙江：衢州，金华，方岩（省社）绍兴，宁波，温州。
- 安徽：立煌（省社）屯溪，麻埠。
- 江西：泰和（省社）赣南，新淦，浮梁，南城，宁都，遂川，吉安，浙赣铁路，第三战区。
- 湖北：恩施（省社）咸丰，建始，巴东，秭归，宜昌，宜都，襄阳，光化，郧县，兴山，均县，资坵，野三关，沙市。
- 湖南：沅陵，晃县，东安，泸溪，邵阳，辰溪，衡阳，龙潭，芷江，零陵，溆浦，洪江，安江，桃源，祁阳，武岗。
- 四川：成都（省社），合江，宜宾，綦江，长寿，涪陵，万县，彭水，丰都，忠县，合川，自贡，泸州，江津，五通桥，重庆市。
- 福建：福州（省社）南平，建瓯，闽南，龙溪，龙岩，长汀。
- 广东：曲江（省社）潮阳，清远，连平，从化，五华，乳源，开建，番禺，河源，乐昌，阳江，信宜，台山，陆丰，连县，蕉岭，仁化，大浦，潮安，南雄，化县。
- 广西：桂林（省社）兴安，永福，苏桥，梧州。田阳，全川，柳州，宜山，（省社——三十三年迁宜山。）
- 贵州：贵阳（省社）镇宁，图云关，遵义，独山，龙里，关岭。
- 云南：昆明（省社）曲靖。楚雄，大理，保山，祥云，弥渡。
- 河南：许昌（省社）
- 陕西：西安（省社）富平，盐屋，临潼，宁强，城固，洵阳，西邻，邠县，宝鸡，永寿，酒泉，乾县，邰县，潼县，华县，朝邑，蒲城，高陵，白河，同官，三原，扶风，南郑，洋县。
- 宁夏：磴口
- 国外：加拿大绵碌埠，加拿大满地可，加拿大古道省始城（华侨分社）飞技，墨西哥省金山埠。缅甸。

新生活运动促进总会伤兵之友社总社各地分社工作一览表［略］

4. 全国服务总部

为指挥各地服务队便利起见，特设全国服务总部，总部下设各区总队部，其下分设服务队，负责实际工作，组织系统见附表

全国服务总部组织系统表

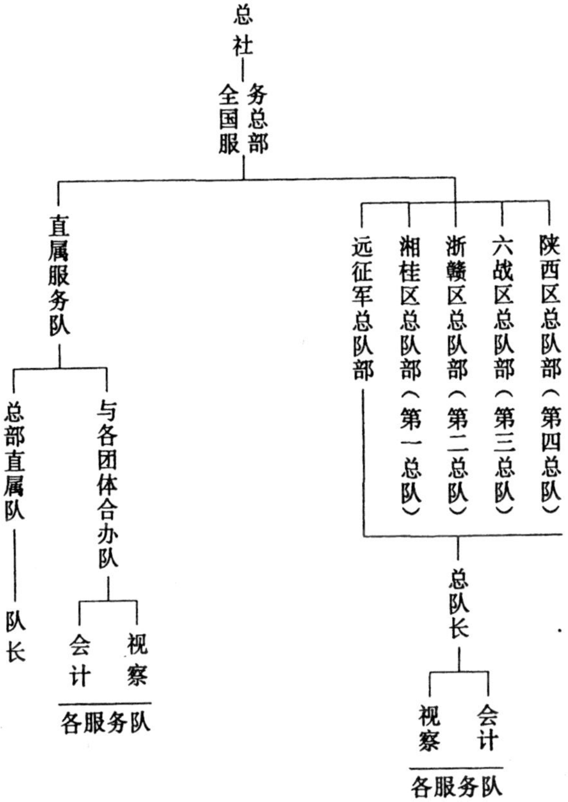

5. 荣军服务

卅二年三月四日本社第三次理事会通过另行组织机构为“荣誉军人生产事业委员会”，推展“虽残不废”工作，扶助荣军自力更生，具有计划，在神圣抗战时，彼等基于国民当兵之义务，与敌人作殊死战，因伤成残已尽其应尽之天职，我全国国民应如何敬重其伟大之人格，崇报其德功，使其心有所安，身有所托，生活有保障，生产有计划，实为当前之急务。本社荣军服务旨在最短期内，务使荣军组训成功，而达到：一，虽残不废，二，自食其力，三，减轻国家负担，增加社会生产。

6. 新兵服务总队

本社遵照蒋委员长手令“服务新兵”之本旨，并依照“一切为前线、一切为士兵”之原则，遂展开沿途新兵工作。卅二年十一月间在贵阳成立新兵服务总队部，在各线分设区队部，服务队及收容站，原计划设立七线，共四十二队（参阅新兵服务附表）

二、工作实施概况

1. 伤兵服务工作

甲、四项中心工作：关于伤兵服务工作，向即在全国服务总部统一指挥之下实施，各服务队分驻于各军医院内经常办理四项中心工作，计二十九年年底共有九十队分布各需要所在地工作，三十年年底一百二十一队，三十一年年底一百零三队，三十二年年底六十三队，三十三年年底九十三队，三十四年底因抗战胜利陆续裁撤，尚有九队，前各该队分布于川、湘、鄂、晋、陕、滇、黔、赣、闽、粤、桂、浙、皖、渝等十四省市工作至三十五年三月止均予裁撤。

自三十三年五月份起，各队之“特别营养”工作，系接受美国援华会之委托办理者，其经费报销与工作报告均按月转报该会。

乙、一般工作：各地分社及服务队，除着重“四项中心工作”外，据历年工作报告，并兼办普通营养，代写书信，精神慰劳，招待过境伤兵，建筑伤兵墓地，开设俱乐部，成立荣军职业介绍所，组织担架队，救护伤兵，开设荣军商店，此外并赠送蚊帐、草席、草鞋、毛巾、衬衣、衬裤、信纸、信封、书报杂志等。

中原会战，湘北会战，各加拨经费十万元交由陕西区湘桂区两总队部作为临时救护伤兵之用，除自行成立救护队沿公路并随卫生列车工作外，且联络地方发动各界加强战地救护工作，扩大征友运动。他如季节慰劳尤能应时发动，例如三十三年度为庆祝双十节，特令各服务队代表全体社员及英美援华会发给在院伤患，每人猪肉四两，以示慰劳之微意，计有伤病官兵一一、〇五八人，食肉共

二、七六四．五斤，合计支出二八八、五一五．五〇元，兹将四项中心工作统计列左。

新生活运动促进总会伤兵之友社总社历年各服务队工作统计表[略]

总队部之成立与合办队之组织说明：

本社为便于推行工作及节省人力财力起见，乃有总队部之成立及合办队之组织。

本社共有五总队。第一总队原在湘桂区（先名湘桂区总队部）由军事委员会伤兵慰问组第二办事处主任张宇冲君兼总队长。第二总队原在浙赣区（先名浙赣区总队部）由俞之鹏君为总队长。第三总队部在六战区（川东鄂西等地先名六战区总队部）前由军事委员会伤兵慰问组第一办事处主任陈光烈君为总队长，后由军事委员会战地服务团何震东君兼总队长。第四总队在陕西（先名陕西区总队部）前任总队长军事委员会第六办事处主任王容万君，继任总队长为西安潞河中学校校长陈仲良。远征军总队部在云南，前为涂少梅君负责，后由鲁灵光君任总队长。

合办服务队，系本社商同其他机关团体合办之队，经费纯由本社给予。兹将合办之社团机关名称胪列于左：[略]

2. 荣军服务工作（虽残不废）

甲、组设机构，为促进荣军生产事业起见，特发起“虽残不废运动”，二十九年十月廿六日成立荣军生产事业委员会，开始组织生产合作社，并贷给资金，三十三年三月扩大组织，增聘农产促进委员会，中国工业合作协会，中国红十字会矫形外科中心，荣誉军人职业协导会为委员，并增聘副主任委员，工作执行干事，经费筹募执行干事各一人先后在城固、宝鸡、靖县、富平、宜宾、重庆市各地休养院临教院屯恳处等办理贷款训练组社，及指导调查荣军生活等工作，对于各地工作，均有周密计划，至于经济支配人事管理，尤为重视，以期能收事半功倍之效。

三十四年六月间军医署鉴于本社荣军服务工作成绩优良,约请本社主任秘书王耀庭君出长军医署荣善司职务,策划荣军生产事业,日后本社与政府可以取得更密切的工作,实现荣军自力更生虽残不废之大业。

乙、工作实况:荣军生产事业委员会除指导监督各休临教院组织荣军生产合作社,代为征募专款贷给资金外,并开设职业训练班,教以生产技能,三十五年度工作计划系以二十个训练中心为目标,使荣军,依照个人伤残情况及志愿分别受训,其种类有农林、畜牧、化工、(制革、造纸、肥皂、化学原料等)手工(制雨伞、籐椅,席笼等)、制鞋、皮件、缝纫、纺织等。

荣军生活除物质上努力设法代为改善外,至于精神上之愉快,尤为该会所重视,务使荣军思想正确以抗战为国民应尽之义务,不骄不务,永远保持已得荣誉,为此组织精神训练辅导队,巡回训导,以完成荣军精神生活最大使命。

组织分会在各□工作中心,如湖南靖县、陕西富平、四川宜宾以及战后之平津京沪等地,为推动工作取得当地便利除由本会特派专门技术人才(二三人不等)督导协助外,并联络当地军政及热心荣军生产事业之社会人士,合组荣誉军人生产事业委员会分会,如此不但可以加强推动工作的效率,且能得到当地军民互助之实益。

接办荣军职业训练所,荣誉军人职业协导会在重庆高滩岩原设有荣誉军人职业训练所,三十四年夏,以经费支绌,移交荣誉军人生产事业委员会接办,该所收容荣军近二百余人,设有会计、制伞、制鞋、纺织、籐工、缝纫等六训练班,已于卅五年四月毕业。当以该会转移工作于收复区,乃于五月间,连同全部设备物料、原料及在制品等按原价值约五百万元,移交军政部辖理,并一次捐助国币五百万元,以充实该所营转资金。

复员工作,胜利更增强了荣军的地位与价值,政府正在积极复员工作，荣军自不能例外，刻下该会对于荣军复员工作已有详细计划，正与政府接洽并着手进行中。

3. 新兵服务工作

甲、新兵服务分布情形：本社于三十三年十一月间在贵阳设立新兵服务总队部，以长沙青年会总干事张以藩兼任总队长。工作区域暂分七线，计划设立四十二队；先后计已成立十七个服务队，分驻于各大城镇工作。为贯彻“一切为前线”，“一切为士兵”之主张，并拟将新兵服务工作扩大实施，三十四年七月间曾在贵州广西公路线临时设立茶水站二十四所，以应行军之需，徐副总干事赴西北视察时，对新兵服务工作特别倡导。地方当局甚表欢迎，陕西祝主席对新兵服务工作，尤表赞同，故拟由宝鸡至褒城增设服务队七队。兹因抗战结束，壮丁服役告一段落，新兵服务工作亦经陆续结束，截至三十四年十二月底仅有长沙服务队四，流动队一，三十五年三月底止仅余服务队一。兹将原工作区域表列后，藉供参考（见附表）。

新生活运动促进总会

伤　兵　之　友　社　总　社

新兵服务工作地区表

- 第七线（南阳至巴东五队）—南阳老河口襄阳兴山巴东—
- 第六线（泸县至曲靖七队）—泸县纳溪叙水毕节威宁宣威曲靖—均已成立—
- 第五线（重庆至广元七队）—璧山隆昌简阳剑阁成都绵阳昭化—璧山隆昌已成立—
- 第四线（宝鸡至褒城七队）—宝鸡双石铺黄牛铺马道驿凤县留坝褒城—双十铺褒城已成立—
- 第三线（重庆至贵阳六队）—綦江东溪松坎桐梓遵义息烽—綦江已成立
- 第二线（重庆至沔县五队）—铜梁遂宁逢溪广元陕西沔县—
- 第一线（独山至贵阳五队）—独山都匀马场坪贵阳各设一队及流动队一队—已成立—

乙、工作实况：新兵服务工作项目及工作统计数字如下

新兵服务工作表

- 工作对象
  - 1. 过境新兵
  - 2. 驻防新兵
  - 3. 受训壮丁
- 工作项目
  - 1. 收容病患——如办理简单医疗沐浴灭虱治疥等
  - 2. 补充营养——如协办膳食供应特别营养供应开水等
  - 3. 补益卫生——如补助卫生用品洗缝衣物死亡掩埋等
  - 4. 正当娱乐——如音乐游戏报章阅览等
  - 5. 军民合作——如发动慰劳洽备住所协助输送代写书信等

新生活运动促进总会伤兵之友社总社

各地新兵服务队工作统计表

项　　目	33—35 年 历年总计	三十四年度	三十五年 九月底止
特别营养(人)	302,820	198,684	104,136
协办膳食(人)	96,274	96,274	
供给开水(人)	1,172,918	886,175	286,743
灭虱(人)	14,364	9,908	4,456

续上表

项　　目	33—35 年历年总计	三十四年度	三十五年九月底止
沐　浴(人)	159,148	78,910	80,238
治　疥(人)	21,795	18,289	3,506
医　疗(人)	30,984	23,484	7,500
理　发(人)	19,657	9,187	10,470
死亡掩埋(人)	153	153	
阅览书报(人)	159,225	159,225	
洽借住所(人)	110,941	110,941	
协助输送(人)	7,319	7,319	
洗　衣(件)	24,443	12,789	11,653
缝　衣(件)	17,787	11,270	6,517
供给卫生用品(人)	80,084	33,012	47,072
发动慰劳(次)	43	43	
病室慰问(次)	498	498	
代写书信(封)	22,812	17,065	5,747
其　他	91,448	91,448	

说明:表内数字系以服务累积次数计算

4. 训练工作

本社为切合工作需要起见,故对于工作人员之选择,特别着重其服务热情与实际应用之技能,但是项人材往往不易寻觅,不得不公开招考开班训练,计前后共开设十四次训练班,结业者七百七十八人,(见附表)

新生活运动促进总会伤兵之友社总社

历年训练服务人员概况表[略]

5. 宣传工作

本社工作,既无前例可援,又乏成规可循,为工作人员交换经验,交换意见,并为对外宣传,使其明了本社业务动态,而愿为伤胞出钱出力,尽情捐助起见,有定期刊物三种:

甲、工作通讯：系对内工作指导通讯，于三十年元旦创刊，半月一次，系油印刊物出版至四十八期。为节省人力物力，即与军委会战地服务团之“服务通讯”合并，改为月刊出版至七期。嗣以总社迁址办公，该刊复与新运总会之“工作通讯”合编，出版至四期。于三十三年十一月又独自出版，蜕变为“伤兵之友”通讯，改铅印，计至抗战胜利出刊十二期。

乙、“伤兵之友”半月刊：该刊系与后勤政治部合办，于民国二十九年二月创刊。其主旨在激发民众，爱护伤兵，充实荣军精神食粮，扩张荣军文化工作。自三十二年起为月刊，增加发行数量，以资普遍宣传，前后出版至四卷十期，每期三千份分送各地分社、服务队、医院、教养院及有关机关。

丙、“伤兵之友”双周刊：该刊系对外宣传刊物，于三十二年十一月廿七日创刊，系借扫荡报副刊版发行，其主旨在激发民间同情伤友，出钱出力，帮助伤友。现已出刊廿期，每期加印单页五百份，寄发各地分社及服务队。

丁、田家半月刊，该报系对各服务队之服务人员之刊物，其主要题材，为启发各队人员，得悉普通国内国外新闻常识及法律常识，并使之对农村生活，感到兴趣，本社于三十四年五月起，订购百份，按期分寄各队服务人员赠阅。

他如幻灯放映、季节宣传、国际宣传、鼓词、广播等，莫不相机举办。

6. 视导工作

为总社与各分社以及各总队部各服务队间取得相当之联系并增进工作效率起见，总社及各区均设有视导人员。各直属队视导人员系由总社派遣，各区总队所辖各队，平时均由各该总队部酌派人员，就近视察。必要时并由本社人员分往各地视察。如黄总干事徐副总干事、王秘书、宋组长、崔组长等均曾先后亲往各队视察，指导工作，收效甚佳。

7. 征募工作

本社为扩大展开伤兵与新兵服务及“虽残不废”工作，于三十三年二月间成立征募委员会，聘请冯玉祥、吴铁城、张治中、孔祥熙、宋美龄、陈立夫、达维廉、梁寒操、艾德敷、谷正纲、贺耀组、翁文灏、康心如、黄仁霖、余琪等为征募委员，并以冯玉祥为主任委员，吴铁城张治中为副主任委员。冯主任委员于八月卅日下午五时假留俄同学会邀请陪都各机关团体开联席会议，商讨征募进行事宜，到有卫戍总部政治部等各单位代表十七人，决议聘请陪都各机关团体首长为推行委员，组织陪都推行委员会由会员负责推进各项征募工作，并决议征募款额标准，娱乐附加以一千万元为度，自由献捐以伍百万元为度，各机关团体均发动所属，自由献捐，自九月一日起，由各报馆代收捐款并在各该报逐日公布捐款人姓名及款额。募款总额以三千万元为目标，卅四年二月二十日第五次理事会决议征募期限展期六个月，即至卅四年六月底截止，实则因交通困难，直至卅五年一月份尚有陆续汇寄捐款者，至于捐款人姓名团体及款额当另印征信录以昭信实。

三、财务报告

本社经费来源向仰助于国内外热心人士捐助，其中捐款最多者，为英美两援华会，及美工会。

次为国内征募捐款。民国三十五年度收支总数各为三亿元之谱，收入方面仍以美援华会美工会及国内征募捐款收入为多。支出方面以荣军事业费，伤友服务队工作费，及新兵服务工作费，占最大宗。余则为总社之管理费及推展费。均详附表。

至于稽核方面，系聘有专人，按月稽核并报告于援华会。兹附各项有关财务报告表如左：[下略]

〔新生活运动委员会档案〕

(六)知识青年志愿从军运动

一、发动经过

1. 蒋介石关于发动知识青年从军运动手令

(1944年8月)

(1)蒋介石侍秘字第二三八二〇号手令(8月24日)

中央党部吴秘书长、中央团部张书记长钧鉴:据有人建议:欧洲形势,盟军日处有利,德国失败,为期不远。惟我自豫战惨败,衡阳陷落后,全国人心,依赖盟军之心理更炽。窃以为人助尤赖自助,因此我国在目前应即集中全国人力物力,作最后之努力,以求发挥最高之战果。请饬令党与团尽量选征党员团员,或另编劲旅,建立生力军,或补充各部队,提高士兵素质。等语。查此项建议,应由中央党部与团部会同研究具体实施办法。希即于十日内具复候核为盼。中正。未敬侍秘。

(2)蒋介石侍秘字第二三八九二号手令(8月27日)

吴秘书长、张书记长:中央党部及中央团部应发动一党员团员从军运动,第一期人数以十万人为目标,期于三个月内征集之。由各级党部、团部负责推进。但不可作文字上之宣传,希照此研拟具体办法呈核为要。中正手启。未沁侍秘。

〔三青团中央团部档案〕

2. 国民党发动知识青年从军会议记录

（1944 年 10 月 11—14 日）

发动知识青年从军会议纪录（不可公布）

开会式及第一次大会

时间：三十三年十月十一日上午九时

地点：中央党部大礼堂

出席者：

陈果夫	吴铁城	张治中	梁寒操	马超俊	狄　膺	谷正纲
方　治	陈庆云	段锡朋	赖　琏	贺衷寒	张厉生	王子壮
程天放	洪兰友	刘健群	罗卓英	余井塘	何思源	康　泽
张彝鼎	吴兆棠	杨柏森	韩　达	李　支	庞镜塘	李国俊
郑炳庚	李永新	刘　翔	林　栋	龙文治	肖忠国	方宏孝
王　政	何浩若	孙芹池	何人豪	韩文焕	臧元骏	王文俊
刘善述	尹敬让	陶林英	骆德荣	寇永吉	陈志明	张伯汉
杜均衡	漆中权	赵　澍	张宝树	胡　琦	冷曝东	涂公遂
张维桢	程登科	李名章	徐中岳	程思远	谢仁钊	韦挚唐
斐存藩	赵可夫	高云裳	张元良	上官业佑	郑彦棻	
黄宇人	任卓宣	袁守谦	邓文仪	项定荣	刘孟纯	刘子清
胡庶华	宋志伊	蒋经国	骆美奂	葛　覃	任觉五	罗才荣
张金鉴	牟尚斋	冯慕鹄	郎维汉	鲁宗敬	邹志奋	何联奎
李俊龙	伍家宥	刘瑶章	张寿贤	张翰藩	周兆棠	周雍能
李维果	温叔萱	杨玉清	江见之	孙耀五	方传进	梁客浔
许孝炎	杨德翘	顾毓琇	何义均	马元放	章渊若	罗　刚
徐思平	翁国柱	曹健修	曹叔实	李琢仁	胡建中	叶实之
张震西	于锡来	宋宜山	祝秀侠	张确龄	石　磊	汪公纪
康绍周						

主席团：陈果夫　吴铁城　张治中

主　席：陈果夫

秘书长：潘公弼　副秘书长：倪炯声

记　录：谢静山　宫维民

主席恭读总理遗嘱——全体肃立

主席致词

吴秘书长铁城致词

张书记长治中致词

报告事项：

（一）张书记长治中报告发动知识青年从军运动之筹备经过。

（二）罗教育长卓英报告编练计划内容。

（三）秘书处报告：

一、本日出席人数。

二、本会议审查组共分三组，第一组由余井塘同志召集，第二组由康泽同志召集，第三组由骆美奂、上官业佑两同志召集。

十二时休息，下午三时继续开会。

主席：吴铁城

总裁莅临训话

康处长泽报告征集办法草拟经过及内容

讨论事项：

（一）全国知识青年从军征集办法及编练计划纲要案。

主席归纳意见：

一、基本观念：应以总裁今天在本会议训示各点为此次发动知识青年从军运动之基本观念。

二、干部选拔：应选拔新的干部，其人选条件以对党有历史，而能了解青年心理，并为青年所信仰者为适宜。

三、集中地点：征集地点应力求普遍设立，尤如接近沦陷区之赣南等地，应增设征集地点。

四、集中前基本训练：应征人在集中之前，应有短期之训练，对于精神与政治之训练，尤须特别注意。

五、下列三项问题再加研究：(一)名称问题：运动名称是否采用“知识青年志愿从军运动”抑采用“青年志愿从军运动”，或“青年从军救国运动”，军队名称是否定为“青年志愿军”。(二)使用问题：使用于国外，抑使用于国内，集中使用，抑分散使用。(三)征集办法：采取志愿方式，抑采取强迫办法。

六、待遇问题：从军青年之本身及其家属优待办法，应有具体而明确之规定，尤须切实实行，使有保障。

七、编练计划与征集办法均应遵照总裁今日之训示各点为原则，再行讨论，编练计划纲要内容并应加列精神训练及政治训练。

八、推定：马超俊、宋宜山、庞镜塘、刘瑶章、项定荣、上官业佑等六同志，草拟党员团员从军奖惩办法，并指定马超俊同志召集。

九、推定许孝炎、郑彦棻、章渊若、汪公纪、任卓宣、杨玉清、李俊龙等七同志，计划草拟发动知识青年从军宣传办法，并指定许孝炎同志召集。

下午六时散会。

第二次大会记录(1944年10月13日)

讨论事项：

(一)全国知识青年志愿从军编练计划纲要案。

决议：修正通过。

(二)全国知识青年志愿从军征集办法案。

决议：修正通过。

(三)确定各级党部征集知识青年志愿从军办法原则案。

决议：

一、凡适龄之全体党员，应一律有率先应征之义务。

二、逾龄党员率先送子弟应征，凡无子弟者，每人至少应介绍知识份子一人应征。

三、就适龄合格人数中，依照配额抽签决定。

四、凡适龄而拒绝应征之党员，应予以开除党籍之处分，并停止职务。

五、依据以上各项原则，另订各级党部征集知识青年志愿从军实施办法。

六、后方各省市党员从军配额表照通过。

（四）中央团部女青年处提：发动女青年组织志愿服务队，协助志愿军在作战期间随军服务增加反攻力量案。

决议：原案办法第四点服务期间改为二年，并将“志愿军”字样改为“远征军”，余照通过。

（五）知识青年从军运动应以党团员干部开始发动案。

决议：并第一案办理。

（六）请调回中央委员及党政军高级官吏现在外国留学或寄住之适龄子弟已满三年者，回国服务，以资倡导示范案。

决议：原提案修正通过如次：“现在国外留学已满三年，或寄住国外之适龄青年，均应调回国内服役。”

（七）请政府规定，凡兵役适龄青年无论公费自费，在抗战未结束前，均不得出国，暨在国外适龄学生一律回国服役案。

决议：原提案修正通过如次：“请政府规定在抗战未结束前，凡兵役适龄青年，无论以公费或自费出国求学者，除政府已与盟邦商定派遣或经政府核定者外，以后暂停派遣，如有特殊需要时，应尽先就志愿从军青年中选派之。”

（八）组织议案整理委员会，将所有议案草案修正案及陆续送到之提案，凡未经决定者于即晚整理后，提出下次大会讨论案。

决议：通过，推许孝炎、康泽、项定荣、伍家宥、谢仁钊、涂公遂、邹志奋、上官业佑、温叔萱等九同志为委员，负责整理，由康泽同志召集。

第三次大会记录(1944年10月14日)

讨论事项：

(一)第三组讨论结果报告

决议：将原报告及大会讨论意见，请全国知识青年志愿从军指导委员会审定。

(二)各级党部征集知识青年志愿从军实施办法案。

(三)各级团部征集知识青年志愿从军实施办法草案。

决议：(二)(三)两案合并讨论，各级党部团部办理征集知识青年志愿从军实施办法如下：

一、志愿应征，并得采用抽签办法。

二、各级党部及政教公营事业机关干部暨工作同志之适龄者，应率先应征，至少占五分之一。

三、由各级征集委员会主持办理。

四、各级党部团部办理从军之原则计划及步骤等，应尽可能一致，并绝对协同合作。

五、各级党部团部应秉公办理防止流弊。

交由中央组织部及中央干事会组织处，根据上列原则，分别将原草案予以修订，连同数额分配问题，会商决定，又文字方面，如年龄之规定，应照兵役法修正为："年满十八岁至届满三十五岁。"

(四)全国知识青年志愿从军指导委员会组织办法案。

决议：修正通过。

(五)省市知识青年志愿从军征集委员会组织办法案。

(六)县市知识青年志愿从军征集委员会组织办法案。

(七)学校知识青年志愿从军征集委员会组织办法案。

决议：一、第（五）（六）（七）三案均修正通过，并请全国知识青年志愿从军指导委员会核定。

二、全国知识青年志愿从军指导委员会及省（市）县（市）学校知识青年志愿从军征集委员会成立后，将原有各省（市）县（市）学生从军运动委员会一律取消。

（二十一）主席团奉总裁谕：全国知识青年志愿从军指导委员会应于会议闭幕前成立，并经商定聘请张伯苓、莫德惠、蒋梦麟、顾毓琇、何应钦、白崇禧、陈立夫、张厉生、周钟岳、谷正纲、吴铁城、张治中、陈果夫、徐永昌、俞飞鹏、罗卓英、张定璠、徐思平、梁寒操、段锡朋、黄季陆、康泽、袁守谦、李维果、郑彦棻、余井塘、赖琏、狄膺等二十八人为委员，何应钦、吴铁城、陈果夫、张治中、白崇禧、陈立夫、张定璠、康泽、徐思平等九人为常务委员。并即日宣告成立。

吴秘书长宣读总裁训词

高呼口号

下午七时散会。

〔全国知识青年志愿从军指导委员会档案〕

3. 中宣部关于发动青年从军宣传要点代电

（1944年10月19日）

中央宣传部代电　渝（33）字第　号

各级党部、各报社、各刊物，各新闻检查处，各省市图书杂志审查处均鉴：此次知识青年志愿从军运动，中央特召集全国各地党团政工负责人，经四日之详密研讨，规定详细办法，积极发动宣传工作，应分两期进行，在发动初期，应注重下列各点。（一）此项运动之成败关系至为重大。总裁兼团长训示，党国存亡革命成败在此一举，凡我党员团员应明斯义务，抱必成决心，郑重从事，以达到整军救党救国之目的。（二）在发动初期，宣传方面，应从理智上着重激发青年的责任感，勿徒为情感的冲动，使每一青年在应征前，能作充分冷静的考虑，而慎重从事，免蹈五分钟热度之旧病。（三）宣传方法以运用志愿从军青年，从事宣传为最有效，各地党团应先征求志愿从军之党员团员，授以宣传要旨，使之深入社会，现身说法，征求同志是多一志愿从军青年，即多一发动宣传人员，如是因果相乘，始有广大影响。（四）我经七年余之艰苦奋斗，促进同盟国家之胜利，与轴心国家之没落，已收获预期之战果，惟争取最后胜利，尚待吾人尽最后最大之努力。（五）现为抗战以来最艰苦之时期，亦为胜利前夕必经之阶段，保证最后胜利，应将一切力量集中于军事，应即强调军事第一，激发民心士气。（六）军人捍卫祖国，冒犯危难，其工作至为艰巨，其使命至为神圣，应强调"军人第一"的观念，激发明耻教战之精神。（七）在"军事第一"与"军人第一"之前提下，当前根本要图在于整军建军，加强抗战力量，我爱国知识青年为民族的先躯，为国家的骨干，首应发扬见义勇为之精神，踊跃从军，为国民表率，完成为国家尽忠，为民族尽孝的天职。（八）辛亥革命前，本党先烈视死如归，每有义举，莫不自动请缨，争先效命，本党青年同志与青年团团员，当此党国危难之秋，尤应于此时发挥大无畏的革命精神，为全国知识青年模范，以身首倡，务期互相策勉，踊跃从军，以完成本党革命使命。（九）抗战以来，服兵役者大都为劳苦农民，知识青年置身战争圈外，是非懦弱，即为逃避责任，此不仅为青年耻辱，亦为国家耻辱，今日英、美、苏俄国家，无论贫富及皇室子弟，均一律踊跃参加兵役，义无返顾，而我国因无知识青年参加兵役，致使国军战斗力受其影响，我知识青年应彻底反省激发爱国的责任心，闻风兴起，雪耻报国。（十）此次发动知识青年从军运动，虽以志愿为原则，但本党青年党员与青年团员如逃避责任，即离开革命立场，应受开除党籍团籍，及停止职务之严厉处分。（十一）此次成立新军为远征军，无论在国内或在国外均备反攻之用，配备精良，实力雄厚，将来战绩辉煌定可预卜，应引起知识青年以能参加此项新军为荣之观念。(十二)政府为鼓励知识青年志愿从军,已定优待办法,凡属从军公教人员与党国工作人员,得保有原机关薪给全部或一部,作优待其家属之补助,其家属并得享受其他优待权利,服役二年期满后,依本人志愿有回职,及优先选派留学与升学之权利。(十三)政府对此次知识青年志愿从军运动,郑重从事,虽在物质极端艰困环境中,对十万远征军之衣、食、住、行、医药、娱乐等设备,现在竭力筹备,需经相当时期,始能招集入伍,各地党团负责人,应对此意剖示从军青年,并在筹备期内,对征集事宜应作充分准备。(十四)此次发动知识青年志愿从军运动,不仅为整军救国运动,亦为社会革新运动,我国古代知识青年投笔从戎传为佳话,今则已为国民基本义务,旧社会"好男不当兵"之传统的恶思想,将一扫而空,新时代知识青年应一致奋起,以完成建设新社会、新国家之使命。(十五)后方汉奸与反动势力各处潜伏,在发动知识青年志愿从军运动过程中,应严密注意公开或秘密之反宣传,而给予严重之打击,凡有妨害整军救国之言论,无异为敌人工作,均可以汉奸论。(十六)此项运动一俟政府筹备完成,届时当另颁指示,发动更热烈盛大之宣传。以上各点,即希查照办理为要。中央宣传部酉皓印。

〔全国知识青年志愿从军指导委员会档案〕

4. 蒋介石:告全国知识青年从军书

(1944年10月24日)

全国知识青年们:

我们中国过去知识分子向以温文儒雅自命,重文轻武,好逸恶劳,演成今日文弱颓靡的风气,因而造成了国家的衰弱,遭受了东亚病夫的讥评,招致了如此空前的外侮,这实在是我们国家民族莫大的耻辱。现在我们经历了七年余的艰苦抗战,而且已到了决定胜败的最后关头,今后一年,将是我们争取最后胜利的一年,也是决定我们民族盛衰，国家存亡的一年，这正是我们知识青年报效国家千载一时最难得的时机！倘若我全国知识青年，皆能振臂而起，踊跃从军，发扬蹈厉，挺身卫国，就可以彻底改造我们社会的颓风，洗雪我们民族的奇耻大辱，不仅可以完成抗战的胜利，并且足以奠立建国永久的基础。否则如果我们知识青年至今还是漠视国家的安危，坐视将士的浴血牺牲，而不痛改其本身已往苟且偷安贪生怕死的恶习，仍以社会上的特殊分子自居，则亡国的惨祸，无可幸免，而中华民族世世子孙，势将万劫不复了。中正深感我国家兴亡民族盛衰的前途，完全寄托在我们全国知识青年的肩上。乃由中央发起知识青年从军运动，号召我有志节、有血性的知识青年，一致奋起，志愿从军，共同集合在一个集团之内，在我亲自统率之下，来做我的部下，凡是立志革命，决心报国，愿与我同患难、共荣辱、来做我部下的青年，我必与之同生死、共甘苦、视之如子弟，爱之如手足。竭我心力，尽我职责，来领导你们完成革命抗战实现三民主义的大业，今当这个运动开始之际，特列举要义，以告我全国的知识青年。

回溯我国五十年来的革命历史，最初国父倡导革命，号召救国，我海外青年志士，纷纷牺牲学业，舍弃家庭，在国父领导之下，提义兵，举义旗，掷头颅，洒热血，前仆后续，为国牺牲，迄辛亥之役，终于推翻满清专制，建立中华民国。及至民国十三年，国父创立黄埔军校，全国各地有志青年，间关跋涉，冒险参加，接受革命军事的训练，造成了国民革命军的基本力量。经过东征北伐三年间的奋斗，终于肃清军阀势力，统一全国。这两次伟大的成就，可说都是以知识青年从军为契机，这固然是表现了知识青年赴难争先，报国恐后的精神，也可以说明知识青年从军，对革命建国贡献的伟大和关系的重要。

自从七七抗战发动以来，虽有一部分知识青年参加军事或与军事有关的工作，也有不少青年学生，或入军校受训，或应征调服务,而最近一年,更有不少在学青年与公教人员,自动请求入伍。但事实上知识青年从军还没有普遍到全国各地各部门,知识青年因为兵役法而有缓征缓召的规定,因而自动请缨的也不够热烈。现在抗战局势已临到决战的阶段,一切须为军事,一切须为胜利,当前形势的紧急和重要,远过于辛亥革命和北伐前夕。我知识青年要对得起过去为革命而牺牲的先烈,对得起七年余为抗战而殉难的军民,就要认识现在正是你们效忠报国的唯一时机,踊跃入伍,以身许国,发扬我革命青年的一贯精神,克尽其为民前锋的责任。

中央为使知识青年们得有效忠报国的机会,已经决定第一次号召知识青年十万人从军,凡年龄在十八岁以上,三十五岁以下,曾受中等教育,或具有相当知识程度的青年,只要体格健全,不论依法是否缓征缓召,均得志愿报名参加,中央现已设置全国知识青年从军指导委员会,各省市县各地方各机关,以及各专科以上学校皆将设置知识青年从军征集委员会,分别筹划办理征集所关事宜。中央并已选拔优良的干部从事领导,务使这次从军的知识青年们获得实益,蔚成劲旅。而过去一般军队编练中的缺点,亦已详加检讨,切实改革,务使过去一切征集训练的弊端,彻底的扫除。至于军中待遇,则参照驻印军及远征军的办法,将来编练成军以后,我必将这个部队使用于发挥最大战斗效能的方面。其他实施办法,均在积极进行之中,而我对于这件事,必亲自负责督导,尽其心力,来作极周到的准备,使知识青年们从军以后,得为国家作最大的贡献。兹为使大家明了此举意义的重要,特再为我知识青年说明下列的几点:

第一、青年非从军无从造成其人生伟大的志业。我们要提示我全国知识青年的,你们要充实自身,锻练自身,实现其平生的抱负,创造其伟大的事业,而成为一个非常的人才,那就一定要在战斗生活中来锻练来学习。战场是我们创造事业基础惟一的学校,在炮火中可以增进我们许多的智能胆魄和体力，在生和死的斗争中，才可以真正了解人生的意义。惟有在战场上与我们同生死的战友和民众，才可以给我们许多珍贵的知识和实际的学问，而这些学业与智能，都不是在任何普通学校里所能学得到的。我自己在少年的时候，便立志从军，一向都认从军为人生中最快乐的生活，亦为革命中最高尚的事业。我现在所有的经验和学识以及精神与人格的修养，都是从过去的军人生活中锻练和体验得来的。你们入伍以后，我必和你们在战斗中共同学习，教育你们，指挥你们，所以你们绝不要顾虑到抛弃现在的学业为可惜，而踌躇不前。要知从军以后，你们将在战场上得到更广博更宝贵的知识和教育。古今中外有许多伟大的事业和高尚的人格，实在都是从枪林弹雨的战士生活中历练出来的。我们要充实自己，要锻练自己，创造革命建国的伟大事业，非实行从军不可。

第二、青年非从军，无从湔雪其国家积弱的耻辱。我要提示我全国知识青年，就是世界各国现代的国民无不视当兵为他神圣光荣的义务。在这次世界大战中，同盟各国都彻底实行国民总动员，全国人民，无分职业的种类和知识的高下，对于兵役，无不踊跃应征，其未被征调的，且以未能亲临前线执戈卫国为憾。不仅男子服兵役，妇女也应征服军队的辅助勤务。因为动员的彻底，所以他们作战胜利，便有切实的把握。反观我国知识青年，却还是大都视从军为畏途，逡巡却顾，瞻望不前，迄今我们在前线作战的士兵，受过中等教育的，可说是占绝对的少数。这样，不但我们部队的素质无法提高，而外国人士对我国家的观察，认为现在还有这种特殊偏颇的现象，无不表示讶异和轻蔑，我们国家的地位和荣誉，也因此而受到最恶劣的影响，这实在是我全国知识青年的耻辱。所以我和知识青年如果要挽救国家，洗雪耻辱，如果要转移风气复兴民族，就一定要争先入伍，自动从军，方能无愧于你们慷慨许国知耻自强的志愿和抱负。须知现在全国军民都在注视我们知识青年的从军能否实行，和从军是否踊跃，来断定我们知识青年是否真正爱国，是否克尽国民义务，抑或只望他人赴前线赴汤蹈火，而自己却在后方苟且偷安。我知识青年诚能以国家为重，抱定为国牺牲的决心，相率入伍，实行从军，则风声所播，不但我前线官兵，闻风欢跃，增加他们作战的勇气；社会各界也观感一新，互励互勉，以亲临前线杀敌为无上的光荣，以规避战时国民义务为最大的耻辱。必须如此，然后乃能改革过去颓风恶习的旧社会，树立举国一致为国效命的新风气，确保我国家独立自由的地位，洗雪东亚病夫的耻辱。过去我曾指出军事第一的重要，现在我更提出军人第一的口号，作为全国人民的基本认识。这就是说：我们国民的地位，要以军人的地位为最崇高，国民的职务，亦要以服兵役的职务为最光荣。全国同胞都应以军人为楷模，适龄者固应踊跃从军，而未及龄与超龄的更要尊敬军人，爱护军人，随时随地要为前线的军人服务，要为军人的家属服务，造成全国普遍具有军人第一的观念。而我们知识青年尤应具备军人的人格，军人的修养，军人的精神，踊跃投效，来作一个最高尚最光荣最受国民尊敬的模范军人。

第三，青年非从军无从获得其抗战最后的胜利。我要提示全国知识青年的：七年以还，由于我前线数百万将士的浴血苦战，后方无数同胞的出钱出力，艰辛奋斗，已奠立了最后胜利的基础。今当战争已发展至最后关头，百年来的奇耻大辱，能否湔雪，七年余全国军民所牺牲奋斗而获得的光荣，能否保持，皆视此一年之中最后决战能否胜利来决定。在这个敌我决战开始的时候，我们必须知道：现代的战争，需要现代的军队，更需要现代化的军人。而在我们争取最后胜利，执行反攻的积极准备期间，尤其需要有高度知识和技术的士兵所组成的部队。我们现在一般的部队，论牺牲的精神，论爱国的情绪，论刻苦耐劳的习性，实在都不落人后。今日我们一般部队所最需要的，还是在于知识和技术。所以我们这一次发动知识青年从军，不是只要知识青年来充当官长或是只在军中服军佐的业务，而是要我们知识青年来充当战斗的列兵，直接来担任冲锋陷阵真正为民先锋的任务。必须我知识青年能踊跃从军，大量入伍，方才可以提高我们军队的知识水准，使精良武器的使用，新式战术的训练，能够发挥最大的效能。而且知识青年都有相当的知识修养，有独立判断敌情与应战的能力，不仅加入特种兵部队易于训练，就是在一般部队中，能使受过中等以上教育的士兵，增加一个师，就无异于增加普通十个师的力量。我们国家要能真正得到自由平等的地位，首先就要我们军队知识程度能与人家平等，尤其要我们士兵的知识水准能与人家平等。中央这一次号召我们知识青年从军以后，将来还要继续征集编练，从根本上来改造我们部队的素质。知识青年必须明了你们这次的志愿从军，不仅是献身报国最难得的机会，而且也是我们中国建立现代军队最切实的张本。所以你们要重视此举的意义，要认识自身对于国家可能贡献的重大，而一致起来，响应我这一个号召。

最后我更要告勉我亲爱的全国知识青年们，胜利和光荣，是不能坐待而致的，必须以热血和头颅来换取；自由与独立不是依赖或徼幸所能获得的，必须以自立与自强来争取。你们有热烈真挚的情感，你们有弥漫充沛的活力，你们更有高尚远大的抱负与理想，现在国家需要你们参加实际战斗，你们就应该自动奋起来报效国家。从军救国，就是你们发抒热情表现活力实现你们高尚理想和远大抱负的唯一途径。希望你们效班超的投笔，学终军的请缨，走上前线，以军人的战斗精神在枪林弹雨之中开拓你们前途壮阔的人生，更以军人的战斗行动，于狂涛骇浪之中，创造你们绚烂辉煌的事业。尤盼我全国同胞，互相督促，父谕其子，兄勉其弟，妻劝其夫，朋友相规，师生相勉，竞以志愿从军为光荣，以规避兵役为耻辱，恢复我们民族尚武的德性，改造我们社会颓靡的风气，整我军旅，灭彼倭寇，更望我全国士绅和教育界以及社会上负有领导责任的各位贤达，首先倡导，努力劝勉，使全国各地风起云涌，一致响应我这个从军救国的号召，获取抗战最后的胜利，完成我们这个神圣的共同使命。

〔三青团中央团部档案〕

5. 全国青年从军指委会第二次常会通过知识青年从军运动宣传计划纲要

（1944年10月28日）

知识青年从军运动宣传计划纲要

（甲）原则

一、发动宣传形式：一切宣传均由各级征集机关发动主持，学校社团或个人出面号召，党政军团有关机关，应积极策动社会组织民众团体，热烈响应。使知识青年从军运动，成为广大之社会运动。

二、认定宣传对象：1. 中等以上之在学青年；2. 社会知识青年；3. 青年公教人员。

三、注重精神鼓励，激发青年之爱国心责任心及荣誉感，极力避免以物质待遇为宣传主要题材，并尽量宣扬前方将士七年余来忠勇抗战之劳绩，鼓励青年踊跃从军，为前方将士分劳分忧，与前方将士同甘共苦，以振奋前方士气。

四、兼顾理智激发：理智情感，应求平衡，尤于发动之初，应先从理智上使青年对于从军意义作冷静考虑有彻底认识，免蹈五分钟热度之覆辙。同时对于军人教育，亦应有基本认识，俾能改造一般青年之生活，养成遵守纪律服从命令之美德。

五、展开动态宣传：特别注意示范竞赛等工作，力避强制说教等方式。

六、配合组织工作：宣传与组织互相配合，宣传之后，应立即加紧组织，俾能广泛深入各阶层，从而发生切实有效之行动。

七、把握各种时机：应于一切民间集会娱乐及有利之特殊事件发生时，妥善运用进行知识青年从军宣传。

八、运用宣传机能：由各级征集机关约集当地宣传有关单位，组织宣传会报，定期举行，利用一切时机，多方策动。并密切防范打击敌伪破坏此运动之恶性宣传。

（乙）内容

一.鼓动社会风气：

1.强调军事第一，军人第一。

2.鼓吹前方重于后方，后方一切为前线。

3.提倡忠勇为爱国之本的道德观念。

二、说明军事现势：

（一）以往缺点

1.工业落后，生产不足，影响军需供应。

2.抗战最早七年余来，消耗最多。

3.欧洲第一战略之影响，使我国负担过重。

4.海上封锁，外援困难。

5.教育不普及，知识青年尚未普遍从军。

（二）最近趋势

1.欧战即将结束。

2.亚洲第二战场即将开辟。

3.中美经济合作之加强。

4.盟国军需供应即可增强。

5.一般士兵待遇之提高。

6.军队装备之加强。

7.准备反攻之迫切需要。

（三）说明政治现势

1.说明本党为民主宪政革命奋斗之一贯方针，与国民政府为国民革命，政府之特质。

2.说明本党建设宪政之实际计划，与在战争困难中实施新县制及成立各级民意机构，以促进宪政之实际情形。

3. 说明本党尊重人民各种自由之政纲及法令。

4. 强调争取民族自由，为一切个人自由之前提。

5. 阐明抗战建国之最高国策。

6. 强调战后三民主义的新中国之必能建立与青年之责任。

(四)解释此次青年从军之办法。

1. 征集办法之内容。

2. 优待办法之内容。

(五)阐扬知识青年从军之重大使命。

(一)关于军事者

1. 提高国军素质。

2. 增强反攻力量。

3. 激发前方士气。

4. 提早争取胜利。

(二)关于政治者

1. 为保卫祖国而战。

2. 为完成民主而战。

3. 为建设三民主义的新中国而战。

4. 为国际和平正义而战。

5. 为粉碎纳粹法西斯主义而战。

(三)关于道德者。

1. 发扬尚武精神。

2. 发扬革命精神。

3. 发扬民族精神。

(四)关于青年本身者

1. 青年为国家未来主人翁，应为国家现在争生存之战斗员。

2. 青年为国民革命之主力，应发扬辛亥革命、北伐时代青年从军革命之固有精神。

3. 青年非从军无从造成其伟大之志业。

4. 青年非从军无从湔雪其国家积弱之耻辱。

5. 青年非从军无以对前方抗战将士。

6. 青年非从军无以激励士气加速胜利。

(丙)方式

一、文字宣传：

1. 请蒋委员长颁发告知识青年从军书。

2. 请党政军学首长陆续发表鼓励知识青年从军之谈话或文字。

3. 各地报纸刊物特辟专栏或增设特刊、特辑，热烈鼓吹。

4. 制发各种标语张贴交通要冲或印刊信封后面及民国三十四年日历。

5. 由政治部发动远征军青年向其亲友同学时时通讯鼓励从军，并将此项通讯运用各种方式，广为宣传。

二、口头宣传

1. 普通利用各机关各学校纪念周及各种集会，演讲宣传。

2. 于各大都市发动卓著声誉擅长讲演之人士，分赴各校讲演宣传。

3. 普遍发动社团各学校各机关举行座谈会，并邀请从军青年之父老师长出席报告，当场激劝。

4. 各地广播电台应随时发动青年从军之宣传或报导青年从军之消息。

5. 举行知识青年从军演说竞赛。

6. 组织巡回讲演队。

7. 发动已从军之青年利用各种机会，现身说法从事宣传。

三、艺术宣传：

1. 从速摄制关于远征军学生生活之照片电影，分别在各地公开展览放映。

2. 征集关于青年从军之剧本，发动剧团经常赴各地表演。

3. 举行电影广告。

4. 利用画报经常刊布关于青年从军活动之照片。

四、行动宣传：

1. 公教人员及党(团)干部，其本人或其子弟应率先从军以资倡导。

2. 发动各种优待从军知识青年之服务工作。

3. 经常慰问从军青年家属。

4. 热烈举行从军青年入伍欢送大会。

(丁)标语

一、军事第一、军人第一。

二、一切为前线，一切为胜利。

三、好青年上前线。

四、投笔从军是青年的光荣。

五、到前线去和前方将士同甘苦。

六、为保卫祖国而战。

七、为完成民主而战。

八、为巩固统一而战。

九、为建设三民主义新中国而战。

十、为国际和平正义而战。

十一、为粉碎纳粹法西斯主义而战。

十二、新青年、新战士、新国家。

(戊)进度

一、各地宣传应与当地征集从军之步骤相配合。

二、各级征集委员会于制定征集步骤与期限后，应订立宣传进度，如期开展。

三、中央宣传进度，由全国知识青年志愿从军指导委员会订定之。

〔全国知识青年志愿从军指导委员会档案〕

6. 谷正纲关于发动工商及社会团体响应知识青年从军运动致吴铁城函

（1944年11月7日）

铁城吾兄秘书长勋鉴：大函奉悉。关于发动各工会、商会社会团体响应知识青年志愿从军运动事宜，本部于十月二十四日策动直属社会团体一百二十五个单位通电响应（原文已于二十六日本市各报披露），并于十月二十六日分电各省市社会行政机关，召集当地工商、自由职业、青年、妇女、文化等人民团体负责人宣示知识青年从军运动意义及各项办法，分别召开会员或代表大会，鼓励会员踊跃参加从军，并饬各地慰劳机构联合有关团体筹办从军青年之食宿招待医药娱乐及家属安置等生活方面之服务。至于将来入营时及训练期间发动盛大欢送与慰劳，其详细办法日内即可拟定实施。至重庆市工商团体，只由社会局策动，已于十月二十七日通电响应。特函奉复。敬祈察照为荷。

专此敬颂

勋祺

弟　谷正纲拜启十一月七日

〔全国知识青年志愿从军指导委员会档案〕

7. 全国知识青年志愿从军指委会历次常会决定事项一览表

（1945年2月）

常会次数	开会日期	决定事项
第一次	三十三年十一月二十九日	（一）通过全国知识青年志愿从军征集办法。 （二）通过全国知识青年志愿从军指导委员会组织办法。 （三）通过省市知识青年志愿从军征集委员会组织办法。 （四）通过县市知识青年志愿从军征集委员会组织办法。 （五）通过专科以上学校知识青年志愿从军征集委员会组织办法。 （六）通过知识青年志愿从军征集管理办法。

续上表

常会次数	开会日期	决定事项
第一次	三十三年十一月十九日	（七）通过知识青年志愿从军优待办法。 （八）通过征集经费概算书。 （九）通过在重要交通口——如阜阳、老河口、孝义、西安、屯溪、兴宁、恩平等地派员设站以办理战地应征青年接送转运招待事宜。 （十）通过于征军十万青年之外增加预备额二成案。 （十一）通过各地征集委员会成立后原有之学生从军指导委员会立即撤销案。 （十二）通过于十一月十二日起开始登记至十一月三十日登记完竣案。
第二次	十月二十八日	（一）核定全国知识青年志愿从军征集经费及食粮概算书暨各省市征集委员会经费实支分配表。 （二）核定成立从军问题各地询问处——中央所在地以中央大公扫荡商务四报为询问处，地方由各地征委员选定当地报馆为询问处。 （三）核定于十一月十二日各地征集委员会一律开始办理登记，并予公佈。 （四）核定凡未届集中日期，如有特殊情形，原来报到者，可送请教导团暂时寄住，俟集中时仍应移送当地征集委员会接收正式入伍。 （五）通过全国知识青年志愿从军运动宣传计划纲要。 （六）通过函请财政部饬知花纱布管制局从速准备所需被服布料以供军用案。
第三次	十一月十一日	（一）通过全国知识女青年志愿从军服务征集办法。 （二）通过工厂工人商店店员参加从军后得保留原有薪给案。
第四次	十一月十七日	（一）核定各省市征集旅运费支配标准及支配表。 （二）核定各省市征期期内应支副食零用费标准。 （三）核定设置接运站地点表。 （四）核定将原教三团改设重庆市临时招待所及核定该所经费预算暨编制原则。 （五）通过各省市征委会得设临时招待所以招待从军及格之失学青年及由沦陷区应征之青年案。

第五次	十一月十八日	(一) 核定关于各地从军青年之入伍日期如次。(1)西南区定一月一日入伍。(2)东南区定四月一日入伍。(3)西北区定四月一日入伍。

第六次	十一月二十四日	(一) 核定督导人员旅费支给原则。 (二) 核定征集超额人数之经费准由本会照发。 (三) 为目前交通困难各地登记开始日期先后不一,关于登记截止日期核定准予延长,如登记超额者则准予提早截止。 (四) 通过从军剧本及从军歌曲评审办法。 (五) 关于宪兵司令部请拨从军青年六千人补充宪兵案决定应俟征集完毕照编练计划成功后,下期举办征集时再行酌定。 (六) 通过发动艺人分组出发慰劳志愿从军青年案。 (七) 通过湘桂退出之青年应妥为征集案。

第七次	十二月一日	(一) 核定将广西征集事宜归由贵州省併办。 (二) 核定现任军事机关之官佐及军人参加志愿从军之处理办法。 (三) 核定志愿从军青年运输计划纲要。 (四) 核定志愿从军青年食粮补给计划大纲。 (五) 核定重庆市临时招待所经费概算书。 (六) 通过志愿从军青年有关卫生事项及营养表。 (七) 核定接待处组织办法与卫生站设施办法。 (八) 为求日常工作得以迅速处理决议授权于驻会常务委员负责解决并报会追认。 (九) 通过各级征委会于应征青年入伍后应继续存在以兼办从军青年之福利及服务事宜各机关未设置征集委员会者得设知识青年从军服务会其组织办法由各机关自行酌定之。

第八次	十二月八日	(一) 核定各接待处主管路线及负责人员名表。 (二) 核定女青年志愿从军服务队征集实施办法及征集管理办法。 (三) 核定各接待站经费。 (四) 核定沦陷区志愿从军青年在集中期间所需食粮改发代金。

续上表

第八次	十二月八日	(五)核定从军青年到达集训地点之接运费。 (六)核定知识青年从军慰劳办法。 (七)核定各地女青年之征集配额。 (八)关于各省市保送之从军青年军事干部及政工干部决定由本会审核后分送编练总监部或政工干训班调训。 (九)通过各省市征集知识青年数额应抵补明年度及各该省市原定征额案。

第九次	十二月十五日	(一)核定从军青年之运输应尽量运用飞机或汽车。 (二)核定沦陷区从军青年食粮代金发给办法及按照日份及价额分电各有关省市知照。 (三)核定女青年之征集经费在预备费内开支。 (四)核定护送从军青年人员之回程旅费及其他费用应由各征委会自筹。 (五)通过派员分组出发四川与西南各集地点视察营舍案。

第十次	十二月二十九日	(一)核定后方七个师于一月一日至三月底止入营东南各师于四月一日至五月十日止入营各线运输之起讫时间以一个月为标准至多不得超过一个半月。 (二)核定各大学女青年之征额应由各该校所在地之省市征委会统筹分配。 (三)核定于十二月二十五日截止征收剧本歌曲并于一月四日开始评审。 (四)核定各医科学校低年级生准免参军。 (五)核定从军青年之副食费。 (六)核定各省超额从军青年概予接收所需经费并准比例增发。 (七)核定各地教导团除第五六团由本会接收暂作临时招待所外余由编练总监部接收。 (八)核定从军青年年龄之计算应以委座规定开始登记之日即十一月十二日为起算标准。 (九)通过老河口、巴东线过境从军青年接待计划。 (十)通过于一月份召集第三次全体会议。

第十一次	三十四年元月十二日	(一) 核定于二月二十、二十一两日为召集第三次全体会议日期。 (二) 核定选拔译员应俟全部集中入伍后再行办理。 (三) 核定湖北省征集女青年配额一百名由昆明配额内拨给。 (四) 核定女青年之服装应俟正式入营后发给。 (五) 核定广东省从军青年不必提前入伍,但必要时可先设临时招待所。 (六) 通过政工人员之优待办法及调集旅费另案追列预算。

第十二次	二月二日	(一) 核定女青年参加军需部门工作者,其待遇同军需上士。 (二) 核定从军青年之优待如因机关学校裁併时应由被裁机关或学校妥为筹划以便继续执行其优待。 (三) 核定调整壁山营人数将贵州配额二千人改送綦江其余改送扎佐。 (四) 核定湘南从军青年三千人以半数发现品以半数发代金所需经费在本会第一预备费项下支给。 (五) 核定于汉中编训二团,余一团设天水,收容河北、山东、绥远等地从军青年。 (六) 核定重庆市超额一千五百人,征集费照案追加拨发。 (七) 核定应征从军剧本及歌曲名次分别给奖并修正名称予以公佈。 (八) 通过发动征集书刊以补充军中精神食粮案。

〔全国知识青年志愿从军指导委员会档案〕

二、组织与法规

1. 军委会公布全国知识青年志愿从军征集办法

(1944年10月21日)

全国知识青年志愿从军征集办法

一、宗旨:为提高国军素质,增强反攻力量,争取最后胜利,贯彻抗战目的起见,特征集知识青年编组远征军。

二、标准:甲、知识青年(男性)年满十八岁至届满三十五岁者,依法缓征缓召及应征服役者，均得志愿参加。

1.年满三十五岁者如经特准者，亦得志愿参加。

2.女青年征集办法另订。

乙、受中等以上之教育或具有相当知识程度者。

丙、体格标准合于下列各条件者：

1.身长一百五十二公分以上者；

2.体重四十六公斤以上者；

3.胸围七十六公分以上者；

4.五官四肢及肺肠正常者；

5.无重痧眼痔疾及精神病者。

三、数额：暂定为十万人，其各省市分配数额另定之。

各省市征集知识青年数额，准只補各该省市原定征额。

四、征集：甲、征集机关为发动知识青年踊跃从军，并筹划办理征集期间有关事项，特设下列各级机构。

1.中央设全国知识青年志愿从军指导委员会；

2.各省、市设知识青年志愿从军征集委员会；

3.各县、市设知识青年志愿从军征集委员会；

4.各专科以上学校及机关，得设知识青年志愿从军征集委员会。

上项组织办法另订之，各机关之征集委员会组织办法，各自订定，呈报全国指导委员会备案。

乙、集中地点：应征入伍知识青年，按照下列三个步骤，分别向指定地点集中。

1.各县市及各机关学校应征青年，应先向各该县、市及各机关学校征集委员会集中；

2.在各县市及各机关学校集中征集，即分别向所属及所在地之各该省征集委员会，或其指定地点集中，其路线由各省征集委员会规定之；

3. 在各省征集后，应遵照全国知识青年志愿从军指定之地点分别集中。

丙、集中时期：自三十四年一月一日起至三月底止。

各省市县集中办法另订之。

丁、集中管理：

1. 各县、市及各机关学校征集集中期间，由各该县、市或机关学校征集委员会另派适当人员负责编组，并率领所属之各该省征集委员会，或其指定之地点交接。

2. 各省征集委员会接交后，即另派适当人员负责编组，并率领到指定入伍地点交接。

上项详细办法另定之。

戊、征集费用：

1. 征集期间所需之粮食及副食费，除另有规定外，其他如宿舍等之准备，应由征集或集中所在地之征集委员会负责准备。

2. 应征青年在未到达入伍地点以前，仍着自备服务。

3. 交接输送力求迅速，应以车舟飞机为原则，不得已时徒步行军。

4. 征集所需各项费用，另表规定之。

五、入伍：应征入伍之知识青年，除特种兵外，以按其籍贯编组为原则。

六、待遇：除照远征军之待遇办理外，副食费酌量增加。

七、服役：服役期间定为两年，期满后退伍。

八、优待：入伍期间家属之优待，及退伍后就学、就业之奖励另行规定。

〔全国知识青年志愿从军指导委员会档案〕

2. 吴铁城关于各大专学校成立从军征委会函

（1944年11月6日）

中央执行委员会秘书处函 青军字第六一号
中华民国三十三年十一月六日十一时

元靖吾兄勋鉴：查专科以上学校知识青年志愿从军征集委员会组织办法，第二条规定："学校知识青年志愿从军征集委会，设主任委员一人，副主任委员二人，委员若干人，主任委员由校长担任之，副主任委员及委员由学校就本校教职员中聘任之。"设总干事一人，由主任委员指派充任之。第三条规定："本会设总务、宣传、编组三股。"第四条规定："本会各股各设股长一人，股员录事各若干人，均由主任委员派任之。"第五条："本会每二日开会一次，由主任委员召集之。"以上规定依照省市征委会成案，拟请由军事委员会分电各专科以上学校知照，并派各该校长为该校征委会主任委员，暨嘱希于电到之日即行组织成立，迳报全国知识青年志愿从军指导委员会备案，兹附上各校校名所在地及校长姓名一览表一件，敬希转呈察核，见复为荷，专此祗颂

勋祺

附拟派全国专科以上学校知识青年志愿从军征集委员会主任委员一览表一件。

弟吴铁城拜啓三十三年十一月

各学校知识青年志愿从军征集委员会一览表

校别	主任委员	副主任委员	成立日期	所在地	备注
国立江苏医学院	胡定安	王仲侨	十一月九日	北碚	
国立音乐院分院	戴粹伦		十一月一日	青木关	
国立西北医学专科学校	齐清心	于光元 朱景开	十一月六日	兰州	

续上表

校　　别	主任委员	副主任委员	成立日期	所在地	备注
私立武昌艺术专校	蒋兰圃	张肇铭 许太谷	十一月一日	江　津	
教育部特设大学先修班	蒋程九	周援夫 谈笑林	十一月十日	白　沙	
国立东北大学	臧启芳		十一月十三日	三　台	
国立社会教育学院	陈澧江	石联生 胡九皋	十一月一日	壁　山	
四川艺术专科学校	李有竹		十一月十三日	成　都	
国立重庆大学	张洪源	俞建章 方瑞典		沙平坝	
国立中正大学	萧		十一月七日	赣　县	
国立云南大学	熊庆来	何衍璇 杨家凤	十一月一日	昆　明	
国立交通大学	吴保丰	李熙谋 柴志明	十一月二日	九龙坡	
国立中央大学	顾毓琇	张士一 王书林	十月三十日	沙坪坝	
私立光华大学	向传义	薛迪清 傅养恬	十月三十日	成　都	
私立立信会计专校	潘序伦		十一月四日	北　碚	
国立艺术专校	潘天寿	谢海燕 丁云樵	十月二十八日	沙坪坝	
私立燕京大学	梅贻宝		十一月十四日	成　都	
国立商学院	张伯琴		十一月九日	所　里	
安徽学院	朱佛定	李　圃 王开模	十一月八日	立　煌	
交通大学贵州分校	罗忠忱		十一月十四日	平　越	
国立湘雅医学院	张孝骞	吴执中 王肇勳	十一月八日	贵　州	
福建医学院	严光显		十一月九日	沙　县	
私立武昌中华大学	陈　时	严绂华	十一月十日	南　岸	

续上表

校别	主任委员	副主任委员	成立日期	所在地	备注
国立复旦大学	章益	陈望道 林一民	十月三十日	北碚	
国立贵阳医学院	李宗恩	贾魁 王成椿	十一月十五日	贵阳	
国立暨南大学	何炳松		十月三十日	福建建阳	
国立厦门大学	汪德耀	黄开禄 黄苍林	十月三十日	福建长汀	
国立同济大学	徐诵明		十一月三日	南溪李庄	
上海法学院	褚一颤	宋霖 甘右愚	十一月十日	万县	
国立西北大学	刘季洪		十一月一日	城固	
中央技术专科学校	张仪尊		十一月八日	乐山	
私立华西协合大学	张凌高	方淑轩 唐淑澄	十一月七日	成都	
国立贵阳师范学院	齐泮林		十一月四日	贵阳	
国立甘肃学院	宋恪	郭维屏 王辉明	十一月七日	兰州	
大夏大学	王伯群	张祖尧 孙元曾	十一月十七日	贵阳	
国立武汉大学	王星拱	余炽昌 陶因	十一月二十日	乐山	
国立西北工学院	潘承孝		十一月十六日	城固	
国立师范学院	廖世承		十一月八日	湖南溆浦	
国立西安联合大学	梅贻琦	杨石光 施嘉煬	十一月二十二日	昆明	
私立金陵大学			十一月十三日	成都	
私立铭贤学院	杨蔚	黄毓生	十一月六日	四川金堂	
国立国术体育师范专科学校	张之江	腾大生 庞玉森	十一月三日	北碚	

〔全国知识青年志愿从军指导委员会档案〕

3. 国民党制订全国知识青年志愿从军指导委员会组织法

（1944年11月10日）

全国知识青年志愿从军指导委员会组织办法

一、本办法依据全国知识青年志愿从军征集办法第四项甲款之规定订定之。

二、全国知识青年志愿从军指导委员会隶属军事委员会，主持全国知识青年志愿从军之策划指导与考核。

三、全国知识青年志愿从军指导委员会(以下简称本会)设委员十五人至三十一人，由军事委员会聘请之。

四、本会设常务委员九人，由委员互推充任之，组织常务委员会。

五、本会分设五组：第一组掌理关于征集之规划指导及考核事项；第二组掌理关于宣传慰劳之规划指导考核事项；第三组掌理关于征集经费、粮秣、医药卫生之筹划配给及指导考核事项；第四组掌理关于交通输送之规划指导及考核事项；第五组掌理关于文书事务，及其他不属于各组之事项。

六、本会设主任秘书一人，秘书四人，组长五人，组员办事员各若干人，均由本会常务委员会向有关机关调派充任之。

七、本会每两周开会一次，必要时得召开临时会议。

八、本会常务委员会每周开会一次。

九、本会开会时，如有必要得请有关机关派员参加。

十、本办法呈奉核准后施行。

附“全国知识青年志愿从军指导委员会名单”

全国知识青年志愿从军指导委员会名单

委员：张伯苓　莫德惠　蒋梦麟　顾毓琇　何应钦　白崇禧　陈立夫　张厉生　周钟岳　谷正纲　吴铁城　张治中　陈果夫

徐永昌　俞飞鹏　罗卓英　张定璠　徐恩平　梁寒操　段锡朋
黄季陆　康　泽　袁守谦　李惟果　郑彦棻　余井塘　赖　琏
狄　膺

常务委员：何应钦　吴铁城　陈果夫　张治中　白崇禧
陈立夫　张定璠　康　泽　徐恩平

〔全国知识青年志愿从军指导委员会档案〕

4. 全国青年从军指委会制订全国知识女青年志愿服务队征集办法

（1944年11月　日）

（一）本办法依据全国知识青年志愿从军征集办法第二项第二款之规定订定之。

（二）标准：

甲、知识女青年满十八岁至三十五岁且无子女负累者。

乙、受中等以上教育，或具有相当程度者。

丙、体格健全者。

（三）名额：暂定二千名

（四）征集机关及地区：暂指定重庆、成都、西安、贵阳、昆明等五处为征集区域，由当地征集委员会及该地专科以上学校征集委员会征集之。

（五）应征手续：应征知识女青年完全以志愿参加，应先向各学校各地征集委员会填具申请登记表，再由征集委员会举行体格检查，合格后由征集委员会送往集中地点。

（六）集中地点及时期，暂以重庆、贵阳、西安、成都四处为集中地点，即在该地施以训练。集中日期定于三十四年二月一日。

（七）服务范围：暂定救护政工通讯经理及文书等项。

（八）服务年限：定为二年，未满期或未奉令复员之前，不得自由离队。

（九）待遇：女青年服务队队员之征集费用待遇及优待办法，与远征军战斗列兵同。

〔全国知识青年志愿从军指导委员会档案〕

5. 全国青年从军指委会制订优待从军青年家属办法

（1944年11月）

（一）可减免临时捐款及劳役。

（二）子女弟妹入公立学校，可免缴学费。

（三）子女弟妹入公立医院诊病，可免收诊费。

（四）债务未清者，可展至服役期满后二年清偿，其家属赖以维持生活之财产，债权人不得强制执行。

（五）出典之不动产，无力赎回者，可展至服役期满二年后赎回。

（六）承租之耕地房屋，出租人不得收回改租他人。

（七）出征期内，其妻及未婚妻不得离婚或解约。

（八）家属经营小本事业，可申请小本贷款。

（九）耕地无人耕种时，可申请义务代耕。

（十）无耕地者，可申请分地供种。

〔全国知识青年志愿从军指导委员会档案〕

6. 全国青年从军指委会编各省市公路铁路学校征集委员会成立日期及人事配备一览

（1945年）

江苏省征集委员会：

主任委员：韩德勤　副主任委员：李寿雍、刘秉哲　委员：金宗华、陈桂清、苗启平、贾蕴山、孙天放、牛践初、戴克光、刘汉川、冷遹、陈盛兰、李明扬、陈泰顺、顾锡九、徐钰。

三十三年十一月二十一日成立。

该会为便于进行征集工作，经呈准成立江南淮东两分会。

浙江省征集委员会：

主任委员：黄绍竑　副主任委员：罗霞天、倪文亚　委员：阮毅成、许绍棣、朱献文、徐浩、许宗武、方青儒、杜佐、魏思诚、陈苍正、张少杰、吕公望、王云沛

三十三年十一月四日成立。

陕西省征集委员会：

主任委员：祝纪周　副主任委员：谷正鼎、胡宗南

三十三年十一月四日成立。

四川省征集委员会：

主任委员：张群　副主任委员：黄季陆、李天民　总干事：余成勋

三十三年十一月一日成立。

安徽省征集委员会：

主任委员：李品仙　副主任委员：曹敏、徐君佩、张淦　总干事：汪幼平

三十三年十月二十日成立。

甘肃省征集委员会：

主任委员：谷正伦　副主任委员：杨德翘、朱恪、韩达　总干事：寇永吉

三十三年十一月三日成立。

江西省征集委员会：

主任委员：曹浩森　副主任委员：陈肇英、蒋经国、彭程万　总干事：詹纯鑑

三十三年十月三十日成立。

西康省征集委员会：

主任委员：刘文辉　副主任委员：冷曝东、陈志明　总干事：王靖宇

三十三年十一月九日成立。

贵州省征集委员会：

主任委员：吴鼎昌　副主任委员：伍家宥、韩文焕　总干事：韩文焕

三十三年十一月七日成立。

河北省征集委员会：

主任委员：马法五　副主任委员：张宝树、张兴周

三十三年十一月四日成立。

山东省征集委员会：

主任委员：牟中珩　副主任委员：李廷俊、贾慕夷　总干事：刘道元

三十三年十月卅日成立。

广东省征集委员会：

主任委员：李汉魂　副主任委员：方觉慧、李国俊　总干事：李国俊

三十三年十一月二日成立。

青海省征集委员会：

主任委员：马步芳　副主任委员：王文俊、薛文波

三十三年十月二十八日成立。

云南省征集委员会：

主任委员：龙云　副主任委员：赵澍、裴存藩　总干事：赵澍

三十三年十一月一日成立。

福建省征集委员会：

主任委员：刘建绪　副主任委员：李雄、黄珍吾　总干事：韩文溥

三十三年十一月五日成立。

绥远省征集委员会：

主任委员：傅作义　副主任委员：王玉宾、赵仲容　总干事：樊

福煊

三十三年十一月一日成立。

广西省征集委员会：

主任委员：黄旭初　副主任委员：陈寿民、韦赞唐

三十三年十一月五日成立。

湖南省征集委员会：

主任委员：薛岳　常务委员：林式增

三十三年十一月十一日成立。

湖南省征集委员会湘西分会：

主任委员：毛秉文　副主任委员：张炯、周天贤

三十三年十二月一日成立。

湖北省征集委员会：

主任委员：王东原　副主任委员：邵华、张伯谨　总干事：刘若虚

三十三年十月二十七日成立。

山西省征集委员会：

主任委员：阎锡山　副主任委员：韩正声、谷深甫

三十三年十一月廿七日成立。

宁夏省征集委员会：

主任委员：马鸿逵　副主任委员：周百锽、李作栋　总干事：杨洪绩

三十三年十二月一日成立。

河南省征集委员会：

主任委员：刘茂恩　副主任委员：陈泮岭、王汝泮　总干事：王公度

三十三年十二月十一日成立。

重庆特别市征集委员会：

主任委员：贺耀组　副主任委员：方治、任觉五　总干事：徐中

齐

三十三年十一月十二日成立。

第三战区征集委员会：

主任委员：顾祝同　副主任委员：温钔鸣、邓文仪

三十三年十一月八日成立。

天津特别市征集委员会：

主任委员：郝任夫　总干事：刘畏吾

成立日期未据呈报。

北平特别市征集委员会：

主任委员：许惠东　副主任委员：马庆瑞、张景涛　总干事：郗殿甲

成立日期未据呈报。

汉口特别市征集委员会：

主任委员：袁雍

成立日期未据呈报。

上海特别市征集委员会：

主任委员：吴绍澍

成立日期未据呈报。

西北公路征集委员会：

主任委员：焦守显　副主任委员：何竞武、吴必治

三十三年十一月十三日成立。

西南公路征集委员会：

主任委员：陈廷炯

三十三年十二月廿二日成立。

川滇滇越两路征集委员会：

副主任委员：刘钟明

三十三年十一月廿六日成立。

陇海铁路征集委员会：

主任委员:洪轨　副主任委员:陆福廷、李鸿春

三十三年十一月八日成立。

黔桂铁路征集委员会:

主任委员:侯家源　副主任委员:钟盛麟、牛月村

三十三年十二月十五日成立。

[以下为各学校征集委员会,均略。]

〔全国知识青年志愿从军指导委员会档案〕

三、征集与编练概况

1. 高挺秀拟招致华北沦陷区知识青年南来从军报国计划稿

(1944年10月15日)

一、招致华北沦陷区知识青年南来从军报国的意义

冀、察、鲁、豫民性强悍,向为吾国著名兵源地区;于今相继沦陷,大部青年留落敌区,未得逃出;其间虽有少数意志堕落,甘为敌奴者;但大多数仍是纯正忠贞,不忘报国,只以南来缺乏援引接应,不得不隐忍于敌伪铁蹄之下,奸伪魔手之中,此实为我抗战力量中之最大损失,近年来,复以暴敌厉行其“以华制华”阴谋,一再推行强化治安计划,用尽强迫手段,使敌区青年,不能不为其工作;奸伪亦于其间,以抗战为号召,大施欺骗伎俩,不少报国心切认识不清者,坠其迷网,此种事实所生之重大影响,不仅为我抗战阵营失却大量兵源,将来收复失地,重建沦区,亦必受到极大阻力,故招致沦区智识青年归来,实为争取胜利,准备建国的重要工作,于今国际战局大好,胜利在望,中央此时实施征召知识青年建军计划,沦区青年闻之,归来勇气,报国热情,必更高涨,若能把握目前良好机会,拟定妥善招致计划,切实去做,定可收获美满之成果。

二、以往招致沦区青年工作的检讨

三十年二月挺秀由平南来述职时，曾联合来渝述职同志，奔走请求，发动招致战地青年工作，幸蒙各方同意，经中央组织部、青年团、教育部、政治部、振济委员会举行联席会议，拟定招致战地青年办法，由战地党部负责招致，青年团负责招待，教育部政治部负责指导升学或就业；数日之间，华北青年集于洛阳者计数千，只以招致与招待缺乏联系，招待与指导缺乏热情，方法亦欠周到，大使南来青年失望，竟有来而复返者，消息传至沦区，续来者逐渐减少。

三十一年中央为集中事权，专责办理，将招致战地青年工作移归教育部，组织招训委员会主其事，各战区设招训分会分头工作，两年以来，南来就学青年，想有相当数目，但南来求学一途，尚不能满足若干奋发青年之热望；更有若干失学就业青年，因不合于升学条件，被摈弃于招致之外，复以负责招致者布置路线不妥，南来青年路经商丘，屡被敌伪扣押，横遭刑辱，因而沦区青年视南来为畏途。

在北方大量招致战地青年的机关，尚有西安战干团，分区派人亲到战区招引，沿路设站招待指导，数年来，确实招训了不少青年；但以该团内容不甚切合知识青年多方需要，号召力量逐渐消失，近来已有招不来的情势。

检讨以往招致战地青年工作的成绩，实未尽发挥最大效率，其原因非战地青年不肯来，乃办其事者方法不善之故也。

三、招致华北沦区知识青年南来从军的有效办法。

(1)招致的区域及对象。

甲、招致的区域——凡我沦区青年，原应皆予以南来报国机会；惟冀、察、鲁、豫为吾国著名兵源地区，故本计划暂先以此四省为范围，此四省中以北平、天津、济南、保定、开封、张家口等都市为知识青年集中地点，故本计划复以此六都市为工作中心，此外若干小都市设有中学校者，当集有若干知识青年，在县城乡镇亦复散有若干失业失学的知识青年，为遍及招致工作，各县市乡亦须设法深入,以冀所有战区知识青年全数归来,参加建军。

乙、招致的对象——本计划以招致沦区知识青年南来从军为目的,故凡合于入伍从军条件者皆在招致之列,其选择标准应如左:

子、具有高小毕业以上程度,年在十八岁以上者;

丑、身心健全,无不良嗜好者;

寅、思想纯正,富有爱国精神者。

(2)中央应有的筹划与预备。

甲、应规定战地知识青年从军报国实施办法——此项实施办法应明白规定下列三事:一、凡在敌区高中以上学校读书者,其三十四年一月以后资格一概不予承认。二、凡自战区归来从军报国者,供给来程路费;抗战结束后,仍可继续求学,并由中央供给用费。三、自三十四年一月起,凡未经中央所设战地机构主使而私自参加敌伪训练汉奸干部之学校读书者,及参加敌伪军事工作者,一律视为汉奸,剥夺其公民权。

乙、设战地知识青年从军指导处,并分区委派招募委员深入战区,推行招致工作。

子、战区知识青年从军指导处应设于西安、因该地较接近战地,且交通便利,指导处应负指导战地招致工作及接待战地归来从军知识青年之责。

丑、招募委员应分区分期工作——分区办法应以北平、天津、济南、开封、保定、张家口等为中心,分设六区,每区派一招募委员,选拔富有战地工作经验,熟悉当地社会情形者担任,每一招募委员出发工作,应预定工作期间,预计招致数额;期满后成绩良好者继续工作,其成绩不佳者召回,另派人接替。

(3)具体有效的招致方法:

甲、关于宣传者——子、利用中央广播电台,每周定时定日向敌区放送广播,鼓励并劝导敌区知识青年归来从军。丑、制订劝导战地知识青年从军报国宣传要点，交由各区招募委员积极宣传。寅、发动各战地党部团部，一体以劝导介引知识青年从军报国为最近中心工作。

乙、关于召劝者——子、委托当地忠贞有力士绅，负责劝导介绍。丑、委托各战地党部团部负责同志劝导介绍。寅、就敌区高中以上学校，委托忠贞爱国教师，负责劝导介绍。卯、经召劝之知识青年，须审慎注意其来历背景，免被奸细混入。

丙、关于输送者——子、积极佈置交通路线，使归来青年能由各种不同路线安全到达后方，(由华北沦区南来，现尚有孝义、运城、商邱三路线可用)。丑、凡认为可靠青年，预备南来者，须先教以化装掩护及守秘方法，以避敌伪注意查觉。寅、凡经认为可放行南来者，始告以路线，发给路费，并促其立即动身。卯、输送青年南来切忌多人结伴同行，以免被敌伪注意查觉后互相牵连。

丁、关于接待及指导者——子、除西安指导处负责终点接待外，并应通令接近战区之党部团部一体热烈招待南来从军青年，使其愉快顺利到达西安报到。丑、西安筹设招待所，供备南来青年未入伍前之宿食。寅、在未入伍前，由指导处施以基本训练，并以严密方法侦察其有无不良背景。卯、南来青年入伍手续，由指导处呈请中央办理之。

〔全国知识青年志愿从军指导委员会档案〕

2. 知识青年从军指委会制订全国知识青年志愿从军编练计划纲要

(1944年10月16日)

全国知识青年志愿从军编练计划纲要(不可公布)

一、名称：远征军。

二、隶属：直辖于军事委员会，归督训总处编组训练。

三、编组：

(一)征集知识青年十万人充当战列兵,并由兵役署补充所要之非战斗兵,分编为十个师。

(二)师照驻印军"师编制表"编制装备之,其部队番号由远征军及乙兵团中战绩优良缺员最多之师抽调编成之。

四、集训地区:预定十个师分区集训,其地区如左:

独山附近
扎佐附近
綦江附近
璧山附近
成都附近
各一个师

曲靖附近
镇远附近
万县附近
泸县附近
绵阳附近
汉中附近
赣州附近
各一个师

五、干部及其训练:

(一)各级军官及必要军士之人选,以对革命有历史,对主义有认识,并具有领导青年能力者为原则,由各部队学校及机关及从军青年中调训练后任用之,其选调办法另定。

(二)东南干训团移设重庆,举办干部训练。

(三)干部训练,自三十三年十一月一日开始。

六、筹备时期:关于征集、输送、营舍、被服、装具、粮秣、编组、装备及训练、计划与设施等,自现在起至三十四年一月十五日止筹备完成。

七、入伍日期:自三十四年一月一日起至三十四年三月底止。

八、待遇:薪饷给与,除照远征军规定外,副食费酌量增加。

九、其他应行准备事项另定之。

〔全国知识青年志愿从军指导委员会档案〕

3. 绥远省执委会等关于该省办理从军经过电
(1944年11月—1945年2月)

(1)绥远省执委会代电(1944年11月1日)

中国国民党绥远省征委会代电 临陕字第458号
中华民国三十三年十一月十五日

中央执行委员会钧鉴:秘机渝(33)酉有电奉悉。当即遵照电示,权衡本省实际情形,会同绥远省政府及三民主义青年团绥远支团部,召集有关机关组成绥远省知识青年志愿从军征集委员会。由本会傅主任委员作义为主任委员,王玉宾、赵仲容为副主任委员,潘秀仁、张钦、张濯清、张彝鼎、辛崇业、于纯齐为常务委员,陈炳谦、李居义、曾厚载、阎伟、俞杰、周北峰、李世倧、张庆恩、赵励师、李大超、苏纪忍、沙克都尔扎布、巴宝多济尔、荣祥、王志彬、王明德、苏寿余、周钧、关廷珍、温永栋、李荣骅、张遐民、王瑛、翟廷实、樊福煊、张恺然、马修德、阎肃、耿正模、孙梅坞、王乐天、刘汉、黎圣伦、杜勤书、崔绍潭、薛鸿圻、崔载之、刘廉克、郭丕基、张德、张传德、阎又文、李培元、陈善教、苗兆庚、陈康候、侯封鲁、王映荣、陈国桢、金丽鸿、安恭已、王大川、史泓等为委员,并由樊福煊兼任总干事。遵于十一月一日正式成立,假三民主义青年团绥远支团部开始办公。除积极策划督导各县市党部策动办理,并将征集情形另案电呈外,理合将本省知识青年志愿从军征集委员会组织情形肃电呈报,恭请鉴核备查为祷。绥远省执行委员会。11、15。社。印。

(2)绥远省党部电(1945年2月23日)

中央组织部并译陈中央执行委员会:亥皓役(225)电奉悉。密查本省知识青年志愿从军报名之人数为九八六名。经遵照电示,举行体格检查，知识测验，录取合格人员共计四零零名。兹将该员等职业及党团籍分别电报如下：(一)职业：党务人员八人，团务人员九人，公务员一九六人，教育人员二三人，学生一二五人，其他三九人。(二)党团籍：党员一二五人，团员二七五人。(三)报名从军党员人数，原本超过派额内，惟遵照尽量选送青年学生指示，录取青年为多，故团员超过党员，合并陈明。绥远省党部。丑梗。未宾(0224)。

〔全国知识青年志愿从军指导委员会档案〕

4. 广东省征委会关于该省征集从军情况电

(1944年11月—1945年5月)

(1)广东省征委会电(1944年11月1日)

重庆。中央从军指导委员会：△密。本会经于十一月一日在曲江正式成立，并于四日在韶关开首次全体委员会议，委员如此：主任委员李汉魂，副主任委员方觉慧、李国俊，委员林翼中、陶林英、何彤、李煦寰、黄麟书、金曾澄、吴鼎新、王志远、李德轩、黄枯桐、胡铭藻、黄世途、萧锡三、高信、谢瀛洲、陆冠莹、邓惠芳、吴菊芳、李应怀、李伟光、谢魁年、梁乃贤等共二十五人。另文详报外，谨电察核。广东省知识青年志愿从军征集委员会。秘1106。叩。

(2)李汉魂电(1945年5月29日)

广东省知识青年志愿从军征集委员会代电　征总字第427号

全国知识青年志愿从军指导委员会钧鉴：秘一午敬电奉悉。本省除南路西北江以交通阻断，无法偷渡集中外，计集合输送从军青年总计(6236)名，实交(209)师总共(5682)名，系于本省梅县、蕉岭两地入营。奉电前因，谨检具接收人数单据三纸，电报察核。粤征集会主任委员李汉魂征编(艳)叩。附(209)师接收青年军单据三纸(略)　〔全国知识青年志愿从军指导委员会档案〕

5. 李品仙等关于安徽省办理青年从军情形密电

(1944年11月—1945年4月)

(1)李品仙等密电(1944年11月4日)

重庆。皖省府办事处:△密。转全国知识青年志愿从军指导委员会主任委员蒋钧鉴:委座养渝办一㓉酉梗办一参两电均奉悉。遵即由省政府省党部青年团支团部会同召集各机关团体开会,议决依法组织成立,谨将大会情形电陈如下:(一)本会定名为安徽省知识青年志愿从军征集委员会。(二)推定李品仙、曹敏、徐君佩、张淦、韦永成、汪少伦、黄同仇、陈敢、陈维沂、江炜、朱佛定、黄绍耿、汪幼平、杨中明、桂竞秋、范春阳、翟纯、朱子帆等十八人为本会委员,品仙遵兼主任委员,曹敏、徐君佩遵兼副主任委员。为加强会务起见,增推张淦兼副主任委员一员,负责主持。(三)总干事一人指定军队特党部委员汪幼平兼常务驻会,办理会务,并设总务、组织、招待、宣传四科,其科长以下人员均经由各机关调用。(四)本会委员均于十月三十日就职,开成立大会,并择定立煌新生活俱乐部开始集中办公,积极展开征集工作。除委员、职员名册及本会组织办[法]另案呈报,并通电各县及专校尅日依法组织具报外,谨电呈请鉴核备查,乞电示为祷。安徽省知识青年志愿从军征集委员会主任委员李品仙、副主任委员曹敏、徐君佩、张淦立。征总。戌支。印。

(2)李品仙密电(1945年4月14日)

限即到。重庆皖省办事处:△密。转青年从军指导委员会:秘一卯江电奉悉。遵将本省登记合格青年计三七四四人分别统计如下:(一)性别:男三六六三人,女八一人。(二)年龄:(十八至二十三)三一四二,(二十四至二十九)五三二,(三十至三十五)七〇人。(三)籍贯:安徽三五四八,江苏三六,浙江一,江西一,湖南二,湖北二〇,河南七三,广东一,广西九,四川一,山东四二,陕西一,河北八，吉林一。(四)教育程度：专科一二，中学二八〇九，同等学历九二三人。(五)职业：学生二四九一，公教四五六，工四，商三二〇，其他四七三人。(六)党员九三九，团员一二七三，非党团员一五三二人。除皖南划为三战区，安徽学院自行呈报外，江北区登记合格青年统计如上数，谨电请核备。皖征委会主任委员李品仙。征编。卯元。印。

〔全国知识青年志愿从军指导委员会档案〕

6. 浙江省执委会等关于该省办理青年从军情形密电

（1944年11月—1945年5月）

(1)浙江省执委会密电(1944年11月4日)

中央执行委员会：×密。并请转全国知识青年志愿从军指导委员会：本省征集委员会已组织成立，由省政府黄主席兼主任委员。本会罗主任委员及支团部倪干事长兼副主任委员，民政厅长阮毅成，教育厅长许绍棣，省临时参议会议长朱献文，省教会常务理事徐浩，军管区副司令许宗武，社会处长方青儒，英大校长杜佐周，北洋工学院长陈荩民，浙大分校主任路季讷，保安处副处长王云沛，省补给委员会秘书长魏思诚，第三战区黄副司令长官办公厅主任张少佐，支团部书记陈苍正，及士绅吕公望等十四人为委员，并推王委员云沛兼总干事，开始工作。谨电请察核。浙江省执行委员会。云社。戌支。

(2)罗霞夫密电(1945年5月28日)

中央执行委员会：〇密。并转军事委员会委员长蒋钧鉴：前奉电饬发动知识青年志愿从军一案，兹已集送竣事。统计各级党部发动应征登记总数为二五七八人，经省征集委员会征召集中复检合格输送入营者三七人。所有各级党部发动应征登记总数，核与中央组织部上年戌鱼役(一七)电示二〇〇〇名之配额原已超过，惟因本省集中日期一再展延，间有离散，暨省县检验严格，剔退较多以及游击区县份环境恶劣，交通梗阻，未及悉数集送，以致四营人数未能足额。拟俟第二期发动时设法补足，并乞察核。浙江省执行委员会主任委员罗霞夫敬叩。辰俭。〇五二九。

〔全国知识青年志愿从军指导委员会档案〕

7. 陈寿民等关于广西省办理青年从军情形密电

（1944年11月—1945年2月）

（1）陈寿民等密电（1944年11月5日）

中央党部、中央团部、全国知识青年志愿从军指导委员会：密。本会经聘□良□黄樸心、李支、郑绍玄、林茂、覃泽汉、吕竞存、李任仁、张任民、李运华、曾作忠、任中敏、雷沛鸿、陈锡珖、李作砺等为委员，遵于戌征（十一月五日）组织成立。谨电察核。广西省知识青年志愿从军征集委员会主任委员黄旭初，副主任委员陈寿民、韦赞唐。微（五日）。印。

（2）广西省征委会密电（1945年2月9日）

从军指委会：秘一丑冬电奉悉。本省应征青年经检考合格总共（二八四）名。男性：（甲）年龄：（一八）至（二三）者（二二〇）人，（二四）至（二九）者（五五）人，（三十）至（三十五）者九人。（乙）籍贯：广西（二三八）人，广东（三一）人，湖南八人，湖北二人，浙江一人，江苏三人。（丙）学历：专科九人，中学（一六〇）人，同等学历（一一五）人。（丁）职业：学生（六二）人，公教人员（一八一）人，工五人，农无，商五人，其他（三一）人。（戊）党团籍：党员（一〇四）人，团员（一一九）人，非党团（六一）人。经派陈云生、张寒江为正副领队人，于丑歌（二月五日）由百色出发，步行赴昆入营，谨电鉴核。广西省知识青年志愿从军征集委员会。二月九日。印。

〔全国知识青年志愿从军指导委员会档案〕

8. 刘建绪等关于福建省办理青年从军情形密电

(1944年11月—1945年6月)

(1)刘建绪密电(1944年11月5日)

全国知识青年志愿从军指导委员会:密。本会遵于戌月(十一月)征(五)日组织成立,由职为主任委员,李雄、黄珍吾为副主任委员,并聘请张郑、贝祖阴、程星苍、徐箴、梁龙赏、韩文溧、段珩、严孺元、万振鹰、曹挺光、照闵硕、郑倷民、高登艇、严家锥、韩涵、张国键、邱汉平、林希谦、何鼎新、钟国珍等二十人为委员,并派黄珍吾兼总干事,邱汉平兼总务科长,保鼎新兼编组科长,曹挺光兼宣传科长,郑倷民兼招待科长,谨电察核。职刘建绪。永从总。鱼。印。

(2)闽征委会电(1945年6月9日)

从军指委会:本省共征集男青年八一九六人,女青年九二人,全收男青年中,送上杭二〇九师三二〇五人,收二九七一人,送黎川二〇八师三五七一人,收三〇六九人,送广丰集训总队一三七六人,收一〇九四人;保送政工班受训四四人。女青年全受黎川二〇八师。至闽省九个专科学校共送男青年二四三人,收二三六人,超额七六人,均已移借完毕,刻正赶办结束。谨闻。闽征集会。编征。巳佳。印。

〔全国知识青年志愿从军指导委员会档案〕

9. 谷正伦等关于甘肃省办理青年从军经过的电文

(1944年11月—1945年2月)

(1)谷正伦密电(1944年11月6日)

重庆。中央团部译转全国知识青年志愿从军指导委员会:×密。戌东秘5001征电悉。本省征委会遵于三日正式成立,除由正伦担任主任委员,杨德翘、宋恪坦任副主任委员外,公推赵龙文、郑通和、杨集瀛、丁树中、寇永吉、张维、赵锡光、吴允周、贺笑尘、何竞武、李蒸、齐德心、曾济宽为委员，调派寇永吉兼任总干事。谨闻。谷正伦。征总。戌鱼。印。

(2)甘肃省征委会工作报告(1945年2月)

甘肃省知识青年志愿从军征集委员会工作概况

一、概述：本会于十一月一日正式奉令成立开始办公，在本省各县局(合水环县，肃北设治局及兰州市除外)普遍设立征委会，共六十八处，并在兰州市各机关团体中等学校及本会(国立四院校及西北公路局除外)成立登记处，主办发动从军运动事宜，兹将工作概况略述如左：

(1)全省各地一律自十一月十二日开始办理登记手续，至十二月二十五日截止。

(2)各地登记青年一律就地举办体格检查及常识测验，严加甄别后发给从军证明书。

(3)自本会成立之日起，普遍展开宣传工作：(1)大量印刷各种宣传资料。(2)缮制大型壁报横额标语及小海报，贴各街衢要道。(3)发行从军特刊四期。(4)在各街巷搭彩坊。(5)化装游行宣传。(6)讲演竞赛。(7)其他各种宣传。

(4)兰州市从军青年一律于十二月二十一日正式报到，集中管理，无职业青年自十一月十五日起，即开始招待膳宿。各县从军青年一律于十一月二十日集中管理并开始向兰州、天水、平凉、徽县、泾川五处集中，并于元月一日开始分批用汽车向汉中输送，至元月底全部输送完竣。

(5)本会在兰成立招待所三处，区团部一处，总队部一处，下设四中队分别办理招待、训练、编组、输送事宜，从军青年，均能服从本会领导恪守纪律。

(6)本会为便利管理及负责输送起见，成立临时总队部，由陇右师管区司令蒋汉城担任总队长，下设四大队，十二中队，从军人员之管训及领队输送工作，均由队制官长负责。

二、统计：

(1)全省登记总数男一〇三一六人，女二三二人，共一〇五四七人。

(2)检查合格者男六七二〇人，女一〇〇人，共六八二〇人。

(3)年龄：(1)十八至二十三岁者四四四〇人。(2)二十四岁至二十九岁者一八二〇人。(3)三十岁至三十五岁者五五九人。

(4)籍贯：甘肃五六四〇人，陕一二三人，宁一〇八人，绥八人，豫八五四人，晋二〇人，冀八〇人，鲁四人，苏五人，皖三人，浙七人，赣二人，湘五人，鄂六人，闽二人，粤一人，桂一人，黔二人，滇一人，蜀一四人，康一人，察三人，热二人，辽一人，吉二人，黑三人，新三人，藏二人。

(5)学历：(1)专科以上学校三〇五人，(2)中学四八四四人，(3)同等学历一六七一人。

(6)职业：(1)学生五一七〇人，(2)公教人员八五〇人，(3)工人二人，(4)农二〇五人，(5)商二一四人，其他三九九人。

(7)党团籍：(1)党一三二〇人，(2)团四八七〇人，(3)非党团三六〇人。

三、意见具申

(1)查此次从军运动发动以来，热血优秀青年争先参加，社会人士希望尤深，嗣后尚望加强训练，蔚成劲旅，以期达成国家召集青年从军之目的，免使青年灰心、社会失望。

(2)严选干部加强组织：各级干部应以学识能力领导从军青年，以人格操行感召从军青年，以期加强组织发挥力量。

(3)充实设备，调整生活，务使军营生活如学校、官兵感情似家人，方克生死与共，患难相助。

(4)从军青年家属优待办法既经公佈，务须彻底实施，以期减少从军青年对家属之顾虑，安心服役，报效国家。

甘肃省知识青年志愿从军征集委员会

〔全国知识青年志愿从军指导委员会档案〕

10. 重庆市执委会关于征求从军青年入党密电

（1944年11月10日）

代电 治组（卅江）组字第　号
中华民国卅三年十一月十日

重庆市各区党分部览：密。查志愿从军之知识青年为国家之菁英。其有非本党党员者，各级党部于办理从军登记时，亟应设法征求入党。如呈缴相片有困难情形，并准适用以左大拇指之纹代照片之规定，至所有申请书表在呈送时，希特别说明为从军青年，以便提前颁发证书。特此电仰遵照办理为要。重庆市执行委员会。（11.10）。印。

〔全国知识青年志愿从军指导委员会档案〕

11. 韩德勤等关于江苏省办理青年从军情形密电

（1944年11月—1945年8月）

（1）韩德勤电（1944年11月21日）

重庆转全国知识青年志愿从军指导委员会：查本会业经遵令组织，于十一月二十一日在皖北阜阳公立桥成立，并开始办公，由韩德勤、李寿雍、刘秉哲、金宗华、陈桂清、苗启平、贾韫山、孙天放、牛践初、戴克光、刘汉川、冷遹、陈盛兰、李明扬、陈泰顺、顾锡儿、徐钰等十七人为委员，并由韩委员德勤任主任委员，李委员寿雍，刘委员秉哲为副主任委员，徐委员铨为总干事。敬恳电陈鉴核备案。江苏省知识青年志愿从军征集委员会主任委员韩德勤。苏征阜。总。戌养。印。

(2)王懋功密电(1945年8月18日)

急。重庆庞处长张副处长:×密。译转全国知识青年志愿从军指导委员会钧鉴:秘一午敬暨秘一未支两电均奉悉。谨将从军青年检查合格人数计汰百二十八名,征送三战青年军集训总队入伍者三百十九名,征送皖北区牛毛厂青年军第一、二两团入伍者九十二名,总计四百十二名。交拨单应另案呈报,谨电鉴核。江苏省知识青年志愿从军征集委员会兼主任委员王懋功。阜征。未巧。叩。

〔全国知识青年志愿从军指导委员会档案〕

12. 中央社抄送西南联大学生从军动态呈

(1944年11月22日)

昆明十七日电:(参考)西南联大从军运动,十五日上午开始登记后,第一日报名七人,第二日校方未宣布登记人数,学生方面似仍观望怀疑。该校“耕耘壁报”十六期社论中提出四点:从军要求:(一)保证不强迫青年参加党团;(二)青年军政治教官应请参政员、大学教授及地方上有资望学识人担任,军事教官应请美国军官担任;(三)注重学生军的人格;(四)提高一般军人的待遇,不要使学生军的待遇特殊化。这四点可代表一部份学生的意见。史迪威去职后之美国舆论及桂柳沦陷后,该校师生对从军的认识更进一步,教职员最近曾考虑到下一问题,即敌寇万一窜滇境,联大既不易获得疏散工具与用费,不如早设法使大部份学生从军,果如此,该校从军人数必将超过一般人意料之外。抄呈

吴秘书长

中央社编辑部呈十一月二十二日

〔全国知识青年志愿从军指导委员会档案〕

13. 宁夏省征委会关于办理从军运动经过电

(1944 年 11 月—1945 年 2 月)

(1)致全国知青志愿从军征委会电(1944 年 11 月 22 日)

重庆。全国知识青年志愿从军征集委员会:案奉委员长蒋梗办一参电节开:本会设主任委员一人,由省主席(市长)兼任,副主任委员二人,周百锽,李作栋兼任,及委员若干人,由该省(市)机关,学校,民众团体,地方士绅中聘任之,等因,奉此。查本会主任委员一人及副主任委员二人,业由委座指定外,遵即聘任省府民政厅长海涛,财政厅长赵文府,建设厅长李翰园,教育厅长王星舟,高等法院院长苏连元,省党部委员马济霖、张济美、王仙槎,参议会议长徐宗儒,国立绥宁师范校长边振芳及地方士绅乔□、李斌等十二人为委员。于本月一日正式成立。理合电报。敬乞鉴核备查。宁夏省知识青年志愿从军征集委员会。戌养。印。

(2)致全国青年从军指委会电(1945 年 2 月 9 日)

全国青年从军指委会:丑冬电奉悉。兹将本省登记合格青年分别统计报告如下:(1)检查合格人数(285)人;(2)年龄:(18)至(23)者(180)人,(24)至(29)者(73)人,(30)至(35)者(32)人。(3)籍贯:夏(126)人,绥(7)人,察(4)人,陕(8)人,皖(4)人,晋(20)人,浙(1)人,苏(3)人,甘(28)人,冀(40)人,湘(2)人,鲁(12)人,豫(23)人,闽(2)人,川(1)人,吉(1)人,辽(2)人,鄂(1)人。(4)学历:大学毕业者(8)人,中等学校毕业者(229)人,同等学历者(48)人。(5)职业:公务人员(119)人,学生(136)人,教员(30)人。(6)党团籍:党员(96)人,团员(142)人。谨此电报敬祈鉴核。宁夏省征委会。丑佳。印。

〔全国知识青年志愿从军指导委员会档案〕

14. 黄季陆关于加快办理青年从军工作密电

（1944年11月24日）

全国青年自愿从军指导委员康兆民兄勋鉴：×密。此次知识青年从军运动，现在积极展开，各大、中学生，争请参加，风起云涌，以现势窥望，不仅本省配额可足数，且有加倍之可能。惟目前第一，必须即刻检察身体，即刻入营，否则难免热情消沉，不易重振。第二、营房设备，必须如期完成，一新过去兵役之观感。以上二点，如不争取时间，前途困难必多。至希注意，傧盼电复为感。弟黄季陆叩。十一月二十四日。

〔全国知识青年志愿从军指导委员会档案〕

15. 全国青年从军指委会制订知识青年志愿从军运输计划纲要

（1944年11月）

知识青年志愿从军运输计划纲要

一、本计划依据下列各项基准拟订之：

1. 各省区征集之志愿从军青年，其须通过沦陷区域，或各省起程段内，无本会设立之运输站者，概由各该省自行负责运送至本会指定之接运地点。

2. 本会斟酌情形，于人数汇合众多地点，开始接送，但以现通轮船、火车、汽车路段为限。如届时因战事影响，或人数湧到，而影响原定计划时，并得相机请派飞机协助。

3. 因各接运地段，另有接待处或接待站之设置统筹管理食宿卫生事宜，各运输站仅属接待处之一部门，专负运输之责。

二、基于第一条原则及各省人数分配与集中路线之规定，指定各区开始接运站，及预定计划人数，与所需运费如次。

1. 赣县（集训一〇八三二名）。

曲江站:接运广东省、广州市、湖南省一部份,及粤境各专校青年,共一〇七九三名,连同护送人员四三一名,用汽车运至赣县。

2.瑞金(集训一一一七一名)

永安站:接运福建及专校以上学校青年,及护送人员,共九〇一六人,用汽车运至瑞金。

3.上饶(集训一〇九五〇名)

屯溪站:接运浙江、皖南及津沪两市青年,连同护送人员,共五一四八名,酌情分由下列二线运送。[甲线]用汽车运至上饶,假定为二五七四人;[乙线]经玉山转火车至上饶,假定为二五七四人。

4.汉中(集训一一六七一名)

西安站:接运苏皖及鲁、晋、冀、察、平汉各省市青年并护送人员四七一一名,用火车运至宝鸡。

宝鸡站:接运上列人数,用汽车运至汉中。

宁夏站:接运绥运、宁夏青年及护送人员八三二名,用汽车运至汉中。

兰州站:接运青海、陇西及兰州专科以上学校青年并护送人员四五一五名,用汽车运至天水。

天水站:接运青海、陇西及陇东青年并护送人员共六五九五人,用汽车运至汉中。

5.昆明(集训一〇九二〇名)

西安站:接运陕西及西安专科以上学校青年(　　　)名,用飞机运至霑益。

汉中站:接运陕西及城固专科以上学校青年(　　　)名,用飞机运至霑益。

霑益站:接运上列空运到霑青年八六五〇名,用火车运至昆明。

6.扎佐(集训一〇一三五名)

晃县站:接运湘西及专科以上学校青年并护送人员共六三二

三名,用汽车运至扎佐。

7. 綦江(集训四三六五名)

贵阳站:接运贵州及专科以上学校青年及护送人员共四五二四名,用汽车运至綦江。

8. 万县(集训一〇二四名,内河南省及专校青年,连同护送人员六八〇四人,采用老河口经保康兴山至巴东驿道,由接待处另办,不在本计划之内)

巴东站:接运河南及专校与湖北汉口及专校青年,连同护送人员一〇五一七人,用轮船运至万县。

9. 壁山:(集训九六一〇名)

万县站:接运四川东南部青年,及护送人员,假定为六三四人,用轮船运至重庆,再徒步至壁山。

10. 泸县(集训一〇二三三名)

成都站:运送川西一部份及西康青年,并护送人员,假定为七一七六人,用汽车运至泸县。

以上运行有关事项,另列如附表。

三、为实施本计划第二条运输事项,分区指定各该区运输主管人如次:

1. 东南区:公路总局东南办事处处长熊理负责,主管(1)曲江至赣州。(2)永安至瑞金。(3)屯溪至上饶运输事宜。

2. 西北区:西北公路运输局局长何竞武负责,并由西北运输司令部协助之。主管(1)宁夏至平凉。(2)兰州至平凉。(3)平凉至宝鸡。(4)宝鸡至汉中运输事宜。

3. 西南区:西南公路运输局局长陈延炯负责,并由晃县、贵阳各车站司令协助之。主管(1)晃县至扎佐。(2)贵阳至綦江运输事宜。其霑益至昆明铁路运输事宜,由川滇铁路公司总经理萨福均负责。

4. 长江区:后方勤务部船舶管理所长蔡可锦负责,并由长江区航政局局长周厚钧协助之，主管(1)巴东至万县。(2)万县至重庆水运事宜。

5. 蓉泸区：公路总局运输处长刘传书负责，并由成都内江车站司令协助之，主管成都至泸县运输事宜。

6. 西安区：陇海铁路管理局长陆福廷负责，主管西安至宝鸡铁路运输事宜。关于西安至霑益空运事宜，由航空委员会负责。

四、各区运输主管人，应就各该路段起讫及中途照料站，指定负责人，并将名册报会。

五、各运输站应注意事项。［省略］

〔全国知识青年志愿从军指导委员会档案〕

16. 胡作砺关于山西省办理青年从军经过电

(1944年12月—1945年2月)

(1)致中央秘书处电(1944年12月6日)

中央秘书处秘书长吴钧鉴：(一)山西省知识青年从军征集委员会于戌(十一月)感(二十七日)在吉县正式成立，由阎主席任主任委员，韩振声、谷深甫任副主任委员，胡作砺、王友兰、武誓彭、梁敦厚、邱仰浚、薄毓相、杨作芝等十人任委员。当日举行第一次会议，决议通令各县即日成立机构，积极发动全省知识青年踊跃从军。职胡作砺。亥(十二月)鱼(六日)。印。

(2)致中央组织部电(1945年1月7日)

中央组织部并转全国知识青年志愿从军指导委员会钧鉴：查本省从军青年配额共计六百人，前经本省征委会决议：一、十五个中等县学校共征一百五十名；二、政权能到达之三十五县共征三百五十名；三、沦陷区各县共征一百名，业经电报，并饬遵在案。顷据各县报称大部超额，而沦区尤多。现在孝义麇集者已达三百人，继续逃出者，仍络绎不绝，旅运费已由省部垫发二百万元。此辈抱极大之爱国热忱，故皆不避艰险，在敌奸严密监视下逃出沦区，志愿从军，杀敌救国。倘不允许从军，则将使爱国青年心灰意冷，徒叹向隅，而今后在沦区之工作与信誉亦将大受影响。如此特恳速将本省从军超额人员准予增收，庶使热血青年报国有机，并请从速增拨旅运费，迳汇本部归垫为祷。职胡作砺。(三十四)子篠。印。

(3)致全国知青从军指委会电(2月25日)

全国知识青年从军征集指导委员会钧鉴：(一)查晋省从军青年集训于二月十四日，在吉县开始，由作砺与梁敦厚、薄毓相诸同志担任党义等项课程，前已电报在案。该项训练于二月二十四日结束，是日下午四时举行毕业典礼，由杨副长官爱源主席，省府各委员均出席参加，行礼如仪后，宣读阎长官训词，继由杨副长官及作砺致训词，最后由学员代表致答词，五时许会毕，全体摄影留念。阎长官亦亲莅参加，并于摄影后，又训话一时许，迄六时散会。(二)晋省从军青年在集训及护送到西安期间，共编一个总队，下设六个中队，总队长王维贞，另设队附一人，指导员军需副官各一人，每中队设队长队附、指导员、副官各一人，第一队长张聪明，二队长柴培鑫，三队长梁万金，四队长赵永修，五队长董振欧，六队长曹润生(均由编练处调用)一至五队，每队下分三队，各设分队长一人(均由从军青年兼任)每分队分三班，各设班长一人，计护送官兵共四十五名，于三月十日前均可到达西安。(三)查晋省办理从军工作，经作砺三月来之努力，报名者达二千余名，经各县校征委会初验合格送吉县报到者共六百四十一人，经省征委会检查考试合格者五百五十三名。所有不合格之青年，除仍返原校及服务机关外，其余均已准予保送入学或参加党政教育工作。合格青年自二月二十五日起分三批出发赴陕接待站报到。第一批一、二两中队共一九九人，二十五日出发；二批三、四两中队一九一名，二十七日出发，三批五、六两中队一六三名，三月一日出发，沿途在吉县、秋林等地均有盛大之欢送表示，情绪异常热烈。(四)在此五百名之青年中，已入党者约三百余名，其余二百名在此次集训期间均已分别介绍履行入党手续。谨电奉闻。恭请鉴核示遵为祷。山西省党部书记长胡作砺。(三十四)丑有。印。

〔全国知识青年志愿从军指导委员会档案〕

17. 张超关于调整从军青年运输路线致康泽签呈

(1944年12月16日)

签呈　十二月十六日

一、知识志愿从军青年集中运输计划纲要，虽已颁行，而其着眼，则侧重中央所担任之运输业务，对于各省市征委会应征青年之集中运输方法，并未详加指示，将来实施，必多疑议，致使青年集合往返迂途。兹拟订集中运输计划实施指导要领表附后，敬乞核示颁行，指导各征集委员会与运输接待主管人员，分别遵办，以资遵循，而免接待纷扰为祷。

二、扎佐营，原系集训云南、湖南两省志愿从军青年，共八三二二人，自天水营决定改设昆明后，扎佐营之云南青年二二四二人，为避免地方误会，即在昆明集训，诚具卓识，但扎佐之编练名额，因此不敷。复查綦江营，由贵州广西两省志愿从军青年组成，现广西因战事关系，青年无法征集，所余仅贵州之四〇〇〇人。今扎綦两地，合计为一〇〇八〇人，恰足一师编额。且查近日各地人数登记报表，河南已超过三五〇〇人，湖北超过三九四〇人，重庆市超过三一〇〇人。又汉中营原拟由苏北皖北集中之三〇〇〇人，因路线过迂，亦拟由老河口与由巴东向万县集中(已于老河口空运案内签呈委座有案)，则万县壁山两地超额共为一三五四〇人(详指导要领表意见栏)，将来即无地编练，拟请将綦江仅存之四〇〇〇人，并入扎佐，而将綦江改作预备营，以为收训万县壁山超额青年之所，庶贵州青年可免北运跋涉，超额青年亦得如期入营，较为两便。

三、东南区改为两师后，则赣州与瑞金或上饶名额应稍平均，拟将江西赣县附近及赣西之吉安、泰和、万安、永新、安福、莲花、上□、遂川、兴国、雩都、赣县、信丰、大庾、南雄原集训瑞金者，改在赣州入营；又广东潮梅地区各县青年，如照原定计划，向曲江集中，再赴赣县，则往返转辗运输，徒增跋涉，拟改向兴宁与和平逐次集中，并令由公路总局东南办事处处长熊理派车于定南或龙南接运，以资捷便，且应于定南信丰线设置接运站，担任接待(详指导要领表东南区栏)。

四、成都营改设泸州后，成都编组之青年，由成泸公路直运泸州，不经乐山车运，而乐山拟设之接待处，仅接运西康之青年九〇〇人，该地接待处，似可免设，以节人力物力，且岷江与沱江流域及西康雅安青年，可利用西江下水行舟，前往叙府(即宜宾)集中，由叙换轮运泸，则叙府似应增设接待站一所，以洽办轮运与接待事项(详情见指导要领表泸州营栏)，较为便利。

右四项谨呈

主任康

秘书　张超　呈

〔全国知识青年志愿从军指导委员会档案〕

18. 西康省征委会关于报送征集从军人数代电

(1945年1—2月)

(1)致全国知青从军征委会电(1月5日)

西康省知识青年志愿从军征集委员会代电 省编组字第五四号 三十四年元月五日

全国知识青年志愿从军指导委员会钧鉴：宥电奉悉。本会第一次集中雅属送泸青年为二百一十四名。(一)职业：商五，教二三，工六，政二五，军二一，学一三四。(二)学籍：大学二，高中四五，初中一三一，小学六，军校六，职校二四。(三)籍贯：西康一四二，四川六〇，山东二，安徽一，江西二，湖南一，浙江三，河南一，陕西一，河北一。(四)年龄：一八至二〇者一五七名，二一至二五者三五名，二六至三〇者一七名，三〇至三三者五名。(五)党团籍：入党者四九，入团者一七二。奉电前因，除宁康两属另报外，谨将雅属报请备查。西康省知识青年志愿从军征集委员会。省编组字(54)。(0105)。叩。

(2)致全国知青从军指委会电(1月16日)

西康省知识青年志愿从军征集委员会代电 省编组字第六五号 三十四年元月十六日

全国知识青年志愿从军指导委员会钧鉴：查本会第二次集中康属送泸青年军二〇三名，连第一次集中雅属送泸二一四名共四一七名，业经以省编组(59)(0110)电呈在案。谨将康属二〇三名分别统计：(一)职业：商一二，教一〇，工一五，政三四，军一〇，学一〇一，其他二一。(二)学籍：大学四，高中三八，初中一〇七，小学一五，军教一六，其他一二。(三)籍贯：西康一〇六，四川八六，浙江三，安徽二，陕西二，江苏一，河北一，河南一，湖北一。(四)年龄：一八至二〇者九七名，二一至二五者五九名，二六至三〇者四一名，三一至三二者五名。(五)党团籍：入党者一〇二名，入团者一〇一名。除宁属俟集中后另报外，谨将康属报请备查。兼主任委员刘文辉、副主任委员冷曝东、陈志明。编组(65)。(0116)。印。

(3)致全国知青从军指委会电(2月7日)

全国知识青年从军指委会：查康省从军青年康雅两属首批送泸(214)名，第二批(212)名，暨西昌集中征集转送者(250)名，及富林集中站征送者(223)名，共计(889)名。照配额(900)名仅差(11)名，谨电备查。康省征委会。编组(80)。丑虞。印。

(4)致全国青年从军指委会电(2月26日)

全国青年从军指委会：本会先后检验合格从军青年送泸入营者计(891)名，连党团部送训干部(9)名，恰为本会应征配额之数(900)名，谨电备查示遵。西康省征委会。省编组(89)。丑寝。印。

〔全国知识青年志愿从军指导委员会档案〕

19. 河北省征委会关于上报征集从军人数统计电

(1945年1月8日)

重庆。全国知识青年志愿从军征集委员会钧鉴：秘一丑冬电敬悉。查本会征集合格从军青年简历册，业经丑鱼陕电呈报在案。奉电前因，兹特遵照规定逐项呈报于次。(一)截至元月底，检查体格青年共有二百零三名，计男一百九十八名，女五名。(二)年十八至二十三者一百五十七名，二十四至二十九者三十六名，三十至三十五者八名，逾龄者二名。(三)籍贯：河北省一百八十九名，河南省三名，陕西省二名，山东省一名，山西省一名，江苏省一名，甘肃省一名，辽宁省一名，北平市四名。(四)学历：专科以上十五名，中学一百四十四名，同等学历四十四名。(五)职业：学生一百六十六名，公务人员二名，其他三十五名。(六)党团籍：党团员八名，党员一百零七名，团员八十三名，非党团员五名。以上六项，谨电报恭请鉴核备查。河北省知识青年志愿从军征集委员会主任委员马法五叩。丑齐。陕。

〔全国知识青年志愿从军指导委员会档案〕

20. 马步芳关于青海省从军人数统计代电稿

(1945年2月2日)

重庆。全国知识青年志愿从军指导委员会钧鉴：秘一子宥电奉悉。本会办理青年从军征集工作详情，已另造从军人员名册及工作总报告表邮赍矣。至此次从军人员籍贯：青海占(九二)人，其他各省占（八九）人。至青海籍内西宁占（四四二）人，乐都占（一三〇）人，民和占（六六）人，大通占（六一）人，互助占（七一）人，亹源占（一六）人，湟源占（六四）人，贵德占（二八）人，循化占（一三）人，化隆占（一四）人，同仁占（五）人，共和占（一）人。年龄：十八至二十岁者占（六三四）人，二十一至二十五岁者占（二六八）人，二十六至三十岁者占（八五）人，三十一至三十四岁者占（一三）人。职业：党务占（四二）人，政界占（五八）人，军警占（五七）人，法界占（五）人，教育占（一三五）人，医务占（四一）人，金融占（四）人，学生占（六二四）人，工界占（七）人，商界占（一七）人，通信界占（六）人，共计（一〇〇〇）人。学籍：大学占（四）人，专科学校占（四）人，中央军校占（一八）人，中央警校占（二）人，各种短期训练占（七二）人，电信学校占（五）人，高中占（五九）人，初中占（五七九）人，小学占（二三二）人，其他占（二五）人，共计（一〇〇〇）人。党团籍：党员占（四五二）人，团员占（五四八）人，共计（一〇〇〇）人。又此次报名登记人员虽有一千三百余人，内除女性及不及格者外，实送交汉中入伍者计为原配额一千名整。奉电前因，谨此呈复，恭祈鉴核。青海省知识青年志愿从军征集委员会主任委员马步芳叩。丑冬。印。

〔全国知识青年志愿从军指导委员会档案〕

21. 全国青年从军指委会关于接收超额从军青年等电稿

（1945年2月8日）

全国知识青年志愿从军编练总监部公鉴：兹将贵部此次所提各案，分别答复如次：（一）关于从军青年超额问题，前经本会决定原则四项，甲、照原配额加二成征集；乙、专科以上学校超额全部接收；丙、由沦陷区来投青年，全部接收；丁、四川、河南、甘肃、陕西、湖北等五省及重庆市超额人数经遵奉委座示应全部接收，又委座曾有征集青年十二万至十五万之指示，故对于超额实无防制必要，似宜由贵部另作编练超额之准备。(二)不合规定之青年应予淘汰，本会同意，惟“思想嫌疑”请改称为“品行不良”。(三)未正式入营而在途滋事之青年，应按普通人民扰乱社会秩序之过失处理之，不应视为青年军军人一案，本会同意。(四)补助费未请发者应请饬由各入营青年报明并由贵部汇送本会俾转饬查办补发(须饬各青年将履历及申请登记之征集委员会详细列明，以便查对)。(五)请维持从军公务员应予保留原职原薪一案，本会同意。关于实施所遭遇之困难，应如何补救，本会正在研究中。(六)从军学生请维持学校之贷金或公费津贴一案，殆有未便，俟商教育部决定。(七)从军青年请求发给皮鞋及毛巾一案，应请贵部酌办，用特电达，即希查照为荷。(会衔)秘一。丑齐。印。

〔全国知识青年志愿从军指导委员会档案〕

22. 刘茂恩关于河南省征集从军人数统计电

(1945年2—3月)

(1)致全国知青从军指委会(2月10日)

全国知识青年志愿从军指导委员会：秘一丑冬电奉悉。查本省首批出发从军青年(2015)名，其统计数字如次：(一)年龄(18)至(23)者(1889)名，(24)至(29)者(106)名，(30)至(35)者(20)名。(二)籍贯：河南(1842)，江苏(4)，山西(8)，河北(51)，湖北(24)，江西(6)，辽宁(6)，甘肃(1)，陕西(1)，四川(4)，浙江(2)，山东(26)，安徽(35)，湖南(3)，吉林(1)，威海卫(1)。(三)学历：专科以上(5)，中学(1595)，同等学历(279)，军事学校出身及仅有职业未报校学历者(136)。(四)职业：公务教职人员(64)，学生(1879)，其他(72)。(五)党团籍：党员(325)，团员(545)，已入党团党团证尚未领发者(1145)。除后批从军青年之各项统计容嗣陆续办理呈报外，谨电请鉴核。主任委员刘茂恩。豫丹编。丑灰。印。

(2)致知青从军指委会电(3月19日)

知识青年从军指导委员会:本会丹编丑灰电计呈。遵将二批从军青年计(1144)人,其统计数字如次:(A)年龄十八至二十三者(1075)人,二十四至二十九者(51)人,三十至三十五者(15)人。(B)籍贯:河南(989),安徽(61),江苏(58),河北(6),甘肃(1),陕西(2),湖北(10),江西(2),山东(6),辽宁(1),广西(1),山西(2),湖南(1),南京(1)。(C)学历:中学(811),同等学历(31)。专科以上(12),非文校出身者(3)。(D)职业:政(65),学生(1033),其他(43)。(E)党团籍:党员(95),团员(428),已入党团员,党团证尚未颁发者(618)。请电请鉴核。主任委员刘茂恩。豫丹编。寅皓。叩。

〔全国知识青年志愿从军指导委员会档案〕

23. 陕西省征委会报告征集从军人数统计电

(1945年2月11日)

急。从军指委会:查本省配额(8500)名,除陕北榆林等八县配额(458)名未到外,经本会复检合格人数(9868)名,西北大学等五校(240)名未列入,超额(1826)名,计党(4241),团(5384),非党团员(243),学历:专科以上(196)人,中学(7271),同等学历(1012),其他(1389),职业:公教人员(3259),学生(5362),农(95),工(111),商(78),其他(963),年龄:(18)至(23)(7703),二十四至二十九(1903),三十至三十五(262)。籍贯:陕(6816),豫(1167),鲁(268),湘(81),川(67),赣(20),冀(407),晋(311),甘(28),鄂(209),浙(93),苏(123),皖(145),辽(67),吉(7),黑(1),粤(17),绥(6),桂(3),康(1),滇(5),闽(7),黔(15),宁夏(4),除简历册及女青年另报外,谨电核备。陕西省征委会。丑真。征编。印。

〔全国知识青年志愿从军指导委员会档案〕

24. 张治中关于就近在固始将从军青年编成一师函

（1945年4月5日）

顷接第十战区何副长官寅俭秘电略谓：边区集结冀察鲁苏皖知识青年军四个大队，约六千数百人，编队西开，行至项城汝南间，适值敌寇进犯宛鄚，遂致全部停止路东，近尚有纷纷投效来者，若不安顿，殊为可虑。窃闻中央计划原拟于固始装备成青年军一个师，职以为不如将每一批青年军就近合编为一师，由十九集团军副总司令李铣兼任师长，指定在固始集训 。查李铣奉派兼任阜阳青年军接待处主任，负责以来，力矫弊端，颇著威信，如以之选任，使负责编训，极为适宜。至该师装备，可援照滇印空运办法，于回程载运壮丁至后方补充，既能因时制宜，且事半功倍。职审度情形，期抒钧虑，如何之处，电乞示遵。又接江苏省王主席卯东亲电略谓：青年从军学生豫鲁苏皖集中本地区者已有数千人，大都由沦陷区招集，或自动来此投效者。第一批遣送，因路西军事影响，势须折回，而流离此间者，尚有数千，不特无所归宿，亦且使社会治安成问题，现仍络续不绝前来入伍。假使平汉线路东再有军事，此数千流离之青年，因无所归而走入歧途，影响军事前途甚大，可否由临泉指挥所暂行收容、编练，指定十九集团军副总司令李铣统率，候路通再由该所分批遣送中央，或准许在此间编成一师，由十九集团军总司令陈大庆保荐人员统驭训练，则数千青年不至失所，社会亦可安定。可否之处，盼速提出主管机关决定示复。各等语。除分函青年军编练总监部罗总监核办外，特函奉达，即希察酌，迅予办理，并盼见复为荷。此致

知识青年志愿从军中央指导委员会

张治中谨启

四、五

〔全国知识青年志愿从军指导委员会档案〕

25. 湖北省执委会关于该省征集青年从军经过代电

(1945年4月23日)

中央秘书处:案查前奉总裁渝养办一参电颁全国知识青年志愿从军办法,及中央组织部酉梗役电示发动要点,经遵奉指示,按照各县适龄党员人数分配征额限期举办,并于十月二十四日召集湖北支团部,军队特别党部,六战区特别党部会商发动步骤,策动成立省征集委员会,另督导直属第五区党部,省党部配属党部召开全体党员大会,由本会主任委员就总裁告全国知识青年书中大义晓谕从军意义,当场报名从军者达三十七人。复于十一月八日在省政府大礼堂召集省会各直属区党分部及所属各区党分部全体委员举行座谈会,由本会主任委员及全体委员分别致词情绪热烈,当决定于十一月十二日总理诞辰及本党五十周年纪念会中合并举行从军运动宣传大会,当场签名参加者九六九人,风声所播,各县景从,虽县境沦陷未配征额之应山、麻城、孝感、钟祥、安陆、京山、江陵、石首、荆门、当阳等县,亦能积极发动,报名从军者共达四一一人,尤以应山王国棠同志亲赴伪县立中学宣示总裁德威,宣传抗战大义,一次策动伪校学生内归报名从军者三十四名。截止目前止,总计本省从军青年已集中入营者共五六一九人,较中央原配额超征一倍以上,内党员二八八一人,党工人员六一人,公务员一〇四八人,教育人员二〇一人,自由职业人员五一人,学生二一二五人,其他人员二一三三人。奉电前因,相应将本省办理此项运动情形缕陈察核。湖北省执行委员会。省施执组。卯梗。印。

〔全国知识青年志愿从军指导委员会档案〕

26. 山东省征委会报送征集从军人数统计电

(1945年4月27日)

渝3916译转全国知识青年从军指导委员会钧鉴:卯江电敬

悉。遵将本会登记合格青年已到阜者一四零五各项统计分别电呈如次:壹、性别:男一三七三,女二八。贰、年龄:一十八岁二三八人,一九岁二六五,二零岁二四三,二一岁一八一,二十二岁一九二,二十三岁七九,二十四岁六一,二十五岁四八,二十六岁三二,二十七岁一八,二十八岁二零,二十九岁二,三十岁九,三十一岁四,三十二岁六,三十三岁三,三十四岁一,三十五岁二。叁、籍贯:平度六二,牟平一六,海阳五,寿光五五,利津九,邹平四,淄川三,滕县一四,峄县二,齐河八,定陶九,夏津一,嘉祥二,莱阳六三,栖霞一九,招远六,济阳四七,德县三,临淄二,苍县九,蒙阴七,冠县五,荷泽三五,济宁三四,阳谷三十,莘县一,文登九,胶东一,宁县一,齐东三六,恒台一,长山一,新泰七,郯城二,曲阜三,范县一,茌平五,堂邑一,鱼台一,即墨二十五,掖县四,德平一三,陵县一,博兴七,临沂二,日照一五,诸城二,博山二,清平二六,□□□,高唐二一,昌乐四七,昌邑二,阳信三一,无隶四,霑化三,临朐二,沂水一七,汶上二一,曹县一四,东阿五,金乡二,濮县一四,高密一五,福山一八,惠民六二,青城四,蒲台二,莱芜六,邹县六,单县一七,平原三六,聊城六,观城六,禹城六,潍县五八,黄县一六,临邑六,高苑二,历城九,泰安五,益都二五,恩县一〇,肥城一,郓城一五,寿张二〇,临清二,蓬莱一六,荣城二,商河二,滨县二三,章邱六四,安邱五八,泗水三,宛陶七,博平一二,城武五,钜野三,长清一,乐陵一,青岛二,济南九,辽宁一,威海卫四,烟台七,河北一〇,广东二二,江苏一,河南二,浙江二,阜阳一。肆、学历:军校一三,大学肄业一三,高中毕业三〇,初中毕业二四六,高中肄业一〇〇,初中肄业四一〇,师范毕业三七,职业学校六九,简师毕业二五,简师肄业三二二,小学毕业二九,其他学历二五。伍、职业:党一二,政六九,军一〇四,警三,学一二一六,工程一。陆、党籍六六,团籍七〇九,谨电奉闻。山东省知识青年志愿从军征集委员会。卯感。征编。

〔全国知识青年志愿从军指导委员会档案〕

27. 黄季陆等关于四川省征集从军人数统计电

（1945年8月14日）

四川省知识青年志愿从军征集委员会快邮代电　征总字第三二九号　中华民国三十四年八月十四日

全国知识青年志愿从军指导委员会：奉钧会先后电饬，报本会实造合格青年人数分别统计等因。查本省征集知识青年从军配额计为壹万叁千名，经拟定各县市局征集知识青年从军配额表，分饬遵照如数征集足额有案。截至七月底止，据报，各县市局先后申送验收入营者计共壹万叁千零捌拾壹名，除正额外，计超额捌拾壹名。惟有陈者青年团渝支团部所辖川东各县局征集之从军青年，多系送交渝市委会转送入营，所有人数亦多列为该会配额。其中江北、綦江、奉节、鄰水等县征送人数迭经电催迄未具报？本会超额究有若干，俟各该县呈报后，再为汇报，奉电前因理合造具本省志愿从军知识青年各项统计表一份，电请鉴核示遵，四川省知识青年志愿从军征集委员会兼主任委员张群，兼副主任委员黄季陆、李天民叩。未寒印，附统计表一份。

附统计表

四川省从军知识青年籍贯年龄学

贯籍												年	
四川	山东	□□	湖北	江苏	浙江	河北	河南	湖南	广东	山西	安徽	十四至十七	十八至二十三
一〇七一六	二八九	八八	五八八	一九一	一七三	九七	一四五	一八七	八四	四五	一五二	一四一	一〇〇八

续上表

历职业党团籍统计表

年龄		贯籍	
二四至二九	二四六五	贵州	二三
三〇至三五	五二九	福建	一四
年龄不明者	二八	陕西	七三
		江西	六四
		西康	二二
		云南	三四
		广西	一五
		吉林	一二
		甘肃	一六
		绥远	三
		上海市	八
		籍贯不明者	四二

学历		职业		党团籍		合计
大学	六九	公务员	七五九	党员	三一六五	一三〇八一
中学	一〇九〇六	教员	三八二	团员	三一七六	
	二〇〇二	学生	一〇九八二	党团籍不明者	六七四〇	
	一〇四	农	一六三			
		商	二八八			
		职业不明者	五〇七			

注备

一、合计数一三〇八一名系各县市局已呈缴验收合格人数单据者尚有少数县局未呈缴验收人数单据者未列入。

二、表列各项不明数系一部县局呈报不详者。

三、青年团重庆支团部所属川东三十二县团员配额未列入。

〔全国知识青年志愿从军指导委员会档案〕

28. 全国从军指委会秘书处关于该会办理知识青年志愿从军工作报告①

(1945年)

(甲)发动经过

溯自三十三年八月底,两奉委员长手令,嘱由中央党部中央团部会同发动知识青年从军运动,俾编组新军,以提高国军素质,充实反攻力量。遵经党团负责同志会拟办理原则五项,呈奉核定。当即根据此项原则,由党团暨军委会指定人员分别起草征集办法与编练计划纲要两草案,并为慎重商讨与推行有效起见,特于十月十一日起召集全国各省市党团负责同志来渝举行发动知识青年从军会议。除将征集办法(附件一)与编练计划纲要(附件二)修正通过外,并经拟定宣传纲要(附件三)优待办法(附件四)全国指导委员会暨各级征集委员会组织办法(附件五)征集经费概算书(附件六)征集集中期间管理办法(附件七)等项,另由党团分别订定党员团员征集实施办法(附件九)。以上各件,均经呈奉委员长核定在案。大会于十四日闭幕,本会即根据大会决议,并奉委员长指派人员尅日成立,当即召集第一次全体会议,至十月二十四日本会秘书处亦正式开始办公,依据大会各项决议分别计划实施。兹将重要工作概况分别列报如下:

(乙)工作概况

一、征集部份

(一)数额分配:计各省市配额九万七千三百八十人,各专科以上学校配数二千五百人,各职业党部配额六百二十人,总计征集青年远征军之数额为十万零五百人,均分别电知各省市路校于三十三年十一月十二日开始登记(附全国知识青年志愿从军征集配额

① 该报告附件均缺。

表、全国专科以上学校征集知识青年志愿从军预定集中地点一览表、全国职业党部知识青年志愿从军数额分配表)(附件十、十一、十二)。

(二)集训地点:关于集训地点,全国原分为十个师,分别集中训练,后因设备、交通及战事种种关系,数度更改,现改为九个师(附注),其驻地:一、壁山,二、綦江,三、万县,四、泸县,五、札佐,六、汉中,七、昆明,八、瑞金,九、黎川。

(附注)十师中原有天水一师,嗣以该地气候及营房改建不易,奉谕将天水改为昆明,同时东南三个师复以战事关系及准备困难,奉准暂成立两个师,其地址并经核定为瑞金及黎川,故集训地点现改为九处,东南二个师并责成第三战区顾司令长官就近督练。

(三)入伍日期:西南、西北各师均经规定自本年一月一日起至三月止为入伍日期,东南各师原定四月一日起至五月十五日止为入伍日期,现因战事关系,复经规定瑞金一师提前于三月十日前入伍。

(四)集中路线:本会为便于全国各地从军青年集中起见,经于三十三年十一月制订集中预定路线图,分发各级知识青年志愿从军征集委员会参酌办理(附全国知识青年志愿从军征集集中预定路线图及说明各一份)(附件十三AB)。

(五)设立各地征委会:依照各级征委会组织办法,先后成立征委会者,计有二十二省、五市、一战区、四路、九十二校(未报成立日期者,未计在内),大致尚能按照规定如期征集。兹将各征委会成立日期及人事配备表另附备查(附件十四)。

(六)设置各地接待处:本会为便于从军青年赴指定之集训地点,一切接洽招待等事宜,特设置接待处办理之,经拟定办法并确定经费指派负责人员分电遵照实施,计设置接待处地点有曲江、屯溪、永安、南阳、西安、宁夏、宝鸡、平凉、兰州、晃县、沾益、贵阳、老河口、巴东、万县、成都、乐山、重庆、阜阳等十九处,兹将各地接待处编制经费人事与接待人数表另附(附件六)。

(七)对于超额之处理:本会自开始征集以来,各省市路各专科以上学校及各战地之征集人数多有超过配额,爰经遵照委座指示,于本会第四次常会决定处理办法三项:(甲)各省市于规定配额内超出二成以上者,其超额之青年由各省市征集委员会斟酌情形以抽签方法或其他方法暂予登记保留,另候征调。(乙)各沦陷区征集超额青年应全部接收。(丙)各专科以上学校征集超额青年应全部接收,并复另案规定,四川、湖北、陕西、河南、甘肃及重庆等六省市所有超额青年,概准全部接收,各级征集委员会均能遵照规定办理,情况良好。

(八)对于逾龄从军人员之处理:查此次征集青年,以年在十八岁至三十五岁者为限,惟各级征委会开始登记后,三十六岁以上人员请求登记者甚众,爰经本会第四次常会决定处理办法三项:一、逾龄志愿从军者之特准标准以年在三十六岁以上四十五岁以下,经原服务机关许可,体格合于全国知识青年志愿从军征集办法所订标准,及具有合于军事需要之特殊技能者为合格。二、此项人员之使用,以派充军中辅助勤务为原则。三、各地逾龄应征者,由各地征集委员会登记检验合格后,另立专册层转本会,按实际需要数额遴选征集入营。通饬各级征集委员会遵照办理,以资统一。嗣准编练总监部函,以在适龄青年未办妥以前,难以收容前项逾龄人员,经本会决议照办,即行通饬各级征委会遵照,已登记者分别婉却,并停止登记。此为关于逾龄从军人员处理经过情形。

(九)对于军职人员及军人参加从军之处理:本会以已取得军人身份人员仍有请求从军情事,对于此种情形,应有处理办法,爰决定:(一)现任军事机关及海陆空军官佐与士兵,为现役军人,非依法退伍不能脱离现役,自亦不必参加志愿从军。(二)军事机关之军属人员(即军文人员如军简军荐军委等),如经原机关主管人员许可者,得志愿从军。(三)非军事机关之军职人员(如训练机关之各级队长与各学校军事教官等)已具有军人身份者,视同现役,照第一条之规定。(四)非军事机关职员,其具有军人身份者,亦得志愿从军,此项人员于从军入伍后,经考核合格,亦得按其资历能力以军官佐任用(失业军官佐亦照此二项规定办理)。

(十)从军青年服务工作之筹划:各地青年入伍后,机关学校对于从军青年多有服务会社入组织,而事实上为减少从军青年对于家庭之顾虑,确有组织服务会之必要,爰由本会第七次常会决定办法二项:一、各级征集委员会于应征青年入伍后,应兼办从军人员之福利及服务事宜。二、各机关未有征集委员会者,得设置知识青年从军服务会,其组织办法不作划一规定。即经指示要点:(一)各机关学校为办理从军青年眷属福利,应成立从军眷属服务会。(二)服务会应由县所在机关学校之未从军人员筹募基金,但不能动用国库。(三)服务会之任务为调查从军青年之眷属生活及代办一切必要事项。(四)协助推行对于知识青年从军优待办法之各项规定,分饬各级征集委员会并函各机关查照办理。

(十一)工人店员从军优待问题之处理:本会以工人店员从军之优待问题,迭据各方函电询问,爰订定办法三项,呈准施行:(一)在工厂服务之知识青年志愿从军后,其原工厂之职位及应有权益可依"知识青年志愿从军优待办法"第三条第二款之规定办理,但在工厂原无固定职位者,如承包工匠等不得适用。(二)商店店员亦得援用上项规定,由社会行政机关令饬各同业公会办理。(三)俟退伍时,如原服务之工厂或商店停业后,由社会行政机关按各行业优先介绍其就业。

(十二)女青年之征集:本会依据征集办法第二项第二款之规定,经拟订女青年志愿服务队征集办法(附件十六),并确定征集地区及配额,分电各该地区征集委员会办理,继又订定实施办法及征集管理办法颁布施行(附件十七)。兹将配额分配地区各该征集委员会已征集人数及集训计划分述于后:

（甲）分配地区及配额：成都计五百名，昆明二百名，重庆八百名，西安二百名，兰州、贵阳、湖北各一百名，广东三百名，江西二百名，浙江、福建、皖南各一百名，共征集二千八百名。

（乙）各地区已征集人数统计：查各该地区开始征集以来，申请登记者颇为踊跃，各该地区已登记人数为：成都五七一名，贵州一二〇名（已来渝集中），浙江一〇〇名，兰州一九九名，重庆八〇〇名，湖北一百名，其余各区尚未据报。

（丙）集训计划：除东南各地区征集女青年拟在东南设营训练外，其余各地区拟定三月五日及四月十五日分两批集中重庆训练，并决定成立服务总队，隶属于编练总监部，训练之内容为救护、文化、经济、通讯、风纪等五项，分别编队，除文化、经济两队训练期间预定为一个月外，其余各队均预定为两个月，训练期间即分发各师，辅助各项军事勤务，以增强青年远征军之战斗力。

二、宣慰部分

（一）订颁宣传计划及慰劳办法：本会为扩大宣传加强慰劳工作起见，经将发动全国知识青年从军会议决定之“知识青年从军运动宣传计划纲要”（见附件三）颁发，及拟订“从军知识青年慰劳办法（附件十八）颁发各慰劳团体遵照施行，本会一切宣传工作均依此推进。

（二）解答从军疑难问题：知识青年从军在我国系属创举，征集伊始，问题丛生，本会除藉报纸或其他方式解答各地从军青年疑难外，并特约中央、扫荡、大公、商务四家报社设立青年从军询问处随时代答各方询问，以期便捷。

（三）征求从军剧本歌曲：剧本歌曲感人至深，本会爰特登报公开征求从军剧本及歌曲，以备演唱，应征相当踊跃，收到剧本一〇六部，歌曲一五五首，当经延聘专家评审，竣事剧本部门计取五名，歌曲部门计取七名，一俟酌加修正即可印发各地，以为艺术宣传之用。

（四）筹编从军纪念册：知识青年从军为我国建军过程中一重大阶段，本会现正着手筹编纪念册，藉资纪念，纪念册内容包括：（一）自总裁号召知识青年从军时起，至将来本会结束时之每日大事记。（二）有关从军之论著选辑。（三）从军青年各种可歌可泣之故事及其本身写作三部。刻已大部完成，不日即可提会审查。

三、经理部分

（一）征集经费：征集经费包括各级征集委员会经费、从军青年补助费、旅运费、副食零用费、医药草鞋雨具费等项目，先后奉拨拾伍亿元，关于各项给与经费分别订定如下：

（甲）各级征集委员会经费——系供宣传督导慰劳等之用，分为左列数项：

1. 省（市）征集委员会经费系以五万元为基本数，再按各省（市）配额每人以二十元计算发给。

2. 县征集委员会经费系按各该县配额每人以八百元计算，发由省（市）征集委员会统领转发。

3. 各专科以上学校征集委员会经费，系由本会按各该校配额，参照前项规定，直接汇发应用。

（乙）从军青年补助费，按每人五千元发给。

（丙）旅运费系按照途程远近分别等级发给，计一等六千元，二等五千元，三等四千元，四等三千元，五等二千元，六等一千元，发由省（市）征集委员会视当地交通情况统筹支配。

（丁）副食零用费系配合旅运费标准发给，每人每日壹百元（内副食费七十元零用费三十元），计分为六等：一等六千元（按途中行程六十日计算）；二等五千五百元（按途中行程五十日计算）；三等四千五百元（按途中行程四十五日计算）；四等三千五百元（按途中行程三十五日计算）；五等二千五百元（按途中行程二十五日计算）；六等一千五百元（按途中行程十五日计算）。

（戊）医药草鞋雨具费，按每人一千元发给。

(二)运输经费:接运从军青年所需运输经费奉拨叁亿肆千玖百万零壹千肆百二十二元,分配数目如左:

1. 西北区:六三、九二六、一四二元

2. 西南区:五四、三一六、八三三元

3. 东南区:九一、五八三、四一四元

4. 蓉泸段:二五、九八〇、六四八元

5. 西安站:一、五〇七、五二〇元

6. 霑益站:七、二六六、〇〇〇元

7. 长江区:六、四四一、一〇〇元

8. 预备费:九七、九六一、七六五元

以上经费均由军政部军需署代向国库具领,先期汇发应用东南各省并经商由航空委员会派机飞送济南用,使无匮乏,惟各地青年激于爱国热忱,志愿从军,超额颇多,是项超额经费一俟各地实际人数报会后,当即汇计专案呈请拨发,至女青年征集经费各地接待处经费,均在征集经费第一预备费内开支,不为请款,以期不超预算。

四、粮秣部分

(一)粮源:从军青年集中期间,所需食粮经本会常会决议,由各省府先行拨发,将来在三十三年度军粮配额内抵拨,并经军事委员会及粮食部通饬各有关省府及粮政机关遵照办理,故对于从军青年食粮之补给尚称顺利。

(二)补给定量:食粮定量经规定每人日给中熟米二十四市两(碛米十五市两)或面粉二十六市两,惟老河口至巴东一段徒步集中从军青年之食粮,据老河口接待处徐兼主任电报,山路跋涉必须日食三餐,每人日给碛米二十五市两不敷食用,请增为碛米三十市两,已由本会分别通知后方勤务部及粮食部分饬沿线所属机关照办。

(三)补给实施:食粮补给,经根据运输计划及各地副食费配分口份从宽筹划，订定食粮补给计划及实施办法（附件十九），颁发各地征集委员会遵照，并将原计划及办法之要点先行摘要电饬遵照：一、面请前后方勤务部分饬各有关兵站机关及粮秣处转令各该线军粮仓库妥为补给，如有超额人数，并应随时增拨军粮，又老河口至巴东之线沿途食粮缺乏，为适时补给计，经电请前后方勤务部转饬第五、六两兵站总监部派员协同各地接待站按照实际需要事先屯备，现西南七个师从军青年正按照运输计划陆续集中，截至最近止，各线粮食补给均能应付裕如，至东南两个师从军青年及女青年集中食粮俟运输计划确定后，再行筹划。

（四）食粮代金：沦陷区从军青年集中期间，在沦陷区内无法领得现品，经签奉总裁核准发给食粮代金，本会为便于实施起见，复订定食粮代金发给办法，通饬遵照（附件二十），现查共计发出一千一百六十七万四千五百元（附件廿一）。

（五）各临时招待所食粮补给：本会为招待川东各县来渝从军青年起见，特设临时招待所，又教导第五团（驻赣县）及第六团（驻连县）自本年元月份起，均由本会接收，改为临时招待所，应需食粮已请后方勤务部分饬驻川粮秣处及第七兵站总监部拨发军粮。

五、卫生部分

（一）订定从军体格标准及检查表：查修正学生志愿服役办法所定身体检查标准似过繁复，经略加修正，作为知识青年军体格检查之标准（附件廿二）。

（二）订定沿途医药卫生及护送办法：此项办法经分电各省市征集委员会遵办，并电请卫生军医两署转饬所属办理，其要点如下：

1. 各省市县征集委员会，应邀省市卫生处局及县卫生院参加筹划办理从军青年之体格检查，及沿途医药暨护送事宜。

2. 凡沿途中央或地方卫生机关及私立医院或开业诊所，均有为各该从军青年免费诊治之义务。

3. 各地从军青年体格检查应由各地征集委员会约定当地医药卫生机关负责办理，检查表式另寄，检查后并设法种痘。

4. 各接运站应配合设置卫生站，由当地卫生机关或驻地军医机关负责主持。

5. 凡行程在一日以上，人数满一百人时，须派医师及护士携带药品随行，至次一站止，以后按照接替。

6. 凡患病者，必须留站治疗，病重者送当地医药卫生机关诊治，病愈再令起程，所需病人医药膳费准予按实报销。

7. 各地卫生机关、各接运站之卫生站及沿途随行医师，诊治从军青年疾病，应备诊治纪录，并按旬查报。

（三）订定设置各接待处卫生站计划：从军青年集中期间，沿线医药卫生工作极为重要，办法七项令饬遵照，其中第四项为各接运站应配合设置卫生站所，旋经拟定设置办法颁发施行（附件廿三），其地点及主管人员另附（附件廿四）。

（四）视察营房卫生设备：本会为视察壁泸万綦四地营房，曾组设营房视察组一组，由编练总监部、中央党部、中央团部各派二人，卫生署、军医署各派一人组织前往，当将视察结果提供编练总监部参考改善。

六、运输部分

（一）运输计划之拟订与实施：关于运输事宜，本会根据征集集中预定路线图拟订运输计划纲要暨明细表（附件廿五），以为各地接运从军青年之依据，并分函后方勤务部及交通部转饬所属各区运输主管人遵照依限实施，除东南区因战事影响，原定集训地尚须变更，仅屯溪方面，因交通关系，经屯溪调配所于一月十七日派车运送（四八〇）人至常山，运送一二〇人至玉山外，其余各区均经先后开始运输，陆续到达集训地，兹分别列报于下：

（1）"汉中"：集训青年包括甘青宁绥及苏皖鲁晋冀察平津等省市，分于兰州宁夏天水西安宝鸡等地接运，将告竣事。

(2)“昆明”：该师原设天水，旋奉委座谕饬移设昆明，并利用飞机运送，经拟定集训青年包括云南、陕西两省，除云南青年迳至昆明集训外，陕西青年均集中西安，由航空委员会派机运送至霑益，当经川滇铁路公司随时转运至昆明入营。

(3)“扎佐”：原包括广西及湘西两地青年，此因战事影响，广西青年一时不能决定接运地点，近据报告该省从军青年已有一部分集中百色待运，刻正研究接运路线，将来是否仍运扎佐，或利用盟军空运回程飞机改运昆明集训，尚未确定，除俟拟定之后专案办理外，至湘西从军青年则由晃县运至扎佐。

(4)“綦江”：原仅集训贵州征集之青年，旋因壁山人数超额过多，营房不敷运用，乃先后由渝及川东各县运送从军青年一部分至綦江集训，至贵州省从军青年均运送綦江集训。

(5)“万县”：集训湖北、河南及汉口市征集之青年，除汉口市及鄂南各县因不能通过陷区，要求改在东南集训外，余均到达万县入伍。

(6)“壁山”：集训川东南及重庆市从军青年，初因渝壁间相距甚近，原拟徒步行军，旋遵委座指示，以从军青年尚未养成行军习惯，对于入营前之运输备极关怀，经饬由重庆市征集委员会征租商车分批运送，所需经费业按一万人预算，由会于运输预备费项下拨发，故均改由车运，惟该处营房不敷，一部分青年改运铜梁集训。

(7)“泸县”：集训四川西北各县及西康省青年，本会原规定自成都接运，旋因西康宁属青年四〇〇人要求由乐山经宜宾赴泸，本会以乐宜间公路未通，水枯不通轮船，为兼顾计，已电饬乐山接待处设法运送抵达泸县。

以上所述为本会运输计划规定路线之运输情形，其由各地至本会接运站之运输，以另拨有征集旅运费，本会仅函请交通后勤两部通饬各运输机关予以便利，所需运费不在本会运输计划之内，故不赘述。

（二）拟定女青年运输计划：关于女青年之运输，本会依照预定名额除东南各省因战事关系无法运输来渝，将俟另案办理外，后方各省征集人数经拟定运输计划明细表（附件廿六），颁发施行。

（三）计划老河口至巴东之运输接待：本会以老河口至巴东一线凡七百华里，交通不便，而河南从军青年六千五百人，鄂北从军青年一千人，学校从军青年及护送人员五百人，共约八千人，均由此线至万县入伍，沿途运输接待食宿卫生均须计划，故除订定此项计划外，并派干员前往协助沿线办理人员工作□行以来尚称顺利，原计划另附（附件廿七）。

（丙）征集效果

自三十三年十月十一日发动全国知识青年志愿从军运动会议以来，除本会即日成立外，各省市及各专科以上学校各职业党部亦先后分别成立征集机构，办理征集事宜，全国知识青年皆热烈响应，踊跃应征。迭据各级征集委员会电报，登记志愿军人数早经超过十万青年志愿军之预定数额。本会曾经再三电饬各级征集机构将登记检查合格人数，分别性别年龄籍贯学历职业党团籍等项表报，现除少数专科以上学校业已寄到外，各省市大概因人数较多，计算需时，且须俟各县市将检查合格人数统计表报告到省后，始能汇报本会，又以战时交通阻滞，邮电迟缓，刻下各省市尚未将检查合格人数及合格统计报告到会。兹查各级征集委员会报告登记之从军人数总计一五一、五一六人与原定十万青年从军之预定数额，已超出百分之五十以上，兹将各地登记人数列表如次：

全国知识青年志愿从军人数统计表

登记单位	登记人数	备　　注
重庆市	八、一二二	
四川省	二七、六四七	
贵州省	二、一七九	
云南省	二、九二九	

续上表

登记单位	登记人数	备　　注
河南省	八、一七四	
河北省	一五三	
湖北省	七、四四四	
湖南省	四、八九六	
广东省	一二、四五六	
广西省	一、六九七	
江西省	一二、〇五〇	
江苏省	一〇三	
福建省	一八、〇七〇	
浙江省	三、七一二	
三战区	二、八七二	
安徽省	三、八四三	
陕西省	一三、二八三	
甘肃省	九、三八五	
青海省	一、〇〇〇	
宁夏省	三〇〇	
绥远省	九八六	
山西省	五〇二	
山东省	五五五	
西康省	七〇四	
上海市		
各专科以上学校	七、九〇五	
各职业党部	五四九	
总　　计	一五一、五一六	

附注：

(一)本表系根据各级知识青年志愿从军征集委员会报告之登记数字编制表。

(二)本表所列从军人员尚有一部分未经过体格检查，故本表所列从军人数系属初步概数。

（三）本表所列登记从军人数系截至三十三年十二月三十日止。

以上所列为登记数字截至本年二月十日止，入营人数除东南区两个师尚未届入营期外，计有四三、二一七人，其余正陆续分别向集训地点输送中。兹将后方七个师已入营人数列表如次：

番号	地区	入营人数	备注
二〇一师	壁山	七九〇一	入营日期预计自三十四年一月一日起至三月底止。
二〇二师	綦江	六〇七〇	同上
二〇三师	泸州	八二一六	同上
二〇四师	万县	六〇七〇	同上
二〇五师	扎佐	七一五	同上
二〇六师	汉中	七〇六八	同上
二〇七师	昆明	七一六七	同上
二〇八师	瑞金	无	入营日期预计自三十四年四月一日起
二〇九师	黎川	无	同上
合计		四三二一七	

（丁）工作检讨

工作成就：根据各地征集委员会报告，除因受战事影响之湘桂黔等省外，均能于预定时间达到配额，且多有超过，查征集登记总数已达一五一五一六人，其中如重庆、四川、甘肃、陕西、福建、广东、湖北……等省市以及同济、朝阳、中央政校、中工、西北大学……等校皆超过配额甚巨，综其成功原因，则有下列三点：

（一）领袖之伟大号召。自领袖发表告全国青年书后，各地方各学校青年，尤其党员团员无不闻风兴起，踊跃参加，其中极多可敬可佩可歌可泣之事，实足以证明全国青年对于拥护领袖报效国家实具有高度之热忱与牺牲之决心。

（二）各征集委员会工作人员之努力。自中央以至各地方各学校及职业党部征委会工作人员，类能秉承领袖之意旨，分工合作，实事求是，详密规划，按步实施，故能于短促之时间与困难之物质条件之下，达成任务，此种精神实为可佩。

（三）社会人士之响应。自此次运动发动以来，各报章杂志即竞相宣传，尽力倡导，而各地学者名流且热烈提倡，甚至率先报名，各地青年均能深明从军意义之重大，虽少数企图破坏此次运动，不惜与敌伪同声相应者亦无所施其技俩。

二、工作缺点：惟此次运动尚有未能尽善尽美者，则为发动宣传甚早，而各项准备工作未能及时完成，如营房设备等项直至入伍期间犹多未能完成，复因战事影响，各地征集接待事宜亦间有未能按照预定计划顺利实施，而且迭加改变，凡此因时间环境之影响均有待更多与更善之努力也。

三、今后工作重点：以目前情形而论，征集工作已大体完满告一段落，今后所应特加注意者，即此次从军青年大都为勇敢热忱之优秀分子，必须予以良好之领导，以发挥其报效国家之力量，故今后工作之重点，似在于编组训练管理与使用诸端也。

〔全国知识青年志愿从军指导委员会档案〕

29. 第九军二〇一师印制青年远征军简史

（1946年5月）

中华民国三十三年秋，我最高统帅手令发动全国知识青年从军运动，期以提高国军素质，充实反攻力量，中央党团当事诸公，仰体斯旨，拟订“征集办法”及“编练计划纲要”，呈奉核定，即于是年十一月在陪都成立全国知识青年志愿从军指导委员会。以张伯琴、莫德惠、蒋梦麟、顾毓琇、何应钦、白崇禧、陈立夫、张厉生、周钟岳、谷正纲、吴铁城、陈果夫、张治中、徐永昌、俞飞鹏、罗卓英、张定璠、徐思平、梁寒操、段锡鹏、黄季陆、康泽、袁守谦、李维果、郑彦棻、余井塘、赖琏、狄广膺、朱家骅、陈诚为委员，并以何应钦、吴铁城、陈果夫、张治中、白崇禧、陈立夫、张定璠、康泽、徐思平为常务委员，同时成立编练总监部。以罗卓英任总监。霍揆彰、黄维、彭立仁、郜子举任副监，蒋经国任政治部主任，我全国知识青年懔国家兴亡之责，风起云涌，争先入营，于是本军遂于三十四年元旦应运而诞生矣。

本军之诞生，实开我国历史上未有之创举，一洗数千年来重文轻武之诟病，使全国知识青年敌倭[忾]同仇，一以傅介子班仲升自效，而为现时代之民族英雄，允足示范将来，激励继起者之爱国精神，而跻国家于独立自强之域，爰将本军简史，分期概述于次藉资观感焉。

一、筹备时期：本军筹备之经过，凡两阅月，(即自三十三年十一月起至十二月底止)故其进行极为迅捷，如确定编制，决定番号，查勘驻地，增订计划等，靡不夙夜将事，尤以选拔干部，精审周详，不遗余力，盖编组十万大军，首须在新时代新任务新干部之原则下甄拔足以领导知识青年之军事人才，以备擢用，于是由编练总监部罗总监卓英兼干部训练团教育长彭善副之，拟具干部集训计划，尽量于全国各军事机关学校及部队中各级干部择优召训，甄别留用，寓考核选拔于训练之中。

二、征编时期：知识青年征集数额之分配，计各省市共九万七千三百八十人，各专科以上学校二千五百人，各职业党部六百二十人，总计十万零五百人。三十三年十一月开始登记，十二月杪陆续入营，共编为九个师，其番号之次序，定为青年远征军第二零一师至二零九师，分驻壁山、綦江、万县、泸县、扎佐、汉中、昆明、黎川、上杭。三十四年四月奉令以第二零七师拨归新六军建制，并由其他各师选赴印度习驾驶及机工者四千[四]百六十七人，外事局译员一百三十三人。中央军校学生七百人，第七分校学生二百九十六人，赴美民航生一百八十人，昆明突击总队一千人，昆明无线电训练班二百人，特种宪兵二百人，共计拨出七千一百七十六人，各师旋又举行甄别，先后遣回六千四百五十三人，至三十四年八月罗总监主粤，以副监霍揆彰代理之，政治部以胡轨为副主任，十月以编练总监部任务完成奉令结束。将青年军分编为第六第九第三十一三个军。第六军军长霍揆彰调滇后，以刘安棋继任之，辖第二零二、二零四，第二零五等师，第九军军长钟彬，辖第二零一、第二零三、第二零六等师，第三十一军军长黄维，辖第二零八、第二零九等师，第二零七师仍隶新六军建制。

三、训练时期：本军教育分三期实施，以各师志愿兵入营有先后，其正规教育开始时期亦甚不一致，第[1]期为一般教育，原定于三个月内完成连以下诸般教练，嗣因检讨各种课目，多未臻熟练，经策定二个月之复习教育计划，遂获长足之进步，迄八月杪，各师太抵均告完毕，第二期教育实施期间，原不限于三个月，其目的在继续加强前期教育，增进青年军之战斗精神与技能，完成营团战斗教练，并施行师以下诸兵种联合演习，俾加强部队之作战力，于三十四年九月开始，十月底结束，中间因日寇投降，为作出国驻屯准备，遵照最高领袖指示，曾改施特种教育一个月，寻以出国未果，政府为谋建立预备军官制度自青年军创始，特由军训部颁订预备干部教育计划，循序列为本军第三期教育，统定于三十四年十二月开始，三十五年五月底完成，视各志愿兵之成绩，分别授为各兵科预备少尉或预备军士。

四、复员时期：三十五年二月，我最高统帅感于征调知识青年从军服役将届期满，应作复员准备，为求统一军权，乃明令成立军事委员会青年军复员管理处，以军政治部部长陈诚兼任处长。蒋经国彭位邓文仪副之，遂决定凡青年军之各师及其他各军宪兵教导团辎汽团之知识青年志愿兵，除派赴东北及日本者，以任务特殊，应延期至任务完成交通恢复后，再行复员外，其余统限于三十五年五月底经考试后结业复员，为使退有所归，归而能安，于复学复业者外，其不能就学就业者均由复员管理处统筹安插并设立青年中学青年职业训练班收训之。

概自本军组成之始，正值国家危急之秋。诸青年踔厉奋发热烈从军，且纷请加入战斗序列开赴前线，提前反攻，虽以敌寇投降，未克实现，其忠勇报国，慷慨赴难之精神，实已开吾国有史以来未有之举，此种光荣历史，应如何发扬光大。振弱以积之颓风，而成复兴之大业，端赖诸青年培养固有之精神分布社会，不断努力，奋斗创造，以达成之。

青年军第九军第二百零一师简史

民国三十三年冬，日寇作垂死之挣扎，国内战局正当危疑震撼之时，我最高统帅，为扭转战况，争取最后胜利，特于双十节号召十万知识青年从军，以此编练新军充实反攻力量。并作改进国军基础，精诚所至，全国有知识青年，蜂起响应，未几自动报名入伍者，数逾十万，共编成青年远征军九个师，本师为二百零一师，奉令以戴之奇、邹镠善两将军为正副师长，王寓农将军为参谋长。

师采用中华民国驻印军陆军师编制，驻四川境内璧山、铜梁一带训练，除少数装备为战时交通所阻未能配足外，其余均按编制装备齐全，士气激昂，正企小试锋芒，贯彻初志，乃以倭寇败降，抗战结束，中枢为建立预备干部制度，特令各青年军改施陆军预备干部教育，期分别复员从事建国工作。总计本师成立迄今共一年又五阅月，兹将经过概况分述于后：

一、部队教育概况

自三十四年元旦迄十一月底止为本师实施教育时间，部队教育实施步骤有编组教育及一般教育之分，在编组教育时期，以精神训练为主，以生活训练为辅，必使从军青年习惯军中生活，以奠定尔后分科受训之基础，在一般教育开始时，则侧重培养军人战斗性格，树立部队严肃军纪，熟习射击技能，完成各个班排连战斗教练，则能担负当前战斗任务，且于实施时，以精神教育政治训练为教育之旨要，启发其效忠国家信仰最高统帅及同仇敌忾之意念，养成百折不回为三民主义而牺牲奋斗之战士，经此十一个月训练，从军青年思想身体及战斗技能，均有显著之进步。

二、陆军预备干部教育概况

自三十四年十一月迄三十五年五月底为本师改施陆军预备干部教育时期，全期共六个月，前两月为实施预备军士教育，在此一段时期，本师除在外聘请军事教官一〇八员外，其余仍照本师编制人员分任管教责任，以部队机构而任五六千干部之养成教育，此在国内尚属创见，幸全师各级官佐，忠勤奉公，从军青年素质优良，始得依照计划于五月底实施完成，受训期满，曾举行结业考试，凡成绩在六十时〔分〕以上者取得预备军官资格，以下者取得预备军士资格，并各颁发预备干部适任证书，以证明其身份。

三、一年来大事及复员经过概述

三十四年十月本师曾奉令与青年二零二师、二零四师合编为青年军第六军，军长为霍揆彰中将，至十一月间本师复奉令改隶青年军第九军建制，军长为钟彬中将，于同时本师前任师长戴之奇少将调任第九军副军长，由潘华国将军继任本师师长。

三十五年六月为本师从军青年复员时期，本师遵照军委会青年军复员管理处颁布之各项复员办法及法令，拟定复员计划分类设施，共计复员青年五千四百六十四人，内以升学复学者最多，凡复员之青年军均由国家派遣专用之车船载运，并发给足用之旅费及奖金，此显见国家爱护之殷切。青年受惠之余，益深感奋。咸以报国为终身职志。此项工作于六月底全部完成。

〔国民政府教育部档案〕

〔九〕重大惨案

（一）黄河决堤

1. 熊先煜关于新八师破坏黄河铁桥及花园口决堤日记摘录

（1938年2—6月）

抗战日记摘录　　　　熊先煜著

民国二十七年

一、破坏黄河铁桥

二月十二日　星期六　晴　郑州

本师新八师奉程长官命令，由郑州进驻黄河铁桥南北两岸，处理并准备一切，忙无休息，晚间分别致书守瑛表叔、伯雍、远志、南董、应援治堂、代蕃诸兄，告以移防情形，且谓原拟借征兵机会，返黔省亲，近新兵已由黔出发来豫，兼之任务繁重，不克分身，业已打消回家念头，努力杀敌报国也。

二月十三日　星期日　晴　黄河铁桥车站

十四时随师长蒋在珍将军，乘火车由郑出发，同行者副官郑自襄，及特务连士兵一排，经广武县境，到黄河南岸车站，驻第二团团部驻地，该团前日由新乡开来，守卫黄河铁桥。

指挥所除郑副官办理杂物外，一切由余一人负责，到后，即计划部署防务，并处理诸事，师长对余有所指示或咨询时，先命就坐，此为平常对部下所少见者，入暮，奉令往晤独立工兵第一团第一连连长周玉璇少校，询问爆破铁桥准备情形，据称该连已开来三月，准备业已完成，对所负任务，确有把握，该连距本部约三里，归已二时左右，始得安眠。

漳河以北之敌，连日沿平汉线南犯，我二十九军各部队迎击于安阳、汤阴、汲县各地，战斗异常激烈，我军逐渐南移，敌已由汲县南下，大有直趋新乡，而进犯中原之势，本师此来任务，为固守黄河铁桥南北岸，并掩护破坏黄河铁桥，战地生活，甚觉痛快。

二月十四日　星期一　晴　黄河铁桥车站

上午两次警报，余侦察敌机行动，闻爆炸声甚烈，车站附近，亦受震动，料敌机轰炸郑州也，嗣接郑州电话，知敌机十余架轰炸郑州，车站附近及大同路，损失甚重，死亡亦多，师部北侧球场落三弹，对面中国银行亦被炸，官兵幸而无恙。

午后一时许，随师长乘手摇车赴黄河北岸视察阵地，尚有营长刘荫培、副官郑自襄及卫士二人随行，隧道附近，驻有重炮兵一连，炮二门，铁桥上有本师士兵守卫，并有高射机枪二挺，英勇将士严阵以待，日前被敌机炸坏之八十二孔桥，业已修复，可以行车，及抵北岸，师长接见第一团团长傅衡中，有所指示，旋即视察桥头堡阵地一周后返回南岸。

黄河铁桥计长一百孔，每孔约四十公尺，为世界伟大工程之一，方今倭寇侵略，在焦土抗战下，准备予以破坏，殊觉可惜！

师长视察归来，晚间亲写“桥头堡阵地之意义战斗要领”一文，分发各部队研究，此种战地教育，师长常亲为之，故部下胸有成竹，临阵不惧，所负任务，未有不圆满达成者。

二月十五日　星期二　晴　黄河铁桥车站

今日我空军飞机十二架，飞炸安阳敌军，军民闻之，莫不称庆。

本部各处派随指挥所工作人员，昨日郑州被炸受阻，今日入暮，始由参谋长朱振民将军率到，三日来，余一人办理一切，六昼夜接谈电话，亦感繁忙，北方气候寒冷，风沙甚大，余受感冒颇重，说话亦感吃力，任劳任怨，聊以自慰。

豫北情况紧急，闻敌我在汲县新乡间激战中，关于破坏铁桥，奉令饬由工兵一连，于夜十一时许，开始装药，长官部并派工兵组长某，前来指导技术事项，待命破坏。

二月十六日　星期三　大风　黄河铁桥车站

五时，奉程长官命令：本师指挥并掩护工兵破坏铁桥，固守北岸桥头堡阵地，师长当令傅团长率步兵四营，占领并固守北岸桥头堡阵地，李昌荣团长率二团两个营及师部直属部队，并配属之炮兵部队，固守南岸，严令官兵与阵地共存亡，纵余一兵一卒，亦不得擅行撤退。

十一时许，发生警报，有敌机一架，盘旋铁桥高空侦察，斯时狂风怒号，尘埃漫天，旋即逸去，嗣后据报，铁桥中央有哨兵一人，被风吹入水中，惨遭灭顶，其风之大可知。

午后二时，九五师长兼郑州警备司令罗奇将军来与师长会商，传示委座命令，并各地战况如下：

(一)长官部参谋长晏勋甫将军，已驰赴新乡，与宋哲元将军计划拒止南犯之敌，破坏铁桥须待委座命令。

(二)津浦南段，我军告捷，已将抢渡淮河之敌歼灭或击退，收复凤阳，蚌埠亦有克复说。

(三)山西方面，我军业已出击。

(四)平汉线敌我仍在汲县新乡间对峙中，恐敌此时不能南犯，故破坏铁桥之举，尚在未决中。

到了晚上，情况转变，宋哲元部，将沿道清路向西转移，奉程长官命令，拂晓时开始爆炸铁桥，余监督执行此项任务，整晚未眠。

二月十七日　星期四　大风　黄河铁桥车站

我和参谋长守候在车站北侧，等候新乡南开之最后列车通过铁桥，然后即行发出爆炸铁桥之信号，午前五时，最后列车到了，满载铁路员工及器材家具，这是平汉路最后的一列车，我注视着他，从铁桥上到车站，心里有着像读法兰西“最后一课”同样难过的感觉。

五时一刻，信号枪连发白色信号弹三发，开始爆炸黄河铁桥，一声震天地，据报仅破坏三孔而已，大致因气候与技术关系，未竟全功，此时天色鱼白，前方情况不明，新乡以南，又无我军，地属平原，铁轨又未破坏，甚利敌机械化部队之行动，深虑敌人逼至，任务难以达成，余随师长乘手摇车到铁桥上视察，风沙不减昨日，暗然无光，当严令工兵继续进行爆破，并派员渡过北岸，传令傅团长固守阵地，非有命令，不得撤退。

十一时一刻，发生警报，敌机二架轰炸铁桥，此可判断敌人尚不明了我已自动破坏，而欲阻止我军北援，并断宋军归路，我防空部队，对空射击，一时炮声隆隆，旋又有我机十三架，经铁桥上空，飞新乡以北助战。

伟大的黄河铁桥，功在人民与国家，今天为了战略关系，不能不忍痛破坏，我们还来担负指挥监督执行爆破的任务，以前谁也没想到此事，惋惜之余，敬祝抗战胜利，短期内能把新的黄河铁桥重新建筑起来。

二月十八日　星期五　晴　黄河铁桥车站

爆破铁桥，今天仍加紧继续进行中，车站附近居民及各种办公人员，都纷纷迁走，只剩下少数的穷苦老百姓，而来来往往的，全是荷枪的抗日战士。

数日来，日夜忙碌，睡眠不足，感冒加重，声音嘶哑，咳嗽不已，颇感痛苦，幸军医主任陈金城兄来，服药一剂，较好一点，但决不因病而懈怠自己工作。

据郑州号外报道：本日上午十二时许，敌机三十八架，前后袭击武汉，我空军起而应战，奋勇交绥，死力周旋，结果击落敌机十一架，我亦损失驱逐机四架，此为武汉空战以来之空前纪录，市民欣欢若狂，热烈庆祝，并慰劳我空军将士，另悉敌机九架，进袭重庆，在广阳坝投弹十二枚。则四川亦开始受敌蹂躏也。

二月十九日　星期六　晴　黄河铁桥车站

余于午前十时许，驰赴黄河铁桥，视察爆破情形，沿桥而行，查知自三十九孔起，至八十二孔止，其间均已破坏。有桥床爆倒者，桥柱爆坏者，桥床桥柱均爆落水者，浩大工程，毁于三日夜内，摄影数张，以为纪念。余视察完毕，已十二时，返至南岸桥头，仰视桥之右栏上，有一铁碑，文曰："大清国铁路总公司建造京汉铁路，由比国公司助工，工成之日，朝廷特派太子少保前工部左侍郎盛宣怀，一品顶戴署理商部左丞唐绍仪行告成典礼。谨镌以志。时在光绪三十一年十月十六日。"

二月二十日　星期日　阴晴　黄河铁桥车站

敌人于攻占新乡后，继续沿道清路西段压迫我军，并未沿平汉南犯，因此我们得安全达成爆炸任务。

晨晏参谋长莅铁桥视察，当令停止爆破，本师北岸部队，亦奉令撤回南岸，任务始告完成。

师长嘱余撰拟"爆破黄河铁桥记"如左，缮写于铁桥影片后，以为纪念。

暴日谋我日急，芦沟桥事变因以发生，为求我领土主权之完整，遂发动全面抗战，在第一期抗战中，我蒙损失甚巨，自二期抗战开始，敌打通津浦线之计划失败，乃改犯平汉，企图席卷黄河以北，进入中原，为时师部驻节郑州，一二两团驻守黄河铁桥，构筑桥头堡阵地，三月十二日奉司令长官程令，全部移驻黄河铁桥附近，指挥所部，担任北岸桥头堡阵地之构筑与守备，而于铁桥之守护，尤负有重大之责任，十三日午后二时，率部乘车赴守地部署一切，十六日狂风怒吼，尘沙蔽天，敌在我新乡以北地区激战，我因战略关系，宋军各部向山西转移，本师复奉司令长官命令，固守桥头堡阵地，掩护工兵破坏铁桥，另由独立工兵一团一连担任爆破，当命傅团全部及二团二营，固守桥头堡阵地，担任掩护，李团及直属各连，固守南岸，十七日午前五时一刻，开始爆炸，殊以技术关系，直到二十日晨，经晏参谋长视察后，始告停止，计自三十九至八十二孔，均行破坏，于是号称世界伟大工程之黄河铁桥，徒留得残痕几许，念韧造之艰难，知修复之不易，爰摄斯影，以志不忘，且益坚我抗战到底之决心。

二、决黄河堤

六月六日　星期一　晴　京水镇

此次敌人以快速部队沿陇海西犯，势不可遏，我为阻敌前进，保卫中原，达成持久抗战之目的，上峰命令三九军军长刘和鼎将军所部，于道口决堤，当陇海路南之敌人，已突过通许一带，开封形见危急，而决堤尚未完成，郑州第二十集团军总司令商震将军，以为参加决堤人员不敷，乃命本师加派步兵一团前往协助，上午七时许，余随师长蒋在珍将军，乘车驰往道口视察，事实上，并非人员不敷，而为计划欠当关系，自然谁也无此决堤经验。

道口一带，地形较低，选定此处决堤至当，惟计划此事时，对黄河水势，估计过大，对黄河坝质，估计过松。因此经始时，于堤长约四十公尺内，掘决口二处，以为该二处河水放出时，即可将二处中间之堤冲走，又兼决口经始过窄，愈掘向下，愈形窄狭，尚未迄底，一人通过，亦感困难，因此参加工作之官兵，颇感“英雄无用武之地”，结果河水无法流出。

我们见此情形，增加工作官兵，亦无用处，乃即驰回京水，当赴郑州，面谒商总司令，呈报一切，当奉令赶回道口，协助三九军设法改善，加紧进行，及抵道口，时近薄暮，正在计议之中，忽接商总司令电话，转奉上峰指示，令本师另于道口以西本部防区内选地决堤，当返京水，车中师长询余意见，究于何处决堤？余以地形而论，马渡口花园口两地均可，不过马渡口与道口相距不远，敌易接近，为获时间之余裕，以花园口为宜，师长当决定于花园口决堤。

抵京水已夜十时，餐毕，商总司令派参谋处处长魏汝霖将军来商，师长命余主持其事，受命之下，颇感兴奋，夜十二时，率同工兵连长马应援，营长黄映清，黄河水利委员会张段长，乘车前往花园口侦察决口位置，斯时，微风拂拂，河水潺潺，月光暗淡，水位莫辨，所带手电四只，非仅电光微小，且一经使用，电泡先后烧坏，时已二时许，余以事体重大，不敢盲目选定，乃决定明晨拂晓侦察，经始开工，遂宿于汽车内，六人同宿，坐以当卧，以待天明。

六月七日　星期二　阴雨　花园口

黎明而起，率同第二团中校团附唐嘉蔚，马连长、张段长，由花园口沿河上流侦察，本达成任务，少害人民两原则，乃选定于关帝庙西决堤，盖此处乃黄河湾曲部，易于放水，且可流入贾鲁河，向东南行，经中牟、尉氏、扶沟、华西、周家口各县境，而注入淮河，利用贾鲁河道，以防漫延，当可减少人民之损害。

当我选定决口位置时，询问随同各员有无意见，马连长答曰："你乃高级司令部参谋，我们只依命而行。"余乃亲自经始，口宽五十公尺，预计掘至河底，可宽十公尺左右，河水自可流出，当命工兵连及三团九连开始工作，由张段长招集附近居民协助，并指示掘土方法，俟第二团全部集中第三团由郑州开到，乃分由堤之南北两面同时动工，并各向东西掘土运土，以加强完成效率。又堤之中央，暂留三公尺宽，最后再掘，俾维持东西来往交通，布署完毕，即返京水复命。

余将上述情形面报师长，师长以余昨晚睡眠不足，嘱余安寝，余以任务尚未达成，当随师长前往花园口巡视，师长对余计划，颇加赞许，旋同返京水，早餐后，师长移住花园口，亲自监督施工，副师长朱振民将军，亦前往协助，余因事暂留京水，午后二时，余同第二团团长彭镇璞兄，乘自行车往花园口，第二团团长王松梅兄，亦在该地督工，渠之令尊及叔伯，多为余之老师，故余常呼之为世兄，相遇即笑谓余曰："吾兄此次计划，功在国家民族，减少人民损害，将来一定讨个好夫人，多生贵子。"良以任务达成，影响抗战大计甚巨，缺口位置，若稍向西，而不利用贾鲁河，则郑州及平汉沿线，恐尽成泽国，余笑而谢之。

未几总部魏处长率同某工兵营长来花园口视察，对于决口位置之选定，颇为赞扬，尤对于师长计划周密，抱恙监工，以身作则，表示敬佩，并谓道口决堤，迄今仍无效果，完全以花园口为主，官兵颇为振奋，工作格外努力，预定明天，完成此项工程。

据报陇海路以南西犯之敌，向平汉线突进甚速，情势危殆，晚间郑州爆炸声甚烈，一夜未停，乃我自动破坏车站及各种设备也。因此来师官兵，日以继夜，工作不懈。

六月八日　星期三　阴雨　花园口

本师以第一团守花园口以东河防，并掩护决堤之第二三两团，师部亦于本日由京水移驻东赵集。

最高当局，不时由武汉来电话询问决堤进度，本师政治部率同战地服务队男女同志，亦来花园口唱歌慰劳工作官兵，更觉兴奋。

十一时许，魏处长来，代表商总司令，慰劳本师官兵，目睹官兵勤奋，虽工作一昼一夜又半日，毫无倦容，当众宣布，如于本夜十二时放水，总司令奖法币二千元，如明日午前六时完成，则奖一千元，并守着本师达成任务。

师长一面督工决堤，一面电话派员放赈，以救济决口附近形将被淹没之人民。

六月九日　星期四　晴　东赵集

堤质乃小石结成，非常坚硬，掘时颇为吃力，经本师第二三两团，及工兵连全体官兵，与民兵数十人，两昼夜之努力，一切果如预期，于午前八时放水，商总司令，以本师官兵劳苦功高，能于短期内完成任务，当奖国币二千元。

当放水之瞬间，情绪紧张，悲壮凄惨，起始流速甚小，至午后一时许，水势骤猛，似万马奔腾，决口亦因水势之急而溃大，远望一片汪洋，京水镇以西以北，尽成泽国，预料不数日，将及若干县境也，心则痛焉。

此举本为阻止敌人，挽救全局，故不惜重大牺牲，以求最后胜利，本师完成任务，层峰格外嘉许，同仁闲谈之间，相谓破坏黄河铁桥于前，决黄河堤于后，本师实集破坏之大成，但无数小民之房屋财产，已荡然无存，救济之方，为我政府及全国同胞是赖也。

六月十日　星期五　雨　东赵集

晨起，天气阴暗，早餐后，浓云密布，骤然下雨，雨者竟日，此实利于决口之加强，与阻止敌机械化部队之活动，庆得天时。

本师仍留步兵一营于花园口，继续扩张决口宽度，使黄河完全改道，东西交往，利用木船行之。

据报侵至平汉路新郑之敌，曾将新郑附近铁桥破坏一座，又沿陇海线开封西犯之敌，已攻战中牟县城，因我决堤，纷纷回窜，状极狼狈，淹没者亦不在少数。

〔国民政府军令部战史编纂委员会档案〕

2. 蒋介石等关于徐州陷敌采用决毁黄河堤岸水攻战略电

（1938年5月28日）

(1)蒋介石电之一

急。郑州程长官、开封薛总司令、胡军团长、阜阳李长官、亳州汤军团长、曹县孙副总司令、曹总指挥并转各军师长：○密。据报："录括弧内全文"等语。查所称各节，洞中肯要，着转令所属力自警惕，急图改进，以利战局为要。中○。俭申。令一元。鄂。印。

(2)蒋介石电之二

（无线）五十一师王师长：宥亥电悉。○密。所称各节，颇中肯要，已通饬一体警惕矣。中○。俭申。令。一元鄂。印。

(3)李长江电

汉口。军委会委员长蒋钧鉴：徐州沦陷，豫东紧张，可否采用水攻战略，就兰仪下游铜瓦厢之间，决黄河水，由旧黄河故道顺流而东，直攻徐州，截断津浦、陇海，阻寇西进，我方亦可从容布置，挽此颓势。愚庸冒昧，伏乞钧裁。长江叩。密。

〔国民政府军令部战史会档案〕

3. 姚琮等关于挖掘黄河堤口以御敌军意见文电

(1938年5—6月)

(1)姚琮电(5月21日)

武昌

限即到。12345。郑县长：密。熊次长哲民兄勋鉴：黄河旧险地方在考城以东者如河北省之刘庄，鲁省之朱口，倘即施以决口工作，更于旧河道下流多抛埋柳枝，则河必改道西向，一时造成泛滥区域虽不能淹没敌军，至少可使其行动困难，全战局情势必将改观，而于我有利，是否可行？请转呈委座核夺为荷。弟姚琮叩。马。印。

(2)罗仁卿呈

敬呈者：窃钧座领率全国抗战，凡为国民者，莫不爱戴关切，今谨有一策上陈，于抗战前途大有关系。方今敌人南北夹击，欲谋打通津浦，然若由河南铜瓦箱决黄河，使入咸丰五年以前故道，经徐州、淮阴城北入海，则敌南下之势，必为之一沮〔阻〕，敌之北上亦无多大意义，然后据河之南岸而守，并移大军以肃清长江以北之敌，则于抗战前途必大有进步也。是否有当，伏望钧裁施行。此呈

蒋委员长钧鉴

罗仁卿谨呈

(3)刘仲元等电(6月3日)

洛阳。即到。武昌委员长蒋：扫密。徐州失陷，敌主力深入豫东、鲁西，若不破斧沉舟，中州将不守。生等拟掘黄河之水，陆沉敌

主力，明知牺牲惨重，为急于救国起见，曷忍痛为之。井底愚见，惟钧座是择。豫西师管区司令部刘仲元、谢承杰同叩。江。印。

(4)黄新吾函(6月7日)

委员长钧鉴：关于挖掘黄河堤以歼寇军一层，业于一日呈奉一函，有所说明，不卜钧座有阅及否？兹因军事紧张，特为再陈之。查黑岗口地方，如尚为我方所掌握，即由该处掘堤，则溃决之水，可冲至杞、睢、柘城、涡阳、蚌埠、而入洪泽湖，是水线经过之处，即敌人主力所在之地，其受创必无疑议！如我方再加以有计划之反攻，即可以致敌全军覆灭，不惟陇海线之威胁可减，整个战局可望好转，虽此种办法不免有若干县罹于水灾，然为整个国家着想，并不能有所顾全，与其失陷后受敌宰割，不若用此非常手段而歼敌寇。专呈，敬叩

钧安！

黄新吾谨呈

六月七日

(5)陈诚电

委员长蒋：据炮兵第十六团王团长若卿六月十日报告称：(一)顷闻我军决兰封口引黄水淹日寇，其计诚佳，但水经黄河故道，鲁西、苏北受害最烈，豫东仅占一部，于豫省军事关系较小。(二)查黑岗口水位较开封高出三十丈，堤身两面皆水，历来称为险工，如在该处决口，其大流直趋开封，经朱仙镇、尉氏、直贯汴周公路，横断亳、柘、淮、周、漯河公路，于军事价值关系最巨，且该口近处不取土，清季堤崩尝三年不治，其工程之难可以想见。(三)开封为河南政治中心，首应破坏，免致资敌。(四)豫省名人及河务人员财产多在开封，故讳言决黑岗口，请钧座毅然决然主持开决黑岗口，以利军事国计为重，不敢不言。等语。查所呈各节确有见地，可否施行，

敬乞裁夺。职陈诚。11、20。战。

〔国民政府军令部战史编纂委员会档案〕

4. 商震报告花园口决堤后泛滥情形电

（1938年6月）

（1）电之一（6月10日）

郑州

即到。武昌委员长蒋：佳巳参战电计达。劲密。（一）吕师长报称：（一）据中牟逃出之士兵数名报告：自阳午以来，敌即向中牟攻击，至庚夜围攻益急，因周沙堆上敌炮兵向城内轰击，掩护其步兵爬城，坦克车屡向城门冲击，我城内仅新兵一营，武器亦不完全，激战至佳寅，被敌攻破，除少数被俘外，营长王慎修以下伤亡殆尽，仅逃回士兵数名。等语。（二）昨晚以来，敌分数小股向我吕师茶庵阵地及宋师曹庄、黑庄阵地攻击，经我猛烈反攻，刻仍在原线对峙中。（三）花园口泛滥，自昨日午前九时放水后，水流情形颇佳。据报：其水头沿京水镇以南，索须河、贾鲁河以东，向东南流，刻已到达花庄砦西北地区，同时贾鲁河内已涨水一尺余，惟觉其流速甚慢，已令在今午十二时左右，再将其石坝爆破，或能使流速加增。谨闻。商震。蒸寅。印。

（2）电之二（6月11日）

郑县。限即刻到。武昌委员长蒋：蒸寅电计达。守密。一、自昨午后我阵地前方出没之敌骑均渐后退，敌大部似尚集结于中牟及其以北之草土厂以南之姚家附近，迄今晨无变化。二、泛滥水头已到花庄砦以东之琵琶陈马堂东南之河口，石耿等村尽成汪洋，惟距铁路线尚有廿数里，刻仍催令在破口处继续爆破工作，以期加增其水量及流速。三、铁路路基下，已派人对准水头掘开数处，俾水到时易于通过。谨闻。商震。真卯。参战。印。

(3)电之三(6月13日)

郑州。特急。武昌委员长蒋:劲密。顷据刘军长和鼎文酉参战电称:顷据派赴赵口视察之五十六师汤旅长文未电话报告:前掘之口,因昨日大雨水涨,本流忽向决口灌注,水头约丈余,口被冲刷□□公尺以上,水势甚猛,西注至阳桥以东三里许东南两面一望无际。等情。谨闻。商震。元。参战。印。

(4)电之四(6月14日)

郑县。即到。武昌委员长蒋:相密。(一)据各方面派出侦探回报:花园口、赵口之水,自合流南下后,一股沿贾鲁河东南流至白沙镇附近,即漫溢出漕致白沙南北一带,均成泛滥;一股由铁道北之赤兔马经铁道桥洞南流入贾鲁河。现已派人乘夜将此处桥洞掘宽,冀其流量再加扩大。再东一股由铁路北之孤堆刘,一股由关坡桥,一股由李庄大马砦附近,均经过铁路桥洞合流南下,昨早八时即过中牟以东地区,沿贾鲁河经仇店、小王福堂、王寿村向东南流去,计程今晚当已达尉氏附近,其幅宽约四五华里,深约三四公尺。(二)中牟之敌,除昨有骑兵数百名向东南退走外,所余五六百人尚在城南,四城门均用麻袋屯塞,给养困难非常。(三)本早七时至十时敌机在首口、花园口附近连续侦察五次,并曾用机枪向我监视部队扫射,我无伤亡。谨闻。商震。寒戌。印。

(5)电之五(6月15日)

郑县。特急。武昌委员长蒋:劲密。寒戌电计达。一、接王劲哉师长寒设电称:职部已到扶沟附近,刻黄水亦到县城附近,部队均在西门外土岗避水。等语。二、顷据许昌李专员芳池电话:转据鄢陵县长电话报称:县北二十里之彭岗店昨有黄水大流,经村东北向扶沟境内流去。县北南曹集之敌兵四五百名尽数向西北窜去,扶沟县长已回县城，电话已通。再尉氏县敌之大部亦向朱仙镇移动。等语。谨闻。商震。删。印。

〔国民政府军令部战史编纂委员会档案〕

5. 程潜关于黄河决口工作在花园口以西施行情形电

（1938年6月9日）

（衔略）顷据郑州商总部电话报称：黄河决口工作，经于齐夜在花园口以西施行，至今晨九时工竣，掘口宽约四公尺，截至佳二十时掘口处，被水冲开，已达四十尺，水深丈余，浪高三尺，京水镇一带已成泽国，预料明晨水势可达陇海线。等语。此间已拟定对外宣传，电文大意为敌占据开封后继续西犯，连日在中牟附近血战，因我军誓死抵抗，且阵地坚固，敌终未得逞，遂在中牟以北，将黄河南岸大堤掘口，以图冲毁我阵地，淹毙我大军。如泛滥确已成功，当即披露，并呈鉴核。职程潜。佳亥。参谋。洛。印。

〔国民政府军令部战史编纂委员会档案〕

6. 陆军廿集团军参谋长魏汝霖关于花园口决堤经过报告

（1939年3月）

二十七年五月中旬，敌人以有力部队急袭我兰封、归德，致影响徐州会战不利，遂于六月一日策定豫东大军向豫西山地作战略上之转进，同时决定黄河决口，企图作成大规模之泛滥，阻敌西进。军事最高当局委员长蒋以决口事关重要，当指派商总司令启予负责督工，时以汝霖列位戎幕奉命昼夜前往监临，知之最为详尽。兹将目睹情形记录于后，以供参考。（参照附图第一）[略]

六月四日

第五十三军一团奉委座电令，在中牟县境赵口掘堤，并限本（四）日夜十二时放水，该团当于上午六时开始工作。（参照附图第二)[略]时敌人已迫开封,并与我守备开封宋肯堂师发生激战。柳园口至杨桥口之河防则由刘和鼎守备。杨桥口至黄河铁道河防则由蒋在珍师守备。此当时之概略形势也。

六月五日

赵口放水,因决口工程未完成,未能如期施行。正午,商总司令奉委座电话,严厉督促实行,启公遂携汝霖赴赵口视察,并令工兵营营长蒋桂楷携带大量黄色药与地雷准备作爆破河堤之用。到赵口后,见担任工作之五十三军一团因昼夜未得休息,官兵极度疲劳,又加派三十九军一团协助之,并悬赏千元,期于当夜工程完成,实行放水。下午八时许,用炸药炸开堤内斜面石基开始放水,仅流丈余即因决口两岸内斜面过于急峻,遂致倾颓水道阻塞不通,委座及商总司令闻之均甚焦灼,仍令各部加紧工作。

是日,三十九军公秉藩亦在柳园口与敌接触。而一四一师之守开封与敌血战益为激烈,情势危急。

六月六日

五十三军之一团昼夜加工,迄未能将已塌陷之口掘通,水仍未能流出。时三十九军刘军长和鼎以上峰交相责议,自觉第一次决口已告失败,乃在第一次决口迤东三十米处另派兵一团作第二道之决口,着五十三军之一团仍继续修理第一道决口之工作。

当时霖考查第一道决口之失败原因,厥有数端:

一、黄河为季令河。夏季洪水暴涨时,即可与主堤平漕,常时自行决口之。虞春冬水落,河流去堤面甚高,时系初春水量甚小,故虽令兵工决堤,以水面过低,出漕亦感困难。

二、黄河两岸堤防道数各地带不同,通常为二道或三道,亦有一道者。道数愈多之地,堤防反不坚固。如只系一道,则堤口甚大,且多砖石,愈为坚固,如决堤之赵口、花园口皆为一道,最厚最坚,均极不易掘开。

三、黄河主堤之高宽不等,赵口堤防之顶点距水面高约十余公尺，宽约三十公尺许，但水面比堤外自然地高出约二公尺，土质为流砂积成，河堤内斜面□近水际部份，为多年堆积砖石而成，沿河居民称此堤为金堤，以累年重修，用款甚巨之意，坚固之程度甚大故也。（参照插图第一）[略]

四、爆破药与地雷等对土壤之爆炸效力甚小，因将土壤爆去上空后仍落于原地，并不能将土抛炸之于他方，而决堤之工作非将大部土壤搬移于远方不为功。

五、此次决口之宽度在堤顶面不及十米，待掘至水面，不过宽一米，致呈一细形之深沟，水道甚窄，而两侧斜面又过急峻，一经放水，则即行塌陷阻塞，同时除土愈深，积土之运搬愈不便，虽有一团之众，亦不能同时工作。（参照插图第二）[略]

工兵营长蒋桂楷以所带爆药及地雷，除用于堤内斜面砖石部之爆炸外，对土堤无效。该营长遂指挥所部在附近河堤一中径两米之坑道，以期另辟决口之新途径，上午十时开工。（参照插图第三）[略]

时担任杨桥黄河铁桥间河防之新八师蒋师长在珍，每日均到决口地带参观，伊深虑决口之不成功，迭与余商议，拟在该师防区内郑县属花园口另作第三道之决口。余转报启公后，当蒙采纳并悬赏一千元奖励之。蒋师长于本（六）日晚召集所部在花园口开始工作，是日开封我敌酣战，业已三日，终以众寡悬殊，入暮后遂陷于敌手。我军改守中牟县南北之线。

六月七日

第三十九军所作第二道决口工程于下午七时完成，虽较第一道工程稍为宽大，但因黄河主要流线北移，决口内面河身发现沙洲阻塞口门，决口仍告失败。考其原因，即以黄河河底尽系流沙，流线朝夕有变，决口时系选主流最接近之地方施行之，不意决口时主流线将接近南堤，而放水时已北移数十公尺。

工兵营之坑道工程亦于下午八时完成，起初水势甚猛，后以颓塌阻塞，虽数次悬赏疏通，亦未收效，遂又告失败。

委座及商总司令闻赵口第一、二两道之决口与坑道作业均告失败，且开封已不守，敌军即将趋平汉而西，异常焦灼，日必三、四次询问决口情形。余告赵口决口之计划属无望遂于当日晚移驻花园口与蒋师长在珍同往堤下霍屯监督花园口之决口工程。(参照附图第三)[略]

六月八日

花园口此次作工经蒋师长在珍绵细计划，根据赵口决口屡次塌陷之经验，遂将决口上口幅员加宽至三十米，如是则斜面徐缓，放水时不致颓塌阻塞，掘土时复作梯次之除土，同时可容多数人作工，加以官兵非常努力，故咸谙成功之公算最大，至傍晚已掘下约二十公尺。(插图第四)[略]

六月九日

上午六时起用炸药将堤内斜面石基炸坏，九时决口工程完竣开始放水。初水势不大，约一小时后，因水冲刷决口扩至十余公尺，水势遂益猛烈，黄河主流亦渐渐南移，时值雨天，河雨稍大，决口愈冲愈大，水势漫延而下，由中牟，而尉氏，而扶沟、淮扬，由豫而皖，而苏，遂造成广漠莫大之障碍矣。保国卫民，有功于中华民族者，甚伟，爰记其事，以供史地家之参考云尔。

二十八年三月完稿于桃源青山湾

二十集团军总司令部

〔国民政府军令部战史编纂委员会档案〕

7. 蒋介石指示向民众宣传黄河决堤系敌机炸毁等情电

(1938年6月11日)

即到。洛阳程长官:0448密。(一)须向民众宣传敌飞机炸毁黄河堤。(二)须详察泛滥景况，依为第一线阵地障碍，并改善我之部署及防线。(三)第一线各部须与民众合作筑堤，导水向东南流入淮河，以确保平汉线交通。中。真申。令一元。

〔国民政府军令部战史编纂委员会档案〕

8. 王郁骏关于赵口花园口被炸决口泛滥情形致全国振济委员会电

（1938年8月6日）

全国振济委员会孔委员长、许副委员长赐鉴：密。汉卅酉代电奉悉。查中牟县境三刘寨附近之赵口被敌爆炸决口，于六月虞晚开始泛水；郑县境核桃园东之花园口被炸决口于六月佳日开始泛水，截至七月虞日止，赵口决口已扩至三百公尺，花园口决口扩至二百公尺，两决口之小于六月元晚会流于前后段庄，越陇海铁路汇贾鲁河，经朱仙镇入尉氏、鄢陵、扶沟、太康、西华、商水至淮阳，汇沙河、南桃河、蔡河旁，注沈邱、鹿邑、项城等县泛滥，至安徽境内，汇淝河、茨河、颍河，夺淮而下，各处被淹面积及泛水深度，因地势关系互有不同，宽约十余里至数十里，深约二三尺至丈余不等。至七月三十一日，花园口决口已扩大至三百七十六公尺，赵口东岸因尚有敌人据守，其口门宽度是否继续扩大，远处窥察，尚难明了。奉电，前因。除将嗣炸各处水势，随时电陈并分电苏皖两省政府外，相应将黄水泛滥经过情形择要电陈，请予鉴察。代理黄河水利委员会委员长王郁骏叩。二鱼。印。

〔国民政府振济委员会档案〕

9. 张钫等为黄灾难民应急广筹移垦提案

（1940年）

黄灾难民急应广筹移垦案（提案二十九号）

张钫等十二委员提

去岁豫省黄河决口被灾区域，计有郑县、中牟、尉氏、开封、扶沟、鄢陵、西华、通许、陈留、杞县、鹿邑、太康、淮阳、广武、拓城、睢县、商丘等十七县，灾民一百四十余万。虽蒙中央拨款，由豫省办理收容所八处、招待所五处，然收容资遣仅为临时治标之计，尚非彻底治本之方。中有迁往邓县垦荒五千人，陕省黄龙山一万二千余人，其余疏散外县分保给养，多属有名无实，或自动外迁，漂泊无依者尚居多数，即宝鸡一处，停留一千余人，无法安置。其未经迁出，困居故土者约有七八十万人。查黄河决口后所经之地，非沦为河道即淤成流沙，将来河水纵归故道，地亩亦复不能耕植，灾区难民庐舍财物荡然无存，纵令一一振济，其生活根据已失，未来之日方长，施振方讫，仍复嗷嗷待哺，若不谋根本救济方法，则此十余县灾区难民，必将胥沦为饿莩。方敌人又利用此机时，施小恩小惠麻醉吾民，其影响抗战，有关后方秩序至巨。此黄灾难民必须大举移垦之现实情形也。且黄灾难民与普通难民异，普通战地难民不过临时逃难性质，人人有国难解除后重返故乡之思想，且份子多属学商各界及稍有资产之家，向不亲习农作，黄难灾民则与此相反，舍耕田外无他生活能力，国家对此受特殊灾害之民众，实有为筹永久生计之责，虽不能于咄嗟间全数安插，惟救人救彻。对于黄灾难民之救济舍移垦外，无他办法，目前所急宜筹备者如下：

（一）特派督办移垦事务大员俾负专责，并使其地位易于与有关省份之长官取得联系，以赴事功。

（二）设置总机关于洛阳，并于郑县、许昌酌设办事分处。

（三）于划定路线之地方情形酌设护送专站。

（四）先就河南邓县、陕西黄龙山、宝鸡、凤县及川北平武一带选择垦区，分别办理，并招致资本家组织垦殖公司，或与已组成之公司联络，分向川甘青等省为大规模之移垦。

（五）督办机关应酌设保安警察队。

（六）经费由中央筹拨。

提案人：张　钫　　陈调元　张　冲

　　　　李宗黄　余俊贤　陈泮岭

赵棣华　苗培成　谷正纲
姚大海　狄　膺　李嗣璁

〔社会部档案〕

(二)重庆大隧道惨案

1. 重庆卫戍总司令部查报六五大隧道惨案电

(1941年6月11日)

重庆卫戍总司令部代电 坤二字第三七七四号
中华民国三十年六月 日

重庆国民政府行政院魏秘书长伯聪兄勋鉴:六月七日函示敬悉。以奉谕饬由本部彻查此次大隧道肇事原因,并妥拟善后办法具报。等因。查此次灾情发生原因,抢救情形及善后改进办法,已先后由本部会同陪都空袭救护委员会联衔以六月七日坤字第三六五六号及六月八日坤字第三六九二号两报告胪陈鉴核在卷。兹奉前因,谨再将本部彻查续得情况及善后情形分列如左,敬祈察核转陈为荷。

甲、灾情发生原因:除本部坤字第三六五六号报告:(一)项所述外,另据查报尚有左列三原因:

1. 人数激增,超过容量。按照防空司令部之规定:该洞容量,平时为三千五百二十人,在通风设备完成时之最大容量为四千四百八十一人。平时该洞避难秩序甚好,因五日为敌机本年来第一次夜袭,日间赴乡返城者均避入该洞,同时原不在该洞避难之附近居民亦均料敌机不致来袭,多未远避,至紧急警报发布后,所有居民乃急不暇择,纷纷前往该三处躲避,故人数激增,超过规定容量甚多,时间过久,空气自感缺乏。而防空避难管制人员虽有查对凭证入洞之任务,但在紧急警报以后又不忍听任同胞在洞外惨遭敌机之轰炸,故不细察,尽量予以收容,在伊等低微之智识水准下,初不料竟能发生若大之惨剧也。

2. 避难者不遵守秩序,无法统一指挥,且空袭服务人员人数过多，彼辈为职务上之便利多任意进出洞口或麇聚洞口，致空气不流通，及洞内民众感觉空气不佳，欲行出外时，又适当敌机临空投弹，洞外者向内挤，洞内者向外拥，一时秩序大乱，乃有昏倒践踏死伤情事。据防空司令部防护大队大队长张乃辉称：伊系于第一批敌机离去时出外救护，迨第二批敌机将来时，伊正巡视至校场口，乃入十八梯大隧道。最初洞内民众虽多，但秩序尚好，洞中尚有交通路可走。乃发生骚动后，洞内秩序即告紊乱，哭叫人声非常嘈杂，彼当时惟闻一片哨音，但秩序仍无法恢复，彼当命随从之号兵奏号，然收效亦微，仅得片刻些微之镇静而已，终至无可收拾之地步。此即当场之实况。后演武厅、石灰市两洞口因闻十八梯方面发生危险，群众亦即盲目争相外奔，致洞口亦有被践死伤者，幸为数不多，而大部群众亦多由此两洞口走出。

3. 避难者携带手提包、小被及零星杂物等，及发生危险后，又不肯将其遗弃，因而防碍进出，实为增加死伤之一因。

乙、死伤人数调查：

1. 据本部稽查处于警报解除后派员分赴各洞口登记所得之数目为死亡 913 人，伤 850 人。

2. 据本部稽查处水路检查所报称：由大隧道运来朝天门江滩之尸体，计男尸 625 具，女尸 139 具，童尸 37 具，合计为 801 具，计装棺材 646 个，席包 72 个(小孩三四人装一棺材)。

3. 据陪都空袭救护委员会秘书处会同抚济得由朝天门运经黑石子掩埋之报告，共计尸体 885 具，用棺木 646 口，芦席裹尸 72 具。

4. 据警察局报告之伤亡人数为伤 833 人，其中有男 375 人，女 409 人，小孩 49 人。死亡数为 890 人，其中有男 580 人，女 164 人，小孩 146 人。

以上死亡数字俱相接近，其余外间所传或多或少俱难置信。至于三处受伤人数，据本部稽查处报告共为 850 人，除轻伤当场医治送返其家无法稽考外，其余重伤 151 人，均送陪都空袭救护委员会所属各重伤医院医治，截至六月十一日止，已有五十八名医愈出院，现尚有九十三人可以复按当无讹误。

丙、善后情形及改进办法：

一、重要善后处置及改进办法已详本部坤字第 3692 号报告(三)、(四)、(五)各项所述，恕不再赘。

二、由陪都空袭救护委员会运往江北黑石子掩埋之尸棺已分由抚济组及秘书处派员督饬雇工协同掘埋队、担架营于新官山及药帮义地两处，分别于九日上午九时许掩埋完毕。

三、抚恤金之发放，据向救护委员会经济组查询，系按照例规加倍发给，截至六月十日晚止，发放数目如左表：

死	720 人	每人 120 元	共发	八七八四〇	〇〇
重伤	54 人	80 元	共发	四三二〇	〇〇
轻伤	68 人	30 元	共发	二〇四〇	〇〇
共计	854 人		共发	九四二〇〇	〇〇

现仍在继续发放中。

四、至于改进办法，除坤字 3692 号报告所述外，另依本部意见应作如左之改善：

1. 大隧道顶高应即加辟，至少应即先将洞口加辟。

2. 大隧道及各公共防空洞应设法装设电话，收集敌机进袭情况，并由专人用喇叭筒向避难群众传知，使其能安心勿躁。

3. 基于过去经验，在数批敌机先后来袭之时，其间可能出洞休息之时间非常短少(普通不过二三十分钟)，群众感情易于盲目冲动，其欲望最难满足，若此时欲令群众分批轮流出洞休息，管理人员处置稍一不当，即难免惹起纷扰，故防空洞之管理非在特殊情况之下(如第一批敌机已向成都进袭，第二批尚在湖北中间时间特长)，仍以不出洞休息为宜。至若顾虑洞内空气不够，则以严格限制容量及增设通风设备两项补救之为愈。

4. 仍应加紧执行疏散人口，定期对全市居民之居住证实行严格之检查，无证者，概予强迫之疏散。

5. 草拟防空洞内避难者应遵守事项，（尤应顾虑发生危险时之景况）公诸报端，并广为宣传，使民众熟知应如何遵守秩序。

6. 各公共防空洞（尤其隧道），除应隔留若干面积以储备新鲜空气外，所有洞口并应用木牌标示，控置相当位置，留备空袭服务人员坐息之用，空袭服务人员严禁站立洞口。

7. 由防空司令部赶速成立防空避难管制人员训练班，挑选现有知识程度较高之人员加以短期训练，加强其管制能力，提高其服务精神，改善其生活待遇，再分配至各洞负责执行避难管制。

8. 各公共防空洞，（尤其隧道）在紧急警报时，电灯息灭，即黑暗异常，应设法改用他种补助照明设备。

9. 应严格执行禁止携带行李入洞避难之规定。

10. 毒气袭击，精神威胁最大，在重庆日下毫无防毒设备之防空洞，设一旦敌人用毒气进袭，精神威胁所及，则“六五”自相纷扰践踏而死之惨剧恐又将重演于将来，故应由专家设计先事防范之。

右拟是否可行，惟祈台察，并请转陈鉴核示复为荷。弟刘峙、贺国光、文坤。二真午。印。

〔国民政府行政院档案〕

2. 国民党中宣部检扣“大隧道惨案”等新闻稿电

（1941年6月24日）

军事委员会战时新闻检查局公鉴：查六月七日、八日重庆新检所工作日报表所载，连日本市各报对于六月五日大隧道窒息惨案送检之社论或短篇甚夥，均经加以检扣，各报亦多遵令免登。又本市大公报读者投书叙述粮政机关不按时办公之腐败情形一稿，亦经加以检扣，以预防政府信誉被损，办理甚是，但仍应由新检机关抄附原稿叙明各该稿件呈送经过，检扣原因即报社遵命免登情形，密送稿中所指主管机关查照参考，俾各该政府机关仍可于新闻界未经发表之言论或新闻中得一参考舆论之机会，冀收多所借鉴，有则改之，无则加勉之效果。用特电达查照办理，并饬嗣后所扣稿件均希择其关系重大，可供政府参考者转送参考为荷。中央宣传部。印。

〔国民党宣传部档案〕

3. 国民政府外交部为美国索要六五大隧道惨案情形报告电

(1942年7—8月)

(1)外交部电(7月13日)

重庆防空司令部勋鉴：顷准美国大使馆来文称：准美政府人民防护处请于可能内代索上年六月五日重庆大隧道遭遇灾难之官方报告一份，以供美国管理防空洞当局研究之用为荷。协助获得此项报告一份，是所感纫。等由，相应电请查照核办，并见复，以便转复为荷。外交部。元。

(2)重庆防空司令部电(8月5日)

重庆外交部勋鉴：卅一年七月十三日美引空第三五八七号代电嘱附将上年六月五日重庆大隧道遭遇灾难之官方报告检送一份，以便转送美国管理防空洞当局研究之用。等由。自应照办。兹检重庆六五空袭情形及改进办法一份随电送达，即请查收转送为荷。重庆防空司令部。未微。办。印。附重庆六五空袭情形及改进办法一份。

重庆六五空袭情形及改进办法

其一、空袭经过

民国三十年六月五日敌机二十四架，分三批(每批八架)袭渝，自1733起于湖北宜都、松滋等处发现西飞。

第一批于1928侵入重庆市空投弹，至1954始经酆都东飞。

第二批于1923经鹤峰，1959经黔江，2019经酆都，2047侵入重庆市空投弹后，至2120经酆都东飞。

第三批于2105经利川，2129经酆都，2217侵入重庆市郊投弹后，至2313经酆都东飞。

本部于1808悬红球一个(注意)，1818发布空袭警报，1857发布紧急警报，2118悬红球两个(休息)，2140卸下两个红球(回复紧急警报)，2301又悬红球二个(休息)，2327发布解除警报。

按是日警报时间，自空袭至解除时止，共为五小时又九分钟，中间在洞避难民众可以出洞休息之时间计两次：第一次二十八分钟，第二次二十六分钟，但十八梯(共计三个洞口)大隧道发生惨案。

其二　惨案原因

一、人数过多：此次空袭为今年来第一次夜袭，市民狃于固习，早出晚归者甚多，故一闻警报，即仓慌避入该隧道内，且轮渡又系于每日午后六时半停止过渡，故于闻警报后无法疏散，只得入洞避难，于是拥挤之状，为历来所未有，故洞内管理及空气均附带发生问题。

二、秩序紊乱，管制欠良：人数既极拥挤，则内部秩序当然欠佳，果能管制得宜或亦可无事，乃服务人员未能做到此点，避难者皆拥挤践踏，吵杂不堪，诚属有亏职守，但此问题亦有极大困难，因人既拥挤，复行吵杂，则指挥不灵，管制困难，亦势所必然。

三、空气过少：查是日空袭经过共为五小时零九分，虽于第二次投弹后挂红球两个，原冀市民稍出换气，但据闻该洞口已拥挤堵塞，不便外出，以有限之容量，容过多之人口，复经过久之时期，则空气当然不够，复以电力通风机电力线被炸断，不能开放，而洞口之人皆行站立堵塞，空气之自然对流又失效，以致呼吸困难，渐成窒息状态，但在隧道中部者以仅觉呼吸困难，未受拥挤，尚少死伤，事后多由纸烟公会洞内外出，而在洞口所死之人，大都死于互相践踏。

四、空袭服务及其他人员多不事先入洞，一有事故，即蜂拥而入，致生拥挤践踏：按此为一最大原因。该日适有本部防护大队长张乃辉亦在该隧道内，据伊口述：伊于第二次轰炸后始到十八梯，当时秩序尚不严重，追进入洞口后，忽由门外挤来一种压力，洞口内之人全体被推入约二三十公尺。据该员云：此系因当时在门外之人极多，偶有声音与其他动态，即盲然呼啸挤进，以故无法抵抗。伊复挤出，追离洞口不足五公尺时，又来一种不能抵抗之压力压进，又复挤推到洞内二三十公尺处，以致满身汗流，四肢无力，头昏欲睡，追至洞内机器房回复体力后，又复外出，此时洞内附近死人堆积甚厚不能通过，不得已，伊遂在离洞口约六七公尺处爬至支撑梁架上外出。此系身临其境者之谈话，当可较其他耳闻为确实。据救护时估计，自十八梯洞口外两公尺起至洞口内十公尺止，即此处死伤者约一百五六十人。

其三　施救经过

一、本部胡伯输副司令于悬挂二个红球时，即由情报所赴市区视察督救，约十一时三十分抵十八梯，适此时解除警报，见状即督同本部防护大队第三中队从速抢救，吴国桢市长亦由他处来此，遂共议抢救方法，复调来担架营某连之一部从速抢救，后以兵力不敷，而石灰市、演武厅之两出口亦极严重，复将担架兵十二、十三、十四、十五各连，本部防护大队一、二、四中队，陆军新编廿九师野战补充团第一营之一、三两连等部队调来施救，并限本部丁处长、潘副处长及督导员于六日午时完成。

二、为鼓励士兵及工作人员奋勇施救，当场发给各部队士兵及工作人员奖金五千六百余元。

三、因隧道过长，群众互相扭成一团，施救颇感困难，抢救工作未能遵限完成，延至六日十六时廿分始告竣事，计死亡八百二十七人，重伤一百六十五人，其余人民均系自行外出。

四、避难民众所遗什物，仍督饬部队跟续搬运完毕，当饬警察局会同宪兵暨有关人员清理后，由警察局负责招领。

五、隧道当时即命各队部清扫消毒后，于六月二十一日递委座谕：暂时禁止人民避难。因恐消毒未尽，妥善故也。当复以苍术、艾叶等药水熏涤，并设法改善。

六、其他赈济、掩埋、治疗由救护委员会处理。

其四、改进办法

一、设备之改进：隧道内之设备原极简单，嗣因(1)感于洞内积水太多，遂于两侧开凿水沟以排除之。(2)于石质过松，随时有下堕之虞，故增设支撑。(3)感于空气不足，一面整理电力通风机，一面在中部开凿天窗，电力抽风。(4)洞内照明不足，易使避难民众发生心理恐慌与互相践踏情事，因而增设电灯及预备油灯。(5)鉴于通信不灵，有碍救护人员工作及外方情况之难明，故有电话之装设。(6)洞口无屏障，弹片易于侵入，故有挡垟之添筑。(7)因恐洞内人员发生病症，故备医药，以资救治并改善卫生设备。以上各项，均“六五”惨案发生之后渐次增设者。

二、管理之改进：自“六五”惨案发生后，感于防空洞之管理极关重要，故隧道内配设洞长及段长，专负其责，而避难人民须凭证入洞，以免超出容量，发生意外也。

〔国民政府军令部战史会档案〕

中華民國史檔案資料匯編

第五輯 第二編

政治（四）

中國第二歷史檔案館編

鳳凰出版傳媒集團 鳳凰出版社

目　录

〔七〕少数民族与华侨事务

（一）蒙藏委员会组织

（二）蒙古民族事务

一、蒙古地方行政

三、华侨抗日救国活动

(五)新疆民族事务

一、新疆地方行政

〔七〕少数民族与华侨事务

（一）蒙藏委员会组织

一、蒙藏委员会机构和法规

1. 国民政府修正公布蒙藏委员会组织法致文官处训令

（1940年12月16日）

国民政府训令 渝文字第一〇六五号
中华民国二十九年十二月十六日

令文官处

为令知事：查蒙藏委员会组织法，前经修正公布在案。兹将该法酌加修正，应再通饬施行。除公布并分行外，合行抄发修正组织法，令仰知照，并转饬所属一体知照。此令。

计抄发修正蒙藏委员会组织法一份

国民政府主席　林　森
立法院院长　孙　科

蒙藏委员会组织法

民国二十九年十二月十六日修正公布

第一条　蒙藏委员会依国民政府组织法第二十条之规定组织之。

第二条　蒙藏委员会掌理事务如左：

一、关于蒙古、西藏之行政事项；

二、关于蒙古、西藏之各种兴革事项。

第三条　蒙藏委员会设委员长、副委员长各一人，委员二十一人至二十七人，由国民政府遴选熟谙蒙藏政教情形者任命之，就中指定六人为常务委员。

第四条　蒙藏委员会每星期举行会议一次，必要时得召集临时会议；

前项会议以委员长为主席，委员长因事故不能执行职务时，以副委员长代理之。

第五条　蒙藏委员会委员长执行前条会议之决议，并综理会务，监督所属职员及各机关，副委员长辅助委员长处理会务。

第六条　蒙藏委员会会议事项与各部会有关系时，得通知各部会派员列席。

第七条　蒙藏委员会委员应每年轮流分往蒙藏各地视察。

第八条　蒙藏委员会置左列各处：

一、总务处；

二、蒙事处；

三、藏事处。

第九条　总务处掌理文书及庶务等事项。

第十条　蒙事处掌理关于蒙古事务。

第十一条　藏事处掌理关于西藏事务。

第十二条　蒙藏委员会设参事二人至四人，撰拟审核本会之法案命令。

第十三条　蒙藏委员会设秘书二人至四人，分掌会议记录及长官交办事项。

第十四条　蒙藏委员会设处长三人，分掌各处事务。

第十五条　蒙藏委员会设科长九人至十二人，科员五十人至七十人，助理员二十人至四十人，承长官之命办理事务。

第十六条　蒙藏委员会设调查主任一人，调查员五人至十一人，编译主任一人，编译员十人至十五人，分掌调查、编译事项。

第十七条　蒙藏委员会委员长特任；副委员长、委员、参事、处长、秘书二人简任；其余秘书及科长、调查主任、编译主任、编译员四员荐任；其余编译员及科员、调查员、助理员委任。

第十八条　蒙藏委员会必要时，得呈准行政院于蒙藏或其他适当地方置办事处，每处设处长一人，简任，其组织规程由行政院定之。

第十九条　蒙藏委员会必要时，得呈准行政院于蒙藏或其他适当地置驻外调查组，每组设组长一人，荐任；调查员六人至十二人，委任，其调查规则由蒙藏委员会定之。

第二十条　蒙藏委员会必要时，得聘用专门人员。

第二十一条　蒙藏委员会因事务上之必要，得酌用雇员。

第二十二条　蒙藏委员会设会计主任一人，统计员一人，办理岁计、会计、统计事项，受蒙藏委员会委员长之指挥监督，并依国民政府主计处组织法之规定，直接对主计处负责。会计室及统计室需用佐理人员名额，由蒙藏委员会及主计处就本法所定委任人员及雇员名额中，会同决定之。

第二十三条　蒙藏委员会得设招待所。

第二十四条　蒙藏委员会会议规则由蒙藏委员会拟订，呈请行政院核定之。

第二十五条　蒙藏委员会处务规程，以会令定之。

第二十六条　本法自公布日施行。

〔国民政府档案〕

2. 国民政府修正蒙藏委员会组织法第十九条条文致文官处训令

(1942年4月27日)

国民政府训令 渝文字第四七一号
中华民国三十一年四月廿七日

令文官处

查蒙藏委员会组织法第十九条条文,业经明令修正公布,应即通饬施行。除分行外,合行抄发修正条文,令仰知照并转饬知照。此令。

计抄发修正蒙藏委员会组织法第十九条条文一份。

国民政府主席　林　森

立法院院长　孙　科

修正蒙藏委员会组织法第十九条条文

民国三十一年四月廿七日公布

第十九条　蒙藏委员会必要时，得呈请行政院于蒙藏或其他适当地方分置调查组，每组设组长一人，荐任；调查员六人至十二人，委任，其调查规则，由蒙藏委员会定之。

〔国民政府档案〕

3. 国民政府修正公布蒙藏委员会组织法致文官处训令

(1944年12月2日)

国民政府训令 渝文字第七〇三号
中华民国三十三年十二月二日

令文官处

查蒙藏委员会组织法，现经修正明令公布，应即通饬施行，除分行外，合行抄发该修正组织法，令仰知照并转饬知照。此令。

计抄发修正蒙藏委员会组织法一份。

国民政府主席　蒋介石

立法院院长　孙　科

蒙藏委员会组织法

三十三年十二月二日修正公布

第一条　蒙藏委员会依国民政府组织法第二十条之规定组织之。

第二条　蒙藏委员会掌理事务如左：

一、关于蒙古、西藏之行政事项；

二、关于蒙古、西藏之各种兴革事项。

第三条　蒙藏委员会设委员长、副委员长各一人，委员二十一人至二十七人，由国民政府遴选熟谙蒙藏政教情形者任命之，就中指定六人为常务委员。

第四条　蒙藏委员会每月举行会议一次，必要时得召集临时会议；

前项会议以委员长为主席，委员长因事故不能执行职务时，以副委员长代理之。

第五条　蒙藏委员会委员长执行前条会议之决议，并综理会务，监督所属职员及各机关，副委员长辅助委员长处理会务。

第六条　蒙藏委员会会议事项，与各部会有关系时，得通知各部会派员到席。

第七条　蒙藏委员会委员应每年轮流分往蒙藏各地视察。

第八条　蒙藏委员会置左列各处：

一、总务处；

二、蒙事处；

三、藏事处。

第九条　总务处掌理文书及庶务等事项。

第十条　蒙事处掌理关于蒙古事务。

第十一条　藏事处掌理关于西藏事务。

第十二条　蒙藏委员会设参事二人至四人，撰拟审核本会之法案命令。

第十三条　蒙藏委员会设秘书二人至四人，分掌会议记录及长官交办事项。

第十四条　蒙藏委员会设处长三人，分掌各处事务。

第十五条　蒙藏委员会设科长九人至十二人，科员五十人至七十人，助理员二十人至四十人，承长官之命办理事务。

第十六条　蒙藏委员会设调查主任一人，调查专员十人至二十人，编译主任一人，编译员十人至十五人，分掌调查、编译事项。

第十七条　蒙藏委员会委员长特任；副委员长、委员、参事、处长、秘书二人简任；其余秘书及科长、调查主任、编译主任、编译员六人、调查员四人、荐任；其余编译员、调查员及科员助理，委任。

第十八条　蒙藏委员会必要时，得呈准行政院于蒙藏或其他适当地方置办事处，每处设处长一人，简任，其组织规程由行政院定之。

第十九条　蒙藏委员会必要时得呈准行政院，于蒙藏或其他适当地方分置调查组，每组设组长一人，荐任；调查员六人至十二人，委任；其调查规则由蒙藏委员会定之。

第二十条　蒙藏委员会必要时得呈准行政院，于蒙古盟部旗设置协赞专员，荐任；

前项协赞专员之名额及派遣办法，由行政院定之。

第二十一条　蒙藏委员会必要时得聘用顾问五人至七人，专门人员十一人至十五人。

第二十二条　蒙藏委员会因事务上之必要时，得酌用雇员。

第二十三条　蒙藏委员会设会计主任一人，统计员一人，办理岁计、会计、统计事项，受蒙藏委员会委员长之指挥监督，并依国民政府主计处组织法之规定直接对主计处负责。

会计室及统计室需用佐理人员名额，由蒙藏委员会及主计处就本法所定委任人员及雇员名额中会同决定之。

第二十四条　蒙藏委员会设人事室、置主任一人，荐任，依人事管理条例之规定掌理人事管理事务。

人事室需用人员名额由蒙藏委员会就本法定委任人员及雇员名额中与铨叙部会同决定之。

第二十五条　蒙藏委员会得设招待所。

第二十六条　蒙藏委员会会议规则由蒙藏委员会拟订，呈请行政院核定之。

第二十八条　本法自公布日施行。

〔国民政府档案〕

4. 蒙藏委员会颁布喇嘛转世办法

（1938年9月24日）

喇嘛转世办法

二十五年二月十日会令公布

二十七年九月二十四日会令修正公布

第一条　本办法依据管理喇嘛寺庙条例第二条及第七条规定之。

第二条　达赖喇嘛、班禅额尔德尼、哲布尊丹巴呼图克图，暨各处向来转世之呼图克图、诺们汗、班第达、堪布、绰尔济、呼毕勒罕喇嘛等圆寂后，均准寻认呼毕勒罕；其向不转世之寻常喇嘛圆寂后，均不准寻认呼毕勒罕。

第三条　达赖喇嘛、班禅额尔德尼、哲布尊丹巴呼图克图，暨向来转世之呼图克图、诺们汗、班第达、堪布、绰尔济、呼毕勒罕、喇嘛等圆寂后，应报由该管地方最高行政机关，转报蒙藏委员会备案。由其高级徒众寻找具有灵异之同年龄幼童二人，以为各该喇嘛之呼毕勒罕候补人，报由该管地方最高行政机关，转报蒙藏委员会查核，分别掣签。

第四条　前条寻认之呼毕勒罕候补人，其在蒙古、新疆、青海、西康境内者，由蒙藏委员会令行该会驻平办事处处长，与北平喇嘛寺庙整理委员会主任委员，会同北平雍和宫扎萨克喇嘛缮写名签，入于雍和宫供奉之金本巴瓶内，公同掣定；其在西藏境内者，由蒙藏委员会咨行驻藏办事长官，会同达赖喇嘛缮写名签，入于拉萨大招供奉之金本巴瓶内，公同掣定。前项掣签时，如达赖未经转世，应由驻藏办事长官会同班禅额尔德尼，或护理达赖喇嘛印务人员行之。关于掣签之仪注，依照向来惯例办理之。

第五条　依照前条规定掣定之一人，即为某某喇嘛之呼毕勒罕，由掣签人员报请蒙藏委员会查核转呈备案，并咨行该管长官转饬知照。

第六条　前条所称某某喇嘛呼毕勒罕，应依照左例手续将呼毕勒罕字样裁撤，始为次辈某某喇嘛。

一、达赖喇嘛、班禅额尔德尼、哲布尊丹巴呼图克图之呼毕勒罕掣定后，由该地方最高行政机关呈请中央特派大员前往照料坐床，即于坐床之日，将其呼毕勒罕字样裁撤。

二、章嘉呼图克图、噶勒丹锡埒图呼图克图、敏珠尔呼图克图、济龙呼图克图、那木喀呼图克图、阿嘉呼图克图、喇果呼图克图、察罕达尔汉呼图克图及其他驻京各呼图克图之呼毕勒罕掣定后，均于各该喇嘛到京觐见国民政府主席，由蒙藏委员会呈奉核准之日，将其呼毕勒罕字样裁撤。

三、驻紥蒙藏等处之呼图克图、诺们罕、班第达、堪布、绰尔济之呼毕勒罕掣定后，非俟各该喇嘛年至十八岁，经该管地方最高行政机关或盟长查明属实，报请蒙藏委员会呈奉核准后，不得将其呼毕勒罕字样裁撤。

第七条　凡呼毕勒罕后补人，禁止在达赖喇嘛、班禅额尔德尼、哲布尊丹巴呼图克图之亲族中及蒙古各盟旗现任长官之家属内寻认。

第八条　指认青海察罕诺们汗之呼毕勒罕之后补人，应就其属下人等众情悦者指认之，不受前条之限制。

第九条　达赖喇嘛、班禅额尔德尼、哲布尊丹巴呼图克图圆寂时，其印信由该各地方长官咨报蒙藏委员会呈请派员护理，俟由中央特派大员会同该管地方长官照料坐床之日，呈明移授。

第十条　各呼图克图喇嘛等得有封号者，圆寂时，其印信交由该呼图克图喇嘛之商卓特巴，于本庙内敬谨尊藏；如未设有商卓特巴者，交由呼图克图喇嘛等徒众中之达喇嘛，于本庙内敬谨尊藏，俟其转世裁撤呼毕勒罕之日，由该管地方最高行政机关咨报蒙藏委员会呈明移授。

第十一条　喇嘛转世后，应换给米印册者，由蒙藏委员会参照旧例，呈明办理。

第十二条　凡转世喇嘛，其前辈所得中央特给物品，除旧例可以使用者外，其余非经蒙藏委员会呈奉核准后，不得擅用。

第十三条　本办法自呈奉行政院核定后施行。

〔国家总动员会议档案〕

5. 蒙藏委员会等公布改进边疆寺庙教育暂行办法令

（1940年7月11日）

廿九年七月十一日 蒙藏委员会 / 教育部 公布

一、边疆各地方主管教育行政机关，应遵照本办法，切实督导当地寺庙推进国民教育。

二、边疆各地喇嘛庙或清真寺，应视地方需要及该寺庙经济能力办理左列各事项：

1. 附设民众教育馆或阅书报室；

2. 附设小学、民众学校或各种补习学校；

3. 举行通俗讲演并在讲经后作精神讲话及识字运动；

4. 举办壁报；

5. 装设无线电收音机；

6. 其他切合社会需要之教育。

三、寺庙举行盛大典礼时，当地主管教育行政机关应利用适当之时间与地点办理左列各事项；

1. 举行联欢会或座谈会；

2. 举行通俗讲演；

3. 放映教育电影或幻灯；

4. 举办内地文物展览会；

5. 印赠总理遗像、总裁照片、画报及各种宣传品等；

6. 其他切合社会、适应时宜之教育。

四、礼拜寺附设之阿文学校，每日必须增加国语、常识各一小时。

五、寺庙办理各种教育具有成绩者，得由当地主管教育行政机关酌予补助或转呈教育部、蒙藏委员会核准补助之。

六、地方主管教育行政机关必要时，得分别邀集当地各寺庙喇嘛、阿訇等开各种问题研究会或讨论会。

七、教育部视察人员，蒙藏委员会驻外各调查组调查员，边疆各省、县、旗宗督学或指导员视察边疆教育时，应考核并指导各寺庙办理教育成绩。

八、边疆各主管教育行政机关，应于每年度终了时，将当地各寺庙办理教育成绩编成报告，汇呈教育部及蒙藏委员会备案。

九、本办法由教育部及蒙藏委员会会同公布施行。

〔国民政府档案〕

6. 行政院核行蒙藏委员会派驻蒙古各盟旗协赞人员服务规则令

（1942年3月23日）

卅一·三·廿三呈奉院令核行

第一条　本规则依照本会派驻蒙古各盟旗协赞人员办法第六条之规则制定之。

第二条　盟旗协赞人员应诚心为蒙旗服务。

第三条　盟旗协赞人员应尊重所在地之宗教信仰及良善风俗习惯，并应以身作则，不得有不正当行为。

第四条　盟旗协赞人员应于奉命后一个月内起程，三个月内到达指定盟旗政府工作。

第五条　盟旗协赞人员应自备工作日记簿，逐日将工作情形详细登记，月终择要报告一次。

第六条　盟旗协赞人员遇有疑难事故，得随时请求本会指示。

第七条　盟旗协赞人员因故请假在一个月以内，须由所驻盟旗长官批准，一个月以上须呈本会核准。惟一年之内，请假时间不得超过两个月。

第八条　盟旗协赞人员非经呈准不得擅离职守。

第九条　盟旗协赞人员对于奉令饬查事项应尽速查后〔复〕。

第十条　盟旗协赞人员薪俸、特别办公费、赴任暨返会旅费均由会支给。

第十一条　盟旗协赞人员即在所驻盟旗政府内办公，不得另组公署。

第十二条　本规则如有未尽事宜，本会得以命令指示行之。

第十三条　本规则呈准备案后施行。

〔国民政府档案〕

7. 行政院核行蒙藏委员会派驻蒙古各盟旗协赞人员办法令

（1942年3月23日）

卅一·三·廿三呈奉院令核行

第一条　蒙藏委员会为推进盟旗政务，加强盟旗与中央之联系，得就各盟旗之需要，派员常驻各盟旗，协赞各该盟旗长官办理一切事务。

第二条　盟旗协赞人员受蒙藏委员会直接监督、指挥并受驻在地盟旗长官之指导。

第三条　盟旗协赞人员得出席参加所驻盟旗政府各项重要会议。

第四条　盟旗协赞人员于到达指定之盟旗政府报到后，应即开始办公，并将到达日期报会备查。

第五条　盟旗协赞人员考绩办法，比照在会工作人员考绩办法办理。

第六条　盟旗协赞人员服务规则另定之。

第七条　本办法自呈奉行政院核准公布之日起施行。

〔国民政府档案〕

8. 行政院核行修正救济蒙藏失业人员暂行办法令

（1942年5月18日）

卅一年五月十八日奉院令核准施行

一、凡来中央投效之蒙藏人员，其失业者或生活确系特别艰窘及遭遇重大事故者，蒙藏委员会得依照本办法救济之。

二、前项人员审核及登记，由蒙藏委员会办理之。

三、凡经登记审查合格之前项人员，由蒙藏委员会衡量情形酌予救济。

四、救济前项人员费用，已经核定每月之五千元为限，由蒙藏委员会核拨，按月实报实销。

五、凡经救济之前项人员，蒙藏委员会得斟酌实际情形，呈请行政院酌核，分发中央及各省、市政府机关见习。

六、本办法自呈奉行政院核准公布之日施行。

〔国民政府档案〕

9. 行政院公布修正蒙藏失业人员登记办法

（1942年6月5日）

民国卅一年六月五日呈院核准公布

第一条　本办法依修正救济蒙藏失业人员暂行办法规定之。

第二条　依修正救济蒙藏失业人员暂行办法第一条规定，应予救济蒙藏人员之审核，由本会总务处会同蒙藏两处办理之。

第三条　向本会声请救济之蒙藏人员，须填具声请登记表三份，连同曾任职务或学历之证明文件送由本会审核。

前项人员，经本会审核合于救济办法第一条之规定时，依声明之先后登记之，但其情形较其迫切者，得提前予以登记。

第四条　前项人员，如有左列情形之一，经本会查明属实者，不予登记，已登记者，应取销其登记。

一、曾参加反动行为，经拱告判决或尚在通缉中者。

二、曾服公务而有贪污行为，经拱告判决有案者。

三、被夺公权尚未复权或受惩戒处分尚在停止任用期间者。

四、有不正当之思想行为者。

第五条　凡经审核登记合格人员之救济费，依照救济办法第四条之规定酌给之。

第六条　前项人员之籍贯，如本会认为有疑义时，得令蒙古及西藏驻京办事处证明之。如有假冒情事，经证明属实者，除取销其登记外，并追缴其已领之救济费。

第七条　本办法自公布之日施行。

〔国民政府档案〕

二、蒙藏委员会成立驻藏办事处

1. 行政院准张威白暂行在藏负责指令

（1938年8月26日）

行政院指令　渝字第六七二八号

令蒙藏委员会

二十七年八月十九日调密字第二二〇四号呈，为拟派张威白为该会咨议，在中央派赴驻藏人员未到以前，暂行在藏负责接洽由。

呈悉。准予备案。此令！

院长　孔祥熙

〔国民政府蒙藏委员会档案〕

2. 行政院为设立蒙藏委员会驻藏办事处致国民政府呈

（1940年4月4日）

行政院呈　阳字六七三八号

案据蒙藏委员会委员长吴忠信拉萨艳电称："现决定设立蒙藏委员会驻藏办事处，于四月一日组织成立，并派随同入藏之本会藏事处处长孔庆宗兼任该办事处处长，本会驻藏咨议张威白为副处长，先行到差。至以前之留藏人员等项组织及名义，即行撤销。除关于该办事处之组织及经费概算，另电由重庆本会专案呈核外，理合电请鉴察。"等情。据此。应准照办。除报告本院第四五九次会议外，理合呈请鉴核备案。　　谨呈

国民政府

行政院院长　蒋中正

〔国民政府档案〕

3. 吴忠信为报驻藏办事处成立办公事致蒋介石电

（1940年4月4日）

重庆。蒋委员长钧鉴：樊密。（一）驻藏办事处于四月一日成立，已开始办公；（二）班禅灵榇由中央护送至边境，由藏方接奉回藏，已商得藏政府同意；（三）安钦呼图克图通电表明心迹后，其由平津随来之份子，已严令停止活动；（四）其他琐细问题，已交由办事处继续办理。忠信业已通知噶厦，准于本月十四日由拉萨启程，仍经由印度东返。谨此奉闻。

忠信叩。支。

〔国民政府蒙藏委员会档案〕

4. 国民政府批准设立蒙藏委员会驻藏办事处令

（1940年4月6日）

指令　府字第3219号

令行政院

二十九年四月四日阳字六七三八号密呈一件，为据蒙藏委员会委员长吴忠信电称：现决定设立蒙藏委员会驻藏办事处，于四月一日成立，并派孔庆宗兼任该办事处处长，张威白为副处长。先行到差。至以前之留藏人员等项组织及名义，即行撤销。转请鉴核备案由。呈悉。准予备案。此令。

〔国民政府档案〕

5. 行政院核准蒙藏委员会驻藏办事处组织规程案

(1940年5月13日)

民国二十九年五月十三日呈院核准备案

第一条　蒙藏委员会驻藏办事处（以下简称本处）依据蒙藏委员会组织法第十九条第二项之规定组织之。

第二条　本办事处设处长一人，秉承蒙藏委员会综理处务。设副处长一人襄助之。处长、副处长均简派。

第三条　本办事处暂设第一、第二两科。其职掌如左。

第一科：掌理文书、印信、出纳、庶务、人事等项。

第二科：掌理政治、宗教、教育、建设、调查、宣传等事项。

每科设科长一人（荐派），承处长之命，综理各该科事项。

第四条　本办事处设科员四人（委派），办事员四人（委派），并得酌用雇员若干人。

第五条　本办事处设汉文秘书一人，藏文秘书一人（均荐派），承处长之命，办理机要及不属于各科之事件。

第六条　本办事处设会计员一人，办理岁计、会计事项，受处长之指挥监督，依法由主计处设置之。

第七条　本办事处设医师一人，办理诊疗、医药等项。

第八条　本办事处得派员分驻札什伦布、江孜、昌都及其他重要地方。

第九条　本办事处得成立卫队。

第十条　本办事处于必要时，得聘请专门技术人员。

第十一条　本规定如有未尽事宜，得随时呈准修正之。

第十二条　本规程自呈准公布之日施行。

〔国民政府档案〕

6. 蒙藏委员会派沈宗濂继任驻藏办事处处长致打札及噶厦电

（1943年10月18日）

蒙藏委员会电稿　丙字第4517号

拉萨。打札摄政法鉴：并请转噶厦公鉴：

本会驻藏办事处孔处长庆宗辞职，业奉照准。遗缺派沈宗濂继任。特达。

蒙藏委员会委员长吴〇〇

巧。丙印

〔国民政府蒙藏委员会档案〕

7. 蒋介石请转告噶厦改派沈宗濂驻藏目的在恢复中央与西藏地方旧有关系事致蒙藏委员会代电

（1943年11月7日）

国民政府军事委员会代电　侍秘字第二〇一八七号

蒙藏委员会委员长礼卿兄勋鉴：

沈宗濂在赴藏之前，应由兄以蒙藏委员会委员长名义致电西藏摄政，说明中央决定派沈驻藏，此实系重视藏事郑重遴选，以期宣达中央对藏德意。并将藏中当局意见随时上报中央，必于藏方大局多所裨益，务使其彻底了解知所尊重，以恢复旧时西藏对中央之正常关系。一面并将此项要旨转属西藏代表，速即去电报告促藏政府来电表示欢迎，希速照此办理为要。

中正。戌阳。侍秘。

〔国民政府蒙藏委员会档案〕

8. 打札摄政欢迎沈宗濂驻藏致蒙藏委员会电

(1943 年 9 月 21 日)①

拉萨。打札藏历九月二十一电

蒙藏委员会吴委员长勋鉴：

阳历十一月二日奉到电悉。孔处长辞职，遗缺新派沈宗濂接替，短期间由印赴藏，沈君在欧美留学多年，资深望重，素为蒋委员长所倚畀，该员到藏，中藏必能照旧恢复感情如意，深慰欣谢。因中藏和好起见，藏境迎护藏兵等业经派往，并饬沿途各营官，所有乌拉及一切隆重支应，不得临时周章，已由噶厦饬办矣。详情应如何转呈蒋大元帅处，伏希维持为荷。

西藏摄政荣增打札班直达叩

藏历九月二十一日

〔国民政府蒙藏委员会档案〕

9. 噶厦为沈宗濂抵噶伦堡已派人迎护事致蒙藏委员会电

(1944 年 3 月 11 日)②

噶厦。拉萨。　五月十日十一时

---

① 此为藏历日期。

② 此为藏历日期。

渝。蒙藏委员会吴委员长勋鉴：

阳历四月七日电，此间藏历三月初一日奉到。刻下沈处长宗濂及执事等已经平抵噶伦堡。所有欢迎一切，前已电陈备案。兹已转饬沿途地方官妥为供应并派官兵由靖西迎护各情。仍请转呈大元帅蒋为感。

噶厦叩。藏历三月十一日印

〔国民政府蒙藏委员会档案〕

10. 西藏驻京办事处为英驻印领事馆拒签驻藏办事处第二批人员入藏护照噶厦并无不要其签字事致吴忠信代电

（1944年5月13日）

字甲字第〇四六号　中华民国三十三年五月十三日

蒙藏委员会委员长吴钧鉴：

窃查代表等前承钧长派员面告，以沈处长宗濂入藏第二批人员护照，英国领事馆拒绝签字。等语。当经转电西藏噶厦在案。兹奉噶厦藏历三月十四日复电开：藏历三月七日来电，十日阅悉。并转呈达扎佛矣。吴委员长派员向该代表所言第二批随沈处长宗濂入藏人员护照，英国领事馆拒绝签字，谓系西藏有不要其签字之语。此事在沈处长同第一批人员领护照入藏时，中央与英方未知有何言语，但西藏并无不要其签字之言。并且最近沈处长行抵加尔各答，西藏闻知即在亚东欢迎，所有迎接官员及护行军队，藏历三月五日即已由拉萨派出矣。该代表等务将此情转呈蒋主席及吴委员长为要。等因。除转呈主席外，肃电转呈，伏祈监察。

西藏总代表阿旺坚赞

代表罗桑扎西、土丹参烈、图登生格叩。元。印

〔国民政府蒙藏委员会档案〕

（二）蒙古民族事务

一、蒙古地方行政

1. 蒙藏委员会参事室关于审查蒙古各盟会盟暂行条例草案及会盟仪式致吴忠信呈

（1937年7月29日）

奉交审查蒙古各盟会盟暂行条例草案及会盟仪式各一份，等因，遵即详加审查。除将应修正之第四、五条就原草案加以签注外，其余各余暨会盟仪式尚属妥适，拟予仍旧。唯尚有进者，旧例会盟之典，其任务虽在清理册名，编审丁籍，实际则实寓有耀德观兵之意，故于阅兵之后，并按品级赐以冠服、银饰等物。现在既拟恢复会盟，其任务一切亦经仍照旧例斟酌现情予以明白规定，而于赏赐一层，虽不必于条文中明白规定，著为定例，但似有应行注意之必要，故将来本会呈请派员监临之时，似应斟酌情形，请中央对于莅会之盟旗长及保安队官兵，酌加赏赐，以宣德意。是否有当，理合检同原附件，签请签核示遵。谨呈

副委员长赵

委员长吴

附原签暨会盟条例、会盟仪式各一件

参事室　谨签

二六·七·二九.

原签呈

为签呈事:查本会二十六年度行政计划内恢复会盟一案,其分月进度预定表规定本年七月拟订会盟办法。兹经拟具蒙古各

盟会盟暂行条例草案十二条，附会盟仪式一份，是否可行，理合签呈钧座鉴核，交由参事室从速审查，以便呈院核定施行。谨呈

处长楚转呈

委员长吴

计附会盟条例、会盟仪式各一份。

职　白凤兆谨呈

七月廿四日

蒙古各盟会盟暂行条例①

第一条　蒙古各盟每届二年，召集本盟各旗官员举行会盟一次。

会盟仪式另定之。

第二条　每届应行会盟之盟部如左：

一、内蒙古六盟。

二、外蒙古四部落（会盟暂缓举行）。

三、青海蒙古二盟。

其他各盟遇必要时得依本条例会盟。

第三条　会盟所在地由各盟长就全盟境内适中或交通便利之处，自行选定，咨报蒙藏委员会并通知本盟各旗。

第四条　本条拟改为：会盟日期，定于国历十月十日开始举行。

第五条　蒙古各盟会盟之任务如左：

一、检阅所属各旗保安队伍。

二、编审所属各旗丁籍。

三、审核所属各旗行政报告。

---

① 草案二字已删去。

四、决定所属各旗施政计划。

五、处理所属旗与旗间争执事项。

六、中央交办项。本款拟于中央之上加“实施”二字。

七、盟长及所属各旗提议事项。本款拟于盟长之上加“讨论”二字。

本款拟删除。

第六条　蒙古各盟举行会盟时，盟长、副盟长、帮办盟务、扎萨克及指派之协理、管旗章京、管旗副章京、参领、佐领，均应出席，不得藉故请假。

第七条　蒙古各盟会盟时，以盟长为主席，盟长因事不能执行职务时，以副盟长代理之。

第八条　每届会盟由蒙藏委员会先期呈请简派大员，前往监视。

前项监临大员及其随员，均照出差旅费规则支给旅费，不得向蒙古需索支应。

第九条　每届会盟，由盟长先期通令本盟各旗，抽调保安队，至会盟所在地参加检阅，并分别编制行政报告及施政计划，提会核议施行。

第十条　蒙古各盟于会盟完毕后，应由盟长编制会盟总报告，咨由蒙藏委员会转呈。

（原第十一条删除）。

第十一条　本条例自呈奉核准公布之日起施行。

会盟仪式

一、全场肃立。

二、升旗（奏军乐，全场文武官员脱帽立正，对国旗行注目礼，保安队伍持枪敬礼）。

三、鸣炮。

四、监临大员就位。

五、主席就位。

六、各旗扎萨克、各事官就位。

七、向国旗党旗暨总理遗像行三鞠躬礼。

八、主席恭读总理遗嘱。

九、主席报告会盟意义。

十、监临大员致训词。

十一、各旗扎萨克演说。

十二、检阅全场保安队（由盟长引导监临大员、各旗扎萨克巡视全场一周，检阅各旗保安队，经过各队，持枪敬礼）。

十三、摄影。

十四、降旗（奏乐敬礼一如升旗）。

十五、礼成。

〔国民政府蒙藏委员会档案〕

2. 国民政府军事委员会办公厅为抄送白瑞关于改革内蒙政治积弊呈致蒙藏委员会公函

（1938年4月11日）

国民政府军事委员会办公厅公函　办四字第2227号

奉委员长交下监察院监察委员卓盟旗代表白瑞呈一件，为谨陈对于内蒙当地情形亟应改革者，略陈梗概，以供采择等情。奉谕：交蒙藏委员会核办。等因。相应抄附原件送请查照。此致

蒙藏委员会

附抄原呈一件

主任　贺耀组

中华民国二十七年四月十一日

抄白瑞原呈一件

敬呈者：蒙古地处边陲，幅员广大，东起海隅，西迄极边，地势崇峻，为华北之屏障，民俗忠勇诚朴，载在史籍。惟自清代施行愚民政策以来，蒙民禁读汉书，不许多设兵额，由是凡百俱废，一蹶不振，厥后苏俄觊觎，时起交涉。民国三年，外蒙受俄煽惑，已有非我所有之势，虽由徐树铮前往筹边，竟恃武力，徒使外蒙反感益增。迨党国成立，实行三民主义，一扫民族间之界限，同享平等自由，全蒙欢腾。近者强寇压境，蚕食不已，举国奋起，一致抗战，而精诚团结，拥护中央，义不容辞。党国大计，自在荩筹，未敢妄参末议，惟瑞籍隶内蒙，对于当地情形，尚能熟悉，爰思不出其位之议，特举其亟应改革而不容刻缓者，略陈梗概 ，以供采择：

（一）内蒙地方窘迫之原因：清代设都统为边疆大吏，任满人羁縻愚弄，美其名曰借地养民，实则剥尽民力。民国更设主席，惟多系军阀爪牙，割据朔北，澎涨势力，中央德意，本欲普及边陲，而彼辈竟自创单行法规，剥削民脂，任性所为，此时人民糊口不暇，遑云积蓄，更遑云建设乎。

（办法）应彻底改革积弊，严令当局遵照建国大纲而行，不得任意标奇立异，此亟应改革者一也。

（二）内蒙习惯怠惰之原因：前清时代，王公当政，专制阶级严厉，凡动作须经上峰许可，否则鞭责致死。更以迷信麻醉人民，凡各旗皆建有伟大寺庙，使其消磨勇气，如聪明青年选为僧徒，日以诵经为事，安居坐享，百事不举，直缘木求鱼也。

（办法）应由蒙藏委员 会普及蒙民教育，校长选蒙人优秀者充之，更施强迫教育，限制青年出家为僧，庶可繁殖人口，改善积习，此亟应改革者二也。

（三）内蒙民气强悍之原因：地属寒边，民性坚忍耐劳，骏马驰驱，逐日射猎。况蒙旗档册，多属兵差，例为义务。官设参佐领统，辖行政及诉讼事件，公余必赛马摔角，比赛体格，此资提倡，此种尚武之风，由来久矣。

（办法）由蒙藏委员会提倡体育，继以智德二育，以化民成俗，有强健之身体，复有爱国思想与坚毅人格，以此抗日，何虑敌人之诱惑，此应促进者一也。

瑞服务中央有年，中枢诸公，关怀边政者颇多，民八广州护法以来，硕耆对于蒙事，尽力维持，于政治之改善，外患之预防，无不开诚相与，五族一家，应自强不息，免沦于异族之箴言，不惟瑞钦佩靡已，蒙民尤深感戴，盼其实现。瑞向充蒙旗代表，爱国爱乡，未敢后人，所陈诸点，原蒙藏委员会职责，乃自全面抗战以还，我委员长正竭其全力以赴戎机，当此时会，巩固边陲，何等重要，先之以怀柔，继之以辅助，使国家至少无北顾之忧，且蒙族不乏深明大义之人，此次乌拉特前旗石王福晋，不受敌方利用，南来依归，即其明证。瑞蒿目时艰，不能苟安缄默，用特贡献刍见，仰祈采纳。谨呈

委员长蒋

监察院监察委员内蒙卓盟旗代表白瑞

中华民国二十七年四月一日

〔国民政府蒙藏委员会档案〕

3. 绥蒙指导长官公署关于推进蒙旗事务致蒙藏委员会报告

（1938年11月　日）

兹将本署推进蒙旗事务节略送请查核：

一、为加强抗战力量，曾经本署分派工作团员前往各蒙旗督同各该旗札萨克，组织民众，训练军队。现杭锦、札萨克两旗已照保甲条例组织完竣，准噶尔旗滨临黄河，地势重要，业将该旗

民众选择干部，加以军事、政治训练，近已毕业，其他各旗刻正着手推进，不久亦可次第组训。且招抚达拉特旗反正部队，已商得北路军傅总司令委任该部团长马子禧暂代该旗保安司令，并由本署派政治军事人员前往该旗督导训练。惟各该旗民众虽已组成，而枪枝缺乏，甚受困难。

二、绥蒙会委员长沙克都尔札布表示竭诚拥护中央，服从领袖，已电报定于本月二十五日由旗动身来榆，现已派员往接。至该旗保安队正在编组中。

三、准噶尔旗东协理、护理札萨克、印务奇文英态度显明表示抗敌，西协理奇凤鸣迭次来电，表示拥护中央，并声明过去不得已之苦衷，本署曾派员前往慰问联络。

四、达拉特旗自康王解送西安后，该旗军政无人负责。经本署同绥蒙会宣慰使署迭次派员前往该旗，组织旗政府，招抚流亡及反正部队，业经委派西梅令补伦巴雅尔维持旗政，马子禧主持军事，早已分别就职。近两月来，该旗军政已渐就绪。

五、杭锦旗阿王前被敌迫到绥，近同达拉特旗康王之弟章巳拉多尔济转赴东京，现尚未归。该旗军政事务由阿王之弟西协理色登多尔济奉命主持，颇著成效，对组训民众亦竭力办理。

六、乌审旗札萨克郡王旗图札萨克对保安队均积极整顿，并设立学校。近该札萨克等表示不久来榆共商抗敌策略，以及旗务之推进。

七、鄂托克旗旺札萨克自承袭以来，因年少识浅，对旗内诸事仍由旗务帮办章久轩主持办理，且章自本年一月间，经本署派员驻在该旗劝导，态度思想较好，迭次派员来署联络，并表示拥护中央。近为免除困难，赴塔尔寺进香。

八、乌盟东西两公旗署札萨克奇俊峰、额夫人巴云英各携幼子率部抵五，坚决抗敌，意图恢复旗土。现正招抚该旗流亡，组训部队，并于日前召集该旗士官开楚格拉大会，决议献金救国，肃清汉奸，团结御侮等项。

九、乌盟其他各旗业经本署派员分往联络，而各该旗亦曾派代表向我接洽，相机反正。

十、土默特旗总管荣祥自去岁到榆，牺牲一切，竭力推进抗日工作，招抚流亡，而该旗青年学生近多来归。且该旗现任监察委员巴维崧君深入蒙地宣达中央抗战建国之方略以及中央轸念蒙边之德意。数月以来，备著辛劳，对于抚辑流亡，监放赈款等事，惠助良多。

十一、前拟组织蒙古游击军一事，于本年五月间在札萨克旗由沙委员长召开临时会议，决定通过，并经转请中央核准有案。所有呈报拟定编制办法及司令人选，尚未奉复。惟现届冬防，时机迫切，关系极为重要，而各旗竭望甚殷，均盼早日发表，共维边圉。

十二、绥陕沿边蒙汉人民，向极融洽，自军兴以来，沿边各地，因设卡增捐例收水草等项，时生枝节，为加强工作，联系汉蒙情感，并处理便利计，于本月十四日由本署召集绥远省政府、绥蒙会、陕西第一区行政督察专员公署等联席会议，议决维持七七以前状况，不改旧章，不添新例。并自本年起实行禁烟等五项原则，已分电并分饬所属遵办，以后纠纷，自可减少。

按本署移榆之初，乌拉特东中西三公旗既被敌寇侵扰，几不复为我所有，而杭达两旗数经糜烂，亦复难睹完土。一年以来，迭经努力，秩序粗定，抗战情绪，日渐增高，今后工作，一方面努力于军事上之调整，一方面注意于政治上之推进，以期稍减中央北顾之虞。

绥远省境内蒙古各盟旗地方自治指导长官公署

中华民国二十七年十一月　日

〔国民政府蒙藏委员会档案〕

4. 沙克都尔扎布关于整训蒙旗军队致蒙藏委员会函

（1939年2月26日）

敬启者：查蒙旗军队前已拟定整训办法草案及各旗保安司令部官兵编制计画表，并保安队官兵编制计划表，除由阎长官转电军委会暨报军政部各一份外，相应检同附件函送贵会查照，并希代向各当局分别核转接商，务求按照原拟计划，早日实现。至办理情形如何，尚祈随时示复为祷。此致

蒙藏委员会

附 整训保安队办法草案
保安司令部官兵编制计划表 各乙件
保安队官兵编制计划表

沙克都尔扎布启

二月廿六日

伊盟各旗保安队整训办法草案

一、整训理由：查伊盟各旗，位在黄河之阳，自抗战军兴，绥包沦陷，已成作战重要区域。各旗保安队，虽有人马枪械，因无饷粮，又无营房，向来散居各家，乏训练，无纪律，形色不一，一旦遇事，征调尤所困难。前曾计划整训，以筹款无着，仅由各旗量力整顿一次，但现在仍无部队雏型。际此国难严重关头，实难任其长此散漫。兹为保全伊盟各旗整个力量，指挥统一，增加抗战实力起见，极有从事整训必要。

二、整训宗旨：本盟各旗原有保安队，暂仍援用保安队名义，化散为整，教以军事学术，授以相当技能，贯输国家民族之意识。对各旗保安队最低要求，必须具有守土自卫之能力。进可以攻，退可以守，至训练娴熟，单独可以作战时，再行改编国军。

三、营房筹设：各旗向无驻队营房，若整训保安队，必须集

中，故建筑营房势不可缓。拟按各旗兵力需要，建筑土房，所需之款，均拟由绥境蒙政会经费结余项下开支，不另请款。

四、各旗实力：扎萨克旗、郡王旗、乌审旗各有人马枪械四百余，达拉特旗六百余，杭锦旗、鄂托克旗各有千余，准噶尔旗一千二百余，全盟实力共计五千余。

五、系统及改编办法：伊盟保安长官公署管辖各旗保安司令部，保安司令部管辖各该本旗保安大队。大队编制：扎萨克旗二大队，郡王旗二大队，乌审旗二大队，达拉特旗三大队，杭锦旗四大队，鄂托克旗四大队，准噶尔旗五大队，综计二十二大队。每大队管辖三中队，每中队管辖三分队，每分队管辖三班，每班士兵八名（另附保安司令部、保安大队、保安中队编制计划表各一份）。

六、整训步骤：本盟各旗保安队，由保安长官公署少将参谋长及各旗保安司令部中校参谋长秉承保安长官之命，担负完全责任，办理各旗保安队训练调动及军事上一切机要布置事务。整训步骤，拟分两期进行，第一期先由各旗保安司令部中校参谋长，召集所属干部（如大队长、分队长、班长等），实施学术训练，限三个月期满。第二期集中各旗保安队士兵，责成各级干部认真训练，仍限三个月期满。此后各级参谋长如督训得体，教育有方，进度迅速，成绩优良，再行改编为国军。唯各级参谋长责任重大，关系抗战前途，极为重要，必须遴选精于军事富有经验者，方不负整训之目的也。参谋长人选问题，拟请中央军事委员会或军事最高当局委派之。

七、常年补助费：除伊盟保安长官公署每月由军政部发给补助费三千元不计外，其保安司令部七处，每处月需七百七十八元，共需补助费五千四百四十六元。各旗二十二大队，每大队月需一百四十四元，共需补助费三千一百六十八元。各旗六十六中队，每中队月需一千二百六十七元，共需补助费八万三千六百二十二元。以上每月所需补助费总数九万二千二百三十六元。除责由各旗自筹三分之一外，其余三分之二为六万一千四百九十元零六角六分，恳祈中央如数补助，以期整训完成，利于抗战。

伊盟各旗保安司令部官兵编制计划表

阶级	职别	员名额	月支生活费	合支数	备考
少将	司令	一			以各旗之扎萨克兼任或由扎萨克保荐之，均不支生活费。
中校	参谋长	一	八〇	八〇	
少校	参谋	一	六四	六四	
上尉	参谋	一	五〇	五〇	
少校	副长官	一	六四	六四	
中尉	副官	一	四〇	四〇	
少尉	副官	二	三〇	六〇	
上校	译文员	一	五〇	五〇	
上尉	军需	一	四〇	四〇	
上尉	书记	一	四〇	四〇	
准尉	司号长	一	二〇	二〇	
上士	司书	二	一五	三〇	
中士	传达长	一	一〇	一〇	
上等兵	传达兵	四	八	三二	
二等兵	炊事员	一	七	七	
二等兵	饲养兵	一	七	七	
乘马		四	六	二四	
公费			一〇〇	一〇〇	
杂费			六〇	六〇	煤炭费在内
总计					七七八

附记：

一、本部直隶于伊盟保安长官公署指挥之，秉承保安长官之命办理各本旗保安队教育训练各事宜。

二、本部按本旗现有实力情形酌量编练二至五个保安大队，直辖本部指挥教育训练之。

伊盟各旗保安司令部所属保安队官兵编制计划表

队别	阶级	职别	员名额	月支生活费	合支数	备　考
大队部	少校	大队长	一	六四	六四	
	上士	文牍	一	一五	一五	
	中士	司号	一	一〇	一〇	
	一等兵	传达兵	二	八	一六	
	二等兵	炊事兵	一	七	七	
	公杂费			二〇	二〇	炭费在内
	乘马		二	六	一二	
	总计				一四四	
中队	上尉	中队长	一	五〇	五〇	
	中尉	分队长	一	四〇	四〇	
	少尉	分队长	二	三〇	六〇	
	上士	文牍	一	一五	一五	
	一等兵	号兵	二	一四	二八	马干在内
	二等兵	炊事兵	八	七	五六	
	士兵		七二	一四	一〇〇八	
	公杂费			一〇	一〇	
	总计				一二六七	

附记

一、大队直属本旗保安司令部指挥之。

二、每大队辖三中队，每中队辖三分队，每分队辖三班，每班士兵八名。

三、各级队除官佐另支生活费不计外，所有士兵每名应需给养费五元，马干六元，服装、绱缰、医药等费三元，共计每名月需十四元。

四、马干、给养、服装、绱缰、医药等费统由保安长官公署具领，按实际需要开支。

五、各旗现有实力计扎旗、郡旗、乌旗各二大队，达旗三大队，杭旗、鄂旗各四大队，准旗五大队，共计全盟司令部七，保安大队二十二。

〔国民政府蒙藏委员会档案〕

5. 蒙旗宣慰使公署等工作报告书

（1939年3月　日）

蒙旗宣慰使、伊克昭盟保安长官、绥境蒙政会委员长沙克都尔札布谨将自抗战绥包沦陷后，所有各项工作，分别摘要汇缮报告，恭析鉴核。

关于政务工作报告

1. 去年十月中旬，绥包失守，蒙境垂危，忽于二十七日有敌机飞札，迫布赴绥，为应付特殊恶劣环境起见，个人以病拒之，派员前往。总之对于拥护中央，服从领袖，救国卫民，同仇敌忾，坚持到底，始终不渝。已将此种意志，于十一月五日分电各军政长官，同日当以微参电，请西安蒋主任多派大军前来伊盟，驻守保护。十一月十三日因前派鄂贝子往绥，是日晚始返旗。日方决定废历十月十五日，在伊金霍洛成吉思汗陵园，召集各旗札萨克开会。布于十七日到陵园，乘日伪监视人员尚未到前，当与阿王、图王等商讨应付办法，议决阻止日伪军渡河，所有伊盟各旗治安，暂由各旗共同负责，一俟国军开到，再为联合一致行动。不意日代表内田四郎等抵郡旗后，拒谈蒙旗事项，威胁各王公代表等均须赴绥，否则即拟派队及飞机进攻轰炸。布等为保全人民生命财产计，于二十二日权且随往。迨二十三日行抵韩潭庙时，日代表闻中央派大军到东胜，颇为恐惧，布与阿王乘隙各回本旗。当于十一月廿五日以有申电通知榆林邓军团长宝珊，高师长双成，褚参谋大光矣。以上情事发生后，多引各方误会，日后以事实证明方得各方谅解。

2. 二十六年十一月三日，西安行营蒋主任，以伊盟情势紧张，指导机关及傅主席均失联络，特派高级参谋褚大光到札联络，七日由札赴郡王旗转往杭锦旗，当以虞电通知阿王，妥为保护，以期安全。

3. 十一月二十七日准邓军团长梗军参电，转到蒋委员长养申电开：据邓电请拟以沙王、阿王为蒙旗正副宣慰使，荣祥为秘书长，特贝勒为政务处长一节，准予照办。等因；除电谢外，当经选定榆林为行署行辕，并分别函电各该员，商洽就职日期，及进行一切事务。

自此以后，关于宣慰使公署一切事宜，均由秘书长荣祥负责办理。

4. 十二月十四日，致达拉特旗札萨克康达多尔济函：时局不靖，变幻无穷，然对中央必须拥护，无论如何艰难，应付环境是一事，爱护国家又是一事，不可由应付而变志，亦不可因压迫而附逆，想英明如君者，必不致误行歧途也。据褚参谋称：接得交通部电报，前在百灵庙装设之十五瓦特电台，以路难行，暂留达旗，请速查明饬该电台并原随人员及眷属，来札转榆，再去西安，等语。希饬该电台等随去树林召大汽车前来为盼。又拟请君即日赴东胜，晋竭马将军，余与褚亦于日内前往，以便解释君之过去附日之误会，决无意外危险，请放心为要。

5. 十二月二十三日，致西安行营蒋主任梗戌电：阿王马日抵札，因急待回杭，故梗日午时正式就任正副宣慰使职，并已敬谨宣誓，乞予转电中央备案为祷。

6. 廿七年一月十二日，致蒙藏委员会委员长文未电：本盟鄂托克旗札萨克兼蒙务帮办噶勒藏罗勒旺札勒札木苏前因病故，所遗蒙务帮办一缺，拟请以札萨克旗贝子鄂齐尔呼雅克图补充。嗣经呈准，明令发表矣。

7. 一月十五日，致石华岩删申电：（节略）自失绥后，蒙政会职员，由绥移包，由包而树林召而嘎西拉克召以及来札各部分约五十余人，数月苦撑，概由兄负。尤所难能者，各该职员虽在时局危急中，犹能力持镇静，枵腹从公。请援照救济在榆人员之例，速予转请救济，以免向隅，而昭公允。卅日准沁电请准救济费一万元。

8. 二月二日，致石冬申电（前段略）：愚兄现处之环境，困难已达极点，自绥包失陷后，达旗早归伪军之手，鄂旗亦设日特务机关，杭旗上月秒被敌侵占，现正电报求援中，准旗将成战区，乌郡两旗危在旦夕，札旗粮草收罗俱穷，审察趋势，即便不遭惨祸，亦必饿莩遍野。以经济而论，蒙政会经费，已积压七阅月，保署经费亦有五阅月之多。两方工作职员，数逾百名，半年苦干苦撑，兄已精疲力尽，环境恶劣即如彼，经济穷迫又如此，瞻念前途，不寒而栗。清夜自思，虽有爱国之心，而无挽救之力，且以年迈聋钟之人，何能肩负重寄之任？与其尸位素餐，莫如揖让贤能。最近又奉中央使命，宣慰蒙旗。查该事本由耀宸所造成，拟请中央改任耀宸专负其责。彼此谊属至交，故敢直言无隐，管见所及，尊意亦必赞许。究应如何办理，祈速代谋电示为祷。

9. 二月十六日，致西安蒋主任铣亥电：达旗康王前因附逆嫌疑，已被挺进军俘获，奉电饬解西安，灰日过札赴榆，咸日由榆南下。兹查该旗距包甚迩，环境特殊，兵权操诸森盖，若谓森盖附逆，尚属昭然，而康王盲从易帜，纯系拒绝日伪渡河，避免重大牺牲，虚与委蛇，情非得已。务恳钧座念其无知，宥其盲从，法外施仁，慨予解脱，使其悔过自新，再生之德，铭感无既！

10. 三月八日致蒋委员会长齐午电：详述伊盟现处恶劣之环境，继陈各旗困难现状，再述蒙政会自八月起迄今积压经费七阅月，保署亦有六个月，两方工作职员百余人，半年苦干苦撑，均由职个人勉强维持，虽迭电各方请予接济，但均敷衍，置若罔闻。现已精疲力尽，势将瓦解，恳请电饬阎长官及巴代表文峻查明拨发。

11. 五月十九日准军邮视察员陈虚舟七号函：于十七日开设札萨旗三等邮局，等由；当经函知盟政府转饬各旗知照矣。

12. 五月二十二日，由石参谋华岩、荣委员祥等约定本日举行蒙政会临时会议，为充实本会力量，加强工作起见，应就实际需要，临时编组为五处，俟收复绥远，再行恢复旧制。计第一处秘书，第二处参事，第三处财务，第四处民运，第五处军事，会址在札旗札萨召，在榆设立本会办事处等项决议，业经分别呈报在案。

13. 五月卅日，致阎长官、吴委员长、西安蒋主任卅未电：据五兰素、桃力民、摆言淖等处公民代表李仲清、徐春元、郝维甫等呈，查伊盟鄂杭乌三旗接壤之三处，十三年开放，榆神人民多往耕牧，幅员百方里，居民七千户，各旗对其放弃，各党派均往活动，意见不同，相互倾轧，为防患未然，应设伊盟特别区区政府，统辖军事行政一切事宜。迄今该问题已成悬案，尚未解决。

14. 七月二十三日，据赴派达旗联络之参谋邝方舟佳电报称：此次赴达西长太屹卜改盖召、塔尔召、柴磴、黄木读、李祥屹堵、树林召、三顷地等处视察，一般庄户多安居。帷蒙民住宅多空闲，闻均逃居包头，得知蒙汉人民损失如下：改盖召损失粮二百余石，召内什物多被抢占，塔尔召损失较大，马群四百余匹，粮三百石，附近居民损失牛羊百余头，王府抢劫一空，树林召附近富户张玉珍，被烧房六十多间，损失马群六百余匹，牛羊二百余头，粮物洗劫一空。其他各处，无大损失，等情。当经分发赈款二千五百元。

八月六日据邝参谋有电报告：据达旗五队甲浪伊太林函称：绥自卫军司令刘效贤，前往元宝湾时，向当地筹款四千元，成立包县第四区公所，委员在当地捐枪款，每大户七十元，又收羊毛税每百只洋一元，每间要羊五只，怨声载道等情。后由八六师邬司令青云，蒋王爱召屯积屯垦局之粮赈放，每人三升，暂安生计。

15. 十月二日准高军长函，并派员来札欢迎赴榆等由；当经函复：决定月底南下。

16. 十月十六日伊克昭盟政府致指导长官公署公函：案准贵署本年十月五日札总字第二号公函内开：案奉第二战区阎司令长官电令，着将巴拉济尼玛送交该管沙盟长处理等因，奉此。查此本署业将巴拉济尼玛函送查收管押在案，奉电前因，相应函达，即希贵盟长查照办理，并将处理情形见复为荷，等因，准此。当经本府迭将巴拉济尼玛严讯，据称：籍隶札萨克旗蒙古台吉，为蒙政会二等科员。缘去年绥包失守，所有行囊衣物，皆存绥包，未得携回。于本年废历二月二十六日，以西梅伦僧格林沁赴包，当即随往，意在取物。嗣以战争影响，交通断绝，不能返旗。旋于包市成立伪盟政府，被派为书记，月薪二十五元。至闰七月初四日，因病商同杭锦旗希拉木、色楞、乌审旗色旺等三人，乘隙潜行渡河，各回本旗；并无其他情事。迨抵家后，除医病外，恐被物议，力图规避，未与各方见面。迄至闰七月二十七日，忽被指导长官公署拿获，认为汉奸，追思既往，不当充伪方书记，但比时以维持生活起见，确有不得已之苦衷。此后决心悔过，效命蒙政会，禁语。查本盟札旗前西梅伦僧格林沁，前以被日特务所要挟，曾经赴绥参加德王所召之会议，后经挺进军骑兵第十六团开驻札旗补充马匹时，以其有附逆嫌疑，不予谅解，屡次派兵往其寓所查拿。该梅伦深惧大祸将临，请假遄返乌审旗原籍，以图暂避凶焰。盟长因其环境恶劣，势难久留，业经准其所请。自该梅伦离札数月之后，据闻该梅伦已赴包头。当经派员查报，据称：西梅伦赴包属实，据其家属声称，其赴包之行，本应请示，乃以情势所迫，事与愿违，去包意义，因念德王所属，甘作走狗者固然有之；而爱国分子亦属不少，愿与伪方虚与委蛇，一则可以避免在旗之危险；再则可以侦悉伪方之真相；三则可于必要时引德王所属作反正之线索，等语。按该查报情形，如果属实，尚有可原。至巴拉济尼玛所称各节，尚属相符，确非汉奸，既奉阎司令长官交下处理，自应遵办。除函请蒙政会将其二等科员予以停职处分外，并罚床米二十石，归作训练札旗保安队之需，以示薄惩。准函前因，相应将处理巴拉济尼玛经过情形函复查照为荷。

十月五日通知保安长官公署各处公务员：查本年七月二十八日，扫荡报第二版所载，蒋委员长主张公务员兼职不得兼薪，业经提请国防最高会议，严订法则，以期澄清积弊，想该彻底查禁法则，不久当可公布实行。兹为尊重领袖最近主张，并首先倡导起见，自本长官起以至书记止，所有在本署兼职之公务员，原领之公费津贴或车马费以及兼薪，均应于十月份起一律停支。该项撙节之款，暂作训练札萨克旗保安队之用。

关于军事工作报告

1. 二十六年十一月九日致达拉特旗佳电：南下退兵，闻由邓军团长宝珊集中相当地点，整顿就绪，仍拟东开。

十一月十日致达旗蒸申秘电：顷准榆林八六师转来西安蒋主任庚军电开：北上大军即可到达，希劝所属勉力防守，并与陕北驻军切实联络，等因；希饬属防范。

十一月十六日，邓军团长开始与蒙旗联络，当派参谋汪韬携物赴榆及函件报聘。

十二月二日致八六师高师长冬申电：卅未参战电敬悉，贵师左旅及挺进军刘师，既抵东胜，当将详情通饬伊盟各旗，互相联络，一致拥护中央，并予协助。

十二月十日致杭旗阿王灰亥电：本月八日刘师长派宫团长带兵来札，据称奉马将军令，请盟长偕同各旗札萨克，齐集东胜县，商讨要公，等语。兹定十三日召集各王公到盟政府，拟先讨论各项具体办法后，十八日再行同赴东胜。希弟速驾札旗，以期周密，而免疏失。

2. 十二月十二日致西安蒋主任文午电：本盟所属各旗保安队，向来散漫，征调困难，亟应分期集中训练，教以军事学术，授以相当技能，灌输国家民族之意识，诚为抗战之要图（另有整训计划大纲已电陈矣）。所需之款，每月约八千元，拟由蒙政会经费结余项下开支，不另请款，恳祈转电蒋委员长核准施行。

十二月十七日致军政部何部长筱未电：前奉行营蒋主任遣派高级参谋褚大光来札，诸多协助，为整顿保安队事，已委为伊盟保安长官公署少将参谋长，谨电奉达，请予加委备案为祷。

十二月二十五日，致马将军有辰电：本盟旗务，辱承关注，前约之会议已于二十二日举行，贵代表张又骞所提四项议案（一、以后如遇日伪官兵应扣留押解附近驻军。二、蒙民集中训练。三、蒙汉应切实联络，勿受日伪离间挑拨。四、分配各旗代购马匹，计札旗五十匹，鄂旗二百五十匹，乌旗二百五十匹，杭旗一百匹，郡旗一百匹，准旗一百五十匹），大致均通过。惟对蒙民集中训练事，此间拟整训大纲（附抄原件），每月约需八千元，既蒙慨允转请中央拨发，即恳转电核准遵办。

查训练保安队办法及需款之处，迄未奉电核准，最后结果，由蒙藏会转到军政部电开：训练保安队需款准由保署每月津贴三千元内匀拨，等因。核该项津贴，除开支外，所余无几，既未奉准，遂将原来计划，暂时搁置。最后由保安长官自出三千元，曾经办理干部训练班一次。

3. 二十七年一月二十六日，致邓军团长、高师长转西安蒋主任宥午电：据确报敌骑二百余，骆驼百余，二十二日占领杭旗王府，前数日闻日军七十余人，大汽车五十余辆，由东往西，乌鄂两旗均有日人驻守，情势紧张，札旗现驻挺进军骑十六团（另发马将军感酉电，请其速请该团，克日进击，以期早日歼灭，而固防线），究应如何设防？对援队军实如何接应？请转电西安核示应付办法为祷。

二月四日致邓军团长、高师长、褚参谋长、骑兵十六团支酉电：据密探报告，上月二十八日由日特务六人，挟持鄂旗旺王到杭旗，二十九日又将阿王一并挟往包绥。请速设法救援。

二月七日致高师长虞辰电：前以阿旺两王被虏，电请挺进军派队进剿一案，兹于鱼日接马将军艳酉电开：查敌占杭旗，本应追击，乃因刘团系徒步，本军相距又远，可请门军就近往剿，等因。特电奉达，并请转陈、邓军团长为祷。

二月二十八日致高师长、邓军团长巧申电：据报阿王府现住伪军四五十人，鄂旗王府亦有伪军四五十人，鄂旗王府东八十余里白音淖尔有伪军二百余人，等情。查该日伪亟应以武力驱逐。由盟长已派人通知杭、鄂等旗各蒙军，遇国军入境，不得抵抗，如受伪军威胁，可佯向天空射击。最好先剿鄂旗，如鄂旗解决，则杭旗之敌，可不战自退。请转电各反军，对蒙兵不可仇视，对蒙民加以保护，以维蒙汉感情，而期歼灭日伪。

4. 三月二日致伊盟各旗训令：饬令各旗原有保安队划一编制办法，拟采用三三制，每十人至五十人为一分队，三分队为一中队，三中队为一大队，三大队为一总队。又本署即成立干部训练班，各旗应将现役各级队长，保送前来受训。所需衣食马乾，概由本署供给，受训期间，暂以二个月为限。

5. 三月十三日准马将军刘师长文戌沙电略开：本军协同八六师暂歼进犯东胜之敌，请速派队参战，等由。当以元寅电复：遵将驻伊金霍洛之骑兵及郡旗之骑兵，悉随刘团进击部队星夜出发，其余分驻四乡之骑兵现正赶调集中，以待后命。惟闻乌旗边界尚有敌伪活动消息，特电奉闻。同日并致邓军团长、高师长、绥省府、陈组长元卯电，大意同前。

三月二十日游击军第三旅长孟文仲，开始与本旗联络。四月十一日闻该旅向东推进，为对各旗便于接洽起见，特派联络参谋奇世勋，前往该旅随同前进。

6. 九月四日，报告各军政长官支酉电：据确报八月廿九日敌军多数由绥向达旗大树湾、史家营、同兴公等伪军阵地增援，卅日敌机五架飞我各阵地轰炸，并掩护步骑进攻，我官兵沉着应战，略有损伤，阵地迄无变化。三日晨有敌机三架，飞抵郡旗宫尼召（距札旗东北六十里），投弹二十余枚，炸毁大庙一座，新庙一座，住屋数栋，炸毙喇嘛二人，重伤一人，旋飞至察干力格庙投弹七枚，炸东面小庙一座，至午均向东北飞去等情。当经通饬各旗，嗣后再遇敌机低飞轰炸时，应饬所部用步枪射击，以杀敌氛。查该机轰炸目的，系对札旗蒙政会、指导长官公署（均住札萨召）而来，因其误炸，目的未达，预料必再来轰炸，故布为避凶焰，离寓居野，当经电报各处，请勿发生误会，后经各方来电慰问，劝赴榆林，遂决意南下述职。

关于党务工作报告

二十六年五月间，奉中央党部、组织部通知书，派王天籁、白音仓、罗永庆、史均澄、顾兆忠等为绥远省境内蒙古各盟旗党务特派员，办理经过情形，另有报告。至十月底接到组织通知，饬将党务工作暂时停止活动。惟查共党，自抗战以来，于蒙古各旗遍处宣传主义，并组织民众，大有难以制止之势，倘任其组织根深蒂固，将来赤祸蔓延，诚属不可思议。故同志等公推王天籁赴渝，请示中央应否恢复党务工作？嗣经中央决定，对蒙旗党务加以调整，并于二十七年十一月间第一百零五次常务会通过，后派白海风、白音仓、经天禄、王天籁、胡风山等为察绥蒙旗党务特派员，以白海风兼主任委员，王天籁兼书记长，组设特派员办事处于伊盟札萨克旗，现正开始工作。

〔国民政府蒙藏委员会档案〕

6. 杨焕文为拟就整理内蒙刍议致孔祥熙呈

（1939年3月8日）

窃焕文来额后，曾数度至额境各地视察地方安谧，并考查蒙民生活实况，谨遵照抗战建国之旨，参合内蒙实际现况与需要，拟就整理内蒙刍议一份，是否有当，理合具呈恭请鉴察 。

谨呈

院长孔

附整理内蒙刍议一份

军事委员会派驻额济纳旗军事副专员　杨焕文

中华民国二十八年三月八日

整理内蒙的刍议

一、治蒙的政纲——应速依据抗战建国的政策，并适应内蒙实际的现况与需要，订定内蒙战时工作纲要，由中央政府颁布施行。

二、统一的组织——中央署理内蒙各盟旗军事、政治以及经济、文化、建设等事务，其机关无论由中央所派或由盟旗组织者，所有行文系统及职责，均须明文规定清楚，以一事权，便收宏效。

三、干部的养成——选拔有志服务蒙古的优秀青年，在适当地点成立训练班，以期造成品德高尚，经验丰富，学术优良的健全干部。

四、给与的办法——凡服务蒙古的各级工作人员，所支生活费、活动费，以及一切经常费用，均应由政府就实地需要规定给予的标准办法，统筹统给，以安心志，而利进行。

五、施政的要项

1. 厉行普及教育　须依照中央既定的边教计划分别实施，并须利用各该地所在之公务员暨当地智识先进，普设蒙文、国语等义务学校，或提倡识字运动，以谋增进蒙民智识，而与内地人民思想的感情的平均发展，相互融洽。

2. 培植自卫力量　先充实自卫力量，才能发挥自治自给的功效，政府对内蒙人民，应急起直追，灌输其民族意识和爱国观念，自动的武装起来，驱逐日寇，捍卫边圉，捍卫国家。

3. 改善日常生活　蒙民秉性质朴无华，且体壮耐劳，尤重情谊，惟以牧畜为业，生活限于苦境，果能从日常生活中，启发其天性，培育其智能，逐渐改善，自能日新又日新的进步。

4. 注意卫生事务　欲图蒙民人口健增，畜牧蕃殖，首须提倡卫生，广设医院，尤须于人疾畜病，派遣医务人员，分往内蒙各地，普遍的施诊与预防。

5. 举办实业试验　开发实业，为利国利民的事业，故先择轻而易举者，如模范农牧场，制革工厂，毛织工厂等类，由政府举办，以资观摩，或由人民合力经营，政府加以保护。

6. 整理边区交通　保卫及开发边疆，唯恃交通便利，故于边区邮电及公路，须分别缓急，由政府及人民，同心协力，加以整理。

7. 注意汉奸活动　凡已被暴日侵占的区域，如绥远、察哈尔等地，应选派精敏干练的青年，协同拥护中央的蒙古王公，运用各种组织和手段，潜伏各地，秘密活动，摧毁伪组织，尤贵利用伪军反正，削减敌人力量，至未失陷的地方，应严防汉奸的活动。

8. 改良王公制度　第一步由各盟旗选送颖悟爱国之官民，由政府招集训练后，仍还各盟旗协助王公治理蒙事；第二步将王公世袭的制度，改用王公民选制度；第三步相机依照行政组织，试行县政。

9. 设法破除迷信　迷信是锢蔽蒙人思想，消灭民族意识，为阻挠社会进化的大敌，故须从速推行平民教育，努力改良礼俗，使觉醒蒙民充僧信佛的迷信，并给喇嘛以自新的办法。

10. 奖励蒙族繁殖　蒙族因信奉喇嘛，不讲卫生的缘故，遂使人口逐渐减少，当应遵照总理国内民族一律平等的遗教，由政府规定奖励民族繁殖的办法，以示五族共和发展的真意。

六、实施的注意

1. 发挥政府选贤任能的方针。

2. 采取中外贤达建设蒙古的意见。

3. 注意王公及蒙民日常习俗与生活。

4. 潜移默化、逐步推行，以树立福国利民新的内蒙政治基础。

派驻额济纳军事副专员　杨焕文

〔国民政府蒙藏委员会档案〕

7. 国民政府军事委员会关于伊盟各旗保安队整训办法决议议案致蒙藏委员会代电

（1939年3月29日）

代电　亨一令字第1366号

蒙藏委员会勋鉴：查沙克都尔扎布呈送之伊盟各旗保安队整训办法草案，经本部于本月十九日召集有关机关派员出席开会讨论，决议议四项：（一）伊盟各旗保安队应准整训。（二）关于改编办法，拟令傅作义负责派员点验后，拟具意见呈复核定。（三）俟点验报告编制核定后，由中央派遣参谋长教练官，计保安长官公署参谋长或辅助官一，各旅参谋长七，其余按编制每大队派一教练官。（四）编制经费俟傅作义之点验报告到后，由军政部核办。除照所拟办法电傅副长官查照办理外，用特电请查照为荷。军令部养未令。一亨。印。

中华民国廿八年三月廿九日

〔国民政府蒙藏委员会档案〕

8. 行政院关于调整绥蒙机构案致蒙藏委员会训令

（1939年4月13日）

行政院训令 吕字第三六六三号
中华民国廿八年四月十三日

令蒙藏委员会

案准军事委员会本年四月十日办四渝字第三三七九号公函略开，关于调整绥蒙机构案，经提由国防最高委员会核定如下：（一）绥境蒙旗指导长官公署、绥境蒙政会及蒙旗宣慰使署，三机关机构仍旧，唯人事颇欠健全，应由各该主管长官迅速切实调整，以增效能。（二）绥蒙指导长官公署得增设副指导长官一员，由中央简派，辅助指导长官推行一切政务。（三）绥境蒙政会得增设常务委员三人，由蒙藏委员会征询阎指导长官、沙委员长意见，呈请派委，以辅助该会委员长推行政务。（四）关于收抚蒙旗沦陷区域伪军反正一切事宜，应由蒙旗宣慰使署负责长官切实办理等由。准此。自应照办。除呈报国民政府备案，并分饬遵照办理外，合行令仰遵照。此令。

院长　孔祥熙

〔国民政府蒙藏委员会档案〕

9. 行政院核行察哈尔蒙旗特派员公署组织规程令

（1939 年 6 月）

二十八年六月呈院令核准施行

第一条　为适应战时需要，策动察省境内蒙旗工作起见，设察哈尔蒙旗特派员公署，至抗战结束后即行撤销。

第二条　察哈尔蒙旗特派员，由蒙藏委员会呈请行政院派充之。

第三条　特派员承蒙藏委员会之命，并与察哈尔省政府取得联络，办理关于察省境内蒙古各盟旗群之左列事项：

一、宣示中央德意；

二、策动敌伪反正；

三、破坏敌伪组织；

四、传递情报；

五、联络情感；

六、其他特种交办事件。

第四条　本公署设主任秘书一人，承特派员之命办理机要事务，综核一切文稿；秘书四人，辅佐主任秘书办理一切事务；一、二、三等事务员六人至八人，递承上级之命，分办理各项事务。

第五条　本公署因缮写文件及其他事务，得酌用雇员。

第六条　本公署无线电台设电员一人，助理员一人。

第七条　本公署因警卫事宜，设卫士六人至十人，倘仍不敷，并得商请察哈尔省政府调用之。

第八条　本公署办事细则另定之。

第九条　本规程如有未尽事宜，得呈请修定之。

第十条　本规程自呈奉核准之日施行。

〔国民政府档案〕

10. 国民政府核准绥远省境内蒙古各盟旗地方自治指导长官公署组织规程案

（1939年9月）

廿五年十月十二日行政院备案

二十八年九月国民政府核准备案

第一条　本公署依绥远省境内蒙古各盟旗地方自治指导长官公署暂行条例组织之。

第二条　本公署设左列各处：

一、第一处；

二、第二处；

三、第三处；

第三条　第一处职掌如左：

一、关于典守、印信事项；

二、关于职员进退及政绩事项；

三、关于公告、交际及会议记录、编制事项；

四、关于收发文电、保管卷宗事项；

五、关于调解盟旗、省县争执事项；

六、关于蒙旗自治及户籍、司法各事项；

七、关于各项统计事项；

八、关于庶务及其他不属于各处之事项。

第四条　第二处职掌如左：

一、关于推进蒙旗教育事项；

二、关于整理蒙旗农垦、工矿事业及水草私租各事项；

三、关于蒙旗灾赈及其他社会救济事项；

四、关于改良畜牧及公共卫生事项；

五、关于水利、交通及土地行政事项；

六、关于其他建设、建筑事项；

七、关于审核经临事业各项经费事项；

第五条　第三处职掌如左：

一、关于保安事项；

二、关于管理电台事项；

三、关于蒙旗保安游击各队训练指导事项；

四、关于特务及侦查事项；

五、关于军械弹药事项。

第六条　本公署设副指导长官一人，辅助长官综理本公署一切事务。

第七条　本公署设参赞一人（简任），承正、副长官之命办理本公署一切事务。

第八条　本公署设秘书长一人（荐任），承正、副长官之命办理机要事务并综核一切文稿。

第九条　本公署设秘书二人（荐任），辅助秘书长办理机要文电并分核各处稿件。

第十条　本公署设参事二人（荐任），专司审查蒙旗自治兴革、计划、法案、规章并一切设计事项。

第十一条　本公署设参议四人、谘议四人（委任），专备谘询并担任临时派任事项。

第十二条　本公署设处长三人（荐任），承正、副长官之命分掌各处主管事项。

第十三条　本公署设会计一人（委任），掌公款之出纳、保管及预算、计算之编制事项。

第十四条　本公署各处及会计室共设一等处员四人，二等处员六人，三等处员六人，办事员三人（以上均系委任），承处长及会计员之命，分掌各处、室事务。

第十五条　本公署因考察及处理其他事务，得设调查员六人

（委任）。

第十六条　本公署因缮写文件及其他事务，得酌用雇员。

第十七条　本公署因警卫事宜，得设卫兵长一人，卫兵十四名。

第十八条　本公署办事细则另定之。

第十九条　本规程自呈奉核准之日施行。

〔国民政府档案〕

11. 察哈尔蒙旗特派员公署关于察蒙现状等致蒙藏委员会呈

（1939年11月29日）

察哈尔蒙旗特派员公署呈　蒙字第三十八号
民国二十八年十一月二十九日

窃职自到达西京后，一面接洽车辆，准备北上，一面计划工作，次第实施，以期事豫则立，而免空耗时日。谨将最近所得察蒙现状及职署工作实况，缕陈如下：

（一）察蒙现状

（甲）敌军近况：察境敌军大部撤退，军械军需均极缺乏，如驻张垣之杉山及连治藩两部队，大部分已调往关外。因人数太少，故各交通线及据点维持治安人员，渐改换为中国人，主持者除日人外，以满系人物为中心，其各点线原驻日人者较前减少一半。并在平津及张家口将外县之警察轮流受训，尽量补充。枪械亦多运往关外，即驻张垣之杉山及连治藩两部队，现大炮仅二门，枪枝亦多腐锈不堪。衣服乃旧日之破烂呢衣，食品非山芋即为莜面，远不如往日之丰盛。又各点线警戒部队日夜休息不过八小时，甚至六小时，因之极形疲惫，不拟从前之精神。

（乙）伪军实力：察蒙伪军由德王编练，号称十师，实数不满万人，德对李逆守信猜忌甚深，仅令带领（一）、（二）、（三）三师，其余七师由德自行统辖。因此，德、李间时相龃龉，设利用此弱点，而分化其势力，收效必可观也。兹探得该伪军十师师长姓名，列表如左：

伪师番号	伪师长姓名	别号	备考
伪第一师	丁其昌	荣五	汉人
伪第二师	陈生	景春	同上
伪第三师	王振华	新民	同上
伪第四师	鲍贵庭	紫宸	蒙人
伪第五师	依恒额绍先		同上
伪第六师	乌云飞		同上
伪第七师	达密凌苏龙		同上
伪第八师	札青紫布		同上
伪第九师	仓都楞		同上
伪第十师			未详

（丙）煽动回胞：敌人在绥远、包头训练青年千余人，将建回民军队，以训练之青年为基干，向甘宁发展。现在利用西北回教联合会等，派遣特工人员往甘宁活动，积极制造大批汉奸。兹将敌人已成立之煽动回胞各会及其阴谋团体列表如下：

机　　关	地址	首脑人物	主　要　使　命
西北回教联合会	归绥	吴桐	分化汉回，树立伪回政权
西北回教联合分会	包头	吴耀宸	同上
善　邻　协　会	归绥	前川	宣传敌人之虚伪善意，培养顺民
西北保商护路督办处	包头	姜文焕	利用通商为敌作特务工作
世界红卍字会	同上	刘澍	奉承敌人，麻醉我人民
天　主　教　会	归绥		除前项外，为敌人作谍报工作。
西北贸易促进会	包头	马福田	利用通商为敌作特务工作
基　督　教　会	萨拉齐		为敌作谍报工作

（丁）统制机关：敌人对伪蒙古联合自治政府统制綦严，伪政权一举一动，必须经敌方统治机关核准，始可行之。兹将敌人已设立之统制伪政权机关列表如下：

机　　　关	地址	首脑人物	主　要　使　命
蒙古联合自治政府最高顾问	张家口	金井章二	操纵伪政府之实权
蒙古军最高顾问	同上	高场大佐	操纵伪蒙军之实权
兴亚院厚和联络部	归绥	酒井隆少将	指导并策动军政阴谋
厚和总领事	同上	腾野	商务、移民、调查等
厚和特务机关	同上	小仓大佐	谍报、制造汉奸及策动阴谋
包头特务机关	包头	竹原	同上
伊克昭盟参事官	同上	大泮	分化汉蒙，操纵军政，培养顺民
巴颜塔拉盟参事官	百灵庙	泽金铁马	同上
锡林郭勒盟参事官	贝子庙	中村浅吉	同上

（戊）经济概况：敌方物质缺乏，已呈经济崩溃之象，从前平、津存货，现多运往敌国内行销，即东省洋面每袋亦涨至十四元左右。张垣猪羊肉每斤须售五六毛，白面每元购六斤，食盐每元两斤，并限制綦严，每人只准买盐一包，白面不得超过一元。敌因蒙疆伪币价格跌落，乃严禁我法币之使用，人民藏有法币被搜获者，不论数目多少，一概没收，满五十元者，处以枪决，但各商号对法币极有信仰，依然暗中流通。

（己）张垣建筑：张垣新建设铁桥之西及和平门、猴儿山一带，均筑有坚固工事，外设铁丝网。清和桥北又增筑桥二座，下东营后身通至东山根新修马路一条，东山根新筑有敌军鸽子队营房一所，南菜园新筑民房二千五百间，伪蒙古联合自治政府设于察哈尔大饭店，其南为伪蒙疆银行及伪市政府之新建筑。

（二）工作实况

（甲）训练人员　本署一至前方，即须分头工作，但从事特务工作人员，非施行短期训练不可。业已成立蒙古语一班，由署内熟悉蒙古语之职员，担任教授，全体职员须按每日规定时间，参加学习，拟以二个月期间学成普通蒙语，再教以宣传侦察谍报联络等方法，以为策动工作之准备。

（乙）架设电台　电台为重要交通工具之一，本署在渝所购之无线电机全部业已随同带至西安，即于月初架设，并与各处试电，结果尚称良好，以后关于前方电报，在可能范围内，均以此机收发，籍通消息。

（丙）派员赴榆　职到西安后，鉴于车辆困难，任务重要，特先派员二人搭乘大车，秘密前往榆林及蒙古境内，籍以探听消息，以为到榆后工作之准备。

（丁）计划驻地　公署驻地于工作联系上极有关系，自应详加选择，以期妥善。特预拟地点三处，俟到达榆林后，再行再机决定，兹将预定地点列下：

（子）伊克昭盟　拟在该盟离平绥路较近之处，择一为公署驻地，派人入察，可以沿铁路线前进，且先在伊盟一带对蒙古王公民众抚慰联络，以免受敌伪之诱惑，而坚其对中央之倾向。

（丑）晋北岢岚　职署应与察省府取得联络，前察省府代理主席，现任该府建设厅长张砺生现驻岢岚，该地附近为游击队活跃之区，张厅长又兼任军委会第一游击总司令，职署驻此，会同推进，较为便利。

（寅）晋东五台　该处离察较近，寺院林立，可以利用喇嘛，深入察蒙，采访情报。且接近晋冀察边区行政委员会，可以联络进展。关系察蒙现状，系据伪蒙反正军队某旅长所述及军委会第一游击司令张砺生所派驻张家口某君之报告，并其他方面探闻所得，比较确实，且为最近之消息。理合先行备文报告，仰祈鉴核转报行政院存备查考，实为公便。谨呈

蒙藏委员会委员长吴

察哈尔蒙旗特派员马鹤天

〔国民政府蒙藏委员会档案〕

12. 绥蒙指导长官公署工作大纲

（1940年　月　日）

绥远省境内蒙古各盟旗地方自治指导长官
公署民国二十九年工作大纲

兹依据本署组织规程及抗战建国纲领，并参酌各盟旗地方现时情形，订定本署民国二十九年度工作大纲如左：

甲、原则

一、维护盟旗固有利益。

二、尊重蒙旗文化礼俗与信教自由。

三、推崇蒙旗政教领袖领导抗日。

四、甄拨培植蒙旗优秀人才。

五、调整充实地方政治机构，加紧建设，适应抗战需要。

六、增强团结精神。

乙、办法

七、各蒙旗长官及各级公务人员于执行职务时，如发生困难，由本署酌予解除之。

八、各蒙旗长官各级公务人员凡反抗敌伪威胁利诱，率领所属军民参加抗战者，由本署声叙事实，呈请中央特别奖励之。

九、奖掖引导各蒙旗专门以上学校毕业之青年，并设法介绍于各机关或分发蒙旗地方服务。

十、各蒙旗青年志愿赴内地求学者，经呈报本署后，依中央公布之待遇蒙藏学生等章程保送之。

十一、调查登记各蒙旗军政界闲散人员，并酌量介绍至各机关服务。

十二、督促指导绥蒙政会，设法恢复其附设之自治训练所，并增强该所之内部组织。

十三、督同绥蒙政会改善蒙旗不良风俗习惯，实行清洁运动，并设法灌输政治及卫生等常识于蒙旗人民。

十四、督促协助各蒙旗筹设民众学校。

十五、指导绥蒙政会整理蒙旗现行苏木制，并会同有关机关依照保甲法举办住居各蒙旗汉民户口总登记。

十六、调查各蒙旗灾情，请中央设法救济之。

十七、督促指导绥蒙政会整理各蒙旗水草私租。

十八、参酌蒙旗习惯暨人民诉讼程序，调整蒙旗司法行政机构与系统，呈请中央核定施行。

十九、督促协助各蒙旗保安队整训事项。

二十、指导协助绥蒙政会于各旗相当地点筹设差务局，帮同驻军购置粮秣。

二一、于各盟旗重要地区分别指导，筹设各种合作社。

二二、指导督促绥蒙政会筹办各旗水利及交通。

二三、督同绥蒙政会指导各旗改良牧畜，灌输农业知识，提倡造林运动。

二四、会商并协助蒙古卫生院增设巡回医疗队、兽医队周历各旗办理人兽医疗防疫及公共卫生事宜。

二五、加紧宣传工作，由本署派驻各旗工作人员按下列各点从事于文字或口头宣传讲演。

1. 说明抗战必胜，建国必成之理由与事实。

2. 暴露敌人挑拨离间，威胁利诱之各种阴谋。

3. 说明国际援我制日之事实。

4. 说明日本内部之危机与反战厌战之情势。

二六、严防敌探汉奸在蒙旗活动，并设法消弭之。

二七、遴派适当人员潜入沦陷各旗宣达中央德意。

二八、策动伪军反正，安抚来归之蒙旗官民，对伪蒙组织首脑人物设法促其觉悟，及早自新。

二九、设法融洽汉蒙情感。

三十、调解蒙旗与省县间之纠纷及争执事项。

丙、附记

三一、本大纲详细实施办法另定之。

三二、本大纲经呈奉行政院核准施行。

〔国民政府蒙藏委员会档案〕

13. 国民政府公布绥远省境内蒙古各盟旗地方自治政务委员会组织大纲致文官处训令

(1940年3月5日)

国民政府训令 渝文字第二三六号
中华民国二十九年三月五日

令文官处

为令知事：查绥远省境内蒙古各盟旗地方自治政务委员会组织大纲，现经制定明令公布，即应通饬施行，除分行外，合行抄发条文，令仰知照并转饬所属一体知照。此令。

计抄发绥远省境内蒙古各盟旗地方自治政务委员会组织大纲一份

国民政府主席　林　森

行政院院长　蒋中正

绥远省境内蒙古各盟旗地方自治政务委员会组织大纲

二十九年三月五日公布

第一条　国民政府为促进绥远省境内蒙古各盟旗地方自治事业起见，设立绥远省境内蒙古各盟旗地方自治政务委员会（以下简称本会）。

第二条　本会办理左列各盟旗地方自治事务：

乌兰察布盟所属各旗；

伊克昭盟所属各旗；

归化土默特旗；

绥东右翼四旗。

第三条　本会直隶行政院，并受中央主管机关及中央指导大员之指导，遇有关涉省之事件，应与省政府会商办理。

第四条　在抗战时期，本会会址暂设于札萨克旗。

第五条　本会设委员十九人至二十四人，由行政院就绥远省境内蒙古各盟旗之盟长、札萨克或总管及其他资望相当之人遴选呈请国民政府派充之，并于委员中指定委员长一人，常务委员三人。

第六条　本会每四个月开会一次，遇必要时得由常务委员陈明委员长召集临时会议；

前项会议以委员长为主席，委员因事不能出席时，得派代表列席。

第七条　本会委员长执行前条会议之决议，委员长因事不能执行职务时，指定常务委员一人代理之。

第八条　常务委员应常川驻会辅助委员长处理会务，并监督所属职员，常务委员因事不能到会执行职务时，得自行委托相当人员驻会代理之，但须呈报主管长官核准备案。

第九条　本会分左列各处、会，分掌各项事务：

秘书处　掌管机要文电、典守、印信、会议记录、文书编译及考绩事项；

参事处　掌管撰拟审核本会之自治计划及法案章规、命令等事项；

民治处　掌管关于民治事项；

实业处　掌管关于实业及水利、交通等事项；

教育处　掌管关于教育事项；

保安处　掌管关于保安、游击等事项；

卫生处　掌管关于改良牧畜及公共卫生等事项；

建设委员会　掌管关于建设及建筑事项；

振济委员会　掌管关于振灾及其他救济事项；

财务委员会　掌管关于公款之出纳、保管，公物之购置及预算决算之编制，并办理岁计、会计、统计等事项；

前项各处各委员会除参事处外，内分科、办事，秘书处之科长得以秘书兼充之，其他各处各委员会应斟酌情形，报请中央主管机关核准设置之。

第十条　本会各处各委员会设职员如左：

各处处长各一人（简派）；

各委员会主任委员各一人（简派）；

各处主任各一人（荐派）；

各委员会委员若干人（荐派）；

秘书四人（荐派）；

参事四人（荐派）；

各处科长十二人至十六人（荐派）；

科员四十人至六十人（委派）。

第十一条　前条各职员由委员长会同常务委员遴选具有相当资格及学识能力者，分别报请中央主管机关核转派充之。

第十二条　本会设参议十八人，就各盟旗佐治人员中派充之常川驻会代表各本盟旗接洽，并办理一切事务。

第十三条　本会因事实之需要，得酌用技术人员及雇员。

第十四条　本会经费由本会依照会计年度编制预算书报请中央主管机关转呈核定，由中央就国库或地方税收中指拨之，但每月开支须受中央指导大员之监督考核。

第十五条　本会会议及常务委员办事大纲，并本会办事细则由本会拟具草案报请中央主管机关转呈行政院核准行之。

第十六条　本大纲自公布日施行。

〔国民政府档案〕

14. 国民政府修正公布绥远省境内蒙古各盟旗地方自治指导长官公署暂行条例

（1940年4月6日）

廿五年二月廿五日国民政府公布

廿九年四月六日再修正公布

第一条　绥远省境内蒙古各蒙旗地方自治指导长官承行政院之命，指导该省境内蒙古各盟旗地方自治事宜并调解省县与盟旗之争执。

第二条　指导长官一人，特派，副指导长官一人，简派。

第三条　指导长官公署设参赞一人，简派。

第四条　指导长官公署其他职员另定之。

第五条　绥远省境内蒙古各盟旗地方自治政务委员会开会时，指导长官或副指导长官应出席指导或派参赞出席指导。

第六条　绥远省境内蒙古各蒙旗地方自治政务委员会呈报行政院或蒙藏委员会之公文，须同时呈报于指导长官公署。

第七条　绥远省境内蒙古各蒙旗地方自治政务委员会处理事件或发布命令，指导长官认为不当时，得纠正或撤销之。

第八条　绥远省境内蒙古各蒙旗地方自治政务委员会每月经费之开支，由指导长官公署监督考核之。

第九条　本条例自公布日施行。

〔国民政府档案〕

15. 新疆霍硕特左旗札萨克辅国公拉德那伯的为请奖叙吉利占泰等奔走西北唤起民众抗战致蒙藏委员会呈

（1940年5月27日）

为呈请予以奖叙事：窃有锡林郭勒盟索亲王代表吉利占泰、秘书阿噶栋噶自九一八事变以后，奉索盟长之命代表锡林郭勒盟驻北平、张家口等地办公，传送中央政情于蒙旗，报告地方消息于中央，并与阎长官锡山、宋主席哲元等互相联络，正预备为抗战之后盾，不意七七事变发生，而吉利占泰、阿噶栋噶抱定决心，拥维祖国，随同中央政府西迁，奔走西北，历尽艰辛，宣传中央抗建大计于蒙民，共赴国难，以尽国民一份子之职责，功绩昭然。而又与叛逆德王意见不合，以致感情破裂，遂将锡盟驻察哈尔省全权代表及本盟保安长官公署参谋长，并察哈尔省政府参议、太原绥靖公署参议等职，以及所有家产一并放弃，离开盟旗，随同祖国中央政府。西迁以来，倏经六载，未曾返蒙，所抛弃之数万家产，统由敌方没收无遗，经此种种挫折和痛苦，公私均感痛苦。理合呈请钧会鉴核，并祈转呈军事委员会予以奖叙，俾资奖励蒙员为国宣劳之赤忱，而示中央对边疆官民爱如赤子之德政。如此同心协力，于抗战前途益著宏效。临呈不胜待命之至。谨呈

蒙藏委员会

新疆霍硕特左旗札萨克辅国公拉德那伯的呈

中华民国廿九年五月廿七日

〔国民政府蒙藏委员会档案〕

16. 阎锡山为纪贞甫关于成立旗政府以便推进敌区工作致行政院呈

(1940年9月30日)

绥远省境内蒙古各盟旗地方自治指导长官公署呈　　总字第九七四四号
民国二十九年九月三十日

顷据绥东正黄旗第八佐佐领纪贞甫二十九年九月二十五日呈称：为战地蒙旗工作万分重要，仰祈鉴核俯准，转恳中央，早日筹设专司机关，以利抗战事。窃自九一八倭寇侵入我东北以来，继

之多伦、察北、绥东、内蒙盟旗多半沦入敌手，除少数丧心病狂认贼作父者外，大半均怀内向。贞甫本一介书生，自髫龄受书，无时不以天下国家为念，参加百灵庙蒙政会，原冀调整蒙旗，协助中央，孰料德逆狼子野心，处处要挟中央，向敌献媚，出卖整个蒙旗，贞甫与蒙旗志士仁人并蒙会保安队脱离德逆，走之绥垣。关于政治者，即令参加绥境蒙政会及地方旗政府，关于军事者，另组立蒙旗保安队，有志青年俱各能就所近效力国家，仰见我中央以及地方政府关怀蒙事之切也。迨芦沟桥剧变，知非抗战到底，实不足以捍河山。贞甫除纠合原有同志并由绥东各旗带出有志青年参加军政各机关外，陆续由盟旗随时召出者为数亦伙，人心不死，可见一般。但因无正式适当之蒙旗地方机关来组织领导，故多散漫无主，难以推进敌区工作。贞甫由此工作中之实地经验，深觉加紧蒙旗战地工作，刻不容缓。正对此有所建议间，忽见战地蒙古各盟旗长率部来归，奖励及安置办法，足征我中央事无巨细，早已洞鉴，明察秋毫，安能不为天下服也。顾兹事体大，虽有办法，更非有综其成专其任者不可为。为今之计，事莫于另组一蒙旗地方专司机关，使已出敌区作战工作者，得有依据，而拟脱离敌区者，亦有所归。兹特遵照此项办法，将绥东四旗随贞甫出来及以后出来负抗战工作之人员名册随文呈上，是否有当，恳请鉴核祇遵，不胜仰企待命之至等情，附名册一份。据此查该佐领现任新编陆军第三师政治部主任，品学兼优，爱国心切，在过去服务蒙旗机关多所建树。绥远事变后，纠集绥东四旗有志青年，牺牲土地财产，退入伊盟，参加抗战工作，三年以来，成绩卓著。近又由敌区陆续召出该旗员兵颇多，倘任其散漫，无人统驭，惟恐反被敌伪利诱，妨碍边政进展，所请成立旗政府，以便领导推进敌区工作一节，为安定蒙边，招抚来归计，确属切要之举，核与战地蒙旗长官率部来归奖励及安置办法亦不违背，似应先准成立正黄旗旗政府，由中央酌给经费，拟在该旗原任总管达密陵苏龙未归以前，暂委该员代理总管职务，以资领导而利工作，除函绥远省政府傅主席并指令候示外，理合抄呈名册，备文呈请，鉴核示遵施行。谨呈

行政院院长蒋

附抄呈名册一份（略）

绥远省境内蒙古各盟旗地方

自治指导长官公署长官　阎锡山

副长官　朱绶光　代

〔国民政府行政院档案〕

17. 绥蒙指署关于派赴工作人员在敌伪地区秘密联络工作致蒙藏委员会代电

（1941 年 1 月　日）

蒙藏委员会吴委员长礼卿兄勋鉴：查本署前为争取内向，招抚反正，曾经派员深入敌区工作。一年以来，招抚四子王旗索札萨克，达尔罕旗召河保安团长爱利格金，达拉特旗台吉旺庆多尔济及东西公、杭锦等旗蒙伪军陆续归来，均先后报告在案。近以绥敌恐慌，胜利临迩，自应加紧策动，设法招抚，以期增加抗战实力，而备收拾边蒙之张本。新年开始，已将此项任务列入本署三十年度中心工作，业于日前增派大批精明干练人员分别潜赴敌区及绥蒙沦陷各旗并重要城镇，秘密联络，努力工作。至进行情形如何，随时续报。除分电外，兹将派往人员姓名及工作区域、驻地、任务列表附上，即希查照为荷。弟朱绶光。子。养。总榆。一。印。

附表一纸

中华民国卅年元月　日

绥远省境内蒙古各盟旗地方自治指导长官公署敌区工作人员姓名表

区域	驻地	姓名	任务	备考
中公旗	善丹庙	段培基	担任中公旗及善丹庙一带通讯及招抚等工作	
		王学圣	同上	
	毕拉克庙	松对	担任中公旗工作	
	巴拉卯都庙	寇巴图尔	担任中公旗联络及通讯工作	
	柳树泉子	曾奉先	担任联络通讯等工作	
		刘明德	同上	
东公旗	杨五柜	郝炜	担任东公旗活动工作	
		张书强	同上	
西公旗	大庙	王德林	担任西公旗工作	
四子王旗	旗政府	吴兆吉	担任协助四子王旗工作	
	赫教堂	李文盛	担任四子王旗联络工作	
茂明安旗	设并地	阿高	担任茂明安旗工作	
达尔罕旗	哈拉努尔	李杞	担任达尔罕旗及召河、塔宝等处工作	
绥东西旗	凉城	刘永成	担任正红旗招抚工作	
	三道营	白汉玺	担任正黄旗招抚工作	
	陶林	刘锡川	担任镶红旗招抚等工作	
	集宁	李德少	担任镶蓝旗招抚工作	
固阳	高台梁	史得功	担任策动固阳伪蒙军反正工作	
包头	同兴公	邬炳	担任策动包头伪蒙军反正工作	
		张明山	同上	
		聂志春	同上	
	赛五素	马锡	担任包头、南海子一带活动工作	
		马彦龄	同上	
萨县	高龙渡口	李国恒	担任萨县一带招抚等工作	
		邬马	同上	
托县	九枝榆树沟	石宝山	担任托县一带招抚工作	
		辛赞臣	同上	
归绥	三两村	郭作梧	担任土默特旗活动工作	

〔国民政府蒙藏委员会档案〕

18. 绥境蒙政会工作报告书

（1941年5月　日）

绥境蒙政会谨将本会二十九三十两年度工作情形编造报告书，恭呈鉴核。呈开：

（壹）教育

（甲）设立各旗小学

查绥蒙各旗原有札萨克旗小学，郡王旗小学，准噶尔旗同仁小学，鄂托克旗小学，乌审旗小学，杭锦旗小学，达拉特旗第一小学，达拉特旗第二小学，西公旗小学，东公旗小学，共十处。本会以兴学育才为国家根本大计，区区规模狭小之十校，奚足容纳数万之学龄儿童？故三十年又督饬增设准噶尔旗暖水镇小学，五字湾小学，那公镇小学，纳林镇小学，德胜西小学，东四队小学，达尔扈特小学，达拉特旗王府小学，乌审旗霍吉图小学，西公斧商小学，鄂托克旗王府小学，郡王旗台吉召小学，苏汇川小学，杭锦旗大庙子小学，鹰老儿小学，共十五处，均已列表呈报教育部核准有案，现正派员视察，务期完善。

（乙）提高教师待遇，并慎选师资。

查各旗小学教师待遇向极微薄，年来生活程度日高，教师束修多不能维持，现状亦足有碍推进。本会第七届委员会议决议训练各旗小学师资，已经通过。嗣以经费困难，人材缺乏，当经令饬各旗关于师资训练所未能即时举行，但对于现时人选，务必聘用师范或中学以上学校毕业生充任为合格，其待遇亦必使足维现状为宜，以便安心执教。

（丙）令各旗小学多收学生

查各旗小学学生额数向因经费支绌，供给浩繁，每校只设一、二班，收录学生亦不过二三十名，本会二十九年曾转请教育部增加小学补助费，于邀准后当即令饬各旗小学多收学生，以免学龄儿童荒嬉可惜。现在各旗小学学生就调查所得已达九百一十六名之多，而正在筹备之苏汇川、大庙子、鹰老儿等校学生尚不在内。

（丁）令各旗小学招考学生，不分蒙汉，并兼收女生。

查本会以各旗境内汉人子弟多无适当求学地方，曾经通令各旗小学酌收汉籍学龄儿童，以免失学。又本会第四届委员会议决议各旗小学成绩较优者，应于二十九年春季兼收小女学生，以资倡导。现札旗、郡旗、达旗、准旗暨西公旗各小学中汉籍学生及女生数目均不在少。从此，蒙汉男女学龄儿童皆得平等求学之机会，亦发展蒙旗教育之一道也。

（戊）令各旗政府拨给学田

本会第四届委员会议决议各旗小学采取划一课本，以昭一律。嗣又按照教育部规定，通令各旗小学一律实施抗战教材，以应时代需要。近据视察报告，各旗立小学所用教授课本，皆系本会教育处代购之抗战教育课程，尚与功令相合。

（庚）施行强迫教育

查蒙旗地方蔽塞，文化落后，普通蒙人只知进召庙当喇嘛为进身之阶，不知学校为何事，更以入校读书为痛苦。曾经本会教育处人员随时极力宣传，打破旧日习惯，纳入文化正途，并督饬各旗对于学龄儿童强迫入校读书，但积重难返，但自二十七年起，迄今已设小学二十五处，共收学生千余人，足见蒙人心理渐知学校之有益也。

（辛）创设伊盟中学

查伊盟中学，系于二十七年赴渝展觐时向中央建议创设，以收容蒙旗失学青年，并保荐经天禄为校长。嗣经教部核准于二十八年冬季成立定名为国立伊盟中学校，容纳前绥远蒙旗师范、土默特中学及包头政治分校失学学生，当日经费无多。至二十九年秋季，该校全年度经费增至九万四千六百四十元，遂又增设战区补习班，连同原有中一、中二各级学生人数已达二百余名，该校校址原在格勒登庙。自二十九年移至郡旗再生召后，大加扩充，建筑教室、宿舍多间，并购置图书、仪器多种。迩来，又有校园浴室及合作社、毛织工厂，学田委员会、青年团等组织，尚称完善。

（壬）设立伊盟民众教育馆

查发展文化，重在社会教育。本会二十九年九月间曾令建设委员会会委兼教育科长康济民组织伊盟民众教育馆，以资推进。旋于十月间刊发钤记，并转报成立在案。至于经费一项，按照组织章程规定，由教育部补助二分之一，其余半数由蒙旗自筹之。二十九年度教育部于所拨各旗小学补助费壹万元项下分配三千元。三十年度根据原案呈准分配五千元。该馆内部设有图书室、阅报室，兼办抗战图画展览等事宜。惟因经费不充，未能按照计划一一实现。拟近日迁移新址，仍按照预定计划，依次推行，以臻完善。

（贰）民治

（甲）关于禁烟事项

查禁烟一事，本会历年厉行未懈，曾于二十九年夏季派奇世勋等七员分任伊盟七旗禁烟视察员，驻在各旗，协同七旗政府查铲烟苗，颇著成效。本年又复严申禁令，并拟具扩大宣传禁烟办法七条，令发各旗遵照办理，以重禁政。

（乙）组织保甲

本会鉴于蒙旗保甲旧制多不适合中央法令，节经历届大会决议，从新编组，以重功令。现准郡达札各旗皆已编制，然仅限于汉人居住地带。至蒙人方面，仍系沿用札蓝管理办理法，殊觉纷歧。推行政令，以运用保甲为最有功效，但办理重在得人，而编组必先训练。故本会第七届委员会议有训练保甲人材之议案，刻已督饬民治处拟具保甲训练所章则，呈由指署转请中央拨款举办，俟奉复后即当推行。

（丙）训练喇嘛充保安队

查训练青年喇嘛实具有增加抗战力量之重要性。本会曾于二十九年夏季通令各旗相继办理在案。现札郡及准噶尔等地已经实行，并将青年喇嘛施以训练，拨归保安队充当士兵，其他各旗闻亦仿照办理。

（丁）令各旗组织抗敌团体，宣传抗战意识。

查本会以抗战期间宣传抗战意识，使民众深切了解抗建意义，并使军民合作，毫无不和之纠纷。曾经令饬各旗政府督饬民众组织抗敌后援会，广事宣传，颇著成效。

（戊）慰劳工作

三十年春季，包头滩之役，抗战将士浴血杀敌，忠勇可嘉，爰经募集慰劳代金三千元汇往第八战区副司令长官部转发，以表敬意。

（己）除奸工作

本会第五届委员会议决议发动各旗组织锄奸机构一案，曾经令饬各旗遵照办理。兹查札萨克已于二十九年五月正式成立锄奸团，积极推进工作。现在各地已无汉奸活动及异党潜伏情事。

（叁）实业

（甲）统计各旗生产皮毛数量

旗名	全年皮毛产量			备考
	毛	绒	皮	
杭锦旗	六七〇〇〇 斤	一〇〇〇〇 斤	一三〇〇〇 张	
准噶尔旗	四九〇〇〇	一五〇〇〇	一二五〇〇	
鄂托克旗	六五〇〇〇	八〇〇〇	一六〇〇〇	
札萨克旗	四四〇〇	六〇〇	三二〇	
郡王旗	三八一五〇	八〇〇〇	一六〇〇〇	
乌审旗	三二五〇〇	七〇〇〇	一三〇〇〇	
达拉特旗	八五〇〇	六〇〇〇	四〇〇〇	
东公旗	八一五〇〇	一〇〇〇〇	一六〇〇〇	
西公旗	四二〇〇〇	五〇〇〇	九〇〇〇	
合计	三九七〇五〇 斤	六九六〇〇 斤	九九八二〇 张	

（乙）统制各旗皮毛，以免资敌

查伊盟各旗出产皮毛为丰富，但因交通不便，积货尚多。本会因恐人民运往敌区售卖，乃施行统制，协助贸易公司大量收买，以免资敌。故一年以来，各旗运输出售皮毛总值约达六十余万元之多。

（丙）提倡手工业

蒙旗地方，交通不便，制造皮毛端赖手工业。本会为实际需要起见，曾经令饬各旗办理小型皮毛手工业制造厂，以为振兴实业之先声。现札旗境内已有织毯、造毯、制革及其他商办手工业之工厂数处，惟因资本有限，规模甚小，出品仅供当地需要而矣。

（丁）开垦荒地

抗战时期，增加食粮生产，实为当务之急况。又蒙旗地方，连年荒旱，军粮民食，俱感不足，本会有见及此，曾令各旗开垦荒地，以致调剂民生。故二十九年郡王旗曾以查噶尔黑及红土庙一带荒地五百余顷，分佃于陆军第二十二军垦殖，而准噶尔旗、达拉旗旗、杭锦旗、鄂托克旗境内驻军亦有垦荒蒙地者。

（戊）开采盐碱湖

查伊盟各旗境内盐淖碱湖甚伙，品质既佳，产量亦丰，此种天然矿产若稍加改良，即为最大富源。本会为提倡开采此项富源计，曾于第五、六两届委员会议中列有提案，积极唤起各旗注意。三十年右翼各旗均已实行开放盐淖碱湖数处，出产颇佳。

（肆）建设

（甲）建筑会址及职员宿舍

本会自七七事变后迁札办公，房舍不敷应用，随于二十七年六月兴筑办公房屋，计瓦房五间，砖房二十八间，土房四十二间，共七十五间，计需建筑费五千四百元，并于二十八年七月建筑职员宿舍并马号，共一百九十三间，计需建筑费壹万零五百四十一元。

（乙）请设邮电局所

本会以邮政电报关系，通讯至为重要，曾经呈请于伊盟各旗设立邮电局所，以利通讯。截至现在计设有札萨克三等邮局一处，札萨旗无线电报局一处，暨杭锦旗西林汽尔嘎邮政代办所，郡王旗邮政代办所，准噶尔旗神山邮局，乌审旗邮政代办所，鄂托克旗阿拉庙邮政代办所，达拉特旗塞乌素邮政代办所，桃力民邮政代办所多处，并拟于郡王旗再生召、伊金霍洛、全什九、王什考寨子、杨七寨子，达拉特旗旗政府，杭锦旗旗政府，鄂托克旗旗政府，准噶尔旗政府，纳林镇、沙圪堵、马栅、五字塔、暖水镇等处再设邮政代办所，以便通讯，业经函请蒙藏委员会转商交通部查酌办理矣。

（丙）本会年来增添之建筑，并修缮工程。

本会政务日繁，因公往来之人士亦多，如不居有定处，遇有接洽事件，诸感不便。故于二十九年建筑招待处房屋一所，计七间，连同修抹职员宿舍共需工料洋一千六百七十二元八角。本年修抹职员宿舍需款一千九百五十元。又修理库房需款三百七十九元。最近又在本会西旁修筑马号，需款一千三百二十元以上，修缮工程，共需五千三百二十一元八角。

（伍）振济

（甲）振灾

二十九年伊盟各旗灾情惨重，当经本会呈奉中央拨发，振款十万元，由第六救济区会同绥远省政府及蒙藏委员会分赴各旗散放，其分配数目，已于三十年第五届委员会议详细报告在案。嗣又奉行政院核准加发准噶尔旗振济费二万元，亦经拨由第六救济区会同挺进军发放。三十年准郡西旗以荒歉为灾及遭敌寇蹂躏，先后奉拨振款六万元，此项振款，两旗平均分配，并已由各该旗会同第一游击总部振抚处派员监放。

（乙）散发籽种

二十九年春季，本会以伊东四旗春耕籽种缺匮，当经呈奉中央核准拨给春耕贷款三万元。嗣由第六救济区派调查员魏鑫前来散放，并经各旗依照奉颁册式，填造农户花名清册转报在案。所有具领之赤贫农户皆能遵照扩大春耕之意旨，增加种植。

（丙）散发达尔扈特振款

成吉思汗灵榇西迁之际，中央为抚慰达尔扈特各户起见，曾拨发巨款，就近派新三师师长兼绥蒙党部主任特派员白海风主持发放，以示体恤。此后即按照全部四百户每户每月补助生活费十二元，自二十八年七月份起按月发给，其二十八年下半年补助费二万八千八百元，暨二十九年全年度补助费五万七千六百元已于三十年三月间会同指署派员分期在大伊金霍洛及苏律定霍洛等地方先后完全发放在案。本会第七届委员会议朱副指导长官临时动议决议，规定每年春秋两季成陵祭期及年节，分三次为发放达尔扈特补助费之期。近已奉到指署代电，催领达尔扈特三十年度各月份补助费，足见中央对于达尔扈特各户优待之至意。惟以三十年点发补助费之际，实到领款者共为四百六十二户，与原定四百户额数竟超出六十二户之多，此种错误症结，已由兼吉农图札萨克县呈声明到会，当经转报指署据情呈请中央追加遗漏户数，并请补发二十八、二十九两年度该六十二户之补助费，共计一万三千三百九十二元各在案，谅中央当有抚慰办法也。

（丁）调查各旗灾情

三十年伊盟各旗旱灾奇重，本会为明瞭实际情形起见，曾经派员前往各旗查勘。据报各旗被灾情形，以右翼杭、鄂等旗旱灾最重，而左翼达、郡等旗被敌扰掠，受害亦惨。现蒙中央拨款振济，自可籍资抚恤，而救灾黎。

（陆）卫生

（甲）本会办理卫生情形

查蒙旗地方向对卫生不甚注意，又感医药缺乏，时有疫病流行之虑。本届历届委员会议均有请求蒙古卫生院入蒙工作暨设置医疗所巡回医疗队戒烟院之提议，只以种种关系未能实现。嗣于三十年春季蒙古卫生院派遣第四支队来札工作，本会卫生处遂即协同该队办理各项医务工作。

（一）戒烟

查本会厉行禁烟以来，工作已著成效，惟各地烟民仍有因病未能迅速戒除者，本会卫生处会同该队于最近三个月内勒戒，烟民为数甚伙，拟俟药来源畅后再行严密检查，以期烟民绝迹，而符功令。

（二）种牛痘

蒙旗地方施种牛痘，仍系沿袭旧法，既不合科学方法，每多发生传染病症。经本会宣传利害后，札旗附近居民多已明斯意，故儿女到本会及该队施种牛痘者甚多。

（三）打防疫针

三十年各旗杂疫流行，甚为危险。本会为预防传染计，曾会商卫生第四支队大量预备伤寒、赤痢、猩红热、虎烈拉等疫苗，分期注射，一概免费，民众受施，莫不深感德意。

（四）医治过境伤兵

三十年春季，滩上之役，荣誉军人转地疗养，每日运送过境，络绎不绝。本会同人目击受伤兵呻吟痛苦，至为凄惨，当经纠合各机关团体组织临时招待所，供给食宿，并由本会卫生处筹设临时医疗站，负责洗伤换药，以减痛楚。凡重伤得免伤亡，而轻伤达于速愈者，不可胜数。

（五）提倡清洁

本会以医务行政重于临症治疗，曾经多方设法提倡公共卫生，务使民众讲究体育健康，以防疾病丛生。最近决定宣传方法分期实施，举行大扫除，以期普遍清洁，预防毒霉滋蔓，举行捕蝇灭蚊杀蚤运动，而免传染病菌，并注意牲畜传染病之滋生，以便发展畜牧。年来，工作实收宏效。

（六）宣传防空防毒

本会于历年空军节，曾举行防空防毒宣传周刊，以便使一般蒙汉居民剀切了解利害，犹以防毒方法暨组织救护队等事，深得家谕户晓之功。三十年预定并由本会卫生处印制短简刊物散发各旗，并普遍宣传，期收宏效。

（乙）扩大蒙旗卫生事业

本会以蒙旗卫生事宜关系重要，迭经呈请迅派原有蒙古卫生院入蒙工作，乃该院于三十年春季只派第四支队来札担任医疗，但其他各旗亦有推行卫生事业之需要，未免向隅。当经本会呈请指署转请中央应予乌伊两盟各旗设立卫生所，以便扩大蒙旗卫生，而收普及之效。

（柒）保安

（甲）整顿保安队，以增抗战力量。

查各旗保安队人马枪械数量虽多，而品质不齐，散处民间，毫无训练，使素称强悍善战之蒙兵置于无用，殊为可惜。本会为加强抗战力量计，曾经令饬各旗保安司令部集中训练，授以作战技能，各旗虽因经费困难，未能全体集中，整个训练，而分组集合，轮流受训者，已过半矣。

（乙）令饬各旗保安队协助正规军抗敌。

本会为保卫地方计，曾经严令各旗保安队应与驻军同负守土之责，勿得临阵潜逃，故达拉特旗保安第二团于二十九年十二月间在该旗邢台营子、二沙头、沙三堵、堵赵、大梁等地方协助正规军作战，消耗子弹二万余粒。又杭锦旗旗保安队第一营于二十九年十月间在杜沙拉巴嘎代、希拉召、杭锦、淖富淖一带，协同驻军杀敌，消耗子弹尤伙。当经先后转报军政部，均蒙电奖，并拨发子弹在案。足见蒙人爱国之心决不后人也。

（捌）财政

（甲）令饬各旗通行法币

我国自实行法币以来，国内金融日趋稳定，国际外汇信用尤固。中央为防止现金外流起见，迭经电令禁止周使银币，并以中中交农等行发行之钞票为法币，通行各地，业经本会严令各旗遵照办理。近来各旗蒙汉民众均遵法令，而法币已通行无阻矣。

（乙）节约储蓄

本会奉令办理节约储蓄竞赛，已于二十九年冬季实行，计三个月。本会各级员司共储洋四千九百九十五元，业经呈报在案。

（丙）劝募战时公债

本会第七届委员会议为倡导捐薪购买公债起见，曾决议本会委员长认购一千元，有土地财富之委员九人，各以三个月薪认购。无土地财富之委员六人，各以一个月薪认购。到会主任、会委以半月薪认购。参事、秘书、科长各以月薪三分之一认购。不到会者，一律以一月薪认购，计共认购公债一万元。嗣又奉指署派购二千元，当经决定，以本会低级职员担任购买，以上各款，均已如数扣齐，保存候解。

〔国民政府蒙藏委员会档案〕

19. 军事委员会关于奇文英建议抗战期间暂缓在蒙旗开垦设治致行政院代电

（1941年10月1日）

行政院公鉴：密。据奇文英申筱准电称：据悉绥省府傅主席预定在蒙旗开垦地区划设县治，并在鄂旗桃力民已设办事处，作为改县之准备等情，查伊盟遍地沙漠，宜牧不宜耕。譬如原有草地，可以牧畜，今年耕垦，明年即成沙漠，既不能耕，又不能牧，势必移地而垦，年年如此，蒙旗牧场，逐渐缩小，蒙人生计，日见迫蹙，既经开垦，随即设县，旗县政治，双层重叠，行政推进难【免】抵触。因此，利害关系，时起纠纷，蒙汉仇视，当即在此。德王逆闹自治之至，因亦在此。敌人乘机挑拨离间，分化我民族团结，事实俱在。现抗战胜利不远，应如何促进蒙汉团结，加强抗战力量，以收事半功倍之效。今如增设县治，徒增蒙汉磨擦，人民负担于国家并无裨益。如欲设县，应俟抗战胜利后为宜。钧座为人民救星，爱护蒙旗，无微不至。故敢密陈，敬乞签察，并守机密等情。相应电请查照参考为荷。军事委员会。办四二。东。印。

〔国民政府蒙藏委员会档案〕

20. 绥远省境内蒙古各盟旗地方自治指导长官公署关于蒙政会改进要点致蒙藏委员会代电

（1941年11月26日）

重庆蒙藏委员会公鉴：查绥境蒙政会历届委员会议决议各案多未切实施行，即会内日常事务亦均不按手续办理，长此以往，诚恐影响蒙政。光于此次委员会议闭幕后，就沙府召集会内全体职员，按该会内实际情形，并参酌各职员所供意见，提示应行改进要点十四则，当众宣布，谕令以后务须切实遵行，以资整顿。除分电外，兹将该项改进要点随电送请查核为荷。指署。戌。宥。总榆。八榆。印。

中华民国三十年十一月　日发

蒙政会应行改进要点

一、会内各职员务须按时办公。

二、常务委员应照章常川驻会，协助委员长处理会务。

三、每月至少应由委员会召集各处会科长以上职员开联席会议一次，检讨工作，俾资改进（本署驻扎人员得列席参加）。

四、会内职员除兼任各旗旗政府重要职务经委员长许可者外，其余务必一律到会办公，若藉故不到，应予停职，并呈报指署备查。

五、会内经费应由财委会负收支全责，每月月终，由经手财政事务人员将本月收支款项概况报告委员长、常委及财委会审核，并呈报指署备查。

六、各种特别开支款项，不得与会内经费混淆。

七、会内收支概况应依照中央颁布之会计法规按月造具表册，呈报指署汇转核销。

八、荐任职以上人员遇有更动，须呈报指署备案。

九、应由参事处拟定各处会办事细则及各种法规，经委员长核转指署批准后令全体职员一律遵守。

十、会内职员出差，应依照出差旅费章则支领旅费，于公毕核实报销。

十一、各处会职员应每半年举行考核一次，分别奖惩，并呈报指署鉴核。

十二、委员大会开会议决案件，于闭会后三个月以内，将实施情形呈报指署。

十三、各处会应于每年前半年将后半年应兴事项，后半年将翌年前半年应兴事项详细计划，制成方案，呈委员长审核，以备开委员大会时提出讨论，见诸实施。

十四、每年年终，应将各处会工作状况分别呈报指署，俾便转报。

〔国民政府蒙藏委员会档案〕

21. 绥远省关于扎萨克出缺继任人选问题致蒙藏委员会咨

（1942年2月25日）

绥远省政府咨 蒙字第一号
中华民国三十一年二月二十五日

为咨请事：查本府与辖盟旗之关系，依例各旗扎萨克出缺，其继任人选向由省府保荐，请中央核委，而盟长虽参与咨保，唯中央在未接获省府保案前，则不予核荐。至东西协理等官，其委派虽属于盟长，但同时仍须咨请省政府转请中央，候省府荐文到后，方能照准。二十六年以前，省政府系依照理藩则例，实行保荐权。至盟旗自治所定之八项原则，对此条例，并无若何变更。盖蒙汉本不可分，省政府总揽全省政务，平时对蒙旗调协，首在人事上之有权，以调整其纠纷，预消其门争之。八项原则公布后，土默特及绥东四旗总管参领悉由省府选保，尤可瞭然其职责。七七事变后，绥省相继沦陷，本府一度与盟旗脱节，旋即于二十七年在榆林恢复办公，一切与盟旗关系 ，立刻入于正轨状况。近来，凡属扎萨克、协理等之保案，往往不按旧章，亦不经过省府程序，多数直接办理，此在中央或为一时权宜之计，唯若行之成例，则流弊滋多，缘扎萨克及协理等官如任由盟长迳行咨请否定省府保荐手续，中央便予核委或任官，则盟旗本身问题甚多，因其人事管辖与省府绝缘，而蒙旗于错综复杂之人事关系处置稍一不当，甚至为扎萨克或协理人选问题演成纠纷，进而酝酿事变，影响所及，为害极大。设有省府居间运用，遇事便可调整协和，以避免直接所发生之诸种困难。类如鄂旗西协理出缺，盟政府方面已委绰克都伦继任，而章文轩对此便表示不满，愤而辞职。现在竟形成旗府与保安队间不安状态。该旗奸军压境，问题尚多，如不及时调整，前途可虑。顷朱长官来电，准旗幼王现达任职年龄，沙王已保奇治国承任扎萨克，唯奇文英不愿交还旗政，请查报等因。按奇文英对沙王保奇治国一问题吐露不满情绪，极表怨愤。日来迭据报奇为此事集合所部五百人，企图不明。当经本府会同副长官部在军事、政治多方部署防范，加强注意。尔后情况如何变化，殊无把握，此殆由于未履行保荐程序，不能调整人事所致。以上所言，不过略举最显著之二事而已。此外，杭旗护理扎萨克色登多尔济、达旗护理扎萨克孟肯济雅等之署职以及乌旗西协理奇国贤、准旗西协理奇涌泉二人之任官皆系由盟政府直接咨请中央荐派，省府在事先事后概无只字闻悉。以上各案，多为二十八年以后事，此时本府已由榆林迁至陕霸，固业经与各盟旗间建立正常关系也。此后，凡关保案究应如何调整及纠正之处，特就管见所及，略陈梗概，除分呈行政院外，相应咨请贵会查照办理，并请见复为荷。

此咨

蒙藏委员会

〔国民政府蒙藏委员会档案〕

22. 蒙旗宣慰使公署为拟就组织条例致蒙藏委员会呈

(1942年7月21日)

蒙旗宣慰使公署呈文 榆慰字第一八七号 民国三十一年七月二十一日

案奉钧会四月二十七日函开：请将贵署组织条例检寄一份为荷，等因，奉此。查本署奉令设置之初，曾请颁发组织条例，嗣因本署系抗战期间临时组设，未蒙颁示，准按实际需要，酌宜办理。兹既奉函达前因，遵即依据实际情形拟就本署组织条例十三条，理合检同所拟条例草案具文呈送，是否有当，仰祈鉴核示遵，实为公便。谨呈

蒙藏委员会委员长吴

附呈　组织规程二份

宣慰使　沙克都尔扎布

秘书长　荣祥　代

蒙旗宣慰使公署组织条例

第一条　为适应战时需要，推动蒙旗抗敌工作起见，设蒙旗宣慰使公署。

第二条　本公署直隶于行政院，受蒙藏委员会之监督指挥，办

理关于左列事项：

一、宣传中央德意于各盟旗。

二、策动沦陷蒙疆敌伪反正。

三、抚辑蒙疆流亡青年，并赈济难民。

四、破坏敌伪组织，并侦察伪情。

五、传送情报。

六、联络蒙疆民众感情。

七、其他特种交办事件。

第三条　本公署设宣慰使一员，秘书长一员，政务处长一员，由行政院就各盟旗之盟长、副盟长、扎萨克、总管及其他资格相当之人员中遴选，呈请国民政府简派之。

第四条　宣慰使综理本公署各项事务，监督所属职员，秘书长辅助宣慰使执行全署职务，宣慰使因事不能执行职务时，由秘书长代理之。

第五条　本公署置左列二处：

一、秘书处。

二、政务处。

第六条　秘书处办理左列事项：

一、机要文电、会议纪录事项。

二、收发分配文书及编译报告事项。

三、统计出纳及会计庶务事项。

四、其他不属于政务处掌管事项。

第七条　政务处掌管左列事项，均分组办理之。

一、伪蒙部队反正后之军事安抚事项。

二、侦察敌伪一切情况及策动伪部反正之特务事项。

三、赈济流亡青年及难民事项。

四、联络各旗感情，俾臻团结之交际事项。

第八条　秘书处由秘书长兼理，不另设处长，下设副处长一员，秘书主任一员，机要及汉蒙文秘书四员，会计主任一员（均荐派），处员六至八员，书记长一员（均委任），书记二至四员。

第九条　政务处由政务处长掌理，下设副处长一员（荐派），军事组、特务组、赈济组、交际组均各设正副主任（由其他蒙务机关调充之），其处员及助理员等十二至十六员，按事务之繁简需要，由宣慰使或秘书长酌宜委用之。

第十条　蒙疆辽阔，交通简陋，本公署因事实之必要，得酌用驻旗通讯员及差遣员等。

第十一条　本公署因警卫及内务事宜，设卫队长一员，副官三员，卫士四人至六人，门警、各项勤务十六人至二十人。

第十二条　本规程如有未尽事宜，得呈请修正之。

第十三条　本规程自呈报核准之日施行。

〔国民政府蒙藏委员会档案〕

23. 傅作义关于筹拨三十万元救济蒙胞与蒙藏委员会往来电

（1942 年 12 月—1943 年 1 月）

（1）傅作义致蒙委会电（1942 年 12 月 20 日）

绥远省政府代电 字第 275 号
中华民国卅一年十二月廿日

蒙藏委员会勋鉴：查本省绥西六县局境内蒙民为数共达八千余人，其中达拉特、杭锦二旗较多，西公旗次之。此项蒙民多数散居于沿黄河北岸及晏江、狼山等县属之沙漠地区，西公旗民众则卜居于狼山之阳。六县蒙民分布面积极广，除去少数天然沙漠地带外，余几到处与汉民杂居一起。蒙民性喜游牧，习马故常，对于农业向不十分重视，至其日常生活所必需之布匹、食粮等项，胥倚赖于现品交换，居恒鲜有。盖藏年来，感受战事影响，商品断绝来源，物价继续上涨，蒙民既不从事农业生产，又无购买力，辗转贫困，其艰苦状况已至极点。而蒙伪方面复不时暗中煽惑利诱，殊堪顾虑。本府鉴于争取蒙胞与加强汉蒙团结之重要，爰于财政万分拮据之下，特于经费节余项下筹拨三十万元购办大批布匹、砖茶散给蒙胞，以事救济。凡属蒙民、喇嘛，不分男妇老幼，每人给布一丈五尺，每户给砖茶一方。关于散放工作，现在业经办理完竣。共分三组，由省级党政团分别派员合组而成，每组担任两县散放。据各组报告，每至一地，蒙民腾欢，工作经过极为顺利。此外，蒙民保甲亦由县乡负责配合散放茶布工作，同时办理。所有情形，容另专案奉达。除分报行政院、内政部外，特达。绥远省政府主席傅作义。亥。哿。任。

（2）蒙藏委员会致傅作义电（1943年1月28日）

绥远省政府傅主席勋鉴：准卅一年十二月二十日第二七五号亥哿任代电，为拨款三十万元购买布匹砖茶救济绥西蒙民等由，准此。贵府于财政拮据之下，特筹巨款救济蒙民，风声所树，于维系后方人心，裨益实多，佩慰无既，特电奉后。蒙藏委员会。俭。永。乙。印。

〔国民政府蒙藏委员会档案〕

24. 行政院秘书处关于傅作义呈述绥蒙现情及请示问题致蒙藏委员会公函

（1944年3月25日）

行政院秘书处公函 义贰字第6583号
中华民国卅三年三月廿五日

傅副长官呈述绥蒙现情及请示问题经陈奉兼院长谕：提高绥蒙指署人员阶级，应由该署拟具修正组织规程呈核，调整省界应依照省市县勘界条例，由绥远省政府与陕西省政府会商办理，提高征购羊毛价格及架设电线电话两项，交交通财政两部分别核办。

除分行外，相应抄同各件函请查照。此致

蒙藏委员会

附抄送军事委员会办公厅公函一件（略）
绥蒙现情剖析及请示问题各一件

行政院秘书长　张厉生

绥蒙现情剖析

绥境蒙旗以交通及地域关系，较青宁等省各旗开化为早，故同情亦较后方各旗为复杂。七七变后，经六年来抗战过程，复以地属前方，战争烽火的激荡，敌寇煽惑利诱，奸党挑拨离间，以及各旗蒙汉民众知识的日渐增高，与夫适应抗战一切新事物的设施，驻军与蒙旗及军民间互相接触的关系。于是蒙旗社会上一切政治思想制度等均发生转变，而事态演变亦愈趋复杂。

就蒙旗本身言：此次扎变，挟持王公，称兵为乱，而乌旗奇金山竟以下犯上，袭击王府，使盟旗制度根本发生动摇，而思想及习惯上亦生转变。目前，王公心理为维持其统治权力，事事偏重保守，而青年思想则因知识关系一般均谋向新的途径突进，事官间惟权利之是争，民众力求解脱旧社会之桎梏，以故形成上下冲突，极尽离乱之象，旧的日渐破坏，新的尚未建立，目前正进入大转变的阶段。

就各旗内部言：派别纷歧，各养气势，明争暗斗，形成对立。如准格尔奇文英与奇治国间，双方以军政权利之争，纠纷时起。鄂托克旗章文轩与杨森扎布亦以权利关系，相互斗争。乌审旗东西两部不和，虽经此次事变，奇玉山与奇金山间更成决裂之局。以上谨为最近之显著事实，其他各旗内部亦问题丛杂，多不和协。

就蒙旗租佃民户与旗府关系言：汉民在蒙旗从事经济活动，系仅属于活动式之贸易。迨后，蒙旗因本身需要，自动私垦大部分公地，招佃垦种，山陕两省沿边汉民均有大量迁移安居，其间蒙旗下层人员对汉民多存奴视，压制殊甚，其初汉民较少，尚少争执。嗣以迁徙渐众，后民食息其间，生齿日繁，民智亦渐开化，并因抗战波动人民思想前进，对旗府下层人员之压制剥削不堪忍受，起而自卫，时生摩擦。如达旗及桃力民等地，旗府下层人员与人民间纠纷，即其例证。伊盟各旗汉民人口约二十万众，而蒙民仅四五万人，此大多数汉民已形成当地土著，旗府为实行统制压制汉民，人民为保障权利生命，反抗压迫，要求自治，遂形成正面冲突，为期安定地方，配合前方军事，自不能不加以妥慎之调整。

就伊盟土地言：按省区辖境，伊盟全部属绥省范围，惟通岗、浪沟、赤劳兔等地本为乌扎郡三旗地区。放垦后，陕西神木人民迁来垦种，神木县府遂设区管理。该地位居伊盟中心，与神木县区本不相连，故以行政区域论，不无割裂之嫌，而一切组训民众，防止奸伪等工作，自难期一切配合。

就蒙旗工作人员言：过去因不相联系，在工作上未能步调一致，而意诚稍差。工作人员甚至利用蒙人发展个人企图，籍蒙旗以邀功，籍中央以自重，相互倾轧，非惟工作效率毫无，且因之时起纠纷，亦为蒙事复杂之又一原因。

就沙王本身言：沙年事已高，虽有权而不能事之躬亲处理，故不良份子即能籍沙名义肆意妄为，过去为一二人专权把持，造成恶果。沙经此次事变，已有警觉，但为爱护沙王，防止宵小把持，自须提高注意，随时调整，以免再踏覆辙，滋生事端。

就蒙旗是非观点言：因同情复杂，是非观点颇不一致，故遇事有赞成者，即有反对者，而双方均能言之成理。利用关系反映中央，但其实是谁给施利，即赞成谁，谁不能施利，即反对谁。又蒙旗过去向中央时有请求，中央为示优遇，德惠时加，但有时因转发分配欠当，或不能尽满其意，本为恩惠，反生怨尤，用致恩怨不分，是非亦无。

综上各情，仅就荦荦大者略举梗概，蒙旗复杂现象，就表面看，虽为病症，但就社会进化言，则无宁为进步之一种表现。目前正为蒙事之转折时机，伊盟东接敌寇，南有奸伪，地位处境，至极重要。今日之局，敌寇企图虽无大顾虑，但对奸伪则须深切注意，至此后蒙事拖延不管，必致生事，贻患将来。若彻谋整理，又以情形复杂，蒙旗本身难免发生间话，然间话纵有，并无大不了。惟权责专一，或可消弭于无形，而问题亦可减少，过一时期当会入于正轨。在此时期，各方对中央如有所反映，应请转询，绥蒙指导公署或置之不理。至中央对蒙旗恩惠，凡时赐与，为期运用，分配得宜，使蒙胞知所感戴，而坚向心，应请交由绥蒙指导公署妥筹转发。绥蒙指导公署为中央派在地方指导蒙事专责机构，一切施政，当本中央意旨，至方法方面，凡有所决定，请求中央予以支持，公立政信，而利工作之推进。

请示问题

一、绥蒙指导长官公署人员阶级应提高。

查绥蒙指导长官公署为指导绥境蒙政会之上级机构，而内部组织阶级则甚低，秘书长、处长等皆为荐任职，与绥境蒙政会相较，大有头轻足重之情势，固之指导工作，颇感困难。故应将指署内部人员比照蒙政会阶级，处长以上特予简派，以利指导工作。

四、伊盟征购羊毛价格应予提高。

查绥蒙各旗出产羊毛甚多，一般蒙民生计胥赖羊毛换取食物，以资维持。惟征购羊毛不准私营，已为国家既定政策，但因规定价格甚低，不特影响征购数额，且有害蒙民生活，故应将绥蒙各旗征购羊毛价络，特予提高。

五、陕西省神木县所辖绥远范围内之赔款地、飞嵌地应重新调整。

查扎萨克旗、乌审旗、郡王旗三旗交界之同格、浪沟、赤劳兔一带，皆为绥远范围以内土地，且为伊盟中心，但现由陕西神木县所管辖。今后为防止奸伪，组训民众，并划一行政范围，正妥拟调整，方案俟拟定呈请时，请予俯准。

六、伊盟应架设电线电话。

查交通闭塞，消息阻滞为伊盟社会不能进步主要之原因，今为开展伊盟工作，防止奸伪活动，应在伊盟各旗架设电线电话。

〔国民政府蒙藏委员会档案〕

25. 贾鸿珠关于取得联络伪军番号致蒙藏委员会呈

（1945年7月9日）

顷奉钧会内字第一九四八号代电内开：顷准军令部已效字代电，为配合反攻起见，速将该处联络之伪军及组织报部，以便备案等情。仰将该处联络情形遵报，等因。遵将本处联络之伪军及组织分列于后，恭请核转。谨呈

委员长罗

已取得联络之伪军

番　　号	取得联络人姓名	职　　务	驻　　地	备注
嘉卜寺警备司令	达密凌苏龙	司令	嘉卜寺（德化）	
伪保安队	吉雅图	队长	喀尔沁右旗（热河）	
伪第八师	李秀山	团长	包头西南河防	
伪正红旗保安司令	富贤德	总管兼保安司令	绥西集宁县附近麻运滩	

联络员之组织及联络情形：

本处联络员分为两组工作，第一组联络员图布升吉尔格朗负责担任卓昭两盟联络工作，常住巴林镇聚尔齐庙附近罗斯正家，往来于卓昭盟巴林左右两旗，在此范围内，均得到协助工作之人员，并在各地皆设有秘密联络之机关。今将协助人员与联络地点列表

如下：

协助人员姓名	联络地点	职　　务	备注
达拉玛	章聚尔庙	巴林右旗章京	
庆宝勒	哈拉诺罗	巴林左旗佐领	
吉雅图	察盖恼巴	哈拉沁左旗保安队长	
吴文先	教林仓家	喀喇沁右旗公务员	
哈斯瓦齐尔	旗署北巴金家	喀喇沁中旗护军校	

第二组联络员李忠担任哲里木盟与呼伦贝尔部联络工作，常驻北平骡马市街或宣外校场一带，该员亦得协助工作之人员三人，列后：

协助人员姓名	联络地点	职　　务	备注
仁庆生格	海拉尔	呼伦贝尔仕官	
根丕勒	噶根庙	科尔沁旗仕官	
巴雅	龙盖	敖汉旗前章京	

以上联络人员及该队番号组织，务祈保守秘密。

东北各蒙旗联络专员贾鸿珠

三十四年七月九日

〔国民政府蒙藏委员会档案〕

26. 马鹤天关于联络伪军争取内向致蒙藏委员会电

（1945年7月25日）

急。渝。密。卅内电敬悉。本署已联络之伪军，计伪防卫师、伊盟第十师、准噶尔旗旗长奇子祥、团长刘先章、伪野战师第七师师长达密凌苏龙，伪巴盟第十五师师长补音达赖，伪绥西联军总司令王英师长刘秉义、王万富。唯王英不愿归傅副长官作义，王万富因敌疑，有被扣说，达密凌苏龙有免兵权说。已联络之伪组织计前政务院院长现任内务长官吴鹤龄，前最高法院院长现任司法长官兼巴盟盟长补英达赖，伪兴蒙委员会总务处长乌勒吉图，实业处长瑞永，伪文化馆长伊德钦，伪主席德逆及伪交通处长金永昌。惟德、金意志似尚未坚定，伊德钦有逝世说。谨闻。职马鹤天。午。咸。

〔国民政府蒙藏委员会档案〕

二、伪蒙政权组织和活动

1. 军事委员会为报告德王与日军强化内蒙自治政府致蒙藏委员会通报

（1937年10月20日）

通报　勇字第864号　廿六年十月二十日

据报：德王及李守信与日人田中隆吉大佐等，均到归绥，关东军司令官植田派笠原幸雄少将前往视察，并与关东军察哈尔作战代理司令本多政村兵团长举行会议。关于内蒙伪组织成立事，商决方式为：以蒙古民众名义，作自治独立运动，以德王名义，声述蒙军出师以来，转战阴山山脉南北，歼灭陶林、百灵庙之绥远军及红军，愿日本友军之协助，席卷平地泉及凉城，西进数百里。我成吉思汗之后裔蒙古民族三百年来，被压迫之痛苦，得以解除。外蒙既已赤化，我内蒙又受南京政府之压迫。今将绥军击溃，蒙古民族多年翘盼之民族独立，率将完成。今后对赤化威胁，次以全力完成巨大防共壁垒，强化内蒙自治政府，确保日蒙盟约，实现东亚同盟新政策等语。右件通报
蒙藏委员会

〔国民政府军事委员会调查统计局〕

2. 蒙旗宣慰使公署关于伪蒙古联盟自治政府组织大纲和临时组织法

（1939 年 7 月 31 日）

伪政府组织大纲

第一条　蒙古联盟自治政府置主席及副主席，主席及副主席于蒙古大会推任德高望重于复兴运动有大劳绩者，主席为蒙古联盟自治政府主权者，副主席于主席有事代之。

第二条　蒙古联盟自治政府之领域暂以乌兰察布盟、伊克昭盟、锡林格勒盟、察哈尔盟、把彦特拉盟及厚和市、包头市为统治区域。

第三条　蒙古联盟自治政府以防共、民族协和为基本方针，以生聚教兴养卫六事为施政纲领。

第四条　蒙古联盟自治政府用蒙古军政府当时使用之旗章。

第五条　蒙古联盟自治政府以成吉思汗纪元为年号。

第六条　蒙古联盟自治政府设于厚和豪特。

第七条　蒙古联盟自治政府之权限依均衡之原则，以法律定之。

第八条　蒙古联盟自治政府之组织法另定之。

伪政府暂时组织法

第一条　蒙古联盟自治政府以左开三部院组织，由主席统辖。

一、政务院

二、总司令部

三、参议会

第二条　主席于蒙古大会推戴之，其任期为五年，蒙古大会组织及权限另定之。

第三条　主席关于统治蒙古联盟负一切责任。

第四条　蒙古联盟自治政府副主席辅助主席，主席有事故时代理其职务，副主席经蒙古大会之决议主席任免之。

第五条　政务院掌管诸般行政，政务院置院长。

第六条　总司令部掌管关于军事事项，总司令部置总司令。

第七条　发布主席命令时，关于军事者由总司令副署，其他政务院长副署。

第八条　蒙古联盟自治政府置政治最高顾问及军事最高顾问，各最高顾问辅助主席关于政治及军事，分别受主席之协理。

第九条　蒙古联盟自治政府置参议，关于重要事项应主席之咨问。

第十条　蒙古联盟自治政府各院部及各级地方官署之组织另定之。

第十一条　本组织自公布日施行。

〔国民政府蒙藏委员会档案〕

3. 蒙旗宣慰使公署填制关于伪蒙古联盟自治政府主要人物姓名表

（1939年7月31日）

职　务	姓　名	备　考
主　席	德穆楚克栋鲁普	简称德王
副主席	李守信	
最高顾问	宇山兵士	
参议会议长	吴鹤龄	
政务院院长	德王自兼	

续表

职　务	姓　名	备　考
总务厅长	陶克陶	
民政部长	特克布尔彦	
财政部长	吉尔嘎朗	
畜产部长	郭尔卓尔札布	
保安部长	雄谋多尔布	
巴彦特拉盟长	补英达赖	
察哈尔盟长	林沁旺都特	
锡林格勒盟长	卓特巴扎布	
乌兰察布盟长	巴宝多尔济	
伊克昭盟盟长	沙克都尔扎布	
厚和特别市长	贺秉温	
包头市长	刘继广	

〔国民政府蒙藏委员会档案〕

4. 傅作义关于伪方察锡乌伊四盟职员姓名致蒙藏委员会代电

(1939年12月　日)

蒙藏委员会勋鉴：兹将调查现任伪方察锡乌伊四盟职员姓名开列，随文附送，即希密存备查。傅作义。东。容。印。

附单一纸。

中华民国二十八年十二月　日

兹将调查现任伪方察锡乌伊四盟职员姓名开列后，计开：

察盟公署

官房庶务科科长　巴彦　　事务官　孙学礼　　地方科科长　王凤仪　　会计科科长　包达荣　　事务官　朱裕文

劝业厅畜产科科长　巴德露胡　　事务官　胡凤环　　马产科技正　音德拉　乐荣　　实业科科长　苏凤昌　　事务官　徐海明　额勒博克图　白露芝

民生厅厚生科科长　李捣林　　文教科科长　布彦巴达尔胡　建设科科长　额林青索特那木

警务厅警务警正　那森伯阴　吉尔勒福　保安科科长　范嘉倍　　警正　刘春林　警备科警正　补图木洲　骆仲英　范宝琇　地方警校警正　常鑫　徐得风　朱贡那　　谘议　希拉布拉登　恩和吉尔格勒　拉布扎布　祺克泰　因和布彦　音达尔卜迪　额尔勒克们德　瓦齐尔　格尔格札木苏

锡盟公署

官房庶务科科长　苏那木喇布担　　地方科科附　胡克吉扎布　　文教科科长　巴印补勒格

警务厅警正　额林清索特那木　　谘议　陶桑阿　图们吉尔嘎勒　桑鲁布诺尔普　索诺木拉木丹　林庆旺济勒　图们新巴雅尔　巴图索和　索特那木彭楚克　索索尔巴朗玛　孟棍胡雅格

乌盟公盟

官房庶务科科长　那逊瓦齐尔　　地方科科附　乌恩巴图

劝业厅牧野科科长　们吉尔嘎拉

民生厅文教科科长　道宝臣

谘议　德丸恭敦　色楞那拉木　策伯克扎布　三进甲布　那楚克多尔济　额尔德尼桑太保

伊盟公署

官房庶务科科长　僧格林沁（札萨克旗）　　地方科科长

桑保　科附　白音乌拉济

劝业厅牧野科科长　森盖林庆（达拉特旗）　　警务厅警正萨彦毕勒格图

谘议　巴雅尔满属（札萨克旗）林沁旺扎布　孟克额齐尔（乌审旗）　孟克乌勒济　巴音仓　那森布和　那逊德勒格尔（达拉特旗）

查上列人员，均系各该盟直属各旗内人员，所有未注旗籍者，现仍在调查中。

〔国民政府蒙藏委员会档案〕

5. 行政院秘书处关于伪蒙自治政府改组行政机构致蒙藏委员会情报

（1941年6月11日）

据报：伪蒙古联合自治政府近将行政机构加以改组，前政务院直属之总务部改为总务厅，民政部与治安部合并改为内政部，财政部与产业部合并改为经济部，交通部改为交通总司，司法部改为司法委员会，于司法委员会之外，计回教委员会、兴蒙委员会及总务委员会等组织，以欺骗沦陷区同胞。谨将伪政府改组组织表详陈于次，伪主席与最高顾问同级，副主席以下，（一）政务院辖政务院会议。（二）参议府辖参议府会议。（三）总军司令部。（四）最高法院辖高等法院及地方法院。（五）地方检察厅属高等检察地方检察厅。（六）总务厅辖审计局、交通总局，司法委员会附属监狱驻外代表部，回教委员会、中央学院总务委员会附属中央报局。（七）内政部辖警察总司令部、中央学校。（八）南蒙委员会辖宗教筹备处、牧业试验场及畜牧场防疫处、军事普及部。（九）经济部。谨闻。

〔国民政府蒙藏委员会档案〕

6. 伪蒙古自治邦政府组织与人事概况

（1942年5月　日）

伪蒙古自治邦政府暨所属省市盟组织及主官姓名

蒙古自治邦政府　主席德穆楚克栋鲁普，最高顾问金井章二，副主席于品卿、李守信。

政务院院长吴鹤龄，兴蒙委员会委员长松津旺楚克，内政部部长丁其昌，经济部部长马永魁，司法委员会司法长官杜运宇，交通总局局长金永昌。

宣化省　省长陈玉铭，次长泽田贞一。总务处处长文画君（前晋北政厅思想厅长），副处长黑田正七郎（前总务参事官兼内政部参事官）。民政处处长李焕瀛（前察南政厅民政厅长兼实业厅长），副处长石川十四郎（前内政部参务官兼总务厅参事官）。实业处处长韩广森（前张家口市长），副处长今村茂雄（前察南政厅工商科长）。建设处处长尹绍岚（前怀来县长），副处长朱崎浩（前察南政厅工木科长）。治安处处长朱思五（前察南警察大队长），副处长清水广（前察南政厅警察厅长）。

大同省　省长田汝弼，次长森井雄次。总务处处长卞学（前察盟民政厅长），副处长铃木贞二郎（前总务厅参事官）。民政处处长王相（前应县县长），副处长保利电（前晋北政厅总务科长）。实业处处长郑廉（前晋北政厅经济厅长），副处长岩田晋（前察盟工商科长）。建设处处长古希尧（前内政部文教科长），副处长高田清（前张家口道路建设处长）。治安处处长崔春暄（前巴盟警正），副处长系井一（前内政部事务官）。

张家口特别市　市长李树声（前巴盟劝业厅长），参事官彩谷秀之助（前交通总局兼总务厅参事官）。总务处处长郭兴德（前驻日代表部理事官），副处长关口猛（前总务厅参事官）。民政处处长何思麟（前察南政厅事务官），副处长石井增五郎（前中央学院教官）。警务处处长周东义（前蒙古军上校），副处长中山弥（前伊盟警务厅长）。

巴彦塔拉盟　参与官简牛三郎（前参与官）。总务处处长□□□（前民政处长），副处长□简牛耕三郎（前参与官）。民政处处长徐荣侯（前□□县长），副处长升本光郎（前庶务科长）。实业处处长吾勒吉布林（前家畜防疫处长），副处长樱庭映光（前工商科长）。建设处处长亢锦荣（前畜产科长），副处长高野仁士（前建设科长）。治安处处长脑门达赖（前蒙古军少将），副处长金西宏（前警务厅长）。

察哈尔盟　参与官森一郎（前参与官）。总务处处长乌那恩泰（前经济部经理科长），副处长小原田克人（前托县县长）。民政处处长姜震青（前张北县长），副处长朝阳秀二（前庶务科长）。实业处处长诺尔布札那（前劝业厅长），副处长高尾丰（前农务科长）。治安处处长布彦（前正本旗总管），副处长熊本荣二（前察南政厅警务科长）。

锡林果勒盟　参与官久光正男（前参与官）。总务处处长札奇斯钦（前兴蒙委员会理事官兼秘书官），副处长江口义直（前警务厅长）。民政处处长巴拉贡苏隆（前民政厅长），副处长合志法隆（前多伦县参事官）。治安处处长雄诺瑞都布（前阿巴嘎右旗扎萨克），兼副处长江口义直。

乌兰察布盟　参与官本村祐次郎。总务处处长乌尔贡布（前交通总局秘书兼兴蒙委员会事务官），副处长助川爱民（前警务厅长）。民政处处长朱济道尔吉（前牧业试验场长），副处长柳田荣三郎（前伊盟庶务科长）。治安处处长德旺根栋（前劝业厅长）。

〔国民政府蒙藏委员会档案〕

7. 国民政府军事委员会政治部关于伪蒙古自治邦施政纲领致蒙藏委员会公函

（1942年5月31日）

国民政府军事委员会政治部公函 治仁军二字第二二五四号
民国卅一年五月卅一日

案据第八战区副司令长官政治部代电，以据伊盟长官公署政治部于河东来人，手中觅□□□□组织表及其施政纲领各一份，附电抄奉备查等情到部。除□□□，□□查照参照为荷。

此致

蒙藏委员会

部长　张治中

伪蒙古自治邦施政纲领

一、昂扬东亚道义，以期实践。

二、大同协和各民族，以人民之总意为宗旨，大行经纶。

三、更新民生，确保安宁，完成人民之福址。

四、由共产主义之毒害，解放各民族，以资强化世界防共阵线。

五、与友邦同盟相结，同志相契，以参翼建设东亚新秩序。

〔国民政府蒙藏委员会档案〕

8. 马鹤天关于伪蒙改革地方机构案致蒙藏委员会代电

（1942年11月18日）

察哈尔蒙旗特派员公署快邮代电 察字第四号
民国三十一年十一月十八日

蒙藏委员会委员长吴：据报伪蒙政府政务会议议决改革地方机构案，业已实施。各市县税务局改称财务局，并在张家口、大同、归绥三处新设财务监督署，各局人事亦重新调动。其中副署长或副局长皆为日人，事实上全由日人主持。其各署局正副局长姓名如下：张家口财务监督署署长巴彦泰，副署长岸川兼辅。大同财务监督署署长崔景岚，副署长绪方在绪。厚和财务监督署署长卓仁托布，副署长三谷繁雄。张家口财务局长苏风昌，副局长户仓太作。张家口车站分局长藤田永大。境门分局长柏镇勋。西沙河分局长邢丕祺。南关道分局长苏朔方。宣化大道分局长姬辅卿。宣化财务局长董润廷。蔚县财务局长柏钟山。怀来财务局长朱慕吾，副局长沟渊德隆。万安财务局长佟树珍，副局长门田万纪。廉庄财务局长吴树仁，副局长土师四郎。南口分局长沼泽运助。涿鹿财务局长田雨春。赤城财务代理局长张兆乔。龙关财务代理局长张翰成。阳原财务代理局长白峻峰。张北财务局长李植源，副局长官板德太郎。多伦财务局长赵子宽，副局长岛田武夫。赤峰办事处森俊一。商都财务局长詹炳章。德化财务局长崔郁衡。康保财务局长赵景璋。宝源财务局长廖和基。贝子庙财务局长陶格陶呼。谨闻。职马鹤天叩。戌。寒。辰。

〔国民政府蒙藏委员会档案〕

9. 察哈尔蒙旗特派员公署关于伪蒙各盟旗首逆调查录致蒙藏委员会呈

(1942年12月31日)

察哈尔蒙旗特派员公署呈 蒙字第268号 民国三十一年十二月三十一日

谨将本署驻外工作人员调查伪蒙各盟首逆情况编辑为伪蒙各盟旗首逆调查录，理合缮具三份备文呈送，仰祈鉴核，分别存转。谨呈

蒙藏委员会委员长吴

附呈伪蒙各盟旗首逆调查录三份

察哈尔蒙旗特派员马鹤天

伪蒙各盟旗首逆调查录

（一）正黄旗总管达密凌苏龙，字志云，年六十余岁，曾为卢占魁部头目，绰号长胡子，为人豪迈勇敢，惜未读书，有勇无谋，一切取决于其夫人。绥省府任以绥东四旗剿匪司令，并曾任乌滂守备队长，因与德逆私交甚洽，绥陷即投伪。该旗正参领太平宝为前任总管，巴彦孟克之子年二十余岁，狡诈奸险，无出其右，为一纯粹亲德逆份子。副参领贡楚克色楞，年四十余，圆滑奸诈，为太平宝一党，达之投伪，半出自两人主张。

（二）正红旗总管额斯克济勒格尔汉，名白善臣，年六十余岁，有鸦片嗜好，视财如命，胆小如鼠，别无善述。正参领富寿臣，年三十余岁，为前任总管富龄阿之子，颇有毅力，与额系表亲，亦有芙蓉癖。副参领潘迪，年三十余岁，为世袭男爵，蒙汉文学颇佳，为该旗青年中之优秀分子。

（三）镶红旗总管巴拉贡扎布（字智轩），年六十岁，为人正直，旗民对之一致拥戴。正参领英登额（字臣章），年五十余岁，为人平庸无奇，好小便宜。副参领巴明孝，字秉忠，年三十岁，为英登额之子，聪明有余，掺守不足。笔帖式爱兴阿，字之光，年四十余岁，佐领恩克巴雅尔，字静亭，年六十余岁，均为巴之助手。

（四）镶蓝旗总管贡楚克巴勒汉，名孟兆义，年四十岁，前总管孟克鄂齐尔（字世卿，年六十岁）之子，原任德逆军政府科长，于二十六年被扣，其父羞惧病殁。该旗参领武志忠，蒙名孟克济尔，年三十余岁，为人沉默寡言，尚肯干，惟环境恶劣，有鲍都玺、鲍印玺之恶势力左右之。且其岳父周自然，年六十岁，虽为反德逆分子，惜勇于私斗，平素不得人缘，致成众矢之的。检举孟兆义之案件，尤为周氏所出首，故绥陷后，周被德逆扣获，拷打几死，毁家如代其死，武氏亦几受累。副参领伍贡，字达士，年四十岁，曾受军政训练，人品尚佳。佐领明珠多尔济，字宝亭，年五十岁。乌尔贡阿，字禧忠，年五十余岁。克仁额，字宝仁，年五十余岁。胡图凌阿，字寿亭，年五十余岁。达林台，字山亭，年四十余岁，为已故孟总管之弟。额勒发额，字守诚，年四十岁。均通蒙汉文字。

（五）乌兰察布盟盟长为乌拉特中旗前任札萨克贝子巴宝多尔济，字金声，年七十九岁，为人老成持重，因其年迈，对于一切，不乐多事。副盟长前四子部落旗札萨克和硕亲王潘德恭察布，字崇仁，已在伪区为敌用毒针注射毙死，亡年五十四岁。氏生时，为人昏庸善变，有毛三爷之称。潘死后，札萨克由其嗣子石塔年二十余岁承袭，而军政大权则操之协理、台吉德旺根敦（字忠正，年六十岁）之手，氏威望素著，颇有左右全旗官民之力量，且与德交称逆。潘生前一切措施亟为德旺所不满，久蓄废潘之意，徒以政府关系，未得其便，故潘之死，德不能辞其咎。西协理台吉德立格钟鼐，字干臣，年五十余岁，为人昏庸，一切以德旺之马首是瞻。管旗章京为保安队长黄文锦之兄，人极卑鄙，一切以私利为出发点，对国家民族观念薄弱。其帮闲参谋李文盛，山西应县人，系一画匠，潘生前一切多为黄、李策划。

（六）喀尔喀旗札萨克车苏特巴勒珠尔，字永寿，年二十余岁，于民国二十四年袭职，为云王之侄孙。惟旗大权操于云王之侄协理台吉沙拉布多尔济之手。原云王任盟长时，即将札萨克惟伊根栋札布继任，旋根王去世，乃由沙氏任护理札萨克，为人极具干才，惜思想误谬。云王无子，本有真除可能，后以旗下事官不满，未能实现。二十四年绥蒙政会所发表之十九个委员中十八人非现任札萨克即总管，仅伊一人为协理。西协理台吉色楞，为人老迈无能，备位而已。梅楞拉西包令为沙氏之副手，惟不满王公制度，为青年事官中之反王公派，与东公旗赵太保均有勾结。

（七）茂明安旗札萨克齐密特凌庆胡尔罗瓦，字德民，年三十余岁，不谙政治，旗务多由其姐夫西协理台吉贡色楞札布（字戒之，年四十余岁）负责。近闻齐氏因通俄嫌疑被敌顾问发觉，于六月间击毙。东协理台吉补音兔，年七十余岁，日以念佛为务，对旗事多不闻问。

（八）中公旗札萨克林庆僧格，字寿山，年四十余岁，为前任乌盟盟长巴保多尔济之子，为人稳健沉默，对事多取维持现状。东协理台吉那僧敖齐尔，年五十余岁，与王府得木齐土默尔居均为巴林亲信，颇有言听计从之力。西协理台吉补音巴兔尔明在旗内颇有相当信仰，惟对外不好接洽。

（九）东公旗札萨克奇穆特林沁多尔济（汉名奇天命，字寿丞，年三十岁）为故札萨克额尔克色庆占巴勒之胞弟，其投伪由于前任管旗章京赵太保之煽动，因赵系亲德分子。东协理乌青山（字北屏，年四十余岁）对旗内亦颇有信仰。

〔国民政府蒙藏委员会档案〕

10. 贾鸿珠关于伪蒙政府组织及各级敌伪人员名单致蒙藏委员会报告

（1943年1月1日）

报告　　于卅二年元旦在北湾

窃职顷接联络员李、图两同志报告二份，系报告伪蒙政府组织及各级敌伪人员与各县敌伪人员名单一份。兹特随文呈上，恭请鉴核备查，并恳将上次附呈之李忠同志来函信皮由邮掷下，职有急用。谨呈

委员长吴

附抄原报告一件

职贾鸿珠谨呈

伪蒙疆联合自治政府（于民国廿八年九月一日宣告成立，并改用成吉思汗年号），至卅一年八月一日改选人事如左：

主席　德穆楚克栋鲁普，副主席李守信、于品卿。最高顾问大桥（日人），伪蒙疆最高指挥官连治藩（日人）。政务处长吴鹤龄（类如蒙之行政院权限）。兴蒙委员会委员长松津旺楚克（系锡盟东苏尼特王）。财政总长马永魁。交通总长金永昌。司法部长杜运宇。内政部长丁其昌。所谓伪蒙疆者，系以五盟（旗）、两市、两政厅组合而成。两厅即察南旧有北所属十县，并于廿九年又将河北之涞源县亦行划归察南厅管辖。晋北厅管辖晋北十三县。两市即张家口市及厚和市（归绥）。

五盟：察哈尔盟公署设在张北，锡林果勒盟公署设在贝子庙，伊克昭盟公署设包头，乌兰察布盟公署设在百灵庙，巴彦塔拉盟公署设在归绥。察南政厅将由张家口移至宣化城内，地址业经察勘妥当，现已开始兴工建筑。

伪察南政厅　最高委员于品卿，最高长官陈玉铭（掌地方武力）。

伪晋北政厅　最高委员夏恭（地址在大同）。

张家口市政府市长韩广森（地址在太平街太平公园南边）。

伪厚和市政府市长李秀春（地址在归绥）。

敌人在察之军火仓库有二：（一）在张家口上堡旧省府对过之教场地方，现已筑成仓库。（二）在桥东宣化大道大蒙公司斜对过路西。敌于对于察省宣化之龙烟铁矿积极采冶，在当地练成铁后运至北平城西石景山练钢，所练成纯钢然后运出使用。

伪蒙疆政府最高顾问大桥与军部莲治藩不睦，意见不一致，现已返国（日本国），迄未返任。

五盟警务厅长：

察盟警务厅长小掠邑一，曾充内政部警正。

锡盟警务厅长浩养直，曾充张家口警察局警务科长。

乌盟警务厅长助川处民，曾充巴盟警务科长。

伊盟警务厅长中山弥，曾充内政部警正。

巴盟警务厅长今西宏，曾充察南政厅警务科长。

察盟：

技正长谷部与，曾充经济部事务官，属官山村俊马，曾充宝源县代理参事官。庶务科长兼地方科长朝秀，曾充察盟地方科长。警务科长兼警备科长小野田长右街门，曾充张北县代理参事官。地方警察学校教头清水和助，曾充张家口市警察局警备科长。

巴盟：

庶务科长兼地方科长竹本先郎，警备科长稼木新介，警务科长稼木新介兼，警正水野光吉。

伊盟：

警务科长浅川庶次，曾充伊盟警佐。

锡盟：

警务科长小松清兼，警备科长小松清兼。

关于总务厅方面：

次长泽井铁马，曾兼锡盟参与官。参事官古谷素五郎，曾充内政部理事官，兼补总务科长代理理事官，兼参事官补人事科长。黑田正七郎，曾充总务厅人事科长，代理参事官。澈川惇曾充总务厅事务官。参事官铃木贞二郎，曾充察南政厅警务厅长，事务官补总务科附。渡部公曾充察南政厅属官，事务官补会计科附。坂田满曾充兴蒙委员会高级辅佐官、参事官。山口德次曾充晋北政厅庶务科科长。中岛万藏曾充参议府秘书官。参事官星野炳曾充驻华办事处长。参事官庄司良曾充总务厅理事官，计划科长庄司良兼。参事官关口猛曾充总务厅事务官。

参议府：

秘书处长村谷彦治郎，曾充兴蒙委员会主任顾问。秘书官佐伯弘，曾充总务厅事务官。

主席府：

秘书处长村谷彦治郎，曾充兴蒙委员会顾问，秘书官佐伯弘同右。

弘报局：

理事官后藤英范，曾充总务厅事务官。事务官池田正曾充察南政厅事务官。

中央学院：

教官（学监）石井增五郎，曾充巴盟总务厅长。

关于政部方面：

内政部参事官石井十四郎，曾充内政部事务官。参事官武进(日人)，曾充驻满代表参事官。理事官补地方科长柿田琢磨曾充溯县参事官。事务官、地方科附重岛政治，曾充察盟庶务科长。参事官兼文教科附甲裴弦，曾任巴盟属官。警正本乡胜，曾任蔚县参事官。警正袄崎一二，曾任晋北政厅警正。警正松岛安藏，曾任伊盟警务厅长。

内政部：

教学官须田亨，曾任内政部属官。中央警察学校教头中山中，曾任察盟警务厅长。

察南政厅：

警务厅长清水庶，曾任内政部事务官兼警正。庶务科长兼地方科长牧村勋，曾任察南政厅地方科长。工商科长今村茂雄，曾任经济部事务官兼警正。武健民蔚县北吉家庄人。警备科长兼警务科长勋本荣二，曾充晋北政厅警备科长。土木科长山崎浩，曾任交通总局技正。事务官荒木三代二，曾任察南政厅属官（会计科附)。事务官专当就一，曾任巴盟地方科长。警正小桥幸，曾任察盟警正。技正田中清雄曾任赤城县参事官。属官加治春海，曾任清水河县代理参事官。察南地方警察学校教头村上木吉，曾任巴盟特务科长。

张家口市参事官和佐藏之助，曾充参议府秘书官。警察局警长（警务科、警备科）大竹丰后，曾充内政部警正。

晋北政厅：

土木科长（技正）澁谷长之助，曾任厚和道路建设处长。庶务科长、地方科附岛山训一郎，曾任商都县参事官。工商科长松尾重华，曾任交通总局事务官。警务科长、警备科长板藤如，曾充天镇县参事官。事务官岛山训一郎，曾充商都县参事官。警正林觉重，曾充厚和警察局警务科长。

各县日籍参事官一览表如下：

万安县山崎千里（万全、怀安合为万安县）

蔚县北野一兄

延庆县中村定义

宝源县入井村太

宣化县吉里贞男

张北县吉永秀德

商都县山崎方夫

崇礼县代德田信

赤城县光野

天镇县柳勘一郎

溯县金田义三

大同县田村宏

阳高县示野正夫

右玉县甘中武治

萨拉齐县（代）望月稔

集宁县山田亨

清水河县松木敏景

托克托县小原田克人

大同县警务科长冈崎重雄，警察署长长冈祐直。

交通总局方面：

理事官帆正万洲男，技正加留部隆彦。

兴蒙委员会方面：

教育专门顾问佐竹宇三，高级特佐官小黑泰藏，高级辅佐官村松员一。

经济部方面：

经济部参事官兼理事官（总务科长）岛田三郎。参事官伊藤太。粮谷科长小野五郎。代工商科长宫川清。总务厅参事官深井孝隆。理事官、贸易科长中野皎。理事官、国税科长三谷繁雄。事务官森下力。事务官、粮谷科附门田村雄。张家口税务监督署副署长、多伦经济监视署事务官岸川兼辅。　谨呈

委员长吴

职　贾鸿珠

卅二年元月一日

〔国民政府蒙藏委员会档案〕

11. 察哈尔蒙旗特派员公署关于伪蒙政权讨论满蒙划界问题致蒙藏委员会代电

（1943年4月12日）

察哈尔蒙旗特派员公署快邮代电 察字第拾贰号
民国三十二年四月十二日

蒙藏委员会委员长吴：据报伪蒙内政部长丁其昌、蒙古军参谋长乌木苏尔、敌高级顾问塚田少男倭、驻蒙疆代表木村等于寅有抵长春，宥日即与伪外交大臣宫骑等开会，讨论满蒙划界问题，

并提出要求如下：（1）为管理及指挥蒙古各盟旗之便利，商同满洲国溥仪陛下及大日本天皇之批准，请求贵国划热河境内之昭卓两盟归蒙古自治政府管辖。（2）昭乌达盟、卓索图盟境内蒙民之风俗人情言语习惯及民族构成与蒙古自治政府境内之蒙旗完全相同，故由本府统辖较为合宜。（3）昭卓两盟之领域领空无条件交还本府。（4）该两盟各旗之满洲国官吏由本府发给恩饷半年，于六个月内护送出境。（5）该两盟内满洲国之屋宇财产营业等一律由本府出价收买。（6）该两盟内得居留满洲国之商民，并予一切便利之优待。（7）该两盟内之公路电讯天文台矿产等限六个月内由本府接收。（8）两盟之界线：甲、卓索图盟由察省赤城出长城，经丰宁、隆化至赤峰南五十里，又由赤峰至多伦段之铁路划入卓盟，承德、平原、滦平仍归满洲国。乙、昭乌达盟由辽省开鲁经敖汉左翼旗至赤峰北五十里为界，详图由满蒙派人共同测绘之。谨闻。职马鹤天。卯。文。印。

〔国民政府蒙藏委员会档案〕

12. 察哈尔特派员公署关于伪蒙自治邦蒙疆新兵役法规致蒙藏委员会呈

（1943年5月11日）

察哈尔蒙旗特派员公署呈 蒙字第三一八号
中华民国三十二年五月十一日

谨将伪蒙古自治邦本年三月份所颁布之蒙疆新兵役法规摘录送呈，以供钧会参考。谨呈

委员长吴

职　马鹤天

蒙疆新兵役法规

一、蒙古青年包括察、绥、雁北、热河等地，凡十八岁以上四十岁以下之男子一律为现役。

二、凡蒙疆境内之女青年，年龄在十六岁以上三十岁以下一律为辅助兵役，先当警察、救护、运输及后方勤务等。

三、蒙疆之学生、医生、工人、公务员、教师、交通人员其他有证件者，一律后役。

四、以保甲团为抽丁基干，由村卫生公所按每月所配壮丁数目抽调至保甲团训练，然后拨入兴亚军及保安队、警备集团军补充兵额。

五、十八岁至二十五岁为甲级壮丁，二十六岁至三十三岁为乙级壮丁，三十四岁至四十岁为丙级壮丁(丙级壮丁只限当军队力役)。

六、盲哑残废及有终身不治疾病患者免役。

七、学生、公务员、交通人员为预备现役。

八、凡住居蒙疆三年以上者，一律加入预备役。

〔国民政府蒙藏委员会档案〕

13. 马鹤天关于德王发表八大号召致蒙藏委员会电

(1943年7月27日)

渝。蒙委会委员长吴。抗密。据报：德逆为加强伪蒙统制，扩大版图，梦想成立大蒙古帝国，于六月中旬发出八大号召：(1)储粮五千石，准备应付非常事件。(2)储羊毛五十万斤，制造火药。(3)将蒙疆部队编为廿个完整师。(4)增加动员兵役、力役之数量。(5)训练军政干部十五万人。(6)各召庙喇嘛限卅二年底一律还俗。(7)扩充蒙民小学五千个。(8)健全各级军政机构等。谨闻。职马鹤天。午。沁。印。

〔国民政府蒙藏委员会档案〕

14. 马鹤天关于伪蒙生产协力会议致蒙藏委员会呈

（1943年8月10日）

察哈尔蒙旗特派员公署蒙字第三六四号
中华民国三十二年八月十日

为伪蒙古自治政府于五月十五日在张家口召开所谓巩固蒙疆生产协力会议，计丁其昌、于品卿、德王、田汝弼、柴山、敖安达少将等均参加，会期自五月十五日至十八日。兹将探得内容备文呈送，以供参考由。

（一）所谓生产协力三大原则（由德王提出）：A、粮食就是子弹。B、羊毛就是火药。C、人力就是武力。

（二）蒙疆生产协力会议以增进巩固蒙疆，扶助盟邦，建筑东亚共荣圈为本体，动员全蒙疆人力，坚持最后胜利之一环。

（三）关于粮食生产者：（1）蒙古屯垦军应电请日本天皇扩大其编制，除组设沙漠兵团外，并接收满洲国移民五十万，一律赠以种子、耕具，在蒙疆内可耕殖之地一律垦殖之，并特准免税五年及免除兵役。（2）除蒙疆内之野战军不得抽调垦殖外，其他留守之警备后备蒙古军一律协助政府开荒，打破蒙人不种地之观念。（3）于本年度内实行开荒五百万亩。（4）除实行计口授粮配给制度外，于各市镇盟旗广设义仓，征购粮食，以备战时所需。

（四）关于牧畜者：（1）改良牧畜之方法。（2）训练大批兽医。（3）改良兽类之种子及饲养。（4）设羊毛剪洗厂等等。

（五）关于人力者：（1）奖励日蒙满支通婚。（2）凡男女达廿岁不结婚一律抽收未婚税，并按年增加之。（3）凡家有五孩以上者，准免租税田赋百分之五十，生十孩以上者得全免，并由政府明令奖励。（4）改良娼妓之营业，设检查所随时检查之。（5）限至卅二年底止全蒙境喇嘛（在四十岁以下者）一律还俗，否则拘

禁力役五年以上。(6) 注重儿童保健，多设儿童保健医院及托儿所、育婴院。等情。谨呈
委员长吴

职　马鹤天

八月七日

〔国民政府蒙藏委员会档案〕

15. 察哈尔蒙旗特派员公署关于伪蒙各部队兵力分布致蒙藏委员会电

(1943年10月22日)

察哈尔蒙旗特派员公署快邮代电 蒙字第三九六号 民国卅二年十月廿二日

重庆。蒙藏委员会委员长吴，谨将最近伪蒙各部队兵力分布汇报如下：甲、伪绥蒙联军，总司令王英、副司令于镇海、敌顾问耳鱼，总兵力约三千五百人，步枪三千枝，迫炮三门，小钢炮一门，重机枪卅七挺。九月份新补充轻机枪廿三挺，重机枪六挺，小炮二门，手掷弹三千枚，子弹五十余箱，新旧汽车共十五辆，马千三百匹。总司令部驻包头属戌亥滩，所部分驻安北、萨县及包头外围各地。(1) 第一师师长陈秉义，敌顾问久处及松月二人，所部千二百人，附迫炮三门，钢炮一门，重机枪廿挺，轻机枪四挺，步枪约一千枝，师部驻包头属傅家圪坦。第一团团长陈秉仁（陈秉义之弟），约三百五十人。第二团团长刘迷虎，约三百人，均驻包头城关。第三团团长王拴子，约五百人，于九月十八日自萨县移驻包头外围。(2) 第二师师长常子仪，敌顾问福乐所部，共约千人，重机枪七挺，轻机枪十一挺，步枪八百枝，师部原驻包属白沿脑包。九月间移驻安北城中，其第一团团长王乃乃，第二团团长王翀，第三团团长王虎，均驻安北附近。(3) 第三师师长陈二拴，所部七百人，轻机枪十三挺，重机枪六挺，其第一团团长瞿

秃子，第二团团长华仁轩，全部于九月间移驻萨县附近。(4)特务团团长赵亚卿约三百五十人，附小炮二门，轻机枪十挺，驻包头及西山嘴一带。乙、伪靖安警备军司令仍由丁其昌兼，所属第一、二、三集团之臂章代字为“龙”、“风”、“井”，共约三千人，分布于百灵庙、固阳、归绥至察哈尔边界。丙、伪绥西防共第一师郝根五部，共约五百人，步枪四百余枝，马匹分为三个支队，担任安北至固阳间之警戒，战斗力极弱。丁、敌蒙古方面军派三个支队，百二十人，汽车七辆，平射炮四门，重机械七挺，轻机枪卅挺，及安吴特务支队二百人，均带手枪，分布于绥西一带，监视各伪军思想之行动。谨闻。职马鹤天。酉。养。

〔国民政府蒙藏委员会档案〕

16. 马鹤天关于伪蒙经济设施及物资统制致蒙藏委员会电

(1943年10月27日)

察哈尔蒙旗特派员公署快邮代电 察字第拾捌号 民国三十二年八月二十八日

蒙藏委员会委员长吴，谨将最近伪蒙经济施设及物资统制情形，分陈如次：(一)伪蒙政府于八月一日公布蒙疆银行发行伪钞数字，计二十六年十二月为一二〇〇〇〇〇〇元。二十七年十一月为三二〇〇〇〇〇〇元，十二月为三五〇〇〇〇〇〇元。二十八年十一月为五四〇〇〇〇〇〇元，十二月为五五〇〇〇〇〇〇元。二十九年六月为六〇〇〇〇〇〇〇元，十二月为九三〇一五〇〇〇元。三十年六月为一〇〇〇〇〇〇〇〇元。三十一年十二月为一二〇〇〇〇〇〇〇元。三十二年六月以前为一〇〇〇〇〇〇〇。共计已超出其原定额数九个单位，刻下正由伪华北联票兑换（蒙钞一元换联票一角五分），并限九月底停止使用。(二)北平伪大东亚联合准备银行于八月一日起划北平、济南、太原、雁北、察南、绥西等处为六大银行区，布置所谓战时紧急金融网，其任务：（1）收回旧钞，重发新钞，以防止通货澎涨。（2）加强储业发行公债，使旧钞回笼。（3）加强物资统制，防止金融紊乱。（三）伪蒙疆银行善后委员会于七月底向德逆提议，关于蒙疆银行基金，一二〇〇〇〇〇〇元，应分三期向南京政府索还。第一期为三十二年十二月底，第二期为三十三年六月底，第三期为三十三年十二月底悉数还清。闻南京方面周逆佛海则以蒙疆银行发行钞票总额超出其基金八倍以上，以此无限制不兑现之钞票，当失人民信仰，应俟全部发行额收回后，准以华北粮食作抵偿还六百万，为此双方争执甚烈。（四）敌令伪蒙政府在大同、宣化两省征收食粮十七万吨，限七月底交清，并停发伪蒙军薪饷两个月，民众饿毙日有所闻。蒙钞一元仅抵联票一角五分，军民均感动摇不安。（五）伪华北政委会自七月份起实施食盐统制，每月由华北区输入蒙疆食盐不得超过十五吨，每人每日食盐由九钱减为六钱五分等情。谨闻。职马鹤天。未。沁。

〔国民政府蒙藏委员会档案〕

17. 马鹤天关于伪蒙调整满蒙通商暂行条例致蒙藏委员会电

（1943年11月16日）

渝。蒙委会委员长吴，抗密。据报：伪蒙政府代表丁品卿与伪满总领事张静芝九月十四日在张家口商讨调整满蒙通商暂行条例八项：(1)交换资源之规定。(2)侨民财产生命商务之保护法。(3)旅行入境条例。(4)出入物资统制之规定。(5)陆空联运货办法。(6)限制奢侈品入境之新规定。(7)关税不得超过百分之六。(8)侨民战时日用品及食粮之分配等。谨闻。职马鹤天。戌。叶。印。

〔国民政府蒙藏委员会档案〕

18. 察哈尔蒙旗特派员公署关于伪蒙中央机构改革官制致蒙藏委员会呈

（1943年12月6日）

察哈尔蒙旗特派员公署蒙字第四一二号
中华民国三十二年十二月六日

据报：伪蒙地方行政官制修正后，复于八月中旬宣布，中央机构改革以与地方机构互为呼应。谨将其中央官制修正内容附呈，以供钧会参考。谨呈

委员长吴

职　马鹤天

伪蒙中央官制修正原文

甲、兴蒙委员会官制修正中如左：

一、将第十条中参事官、理事官、事务官或技正，改为参事官。

二、第十二修正如左：

兴蒙委员会置左开职员：

参事官五人，简任或荐任。理事官四人，荐任。高级辅佐官四人，荐任。事务官九人，荐任。教学官一人，荐任。秘书官一人，荐任。技正三人，简任或荐任。辅佐官十五人，委任。技佐十三人，委任。

三、第十三条第二项删除，于第四项之次加入左记一项，教学官承上司之命，指导监督学校教育及社会教育。

四、将第十四条中五处改为四处，保安处删。

五、于第十五条第七项下加添左开一项：

第八项改为第九项：八、关于收入及支出事项。

六、于第十六条第六项下加添左开二项，将第七项改为第九项，第十九项删。

七、关于司法协助事项。

八、关于军事援护及军事普及事项。

附则

本令自成吉思汗纪元七百三十八年八月十五日施行之。

乙、政务院各部官制中修正如左：

一、第八条中理事官、警监、事务官或技正改为参事官或警监。

二、第十条第一项修正如左：

政部另定职员外，置左列职员：

参事官七人，简任或荐任。理事官五人，荐任。警监，简任或荐任。事务官十七人，荐任。教学官二人，荐任。秘书官一人，荐任。警正荐任。技正三人，简任或荐任。属官六十六人，委任。警佐委任。技佐八人，委任。警尉委任。

三、第十二条修正如左：

内政部置直辖警察队及左列五科：总务科、治安科、卫生科、文教科、地政科。

四、第十三条第五号之次加左列各号：

第六号改为第十三号，第十四条及第十五条删。六、关于预及决算事项。七、关于收入及支出事项。八、关于地方行政一般的指导监督事项。九、关于地方财政事项。十、关于自治行政事项。十一、关于民生改善事项。十二、关于劳动事项。

〔国民政府蒙藏委员会档案〕

19. 察哈尔蒙旗特派员公署关于伪蒙修正地方行政官制致蒙藏委员会呈

（1943年12月6日）

察哈尔蒙旗特派员公署蒙字第四一三号
中华民国三十二年十二月六日

据报：敌为加强蒙疆统制，提高参事官权限，并着实业及建设开展，以供其经济掠夺之利用，嗾使伪蒙政府于本年七月份第十五次政务院会议时，决定修正地方行政官制，已于八月一日正式实施，其简要内容如将交通总局所辖之建设处统合于市县公署，在重要市县设置建设科及实业科，并废警务科，改设警察队，以加强地方自卫实力。尤要者市参事官可代理市长，县参事官可代理县长，此参事官均为日人，则日人今后可代理市长、县长矣。又大量增加技术人员三百二十六名等等。谨将其市县官制修正原文附呈，以供钧会参考。谨呈

委员长吴

职　马鹤天

伪蒙地方行政官制修正原文

甲、市官制中修正如左：

一、第一条第一项修正如左：

市置下开职员：市长二人（简任或荐任），参事官二人（荐任），事务官八人（荐任），警正（未定、荐任），技正四人（荐任），属官四七人（委任），视学二人（委任），警佐（未定、委任），技佑一六人（委任），警尉（未定、委任）。

二、第五条及第六条中警察署长改为警察队长。

三、第八条修正如左：

第八条　参事官辅佐市长参划市政，市长有事故时，代理其职务。

四、第十一条乃至第十三条修正如左：

第十一条　科设科长，以事务官或技正充之，科长承上司之命指挥监督部下之职员，掌科之事务。

第十二条　市置警察队，其位置、名称、编成及管辖区由内政部长定之。

第十三条　警察队置队长，以警正充之。队长承上司之命掌

理关于管内之警察事务，指挥监督部下之警察官吏。

附则

本令自成吉思汗纪元七百三十八年八月一日施行之。

乙、县官制中修正如左：

一、第一条第一项修正如左：

县政职员如左：县官四三人（荐任），参事官四三人（荐任），事务官一六二人（荐任），警正（未定、荐任），技正九人（荐任），属官六八八人（委任），视学四三人（委任），警佐（未定、委任），技佐二三三人（委任），警尉（未定、委任）。

二、第五条及第六条中警察署长改警察队长。

三、第八条修正如左：

第八条　参事官辅佐县长，参划县政，县长有事故时，代理其职务。

四、第九条第二项之次如左之一项：

技正承上司之命掌技术。

五、第十一条乃至第十三条修正如左：

第十一条　科置科长，以事务官或技正充之，科长承上司之命指挥监督部下职员，掌科之事务。

第十二条　县置警察队，其位置、名称、编成及管辖区域由内政部定之。

第十三条　警察队置队长，以警正充之，队长承上司命，掌理关于管内之警察事务，指挥监督部下之警察官吏。

附则

本令自成吉思汗纪元七百三十八年八月一日施行之。

关于交通总局官制之修正：乃因根据特别市及一部市县之都市建设处吸收统合，随同临时职员之设置及都邑计划法之制定，遂将交通总局官制加以修正，修正原文如次：

丙、交通总局官制中修正如左：

一、第五条中事务官十八人荐任，改为事务官十五人荐任；技正十四人荐任，改为技正十二人荐任；属官九十一人委任改为属官八十三人委任；技佐四十五人委任改为技佐二十四人委任。

二、第七条、第十四条及第十五条中都市计划改为都邑计划。

附则

本令由成吉思汗七百三十八年八月一日施行之。

丁、关于张家口特别市官制之修正：

乃随同此次第一线行政机关之扩充强化，为扩大强化张家口特别市之机构，同时使之包括交通总局所管之都市建设处，以诸都市行政有关的连营。至于特别市及市县临时职员设置制之制定，乃因将交通总局所管辖都市建设处分别吸收，统合于张家口特别市、厚和市及大同县。同时，并重新在宣化县实施都邑计划事业，遂以此项要员为临时职员面设置者，特别市及市县临时职员设置制原文如次：

特别市及市县临时职员设置制：为使之从事关于都邑计划之事务起见，在特别市及市县临时设置下开职员。属官二十三人，技佐二人。

特别市及各市县之定员由内政部长定之。

附则

本令自成吉思汗七百三十八年八月一日起施行之。

〔国民政府蒙藏委员会档案〕

20. 国民政府军事委员会关于伪蒙疆政府令各旗强征壮丁交敌训练致蒙藏委员会情报

（1944年7月24日）

谕抄送伪蒙疆政府令各旗强征壮丁交敌训练由情报壹件，即

请查照，参考为荷。此致

蒙藏委员会

附抄情报乙件

军事委员会委员长侍从室谨启

七月廿四日

伪蒙疆政府令各旗强征壮丁交敌训练

伪蒙疆自治政府前令伪东乌盟、西乌盟及中乌盟三公旗各征壮丁五十名，由敌指导官率领送往三木岱庙受训，惟因待遇不良，该壮丁等先后潜逃者甚众。该伪府近又令各旗强征壮丁卅名，规定十五岁以上，卅五岁以下，并限于本七月内解送百灵庙受训，每期三个月，均由敌人主持训练。

〔国民政府蒙藏委员会档案〕

21. 察哈尔蒙旗特派员公署关于兴蒙会召开佛教复兴会议致蒙藏委员会代电

(1945年4月17日)

察哈尔蒙旗特派员公署快邮代电 蒙字第三二五号 民国三十四年四月十七日

重庆。蒙藏委员会委员长罗：据报：伪蒙兴蒙委员会近举办佛教复兴会议，计到兴蒙会松委员长，日本大使馆，伪蒙政府各盟旗高级喇嘛及日本喇嘛，研究本部等代表多人，并讨论关于喇嘛教学振兴事件七件：一、关于喇嘛义务教育部振兴案。1. 佛教教科书编纂并出版。2. 义务教育部教员之练成。二、关于蒙文宗教读本发行案。三、关于蒙文经典出版提案。四、盟佛教讲习会召开案。五、喇嘛留学生派遣案。六、请求各方协力初等教育普及案。七、庙所有宝物古物严厉管理案。等情。谨闻。职马鹤天。卯。筱。

〔国民政府蒙藏委员会档案〕

22. 马鹤天关于伪蒙政府新政要点致蒙藏委员会电

(1945年5月13日)

渝。署密。文电呈报伪蒙政府上月改组情形谅达钧览。据伪蒙政府发表其新政之要点如下：甲、安定民生，解除民众痛苦，把握民心，而民众始能协力同心。所谓解除民众痛苦者，除为协力战争之必要担负外，其他不必要之痛苦，应急速彻底解除。乙、蒙古军之本邦肇建之基干，一切本邦之军队，官民须一致爱戴推崇，促其强化，发挥其保境为民兴蒙兴业之天职。丙、增加生产之，促进本邦协力大东亚战争之完成。本邦官民之重要课题必须一致铲除私心私利，为确立大东亚共荣圈与我等东亚人之安定而酣战之。日本军现正到处勇猛奋战，已将骄敌美英完全击灭收获极大之战果云。谨闻。职马鹤天。辰。阮。

〔国民政府蒙藏委员会档案〕

23. 察哈尔蒙旗特派员公署关于德王加强伪蒙地方行政致蒙藏委员会代电

(1945年5月23日)

察哈尔蒙旗特派员公署快邮代电 蒙字第三三〇号
民国三十四年五月二十三日

蒙藏委员会委员长罗：辰巧电谅蒙钧阅。寅感伪蒙地方长官会议时，德逆致开会词，宣布安定民生，把握民心，发挥民力三者为伪蒙政府行政的中心。兹将其全文录呈如下：此次为图决战下政府诸般施策之彻底强化，乃召开地方长官会议，聚各地方长官于一堂，对于各地方过去之诸般施策加以检讨与反省，集思广益，巩固六百万邦民一体之体制，以期增产增运，增进战力，而完成大东亚共荣圈一翼之使命。现在战局日趋激烈紧迫，世界各国无不处于生死兴亡关头，敌人急于战争之短期终结，敢冒所有危险，盲目侵攻，其炽烈程度兴日俱增，而我友邦国内亦组织国民防卫队，使战争与国民熔于一炉，大有一举击灭敌人之势。此时向承日本帝国之援助而发荣滋长的我蒙古自治邦，更应深体休戚与共之义，加强决战体制，而协力圣战的完遂，战争最后胜利的获得，除有精锐的军队以外，一、必具有为正义而战争的目的；二、国民对战争有不动的信念；三、有能适应任何事态的必胜不败的体制，能具备这三种条件的时候，最后的胜利一定能够得到。至于战局的一时变化胜败进退，不过为战争进行中的一个阶段，国民应深切的警戒着不为此一时的现象所眩惑或动摇，才对大东亚战争乃是解放亚洲民族的战争，同时也是亚洲人复还东洋固有精神的战争，其最后的目的不外乎使东亚各民族各得其所。所以说大东亚战争是为正义而起的战争，是勿待赘言的。至于日本国民对于战争的信念更是值得钦佩的，日本国民因为君国能够超越生死，全人民同有特攻队精神，这种严然不动的信念常使敌人惊叹不置。日本国内必胜不败的体制随着战局的演变，更行强化完备，对敌人之物量攻击已经确立了完全对策。所以我们对战争前途的如何，可以完全信赖友邦，不用着什么大惊小怪的态度去妄自揣测。在另一方面，我们要努力强化邦内的机构，巩固邦基，去作增产增运的工作，来完成协力圣战的使命。能安定民生，才能把握民心，发挥民力，民力得着充分发挥，才能谈到增产增运，协力圣战。民生的安定与民力的把握，在于善体民隐民情，解除民众痛苦及确立治安，使民众才能够安居乐业，各按本分去努力他们的工作。当然在战时期间，免不掉许多的艰难困苦，时时刻刻缠绕在我们的周围，国民必须以绝大的觉悟及忍耐力去和各种困难争斗。安定民生，把握民心，发挥民力，这三点是我政府行政的中心课题。离开民众，则谈不到政治，民心离散了的政府无异是空中楼阁。古人所说民为邦本这句话，是充分表现了这种意义。

尤其身为官吏者更要以先民之忧而忧，后民之乐而乐，才不失为战时下官吏之本分。为获得胜利，自动或强制的供出物资是国民应有的义务，同时也是任何国家都在厉行着的事实。在政府方面，为期获得事半功倍的效果，不但要有精密的供出计划，还得要有简捷的机构，使各种事务能够迅速公平的办到，并且执行这种职务的官吏更要有廉洁的人格，温逊的态度，不贪污，不舞弊，大公无私的来执行自己的职务。至于无关战争的各种统制以及地方的独善，非但无补战力的强化，而且害及民生安定，失去民心，妨害政府调整计划，对于此点，应该深加注意。治安问题与安定民生、把握民心，是互为因果的。治安确立时，民生可得安定，民心亦能把握。换言之，民生安定及民心把握时，治安自然能够确立。警察队对于地方治安的确立，驰骋山野，栉风沐雨，从事讨伐，其苦情形，值得同情与嘉奖。但民众对于警察队仍抱有恐惧厌恶之感者，不乏其数，究其因，不外警察队方面纪律或有松弛之处，或欺压民众，而致失去民心，此点责任者有亟应加以纠正之必要。其他如不良特务之横行，俱乐部之设置，地痞、土豪之存在，亦足有害民生有失民心，地方严加取缔，务期澄清。地方确立治安靖乡青年队，乃为适应非常时之要求而产生，但以现在情况而言，却有加以再检讨再反省之必要，诸位对于此点于会议，蒙不防〔妨〕直率提出意见，得妥善办法。其次即为发挥民力问题，民力的发挥就是战力的增加，后方巩固，前方才能得到胜利。粮谷、煤铁、畜产品等等军需物资都要仰仗民力才能达到增产的目的。所以说政府对于民力之运用如何，实关战争力量增减问题。譬如政府为道路建设或其他目的征用民间劳力，乃为不得已之事情，但必须考虑民间忙闲而后征用，否则就有得此失彼的缺憾。在农忙期征用农民劳力，一定使田地荒芜，而招食粮政之损失。兹为运用民力，应以最小之力量获得最大之效果为原则，民间供出十分力量的时候，由政府的运用，应该使他变成十五分或二十分的力量才不负民众的辛苦，同时这也是使战力无限的增长下去的唯一方法。若过去之徒知集荷粮谷，不先讲求储蓄运送办法，结果由民间强制集荷之粮谷曝于雨露而使其腐坏者，吾人应以勇气承认自己之失败，向民众表示歉意。制造飞机、战车需要完善之设备及优良之技术，运用民力也是一样需要健全之机构与优良之官吏，才能谈到民力之充分发挥。吾人为期战力的增强，政治的明朗及行政力的渗透，亟应肃正官吏，整饬纪纲，修明法度。在此战时期间，官吏往往籍统制的名义，饱私欲，对于民众的痛苦，则罔若不知，对政府的命令或托词推延，或阳奉阴违，似此状态，若不严加肃正，勿待敌人来攻在不远的将来，即本身亦将破裂政府。因鉴于此，将设监察制度，彻底实行政府命令，澄清吏治，以求民众幸福及战力增强，上对政府，下对民众，务以忠诚仁爱为主。现在时艰方殷之际，吾人毫无踌躇因循的余地，以职务自觉，绝不诿责他人，要竭诚奉公，对政府要以忠诚克尽厥职，对民众要以仁爱推行政治，对自己要以廉洁奉公守法，官吏能够这样的时候，我们蒙古自治邦的前途发展可以说是不可限量。最后希望各位在此会议中，对中央的希望及对于地方应兴应革的意见，要毫无忌惮的陈述出来，大家在一起虚心坦怀，能够讨论的时候，则本会的收获一定很可期待的云云。此种狂妄荒谬之词，无非欲收拾民心，献媚倭寇。谨电奉闻，以供参考。职马鹤天。辰梗。

〔国民政府蒙藏委员会档案〕

24. 察哈尔蒙旗特派员公署关于伪蒙编纂蒙古鉴建史弁言致蒙藏委员会代电

（1945年7月14日）

察哈尔蒙旗特派员公署快邮代电 蒙字第三五〇号
民国三十四年七月十四日

重庆蒙藏委员会委员长罗：伪蒙政府于去岁三政权合流五周

年纪念日发起编纂蒙古肇建史，由伪蒙政府弘报科陶葆初负责编纂，由百灵庙会议要求自治起，中经蒙古军政府，蒙古联盟自治政府，至三政权合流止，共六万余言，业已付印。其弁言中对满清与苏俄多致不满，对中央含糊其词，或预留地步。谨录呈如下：蒙古疆域自从太祖成吉思汗肇建大蒙古国时用为畿甸而外，外族之军政力能直接统辖的为数甚少。东汉窦宪曾大破北匈奴勒铭燕然山（即杭爱山），兵力虽然达到外蒙，但是政治的力量还是不能推行无阻。唐灭突厥，薛延陀置瀚海、燕然两都护府也，不过是羁縻政策。惟有逊清一代，统治蒙古有二百七八十年之久，其原动力固然在于维系活佛互结姻缘，尊崇王公，设置盟旗。要不是林丹汗措置失当，蒙古各部落自相分化，清朝利用机会，恐怕也是一件不容易的事，何况当时除疆域划入版图，按时朝贡以外，地方行政还是蒙古自主。清高宗晚年用金奔巴瓶抽签，决定活佛的承继人之后，活佛的推戴不在西藏大召，就在北京雍和宫，而驻藏大臣与理藩院实有监督之权。蒙古人从此失去自由拥戴活佛的权益。宣宗禁止活佛入觐已失望，光绪三十三年诏革西藏达赖喇嘛佛号，更使驻蒙活佛人人自危，再不能安心为国家推行宣化工作，于是外蒙哲布尊丹巴呼图克图以武昌起义的机会，依赖白俄宣布独立。民国成立之后，经中央与蒙俄两方一再交涉，名义上才归附中央，后来因为驻在外蒙大员不谙蒙情，加以白俄的诱惑，大喇嘛的希图权益，又有二次三次的革命发生，终于在赤俄卵翼之下，组织蒙古人民共和国，且以此影响而促成布里雅德共和国与乌乐海共和国。眼看赤化之焰将要波及蒙古，满洲事变之后，东蒙古因风俗习惯地理的关系，附入满洲帝国，而西蒙古更成为赤化东亚的唯一途径，所以形势日见紧张。蒙古有识之士忧惧赤焰的泛滥，于是群起谋求自卫的策略。当时中央政府不思有效办法，但派遣班禅、章嘉两呼图克图入蒙宣化，仍旧用羁縻的方法，但苟延残喘，日时接近蒙古的外蒙大吏与蒙古时起冲突，使蒙古人民在内煎外逼中求生活。在这种情势之下，如不自谋出路，以求生存，未来的祸患，实在不堪设想。民国二十二年七月的自治运动之请愿，由此因缘，遂一旦勃发。蒙古自治运动的阶段从名义上的自治展进到以武力扫除自治的障碍而达到自给自足的自治，其中主席宵肝的辛勤，官吏奔波的劳苦，将士执戈的艰险，人民输将的热忱，都有不可泯灭的事迹。而友邦日本朝野鉴于蒙古企求自治的殷切，本于人类互助的精神，不避毁誉，毅然加以赞助的厚意，足使吾人闻之奋袂而起。现在生食其报的邦人君子似乎都有应该明瞭的必要，本乎此肇建史的编纂实在是一件不可或缓的事，本书从自治运动开始起，平辅直叙，写到三政府合流，蒙古自治政府成立为止。据实记载，把政府肇建的精神供诸远近求公平的批判。时间过暂，文献散失，搜集不易，挂一漏万，自是不可讳免的事实。所望邦人君子身历其境的多加指导，使之成为一个阶段的信史，这不仅是编者一人的期望。谨闻。职马鹤天叩。午。文。

〔国民政府蒙藏委员会档案〕

三、伊盟事变

1. 陈长捷关于在伊盟兴革事项致吴忠信函

（1943年3月19日）

理卿先生赐鉴：去秋于役宁垣，抑挹杽采耿耿，迟回至今，犹切芫忱。敬维声猷宏懋，式符私颂，无量无量。长捷守备伊盟，目击地方瘠苦，文化落后，兵匪横行，纪纲荡然。念及抗战建国前途，对于应兴应革各务，只有不避嫌怨，极力倡导，毅然执行。今春经发动十项工作：第一，整顿驻伊部队及各旗保安队。第二，执行军法，整饬军纪。第三，编制车驼，便利运输。第四，实行扩垦，增产粮食。第五，建筑营舍，军民分住。第六，努力造林，改善环境。第七，凿井设站，建设交通。第八，训练民众，建立保甲。第九，倡导义务教育，转移风气。第十，筹办合作社，把握物资，解决物价。凡此十项，均为亟待兴办之要政，曾于本年度逐渐推动，期其有成。惟蒙旗旧习甚深，且亦意见复杂，如何启迪诱导，需待各方协力赞助，方克竟其事功。钧会派驻伊盟各旗专员对于旗府行政诸多指导，素所钦迟。敬恳我公赐予转饬驻伊各专员与敝部紧切连系，共策进行，或专派组长一员常驻东胜，一面连系本部，一面指挥各旗专员，所有地方发生临时事件，既得迅速便利解决而步骤齐一，意志与力量均形集中，当见更收宏效矣。翘企南都，至深盼感，并祈示悉为祷。肃此敬请。
崇安

晚　陈长捷敬肃

三月十九日

〔国民政府蒙藏委员会档案〕

2. 中国国民党中央执行委员会调查统计局关于伊盟扎萨克旗兵变简报致蒙藏委员会公函

（1943年4月5日）

中国国民党中央执行委员会调查统计局公函

党调二（32）字第一一一号
中华民国三十二年四月五日

查本局迭据蒙旗负责人报告伊盟扎萨克旗兵变情形，兹经汇编简报，相应检同该简报一份，送请查收参考为荷！此致
蒙藏委员会

附伊盟扎萨克旗兵变简报一份

局长　朱家骅

副局长

伊盟扎萨克旗兵变简报

（一）兵变经过之梗概

三月二十六日拂晓，伊盟保安队第一团毕宝玺与来自乌审旗番号不明之部队合流，裹胁蒙民，突然叛变。一面包围沙王府、蒙政会、蒙旗党部及伊盟中学，劫持沙王及贺耆寿（绥蒙政会委员）、经天禄（绥蒙政委、党委兼伊中校长）、胡凤山（绥蒙政委党委）、王天籁（绥蒙党委）、绳景信（绥蒙党委）、赵成璧（绥蒙党委）、奇华府（绥蒙政会振济委员）等，囚于王府。一面占领电台，封锁电讯交通。于此混乱情势中，除王府及蒙政会宿舍外，均遭洗劫，伊盟保安长官公署副官长顾兆忠、蒙政会秘书许笃伦、会计张耀亭、电务员洪景玉，当场击毙。秘书王兰友重伤身死外(顾等均为汉人)，另有蒙政会医官张某与政治部电台台长等眷属及伊中学生董怀忠，惨被杀害。叛徒以白音仓为劫夺扎旗实权者，曾搜劫其住宅，并劈棺毁尸，以泄余恨。王天籁、赵成璧几遭杀害，经全体委职员之恳求，始免于难。胡凤山亦受虐待，其余中央派驻扎旗公教人员行迹不明，生死未卜。

变乱时，叛众声言请愿，反对开垦征粮，当以沙王及蒙政会驻扎旗委员主任等名义，发表通电，申明绥蒙征派军粮过重，民不聊生，后强迫各旗放垦，断绝蒙民畜牧之生机，此次事变，出于义愤，可勿派兵入境，以免刺激事态之扩大云云。二十八日复以沙王名义，电致傅作义、陈长捷、邓宝珊、高双成等，称扎旗事变经过，已派贺耆寿、经天禄前来面陈，务寻政治途径，就地调解，勿派部队入境弹压等语。并传叛部毕宝玺扬言，若停止开垦征粮等条件，不予采纳而派官兵入境弹压，即将沙王以下重要人员及其眷属全部杀害。同时煽动各旗蠢动，扩大事态云云。三月三十一日晨十一时，经天禄由扎旗抵东胜，谒陈长捷氏请示。据谈：此次事变，以扎旗仕官为主动，征得鄂贝子与活佛之同意，沙王并未与闻，叛众除扎旗保安团队外，间有蒙民参加，十二三岁之幼童，七八十岁之老叟，亦被裹胁其中。其所提出之条件有四:一、为反对开垦蒙地。二、为拒绝蒙境驻兵。三、为减轻派购军粮。四、为按月发放粮饷。郡王旗、乌审旗、杭锦旗等确被煽动,而有影响事变之军事准备,现正集中军队,作骑墙之观望中。经之前来东胜,系由叛部及蒙委之推举,责其要求陈氏接受条件,和平解决。若果派兵剿办,即先屠杀经之眷属云云。目前蒙境各地平靖,尚无局势恶化之征象。

(二)军事进剿之近态

事变前三日,奸伪曹开城营骑兵,巡梭于明水海子及巴拉素尔林一带(该地在扎旗西南,榆林西北距扎榆各百余华里),安定一带奸伪,调遣部队急驰三边,明水海子及巴拉素尔林一带之军事行动,益见紧张。乌旗亦作军事准备,有响应扎旗事变之趋势,陈长捷氏据此情势,一面急调二十六师一团,驰赴乌审旗,截断扎旗叛部与乌旗边境奸伪之联络,并于其他各旗作适当秘密之布置。一面另派骑七师贺团,开入扎旗,于三月三十一日下午七时,攻占蒙政会及蒙会宿舍,救出重要人员王天籁等及职员眷属百余人,并将白音仓院占领,叛部退集沙王府内。四月一日第二十六师步兵两营,续由东胜驰抵扎旗,陈长捷氏是日请托郡王旗图王,晓谕叛部缴出枪械,即予从宽处理。蒙委贺耆寿行为可疑,经由贺团拘押。一日夜,陈部续将沙王府攻下,仍追剿中,沙王及其府内情况,尚未探明。

(三)事变原因之探讨

一、蒙旗政治之暗潮:沙王幕僚,暗斗剧烈,绥蒙政委白音仓为沙王之亲信,前以沙王年迈力衰,密议保荐鄂贝子升任伊盟盟长,期为沙王之继承,籍以保持其在伊盟及蒙政会中之特殊地位。因荣祥、阿凌格、贺耆寿等,磨擦益深,伊盟中学风潮,传为胡凤山、赵城璧等所煽动,经天禄怀恨久之,此数矛盾,互相激荡,形成绥蒙政潮中之两大壁垒:一为白音仓与经天禄利害结合,而以王天籁、顾兆忠等为基干;一为阿凌阿与胡凤山沆瀣一气,集纳荣祥、贺耆寿、赵城璧、任秉钧(蒙政会参事处主任)等,为一握有实力之阵营，彼此倾轧，迄无宁日。二月二十一日晚，白音仓由榆林遄返札旗，行抵王府南二十里巴音盖地方，遇害于途中，一时情势紧张，风雨满城。经天禄等禁若寒蝉，密派亲信诣东胜，乞援陈长捷，陈以事态尚不严重，仅调骑七师朱连进驻札旗，保安第一团团长毕宝玺闻讯，乃派员持沙王函谒陈，以草料给养困难，拒绝入境。陈未置理，而朱连尚未抵达札旗，事变卒然爆发。在变乱中，白音仓等住宅，曾被搜劫。毕团八连保锁（沙王之侄）部，围攻伊中，经天禄仓卒间曾传出胡凤山派保锁、白玉山（阿凌阿实业处科长）杀我之字条，查条经之笔迹无疑。同时贺耆寿以形迹可疑，业已拘押，基此事实以论断，绥蒙政治暗斗之扩大，或为事变起因之一。

二、奸伪阴谋之煽惑：奸伪企图打通与外蒙之联络，觊觎绥蒙，日趋积极，曾利用乌审旗西协理奇国贤，酝酿乌鄂两旗自治之活动。奇伏法后，伪民族学院院长高埭玉，伪西北局书记高岗，率兵侵入绥蒙交界之巴图湾，以武力策动督贵运动，胁迫民众首脑巴图圣格、巴音达赖、乌斯基、前佳举行督贵会议（按：督贵为蒙语，义即反对王公之消极抗议），企图四月底完成乌鄂两旗边区少数民族自治区，以离间汉蒙之情感。同时利用蒙民反对设治之谬误心理，攻击乌审旗东协理奇玉山接近傅作义氏，以煽动该旗东西协理分裂，而遂其侵占之阴谋。此次变乱中，一部分番号不明之部队，来自乌旗，且其标榜之口号，重在反抗中失既定政策，似与督贵运动之脉络相衔，是此事变，不无奸伪策动之嫌。

综观札旗事变，在于绥蒙政治上之暗斗，与奸伪之阴谋合流，演变而成今日之局势，同时敌伪觊觎绥蒙甚亟，每煽惑于王公之前。伊盟地方团队，迭有叛变附敌之事实，此次事变，有无敌伪诱惑其中，至堪注意。惟就各方情报分析，似系一时之蠢动，尚无严密之计划，是故一经兜剿，即行崩溃云。

〔国民政府蒙藏委员会档案〕

3. 蒙藏委员会对伊盟事变的分析及其对策

（1943年4月 日）

伊盟督贵暴动之分析及其对策

（一）督贵暴动之根本原因：

沙王府及蒙政会之人事倾轧，政治斗争为主动原因；以反对陈长捷伊盟屯垦设施为号召，并参入异党之鼓动指引。

（二）督贵暴动之时机：

1. 陈长捷成立屯垦督办公署正着手工作之时。

2. 蒙政机构人事调整之时，以傅副长官代阁朱为绥蒙地方自治指导长官，绥省将强力统治蒙旗之时。

（三）督贵暴动之真正目的：

1. 在扎旗为剪除异己，争权夺利。

2. 在全伊盟（或全体蒙人）为反对汉人屯垦。

3. 在全伊盟为反对绥省府统治。

4. 在异党为驱逐陈长捷，解除北边包围。争取蒙古工作。

5. 在乌审旗为报复杀其协理之人员。

（四）督贵暴动之演变：

前期：主动人员为沙王左右阿凌阿、蒙政会委员贺耆寿、胡凤山，参事主任任秉钧，以杀害白音仓派之王兰友、顾兆忠等及最近联白为彼等所嫉妒之经革陈，同时强调反垦为目的。

后期：自大批杀伤、劫掠骚乱后，以异党及乌审旗人员为主动，以劫走沙王、鄂贝子籍保安全，和平解决为目的，而异党乘机争取蒙旗工作。如事态长期恶化，可能参入敌伪活动及牵涉其他地方军队（如高双成、马占山、马鸿逵）之复杂关系。

（五）督贵暴动前扎旗人事关系之分析：

蒙旗：除白海风、荣祥、经天禄等有远见稳健以外，其他大多目光短浅，心胸较狭，自私自利。大体可别为沙王方面与青年方面来观察：一、沙王左右有白音仓、阿凌阿两系，白音仓为人聪慧机敏，颇得沙王之器重。阿凌阿与沙王有患难之交，其所言为沙王必采纳。自上次阿凌阿患病时，蒙政会关防为白音仓所夺后，关系益劣，暗斗更烈，而贺耆寿等即利用阿之缺乏主见，以反白亲沙王。白音仓为巩固势力，常派顾兆忠、王兰友往东胜联陈长捷，伊中闹风潮时，援经天禄是为经白相联之起点。白更欲请马鹤天任常务委员，以增外援，亲往榆林，马返时途中被杀。二、青年方面较富有狭隘民族意识，可区别为三类，（一）狭隘偏激派贺耆寿、任秉钧、胡凤山、纪松龄等；（二）狭隘派康德敷等；（三）无所谓者奇华甫等。贺、胡等早有去白之决心。

（六）处置办法：

一、地方当局

1. 调兵包围督贵暴徒，严拿主事行凶人员。

2. 注意保护沙王之安全。

3. 严防敌伪与异党活动。

二、中枢当局

1. 宣布停止屯垦。

2. 派大员前往调查解决（就近以邓玉珊朱绍良司令为宜）。

3. 饬令将拘捕主事要员送渝看管。

4. 遴派王公一名及青年领袖主持蒙政。

5. 取消指导长官，绥蒙政会直接由中央指导。

〔国民政府蒙藏委员会档案〕

4. 荣祥为处理伊盟善后之管见致蒙藏委员会呈

（1943年5月15日）

处理伊盟善后之管见

谨呈者：窃自迩日以来，屡接榆林陕坝各方电讯，籍悉此次伊盟事变业已迅速解决，使此星星之火，未至燎原，而遽予扑灭者，皆我中央明镜高悬，智珠在握，指授方略，动中机宜之所致也。而协从罔治，罪不及孥，仁德所感弥坚，边疆内向之诚。凡此善果，固不仅伊盟与事一二旗无知军民之福，实示我北战场无数同胞斬求团结之幸也。若更就其影响之大者言，又安得谓非我抗建进程中化戾气为祥和之一端哉。然而事变既戢，善后须筹，否则溃疡难割，遗毒犹或潜滋，逆首虽诛，伏戎恐将伺隙。今乘骚动之后，就政治则施以怀柔；剿抚之余，就军事则求其安息，此古人所谓有初者贵乎有终，善作者贵乎善成也。职生长溯漠，稍悉边情，久处伊盟，略知梗概。兹谨就管见所及，縷陈如次，献曝虽愚，亦聊尽其知无不言之微意而已。

甲、军事善后之管见

一、此次伊盟之变，陈总司令长捷似应负相当责任。其开垦征粮，由旗地逼至成吉思汗茔地，由农户扩及牧户，并限制各旗保安队不得在本旗境征购给养。凡此诸端，皆足为逼成此变之上因。其滥用职权，任意杀人，乃至不请示中央而即擅杀国民政府简任之大员，充其怙权之量，宁有可杀之人乎？各旗军民对之有切齿之恨，战栗之惧，非无故也。惟在剿叛期间，对其地位，自不便有所调动，以增叛众之焰。但事变既息，为长治久安计，似宜有妥慎之布置，以免刚愎者执德不回，而以误边者误国也。

二、此次扎乌两旗保安队之变，虽因内部有激动，然各该旗保安司令之无力控制，亦为重要原因之一，而控制无力又因平素之训练无方。今事变已平，则各旗保安队之整训殆不容缓，惟欲整训保安队，必先整训驻伊盟之正规军。一以示楷模，一以资镇摄。否则，正规军之不饬，其如落后之保安队何哉？《诗》云：睨而视之，其则不远。《传》云：有诸已而后求诸人。皆此义也。

三、整训保安队拟分三期完成之。第一期，教以简要之典范令，并以养成正确之军人观念为标准。第二期，教以骑兵战术，并以各该旗司令能绝对控制为标准。第三期，以能邻旗调驻，并与正规军水乳交融为标准。在第一期各旗单独受检阅，第二期合二、三旗受检阅。至第三期则合伊盟七旗共同检阅之。既分三期，各旗未必能同时划一完成之，于是国家所给补助费亦以达到标准之先后为增加之次序。如此，则国家币项既不致有优劣平分之弊，而教练人员亦可对工作为成绩之竞赛，整训果成，他日必能为国家平倭之助。昔武侯出师南蛮，效力汾阳，破贼回纥，论功今之蒙旗亦其例也。

四、各旗保安队就现在之需要论，当以贵精不贵多之原则，加以整训，但求质之良不求量之宏，而兵额限度则以能维持其旗境治安为第一义。如此则既易整理，亦易掌握，彼恶莠浮动分子亦将被汰，而无借事生风之机会，物质消耗之减轻犹其余事，此中央与地方两利之道也。将来国家建制国防军，编练蒙古骑兵时，当为别一问题。

五、各旗保安队因补助费之微薄，其经常维持自不能不赖旗境人民之供给，如水草、租地、租牲畜、犒圈等，皆其服装给养所取资也。若一律取缔而攘为县局之收入，此无异困迫饥饿之，而责以勿生事，岂可得乎？故旗境一切事务，勿任县局压迫，亦息事宁人之一术也。

乙、政治善后之管见

一、二十九年春，沙盟长曾拟以旗务托其子鄂齐尔胡雅克图，而自往兴隆山祭成吉思汗，并作久居之静养，嗣因抱病不果行。此次保安队之变，沙府骤罹兵燹，动产荡然。沙归则徒增怆恨，老境难堪。况绥境蒙政会已暂迁榆林办公，尤无早归之必要。倘此刻不能在伊盟附近觅得适当住处，似不若将沙护送兴隆兴，以成其奉祀祖陵之志。

二、此次嫌疑主动人除胡凤山已在东胜候审外，余如阿凌阿、鄂齐尔胡雅克图两委员均有其应负之责。查阿凌阿老而乐祸，原非安分人，与沙有东笠之谊，而几陷以覆族之实，稍有天良，何忍出此？鄂齐尔胡雅克图身为蒙会常委，复兼省政府委员及扎旗扎萨克，本有维持地方治安之责，纵有不平，尽可上诉于中央，何至躬预动乱忘其身以及其亲，此何说乎？倘国家能贳其罪，则阿宜令其伴沙同住，鄂宜令其归省府管束。

三、县政府旗政府此二者系统虽殊要，其为国家行政之地方机构则无异也。当此抗战期间，既不能废旗以存县，亦焉能废县仍存旗，二者既须并存，自应消其磨擦，而切要之图，则以寄居旗境之县府不再干预旗政为第一义。盖县受限制，他日尚可施政于收复之旧疆，若旗遭剥夺，将来永无汶阳往返之希望。此蒙人所认为全旗生死关头，故往往于绝望之余，不惜以流血争之之故也。此事悬阁已久，今又乘善后之际，予以合理之解决，以安众心。

四、伊盟之贫瘠，非内地同胞所能想象。故机关部队非国家予以充分之补助，其本身实无丝毫存在之可能，加以国家年来所发各项经费因汇兑困难，往往须迟至数月方能转到榆林，而榆林又因无国立银行，更须迟之又迟方能陆续提款，再转伊盟，是以紧急之事亟需之款，每因不能迅赴事机而致束手。此种困难，不特伊盟为然，即陕北各机关部队之仰给于榆林者，无不同感此苦。前年伊榆负责当局邓宝珊、朱绶光、高双成、马占山等曾联名恳请中央令四行在榆设一办事处，以济危困。若就今日情况论此事，更有迫切之需要，尚望中央考虑而实现之为幸。

五、今后边疆设政，凡有关蒙旗权益之增损与夫蒙胞生计之利害者，中央对于边疆当局及蒙政负责者之意见，似宜多兼顾，酌取其平。在抗战期间，落后地方如伊盟者，要以能维持治安，不生枝节为首务，其他经济、教育、军事、政治及一切文化事业，均应在此范围内逐渐促进之。所谓利不十，不变法；功不十，不易器也。至于伊盟各旗所产之绒毛、皮革、盐碱、药材等，倘国家能加以收买利用，皆蒙旗所甚愿，然此亦须以榆林能设银行为基础。若贸易委员会前派一二人携少数款，株守榆城，其效可睹已。

职　荣祥谨陈

五月十五日

〔国民政府蒙藏委员会档案〕

5. 行政院关于救济扎乌事变被难蒙汉人民致蒙藏委员会指令

（1943年6月29日）

行政院指令 仁玖字14636号 中华民国卅二年六月廿九日

令蒙藏委员会

三十二年六月十二日乙字第二五三二号呈请拨款壹佰万元救济扎乌事变被难蒙汉人民，由该会会同振委会派员前往伊盟商同傅主席查放由呈悉。查扎乌两旗事变被难民众案经交该会议复在案，应准如傅主席所请办理，已以紧急命令饬部拨汇绥远省政府急振款叁拾贰万元，并电傅主席统筹配放，该会及振济委员会无庸派员前往会同办理，以免费时。除令知振济委员会外，仰即知照。此令。

院长　蒋中正

〔国民政府蒙藏委员会档案〕

6. 中央执行委员会组织部为抄送伊克昭盟事件检讨及其建议书致蒙藏委员会函

（1943年7月20日）

中国国民党中央执行委员会组织部公函 和渝边字第一四一三六号 中华民国卅二年七月廿日

顷据第廿二军特别党部代秘书贾毅同志呈伊克昭盟事件检讨及其建议书，经核不无见地，特抄附原文函请查照参考为荷。此致

蒙藏委员会

附原建议书乙份

部长　朱家骅

伊克昭盟事件检讨及其建议

最近伊盟事件，各方面的见解很多，现在愿把个人感觉到的供作参考。

这次的事件，是蒙古三百年来一件大事。蒙旗典章制度，是清初订立的，一直没有甚么变更，但现在则根本发生动摇。王公过去都奉为神圣，现在则王公之闹，可以血流五步，可以扶持作蒙尘之举。过去的显贵，仅只含于对王公贵族其范围，或只限于一旗。现在则一面和汉人引起摩擦，而且影响到各旗，使王公和汉人，同时感到不安。所以，我说这是三百年来一件大事。

这次事件，也可说是三十年来中央治蒙政策的总清算。三十年来，中央对蒙古王公和同胞，一本优待宽厚，这些方法上做去，就是说到治理二字，其制度也是须缓慢的。抗战始才渐趋积极，然而优待的结果，只有得蒙古同胞一句话：王爷做了中央的官，现在不管我们的痛痒了（扎萨克旗传言）。党部、政治部、青年团……等机构，也只落得蒙胞们一句话：他们只替中央通消息，而不给我们讲话了（乌审旗的谣传）。根据上面的谣传，可以证实了他们工作的推行，只是通消息，恐怕连通讯的工作也没有负起来。在事变前三天，沙王府的卫兵均撤换了，大烟、黄金、白银均运出去了，在旗的机关是否知道，恐怕中央也不知道，这都是我们的失败的地方，都是我们值得清算的地方。

根据以上的感觉，这一次事件，无疑是蒙旗社会和中央治蒙

政策一个转折点，这是一点旧的阶段的结果，和演进到一个新的阶段的开始。这一次事件，把蒙旗社会，和中央治蒙政策的变革过程划分两个时代，中央历年对治边的苦心，及经费的消耗，均付置大江东流而去，不但没有增加蒙汉间的感情，反而增长仇恨的生长，这是从事边疆工作每一个人，都要彻头彻尾的忏悔。他们不是作工作，而是混日子，而让事情糟到这个地方，怎么能对得起蒙古同胞，对得起国家，对得起自己，均是值得反省的地方。

在事变前，曾赴蒙地视察本军驻蒙部队的党务情形，籍悉了解蒙情。事变后，曾亲自调查一翻，兼在榆林平日所闻所见的蒙旗一切觉得，边疆工作是很艰苦的工作，是要艰苦的奋斗，有毅力的人去担负，这是任何人不敢否认的。然而，许多蒙古工作要员，经年长居榆林，未曾入边地。中央特务要员（西安办公厅高级参谋）唐伯先，长川居榆，偶而入蒙，即以特务两字顶在头上，其居心莫测。绥蒙长官公署长时在榆林，而工作人员不熟蒙情，是否工作能推行否？驻蒙机关，仅以混日子，发洋财为目的。党务工作人员仅是作党官，青年团、政治部仅是贴标语、写宣言，而中心工作是否推行有几？而工作报告头头是道，洋洋长篇，是问有几份真实性！中央特务要员派入蒙者尚不乏人，唯问谁能负起了调查的大任？试问事件发生之前，沙王府卫兵撤换，重要财物之移出，各旗遣兵调将等动作，特务工作人员是否曾完全知道，恐怕连一二都不知道。叛军首领，老赖队长、沙王二公子等均为共党党员，是问事前发现者有几人。言及至此，痛涕不止。他们终日醉居王府，招摇撞骗为工作。

关于边疆问题与边疆工作，钧长曾于三十一年十月二十一日在招待边疆人士茶话会席人讲过，（中央党务公报第四卷第二十二期）阐述甚详，虽经纬均知，无微不至，然根据此次蒙叛事件发生之后之感触，略呈陋见：

一、甄别干部人材：干部决定一切，有良好的健全的干部，即有良善的结果。关于入蒙地工作人员，应侧重利他主义者，富有国家民族意识者，富有事业前进的青年，同时兼重于品格修养的方面，复以淘汰边疆现任工作人员，将一批昏庸老朽，名利薰心的工作人员加一考核与甄别，以资奖励新进工作人员之努力，以达到优胜劣败为目的。

二、加强政治机构：记得八中全会决议边疆施政纲要，主题旨在于努力加强国内各民族和宗教间融洽和团结。关于这些问题，觉得为政在人最恰适。许多要员、政治机关经年不入蒙，在情感上是否能发生，偶而入蒙即以委员、中央大员，向蒙民示威，搜刮等情，觉得政治机构有深入蒙地之必要。对于人选问题亦应慎重，应侧重品德修养及吃苦耐劳的精神，学问高深的在其次。关于入蒙机关，中央应时派要员，亲至蒙地考核，以促进蒙政机关进取心。在入蒙以前之工作人员，必须受短期蒙语的学习及习惯的养成，以免引起蒙民的反感，促进蒙汉的感情，因语言是情感的传达。观察现驻蒙工作人员有几能蒙语？蒙古军及保安团之政治指导员不谙蒙语，党部工作人员很少懂蒙语。试问在此情形之下，政治工作何能推行？党务工作何能发展？

三、增设边语学校及训练班：语言可使情感的沟通，互相光辉，为要发展蒙疆工作，首要注重边语的习学，派蒙工作人员必须受短期的蒙语训练，以利宣传中央的德意，中央的威信，以利增加工作的效率。

四、加强调统工作：调统工作是一种神圣无名英雄的事业，是中央的耳目，是治边不可缺少的参考。关于这些工作，应普遍的深入，分别打入任何部门。无论是喇嘛、边客、团队里的士兵，决不应偏重于高级机关的深入及王公府内的深居，更应注重蒙民、蒙军的言语间的流露、言行的举动。至于这种人选，应受长期蒙语的训练，风俗、习惯、文字的习学，方才登用。决不能滥竽充数，以致才不称职，尸位素餐，有失中央对于调统之企望。

五、普及教育：觉得当前的急务，首重于普及教育，百端之治理方案，首重于教育之普及。垦荒、植树造林、征粮、卫生……，认为其次。在目前蒙旗方面，中等学校仅有国立伊盟中学一所，认为普及教育，首重师资的培养，及师范之设立。奖励蒙民升学，唯有普及教育，才能同化，才能发扬博爱共济的精神。今后我们的治蒙方案，应该从这方面着眼。

六、尊重蒙旗社会的历史性：关于此次蒙旗的叛变，远因及近因综合所得的结果，治蒙者多系操之过急或偏激，致引起蒙军的反感。觉得今后将蒙政机构承办的事件应该彻底加以调查，而且要分别促其健全，使它能确定个别负起责任，不要把责任推在一个机关或一个人头上。我主张今后一切的处理，应该尊重蒙旗社会的历史及其传统性，固不必要迁就于某个人，或一部份之组织和设施，亦未曾不可以取消。治蒙方针，应消极慢慢着手推进，因蒙旗社会习惯，业于根深蒂固，非一朝一夕之功所可以转风移俗。

七、保甲组织：个人对伊盟事件，有我们需要和平的感觉，同时亦需要永久的和平，这个和平要赢得来的，无疑要从保甲组织和教育文化入手，唯有编组保甲，才能同治，才能真正平等互助。唯有健全保甲，可以防止奸宄活动，可以摧毁敌伪奸的阴谋诡计。健全保甲，首要注重保甲人选，以及基层干部的决定。

八、奖励边疆工作人员：边疆工作是一种艰苦的工作，是一座艰巨的大工程。这是不可讳言的，但亦须要大批无名英雄从事边疆工作，所以认为有提出奖励办法的必要。边疆工作人员工作、生活要有保障，制定养老金，儿女教育等方面都应设法制定，是当前不可缓议的事情。

以上荦荦大端，仅可做今后治蒙的参考。至于当前事件的解决，不快即夜长梦多，节外生枝，我们可以效法壮士断腕之举，而不必投鼠忌器，顾虑太多，解决方法及善后的问题，我认为平允、迅速四个字为要素。杀人者死，有玷军纪者治罪，胁从人者不究，被灾罹者同受抚恤，这一个大前提。

其次，关于叛军提出的口号，反放垦征粮一节，也是我们值得研究的必要，这个问题各方面多得顾虑到，我认为蒙古同胞，应该有军粮的负担。因为我们同是中华民国的人民，本能上有这种义务，值得考虑的只是成份问题、数额问题。我认为蒙古同胞，不应当再把放垦作为禁忌的名词，而要能奉行法令，但我们要奖励蒙旗牧畜生产，确保伊盟的牧畜产马区。因为这是根据国防上的需要，此点希望侧重宣传，与实际而揉合起来，始能收到事半功倍之效。

〔国民政府蒙藏委员会档案〕

7. 国民政府军事委员会政治部关于扎旗事变的前前后后一文致蒙藏委员会公函

（1943年8月31日）

国民政府军事委员会政治部公函 公二渝（卅二）字第2696号
中华民国卅二年八月卅一日

案据本部伊克昭盟保安长官公署政治部职员刘云呈送扎旗事变的前前后后一文前来，经核所陈，尚切实际，相应抄同原文一份，函请查照为荷！此致

蒙藏委员会

附抄扎旗事变的前前后后论文一篇

扎萨克旗事变的前前后后

一、绪论

内蒙的面积约卅四万四千方里，人口计八十万左右，东入东三省，西界宁夏，北据外蒙，南连长城，当东纬一百廿七度，北纬卅七度至四十七度间。自清初以远，全内蒙境共分六盟廿四部，通常以哲里木盟、卓索图盟、昭乌达达盟、锡林郭勒盟称东四盟，

乌兰察布盟、伊克昭盟称西二盟，内更各就其部落划分若干旗。当时，中枢掌理蒙务者如理蕃院。民国初年，属蒙藏事务局，后改蒙藏院，今则为蒙藏委员会。清时，对各盟旗王公民众采取极常羁縻愚昧政策，崇其官制，厚其俸禄，而限制其活动，削弱其能力，条件苛细，无为不至。民国以来，先总理以中华民族大联合之意志革除清代之旧习，与内地施以同等待遇，循序利导，使其自觉自动自治，虽有一般王公贵族颇懔，斯旨思想稍有进步，而政治仍未改进。抗战军兴，因民族意志薄弱，未能洞悉中央意旨，乃有一部份王公投敌，甘为傀儡，受辱强邻。而伊克昭盟沙王率少数王公青年还回祖国，虽屡受国策之感化，先总理英灵之感昭，蒋委员长德政之所示，但封建思想太深，仍不愿改变其盟旗之政制。

盟是若干旗组织而成，系等于内地一省，设盟长公署。内分盟长、备兵扎萨克、副盟长一员。其最高长官为盟长，专管行政，其地位等于过去的省长。备兵扎萨克专管军事，其地位等于过去之督军，以示军民分治。副盟长处理盟务。每年或三年会盟一次，民国以来，多不按时举行。

旗是若干苏木组织而成，等于内地一县，设旗政府。其最高长官为扎萨克，综理全旗军政，其地位等于内地之县长。下分东协理、西协理、管旗章京、东梅仑、西梅仑五大官员，襄办[illegible]务。东协理管政治，西协理管军事，管旗章京掌民训、司法，东西梅仑分掌庶务及赋闲。职员以视旗之大小，苏木之多寡设若干参领，参领管理四至六个苏木不等。每苏木设佐领一人，管理一百五十户，每户抽壮丁一人服务。兵役为征兵制，按月轮流应差，有事则为兵，无事则为牧，类似古法寓兵于农之法。抗战以还，乃有保安队、自卫队之组织，惟枪马纯为自备，不易集中，对于训练，更说不到。蒙古王公统治方法，则利用其服从之积习，崇遵喇嘛之心理，羁縻愚昧之政策，高唱王爷神圣，喇嘛神圣，兼之蒙民赋性粗笨，易于受人欺骗，一般统治者冀图积久未雪之封建偏见，鼓惑蒙民反对中央，甘为散徒。

余一介书生，研究边疆问题颇感兴趣，自卒学后从事新闻教育界历有二年。抗战军兴，冀以非常时期不容易安，乃于民廿七年参加政治部，从事政工，奉派北来，对于边疆问题尤虚心探讨，且时有刊于报末，以献国人。今春乘机入蒙，参加伊盟保安队长官公署政治部工作，得睹蒙地实情，深为寒心，与曩昔见闻，多有不符合之处，乃喟然叹曰：蒙古问题诚为蒙古问题耳。扎萨克旗是当今伊盟政治中心，传播中央意旨之场所也。它辖乌审旗、杭锦旗、鄂托克旗、郡王旗、准格尔旗、达拉特旗，当能指挥若定，何冀竟于三月廿六日发生政变，武装暴动，局势之严重，出乎世人意料之外。今就其政变始末以及将来治蒙之政策管见所及，分陈如次。

二、扎旗政变的原因

1. 远因

甲、派别的产生：蒙古不允许平民参政之积习，历久不变。蒙会成立，秉承中央意旨，整理蒙务，虽有少数汉化平民和汉籍青年参入，乃威于王公贵族之下，良策莫展。抗战伊始，德王投敌，蒙会危机四伏，几有解体之虞。是时也该会秘书长荣祥携印逃出交给沙王，如是蒙政会重组，成于扎萨克旗矣。已经汉化青年份子多有参入，并由中央另设蒙旗指挥长官公署，以辅其推行蒙政。惟蒙古王公贵族分子之封建思想未除，未能洞悉中华民族大联合之国策，一意以为平民青年及汉人参入，有辱祖先，虽未明显昭示，而保皇（即王公贵族派）青年（即平民派）两派由此滋生矣。

乙、保皇派：蒙政会成立后，沙王秉承中央之意旨，负有推行国策，总理蒙旗政治，安抚蒙民之责任，但年已过耆，精力难及。如是有厢黄旗总管兼蒙政会常务委员阿凌阿，由会计而渐升为委员之白音仓联合汉籍与沙王有关之青年王天籁、顾列三、王兰友等暗结党派，拥护沙王，籍以擅权，冀图把握蒙会，左右伊盟整个政治，而谋私人之晋升，其志未竟，乃有青年派产生矣。

丙、青年派：荣祥系一平民书生，颇以读书明理自豪，历任蒙政会秘书长有年。自蒙会自组设扎旗后，困于推进工作，久住榆林，坐政不理。而蒙会青年经天禄、胡凤山、贺耆寿等以白音仓之擅权，把握经济，乃私结蒙籍青年那森达赖（汉名即郭寿山）等组成青年派，拥护荣祥，反对保皇派，求达把握蒙政会，而挫白音仓之专权也。

丁、保皇青年两派角斗情形：沙王说秉承中央之命推行监务。白音仓又系蒙古人，是沙王螟蛉之子，爪牙既张，声势日增。青年派欲求达其私欲，乃藉口清算蒙会账务，以挫白氏，瓦解其保皇派，暗地施阿凌阿以挑拨离间之手段。白氏为掩饰账务不清之弱点，乘机勾结蒙会委员兼伊盟中学校长经天禄，洽当时伊中学潮四伏，亦鲜成绩昭示国人。经氏为保全校长地位，计意与白氏携手互相利用，而达到自私自利之企图。阿凌阿以渠等之内幕所在，力举清算蒙会账务，阿、白二氏从此分裂暗斗，亦由此而萌芽。

戊、清算蒙会账务的经过：蒙政会之经费，每月初为一万六千余元，叠经增加，至今连同补助费每月四万八千余元（未津在外），白音仓因见宠于沙王之故，故历年未清，睹其生活之优裕，家存巨款和烟土，则可判定私动公款，自莹至富也。二十九年提出清算之口号，虽组成清算委员会，一因白氏与沙王有密切关系，一因经白二氏一度合作，将账由白氏一人私结交给沙王，自至现今，仍未公开。主张清算者处于威力之下，亦未敢追闻也。

己、白经的合作：经开禄系一蒙籍精明强干之青年，自卒业北平师范大学后，拟建大功于伊盟而成，业被选任伊盟中学校长后，鲜有成绩，自觉惭愧，且校长地位时有倾覆之患，见白氏能左右沙王，乃利用其权势作止羊之计。白氏欲掩饰其经济不清不污点，联结经氏来抑其清算风潮，互相利用，竟成合作状态。

庚、白阿的分裂：阿凌阿以白氏之见信于沙王日益加强，乃怀恨，参入青年派作二等首领，联结保安司令部鄂齐尔巴图及沙王次子葛拉僧意耆，并勾结平日与白有隙之劳赖挑长、宝锁连长等，在政治上斗争，以挫白氏，从此二人仇视日深，竟成生仇死之敌人。

2. 近因

甲、政治暗斗的激烈：自白阿分裂后，政治暗斗日深，罗品卿等被抑难伸后，时有不得志为耻，待机报复，乃利用奸党分子白玉山策动贺耆寿、胡凤山促成阿凌阿之政治攻势。而白音仓等系本中央之意旨任事，蒙政及伊盟政治渐渐入轨，无法进攻，阿等野性难抑，竟实行刺杀，以绝根源。

乙、刺白后之动态：阿凌阿、鄂齐尔巴图密派劳赖挑长带西协理卫士二人，刺杀白音仓于由榆林返扎途中，扎旗各机关闻讯后，当由王天籁、顾烈三、王兰友等作主，转报各方，严加缉凶，藉明厚委而策安全，并由各机关当局请求派兵驻扎，以防万一。当是时蒙会一部份青年委员贺耆寿、胡凤山，科长白玉山、罗品卿等利用白死时机鼓惑反对驻兵垦荒，抗缴军粮，以迎合无知王公蒙民心理，并促成阿等速以政治进攻策略，以充其私欲。自白案发生以迄事变为时一月，而贺耆寿、胡凤山等不断出入王府，秘密计议，并于三月廿三日（事变前三日）夜十一时在贺耆寿家开小组会议，参加者有胡凤山、贺耆寿、任秉均、毕宝熙、罗品卿、阿凌阿等数人，会议内容无法稽考。究其在深夜人静之后，与距离事变日期仅三天，则此会议终难免不无含有暴动性质。

丙、奸党活动：伊盟奸党侵蚀之地延安，常派有抗大毕业生潜入工作。此次扎旗事变固因本身上的政争问题，实含有奸党暗中挑拨，鼓起风波，乘机侵蚀，其在伊盟混入各机关活动者，则有：（子）西公旗党部书记长刘风池，前虽前加奸党，并未自首。扎旗党部书记长邢森达赖参加此次扎旗事变，追随叛兵，甘为奸宄。郡旗党部书记长奇全訾暗与扎旗叛徒勾结，干事张立国亦乘机大肆宣传，造谣惑众。蒙政会科长白玉山适值事变之日，暗中指挥，枪杀中派遣人员王兰友。（丑）特派员胡凤山、赵成璧均有奸党嫌疑，中央党部处长李永新系蒙籍人，与胡、赵二人有关，对奸徒遇事保护。（寅）扎旗事变，胡凤山暗中鼓动行为，赵成璧事前知悉，故其私人财物事前交扎萨召喇嘛各登保存，毫无损失，公文及重要秘件均捣毁赤空。自扎变起以及骑七师进剿之日止数日之间，渠等活动甚力，一意促成各机关职员联名电止国军入扎。

三、扎旗事变的经过

1. 国军未进剿之前：

事变乃发生于三月廿六日拂晓，被煽惑蒙民保字队约计三百余人，其出名造反首魁为保安司令鄂齐尔巴图、沙盟长次子葛拉僧意訾、劳赖挑长，鸣枪叫嚣，混然大乱。围击党政军教各机关，迫缴枪械，捣毁公物，各职员兵伕私人财物被掠赤空，并缚拘一空。自晨达酉，军政职员殉难者有顾烈三、王兰友等八员。是时蒙兵乃以胡蒙山、贺訾寿、奇华甫、罗品卿、经天禄、任秉钧出任调人，复分兵顺收缴私人自卫枪，被击员兵正生命危险之际，适调人胡凤山、经天禄趋前，竭力以性命担保，暂羁蒙政会。当由胡经二氏对被执人员讲话，云渠等此次事件发生，系戟指顾列三等擅权罪洎，克扣保安队服装，任意配合给养，承认缴购军粮，执意放地屯垦，电请派兵驻扎，均为不安地方之行为，要求从中设法，以谋完满补救之方及迅予蠲免等。语毕偕同劳赖挑长、毕宝熙团长、宝锁连长齐出入王府，共商改决之方，时约午后二钟，枪声完全停止。岗位稀疏，但仍禁止行人，调人等先行奔走，恢复保安长官公署及政治部、中央邮电两局，以及指导长官公署电讯等机关，被执人员自由。继而为定安人心，维持秩序计，乃由胡凤山、经天禄、阿凌阿等主持，组成扎旗事变地方善后整理委员会，由经天禄、胡凤山、贺訾寿、阿凌阿、鄂齐尔巴图等委员暨主任任秉钧、科长罗品卿、白玉山，东协理阿木古拉及毕宝熙团长、劳赖挑长等负责。为求事变真象向外泄漏计，乃严禁出入，行人向外发电，必经胡凤山、阿凌阿、荣赖等亲手盖章，并派保安司令部副官阎鸿安、蒙会科长白玉山分驻邮电两局，查检邮电。数日之间，蒙古军民恐惧派兵入境之心日益加强，东迁西移，如恐大祸之降临也。整理会力求止兵之计，乃派经天禄赴东胜，任秉钧赴榆林、贺耆寿往返再生召，冀免再□不可思议之大惨剧。

2. 国军已进剿之后

伊盟守备军总司令陈长捷闻讯后，即派骑七师驰往镇抚，营救沙王及被扣人员，再三晓谕，许其悔过，散归不与严究。但暴徒四百余人终被奸伪挟持，竟辜恶负隅，相持五日。究其阴谋，在期迁延时日，扩大事态。不得已当局乃于三月三十日令骑七师采封锁方式，逐步围剿，乃掩护各机关被扣职员、眷属、兵伕及民众二百余人先后脱险，安抚伊盟中学。其一部份被俘被执职员亦于二日、三日先后到达，当由各机关人员在伊中组成扎旗事变善后委员会。由王天籁、经天禄、张善辅等十余人为委员，并由各机关职员分担宣传、文书、总务、运输、慰劳五股。在卅一日午后，暴徒最后仍据沙王府，并挟持沙王，于四月一日拂晓，逃窜扎乌交界之乌拉才登、达尔罕喇嘛庙附近之红柳区。二日晨，二十团贺团长进驻沙王府，安定人心。四日，伊盟守备军副总司令黄士桐率新廿六师，岳团长进驻沙王府，贺团转进扎乌两旗交界地追剿叛兵。其有关本案人员先后被二十团枪决者，有蒙政会委员贺耆寿、科长白玉山，守备军拘捕者有委员胡凤山、科长罗品卿、科员多尔济等三员。连日来，一方围守叛兵，一方仍本宽大意志，从事和平，挽转多方，设法营救沙王。

甲、图王并陈总司令长捷会旅郡旗，士兵持函往谕。

乙、八战区副长官傅作义派苗高级参谋驰救沙王。

丙、乌旗奇玉山司令派其兄奇正山持函商救沙王，并谕叛徒归里。

丁、晋陕绥边区总司令邓宝珊派秘书彭尔玉，二十二军长高双成派副官王公弼赴乌旗协理奇正山办理营救沙王事宜，又派榆绥办事处党务特派员徐玉桂赴十八台迎接沙王赴榆林。

戊、准叛徒释放沙王，每人各发洋五百元归里，枪械由奇玉山暂收，将来仍交还扎旗。

不意竟为叛徒所隔绝，各方代表均不得一见沙王。后闻奇正山向陈总司令长捷报称：沙王于四月十四日仅率兵十余人脱离叛部，行抵鄂旗矣。是时也奸伪更勾结乌旗已革职之大队长奇金山、奇马纳等，事先在把兔湾密开会议，伙同乌旗西部大队长奇金山（奸伪奇国贤之兄）。奸伪雷寿昌共率兵三百余名袭攻乌旗旗府，乌旗东部大队长鄂宝山得讯脱险，率部营救未及，即向桃力民二十六师师处报告事变，奇玉山司令下落不明，所有在乌旗府之各方代表与中央办事人员被扣七十余人，中有三十余人均被枪杀，惟乌旗继变，和平无望。伊盟守备军总司令陈长捷奉命进兵严剿，窜据扎乌界红柳区之扎旗叛徒经分路夹击，四月廿六日将达尔罕喇嘛庙击溃，现朱何两师分数路正向乌旗叛部进攻中。此次事变自白音仓起至达尔罕喇嘛庙之役止，双方官兵及扎乌两旗员眷先后伤亡者约二三百人左右。近蒙藏委员会为免贻误伊盟工作计，指令郡王旗图王在沙盟长未返盟之前由图王代理盟长，并暂负蒙政会责任。

四、今后治蒙的方针

1. 治标

甲、严防奸党：伊盟各旗既已有奸党潜入煽惑蒙民策动扎旗叛变，延安伪政府加倍选派工作人员加强工作，在所不免。各政党军各机关应积极从事调查，加强情报小组，严防查缉，并随时接近蒙民和保安团队，施以个别宣传，使其明瞭中央治蒙的意旨，揭穿奸党挑拨离间之阴谋。

乙、安定人心：在扎旗事变未改决之前，一般蒙汉同胞不无惶恐心理。现多数蒙民既已弃家逃走，间有在家者亦过游击式生活，惟时值春耕，百物下种之期，亟应由地方主管机关除出示安民外，宜尽量利用在籍与逃亡者有关之蒙汉同胞分头宣抚，速其返蒙，并严禁驻军潜入蒙家扰乱或借用家具。

丙、招抚叛兵：保安队既已被羁、潜逃，经国军一度围剿，伤亡自当难免，应本大仁大义之精神，积极施行招抚政策。潜逃者速其返蒙，不究既往；伤亡者给以恤金，绝对保护其家属安全，以免投奸投敌，为害国家。

丁、驻兵：蒙民自卫能力薄弱，各旗应派国军一团指定地点驻守，以资保护，而防奸伪潜入活动，但驻防国军不得任意向民间摊派粮秣或借用营具，更不得投宿民家，以示军纪严肃，而发扬中央之德政。

2. 治本（管·教·养·卫）

甲、政治方面：（管）

子、调整蒙政会：蒙政会为中央治蒙最有力机关（因蒙民仅知道蒙政会之故），此次事变多半成分系发生于蒙政会少数委员之争权方面。今后为开展工作，发生效能计，应予以调整，使其份子健全，纯系一心一德，禀承中央之意旨，按步就班，展开工作。

丑、奖励干部入蒙：伊盟工作较任何地方艰苦，内地一般人士多有不愿入蒙之心理，今后为求开展工作计，中央应订颁奖励入蒙工作人员办法，切实施行。因地处边陲，遴选不易，应由内地选送优良干部入蒙，提高待遇，予以长期保障，使其安心工作。

寅：改编政治：伊盟政治建制自成系统（前已述及，不后赘），虽然与内地名词上之差别，可是在一个政府，一个主义，一个领袖领导之下，当不宜有另成系统之现象，应积极设法改进，与内地相符。

乙、教育方面：（教）

子、健全伊盟中学：伊盟中学是伊盟最高学府。自民国二十六年开办以来，鲜有成绩，学生人数既不多(现约百人，汉人子弟居十之七八)，教员少而素质不良，为害苍生，实非浅鲜。兼之伊盟地方土地广扩，宜于畜牧，耕种造林，应添设畜牧、农林两科，由内地造送擅长畜牧农林者担任教职，厚其待遇，而限制其兼差。

丑、兴办保小：小学教育为一切文明进步的基础，国家强胜之根源也。伊盟仅有各旗旗立小学一所，每因经费无着，师资缺乏，少数旗成若断若续自由罢课上课之现象（扎旗业已发生二次），政府应宜筹划巨款，补助各旗旗立小学。为求普及乡村教育计划，创办保小师资，可商同陕西省立榆林绥德两师范毕业学生选任，厚其待遇，予以保障，而使其安心施教，藉以发展边疆文化而转移其封建思想也。

寅、办理干部训练班：伊盟地处边陲，文化落后，多数青年卒业学校后，傍遑无策，即工作人员（指蒙人）亦间有走歧途，应增设党政军干部训练班，广为招收，予以一年或三年之训练，以资转移封建之积习，稳定其思想。

丙、经济方面：(养)

子、造林、水林：造林水利均为建设伊盟经济重要政策。一则可以防止流沙，增加生产。一则可以调节气候，减少旱灾。政府应积极建设苗圃，奖励造林运动，对于水利可尽量利用大河水量，循势利导。如因经济力量所限，可利用本境内沟渠加以整理，或选定地点兴修水渠，则生地易于开垦，熟地可变为良田。

丑、移民屯垦：伊盟地广人稀，多半农民以畜牧为主业，以致荒地遍野，无人耕种，虽有榆林区之少数农民自由迁入，从事耕种，惟威于王公权力之下，未便自由开垦。最近伊盟守备军总司令陈长捷奉命以屯垦见倡，但限于人力、财力，未能普遍推行，应由政府将内地人口稠密之地方，大批迁移，配给农资，尽量开垦。

丁、自卫方面：(卫)

子、健全保甲：保甲为推行地方自治基本单位，政令之推行，地方治安之维持，全仗保甲。伊盟地方多数旗未见其保甲编制，虽有少数旗编制就绪，因文化落后，保甲长多未能明瞭其保甲意义与责任之重大，贻误要公，实属不少。为亡羊计，将未编保甲各旗限期编就，即编者加以调整，曾增设保甲长训练班，分期调训，藉以贯输其国家观念和民族思想，而求达其对国家民族个人应负之责任和应尽之义务。

丑、健全自卫队：自卫队为地方自卫之武力，防奸防敌之工具也。主管机关应切实予以训练，使其明瞭自卫卫人之责任，并于每区队派训练督导员一人，随时予以监督和指导。

寅、整训保安队：伊盟直至现今仍保持其征兵制度，枪枝、马匹均用私人借用。今则有保安团队之组织，集中训练未能一一举行，战术战略以及当今之新式武器不仅不懂，且未能得睹一面，万一备战，当难供应国家之需要，应从速加以调整，予以长期训练，建制待遇应与国军相同，高中级干部分批调往军校受训。

五、结论

总之，伊盟是西北之屏藩，陕甘宁三省之门户也。日寇之鹰瞬虎视，奸党之张牙舞爪，各施其蚕食鲸吞政策，至深且大。扎旗事变，固为局部问题，实则有症结所在，这症结当然是每个人员工作失败之结晶。至失败成份如何暂且不论，惟究其中外历史上类似此种事变者甚多，有因事变而丧害国体者有之，抑有因事变而国家日趋进步者有之，亦不在少数。今扎旗既称伊盟之政治中心，在职责上当可代表整个伊克昭盟七旗，竟踏历史上之遗范，突起政变也，难揣测是蒙古民众思想进步之表现。倘能循序利导，则伊盟不难趋于文明之途，国人努力，理蒙政者努力。

民三二（西历一九四三）五·一五

写于东胜军次

〔国民政府蒙藏委员会档案〕

8. 蒙古各盟旗联合驻京办事处为建议处理伊盟事变善后办法致蒙藏委员会呈

（1943年9月1日）

蒙古各盟旗联合驻京办事处呈 合字第一七三号
民国三十二年九月一日

案准本处伊克昭盟驻京代表白凤兆函送建议处理伊盟事变善后办法一份，并请分别转呈各有关机关，鉴核采摘施行等由。查伊盟事变为时已经数月，现虽暂告段落，而善后事宜尚未处理，该代表所建议处理伊盟事变善后办法共计十项，是否有当，理合检同是项办法一份，呈请钧夺施行。谨呈

蒙藏委员会委员长吴

附建议处理伊盟事变善后办法一份

蒙古各盟旗联合驻京办事处

建议处理伊盟事变善后办法

查此次伊盟事变，初以扎旗保安队藉口索饷，请愿未遂，哗变发端。继因驻军剿抚失宜，遂致变众西窜，与乌旗之保安队民众合流，迁延数月，地方糜烂。七旗骚然，蒙汉军民死伤不下千余人，财产牲畜之损失，更难数计，实为中央抚蒙十余年来之空前祸变。事变原因地方军政当局归咎于蒙政会内部人事摩擦，自系事实。但因驻军陈长捷不知国策，妄自举办移垦、征粮、征驼及绥省府在蒙旗设置组训处，侵越旗权，妄自干政，实其主因。使无此等不合蒙情之设施，则单纯人事纠纷，自有限度，当不致演成军民公然之反抗。现虽军事暂告段落，而蒙旗经此祸变以后，创痛巨深，对地方之怨愤甚深。且因此损及中央对蒙德意及蒙汉和睦关系，尤为痛惜。当此敌奸环伺，惩前毖后，痛定思痛，亟应早筹善后办法，安定人心，以免再蹈覆辙。兹列陈处理善后办法

如左，以供采摘：

一、迅速营救沙盟长，以维人心。

查沙盟长为伊盟最高军政长官。自七七事变以来，维系盟旗，安定人心，拥护中央，功在党国。此次被迫出走，各旗官民，同深忧念，应请迅速营救出险，以免奸伪假借号召，并责成办理各项善后，收拾人心。

二、中央选派公正大员查办事变原因，以明真相。

查此次伊盟事变，事出空前。在此非常时期，尤为不幸，损及国力，妨害抗建，似应由中央选派公正大员前往查明事变原因，以明真相。

三、严惩启衅祸首，以振纲纪。

查伊盟守备军总司令陈长捷为倡办移垦、征粮、征驼，乖拂蒙情，为激成事变之主因。事变发生后，陈长捷负责指挥军事，未经遵照政治调解途径，即行进攻；未经完成军事包围准备，即行追击，以致叛部挟沙盟长西窜，事态迁延扩大，并杀害无辜蒙民，遂演成蒙汉互相仇杀之局面。陈长捷实有应负之责任，请予明令查办，以慰蒙情，而振乾纲。

四、拨款振济扎乌两旗官民，以免流离。

查扎乌两旗蒙汉人民于事变中损失浩大，应请中央迅拨巨款救济，并招抚流亡返旗安居，以免流离。

五、惩办纵兵抄掠沙王府之骑七师贺团，并赔偿沙盟长损失，以维军纪。

查陈部骑七师贺团于攻占沙王府时，未能约束官兵，以致沙王府数百年居积之财物被劫一空，使国军在蒙旗留一不良之印象，应请查明惩办，并赔偿沙盟长一切损失，以免怨望，而维军纪。

六、严禁驻军干涉旗政，以免纠纷。

查伊盟驻军庞集，其官员率多去自内地，不谙蒙情，每易越权，干预旗政，引起纠纷，应请由军委会通令制止，以免纠纷。

七、明令撤销组训处，以维旧制。

查绥省府在伊盟达拉特旗设置民众组训处，并拟在杭锦旗等处相继设置，名为协助军事，实系变相之设治，举凡旗方行政税收，无不包揽，越权侵扰，虽经该旗等叠次呼吁，而上峰只迁就省县意见，未能体念盟旗痛苦，应请遵照内蒙自治原则，不再在蒙旗增设县治之规定，将该组训处明令撤销，以顺蒙情，而维旧制。

八、蒙旗此次所垦荒地之收益，应由各旗政府自行征租，以维蒙旗收入。

查此次伊盟开垦计划，业经院令暂缓实施，其已下种之各旗垦地，即将收获其收益，应由各旗政府自行征租，省方或驻军不得过问，以免再起纠纷。

九、豁免各旗军粮，以抒民困。

查伊盟地多沙漠，原非产粮之区，其在沿河一带之少数垦区，亦仅足自给，当无余力负担军粮，应请一律豁免，以轻民负。

十、拨款修复被陈部烧毁之各寺庙，以维宗教。

查蒙旗寺庙为人民信仰之中心，人民精神之所寄托，此次被陈部烧掠殆尽，人民难免谘怨痛恨。应请中央拨款修复，以示尊崇宗教，而慰蒙情之至意。

〔国民政府蒙藏委员会档案〕

9. 蒙藏委员会处理伊盟事变善后办法稿

（1943 年 9 月　日）

处理伊盟事变善后办法

一、明定赏罚

此次伊盟事变，损失浩大，所有事变有关人员，悉应查明功罪，分别明令赏罚，以振刚纪。

（一）应予惩罚人员

1. 陈总司令长捷办理征粮派驼，操之过急，并于中央规定垦地之外，擅自增垦二万顷，应负激成事变之主要责任。事变后，剿抚失宜，又致叛部逃窜，事态扩大，应予撤职查办。

2. 沙克都尔扎布身为伊盟军政首长，领导无力，竟为所部劫持叛变，惟念该员一向拥戴中央，安定伊盟，不无勋劳，姑予从宽申斥，责成留任本兼各职，切实办理善后。

3. 鄂齐尔呼雅克图参与叛变，应免帮办盟务及绥蒙会常务委等职，姑准留任扎萨克，以观成效。

4. 噶拉藏伊布参与叛变，应予褫夺呼图克图封号。

5. 扎旗协理兼保安司令鄂齐尔巴图、团长毕宝玺等主谋叛变，均予撤职查办。

6. 老赖挑长及奇金山等主谋叛变，挑动蒙汉仇杀，应予缉拿严办。

7. 骑七师贺团官兵于进攻沙王府时肆行劫掠，该团长应予撤职，主犯官兵查明严惩。

其余应负事变责任人员，分别查明议处，归顺自首者从轻惩罚，胁从官兵民众概予免究，由各属旗府严加管束。

（二）应予奖赏人员

1. 图布升吉尔格勒，事变后代理盟长等职，维护地方，抚缉流亡，并传令嘉奖。

2. 章司令文轩镇抚鄂旗，营救沙盟长，奇司令玉山协助平定叛军，均应升兼绥蒙会委员，并传令嘉奖。

3. 乌审旗、鄂托克旗出力官兵应由章、奇两司令查明保荐，分别晋级或发给奖金。

4. 其余伊盟各旗未参加叛变各旗主管，均属深明大义，一律传令嘉奖。

以上所拟应予奖惩各员，或俟派员前往伊盟宣慰时，就近查明报核。

二、切实抚慰

扎乌两旗被难蒙汉人民，损失均重，尤以蒙籍官民，痛定思痛，印象最深，即其余各旗，亦狐兔同悲，愤激不平，除业经中央先后拨款四十余万元交傅主席查放外，当须办理下列抚慰事项：

（一）中央派员抚慰各旗官民，宣示中央德意，礼品、振款、奖金、恤金等可酌由派遣人员带往散发。

（二）由中央发给沙盟长补助费，用以修建被毁之沙王府及略补其王府损失。

（三）殉难蒙族遗族，查明分别给予抚恤。

（四）中央拨款修建被毁各寺庙。

三、减轻负担

征派粮驼为此次事变原因之一，伊盟素称穷瘠，蒙民负担能力薄弱，战时人民一切负担，未必概能行之蒙旗。事变后，民心未服，民力薪丧，更非御以宽舒不可，所有各项征派，宜酌予豁免。如确属军事必需，在民力许可范围内，亦应优给价款，商由旗府代办，严禁驻军迳自征发及一切扰民干政之行为。

四、预弭隐患

现事变军事部分，虽已暂告平定，但蒙情不安，隐患潜伏，亟待曲突徙薪，预为疏导防杜之计，兹就其荦荦大者，拟定办法如次：

（一）分配新垦地租益：本年杭锦旗已垦荒地约达三千顷，即届收获，此等垦地，在明令停垦以前，早已播种，自可听其收获，明年不得再种，惟本年应收租益，应由省府协商旗府，妥定分配办法，以免再启纠纷。

（二）限制组训处职权：达旗民众组训处，本为办理战时民运工作而设，但办理人员近年来间有侵越旗府行政税收情事，深为蒙旗所诟痛，应饬该处严加约束，不得再有越权行为。

（三）整训各旗保安队：本案早经军政部令饬办理，因主办人员屡经易动，至今未著成效，亟应积极办理，以备国用，而杜乱源。关于整训原则：

1. 蒙旗地方部队，除各旗保安队外，其余番号，一律裁并。

2. 改善保安队官兵待遇，并提高官民〔兵〕素质。

3. 各旗保安队暂不扩充，中央不轻发械弹。

4. 注重政治教育，培养国家及大中华民族之观念。

五、重申前令

默察蒙旗最感不安者为惧土地放垦，生计穷蹙，增设县治。年前内蒙请求自治及此次伊盟事变，率皆由于此种疑惧心理激荡而成。抗战期间，中央对于蒙旗，首求团结安定，本不拟多事更张，为向蒙旗宣示此意，祛除其疑虑起见，应由中央重申有关保障蒙旗权益之重要法令（如内蒙自治原则，不开垦，不设治之规定等），以昭大信，而正视听。

伊盟善后办法增补条款

（四）消弭准旗隐患：准噶尔旗因驻军骚扰及负担军粮过重，久蓄怨愤，近以扎旗事变影响，暗中进行勾结敌伪，酝酿益亟，除应在军事上严密控制外，并须：1. 严整驻军军纪或酌予调防。2. 豁免军粮。3. 奖励奇文英及发给该部官兵饷服（以上拟补入原办法第四条）。

三、整饬会务

蒙政会为伊盟最高地方政务机关，对于推展蒙旗政务，权责綦重。徒以人事芜杂，办理善后，年来不惟树立毫无，反成此次变乱之薮。今后安定伊盟，应就该会会务切实整饬，以资振领蒙政，系属人望，其办法如次：

（一）充实组织　该会委员长委员，原为位置沙王及各旗王公而设，自须仍维旧制，但上层既较松弛，必须增设秘书长一缺，以便秉承委员长之命，综理会务。处科等实际负责组织，应予充实，各种委员会酌予缩减，或并入处科。

（二）调整人事　伊盟各旗实权，多操于协理等之手（如奇文英、章文轩、奇玉山、色登多尔济均是）。为提高蒙政会威望及羁縻起见，应广延此等实力份子兼任委员，其余无实力声望之青年委员分别迁调汰留，委员以下各级负实际责任人员，纯采人才主义，并由该会与中央省县订立人员互调办法，以资调节，兼期逐渐打破蒙汉、中央地方之壁垒。

（三）推进工作　蒙政会主管业务，以民治、教育、实业、交通、保安等项均各设有专处管理，此类工作，倘能办理有效，对于安定伊盟与奠定蒙旗将来自治基础，关系至重，应责成该会切实拟具计划，按照预定进度，限期办理完成（以上编为第四条，原办法四五条递推）。

〔国民政府蒙藏委员会档案〕

10. 蒙藏委员会关于派大员赴伊盟宣慰致蒋介石密呈稿

（1943 年 10 月 5 日）

何总长吴委员长关于派大员赴伊盟宣慰呈委员长蒋稿

查绥蒙伊克昭盟事变，现虽暂告结束，而民情浮动，可虑之处仍多，亟宜派大员前往，宣达中央德意，业经蒙藏委员会于九月初旬呈准行政院，商承军事委员会，选派大员赴伊盟宣慰视察，以安人心。嗣经职等商洽结果，经拟具处理伊盟善后办法四项，并拟请派军事委员会办公厅姚副主任琮充任大员，以蒙藏委员会蒙事处楚处长明善副之，率同随员数人，前赴伊盟，担负此项宣慰视察之任务。所需旅运及礼品等费共约壹佰九十六万贰千元整，正拟会同签请核示。职忠信复奉机秘（甲）第 8017 号手令内开：沙王脱险后，中央应派大员前往慰问，并酌发其善后经费。此项经费，约需几何，希即研拟数目呈核为要等因。查关于善后经费一项，在所拟处理伊盟善后办法中，亦经拟及，兹谨将请派大员情形，缕呈如上，并抄同所拟处理伊盟善后办法四项及派往人员所需旅用费概算，会呈签核。如蒙赐准派姚副主任琮与楚处长明善同往宣慰，并拟请钧座电饬第八战区朱长官、及绥远傅主席、宁夏马主席多予协助，俾利进行，是否有当，祇候示遵。谨呈
委员长蒋

附呈所拟处理伊盟善后办法及派往人员所需旅用费概算一件

职　何应〇

吴忠〇

中华民国三十二年十月五日

处理伊盟善后办法及派往人员所需经费概算

（一）善后办法

一、此次办理伊盟善后，以防制奸党与安定伊盟为唯一之目的。

二、沙盟长返扎旗后，即恢复其绥境蒙政会委员长及伊克昭盟盟长，并任命郡王旗图札萨克为该会副委员长及该盟副盟长，原有该会副委员长巴宝多尔济久陷敌区，应予免职。

三、遵照行政院令，由蒙藏委员会商承军事委员会，选派大员前往伊盟宣慰视察，并会同绥远省政府办理一切善后，其重要任务如：

1. 查明事变有关之党政军人员之功罪，不分蒙汉，秉公奖惩。

2. 宣抚因公被难之遗族，加以抚恤，并酌量补助沙王损失，修缮沙王府及各被毁寺庙。

3. 调整伊盟军粮、军驼事宜，查明军垦情形，并酌撤军垦机构。

4. 调整整训伊盟保安队及组训民众办法，并整饬驻军纪律。

5. 查拟派赴伊盟工作人员统一指挥及其他人事调整方案。

四、办理抚恤善后及归还绥省府代垫经费。

1. 抚恤及善后经费拟请先予一次发给叁百万元，交宣慰人员

携往应用。

2. 处理伊盟事变时，绥远省政府已垫支款陆拾万元。据傅主席云，将来尚有开支，拟请发给壹佰万元，实报实销。以上两项，共计肆百万元正。

（二）派往人员所需经费概算

一、人员　宣慰大员正副各一人，调用参谋、秘书、通译官各一人，事务官二人，医官一人，副官二人，卫士四人。

二、车运费　自渝至陕坝大小汽车各一辆，来回以壹万壹千公里计，需壹千七百加仑汽油，每加仑以四百元计，约共合陆拾捌万元正。

又自陕坝赴各旗巡视，拟雇骡轿拾乘（八乘坐人，二乘载行李、礼品）、马六匹（卫士骑）、骡四匹（骡载食品），每日约雇价伍千元，以四十五日计，共合贰拾贰万伍千元正。

三、膳宿费　以特任一，简任一，荐任六，委任二，勤务四，共十四人，三个月计算，约共合贰拾叁万柒千元正。

四、礼品费　以伊盟七旗来归五旗及盟政府共十三个单位，每单位送礼四份（札萨克东西协理保安司令等），每份约五千元，特送沙王礼品费五万元，共合叁拾一万元正。

五、赏赉费　每旗保安队平均每旗约骑兵五百名，每人赏赉伍拾元，以十个单位计（来归各旗及盟政府均不足五百人），约合贰拾五万元正。

又自陕坝赴各旗巡视各旗迎送军队在四十五日之期内，约赏伙食马干费陆万元正。

六、治装费　计两万元者二人，壹万五千元者六人，八千元者二人，六千元者四人，共合拾柒万元正。

七、邮电药品杂费　共约叁万元正。

以上二至七项，共计壹百玖拾陆万贰千元正。

〔国民政府蒙藏委员会档案〕

11. 国民政府军事委员会关于宣慰伊盟和伊盟事变善后办法致蒙藏委员会代电

（1943年10月14日）

本会何总长、蒙藏委员会吴委员长勋鉴：十月五日会呈暨附件均悉。兹分别核示如下：（一）所拟派姚琮、楚明善二员前往伊盟宣慰一节准照办。惟沙王已于本月一日回盟，善后处置不容或缓，应饬该二员简带随员改乘飞机即日前往，以期迅捷。（二）所需旅杂等费，准交行政院核拨。（三）所拟处理伊盟善后办法四项核尚允，当准予照办。（四）所请分电朱长官、傅主席、马主席饬予协助一节，希由会承办，电令饬遵可也。除令知行政院外，特电遵照。附件存。中正。酉早。侍。秦。

中华民国卅二年十月十四日

〔国民政府蒙藏委员会档案〕

12. 中央执行委员会调查统计局关于中央宣慰大员入蒙前沙王之态度致蒙藏委员会情报

（1943年12月10日）

兹抄奉中央宣慰大员入蒙情报一件，敬祈察收参考为荷。此致

蒙藏委员会

中央执行委员会调查统计局

卅二年十二月十日

中央宣慰大员入蒙前沙王之态度

据报：中央入蒙宣慰大员楚明善、姚琮，飞抵兰州，将来扎

旗，沙王特召开七旗代表会议，出席者扎旗阿木固朗、杭旗布林克托户、鄂旗包玉玺、郡旗阿明达、准旗奇尚斌、达旗弓参领等，秘密决定三项：（一）候中央大员到扎，要求取消达旗组训处及桃力民办事处；（二）陈述伊变经过，请国府严惩祸首陈长捷，抚恤死难被害蒙汉职员人民；（三）荣祥出卖蒙古，虚构事实，蒙蔽中央，请严为惩办，以息公忿。查达旗组训处及桃力民办事处之允予撤销，必将引起傅作义与沙王之暗潮，而伊变祸首实为鄂贝子、噶洛佛、鄂恫尔巴图、阿凌阿等人。陈长捷处置操切而已。楚姚到后，应善为开导，阻止提出，以免绥蒙局势，益趋纷乱云。

〔国民政府蒙藏委员会档案〕

（三）西藏民族事务

一、中国坚决反对英国侵略分裂西藏阴谋

1. 英国干涉修筑中印公路有关文电

（1941 年 8 月至 1943 年 10 月）

（1）噶厦密电（1941 年 8 月 5 日）

5536。渝。远密。噶厦致委座电文译发如下：

汉官孔处长转蒙藏委员会吴委员长鉴：

据孔处长面谈，中印公路测勘队袁梦鸿等，在藏境被藏官阻拦。已接有电报盼从速颁发命令，毋加梗阻等语。查此间前接来电，曾于复电内称，测量队只属勘察路线，当顾念汉藏和睦关系，故须予以可能之便利，业致函昌都去讫。惟路工未开始修筑之前，请明白电示，以便向民众大会提出讨论，并请示摄政再行作有利之答复。今接昌都报告，所谓测量队者主仆(13)人，军士(20 名)，筑路器具百箱等已进藏境夺甲朗，等语。兹除测勘队外，另加兵士及筑路用具之类，只得提向民众大会讨论，佥以藏境中历未出现之测量人员，是全体僧俗之所不愿者，且此事无论如何演变，确具惊扰性质。是以探路测量人员绝对不能使入藏境，希望有以原谅。倘顾汉藏昔日亲善，请速令测量队不入西藏之境，是所盼祷之至。

拉萨。噶厦。辛巳辛〔?〕

藏历八月初五日。印

（2）蒙藏委员会致蒋介石呈（10 月 4 日）

蒙藏委员会呈　永水字三〇九三号　中华民国三十年十月四日

案据西藏噶厦九月有电称："据孔处长面谈，中印公路测勘队

袁梦鸿等，在藏境被藏官阻拦云云。请速令测勘队不入西藏之境，是所盼祷之至。”

复据拉萨本会驻藏办事处孔处长庆宗同月日电呈称：“职昨赴擦绒寓宴会，英官饶伊巴多在座，噶厦忽派差约饶前往谈话历两小时。嗣悉噶厦时约饶氏商谈勘测中印公路事。今日噶厦约职面告民众大会已决议，绝对不赞成测量队入境，并交电稿嘱译呈钧长。职当谓此事中央原依议办理，仅派测路人员，西藏藉口食言，中央意见如何非余所知。惟就个人意见，既云测量官有十三人，则随带行李被服帐棚食物及简单测量用具共有百箱，自不为多。至随带兵二十名当系勤务，且甫抵藏境即被阻拦，安有修路事实，请重诚信更加详虑。噶厦当以业经藏王及民众大会核议，只好照电中央云云。查噶厦久测中印公路前，已迳电承认，现以与英官商谭悍然中变，竟至固拒测量队入境。症结何在，昭然若揭，中央为顾全威信及完成筑路计划，可否先电噶厦严厉质问，抑向英印交涉。仍候核示。”各等情，据此。查西藏久测中印公路，已据噶厦于本年八月九日迳电本会，并经电呈鉴核在案。嗣因勘测队在盐井一带被阻，复迭经饬据本会驻藏办事处电称，噶厦已数度派遣专差，飞饬沿途官兵予以保护便利。兹忽翻悔前诺，显系有人操纵，情形至为复杂。目前似宜一面对藏并施恩威，一面对英正式提出交涉，拟恳钧院召集有关机关，指派高级主管人员，会商具体办法，俾利进行。是否有当，理合备文，呈请鉴核示遵。谨呈
行政院院长蒋
军事委员会委员长蒋

全衔　吴○○

（3）蒙藏委员会驻藏办事处致吴忠信等密电　（11月20日）
拉萨。特急。
5536。渝。远密。委员长吴、副委员长赵钧鉴：

筱电计达。职本日赴噶厦催答，据称，前两日未及召开会议，有无回话须俟开会后方知结果云云。职仍摧其迅办，并揣其当在与英官商洽。又探知此案中变，因英官饶伊八多曾对噶厦云，中英原商共同派员航空测量，现中国单独派员由陆地来测，英未参加，西藏允否及其利害应请自决。惟对抵境测量人员可和平劝回，不必打杀，等语。西藏遂乘机反对，故职今日根据钧会九月微电告噶厦云，噶厦复电中央，允许测勘路线后，英方忽通告中央谓西藏对英表示仅允航空测量，不赞成陆地测量。中央以西藏已有电赞成路测，不符事实置之未理。不知西藏果向英方有此表示否，冀以揭破英方之挑拨阴谋。噶厦答称藏人尚不知何谓航测，从无此种表示，且亦毋庸与英谈此云云，合并呈明，以备参考。

职孔庆宗叩。帑。印

(4) 周昆田致孔庆宗电　(5月13日)

拉萨孔处长庆宗兄亲译。庆密虞电已呈悉。总裁昨召见阿旺坚赞等弟陪往，首由阿陈述噶厦请求制止军事行动之意。总裁答以调动军事，乃一方防止日寇勾结西藏。一方保护修筑中印公路及驿运，言词与态度均至严厉，并提出下列五事，饬电西藏遵办：(一)协助修筑中印公路；(二)协助办理驿运；(三)驻藏办事处向藏洽办事件必与噶厦迳洽，不经外交局；(四)中央人员入藏，凡持有蒙藏委员会护照者，即须照例支应乌拉；(五)在印华侨必要时须经藏内撤。如西藏能对此五事遵照办到，并愿对修路驿运负保护之责，中央军队当不前往，否则中央只有自派军队完成之。其中并有中央绝对尊重西藏宗教，信任西藏政府，爱护西藏同胞，但西藏必须服从中央命令。如发现西藏有勾结日本情事，当视同日本，立派机飞藏轰炸。中央现对打札、噶厦等来电暂不作覆，须俟其对上列五事能切实办到时，再覆等语。历一时余始毕，特摘要以闻。

弟昆田。辰元。印

（5）西藏驻京办事处致蒋介石密代电稿　（6月14日）

军事委员会委员长蒋
蒙藏委员会委员长吴 钧鉴：

窃代表等前次晋谒（委员长蒋）恭奉面谕五项，遵已转电噶厦在案。兹奉噶厦复电开，来电所陈委座面谕五项，均已详悉。自应速即遵复，上纾眷虑。惟以西藏向例关于重要事项，必须藏中僧俗官民同意，拟俟询商后，再行奉答，仰该代表等先行转陈，等因。（除电呈委员长蒋外）谨电转陈，伏乞鉴察。

西藏总代表阿○○○

代表罗○○○、土○○○、图○○○叩。巳盐。印。

〔国民政府蒙藏委员会档案〕

（6）噶厦致西藏驻京办事电（抄件）　（1月20日）

汉藏间的问题。前次藏政府驻重庆代表公同转到，由蒋委员长对西藏询问的五项，当时由全藏大会详细答复后，中央回言至今未到。此问题中央若是不满意咧，再如下说；第一项问题，汉商货物由印度经过西藏雇运的时候，西藏向来并无干涉，以后仍是照旧，并由西藏加以不误的协助；第二项问题，上项货物，藏地路上由藏政府通知各处，使无抢偷之害；第三项问题，由内地到西藏去的汉人，先由中央说明为什么人，然后由西藏发一许可凭证；第四项问题，外事局由中央承认，若是不满意咧，汉藏施主关系，两方面都不坏的注意办汉藏的事，怎样办好？可以另外商洽；第五项问题，在印度的汉人，于印度地方占不住的时候，绝对不会有的，如果有此事时，经过西藏与否，彼时可以商量。就可这样向中央陈说。又以前直至现在，西康边界，汉藏两方有不少保护地方的军队，若是永久如此，恐因接近关系，或致发生冲突，实于施主的感情有伤。所以对这样的事，特意的希望避免。此项汉藏两方的军队，要求从速双方撤回。又我们西藏与日本联络的话，是中央所听说了的,究竟此话是何人所说,望中央明白示知西藏,可以彻底解释清楚。以上各节,驻重庆藏代表扎堪、专洛一同照此所说的话商量,向中央接洽,并随时来电报告,特此记写。

藏历水羊年九月二十六日

〔西藏驻京办事处档案〕

（7）蒙藏委员会转陈西藏民众大会决议应与中央保持感情致蒋介石代电　（6月14日）

代电。渝良字二二四号

军事委员会委员长蒋钧鉴:

上月十二日钧座召见西藏驻京代表阿旺坚赞等所训示各点,经彼等转电藏方去后,西藏曾召开民众大会商讨呈复问题。顷据本会驻藏办事处巳齐电称,探悉西藏民众大会决议要点:(一)现仅向中央声辩外交局非新创机关,但中央如仍拒绝接洽,拟让步另设机关与驻藏办事处往还;(二)中印公路仍以神意反对测修;(三)假道运输,原系英方接洽与中国无关。如经玉树运物则道路破坏者由西藏自修;(四)西藏无勾结日本情事,应向中央严重声辩;(五)西藏应与中央保持感情,不应与中央驻藏办事处断绝关系。三大寺堪布发言如此,会众唯唯。等情。除俟藏方正式复电,再行核呈外,谨此电呈参考。又据青海马主席电称,藏方现在青藏及康藏交界地方,仍积极布置军事,并有进犯囊谦及苏莽模样,等情。马主席业以巳歌电分呈钧座。

综括以上各节,藏方现拟取一方拖延,一方备战之姿态。合并陈及。

吴〇〇叩。巳寒。

（8）军事委员会致蒙藏委员会电　（1943年9月9日）

国民政府军事委员会代电　令二羽字第一八三六号　中华民国三

十二年九月九日

蒙藏委员会吴委员长：

六月十四日代电悉。关于对藏政治运用，拟应注意以下各项原则：（一）驻藏办事处须迅予调整人事，上尤应即行更替；(二)扩大对藏宣传，由中央各部会合组宣传队，并详制宣传办法；(三)召致流亡青康之班禅徒属，予以特别训练后，派往藏边活动；(四）运用外交防止达赖奔印；（五）资助与藏方政教领袖有私谊之人员以私人各〔名〕义前往作侧面活动。希即照上项各原则，并参考六月二十一日该会委员格桑泽仁密呈中关于政治方面之意见，拟定具体实施办法呈核为要。

中正。令二羽。申佳。

(9) 蒙藏委员会复军事委员会代电　(10月2日)

蒙藏委员会代电　丙字四三〇五号　中华民国三十二年十月二日

军事委员会委员长蒋钧鉴：

案奉均会令二羽佳字第一八三六号代电指示，关于对藏政治运用原则五项，饬拟具体实施办法呈核等因，自应遵办。兹谨将本会意见分陈如下：(一)调整驻藏办事处人事一节，兹已决定将孔处长调回，并派沈宗濂前往接替，业奉行政院会议通过在案。至该处其他职员亦拟同时酌予调整；(二)由中央各部会合组宣传队，对藏扩大宣传一节，查西藏地方情形特殊，且交通阻梗，民智未开前，由中央各机关组队前往宣传，窒碍之处甚多。兹拟：(甲)由本会制定对藏宣传要点，并印制汉藏文合璧宣传品，分函钧会政治部及青康滇各省军政当局，令饬邻近西藏边境军政人员遵照切实宣传。(乙)由本会令饬现驻藏边各调查人员，向当地寺庙喇嘛及头人民众等从事联络，及宣传工作。(丙)拟函请钧会政治部，加强现驻藏边之中央及地方部队之政治机构，尤须着重加强青海省之玉树，西康省之德格、巴安，云南省之德钦等地驻军政治机构，以资对藏发动广泛宣传，并逐渐推进至西藏腹地。（丁）加强藏广播宣传；（三）召致流亡青海、西康之班禅徒属予以特别训练后，派往藏边活动一节，查班禅行辕奉令裁撤后，所有班禅属下人等，均经遵照奉颁之善后办法予以遣散安置，并经呈准设立班禅诵经堂，以资安置一部份，未经遣散人员，又班禅行辕卫队五十余人，业经第八战区朱长官接收，并在兰州设立特训班，现正训练中，将来自可随时派往西藏工作；（四）运用外交防止达赖奔印一节，查十三辈达赖于清末因受川军威胁出走印度，英人遂利用以为操纵藏事之工具，在英人认为我中央治权不能在藏行使，实为英印之利，故以后历次藏事纠纷，均有英人从中干预，现在英国已为我并肩作战之盟友，今昔情势不同，而十四辈达赖尚在冲龄，如果将来藏事演变至非用军事解决不可时，除事先应运用政教，防止达赖之被挟持出走印度外，自可由外交方式阐明我国立场，以求英方谅解；（五）资助与藏方政教领袖有私宜之人员，以私人名义前往作侧面活动一节，查喜饶嘉措禅师现已衔命准备入藏，从事侧面政教运用，拟视其将来结果如何，再行议定应否续派其他人员入藏活动；（六）本会委员格桑泽仁密呈解决藏事办法案，前已将本会意见逐项陈述于本年七月十日以丙字第三〇四六号呈复鉴核在案。（侍从室转呈）

以上所拟意见是否有当，理合电复，仰祈鉴核。

蒙藏委员会委员长吴〇〇。冬。丙印

〔国民政府蒙藏委员会档案〕

2. 孔庆宗关于英国以援华军火为由强欲通过藏境及噶厦拒绝情形与吴忠信往来电

（1942年5—6月）

（1）孔庆宗致吴忠信电　（5月14日）

立刻到。

5536渝会。密。委员长吴钧鉴：

鱼仁电敬悉。兹密探英官鲁德诺灰（十日）赴噶厦洽运军火措词强硬，谓无论西藏允否，必须实行，藏如不允，有勾结日本之嫌，中央攻藏时能抵御否?噶厦真文（十一、十二）两日急召民众大会讨论，俗官擦绒等谓此事昔蒋委员长赴印，中英必已商妥，西藏可允借路。僧官贡觉仲尼、曲丕图丹等谓中印公路因英国作梗致使西藏数次拒绝，得罪中央。今英国藉口帮助中国，强藏借路，如贸然允许，中央兴师问罪有何辞?故应向中央报告探明真相，方好应付。结果决定，对英仍加拒绝。同时将拒绝中印公路及英国借路案，详细电呈蒋委员长及吴委员长。并请噶厦约职一谈。查西藏现对中、对英均感困难，如果电呈蒋委员长及钧座，试探中英间真实关系，实中枢运用之良机，如中英同谋则中印路及拉萨借路均可达到促成。如英独谋，则恐有英俄联合控藏。抗日之危机，中央似宜派兵巩固青康，相机入藏，以备不虞。万一噶厦请职洽谈，因尚未奉令，拟暂以即电请示答之，谨先电陈。

职孔庆宗叩。寒。印

（2）孔庆宗致吴忠信电　（5月23日）

即刻到。

5536渝会。密电。委员长吴钧鉴：巧电敬悉。噶厦仅电钧座昨已译发，未另呈蒋委员长，职本日晤鲁德诺据告藏实情，英借路又被坚决拒绝。其原因似惧引起日本之轰炸，但英势在必行，空言无效，将采切实办法已电呈政府请示，等语。职未得训令仅以藏人迷信顽固，事不易办答之。查中央护测队迄未入境，英国是否将其实力护运先我控藏，实难逆料，谨闻。

职孔庆宗叩。漾。印

（3）吴忠信复孔庆宗电　（6月24日）

仁字第二六八四号

拉萨。孔处长：远密。前据转来噶厦四月五日电，当以“查英人对藏向采直接交涉方式，置我主权于不顾。现当中英联盟抗日并肩作战之际，似可相机促英放弃其过去不合理之态度。此次军火运输案之发动，无论英人是否出于善意，自均应先与我方协商，不宜单独接洽。似请转饬外交部先向英国询明”等语。分转院会核示去后。兹奉行政院指令开：查此案中英两国间，事先并无接洽，应即由外交部向英国政府查询经过，并表示如由中英双方协同办理，当又更有裨于实际。至该会所称相机促英方放弃其过去不合理之态度一节，应暂勿置议。惟藏方拒绝援华军火经藏内运，仍应由驻藏办事处婉予开导，设法纠正。除令外交部遵办，并函军事委员会外，仰切实遵办具报，等因。除电复噶厦查照本会六月铣电办理外，特电知照。再中英两方现对此案已有接洽，并告。

忠信叩

〔国民政府蒙藏委员会档案〕

3. 军委会等关于英拟在藏修建医院学校与蒙藏委员会往来电

（1943年2月至4月）

（1）军委会致蒙藏委员会代电　（2月1日）

蒙藏委员会吴委员长礼卿兄：

顷据拉萨方面一月十九日电称，周前英国驻拉萨商务代表赖得罗要求西藏借孜仲柳林一席地，修建医院及学校，而藏方则以英人在该地所修之医院学校，须由噶厦管理，及住该地之人须听从噶厦之法令为条件。闻双方均已同意。等情前来。查西藏系我国领土，英人借地修造医院、学校应得我中央政府许可后始可办理。当兹订立新约之际，上项情报如属实情，似应抗议制止。即请转电驻藏办事处密查具报。如果属实，并希将调查结果见示，以便转知外交部办理为荷。

弟何应钦。东。参。

速电孔处长，并先函复。

忠信二月二日

（2）蒙藏委员会复军委会代电　（2月26日）

蒙藏委员会代电　丙字八一五号　中华民国三十二年二月二十六日发

军事委员会何总长敬之先生勋鉴：

关于英人在藏修建医院、学校案。三十二年二月支代电谅邀鉴察。兹据本会驻藏办事处处长孔庆宗二月元电复称：（一）藏政府在德机领噶为英方修医院一所已竣工。（二）闻英曾向藏方提洽借地建校藏初拒绝。嗣英以减让及缓还昔日西藏对英之军火借款为条件，藏是否已允尚无确讯。惟仔仲领噶系西藏全体僧官消夏之公园，藏政府似不敢画予英人建校，谨先电复。等语。除饬续报外，特电奉达。

吴〇〇。宥内。印

（3）交通部致蒙藏委员会代电　（1943年4月28日）

交通部代电　邮乙字第四八六号　中华民国三十二年四月二十八日发

蒙藏委员会吴委员长礼卿兄勋鉴：兹收到拉萨情报一件，相应抄送参考，即请察收为荷。

附抄件一件

弟曾养甫。俭。电丁

抄录拉萨情报

新任英国驻拉萨代表G. SHERRIFF已于本月九日携眷抵拉，彼系一武官，其阶级为少校，年约四十七岁，彼业于本月寒日进谒达赖及藏王，嗣径往访噶厦，并与察绒及索康等藏官应酬。彼曾经过缅甸战场，曾任印度阿萨密油库守军之高射炮营营长。藏方对彼招待殷勤。闻彼将在拉萨开办一规模较大之学校。在目下情形中，英方破例改派武官驻藏，实另有涵义也。

〔国民政府蒙藏委员会档案〕

4. 孔庆宗等关于噶厦向印英购买军火电

（1943年4月）

（1）孔庆宗致吴忠信电　（4月9日）

5536渝会。密。委员长吴钧鉴：

顷据联络员沈福民报告称：前有五、六批军火由印入藏为数可观，其中步枪、机关枪外，尚有小钢炮，确数不清，等语。除令续报外，查西藏年前先后派马基饶噶夏及索康汪钦赴印同系定购军火。数月来英方力助西藏阻止汉人及货物入境，英国驻藏代表与藏当局要人往还甚密，交通运输等案，我方独洽迄无成功，青康滇对藏情势渐紧，而藏始终强硬，恐有背景，敬祈钧裁转呈注意。

职孔庆宗叩。佳。印

〔国民政府蒙藏委员会档案〕

（2）西藏驻京办事处致蒋介石电　（4月11日）

国民政府主席蒋睿鉴、蒙藏委员会委员长吴钧鉴：

窃代表等前次转呈达赖佛、摄政达扎佛及四噶伦敬赠蒋主席、蒋夫人礼品。面奉主席钧谕；转电各节，当经遵办在案。兹奉噶厦复电开，藏历一月十四日来电字码多误，译不成文。当经电饬重拍，旋于藏历二月六日收到藏历一月二十八日重拍来电，阅悉一切。达赖佛、摄政达扎佛及四噶伦前次庆贺蒋主席、蒋夫人礼品，该代表等进呈时，面蒙嘱转谢意。并承主席赐送达赖佛迫击炮四尊，达赖佛及达扎佛共机关枪八架，噶厦步枪十六枝，欣感无已。除已转陈达赖佛、达扎佛，并奉谕转饬申谢外，仰即转陈谢悃。上项大小枪炮及炮弹子弹等，并仰该代表等公同敬领。罗桑代表不服水土，请假回藏。前已去电照准。俟该代表回藏时，即将所领枪炮弹件，一并带来勿误。又主席询问西藏派代表前往印度一节，西藏在现时尚无何事需派代表赴印，是以并无派人前往之举。至主席所闻，西藏购买英国枪炮之说，缘以藏中所制武器不精，从前曾于英人手里买过武器，亦不过为自己保卫自己地方，及维持地方秩序起见，此亦人所共知。此类武器之子弹，原系限定年分交付，现在所收子弹，即为以前所购余数。此外并未新购武器，因为无此用途，可以不购。主席谕以西藏如需高射炮及大炮等，中央可以给予，不必向外购买，实深感谢。如将来需用此项武器时，自当向中央购领。以上各节，仰该代表等转呈主席，如蒙赐示，并务即随时电转为要。藏历二月十二日。等因。奉此，肃电转呈，伏乞鉴察。

西藏总代表阿○○○

代表罗○○○。土○○○。图○○○叩。卯尤。印

〔西藏驻京办事处档案〕

5. 中央组织部为噶厦以英人作背景大量征兵事致蒙藏委员会快邮代电

（1943年5月23日）

中国国民党中央执行委员会组织部快邮代电　仁密字第316号

蒙藏委员会公鉴：

密。据报“西藏旧有兵额八岗一田出兵一名（岗为一牛耕三

十五日之田数）去年四月以后西藏政府即派员至各乡征派新兵，登记花名作为预备军，每十二岗出兵一名，按旧日八岗出兵一名，比例计算约可征兵五六千人。后藏分三组分别在亨喀、江孜、阿里办理登记。现役兵额除达赖卫队外，悉数开往青康边界，又派官兵至江孜英兵营学习炮术，并拟于必要时作大规模之征兵。窥其用意，似以英人为背景，不惜倾全藏之人力物力，以与中央敌对。但藏兵均系乌合之众，心怯中央之威力，必不堪战。而藏兵出征，藏民负担益重，亦难久持。札什伦布班禅以下人员极望汉兵早至，以解倒悬之苦。且日喀则一带农产较丰，驻兵千人粮秣无虞”等情。特电查照参考。

中央组织部。梗。印

〔国民政府蒙藏委员会档案〕

6. 外交部等关于英帝挑拨汉藏感情留难汉族商人有关电文

（1943年8月—1944年5月）

（1）外交部致经济部电（8月12日）

国民政府外交部快邮代电第欧八二4579号

经济部勋鉴：

本部前奉军事委员会代电，饬查报藏方、英方留难我商人，及英方挑拨中藏情感之情形，等因。当经分令驻印度专员公署，及驻加尔各答总领事馆密查去后，兹据该总领馆复称，此事经奉准亲往实地调查，先率员至大吉岭转噶伦堡，各该地英官欢迎招待似有监视作用。职以视察侨务为名，实则密切注意调查藏事情形。兹编拟调查报告敬请鉴核，等情。除电达军委会委员长侍从室转陈暨分电交通部、教育部、财政部、军令部、组织部、宣传部、运输会议、蒙藏委员会、军委会调统局外，相应抄同原报告一件，电请查照密存参考或办理为荷。

外交部。灰。

附件

中华民国三十二年八月十日

（一）西藏概况〔略〕

（二）西藏倾向与关系；西藏为我领土，亦为世界各国所共同承认者。惟因英人在印有重大利益，以西藏地势可为中印缓冲地，遂不顾中英友谊与公法，任意在藏宣传，一面佯表亲善，力助维持其旧制，一面妄造谣言，毁谤我中央，挑拨离间，无所不至。四十年前尝与藏私订条约，故目下事实上似已认西藏为另一区域。但藏人人心未死，凡民多倾向我国。只约五分之二之自私自利的统治阶级为英方所麻醉耳。此次调查得知一般藏民，均以西藏既为我国之一部，何以对之未有一定办法，且深感我国对之缺乏主动政策。数年以来，只对拉嘛作无谓之敷衍，并仅视英方之行动而应付，伊辈对我驻藏人选不当，极为遗憾。查我驻藏最高机构为蒙藏委员会驻藏办事处，据闻处长未能博得藏人之好感。去年我居藏学生某君，曾因事与藏警发生冲突，急而逃避于蒙藏委员会驻藏办事处内，藏警三名前往追索，乃处内人员二十余名竟将藏警扣留，……当时平常倾向我国之藏民，大加非议，而藏政府亦派兵威吓，处内一般藏役亦相继罢工，致自来水电火一时中断。处长不得已求见拉嘛，请予协助，并将该三藏警释放，风波始告停止。但英方又乘机作反宣传，致一般藏官，咸以汉人不肯受西藏法规管辖相戒，故即发生深恐汉人增加，即将难于管治之感想。藏政府复受英文学校校长之唆使乘机成立外事局。冀能与外国直接发生关系，今年一月底，竟禁止我商人及商品由印入藏，一时我居印之对藏贸易商人，大受打击。及自四月底英方造谣我国行将对藏用武，在英实系企图挑拨中藏情感。而藏方乃慎而取消对我商品入藏之禁令。惟对商人入藏问题，则未加提及，英方不得已，又大加刁难，竟限令所有我商人由印入藏，或过藏入川滇之商品，均须领取出口证。但我商人依法申请出口证者，除澄和企业公司领得之二百包棉纱出口证外，均未蒙批准，且有置之不理之势。现在派有海关关员驻噶监视。并闻今年八、九月间，且将正式设立海关之说。至我同胞之请求过锡金入藏者，英驻锡金政治官则称非先有藏方允许入藏证明者不准过境，似已认藏方非我领土矣。目下深明大义之藏民，深感藏局必须急谋解决，不可再事拖延。解决之道，可分消极积极两种，以消【极】言，可由我方先派得力人员入藏，人选应不但能应付藏方，且应能应付英方者。以积极言，则似应首对西藏大加宣传，继以少许兵力入藏，恩威并用，藏局则可迎【刃】而解。至对英方，除非正式通知外，可置之不理，倘英加干涉，则以严厉之方法应付之。

（三）英方对藏事之企图：

印政府数十年来，一贯谋西藏为中印缓冲地，自信为印度国防政策之一，对西藏似无领土野心，更无经济企图，事实上仍是对今日之中国缺乏适切之认识。且以藏人愚钝，可期作一种政治之效用耳。最近不但对藏加紧作荒谬之宣传，抑且对美宣传以谋取同情，似甚收效。月前美国驻印远东视察员卡庭少校自称为西藏专家，英且曾邀之游藏，竟在加公开讲演，称我国或将用兵以征服藏人独立之思想，并称藏人反对我国极烈，因只有中国欲吞藏也，等等。系由英文宣传品所得来，且非无由也，语出荒谬，殊值注意。查目下驻藏之英方最高人物为萨立夫少校，其情报网布满全藏各要地，在亚东且驻有英兵七十名，甘孜驻军六十名，甘托克驻军二十名，拉萨驻军二十名。此外有教堂、医院、学校等机关，以掩护其秘密活动。据视闻所得，英对藏政策，悉由印度政府负责之故，此一班在藏及现任管理锡金及藏事之英人官吏，皆印政府之人员，思想不合时宜，且不愿藏局有任何更易而影响其本身之地位与经济也。现任驻锡金甘托克之英官即为此种人物，该官名为□□□□□□□□设置已久。

（四）印藏货运与交通〔略〕

（五）噶埠我侨对藏贸易〔选录〕

……〔上略〕目下某方对我商品假道西藏内运事，极为注意，而掌管藏事之上下英人，且极眼红，因而加以种种为难，既限制我侨入藏商品，须领出品证，对侨商之申请出口证者，又故意延搁，不作明确表示。侨商处此环境之下，为维持生计起见，多在驻噶藏商批〔庇〕护之下，冒用西藏人之名，仍旧继续运货入藏，即有同胞入藏者，亦皆易服为藏人。驻噶藏人政治官有时亦颇同情，惟对英则又敢怒不敢言，盖其在噶有财产也。……〔下略〕

（六）结论

西藏属我国领土，为世界所公认者，即西藏人民亦均自认为中国人民之一部。英对藏似无领土野心，盖地脊民贫，无多可拓植之机，惟印度政府之一贯国防政策，在努力于愚藏人为手段，造成西藏为中印间之缓冲地为目的，置公理与人道于不顾。加之西藏啦嘛与官吏多陈腐自私，以静的局势为安全，以动的进步为可危。因此增加英人谋藏之机会。而我方对藏二、三十年来，似亦仅抱消极的“抚”，与“慰”，且对啦嘛等为对手方，既乏普遍，又不积极，致大多数教育落后之藏民，逐渐忘却中原之恩泽。且更无一自主治藏之政策，藏局如斯非偶然也。

现在之交通问题，固极重要，治标则须与英作正式整个之洮判，治本则赖藏局之解决，事实上此种交涉，倘有决定□自主之政策，参酌实情，妥慎进行，似可得有相当之结果。惟最重要者，在我方进行统一人事尤为极要，分工更须合作也。

至所谓治国自主之政策，即我之调整藏事，为我内政问题，外人不得干涉。英之治印尚不予人以参词，我之理藏当更不容人过问，抢定一坚决之态度，以不变应万变。庄严的迅速的推进，必能解决。至于世界上，尤其是美国，应加以适当之宣传，免引起不必有之非论。（英人极望美方有反感）如此则在整个藏局，尚未调整完结之时，英方必立即放弃通藏之一切留难，以期和缓。换言之，目下通藏交通问题，可以图调整整个西藏之办法，而获得迎刃之解决也。

〔国民政府经济部档案〕

（2）军委会侍从室情报（5月15日）

藏方受英人指使，将对入藏汉商、汉僧、及进口货物，予以统制。

西藏当局受英人指使，最近决定派俗、僧官各二员，驻拉萨至斗东间之各大站，对往来生面汉人及汉商货物严格检查。并对在拉萨学经之汉僧、持有蒙藏委员会驻藏办事处服务证件、常与西藏世家往来者予以监视。

〔国民政府蒙藏委员会档案〕

7. 蒋介石训示阿旺坚赞不得派驻印代表暨沈宗濂与卡罗和古德谈话纪录

（1944年3月8日—7月8日）

（1）蒙藏委员会藏事处致孔庆宗电（3月8日）

拉萨。孔处长庆宗钧鉴：

庆密。阿旺坚赞等鱼日代表藏当局献呈主席贺礼，委座陪往。主席于接受礼物后，对阿等训示略称：近自国外传来消息，西藏将派驻印度代表，如果属实，中央绝难容忍。自家内部之事，有时尚可迁就，如对外国有出轨行动，定加制裁。等语。昨复邀宴藏代表，面赠达赖、达扎机枪八挺、迫击炮四门。又赠噶伦每人步枪四枝。并允西藏国防上所需武器，中央均可补助。谨电奉达，用供参考。

熊耀文叩。寅齐。印

（2）沈宗濂与印度外交部长卡罗谈话纪录（5月）

密件。　报告第一号

德里谈话纪录

宗濂应印政府之邀，于五月六日由加尔各答赴德里访问，十四日由德里返加，留德期间除一般酬酢外，计与其外交部长卡罗爵士谈话五次。谈话之前，曾先行声明，因未经政府授权，所有谈话，仅以两人职位所关，按私人资格互相交换意见而已。兹将五次谈话要点，综录如左：

一、卡罗说明：英国政策在维持帝国现有之疆土，对西藏无领土野心，经济关系亦浅，但因西藏为印度之屏藩，英国对与印度毗邻各国，如尼泊尔、伊朗、阿富汗等，均希望其能成为强国间之缓冲地区。

（宗濂按：其言外之意，在使西藏能如其他各国维持自主之地位。）

二、宗濂说明：中国对英对印，向极友好，中华民族爱好和平，人所共知。其对邻邦，亦从无侵略之事，如中央政府加强其在西藏之地位，英印政府实无庸顾虑。中英现正同盟作战，战时及战后，双方均应密切合作，若能互相尊重，对支持对方之权益，双方均为有利也。

三、卡罗又说：西藏向抱闭关主义，一心一意与外界隔离，使不受世界纷争之影响，静心向佛，此种情势现已不易永久维持，近年交通之进步，空中运输之发展，地理之阻碍已不复存在。故西藏之地位，将成为国际重要之问题，在西藏人之观念中，西藏为一独立国家，事实上，三十年来亦确系如此，在中国人看来，西藏为中国之一部份，此两种观念，距离过远，不易融合。在英人态度，一面不愿令西藏人感觉不快，一面对中国之“宗主权”亦向所承认，此实为一种折衷办法。（卡氏说至此处，特对“宗主权”一辞，加以解释。彼谓：依据牛津字典之释义，“宗主权”系指中古时代，封建制度时，藩邦对其君主之关系。实际君主对其藩邦究有若干权限，并无详明界说。现代国家大都系依照“习惯”与“事实”而执行之。彼又谓：“宗主权”为一空虚不确实之名称，故可有各种便利之使用法；彼引挪威、瑞典及英国与印度各藩邦之关系为例，以申其说。）

四、宗濂说明：中国正在推行宪政，全国各处均实施自治制度，西藏当然可以配合其特殊之人情风俗，实行自治。宗主权虽可有各种解释，然宗主国对其属地，必须有外交代表权，否则宗主权即无异不存在。

五、卡氏申明：事实上西藏除在重庆派有代表外，此外并无外交代表。

（注：由卡氏对“宗主权”之解释，可知中藏关系端在吾人之努力，如吾人实力上能加强对西藏之统治，英方似亦难作有力之阻挠，至相当时机，根据“宗主权”，中央将藏地外交权完全收回，似亦非不可能。）

六、卡氏表示：西藏问题，中英政府如能顾全现实，推诚磋商，则中英两国向抢让步态度，不难满意解决也。

（注：此处有一可注意之点，即以往英方每提及西藏交涉时，均主由中英藏三方会商，此次谈话，则并未提及藏方。卡氏言外之意，希望中英两方开一会议解决之，宗濂以西藏事务为我国内政问题，在未奉中枢训令以前，对此建议，不便有所表示，因之未予置复。）

七、卡氏对驿运问题之说明：彼首先申述英方对印华驿运，以往曾尽力协助。

目前印藏驿运情形大致如下：由印边至拉萨，每月运输量约为二百至四百吨。由拉萨至内地，每年不过一千五百吨，每月约仅百余吨，该线运输因受天时及牛马数量之限制，无法大量增加。

我国在印待运物资，计花纱布管制局存有棉纱约二千吨。交通部之轮胎，军需署之兵工器材，均有相当数量待运。复兴公司以生丝所易之布纱，每月约有五十吨。现驿路已通逾一年，而我政府尚未利用，目前印政府对我国商人请求出口证者，多予拒绝，其藉口为如允许商人出口，中国政府物资将更无法运出矣。故事实上我国官民两方，对此路均未能利用，此或为英方之狡计，表面上赞同，而暗中仍挑拨藏方作梗。惟政府机关对于运输缺乏一统一指挥机关，即此少数吨位，亦尚未能充分运用，似亦有可研究者。卡罗曾提及此路如能畅通，虽运输量有限，然对国内心理之影响则甚大。何种心理影响，未据说明。

八、关于第二批人员护照签证：第一次谈话，卡罗自动提及，闻我第二批人员护照签证发生困难，彼表示如需印度政府斡旋，彼极愿协助。宗濂秉承钧座训示，此事应在国内解决，未予置答，仅表示以中央官吏赴本国境内过印签证，而印政府竟须先征求地方政府之同意，此种举动，中国人民感觉诧异。

(3) 沈宗濂关于与古德交谈西藏问题情况致吴忠信函　（7月8日）

礼公委员长钧鉴：

三十电计邀垂及矣。叩别以来，忽逾二月，敬维政躬清泰，鼎祉凝厘为颂。职于本月一日应古德之邀，前往岗多盘桓三日，并承锡金君主招宴。古德与职彼此以私人资格谈论西藏问题，历数小时。职向其反复说明西藏为中华民国领土之一部份，无可置疑。中英关系，现时并肩作战，辅车相依，战后经济复兴，尤须密切合作。彼既一再声明，英对西藏无任何野心，似不应因西藏而使两大民族间情感发生暗影，彼对此亦表同情。惟根据已往事实，如我国并未承认之西姆拉等等，主张以会议方式解决；最后吐露真意，欲在印度第二次政潮发生以前解决西藏问题，兹将谈话纪录，呈请鉴察。英人在拉萨筹设藏人子弟学校之教师，（校址设前驻藏大臣官邸旧址），已于月初进藏，古德亦将于月内去拉萨。近日又盛传英人将于军事布置妥当之后，与西藏成立外交关系，互派代表。古德此行甚堪注意。应如何未雨绸缪，预筹抵制，统乞钧裁示遵。……〔下略〕

附：与锡金行政长官古德爵士谈话节略　三十三年七月九日

本年七月一日宗濂应锡金行政长官古德爵士之邀，偕秘书柳升祺前往锡金首都岗多，会晤古德，并聘问锡金王，盘桓三日，待遇优渥。曾与古德爵士作私人谈话数次，兹节要陈述如下：

古德：阁下同行人员进藏事，吾人已十分尽力，只因印度与西藏有约，由印入藏人士，非经藏方同意，不能签证。此次藏方只同意十四人，故不能再加，假使需要更多人员进藏，应先征藏方同意。此为孔处长之责任，不过孔处长现与藏政府无法沟通，为可惜耳。

宗濂：西藏为中国地方，中央派员前往地方，无征求同意之理，贵国对于过境签证，有如此曲折，实不可解。

古德：然则何妨，嘱藏方供应更多人数之运输工具，彼若应允，即属同意。（揆其词气，仿佛知我曾用此项办法，故作此语者，故未予置答。）

宗濂：战时中英并肩作战，辅车相依。战后两国经济复兴，尤须合作。中国为世界最大市场之一，出产原料至丰，吸收资本与技术之处亦至多。贵我两国应极力增进合作之精神，以谋两国间将来最大之福利。阁下既一再谈及英对西藏并无领土野心，何必引出许多问题，致两大民族间心理上发生不良印象。试想数十年间，经过两次大战，人类已受不可思议之痛苦，何苦再种恶因，是以余甚愿两国本素极友好之精神，圆满解决西藏问题。

古德：尊见至表同情，余未尝见眼光远大有如君者，中英两国为藏磨擦，犹如两男共恋一女，浪掷金钱，虚耗光阴，互相争执，愚拙熟〔孰〕甚。

宗濂：适间所言并非余个人之私见，实属中国人民一般之见解。中国人民酷爱和平，希望战争永不发生，政府最高目的为促进大同境界，不构武力侵略也。

古德：余以为西藏问题，并不难解决，第一中国须得西藏之信仰，欲得其信仰，不可操之过急，譬如余初到锡金时四个月清静无为，一事不做，锡金人疑惧之心，始逐渐消灭。藏人疑惧外人心理，亦复如是。余以为解决西藏问题，西姆拉会议已有良好之基础，因当时三方代表均属干练有为，头脑清晰之士也。

宗濂：所谓西姆拉协定者，中国政府并未批准。

古德：该项协定之未批准，据余个人观察，其原因有三：（一）西藏与内地划界问题；（二）协定草案中词句有不妥之处；（三）当时中国无有力政府负此责任。

宗濂：康藏划界问题，是否合理，属于内政。至于西姆拉协定既未批准，当然不能作为根据。

古德：假使讨论西藏问题，而无西藏代表参加，藏方定然不能同意，一九〇七年中英俄会议无成，即属一例。

宗濂：中国为西藏之宗主国，当然可代表西藏，卡罗爵士曾谓西藏欲长此闭关自守，势不可能，是以西藏将成国际重要问题。阁下对西藏情形甚为熟悉，不知对此论调有何感想。

古德：确能通达西藏事情者并无一人，对于西藏之特殊文化，亦有保存之价值，希望吾人尽最大之努力，假使西藏不成问题，即是吾人最大之成功，余以英人立场，希望在印度政潮再度爆发前，西藏问题得一解决。（由最后一语，可见英人恐印政潮再度爆发时，不能兼顾西藏问题，而我国立场则与相反，此中关键及如何运用，均属微妙。因系私人谈话，不便轶出范围，故未与继续讨论。）

古德：阁下一行，此次入藏经过地方，凡英方能协助者，如交通、住宿等项，当尽可能予以便利。

宗濂：盛意余至感谢。

〔国民政府蒙藏委员会档案〕

二、噶厦非法成立外交局

1. 孔庆宗报告噶厦将成立外交机构致吴忠信电

（1942年6月7日）

拉萨。

5536渝。远密。委员长吴钧鉴：

探悉藏将成立外交组织，以贡觉仲尼、索康二人负责成立。典礼时或有邀中、英、尼驻藏代表参加之可能。

查西藏成立外交机构，不外表示其独立态度，究应参加其成立典礼否，敬祈早示。

职孔庆宗叩。陷。印

〔国民政府蒙藏委员会档案〕

2. 孔庆宗关于噶厦已成立外交局与吴忠信往来电

（1942年7月）

（1）孔庆宗致吴忠信电　（7月6日）

拉萨。

5536渝。远密。委员长吴钧鉴：

世电、陷电计达。职本日复派员催噶厦速答复运物撤侨及帕克巴拉佛各案。据答藏政府本日已成立外交局，即将通知办事处，前此各案已交该局办理。自本日起一切事情，请处长向该局接洽，勿直接与噶厦提说。等语。查外交局性质系与外国洽办事件之机关，今噶厦告职须向该局洽办一切事情，是视中央为外国，示西藏为独立国。如我予以承认，则前此国际条约所订西藏为中国领土之文无形失消。而西藏与外国所订明密各约，未为中央所承认者，无形有效。事关重大，中央似宜明电噶厦不承认该局。中央驻藏官员仍须照旧与噶厦接洽一切事件。一面速定以实力根本解决藏事之大计，届时并可以西藏阻挠抗战擅设外交局，破坏中国对藏主权等理由备答英国之询问。职在未奉令前，拟不对该局有所表示，亦不向其接洽事件。愚昧之见是否有当，敬祈钧裁速示为祷。又饶伊八多冬离拉萨并闻。

职孔庆宗叩。鱼。印

(2) 孔庆宗再致吴忠信电　(7月7日)

拉萨。即刻到。

5536渝。远密。委员长吴钧鉴：

鱼电计达。本日接噶厦函称：汉官孔处长勋鉴；西藏公共会议以理由呈请摄政新设藏政府，对中国及他国办理外务人员之机关，已经照准；并任札萨索康及贡觉仲尼大喇嘛二员主管其事，其他办事职员亦经派定。经于藏历五月二十三日正式成立机关，今后汉藏间，事无巨细，请迳向该机关洽办。希查照。等语。查该机关之藏文意义为外务局，其性质之重要与本处暂取之态度，已于鱼电略陈。惟藏人自反抗中印公路，自认成功以来，日益轻视中央，今更设立外务局，对中外表示其独立自主。事关我国对藏之领土主权，敬祈速决大计，指示应付方针，为祷。

职孔庆宗叩。遇。印

(3) 吴忠信复孔庆宗电　(7月31日)

仁字第三二〇八号

急。拉萨。孔处长亲译。远密。

关于藏方设置外交机构案。昨日院会决议办法两项：(一) 由蒙藏委员会迳电西藏当局，告以藏方为处理地方涉外事务而有设置机构之必要，应注意遵守下列两事，甲、有关国家利益问题，必须秉承中央意旨处理。乙、中央与西藏一切往还接洽方式仍应照旧，不得迳由上述外务机构办理。（二）中央与西藏间一切接洽，如藏方须经由上述外务机构承办，即令蒙藏委员会驻藏办事处暂停对藏一切接洽。该处孔处长仍留藏办理情报事务。所有中央与西藏间一切接洽，改由蒙藏委员会与噶厦及西藏驻渝代表办理。等语。至运输事务由外交部□印沈专员秉承交通部意旨组织商运公司办理。等语。陈俟奉到正式指令后，即将第一项电告噶厦，并令饬其驻京办事处转达外，先此电达。

忠〇。世。印

〔国民政府蒙藏委员会档案〕

3. 吴忠信为转达行政院对西藏设立外事机构之训令致西藏驻京办事处代电

（1942年8月5日）

西藏驻京办事处鉴：

案查前据本会驻藏办事处处长孔庆宗七月遇电称：准噶厦函，藏政府新设对中国及他国办理外务人员之机关，业于藏历五月二十三日正式成立。今后汉藏间，事无巨细，请迳向该机关洽办。等语。转请鉴核到会。当经转呈行政院核示去后，兹奉八月一日训令，指示办法如下：藏方为处理地方涉外事务，而有设置机构之必要，应遵守下列两事：（甲）有关国家利益问题，即政治问题，必须秉承中央意旨处理；（乙）中央与西藏间，一切往还接洽方式，仍应照旧，不得经由上述外务机构。等因。合行电仰该处转电噶厦查照为要。

蒙藏委员会。微。印

中华民国三十一年八月五日

〔西藏驻京办事处档案〕

三、藏族僧俗反对侵略祈祷抗战胜利

1. 贡觉仲尼为恭同三大寺及各寺喇嘛唪经祈祷抗战胜利致蒙藏委员会函

（1938年7月5日）

委员长钧鉴：

敬陈者，溯自卢沟变起，抗战经年，国家元气既伤，人民涂炭未已。尼供职中土因处危，能不痛心耶！伏思西藏夙为三宝之地，现拟向中央请假数月，遄回西藏恭同三大寺及各寺庙喇嘛都十万之众，共同唪经祈祷，惟愿中国国力增强，顽敌凶焰消灭，企求最后胜利属我。兹已束装待发，拟请钧座赐予转行财政部发给尼由重庆经贵州、云南转法属安南河口海防至香港免税免验护照一纸。并祈函请外交部转行法国领事署发给由安南河口海防通过至香港免税免验护照一纸，以利遄行。至此次回藏者系尼暨随从二人，共三人。送至香港者为阿旺坚赞、意希博、韩柏增等八人，大小行李箱只共七十五件，箱只内装佛像、经卷、唪经法器及自用衣服、衣料、裤料、毯子地毯暨回藏送人礼品等。统乞鉴核，俯赐照准，至深感荷。专肃。敬颂

钧安

贡觉仲尼谨启　七月五日

附呈像片二张。

应附照费及印花税，俟示数目再当补呈。尼又及

〔国民政府蒙藏委员会档案〕

2. 拉萨哲蚌寺大会为祈祷抗战胜利等事致国民政府呈

（1938年12月1日）

中央长官钧鉴：敬陈者，中国立国四千余年以迄于现在，从未遭遇外侮如是之甚。现在要将敌人驱出境外，必须五族同心，为国事有钱者出钱，无钱者以血肉之躯来捍卫土地，是为迫切者。惟我西方僧俗人民因道路之隔绝，不能有所效力。但我等三寺自内地帝制时代以至于宣统季年，对国家常诵经祈祷。从是时起以至中华民国二十二年，三寺之给养饷银即已无着。西方之僧俗人众，已如赤子弃绝双亲，感受万分痛苦。我等三寺因顾全国家威信，在许多年中曾经维持当地事变不遗余力，并且切盼国家有适当之法规，早日实现于此间，俾民众有所遵循，已历一生之久。前民国二十二年藏历七月十七日，中央所派黄慕松到达此间。彼时，我等三寺见彼，犹赤子之再遇父母，获无量之快愉，并由三寺向彼请求早期为民众之安乐而有所设施。到现在，此间仅有无线电台之设备，其他尚无举动。现在国家军事紧急，需要兵力甚殷，应于康藏各地早日施行政令，否则，西方各处恐不免发生内乱。本来，三寺之规则是不应用武力维持一切者，若万一非武力不行时，三寺不但无武器，又无外援，势必为他人所攫取，影响非小。现在，国家因蒋委员长之领导，各级一心对付暴日，希望能将日本根本剿除。此外，更望能在康藏建设交通大道，俾易通行。再者，我等三寺自前年卢沟桥事变起后，一年有余，为国家胜利而祈祷，昼夜恒未间断。至应与国家建设道场，发广大愿及诵何种经等，恳求指示，以便遵办。近因三寺开大会表示爱护国家之意，特公推罗至伦代表呈文内所称各款，虽极简略，深冀皆能付诸实施，并盼赐复为祷。

三寺别蚌寺大会公呈

戊寅年十一月一日

〔国民政府蒙藏委员会档案〕

3. 拉萨三大寺代表罗桑团月为防英国侵略请中央速派员援藏与吴忠信往来函

（1939年2—3月）

（1）罗桑团员致吴忠信函　（2月21日）

忠信委员长阁下钧鉴：团月已于本月十五日由西藏来渝，一方面为代表三大寺人民向钧长致候，一方面携有紧急文字向中枢报告。该文已于前日面交赵秘书转呈，想已达览。惟尚有极重要之事宜须团月口头报告。昨晨赴贵会求见，适已外出开会，未蒙引见，实深遗憾。团月深知近来钧长会务甚忙，无暇接见。然团月受三大寺之命，急须告达。惟恐言语不周，特预先将藏省目前情形及今后应请中央处置之步骤简短报告于后。

西藏为我国之边疆，分前藏、后藏。地藏甚富，出产亦多，为英帝国所垂涎。自七七事变引起八·一三全民抗战后，我军民忠勇之抗战早为世人所赞誉，但受敌人数十年之准备，我重要名城沦落不少。由此，藏省亦就受影响。藏省内本分亲英、亲华两派。亲英【派】见我土地沦落日多，且被英帝国之造谣，辱我国已亡，纷图扩充亲英势力，为英之保护地。于去年六、七月间，有英人多名会合亲英派人物，在江宰地方秘密开会；会后，将前藏所管辖之罗坝、满丹阳、却那、栽宝四地占去。当时因亲华派势弱，无力夺回，即在八月、十月开会，讨论对付英帝国侵略事宜。结果由三大寺委派团月秘密来中央请示助藏办法。途行四月，方才到渝。此翻〔番〕前来请示，恳请中枢念西藏为中国领土之一，藏省人民、土地、财产亟待管理与启导，开发西藏，保护西藏，实目前抗战建国迫切需要之事。今有数点待办之事，恳求准予早日俯允，以建新西藏，增加抗战实力，免为外人所占。

一、请中央速派优良军士一千名赴藏，由三大寺给养，一方可弹压亲英势力东进，一方可训练民众，充实自卫力量。

一、请中央速派教育人才赴藏，兴办汉文学校，使文字统一，中国人懂中国事，识中国字，不受外人文化分化。

一、请中央速派工程人员赴藏，修筑公路，连接中枢。一旦有事，可迅往解决。

一、请中央速派人员赴藏，设立中央银行，一面可抵制外汇，一面可完成法币统一。

一、请中央速派人员赴藏，设立工厂，开发资源，增加抗战力量。

以上几点，如能照办，则亲英势力可减，英帝国东占甚难，而西藏可永为中国领土，吾等永为中国国民。换之，若中央不理，则两年中，吾等均要被蚕食而为亡国奴，受英人管辖，实非吾等所愿。团月西来，带有毛毡二块，闻香数轴，敬赠钧长，略表团月敬意，请笑纳为幸。团月来此，举目无亲，且言语不通，带来旅费用完，恳请钧长速予热心帮助，以维生活，不胜感德。临末，不胜待命之至。敬颂

钧安

西藏三大寺代表罗【桑】团月谨启

（2）吴忠信复三大寺函　（3月21日）

便函

拉萨三大寺诸大德法鉴：

罗桑团月来渝，展诵惠函，备领种切。西藏僧民爱护国家之热忱，中央素所深悉。抗战发生，念经祈祷，敌忾同仇，尤所欣慰。两年以来，我团结奋斗，已予敌人以严重打击，最后胜利，良可预期。兹团罗桑团月返藏之便，特嘱代达拳拳。中央各情，统由罗君面罄。顺颂禅祺。

蒙藏委员会委员长吴〇〇

〔国民政府蒙藏委员会档案〕

4. 西藏僧俗代表丁杰等为前往慰劳抗日将士致蒙藏委员会电

（1939年3月27日）

班转蒙藏委员会吴委员长勋鉴：

暴日侵陵，举国同仇，正义感召胜利，必操同人，护灵边陲，愧乏驰报，惟遵先大师遗志，拥护中央，团结边民奠安后方，以抒西顾，誓竭所能，以利抗战。兹特公推丁杰佛、拉敏卓尼、帧巴倾则、何巴敦及康、蓉、渝各办公处代表等十五人，专诚来渝，谨向最高领袖及我公献旗致敬，并往前方慰劳抗战将士，抚问伤兵难胞。随奉医药费五千元，慰劳费各定。艳日由甘首途，尚恳钧会派员指导，以资遵循。此间亦即遣人分赴三藏各寺供养，虔诵大经，追荐忠烈，祈祷胜利。聊尽愚忱，专电奉闻，敬叩政祺。

班禅大师行辕及西藏僧俗民众同叩。感

〔国民政府蒙藏委员会档案〕

5. 热振报告各寺念经祝祷抗战胜利致吴忠信电

（1939年7月7日）

重庆。委员长蒋钧鉴：

○密。兹设坛修法事，已择自国历五月陷日起经，开始在三大寺、二密院、各古刹诸处，一律广修玄法，同时嗱我军得胜之经，诅倭寇立灭之咒，继续忏诵得最后之胜利。并虔祝我公万事得利，福寿永臻。至于青海灵儿至今尚未得起程消息，恳请照准前电，务派吴委员长从速飞青，督促灵儿于藏历六月间得能一同启程入藏，则感戴无涯矣。临电惶悚鹄候钧示。

西藏摄政热振呼图克图叩。阳。印

〔国民政府蒙藏委员会档案〕

6. 刘曼卿关于入藏宣传经过及爱国人民踊跃捐献支援抗战事致蒙藏委员会呈

（1940年1月11日）

呈为报告入藏宣传经过，请予鉴察事。

窃职团自二十六年十一月成立以来，经云南西北边区及西康省府所属东南北各路地方宣传，二十七年六月偕西康民众慰劳代表团到前方献旗慰劳。并向政府呈献康民所捐金银首饰。同年十月，复蒙中央党部之补助决定入藏宣传，所备宣传工具计有：教育部发给之电影八种、云南省党部赠送大油画二十张、钧会及政治部所发刊物。并职团制印之藏文传单标语，并购抗战画报百余册，留声机一架等。于十月底由渝起程到滇西丽江准备行装，十一月二十八日派团员肖品璋、李剑候、让卓、郭祥秋等四人带一切宣传品、行李，随同西康商人雇用马匹完全，如西康商客模样，取道滇康商道，经擦瓦绒江达一路入藏，于二十八年一月底到达拉萨。职本人带女团员竺马取道缅甸、印度一路入藏。计于十二月八日由云南下关搭滇缅公路汽车十三日到腊戍，十八日到仰光，二十四日到印度加尔各大，二十八年一月二日到噶仑堡。职等亦完全如藏康旅行妇女之装束，以免印藏关卡之阻难。据噶仑堡友人所告，西藏政府对于来自中国内地及蒙古之人，无论其行商朝佛一律禁止。噶仑堡为印度入藏孔道，本地英印当局，亦受拉萨委托盘查入藏旅客。职等为免人注意计，自备骑驼单独离印入藏。计一月十三日到卓莫，十八日经过帕克里两道关卡，幸得安全通过。二月二日抵达拉萨，共留藏宣传四个月之久。复于六月七日离藏起程经过康西南一路宣传。计六月十六日到江达，七月五日到昌都，十二日到札雅，十六日到贡觉，二十五日到巴安，八月十五日到德荣，二十五日到中甸，九月四日返抵丽江。以上为职团所经过之路程时间大概情形。

兹将在藏宣传工作情形分为三项报告：第一项、为访问摄政藏王暨军政领袖，以及各贵族世家。当职团到达拉萨之第三日，谒见摄政热振呼图克图致敬。首先说明职团为民众团体自动入藏，向西藏同胞说明抗战情形，请其允许赞助之意。蒙其表示同情，慰奖备至。然后挨次访谒藏王司仑、四位噶仑、夏白大臣、各高级文官、及驻拉萨各岱本。除面送藏文宣传品外，由职详陈抗战以来，军事、政治经济各方面之加强进步，各省民众及内蒙、新疆、青康之边地人民踊跃输财输力。世界各国同情，并援助中国各情形。并指斥日本在中国之残暴蔑理及向中国各地施行分化离间阴谋各情形。最后复说明中国各民族同舟共济利害相关，藏人亦应为抗战作后援之意。凡每至一处，辄谈话二三小时之久，均莫不注意倾听或询问详情，谈话之后，皆深表同情。对日本表示愤慨厌恶，或表示兴奋，认为极有趣味。有时在各贵族私第宴会之际，展览抗战画报，向各贵族妇女讲谈抗战情形及中国妇女在蒋夫人领导之下，在前后方努力救国工作之情形，莫不表示称赞；第二项、向宗教阶级喇嘛方面访问宣传，除乘本年旧历正月十五日拉萨大法会时，向各部分喇嘛宣传外，于三、四两月中分别到哲蚌、色拉、甘丹三大寺，拜访各高级僧官、法师，说明抗战各情形。尤注意解释日本所谓中国为反佛教国家之宣传，说明中国信仰自由，中央历来尊崇佛教，内地各省佛教素来兴盛各情由。又藏人素尊清帝，加之日本屡有拥护清帝宣统之宣传，僧民之间颇有误会。职团亦特为此解释，说明清末国事衰乱，清廷不能维持，故早已取消帝制，建立民国。日人近年利用溥仪为傀儡之用意，无非便于侵略中国之情形。职团并援例略敬各寺清茶灯油之资，以作抗战之祈祷。所有接触之喇嘛，莫不关切同情；第三项、民众宣传，曾先后向拉萨清真寺回教团体、拉萨市立小学、西康商人游园会三处公开演讲，并分别访问拉萨内外之各民众部落或团体之有力头人，并分送宣传品，贴挂市上之油画、标语，颇引人民之注意。其次，职团所带来之电影片，事前即引起藏中官民之十分注意，皆认为实地战争影片，争求一睹。无如职团离渝前，虽曾要求主管机关发给映机及抗战影片未得允许，仅教育部于临行时发给小型影片八种，嘱自行购备放映机，职团因经费不足，到藏之后，向摄政及英国驻藏商务官二处，借用放映机，殊机大片小不能适用。幸得前藏军总司令，现任西藏银行监督擦绒氏，特按片专人到印度购来放映机一架借用。首次在摄政宫中放映，由职向摄政解释影情；第二次、假詹东大臣之官邸放映，预备茶点，请军政贵族各官员及眷属观看；第三次、假驻藏办事处请商界、学生及普通民众观看，映前均由职简单致词。惜此八片皆为战前所制，属于民众教育片之性质，计为检阅童子军、新生活运动、国货年等等。军事片只有绥东战事一种，且片子简短，八片放映不足二小时，但观众仍表示满意。窃以西藏因交通不便，加之政治上二十余年以来自主自治，彼掌握西藏政权之各贵族官员，平时既昧于中日两国之一般情形，复惑于日本之夸大及分化宣传，不免怀疑我抗战之国力，亦因两年以来，无人入藏直接与彼等详谈抗战各情形。自职团到藏与上下各界屡次接触以后，颇引起官民之兴奋感动，各贵族官员亦多表示同情。至于一般僧民，素未忘中国威德，自闻中日开战，莫不祈求中国胜利，各寺曾自动诵经祈祷，自职团说明抗战必胜之理由以后，尤多表示欣慰。窃职团此次所以能与西藏政教各官员随时接触，并承各方招待赞助者，实赖十九年职衔国民政府之命，到藏调查联络，当时颇蒙达赖大师优礼相待，迄今与各界均多好感。此职团在藏宣传之大概情形也。……又当职团离藏时，藏中一部份僧俗人民各捐自织氆氇，合计百十余匹，委托职团制成军用背心，带至前方分发抗战将士，其数约可制背心四百余件，质料花纹，均极特殊，虽为数不多，但可表示遥远后方之西藏民众，自动敬慕抗战将士热忱。除将氆氇另行备文呈送外，所有职团入藏宣传经过各缘由，理合具文呈报，伏祈鉴察示遵。此呈

蒙藏委员会委员长吴

康藏民众抗战赴难宣传团团长刘曼卿谨呈

中华民国二十九年一月十一日

〔国民政府蒙藏委员会档案〕

7. 安钦声明拥护国民政府祈祷抗战胜利电

（1940年3月30日）

重庆。中央党部、国民政府主席林、军事委员会委员长蒋钧鉴，监察院于院长、考试院戴院长、立法院孙院长、行政院孔副院长、蒙藏委员会赵副委员长、拉萨吴委员长勋鉴：

安钦于二十七年夏间传法北上，适覯事变，留滞平津。在敌伪淫威之下，一切几失自由，辗转间关，幸逃虎口。业于上年四月回抵后藏，足疾缠绵，艰于步履，以至蛰处经年，迄未出札什伦布一步，惟日以诵经礼佛，祈祷我国抗战胜利而已。伏念安钦备位中央，矢忠党国，西藏久为中国领土，个人尤渥受国府厚恩，值此全面抗战之时，敢忘举国同仇之义。

近闻敌伪淆乱人心，往往捏造事实，且难保无不良分子，假借安钦名义，在外招摇。兹特郑重声明，以昭心迹，安钦一息尚存，惟有拥护国民政府，服从唯一领袖。谨掬悃忱，敬祈鉴察。

中央委员安钦呼图克图叩。印

〔国民政府蒙藏委员会档案〕

四、九世班禅返藏受阻圆寂善后处理暨转世灵童之寻访

(1) 返藏受阻

1. 英使贾德干访晤我外交部次长谈话记录

(1935年11月9日)

贾德干大使：顷奉本国外交部电称，据报班禅喇嘛此次回藏，带有军队三百人，藏政府曾有电致贵国政府及班禅喇嘛表示异议，不知贵国政府将如何处置此事？

徐次长：阁下询问此事，想仅系探听消息？

贾德干大使：不止探听消息，因贵国政府派遣军队入藏，系违反森姆拉条约第三条，且此事既为西藏政府所反对，本国政府对于西藏之治安素极关心，亦觉贵国此举，有发生困难之可能。

徐次长：姑先勿论条约问题，先就事实而言，班禅喇嘛为保护其自身安全，及维持其尊严起见，原欲多带卫队入藏，嗣因藏方希望人数不必过多，故中央决定只派仪仗队三百人，但此项部队完全系卫队而非军队，本国政府并未接到西藏当局表示反对之电报。

贾德干大使：然则藏方对于人数已有表示，三百名不可谓不多。且班禅本人必有卫队，何必由中央派队护送？

徐次长：据本人所知，上述三百名仪仗队入藏事，藏方已经同意，贵大使所称藏方反对一节，本人毫无所闻。班禅本人素无卫队，前在南中时，亦系由中央派队护卫。

贾德干大使：闻中国政府，尚拟派一大员率领卫队入藏确否？

徐次长：政府确已派一大员，但非军人，与卫队亦无关，彼系一文官，其任务为伴送班禅，此系依照过去惯例，表示政府尊

重班禅之意耳。

贾德干大使：班禅即无卫队，入藏时其部下甚多，且多武装者，必可加以护卫，且入藏后可由藏方派队护卫。总之，本国政府根据森姆拉条约第三条及藏方之异议，希望贵国政府对于此事，再予慎重考量。本人当即电复外交部将阁下所称各节叙入。同时希望阁下将本国见解转陈贵国政府当局。

徐次长：阁下复外部电中，可否以此项卫队，完全系保护班禅与维持其尊严而派遣，本国政府并无藉此机会派遣军队入藏之意。

贾德干大使：自当酌量婉达。惟本国政府是否可以安心，则未可知。

〔国民政府蒙藏委员会档案〕

2. 英使馆秘书祎德本访我外交部欧美司司长谈话摘要

（1935年11月27日）

刘司长与英大使馆秘书祎德本谈话摘要

二十四年十一月二十七日

本年十一月九日，贾德干大使面晤徐次长，以英国政府对于国民政府拟派仪仗队三百人护送班禅喇嘛回藏事，依据西藏当局之异议及森姆拉条约第三条之规定，表示反对。

查阅此案文卷，并向蒙藏委员会询明，当黄慕松将军前在拉萨时，曾将班禅喇嘛仪仗队事，向西藏当局提及，彼等对于此事并无异议。徐次长已向贾德干大使释民，此项派送班禅喇嘛之部队，纯系护卫，而非军队。此项派遣，除保护班禅喇嘛之安全及维持其尊严外，实无其他用意。

至于森姆拉条约，中国政府对此未签定之文件、向来所持之态度，当为英国政府所深知。此项未尝正式缔结之条约之援引，中国政府殊不能认为适当。且班禅喇嘛之仪仗队，即非军队性质，无论如何与上述之条款，究无关系也。

〔国民政府蒙藏委员会档案〕

3. 蒙藏委员会为英使贾德干口头提出班禅带兵回藏事致行政院密呈

（1935年12月19日）

密呈。案准外交部二十四年十一月十三日，欧24字第一〇六〇六号公函，以驻华英大使贾德干口头提出班禅带兵回藏事件，请慎予考虑一案。函请查照，妥筹办理，等由。到会。正核办间，复奉钧院廿四年十一月廿日第六〇五〇号训令，案同前因，即行派员持函前往外交部商请抄送关于西藏一切外交文件。当准外交部交来藏案交涉始末一件在案。查班禅回藏，本为藏中官民所期望，又系班禅大师之宿志，且属西藏内部问题，英人对此亦颇具同情，故实现此事似无问题。至随带卫队一节，西藏当局虽曾一度食言反对，但自院会去电解释后，迄今未有异议。而英使所引用之森姆拉条约，我政府从未签字承认，亦少法律根据。由此观察，仍拟依照前定办理班禅回藏事件之（一）维持中央向来对藏之惯例；（二）维护班禅尊严；（三）不妨碍藏中秩序；（四）不致引起对外纠纷等四项原则继续进行并拟具意见，派员前往外交部商讨。

兹谨将业经商定之意见，开陈如下：

一、班禅回藏，为应付西陲局势，确属需要，在目前按照已定计划实施，将来再行相机应付，以策万全。

二、因此项事件而起之对英外交，以事属我国内政问题，与之委婉周旋。

以上意见是否可行，理合呈请钧院核转外交部妥筹办理，实为公便，谨呈

行政院院长蒋

全衔黄〇〇

中华民国廿四年十二月　日

〔国民政府蒙藏委员会档案〕

4. 英大使馆关于仪仗队护送班禅回藏事备忘录译文

（1935年12月23日）

照译驻华英大使馆备忘录

二十四年十二月二十三日

关于派遣仪仗队护送班禅喇嘛回藏事，英国政府对于外交次长之解释认为不能满意。当1934年黄慕松将军提及此事时，西藏政府不论系取如何态度，然其现在之态度，则对于派遣中国官员偕同仪仗队护送班禅喇嘛回藏极表异议。值此西藏反对之际，如中国政府仍坚持其意见，是则班禅喇嘛回藏将致无限的延宕。殊属可能，抑或引起中藏间之困难情势。兹鉴于其他某某数国在西藏之关心，及中藏边界共匪之存在，凡倾向反抗西藏之行动，此时殊不宜于实行。再西藏之于中英两国皆有切肤利益，中国对之应谋一英国政府所承认之政策，藉以维系两国间之友好关系，当所企盼。西藏政府既已明白表示其希望，又中国如有与其希望相抵触之行动将引起危机，故英国政府对于此事极为重视，并愿中国政府不致采取此种可以引起不幸纠纷之途径也。

〔国民政府蒙藏委员会档案〕

5. 国民政府外交部关于仪仗队是否送至藏边事致蒙藏委员会密函

（1936年2月6日）

外交部公函　欧25字第1110号

关于班禅喇嘛带队回藏事，本月四日又准英大使贾德干来部面称：兹奉本国外部训令，特来重提班禅喇嘛仪仗队入藏一事，希望贵国政府再加慎重考虑（一）藏政府曾屡次请求本国政府设法阻止此事。（〔蒙藏委员会原批注〕：此事请其提出证据）且上年十月或十一月间，藏方曾有电致班禅喇嘛，表示在中藏问题尚未解决以前，藏方不能允许中国仪仗队入境。十一月五日，班禅喇嘛曾有复电声明，渠本无带队入藏之意（〔蒙藏会原批注〕：询班禅办事处是否如是）又上年十二月二十一日，藏政府曾有电致贵国政府，对于仪仗队之准备入藏表示反对。本年一月十日，黄委员长复电称，班禅喇嘛已抵青海，仪仗队入藏事，可以和平解决，毋庸过虑。（〔蒙藏会原批注〕：并无此事）等电，历历可考；（二）此事有妨害西藏治安之虞，盖因藏方既反对该仪仗队入藏，恐因此引起藏方反抗，而班禅回藏或致延搁；（三）此事涉及英国利益，盖英国深愿西藏有一巩固及具有维持治安能力之政府，为达到此项目的起见，英国愿与贵国合作。等语。

当经再三驳诘，并告以西藏既欢迎班禅喇嘛回藏，断无反对仪仗队入藏之理。彼谓班禅本人回藏与仪仗队入藏，截然两事，仪仗队护送至中藏边境已足，在西藏境内班禅喇嘛之尊严与安全，自可由藏方负责，并谓班禅喇嘛瞬将入藏，希望贵方接受本国政府之建议，速谋解决，请转达主管机关再加考虑云云。

查此案前准该大使馆上年十二月二十三日交来备忘录一件，当以英方始终坚持异议，亟应筹策万全，经提出第二四二次行政院会议讨论，并奉到十二月二十七日第六六三二号院令知照在案。兹该大使馆所称藏方来往各电，究竟有无此事，本部无从深悉，惟英方对于此事既极端重视，自不得不格外审慎考虑，以免引起纠纷，究竟班禅喇嘛之仪仗队，应否令其送至藏边为止，相应函请查照，妥核办理，并见复为荷。此致

蒙藏委员会

中华民国二十五年二月六日

〔国民政府蒙藏委员会档案〕

6. 蒋致余为英和噶厦相互勾结阻止派队护送班禅回藏事致蒋介石电

（1936年7月25日）

特急。南京行政院院长蒋钧鉴：

〇密。顷据密报噶厦近有函呈中央，系请驻华英使转致请中央不派卫队护送班禅回藏。

查此为英藏互相利用，妨阻中央进行藏事之计，务乞钧院转饬外交部设法应付英使，万毋堕其壳中，是否可行，伏乞钧裁。

职蒋致余叩。径戌。印

〔国民政府蒙藏委员会档案〕

7. 蒋致余为英阻止派队护送班禅回藏事再致蒋介石电

（1936年7月31日）

南京。行政院院长蒋钧鉴：

径戌电计蒙垂察。〇密。（一）噶厦由英使转陈中央请求不派兵护送班禅回藏函，经职密查，系出于英驻哲行政官之要求，其来文略云，年来藏政府请托其转请驻华英使向我外部劝告，不派兵护送班禅回藏一案。均系用电报我外部，总以藏方对此并无异议答复之。今为有效之劝告计，请藏政府备一正式公函，以便转寄英使向我外部交涉。等语；（二）邹若巴图已离拉萨返哲，并闻英哲行政官柯尔现已首途来藏，决定至拉萨；（三）黑河所扣留之班禅行李及职所有无线电机及汽油仍被扣留，生银前被扣留之列，后复发还，前祃电所报不确。

查对于班禅回藏问题，无论藏方态度如何，决不能反抗到底，无论印度如何挑拨，决不能实力援助，务乞钧座乾纲独断，令饬班禅迅速入藏，以赴事机，藏事幸甚。

职蒋致余叩。世。印

〔国民政府蒙藏委员会档案〕

8. 班禅关于英阻止派队护送其人藏请据理驳复事致蒙藏委员会电

（1936年8月17日）

866 南京。蒙藏委员会赵副委员长勋鉴：

真电敬悉。德密。英方若干涉回藏内政，请转请外部照前据理驳复，俾维主权，而利西行。此间亦当设法消弭，请释念。

班禅额尔德尼叩。洽（17日）。印

〔国民政府蒙藏委员会档案〕

9. 班禅为派队护送其人藏系我内政请饬外交部驳复英使事致蒋介石电

（1936年8月17日）

南京。行政院蒋院长钧鉴：

○密。昨接蒙藏委员会赵副委员长真调电开：据报称英国年来向我外部劝告，无需派兵护送大师回藏一案，我外部总以藏方理无异议为理由，故特要求噶厦备正式公函，以便向我外部作有效之劝告，现噶厦已允许办理，等语。查班禅回藏洵为内政问题，倘噶厦果允英人请求，将开外人干涉西藏内政之恶例，于西藏前途影响至大，务祈设法消弭，等语。查西藏当局之热振佛与全体僧俗，莫不渴望班禅回藏促进中藏和好，所以欢迎函电积堆盈尺，政教代表络绎在途，只为仰体中央意旨，仍本原定计划，一切问题自可迎刃而解。至上项要求系一二当局受人诱惑，决不能代表民意。我公洞烛中外谅早鉴及，尚望密饬外部据理驳复，用维主权，杜开恶例。谨布愚忱，即希裁示为祷。

班禅额尔德尼叩。洽。印

〔国民政府蒙藏委员会档案〕

10. 国民政府外交部拒收英使转递噶厦公文事致蒙藏委员会公函

（1936年10月24日）

外交部公函　欧25字第九八三九号

准英国驻华大使许阁森本月廿四日来部面称：关于班禅喇嘛携带卫队回藏事，西藏政府叠向中国政府抗议，要求撤回卫队，而中国方面每否认此事。现在西藏政府或恐中国政府认为西藏未尝表示异议，故特另备公文托本大使转交。兹面递查收此项文件，系西藏政府致蒙藏委员会委员长者，实则并非英方授意，仅系一递信人，谅贵部收转并无不当。经以中央政府与西藏当局，时常乐于直接通讯，何必多此转折等语。拒绝收转，并告以西藏无抗议仪仗队事。中央曾经一再解释后，藏方已明瞭此项派遣队伍之用意。前曾屡向贾德干前大使说明，西藏当局与人民正热烈欢迎班禅回藏，若因该项问题而引起纠纷，决非政府初意。彼谓据其所得消息适反，藏方坚决反对该项队伍入藏，且已声明，倘队伍入藏境，藏兵必将抵抗。至此项文件，既未蒙许收转，因须得取收条，拟亲往见蒙藏委员会委员长或派员前往面递，请勿预阻其收受。当答以本日谈话情形，当转告关系当局云云。除已由本部司长刘师舜与贵会周秘书面洽外，相应函达查照。该项文件内容，尚希详示，以资接洽为荷。此致

蒙藏委员会

中华民国二十五年十月二十四日

〔国民政府蒙藏委员会档案〕

11. 蒙藏委员会转噶厦关于派队护送班禅回藏致蒋介石呈

（1936 年 11 月 28 日）

案查前准外交部二十五年十月廿四日，欧 25 字第九八三九号公函，以准英国驻华大使许阁森本月廿四日来部面称：关于班禅携带卫队回藏事，西藏特备公文托本大使转交。经以中央政府与西藏当局时常乐于直接通讯，何必多此转折，等语。拒绝收转。彼谓此项文件，既未蒙许予收转，拟亲往见蒙藏委员会委员长或派员前往面递，请勿预阻其收受。当答以本日谈话情形当转告关系当局云云。函达查照。该项文件内容，尚希详示，以资接洽。等由。准此。并据外交部欧美司司长刘师舜与本会秘书面洽，嘱以当此对日外交日趋严重情势之下，与英应保持友善关系，如该领事馆将上项公文直接送会时，可予接受，等语。乃时隔一月，并未见该领事馆派人到会。顷于本月二十五日下午，由英国驻京领事兼英驻华大使馆一等秘书禅德本，将西藏托交之公文，面转本会秘书周昆田，但未索取收条。而周秘书根据上述情形，遂予接收。亦未写给收据。兹经翻译成文，除分呈军事委员会、行政院及函达外交部查照外，理合录同原文，呈请鉴察示遵。谨呈

行政院院长蒋

军事委员会委员长蒋

附抄呈原文一件

全衔吴〇〇

中华民国廿五年十一月　日

南京。蒙藏委员会委员长黄慕松大鉴：

迳启者，班禅不久将莅西藏，欣幸之至。惟随班禅入藏者有护送专使暨仪仗队三百余人，此间颇觉疑虑。缘中藏交涉，尚未根本解决，西康方面彼此仍有驻军防守，以故中国官军等不得遣派来藏，其故为何，已由此间藉中央所设之无线电先达一切。复由西藏驻京办事处转呈详细理由，但中央至今仍无明白表示。关于此事，而欲利汉藏两方者，有英国驻京代表谓，中央曾向外国大臣详言，究竟中央官军不宜同班禅入藏，西藏亦无明白表示，等语。此间闻言之后，思欲证实，特向英政府处询明一切。如上所陈述者，中藏交涉未解决时，中央官军绝对不得入藏。假使班禅随带中央官军来藏，民众必然惊惧发生意外，断绝中藏情感为最可能，而班禅入藏或因以迟延，不惟无益，而徒增害。以是特函请熟筹善策，不派一卒一官前来为幸。并请以此呈报中央政府迅赐明示为盼。敬颂

勋祺

西藏噶伦等公启

藏历五月念九日

〔国民政府蒙藏委员会档案〕

12. 行政院关于噶厦公文经英人转交殊属不合致蒙藏委员会指令

(1936年12月7日)

行政院指令　字第四三八五号

令蒙藏委员会

二十五年十月二十七日呈，为英国驻华大使馆转交西藏噶伦等所致该会公函，经以非正式手续接受，并将原文译呈，请核示由。

呈件均悉。查此案西藏噶伦等所致该会函件，竟托由英大使转交，殊属不合。至关于藏事，业经该会与军事委员会会商拟具

办法三项，由院核定，并经分别电令饬知在案。仰即知照。此令。

院长蒋中正

中华民国廿五年十二月七日

〔国民政府蒙藏委员会档案〕

13. 英驻华大使关于派队护送班禅回藏致外交部照会译文

（1936年12月10日）

照译驻华英大使十二月十日来照

关于中国政府派遣仪仗队及专使护送班禅喇嘛回藏事，贾德干大使与本大使曾叠次文请贵部长及外交部次长查照在案。

查此事双方所见不同，中国政府认为西藏政府对于仪仗队及专使未表异议，而英国政府根据所得消息，则深信西藏政府对于派遣仪仗队及专使沿途护送班禅喇嘛，事实上反对甚力。因有此种歧异，并为明白表示其态度起见，西藏政府近乃请求英国政府将其致南京蒙藏委员会委员长函一件，托由本大使馆转交。本大使于十月廿四日访晤徐次长即为此事。依据西藏政府给予英国政府之情报，该函内对于中国仪仗队及专使之入藏，含有一附有理由之抗议。

英国政府，依照西藏政府之请求转达该函，此固另属一事，其本身与西藏之一般局势，亦皆有其密切之关系。按印度边界及毗连各地之邻境，须有一能维持和平与治安之巩固有力政府之存在，乃英国主要利益之一，此当为贵部长所深知者，是以英国政府及印度政府对于危害上述情形，及妨扰西藏和平与治安之任何行动或情事，极为重视。

职是之故，本大使奉英国政府训令，提请贵部长再对此事惠予严重之注意。兹重将前所奉达贵部长者，重加申述焉；英国政府所严重顾虑者，深恐中国政府不顾西藏政府之反对，而坚持其派队护送班禅喇嘛之议，则足以使其返藏之行无期延缓。且如此不仅引起西藏之不安或竟发生纠纷，甚至可使中藏间发生一困难之情势。

本大使是以希望中国政府不惟鉴于西藏政府之上述愿望，且应顾念上述之英国政府与印度政府之密切关系，以及中英两政府间之友谊，对于下述建议，予以同意，即在中藏边界上择一相宜地点，使中国护送仪仗队，由班禅喇嘛本人之随从人员代替之。中国护送专使之任务，则交与西藏政府之代表。

本大使更有进者，英国政府极愿见中藏间之纠纷得一永久解决办法，尤以关于中藏界务问题者为最。惟英国政府观察西藏政府所以反对中国护送仪仗队派往拉萨，正因尚未达到此项解决之故。英国政府不能不感觉，如中国政府坚持其计划，则对于有裨各方利益之解决办法，适为阻碍推进之举动也。

本大使顺向贵部长重表敬意。此致

中华民国外交部部长

〔国民政府蒙藏委员会档案〕

14. 蒙藏委员会藏事处拟具对英答复意见

(1936年12月26日)

查班禅回藏仪仗队事，英国政府迭向我外交部有所表示，虽见关切之善意，但此事应如何审慎商洽处理，及如何谋永久解决中藏间纠纷办法，究系中国政府与西藏地方政府间内政问题，自为勿庸英国政府之代为建议者也。

拟将上述意见商承行政院认可后，函复外交部，请本此旨答复英使，以免再蹈英人干涉藏事之覆辙。是否有当，敬祈

钧裁！

孔庆宗、周昆田印。十二月廿六日

吴忠信印十二月廿八日

〔国民政府蒙藏委员会档案〕

15. 行政院为藏事处所拟对英答复意见自属正当致蒙藏委员会密指令

(1937年1月4日)

行政院密指令　字第一四号

令蒙藏委员会

二十五年十二月三十日呈，为准外交部函转英国大使对于班禅回藏仪仗队问题建议一案，拟具答复意见，请核示由。

呈悉。查此案，该会所拟答复英大使意旨，自属正当。惟应并告以中国政府正在设法促进班禅与拉萨间为和平回藏之商洽，决不至引起西藏之不安，以期周密。除令行外交部知照外，仰即与外交部妥慎处理。　此令

院长蒋中正。假

孔祥熙。代

中华民国廿六年一月四日

〔国民政府蒙藏委员会档案〕

16. 外交部为抄送驳复英大使照会致蒙藏委员会公函

(1937年1月30日)

外交部公函　欧26字第887号

关于班禅喇嘛回藏仪仗队事。先后准贵会一月六日密藏字第一三号及一月十四日密藏字第二零号函业经阅悉。此事现经本部遵照行政院一月四日第一二号密指令意旨，拟就照会驳复英大使

在案。除呈复行政院鉴核外，相应抄附复英大使照会，函达查照。
此致
蒙藏委员会
　　附抄照会一件
中华民国二十六年一月卅日

照录本部致英大使照会

　　迳启者：准上年十二月十日，贵大使来照，关于中国政府派遣仪仗队及专使护送班禅喇嘛回藏事，表示英国政府之关怀，及对仪仗队行止之建议，业已阅悉。

　　查班禅喇嘛回藏，由仪仗队随途护送一节。早经中国政府予以详细考虑，认为本国行政上之适当措置，其目的在依照传统惯例，维持班禅喇嘛之尊严，并保护其长途之旅行。业经本部长与徐次长先后迭向贵大使与贵前任当面说明。

　　贵国政府以为仪仗队入藏或有扰乱西藏治安之虞，因而有危及藏印边境和平状态之可能。中国政府认为此种过虑殊无事实上之根据，中国政府不欲令西藏有任何局势发生，致影响藏印边境之安宁，此种政策与英国政府及印度政府不愿在印度有任何局势发生，致危及印藏边境之安宁，正复相同。至中国本部与西藏间一切问题，中国政府向本和平宗旨妥为处理。此次派遣仪仗队护送西藏宗教首领回藏，亦系根据上述意旨办理，且班禅喇嘛关于其回藏事，常与西藏当局有所接洽，更不致引起任何误会。

　　总之中国政府必深切注意，不使因班禅喇嘛之回藏，而在西藏境内引起任何纠纷，致令英国政府或印度政府因地理上之接近而感受何种不安也。

　　本部长顺向贵大使重表敬意。此致
英吉利国驻中华民国特命全权大使许阁森爵士阁下

〔国民政府蒙藏委员会档案〕

17. 赵守钰报告邓柯会议等各方情况致行政院电

（1937年7月23日）

南京。行政院代院长王钧鉴：

密。谨将各方情况报告如下：壹、据多仁台吉谈话，邓柯会议班佛提出四条件：（一）携带仪仗队入藏；（二）后藏征兵，平时充班禅卫队，给养班禅自筹，对外有战事时，与前藏合作御侮；（三）日喀则知县由班禅委派；（四）后藏人民已得第七世达赖许可，专为班禅供差，噶厦应允其差徭。噶厦方面对第一条，曾训令梭康代本提出接受条件如下：（一）仪仗队随班禅迳赴后藏；（二）规定仪仗队在藏停留时间；（三）由第三者保证，但不用国际间人。其余尚未答复。但班禅所认提四条，均为合理要求，不能再有让步，最近曾通知梭康，谓邓柯会议如不能得最后结果，则伊拟先赴拉萨，一切问题留待将来解决。梭康又已向噶厦请示，现正寻求迅速解决途径。又：邓柯会议初期，噶厦曾密令昌都总管准备武力抗拒仪仗队入藏，嗣经多氏与梭康向噶厦陈言，中央对藏绝无恶意，果有恶意，则仪仗队人数决不止三百，亦不须特由中央训练组织青康军队，均可调遣。仪仗队只派三百。足证中央对藏无用武力意，特由中央训练组织，更足证中央爱护西藏，不使边民受扰与增加负担。噶厦态度始有转变，复据哲蚌、色拉两寺代表（噶丹寺代表已先回藏，为班佛筹办乌拉）谈话，班佛回藏，中央派大员及仪仗队护送，西藏僧俗官民一致欢迎。噶厦中虽有持异议者，然只极少数人。该代表等曾表示邓柯会议即有未解决问题，亦请班禅早日入藏，三大寺愿负一部份责任，协助解决一切，必不致有大困难。三、昨班佛派刘秘书长家驹、康处长福安等来署谈话，谓班佛不待邓柯会议最后结果，决于阴历七月初启程取道黑水入藏。在此时气候适宜，青草盛长，通行较为便利，金沙江所驻藏军多后藏子弟，对班佛信仰极深，近自防地来谒大师，并表示拥护者甚众，安全绝无问题。根据上述情况，所得判断如下：(1) 班佛行期不出阴历七月；(2) 仪仗队已可入藏，惟经过路线及停留时间，至黑水后尚须继续与噶厦交涉；(3) 其它关系班佛本身权利各问题，或至黑水交涉，或留待日后解决。关于第二点，钰当协同班佛交涉。第三点则本中央立场，调停于班佛与噶厦之间，谋为解决中藏纠纷前途奠一基石。余情续报。

职赵守钰叩。梗。印

〔国民政府蒙藏委员会档案〕

18. 行政院秘书处为梭康代本已将邓柯会议情况请示噶厦等致蒙藏委员会公函

(1937年7月23日)

第—3776号

奉院长谕：护送班禅回藏专使赵守钰马电陈报四项，关于班禅决于短期内入藏及仪仗队情形，并拉萨代表梭康代本已将邓柯会议情况向拉请示，俟答复到，即可决定。现对仪仗队时作精神训话，并饬参军会同队官讲授学科。等情一案。应抄交蒙藏委员会。等因。相应抄同原电，函达查照。此致

蒙藏委员会

计抄送原电一件

行政院秘书长翁文灏印　魏道明代

抄原电

南京。行政院院长蒋钧鉴：

密。关于入藏问题及仪仗队近况，奉陈如下：(一) 班佛归念

甚切，决于短期内入藏；（二）邓柯会议尚未得最后结果，旺堪布不日回玉一行，据班佛告：仪仗队入藏，除停留时间，藏方希望减短外，余可同意。现拉萨代表梭康代本已于一月前将会议情况派人回拉请示，俟答复到，即可决定。本署仍拟派员往邓柯与拉萨代表晤谈，以期不失中【央】立场；（三）班禅入藏路线是否先至拉萨，俟至黑水再定；（四）仪仗队在玉声誉尚佳，目前之事，纯系出于少数思想幼稚份子，自作紧急处置后，内部甚安。职现对该队时作精神讲话，并饬参军会同该队官长每日讲授学科，以改善士兵环境，并增进其知识。请释念，余情续报。

职赵守钰叩。马。印

〔国民政府蒙藏委员会档案〕

19. 外交部为英大使又提出西藏一般问题事致蒙藏委员会公函

（1937年7月26日）

外交部公函　欧26字第六五五一号

七月二十三日准驻华英大使许阁森来部面称：关于班禅喇嘛回藏事，前送文件尚未得到复文，现又奉训令，拟向贵部提出关于西藏一般问题，大概为西藏虽属中国宗主权，但其自主身分，仍应保持，此并非新问题，而系重行说明本有之地位云云。经答以班禅回藏，可保证绝无政治意味，中国政府此时决不致利用班禅之回藏而在西藏引起重大纠纷，谅必了解。至关于西藏一般问题，此时若由贵方提出讨论，似非所宜。彼允暂缓提出，惟请明了英方重视藏事之意。相应函达查照为荷。此致

蒙藏委员会

中华民国二十六年七月廿六日

〔国民政府蒙藏委员会档案〕

20. 蒙藏委员会为复英使关于班禅回藏仪仗队等问题致行政院秘书处公函

（1937年7月30日）

公函。

案准贵处廿六年六月十九日第一3479号笺函，以奉院长谕："外交部呈，为准驻华英大使许阁森函送关于班禅回藏仪仗队问题，西藏噶厦致江孜英国商务委员藏文函影印，并英译各件请核示一案，应交蒙藏委员会核议迅复。"等因。除原件已据分函不再抄送外，相应抄同原呈，函达查照。等由，并抄送原呈一件到会。

查本案前经派藏事处长孔庆宗与外交部司长刘师舜接洽，拟俟护送班禅回藏专使赵守钰到玉树报告详情后，再行函复。顷迭接赵专使由玉树电告，仪仗队入藏事，正会同班禅与藏方商洽妥协入藏，以期决不致有何纠纷。可否据此先行函复英大使之处，除分函外交部查酌办理外，案准前由，相应奉复。敬祈查核转陈为荷。此致

行政院秘书处

委员长吴〇〇

中华民国廿六年七月　日

〔国民政府蒙藏委员会档案〕

21. 外交部关于英使提出讨论西藏一般问题纠纷必多需再加审虑致蒙藏委员会公函

（1937年8月4日）

外交部公函　欧26字第六八〇二号

关于班禅喇嘛回藏仪仗队事。先后接准七月二十四日密藏字

第九七号暨七月二十九日密藏字第一〇二号来函录送赵专使马梗两电，并准七月三十日密藏字第一〇五号函，以迭接赵专使由玉树电告仪仗队入藏事，正会同班禅与藏方商洽妥协入藏，以期决不致有何纠纷，可否据此先行函复英大使之处，请查酌办理各等由。准此。本应依照来函意旨据复英方。惟七月二十三日，英大使来部会晤以后情形又有不同。查该项会晤谈话业于七月二十四日函达查照在案。该大使此次将噶伦之藏函及西藏“一般问题”同时提出，当时对于“一般问题”虽允缓议，而重视藏事之声明谆述再三，质言之，即谓仪仗队果入藏，无论藏方意见如何，乃为英方之所不能同意，故更作进一步之表示，以留交涉之地步。若照赵专使来电所述纵藏方不成问题，而英方未能缄默，事实显然。现在班禅入藏行程甚迫，倘仪仗队一事，仍贯彻既定计划，则所谓西藏“一般问题”交涉一起，纠纷必多，诚恐此时有非所宜，与其临时周章，毋宁再加审虑。除呈请行政院严密衡断训示遵行外，相应函请查核办理并见复为荷。此致

蒙藏委员会

中华民国二十六年八月四日

〔国民政府蒙藏委员会档案〕

22. 班禅为告自玉树启程回藏日期并路线事致蒙藏委员会密电

（1937年8月8日）

南京。蒙藏委员会吴委员长勋鉴：

鱼电谅达。德密。本辕一部分公物启运已十余日，其他乌拉均陆续到玉。刻与赵专使筹商，在再稽延，时届隆冬，草枯冰寒，势难远征，仍于阴七月初十日首途回藏，经三十九族草地，迳达黑水。前电所陈敬悉关注，特此奉闻。即颂

政祺

班禅额尔德尼叩。庚。印

〔国民政府蒙藏委员会档案〕

23. 蒙藏委员会拟具班禅仪仗队入藏办法致行政院秘书处公函

（1937年8月10日）

公函　密藏字第一〇七号

案准贵处二十六年八月七日第壹——四〇一六号笺函：以奉院长谕：外交部呈，为准英大使许阁森来部面称：奉到本国训令，英方对班禅入藏仪仗队事不能同意，并拟提出关于西藏一般问题，转请核示一案，应交蒙藏委员会妥为核议迅复。等因。查此案前准贵会议复到处，经转陈由院令饬外交部查酌办理在案。兹奉前因，相应抄同原件，函达查照。等由；并抄送原呈一件。准此，当经派员前往钧院及外交部接洽，并征询意见。旋接签称：外交部对此案意见，略以一、仪仗队应审慎前进，尤以将入藏境时，须极端注意；二、班禅前行，仪仗队在后遥送，以现各方态度，随时妥为因应；三、万一藏人开枪，无论如何，力避还击；四、以不到拉萨或过于深入为好。云云。等语。查此案近因中日关系恶化，国际情势，自当顾虑，即西藏态度，亦有转变之倾向，仪仗队入藏一事，自应审慎进行。兹参酌各方意见，暂拟办法如下：

一、责成赵专使会同班禅相机接洽应付，期得妥善办法。

二、官员及仪仗队入藏，随时审慎护送，以避免冲突为原则。

三、仪仗队入藏境后，究至何处为宜，由赵专使商同班禅相机决定。

四、宜何时及如何答复英大使，拟由外交部酌办。

以上所拟办法四项，是否有当；案准前由，相应奉复，仍祈

查核转陈为荷。此致
行政院秘书处

委员长　吴〇〇

中华民国廿六年八月

〔国民政府蒙藏委员会档案〕

24. 蒙藏委员会为拟具解决仪仗队护送班禅回藏办法事致行政院呈

（1937年8月11日）

呈

案查本会8月5日以班佛入藏，以迅速为主。所提条件，在未进藏前如不能完全解决，抵藏后仍可续商，希相机商洽办理。究竟班禅与藏方接洽，现在至何程度，亦盼电告。等语。电达赵专使。

顷准齐日复电内开：微电奉悉。云云。核夺示遵，等由。准此。查班禅决心入藏，已定期启行，势难中止。但英大使对仪仗队既迭有异议，藏方态度近亦硬化，且在康青边境增兵布防，用意莫测，值此时难，自应审慎从事，速定对策。兹拟定办法如下：

一、拟请钧院电达赵专使，仪仗队护送班禅至藏境时，或即入藏，或任班佛入藏、暂驻边境待命，或班佛先行，仪仗队在后遥送，力避冲突，均责成该赵专使临时察看情形，商酌决定。

二、拟请钧院转函军委会，电令青康军事当局，各于边境妥为布置，以防藏军之侵入。

以上所拟，是否有当，理合录同原电，一并呈请鉴核示遵。谨呈

行政院

全衔吴〇〇

中华民国二十六年八月　日

〔国民政府蒙藏委员会档案〕

25. 行政院秘书处关于照准原拟护送班禅回藏四项办法致蒙藏委员会函

（1937年8月13日）

案准贵会二十六年八月十日，密藏字第一〇七号公函，议复奉交外交部呈述英方对护送班禅入藏仪仗队不能同意，并拟提出关于西藏一般问题一案意见，嘱查核转呈，等由。准此。当经转呈奉院长谕：原拟办法四项，应准照办，并由蒙藏委员会迳行电知赵专使。等因。除函达军事委员会办公厅查照转陈并函外交部外，应函复查照。此致

蒙藏委员会

行政院秘书长翁文灏。魏道明代

中华民国二十六年八月十三日

〔国民政府蒙藏委员会档案〕

26. 行政院关于班禅暂缓入藏给蒙藏委员会训令

（1937年8月19日）

行政院训令　字第——5052号

令蒙藏委员会

本院第三二五次会议决议："抗战期间，班禅应暂缓入藏，先暂住政府指定地点。"除电饬赵专使守钰转告，并函达军事委员会及重庆行营查照及令行外交部外，合行令仰知照 。此令。

中华民国廿六年八月十九日

院长蒋中正

〔国民政府蒙藏委员会档案〕

27. 赵守钰报告已按院议商请班禅暂缓入藏等事致蒙藏委员会密电

（1937年8月28日）

南京。蒙藏委员会吴委员长礼卿兄、赵副委员长藏青兄勋鉴：

友密。漾日奉到政院效电，略谓：关于班禅大师入藏问题，本院第325次会议决议；抗战期间，班禅应暂缓入藏，先暂驻政府指定地点，特电知照，并婉劝班禅务以大局为重，暂缓启程为要。等语。弟当派马参赞、高参军持电往拉休寺面商班佛，昨得来电，班佛似可遵照中央意旨，惟有困难情形及驻地问题待弟商决，弟定明日前往。如何情形，容再奉告。特闻。

弟赵守钰。叩。俭（廿八日）。印。

28. 堪厅为班禅顾及中央威信按院议暂缓入藏并移驻西康致班禅驻京办事处函

（1937年9月30日）

班禅办事处朱、罗两处长鉴：

座密。前奉行政院电令，抗战期间，暂缓西进。而三大寺及藏政府欢迎代表等，一再要求西行，以慰全藏僧俗引领之望，并愿负责作最后接洽。佛座为完成宣化使命，早纾中央西顾隐忧起见，俯允该代表之请求。殊意噶厦以中日战烈，有机可乘，所有条件得尤进步，近复限中央护送官兵到藏后，一二月内即由海道全体撤回，并须佛座签字，承认今后服从前藏政府命令，等语。佛座深荷国恩，不能不顾及中央威信。当与赵专使商定，率属由玉树龙喜寺移住西康甘孜，静候中央指示回藏机宜。所有大师暂时驻锡西康情形，仰即分陈各关系当局，用释垂注。

班禅行辕堪布会议厅。卅。印

〔国民政府蒙藏委员会档案〕

29. 赵守钰关于指定康定为班禅驻地致蒙藏委员会密电

（1937年10月23日）

南京。蒙藏会吴委员长礼卿兄、赵副委员长芷青兄：友密。班佛皓日返玉，关于驻地问题，已与商妥，行辕决移康定。惟骡马因康定给养困难，拟留一部份在甘孜，行李不重要者，亦留甘孜。又：班佛意，驻地在形式上仍请中央指定较为妥当。请兄商呈政院迅予电遵，并电康定刘委员长知照为盼。

弟赵守钰叩。梗。印

〔国民政府蒙藏委员会档案〕

30. 行政院核准康定为班禅驻锡地并令川康军政当局保护致蒙藏委员会指令

（1937年11月2日）

行政院指令　字第——4172号

令蒙藏委员会

二十六年十月二十六日发，密藏字第一四四号呈，为班禅驻地，已由赵专使与班禅自行择定康定，拟请再由院指定，电令赵专使转达班禅，并分电川康绥靖主任、重庆行营、西康建省委员会妥为照料与保护由。

呈悉。准如所拟办理。已分别电令遵照矣。此令

院长蒋中正

中华民国二十六年十一月二日

〔国民政府蒙藏委员会档案〕

（2）圆寂及善后处理

1. 赵守钰告班禅病情及移康驻锡致吴忠信电

（1937年11月20日）

蒙藏委员会吴委员长礼卿兄、赵副委员长芷青兄勋鉴：

友密。班佛感冒近稍见轻减，但犹拒见宾客。顷据刘秘书长家驹面告，度须再迟两周之后，方可移康。特闻。

弟赵守钰叩。号。

〔国民政府蒙藏委员会档案〕

2. 赵守钰为班禅大师病危致蒙藏委员会电

（1937年11月26日）

蒙藏会吴委员长礼卿兄、赵副委员长芷青兄勋鉴：

友密。班禅大师之病，初起仅右胸部作断缠隐痛，弟曾亲率本署医官前往诊治，体温脉□，饮食谈语，均如常人。并据其左右言，大师夙有斯疾，故咸以为偶尔触发。旋接行辕通知，大师须静养暂不见客。弟亦以大师不服西药，逮未继续派医往诊。十余日，维又据蔡〔刘〕秘书长家驹面告：胸痛业已轻减，益不以为意。但最近复闻大师腿脚稍肿，弟为谨慎起见，商得行辕同意，本日再率医官往诊，胸痛确已停止，但两腿浮肿及膝、两手腕亦微肿，呼吸困难，□□□□□□小便减少、色深黄，饮食减退。精神恍惚，呈半昏昏睡状态，脉搏80，体温37□左右，血压145。据医官断炀此病恐系肝癌，情颇严重。等语。玉树医药两缺，交通又极不便，弟实深焦急。现除与行辕商妥电托康定刘委员长文辉觅请名医赶玉诊治，并搁请□□□□设法机飞玉□诊治，惟

□□□□允来，及飞机能否航玉，即请我兄就近分商，速予电示为祷。余续告。

弟赵守钰叩。宥。印

〔国民政府蒙藏委员会档案〕

3. 西陲宣化使公署为诊治班禅疾病事致吴忠信电

（1937 年 11 月 27 日）

蒙藏委员会吴委员长勋鉴：

德密。大师前患右胁疼，曾分请三藏各寺僧虔诚祷解，复经藏诊为肝疾，服药稍痊，同人方欣，健康可以早复。殊意近周内手足渐肿，小便短少、色赤、气喘、微咳、痰色白，夜失眠、昼嗜睡，藏医又认为水肿。我公交广友多，定有妙手可立回春者，望代介绍，以便设法迎迓。专此涘陈，顺颂

公祺！

西陲宣化使公署叩。感。印

〔国民政府蒙藏委员会档案〕

4. 西陲宣化使公署为告九世班禅圆寂致蒙藏委员会电

（1937 年 12 月 1 日）

蒙藏委员会吴委员长勋鉴：

德密。班禅大师近感国难严重，回藏使命复生障碍，奉命转康，隐忧成疾，医药罔效，遽于国历十二月一日上午二时五十分（即藏历十月二十九日）在青海玉树行辕甲拉普章内圆寂。谨电奉闻。善后事宜，静候示遵。

西陲宣化使公署叩。东（一日）。印

〔国民政府蒙藏委员会档案〕

5. 赵守钰报告班禅圆寂日期致中央党部等电

（1937年12月1日）

探呈中央党部、国民政府、行政院、立法院、司法院、监察院、考试院钧鉴及各院所属各部会公鉴：

班禅大师月前忽患右胸部疼痛，当经延医调治，并由各大寺院唪经，祈以期早康复。最近，胸痛已止，但两腿复浮肿及膝，两手腕亦微肿。经本署医官诊断，恐系肝病，未可轻视。正电各方觅请各医赶玉诊治，不幸大师竟于本日上午二时五十分圆寂玉树。

现除与大师行辕即日成立治丧处外，谨先电闻。

中央特派护送班禅大师回藏专使　赵守钰叩。东

〔国民政府蒙藏委员会档案〕

6. 西陲宣化使公署为班禅遗嘱致蒙藏委员会电

（1937年12月5日）

蒙藏委员会吴委员长勋鉴：

班禅大师遗嘱译文如下：

班禅遗嘱　余生平所发宏愿，为拥护中央，宣扬佛化，促成五族团结，共保国运昌隆。近十五年来，遍游内地，深蒙中央优遇，得见中央确对佛教尊崇，对藏族平等，余心深慰，余念益坚。此次奉派宣化西陲，拟回藏土，不意所志未成，中道圆寂。今有数事切函如下：

后藏政务，前已委定罗桑坚赞为扎萨喇嘛，所有宣化使职亦着由彼暂代。在未到职前，印信暂交丁杰佛，并由堪布会议厅及回藏枝，除卫士队及员役自卫者外，其余献与中央，共济国难。待余转生，再请发还。

又，关于历代班禅所享权利，应早图恢复。

最后，望吾藏官民僧俗，本中央五族建国精神，努力中藏和好。扎萨喇嘛及各堪布尤宜善继余志，以促实现此嘱。

遥知关怀，特电奉达。

西陲宣化使公署秘书宣叩。

微（五日）。印

〔国民政府蒙藏委员会档案〕

7. 行政院关于班禅圆寂应如何颁发荣典致蒙藏委员会电

（1937年12月6日）

蒙藏委员会鉴：

文官处魏文官长支电开：甘肃省政府主席贺耀组江电陈：班禅大师于东日在玉树行辕圆寂，除电马师长步芳于身后事宜妥为照料外，应如何特颁隆典以示推崇之处，敬候钧裁。等语。奉主席谕：交行政院议复。等因。特电查照办理。等语。除已由院电唁，并电青海省政府派员代表本院致祭外，应如何颁给荣典，仰由该会议复。

行政院。鱼。汉。印

〔国民政府蒙藏委员会档案〕

8. 戴传贤等为班禅圆寂致西陲宣化使公署唁电

（1937年12月8日）

玉树。西陲宣化使行辕秘书长暨赵专使鉴：

昨晚由京到达贵阳，惊悉班禅大师在行辕圆寂，不胜悲骇，一切饰终办法，国府必有隆典。仅先电唁，俟到达重庆后，当再行电闻。

戴传贤　吴忠○

十二月八日

〔国民政府蒙藏委员会档案〕

9. 吴忠信为班禅圆寂致中央各院部会及各省府电

(1937年12月13日)

电　渝字第16号

中央党部、国民政府、立法、司法、考试、监察院钧鉴、各部、会、各省政府公鉴：案准西陲宣化使公署东电略开：班禅大师因病于国历12月1日上午2时50分，在青海玉树行辕甲拉普寺内圆寂。等由。除妥拟善后办法呈请行政院核示遵办外，仅电奉闻。

蒙藏委员会委员长吴○○叩

元。印

〔国民政府蒙藏委员会档案〕

10. 吴忠信为班禅圆寂致热振及噶厦电

(1937年12月13日)

拉萨。热振呼图克图慧鉴并转噶厦公所同鉴：

此次随同国府迁驻重庆，在贵阳途中忽闻班禅大师圆寂，惊骇殊尔。正当国步艰危之秋，达赖大师示寂未久，班禅大师今又怛化。国家不幸，众生何依，瞻念前途，曷胜惕历。政府饰终令典，不日即当明令颁布。

关于西藏一切善后，有赖于大师与执政诸员之努力者甚多，尚冀益历精诚，协和众庶，期政教之相依，为地方之保乂。引领西望，无任神驰。

蒙藏委员会委员长吴〇〇

〔国民政府蒙藏委员会档案〕

11. 班禅行辕恳请从优料理班禅后事致戴传贤吴忠信电

(1937年12月13日)

班禅办公处朱处长海山；座密。译转戴院长、吴委员长钧鉴：

奉读庚电，深感两公追念大师，悯护同人，引企峨云，曷胜感泣。

兹恳者：(1)大师为国忧勤，始终如一，饰终典礼，望从优议叙；(2)西陲宣化使职，仍恳中枢体念大师遗嘱，许由扎萨喇嘛罗桑坚赞代理，维持原状，以免千余堪布职员、夫役流离失所；(3)大师遗体，恳请中央明令准予移停西康甘孜，施行防腐手续，并举行宗教祭仪，令饬当地长官妥加维护；(4)国难期间，不敢有所奢求，最低限度，望中央严饬噶厦接受明春派赵专使及少数职员、仪队，率同行辕、堪布等护送灵榇入藏，监修金塔，以示旌贤。

以上数项，谅钧座早已注及，知荷推爱，故敢掬呈，屏息拭泪，敬候示遵。

班禅行辕西陲宣化使同人泣叩。

元（十三日）

〔国民政府蒙藏委员会档案〕

12. 吴忠信为议复褒恤班禅大师办法致行政院呈

(1937年12月15日)

案奉钧院二十六年十二月鱼汉电内开：准文官处魏文官长怀支电开：甘肃省政府主席贺耀组江电陈：班禅大师于东日在玉树

行辕圆寂，除电马师长步芳于身后事宜妥为照料外，应如何特颁隆典，以示推崇之处，敬候钧裁。等语。奉主席谕：交行政院议复。等因。特电查照办理。等语。除已由院电唁并电青海省政府派员代表本院致祭外，应如何颁给荣典，仰由该会议复。等因。奉此，遵即参考前例，斟酌时宜，谨拟办法如下：

（一）国府明令褒扬　查班禅大师拥护中枢，始终不渝，宣化西陲，勋勤〔勚〕尤多，中道示寂，宜加褒扬。

（二）追赠封号　查民国二十二年第十三辈达赖喇嘛在拉萨圆寂，曾由政府追赠护国宏化普慈圆觉大师封号。班禅额尔德尼，已由政府于二十年六月二十四日令给护国宣化广慧大师名号；兹拟照例，追赠护国宣化广慧圆觉大师封号，以慰殊勋而昭优隆。

（三）给费治丧　查第十三辈达赖喇嘛圆寂，曾由政府发给治丧费五万元。今班禅在玉圆寂，移康治丧，虽际兹时艰，亦宜酌发治丧费四万元，以示优恤。

（四）派员致祭　查清乾隆时第六辈班禅额尔德尼在北京圆寂，特派亲王致祭。民国二十二年第十三辈达赖喇嘛圆寂，国府亦派专使前往拉萨致祭。此次班佛圆寂，移康治丧，拟请政府沿例特派考试院院长戴传贤前往康定致祭，以昭隆重。

（五）开会追荐　查乾隆时第六辈班禅在北京圆寂，上谕辍朝一日，派亲王致祭，并令近畿敕建各寺庙诵经四十九天。昔年达赖圆寂，亦经钧院呈准国府在南京开会追荐，特请汉藏高僧设坛唪经，此次班禅圆寂，适国府移渝，自宜照例于重庆择期开会，唪经追荐。余如布施康藏各大喇嘛寺代为唪经，祈祷早日转世。其详细办法及经费数目，拟由致祭大员另案呈核。

以上所议各节，是否有当，理合备文呈复，仰祈鉴核示遵。谨呈

行政院

委员长　吴

中华民国二十六年十二月十五日

〔国民政府蒙藏委员会档案〕

13. 丁杰佛接受代管宣署印信致蒙藏委员会电

（1937年12月15日）

玉树。蒙藏委员会吴委员长勋鉴：

德密。值此倭寇深入，正中藏协力御侮之时，不忆大师为国忧勤圆寂玉树。同人善后尚待处理，宣使公署全体职员及行辕宣布；将宣化使印信遵大师遗嘱送交杰处暂行代管。自惭许身佛门，素无政治经验，对辞不获，只得仰体大师遗嘱，暂为保存，勉维现状。

一切善后，务恳钧会转呈中央迅予处理是祷。谨电奉闻。顺叩

政吉

丁杰佛叩。咸

〔国民政府蒙藏委员会档案〕

14. 蒙藏委员会为共襄班禅后事复西陲宣化使公署电

（1937年12月16日）

玉树。西陲宣化使公署并转刘秘书长剑秋暨使署同仁均鉴：

德密。接诵东、江两电，惊悉班禅大师在玉圆寂。国难方深，西陲遽失导师，瞻念前途，曷胜怆惋。刻正筹拟善后办法呈核遵行。褒恤饰终，国有常典。诸君追随大师，夙佩贤劳，仍望益励精诚，共襄后事。

蒙藏委员会。铣。印

〔国民政府蒙藏委员会档案〕

15. 吴忠信为班禅灵榇移康等事复赵守钰电

（1937 年 12 月 16 日）

玉树。赵专使友琴兄勋鉴：

友密。东、冬、微、庚诸电敬悉，国步艰危，班禅大师遽尔圆寂，惊耗远闻，怆悼曷胜，除分别呈报并通电各方外，刻正筹拟善后办法，呈核遵行。藏方乘机思动，深可注意，尊见主张大师灵榇先移康定，弟极赞成，尚望早日首途，并电示行期为盼。

弟吴〇〇。铣。印

〔国民政府蒙藏委员会档案〕

16. 行政院准班禅灵榇移康复蒙藏委员会电

（1937 年 12 月 22 日）

蒙藏委员会鉴：

筱藏电悉。应密。班禅佛榇移往康定一节，经提马日院会议决，准予照办。特电知照，并转饬遵照。

行政院。养。汉

〔国民政府蒙藏委员会档案〕

17. 班禅治丧委员会为大师灵榇移康致中央党部等电

（1937 年 12 月 22 日）

中央党部、国民政府、军事委员会、行政院、司法院、监察院、考试院钧鉴：

五院所属各部会、各军事机关、各省市党部、各省市政府、各人民团体、各宗教团体公鉴：

大师灵榇准于漾日由玉树移康，各方如有挽章、祭品，请概寄康定建省委员会收转是祷。

班禅大师治丧委员会叩。祃

〔国民政府蒙藏委员会档案〕

18. 国民政府追赠班禅封号令

（1937年12月23日）

国民政府委员、西陲宣化使护国宣化广慧大师班禅额尔德尼，觉性圆明，志行精卓。早岁翊赞统一，懋著功勋。比年阐教西陲，勤宣德化，边氓感戴，称颂翕然。方期兼程回藏，振导祥和，永资矜式。乃以忧国积劳，遽尔圆寂。眷怀勋勚，震悼弥深，应予特令褒扬，追赠护国宣化广慧圆觉大师封号，并著给治丧费一万元，特派考试院院长戴传贤前往康定致祭，用示国家笃念殊勋之至意。此令

〔国民政府蒙藏委员会档案〕

19. 蒙藏委员会为院会照准班禅灵榇移康致西陲宣化使公署电

（1937年12月24日）

电　藏字第　号

玉树西陲宣化使公署勋鉴：

前准赵专使微电，以商得贵署同意，拟将大师佛榇移往康定。等由。当经转呈行政院鉴核。兹奉养电内开：班禅佛榇移往康定一节，经提马日院会，决议准予照办。等由。除电复赵专使外，特此电达。

蒙藏委员会。迴。藏。印

〔国民政府蒙藏委员会档案〕

20. 文官处为在重庆择期追荐班禅事致蒙藏委员会公函

（1937年12月24日）

国民政府文官处公函　渝字第262号

径启者：奉主席交下行政院祃电以马日本院第三四二次会议议决褒恤班禅大师办法五项：

一　呈请钧府明令褒扬；

二　追赠护国宣化广慧圆觉大师封号；

三　发给治丧费一万元；

四　特派考试院院长戴传贤前往康定致祭；

五　在重庆择期追荐。

谨电呈鉴核施行。等语。一案。奉谕：第一、第二、第三、第四各项，由府明令办理，第五项交蒙藏委员会照办。等因。除已由府明令褒扬追赠封号，著给治丧费、特派考试院戴院长致祭，并由处录令分函照办外，关于第五项在重庆择期追荐一节，相应函达。此致

蒙藏委员会

文官长　魏怀

中华民国二十六年十二月二十四日

〔国民政府蒙藏委员会档案〕

21. 蒙藏委员会为追随班禅堪布人员安置等事致班禅驻京办事处指令

（1937年12月30日）

指令　渝字164号

令西藏班禅驻京办事处

二十六年十二月二十七日呈为呈请追随大师多年堪布赐以安置，在治丧期中所有大师遗缺请暂保留由。

呈悉。班禅大师善后事宜，尚待详慎商讨。所有追随大师各堪布人员，自当并案呈请政府设法妥为安置。仰即转饬知照为要。此令

委员长　吴〇〇

中华民国二十六年十二月　日

〔国民政府蒙藏委员会档案〕

22. 蒙藏委员会为行政院决议褒恤班禅办法及国民政府明令褒扬事致噶厦代电

（1938年1月2日）

代电　渝字第177号

西藏办事处转拉萨噶厦公所勋鉴：

案查关于褒恤班禅大师一案，业由本会呈经行政院马日院会议决褒恤办法五项：(一)呈请国府明令褒扬；(二)追赠护国宣化广慧圆觉大师封号；(三)发治丧费一万元；(四)呈国府特派考试院长戴传贤前往康定致祭；(五)在重庆择期追荐。在案。旋国民政府于敬日颁布褒扬班禅大师明令，内开：国民政府委员、西陲宣化使、护国宣化广慧大师班禅额尔德尼，觉性圆明，志行精卓。早岁翊赞统一，懋著功勋。比年阐教西陲，勤宣德化，边民感戴，称颂翕然。方期兼程回藏，振导祥和，永资矜式，乃以忧国积劳，遽尔圆寂。眷怀勩勚，震悼弥深，应予特令褒扬，追赠护国宣化广慧圆觉大师封号，并着给治丧费一万元，特派考试院院长戴传贤前往康定致祭，用□国家笃念殊勋之至意。此令。等因。

特此电达查照，并请转知藏中僧民为荷。

蒙藏委员会。冬。藏。印

〔国民政府蒙藏委员会档案〕

23. 蒙藏委员会拟班禅大师追荐会筹备处简章

（1938年2月10日）

第一条　班禅大师追荐会筹备处，由蒙藏委员会指派委员、职员并邀请关系机关派员组织之。

第二条　本处办理班禅大师追荐会一切筹备事宜。

第三条　本处设主任一人、副主任二人，由蒙藏委员会委员长于筹备员内指定之。

第四条　本处一切筹备事宜，由处务会议决定之。

第五条　本处处务会议，以主任为主席；主任因故缺席时由副主任代理之。

第六条　本处设左列各组：

一、文书组：承办文书、撰拟、收发、缮写及会议记录等事项。

二、典礼组：承办关于致祭典礼等事项。

三、唪经组：承办汉经、藏经布置及照料等事项。

四、庶务组：承办经费出纳及会场布置等事项。

五、交际组：承办一切接洽及招待等事项。

六、警卫组：承办一切警卫事项。

第七条　本处各组各设主任干事一人、副主任干事一人或二人、干事若干人。

第八条　本处主任、副主任及各职员，均由各机关调用，不另支薪津。

第九条　本处经费由蒙藏委员会编造概算，呈由行政院转呈核定，饬国库拨发。

第十条　本处办公地址设蒙藏委员会内。

第十一条　本处俟追荐会办竣时撤销之。

第十二条　本简章如有未尽事宜，得随时呈请修改之。

第十三条　本简章自呈奉核准公布之日施行。

〔国民政府蒙藏委员会档案〕

24. 典礼局拟定致祭班禅大师礼节及礼堂图式致蒙藏委员会函

(1938年2月15日)

案准贵会函开：为戴院长奉派前往康定致祭班禅大师，请规定礼节，以备遵用。等由。准此，当经本局请贵会及内政部各派代表一人，来府商讨，以昭慎重。经会议决议，参照公祭秩序，拟定祭礼礼节及礼堂图式，并经签奉主席核准。除函戴院长外，相应检附礼节暨图式各一纸，备函送达，即希查照为荷。此致

蒙藏委员会

附祭礼礼节及礼堂图式各一纸

国民政府参军处典礼局启　二月十五日

附：致祭班禅大师礼节

一　就位

二　肃立

三　奏乐

四　行鞠躬礼　一鞠躬、再鞠躬、三鞠躬

五　行三献礼　献香、献帛、献花

六　读祭文

七　行鞠躬礼　一鞠躬、再鞠躬、三鞠躬

八　奏乐

九　礼成

附　礼堂图示　〔略〕

〔国民政府蒙藏委员会档案〕

25. 蒙藏委员会在渝举行班禅大师追荐会通电

（1938年2月19日）

电　藏字第639号

中央党部，国民政府，军事委员会，行政、立法、司法、考试、监察院钧鉴：

各部会、各省党部、各省政府、各绥靖公署，广州、汉口、成都、重庆市政府、西藏噶厦公所、西康建省委员会、绥境蒙政会、西陲宣化使公署、蒙旗宣化使公署、护送班禅大师回藏专使行署、拉卜楞保安司令部、蒙藏各办事处、中国佛教总会、菩提学会重庆佛教会、汉藏教理院并转各佛教团体公鉴：

本会奉令在重庆筹备举行班禅大师追荐会，曾经邀请关系机关组织班禅大师追荐会筹备处，并经第一次筹备会议决议，追荐会定三月八日假重庆市商会举行。除呈报备案外，谨此电达。如蒙惠赠礼品，请先期寄交重庆张家花园本会代收，以备届时陈列。至礼品性质，以银盾、银鼎、花圈及丝质软料匾额等为宜。依照藏俗，不收挽联祭幛，合并附陈。

蒙藏委员会。铣。印

中华民国二十七年二月十九日

〔国民政府蒙藏委员会档案〕

26. 蒙藏委员会为护送班禅灵榇回藏办法致行政院呈

（1938年2月28日）

呈　密藏字186号

敬密呈者：

顷据班禅驻京办事处处长罗桑坚赞委员抄交班禅行辕堪布会议厅自甘孜发来删电略开：佛座圆寂时，曾有明年四月前若不回藏，灾难必多之遗言。同人等一再计议，仰体遗志，务于本年四月以前护送佛榇回藏。其办法以中央特派大员统率重兵护送回藏为最好。如因对日战事关系不易办到，亦请明令西康当局会同赵专使酌派兵力护送回藏。倘此层亦难办到，同人等亦必自行设法护送回藏，所有与前藏方面一切交涉，亦当自行妥商办理。等语。并准赵专使守钰亦自甘孜于元日电同前情。

查班禅灵榇停康，原为暂时权宜之计，日后回藏，不外政府护送与行辕负责人员自行接洽两种办法。自抗战发生，藏方态度忽转强硬，以致班禅生前回藏不能实现。即高参议长柱奉派前往拉萨接替蒋参议致余，亦中途发生阻滞。政府斯时如与藏方接洽佛榇回藏，实觉机缘未至。若派重兵护送，无论由中央或地方当局负责办理，值此时艰，均觉非宜。而各堪布又因班禅遗言，坚持四月回藏之主张，似亦不能置之不顾。本会详加考虑，对于佛榇回藏一事，拟请钧院采纳该堪布等自行设法护送回藏之意见，准其向藏方直接商洽进行，以免延误。仍将交涉情形，随时呈候核定，一俟接洽成熟，政府即电告藏方迎接佛榇，我方护送官兵仅至边境为止。如此办理，庶于权变之中仍维体制之意。是否有当，理合抄同删元酉电呈请鉴核示遵。谨呈
行政院

全衔　吴〇〇

中华民国二十七年二月二十八日

〔国民政府蒙藏委员会档案〕

27. 行政院为班辕武器处置办法候军政部核复施行致蒙藏委员会代电

（1938年3月3日）

国民政府行政院快邮代电　汉字第108字

蒙藏委员会：

密。二月十九、二十二两日函呈均悉。赵专使赴康一行，已径电照准。班禅行辕武器并令该使于赴康前先行妥为点收。至处置办法，候交军政部核复。

行政院。江。汉

〔国民政府蒙藏委员会档案〕

28. 国民党中执会秘书处为推定班禅追荐会主祭陪祭人员致蒙藏委员会函

(1938年3月5日)

中国国民党中央执行委员会秘书处公函　渝仁第1165号

查本月八日班禅大师追荐会，中央定于是日上午八时致祭。经推定戴委员传贤主祭，各委员及本部科长以上人员陪祭。除分函外，特此函达，即希查照为荷。此致

蒙藏委员会

中华民国二十七年三月五日

〔国民政府蒙藏委员会档案〕

29. 国民党中执会中监会致祭班禅祭文

(1938年3月8日)

维中华民国二十七年三月八日，中国国民党中央执行、监察委员会敬致祭于护国宣化广慧圆觉大师班禅额尔德尼大师之灵曰：

雍雍至德，肃肃元规。智通无累，神测靡遗。教垂奕世，道积成基。西陲溥化，东域流慈。二十年来，神州多故。或溺三途，或迷歧路。懿惟大师，中央是护。正义微言，振蒙起痼。躬趋玉趾，跋涉山川。风轮远届，月指遐宣。载启法会，遍覆大千。誓拯含类，永释鞬橐。有众见思，言旋西域。胡不憖遗，中途圆寂。太冲莫朕，金容掩色。惟菩提心，为天下式。尚飨。

〔国民政府蒙藏委员会档案〕

30. 国民政府致祭班禅大师祭文

（1938年3月8日）

维中华民国二十七年三月八日，国民政府主席林森特派参军长吕超敬荐馨致祭于国民政府委员、西陲宣化使护国宣化广慧圆觉大师班禅额尔德尼之灵曰：

昆仑天柱，品物昭融。笃生大师，蔚为法雄。符采俊迈，声入心通。勤宣教义，丕振宗风。河悬川注，滔滔罔穷。挪锡来游，道广愿宏。定筏度众，法炬烛盲。内弼中枢，外喻边疆。随方汲引，三乘再扬。痛心国难，飞书损资。慈心制暴，慧力觉痴。仁寿可登，顶踵奚私。六尘非有，五蕴皆空。大师达观，与佛齐功。行不住法，运无量心。水月镜像，超忽莫寻。木铎绍响，佛灯重燃。宣化护国，亿万斯年。备礼追荐，式展虔襟。精灵仿佛，来格来歆。

〔国民政府蒙藏委员会档案〕

31. 蒙藏委员会追荐班禅大师祭文

（1938年3月8日）

维中华民国二十有七年三月八日，蒙藏委员会委员长吴忠信，副委员长赵丕廉，委员李培天、克兴额、白云梯、冷融、阿旺坚赞、朱福南、格桑泽仁、李凤冈、章嘉、唐柯三、巫明远、诚允、孙绳武、溥侗、潘云超、张西曼、邱甲、马鹤天率全体职员，谨以香花伊蒲元供致荐于护国宣化广慧圆觉大师班禅额尔德尼之觉座而祝以文曰：

觥觥大师，与佛同体。明行具足，盖日天启。一性九转，世为愿王。阐扬正教，功德弥彰。调御众生，随缘宣化。帡幪西陲，屏藩华夏。翊赞统一，护国忠勤。志行坚卓，早播宏勋。三莅都门，叠晋殊号。遍历南北，远献辰告。祥和振导，八建法坛。时轮长转，普济痌瘝。载旋金幢，息驾玉树。遽证涅槃，众生失怙。

万劫方深，八难未艾。乘愿拯黎，还当再至。法筵载启，精爽来临。式荐苾芬，鉴此悃忱。

〔国民政府蒙藏委员会档案〕

32. 行政院准所拟班禅灵榇回藏办法致蒙藏委员会指令

（1938年3月8日）

行政院指令　汉字第1151号

令蒙藏委员会

密藏字第一八六号呈为拟定班禅遗榇回藏办法请核定由。呈悉。准如所拟办理，仰即转行遵照。此令

院长　孔祥熙

中华民国二十七年三月八日

〔国民政府蒙藏委员会档案〕

33. 蒙藏委员会为赵守钰所拟验收班禅行辕武器办法可行致行政院呈

（1938年3月14日）

呈　密藏字第189号

案准护送班禅回藏专使赵守钰庚电开：顷奉政院东汉电开：据蒙委会转报该专使拟赴康一行，应予照准。惟赴康之前，应将行辕武器先行妥为点收，以免散失。所有甘孜方面急需处理事务，并应预为布置。等因。查行辕武器，当丁杰佛偕刘秘书长出发之前一日，弟曾约丁、刘及各堪布来署谈话。渠等意见，原欲俟大师一切善后问题解决再处置武器，今若遽予点收，反恐引起误会。弟意似宜将点验与保管分作两步办理，拟请政院根据班佛遗嘱，径电行辕查询武器数目，并派弟先行点验。点验后，仍由该辕保管，根本处置稍缓再议。可否之处，迅乞商呈政院电示遵行。至于甘

孜应处理事务，弟自当布置就绪，而后就道，以纾中枢顾念。又，前奉我兄东电示，由军政部电章镇中注意行辕到甘武器，并严防私售。未识军部已办理否？并希见告。等由。

准此，查原电所陈处理行辕武器办法，尚属妥当，拟请钧院准予照办。至军政部电章镇中注意行辕到甘武器并严防私售一节，前准重庆委员长行营据报函告到会，当经转电赵专使知照在案。现军政部对此案已否办理，亦请钧院令饬该部查复电示，以凭电复。是否之处，理合具文呈请察核示遵。谨呈

行政院

全衔　吴〇〇

〔国民政府蒙藏委员会档案〕

34. 行政院核准处理班禅行辕武器办法致蒙藏委员会指令

（1938年3月20日）

行政院指令　汉字第1293号

令蒙藏委员会

二十七年三月十四日密藏字第一八九号呈报处理班禅行辕武器办法由。

呈悉。应准照办。已径电行辕，并饬军政部知照。仰即转饬该专使遵照办理。此令。

致班禅行辕电文一件，抄发。

中华民国二十七年三月二十日

〔国民政府蒙藏委员会档案〕

35. 蒙藏委员会为班禅治丧费已具领致西陲宣化使公署电

（1938年3月28日）

电　藏字第1083号

甘孜。西陲宣化使公署公鉴：

密。班禅大师治丧费一万元业经领到，除已交罗桑坚赞处长具领外，特此电达。

蒙藏委员会。俭。藏。印

〔国民政府蒙藏委员会档案〕

36. 蒙藏委员会筹拟班禅圆寂善后办法致行政院呈

(1938年4月12日)

呈 密藏字第199号

呈为班禅大师圆寂筹拟善后办法，恳请鉴核令遵事。

查西陲宣化使、护国宣化广慧大师班禅额尔德尼回藏途次，于上年十二月一日在青海玉树圆寂。当经护送禅回藏专使赵守钰与护国宣化广慧大师班禅行辕商妥，电请即日移佛榇至康定治丧，已奉钧院令准照办。并同时呈请国民政府明令褒扬，追赠护国宣化广慧圆觉大师封号；发给治丧费一万元；特派考试院院长戴传贤前往康定致祭；在重庆择期追荐。各在案。

现班禅灵榇已于一月十八日运抵甘孜，因施行防腐工作，暂停该地唪经供养。治丧费已由本会代领转发。追荐会已照案举行，戴院长亦行将启程赴康致祭。所有班禅圆寂善后一切事宜，亟应速加筹拟，期获解决，以安西陲。

查班禅大师为陈述藏情，倾心祖国，于民国十二年离藏，入锡中土，三莅首都，中枢优礼有加，国难发生后，跋涉宣化，不辞辛劳，边氓感戴备至。政府嘉其忠诚，依畀甚殷，待遇尤厚。除年俸公费每年四十余万元外，所属驻京、平各办事处，西藏补习学校等，每年尚另拨共约八万余元；及二十四年班禅决定回藏，复由政府核拨旅费八十万元，合之不下数百万元。更因班禅回藏而有护送专使行署之设置，仪仗队之派遣，所费亦数十百万元。盖国难如此严重，而政府仍勉支巨费者，固不仅尊重班禅之地位，且亦以示怀远而固西陲也。因此，班禅所属机关，如西陲宣化使公署、护国宣化广慧大师班禅行辕、驻京、平等地各办事处、各通讯处、无线电台、补习学校之类，组织既颇复杂，而回藏途中所随堪布人员、卫士、徒役、法器、财物、行李，驮运之属，数目亦极繁多。盖以中途圆寂，此后灵榇之回藏，所属机关之调整、人员之安置、后事之料理等一切重要问题，均应于此时统筹规划，期得妥善解决，以示优厚而怀远人。

撮要言之，处理之法，拟将西陲宣化使公署限期裁撤，保留护国宣化广慧大师班禅行辕之组织，以调整其机关，安置其随从，并办理班禅圆寂一切善后事宜。而于护送班禅回藏专使行署及仪仗队，则拟于戴院长赴康致祭后，分别裁撤调回，则数年来之班禅回藏案，大体可告一段落。而政府因尊崇班佛，注意西陲十余年来所用之苦心与巨费，亦不致因大师之示寂而尽弃前功矣。

谨本此旨条拟处理意见于后：

一、西陲宣化使公署

查该署成立于民国二十一年，其经费即以护国宣化广慧大师班禅行辕之大师年俸（每月一万元）及办事费（每月三万元）混合支配。“一·二八”以后，照原数九五折发，每月实领三万八千元。惟西陲宣化使之名义及其工作，乃中央因班禅大师之位望而给予。现班禅圆寂，任务终了，西陲宣化使公署自应予以裁撤。惟为佛榇回藏及办理善后较臻便利计，拟请从决定裁撤之日起，准予继续维持三个月至六个月，再行结束。

一、护国宣化广慧大师班禅行辕之保留

查班禅所属机关十余处，随从各级人员二千余名。西陲宣化使署裁撤后，拟请保留护国宣化广慧大师班禅行辕之组织，以调整其所属机关，安置其随从人员，料理其善后事务，俾拥护中央、矢志内向者不至失望，而班禅后事亦有所托。盖班禅原有西陲宣化使公署及护国宣化广慧大师班禅行辕两最高机关，其经费亦系混合分配。而西陲宣化使公署为特设机关，有临时性质，应随此辈班禅之圆寂而裁撤。护国宣化广慧大师班禅行辕，则为常设机关，有永久性质，转世班禅可以承袭，保留此项组织，于理既顺，于事亦便。其经费拟请仍以其实领之原有办事费一万九千六百元充之。至班禅年俸每月足领一万元，拟请准予继续领至西陲宣化使署正式结束之日为止。

一、班禅驻京、平、成、渝、康、青、绥各办事处，驻沪、印各通讯处

查以上各处，除京、平两办事处经费系由政府拨给外，其余各处系班禅行辕自行拨款设立，无案可稽，可不过问。班禅驻平办事处经费，自北平失陷即已停发，自应予以裁撤。惟班禅驻京办事处为后藏与中央联系之惟一机关，不容中断，拟请继续维持其存在。

一、班禅驻京办事处附设补习学校

查该校系班禅大师提倡设立，原在南京，每月由政府拨给经费一千四百八十元，专收西藏来内地之青年学生。国府迁渝之顷，据报该校亦移至西宁继续办理。拟请准予照旧续办，以重边疆教育。

一、西陲宣化使署无线电台

查班禅有无线电台三座，分置于甘孜、青海、重庆三处，自由通电，其经费系由西陲宣化使署拨给。如何处置，拟请仍俟由护国宣化广慧大师班禅行辕拟定办法，呈候核定。

一、西陲宣化使署武器

查此项武器，业由班禅大师遗嘱献与中央，自应照此处理。已由钧院分别电令赵专使守钰及班禅行辕先行点验，仍交该行辕保存，俟戴院长到康时，再行处理。惟行辕方面尚未允点验。此事关系西陲治安，拟请照案办理，先行点验保存，俟戴院长到康，斟

酌实际情形，再行呈候处理。

一、班禅灵榇回藏办法

查班佛灵榇回藏办法，将由班禅行辕直接向藏方商洽，随时将接洽情形呈报核定。将来政府酌派人员送至现在藏军驻地。已奉钧院三月八日汉字第一一五一号指令准予照办。并已由本会分别转电赵专使及班禅行辕知照在案。

一、班禅卫队

查此项卫队约数百名，拟请班禅行辕斟酌处理，呈候核办。

一、班禅财产遗物之保管

查班禅财产器物，向由班禅行辕自行保管料理，政府无案可稽，亦从未过问。此后班禅财产遗物之保管料理，拟请仍由该行辕照旧负责。

一、护送班禅回藏专使行署

查该行署已奉钧院汉字第一三一一号指令迅办结束，并已由本会转电知照在案。惟赵专使护送班佛，熟习各方情形，现正奉令点验班禅行辕武器。戴院长亦即将起程赴甘致祭。所有到甘处理班禅一切善后事宜，尤赖该专使之协助。故本会曾于三月十四日以密藏字第一九〇号呈请暂缓结束。兹拟仍请准俟该专使点清武器，戴院长赴康致祭后，该专署始行结束。至将来结束后，所有该署未了事宜，统应令由西康建省委员会负责处理。

一、护送班禅回藏仪仗队

查该队原系军政部令由宪兵司令部选派。月前军政部已电令该队调回长沙整理。本会以戴院长赴康致祭在即，曾于二月二十一日以密藏字第一八一号呈请暂缓内移，并于三月十七日以密藏字第一九一号呈请电知军政部在案。顷准魏秘书长函抄军政部何部长东鄂务防代电略开：护送班禅仪仗队，俟戴院长赴康致祭后再行调回，已转电长沙谷司令遵照。等语。拟请照案办理。

以上十一端，均系班禅善后问题中急待解决之要事。如尚有

其他事项，自当随时续呈。所有条拟各项处理意见，是否有当，理合呈请鉴核，指令遵行。谨呈

行政院院长孔

中华民国二十七年四月十二日

〔国民政府蒙藏委员会档案〕

37．班禅圆寂善后办法案审查会记录

（1938年4月22日）

1．地点：汉口四明银行三楼行政院办事处。

2．时间：二十七年四月二十二日上午九时。

3．出席：内政部张继周，军政部徐均良，财政部李傥，教育部郭运峰，交通部徐百揆、姜嘉猷，蒙藏委员会周昆田，行政院胡迈、端木恺。

4．列席：军事委员会张民权。

5．主席：端木恺。

6．记录：赵恒荣。

7．审查意见：

查蒙藏委员会所拟办法：其于中央已往优礼班禅之本旨及今后对西藏之关系，均能相当顾及。其中有稍须变更之处，谨将审查意见分列如左：

一、西陲宣化使公署应予裁撤。

二、班禅行辕暂予保留，办公费照发。

三、班禅年俸停发，应否另行酌给抚慰金，请院会决定。

四、班禅驻京办事处仍予保留。

五、班禅驻京办事处附设补习学校，由教育部及蒙藏委员会会同查明，拟具办法呈核。

六、西陲宣化使公署无线电台，其原由交通部发给者，仍由交通部处理，余由班禅行辕拟具办法呈核。

七、护送专使行署，俟戴院长赴甘孜致祭后即行结束，仪仗队亦即于同时撤回，行署及仪仗队经费，均就原有核定数目统筹核拨。

八、其余各项，均照蒙藏委员会原拟办法办理。

〔国民政府蒙藏委员会档案〕

38. 班禅行辕堪布会议厅为点验武器日期致吴忠信电

(1938年8月17日)

蒙藏委员会吴委员长勋鉴：

铣电敬悉。德密。关于点验武器一案，本应遵即办理。适因前藏僧侣代表来甘致祭大师，在此期间，事关中央威信及各方观感，曾面请专使延期点验。该代表等昨已竣回藏，即于删日具造枪弹数目清册函送专使。顷准函复，定于巧日会同点报，知注奉复，诸乞垂察是祷。

班禅行辕堪布会议厅叩。筱。印

〔国民政府蒙藏委员会档案〕

39. 护送专使行署呈送堪厅武器清册致蒙藏委员会函

(1938年8月20日)

敬启者：

关于班禅行辕武器点验一案，业将点验情形皓日电陈在卷，除照录清册一份存署外，兹将原册两份备函送达，希即查收存转见复为荷。此致

蒙藏委员会

附班禅行辕武器清册二份

特派护送班禅大师回藏专使行署启

八月二十日

以上合计各色步枪为一七九〇枝，各色马枪为一一九枝，盒子枪为二四〇枝，机枪为三四枝，手提机关枪为一〇五枝，冲锋机枪为二四枝，迫击炮为六枝，山炮为四枝，零件二四箱。

以上合计各色步枪子弹为二一七六〇〇发，盒子枪弹为四八〇〇〇，各色机枪子弹二一〇〇〇发，冲锋枪弹七〇〇〇发，手提机关枪三一五〇〇，山炮弹一一九〇发，迫击炮弹五二八发，手炸弹四一八箱，自来火三四箱，零件一八箱，大炮驮鞍五一箱。

中华民国二十七年七月十五日

〔国民政府蒙藏委员会档案〕

40. 蒙藏委员会为点验堪厅武器案业已结束致行政院呈

（1938年8月26日）

呈　藏字第2282号

案准护送班禅回藏专使赵守钰电内开：查班禅行辕武器清册，于本月铣日送署，除其卫士队员役自卫及曾运往藏地者外，册列共计各色步枪1790枝，马枪119枝，盒子枪240枝，手提机枪105枝，各色机枪34枝，冲锋机枪24枝，迫炮6门，山炮4门，零件24箱；各色步枪子弹217600发，盒子枪弹48000发，各色机枪子弹21000发，冲锋机枪弹7000发，手提机枪弹31500发，山炮弹1190发，迫炮弹528发，手榴弹418箱，引信34箱，零件18箱，大炮驮鞍及零件51箱。当于巧日派本署事务主任陈子安等前往点验。旋据该员等报称：职等于本日上午九时至行署军需处，会同该处代处长尼烔等点验兵器弹药，除册注有山炮4门，迫【击】炮4门系存玉树然拉寺，步枪1000枝，马枪96枝，子弹55000发存西康建委会，手榴弹200箱存青海台及诺尔外，余均对册点验无异。其册列名称，间有错误，当予更正；保存不周之处，亦告以注意改善。等语。查点验武器一案，延时甚久，现幸告一

段落。关于其他未了事宜，业准贵会存转外，相应电达，即希查照。等语。准此，除电复外，理合备文呈报，仰乞鉴察。谨呈
行政院院长孔

全衔

〔国民政府蒙藏委员会档案〕

41. 班禅堪厅与噶厦接洽班灵返藏电

（1938年9月7日）

蒙藏委员会吴委员长钧鉴：

德密。前由京处转到贵会公函转录国防最高会议审查决定第八项第二条开：班禅灵榇由班禅行辕直接向藏方商洽，随时将接洽情形呈报核定，将来由政府酌派人员送至边境。等因。奉此，跟即函电前藏噶厦接洽大师灵榇入藏及实现佛座在时所允各保障条件。迄今数月，未荷赐复，是以无从呈报，只得电前藏派驻后藏之札萨，托彼转催噶厦。兹接复电节称：班佛法身如确定回藏，即请先期电示，俟到藏境，一切供应、人马、夫役，定照旧例由藏政府承认筹备。等语。

同人亦切盼西移，究应如何进行，敬候核示祗遵。

班禅行辕堪布会议厅叩。阳。印

〔国民政府蒙藏委员会档案〕

42. 戴传贤陈报致祭班禅大师情形呈（摘录）

（1938年11月23日）

呈为陈报奉命前往甘孜致祭护国宣化广慧大师班禅额尔德尼，觉性圆明，志行精卓。早岁翊赞统一，懋著功勋，比年阐教西陲，勤宣德化，边民感戴，称颂翕然。方期兼程回藏，振导祥和，永资矜式。乃以忧国积劳，遽而圆寂。眷怀勋勩，震掉弥深。应予特令褒扬，追赠护国宣化广慧圆觉大师封号，并著给治丧费

一万元，特派考试院院长戴传贤前往康定致祭，用示国家笃念殊勋之至意。此令。等因。由文官处录令函达查照。

正在筹备起程间，行政院转据蒙藏委员会呈报：班禅遗体移抵甘孜后，实难再扛康定，电经文官处转陈，奉主席（钧座）谕：函戴院长改往甘孜致祭。等因。本年四月八日复由文官处函达前来。〇〇闻命之余，深以此行任务虽甚单纯，而于绥怀边远，不无关系。因之日夜警惕，陨越滋惧。自出发以至藏事，翼翼小心，事事敬慎，幸托国家威德，完成使命。所至之处，人民感悦。兹谨将经过情形，胪陈概略如次：

一、组织行辕　传贤奉派以考试院院长本职代表中央赴甘孜致祭。路程虽近，而地属边陲，与往来于交通便利之地者不同，应组织考试院院长行辕，以便办公。行辕组织，设总参赞一人，参赞无定额，以资赞襄；设秘书处，分总务、文书、交际、警卫、卫生五组，分司职务。置无线电台，俾沿途与中央通信便利。电台及管理人员，皆由交通部借用。

二、任用人员　此行所至之地，系属边区，必须人望素孚，熟习边情人员襄助一切。先后奉钧府明令，简派西康建省委员会委员向传义任行辕总参赞，前蒙藏委员会总务处处长陈敬修任行辕秘书，蒙藏委员会委员马鹤天、刘家驹、藏事处处长孔庆宗任行辕参赞，此外，行辕秘书处人员，除中途需要临时就地遴派适当人员充任外，多系就考试院人员或蒙藏委员会所派随行人员中酌派。而本院秘书长许崇灏，简任秘书陈天锡，均经派令随行。秘书长许崇灏主持行辕秘书处全部事务，秘书陈天锡办理机要事宜。至沿途警卫人选，酌派院警，并借调中央宪兵团一排担任。行辕人员，凡系现任、有薪俸可领者，均不另支薪。惟低级人员，于差竣时，酌量情形，给予补助费。

三、筹备事物　甘孜位居康北，地较辽远，旅行需要、因交通不便，气候殊异，凡食衣住行之物品，皆须有所准备。关于普通旅行应用以及沿途施散药品，尤在所必需。至于远近喇嘛、土司前来迎谒，一切赠物赏品、奖赏银款等项，亦不得不有所准备。此项费用占最大宗。其内容繁复，非简单所能尽述。已分别于经费支付计算书案内列明，兹不具陈。

……

五、致祭典礼　致祭班禅大师，事关国家大典，○○督率在事人员，恪恭将事，经过各县，地方有司均能克尽职分；西康建省委员会先事绸缪，临事周洽，诚恳备至。自康定北进，二十四军师长唐英率队同行，长途警戒，一切平安。二十四军军部副官处处长周文藻自○○行抵泸定，即奉派来迎，由康定至甘孜，由甘孜返成都，来去三千里，沿途照料，辛勤周至。而西康省立医院院长谭祖烈加入行辕，往返甘、康，协助施医施药，工作至为热心。○○到达甘孜，即择吉于八月八日为代表国民政府(钧府)致祭班禅大师之期。先期相度地点，布置甘孜寺大殿为礼堂。当定陪祭人员为护送班禅大师回藏专使赵守钰、二十四军师长唐英、行辕总参赞、秘书长四人，与祭人员为行辕简任人员及当地县长、军队长官。致祭典礼必诚必敬，礼成之后，继以布施，官民僧俗人等虔肃至诚，敬瞻大典，莫不欢悦，感激中央敬教怀远之至意。

……

十一、经费开支　此行开始筹备在本年三月，截至九月底止，全部结束。经费之开支，其由○○在考试院及所属之考选委员会、铨叙部内设法筹垫者，现已结算清楚，计实支总数为十万零九千余元。内中用于祭典者约五千元，用于备办礼品者约二万零元，用于备办旅行需要物品者约一万零元，用于运输及伙食者约四万六千余元，用于奖恤者约九千元，用于员役薪饷者约五千余元，用于办公部分者约七千元，用于捐助地方公益及汇水招待等项者约三千余元。经造具经费计算书，连同单据，由本院秘书处函送蒙藏委员会依法请核销。其事实确属需要，而院、会、部筹垫不及之款，悉由〇〇个人设法挪借，其数与院、会、部所筹垫者，亦相差不远。惟收支既未用行辕名义，自不在呈报之列。

……

〔国民政府蒙藏委员会档案〕

43. 吴忠信为班禅行辕与噶厦交涉班灵返藏情形致刘文辉电

(1938年12月5日)

电 藏字第648号

康定。刘委员长自乾兄勋鉴：

卫密。查班禅遗榇回藏事，前准班禅行辕拟具办法三项：(一)中央特派大员统率重兵护送佛榇回藏；(二)明令西康当局会同赵专使酌派兵力护送回藏；(三)由行辕自行设法护送回藏，所有与前藏方面一切交涉亦当自行妥商办理。等语。当经呈奉院令采纳第三项办法，并转知该行辕与前藏方面进行交涉。各在案。所有交涉情形，据报已得前藏派驻扎什伦布之扎萨喇嘛复电略称：如佛体决定回藏，入藏境后，当照旧例供给人马、夫役。等语。本会以噶厦方面迄未表示意见，深恐中途发生枝节，现除仍由该行辕继续交涉，俟得结果再定处理办法外，今在此交涉未臻妥善之前，关于安全之保障、秩序之维持，务请吾兄饬属注意，免生事端为荷。

弟吴。印。巳支

〔国民政府蒙藏委员会档案〕

44. 蒙藏委员会报告护送班禅回藏全案经过情形致军委会等呈稿

(1939年3月9日)

查班禅圆寂一案，在抗战期中，与安定西藏关系至切，故本会处理其善后各事，极为慎重。西陲宣化使署裁撤后，办事费悉数移拨班禅行辕，并特准免予再度紧缩，尤见待遇之优渥。维持其原有组织，即所以安置其随从人员。至班禅灵榇回藏，亦经依照班禅行辕所提第三项办法，呈奉核定，由该行辕径向藏当局进行交涉中，将来如有滞碍，再呈由本会接洽，以期达到目的。

目前善后案内，急待解决之事，厥为班禅行辕武器之处理。按照班禅遗嘱：宣化使署枪枝，除卫士队及员役自卫者外，其余献与中央，共济国难。本会曾依据此意，拟具处理办法，呈准由赵专使会同班禅行辕点验。而班禅行辕对于点验一事，一再推延，赵专使以内返在即，几经催促，始由班禅行辕造送武器清册，经专使行署派员照册点报后，复由钧院、行政院电赵专使将点验武器运送中央，终以该行辕不肯即时交出，此案未能结束。护送专使行署撤销后，即由刘委员长文辉遵令负责办理。近据班禅行辕一月铣电，已电康定罗桑坚赞委员与刘主席面洽在案。近据情报，行辕武器，觊觎固守，情势日紧，若再不图解决，难免发生意外。

班禅行辕武器究有若干，迄难知其确数，外界传说，各色步、马枪至少有五、六千枝。但闻有运藏被扣者，有暗中散失者，有中途被劫者。至经赵专使点验呈报者，除现存山炮四门、迫击炮六门及各种弹件外，各色步、马枪一项仅二千三百余枝。其储存地点，有寄存青、康两省黄教寺庙者，有寄存西康建省委员会者，亦有机、柄分卸各置一地者。此种械弹，留落边地，实非所宜。兹拟处理办法如下：

一、仍照班禅遗嘱献呈中央，由军政部派员点收运输，以作抗战之用。

二、依重庆行营主张，拨交刘主席文辉，或依赵专使意见，分交青、康两省当局。

三、维持现状，仍存班禅行辕，电令刘主席负责保护。

以上办法四〔三〕项，究以何者为妥，本会未敢擅专，理合附缮班禅圆寂善后案办理经过，备文呈请，仰祈鉴核示遵，以便进行商洽。俟有端倪，再行呈请明令处理。至班禅行辕卫队，亦拟照案电请该行辕酌量处理，呈候核办。谨呈

军事委员会委员长蒋

行政院院长孔

计附呈班禅圆寂善后案办理经过一份。

（全衔） 吴〇〇

中华民国　　年　　月　　日

附：班禅圆寂善后案办理经过

西陲宣化使、护国宣化广慧大师班禅额尔德尼，以西藏机缘成熟，于民国二十五年九月由甘肃拉卜楞寺进驻玉树，筹备入藏。次年八月启锡，中央特派护送专使赵守钰率仪仗队随行，不幸于是年十二月一日圆寂于玉树行辕。中央笃念忠勋，尊崇教主，饰终令典，备极优隆。办理善后，尤见郑重。兹将经过情形，略述于次：

一、班禅圆寂后之处理

班禅圆寂后，当由护送回藏专使赵守钰及护国宣化广慧大师班禅行辕电会，呈商妥电请即日移佛榇至康定治丧。即经本会拟具处理办法，呈请行政院转呈国民政府核定褒恤班禅大师办法五项：（一）国民政府明令褒扬；（二）追赠护国宣化广慧圆觉大师封号；（三）发给治丧费一万元；（四）特派考试院院长戴传贤前往康定致祭；（五）在重庆择期追荐。以上各项，业经先后遵令分别办理完结，呈报在案。

二、班禅圆寂善后案办理经过情形

甲、善后办法之决定

班禅佛体于二十七年一月十八日，由玉树移抵甘孜，电请奉准暂停该地唪经供养，戴院长亦奉令改赴甘孜致祭。但班禅圆寂

后，其所属机关，如西陲宣化公署、护国宣化广慧大师班禅行辕、驻京、平等地各办事处、各通讯处、无线电台、补习学校之类，组织既颇复杂，而回藏途中所带堪布人员、卫士、徒役，所携法器、枪弹、财物、行李、驮运之属，数目亦甚感繁多。此后佛体之回藏，所属机关之调整、人员之安置、后事之料理，均不可不统筹规划，期得妥善解决。受由本会条拟处理意见，呈奉行政院四月二十九日汉字第一八二九号指令开：呈悉。案经饬据该会及关系各部审查报告，提出本院第三六零次会议决议：照审查意见通过，拨款三万元，由戴院长犒慰班禅随侍人员，除函达军事委员会，并令知内政、军政、财政、教育、交通五部，关于经费部分仍送请国防最高会议秘书处转陈核定外，仰即遵照。审查会议纪录抄发。此令。等语。审查会议纪录原文如下：查蒙藏委员会所拟办法，于中央已〔以〕往优礼班禅之本旨及今后对西藏之关系，均能相当顾及。其中有稍须变更之处，谨将审查意见分列如左：（一）西陲宣化使公署应予裁撤；（二）班禅行辕暂予保留，办公费照发；（三）班禅年俸停发，应否酌给抚慰金，请院会决定；（四）班禅驻京办事处仍予保留；（五）班禅驻京办事处附设补习学校，由教育部及蒙藏委员会会同查明，拟具办法呈核；（六）西陲宣化使公署无线电台，其原由交通部发给者，仍由交通部处理，余由班禅行辕拟具办法呈核；（七）护送专使行署，俟戴院长赴甘孜致祭后，即行结束，仪仗队亦即于同时撤回，行署及仪仗队经费均就原有核定数目，统筹核拨；（八）其余各项均照蒙藏委员会原拟办法办理。等因。查审查会议第八项所称蒙藏委员会原拟办法，包括四项：（1）西陲宣化使公署武器，应照班禅遗嘱献与中央，由赵专使会同行辕先行呈验，俟戴院长抵康后，斟酌情形，呈候处理；（2）班禅灵榇，已呈奉行政院核准由班禅行辕直接向藏方商洽，随时将接洽情形呈报核定，将来由政府酌派人员送至藏军驻防之境界；（3）班禅卫队，由班禅行辕酌量处理，呈候核办；（4）班禅财产及遗物，仍由班禅行辕照旧负责保管。此善后办法第一次全案决定之经过情形也。

旋于二十七年五月十九日，奉行政院汉字二一七一号训令，略谓：国防最高会议将前列各项办法交财政专门委员会审查报告结果，认为行政院所议办法，尚须补充，经修改如次：（一）西陲宣化使公署即行裁撤；（二）班禅行辕保留，办公费依照再度紧缩通案发给；（三）班禅年俸停发；（四）班禅驻京办事处保留，仍照再度紧缩案发给经费。（五）、（六）、（七）、（八）各项，悉照院议未加修正，另增（九）行政院拟拨三万元犒慰班禅随侍人员照发。并经国防最高会议常务委员第七十二次会议，照审查意见通过，即希查照饬遵。等语。时戴院长奉派前往甘孜致祭班禅大师，已出发在途，赵专使亦偕班禅行辕同驻甘孜，当由本会先后分别转电戴院长、赵专使及班禅行辕知照在案。惟关于班禅行辕及班禅驻京办事处经费，原系照再度紧缩通案发给，嗣戴院长到甘孜，察知边地情形特殊，因电中央请免予核减。经财政部根据叶秘书长楚伧抄附戴电，函请本会照呈行政院转送国防最高会议核定，以行辕六个月办事费十万零五千八百四十元，办事处六个月经费八千九百七十八元之预算，原系按照再度紧缩办法编列，兹准如所请，各予增原预算百分之七，即仍照上年度初次紧缩案，改列办事处经费为九千七百七十五元，行辕办事费为十一万七千六百元。亦经本会于十月二十四日分别函知考试院秘书处、班禅行辕，并令知班禅驻京办事处查照。此班禅圆寂善后办法全案最后决定之经过情形也。

乙、善后办法之实施情形

（一）善后办法既经决定，本会即遵照督促实施。迄至现在，业经完全照案办理者，计有下列各项：

1. 西陲宣化使公署裁撤问题、按班禅行辕电称，已于戴院长赴康致祭大师后遵令结束，所有职员亦已分别疏散或归并行辕矣。

2. 班禅行辕保留，经费照发，早经实行。盖班禅行辕与西陲宣化使署，名义虽殊，人员经费则一，若经费照旧，即撤销西陲宣化使署，于人事上亦无困难。

3. 班禅年俸，照案停发。

4. 班禅驻京办事处保留，经费照发，早经实行。

（二）其在照案进行，尚未结束者，计有下列各项：

5. 班禅驻京办事处附设补习学校，由班禅驻京办事处于二十八年一月十日呈转行辕微电，请函商教育部转呈中央准将该校移至甘孜，由行辕直接办理。云云。业由本会据函商请教育部去后。嗣于二十七日接准复称：移甘办理，尚属可行，拟请贵会转饬速将复校计划等项呈核。等语。正转令拟复中。

6. 西陲宣化使公署无线电台，据二十七年十二月十三日西藏班禅驻京办事处函本会总务处：行辕以甘孜电台机器，已承交通部甘孜无线电台送还，仍移设行辕。云云。现正由本会分函商洽办理中。

7. 护送专使行署及仪仗队，亦已照案撤回结束。复查本会所拟班禅圆寂善后办法案内，关于护送专使行署裁撤后，所有未了事宜，悉由西康建省委员会负责处理。业经行政分令遵照在案。

8. 班禅随侍人员犒慰费三万元，已于戴院长到甘孜致祭班禅大师时交由赵专使转发，掣据报销在案。

（三）第八项所包四案之办理情形：

第一案：关于西陲宣化使公署武器问题。

班禅准备回藏，因藏俗人民携枪自由及随行保卫之需要，曾自行购置武器，为善后问题中亟须妥善处理之要事。但因班禅遗嘱有行辕枪枝，除卫士队及员役自卫者外，其余献与中央，共济国难，俟余转世，再请发还之言，故本会即照此处理，呈由行政院电令赵专使守钰及班禅行辕先行点验，仍交该行辕保存。但先行点验一层，行辕颇以为难，迨戴院长到甘孜，班禅行辕始于二十七年八月十六日造具武器清册，送交专使行署，并由专署于十八日派员对册点验呈报。行政院当以皓□三电复赵使，略开：西陲宣化使署武器点检后，希即随带回京呈献，以副班禅遗嘱，未了事宜，已令刘委员长文辉负责处理。等因。但经专署派员与班禅行辕接洽，据答：仍请暂由该行辕保存，俟回藏使命完成，再遵嘱呈献中央。云云。旋戴院长离甘，赵专使率同仪仗队随即内返，办理结束，此案遂暂搁置。

第二案：关于班禅灵榇回藏问题。

佛榇应行回藏，为班禅圆寂善后案内之最重要事项。当佛体由玉树移抵甘孜之后，班禅行辕以佛体亟待施行宗教上之防腐手术，坚请准予停驻甘孜，不赴康定，并盼于藏历四月即启程回藏，并由班禅行辕堪布会议厅电会提出回藏三项办法：（一）由中央派大员率重兵护送回藏；（二）由中央明令西康当局会同赵专使派兵护送回藏；（三）由班禅行辕自行设法向前藏当局交涉回藏。请中央酌采一种。同时，赵专使亦电同前情。当经本会详加考虑，以抗战期中武力对藏，极感困难，呈奉行政院令采纳该堪布等所提第三项意见，准其向藏方直接商洽回藏，并将交涉情形随时呈候核定。已于二十七年四月五日电赵专使转知行辕堪布会议厅在案。旋接行辕九月阳电略称：遵已函电前藏噶厦接洽大师灵榇回藏及实现佛座在时所允各保障条件，迄今数月，未荷赐复，是以无从呈报，只得电前藏派驻后藏之扎萨，托彼能催噶厦。兹接复电节称：班佛法身如确定回藏，即请先期电示，俟到藏境，一切供应人马夫役，定照旧例由藏政府承认筹备。等语。同人亦切西移。究应如何进行，敬候核示。本会当于同月元日复以大师灵榇回藏，已得后藏扎萨复电，良以为慰。惟其所云各项办法，未审是否即系西藏政府之意见，俟得有确切答复时，盼再电告。去后。旋复接该行辕筱电称：查扎萨复电似得前藏政府许可，惟为慎重计，已电扎萨此案应候噶厦明文表示，俾便转呈中央核定。俟得复，即当上闻。等由。迄今已逾五月，尚未再接关于此案之文电。

第三案：关于班禅卫队之处理问题。

现在班禅灵榇尚未回藏，行辕人员仍驻甘孜，卫队似尚需要。但究拟如何处理，尚未据呈报到会。

第四案：关于班禅财物保管问题。

现仍由班禅行辕照旧负责保管。

〔国民政府蒙藏委员会档案〕

45. 班禅驻京办事处关于交涉班禅行辕奉灵回藏步骤电

（1939 年 10 月 20 日）

西藏班禅驻京办事处快邮代电　渝字第 569 号

蒙藏委员会吴委员长钧鉴：

案奉钧会文日代电开：案奉军事委员会二十八年十月八日令开：关于班禅大师灵榇回藏一案，兹据本会参议蒋致余报告，已商洽该行辕札萨大喇嘛罗桑坚赞自动声称：目前急务，惟在设法迅速运回班禅遗体入塔，只须藏方将藏方所派管理札什伦布庙之札萨撤回，由其自行管理，班禅行辕全体人员即可无条件护灵回藏。至行辕所有财产及枪炮仍留内地，不予携去。等语。核其所言，尚尽情理。再，查委员长行将入藏，对于此案亦应先详为商定办法后，与藏方妥为接洽，俾班禅灵榇早日回藏为要。等因。奉此，查蒋参议致余所称各节，是否实在，该处对于班禅大师灵榇回藏事有无其他意见，仰即克日电复为要。等因。奉此，查蒋参议致余所称各节，既未能包括全部意见，亦有不相符合之处。兹事关系重大，遵经商承班禅大师行辕堪布会议厅，谨具班禅大师行辕奉灵回藏交涉步骤，作为正式意见，随电缮呈。查该步骤列有甲、乙、丙三项。各项中有经与前藏交涉已得其明白承认之点，均加附注于后；其他各条（各项第一条所包前藏所承认各条件当然除外)，在邓柯交涉时，前藏函电，均有只要不带中央护送官兵，所提条件均可接受之表示。因大师坚持，故未成议，此须预为郑重陈明者也。该步骤甲项凡七条，为调整前后藏关系最公允之办法，如得依此洽妥，事属圆满。设若前藏不能同意，行辕为表示让步，以乙项七条为解决标准。万一前藏仍事阻碍，则行辕为顾念国家抗战艰难之际，愿以最低限度之丙项四条为暂时解决办法，俾行辕得早日奉灵回藏，以释中央西顾之忧，而安三藏僧俗之望。敬祈钧座大力主持，俾底成功，为国为藏，实深利赖。

附呈班禅大师行辕奉灵回藏交涉步骤一份。

西藏班禅驻京办事处。哿。印

附：班禅大师行辕奉灵回藏交涉步骤

(甲)

(一) 大师在世时前藏所承认各条件，应继续有效。

(二) 后藏差务，照第七世达赖所定规章支应。

(三) 后藏民兵，应全数拨归后藏管理。

(四) 为求卫藏永好计，应将昔噶孜宗与附近数宗交后藏管理，年向前藏供纳差务。

(五) 札萨喇嘛及属员应在行辕入藏前撤回。

(六) 为免卫藏纠纷，前藏永不得包庇后藏反动分子。

(七) 前藏应正式表示欢迎大师灵榇及全辕人员与中央护送官兵入藏，并照例供应牛马夫役等项。

(乙)

(一) 大师在世时前藏所承认各条件，应继续有效。

(二) 后藏差务，照第八辈班禅登必旺修时所有规章。

(三) 后藏民兵，八四制所招者，仍归后藏管理。

(四) 为免卫藏纠纷，今后前藏不得包庇后藏投奔分子。

(五) 札萨喇嘛及属员，应在行辕未入藏前撤回。

（六）后藏税务，拨作教务费用，不再补助前藏用费。

（七）欢迎大师灵榇及行辕人员与中央所派护送官员入藏，并照例支应乌拉等项。

（丙）

（一）大师在世时所承认各条件应继续有效。

（二）行辕未入藏前，应将札萨及属员撤回。

（三）后藏差务制，应照第八辈班禅时所行税则。

（四）欢迎大师灵榇及行辕与中央所派护送官员入藏，并照例支应乌拉等项。俟决定时，应由双方立字遵守，并请中央或三大寺保证之。

附注：

（甲）项第（二）（三）（四）各条，前经向前藏提出，未得承认。第（五）条札萨喇嘛撤回一节，在邓柯交涉时前藏已承认，但当时未提应在行辕入藏前撤回，故再重行补充如该条。

（乙）项第（二）条，前藏大体已承认。第（三）条前经提过，未得承认。第（六）条前经提过，前藏已允减少。

〔国民政府蒙藏委员会档案〕

46. 蒙藏委员会委员长行辕秘书处为洽商护送班禅法体回藏致噶厦函

（1940年3月16日）

公函　第129号

奉委员长谕：班禅法体亟应回藏，俾早办理入塔转世，以重教宗而尊佛法。不幸甘孜事变，班禅行辕将法体运走，现已到玉树附近，拟请中央派员护送至西藏边境，交由藏方接奉回藏，并应即与噶厦洽商。等因。相应函达，即希查照，迅予惠复，以便转陈核办为荷。此致

噶厦公所

（全衔）秘书处

中华民国二十九年三月十六日

〔国民政府蒙藏委员会档案〕

47. 蒙藏委员会委员长行辕秘书处抄送班辕奉灵回藏对前藏所提条件致噶厦公所函

（1940 年 3 月 16 日）

案奉委员长交下班禅办事处呈送班禅行辕奉灵回藏对前藏所请求之条件一册，内分（甲）、（乙）、（丙）三项，计甲项七条，乙项七条，丙项四条，附注两点。兹奉谕照抄，并附译文，函达察照。查班佛法体亟应回藏，而前、后藏原属一家，所有问题，亦应有合理之解决。班禅办事处所送各项，贵噶厦究能允办何项，或允办其中何条，统希具体迅复，以凭办理为荷。此致

噶厦公所

附班禅行辕奉灵回藏对前藏所请求之条件汉藏文各一份

（全衔）秘书处

〔国民政府蒙藏委员会档案〕

48. 噶厦按中央命令放行甘孜班禅属下人员入藏致蒙藏委员会函

（1940 年藏历 1 月 30 日）

蒙藏委员会吴委员长勋鉴：

顷由专员孔处长、张咨议接奉抄送蒋委员长电开：班禅随人于二月四日移运灵柩离甘，其在甘未能随行者，有曲湛汪堆洛布等约百余人，先行资斧遣归，并无武装，希与藏方接洽后电复。等

因。自当遵从中央命令，函达笃迈噶伦即速放行。但扎什伦布服勤人员之举止已在明鉴。此次忽然搬运灵枢离甘，起程人等现在何地，祈为调查。且班禅不远即能转世，以是灵柩及所有财物，各请令其不致遗损，能可达到西藏为感。余容续陈，祈转呈中央速复为盼。

噶厦叩。藏历庚辰正月三十日

〔国民政府蒙藏委员会档案〕

49. 行政院派赵守钰为护送班禅灵榇回藏专使电

（1940年4月11日）

重庆。特急。吴委员长礼卿：

江电悉。忠密。兹派赵守钰为护送西陲宣化使护国宣化广慧大师班禅额尔德尼灵榇回藏专使。特电知照。

行政院。真二。印

〔国民政府蒙藏委员会档案〕

50. 行政院抄送吴忠信与藏方商妥班灵回藏办法致蒙藏委员会函

（1940年4月23日）

笺函　第8596号

贵会吴委员长拉萨元月电院报告与藏方交涉班灵回藏情形，除分函军事委员会办公厅及赵专使守钰外，相应抄同原件，函达查照。

再，吴委员长江电所述各节，已径电贵会有案，不再抄送。此致

蒙藏委员会

附钞送元电乙件

行政院秘书长　魏道明

中华民国二十九年四月二十三日

抄原电

重庆。行政院钧鉴：

真（十一月）二电奉悉。密。查关于班禅灵榇回藏一案，经与藏方数次商洽，始允中央送至边界，由藏接奉西旋。现仍乞查照江电办理是幸。否则恐启纠纷，并失信用也。

忠信准明晨动身回京，并陈

吴忠信叩。元（十三日）。印

〔国民政府蒙藏委员会档案〕

51. 军委会办公厅关于班灵回藏事宜由赵守钰办理电

（1940年4月29日）

国民政府军事委员会办公厅快邮代电　办四渝字第5040号

蒙藏委员会勋鉴：

奉交下马主席步芳养府秘电，以顷据玉树马司令皓电称：昌都西藏边务司令部派财务处长田士巴、秘书王廷敏偕班辕大卓尼来玉，昨日到青，面称：此来欢迎班灵入藏，并请由我方派支预备师渡河送入藏境。等语。并带呈钧座函件，词意略同。

查前转奉中央电示：勿令班辕随便移动。在案。刻应如何办理。等语。查对于班灵，前奉钧电：密加监护，勿令随便移动。当即饬遵，并电复在案。刻田士巴等达接灵，是否属实，并如何办理，敬乞鉴核为祷。等由。除由本会电复：中央已派定赵守钰为护送班灵回藏专使，所有班灵回藏事宜，应俟赵专使到青后办理，并分电外，相应电请查照为荷。

谕。军事委员会办公厅。办四。赚（二）。印

〔国民政府蒙藏委员会档案〕

52. 班禅驻京办事处催速核示班灵奉安及行辕善后办法电

（1940年6月29日）

西藏班禅驻京办事处快邮代电　渝字第897号

蒙藏委员会吴委员长、赵副委员长钧鉴：

案查关于班禅大师灵榇回藏奉安暨行辕善后办法，经于本年五月二十五日呈送钧会转请核示在案。迄今月余，尚未奉到复示。

窃自行辕奉令暂驻青境然仰寺静待后命，深承青海马主席关照一切，行辕同人一致感念。嗣悉中央特派赵专使护灵回藏，群情欢忭。惟自移青以来，忽忽数月，近来迭接行辕堪布会议厅来电，略以行辕一部人员奉灵回藏心切，屡次要求于最短期间实现。众情迫切，势难再缓。务恳我公转请中央即予决定办法，若再延缓，本厅应付至感困难。等情。窃以中央既经派定专使，决定护灵回藏奉安，行辕人员要求亦复如此迫切；而边地行动，一过秋令，则冰雪封途，困难异常，似此种种，亟宜从速办理。特此电请钧会转请行政院将前呈大师灵榇回藏奉安暨行辕善后办法速予核示，并转促赵专使早日启程，不宜再缓，俾早奉安而免延误。不胜迫切待命之至。

罗桑坚赞。艳。印

〔国民政府蒙藏委员会档案〕

53. 班禅驻京办事处催请赵守钰速赴玉树护灵入藏电

（1940年8月26日）

蒙藏委员会吴委员长、赵副委员长钧鉴：

顷接班禅大师行辕真电开：自本年二月护灵行抵玉树，当奉钧令暂驻候命。其后前藏驻昌噶厦派嘉日色巴及本辕交涉员大卓尼等来玉，迎灵暨行辕回藏所需乌拉、柴草，均已派员备就。等语。原定阴四月启程，并迭电中枢请示。继奉行政院梗电开：派定赵专使护灵入藏，仰即静候到达，妥洽办理。等因。此间因藏方之催促，又经济、伙食之日形窘迫，连电呈恳中央令知赵专使迅速启节，否则请就近委任玉树警备司令马绍武为护送专使；如一时不应回藏，则行辕拟移西宁或香日德就食候命。数日未奉复示，殊为焦急。本午，前藏迎榇代表嘉日色巴等来辕面称：昨奉昌都噶厦谕：饬促行辕及佛榇迅即启程回藏，沿途早已派人迎候，如随带汉方官兵，则断难许其入境，希即示复。等语。候命之际，究应如何答复藏方，佛榇行止及行辕善后诸办法，候钧座速予明令祇遵，否则玉树生活过高，汇款无方，势难久持。谨掬下情，伏迄示遵为祷。等由。窃查大师灵榇奉安暨行辕善后办法，经于本年五月二十五日呈核，并于六月二十九日将行辕一部人员奉灵回藏要求迫切，及边地行动，一过秋令，则冰雪封途，困难异常等情形，电恳转促赵专使早日启程，俾早奉安而免延误各在案。兹前藏代表奉令迭促行辕及佛灵回藏，急如星火，岁月蹉跎，秋令将过，专使行程倘再稽延，势须展至明年，而行辕驻玉，接济不便，生活倍感困难情形，亦须顾及。

准电前由，特此飞电钧座，转请赵专使火速启程赴玉，护灵回藏；如赵专使短时不能成行，可否另委玉树警备司令马绍武为护送专使，就近护送，藉速行期。如有未便，则惟有恳请钧座转请行政院暂准行辕奉灵移驻西宁或香日德就食，静待后命。以上所陈三点，如何之处，敬祈鉴核转陈，训示祇遵，俾复前藏，而慰僧俗，无任屏营迫切待命之至。

罗桑坚赞。宥。印

〔国民政府蒙藏委员会档案〕

54. 蒙藏委员会为护送班灵回藏及安置班辕办法致贺耀组函

（1940年10月13日）

蒙藏委员会笺函　渝水字2058号

贵岩主任吾兄勋鉴：

顷辱惠函，附罗桑坚赞为班灵回藏事意见书一件，嘱即察核办理。等由。

查此案经本会与各关系方面接洽，现已大体决定，班灵决于本年内护送回藏，由赵专使守钰护送至青藏交界地方，改由藏方接奉西旋。至班禅随侍人员，能回藏者护灵回藏，因政治关系有留内地必要者，由中央量予位置。此项办法及所需经费正在呈请核示中。专此布复。顺祝

弟吴〇〇

〔国民政府蒙藏委员会档案〕

55. 蒙藏委员会请准护送班灵抵达地点由黑水改为嘉桑卡致行政院呈

（1940年10月13日）

蒙藏委员会呈　渝水字2057号

案查关于护送班禅灵榇回藏案，本会曾将与赵专使电商办法，附同专使行署经费及青军护送费概算，于十月四日以永水字第九一三号呈请钧院鉴核在案。

兹据本会派驻昌都调查员报告略称：朗雄噶伦密令率队迎候班禅大师灵榇之代本脚比称：将来班灵到达嘉桑卡时，除藏籍人员准其随灵西进外，其他如有中央人员、部队或青海方面部队，只

能至此为止。如有自动退回之表示，务宜尽力招待，以尽宾主之谊。如仍继续前进，不作撤退准备，应即武力阻止。等情。据此，查护送班灵回藏事，忠信前在拉萨时，曾与西藏当局商定：中央派员护送至青藏交界处，由藏方迎接西旋。赵专使在渝时，曾将此意一再面达。迨其到达西宁与马主席商议后，又主张直送后藏，当经电复以诺言在先，变更困难。嗣接来电，改为送至藏边黑水，本会未便再事坚持。按由玉树至现在藏军辖境嘉桑卡仅十日程，若进至黑水则须三十日程。藏方现既准备在嘉桑卡迎接，且据前项报告观察，意甚坚决。为早结此案，并免纠纷计，拟请钧院准将本会前呈所拟送达地点之黑水改为嘉桑卡，并径电赵专使遵照。是否有当，理合备文呈请，仰祈鉴核并案示遵为祷。谨呈

行政院院长蒋

全衔吴〇〇

中华民国二十九年十月十三日

〔国民政府蒙藏委员会档案〕

56. 行政院准护送班灵送达地点改为嘉桑卡致蒙藏委员会指令

（1940年10月17日）

行政院指令　阳字第21513号

令蒙藏委员会

二十九年十月十三日渝水字第二〇五七号呈请将前次拟具护送班禅灵榇回藏办法内所拟送达地点之黑水改为嘉桑卡并径电赵专使守钰遵照由。呈悉。准予照办，并已电饬赵专使遵照矣。此令。

院长　蒋中正

中华民国二十九年十月十七日

〔国民政府蒙藏委员会档案〕

57. 蒙藏委员会请拨班禅灵榇回藏及随从人员遣送等经费致行政院呈

(1940年10月24日)

呈 渝水字2112号

案查护送班禅灵榇回藏专使行署经费及青军护送费，业经呈奉钧院核定在案。至班灵暨随行人员回藏旅费，亟应从速决定，以免稽延行期。又前因甘孜事变随同班辕退往青海之甘、瞻各地僧俗民众，应予如何遣散安置，亦与本案有连带关系，若不并案解决，恐致另生枝节，影响班灵回藏大计。经与赵专使往复电商，谨拟定办法如下：

一、班禅灵榇及班辕人员回藏旅费，顷准赵专使电，以班禅大师在世时，中央核定其回藏经费一百万元。现在灵榇回藏，值兹抗战时期，国库支绌，益以该辕经甘变后人马大减，依照其报告人数，约计回藏者五百人，来青者二百人，拟请比照前案减半发给，即所有班灵及班辕人员回藏旅费，共发给法币五十万元。等由。查此项数目，系经赵专使按照实际情形据以估计，拟请照数核定。

二、班禅大师胞弟策觉林与后藏丁杰两呼图克图，均先后于民国二十三、四年间前来内地，迎接班禅回藏。策觉林旋赴内蒙一带说经，于去岁十一月间应召来渝，旋经中央任为监察委员；丁杰现任参政员，前于甘孜事变时，奉令随同西昌行营张主任笃伦前往康北协助调处，迨至事变告一段落，即随同张主任返渝。该呼图克图等在藏地位颇为崇高，自来内地，拥护中央，至为恳挚，现均拟随班灵一同返藏，拟请中央各给予旅费三万元，以示优惠边地宗教首领之至意。

三、后藏恩九佛于二十五年秋赴青海迎接班禅，旋奉命协助寻访十四辈达赖。甘孜事变时，曾受相当损失，困居塔尔寺，情至可悯。前准赵专使电请设法补助，拟请发给旅费三千元，俾其早日赴玉树，随班灵回藏。

四、甘孜事变发生，甘、瞻各地头人及僧俗民众随班辕退往青海，经赵专使与马主席共商安置办法。除一部分因特殊关系不便回康者，著经青海暂往中央外，余众头人等仓惶离康，损失甚巨，流落青境，为时已久，拟请发给遣散及安置费四万元，以示中央怀柔边民之至意。

以上四项，共计应需经费法币六十万三千元，均为班灵回藏事宜必要之经费，拟请钧院准予迅赐核发。理合编具概算书五份，备文呈送，仰祈鉴核转送核定，并乞令饬财政部提前垫拨，实为公便。谨呈

行政院院长蒋

计附呈班禅灵榇回藏及随行人员遣送费概算书五份〔略〕

中华民国二十九年十月二十四日

全衔　吴〇〇

〔国民政府蒙藏委员会档案〕

58. 行政院准拨班灵回藏等经费致蒙藏委员会指令

（1940年11月8日）

行政院指令　阳字23212号

令蒙藏委员会

二十九年十月二十四日渝水字第二一一二号呈送班禅灵榇回藏及随行人员遣送费概算请予核转饬提前垫拨由。

呈件均悉。案经提出本院第四八九次会议决议：第一项班灵及班辕人员回藏经费准发三十万元，余照原呈通过。除以紧急命令饬财政部令库即将班灵回藏及班辕人员回藏旅费三十万元，策觉林、丁杰两呼图克图回藏旅费各三万元。思〔恩〕九佛回藏旅

费三千元，甘、瞻各地头人及僧俗民众遣散安置费四万元，共计国币四十万零三千元，如数拨交该会转发应用，并函送主计处查核办理外，仰即知照。此令。

院长　蒋中正

中华民国二十九年十一月八日

〔国民政府蒙藏委员会档案〕

59. 罗桑坚赞为班灵遵期启行并祈迅示行辕善后办法致蒙藏委员会电

（1940年11月15日）

西藏班禅驻京办事处快邮代电　渝字第964号

蒙藏委员会委员长吴、副委员长赵钧鉴：

顷接班禅行辕虞电开：密。职等护灵移驻玉树，静候枢令，已逾八月。所有佛灵奉安及甘变善后，曾经迭电请示。惟查康、青至玉，路途遥远，加以一切行装筹办，在在均须相当时日。为遵中央命令，期于年内奉安佛灵计，已与马主席商妥，电令玉树马绍武司令就近护送。又奉赵专使文电开：顷奉中央庚电略开：班辕再事移动，诸多不便，仍以年内送至青藏交界处，由藏方接回为宜。等因。奉此，特电布达。

玉树马司令绍武为本行署参议，负责就近恭送至藏边。同时又准马司令公函，促本辕筹备，候令启行。等语。当即召集全体会议，决定：（一）遵赵专使文电，推王秘书长罗阶、大卓尼、卓尼阿普等一批员役奉灵回藏，修建金塔，定十月二十一日启行。（二）达赖、热振两佛及卫藏高僧均谓大师已在青、康境内转世，各方函占卦文，均经迎榇代表给职等负责办理。兹公推森吉堪布、刘秘书长家驹、罗处长友仁、卓尼赵旺江巴等一批员役往西宁一带寻访灵童，并拟来渝向中枢报告经过，请示善后。承玉树当局催办骑驮乌拉，现正整装以待，一俟专使复电到来，灵榇西上后，职等即行东下，务恳转陈中枢及关系当局，恳求准照，俾得早完使命，用慰僧俗之望，是所至祷。等因。

窃查前拟之班禅大师灵榇回藏奉安暨行辕善后办法，于五月二十五日呈请钧座鉴核在案。旋奉钧会渝水字第一三三一号代电节开：交赵专使守钰参考。等因。一切静候指示，未便多渎。刻佛灵即行入藏，灵童正在寻访，佛教法统之绵续，此为重要关键。行辕处境亦特困难，并以佛灵及行辕现状，电讯滞缓，真相不甚明了，一切办法若何，无日不在悬念之中。准电前由，特此恳请钧座迅予具体指示，以便转知行辕有所遵循，无任屏营待命之至。

罗桑坚赞叩。删。印

〔国民政府蒙藏委员会档案〕

60. 赵守钰报告护送班灵回藏任务完成及班辕善后处理问题致蒙藏委员会电

（1940年12月7日）

特急。重庆。蒙藏会吴委员长礼卿兄、赵副委员长芷青兄勋鉴：

护密。感日接马参军养电报称：职等护送班灵，哿晚安抵嘉桑卡，藏方觉伯代表本栽正郭拉及林残已俄那二县长来迎，马午将灵移交该代表接奉回藏，职等亦即首途返玉。同日又接辕王罗皆、大卓尼等电称：蒙派马参军护送佛灵及从人已于本月哿日平安抵达藏境嘉桑卡，马参军由此回玉。罗皆等奉灵在此休息数日，一俟乌拉备齐，继续前进。远劳护送，敬电奉闻，请释远注为祷。各等语。弟以使命完成，已于本日折返西宁。惟班辕留玉人员二百余名，现在来青途中。善后问题办理需时，而返渝暨公务又待主持。日来连奉庸公促南返，如何之处，尚祈速即商呈院座电示为盼。

再，此电及兄复电，请送中央社发表。

弟赵守钰。阳（七日）。秘。印

〔国民政府蒙藏委员会档案〕

61. 孔庆宗关于班灵抵藏暨藏政府代表检视法体情形致蒙藏委员会电

（1941年1月20日）

蒙藏委员会委员长吴钧鉴：

敬电计达。(密)。据秘书李国霖、科员苏大成自纳曲回报：班灵上月宥抵纳曲，我等冬夕赶到。藏政府代表冬致祭，本处江晨致祭后，法灵午启锡，取道杨八井赴后藏，有左右可抵札什伦布。已遵命恳切慰劳大中译、大卓尼等，护灵人员咸感中央暨吴委员长爱护德意，嘱代敬致谢忱，谓今后当与本处紧密联络，并盼处长于班灵入塔时赴后藏一行。至前到纳曲之哈萨克全部，已于上月分向北去，势力微薄，已无问题。等语。又据贡委员言：曾与藏政府代表检视班佛法体，手足、指甲、皮肤完好，确系真灵。谨闻。

职孔庆宗叩。智

〔国民政府蒙藏委员会档案〕

62. 蒙藏委员会审核班辕善后处理意见书等致行政院呈

（1941年4月22日）

呈　永水字1626号

案准赵专使守钰本年三月二十六函开：敬密启者，云云，实为公便。等由。附处理班禅行辕善后意见书一件。

查班禅灵榇既已回藏，班禅行辕有无保留之必要，必须审度周详，妥为处理。赵专使留青经年，对于班禅行辕内部情形，知之甚谂。所拟善后意见，即系根据实际情形及顾虑对于国家将来可能之影响，斟酌拟订，大体尚称妥善。惟是兹事体大，拟请钧院召集军事委员会、财政部及本会详加审查，再行核定。是否有当，理合抄附原善后意见及班禅行辕要求八项各一件，备文转呈，仰祈鉴核。谨呈

行政院院长蒋

计抄呈赵专使班禅行辕善后办法及班禅行辕要求八项各一件

全衔　吴〇〇

中华民国三十年四月二十二日

附：班禅大师行辕请求转呈中央核示行辕甘案善后办法八项

(一) 西康二十四军军长刘文辉，于二十六年吞没运经康定刘故主席湘赠送大师之步枪一千零九十五枝，及二十九年在甘孜候命奉安期间遭该军抢劫之大小枪二千五百八十枝、子弹二四一五一零零发，务恳中央严令刘文辉缴呈军事委员会。如不便发还行辕，即请转送前线，以利抗战。

(二) 行辕存留甘孜武器、公私财物全被二十四军洗劫，损失约在大洋一千五百万元。清册早经呈核。现建塔无费，继承乏物，务恳中央令饬刘军长文辉如数交呈中央，发还行辕，或予照价赔偿。内中员役、私人应得者，愿全数捐助抗建之用。

(三) 甘变时该军无端收没本辕驻康办事处之公私财物、骡马枪械等及派兵霸占康定办公处房产，事属非法，务恳请予督令交还。

(四)请照二十七年国防最高会议核定班禅大师圆寂善后办法第二条：班禅行辕保留，办公费照再度紧缩通案发给陈案，予以保留。

(五) 此次先大师灵榇及一部堪布、员兵、夫役护送回藏，沿途所需各项旅费已由行辕多方挪借垫付，敢恳中央酌予补发，以

资挹注。

（六）请中央从优发给建修大师金塔奉安费及目下派员往各方寻访灵童旅费，以示优礼大师维护佛教之至意。

（七）本辕秘书长兼蒙藏委员会委员刘家驹追随大师宣化，迄今十余年，始终一志，不无微劳，且在公余提倡社会事业，努力抗建宣传，功在西陲，同人素所钦仰。在甘案是非未判、善后待决之际，正拟来渝述职，途中突闻委员免职，殊令亲汉人士及忠于党国者灰心。务恳中央兼听明察，加恩慰勉，以励来者。

（八）行辕所属员兵、夫役及各地眷属，敢恳俯念追随大师多年，寄居内地，努力宣化，拥护党国之诚心，敬请中央随时保护，以示怀柔而慰远人。

再，随敝辕东来之甘孜、瞻化两土司及流亡民众善后，亦恳中枢作主核施。

〔国民政府蒙藏委员会档案〕

63. 行政院通过班辕善后办法致蒙藏委员会指令

（1941年5月5日）

行政院指令　勇贰字第8812号

令蒙藏委员会

三十年四月【二】十二日永水字第一〇〔六〕二六号呈转赵专使守钰班辕善后办法请核示由。呈件均悉。班辕善后经拟具办法八项提出本院第五一五次会议，决议修正通过。除电饬赵专使迅速遵办，并函达国防最高委员会秘书厅及军事委员会暨令知财政部外，仰即遵照办理。办法抄发。此令。

计抄发班禅行辕善后办法一份

院长　蒋中正

中华民国三十年五月五日

附：班禅行辕善后办法

三十年五月二十日行政院第五一五次会议通过

（一）班禅行辕善后与寻访灵童分别办理。

（二）班禅行辕及其驻外各办事处一律裁撤，惟驻京办事处暂予保留。该辕所有人员予以遣散或设法安置，其具体办法即照赵专使折呈所称，由前拨之班灵回藏费三十万元内撙节动用，实报实销。

（三）班辕裁撤后，所有卫队及武器，由军事委员会派员接收。

（四）寻访灵童，责由罗桑坚赞办理。

（五）俟灵童寻获坐床后，如有必要，再行考虑组织类似行辕之机构。至坐床典礼，另行考虑具体办法。

（六）建塔费用可酌予补助，责由罗桑坚赞拟具具体办法，并造具预算呈核。

（七）班禅行辕所提办法八项，无庸批示。

（八）上项办法报请国防最高委员会备案。

〔国民政府蒙藏委员会档案〕

64. 行政院为班辕善后办法经国防最高委员会决议准予备案致蒙藏委员会训令

（1941年7月2日）

行政院训令　勇贰字10494号

令蒙藏委员会

处理班禅行辕善后办法，业经国防最高委员会第六十次常务会议决议准予备案。兹奉国民政府三十年六月二十三日渝文密字第一〇三号训令行知到院，除分令财政部及赵专使并函达军事委员会外，合行令仰知照。此令。

院长　蒋中正

中华民国三十年七月二日

〔国民政府蒙藏委员会档案〕

65. 罗桑坚赞为建立班禅纪念塔费用致蒙藏委员会电

（1941年9月7日）

重庆。蒙藏委员会吴委员长钧鉴：

查建塔费饬职拟具具体办法并造具预算呈核。等因。奉此，自应遵办。惟查依照藏例，达赖、班禅纪念塔必须建立金塔或银塔，方足以昭隆重。过去历代对于建塔事宜，均由国家主持办理（废清乾隆时第六辈班禅纪念塔纯由国立）。惟念先大师矢忠党国垂十余年，护国绥疆，不无勋勤，中央似应建立金塔或银塔，以示优异。其金塔全部费用，以最低数额计算，约需黄金一万三千两、白银二万五千两、白洋四百五十万元；银塔全部费用，计需黄金二千两、白银四万九千两，白元〔洋〕四百万元。第缘本辕自遭甘难后，法器财物被劫净尽，建塔无力，张罗乏术。幸蒙中央在此抗战建国财用浩繁当中，补助塔费，仰见优崇先佛，无间存殁，逖闻之余，异常感激。现因灵榇奉安札什伦布已近一年，寺庙土木工程业已完成，建塔势难延缓。务恳钧座转呈中枢，准就金塔或银塔全部预算额内补助三分之二或予半数，万一库帑奇绌，则乞补助三分之一，并恳赐发金银原料，以资适用，无任感祷。

附赍建塔预算书二份，建塔图样一纸

职罗桑坚赞叩。虞。印

〔国民政府蒙藏委员会档案〕

66. 蒙藏委员会请补助建造班禅纪念塔费用致行政院呈

（1941年9月16日）

呈 永水字27914号

据罗桑坚赞虞代电称：查建塔费饬职拟具具体办法并造具预算。等因。奉此，自应遵办。惟查依照藏例，达赖、班禅纪念塔，云云。无任感祷。等情。附送建塔预算书二份过会。

案查前奉钧院三十年五月三十日勇贰字第八八一二号指令，核定班禅行辕善后办法八项，曾经本会令饬班禅驻京办事处转知班禅行辕遵照在案。其中第六项为建塔费用可酌予补助，责由罗桑坚赞拟具具体办法并造具预算呈核。兹据前情，所称过去历代班禅建塔事宜，均由国家主持办理一节，于卷无可稽考。仅班禅第六辈于清乾隆四十五年十一月患痘，圆寂于北京，清廷曾于西黄寺建造石塔，并命理藩院尚书博清额为驻藏大臣，护送舍利金龛西归，曾见于官府文书。本辈班禅生前拥护中央至为诚挚，圆寂以后，灵榇久滞甘孜，猝遭事变，财物法器丧失颇多。所请建塔费用，既经中央核准酌予补助，自应照办。惟原概算所列建塔所需黄金、白银及硬币数量甚巨，即照原代电所称银塔费用，以官价计算约需法币五百四十余万元；若以黑市计，或须十倍此数。在此抗战时期，库帑支绌，诸多困难。且黄金、白银已收归国有，硬币久已不准流通，势亦无从置办。后查第十四辈达赖坐床时，中央曾发给经费法币四十万元。此次班禅建塔费用，似可与下辈班禅坐床费合并酌发数十万元，以示中央崇佛护教之至意。是否有当，理合检同原概算一份具文转呈，仰祈鉴核。谨呈

行政院院长蒋

计附呈班禅建塔概算一份

全衔　吴○○

中华民国三十年九月十六日

〔国民政府蒙藏委员会档案〕

67. 蒙藏委员会请准予组织班禅诵经堂致行政院呈

（1941年12月6日）

呈　永水字4056号

案查关于班禅行辕善后事宜，前奉钧院核颁法八项，业经由赵专使守钰负责在青遵办理，即将竣事。惟班禅行辕人员于遣散安置之外，尚有恩久佛、森班堪布及赵旺尼等三十六员暨藏籍勤务若干名仍留青海诵经祈祷班禅转世。忠○此次赴青，迭据该员等陈诉生活困难，请予设法维持。当以班禅大师生前拥护中央，忠忱不忒，而恩久佛等又为班禅行辕纯笃之士，边人观瞻所关，似未便听其久困。经与马主席及赵专使商讨，拟请钧院准予组设班禅诵经堂一所，月拨经费一万元，俾资维持，而使彼等脱离政治，专心礼祷。一俟第十辈班禅坐床以后，此项诵经堂即行裁撤，经费亦即停发。是否有当，理合具呈，仰祈鉴核。谨呈

行政院院长蒋

全衔委员长　吴○○

〔国民政府蒙藏委员会档案〕

68. 蒙藏委员会关于准设班禅诵经堂致罗桑坚赞电

（1942年1月20日）

电　仁字283号

西宁。省政府转罗桑坚赞委员勋鉴：

号渝电计达。兹奉行政院一月七日顺贰字第190号指令组设班佛诵经堂，月拨经费一万元，至第十辈班禅坐床后裁撤案，经提

出本院第五四四次会议决议通过。除令财政部查照外，仰即知照。等因。除由会编具概算呈院并请令饬财政部先行垫拨外，特达。

弟吴〇〇智。仁。印

〔国民政府蒙藏委员会档案〕

69. 班禅堪厅感谢准组班禅诵经堂并月拨经费致蒙藏委员会代电

（1942年2月7日）

代电　第38号

重庆。蒙藏委员会吴委员长钧鉴：

顷奉智电敬悉。班佛诵经堂业蒙行政院会议通过，月拨经费一万元，饬即遵照。等因。仰见体恤边氓、逾格成全之至意。溯自班辕裁撤后，同人等日在艰难困苦之中，自维前途黯淡，无复生机。何期阳回大地，枯木重荣，要非鼎力嘘植，曷克臻此。闻命之余，感激涕零。

除遵即敬谨成立外，肃电奉谢，伏祈垂察。

罗桑坚赞、班禅堪布会议厅同叩。阳。印

〔国民政府蒙藏委员会档案〕

70. 罗桑坚赞请速发垫付班灵回藏等经费电

（1942年3月18日）

代电　第44号

重庆。蒙藏委员会吴委员长钧鉴：

窃查大师灵榇回藏旅费及寻访灵童需过费款，均由坚赞等设法告贷垫付，所有详细数目，业于去岁十一月二十五日造具清册呈请钧座核发在案。

现债主逼索债款，急如星火，坚赞等点金乏术，无法应付，满拟中央拨发，藉资归还，乃鹄候数月，益形渺茫，忧心如焚，寝馈难安。

再，查大师建塔费非赖中央补助，万不能建修成功。惟现值抗战期间，中央财用浩繁，库帑自属奇绌。然于可能范围内，酌予补助，似属轻而易举，若竟不发一文，不惟无以慰全藏僧俗喁喁企望，亦非体念大师勋勤之至意。

至于恩久佛等此次赴藏旅费，前奉钧座漾电，准予代请，无任铭感，惟迄今已久，仍未蒙赐发，殊甚焦灼。

坚赞等处此千疮百孔之中，债台既形高筑，行囊又如悬磬，一切诵经祈祷之资，皆手无所措，徬徨殷忧，无以为计。伏念钧座为直辖蒙藏之最高长官，提携救济，在钧座具有权衡，呼号诉述在坚赞等别无门径。迫不得已，敬再电恳钧座怜念下情，俯准将上项各费从速赐发，以资归债而示体恤，不胜迫切待命之至。

罗桑坚赞叩。巧。印

〔国民政府蒙藏委员会档案〕

71. 蒙藏委员会关于准发班灵回藏等经费复罗桑坚赞电

（1942年4月14日）

电　仁字1517号

西宁，塔尔寺。罗桑坚赞委员勋鉴：

巧代电诵悉。顷奉院会核定：(1) 大师灵榇及行辕人员回藏经费三十万元既已部分移作别用，准补发十五万元。(2) 建塔费准发二十万元。(3) 恩久佛等赴藏旅费准发五万元。等因。除代编追加概算并请饬财部先行垫发外，特达。

弟吴忠信。寒。仁。印

〔国民政府蒙藏委员会档案〕

72. 蒙藏委员会请增加诵经堂经费致蒋介石电

（1942年7月31日）

代电　仁字3206号

军事委员会委员长蒋钧鉴：

奉钧座本年七月十九日机秘（甲）第六七四二号手令开：班禅诵经堂经费及其行辕人员经费应照常发给。现情如何，详报。等因。遵查班禅诵经堂经费，自本年一月份起，每月一万元，全年共十二万元。前奉行政院令知，业经国防最高委员会第八十次常务会议核定，在总预算第二预备金项下动支。等因。即经函请财政部按月径拨班禅驻京办事处代领，并令知班禅驻京办事处在案。至班禅行辕经费，因该辕于三十年五月业经奉令裁撤，故经费亦自三十年七月停发。所有该行辕人员，则经赵专使守钰依照中央核定之班禅行辕善后办法，分别发给旅费予以遣散或安置。惟班禅行辕尚有一部分人员留青办理寻访灵童事宜，前项诵经堂经费即系为安置彼等生活而设。其后本会又经呈奉行政院核准：（一）补发班禅灵榇及行辕人员回藏经费十五万元；（二）发给补助班禅建塔费二十万元；（三）发给班禅行辕恩久佛、罗友仁、策觉林等赴藏旅费五万元。以上三款并由会于本年四月十四日编具追加概算，呈请行政院转送核定。奉行政院同年七月二十二日顺嘉二字第一四三七五号令知，业经国防最高委员会第八十七次常会决议如数核定。等因。复经函请财政部速拨在案。此班禅行辕裁撤及诵经堂成立后费支情形。在现下，班禅诵经堂为安置班禅随侍人员之唯一机构，预算每月一万元，在此物价高涨期中，不无困难，可否由钧座按月特予补助国币五千元至一万元之处，理合电呈，仰祈鉴核示遵。

蒙藏委员会委员长　吴〇〇叩。仁。世。印

〔国民政府蒙藏委员会档案〕

73. 蒙藏委员会关于获准增加通经堂经费致班禅驻京办事处电

（1942年8月31日）

代电　仁字3669号

西藏班禅驻京办事处鉴：

本会前以班禅诵经堂经费每月国币一万元，在此物价高涨期中，员役众多，生活或感困难，曾经呈请军事委员会每月特予补助五千元至一万元，以示优遇去后。兹奉委员长蒋未庚侍秘代电略开：仁世代电悉。班禅诵经费每月可准增拨国币五千元，已令军需署照发。希即转知洽领。等因。特电知照，仰将起领月份具报备查。

蒙藏委员会。世。印

〔国民政府蒙藏委员会档案〕

74. 戴传贤奉命致祭九世班禅大师经过报告及康行日记

（1938年11月23日）

目　　次

(1) 祭班禅大师文

维中华民国二十六年　　月　　日，国民政府主席林【森】，特派考试院院长戴【传贤】，敬存馨香，致祭于国民政府委员·西陲宣化使·护国宣化广慧圆觉大师班禅额尔德尼之灵曰：

乌呼，雪山高矗，丽水流长。笃生灵异，象教宏昌。繄维大师，来自佛国。悯念群生，现身尘域。遥遥西徼，炎胄之遗。屏藩攸赖，中土是毗。五族共和，新元启运。惟我大师，天人顺应。憬兹外力，内向中原。驰驱关塞，席不遑安。国军奠京，南北统一。飞锡来归，爱国弥切。会开蒙藏，边事借筹。讦谟辰告，卓尔远猷。宣化边氓，爰持使节。瞻谒灵光，舆情翕服。秉兹正谊，翊赞中枢。藏人渴望，拉萨回舆。衅启东邻，修罗恣纵。毒焰凶锋，人天悲恫。和平祈祷，一贯仁衷。如何一旦，示寂颛蒙。月黯金坛，风悲玉树。舍利含光，花香何处。饰终有礼，国典褒崇。降神西土，福佑尧封。民族复兴，期诸旦暮。式荐馨香，精灵永护 。尚飨。

(2) 护国宣化广慧圆觉大师班禅额尔德尼颂

敬礼大慈大悲护国宣化广慧圆觉大师班禅额尔德尼：

大哉国师，众生所怙，行健不息，如大慈父。

大哉国师，众生所恃，厚德载物，如大慈母。

大哉国师，善教善化，润音万物，和风时雨。

大哉国师，护国金刚，摩诃般若，教建仁王。

大哉国师，无量寿光，垂迹救世，福慧俱长。

大哉国师，愿力宏深，毗尼住外，三密住心。

大哉国师，普施无畏，不二法门，一行三昧。

摩诃般若，摩诃菩提，摩诃方便，摩诃威仪。

普宣觉化，广植慧根，观世自在，闻见咸钦。

宗喀真传，能仁妙心，光前裕后，十德圆成。

荒服二万，声教既同，辅小成大，觉日临空。

西起雪藏，东迄龙江，闻名皈敬，普渡慈航。
悲矣众生，夙业难净，波旬修罗，乃操世运。
大师慈悲，示嗔示疾，出吉祥寺，行化南北。
九建时轮，三晋京师，护国护教，等念等慈。
现广长舌，吐大莲花，舒金刚手，证一字阿。
随缘不变，现不恼恼，教不密密，行无方道。
昔有大圣，菩提达摩，只履西归，作无所作。
惟我大师，同体异时，不请之友，天人之师。
播菩提种，润菩提苗，所作已办，示厌尘劳。
冰坚之月，玉树之原，无言真教，大般涅槃。
至心劝请，慈悲大师，乘愿再来，救世匡时。
佛光不灭，佛寿无量，佛力无边，佛体无相。
无声警钟，今正大鸣，普告一切，佛种众生。
莫作诸恶，奉行众善，暗云即消，佛日即见。

普礼十方三世一切佛，十方三世一切法，一切贤圣清净僧，一切菩萨摩诃萨。

以此供养及劝请，回向十方诸众生，一切业障尽消除，一切善法不退转。

至我大师再来时，有缘无缘皆普度，青天白日大光明，百千万劫常遍照。

中华民国二十七年八月吉日

灌顶弟子不空金刚敬颂

（3）陈报奉命前往甘孜致祭护国宣化
广慧圆觉大师班禅额尔德尼
任务完毕经过情形呈文

呈为陈报奉命前往甘孜致祭护国宣化广慧圆觉大师班禅额尔德尼任务完毕，仅将经过情形呈请鉴核事。

民国二十六年十二月二十三日，奉国民政府、钧府令开："国民政府委员·西陲宣化使·护国宣化广慧大师班禅额尔德尼，觉性圆明，志行精卓。早岁翊赞统一，懋著功勋。比年阐教西陲，勤宣德化，边民感戴，称颂翕然。方期兼程回藏，振导祥和，永资矜式。乃以优国积劳，遽尔圆寂。眷怀勋勚，震悼弥深，应予特令褒扬，追赠护国宣化广慧圆觉大师封号，并著给治丧费一万元，特派考试院院长戴传贤前往康定致祭，用示国家笃念殊勋之至意。此令。"等因。由文官处录令函达查照。正在筹备起程间，行政院转据蒙藏委员会呈报："班禅遗体移抵甘孜后，实难再扛康定。"电经文官处转陈，奉主席、钧座谕函："戴院长改往甘孜致祭"。等因。本年四月八日复由文官处函达前来。

〇〇闻命之余，深以此行任务虽甚单纯，而于绥怀边远不无关系，因之日夜警惕，陨越滋惧。自出发以至蒇事，翼翼小心，事事敬慎。幸托国家威德，完成使命。所至之处，人民感悦。兹谨将经过情形胪陈概略如次：

一、组织行辕　　〇〇奉派以考试院院长本职代表中央赴甘孜致祭，路程虽近，而地属边陲，与往来于交通利便之地者不同，应组织考试院院长行辕，以便办公。行辕组织，设总参赞一人，参赞无定额，以资赞襄；设秘书处，分总务、文书、交际、警卫、卫生五组，分司职务；置无线电台，俾沿途与中央通信便利，电台及管理人员皆由交通部借用。

二、任用人员　　此行所至之地，系属边区，必须人望素孚，熟悉边情人员襄助一切。先后奉国民政府、钧府明令，简派西康建省委员会委员向传义任行辕总参赞，前蒙藏委员会总务处处长陈敬修任行辕秘书，蒙藏委员会委员马鹤天、刘家驹、藏事处处长孔庆宗任行辕参赞。此外，行辕秘书处人员，除中途需要，临时就地遴派适当人员充任外，多系就考试院人员或蒙藏委员会所派随行人员中酌派，而本院秘书长许崇灏、简任秘书陈天锡，均经派令随行。秘书长许崇灏主持行辕秘书处全部事务，秘书陈天锡办理机要事宜。至沿途警卫人选，酌派院警，并借调中央宪兵团一排担任。行辕人员，凡系现任有薪俸可领者，均不另支薪。惟低级人员，于差竣时，酌量情形给予补助费。

三、筹备事物　　甘孜位居康北，地较辽远，旅行需要，因交通不便，气候殊异，凡食衣住行之物品，皆须有所准备。关于普通旅行应用，以及沿途施散药品，尤在所必需。至于远近喇嘛、土官前来迎谒，一切赠物、赏品、奖赏银款等项，亦不得不有所准备。此项费用占最大宗。其内容繁复，非简单所能尽述，已分别于经费支付计算书案内列明，兹不具陈。

四、行程经过　　〇〇系于四月十九日离重庆至成都。在成都筹备事物，颇需时日，直至五月二十九日始由成都起程，即日抵雅安。六月一日由雅安出发，九日抵康定。因补充行装，等待运输牛马，时将兼旬。临行前三日，又因被马踢伤足踝，在康定医治逾半月，至七月十六日力疾北进，其时上下舆马，仍须人扶掖。八月五日行抵甘孜，二十三日由甘孜南归，九月四日至康定，十日由康定东归，十七日抵雅安。以创伤缠绵，至五十余日之久，方始平复；中间因伤致病，更兼不服水土，饮食鲜进，身体亏耗，抵雅之时困乏特甚，不得已留雅一周。二十六日回抵成都，病体未愈，而伤口仍易发现炎肿，医嘱加意调摄，至今仍未复原。至行辕各员，身体均较强健，出关以后，虽于水土亦多不服，尚不如〇〇之甚。惟归途秘书长许崇灏乘马在急流岸边滑跌落河，幸即时救起，未受重伤。秘书陈敬修因留后催促雇马，日晏赶程，乘马坠崖，伤及胁部，医疗日久，始告痊可。

五、致祭典礼　　致祭班禅大师，事关国家大典。〇〇督率在事人员恪恭将事。经过各县地方，有司均能克尽职分。西康建省委员会先事绸缪，临事周洽，诚恳备至。自康定北进，二十四军师长唐英率队同行，长途警戒，一切平安。二十四军军部副官处处长周文藻，自〇〇行抵泸定，即奉派来迎，由康定至甘孜，由甘孜返成都，来去三千里，沿途照料，辛勤周至。而西康省立医院院长谭祖烈，加入行辕，往返甘、康，协助施医施药，工作至为热心。〇〇到达甘孜，即择吉于八月八日为代表国民政府、钧府致祭班禅大师之期。先期相度地点，布置甘孜寺大殿为礼堂。当定陪祭人员为护送班禅大师回藏专使赵守钰、二十四军师长唐英、行辕总参赞、秘书长四人；与祭人员为行辕简任人员及当地县长、军队长官。致祭典礼，必诚必敬。礼成之后，继以布施。官民僧俗人等，虔肃至诚，敬瞻大典，莫不欢悦，感激中央敬教怀远之至意。

六、交通状况　　自成都至雅安，行驶汽车，当日即达。自雅安至康定，计程八站，一切运输，全恃徒步及骡马驮负。自康定至甘孜，计程十二站，一切运输，除轻行李可用骡马、人力外，全恃旄牛驮载。此路人烟稀少，来去均系露营。除二十四军师长唐英率队护送，所需人马，或向地方征发，或系该师部自备，不另计数外，行辕人马，经尽量节缩，亦已多至六百余匹。归途数虽较少，亦达去时三分之二。凡此多量牛骡马匹之需要，照例悉由地方官民支应。在当地人民供给牲畜，至诚踊跃，情殊可嘉；而关外各县县长，或老成持重，或干练有为，平日多能体恤民艰，得民爱戴，此次支差，故能迅速集事，应付裕如。

七、沿途经历　　自成都出发，经双流、新津，均为岷江流域，水利农田，备极佳美，蜀中之富，于此可观。于雅安，渡雅河。到荥经，有荥、经二水。到泸定，经铁锁桥，渡泸定河。此河上游曰大、小金川，下游曰大渡河。到道孚，有鲜曲河，一名谢楚河，源出青海，经炉霍之朱倭而下，至道孚西流入雅龙江，甘孜即居雅龙江上游。以上江河上下，均仅通筏，横渡则多恃滑筒、皮船。近来颇有地方人士、水利专家，对于蜀西金沙江以东诸水，欲尽量疏通，以兴运输舟楫之利。惟水流既畅，流量自增，下游各地有无窒碍，似须统筹，方期尽善。至所经大山，荥经、汉源之间有相岭，汉源、泸定之间有飞越岭，康定西南有折多山，自卑而高，均数十里，道路艰险，气候恶劣，山上云雾迷茫，草木蕃生。相岭、折多山，当盛暑之时，并时有冰雹，旅行之人颇感艰苦，而向来登折多山，倒毙之人夫牛马，尤频有所闻。此行幸事前注意较周，人夫中病者虽多，而死者仅只一人，其因患病在往返途中身故者四人。

八、天候土宜　　西康地处高原，气候寒冷。康定附近贡噶山，为中国罕有之高峰，其在世界已颇知名，雪顶冰川，足资考究。康定北方甲惹两峰，亦高逾万六千尺至二万尺。至道孚、炉霍间，西南沿瞻化所辖喀瓦罗里雪山，更复高逾甲惹。甘孜县治对面诸峰，均终年积雪。此行时当夏令，一日之中时异寒暑，中夜结冰，正午如夏，颇为寻常。关内泸定、康定之间，东至化林坪，西至瓦斯沟，百数十里间，气候特见温暖，凡热带、亚热带植物，如仙人掌、棕榈之属，随地皆有，而仙人掌更丛生如林，开花结实，极其繁盛。征诸汉唐典籍所载、诗人所咏，斯地在千年以前，其炎热程度或尤甚于今日。是以泸定因天候之特殊，土地种植稻、麦、菽、黍，无不相宜，而干果、水果之属，以及各种蔬菜，无不蕃茂，即其品种，亦多佳良。自康定至甘孜，沿途各县多有广大牧场，居民多以畜牧为生，农产以青稞为大宗，此为土人主要食品。其他如豆、麦、玉蜀黍之类，亦易种植，而马铃薯一宗，自法人输入此种以后，高低寒暑各地，均极适宜，其于民食，补益甚著。甘孜海拔四千五百余公尺，而豆、麦、蔬菜之属，仍颇成熟，阔叶树如杨、桦之类，成长特易。天候土宜，均不亚于北欧平原。大抵西康各地，北道河、湟，南连滇、越，山水均属纵断。长江虽东归大海，其在康地，仍属南流。故北方干冷气流与南方湿热气流，因地形影响，易于调剂，虽在海拔万余尺之高地，其草木终年尚能有五六月以上之青时者，或由于此。倘非因地势过高，低平原地之人易感喘息，本地人口又复异常稀少，则其开发当已不俟今日。常见关内沿大渡河岸，悬崖峭壁之间，亦遍种杂粮。此间农民，不能多行二三百里、越一二高山以求平广良地者，或系为气候所限，政情所隔，事非得已。至折多山以北，数百里间平原山地，多为童秃，此逼近二三百年间，既鲜战争，而人烟稀少，且属游牧，更无滥伐林木之必要，证以相岭、飞越山中村落，豹、熊、野豕，夜间群出，伤人害稼，大为民灾，是关外驿路所经之地，其森林所以罄尽者，非因人民无知，官吏失职，实由于驱除害民猛兽，以谋交通畜牧安全，证诸《虞书》所载，《孟子》所云，掌火之官，烈焚山泽，使禽兽逃匿，以与治水相辅，然后人民可得而食者，信有征矣。今后开发，其在初期，就内地惯于山耕岩处人民固有之知能，当地适宜之动植品种，保之护之，使行者安于途，住者安于业，不及十年，便足致富。至于天文、气象、地质、生物诸科之设所研究，以期为诸般事业造成科学之基础、谋不断之改进者，其为最要施设，政府必早有所筹，不俟数陈矣。

九、迎送献赐　　自出发以来，每经一地，地方文武长官，机关、部队、法团、学校等全体人员，每远道迎送。自到达康定及越折多以后，所经城治聚落，官长、士兵、寺院僧众、学校师生、各业人民，迎送支应，尤极至诚。其在远地，百千里外之寺僧、土官等，亦颇有遣使致敬，呈献方物，内向之诚，至足嘉尚。〇〇一一宣达中央德意，分别赠赏，优礼有加。

十、各种捐助　　西康自古久为中国屏藩，复为佛教化行之地。厚往薄来，古有明训，而六度四摄，首重布施，绥抚安怀，应有实惠。〇〇沿途所经，对于各县治聚落，以及寺院僧众、各业人民，捐助赏与，各应其宜，或为奖学基金，或为慈善基金，或为购置书籍仪器，或为补助学生文具，或为敬老恤贫，或为造桥修路，或为医药经费，或为寺院布施，每视其地其时之需要，定其用途。至于康定以北，沿途支差之牛、骡、马匹，到达站口，支应之水浆、柴草，于照例给价之外，另予奖赏。其照料牲畜之差民，特加赐与，慰其辛劳。每至交替之处，其受替之骡马，亦优给草料。此外，沿途施医施药，未常空过。凡此种种，竭力所能，务期有以副中央绥怀之至意。

十一、经费关支　此行开始筹备在本年三月，截至九月底止全部结束。经费之开支，其由〇〇在考试院及所属之考选委员会、铨叙部内设法筹垫者，现已结算清楚，计实支总数为十万零九千余元。内中用于祭典者约五千元，用于备办礼品者约二万零元，用于备办旅行需要物品者约一万零元，用于运输及伙食者约四万六千余元，用于奖恤者约九千元，用于员役薪饷者约五千余元，用于办公部分者约七千元，用于捐助地方公益及汇水、招待等项者约三千余元，经造具经费计算书，连同单据，由本院秘书处函送蒙藏委员会依法送请核销。其事实确属需要，而院、会、部筹垫不及之款，悉由〇〇个人设法挪借，其数与院、会、部所筹垫者亦相差不远，惟收支既未用行辕名义，自不在呈报之列。

以上各节，均为奉派致祭来往经过之大端。

至于护国宣化广慧大师班禅额尔德尼，三晋京师，护国护教，宣化边陲，卓著辛勤，五百年中，未有先例。现在此世已迁，后世未来，教下僧俗诸人，相从大师至久，沐受国恩亦大，当此艰难之局，大师法体尚在不行不止之地，对政对教处置非易，此彼等所以克诚克敬，霓望于中央之切实规画，指示机宜，俾有所秉承，克尽厥职者也。

此行行辕人员，自总参赞、秘书长以次，长途跋涉，尽心职务，备极劳苦。而总参赞向传义，曾任二十四军副军长。对于所在官长士兵，相知有素，呼应灵通，更资得力。该员原任职务，既未支领俸给，行辕量为叙俸，并以时当国难，坚辞未受，体国之诚，尤足风世，亦不敢壅于上闻。

所有奉派赴甘孜致祭护国宣化广慧圆觉大师班禅额尔德尼一切经过情形，除分呈国民政府、中央政治委员会外，理合呈请钧会、府鉴核令遵。

再，○○此次系带印前往甘孜，归抵雅安时，已令秘书长先护印回院，合并陈明。谨呈

中央政治委员会

国　民　政　府

国民政府考试院院长戴○○

（4）康行日记

中华民国二十六年十二月一日，国民政府委员·西陲宣化使·护国宣化广慧大师班禅额尔德尼，圆寂于青海省之玉树。二十三日，国民政府明令褒扬，追赠护国宣化广慧圆觉大师封号，特派考试院院长戴传贤前往康定致祭。二十七年四月间，行政院据蒙藏委员会呈报："大师遗体，移抵甘孜，难以再移康定。"呈奉主席谕："函戴院长改往甘孜致祭。"四月八日，由文官处函达知照前来。院长先后闻命，敬谨将事，深以致祭班禅大师，事关国家大典，必诚必敬，礼训昭垂。而所往之地，为自古荒服边徼，在昔仅事羁縻，未敷声教，晚近虽经建制，犹待设施，中枢大员莅临此地，在民国系属创见，即在清代，亦已二百年未举斯典。院长此行，任务虽属简单，究于抚绥怀柔不无关系，且以甘孜去成都不过一千六百里，而交通之不便，气候之异宜，语文之隔阂，习俗之殊异，迥非内地可比，一切筹备，均不同寻常。院长大之虑祭典之或愆，边情之难洽；小之虑事务之不举，观听之有乖，夙夜警惕，陨越滋惧。因之自奉命以至蒇事，翼翼小心，事事谨慎，幸托国家威德，完成任务，边民感悦。

兹谨将自重庆出发日起，至回中央复命日止，关于此行筹备之经过，长途之情况，出成都后各县之沿革、山川，入雅州后各

地之气候，入康境后各地之民风、物产、土宜及教育、经济情形，一一笔之于书，藉便考查，并以备治理与研究边地者之鉴观焉。

四月十九日

国府明令派向传义为考试院院长行辕总参赞，陈敬修为行辕秘书。是日，院长乘飞机由重庆飞抵成都，向总参赞及本院秘书陈天锡、警卫队队长韩树声同行，寓少城槐树街四十八号。同日，本院警卫队卫士六人亦抵成都，乃昨日由重庆搭客车来也。

二十二日

本院医务员万友竹自重庆抵成都，同寓槐树街。

二十三日

川藏电政管理局局长张骧呈报，派报务员孙家谟、顾正滐，机工唐肇华，带无线电一部，配齐机料，听候调遣，并委孙家谟为随行电台主任。以本院曾电交通部请拨，遵部令也。

二十五日

本院秘书长许崇灏携带本院印信（院长带印出差，曾经呈明国府），率同本院会计员李庆泉、书记官胡良济、书记郑铨、警卫队教练员胡桂山，行辕秘书陈敬修，蒙藏委员会处长孔庆宗、职员李国霖、陈祥麟、王信安（以上四员，除陈祥麟系由院函调外，余均由会派令随行，并请另行派以职务），宪兵排长朱为仪（该员在宪兵团任职，由院调用），并宪兵三十人，警卫队二十人，勤务六人，带行李二百二十二件，分乘汽车一辆、客车三辆、卡车三辆，由重庆抵成都。以上各员，均派令随同入康。许秘书长、胡书记官同寓槐树街，余人均住北较场中央陆军军官学校第三分校。自总参赞、秘书长以外，同行人员职务之分配，除指定陈秘书敬修任总务；陈秘书天锡任文书机要；孔庆宗派为行辕参赞，任交际；李国霖派为行辕藏文秘书，任翻译；朱为仪派为行辕警卫队副队长；李会计员庆泉兼办庶务；郑书记铨帮办庶务，及职名已有明定之职务外，余均派为办事员，随时指派任务。班禅大师行辕丁杰上人，与西陲宣化使公署秘书刘家驹，代表大师辖下全体人员，由甘孜前来欢迎。丁杰上人暂止于康定，刘家驹于三月下旬到重庆，本日亦同来成都。

二十六日

行辕秘书处开始办公。因甘孜位在西康之北，地方辽远，交通不便，气候殊异，旅程之中，凡衣食住行所需要各物品及药饵等，无一不须准备。外如远近前来迎谒之喇嘛、土官，及沿途经过、驻在各大寺庙，亦须准备赠送赏赉之礼物。院长关心当地人民疾病缺乏医药，并须充分准备沿途施散之药品。以上各件，在重庆时虽间有采购，惟大宗均须在成都备办；又随行职员，于役边地，观瞻所系，体制攸关，每人各由行辕制备制服、常礼服各一套，以期整齐；简任人员，各备官轿一乘，区分等级，以资辨识，均于是日始分别着手办理。

二十八日

刘家驹转到甘孜班禅行辕堪布会议厅来电，已派秘书赵旺、计晋美等带卫士两排赴康定欢迎，并携带院长所驻帐棚一、寝棚一、会客棚一、围墙一，及随员、卫士、当差、火房帐棚九，均系两套，以便轮流应用。此外，并带有带鞍走马四匹、骡轿一乘、驮骡走骡共十一匹，皆备由康定出关时之用。

二十九日

丁杰上人由康定至成都来迎。是日，行辕秘书处收到由重庆交公路局代运成都行李二十六件。

五月四日

派张富经为行辕办事员。

八日

行辕秘书处交新康合作社代运行李九十三件往康定，计重五千五百余斤，议定每百斤运费十八元。是日，院长因得知康定以西及南北两路喇嘛、土官、头人等，均将齐集甘孜迎候，人数较多，料重庆、成都两处所备礼品不敷应用，决扩充备办。

十日

国民政府明令授予向总参赞三等采玉勋章，据院长之请也。院长以本院秘书长曾奉国府授予三等采玉勋章，总参赞地位相等，此次一同入康襄赞祭典，不可或缺，故有此请。

十四日

由张富经、胡桂山带同卫士十人，厨夫二人，押运行李一百二十八件，乘卡车一辆往雅安。此卡车均系借自军校，自备汽油。由李国霖、王信安、陈祥麟率同宪兵四人、厨夫二人，押官轿一乘、滑竿十二乘、马四匹、马夫四人（此项马匹、马夫均系借自军校）、行李二十六件往雅安。刘家驹随员黄次书、黄举安并其勤务二人同行。此官轿夫、滑竿夫两班，共六十四人，由成都雇至甘孜，每人每月工资二十元，上路时另每人每日津贴洋三角。

十九日

国府文官处函知，国防最高会议常务委员第七十二次会议决议班禅圆寂善后办法。

二十四日

备办出发应用各物品大都就绪，院长定期本月二十九日起程入康。所有备办礼物品类，列举于下：（一）党旗、国旗（分大小二种）；（二）像片（系总理、总裁、主席、院长、班禅尊像）；（三）幢幡、宝盖、匾额等（均丝织品，或绣花纹）；（四）铜铸鎏金印章（分狮纽、象纽、螭纽三种）；（五）哈达（有六尊、三尊佛像哈达，阿西哈达，及大小四方哈达各种）；（六）各种织锦（有总理、总裁、院长尊照织锦，及各名胜风景织绵）；（七）妇女用品（如梳篦、针线、剪顶、花边，大小、颜色，种类不一）；（九〔八〕）药品（如保赤散、灭痢散、十滴水、八卦丹、万金油、头痛粉、七厘散、八厘散之类）；（十〔九〕）茶叶（有春茶、金玉茶、茶砖三种，均在雅安定购）。

二十九日（星期日）

院长本日起程前往西康，午前八时出发。随行人员，计总参赞、秘书长、陈秘书天锡、陈秘书敬修、孔参赞庆宗、李庆泉、万友竹、胡良济、郑铨、韩树声、朱为仪、孙家谟、顾正渫十三人，另宪兵二十八人（内有二人因病遣回重庆）、卫士十六人、勤务九人、厨役一人。此外同行者，有欢迎代表丁杰、刘家驹二人，并其勤务三人；又军事委员会委员长重庆行营方面派有入康调查兵要地理人员黄煜林、石和卿、汪健三人，并其书记二人，勤务三人；班禅驻京办事处人员罗友仁一人，勤务一人；前江西农学院院长董时进一人，共行李一百七十五件，分乘汽车一辆、客车一辆、卡车四辆，出南门，党政军各机关长官、各界人士及亲友，均相送于武侯祠。四十里至双流县，五十里至新津县，三次过渡，九十里到邛崃县尖站，县长何本初率同各界在东门外相迎入城，在县政府设筵款待。下午二时后起程。一百五十里至名山县，县长游辅国（字子九）迎入县政府款待茶点。四十里至雅安县之平羌渡，雅安专员王锡圭（字宇澄）、二十四军军长陈光藻（字鸿文）、与各机关长官，多在此相迎。行辕办事员张富经、王信安等，亦率同舆马在此迎候。渡江为雅安县治，各机关人员、各部队、各学校、各法团，均在此欢迎。行辕设苍平山旧雅才书院。当晚，陈副军长设筵款待。护送班禅回藏专使行署有职员陈子安、杨千三、马亚潮三人，并其勤务二人，本日亦由成都抵此，同住行辕。新津过渡，最为困难，故俗有“走尽天下路，难过新津渡”之说。此次经过，尚属顺利，大约水势大小恰到好处也。

是日，晨间微雨，旋晴霁，沿途闷热，到雅安寒暑表达九十度。

双流县，本汉蜀郡广都县地。隋改置双流县，属蜀郡。唐复分置广都县，俱属成都府。宋因之。元省广都入双流。明因之。清康熙元年并入新津县，雍正六年复置。今因之。大江在县东北，即皂江也，自温江县流入，东南入眉县界。又有流江、汶江，谓之二江，故取《蜀都赋》“带二江之双流”为县名。

新津县，为汉之犍为郡武阳县地。后周置新津县，历代因之。大江在县北，一名皂江，又名皂里江，自温江县流入，东南入眉县界。又有汶井江，在县南，即古之仆千水，自邛崃县流入，经县境天社山入大江。皂里江津之所曰新津，故县以此名。

邛崃县，为秦之临邛县。汉属蜀郡。晋改属晋原郡。宋因之。齐属晋康郡。梁置邛州。西魏置临邛郡。隋唐以后，或郡或州，迭有改易。宋曰邛州临邛郡，属成都路。元曰邛州，至元十四年立安抚司，寻罢，二十一年以州治临邛县省入，属嘉定路。明洪武九年降州为邛县，属嘉定州，成化十九年复升为州。清因之。民国后改为邛崃县。县境东南二十里有铜官山，《华阳志》所谓汉文帝以赐邓通者也。又西南八十里有邛崃山，旧志谓山脉自沈黎直走二千里至州环抱为镇山，可知荥经、汉源间之邛崃山当为主干。又有邛水，在县南，东流入新津县界，汉志临邛县有仆千水，即指此也。

名山县，为汉之青衣县，属蜀郡，后为西部都尉治。后汉延光初为属国都尉治，阳嘉二年改县曰汉嘉。蜀汉时为汉嘉郡治。晋初因之，后废。西魏始置蒙山郡。开皇间改曰名山，属邛州，仁寿间改属雅州，寻属临邛郡。唐仍属雅州。宋、元因之。明初省入州，旋复置。清因之。今亦因之。县有蒙山，《禹贡》之“蔡蒙旅平”，即此蒙山。

雅安县，旧为雅州府属附郭之县，以县境雅安山得名。汉为严道县，属蜀郡。后汉属属国都尉。蜀汉时属汉嘉郡。晋因之，永嘉后废。西魏废帝二年始置始阳县，为蒙山郡治。隋开皇十三年改曰蒙山，大业三年又改曰严道，为临邛郡治。唐为雅州治。宋、元因之。明初省县入州。清雍正七年复置雅安县，为雅州府治。今因之。县东五里有周公山，相传诸葛武侯南征梦见周公，遂为立庙于此；又名蔡山，《禹贡》之“蔡蒙旅平”，即此。蔡山能兴云吐雾，可卜晴雨。县北有平羌江，环城东流，至嘉定入岷江。旧传羌夷入寇，武侯于此平之，因名，亦即青衣江之支流，俗名雅河。

雅州府，为《禹贡》梁州之域。两汉为蜀郡地。蜀汉置汉嘉郡。晋因之，后废。西魏置蒙山郡。隋初废郡，仁寿四年置雅州，大业三年改州为临邛郡。武德元年复为雅州，开元三年置都督府（初，督羁縻十九州。天宝以后，多至五十七州，皆生獠生羌，但有州名而无县属），天宝元年改芦山郡，乾元元年复曰雅州，属剑南道。五代属蜀，置永平军节度使。宋仍曰雅州芦山郡（领羁縻州四十四），属成都路。元初曰雅州，属嘉定路，后改吐蕃宣尉司。明初以州直隶四川布政使司。清初因之，雍正七年升为府，领天全州、雅安、名山、芦山、荥经、清溪五县，新设同知，分驻打箭炉，管辖口外各土司。清末改打箭炉厅为康定府。民国后省府，改天全州，康定府为县，复改清溪县为汉源县。

三十日（星期一）

阴，气候闷热，寒暑表与昨日不相上下，夜十时后雨。

午前十时，雅安各界举行总理纪念周与欢迎会于行辕后面之广场，院长前往参加，有演讲。午后一时，各界公宴于行辕。六时后，二十四军军部高级官长亦在行辕设筵款待。院长捐助雅天段筑路工人医药费六百元，文庙、总理纪念堂修建费一千元。是日，派卢元盛任行辕办事员。自本日为始，行辕驻在地点照常举行升旗降旗仪式。

三十一日（星期二）

竟日透雨，农人望泽孔殷，既沾既足，人心大定。本日气候转寒，寒暑表降为六十余度。

是日，有行李一百二十七件，计重六千二百斤，雇骡马先行驮运往康定，派李国霖、胡桂山、陈祥麟及卫士十人押运前进，二十四军并派有部队一排护送，董时进、黄举安两君同行。雇骡马驮运至康定，不以头计，以重量计，每驮运一百二十斤，价洋十五元。罗友仁君因病，与其勤务一人折回成都。

六月一日（星期三）

午前八时，自雅安出发，军政各长官郊送如仪。四十里至观音堡尖站，尚未正午。下午一时后，继续前进，经麂子冈、麻柳场；六时，全部至达荥经县，计程五十里。县城外有河流萦绕，是为荥水。有铁索桥一道，为入县必经之处。县长王应心率同当地各机关、各法团、学校员生相迎于对岸。行辕设县政府。院长在行辕内向各学校学生有演讲。是夜，王县长与地方各机关、各法团公宴于行辕。

本日随行人员，为总参赞、秘书长、陈秘书天锡、陈秘书敬修、孔参赞庆宗、李庆泉、张富经、万友竹、胡良济、王信安、郑铨、韩树声、朱为仪、孙家谟、顾正渫、卢元盛十六人，宪兵二十八人，卫士十六人，勤务十人，厨役七人（内职员用者三人，卫士、宪兵用者四人）。指派张富经办前站，王信安管行李夫役。其同行者，除董时进君外，欢迎代表部分，较成都出发时多随员黄次书一人，勤务二人；行营部分，与成都出发时同；另加专使行署部分，职员三人，勤务二人。一行共官轿七乘，滑竿四十六乘，马三十四匹（内三十匹系向二十四军借用）。行李一百九十四件，计重七千一百三十斤，雇骡马驮运到达康定，每一百二十斤价洋十五元。其滑竿除十二乘，系由成都长雇不计外，下余三十四乘（内有二十六乘为职员、宪兵、卫士、勤务等乘坐或轮坐，余以抬运重要行李），由雅安雇至康定，每名价洋八元五角。

是日阴，下午六时后雨。寒暑表度数与昨日同。

荥经县，为汉之严道县地。蜀汉及晋属汉嘉郡地。永嘉后废。隋为严道县地。唐武德三年改置荥经县，以县南有经水，西南有荥水，故名，属雅州。宋因之。元初亦因之，后省入严道县，置巡司。明初复置，仍属雅州。清因之。县西四十里有邛崃山，半属荥经，半属清溪。山有九折坂，《汉书》王阳难其险，谢病去官，王尊叱驭驱之，一为孝子，一为忠臣，即指此也。县南九十里有瓦屋山，多灵异。《方舆胜览》载，形如瓦屋，上有念佛乌婆罗花，其岩朝现辟支，午现普贤，夜有神烘，或问禅惠大师，瓦屋何故却以木皮盖，师曰：“锦府当从机上织，剑门宁向匣中开。”县北有铜山，即汉文帝赐邓通铸钱处。荥、经水东南流入平羌江。

二日（星期四）

午前八时，自荥经出发。十七里至磨刀溪。十五里至大通桥，当地有人备茶点招待。五里至楼子铺尖站。十里至汉源管辖之凰仪堡（一名黄泥铺）宿站，此地即在大相岭之麓，行辕设于新康合作社所设之旅馆内。有汉源县所派之宋玉堂君在此招待，今年六十五，登山涉水，行所无事，甚难得也。院长对大通桥、凰仪堡小学均有捐助。

是日阴，下午雨，寒暑表六十度。

三日（星期五）

午前六时，自凰仪堡出发。登大相岭，经小关、大关，午间至长老寨尖站，计程四十五里。汉源县长邓明枢与当地绅士羊清全（字仁安），均在此相迎。午膳后，继续登山，十五里至草鞋坪，是为相岭之山顶，遇风雨。由草鞋坪下山至汉源县城，盘折甚多，最为难行，号称十里，其实不止此数。行辕设于汉源县县中学校内。当晚，邓、羊二君设筵招待。相传雅州多雨，清溪多风，而荥经苦旱，故有“清风雅雨旱荥经”之说。近闻雅、荥两邑天候已有变动，惟清溪之风尚属依然。

是日寒暑表晨间六十度，正午五十六度，到草鞋坪时四十二度，抵汉源城仍为六十度。

汉源县，古西夷莋都侯国。汉武帝元鼎六年定西夷，以莋都为沈黎郡，兼置旄牛县，天汉四年省沈黎，以旄牛属蜀郡，为西部都尉治。后汉属属国都尉。蜀汉属汉嘉郡。晋因之。永嘉后李雄据蜀，复置沈黎郡。永和中蜀平，郡废。刘宋复置沈黎郡。萧齐曰沈黎獠郡。后周开越巂，置黎州，寻废。隋开皇中置沈黎县，仁寿末兼置登州，大业初州废，分置汉源县，以县属临邛郡，后沈黎县废。唐武德元年于汉源县复置登州，九年州废，还属雅州。贞观二年以县属雋州，永徽五年还属雅州，大足元年始以县置黎州，神龙三年州废，开元四年复置，天宝初改洪源郡，乾元初复曰黎州，领羁縻五十五州，属剑南道。五代属蜀。宋曰黎州汉源郡，仍领羁縻五十四州，属成都路。元曰黎州，属吐蕃宣慰司。明洪武八年，以州治汉源县省入，改为黎州长官司，十一年升黎州安抚司，属四川布政使司，万历二十四年降为千户所，直隶四川都司。清初改曰黎大所，雍正八年改为清溪县，属雅州府。民国改名汉源县。县东之大相岭，一名相岭，即邛崃山，相传武侯南征经此，遂改今名。岭上冬春积雪，夏阴雨不绝，多风。县西北有飞越山，一名飞越岭，唐仪凤二年于下置飞越县。

四日（星期六）

午前七时半，自汉源出发。三十里至富庄尖站，在富兴小学校内午膳后前进。五十里至泥头驿（一名宜东乡）宿站，有牌坊一道，榜曰“古飞越县”。行辕设于西康省银行宜东办公处。

是日阴，午后微雨。寒暑表最高六十六度，最低六十度。

院长捐助汉源县造桥经费二百元，相岭修路工人费二百元，又捐助汉源县各学校童子军团六百元，指明专作童子军预备露营棚帐器具之用。

五日（星期日）

午前七时，自泥头驿出发。二十五里至三角坪，十五里至三道桥尖站。午膳后，上飞越岭，行二十五里至山顶隘口，过隘口即下山，为西康之泸定县界。十五里至化林坪，行辕设于第二区署。泸定县长李林(字竹修)到此迎候。此地居民百十户，设有初级小学一所，男女学生五十二人。自三角坪至化林坪数十里间，道路异常崎岖难行。院长捐助修路费一百元，对当地学校亦有捐助。

是日阴，午前十时后雨。寒暑表晨间□度。上至飞越岭上时

□度，晚间□度。

化林坪，旧为泰宁营驻扎之所。清康熙二年始设经制官兵，历有改革，初为化林坪营，后改化林协。雍正八年西藏达赖喇嘛移驻噶达，建惠远庙坐床，将化林协改设噶达地方，以资防护，名为泰宁协，酌留官兵仍驻化林坪，改协为营，另移驻官兵于打箭炉，名阜和营。雍正十三年达赖喇嘛回藏，改设泰宁、宁安、德靖三营，统率于泰宁副将，泰宁副将仍回驻化林坪，惠远庙留驻喇嘛，就近由阜和营轮派官兵驻防。乾隆四十三年将泰宁协副将改为阜和协副将，带领左营都司，并抽拨马战守兵，移驻打箭炉之阜和营，改为阜和协左营，原设泰宁协右营都司等官兵，驻扎清溪县，改为阜和协右营，原设阜和营移驻化林坪，仍旧名改为泰宁营。清末川边各土司概予改流。民国二年议以化林坪、沈边土司地设县为化林县，旋以经费不敷，并入于泸定县，在此设立区署，治理地方政务。

六日（星期一）

午前八时，自化林坪出发。由高而下，约行五六里，陟一坡陀，驮子一头跌跷岩下，所驮行李两件，略有损伤，修检移时竣事，始复前行。经兴隆场，有县立小学童子军及当地民众道左相迎，院长对之有演讲。下午一时，抵冷迹尖站，距化林坪三十里，地方民众学校师生等复有欢迎，李县长并在此招待。午膳后，摄影而行，院长对冷迹学校有捐助。四十里至泸定县，地方各界齐集远迎，二十四军军部派副官处处长周文藻（字楚三）来迎，并照料一切。蒙藏委员会委员兼护送班禅回藏专使行署参赞马鹤天，与其行署职员，及康定商会主席泰玉如、黄松乔代表民众、商会，均远道来迎。行辕设在县政府。是夜，李县长设筵款待，西康建省委员会委员韩孟钧（字文畦）亦自康定来迎。本日行程，自兴隆场过数里，有河流一道，曰泸定河，亦曰泸河，或大渡河，自北而南，上游为鱼通河，更上通大、小金川，下游为大渡河，水流甚急，不能行舟，循河之左岸，即达泸定县治。对岸往来，有铁锁桥，长三十一丈一尺，广九尺，施索九条，覆板其上，资以交通，名曰泸定桥。两岸桥头修造牌坊，建立清圣祖所制之碑文、所书之匾额，并熔铁铸牛、蜈蚣各一以镇之。此桥经始于康熙四十四年，竣功于次年，实徼外一著名之建设。惜二十四年共匪窜逃泸定，桥为所断，虽经修复，而坚固程度非复旧观。又距冷迹数里，地名佛耳岩，上系高山，时有岩石崩落，下为陡岩，水流奔放，中为行旅通行路径，甚为狭窄，行人过此，莫不惴惴。胡良济陡患腹泻，热度甚高，似系痢疾。

是日晨间微雨，旋放晴。寒暑表早晨六十八度，正午七十六度，晚间七十二度。

七日（星期二）

晴，入夜雨片刻。寒暑表早晨七十四度，正午八十度，晚间七十二度。

本日在泸定休息一日，韩委员、周处长均离泸定先归。

泸定县，为清代泸定桥巡检驻地，旧由泰宁营设汛，有把总一员，带领马战守兵分防。清末以改流之三土司地为泸定县。民国二年又以化林县并入。县治无城垣。全县分三区，据最近调查人口数，为二万八千九百余人，县治有一千三百四十余人。全县共有省立小学一所，男女学生二百人；县立小学，兴隆场一所、冷迹一所、磨西一所，共有男女学生四百十余人；此外，有短期小学十三所、初级小学十所，共有男女学生九百二十余人。当地气候温暖，种植稻、麦、菽、黍，无不相宜，而果品、蔬菜之出于此地者尤多。惟地方有麻疯病，虽磨西天主堂设有麻疯院一所，收容患者，而地小人多，势难遍及，即已经收容之隔离设备，亦颇难办理妥善。盖社会对于此病，犹多未能认识，其遗害之烈，即有严密之措施，亦为形格势禁，非如两广等处，民间自有办法，是亦今后一严重问题也。

八日（星期三）

午前七时，自泸定出发，李县长同行。过铁索桥，循泸定河右岸行，三十里至烹坝尖站，时已当午，班禅驻康办事处处长计宇结等，在短期小学校内支棚帐设筵招待。下午一时，继续前进。三十里至瓦斯沟宿站。未至瓦斯沟里许，即不循泸定河，折入一小河之右岸行。此处为康定县管辖，二十四军所部一三六师师长唐英（字永晖）及周处长均在此相迎招待。行辕设在商店之内。当地有小学一所，院长往与学生训话。对该校及烹坝学校，均有捐助。本日行程，上坡路多，下坡路少。

是日天气阴晴。寒暑表在七十五度至八十度之间。

九日（星期四）

午前七时，自瓦斯沟出发。三十里至柳杨尖站，已届午矣。途中望见雪山，气候与昨日同，过此则渐渐转寒，时有云雾掩盖山头，雨点间歇而至，并闻雷声，寒暑表低至六十度。二十里至距康定城十里之莱园坝，西康建省委员会委员段班级（字升阶）、周学昌、任乃强（字筱庄）、韩孟钧，秘书长杨永浚（字叔明），及党政军各机关、各学校、各法团全体人员，在此相迎。由此入城，经大风湾，班禅驻康办事处又在此设帐招待，当地僧众亦多在此迎候。行辕设在省立康定小学内后进。当晚，西康建省委员会负责诸君就行辕内设筵款待。是夜，行辕高级职员开会讨论办事手续，及会报办法。胡良济患痢甚剧，本日先起程到康定，入美国安息会所办之卫生疗养院医治。今日行程，从瓦斯沟至康定，仍循小河之右岸而行，几全是上坡之路，两岸皆崇山峻岭，河中则乱石嵯峨，急湍从高奔放而下，一白如银，水声更如怒吼，间有数处，水花飞溅，远望如烟，殊为奇境。自过化林坪至瓦斯沟，百余里间，时见仙人掌丛生如林，开花如金盏，而棕榈之属亦复随地可见，此皆热带亚热带之物，何乃生此高寒之地，可惊异也。入西康省境数日，经过各处，多为汉人所居，一切风尚无甚殊异。本日至康定，土著人多，首睹男女服装迥异内地，信仰佛教之喇嘛触目皆是，语文又不相通，颇似别有天地。中央法币不适用于土人，市面交易多以藏洋行使，然汉人开设之商店尚可通用。闻出康定以西，虽与汉人交易，亦必以藏洋为准。此项藏洋，有本地政府成立之造币厂随时鼓铸。是日过柳杨后，经日地，有小学一所，院长亦捐助之。

康定县，汉为蜀郡旄牛徙二徼外地，相传诸葛武侯征孟获，遣将军郭达于此造箭，因名打箭炉，亦曰炉城。唐为黎、雅二州边外地。五代孟蜀时置长河西、鱼通、宁远三安抚司。宋因之，隶雅州。元亦置安抚司，属吐蕃等处宣慰司。明永乐初，合为长河西鱼通宁远宣慰司，隶雅州。元、明之时，番人俱于此地互易茶马。自明末流寇之变，商民避兵过河，携茶贸易，而乌斯藏亦适有喇嘛到炉，彼此交易，番汉杂处，于是始有坐炉之营官，管束往来贸易诸番，清康熙初归附。旋以阻兵，讨平其地，雍正七年新设雅州府同知，分驻于此，管辖口外各土司，曰打箭炉厅。次年又有阜和营之设。初受辖于泰宁协，乾隆四十三年将泰宁协副将改为阜和协副将，带领左营都司，并抽拨马战守兵移驻阜和营，改为阜和协标左营。光绪三十四年奏设康安道，旋改打箭炉厅为康定府，以明正、孔至、鱼通三土司地为区域。民国二年改为康定县。其地在大渡河上游之左岸。《方舆胜览》云：大渡河于黎州为南边要塞之地，唐韦皋拒吐蕃，李德裕拒南诏，皆扼此水为险要，故议者谓大渡河之不守，则黎、雅、邛、嘉、成都皆扰，足以知其重要矣。宋建隆二年王全斌平蜀，以图来，朝议欲因兵威复越巂，艺祖以玉斧画此河，曰此外吾不愿有也，是以终宋之世，沦为黎、雅极边徼外。

十日（星期五）

时时降雨，间复放晴片刻。气候变动无常，寒暑表最高六十六度，最低五十八度。

院长电呈中央，报告到达康定日期，及在此整理补充行装，稍有停留。午前，往跑马山观赛马会。此会为当地习俗所固有，每年在旧历五月十三、十四两日举行，第一日为高山赛跑，第二日为平地赛跑，本日即旧历五月十三日也。午后六时，西康建省委员会以委员长刘光〔文〕辉（字自乾）名义公宴于中山街之新生活运动会，席间院长有演讲。本日秘书处对于在雅安所雇之骡马舆夫等，一律照价给清遣去。

十一日（星期六）

天气与昨日同，寒暑表最高为六十度，最低为五十六度。

午前，院长往南门外观平地赛马，连昨日高山赛跑优胜之一、二、三名，均分别给以锦标并奖品。午后四时，建省委员会招待于北门外二道桥温泉沐浴，是晚即宿于此。

十二日（星期日）

晨间雨，旋晴霁，下午四时后又大雨移时，寒暑表最高六十度，最低五十六度。

午前九时，院长归自温泉。十时，出席党政军各界及各学校、各法团之欢迎会于中山台，有演讲。下午三时，政军界高级官长公宴于秦晋会馆。

十三日（星期一）

晨阴，旋晴霁，下午三时后雨。寒暑表升降度数与昨日同。

午前八时，院长出席建省委员会扩大总理纪念周，有演讲。国府明令，派刘家驹、马鹤天、孔庆宗为行辕参赞。是日，秘书处定行李分批出发及行辕会报规则。

十四日（星期二）

竟日阴雨。寒暑表最高六十度，最低五十六度。

午前八时起，院长接见明正土司后裔甲联升、西藏商人邦达多吉代表四郎降泽、甘孜绒坝岔区长阿都翁噶代表噶玛汪珠、康定南无寺登则喇嘛、安却寺诚勒堪布代表格桑堪布桑登喇嘛。下午五时，院长招待党政军各机关、各学校、各法团领袖共六十余人茶会于行辕，听取各界报告后，有演讲。是日，秘书处点收新康合作社在成都代运来康之行李。

十五日（星期三）

晴，午后阴。寒暑表最高六十四度，最低六十度。

院长自本日为始闭关六日。是日，由秘书处函商西康建省委员会暂借该会参议王一吕来辕助理，俟由甘孜返康定即回会供职。第一批行李开始用牛皮包装，分整包、花包两种。整包系用皮全包；花包系两端包皮，中间系以牛皮筋。每牛皮一张，约可整包长二尺四寸、高宽各一尺二寸之大箱一口余，花包大箱五口，其价值藏洋八元五角，合国币三元八角余。又包工，每整包大箱两口藏洋一元，花包大箱两口半之。

十七日（星期五）

晨阴，十时后雨。寒暑表在六十度上下。

秘书处定二十日起运第一批行李。许秘书长连日患疟，本日开始针治。

十八日（星期六）

阴，间有微阳，傍晚雨。寒暑表度数与昨日不相上下。

十九日（星期日）

晴，傍晚微雨，顷刻便止。寒暑表最高六十七度，最低六十四度。

秘书处拟定行辕办事通则，并定二十五日起运第二批行李。卫士刘士桓颈后生疮溃烂，本日入卫生疗养院医治。

二十日（星期一）

晴。寒暑表升降度数与昨日同。

晨间，举行总理纪念周，秘书长主席。午前十一时，院长出关，集合全体同人摄影纪念，并赠与丁杰上人象纽金章一方。第一批行李一百九十四件本日起运，支差牛（当地对支差之牛马均称为乌拉，或乌拉牛、乌拉马）九十七头，派胡桂山、卢元盛押运，并有二十四军部队护运。差牛运费，由康定至道孚正价五元，另奖二元；由道孚至炉霍正价二元，另奖一元；由炉霍至甘孜正价二元，另奖一元，均以藏洋计。是日，得蒙藏委员会吴委员长忠信电告，丁杰上人经由会提奉中央圈定为国民参政员。

二十一日（星期二）

晴。寒暑表最高六十八度，最低六十四度。

午前，院长往南无寺（法明寺）、夺吉扎寺（金刚寺）、多乍寺、易龚寺、萨迦寺、俄巴寺、安却寺，用国礼礼佛。总参赞、陈秘书天锡、陈秘书敬修、马参赞、孔参赞随同行礼或襄礼。仪注如下：（一）肃立；（二）献花；（三）献灯；（四）献帛；（五）行最敬礼（三鞠躬），礼成。同时，秘书长代表往郭达将军庙行礼。是日，并集合各寺喇嘛于安却寺诵药师经一日，布施。午后，院长再至安却寺拜佛，改安却寺为安觉寺。

二十二日（星期三）

午前天朗气清，午后三时忽彤云密布，雨夹雪子齐下，雷声殷殷。寒暑表由六十七度降为五十八度。

午前，院长偕总参赞巡礼当地之天主堂、清真寺、安息会、真原堂、福音堂。发表派王一吕为行辕秘书，月薪一百四十元；赵旺、计晋美为行辕藏文秘书，赵旺月薪二百元，计晋美月薪一百元；刘春霖、陈吉村为行辕翻译员，刘春霖月薪三十元，在秘书处服务，陈吉村月薪二十五元，在警卫队服务。第二批起运行李本日开始包装。

二十三日（星期四）

午前阴，间有阳光，午后雷雨并下雪子，至夜未已。寒暑表最高六十二度，最低五十八度。

午前十时，院长招待学界教职员六十余人在行辕茶会，席间有演讲。

西康旧为中国版图康、藏、卫三区域中之一，从前划地分属土司，土地人民拥为私有，土司职位世及罔替，其制类似古代之封建。自清季改土归流，渐次设县，民国以来，屡经藏人之构衅，原有地域渐以缩小，现时政令所及，只在金沙江以东之康定、道孚、炉霍、甘孜、邓科、石渠、德格、白玉、巴安、义敦、得荣、瞻化、理化、定乡、稻城、雅江、九龙、泸定、丹巴十九县。而此十九县之中，土司之名虽已不存，其实之不替者所在多有。此中人口，据二十五年行政督察专员报告，估计总数为六十四万零四百人，而以西康建省委员会最近调查康定、泸定、丹巴、九龙四县人口实数相例，康定估计数三万八千人，实只二万零六百六十九人；泸定估计数五万一千三百人，实只二万八千九百四十三人；丹巴估计数三万七千七百人，实只一万四千七百六十八人；九龙估计二万三千四百人，实只一万二千一百一十五人，是实际人口当不过三十余万。

康定县治，无城垣，为四川入康南北通衢，现西康建省委员会设立于此，更成为省会之区。两山夹峙，东曰跑马山（西康土语，译义为乐顶山，犹言山上有大乐金刚也。康藏人信念，谓此山得佛圣加持，即是大乐金刚之净土坛场，与西藏之乍日灵感相似。乍日者，亦大乐坛场，每十二年始开山一次，凡朝礼者，须自负粮食，备涉艰辛。昔年宗喀巴祖师曾朝过乍日一次。而乐顶山坛场，耆老传说，学修之士，代不乏人，明代且有某大寺之五百罗汉曾在此结夏安居云）、郭达山，势甚高峻，西曰子耳坡。中有河流，其源一出大盖山西北，南流至康定，名雅拉沟；一出折多山西南，东流至康定，与雅拉沟会，复东流至瓦斯沟，入于泸定河，惜均为激湍飞流，不能利用。此地为汉藏商货总汇之区，商业较为繁盛。其中经营商务，以川、陕人为多，康籍商人多为喇嘛。其货物输入，以茶叶、米、盐、布匹、绸缎、呢绒、洋货、烟草为大宗，多来自四川；其茶、米、盐、呢绒、洋货之属，亦有来自云南、青海及西藏者。其输出货物，以羊毛、羊皮、狐皮、牛皮及药品中之鹿茸、麝香、虫草、羌活、贝母、大黄、知母、秦艽等为大宗，大都行销内地各省。康定县辖境内土地宜于畜牧，土人类多从事于牛、羊、骡、马之牧养，为取得皮毛肉食及运输耕种之用，以数量多寡分贫富。惟专供运输之驮牛，不适于康定以东之气候，故康定东行道上之运输，无驮牛之踪迹。农产物只宜于谷类之青稞，研末为糌巴，为土人最普遍之食品。他如小麦、燕麦、豌豆、玉蜀黍之类，亦可种植，但数量不多。省会人口约一万二千人，内汉籍八千余人，康籍三千余人，而康籍之中又女多于男。有中央政治学校康定分校所立之简易师范部两班，学生六十人；中学部，初中一年级一班，学生四十人；附属小学五班，学生一百七十九人。省立小学一所，内分高级一班、初级三班，学生一百三十三人。县立小学三所，计高级三班、初级十一班，学生三百一十五人。短期小学十所，学生二百八十三人。

二十四日（星期五）

午前晴，午后阴，傍晚雨。寒暑表最高六十五度，最低六十度。

午前十时，院长招待旧日政治学校、军官学校、中山大学诸同学六十余人在行辕茶会，席间有演讲。午后四时，应西康建省委员会、一三六师师部合组学术研究会之请，在新生活运动会讲演。是日，云南木里宣慰司项扎巴松典遣派鲁穰王吉队长来行辕报到，赉〔赍〕到来函，并方物。

二十五日（星期六）

晴，下午三时后阴。寒暑表最高六十七度，最低六十三度。

午前十时，院长招待当地大德及与五明学院筹备处有关之各居士共二十余人在行辕宴会，席间有演讲。下午四时，约集省党部总干事以上人员在行辕谈话，并留晚餐。是日，第二批行李一百二十八件出发，共支差牛六十四头，另乘马八匹，由专使行署职员陈子安等押运，并有二十四军所部部队护送。差牛运价与第一批同，差马每匹运价，由康定至道孚，正价六元，另将二元；由道孚至炉霍，正价三元，另奖一元；由炉霍至甘孜同，均以藏洋计。

二十六日（星期日）

阴雨，午前间有阳光。寒暑表最高六十三度，最低六十度。

午前十时，院长接见木里宣慰司派来队长鲁穰王吉，予以赏赉，对项扎巴松典宣慰司赠送螭纽金章一方及其他礼品，并用秘书长名义作函复之。连日整理补充行装，等待乌拉，渐已就绪。原定二十九日起程，后以七月一日为国民政府成立第十三周年纪念，爰改定于是日举行典礼后起程。秘书长病恙就痊。

二十七日（星期一）

午前阴晴不定，午后雨，傍晚鸣雷，下雪子。寒暑表最高六十三度，最低五十七度。

本日院长再闭关一日。晨间，举行总理纪念周，总参赞主席。

二十八日（星期二）

午前晴，午后雨。寒暑表在六十二度至六十五度间。

丁杰上人本日起程赴汉口出席国民参政会，晨间来辞行。院长乘马送之出东门外，到达送行地点，为前行之马踢伤左足踝，流血甚多，当晚犹不止，似伤及静脉管。

二十九日（星期三）

午前阴，午后雨，将暮雷雨兼下雪子。寒暑表最高六十四度，最低五十六度。

院长足伤，经过尚好，昨日流血虽多，今日已止，精神如故。惟经此创伤，必需时日方能平复，改期七月五日起程北进。在成都向军官学校第三分校所借之乘马四匹、马夫四人，本日均遣送回成都，由秘书长函达分校陈主任又新查收。

三十日（星期四）

昨夜雨，通宵达旦，将明之时，雨势尤大，将午晴霁，午后又复阴沉，夜间微雨。寒暑表最高六十二度，最低六十度。

将曙之时，李庆泉、郑铨住室墙垣倒塌二三尺之宽，幸未伤人及损坏物件。院长致函西康建省委员会及省党部诸公，告知因伤明日不克参加国府成立纪念典礼。

七月一日（星期五）

阴，向晚微雨。寒暑表最高六十二度，最低五十七度。

午前十时，省党部及建省委员会举行国府成立纪念典礼于中山台，行辕全体人员均往参加。院长足伤发现炎肿，赶用热按法医治。

二日（星期六）

晨间雨，旋阴，入夜又微雨。寒暑表竟日在六十二三度。

院长足伤炎肿现象与昨日同。

三日（星期日）

晨间阴，旋晴，午后阴雨。寒暑表竟日在六十三四度间。

院长足伤，用云南三七敷治，似于消肿颇见效验。成都所雇之轿夫朱双正一名，临流洗衣，因下水取衣，为水冲去，无从拯救。

四日（星期一）

午前阴，午后雨。寒暑表最低五十八度，最高六十三度。

晨间，举行总理纪念周，秘书长主席。院长足伤炎肿未尽消退，觉身体发热，精神昏沉，仍用热按法医治。原定明日起程，改俟病差时另定。

五日（星期二）

晴有风，下午三时后阴。寒暑表最高六十五度，最低六十度。

院长足伤炎肿较昨日消退，觉心跳脉搏加速，似为流血过多之故，周委员学昌介绍西康省立医院外科西医吴立藩来诊视。秘书处因康定各乡支差乌拉守候日久，行期未定，为体恤计，经查明发给候差期内，每日每人大洋二角。泸定李县长本日来辞行，定明日回县。

六日（星期三）

午前晴，下午二时后阴，将晚雷雨片刻，旋止。寒暑表最高六十五度，最低六十二度。

院长足伤仅伤口周围见肿，周委员学昌加介西康省立医院院长谭祖烈与吴医生同来诊视。悉国府明令定七月七日为抗战建国纪念日；中央党部、行政院并通令全国是日举行抗战建国纪念大会，公祭抗敌阵亡将士及死难同胞，并举行抗敌阵亡将士纪念碑奠基典礼。当地筹备会推行辕为主席团之一。

七日（星期四）

阴，午间微雨一阵，午后亦不时有雨。寒暑表竟日在六十五六度之间。

午前七时，行辕举行抗战建国纪念典礼，秘书长主席。十时，行辕全体职员前往中山台参加各界举行之抗战建国纪念大会，并公祭抗敌阵亡将士及死难同胞典礼，随又同往东门外参加抗敌阵亡将士纪念碑奠基典礼。本日，院长伤口炎肿已消，正在生肌。有电致汉口国民参政会，祝大会成功，抗战胜利，以本日为参政会在汉口开会之日也。

八日（星期五）

天朗气清，竟日晴明。寒暑表晨间六十四度，正午入夜常在六十六七度间。

院长电呈中央，报告在康受伤，正上紧医治，不日可望平复，但能勉强上路即便北进。

九日（星期六）

竟日晴霁，入夜月色皎洁。寒暑表晨间六十度，正午七十二度，入夜六十八度。

十日（星期日）

午前晴，午后阴雨，入夜见月。寒暑表最高七十二度，最低六十五度。

康定天主教真原堂下午二时举行祈祷大会，为中华民国祈祷抗战胜利，和平实现，秘书长、马参赞前往参加。

十一日（星期一）

阴，不时有雨。寒暑表最高七十二度，最低六十五度。

晨间，举行总理纪念周，秘书长主席。午前七时半，真原堂举行致祭抗敌阵亡及死难同胞典礼，秘书长、马参赞前往参加。连日院长伤口日见痊可，决定十六日起程，随带行李本日开始分别包装，其须常开者用牛毛毡包裹后再上夹板。每毡一张价洋一元角，可包箱一口。

十二日（星期二）

阴，不时有雨。寒暑表最高六十九度，最低六十一度。

院长核定远道寺院及土司头人遣人赍送礼物处理办法；对西康寺院僧侣募化，酌量分类捐助藏洋标准，并照此标准酌定捐助康定安觉寺、萨迦寺、南无寺、夺渣寺、拉萨萨迦寺数目。

十三日（星期三）

阴，不时有雨。寒暑表最高六十七度，最低五十九度。

院长足伤尚难站立，因童时足踝原经跌伤，此次新伤虽将次就痊，而旧伤并受牵动，预料恢复步履尚略需时日。是日，院长作《康导周刊序》、《致西康教育界诸先生书》脱稿。胡书记官良济及卫士刘士桓在医院就医，均已痊愈，本日出院。

十四日（星期四）

阴，入夜微雨。寒暑表最高六十八度，最低五十七度。

院长对当地跑马山大刚法师及转世之大勇行者，分别助以斋粮及修学之费。又捐助国币一千元为康定学校奖学基金。此款之保管配奖办法，交由西康建省委员会酌办。

十五日（星期五）

竟日阴，不时有雨，入夜更密。寒暑表最高六十七度，最低五十八度。

院长因连日作文，亲自收拾行装，不免劳碌，伤口又现红肿。幸夜眠尚安，旋就恢复原状。本日电呈中央，报告定明日力疾起程。班禅行辕方面管理帐棚之赵旺、计晋美两秘书，本日先将由甘孜运来帐棚出发，行辕方面向驻康之护送班禅大师回藏仪仗队队部借到帐棚三十架，亦并交赵、计两秘书一同起运，沿途插帐之责，由两君负之。张富经办事员任前站，本日亦带同勤务一名、厨夫四人，押运行李一百四十六件，先行出发，计用抬夫十二人，滑竿一乘，另支差牛六十八头、骡五十匹、马六匹，雇用牛六十六头。除班禅行辕方面用牛六十八头、骡五十匹外，其余均由行辕应用。支差站口，以到达道孚县城为止，牛马运价、给奖，均与第一、二批相同，骡马运价均等。其雇用之牛，亦以到达道孚县城为止，驮茶及行李者（指非用箱装之物件）每头价洋十元，驮米豆者每头价洋十三元。驮箱笼者每头价洋十五元，均以藏洋计。如运物有损坏时，负赔偿责任。至抬夫，系由康定长雇，其每名工资津贴等与成都所雇同。

十六日（星期六）

晴。

午前十时，出发。唐永晖师长率军队一连，担任沿途警戒照料；军部副官处长周楚三、西康建省委员会秘书郑少成，亦随唐师长同行。各机关、部队、学校、法团及僧俗人等，均在南门外飞机场相送。下午三时，抵折多塘宿站插帐，计行程四十里。此处两山夹峙，树木茂密，中有河流一道，帐幕均插架于河边平地上。围墙帐一座，当中为院长座帐、会客帐各一座，两旁总参赞、秘书长、秘书处、医官、队长等帐共六座。其他各帐均围绕于围墙之外。以后逐日插帐，均照此规定。自本日为始，尖宿两站所需柴水，例由当地妇女负汲兼任烧爨之事，名为汤打役，行辕依例酬以正价，院长个人特予奖金。本地有温泉，在山半，距插帐处约一里，道路崎岖难行，居民十余家，丁口五六十人。本日行程，系循折多山水流而行，沿途自卑而高，据实测记载，折多塘较康定当高出九百公尺云。

是日天气晴明。寒暑表早晨五十四度，十时六十度；到达折多塘时六十八度，晚间五十二度。

本日随行人员，为总参赞、秘书长、陈秘书天锡、陈秘书敬修、孔参赞、马参赞、刘参赞、李国霖、王一吕、李庆泉、万友竹、胡良济、郑铨、陈祥麟、王信安、韩树声、朱为仪、孙家谟、顾正渫、刘春霖、陈吉村，共二十一人，宪兵二十八人，卫士二十五人（尚有一人因病留康），班禅行辕派来迎护之卫士排长李天增一人、卫士二十人、勤务十七人、厨夫三人。指派陈祥麟管夫役，王信安专管行李。其同行者，有刘参赞之随员黄次书、黄举安二人，勤务五人；行营方面，黄煜林、石和卿、汪健三人，勤务三人；专使行署方面，马亚潮一人，卫士、勤务共八人；西康省立医院院长谭祖烈一人，勤务一人，共一百四十一人。一行共官轿六乘，滑竿三十七乘（内有三十一乘系抬重要行李），背夫七人，抬夫六人，行李四百六十七件，支差牛一百二十三头，马四十四匹，（内行营用牛五头、马三匹、专使行署用牛十二头、马十匹），又班禅行辕由甘孜到康备用之骡一百零七头，马□□匹。其支差之牛马，到达地点及运价、给奖等，均与昨日起程者相同。其成都长雇滑竿以外之新增滑竿及抬夫等，悉由康定长雇，工资、津贴等与成都所雇者同。

十七日（星期日）

雨。

晨间七时，自折多塘出发，登折多山，二十里至二台子，均循水流行，此地山树甚茂密。二十里至山根子，因避去较高难行路线，另取一道，行四十里至水桥子宿站插帐。路程虽不陡，而路上乱石纵横，加以雨潦不止，泥地泞滥，石路湿滑，亦殊不易行。至最高处，气候寒冷，空气稀薄，呼吸紧促。舆夫病者颇多。

院长坐轿，因中途加派舆夫替换病者，尚可于六时到达宿站，其他诸轿有至七时始到，其用滑竿所抬之行李，有至夜始到者。天雨道路难行，固为原因之一，而长途未设尖站，夫役饥饿无力，亦一因也。此地有烟户数家，无多人口。此日以后，改定每日路程不越六十里，非较短路程，中途必设尖站。

是日寒暑表晨间五十四度，行至折多山高处四十六度，夜间五十六度。

十八日（星期一）

晴。

午前九时，自水桥子出发，仍循水流行。四十里至长坝村，五里至固墟宿站插帐。乘骡马者正午便已到达，肩舆及驮运行李下午三时左右到达。帐幕之内炎热蒸人，四时忽风雨雷电交作，夹以冰雹如豆大，约半小时始逐渐止息，而气候亦立变寒冷。此地附近烟户不过十余家，丁口数十人。康定第二区团总康将秧及村长十人来见，院长各予以赏赉。

是日晨间寒暑表四十八度，到达长坝村时六十二度，晚间五十二度。

十九日（星期二）

午前七时半，自固墟出发，多取径原隰。二十五里到察绒青达茶尖，三十里到中谷宿站插帐。此地附近无人烟。院长与总参赞同宿距离帐棚五里之寺院内，对该寺及寺内之堪布、喇嘛等皆有布施供养。改派张富经管厨，李庆泉兼办前站。本日途中远见雪山。

是日阴雨，十一时后时阴时晴，入夜雨彻旦。寒暑表晨间四十六度，到达中谷时七十二度，晚间五十四度。

二十日（星期三）

午前八时，自中谷出发。三十里至八拉沱茶尖。此地原为道孚县管辖，自泰宁成立实验区，遂为泰宁所属，附近无人家，泰宁区公所主任兼农场主任张志远、联保主任杨章瑞均在此招待。二十里至泰宁宿站。当地绅民、学校师生及惠远庙僧众，均在数里外相迎。院长与总参赞同住庙内，其余人员全部插帐于庙内之空地。此庙规模雄伟，殿宇堂皇，其中树木甚多，有喇嘛二百余人。自离折多塘后，沿途鲜有人家，过长坝村，弥望皆童山，入泰宁境，稍稍见人烟，渐有树木，不同满目荒凉。泰宁附近有广大平原，可资耕种，并准备作飞机场。有区立小学一所，院长对学生有捐助，过八拉沱不远，有萨迦寺一座在山阜之上，院长亦有布施。

是日途中时阴时雨，正午前后晴霁片时，寒暑表晨间四十八度，到达八拉沱时六十四度，晚间五十六度。

泰宁之地，旧名噶达。清雍正八年西藏达赖喇嘛驻锡于此，世宗特建惠远庙居之，撰有惠远庙碑文，将化林协移设噶达，以资防护，改名泰宁协，于是噶达地方称为泰宁，而惠远庙亦称为泰宁寺。雍正十三年达赖喇嘛回藏，泰宁副将仍回驻化林坪，惠远庙留驻喇嘛，就近由打箭炉之阜和营轮派官兵驻防。厥后设置汛官，有千总一员，带领马战守兵分防。自清季川边各地改土归流，划归道孚辖地。近年西康建省委员会又划出此地为泰宁实验区，设立区公所为行政机关，直隶于建省委员会。全区面积二千三百四十六平方公里，居民二百九十余户，丁口一千五百九十余人。区内有西康省立农牧试验场一所，在八美附美之广大平原，其地高出海拔三千九百公尺，分垦殖、畜牧两系。已垦耕地千余亩，主要农作物为青稞、大麦、洋芋、圆根、豌豆、蚕豆，试种成绩尚佳。畜牧之事，现正进行，有牛百余头。场内每年经常费为四万九千余元，临时事业费为三万七千余元。此外，有区立小学一所，学生□人，短期小学□所，学生□人。土人类以畜牧为生，从事农业者较寡，若农业试验办理得宜，当可转移风气。

二十一日（星期四）

午前三时，院长到寺内各殿，以国礼礼佛，如康定之仪，总参赞、秘书长及高级职员随同行礼或襄礼。对该寺有布施，寺内之罗桑饶吉呼图克图及大喇嘛旺陀义喜、格桑多吉等，并各有供养。对泰宁之保正二人、村长二人，各有赏赉。七时半，自惠远庙出发，张主任相送。越过两山，至曲垭茶尖，计程三十 五里。此地树木甚多，风景佳美，附近并无居民。二十五里至官寨子宿站插帐。此处地势甚高，舆图载海拔三千八百余尺。天候既寒，空气稀薄，人人皆感气喘。旧有官寨一所，今废，附近亦无居民。有道孚县所属之郭卡附近地方甲拔寺（红教祝庆寺支寺）喇嘛十人在此迎接。重庆行营所派入康调查兵要地理之黄煜林君留泰宁，未同行。

是日午前时阴时晴，间复有雨，午后晴，入夜雨。寒暑表晨间为五十四度，到达曲垭时为六十八度，晚间为四十八度。

二十二日（星期五）

午前七时半，从官寨子出发。由高而下，约数里，经一广大平原，可十余里，是为龙灯坝。自此入松林口，复由高而下。夹道皆高山，山间松柏成林，种类甚多，阴森青翠，二三十里无间，景物之佳，为数日行程中所仅见。惜沿途道蕀难行，且有数处从乱石中行走，并无道路。甫过正午，至郭卡宿站，计行程五十里。当地有居民十余户，附近七八里有甲拔寺。道孚县长戴安琴及汉保正丁子佩、阎朝禄、江启鹏等在此迎接。而省立小学校长黄启光，率同童子军十余人，各乘马匹，更在未到郭卡约十里地方相迎。童子军乘马，为边地之特色，内地得未曾有。院长托陈秘书敬修代表往甲拔寺礼佛，对该寺有布施，寺内之日登噶哇呼图克图、札巴呼图克图及堪布、翁则、格古、更巴、管家等，并各有供养。对道孚之拉镇巴头人隆错杂喜与其从者十三人，亦各有赏赉。泰宁张主任昨日送至官寨子，本晨别去。

是日早晨见霜，寒气甚重。竟日晴明，虽上下午各有一度下雨，顷刻旋止。寒暑表晨间四十度，下至松林口五十二度，晚间六十五度。

二十三日（星期六）

午前七时半，由郭卡出发。十一时，至罗斯加茶尖，计有三十里之程，道孚县城灵雀寺住持堪布麻倾翁，率同寺内僧众在此欢迎。前行十五里到接官亭，途中有觉罗寺短期小学师生迎接，院长对该校有捐助。到接官亭时，戴县长及道孚各界并灵雀寺之全部仪仗，均在此相迎。五里至县治，时已下午二时。行辕设于灵雀寺内，不插帐棚。院长定在此停留三日。灵雀寺规模甚伟，共有佛殿七八座，私人所修之别院多座，僧众约一千人。

是日竟日晴明。寒暑表晨间三〔五〕十八度，正午七十度，晚间六十五度。

二十四日（星期日）

竟日晴明。寒暑表晨间五十八度，正午七十度，晚间六十二度。

午前十时，院长赴各界欢迎会，对众有简单演讲。十一时散会，即至灵雀寺各殿，以国礼礼佛、布施，总参赞、秘书长及高级职员随同行礼或襄礼。午后二时，道孚各界公宴于灵雀寺之大招楼，院长以足伤又现炎象未到。捐助地方奖学基金藏洋一千元，慈善基金藏洋一千元，赠送各小学学生笔墨纸张费藏洋一百元，赠送年九十以上花红羊酒费藏洋五十元。对郭卡村长一人、大队长一人、甲长三人，各有赏赉。又康定支差及雇用之牛骡马匹，本日均在此交替。对支差之牛每头、骡马每匹，于正价、另奖之外，个人特赏藏洋一元；骡马并喂料一次，对乌拉娃（即骡马夫、牛夫、背夫等）每人特赏藏洋二元。自后每到支差牛马交替之点，均照此给赏。本日起行辕设立施诊所，由谭院长、万医务员任治疗之职，并出外施种牛痘。

二十五日（星期一）

晴。寒暑表晨间六十二度，正午七十度，晚间六十二度。

院长电呈中央，报告到达道孚及前进日期。对灵雀寺及寺内之住持堪布、讲经堪布，与亚洛厦卧、卡那多觉、物洛多各呼图克图，及诸格西、翁则等，皆有供养。又康定五明学院所聘主持院务之阿旺南迦，自西藏赴康道经此地，来晤，院长亦有赠与。

二十六日（星期二）

晴。寒暑表早午晚度数与昨日同。

院长赠送灵雀寺象纽金章一方。午前，灵雀寺设筵款待。午后，院长接见康籍保正孔沙、麻俗、格喜、明正、哇日及村长十人、宗衣五人，各有赏赉；又汉保正丁子佩等，及道孚保安队队长张耀奎、龚调富，及通事杨麻札西等，亦有赏赉。

道孚县，旧名灵雀寺。雍正八年始设经制官兵，为宁安营，受辖于泰宁副将。清末划孔撒、麻书、明正、再东、孟科五土司之地，为道孚设治委员。民国二年改县。县分三区、二独立保。全县男女约七千人（喇嘛在外），内男丁约二千人，女口约四千六百余人；学龄儿童，男一百二十余人，女一百四十余人。县治无城垣，居民男女七百余人（汉族约三百人），除县政府外，无其他行政机关。有省立两级小学一所，高级一班、初级三班，共学生九十余人（汉籍居多数，纯康籍者五六人）；短期小学二所，学生一百五十二人（汉籍三十四人，康籍一百十八人）。当地土人多以畜牧为生，从事农业者较少。气候比较温和，随处可种青稞、马铃薯、蚕豆等。惟因人口稀少，而地亦多荒旷，地方无甚商业，向称贫瘠。民国二十四年又遭共匪窜扰，益加困苦，至今尚未恢复。县境有河流一道，由北而南，名鲜曲河，一名谢楚河，不通舟楫。此河发源于青海省境内，名玛楚河，南行名大多河，经炉霍县之朱倭而下，至道孚西流入鸦龙江。

二十七日（星期三）

晴。寒暑表晨间六十六度，正午晚间均七十二度。

院长原定本日起程，晨间行李多已上驮或出发，因忽患寒热，不能上道，遂中止前进。

二十八日（星期四）

晴。寒暑表晨间六十八度，正午七十二度，晚间七十四度。

院长昨患寒热已退，本日颇觉疲倦，定在此休养一日，明日上路。接西康建省委员会段委员等电告，西康建省案已奉国防最高会议通过。按此所谓建省案，系指西康实行改省，将建省委员会改为省政府，及划定省界，将原隶四川旧宁远府属之西昌、冕宁、盐源、会理、越嶲、昭觉、盐边、宁南，雅州府属除名山以外之雅安、天全（古西夷徙都地。汉置徙县，属蜀郡。后汉属属国都尉。晋曰徙阳，属汉嘉郡，永嘉后废。唐置始阳镇。元置碉门宣抚司，后改六番招讨司，又分置天全招讨司。明初合为天全六番招讨司，属四川都司。清初因之。雍正七年改置天全州）、芦山（汉青衣县地。西魏为蒙山县地。隋仁寿三年分置芦山县，属临邛郡。唐、宋属雅州。元初因之，改为芦山，后省入严道县，置巡司。洪武初复置芦山县，属雅州。清因之）、荥经、汉源五县，及民国十八年由木坪土司改设之宝兴县，共十四县，划归西康省管辖。

二十九日（星期五）

午前七时半，自道孚出发，戴县长、麻倾翁均相送同行。十时，至札拖茶尖，距原定茶尖之牙托地方尚有数里，计行二十余里。休息约半小时前进。下午一时，全部到达大寨宿站。行辕设于李家锅庄，同行人员及夫役等分住各锅庄十一处。此地约有居民一百人，距打尖地点亦不过十余里。计算本日行程，至多不过四十里。沿途循鲜曲河左岸而行，中有数处河岸甚高而陡，又有一段紧傍河边，院长接见大寨当地居民洛桑降鸦等十一人，各有赏赍〔赉〕，捐助大寨地方奖学基金国币一百元。对各锅庄，除给予房金外，其主人并全家男女老幼均有赠与。对当地居民并施济药品。

是日天晴，寒暑表晨间六十八度，到达大寨时七十四度，晚间七十二度。

三十日（星期六）

午前八时，自大寨出发，戴县长仍相送同行，麻倾翁至此为止。十一时，抵将军桥茶尖，约行二十余里。此地附近有居民二百人。十二时前进，过将军梁子，约七八里至道孚、炉霍两县交界处，戴县长始告别归。七八里于炉霍县境之加拉冲，炉霍县长黄鹏（字靖宇）在此相迎。又三十里至甲吉隆宿站，已下午五时矣。黄县长在前途四五里之虾拉沱地方，将天主堂所办学校备作行辕。因全部帐棚均已插齐，谢之。甘孜旧土司后裔孔撒德钦汪母（女性），现任甘孜保安队副总队长（总队长为县长兼任），在未到甲吉隆附近地方迎接。自本日为始，经过各地一律施散药品。本日行程，沿途仍系循鲜曲河左岸而行。上坡路长，下坡路短，有数处甚为险峻，而河中有广大洲渚，长一二十里，满种杨树，对岸诸山，多种杉树，而山地亦多有开辟种植杂粮者，风景之佳，不殊内地。

是日晨间有微雨，旋阴，将到加拉冲时，雷声殷殷，云气弥漫，行二十余里始遇雨，到宿站时而雨亦止。寒暑表晨间六十四度，到将军桥时七十二度，晚间六十度。

三十一日（星期日）

午前七时半，自甲吉隆出发。八时，至虾拉沱县立小学早餐，县政府所招待也。此校共有学生五十余人，院长对学生致简单训词，并捐助奖学基金国币一百元。起程过虾拉沱桥。此桥系新修，用木排递层累土为基，上盖木板，长约二三丈，与昨过之将军桥构造相同。前者桥为水毁，行人经此，每须守候水退方能徒涉，现则交通便利矣。二十里至热玛梁子，黄县长率炉霍各界及寿宁寺僧众在此相迎，班禅行辕之旺堆诺布堪布亦适由甘孜来至此处欢迎，略有停留。前行约十里，至炉霍县，时为下午一时，行辕设在寿宁寺内。此寺规模甚伟，共有喇嘛一千四百六十人。院长定明日在此停留一日。本日自过虾拉沱桥，即多循鲜曲河右岸而行，所经道路，颇属崎岖，尤以将到县城之十里中为甚。

是日午前晴，午十二时后有阵雨片刻仍晴，将晚雨。寒暑表晨间五十八度，午正六十四度，晚间六十二度。

八月一日（星期一）

晴，有风，傍晚雨。寒暑表晨间六十度，正午六十五度，晚间六十三度。

午前九时半，院长在寿宁寺大殿外举行扩大总理纪念周，行辕全体人员及唐师长所部、县政府、地方各界、本寺喇嘛均参加，有演讲，约一小时礼成。继至寿宁寺各殿，以国礼礼佛、布施，总参赞、秘书长及高级职员随同行礼或襄礼。午后三时黄县长在行辕设筵款待。院长捐助地方奖学基金、慈善基金各藏洋千元，对城区小学并另有捐助，对于寿宁寺民国二十五年抵御赤匪殉难之比丘六十七人，捐助建碑费藏洋一千元，并作碑文一首。寿宁寺代住持喀青呼图克图及哇龙呼图克图、持巴亚麻俄珠曲饶、堪布登珠，并格西登部等，翁则白玛等，格古工郤等，更巴此忍登珠等，亦分别有所供养，并赠与寿宁寺象纽金章一方。又炉霍保安总队参议罗绒次里、保安队副队长贡曲，及保正次登札德等，并村长等来见，院长各有赏赍〔赉〕。

炉霍县，清末为章谷设治委员，划炉霍屯霍尔章谷之地属之。民国二年改县。全县共分六乡，居民男女五千一百二十余人。县治无城垣，居民男丁二百五十六人，女口三百五十六人，壮丁六十三人（寿宁寺喇嘛在外）。城区输入品，以布匹、茶叶、盐巴为大宗，输出品以生金、麝香、鹿茸、虫草、贝母、皮货、羊毛、酥油为大宗，分康、川、陕三帮。全县共有县立小学三所，短期小学四所，男女学生二百三十五人。内城区小学一所，高级一班、初级二班，共有男生五十七人，女生二十六人，其中汉籍二十五人，康籍五十八人。虾拉沱初级小学一所，朱倭初级小学一所，共有男生七十二人，女生十一人，内汉籍二十六人，康籍五十七人。各乡短期小学四所，共有学生七十八人，多系男生，完全康籍。当地土人，多以畜牧为生，而从事农业者亦尚不少。因县境有天主教堂在虾拉沱附近一带开垦土地，种植农作物者甚多，气候适宜，风气渐开，知所注重，倘能倡导得法，农业之兴定有可望。

八月二日（星期二）

午前八时，自炉霍县出发。黄县长亲送同行，各界及寿宁寺喇嘛均送至距寺数里地方。十一时，抵瓦角茶尖，计程三十里。下午三时，抵卡当宿站插帐，计程约三十五里。炉霍县属之朱倭地方行政委员张思本与觉日寺之藏色、招龙两呼图克图，均在卡当附近迎接。卡当附近十余里，有穆雅寺，院长托陈秘书敬修往为礼佛布施，对该寺持巴桑郎由尊及宜美征巴登二呼图克图各有赠送。本日行程，仍系循鲜曲河右岸而行，道路较为平坦。

是日上午晴，下午时晴时雨。寒暑表早晨六十度，到瓦角时七十二度，晚间六十度。

三日（星期三）

午前七时，自卡当出发。十一时，到朱倭茶尖，计程四十里。院长对当地小学有捐助。甘孜县县长章家麟（字逸仙）、一三六师驻甘团长章镇中（字丽生），与甘孜香根寺之孔撒香根呼图克图（即德钦汪母之叔），并各区区长等，均在此相迎。十二时，到卡撒宿站插帐，计程约八里。此地有居民约一百□人。炉霍有名之觉日寺，近在二三里之内，可以望见，寺内喇嘛多人在附近迎接。院长托总参赞、秘书长、陈秘书敬修代往礼佛布施，对藏色、格龙两呼图克图及格西、持巴、更巴等，各有供养。朱倭保正汪青等来谒，呈送方物，院长并有赏赍〔赉〕。本日行程，仍系在鲜曲河右岸，时傍河岸而行，过朱倭即不循此河，所经道路，亦甚平坦易行。原可多行二三十里，因炉霍支差牛马只到朱倭为止，中途替换，卸驮上驮颇费时间，不易前进，故只得以卡撒为宿站，而支差牛马已多行数里交差矣。

是日上午阴，多风，下午时时有雨。寒暑表晨间五十二度，到朱倭时六十四度，晚间五十七度。

四日（星期四）

午前七时，从卡撤出发。过罗锅梁子，有水沟一道，为炉霍、甘孜分界之所。沟以东有炉霍民众、团兵、喇嘛整队相送，沟以西有甘孜喇嘛、团兵民众整队相迎，章县长在此指挥一切。十一时，到罗锅荡茶尖，约行四十里。未到罗锅荡之数里地方，班禅驻京办事处罗桑坚赞处长、朱福南副处长及班禅行辕堪布、大卓尼等多人在此相迎。过罗锅荡数里地方，护送班禅回藏专使赵守钰（字友琴，山西人）率同行署职员在此相迎。下午一时半，到蒲玉龙宿站插帐。此地距罗锅荡约十里左右，南北皆山，中有广大平原，河流贯其中，即雅龙江之上游也。行辕帐幕插在北山下之平原，章县长亦在此支架帐棚多架，设筵招待。当地附近十余里地方，有遮沙、出龙两寺，院长托陈秘书敬修往为礼佛布施，对于两寺之呼图克图、堪布并有供养。炉霍黄县长本日仍相送出境，云将送达甘孜。

是日晨间阴，九时后晴，入夜月色甚佳。寒暑表早晨五十二度，到罗锅荡时七十二度，至宿站八十度，晚间□度。

五日（星期五）

午前七时半，自蒲玉龙出发。直抵甘孜，皆新修马路，宽可二丈，长三十里，系新近兵工赶筑完成，为出炉城后第一度目击之新建设。九时后，到达距离甘孜县城五六里地方，班禅行辕人员及专使行署人员，当地各机关、法团、学校、寺院喇嘛等，及前藏新来昌都札萨喇嘛札萨索康所派致祭大师代表觉巴代本、柯子仲，均在此迎接。十一时，到达县城。行辕设在香根寺，即香根呼图克图之私人别院，班禅大师法体亦停在此寺内之一经堂。院长参拜大师法体后，接见来宾，并于甘滋寺礼佛，旋出外拜客。发电呈中央，报告到达甘孜，并定于八日代表国府致祭大师。对川、康两省政府亦有电达。

是日晴。寒暑表早晨五十四度，正午七十度，晚间六十六度。

六日（星期六）

晴。寒暑表早晨六十六度，正午六十八度，晚间七十二度。

晨间，院长核定：八日，代表国民政府致祭大师，陪祭人员为赵专使、总参赞、秘书长、唐师长；与祭人员为行辕简任人员及章县长、章团长。九日，率领行辕全体人员致祭，陪祭者为总参赞、秘书长、黄县长、章县长；与祭者为简、荐、委任人员。其襄礼人员均另由秘书处指派择定。甘滋寺大殿为致祭大师礼堂，本日开始布置。甘肃拉卜楞寺及拉卜楞保安司令黄正清代表德瓦仓、诺勒仓两呼图克图，拉卜楞寺嘉木样禅师代表虚本，黄河南亲王·青海南部边区警备第二旅一团团长滚噶环觉（字瑞天）代表卡当来谒，呈送方物。又香根呼图克图、孔撒德钦汪母副总队长，各呈送方物。香根并引见其弟札可智洽。院长对各代表及香根等，各有礼物分别供养、赠与赏赉之。午前九时，院长闭关。

甘孜县境有河流，直贯南北，名雅龙江，水流汹涌，不利行舟，但渡口可用皮船，亦有木排从上游而下。甘孜县治在雅龙江之右岸，并无城垣，寺院多依山结构，民居多住在平地。左岸诸山，高处终年积雪，历历在目，至为美观。雪山之高，亦不过等于南京之紫金山或玉华山，则知此处托地之高，以通常雪线在海拔五千公尺例之，则县治地方亦当在海拔四千五百公尺以上，宜乎空气稀薄，初来之人莫不感觉气喘也。

七日（星期日）

晴，夜雨。寒暑表早间六十二度，正午七十度，晚间六十八度。

午后四时，院长出关，撰就《护国宣化广慧圆觉大师颂词》二十八章，并核定致祭大师仪节：（一）主祭者就位，陪祭者就位，与祭者就位；（二）全体肃立；（三）奏乐；（四）献花；（五）献灯；（六）献帛；（七）行最敬礼——一鞠躬、再鞠躬、三鞠躬；（八）读祝文；（九）行最敬礼——一鞠躬、再鞠躬、三鞠躬；（十）奏乐，礼成，主祭者退，陪祭与祭者依次退。按致祭大师仪节，曾由国府参军处典礼局函请蒙藏委员会、内政部派员到局会商，参照公祭秩序拟定祭礼礼节及礼堂图式，函送本院秘书处查照。现以礼堂布置限于地势，不能与图式适符，而原定礼节亦有略须损益之处，故另有此次之规定。是日，院长对甘滋寺及寺内之仲萨、朗昭、日交三呼图克图及其执事各喇嘛，并附属甘滋寺之泽日、河巴、朗结三札仓之当事喇嘛等，均有供养。仲萨、朗昭、日交各派管家来谒，并呈送方物及佛像。行辕开始在关帝庙附近设施诊所，仍由谭院长、万医务员任治疗之责。

八日（星期一）

晴，午后四时雨。寒暑表早晨六十二度，正午七十度，晚间六十四度。

午前八时，院长举行扩大总理纪念周于中山台，行辕全体人员，及班禅行辕人员、专使行署人员、唐师长师部人员，及当地机关、部队、法团、学校、寺院均参加，院长有演讲。十一时，院长至甘滋寺大殿代表国民政府致祭大师，陪祭、与祭人员随同行礼。礼成后，继以礼佛布施，总参赞、秘书长随同行礼，如途中之仪。另甘滋寺之三札仓，并由总参赞、秘书长代表前往礼佛。午后，电呈中央，报告大典告成。

九日（星期二）

阴，正午晴，旋有微雨，下午五时后风，深夜雨。寒暑表早晨六十度，正午六十八度，晚间六十六度。

午前十一时，院长率同行辕全体人员至甘滋寺大殿致祭大师，陪祭、与祭人员随同行礼，继以礼佛布施如昨仪。扎可智治呈送方物，院长答以赏赍〔赉〕。

十日（星期三）

阴，午间有阵雨，下午六时后又有雨片刻，入夜见月。寒暑表早晨五十八度，正午六十六度，晚间六十三度。

是日午前十一时，西康建省委员会致祭大师。正午，章县长、章团长及当地各机关、法团公宴院长于行辕。下午五时，班禅行辕堪布会议厅公宴院长于相佐冈之班禅行辕办公处。黄县长告辞，明日回炉霍。昌都札萨代表觉巴代本、柯子仲晋谒院长，呈送札萨所呈之佛像佛龛，又各自呈送方物，院长对扎萨及该代表等各有赠与、赏赉，并复札萨一函。又孔洒保正德得、达吉二人，甘孜第三区区长阿都翁噶，瞻化弄木饶瓦呼图克图代表容尊管家来谒。该保正、区长并呈送方物、佛像、院长对该保正、区长代表等又有赏赉、赠与。

甘孜县，清末划麻书、孔撒、白利三土司属地为麻书设治委员。民国元年改甘孜直隶州，二年改县。全县分为四区，共有丁口一万九千五百七十余人，内男丁五千八百一十余人，女口六千五百五十余人，喇嘛七千二百一十余人。县治居民八百九十余人，内汉籍二百八十余人，康籍六百一十余人，各寺喇嘛约三千一百人。当地土人多以牧畜为生，虽地处高原，天候尚非过度寒冷，仍宜种植青稞，他如杨、柳、松、杉诸树木，均能成长，而白杨尤多，菜蔬如马铃薯、萝卜、萵苣、白菜、青菜、莲花白菜及葱、蒜、芹、韭之属，亦能生产。地当交通孔道，商业为康北各县之冠，故人民比较富裕。但近年经大白之乱（十八年至二十三年）、赤匪之扰（二十五年），损失甚巨，元气未复。全县共有学校六所，计县城有省立小学一所，分高、初两级，学生九十人；县立小学一所，分高、初两级，学生六十九人；城区短期小学一所，学生四十六人；东谷短期小学一所，学生六十人；绒坝岔短期小学一所，学生六十三人；白利短期小学一所，学生六十四人，总共学生三百九十二名，内男生□人，女生□人，其中汉籍□人，康籍□人。

十一日（星期四）

午前阴晴，十一时有阵雨，午后阴，四时前后雨。寒暑表早晨六十一度，正午六十六度，晚间六十四度。

青海玉树禅谷寺查乃香根喇嘛及札武百户代表缺噶、瞻化弄木饶瓦呼图克图、白利亚热寺更巴晋谒院长，呈送方物或佛像，院长各有赏赉、赠与。又院长对于班禅行辕全体僧俗职员及士兵、公役等，本日均有赠与。下午五时，赵专使就行辕公宴院长。

十二日（星期五）

晴。寒暑表早晨六十度，正午七十度，晚间六十七度。

院长以个人法缘，延请随侍大师之比丘，在大师经堂开始为大师诵经七日，当地大德高僧，并可自由参加，午前十一时，往甘滋寺礼堂礼敬大师，亲自诵读颂词，并定在诵经期内，每日午间均至大师经堂诵经礼敬。是日，院长决定月之二十三日循原路起程归中央，人员、行李分批先期出发。陈秘书敬修接到成都家电丁内艰，以经管事项繁重，且行辕归期已定，因决定暂不奔丧，仍随辕办事，俟到成都后请假。

十三日（星期六）

晴。寒暑表早晨六十度，正午七十度，晚间六十七度。

到此以来，行辕伙食均由班禅行辕招待，本日改由县政府办理。定明日为始，自行备办，不受招待。是日，院长接见上孔马寺管家白马甲错、下孔马寺管家葱格，该管家等呈送方物，各有赠与。

十四日（星期日）

晴。寒暑表早间六十度，正午六十八度，晚间六十四度。

行辕职员伙食仍由班禅行辕备办，以情意殷殷，坚持甚力，不便固却也。院长接见大金寺洽德呼图克图，及该寺代表罗桑平错、更巴洽德等呈送方物，院长各有赠与。

自康定到甘孜，沿途民风习俗大抵相同，考察所及，有足纪者：西康介居川、藏之间，为佛教盛行之地。相传制度，妇女向鲜出家，对于男子为喇嘛，有种种优待办法，故其民间一般心理；视喇嘛为无上尊荣，群趋此途，甚或单丁独子亦复披剃为僧，乳抱之孩便已挂名僧籍，以致人口生殖不繁，又大都男少于女。规模雄伟、僧侣众多之寺院，随处分布。寺内各有大、小法轮之设备，供僧俗人等之转动。屋顶悬挂之经布，比户皆然。通衢刻石之经咒，积累成堆，土人所谓嘛哩者，亦所在多有。居民常以转法轮，绕嘛哩、塔、庙，或延请喇嘛诵经为事。其手持念珠身佩护符或佛像者，尤为普遍之习惯，盖由信仰佛教至深极笃有以使然。居民席地而坐，相见递哈达为礼，见长上，鞠躬而前，两膝著地，以尻著膝而坐。妇女服装，宽衣博带，圆领长袖，犹有古代遗风。沿用历法，系以地支生属纪年，寺院与民间用历，常有数日之左，而生属之次第与内地不同，寺院与民间亦复互异，饮食以糌巴、酥油为主，并喜啖生肉，嗜茶之风尤甚。衣服原料，普通以氆布（用毛绞线织成）、羊皮为大宗，布匹次之，无贫富皆所乐用。居住之所，富人房屋类似碉堡，寺院建筑亦略相同，层楼矗立，画栋雕梁，务为美观。中人之家，亦大都楼居，下层圈积牛马粮秣。贫民所居，人畜混杂，至为简陋。一切房屋，均不用瓦，屋顶悉以泥土覆盖。游牧之民，皆居牛毛所制之帐幕，谓之牛毛帐棚。其布匹缝制之帐幕，颇见通行，要皆商旅或寺院所用。人死，或以饲鹰隼，谓之天葬；或投溺于河，谓之水葬；或举而焚之，谓之火葬。大约火葬所以待地位较崇之喇嘛，天葬所以待寻常之僧俗，水葬所以待夭折之青年。综观当地人民饮食起居，莫不简单朴素，而习勤耐苦，体力强健，尤其所长。妇女躬操劳役，负薪、背水、执爨，皆所专职，而畜牧之事，亦优为之，此行沿途支差牛马之乌拉娃，内中妇女亦不乏其人，此皆美德之足风者也。

十五日（星期一）

阴，上下午均有微雨，夜间雨较大。寒暑表早间六十二度，正午六十七度，晚间六十四度。

午前八时，行辕举行总理纪念周，院长有书面报告。班禅教下喇嘛嘎钦确丕勒晋谒，呈送法器及时轮金刚画像。是日，秘书长代表院长往甘孜附近之孔马寺、浪札寺、仲洒寺、日觉寺礼佛布施。甘孜各法团及负有地方责任之章县长、章团长，本日均赠与礼品。

十六日（星期二）

晴。寒暑表早间六十二度，正午七十度，晚间六十六度。

本日，甘孜附近之约拉日卓（日卓，译意为精舍）业巴等，德格林聪旧土司彭错格乃绕登代表二人，来谒院长，呈送方物，各有赠与赏赉。

十七日（星期三）

阴，夜间风雨。寒暑表早间六十度，正午七十度，晚间六十八度。

秘书处拟定归程，行李、人员分为两批出发。第一批定于二十日起程，员名为王一吕、陈祥麟、胡桂山、卢元盛四人，另宪兵九人，并请行营调查兵要之石和卿、汪健二君亦于第一批同行。明日为诵经圆满之期，院长定约集班禅行辕重要职员，及当地各机关、法团、学校，并寺院大德宴会，即日发出柬贴。是日，院长奉国民政府主席林公电示，军国大计待商，谕早回中央，并电告行期。甘滋寺阿巴札仓喇嘛呈送佛像。院长捐助甘孜县奖学基金、卫生事业基金国币一千元。

十八日（星期四）

晨间雨，旋晴霁。寒暑表早晨六十度，正午六十八度，晚间六十六度。

院长电呈主席，陈复定二十三日起程回中央复命。午前赠予甘滋寺狮纽金章一方，班禅行辕虽本堪布兼札萨罗桑坚赞、香根呼图克图象纽金章各一方，孔撒德钦汪母螭纽金章一方。午间，在大师经堂斋僧。午后五时，诵经圆满，宴会宾客，石渠县长张相戎本日适到，并加邀入座。是日，院长接见白利格达寺格达呼图克图，赠以礼物。甘滋寺传经堪布仲萨呼图克图呈送佛像，又甘孜县章县长及夺妥寺喇嘛各呈送方物，院长对于夺妥寺亦答以礼物。

十九日（星期五）

晴，入夜雨。寒暑表早晨五十九度，正午七十二度，晚间六十六度。

班禅行辕堪布会议厅商定，派大夫堪布罗桑囊加随从院长到康定，另派卫队二十人，仍由排长李天增率带护卫到康。秘书处致函西康建省委员会，通知王一吕已定第一批出发，到康定即可回会照常供职。本日午前，总参赞、秘书长代表院长同往对岸之札噶寺礼佛布施，对于札噶寺之札噶呼图克图并有供养。甘滋寺执事喇嘛呈送院长法器及佛像、藏经。

二十日（星期六）

午前雨，正午晴，午后阴，夜微雨。寒暑表早晨六十三度，正午七十二度，晚间六十八度。

第一批出发人员午前九时起程，计职员四人、宪兵九人、勤务一人，起运行李九十四件、帐幕三驮，共支差牛五十头，乘马一十四匹。行营之石和卿、汪健两君，因尚有所待，不复同行。

是日，院长接见约拉日卓老喇嘛格勒及蒲玉龙萨迦寺多吉呼图克图，各有供养。德格绒萨穹泷贡巴来谒，呈送佛像等，院长亦有礼物答之。班禅教下喇嘛格喜多吉呈送佛像，堪布会议厅致送礼物。在康定所雇之滑竿夫张银山病故，由秘书处给予殓埋费四十元，并定汇同中途亡故各夫役全案，抚恤其家属。

二十一日（星期日）

晴，寒暑表晨间六十四度，正午七十度，晚间六十八度。

院长赠送札什伦布子更康巴札仓（即班禅个人之札仓）狮纽金章一方，由班禅教下之东库洛本堪布及翁则代表受领。新制帐棚五套，本日竣事。初，院长以中央大员行边，体制上应有座帐、围城帐之设备，前次借用大师帐棚，原系一时权宜，归途不宜再借，故到甘孜之日，即由秘书处多方设法办理此事。计所制者，为院长座帐、会客帐各二套，备轮日应用；围城帐一套，以本地材料已搜罗一空，不能备足二套也。是日，甘滋寺三札仓共同呈送佛经、佛像、铜塔等件，而阿巴、泽日两札仓之泽仁德主、泽仁贡布两喇嘛，另呈送佛像、铜塔，又德格巴绷寺甘马巴呼图克图管家安贞、瞻化土兵营长曲麦哲玛（女性）来谒，呈送方物，院长各有礼物分别赠与赏赉之。

二十二日（星期一）

晴。寒暑表早晨六十二度，正午六十八度，晚间六十七度。

午前八时，院长举行扩大总理纪念周于中山台，本行辕及班禅行辕、专使行署、唐师长师部人员，并当地机关、部队、法团、学校、寺院均参加，对当地人民有临别赠言，约一小时礼成。午后，出门辞行；电呈中央，报告明日由原路东归。是日，甘孜白利区长贡布旺登之代表石渠县区长热洛阿丕、保正多吉泽仁，德格区长夏格多登，德格旧土司后裔、现任民团副指挥泽旺登东遣派代表噶玛查家、白玛朗嘉等来谒，呈送方物及藏经、佛像等，院长各有礼物赏资〔赉〕之。并捐助甘孜各学校学生纸笔墨费国币二百元，施药基金国币四百元。行辕管理帐棚事项，前由班禅行辕派运康定帐棚人员一并代为管理，此次归途所须帐棚，除新制之五套连杆计十三件、原借仪仗队之军用帐棚二十六套（原借三十套，二十日已先还四套）连杆计三十九件外，另向班禅大师行辕借用职员帐棚甲乙二种计二十二套连杆计四十四件，并托由班禅行辕代雇管理员二人、支帐夫十四人，又另行自雇支帐夫六人，均于本日先行出发，计支差马三十匹、牛二十四头，借用班禅大师行辕驮骡六十匹。孔参赞庆宗忽患感冒，畏寒作呕。行辕附设之施诊所本日结束。

二十三日（星期二）

午前五时，院长至大师经堂告别，全体同人均随同行礼，有随侍大师之比丘多人在此诵经。随又单独至供奉大师之法身经堂内行礼。六时，赠送泽旺登东螭纽金章一方，德格刻经院象纽金章一方，均亲授与噶玛查家、白玛朗嘉，并交与藏洋千元，托由泽旺登东代为分配供养于德格各寺院，并用秘书长名义致函泽旺登东知照。七时半起程，唐师长及所部人员仍一同随行；香根呼图克图有事于康定，亦同行。各机关、法团、学校，均送于离城十里地方，班禅行辕在此搭架帐棚，设备茶点招待，其多数人员并在此呈递哈达而别。十时半，抵蒲玉龙，县政府在此设有茶尖。罗桑坚赞、刘家驹及班禅行辕重要职员数人，并赵专使、马参赞、章团长等，均送到此地为止。下午四时，到达卡撒宿站插帐，方位大致与来时同。炉霍县长黄鹏已在此相迎，德钦汪母送至此地告别。

是日，晨间天气晴明，起程时微雨，过蒲玉龙后不时有雨，下午三时后阴。寒暑表早晨六十四度，正午五十九度，晚间五十八度。

本日随行人员，为总参赞、秘书长、陈秘书天锡、陈秘书敬修、孔参赞（虽患病未愈仍力疾而行）、李秘书、李会计员、张富经、万友竹、胡良济、郑铨、王信安、韩树声、朱为仪、孙家谟、顾正潆、谭祖烈、刘春霖、陈吉村，共十九人，卫士二十五人，宪兵十九人，勤务十八人，厨役七人。班禅行辕排长李天增率带卫士二十人，指派警卫队班长李捷平管夫役。其同行人员，有班禅行辕方面之职员黄次书、黄举安、王任邦三人，并其勤务二人。一行共有官轿六乘、夫五十二名，滑竿二十九乘、夫一百零一名，骡马六匹（计班禅行辕送马、骡各二匹，罗友仁送马一匹，马鹤天送骡一匹）、马夫四人，支差牛一百八十六头，骡马一百二十六匹，起运行李共四百二十四件。

二十四日（星期三）

午前七时半，自卡撒出发。甘孜县长章家麟及旺堆诺布堪布均送至此地告别。午正，到雄鸡岭茶尖，计程约四十余里，有穆雅寺喇嘛在途中迎接。下午一时，到卡当宿站插帐，距雄鸡岭只三四里。本日为始，院长间复乘马，秘书长亦开始乘马。过朱倭后，沿鲜曲河岸畔行，中有一段紧傍河边，秘书长因马惊逸，落入河中，全身透湿，幸未受伤。

是日晴。寒暑表晨间五十四度，正午七十二度，晚间六十四度。

二十五日（星期四）

午前七时，自卡当出发。十时，至瓦角茶尖。下行五时，到炉霍。地方各界迎接如仪，行辕仍设在寿宁寺，未插帐。甘孜支差牛马在此替换，除行辕照章给予定价并奖金外，院长另予特奖及骡马饲料一次，如来时例。孔参赞病恙昨日发热，今犹未退。

是日晴，夜间雷雨，不久即止。寒暑表早晨五十二度，正午八十度，晚间六十八度。

二十六日（星期五）

午前七时，自炉霍出发。黄县长及各界，在热玛梁子相送。过虾拉沱桥，循鲜曲河左岸行，至甲吉隆茶尖。宿站插帐于将军桥，道孚县长戴安琴在将军桥附近相迎。自炉霍起程二十里间，路极崎岖，过甲吉隆后到将军桥，此数十里间，程途亦不易行，所喜上坡路短，下坡路长，尚不十分吃力，本日道路当有八九十里。而炉霍支差之牛马，催齐上驮起行已至午前九时，故行李运到宿站皆在昏夜，甚有夜深始到者。本日，院长对虾拉沱小学再有所助。孔参赞病已退热。

是日天气晴霁，入夜雷雨有风，阅时风雷停息而雨则时作时止。寒暑表早晨五十八度，正午八十四度，晚间六十四度。

二十七日（星期六）

本日适为先师孔子诞辰纪念，午前五时，院长率同行辕全体职员举行纪念典礼，唐师长、戴县长均参加行礼，捐助道孚县纪念先师国文国语奖学基金国币五百元。对于本区之孤贫及年在八十以上者，又各捐赠国币百元，作救恤及彩帛羊酒之资。七时，自将军桥出发。过大寨，麻倾翁招待在李家锅庄用点；旋至札拖，又设有茶尖。过札拖后，途中一段道路紧傍河边，因河水盛涨淹没，涉水约一里许，下午五时，始全部到达县城。当地机关、学校、绅民及寺院喇嘛，在附近相迎。行辕全部插帐于东门外之河滩。由炉霍支差之牛马均在此处交替，院长个人一切给奖喂料，均照来时成例。悉昨日将军桥宿站竟有行李一驮未到，查系驮运张富经及勤务衣箱，由秘书处分函炉霍、甘孜两县查追。孔参赞病又差减。

是日将明时雨，旋住，上午晴，下午时有阵雨鸣雷。寒暑表晨间五十八度，正午八十度，晚间六十四度。

二十八日（星期日）

上午晴，下午二时后阴，六时雷雨片时。寒暑表晨间五十四度，正午八十度，晚间六十度。

在道孚县休息一日。午前院长偕总参赞、秘书长往灵雀寺礼佛布施，并参观僧众辩论会。午后到县政府，因戴县长在此设筵相款也。孔参赞病愈。

二十九日（星期一）

午前六时，院长率同行辕全体职员举行总理纪念周。七时，自道孚出发，戴县长相送同行，学校、寺院等并在附近相送。经龚苏、甲拨，均略有停留。院长对觉罗寺小学复有所助。到廓卡茶尖。经松林口，由下而上，坡度甚高。离甘孜后，气喘略减，到此又各微感紧促。出松林口，约行十里到龙灯坝宿站插帐。此地距来时宿站之官寨子约六七里，附近并无人家。松林口树木葱茏，从关外荒寒中经此境地，精神为之快适，惜此大量之树，类多成长至拱抱时，便成枯槁，而枯槁材木，又随地委弃，无所利用，盖病虫为害，祛病之功与夫培养之法，均有所缺，皆由地旷人稀、无人经营也。本日，道孚支差马匹不能足数，陈秘书敬修殿后，立待补足，十时后始成行，故马驮行李竟有深夜始到者。

是日午前七时后雨，旋晴，午后又有雨，入夜加甚。寒暑表晨间六十度，正午七十二度，晚间五十四度。

三十日（星期二）

午前七时，自龙灯坝出发，戴县长送至此地为止。到曲垭茶尖，泰宁实验区张志远主任与农场农牧系蒋宗三主任及当地绅民在此相迎。越过两山，抵泰宁，当地绅民、学校师生及寺院喇嘛均在附近相迎。行辕插帐于过惠远寺五六里地方，邻近无人家。

是日上下午均时晴时雨，间复同时晴雨，三时后连雨，至夜未止。寒暑表晨间五十度，正午六十六度，晚间五十八度。

三十一日（星期三）

午前七时，自泰宁出发。在八美茶尖，距来时八拉沱茶尖处所约五里，张、蒋两主任均在此招待，并有当地之萨迦寺喇嘛在此相迎。泰宁农场距此地不过四五里，惜不当大路，同人中除孔参赞外，均未能前往参观。下午四时后，全部抵中谷宿站插帐。本日，唐师长留居泰宁，将另取捷径由海子山回康定；周楚三处长、郑少成秘书另带一部分军队随行。

是日天气阴晴不定，下午六时雨，入夜见月。寒暑表晨间五十四度，正午六十二度，晚间五十三度。

九月一日（星期四）

午前七时，自中谷出发，张、蒋两主任相送均止于此。约行二十里至赊趋甲茶尖。此地系康定管辖，距来时察绒青达设尖处所尚有数里。前进抵长坝村之固墟，又设有茶尖，并有附近之士兵及喇嘛在此相迎。下午四时后，全部到达长坝村宿站插帐。由道孚支差之牛马，有羸弱不任长行者，悉在此交替，以康定支差之牛马接运。其受替之牲畜与乌拉娃，仍分别按站计价给奖，其院长个人特赏及骡马喂料，悉仍照发。本日在长坝村附近水沟边发见不全尸骸，旁有衣服，认系在成都所雇轿夫□□之物。该轿夫过折多山时，病不能行，料系路毙于此，由秘书处饬为掩埋，查明家属，汇案给恤。

是日晨阴，旋晴霁，下午二时后风，四时后不时有雨。寒暑表晨间五十二度，正午七十二度，晚间五十七度。

二日（星期五）

午前七时，自长坝村出发。计程约二十五里，到塔头坝茶尖。下午三时，全部到达山根子宿站插帐，计程亦有二十五里。前次来时，登折多山后，系取道山根子大小提茹、水桥子至长坝村，途中多一住宿之所，路径较多转折。此次行程，在长坝村另行一径，不经水桥子、大小提茹，即到山根子，约减少三十里之程。惟所经多是高原，布满乱石，并无路径，如是者约有一半或三分一路程，其难行可想。山根子位在折多山山半，气候甚寒，又复多风。自赊趋甲为始，沿途尖宿各站，均有西康建省委员会派员彭古之照料。周处长、郑秘书本日均赶宿折多塘，闻香根将赶至康定，均不复同路。

是日午前阴，下午四时后时时有雨。寒暑表晨间五十三度，正午六十八度，晚间四十八度。

是日午前阴，下午四时后时时有雨。寒暑表晨间五十三度，正午六十八度，晚间四十八度。

三日（星期六）

午前六时，自山根子出发。在大雾迷蒙中登至折多山岭上，计程约四五里。气候加寒，手足欲僵，幸登岭之后即便下山，气候渐渐转暖。至二台子茶尖，距岭上二十里矣。过午，全部自二台子到达折多塘宿站插帐，计程亦二十里。五旬旅行高原中，到此已觉水土气候不复相同，精神一爽。班禅驻康办事处计宇结处长就行辕设筵款待。晤周处长，询悉唐师长本日当抵康定。

是日晨间大雾，十时后雾消日出。寒暑表早晨四十二度，到达二台子时六十二度，正午八十七度，晚间六十四度。

四日（星期日）

午前七时，自折多塘出发。沿途多下山。十时后，抵康定飞机场，段升阶、周学昌两省委、唐师长，丁杰、香根、大刚上人，及当地机关、法团、学校、寺院僧众等，均在此相迎。行辕仍设省立小学内，全部人员入居于此。院长因受伤以来，创口直至离甘之一二日前始完全生肌平复，中间两月之久不能饮食，加以身履高原，水土气候均不调服，在甘之日气喘特甚，身躯瘦削，体重锐减，体力极疲，拟在康定疗养数日，定十日东归，当电呈中央陈明。由道孚及长坝村支差之牛马、乌拉娃等，即日照例给款遣去，院长个人特赏，加倍给予。

是日阴。寒暑表晨间五十二度，正午六十八度，晚间六十四度。

五日（星期一）

阴，傍晚雨。寒暑表晨间六十二度，正午六十八度，晚间六十二度。

午前九时，院长出席西康建省委员会扩大纪念周，报告此行经过及所见。午间往二道桥离垢园休养。原定同人及卫士、宪兵等分批东归，闻长途伏莽未靖，决定仍一路同行。

六日（星期二）

阴。寒暑表晨间六十二度，正午六十七度，晚间六十二度。

是日，院长在离垢园休养。将沿途所收礼品适当分配，分别呈送主席、总裁、副总裁，及中央党部秘书长，国府文官长、参军长、各局长，川康地方长官，本院、会、部长官，并同行全体职员。得西康建省委员会刘委员长电告，经已返抵雅安，因须迂道宁属，略有勾留，日后或可相遇于泥头、汉源之间云。

七日（星期三）

晨阴，午晴，入夜雨。寒暑表晨间六十三度，正午七十度，晚间六十三度。

院长午后由离垢园回行辕。

八日（星期四）

午前阴，午后时时有雨。寒暑表晨间六十度，正午六十四度，晚间五十八度。

是日，秘书处通知行辕各职员，支薪均截至九月底为止，在康定所派各员均在康定销差，在成都、重庆所派各员均在成都、重庆销差。前次在康时致送安觉寺、清真寺匾额各一方，本日制就，午后均鼓吹迎去。

九日（星期五）

长日雨，直至下午四五时始住。寒暑表晨间六十一度，正午五十六度，晚间六十四度。

是日，院长捐助康定县慈善基金国币五百元，又赠送全康各县敬老花红羊酒费国币五百元，两款均送交西康建省委员会办理。午前，院长出门辞行。午后三时，往新生活运动会，应当地负责诸君公饯之约。

十日（星期六）

午前九时半，自康定出发。康省党政军当事诸君及当地各界、出家大德，先时或来行辕，或至大风湾送行，班禅驻康办事处计处长及丁杰上人、大夫堪布，又另在一地设帐送别。周处长奉派送到雅州，一路同行。在柳杨茶尖，到瓦斯沟宿站，仍住来时所寓之商店，泸定县李县长在此相迎。自康定至瓦斯沟，皆从高而下，据测量记载，此地当低于康定海拔七百公尺。来时此地以东之仙人掌方花，今已实大如桃，土人谓曰仙桃，颇清甘适口，特外皮多刺耳。

本日，随行人员为总参赞、秘书长、陈秘书天锡、陈秘书敬修、孔参赞、李秘书、李会计员、张富经、万友竹、胡良济、郑铨、陈祥麟、王信安、孙家谟、顾正渫、韩树声、朱为仪、胡桂山、卢元盛共十九人，卫士二十六人，宪兵二十八人，勤务八人，厨役七人。仍指派张富经办前站，陈祥麟管夫役。其同行人员仍为黄次书、黄举安、王任邦三人，勤务二人。一行共官轿六乘、夫五十二名，滑竿七十八乘、夫二百四十三名，自有骡马六匹、马夫四人，由雅安二十四军军部拨用乘马二十四匹、马夫十四人，另雇用乘骡十五匹、驮骡八十六匹，起运行李四百一十件，内滑竿抬运者约八十件，余均用骡驮运。骡马雇价，系按一百斤价洋十元计算。陈秘书敬修与王信安及卫士数人，因康定雇用之马尚有十余匹迟迟不到，在康定守候，过午仍不见来，乃另觅乘马，或徒行，于夜十一时赶到宿站。陈秘书中途从马上跌伤胁部，幸尚不甚重，亦云险矣。

是日天阴，间有雨。寒暑表晨间五十一度，正午六十八度，晚间七十三度。

十一日（星期日）

午前八时，自瓦斯沟出发。至烹坝，在小学校内打尖。下午四时后，全部到达泸定县宿站，行辕仍设在县政府，李县长设筵款待。捐助泸定县奖学基金国币一千元（此款原拟以一半作防疫施设费，后因数寡不易措办，故改以全数作奖学基金），童子军团设置器用费百元，赠送八十以上老人花红羊酒费百元。

是日天阴，昨夜半雨，天明即住。寒暑表早晚均六十八度，正午七十六度。

十二日（星期一）

午前八时，自泸定出发，李县长相送，同行至冷迹打尖。随过兴隆场，院长捐助该处小学百元。下午五时，全部到达化林坪宿站，行辕仍设在区署。此地因昔年为泰宁营驻扎之所，故居民住宅、街道等均尚整齐，今则颇有残破云。自前日起，行程初循折多山水流而行，过瓦斯沟，改循泸定河行，过冷碛数里，便不走水涯，另取山径，一路登山，约二十里达化林坪。虽号为飞越岭之麓，然地势已甚高矣。三日来途中遇人夫骡马背负驮运茶叶、油、盐、米、布、纸张往康定者，络绎不绝。前度来时，途中所遇不及此次之多。康地对于行旅，旧有“正二三雪封山，四五六雨淋头，七八九正好走，十冬腊作狗扒”之说，莫非前者适当“雨淋头”之时，今兹恰值“正好走”之际欤？

是日天阴。寒暑表晨间六十七度，正午八十四度，晚间六十二度。

十三日（星期二）

午前八时，自化林坪出发。度飞越岭，一路上山，路径较来时略佳，闻曾经一度修理。行约七八里，休憩一破店中，李县长送至此地为止。自此处再仰跻而上，雾气朦朦，咫尺不相见，而道路之盘纡与夫泥石之泞滑情形，与来时无稍异，如是者达七八里，始至山岭隘口。由此下山，道路状况仍与未过隘口时同，亦不下一二十里。经三道桥至三角坪，有汉源县宜东区长李季白在此招待。午膳后前进，至宜东宿站，行辕仍设在康省银行宜东办事处内，汉源县长张汶（字志清）在此迎候，查悉前任县长邓明枢已离任两月余矣。闻刘自乾委员长日前抵汉源，昨往县属之富林乡，院长与之通电话，悉日内不能离去，当另订后会云。

是日阴。寒暑表晨间六十度，正午六十六度，晚间六十二度。

十四日（星期三）

午前八时，自宜东出发。行约三四里，至新修之康庄桥（桥名为前次经过时院长所命），院长循县长之请，在此举行落成仪式。随到富庄打尖，当地富兴小学师生远道相迎，张县长在富兴小学校招待午膳。下午六时，抵汉源宿站，当地各机关、法团、学校师生来迎。行辕仍设县立中学校内。院长对当地军队有讲演，亦系循县长之请也。本日行程号为七十里，其实道路甚漫，张县长云当有九十里之遥。自富庄行不远即上山，约二十里上至高处，下视汉源城，乃在另一高原之地，细观形势，即大相岭阴面之麓也。院长捐助富兴小学学生笔墨纸张费、童子军团设备费各一百元，前度经过时所定捐助全县童子军团露营棚帐器用费六百元，现增加四百元，共为一千元，改作全县奖学基金款，交张县长照收。

是日阴，夜雨。寒暑表晨间六十度，正午六十五度，晚间五十六度。

十五日（星期四）

午前七时，自汉源出发。一路上山，经羊圈门，至大相岭上之草鞋坪，计程十五里。岭上面积甚广，并有商店，可购食物。由此下山，经长老寨，在漫坡子打尖，前度在凤仪堡相遇之宋玉堂君，仍在此招待。午膳后，继续下山，经大关、小关。五时后，至凤仪堡宿站，宋君又在此照料。此地即大相岭阳面之麓，行辕仍设新康合作社所办之旅馆内。

是日起程时天阴，到羊圈门后则终日坠入雾中，茫茫不能见远，上至山巅，雾重复成为细雨，于夜不止。寒暑表晨间五十四度，登至草鞋坪四十八度，下山至宿站时五十六度。

十六日（星期五）

午前八时，自凤仪堡出发。下午一时，抵荥经县，县长王绍甫招待在县政府午餐后前行。二十五里到麻柳场（一名福星场，又名复兴场）宿站，时已五时余，行辕设在一旅馆内。此地距萑苻出没之麂子冈不远，护卫人员彻夜警戒。本日，院长捐助荥经县购买国学图书费一千元，致荥经县官绅一函，说明购书标准。又写赠宋玉堂君序一篇。闻荥经有煤矿、铁矿，产量尚丰，而途中所见背运煤块者尤众。自泸定于甘孜千余里间，不闻有此矿产，亦地方之一缺点也。

是日晨间微雨，到宿站时又有微雨。寒暑表早晨五十六度，正午、晚间不相上下。

十七日（星期六）

午前七时半出发，越麂子冈，经观音堡，到紫石铺打尖。下午四时，到雅安县城，陈副军长、雅安县长徐健（字自强），与当地政军各机关、学校、法团等郊迎。行辕设在田所街二十四军招待处，另有一部分人员住附近之新康合作社旅馆。本院留在成都之汽车二辆、卡车一辆，均由本院庶务股主任张一宽率领开来，托陈副军长借雇之卡车、客车，亦均到齐。院长以连日失眠，食欲虽渐回复，每患腹疾，疲困已极，虑及到省不能安静调摄，爰复决定在雅小住数日，藉资休养。除酌留医务员万友竹、书记官胡良济、警卫队长韩树声，并卫士十七人，宪兵排长朱为仪，并宪兵全部，在雅照料外，其余自总参赞、秘书长以下诸同事，均定明晨先回成都。秘书长携带本院印信，即由成都率同在重庆服务各员回重庆。在成都、康定所雇轿夫、滑竿夫，由行辕给予工价奖金外，个人并给予特奖，一律解雇。所有官轿，由秘书处分别赠送与得用之人；骡马六匹，亦适当分别留用、赠送。

是日天阴。寒暑表在六十四五度间。

十八日（星期日）

院长电呈中央，报告到雅日期，及暂留疗养数日即回复命。晨间，总参赞、秘书长以次诸人并卫士九人，起程回成都，即晚到达。前次院长捐助雅安文庙、总理纪念堂修建费国币一千元，本日经交由徐县长照收。

十九日（星期一）

院长电嘱陈秘书天锡在成都相候，准备作日记及报告文件。

二十一日（星期三）

秘书长率同李会计员庆泉、郑书记铨、胡教练员桂山、卫士八人，并勤务等，乘车回重庆。孔参赞庆宗、李国霖、王信安各员，及班禅行辕方面之职员黄次书、黄举安、王任邦三人，一并同行。陈祥麟康定雇用夫头声言款项纠纷，本日仍乘车往雅清理。

二十二日（星期四）

秘书长率同各员抵重庆。

二十三日（星期五）

陈祥麟自雅安归，定明日回重庆。

二十四日（星期六）

班禅行辕所送之大黑马一匹，本日因病毙于雅安。其另送之枣骝马一匹，十五日过相岭后病不能行，本日据报，二十一日倒毙于凤仪堡。

二十六日（星期一）

院长自雅安起程回成都，午前八时出发，渡平羌江至车站，登汽车首途。当地各界均送至此地，周处长仍相送到省。留雅各员及宪警等，一并随行。分乘汽车二辆，卡车二辆（内卡车一辆系二十四军军部借用，余均自备）。过名山县，县长游辅国招待茶点，稍有停留即行。下午五时后，到成都，本省军政诸长官及亲友等在武侯祠迎劳，仍寓槐树街四十八号。

二十八日（星期三）

朱为仪率全体宪兵回重庆。

二十九日（星期四）

卫士十二人回重庆。

十月三日（星期一）

院长回成都后，本拟即返行在复命，因连患腹疾，病体疲困，已愈创口又现炎肿，医戒须绝对保持安静，加以省会正筹备国庆日检阅童子军，院长兼任中国童子军总会副会长，据请担任总检阅，为期已近，亦须在此料理。本日，经分电中央党部秘书长暨国府文官长转陈总裁、副总裁、主席请假。

十一月十五日（星期二）

陈秘书天锡率同卫士四人及勤务等，由成都乘汽车起程回重庆。

二十三日（星期三）

院长陈报中央政治委员会、国民政府奉命前往甘孜致祭护国宣化广慧圆觉大师班禅额尔德尼任务完毕经过情形呈文，本日由院呈递。

十二月六日（星期二）

院长由成都乘飞机回抵重庆，即日至中央复命。留在成都之本院员警，本日亦由成都乘汽车起程回重庆。

八日（星期四）

院长陈报奉命往甘孜致祭护国宣化广慧圆觉大师班禅额尔德尼任务完毕经过情形呈文，奉国民政府指令开：“呈悉。查该院长此次前赴甘孜，代表致祭，长途往返，备极艰辛，而于典礼之举行，僧俗之宣化，敬慎将事，克完使命，边民感悦，德音远播，眷念贤劳，至深忻慰。所有总参赞向传义、秘书长许崇灏以次各员，均各经历崎岖，恪尽厥职，应由该院长传谕嘉奖。至所陈已支经费之应转送核销，班禅大师随侍人员之应妥为安顿，暨边地天候、土宜、交通、水利之应切实注意及时开发，统候饬交行政院转行关系各部、会查照可也。此令。”

〔国民政府蒙藏委员会档案〕

75. 赵守钰护送班禅回藏工作报告

(1941年1月)

目　　录

1. 赴玉树经过

守钰于二十五年八月奉派，继诚前专使允护送班禅大师回藏。授命之日，当即在京洽商入藏各项问题，并制备行装，购办物品。事毕，九月离京西行。其时适值川康红军窜扰陕甘，由西安至兰州之公路中断。守钰行抵西安，乃携少数职员先飞兰州行署接事，其余人员、物品，无法绕进，均留置西安，令待公路交通恢复，再行前进。飞兰州后，因后批人员、物品未到，未能即时离兰。守钰为经济时间并期迅速与班禅会晤起见，当派高参军长柱率领在兰一部份人员，先赴西宁，准备草地旅行所需一切用品。一方面又因草地不通汇兑，关于行署经费应于事前作充分准备，以免此后无法接济，复派马参赞鹤天飞京继续请领经费。迨经费领到，西兰公路交通恢复，马参赞与留西安人员、物品相继抵兰。正拟离兰前进，不料其时由兰州至西宁公路交通又被红军遮断，且因中央大军跟踪追剿，汽车及民间骡马征发一空，行署所需车辆骡马亦难觅雇。另一方面，并奉到行政院电令，以“中藏一切问题，已饬藏政府派代表入京洽商，在此期间，班禅宜于青、康两省择一安全地带暂住”等因。中央既令班禅于青、康择地暂住，则行署西进路线亦须重新决定。基于上述各种原因，行署离兰遂又展缓。然守钰实不愿在兰再作停留，斯时仍拟设法先行进至西宁，乃电嘱高参军，将由彼带赴西宁之行署骡马派回兰州，分批迎接。孰意西宁骡马甫回兰州，即逢双十二事变发生，行署于此事变中，公私物品被劫一空，致西进又更增加阻碍。但守钰俟兰州秩序稍复，仍于二十六年一月设法率行署人员进驻西宁，一方面派高参军入京报告，并办理追加预算，补充行装及礼物、用品。其时正值班禅行抵玉树，迭准蒙藏委员会电促早日赴玉与班禅面商一切，同时班禅亦来电催促。奈在此期间，西宁至玉树，千余里间，人烟荒凉，气候寒冷，积雪数尺，无法通行。守钰恐误入藏机宜，曾电请蒙藏委员会设法为雇欧亚机飞玉，因无航路，亦未办到。迟至五月十日方由西宁简装出发，道经湟源，等候雪消路开，七月十七日始克到达玉树。

此赴玉树之经过情形也。

2. 入藏交涉

班禅大师入藏交涉，守钰未抵玉树前所得各方情报，虽藏方迎拒传说不一，然以为苟本中央和平入藏与爱护西藏之旨，与其开诚商洽，一方面去其疑虑，一方面晓以利害，或终不难达到目的。而其时所顾虑者，厥惟对英外交问题。英人对我中央派官员及仪仗队护送班禅，盖已屡提抗议，故守钰曾乘孔特使赴英参加英皇加冕典礼之便，电请顺与英政府人士加以解释，以期减少国际方面阻力。乃二十六年七月抵玉，不料适逢芦沟桥事件发生，中日战争突起。守钰睹此情况，恐益增加入藏困难，遂欲以最大努力早日完成护送使命，藉纾中央西顾。当初步与班禅左右及藏政府代表、三大寺代表等进行商洽时，其中困难问题固多，然对于入藏一点，似颇具有希望。其时商洽情形如下：

二十五年冬，班禅派旺堪布与藏政府代表索康在邓柯开会，班禅方面提出四条件：（一）携带仪仗队入藏；（二）后藏征兵，平时充班禅卫队，给养班禅自筹，对外有战事时，与前藏合作御侮；（三）日喀则知县由班禅委派；（四）后藏人民已得第七世达赖许可专为班禅供差，前藏应免其差徭。此数条件，经数月之商讨，藏政府曾训令索康，对第一条提出接受条件如下：（一）仪仗队随班禅径赴后藏；（二）规定仪仗队在藏停留时间；（三）由第三者保证，但不用国际间人。其余无答复。但班禅认为所提四条，均为极合理要求，不允再有让步，并通知索康，谓邓柯会议如不得结果，则伊拟先赴拉萨，一切问题留待将来解决。而三大寺代表等亦谓中央派大员及仪仗队护送班禅回藏，西藏僧俗官民一致欢迎，政府中虽有持异议者，然只极少数人，邓柯会议即有未解决事件，亦请班禅早日入藏，将来三大寺愿负一部分责任，协助双方继续寻求解决办法。又据班禅左右谈，金沙江所驻藏军多后藏子弟，平素对班禅信仰极深，其自防地来谒班禅并表示拥护者，为数甚众，班禅前进，安全决无问题。同时，拉萨蒋参议致余亦来电，告藏政府确已允仪仗队入藏，仅要求由三大寺担保，后因班禅提出前后藏问题，遂致又生周折，但留驻拉萨英官业已返印，藏方已失凭藉；又谓“藏方经抽签，神示不许拒抗中央官兵”云云。至是，班禅遂决定阴历七月初启程，取道黑水入藏，而守钰对此亦作较乐观之论断，并根据中央立场，拟定此后所取态度如下：（一）班佛行期不出阴历七月；（二）仪仗队已可入藏，惟经过路线及停留时间，至黑水后尚须继续与藏方交涉；（三）其他关系班禅本身权利各问题，或至黑水交涉，或留待日后解决。守钰对其中第二点，拟协同班禅继续交涉，以期能赴拉萨。第三点则本中央立场，调停班禅与藏政府之间，谋为解决中藏纠纷前途奠一基石。并为加强进行力量起见，当时曾分电热振呼图克图暨司伦、噶卜伦等，告以不久亲送中央颁发热振之册封金印前往拉萨，以预作交涉仪仗队赴拉萨之准备。此为守钰抵玉最初商洽情况。

但未几旺堪布自邓柯回玉报告，藏政府因抗战发生，态度又变强硬。关于仪仗队，在先藏方原要求径赴后藏及短期间内撤回，由第三者担保，此担保者不用国际间人，今忽改须由国际担保，撤回时并须改走海道。关于前后藏问题，藏方并要求须完全解决，始允班禅回藏。情势忽为之一变。其时曾设法觅得藏政府给索康密令一件，兹照译如下：“（一）大师离后藏时，扎什伦布总管（即扎萨喇嘛）由前藏派人接替，该总管到职以来，对大师及寺院财产管理异常尽职，近且积极筹备欢迎大师归藏，原拟待大师归后再行辞职，另请大师派人。但大师若必欲立即更换，噶厦亦可同意，惟继任人选，须照旧例，慎选资望才识兼优者；（二）大师在后藏所享一切权利，从第一世至第八世班禅，相沿已久，概照旧例；（三）来电议将日喀则仍改普通县，其县长六年内暂由大师委派、赋税仍归政府征收一节，自达赖喇嘛圆寂，无人有权处理此项问题；（四）后藏军队另改编为大师卫队，此点绝难承认，但为适应实际需要，在可能范围内，由政府组织卫队保护，饷械由政府供给；（五）大师所提条件，业经商妥者，须正式立约签字，其保证人可由三大寺担任；（六）中央护送官兵，如到达藏界，不便退回，可照中央曾经许可到藏后即行撤回办法，其路线由黑水径赴后藏，在五个月内全部撤回，撤回时改走海道，并须请国际担保。大师曾提由扎什伦布或三大寺担保，但吾人认为非西藏内部问题，故不能接受；（七）大师赴前藏；吾人极表欢迎。但因携有护送官兵，在中藏问题未解决前，僧俗民众疑虑滋多，故请大师径赴后藏；（八）寻找新达赖，与迎赴拉萨，并以后教育一切事宜，曾蒙大师允许协助，极表感谢；（九）大师所携武器，希望成为国家整个对外力量，以保护西藏政教，并为祛除人民疑虑，请求大师对此有一书面表示。以上各项问题，如大师完全同意，则在邓柯或类务齐间，再行约时，各派代表立约签字，而后欢迎入藏。若在各项问题未解决前，大师率中央官兵履入藏境，或问题解决后，中央官兵不守径赴后藏之约而欲来至拉萨时，吾人必以武力拒绝之。”试观密令内容，藏政府实已将以前诺言根本推翻。

守钰于听取旺堪布报告，并发现上项文件后，跟即与班禅商讨对策。班禅此时意见，拟不问藏方态度如何，仍于阴历七月启程，惟为减少阻力计，欲请中央酌派飞机驻守青、康，并饬青、康当局虚作军事准备，迫使藏方让步。守钰以班禅回藏心切，未便提出其他意见，仅以到黑水后应有顾虑数点，提与班禅商榷：（一）藏方消极抗拒，不供给乌拉、燃料；（二）积极抗拒，实行武力阻止；（三）迎班禅入藏而拒中央官兵。上述三点，班禅答复如下：（一）过黑水两站即入后藏境界，乌拉、燃料必可得当地人民供给；（二）必要时不赴拉萨，径回后藏，藏方不致以武力拒阻；

（三）中央官兵入藏，必要时由三大寺担保，以祛藏方疑虑。最后并表示，伊决与中央官兵同进退。观其态度极为诚恳，结果遂完全接受班禅意见，继续准备前进。另一方面，守钰与蒙藏委员会商洽，除国际担保决应拒绝外，其余于可能范围内，拟予藏方以相当宽容。

但其后续接蒋参议电告，中日战况，藏方极传我方不利，现对中央官兵又主拒绝，并已令索康动员，拉萨亦在调集军队中。又准蒙藏委员会转来西康刘委员长文辉电，亦谓藏方于金沙江增兵甚多。又另据密报，邓柯、德格西岸藏军采买大批给养，遣回官兵眷属，似有备战之势。以上各种传说，均足证明当时情形异常严重，而不得重新考虑入藏对策。其时青、康两省当局虽允增兵防范，并对班禅加意保护，然念中央对藏素本和平政策，值此抗战之际，尤不容轻启边衅。再玉树至黑水十余站间，杳无人烟，给养运输万分困难，青、康即以兵力相助，亦为天然环境所限制。但因其时班禅前进之意仍甚坚决，守钰始终未便加以劝阻。

至八月十八日，班禅率领一部分人员由玉树出发，经拉休寺（亦名龙喜寺，班禅经过该寺须留驻诵经）入藏，行署及仪仗队则因等候乌拉，出发在后。适接蒙藏委员会电告，入藏事正呈行政院缜密商讨，嘱待电命再行启程；未几即奉院令缓进矣。

此入藏交涉之经过情形也。

3. 奉令缓进

二十六年八月，奉行政院电开："关于班禅大师入藏问题，本院第三二五次会议决议：抗战期间，班禅应暂缓入藏，先暂驻政府指定地点。特电知照，并婉劝班禅，务以大局为重，暂缓启行为要。"等因。守钰于奉到电令之日，当派本署参赞马鹤天、参军高长柱等兼程赴拉休寺面谒班禅商洽，旋并遵令亲往劝留。抵拉休寺后，初与班禅晤谈，班禅虽表示归念甚切，但颇尊重中央意旨。经数度商讨，已届进行商确驻地阶段。

讵意是时藏政府及三大寺代表等忽又改变态度，坚请班禅早日入藏，并愿担任一切交涉。班禅为其所动，乃与守钰商谓："来内地十余年，蒙中央岁费巨帑，予以厚待，深感不安，但有前进可能，仍愿早日入藏，一期中央权力早达藏土，二冀减轻中央财政负担。"嘱对院令稍缓呈复。而守钰其时亦以班禅语言诚恳，且从另一方面观察，藏政府及三大寺代表之续请班禅前进，或恐中央于抗战结束后再送班禅入藏，于藏政府更有不利，故欲趁此时机迎之入藏，以减少班禅权利上要求，并藉此以结中央欢心，似非完全敷衍手段；复思此次护送，时将两载，今行程业已过半，倘能及早完成使命，或可请求中央再予变更命令，遂未坚持拒绝。惟守钰曾派高参军偕藏文秘书格桑悦希参加班禅行辕堪布会议，提出我方意见如下：（一）中央所派官员与仪仗队护送班禅入藏，藏方不得阻难；（二）前后藏问题未解决者，俟班禅回扎什伦布后再作解决，中途应停止谈判；（三）班禅及中央官员与仪仗队到达藏境，应迅速支应乌拉。如藏方对此能完全接受，然后请示中央作最后决定，并限藏方十日内须有答复。逾期无答复，或有答复而不能完全接受上述意见，则即遵令缓进。各堪布当经表示同意，但对仪仗队在藏停留时间，谓如不得已时，拟对藏方让步，定为五个月，并拟承认由三大寺担任保证。我方答复此点，仪仗队专为护送班禅，其停留时间自可尊重班禅意见；至于保证问题，以不妨碍中央威信为原则，亦请班禅酌量办理。会议后，并告行辕将决定办法只作班禅方面意见转告该代表等电藏接洽，守钰不直接表示，以保持中央威信。

该代表等根据上述意见去电后，候至第九日，始接三大寺复电，藏政府并未来电。三大寺复电略谓："对仪仗队入藏，愿任保证，但须班禅另对三大寺给一确实保证"。于是该代表等复请班禅亲电三大寺作负责声明，并要求将接洽期间展限数日。守钰以此事似可成熟，遂再允予展限。班禅亦饬堪布会议厅致电三大寺作负责声明去后。

孰意三大寺第二次复电，忽又另生枝节，略谓：“堪布会议厅去电，对仪仗队停留时间未经提及，不便与藏政府进行接洽”；又谓：“为求藏政府祛除疑虑，并取得僧俗民众深切了解起见，应请班禅先行承认由黑水径赴后藏，以及到藏后限定一两月内将中央全体护送官兵由海道撤回，与夫班禅此后一切须听藏政府命令。如班禅对此同意，须请班禅本人签名盖章给一书面保证，星夜送至拉萨”。查藏方旧例，达赖、班禅对外文件，其签字盖章皆由堪布代之。姑无论三大寺所提中央官兵由海道撤回，及班禅须听藏政府命令办法，非中央所能采纳、班禅所能接受，即由班禅签名盖章亲给保证书一点，其要求亦极不合理。此外，又据藏边三十九族千百户谒见班禅报告，奉藏政府命令，班禅入藏经过三十九族，不准供给乌拉。又另据其他方面确报，藏军大部正向黑水方面移动等情。至是，始知藏方仍无诚意。同时复接蒙藏委员会转下蒋委员长示谕：以“抗战期间，中英关系必须顾虑，仪仗队入藏恐启纠纷。班禅如必须入藏，则须得藏方有确实回音，且派队到境相接，一切妥适后，方可决定。至仪仗队，只能到达藏境为止，不可入藏。”等因。

守钰因藏方终无诚意，并遵蒋委员长电示，乃劝班禅决定遵令缓进。班禅于守钰劝告后，亦表示伊决不舍中央官兵入藏，尤不愿入藏后受藏政府限制而疏远中央，缓进之意遂决。惟关于驻地、经费，及将来入藏保障，班禅曾提出请求三项，嘱为转呈中央如下：（一）请中央指定西康甘孜县为驻地，并令西康当局切实保护；（二）所携人员众多，经费不敷，在抗战期间未便请益，原定每月经费四万元，请予优待维持原状；（三）拟明年四月入藏，请中央不分武力和平，完成护送案。倘届时抗战仍未结束，须顾虑外交，则请密许班禅商同专使自行设法回藏。守钰当将班禅请求转呈中央请示。其后关于驻地问题，因各方主张班禅移驻康定，续商得班禅同意，并呈奉中央核准改驻康定。至于经费，中央则准班禅年俸不减，公费减为七成。此外尚有赴西康乌拉给价问题，守钰为设法优待并尊崇班禅起见，与刘委员长文辉商妥，允以赏金名义付给半价。班禅对以上各项，均表满意。

决定缓进后，守钰与班禅先后于十月间由拉休寺返抵玉树。其时因候通天河结冰，移康行期择定阴历十月十二日，后又因班禅有病展期。不意未几班禅病势突变，竟圆寂于玉树矣。

此奉令缓进之经过情形也。

4. 班禅圆寂

班禅自拉休寺返玉，其体即稍感不适，初起仅右胸部作断续隐痛。守钰为冀班禅早日痊愈，曾亲率本署医官巫秀池前往诊治。其时体温、脉搏、饮食、谈话，一如常人，并据左右言，班禅斯疾早年即有，故咸以为偶撄感冒，触发旧疾，必无大碍。旋又接行辕通知，班禅因须静养，暂时拒见宾客，而守钰亦以班禅不服西药，遂未继续派医往诊。十余日后，复据刘秘书长家驹面告，胸痛业已减轻，乃益不以为意。但未几忽闻班禅腿脚稍肿，其病似有变化。守钰闻讯，为谨慎起见，商得行辕同意，再率医官往诊，不料病势果突趋严重。其时据医官诊断，胸痛已停止，但两腿浮肿及膝，两手腕亦微肿，呼吸困难，气短促，大便正常，小便减少，色深黄，饮食减退，精神恍惚，呈半昏睡状态，脉搏八十，体温三十七左右，血压最高一四五，最低一百，恐所患系肝癌。守钰当与各堪布商讨医治办法，但因玉树良医、药品两缺，交通又极感不便，商讨结果，决定分电各方托为觅请名医赶玉诊治，并询问各地医学界有无妥善治疗方法。乃电甫发出四日，班禅即于二十六年十二月一日上午二时五十分圆寂矣。其病势变化如是之速，实非守钰及各堪布意料所及。

班禅圆寂后，留有遗嘱：宣化使职由扎萨喇嘛罗桑坚赞暂代，一方面请示中央听候处置班禅行辕武器，除卫士队及员役自卫枪枝外，余献中央，共济国难。其遗嘱曾经古教堪布二人侍侧签字。兹将遗嘱全文照录如下：

“余生平所发宏愿，为拥护中央，宣扬佛化，促成五族团结，共保国运昌隆。近十五年来，遍游内地，渥蒙中央优遇，得见中央确对佛教尊崇，对藏族平等，余心滋慰，余念益坚。此次奉派宣化西陲，拟回藏土，不意所志未成，中途圆寂。今有数事切嘱如下：后藏政教，前已委定罗桑坚赞为扎萨喇嘛，所有宣化使职，亦着由彼暂代。在未到职前，印信暂交丁杰佛，并由堪布会议厅及回藏设计委员六人共同负责，仍宜请示中央，听候处置。至宣化使署枪枝，除卫士队及员役自卫者外，其余献与中央，共济国难，俟余转生，再请发还。又关于历代班禅所享权利，应早图恢复。最后望吾藏官民僧俗，本中央五族建国精神，努力中藏和好。扎萨喇嘛及各堪布，尤宜善继余志，以促实现。此嘱。”

以上为遗嘱全文。又班禅圆寂后，关于荐祭事宜，当由本署会同班禅行辕成立治丧处，于玉树主持一切。未几并奉国民政府颁布褒扬班禅明令，追赠班禅为护国宣化广慧圆觉大师，发给治丧费一万元，特派考试院戴院长来康致祭。

此班禅圆寂之经过情况也。

5. 佛榇移康

班禅圆寂玉树，正值首都陷敌，国府西迁。其时又接刘委员长文辉电告，藏方正积极调兵向邓柯以上移动，有趁青海出兵抗日之际来犯玉树企图。自抗战发生，藏方态度即日趋强硬，今又逢国府西迁，班禅圆寂，证以过去中藏关系，与最近情形，藏方实有乘机来窥可能，故刘委员长来电使守钰异常重视。再者，班禅行辕驻玉，与地方感情亦有未臻融洽之处；又班禅圆寂后，所有随班禅人员群失依靠，其时内部极恐慌，分子亦极复杂。守钰以一身当此危难之秋，虽经竭尽全力，一方面商请青、康两方对藏军严密防范，并飞调业已开赴西康甘孜之一部分仪仗队星夜回驻石渠，一方面维持班禅行辕与地方之感情，并安慰行辕内部人心，然终觉责任綦重，实有另筹办法改变环境之必要，乃与行辕商妥，即日将班禅灵榇移往康定，至康后再正式举行荐祭，此项办法当经呈奉中央核准。惟行辕其后又有佛榇只可移驻甘孜之要求，守钰当时以出发在即，恐因驻地问题别生枝节，遂未表示个人意见，仅答以至甘孜后再行请示中央，听候命令。佛榇乃于二十六年十二月二十四日离玉。为求佛榇安全计，除仪仗队及行辕卫士队护送外，并请青、康两方派队沿途保护。

又佛榇出发之日，原定本署与班禅行辕全体偕行，藏政府及三大寺代表亦于是日同时离玉回藏。后因乌拉问题稍有困难，不得不变更计划，乃决定将所征乌拉牛马，尽先交行辕及藏政府三大寺代表等载运启程，本署独自留后，而与行辕相约，会晤于石渠。迟五日，本署始由玉树出发，兼程赶赴石渠齐集。本年一月十八日，先后安抵甘孜。

佛榇抵甘后，当即继续与行辕商讨停驻地点问题。讵意各堪布于商讨开始，即述班禅遗体因沿途气候和暖，已呈微腐，恐有解脱之虞；继即请求决计停放甘孜，施行防腐工作，谓若再东进，佛体势必无法保全，将使彼等无以对班禅、对藏人云。守钰以各堪布既表示如此严重，自未便加以相强。但思佛体防腐，似可赶请西医以注射方法迅速完成工作，然后进驻康定，在甘可作短时间停留。以此询问各堪布，各堪布又答，因宗教关系，不便用药注射，仍按旧法，以盐巴、香料涂体，逐渐吸收体内水分，使成金身。询其所需时间，则云半年始可完成。此为班禅行辕方面意见。然另接刘委员长文辉来电，则又力请佛榇移驻康定，并阅致其参议罗君侠电（派随班禅代表），列举佛榇应驻康定理由如下：

（一）中央令驻康定，并已派戴院长来康定致祭；（二）康定乃西康省会，为维持班禅尊严，应驻灵康定；（三）甘孜地方狭小，过去复经大金寺之乱与诺那事变，以及红军过境，久驻则人员给养、骡马草料两感缺乏，地方无法供应；（四）鉴于大金寺之乱与诺那事变，恐佛榇久驻甘孜再生其他问题。此为刘委员长方面意见。上述双方，各有理由，且均主张极为坚决。斯时蒙藏委员会来电，亦与刘委员长意见相同，主张宜驻康定。

守钰熟察各方情势，乃拟于维持中央威信、保全班禅遗体及尊重刘委员长意见下求一解决途径，并拟如至万不得已时，则将佛榇驻甘，行辕酌留少数人员负责照料，其大部分人员及卫士队则移康定。但其后征询行辕意见，亦无结果。几经周折，最后始商定佛榇驻甘，行辕人员甘孜、康定两地分驻，但此项办法又恐难得刘委员长方面同意。在此期间，守钰为免驻地问题演成僵局，并求班佛一切善后早定办法起见，曾请示中央拟赴渝面商一切，奉令未准。继复请示，拟往康定面晤刘委员长，先解决驻地问题。其时行辕适亦推派丁杰佛、刘秘书长家驹赴渝洽商班禅善后，并拟顺道晤刘，一商驻地，约定与守钰偕行。但因等候多日，守钰尚未奉到准离甘孜命令，丁、刘遂先东行，约在康定相晤。迨丁、刘行后，守钰复恐彼等在康定不能久待，乃将前述与行辕所商办法，托罗参议君侠预为电商刘委员长。未几，丁、刘至康与刘委员长商谈，结果表示完全同意，并欢迎旺堪布率领一部分人员即日移驻康定，同时致电守钰，谓已告丁、刘电达行辕，俟行辕正式来电后，再会同守钰呈请中央，作最后核定。但其后行辕迄未正式去电，旺堪布因病亦无东行之意，遂又搁起。事后探知，行辕是时盖又已将驻地问题转移于佛榇回藏问题而向中央另作请求矣。

至守钰康定之行，后虽奉令照准，但嘱须将行辕武器点妥，方可启程，同时复闻戴院长已改来甘致祭。戴院长既决定来甘，守钰拟将一切问题留待戴院长莅甘，再行商决，故而中止。戴院长八月莅甘，行辕又有请求戴院长转商中央另予指定驻地之议，然戴院长无表示，致迄今犹成悬案也。

当佛榇抵甘时，仪仗队因给养困难，留一中队在甘随护，其余两中队先行开驻康定。

此佛榇移康之经过情形也。

6. 班禅善后

班禅善后办法，守钰在玉时即已献议中央，原则上维持其团体存在，免使随班禅者对中央有所觖望。至甘孜后，蒙藏委员会复以安置班禅人员、裁撤宣化使署、另组善后委员会之办法电商。守钰鉴于班禅灵榇尚须回藏，中藏关系尤应继续努力，曾建议似可改善后名义为护送佛榇回藏名义，并酌量参加中央人员，以资联系。此为守钰个人意见。至于行辕方面意见，其最初所提请求为：(一) 请求中央于阴历四月间派兵武力护送佛榇回藏；(二) 如因抗战关系暂难顾到，请中央授权西康刘委员长与专使妥筹回藏办法；(三) 如二者均难办到，则请中央授权各堪布自行交涉回藏。

其后行辕并派丁杰佛、刘秘书长家驹赴渝商洽善后，而班禅驻京代表罗桑坚赞亦由港到渝，经缜密之商讨，始由蒙藏委员会正式拟具办法，呈奉行政院核准如下：(一) 西陲宣化使公署裁撤；(二) 班禅行辕暂予保留，办公费照发；(三) 班禅年俸停发；(四) 班禅驻京办事处仍予保留；(五) 班禅驻京办事处附设补习学校，由教育部、蒙藏会会同查明，拟具办法呈核；(六) 西陲宣化使公署无线电台，其原由交通部发给者，仍由交通部处理，余由班禅行辕拟具办法呈核；(七) 护送专使行署俟戴院长赴甘致祭后即行结束，仪仗队亦同时撤回；(八) 其余各项，照蒙藏会原拟办法办理。查第八项所包括者为：(一) 西陲宣化使公署武器，应照班禅遗嘱献与中央，由赵专使会同班禅行辕先行点验，俟戴院长抵康后斟酌情形呈核处理（武器问题另详后章）；(二) 班禅灵榇由班禅行辕直接向藏方商洽，随时将接洽情形呈报核定，将来由政府酌派人员送至边境；（三）班禅卫队由班禅行辕酌量处理，呈候核办；（四）班禅财产及遗物仍由班禅行辕照旧负责保管。除上述八项办法外，行政院并拨款三万元，交戴院长携甘犒慰班禅随侍人员（此项犒慰费，其后经蒙藏委员会改汇守钰转交行辕堪布会议厅分发）。

此班禅善后办法之商洽经过情形也。

7. 班禅武器

班禅圆寂，青、康两方对班禅行辕武器均极注意。守钰亦因行辕武器向未造册呈报中央，其确实数目既无从稽考，转恐随便散失边疆，影响于地方治安，故于抵甘孜之日，曾献议中央应早处置行辕武器，以免别生枝节。其处置办法，拟请中央根据班禅遗嘱，即日派员点收，运往内地补充抗战部队；如以交通困难，内运不便，而就近发给边防军队，则请分配青、康两军，免使任何一方有所觖望。此意当蒙中央采纳。

其后守钰以佛榇驻地问题拟赴康定一行，请示中央，奉令照准，同时派定守钰点收行辕武器，并嘱须将武器点收后方可启程。又在未奉院令之前，并准军政部何部长来电，亦嘱妥为点收行辕武器。本应即遵中央电令办理，但因其时行辕方面适亦提出请求，欲将武器留待与班禅一切善后问题同时解决。守钰熟审当时情势，若拒绝行辕请求，遽予点收，反恐引起误会。比将此情呈复中央，拟将点验与保管，分两步办理，第一步先办点验，点验后暂时仍存行辕，其根本处置，则俟稍缓再议。旋奉令准，遂开始与行辕商洽点验手续。不意行辕方面是时适亦接驻京代表罗桑坚赞来电，谓武器事，蒙藏委员会业与各方商妥，暂由行辕保存，俟戴院长至康，再决定处置办法。各堪布根据罗电，请求缓验。守钰当以"点验与保存原系两事，罗电只云由行辕保存，并未提及免验，守钰职责所在，如未奉到中央免验明令，未便停止点验”告各堪布。然商洽至再，终无结果。一方面行辕则派在渝之刘秘书长家驹、石秘书明珠等另向蒙藏委员会请求缓验，但蒙会亦以“此案已经中央一再电令办理，未便再延答复刘、石，可先造送清册，呈报数目，并指明枪枝所在地，其点验日期并接收办法，仍由行辕就近与守钰商洽。本年四月，准蒙藏委员会将上项情形电知，随经函转行辕，再度进行商洽去后。得五月五日函复，谓“已饬军需处赶造清册”，以为不久当可办理点验矣。但其后迟延数月，迄未见将清册送来。守钰迭次催询，行辕则答册未造就。罗桑坚赞抵甘时，复再向罗商催，罗亦以正在造册为辞。直至八月戴院长莅甘后，行辕始将清册送来。守钰跟即派本署事务主任陈子安等前往点验，当将点验情形，检同原册，呈报中央。旋复奉行政院电示，嘱将此项武器由守钰随带回京呈献，以副班禅遗嘱。比又遵通知行辕，并派本署参赞马鹤天前往接洽去后。准行辕函复，以回藏问题现正交涉，班禅灵榇尚待西移，“为保护安全、促成交涉起见，请仍暂由行辕保存；俟回藏使命完成，即遵班禅遗嘱，将册列武器径自送呈中央”，等由到署。其时因行署及仪仗队已奉令随戴院长东归，不便为此再行延期，除呈复政院外，守钰即于八月二十九日率同【行】署〔队〕职员、官兵离甘矣。

行辕武器数目，当班禅圆寂时曾奉重庆委员长行营电查，其时询据刘秘书长家驹面告，计有卫士队步枪三百枝、机关枪四挺、迫击炮四门、山炮两门，职员自卫步枪、驳壳枪共约二百支，此外尚有未用步枪八百枝、轻重机关枪及自动步枪共四十枝、手榴弹一百箱、步枪子弹每枪约一百发。但此次所送清册，其数目计列各色步枪一千七百九十枝、马枪一百一十九枝、驳壳枪二百四十枝、手提机关枪一百零五枝、各色轻重机关枪三十四枝、冲锋机关枪二十四枝、迫击炮六门、山炮四门、零件二十四箱、各色步枪子弹二十一万七千六百发、驳壳枪弹四万八千发、各色轻重机关枪子弹二万一千发、冲锋机关枪子弹七千发、手提机关枪子弹三万一千五百发、山炮弹一千一百九十发、迫击炮弹五百二十八发、手溜〔榴〕弹四百一十八箱、引信三十四箱、零件十八箱、大炮驮鞍及零件五十一箱。其中有山炮四门、迫击炮四门，存玉树然拉寺；步枪一千枝、马枪九十六枝、子弹五万五千发，存西康建省委员会；手溜〔榴〕弹二百箱，存青海台及诺尔。较前报数目超出颇多。

此点验班禅武器之经过情形也。

8. 高参议入藏

此次护送班禅入藏，原拟于交涉进行中先派一高级职员充前站，入藏担任接洽一切。二十六年六月，守钰于赴玉途中，复奉行政院电令，以拉萨蒋参议致余患病，须回京调治，嘱派高级职员前往接替。经与蒙藏委员会商妥，即以本署所派前站人员往替。但抵玉未几，因抗战关系，藏方态度强硬，入藏交涉受阻，旋奉院令缓进，派前站计划遂未实现。

其后九月，奉令在拉休寺劝留班禅时，复又奉到院令，以蒋参议病势加剧，已准离藏就医，嘱迅照六月电令酌派高级职员兼程入藏接替。守钰奉令之后，当遵派定本署参军高长柱入藏接替蒋参议职务。但以其时又值班禅入藏交涉重提，高参军势须等待此次交涉结果，俟得藏方对班禅迎拒之最后答复到后，再定彼之入藏及入藏后接替方式。

其后，班禅交涉终无结果，决定缓进，高参军乃以行政院参议名义，于十月二十五日启程入藏。其路线拟定取道昌都，经太昭至拉萨。

在高参议未行前，曾以守钰名义致电藏政府，请饬沿途保护，并支应乌拉。其时得复电谓："高参议入藏事，因中藏问题尚未解决，已将此案电呈中央核示。一俟奉到指令，即当迅速电达，使〔俾〕便利进行。"等语。观其措词，虽未表示欢迎，但亦未表示拒绝，并颇尊重中央，故咸以为前途不致有大阻难，而可达到入藏目的。孰意高参议行后，进至距昌都四十里之萨通，即被藏方驻昌都总管以未奉到政府命令为辞，一再派员并军队拒阻。高参议被迫无法前进，初退回藏达，旋又退驻青海境内之囊谦，等候交涉前进。但在此期间，得蒋参议方面来电，则于事实适得其反。初谓藏政府对高参议入藏，仅要求减少人数，业经商妥，限定为十二人；继又谓藏政府已授权昌都总管就近与高参议接洽。其后守钰并接藏政府托为转致昌都总管一电，另据蒋参议电告，该电即系支应乌拉命令，当即电转高参议专差飞送昌都去后。讵意昌都总管其时又称该电文有缺漏，须待查明复函，仍阻高参议前进。守钰得讯后，当经查对所转之电并无错误后，并经两电藏政府查询，亦无答复，乃知藏方仍系藉故拒阻。所谓乌拉命令，所谓电文缺漏，无非一种延宕手段。而蒋参议又适于此时离藏，驻藏人员中断，遂益增加交涉困难。

未几，昌都总管果正式表示，奉政府命令拒绝高参议入藏，其理由为蒋参议驻藏时有枪杀人民，与强办汉人学校，以及训练汉人等情事。此后虽迭经高参议函电昌都总管及藏政府，并经蒙藏委员会多方解释与交涉，迄无效果。

本年五月，青省当局因二十五年藏方违约发生邓柯战事，根据岗拖条约，要求藏方赔偿人马枪枝损失，归还藏大、唐陈诸地，撤惩肇事军官，交还逃兵及枪械，双方派代表开会议于噶丹寺。又康、藏两方因解决大金寺悬案，亦派代表开会议于德格。高参议曾电请中央，将入藏事转令青、康加入谈判。但高参议旋又来函，请为转呈中央予以撤回。经与蒙藏委员会商妥，待青、康、藏会议终了，如仍无结果时，即呈请政院撤回。

其后九月[①]，复准蒙藏委员会电告，得热振电，藏方已允高参

① “九月”疑系“七月”之讹。

议入藏。但未几热振忽又电呈中央，请以交通部驻拉萨电台工程师张威白代理参议职务驻藏。至青、康、藏会议，对高参议入藏事，亦无结果。中央遂决定撤回，现已授意高参议嘱其自动辞职东归矣。

此高参议入藏受阻之经过情形也。

〔国民政府蒙藏委员会档案〕

76. 赵守钰护送班禅灵榇回藏经过报告书①

(1942年1月27日)

1. 护送班灵回藏之经过

窃以崇佛安边乃中央一贯之边疆政策。钰奉命护送班灵，因我公赴藏未返，各事无由商酌，以致耽延甚久。直至去岁七月二十四日与公面谈后，始决定先行来青，与子香主席妥商具体办法。当即匆匆西飞，经兰抵宁。幸承子香主席开诚协助，并允派玉树警备司令马绍武为本署参军，就近负责护送，始得顺利完成使命。

初，班辕曾几度要求暂不回藏，意欲移灵香日德，冀俟抗战胜利后再行奉安返藏。钰因迭奉中央及我公电令，限期于本年内完成任务，故经与子香主席迭电该辕，催令启锡；又得马参军在玉就近促劝之助，始择吉于去岁十一月九日首途西上，经囊谦、类乌齐而达藏边之嘉桑卡，当将佛灵妥为奉交藏方欢迎代表觉伯代本、色嘉佛等，恭迎入藏，于今年二月四日安抵札萨仑布。计护送往返，历时三旬，以千余之步骑，跋万叠之雪山，行程虽苦，使命完成，此钰所深引以为欣幸者也。

当班灵启锡之前，曾奉公电严密注视其行动，并嘱于必要时

---

① 原标题为《二次奉使西陲简要报告书》，此题为编者根据内容酌改。

以断然手段处置之，且有“愿为后盾”之语。钰奉命之后，为防途中再生周折，阻滞行程，影响全盘计划，并为指挥便利计，遂遵照前议，率同官兵四十余员名驰赴湟源大河坝一带，以便督促指挥一切。沿途向各庙院及蒙藏缁俗广为布施，并藉欢迎机会宣传抗战情形及中央关怀边胞之德意。彼等恭聆之余，莫不欣然感奋。途中迭接马参军电告护送情形，幸尚平安。

钰以护灵告一段落，乃于十二月七日揽辔返宁。当将详情电报中央，谬蒙嘉许，感愧之余，又不能不佩我公之宏筹及子香主席之臂助也。

2. 班辕善后之处置

护送使命完成后，因班辕留玉人员之来青，故其善后问题亦亟待予以处置，当即电向中央及我公请示办法。旋奉复电，嘱与子香主席就近榷商。而子香主席因环境关系，坚不欲负此琐烦之责，并密电中央挽留守钰始终其事。为公为私，情难固却，遂勉任艰巨，期有以报党国于万一。

时，班辕要求仍旧保存其组织。惟以佛灵既已回藏，灵童尚未寻获坐床，故在事实上、理论上班辕均无存在必要也。然兹事体大，曷敢擅专，乃迭电我公请示。旋奉电嘱，拟具善后办法多项，对该辕存否，均曾详陈理由，直至今年六月初，始奉到行政院通过之班辕善后办法八项，遵即着手进行。中间因候罗桑坚赞及朱长官派员来青商订遣散办法及点收卫队枪枝事，故至九月底，始遵照期限办理蒇事。总计按照其所呈名册，核实其所有人数，公平分配给安置费、遣散费共二十九万四千二百六十元。

惟卫队枪枝之点收，因朱长官派来之金参议返兰请示，未再西来，以致无从办理。日前行政院又电令守钰负责监交，然以本处奉命业已结束，前拨经费早经用罄，如仍留此，将无以维持现状。此情本拟电呈行政院剀陈，因闻我公西来视察，故拟俟面商后再为决定。

3. 附带办理之事件

（一）护送甘瞻僧俗回康

甘孜、瞻化两部僧俗流亡玉树，饥寒交迫。前奉我公电令，嘱将此事与班辕善后同时解决。当经电召该两部土司来宁，询商一切；并迭电刘主席自乾兄，请以安边为重，示以宽大，勿咎既往，予彼等以回康自新之路，幸蒙采纳；又承子香主席派员护送进康，故得解决。至其遣散费各二万元，早已如数发给。惟甘孜孔晒土司德钦汪母不便即行回康，已谅情准其暂时留住青垣矣。

（二）维持新疆王公拉得那伯德等生计

新疆焉耆拉得那伯德两王公困居西宁，不得返新，其生活异常窘苦。钰鉴其拥护中央极具热诚，竟因内向而获罪，不能返籍，情殊堪悯。当经商请子香主席赐拨柴达木牧地；并分电我公请款救济，幸蒙惠发羊、马种费二万元。守钰并于此款未汇到前，先为设法垫发，俾其早日筹购一切，以免物价再涨，徒受损失。

（三）为青海灾黎请赈

青海去岁大雨成灾，灾后疫疠流行，死亡枕藉，尤以蒙藏区域为最惨重。当守钰西上护灵之际，正疫魔猖獗番地之时，故触目痛心，迭电许委员长、朱子桥将军请赈，均蒙复电惠拨巨款。

以上三桩，及荦荦大者。他如电请行政院增拨青省政费，以维持公务员最低限度之生活；商请子香主席协助青盐输出，以救济前方之盐荒；及陈述果洛划界意见，以消除边地之重大纠纷等。事虽微简，然其影响于国家、地方者，至深且巨。钰固责专护送班灵，但亦不敢不竭力之所及，以安边疆而利抗建也。

4. 结　语

总上所述，乃为钰此次奉使西陲之经过及附带所办各事之简

略报告，遗漏不详之处，自所难免。兹值我公西来视察之便，先为略陈梗概。伏维鉴察是幸。此上

吴委员长

特派护送班禅大师灵榇回藏专使　赵守钰谨呈

〔国民政府蒙藏委员会档案〕

（3）寻访转世灵童

1. 罗桑坚赞关于派员扶灵回藏暨赴香日德等地寻访灵童致蒙藏委员会电

（1940年10月16日）

蒙藏委员会委员长吴钧鉴：

顷接班禅行辕效电开：顷奉赵专使文电开：顷奉中央庚电开：班辕再事移动，诸多不便，至青藏交界处由藏方接回为宜。等因。奉此，特电布达。惟查由青至玉，路途遥远，加以一切行装筹办，在在均须相当时日，为遵中央命令，期于年内奉安佛灵计，已与马主席商妥，电派玉树马司令绍武为本行署参军，负责就近恭送至藏边。至本专使行止，遵中央决定，将来拟进驻仄水、皇〔湟〕源、大河坝之间指挥一切，知注并闻。余与君等相处有年，今后当竭全力以助君等早日完成使命也。等因。特闻。现同人决定遵赵专使令，最近由王罗阶、大卓尼等等员役扶灵回藏奉安，达赖、热振及卫藏大德均指班禅灵童已在藏东青康境内转生，故推森吉、家驹、友仁及后藏新来代表卓尼降巴纳等一批员役赴香日德、西宁寻访，并待善后，敬恳转呈中枢核示祇遵。等由。理合转请钧座鉴察转呈为祷。

罗桑坚赞。铣。印

〔国民政府蒙藏委员会档案〕

2. 班禅行辕关于森吉等寻访灵童办理转世事宜已安抵西宁致蒙藏委员会电

（1941年2月7日）

渝。蒙藏委员会吴委员长勋鉴：

窃查班禅大师灵榇已于去冬回藏，月内可达札什伦布。本辕一部人员已随灵返藏，森吉及后藏派来访佛代表等，寻访灵童办理转世事宜，由玉转香，业于本月支日安抵西宁。今后一切，仍恳钧座指示机宜，以资遵循。谨电奉闻。恭颂崇绥。

班禅行辕堪布会议厅。虞。印

〔国民政府蒙藏委员会档案〕

3. 行政院请发罗桑坚赞赴青主持寻访班禅转世灵童旅费致蒙藏委员会指令

（1941年5月2日）

行政院指令　勇贰字6846号

令蒙藏委员会

三十年四月十九日永水字第九九五号呈，请发给罗桑坚赞赴青主持寻访班禅旅费五千元由。

呈悉。案经提出本院第五一二次会议，决议通过。除令知财政部外，仰即补具概算呈核。此令。

院长　蒋中正

中华民国三十年五月二日

〔国民政府蒙藏委员会档案〕

4. 蒙藏委员会为班禅灵童寻访情况致赵守钰电

（1941 年 5 月 8 日）

西宁。赵专使友琴兄：

护密。艳电敬悉。（一）班辕善后事宜经将兄拟五项意见转呈后，院方日内将召集关系机关开会审查。（二）寻访班禅灵童事，前据孔处长电，据热振告称：彼曾卜卦，班禅业已转生，照例应由班禅徒属自行寻访灵儿数名，再呈请达赖佛卜卦决定。王乐阶等赴青负有迎灵及访灵两种任务，已予呈藏政府批准，仍盼中央准彼等在各处寻访予以协助便利。等语。惟班禅灵儿之认定，将来自应由中央主持办理。特复。

弟吴。齐。印

〔国民政府蒙藏委员会档案〕

5. 罗桑坚赞请核准组织寻访机构致蒙藏委员会电

（1941 年 7 月 19 日）

代电

重庆。蒙藏委员会吴委员长钧鉴：

坚赞此次奉命赴青办理班禅大师转世及建塔事，兹与策觉林佛等商议，佥以先大师为宗教首领，中外景仰，矢忠党国，宣化蒙藏，阐教安边，特著勋勤，虽未完成回藏目的，赍志以殁，而乘愿再来，自必益弘愿力，领导全藏同胞，更坚其倾诚祖国、团结御侮之决心。现将着手寻访之时，若不组织相当机构，则不足以昭郑重而资策进。惟此项机构应如何组织之处，务恳钧座剀切指导，俯予核准，无任感祷。

罗桑坚赞叩。皓。印

〔国民政府蒙藏委员会档案〕

6. 丁杰报告在理化寻访灵童灵异情形致吴忠信函

（1941年10月12日）

礼卿委员长勋鉴：

元电计达。七月杪在德格奉读电示，欣幸无已。尔后转驰理化，盘桓经旬日，昨返抵此间，拟作小住，特陈行况，敬祈睿察。

杰之来康寻访班禅大师转世灵童，自春涉秋，历康南北，众口所传，余目所按，实繁有徒，而特异之征，独以理化县灵童一人为殊为胜。忆大师临逝索梨，梨至而化。梨、理音近，时人啧啧，遂谓大师启示，示将转理化。向者达赖转世，藏僧贞卜，云在汪登。汪登释义为东北方，青海省，西藏之东北方也，后果迎自青海。今兹班禅转世，藏僧贞卜，云在策却。策却之义释为东方，康区者西藏之东方也。而康区之理化，尤为拉萨及扎什伦布之正东云。

理化灵童，父名土登洛扬，生于戊申，来自布丹；母名吹淳，生于丙辰，世居理化。灵童以藏历戊寅年十一月二十五日昧爽诞生。于时晓月升魄，发一白虹，贯至诞所，绵延经时，耿耿达旦；来二慈鸟，欣翔其间，和鸣种种，若庆祝然。昔日大师灵辖停居甘孜，班辕执事悉集灵前启请显示转世地之若远若近，承示在近而不在远。彼时灵童父母即住甘孜，诞生之年四月十五日夜十二时许，有白虹一，发自大师殡宫之上，直达于其父母住宅之顶，灵童两目之间时现藏文阿热等字，访者不同，所见别异。始能语时，以手而指曰："吾于此方远处有大寺并群马焉。"纵在嬉游，态殊端妙。班辕秘书名巴登者，昔往访时，灵童从容〔实〕语之曰："将吾马僧格卓玛来。"僧格卓玛者，大师常所坐骑红麦狮子马也。顷杰躬亲造访，屡曾详察，灵童识余名为丁杰，愉悦特甚。杰敬询之曰："君为谁"曰："我班禅也。"杰曰："汝乃昌都八巴拉。"闻此语，已立即不悦，心生呵斥。平居时时自诵睹史天众颂，自诵无缘悲藏颂，自诵供曼遮词等，常持净瓶铃杵，洒净开光，异常真切。余奉以大师常所佩带之木制佛匣并余之银制佛匣，灵童舍彼银匣而取木匣，曰："此我所有也。"前牙之尖，作碧绿色，不类父母，极同大师。凡造谒者，皆不禁油然生信。

大师圆寂之顷，理化之乡，天忽雨花。其他祥征非一实多矣。总之，杰此行，虽山川跋涉，辛苦备尝，而结果如斯，谨敢告慰。今后一切，尚倚鼎助。专此敬陈，即颂

政安

丁杰拜于十二月十二日

〔国民政府蒙藏委员会档案〕

7. 蒙藏委员会请将各地寻获灵童姓名年庚家世呈报核夺致罗桑坚赞电

（1941年10月30日）

电　稿字第3826号

西宁。塔尔寺。罗桑坚赞委员勋鉴：

据丁杰佛元电称：理化灵童必为班佛转世无疑。除已电嘱应汇由执事转报外，查前据班禅驻京办事处呈转堪布会议厅函，以班佛灵童已访得十数人，将在塔尔寺复选真确化身等由。当经指令饬即电知执事将各灵童年庚、姓名及家世先行呈报，以凭转呈核夺在案。兹据前电，希查照前案，迅予并案汇报为荷。

蒙藏委员会。卅。印

〔国民政府蒙藏委员会档案〕

8. 蒙藏委员会请速将理化灵童情况汇报罗桑坚赞致丁杰电

（1941年10月30日）

电　稿字第3827号

康定。康密。转丁杰佛：

元电悉。班佛转世事，业经电嘱罗桑坚赞委员将访得各灵童年庚、姓名、家世先行呈报，以凭转呈核夺在案。希速电罗委员汇报为荷。

蒙藏委员会。卅。印

〔国民政府蒙藏委员会档案〕

9. 罗桑坚赞呈送各方推算班禅转世灵童证明书致蒙藏委员会函

(1941年11月25日)

窃查办理班禅转世事宜，关系綦重，所有关于各方推算及降神等所示之预兆、谶语，依藏例宗教成规，在灵童未决定以前，诚恐发生魔力阻碍，允宜保守秘密，不敢轻示于人。惟钧座督导灵童转世事宜，具有权衡，且系蒙藏最高长官，不得不将上项情形预为陈述，以冀大师正身早日决定。兹谨将各方各大喇嘛推算及护法降神所示大师转世之方向、地域并书内所载之寓言，理合另缮证明书一份，具文呈请钧座鉴核备查。谨呈

蒙藏委员会委员长吴

附呈证明书一份

罗桑坚赞

附：各方推算班禅大师转世灵童证明书

谨将各方各大喇嘛预先推算及护法降神所称班禅大师转生之方向及地域并孩童名讳择要分陈于次：

（一）达赖喇嘛卜卦，谓班禅大师已转生多康方面（多康者，即青、康、甘、蜀、滇等处藏族区域之谓）。

（二）热振呼图克图推算，谓大师已转生于西藏东方之多康地

方矣。

（三）拉毛藏巴护法神降神三次，其第一、二次降神时，谓虔诚祈祷诵经，以冀大师早日转世，其第三次降神谓：是，次林美稞力！（即长寿女神部下之一位女神祇之意）后经高明喇嘛解释，谓大师转生于长寿女神部下之一位女神祇所在之区域内。等语。按青海果密却滇克地方，有一位女神祇，名曰阿玛索古，系管辖全果密地方之神祇，并且所属于次林女神，而此次寻获灵童隆热嘉错，生在却滇克地方，足证与护法降神之所言适相吻合。

（四）在二十八年前，曾有一位大喇嘛名曰色嘉，在宝镜内推看班禅大师再世之预兆，当时镜内现出一个卍字是确实稳固之意思，宝贝是佛之意思，藏语谓蓝色曰万仓，谓青海曰草万仓。推以上之预兆，大师确有在青海转世之意。

（五）有一大喇嘛，名曰怕邦喀，第一次推算称班禅大师已在东方多康转生等语。第二次算称虔诚祈祷诵经，大师必能显明出世等语。

（六）玉树拉卜寺隆主佛在石质内取出经卷，内载：班禅降生于西藏东北，并且有“阿”字之地方。按青海亦名曰阿多，且位于西藏之东北者也。

（七）拉卜楞寺孔堂佛推算谓：班禅大师已转世多康，并且转生于阿多家内。等语。

（八）西藏之多吉常丹护法神，降神谓：从上边大雪山以东方面，宗喀嘉热以上地方，生长五色艳花。等语。按上边大雪山，即系青海之玛沁雪山，塔尔寺原名宗喀。推其降神之意，在塔尔寺与玛沁雪山地区内，大师必然转世之意。

（九）塔尔寺之坦吉多连护法神，降神谓：班禅大师已转生于青海，并且在塔尔寺之东方或西方转生。等语。

（十）策觉林佛前往共和县寻访灵童时，不知由何处来一孩童，持一藏函，呈奉策佛，函内意义，翻译如下：一个如意之宝贝，在有幸福的海里面藏着。要得获一只雄壮的虎，可以向却滇克地方去访问。后经高明喇嘛解释谓：如意之宝贝系佛爷之转生；转世灵童之母，其名必系样错（样错者，幸福之海也）；灵童之属相，必系虎相，较其他虎相孩童，尤为奇特。欲详究以上根原，可向却滇克探询。等语。而此次寻获灵童隆热嘉错生于尕夏却滇克地方，且其母名曰样错，尤其此孩面貌魁梧，体格雄壮，比之同庚其他孩童，迥然不凡，似与函内所称之语及高明解释之言，大相符合。

（十一）有一书名曰《格旦珠拜来盘》，是推看历辈班禅未来情形及降生之名讳之书。此书内圆寂大师之名讳下，载有“却端日拜巅美曾”一语。又有一书名曰《唵沙尕奔》，亦载“却端日拜巅美曾”一语（却端者，即法师也；日拜者，即智慧之意）。此次寻得灵童隆热嘉错，其名与书内载之却端日拜意义相同，系高明喇嘛之所解释者，因隆字是法字之意思，热字是智慧之意思。

（十二）前藏有一高明术学及医学者，其职务系管理术医各学之首领，经推算后谓：此辈班禅转世灵童之方向，与达赖佛转世之方向相同。等语。并另写数藏字是□□□□□□□□□九字，后经高僧解释此数字之意义；□字是贵德与共和之意；□字是贵德尕夏之意；□字是共和和字之意；□字是藏字却滇克之却字；或是共和恰果地方之恰字；青海藏语曰草万；□字是草万之草字；□字是却滇克之克字。将以上之数字，联成一句，即译为：青海贵德、果密、尕夏、却滇克，此句之意义，确合于隆热嘉错所生之区域，并能解释为青海共和恰果，亦合于索南旺堆所生之区域。

（十三）上辈达赖、班禅均生于西康达布地方，而此辈达赖已在青海转世，证诸以往转生事实，班佛之转生青海，当有极大之可能性。

（十四）先大师生前于二十五年由塔尔寺起锡返藏时，此间塔尔寺、德扎等寺僧徒，为祈大师法雨遍施，普渡众生起见，殷勤挽留，词意恳执，大师亦以情殷离别，曾对该僧等面慰："三年后吾当再来此地，共期会晤"等语。以大师离青之年，至虎年计算，其间距离时期，适已三年，证诸大师后与青海僧众相见之言，若合符节矣。

（十五）苇菇藏名曰尕夏，第八世班禅圆寂后，佛寺内长出苇菇，最后佛爷果然在西康之达布尕夏地方转生。兹据扎什伦布来人谈称：当建修班禅大师佛寺土木工程完成时，寺内之柱上，忽然长出一枝苇菇（如帽子大）。等语。按现在寻获之灵童，隆热嘉错生于贵德县尕让地方（尕让藏名曰尕夏），足证此联兆系对隆热嘉错而表示。

（十六）拉卜楞寺之拉古佛，年高德懋，道行纯深，遐尔众生，均所皈依。班佛在世时，亦曾受教于该佛。以故派员携带青康寻获灵童名单，连同各方各大喇嘛推算及降神所称情形，并书内所载之谶语，一并邀请拉古佛详细评判去后；该佛旋称：证诸以上推算及降神所称情形，多系指隆热嘉错而言。然该佛自己详细卜卦之结果，则隆热嘉错与索南旺堆两孩童，均属不凡之童，其他孩童，该佛并无如何表示。再，西藏更登赛智法台并摄政达扎佛与普教欠巴佛以及前后藏青康各大喇嘛等推算，佥谓大师已转世西藏东方之多康区域矣。

现为祈祷大师转世灵童之健康起见，正在各处寺院虔诚诵经中。

〔国民政府蒙藏委员会档案〕

10. 罗桑坚赞呈报办理寻访灵童经过并请发入藏旅费致蒙藏委员会呈

（1941年11月25日）

窃查班禅大师圆寂后，经过达赖等推算，并由护法降神，佥谓大师已在西藏东方转生。以故去年藏方推派代表魏绛巴等，携带后藏札萨喇嘛及噶厦公文，衔命前来玉树，谓行辕一部人员随从灵榇返藏，一部人员会同该代表等寻访转世灵童，一俟访获，即行派员赴藏报告。等语。是以行辕所有人员在大师灵榇前抽签决定东下人员，当经分别呈报中央暨藏方当局电鉴在案。行辕自玉树到达西宁后，即在各寺庙讽经，祈祷大师早日转世，当在青海区域及其他各处派员秘密调查聪慧孩童，并派洛桑、苏巴等五人分为二组，前赴西康，亦从事密访。旋坚赞承奉中央命令，畀予寻访灵童责任。自当审慎办理，以期上副中央付托之重，下符藏方期望之殷。故自奉命后，遣派妥员分赴青海全省区域，及西康、川边、甘肃、夏河、临洮等处积极正式普遍寻访。坚赞向青海贵德、共和等县亲自去访，前经呈报钧座鉴核在案。

旋在青、康两省内共寻获孩童十一名，其中九名系青海访获者，均具有慧性。坚赞等乃于农历八月十五日将此九名孩童一一接到塔尔寺，复行甄别试验。经试验之结果，内中五名甚为灵异，而青海贵德、共和二县寻获孩童二名慧性湛深，灵异昭著，且能认识先佛法器，并其举止、态度、言语、形容各方面，确有班佛再世之象征，且该二童降生地址及生产前后发现奇异朕兆，与藏方降神及高明卜筮者所推算情形适相吻合。

刻下寻访工作行将结束，兹依据宗教成规，并拟定农历十月间遴派干员携带灵童名单赴藏，与扎什伦布札萨喇嘛复命晤商后，一并将访获灵童灵异情形一一转陈达赖佛等鉴核，并请诵经祈祷，然后就所开灵童名单内以藏例降神等办法证实大师正身。理合将访获灵童经过情形并派员赴藏缘由，具文呈请钧座鉴核，指示一切，并乞从优赐发旅费，以便早日成行。

再，赴藏人员抵藏后，嘱其趋晤孔处长庆宗商承一切。所有在藏方应办事项情形，当请由孔处长转呈察核。尚乞钧座致电，准予切实协助，以利进行。钧座对于先佛眷顾素隆，此次坚赞等办理灵童转世事宜，一切期望之殷，犹如婴孩之望慈母，务恳鼎力主持，格外成全，俾大师转世灵童早日决定，以继法统，无任感祷之至。谨呈

蒙藏委员会委员长吴

附呈寻访灵童经过报告书

罗桑坚赞

中华民国三十年十一月二十五日

附：寻访灵童经过报告书

1. 关于青海贵德方面

贵德县属尕让（亦名尕夏）却滇克地方的官嘉仓，有一个孩童，名叫隆热嘉错，颇有慧性，一般人均传说是班禅大师的转生。本年三月间，森吉堪布同李堪布金钟专往该仓去访，并且在经过的各大寺院诵经祈祷，希望大师早日转世。到了该仓的门首，李堪布看见这个小孩，即低头表示敬意。这小孩俨然以佛的态度，用双手摩着他的头顶。森吉堪布等和他的父母互叙寒暄的当儿（父名官嘉，系一活佛），这小孩以手指叫先佛的小狗："尕呀尕呀！"（小〔先〕佛小狗原名尕沙。按狗的习惯，每见小孩子必然狂吠，惟对此孩并没吠叫，亦表示敬意。）李堪布于是抓着小狗，问道："你要不要？"小孩答道："要。"同时右手拍着左肩说："放在这里。"（先佛在世时，常将小狗放在肩上顽耍。）这种情形，尤为奇异。后来李堪布指着森吉堪布对着小孩说："这个人你认识么？"小孩答道："知道。"李说："是谁？"小孩说："阿格传巴。"（森吉堪布原名传巴堪布）李又说道："他从何处来？"小孩说："结古结古。"李堪布又把先佛和森吉堪布的念珠交给小孩，让他挑选，小孩遂将两个念珠同同拿出门去，先把森吉堪布的念珠交给他的母亲说："这是阿格传巴的牟尼牟尼。"可是把先佛的念珠牢牢拿在手里没有丢开。李又问道："你拿的念珠是谁的？"小孩答道："且吉嘉宝，

且吉嘉宝。”(即法王的意【思】这时候大家把念珠索要了好几次，他与任何人都不给。后来他的差人向小孩的手里夺取念珠，因为用力太大，把小孩拉倒了，但是念珠始终没有丢开他的手。后来森吉堪布等快要离开他们家庭的时候，经了他父亲严厉的申斥，那小孩很不高兴的才把念珠搁在桌子上面了。

总括起来说，那一天这小孩的态度是庄重的、亲爱的，没有一点儿生疏不惯的表现，并且说了许多的话，但是因为年纪小的关系，讲的不大清楚，然而当中最显明的话，就是“且吉嘉宝，且吉嘉宝多玛喜”两句经语，同时双手作供佛和送魔的姿势，意态极为自然，竟无矫饰气象。他的面貌很丰满，仪容很秀丽，还带着一种慈悲的模样儿。

据他的父亲说：这孩子生于虎年的农历八月二十四日黄昏时候，当生产时，西方天上现出了一道白色光芒，直射到他们的地方。当那一年八月的初间，他们花园里的桃树，好像春天一般的忽然开放了美丽的桃花，后来有个德扎寺的大喇嘛格西图丹【对】他说：这个孩子是具有大智慧的人，你们好好保养。等语。再，他的父母亲睡梦中得获了许多的菩萨宝剑和螺贝喇叭，他的母亲并且捡出了三个螺贝，抱在怀里。这些是在未生产这小孩以前的先兆。此外还有许多的朕兆呢。

本年农历六月间，坚赞和李堪布为了彻底甄别这小孩的灵异，作二次的访问，由塔尔寺出发，于六月十五日到达尕让却滇克的官嘉仓。据他的父亲官嘉说：“昨天这孩子说，明天客人来呢，叮咛着不要忘记的样子，今天你们果然来了啊!”

一会儿坚赞问这小孩说：“你从那里来?”小孩答道：“从上边结古来的。”又问：“你认识我么?”这小孩审视了半晌说道：“老隆尕布大大热。”(汉语译为：你是年高的老汉。)又问：“你往扎什伦布去不去?”小孩说：“去。”又问：“你有事没事?”小孩说：“有。”又问：“事情大么?”小孩说：“很大。”正讲这些话的时候，这小孩手拿上一个小银铃子，一面摇着铃子，一面念着："桑节吉尕丹巴堂，却吉尕丹巴"两句经语（即是佛语的真谛的意思），很喜欢的在地下轻轻跳跃。后来坚赞把历辈班禅佩带的护身佛像和一个搬指（是玉质的）、一个念珠（此念珠是先佛的师傅丹增旺加送给先佛的，先佛在世时，常悬项上。）三件法器，同时杂加了同样优美的非先佛法器六件，错综的摆列起来，叫小孩捡认。这小孩首先注视坚赞的护身佛像和念珠（原来此佛像和念珠先佛在世时很喜爱），最后他的当差喇嘛从旁给小孩说："且吉嘉宝的法器，你捡出来。"那小孩很从容的把历代班禅佩带的佛像举在头顶，表示敬意，并且在大家的头上轮举一次，然后奉安到佛阁里了。同时也把先佛的念珠和搬指一一捡取出来，其余非先佛的法器他就不注意了。于是他的父亲指着小孩对坚赞说道："这个小孩是不是班佛的呼毕勒罕，我们不敢言定，可是灵异的情形，已经给森吉堪布详细讲过了，以往这孩子只能念'且吉嘉宝'，现在还能念'且吉嘉宝贡且罗桑察'（即大智慧法王宗喀巴之意）。并且在本年三月下旬的某一天，这小孩嘴里念着'茶贝且贝'（即武力降伏之意），整个一天，这些经语都是自然念诵，并不是教给他的。"

再，由西藏札什伦布来的人说：当建修班禅大师寺庙土木工程刚完成的时候，寺内的柱子上，忽然长出一枝蓖菇（如帽子大）。蓖菇的藏名叫做"尕夏"。按贵德尕让地方，亦名尕夏，这也是奇异的朕兆，因为第八辈班禅圆寂后，佛寺里也长出了蓖菇，最后佛爷果然在西康的尕夏地方转生了。

2. 关于共和方面

在共和县属业隆恰果地方，有一个百户名叫拉玛才仁，他的小孩名叫索南旺堆，也非常聪慧。本年三月间，先由策觉林佛去看。当策佛等刚到这小孩住的帐幕前的时候，大家都看见一条白蛇，缠绕在帐幕天棚上边的脊梁上面，蛇头仰望着塔尔寺。大家非常惊奇，后来策佛的管家问这小孩道："你家在那里？"小孩说：

"我的家很远，我要家里去。"最后他的父母亲说：这孩子在虎年农历七月七日东方将明的时候生于狮龙多地方，同时适逢阿柔活佛开始举行时轮法会，在吹螺贝喇叭声音悠扬当中，这小孩即产生了，所以名叫索南旺堆（即法会之意）。时轮法会告竣以后，他们请阿柔佛到帐幕里去，刚引入帐幕时，扑鼻的香味充满了帐幕的四围，同时天空射出五色祥云，映照在帐房的上面，大家都很显明的看见了。且在怀孕的时候，他的母亲梦见黄花尔的花园里面，拾得了一副法器铃子，并且在他们家里的空场里边，长出奇怪的鲜花，从来没有见过。

这一次罗桑坚赞和李堪布又到那里去访，刚到他们的帐幕里面，这孩子有点愁容模样。在谈话的时候，他的母亲说："昨天这孩子说，明天有客人来哩，说了好几次。"坚赞等坐了一会，问这小孩子道："你从那里来？"小孩答道，"从札什伦布来的。"又问："札什伦布大不大？"小孩答道："很大。"又问："你去不去？"小孩答道："去。"又问："你几时去？"小孩答道："快要去。"后来坚赞把历辈班禅的法器和同样优美的非先佛法器，混合摆列起来，这小孩一面注意坚赞的护身佛像，一面望着坚赞的面孔，好像喜爱的样子，他的差人从旁给小孩说："索南旺堆，你的东西你捡出来，假如不是你的东西的话，可以交给你的哥哥拉贵。"小孩听的这话后，马上把先佛佩带的佛像和念珠都悬在自己的项脖上，搬指串在左手的大拇指上，其余非先佛的法器，同同交给他的哥哥了。他的当差又说道："唉！你捡错了，你和你哥哥的东西，交换不交换？"小孩说："不换，我取的都是我自己的东西。"同时对着坚赞说："你拿来的东西，还有什么？"坚赞答道："没有拿来别的东西，你认得我么？"小孩说："认识。"又问："我是谁？"他再没有答复了。李堪布又问他："你认识我么？"小孩说："不知道。"坚赞又问他道："札什伦布你部下的人多么少？"小孩说："有。"又问："有谁？有谁？"小孩又不回答了。坚赞继续又问："你的部下的苏本堪布、森吉堪布、却奔堪布、玛青木、索得巴、森格巴……这些人有没有？”这小孩听到这些话以后，连一句话都不说，愀然转回了面孔，望着他的母亲，几乎要哭，好像对刚才说的这些人有点挂念的心思，可是喉咙里说不出来的样子。坚赞等临行的时候，这孩子表示出恋恋不舍的情况，好像似挽留我们啦。

这个孩子的身体，没有什么不好看的部分，但是他的头是个长方形的，额部很窄，后脑肥大，看起来不十分雅观啊。

3. 关于共和阿左方面

共和县属的阿左地方，有一个民人，名叫让孝热，他的孩子名叫尕桑。策觉林佛专往去访，据他们的家属说：这孩子是兔年农历四月十一日生的。当生的那一天，同时他们的海骝马也生产一个小驹子，这驹子的前左腿上，另生出一只小蹄。并且那一天他们的帐房上，飞来了一个小红鸟，头上长着一个像凤头式的长毛，在帐房竿头上住宿了七昼夜。他的母亲又梦见了一座宫殿，金碧辉煌，殿旁还有许多的牡牝野兽呢！

策觉佛乘骑的有两匹马，一匹黄马是先大师的，一匹是他自己的。策佛的差人抱上这小孩问：“这两匹马那一匹好？”小孩说：“黄马好！这匹马是我的。”并且抓着黄马的缰绳，牢不放手，这些情形也是很奇怪的。

又在共和阿左地方，有一个民人名叫义嘉，他的孩童名叫拉加慈仁。也由策觉林佛去访，据其家属说：这孩子生于龙年四月八日，当生的那时候，他们的地方上，有一个大石头上面忽然现出了五色的光芒，映照在他们家里。但这孩子经策佛的观察，也没有特殊的表现。

4. 关于共和达隆方面

共和县属的果密达隆地方，有一个民人名叫散丹，他的孩童名叫班玛多结。曾经森吉堪布去访，据他的父亲说：这小孩生于虎年农历五月初间的，他平素无论是见了任何喇嘛人，都非常和蔼，好像似会晤了故旧朋友一般的亲热。森吉堪布去的时候，看见这小孩端端正正的坐着，嘴里喃喃念经的样子。

5. 关于同仁方面

同仁县属的特武地方的民人朴力巴加的孩童，名叫贡格金赞，生于虎年农历十月二十日。听说这孩子将生的时候，天上发现了五色的祥云，当地的人均传说是班禅大师的转生，所以恩久佛前往去访。除掉这些传话以外，亲自见了这小孩，也没有甚么奇特的表现。

又在同仁县属的林加地方，有一个民人名叫夏若，他的孩子名叫彭奔加，生于龙年十二月初八日下午一时。当生的时候，从南方现出白光一道，并且他们家里的老妇人在睡梦中，看见这小孩子的母亲由小土丘里取出金质的佛像一尊，藏在怀里了。这些话是传说的，可是经恩久佛到那里去访的时候，看见这小孩非常活泼，面貌清秀，此外再无别的奇特啊。

6. 关于循化方面

循化县属完得千户的孩子名叫官保慈旦，生于虎年正月初三日。当生产这个孩子的那时候，五色霞光笼罩了他们的地方，这样传说着。但是恩久佛前往该处去访的时候，看见这孩子并没有任何奇异的情形。

还有循化县属的尕愣地方，有一民人名叫般丹加，他的孩童名叫旦正才仁，生于虎年八月二十三日下午。一般人都说这孩子非常魁伟，面貌不凡。但是恩久佛前去观察以后，这孩子的举止言语各方面，也没有甚么特别处。

7. 关于互助方面

互助县的哇热俄果地方，有一个民人名叫官保松，他的儿子名叫旦正多结。曾经由恩久佛前往去访，据他的家属说：这孩子生于龙年，他的母亲怀孕时，梦见三个神仙对她说："你怀的小孩是一个大智慧的人，你要清净的好好的保养，小孩的胸部上，有

一个很光彩的　字”。他的母亲就这样的做了一次睡梦。但是经恩久佛的观察，这孩子也没有甚么灵异处。

8. 关于民和方面

民和县属的三川慈丹寺附近的村庄，有一个民人名叫乙细达结，他的幼童名叫宗哲达结，生于虎年十一月十五日上午三时。曾由卓尼拉敏去访，据其家属说：这小孩的母亲怀孕时，梦见他们的家里从〔重〕新建筑了一个转经轮，并且有个慈旦寺的喇嘛旦巴给她一个护身符。等语。可是拉敏观察这个孩子，除了活泼以外，再没有别的希奇处。

9. 关于西宁方面

在西宁塔尔寺附近的俄西地方，有一个民人名叫尕孝芝，他的儿童名叫般玛团柱，生于兔年六月十三日东方将明的时候。传说去年九月十五日他们的花园里的果树上，忽然开了花儿。本年尼纳佛去访的时候，在各方面探询，花园里开了花儿的是实，可是小孩儿没有甚么特别的表现。

再塔尔寺所属的却加地方，有一个民人名叫加拉结，他的儿子名叫官保慈丹（蒙藏委员会按照班禅办事处所报灵童姓名、家世表所列第九名在西宁所获灵童应为官保却丹）。曾由当柴佛去访，据他的家属说：这孩子生于虎年九月十五日，他的母亲怀孕时，梦见太阳投入怀中，一会儿太阳仍然升上天空，变为喇嘛衣服，同时五色的霞云包围了这件衣服。可是当柴佛观察这孩子的一切，也不见得奇异处。

10. 关于西康方面

据西康访佛人员堪群滇洛云、麻索等的报告：德格土司的孩子名叫罗加结卜，是虎年九月十日东方将明时候生的，一般人传说是班禅大师的转生。但是他们专门去看以后，不过这孩子对他们表示亲爱以外，再无其他奇特的表现。

又接滇洛云等的报告：仲宜般登等前往理化一带寻访灵童，去的时候，有一个布丹的流落人名叫图丹洛样，他说：他的儿子名叫慈巴多结，于虎年的十一月二十五日东方将明的时候，在打箭炉上边的哲多山的一个石洞里面产生下了。刚生的时候，一轮明月恰恰照在石洞里面，还有一线白色的光芒，直射到洞上，天亮时候，才没有了。同时有两个老鸦嗜嗜的喊着，好像表示喜悦，噪叫好久，向西方飞去了。又同时还来了一只小红花狗，卧在小孩的身旁，好像保护小孩来的。并且小孩的额上，有时候现出一个　字和　字，或者现出一只眼镜，或者现出有光的宝石。并且这孩子将会说话的时候，说着：他是扎什伦布的，还有很多的随从和东西呢！可是仲宜般登等亲自见了这小孩，仔细观察时，不过这小孩有点活泼的样子，其他言语、动作、面目等等方面，没有甚么特异象征的表现。

再，据滇洛云等的报告：他们在西康的各大喇嘛前推算的结果，均说是班禅大师已转生青海方面了。

本年农历八月十五日，我们为了彻底甄别访获孩童的灵异起见，所以将贵德、共和、同仁、民和、西宁等县寻获的孩童九名，一一接到塔尔寺，作详细的试验。试验的结果，其中五名是很聪慧的，或者认识先佛法器准确，或者举止言语合乎班佛象征。而灵异最显著的是贵德县所属却滇克官家仓的孩子隆热嘉错和共和县属恰果地方的索南旺堆这两个小孩了。

〔国民政府蒙藏委员会档案〕

11. 罗桑坚赞请拨灵榇回藏及寻访灵童所用经费致蒙藏委员会呈

(1941年11月25日)

呈为呈恳事。

窃此次钧座莅青，坚赞等在欢迎声中莫不喜形于色，额首相庆，盖因钧座爱护边氓，无微不至，坚赞等所有请求事宜，必能知其俯允，获得圆满之结果。谨将呈恳各事为我钧座缕晰陈之。

（一）客冬班禅大师灵榇由玉树回藏时，渥蒙中央核准旅费三十万元。惟以路途遥远，汇款需时，佛榇启行在即，迫不及待，所有应需一切费用，行辕即将西藏僧俗为祈祷大师早日转世托藏方派来迎灵访佛代表王罗杰、魏绛巴等在青康各大寺庙诵经布施款内暂为挪借，尚不敷甚巨，又向玉树结古、然仰等寺张罗告贷，灵榇始获入藏。嗣奉钧会删电，以此项旅费业已先后汇与赵专使，嘱查照。等因。后经行辕迭次洽领，未得要领。讵料事出意外，竟将此款变作行辕善后费用，似与中央原来法令有所抵触，殊不足以昭信蒙藏，且债主逼索甚急，行辕无款筹还，徬徨殷忧，无以为计，仍恳钧座俯念下情，赐于补发，以资挹注。

（二）大师建塔预算，前经呈赍，迄今数月，未奉核示。兹由后藏来人转到札什伦布扎萨喇嘛等来函，以大师寺庙早已落成，惟宝塔因无款筹措，尚未建立，以致法体不能入塔，众生均感不安。着即恳请中央从速核发建塔费用，以便建修，立待需款，希勿延误。等因。查现值寺庙告成、宝塔亟待兴修之际，对于需款之殷，正如大旱之望雨，务恳钧座俯念大师功勋，准将此项建塔费早日核发，以便由此间入藏人员携带前往，俾将宝塔着手兴修，以慰全藏僧俗盼望。

（三）此次坚赞蒙中央畀予寻访灵童责任，奉命之余，夙夜祗惧。只缘兹事体大，既非空言所能办理，又非一人所能从事，衡量事实，殊有组织寻访灵童委员会之必要。以故，前将该会组织条例及概算业经电赍，谅荷察阅，务乞转呈，早日核准，以利进行。如该会因其他窒碍难以组织时，仍恳钧座维持组织另一机构，确定每月经费数目，俾行辕留驻此间人员有所枝栖，以便办理灵童转世工作。

（四）自寻访灵童以来，需过费用已达二十余万元，均在各方设法借垫。现债主催索甚急，亟待归还，钧座曾与罗处长友仁面示：关于寻访灵童费用，由中央设法拨发。等因。仰见重视此事之至意，尚乞将上项用过款项先行核发，俾便归债，以后费用，并恳如前金诺，充分发给。

以上所陈各节，纯系坚赞等办理一切重要经过，所有困难情形，谅早在洞鉴之中，无庸再三渎陈。惟念先大师效忠党国，宣化西陲，不无勤劳足录，而钧座系蒙藏主管长官，似有呈请扶植之必要。是以不揣冒昧，披沥直陈，并将办理灵榇回藏及寻访灵童费用过款项数目另缮清册二份，一并随文附呈，伏乞钧座电鉴下情，准予分别核办，无任迫切待命之至。谨呈

蒙藏委员会委员长吴

计呈赍清册二份

罗　桑　坚　赞

班禅堪布会议厅

中国民国三十年十一月二十五日

附一：罗桑坚赞造具寻访灵童支出各项费用数目清册

谨将灵〔寻〕访灵童所有支出各项费用数目分别开列于后，呈请鉴核。

呈开：

（一）行辕人员会同塔尔寺尼纳佛、当柴佛等在西宁、化隆、循化、贵德、共和、乐都、民和、互助、门源、大通、湟源等县两次寻访灵童路费及馈送各该处地方长官、头目礼物费，共计需过法币三万七千四百八十元。

（二）香日德堪布、巴楞堪布前往青海二十九旗一带寻访灵童路费及馈送各该处长官、头目礼物费并与该处所有各寺院布施点灯等费，共计需过法币三千二百元。

（三）卓尼旺堆等前往玉树二十五族一带寻访灵童路费及馈送

各该处地方长官、头目礼物费并与该处所有寺院布施点灯费，共计需过川造硬币藏洋二千元。

（四）堪群滇洛云、麻索堪布前往西康一带寻访灵童路费及馈送该处长官、头目礼物费并在各寺院布施点灯等费，共计需过川造硬币藏洋三千三百元、法币一千五百元。

（五）此外为祈祷大师早日转世计，另在塔尔寺、德扎寺、夏琼寺、隆务寺、拉卜楞等寺虔诚诵经，点灯、布施，共计需过法币五千八百元。

（查以上需过各项费用，共计法币四万七千九百八十元、川造硬币藏洋五千三百元，前经函请赵专使转呈拨发在案。）

（六）再为祈祷大师早日转世计，派员又在青海塔尔寺、德扎寺、夏琼寺、热贡寺、拉卜楞等寺共需过法币诵经，布施洋五万七千五百元。

（七）本年农历二月初三日派遣洛桑、苏巴、彭加等五员前往西康，分为两组，秘密从事寻访灵童，旋于七月二十七日已由康返青，共需过路费法币一万二千七百七十元。

（八）本年历〔国〕历八月十五日坚赞等为甄别访获孩童灵异起见，爰将青海区内寻得孩童九名，派遣人员分别前往各该处迎接到塔尔寺，共需过路费法币洋五千九百六十元。

（九）所有迎接之灵童于农历八月初八日均先后到达塔尔寺，自初八日起至十七日止，十天内招待各灵童家属七十人，应需膳宿各费共计法币一万一千一百三十元，并与〔于〕十二、十五、十六三日与灵童及其家属特别设宴欢迎，共计需过法币二万三千二百五十元。

（十）灵童经甄别灵异，临行返里时，与其家属七十人分别馈送元宝、绸缎、氆氇、藏香、哈达等礼品，共合法币一万三千一百元。

（十一）事先筹备关于布置方面购置各项物品并应用器具等

费，共需过法币四千九百七十元。

（十二）为向藏方当局商洽灵童转世事宜，先后拍发电报三件，共需过电费洋一百九十元。

（十三）自寻访灵童起截至现在止，共计需过各项费款法币一十七万六千八百五十元、川造硬币藏洋五千三百元（折合法币三万七千一百元），总共需过法币二十一万三千九百五十元。惟此项费款因经济困难，无法筹措，乃在塔尔寺及私人方面暂行借垫，尚未归还。

附二：罗桑坚赞造具班禅大师灵榇回藏支出各项费用数目清册（略）

（国民政府蒙藏委员会档案）

12. 班禅驻京办事处转报访得灵童姓名年庚家世略表致蒙藏委员会呈

（1941年12月9日）

西藏班禅驻京办事处呈文　　　渝字第1247号

案奉钧会三十年十月十九日永水字第三三三〇号指令，饬转电罗桑坚赞委员将办理班禅大师转世案访得各灵童之年庚、姓名及其家世先行呈报，以凭转呈核夺。等因。奉此，遵即转电。兹奉东代电，附送访得各灵童姓名、年庚、家世略表，饬即转呈前来。理合照缮二份，备文呈送鉴核转呈，实为公便。谨呈

蒙藏委员会

计呈送办理班禅大师转世案访得各灵童姓名年庚略表二份

西藏班禅驻京办事处处　长　罗友仁

副处长　石明珠　代

中华民国三十年十二月九日

办理班禅大师转世案访得各灵童姓名年庚家世略表[①]

民国三十年十二月一日造

姓名	年庚	属相	籍贯	家世	备考
隆热嘉错	民国二十七年八月二十四日生现年四岁	虎	青海贵德	父名官嘉系一活佛	
索南旺堆	民国二十七年七月七日生现年四岁	虎	青海共和	父名拉玛才仁系一百户	
尕桑	民国二十八年四月十一日生现年三岁	兔	青海共和	其家先辈曾为千户	
班玛多结	民国二十七年五月初间生现年四岁	虎	青海共和	世代务农	
贡格金赞	民国二十七年十月二十日生现年四岁	虎	青海同仁	系一民家	
彭奔加	民国二十九年十二月初八日生现年二岁	龙	青海同仁	世系民人	
官保慈母	民国二十七年一月三日生现年四岁	虎	青海循化	父名完德系一千户	
般玛囿柱	民国二十八年六月十三日生现年三岁	兔	青海西宁	系一农家	此孩现已夭殇
官宝却旦	民国二十七年九月十五日生现年四岁	虎	青海西宁	世代务农	
拉加慈仁	民国二十九年四月八日生现年二岁	龙	青海共和	系一民家	
旦正才仁	民国二十七年八月二十三日生现年四岁	虎	青海循化	系一民家	
旦正多结	民国二十九年三月间生现年二岁	龙	青海互助	系一民家	
宗哲达结	民国二十七年十一月十五日生现年四岁	虎	青海民和	世代务农	
罗加结卜	民国二十七年九月十日生现年四岁	虎	西康德格	其父系德格土司	
慈巴多结	民国二十七年十一月二十五日生现年四岁	虎	布丹国	其父系流落人家世未祥	以上孩童生年月日均系农历

〔国民政府蒙藏委员会档案〕

---

① 蒙藏委员会收文摘由单上对此呈及附表有如下批注："查丁杰所报理化寻获之灵童并未列入，应否列入汇报，抑饰罗桑坚赞补报之处，请示。"

13. 吴忠信等请西藏当局从访获灵童中按旧例卜定三名化身报中央核夺电

（1942年2月19日）

（1）吴忠信致赵守钰电

电　仁字第814号

西宁。赵专使友琴兄：

各电敬悉。护密。班禅转世关系黄教兴替，非郑重办理，不足以昭大信而使各方心服。除已电罗桑坚赞转电恩久等，请西藏当局就所访灵童十五名中照旧例先行卜定心、口、意化身三名，报候中央核夺外，希兄就近再将此意告知为祷。

弟忠〇。效仁。印

（2）蒙藏委员会致罗桑坚赞电

电　仁字815号

西宁。塔尔寺。罗桑坚赞委员勋鉴：

寻访班禅转世灵童经过报告书及灵童名册均悉，至佩贤劳。惟班禅真正化身之征认，关系黄教兴替，自非郑重办理，不足以昭大信而使各方心服。应请电嘱恩久佛等，请西藏当局就灵童名册中所列各名照旧例先行卜定心、口、意化身之名，报候中央核夺，并复为荷。

蒙藏委员会。皓仁。印

〔国民政府蒙藏委员会档案〕

14. 蒙藏委员会拟定班禅转世办法事致行政院呈

（1942年2月28日）

呈　仁字927号

案查班禅转世灵童寻访事宜业告结束，曾经先后于三十年十一月五日永水字第三五七二号及本年二月二十八日仁字第九二六号呈报鉴核在案。将来应于访得各灵童中选出呼毕勒罕候选人，再于候选人中征认当选之呼毕勒罕。以班禅在西藏宗教上之地位，与达赖相等，其呼毕勒罕之产生为边疆俗僧民众观感所系，尤与中央对藏主权在在有关，自应郑重办理，以求妥善，兹谨审度现情，参酌旧例，拟订办法如下。

一、班禅呼毕勒罕候选人拟准由西藏宗教首领负责认定。案查旧例，历辈班禅转世灵童至多只有三名。此次寻获者，据罗桑坚赞已有十五名；而丁杰对于在理化所寻获之灵童争持甚力。后藏方面据报亦将另有表示。将来应如何在此十余名灵童中选出三名以为呼毕勒罕之候选人，若不慎重办理，势将难使各方信服。复查二十九年七月据本会驻藏办事处孔处长感电略称：班禅转世旧例应由其高级徒众寻访灵童数名送请达赖或高僧卜定身、语、意化身三人。等语。此次罗桑坚赞所寻获之灵童，自应依照旧例办理。拟由本会电知罗桑坚赞将所寻获之灵童连同丁杰所寻获之理化灵童在内，造列名册，派员携往拉萨，请西藏宗教最高首领卜定三名为身、口、意化身（即呼毕勒罕候选人），以昭公允，而资各方信服。

二、呼毕勒罕候选人三名决定后，应由西藏政府呈报中央派员在拉萨大昭举行掣签，签定一名为呼毕勒罕。查班禅之呼毕勒罕，清例应由驻藏钦差大臣就所寻获呼毕勒罕候选人三名中在拉萨大昭举行掣签，签定一人为呼毕勒罕。此为清高宗于乾隆五十七年所颁之创制，盖此以防杜纠纷，兼寓控驭之意，似不宜轻予废弃。前次第十四辈达赖之所以未经掣签，系因灵童只有一名，且属灵异昭著，而又援照第九辈及十三辈达赖成例办理，经中央特准认定，与此次班禅转世情形不同。

以上办法，是否有当，理合具文呈候鉴核示遵。谨呈

行政院院长蒋

全衔委员长　吴〇〇

副委员长　赵〇〇代

中华民国三十一年二月二十八日

〔国民政府蒙藏委员会档案〕

15. 罗桑坚赞关于后藏札萨喇嘛拟请前藏政府派定寻访灵童主办人赴康全属失实事复吴忠信电

（1942年3月3日）

代电　第40号

蒙藏委员会吴委员长钧鉴：

前由赵专使转来钧座元月二十九日艳电，以后藏札萨喇嘛拟请西藏政府派定寻访班禅佛化身转世主办人赴康，嘱即知照。等因。奉此，当经电询留驻拉萨康福安去后，嗣准王秘书长乐阶、任细得热、卓尼却康及康福安等元电称：兹由后藏政府遴派乐阶等前来拉萨会同办理班禅转世正身事宜，一俟恩久佛等到达到，即行商承前藏政府着手举办，务乞转知恩佛等径赴拉萨，勿须绕道后藏。至札萨喇嘛拟请前藏政府派定寻访班佛化身主办人赴康一节，全属失实。并闻。等由。准此，谨电奉复，伏乞垂察。

罗桑坚赞。江。印

〔国民政府蒙藏委员会档案〕

16. 罗桑坚赞报告灵童隆热嘉错夭亡致蒙藏委员会代电

（1942年3月16日）

重庆。蒙藏委员会吴委员长钧鉴：

访获灵童十五名内之青海贵德县孩童隆热嘉错，于本年农历一月一日因病夭殇。肃电奉闻，伏乞备查。

罗桑坚赞。微。印

〔国民政府蒙藏委员会档案〕

17. 行政院核议通过征认班禅呼毕勒罕办法致蒙藏委员会指令

(1942年3月26日)

行政院指令 顺贰字5377号

令蒙藏委员会

三十一年三月三日仁字第九二八号及第九二七号呈报告结束班禅转世灵童寻访事宜并拟订征认呼毕勒罕办法二项请鉴核由。

两呈暨附件均悉。所拟征认呼毕勒罕办法,经提出本院第五五五次会议决议通过。除报请国防最高委员会外,仰即遵照。此令。

院长 蒋中正

中华民国三十一年三月二十六日

〔国民政府蒙藏委员会档案〕

18. 征认班禅呼毕勒罕办法

(1942年3月)

三十一年三月三日呈奉行政院三月二十六日顺贰字第五三七七号指令提经第五五五次会议通过及国防最高委员会第60次会议备案。

一、班禅转世灵童由班禅徒属寻访。

二、班禅呼毕勒罕候选人,准由西藏宗教首领就班禅徒属所报灵童中负责认定三名。

三、呼毕勒罕候选人三人决定后,由西藏政府呈报中央派员在拉萨大昭举行掣签,掣定一名为呼毕勒罕。

〔国民政府蒙藏委员会档案〕

19. 蒙藏委员会为选定班禅呼毕勒罕候选人呈中央核办致达赖电[1]

（1942年4月29日）

电　仁字1746号

拉萨。达赖大师法鉴：

奉行政院令：第十辈班禅佛呼毕勒罕之候选人，准先由西藏宗教首领负责选定身、口、意化身三名后，呈报中央核办。等因。特电查照。

蒙藏委员会委员长　吴〇〇

艳仁。印

〔国民政府蒙藏委员会档案〕

20. 孔庆宗为恩久告闻藏政府对班禅转世意在规避中央等情致蒙藏委员会电

（1942年5月17日）

即刻到。5536。渝。远密。委员长吴钧鉴：

真仁电敬悉。迭告恩久等尊重中央所订办法。据答：日来闻西藏负责要员表示，班禅行辕依附中央，有何好处？须及早回头。前后藏之事，应自商妥善解决。班禅佛转世，勿任他人干预。由此推知，西藏当局意见，似在规避中央。余等十分希望遵照旧例办理，但自班禅佛离藏以来，中央对藏徒有空言，西藏毫不惧服，以致班禅佛失败。今若仅提办法，而无实力制藏，虎头蛇尾，结果仍系后藏吃亏，甚至前藏将余等访佛工作全部推翻，另生花样，亦未可知，余等在此坐受制裁，尚有何法等？达赖转世，既呈报

---

① 同一内容电报于同日还拍给打札摄政、拉萨转扎什伦布札萨。

中央派大员入藏征认主持，而于班禅佛转世，乃以挑拨离间手段，冀获包办。近年中央顾念藏人，望其悔悟，未忍遽加制裁，非力不足，君等久居中央，当甚明了，不可堕前藏之计，使班禅佛转世减少信仰，陷于纠纷。云云。

又，闻灵儿名单，业于齐（八日）呈噶厦，蒸报藏王、达赖佛，其中青海灵儿四名，附有像片。窃查恩久等态度能否坚持旧例，似成疑问。谨闻。

职孔庆宗叩。筱（十七日）。印

〔国民政府蒙藏委员会档案〕

21. 财政部追加班禅建塔暨访灵童经费致蒙藏委员会代电

（1942年8月20日）

财政部快邮代电　库三渝字第69226号

蒙藏委员会公鉴：

平字第三二三五号肴代电敬悉。贵会呈奉核定追加班禅建塔暨访转世灵童等经费四十万元，业经本部于七月删日如数拨交西藏班禅驻京办事处领转。特复查照。

财政部。渝。国三。

5277。0820。印

〔国民政府蒙藏委员会档案〕

22. 行政院关于再度赴康寻灵情形致蒙藏委员会指令

（1942年10月8日）

行政院指令　顺贰字19953号

令蒙藏委员会

三十一年九月二十三日仁字第四〇七六号呈：据罗桑坚赞等电呈，再度派员前往金沙江两岸寻访班禅转世灵童情形，转请鉴核由。

呈悉。此令。

院长　蒋中正

中华民国三十一年十月八日

〔国民政府蒙藏委员会档案〕

23. 罗桑坚赞请中央依成例主持班佛转世致蒙藏委员会代电

（1943年5月6日）

代电　第85号

重庆。蒙藏委员会吴委员长钧鉴：

窃坚赞等自上年奉命访佛以来，在青、康各区域明密详细寻访后，惟青海寻获之灵童数名，迭经甄别，灵异特著，当即推选恩久佛等携带访灵报告书赴藏办理确定班佛转世正身事宜，并电呈钧会鉴核在案。旋奉钧会皓仁及灰仁两电略开：关于班佛真正化身之征认，应电嘱恩久佛等请西藏当局就灵童名册中先行卜定心、口、意化身三名后，呈报中央派员在拉萨大昭举行掣签，签定一名为呼毕勒罕。等因。遵即电转恩佛等遵办在案。嗣该佛等接奉藏方当局复称：班辕在青、康各区对于寻访事宜至为详尽，惟于西藏东部之塘泊、贡泊等处及距西藏东部之远近地方均应去访。等语。是以恩久佛等为秉承藏方意旨及避免蜚语起见，已就近请札什伦布当局派员分为南、北二组从事寻访。恩久佛及森格巴为南组访员，比伦佛及龙仲堪布为北组访员，分别前往前藏所属之西康区域普遍去访。一面由坚赞等推请策觉林佛前赴西康再度寻访，以期周密。复经于上年八月十八日电呈钧会备查在案。

近接该佛等电称：所有寻访事宜，已告完成，行将遄返拉萨复命。等语。复由坚赞等电达恩佛等对于灵童决定事与藏方当局妥为商洽，遵照中央电令选定最灵异特著灵童二三名连同姓名一并详报前来，以便转呈中央核夺在案。

伏查关于访灵事宜，经先后两度详密之寻访，坚赞等揆度情形，藏方此次接到该佛等报告后，对确定正身事宜，自当顺利办理，毫无问题。然藏方处心积虑，诡谲莫测，难保不借端藉口发生意外阻碍，或者迁延时日，故意捣乱，或者妄作主张，自行决定，致我佛转世前途横生波折。时则非惟无以对国家，且无以对先佛，更无以对各方僧俗之信仰，万一将来如果发生此项事实，坚赞等决不甘心承认，有负使命。

窃惟历代班佛转世事宜，向由国家主持决定，代有成例，有案可稽，矧值此抗建时期，班佛正身之确定，不仅关系黄教兴替问题，实关系于西南国防者至重且巨，钧座负蒙藏之重寄，任国防之干城，应请转呈中央主持办理，以顺舆情，而昭大信。且忆上年钧座莅青时，坚赞等曾奉面谕：关于班佛灵童确定事，应由中央主持办理。等因。仰见垂注逾恒，自勿庸鳃鳃过虑。惟为防患未然起见，心所谓危，不敢缄默。伏祈钧座电鉴下情，赐予主持，俾班佛正身今年确定，不胜感祷之至。

除将恩久佛到达拉萨后藏方办理灵童情况及策觉林佛在康访佛各详情一俟该佛等具报前来再行陆续转呈鉴核外，并恳指示今后坚赞等对进行决定灵童之一切机宜，以资遵循而免分歧，尤为企盼。肃电奉恳，伏祈垂察。

罗桑坚赞叩。鱼。印

〔国民政府蒙藏委员会档案〕

24. 罗桑坚赞报告先后在青海各地寻访灵童情形致蒙藏委员会代电

（1943年8月28日）

代电　第91号

重庆。蒙藏委员会吴委员长钧鉴：

窃查前准比伦、恩久二佛等转来藏方雪聪格西指示班佛转生区域要点，嘱向青海达赖产生地方再度寻访一案，当经推请森吉堪布等分赴青海各地再度寻访，已于七月十九日以皓代电呈请核备在案。兹该堪布等业于日前先后返回，据其报称：此次访佛之结果，虽有属兔、属虎之孩童多名，而除上年呈报之灵童名单以外，再未寻获特殊之灵童，并检视前经寻获之灵童，如共和县恰果地方之索南旺堆及循化县完德千户之贡保慈丹与共和县阿左之噶桑等三名，均器宇轩昂，慧性昭著，更有甚于前次之灵异（灵异情形随文呈上），足见大师之转生于青海益加证实矣。

伏查关于访佛事宜，坚赞等遵照达赖佛及青、康、藏各大喇嘛之推算，各方谶语之所示，自民三十年起从事寻访竣事后，业已正式分别呈报，并推恩久佛等灵童名单及访灵详情报告书赴藏办理决定正身事宜在案。嗣复秉承前藏意旨，又由比伦佛 等在西藏所属之塘泊、贡泊等处及策觉林佛在西康区域内分途再度寻访。此次复奉雪聪格西之指示，又在青海各地再四寻访，已属周详，而结果除名单内所列灵童以外，并未寻获特殊之灵童。是访佛事宜经先后数次之积极办理，已告结束，再无寻访之余地。

第念坚赞等数年来不辞劳瘁，不惜经济，跋涉奔走，夙夜匪懈，其周密详尽，较过去历辈之访佛，未有如斯之彻底者。藏方此次应即遵照中央电令，选定班佛候选人三名，以资确定大师正身。

惟前藏之阴谋，欲将班佛转生于西藏所属之地，希图避免中央势力入藏，是以不顾班佛正身之真伪与否，深愿在彼之势力范围内自行决定一名，以遂企图。否则，必将借端藉口，故意阻碍，使确定事宜迁延不决。

上项情形，顷由西藏来人谈称，确有其事。前藏之阴谋叵测，显已暴露，坚赞等势不得不早为顾及，予以制止。

查此次恩久佛在贡泊所见之帖木呼图克图之子，无甚灵异，自不足齿及外，至比伦佛所称在西藏之黑水地方访获较有灵异之孩童慈巴登杰一名，在石上踏有脚印之形迹一节，其捏造事实、不足凭信之处，前于皓电内已经呈明在案。即使该童如有灵异时，或系其他活佛之转生亦难臆定。盖因证诸先佛曩昔在青海塔尔寺对各僧众三年后乘愿再来会晤之留言及生平倾诚祖国、痛恨藏方之夙志，与达赖佛及各方各大喇嘛之推算，一切谶语之预示，均称大师转生在青、康区域。益以前藏政府信仰之雪聪格西卜卦之断言，更信大师绝不降生于西藏之黑水，该童亦绝非班佛之真正化身。然前藏诡诈多端，图谋已久，万一将该童或于彼辖区内伪造一灵童列入班佛候选人的决定为正身时，则法统凌乱，不但影响于蒙藏之信仰，抑且危害国家大计诚非浅鲜。坚赞等职责攸关，绝不甘心承认，有负使命。

除电饬拉萨代表比伦佛等转呈藏方遵照行政院五五五次决议案，就前经呈报名单内最灵异之青海灵童索南旺堆等中，从速遴选候选人三名，以凭转报中央核定正身，并严嘱将藏方所辖区域内之孩童不准列入候选人内，以杜假冒而免后患外，理合将先后访灵总告结束情形及藏方阴蓄异谋缘由，肃电一并呈报，伏祈钧座鉴核。俯念决定班佛正身事宜已至最后重要阶段，关系国防安危，仰恳赐予主持，俾班佛正身早日确定，不胜迫切待命之至。

附呈灵童灵异报告一份

罗桑坚赞叩。俭。印

附：灵童灵异益著情形报告

谨将此次检视前经访获之灵童所有灵异益著实在情形，理合分别据实呈报，恭请鉴核。

（一）关于共和县恰果的灵童索南旺堆

此次森吉堪布等，依着雪聪格西的指示，分途向达赖产生地方再度寻访。去的时候，顺便检视前经访获之灵童索南旺堆。当堪布见了这灵童时，他的举止庄重肃穆，并且对堪布表示出极亲爱的态度，不禁使堪布起无限敬仰之心。并据他的父亲说：“这孩子常逼迫我给他教文字，所以我请一位狄札寺老师，今天机缘凑巧，这老师和堪布不期然而然的同时会晤了。再因为此间的阿柔佛常说：‘这孩子是一个大活佛的转生，必须清净护养，方能祛除灾难和疾病。’于是令小孩向他皈依受戒，改换喇嘛服装，并给他赐一个法号，名叫洛桑尼麻，又派来一位格龙前来伺候。今天同时大家一齐到了，这是多么一桩奇特和吉祥欢喜的事啊！”

森吉堪布又看见这孩子的头角峥嵘、手纹秀丽，卓然不同其他孩童。

最奇怪的就是他能将右臂肘旋转到里面去。听他的父亲说：“有一相术家说这孩子相貌非凡，是一个特别人物。”

（二）关于共和县阿左的灵童噶桑

本厅的卓尼旺堆前往共和等处寻访灵童，并且到前次在共和阿左地方已访之灵童噶桑家中去看。这孩子的态度和蔼可亲，容貌魁梧，也使卓尼自然产生了无限仰慕之敬意。据他的父母说：“前几天有几个藏族人经过我们的地方时，我们以为班禅家的人来了，所以扫榻、造饭，准备欢迎。正在忙碌当中，这孩子问道：‘你们做什么？’我们说：‘恐怕班禅堪厅的客人到来。’孩子说：‘这些人不是我的人，我的人过几天才来呢！’现在你们到来了，可见这孩子所说的话也算是准确。”

（三）关于循化县属完德千户之灵童官保慈丹

本厅的索得巴这一次到循化、贵德一带地方寻访灵童，去的时候，也到完德千户的家中去看前次已获之灵童官保慈丹。当索得巴见这孩童时，他正在顽耍着，可是他的态度和一切举动，好像是先佛之样子。最奇异的，他一见面后，这孩子拿一个配合炒面的羊皮带，将炒面和酥油装在里面，叫索得巴拌成糌巴（即炒面），并且说："你拌好后，我要吃啦！"因为先大师在生时，索得巴是管理饭食的人，并且拌炒面是他的任务，可见这情形的奇异了！

第二天，这孩子在楼上唤索得巴上去说："你现在打算到那里去？"他说："我明天要到同仁去。"小孩说："用不着去。"索得巴说："我要到同仁访佛去，如你是班佛的转生，请你与我说明，我绝不与别人传说，我也不到别处再去。"小孩说："我是佛爷的转生。"索得巴说："那么，我们一同到塔尔寺去吧！"小孩沉思半晌说道："现在还没有到去的时候，等到庄稼收获后，你们带上很多的骡马和东西迎接我来，那时我才去啦！"

这灵童言语流利，情意缱绻，俨如大师生前之状态，使索得巴不禁生依恋难舍之感。

〔国民政府蒙藏委员会档案〕

25. 蒙藏委员会请恩久等将金沙江两岸访灵经过报由罗桑坚赞汇案办理致孔庆宗电

（1943年10月11日）

电　渝字253号

拉萨。孔处长庆宗：

庆密。申齐电悉。查旧例规定班禅圆寂，应由其高级徒众寻访转世灵童，报请中央核办。九辈班禅未圆寂前，对罗桑坚赞极为信任，曾经给予扎萨喇嘛名义，其为班禅属下之高级徒众，实无疑义。故行政院体念班禅遗志，曾有责成罗桑坚赞寻访班禅转世灵童之决议。恩久佛等应将其在金沙江两岸寻访灵童经过报由罗桑坚赞汇案办理，方属妥善。希将上情转知，并电复为盼。

忠。印

〔国民政府蒙藏委员会档案〕

26. 行政院抄交罗桑坚赞请在青确定班禅正身事宜致蒙藏委员会通知

（1943年10月15日）

行政院交议案件通知单　人〔贰〕字第19017号

案由：罗桑坚赞冬电班禅转世处理意见请迅核定一案。

右案奉院长谕：交蒙藏委员会核复。相应通知

蒙藏委员会

行政院秘书长　张历生

中华民国三十二年十月十五日

抄原电

渝。　行政院院长蒋、副院长孔钧鉴：

窃查关于访佛事宜数年来经职等再四周密普遍之寻访，现已总告结束。业将先后访佛经过及前藏蓄意阴谋，不予决定情形，并因时间短促，拟在此间决定班佛正身各缘由，已于九月七日以阳电呈请蒙藏会核转饬遵，谅邀垂鉴。伏念确定班禅正身事宜，关系西南国防及抗建大计者至重且巨，仰恳钧座俯准主持，从速赐示，以便遵办，不胜迫切待命之至。

职罗桑坚赞叩。冬。印

〔国民政府蒙藏委员会档案〕

27. 蒙藏委员会为班禅转世拟定三种处理方案致行政院呈

（1943年11月3日）

呈　渝良字281号

案查关于班禅转世再度寻访灵童经过情形，曾据罗桑坚赞报

告到会。于三十二年十月十四日以丙字第四四五六号呈转请钧院鉴核在案。兹复据罗桑坚赞九月阳代电称：查寻访班禅佛转世灵童事宜，云云，伏祈电鉴核准。等情。据此，查西藏政教制度混凝为一。其势力所及，纵言之，则渗透社会各阶层；横言之，则普及满蒙与青康。有清一代治边政策，对西藏则挟持蒙古兵威以御临，对蒙古则运用西藏宗教以柔抚，故能相互犄衡，而收控制之效。康熙五十九年，以第七辈达赖转世事不遵朝命，清圣祖不惜倾全国之力，劳师动众，远加戡定。乾隆五十八年，清高宗又创制金瓶掣签之制，将西藏宗教首领决定之权，确实操于中枢掌握。自此以后，着为定例，蒙藏各地喇嘛转世莫不遵行。惟此项掣签定制，又尝以国势盛衰之不同，而有所变通。第九辈达赖及第十三辈达赖则经特旨定为呼毕勒罕，未行掣签。但班禅以下各喇嘛之转世，则奉行定制惟谨，从未许援用特例。盖达赖与班禅在宗教上地位相埒，在政治上则略分轩轾。执是之故，达赖之呼毕勒罕可适用掣签方法，亦可援用特例免予掣签，由宗教当局自行认定一名，报候中央核定；而班禅之呼毕勒罕则必经掣签手续，始符往例。故本会于三十一年三月拟具班禅呼毕勒罕之征认办法呈奉钧院第五五五次会议核定及国防最高委员会第八十一次常会通过：由西藏宗教当局就罗桑坚赞所报灵童中认定呼毕勒罕后选人三名，报请中央派员掣签，决定一名为呼毕勒罕。业经由会于同年四月二十九日分别电达西藏宗教当局及关系各方查照在案。讵藏方初则藉口寻访未周拖延时日；继复多方运用规避中央干预。其用意所在显如罗桑坚赞代电中之所推论。

又查英人对藏，向挟其地理上之有利条件及经济上之雄厚势力，每思与我国享受同等权利。惟在宗教上则因西藏与内地渊源久远，往例昭然，而不得不退后一步，然仍企图从中破坏，以遂素愿。前次第十四辈达赖转世，由中央特派大员入藏主持坐床典礼，英欲厄之而未能，英藏舆论咸谓中央成功，而西藏失败。此次班禅转世，英藏鉴于前事，同谋拒我，自在意中。兹就罗桑坚赞所陈及各方情报观察，原经核定之办法，恐难望其接受。在现阶段下，自应一方再由本会仍督促西藏当局遵照上次决定办法办理，并从事政治运用，期能就范；一方更须及早筹策，以期迅赴事机。

几经本会缜密研究，慎重考虑，如西藏对原来办法不肯遵照时，拟请另行核定一修正办法如下：

由西藏当局自行认定班禅呼毕勒罕一人，报请中央核定后，派员主持坐床典礼。此项办法，虽其害的方面有：（一）中央主持班禅转世之旧例从此打破；（二）中央失去主动，事事易为藏方所操纵；（三）增长西藏自尊自大之心。但其利的方面则有：（一）中央对西藏宗教首领核定之权仍能保持；（二）彼此取协调态度，可以维系中央与西藏现有之感情不致破裂；（三）将来既无须护送新班禅回藏，手续较简，亦无被第三者破坏之藉口。惟西藏当局如果对此项办法再不肯予以接受，而于决定呼毕勒罕后，不报中央，即自行坐床，则将使中央丧失威信。前辈班禅部属之拥护中央者亦恐因此离心，而班禅在宗教上之地位将大为减低，甚至人心不服，引起其他纠纷，使西陲为之不安。是则中央前此主持十四辈达赖转世之收获，反因此而尽归乌有。如果到此局面，则中央应有一最后办法如下：

采纳罗桑坚赞主张，仿第七辈达赖旧例，就所报灵童中，由青海拉果呼图克图及各大喇嘛以宗教方式遴选班禅呼毕勒罕候选人三名，报请中央特派大员在西宁塔尔寺宗喀巴大师座前举行掣签，决定一人为呼毕勒罕，就近暂安禅榻，容后再派遣大员护送回藏，定期正式坐床。

此项办法，青海马主席曾来电极表赞同，惟详加研究，亦利害互见。其利有：（一）树立中央在边疆之威信；（二）确保班禅转世由中央主持之体系，以崇其信仰，而维中央在藏固有之权；

（三）中央立于主动地位，可不受英人及西藏方面之阻挠与牵制；（四）将来护送入藏，与其他对藏办法相配合，可能促成藏事之彻底解决。至其害则有：（一）藏方可能另立伪班禅，以与中央抗衡，势必引起以后种种纠纷；（二）护送新班禅回藏，万一发生波折，则旷日持久，益使中央威信损失；（三）予第三者以破坏中央与西藏感情之机会。

综上以观，是班禅转世问题之处理，在在与外交及对边之军事政治有关，事属重要，本会未敢擅断。兹据罗桑坚赞电呈前情，除继续督促西藏当局遵照原定办法办理外，倘西藏当局终于不肯接受，应否采取前述之修正办法，如再不接受，应否采取前述之最后办法，抑于两者之中，先行决定择一施行之处，理合抄同第七辈达赖转世史略一份，备文呈请，仰祈钧衡核示祗遵。谨呈

行政院院长蒋

附呈第七辈达赖转世史略一件

全衔　吴〇〇

中华民国三十二年十一月三日

附：第七辈达赖转世史略

第七辈达赖名罗布藏噶尔桑嘉木错，于康熙四十七年在【里】塘转世（清庭〔廷〕诏书均作第六辈，盖不承认第巴桑结所立之第六辈达赖罗布藏仁青策养嘉穆错也）。先是第五辈达赖圆寂，第巴桑结秘不发丧，私立罗布藏仁青策养嘉穆错为第六辈达赖。后藏拉藏汗与桑结交恶，乃奏准清廷废桑结所立达赖（诏送京师，行至青海圆寂，年二十五岁），而别立博克达山之伊西喜穆错为第六辈达赖。青海诸蒙古以为赝，不之信，另拥里塘罗布藏噶尔桑嘉木错（即现在所称之第七辈），与藏中所立互相是非。清圣祖恐其构衅，诏其暂居西宁红山寺，旋移塔尔寺。会青海噶尔丹策妄阿喇布坦率兵袭藏，执杀拉藏汗，禁其所立新达赖于札克

布里庙。西安将军额伦特以军数千赴援，中途遇伏败殁。康熙五十七年命十四皇子允禵为抚远大将军，屯青海之木鲁乌苏治军饷；命平逆将军延信出青海，定西将军噶尔弼出四川，分路捣藏，并顺青、康、藏民众之意，诏给里塘达赖册印，在西宁塔尔寺暂安禅榻。一面护送入藏，青海、蒙古汗王、贝勒、台吉均率所部随大兵扈从。策零敦多布由中路自拒青海军，而分遣其宰桑以兵三千六百拒南路。时将军噶尔弼招抚里塘巴塘番众，进至察木多，夺洛隆宗嘉玉桥之险。旋奉大将军檄，俟期并进。噶尔弼恐期久粮匮，用副将岳钟琪以番攻番计，招土司为前驱，集皮船渡河，径捣拉萨，降番兵七千，分兵塞险，厄贼饷道，策妄遂溃，不敢归藏，北窜伊犁。康熙五十九年九月十五日里塘达赖至布达拉坐床，诏加封宏法觉众达赖喇嘛，而将拉藏汗所立之博克【达】山喇嘛迎归京师。

〔国民政府蒙藏委员会档案〕

28. 行政院关于征认班禅呼毕勒罕办法依旧制办理致蒙藏委员会指令

（1943年12月21日）

行政院指令　仁贰28129号

令蒙藏委员会

三十二年十一月三日渝良字第二八一号呈拟征认班禅呼毕勒罕修正及最后办法，请核示由。

呈悉。征认班禅呼毕勒罕办法应依照旧日体制办理。仰即遵照。此令。

院长　蒋中正

中华民国三十二年十二月二十一日

〔国民政府蒙藏委员会档案〕

29. 吴忠信请转知恩久等班禅转世办法已电西藏当局遵办致孔庆宗电

（1944年1月31日）

电　渝字328号

拉萨。孔处长庆宗：

密。俭电悉。院令核定班禅转世办法，曾经电达藏当局遵照办理，并数度催促在案，希转恩久佛等知照。

忠。子世。印

〔国民政府蒙藏委员会档案〕

30. 吴忠信关于班禅转世事宜仍照院定办法办理致罗桑坚赞电

（1944年2月1日）

西宁。先觉寺街七号。罗桑坚赞委员勋鉴：

密。子元代电诵悉。班禅转世事宜，希仍遵照行政院第五五五次会议决定办法办理为荷。

吴忠○。丑东。汉。印

〔国民政府蒙藏委员会档案〕

31. 罗桑坚赞将藏中各佛卜卦降神卜定各灵童排次情形致蒙藏委员会代电

（1944年2月14日）

代电　第106号

重庆。蒙藏委员会委员长钧鉴：

顷据拉萨王乐阶、恩久佛等电称：关于青、康、藏寻获之各灵童九名，此次复在达赖佛之摄政达札佛及热振佛、普觉佛、却夏南巴佛与后藏之泽巴等二十余佛处卜卦，并在前后藏之奈君、拉木、雄丹等护法神前降神，其先后评判之结果，均以青海灵童官保慈丹灵异昭著，佥称第一。其第二为青海之恪君札细，第三为西康德格之伍坚加，第四为青海之噶桑，第五为西藏之拉玛，第六为青海之索南旺堆，第七为西藏黑水之慈巴登杰，第八为西康理化之慈巴多结，第九为西藏贡泊之加丹格来昂加。此系卜卦降神之总详情也。除拟呈请达赖佛及达札佛核夺外，理合电呈鉴核示遵。等情前来。

查王乐阶等所称在前后藏卜卦降神之总结果，均以青海灵童官保慈丹为巨擘，与此间卜筮之情形，毫无二致，是灵童官保慈丹确系班佛真正化身，愈加显著。惟前藏诡计多端，虽将官保慈丹卜定第一，若由彼等办理决定时，最后必将西藏之孩童决定为正身。阴谋所在，定可断言！是以坚赞等为求真正化身起见，除已将在此间举行决定正身情形电达王乐阶等知照外，理合肃电奉闻，伏乞垂察。

罗桑坚赞。寒。印

〔国民政府蒙藏委员会档案〕

32. 军委会请具复班禅转世处理方针与蒙藏委员会往来电令

(1944 年 3—4 月)

(1) 军委会致蒙藏委员会电 (3 月 31 日)

国民政府军事委员会代电　侍秘字 22042 号

蒙藏委员会吴委员长勋鉴：

兹据西藏班禅驻京办事处处长计晋美三月十九日呈报寻访并决定第十辈班禅转世灵童经过情形，并请明令发表宫〔官〕保慈丹为教主，并早日护送入藏。等语前来。据称，此案业经罗桑坚赞先后呈报该会各在案。是否已定处理方针，即希核办具复为盼。

中正。寅世。侍密

中华民国三十三年三月三十一日

(2) 蒙藏委员会复军委会电（4月22日）

代电　渝字第373号

军事委员会委员长行政院院长蒋钧鉴：

寅世侍秘字第二二〇四二号代电奉悉。查班禅转世事宜，前奉行政院第五五五次会议核定，提经国防最高委员会第八一次会议通过之办法，应就访获各灵童中，由西藏宗教当局先行卜定身、口、意化身三名，呈候中央派员掣签决定一名呼毕勒罕。又奉行政院三十二年十二月二十一日仁贰字第二八二九号指令，班禅转世应照旧例办理。等因。业经先后分别电达罗桑坚赞及西藏政教当局遵照。旋据罗桑坚赞呈报已在西宁就所寻获之灵童自行征认班禅呼毕勒罕。同时又据王乐阶等电，正依照西藏当局所指示，在拉萨进行选择灵童事宜。罗、王二人同属班禅教下，意见既未能一致，而西藏当局对中央核定之征认办法，经时两年，亦迄不置复。在西藏当局未正式表示意见以前，中央自未便赞成罗桑坚赞之主张，以增重处理此案之困难。曾经本会面告班禅驻京办事处处长计晋美及西藏驻京代表阿汪坚赞等分电罗桑坚赞暨西藏当局遵照中央决定办法办理，以免纠纷，并经将经过情形先后呈报行政院有案。兹复据罗桑坚赞报称：已于去年农历十二月三日在塔尔寺举行抽签，将灵童官保慈丹抽定为班禅呼毕勒罕，并于本年正月十五日举行庆典。等情。同时又据王乐阶等自拉萨来电，对此办法坚持反对。除以查行政院核定之班禅转世办法早经电达藏当局及执事等查照办理，乃为时两年，迄未据复，致有西宁事件之发生，深为遗憾。在现状下，倘执事等能于短期内商承藏当局依照中央原定办法办理，或易设法补救，否则前途颇难预测。等语电复王乐阶外，并面告班禅驻京办事处处长计晋美，在西藏当局未正式表示意见前，中央碍难承认西宁灵童。理合电呈，仰祈鉴核。

蒙藏委员会委员长　吴〇〇。

卯养。汉。印

(3) 行政院致蒙藏委员会指令（4月28日）

行政院指令　义贰字第9501号

令蒙藏委员会

三十三年四月二十二日渝字第三七三号卯养代电，报告最近处理班禅转世事宜经过及拟取态度由。

代电悉。准照所定步骤办理。此令。

院长　蒋中正

中华民国三十三年四月二十八日

〔国民政府蒙藏委员会档案〕

33. 班禅驻京办事处转罗桑坚赞请中央指定官保慈丹为班禅转世正身致蒙藏委员会呈

（1944年8月1日）

西藏班禅驻京办事处呈　京字第1632号

案奉罗桑坚赞委员已咸电内开：重庆蒙藏委员会吴委员长钧鉴：顷接拉萨恩久佛等电称：关于班佛转世事，呈奉达赖佛令开：青海完德千户之子官保慈丹、塔尔寺附近民人幸穹札细之子恪君札细、西藏所属西康茶旺巴雪之孩拉玛等三名，经卜卦结果应为班佛心、口、意化身，着电达班辕，请二灵童偕全体人员入藏，在拉萨释迦佛前以拈阄方式将三灵童姓名密封入面丸内，拈出者即为班佛继承人。等因。敬请钧厅鉴核，于今年秋季奉请二灵童来藏办理。等情前来。伏查我佛官保慈丹业经青康各大活佛之卜卦降神以及谶语之预示，兼以本人之灵异特著，均证实为班佛之呼毕勒罕。即前后藏卜卦之总结果，亦以官保慈丹在青康藏灵童九名中称为第一，足证为班佛正身，毫无疑义。乃前藏心怀异谋，年来故意借端迁延，不予决定。坚赞等鉴于藏历凶年到临，迫不及待，并为适应众生之切望起见，业在塔尔寺举行决定，并分别呈报中央及前藏在案。细绎来电内称：著班辕全体人员偕同二灵童今年秋季入藏。等语。显有仍袭上年达赖入藏之故技，并诱班辕全体同人回藏之企图，无非希图拒绝中央，自行独断，以遂其负固不服之野心。总之官保慈丹既经达赖佛卜定第一，而拉玛、恪君札细二童与官保慈丹相较，其灵异相差天渊，久已在人耳目。况真正化身，业已决定，僧俗共戴。渴望中央早日明令指定，以慰众望。对于本案，我钧座高瞻远瞩，早已洞见症结，固无待坚赞之赘词。惟是心、口、意之化身，已经前藏卜就而择优选定正身，中央自有权衡，伏乞宸衷立断，破格施恩，准予转请中央将官保慈丹明令指定为班佛正身，以继法统，则不惟舆论翕服，且与前藏亦无窒碍。迫切陈词，伏候示遵。等因。奉此，理合录电转呈鉴核。谨呈

委员长吴

西藏班禅驻京办事处处长　计晋美

中华民国三十三年八月二日

〔国民政府蒙藏委员会档案〕

34. 蒙藏委员会请中央援照达赖成例特准指定官保慈丹为班禅转世正身致沈宗濂等电

（1944年9月4日）

电　汉字第2764号

拉萨。沈处长宗濂、孔处长庆宗均鉴：

会密。庆宗午漾电悉。查班禅转世案，罗桑坚赞等坚决主张官保慈丹为正身，而藏方预选三童，虽将官保慈丹列为第一，但不认罗桑等之手续为合法。至中央方面理应坚持原定掣签办法。惟前后藏双方如能和衷商洽，共认官保慈丹为寻访各灵童中之特殊灵异者，由藏当局正式电请援照达赖成例，特准指定为班禅转世正身，本会亦可加以考虑派员赴青视察灵童后，转请核示。希即斟酌，密为运用为盼。

忠〇。豪。印

〔国民政府蒙藏委员会档案〕

35. 蒙藏委员会坚持由中央派员主持掣签决定班禅正身致沈宗濂电

（1944年10月17日）

电　汉字3269号

拉萨。沈处长：

胜密。查班禅转世事，藏当局原欲规避中央干预，故对政院核定办法，两年不复。嗣受罗桑坚赞等西宁事件之威胁，态度比较好转。但据恩久等藏历卯蒸电，内有将三灵童姓名置于三糌粑丸内拈出一名，即为班禅正身之语，似仍有避免中央派员主持掣签之意。兹希下列各点：（一）维持中央核定办法，必须达到派员掣签目的；（二）藏方同意掣签后，中央拟颁布特派执事会同达扎主持班禅转世事宜之明令；（三）一、二两项商妥后，中央当饬罗桑坚赞等护送班禅西宁灵童赴藏，由执事定期代表中央举行掣签典礼。希与噶厦及恩久等作具体商议，电复为盼。

罗良〇。酉筱。汉。印

〔国民政府蒙藏委员会档案〕

36. 军令部令马步芳在未奉中央命令前严阻青海灵童入藏致蒙藏委员会函

（1944年10月31日）

国民政府军事委员会军令部公函　二羽字第522号

据报关于第十辈班禅转世问题，最近西藏当局已将第十辈班禅之身、口、意三化身选定，拟在拉萨掣签，并经正式呈报。惟未闻有请中央派员主持掣签之议。经查与委座指示之应依照旧日体制为重，服从中央命令办理，第恐阳奉阴违，将在青海转世之二灵童窃走入藏，自行办理掣签，不顾中央命令。故目前似应由中央电令青海马主席严密监视在青二灵童，未奉中央命令，阻其出境。惟事属贵会主管，相应函请查照参考为荷。此致

蒙藏委员会

中华民国三十三年十月三十一日

〔国民政府蒙藏委员会档案〕

37. 军委会抄送参政员喜饶嘉措等请早日宣布官保慈丹为十世班禅正身等情与蒙藏委员会往来电

（1945年7月）

（1）军委会致蒙藏委员会电（7月20日）

国民政府军事委员会代电　侍秘字第28683号

蒙藏委员会罗委员长勋鉴：

据青藏参政员喜饶嘉措等七人联名呈请政府准予提早宣布决定官保慈丹为等十世班禅正身。等情前来。兹将原件随文附发，即希迅速核议具复为盼。

中正。午哿。侍秘

附发原函呈一件，办后缴还。

附：原函呈

主席钧鉴：

敬呈者：查班禅活佛为一贯拥护中央之后藏政教领袖，亦即为全国宗教人民信心之所系，运会之升降，每足以影响黄教之替兴与边徼民心之向背。兹者第十辈班禅灵童官保慈丹，其寻访经过，前已由驻京办事处处长晋美于钧座召见时折为详陈。至其郑重手续，则曾由青藏康各大活佛之卜卦降神以及谶语之预示与本人灵异之特著，均证实为班佛之呼毕勒罕。以故青康藏各大活佛、蒙藏首领均一致承认，立待决定正身。中央委员扎萨哪〔喇〕嘛罗桑坚赞鉴于藏历凶年到临，为适应众生之要求起见，当经呈报中央，于三十三年二月八日延请各大活佛、蒙藏王公、千百户等在西宁塔尔寺宝贝佛前，将青海灵童官保慈丹签定为班佛正身，万众腾欢，遐迩景仰。旋经达赖佛及达札佛祈祷卜卦之结果，亦将官保慈丹选为心、口、意化身第一，足征确系班禅真正化身，毫无疑义。惟以迄今年余，中央尚未明令宣布，蒙藏同胞不无觖望。现值胜利在即，后藏各项政教事务亟待领导，是以嘉措等联名呈请钧座俯为睿察，准予提早宣布决定官保慈丹为第十世班禅正身，以继法统而慰众望。谨呈

国民政府主席蒋

青藏参政员　喜饶嘉措

马腾云　李德渊

拉敏益西　李永新

格桑泽仁　李洽

七月十五日

(2) 蒙藏委员会复军委会电（7月22日）

代电　渝秘字第1066号

军事委员会委员长蒋钧鉴：

恭奉三十四年七月二十日侍秘字第二八六八三号午贺代电，附发喜饶嘉措参政员为班禅转世事呈文一件，饬即迅速核议具复。等因。查关于班禅转世案，本会曾于民国三十年参照旧例，斟酌现情，拟具办法三项：（一）班禅转世灵童由班禅高级徒众负责寻访；（二）西藏宗教首领应就寻获灵童中之最灵异者，择定三名为候选人；（三）前项候选【人】择定后，报请中央派员掣签，决定一名为班禅转世正身。此项办法于呈奉行政院核定后，即径电达西藏噶厦及班禅部属分别遵照办理去后。班禅教下扎萨喇嘛罗桑坚赞等曾经依照核定办法，访获灵童十余名，于三十一年春一面报请中央备案，一面派员携带灵童名册自青返藏，呈请藏当局办理择定候选人手续。不料前藏方面因企图规避中央主持，对择定候选人迟迟不办，对本会转达行政院核定办法之电报，亦延搁两年，不予答复。罗桑坚赞等急欲班禅转世案之早日完成，遂于三十三年二月八日自行决定访获灵童中之官保慈丹为班禅转世正身，即在青海塔尔寺坐床，报请中央明令核准。本会认此种行动与旧例及院定办法均有不合，未便准其所请。而回返西藏之班禅部属亦来电坚绝反对。其后，西藏当局鉴于塔尔寺情形之严重，为打击罗桑坚赞等之举动起见，始于三十三年夏季，依照院定办法第二项择定候选人三名（官保慈丹为第一名），但对办法第三项由中央派员掣签一节，仍多推托，不肯接受。本会现时尚在饬由沈处长宗濂与藏当局继续商洽中。复查班禅大师圆寂多年，转世问题理宜早期解决。本会职责所在，无不刻刻在意。第因此事情形复杂，关系方面之意见极不一致，办理稍涉草率，纠纷随之而起。只有按照下列两途，谋求此事之合理解决：

（一）电饬沈处长续向藏当局及班禅回藏部属商洽，俾其接受院定办法之第三项，由中央派员赴藏主持掣签，以符旧例而维主权。

（二）迁就青海官保慈丹灵童之既成事实，由班禅部属会同前藏当局援照十四辈达赖成例，正式呈请中央明令指定官保慈丹为班禅转世正身。

以上意见，第一项本会业经电饬沈处长相机商洽；第二项亦经密示班禅办事处转达罗桑坚赞等试为进行，俟其成熟，拟即呈请行政院权予照准。

兹将原呈奉缴，并代拟复稿一纸，仰祈鉴核示遵。

蒙藏委员会委员长　罗〇〇叩。午祃。印

〔国民政府蒙藏委员会档案〕

38. 拉敏益西楚臣请准早日宣布官保慈丹为十世班禅致蒙藏委员会代电

（1945年8月16日）

代电　第2号

重庆。蒙藏委员会罗委员长钧鉴：

查关于呈请宣布官保慈丹为班禅正身一案，此次拉敏出席参政会议，会同喜饶嘉措参政员等联名面呈蒋主席核办在案。兹奉蒋主席本年八月一日侍秘字第二八八三二号未东代电开：拉敏益西参政员勋鉴：喜饶嘉措等七月十五日呈悉。查班禅转世案，曾经蒙藏委员会拟具办法三项，呈奉行政院核准，并分行遵照各在案。惟因各方意见分歧，故多稽迟。已饬蒙藏委员会迅与有关方面商洽进行，俾克早期完成，以副雅望。特复。中正。未东。侍秘。印。等因。奉此，伏思钧座为蒙藏主管长官，对于佛事备极关怀，此案既经饬由钧座迅与有关方面商洽进行，在钧座主持决定，自有权衡，仍恳俯准将官保慈丹早日宣布为班佛正身，以顺舆情，不胜感祷之至。

西藏参政员　拉敏益西楚臣叩。未铣。印

〔国民政府蒙藏委员会档案〕

39. 罗桑坚赞等请早日宣布班禅正身及提出对战后西藏政治意见致蒙藏委员会函

（1945年10月10日）

委员长钧鉴：

夙承帡覆，时殷孺慕之私；远隔德晖，倍切葵倾之愿。恭维勋隆中枢，恩溥边氓。引企榘范，无任藻颂。抗战军兴，于兹八载，幸赖领袖之英明神武，钧座之策划赞助，卒能张我正义，歼彼凶锋。今者抗战胜利，倭寇投降，且不平等条约早经废除，百年耻辱业已湔雪，我国家领土主权行将恢复完整，国际地位与四强并驾齐驱。瞻望前途，欢腾曷极！

回溯先班禅大师，为一贯拥护中央之后藏政教领袖，曩昔鉴于外人势力之骎骎日逼，前藏当局之媚外求荣，藏事日非，不可挽救，乃于民十二年远来中土，呼吁请愿。十余年来，翊赞国是，宣化边疆，其苦心孤旨，早为钧座所洞悉。旋奉中枢命令，回藏主持政教，复因抗战军兴，忧劳成疾，夙愿未遂，中道圆寂。抚今思昔，良用慨然。

兹者，十世班佛官保慈丹早已转世决定，其灵异之特著，久为蒙藏同胞真正信仰。惟以年来抗战关系，中央尚未明令宣布，蒙藏同胞不无缺〔觖〕望。现值抗战胜利，后藏各项政教事务亟待领导之际，我佛之明令宣布与回藏大计，实为刻不容缓之举。伏乞钧座切实主持，俯准将官保慈丹早日明令宣布为班佛正身，以继法统而便入藏，至为感祷。

再，查伏读蒋主席八月二十四日出席国防最高委员会会议时之训词，敬悉西藏民族政治地位，中央今后将予以高度自治。等因。仰见扶植边民之德意，无任感奋。

惟查西藏当局早已背弃祖国，蓄意携贰，以故政治黑暗，不可究诘，人民痛苦，势如倒悬。我中央似应立即铲除跋扈恣睢之现任当局，扶植其政治之光明，人民生活之康乐，一俟全藏人民将来在文化、经济等方面具备自治能力时，实现此项政策，似不为迟。若遽行赋予高度自治，仍由彼等领导办理，则不惟有失自治原则，且恐将蹈高丽之覆辙，惩前毖后，隐忧堪虞。坚赞等为求西藏民族真正得获自治之福利计，似应将倾诚中枢、爱护祖国之西藏人士将来畀以领导自治之责任，庶使西藏政治入于正轨，而中央扶植边疆民族之德意，亦可望达到目的。

刍荛之见，是否有当，伏祈采择为祷。兹因计处长晋美返渝之便，敬肃芜笺，聊达微忱。祗请钧安，伏维垂鉴。

札萨喇嘛罗桑坚赞

班禅堪布会议厅　谨上　十·十

〔国民政府蒙藏委员会档案〕

五、寻访十三世达赖转世灵童及十四世达赖喇嘛坐床典礼

1. 蒙藏委员会请饬令青海省府严防寻访人员将寻访情况未报中央即将新达赖秘密进藏与行政院往来呈令

(1938年4—6月)

(1) 蒙藏委员会致行政院呈（4月26日）

呈　渝藏字第1379号

案准国民政府军事委员会委员长西安行营蒋主任鼎文世电内开：重庆蒙藏委员会吴委员长礼卿先生勋鉴：据报新达赖喇嘛行将秘密返藏。等情。相应抄附原报告，转请查核办理。弟蒋鼎文。世。政陕。等由。

准此，查关于达赖喇嘛转世一事，藏方前派给仓等赴青寻访，

迭经本会转电青海省政府予以便利在案。乃经时年余，该给仓等对于寻访经过，迄无文电报告。达赖早日转世，原为中央及全国人民一致之企盼。惟转世经过必须呈报政府，办理各项手续后，方为妥当。若任其自行处理，非特违背中藏历史关系，且恐发生争执纠纷。准电前由，拟请钧院令饬青海省政府严密注意，并婉劝寻访人员，务将经过情形呈报政府，听候核办。在未经呈请办理各种手续以前，严防其秘密迎返西藏。是否有当，理合抄同原附报告，备文呈请，仰祈鉴核示遵。谨呈

行政院院长孔

附呈原报告一纸〔略〕

蒙藏委员会委员长　吴〇〇

中华民国二十七年四月二十六日

(2) 行政院致蒙藏委员会指令 (5 月 1 日)

行政院指令　汉字第 1866 号

令蒙藏委员会

二十七年四月二十六日渝〈藏〉字第一三七九号呈，为达赖转世一案，请饬青海省政府严密注意，并婉劝寻访人员，务将经过情形呈报政府，听候核办由。

呈件均悉。已据情转电青海省政府遵照矣。仰即知照。此令。

院长　孔祥熙

中华民国二十七年五月一日

(3) 行政院秘书处致蒙藏委员会函 (6 月 5 日)

青海省政府呈复藏方人员寻访新达赖喇嘛情形，奉谕抄发贵会知照。此致

蒙藏委员会

附抄发原呈一件

行政院秘书长　魏道明

中华民国二十七年六月五日

附：抄原呈

为呈复事：案奉钧院卅〔世〕汉院一电开：查达赖转世一案，藏方前派给仓等赴青寻访，迭经转电该省政府予以便利。迄今年余，给仓等从无文电报告。近闻新达赖喇嘛将有秘密返藏情事，殊属不合，亟应严密注意，并婉劝寻访人员务将经过情形呈报政府，听候核办。在未经呈报办理各项手续以前，严防其秘密迎往西藏，以免意外。特电遵照。等因。

奉此，遵即函询该寻访人员，并婉劝将经过情形呈报核办去后。兹准给仓佛等函复前来，译称：案准贵府五月三日公函，关于代表等到达青海将近一年。等由。诚如所云。惟代表等到青海后，于去年十月间始分头前往各处寻访有无灵异孩童。及访毕返宁，共得征兆灵异之孩童十四名。本拟将其姓名等次第呈报西藏政府。正拟办间，忽奉西藏政府由玉树电台转来电令，以天气寒冷，拉萨电台不能畅收来报，着稍缓再行呈报。等因。其后，复以中央通令抗战时期不准拍发密码电，故迟迟未能呈报。近顷由蒙藏委员会及西藏驻京办事处呈请中央准予拍发秘电，并电达贵府在案。其后始将所访孩童姓名及其父母等呈报藏政府核办，尚未奉复。至于有欲秘密携带入藏之说一层，代表等在此止有寻访有无灵异孩童呈报藏政府之责，而其是否为教主达赖喇嘛之转生，实无抉摘〔择〕之职权。且教主达赖喇嘛为西藏政府领袖，其转生何能轻易秘密携带？以宗教方面言，一段之食尚恐其伤及生命，一文之财且不许不与而取，此为佛法之格言。即以政治方面言，代表等虽如何渺小，究有一国家代表之名义，公文、护照可作凭证，何能效流寇窃盗之行为将转生佛平白糟塌，以明眼人而自陷于深渊耶？此等疑虑，无论何时似无发生之必要。再者，在转生佛未定以前，必须秘密从事，乃系一般之通理。至将来藏政府电令决之期，自应将前后因缘详为陈明。相应函复贵府，将此明白转呈行政院孔院长鉴核。再，关于此事，代表等应否径电呈明行政院，以释怀疑之处，亦祈见示为荷。等语。

复查该寻访人员行动，其函复情形似属实在。除再遵电令严密注意外，理合将该寻访人员函复详情，呈报钧院鉴核，实为公便。

谨呈

行政院院长孔

青海省政府主席　马步芳

〔国民政府蒙藏委员会档案〕

2. 西藏驻京办事处等关于免收寻访代表电报费电函

（1938 年 6 月）

（1）西藏驻京办事处致蒙藏委员会电（6 月 14 日）

蒙藏委员会吴委员长钧鉴：

前准西藏政府特派访请达赖转生代表格仓佛函开：前承电致青海省府对于本代表拍发拉萨密电请免检查一事，业经青省府准免检查。惟以前拍发密电，青省电报局向未收过报费，自此次免收报费。等语。当即照转在案，事关交通部事权范围，本府未便办理，请径向交通部接洽为荷。等由。

查该代表格仓佛所请免收报费，既准青省马主席电复前由，惟有电请钧座顾念该代表访请达赖转生责任至巨，且在青并非长期，可否予以转行交通部准予令饬青海电报局免收报费，以资便利之处，伏祈鉴核，迅予施行。谨陈。

西藏代表阿汪桑丹、格敦恪典、图丹桑结。寒。叩

（2）交通部致蒙藏委员会公函（6月25日）

交通部公函　电业字第11190号

案准贵会本年六月十八日藏字第一七〇八号公函节开：藏方特派访请达赖转生代表格仓佛所请由青海发往拉萨电报免费一节，拟请特为通融，电饬青海电报局准予照办。等由。

查该代表由青发往拉萨电报，本部为表示中央柔远起见，自可特准免费拍发。除电饬西宁电报局（即青海电报局）遵照外，相应复蒙藏委员会

部长　张嘉璈

中华民国二十七年六月二十五日

〔国民政府蒙藏委员会档案〕

3. 吴忠信关于在青觅得转世达赖与马步芳往来电

（1938年8月）

（1）吴忠信致马步芳电（8月12日）

西宁。马主席子香兄勋鉴：

〇密。第十四辈达赖喇嘛闻已转世，径由纪仓呼图克图在贵境觅得。详情如何，乞密示为荷。

弟吴〇〇叩。文。印

（2）马步芳复吴忠信电（8月14日）

重庆。蒙藏会吴委员长勋鉴：

文电敬悉。十四辈达赖此间已找获灵异小孩三名，经纪仓佛等电请热振呼图克图决定，尚未奉复。敬先复闻。

马步芳叩。寒午。府秘。印

〔国民政府蒙藏委员会档案〕

4. 蒙藏委员会关于达赖灵童依法掣签手续征认转世办法与行政院往来函呈

（1938年8—10月）

（1）蒙藏委员会致行政院呈（8月18日）

呈密　藏字第215号

案准青海省政府马主席步芳寒电略开：十四辈达赖此间已找获灵异小孩三名，经纪仓佛等电请热振呼图克图决定，尚未奉复。等由。

查喇嘛转世，关系重要，办理稍涉疏忽，每易发生争执。清乾隆时上谕颁布指认呼毕勒罕定制，即达赖、班禅等之转世，亦须遵依办理。本会成立后，曾经参考前例，斟酌现情，制定喇嘛转世办法。施行以来，蒙、青各呼图克图之转世，遵照办理者已有多起。现第十四辈达赖既在青海境内找获灵异小孩三名，自应依法举行掣签手续，确定呼毕勒罕属谁，理合附呈喇嘛转世办法二份，备文呈请，仰祈钧院鉴核，令行青海省政府转饬遵照办理，以昭慎重。谨呈

行政院院长孔

附呈喇嘛转世办法二份

蒙藏委员会委员长　吴忠信

中华民国二十七年八月十八日

附：喇嘛转世办法

第一条　本办法依据管理喇嘛寺庙条例第二条及第七条规定之。

第二条　达赖喇嘛、班禅额尔德尼、哲布尊丹巴呼图克图，暨各处向来转世之呼图克图、诺们汗、班第达、堪布、绰尔济、呼毕勒罕喇嘛等圆寂后，均准寻认呼毕勒罕。其向不转世之寻常喇

嘛圆寂后，均不准寻认呼毕勒罕。

第三条　达赖喇嘛、班禅额尔德尼、哲布尊丹巴呼图克图，暨各处向来转世之呼图克图、诺们汗、班第达、堪布、绰尔济、呼毕勒罕喇嘛等圆寂后，应报由该管地方最高行政机关，转报蒙藏委员会备案，由其高级徒众寻找其有灵异之同年龄幼童二人以上，以为各该喇嘛之呼毕勒罕候补人，报由该地方最高行政机关，转报蒙藏委员会查核，分别掣签。

第四条　前条寻认之呼毕勒罕候补人，其在蒙古、新疆、青海、西康境内者，由蒙藏委员会令行该会驻平办事处处长与北平喇嘛寺庙整理委员会主任委员，会同北平雍和宫扎萨克喇嘛，缮写名签，入于雍和宫供奉之金本巴瓶内，共同掣定。其在西藏境内者，由蒙藏委员会咨行驻藏办事长官，会同达赖喇嘛，缮写名签，入于拉萨大招寺供奉之金本巴瓶内，公同掣定。

呼毕勒罕候补人，如有在蒙古、新疆、青海、西康境内寻获者，同时如有在西藏境内寻获者，或遇其他特殊情形时，其掣签地点，均由蒙藏委员会临时呈请核定。

前项掣签时，如达赖喇嘛未经转世，应由驻藏办事长官会同班禅额尔德尼，或护理达赖喇嘛印务人员行之。关于掣签之仪注，依照向来惯例办理之。

第五条　依照前例规定之一人，即为某某喇嘛之呼毕勒罕，由掣签人员报请蒙藏委员会查核转呈备案，并咨行该管长官转饬知照。

第六条　前条所称某某喇嘛之呼毕勒罕，应依照左列手续将呼毕勒罕字样裁撤，始为次辈某某喇嘛。

一、达赖喇嘛、班禅额尔德尼、哲布尊丹巴呼图克图之呼毕勒罕掣定后，由该地方最高行政机关呈请中央特派大员前往照料坐床，即于坐床之日，将其呼毕勒罕字样裁撤。

二、章嘉呼图克图、噶勒丹锡埒图呼图克图、敏珠尔呼图克图、济咙呼图克图、那木喀呼图克图、阿嘉呼图克图、察罕达尔汉呼图克图及其他驻京各呼图克图之呼毕勒罕掣定后，均由各该喇嘛到京觐见国民政府主席，由蒙藏委员会呈奉核准之日，将其呼毕勒罕字样裁撤。

三、驻扎蒙藏等处之呼图克图、诺们汗、班第达、堪布、绰尔济之呼毕勒罕掣定后，非俟该喇嘛年至十八岁，经该管地方最高行政机关或盟长查明属实，报请蒙藏委员会呈奉核准后，不得将其呼毕勒罕字样裁撤。

第七条　凡呼毕勒罕候补人，禁止在达赖喇嘛、班禅额尔德尼、哲布尊丹巴呼图克图之亲族中及蒙古各盟旗现任长官之家属内寻认。

第八条　指认青海察罕诺扪〔们〕汗之呼毕勒罕之候补人，应就其属下人等众情悦服者指认之，不受前条之限制。

第九条　达赖喇嘛、班禅额尔德尼、哲布尊丹巴呼图克图圆寂时，其印信，由该管地方长官照料坐床之日，呈明移授。

第十条　各呼图克图喇嘛等得有封号者，圆寂时，其印信交由该呼图克图喇嘛等之商卓特巴，于本庙内敬谨尊藏；如未设有商卓特巴者，交由该呼图克图喇嘛等徒众中之达喇嘛，于本庙内敬谨尊藏，俟其转世裁撤呼毕勒罕之日，由该管地方最高行政机关咨报蒙藏委员会，呈明移授。

第十一条　喇嘛转世后，应换给印册者，由蒙藏委员会参照旧例呈明办理。

第十二条　凡转世喇嘛，其前辈所得中央特给物品，除旧例可以使用外，其余非经蒙藏委员会呈奉核准后，不准擅用。

第十三条　本办法自呈奉行政院核定后施行。

（2）蒙藏委员会致行政院呈（10月8日）

呈　密藏字221号

呈为据西藏政府电呈达赖喇嘛转世，已寻选灵异幼童三人，拟请决定办法照例掣签，以符定制而抚西陲事。

窃中央与西藏之关系，自国府成立，注意筹维，睽隔之局日见接近。现值国难严重，抚绥遐陬以安后方，至为切要。本会爰将新旧驻藏人员及班禅回藏诸案，次第加以调整，俾边藏情势要愈趋好转。达赖转世一事，尤关重要。

顷据西藏代表阿汪桑丹、格敦恪典、图丹桑结漾代电开，本月养日奉西藏政府结造司伦、噶厦等联合来电略开：关于达赖佛转世一事，经僧民代表在各地详细访寻之结果，在西藏内部所寻选者，有灵异幼童二人，在西宁塔尔方面所寻选者，有灵异幼童一人。依照西藏宗教仪式，所寻选之幼童应聚集西藏，降鸾掣签，认定真正达赖之转世，既多灵异后，复径庄严之金本巴瓶内典礼拈定。现典礼期将近，关于西宁塔尔地方所寻选者，请中央政府俯允该主持人员迅将寻选幼童送至西藏，参加典礼，并恳发给执照，以利行程。如何之处，希速转呈中央请示电复。等情。据此，相应电陈钧座鉴核示遵。等语。

查西藏以教导政，由来已久，宗教首领兼管政治实权，故历辈达赖之贤不肖，均与西藏治乱及中藏关系之亲密与隔阂发生直接影响，清高宗明鉴及此，对于喇嘛之转世方式，经多年之研讨，始颁金本巴瓶指认呼毕勒罕定制，法良意美，存心深远，其所以杜纠纷防奸谋者在此，怀柔蒙藏悦服边疆者亦在此。现虽时代变迁，而宗教势力之潜伏于蒙藏地方者仍甚普遍，本会二十五年呈准公布之喇嘛转世办法，亦不过依据上述精神，加以条文之厘订，以期便于适用耳。盖我中央欲图将来统驭西藏政治，必先把握宗教首领之产生权也。

此次第十四辈达赖喇嘛之寻选，西藏既已依照向例转电呈报，有所请示，丁兹时艰，自应妥筹慎处，因势利导，俾此重大问题早得解决，庶几藏局得以安稳，藏事可望调整。本会在此抗战期间，筹藏原则，本决定如下三端：

（一）中央对藏固有之权，决不放弃；

（二）中央与西藏间尚待解决之政治问题，此时暂缓进行；

（三）调整近年来各项悬案，消除疑虑，解释误会，以期融洽感情，增进合作。

原则既定，处理藏事，自可本此，以求允洽。

查达赖转世办法，自乾隆制定金瓶掣签指认呼毕勒罕之制度后，自第八辈达赖始，除第九辈达赖因灵异显著，奉特旨即定为呼毕勒罕毋庸入瓶掣签，第十三辈达赖因特著灵异，由班禅率同执事僧俗人等禀恳驻藏大臣松桂〔淮〕代奏，奉旨毋庸入瓶掣签，即定为达赖喇嘛之呼毕勒罕外，其余各辈，均系遵照定制，入瓶拈定。此为中央对藏固有之权，亦即抚驭西藏之要道，自不容有所放弃。

惟查掣签地点，原定为北京雍和宫及拉萨大昭两处。民国十二年锡埒图呼图克图转世，虽曾准予变通就近在青海掣签，但似难以达赖与之比拟而图迁就。现北平既陷，大招供置之金本巴瓶又在拉萨，而此次寻选达赖转世之灵异幼童，西藏复占三分之二，掣签时，更须西藏官僧民众出席，当众拈定，将来掣签地点，自以遵照旧例仍在拉萨为宜。

又，向例在西藏大招举行掣签典礼指认呼毕勒罕时，应由驻藏大臣亲往监视，以昭郑重。按照现行喇嘛转世办法之规定，亦应由驻藏办事长官行之。现驻藏办事长官尚未设置，驻藏办事张咨议之地位资望，又未便由国府径令办理其事，故不得不另筹补救之法。本会详加考虑，酌拟办法如下：

（一）国民政府特派大员前往拉萨，会同热振呼图克图主持第十四辈达赖喇嘛掣签事宜；

（二）国民政府特派大员会同热振呼图克图主持第十四辈达赖掣喇嘛签事宜，并得由该员指派代表就近办理之；

（三）国民政府特派蒙藏委员会委员长会同热振呼图克图主持第十四辈达赖喇嘛掣签事宜，并得由该委员长指派代表就近办理之。

以上三种办法，虽于维护体制之中隐寓权变之意，而皆以达到中央实施对藏固有之达赖转世掣签权为主旨。第一种办法，在表示中央重视此事，依法办理，但派员前往，至少需费二三十万元，且恐被拒前往，转成僵局。第二种办法，既表郑重，兼顾法制，费用较省。第三种办法，在未设驻藏办事长官以前，以中央主管负责处理，藏方无可致疑，指派代表参加，亦可省费。

惟所拟三法，究以何者为宜，抑尚有其他较善办法。事关重大，本会未敢擅断，拟请钧院核夺，并呈请最高国防会议决定训示，以便遵向藏方商洽进行。是否有当，理合抄附参考文件达赖世系、指认呼毕勒罕定制、清高宗御制喇嘛说及现行喇嘛转世办法四种，呈请鉴核示遵。谨呈

行政院院长孔

中华民国二十七年十月八日

附一：达赖世系〔略〕

附二：指认呼毕勒罕定制

乾隆五十七年谕：西藏为达赖喇嘛、班禅额尔德尼驻锡之地，各蒙古及番众人等前往煎茶瞻拜，皈依佛法，必其化身的确，方足以衍禅教而惬众心。今藏内达赖喇嘛、班禅额尔德尼等呼毕勒罕圆寂后，俱令拉穆吹忠作法降神，俟神附伊体，指明呼毕勒罕所在。拉穆吹忠既不能认真降神，往往受人属求，任意妄指，是以达赖喇嘛、班禅额尔德尼、哲布尊丹巴呼图克图等，以亲族姻娅相传袭，近数十年来总出一家，竟与蒙古之世袭无异，以致蒙古番众物议沸腾。嗣后应令拉穆吹忠认真作法降神，指出务寻实

在根基呼毕勒罕名姓若干，将其生年月日，各写一签，贮于由京发去奔巴金瓶内，令达赖喇嘛等会同驻藏大臣公同念经，对众拈定具奏，作为呼毕勒罕。不得听其仍前任意妄指，私相传袭，以除积弊而服人心。

附三：清高宗御制喇嘛说

佛法始自天竺，东流而至西番，其番僧又相传称为喇嘛。喇嘛之字，汉书不载，元明史中，或讹书为刺马。予细思其义，盖西番语谓上曰喇，谓无曰嘛。喇嘛者，谓无上，即汉语称僧为上人之意耳。喇嘛又称黄教，盖自西番高僧帕克巴，始盛于元，沿及于明，封帝师、国师者皆有之。我朝惟康熙年间，只封一章嘉国师，相袭至今。其达赖喇嘛、班禅额尔德尼之号，不过沿元明之旧，换其袭敕耳。盖中外黄教，总司此二人，各部蒙古，一心归之。兴黄教，即所以安众蒙古，所系非小，故不可不保护之，而非若元朝之曲庇谄敬番僧也。

其呼图克图之相袭，乃以僧家无子，授之徒，与子何异，故必觅一聪明有福相者，俾为呼必勒罕，幼而习之，长成乃称呼图克图，此亦无可如何中之权巧方便耳。其来已久，不可殚述。孰意近世其风日下，所生之呼毕勒罕，率出一族，斯则与世袭爵禄何异？予意以为大不然。盖佛本无生，岂有转世？但使今无转世之呼图克图，则数万番僧无可皈依，不得不如此耳。去岁廓尔喀之听沙玛【尔巴】之语，劫略藏地，已其明验。虽兴兵进剿，彼即畏罪请降，藏地以安；然转生之呼毕必勒罕出于一族，是乃为私。佛岂有私，故不可不禁。兹余制一金瓶，送往西藏。于凡转世之呼必勒罕，众所举数人，各书其名置瓶中，掣签以定。虽不能尽去其弊，较之从前一人授意者，或略公矣。

夫定其事之是非者，必习其事而又明其理然后可。予若不习番经，不能为此言。始习之时，或有议为过兴黄教者。使予徒泥沙汰之虚誉，则今之新旧蒙古畏威怀德，太平数十年可得乎？且后藏煽乱之喇嘛，即正以法，元朝曾有是乎？盖举大事者，必有其时与其会，而更在乎公与明。时会至而无公与明以断之，不能也；有公明之断而非其时与会，亦望洋而不能成。兹之降廓尔喀，定呼必勒罕，适逢时会，不动声色以成之，去转生一族之私，合内外蒙古之愿。当耄近归政之年，复成此事，辑藏安边，定国家清平之基于永久，予幸在兹，予敬益在兹矣。

附四：喇嘛转世办法〔略〕

(3) 行政院秘书处致蒙藏委员会函（10月20日）

行政院秘书处笺函　渝第8520号

本年十月八日贵会密藏字第二二一号呈院，为达赖转世拟在拉萨举行掣签，并拟具派员主持掣签办法三项。等由。径提出本院第三八五次会议：案关重要，应由蒙藏委员会先与藏方商洽，再行呈院核定。相应函达查照。此致

蒙藏委员会

行政院秘书长　魏道明

〔国民政府蒙藏委员会档案〕

5. 蒙藏委员会等关于将青海灵童送藏等情令电

（1938年10—11月）

(1) 蒙藏委员会训令（10月26日）

蒙藏委员会训令　密藏字第222号

案查前据该处漾代电报告寻访转世达赖经过情形，请准将西宁塔尔地方选得之灵异幼童呈送至拉萨参加典礼，并请发执照，以利行程。等情。当经转呈行政院鉴核，并于艳日代电复该处各在

案。顷奉院令，饬由本会先行商洽呈核办理。等因。除电知拉萨张咨议外，合行令仰该处转电噶厦为要。此令。
中华民国二十七年十月二十六日

(2) 西藏驻京代表致蒙藏委员会电（11 月 8 日）

蒙藏委员会吴委员长钧鉴：

关于十三世达赖转世一事，前承钧座召集桑丹等面商各件，随即电呈噶厦请示办理。顷奉噶厦回电略开：中央对西藏绝对诚意，藏中僧民非常感激。至在西宁所预选之灵异幼童，望中央准予迅速送至藏中，赓即电呈中央请示办法。目前为早达到认定大恩无涯之真正达赖转世计，恳请中央电知西宁主席俯允该主持人员迅将幼童带至西藏参加典礼，勿再逗留。如何之处，希速请示电复。等情。

据此，相应电呈钧座鉴核示遵。

西藏代表阿汪桑丹、格敦格典、图丹桑结。齐。叩

(3) 蒙藏委员会致张威白电（11 月 11 日）

电　藏字第 3088 号

急。拉萨。张咨仪威白鉴：

径、有两电谅达。祭密。关于达赖转世事，本会曾以前据该处呈报访请转世达赖经过情形，请将西宁选得之幼童送至拉萨参加典礼一案，当经转呈行政院去后。兹奉院令，饬由本会先行商洽，呈候核定。等因。除电拉萨张咨议外，合行令仰该处转电噶厦为要。等语训令西藏办事处在案。

现据该处齐代电称，以奉噶厦复电，略开：为早日认定大恩无涯之真正达赖转世计，请电西宁主席允该主持人员迅将预选之灵异幼童送至西藏，赓即电呈中央请示办法。等语转请鉴核到会。

查本会既奉院令商洽，自应先将中央派员参加掣签办法商定

后，再转呈核示。至电令马主席准将西宁选得之幼童送藏一层，到相当时期，自无问题。现本会对该电所请，尚未作复。执事接洽近情如何，希速电告为盼。

吴〇〇。轸。藏。印

〔国民政府蒙藏委员会档案〕

6. 张威白关于热振等偏重青海灵童为化身并拟援例免予掣签致蒙藏委员会电

（1938年11月13日）

（蒙）。委员长吴钧鉴：

径、有两电均奉悉。祭密。十四辈达赖人选与仪式，关系重大，迟未呈复，因无具体端倪，不敢率尔妄报。

窃查十四辈达赖化身，根据佛典身、心、性之谒谛，应选灵异小儿三人。曾经热振观海、乃琼降神手术〔续〕，业已选定（一）降生于青海，即派纪仓佛前往迎迓者是；（二）降生于三十九族碧儒地方，派定噶厦雪巴前往迎迓；（三）降生于山南们朱岭，派定吞巴前往迎迓。俟此三个化身到达拉萨后，分别驻锡于附近寺庙，然后三者之中签定一人而坐床执政。以上乃达赖人选情形。

其采选仪式，探诸热振等口，似有如果灵异可征，由乃琼降神指定，即可援九辈、十三辈不就金瓶掣签之例，并有偏重降生青海化身之态度。

窃查此度十四辈达赖人选与仪式，为中藏亲密及控御西藏之良好紧要关头，职一面导其遇事呈报中枢，一面告其率由旧章。兹奉前因，理合先将大概情形呈复，后当进一步工作，请容续报。

职张威白卯。元。印

〔国民政府蒙藏委员会档案〕

7. 张威白为先定掣签后迎灵童及中央派员参加掣签等情与蒙藏委员会往来电

(1938年11月)

(1) 张威白致蒙藏委员会电(11月14日)

(蒙)。重庆。委员长吴钧鉴:

轸藏电奉悉。祭密。关于先定掣签后迎,马主席放行达赖新选人各节,职刻正向热振接洽中,另有详电续呈。对西藏代表驻京办事处,请暂缓复。

职张威白叩。寒。印

(2) 蒙藏委员会致张威白密电(11月26日)

拉萨。张咨议威白:

祭密。查达赖转世,关系西藏之福利及全国对于佛法之信仰,极为重大,其掣签典礼例应由中央派员参加,以昭大信,业经迭电饬与噶厦商洽各在案。现已时逾月余,未据明白电复。中央希望西陲人心早得安定,达赖转世早得圆满完成,情意至为殷切。仰速遵照前电,切实与噶厦商洽,电复是要。

至青海幼童之送藏,乃属当然之事,毫无问题,更不因达赖转世牵涉其他政治问题,统希向噶厦明白说及。

吴〇〇。宥。印

(3) 蒙藏委员会致张威白电(11月26日)

拉萨。张咨议威白:

号电诵悉。祭密。达赖转世,关系中央在藏政权之隆替,洵如来电所述,故中央及社会各方对之均极重视。在此时期,如不妥为接洽,期达到中央派员参加掣签之目的,则主权一失,后患堪虞。且藏人寡信多变，历次皆然，其初既有不愿中央与闻之姿态，恐后更不愿中央人员之参加。现如即将青海幼童送往西藏，则将来举行掣签时，噶厦不正式呈报，或拒绝中央人员参加，其又将奈何？如来电所提各点，顾虑尚周，惟觉终无把握耳。政院所以令由本会先行商定掣签办法，意即在此。

复查前径、有两电所示办法三项，伸缩性甚大，具体言之，中央之意为：（一）不过维持派员参加之权；（二）决不借达赖转世一事牵涉其他政治问题；（三）只须藏方应允请中央派员参加掣签典礼，则幼童之送藏毫无问题；（四）幼童将来赴藏，全由纪仓佛等护送，中央不另派人员随同进藏。综上四点，中央要藏履行之义务十分简便，既非留质要盟，更非含有恶意，完全出于爱藏之诚，进谋中央与西藏间之福利，可谓于藏有百利而无一害。望仍遵照前电，婉为运用，切实商洽，使噶厦对该三办法择一接受是要。执事久在藏中，情形熟悉，盼多方努力，俾得圆满之成果。另一宥电，可酌度情形向噶厦公开。并及。

吴〇〇。寝。印

〔国民政府蒙藏委员会档案〕

8. 吴忠信为待掣签典礼商妥并奉院令后再准灵童启行与马步芳往来电

（1938年12月）

（1）吴忠信致马步芳电（12月3日）

西宁。马主席子香兄勋鉴：

卫密。有藏电谅达。关于达赖转世事，据西藏办事处转呈噶厦复电，仍请将西宁选得之幼童先行送藏。热振来电，所请亦同。

查中央派员参加掣签典礼，关系在藏政权之隆替，自难放弃。

除令驻藏张咨议继续交涉派员办法外，所有贵省选得之幼童，应俟派员办法商妥，奉到院令后，再准启行。惟为口头之应付计，不妨令纪仓佛等先行准备，以裕商洽派员之时间，而免留质要盟之口实。因本会已电复热振自当转电青海省府督促纪仓佛将西宁所选幼童早日送藏等语以慰之矣。统电密闻。

吾兄对于此案有何高见，仍希随时指示，并请严守秘密为盼。

弟吴〇〇。江。藏。印

(2) 马步芳复吴忠信电（12月6日）

重庆。蒙藏委员会委员长吴钧鉴：

江电奉悉。尊意高远，极所钦佩，谨当如嘱办理。肃复。

马步芳叩。鱼辰。府秘。印

〔国民政府蒙藏委员会档案〕

9. 热振关于中央应当派员参加掣签典礼等情致吴忠信电

(1938年12月12日)

(蒙)。重庆。吴委员长勋鉴：

祭密。江藏电诵悉。达赖大师转世之化身三灵儿内，在青海公绷之灵儿，已蒙转电青海省政府督促纪仓佛速将西宁所选灵儿送来拉萨，良深感慰。所有中央派员参加办法一则，业经与司伦、噶厦商议，三灵儿迎到后举行掣签典礼之际，为昭大信、悦遐迩计，中央应当派员参加。但目前中央驻藏长官现有张咨议在此，可以参加，抑或另行派员入藏，二者孰适，可于届时当再行呈报相商。

至于各佛法卦内所示，今年内若不将三灵儿齐迎入藏，于达赖本身实有不祥之兆。因此事关系重大，仔肩难当，恳请先将在青之灵儿，饬令青海省府催促纪仓佛随同即速启程进藏为感。特电奉复，敬候示遵。

西藏摄政　热振呼图克图叩。文。印

〔国民政府蒙藏委员会档案〕

10．张威白关于与噶厦商洽中央派员参加掣签典礼经过情形致孔庆宗电

（1938年12月13日）

（蒙）。重庆。藏事处孔处长庆宗兄勋鉴：

蒸藏电奉悉。祭密。关于达赖新选事，中央控制西藏重要关系，迭奉委座吴径、有电令，饬向噶厦接洽。因弟旅藏数年，略知藏情愈就愈离，近则不逊之个性，是以冒昧建议管见：初则诱之呈报中央，嗣则成立筹备，中央有人插足其间，即为刺探藏方态度之计；继则请以命令式行之，而派大员入藏，采取节节近逼步骤，使其无从借口。若先事商洽，在中央本是怀柔迁就，而藏方反认为有所自恃，不免疑虑横生。

昨闻热振情形，业于佳电呈报，并热振亦有电报会。顷于本日到噶厦商洽，告以中央已电令青海省政府催促纪仓佛启行，并以达赖新选，关系全国宗教，中央为慎重计，务派大员参加。但据噶厦各噶布伦复称：中央已电令青海省政府放行，十分感激，并恳再电催促。至于派大员入藏事，代表已来电，有吴委员长亲自要来或派代表之说，我们已复电与代表转报蒙藏委员会，如要另派代表，现有张咨议在藏，就可由咨议参加。等语。弟当以此重大事件，中央非派大员不可。而噶布伦复称：此事届时容易商量，惟盼纪仓佛年底到藏。以上系本日接洽情形，合行电陈，并请转呈委座鉴核。

弟张威白叩。元。印

〔国民政府蒙藏委员会档案〕

11. 西藏办事处为噶厦接受中央所定达赖转世掣签办法致蒙藏委员会电

（1938年12月18日）

蒙藏委员会吴委员长勋鉴：

第十四辈达赖喇嘛转世一事，前钧会所属各节，当即电达噶厦，请示办法。顷复电如下：（一）钧会前定达赖喇嘛转世掣签办法三项中之第三条内所载，由蒙藏委员会委员长指派张咨议威白代表就近办理一事，藏方为保持中藏情感日益亲善计，此一项办法诚恳接受。（二）在西宁所预选达赖转世灵儿迅速赴藏事，如已动身来藏则已，如尚未动身，为认定真正达赖转世迅速起见，恳祈中央特派一位和蔼而洞悉边地情形之官员，与西藏驻内地三代表中指定一人，同赴西宁主持其事，俾使灵儿早日到达藏中。等情。

据此，肃电奉陈。如何之处，伏乞鉴核示遵。

西藏代表阿汪桑丹、格敦恪典、图丹桑结。巧。叩

〔国民政府蒙藏委员会档案〕

12. 蒙藏委员会请国民政府特派吴忠信会同热振主持十四世达赖转世及护送灵童赴藏等事宜与行政院等往来呈令

（1938年12月—1939年1月）

（1）蒙藏委员会致行政院呈（12月20日）

呈　密藏字第223号

案查关于达赖转世一事，前据西藏驻京办事处呈报派员寻访经过情形到会。当经参考旧例，斟酌现情，拟定掣签地址及中央派员主持参加办法三项，于二十七年十月八日呈请钧院鉴核在案。旋于同月二十日准钧院秘书处笺函，以案经提出本院第三八五次

会议，决议：事关重要，应由蒙藏委员会先与藏方商洽，再行呈院核定。等由。函达查照过会。

遵即分别进行，几经商洽，爰将原拟办法三项开示西藏代表，令其转电噶厦，酌予接受，并电饬驻藏张咨议威白就近与藏当局商洽去后。

兹据西藏代表阿旺桑丹等十二月巧代电内开：蒙藏委员会委员长吴钧鉴：第十四辈达赖喇嘛一事，前钧会所嘱各节，当即电达噶厦请示办法。顷奉复电如下：（一）钧院前定达赖喇嘛转世办法三项中之第三条内所载，由蒙藏委员会委员长指派张咨议威白就近办理一事，藏方为保持中藏情感日益亲善计，此一项办法诚恳接受。（二）在西宁所预选达赖转世灵儿迅速赴藏事，如已动身来藏则已，如尚未动身，为认定真正达赖转世迅速起见，祈中央特派一位和霭〔蔼〕洞悉边地情形之官员，与西藏驻内地三代表中指定一人同赴西宁主持其事，俾使灵儿早日到达藏中。等由。奉此，肃电奉陈。如何之处，伏祈鉴核示遵。西藏代表阿旺桑丹、格敦恪典、图丹桑结叩。巧。印。等情。

据此，查藏方对于第十四辈达赖转世一事，既将寻访经过情形呈报于先，现复诚恳接受本会所拟中央派员主持参加掣签征认办法第三项前来，其率由旧章，尊重中央意旨之心，愈益显明，而中央对藏主权，亦更为确定。拟请转呈国民政府明令发表特派蒙藏委员会委员长吴忠信会同热振呼图克图主持第十四辈达赖喇嘛转世事宜，并得由委员长指派代表在拉萨就近参加掣签征认典礼，以昭慎重。等语。一面电令青海省政府派员护送纪仓佛及西宁选得之灵儿至西藏边境，并由中央特给纪仓佛等赴藏旅费五千元，以示优遇。

至噶厦所请由中央派员会同藏代表赴青一节，纯为督促纪仓佛等早日首途起见，如纪仓佛等赴藏及早启行，自可作罢，当由本会斟酌情形，与西藏代表随时商洽办理。

以上所拟，是否有当，理合并文呈请，仰祈鉴核示遵。谨呈
行政院院长孔

蒙藏委员会委员长　吴〇〇

（2）行政院致蒙藏委员会指令（12 月 24 日）

行政院指令　渝字第 10664 号

令蒙藏委员会

二十七年十二月二十日密藏字第二二三号，呈报与藏方商洽派员参加第十四辈达赖喇嘛转世掣签典礼情形由。

呈悉。案经提出本院第三九四次会议，决议：（一）呈请国民政府特派蒙藏委员会委员长吴忠信会同热振呼图克图主持第十四辈达赖喇嘛事宜。（二）电青海省政府派员护送纪仓佛及西宁灵儿至西藏边境，并特给旅费五千元。除呈请国民政府明令特派，并电令青海省政府及财政部遵照外，仰即知照。

再，掣签征认典礼，该委员长得派代表在拉萨就近参加。并仰知照。此令。

院长　孔祥熙

中华民国二十七年十二月二十四日

（3）行政院致国民政府呈（12 月 24 日）

行政院呈　渝字第 10664 号

本院第三九四次会议决议：特派蒙藏委员会委员长吴忠信会同热振呼图克图主持第十四辈达赖喇嘛转世事宜。理合呈请明令特派。谨呈。

国民政府

行政院院长　孔祥熙

中华民国二十七年十二月二十四日

（4）蒙藏委员会致西藏驻京办事处训令（12 月 27 日）

蒙藏委员会训令　藏字第 3424 号

令西藏驻京办事处

案查关于第十四辈达赖喇嘛转世一事，前据该处巧代电转呈噶厦复电到会，当经呈请核示在案。兹奉行政院二十七年十二月二十四日渝字第 10664 号指令内开：呈悉。案经提出本院第三九四次会议，决议：（一）呈请国民政府特派蒙藏委员会委员长吴忠信会同热振呼图克图主持第十四辈达赖喇嘛转世事宜。（二）电青海省政府派员护送纪仓佛及西宁灵儿至西藏边境，并特给旅费五千元。除呈请国民政府明令特派，并电令青海省政府及财政部遵照外，仰即知照。再，掣签征认典礼该委员长得派代表在拉萨就近参加，并仰知照。此令。等因。

奉此，除再由会电促青海省政府转饬纪仓佛等克日首途，并派员护送外，合行令仰该处转电噶厦知照。此令。

中华民国二十七年十二月二十七日

（5）吴忠信致热振电（12 月 28 日）

电　藏字第 748 号

拉萨。西藏摄政热振禅师慧鉴：

祭密。文电敬悉。达赖喇嘛转世事，前据阿旺代表等转呈噶厦复电到会，当即转请核示去后。兹奉行政院指令内开：呈悉。案经提出本院第三九四次会议，决议：（一）呈请国民政府特派蒙藏委员会委员长吴忠信会同热振呼图克图主持第十四辈达赖喇嘛转世事宜。（二）电青海省政府派员护送纪仓佛及西宁灵儿至西藏边境，并特给旅费五千元。除呈请国民政府明令特派，并电令青海省政府及财政部遵照外，仰即知照。再，掣签征认典礼，该委员长得派代表在拉萨就近参加，并仰知照。此令。等因。

奉此，除由会再电马主席令饬纪仓佛等克日首途，并派员护送外，相应电复，即希查照。

吴忠信。俭。藏。印

〔国民政府蒙藏委员会档案〕

(6) 国民政府令 (12 月 28 日)

国民政府令

特派蒙藏委员会委员长吴忠信会同热振呼图克图主持第十四辈达赖喇嘛转世事宜。此令。

中华民国二十七年十二月二十八日

(7) 国民政府致行政院指令 (12 月 28 日)

指令　渝字第 1791 号

令行政院

二十七年十二月二十四日渝字第一〇六六四号呈一件，为本院会议决议特派蒙藏委员会委员长吴忠信会同热振呼图克图主持第十四辈达赖喇嘛转世事宜，呈请明令特派由。

呈悉。业经明令特派矣。仰即知照。此令。

中华民国二十七年十二月二十八日

〔国民政府档案〕

(8) 吴忠信致行政院呈 (12 月 29 日)

呈　藏字第 3432 号

案查前准热振呼图克图十一月皓电，请转电青海省政府催促纪仓佛及西宁灵儿早日赴藏到会。当以除电青海省政府督促纪仓佛等首途外，请将中央派员参加办法，早日商定，以便转呈核示。等语电复去后。兹准热振十二月文电内开：吴委员长勋鉴：江电诵悉。达赖大师转世之化身三灵儿，已蒙转电青海省政府督促纪仓佛速将西宁所选灵儿送来拉萨，良深感慰。所有中央派员参加办法一则，业经与司伦、噶厦商议，三灵儿迎到后举行掣签典礼之际，为昭大信、悦遐迩计，中央应当派员参加。但目前中央驻藏长官现有张咨议在此，可以参加，抑或另行派员入藏，二者孰适，可于届时当再行呈报相商。至于各佛卦内所示，今年内若不将三灵儿齐迎入藏，于达赖本身实有不祥之兆。因此事关系重大，仔肩难当，恳请先将在青之灵儿，饬令青海省政府催促纪仓佛随同即速启程进藏为感。特电奉复，敬候示遵。西藏摄政热振呼图克图叩。文。印。等由。

准此，查此案本会前曾根据噶厦来电，呈奉钧院二十七年十二月二十四日渝字第10664号指令核定办法，饬遵在案。

除将办法内容电复热振外，理合备文呈报，仰祈鉴核备查。谨呈

行政院院长孔

蒙藏委员会委员长　吴〇〇

中华民国二十七年十二月二十九日

(9) 行政院致蒙藏委员会训令（12月31日）

行政院训令　渝字10890号

令蒙藏委员会

准国民政府文官处二十七年十二月二十八日渝字第三九一九号公函开：奉国民政府二十七年十二月二十八日令开：特派蒙藏委员会委员长吴忠信会同热振呼图克图主持第十四辈达赖喇嘛转世事宜。此令。等因。除由政府公布外，相应录令函达查照，并转行知照。等由。

准此，合行令仰知照。此令。

院长　孔祥熙

中华民国二十七年十二月三十一日

(10) 蒙藏委员会致热振电（1939年1月5日）

电　藏字第17号

拉萨。西藏摄政热振呼图克图慧鉴并转司伦、噶厦均鉴：

祭密。案奉国民政府二十七年十二月二十八日令开：特派蒙藏委员会委员长吴忠信会同热振呼图克图主持第十四辈达赖喇嘛转世事宜。此令。等因。特此电达。

蒙藏委员会委员长　吴〇〇。微。水。印

〔国民政府蒙藏委员会档案〕

13. 马步芳等关于护送灵童入藏及其经费事项与蒙藏委员会等往来文电

（1939年1—6月）

(1) 马步芳致蒙藏委员会电（1月9日）

急。重庆。蒙藏委员会吴委员长勋鉴：

微午电谅达。顷奉行政院阳三电开：卫密。西藏代表求送灵儿甚急，希迅派妥员护送入藏，所垫经费可由中央拨还。等因。究应如何，祈示祗遵为祷。

马步芳叩。佳禾。府秘。印

(2) 吴忠信复马步芳电（1月11日）

电　藏字第30号

急。西宁。马主席子香兄勋鉴：

卫密。微午府秘电敬悉。关于达赖转世事，藏方对于中央派员参加办法，既经诚恳接受，所有西宁选得之灵儿，自应准其赴藏。院议决定办法，已于感日电达在案，谅邀鉴及，请转饬纪仓佛等从速启程。至塔尔寺阿嘉呼图克图等，请由尊处就近转令知照。

本会并奉院令：尊处派员护送旅费，可向中央请领。并及。

弟吴〇〇。真。印

(3) 吴忠信致马步芳电（1月12日）

电　藏字第37号

急。西宁，马主席子香兄勋鉴：

佳未府秘电敬悉。卫密。真电已详达，谅经察及。请遵院令派员护送纪仓佛及灵儿等，从速赴藏为荷。何日首途，并盼电复。

弟吴〇〇。文。水。印

(4) 热振致蒙藏委员会电（1月13日）

(蒙)。重庆。吴委员长勋鉴：

阳渝电奉悉。祭密。马宝轩如请委充为振之秘书，朱〔支〕给薪水两百元，恩惠兼致，感激无际。

至于前承转来国民政府电令，特派委员长会同本人主持第十四辈达赖喇嘛转世事宜一书，敬待〔谨〕接受。公绷灵儿承中央赏给旅费五千元，电令马主席促其立刻启程，并派员护送至藏境。现据纪仓佛电称，不知何故，尚未动身。似此迟延，究竟何日方能到藏？或马主席有意不遵中央命令之态。灵儿若今年不能入藏境，各护法所示，对达赖有灾难暨全藏僧民亦有不祥之兆。此事关系重大，再请中央立电马主席即日放行为祷。其外，对于掣签监视事，请明令派驻藏咨议参加各节，望分别赐复。临电迫切，并贺

年禧

西藏摄政　热振呼图克图叩。元。印

(5) 蒙藏委员会复热振电（1月20日）

电　藏字第76号

拉萨。西藏摄政热振呼图克图慧鉴：

元电诵悉。祭密。关于西宁灵儿赴藏一事，本会前曾电请马主席派员护送去后。兹准寒电复称：遵即转促纪仓佛并护送灵儿起程入藏。何日首途，续电奉闻。等语。至明令派员就近参加典礼一节，俟掣签定期，再行办理。知注特复。

吴〇〇。号。水。印

（6）班禅驻京办事处致蒙藏委员会呈（2月11日）

西藏班禅驻京办事处呈文　渝字第352号

案奉班禅大师行辕堪布会议厅虞电开，顷接西宁恩久佛电称：闻先大师认定之小孩，拟带至西藏，与藏中二孩金瓶掣签，藏方拟请中央及青海省政府各派委员一人送至藏边而止。等语。确否待证。惟思此事关系重大，应请中央依照清制，派遣大员入藏，留督签定，行辕亦应派人同往，以昭郑重。希面呈戴院长、吴委员长核示为要。等因。

奉此，除分呈戴院长外，理合转呈钧长鉴核示遵，实为公便。谨呈

蒙藏委员会委员长吴

代理处长　石明珠谨呈

中华民国二十八年二月十一日

（7）蒙藏委员会致班禅驻京办事处指令（2月22日）

蒙藏委员会指令　水字第385号

令西藏班禅驻京办事处

二十八年二月十一日呈一件，呈请派员护送西宁选得之达赖转世灵儿赴藏由。

呈悉。查此案已由行政院会议决定电令青海马主席派员护送矣。仰即知照。此令。

中华民国二十八年二月二十二日

(8) 热振等致蒙藏委员会电(2月27日)

(蒙)。重庆。吴委员长勋鉴:

祭密。关于西宁灵儿。前承中央电令马主席催促纪仓佛立即送藏;并奉钧会电令,该灵儿今年内定可入藏,此事决能办到,无庸注念各节,欣感奚如。惟近据马主席转来塔尔寺僧民妄称欲将未签定之灵儿先要就地定妥,又称要照七辈达赖,行种种支离荒诞措词推诿;马亦借故迁延,至今尚未启程。现藏历新年已过,若再如此,则对于各护法所示于达赖本身大有灾殃之忏语,尚不知出何不祥之事,则谁负其咎?事关重大,请中央派员立刻飞青,速将灵儿督促送藏,至感至祷。特此电陈,敬候示复。

西藏摄政、司伦、噶厦公叩。感。印

(9) 蒙藏委员会致张威白电(2月27日)

电 水字第213号

拉萨。张咨议:

养电悉。祭密。青海灵儿赴藏事,本会及行政院迭经电促马主席护送在案。顷复奉军事委员会委员长蒋马侍秘渝二代电内开:据西藏代表阿旺坚赞面请,电令青海马主席设法将在青所觅得之达赖转世灵童护送入藏,以便举行掣签典礼。除电令马主席照办外,特电知照。等因。

特此电达,并希转告热振为盼。

吴○○。感。水。印

(10) 吴忠信复热振等电(3月10日)

电 水字第241号

拉萨。热振摄政惠鉴并转司伦、噶厦均鉴:

感电诵悉。祭密。塔尔寺僧民所称各节,前据径电到会,当以不合旧例，已予驳斥在案。青海灵儿赴藏，业由蒋委员长电令马主席派员护送去后。顷据复称：关于达赖后身，遵将寻获之灵儿妥密护送，何日首途，容续奉闻。等语。关于派员赴青一节，将来如有必要，自当呈候核示。

吴〇〇。灰。水。印

（11）蒋介石致蒙藏委员会电（6月19日）

国民政府军事委员会快邮代电　侍秘渝字第6445号

蒙藏委员会吴委员长勋鉴：

据青海马主席步芳删电称：灵儿定农历五月中旬由青动身，职府遴派师长马元海为护送专员，应需路费及到藏交际各费约洋十万元，恭请饬发，俾得按期起程。至年来在青寻觅候选灵儿所费，均已由藏方支付清楚。等语。

除电复照准，并饬由军需署先行如数垫发拨汇兰州朱主席转交外，特准知照。关于护送灵儿应行准备诸事，及中央应如何派员同行照料，统希迅即妥筹办理具报为要。

中正。皓。侍秘。渝

〔国民政府蒙藏委员会档案〕

14. 罗桑坚赞关于达赖转世应由中央派员监督主持致中央党政军首领电

（1939年2月27日）

班禅办事处转译。分呈。国民政府林、中央党部总裁蒋、立法院院长孙、行政院院长孔、考试院长戴、蒙藏委员会委员长吴、内政部部长何钧鉴：

密。顷接驻甘大师行辕虞电，据恩久佛由青海来电报称：前径大师在青认定达赖呼毕勒罕将入藏，与藏中自认之两幼童举行金瓶掣签大典，藏方拟请中央及青省各派一人护送至藏边而止。等情到康。据此，窃查达佛转世中土，关系中藏前途至切，况掣签大典例须由我驻藏大员监督主持。今藏方请中央护送仅及藏边，公然藐视祖国，破坏教规，务使达佛与祖国断绝关系。复查此呼毕勒罕早经班佛亲自认定，宿命前因，神灵不爽，蒙藏僧俗，远近咸钦，若经中央册立，即不入藏掣签，当亦为世所公认。设或以藏方径自以所选两童掣签要挟为虑，则有达佛七世前例可按，非但僭立教主，终必自取败亡，纵欲梗阻，量不敢尔。今若任其妄拟悖行，不独有损国体，抑何以维系蒙藏民心？得失机宜，毫厘千里。

坚赞寄身边圉，奉职中枢，心所谓危，不敢不尽陈鄙悃，敬乞卓裁，无任屏营拜祷之至。

罗桑坚赞叩。康。灰

中华民国二十八年二月二十七日

〔国民政府档案〕

15. 孔庆宗等关于中央派吴忠信亲自入藏主持达赖转世事项及热振和噶厦均表欢迎文电

(1939年4月)

(1) 孔庆宗致张威白电（4月5日）

电　第304号

急。拉萨。张咨议威白兄勋鉴：

委座致兄支电谅达。亲译。祭密。关于中央派员参加达赖掣签事宜，曾经本会拟具办法，呈奉核准，正催送青海灵儿及早到藏在案。近因国民参政会开会，主张应由政府所派大员妥速前往处理，以示中央重视达赖转世盛典之意。藏情特殊，解释罔效，中央拟即派委座亲自入藏，会同热振主持办理。委座以职责所在，惟有从命。业将此事面告西藏驻京代表等，并令藏事处函送达该代表等，以便转电西藏当局。委座此行使命单纯，随从简少。特电参考，以资应付。藏方态度，并希随时密探电告为盼。

弟孔庆宗叩。歌

（2）张威白致吴忠信电（4月8日）

（蒙）重庆。委员长吴钧鉴：

支电奉悉。祭密。职遵即密探藏方状况，并往热振处宣扬中央尊崇佛教，爱护西藏及重视十四辈达赖掣签升座典礼，并示以钧座有亲自之意，附告册封授勋各节，以动其心；钧座所带随从无多，以去其疑，促其速与司伦、噶厦商讨。继探得藏方僧俗官僚昨日在布达拉开会。职今晨复到热振处，据称中央爱护西藏无微不至，吴委员长亲自来临，均表欢迎；务恳迅速飞青，与灵儿一同入藏，灵儿途次恳妥予安全保护。等语。惟谈话中似有不愿有碍中藏和平之人同来语气。至于热振等三五日内亦有电告驻京代表，合并呈明。

职张威白叩。庚。印

（3）张威白复孔庆宗电（4月8日）

（蒙）重庆。孔处长庆宗兄勋鉴：

歌电奉悉。祭密。弟两度与热振密谈，对委座入藏事，结果圆满。藏方礼拜六不办公，俟明日噶厦主稿呈热振核后，该等歌辰之电亦即可译发矣。

至于委座飞青督促灵儿入藏主持掣签升座事，请转恳早日启节，迟则夏秋有泥泞水阻之苦。关于赏赐藏方僧俗官吏物品，亦恳从丰。特电肃复。

弟张威白叩。齐。印

（4）蒙藏委员会致罗桑坚赞电（4 月 10 日）

代电　水字 785 号

重庆。班禅驻京办事处罗委员吉仲勋鉴：

灰电诵悉。达赖转世掣签典礼，中央决依旧例派员参加。

蒙藏委员会委员长　吴〇〇。灰。印

（5）蒙藏委员会复蒋介石代电（4 月 11 日）

代电　水字第 798 号

军事委员会委员长蒋钧鉴。

案奉庚侍秘渝代电，以据罗桑坚赞灰电请慎重办理达赖转世事宜一案，饬即核议具报。等因。

查此案本会已奉令试与藏方商洽派员入藏，在未得要领以前，不便对外表示。除以达赖转世掣签，中央决依旧例派员参加等语电复罗桑坚赞外，谨先电闻。

蒙藏委员会委员长　吴〇〇叩。真。印

（6）西藏代表谈话记录（4 月 21 日）

西藏代表阿旺桑丹等来会报告

关于吴委员长亲自到拉萨一事，代表等已接西藏政府回电云，达赖转世案，前此中央政府提示西藏三种办法，业经西藏决定接受第三种办法。现吴委员长因重视此事，拟亲到拉萨，西藏亦甚表欢迎。委员长未动身前，请电令青海纪仓佛等偕同灵儿先行启程赴藏。希望吴委员长能由海道去较为便捷，请决定启程日期，即行通知。

吴委员长回答西藏代表阿旺桑丹等报告谈话记录

贵代表今日来会报告西藏政府欢迎本人入藏，本人日内致电热振、司伦、噶厦甚为欢悦，启程日期再行电达噶厦，希贵代表等先电西藏政府，并代本人致意。

（7）西藏驻京办事处致蒙藏委员会代电（4月23日）

蒙藏委员会吴委员长钧鉴：

顷奉藏政府来电开：主持十四辈达赖掣签事宜，前由代表等转来中央所提三项办法，由藏方选择其一，藏中曾决定选择三项中之第三项办法，由蒙藏委员会吴委员长指派张咨议威白代表就近办理，电令代表等转呈中央在案。现吴委员长既拟亲莅拉萨，藏方因中藏情感日益融洽起见，极表欢迎。近速转请吴委员长由海道入藏。但在未动身以前，务恳中央电知西宁纪仓佛等速送灵儿起程入藏，并请吴委员长决定首途日期，先为电告。等情。据此，肃电奉陈，仰祈鉴核示遵。

西藏代表阿旺桑丹、格敦恪典、图丹桑结。梗。叩

〔国民政府蒙藏委员会档案〕

16. 吴忠信请探询英国对中央派员假道印度入藏态度与魏道明往来函

（1939年4—6月）

（1）吴忠信致魏道明函（4月27日）

伯聪吾兄惠鉴：

关于达赖转世，中央派员入藏事，除由本会与藏方商洽外，并蒙院座电请驻英郭大使探询英政府对于假道印度意见。嗣奉抄示郭大使复电询问详情数点，亦于日前函陈院座转复各在案。现藏方对于此事已来电表示欢迎，英方态度如何，亟待明悉。兹附抄有关此案电文二件，函稿一纸，即希查照，代为请示见复为盼。专此奉恳。顺颂

公绥

弟吴〇〇敬启

四月二十七日

附三件〔附件原缺〕

(2) 魏道明致蒙藏委员会函（5月15日）

笺函　吕字第4963号

驻英使馆电院称：吴委员长忠信假道印度入藏事，顷据英国外部复称，为方便起见，可先由我方将入藏日期与藏方定妥后，再由藏方径行通知印度政府洽办。奉院长谕：交蒙藏委员会办理。相应函达查照。此致

蒙藏委员会

行政院秘书长　魏道明

中华民国二十八年五月十五日

(3) 吴忠信复行政院秘书处函（5月16日）

顷奉贵处吕字第四九六三号函开：驻英使馆电院称：吴委员长忠信假道印度入藏事，顷据英国外交部复称，为方便起见，可先由我方将入藏日期与藏方定妥后，再由藏方径行通知印度政府洽办。奉院长谕：交蒙藏委员会办理。相应函达查照。等因。查经印入藏，本系普通过境，英外部所称先由我方将入藏日期与藏方定妥后，再由藏方径行通知印度政府洽办，未知于我对藏主权有无妨碍，抑或另有其他较善办法。事关外交，抑请交外交部核复后，再由本会向西藏当局接洽进行。可否之处，尚祈转陈核示为荷。此致

行政院秘书处

委员长　吴〇〇

二十八年五月十六日

(4) 外交部致蒙藏委员会函（6月18日）

外交部公函　欧28字第17474号

吴委员长经印赴藏事，叠经电令驻英郭大使交涉。兹据电称：

英外部面告，此事英方及印政府均无阻挠之意，且愿予以便利，但只须藏方有欢迎表示。故英方仍坚持应由我国直接通知藏政府，并可将上叙英方态度转告西藏，印政府一俟接到藏方通知，假道决无问题。等语。除分函行院秘书处外，相应函请查照为荷。此致
蒙藏委员会
中华民国二十八年六月十八日

〔国民政府蒙藏委员会档案〕

17. 热振等请令马步芳护送灵童克日启程与吴忠信往来电

（1939年5月）

（1）热振等电（5月9日）

（蒙）。重庆。吴委员长勋鉴：

四月俭电敬悉。△密。节钺西来，佛缘广结，我等甚为感悦。但青海灵儿至今尚未得启程消息，恳请设法令其克日动身，否则惟有恳劳钧座速飞西宁，将灵儿护送一同入藏，则感戴更无涯矣。特此奉复，敬候明示。

西藏摄政热振呼图克图暨噶厦等公叩。效。印

（2）蒙藏委员会复热振电（5月23日）

电　水字第424号
拉萨。热振摄政慧鉴：

祭密。艳电敬悉。当经再马主席，请速护送灵儿赴藏去后。兹准复称：遥闻命驾拉萨，行将启节，此间灵儿刻正摒挡行装，容俟起程期定，遵即奉闻。敬复。等语。特电奉达。

吴〇〇。梗。渝水。印

〔国民政府蒙藏委员会档案〕

18. 行政院请财政部先垫拨五万元筹备赴藏主持十四世达赖转世事宜给蒙藏委员会指令

（1939年5月30日）

行政院指令　吕字5626号

令蒙藏委员会

二十八年五月二十九日折呈为奉派赴藏主持第十四辈达赖喇嘛转世事宜，所有应行筹备事项亟应着手进行，请令财政部先行垫拨五万元，以便提早办理由。呈悉。准予照办。已令财政部遵照垫拨矣。仰即知照。此令。

中华民国二十八年五月三十日　　院长　孔祥熙

〔国民政府蒙藏委员会档案〕

19. 蒋介石关于将灵童送中央由中央拨款护送入藏方针致蒙藏委员会代电

（1939年6月5日）

国民政府军事委员会快邮代电　侍秘渝字第6173号

蒙藏委员会吴委员长勋鉴：

渝水字1170号世代电悉。查青海灵儿之赴藏最为重要，必须设法办到，护送前往。马主席一再迁延，迄未决定启行日期，或系因道途艰难，种种准备需用不赀所致。不如另与马主席商洽，请其将灵儿送来中央，即由中央发给护送费数万元，亦无不可，届时再由中央派员将灵儿护送入藏。希即依此方针迅速接洽办理具报为盼。

中正。微。侍秘。渝

〔国民政府蒙藏委员会档案〕

20. 热振为设坛修法祝抗日胜利并请吴忠信飞青督促灵童赴藏事致蒋介石电

（1939年6月7日）

重庆。委员长蒋钧鉴：

△密。兹设坛修法事，已择自国历五月陷日起经，开始在三大寺、二密院、各古刹诸处，一律广修玄法，同时进行，唪我军得胜之经，诅倭寇立灭之咒，继续忏诵得最后之胜利，并虔祝我公万事得利、福寿永臻。

至于青海灵儿，至今尚未得起程消息，恳请惠准前电，务派吴委员长从速飞青，督促灵儿于藏历六月间得能一同启程入藏，则感戴无涯矣。临电惶悚，鹄候钧示。

西藏摄政　热振呼图克图叩。阳。印

〔国民政府蒙藏委员会档案〕

21. 蒙藏委员会告已派要员赴青洽催护送灵童入藏与热振往来电

（1939年6月）

（1）蒙藏委员会致热振电（6月12日）

电　水字第469号

拉萨。热振摄政慧鉴：

祭密。陷电诵悉。为国宣勤，良深钦慰，当经转呈蒋委员长察核矣。灵儿赴藏事，本会已派要员赴青洽催矣；本人取海道入藏，并希查照。

吴〇〇。阳。渝水。印

〔国民政府蒙藏委员会档案〕

(2) 热振致蒙藏委员会电（6月20日）

（蒙）。重庆。吴委员长勋鉴：

阳渝水电敬悉。〇密。前电已蒙转呈委座察核，及灵儿赴藏事亦已派要员赴青洽催，至深感慰。惟恳加紧催促，能于今年夏季青海商队入藏时一同启程前来为祷。本人现拟往热振本寺举行开光典礼。我公取海道入藏，行期决定时，希即示知。

西藏摄政　热振呼图克图叩。号

〔国民政府蒙藏委员会档案〕

22. 国防最高委员会等关于核定格仓暨灵童赴藏旅费函令

（1939年6月）

(1) 国防最高委员会函（6月15日）

国防最高委员会公函　国议字第0443号

准政府核转蒙藏委员会造报西藏纪仓佛暨达赖转世灵儿赴藏旅费追加二十七度岁出临时概算一案，经交财政专门委员会审查，据报告称：据案据列旅费五千元；并据说明西藏第十四辈达赖【喇】嘛转世掣签典礼已经蒙藏委员会提奉行政院会议决议，由院呈请政府特派该会委员长吴忠信会同热振呼图克图主持，并电青海省政府派员护送纪仓佛及西宁灵儿至西藏边境，特给旅费五千元。本会审查，认为该项掣签典礼系在藏中举行，本案临时费用系属必要支出，拟请照数核定五千元。等语。

提经本会第八次常务会议，决议照审查意见通过。相应录案函达，即希查照，转令饬遵为荷。此致

国民政府

中华民国二十八年六月十五日

（2）国民政府训令（6月17日）

训令　渝字第347号

行政院
令监察院
本府主计处

为令饬事。案准国防最高委员会二十八年六月十五日，国议字第零四四三号函开，准政府核转蒙藏委员会造报西藏纪仓佛暨达赖转世灵儿赴藏旅费，云云。相应录案函达查照，转令饬遵。等由。准此，自应照办。除函复并分行外，合行令仰院转饬财政部及蒙藏委员会遵照，审计部查照，处遵照。此令

中华民国二十八年六月十七日

〔国民政府档案〕

23. 吴忠信为停止赴青与赵守钰往来函电

（1939年6月20日）

（1）吴忠信致赵守钰函

友琴吾兄惠鉴

顷奉蒋委员长皓侍秘渝代电开：据青海马主席，云云，特转知照。等因。是灵儿赴藏已无问题。当此溽暑炎天，而交通又极感艰难之际，烦驾北上，本属万不得已之举。现灵儿问题既告解决，吾兄此番辛劳当无必要，比经面向孔院长请示东还。除已电陈左右请缓行旌外，特再详布，敬乞鉴察。蓉渝往返，多累精神，并希亮原是幸。专此顺颂

勋安，诸维荃照不一

弟吴〇〇拜启

二十八、六、二十

（2）赵守钰复吴忠信电

重庆。蒙藏委员会吴委员长礼卿兄勋鉴：

△密。豹电奉悉。遵示暂缓北上，稍留即返渝。肃复。

弟赵守钰叩。号

〔国民政府蒙藏委员会档案〕

24. 蒙藏委员会为护送灵童入藏中央不宜另派人同行与蒋介石往来电

（1939年7月）

（1）蒙藏委员会致蒋介石电（7月10日）

代电　渝秘1407号

军事委员会委员长蒋钧鉴：

歌侍秘渝代电奉悉。查关于青海灵儿入藏及中央应如何派员一案，前奉皓侍秘渝代电，径拟具办法两项，呈准可予照办在卷。本会遵即派藏事处处长孔庆宗，于七月冬日由渝飞蓉，取道西康赴藏。

至于青海灵儿行期，顷准马主席步芳卅辰府秘青电开：灵儿入藏护送费十万元已收到。此间对护送一切事宜，业已摒挡就绪，定七月东日由青启程入藏。知注并闻。等因。是青海灵儿现已动身，而热振之所殷殷置虑者，亦已得一解决。如在此时期，再派一人赶往，企与青省护送人员会合同行，在川、青及边地交通十分困难之现状下，实无法赶及；且青省府既已派师长马元海护送，责有专属，中央如再派员同行，则一方易滋青省府误会，以为中央对之不能信任，一方复权责不专，易致纷歧，甚至有所诿卸，是以本会仍觉不再派员赴青为妥。但为灵儿到藏后一切布〔部〕署便利起见，拟再电饬孔处长兼程西进，期能在灵儿之前到达拉萨。忠信本人则一俟假道印度问题办理妥善后，即由海道前往。

现除已电孔处长，并商洽假道印度问题外，理合缕陈，敬乞钧裁。

蒙藏委员会委员长　吴〇〇叩。灰

(2) 蒋介石致蒙藏委员会电（7月14日）

国民政府军事委员会快邮代电　侍秘渝字第6863号

蒙藏委员会吴委员长勋鉴：

渝秘字第1407号灰代电悉。所拟对灵儿入藏处理各项办法，准予照办。

中正。寒。侍秘。渝二

〔国民政府蒙藏委员会档案〕

25. 行政院等关于吴忠信入藏行期与灵童启程日期有关文电

(1939年7—8月)

(1) 行政院指令（7月15日）

行政院指令　吕字8006号

令蒙藏委员会

二十八年七月十日渝水字第一四〇九号呈报噶厦复电欢迎该委员长入藏由。

呈悉。既据噶厦声称，请决定行期，俾便欢迎。等语。即仰该委员长从速选定行期呈核。除饬外交部向英国政府接洽过境时予以便利及保护外，仰即遵照。此令。

院长　孔祥熙

中华民国二十八年七月十五日

（2）吴忠信致行政院呈（7月16日）

呈　渝水字第1456号

案奉钧院二十八年七月十五日吕字第八〇〇六号指令，饬本委员长从速选定入藏行期呈核。等因。查达赖转世事，稽延时久，现青海灵儿既由马主席派员护送赴藏，本委员长入藏行期自以提早为宜。惟假道印度，英方尚未表示同意，外部进行交涉以及备办出国护照，尚须相当时日。兹预定九月上旬由渝道途，十一月经过印度。如外部对英交涉顺利，自可酌量提早。除积极准备旅途各事外，理合备文呈复，仰祈鉴核示遵。谨呈

蒙藏委员会委员长　吴〇〇

中华民国二十八年七月十六日

（3）蒙藏委员会致噶厦电（7月18日[①]）

电　水字第659号

拉萨。噶厦公鉴：

寒电诵悉。威密。马主席既电军委会灵儿定七月一日首途，当无问题，希释远注。至赴藏茶驮人等，承电笃迈纪巧准备迎送，甚感。

吴〇〇。印

（4）吴忠信致马步芳函（7月22日）

子香吾兄主席勋右：

昨复一函，计尘签掌。顷奉六月二十八日惠示，承告护送灵儿入藏情形及事前晓喻各王公等经过，具征荩画苦心，纫佩无似。节径分别转陈，并先行电复，计并入察。

目前藏人情殷内向，洵为千载一时之机，其对弟主持，亦表

① 此为吴忠信签发日期。

示热烈欢迓。除俟对英手续办妥，即可决定行期外，兹已先派本会孔处长庆宗赍送礼品，经由西康驰往，并预为布〔部〕署，知注并及。

灵儿沿途经过及抵藏情形，仍望尊处随时见示为荷。专此奉复，即颂

勋祺

弟吴忠信敬启

(5) 吴忠信致西藏驻京办事处代电（7月23日）

代电 水字第1491号

西藏驻京办事处鉴：

前据该处六月宥代电已悉。兹奉行政院核准，本委员长定九月自渝首途，十一月经过印度入藏。合行电仰该处转电噶厦为盼。

吴〇〇。梗。印

(6) 吴忠信致马步芳电（7月28日）

电 水字第688号

急。西宁。马主席子香兄勋鉴：

战密。顷据西藏代表转呈噶厦来电，询问灵儿启程各情。不知迩来行程如何，大约何日可抵藏境，请电示，以便转复为荷。

弟吴〇〇叩。俭。印

(7) 马步芳复吴忠信电（8月1日）

重庆。蒙藏委员会吴委员长赐鉴：

俭电敬悉。灵儿已由青启程各节，在〔前〕已奉闻在案。计程约于九月中旬可能抵藏，敬祈转达为祷。敬复。

马步芳。东。府秘

〔国民政府蒙藏委员会档案〕

26. 吴忠信拟具入藏任务与组织暨经费意见致行政院折呈

（1939年8月4日）

案奉国民政府令派会同热振呼图克图主持第十四辈达赖转世事宜，并迭奉钧谕指示机宜各等因，遵即积极进行，并节经呈报在案。现青海灵儿业于七月东日启程赴藏，本会亦已呈准先派藏事处处长孔庆宗于七月删〔二〕日由渝动身，取道西康，兼程西进，俾期在灵儿之前到达拉萨，以资布〔部〕署。至于忠信本人，兹已遵拟九月初旬由渝启程，在滇、港各地办妥礼品，并从事一切必要之准备，约于十一月间经过印度入藏，亦经呈准钧院经将选定行期转函外交部办理护照。各在案。兹谨就忠信赴藏所负任务及人员组织、所需经费三者，拟具意见，敬呈核夺。

（一）　任务

此行任务为主持达赖转世，而附及册封热振，授勋司伦、噶厦。但言其精神，可括以树立信用、收拾人心两语。盖自清末驻藏大臣联豫主张对藏用兵激成变乱以后，西藏之视清廷宛同仇寇，信用扫地，人心尽去。迨民国肇建，国体共和，揭橥五族一家、自由平等之义。然以积重难返，彼此疏绝者几二十余年。民国十八年中央派贡觉仲尼入藏慰问，藏人始渐明了中央之德意，沉闷局面获以复开。民二十三年第十三辈达赖圆寂，次年中央特派黄慕松为致祭专使，前往致祭，并以视察藏情，联络情感，两方关系益形亲密。当此时也，达赖新故，藏中顿失重心，倾向中央，意至殷切，殊为解决西藏问题之良好机会。惜以种种原因，竟未能达预期目的。复因留驻办事人员之措置不洽，藏人多所疑惧，以致对于班禅回藏及中央派赴西藏人员，亦均有所阻挠，初开之局遂又陷于僵化。

此次达赖转世，该藏政府既欢迎忠信入藏主持，足证其对中央之观感已大好转，中央亟应乘此时期，重新调整与藏之关系，以增进大中华民族之团结。忠信奉令前往，使命重大，回顾前瞻，时深惕励。

窃谓我中央与西藏间所以造成此种不调洽状态者，厥因过去种种事实，积极的未能树立威信，消极的复不克融洽情感，以致演成隔阂，甚且不免猜嫌。谁生厉阶，能无婉慨？为今之计，一面应昭示公诚，以坚其信；一面应妥为宣慰，以安其心。尤要者，政府在可能范围内，为之解除困难，予以便利，同时晓以五族一家及国家至上之大义，俾了然于中央之宽大为怀及民族之休戚与共，庶乎情感既和，诈虞尽释，而后新的关系始可以次建立。盖政治乃人群心理之表观，欲谋政治推进，必先从心理改善入手，事半功倍，无逾于此。

至于中央在藏治权之确立及康藏间之界务诸大端，为对藏问题之症结。在抗战之现状下，欲求彻底解决，既不可能，如遽予谈判，反易生枝节，似应暂置不提，以免误会。但若机缘许可，能于因势利导之中，加强与藏之连系，忠信一秉中央历次宣示之治边方针及对藏国策，相机与之商讨，冀有进一步之成功。

总之，忠信忝司边政，职责攸在，自应竭智尽力，妥慎将事，固不敢稍有疏忽也。

再则，西藏问题动涉对英外交，在此时期尤应力避磨擦。至其详细规划，并附呈对藏政策之检讨一文，敬备参考。

（二） 组织

忠信此次入藏，拟即以蒙藏委员会委员长资格前往，不另请名义。其行辕组织拟定如下：

蒙藏委员会委员长行辕组织规程

第一条 蒙藏委员会委员长奉派赴藏会同热振呼图克图主持达赖喇嘛转世事宜，其行辕之组织依本规程之规定。

第二条　蒙藏委员会委员长行辕（以下简称行辕）设秘书长一人，秉承委员长综理一切事务。

第三条　行辕设汉、藏、英文秘书三人至五人，承秘书长之命，办理机要及特交事件。

第四条　行辕设第一、第二、第三各组，其掌理事项如左：

第一组　掌理文书、印信、典礼等事项。

第二组　掌理翻译、交际、交通、宣传事项。

第三组　掌理庶务、会计、卫生事项。

每组设组长一人，得由秘书兼任，承委员长、秘书长之命综理各该组事务；设组员若干人，分在各组办事；设医官一人，办理医药、卫生事宜。

第五条　行辕应事务之需要，得聘任顾问，以备咨询。

第六条　行辕得酌用雇员。

第七条　行辕人员得由蒙藏委员会人员中调用，行辕得酌给公费。

第八条　行辕为通讯便利起见，得在香港设通讯处。

第九条　本规程如有未尽事宜，得随时呈准修正之。

第十条　本规程自呈准公布之日施行。

附录组织系统表如后：

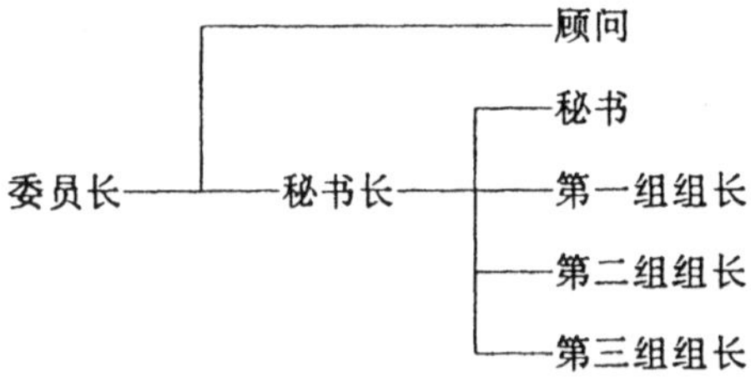

至于所用人选，关系至巨，将来任务之能否完成，工作之能否顺利推进，均视各项人员之是否健全以为定。且现在中央驻藏人员尚感不足，将来拟即在此次所带人员之中酌留若干驻藏办事，

表率边人，更须在事先特加审慎。兹拟以从蒙藏委员会调用为原则，更配以年资较高而为忠信素所深知之士，然后意见不致复杂，步骤可期一致，方足得边人信仰，而完成所负任务也。

再者，藏人最重仪节，除各员应盛制服装外，并拟另案酌请颁发勋章，俾资佩用。

（三） 经费

查历代治理边疆，多系威德并用。然服人以力，究不如感人以心，矧今日情势更非昔比，解决藏事完全属于政治运用问题。欲期运用得宜，尤非动支巨款不可。查我国民政府自成立以来，对藏用款几及千万（如班禅回藏旅费及护送费则几两百万元），但直接用之于西藏政府及地方者，不过十之一二。忠信此次以中央主管边事长官亲身入藏，在历史上尚属创举，西藏政府既甚重视，希望亦殷，良应对其僧俗官民多予赏赉，对其寺庙团体广予布施。至树立中央在藏之新的基础，和洽各方，尤非有大量之款万难集事。

再，西藏乃政教一体，三大寺握舆论中心，其喇嘛、堪布，均系富有智识、领导群众之人，凡熬茶、布施之厚薄，所给予一般之观感，影响关系甚大。闻英人在藏用于熬茶、布施之款数，恒视我加倍，相形之余，未免减色（此次熬茶、布施，初到藏时须一次；藏历新年时须一次；达赖坐床时须一次，用款较巨）。当此二期抗战正在进行之际，明知国计奇艰，自须力求掷〔撙〕节。然此乃西藏人心之所系及中央德意之所关，无论财政如何困难，亦不能不勉力从事也。查黄前专使慕松于二十三年入藏致祭达赖，其时物价较为低廉，而所用经费已达四十余万元；现在物价高昂，对外汇价低落，而此次又分海、陆两道入藏，用途扩大，且经过港、印及到藏用款，均非购买外汇不可，自非宽筹款项，难利进行。唯实际需要既难虚拟，而临时支出又非预算所能范围，益以道途阻长，时间靡定，故所需经费具体的不易估列，拟请先赐核定总数，俾便动支，俟事竣之后，再以实支数目补编概算，具备手续，总期款不虚靡，事能悉举。

又，此项经费之支出，属于政治运用者为多，如照通常之报销手续，殊感不便，并拟以全数五分之二为特别机密费，以便运用。而此项经费，除孔处长由康入藏之旅费及在川、滇各地购置少数物品之用费外，大部均在国外及西藏使用，尚乞准饬财政部按照法价给予外汇，或径发外汇，俾赴事功。

以上所拟三点，是否有当，理合呈请均核，并祈赐转国防最高委员会决定，指令祇遵，实为公便。

忠信此次入藏，时限暂定十个月至一年，合并陈明。谨呈

院长孔

（全衔）　吴〇〇

二十八、八、四

附：对藏政策之检讨

近年以来，中央与西藏关系逐渐好转，同时印度多事，英人对藏政策亦较缓进。惟根本解决，尚非其时，目前办法：

第一　对藏应先从树立信用、收拾人心入手，再相机谋整个政治关系之调整。其理由已详见另折所陈。

第二　对英应先从避免磨擦、联系情感入手。

忠信此次入藏，即本上列两项原则妥慎处理。盖根本解决藏事，必须由军事、交通及外交三者为积极之发展，始能达圆满之目的。但在此长期抗战之现状下，军事、交通，均为国力所限，亦非环境所许。惟有从外交方面，先以酌定对藏之方针，从政治方面善为运用，以树立国防之基础。兹特略加检讨，以为筹藏参考，而摄其大要有五端：

一　英人对藏之企图

二　藏人之政治派别及其政治心理

三　在政治上应付西藏外交之途径

四　西藏协作与国防关系

五　今后筹藏之办法

复依次分述如后：

一、英人对藏之企图

英人既并西藏[1]，吞哲孟雄，即觊觎西藏，而以保护北印为图藏之口实；又以西藏位长江上游，在高屋建瓴之势，为达其横贯我国，以与在长江英人原有势力联络一气之目的，亦非打通藏路不可，此为英人积极图藏之主因。清末达赖出亡印度，与中土隔绝，并以青、康、藏相互间数数交兵，内部不宁，国防益弛，更予英人以乘机图藏之机会。综考英人对于西藏之初步企图，在使其成为半自主之单位，减削中央统治西藏之主权，同时英国可伸张其实际势力于西藏。如政治、经济、文化、交通之类，于森姆拉草约的规定各款可以证之。我国拒签此约，虽不受其拘束，而英、藏则已照签，西藏已受钳制，故中央与西藏间之悬案一日不决，则中央一日难于对藏，而英则势利形便，逐渐深入，其为隐患，自不待言。查其现行方略，可分下列数端：

（1）诱胁藏人阻止中央势力入藏，或直接出面劝阻。如护送班禅回藏官员仪仗队及高参议之不得前进，皆系受此种政策之影响。

（2）控制西藏与内地之交通，疏远汉藏之关系。青康官道久经闭塞，国内往来藏地者多取道印度。据报英官对汉人出藏者听其自由，而难其入藏，对藏人回藏者听其自由，而难其出藏，即此种政策之作用也。

（3）垄断西藏经济。自内地与西藏之交通梗阻，印藏商务发达，西藏入超年有增加，卢比高涨，在藏地具有极大之信用与势力。

---

[1] 此处疑有误。

（4）觊觎藏南领土。康南、察隅、工布、波密、裸巴一带，农产丰富，易窥巴康之区域，英人屡向藏方要求，虽被婉拒，而营谋未已。

（5）暗布英人在藏之势力。劝诱西藏青年前往英、印留学，尤以军官学习为主，近已有留学生代本数名。又每年使用巨额机密费纳交亲英之藏中权要，并闻近已商允藏当局在拉萨设立电台、医院、学校等事。

（6）参预中央与西藏谈判悬案之会议，以便取得较大之权利，并阻挠西藏切实服从中央。

准此以观，则英人对于藏事时加注意，可以概见。而其对于中央势力入藏之妒忌，尤无足异。惟中英间关于西藏之现行条约所规定，多属于前藏与印度之界址、开埠通商、官员往来驻扎、赔款、撤防等事，而于我国对藏所有领土主权上之一切权利及行政区划、内部开发诸端，并不受若何束缚，故中英新订藏英条约（光绪三十二年）第二款载：英国国家允不占并藏境及不干涉西藏一切政治，中国国家亦应允不准他国干涉藏境及其一切政治，可为证明。迨西藏于民元离隔，由英人支配造成之森姆拉会议草约，英人挟藏协以图我，大损权利，致我国不得不拒签该约，以图挽救。由此可见，英人对藏现行方略，乃利用中央与西藏间政治感情未尽融洽之机会，而为事实上推行之计，其实亦并无正当根据也。

二、藏人之政治派别及其政治心理

欲明英人在藏何能由事实上推行此种政策，则须先知藏人之政治派别及其政治心理。自达赖之由印返藏也，几与中土隔绝，重用亲英分子擦绒掌理军政大权，造成亲英派，与英沆瀣一气，联合谋我；卒乃酝酿革命，谋夺达赖政权，机泄被黜，因以促成达赖内向之心，而有派贡觉仲尼等来北京之举。又以种族、宗教关系，终觉与英人凿枘不入，僧俗民众思汉情绪日增，因有亲汉派之形成。此派虽无实权，而因三大寺隐为中心，其潜力究不可忽视。达赖圆寂后，亲英派首领龙厦谋杀热振、司伦、泽墨噶伦，阻止黄专使入藏，求英保护，谋泄被刑，永加囚禁。故热振对中央感情极表诚挚。然达赖为人，具有雄略，其依违于中英之间者，无非欲利用两大之牵制，借以维持其现成之局；其内心亦知西藏不足立国，英人侵略可惧，故始终对中央无脱离之意，对西藏有自立之心。由此种种思想育成之现政当局，如司伦、噶伦及若干官员，抱维护政教观念，对中英均不即不离，以自立为目的，即现握实权之自立派是也。达赖圆寂，政教顿失重心，各派动荡牵制，不敢有明显主张，良以亲英派被贬黜，亲汉派无实权，而自立派则徘徊依违以应付其他二派，故中央力量不易入藏，而英人企图亦难大逞。由此可了然于应付西藏局势及其外交之途径矣。

三、在政略上应付西藏外交之途径

依据上述各节，我国在政略上应付西藏外交，应采取下列步骤：

（子）运用各种适宜方略，使藏人与中央诚意协作，一致对付英人，而阻止其事实上之侵略，拒绝其无端之干预。

（丑）根据条约，认西藏行政区划及与中央关系上之调整为内政范围之事，应直接与西藏商决，努力避免英人之参加。而于藏人受英印无形钳制之处，须于体谅之中代求解脱之法。

（寅）所有藏英间民元以来订结之明密各条约或类似条约性质之文件，应报告中央研究后，再定应付方式。

（卯）英人在藏于条约所得之权利，有损我领土主权或与藏人生存攸关者，应视我国国力、国际事变及印度情势为何，逐渐收回之。

四、西藏协作与国防关系

我国自来对于边疆着重军事，而对人口移殖、经济开发，辄视为缓图，殆亦时势之所不需耳。及清季为国际形势所迫，始知兼顾移拓，以实边防，而已无及矣。迨入民国，边疆动摇，形势日渐严重，由国防上盱衡边局，则除东南海防不计外，当以东三省、外蒙古、新疆、西藏为第一防线，热河、察哈尔、绥远、宁夏、青海、西康、云南为第二防线。就现状论，对第二防线应以军事为主，并积极谋其充实，而于经济、文化各种建设，亦应迅速求其完成。对第一防线，则只能暂由政治运用入手，以图徐达恢复主权、建设国防之目的。但第一线之东三省陷入敌手，须待疆场之胜利；外蒙古面目已非，尤赖樽俎之折冲；新疆形隔势禁，一时未能长驾驭远。故目前运用政治着手于第一线之国防基础者，惟有以西藏为起点，以得其协作为要图耳。

西藏居滇、川、青、康之外，为我国西南半壁之屏藩，清代不惜财力、兵力，节节经营，必达安定目的而后已者，盖鉴于三藩之乱，滇藏相倚，准噶尔之叛，卫藏风靡，致倾全国之兵，历久而后定，自非奠此一隅，则西南全局将不靖也。

自锡金沦亡，启英人侵略之路，进可窥中国之脊。由印度进兵拉萨，不过旬余，沿途炮台、山寨早经照约削平，已无险要可守。我国派兵入藏，高山大川阻隔，至快亦非两三月不达，鞭长莫及，缓急奚恃。故在中国尚无实力护藏之前，藏人亦不能不虚与英人委蛇，亦情势之无可如何者。

抗战军兴，行都设渝，西藏为直接后防，在国防上益增其重要性。且自粤汉撤退，国际接济主要交通，惟恃滇缅一线。康藏界务未决，藏军防地直达金沙江西岸，由康藏南境俯瞰滇缅，仅数日程，脱有他虞，影响尤巨。欲谋交通之安全，似更须注意西防之布置矣。

五、今后筹藏之办法

如上所云，则中央现欲对不即不离之西藏，先树国防之基石，进行之道，惟以得藏人诚意协作为主眼而已。夫径边固不可无相当兵力以为辅翼，但在抗战时期，则宜以政治之运用为先务。西藏政教、语文及风俗习惯，与内地不同，故应付之法，亦应因其性习而施之。大抵初在勿触其忌，勿启其疑，施之以恩，示之以信，晓之以利害，而后在维护其政教之原则下，徐导其协作，进而使其服从。目前具体办法，更有如下所述者：

（甲）在外交方面，应力避与英人发生磨擦，而与尼泊尔、不丹等善意联络。

（乙）在政治上扶持热振，使亲汉派渐握实权，加强中央与西藏之联系，同时联络亲英、自立派，以减少对我之反感，并进而为我所用。

（丙）设法健全中央在拉萨设置之办事机关。

（丁）在宗教方面，须由熬茶、布施等佛事，竭力联络三大寺及各寺院。

（戊）在民众方面，应善用宣传及实施德惠。

如能办到上列诸端，则政治、国防之意义，即寓于西藏局势安定、外患不入之中，而政治悬案之解决及中央既定国策之实现，亦不难依次观成也。

〔国民政府蒙藏委员会档案〕

27. 吴忠信关于颁发主席照片墨迹备赠西藏官员致文官处代电

（1939年8月7日）

蒙藏委员会快邮代电　渝水字01555号

国民政府文官处公鉴：

忠信奉派入藏主持达赖喇嘛转世事宜，现定九月上旬自渝首途，除购置各项礼品代表中央赠送西藏高级官员外，拟请主席颁发玉照四十张，加盖名章，上下款临时缮写，并赐题墨宝四十份，上款省略，一并发交忠信，于抵藏后分赠文武官员，以备瞻仰而作纪念。如何之处，即希贵处查照转陈示复为荷。

蒙藏委员会委员长　吴忠信。虞。印

〔国民政府档案〕

28. 周昆田等请开列拟颁给勋章藏官姓名与张威白往来电

（1939年8月）

（1）周昆田等致张威白电（8月7日）

电　水字第723号

拉萨。张谘议威白兄勋鉴：

威密。委座赴藏，对于西藏高级官员如热振、司伦、噶伦、马基等，拟呈请政府颁给勋章以示优遇。查上列称谓系属职衔，请将其本人姓名查询电示为盼。

再，上列各员外，如尚有应给勋章者，亦请电示为盼。

弟昆田、耀文。虞。印

（2）张威白复周昆田等电（8月18日）

（一）

（蒙）。重庆。周秘书彦龙兄、熊代处长保青兄勋鉴：

虞电奉悉。□密。遵将西藏各职官姓名胪陈：

甲类：（1）热振，名吉春土登将卑尼马；（2）司伦，姓博敦巴，名贡噶汪却。

乙类噶布伦：（1）朗琼巴，名白马敦朱；（2）彭休巴，名泽登夺吉；（3）彭康巴，名扎喜夺吉；（4）喇嘛噶伦，姓锵清巴，名士登霞嘉；（5）古嘉机工堪布。

丙扎萨类：（1）擦绒巴，名达桑扎敦；（2）霍苏姓，名锁朗宾拜；（3）夺喀赛，名彭错饶吉；（4）索康巴，名汪却泽登。

丁台吉类：(1) 桑颇赛，名策汪仁增；(2) 玉夺娃，名扎喜顿朱；(3) 琼让巴，名顿朱结布；(4) 戛喜娃，名登增隆布；(5) 后藏尧喜台吉。

戊益昌五大、前藏清波类：(1) 土登肱清；(2) 清饶汪却；(3) 丹巴嘉让；(4) 曲批土丹；(5) 土登隆桑。(未完)。

巧一

（二）

(蒙)。重庆。周秘书、熊代处长勋鉴：

续巧一。

已类：马机总兵官囊噶娃，名汪弃特清。

庚四咨本类：(1) 西噶领巴，名期迈夺吉；(2) 质玉娃，名锁朗汪结；(3) 噶许巴，名曲结尼马；(4) 德卡娃，名泽汪饶登。

辛三大寺堪布类：哲蚌寺 (1) 罗森林堪布；(2) 郭马堪布；(3) 限巴堪布；(4) 彻央堪布；(5) 霞果堪布；(6) 夺娃堪布；(7) 节巴堪布。色拉寺 (1) 洁巴堪布；(2) 墨巴堪布；(3) 阿巴堪布；(4) 堪巴堪布。甘丹寺 (1) 霞子堪布；(2) 降子堪布。

王布达拉堪布类：(1) 苏本堪布；(2) 神本堪布；(3) 却本堪布。

癸类：(1) 功德岭扎萨；(2) 热振拉章扎萨；(3) 德主拉章扎萨。

杂类：农务局长、协尔那拉章、昌追代本等等。

巧二

（三）

(蒙)。重庆。周秘书、熊代处长勋鉴：

续巧二。窃以丹书铁券，本古人之赏殊勋；金瓶玉璜，乃国家之懋绩。今为怀柔西陲，以此羁縻，诚为不得已之苦衷，拙见以为宁缺无滥。惟西藏官阶有阶级同等、职责不同等之势，惟恐一动百摇，有厚彼轻此之怨。谨转呈委座鉴核，择尤酌请行政院颁发勋章，其他有功于地方、有功于宗教之僧俗官吏，酌给金银质褒章、褒状。至于勋证褒状等语，似宜由藏方译藏文，因过去会中寄来刊物，音调多不叶也。其西藏俗官每以房名作姓氏，僧官则随时更动，褒其官阶而不褒其本人，则褒章、褒状可常留于各寺也。合并奉达，希为示复。

弟张威白叩。巧（完）。印

〔国民政府蒙藏委员会档案〕

29. 熊耀文等关于吴忠信等入藏随员人数及礼品有关函电

（1939年8月）

（1）熊耀文致阿旺桑丹函（8月8日）

函　渝水字第1562号

敬复者：

顷奉惠函，以委座海道入藏人数及礼品免税办法见询，当经转陈。奉谕：（一）前次随孔处长入藏者，职员仅六人，连同厨司仆役共十人。此次由海道入藏者，职员约十四人，厨司仆役等五人。两共职员共二十人，仆役九人，计二十九人。其外并拟随带摄影师二三人，尚在商洽中。（二）关于礼品一项，现正在购办，确实数目无法统计。至免税一层，除由外交部直接办理外，藏方亦可与印度政府一洽也。等因。相应函复，即希察照。此致

阿、格、图三位代表

熊耀文敬启

八月八日

（2）吴忠信致热振及噶厦电（8月11日）

电　第745号

拉萨。热振摄政暨噶厦公鉴：

密。本人经海道入藏，计职员十四，仆役五，共十九人，定国历九月首途，十一月过印度。特达。盼复。

吴〇〇。真。印

〔国民政府蒙藏委员会档案〕

30. 蒋介石请吴忠信到藏后对热振及藏中重要人员优加联络电

（1939年9月11日）

国民政府军事委员会快邮代电　侍秘渝字第7751号

蒙藏委员会吴委员长礼卿兄勋鉴：

渝水字第一六六八号微代电悉。兄入藏事既经顺利解决，良用欣慰。现藏方输诚中央态度日见鲜明，吾兄此行安边卫国，定有建树。到藏之后，对于热振及藏中重要人员一律优加联络，切实结纳，并对有实力之人物相机允许予以扶助。并请日内惠临，藉快面谈为盼。

中正。真。侍秘渝

〔国民政府蒙藏委员会档案〕

31. 阿旺桑丹等关于噶厦已电昌都总管饬令岗拖藏军准备迎送孔庆宗一行致吴忠信电

（1939年9月16日）

蒙藏委员会吴委员长钧鉴：

前奉鱼代电，当即转电噶厦迅速办理矣。顷接噶厦来电略开：已再电昌都总管饬令岗拖藏军准备迎送。等情。据此，肃电奉闻，仰祈鉴核。

西藏代表阿旺桑丹、格敦恪典、图丹桑结。铣。印

〔国民政府蒙藏委员会档案〕

32. 热振对灵童入藏后一切应行征认剃发坐床等典礼俟吴忠信到拉萨时再呈报致蒋介石电

（1939年9月17日）

（蒙）吴委员长转呈蒋委员长钧鉴：

祭密。窃因此次为达赖转世事宜，实深蒙我公始终德泽，事事劳神，并由蒙藏委员会屡饬催促青海省政府，此恩此德，始由青海派官兵护送，将灵儿并佛眷父母及纪仓佛人等护送前来。业经由青启程，当不久可到达拉萨矣，皆我公所赐。感激无涯，实为欣慰。至于灵儿入藏后所有一切应行征认、剃发、坐床等大小典礼，均俟中央代表吴委员长到拉萨时，应如何办理，再当次第呈报。谨先电呈。

西藏摄政　热振呼图克图叩。筱。印

〔国民政府蒙藏委员会档案〕

33. 行政院抄送入藏谈话要旨十一项给吴忠信训令

（1939年9月　日）

行政院训令　机字745号

令蒙藏委员会委员长吴忠信

案准国防最高委员会秘书厅本年九月十六日国议字第四一五八号密函：为奉国防最高委员会第十五次常务会议议决：蒙藏委员会委员长吴忠信奉使入藏谈话要旨十一项，请密令饬遵。等由。准此，合行抄发原件，令仰遵照。此令。

附抄发谈话要旨一份

院长　孔祥熙

中华民国二十八年九月　日

附：照抄原件

蒙藏委员会委员长吴忠信奉使入藏谈话要旨

一、中央在保持中华民国之完整之唯一条件之下，中央只求增进西藏地方人民之福利。如西藏政教领袖愿趁机谈论以后关系问题，应以极诚恳、极坦白之态度与之交换意见。

二、西藏为中国领土之一部，但中央不将西藏划为省区，可按照特种地方自治，允许西藏维持其政教制度。

三、中央应在拉萨设驻藏办事大员，代表中央宣达意旨，并体察地方情形随时具报。

四、西藏得在国民政府所在地设立办事处，负联络之责。西藏人员经中央依法遴选者，得在各院、部、会及所属机关任职。

五、西藏治安应由西藏负责维持。但如受外国侵犯或遇其他重大事变，请求中央援助时，中央当尽量予以援助。

六、西藏应服膺三民主义。

七、西藏应拥护国民政府。

八、西藏对外关系，应由中央政府依照国际条约及惯例统筹办理。

九、西藏与西康边界问题，应由西藏与西康省政府会商查勘，呈请中央核定，或径由中央根据地理及其他情况从详研讨，秉公决定之。

十、中央对于西藏宗教、卫生、经济、文化等项建设事业，可循西藏之请求，予以物质上及人才上之补助。

十一、西藏对于中央近年来建设进步之情况，应切实明了。其不准确之认识，应为剀切说明。举其大者如下：

甲、西藏僧民以为西藏为大悲观世音所管领域，中国则为文殊菩萨管理区域，各自教化，佛经中亦有分别（见噶厦上黄专使书），显分畛域。应从近世宗教自由之理论切实纠正，声明如西藏派人至各省区宣扬佛教，各省区域应竭诚欢迎。

乙、西藏僧民以为内地已变为赤化区域（见与黄专使二十三年十月二十四日谈话）。应以事实证明其不确。

丙、川军哗变、第十三辈达赖出走，使藏方对于中央统治边陲之能力发生怀疑。应说明现在全国团结一致，类似事件绝无再可能。

〔国民政府蒙藏委员会档案〕

34. 吴忠信请颁给热振等六人勋章致行政院代电

（1939年9月25日）

代电　渝水字第1778号

行政院院长孔钧鉴：

窃查近年以来，西藏地方长官如热振、司伦、各噶布伦，拥护中央，安定地方，艰苦辛勤，劳绩昭著。此次忠信奉派赴藏主持达赖喇嘛转世事宜，将来举行掣签征认典礼，在藏人意识中为第一隆重之事，我中央对于地方负责人员，允宜颁给勋章，以示奖励而昭激劝。理合缮具授勋人员姓名表一份，仰祈鉴核转呈办理。并请另发三等采玉勋章一座、四等采玉勋章两座，以便忠信带藏斟酌其他有功人员临时呈准颁给。

如蒙照准，拟请将各级勋章先行颁发，俟忠信抵藏后于二十九年元旦日再行明令发表，以备人事上有所调动时而便于更正也。合并陈明。

蒙藏委员会委员长　吴〇〇叩。（有）。印

附呈表一份

拟请颁给勋章人员姓名表

姓　　名	职　　衔	拟请颁给勋章等级
热振呼图克图	西藏摄政	二等采玉勋章
博敦贡噶汪却	西藏司伦	二等采玉勋章
朗琼白玛敦朱	西藏噶伦	三等采玉勋章
彭休泽登夺吉	西藏噶伦	三等采玉勋章
彭康扎喜夺吉	西藏噶伦	三等采玉勋章
锵清土登霞嘉	西藏噶伦	三等采玉勋章

〔国民政府蒙藏委员会档案〕

35. 西藏驻京办事处请办理图丹桑结等随吴忠信入藏护照致蒙藏委员会呈

（1939年9月30日）

查西藏代表图丹桑结，前奉令随钧会吴委员长入藏一事，现因行期将届，图代表及随员米双仁、色朗二人所需出国护照，应先为办妥，俾利行程。理合具文呈请鉴核，并附呈像片九张，履历表三份，恳祈转咨外交部核办，实为公便，谨呈

蒙藏委员会

计附呈像片九张、履历表三份

西藏驻京办事处处长　阿汪桑丹

中华民国二十八年九月三十日

〔国民政府蒙藏委员会档案〕

36. 行政院转发蒙藏委员会委员长行辕关防训令

（1939年10月2日）

行政院训令　吕字1199号

令蒙藏委员会

案准国民政府文官处二十八年九月二十八日渝字第三一五四号公函开：现奉国民政府颁发蒙藏委员会委员长行辕铜质关防一颗，文曰蒙藏委员会委员长行辕关防。相应函送，即请查收见复转发领用，并将启用日期呈报备查。等由。准此，合行检发原附件，令仰遵照。此令。

计检发关防一颗

院长　孔祥熙

中华民国二十八年十月二日

〔国民政府蒙藏委员会档案〕

37. 马步芳关于青海灵童已安抵拉萨致蒙藏委员会电

（1939年10月3日）

重庆。蒙藏委员会委员长吴钧鉴：

成密。顷接本省派送达赖之专使马元海、马辅臣由拉萨电称：职等护送达赖，已于农历八月寒安抵热振馆，此间拉萨各界均热烈欢迎。等语。肃电奉闻。

职马步芳叩。江申。府秘。青

〔国民政府蒙藏委员会档案〕

38. 吴忠信为领到护照并定十月中旬启程事致孔祥熙函

（1939年10月5日）

院长钧鉴：

信入藏护照，业于本日领到，经费亦承院议核准，诸荷主持，

佩纫无极。现拟于月之中旬由渝启程。一俟期定，即行趋前叩辞，并盼训示。先此奉闻。敬颂
钧祉

吴〇〇敬上
十、五
〔国民政府蒙藏委员会档案〕

39. 吴忠信为晋谒蒋介石致陈布雷电

(1939年10月5日)

急。成都省政府转陈主任布雷先生勋鉴：

〇密。弟入藏护照本日业经领到，经费亦于前日院议核准，拟准本月十五日左右由渝启行。亟思晋谒委座，面聆训示。敬乞转陈请示，并赐电复。

弟吴〇〇叩。微
〔国民政府蒙藏委员会档案〕

40. 行政院通过蒙藏委员会委员长行辕组织规程训令

(1939年10月12日)

行政院训令　吕字第12465号

令蒙藏委员会委员长吴忠信

该委员长为奉派入藏主持第十四辈达赖喇嘛转世事宜，拟具蒙藏委员会委员长行辕组织规程呈核案，业经提出本院第四三二次会议决议修正通过。并经陈奉国防最高委员会第十六次常务会议决议，准予备案。合行抄发该项组织规程，令仰知照。此令。

附抄发组织规程一份〔略〕[①]

院长　孔祥熙

中华民国二十八年十月十二日

附一：蒙藏委员会委员长行辕职员守则

一、行辕职员，应恪守纪律秩序，各按职守，勤慎办公，对所派任务尤当尽心办理。

二、行辕职员，应整其衣冠，谨其言行，以重威仪而资观感。

三、行辕职员，无论途行住站，对地方僧俗官民应和蔼有礼。

四、边地风俗习惯与内地特殊，行辕职员之举动，应注意当地禁俗，知所去取，以期和洽。

五、行辕职员，对于一切恶习及不良嗜好，与夫有碍声誉之事，应绝对摒除，不得接近与沾染。

附二：蒙藏委员会委员长行辕勤务夫役守则

一、应严守纪律及新生活之条规。

二、沿途购买物品，应公平交易，不得任意贬价或争论。

三、不得擅入民居，擅取民物。

四、不得调戏或恋爱妇女。

五、不准赌博。

六、不准沾染不良嗜好。

七、非得长官特许不准饮酒。

八、非因病不得请假。

九、非有公务不准出游街市。

---

① 所附的组织规程，与“吴忠信为拟具入藏任务与组织暨经费意见事致行政院折呈”件之第二部份所呈之规程相比较，仅删去原呈中之第八条，即在香港设通讯处，其余均同，故从略。但本件所附之规程后尚有职员、夫役两守则，即改作本件之附件一、二。

十、对于沿途支差之民众不得有欺凌压迫情事。

十一、应注意民间习惯，尊重其宗教信仰。

十二、无论在勤或外出，服装必须齐整。

十三、凡有违反本守则者，无论告发查觉，均分别予以惩处。

〔国民政府蒙藏委员会档案〕

41. 热振为达赖灵童安抵拉萨其坐床吉期当另呈报致林森电

(1939年10月16日)

(蒙)。重庆。译呈主席林钧鉴：

微电奉悉。△密。兹于第十四辈达赖入藏事，已于藏历八月二十五日佛驾业经安临藏都拉萨，所有坐床吉期，嗣当随时呈报。至于吴委员长俟到达拉萨时，关于中藏和好一切事宜，此间当抱融洽之旨妥协办理。谨此奉闻。

西藏摄政　热振呼图克图叩。铣

〔国民政府蒙藏委员会档案〕

42. 国防最高委员会核定蒙藏委员会编送达赖灵童入藏旅杂费追加案与国民政府往来函令

(1939年10月)

(1) 国防最高委员会致国民政府函（10月16日）

国防最高委员会公函　国议字第3657号

准政府核转蒙藏委员会编送护送达赖灵儿入藏旅杂费追加二十八年岁出临时概算一案，经交财政部专门委员审查，据报告称：本案经开会审查，原列青海省政府派员护送达赖灵儿入藏旅杂费一十万元，事先曾经呈奉委座核准拨发。兹由主管会造送概算，系属补备法案，拟请照数核定。等语。提经本会第十七次常务会议，决议：照审

查意见通过。相应录案函达，即希查照分别饬遵为荷。此致
国民政府
中华民国二十八年十月十六日

（2）国民政府致行政院等训令（10月17日）

训令　渝字第587号

　　行政院
令监察院
　　本府主计处

为令饬事。案准国防最高委员会二十八年十月十六日国议字第三六五七号函开：准政府核转蒙藏委员会编送护送达赖灵儿入藏旅杂费追加二十八年度岁出临时概算一案，云云。相应录案函达查照，分别饬遵。等由。准此，自应照办。除函复并分行外，合行令仰该院分别转饬遵照，转饬审计部查照、处知照。此令。
中华民国二十八年十月十七日

〔国民政府档案〕

43. 吴忠信关于携有国民政府给热振特派状及函册印勋章四要件入藏致张威白电

（1939年10月19日）

电　第1013号
拉萨。张咨议威白：

密。忠信此次入藏，携有中央要件四种：（一）国民政府特派热振呼图克图主持典礼之特派状；（二）蒋委员长致热振呼图克图手函；（三）中央册封热振呼图克图之册文及金印；（四）中央颁发热振呼图克图等之采玉勋章。特先电告，希便中转致为要。

吴〇〇。皓

〔国民政府蒙藏委员会档案〕

44. 蒋介石对藏方有须中央主持事宜可向吴忠信陈说致热振函

（1939年10月20日）

热振呼图克图慧鉴：

达赖转世大典进行顺利，具征勋劳，殊深嘉慰。中央以此次大典关系西藏政教前途之兴盛，特蒙藏委员会吴委员长亲来主持，借示怀念边疆、精诚团结之意。吴委员长为中正之多年旧交，关于藏方一切有须中央协助主持之事宜，请执事向之开诚陈说，必当竭力赞助善为处理也。不尽之意，统托面达。即颂

法祉

蒋中正

中华民国二十八年十月二十日

〔国民政府蒙藏委员会档案〕

45. 吴忠信关于寻访灵童用款应由中央拨发与蒋介石往来电

（1939年10月20日）

（1）致蒋介石电

军事委员会委员长蒋钧鉴：

铣代电计达尊览。兹复据张威白巧电称：西藏在青海灵访灵儿，云云，谨电飞呈。等语。正核办间，又据其皓电称：纪仓在青用款，藏方无力偿付，云云，临电迫切。等语。查该员电称各节，如系确实，似应由中央照数偿发藏方，以维国家威信。拟请先予批示，以便忠信到藏后有所秉承。

吴〇〇叩。哿。行印

（2）复吴忠信电

国民政府军事委员会快邮代电　侍秘渝字第 8178 号

吴委员长礼卿兄勋鉴：

哿行代电悉。已将来电摘转，并以所称如果属确实，自应准由中央以补助灵儿登座大典经费之名义，偿付藏方，俾其归还借款。俟吴委员长查明电告实情，及款项确数后，即予拨发。等语。电达行政院查照。希于到藏后，详切查明确实情形电院办理可也。

中正。哿。侍秘。渝二

〔国民政府蒙藏委员会档案〕

46. 行政院秘书处抄转院长对吴忠信折呈批语致蒙藏委员会函

（1939 年 10 月 21 日）

行政院秘书处公函　吕字第 3102 号

本年八月四日贵委员长折呈，拟具关于奉派入藏任务及组织、经费意见三项，并附对藏政策之检讨一案，奉院长手批：查西藏为我国领土，屏藩西陲，关系至巨。惟过去清廷对于边疆专以羁縻为事，不知启发、扶植，所派驻藏人员又不慎其选，遂致时生疑虑，迭滋事端。往事追维，殊堪慨惜。自共和告成，联五族为一家，西藏为五族之一，虽在边远，不啻心腹，徒用怀柔政策，亦嫌消极，必使全藏群众与中央联为一体。同享平等自由之福，始收指臂相使之功。国民政府成立后，特设蒙藏委员会，对于边区之安定及开发，妥筹进行，不遗余力。前者黄专使慕松由藏回京，曾有治藏建议十项，颇合实际，惜格于当环境，未获见诸实施。今则事变益急，巩固边防，更为重要，自应秉承中央意旨，积极推进。来折第一点关于使藏任务，谓欲谋政治推进，先从心理改善入手，可谓一语破的。第二点，关于行辕组织，亦简约可行。第三点，关于需用经费，业经特予宽筹，当可运用裕如。至藏政检讨内所陈两大原则，均中肯綮。对外固应联络感情，避免磨擦，惟有关主权之事，亦未便曲为迁就。对内必须化以公诚，树之信义。所有藏人政治派别及其政治心理，务于详加体察，因势利导，尊重其政治习尚，改善其种族生活，使其知我中央一秉大公，无偏无党，对于边区人民，一视同仁，不分畛域。此种观念深入其心，则从前疑虑自此消释，团结日趋巩固，纠纷永可避免。此次中央以该委员长主持边政，卓著成绩，且为藏民所倾心，特派入藏，所负使命要在宣布中央德威，鼓舞全藏群众精神，一致拥护国家政策，俾中央与地方通力合作。仍希随时随地熟筹审处，则巩固西陲之效，即收于精心默运之中。抗战建国，实利赖焉。等因。

查关于组织、经费及谈话要旨，节经由院令知在案。兹奉前因，相应录批函达查照。此致

蒙藏委员会吴委员长

中华民国二十八年十月二十一日

行政院秘书长　魏道明

〔国民政府蒙藏委员会档案〕

47. 噶厦为灵童安抵拉萨至于剃发赠号受戒暨坐床典礼当续行呈报致吴忠信转蒋介石电

（1939年10月21日）

（蒙）。重庆。吴委员长。祭密。恳译呈委员长蒋钧鉴：

十三辈达赖真身转世于青海公绷，迭蒙中央先后维持，饬令青海马主席，得以灵儿一行人等于藏历六月一日由青首途，沿途毫无险阻，于八月七日到达黑河，二十五日安抵拉萨，驻锡罗卜岭岗格桑颇章宫殿。所有应行大小礼节，均已办理妥善。至于剃发、赠号并受戒以及坐床等各典礼，自当诹吉继续举行，随即次

第呈报。谨电肃呈。

噶厦叩。马

〔国民政府蒙藏委员会档案〕

48. 蒋介石请吴忠信等代拟达赖征认典礼等情复噶厦电

（1939年10月26日）

国民政府军事委员会代电　侍秘渝字第8271号

蒙藏委员会吴委员长、赵副委员长均鉴：

渝水字第1933号梗代电及附件均悉。复西藏噶厦电稿已于修正，随文发还，即希译发可也。

附发还原电稿一件。

中正。宥。侍秘。渝

附：谨代拟复噶厦电稿

急。拉萨。噶厦公鉴：

祭密。马电诵悉。达赖化身灵儿平安到达，无任欣慰。惟征认手续暨各种礼节，应俟吴委员长莅藏后会同热振呼图克图主持办理，会衔呈核，方足以昭大信而杜纠纷，希即遵照为盼。

蒋〇〇。印。感

〔国民政府蒙藏委员会档案〕

49. 国防最高委员会核定吴忠信奉使入藏经费致国民政府公函

（1939年11月4日）

国防最高委员会密函　国议字第4651号

据行政院密请核定蒙藏委员会吴委员长忠信奉使入藏经费追加二十八年度岁出临时概算一案，经交财政专门委员会审查，据报告称：本案审查结果，佥以吴委员长忠信此次以政府主管蒙藏事务之长官亲身奉使入藏，任务至重，体制宜崇，加以海陆兼程，须购外汇，全部旅费自应宽筹。行政院议以黄前专使慕松奉使入藏，事在二十三年，所费尚达四十余万元，兹当物价高涨之际，拟从宽酌定为国币五十万元，又英金二万镑，数尚允当。惟英金应依法价每镑一十七元折合国币，共拟请核定本案为八十四万元。再，院议此项概算数内，准其以一部分开支特别机密费专案密报之处，并拟请予以核准。等语。提经本会第十八次常务会议，决议照审查意见通过。

相应录案，并抄同行政院原函暨附件函达查照，即希分别密饬遵办为荷。此致

国民政府

附抄函一件、呈一件

附：照抄行政院公函　吕字12210号

据蒙藏委员会委员长吴忠信折呈请核定奉使入藏经费总数一案到院。查前致祭达赖专使黄慕松二十三年入藏用费，共支出国币四十余万元，现在物价较高，对外汇价低落，该委员长此次入藏，又分为海陆两道，用费比较扩大，且经过港、印及到藏用款，均须购置外汇；重以该委员长所负使命至为重大。本院体察环境，对于所需全部经费从宽酌定为国币五十万元，又英金二万镑。除所需特别机密费准照向例在该项经费内开支专案密报外，其余用度仍由蒙藏委员会补编概算呈院核转。经提出本院第四三四次会议，决议通过。

相应抄同原件，函请转陈核定。此致

国防最高委员会秘书厅

附抄送原折呈内经费部分

院长　孔祥熙

〔国民政府档案〕

50. 热振呈报灵童剃发及坐床日期电

（1939年11月21日）

（蒙）。重庆。副委员长，请转呈主席林钧鉴：

感电敬悉。祭密。第十三世达赖喇嘛转身灵儿照例剃发事，已择定于藏历十月十三日，本身乃罡曜均吉。至于真正坐床登位大典，亦择定于明年正月十四吉日，中央代表吴委员长到达拉萨之际，自当妥商呈报。谨电呈复。

西藏摄政　热振呼图克图叩。马。印

〔国民政府蒙藏委员会档案〕

51. 孔庆宗报安抵拉萨谒见热振等情致蒙藏委员会电

（1939年11月26日）

重庆。蒙藏委员会副委员长赵钧鉴：

△密。职等有日安抵拉萨，暂住咨议办公处，委座另有行辕。今午谒见热振佛，颇蒙优礼。张咨议早赴加尔各达候迎委座，昨来电称：委座到印尚无确期，职等拟稍事布〔部〕署，俟得委座到达确息，即赴江孜迎候。

又，藏方敬日举行青海灵儿出家典礼，热振为剃发师。职等迟到一日，未能参加。在委座未藏前，不致因此有表示态度之嫌，亦觉适宜也。

职孔庆宗叩。宥。印

〔国民政府蒙藏委员会档案〕

52. 蒙藏委员会为达赖坐床必俟吴忠信到藏后举行致孔庆宗电

(1939年11月27日)

电 渝水字第1134号

拉萨。孔处长庆宗：

宥电悉。远密。平安抵藏，甚慰。委员长来函：定养日飞仰，与行辕陆路人员会齐，搭轮赴加，计已首途。热振九月筱日电总裁，谓灵儿剃发、坐床等大小典礼，均俟吴委员长到藏后办理，语颇恭顺。而十月铣日热振复主席及马日噶厦上总裁两电，乃有大小礼节均已办理妥善之语，情势似有转变。即经主席、总裁于感日，以各种礼节须俟吴委员长莅藏后会同办理，方足昭大信而杜纠纷。等语。分别电复去后。本月马日热振再复主席电称：择定敬日为灵儿剃发，明年二月漾日举行正式坐床登位大典，云云。

现剃发既成过去，自可不提，惟坐床登位大典，至关重要，必须俟委员长到后举行。希会同华秘书确实注意为要。

再，执事离渝后，关于此案往返电文，希向办事处调阅。

赵〇〇。感。印

〔国民政府蒙藏委员会档案〕

53. 噶厦呈报灵童已赠号致蒋介石电

(1939年12月8日)

(蒙)。重庆。转呈蒋委员长钧鉴：

祭密。十三辈达赖化身佛爷到达西藏后，于藏历十月十三日照从前规矩剃发、赠号、受戒，均已做好完毕，号曰：吉尊降白阿旺洛桑益喜丹增甲错师松汪觉聪巴密伯德青布，不远即登布达拉宝位。谨呈察核。

噶厦叩。齐

〔国民政府蒙藏委员会档案〕

54. 吴忠信为行抵噶伦堡及继续前行日期事致热振电

（1939年12月14日）

拉萨。热振呼图克图慧鉴：

祭密。忠信于本午行抵噶林堡，一切平适，堪纾廑系。现订国历本月十九日继续前进。晤教匪遥，特先电候。

吴〇〇。元戌。印

十四日发出

〔国民政府蒙藏委员会档案〕

55. 热振关于派员迎候护送进藏复吴忠信电

（1939年12月16日）

请转吴委员长勋鉴：

元电敬悉。祭密。我公远行跋涉，一切平适。甚慰。此间业令四试〔品〕官卓茂稽巧，并派兵等候驾欢迎，护送进藏。良晤匪遥，希早临是盼。谨复，敬候

旅祺

热振叩。铣

职华寄天代译发

〔国民政府蒙藏委员会档案〕

56. 吴忠信报告到达亚东致蒋介石电

（1939年12月23日）

重庆。蒋委员长钧鉴：

忠信昨入藏境，今日到亚东。谨闻。

忠信叩。漾

〔国民政府蒙藏委员会档案〕

57. 周昆田关于吴忠信一行抵江孜及沿途受到欢迎情形致中央通讯社等电

（1940年1月3日）

拉萨无线电台转重庆中央通讯社萧社长同兹先生、扫荡报社何主任连奎兄勋鉴：

吴委员长暨行辕人员与藏政府所派招待员卓木总管泽松彭康，本午行抵江孜，到郊外欢迎者有江孜商务委员、江孜宗、尼泊尔代表、江孜喇嘛寺代表及后藏扎什伦布代表数十人，盛况空前。当地民众争睹汉官衣冠，途为之塞。吴委员长拟在江孜休息一二日即继续前进，约在本月中旬可抵拉萨。特闻。

周昆田。江。印

〔国民政府蒙藏委员会档案〕

58. 周昆田关于吴忠信抵拉萨并受到热烈欢迎情形致中央通讯社等电

（1940年1月15日）

重庆。中央通讯社萧社长同兹先生、扫荡报何主任连奎兄勋鉴：

吴委员长礼卿先生奉派赴藏主持第十四辈达赖转世事宜，其先遣专员孔庆宗早于上年十一月杪抵拉萨，吴委员长本人暨其秘书长罗良鉴，顾问曹经沅、奚伦，秘书周昆田、张国书等一行十余人，亦于今日到达。热振佛代表札萨戈布暨噶伦丹巴嘉样、彭休、彭康以及藏中高级僧俗官吏七十余人，于郊外十余里哲蚌寺附近设帐欢迎，仪式隆重。旅藏川、滇、北平、新疆商民，与夫英人发克司及泥泊尔代表等，亦均分别远迎。所有驻拉萨藏军七百余名，全体出城列队迎候于十里外之道旁。嗣即由藏军与各欢迎人员为前导，吴委员长乘大轿，余员乘马，于午后四时许相继进城。城内鸣礼炮二十七响，以示敬意。队形整肃，衣冠济济，极一时之盛。沿途民众观者如堵，热烈景况为藏中历史上所仅见。此次藏政府所派招待人员，除卓木总管沿途随侍外，在拉萨者有霞札、詹东及吞巴三世家公子，尤为空前创举。吴委员长下榻于预为布置之行辕内，当日即先后接见丹巴嘉样、彭休、彭康三噶伦及其他高级官吏。拟明日休息一日后，即朝大招寺，并与热振佛晤叙云。特闻。

周昆田叩。删戌

〔国民政府蒙藏委员会档案〕

59. 吴忠信抵拉萨致蒋介石电

（1940年1月15日）

军事委员会蒋钧鉴：

〇密。信于本日安抵拉萨。沿途经过喜马拉亚山，平均每日高度均在一万四五千英尺左右，空气稀薄，气候严寒，贱躯虽感不适，尚能力疾遄征。刻已托庇痊愈，堪慰廑怀。此间地方宁谧，民众欢欣。大典举行，正事筹洽。余俟续陈。

吴忠信叩。删

〔国民政府蒙藏委员会档案〕

60. 热振关于吴忠信安抵拉萨并谢接奉派状致林森电

（1940年1月23日）

重庆。请译转国民政府主席林钧鉴：

祭密。此次代表中央之蒙藏委员会吴委员长暨随从人员等，已请吉安抵拉萨，曾经晤面，接奉派状，不胜欣感之至。所有达赖喇嘛坐床典礼，后当继续速呈。至于中藏事宜，当以融和亲洽商酌办理。肃电叩谢。

西藏摄政　云蒸热振呼图克图叩。漾

〔国民政府蒙藏委员会档案〕

61. 热振为访得拉木登珠灵异情形并请转报中央政府免予掣签致吴忠信函呈

(1940年1月26日)

(藏历土兔年十二月十七日)

蒙藏委员会委员长吴钧鉴：

为欲明了雪地仰赖大佛第十三辈达赖转世与否？

谨于乙亥年在达赖寝室内所奉发言女神前拈取卜丸，神示已经出世。且十三辈转世之时，父母、房屋等明见于曲科吉神湖之中。以是此次亦为大众相信心服起见，本呼图克图于布达拉释迦佛前亲诣卜问观湖时机到否，回示已到。遂于十三辈达赖金塔格勒笃觉建筑完成之后，余主仆一行人等不辞劳苦，竟赴曲科吉，于对康汪母女神前供陈亿盏祭灯，虔诚祝告。乃审视神湖，果见“□”阿、“□”噶、“□”麻三字，以及产生之房，并山野形势，皆甚明显。于是随往南边各寺庙祭神拜佛，在桑鸢寺求降仔乌马布神。降临之时，神以哈达向东而投；噶东神亦先后明示生于东方；乃冲神新选降神人初次降神于达赖寝室之时，亦将哈达向东投递。

其后藏政府特为许愿与乃冲大神暨噶东神新制神装各一套，奉献从隆。致祭后，噶厦公所求降乃冲大神。方将叩问，大神起立欢跃，向东顶礼三次。尤奇者，十三辈金塔殿中东面之北长木柱上以及木柱础石之际，新生菌子之类，形如鹿角，似菌非菌，长短参差，难言其名，实存可证。前达赖初在坚岭颇章宫殿之期美巧基寝室作卧狮之形，面向东北而圆寂，及至移柩俄察白期宫殿，至石路上时，参孝打扎佛爷瞥见达赖笑向东北天空。又俄擦白期宫及其后布达拉各宝座上，原系向南，乃无人移动竟自转向东方。

屡次异兆，均经当时办事人员普觉荣尊佛及其他念经佛爷等共见。

以此观之，转生灵儿必生于西藏之东或东部何区无疑。因此，各寺佛爷名册内，由乃冲大神拣派下列有缘者三员前去寻访。其经过之地，由余虔祝三宝，依照卜卦所示：北方及达布一带请普布觉降巴佛寻访；阿多、阿日、笃迈、宗喀等地，请参孝纪仓佛寻访；拉里、昌都、年亚、工布一带，请色拉吉巴康萨佛爷寻访。

且前达赖甚喜纪仓佛爷，癸酉年达赖有疾，令纪仓佛以经水濯秽，纪佛不敢亲手，请以铜镜代之，而达赖便许纪佛以亲手拂濯达赖之顶。余到曲科吉时，纪佛与之同行，观湖之时，纪佛曾见一山及山顶小石堆土所竖经旗，并旷野长路。其实，噶厦为求寻获达赖真身，求降仔乌马布神，神即所佩护心镜及阿西哈达作投向东方之状，交与纪仓佛。则就此种种预兆，显见纪仓有寻访、欢迎之缘。

丙子年重修桑鸢寺，工作完峻，建竖牌坊金顶之时，余亲到该寺，乃冲大神亦请驾临。举行典礼之日，神降欢喜而发言曰：天空明亮水晶宝，形虽如水无所着，雪地宗教生灵主，求之不在东方乎？其后，藏王、噶厦、总堪布等公同求降乃冲大神时，又云：至佛手中莲花，转身极贵灵儿，应行压禳诵经，悉照□所前言，今世之人何多言，寻获时机将快至，法师湖中早所见，勿忘依行可成功。

于是，阿多上下阿日等处，纪仓佛一行人等前去寻访。访得有所异兆、异像之孩童共十四名、年龄、姓名详细电报前来。查电中所叙：青海阿多塔尔寺之东，地名大泽之所，有一家焉，名为祁家。父名曲却策仁，庚子岁生；母名四朗错，辛丑岁生。于乙亥汉历六月六日，正值日出之时，生下一子，名曰拉木登珠。班禅佛爷致书于戒古纪佛同人云：此子生时，村人皆见祥虹射其家，及问本家父母，皆隐瞒不言。然视其子，容貌魁伟。云云。此次询问其家，亦云别无异兆。前者纪佛化装为仆，职员仔仲桑泽汪仍着本装，前去查探。父母既不识藏语；而少儿喜形于色，手挨纪佛，并摸弄纪佛颈上所带佛珠，口称嘛哩，向纪佛呼为喇嘛，仔仲呼仔仲，仆人呼为色拉的阿噶。又云：纳巴（即手）等向我主仆所发藏语数句，皆无差错，稍有可奇。云云。

其后，僧俗大众要求噶东神代求乃冲大神，所有各处寻访人员访出有所异兆小孩，已经电报前来，究竟达赖真身是谁，父母何名，生地何方，祈神明示。神亦云以向有希望之方力求。乃再电令纪佛等将所有试验物件完全携去，详审各小儿所得无疑真证，详电前来。

回电内开，纪仓佛以及随从僧俗职员人等，同到大泽祁家，携有：第一、黄色珠；第二、黑色珠；第三、银制唤人鼗鼓；第四、手杖。每样各配一假，请灵儿随意取之。第一、二、三皆取其真者，毫无疑惑。第四之手杖，先取其假者审谛之，舍假而取其真。即以两珠带于颈，左手扶杖，右手鼗鼓摇之少顷等事，毫无饰词虚假。等语。

窃查随身应用之物，均能认其真假，前世之物，再世尚忆，先后奇兆，均可证实无疑。然事关重要，必待取信于群众神人，谨于历辈达赖灵前虔诚祷告，并仍由藏王、噶厦、总堪布、堪仲等公同求降大神于达赖法室。神亦不观祝文，决认青海大泽祁家之灵儿为真身，复向东投递哈达敬礼。余在神湖所见，以及卜卦认为已炼已切已磨之金，且属至宗哈巴大佛降生之时，曾落少许断脐之血于座侧，因而新生檀香树，枝叶茂盛之上，显出森根，安如佛像万尊，因名其地为阿多古朋万尊佛。如此名胜佳境，不异极乐世界之大泽祁家，降生而后之祥征吉兆，非心思言语所能尽宣。西藏僧俗大众，贵贱大小皆中心诚信，认为十三辈转世之真身。

因群众情投意合，不须掣瓶，照例剃发受戒，业于呈报中央在案。

兹遵乃冲大神所示，庚辰年坐床为吉，谨诹定正月十四日举行坐床典礼。其应如何转中央之处，即请代达为荷。特此，尚希鉴核。

西藏代理藏王摄政　云蒸热振呼图克图

己卯十二月十七日

〔国民政府蒙藏委员会档案〕

62. 吴忠信请准拉木登珠免予掣签颁发坐床经费致赵丕廉电

（1940年1月28日）

重庆。曾秘书小鲁转赵副委员长勋鉴：

△密。顷呈蒋院长感一电，文曰：据西藏摄政热振呼图克图来函略称，第十三辈达赖转世一案，迭经观海降神及僧俗官民大会，公认青海觅得之灵童拉木登珠种种灵异，确系第十三辈达赖化身，应请免予抽签，并照旧例剃发受戒，前经电呈中央在案。兹拟择期夏历正月十四日即国历二月廿四日举行坐床典礼，请转呈中央核夺。等情。忠信复查所述灵异各节，均属确实，拟请转呈国府颁布命令，准以该灵童拉木登珠继任第十四辈达赖，俾得及时筹备坐床典礼，以昭郑重。再，该摄政来函原文甚长，未能全叙，容俟另文补足备案，合并陈明。

又，感二电，文曰：查关于藏方寻觅灵儿在青海用款经过一案，前忠信在渝先后陈明，并奉钧座上年十月智侍电内开，已将来电摘转，并以所称如果确实，自应准由中央以补助灵儿登座大典名义偿付藏方，俾其归还借款，俟吴委员长查明电告实情及款项确数后，即予拨发。等语。电达行政院查照，希于到藏后详切查明确实情形电院办理可也。等语。忠信于赴藏首途前，复经遵照钧旨，密电驻藏张咨仪威白知照在案。现在大典既将克期举行，此案尤应提前解决。忠信抵藏以来，遵向有关方面悉心查询，期明真相。兹据负责人员切实报称，藏方于青海灵觅灵儿时先后付款两次，第一次由西藏驻京代表自重庆农民银行兑交马主席者，计法币十万元，又送秘书陈耀堂法币一万元；第二次由该省护送灵儿副专员马辅臣到拉萨检收者，计现大洋三十二万九千元，折合卢比二十六万余元。以上两项，共为四十三万九千元。此项已用之款，既经忠信详查属实，拟请中央以颁发第十四辈达赖坐床大典名义，特给以法币四十万元。事关收拾人心、树立信用，理合密陈，伏候核示。等语。特闻，即盼就近酌催办理。

忠信。俭。印

〔国民政府蒙藏委员会档案〕

63. 蒋介石慰问吴忠信电

（1940年1月30日）

拉萨。吴委员长礼卿兄：

删电诵悉。樊密。隆冬跋涉，辛劳至念。各情希续报。

渝。中正。办四。陷二

〔国民政府蒙藏委员会档案〕

64. 行政院请明令发布特准拉木登珠继任十四世达赖喇嘛并发给坐床典礼经费与国民政府往来呈令

（1940年1—2月）

（1）行政院呈（1月31日）

行政院呈　阳字2101号

案据蒙藏委员会吴忠信拉萨感电称：据西藏摄政热振呼图克

图来函略称，第十三辈达赖喇嘛转世一案，迭径观海降神及僧俗官员公认，青海觅得之灵童拉木登珠种种灵异，实系第十三辈达赖喇嘛化身，应请免予抽签，并照旧例剃发受戒。兹拟择期夏历正月十四日（即国历二月二十一日）举行坐床典礼，请转呈中央核夺。等情。忠信复查所述灵异各节，均属确实，拟请转呈国民政府颁布明令，特准以该灵童拉木登珠继任第十四辈达赖喇嘛，并发给坐床大典经费四十万元，以示优异。等理。

据此，当经提出本院第四五〇次会议，决议：通过，转呈国民政府颁发明令。

理合呈请鉴核施行。谨呈

国民政府

行政院院长　蒋中正

中华民国二十九年一月三十一日

（2）国民政府令（2月5日）

国民政府令　府字第898号

青海灵童拉木登珠，慧性湛深，灵异特著，查系第十三辈达赖喇嘛转世，应即免予抽签，特准继任为第十四辈达赖喇嘛。此令。

拉木登珠业经明令特准继任为第十四辈达赖喇嘛，其坐床大典所需经费，着由行政院转饬财政部拨发四十万元，以示优异。此令。

中华民国二十九年二月五日

〔国民政府档案〕

65. 戴传贤祝贺拉木登珠继任第十四世达赖喇嘛致热振电

（1940年2月6日）

拉萨。吴委员长礼卿先生请转辅国普化禅师热振呼图克图慧鉴：

拉木旦珠为护国宏化普慈圆觉大师达赖喇嘛之呼毕勒罕，灵异维昭，人心皈敬，歌日国府明令继任第十四辈达赖喇嘛。式承嘉命，薄海腾欢，从此佛日增辉，法轮常转，全藏之福，国家之休，谨电奉贺。禅师寅恭居摄，弘法利生，令典观成，至诚有感，同深赞佩，并祝法祺

戴传贤叩。鱼。印

〔国民政府蒙藏委员会档案〕

66. 吴忠信报告册封热振及授给勋章典礼致蒋介石电

（1940年2月8日）

重庆。行政院院长蒋钧鉴：

〇密。册封热振及授给热振勋章典礼，已定于国历二月十五日在热振驻锡之细德寺正殿举行。谨闻，并请转报国府。

吴忠信叩。齐。印

〔国民政府蒙藏委员会档案〕

67. 朱福南请赴札什伦布及各大寺巡礼事致吴忠信电

（1940年2月10日）

拉萨。吴委员长钧鉴：

钧电奉悉。诸凡顺适，至慰私系。此次跋涉不易，有机祈赴札什伦布及各大寺均巡礼一行，俾各僧众皆沾中央德化，则此行辛劳更有历史之价值也。临电企伫，敬颂勋绥。

委员　朱福南叩。灰

〔国民政府蒙藏委员会档案〕

68. 蒙藏委员会奉令组织十四世达赖坐床典礼筹备处通知派员出席致有关机关公函

（1940年2月11日）

蒙藏委员会公函　渝水字第0354号

案查本会奉令筹备重庆市各界庆祝第十四辈达赖喇嘛坐床典礼大会，曾于二月十四日邀请关系机关商讨办法，决议组织筹备处，分设七组，其人选如下：

（一）筹备处主任及总务、文书两组　推蒙藏委员会。

（二）典礼组　推国民政府参军处、内政部、蒙藏委员会。

（三）交际组　推市政府、市党部、蒙藏委员会。

（四）布置组　推蒙藏委员会、佛学社、护国息灾法会。

（五）宣传组　推中央宣传部、社会部、国际宣传处、中央通讯社、蒙藏委员会。

（六）警卫组　推市警察局。

由蒙藏委员会通知上列各机关克日指派负责人员筹备一切。等语，记录在卷。兹定于二月十六日下午三时在本会会议室开筹备处第一次会议，相应附抄会议记录一份，即希查照，指派负责人同，届时出席为荷。此致

国民政府参军处

内政部

重庆市党部

重庆市政府

佛学社

护国息灾法会

中央宣传部

国际宣传处

中央通讯社

重庆市警察局

社会部

委员长　吴〇〇

副委员长　赵〇〇代

附：达赖坐床典礼庆祝会筹备会议记录

时间　二十九年二月十四日上午十时

地点　蒙藏委员会会议室

主席　曾少鲁

出席者　考试院——朱德铨

文官处——许静芝　王振羽代

行政院——陈克文

市党部——龙心济

警察局——陈志齐

市政府——丘河清

内政部——潘伯鹰

蒙藏委员会——曾少鲁　赵镇

记录　熊耀文

甲、报告事项：

一、主席报告奉令筹备庆祝达赖坐床典礼案来往文件。

乙、决议事项：

一、举行重庆市各界庆祝会。

二、庆祝会名称，定为重庆市各界庆祝第十四辈达赖喇嘛坐床典礼大会。

三、开会地点，假长安寺。

四、开会时间，定二月二十二日下午三时。

五、推举考试院戴院长为大会主席。惟戴院长现在成都，如届时不克返渝，由蒙藏委员会赵副委员长为主席。

六、大会礼节，由蒙藏委员会会商国民政府参军处及内政部拟定。

七、组织重庆市各界庆祝第十四辈达赖喇嘛坐床典礼大会筹备处。

八、筹备处设主任一人，分总务、文书、典礼、交际、布置、宣传、警卫七组，每组设总干事一人，干事若干人。

九、筹备处人选：

1. 主任及总务、文书两组，推蒙藏委员会。

2. 典礼组，推国民政府参军处、内政部、蒙藏委员会。

3. 交际组，推市党部、市政府、蒙藏委员会。

4. 布置组，推蒙藏委员会、佛学社、护国息灾会。

5. 宣传组，推中央宣传部、中央社会部、国际宣传处、中央通讯社、蒙藏委员会。

6. 警卫组，推市警察局。

由蒙藏委员会通知上列各机关克日指派负责人员进行一切。

十、由蒙藏委员会呈请行政院通令各省市于二月二十二日一体悬旗庆祝。

十一、经费预定三千元，由蒙藏委员会呈请行政院拨发。

十二、散会。

〔国民政府蒙藏委员会档案〕

69. 周昆田报告在藏所办各事均极顺利藏中各界反应良好致曾少鲁电

(1940年2月17日)

5536。重庆。曾秘书少鲁兄：

删电敬悉，经已转陈。泰密。委座到藏，瞬已匝月，所有困难问题业告解决，各方感情亦极融洽。而此次在沪所办礼品之精美，数量之丰富，以及到藏后赠送之普遍，均开历史上之创局。对三大寺等喇嘛布施两次，每人可共得藏银十两余。如此厚赐，亦打破藏中过去布施之纪录，故僧俗舆论莫不深表感戴。以目前情形观察，委座在渝时所订树立信用、收拾人心两目标，似已如愿完成也。知注特闻，并请转陈副座及告会中诸同仁为祷。

弟昆田。筱。印

〔国民政府蒙藏委员会档案〕

70. 热振感谢国民政府赏拨坐床大典经费并颁授册印勋章等事电

（1940年2月17日）

特急。重庆。国民政府主席林钧鉴：

兹奉国府明令，青海灵童拉木登珠特准继任为第十四辈达赖喇嘛，并赏赐拨发坐床大典经费四十万元；又蒙国府颁赐册封金印及采玉二等勋章，已于国历二月十五日由蒙藏委员会吴委员长亲授。敬领之余，肃电叩谢，并祝国泰平安、中藏亲洽。谨电。

西藏摄政　云蒸热振呼图克图叩。筱印

〔国民政府蒙藏委员会档案〕

71. 周昆田为西藏各界对特准拉木登珠继任十四世达赖赏拨坐床经费册封热振同深感奋事致中央社电

（1940年2月18日）

重庆。中央通迅社并转各报社鉴：

国府准以青海灵童拉木登珠继任为第十四辈达赖，同时拨发坐床经费四十万元，并册封热振、授给勋章，举藏闻之，同深感奋。昨（筱）热振呼图克图已电呈林主席及蒋委员长致谢，并祝国泰民安、政躬康健，可见西藏对中央之关系益臻亲切也。特闻。

周昆田。巧。印

〔国民政府蒙藏委员会档案〕

72. 周昆田为藏中热烈筹备十四世达赖坐床典礼并届时由吴忠信亲莅主持事致中央社电

（1940年2月19日）

重庆。中央通讯社鉴：

西藏自奉到国府准以拉木登珠继任达赖之明令后，消息所播，僧俗腾欢。对于新达赖之坐床大典即热烈筹备，全藏官民无不欣盼该日之早到来。现距举行之期（二十二日）已近，各项准备业经次第完成，布达拉宫内外已整饬〔饰〕一新，所有藏中游艺如赛马、摔交等等，均拟于是日出场表演，以示庆祝。新达赖拉木登珠订于二十一日午由罗布岭岗移驻布达拉宫，于次日晨六时举行坐床典礼，吴委员长忠信将亲莅主持，届时必有一番盛况也。特闻

周昆田。皓。印

〔国民政府蒙藏委员会档案〕

73. 蒙藏委员会为十四世达赖喇嘛坐床致热振贺电

（1940年2月19日）

电　第0193号

拉萨。辅国普化禅师热振呼图克图慧鉴：

本月养日为第十四辈达赖大典之庆，继承法统，阐扬宗风，慰藏胞喁望之殷，舒中央西顾之念。禅师寅恭居摄卓著勋勤，翘企灵山，无任驰贺。

蒙藏委员会副委员长赵丕廉率全体职员。皓。印。

〔国民政府蒙藏委员会档案〕

74. 吴忠信奉派入藏主持第十四世达赖喇嘛坐床典礼报告

（1940年6月）

目　　次

三、西藏政府人员之派别及其中心人物

第五节　军事

一、军事组织及现有兵员人数

二、官兵来源及待遇

三、士兵之训练

四、械弹来源及数量

第六节　财政金融

一、财务行政

二、赋税情形

三、收支概要

四、货币

五、金融

第七节　教育

一、初级教育

二、高级教育

三、留学教育

第八节　交通

一、邮电

二、道路

三、交通工具及其使用方法

第九节　对外关系

一、英人在西藏之情形

二、尼泊尔人在西藏之情形

三、藏政府之对外态度

第十节　经济

一、农业

二、牧业

三、工业

四、商业

第十一节　卫生及人口

第一章　中央与西藏关系之今昔

中央与西藏之关系，远者姑不具论，兹仅就民国以来之二十余年间言之。在此二十余年之间，或断或续，变化殊多。然大体分析，可括以如下之三个时期：

一、民元至十三辈达赖圆寂

西藏在十九世纪末期原为英俄两大势力角逐场所，第十三辈达赖初本联俄，嗣为英人所逼，北去库伦转俄未成，乃折往北京就清廷范围。讵意所处不洽，于光绪三十四年返藏，发动叛乱。迨川军进讨，达赖逃亡印度，遂一意联英以图抗拒矣。辛亥革命，各省风从，驻藏军队相率哗变，藏人因乘机为乱，驱逐驻藏官吏及军队，并仇杀旅藏汉回人民至一万余人之多，中枢与西藏关系忽焉中断。第十三辈达赖闻讯，乃自印急返，一方宣告独立[1]，一方派兵进犯川边。里塘、巴塘等地先后失守，藏军进抵炉城。时川督尹昌衡、滇督蔡锷均派兵协剿，节节胜利。第十三辈达赖乃一方求援于英，一方联合蒙古以为内助。于是英人出面干涉用兵，主张开会解决。迄民国二年十月，乃在印度森姆拉召开会议。在此会议中，中英藏三方均派有代表，英人指使藏方积极谋脱离中国，并将西藏分为内外藏，外藏为藏本土，内藏竟扩大至青海、川边。会议共经时约八个月，其重要之点：

---

① 吴忠信此说实系听信误传。十三世达赖喇嘛从印度返回西藏，从未“宣告独立”，只是在水牛年（1913年）发表了一个旨在安定西藏内部的有五条内容的文告。该文告的序言部分，十三世达赖喇嘛回顾了川军入藏，拉萨骚乱，要求同中央谈判供施关系未果，导致驱逐川军，自己出走印度等事的过程。从序言到五条内容，都是在维持西藏地方与中央政权传统关系的前提下，谈西藏内部的治理问题，根本没有讲到“宣告独立”之事。夏格巴等流亡国外的分裂主义势力旧事重提，推波助澜，竟自把这份文告说成是“独立宣言”，以此混淆国际视听。

A、中、英政府同认西藏为属于中国宗主权之国，并认外藏有自治权。今为尊重该国疆界之完全，所有外藏之内政（选举达赖喇嘛事在内）应由拉萨政府管理，中英政府均不干涉。中国政府不改西藏为行省，西藏不出代表于中国议院及类似之团体。（该草约第二条）

B、中国政府除驻藏代表可率不逾百人之卫队外，对于西藏应不驻军队，不设文武官员，不办殖民事业。英国除商务委员卫队外，亦然。（见草约第三、第四条）

C、川藏以怒江为界，怒江以东之德格、瞻对以及察木多、三十九族土司诸地，沿用喀木名称，定为特别区域。（见该约之修正案）

依此草约，则西藏已成一独立自主之国，且更割土予之，其侮我孰甚！虽我代表已署名该项草约，但中枢政府迄未承认，后英人复迭次催促，亦均未得解决。然英人固尝以此草约为依据，而欲步步付诸实施也。迨民国六年秋，又因藏军越界刈草细故，发生康藏纠纷，为英驻宁静副领事[①] 调停而止。民国十三年，班禅额尔德尼为亲汉故，被十三辈达赖所驱逐。民国十六年国民政府成立，十八年贡觉仲尼奉使赴藏，西藏亦派代表来京，关系似较好转，然不旋踵又于民国十九年因大金、白利两寺争产问题，再度发生康藏纠纷，甘孜、瞻化等处均为藏军占领，一时势颇汹汹。中央体念五族一家之义，力主和平解决，并特派唐柯三为专员，前往调停，但迭经商讨，未生宏效。后以青、康两军先后反攻，玉树、甘孜、瞻化、德格相继克复，藏军乃退驻金沙江西岸，然犹不断企图东犯。至民国二十二年十二月第十三辈达赖圆寂，中央

---

① 宁静副领事，误，因英国在宁静从来没有设立过领事馆。“调停”之英人为Sir Eric Teichman，汉译台克满，据《近代来华外国人名辞典》（中国社会科学出版社，1981年）471页，此时他的职务是英国驻华公使馆“汉务副参赞”。

与西藏之关系，遂另开一崭新之局。

综观此一阶段内中央与西藏之关系，外有英人之指使，内有达赖之反复，冲突频仍，纠纷迭起，洵属两方感情最恶劣之时期。此后筹藏，必须将此种恶影响洗刷尽净，始能有进一步之收获。

二、黄专使慕松入藏及其任蒙藏委员会委员长期内

第十三辈达赖晚年感于英人对藏之步步侵略，及经尼泊尔大举攻藏之役后，更了然于英人野心之所在，遂渐次觉悟非拥护中央不足以图存。中央乃于民国十八年派北平雍和宫喇嘛贡觉仲尼为赴藏慰问专员，携带礼品及蒋委员长亲笔函件前往。及回京复命，达赖因派贡为西藏总代表，驻京洽藏事，并加派楚臣丹增为代表，随同来京，于是西藏始有驻京办事处之设立。本不难乘此时机，恢复中央与西藏之关系，乃以第十三辈达赖主张之不坚定，康藏纠纷随起，遂无若何结果。民国二十二年冬第十三辈达赖圆寂，中央遂乘此机会打破两方隔阂之局。当时特派参谋本部次长黄慕松先生为致祭达赖专使，于民国二十三年四月启程入藏，八月行抵拉萨，十二月离藏经印度东返。计黄专使在藏，除完成其致祭任务外，关于政治问题，亦曾洽及。黄专使向西藏提出者有如下列：

甲、请西藏首先认定之前提二点：

一、西藏当然为中国领土之一部分。

二、西藏服从中央。

乙、对西藏政治制度之声明：

一、共同尊崇佛教，予以维护及发扬。

二、保持西藏原有之政治制度，可许西藏自治。于西藏自治权限范围内之行政，中央可勿干预；其在对外，则必共同一致。凡关于全国一致性质之国家行政，应归中央政府掌理。如：

（一）外交应归中央主持。

（二）国防应归中央筹划。

（三）交通应归中央设施。

（四）西藏重要官吏，经西藏自治政府选定后，应呈请中央分别加以任命。

丙、中央既许可西藏自治，则为完整国家之领土主权计，自应派遣大员常川驻藏，代表中央，一面执行国家行政，一面指导地方自治。

西藏政府对乙项内之第二点中四款未予肯切答复，复提出十条如下：

第一条　对外西藏为中国之领土，中国政府须答应不将西藏改为行省。

第二条　西藏之内外大小权力暨法规等，无违害政教者，可以依从中国政府之谕。

第三条　西藏内务之政教所有例规，应如现在自权自主，所有西藏文武权力不由汉政府加以干预，应如先后口允者为准。

第四条　为西藏地方安宁，故边界之国家及奉行佛法之人类，应予和好如现时，然西藏与外国立约未尽之事，其重要者，由汉政府共同办理。

第五条　西藏可驻汉政府代表官一员，但主仆从人数以二十五人，此外不得另派官兵。代表请派其真正崇信佛者一员，新旧替换时，往来皆由海道，不得取道西康。

第六条　达赖喇嘛未转世认定即位，未亲政教时，代理法王斯穹登位以及噶伦以上之官，概由藏政府任命，如现在之状况。毕后函陈汉政府驻藏之代表。

第七条　西藏所有久住之汉民等，在壬子年汉藏战争以来，即归西藏政府之农务局管理，屡经维持，将来应遵地方法律，由西藏政府管理，不能由汉政府驻藏代表约束。

第八条　西藏边界所需守土之军人，由藏政府自派，如现在之状。外国或者来侵犯时、应发兵之时，方会商汉政府酌行。

第九条　汉藏和好，永久不发生纠纷，安宁边界，故东北青藏边界应遵行前年交涉，俄洛早经属于西藏，西藏与四川两地之边界，德格、瞻化、大金寺以上之土地官民，应从速点交西藏政府。

第十条　西藏之僧俗人等，背叛西藏政府逃往中国地面者，中国政府不得收留，任为代表【等等】。

黄专使慕松以上列十条，与中央之意旨既左，复不符国人愿望，遂未与再议而返，派行署参议刘朴忱、蒋致余留藏接洽。民国二十四年三月黄慕松任蒙藏委员会委员长，对于藏事仍积极设法调整，然深感西藏政治问题之难解决，适此时班禅在京回藏心切，因思藉重班禅力量以解决藏事，于是决定护送班禅回藏，并由中央特派护送专使率领仪仗队护送西行。自民国二十四年五月自南京出发，二十五年秋行抵青海玉树。西藏在此时期，即藉口拒绝中央官兵，迭表反对，而英人复从旁干涉，遂使班禅西进发生重大之阻碍。缘班禅于民国十三年因与第十三辈达赖政见龃龉，被逐而出，嗣后西藏政府与班禅教下人员遂互相水火，中央既欲借重班禅，而西藏政府之攻击班禅自愈烈。此时蒙藏委员会藏事处处长为班禅部属之罗桑坚赞，藏政府因反对班禅，甚至对蒙藏委员会亦表不满，且谓："现在蒙藏委员会藏事处，为班禅一派之藏事处，而非我西藏之藏事处"，其上中央公文，亦多不经由蒙藏委员会者。此种情形，迄黄委员长卸职时期，均未改善。

综括此一阶段内，中央与西藏之关系，虽已由冲突时期变为商讨时期，然对西藏主权之掌握，则尚有所未能也。

三、本人任蒙藏委员会委员长及奉派入藏

忠信于民国二十五年秋奉命任蒙藏委员会委员长，除依照黄慕松先生规划竭力设法期能护送班禅回藏外，并调任本会藏事处罗桑坚赞为参事，调任参事孔庆宗为藏事处处长，俾资与西藏政府之间渐求调整。同时，西藏驻京代表及由藏来中央人员，均特予优待，彼此在感情上益日臻密切。民国二十六年秋，班禅本已继续西进，乃抗战发生，奉令退驻玉树，不幸竟于是年十二月圆寂，此在中央对藏政策方面，当发生相当之影响。而西藏政府以班禅既已圆寂，即不啻其与中央关系之间扫除若干障碍，反日趋于接近。迨民国二十七年夏，第十四辈达赖转世一案发生，忠信奉派入藏主持，乃能邀彼方之欢迎。忠信于入藏之初，深感中央与西藏间之僵局非唇舌所能改变，必须先由感情入手，祛其疑虑，然后再谋调整，故即以收拾人心、树立信用为此行鹄的，中央亦颁发谈话要旨十一条以为准则。至其办理经过，具如第二章所述，兹不复赘。惟目前中央与西藏之关系，可作一结论如下：

1. 达赖转世及坐床为西藏政教上最重要之事，现由中央派员主持，而西藏能遵照办事；热振系代理藏王，此次接受中央册封，即不啻表明西藏政教上最高主权已属之中央。

2. 蒙藏委员会已正式在藏设立办事处，即为恢复清代关系之先声，而为中央在藏推行治权之嚆矢。

3. 安钦呼图克图等既已表示拥护中央，其他全藏官民亦莫不对中央深切爱戴，既素以亲英著名之擦绒一派人物，亦均阵线动摇，大有幡然来归之意。

4. 西藏政府不但对驻京之缺额代表迅予遴补，即国民大会代表亦已选出十名，候命东来。

根据此种事实，则中央在藏主权业告确立，而英人包办下所拟定之森姆拉草约已无形撕毁，甚为昭然。此皆我英勇抗战，中央及总裁之德威有以感召也。

第二章　奉派赴藏及在藏洽办各案之经过

第一节　本案之由来

一、达赖喇嘛转世手续

查达赖转世之制，创立于明初之宗喀巴大师。缘西藏佛教，来自印度，嗣唐文成公主下嫁，崇信佛法，益大其流，迄元代而极盛，至明初，僧侣皆习于骄侈，荡检逾闲，教律大坏，宗喀巴大师因倡导改革，建立黄教。宗喀巴逝世，其二大弟子达赖与班禅受承遗嘱，世世以呼毕勒罕转生，袭继衣钵，其选觅呼毕勒罕之方法，则仅依据降神占卦种种方式而已。及满清兴起，达赖五辈先派使输诚，特受知遇，其地位亦日臻崇高，驯至康熙、雍正以后，西藏政教大权尽握于达赖一人之手，转世问题关系于此项大权之承继，自益形重要。乾隆五十七年平定廓尔喀之乱，以过去达赖转世每易被野心家所假借，常滋纷扰，为辑藏安边及掌握其主权计，因详订手续，创设金本巴瓶掣签制度。其制：系制金瓶二只，一置北京雍和宫，一置拉萨大招寺，凡转世之呼毕勒罕，如同时选得数人，应各书其名入瓶中，掣签以定。如在北京举行掣签，则由理藩部尚书监视；如在拉萨举行，则由驻藏大臣亲临监视，所以昭大信、定人心而统驭其政教，意义极为深远，第十、第十一、第十二数辈达赖，均系如此办理。但有灵异特著，全藏僧俗认为确属前一辈达赖化身者，亦可由西藏政府具呈驻藏大臣转请朝廷，特准免予掣签，第九、第十三两辈达赖即系如此办理。

民国以还，对于蒙藏各项问题之处理，悉依旧制。蒙藏委员会于民国二十五年厘定喇嘛转世办法，二十七年呈奉修正，对于达赖喇嘛等之转世手续，大体亦仍清代之旧。

二、第十四辈达赖喇嘛呼毕勒罕之选觅

第十三辈达赖喇嘛圆寂于民国二十二年十二月十七日，中央特派专使黄慕松前往致祭并册封。按藏制，达赖圆寂后，其职位应由热振寺、木隆寺、功德林、策觉林、泽墨林五庙之呼图克图及甘丹寺之甘丹赤巴（为宗喀巴之继承者，在黄教道统上地位最高。）六人中选一代摄。第十三辈达赖既逝，西藏人民大会以热振呼图克图在六人中占卜最祥，因举以代。于是在热振主持下，按照第十三辈达赖临终时之预示及以后观海、问卜、降神等等征兆

（详见第六节），积极选觅第十四辈达赖之呼毕勒罕。民国二十六年遂派格仓佛赴青海西宁，担任此项工作。最初在青寻得者，计有儿童十四名，嗣经研究，以塔尔寺大泽祈家土司辖地曲却策仁之子拉木登珠灵异最著，因以当选，而在西藏境内亦寻获灵异幼童二人。据西藏驻京办事处民国二十七年九月漾代电呈报如下：

蒙藏委员会吴委员长钧鉴：

本月养日奉西藏政府结造司伦、噶厦等联合来电略开，关于达赖佛转世一事，经僧民代表在各地详细访寻之结果，在西藏内部所寻选者有灵异幼童二人，在西宁塔尔寺方面所寻选者有灵异幼童一人。依照西藏宗教仪式，所寻选之幼童应聚集西藏，降鸾掣签，认定真正达赖之转世，既多灵异后，复经庄严之金本巴瓶内典礼拈定。现典礼期将近，关于西宁塔尔寺地方各寻选者，请中央政府俯允该主持人员，迅将寻选幼童送至西藏参加典礼，并恳发给执照以利行程。如何之处，希速转呈中央请示电复。等情。据此，相应电陈钧座鉴核示遵。

西藏代表阿旺桑丹、格敦恪典、图丹桑结。漾。印

三、国府令派主持

蒙藏委员会接得上项报告，以此事关系重大，而在民国时期又属创举，且西藏对中央关系，近三十年来均甚疏隔，亟应乘机予以调整，故处理此案，不得不特加审慎。爰根据“一、中央对藏固有之权决不放弃；二、中央与西藏间尚待解决之政治问题，此时暂缓进行；三、调整近年来各项悬案，消除疑虑，解释误会，以期融洽感情，增进合作”之三项原则，拟定办法三项如下：

（一）国民政府特派大员前往拉萨会同热振呼图克图主持第十四辈达赖喇嘛掣签事宜；

（二）国民政府特派大员会同热振呼图克图主持第十四辈达赖喇嘛掣签事宜，并得由该员指派代表就近办理之；

（三）国民政府特派蒙藏委员会委员长会同热振呼图克图

主持第十四辈达赖喇嘛掣签事宜，并得由该委员长指派代表就近办理之。

于民国二十七年十月八日具呈行政院核示，旋奉批复:“案关重要，应由蒙藏委员会先与藏方商洽，再行呈院核定。”等因。遵即迭嘱西藏驻京代表并电本会驻藏咨议张威白转向西藏政府商洽。迄十二月十八日，据西藏驻京办事处转呈西藏政府来电节称:“钧会前定达赖喇嘛转世掣签办法三项中之第三条内所载，由蒙藏委员会委员长指派代表就近办理一事，藏方为保持中藏情感日益亲善计，此一项办法诚恳接受。”云云。本会因即据以转呈。经提行政院第三九四次会议照案通过，呈请国府特派，并准于掣签征认典礼时，得派代表在拉萨就近参加。嗣奉行政院转示国民政府二十七年十二月二十八日令开:“特派蒙藏委员会委员长吴忠信会同热振呼图克图主持第十四辈达赖喇嘛转世事宜。此令”。等因。比即转告藏方，得复“敬谨接受”，于是此案之处理，初步遂告一段落。

第二节　奉派后之进行与筹备

一、赴藏问题之商榷

国府既颁特派忠信之令，但对于赴藏与否，则未十分确定，如机缘许可则赴藏，否则即派代表在拉萨参加，固亦伸缩自如。至派代表一节，亦含有两项办法，或派现在拉萨之人员为代表，或另派人员由渝前往。揆以中央与西藏最近廿余年来之关系，及护送班禅回藏与派员赴藏所受阻碍之往迹，不得不更加注意。惟达赖喇嘛为西藏政教领袖，复为蒙古及青康蒙藏同胞之信仰所归，自清乾隆以还，其历辈转世达赖，必须得中枢政府之承认，始可发生效力，号召一切。此又为西藏不得不接受中央意旨之隐衷，亦为中央对藏迭经提示所据之要旨。

适在此时期，西宁塔尔寺阿嘉呼图克图等拟留灵儿拉木登珠在寺升座，受众膜拜后再行送藏，而灵儿赴藏日期因致稽迟。本会除以与旧例不合，电请青海马主席步芳转告阿嘉呼图克图等不可强留灵儿外，复与西藏作派员入藏之商洽。旋奉委员长蒋暨院长孔先后电谕，亦以在达赖转世未掣签征认之前，可与藏方交涉派员入藏。忠信以第十四辈达赖转世为调整中央与西藏关系最好之时机，此次所派人员关系重大，经与行政院迭次商承，苦无其他适当之人，因于二十八年三月二十九日以本人亲身入藏主持第十四辈达赖转世之意，向藏方商洽。几经周折，至四月二十三日据西藏驻京办事处转呈西藏政府复电略开："现吴委员长既拟亲临拉萨，藏方因中藏情感日益融洽起见，极表欢迎。祈速转请吴委员长由海道入藏。"等语。于是忠信本人入藏问题乃告确定矣。

二、办理经过缅印护照

查由中央入藏，本有四途：一由青海经玉树、类乌齐入藏，一由西康经江达入藏，一由云南经阿敦子入藏，一由海道经缅甸、印度入藏（详见第二章第八节）。忠信此次所以取道缅、印者，固以其较青、康、滇三途为便利，但其实尚有重要之原因在。盖英人企图西藏，远在乾隆年间，得寸进尺，毫不放松。民国初年，中英藏三方所拟订之森姆拉草约，虽未得我政府承认，然英人总每据为图藏之张本，过去数年间，中央护送班禅回藏，英人曾迭藉口干涉，即为其露骨之表现。在此种情形下，西藏不异居于中英两大之间，每挟英以自重，西藏问题之难办，亦即植因于此。且忠信此番入藏系主持第十四辈达赖转世，关系重大，英人自十分注意。设不事先使其有充分之了解，则其疑忌所及，必将发生无限之困难。再者，印度与西藏经济交通之关系久成密切，英人以印制藏之现状如何，亦须有彻底之明了。为此种种原因，故最后决定取道缅、印以入藏也。惟取道缅、印，则须由英使馆签证护照。据调查，英人与西藏间曾订有密约，凡中央人员经由海道入藏者，必须得西藏政府之许可，英使馆始可签证护照。因此，驻英大使郭泰祺初奉院长孔电令向英外部洽商时，英外部即告以须由西藏转电印度政府洽办云云。我以外交之权乃属之中央，自无由藏电印之必要。几经商洽，卒以外交当局之努力，又适欧战发生，英对我方正希增进联系，迄十月初，英大使馆乃将此行护照签证。

三、青海灵儿赴藏及派先遣专员经康入藏

灵儿拉木登珠久滞青海，藏人属望甚殷，并有恳中央派员赴青洽催之议。至六月中旬，准马主席步芳来电，已派定师长马元海为护送专员，定于二十八年农历五月中旬由青动身，后改于国历七月一日动身，此一重要问题又告解决。忠信以达赖征认掣签典礼时，中央必须有人参加，而在此时期经过缅、印护照又未洽妥，万一西藏一俟灵儿到达，即择期举办典礼，则纠纷所在，后患堪虞，故为慎重及作必要之布置起见，特呈准行政院，派本会藏事处处长孔庆宗为先遣专员，率同科长朱章、秘书李国霖等一行十人，携带茶叶等礼品，经由西康兼程入藏，比于七月二日由渝启程，期能与灵儿同时或在先到达拉萨。嗣灵儿于十月七日到藏，孔处长则因途中种种之阻碍，至十一月二十五日到达。

四、呈准组织行辕

忠信入藏问题既决，经于二十八年八月四日呈请行政院组织蒙藏委员会委员长行辕，旋奉转呈国防最高委员会核准。并奉国府颁发铜质关防一颗，文曰："蒙藏委员会委员长行辕关防"。比遵照组织规程，于二十八年十月一日在渝组织成立，开始办公，积极准备一切入藏事宜。其组织及名单如下：

- 委员长
  - 秘书长 罗良鉴
    - 秘书——周昆田、朱章、李国霖
    - 第一组组长孔庆宗——组员何晓谷
    - 第二组组长奚伦(兼)——组员沈永年
    - 第三组组长周昆田(兼)——组员金鉴
    - 医官——单问枢　蒋长春
  - 顾问——曹经沅、奚伦、吴叔仁、张国书除上项人员外，仅带勤务数名，不率一兵，不携一枪，拟将来即以西藏兵士为卫队，此乃历史上之创举，盖所以信任藏人，亦即所以示诚于藏人也。

五、派员赴沪购办礼品

藏人最重礼节，初次见面必带礼品，忠信此次代表中央前往，礼物馈赠必须特别从丰，亦所以表现恩德。但际此抗战时期，市场紧缩，购物匪易，不得已，乃派顾问奚伦、吴叔仁于十月七日启程，经港赴沪，设法采购，除少数钟表外，以尽量购办国货为原则。结果，所办礼品之数量既富，质量亦优，在此次对藏感情之改进上，收效颇大。

第三节　入藏途中

一、经过缅印

除先遣专员孔庆宗率同一部分人员经由西康先行外，其余人员均取海道先后由渝出发，至仰光集齐，计忠信于十月二十二日由渝飞港，俟港、沪礼品办妥后，于十一月二十三日飞抵缅甸仰光，其他取道黔、滇各员亦先后到达，于是分别乘飞机、轮船前往印度加尔各答。因洽运礼品行李及配备旅途应用物品，在加勾留约十日。时英驻印总督在西姆拉，未及往晤，孟加拉省长及英印人士对忠信欢迎备至，迭与往还，彼此印象均佳，而对于英人对藏之过去及现状，亦多方加以研究，忠信复以大吉岭为由印入藏门户，因于十二月七日偕驻加尔各答总领事黄朝琴先往大吉岭一视。其他随行人员则于十二月十日前后齐到噶林堡，忠信亦于十五日前往。按印藏交界处为印藏货物吐纳之重要商埠者，有噶林堡及大吉岭两地。大吉岭系在印西人避暑之所，市面尤称繁荣。自加尔各答赴噶林堡或大吉岭，均须先乘火车至西里古里（三百一十英里），然后再改乘汽车分别前往（各距西里古里约五十英里）。由大吉岭赴噶林堡也有汽车可达，距离约四十英里，宛成犄角之势，在对藏之地位上，均十分重要。忠信至噶林堡时，汉藏侨胞欢迎甚盛，由藏人招待，下榻邦达昌商号。因须改装箱笼，迄十二月十八日始再前进，乘汽车至锡金首邑冈多。查锡金为入藏孔道，英人在其中途绒坡桥上设有检查所，无照者不准通过，此即其封锁政策之执行地也。噶林堡至冈多约三小时到达，锡金王及英国驻锡行政官古德，均表示热烈欢迎，而古德之招待尤殷，并在其公馆借寓焉。

二、冈多至亚东

由噶林堡赴西藏，本有两途，一经龙图山而至亚东，一经冈多而至亚东，而前者路较难行，且须多费两日，故决定取道后者。在冈多住一日，于二十晨继续北进，从此遂无舟车之便，所恃之交通工具，唯有骡马与人力耳。冈多在喜马拉雅山南麓，海拔约六千英尺，嗣后则愈行愈高，路愈险峻，每日不过行十数英里而止。英人则自冈多起至江孜止，每隔相当距离即设驿馆一所，以利行旅，其经营西藏之计划亦云密矣。自冈多出发行两日半，至拉图山（海拔一四五〇〇英尺），遂入藏境，再行一日半，于二十三日抵亚东（亦名卓木）。到则亚东商务总管（藏名卓木纪巧）泽松彭康率属郊迎。此人为现任噶伦彭休之弟[①]，藏政府所派四乃兴巴（招待员之意）之一，亦四品官也，其职责系专任由亚东至拉萨之迎护事宜。是日藏军甲本名显柯者，亦率士兵列队迎迓，汉人代表及亚东头人僧众等均先后来谒，下榻于宗皆郭来住宅。

三、亚东至江孜

亚东为藏南通印最重要之门户，对印之进出口货物既须取道于此，而在军事上尤为要害之地。英人根据光绪十九年藏印续约及三十年英藏条约，在亚东设置商务委员并驻军队。查清代于亚东北三英里之下司马，设有海关监督及军粮同知、武备游击各一

---

① 泽松彭康，“为现任噶伦彭休之弟”，《日记》1939年12月22日所记，与此相同，而12月23日则记为“现任噶伦彭康公之弟”，不知孰是。

员，辛亥后概归藏人接管。英人为控制亚东计，复在下司马建立营房，设邮电局、医院及学校等，遂废下司马之名不用，而名之为亚东，意在将亚东地点北移，俾便内蚀。商务委员及印度兵二十五人即驻扎于此。高楼大厦，红瓦碧垣，颇具新市场之观。英人对藏蓄意之深，可以概见。在亚东以乌拉未齐，留住三日。查西藏征用乌拉制度，即等于内地古代之差徭，其所谓乌拉，系包含人畜两种，人则供服役，畜则任输运之骡马也。西藏政府规定，乌拉骡马每日每头给官价藏银四钱（以法定汇价计算约合国币七分半），人不给资。忠信以此次入藏乃宣扬中央德意，不可令藏民有所劳怨，遂决定骡马每日每头给价藏银二两，人每日每名给资印币卢比一元，以示体恤。并由秘书处作函致亚东总管，属其布告沿途民众周知。

二十七日晨由亚东出发，乃兴巴率卫兵随行，两日而至帕里。此段行程，均属悬崖峭壁，最称险峻。如西藏对印用兵，亚东以南无论矣，亚东以北则必须掌握此段，否则过帕里而西，虽高度在海拔一万四千英尺以上，但地属高原，平沙旷野，车骑均可，无复能守之险矣。帕里海拔一四七五〇英尺，空气稀薄，又际隆冬极寒之候，而帕里水污，不宜卫生，故人员到此，均感不适，而忠信气喘腹泻，病尤甚焉。二十八日换乌拉续进，至二十九年一月三日到达江孜，江孜商务委员、江孜县长，及寺庙代表、后藏札什伦布代表、英驻江孜商务委员代表、尼泊尔代表数十人，莅郊外欢迎，民众观者如堵，下榻藏人利栗住宅。

四、江孜至拉萨

江孜位拉萨之西南，日喀则之东南，绾毂两藏，为前后藏货物之集散地，地位十分重要，英人在此设有商务委员，并驻印度兵二十五名。忠信在江孜留二日，西藏前噶伦兼马基现任札萨擦绒率其公子来见。擦为第十三辈达赖所亲信，夙有亲英派首领之称，现因其夫人患病，携赴加尔各答就医，适于此相遇。晤谈后，觉其头脑清楚，洵非普通之藏人可比。因力与周旋，并作介函与驻加尔各答黄总领事，嘱其赴加时往访。江孜大喇嘛寺有僧众约七百人，因于五日前往布施，僧众对中央德意甚为感激。六日由江孜出发，迄十五日到达拉萨。此八九日行程中，无驿站之设置，每日均由乃兴巴支用民房，以资宿住，藏中行旅之困难，此亦为重要原因。十五日晨由至拉萨最后一站之业当启行，距拉萨三十里有铁桥一座，西藏途中唯一之现代建筑也。热振代表扎萨戈布，及旅藏之川、滇、北平、新疆商民代表多人，已集迎于桥端，并设帐招待。旋抵哲蚌寺，噶伦丹巴嘉样、彭休、彭康，以及藏中高级僧俗官吏七十余人，于寺侧设帐欢迎，仪式隆重。所有驻拉萨藏军七百余人，全体出城，列队迎候。英人发克司及尼泊尔代表等，亦均分别远迎。沿途民众观者如堵，热烈情况，为藏中历史上所仅见。据云此种欢迎仪节，即对达赖喇嘛，亦不之过，此亦中央之德意有以感召之也。藏政府所派招待人员，除亚东总管沿途随侍外，在拉萨者有霞札、詹东及滕巴三世家公子，尤为空前创举。其所准备之行馆，宅名色兴额，忠信等一行人员于午后四时许到达。当日，丹巴嘉样、彭休、彭康三噶伦及其他高级官吏即来行辕谒晤。

第四节　到藏后之种种

忠信此次入藏，除办理第十四辈达赖喇嘛转世及坐床事宜，容留待下节详述外，兹将其他各事，择要言之于后：

一、分赠礼品

此次由港、沪及渝、蓉各地所购礼品，计有三百余驮，极为丰富。除少数钟表外，大抵系杭绸、库缎、湘绣、康茶及景泰蓝、闽漆器、磁器等类，多为国货。到藏后即普遍馈赠，上自达赖下至僧俗六品官吏三百余人，均有赠送。其数量之多，亦为前此所未有。送达赖礼品，竟用八十余人舁往，可见一斑。

二、布施寺庙

西藏无人非佛教信徒，故寺庙林立，随处均有。其庙内之喇嘛，少则数十，多则数百数千不等。喇嘛为社会上一种特殊阶级，具有操纵舆论，左右政治之魔力。拉萨附近之三大寺——哲蚌、色拉、甘丹——尤握有无上权威。本人既达藏境以后，凡遇寺庙，即予布施。及抵拉萨，先在三大寺布施一次，每人藏银三两。后又于藏历新年时，乘传招机会（按藏俗，每届新年必集前藏各寺喇嘛于拉萨大招寺，诵经礼佛，并接受各方之布施，谓之传招），所有前藏喇嘛均集中在大招寺，又布施一次，每人藏银七两五钱。至于后藏之札什伦布寺，亦派顾问奚伦代表前往布施，以免向隅。故此次布施之范围既广，而每人所得之实惠亦为空前所未有也。

三、施诊施药

西藏社会仍滞留于神权之阶段上，对于一切科学设备当甚缺乏，所谓医药卫生亦俱无之。官民有病，只知向神祈祷，吃香灰，稍富有者则请喇嘛诵经，此外更无疗治办法。且西藏男女不谙卫生，花柳病非常普遍，据一般推测，西藏几有十分之七人口患有花柳，可知此问题之严重矣。忠信此次入藏，聘有留德医学博士单问枢同往，并购带大量药品。抵藏后，即施诊施药，每日来就诊者，户为之穿，活人无数，此亦予藏人以一极深刻之印象。

四、宣慰僧俗官吏及人民

中央与西藏之关系，二十余年来不绝如缕。其所以至此之由，原因虽极复杂，但西藏僧俗官民对中央政情之未尽了解，当为重要原因之一。故忠信在藏，凡僧俗官民之来见者，无不予以接见，并遵照中央意旨，多方说明中央对于边疆之德意，及汉藏一家，西藏必须倚赖中央始可存在之理，听者无不感动而心悦。此在收拾人心一点上，收获殊大。

五、册封热振及授给噶伦勋章

中央于二十四年十一月锡封热振辅国普化禅师名号，颁给册印，交由护送班禅回藏专使赍往，迄以班禅回藏未成，册印缴存本会。此次忠信欲乘入藏之便，完成此项手续。同时，中央以热振及噶伦等绥抚西藏，久著劳绩，特授给热振二等采玉勋章，噶伦等三等采玉勋章各一枚，由忠信携往办理。经与藏方商洽结果，册封热振并授勋，订于二月十五日上午十时在拉萨锡德寺正殿举行，授勋四噶伦则于同日下午。届十五日上午前去，热振已先在。礼堂中设一案，陈列金印、金册及勋章，忠信代表国府主席立案左，随行人员依次排列，热振立案右，其所属僧官亦依次而立。典礼开始后，热振先向主席献哈达致敬，由忠信代表收受，忠信随将册、印、勋章等递由热振亲受。礼成，热振亲送至殿外，乃回坐殿中受藏官之贺。下午，授给四噶伦勋章。热振及噶伦等比于十七日分别电呈主席林暨委员长蒋申谢，并祝国泰民安，政躬康健。

六、劝导安钦拥护中央

中央委员安钦活佛，原为班禅教下之重要人员，学识兼优，自与班禅左右不洽后，乃于民国二十六年春经南京赴北平。抗战发生，国府迁渝，安钦迄未南来供职，据报已任北平伪组织蒙藏委员会委员长，并于二十八年四月回藏活动。忠信抵藏后，即面嘱后藏札萨转告安钦，从速表明态度，拥护中央，否则必于安钦不利。安钦于三月底派代表王明庆来谒，报告安钦留滞平津及脱险返藏经过，为表明心迹计，拟即拍发通电，拥护国民政府，服从领袖。王随将安钦通电中央之电稿呈阅，深明大义，殊堪矜许。王并称安钦因足疾不克来此，拟俟忠信东返时赴江孜迎晤。通电比于三月三十日发出。迨忠信返抵江孜时，安钦果专诚赶到，极表其拥戴中央服从领袖之忱。忠信因本中央宽大之旨，多方予以嘉慰。

七、与英派赴西藏代表往还

英人对藏，注视素严，此次对于忠信入藏后之做法，自十分注意。因于忠信抵藏之初，即派其驻锡金行政长官古德为代表，前来拉萨。适古德以爱子在印度患病，迟迟其行，至二月五日始达拉萨。忠信迭与说明中央主持达赖转世系循旧例办理，并无若何企图，以免其疑，同时对西藏政府方面，并特别注意与宣导，使融洽无间。及达赖坐床典礼举行之日，古德因座位问题未出席。此后传闻彼警告藏方，不得与中央商谈任何政治问题；如有所谈，必须先行通知英国代表云云。西藏对英，究仍有所畏惧，以是中央在藏关系之发展，颇多受此影响。

第五节　第十四辈达赖喇嘛之确定及坐床

一、热振呈请免予掣签及国府明令照准

最初西藏政府呈报中央，谓在青海选得灵儿一人，在西藏选得灵儿二人，拟集齐拉萨，降鸾掣签。迨忠信抵藏后，始悉其所选得之灵儿，仅接得青海拉木登珠一人至拉萨，余二人则寂无所闻。比按之达赖喇嘛转世手续，或掣签或不掣签，均属可行，但必须呈请中央核定。热振以西藏僧俗官民咸认拉木登珠为真正之达赖化身，希望免予掣签，乃于二十九年一月二十六日具文呈请如次：

吴委员长钧鉴：

为欲明了雪地仰赖大佛第十三辈达赖转世与否？谨于乙亥年在达赖寝室内所奉发言女神前拈取卜丸，神示已经出世。且十三辈转世之时，父母、房屋等明见于曲科吉神湖之中。为使大众相信心服起见，本呼图克图于布达拉释迦佛前亲诣卜问，观湖时机到否，回示已到。遂于十三辈达赖金塔格勒笃觉建筑完成之后，余主仆一行人等不辞劳苦，竟赴曲科吉，于对康汪母女神前供陈亿盏祭灯，虔诚祝告。乃审视神湖，果见“□”阿“□”噶“□”麻三字，以及产生之房，并山野形势，皆甚明显。于是随往南边各寺庙祭神拜佛，在桑鸢寺

求降仔乌马布神。降临之时，神以哈达向东而投；噶东神亦先后明示生于东方；乃冲神新选降神人初次降神于达赖寝室之时，亦将哈达向东投递。其后藏政府特为许愿与乃冲大神暨噶东神新制神装各一套，奉献从隆。致祭后，噶厦公所求降乃冲大神。方将叩问，大神起立欢跃，向东顶礼三次。尤奇者，十三辈金塔殿中东面之北长木柱上，以及木柱础石之际，新生菌子之类，形如鹿角，似菌非菌，长短参差，难言其名，实存可证。前达赖初在坚岭颇章宫殿之期美巧基寝室作卧狮之形，面向东北而圆寂，及至移柩俄擦白期宫殿，至石路上时，参孝打札佛爷瞥见达赖笑向东北天空。又俄擦白期宫及其后布达拉各宝座上，原系向南，乃无人移动竟自转向东方。屡次异兆，均经当时办事人员普觉荣尊佛及其他念经佛爷等共见。

以此观之，转身灵儿必生于西藏之东或东部何区无疑。因此，各寺佛爷名册内，由乃冲大神拣派下列有缘者三员前去寻访。其经过之地，由余虔祝三宝，依照卜卦所示：北方及达布一带，请普布觉降巴佛寻访；阿多、阿日、笃迈、宗喀等地，请参孝纪仓佛寻访；拉里、昌都、乍亚、工布一带，请色拉吉巴康萨佛爷寻访。且前达赖素喜纪仓佛爷，癸酉年达赖有疾，令纪仓佛以经水濯秽，纪佛不敢亲手，请以铜镜代之，而达赖便许纪佛以亲手拂濯达赖之顶。余到曲科吉时，纪佛与之同行，观湖之时，纪佛曾见一山及山顶小石堆上所竖经旗，并旷野长路。其时噶厦为求寻获达赖真身，求降仔乌马布神，神所佩护心镜及阿西哈达作投向东方之状，交与纪仓佛。则就此种种预兆，显见纪仓有寻访欢迎之缘。

丙子年重修桑鸢寺，工作完竣，建竖牌坊金顶之时，余亲到该寺，乃冲大神亦请驾临。举行典礼之日，神降欢喜而发言曰："天空明亮水晶宝，形虽如水无所着；雪地宗教生灵主，求之不在东方乎？"其后，藏王、噶厦、总堪布等公同求降乃冲大神时，又云："至佛手中莲花，转身极贵灵儿，应行压禳诵经，悉照鬼所前言。今世之人何多言，寻获时机将快至，法师湖中早所见，勿忘依行可成功。"于是，阿多、上下阿日等处，纪仓佛一行人等前去寻访。访得有所异兆、异像之孩童共十四名年龄、姓名详细电报前来。查电中所叙："青海阿多塔尔寺之东，地名大泽之所，有一家焉，名为祈家。父名曲却策仁，庚子岁生；母名四朗错，辛丑岁生。于乙亥汉历六月六日，正值日出之时，生下一子，名曰拉木登珠。班禅佛爷致书于戒古纪佛同人云：'此子生时，村人皆见祥虹射其家，及问本家父母，皆隐瞒不言。然视其子，容貌魁伟。'云云。此次询问其家，亦云别无异兆。前者纪佛化装为仆，职员仔仲罗桑泽汪仍着本装前去查探。父母既不识藏语，而小儿喜形于色，手挨纪佛，并摸弄纪佛颈上所带佛珠，口称嘛哩，向纪佛呼为喇嘛，仔仲呼仔仲，仆人呼为色拉的阿噶。又云纳巴（即手）等，向我主仆所发藏语数句，皆无差错，稍有可奇"云云。

其后，僧俗大众要求噶东神代求乃冲大神，所有各处寻访人员访出有所异兆小孩，已经电报前来，究竟达赖真身是谁，父母何名，生地何方，祈神明示。神亦示以向有希望之方力求。乃再电令纪佛等将所有试验物件，完全携去，详审各小儿所得无疑真证，详电前来。回电内开："纪仓佛以及随从僧俗职员人等，同到大泽祈家，携有第一黄色珠，第二黑色珠，第三银制唤人蛰鼓，第四手杖。每样各配一假，请灵儿随意取之。第一、二、三皆取其真者，毫不疑贰。第四之手杖，先取其假者，审谛之，舍假而取其真。即以两珠带于颈，左手扶杖，右手执蛰鼓摇之少顷等事，毫无饰词虚假。"

等语。窃查随身应用之物，均能认其真假，前世之物，再世尚忆，先后奇兆，均可证实无疑。然事关重要，必待取信于群众神人，谨于历辈达赖灵前，虔诚祷告，并仍由藏王、噶厦、总堪布、堪仲等公同求降大神于达赖法室。神亦不观祝文，决认青海大泽祈家之灵儿为真身，复向东方投递哈达敬礼。余在神湖所见，以及卜卦并大神先后所点，灵儿选认随身用物等，皆甚符合。僧俗大众皆认为已炼已切已磨之金，且属至圣之宗哈巴大佛降生之时，曾落少许断脐之血于座侧，因而新生檀香，枝叶茂盛之上，显出森根安如佛像万尊，因名其地为阿多古朋万尊佛。如此名胜佳境，不异极乐世界之大泽祈家，降生而后之祥征吉兆，非心思言语所能尽宣，西藏僧俗大众，贵贱大小，皆中心诚信，认为十三辈转世之真身。因群众情投意合，不须掣瓶，照例剃发受戒，业已呈报中央在案。兹遵乃冲大神所示，庚辰年坐床为吉，谨诹定正月十四吉日，举行坐床典礼。拟请转呈中央核示祗遵为荷！特此，尚希鉴核。

西藏代理藏王摄政云蒸热振呼图克图

己卯十二月十七日

忠信接得此项报告后，即据以转呈中央，旋奉行政院佳电开："奉国民政府二十九年二月五日令开，青海灵童拉木登珠，慧性湛深，灵异特著，查系第十三辈达赖喇嘛转世，应即免予掣签，特准继任为第十四辈达赖喇嘛。此令。等因。又奉令开，拉木登珠业经明令特准继任为第十四辈达赖喇嘛，其坐床大典所需经费，着由行政院转饬财政部拨发四十万元，以示优异。"各等因。于是拉木登珠继任为第十四辈达赖喇嘛遂行确定。比即转知藏方，并决定国历二月二十二日（藏历正月十四日，阴历正月十五日）为举行第十四辈达赖喇嘛坐床大典日期。热振及噶厦等于十七日电呈中央接受并致谢。

二、访晤灵儿

自接得热振请免掣签之报告后，原拟即行访晤灵儿，面加考察，再予转呈中央。嗣以见面形式问题之商讨，遂将转呈中央电先发。嗣经商妥，约定一月三十一日午前十一时晤面。灵儿在未坐床前，照例住于拉萨郊外罗布岭冈（即宝贝林之意），届时前往，由顾加总堪布等导至小花亭中，灵儿已先在，互换哈达后，频以问题询之，彼均能含笑作答，言语举止均极沉着。以年方五岁之幼儿，竟聪颖如此，殊属难得。灵儿能通汉语，对汉人十分亲切。谈约十余分钟，偕其在亭前共摄一影，并赠以礼品数事，彼极为喜悦。嗣又往访其父母。彼等皆久习汉化，内向之情尤为殷挚。

三、坐床典礼

第十四辈达赖喇嘛坐床典礼，定于二月二十二日上午五时【半】在拉萨布达拉宫举行，其于中央主权最有关系者，则为座位问题。在初，西藏政府拟以忠信与司伦或热振相向对坐，忠信均未接受，乃照驻藏大臣旧例，请忠信与达赖面南而坐。座位问题既定，其他琐碎者均无关宏旨，遂按旧例及宗教仪式办理。灵儿原住罗布岭冈，先一日藏政府以盛大之仪仗迎至布达拉宫。及期，典礼按时举行。其座次如下：

1. 达赖及忠信坐北面南。
2. 中央官吏坐东面西。
3. 热振率司伦及僧官等坐西面东
4. 噶伦及各世家公子坐南面北。
5. 尼泊尔、不丹代表坐东面西，位中央官吏之下。

至于英国代表古德，则以座位问题未出席。兹更将该日座次以图示之：

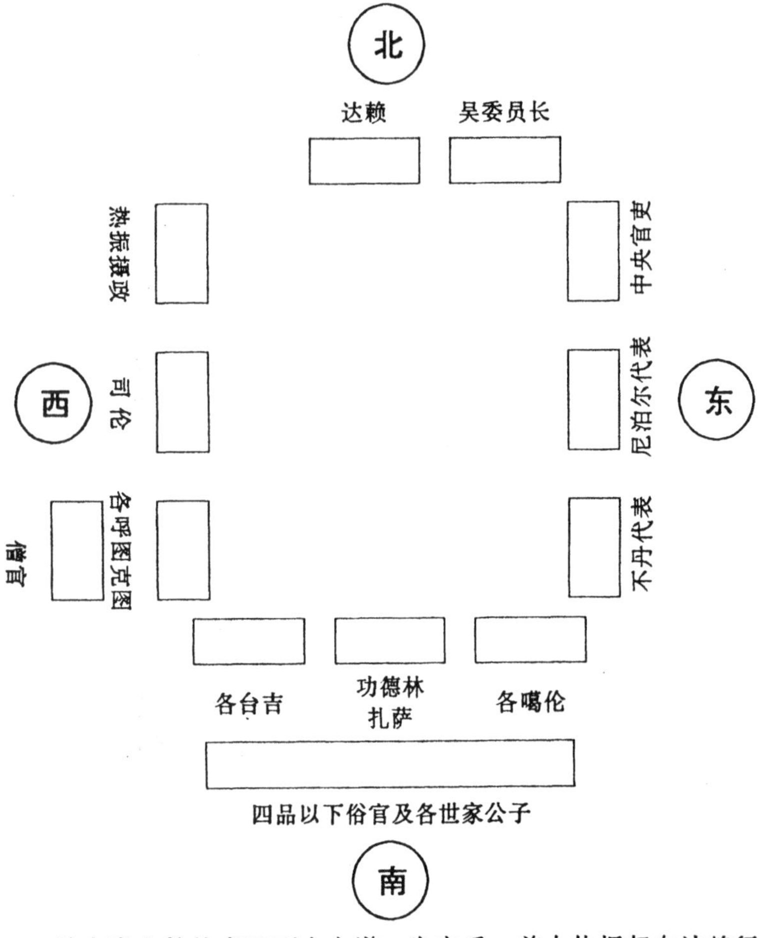

计出席人数约有五百人之谱。坐定后，首由热振起向达赖行三叩首礼，三噶伦继之，热振立殿之中央，对达赖诵经并宣读疏文，约十余分钟始毕，随有堪布一人持锦制丁钢多尔济一幅挂达赖座上，寓长寿不变之意，另一堪布以宗喀巴僧帽（尖顶黄色）加诸其顶，此即如欧洲之加冕。嗣热振率各活佛向之献哈达及五供。忠信及随行各员亦即进哈达致贺。再次由司伦、噶伦及大小僧俗官吏鱼贯而前，敬献哈达，亦间有献五供者，因人数众多，约一小时始毕。旋有辩经师二人，在殿柱两则互相问难。嗣有幼童二十余人入场舞蹈，手持短钺。继之则有进茶进饭各节目，最后乃殿以抢夺面饼一幕。面饼系糌粑制成而经油炸者，于上述各项节目完成后，即由另室运至殿中，堆积如山阜，其上更排列牛羊肉，高及屋梁，于时由仆役、平民数十人入殿争抢，各堪布持木棍乱击，一时声音嘈杂，直至各物抢尽，始仓皇散去。闻此仪节，藏中相沿已久，殆以热烈情绪象征将来之吉祥。礼成，达赖及宾众相继退去，时已九时三十分，计费四小时矣。典礼举行后，中央各方纷纷致电道贺，达赖亦分别复电答谢。热振暨噶厦等并于三月八日电呈主席林暨委员长蒋云："十四辈达赖佛慈念众生，化身早临，僧俗群众，皆大欢喜，乃于藏历正月十四日升布达拉宫宝座，举行大典。承中央特派代表蒙藏委员会吴委员长亲临，并赠赐礼品，祥瑞十分，感戴无暨。至于中日战事，现正由三大寺暨各寺喇嘛大举祈禳，祝祷中央胜利。"等语。

第六节　班禅灵榇回藏及交通问题之商榷

班禅大师回藏，开始于民国二十四年，因西藏政府迭加拒绝，迄未能达回藏目的。抗战发生，班禅奉令退驻青海之玉树，原期俟对藏问题稍得调洽后，再护送西返，不幸竟于民国二十六年十二月一日在玉树圆寂。其灵榇及行辕人员，中央本令移驻康定，后因行辕人员不肯东来，遂只得准其暂住甘孜。忠信此次入藏，原拟乘便径与西藏政府商洽，将其灵榇送回西藏，俾资办理建塔转世各事。讵意忠信尚在入藏途中，忽发生甘孜事件。班禅行辕于二十八年十二月七日与甘孜驻军发生冲突，康军章团长镇中死焉。后以中央之处置得宜，不久即告敉平，班禅行辕乃奉灵榇退驻玉树，而其必须回藏，尤见迫切。再则班禅行辕于忠信启行入藏之初，曾对西藏政府提出要求条件，嘱代转洽。

其外，中央与西藏关系之所以未臻亲密，虽半由人事上之未藏，但彼此相距窎远，交通不便，亦为重要因素。故欲融洽汉藏感情，调整中央对藏之关系，应以开辟交通为政策之一。但年来西藏政府对于中央入藏之人员，多予拒绝，对于入藏之交通，多予封锁，殊不合理，亟应与藏方洽谈，以资改善。

因于第十四辈达赖转世及坐床各事办理完毕之后，于三月十日派秘书周昆田、组长孔庆宗、咨议张威白将上述三案携函面晤噶厦商洽。噶厦以案关重要，容研究后再行答复。嗣闻噶厦、热振对此三案均无法解决，曾迭开会议商讨，并降神打卦，以资决定。迄四月二日始接得噶厦复文，照译如下：

蒙藏委员会委员长钧鉴：

兹奉汉历三月十日所发公文三件，内附班禅一行人等所要求条件，详查后，即已转呈摄政云蒸热振呼图克图。窃维中藏间来往一节，系中央念其汉藏施主情谊较前尤增之雅意，在藏方亦不得不体贴盛意。然藏地非他国可比，地高土小，年内收获只有一次，以是粮食出产颇少，已在委员长洞鉴之中，若大批多数人到来，必为人民之痛苦。所以对于长驻藏地，致碍人民之无论何种人物，以及携带武械等事，不得不分别详查。除中央公务人员因公入藏，可随时由无线电洽商外，其他朝山礼佛暨商界来往等事，系关于地方太平，双方应宜原谅，当照承认。今委员长勋德无量，驾临藏地而后，以佛教政治振兴发扬，并中藏较前和睦边疆安宁为念，不胜感谢！此等事宜，得以应手之门径，举列于下：西藏系宗教政治并施之国，专以振兴佛教以及全球众生得获安乐为主要，以是政府应有入款，概为宗教上应用之费，虽蒙中央为汉藏施主之谊，予以和平，然边界官员数人不遵中央命令，破坏汉藏和平，屡次冲突，一向已将藏土德格、夥科、瞻对等处夺占，至今尚未退还，竟将藏方奉佛之资取为己有。且藏经多载“藏不安汉不平”之语，则是上项各地占领而后，于中央无益而反有害，于藏方失去该地之收入，遂将应需奉佛费及该地寺僧并补充三大寺僧徒等费，较前减少。以故非但于宗教有害，而且西藏民众实深痛惜疑贰。因此各处边境常驻官兵防守，以致卫藏上下人民，困苦殊深。且汉藏中往来不便者，皆因边境不平之所致，请将藏土德格、夥科、瞻对等地归还藏方，并由中央严饬各边界不得照前滋事，俾得边地平静，则西藏人众心信意服，汉藏和平较前尤进，并恢复奉佛之资，振起佛教，万寿无疆。汉藏政治进展，人民享福，往来便利等，实属重要之事，恳祈查核迅赐示复。关于班辕之事，灵榇、财物现在何地？亦请中央调查，当即遵从函令，行至边界，自当欢迎，以及应当顾念之事，亦当从妥办理。

噶　厦

庚辰二月二十五日（即国历四月一日）

绎上复文，其对本问题之置答，是否令人满意，姑不具论，而其夜郎自大，以独立国家自居，则属其内在精神。其对交通问题尚不肯放松，对其他较大问题，自无法可以商谈。除即派员口头向藏政府说明其观点及请求之不当外，复于四月十四日晨，以行辕秘书处名义函复噶厦，照录如下：

径启者：贵噶厦庚辰二月二十五日复函一件，经已转呈委员长阅悉。兹奉谕："班禅法体回藏，行至西藏边界，噶厦表示欢迎，对应当顾念之事，亦从妥办理一节，自当即予转呈中央核办。又关于内地与西藏间官民往来办法，噶厦之意，中央公务人员因公入藏，可随时由无线电接洽，其他朝山礼佛及商界来往等事，关系地方福利，当照承认；惟对于携带武器，彼此应分别详查等情。虽尚略有窒碍，但此后可由驻藏办事处随时与噶厦商洽，总期双方交通益臻便利。至于噶厦函中所称请将德格、夥科、瞻对等处交还西藏云云，查自前清雍正时划分川藏疆界，德格、夥科、瞻对等处之土司地方，概归四川雅州府管辖，原非藏地。且所请已溢出交通问题之范围，未便转呈，应即函复噶厦。”等因。相应函达，即希查照为荷。此致

噶厦公所

蒙藏委员会委员长行辕秘书处　二九、四、十四

此函发后，忠信亦即启程东返矣。

第七节　成立蒙藏委员会驻藏办事处

前清在藏设有驻藏办事大臣，其地位与达赖平行，凡藏中之重要问题及官吏之任免等等，均由驻藏办事大臣转报朝廷核办。及民国鼎革后，驻藏办事机关遂告中断。迄民国二十三年，致祭达赖专使黄慕松由藏内返，留行署参议刘朴忱、蒋致余驻藏接洽未了事宜，于是中枢始续有人员在藏，然尚未正式设立机关也。嗣刘朴忱病故，蒋致余又于二十七年夏离去，此时唯有一交通部无线电台台长张威白，本会委为咨议，令其在藏维系，中央与西藏关系之未断，亦云幸矣。现在中央与西藏之关系，既已显有进步，将来有关政治推动之事，当日见增多，亟应乘此时机组设一健全机关，以专责成。惟对于名称方面，颇费研讨，乃拟定（一）蒙藏委员会委员长驻藏行辕；（二）蒙藏委员会驻藏办事处之两种，于二月艳日电呈行政院核示。旋奉三月庚日复电，以行辕不合体制，办事处地位太低，均非所宜，应改为驻藏办事长官公署，嘱与藏方商洽，遵于三月十三日派顾问奚伦往晤热振商讨。据热振答称如下：“（一）藏中内情复杂，人民疑虑夙深，此时骤设高级机关，易滋误会；（二）英国代表古德在此未去，正密切注意中央与西藏政治问题之开展，不无顾虑；（三）按照十三辈达赖向例，此等重大案件必先交僧俗民众大会解决，预计万难通过，届时徒损中央威信，本人心殊不安；（四）此次完成达赖坐床典礼，汉藏情感恰臻圆满，此时吴委员长尽可先行返京复命，本人在此当再徐为运用，总期达到中央希望；（五）本人受中央厚恩，无时不思

竭诚图报，既有所见，不能不掬诚相告。”等语。因于删日电陈行政院，并请示办法。至三月二十二日，接奉行政院智电，以在拉萨设置长官公署一时既难办到，准照艳电所拟设置行辕或办事处办法，与藏方商洽。几经考虑，为免蹈覆辙计，遂对藏取通知方式而不取洽商方式，以免其表示拒绝意见，反成僵局。二十五日上午，即发表随行入藏之本会藏事处处长孔庆宗为驻藏办事处处长，驻藏咨议张威白为副处长，并限于四月一日筹备成立，同时分函热振及噶厦查照。另一方面，又将中央设立蒙藏委员会驻藏办事处之意义，嘱员分别告知热振及噶厦。乃于三十日电呈行政院报告驻藏办事处成立经过。

第八节　离藏返渝

在藏办理各案既已完毕，而对藏之重大政治问题，又不能作进一步之商讨，遂决定于四月十四日离藏东归。后藏札什仑布寺以道远未能与前藏寺庙同时布施，乃派顾问奚伦为代表，于四月八日前往，期事竣后在江孜会齐东返。除致函噶厦请分别准备乌拉外，并电中央报告行期。藏政府比派代本嘉札为护送专员，率卫士沿途侍护，所征乌拉亦分别如期集齐，奚顾问遂于四月八日成行，忠信及行辕其他人员于四月十四日成行，藏政府及各方欢送情形，与忠信到拉萨时欢迎各节完全相同。

四月念二日抵江孜，奚顾问等一行于次日到达，安钦呼图克图亦于二十三日赶到，相谈至洽，其经过已见本章第四节中，兹不赘述。

四月二十五日离江孜续进，途中闻擦绒将返藏，仍拟与忠信一晤，嗣知其在锡金冈多相候。五月七日抵冈多，擦绒比即来谒，当将所乘骡轿之骡二匹、轿一乘及所用鞍镫等赠之，彼极感悦。驻印度加尔各答总领事黄朝琴亦于五月八日到冈多。计忠信在冈多勾留三日，迭与擦绒将中央及西藏之关系加以研究，彼亦深切明了英人对藏之蓄意，惟过去苦于无法认识中央，彼并表示，此后愿对中央多所致力云。锡金王对忠信款待甚殷，曾迭与往还，感情至洽。

五月十日离冈多，抵噶林堡。因洽运藏政府托带礼品及公物行李等等，并略事休息，至五月十六日离噶。在驻噶期间，曾晤及印度诗人泰戈尔，彼对中国之抗战极为推崇。

抵加尔各答后，印度国民党领袖尼赫鲁约与晤谈，因于五月二十二日偕驻加总领事黄朝琴赴阿勒哈伯德拜访。该地气候极热，终日恒在华氏表一百二十度上下。尼氏礼遇甚恭，盘桓一日而返。

此时欧战剧烈，印度各地亦顿成紧张状态，商轮常被政府征用，行旅较艰，迄五月二十九日，始与行辕各员分别乘飞机及轮船离印赴缅。忠信系乘飞机，比在二十九日下午一时到达仰光，六月四日离仰飞抵昆明，六月十一日回渝。行辕其他各员，则因车辆困难，迟至七月底始达重庆，因即呈准行政院将蒙藏委员会委员长行辕于七月三十一日撤销，于是忠信入藏一案，至此遂靠结束。

第三章　西藏现状之考察

第一节　西藏社会之特质

论边事者，多以神秘称西藏。盖以该处地居高寒，雪峰连亘，外界人士不易深入，而西藏当局因宗教及习惯关系，复持封锁政策，遂形成遗世孤立，与外界隔绝之形势，藏人亦自安于其简陋朴野之生活。不明究竟者，乃群焉以神秘目之，实则非真有何神秘也。兹先将西藏社会之特质，略述如次：

一、宗教至上

西藏乃一宗教势力最大之地方也。西藏人民笃信佛教，凡家有数子者，必送其一二入寺为僧。僧侣在社会上具特殊地位，享特殊权利，不受官厅之管束，不负纳税之义务，一切生活所需，胥由人民供给。藏地文化偏枯，一般人民无受教育之机会，而僧侣因须诵读经典，必习藏文，僧侣更利用其特殊地位从事经营商业，增置庙产。故在今日，西藏寺庙已成为社会上一切文化与经济之中心矣。藏民对于宗教信仰弥深，虽至贫苦者，家中亦必悬供佛像一二帧，晨夕焚香默祷，以求佛佑，富贵者更有佛堂之设。藏人患病，轻则自诵经咒，重则延请僧侣为之禳解。如遇天时旱潦，必延僧侣念经祈雨祈晴。凡此，均足表示藏人之日常生活，已与宗教发生密切关系。僧侣之有地位者，尤得藏民崇拜。每年自各地前往拉萨朝佛者，络绎于途，类多囚首丧面，衣服褴褛，沿途乞食以行，状至困苦，亦有中途为野兽吞食或堕入山谷毙命者，彼等犯险历艰，目的乃在倾其所有供献达赖，而以一得达赖之“摩顶”为功德圆满，其信佛之深，概可想见。各地寺庙自有系统，不受地方官厅之管辖。其主持堪布，均由达赖直接委派，多有利用其优越地位左右地方政治者，至于总揽政教大权之达赖，更不待论，故西藏乃一宗教至上之社会也。

二、阶级森严

西藏社会阶级之划分，细微严密，亦远非他处所可企及。其制系分上中下三级，每级又分上中下三等。上级上等，达赖及藏王等属之；上级中等，噶伦及活佛、掌教喇嘛等属之；上级下等，代本、营官及普通喇嘛等属之；中级上等，地主大家之后裔等属之；中级中等，书记、小吏等属之；中级下等，兵卒及一般人民属之；下级上等，官员家族之仆婢佣人等属之；下级中等，男子无妻无家、女子无夫自为生活者及乞丐等属之；下级下等，屠夫、清道夫、收尸者及五金工人等属之。各级之间不通婚媾，不作交往，富贵者世为富贵，贫贱者世为贫贱。富贵者衣必锦绣，食必珍馐，出必乘骏马，携仆从，贫贱者劳苦终日，不得一饱。各级各等之间，界限分明，不稍僭越，礼节亦有区别。各级各等之人员，对于本身所属阶级视为前生命定，行之若素，即极下贱者，亦甘之如饴。阶级观念深入人心，故西藏乃一阶级森严之社会也。

三、贵族专政

在西藏社会中，有所谓世家者，盖即贵族之通称也。西藏原有一百七十五世家，以历年增加，现已超过二百之数。世家之渊源有四：（一）地方原始土司有功于政府者；（二）历辈达赖之家属；（三）曾为噶伦以上官吏者；（四）其他富绅经政府特许者。举凡西藏政府各级官吏，必须于世家子弟中遴员充任。世家子弟入政府所办之学校，经过二三年之训练后，俗官得称仲科，僧官得称资仲，政府即于仲科、资仲中选择其所认为适当之官吏，虽达赖亦不能违越此种习惯之限制。故西藏之政治，实为贵族所垄断也。

四、民生困苦

西藏因地处高寒，农产稀少，人民生活本极困难，而西藏当局压迫剥削更无所不用其极，使藏民生活堕入人间地狱，其苦乃不可言。西藏当局视人民直如奴隶牛马，随意役使，随意蹂躏，不稍怜惜。政府征用人民及其牛马，照例不付代价，即伙食马干亦须由人民自备，而差徭纷繁几无宁日，人民受扰之剧可以想见。政府复可一纸命令无代价的征收人民之财产，或将此种财产赏给寺庙或贵族中之有功者。总之，在西藏境内，人民已失去其生存与自由之保障，其生活之痛苦实非言语所可形容也。

综上各点，可知西藏实为一神权支配下之社会，人民知识落后，惟知迷信宗教，少数贵族乃利用宗教势力，以造成一般人民之阶级观念与安命心理，虽受无穷痛苦而莫由自拔。然则如何提高西藏之文化，改善藏民之生活，是皆我中央政府之责任也。

第二节　宗　　教

古代西藏之宗教，本极纷杂，其能发扬光大，获得藏民普遍信仰，蔚成今日西藏之统治中心者，厥为佛教。据藏人自纪之历史所载：约当民元前二千五百余年，印度王子甲噶尔霞巴，因犯罪流入西藏，藏人民见其相貌举动与众不同，以为天神下降，即扎木舆，肩回部中，拥为藏王，名聂直赞布。王乃从事宣扬释迦牟尼之教义，是为佛教传入西藏之始云云。此说是否可信，姑不具论，而西藏佛教之传自印度，盖无疑义也。唐太宗时，文成公主下嫁藏王松簪干布，公主崇信佛教，藏王深受影响，于是建寺庙，译经文，并派专人赴印习经，佛教在藏渐立根基。其后复经历代藏王之提倡阐扬，浸成今日之崇高地位。兹将西藏宗教之派系及现状，略述如次：

一、宗教之派别

甲、黑教　藏人称棒那，即棒教，为西藏之原始宗教，崇奉天地日月，星辰雷雨，山川陵谷，乃至一切万物，盖一多神教也。以诅咒禳祓为事，崇尚魔术，行为怪诞，既无真正教理，又无文献足征，佛教兴起后，渐归消灭，现仅后藏撒加地方，及西康三十九族之噶鲁，尚有其遗迹。因教徒黑衣黑冠，故称黑教。

乙、佛教　佛教有如下两派：

（一）红衣派　藏人称萨嘉巴，为佛教传入西藏发扬最早之一派，教徒皆红衣红冠，故有红教之称。此派之始祖为莲花大师，西印度有名之学者也。藏王赤松特赞时（在唐景元年间），被聘入藏，宣扬佛法，深得人民信仰，乃就西藏旧教革其不善而奖其善者，另立宗派，于是藏人及旧教徒，咸洗心归依，仰为救主，不及三年，佛教普及全藏。元代时，其教主帕思巴，得元廷之信仰，封大宝法王，管领藏地，以教主兼握政权，盖自此始。嗣后教徒以世受尊崇，流于侈惰，骄奢淫佚，无所不为，且以吞刀吐火，欺世炫俗，佛教本旨丧失殆尽，乃有宗喀巴者出，倡改革之论，别创黄衣派。新派兴起，旧派渐衰，然迄今西康一带，红衣派之势力仍盛。

（二）黄衣派　明代以后，红衣派日益衰败，宗喀巴洞知流弊，立意革新，整顿风气，严定戒律，禁娶妻，尚修行，从者日众，势力大盛，当时虽异教教徒亦多表示尊崇。其徒均著黄衣黄冠，故有黄教之称。实则黄衣派之异于红衣派者，唯在重戒律，尚修行，其旨趣教义，固与红派无殊也。宗氏圆寂后，遗嘱以二大弟子继承衣钵，世以呼毕勒罕转世。其二大弟子，即达赖及班禅也。藏人称此派为革鲁巴，为西藏现时势力最大并握有政权之宗教。

丙、白教　藏语称棒噶，亦棒教之一派，于红教衰败时乘机兴起，戒律尚严，惟势力甚微。黄教兴盛后，即趋没落，现西藏境内，仍间有白教寺庙存在，惟数甚少耳。

佛教传入西藏后，与地方旧有宗教混合，在形式上与教律上，不无异于原始佛教之处，又以藏人称佛僧侣为喇嘛，故有统称西藏佛教为喇嘛教者，亦非无因也。

二、寺庙之现状

西藏寺庙及喇嘛数目，虽无确切之调查，据管理西藏宗教事务之大仲译然巴氏口述，西藏全境有寺庙一千七百余所，喇嘛人数约五十万，此说似不甚可靠。清乾隆二年，对于西藏僧俗人口曾有统计，计前藏有喇嘛三十万零二千五百人，后藏有喇嘛一万三千七百人，两共三十一万六千二百人。以现时西藏宗教事业之情形而论，则喇嘛数目，只有减少，决无增加，故吾人估计现时西藏喇嘛之人数，当在二十万至三十万之间。

全藏寺庙之主持堪布，均由达赖直接委派，不受地方官厅之管辖，亦不负纳税当差之义务。寺庙之经济来源，计有四端：（一）寺庙本身财产及其经营商业所得利息；（二）官民之供养及布施；（三）喇嘛诵经所得报酬；（四）政府之补助。因藏人信佛甚深，往往倾其所有，贡献寺庙，故寺庙之收入颇丰。又以寺庙有免差免税特权，喇嘛常利用其特殊地位经营商业，藉获厚利，逐渐形成其雄厚之经济势力。一般藏人多不识字，只有寺庙喇嘛学习藏文，喇嘛之知识自较一般平民为高。故在西藏社会上，寺庙已成为一切经济与文化之中心。惟最近数年，西藏之宗教事业颇见衰落，其原因有三：（一）民国以后，中央对西藏之协款撤销，所有军政各费，概由西藏政府自筹，人民负担加重，同时因历年战事，差徭纷繁，人民生活日趋困苦，对于寺庙，无力供应；（二）西藏接近印度，近年来藏人不乏来往英印之间者，西方文明逐渐侵入，使无知藏人，外慕新异，内厌故常，对于宗教生活渐感厌弃；（三）最近西藏政府曾有令全境寺庙，除特许者外，一律纳税当差之说，果尔，则对于寺庙之打击自属重大。因此西藏各地寺庙无不僧侣减少，香火零落。即以拉萨三大寺而论，人数均见减少，其他概可想见矣。

三、拉萨三大寺之特殊地位

三大寺者，即拉萨附近之别蚌寺、色拉寺与甘丹寺也。别蚌寺号称有喇嘛七千七百人，色拉寺号称有喇嘛五千五百人，甘丹寺号称有喇嘛三千三百人，历史悠久，规模宏大，为西藏境内最驰名之寺庙，得全藏人民之讴歌崇仰。其地位亦与普通寺庙不同，举要言之，三大寺有下列特殊权利：

（甲）三大寺有参预政治之权　三大寺堪布可代表寺庙出席西藏政府各种政治及军事会议，并为出席民众大会之当然代表，其意见颇为政府所重视。

（乙）三大寺有管理拉萨市政及司法公务之权　在藏历每年一月五日至二十六日，为规定传招之期。在此期内，三大寺喇嘛齐集拉萨，白日在大招寺念经传招，夜间即分居民家。所有拉萨全市僧俗人等，除达赖及中央官吏外，其管理处罚及街道之清除、交通之维持等事，均由三大寺铁棒喇嘛负责执行，就中尤以别蚌寺之铁棒权力最大，领导一切，其他各寺铁棒仅居辅助地位而已。相传此种权限，乃第五辈达赖所赋与。

其外，欲应格西考试之喇嘛，必先在三大寺学经，其远道来此应试者，亦由三大寺僧人之有地位者主持辩论，惟最后决定权仍在达赖耳。

因此种种，故三寺之地位实较一般寺庙为高，西人且称之为国家寺庙（State Monastery）焉。

附西藏重要寺庙一览表：

西藏境内重要寺庙一览表

寺　名	派别	所在地	喇嘛人数	备　　考
布达拉寺	黄教	拉　萨	二百余人	达赖起居之处
药王寺	黄教	拉　萨	百余人	
大招寺	黄教	拉　萨	百余人	多为任职喇嘛
小招寺	黄教	拉　萨	百余人	
上密院	黄教	拉　萨	百余人	
下密院	黄教	拉　萨	百余人	
功德林	黄教	拉　萨	百余人	
丁吉林	黄教	拉　萨	百余人	
策觉林	黄教	拉　萨	百余人	
泽墨林	黄教	拉　萨	百余人	
色拉寺	黄教	拉　萨	五千五百人	现在实数五千四百人
哲蚌寺	黄教	拉　萨	七千七百人	现在实数四千八百余人
箭头寺	黄教	拉　萨	百余人	在哲蚌寺旁为该寺之护法神寺
甘丹寺	黄教	甘丹寺	三千三百人	
木隆寺	黄教	拉　萨	百余人	
哑巴寺	黄教	拉　萨	百余人	
热振寺	黄教	拉　萨 东角子拉山	二百余人	
菊冈寺	黄教	拉　萨	百余人	
垂仲殿	黄教	拉　萨	百余人	内居护法神
达隆寺	黄教	拉萨北	千余人	
桑鸢寺	红教	拉萨山南	千余人	
多尔济札古寺	黄教	拉萨山南	百余人	
热多寺	黄教	业　当	百余人	

（续）

寺名	派别	所在地	喇嘛人数	备考
杂真冈寺	黑教	业当	五十余人	
绛央寺	黄教	业当	百余人	为佛家学之最高学府
德青穹噶寺	白教	贡噶宗	百余人	
雀德寺	红教	贡噶宗	百余人	
拉如大葛寺	红教	贡噶宗	五十余人	
绛金寺	黄教	仁布宗	四百余人	
绛全寺	红教	仁布宗	百余人	
札雨绛称寺	黄教	仁布宗	四十余人	
楚布寺	红教	浪子	百余人	
业朗寺	黑教	浪子	百余人	
鄂纳寺	黄教	拉萨东北	百余人	
萨木他寺	黄教	拉萨东南	百余人	
噶尔旦寺	黄教	拉萨西北	百余人	
硕哩寺	黄教	曲水	百余人	
江孜寺	黄教	江孜	五百余人	
帕巴寺	黄教	济龙	百余人	
群克寺	黄教	宗喀	百余人	
阿拉寺	黄教	宗喀	百余人	
工茏寺	黄教	宗喀	百余人	
拉丫尔寺	黄教	擦龙	六十余人	
江公寺	黄教	萨迦桥	五十余人	
甘勒寺	黄教	密交纳葛	五十余人	
达拉寺	黄教	昔噶	百余人	
波多寺	黄教	拉热	百余人	
阳八井寺	黄教	济龙	五十余人	

（续）

寺　名	派别	所在地	喇嘛人数	备　考
曲桑寺	黄教	浪子	百余人	
楚普寺	黄教	浪子	五十余人	
多尔济帕姆宫	红教	羊卓白	百余人	女呼图克图
噶东寺	黄教	后藏噶东	二百五十余人	
札什伦布寺	黄教	日喀则	三千余人	
萨迦寺	红教	日喀则	五百余人	
冈坚寺	黄教	日喀则	百余人	
生多寺	黄教	日喀则	百余人	
鹿古寺	黄教	日喀则	百余人	
淋葛尔寺	黄教	日喀则	百余人	
阿克巴札桑寺	黄教	日喀则	百余人	
推萨木诺尔布淋寺	黄教	日喀则	百余人	
邪尔孜寺	黄教	日喀则	百余人	
济康寺	黄教	日喀则	百余人	
第哩浪古寺	黄教	定日	二百余人	
俄拉寺	黄教	聂木拉	百余人	
达朔寺	黄教	擦木卡	百余人	
木宗寺	黄教	济龙	五十余人	
甲木真寺	黄教	济龙	五十余人	
札土冈寺	黄教	帕里	三十余人	
日穷颇多寺	黄教	帕里	三十余人	
戛里共马寺	黄教	帕里	三十余人	
洞噶寺	黄教	卓模	百余人	
噶居寺	黄教	卓模	百余人	

第三节　礼　　俗

一、服食

甲、服装　普通藏人，男子均着氆氇长袍，圆领大袖，腰束宽带，冬季则于袍内加着短皮袄或皮裤，夏季亦着布裤，裤均开当，便于便溺也。冬季戴皮帽或毡帽，夏季载礼帽或光头，耳上常系银环。普通妇女，冬季亦着氆氇长袍，夏季着布长袍，惟不着裤，袍之领袖，较男子所着者为小，袍上加着长背心，腰间亦束宽带，状颇美观，有人谓为唐代女装，未知确否。妇女喜将头发梳成两辫垂脑后，盛装时则头戴三角圈，圈上满缀玛瑙珠玉，贵者价值数千金，胸前则佩带金银质佛阁，上亦满镶珠宝，耳环长约三寸，多以金银镶松石为之，腕上必戴螺壳式金玉手钏，亦有着戒指者，面上喜以红土涂之。

贵族男子服装，单夹皮棉无所不备，冬季着皮衣，春秋夏三季着棉衣或夹衣，衣均缎制，色尚黄紫，喜花纹。大抵四品以上官吏始着黄袍，四品以下者仅得着紫袍。腰间亦束宽带，上系极精致之荷包，内装刀箸等物，耳上亦着数寸长之松石耳环。经政府特准后，即于头上挽髻，称仲科，可以出为官吏。每遇大典，藏官及仲科等均着礼服，五光十色。噶伦之礼服为一宽大之黄缎长袍，腰间束带，头戴貂皮大圆帽。仲科之礼服，为黄缎绣花马褂，黑缎百折短裙，腰挂短刀，状类古代之武士。贵族妇女装饰式样，与普通女子同，惟质料更华贵耳。

乙、饮食　普通藏人之主要食品，大致如下：

子、糌粑：乃青稞磨成之粉，和以酥油茶，用手抓食。

丑、牛羊肉：煮食或生食。

寅、牛奶：可制成奶油、奶饼、奶渣及酸奶子等。

贵族食品亦以糌粑为主，惟牛羊肉均知加以烹调，此外米面蔬菜等亦知食用。宴客时，与内地酒席完全相同，盖已汉化甚深矣。

二、婚嫁

藏人之婚姻制度可分两种：

（一）游牧之人民，多为苟合式之自由恋爱。男女相悦，即随意结合，结合之后，始禀明父母，实行同居。在游牧人民中盛行一妻多夫制。

（二）中产以上人家，多凭媒妁之言，即由男家先请媒人持哈达至女家征婚，同意后，由媒人送聘礼及聘酒，富贵之家，聘礼有值数万金者。迎娶时，女家亲友须以衣服银物助奁，父母以田地牛羊陪嫁。结婚期至，女家搭棚于门外，内设坐褥，以麦子撒为衣，女盛服上坐，父母旁坐，亲友坐两侧，中间几上陈列肉菜糖果茶酒等物。食后，女家以哈达赠亲友，即送女步行，远则乘马至男家，富贵之家亦有乘轿者。抵家后，新郎新娘并坐，食以茶酒，移时分坐。亲友各以哈达为赠，旋即共进酒食，食毕各携果肉散去，礼即告成。

三、丧葬

西藏之葬俗，可分四种：

甲、天葬　人死之后，请僧念经，停尸三日，受亲友凭吊，然后以绳缚尸，舁于山野，以刀割碎尸体，任鹰雕吞食，食尽始为吉祥，否则再请喇嘛念经，必至食尽乃已。

乙、地葬　即将尸体埋地下，藏人认为不祥，仅患疫病死者取此葬式。

丙、水葬　即弃水中以饱鱼鳖，取此葬式者多为贫穷阶级。

丁、火葬　将尸体置干柴上，浇以酥油，用以焚之，喇嘛多用此式。

此外尚有所谓塔葬者，即用香料药品将尸体腌干，装入塔中，长作供养，仅大喇嘛及活佛始得采用此式。

四、交际

藏人相互间交往，有以下之礼节：

甲、献哈达　哈达有红黄白三色，为纱制或丝制，长三四尺，宽六七寸。红黄二色系用以敬神者，普通交际多用白色哈达。藏人见面时，必以哈达为敬。如属平辈，则须交换哈达；对地位较己低下者，可将哈达收存或挂于献者颈上。其他婚丧祭礼及送礼送信时，莫不使用，或附带哈达，以表恭敬吉祥之意。

乙、膜拜　即内地所谓五体投地也，通常多于拜佛及谒见活佛或贵人时用之。

丙、弓腰　拜见尊辈或长官时，献哈达后，必弓腰至九十度与之对话。

丁、搔首伸舌　平民路见贵人，往往搔首伸舌，表示敬意。

戊、敬茶　客人至家坐定后，必先献酥油茶敬客，富贵者其茶杯多为金玉制成，极为精致，同时并以糖果、杏干等款待客人。

第四节　政　　治

西藏社会既以宗教为中心，其一切现象当无不受宗教之影响与支配。政治为社会现象之一，自不能例外。若具体言之，即西藏政治，乃以贵族之实质，披以宗教之外衣。明乎此，则其他各情固不难想像而得。一般人民只知有官吏，不知有法律，尝不识何为政治。身为官吏者，又多致力于个人生活之享受与场面之维持，一切政府事务及公众利益，均非其注意对象。政府机关既无规定之办公时间，官吏亦不常至办公处所，惟噶伦等因事务较多，每日尚莅噶厦办公。兹将其政治沿革、政府现状及人员派别，再分述于下：

一、西藏政治之沿革

西藏古代政制，在唐以前，无史可考，惟知其酋长之权力甚大，兵刑赋税而外，无多繁政，盖犹为部落时代也。唐贞观年间，西藏赞普松簪干部尚文成公主，中国文化输入西藏，其赞普始知建筑宫室，改变服装，提倡佛教，创立法规，文化渐开，政府之雏形亦渐备。其后佛教兴盛，元世祖封其教主帕思巴为大宝法王，兼领藏地，为政教合一之始。明代因元之旧，仍以宗教羁縻藏人，终明之世，封法王者八，授西藏天佛子者二，授灌顶大国师者九，灌顶大师者十人，宗教势力盛极一时。迄清康熙年间，西藏第巴桑结专政，清廷封之为土伯特王，达赖五世仅理教务，政教乃告分离。准噶尔乱事平定后，清廷复封颇罗鼐为郡王，总理藏政，并留正副大臣二人分驻前后藏，以为监督，为设置驻藏大臣之始。乾隆十五年朱尔墨特乱后，仍以达赖总揽政教事务，而另置噶伦四人分其权。乾隆五十八年，扩大驻藏大臣之权限。西藏自噶伦以下番司及管事喇嘛，事无巨细，均禀命驻藏大臣办理；四噶伦及番目之任用，皆由驻藏大臣奏派；大寺坐床堪布由驻藏大臣会同达赖拣选派任，小寺堪布喇嘛始听达赖自行选补，达赖之政治权力剥削殆尽。民国成立后，中枢虽有组设驻藏办事长官公署之议，但迄未实现，达赖乘机恢复其政教权力，与中央之关系日形疏远，直至最近数年，两方关系始趋接近。

二、西藏现政府之组织

西藏系由达赖喇嘛总揽一切政教大权，其下分设二部：一为噶厦，一为伊仓。噶厦办理政务，伊仓办理教务。另置司伦一人，地位在噶厦之上，帮办政务，盖相当于一国务总理也。噶厦内设噶伦四人，一僧三俗，凡事取合议制，例以僧官为首席。噶厦为政府之中心组织，其下辖二十余机关，分掌司法、行政各事。政府中之次要事件，由噶伦自行处理，重要事件，须拟具意见，呈由司伦转呈达赖裁决。十三辈达赖逝世后，热振呼图克图代摄藏政，司伦受停职之处分，噶厦在行政系统上，乃与摄政发生直接关系。现十四辈达赖，须年满十八岁时始能亲政，在未亲政前，仍由摄政者代行职权。

伊仓内设大仲译四人，均系僧官。凡关于宗教事务，均由大仲译拟具意见，直接呈请达赖裁决。十三辈达赖在世时，权力甚重。现则所有一切意见，均须呈由噶厦转呈摄政核定，而摄政对于噶厦之意见又极重视，故事实上噶厦已形成西藏政教事务之中心，大仲译之地位无形低落，亦十三辈达赖逝世后之一大变动也。

此外，又有所谓民众大会者，以大仲译四人及仔本四人为主席团，其参加会议之分子，计有：(一)全拉萨之僧俗官员；(二)三大寺堪布；(三)四大林呼图克图代表；(四)工人团体代表。所有政府不能解决之重大问题，均交民众大会会议。但议案之提出，纯由达赖或噶厦交主席团提会，参加会议之人员或代表并无提案之权，且会议时，亦不取会议方式，仅由主席团将原案说明后，以征求同意之口气向大众询问，大众之所能置答者，仅“是”或“否”，并无发表意见之余地。事实上，议案之通过，多经事先授意，绝无与政府意见相反之情形，故所谓民众大会者乃西藏政府推卸责任之一种方法耳。据云民众大会为第十三辈达赖所创设。

后藏教务原由班禅主持，与前藏分治。自班禅出走后，十三辈达赖派一札萨喇嘛管理该处教务，全藏政教逐趋统一。后藏札萨之下，仅设中译及卓尼等官，办理宗教各事，组织较为简单。

西藏之地方政府为宗，全境共有九十宗，计大宗六十六，小宗二十四，各设宗本一人或二人管理地方行政及司法事务。

兹将西藏政府组织系统及人员职掌列表如后：

西藏政府文武官员及职掌表

官别	名称	职掌	人数	备考
教主兼藏王	达赖喇嘛	总理全藏政教事务	一人	尚在冲龄未能亲政由热振呼图克图代理
摄政	热振呼图克图	代理达赖总理全藏政教事务	一人	
文官	司伦	帮办政务	一人	现被停职
文官	噶伦	总管全藏行政司法军事事宜	四人	一僧三俗
文官	仔本	掌管财政及计算事宜	四人	俗
文官	商卓特巴	掌管财政及收支事宜	二人	即财政局长一僧一俗

（续）

官别	名称	职掌	人数	备考
文官	郎子辖米本	管理拉萨人民及街道	二人	即拉萨市长一僧一俗
文官	协尔帮	掌理司法事宜	二人	即司法处长一僧一俗
文官	雪第巴	管理布达拉一带人民	二人	即拉萨首县县长一僧一俗
文官	业尔仓巴	管青稞粮食	二人	一僧一俗
文官	达本	管马匹	一人	在达赖宫　俗
文官	中译	噶厦秘书	二人	在噶厦办公处内　俗
文官	卓尼尔	噶厦交际员	三人	同前
文官	司门第巴	管门户	三人	同前
文官	司糌粑第巴	管糌粑	二人	一僧一俗
文官	司草第巴	管草料	二人	一僧一俗
文官	司薪第巴	管柴斤	二人	一僧一俗
文官	司帐第巴	管帐棚	二人	一僧一俗
文官	司牛第巴	管牛羊厂	二人	一僧一俗
文官	司椅垫第巴	管椅垫	二人	一僧一俗
文官	司经板第巴	管经板	二人	一僧一俗
文官	农务局长	兼管汉人	二人	一僧一俗
文官	盐茶局长	管盐茶	二人	一僧一俗
文官	建设局长	管房屋之建筑修理	二人	一僧一俗
文官	计划局长	贡献政府意见	二人	一僧一俗
文官	医药局长	管医药	二人	一僧一俗
文官	电灯局长	管电灯厂	二人	一僧一俗
文官	纸票局长	管印发纸币	二人	一僧一俗

（续）

官别	名称	职掌	人数	备考
文官	邮政局长	管邮政	二人	一僧一俗
文官	电报局长	管电报电话	二人	一僧一俗
文官	军需局长	管军粮	二人	一僧一俗
文官	调查局长	管噶厦交下之查办或调查事件	二人	一僧一俗
文官	廓事交涉员	办理对廓尔喀交涉事宜	一人	
武官	马基	即总司令	二人	一僧一俗
武官	代本	辖藏兵五百人	十人	俗
武官	如本	辖二百五十人	二十四人	同
武官	甲本	辖一百二十五人	四十八人	同
武官	定本	辖二十五人	二百人	同
武官	久本	辖十人	六百五十人	同
地方官	宗本	掌管地方行政司法军事税收等	一百零一人	即县长旧称大缺营官
地方官	奚堆	同前	二十五人	即小宗本旧称小缺营官
宫中官	基巧堪布	管理达赖私人印信	一人	即总堪布僧官
宫中官	森本堪布		同上	僧
宫中官	苏本堪布		同上	同
宫中官	却本堪布		同上	同
宫中官	大卓尼	传达事务	同上	同
宫中官	布达拉总管	管一切杂务	同上	俗
宫中官	大仲译	掌宗教事务	四人	僧

三、西藏政府人员之派别及其中心人物

甲、守旧派　此派人物，大抵以僧官及三大寺堪布为多。彼等认为与中国系同宗教同种族，且历代受中国之扶持施惠甚大，故主张恢复旧有关系。因多属宗教中人，无显明之组织及中心人物，其重要分子，如曲披图丹及吞巴济仲等。此派亦被目为亲汉派。

乙、维新派　此派以擦绒为首领，台吉降威巴及札萨索康等附之，主张开发资源，建立工业，训练军队，致富致强。拉萨电灯厂、兵工厂、造币厂及拉萨附近之新式铁桥，均为擦绒手创。擦现任札什城督办、藏政府札萨，富资财。此派因与英人接近，其分子中亦多系英、印留学学生，故有亲英派之目，势力颇为雄厚。

丙、当政派　此派指在西藏现政府中之握有实权者，以热振为首，噶伦、总堪布及重要僧俗官员属之，主张自治，在不妨害其政权下可对中央服从，故有人称之为亲汉派，但实质上惟彭康噶伦亲汉之意最殷耳。

丁、反热振派　此派以司伦博登蕴噶汪曲为首领，台吉余多及前财政局长古桑子等附之，去岁与安钦勾结，力谋推翻热振政权，声势颇大。自古桑子被逐，忠信莅藏后，即销声匿迹，惟其潜势力仍不可侮。

以上为西藏政府人员派别之概况，但各派之间并无严格界限，亦无固定主张，利害所在，常生变化。

第五节　军　　事

一、军事组织及现有兵员人数

西藏军队以代本为单位。每一代本，规定辖士兵五百人；代本之下设如本，辖二百五十人；如本之下设甲本，辖一百二十五人；甲本之下设定本，辖二十五人；定本之下设久本，辖十人。

西藏共有十个代本，内有三个代本因特殊任务各辖兵一千名，余均为五百名，故士兵总数应为六千五百人，但以缺额甚多，实数仅在四千人上下。又西康境内可临时征调民兵五千人。连同上项人数，最多不过一万人左右。西藏军官，除代本外，有如本二十六人，甲本五十二人，定本二百六十人，久本六百五十人。[①]

代本之上为马基，即总司令之意，统辖全藏各代本。马基又直属于噶厦。

二、官兵来源及待遇

甲、官员之任命及待遇　马基由达赖委派，代本由噶厦令交马基康（军备处）委派，如本以下则由马基康自行委派，任期终身。如本以上军官，例由贵族中选任，平民为军官者不得过如本。

马基年饷藏银二百四十秤（每秤藏银五十两）；代本年饷一百八十秤，如本年饷二十五秤，作战时加给粮食；甲本年饷十四秤，作战时加给粮食；定本年饷藏银九两、青稞四克；久长〔本〕待遇与士兵同。

乙、士兵来源及待遇　兵士完全来自农家，游牧人民无当兵资格。其征兵方法，系以庄田大小为标准，庄田之单位为岗，一岗之面积为一牛一日可能耕种之地区。凡家有田八岗者出兵一名。庄田多者，照此比例计算。如无丁可出，必须雇人替代，其雇价每名每年自藏银一百两至二百五十两不等。士兵服役年限无规定，或为终身兵役。其待遇每名每月可得青稞二克（每克约二十斤）、藏银四两五钱，服装每年冬夏各一套，由士兵之主人负责制备。士兵免支差役。士兵犯罪时由马基康处罚，失弃枪支武器由主人负责赔偿。

三、士兵之训练

西藏军队全部受英国式之训练，军服为英国式，枪械来自英国，其下级军官多系在江孜由英人训练成功，即步兵操演之口号亦纯用英国语。但其训练只重皮毛而无实质，除立正开步走及使

---

① 此处所记如本、甲本、定本的数额，与《西藏文武官员及职掌表》所列者不同。

用步枪外，其他即无所知。使用机关枪之兵士，全藏仅数人而已。藏兵每值作战时，多携家小以行，行动迟滞。基于信佛，兵士身上均带护身佛，谓能避枪弹，故作战之初常极勇敢，稍遇挫折即归瓦解。

四、械弹来源及数量

西藏各项武器，泰半购自印度政府，计民国三年购子弹步枪三千枝，嗣又购短筒步枪，前后共五千枝，又第一次购水机关枪六挺、七五口径山炮六尊，第二次水机关枪六挺、七五口径山炮六尊。民国二十六年闻藏政府曾派泽仁代本赴印购办武器，因藏政府保守秘密，数目无从查考。此外尚有少数清末戍兵遗留之旧枪，已不适用矣。

附西藏军队概况表：

西藏军队概况表

名称		现任长官	兵额	驻扎地点	附注
藏名	译名				
□代本 又名姑松代本	第一营	生比	一千名	罗布岭岗	即达赖之禁卫军五百名在营五百名在家三年一换
□代本	第二营	嘉扎	同上	扎基	即拉萨护卫军 扎基距拉萨十余里
代本	第三营	业母洞噶觉仔	同上	日喀则	负责长官二人
□代本	第四营	敬巴	五百名		
□代本	第五营	夺德	同上	贡觉	
□代本	第六营	桑竹坡庄	同上	拉萨	即炮兵营有山炮四门
□代本	第七营	贾理巴	同上	大孤	
□代本	第八营	热萨用根娃	同上	江卡	
□代本	第九营	吉卜	五百名	降达	
□代本	第十营	囊赛宁	同上	卅九族	

第六节　财政金融

近来各方研究西藏问题之著述，于其财政金融一类，作者甚鲜。盖以藏中办理财政人员认财政关系西藏命脉，设有宣泄，公私将蒙不利。以此之故，中外学者遂深感查询无从、欲究不得之苦。兹姑就此行所得关于财政金融方面之资料，按财务行政、赋税、收支、货币、金融五端，分别述其大要如次：

一、财务行政

西藏财务行政之机构虽尚沿习旧制，惟计政、金库、立法等权之分工则已粗具雏型：

甲、计政　计政方面设置仔本四员。“仔”即“计”意，故仔本者，即计官也，职列四品，为藏中之最高计政人员。举凡藏政府各种收支数字之编筹，帐目之登载，出纳之稽核等工作，概由彼辈担任。仔本之办公处所曰仔康，意译虽为计政机关，而藏中则通称财政局也。仔康除上述职掌外，兼负训练贵族俗官之责。凡藏中贵族子弟欲充俗官者，于拉萨之普通学校毕业后，即入仔康学习公文、计算之术。由四仔本监督指导，训练时间无定，视各人之能力与运用为断。通常由仔本考核及格后，遇每年正月初一、三月初八、十月二十五等三次补官日期，所有及格人员，即可设法谋升仲科，挽发挽髻，而为正式官吏。贵族俗官之训练，由仔本负责，而训练科目，公文与计算并重，亦可见藏中上下对计政之重视矣。

乙、金库　金库方面设商卓特巴三员。机关名称曰商上，意即财库，组织类似官署金库制。所有藏政府一切实物金钱，概归其出纳保管及处理，职四品。藏中现设商上，一在大招寺内，专司藏政府之一切金库事务，由二名商卓特巴管理；一在达赖喇嘛居住之布达拉宫内，专司达赖喇嘛个人收授各方供养、馈赠、布施及支付自由用项等一切事务，由商卓特巴一名管理。清时规定，大招寺者为总库，布达拉宫者为分库，故又名小库。总库每年如有剩余银两，归入小库存储，以备不虞；并由驻藏大臣稽查商上出纳，故当时收支大体尚属核实。民国以来，商上之制虽无兴革，而稽核之权移归仔本，职位相同，势难严格从公，外传侵渔云云，似非无因也。

丙、立法　西藏财务立法之权，不属人民大会，而取决于行政机关之噶厦。人民大会对财务立法只有建议质询之权，而一切收支数字之决定，财务制度之兴革，则属诸噶厦。手续方面，多分由仔本或商卓特巴提供数字，送请噶布伦会议作最后之批准。藏政府预算并非逐年编制，会计年度为藏历"历年制"，各项收支及各机关单位财物预算均为沿长适用。西藏预算只有逐笔收支数字，而无汇编之总预算。至总预算印刷成册，对外公布等手续，遂亦无从谈起。经常所审议者，亦多为各项临时收支及各单位财物预算之追加追减而已。

二、赋税情形

赋税为人民对政府所需财物之输将。往昔藏政府之取之于民者，只为实物与差役，今则自货币通行以后，一部已改为货币矣。兹就目前税收情形，分为田赋、关税、盐税、金税、公产收入、公债收入、差役等七端，述之如次：

甲、田赋　田赋为藏政府之主要税收，向征实物。征收范围至广，举凡农林之所产，畜牧之所获，都各按税率分别征课。农田之赋，悉为计种纳粮，税率则多按产地情形分订六一至什一之制。耕种之区，税物主要为青稞、大小麦、豆类、枣干、桃干、杏干、葡萄干及樱桃干等项。至若山林丛茂之区，水草肥美之地，或为奇禽异兽之产地，或为狩猎游牧之场所，税物则以禽兽之皮毛、麝香、牦尾、鹿角、酥油、奶渣、羊腔等项为大宗。

上项税收，通常均为年征，由人民向政府完纳，或由头人汇缴。藏民畏官，故不能按期缴清者颇少。其远处寨落难以实物运送者，得以银钱折交。又藏中各税务机关所用之量衡，大小计达二三十种。据查其所以设置如许量衡之原因，系以藏中社会阶级及是非善恶之观念极深。政府收支之时，视对象之不同而异其量衡，藉于一般税率之外尚可分别施行奖惩也。法如藏中显贵及有功勋者，向政府纳税时则用小器。反之，如平民及有罪恶者，其收支所用量衡则与上述恰相反。又政府给与职工者，有普通量衡，卖与商人，则用稍小者。此制之利弊得失，因为政策问题，惟量衡种类之多如此，奖惩标准之繁如彼，均为他处所少见也。

乙、关税　西藏关税为清末张荫棠氏驻藏时所创办。分于边界交通要口，各设关卡征课，出入之物概须纳税，惟一税之后即任其所之，不复再征。出口货税，以征羊毛、皮张、盐、藏香、麝香、金、毡毯、氆氇、牦尾、铜佛等为大宗，惜无确切之数字可凭。其中以羊毛一项占最重要，每年由南路运印者约在六七万驮左右（每驮两包，每包六十斤），往年每驮征税藏银七钱五分，近闻以达赖喇嘛坐床，政费支出浩大，将增为两卢比一驮。似此，羊毛一项年可征十余万卢比。至皮张税率，前每驮征银一两，闻年可征五六千秤（每秤藏银五十两），不久将与羊毛同样增税，自在意中，其他藏香、麝香等，或征实物，或课银两。征实物者，税率多为什一；征银两者，亦只从量计征，而不从价也。至入口方面，自东路康省输入者，主要为康省之炉茶，税率为二十之一，年约抽二三千箱（每箱十二块）。其次，滇省之铜、锡、铅、茶、头发等，每年入口亦有可观，税收尚旺，近年来滇省货物已有改道缅甸、印度由南路入口者。至西北路由青、新两省输入者，为骡马、酒、醋、呢绒等，其中以骡马一项占最重要，惟税收则远逊于东路。各路税收中，以南路为最盛，所有中外绸布百货，均由此路入口，设税关于帕里，并于亚东设检查所，入口各货先于亚东检查登记给证后，再运至帕里纳税，据各方估计，此路关税，现款一项每年可得三四十万卢比云。

丙、金税　西藏东西北三部，金矿甚多。东部之金量多质良，西北金场多在札什伦布以西雅江右岸一带，质以阿里产者最优。采法分两种：杂于沙中者，以羚羊角披沙拣金；含于石内者，碎石为细末，包入囊中，沉于水后，末浮而金沉矣。税率系按矿夫名额征税。税为实物，每年可得黄金千两。此后如能利用新法大量开采，金税收入尚可增加也。

丁、盐税　西藏各湖泊多产盐。藏北蒋南孟曹一带盐池最饶。汪东测格、比罗测格、布青、布穷等地为主要盐场。法皆晒盐。土人采取后，多以运往尼泊尔、不丹、锡金等国易米麦。政府除对出口之盐征关税外，并就场征税，每驮征藏银一两，年入约七八千秤。

戊、公产公营收入　西藏公产可分为公产、庙产、官产三种。公产为政府直接管有之农林矿地，经营采佃耕制，以租代税。庙产为各寺庙之财产，系以田租作各喇嘛食用者，西藏政教合一，庙产即公产，故亦无税。官产为政府由公产内拨给官员之产地，藉以酬其为公服务也，官产免税。由上以观，西藏公产虽多，其中只有一极小部分尚有佃租以供政府支用。至公营事业，藏中尚未发达，可得而言者，只拉萨电灯厂及邮电局两项而已。且以上两机关所用机器，均向英人赊入，迄今尚未能以公营收入偿清原赊机器价款也。

己、公债收入　西藏外债，民国以来多向英人募举，数尚不大。其举募内债，始于民初，方法则为发行无准备金之纸币。发行数额向不宣布，今者政府收支既赖以平衡，故发行数额当不赀也。

庚、差役　差役之制，世界各国早成史迹，而在西藏则仍不失为重要之赋税。举凡西藏政府或藏中显贵房屋之兴建，道路之修筑，财物之搬运，官员之行旅等，均可向噶厦请准牌照，以凭向民间征发人力、畜力及财物，而仅发给与当时行市相差远甚之些微官价也。且差徭不问农时，供役不因病厄，甚至人畜已死，财物已尽，尚须代雇赔补者。差务较繁之地，往往一差未了一差又来，辗转奔应岁无宁日，人劳财去无敢违抗。西藏地方贫瘠，税收短少，其政令得以推行，宗教得以延续，而财政尚能维持不致破产者，端赖纸币之发行，差役之供应也。

三、收支概要

西藏交通阻塞，一切行政设施多沿旧制。财务方面既缺完整之档案以资查考，计政方面复无成册之簿籍藉供参阅，故其收支确数究为如何，虽藏中主管亦难确悉。清时驻藏大臣奏准，前藏除税收实物不计外，银两收入每年共十二万七千两有零。至此项银两用项：(一)传招费——年初各处喇嘛会集拉萨大招寺念经二十余日，俗称传招，需藏银七万九千余两；(二)念经费——经常念经需用酥油、茶叶及各项赏赉，共需银三万九千二百余两；(三)布达拉宫费用——宫内喇嘛食用及酬答布施物件等，共需银二万四千四百余两。以上三项共需十四万二千六百余两，两比不敷一万余两。当时因有驻藏大臣就近监督，故超支数目尚小，且清时中央政府亦不时予以补助，财政基础甚好。民国以后，中央对藏财政无法过问。其目前收支实况，询据关系方面估计，其荦荦大者如次：

甲、收入方面　收入方面大体如下：

一、青稞——年入约为五六万箱〔克〕，每箱〔克〕重三十英磅。

二、酥油、奶渣、羊腔等——年入约重八十万英磅。

三、茶叶——每年收入约重四十万英磅。

四、现款——卢比及藏银两项，年共收约一百万卢比上下，折兑藏银约七百万两。

乙、支出方面　西藏收入多为实物，已如前述，支出亦然，所有教、政、军三界之公务人员待遇中，大部均为实物，而货币则仅占极少部分。如三品官噶伦年俸，货币部分只五十秤藏银，而实物部分，则除官产外，尚给酥油、茶叶等项。且各人俸给费货币部分之支付，多由商上径发各债权人，不再由各机关长官领转。故其支出不易以“费类别”或“机关别”作划分也。约而言之，货币部分之主要支出：

1. 偿还外债　藏方现尚欠英国债款五十余万卢比，现正逐年归还中。

2. 购置费　每年向英方购买枪械子弹等所需费用。

3. 行政费　各公务员俸薪，各机关公费等用。至实物部分，如青稞、酥油、茶等，多为支付官役士卒及喇嘛之食用，暨年初传招之用。其中果类如葡萄干、杏干、奶渣、羊腔、麝香、鹿角等，则多为酬答各方布施及招待赏赉等用项。总之，西藏目前收支政策，实物部分系量入为出，货币部分则量出为入也（货币入不敷出时，即发行纸币弥补，故云）。

四、货币

西藏货币，种类至杂。民国初年虽用银币，而交易额小者尚可以哈达、黄油等作媒介，迄今边远之区仍有以物易物者。西藏币制，清乾隆年间系使用廓尔喀钱，后以银两兑换廓币行市问题屡起争怨，遂经驻藏大臣奏准，由商上自行铸造。当时仅铸硬币一种，重量为纯银一钱五分之银圆，正背面各嵌汉藏文“乾隆宝藏”字样，一时官民称便。清末赵尔丰督康时，又在川铸藏币一元者一种，上铸清德宗像，流藏使用。民国以后，藏政府自设造币厂，专铸银币、铜币及印行纸币，近且改用新式机器，铸造银质一两五钱、三两及一钱铜币三种硬币。纸币方面，则印行七两五钱、一百两两种纸票。硬币每日每种可各出五千个，银少铜多，成色甚劣，币值远超所含银价。此种自铸硬币，流通已久，故数额颇大。纸币发行额，今春七两五者，票面号码达八十七万余号；一百两者，票面号码达三万余号，以此计算（票面号码前无字别，故可凭此计算），总额尚不及千万，不能谓多，只以无准备金，长此以往，继续发行为可虑耳。以上为其本位币之概况。至外币之通行藏境者，尚有：

（一）康洋　康省设厂铸造之银元，每元重库秤三钱二分，成分初为银七铜三，近则搀铜甚多，行使于藏东及拉萨一带。对藏银兑换率，今春为三两左右，兑换行市有日趋下跌之势。

（二）大洋　即我国法币施行前之银元也，多由青海流入，行使于北路及拉萨一带。每元兑换藏银七两上下，以成色优异，行市甚稳。近年以来，青海方面不断以大批大洋运藏转印购物，以大洋与卢比等价使用。按大洋重量每元恰当于卢比二元，今在藏使用行市相同，不值孰甚！

（三）卢比　印度之国币，在藏行市与我国大洋相若，藏境各地一律行使，信用之高藏币莫及。藏中僧俗多感藏币之不可靠，富有之家咸藏卢比。智识较新者，且多以卢比存入印度之外国银行中。至我国现行之法币，在藏非惟根本不能使用，亦且无汇兑之行市也。

五、金融

西藏产业落后，金融枯滞，九十余万方公里之面积不但无一现代化之银行，即旧式钱庄、银号等亦付阙如。金融组织完全操之寺庙头人、豪富、巨贾之手。金融势力，可分藏、康、汉、尼等四帮。藏帮以寺庙及显贵为主干，其资金活动范围，多为羊毛百货之进出口及利贷各自庄田之佃户。康帮多营茶及羊毛之进出口，其中以邦达昌号为首领，该号除营茶、毛进出口外，兼办汇兑、存放、信托、运输等业务，为藏中大商，执金融牛耳。汉帮中北平各号，专营我国绸缎及百货；云南各号，多营我国茶叶、杂货。往昔营业状况甚好，金融地位亦固。近来以藏方不时有人来国内购物，所有关税、运输等费，均可取得经过国家之优待，而到藏之后，即廉价倾销。此事影响汉帮在藏市场者至大。尼帮商人专营欧、美、印、日等国百货，资金且多由尼泊尔政府免息贷来，在藏商店既多，势力亦随加大。以上各帮商号，例兼汇兑、存放等业务，且帮与帮间，畛域分明，甚少合作，因此各地“钱业公所”一类机构无法组成，垄断独占固所难免，盈虚调节亦欠灵活，遂致利率之高内地罕有，都市年利有达三四分者，乡村更有高至一本一利者。乡村利贷原多实物，如播种时贷予籽粮一克(二十升)，收获时即须偿还二克。而西藏币制复杂，各种币兑换行市，既无钱业公所代议划一价格，故极易为少数商人所操纵。至款项交汇，复以各商号间周转不灵，设款额稍巨，即需分送数家承汇，到期之后往往又非延期、分期付款不可。金融之尚待发挥其效能，于此可见一斑矣。

第七节　教　　育

西藏除寺院中喇嘛以诵习经典，不得不习文字外，一般平民绝少求学之机会，故西藏大多数人民均属文盲。兹分述西藏之教育情形如下：

一、初级教育

甲、喇嘛教育　喇嘛初入寺庙，概称学徒，由寺内担任教师之喇嘛，教以藏文拼音及文法等，约三四年或四五年卒业，始授以经典，再约三四年，经考试及格，得称喇嘛。在学徒期间，须为寺中服杂役；升喇嘛后，则除诵经外，不作他事。

乙、贵族教育　西藏贵族，各按僧俗之身份，受以下教育：

1. 资仲学校　藏名仔楼杂，设于布达拉宫，约有学生五六十人。其课程为习字、算术、医药常识及卜筮，学生多为僧官亲属及世家子弟之为喇嘛者，仅有少数系由三大寺选送，毕业后称资仲，始获得候补僧官之资格，盖一僧官训练所也。

2. 计算学校　藏名仔康学校，仔康乃仔本之办公处，因该校由仔本负责办理，故名。校址在大招寺内，学生约三四十人，均为世家子弟，毕业后称种科，取得候补俗官之资格，盖一俗官训练所也，课程偏重习字及算术。

丙、普通教育　在拉萨市内，有蒙塾之设，即由藏文文字较优者自为教师，招收幼年学徒，授以藏文字母、文法、拼音、习字等等，为初学藏文之必经阶段，无分贵族平民，均可就读。多数贵族子弟，均于此等学校毕业后，再入计算学校。拉萨著名之蒙塾有三，各有学生七八十人不等。

二、高级教育

系指寺院僧侣升为喇嘛以后之教育。所有喇嘛均须研读显教经典，约二十年读完，得应格西考试。及格后，再入密宗学院，习密宗经典，十数年后积资可升法师或尊者，最后得升甘丹赤巴，造佛学之极顶。然此仅为少数喇嘛，多数于考格西后即停止再进也。

三、留学教育

民国二年，西藏政府曾派遣留学生四名赴英伦，研究矿学、机器、电报、军事等科。此后贵族子弟即不乏前往印度一带留学者，惟留学学生回藏后多不得重用，故近年已有日渐减少之势。兹将藏人之曾受外国教育者，列表于后，以供参考。

至于中央在藏设立之学校，则仅拉萨市立小学一所，然所收者多汉人子弟及少数之藏人子弟，至西藏之世家贵族则犹未肯送子弟入学，此亦宗教及阶级观念为之梗也。

留学国外藏人姓名表（其虽在藏境而纯受西式教育者亦列入此表）

姓名	年龄	籍贯	留学地点	科目	现任职务	附注
降威巴	三〇	前藏	英伦	电机	电机局长	
稽卜	三五	后藏	同上	电务	朗子辖米本	
门中	四五	拉萨山南	同上	矿	曾任雪第巴	民国二十九年患梅毒死
郭噶拉		前藏	同上	军事	无职	已死
虞多	三八	同上	印度归扎	炮科	台吉	
图丹桑批	四六	同上	印度加伦堡	电务	电报局长	
擦绒	五二	同上	曾到印度游历		扎什城督办	

（续）

姓　名	年龄	籍　贯	留学地点	科目	现任职务	附　注
定　江	四二	后　藏	印度归扎	炮科	后藏吉总	
桑颇包	四〇	朵（宗）	印度归扎	炮科	代　本	
多　仁	三六	后　藏	江孜英文学校	普通	台　吉	
满　白	三二	同　上	印　度	电机	无　职	
格汪拿	三〇	德格土司家分出	江孜英文学校	普通	同　上	
江罗向福公	四二	朵（宗）	同　上	同上	公　爵	现充军在大吉岭①
索康公子	一年三二 一年二八	前　藏	同　上	同上	色朗巴	
擦绒公子 擦绒女公子		同　上	同　上	同上		六人
文尔康萨女公子		同　上	同　上	同上		二人
英　鸠	三五	后　藏	同　上	同上	如　本	
龙　虾	五二	同　上	曾送学生至英伦		前任马基	已死
泽　仁		江　孜	大吉岭英文学校	普通		
索　康	五〇	前　藏	曾至印度领武器	扎萨		
罗加伦巴		后　藏	印度归扎	炮科	代　本	已死
崔　科	五三	前　藏	江　孜	机枪	曾任代本现无职	
噶许巴	三四	同　上	大吉岭英文学校	普通	仔　本	

① 江罗向福公之籍贯与附注，均不准确。按江罗向福公，即吴忠信在其日记中所记载的贡古旭或江乐坚，是后藏江孜附近的贵族。他在1934年被流放到工布，1937年逃亡印度。

第八节　交　　通

一、邮　　电

民国元年，英人根据条约在江孜设立邮政局、电报局，并在印度江孜间安设电线，后又延长至拉萨。现江孜至印度一段，由英人管理、江孜至拉萨一段，由藏人管理。依照条约规定，英人所设之电报、电话，中国可以备价收回。藏人在拉萨亦设有邮电局，发行简单之邮票，惟其邮票一过江孜即不能通行，而须改贴印度邮票。江孜至印度噶伦堡，沿途每隔十余英里即有英人所设之台站一所，房舍整洁，距离适中，电报电话畅通无阻。拉萨至江孜段，藏人每隔四十里设邮站一所，邮件由各站邮差更番递送，亦颇便利。至对西康交通，最近西藏邮站已设至江达，江达以东则邮政不通矣。民国二十三年交通部在拉萨设有无线电台，与内地可直接通电，其他如昌都、江孜等处，则尚阙如也。

二、道　　路

甲、由内地赴藏之道路

1. 由成都经康定、道孚、甘孜、德格，渡金沙江，过昌都，约两月半可抵拉萨，即所谓西康北道也。沿途山路崎岖，人烟稀少。

2. 由成都经康定、巴安、理化、渡金沙江，过昌都，约两月半可抵拉萨，即所谓西康南道也。

3. 由青海西宁，经玉树、囊谦、三十九族，二月半可抵拉萨。沿途地势高旷，草原无际，北平及甘肃商人多取此道。

4. 由云南昆明，经丽江、中甸、阿敦子，过宁静山，转昌都，约两月半可抵拉萨，云南商人多取此道。

乙、由海道赴藏之道路

1. 取道滇缅公路，经仰光、加尔各答，过锡金入藏。

2. 取道滇越铁路，经海防、新加坡、仰光、加尔各答，过锡金入藏。

三、交通工具及其使用方法

由内地赴藏，如取道四川，则一过康定，路行群山中，舟车不通，惟一之交通工具为乌拉牛马，行李箱物由牦牛（俗称毛牛）驮运，人则乘马缓行。乌拉分雇用及征用二种。征用仅限于政府官吏。雇用乌拉脚价，牛每头每日约需川洋二元至三元，马每匹约需川洋三元至四元。征用乌拉脚价，在金沙江以东，由西康省政府规定官价，牛每头川洋一元，马每匹川洋一元五角；金沙江以西，由西藏政府规定官价，牛每头藏银二钱，马每匹藏银四钱。如取道青海或云南，入藏境后，其办法亦如之。

由海道入藏，沿途均为现代交通工具，行旅甚便，惟一过锡金，入藏境后，亦须使用乌拉牛马，计二十一站而抵拉萨，其力价亦与上同。

附取道西康及锡金入藏里程表

自康定取北道入藏里程表

站名	里数	备注
康定至折多塘	四〇（华里）	
折多塘至唐泥坝	五〇	
唐泥坝至固衣	四〇	
固衣至中古寺	六〇	
中古寺至泰宁	六〇	
泰宁至郭卡	五〇	
郭卡至道孚	六〇	换乌拉
道孚至大寨	四〇	
大寨至将军桥	三〇	
将军桥至霞拉沱	六〇	
霞拉沱至炉霍	六〇	换乌拉
炉霍至卡朗	七〇	
卡朗至朱倭	三五	换乌拉
朱倭至卡萨	一〇	
卡萨至甘孜	七〇	换乌拉

（续）

站名	里数	备注
甘孜至白利	三〇	同上
白利至零葱	三〇	同上
零葱至绒坝岔	三〇	同上
绒坝岔至松林口	六〇	
松林口至玉隆	六〇	换乌拉
玉隆至干海子	六〇	
干海子至西山梗子	六〇	
西山梗子至多母顶	三〇	
多母顶至柯鹿洞	二〇	
柯鹿洞至打马洞	三〇	
打马洞至德格	三〇	换乌拉
德格至龚垭	三〇	
龚垭至岗拖	三〇	换乌拉
岗拖至矮多	五〇	
矮多至革	三〇	
革至同普	四〇	
同普至米替	三〇	
米替至降达	三〇	换乌拉
降达至大塞	三〇	同上
大塞至革来	四五	同上
革来至居胸	八〇	同上
居胸至妥坝	九〇	同上
妥坝至热垭	七五	同上
热垭至昌都	七五	同上
昌都至蓝达沟	六〇	同上
蓝达沟至拉绒	七五	换乌拉
拉绒至恩达	四五	同上
恩达至牛粪沟	五〇	支帐棚
牛粪沟至互合寨	五〇	

（续）

站　　　名	里　　数	备　　　注
互合寨至麻里	三五	换乌拉
麻里至嘉玉桥	四〇	同上
嘉玉桥至洛隆宗	八〇	同上
洛隆宗至子多	八〇	同上
子多至硕般多	六〇	同上
硕般多至忠义沟	六〇	
忠义沟至巴利	四〇	换乌拉
巴利至拉子	一〇〇	同上
拉子至边坝	五〇	同上
边坝至丹达塘	四〇	
丹达塘至郎吉宗	八〇	换乌拉
郎吉宗至俄朱	五〇	同上
俄朱至阿蓝多	五〇	
阿蓝多至阿蓝嘉贡	五〇	
阿蓝嘉贡至阿蓝多洞	六五	支帐棚
阿蓝多洞至察楚卡	七〇	同上
察楚卡至拉里	六五	换乌拉
拉里至阿咱	五〇	
阿咱至果勒	八〇	支帐棚
果勒至常多	五〇	
常多至拉日	五〇	
拉日至江达	七〇	换乌拉
江达至进达	五〇	
进达至鹿马岭	九〇	
鹿马岭至错马热	七五	换乌拉
错马热至乌苏江	五五	
乌苏江至仁进里	四五	换乌拉
仁进里至墨竹贡卡	六〇	同上
墨竹贡卡至拉模	四〇	同上
拉模至德庆	五五	同上
德庆至拉萨	五〇	

自康定取南道入藏里程表

站　　名	里　　数	备　　注
康定至折多塘	四〇	
折多塘至安良坝	八〇	
安良坝至东俄洛	五〇	
东俄洛至卧龙石	七〇	
卧龙石至中渡	九〇	换乌拉
中渡至麻盖宗	五〇	
麻盖宗至西俄洛	九〇	
西俄洛至咱吗拉洞	四〇	
咱吗拉洞至火竹卡	七〇	
火竹卡至里塘	七〇	
里塘至顿塘	六〇	
顿塘至喇嘛鸭	五〇	
喇嘛鸭至三坝塘	一二〇	换乌拉
三坝塘至大所塘	九〇	
大所塘至本察木	三〇	
本察木至小坝冲	三五	换乌拉
小坝冲至巴塘	三〇	
巴塘至牛古度	五〇	
牛古度至竹笆笼	四〇	
竹笆笼至公拉	四〇	
公拉至空子顶	五〇	
空子顶至蟒里	三〇	
蟒里至南敦	六〇	换乌拉
南敦至古所	四〇	同上
古所至普纳塘	三〇	
普纳塘至江卡	六〇	换乌拉
江卡至大坝	六〇	
大坝至黎树塘	六〇	换乌拉
黎树塘至拉耳塘	五〇	同上
拉耳塘至石板沟	五〇	
石板沟至阿足塘	六〇	换乌拉
阿足塘至罗家冢	八〇	
罗家冢至乍丫	六〇	换乌拉

（续）

站　　　名	里　　　数	备　　　注
乍丫至昂地	九〇	同上
昂地至五卡塘	八〇	换乌拉
五卡塘至巴贡	六〇	同上
巴贡至大坝子	四〇	
大坝子至包敦	五〇	
包敦至猛普	六〇	
猛普至柳林	四〇	
柳林至昌都	二〇	换乌拉

昌都以下与北道同

由锡金至拉萨之里程表

站　　　名	里　　　数	备　　　注
冈多（锡金京城）至十里铺	十英里	有英人所修台站　换乌拉
十里铺至昌谷	十一英里	同上
昌谷至春丕塘	十二英里	同上
春丕塘至亚东	七英里	同上　换乌拉
亚东至噶乌	十三英里	同上
噶乌至帕里	十七英里	同上　换乌拉
帕里至堆拉	二十三英里	同上　同上
堆拉至噶拉	二十五英里	同上　同上
噶拉至桑马打	十四英里	同上
桑马打至冈马	十四英里	同上　换乌拉
冈马至扫冈	十四英里	同上
扫冈至江孜	十五英里	同上
江孜至热隆	三十英里	民家　换乌拉
热隆至朗噶子	三十英里	同上　同上
朗噶子至白地	十五英里	同上　同上
白地至冈八拉则	二十二英里	同上　同上
冈八拉则至曲水	十五英里	同上　同上
曲水至业当	二十五英里	同上
业当至拉萨	十七英里	换乌拉

第九节 对外关系

一、英人在西藏之情形

英人在拉萨设有电台一所，有英籍电务员一人及医生二人，藏方拨德吉林噶地方供其居处，该处距拉萨市约十余里，风景颇佳。另外有英国驻亚东商务委员名饶衣巴多者，亦常驻拉萨。饶为锡金人，懂英语及藏语，藏政府予以扎萨之名义，因之西藏所有典礼彼均可参加，并可与藏官自由交往。英人在江孜驻印兵二十五名，由一英籍上尉军官统率，外有印籍排长四名，英籍医官一名。英人在江孜亦设有商务委员，及电报局、电话局，电话可通拉萨及印度噶伦堡。自江孜至噶伦堡，沿途均有英人所设之台站，行旅颇称便利。所有英人在藏之事务，均由锡金行政长官兼筹办理。现任锡金行政长官为古德氏（Gould），年五十余岁，十四辈达赖坐床时曾赶至拉萨祝贺。

最近英人在藏之活动，一为造成西藏在经济上对印度之依存性，一为供给西藏以大量军火。同时对于一般世家公子联络尽致，每年必请客送礼一二次，并随时邀约作种种游戏。此外，且于拉萨设一英文学校，专供世家子弟学习英文，现时之世家子弟即将来之政府官吏，英人之处心积虑盖可知也。

二、尼泊尔人在西藏之情形

尼泊尔在藏享有治外法权，于拉萨设代表一人，系武官，下有助理二人，又卫兵三十名。拉萨市有尼泊尔人千余，均业杂货商，商店共约一百五十家，资本百余万。此外，江孜、日喀则等各大埠，均有尼人经商。全藏尼人总数约在三千之谱，忍苦耐劳，经商之能力甚强，在西藏经济中占重要部位。惟以尼人多恃强跋扈，故与藏人之感情不甚融洽。

三、藏政府之对外态度

藏政府对于英人，表面上异常客气，政治上则不容英人染指。但藏人知识浅薄，无形中已受英人之经济侵略，盖由印度输入西藏之货物一概取得免税特权，使西藏境内外货充斥，西藏资金逐渐外流，乃不得不发行纸币以为补救。所发纸币，系以出产之羊毛输至印度，换取外汇，勉强支持。设一旦英人拒收羊毛，或不以卢比与藏银兑现，则西藏财政必归破产矣。

藏政府对尼泊尔人，纯取放任态度，来往自由，不加干涉，民间偶起纠纷，辄示退让，以免滋生事端，盖亦有所畏惧也。

不丹亦有代表驻拉萨，惟碌碌无闻，地位不甚重要。

此外，藏人与锡金王有婚姻上之关系，私人间之来往甚频，藏人中亦有对于英人侵占锡金表示愤恨者，但无如之何耳。

第十节　经　　济

一、农业

甲、产品　以青稞为大宗，小麦、大麦、豌豆、荞麦等亦有出产，但为数甚少，大概青稞产额占全部十分之七，豌豆占十分之二，其他杂粮占十分之一。

乙、产量　出产之总额约为一千一百万石。

丙、耕地面积　耕地面积，曩无统计，惟西藏庄田之单位为冈，每冈每年平均出产量为四十克（即八十斤，约当于二斗五升），如以之与总产额相除，可得四百四十万冈。又西藏一冈，为一牛一日可能耕种之地区，以藏地耕种方法之拙劣，每冈亦不过相当于内地一亩强，是西藏之耕地面积，当在五百万亩上下也[①]。

二、牧业

畜牧为西藏之主要事业，其数目当不在小，惟无法作统计调查，故不能知其确数，据印度年鉴载，西藏羊毛、皮革等每年运销印度者，约值一百二十万卢比。以此言之，亦可略知其一斑。

三、工业

甲、毛织品　以羊毛织成毪子、氆氇、地毯等物，为藏人之

---

① 关于庄田单位冈产量，及计量单位克的折合内地斤数，似均有误。

日常必需品。毯子有甚美观者，如能加以改良，必可运销外地。

乙、造纸　藏人有以造纸为业者，其法系将某种树根捣烂，摊于一纱框中，晒干而成，颇类内地之桑皮纸，质极坚韧，行销全藏，藏人印写经卷及公文、信札等均用之。

丙、制香　多为寺庙之副业，所制藏香驰闻内地。

丁、五金工业　藏地亦有金工，铜工，铁工等等，大抵多为流落之汉人为之。金、铜工人多从事制造佛像、佛塔及男女装饰品，铁工则从事制造茶锅、茶壶等。近年藏人中亦有习为之者。

四、商业

西藏之出口商品，多为毛、皮革及药材等，每年运销印度之羊皮等物约值一百二十万卢比。入口商品多为茶叶、米面、绸缎及一切日用品。茶叶、绸缎，多来自内地，每年输入量亦值国币三千万元上下。日用品多来自印度，每年输入量约值十余万卢比。

第十一节　卫生及人口

西藏可称世界上极不讲求卫生之地方，藏民之居处饮食，日常生活，均极随便，兹分述如左：

一、藏民之住房，多为三层，下层养牛马，上层储粮草，人居中层，一进大门，则臭气扑鼻，中人欲呕，因藏地高寒，故尚不易发生疫病。

二、藏人无洗手、洗面及洗澡之习惯，手脸留积灰垢，不以为意，用饭时即以手抓牛羊肉或糌粑而食，且藏人煮食牛羊肉多半生不熟，尤不卫生。

三、藏人衣服常终年不换，衣上满积油垢，富贵者多以衣上之油垢愈多为愈光荣。

四、藏人有随地大小便之习惯，拉萨街道，每值早晨便溺遍地，值等于一公共厕所，且仅大道上略加扫除，僻街小巷污秽不堪。

五、藏中花柳病盛行，而又缺乏医药，任其蔓延，拉萨市民患花柳病者，当在百分之七十以上。

藏人因崇尚宗教，竞为喇嘛，人口逐渐减少，再加以居处饮食之不卫生，男女交接之无节制，疾病流行，体格日衰。据云藏兵中之不染花柳病者，可谓绝无仅有。以此情形，则其人口之减少率必且日益提高，设不设法予以救济，则藏人恐有灭种之虞也。

至西藏之人口，自民国以还即未从事调查。英人 Rocehict 估计，西藏人口为三百万，然系包括西康及青海南部之藏族而言，非专指藏人也。清乾隆二年，对于西藏人口曾有较精确之统计，其数为俗人六三五、九五〇口，喇嘛三一六、二〇〇口，合共九五二、一五〇口。在目前情形下，欲调查西藏之人口，殊感困难，但如根据茶叶之消费量作一估计，亦可推知其略数。查茶叶为藏人日用必不可少之物，无论贫富均嗜茶如命，现自内地川滇两省输入藏境之茶砖，每年约七万驮，合计三百四十六万块，平均藏人每月消费茶砖约半块，每年即可消费六块，以每年每入消费量与输入总数相除，可得五十七万六千七百人。此外，尚有极度贫苦无力购茶，及每年由内地输藏布施或送礼之茶砖，应另外计算，估计约占总人口三分之一，即十九万二千二百三十三人。两数相加，共为七十六万八千九百三十三人。此数与乾隆年间之统计数字颇相接近，而默察西藏人口之趋势，似为日渐减少，故吾人估计目前西藏本部人口，恐最多不过百万上下耳。

〔国民政府蒙藏委员会档案〕

（四）华侨事务与华侨抗日爱国活动

一、侨务委员会组织与侨务法规

1. 国民政府关于非常时期华侨投资国内经济事业奖励办法训令

（1938年10月19日）

非常时期华侨投资国内经济事业奖励办法

国民政府二十七年十月十九日渝字第五八四号训令准予备案

第一条　凡华侨在非常时期投资国内经济事业依本办法奖助之。

第二条　本办法所称经济事业，指农矿、工商及与国防有关之经济事业而言。

第三条　凡经济事业华侨资金占资本总额百分之六十以上者，得呈请经济部予以左列各款之奖助。

一、经营上及技术上之指导与协助。

二、捐税之减免。

三、运输之便利及运费之减低。

四、公有土地之使用。

五、资本及债票之保息。

六、补助金之给予。

七、安全之保障。

八、荣誉纪念品之颁给。

第四条　国营之经济事业得由经济部于呈准后，特许华侨投资或合办。

第五条　华侨投资之经济事业，如遇特殊困难时，呈请经济部救济。

第六条　本办法之奖助事项法令另有规定者从其规定。

第七条　华侨为第三条之呈请时，应由侨务委员会证明其确为华侨。

第八条　经济部得指定经济事业，拟定计划，商同侨务委员会劝导海外华侨投资。

第九条　战事结束后，华侨依本办法既得之权利继续有效。

第十条　本办法自公布之日施行。

〔国民政府侨务机构档案〕

2. 国民党中常委关于国内侨务团体组织办法

（1938年11月17日）

国内侨务团体组织办法

二十三年二月一日第四届中央常务委员会

第一零七次会议通过

二十七年十一月十七日第五届中央常务委员会

第一零一次会议通过修正

第一条　本办法所称国内侨务团体，系指人民在国内以侨民移殖、保育及侨务调查、研究、协进事宜为目的而组织之人民团体。

第二条　本项团体以地域或事业为单位组织，除有特殊情形经中央许可者外，不得在国内外各地设分支机关。

第三条　本项团体之命名如用华侨二字者，须标明事业或国外侨民所在地之名称。

第四条　本项团体之主管机关为国民政府侨务委员会，指导机关为会址所在地之高级党部，但会址所在地高级党部关于本项团体组织之指导，应承商中央海外部办理之。国民政府侨务委员会对于本项团体认为有纠正或撤销必要时，应函由中央海外部转指导该团体之高级党部办理之。

第五条　本项团体应有十五人以上之发起，依照法定程序发起组织之。

第六条　前条规定之发起人及本项团体之会员应有下列各项资格之一：

一、热心公益，对侨务有兴趣者。

二、曾侨居海外者。

三、对侨民移殖及保育事业素有研究者。

第七条　凡有左列各款情事之一者，不得为第五条规定之发起人及本项团体之会员。

一、有反革命行为有确据者。

二、觊夺公权者。

三、营不正当职业者。

四、有不良嗜好者。

第八条　凡海外侨民团体有在国内设置通讯处或办事处者，得适用本办法有关各项之规定。

第九条　本办法由中国国民党中央执行委员会决议施行。

〔国民政府侨务机构档案〕

3. 教育部等关于侨民教育设计委员会组织章程令

（1940年1月12日）

侨民教育设计委员会组织章程

廿九年一月十二日教育部、侨务委员会会令公布

第一条　侨民教育设计委员会（以下简称委员会）由教育部会同侨务委员会组织之。

第二条　委员会之任务如左：

一、计划侨民教育之研究改进并推广。

二、计划侨民教育机关之改进。

三、计划侨民学校教员之进修。

四、建议筹划侨民教育经费。

五、商讨教育部及侨务委员会关于侨民教育政策。

六、商讨教育部或侨务委员会交议之事项。

第三条　委员会设置左列各种委员：

一、当然委员八人。

甲、教育部及侨务委员会各指派三人。

乙、外交部及中央党部海外部各指派一人。

二、聘任委员五人至九人，由教育部会同侨务委员会就左列人员聘任之。

甲、明悉侨务之教育专家。

乙、经理侨民教育行政或办理侨民教育著有成绩者。

第四条　委员会由教育部会同侨务委员会指定委员三人为常务委员，处理会中常务，并指定常务委员一人，为会议时之主席员。

第五条　委员会每三个月开全体会议一次，每月开常务会议一次，必要时均得召集临时会议。

第六条　委员会设秘书一人，事务员二人，由教育部、侨务委员会会同指定部会中职员兼任之，秉承常务委员办理会中事务。

第七条　委员会委员均为无给职，唯远道委员出席会议，得酌支旅费。

第八条　委员会当然委员任期，依其本职聘任委员，任期二年，但得续聘。

第九条　委员会所拟关于侨民教育之计划及其决议，由教育部会同侨务委员会核定施行。

第十条　委员会会所设于教育部内。

第十一条　本章程自公布日施行。

〔国民政府侨务机构档案〕

4. 侨务委员会核定施行之华侨劝学委员会组织规程

（1941年2月11日）

华侨劝学委员会组织规程

民国三十年二月十一日核定施行

第一条　为谋普及华侨教育起见，凡海外华侨众多，尚无华侨学校之设立或所设华侨学校甚少，办理未著成绩之地点，均得设立华侨劝学委员会。

第二条　华侨劝学委员会设委员九人至二十一人，委员由侨务委员会遴派，并指定一人为主席。

第三条　华侨劝学委员会之任务如左：

一、倡办侨民学校，并负责筹措其所需各项经费。

二、劝导学龄侨童家长遣送其子女入学。

三、推行华侨民众教育及职业补习教育。

四、推行其他关于华侨教育文化各项事业。

第四条　华侨劝学委员会每月至少开会一次，由主席召集之。

第五条　华侨劝学委员会应按月将工作状况，呈报侨务委员会备核。

第六条　华侨劝学委员办事细则，应冠以当地地名，由该委员会自行拟订，呈请侨务委员会备案。

第七条　本规程由侨务委员会核定施行。

〔国民政府侨务机构档案〕

5. 行政院关于回国侨民事业辅导委员会组织规程令

（1941年4月1日）

回国侨民事业辅导委员会组织规程

三十年一月三日行政院勇七字第一一号令公布

三十年四月一日行政院勇七字第四九八〇号令修正公布

第一条 回国侨民事业辅导委员会（以下简称本会）隶属于侨务委员会，依紧急时期护侨指导纲要第三条之规定办理，扶助指导回国侨民事业之经营及发展事宜。

第二条 本会设主任委员一人，由侨务委员会委员长兼充之，委员八人至十人由行政院就有关机关人员中派充之。

第三条 本会署左列各组：

一、第一组。

二、第二组。

三、第三组。

第四条 第一组之职掌如左：

一、关于文书之撰拟、收发及缮校事项。

二、关于印信之典守及档案之保管事项。

三、关于人事之甄别及审核事项。

四、关于公款之保管、出纳及庶务之处理事情。

五、关于不属于其他各组事项。

第五条 第二组之职掌如左：

一、关于回国侨民之调查及登记事项。

二、关于回国侨民学识、技术之审核事项。

三、关于回国侨民举办事业之研究及设计事项。

四、关于回国侨民所需交通工具之供应事项。

第六条 第三组之职掌如左：

一、关于回国侨民兴办实业与从事垦殖之辅导事项。

二、关于回国侨民中技术员工之就业介绍事项。

三、关于回国侨民资产内移之协助事项。

四、关于回国侨民之救济事项。

第七条 本会设秘书二人，组长三人，由主任委员就有关机关人员中遴请行政院派充之。

第八条　本会设组员十二人至十八人，办事员十四人至二十人。

前项人员以就有关机关人员中调用为原则，必要时得由主任委员遴员派充之。

第九条　本会于必要时得聘用专门委员。

前项专门委员为无给职。

第十条　本会因事务上之必要得酌用雇员。

第十一条　本会议事规则及办事细则另定之。

第十二条　本规则自公布之日施行。

〔国民政府侨务机构档案〕

6. 教育部等公布之华侨教育会规程

（1941年8月2日）

华侨教育会规程

中华民国三十年八月二日修正公布

第一条　华侨教育会以研究华侨教育、协助政府谋华侨教育之改进与普及为宗旨。

第二条　华侨教育会之任务如左：

一、关于华侨教育之调查研究事项。

二、关于华侨教育之设计建议事项。

三、关于华侨教育之提倡推进事项。

四、其他符合华侨教育会宗旨事项。

第三条　华侨教育会各级组织如左：

总会　设于国内首都所在地。

支会　设于国外较大范围之地区。

分会　设于国外较小范围之地区（同一地以设立一个分会为原则）。

支会设置与否，得由总会斟酌当地情形决定之，未设支会之地，分会直属总会，已设支会之地，分会隶属于支会，唯仍得与总会取得直接联系。

国内各地有关华侨教育之团体、学校，经总会核准后，得承认其为支会或分会。

第四条　总会由华侨教育会代表大会产生之。

（附注：在总会未正式成立前，由教育部侨务委员会派人员筹备之）。

第五条　分会之设立，应由一较小区域内华侨学校或其他华侨教育社团五个，或从事华侨教育者十五人以上联名发起，呈请总会许可后进行组织，但必要时，总会得指定若干华侨学校、华侨教育社团，或从事华侨教育人员负责筹设。

第六条　支会之设立，应由一较大区域内三个分会以上联合发起，呈请总会许可后进行组织，但必要时，得由总会指定若干分会负责筹设。

第七条　华侨教育会会员为个人会员及团体会员二种，均隶属于分会。

（甲）个人会员　凡从事华侨教育或热心华侨教育者，均得为个人会员。

（乙）团体会员　凡华侨学校、华侨教育社团，均得为团体会员。

（一分会内有个人会员及团体会员两种者，其团体之构成份子，不得再以个人资格加入为个人会员）。

第八条　总会设名誉会长一人，名誉副会长若干人，由本会聘请之，理事廿五人至卅五人，候补理事十五人至廿一人，组织理事会。监事十五人至廿五人，候补监事九人至十五人，组织监事会。理事会设常务理事三人，监事会设常务监事一人执行日常事务。

第九条　支会分会设理事九人至十五人，候补理事五人至七人，组织理事会。监事七人至九人，候补监事三人至五人，组织监事会。理事会设常务理事三人，监事会设常务监事一人，执行日常事务。

（附注：支分会理监事人数得视各地情形酌予变更）。

第十条　总会及支分会理监事之产生方法与会议之召集，另行规定。

第十一条　总会理监事任期二年，支会、分会理监事任期一年，均为无给职。

第十二条　本规程由教育部、侨务委员会会同公布施行。

〔国民政府侨务机构档案〕

7. 侨务委员会关于归侨村管理处组织通则指令

（1941年10月17日）

归侨村管理处组织通则

三十年七月十九日侨务委员会备案

三十年十月十七日侨务委员会指令修正

第一条　归侨村管理处隶属于回国侨民事业辅导委员会，依归侨村垦殖纲要之规定办理，安集归侨，从事生产等事宜。

第二条　归侨村管理处之职掌如左：

一、关于文书撰拟、收发、保管及典守印信事项。

二、关于公款收支及公物保管事项。

三、关于编制概算、决算、统计、报告事项。

四、关于垦民垦地分配事项。

五、关于垦民作息管理事项。

六、关于垦民卫生、教育及公共福利事业推行事项。

七、关于垦民生产运销及各种合作事业辅导事项。

八、关于垦民农作技术训练指导事项。

九、关于垦地整理、除虫及土壤、水利改良事项。

十、关于村内交通建设及治安防卫事项。

十一、关于产品制造及改良种籽事项。

十二、关于其他归侨在附近投资举办事业之协助指导事项。

第三条　归侨村管理处设主任一人，承回国侨民事业辅导委员会之命综理村务。设副主任一人，襄助主任办理村务。

第四条　归侨村管理处设农业技士一人，卫生指导员一人，干事二人，助理干事若干人，秉承主任办理村内各项事务。

第五条　归侨村管理处办事细则及各种规程办法另定之。

第六条　本通则呈经侨务委员会备案施行。

〔国民政府侨务机构档案〕

8. 行政院关于紧急时期护侨指导纲要令

（1942年1月3日）

紧急时期护侨指导纲要

三十一年一月三日行政院勇七字第一一号令公布

一、侨民寄居地域如遇紧急时期，对于其安全及财产之保护应由驻使或领事依照本纲要之规定办理之。

二、凡遇紧急时期，侨民无留居现地之必要或自愿回国者，应由驻在各该地使领馆充分予以协助及便利，并由主管机关于国内指派专员负责照料。

三、回国侨民事业之经营及发展由政府设立专管机关扶助指导之。

四、回国侨民中之技术员工经登记后，分有关机关任用。

五、回国侨民之子女就学，由教育部于国内各公私学校妥筹安置。

六、凡确因事业之关系不能回国者，应由驻使或领事酌量情形，与当地政府洽商移居地点，并妥定办法，于必要时施行之。

七、凡侨民移居时，其无法移动之资产，向本国使领馆登记，由政府统筹有效保护办法。

八、侨民非经政府许可，不得参加当地有关军事或政治工作。

九、侨民应本互助精神，密切联络，并充实其组织，以谋共同利益。

十、本纲要之补充办法，由主管机关拟订，呈由行政院核准备案施行。

〔国民政府侨务机构档案〕

9. 侨务委员会关于修正回国侨民登记规则令

(1942年2月7日)

修正回国侨民登记规则

民国三十年五月十九日侨务委员会会令公布

三十一年一月二十日辅委会九次会议通过修正，呈侨务委员会，三十一年二月七日核准备案

第一条　回国侨民事业辅导委员会为便于辅导回国侨民事业，举办回国侨民登记。

第二条　回国侨民登记由回国侨民事业辅导委员会主办，并委托回国侨民临时接待所及侨务处局办理之。

第三条　依本规则，申请登记之回国侨民得随时向登记机关申请登记，但侨民回国后因居住地址距离登记机关过远或因职务上之关系不能亲到登记机关登记者，得用通讯方泆向较近之登记机关申请登记。

第四条　依本规则申请登记之回国侨民，须具备左列各款之规定。

一、居留海外三年以上而于民国二十六年七月以后回国者。

二、持有侨居地使领馆、党部、商会、中华会馆等发给之证件或出生纸、居留证、华侨登记证、护照及其他相当文件，足

资证明前款之规定者。

第五条 依本规则申请登记之回国侨民，须履行左列各款手续。

一、填具登记表二张，唯在回国侨民事业辅导委员会登记者则填表一张。

二、缴验本规则第四条规定之证明文件。

三、缴交本人二寸半身照二张，但配偶及未成年之子女合并登记时，得缴合照相片及合填登记表。

第六条 回国侨民登记后，得随时向回国侨民事业辅导委员会请求为事业上之扶助指导。

第七条 各回国侨民临时接待所及各侨务处局办理登记，除将登记表抽存一份备查外，并以一份每月汇转回国侨民事业辅导委员会备查。回国侨民事业辅导委员会收到各登记表后，另列总表，每月呈送侨务委员会备查。

第八条 办理登记机关不得滥发登记证及征收任何费用，或故意拒绝登记。

第九条 登记表登记证由回国侨民事业辅导委员会制定，分发应用。

第十条 本规则呈由侨务委员会核准施行。

〔国民政府侨务机构档案〕

10. 侨务委员会关于核准施行之侨务委员会侨务问题研究室组织规程

（1942年5月 日）

侨务委员会侨务问题研究室组织规程

三十一年五月呈奉委员长核准施行

第一条 侨务委员会为研究海外各地侨情及谋战后侨务行政

之实施起见，特设置侨务问题研究室。

第二条　侨务问题研究室隶属于侨务委员会秘书处。

第三条　侨务问题研究室之职掌如左：

一、关于各国移民法令之研究。

二、关于侨民经济、文化、教育等事业之研究。

三、关于侨民团体及其他社会生活之研究。

四、关于侨民移殖历史之研究。

五、关于侨务实况之研究。

第四条　侨务问题研究室设研究员一人，助理研究员三人，雇员一人，由侨务委员会分别派任及雇用。研究员承长官之命，主持该室事务；助理研究员及雇员受研究员之指导，办理各该事务。

第五条　侨务问题研究室研究员得出席有关研究范围之各种会议。

第六条　侨务问题研究室办事细则另定之。

第七条　本规程经委员长核定后施行。

〔国民政府侨务机构档案〕

11. 行政院关于回国升学华侨学生接待所组织规程令

（1942年5月15日）

回国升学华侨学生接待所组织规程

民国三十一年五月十五日行政院顺陆字第九一八号指令核准

第一条　侨务委员会、教育部、海外部及三民主义青年团为便利华侨学生回国升学并予以切实指导起见，设立回国升学华侨学生接待所（以下简称本所）。

第二条　本所职务如左：

一、关于回国升学华侨学生接待事项。

二、关于回国华侨学生升学指导事项。

三、关于回国升学华侨学生思想指导事项。

第三条　本所设管理委员会决定本所一切兴革事宜，由侨务委员会、教育部、海外部及三民主义青年团各派一人组织之，并推一人为常务委员，每月至少开会一次。

第四条　本所设总干事一人，秉承常务委员之命，处理本所一切事务。

第五条　本所设干事若干人，由以上各机关调用，必要时得任用专任职员协助总干事办理所内事务。

第六条　本所接待回国升学华侨学生办法另订之。

第七条　本所所需经费由上开各机关共同负担之。

第八条　本章程经主管机关核准后施行。

〔国民政府侨务机构档案〕

12. 行政院关于战后侨务筹划委员会组织规程令

（1944年4月15日）

抄行政院卅三年四月十五日义陆字第八四一九号训令令外交部

查战后侨务筹划委员会组织规程，业经本院第六五七次会议决议通过，除令侨务委员会公布施行暨分行外，合行抄发该规程，令仰知照。此令。

抄发战后侨务筹划委员会组织规程一份。

战后侨务筹划委员会组织规程

第一条　战后侨务筹划委员会隶属于侨务委员会，掌理左列事项：

一、关于战后侨务政策之拟议事项。

二、关于战后侨务行政之建议事项。

三、关于华侨生命财产侨团侨校及事业等因战事损失之调查统计事项。

四、关于战后侨务复员事项。

五、关于战后侨务发展事项。

六、其他有关战后侨务筹划事项。

第二条　本会置委员三十五人至四十五人，由侨务委员会委员长指派侨务委员会职员及延聘侨务专家与归国侨领，并左列各机关代表一人充任之。

一、内政部。

二、外交部。

三、军政部。

四、财政部。

五、经济部。

六、教育部。

七、交通部。

八、农林部。

九、振济委员会。

十、中央海外部。

十一、其他公私侨务学术团体。

前项委员均为无给职。

第三条　本会置主任委员一人，由侨务委员会副委员长兼任之。

第四条　本会所需办事人员由侨务委员会职员中调派兼任之。

第五条　本会对外文件以侨务委员会名义行之。

第六条　本会每月开会一次，遇必要时得开临时会。

第七条　本规程自公布之日施行。

文书科抄

四月廿日

〔国民政府外交部档案〕

13. 行政院关于战后侨民教育实施方案令

（1944年6月22日）

战后侨民教育实施方案

行政院卅三年六月廿二日义陆字一四〇二八号指令核准

甲、战后侨民教育实施原则

今后侨民教育之实施，应根据中华民国教育宗旨及其实施方针确定下列各原则，以谋侨民教育之统一与发展。

一、一般侨民教育之设施，应注重本国语、历史、地理等科目之教学，力谋侨民民族意识之增进，以加强其爱好祖国之观念。

二、为提高侨民在国际上地位，促成中外民族间之平等与友爱起见，在侨民教育之设施应特别注重一般文化水准之提高，力谋侨民自治能力之增进与日常生活之改善。

三、为改进侨民职业，增进其生活能力起见，对于职业教育及职业补习教育应特别注重。

四、为改进侨民各级学校起见，对于师资之培养与训练，应特别注重。

五、为谋今后侨民教育行政权之统一起见，对于过去侨校在当地所受之束缚应设法解除，国内管理侨民机构，应力求统一。

乙、侨民教育之复员准备

太平洋战事发生后，侨民教育及一切文化机关均无形停顿，在战事结束之前，对于侨民教育复员计划应有充分之准备。兹举其要点如下：

一、调查各地侨校之损失与提出要求赔偿损失之数额。

（1）调查各地侨校及文化团体机关因战事影响直接间接所受之损失，提出要求赔偿损失之数额。

（2）调查各地侨校员生及文化人员因战事影响直接间接所受之损失，提出要求赔偿损失之数额。

二、各地侨校之恢复或迁回之准备。

（1）通饬或协助各地侨校及文化团体机关因受战事影响而停办者，应从速准备恢复计划。

（2）通饬或协助各地侨校及文化团体机关因受战事影响而迁至内地者，应从速准备迁回原地计划。

（3）复校或迁回各校及文化机关所需之经费，应有详密之预算呈报主管教育行政机关，以备在赔偿损失费中提出补助之。

三、设法解除过去侨校在当地所受之束缚。

（1）根据平等互惠原则与各国商订新约时，应设法解除过去侨校在当地所受之一切束缚。

（2）新约中对于侨校之设施须达到下列各点：

（子）须达到侨民在海外有权设立侨民学校及组织侨民文化团体。

（丑）须达到侨民学校得自由向我国政府立案，聘请我国政府认为合格之教师及采用我政府所规定之课程与教材。

（寅）须达到准许侨民子弟完全自由入侨校肄业。

（卯）须达到准许凡持有我国政府所发给护照之教师与文化人员入口及注册。

（辰）须达到准许我侨校及文化团体购阅各种不妨碍当地社会秩序及引起民众恶感之华文图书及报纸等。

丙、侨民教育之实施

（一）侨校师资整理与培养。

海外侨民师资缺乏，程度不齐，影响侨民教育，至为重大，故今后对于侨校师资一面应加以整理与训练，一面应从速加以培养。

兹举其要点如下：

（1）举办各地侨民学校教师总登记，详密审查其资格。

（2）侨校教师之资历有不合格者，应在国内或国外举行假期训练班，施以短期之训练，其成绩过差者，应分别撤换。

（3）在国内增设或扩充国立侨民师范学校，增加其班级与学生名额，毕业后充任各地侨民小学之教师。

（4）在国立师范学院增设侨民教育师资专修班，培养侨民中学教师，以供各地侨民中学之用。

（5）在中央政治学校增设侨校党义教师训练班，考选国内大学毕业生施以六个月之训练，以备充任各地侨民中学党义或史地科目教师。

（6）在国内各大学酌设侨民较多地区之语文科目，以为志愿从事侨民教育事业者之准备。

（7）分配侨民师范学校毕业生，并介绍给合格教师于各地侨民学校服务，并设法予以种种便利。

（8）奖励侨校优良教师，凡在侨校任教六年以上，经视导专员考核其教学成绩，认为优良者，得予以一年之假期，返国实地考察。

（9）在国内任教九年以上，成绩优良之教师，得予一年休假，派往侨民学校较多之地区，从事实地考察侨教，并介绍其担任侨民学校教师。

（10）指定公费留学生在居留地之侨民学校内，担任义务教师若干小时，酌给以相当之交通费。

（二）订定各级侨民学校课程纲要及编选教材。

各级侨民学校课程当可依照部颁各级学校课程标准实施，但当地侨校环境【与】内地大不相同，其所授科目与时间自不能不斟酌各地情况而稍加变更。另外编辑侨民适用之教科书，以供各地侨民学校应用。兹举其进行工作如次：

(1) 由教育部侨务委员会侨民教育设计委员会邀请熟悉侨教之专家参照教育部所颁课程标准，订定各级侨民学校课程纲要与教授时间，颁发遵行。

(2) 责成各地侨教视导专员或领事馆调查各地有关侨民教育教材，限期呈报。

(3) 责成南洋研究所整理各地有关侨民教育之材料（本条业经删除）。

(4) 责成国立编译馆聘请专门人材，从速编辑各级侨民学校教科书。

(5) 征集各地侨民学校教员编辑有关侨民教育之补充教材及参考资料，择优采用。

(6) 分期印行各地侨民学校教科书，分发各地侨民学校应用。

(三) 增加侨民学校补助费及筹集侨民学校基金。

(1) 请中央政府每年增拨侨民学校补助费，以能普及补助各地侨民学校为度，尤须特别注意下列各点：

(子) 补助各地筹款特别困难，无法兴办侨校或继续维持者。

(丑) 奖励办理成绩优良之侨校，特别予以补助，充实其设备，使其成为模范之侨校。

(寅) 发给侨民学校教员之养老抚恤金。

(2) 由中央劝导各地侨民发动筹募侨民学校基金，务使每一侨校均须筹有相当之基金，以巩固其基础。

(3) 各地侨民学校亦得视当地情况联合共同筹集基金，以其生息分配于各侨民学校。

(4) 由中央督令各地侨民组织侨民学校基金保管委员会，监督其存放与用途。

(四) 订定侨民教育分区实施计划，并派遣专员实行分区视导。

(1) 确定侨民教育分为下列各区：暹罗区、安南区、缅甸区、印度区、日本区、朝鲜区、菲列滨区、南洋英属区、南洋荷属区、美洲区、欧洲区、非洲区、澳洲区。

(2)订定各地侨民教育分区实施计划，以期与实际情形相合。

(3)每一区或二区派定侨民教育视导专员壹人，每年分区视察督导，并负改进各区侨教之责。

(4)侨民教育视导专员资格除原订侨民教育视导专员派遣办法所规定之资格外，并须通晓当地语文。

(5)视导专员对于所驻地之一切侨民教育有监导改进之权。

(6)侨民教育视导专员应注意下列各事项：

(子)各校校董会是否组织健全。

(丑)各校课程是否于部定标准。

(寅)各校经费是否足敷开支。

(卯)教员资历是否合于规定之资格。

(五)各级侨民学校之增设与调整。

海外各地侨民约一千万人，应入小学之学龄儿童当在一百万人以上。战前侨民小学不过三千余校，仅能收容三十余万儿童，其余六十余万儿童非失学即就学于居留地政府所办之小学。而中学容量至少亦需十万学生之数，而现在华侨中学仅一百余校，共有学生六千余人，职业学校则完全未设。今后为普及侨民教育，加强华侨学生对祖国之认识，改善侨民生活，必须增设各级侨民学校，使各级学生咸能受祖国之教育，其计划如下：

(1)对于侨民小学教育，除将原有三千余华侨小学加以扩广，俾能增加一倍容量收容六十余万之学童外，并当于战后五年内增设华侨小学一千所，以容纳三十余万之儿童。

(2)凡华侨子弟已入当地外国人所办之学校，应另设补习学校，以补习其本国语文及史地等科目。

(3)对于中等教育，应比照小学十分之一，在战后五年内增设侨民中学二百余校，职业学校一百余校，连前原有之中学一百余校，合计四百校，平均酌量分配于各区，以应各区小学毕业生升学之需要。

（4）侨民中学教育之设施，一面应注重升学准备，同时必须兼顾职业训练，以备不能升学之学生毕业后，亦得就相当职业。

（5）对于战后五年内增设之侨民职业学校，或在侨民中学内附设职业科，应视各地侨民职业之需要决定设科之内容，专以改善当地侨民职业为主旨，以增进侨民生产之技能，并附设各种职业补习学校，俾侨民得利用余暇入校补习。

（6）对于侨民师范学校，以集中国内办理为原则，但在侨民小学发达之区，如师资缺乏，得在优良之中学内附设简易师范科，招收初中毕业生予以一年之师范训练，以应当地之需要，作为小学代用教员。

（7）对于侨民高等教育，亦以在国内办理为原则，在国内各大学中应指定二三校，专收容各地侨校毕业生，其组织与课程应视各地侨民之需要而定，其所设科系，应注意工商二科，以造就各地侨民之技术人材，藉以改进各地侨民之职业与生活。

（8）关于社会教育，在每一学校中，即应设立一书报阅览处，多备置祖国报纸杂志及一切有关风土历史性之书报、照片等，以供侨胞业余阅览，并由中央广播电台逐日向海外广播国内各种新闻及有关侨务消息。同时由各书报阅览社负责将广播波度及时通知各侨民，以备收听。此外，并当责成华侨知识分子组织新生活运动促进会，以改进侨胞生活习惯。至于成人补习教育，则责成各侨民小学办理。

（六）提高侨民学校学生程度。

侨民学校程度之低劣，其原因不外四端：1. 为学校课程未能悉照部定标准。2. 为教科书之缺乏与不统一。3. 为师资不健全。4. 为考试不严格，故欲提高华侨学生程度，必先纠正此四端。

（1）责成侨民教育视导专员随时查视各校课程与授课时间，其有不合部会标准者应令改正。

(2)督促南洋研究所及国立编译馆尽速完成华侨中小学课本，以便印发应用，统一各地侨校采用之课本。

(3) 由侨民教育视导专员会同当国华侨教育支分会组织侨民教师资格审查委员会，严格甄审各侨校教师资历及能力，呈报备案，其有不能胜任者，即令改聘。

(4) 由侨民教育视导专员会同当地华侨教育支分会于每届侨生毕业时，严格举行毕业会考，对于成绩优良之各校，应予以奖励。

(5) 订定各级侨校设备标准，责令各地侨校分期充实并酌给补助。

(6) 改进侨校训育管理，以养成侨生遵守纪律，服从指导，爱好读书之良好习惯。

(七) 奖励各地侨民中学毕业生回国升学。

各地侨民之高等教育，既以集中办理为原则，各地侨民中学之毕业生应特别鼓励其回国升学，俾其认识国内之情况，增进其爱好祖国之思想，其办法如下：

(1) 国内各大学每年招考学生之科系及名额应于学期前通知各地侨民教育视导专员，转知各地侨民学校，并尽量设法在海外招生，以免考生空劳跋涉。

(2) 订定各大学录取侨民学校学生办法。

(3) 指定学校附设侨生大学先修班，凡程度不足之侨生，得令入大学先修班补习。

(4) 修订奖励回国升学之侨生办法，凡贫苦之侨生得从优予以相当之补助费。

(八) 改良侨民学校行政制度与人事问题。

海外侨民学校之设立，多由于少数富有侨商捐资而起，而少数富有之侨商于办理学校并无经验，因之学校教职员之去留、课程之编订、预算之分配，往往未能悉合教育法令，以致办理学校毫无成绩可言。故今后欲整顿侨民学校，必须先将学校行政制度设法改善，并解除人事上之纠纷，方有成绩可言，其办法如下：

（1）所有侨民学校概须依照教育部颁立案程序，就近向驻区侨教视导专员办理立案手续，呈报备案。

（2）侨校立案手续，应设法改为简单。

（3）校长暨训导主任人选须专案报由驻区专员呈报审核，一经核定，非有重大过失，不得任意更动。

（4）小学会计必须独立预算分配，并应送经驻区专员核定，不得任意增损。

（5）校董与校长之职权，应照部章规定划分，不得互相干越。

（6）各地侨民学校应遵照政府规定一律用国语教学，消除彼此因方言不同而发生之隔阂。

（九）提高一般侨民之文化水准与生活习惯之改善。

我国侨民对于祖国文化往往不甚了解，侨居海外，耳濡目染，皆为居留地政府之片面宣传，岁月既久，难免有数典忘祖之虞，故提倡华侨文化，尤其是对祖国文化之认识，特别重要。

（1）组织讲学团或巡回示教团，每年一次分赴海外侨民文化中心地区作各种学术讲演，藉以发扬祖国文化，提高侨民文化水准。同时，亦可引起国内学者对于海外华侨文化研究之兴趣。

（2）健全海外华侨教育支分会之组织，令其在会中设置文化供应站，以沟通国内外文化。

（3）奖励及补助海外华侨之从事文化工作者，并按季提出专题，征求论文，厚给奖金，必要时代为出版。

（4）推行电化教育，将国内各种事业之进展、文化之发达，或制成影片向国外放映，或用无线电台广播各地侨民，以广宣传。

（5）由各地领事馆通知各地侨民组织新生活运动机构，劝导当地侨民实行新生活。

（十）成立各地侨民教育分会。

欲使侨民教育机关有相当之进展，必先使各地从事侨民教育事业之人员有相当之联络与组织，然后可使其对于各项侨民教育事业得相互联络，相互研究，再由研究而见诸实施。现华侨教育总会业已成立，则各地分会自可督导促其早日组织，从速成立。其办法如下：

（1）成立各地华侨教育分会，督令当地侨民学校之教员加入，以研究当地有关华侨教育改进之各项问题。

（2）订定各地华侨教育分会，有关研究侨民教育之各项工作，令各地华侨教育分会遵行。

（3）分发有关侨民教育之研究问题，令各地华侨教育分会会员从事研究，报告总会。

（4）征集各地侨民教育分会会员，对于有关侨民教育各项问题，予以解答或指示。

（5）编印研究侨民教育之月刊或季刊，分发各地侨民教育分会会员，以供参考。

〔国民政府外交部档案〕

二、侨务工作报告

1. 陈金波关于三个月来越南南圻救国总会工作检讨

（1938年10月13日）[①]

越南华侨救国总会的产生，虽是没有过悠长的历史，可是在这短短叁个月头的工作，经树立了很坚强的基础，理事们的努力，侨众的热情，工作的表现，确是护得了广大的侨众拥护与赞助，我们都觉得很欣慰，可是离开我们的理想和目标，还是差得很远，兹值第一届理事改选之期，爰将这叁个月来工作上大体情形，检讨一下，以备改进时的依据，并愿同志们加以指正。

---

① 此为收文日期。

（甲）四大优点

一、劝捐救国献金普遍化：如“七七”纪念日举办以一日所得献金；“八一三”纪念日劝售爱国标语，统计银项收入，数目虽是未可惊人，可是各阶层侨众献购深形踊跃，开历次以来献金成绩最普遍现象。

二、各种集会活动的联络：如“七七”纪念日举行公祭“八一三”集会；战时国语演讲竞赛会，各界侨众拥护参加，足以表现出集体力量，冲破暴敌的压迫。

三、调查处工作精细敏捷：据调查处工作报告，调查员的努力勇敢，揭破几次奸商的阴谋，征复了不少内部的腐化幻想不良倾向的奸商。

四、集中救亡领导的力量：自救国总会成立以后，南圻各地救亡小团体有的自动解散，有的根据救总会工作方针，向各方作救亡活动，加紧各地侨众间的联络。

（乙）二处缺陷

一、宣传处工作欠普泛：宣传处工作人员缺乏，过去宣传工作一般地来说，仍然发见下列的弱点：

1. 宣传工作多数缺乏预定切实的工作计划；

2. 宣传工作没有跟侨众的组织工作打成一片，以致宣传只尽了一点“鼓动”的任务，其实“鼓动”只是宣传一个方式；

3. 宣传事项缺乏经常的工作，不能按日分组出发宣传，或者利用每一个时机，每一个场所，来宣传鼓动群众。

4. 宣传工作不能利用新闻政策作具体的宣传。

二、组织处方法未能深入各阶层：

1. 深入到群众间去的干部人员缺乏；

2. 未能把工界劳苦群众组织起来，构成救国战线的细胞；

3. 店员也是救国战线中基本的盟员，应该把他们有很好的组织；

4. 未能把自由职业者，如医生、教员、艺人等把他们同业组织改造成为救国的堡垒；

5. 未能把妇女的救国组织，扩展到劳苦妇女中间去，以上两大缺点自然是有着许多客观上和主观上的原因的，主要的就把他举出：

壹、各种暴力的压迫与麻醉的力量太大，使群众很难集合到统一的救亡战线上；

贰、混在群众中间的奸细用各种阴谋分裂群众，以致在大众的联合战线的缔结上添加了一种阻力；

叁、一般大众文化教育的落后，接受救亡的影响比较困难；

肆、深入到群众间去的干部人员仍然感觉到缺乏，而且宣传与组织上的工作有好些弱点。

今后救总会救亡工作要改进，必须针对着以上诸困难与弱点去开展。

〔国民政府侨务委员会档案〕

2. 侨务委员会关于印送侨委会工作报告致行政院秘书处函

(1939年2月9日)

侨务委员会公函 荒渝丙字第四一八号
民国二十八年二月九日发

案准贵处二十八年二月四日吕字第一零七零号函开：案查各部会应送国民参政会之第二期战时行政计划及工作报告，由各部会自行印刷各二百五十份，分别编号，并加盖“密件”图记，以十份送本院备查。兹将式样附上，请照式样大小印订，以昭划一。等由。自应照办，除印送参政会各二百五十份外，兹特另检各十份随函送达，即希查照为荷。此致

行政院秘书处

附本会第二期战时行政计划及工作报告各十份，由第二百五十一号至第二百六十号。

委员长　陈树人

密件　NO00251

侨务委员会第二期战时行政计划〔略〕

密件　NO00251

侨务委员会工作报告

二十七年十一月起至二十八年一月止

本会职掌移殖保育，抗战以还，除经常工作赓续办理外，并遵照抗战建国纲领实施方案，及斟酌海外各地侨情，分别鼓励及指导侨民参加各种有利抗战建国工作，其实施情形，前经报告有案，兹将二十七年十一月起迄二十八年一月底止重要工作，简述如次：

一、鼓励侨胞输财出力，同时各委员分赴海外工作

抗战以来，海外侨胞，认销公债，踊跃捐输，为数已达七八千万，尤以马来亚、菲律宾、美洲等处侨团，推行常月捐，裨益长期抗战，实非浅鲜。本会除通令海外各地侨团，随时鼓励外，同时各委员不支旅费，分赴海外各地工作，就地指导侨胞，输财出力者计列如左：

一、林叠，美国；二、林泽臣，安南；三、黄滋，美国；四、黄绩熙，安南；五、王志远，印度；六、黄启文，美国；七、王棠，港澳；八、黄绍蕃，港澳；九、赵炜庭，港澳；十、余荣，澳洲；十一、王健海，港澳；十二、李朴生，南洋各地；十三、朱肇新，美国；十四、周拔五，美国；十五、马镜池，加拿大；十六、伍鸿南，港澳。

又查自抗战以来，本会屡会通电海外侨团所有捐款，概由财

政部统一汇收，唯仍有一部份直接汇由本会收转者，计自二十七年十一月至二十八年一月底止三个月内，由本会经收转解财【政】部之海外各地捐款，共计国币二十六万一千八百四十四元六角六分，港币二万一千四百三十四元五角一分，英金二千三百三十七镑七先令十便士，美金一千元，法郎陆［六］十一万四千二百四十枚。此为香港中国银行正式函告本会之数，其他尚未接到报告或由各地直接汇寄财政部及其他慈善机关者，尚不在内。

二、劝勉华侨投资国内实业

在此非常时期，后方生产甚关重要，政府已公布“非常时期华侨投资国内经济事业奖助办法”，本会经照令饬海外各中华商会，切实提倡，尤注重“办法”中之“奖”与“助”，俾华侨踊跃归国投资，以兴办西南、西北之各种实业。

三、奖勉华侨专门技术人才回国投效

海外华侨学习专门技术，如理工、医药、航空、驾驶、机械、农矿者甚伙，当此抗日军兴，多愿归国投效，本会根据“非常时期专门人员服务条例”，随时指导，加以奖勉，关于□能机器行等，拟组织“司机工程队”回国服务，及砦株巴辖机器同业等，拟组织“机械回国服务团”等事，均经分别向军委会办公厅与军政部会商办理中矣。

四、推进国际贸易，换取外汇

非常时期，度支浩繁，对于推进国际贸易，换取外汇，实为当务之急。现国民经济建设运动委员会组织之中国国货联营公司，经在国内各地设立国货公司十八处，复拟推进海外，如新嘉坡、吧达维亚、马尼拉、曼谷各处，逐渐分设，其所需股本，由该公司先认一半，余由当地侨胞认购。当以此举既可增进国际贸易，复得换取外汇，在国货推销中实为 重要事业。经令新嘉坡各处中华商会联络当地侨商，协力推进。

五、拟定沦陷区域运货出国办别办法

军兴以来，敌人自占领区域，运货出国销售，应否抵制，海外侨民议论纷纭，本会为适应时宜，兼顾国货起见，会拟办别办法二项：（一）凡由敌人占领区域内输出之国产货物，如确由我国旧有商号直接售出或由与敌人无关系之第三国商号经售得有证明者，认为国货，予以销售。如由日寇商号或日籍人民经售，则认为日货，予以抵制。（二）内地货物经在我国关卡纳税，有切实凭证而取道于敌人占领区域内出口者，仍认为国货，予以销售。经呈行政院核准，并由本会令驻外各领馆各商会参照“查禁敌货条例”办理，俾依此标准办别国货敌货，而海外侨民，自不受其蒙混。

六、处理各侨务局之移动

本会直属侨务机关，原有广东侨务处，及上海、江门、海口、汕头、厦门五处侨务局，现上海因无法执行职务，暂将上海侨务局停办。厦门失守后，侨务局迁往晋江县，广州撤退后侨务处迁往中山县前山镇；唯江门、海口、汕头三局，尚仍其旧。又厦门侨务局自□□后，闽侨出国护照，由晋江县给发，凡汀漳龙各属出口侨民之需领护照者，均须绕道晋江请领，颇觉困难，经由侨务委员会商请外交部以一部分护照委托驻海澄县，厦门市政府办理，使汀漳龙侨民出国得资便利。

七、商定我国老弱赴菲律宾避难办法

自抗战以还，闽粤两省难民之逃往菲律宾者甚伙，菲律宾政府为应付特殊环境起见，与我国驻马尼拉总领事商定办法，并经菲总统于二十七年十一月批准其办法如下：(一)菲岛侨民之亲友，已来菲而愿续住及新来避难者，均须先向总领馆填具申请保证书各三份，相片四张，由领馆转送难事审查委员会审查，领馆根据该会报告，再函劳工部核准；（二）壮丁（即十八岁至四十五岁之男子）及有痼疾不良嗜好者，行为不端者，不能享受避难人之待遇；（三）避难人之代表，须负赡养避难人之完全责任，并须经两家商店之保证；（四）经难民审查委员会通过后，领馆照章贴部颁收据票国币十元；（五）无论何人，如发现他人有藉此招摇从中取利者，得提证呈请领馆查究。以上办法经由本会通令各侨务处局通告区内赴菲律宾人民知照矣。

八、设法援助无力缴纳政费之旅暹侨胞

自暹罗亲日后，对于我国侨胞，叠施压迫，去年搜捕侨胞四千五百人一案，方告结束，近又公布外人新入境居留费增至二百铢，复下令自本年起，凡无缴纳助政费之外人，一概递解出境，此例一开，华侨将来被逐者必多，经侨委会会同外交部拟具办法三项：（一）由外交部电令驻英大使馆请暹罗公使转请暹政府，仍照向例对无力缴付助政费之华侨与暹人同等待遇，不得驱逐出境，如办不到，则请暹政府保证华侨与他国侨民同样待遇，不得有所歧视；（二）由外交部电饬驻暹罗商务委员办事处，商请各侨帮以基金或以放款形式随时救济；（三）由侨委会令各侨帮侨团照第二项办法办理。该办法商妥后，侨委会经即通令暹罗各中华商会各会馆各侨团等，于必要时将所存基金，或筹措款项，协助我国商务专员，拟定办法，以放款方式，救济此项无力缴费侨胞，保持其居留地位，以免被解出境矣。

九、继续救济失业归国侨民

失业华侨救济费，政府本有定额发给，列入预算。本会除办理侨乐村，收容失业归侨，从事垦殖外，此外一般不能工作之老弱侨民，资遣回籍，在在需费。本会因酌盈剂虚，将一部分经费，分给各侨务处局，俾对侨民之失业或被逐归国者，随时酌量情形，予以救济或资送回籍，目下仍在继续办理之中。

十、驳斥敌人对华侨之反宣传

海外华侨热心祖国，且拥有经济势力，敌人至为注意，近复叠接新嘉坡总领事馆及参必古中华商会报告，敌人准备巨款，势逼利诱，并假借侨团名义，发表荒谬传单，希图混乱视听，近复又派其参谋本部佐繁木中佐驻沪负责向华侨“担保其家乡眷属之安全并予通讯汇兑之便利及保障其南洋商业”等，观其用心，无非欲破坏吾侨爱国运动，本会据报后，除由播音抨击外，并经发表寒日通电，详为驳斥，分行各使馆、各中华商会、中华会馆、各救国团体、慈善团体查照，俾各地侨胞明了真相，勘破敌人阴谋。此外如敌人在海外假托新嘉坡华侨联合会名义，通电主和，亦经彻底查究，并予各驻外领馆各侨团等以深切训勉，勿为所惑。

十一、抗战时之海外宣传

本会为宣达祖国抗战消息，及策动侨民抗战力量起见，特发行定期刊物——《华侨动员》——每半月出版一次，分发海外。如侨团举培养民族意识，阐明抗战意义，指导侨民回国投资，扩大海外捐款，揭发倭寇阴谋及消灭反动宣传等事，均由该刊发表，藉此增强海外侨胞对祖国抗战之信念，同时于每星期与海外部轮流播音，如遇重要问题随时增加。

十二、补助侨民学校及回国清贫侨生

查海外侨民学校，经本会调查者，计二千五百十九所；经已呈请备案者，四百十三所；请领补助费经已核准发给者，一百五十三所。抗战以来，本会为继续发展侨民教育，及使内容设备均能整理充实，教学效率，益能增进起见，虽在国家财政极度困难之下，所有侨校补助费照七成筹划拨给，俾海外侨校，均能依照手续继续备案，而已备案者亦能日臻完善。三个月以来，侨校呈请备案者计有八所，请领补助费者计三十六所，呈请验印毕业证书者二，其他如呈报学期成绩，校务概况者日有增加，足征海外侨校在抗战期间仍能继续发展与祖国取得不断联系；至于补助回国清贫侨生，过去受补助者四十余人，抗战以后，因学校转徙迁移，故最近呈请补助者仅六人，唯近因各地交通不便，海外家庭汇款至感困难，国内侨生或因而请求补助者，将必较多也。

〔国民政府行政院档案〕

3. 侨务委员会关于抄送第一期办理抗战动员情形致国家总动员设计委员会函

（1939 年 7 月 13 日）

公函　荒渝丙字第一八五三号

案准贵会二十八年六月二十三日渝会字第一〇号函开：案查国家总动员计划大纲前经制表，分送关系各机关查照办理在卷，本会现已继续办公，亟拟汇集各方动员工作，以资策划，所有第一期动员业务及计划纲要，贵会办理情形如何？应请详细见复。等由。查该项计划大纲前奉行政院二十六年九月九日密令，抄发下会嗣复；准军事委员会第二部同月二十日密函，嘱就主管事项有关总动员计划者制成方案检送参证，并经遵照抄送在案。准函前由，相应依照前项方案所列项目，将办理情形抄缮一份，即希查照为荷。此致

国家总动员设计委员会

附本会办理动员情形一份

委员长　陈〇〇

中华民国廿八年七月

侨务委员会办理动员情形

第一、奖励华侨捐款及购买救国公债

1. 通电海外各地侨胞踊跃输收，计先后发生元日（廿六年七月十三日）通电，寒日（七月十四日）代电，删日（七月十五日）告侨胞书，及非常时期通告第一、二、三号等。此外并于公私函牍中随时分别劝导与奖励。

2. 定期派员赴广播电台播音，如遇重要及紧要事件，由委员及处长分别轮流担任。

3. 关于厘订奖励捐款办法及奖励募捐办法一项，现已会同中央海外部制定海外侨胞输财出力调查表，令发海外各侨团先行调查。

4. 本会重要人员分赴海外各地宣传劝募，其地域及人员分配如下：一、美国：林叠、黄滋、黄启文、朱肇新、周拔五；二、安南：林泽臣、黄绩熙；三、印度：王志远；四、港澳：王棠、黄绍蕃、赵炜庭、伍鸿南、王健海；五、澳洲：余荣；六、加拿大：马镜池；七、南洋各地：李朴生。

第二、对华侨宣传日本之侵略中国返而自卫抗战之意义及抗战之真实消息

1. 通电及分期寄发非常时期侨务特刊及华侨动员半月刊告侨胞书等。

2. 第一项之四所派各员同时肩任宣传工作。

3. 每周派员赴广播电台播音。

第三、指导各地领馆报社或侨胞参加国际宣传工作

1. 通令各地领馆报社侨胞等指导其发行号外，或专刊小册子，随时收本国抗战之实况，将士之忠勇，全国上下之团结，倭寇之残暴，敌国内部之矛盾，国际关系之演变等详细记载，向友邦人士宣传，以暴露敌人之侵略行为。

2. 指导侨胞拥护国际反侵略大会一切决议案，及实行对日经济制裁。

第四、遣送旅日华侨归国

1. 会同外交部订定接送办法，其有能力者，劝令自费回国；无能力者，由政府遣送归国，转回原籍。

2. 派员赴上海、广州、厦门办理接送事宜，并令汕头、江门、海口各侨务局协同办理。

第五、核发侨民学校补助费

1. 自二十六年度起，侨校补助费实行遵定照七成核发，其经

费确系不敷者，责令当地侨胞自行筹划。

2. 清贫侨生回国升学者，其补助费仍照七成发给。

以上为原有方案所规定办理者，此外尚有因事实需要及临时处置者，择要补述如下：

一、鼓励侨胞倡行常月捐

1. 通令海外各侨团侨胞举行常月捐，（其次由报纸表扬缴款及登载拒绝认捐户名，并定捐额为若干级，以便侨胞能量力贡献）。

2. 通令驻外各使馆就近督促，切实进行并将办理情形具报。

二、劝导侨胞投资开发内地实业

1. 函令海外各地使领馆及侨团说明后方生产之必要，并指导侨界领袖组织考察团回国考察。

2. 会同湖南省政府商订招徕华侨归国兴办实业办法，并连同物产调查表通告各地领馆及侨团侨胞劝令回国投资。

三、指导华侨技术人员回国投效

1. 通告海外各侨团，如有航空及航空机械、防空、防毒、化学、交通工程人员及医药师、护士等，愿意回国服务者，可呈由当地使领馆或商会证明，本会即予分列介绍，以便参加抗战工作。

2. 函航空委员会及其他有关各机关商订各投效人员回国报到手续及地点。

3. 派员赴昆明办理招待回国机工先后五批，计一千三百七十六名，尚有五百二十名在归国途中。

四、处置罢工归国海员及矿工

1. 我国海员在日轮供职，因抗战而罢工回国者，令由广东侨务处分别资遣回籍或介绍工作；其有专门技术人员，经与交通部会商，拟定救济办法，先由广东侨务处登记送入交通部主办之战时交通人员训练班，授以相当训练。

2. 新加坡倭商龙运铁矿举工不愿为敌人开掘原料，制造武器残杀祖国同胞，自动退出矿山者，计四千余人。除一部份在马来亚务谋职业，或由当地华侨醵资救济外，其余回国者，令由广东侨务处予以招待，并分别遣送回籍，其为山东河南等籍者，由粤抵汉后，于本会分别资送。

五、保护港澳沿海渔民

1. 港澳沿海渔民被敌摧残利诱，又困挪用盐斤被盐务机关处罚不敢返回渔区者，经派员携款慰问及与广东省府会商救济。

2. 分函财政外交两部改善渔业用盐办法及设法保护。

3. 分函经济财政两部及振济委员会商拟救济被难渔民办法。

六、救济暹罗被逐侨民

1. 暹罗政府受敌人利用，困捕人民五千，除暹人数百名外，余均华侨，经电当地侨团代为慰问保释。

2. 被判解出境者约三千余人，均分批配轮回汕，经令汕头侨务局接待资遣后，恐品流不齐，有奸人混迹其中，并令侨务局详密调查，填表呈报，以资防范。

3. 发动海外舆论纠正暹方及促进中暹两国国民外交等。

〔国民政府侨务委员会档案〕

4. 驻惠灵顿领事馆编印纽丝纶华侨两年来的救国运动报告

（1939年　月　日）

纽丝纶华侨两年来之救国运动

（一）华侨救国运动之组织，兹分述如下：

（甲）华侨代表大会　纽丝纶华侨原在境内各埠设有华侨联合会，民国二十六年七七事变发生后，为利救国工作之推进起见，经惠灵顿华侨向本馆建议，于是年九月二十六日至廿七日在惠灵顿举行纽丝纶华侨联合会第一次全属代表大会，通过长期爱国捐议案，并厘定惩戒抗捐分子办法，同时又议决成立纽丝纶华侨联合总会于惠灵顿，领导各埠华联会支分会执行代表大会通过之议案。该代表大会嗣于廿七年三月七日至八日举行第二次大会，于同年八月七日至十日举行第三次大会，于廿八年九月二十六日至二十九日举行第四次大会，历届会议时，对于惩戒抗捐分子一案，曾予以极周密之考虑，定有严厉处分办法。

(乙)纽丝纶华侨联合总会与各埠支分会　华侨代表大会通过之长期爱国捐及惩戒抗捐分子各案，由纽丝纶华侨联合总会负责领导各埠支分会予以执行，并于新年双十节七七等纪念日举行献金，成绩均佳，国民党在惠灵顿及屋仑之支党部人员，同时参加各该地华联会，协力推进救国工作。

(丙)惠灵顿中国妇女国难后援会　该会成立于民国廿六年之双十节，两年余来，对于筹款充实国防慰劳抗战将士及救济被难同胞，进行不遗余力，成绩极佳。

(二) 捐款　捐款办法可分两种：一为长期救国捐；一为临时献金，于新年、双十节、七七纪念日举行之。长期救国捐系于民国廿六年纽丝纶华侨联合会第一次全属代表大会通过施行，规定东主每星期捐十先令，工人每星期每镑工金捐二先令，其惩戒抗捐分子办法，第四次全属代表大会通过议案如下：(甲) 请总领事馆协助推行长期救国额捐方案；(乙) 凡侨胞有请求各商店或当地办事人购买船票回国者，须先得当地支分会证明书，方得接理，如违则与抗捐同罪；(丙) 将各抗捐分子在本会所属各报长期登载及实施经济绝交等；(丁) 如欠捐之侨胞不得享受总会一切权利；(戊) 凡侨胞如遇特殊困难，不能依照缴纳额捐时，必先将实在情形向所属申请，如经所属会审查认为可以减收，或暂时停缴领有该会证书者，方非抗捐。一因各埠华联会之努力，一因纽地侨胞爱国极具热忱，以人数不过三千而绝无巨富之纽丝纶华侨，自抗战发动至廿八年八月底止，经本馆调查，其捐款及购卖公债共有英币二万六千六百五十五镑六先令四便士，又纽币一千九百八十六镑三先令九便士，又国币三十六万五千五百三十三元五角四分。

（三）宣传　纽丝纶华侨联合总会办有《中国大事周刊》，每星期出版一册；屋仑华侨联合会办有《屋仑侨声》，每半个月出版一册，内容除登载新闻外，每星期均撰有时论，阐扬我国抗战意旨，颇有精到之处。该两刊物并于新年、国庆、七七等纪念日出特大号，广集抗战资料，以启发侨胞爱国意识，对于抗战宣传，殊属尽力。

（四）国民外交　第四次全属代表大会举行时，曾通过一议案，致函纽丝纶众议院议长巴那氏对其致力救济我国难童表示敬意，再者纽丝纶人士，对于我国极具好感，抗战发动后，尤表同情，此亦我侨胞平日言行所予良好印象，有以致之也。

（五）抵制仇货　纽地华侨均签抗敌公约相戒，不买仇货。即纽丝纶人士亦具厌恶仇货心理。廿八年六月六日，纽运有日本葱头进口，当时华侨果疏商店声明不代销售，纽人亦闻声继起抵制，态度至为激昂。现纽政府限制外货进口，不啻对于销纽日货予以极重大打击也。

〔国民政府侨务委员会档案〕

5. 南洋荷属松巴岛华侨赈灾会为检讨赈灾工作与侨务委员会往来函

（1940年1—2月）

（1）南洋荷属松巴岛华侨赈灾会函（1月6日）

重庆侨务委员会陈委员长树仁先生勋鉴：敬启者：近阅报载，获悉贵会为编纂华侨救国史实，训令海外各地赈灾会搜集资料。兹将属会有关赈灾之工作，撰述一编《南洋荷属东印度松巴岛华侨赈灾会过去工作之检讨》，夹此寄呈，到祈检收。其间捐款及职员之报告，俱起自七七事变至民国廿八年九月底止。嗣后倘仍有续撰之必要者，属会当将此后之工作，更作有系统之报告。至于各项捐款详细数目，工作之详实报告，以及征信录等，逐年均在南洋荷属吧城《华文新报》发表，合并声明。耑肃敬请勋祺。

南洋荷属松巴岛华侨赈灾会主席　郭赞松谨启

文书　虏初夏

大中华民国廿九年元月六日发

南洋荷属东印度松巴岛华侨赈灾会过去工作之检讨

溯自七七抗战军兴以来，海外各地侨胞，纷起组织赈灾会，救济祖国难胞，充实抗战力量，本岛华侨赈灾会，亦及时应运而生。

松巴岛 SOEMBA，位于东经一百二十度，南纬十度之间，为荷印最南方之一小岛，全岛华侨人数，男女老幼约四百名，以业小本生意居多。营业资产总额，不过廿余万盾，盖无一大富者，然对于输财救国，则不落人后。兹将华侨赈灾会过去工作之情况，分述如下：

甲、成立赈灾会之经过

本岛华侨赈灾会成立于民国廿七年二月七日，第一届主席为余苗菁，文书郭赞松，财政杨坊赋，交际李肇捞，执委杨昆安、黄怡璧、余成大等三人。同时分设两分会：一在本岛东部之马洛洛 Mailolo；一在本岛西部之哇加武巴 Waikaloclak。东部分会委郭文理、洪诗苑两人为常务；西部委分会委陈国镛为常委，专理收捐事宜。至三月间，主席余苗菁因公返国，改选张泉隆为代表主席。嗣在是年七月，赈灾会复改组成立，郭赞松当选为主席，财政杨坊赋，文书虏初夏，杨昆安、黄怡璧、黄福耀、余成大等四人，分任执委。民国廿八年度改选，全部蝉联。此则本岛组织华侨赈灾会经过之概况。

乙、筹款成绩

当华侨赈灾会未经成立之先，筹赈事务概附属本岛中华公会会务之中，前后几七阅月。经募赈款达壹仟肆佰壹拾盾柒钫一仙。第一期由望加锡 MAKASSER 小公银行汇交上海慈善团体联合救灾会经收七百五十盾，余数交吧达维亚 BATAVIA（简称吧城）《华文新报》代为转汇。民国廿七年度，华侨赈灾会经手收入赈款共达壹仟捌佰捌拾壹盾壹钫。民国廿八年度由元月份起至九月份止，计收赈款壹仟捌佰陆拾壹盾正。前后俱经交由吧城华文新报馆代汇祖国前方放赈，总计廿六阅月，募达赈款实数为荷银伍仟贰佰五十贰盾捌钫一仙。照出款人数以七十名平均之，则每人负担为柒拾伍盾四钫。若依目前汇□荷币壹拾伍盾值国币壹佰圆伸莫，平均每名出国币伍佰零叁圆。换以全岛华侨人数四百名平均之，则每人应担负壹拾三盾余。似此，则本岛华侨对于筹赈之热心，可谓不落人后矣。

丙、活动情况概述

华侨处于特殊环境之下，对于救国工作，不能作公开之活动或露骨之表示。惟在筹赈救济祖国难民之旗帜下，可以多方活动，并不为当地政府所阻挠。本岛华侨赈灾会，对于一切筹款有效之工作，莫不积极提倡，惜华侨人数不多，财力有限，不能作大规模之行动耳！按月除征收救灾月捐之外，复由钱箱主任房初夏组织学生每日钱箱队，按日轮流沿店募捐。每月由黄福耀、余成大主持之下，举行卖物助赈几两次。每逢七七抗战建国纪念、双十国庆纪念，以及国历夏历新正，则由主席郭赞松领导各职员，组织临时特募队，或节省新年糜费助赈募捐队，分批向内地山僻小埠出动。民国廿七年秋双十节并在哇音雅浦 Waingapac 举行游艺筹赈会，由中华学校学生表演白话剧及歌舞，成绩斐然。至于总理诞辰纪念，总理逝世纪念，儿童节、教师节，八一三、九一八等纪念日，概由中华学校校长房初夏组织学生歌咏队，沿街挨店吟唱，收入不拘多寡，扫数助赈。上述各项工作，活动甚力，自赈灾会成立以来，工作未曾间断，实为最可喜之现象。

丁、余谈

七七以来，海外侨胞对于祖国抗战前途，深怀最后胜利之热望。本岛中华公会为谋侨众听悉祖国抗战消息起见，于民国廿六年十月向各界募集巨款，购置上等无线电收音机一座，专以收播国内外有关抗战之新闻。每晚播音时届，侨胞济济一堂，畅聆抗战报告。每当胜利消息播传，侨胞无不雀跃，喜形于色。犹以蒋总裁之言论，最为侨胞所服膺，一言一动，莫不遵从。至于汉奸卖国贼之猖獗，则又为侨众所最痛心疾首，引为无上羞耻者也。“对国家尽其至忠，对民族行其大孝”之信条，无时不在侨胞之心田脑海中回旋。是以“民族至上”、“国家至上”、“军事第一”、“胜利第一”早已弥漫海外，成为华侨普遍之口头禅及座右铭。行见大中华民族与天地共长久，灿烂辉煌，光耀东亚，永无穷期。大中华民国万岁！万万岁！ （初夏写于荷印松巴）

（2）侨务委员会笺函（2月2日）

笺函　侨29已字第一五九七号

顷接廿九年元月六日函告筹赈情况，备悉各节。贵会以少数人力，出多数物资，急公好义，嘉惠同胞，且在特殊环境中，因事因地，相与制宜，尤为难能，深用嘉慰。今吾抗战，已届第四年头，胜利之基础已立，复兴之功效可睹，一篑之成，盼共加勉，持恒守坚，源源继续，俾祖国之灾难，早日消弭，而完成光荣之大业，相与有焉。遥想义忱，定益振奋，不胜企盼，此致

荷属松巴岛华侨赈灾会郭赞松先生

侨务委员会委员长〇〇〇

中华民国廿九年二月　　日

〔国民政府侨务委员会档案〕

6. 国民党中央海外部致侨务委员会的每周工作报告（选录）

（1940年1—3月）

（1）中央海外部每周工作报告

中华民国二十九年一月十五日至一月二十八日

第　期（两周合编）

目　　次

一、策动海外党部报社宣传汪逆卖国罪恶；

二、处理侯西反同志被星加坡政府驱逐出境案；

三、呈请指拨专款津助海外报纸；

四、颁发毛泽东最近谈话之检讨，以广宣传；

五、慰问海外被逐同志；

六、办理海外各报津贴外汇手续；

七、印发“汪派汉奸在南洋”一文，以揭奸谋；

八、调查海外报纸言论态度；

九、揭发敌寇反宣传；

十、防止及驳斥敌伪宣传；

十一、澳门政府拘捕戴恩荣并干涉募集寒衣案，经函请外交部严重交涉；

十二、南侨回国慰劳团行将返国，特电南洋筹赈总会应注意事项四点；

十三、通告海外各级党部及各地党报转劝侨胞勿受华侨协会诱惑，向华北投资；

十四、函约有关机关会同商讨推动海外侨胞节约建国储蓄运动办法；

十五、大溪地政府统制外汇，影响汇寄、捐款及华侨家费，特函请外交部设法交涉；

十六、指示驻南洋荷属孟加锡直属支部工作；

十七、核准万隆直属支部召开代表大会；

十八、通告海外党部征求本国驻外使领馆人员入党应注意事项及工作进行程序；

十九、指示驻秘鲁直属支部办理党员总报到及征求新党员。

中央海外部每周工作报告

（一月十五日至一月二十八日两周合编）

一、策动海外党部报社宣传汪逆卖国罪行

查汪逆兆铭，丧心病狂，甘为傀儡，年来向敌寇屈膝，进行卖国勾当，无所不至。最近其干部分子如陶希圣、高宗武等以其所签订之条件，实陷国家民族于万劫不复之境，天良发现，将其秘密文件全盘托出，我海内外同胞及全世界友邦无不震惊而发指。本部特制订宣传办法六点，电颁海外各党部党报，对汪逆卖国秘密条约扩大宣传，并函知国际宣传委员会参考。

附办法六点：（一）尽量将委员长告军民书印成传单，分发侨胞；（二）尽量将该约之凶恶性剖析披露；（三）发动社会团体通电讨汪，并拥护中央坚决抗战；（四）对高陶二人勿加毁誉；（五）揭发当地附汪汉奸之名单使无法活动余地；（六）根据委员长告友邦书，促国际友邦共制暴日。

二、处理侯西反同志被星加坡政府驱逐出境案

据报以侯西反同志被逐出境，表面系侯同志组织抗敌会诬为有共产嫌疑，实则由于胡文虎与陈嘉庚摩擦之结果，乞注意等由。当经本部与侨务委员会会商应付及调处办法，并会呈总裁，请于国民参政会下届开会时电召陈胡二民回国出席，面予慰勉，使捐弃前嫌，开诚合作。嗣准外交部转据驻星洲高总领事来电，略称：

“侯西反案为顾全中央邦交及筹赈效力，国内不宜发动攻击当地政府论调”等由。本部除函驻昆明侨务局局长张客公转知昆明各报对于侯案，慎勿刊载有伤中英邦交之言论，及分别函请中央宣传部、重庆市新闻检查所转知本市各报采取同样态度外，并经函请中央社会部注意防范本市各团体于侯同志抵渝时开会欢迎或作反英宣传。

三、呈请指拨专款津助海外报纸

本部对于海外各地报纸刊物之宣传努力卓著成绩者，皆予多方鼓励或给以现金津贴以助其发展。现准中央宣传部转军事委员会侍从室函，据仰光中国新报董事长余宝胜呈请，给予该报津助以利宣传等情。查余宝胜为服务当地政府多年之华籍官吏，极得侨胞爱护。该报言论态度对中央亦极忠诚，现在缅甸方面之宣传日益重要，为增强中央在缅甸之宣传力量起见，特与中央宣传部会衔专案，呈请总裁指拨的款五千元作为津助该报购置印机、字粒之用，以利在缅甸方面之宣传工作。

四、颁发毛泽东最近谈话之检讨，以广宣传

查毛泽东最近谈话一文，多有应行指驳之处，特将其最近谈话之检讨全文及其谈话原文合并检寄缅甸、印度、安南、新加坡、菲律宾三藩市等重要地区总支部、直属支部，尽量翻印，散发各地侨胞，以广宣传。

五、慰问海外被迫同志

查海外各地爱国侨胞及担任救国运动之同志常有被当地政府无理压迫情事，尤其南洋荷属及最近暹罗排华事件，关于此类情形，更见严重。近据暹罗方面报告，侨商陈文添同志因爱国运动见忌于暹当局，竟将陈同志处以十年长期拘禁徒刑。查陈同志历年来对于爱护祖国运动输财出力至为积极，此次暹罗当局以欲见好于日寇之故，将我爱国侨商大批驱逐，尤其对于陈同志施以酷刑。关于陈同志最近状况及其家属是否需要物质上之援助等，无任驰念特函暹罗中华总商会会长等设法代致中央慰问之意，并探询其家属是否需要物质上之援助，以示中央不忘为国被难之同志之至意。

六、办理海外各报津贴外汇手续

查本部对于海外各报之津贴，除原有者均已分别办理外汇手续外，所有新近核准给予津贴之美洲“少年中国晨报”等八家，均应于二十九年一月份起开始发给，特分别函请财政部核准按月办理购买外汇手续，并请转令香港中国银行知照。

七、印发“汪派汉奸在南洋”一文以揭奸谋

查汪派汉奸近在海外进行煽惑侨胞之种种奸谋，不一而足。近有吴逸生者所作“汪派汉奸在南洋”一文，对于汉奸辈在海外之活动阴谋写述详尽而深刻，该文所述，虽限于南洋，亦可用之于海外其他各地，特将原文油印，通令海外各地报社转载发表，以揭奸谋。

八、调查海外报纸言论态度

查海外报纸刊物之言论态度与编辑人员之思想背景，本部曾制表普遍调查。最近据报，秘鲁华商日报曾聘用左倾分子担任编辑，致时有不妥记载，特函驻秘鲁公使馆详查该报负责人邓烂思想态度有无政治背景，见后并嘱先行劝告该报应即改善态度，以宣传三民主义，拥护抗战国策为主旨，俾正海外视听。

九、揭发敌寇反宣传

查敌人诡计百出，多方制造谣言，以图煽惑欺骗，其对于我海外侨胞进行诡计宣传，尤为积极。近据报，敌人在秘鲁方面之宣传工具，有《秘露时报》及《利马□□日报》，现复增开西班牙文一版用作对外宣传，敌驻秘使馆亦常将东京方面寄来之英文、西班牙文宣传品刊物分赠居留国人士及外侨，希冀淆惑国际视听。至秘政府对我抗战意见，则分两派，一主中立，一则认中日战争乃苏俄与日本之消长等情，除本部已分别应付外，特函中央国际宣传处注意。

十、防止及驳斥敌伪宣传

查敌伪汉奸在海外各地进行之欺骗宣传，不一而足，迭经本部制订驳斥及防止办法通告海外各党部各党报注意办理。敌人在新加坡所办之新加坡日报，捏造是非，淆乱观听，前已通告各地查禁在案。兹阅该报二十八年十一月二十一日载有所谓“中国纯正国民党泰国总支部及支部通电”一则，尤属荒谬之至，特令知驻新加坡支部及《新国民日报》随时为文痛斥，以揭奸谋。

十一、澳门政府拘捕戴恩荣并干涉募集寒衣案，经函请外交部严重交涉。

查我国此次对日抗战，欧美人士，极表同情，即我居留海外各地侨胞之募集寒衣或筹赈难民，当地政府莫不予同情之赞助。乃澳门政府，近竟横加干究，并将戴恩荣同志拘捕，本部据报后，当经函请外交部严重交涉。

十二、南侨回国慰劳团行将返国，特电南洋筹赈总会应注意事项四点。

查南侨回国慰劳团，正在积极筹备，将于三月间首途回国，当电南洋筹赈总会，应注意之事项如下：(1) 慰劳团代表因车辆缺乏，人数不宜过多；(2) 分路慰劳办法，俟抵渝集中，再行决定；(3) 前方最需要者，为金鸡纳霜及痢疾药品；(4) 每一分团应有医生参加。

十三、通告海外各级党部及各地党报，转劝侨胞勿受华侨协会诱惑，向华北投资。

据报华北傀儡所组织之华侨协会，近设分会于青岛，并极力在华侨方面宣传，令其在华北投资，发展该地之经济等语，查敌伪经济之恐慌，已达极点，现企图以种种手段，吸收我侨胞资财，藉以巩固其经济地位，本部为特通饬海外各级党部及各地党报，转劝侨胞，勿受其诱。

十四、函约有关机关会同商讨推动海外侨胞节约建国储蓄运

动办法

查全国节约建国储蓄运动，亟需向海外侨胞推进，期收宏效，惟侨胞居留地之政治环境不同，且国家银行及华侨创设之银行，又未普及于海外各地，关于该项储蓄之办法，自应详加研讨，以求适用。本部特函邀侨务委员会、外交部及四行联合办事处等有关机关定期本月三十日（星期二）午后二时在本部会同商定，以便提交全国节约建国储蓄运动委员会依据宣传。

十五、大溪地政府统制外汇，影响汇寄捐款及华侨家费，特函请外交部设法交涉。

据报法属大溪地及法属海洋洲各岛，自欧战爆发后，对于一切外汇，均须当地政府核准。各救国团体捐款，无法汇寄，即侨胞每月寄家之百数十元费用，亦未蒙邀准汇出等语。似此统制情形，实等同封锁经济，不惟救运前途备受影响，即数千侨胞之家庭生活费，亦将无以维持。本部特函请外交部，设法交涉，以资补救。

十六、指示驻南洋荷属孟加锡直属支部工作

据该部呈报最近党务情形经予审核，特指示如下：查一、该部原有党员人数为三四四七人，六个月分配征求新党员数为三八三人，现据呈报新进党员三百六十五人，成绩尚佳，惟总报到党员为七百一十六人，仅及原有人数百分之二十，相差殊巨，此种减少原因，应加细察，并针对设法以图补救，如因迁移死亡，亦应切实调查，加以统计。二、海外党部负责同志，尚感人力财力缺乏，以致工作困难，察其实，人力财力缺乏，多由工作不能展开所致，如果党部工作紧张，以日新□造之精神，尽量发挥领导力量，使党员对党发生更加坚决之信仰，对于党务引起浓厚之兴趣，自觉参加党务工作为无上光荣，则有资产有知识之同志，未有不踊跃输将奋勇效劳者，何患职员之乏缺，经费之不充。今后，惟望负责各同志对于组织宣传，训练各项工作切实负责，设法排除一切困难，积极推动厉行总裁训示："各级党部的会议必须举行，每一党员均须切实隶属于区分部，必须缴纳党费并参加区分部（海外为分部）或小组会议"，成使党务得以发展。至万大营生港、莪蔍、打洛三分部均未成立，应迅即切实整理，使臻健全，以树党基为要。

十七、核准万隆直属支部召开代表大会

驻南洋荷属万隆直属支部呈报，定于四月二十七、二十八召集第三次代表大会，改选第三届执监委员，附大会各项条例，经予核准举行。

十八、通知海外党部征求本国驻外使领馆人员入党应注意事项及工作进行程序

查我国驻外使领馆之职员，应征求入党，本部于六个月征求新党员实施法中已经规定，通饬海外各地党部遵照办理。迨去年七月间，复抄录中央秘书处致各省市党部代电一件，通饬尽量劝导，未经加入本党之驻外使领馆□□入党各在案。惟查截至去年十二月底止，各党部所呈送之入党申请书中，其属于我国驻外使领馆职员者，为数甚少，特规定海外党部征求本国驻外使领馆人员入党应注意之事项，及工作进行程序各一种，随文颁发，作为本年度继续征求该项人员入党之依据。

十九、指示驻秘鲁直属支部办理党员总报到及征求新党员

据该部呈报，办理党员总报到及征求新党员情形，经指示如次：关于党员总报到及征求新党员，业经通告，限于二十八年底作一结束在案。查该部截至现在止，党员总报到只有五百名，仅及原有党员人数百分之三十，征求新党员人数，只有二十三名，与分配征求数额相差亦远。该部对于两项重要工作，殊属驰缓，应从速切实办理，将总调查表及入党申请书呈核，并将结束情形具报备查。

（2）中央海外部每周工作报告

中华民国二十九年二月廿六日至三月二日

第　　期

目　　次

中央海外部每周工作报告

二月二十六日至三月二日

（一）审核驻南洋英属新加坡、柔佛、马六甲各直属支部与驻新加坡总领事馆联席会谈记录，指示如下：

一、查该部等与领馆能精神合作，诚恳商讨党务侨务，至堪嘉慰；二、会谈录所列醒华学校为第八路军募捐一案，事关协助共党，应即用书面严重警告该校负责人及第二分部执监委员，使其彻底认识，以免为虎作伥；三、关于洽商《星洲日报》、《南洋商报》等承办副刊宣传党义案，甚为重要，际兹敌寇日深，国难益亟，本党负抗战建国之重任应从速进行，并选能文之同志负责撰著论文，阐扬主义，广宣抗战情形，以提高侨胞之民族意识。至共党提倡中国字拉丁化，攻击我国汉字是古代封建的产物一节，不但妨碍国语统一运动，并且数典忘祖，自灭古有文化，早经中央通令禁止在案。该部应转饬所属各同志切实认识并积极宣传，使侨胞明了，尤其是共党分子自苏德协定以后，受第三国际之指挥，在南洋各地假借爱国团体为掩护，如抗敌会、锄奸团、歌咏队、民族解放先锋队等作反英反法反美运动，及鼓动工潮学潮，不仅影响中英法美之邦交敦睦，危害华侨安全，而且违反国家至上，民族至上及本党抗战建国纲领，业经本部于一月三十日海渝(二)字第九八一号通告释示在案。该部应遵照前通告释示，扩大宣传，使同志侨胞切实了解并与领馆会商对策，严为防范；四、关于推进国民外交运动一案，尚属可行，值此抗战时期，我国敌人只有日本帝国主义，凡是爱好和平之国家与民族，对于我抗战无不表示热烈同情。该部应迅速组织外交协会分会，一面团结侨众研究外交，一面联络各国国民之感情，宣传抗战建国之意义，不特笃进友谊，而对我抗战助力亦复不少，仍希将组织经过情形具报备核为要。

（二）指示驻菲律宾总支部应付共党之切要工作

据驻菲律宾总支部呈报，最近共党煽动首饰商会及理发工会工人罢工等事件，除经函饬该部与领事馆会商应付经过及结果具体详报，并应即根据该部所拟训练党员计划切实施行外，并加指示如下：一、督励同志实际参加侨团活动，并运用党团组织争取领导权，事先须按照各同志职业性质分配于各侨团，指定有工作经验之同志负责党团活动之指导，并经常分别定期集会，予以训练检讨及纠正；二、对于中小学负责人及各工商领袖，应通常举行谈话会，藉以联络感情，并选派与各该学校侨团有密切关系之同志（如董事）切实负责考察，征收其入党；三、注意各种外围组织，属于原有者应力谋健全与发展，并随时斟酌环境，认为有新组织团体之必要者，分别派同志负责发起筹备，任何工作均须事前有严密计划，决定步骤然后切实进行，否则临时开一谈话或昌言健全组织及训练党员，非陷于头痛医头，即陷于空言无补，希即查照注意。

（三）派员筹备驻古巴总支部第十次代表大会

查驻古巴总支部第九届执监委员任期已久，因内部人事牵制，党务工作停滞。本部迭令改选，亦复无法举行，现据该部监察委员会胪陈事实，请明令召开第十次代表大会，改选第十届执监委员，切实整理，力求发展等情前来，自应亟予整顿。兹为避免把持并求顺利进行起见，特选派陈伯龙、刘志轩等十一人为该部第十次代表大会筹备委员，限于文到两个月内召开大会，改选执监委员，经检同筹备委员名单呈请中央常会核准施行。

（四）审核驻墨西哥第二直属支部会议记录，并予指示。

据驻墨西哥第二直属支部呈送第二、三两次执行委员会会议纪录，经予审核分别指示如左：一、前总支部党款保管委员委任令已由回国受训学员携返，应转饬各该受训人员，将接收保管情形呈报；二、本部开办函授函校目的在训练海外党员与工作同志，查第一期美洲方面之学员人数甚少，现第二期即将开学，应多介绍党员入学，以资训练；三、支部之主要任务为领导各分部应注意各分部对内对外之活动情形，加以指示监督，如对于党员之教育与各种会议之召集能否按时举行，在侨团间活动能否发生领导作用，应随时检讨，随时改进；四、共党分子在欧战爆发后，时发反英美法各友邦之言论，影响抗战力量甚大，应设法防止。

（五）审核驻海防直属支部工作报告及会议纪录，分别予以指示。

（甲）关于工作报告部份

一、查该部每月开会一次，会议记录字数不多，数小时即可缮写竣事，所陈不能速办，理由殊欠充分，嗣后于每次会议后应即刻整理缮写，按次呈报；二、嗣后凡关于老同志请求抚恤，应将其年籍履历及生平，从事党务工作事迹，详为开列呈报，以凭核转；三、党员公民常识推进社，既因种种关系暂停办，应即遵照本部颁发之“海外各级党部党义研究会组织办法”，成立党义研究会；四、当地既有义务教员数人愿为该部附设夜校服务，殊堪嘉慰，应即遵照“侨民夜校规程”将成人夜校改为侨民夜校，于最短期间内，筹备开学。

（乙）关于会议纪录部份

一、搭球分部现有党员不多，可改为通讯处，该分部党员自请脱党者一人，是何姓名？操何作业？为何自请脱党？仰即查明呈复。二、南定分部所在地有华侨二千余人，且极热心救运，应勉励黄进步同志努力征求新党员，并劝其他同志履行总报到手续，参加党务工作；三、金山埠党务可请梅瑞文同志负责办理总调查及征求新党员，如党员人数达十五人以上，可准其组织分部；四、海阳、宁江两分部办理尚佳，应时时予以鼓励，使其益加奋发；五、左翠分部改选办竣，足见努力，应予奖勉；六、康海分部党员众多，发展有望，应遴派干员前往调查真相，劝勉热心同志出来负责整理；七、党员人数过少之分部应由该部将各地党员划分小组，成立小组会议；八、推进各分部工作，应出以诚心善意劝导，使其感奋，不宜出以愤懑责难，给下级以不良印象。

（六）策进南洋荷属方面党报宣传

本部对于海外党报无不随时注意其对内对外宣传力量，并经常指示其宣传抗战，鼓励侨胞捐输，宣传主义，驳斥纠正敌伪汉奸一切荒谬言论，以正侨胞视听。前据巴达维亚本党党报《天声日报》呈称：本年一月份起，凡荷属党部侨团侨校订阅本报者，一律半费优待等情。本部以该报为国宣传历二十载，抗战以后，尤能仰体中央意旨，宣传抗战国策，言论公正，主张正大，特通告荷属党部侨团侨校一体遵照，订阅该报，以利宣传。

（七）扩大宣传海外征求伤兵之友运动

本部以全国新运总会发起组织伤兵之友社总社，意义至为重大，除策动海外各地侨胞组织分社为征求社员与指示海外报纸刊物，极力宣扬政府及人民对负伤同志如何关切同情外，并颁发宣传要点如下：（一）我伤病将士对国家民族已尽其光荣之责任，后方同胞实有群起慰问，并为其服务之必要与义务；（二）征求伤兵之友在使军民发生密切联系，并藉以养成“休戚与共”与“痛痒相关”、“疾病相扶持”之互助美德；（三）推行伤兵之友运动时，应同时策动兵役运动，凡鼓励壮丁应征，欢送新兵入伍以及慰问将士家属等均须造成普遍风气；（四）推行伤兵之友运动时，应同时策动新生活运动，使两者相辅而行，藉收殊途同归之效。

（八）调查海外报纸言论态度

本部以海外报纸言论态度至不一致，迭经制表分发海外党部党报领馆详细调查，具实填报，藉资审查在案。兹据《安南民报》填报当地各报调查表到部，迅速详实。特令嘉勉，以示鼓励。

（九）调查西南运输公司待遇华侨机工情形

据霹雳筹赈会函，以据在职及请假南返之华侨机工报告：西南运输公司歧视华侨机工情形，恳请彻查，并力谋改善等情。当经本部转函侨务委员会派往昆明担任指导机工人员方之桢同志详查见复。

（十）令驻三宝垅直属支部查报奸人破坏救运实情

据南洋荷属三宝垅福清同乡会呈报，郑仁孟等破坏救国运动，密报地方当局拘捕抗敌会人员，近复变本加厉，公然反对捐款，请转函福建省政府查封其家产，以儆奸宄。本部为慎重处理起见，已令饬驻三宝垅支部详查具报，以凭核办。

（十一）侨胞汇款受限制，函请外交部交涉

据驻皆因分部呈报，自欧战爆发，当地政府统制外汇，所有救国捐款及侨胞寄款回家，皆不能汇出，请设法补救，当经转函外交部请令饬驻法大使馆提向法政府交涉。

〔国民政府侨务委员会档案〕

7.《星洲日报》刊载新嘉坡星华妇女筹赈会最近筹赈工作报告

（1941年4月23日）

历年募得义款国币数十万元，星华妇女筹赈会成立于七七芦沟桥事发后，同年之九月十四日，策动全星妇女从事筹赈助难工作，颇著成绩，计成立迄今，所募各项赈款，约达叻币十万元，且在大世界设有难童商店，长期义卖，收效尤钜，施惠难童，殊非浅鲜，该会以祖国抗战日近胜利，为检讨过去，策励来兹，特将成立以来之各项工作，暨筹赈成绩，作详细报告，兹特探录原文如次：

溯自芦沟桥事发，频闻轰炸、奸淫、杀掠之声，灾黎遍野，闾阎为墟，盖敌寇凶残，丧尽人道，凡我黄炎华胄，莫不敌忾同仇，精诚团结，同在我最高领袖领导之下奋力抗战，争相为国效劳，抱牺牲之决心，维天地之正气，以谋我国之独立自由，求世界之和平幸福及人类之正义公理也。吾星华妇女侨居海外，虽未尝亲赴战区经历烽火，然而爱护祖国之心，救护同胞之念，则未曾一刻忘怀也。故自抗战之始，即审未来惨状，乃联合妇女界同人，于民国二十六年九月十四日假我驻新嘉坡总领事馆成立本会，从事筹赈恤难工作，聊尽后方人民应有之责任。成立以来，幸蒙我蒋夫人宋美龄女士之关怀指示，星华筹赈大会之信任与赞助，与及社会人士之努力协助，使本会工作得以展开，继续为祖国效劳，此同人等之深感兴奋及铭刻不忘者也。

本会职员方面：在成立之初，由发起人大会公推高总领事夫人吴舜球女士为主席，领导主持会务，下分设总务、财政、文书、查数、宣传、募捐、救护等七部，襄理会内事务。及至民国二十七年五月蒋夫人宋美龄女士来谕，商讨救济难童之法，为求增强长期救济难童之力量起见，持增设难童部，并蒙大世界王人、李春荣先生之热心赞助，在大世界内谦益饼干公司店内开设难童商店，长期作定期之义卖茶点，以所得款项，托中国银行汇寄重庆儿童保育会蒋夫人收以救济祖国难童，计先后已汇寄者，共约叻币二万六千余元，均已收得由行政院寄来有蒋夫人签名之收据矣。

民国二十八年四月中旬，主席高总领事夫人因事来函辞职，本会乃于四月十四日集会会商，咸以高总领事夫人领导有方，使会务得以日进，虽经再三挽留，而其辞意坚决，只得准予辞去主席一职，此后仍请随时赞襄会务，至其遗缺，则即席公推黄兆珪夫人吴蓉芝女士继其任，此仍本会成立至今，正主席之变迁也。本会会址，初期设于我驻星总领事馆内，至民廿七年春，为求交通便利起见，乃商得中华总商会之同意与赞助，遂迁于该会之内为办公之所矣。

至于所筹款项，举凡历来所得之特捐、月捐、售花、售物、棉衣、两具等捐，救济黄河水灾、伤兵之友、献金、药品之征募等，与及历年来联合星华妇女各团体各妇女纪念三八妇女节所主办之游艺筹赈大会之所得，皆悉数缴交星华筹赈大会汇寄祖国，而本会对上列各项所用之收条，统由星华筹赈大会印发者即游艺筹赈会之票券，亦统由大会印妥交来，于每次结束时，连款及券底一并缴交大会点收注销者也，计成立至今，所募各款约得叻币十万元左右，区区之数，诚属杯水车薪，无济于事，同人等抚心自问，殊愧力薄，然而聊尽国民一份之天职，爱国之心，则殊不敢后人也。苟欲核计本坡吾侨妇女之筹赈力量，当不止此数，盖各妇女团体或妇女界其所筹募或捐助之数，常有分别缴交星华筹赈大会，或各帮筹赈分会，或筹赈分会者，此皆非在本会之内者，然相信其力量，亦殊伟大，增加筹赈之力必不尠也。本会同人甚望各本爱国热诚，站在自己岗位上努力从事救亡筹赈工作，以恤灾黎，以增抗建之力量也。

民国廿九年八月二十日，本会得接星华筹赈大会李代主席俊承先生来函，略谓已得当地政府社团注册官之批准，本会为星华筹赈大会之正式分会之一，惟名义则仍为星华妇女筹赈会，此本会成立以来之组织沿革概况也。

关于难童商店方面：在成立初期，除由本会委员职员，定期报效茶点，认销茶券外，间得本坡各女校、各社团、佛教各团体等，热心报效义卖，成绩均甚可观，后以长期义卖，须配合长期服效，乃分别征求长期报效茶点者及认长期月捐者，计认长期报效茶点者有：高总领事夫人、李领事夫人、邝领事夫人、郑领事夫人、曾领事夫人、林领事夫人、黄典娴女士、黄兆珪夫人、林文庆夫人、田翠玉女士、黄邻之夫人、黄安夫人、黄湘珩女士、林爱玉女士、陈式坤女士、李华声夫人、梁金发夫人、黄珩华夫人、虏本立夫人、陈修纶女士、陈美安女士、吴汉华女士、雷江岩夫人、胡诗绵夫人、郭福来夫人、谷秀锦女士、谢启山夫人、黄秉盛夫人、胡载坤夫人、胡老太太、杨老太太、林建邦夫人、郑慈志女士、及新纪元酒家、南天、大东、天一景、皇后各酒楼，太丰饼干公司、林金泰宝号、九如宝号等。而认长期月捐者，计有：邵逸夫夫人、陈金治夫人、岑业良夫人、每月各十元，黄子静先生每月六元，陈陶氏夫人每月五元，龙慧球夫人每月三元，陈玛利女医生之列位看护，每月约计四五十元，此皆造福祖国难童不少者也。

最后，并将历年来本会所得义款，已分别汇寄或缴交大会者，开列如后：

一、交星华筹赈大会汇寄国内者有：(一) 特捐——叻币一万二千八百零五元七角五分正；(二) 卖花——叻币四千一百四十二元二角二分正；(三) 义卖素食、赈济黄河水灾——叻币一千三百四十四元六角正；(四) 月捐——叻币五千六百八十五元九角三分正；(五) 雨衣雨鞋捐——叻币一千五百零九元五角六分正；

(六)民廿九年纪念“三八节”义捐——叻币一万五千一百五十九元零一分正;(七)襄助国立中山大学战地服务团购药救伤者——叻币二百五十六元 七角正;(八)伤兵之友——叻币八百三十七元九角四分正;(九)“七七”纪念襟章义卖——叻币八十五元正;(十)民廿八年寒衣捐——叻币二千四百三十八元八角四分正;(十一)民廿九年寒衣捐——叻币九百三十三元六角二分正,以上共计叻币四万五千一百九十九元一角七分正。

二、交中国银行汇寄者,计(一)公债——叻币八千一百零七元五角正;(二)民廿七年寒衣捐——叻币四千五百八十六元二角八分正,此款乃托该行汇交重庆蒋夫人收者。

三、交中国银行交重庆儿童保育会者,计(一)廿七年内计叻币六千八百二十七元五角正(折合国币二万二千元);(二)廿八年内计叻币一万三千四百廿五元五角正(折合国币六万二千一百元);(三)廿九年内计叻币五千三百九十七元七角四分正(折合国币四万元云),以上合计叻币二万六千六百五十元七角四分正。

〔国民政府侨务委员会档案〕

8. 外交部关于编组南洋华侨义勇军情形致行政院秘书处公函

(1941年12月23日)

外交部公函 欧30字第7770号
中华民国三十年十二月二十三日

关于编组南洋华侨义勇军事,本部已往办理情形,迭经函请贵处查照转陈在案。兹经于本月十三日召集第二次会议,决议进行办法两项,除经迳电侍从室转陈外,相应抄同本案节略及会议纪录各一份,函请查照,即希转陈为荷。此致

行政院秘书处

附件

编组南洋华侨义勇军案

日期　十二月十三日上午十时

地点　外交部会议室

出席代表　何志浩（军政部）

高光启（中央海外部）

周演明（侨委会）

曾　特

吴强华（外交部）

主席　曾　特

纪录　吴强华

主席报告

本部曾于本年三月十五日召集会议，讨论本案决议两项办法，当经电令驻南洋有关各馆秘密积极办理。数月以来，第一项编组南侨义勇军议，以各地政府诸多顾忌，迄未获得同意。第二项鼓励华侨参加当地军训组织自卫团体、体育会等事，进行尚有相当之结果，为检讨既往，并筹划将来，进行步骤起见。本部复于本月八日函请有关部会派员出席第二次会议，文发之后，太平洋战事爆发，本案似更应迅即积极推动，以应事变。

决议事项：

一、由外交部根据旧案正式向英、美、和三国政府交涉，同意我国在菲律宾英属马来亚、和印等地编组华侨义勇军，协助各该地政府作战，至编组方式由有关政府洽商决定之。如此议万一不获各地政府同意，则退一步交涉，准许华侨自行成立自卫团体，如消防、救护、运输、工务等队，参加各种战时工作。

二、编组华侨义勇军一事如获得各地政府同意后，即由外交部行文军委会办公厅召集外交部、海外部、侨务委员会、军政部、军令部、军训部、政治部等机关成立独立机构，专办此事。

本案已往办理情形及今后进行步骤为迅速起见，决由外交部呈报委员长及行政院。

交涉编组南洋华侨义勇军案

一、本年三月十五日第一次会议议决事项：

（一）由外交部试向各有关政府交涉，同意我国在南洋各地编组南洋华侨义勇军。

（二）在义勇军未成立以前，由中央海外部、侨务委员会及外交部分别密令南洋各地党部、侨团及领馆，迅即在当地政府法律范围内，会同策动组织南侨自卫团、体育会、球队等，并鼓励华侨壮丁参加当地军训或当地政府组织之义勇军或自卫团等。

二、外交部办理情形

本部根据上述两项议案，经于三月二十一日电令驻南洋有关各领馆迅即交涉办理。兹将各馆呈复推进情形，分述于后：

（一）菲律宾方面　驻马尼剌总领事馆经召集侨团主脑组织，华侨安全委员会准备参加美菲当局新成立之护民行政处工作，而当地义勇军总部亦已聘杨坚泰等十二人为名誉军官，至吾方正式组织南洋华侨义勇军之提议，迄未获得当地政府之同意。

（二）巴达维亚方面　当地政府接获我方提议后，表示当局已组织国民军，由政府征召和兰籍各民族参加，各埠亦成立自卫团，由和兰籍各民族自动参加。现如接受吾方提议，则恐其他民族将继而援列请求，难以应付。将来南洋局面转趋严重时，自可由中、英、美、和等国军事当局会商联防，组织南洋义勇军一事，暂难同意等语。

（三）新加坡方面　经与当地政府作初步接洽，据其表示，当地武力足以应付事变，新训军队不易为力，语言习惯不同，且军械军粮均成问题，对我提议不表赞同。嗣我军事考察团抵新，驻新加坡总领馆复与商主任商榷办法，商主任遂又向当局进言，亦无结果。

（四）缅甸方面　经驻仰光总领馆向当地政府密函洽商后，其国防部函复称：关于在缅甸组织中国义勇军事，其精神实堪钦佩，惟缅甸政府对于“非英籍人民”在缅甸为军事或警察性质之组织，在原则上不能赞同。惟华籍人民或已取得英国国籍之人，除 Burma Auxiliary Force 外，均可投效，至于兼有英国国籍而居于缅甸之华人，可以入伍于 Burma Auxiliary Force, Civil Police（缅甸增援队、国内警察）及其他 Civil Defence Service（国内保卫队）等语。

（五）槟榔屿方面　本年一月间，我领馆业经会同各侨领组织自卫团体，名曰槟城后方服务人员，华人委员会旋接奉本部电令后，复经积极推动。现该会内分访问、防空救护、消防工程、妇女五队，按期训练演习，由总商会会长、筹赈会主席主持，其他侨领分任委员，职员、基本团员有一四六七人，基金筹得坡币三千七百元，必要时继续募集。至体育方面，现已组织成立者有：精武体育会、女子积武体育会、中华体育会及中华游泳俱乐部，又当地政府组织之义勇军，仅限英籍人民参加，槟埠侨生加入者有八十余人。

（六）英属北婆罗洲方面　山打根及亚庇两地早有华侨义勇军之组织，山打根成立在先，现义勇军 B 第二队全为华侨，其配备如制服、步枪等均由当地政府免费供给，由西人担任训练，以备一旦有事，协助警察维持本埠治安之用，亚庇方面办法与山打根约同。

（七）英属沙朥越方面　目前防务大部系由印度士兵担任，当地并无义勇军之组织，惟各埠均成立后方防务协会及防空救护队，华侨均经参加，负责主持。

（八）吉隆坡方面　略与新加坡方面情形相同，惟有华侨多人参加地方自卫团，防空救护队及消防补助队。

（九）泗水方面　与巴达维亚方面情形相同。

（十）巨港方面　经吾领馆召集侨领开会讨论后，由商会出面向当地官方请求组织华侨自卫团，未获允准。又华侨参加当地军训官方仅限于通晓和语之侨生。

（十一）望加锡方面　当地政府设有五种组织：a. 巩固国防委员会有华人委员九人，另组织一华人分会，以募集经费为主要工作。b. 空防委员会将空防事务划分四区办理，第一区五百名，占全体人员五分之三。c. 自卫团共四百五十名，和、华、巫人各占三分之一。d. 疏散委员会已指定离市区廿八公里之百家岛为华人疏散地区，团体或个人均可赴该区建造房屋，每人可得六公尺平方地积。e. 战时妇女服务团，此外，尚有华侨壮丁数十人加入警察所内任补助警事务。

（十二）棉兰方面　各埠经先后成立华侨自卫团或自卫委员会，登记华侨壮丁，分由运输、护卫、调查等组，分别训练。又当地政府发动组织各地义勇军及防空队，经吾领馆鼓励，至今参加之华侨已有五百余人。

〔国民政府行政院档案〕

9. 回国侨民事业辅导委员会为造送工作报告致侨务委员会呈

（1943 年 2 月 10 日）

回国侨民事业辅导委员会呈 辅（32）甲字第 2070 号
民国三十二年二月十日

案奉钧会侨 32 秘字第四二四号训令，饬限于本年二月十日以前，造送三十一年度各月份工作报告，等因；自应遵办，谨将本会三十一年度工作报告，备文钧会鉴核，实为公便。谨呈

侨务委员会

附呈本会三十一年度工作报告一份

回国侨民事业辅导委员会主任委员　陈树人

回国侨民事业辅导委员会三十一年度工作报告

本会工作均属适应环境，办理紧急时期回国侨民事业辅导事宜，其工作进度不能分期固定，兹谨就三十一年度之全年工作列次：

一、三十年在归侨必经孔道，成立畹町、龙洲、遂溪、漳州等四回国侨民临时接待所及昆明、贵阳两归侨指导员。嗣以太平洋战事爆发，南洋各地沦为战区，归侨众多，为适应需要，乃于三十一年度增设东兴、水东、汕尾三接待所及南宁、柳州、岳墟、龙岩、钦县、惠州、芦苞、金城江等处八归侨指导员，联络当地救侨机关，办理回国侨民接待、登记、指导、救济、遣送等事宜。惟以龙州一处，自粤桂边境被敌封锁后，归侨较少，乃于九月间将龙州接待所裁撤，其业务归并本会设在该处之第二归侨村管理处兼办。

二、制定紧急时期办理回国侨民接待、登记、指导、救济、遣送等事宜，与中央及地方有关机关联络办法，分行各地接待所及指导员遵照，俾护侨工作，取得联系。

三、太平洋战事爆发以后，南洋各地相继沦陷，我侨胞多因平日参加救国运动，惨被压迫，避难归国来渝者，招待其住宿，并介绍其就业，或资助其回籍。至三十一年六月间，中央对于是项归侨另设接待机构，此工作乃由中央接办。

四、商准运输统制局优待经缅入滇归侨，其经行曲、筑、线者免费乘车，经行河、桃、渝、筑、线者得援照优待港澳退出公务人员办法，准凭有关机关证明，八折购票乘车回籍。

五、商准财政部抢救华侨战时物资，运归国内，放宽物品进口限制，如战时经缅归侨携带物品，除危险品、毒品外，一律准期通融进口。

六、拟订辅助战事侨资内移办法，商准财政部，凡战区及沦陷区华侨回国时，以现金由入口地方移汇内地者，由各地四行予以汇额上之便利，并酌减汇资。

七、三十年九、十月间，在云南打洛及广西龙州设立两归侨村，收容归侨辟荒垦殖，嗣以打洛治安不良，村内公务被毁，经呈准将打洛归侨村于三十一年六月底结束，另择广东东兴地方继续开辟第三归侨村，业于三十一年十月一日正式成立。龙州归侨村则已辟建完竣，至三十一年十二月底止，已收容合作垦民十八名。

八、拟订战时侨胞汇款及登记办法，呈由侨务委员会商准财政部照办，现在美国、澳洲、纽西兰、欧洲等地域，已由中国银行总管理处分函各地方银行举办。

九、拟订战时侨民家属赡养贷款办法，呈由侨务委员会商请有关机关准由闽粤省行出面，向四行各承借三千万元作为侨眷贷款，由各该省府督饬各该省行负责发放与收回，并由国库担保。至详细办法，由四联总处与各该省行商讨。

十、为辅导归侨就业，拟订辅导归侨工业合作事业暂行办法，此案呈请侨务委员会与社会部商洽中。

十一、为普遍招致归侨及侨眷垦殖，拟具办法，送农林部请在福建闽南及广东四邑附近就归侨及侨眷众多地方，择地开辟农场，收容垦殖。

十二、太平洋战事未爆发以前，拟举办华侨实业公司，抢救侨资，增强外汇，业经拟具公司及招股章程，在进行中，旋因太平洋战事突发，情势变迁，奉令暂缓举办。

十三、商请后方勤务部，在广东东兴设立归国侨工服务队，收容越南归国贫侨。

十四、归国华侨之救济，其在各地者，由各地接待所及指导员联络各该地救济机关，办理概况如左：

（1）一般回国侨民，原以疏散回籍为原则，然间有来渝者，则给予救济费，并视其技术如何，介绍其职业，其一时难觅相当职业者，仍勒令回籍。

（2）归侨志愿农垦者，遣送至归侨村就业。

（3）归侨有工业技术者，就其性质介绍至中央建教合作委员会或人材调剂协会及有关机关就业。

（4）归侨从事商业者，替其与国内厂商联络，辅导其进行。

（5）归国回国就学者，除由侨务委员会与教育部为经常指导救济外，其因缺乏就学旅费或临时食宿无着及疾病等，由本会酌给临时费用。

（6）一般归侨抵渝时，除酌给临时救济费用外，间有病疾或发生意外情事，而无从求助他人者，由本会权其轻重，酌予救济或补助。

综计三十一年度来，本会领救济费者共一七〇二人，计发出救济费国币一八二，八〇八·二六元。

十五、本会为便于辅导归侨计，曾制定回国侨民登记规则，办理回国侨民登记，并委托各地回国侨民临时接待所及各地侨务处局办理，综计三十一年本会共核准登记发证者六〇九人，各接待所侨务处局共核准登记者四一七四人。此项登记系以居留海外三年以上，而于抗战后归国持有证明文件者为限，至于一般普通归侨，则由各地接侨机关发给临时过境证。

〔国民政府侨务委员会档案〕

10. 驻惠灵顿总领事馆关于驻地侨汇情形致侨务委员会报告

（1944年7月31日）

驻惠灵顿总领事馆灵33字第一七九号
民国卅三年七月卅一日发

兹将驻地最近侨务情形编成报告一份，理合备文呈送，敬请钧收备览。谨呈

侨务委员会

附报告一份

驻惠灵顿总领事　汪丰

驻惠灵顿总领事馆报告

新字第一一三号报告

中华民国卅三年七月卅一日

承编员　赖世珍

由纽向我国汇款统计

纽丝纶自一九三八年底始实施外汇管制，一切对外汇款，无论汇款人系何国籍，无论汇往何处，无论汇款作何用途，均应先向纽准备银行声请核准。华侨汇款回国，亦不论用途如何，同受此项管制。

当管制实施之初，纽准备银行曾对华侨汇寄养家费一项加以考量，所订准汇数额甚低，迭经本馆恳商，渐次提高限额。本馆除增加养家费汇额一项外，关于由纽汇款前往我国交涉案中，重要者尚有三类：一为捐款汇款，一为储券汇款，一为公债汇款。就大体而言，一因本馆所持理由正当，一因纽方对我抗战同情。此项交涉案实已获得相当之成就，最近本馆经将上述四项汇款数目予以调查统计，兹分述之：

（一）捐款汇款　此项汇款调查最为繁难，主要原因有二：我国抗战初期，旅纽华侨捐款踊跃，在华侨联合会未实行统一汇款办法以前，境内各处各种团体收捐迳汇，事后调查难期详确，此其一；华侨中亦有个人直接汇捐而不将数额报明任何机关团体，于是调查束手，此其二。兹将最近调查所得，分三项列举如下：

（甲）本馆经手汇寄捐款约纽币一万六千余镑，此数包括华侨及纽籍人士交托本馆代汇之捐款。

（乙）纽人直接汇款约一万数千镑左右，内分难童捐与医药捐。

本馆提倡劝募，而不经手收汇。

（丙）华侨捐款　据纽丝纶华侨联合总会理财部最近统计：民国廿六年八月五日至十二月八日汇解财政部侨务委员会等机关救国捐款纽币六千七百八十五镑伍先令，民国廿七年一月廿五日至七月廿九日汇解财政部侨务委员会等机关救国捐款纽币七千零伍拾伍镑贰先令七便士，民国廿七年九月六日汇解广东省政府购机捐款纽币四百九拾伍镑零十便士，民国廿七年九月六日至十二月廿九日汇解财政部驻港办事处救国捐献金等纽币六千九百贰拾壹镑九先令四便士正，民廿八年一月卅日至十一月廿八日汇解财政部驻港办事处救国捐献金等纽币壹万叁仟镑正，民国廿九年二月廿一日至卅年十一月十日汇解财政部驻港办事处救国捐献金等纽币四万九千九百九拾五镑十八先令八便士正，民卅一年七月十三日汇解伦敦中国银行转财政部救国捐献金等纽币壹万壹千伍百镑正，民卅一年六月卅日至卅三年六月十六日汇解财政部纽币六万叁仟四百伍拾镑十五先令，以上合共汇解捐款纽币壹拾伍万九仟贰百零叁镑六先令十便士（尚有该会各支分会直接汇款政府者不在此数内）。旅纽华侨三千，以人数为比例，捐款成绩，殊属良好。纽方准汇数额，由本馆会同该总会交涉，现每月定限为纽币三千镑。

（二）节约建国储蓄券汇款纽币十三万七千余镑，约购十年期储券面额三千余万元，此项节储运动，在纽由本馆负责推行。

（三）公债汇款约国币七万余人，公债兑息及中签还本，由交通外汇种种原因发生困难，又无补救办法，侨胞购债，难期踊跃。

（四）华侨养家汇款自一九三九年至今约纽币六十七万八千余镑，华侨此项汇款执照由本馆代办交涉，但不经手汇款。

〔国民政府侨务委员会档案〕

11. 驻惠灵顿总领事馆关于旅纽华侨经济情状与社会地位致侨务委员会报告

（1945年1月31日）

驻惠灵顿总领事馆 灵34字第三十一号 民国卅四年一月卅一日发

兹将驻地最近侨务情形编成报告一份，理合备文呈送，敬请钧收备览。谨呈

侨务委员会

附报告一份

驻惠灵顿总领事　汪丰

驻惠灵顿总领事馆报告

新字第一一九号侨务报告

中华民国卅四年一月卅一日

承编员　赖世珍

旅纽华侨现时经济情状与社会地位

旅外华侨鲜不因所在国之一般社会经济环境转移其经济情状与社会地位，在纽华侨殆亦如是。故欲明了在纽华侨情形，其在社会上地位之高低，其在经济上贫富之差异，必宜先察其所处之环境。兹请将纽西兰社会经济现状简略言之：

纽初为英属殖民地，一九〇七年改为自治领。立国以来，其最昭著之政绩，厥为一九三五年之以后之社会立法，综此立法要旨，乃为平均人民财富，以提高普遍生活程度。其实施方策，大概言之，在平均人民财富方面，一为依照收入递增所得税率，一为征收社会安定税，藉以吸收民间剩余资财而归国有，用之建设并及恤贫；在提高普遍生活程度方面，举其要者，如开发实业，新筑公路，公建屋宇，普及教育，提高劳工待遇，采行社会安定立

法等。其中尤以社会安定法案著称于世，包括养老、抚恤、失业补助、孤儿寡妇救济、免费医药各种设施。自此新政施行数年，国内已无贫苦，亦鲜巨富，老者弱者、寡妇、孤儿均由公款养之育之，而巨富之家，则按递增税率缴纳所得税，年入巨数，为国所用，实得固仍可较常人为多。然不仅不容其养尊处优，穷奢豪之能事，即家居操作亦难假乎雇佣，经济平均既如是，社会风习亦随转移。既不因贫富而起阶级之分，职业亦无贵贱之别，在社会间，于是人人平等。

我侨处于此种社会经济环境中，乃鲜遭歧视之苦，纽人诚未能尽除种色之见，但贱视华侨事件，仅偶尔一见，绝非通常状态。值兹中纽同盟时期，纽人景仰我中华壮士英勇卫国，深明往昔轻人自轻之非，故纽人与我侨交易酬应之间，尚能辑睦相处，平等相待。

华侨现时经济情状，自亦与纽人无殊，既鲜巨富，亦少贫穷，纽政府之救济贫苦，甚属公允，未尝因种色而有轩轾。就纽政府协助侨农生产救济天灾捐害言，近年俱有实例可寻。华侨在纽经营之业务，大致可分为三：一为农场、一为果蔬店、一为洗衣作，余如杂货店、餐馆与雇工从事者则不甚多，此三种业务中，以农场获利最厚，果蔬店次之，洗衣作再次之。然即洗衣作，近年获利亦殊不薄，年余纯利可数百镑，能逾千镑者，则不多观。果蔬店则端以设店，地点为营业盛衰之关键，规模较大，地址适中者，年可得二千镑左右，通常则千镑数百镑不等。农业事业现最兴盛，以全侨资财言，富有者多属农家，纽政府所重视者，亦此侨农也。

侨农生产品以菜蔬为主，近数年中，军需、菜蔬大部份由侨农供给，市面之需求则几全部仰给于此华侨农场，故纽政府对之亦特重视，盖生产如若减少，影响民食则甚巨也。纽政府主管机关与侨农之间，固不免偶起摩擦。然该主管当局促进生产之诚意，在在可见，举实例言，如种子肥料之分配供给，产品运输之便利，天灾损害之救济，技术之改进，得诸纽主管当局之协助，不可谓鲜。侨农农场发展前途，困难不在资本，盖购地租地均颇廉，种子肥料需资亦无多，而在雇用劳工问题。侨工既为纽政府限制不能入境，只能求之于纽人与土地，然纽人口过稀，劳工殊不易得，此本纽全国各种事业上发展之阻碍，非仅侨农为然也。

华侨果蔬店营业上之困难，正与农场同，亦由缺乏劳工而无从扩展业务。凡家庭人口众多者，即为幸运者，年幼子女课余帮同料理店务，乃果蔬店中通常之现象。现全纽果蔬业，大半系华侨经营，间见印人所设之店，纽人从事此业者则殊少，若谓此业系由华侨操纵，尚非过甚之词。

纽缺乏劳工既如前述，侨工在纽故非贫困，无论系在农场或商店作工，每星期工资均在五镑以上，膳宿且由东主供给，劳工在社会上之地位，因业无贵贱，无人认为低下，且彼辈多有积蓄，由劳工转为东主，设店自营，轻而易举，其例非不多也。

旅纽华侨在经济上与在社会上情形如是，兹再就移民律上地位约略述之。按纽国会已往历次议订移民律，对我华人入境不与其他外籍人视同一律，另备专条，对华人作苛辱之限制，具见一九〇八年移民律及一九一〇年暨一九二〇年两次修改律内，共有条文十八款，综核其内容，计规定：（一）华人到纽于登陆时须纳人头税一百镑；（二）船只搭载来纽华人不得超过船重，每二百吨得载一人之比例；（三）船只到纽与离境时，须先查对中国海员人数，并限制中国海员登陆等项。曾经我驻英公使及历任驻纽领事迭请废除，据理力争，虽历多年，而纽政府始终拒绝。直到上年，经多方交涉疏解，始获于十二月十三日由纽国会议决废除。自此我华人在纽移民律上方能与其他外籍人地位平等，但仍须知，兹经废除者，仅歧视华人部份，该律内之规定，本对外籍人入境，具加限制，而此限制，仍对华人入境有拘束力。纽向抱排斥外人政策，除英人外，入境甚难，照现情推察，纽政府当不至放松其往者之一贯政策也。

〔国民政府侨务委员会档案〕

三、华侨抗日救国活动

1. 吧达维亚中华商会为组织回国华侨救护队等事与侨委会往来呈函

(1937年12月—1938年2月)

(1) 吧达维亚中华商会呈 (1937年12月8日)

呈为呈复事：案奉宙管字第二一七三号训令内开：案准国民政府军事第六部十月十四日义字第七六二号公函内开，据近日各方报告，我受伤将士往往因国内西医缺乏，诊疗无人，以致不能立时救治，呻吟待绝，厥状至惨，而于战事亦影响至大。闻南洋各地侨胞不乏学习西医之人，如向征求，我侨胞爱国尤具热忱，定能回国服务，事关救治卫国受伤将士，想贵会必具同情，相应函请查照。即希代为向南洋各地侨胞广事征求西医人才回国服务，并希将办理情形见复为荷。等由。准此。合行令仰该总会秘密广事征求回国服务西医师先行登记，并将其详细履历随时填表具报，以备调用为要。等因。奉此。查此间侨胞，以我国遭遇空前国难，全侨奋起努力于救国运动，在芦桥战事发生以前，即由职会发起召集各侨团组织，吧达维亚华侨捐助祖国慈善事业委员会积极进行筹募巨款，陆续汇寄祖国，迄今已达七十万元左右，并寄回大宗鸡纳丸及旧衣数百箱，更于月前举行慈善夜市，共筹得荷币捌万余盾，约合国币十六万元左右，作为组织回国华侨救护队之费。该全体队员十五人及华侨西医士四位，并经购置救伤汽车九辆一同运返祖国，现该救护队已决定于本月十日动程回国。适逢钧会来

令，经照抄录转达该主持办理华侨救护队医生荷全寿博士查照，当能继续扩大征求，以副钧旨。为此理合备文呈复鉴核。谨呈

侨务委员会

吧达维亚中华商会代会长　陈抚辰

代总干事　林伟明

中华民国廿六年十二月八日

（2）侨务委员会笺函（1938年2月2日）

笺函　洪移字第121号

巴达维亚中华总商会鉴：廿六年十二月八日呈悉。组织华侨救护队回国服务，并购置救伤汽车九辆一同运返，爱国热诚，恤伤义举，两堪佩慰。丁兹水深火热之际，受伤官兵，日益加增，政府虽统筹救济，每苦技术缺乏，所望海内外侨胞，本休戚与共之怀，继续供给人力物力，则事半功倍，国难早纾，感盼靡涯矣。本会已训令广东侨务处及本会汉口办事处于该救护团到达后，妥为招待矣。兹特函复，并颂义安。

衔名

中华民国廿七年二月二日

〔国民政府侨务委员会档案〕

2. 美国波市顿等地为请求褒奖侨民侨校文件

（1938年4月—1941年6月）

（1）美国波市顿广教学校呈（1938年4月18日）

呈为呈报事：自我国展开全面抗战以来，职校全体员生即努力参加救亡工作，如女生之插花、募款，男生之买物、筹款以及其他各种方法，收效颇宏，所得之数大约在国币贰万余元，不过本居地各项救国筹款均统属于中华公所抗日后援会之下，而职又

担任后援会实际工作，故在统一局面之下共同努力，未能如别处侨校之自筹自汇。是以本校学生救国工作，除本地人士外，则隐而不见。兹趁具呈请领补助费之便，特将情略陈梗概，仰祈察谅为幸。谨呈

侨务委员会委员长陈

校长　余璞斋

中华民国廿七年四月十八日

（2）侨委会批（6月20日）

批　洪移字第二〇五三号

批原具呈人美国波市顿广教小学校长余璞斋廿七年四月十八日呈一件，为呈报本校员生参加救亡工作经过，请鉴核由，呈悉。当此非常时期，凡属国民，皆有责任。该校员生能参加救亡工作，从事筹款，间为为国育才，应予嘉奖。此批

中华民国廿七年六月廿日

（3）侨委会致行政院呈（1939年12月2日）

呈　荒渝字第三六六二号

顷据本会派赴昆明指导华侨回国机工改善生活事宜委员方之桢报告，略称：华侨机工回国服务后，死亡者不少，其中尤以新加坡华侨银行职员吴再兴之弟吴再春，死事之烈云云，堪钦仰。查吴君擅长驾驶汽车技术，在英属本有相当职业，因激于爱国热诚，弃却优适生活，毅然归来参加抗战工作，返回后在滇缅公路担任司机职务，驰驱转运，劳瘁不辞，壮志可嘉。此次由某处载运军品至龙陵地方，机件忽生障碍，车上缺乏修理器具，又值大雨气候剧寒。彼时吴君如为个人生命，本可徒步至他处暂避，但因爱护公物，不忍离开车辆，卒至冻死。察其殉职情形，与前线将士守士成仁亦无多让等情。查抗战军兴，海外侨胞，输财出力，贡

献殊多，而南洋华侨筹赈会于踊跃募款之外，并极力劝导华侨技术员工返国服务。现华侨司机机工回国者达三千余人，忠勇奋发，技术熟练，且在海外故有职业身家，只因志切投效，故尔归来参加抗战工作，其爱国热忱，确属难能可贵。况该机工吴再春，爱护公物，奋不顾身，因此殉职，情更可悯。例以战时交通员工死难抚恤办法，及国民工役法或非常时期专门人员服务条例各项之规定，均多相符。值兹抗战胜利开始之时，所望于海外侨胞输财出力者，尤为殷切。理合备文呈报，仰祈鉴核，请将该故侨工吴再春死难情形，准予褒扬，并恳优加抚恤，用昭激劝，以励来兹，实为公便。谨呈

行政院

侨务委员会委员长陈〇〇

中华民国廿八年十二月　日

（4）行政院致侨委会指令（1940年6月6日）

行政院指令 阳字第12486号
中华民国廿九年六月六日

令侨务委员会

二十八年十二月二日荒渝字第三六六二号呈请褒恤华侨司机吴再春由呈悉。查该故司机生前系在军事委员会西南进出口物资运输总经理处服务，已函请军事委员会转饬原服务机关优予给恤矣。此令。

院长　蒋中正

（5）惠灵顿总领事馆呈（10月22日）

驻惠灵顿总领事馆 灵字第一四九二号
民国廿九年十月廿二日发

据纽丝纶屋仑埠华侨牧师周润森呈称：侨在屋仑服务，已有十年，“九一八”事变发生，曾经倡导组织华侨青年团，进行救国

运动，迨“七七”发动全面抗战，经即遵命联络本埠侨胞，成立华侨联合会，加紧筹赈工作；三年余来，且自动每星期缴纳救国难民捐纽币十先令，嗣复创办《侨声》半月刊，藉以唤起侨众之心内向，并以打击敌伪之反宣传，侨之苦干与牺牲，不过为尽国民一份子之义务，且身处宗教范围内，实非敢有所他求。惟鉴于侨界特殊环境，倘能有政府书面奖状，于为国服务前途，益增便利，敬恳钧座转呈俯予颁发。等情。据此，查该牧师周润森推进救国运动，确具成绩，所称各节，俱属实情，应否由钧会颁给奖状以示鼓励之处，理合备文呈请察夺施行，实为公便。谨呈

侨务委员会

驻惠灵顿总领事　汪丰

（6）侨委会指令（12月9日）

指令　侨29戊字第五二八四号

令驻惠灵顿总领事馆

廿九年十月廿二日呈乙件，为据屋仑华侨牧师周润森呈请转呈为加紧筹赈工作，倘能有政府书面奖状，于为国服务前途益增便利等情，呈请察夺施行由。呈悉。查该侨周润森致力筹赈工作有年，既属事实，自应予以嘉奖。兹附发会令乙件，仰查收转发可也。此令。

附令周润森乙件

会令　侨29戊字第五二八五号

令侨民周润森

据驻惠灵顿总领事馆呈报：该侨努力筹赈工作多年，成绩卓著，应即予以嘉奖，仍仰继续淬励，以贯初衷。此令

中华民国廿九年十二月　日

（7）侨委会公函（1941年3月1日）

公函　侨30字第九五三号

案准贵部三十年贰月七日美30第688号公函略开：据驻山打根领事馆呈称，山打根四邑公会呈报，会员郑潮炯向在本埠，业小贩，素具爱国心，自行义卖七次，并将其幼子让人抚养得叻金婆币捌拾圆，悉数缴交本埠筹赈会转回助赈，复出发亚庇、美里等埠，沿途义卖，现已捐得坡币伍仟捌佰余元，其仁风义举，实堪感佩，请赐予嘉奖等语，相应函请查照核办见复。等由。准此。查此案前据北婆罗洲王麻骨华侨救灾会函报到会，业经本会于廿九年十贰〔二〕月十七日函复嘉勉，同时并训令驻山打根领事馆传谕嘉奖在案。兹准函前由，除再由本会题词一帧嘉奖迳寄山打根领事馆查收转发以昭激励外，相应复请查照为荷。此致

外交部

委员长　陈〇〇

（8）侨委会训令（3月1日）

训令　侨30字第九五四号

令山打根领事馆

案准外交部三十年贰〔二〕月七日函稿该领事馆呈，四邑公会主席陈昌盛呈报：会员郑潮炯向在本埠，业小贩，素具爱国心，先后举行义卖并将其幼子让人抚养，所得款项一概助赈，转请嘉奖一案相应函请查照核办见复。等由。准此。查此案前准北婆罗洲王麻骨华侨救灾会函同前函，当经本会于廿九年十贰〔二〕月十七日函复嘉勉并训令该领事传谕嘉奖在案。兹准函前由，特再由本会题词嘉奖，以昭激励，附发题词一帧，仰该领事即行查收转发可也。此令

附题词一帧〔略〕

中华民国三十年三月一日

（9）北婆罗洲西海岸中华商会呈（6月11日）

呈为呈请事：窃西海岸华侨对于筹赈工作，素来不落人后，唯能切实尽力推动者有下列各位：亚庇坡——罗菊英（女）、张九采；京那律坡——欧奕文；丹楠——李新福；吧巴坡——李发、黄宝珍（女）；王麻骨——黄天送；保佛——何松顺。上述八位华侨赤诚为国，历次救灾工作均踊跃参加，虽千辛万苦亦所不辞！为此理合恳请钧会转请行政院予以褒奖，藉慰侨情而励来兹。实为公便。谨呈

侨务委员会委员长陈

主席　黄自按谨具

中华民国三十年六月十一日

（10）侨委会批（9月19日）

批　侨30管字第四二〇五号

具呈人北婆罗洲西海岸中华商会三十年六月十一日呈一件，为侨民罗菊英等赤诚为国，历次救灾工作均踊跃参加，恳转请予以褒奖由呈悉。查罗菊英等努力筹赈，殊堪嘉慰，应由该会开列名单并附具履历送会核转财政部颁给爱国纪念襟章，以资鼓励，仰即知照。此批。

中华民国三十年九月十九日

〔国民政府侨务委员会档案〕

3. 中华民国红十字会总会救护委员会为函复陈慕凯回国参加救护工作事项致侨务委员会公函

（1938年7月29日）

中华民国红十字会总会救护委员会公函　医字第355号

案奉内政部卫生署移送贵会二十七年七月二十二日洪移字第

二一八一号公函内开：案据驻西雅图领事馆廿七年六月三日呈，以华侨陈慕凯毕业于罗省大学医科，愿自备川资回国服务，并检同履历一份，请签核示遵等情。值兹抗战期间，未知贵署尚需要该项人材否，其待遇若何，相应检同原履历函请查照见复，以便转知为荷。等因。准查此案，前接美国医药助华会郭徒（Dr·Co tui）博士来函介绍陈慕凯医师回国参加救护工作，当经函复，表示欢迎，关于待遇月支薪国币壹佰元（按国内医科大学一九三七年毕业月薪规定八十元），膳食自备，每月约需十二元，并应在华购制本会制服，约需十五元，请为转知在案。兹准前因，相应函复，未识陈慕凯医师能否讲述国语，即请贵会查照转知，并盼赐复，是所至荷。此致

侨务委员会

总干事　林可胜

中华民国廿七年七月廿九日

〔国民政府侨务委员会档案〕

4. 纽约全体华侨抗日救国筹饷总会第二届职员就职宣言[①]

（1938年11月1日）

祖国抗战，已逾一年；本会成立，亦届周岁。在过去一年中，祖国因上下巩固团结，军民英勇抗战，成就许多震动世界之伟大战绩，如八百壮士之坚守四行仓库，如空军飞将之扬威三岛台湾，博得中外人士同声赞仰。他如平型关，台儿庄以至开封，德安诸役，迭破板垣、矶谷、土肥原诸贼精锐寇军，每次歼敌，动以万计。凡此事实，皆已证明：我国抗战力量之日渐加强，敌人侵略

① 沿用原标题。

暴力之不足畏惧，中国人民为不可屈服之民族，中华民国为决不会灭亡之国家。同时，本会亦因各社团之合作，侨胞之信任，职员之兢惕从公，因此在购买公债，捐款购机，慈善救济诸方面，亦能得到相当之成绩，使得祖国经济力量增加，更能保证长期抗战之最后胜利。这是一年来国内海外互相对照之事实，而为侨胞有目所共睹。现当本会第二届职员就职伊始，深念来日之大难，更觉责任之重大，谨举三事，为我侨胞敬告：

首先，吾人对于祖国抗战前途，应有正确之认识。中国对日抗战，是一种长期而艰苦之战争，在持久抗战期间，领土之部分丧失，重要城市之暂时退出，原属战略所必需，亦兵家之常事。蒋委员长在我军退出南京时，曾经宣言："中国持久抗战，其最后决胜之中心，不但不在南京，抑且不在都市，而寄于全国之乡村，与广大强固之民心。"吾人明乎此理，则目前广州之失守，武汉之退出，并不是一种不可挽救之损失，而是在抗战中一种保存实力，争取时间，以便动员民众，准备反攻之战略。况且我军数月来保卫武汉，曾予日寇以重大打击，使日寇不能在十月以前如期占领武汉，使日寇死伤四十余万，付出了极大代价，才能达到进占武汉的目的，所以此次我军退出武汉，纯是根据原定之战略，比之上年十二月退出南京，其计划组织更为进步。至于广州失守如是之速，诚不免令吾人有多少愤慨和失望之处，然而广州虽失，大广东仍在，现在极大部分广东领土，仍在吾人掌握之中。证以日来电讯，我粤省军事当局仍在北江一带布防，我军连日在从化龙门增城与日寇继续剧战，大批中央精锐军队已由赣南开入广东，准备大举反攻日寇，加以吾粤经济能力之伟大，粤民革命传统性之坚决，粤地山峦之起伏，河流之纷歧，在在均足以制日寇之死命，而有利于我军之反攻。吾人要根本认识中国长期抗战之性质，只要政府坚持抗战，坚决拒绝任何和平谈判之建议，肃清一切主张妥协，议和之汉奸，全国人民一心一德，出财出力，团结到底，吾人相信：在不久之期间，不特革命策源地的广州，可以恢复，而且最后胜利，必属于我国。本会当广州失守消息传来，首先电请蒋委员长坚持抗战，切勿言和，并同时通电全美各埠侨胞请一致坚持抗战，拒绝和平谈判。本会认为在此千钧一发之时，吾人对于抗战前途，切要扫除一切悲观消极心理，各尽所能，起来为政府抗战后盾。此关于时局为侨胞敬告者一。

其次，吾人对于长期捐输，今后应有加倍之努力。本会职在筹饷，在于接济国民政府长期对日抗战，收复失地。故失地一日未收复，则一日未能停止作战，亦即吾人一日不能停止筹饷责任。在过去一年间，吾人对于募款筹饷工作，均有四种：曰募集公债，曰救济箱捐款，曰慈善捐款，曰广东人民购机捐款，除购机捐款在短期间内，共募得美金一十八万二千余元，国币十万元外，其余购买公债及各项捐款之总数，亦有国币数百万元。（收款汇款详细数目，另见本会编印中之会务报告书）表面虽有相当成绩，仍未足以副祖国人士之期望，而应对日抗战之需要。惟本会职员，全属义务性质，以业余之时间，作救国之工作，纵抱热诚，难期大效，然有一事可为侨胞告者，则本会一切开支费用，如文具、邮票、电报、印件、煤气、电火、电话等费，皆另由各团体或个人资助，及本会特别举办影画专筹经费应支，从未在购债及救济捐款项下，开支分支。至于本会经手募捐各款，均由各财政主任分别经管，随收随贮银行，非经全体会议通过不能提汇。

本会今后对于筹饷救国，仍当继续积极举行，必使有 钱者多出钱，有力者多出力。总之日寇一日未平，抗战不容或已，即吾人捐输一日不容中断。我纽约侨胞应从今天起，本着过去一年援助政府抗战之精神，再接再厉〔励〕，以更多之金钱和物质，来援助祖国之抗战，断不容稍有怀疑观望之态度，以减弱我国抗战力量，而有利于敌人。此关于筹饷为侨胞敬告者二。

复次，当此名城迭失，国难严重之中，国内主和言论与国际调停主张，必乘机而抬头，彼等欲达到此种目的，首先要用挑拨离间之伎俩，来破坏我国内部之团结。吾人在此时期，更应用尽全力，扫除妥协主和之言论，防范分裂内部之行动，对于祖国抗战政治，如肃清汉奸，巩固国防，动员民众，促进民主诸问题，均应注意。诚以此种抗战政治之改进，与抗战军事胜利成正比例。即如此次广州突然失守，由于防线太长，兵力薄弱，后方汉奸，乘机叛变，遂令日寇乘空长驱直入，实可痛心。今后吾人必须充分运用我海外全侨力量，来督促和推进祖国抗战政治之改进。当此英德调停之说甚炽，吾人今后更应注意对外宣传，将中国人民反对任何出卖民族利益的和平谈判之坚决意见，随时随地努力向外国人士宣布，同时唤起美国政府人民主持正义，促进裁判日寇，援助我国之运动早日实现。此关于工作为侨胞敬告者三。

最后，本会有一言为侨胞忠告，本会系由纽约全社团共同组织，一切会务，均属公开，一切重要事项，均必经过全体职员会议通过，然后执行。自今以后，侨胞对于本会办事手续，或性质有未明瞭者，请其向各团体出席代表询问明白，如认为代表答复尚未满意，仍请其提出具体意见，交由出席代表向本会质问，务期得一明白解释而后已。要之本会为全侨公共组织之机关，本会之事，即为大众之事。本会职员，能力有限，以上所陈，如有未尽完善，凡我侨胞，随时均可赐教。至于妨害侨胞团结，影响侨捐前途，不负责任之言论，则请慎重出之，本会同人幸甚，抗战前途幸甚！

纽约全体华侨加紧巩固团结！

有钱者多出钱，有力者多出力！

拥护国民政府抗战到底，肃清主和汉奸！

驱逐日寇出境，收复失地！

中华民国万岁！

纽约全体华侨抗日救国筹饷总会

〔国民政府行政院档案〕

5. 侨民陈大雄为请求参加抗战工作致侨务委员会呈

（1939年1—6月）

（1）呈之一（1月1日）

呈为呈报民因救亡运动被逐出境事：窃民于去年二月十二日为各种救亡运动被暹政府拘捕，虽经吾驻暹商务专员陈守明先生交涉无效，判令永远出境（同时被捕者廿二人），抛别家庭。现流落越南，志愿为国效劳到军前服务，以达共赴国难，虽为一兵一卒，赴汤蹈火，亦心之所愿。伏乞吾最高领袖准民之请，是为德便。敬致民族解放。

民陈大雄谨呈

廿八年元旦日

（2）呈之二（3月2日）

奉钧会荒渝戊字三九八号二月七日谕诸情，敬悉。窃自炉案事起，吾最高领袖及先生等领导全国决定民族抗战之后，民虽旅居于万里之外，但是在日帝国主义疯狂的侵略残酷的屠杀之下，同胞惨痛的呼声，抗战的怒吼，无时刻的不在耳边震荡，愤恨之火在心中焚烧，跟着抢救祖国的神圣工作以〔已〕普遍到暹罗的侨胞。民本有钱出钱，有力出力的原则，踊跃的参加各种救亡团体、筹赈伤兵难民、捐募衣药、推行抵货、铲除汉奸等运动，更进而组织暹罗义勇军办事处招募热血青年回国服务（现均在广西柳州中央军校六分校，民之胞弟陈辉亦在校肆业）。正当工作日见开展，湄南河上充满华侨救国的时候，敌人即诱迫暹政府拘捕救国分子，民与诸同志不幸于去年二月十二日横遭羁禁，月余后被判长期驱逐出境，乃于三月廿三日抛家庭，别妻子，孑然一身，遄返祖国。家君因丁未革命之役，清吏搜捕，携眷走暹谋生，年八十二岁，现与民妻及幼子在暹。民自幼生活海外，离乡日久，归国后一切均不熟识，故另走到这殖民地的越南。自民被逐之后，暹中手创至今十余年的侨民书报总社因无人经营而停业，次子不幸去岁在暹夭尚，因之更坚定志向，在这国难日更严重艰巨的最后关头，跟吾抗战最高领袖，不惜任何牺牲，本始终爱国之志，决定共赴国难，争取最后胜利，满怀坚毅，伏乞鉴宥。敬致

侨务委员会会长陈树人先生

民陈大雄谨呈

中华民国二十八年三月二日

（3）呈之三（6 月 20 日）

侨务委员会委员长陈树人先生勋鉴：敬启者，五月一日奉上一呈，至今未接示谕，惘怅英铭〔名〕。民为国族之一员，在这抗战最烈最艰巨、日帝国主义疯狂屠杀的时期，决定始终共赴国难，虽死不惜。拟要亲身到渝面谒，请求指示，不论何种抗敌工作，赴汤蹈火，皆是愿意接受。但是政府正在疏散人口、川滇入境，手续繁难，踌躇于越。伏乞惠赐入境凭文，给民有报国之路，至为德便。敬致国家至上！

附呈〔略〕

民　陈大雄　呈

廿八年六月廿日

〔国民政府侨务委员会档案〕

6. 国民政府文官处为嘉奖中华技术歌剧团致侨务委员会函及训令

（1939 年 4 月）

（1）国民政府文官处公函（4 月 6 日）

国民政府文官处公函　渝字第一一四六号

迳启者：奉主席交下暹罗华侨抗敌救国后援会呈报组织中华

技术歌剧团经过及其表演成绩，请指示今后工作方针，并恳专函嘉奖该团，以褒有功而励来兹一案，奉谕“交侨务委员会酌核办理”等因，相应检同原件函达查照。此致

侨务委员会

计检送原呈一件，中华技术歌剧团收支表，各埠赠旗表，团员表各一份。

文官长　魏怀

中华民国二十八年四月六日

附原呈

窃属会自成立以来，十有九月，对于推进各项救运莫不励〔厉〕行实际工作，冀得成效，以报国家。迨去年十月间，更欲进一步作有力之贡献，乃根据会章第十一条组织中华技术歌剧团(原名中华精武技术歌舞团，近改今名)，前赴各地表演，其具体计划，分为“扩大输将力量”，“促进国民外交”，督导各埠救运三种目标，切实办理，以完成神圣之任务。其进行办法，委任陈英华为该团团长(该团团员另详团员表)专责处理团务，除表演外，尚附带调查各地侨团、学校、交通、商业等概况，以供工作之参考。另派刘涌、杨波、黄振翊、林鸾飞、罗寿汕五人为代表，随团出发，除分别负责接洽各埠侨界领袖，管理收支帐目，协助演剧等事务外，依照上述三种目标，努力推进，以求逐步达成该目标任务。

现该团自表演以来，已五月有余，历经五十六埠，在各埠表演，收入款项，皆由当地负责人与属会代表，共同核算，以示大公，除开支该团川资伙食及戏院什项外，将净存之款，分为四分，其四分之二交由当地负责人，迳汇我政府(或交代汇)，四分之一拨归各该埠为学校、侨团及救国会经费，尚存四分之一由属会及该团均分为办公费用(团员及代表最低之生活费)。统计贡献政府之财力已达暹币八千三百二十五铢四十八士丹(详于该团收支表)，约值国币二

万元有奇，尚有一部份地方还将当地所得之款，一并汇寄，尚不计算。至于国民外交之收获，也有相当之表演，如该团所到各地，首先联络暹国官民情感，故该团行动，虽须掩护，然在各地表演，无往不利，表演技术或歌剧，皆本唤醒民众增加抗建心理，以收精神动员之效，尚受各地官民同情与声援，其成绩最著者，如为佛统埠义务表演振灾。该埠暹国自治会之赠旗（暹文"誉满南疆"），该府政务专员之赠相（专员肖像）及其引导参观该埠暹国各机关，并摄影纪念。彼集埠政务专员及县长合赠暹币十五铢，挽安埠县长，赠暹币五铢，北揽埠政务专员、亲代同侨呈献华民学校所赠该团之彩旗。在此恶劣环境之下，尚能继续开演，进行工作，莫非赖我正义之运用也。至督导各地救运之工作，颇见收效，如各地救亡组织之未健全者为之调整，使成为有力之机关；工作未紧张者，加以提示督促，使其积极办理。因此，该团所经各地，其救亡工作，莫不蓬勃有生气。尤以戏剧方式宣传，鼓励同侨，既可避免居留政府之干涉，又能引人入胜，广泛注入侨胞之心眼中，虽妇人孺子，也认识我国族在此伟大时期中，建立伟大之国家，实现我三民主义，对世界大同之贡献。参核各地同侨及暹国自治会赠旗文字（附该团赠旗表）足征万众一心，无间异族，其爱祖国、爱人类正义和平精神之振奋，诚属会对抗战建国努力中之一部分事业也。

上述工作，虽尚未满所期愿，然该团在各地表演，已深得同侨之爱护及欢迎，端由同侨恪遵蒋委员长后方重于前方之训示而牺牲救国，亦见同侨信赖属会之领导及督促也。

现该团仍依照原定计划，继续在各地表演，将来成绩如何？容另具报鉴核。谨将组织该团经过及表演成绩报告，并随呈连同该团团员表、收支表、赠旗表各一份，呈请察核，并请指示今后工作方针。再恳专函嘉奖该团，以褒有功而励来兹，不胜企祷之至！

谨呈

国民政府主席林

附该团团员表、收支表、赠旗表各一份（略）

遢罗华侨抗敌救国后援会常务理事　吴碧岩

韩心传

韩德孚

理事　姚玉辉

李希穆

杜国畴

中华民国二十八年三月十七日

（2）侨务委员会训令（4 月 26 日）

训令　荒渝甲字第一一七〇号

令暹罗华侨抗敌救国后援会

案准国民政府文官处二十八年四月六日渝字第一一四六号公函开：奉主席交下暹罗华侨抗敌救国后援会呈报组织中华技术歌剧团经过，叙至相应检同原件，函达查照，等由。并检送原呈一件，表三份到会。查该会组织中华技术歌剧团前赴各地表演，以扩大输将力量，促进国民外交，督导各埠救运为目的。办理以来，甚著成绩，合行令仰嘉奖。务宜实事求是，□节用费，冀多得款项，贡献政府，是为至要。此令。

中华民国廿八年四月廿六日

〔国民政府侨务委员会档案〕

7. 旅和华侨救国后援会关于与东亚公司交涉勿以船只为敌运送军火等致侨务委员会呈批

（1939 年 5—8 月）

（1）旅和华侨救国后援会呈[1]

呈为呈报事：职会等以地处和兰滨海之地，船舶往来众多，所

---

① 此呈无月日，据推测为五月份，因收文时间为六月二日。

有欧美各国经地中海往东方之船只，多取道和兰，因此各国船只之有否军火装往敌国，职会等常能目睹，自从我国抗战以后，职会等首即注重此点。去年五月时，为阻止军火运往敌国事，曾呈报钧会请求指示办法，及函请香港海员公会报界公会请其协助，数月以后，香港海员公会因以被封，原函退回。钧会及报业公会均未蒙赐示，且以当时香港尚为我国通海孔道，运往东方之军火，是否送至敌国，亦无从查悉，故兹案搁置者约半年之久。去年十月底，复有私船东亚公司船装运硝磺等前往东方，此时广州失陷已久，此物谅必属于敌国，因此，职会等将此事提高联席会议讨论。当时查悉欧洲船只为敌人装运军火者，以北德公司之远东邮船为最多，汉堡美洲线次之，东亚公司又次之，而此数条航线之船，皆系雇请华籍海员工作者。讨论结果，群以为当此国难深重之时，我华籍海员岂可再为敌人运输军火，残杀自己同胞？当场一致决议：通知华籍海员经理人，对于以上三公司应停止介绍华籍海员。查经理北德公司及汉堡、纽约线者为华人陈继霖，现在上海，及其子陈顺庆，现在汉堡；而经理东亚公司者为华侨吴日明，现在和兰阿姆斯得达姆。职会等因就近先向吴君交涉，据其声称：渠愿放弃东亚公司华籍海员介绍权，但以其他华人不接办此项事务为条件，以此事关系重大复杂，经过数度会见，分三步进行如下：

（一）先由领馆以私人名义向和船东亚公司交涉，其不可为日人运输军火及军用品；

（二）如公司不接受，再由使馆向和政府交涉，请其命令东亚公司不可为日人运输军火及军用品；

（三）如交涉再不成功，华籍海员停止在东亚公司工作。

同时，复提议派人调查北德公司华籍海员经理人陈继霖等详细营业情形及其住址等，以便设法阻止其为敌运输，以上数项办法，当经一致通过。

本年一月三日在领馆开十六次联席会议，袁领事即席报告东亚公司业已口头应允决不为敌人运送军火后，各埠代表要求该公司应用书面担保，并请其将停运军火项目中应包括军用品原料。二月七日在领馆开第十七次联席会议，袁领事即席报告重新交涉经过，并出示东亚公司决不为日人运输军火及军用品之正式书面声明，当场一致议决如下：在交战期中，凡以军火及军火原料供给敌国者，吾人绝对反对之。现东亚公司既以正式书面声明决不运送军火及军用品往敌国，我们亦只能视为局部问题解决，我们应加紧设法阻止其他轮船公司代敌运输军火，务须再接再厉〔励〕，以达最后目的。又议决另三条监视办法如下：

（一）在东亚公司船上之海员应切实监视该船是否执行其诺言，并随时报告救国会；

（二）将经过情形详细报告侨务委员会请其指导；

（三）各埠救国会应严密注意上述决议案，切实执行。

以上系东亚公司问题解决经过情形，是否有当，敬祈指示。至于北德公司及汉堡美洲线等，以其华籍经理人或在上海或在汉堡，职会等无法交涉，其船只之经过和兰者，职会等向该华籍船员劝导，请其勿因小利而忘大义，勿因个人而忘全体同胞，海员曾一度感动，而嗣后该公司即禁止华籍海员在和登岸，而在和侨民亦被禁止登轮，故无可奈何！只能呈请钧会转致军事委员会妥筹有效办法，阻止北德及纽约汉堡线等公司船只勿为敌运送军火为感。谨呈国民政府侨务委员会

旅和华侨救国会谨呈

中华民国二十八年　月　日

（2）侨务委员会批（8月15日）

批　荒渝戊字第二三一七号

具呈人旅和华侨救国后援会廿八年五月呈乙件，为呈报与东亚公司交涉勿以船只为敌运送军火及军用品经过情形，并请转致

军事委员会妥筹有效办法，阻止北德及纽约汉堡线等公司勿复为敌运送军火由，呈悉。此案本会前准外交部函，据驻和兰公使馆呈报，据前任驻阿领事袁惕将办理此案经过始末，缮具报告书，函送乙份过会，备悉。旅和各侨胞努力运动设法阻止和兰东亚船公司及劝告停止介绍华籍船员帮同运送军火赴敌国各节，爱国热忱，殊堪嘉慰，现在东亚船公司方面，略告一段落。至于北德公司等究应如何应付之处，仍仰旅和侨团就近随时注意密查确据，于必要时呈由我国驻和公使。据国际援华决议案，向各该国提出交涉，但各侨团务须精神团结，一致对外，避免内部纠纷，以增强抗战力量。所谓转致军事委员会，可毋庸议，仰即知照。此批。

中华民国廿八年八月　日

〔国民政府侨务委员会档案〕

8. 驻南洋英属吉打帮刘兆元为请求嘉奖华侨张茂树致侨委会呈代电

(1939 年 6—10 月)

(1) 刘兆元致侨委会呈（6 月 5 日）

呈为本部监委会常务张茂树同志，因努力救国工作，以致殒命，恳请颁令嘉奖，以励来者，而慰忠魂事：窃张茂树同志原籍福建省晋江县人，侨居南洋历数十载，经营商业，勤劳成家。自加入本党，对党国大计殊多建树，生平于社会公益，地方慈善事业尤著功绩，其为人也老诚持重，和蔼可敬。民七年间，即在居林创办觉民学校，并发起建筑新校舍，历任总理财政董事长，福建公所总理主席社长，居林华侨十二商主席财政等职，各十余年。直至民十七年任中国国民党驻居林第四分部执委会常务。同年“济案”发生，以致祖国水灾，复任居林属华侨筹赈祖国伤兵难民委员会主席。民十八年任中央四十九师司令部谘议及当地政府委为太平局绅，民十九年任本党居林支部监委，东三省发生战事及水灾，任居林属华侨赈灾募捐会主席。民廿三年中央侨委会聘为名誉顾问。民廿五年任吉打邦居林华侨购机寿蒋委员会主席。廿六年任居林属华侨庆祝英皇加冕委员会主席。同年华北发生战事，任居林属华侨筹赈祖国难民委员会主席。现任侨委会顾问，本党驻南洋英属吉打邦直属支部监委会常务，居林华侨筹赈祖国难民分会主席，居林十二商主席，居林觉民小学副董事长，福建公所主席，华民公所主席，吉礁南部树胶公所主席，吉樵华侨筹赈总会委员等职。综考其一生为地方所尽之义务，为侨众所谋之幸福，实属难能可贵。即对我国家之贡献，单就努力而论，由其个人之捐献与主持劝募，经其本人汇交我政府者，其成绩为数已达廿万元。我政府以其热心爱国，曾二次颁奖金质徽章有案。近以六月二日，主持演剧助赈，张同志痛恨日寇暴横最深，每谈国事恒见其声泪俱下，迩者以国内战胜之声频闻，为鼓励侨众努力救国工作，宣达抗战意志，乃起而大声疾呼，劝勉侨众出钱出力，因兴奋过度，年高气衰，当场昏迷，不省人事，洩扶其回家，虽多方延医，无如刺激太多，血充过甚，竟尔药石罔效！不幸于越日六月三日下午三时半逝世，享寿六十有八龄。从此社会突失一柱石，毋任感伤之至！今丧家已定于六月十二日十一时出殡，本部以张同志之为党为国实具有伟大之功绩者，在苟非予以相当之嘉勉，殊无以慰忠魂，而励来者，为此特由本部议决，具文恳请钧会下令嘉奖。伏乞恩准，实为党便。谨呈

中央侨务委员会委员长陈

中国国民党驻南洋英属吉打帮直属支部代常务刘兆元

民国廿八年六月五日

(2) 侨委会代电（10月3日）

驻南洋英属吉打帮直属支部转张故同志茂树家属鉴：张同志

早年渡洋，勤劳成家。平日慈善为怀，尤富国家思想。在居林创办学校，历任各侨民团体慈善团体主席。募捐救国，成绩卓著。其在党政方面，亦历任居林分部常委，支部监委，吉打帮直属支部常务监委及本会顾问。热心任事，足资矜式。近因抗日军兴，鼓励侨民救国工作，不意兴奋过度，竟致充血昏绝，以至逝世。本会闻耗，惮念殊深。特电致唁，以资表扬。尚祈节哀。侨务委员会。江。印。

中华民国廿八年十月　日

〔国民政府侨务委员会档案〕

9. 侨务委员会为马来亚侨胞回国从军冒险身殉嘱陈嘉庚转知其家属予以慰唁代电

（1939年8月2日）

快邮代电　荒渝已字第二〇九六号

新加坡福建会馆陈嘉庚先生大鉴：准第三战区司令长官部七月巧径成密电开，据南平第十三补训处长李良荣文电称，南洋侨胞子弟，返国从军者踊跃，菲律宾属之学生，已到达本处，入学兵队者有六二人，马来亚属者现第一批已到达晋江有八九名，在本月（七月）虞晚，冒险登陆之中，有曾农州、张金幂（？此字电码不明，已发回电询问）[①]二名，被敌机扫射殒命，恳电新加坡福建会馆陈嘉庚先生转知两生家属，予以慰唁等语。除复饬迳请抚恤外，特电查照转知等由。特此转达，即希查照转知并予慰唁为荷！侨务委员会委员长陈〇〇□印。

中华民国二十八年八月二日

〔国民政府侨务委员会档案〕

① 原文如此。

10. 国民政府文官处为请鼓励旅美侨胞踊跃捐输以慰侨情致行政院公函

（1939年11月1日）

国民政府文官处公函 渝字三五八三号
中华民国二十八年十一月一日

迳启者：准中央执行委员会秘书处本年十月廿一日渝（28）会字第一五九七六号函为准中央国际宣传委员会函转国民外交协会请鼓励旅美侨胞，踊跃捐输以慰侨情一案，嘱即转陈交主管机关酌办等由。准此。经即转达主席奉交行政院核办等因。除函复外，相应抄件函达，即希查照核办为荷。此致

行政院

计抄送原函一件

文官长　魏怀

抄原函

案准中央国际宣传委员会函开：案准中央宣传部国际宣传处转送中国国民外交协会函称，顷接美国华侨统一义捐救国总会来函略开：接准来函，以敌机惨炸重庆，嘱为加紧集金献机并遣派熟习飞机工程人员返回服务等由。查旅美侨胞自抗战以来，踊跃捐输，经募之救国公债购机捐款及救济难民款约共达美金贰百一十余万元，统计约合国币壹千余万元，如连同美国各埠捐输者，为数达美金五百万至六百万元，现正继续长期捐输，务达最后胜利而后已等由到会。查海外侨胞精诚爱国，踊跃捐输，美国一地捐款达六百万美金，特予转陈贵处鉴核，准予传令鼓励，以慰侨情，相应录函奉达，即希赐准，以凭转复等由到会。经本月九日本会第二十七次会议决议：函请中央秘书处汇送主管机关核办等纪录在卷，相应函达，即希查核办理为荷等由。查海外侨胞对于抗战

捐献，确尽踊跃输将之热忱，除财部印行海外侨胞救济及慈善捐款征信录外，对于旅美侨胞之大量长期捐输政府，似应予以鼓励，俾资慰籍，相应函达查照转陈，请饬主管机关酌办为荷！此致
国民政府文官处

〔国民政府行政院档案〕

11. 墨国参渭华侨抗日后援总会为焚烧反宣传刊物经过情形致侨委会呈批

（1939年12月—1940年7月）

（1）墨国参渭华侨抗日后援总会呈（12月23日）

呈　参抗字第一四六号

呈为呈报焚烧反宣传刊物事：案查本会对付汉奸出版之刊物，早经拟定办法七项，发刊通告，请参渭两省侨胞注意防范，而绝乱源，业于本年十一月廿八日呈报鉴核有案。昨第九次常务会决议：十二月二十日焚烧反宣传刊物，查该日焚烧者为上海《中华日报》、香港《南华日报》、广州市《华南通讯稿》及英文刊物等数十份。兹谨将经过情形，并检同党部、商会、致公堂、马埠团体会通告各一份，理合具文呈报，敬乞鉴核，实为公便。谨呈
侨务委员会

呈附通告五份

执行委员会主席　彭大
秘书主任　陈达之

中华民国二十八年十二月二十三日

中国国民党驻墨西哥参迫咕分部通告
抗胜字第廿七号

为通告事：近来香港、上海及南洋等处常有日报、杂志、丛

书发行，刊载汉奸文字，希图动摇抗战国策，以遂敌人灭亡我国之毒计，亟应通告各同志各侨胞本爱护祖国之精神，切实防止，弗使传播，如接到各种反宣传刊物，即烦原件退回，或搜集携来本部及抗日会定期焚毁，以示我同志及侨胞意志坚强，不为所惑用。特通告，仰各同志各侨胞一体周知，严密防范，以杜流传。是所至要！右通告各同志各侨胞。

附转录参渭华侨抗日后援总会通告于左

执行委员会

中华民国二十八年十二月七日

兹将各反宣传品名目开列

东亚画报　香港日报　自由评论半月刊　鹭江画报　自由日报　新世纪半月刊　新申报　天演日报　南华日报（刊载续和战问题之讨论）　民力　工人呼声　中华和平救国协会宣言　更生时代文选　南华日报（出版之汪精卫先生重要建议）　举一个例　华侨季刊　中华自救社传单　重要建议　重要声明　海外青年　告侨胞书　南华通讯

墨国参渭华侨抗日后援总会通告

参渭华字第二十四号

为通告事：现据墨京方面确实消息，近日发现有上海出版之汉奸刊物《中华日报》、香港出版之汉奸刊物《南华日报》分寄墨京侨胞，细查信皮上之邮局印记，有系由覃必古埠发寄者等语。查近日报载国内消息，汉奸贼寇，互相勾结，鬼蜮伎俩，层出不穷。本会接到上述消息，爰于本月二十二日特别召集执监委员联席会议讨论应付办法，一致议决如下：

（1）各侨胞团体、商店或个人于收到上述两日报及其他主张屈辱言和，扰乱人心之刊物时，应立即将该刊物连同包皮缴交本会，违者由本会惩罚之。

(2) 各侨胞应互相劝勉、监察执行上条议案，劝戒无效时，须破除情面，将事实报告本会，加以惩罚。

(3) 如有敢将上述刊物转给或邮寄他侨胞阅看者，以汉奸论，严重惩罚。

(4) 举报汉奸之侨胞，除由本会加以奖励及保护外，并由本会呈请政府机关加以奖励及保护。

(5) 本会及各地分会收集之汉奸刊物定期焚毁之。

(6) 以上议决各项除由本会通告各分会各侨胞外，并函请罩马两埠各侨团通告所属会员照行。

(7) 以上议决各项同时分函通知罩渭两省，不属本会之各抗日会及侨团，请其准照上述办法，分别在各地实行，以收联络一致之效。

上列议案，请全体侨胞一致实行，是所至盼。

墨西哥罩必古中华商会通告
第拾叁号第肆拾八期

为通告事：本会定于本月三日午后三时（星期日）开全体会员大会，举行选举执监委员开票日期。务请会员诸君届时踊跃参加开票，以昭慎重为盼。

为通告事：现接本埠参渭华侨抗日后援总会通告，参渭华字第二四号开：本会依照办法第六项办理，特将该通告照录于后，仰我会员一体查照，切实履行，务使汉奸出版之刊物绝迹斯土，是为至要。附录通告如下：（略）。

中华民国二十八年十二月二日

墨国参埠致公总分堂通告

为通告事：昨接参渭华侨抗日后援总十一月二十四日公函开：

本会第五次执监委员联席会提出讨论应付汉奸出版之刊物，决议办法七项在案，查照第六项办理，相应检同通告一份随函套上，希请贵堂查照办理是荷等由。准此。查自抗战以来，汉奸败类，丧心病狂，为虎作伥，与寇敌朋比为奸，凡所以破坏抗战阵线者，无所不至，汪逆精卫尤为卖力。前据大埠各华字报登载，汪逆潜派爪牙出国宣传，其卖国勾当，狐群狗党，虺蜴为心，至堪痛恨。今墨京侨界，既发现敌伪出版之刊物，各地嗣应严查根绝，以正人心，而利抗战。本堂服膺洪门忠诚救国信条，二百余年来为革命奋斗，嫉恶如仇，抗日后援总会拟具七项办法，防微杜渐，实为要图，用特抄录通告我全体昆仲照行焉。此布。

墨国参省马诺路华侨团体会通告

为通告事：现接参渭华侨抗日后援总会通告，参渭华字第二十四号开：本会依照办法第六项办理，特将该通告照录于后，仰我会员侨胞一体查照，切实履行，务使汉奸出版之刊物，永远绝迹斯土，是为至要。右通告全体会员侨胞

墨国参省马诺路华侨团体会执行委员会

中华民国二十八年十一月卅日

(2) 侨务委员会批（7 月 20 日）

批　侨 29 申字第 3298 号

批墨国参渭华侨抗日后援总会廿八年十二月二十三日呈一件，为呈报焚烧反动宣传刊物由，呈件均悉。该会销毁反动宣传刊物至为努力，殊堪嘉许。仍仰继续工作，务绝根株为要。此批，附件存。

委员长〇〇〇

中华民国廿九年七月　日

〔国民政府侨务委员会档案〕

12. 陈嘉庚为历述南洋华侨筹赈总会工作成绩及汉奸奸商破坏构陷等请设法指示致中央广播事业管理处处长函[1]

（1940年1月28日）

敬肃者：抗战迄今两年有余，海外华侨追随祖国致力募捐、抵货各种运动，群策群力，亦甚可观，乃以外敌内奸百计破坏，愈来愈凶，筹赈当局在长期苦心焦虑迂筹劝募办法而外，复宜时时防遏奸谋，对付反动，以故海外工作之困难亦有为国内所未尽知者，爰举其情，藉资参证。查自民国廿六年八一三发动淞沪英勇抗战，新嘉坡华侨即召集坡中侨民大会组织华侨筹赈会，庚任主席。同年十月十日，英属马来亚各埠华侨筹赈会在吉隆坡开联席会议，组织马来亚联合通讯处，推庚为主任。廿七年秋，行政院令全南洋各属组织、海外筹赈最高领导机关各属举派代表，国庆日在新嘉坡开会，于是产生南洋华侨筹赈祖国难民总会，又公选庚为主席，庚皆毅然任之，不稍作作寻常逊谢之词，非慕高名，贪大位，实以国族当此，大难存亡继续，养在匹夫。古人所谓：拔发缨冠，犹当赴之。况在海外安全之地，仅为劝导捐资之图，岂宜规避区区之意，乃在此耳。稽核三年来海外遥与祖国互相呼应之运动，约为下开三端：

（甲）筹募义捐：如特捐、常月捐及其他特种名称之各项捐款，此项劝募名曰救济伤兵难民，实则支持祖国抗战侨胞，无不共喻。

（乙）推销公债：第一次救国公债之推销，颇有成绩，继因土产败市，工商业景况不如前，又以长期担负义捐，故以后如金公债等无可推销，且侨胞捐资救国手续务求简单，公债以转换需时

[1] 此函为抄件。

储藏，领息复太费工夫，在习惯上亦难有长期不断普通永恒之推销。

（丙）抵制敌货：初期运动风起云涌，终以居留地弗〔勿〕获自由，渐见弛懈，虽爱国志士，推行工作不避艰危，然法律取缔极严，而奸商又敢冒险图利，一般受敌豢雇之汉奸更暗中为其包庇，故敌货入口无法根绝，比较七七以前，尚有三四成存在也。按侨界中，百计破坏救亡壁垒者，一为敌人收买之汉奸，一为奸商以贩卖敌货或以敌货为其商品之制造原料者，一为汪逆精卫派。三者经济均有来源，势力相当雄厚，潜伏华侨社会中，专以筹赈会为其唯一之攻击对象，或用其自办之报馆以作机关，或另行印发传单以为利器，无日不寻瑕抵隙，吹毛求疵。最近新嘉坡侯西反君之出境事件即为彼构陷，盖侯君乃筹赈最努力之人员，夙为彼辈奸人所集矢者；又如本总会此次倡组回国慰劳团，其重要性已为祖国朝野及海外侨胞所公认，乃彼辈蓄谋破坏，无所不用其极，初则谓浪费金钱，毫无意义，大加攻击，继之原则上无可反对，始阳示附和以掩其奸而转从选派办法多方丑诋。彼辈明知侨领不能撇开业务而为此慰劳考察之工作，竟倡言须侨领自行；明知被派团员必多为文化界而无资产者，竟倡言须旅费自备。以其自办之数家报馆，一文同登，肆意恶骂，必达其侨领不能自行，而能行者旅费又不能自备之破坏阴谋，而复决中央海外部日前有致与驻星领馆党部“策动侨领参加”之电，虽未知何因而发，然大意固甚明讵。彼辈竟借为口实，谓国内政府有令，非侨领不得参加慰劳团，连日以来又大逞其摇惑侨胞之诡辩。查慰劳团选派办法经本总会订有组织大纲，深信各属筹赈会必能详慎选派，至于团员回国，乃重跋涉考查，必须耐劳耐苦，既非寻常游览，又非着重酧酢，平时多数拥有厚资之侨领，如欲参加固当欢迎，否则，何如期之于抗战胜利以复使其挈资回国匡赞建设之为愈乎？奸人破坏筹赈运动，千方百计，层出不穷，上举各端已可概见，因恐海

天遥隔，国内未知详情，用具专函，谨祈察逊，并乞不吝指针为幸。此致

中央广播事业管理处处长

南洋华侨筹赈祖国难民总会主席陈嘉庚

〔国民政府侨务委员会档案〕

13. 中国航空建设协会为其直属菲律宾支会征募成绩优异请行政院转国民政府嘉奖呈及指令

（1940年2—6月）

（1）中国航空建设协会呈（2月17日）

呈　会蓉字第235号

查本会直属菲律宾支会自民国二十六年五月成立以来，认真推动会务，努力从事征募，迄至本年一月止经募机捐，计解缴菲币约合国币肆佰贰拾叁万余元，成绩卓异，为海外各支会冠。际此抗战时期，订购航空器材，换取外汇不易。该支会能不遗余力，募集巨额外汇，供献祖国，裨助航空建设，厥功甚伟。除按本会规定海外捐款奖励办法核奖并由本会明令嘉奖该支会前任会长陈荣芳、现任会长杨启泰外，理合将该支会办理征募成绩优异情形，备文呈报鉴核，并乞俯准转呈国民政府明令嘉奖，藉资鼓励，并以激励各地侨胞及其他海外支会，闻风兴起，踊跃输将，益加奋勉，实为公便。谨呈

行政院

中国航空建设协会总会会长蒋中正

中华民国二十九年二月十七日

（2）国民政府指令（6月1日）

国民政府指令 渝文字三三八〇号
中华民国二十九年六月一日

令行政院

二十九年五月三十一日阳字第一一九五一号呈一件，为中国航空建设协会菲律宾支会，经募飞机捐款，成绩卓异，呈请鉴核，明令嘉奖由。呈悉。已有明令嘉奖矣。仰即转行知照。此令。

国民政府主席　林　森

行政院院长　蒋中正

〔国民政府行政院档案〕

14. 驻槟榔屿领事馆为武汉合唱团在槟等地所得义捐致侨务委员会呈及令稿

（1940年2—5月）

（1）呈之一（2月21日）

驻槟榔屿领事馆字第　号
民国二十九年二月二十一日

窃武汉合唱团一行二十五人于二月二日抵槟各情业经呈报在案。兹查该团抵槟后，在槟休息两日，即开始工作，计五、六日两晚在槟属威利士省演唱，十日起即在本屿演唱，首晚由职领主持开幕并致词，以后每晚则由献金最多之侨领个人或社团代表分任主席。结果，献金及购券总数达叻币二十五万元左右，个人献金最多者为林连登，叻币一万七千五百元。团体以胶公司叻洋三万元，胶业同人二万元，树胶贸易公司一万五千元为最多。每晚观众满座，必胜必成，有钱出力之呼吁声震动屋瓦，侨情热烈可谓空前。计自十日起至十七日止，一连在屿演唱八晚，十八日休息，十九日离槟将赴吉礁邦各属演唱矣。成绩如何？除容查续报外，所有武汉合唱团在槟屿演唱得献金总数达坡洋二十五万元以上情形，理合具文呈报。伏乞。谨呈

侨务委员会

驻槟榔屿领事　黄延凯

(2) 呈之二（3月5日）

驻槟榔屿领事馆字第　号
民国二十九年三月五日

案查武汉合唱团在槟屿演唱筹得义款坡币二十五万余元各情业经呈报在案。兹悉该团在辖地吉樵邦各地演唱八晚成绩，献金及购券总数达叻币十一万余元，其中以吉礁首府亚罗士打最多，计四万元。该团依定原定计划于本月三日离吉礁赴玻璃市演唱矣。成绩如何？除容查续报外，所有武汉合唱团在吉礁演唱筹得义款总数达坡币十一万余元情形，理合具文呈报。伏乞钧鉴，实为公便。谨呈

侨务委员会

驻槟榔屿领事　黄延凯

(3) 呈之三（3月8日）

驻槟榔屿领事馆字第　号
民国二十九年三月八日

案查武汉合唱团在辖地吉礁邦演唱筹得义款坡币十一万余元各情，业于三月五日呈报在案。兹悉该团在辖地玻璃市邦演唱两晚，献金及购券总数达叻币三万余元。以人口比例，居全马来亚各地之第二位，殊属难得。该团一行二十五人于七日晚由加央乘车抵槟，稍作逗留，决于九日赴星，结束返国。所有武汉合唱团在玻璃市邦演唱，筹得义款叻币三万余元情形，理合具文呈报。伏乞钧鉴，实为公便。谨呈

侨务委员会

驻槟榔屿领事　黄延凯

(4) 侨务委员会令稿（5月1日）

指令　戊字第一九九七号

令驻槟榔屿领事馆

廿九年二月二十一日呈乙件，为呈报武汉合唱团在槟屿演唱得献金总数达坡洋二十五万元以上情形由；又三月五日呈乙件，为呈报武汉合唱团在吉樵邦演唱得义款总数达坡币十一万余元情形由；又三月八日呈乙件，为呈报武汉合唱团在玻璃市邦演唱筹得义款三万余元情形由，三呈均悉。据报告合唱团演唱，所得义款数目，各侨胞热忱爱国，慷慨输将，殊堪嘉尚。应准予存记及统计，仰即知照。此令。

中华民国廿九年四月　日

〔国民政府侨务委员会档案〕

15. 越南東京老街华侨公所为组织华侨银行致侨务委员会呈

（1940年4月25日）

呈字八五号
民国二十九年四月二十五日发

据悉：敌近成立伪华侨协会，进一步欲取华侨汇款，劝诱各地华侨，凡汇款须交日本银行办理，以求获取外汇，补救其竭缺。同人等有见及此，诚恐各侨胞为其愚弄，兹迭向外宣传，劝导侨胞，切实注意，并发起邀集侨胞及商号，筹备资财，组织小本华侨银行，以便侨胞之汇兑。兹欲与祖国各号银行，联络进行，除分呈及函达各银行外，理合将发起组织华侨银行缘由呈报钧长，恳乞训示，以便遵循。为此谨呈

侨务委员会委员长陈

驻越南東京老街省华侨公所发起组织同人　陈明锦

何尚鎏

黄明汉

〔国民政府侨务委员会档案〕

16. 陈嘉庚庄西言为请在南洋华侨捐款中提拨三百二十万元为慰劳金致孔祥熙函及行致院紧急命令

（1940年4—5月）

（1）陈嘉庚庄西言函（4月29日）

庸之院长钧鉴：敬启者，南侨慰劳团此次回国为注重精神慰劳，并未携带现金。一则以侨胞捐款无间时日，源源不断；二则药品征募并将设厂自制，来日方长，献赠靡已；三则以全国军队众多，地域辽阔，慰劳团足迹所及恐难普遍，如携少量现金，分配失当，转为不美。惟庚等抵渝以来，默察多方意见，又觉此项慰劳金之分发亦自另有其重大之意义。兹已商承何敬之总长，同意全国按二百八十师为单位，每单位分配金额壹万元，计二百八十万元，又伤兵住院十余万人，每人二元，约四十万元，两共三百二十万元，以准由军委会转交各战区长官部代发为便。关于此项三百二十万元慰劳金，拟请钧院准从财政部南洋华侨捐款中，提拨整数交付军委会分发用。特先函奉陈，敬祈俯诺余容面谒商定是荷。专此并颂

政祺

陈嘉庚
庄西言同敬启

廿九年四月廿九日

（2）行政院紧急命令（5月8日）

紧急命令　急39号

令财政部

查陈嘉庚等请于侨捐中提拨国币三百二十万元，慰劳全国军队及伤兵一案，应准照该部库渝字第一九一七四号致本院秘书处公函所陈意见办理。此案关系国家大政上之紧急措施，应亟适用公库法第十三条之规定，并依照国防最高委员会第十七次常务会

议关于颁发紧急命令之决议，令仰饬库即拨国币叁百贰拾万元交军事委员会分发，并由该部与全国慰劳总会洽商将该总会所收华侨慰劳捐款划拨抵充。此令。

院长　蒋中正

〔国民政府行政院档案〕

17. 侨港《南华》等报反汪工友回国服务团致侨务委员会呈及公函

(1940年5月13日)

(1)侨港《南华》等报反汪工友回国服务团呈(5月13日)

窃同人原为香港《南华》、《天演》、《自由》三汉奸报之工友，外愤日寇侵凌，内恨汪逆卖国，为拥护抗建国策，扑灭汉奸言论计，遂于去年"八一三"日举行总罢工，以打击汉奸之无〔?〕言论与日寇之亡华阴谋，乃组织回国服务团，贯彻肃奸救国任务，扩大反汪宣传工作。于去年辗转经粤、赣、桂、湘、黔等省，于前月抵渝，曾向中枢报到，呈请准予立案，而利工作，惟昨奉指示，停止工作。敝团遵令解散，生活顿成终绝，咸感在陈，况人地生疏，言语隔膜，且水土不服，疾病丛生。拟于转回故乡，奈经费无着，伏乞钧府亮察，代函西南运输处签发免费乘车证廿张，俾得返回粤土，实感德便。谨呈

侨务委员会委员长陈

侨港南华天演自由报反汪工友回国服务团谨敬

中华民国二十九年五月十三日

(2)侨务委员会公函(5月13日)

公函　侨29字第二四一七号

顷据来渝香港《南华》、《天演》、《自由》报反汪罢工工友黄烽等二十人呈，以拟转回故乡，请转函西南运输处准予发给免费

乘车证贰拾张，附呈名单乙纸来会。相应抄同原呈暨名单，函请查照，即希免费附搭货车回粤为荷。此致

军事委员会西南运输处重庆分处

附抄送原呈暨名单各乙份〔略〕

中华民国廿九年五月　日

〔国民政府侨务委员会档案〕

18. 何文炯为檀香山华侨美金捐款征信录撰序

(1940年7月27日)

使有钱者出钱，有力者出力，为争取民族生存之抗战而动员。这是抗战建国纲领中，为要发动全国的财力、民力，来取得抗战的最后胜利的最主要的昭示。

我们这次的抗战，不是内战，不是侵略战，却是反抗日本帝国主义的征服的革命战，是全面的长期的求民族解放的对外的圣战。要贯彻这一战的绝对必要的目的，不能单靠一部分人，不能单靠军事，必定要把全民族的人力、财力、物力，都动员起来，集中于抗战，贡献于抗战，才能有战胜敌人的把握。

由于我们的抗战目的正确，合乎全国民众的利益，出于全国民众一致的要求，除掉少数汉奸外，四万万五千万人无一不精诚团结，热烈拥护，依照抗战建国纲领的招示，出钱出力，为国家效忠，为抗战服务。

海外八百多万的侨胞，每一个都是中华民族优秀的儿女。抗战以来，在出钱出力这救国的原则之下，不断的动员海外的力量，来报效祖国，援助抗战。据最近国内的统计，三年来海外侨胞义捐的总额，已达到国币六万万元。檀香山侨胞的人口二万八千六百零一人（土生占五分之四，幼童及未成年者占一万人，妇女占全数之一半），三年来捐输的成绩，据总领事馆可靠的统计，由廿

六年七月七日起至廿九年六月底止，义捐国币四十四万零五百六十一元七角二分，美金二十一万二千五百二十一元四角九分，港币一十一万四千七百七十九元九毫八仙。又由廿六年九月起至廿七年五月底结束第一期救国捐国币六十四万四千一百六十五元。又由廿七年七月起廿九年四月底止，美金捐款美金一十一万五千五百零五元。总共约合美金七十万元。

每一个侨胞的金钱，都是侨胞的血汗。侨胞肯节衣缩食，把血汗之资，不断的贡献给祖国，这是一种至可歌可泣的慷慨牺牲的精神。侨胞秉着这伟大的精神，在过去的革命史上，已不知造成了几许光荣的史绩，在今日的抗战中，更显示出无限的力量。在这三年来的抗战中，前线的战士和国内的同胞，只要听到我们远居异地的侨胞在踊跃的出钱，在不断的出力，来援助正在战斗中的祖国，全国的军民就不知怎样的感奋，怎样的更加英勇杀敌。侨胞出了一个钱，出了一点力，都收到很大的效果，都大有助于抗战。侨胞的力量决不白费，将必取得最光荣的代价。

抗战到了今日，已进入有利的阶段。现在敌寇在前线固然已经不能集中大军再事突进，在敌后企图进行军事扫荡，政治进攻，经济作战，也全归失败。日阀眼见自己快要全盘崩溃，除迫倒米内内阁，起用善仰日阀鼻息的近卫继而组阁外，还妄想利用国际紧张的情势，和缅甸的封锁，强我屈服构和，实则这只是日阀快要没落的时候的幻梦而已。今后只要我们更加坚定，更加努力，发扬三年来牺牲苦斗的精神，尽量动员海内外同胞的人力、财力、物力，来坚持抗战，最后必能击败日本帝国主义。

总领事馆近日结束美金捐款，并编印征信录，以昭信守，而资鼓励，意至美善。总领事馆由廿六年九月起，奉命劝销救国捐，至廿七年五月底，共募得国币六十四万四千一百六十五元，已于前年刊印檀香山劝募救国捐征信录，分发侨众。今次编印美金捐款征信录，则专刊载由廿七年七月起至廿九年四月底止，由总领事馆经手的侨胞的美金捐款，计共美金一十一万五千五百零五元（祖国伤兵难民救济总会金月捐亦在内）。

从这征信录，一则可见檀香山侨胞肯不断出钱出力，援助祖国，争取最后胜利的精神；二则可见总领事馆平日对劝募工作辅导的努力，因喜而为之序。

〔国民政府外交部档案〕

19. 砂朥越诗巫埠华侨筹赈祖国难民委员会为献金购机致行政院呈

（1941年7—10月）

（1）呈之一（7月17日）

呈为呈报事：窃本年四月三十日，欣蒙钧院派驻北婆罗洲山打根领事馆卓领事还来，不辞长途跋涉，莅临诗巫视察侨务。星槎遥贲，群仰上国威仪；政化所敷，备致舆情欢洽。属会上体钧座扩建空军之至意，下察侨众爱戴钧院代表之赤诚，爰乃发起欢迎卓领事献金购机运动，拟募足叻币五万员〔元〕，奉献钧院指购飞机一架，定名为“诗巫号”，既以纪念卓领事之视察诗巫，亦以实践钧座保卫领空之明训，倡起浃旬，音应四至，各界侨胞认献者，数达叻币六万零五佰七十五员〔元〕，约可申合国币五十万元，竟超预期原额甚远。现此项献金当由属会随收随解，共已汇出六次，合数叻币四万三千四百员〔元〕，尚差一万七千余员〔元〕，仍候随时收解。除经专函迳请卓领事察照外，所有属会此次发起欢迎卓领事献金运动各缘由，理合备文连同汇款清单一纸，恭呈钧鉴，并祈令饬财政部查明列收，暂予汇存，以凭将来清解后，作为购置“诗巫号”飞机一架之用，实为侨便。谨呈

国民政府行政院院长蒋

附呈献金汇出日期数目单一纸〔略〕

砂朥越诗巫埠华侨筹赈祖国难民委员会主席　张宗罗
中华民国三十年七月十七日

(2) 呈之二 (10月29日)

十月一日奉钧院秘书处勇柒一四一五九号函，敬悉属会解汇迎卓献机捐款六批，业蒙转行财政部查明核收，昨接准财政部港三〇字第二〇〇六四号函，果荷逐批列收汇存，分别给据。兹查是项献机捐款总额叻币陆万另伍百七十五元，近经属会照额汇解清讫，除函报驻山打根领事馆卓领事查照，并请转呈中央航空建设委员会迳向财政部提取是项捐款，购置战斗机一架，命名"诗巫号"，以符侨胞公意外，理合再行具文缮同清一纸，呈奉察核，仰祈仍转财政部查收办理，实为侨便。谨呈
国民政府行政院院长蒋

附呈续汇迎卓献机捐款清单一纸〔略〕

诗巫华侨筹赈祖国难民委员会主席　刘家洙
中华民国三十年十月二十九日

〔国民政府行政院档案〕

20. 行政院为仰光支会征募成绩优良请求嘉奖致国民政府呈指令

(1941年8—9月)

(1) 行政院呈 (8月25日)

呈　勇柒字第12850号

据中国航空建设协会总会卅年七月二十二日会渝字第二五二号呈称：该会直属仰光支会，认真推动征募，成绩优良，迄至最近，汇解捐款已达壹佰玖拾余万元，献机拾玖架，按照该会海外捐款奖励办法规定，请转呈予以明令嘉奖等情。附送该支会献机成绩表到

院。查中国航空建设协会直属仰光支会，经募飞机捐款，为数几达贰百万元，热忱爱国，良堪嘉尚。经交内政部议复，核与人民捐资救国奖励办法第十条及第二条丁款之规定，尚属相符。理合呈请钧府鉴核，准予颁给金质奖章一座，并予明令嘉奖，以昭激劝。谨呈
国民政府

行政院院长　蒋〇〇

中华民国三十年八月二十五日

(2) 国民政府指令

国民政府指令 渝文字一四三七号
中华民国三十年九月六日

令行政院

三十年八月二十五日勇柒字第一二八五〇号呈一件，为据内政部议复，中国航空建设协会总会直属仰光支会经募飞机捐款几达二百万元，核与人民捐资救国奖励办法第十条及第二条丁款之规定相符。理合呈请鉴核，准予颁给金质奖章一座，并予明令嘉奖由。呈悉。已有明令嘉奖。并准颁给金质奖章。仰即分别转行知照。奖章随发。此令。

国民政府主席　林　森
行政院院长　蒋中正
内政部部长　周钟岳

〔国民政府行政院档案〕

21. 侨民侨生为志愿参加印缅远征军致侨务委员会等函呈

(1943年8月—1944年10月)

(1) 陈兀子笺函 (1943年8月3日)

侨务委员会公鉴：敬启者，兀子籍隶百粤之文昌，早岁随父

亲侨居南洋，濒年目击倭寇谋日亟，愤祖国之将倾，遂于民廿三年专程归国，思效班超之投笔而抒素志。廿六年毕业于中央军校十四期，时值芦沟变起，即奉命参京沪战役，后随部转战苏皖湘鄂豫诸省，七载以还，虽天赋愚鲁，愧无建树，惟历处千艰万苦之中，报国素志从未敢少懈。自太平洋战事爆发后，南洋失守，骨肉流离，重洋远隔，鱼雁稀疏，诚不知老亲稚子漂泊于何处，国仇家恨于今为甚。窃思古人有谓竹头木削〔稍〕皆为有用之材，要在取其长而适其用。兀子于星岛惯习热带生活，如能随征远军南进，则将来趋缅越直捣马来，是不特环境较为适合，工作易于展开，即个人方面亦得顺便探访漂零异域之父母、妻子。久闻贵会乐宥侨胞，故敢冒昧陈辞，恳予设法将兀子调赴该方面或其邻近区域（不拘任何工作），俾得遂行宿志，并祈所赐南针，是不胜屏莹待命之至。专此敬请

公安

陈兀子敬上

八月三日于湖北枣阳资山陆军第一二七师司令部

(2) 何国材代呈（1944年3月23日）

敬呈者：兹有越南华侨苏允贺、陈柏年拟参加远征军为国杀敌。查苏陈两君在中央陆军军官学校第十八期毕业，值此抗战时期，凡属国民应尽天职，苏陈两君曾受军事训练，为国杀敌实义不容辞，谨特恳求贵会赐予介绍参加远征军，是否伏祈，迅予赐示，以便转达，是为盼祷也。谨呈

侨务委员会委员长陈

附呈苏陈两君履历表壹件〔略〕

越南西堤直属支部筹备委员中央海外部海外党务研究会

研究员兼侨民指导委员会委员　何国材谨呈

民三十三年三月廿三日

（3）黄天赐呈[①]

窃生原籍广东蕉领，一九一六年二月诞生于荷属爪哇吧城新巴刹，现年廿九岁，曾毕业于吧城八华中学高中部，旋立志回国效劳，于民廿五年冬毕业于中央军校步科（本校）第十三期，民廿七年冬毕业于武昌珞珈山中央训练团三民主义青年团工作人员干部训练班第一期，历经充任排连营长、特务员、情报主任等职，并先后为祖国参加上海、皖南、福州诸战役。民卅一年由闽陆军八十师请假回粤省视由南渡受太平洋事变回国之双亲，即转服务于现职广东六十二军少校额外参谋。兹闻国军远征印缅，生既抱志为祖国神圣抗战而效劳，自问对于英语、马来语及粤闽语颇有见长（马来语会话及写作，粤语包括白话及客话，闽语包括厦门话，英语包括普通会话及简易通讯），志愿随军远征服务，担任一切军事政治译员或其他职务，至所有侨生证件（出生字、父子皇字、领事执照）、毕业文凭（军校毕业证书、中央训练团毕业证书、南洋八华高中毕业证书、服务证明书——营长、团附、大队长及一切委令证——）当于届时呈验，敢恳钧会俯念侨生报效殷切，准予介绍，并转请军委会赐电现服务机关（广东英德 62 军军司令部），准予离开现职调用，实为迫切待命之至！谨呈

中央侨务委员会委员长陈

侨生　黄天赐

现住址：广东英德青塘 62 军司令部参谋处

（4）符气运等呈（1944 年 7 月 23 日）

窃生等自抗战军兴，纷纷返回，弃文习武，先后毕业于黄埔军校者，不下数百人，毕业后分派国外服务者，亦复不少，在国

---

① 此呈未具时间，收文时间为 1944 年 4 月 1 日。

内各部队者，为数尤多，一言以蔽之，国内各部队几无处不有华侨学生之效力，独是华侨学生之服务国外，反属寥寥，未免有失国家作育侨才之本意。生系军校十八期工科毕业，卒业后被派驻泸陆军第七十六军工兵营第三连服务，而目下在印远征军时有侨生缺乏之感，拟请钧座呈请军训部改调生往印远征军服务，以遂初衷，而收楚弓楚得宏效，迫切陈词，无任迫切待命之至。谨呈

侨务委员会委员长陈

陈　文
侨生　符气运呈
邝仕洲

中华民国三十三年七月廿三日

(5) 朱侯笺函（1944年10月16日）

侨务委员会公鉴：现在国事严重，难侨睹此情形，自愿参加远征军为国效力。难侨前在仰光营商已有十余年，对于经过之市镇不少，如仰光至勃生，沿途车站力不旦、奥实塔、倪居、丰岛、日善匡、宫溧、亚瞥、西乙坜、康莫树；由奥实塔至英吉普、擎敬，由仰光至帝亩，沿途车站如澳婆、辣得会；由帝亩至亚栋、仁安羌，由仰光至勃卧沿途各车站，由勃卧至企院、由勃卧至乌鲁孟沿途各车站，如割嘛、娘�形、窝里等；由勃卧至彬文那，如培也计、傍罗徐、底乌、咩喇呼、呼得揸、并色鹿、漂里、当吁（东爪）并各车站；由彬文那至当敦纪去仁安羌，由彬文那至蔓得勒并沿途各车站；由华城至密支那去八募、南坎、腊戌、楱波，去班隆、来林（有条路去暹罗），东吁以至扫卖止各车站水路仍有大多，命记雍、文到雍、猫谔雍、袓狗寮等之名称不清楚，未能一一尽述也。难侨在此因有家庭大小四口，故不能脱身去也，如贵会能有办法安家或同往工作，而难侨即尽心服务也，是否有办法请祈赐复，是所厚望焉余未申。谨此。盼复。敬候

勋安

侨弟　朱侯　顿首

33. 10. 16

(6) 曾福才黄北胜呈 (1944年10月28日)

窃生等早具有献身祖国之鸿志，奈因机会未逢，故未能早日实现，今逢秋风秋雨亦当祖国多难之秋，为祖国出力时机已到。生等仍长缅甸，适度南洋环境及其人情风俗，亦懂浅易英语、印语，故生等决投入远征军，以适应环境，深望能身历其境，报效祖国，达到愿望，希贵会特呈兵役署。谨呈

侨务委员会鉴

缅甸回国侨生　曾福才 黄北胜　呈

33. 10. 28.

(7) 朱庆璋呈 (1944年11月10日)

顷奉侨管移字第七七八〇号批复内开：介绍参加远征军人员须通晓缅甸语言、文字或具有特殊技能，方能合格，该侨民有何专长，仰即详填履历呈会，以凭核办等因。奉此。本侨民前既呈报在案，住居缅甸十余年，对于缅甸语言普通者可以应酬，且对于经过各处地方情形略知大概，有此种种经验是否可以介绍参加远征军翻译工作。因此理合再呈，鉴核示遵。谨呈

委员长　陈

侨民　朱庆璋 [侯]①

33. 11. 10.

〔国民政府侨务委员会档案〕

---

① 朱庆璋即朱候。

四、日伪对华侨的争夺

1. 国民政府军事委员会关于日本派间谍诱骗南洋华侨致侨委会代电

（1938年12月3日）

国民政府军事委员会快邮代电　字第6405号

重庆。侨委会陈委员长勋鉴：据谍报，敌近派参谋本部驻沪负责人佐佐繁木中佐向各华侨宣传担保其家乡眷属之安全，并予通讯汇兑之便利，及保障其南洋商业，以资利诱等情。希知照。中正。江。桂侍参。

中华民国廿七年十二月三日

〔国民政府侨务委员会档案〕

2. 侨务委员会为防止日本间谍诱骗南洋华侨致驻外各大使馆代电

（1938年12月14日）

驻外各大使馆，公使馆，各总领事馆，领事馆，副领事馆，各中华商会，中华会馆，各救国团体，慈善团体均鉴：现据谍报，敌人派其参谋本部驻沪负责人员佐【佐】繁木中佐，向各华侨宣传，担保其家乡眷属之安全，并予通讯汇兑之便利，及保障其南洋商业，以资利诱等情。查倭寇自侵略我国以来，对于军事、政治、经济各方面，均无所不用其极。华侨居人领土，非暴力所能直接压迫，又因其热心爱国，富有资财，故以虚伪之宣传，施笼络之伎俩。兹特通电驳斥，以破阴谋。所谓“担保其家乡眷属安全”一语，夫倭寇所到之处，烧杀淫掠，著为定律，我侨胞之家乡眷属，固有不少被祸者。兹忽云担保其家乡眷属安全，是欲以阴柔手段，而置我侨胞于汉奸或顺民之列也。然汉奸固难安全，前者如出卖朝鲜之李完用，后者如各地被杀之汉奸，可为殷鉴。至于顺民，还如朝鲜、台湾、琉球，近如东四省及沦陷区域之民众，其奴隶牛马辗转呻吟于倭寇压迫之下者，无不极尽人世间之惨酷。试问安全何在?我侨胞深明大义，力助抗战，最后胜利，定得解放，岂因此甘言诱惑，遂肯反颜事仇，背叛祖国，而使家乡后世子孙永沦为亡国奴，而受敌人之宰割乎。作伪心劳日拙，倭寇虽极力宣传，又何能转移我侨胞抗战之意志哉。

至谓“并予通讯汇兑之便利”一语，更为险毒。夫自战事发生，侨胞汇款宁家，固比较困难，然就福建而论，金、厦虽已沦陷，但已成为死岛，其他各县，皆在我政府统治之下，关于侨胞汇款，本会前经商请财政部，委托内外各银行，尽量经理，久在顺利进行之中。至于广东一省，在战区各地，固可汇至香港兑付，在未被战祸各地，仍得照旧通汇，其他各省汇款，亦非毫无办法，又何须倚赖倭寇。而且敌在敌领区域，概使用无准备金价值之军用票。假如海外侨胞汇款，误入敌人银行，则敌人可吸收现款，增加外汇财力，而我侨胞家乡（在战区者）所得，乃一种空头之军用票，是不啻以有用之金钱，资助敌人，侵略祖国，自困家乡也。侨胞在外，明白经济情形，定不被其所愚。

又谓“保障其南洋商业”一语，尤觉可笑。夫南洋非倭寇领土，侨胞在此经营，自有当地法律保障，固无须倚赖他国，亦非他国所能加以摧残。试观倭人自实行南进政策以后，对华侨商务何尝不谋掠夺，祗以我侨胞在经济方面立有坚强壁垒，不易动摇，而且当地主权，非倭寇所能损害。故虽赞助祖国，抵制仇货，在倭寇视之，亦不过空怀怨愤，无可如何。兹乃谓“保障其南洋商业”，岂非滑稽之至。

总之，抗战越十七阅月，倭寇损失巨大，在此势成弩末之下，不惜出其卑鄙手段，挑拨离间，以求一逞，此为倭寇惯伎，固不足异。第恐侨胞关怀故乡，或有为其所惑，而摇动信念者，故通电驳斥，俾我侨胞瞭然于真相之所在，而勘破敌人之阴谋。尚希驻外各使领馆，各商会侨团，对于当地侨胞，解释劝勉，俾得统一意志，共肩抗战建国大业，不胜幸甚。侨务委员会。寒。印。
中华民国廿七年十二月十四日

〔国民政府侨务委员会档案〕

3. 暹罗华侨抗敌救国后援会为拟具惩治汉奸办法致侨委会呈批

（1939年2—3月）

（1）暹罗华侨抗敌救国后援会致侨委会呈（2月10日）

窃以杯葛仇货和肃清汉奸，为推进救运之必要工作，如去年仇货输暹减少，岂非怀葛之实效，但处在特殊环境之下，有时实施为艰，不得不以政府之政治力量，辅助以行之，俾资警惕，而收全功也。属会在蔑视同侨为东方犹太之地方，惨遭排挤，其对我同侨之救国工作摧残无以复加，不惟颁布捐款条例，以限制同侨之输将救国，则有进行救国运动嫌疑者莫不下之于狱或驱逐出境，务使整个救运工作停顿而后已。因此，一部分败类，趁火打劫，思发国难财者大事买卖仇货，甘为亡国奴者，加紧反动宣传，当地政府又抢入法西斯集团鼎足而三之日本怀抱，欲献媚日人，遂大施其压迫力，于是出卖国家民族之汉奸，益肆无忌惮，为所欲为，英敢谁何。属会职责所在，不惜任何牺牲，虽尽力督促各分会及救国会积极实行抵货及锄奸之工作，以免影响整个救运，无以汉奸卵翼在满布荆棘之居留地，形同城狐社鼠，不惟破坏属会抵货之规章，抑亦违犯政府资敌之条例，不惟持谬说以惑侨众，甚至将救国份子及情形报告当地政府，虽一再劝告，而视同具文，实行惩创，以儆效尤，则多如过江之鲫，诛不胜诛，其祸害救运，伊于胡底？属会再三思维，补救办法，惟有请准政府查封元恶巨憝之家产，以寒汉奸之胆，尤要用中央社电讯，发表旅某汉奸某某破坏救运，政府已查封其家产消息，使已犯者省悟而谋自赎，萌念者畏祸而不敢为，则属会之工作必能顺利推进矣。盖汉奸之甘为国家民族千秋罪人者其不畏人言，不畏刑章，胡行胡为，不过欲为子孙作牛马及自身沐猴而冠。如政府治以汉奸之罪，而对其家产则冒死求财者，以子孙不得享受，觍颜事敌者，以家属被受颠连必亦大觉大悟，放下屠刀以成佛，戴罪立功，共肩抗建之大业，庶乎汉奸有耻且格，而救运工作，可收成效矣。所有请准查封汉奸家产以利工作进行缘由，理合备文呈请钧会察核，是否有当？伏候指令祗遵，不胜屏营待命之至！谨呈

侨务委员会委员长陈

暹罗华侨抗敌救国后援会常务理事　吴碧岩

韩心传

韩德溪

中华民国廿八年二月十日

（2）侨务会致暹罗华侨抗敌救国后援会批（3月1日）

批　荒渝甲字第五九〇号

具呈人暹罗华侨抗敌救国后援会廿八年二月十四日呈一件，为推进救国运动，拟具惩治汉奸办法请察核令遵由呈悉。所拟惩治汉奸办法，颇有见地，惟须证据确实，乃能罚当其罪，并须兼顾当地环境，应准予留作参考可也。此批。

中华民国廿八年三月一日

〔国民政府侨务委员会档案〕

4. 军事委员会侍从室第六组关于敌方煽惑华侨致侨委会笺函

（1939年4月7日）

顷奉委员长交下截获敌方电报，为敌有煽惑华侨之企图由一

件，奉谕抄送侨务委员会及海外部注意等因。特录谕随函抄附，即请察照。此致

侨务委员会

附抄件

国民政府军事委员会侍从室第六组启

四月七日

情　报　四月五日

东亚研究所着手调查华侨，必要地〔时〕派遣调查员，同时委托邦人（即日人，编者注）及公司等就地调查，调查事项如左：

一、贵处邦人正在调查华侨者或适于就地调查之委托者，请将姓名开列；

二、贵处邦人调查资料、政厅资料、特别资料，（中国人所有）其他资料之名称。

〔国民政府侨务委员会档案〕

5. 中国国民党中央执行委员会秘书处为请设法防范敌伪利用粤侨青年在海外作煽惑致侨委会公函

（1939年6月8日）

中国国民党中央执行委员会秘书处公函 渝俭文字第七八九号 中华民国廿八年六月八日

据密报：广州敌伪以粤省在南洋侨胞甚多，近特广事招诱谙马来语及能写马来文之粤侨青年，加以训练，将派往南洋群岛作煽惑活动，现应招者已有二十余人，薪给每人四、五十至百余元不等。等语。特函密达，即希查照注意，并设法防制为荷！此致

侨务委员会

中国国民党中央执行委员会秘书处

〔国民政府侨务委员会档案〕

6. 外交部关于敌伪拟在海外设立侨务机构致侨务委员会公函

（1939年8月16日）

外交部公函 情28字第一九〇四七号
中华民国二十八年八月十六日

案据驻新嘉坡总领事馆呈略称：据报南京伪组织现拟设立伪侨务委员会，并将派员潜来海外活动，以图颠倒是非，蛊惑侨众。又广州伪维持会为图谋恢复繁荣及妄希海外侨胞归附计，特成立伪广东华侨联合会，并将派员南来活动及寄发各种刊物，以事宣传。当经此处各报揭发奸谋，并促侨胞注意防范，除密加注意外，理合呈报等由，附剪报一纸到部。相应据达，并检同原剪报一纸，密请查照为荷！此致

侨务委员会

附剪报一纸

南京敌伪图派员来星组织伪侨务委会[①]

冀瞒海外侨胞从中施其离间破坏手段

敌伪在广州拟训练识巫语青年，并派来星作煽惑活动

抗战以还，为时两载，敌寇死伤达九十一万人以上，经济支付，达九万万圆，损失惨重，无以复加。我则士气日盛，资源益巩，两相比证，寇之必败，已为国际人士所公认，敌国诸阀日睹军事侵略行动，已失支持能力，兼以本国经济民生之支离破碎，危象环生，进退维谷，尤感焦灼。故为苟延残喘计，惟有仍本故技，利用傀儡汉奸之辈，从事离间我之救亡工作，此之下策，形同盗贼，亦可见寇辈之穷途末路矣。顷据获得可靠消息，敌寇鉴于海外华侨，输财报国，日益

---

① 载《南洋商报》1939年7月18日。

热烈，深知我侨之团结精诚，足以加速寇国之崩溃，爰复企图，由南京伪政府及梁鸿志诸贼，派员来星设立伪侨务委员会，期以瞒骗侨胞遂其分化离间之阴谋，闻此项消息，已得某方面之证实。查自抗战以还，海外侨胞，忠诚报国，信仰领袖，今敌收买汉奸，遣派爪牙，图以捣乱我之后方，然吾深明大义之华侨，必不受愚，是寇辈之来也，徒见其心劳日拙已耳，愿我同侨，加以戒防。

又据某方确讯，广州敌伪以粤省在南洋侨胞甚多，近将招诱谙马来语及能写马来文之粤侨青年多人，加以训练后，即行分派南洋群岛作煽惑活动，险毒阴谋，殊堪注意，深望马来亚及荷印各地侨团随时防范，勿受其愚云。

〔国民政府侨务委员会档案〕

7. 国民政府军事委员会委员长侍从室为抄送汉奸宣传品大批到缅情报致侨委会笺函

（1939年10月14日）

敬启者：奉谕抄送汉奸宣传品大批到缅情报壹件，即请查照参考为荷。此致

侨委会

附抄情报壹件

委员长侍从室谨启

十月十四日

情报　十月十四日　侍六第5012号

汉奸宣传品大批到缅：近缅各地接到中华日报、市政公报、华南新日报反宣传品甚多，接获者均已烧毁。尚有人在仰邮局目睹有华文报纸十余包寄给仰敌领事馆，系由上海高司塔路三十二号中央联合通讯社上海总社寄发。又仰光二十四条街某咖啡馆发现

有捏名缅甸新民救国会印发之反宣传品一种，文中竟妄称：抗则灭亡，和则生存云。

〔国民政府侨务委员会档案〕

8. 侨委会关于汉奸宣传品大批到缅致驻仰光总领事馆代电

（1939年11月10日）

代电　荒渝字第三三九〇号

仰光总领事馆览：据报近来缅甸各地接到中华日报、市政公报、华南新日报等汉奸宣传品甚多，均已焚毁。且有由上海高司塔路卅二号中央联合通讯社寄与仰光敌领事馆收之华文报纸十余包，被人在邮局内发觉。此外，仰光廿四条街某咖啡馆内，现有捏名缅甸新民救国会印发之反动宣传品一种，文中竟妄称：抗则灭亡，和则生存等语。嘱为参考等由。查汉奸传播反动刊物，意在煽惑侨胞，供其利用，殊属可恶！合行电饬该馆严加防范，并转知侨胞一体注意，以勉受其煽惑，仍将办理情形，随时具报为要！侨务委员会□印。

中华民国廿八年十月　日

〔国民政府侨务委员会档案〕

9. 军事委员会侍从室第六组为抄送查获敌谍南洋报告致侨委会笺函

（1939年12月16日）

敬启者，奉谕抄送查获敌谍之南洋报告情报壹件，即请查照参考为荷。此致

侨委会

附抄情报壹件

委员长侍从室（印）谨启

十二月十六日

情报　十二月十六日　侍六第6453号

查获敌谍之南洋报告

探获十一月七日驻星敌谍兼商务领事岛贯之《每周报告》中关于华侨救国运动之妄评及其阴谋如左：

（一）筹款运动　近渐失兴奋，势成弩末，尤以各地赈会内部对立已尖锐化、表面化，必为筹赈前途之致命伤，适为吾人（敌自称）唯一之进攻机会。至寒衣运动，仅系回光返照，吾人（敌自称）应乘机粉碎敌人（敌称我）之筹赈，俾摇动前线华军。

（二）抵货运动　因欧战各国输出困难及各殖民地政府之战时政策，所谓排日暴力团既无活动机会，且有内讧现象，吾人（敌自称）应乘机策动其尖锐化。

（三）抗战宣传运动　因国府内部对立及日方不断宣传，近已转入和战之争论时期，此为吾人（敌自称）之胜利，应更加此项工作。但自王莹等来星后，各华侨团体皆流行组织歌咏团及左翼剧团，此点吾人（敌自称）应切实注意。因据沪报中国文化协进会近受第三国际指示，假此等名义，欲在南洋树立强力抗日组织（新嘉坡唐十一日电）。

按以上固不无敌故作乐欢以自慰之情形，然我方对欧战起后华侨策动方式及内容，似应另筹，适应新形式之计划，以免损失。

〔国民政府侨务委员会档案〕

10. 暹罗青迈工商书报社为同侨协会职员因救运被逮先后经过各情及请惩办汉奸致侨委会呈批

（1940年1—3月）

（1）暹罗青迈工商书报社呈（1月5日）

呈为呈报事：查民国廿七年冬，协会工作同志因救运被逮案件，当中经过时间，已有年余。前经据情呈报在案，而该案经多方斡旋，以巨大代价得移交法院理处，于政府提控期间，一般同侨因前后供词失当入狱者，固有另一般意志薄弱之徒，如陈晏如、洪必达，身为党员，中途变节，甘为敌人间谍，走入汉奸之路，竟公然到庭告密破坏救运，其用意希图自身安全，陷害诸同志，尽罹法纲。幸须前行政长官深明大义，出堂证明，复得法院长官明察秋毫，洞烛其隐，所以该案于十二月廿二日宣判无罪，恢得职等自由，实属万幸。故谨将该案先后经过实情呈报钧会鉴核外，并请将情转呈国府通令地方长官依法究办该两汉奸，以儆效尤，而利抗建！谨呈

中央侨务委员会

遢罗清迈工商书报社 陈源春 冯骏声

中华民国二十九年一月五日

附：陆晏如系广东澄海县莲阳乡又名陈嘉清，为本党党员，现任清迈华侨书报社常委。洪必达系广东潮州潮安县洪砂寨乡【人】，为本党党员，前曾任清迈华侨书报社秘书。

(2) 侨务委员会批（3月8日）

批　侨29戊字第一〇九四号

具呈人遢罗清迈工商书报社廿九年一月五日呈乙件，为呈报青迈同侨协会职员因救运被逮先后经过各情形及请惩办汉奸陈晏如洪必达由，呈悉。查呈报各节，该陈晏如等既身为党员，乃甘为敌人间谍，如果属实，自应从严查究，已函转中央党部海外部详查究办矣。仰即知照。此批。

委员长　陈〇〇

中华民国廿九年三月　日

〔国民政府侨务委员会档案〕

11. 国民党中央执行委员会海外部关于伪厦门市侨务局设立华侨招待所拉拢华侨致侨委会公函

（1940年1月17日）

中国国民党中央执行委员会海外部公函　海渝（三）字第761号

据报：伪厦门市侨务局设立之华侨招待所近活动甚烈，兹悉该伪局局长陈克玮、科员陈冠等，对于居住鼓厦华侨家属，时亲自前往慰问，对南洋回国华侨抵厦时，陈逆克玮更必亲自下船慰问，不论各人愿意与否，概强迫登陆，游厦岛一周后，再邀至招待所献茶，并宣传中日和平意义与华侨应有之认识等荒谬言论，始准各人自由行动等语。除函饬驻港澳总支部在可能范围内予以破坏外，为特函达查照，并请设法应付为荷！此致

侨务委员会

部长　吴铁城

副部长　周启刚代

中华民国廿九年一月十七日

〔国民政府侨务委员会档案〕

12. 广东侨务处关于日本在汕头设立伪侨务局及华侨银行以吸收侨汇致侨务委员会呈

（1940年2月27日）

为呈报事：窃职处顷据调查员报称：现敌人拟在汕组设伪侨务局，专调查华侨家属状况，迫令致书向海外侨胞屈服就范，并闻台拓社吉野近藏派员到汕，劝诱潮安商会邀集各批局银庄组织伪华侨银行，目的在吸取外汇，以购买军火及推销无基金的日本军用票，以破坏中国法币等语，并剪附呈沪报一纸。据此，查敌人对于我国海外侨胞之爱国运动，久已嫉视，其组设伪局诱迫，藉

以分散侨胞之抗战力量，自在意中。据报前情，理合转呈钧会察核，至应如何设法防范之处，敬祈指令祗遵，除函告广东省政府请饬属注意外，谨呈

侨务委员会委员长

附呈剪报一纸

广东侨务处处长　周雍能

中华民国廿九年二月廿七日

剪报

汕伪组织设侨务局
——目的在吸收华侨汇款

汕头通信：日本南进计划，以潮汕漳厦一带，出洋人士众多，在南洋华侨社会中，最占势力，如实施南进政策，非先讨好华侨不可，所以日军在潮汕特别施行怀柔手段，伪汕头地方联合会，自改为伪善后委员会后，即以周之桢为伪主任，组织伪总务、财政、警务三局，以枢集南任伪总务，萧锡令任伪财政，沈荣光任伪警务三局长。现又拟组伪侨务局，专调查南洋华侨的家属状况，迫令致书向海外侨胞屈服就范。查台湾银行长水泽弥吉，十二月初往广州视察经济金融，离广州后，转到汕厦视察，闻将计划进行统制华侨汇款。汕头市原有专营华侨银行之银庄四十余家，八月间，台湾银行汕头分行也在严密监督之下，准许各银庄发送银信落乡，接济华侨家属，故复业的银庄有：万兴昌、洪万、普通庄、理元、永安、广顺利、□益、许福成、光益裕、恒记、有信、茂昌等十二家。闻各庄号十、十一两月，汇入批款合计七十五万元，各批局从外埠寄入之批信原包取出时，须逐一登记，盖章向各银庄领取，因此，旅外华侨住址，多被日方填入表册内。闻日方新定两种办法，于二十九年一月起实施：（甲）各批局向邮局领取批信时，在总批局向邮局领取批信时，在总额两万元，则须缴出两

万元国币，向台湾银行换取日军用票，发给各侨胞家属；（乙）各批局在外埠联号，当收得华侨银信后，如交送外埠的日本银行汇寄时，在汕头台湾银行可照额交国币给批局领去发给华侨家属，以上办法，暂由各商号自择。又闻台拓社吉野近藏，亦派该社干员杉山三郎到潮汕，劝诱潮安商会长许雪友、朱少岩、林友松等，邀集各批局银庄，组织华侨银行，资本则中日各半，由台湾人主持，目的是吸取外汇，以购买军火，及推销无基金的日本军用票，以破坏中国法币，或采取强迫手段，禁止市面行使法币。吉野并派其妻登喜子到汕厦，领导妇女团体，落乡访问华侨家属，故伪侨务局之设，即系台拓社在背后主动。

〔国民政府侨务委员会档案〕

13. 国民政府军事委员会关于逆僧圆瑛赴新加坡活动致侨委会代电

（1940年2月28日）

代电　字第1772号

侨务委员会陈委员长勋鉴：兹抄发逆僧圆瑛将潜赴新加坡活动之情报一件，除分行外，希注意。中正。俭。川。侍六。附抄发情报一件。

中华民国廿九年二月廿八日

情报　侍六第　号

圆瑛法师在沪附逆一节兹据续报

该逆僧圆瑛已抵达菲律宾马尼剌，曾致函新加坡龙山寺主持僧明达和尚，略谓：将于春间来星洲说法。查圆瑛曾数度南来，在星洲徒弟甚伙，颇具潜力。去年十一月间突闻该圆瑛已降敌附逆，并将来星洲煽惑说法，南洋侨胞无不惊讶痛恨，且该僧与太虚法师积不相容，正值太虚法师率中国佛教访缅团在缅活动之际，而该僧突然南来，殊堪注意。

〔国民政府侨务委员会档案〕

14. 国民政府军事委员会为抄发日本图谋破坏马来亚华侨拥护抗战阴谋密报致侨委会代电

（1940年3月13日）

国民政府军事委员会快邮代电　　字第1824号

外交部王部长、海外部吴部长、侨务委员会陈委员长勋鉴：兹抄发敌图破坏马来亚华侨拥护抗战之阴谋密报一件。查敌谍破坏我海外援助抗战之力量，其计毒心阴于此可见。我方自应妥筹对策，迅予调处，特电遵照，即希密予研商有效办法，以资应付为要。中正。元。川。侍六。附抄发情报一件。

中华民国廿九年三月十三日

情报　三月十三日　侍六第　号

敌国破坏马来亚华侨拥护抗战之阴谋密件

近据星员探获敌对马华阴谋密件，兹摘要分述如左：

甲、加紧策动华侨内讧

（一）尽量收买马来亚华侨中之不平份子、游民散布各种谣言，伺机挑拨，务使陈（嘉庚）、胡（文虎）二派及广、福、潮三大帮加紧内讧。

（二）暂定香港为挑拨陈、胡之策源地，利用胡之领袖欲及对陈之剧烈反感，促使港地豪绅及地痞、恶棍等包围胡，对陈本人及陈所关系之各种事业作全面斗争。

（三）胡虽为反陈之唯一有力者，但多少尚同情抗战，故策动胡作斗争须避免政治理论，但对《星洲日报》之关楚璞、张匡人及《总汇报》之邱某等，尤须协助，扩大其活动范围，并予以充分接触。

乙、加紧破坏筹赈总会及与分会之关系

先拆散各筹赈会与总会之关系，然后分别轻重，各个击破，咬定华侨爱国团体与筹赈会之联带性，唆使购买日货华商向当地政府告密，或设法告密，迫英政府出而干涉，并可藉此促起一部份华商对筹赈会发生恶感，但过去对筹赈会之各种政策仍旧适用。

丙、加紧打击华侨爱国团体

乘英苏交恶与工潮爆发之时，咬定华侨爱国团体与马来亚共党有联带性，使华商发生恶感，迫英政府出而干涉，其最有效方法莫如告密。

丁、破坏华人与巫族接近

提出马来亚为巫人之马来亚之口号，就巫人现在生活之事实说明华侨过去对彼之剥削之行为，以激起巫人之排华运动。

戊、利用宗教和平观念，煽动华人反战

利用宗教之和平观念，以与华侨之抗战理论斗争：

(一) 对耶苏教由贺川丰彦与福州惠安牧师之旧关系，以反战教义传播信徒，拒绝一切献金赈款。

(二) 对回教则由新疆之馥一振与回教领袖联络。

(三) 佛教由圆瑛及江西之法师与当地居士林一派联络。

己、宣传回乡运动与夺取银信汇业

(一) 由各日人商店负责宣传回乡运动，并代办一切手续，在星岛以黄堆金及南声俱乐部为机关。

(二) 由当地之“正金”、“台湾”、“华南”之银行负责与占领区内之各银信局秘密联络，并订平行比率之奖金，以争取华侨之银信业。

庚、转使华侨亲日与建立日华关系

（一）加紧输出占领区内产品，与华商逐渐发生关系，藉获华商信仰，并可得相当外汇，如爱国团体出而干涉，则可挑拨，造成内讧。

（二）无论农、工、商各界，若有日、华人同时出而买卖者，须以华人为先，表示亲善，藉以逐渐造成日华关系，进而从中取利。

辛、组织粤人流动宣传班

以粤人吴凡等组织一流动宣传班，经常来往于马来亚与香港之间，伺机作口头宣传，以影响华商。

壬、破坏英国信誉，并挑起英华恶感

利用德苏宣传以摧毁英国在华人中之信誉，并发展旧有政策，以策有英华恶感。

〔国民政府侨务委员会档案〕

15. 国民政府军事委员会政治部关于日本间谍等在南洋活动致侨委会代电

（1940年3月26日）

代电　治机字第1845号

重庆。侨务委员会陈委员长树人先生：机密。顷据第四战区张司令长官发奎元成教电称：据李汉魂俭机二电节称：去月寝日敌兴亚院厦内联合部派出敌谍尸口颜、台奸庄董木赴菲向我华侨宣传，已于前数日离菲往港返厦。该部继续派谍奸往南洋一带活动等情，除分报外，谨闻等语，谨电查照，敬希核办。渝。陈诚。寅寝。治机。印。

中华民国二十九年三月二十六日

〔国民政府侨务委员会档案〕

16. 国民政府军事委员会办公厅关于汉奸潜往内地活动致侨务委员会公函

（1940年4月25日）

国民政府军事委员会办公厅公函　办四渝(二)字第4912号

准外交部廿九年四月十七日欧29字第七五号函为：据驻新嘉坡总领事馆廿九年四月三日第一三七号呈称：为呈报事：查三月廿八日举行第九次党馆联席会谈时，据柔佛邦郑友专同志报告，略谓：厦门敌伪汉奸在厦鼓分设旅馆，招诱回国华侨，谓出国币五元，即可领得通行证，转回原籍。其回内地办法系以大舶驳船揽载，在港内悬挂太阳旗，待驶至国军防地，改悬青白旗，到泉州时，并不驶进固定码头，辄在附近停靠，驱使搭客登岸，以避军警盘查。如此汉奸每混入华侨中潜往内地活动，请公告侨胞注意，并通知祖国政府取缔防范等情。会谈结果，交由本馆斟酌办理，经纪录并呈报鉴核各在卷。查厦门敌奸招诱回国侨胞返回原籍，乘便掺杂汉奸潜往内地活动，若不防范，为祸滋大，拟恳咨请福建省政府转饬地方军警机关严加取缔，以策安全。除另行据情公告，唤起侨胞注意外，所拟是否有当，理合呈请核夺祇遵。等情。查厦门敌奸招诱回国侨胞返回原籍，乘便掺杂汉奸潜往内地活动，亟宜严加防范，密予取缔，以策安全，除分函福建省政府转饬地方军警严加取缔外，相应函请查照等由。经陈奉谕函侨务委员会及海外部拟定防止办法等因。除分函外，相应函请查照办理为荷。此致

侨务委员会

代主任　熊斌

中华民国廿九年四月廿五日

〔国民政府侨务委员会档案〕

17. 国民政府军事委员会办公厅关于汪逆派党羽往海外活动致侨委会公函

（1940年5月5日）

国民政府军事委员会办公厅公函 办四渝字第5334号
民国二十九年五月五日

顷准外交部密函，以据驻温哥华领事馆，二十九年二月十六日，温29字第四一四号来呈，略以汪逆精卫派其党羽，前往海外活动，嗣后发照机关，请予严加限制等情。除经本部以各机【关】团体派员出国，不论其为募捐，或系其他任务，应先呈经行政院核准，前经本部通饬各馆知照在案。自不必另定办法，至汪逆党羽在海外活动，自应严密防范等语，指令该馆知照外，相应钞同原呈，密达查照，等由。附抄同原呈乙件到厅，除分函中央海外部外，相应钞附原呈，密达查照，转知各地侨胞注意为荷。此致

侨务委员会

附钞原呈乙件

抄呈

查迩来汪逆精卫，为贯彻其所谓和平主张起见，不惜暗招一班鹰犬，分赴海外，散布流言，捏造事实，欺骗侨胞，以图其卖国之机构，得以早日实现。本馆已迭次密查此种之反宣传，随查随毁，曾汇列各该名称，已于元月二十二日呈报钧鉴在案。此种阴谋，凡侨胞稍明大义者，无不纷起责难，斥为丧心病狂。近据密报，坎境内有少数侨氓，利欲薰心，公然附和，招致一般无赖之徒，私组所谓加拿大汪精卫总干部，又名新中国俱乐部，英文名NEW CHINA CLUB，私自筹款接济，但叙会地址无定。据闻恒于夜间秘集乱徒会商工作，出入无常，不易查缉，彼等对于热心救国者，则加揶揄，对于主张和平者，则视为同志，纠纷传说，

莫衷一是，并闻王克敏、江元虎等亦有通讯机关，摇动人心，北美筹款接济之侨胞，亦不乏人，因而坎西侨务之纠纷，愈加复杂，此职领日夕懔惕，时虞陨越也。除勉竭棉力密函辖区各地侨团严加防范，以避免分散国之力，并暗请警局代为侦察报知外，已迭将中央坚持抗战之沈毅精神，详加阐述，分传各地中西团体，并召集各侨团领袖分致诫勉，切勿听信谣言，误入歧途，以贻祖国之羞，而中奸敌之计，所幸各地侨胞亦多深明大义，暂不为汉奸所利用。惟闻国内失意政客，亦时有假借名义，负向外宣慰及调查某要务之责，一至海外之后，情况未明，或被奸侨所利用，不但有离间煽惑之可虞，且影响侨民治安，良非浅鲜，嗣后可否以有效方法，由钧部通知各省政府注意，际兹严重关头，除派员出国，有奉特别使命外，而发照机关应多加考核，倘以无关重要职务者，似应严加限制，则狡究者，自无能施其伎俩，庶几侨界秩序，得以安宁，国际视听，得以纠正，所有驻在地汉奸活动及本馆密防情形，暨管见所及，是否有当，理合具文密呈，伏乞鉴核，批示祗遵，实为公便。谨呈

部长
次长

总领事衔驻温哥华领事　保君皞

〔国民政府侨务委员会档案〕

18. 侨务委员会为防止汉奸混入回国华侨中潜入内地办法致军事委员会办公厅公函

（1940年5月6日）

接准贵厅二十九年四月二十五日办四渝（二）字第四九一二号公函为：准外交部函为驻新嘉坡总领事馆呈报，厦鼓一带敌奸，诱骗回国华侨回籍，乘便掺入汉奸，潜入内地活动，拟恳咨请福建省政府转饬地方军警机关，严加取缔，以策安全，呈请核夺祗

遵等情。除分函福建省政府转饬地方军警严加取缔外，相应函请查照。等由。经陈奉谕，函侨务委员会及海外部拟定防止办法，等因。除分函外，相应函请查照办理。等由。准此。查敌伪汉奸，图混迹回国华侨群中，以避免军警之盘查，潜入内地一带活动，殊应思患预防，业经中央执行委员会订定非常时期海外华侨组织团体回国请领证明书办法，本会复补订海外华侨回国办法两项，经先后分令驻外各领馆遵照办理在案。现再令行驻外领馆遵照本会上项两次通令，切实执行，分别函达福建、广东、云南、江苏、浙江、山东各省政府转饬地方军警，对于海外回国无侨民证之旅客严加注意，以免汉奸混迹，相应检同中央及本会所订办法两种，复请查照，转陈为荷。此致

军事委员会办公厅

衔名

非常时期海外华侨组织团体回国请领证明书办法

二十八年十月五日第五届中央常务委员会第一三一次会议通过

一、中央为便利海外华侨在非常时期组织团体回国，易于指导保护，并防止不良分子借名活动起见，特订定本办法。

二、本办法所指“团体”系包括慰劳团、救护队、服务队、考察团，以及其他一切集体之组织。

三、凡海外华侨组织团体回国，于出发前应向当地高级党部或使领馆请领证明书（如无党部、使领馆之地，得向中华商会或中华会馆请领）。

四、上项证明书由团体之发起人或率领人直接向当地高级党部或使领馆声明给发。

五、声明给发证明书时，团体率领人应缴具本人二寸半身相片三张，并填具登记表，将团体内容、份子详实述明，其表式另定之。

六、回国之团体如动机不纯，份子复杂，党部、使领馆得拒绝发给证明。

七、证明书应随时携带，以备缴验，遇有遗失，应请补发。

八、回国之团体于任务完毕复返原地后，应将所领之证明书送缴原颁发机关注销。

九、本办法由中央执行委员会决议施行。

〔国民政府侨务委员会档案〕

19. 中国国民党中央执行委员会调查统计局为报告伪汕头市长组织伪侨委会致侨务委员会公函

(1940年5月29日)

中国国民党中央执行委员会调查统计局公函

渝情特字第一号　中华民国二十九年五月廿九日

兹有关于伪汕头市组织伪侨委会报告一件，相同抄同原报告，函请查照参考为荷！此致

侨务委员会

附抄原报告乙件

局长　朱家骅

副局长

伪汕头市长组织伪侨委会

据报：汕头伪市长周逆之桢，近在汕成立一伪侨务委员会，自任委员长，训练大批华侨宣抚班，派赴沦陷区各乡村宣传及登记华侨家族，然后再派伪华侨慰问员分向已登记之华侨家族慰问，每月慰问二次。此外，并强迫乡长出名致函各埠华侨，嘱以后汇款须由日本银行汇汕头该侨委会收转。

〔国民政府侨务委员会档案〕

20. 中国国民党广东省执行委员会为抄送伪汕头侨务训练所章则课程致侨务委员会公函

（1940年8月8日）

中国国民党广东省执行委员会公函 民联字第1618号
民国二十九年八月八日

据报：伪汕头市政府近为实施迷惑侨胞，附和敌伪之阴谋起见，将在汕头市中马路四十三号伪青年团内开设汕头侨务训练所，诱骗青年入所受训。现经委定李逆宪为该所主任等情，附缴伪训练所第一期招生简章暨教授原则及课程各乙份。据此，除分函中央海外部、广东省政府、广东省绥靖主任公署查照，暨令饬潮安汕头县市党部会同严密防范，并设法予以破坏具报外，相应抄同原缴各件，函达查照为荷。此致

中央侨务委员会

附抄送伪汕头侨务训练所章则、课程各乙件

主任委员　李汉魂

抄教授原则及课程

一、方针

（一）精神训练

甲、说明中日提携之意义；

乙、检讨中日事变之意义；

丙、提示中国青年应负之任务与前进目标；

丁、阐述白人侵略东亚之史实；

戊、发挥东亚联盟之理想；

己、实践团体生活习惯之训练。

（二）术科训练

甲、各个训练；

乙、部队训练；
丙、自卫法；
丁、搜索警戒；
戊、连联报告；
己、体育卫生。
二、方法
（一）编七人为一班，每班设班长一人为领导；
（二）班长依时轮值为一般之训练。
三、工作与休息均以一班为单位，但各班依时重新改编。
四、课程
（一）政治概论，法制纲要；
（二）社会概论，社会调查；
（三）经济概论，商业常识；
（四）四书（大学）；
（五）南洋地点；
（六）东方近代史；
（七）语言学（日语、马来语、泰语、越语、英语）；
（八）常识（各种组织调查及辩论等）。

抄伪汕头侨务训练所第一期招生简章

一、宗旨：训练华侨有志青年负起指导海外华侨工作，暨以和平建国方针建设新东亚秩序为宗旨。

二、资格：曾在初级中学毕业或有同等程度、身体强健、思想纯正而无不良嗜好者为合格。

三、年龄：十八岁至卅岁。

四、待遇：在训练期间，除服装、书籍、膳宿均由本所供给外，每人每月津贴军票二十圆，毕业后分别酌予录用。

五、入学考试：

甲、体格检验；

乙、笔试（笔墨自备）；

丙、口试。

六、报名手续：报名时须由殷实商号或地方负有声望之人士照式填具证明书及本人志愿书，连同最近二寸半身正面像片三张，暨毕业文凭或其他证明文件，一并呈缴，填写报告单后，给予受试证，以凭入场考试。

七、报名日期：自七月四【日】起至七月十二日止。

八、报名地点：汕头市政府侨务局。

九、考试日期：七月十五日。

十、考试地点：汕头市政府大礼堂。

十一、学额：五十名。

十二、期限：修业期限六个月扣足。

〔国民政府侨务委员会档案〕

21. 侨务委员会为草拟防止敌奸诱骗华侨回籍乘便掺入汉奸办法致中央海外部公函

（1940年8月17日）

公函　侨29辰字第三六六九号

案准军事委员会办公厅办四渝（二）字第四九一二号公函，为关于厦门敌奸诱骗回国华侨回籍，乘便掺入汉奸潜往内地活动一案，奉谕函侨务委员会及海外部拟定防止办法，请查照办理等由到会。查汉奸掺杂华侨潜入内地活动，本会早经思患预防，并曾于中央颁布非常时期海外华侨组织团体回国请领证明书办法时，亦拟订海外华侨回国办法，规定华侨个人回国，亦须携带当地领馆护照或商会等附贴相片之证明书，以杜蒙混各在案。兹准前由，除再草拟防止汉奸掺杂华侨潜入福建内地办法外，相应检同该办

法送请查照，开示意见，以便函复，并分别转知办理为荷。此致
中央海外部

计附送防止汉奸掺杂华侨潜入福建内地办法一份。

中华民国廿九年八月　日

防止汉奸掺杂华侨潜入福建内地办法

（一）凡驶进福建沿海各处之船只，不论在何地停泊，其登岸之华侨由厦门侨务局或地方军警机关查验，其有无侨居地出口字、居留证，或我国驻外使领馆护照，高级党部、中华商会发给附贴相片之证明书，并登记其姓名、年龄、籍贯、职业，往来住所，以备稽查。

（二）如无相当证件之归侨，厦门侨务局或地方军警机关应严密盘查，并令其觅具妥保，方准进入内地。

（三）厦门侨务局或地方军警机关于查验证件及登记后，即将登记各项及查验情形函知归侨所住之地方政府。

（四）地方政府接函后，即转知当地军警保甲妥予保护，随时稽察，对于无证件之归侨，尤当注意其行动。

（五）厦门侨务局或地方军警保甲等，如查觉归侨中有汉奸掺入时，应将人犯事实移送地方政府究办。

（六）厦门侨务局或地方军警机关工作人员与保甲等，对于归侨不得有留难需索情事。

〔国民政府侨务委员会档案〕

22. 行政院为附送敌人假意优待华侨案致侨务委员会通知单

（1940年9月11日）

案由　第三战区司令长官顾祝同代电，为敌人假意优待华侨，

请设法劝阻侨民为所愚由。

附件：抄附原代电一件。

右案奉院长谕：交侨务委员会照办。相应通知侨务委员会。

行政院秘书长　魏道明

中华民国二十九年九月十一日

抄原代电

重庆。行政院院长蒋钧鉴：据南平陈兼总司令报称：敌近正以保护华侨为名，一切华侨均受其优异招待，及至我方界线，即肆意盘查，强索物税，侨民感莫大之创，拟请转报上峰通饬改善等情。据此，除电复并严饬各部切实矫正严守纪律外，拟请转饬侨委会设法劝阻侨民勿为敌愚，致负祖国，当否？谨电鉴核。职顾祝同。梗。甑。

〔国民政府侨务委员会档案〕

23. 中国国民党中央海外部为令饬各地领馆等防范敌伪在南洋活动致侨务委员会代电

（1940年12月24日）

中国国民党中央执行委员会海外部代电　要字第四〇三号

侨务委员会公鉴：密。奉委座十二月十九日皓川待〔侍〕六代电开：据报敌兴亚院厦门联络部，近令厦门伪侨务委员会派入收买福清、仙游、莆田、兴化、闽侯籍我国南洋各埠回国之侨胞二百名，编为南洋挺进队十队，每队二十名。现集中金门岛加紧训练，准备派往南洋各埠活动，从事破坏我华侨团体机关及侦查军事、政治、经济、商业、生产状况等情，特电知照，即希注意。等因。奉此。除经分电新嘉坡、菲律宾、荷印各地总领事及南洋各地党部注意防范外，相应电达，希烦转知厦门侨务局注意防范为荷。中央海外部印。敬。
中华民国廿九年十二月廿四日

〔国民政府侨务委员会档案〕

24. 中央执行委员会海外部关于越南汪伪拟组织华侨童军团致侨委会笺函

(1942年1月28日)

迳启者：兹有关于越南伪方拟组织华侨童军团报告一件，相应抄同抄报告函请查照参考为荷。此致

侨务委员会

附抄原报告一件

中央海外部

中华民国卅一年一月廿八日

抄原报告

据报：简逆道镛近拟组织——西堤华侨童军团，统率各华侨之童军，故最近进行物色以前之童军体育人材前，堤岸知用学校之童军训练主任陈良镳及现任国民中学童军体育主任金宁于筱日被简逆邀往商酌整理华侨童军事，拟请陈、金二人协助，事后，据陈、金二人表示婉词拒绝参加等语。

〔国民政府侨务委员会档案〕

25. 中央执行委员会海外部为抄送越南伪情致侨务委员会笺函

(1942年11月18日)

迳启者：兹有关于越南伪情报告乙件，相应抄同原报告函请查照参考为荷。此致

侨务委员会

附抄原报告乙件

中央海外部

中华民国三十一年十一月十八日

情报

敌伪目前曾派其爪牙连平东(海南人)及汉奸多人往中圻、芽庄、归仁等处,积极实行组织大东亚同盟分会及党部,我人则散布宣传打击,各华侨均远避三舍,不敢接近,奸伪计划粉碎。现又以侨汇名义及入伪组织后免纳身税,引诱华侨,现正设法阻止中。

〔国民政府侨务委员会档案〕

五、华侨投资国内活动

1. 暹属吔朥木色匣中华商会为宣传并鼓励侨胞投资国内致侨委会呈

(1938年6月30日)

案奉钧会洪移字第一五五九号训令内开:案准湖南省政府本年四月十四日公函:查国外华侨近年鉴于祖国经济事业之不振,多愿投资内地,促进繁荣,徒以道途修阻,情势隔阂,未得充分实施。湖南物产素丰,原料品及矿产之蕴藏尤为富裕,国内商人限于资力,未能尽量开发经营,致使货弃于地,经济建设着着后人。值此非常时期,若非奖励投资,方图开发,诚恐无以应长期抗战之需要,本身政府有见及此,爰于施政纲要经济事项中,确定国内外企业家来湘投资,增进生产事业之原则,并另行规定招徕华侨投资兴办本身各种实业办法七条,冀以减除侨胞企业进行之困难,完成中兴国家民族之伟大使命。我国外侨胞爱护祖国,向不后人,内地投资,尤其素志,贵委员会领袖、侨胞如荷赞同,自必闻风兴起。相应检同湖南省政府招徕华侨投资兴办本省各种实业办法，及湖南物产一览表各一份，贵委员会请烦查照，尽量宣传，俾各埠华侨共悉本省政府欢迎投资之本旨，并望通知各埠华侨从速组织考察团来湘实地考察，以便决定其所乐于投资之事业，实深企盼。等由。查该省物产确系丰良，蕴藏甚富，今该省政府既订定优待侨胞投资办法，实为侨胞开发祖国富源，兴办国内实业之良好机会，除分令外，合行检附湖南省政府招徕华侨投资与兴办本省各种实业办法及湖南物产一览表各一份，令仰该商会知照，即向侨胞尽量宣传，并劝导侨胞领袖从速组织考察团回国实地考察，俾资决择，是为至要。此令。等因。奉此。职会遵即将湖南省政府招徕华侨投资兴办本省各种实业办法及湖南物产一览表翻印发给各地侨胞及各团体详阅，并作尽量宣传，为此理合备文呈请察核。实为公便。谨呈

侨务委员会委员长陈

暹属吔朥木色匣中华商会会长方增明

中华民国廿七年六月卅日

〔国民政府侨务委员会档案〕

2. 缅甸抹谷华侨九一八社为请代购四川柏油等以便采办推销致侨务委员会呈

（1938年12月12日）

呈为呈请事：案据属社社员尹士廉函称：查桖油、木油、树蜡、漆实油等油类，为制肥皂及化学工业之原料，且系产于四川省，为我国素有名之特产。如能认真推销欧美，发展国际贸易，实为我国莫大之利源。社员早经蓄志拟向祖国采办上述之植物油类运往印度推销，以图发展对外贸易。兹当滇缅公路业已完成之时，四川省之出口货物，由川而滇，而直运至缅甸仰光，比前尤为迅速而便利。社员认为适合环境之机会已至，故决心筹备图谋此种营业，得以实现。拟先行购买上述之油类各少许，用以试验其质

地如何，倘若该油类等之质地经试验之后，认为确实优良，足以取信外商，社员当竭力进行开办此种营业，于社员个人固有发展经济之希望，而对祖国发展对外贸易，增强战时经济力量，亦不无少补也。惟社员留居缅甸，对四川情况，素不明瞭，既不知何地及何商店有上述之油类发售，而又向无亲友居在四川，虽欲直接询问情况及托友代购少许，均无法实现。故社员不得已恳请钧社赐予助力，代为解决此种困难。兹奉上缅币壹拾盾，请转呈中央侨务委员会核收，请其在四川就近代设法购买下列各种油类少许寄下，俾资试验，并请侨务委员会代询查发售下列之油类之地方及店号之名称，详细指示，藉利进行等情到社，理合据情备文，连同缅币壹拾盾寄呈钧会核收，敬祈予以助力代为办理，请将该款在四川省就近代设法购买下列各种油类，装妥交由邮局寄到属社转致该社员。关于在四川省何地及何商店发售下列之油类，务请钧会代调查，予以明白指示，俾该社员此后能直接办理，以竟其志，而利侨民感甚。该款除用去购费及邮费外，如或尚有余存款多少，请将该款捐助与筹赈会，作清手续是荷。谨呈

侨务委员会委员长陈

附呈缅币壹拾盾，乞代购桕油贰磅、木油贰磅、树蜡贰磅、漆实油贰磅。

缅甸抹谷华侨九一八社常务委员张培道谨呈

中华民国廿七年十二月十二日

〔国民政府侨务委员会档案〕

3. 福建华侨实业股份有限公司筹备处为请准予备案致侨委会呈及批

（1939年4—6月）

（1）福建华侨实业股份有限公司筹备处致侨委会呈（4月1日）

呈为呈报筹备组织福建华侨实业股份有限公司，先设立筹备

处，以利进行，请准予备案，并乞示遵事：查本身旅居海外侨胞，数达百万，经济力量，向极雄厚，当兹抗战建国之秋，百废俱举之际，亟应设法吸收利用，以辅助祖国经济建设，增强抗战力量。考南洋群岛今日之繁荣，悉为我无数侨胞血汗胼胝之功，顾政治主权不属于我，经济利益，终鲜保障；何况自世界经济恐慌以来，南洋一带之黄金时代，已成过去，主要产品胶、锡，迄无起色，生产事业，靡萎不振，一般侨胞，不受资金积滞之苦，即陷衰落破立之忧。冷侯等兹拟筹设福建华侨实业股份有限公司，股本暂定为壹百万元，股东以闽籍侨胞为限，业务区域以本省为范围，吸收华侨过剩资力，投资本省各项生产事业，集中华侨人才，以开发南洋新天地之精神，为祖国故乡服务，以期达到建设新福建之目的。惟是兹事体大，筹备尚须时日，发起人更须广泛征求，进行庶能普收宏效。兹为权宜计，冷侯等业于四月一日在南平设立福建华侨实业股份有限公司筹备处，冷侯等担任筹备委员，并由郑奕盛兼任筹备处监督，刘印山兼任筹备处主任，负责一切；并聘若干热心侨务人士为筹备处顾问，协助进行。俟征足发起人名额，然后依照公司法施行法第二十三条规定办理备案手续。钧会为主管侨务最高机关，本公司草创筹备，关于经营原则及进行步骤应行注意各点，敬乞具体指示，俾资遵循，而各项优待华侨投资办法以及经营实业必须参考之统计材料及章则、刊物等项，并乞检赐全份。至于依照公司法规定，向经济部及本省建设厅呈准备案，应请分别咨令，特予优待，毋任感幸。所有呈报成立筹备处乞准备案，缘由除分呈外，理合呈请鉴核备案，并乞批示祇遵。

谨呈

国民政府侨务委员会委员长陈

附呈具呈人履历表一份

具呈人　刘冷侯　郑奕盛

刘印山　吴春熙

陈奕金　郑清光
张学颜

具呈人履历表[①]

刘冷侯　年龄：六十六岁；籍贯：福建永春；经历：曾任柔佛支部执委，兼训练、监察，兼常务，倡办柔佛士茹来益智阅报社、辅华学校；通讯处：南洋柔佛士茹来。

郑奕盛　年龄：三十岁；籍贯：福建永春；经历：中央政治学校大学部华侨班第一届毕业，福合作学院研究生，福建银行农村经济研究员，福建省建设厅合作事实管理局技士，货放股副主任，兼金融股股长，通讯处：福建南平吕公祠合作事实管理局。

刘印山　年龄：二十八岁；籍贯：福建永春；经历：中央政治学校大学部华侨班第一届毕业，曾任第五战区兵站总监部第二直属分站科员；通讯处：福建南平中山路四四九号。

陈奕金　年龄：三十岁；籍贯：福建永春；经历：南洋柔佛余文打华侨学校董事，永义成公司经理；通讯处：南洋柔佛余文打永义成公司。

吴春熙　年龄：二十八岁；籍贯：福建泉州；经历：中央政治学校大学部华侨第一届毕业，现任国立厦门大学会计室主任；通讯处：国立厦门大学。

郑清光　年龄：三十三岁；籍贯：福建永春；经历：南洋柔佛昔加末树胶公会董事，凑成兴公司经理；通讯处：南洋柔佛昔加末凑成兴公司。

张学颜　年龄：三十岁；籍贯：福建诏安；经历：中央政治学校大学部华侨班第一届毕业；通讯处：福建诏安蛹庐。

中华民国二十八年四月一日

---

① 这里作了调整。

(2) 福建华侨实业股份有限公司筹备处致侨委会呈(4月1日)

查福建华侨实业股份有限公司发起人刘冷侯等佥议先在南平设立筹备处，以利进行。本筹备处即于四月一日在南平正式成立，并启用印信，所有经过情形业由发起人刘冷侯等呈报在案。本处除敬请钧会准予备案，以便开始工作外，兹并拟具本公司章程草案，以资准则，除分呈外，理合检具前项草案一份，呈请鉴核备案，统乞迅予批示祗遵。谨呈

国民政府侨务委员会委员长陈

附呈公司章程草案一份

福建华侨实业股份有限公司筹备处（印）

通讯处：福建南平中山路四四九号

中华民国二十八年四月一日

福建华侨实业股份有限公司章程草案

第一章　总则

第一条　本公司以运用华侨经济力量，经营本省各项生产事业，辅助国家经济建设为宗旨。

第二条　本公司定名为福建华侨实业股份有限公司。

第三条　本公司由福建籍华侨依照公司法之规定组织股份有限公司。

第四条　本公司营业期间定为二十年，期满得延长之。

第五条　本公司设总公司于省会，综理全部业务，必要时得设分公司于省内各地。

第六条　本公司公告方法以登报及通函行之。

第二章　资本

第七条　本公司股本总额定为国币壹百万元，分为壹万股，每股壹百元，分两期缴纳，认足伍千股，收足贰拾伍万元即先行开

始营业，股额认足为度，股款按时收足。

第八条　本公司股本由福建籍华侨认购之。

第九条　本公司资本总额有增加必要时，经董事会议决施行，并呈主管官署备案。

第十条　本公司股票分一股、五股、十股三种。

第十一条　本公司股票为记名式，股东或代表均以本省籍之海外侨胞办业已归国者为限。

第十二条　本公司股票如有转让或出售时，应由原主于股票背面签字、盖章，向本公司过户，登载股东名簿，方为有效，否则仍认票面所载原主为股东。如因继承关系，须更改户名，应由继承者提出合法证明书，经公司核明，方可更改股票。

第十三条　股票如有遗失，须自行登报声明，经过一个月别无纠葛者，得觅具妥保声请，换取新股票。

第十四条　换发或补发股票每张均纳手续费壹元及应贴之印花税费。

第十五条　以堂记、牌号或法人团体名义入股者，应将代表人姓名、住址报告本公司存记。

第三章　营业

第十六条　本公司营业以农业生产为主，工业生产为辅，必要时得经营商业业务，区域以全省为范围。

第十七条　本公司业务如左：

甲、经营多角农场、林场，增加国家资源生产；

乙、开办新式工厂，制造日用必需品，满足社会正常需要；

丙、设立模范商店，供给民众正当消费品；

丁、经营政府特准公用事业及其他实业。

第四章　组织

第十八条　本公司设董事七人，由二十股以上之股东互选任五人，由二十股以下股东互选任二人。

第十九条　本公司董事组织，董事会互推一人为董事长，并互推常务董事二人，董事长缺席时，指定常务董事一人代理之。

第二十条　本公司总公司设总经理一人，由常务董事兼任之。

第二十一条　本公司总公司设副经理、秘书各二人，襄助总经理处理事务，分公司设经理一人，均由总经理提经董事会之同意派充之。

第二十二条　总经理有事故或离职不能执行职务时，副经理代行，应报董事会备案。

第二十三条　本公司总公司设农业、工业、商业、总务四课，各课主任一人，办事员、助理员、练习生若干人，均由总经理派充之。

第二十四条　本公司分公司设业务总务两股，各设股长一人，办事员、助理员、练习生若干人，均由经理提请总经理派充之。

第二十五条　本公司总公司及分公司之组织规程另订之。

第二十六条　本公司设监察三人，由股票五股以上之股东互选任二人，五股以下之股东互选任一人。

第二十七条　董事任期三年，监察任期一年，均得连任。

第二十八条　本公司股东会分为股东常会、股东临时会两种。

第二十九条　股东常会每年开会一次，由董事会每年结账后两个月内召集之。

第三十条　股东临时会由董事会或监察人认为必要时召集之；如有总额二十分之一以上之股东亦得将提议事由及其理由请求董事会召集之。

第三十一条　本公司每股有一决议权，但一股东而有十一股以上者，其超过之股数按八折计算。

第三十二条　股东因股不能到会，得具委托书签字、盖章，委托出席之股东代理。

第三十三条　股东常会之召集须于二个月前通知各股东，股东临时会召集须于一个月前通知各股东，通知书中应载明召集之宗旨及提议事项。

第三十四条　股东会开会以董事长为主席，董事长缺席时，指定常务董事一人代理之。

第三十五条　股东开会非有股分总额过半及股东人数达十分之一以上，不得开议，非有股权过半数，不得议决。

第五章　董事会

第三十六条　董事会之职权如左：

甲、各种章则之审定；

乙、营业方针之审定；

丙、资本增加之规定；

丁、总公司总经理、副经理、秘书人选之决定；

戊、各分公司设置、撤废或变更之决定；

己、各种重要契约之审核；

庚、公司营业决算之核定；

辛、公司各项开支、预算、决算之核定；

壬、年终营业报告书之审核；

癸、董事长交议事项；

子、其他重要事项之审议。

第三十七条　常务董事代表董事会常川驻公司办公。

第三十八条　常务董事之职权如左：

甲、协助董事长处理董事会日常一切事务；

乙、董事长因故缺席或离职时，由董事会于常务董事中指定一人代理董事长职权。

丙、董事会开会时，提供各种参考资料及报告总公司业务及财产状况；

丁、承董事长命，对于董事会应行审定或核定之初审；

戊、董事会或董事长交办事项。

第三十九条　董事会议须有董事过半数以上之出席方得开会，董事过半数之同意方得表决可否，同数时取决于主席。

第四十条　董事因故不能出席时，应先期书面委托其他董事为代表，但每一董事只能代表一人。

第六章　监察人

第四十一条　监察人之职权如左：

甲、营业情形及财产状况之审核；

乙、公司账目及决算报告之稽核；

丙、监察公司职员执行职务是否遵守本公司一切章则及董事会之决议案；

丁、对本公司业务认为必要时，得列席董事会陈述意见，但无表决权。

第四十二条　常务驻监察人代表全体监察人常川驻公司办公。

第四十三条　常驻监察人之职权如左：

甲、本公司营业统计提要之审核；

乙、公司账目及决算报告之稽核；

丙、下列各种表册书类之审核；

（一）资产负债表；

（二）财产目录；

（三）营业报告表；

（四）损益计算书；

（五）纯利分配表。

丁、公司职员执行职务之监察；

戊、董事会或其他监察指定事件之查核。

第七章　公司业务会议

第四十四条　本公司为推进公司业务，增加工作效率起见，得定期举行全公司及总公司业务会议为总经理咨询机关，其规程另订之。

第八章　决算及净利之分配

第四十五条　本公司每年六月底为本年决算期，十二月底为全年总决算期，其决算报告应由总经理编具左列表册书类，提交董事会与监察人审核后提出于股东会查核，并由本公司公布之。

甲、财产目录；

乙、资产负债表；

丙、营业报告表；

丁、损益计算书；

戊、纯利分配表。

第四十六条　本公司年终结算后所得纯利除付股息月息八厘外，其余数应平均为一百分，按下列规定办理。

甲、以百分之二十作法定公积金，专备本公司补充资本，弥补损失，不得移作他用；

乙、以百分之十作公益金，由董事会决议作为辅助发展本省教育及其他公益事业之用；

丙、以百分之十作本公司董事、监察人及全体职员之酬劳金，其分配办法由董事会定之；

丁、以百分之二十作为合作分配金，凡参加本公司股务者（本公司职员除外）及向本公司购产品或商品者，均得享受分配，其分配办法另定之；

戊、以百分之四十作为股东红利，按股数分配之，第一年至第三年之股东红利悉拨充为特别公积金，以充实本公司资本。

第四十七条　前条酬劳金之分配，董事、监察人应得部分由董事会拟定，提经股东会决定之。

第四十八条　本章程如有未尽事，宜悉依公司法规定办理，其他各种办事规则另定之。

第四十九条　本章程最初由筹备处拟定草案，提经创立会议决通过，呈准主管官署备案，施行后如有修改，由股东大会议决通过，呈准主管官署备案。

（3）侨务委员会批（6 月 10 日）

批　荒渝甲字第 1482 号

具呈人福建华侨实业股份有限公司筹备处廿八年四月一日呈一件，为呈报本公司筹备处四月一日在南平正式成立，拟具章程草案，呈请备案由，呈及附件均悉。本案据刘冷侯来呈给予批示在案。仰即依法呈请福建主管官署查核可也。此批：附件存。

中华民国廿八年六月十日

〔国民政府侨务委员会档案〕

4. 甄秉钧为投资涂料油漆事宜和应先采用国货致侨委会呈

（1939 年 6 月 15 日）

敬呈者：窃侨等集资回国，组织国民制炼漆油公司迄今已愈七年，所制之飞机涂料及军用需要之漆油，迭经我政府各机关采用，允推良好，并承蒋委员长昆字第三三六零号公函饬属采购；复蒙中央航空委员会试验，结果良好，发给第七八四零号公文证明；及军政部兵工署第四五一六号公函，批准通令各厂采用各在案。自开办以来，所有各机关需要之涂料、漆油均本先国货，而后洋货之旨，准由侨公司以公允价格承售，故侨公司为报答我政府爱护之德意与本为国服务之热诚，对于价格绝对未敢稍为提高，此于数年来与我政府交易之事实可以证明。仰尤有言者，去年航空委员会采购大批飞机涂料，总值港币壹拾陆万伍千余元，侨公司一本爱国忠诚，不计较工值与制造费用，将原价割低港币贰万四千捌佰陆拾贰元贰角，以报我政府倡用国货之德意，事实俱在，犹可复按。乃侨公司近接驻港购料委员会于五月九日发来297号、301号问价单各一张，内开均属飞机涂料，订定五月廿一日为报价截止期，侨公司依章于十九日将报价送达该会，并承该会主管人面嘱，依照去年割价办法承办，侨公司亦以服务国家为原则，当即答允，勉为其难，并双方订期五月廿六日签立合约，不料临期竟称，有洋商某某行割价竞售，推翻前议，复于同月廿七日再发第二次访价单，嘱侨公司于六月一日上午十一时将价再报，俾与洋商价格重行比较等语。侨公司对此措置，认为超越商业常轨，乃于止截报价后之第六天特许洋商取销未止截报价日期以前（五月十九日所报）之价单，于廿六日从〔重〕新贬低价格，而强将侨公司之报价压倒，竟有第二次之问价单送来，似此不免为洋商留余地步，而于我政府采用涂料在同一品质，同一价格，先国货，后洋货之功令，与我政府奖励侨民回国发展实业之本旨，似欠注意，然侨公司仍本我华侨固有之忍让美德，依时于六月一日再行报价开票，结果侨公司上等货比洋商某某行略贵，但次等货与洋商之货同等品者已比洋商某某行为廉，照理更应由侨公司承售，讵料，该会又以请示航空委员会决定为辞，为此，迫得沥情具文呈请钧会察核，迅赐转函航空委员会。根据过去采购侨公司涂料货真价实之事实，核准由侨公司以公允价格承售，并通令驻港购料委员会及惠福公司，以后如属同等货质，同等价值，应先行采用国货。在侨公司之得失事小，而国计民生与华侨发展祖国实业前途实利赖之矣。谨呈

侨务委员会

甄秉钧谨呈

中华民国二十八年六月十五日

〔国民政府侨务委员会档案〕

5. 云南省政府为林伟之到滇考查教育实业致侨委会公函及训令

(1939年8—11月)

(1) 云南省政府致侨委会公函(8月29日)

云南省政府公函 秘教字第一九〇号
民国二十八年八月廿九日

案据旅暹侨民林伟之函呈称：久仰旌旄，时切景慕，溯自抗战以来，海外羁侨倍增内向，对于复兴根据地之云南，尤切关怀。弟等久居异国，恒念乡邦，刻因适应环境需要，拟偕同志来滇，趋谒专诚致候，藉资考察教育、实业，倘获容许，指导赐给便利，恳请电示知照，便可即日起程，将来侨众，投资有门，服务开发，得偿抗战建国之素志与天职，要皆钧座之所赐也。引领北望，伫候覆示。等情。据此。查所请来滇考查投资，自无不可，惟当此抗战之时，宵小潜滋，为杜防微渐计，凡侨胞以私人资格回国考查者，似应由当地华侨团体负责介绍，或向贵会请求准许介绍，然后前来，方臻妥慎，据呈前情，除饬处函覆外，相应函请贵会查照，并转饬海外各侨民团体知照为荷！此致

侨务委员会

主席　龙云

(2) 侨务委员会致驻外各领事馆训令(11月4日)

训令 荒渝甲字第五五四九号
令驻外各领事馆

案准云南省政府二十八年八月廿九日秘教字第一九〇号公函，为侨胞以私人资格回国来滇考查投资，自无不可。惟当此抗战之时，宵小潜滋，为杜渐防微计，似应由当地华侨团体负责介绍，然后前来，方臻妥慎。函请查照，转饬海外各侨民团体知照

等由。准此。查侨民组织团体回国办法已经通令有案。如侨民个人回国考察，应由已备案侨团负责介绍当地领馆证明，呈由本会核转主管机关准予考察，以昭慎重。除分行外，合行令仰该领事转饬各侨团侨民一体知照。此令。

中华民国二十八年十一月　日

〔国民政府侨务委员会档案〕

6. 蔡兴等为回国考察农商业请给予交通便利致侨委会呈及证明书

（1939年11—12月）

（1）蔡兴等致侨委会呈（11月30日）

迳启者：敝等此次被派归国考察农商业，现已由昆明、贵阳等地而抵达新都，然尚须经成都、西安、兰州等地作一番考察，然后向敝公司作一报告，任务才能完毕。惟闻此段路程检查颇严，虽云交通便利，然来往车票不易购得，非有贵会给予敝等一纸考察证明书，定难顺利到达彼方，非有贵会为敝等书一，向各段汽车公司介绍购买汽车票之介绍书，定难顺利购得。素念贵会宗旨在于为海外侨胞谋福利，尤其对于归侨各项困难，均能给予亲切援助或指导。敝等此次归国，目的在调查祖国各地农商业情况，拟对祖国后方生产竭尽微力贡献，爰敢恳切陈词，请求贵会给予敝等此种便利，事关祖国抗战前途，贵会幸勿推却为祷。此致

侨务委员会均鉴

暹罗华侨美华公司回国考察员　蔡　兴

王者天

刘友勤　启

中华民国廿八年十一月三十日

（2）侨务委员会致蔡兴等证明书　（12月2日）

证明书　荒渝字第三六六一号

兹据暹罗华侨美华公司职员王者天、蔡兴、刘友勤等呈称：伊等回国考察药材营业，以便招徕华侨返国投资，现拟由重庆前往成都、西安、兰州之处调查，请予便利等情。合行分别发给准书一纸，叁个月期限内有效，希查照。各路车站予以购票便利为荷。

右给暹罗华侨美华公司回国考察员　蔡　兴

王者天　刘友勤收执

此证限至廿九年贰月呈会缴销

中华民国廿八年十二月二日

〔国民政府侨务委员会档案〕

7. 暹罗华侨抗敌救国后援会为建筑佛昌公路以利侨胞投资等致侨委会呈批

(1939年12月—1940年2月)

(1) 暹罗华侨抗敌救国后援会致侨委会呈 (12月27日)

呈为呈请建筑佛昌公路，以利侨胞而培国本事：窃查滇省西南之佛海、南峤等县，土旷人稀，宝藏丰富，亟应开发，以裕抗建之资源。虽政府已划为移垦区，然因交通欠便，致欲投资者有所踌躇，按该地与泰国北部最繁盛之青迈遥相接衔，不过中间距离缅甸之角尖地带而已，向来此间同侨往其地必由青迈经缅甸之昌敦始可达到，现悉由青迈至昌敦之路交通已颇利便。惟由昌敦至佛海一段有狭小之路可以通行，然须骡马输送，行人视为畏途。因此，滇泰之货物不能懋迁，有无商务，无由发展，投资乃存观望，但泰国排华日甚，此地已非乐土，欲移资经营者大有其人，更逢世界战云弥漫，恐泰国亦滚入战争漩涡，一旦有事，则此二百万同侨逃生无路矣。使不早日建筑此路，则滇泰之贸易永无进步之日，而同侨之投资和逃难岂有利便之坦途乎？且佛海至昌敦路线不长，依照原路修建工程自易，而英国系我友邦，自乐联接，因交通利便，地方获得繁荣。如此路完成后，该地四方辐凑，不惟同侨之投资和逃难，交通称便，就川康滇黔等省之货物亦可藉此路而输出缅泰，增辟一海外市场，其军事利便之价值更为巨大。近来电讯频传，倭奴又在滇缅边境活动，而我国防之设施尤深利赖焉。是以属会以建筑佛昌公路，实有利便侨胞培养国本之利益，用敢冒昧渎陈，翼得有所采择也。为此备文呈请鉴核，恳准行函交通部会同滇省府酌议办理，则国家幸甚，侨胞幸甚。谨呈

侨务委员会委员长陈

暹罗华侨抗敌救国后援会理事　韩心传

姚玉辉

蔡文彬

罗寿汕

中华民国廿八年十二月廿七日

（2）侨务委员会致交通部和云南省政府公函（2月15日）

公函　侨29卯字第七六一号

案据暹罗华侨抗敌救国后援会呈请建筑佛昌公路，以利侨胞等情到会。查该会所呈各节，尚属切合实际需要。相应抄同原呈函达查照，即请贵部/省政府商同云南省政府/交通部酌予办理，同时转商缅甸当局筑路接驳，以利交通，并希见复为荷！此致

交通部

云南省政府

计附抄原呈乙件

委员长陈〇〇

中华民国廿九年二月　　日

（3）侨务委员会致暹罗华侨抗敌救国后援会批（2月15日）

批　侨29卯字七六二号

具呈人暹罗华侨抗敌救国后援会二十八年十二月廿七日呈乙件，为呈请建筑佛昌公路，以利侨胞而增国本由呈悉。查所呈各节颇有见地，经函转交通部及云南省政府核办，仰即知照。此批。

中华民国廿九年二月　日

(4) 交通部致侨务委员会公函（2月29日）

交通部公函 公字第四五九号
中华民国二十九年二月廿九日

案准贵会本年二月十五日侨29卯字第七六一号公函，以据暹罗华侨抗敌救国后援会呈请建筑佛昌公路，以利侨胞等情，抄同原呈嘱商云南省政府酌予办理，同时转商缅甸当局筑路接运，以利交通，并见复等由，附抄原呈一件，准此。查该后援会所请兴修佛海至昌敦公路，即系云南省兴修自普洱经思茅、车里，佛海至滇缅边界打洛公路之一段。曾据该省公路局报告，此线系应华侨发展该区域垦殖请求而议修，其思茅、车里一段已在测量中，全线修成约需一年时间等语。复查此路前准中社会部来函，以据该部滇边考察团调查报告，亦希望提早兴修。惟本部为集中全力赶速完成后方主要干线以应急需起见，对于此路尚无具体计划。现在滇省既已着手兴修，闻缅方亦极注意，本部自当尽量协助，以资策进。准函前由，除先行函询云南省政府该路工展情形外，相应函复查照。此致

侨务委员会

部长　张嘉璈

〔国民政府侨务委员会档案〕

8. 昆明侨务局为陈燮民要求将商品运入国内经营设法救济与侨委会等往来函电

(1942年1月)

(1) 昆明侨务局致侨委会代电（1月16日）

侨务委员会昆明侨务局代电 昆侨31指字第五四号
民国三十一年一月十六日

重庆。侨务委员会钧鉴：据职局保山办事处呈转：据仰光华商总会代表陈燮民申称：仰光侨胞以经营百货商店者居多数，自经轰炸以后，相继停止，拟将商品运入国内，择地经营。惟商品入口限制甚严，运输统制，不易输入，拟恳转呈设法救济等情。查所呈困难自系实情，保存在外商品、物资，政府本极关心，抢运侨胞血汗，所积物品渴望内移与资金内移，应同重要，拟恳钧会咨商关系机关，特准侨胞商品、物资、机器入口，并可由职局派员会同仰光华商总会代表，办理入口凭证等事，以资识别，俾予便利，是否有当，谨代电呈请鉴核示遵。昆明侨务局叩。子铣。印。

(2) 侨务委员会致经济部公函（1月30日）

公函　管指字第三三六号

据本会昆明侨务局本年一月十六日代电称：据职局保山办事处云云，录至鉴核示遵。等情。查事关商品物资内移，除电复外，相应录案，函请查照核办，并希见复，以便转知为荷。此致

经济部

中华民国卅一年一月卅日

(3) 侨务委员会致昆明侨务局代电（1月30日）

代电

昆明侨务局览子铣代电悉，经据情函达经济部查照核办矣。仰即知照。侨务委员会。管指〔　〕。印。

〔国民政府侨务委员会档案〕

9. 越南海防华侨冯颂乾等为将资产机器运回本国设厂致侨委会呈批

(1942年6—7月)

(1) 冯颂乾等致侨委会呈（6月4日）

敬呈者：窃侨等祖营于越南海防，历数十载，专工制造士敏土、水渠花磄砖、建筑材料及机器锑木等事业，创营以来，极获当地政府与各界人士颂赞与信仰，颇足自慰，然以目睹国难日深，更之南洋陷落后，侨胞受辱，苦楚万分，实非侨等所能安忍也。是以侨等为臻合抗战建国之旨，而不容资产、器材将沦为敌用起见，除一方进行设法尽量将留在海防之资金与机器输运出口，转移在广西省内设厂外；另一方则拟向我当局请求拨地以为厂基之用。现侨等已于五月廿九日先行脱身来湾，转赴贵县、柳州、桂林等地，查察以为选择厂址之参考，一俟抵达目的地后，再行向当局主管面陈计划书，然为欲求利于进行与早日实行计，理合奉呈恳请钧会鉴察电饬各该有关机关，多方予指导与便利。谨呈

中央侨务委员会

越南海防华侨冯颂乾
陈一晖同呈

中华民国三十一年六月四日

（2）冯颂乾等致侨委会呈（6月19日）

敬呈者：窃侨等拟将留越之资金与机器输返祖国，并拟请求当地政府拨地建厂，以为发展工业一议，乃亚于六月四日备文呈请鉴察在案。然以越南当局严禁五金及机器与金融离境，致未能顺利将全部器材运出。兹侨等为力求达到归国目的起见，乃于六月二十日遄返越南，以便设法将机件全数运出，惟于机件未运出之前，似宜将后列各问题呈请，予以事先解决者，即：（一）侨等拟将原有机件（甲）刨木机壹架，（乙）圆形锯木机叁架，（丙）锑木运锯机壹架，（丁）制英坭水渠机壹架，（戊）制英坭花磄砖机壹架等（右列各种机件合共全部总值约为国币贰拾万元）全数运返祖国发展，但届时若现金不敷开办时，祖国当局能否拨款贷予补助？（二）须占厂地最低限度为伍千平方公尺，并须电力可及，

水陆交通便利，于运输为宜，如此所需之基地，祖国当局能否拨予应用？（三）该批机件若运到广州湾时，对于运返祖国至达目的地之沿途情形如何，及政府对于运送该批机件有何保障与便利及补助？

左列各项问题请予明文指示一切，以便进行，为此理合备文呈请鉴察。谨呈

中央侨务委员会

越南华侨 冯颂乾 陈一晖 呈

中华民国三十一年六月十九日

（3）侨务委员会批（7 月 31 日）

批　管指字第三六三一号

具呈人冯颂乾 陈一晖三十一年六月四日呈一件：为拟将留在海防之资产机器运出，在广西省内设厂，先行归国选择厂址，请电饬指导与便利由呈悉。查该侨等不为敌用，将资产运回本国，兴办实业，爱国热诚，殊堪嘉许。仰将进行情形随时报告。此批。

〔国民政府侨务委员会档案〕

10. 蒋介石为请核办许生理等请求政府吸收南洋侨资致侨委会代电与核议案及呈复

（1942 年 8 月）

（1）蒋介石致侨委会代电（8 月 9 日）

国民政府军事委员会代电　侍秘字第 13519 号

侨务委员会陈委员勋鉴：据旅马来亚归侨许生理、何葆仁、曾有美等陈报节称：（一）战后南洋物资为我国新兴工业所必争取，应加强侨务机构，集中华侨人才，早年计划，建立海外万世之基

业；（二）应由政府组织资力雄厚之有限公司，吸收侨资，致力建国工作；（三）侨眷侨生贷金尚待增加，迅速拨出，华侨所办学校亦乞设法调查维持；（四）请指定大学增设专科，训练青年，以为吾党派往南洋工作之干部等语。特转核办。中正。未佳。侍秘。

中华民国卅一年八月九日

（2）关于利用战后南洋物资一项拟具意见提请核议案（8月25日）

奉蒋委员长八月九日佳代电开：据马来亚归侨许生理、何葆仁、曾有美等陈报节称：（一）战后南洋物资为我国新兴工业所必争取，应加强侨务机构，集中华侨人才，早定计划，建立海外万世之基业等语。特转核办。等因。查此事关系甚大，各侨领陈报之原则上亦甚正当，惟如何计划见诸实施，则为亟须研究之问题，据本处管见，此案之目的既在"争取战后南洋物资"，而争取物资之活动力则为"加强侨务机构，集中华侨人才"。关于物资种类，何者为我国新兴工业所必需，当因时制宜，设法争取，此际似不必每所论列。惟关于机构、人才，则当先为计划，拟于战后在南洋新加坡、巴达维亚、马尼拉、曼谷、西贡、仰光等处各设华侨经济委员会，由驻外领事及侨务专员提倡组织，罗致当地华侨工商界之优秀分子、当地银行经理为委员，由政府指定负有重望之侨领为主席，俾对内可与各主管机关（如经济部、财政部、侨务委员会）通声气，对外可从事调查抢购内运事宜，更于各埠设立分会，以与各该委员会联络进行，切实办理，以扩建海外经济基础。谨拟具意见，可否汇呈蒋委员长，鉴核之处，请予核议！

侨务管理处

（3）侨委会致蒋介石呈复（8月25日）

蒋委员长八月佳电归侨许生理等陈报，应有政府组织资力雄厚之有限公司，吸收侨资，致力建国工作一项，经常会决议随时指导侨胞自动投资，由本会随时协助，并呈复蒋委员长，兹拟呈复如下：

关于鼓励华侨回国投资，增加生产建设，本会迭经令饬各侨务处局及驻外各领馆、侨团注意宣传，指导并搜集各种实业资料，编辑实业介绍初编，以为华侨回国投资之参考。三十年春间，再与经济部协商，订就华侨实业股份有限公司章程草案，奉行政院谕交回国侨民事业辅导委员会参照办理，嗣据该会呈送修正草案等件，于同年冬间函送行政院秘书处转陈后，召集有关机关审查修正，并抄写审查记录，连同修正章程函知本会，令饬辅【导】委员会遵照办理在案。该公司股本原定美金二百万，修正为国币乙万万元，计由政府认股五分之一，余向侨胞招募，其经营业务，如农林、水利、矿产、交通、建设、贸易、工业、制造等，均包括在内，规模至为宏伟，与侨领许生理等陈报事项实相吻合。迨太平洋战争发生，侨胞大部分居留区域已沦陷敌手，而归国侨胞，又因匆促遄归原籍，未暇顾及投资实业，致该项实业股份有限公司之组织，暂行停顿。惟鼓励华侨投资实业为本会中心工作之一，对于华侨投资事项，仍当随时指导协助，俟环境转变，时机成熟，再组织华侨股份实业有限公司，俾归侨投资实业，得有大规模发展。

〔国民政府侨务委员会档案〕

11. 回国侨民事业辅导委员会为何河山入川设厂致侨委会呈及指令

（1943年6月）

（1）回国侨民事业辅导委员会致侨委会呈（6月16日）

回国侨民事业辅导委员会呈 辅（32）乙 字 第2512号
中华民国三十二年六月十六日

兹据溥维他代乳粉厂总经理何河山来呈称：窃河山等向在香港经商，自上海沦敌后，乃约同美国华侨黄华庵、梅恩士、赵公浩等开设养生代乳粉厂于香港，事业甚为发达。不幸香港继陷，所业失败，乃间关来川，于去年十一月复召集新旧股友招股陆拾万元，合伙经营，重开粉厂，定名溥维他代乳粉厂，已租得重庆江北溉澜溪左后街特九号为厂址，经开工制造，并向经济部请求工厂登记。查本厂投资，以华侨认股值百分之七十以上，理合呈请钧会转呈侨务委员会备案，随时辅导，以利进行。等情。到会。除将调查表留存壹份备查外，理合检同调查表壹份呈请钧会鉴核备案。谨呈

侨务委员会

计附呈调查表壹份（略）

回国侨民事业辅导委员会

主任委员陈树人

（2）侨务委员会指令（6月29日）

指令　侨32管字第三五二二号

令回国侨民事业辅导委员会卅二年六月十六辅（32）乙字第二五一二号呈一件，为据溥维他代乳粉厂呈请备案转呈核备由。呈件均悉。准予备案。仰祈知照。附件存。此令。

中华民国卅二年六月廿九日

〔国民政府侨务委员会档案〕

12. 陈静宜为请花纱布管制局求购棉纱致侨委会呈及批和财政部公函

（1944年10月—1945年2月）

（1）陈静宜致侨委会呈（10月　日）

窃我海外留渝侨众，为谋生计，曾于上年十月集齐旅费余资贰佰万元，在南岸弹子石学堂巷创设归侨实业工厂，购备织布机器等。业经呈奉钧会核验侨资，以三十二侨管字三二六号指令批准，并承经济部查厂核发工字第三三七五号工厂登记证各在案。惟请

纱手续，困难万分：远自三十二年十二月起，三十三年一月间，时具呈财部花纱布管制局批发棉纱承织，均遭推辞。截至现时为止，洽请者再，终无结果。但亦无法探求其所以不配发之原因何在？至论绝对无余纱分配，确悉联益布厂巧立特约厂名义而发纱。最近荣誉军人自治区又发底纱八大件，更悉在原织户名义下时有加发新纱之事实，对吾侨胞何歧视若此？致创设经年之侨厂，及今无法开工，原始投资之侨胞，亏累殊巨，今复有新自湘桂展转逃渝之侨胞，决意再度追请廿支底纱廿件开工，用维目前生计，兼以报国。仰承钧会素秉中枢优待侨胞之国策，恤维侨众至殷，伏恳转呈国家总动员会议批定发纱确数与确期，并分函财政部迳饬主管局遵办，免遭歧视延不发纱，侨众生计是赖，亦优待华侨国策之光也。谨呈
侨务委员会委员长陈

附本厂呈花纱布管制局批函三件（略）

归侨实业工厂经理　陈静宜

中华民国三十三年十月　日

(2) 侨务委员会致归侨实业工厂批（11 月 4 日）

批　侨管指字第七八一六号

具呈人归侨实业工厂卅三年十月　日呈一件，为设厂救侨，恳转请令饬花纱布管制局赐购廿支棉纱廿件做原料，以利开工由，呈件均悉。经据情函请财政部转饬花纱布管制局配棉纱矣。仰即知照，原件发还。此批。

计发还原附件三件。

中华民国卅三年十一月四日

(3) 财政部致侨委会公函（2 月 12 日）

财政部公函　渝管应字第 2534 号
中华民国三十四年二月十二日

案准贵会三十三年十一月四日侨管指字第七八一六号公函，以据归侨实业工厂呈请函转购供二十支机纱贰拾件，俾便开工一案，转嘱查核见复等由。准此。径即饬据本部花纱布管制局案呈称：查关于归侨实业工厂申请登记配纱一案，前于去年十二月及本年一月间迭据该厂呈请到局，当经函复准予先行存记，并电饬本局重庆办事处遵照各在案。嗣据该处造送新织户登记表，该厂列为登记第三十四名，按本局规定，凡经核准登记之织户，须俟旧织户停织或减少用纱量，在额定配纱量内有余纱时，再派员调查设备情形，依次递补，配纱承织，以示公允。目前本局川区每月拨供军纱一千七百件，织布用纱四千余件，共需纱五千七百余件，而各纱厂每月产纱平均仅五千件，计每月不敷七百余件，此项不敷之数，以往均赖过去存纱弥补，现存纱业已用罄，故各地织布用纱尚待紧缩中，该归侨实业工厂申请提前配纱，事实上确有困难，如勉予配发，恐其他较该厂登记在前之各新织户援例要求，无法应付，易滋物议。至原呈所称联益布厂巧立特约厂名义领纱及最近荣誉军人自治区获准配纱各节，查联益布厂申请领纱织布一案，系经前农本局穆总经理允诺在先，本局接管后，为避免以后援列请求及并顾政府信用起见，经呈部核准，将该厂改为本局实验布厂，发纱织布。荣誉军人自治区系本局渝处核准登记第一名新织户，迨三十三年八月间有北碚朝阳镇合作社等旧织户停织，经本局派员实地调查该社设备等，实属依次递补。本局对于新织户申请配纱，向系依照规定办理，并无偏颇或歧视等事，该归侨实业工厂拟恳仍照规定办理，暂不发纱，以顾事实，而免困难等情。查所称各节均属实在，自应准如拟办理，准函前由，相应函复查照转知为荷。此致

侨务委员会

部长　余鸿钧

〔国民政府侨务委员会档案〕

六、华侨救济与垦殖

1. 南洋英荷两属同志联合会关于在琼所购荒地情形致侨委会呈及批

（1938年4—5月）

（1）南洋英荷两属同志联合会致侨委会呈（4月25日）

呈为转呈事：现据本会会员琼崖南洋归侨垦殖团代表兼筹备主任林守葛本年三月二十四日呈称：呈为确保业权，所购荒地与兴办实业事，宜暂予结束，回返南洋，恳请转呈国民政府侨务委员会、国民政府经济部准予备案事：窃奉保亭县县政府本年一月四日训令练字第三五二号略开：令即速行遴员测量该团所购各处地方，依照土地法办理，以凭呈复。等因。自应照办，惟值此非常时期，凡百困难，谨将经过情形详陈鉴察。查土劣因中饱私囊不遂，乃转用封建思想遗毒煽动地方各界作剧烈之排列，乘国难严重之时期，捏造谣言，肆意诬陷，加诸守葛等身上，以冀毁灭守葛等之名誉，活埋守葛等之为国赤诚，甚至使守葛等之性命几作枪下之鬼。从民国二十五年九月起以迄今，兹一波未平，一波又起，彼等大有未达目的誓不终止之概，尤其守葛个人为本团之主事者，益为彼等目标所专注。于去年五月以后，竟至足不能越海口市一步，华侨归国之难难于上青天，有如是者，遂于去年八月六日随同侨务局何兼局长伯祥离海口，上省晋谒省府当局，以求解决。一面在港监督各同事进行，于去年十月一日呈吴主席，十一月廿八日呈张专员，以冀得达开工种树胶之目的，收容大量失业渔民，兼种最需要之杂粮，以增战时之粮食，又减敌人利诱失业愚民之隐忧，无如事与愿违，在此六个月间，国难日重一日，地方环境仍难改善。广东为革命策源地，而总理主义竟不足以感化之，中华民国成立历二十七年，其政治之力量亦难纠正。现在国困民穷，百业俱废，凡交通、教育、实业、经济、国防等无不落后，以全民团结，上下一心，急起直追，犹恐难于自存，况倭寇如猛兽，整个中华被其破毁尚难动其共起救亡图存之心，其冥顽有如是耶？在此恶劣环境之下，守葛等以全副精力、时间及金钱应付之，且不暇矣。我政府既鼓励华侨归国投资，关心民瘼，当勿使人热心而来，灰心而去。兹奉保亭县政府明令，谨悉政府对守葛等所买之地解决办法已甚了解，自可据此进行一切工程矣。惟是时期，殊不适宜。守葛等不得不暂时结束，以待战胜暴日，再图进展。报载吴主席饬由财政厅明令各县长暨地政局、农林局克日将各县荒地划设垦殖区，同时所有民荒地经通知后两个月仍未开垦者，则没收作为官地云云。守葛等因环境恶劣，不能开工，应请钧会转呈国民政府侨务委员会、国民政府经济部保留业权，以待时期。至守葛及诸同事，皆久旅南洋吡叻实兆远埠二十余年者。守葛自民六年去国，二十年间未尝一返祖国，直至民二十五年受侨众举为代表，经港直至琼崖，至今尚未一返福建家乡，且子女、兄弟、屋宅、财产尚在南洋，且守葛等在南洋历任党部及社会教育各机关要职，而回国投资，为受国民政府于民国十八年二月二十七日公布华侨回国投资与兴办实业奖励之法所鼓励及良心之驱策，而回去年七月五日琼人郭新君在星洲日报发表关于守葛等之谈话，尽违事实，当经吡叻实兆远中华公会亦于是报力辟其非，因是连任吡叻中华总商会会长二十余年之梁君荣南即致函前黄专员莫京云：本人亦该团发起人之一，不过年老而让，良知、守葛等苦干，待其成功，即行投资。又云，守葛在南洋因党务、国事几危及身，如守葛而为汉奸，则凡我旅居吡叻之华侨皆汉奸矣。云云。请其制止谣言，切实保护。同时，致一五二陈师长、独立第九李旅长之函，亦作同样之请求，该三函并经遍登南洋各大报。开发琼崖实业，又为守葛等运谋有素，来去清白之举动，于民二十年曾呈前蒋兼行政院长，请示办法，嗣由前实业部陈部长公博批示在案。民二十一年又由本团主席陈良知用实兆远中华公会会长名义函请前广东省政府林主席云陔指示办法及垦区，亦蒙函复在案。民二十四年守葛又呈林前主席作详细之请示，寻由前琼崖实业局朱局长赤霓详函示复。民二十五年守葛临行前，又经中央侨务委员吡叻富商李源水、林成就二位老同志迳向前广东侨委会前琼崖实业局备案及请援助保护，均经两机关当局函复在案。去年四月、五月，谣言甚炽，又经监察院委员郑螺生及朱赤霓同志先后函前黄专员莫京保证并请保护，又经郑委员向吴主席、余总司令保证并请保护各在案。守葛等系正当华侨，其证据及历史无一非光明正大有案，不难调查。至守葛等所购领荒地实在保亭县辖，与万宁毫不相关，且与万宁地方人士更无往来，而秘密诬告者乃捏控系万宁，其用意之深，盖使人不知为谁所害也。然破坏守葛等个人事小，横阻华侨视归国为畏途罪大。我政府若不暴弃自强之道，此案应请彻底严究，以警效尤，使人民得自由投资，兴业救国。守葛等以环境关系，致虚縻二年之岁月及空耗二万余元之金钱，迄今一无所成。又王昭夷、吴光辉等先后呈控勾结地方长官，强迫峝首签字卖地，并请取消守葛等所拟购领之荒地，以建设归侨乡，免至压迫黎民生计云云，实则守葛等所购领之荒地与黎民生计绝无抵触。守葛等考察结果，保亭县辖境之荒山荒岭皆日久荒芜者，又该荒山荒岭名义上虽为民有，事实上俱属国荒，所经垦成田亩者，仅十之一、二耳，于国于民损失甚钜，因而根据琼崖实业局所公布粤省府处置琼崖特殊情形之荒地法令，备款向居民收买，实具国利民福之深心，所买之三所荒地约四千英亩，而本团团员凡四百余人其名录，并筹备简章，经于民二十五年十一月二十八日呈广东第九区行政督察专员公署备案，平均每人仅有地十英亩。彼等以为华侨侵略其地方，实昧而不察，至林其昌等既情愿立契卖地与守葛等，亦复呈控强迫，请取消守葛等所买之地，其原因：（一）受土劣之唆使及威胁；（二）土劣诬害守葛等之声势已成，以为华侨已失其反抗力；（三）守葛等任何诬言、任何攻击，皆无反响，更误会以为真属可欺，故弁髦国法，乘机害人，实属罪有应得。最近寻得王昭夷致保亭县教育会会长马三才等之密信，则琼崖各界对守葛等误会所由来，可以大白，土劣利用封建遗毒，煽动地方，明则无理反对，暗则造谣谋害。兹附该原函照片三份，并荒地三所，契据各三份，请求鉴察，指示祗遵。等情。计附呈保亭县辖茅沙团、半弓团、赤田团界内荒地契据照片各三份，王昭夷致马三才等原函照片三份到会。据此。查所称属实，当经据情提报职会第八次常会议决：照转在案。据呈前情，除分呈外，理合检同原缴契据照片各一份，王照夷致马三才等原函照片一份，备文转呈钧会察核备案，并乞指令祗遵，实为公便。谨呈

国民政府侨务委员会委员长陈

附呈：原缴保亭县辖茅沙团、半弓团、赤田团界内荒地契据照片各一份，王昭夷致马三才等原函照片一份（略）。

南洋英荷两属同志联合会常务委员　崔广秀

冯少强

陈汉生

中华民国廿七年四月二十五日

(2)侨务委员会致南洋英荷两属同志联合会批(5月17日)

批　洪移字第一五〇一号

原具呈人南洋英荷两属同志联合会常委崔广秀等廿七年四月廿五日呈一件，为据琼崖南洋归侨垦殖团呈报在琼所购荒地，兴办实业，因受困难，暂予结束，恳转呈备案，保留业权等情。附呈照片四张，请予备案由。呈及附件均悉。准予备案。附件存。此批。

中华民国廿七年五月十七日

〔国民政府侨务委员会档案〕

2. 吧达维亚中华商会为请保护郭美丞垦殖等致侨务委员会呈

（1938年9月5日）

呈为呈请事：窃据职会会员郭美丞君来函内开：迳启者，美丞鉴于祖国荒山旷地未尽其利，殊觉可惜！乃于年前与同侨蓝君长江（即蓝子杨）及陈君连璧等集资在福建漳浦县第三区和坑乡种植桐油树及甘蔗等，并推举蓝君回国为种植主任，渐著成效。查蓝君前在吧城经商，曾任国民党分部委员，又曾任梭罗中华商会秘书，平素热心党国社会事业，备蒙中央侨务委员会聘为名誉顾问，当此抗战之际，蓝君以后方生产为重，尚留乡主持，殊为难得。窃恐非常时期，地方关系复杂，蓝君执行种植业务或有困难，为此函请惠为转请侨务委员会咨福建军政当局饬令地方官吏，遇事保护，以维实业，而慰侨望。等情。据此。查会员郭美丞君为此间诚实侨商，亦社会热心之士，所称蓝子杨君在此抗战时期，犹能顾及后方生产，在乡主持种植业务，诚难能而可贵，为此理合据情备文呈请钧会察核，伏乞咨文福建军政当局饬令地方官吏遇事保护，以维华侨在乡实业，实为德便。谨呈

中央侨务委员会委员长陈

吧达维亚中华商会会长　丘元荣

总干事　陈抚辰

中华民国廿七年九月五日

〔国民政府侨务委员会档案〕

3. 行政院为印送安辑侨汇区域并调整侨汇机构案致侨委会训令

（1939年4月27日）

行政院训令 吕字第四二一九号
中华民国廿八年四月廿七日

令侨务委员会

准国防最高委员会秘书厅本年四月七日国治字第酉二六六号密函开：国民参政会第三次大会建议安辑侨汇区域，并调整侨汇机构一案，经国防最高委员会第三次常务会议决议：交行政院办理具复。相应录案并检同原建议案印件函达，即希查照办理见复。等由。准此。查原建议案所列“国内方面”第一、第二、第三各项，及“国外方面”第一项，应由财政、交通两部及福建、广东两省政府，分别转饬有关各银行暨邮局或邮寄代办所遵照办理。“国内方面”第四项，应由福建、广东两省政府遵办。“国外方面”第二项，应由侨务委员会遵办。除分令并函复外，合行抄发原建议案，令仰遵照。此令。

计抄发原建议案一份

院长　孔祥熙

安辑侨汇区域，并调整侨汇机构案

（提案第十号）

陶参政员孟和等二十人提

理由：自厦门、广州相继沦陷，漳、潮、汕、琼及四邑等重要侨汇区域倍感威胁后，侨民家属流离失所，侨汇机构梗阻，政府亟应抚辑流亡，调整侨汇机构，并改变汇路。兹拟出各种办法如下：

一、国内方面

（1）通令广东省银行斟酌情形，恢复各主要侨汇区域分支行处，非于必要时不得再行撤退。

查粤省战争起后，广东省银行即将各地分支行处先后结束，致潮汕各地近年来国家银行惨淡经营之侨汇业务一旦又落于汇丰银行之手。四邑各地（包括台山、开平、新会、恩平四县）之侨汇方式系利用仄纸（即支票），政府银行在四邑各地吸收仄纸应为辅助政府集中外汇必要步骤之一。在广州沦陷以前，粤省行对吸收仄纸之工作，原即不甚努力，现必益形停顿。不独此也，自行撤退后，四邑各地金融状况靡烂不堪，投机渔利者比比皆是。故粤省行各地分支行处之规复，实为当务之急。

(2) 国家银行及闽粤两省行应与各该省邮局缔结代理汇兑合同，以严密侨汇纲之组织。

闽粤两省之侨汇向由批局（即民信局）经手。此等批局信用昭著者固有之，而从中渔利（如因延付方法）乃至剥蚀侨款者亦复不少，战时当必益甚。国家银行与闽粤省行间，闽粤省行与各该省邮局间亟应紧密联系，以期国家银行在国外各地所吸收之侨汇，得由闽粤省行转经各该省县镇村之邮局，或邮寄代办所直接交付侨民家属之手。

(3) 通令闽粤两省行以及两省侨汇区域之邮局或邮寄代办所举办侨民家属登记。

自厦门、广州失陷，闽粤两省内地感受震动之后，侨民家属仓促他徙，海外侨民与其国内家属间之联络顿失。因是而汇款停止者已屡见不鲜。倘战事延长，战区扩大，则此种现象必将有增无减，故闽粤两省行国内各分支行处以及两省侨汇区域内之邮局或邮寄代办所，亟应成立类似“侨民服务部”之组织，为侨民家属办理迁徙登记，在侨民汇款时，予以汇率及手续上之便利，并于必要时指导并协助侨民家属向内地撤退。

(4) 肃清内地匪氛，以保障侨汇通路。

过去因政局变动无常，内地地方不靖，影响侨汇至巨，近则因战事紧张，内地匪氛复炽，潮汕腹地，劫掠侨批案件时有所闻。长此以往，不特侨民对汇款多所观望，即侨民家属亦将无以为生，故政府亟应通令闽粤两省，切实绥靖地方，以保障侨批之安全。

二、国外方面

(1) 国家银行亟应在海外主要侨汇地点筹设分支行以吸侨汇，藉增外汇基金。在美洲方面如国家银行一时尚无力设行，则应与美国各大银行缔结代理收解付款合同，获得其所吸收之侨汇。

在南洋方面，近中、交两行虽有遍设分支行之拟议，一时恐尚难实现。故首要之图，一方面应先与已成立之华商银行（如华侨、东亚、广东、中兴等行）成立紧密之联系，以期将各该行在当地所收之侨汇以国家银行为中介转汇国内，一方面应与南洋各地之批局订立委托合同，由国家银行委托此等批局在南洋各处吸收侨汇，而付以较优之手续费。至于国家银行用种种方法在国外所吸收之外汇，则可委托闽粤两省行在国内代为付出。

（2）鼓励海外侨民家属向川、滇、黔内地迁移，以增加侨汇，并促进侨民与祖国间之联系。

自战争延及华南以后，贫苦者避难乡间，一般较富有者则相率徙居海外，以集中港澳及南洋各地者为尤众。侨民家属徙居海外，侨民即无复向国内汇款之必要。于是外汇之供给即失一重要来源，而侨胞与祖国间之关系亦将因此益疏。故政府应设法在海外各地抚辑侨民家属，招之返国，以从事后方之建设事业。例如川、滇、黔各省，可设“侨民新村”，对于侨民兴办各种事业，予以种种之便利。

以上所拟各项办法，是否有当，尚祈公决。

提案人　陶孟和

连署人　杨端六　张奚若

周　览　颜任光　杨振声　杭立武

陈　时　傅斯年　欧元怀　胡元倓

范　锐　周炳琳　张忠钹　陈博生

钱端升　高惜冰　罗文干　卢　前

奚　伦

国民参政会决议：原案通过。

〔国民政府侨务委员会档案〕

4. 行政院秘书处为孙绳武建议救济流亡麦加的新疆侨胞致侨委会笺函

（1939年5月18日）

笺函　吕第五一二三号

据蒙藏委员会委员孙绳武建议：(一)在汉志国吉达埠设立领馆。(二)救济流亡麦加之新疆侨胞。(三)补助留埃学生宣传津贴。(四)发给留埃本年毕业学生归国旅费。请分别交主管部会核办一案。奉院长谕：原建议第一项，应交外交部核办。第二项应函中央海外部，并交侨务委员会核办。第三项应函中央宣传部核办。第四项应交教育部核办。除分函外，相应抄同原件，函达查照。此致侨务委员会

计抄送原呈一件

行政院秘书长魏道明

中华民国廿八年五月十八日

抄原呈

敬密呈者：上年十二月绳武赴桂，查放赈款，事毕，于本年元旦日返抵重庆，即据密报：华北回教伪团结受敌人指挥，派遣唐易尘等五人携带巨款，前往麦加参加二十八年度朝觐大会，向各国与会回教徒作不利我国之宣传，并悉已由沪搭乘义轮放洋。绳武以近年来敌方派遣浪人赴近东各地对我作反宣传之举，不一而足。幸赖我国回胞出国宣传之个人及团体发扬正义，使敌方之阴谋不得售。今彼乃嗾使我国不肖分子出国，为之鼓吹，藉以淆惑国际视听，是其鬼蜮伎俩，变本加厉，所将影响于我国体者至大且巨，不可不预谋对策，以资防范。是时，我国前派出国之近东访问团一行，业已宣传事毕，在归国途中通知既甚困难，时间亦感迫促，唯一之补救办法厥为由我国现在留埃学生组织朝觐团体，就近前往参加，监察汉奸之行动，俾不得施展之诡计，庶可使国

际明瞭此辈之背景，及我国抗战之坚决，因以同情我国。爰于一月二日据情密呈钧府，并请饬由外交部致电驻埃领事，指导留埃学生组织中华民国回教朝觐团，务期先彼等抵达麦加，旅费方面请暂予发给五百镑，冀以少量费用，造成伟大效果，比蒙俯准令饬外交部办理，所需旅费，亦饬交中央银行汇往备用。

该团于任务完毕返抵埃及，即来函曾特别提及新疆旅麦加同胞概况，彼等为数千余人，其中有在新疆颇有地位之人物。据云因受地方政府之迫害，以致荡析离居，漂泊海外，彼等在麦加有开饭馆者，有为负贩者，有为苦工者，有为汽车夫者。该团全体曾经访其重要人物畅谈三小时，解释政府对新疆之苦心及抗战之近况，彼等初对中央误解甚深，经该团多方解释后，始明瞭新省当局之所为，并非中央之旨意，满腹疑虑，涣然冰释，最后托该团向中央报告新疆人之苦痛，及希望该团已呈请外交部建议在吉达埠创设领馆，以保护并接济汉志华侨免为敌人所利用。查敌人已在吉达创设使馆，并与汉志国订立商约，取得开采石油之权利，我国若不亟设领馆，则不惟现在汉志境内之数千新疆同胞必受敌人之利用，即来年朝觐者亦不免受敌人之妨害也。

吉达设领与新疆流亡海外同胞之接济，确为当务之急，再我国留埃学生家境多属清寒，除赴埃及旅费系多自行筹措外，在埃生活费均受埃及补助，仅敷最低限度之费用，为便利其继续在埃从事宣传计，拟请饬由教育部或由中央党部每年每人给予补助费二十镑。又马坚、纳忠海、维谅留埃十年，造诣极深，今年学成，应行回国，亦拟请饬由教育部每人发给旅费五十镑，俾克回国服务。以上所陈，统祈垂察，除密呈委座外，谨呈

行政院长孔

职　孙绳武　谨呈

五月一日

〔国民政府侨务委员会档案〕

5. 侨务委员会为提倡侨民家属移居川滇黔内地并投资生产事业致各驻外领事馆等的训令稿

（1939年6月13日）

训令　荒渝甲字第1546号

令各驻外领事馆

令驻滇专员张客公

令河口侨务局长何伯祥

查此次对日抗战，为国家民族生死存亡所关，必坚定信念，忍受痛苦，军事建设，双方并进，而后前途胜利，乃可预期。自战事延及华南以后，侨民家属恒相率徙居海外，以暂求一时之安。不知此种行为，在个人仅为消极之办法，在国家实失外汇之来源。现战局渐趋有利，政府对川滇黔各省正极力从事建设，以奠定复兴基础。而地方广阔，实业繁多，滇缅公路、滇越铁路又复联络贯通。我华侨处此，或投资生产事业，以振兴公私之利益，或移家入居各省，以筹谋家族之安宁。我政府均当分别保护，予以种种便利。除分令外，合行令仰遵/该照，对当地之侨团侨民，积极提倡，以增加抗建之实力，专员/局长对侨民移家滇黔，或兴办各种事业，妥为指导！是为至要。此令。

中华民国廿八年五月　日

〔国民政府侨务委员会档案〕

6. 驻西贡领事馆为办理提倡侨民家属移居川滇黔内地致侨委会呈及令

（1939年7—11月）

（1）驻西贡领事馆致侨委会呈（7月17日）

驻西贡领事馆呈　领字第二六四七号
民国二十八年七月十七日

案奉钧会廿八年六月十三日荒渝甲字第一五四六号训令，以政府对以滇、黔各省正极力从事建设，仰对当地侨民提倡将眷属移居内地，并投资生产事业，以增加抗战之实力，等因。奉此。当经遵令通告侨胞周知在案。兹据西贡侨商蔡陈石呈称：为呈请事，日前披读报章，得阅钧馆转奉侨委会通令华侨应迁移眷属入居祖国云、贵安全地区，以振兴公私，以筹谋家族安宁，我政府均当分别保护，予以种种便利各等情。足见我贤明当局高瞻远瞩，语重心长，诚一举而两利，相信海外同侨，当能闻风景从，相率迁眷回国，石亦具有此志，但因云贵情形隔阂，未念何地较为适合侨眷居住？石意尤以邻近交通线之小村镇较为适合，至我政府如何采取切实适当护侨办法？均希钧馆代为咨请上峰详为赐示，俾好挈眷入滇，以资生息，毋任感荷！等情。据此，理合具文检同本馆通告剪报一份，呈乞鉴核，指令祇遵，实为公便。谨呈

侨务委员会

附呈剪报一份

驻西贡副领事暂代馆务卓还来

我驻贡领事馆通告

——华侨家族应移居川滇黔各省同时应积极投资国内生产事业；国家财政将因外汇而益趋安全

我国驻贡领事馆，昨发出第一〇九号通告，请海外华侨积极投资国内生产事业，或移家族入居西南各省，则不特国家财政将因外汇而趋安定，抑且可谋家族之安宁云。兹探录该通告原文如下：驻贡领事馆通告（第一〇九号），案奉侨务委员会廿八年六月十三日荒渝甲字第一五四六号训令内开：查此次对日抗战，为国家民族生死存亡所关，必坚定信念，忍受痛苦，军事建设，双方并进，而后前途胜利，乃可预期。自战事延及华南以后，侨民家属恒相率从〔徙〕居海外，以暂求一时之安，不知此种行为在个

人仅为消极之办法，在国家实失外汇之来源。现战局渐趋有利，政府对川、滇、黔各省正极力从事建设，以奠定复兴基础，而地方广阔，实业繁多，滇缅公路、滇越铁路又复联络贯通。我华侨处此或投资生产事业，以振兴公私之利益，或移家人居各省，以筹谋家族之安宁，我政府均当分别保护，予以种种便利。除分行外，合行令仰遵照，对当地之侨团侨民积极提倡，以增加抗建之实力，是为至要。此令 。查抗战形势日益好转，国内各项经济建设，亦在积极进行中，而西南交通纲之完成，意义尤为深长，凡我侨胞，此时诚应积极投资国内生产事业，或移家入居西南各省，不特国家财政将因外汇而益趋安定，抑且可谋家族之安宁，望我侨胞其急起力行，奉令前因，合行通告周知此布（逸）。

（2）侨务委员会致昆明侨务局训令（11 月 20 日）

训令　荒渝甲字第三四九九号

令昆明侨务局局长张客公

案据驻西哥领事馆本年领字第二六四七号呈，为奉令办理提倡侨民家属移居川滇黔内地一案，现据西贡侨商蔡陈石来呈，请示何地较为适合等语，呈乞鉴核，指令祗遵。等情。查鼓励海外侨民家属向川滇黔内地迁移，以增加侨汇一事，系国民参政会第三次大会建议安辑侨汇区域并调整侨汇机构之国外方面第二项，奉行政院训令到会，并由本会通令各在案。兹据该领馆转呈前来。合行抄发原呈，令仰该专员先在滇省寻觅地点，拟具计划，具报核办，是为至要。此令。

中华民国廿八年十一月　日

（3）侨务委员会致驻西贡领事馆指令（11 月 20 日）

指令　荒渝甲字第三五〇〇号

令驻西贡领事馆

廿八年领字第二六四七号呈一件，为奉令办理提倡侨民家属移居川滇黔内地，兹据侨商蔡陈石呈请转呈鉴核示遵由，呈悉。此案现令行昆明侨务局寻觅地点，拟具计划之中，俟核定以后，当再令知，仰即转饬知照。此令。

中华民国廿八年十一月　日

〔国民政府侨务委员会档案〕

7. 暹罗华侨抗敌救国后援会为请设立滇边暹罗华侨垦殖区致侨委会呈

(1939年8月7日)

呈　抗字第四七〇七号

呈为呈请指导设立滇边暹罗华侨垦殖区，以便归侨，而固边疆事：窃维海外侨民眷念祖国，素具热诚。在昔总理倡导革命，首予赞同，效命输财，靡不尽力，抗战军兴，尤深敌忾同仇。在最高领袖领导之下，本抗战建国之既定方策及有钱出钱、有力出力之原则，自动集款捐资，或助军饷，或济难民，虽因所在地环境各殊而成绩迥异，然其爱护祖国，不忘国民天职，则靡不人同此心，心同此理也。顾我敌之战其胜败之关键，不能以暂时军事上之得失为权衡，而必须以能否支持长期斗争，以取得最后五分钟之胜利为指断，然欲达此目的，必须遵循最高领袖所训示：前方军事抗战与后方经济建设俱属重要，应同时并进。盖惟有加速经济建设，以巩固生产基础，然后始能支持长期抗战建设三民主义之新中国。抗战以来，海外华侨之汇款认捐为数颇有可观，而回国服务者亦陆续不绝，然集股投资从事实地生产工作者尚不多观。最近，此间华侨一方面因祖国政府之倡导奖励华侨投资；一方面亦以所在地环境日非，觉悟侨胞多作倦鸟归巢之想，故回国考察西北、西南经济生活状况，以为移资开发之准备者已大有其人。然多以交通不便，生活悬殊，语言、风俗习惯尤多扞格，类抱观望态度。属会默察侨情，以不明政府奖励和保护实情，不敢贸然前往者固多，而因南洋华侨以闽粤省同胞为多欲归桑梓，则家乡尚在敌人炮火威胁之下，疏散时闻生产无从进行，欲赴西北、西南，则因路途跋涉，生活迥异，少数人单独行动，则生活上诸多困难，集体移民，则尚须有待我政府之缜密计划，切实指导也。客岁，此间侨胞青年游滇，当以私人名义谒见云南建设厅长张邦翰先生，请指示暹罗华侨回国投资意见。据张厅长意见，谓暹罗华侨回国投资地点以思晋边区一带较为相宜。盖该地与暹罗交通较国内更为便利，而地方土著，类多夷人，语言、习惯风俗与暹罗大同小异，且地旷人稀，生活落后，最宜暹罗华侨垦殖开发。嗣经此间派人前往调查报告，据言由暹京曼谷趁〔乘〕火车至南邦，乘长途汽车至暹边境昌莱�柿，而入缅境昌敦，车行四日，由昌敦策马至佛海县治，马行六日，全程除两季车马不便，程途难定外，平时旬日可达，将来佛海、昌敦此段公路通车，行程即可缩少一半，约五天即可达国境矣。以车里行政区所属各地，广袤约十万方里，而居民不满二十万人，夷民土著约占十之八九，而汉人仅居十之一二而已。该地为滇茶出缅转印入藏要冲，乃沿边国际贸易之重要门户，将来公路畅达，政治建设推进，不失为边疆要地。属会审度眼前当地政治环境，预计将来可能变化，则车里一地，不但为暹罗华侨将来避难逃生之路，且将为西南国防前哨之要站。故暗中一方注意该地社会实况之详细调查，一方从事于同道之咨询连络，拟用公司投股方式，以达集体移民。目的使资本、劳力同时内流，生产建设，充实边防，一举两得。虽事属创举，成功未必可期，但时势所趋，只须赖吾辈切实努力，前途甚有希望。然此事关系移民殖疆，生产建设，必须政府之指导辅助，及侨民之筹备组织，合力并进，始克有济。属会除实地调查，宣传鼓励，积极联络同志外，复乘吴常务理事碧岩同志晋谒之便，托其将进行经过，面陈一切，并将属会意见，提出请求核示，以便进行。兹将属会意见，陈列如下：

（一）请用钧会或国府政府名义，谕令暹罗公开社团，注意回国投资事宜，并派定侨社中较有名望者若干人为回国投资筹备会委员，从速成立筹备委员会进行工作。

（二）供给各种经济调查、生产建设、工业合作运动、农垦、工矿等有关之最新材料及政府之计划。

（三）指令云南省建设厅，划定边境之任一区域（以车里一带为宜）为暹罗华侨回国投资垦殖区，并予以保护及种种利便。

（四）介绍事业上必须之技术人才。

此不过就其荦荦大端者，其余详细办法，尤有赖于钧会之缜密擘划，精细指导，他日滇边移垦区成立之日，即我在暹华侨加一经济后方，祖国多一生产营垒，而边疆开阔，又能巩固边防，在在有绝大作用。属会忝负推动救亡之责，对于鼓励侨胞捐输，介绍技工回国，固当稍尽棉薄，而对于关系祖国建设、侨胞前途之暹罗华侨移垦区之推动，尤不敢不一贡刍荛，以备采择。谨呈

侨务委员会委员长陈

暹罗华侨抗敌救国后援会常务理事　吴碧岩

韩心传

韩德孚

中华民国二十八年八月七日

〔国民政府侨务委员会档案〕

8. 侨务委员会外交部为保护欧洲大战中之侨民办法致行政院会稿及训令

（1939年9月）

（1）侨务委员会外交部致行政院会稿（9月4日）

呈　国28字第一九四三四号

关于欧洲局势紧张，旅居德国华侨约一千人，应如何处理一事，业经外交部于八月三十一日以国28字第一九三七六号呈报钧院在案。兹查德波战事状态，业已存在，欧洲大战似已不可避免，我政府对于海外侨民，应如何保护，亟待妥筹办法：

一、现在旅居交战国之华侨，应为自身安全自行设法疏散，我驻外使领馆仅负劝导及协助之责任，无须负责遣送。

二、如我国对于欧战，决定参加交战国之一方，则旅居与暨中立国之华侨无庸撤退，但旅居与国之华侨仍应疏散至安全地带，其旅居敌国及其与国之华侨，应由政府遣送回国，至少须往中立国暂住。

三、遣送费用，须查明侨民资力，加以甄别，有力者自筹旅费，实在无力者，应查明确数报外交部呈院核拨。

是否可行，理合具文呈请钧院转陈国防最高委员会鉴核，迅予饬知，以便通饬各有关使领馆遵照办理，实为公便。谨呈

行政院

(2) 行政院致侨务委员会训令（9月27日）

行政院训令 吕字11536号
中华民国廿八年九月廿七日
令侨务委员会

奉国民政府廿八年九月廿日渝密字第一一四号训令开：案据本府文官处签呈称：准国防最高委员会秘书厅二十八年九月十五日国议字第四零三二号函开，准行政院本年九月五日吕字第一零二二号公函，以据外交部、侨务委员会会呈称，查德波战争状态业已存在，欧洲大战似已不可避免，我国旅外侨民应予设法保护，拟具办法三项，请转呈国防最高委员会鉴核，迅予饬知，以便通饬各有关使领馆遵照办理等情，经院会决议，准如所拟办理，除指令外请查照转陈备案。等由。经陈奉国防最高委员会第十五次

常务会议决议，准予备案。相应抄同原函函达，即希查照转陈饬知等由。理合签请鉴核等情。据此，除饬复外，合行令仰该院知照。此令。等因。奉此。除分令外交部外，合行令仰知照。此令。

院长　孔祥熙

〔国民政府侨务委员会档案〕

9. 国民政府军事委员会为救济广州湾侨民致侨务委员会代电

（1939年10月19日）

代电　令一元字第5289号

重庆。侨务委员会陈委员长勋鉴：密。韩汉英寒电转据琼岩保安司令吴道南报称：英属南洋侨胞被当地政府疏散，琼籍侨胞返国流落广州湾者数千人，有冒险渡琼者，中途为敌截击，人船无一幸免，乞迅予救济等情。查侨胞自抗战以来，对祖国供〔贡〕献特大，今罹不幸，自应迅行设法救济，除分令外，希协同广东省政府办理为盼。中正。皓。午。令一元。骥渝。印。

中华民国二十八年十月　日

〔国民政府侨务委员会档案〕

10. 马来亚潮州公会联合会救济潮州难民委员会回国代表团为赈济难胞致侨委会呈及批

（1939年11月—1940年1月）

（1）马潮救难会回国代表团致侨委会呈（11月22日）

呈为调查灾情，赈济难胞，乞请准予饬属保护，以利进行事：窃自汕头事变以后，潮属各区域遭兽蹄所蹂躏，或受敌机所惨炸，疮痍满目，遍野哀鸿，灾情之重，令人酸鼻。敝团现秉马来亚潮州公会联合会救济潮州难民委员会议决案，拟亲入潮属各区调查灾况，俾可分别施赈，以尽同胞物与之情，惟念值兹地方多难，交通梗阻，一切进行恐感未便，迫得具呈钧座恳即转函广东省政府、第四战区司令部暨所属各地军政机关，沿途妥为保护，并协助，以利调查，而便赈济，则潮属百万灾黎不胜感恩戴德之至矣。切呈
国民政府侨务委员会会长陈

黄芹生
马潮救难会回国代表团王文生叩
麦宏泉

民国廿八年十一月廿二日

（2）侨务委员会致广东省政府和第四战区司令部公函（1月10日）
公函　侨29甲字第一一八号

案据马来亚潮州公会联合会救济潮州难民委员会回国代表团廿八年十一月廿二日呈称：窃自汕头事变以后，叙至不胜感恩戴德之至。等情。据此。除分函外，相应据情函请查照，令饬所属，予以保护，俾得达成任务为荷。此致
广东省政府
第四战区司令部长官

衔名

中华民国廿九年一月　日

（3）侨务委员会致马潮救难会回国代表团批（1月10日）
批　侨29甲字第一一九号

具呈人马潮救难会回国代表团王元生等廿八年十一月廿二日呈一件，为组织本团拟亲入潮属调查施赈，呈请转函广东省政府等饬属保护由呈悉。经分函广东省政府及第四战区司令部饬属保护，仰即知照。此批。
中华民国廿九年一月　日

〔国民政府侨务委员会档案〕

11. 广东省政府为办理救济广州湾琼籍难侨情形致侨务委员会代电

（1939 年 12 月 8 日）

代电　民字 3191 号

重庆。侨务委员会勋鉴：本年十一月二十日荒渝戊第三四九四号代电敬悉。查关于救济广州湾琼籍难侨一案，前奉委员长蒋皓午令一元骥电，经饬据广东省振济会派该会委员兼秘书王敬止携款前往办理，旋准振济委员会电嘱，拟根本解决办法，以便核办，等由。复饬该振济会妥拟切实根本解决办法 呈复去后，旋据振济会本年十一月二十日救字第四二七六号呈称：窃查琼崖沦陷后，难民麇集日多。据遂溪县长及各方报告，逃至广州湾难民已数万人，鸠形菜色，饿殍载道，情形至为凄惨，当经遴派本会王委员敬止、曾委员同春等率领救济队员前赴协助救济，并呈报钧府备案在卷。兹尚将先后拨发该处振款及办理经过略陈如次：（一）据遂溪县符县长电报到会后，业将奉拨指振琼崖专款五万零零五元零一分分别转拨该县长及王委员敬止收领，旋由本会续拨振款国币三万元汇往办理，以上计共拨发振款国币八万零零零五元零一分。（二）据王委员敬止呈报，到达广州湾调查接洽及计拟各情形约分六点，第一点，该处难民贫而无依，入所收容在约一千一百余，与符县长艳电所报留湾难民达五万以上各情形，已见和缓。第二点，该处慈善团体颇具力量，嗣后本会办事处似宜与该团体打成一片，通力合作，庶事半功倍。第三点，招致华侨筹办垦区。第四点，筹办赠医药所。第五点，拟具救济计划大纲，分为消极积极两项，关于消极方面，救济计需费二万五千元，关于积极方面，救济计需费十七万五千元，两共需国币二十万元。第六点，为办理广州湾救济事业便利迅速起见，拟请准予组设本会广州湾办事处，附缴救济南路难民计划草案及办事处组织规程、预算等项，请核示等情。当经电复如次：办事处准照设，惟应加临时字样，每月经费暂定国币一千元，试办三个月为限，所拟组织规程、预算核与核定经费，数目超过发还，另拟呈核。望救济计划各项应体察情形，分别缓急，令同遂溪符县长、熊主任佐妥办，随时报核。（三）查该办事处系属临时性质，业由本会权派张专员炎兼任该处主任，王委员敬止荐任该处副主任，饬所组织成立报核，理合将先后拨发振款，计拟救济广州湾难民办法及组织临时办事处各情形，连同救济南路难民计划大纲草案等项呈报察核，等情。计呈缴救济南路难民计划大纲草案及救济费预算表各一份前来，当以所拟尚属可行，经饬迅即照办，并电请振济委员会查照核办各在案，准电前由，除再饬该振济会转电该会委员兼秘书王敬止就近切实妥办外，相应抄同原计划大纲，电请查照为荷。韶。李汉魂。齐。民三。印。计抄送救济南路难民计划大纲一份。

广东省振济会南路难民计划大纲草案

查广州湾一带，现有难民万余人，关于消极积极两方面，应行救济之事，当多兹体察环境可能与实际需要，分别缓急，拟具救济计划大纲，分述如左：

（甲）消极方面救济

一、筹设赤坎、西营、硇州等处赠医所及留医所　查广州湾各难民区域医药设备尚感缺乏，目前难民死亡相继，其原因固在居处过于稠密，抑亦由医药缺乏有以致之也。又广州湾惯例，凡就在不得在屋内病亡，故病重者，其家属常将移置郊外以待毙，实属惨无人道。因此，留医所与赠医所之设置，实为急不容缓之举。兹拟即在赤坎、西营、硇州等处筹设增医所与留医所各一处，限于一个月内成立，该项经费，拟先拨国币壹万元，将来察其成效如何，如必要时拟与各慈善团体继续维持与推广，以宏救济。

二、举办平粜　查广州湾米价颇昂，现国币一元约可购米五斤余，据各处难民代表要求，举办平粜，以资救济，当属实情。兹拟在各难民区附近先为举办其平粜，价格拟较普通米价约低百分之二十，此项平粜亏损金拟先拨国币一万元，并拟与各慈善团体联合办理。

三、制发棉衣　查冬寒将届，现难民无棉衣者尚多，据各难民代表要求制发棉衣洵属要举。兹拟先拨国币三千元制备棉衣五百套，此利散放，并拟与各慈善团体联合办理。

四、举办义坟、公厕　据各处难民面称，当难民病亡时，无法选觅山坟，常为土人所勒索，因此要求举办义坟前来，所亦属需要之举。又硇州难民数千人，未设公厕，男女均在郊外随愿便溺，既碍风化，又失观瞻，拟即在该处举办公厕，以维秩序，而重卫生，此项费用约共需国币二千元。

（乙）积极方面救济

一、倡办各种制鞋织造等生产合作社　查难民中抱有技艺者颇多，如男子中之制鞋，妇女中之编织等，现已多有出品，但因资本不足，与各自经营，致获利甚微。兹拟就各难民中原有技术、贷予资本，指导组织各种生产合作社，俾得大量生产。此举在广州湾原料、机械均易得，销路亦旺，实较轻而易举。此项贷款资金拟先拨国币一万元，如将来办有成效者，自可由政府保证保息，介绍银行贷款，大量扩充，以宏生产。

二、举办难童义学　查难童中多数失学，据各难民代表要求举办义学，自属要举。兹拟先在赤坎设一校，计六班；西营二校，计十班；硇州设一校，计四班。每班收容儿童约四十人，选用失业教员为导师，校址如无公共场所，则拟盖搭棚厂备用，此项开办费拟定国币一万元，经常费暂以六个月计算，计国币五千元，共一万五千元。

三、举办小规模示范垦区　查华侨中颇有热心举办难民垦区者，但因事属创举，无所适从。兹拟选择适当地点举办小规模垦区一处，征集难民约五百人，或采劳资合作办法，或贷予资金，使之从事垦殖，以资示范。此项办理垦区经费，拟先拨发国币三万元，此外如有华侨集资举办垦区，拟积极予以协助，俾易成立。

四、筹设通行西行之驿站　查筹设通行西江之驿站，不独可以收容多量之难民，使之生计有着，且与行船、货运，以致政治、经济关系均甚重要。现查广州湾至郁一线，全路挑运货物者数万人，路旁摆卖食物之妇孺亦数千人，货运旋容为之塞途，经济极形活跃，地方立复繁盛，其影响国计民生，实非浅鲜。兹拟每隔四十里设一驿站，每一驿站中又设若干补助站，全线约设二十驿站，经茂名、信宜、云浮、罗定而达西江，每站收容难民约四百人，设置交通运输工具及医疗所、学校、生产合社作等，并派员妥为管理，以形成全路之经济线与运输线。此项设备管理以及贷予伙食、营业等费，计共一十二万元。

以上消极积极两方面救济事业，当推行之时，拟先举办人才登记，凡属专门人才、失业教员、机关职员，以及有一技之所长者，均予调查登记，以便量才录用。又各种救济事业，拟先由本会拨款举办以为之倡，俟办有成效，然后联合各慈善团体参加扩充，至特种救济事业(如教育合作、移垦等)，拟罗致地方热心公正人士或专门人才组织特种委员会，筹划办理，以收集思广益，易于推动之效。

〔国民政府侨务委员会档案〕

12. 行政院为救济海外归国侨胞拟订救侨办法致侨委会提案等

(1942年5月2日)

关于救济海外归国归胞一事，迭经政府拨发巨款派员办理急赈，惟以此类办法虽能维持一时之生活，殊非彻底永久之计。查侨胞旅居国外，类皆刻苦耐劳之辈，具有从业经验，倘能善运利用，假以机会，对于后方生产工作，定多裨益。昨据华侨领袖司徒美堂同志来称：此项归国华侨在未离国土以前，类皆熟练农人，倘能筹辟垦殖区域，利用侨资从事开发生产工作，必能达到“以侨救侨”之目的，并据拟具办法五条如后：

（一）设置垦殖区办事处　拟定名为“华侨垦殖合作社”，依照合作事业章程组织之，以别于公营实业及商人企业。

（二）请求政府拨给荒地　请求政府先令行粤、桂、滇、闽四省指定适宜荒地，以资开垦。并请政府就近发给东西山荒地（位置在永川、璧山、铜梁各县交界处，四川省政府建设厅曾有详细调查报告书），以资从速开垦，所以指定此区者其理由：（1）面积广大；（2）交通适宜；（3）业务易办；（4）销场畅通；（5）成绩可期俟中央垦区成立后，再推行四省垦区。

（三）募集资金贰千万元　请政府先行借拨叁百万元，以为开办费，由本社分向国内外侨胞募足此额，即行归还借款。

（四）尽量收容侨胞　由各垦区先行开始侨胞登记，分别平日执业，以备将来尽量任用。

（五）凡为从业员工必须认股　如此伟大事业须各员工皆占股份，始能振起各人奋斗精神，休戚相关，不易为私人把持，成功始有希望，倘从业者无力认股，得向本社先行登记预认股额，声明于每月薪水下扣还若干，其余则于年终奖金内扣清，清还后仍得继续认股，务期达到真正普遍合作目的。

所请是否可行，谨检原呈一件，提请公决！

抄司徒美堂呈

美堂此次回国，亲睹香港为敌攻占，南洋、缅甸相继沦陷，侨胞流离失所，为状至惨，政府虽叠拨巨款救济，仍不过维持暂时生活，而非彻底安集办法也。以现时大势观之，战争愈入持久状态，断非短期所能解决，故侨胞既经丧失之产业，亦断非短期所能恢复。若长此而为失业之人，则政府又何能于抗战艰苦进程中对此百数十万人而为无限责任之救济耶？美堂为侨胞一分子，对此不能漠视，自抵陪都以来，与各方面同志相见，无不以此相询，往复讨论，不厌求详，所得结论，以为侨胞于国外既失之产业，当于国内谋兴复之，闻者得无以此言为夸诞乎？请就事实一证明之。夫吾侨之初离本国，类皆为经济所压逼，冀得糊口于外，免转于沟壑耳，非拥有资本及有一定之企业，而赴各埠也。既至其也，恃其冒险、耐劳、刻苦种种美德，战胜一切环境，始获成功，绝无丝毫侥幸。今日不幸被逼回国，先后同为一人一身之外，复益以种种从业之经验，倘能假以机会，得以发挥我总理双手万能之遗训，则兴复旧业，断非难事。美堂虽老，犹愿偕诸侨胞一实践斯言也。虽侨胞在外有种种执业之不同，然当其未离本国之日，类皆曾为熟练之农夫。故今日无须筹设种种工矿、实业以为收容，只须为之筹设垦殖区，合一炉而冶之，自为最善之法。且农产品之收成为期不过四、五个月，尤令资金易于周转，至于资本之募集，当就先后回国之侨胞及美洲侨胞而募足之，务达“以侨救侨”之旨，其未募足之前，先求政府借款若干，以资开办，盖救灾如救火，不容一刻之缓视也。兹拟就节略五条呈裁夺，如蒙采纳，当集才彦再为详细之计划，美堂不敏，有厚望焉。

一、设置垦殖区办事处

……①。

抄农林部呈

案奉钧院三十一年三月二十七日顺柒字五四二五号训令，以战时侨胞救济及侨胞国内眷属贷款案，经召集有关各机关审查，应照审查意见办理，抄发审查纪录，令仰遵照等因。奉此。查原纪

① 此五项建议在上述提案中已有，故略。

录尾称：此案应因地制宜，把握现实，分头解决，先由各主管部会就各省实际情形，并依上述扶助生产之原则，分别拟具详细办法呈核等语。兹谨将福建垦务所，广东、广西、云南等省振济会所办垦区及本部崇安垦区，能以收容垦民与需要经费数目编具闽、粤、桂、滇四省垦殖机关及各县现有荒地面积、估计收容人数与需要经费表，至侨胞收容办法，本部前经拟定农林部救济归国侨胞泛垦办法一种，是否有当，理合一并缮呈鉴核备案。

农林部救济归国侨胞从垦办法草案

第一条　本部为救济归国侨胞从事生产，藉免失业起见，特订定本办法。

第二条　凡属归国侨胞具有耕作能力，志愿从垦者，均得予以收容。

第三条　救济办法按侨民之经济状况及其志愿分为左列三项办理之：

（一）土地及固定资本、流动资本由本部全部供给贷与之；

（二）土地及固定资本由本部供给贷予，流动资本由其自筹；

（三）土地由本部供给，其他一切资金由其自筹。

第四条　合于前条第一项供给或贷予全部者，占百分之五十，合于第二、三两项者各占百分之二十五。

第五条　固定资本为住宅、家具、农具、耕牛、农田、水利等贷款，流动款资本为食粮、种籽、肥料、饲料、副业、卫生等贷款，贷款办法与本部各垦区同。

第六条　垦殖土地以五十亩为一单位，侨胞领地至多以四个单位为限，但须自为耕作，并于两年内竣垦。

第七条　归国侨胞之泛垦登记由本部会同侨务委员会、社会部、振济委员会办理，登记办法另定之。

第八条　登记竣事后，由本部会同侨务委员会、社会部、振济委员会分别配送于本部所指定之垦区，其运送费用由振济委员会供给，倘从垦侨胞另有特殊情形，并得会商决定之。

第九条　从垦侨胞之有直系亲属愿随同前往垦区者，经查明属实，亦得登记，一并运送。

第十条　从垦侨胞到达垦区后，应受本部垦区管理局之监督及技术上之指导，依限竣垦，从事种植。

第十一条　凡属侨胞之自行投资经营者，除治安、通路及水利工程由政府计划办理，并予以经营技术上之协助外，所有从垦侨胞仍得由本部垦区管理局指导，增加自卫力量，以策安全。

第十二条　从垦侨胞于竣垦后无偿取得土地耕作权，其所有权仍归国有。

第十三条　从垦侨胞得豁免田租三年至五年，由第四年或第六年起开始缴纳，其租额逐年递增，自第十年起依照规定租额缴纳，缴租办法适用各垦区之规定。

第十四条　第五条所规定各项贷款应自第四年起分年摊还，逐年增加，并得按每年秋收后市价征缴实物，其还款办法另订之。

第十五条　本办法如有未尽事宜，得适用本部各垦区办法办理之。

第十六条　本办法自呈奉核准之日施行。

闽粤桂滇荒地面积、收容侨胞人数及所需经费估计总表〔略〕

〔国民政府侨务委员会档案〕

13. 赵炜庭为拟召开侨团代表座谈会商讨救侨办法致侨委会呈

（1942年11月5日）

为呈报鉴核备案事：窃以我粤之恩、台、新、开、鹤、赤六邑县份华侨人数至众，亦为职局推进侨务施政区域。概自太平洋战争爆发后，在倭寇惨酷蹂躏之下，南洋侨众首蒙亘古未有之浩劫，侨民方面当以灾异突来，生命固属危殆，财产凭何保障，惴测情势，华侨处境之艰险已可想见。况以其欲逃无路，自顾不遑之遭遇，更因地域沦陷后受敌种种禁制虐待。故自南洋各埠失陷以来，华侨与祖国家属之讯问，始终断塞，然此部份侨属平昔专赖侨汇为生活仓库者，至此陡告绝望。并以新、鹤、台、开、赤迫近敌区之侨属，家乡时遭侵扰，常致寝食不□，耕稼失时，贩挑无所，自存既无，凭藉迁避，更难为计。况年来粮食价格奇涨，有业者已感困难，而失依失业之侨眷属为上述环境驱驶〔使〕，致令饥寒载道，饥殍盈野，情状之凄苦，有非文字所能缕述之。慨次为自缅泰越港逃归之侨民，查自本年一月迄今，据约略统计，属于六邑区域民籍者当有拾余万人，此辈归侨虽已往贫富之状不齐，但各地因在沦陷以后始从敌人铁蹄下冒险逃生，归国富有者原有财产早已亡失，贫者当以川资绌乏。倘非政府紧急施振沿途护送救济，岂易间关归来，安全抵家？然查各侨自回乡以后，每因人地生疏，归者日众，业工商者既乏工厂、商号之容纳，从农牧者又感邑属耕地面积无多，租赋繁昂，即转而从业挑贩，尤非具有相当赀力，未易经营，以故失业流离，呼吁乞援者交驰道左。此等失业侨群，苟不示以谋生途径或介绍与安置，不但失其生存自救之机，抑于社会治安，抗建前途尤多影响，至于美洲各埠侨胞，其爱国爱家热情，至堪嘉尚。惟自太平洋战云弥漫以后，交通辄受阻碍，华侨美汇因交通窒塞，而致停顿者亦已数月。但自侨汇阻断及素称华侨宝藏之香港物资损失以后，四邑金融命脉即随之窘绌，先则商业资力尚为一部份妄意操纵，距经去年“三·三”、“九·二十”两次变故，暨港澳厓海航道物品运输，途中被敌劫掠等损失，经济状况益形枯竭。侨属处境之困难，除售衣鬻履以外，甚至拆卸庐宇，发卖砖石、木材，转易升斗之粟，以维残命；幼孩婴孺弃之，如遗百十于衢，无敢提取承养。此种情况，靡不令见者不寒而栗。幸政府关怀侨众，早经拨发巨款，举行侨赈侨贷等救济，侨民感激之余，咸颂政府爱护备至之旨，然惜赈者只限于临时之施与，贷者必凭物质之抵偿，则过此临时施与之时，会及无有物质可凭之贫侨，暨侨属究宜如何设法为急切之救助。并如上列之失业侨民之介绍容纳与沟通侨汇改善交收手续等，迭经辖境各地归侨硕彦函促，拟订精详办法，请由职局呈转钧会条陈政府采纳施行，以福侨众。职局当以兹事体大，允宜集思广益，筹划精详，方不负普济侨群，及陈请政府俯纳施行之原旨，爰定于本月十五日十二时假座职局会议厅召集六邑归侨团体领袖及各地归侨硕彦为上列各种救侨事项，详商办法除分函召集外，所有召开六邑归侨研讨救侨座谈会议各缘由，理合呈报鉴核，并乞俯予备案，实为公便！谨呈

侨务委员会委员长陈

兼江门侨务局局长赵炜庭

中华民国卅一年十一月五日

〔国民政府侨务委员会档案〕

14. 赵炜庭关于报告救济归侨座谈会经过情形等致侨务委员会呈

（1942年11月22日）

为呈报事：窃职局曾定于本月十五日召集恩、开、新、台、鹤、赤各县归侨硕彦及侨团领袖举行座谈会，筹商一切救侨事项及征询各邑侨情，庶于侨务推进，前途有所裨益，业将召开座谈会各缘由于本月五日备文呈报，鉴核在案。查所召开之六邑归侨座谈会经于本月十五日如期举行，是日出席人数各县归侨名宿及侨团均到会参加，共数五十余人，如仪举行情形颇为踊跃整肃。至关

于筹商侨务进行事项，全体讨论结果，计有两项，其属于据情转请财政部迅令改善今后侨汇沟通办法及清发未发之侨汇一事，除据情专电呈请核办外，所有当日召开座谈会经过情形，理合抄附纪录乙份，备文呈报钧会鉴核，实为公便。谨呈
侨务委员会

附呈恩、开、新、台、鹤、赤六邑归侨座谈会纪录乙份

兼江门侨务局长赵炜庭

中华民国卅一年十一月廿二日

恩台新开鹤赤六邑归侨座谈会纪录

时间：三十一年十一月十五日正午十二时。

地点：驻台山荻海江门侨务局会议厅。

出席者：侨务委员会委员黄启文、朱慈祥，广东救侨会台山办事处：周杰三，广东省南路护侨所：谭雄天，开平县归侨耆宿：梁社长，台山县海外华侨协会：黄夏声、黄利民，鹤山县邑侨筹赈会：宋木林，开平县海外归侨协会：伍颂唐，新会江门华侨互助社：赵汉一、唐裕周，赤溪县归侨代表：陈义（迟到补签），恩平归侨代表：郑百钧、谭安兴，缅甸归侨伍碧泉、司徒参、赵雨帆、司徒友白、冯桂堂、郑君沛、胡浩生、加拿大归侨：黄寿坚，泰国归侨：关启华、谭信，墨西哥归侨：余和鸿、麦兴华、余玉和、余焯礼、陈百庸、余健礼，古巴归侨：余悦济、周佐效，香港归侨：赵竹平、翁善甫、谭朗英，檀香山归侨：陈叔贤，菲律宾归侨：余表炳，美国归侨：余超平、甄冠南，秘鲁归侨：李月天，星加坡归侨：李子华，江门侨务局：赵炜庭。

主席：赵炜庭。　纪录：唐裕周。

（行礼如仪）

甲、座谈事项

一、主席：略谓本局此次邀集各邑归侨硕彦与侨团代表座谈，

原以各邑归侨及侨属自太平洋战事爆发后，因国际邮电交通梗阻，影响侨汇延滞，致归侨与侨属受到极度之痛苦。本席对此情形，深致遗憾，惟近悉侨汇已经政府积极设法沟通，短期内尽量清理交发。即归侨前在港沪我国家银行储款之存单，及外国银行仄纸等，亦经订有领兑或押款应用等办法，经本局先后布告在案，是则今后侨汇除南洋一带暂无法通汇外，美澳等地当可通畅。但目前归侨生活困难，尤以失业问题至难解决，目击心维，至感迫切，此种救济办法，端赖侨界先进侨团代表发挥伟论，共筹对策，庶得以转陈政府采纳施行，其近而易举者亦获箴规，计划推进，以利侨众。

二、随由周杰三、朱慈祥、黄启文、郑百钧、伍碧泉、黄夏声、赵汉一、关启华、宋木林、谭雄夫、伍颂唐、甄冠南、麦兴华、谭安兴、梁社长、余和鸿诸同志等相继发言，略佥以各属侨汇虽经四行总处陆续分发招领。惟据多数侨眷报称：则尚多有汇而未收之款，应呈请政府对侨汇沟通办法彻底改善，其已汇而未到之款，务从速请发，以济侨困。至于救济归侨失业问题，及抗战胜利后归侨住外洋各种问题，则非政府与侨团合作，实觉推动不易，根本办法则以筹组六邑归侨联合会，实有不容稍缓之举。

乙、讨论事项

一、呈请政府对六邑邮汇沟通办法彻底改善，其已汇尚未发放之款，务请从速清发，以济侨困案。

表决：以全体出席归侨名义呈由江门侨务局电呈侨务委员会转请财政部核办。

二、筹组恩、开、台、新、鹤、赤六邑海外归侨联合会集中归侨意志，协助政府抗建事业，共谋同侨福利案。

表决：（一）赞成组织；（二）以此次全体出席归侨为发起人，依法筹备组织；（三）推定周杰三、赵炜庭、黄启文、宋木林、司徒友白、余和鸿、黄夏声、郑百钧、赵汉一、余焯礼、唐裕周为负责筹备人，并推定黄启文、周杰三 、赵炜庭、司徒友白、余焯礼五同志为常务筹备员，筹备会议由赵炜庭同志负责召集。

三、征集侨资，收容失业归侨，承荒垦殖，藉增生产，而裕民食案。

四、筹设归侨营贩合作社，以维贫侨生活而免失业流离案。

表决：上列三、四两项提议原则接纳，但须待“六邑海外归侨联合会”组织成立后，提出讨论进行。

丙、申请事项

一、据恩平县侨亨垦殖社代表谭安兴申请：为经备赀向恩平县府承垦属内大田乡荒地二百余亩，被土劣阻挠，未能施工垦辟，乞予援助乙案。

讨论结果：送呈江门侨务局核办。

二、据恩平县归侨郑百钧、谭安兴、冯桂堂、胡浩生、郑君沛等申请：以该县尚无归侨团体，于推进侨务颇多窒碍，拟请咨函该县党部、政府查照，并为指导及协助，俾得依法组织该县归侨协会，以资团结，而谋归侨福利案。

讨论结果：送呈江门侨务局核办。

会毕。

〔国民政府侨务委员会档案〕

（五）新疆民族事务

一、新疆地方行政

1. 参谋本部为抄送新疆近况致蒙藏委员会密函

（1936年3月31日）

参谋本部密函　贰书字第二四三号

顷据密报：新疆最近情况及庙方蒙政会军队反正时，枪毙稽查处长之真相，应照抄一份函达贵会参考，即希查照为荷。此致蒙藏委员会

附抄新疆情况一件

中华民国二十五年三月卅一日

抄件

新疆最近情况

一、迪盛前派其财厅长兼外交署长陈德立氏赴俄接洽，刻尚无返迪消息。

二、近闻哈镇警备司令姚乐博斯〔士〕顷派其长子赴迪住，类如质押，以释盛氏之疑，预料迪哈两方最近不至起风波。

三、新疆省银行经理一席系聘苏俄人担任，副经理为华人宫振汉，初任《天山日报》经理，因事变有功于盛，故升任阿什行政长，客冬调委省银副经理，近忽以事被看押，案情甚密，故鲜有知之者。

四、迪郊之归化军顷携眷属约共两千余人移垦卡儿镇（此处距省垣千余里，离库车约三百余里）。

五、新省军队近无调动，唯督署前由各军选拔优秀士兵，并

由当地选征之兵共编为一师之众，由盛氏亲手训练，据称枪械服装操法均甚正肃。

六、庙蒙会反正军队顷开至乌索图召，近又全部开驻归托萨两县。

七、前报日人十名乘驼二十余只探路一案，今据报过班定陶赖盖站折向西南，似有去宁、青之意向。

八、日驻绥特务机关长羽山日前又来访谈，其情形与屡次所陈报者同。

九、庙蒙会军队于反正时，曾毙主任一人，前已报告，唯未明确，近查该被毙之主任系庙中稽察处长李主任。

〔国民政府蒙藏委员会档案〕

2. 参谋本部抄送日本驻新疆外交代表团之任务致蒙藏委员会通报

（1936年7月7日）

通报 贰让字第143号
中华民国廿五年七月七日

日本驻新疆外交代表团之任务

据由日人方面所得消息，谓日大使馆参赞高桥，将调充驻俄大使馆参赞，或充该国驻新疆外交（及经济）代表团之领袖。该团赴新疆之路线，系由哈密至迪化，并将在迪化久住。该团之组织中，除有外交代表外，并有商务代表。该团之任务，系为调查在新疆西部扩大日货销路之方法，并进行政治侦察工作，调查苏俄代表在新疆之动作。右件通报

蒙藏委员会

参谋本部

〔国民政府蒙藏委员会档案〕

3. 行政院为安置新疆旧土尔扈特东路盟盟长敏珠策旺多济致蒙藏委员会训令

（1937年4月19日）

行政院训令　字第二一四三号

令蒙藏委员会

案奉国民政府二十六年四月九日密字第四四号训令内开：为令饬事，据本府主计处二十六年四月六日岁字第二三号密呈称：案准行政院二十六年三月三十日第一一四号密函开：案据蒙藏委员会二十六年三月十七日总字第一三三三一号呈称，案准国民政府军事委员会委员长侍从室第二处笺函开：迳启者，奉委座交下蒙古各盟旗联合驻京办事处主任何永信等函一件，为蒙古土尔扈特东部落盟长敏珠策旺多济携眷来京请予补助由，奉批交蒙藏委员会每月拨三百元等因，相应录批函达，请烦查照为荷，等由，准此，自应遵办。所有上项补助费，拟即自本月份起，按月照拨，本年度内共应拨助一千二百元，拟在本年度蒙藏费类第一预备费项下动支。现合抄同何永信等原函，具文呈请钧院府赐察核照准，函转备案，指令只遵，等情，据此。查敏珠策旺多济于二十五年十一月份起，由本院聘为顾问，月支薪俸三百元，兹据前情，系因该员携眷住京，开支不敷，请求增加补助，该会遵批拟自本月份起，按月照拨三百元，本年度四个月，共应拨助一千二百元，请在本年度蒙藏费类第一预备费项下动支，应准照办。除指令外，相应抄同何永信等原函一件，函请贵处查核转呈备案，等由。计抄送何永信等原函一件。准此，查蒙古土尔扈特东部落盟长敏珠策旺多济携眷住京，请予补助，经蒙藏委员会遵照军事委员会委员长批示，月拨三百元，自三月份起，本年度计四个月，共应支一千二百元，此项补助费，拟在本年度蒙藏费类第一预备费项下动支，呈由行政院函请转呈备案前来。本处查核与预算章程第二十七条第二项规定，尚无不合，似可准予备案。除登记外，理合具文呈请鉴核俯准备案，并请令行行政监察两院分别转饬知照，等情。据此，应准照办。除指令并分行外，合行令仰该院分别转饬查照。此令。等因，奉批，除分行外，合行令仰该会知照。此令。

中华民国廿六年四月十九日

院长　蒋中正

外交部部长　王宠惠

〔国民政府蒙藏委员会档案〕

4. 行政院秘书处关于新疆缠回为避免充兵派粮与便利经商纷请改入英籍及有关防范文件

(1937 年 6 月　日)

(1) 行政院秘书处笺函 (6 月 11 日)

笺函　第 3313 号

奉院长谕：参谋本部公函，以新疆南路一带缠回，近来请求入英籍者日见增多，值兹外人势力膨胀之会，实不容忽视，请查照核办一案，应交内政部及蒙藏委员会妥为拟议具复，等因。除分函外，相应抄同原件，函复查照。此致

蒙藏委员会

计抄送原函一件

行政院秘书长　翁文灏

魏道明　代

中华民国廿六年六月十一日

抄原公函

案据密报称：新疆南路一带缠回近来请求入英籍者日见增多，

其原因有二：一、缠民经营商业者甚多，持有英领事护照，出入于阿富汗及印度等地，毫无阻拦，且能得到各地官厅保护。二、自马仲英部退踞南疆后，派兵派款征发粮草尽量压迫，缠民不得已，纷纷请求英领事保护。凡入英籍者之缠回，英领事即予以小旗乙面，证明其为英国籍。从此匪但不负当地中国官吏及军队一切应尽义务，当地官吏及军队屈于英领之势，反须妥为保护。因此，南疆和阗、莎车、疏附一带，缠民请求加入英籍者有加无已，等情。据此，查缠回民族在新疆占全省人口百分之八十；并大部居于南疆，地位重要。值兹外人势力膨胀之会，实不容忽视。除呈报军委会外，相应函达，即希查照核办为荷。此致

行政院

(2) 内政部蒙藏委员会会议记录(6月22日)

新疆南部缠回纷请入英籍一案

审查会会议纪录

时间　二十六年六月二十二日

地点　内政部

出席人员　赵锡君　蒙藏委员会

张　恂　　程　景(纪录)　　内政部

决议事项：

1. 查参谋本部原函据密报所称，缠回近来请求入英籍者日见增多，其重要原因为该地当局派兵派款，征收粮草，尽量压迫所致，似此情形，亟应预筹补救方法，拟请行政院会同军事委员会，分电新疆省政府及马仲英，应以新疆地方关系国防，须切实保护缠民，通令所属，嗣后不得再有扰民情事发生，庶可消弭隐患，至于已入英籍之缠民，并未具备正式手续声请丧失回籍，我国政府，仍应视为中华民国国民。

2. 新疆地方，关系国防，极为重要，久为外人所觊觎，而新

疆省军政当局，与中央联系间，似又不免若干隔阂，此次参谋本部据密报上列情形，不过为外人侵略之一种。关于整个防范计划，亟应密为统筹，拟请行政院与军事委员会会商妥善有效办法，庶于中央统治下之新疆地方，联系上益增密切，国防巩固，一切隐患，当可消弭。

〔国民政府蒙藏委员会档案〕

5. 新疆哈镇警备司令尧乐要求严惩杜重远以维国家法律尊严致蒙藏委员会呈

（1938年5月2日）

窃查新疆民众因不堪金树仁之压迫榨取，乃有民二十年事变发生。厥后盛世才掌握兵权，职等以其曾在政府任职，斯后必能秉承中央意志，努力为民除害，故对其期望之心甚殷。不意渠莅事以还，变本加厉，苛政如虎，视苏俄若祖国，中央同敌体，执迷不悟，一意孤行。职原任军职，所部官卒及全省民众胥欲职举兵除暴，职终恐新省生灵涂炭，未忍发难，乃受民众赴中央呼吁之委托，悄然于去岁四月离新。临行时，复一再叮咛部属忍辱念垢，静待中央解决。职离职未久，即有卢沟桥之事变，民族解放之战既兴，中俄之国际关系遂洽，一切军火接济等均须道经新疆，而盛世才之地位亦因以重要。职体念大局，对盛世才之劣迹阴谋始终只字未提，盖诚恐因地方问题而引起抗战前途之不良影响也。乃最近有杜重远著《盛世才与新新疆》一书，内容颠倒是非，侮蔑整个新疆民众之人格。而于职则诬辱更甚，意谓南疆缠回领袖麻木提，三十六师代理师长马虎山勾结职共同叛变，并称有日帝国主义者阴谋。窃职过去一切行动，无不光明磊落，以国家利益为前题。最近致力救亡工作，并促成各民族团结，尤为国人共晓。今杜重远曲媚盛世才一人，率尔侮蔑全新民众人格，并以人所最不能忍受之汉奸加诸职身，实为职所不甘，然犹以大局为重，对新省一切真相隐忍未发，仅于报端登一启事，藉冀杜重远悔改，讵料杜君肆意惑众，复在报端声言渠所纪载悉系根据过去历史，并谓有《新疆日报》与新省官文书可资左证。查《新疆日报》系盛世才个人之机关报，新省官文书乃一方之纪载，此中情形，想为钧座深悉。溯职离新时，原受新省民众将伊等痛苦宣告国人之委托，今杜君既可以莫须有之罪相加，则职将新省一切黑幕编缀成书，公之全国同胞，似无不妥。若钧座认为此举影响抗战，祈予杜君以严厉惩处，以明职之被诬及国家法律之尊严。不胜迫切待命之至。谨呈

蒙藏委员会委员长吴

国民政府军事委员会参议
委员长重庆行营参议　尧乐博士谨呈
新疆哈镇警备司令

中华民国二十七年五月二日

〔国民政府蒙藏委员会档案〕

6. 内政部为准予出版杜重远所著《盛世才与新新疆》一书致蒙藏委员会公函

（1938年7月2日）

内政部公函　渝警字第2781号

本年五月七日奉行政院交下贵会呈一件，为杜重远所著《盛世才与新新疆》一书，对于尧乐博士过去历史，引述各节，颇足引起误会，请交主管机关加以取缔一案，当经本部依法审查，并经函准中央宣传部，函复：查关于杜重远所著《盛世才与新新疆》一书，所引起之误会，业经本部宣传指导处刘处长百闵等从中调解，双方业已涣然冰释，杜重远并将该书中引起误会之语句，

详加删削，该书既无违反修正出版法及审查标准，自应不必加以取缔。等由；准此，除将办理此案经过情形，呈复行政院鉴核外，相应函请查照为荷！此致

蒙藏委员会

中华民国廿七年七月三日

〔国民政府蒙藏委员会档案〕

7. 中央执行委员会组织部为抄送新疆近况报告致行政院政务处公函

（1939 年 9 月 13 日）

中国国民党中央执行委员会组织部公函

中华民国二十八年九月十三日　孝渝边字第五八〇五号

据本部边区通讯员报告关于新疆近况前来，事关边区政情，相应抄同原件，函请查照为荷。此致

行政院政务处

附抄原报告一件

部长　张厉生

中华民国廿八年九月　日

新疆近况

据由新疆来人谈：现新疆约有四百万人，自左宗棠以来，政权均操于汉人手中，而汉人多采高压及愚民政策，因此汉回时常发生仇杀事件，即迪化一地，前曾死伤数千人，其他各地，更不待言，至金树仁当政，所采政策较前尤烈，所谓“四·一二”回民革命，乃为其所激起。迨盛世才任督办后，尽改以前政策，并发表八项宣言，颇得人民信仰，其八项宣言，即现在所行六大政策，前二条对外，后四条对内。第一反帝政策，第二亲苏政策，自

此政策实行后，国内人士颇表怀疑，甚谓新疆已经赤化。盖盛世才在北伐时期（任军事科长），因不得长官重视，忿而辞职，返东北原籍，嗣值东北当局听外人怂恿，谓苏联人民穷困万分，无力对外，遂冒然进攻苏联，以致军事失利，一般中外人士均认为必须割地赔款，而结果不仅未割地赔款，反订立平等条约，此事在其他国家，定不可能。盛世才认为世界上惟有苏联是不侵略他人之国家，亦惟有苏联是帮助弱小民族之国家，中国惟有亲苏，方能抵抗列强。蒋委员长亦曾宣言在三十年以内，对苏不致改变态度，可见盛世才采取此种政策，非为错误。第三民平政策，为使各民族均有参政机会，特实施副主官制。譬如某厅正厅长是汉人，副厅长即是他族人，正厅长是他族人，副厅长即是汉人。至在教育方面，亦甚平等，以前全省学生共有一千余人，现学校即有一千余所，各校所授课程不受丝毫限制，任其自由，发展其文化，各民族又设立文化研究会，以发扬各民族文学、艺术、诗歌、戏曲，教育发达，实一日千里，每十人中已有五、六人识字。第四清廉政策，以为要使官吏清廉，必先养廉，各级公务员薪俸已相当提高，上下相差亦属无几，当局并为解除公务员困难起见，设立免费医院及合作社，凡公务员家属，均可向合作社购价格低廉物品。如经济窘枯，可向省政府申请救济，政府接到申请书后，派人调查确实，即予接济，如此，公务员生活不成问题，他当然努力工作，不致贪污。新疆又实行八小时交代法，如新任官到任，旧任官须于八小时内交代清楚。第五和平政策，即各族要和平相处，不使发生仇杀事件。第六建设政策，因新疆雨量稀少，农产不丰，人民贫富以有井多少论，故在天山南北大量开渠，以使农民灌溉，并设立农事试验场，改良种子，购置农业机器，以利农耕，因此，农业日见发达，又购置大批美国马，改良马种，设立医院，以防兽疫，因此畜牧业亦较以前进步。以上为第一次三年计划之完成，今年为第二次三次计划开始之时，注重轻重工业之发展，及工业技术人才之训练。关于训练工业人才，是用循环方式，如会计人员第一期训练半年，即分发工作，第二期训练一年，第三期再召集第一期训练，故新疆各级行政人员亦逐渐健全。

〔国民政府行政院档案〕

8. 中央执行委员会为抄送新疆省政概况致蒙藏委员会公函

（1939年10月25日）

中国国民党中央执行委员会调查统计局公函　渝清字第五七一号

兹有关于新疆省政概况报告一件，相应抄同原报告，函请查照参考为荷。此致

蒙藏委员会吴主任委员

附抄原报告一件

局长　朱家骅

副局长　徐思予

中华民国廿八年十月廿五日

新疆省政概况

猩猩峡九月卅日讯

猩猩峡乃新疆省属境地，距甘肃省界西廿余里，所谓兰猩路者，即由兰州起至猩猩峡为止。兹将调查所得新疆省哈密和猩猩峡等地之行政组织，工作实施情况，分述如下：

（甲）新疆省与猩猩峡机关概况：

（一）新疆省之机关概况

（1）新疆省政府之组织，与中央隶属各省政府之组织相同，唯省属之区行政督察专员则名为区行政长。

（2）新疆边务督办公署，内分设八处，有传令处、边务处、粮

股处、军法处、运输处、农矿处、参谋处（电报电话与邮政均属是处）。边务处于哈密有分处之设，猩猩峡办事处实即其属也。

(3) 哈密机关

A、在军事方面　有哈镇，哈密镇西警备司令牛震海甘肃人，系新省军官学校第一期生，部队有第八团。

B、哈密行政长刘西屏，湖南人。

C、公安局。

D、汽车分局。

E、边务处哈密分处。

（二）猩猩峡机关概情：

1. 属新省者

A、哈密边务处驻猩猩峡办事处，主持猩猩峡方面一切行政事宜，内有赈济委员会，办理招待来新疆难民工作，并有骑兵队，以维持地方治安。

B、公安局派出所，隶属于哈密公安局。

C、电话局　电话通哈密，经哈密可直达迪化。

D、公路外宾招待所　系由新疆省办理，招待苏联汽车运输队之外宾。

E、百货税局　收抽收入新疆省之货税。

F、中苏贸易委员会，苏联代表一人，驻于公安派出所中。

2. 属于中央、甘省者

A、财政部贸易委员会　负责对苏之交货事宜。

B、甘肃省政府驻猩猩峡办事处　负责航空汽油运输事宜。

（乙）新疆省猩猩峡机关工作实施概况

一、哈密边务处驻猩猩峡办事处赈济委员会之工作

该处办理由甘各地到达之难民，均须于公安派出所登记，并由边务处派员考查。如确系难民，即由该处供给口粮，并继续考

查三个月，如确无问题，再向省境内哈密一带移送。

二、公安派出所检查工作情形

（1）对入新旅客，凡内地旅客去新省，于到达猩猩峡后，均须在该所登记，并须有督办盛世才之电令，始能入新。

（2）对西北公路车辆司机和职员，于到达猩猩峡站后，该所即派缠回巡官率警士数人前来检查。其注意事项有三：1. 防范秘密文件带向新省。2. 毒品。防大烟向新省运入。3. 黄金。防该省黄金外溢。

对省内人出境者亦同样检查，凡来往各地者，必须持有通行证（此证由政府发给），始能通行。又该省对壮丁绝对禁止出省，若壮年人出省，须经省政府批准，并限制归期，且须具保，如到期不归，则保证人即受处分。

三、新疆之纸币略情

查新疆过去之钞币，系以银两为单位，经数次之省变，而价格跌落，以目前言之，该省四千两之纸票，折合法币一元。现该省对该项银两纸票，已在整理收回中，另外开办新疆商业银行，发行钞票，与法币相同，已经通用矣。

四、公务人员和工人之待遇

查新疆劳动者之待遇甚优，如哈密县长每月收入合法币五十元，而哈密理发匠每月收入为五十五元。即在猩猩峡服务之员工，以一工友言，每月至少收入十七、八元，且由公家供给食住，故员工生活稳定，对盛世才信仰颇深。

五、工作作风

该省省政建设多系苏联化，在猩猩峡三机关每卒年更换负责人一次，其在对中央、甘省关系上，则采机关监视机关办法，在人事上有公务人员秘密相互监视组织，各人对上司均有秘报。

〔国民政府蒙藏委员会档案〕

9. 国防最高委员会秘书厅为抄送西北宗教问题致蒙藏委员会公函

（1940年3月7日）

国防最高委员会秘书厅公函　　国机字第8079号
中华民国二十九年三月七日

奉委座交下西北宗教问题一件，饬研究等因，当经发交本厅参事室研究去后。兹据拟具审查西北宗教问题意见书，签请核阅前来。查普通宗教问题，原属内政部主管边疆宗教问题……，系属贵会主管，除分函内政部外，相应抄同原件及审查意见书，一并随函送请贵会参考为荷。此致

蒙藏委员会

附抄西北宗教问题一件

抄本厅参事室审查西北宗教问题意见书一件

西北之宗教问题

西北之宗教问题，由已往之事迹观察甘新各地之回教徒，则常为狡黠，所利用之变乱，斵丧国家之元气。蒙藏各地之佛教徒则常为外人所愚弄，藉名自治，以丧失国家之权益，推原其故，是皆由已往之政府，只知利用宗教以统治边民，未曾革新宗教以教导边民之所致。兹谨就所见，条陈如左，恳乞裁核，并分交主管边事之机关研究施行。

甲、关于宗教问题一般之意见

一、查我国过去对国中各重要之寺庙、院观之住持由国家任命，且有品级。今日欲解决宗教问题，似可采行旧制，关于中央政府所在地设立一管理各宗教寺庙、院观之机关，或指定原有之部会兼行掌理宗教事宜。

二、国家对国中所有之各宗教，应由掌理宗教事宜之机关，依照国家之宗教政策统筹改进之办法，似不宜放任不理，听其自生自灭，害国害民。

三、现在各宗教中有现代知识及国家观念之成份颇不乏人，而本党党员又不限制宗教之信仰，应即设法吸收入党，使其以三民主义之精神灌入各宗教社会中，以谋宗教之改革。

四、边地宗教如蒙藏之佛教、甘宁新之回教，尤应选拔有为国家终身从事宗教事业，且具有远识之人员，养成为国宣教之人材，由国家加以优遇，使其致力革新宗教之运动。

乙、关于西北宗教问题当前应有之解决办法

子、关于回教者

回教在我国之教派甚多，有旧教、新教、新新教之差别，无论其教派为何，但均以清真各寺阿訇之态度为转移，故解决回教问题当从主持各寺之阿訇入手。谨拟订可行且应行之诸办法如左：

一、设立阿訇训练班，先行分期招集甘宁青诸省之阿訇轮流受训，增进其对党国之认识，并授以宣教时应注意之诸事项（以乃平凉伊斯兰学校校长达浦生之意见）。

二、规定阿訇俸给，由国家支给，使其不受教民之供养。

三、将各地之清真寺及其产业逐渐拨作教民及其子弟作教育之用，以提高教民文化之程度。

四、选择内地交通便利区域中清真寺之规模宏敞者加以修葺，并于其附近设置招待所，由政府定为全国教徒膜拜之圣地（此乃宁夏主席马少云之意见）。

五、延请国内外声望素著且忠实于中华民国之回教人士，使其招集各地经考选合格之教徒，依政府已定之计划以训练新进之阿訇（此乃平凉伊斯兰学校校长达浦生之意见）。

六、甘宁青及各地之回教工作获有进步后，即可逐渐推及新疆及国外之回教。

丑、关于佛教者

我国内地之佛教，尤其蒙藏等地之佛教，就消极方面看来，过去固未尝无小补于国家，然就积极方面观察，则妨害国家实甚，其最显著者有如左述：

一、因僧徒不妻，妨害人口之繁衍。

二、因僧徒保守，妨害文化之进步。

三、因僧徒坐食，妨害经济之发展。

四、因僧徒特权，妨害政治之推进。

輓近因宗教腐败，僧徒不守清规，其对国家之妨害日益加甚。查边地佛教势力，所占国土面积之广袤不下三百五十万平方公里，几占我国疆域总面积三分之一，如本党再无一贯之政策以革新佛教，则其害必将使此大好之疆土与佛教最盛之印度、缅甸同其命运。故在今日政府虽在抗战之中，必须利用世界局势正紧之时机，以加强边地佛教之工作，逐步推行左列之办法：

一、对西康、青海、宁夏、绥远各寺现有之活佛与喇嘛，应加调查登记，并就各寺成立训练机关，加以训练，选拔青年有为之喇嘛使其任地方文化教育等工作。

二、考选内地及边地佛教徒，由政府招集为有计划之训练，分派至各地从事有计划之活动。

三、改革边地人民必须送子弟作喇嘛之习惯，并准许已受训之青年喇嘛还俗。

四、修葺内地之大寺院，任命有革新佛教之愿望且有声誉之活佛为国宣教，使边地佛教徒薰染内地之文化。

五、边省之政府一切政治设施，必须与国家革新宗教运动相配合，尤应多培植熟习边地语文、风俗、民情，且能刻苦耐劳之人材担任地方政治工作，并协助此种运动之推进。

六、优遇各寺之活佛，使其生活安适，以免除革新宗教运动之反感与障阻。

唯兹事体大，自应详加研讨，逐步实施，且不能求效过速，至少应以三年乃至四、五年为一期，务免欲速不达，近利急功之流弊。初步成效，即可渐次对蒙藏及国外之佛教地域作进一步之工作。

国防最高委员会秘书厅参事室
审查西北宗教问题意见书

此项意见书共分两部份：（甲）关于宗教问题一般之意见，条陈四点。（1）由中央指定掌理宗教事宜之机关；（2）依照国家之宗教政策改进国内所有之各宗教；（3）吸收各教教徒入党，使三民主义灌入各宗教社会中；（4）培养为国宣教之人材。查我国掌理宗教事宜之机关原为内政部，嗣因边疆日趋重要，遂有蒙藏委员会之设立，于是边疆之宗教问题归蒙藏委员会，而普通之宗教问题，仍由内政部处理。在目前情形之下，无需另行指定机关。关于国内宗教之改良，原条陈人并无具体意见。至于吸收教徒入党，藉以灌输三民主义于各宗教社会中，虽属急务，但教徒良莠不齐，未可一概而论，似应慎重从事。培养为国宣教人材一项，注重西北与一般宗教问题无关。（乙）关于西北宗教问题，当前应有之解决办法，对于回教佛分别条陈意见，重要者如：（1）分别训练各教主持人员；（2）寺庙产业酌量拨充教育之用；（3）改革送子弟作喇嘛之习惯，并准喇嘛还俗；（4）各教主持人员由政府给予俸给，以安定其生活。均有见地，拟请将本意见书分送内政部及蒙藏委员会参考。

〔国民政府蒙藏委员会档案〕

10. 王泽戎关于一九四〇年度新疆各项调查致蒙藏委员会报告

（1941年1月29日）

报告　煌字第十二、十三两号合编
　　　民国三十年元月二十九日于敦煌

二十九年度的新疆

（甲）军事方面

（1）剿哈　二十九年春，阿山、镇西之哈萨、疏附之布鲁特，均先后发生变乱，尤其阿山方面，省军费力较大，新疆各报所登因阿山事件而死伤之官兵领恤各启事，即为指此。

（2）整军　新省当局，感于新疆方面军事人才之缺乏及人民之视以服兵役为畏途，除积极办理军官学校以造就军事人才外，复详订章程，改善士兵生活，优遇退伍士兵及在营军人家属，使军人专心战事，安心服务，无后顾之忧，更补充军实，故新军在质量上均远胜于昔。

（3）清枪　新当局藉口增强抗战武力，防止汉奸利用愚民，捣扰后方，雷厉风行，进行收缴民枪工作，全省各区县均组织清枪委员会，负责进行，迄年底犹未结束。

（乙）民政方面

（1）厘定县等，增设设治局。将巩哈、河南、青河、乌鲁克恰四设治局，升三等县、鄯善、托克苏二个三等县改为二等县，增设岳普湖、阿图什、阿合奇、新民、察汉托海五设治局。

（2）规定县以下组织名称。废除乡约，圩子巴什、农官总管、古子达、千户长等旧称，定县局以下为区，区以下为村，区设区长一，副区长一至二人，村设村长、正副各一。

（3）救灾积谷与保健　先后以免量施赈，救济木垒河、孚远、奇台、和什、镇西、伊吾、昭苏、温宿、柯坪、伽师、莎车、呼图壁，阿瓦堤，疏勒，鄯善，布尔津，乌苏，阿克苏，泽普，于阗等灾情，组织并整理救济院，予被救贫民以文化生活及生产技术，劝导人民组织积谷备荒社，有案可查者，积谷已至八四二五一、四二四八石。保健方面，全疆共设立迪化、伊犁、塔城、阿山、喀什、哈密、阿克苏、和阗、焉耆九医院，乌苏、吐鲁番、绥来、绥定、精河、霍城、博乐、巩哈、巩留、特克斯、疏勒、温宿、额敏、鄯善等十四诊疗所，迪、伊、阿、哈四药房，并筹设莎叶医院，库车、于阗、巴楚、奇台、乾德等诊疗所。

（丙）经济方面

（1）调整经济　裕新土产公司，依据新疆二期三年建设计划，于全省各处设立分公司，以收集土产，发展新省经济，商业银行复举行农民贷款，春耕贷款，商人贷款，以发展农牧工商，流通金融，厉行平定物价，以维护人民生活，省府更为统一币制，通令收回旧省票喀票，并换取法币。

（2）整理税收　新省财政据称实行清廉政策之结果，二十九年一至十月，全省税收较二十七年全年增百分之八十八，二十八全年增百分之三十三，且谓在全年中不但未增任何税类，且免去号称税收大宗之牲畜屠宰税，虽然物价增涨，过去每季更改税率之营业牌照税，本年仍全年未改，更将以前按市价征收之出入口关税，改为按一定边卡价征收，来加强出入口贸易，保证物价平衡，发展农牧工商业。

（丁）建设方面

（1）发展农牧。新政府于二十九年三月为发展农业，增加生产，令全省各区县有关机关组织扩大春耕委员会，对全疆农民协助子种、耕畜、贷款，并着重解决各地方水利问题，颇著成效。二月建厅，为使农业机械化，改良畜种，召集各区农牧场长会议，仅塔城、额敏、沙湾三县，即购农机二千架。又为发展棉产，召集棉产会议，改善蒙牧生活，召集蒙牧会议。

（2）修浚河渠。本年沙雅挖塔里木河新渠二万九千弓，迪化修理西河坝大堤，惠远修浚二百余里大荒渠，巩哈修浚哈什河，乾德修浚大沙河。

（3）便利交通。本年先后修成二百四十公尺之玛纳斯大桥，库车龟兹大桥，察罕托海大桥，塔城公路，奇孚吐公路，哈镇公路，托库公路，沙库公路等。

（戊）教育方面

（1）学校教育　新疆方面除由教育厅局所主持之学院与中小学外，复在以民族为形式，以六大政策为内容之口号下，组织蒙、回、维、哈、归、乌、索、锡、柯……等十四个文化会，利用各该族原有公产及自由捐助，以为教育经费，年来在各方面努力下，质量均有增进。

（2）社会教育　新教厅为扫除文盲，曾以最大之努力，号召全疆推动社会教育。各区县各地方均组织社教推行委员会，展开民众学校识字班、问字处、夜班、民教馆。虽因地方情形不同，发展未能一致，然头绪已立，希望无穷。

（3）特种教育　新省当局以干部缺乏，又懔于干部决定一切之义，故对于特种教育特为注意，训练干部之短期学校如雨后春笋。其于二十九年毕业，较为著名者如下：反帝中级训练班、初级训练班、各区县会计训练班、迪化阿山农牧训练班、簿记训练班、哈密渠村训练班、各区县农机训练班、政治干部人员训练班、文化干部人员训练班、工员训练班、电信教育班、汽车教育班、北疆各区县会计训练班、兽医深造班、歌咏训练班、省师阿山简师托克苏公务员训练班、镇西农训班、兽医学校、银行训练班、妇协干部训练班等。

（己）社会方面

新疆之社会内情，尚在新旧矛盾时代，旧势力喇嘛、阿訇、王公头目在农牧经济状况下，尚保留浓厚之封建色彩，至若异军突起者，则唯反帝会诸君子，此中人士，大抵皆新疆现时军政之干部，故颇有势力，年来新疆之各项社会活动，大抵以此辈为其核心，彼等在本年中之社会运动，主要者为宣传反帝、抗日、亲苏六大政策，拥护盛督办兼主席等，此外尚有工作竞赛、节约等宣传与实行。右呈蒙藏委员会调查室主任吴，转呈

委员长吴

代理新疆组组长　王泽戎

〔国民政府蒙藏委员会档案〕

11. 蒋介石为在行政院设立专职人员办理新疆事务致孔祥熙代电

(1941年1月31日)

代电　侍秘川字　第5784号

行政院孔副院长：前据张委员冲建议，请在行政院内设立新疆组，并遴派适当人员主持其事，当经转交蒙藏委员会吴委员长核办在案。兹据十二月二十八日呈复称：查新疆问题，病在外力胁持，政失统驭解救之道，非大力莫办。况值此全力抗战之期，在新省名实尚未全失之前，对新省当局仍不能不顾名思义，以表示中央全般之信赖，而图外交途径上暂时之利便，故该签呈请于行政院暂设一组，名标新疆，似属未妥。至于该省缠回内向中央，宜有机构主持办理，亦甚扼要，可否于行政院办理政务分类执掌之人员中，指定妥员，专司其事，既可事无贻误，复免误会发生，似属两全之道。谨将考虑所及，据实签复，是否有当，敬呈察核等语。查所陈似尚可行，特电转达，希即核办。

中正。子。世。侍秘。川。

中华民国卅年元月卅一日

〔国民政府行政院档案〕

12. 王泽戎关于新疆各项调查报告致蒙藏委员会呈

(1941年2月26日)

报告　煌字第十七号
　　　民国三十年二月二十六日于敦煌

（甲）交通之部

（一）新疆第二期三年建设第一年公路建设统计　去年为新疆二期三年建设计划之第一年，是年中该省官民合力建设之公路成绩如次：

（子）迪哈线

（1）建筑八公尺宽土路床三九一二五八公尺，小桥一〇〇一公尺，河堤路床三二六三公尺。（2）建筑大坂城后沟石座木桥一座，枝住墙九三八六立方公尺，□□□□修鹅卵石桥五二五〇公尺，修档水坝一一一二公尺，平路床六六六八五五公尺，托路一一〇一五六六公尺，补修小桥五个，清除排水沟九三一〇公尺．建筑砾石路一〇〇平方公里，垫桥头沙子七〇一九立方米，补修水冲路九七二八〇平方公尺。（3）镇西段土路床铺沙子六五公里，完成桥梁八座，顺水坝一段。（4）焉耆、哈哈、大坂完成公路三五公里。

（丑）迪伊线

建修绥来石座木桥一座，长二四〇公尺，奎屯石座木桥一座长二一〇公尺，建修小桥一〇三公尺，完成接奎屯桥新路一九公里，改修坏小桥一三九座，改修及加宽旧桥六五〇公尺，一二五座，加宽果子沟公路八公尺，加强路床平坦四五四九一立方公尺，平路二七九一七〇公尺，铺垫沙子一〇七二七四公尺，修理排水沟二四六七二四公尺，补修顺水堤七八一公尺。

（寅）此外塔城、孚远、吐鲁番民众捐修公路成绩亦极佳。

（乙）军事之部

（一）新疆对皖南事件之反应　新疆方面在皖南事件发生后，《新疆日报》于一月三十日以平行地位登载我中央军事委员会通令，而去发言人谈话，至对延安中共中央革命军事委员会命令，及发言人谈话，则全行刊载，其标题则为中共中央军委会发表皖南事变经过，文末未加论列并作主张。惟将塔斯社之二十七日电，则以显著之地位刊载。该电谓：数周前皖南发生了震动全中国的大事变，在顾祝同指挥之下之中央军，突将新四军包围，经数夜的残酷战斗后，将新四军解除武装。冲突结果：新四军伤亡四千人，被俘二千人，官方宣布解散该军，并将该军军长叶挺予以逮捕。据军事委员会宣布，解散新四军武装，取消其番号之原因称：该军未能执行月前国民政府调遣该军移驻黄河北岸之命令，并企图反抗政府军队之行为。据新闻界消息，新四军代表抨击此种责难为毫无根据。该军代表认为，此次进攻新四军之实际动机，系为迫害该军中之所有革命的爱国共产党员。此次进攻新四军之事件，激起全中国各界爱国人士之莫大震惊，特别是中国的劳动大众。中国进步人士方面认为，此次皖南事变，不仅限于以大规模之军事行动，消灭新四军，而且实际上是消灭八路军的开始。他们认为这一事变，有扩大为中国内战之可能。及至本月四月，盛世才氏对朱、彭、叶、项之元月元电及已编遣而由延安军会所任命之新四军代理军长陈毅等敬电，均分别复以丑支电。两电末均提出主张七项，兹录之，以明彼对是案之态度。(1) 反对妥协投降，反对分裂内战，以贯彻抗战到底国策。(2) 应用政治方法，解决各党派间尤其是国共两党之磨擦与一切纠纷，极力避免内战或武装冲突，以免减弱抗战实力。(3) 应立即释放有功于国家民族之抗日将领叶军长等及其部属，并绝对保证其生命安全。(4) 应极力打击破坏抗战分子与汉奸、托匪、亲日派。(5) 应极力扩大与巩固抗日民族统一战线，加强抗战建国力量，以便准备乘机大举反攻。(6) 应确定亲苏政策，因中国抗战，为弱小民族争取解放之战争，必须与社会主义国家苏联，紧密联系，方能摧毁日寇，以摆脱半殖民地之地位。(7) 应极力争取外援，利用国际间之有利条件，以便完成抗战必胜，建国必成之伟大任务。

(二) 据息泽密　皖南事件发生后，迄至近日，甘新间军事运输仍行畅通。

（丙）政治之部

蒙哈柯代表返里　为人疑窦与注意之新疆蒙哈柯代表，自二十八年秋冬由住牧处赴迪开会后，在省城居留一年余，于去岁旧历年底始各还故里。据新省清枪委员会负责人发表谈话称：该代表等在迪居留年余，原因系由该代表等认识抗战意义，自请将枪征呈新政府后，复为认识政府政策，请予训练，故留省训练至是。今因为免各代表家庭悬念，故遣送回里，并为完成清枪任务，已电令各区县即会同各代表展开工作矣。

（丁）其他之部

新疆同乡会敦煌分会正式成立　新疆同乡会敦煌分会前此筹备各情，迭已呈报在案，其旅兰同乡会理事赖依慕到敦后，于二十四日举行成立大会，到各机关长官来宾及会员共五百余人（该会现有会员壹百四十余人，现为甘肃各县维民最多之区）。职以该会在敦煌成立，意义重大，不仅为唤起新疆人民努力救国之资，亦为本组工作搜集新疆材料，尤其南疆方面之助，特制赠缎质锦旗一面，颜曰“团结御侮”，以励救族救国之义。又赠委座、副座照片各一张，以供该等瞻仰。同时出席大会讲演，勉以拥护国民政府，肃清敌探，为整个中华民族求解放……等要义。是日晚，该会复表演新疆歌舞，以事宣传，一般人士咸认为维民此次在敦煌盛举，有打破敦煌历史之意义云。

又该会对于济贫劝学等工作，现甚努力，短期内即将有成绩出现。其案拟另专呈。右呈蒙藏委会员调查室转呈

委员长吴

天山调查组代理组长　王泽戎

〔国民政府蒙藏委员会档案〕

13. 蒙藏委员会派驻天山调查组为报告盛世才著《日本帝国主义对新疆阴谋进攻的事实》致吴忠信呈

(1941年11月7日)

盛著《日本帝国主义对新疆阴谋进攻的事实》之研究(附寄原文)

——专题报告之七——

蒙藏委员会派驻天山调查组编呈

新疆与内地邮电虽照常通行,但新疆寄交内地之报章杂志,则常受安西县邮电检查所之检查而横遭扣留。天山组为明了新疆情况,订有《新疆日报》及《反帝战线》,迄今收到寥寥无几,虽一再与安西党政机关交涉,回信都是说得很好,结果并不佳妙,从私人方面探得消息,安西邮电检查所系奉上峰之命,而扣留新疆报章杂志,须与其上峰商妥,由其转饬安西照办方可,此事须经甘肃省党部转呈中央党部,至为烦琐,故未再事追求,只希望于漏网之中,见及《新疆日报》一二份,《反帝战线》一二本,于愿已足。最近忽收到《反帝战线》第六卷第六期一本,中有盛主席所著《日本帝国主义对新疆阴谋进攻的事实》一文,将中央所派去之人,亦列入其中,殊足为本会推进调查工作至新疆时之参考.爰从原本中摘出另订,寄奉本会,并附呈意见数点如下:

(一)反日与苏联　在全文中提及苏联字眼很多,都说日本阴谋夺取新疆,利用新疆为桥梁,再攻苏联。如在A段中,有"侦探苏联情形进行反苏",又"搜集了很广泛的材料,以及当时白俄的战斗力与反苏的可能"。在C段中,有"若将新疆成立回教国以后,就准备进攻苏联",又"那时把新疆侵略以后,成立回教国,集合力量去进攻苏联"。夫反日原为中央固定之政策,唯中央之反日是为整个自己国家,与苏联无关,而盛之反日,则是专为苏联,故彼之抗日至今未能与中央之反日完全合流，此最可遗憾者也。

（二）新疆与中央　总观全文，盛承认中央之存在，唯目下之中央，当不合其理想之中央，其理想之中央，应是无条件的拥护苏联，更应承认盛为新疆之伟大领袖，将其所不满意之人物，如艾沙、尧乐博士之流，一律依盛之意念而法办之。文中有一段说：艾沙伯克受日帝收买，假冒新疆回民代表，隐匿中央，对新疆造谣中伤等字样，可说明其并非百分之百目无中央。盛之不愿背弃中央，亦有其苦痛在，盖盛为东北人，以民族自决之立场，盛无资格可在新疆充当督办与主席。在全文中，多次提到回教国之阴谋，回教国之成立，自无盛之地位，盛反对回教国，唯有承认新疆为中国之一部。

（三）盛世才与新疆　盛任新省督办瞬将十年，盛是否完全能掌握新疆之军政权，所有全疆各族各界民众是否诚心拥护盛世才，从其所叙述之详情当可得一否定之答案。黄慕松入新，引起陶明樾、李笑天、陈中之谋叛，罗文干去新后，刘文龙、马仲英、张培元三角关系之造成，以及杜重远在新时代之哈族暴动与维族暴动，其中或有黄、罗等之嗾使关系，但各主动人员竟愿受其嗾使而谋叛与暴动，则其不满于盛之为人也明矣。且杜任新疆学院院长是盛之委派，盛信任之，方敢委派，结果犹不免戴上“持左右倾之言论，组织反革命力量，企图谋刺本人”一罪状，他更可知。

根据上面二点意见，可想象目下新疆情况，因盛著系于最近（九月八日）脱稿也。本会若欲于此时派人前往，固不可能，即或可能，工作亦难有所开展，万一暴动发生，徒作瓜田李下之牺牲耳。盛著对黄、罗、杜等之入新，概称奉日本帝国主义走狗汪精卫命令，利用汪已附敌，固其行文妙处，要亦可窥其心中所抱之见解，唯其详细叙述日本之侵新阴谋，有地点、有时间、有人名，甚至有原信与照片，除其歪曲事实部分外，要大部可供吾人之参

考与警惕也。附寄盛著原文一份。右呈调查室主任转呈委员长吴

三十年十一月七日于敦煌

日本帝国主义对新疆阴谋进攻的事实

A、最初的活动

在光绪三十一年，日人林出贤次郎以游历为名来新疆，曾在伊宁居住有一年之久，又在乌苏停留一月，学习蒙语，以后还在迪化充当了教员。同年，又有名叫博多野养作的，也到伊宁去住了一个时期就走了。

光绪三十二年，广福将军在新疆的时候，来过一个日本军官，名叫日野强，也到伊犁去住过一星期，以后转到焉耆，迪焉耆到南疆，由南疆经过印度回国了。

光绪三十三年，伊犁将军长庚在伊犁成立武备速成学堂，请来一个日本人，名叫原尚志（日名原尚多志），充当总教习，嗣后充当监督，一直到民国成立才离开了新疆。

一九一八、一九一九年，由中国参谋本部派来所谓中日合作视察新疆的人员，共有二十多，它们的任务，标榜着的是视察新疆军政情形，整理中苏国界；骨子里却是日寇在新疆进行积极的侵略准备，侦察苏联情形，进行反苏。实际上日寇在新疆也确实组织了间谍工作，并且派去了两名白俄军官到苏联作秘密侦探。

那时期新疆正是杨增新当政，所谓中日合作调查人员，实际说就是日方的人们，利用了这个便利机会，在中日合作的旗号之下，进行调查新疆的工作。

那时来的人，在中国方面有十个人，程沂是调查员，日本方面也有十个人。日本方面的总负责的调查长是成吉哲夫（日本参谋本部派的）。驻迪化给成田哲夫当翻译的是金子信贯。由成田哲夫派赴伊犁、塔城、喀什各三人，调查一切情形。同时中国参谋部的人宋之栋也随同日本军官佐藤甫（译音沙岛）和长林龟珠

（又名那尕明诺）到了伊犁。他们在伊犁与各方面进行了活跃的接洽，从当地各族各界的首长起到帝俄的领事，逃跑新疆的白俄军官止，普遍的都接洽了。他们调查过当地各种情形和中俄边界。

其余的日本人是：日本参谋人员粗尕及欧岛并那里塔。

这些被派到新疆视察的人们，在伊犁的日本人，住有两年之久，直到新疆与苏联订立通商条约的时候，他们这些合作视察的人们，才纷纷离开了新疆。

他们虽然回去，可是对于视察的工作却未间断，只不过在另一种合作形式下进行，那就是日方经过自己在视察期间所买收下的孝昌等走狗，陆续收取着关于新疆的情报，他们还在白俄中吸收迪牙科夫、沃罗伯屈克、谢米诺夫等人为密探，搜集了很广泛的材料，以及当时白俄的战斗力与反苏的可能，并完成经远东白俄首领与日本取间谍联络的工作。

一九二四年，又有以日本访员化装的日寇侦探伏岛次郎来到新疆（据闻他曾充当驻中国某地领事），他仍然享受着以前合作视察人们所享受过的杨增新的待遇。他到视察过的绥定住了十几天，经过孝昌的手，这位访员重新得到了关于新疆的一切重要材料。后来伏岛次郎由喀什经过印度到土耳其去了。从伏岛次郎的口中露出：一九一八、一九一九年到新疆来视察了的那些日本人，彼时都在北平日本大使馆内服务。

B、关于马匪仲英与日本帝国主义之联系

一九三〇年十一月间，欧亚航空公司飞机到肃州时，到来日本人七名，马仲英率领他的部属到飞机场欢迎，马仲英曾与七人中之小矮个、撅鼻子的日本人，互相拥抱，长时间接吻，用最亲热的举动欢迎了。这个小矮子系马仲英的老师，名字叫西米尔（译音）。

马仲英经常与西米尔在办公厅内摆着地图谈话。

不久，七个日本人中，除去西米尔留到肃州以外，其余的人全部乘欧亚机回去了。据马仲英的军需处张处长谓：马仲英向日本西米尔借了三十万元钱。

马仲英在西米尔策动与嗾使之下，乃于一九三一年率匪军来新疆围困哈密，因朱师长瑞墀坚守城池，围攻有半年之久亦未攻破。马匪闻省城派张培元率大军救援哈密，乃抽调捍匪千余人迎击省军，至乏马塘与省军遭遇，被省军击溃后，马仲英乃率匪军残余向肃州逃窜。到肃州后复由日本帝国主义接济一切，仍企图准备待机进攻新疆。至一九三三年日本帝国主义又嗾使马匪乘四月革命后新政权尚未巩固的机会，企图夺取新疆，乃复率匪军千余人进新疆，既陷哈密、木垒河，复陷奇台，共得获枪械约有五千余支，因而匪势大焰，全疆震惊。正当新政府准备派大军进剿马匪的时候，适行政院院长汪精卫派黄慕松宣慰新疆，黄与本人系昔日旧同学，抵新后招待备至，不过从各方面感觉黄之态度，不仅带骄傲气象，而且无诚恳表示。谈话间黄氏第一主张停止讨马军事行动，听候该宣慰使用和平方法处理一切；第二主张取消督办官职，改组军事委员会，仍以本人充委员长。第二项主张本人答复说：俟大局平定后再行商讨。第一项主张本人答复说：本人及新疆人民均极赞成和平，不过马仲英已准备大军进攻省城，如该宣慰使能至奇台宣慰马仲英停止军事行动并命马仲英率所部退至哈密的时候，则本人即停止讨马军事行动，而黄氏不但不肯去奇台宣慰马匪，复建议应该在省城附近迎击马匪，此时本人愈感觉到黄氏确有助马夺取新疆的阴谋。因彼时的情况如坐待马匪进攻省城，再行出城迎击，不只是迪化区各县已经被匪勾结的不良回民均将群起助马，而且必有动摇全疆的危险。因此本人遂决心率大军向奇孚方面迎击匪军，省军行抵滋泥泉子即与马匪遭遇，激战一昼夜，马匪不支，向奇台方面溃退。本人即率大军跟踪追击，到奇台后知马匪未向甘肃逃窜，乃向吐鲁番逃窜，本人知马匪逃吐不肯离新，必有其期待与新的阴谋。正准备计划追击马匪，乃据报省城陶明樾、李笑天、陈中受黄慕松嗾使，企图在后方谋叛，并进行谋杀本人工作。本人乃率军先行回省，以便安定省城。抵省后获得陶、李、陈谋叛证据，遂逮捕陶、李、陈三人，依法惩办。陶、陈、李被捕后，而黄氏惶恐万分，未久即接汪精卫电令停止宣慰，急速回京复命。

马匪仲英率残部溃逃吐鲁番后，即盘据吐鲁番，一方面暗派匪徒潜往各处勾结煽动，一面准备待机进攻省城。在这个时候，适司法部长兼外交部长罗文干又奉日本帝国主义走狗汪精卫的命令，来新活动。其任务是：继续黄慕松未完成的任务，破坏新疆与为汪精卫谋取地盘，罗氏抵新疆后，除勾结愚弄刘文龙及到处接受贿赂外，即积极从事阴谋破坏活动，由迪化到吐鲁番见马仲英，又由吐鲁番到伊犁见张培元，结果竟把刘文龙、马仲英、张培元先后连络成功，造成三角关系，用三角关系的力量，进行反革命工作。复由汪精卫假借行政院的地位，任命马仲英为南疆总司令，张培元为北疆总司令，以便由吐伊两方面夹攻迪化。刘文龙在迪化亦积极连络郑、应两旅长及杨耀钧、苏国、李丹初、巴平故特、格里米肯等准备响应马、张进行颠覆政府工作。此外刘氏自己还进行谋杀本人工作。

刘文龙与张培元的叛变，马仲英的围困迪化，均系罗文干所种下的祸根。迨三角阴谋叛变先后失败后，刘文龙托病辞职，张培元惭愧自戕，马仲英率残匪退走南疆。待马匪退至南疆后，马仲英率司令部重要人员走苏联，命马虎山率匪军进驻和阗。自马仲英逃走与和加尼牙孜来省后，全疆军事完全结束，遂完成新疆和平统一的局面。

日本帝国主义按照侵略中国西北计划，早在一九二八年秋季，日本参谋本部支那课前主任今田（少将）吸收日人大西忠（汉名于华亭）为间谍。大西忠在东京学得翻译汉文密电码及无线电学后，于一九三〇年八月间，派大西忠赴天津，与日本之天津驻屯军参谋部少将部长松本健儿会面，当时日本参谋本部及天津日驻屯军参谋部派大西忠到西北马仲英匪部内工作。

大西忠进入马仲英部以后，一九三二年六月间，在肃州与马匪谈论第二次进攻新疆问题，马匪完全赞同进攻新疆。关于枪械问题，大西忠曾告以我们日本帝国是要帮助的。

一九三二年终，天津日本驻屯军参谋部少将部长松本健儿给大西忠去信，信中赞许马仲英进攻新疆。同时并说，关于枪械、物品、人才等，松本健儿完全能帮助及办理。一九三三年二月间，松本健儿用信通知大西忠，无线电台及枪械均能供给马仲英，最短期间可以运到。一九三三年三月初，大西忠曾向松本健儿索发三八式步枪二千枝，大号匣子枪五十架。松本健儿接信之后，以别人的名义向马仲英处送去无线电机一架，匣子枪十五架。当时大西忠将这个消息通知马匪，但准备进攻新疆之大部队伍已出发，松本健儿供给之无线电台及枪械等远至某地被扣留。

当大西忠向马匪说明本人系日本参谋部工作人员时，马匪极表满意，经常和大西忠秘密谈话。马匪仲英之密名为：色非夫。

在马匪出发进攻新疆之前数日，大西忠曾将出发日期通知松本健儿。

在马匪仲英匪部内，除马匪本人已被大西忠吸收外，匪部之副师长马赫英，骑兵旅长黑汉，马匪之弟马仲杰（系骑兵旅长），匪部顾问张雅韶也被大西忠和马匪在肃州吸收为秘密工作人，为日本参谋本部进行工作。此外匪部参谋处长马雨农、参议扎克尔、匪部阿洪如池沟阿洪、张阿洪等均被大西忠吸收为日本密探，匪部政治处主任兼杨虎臣代表杨波清亦被马仲英介绍为日本密探，经马雨农又将匪部参谋刘经甫、副官长拜自兴吸收为日本密探。关于大西忠在匪部内的主要活动，是要掌握操纵匪部权力，所以吸收密探的活动，松本健儿指示不作扩大吸收，免吸收过多，有把日本阴谋暴露之虞。

马仲英在滋泥泉败退的时候，日探大西忠为了联络归化军，向马匪供给政府方面的消息，并经归化军的叛变，将省城陷于马匪，他和马匪商议了在奇台诈降于政府，暗中进行了活动。大西忠到迪化后，一贯的进行其勾结归化军的阴谋，他在迪化首先和俄驻迪化总领事迪牙科夫接头，并且转递了霍尔瓦特给他的介绍信，以后迪牙科夫将格米里肯借着谈论私事，在自己家内将大西忠介绍于格米里肯。一九三三年八月间，大西忠与格米里肯秘密商讨多吸收白俄军官为日本密探，嗣后大西忠与格米里肯在一九三三年九月间，于格某客厅将巴平古特及安托诺夫先后吸收为日本参谋部密探，并准备马匪在进攻迪化时，叛变附马，将省城陷于匪部。又与督署参谋长刘斌接洽好，在政府与马匪媾和成功后，刘斌遣送大西忠到马仲英匪部里去。

在迪化时期，大西忠曾经过马匪的密探李雨亭（当时来迪化充当代表）给马匪供给情报，谓：迪化东北军腐败，在归化军已有相当的联络，务望速即整理军队，以便重新进攻迪化。李雨亭在次日就回去了。

此外，在一九二〇年时，日本帝国主义由远东陆续派来白俄走狗，一九二一年有格米里肯，一九二八年派有莫洛日尼科夫费多尔，一九三一年派有依万诺夫格立果里，一九三二年派有如拉夫列夫费多尔、拉维诺夫提莫非衣等。他们经过日探白俄主角孜木拉诺夫发生间谍联系，后来他们在日帝走狗马仲英进攻新疆时，都起有很大作用，如格米里肯之与日探大西忠所进行的阴谋等。

同时，日帝经过居住外蒙之白俄：扎撇瓦洛夫兄弟、科洛尔阔夫、石塔诺夫弟兄、米德威多夫等人，在阿山进行侦探工作。在阿山居住之日人走狗新科夫（被押）按照侦探任务，成立一个组织，除间谍工作外，最后时期进行以推翻现在新疆政府，另外成立一个在日人保护下的政府为目标的工作。

马仲英三十六师匪部驻扎肃州的时候，不仅接受日方的金钱，同时，日方军事技术人员参加匪部，领导着进攻新疆。在匪部中除日本人大西忠（又名于华亭）外，尚有土尔其人凯末尔也参加进攻新疆的活动。

凯末尔本系土耳其人，他之所以被日寇利用作进攻新疆的最好工具的主要一点，是日寇看到新疆大多数是回教人民，拿凯末尔的土耳其籍作为一个号召工具。

凯末尔在俄土战争时，充当旅长，以后被俘囚于西伯利亚。苏联革命后出狱，当卡勒恰克叛变苏联时，凯奉卡勒恰克命令，携带五万卢布到中国联络蒙回民众，响应卡勒恰克叛变。

凯末尔曾到东北高丽与寄居高丽原籍塔塔尔名扎克尔会面，凯末尔与扎克尔奉日本帝国主义命令到甘肃参加马仲英匪部活动，扎克尔系属受日方包庇贩卖军火者。

嗣后，卡勒恰克叛变失败，凯末尔与扎克尔到甘州找马仲英。彼时，马仲英正在甘州组织三十六师，马仲英委扎克尔为参议，凯末尔为军事顾问。凯末尔与扎克尔随同马仲英参加了一切的扰乱新疆战役。

C、关于和加尼牙孜及尧尔博士等人与日本帝国主义之联系

和加尼牙孜的兄弟巴克尔尼牙孜于二十五年秋季赴麦加朝汗时，在麦加与日本代办人卡怕诺夫发生联系，卡怕诺夫曾托巴克尔尼牙孜向和加尼牙孜带来一封信，企图派土耳其前废皇太子阿不都海米提来到新疆充当回教国皇帝（见原信及照片），当时巴克尔尼牙孜并承诺在日本占领甘肃时，即率领他组织下的叛徒起暴动，欢迎阿不都海米提到新疆。

和加尼牙孜承认日本如果占领肃州时，伊即领导各叛逆从事暴动。

尧乐博士与司马益大头等领导哈密反动集团，并吸收反动份子为侦探，刺探新疆军政消息，报告日本帝国主义。

一九三六年间，由关内来过一个汉人，见了尧乐博士在笈笈

台住了一个多月才走，据说那是日本人，他和艾山乡约负来往通信工作。

给尧尔博士在绥远作事的德和堂经理曹雨亭及福寿堂经理与尧乐博士关系很密切，曹雨亭和日本有联系，一九三七年七月间，曹某领驼到哈密说过：日本已将北平、天津占了，不久即到哈密，我们的幸福快到了。

尧乐博士与绥远日本特务机关通信，是经过绥新汽车公司、德和堂、福寿堂等传达。

第一次，在一九三四年，尧乐博士乘福寿堂的驼队到绥远去的机会，命苏皮大耳瓜将遣发苏某骆驼十七只随福寿堂的驼队到绥远。临行时，尧乐嘱咐福寿堂先生童学柜的到绥远与日本特务机关接洽，报告新疆情形（即目前尚未实行共产，将来是一定要实行的），并询日方进攻新疆日期，该童学柜的由绥远回来后，向尧乐博士报告：日本已开始向华北进攻，因受中国军队的抵抗，日本在战事上失败了，所以不能到新疆来（童某于一九三七年回绥远）。

第二次，在一九三四年底，德和堂的三爷子由绥远到哈密，给尧某带来日本特务机关的一封信。内云：日本在察哈尔的战事虽受中国军队的抵抗而失败，但目前已与内蒙王公取得联络，不久即可再度进攻绥远。

第三次，在一九三五年由绥新汽车公司给尧某带来消息：日本已经占领了察哈尔，不久一定能进占绥远的。

第四次，在一九三五年或是一九三六年初由绥新汽车公司给尧某带来的消息：日本已经占领了绥远，并向华南进攻。

一九三六年间，和加尼牙孜向尧某之子合甫秘密嘱咐说：请你父亲对于哈密方面多加警惕，因为日本援兵亦快要到哈密了，应在哈密多多采买粮草。

一九三四年终，德和堂曹阿洪之子由公婆泉驮了二十四只骆驼的茶，带了三个蒙古人到哈密，其中之一名察木冬者，化装为曹阿洪之子的听差的人到哈密城附近，察木冬向尧某报告：现在公婆泉建筑汽车站与油库，以备日本汽车之停止，现在正要准备开始兴工，因食粮缺乏，故派我到哈密采买。以后尧某用德和堂名义给该蒙古察木冬采买了白面四千斤，葡萄干一千斤，由该蒙古人察木冬等运往口里去了。

一九三五年五月间，由哈密东庙尔沟山口内出来两个日本人，化装汉人到哈密城内长胜店寄居，第二天尧乐博士派人将他们接到自己公馆里，一共住了七八天，以后尧某暗派人用马送到庙尔沟大路坐绥新汽车公司的汽车往内地去了。

这两个化装汉人的日本人，一个年长，约四十岁，一个年约三十余岁，是矮子，他们系由绥远山内草地来的。他们在二里子河采探了修筑飞机场的地点以后，就由二里子河动身从山内骑驼到了哈密。

尧某和这两个日本人接洽以后说：现在日本在二里子河已经将飞机场修好了，大约不日他们的飞机就要到二里子河。尤其现在甘肃处处皆有日本人了，日本势力是已经扩充到甘肃方面来了，特别是空军力量很大，每批出发飞机总在一百多架，所以日本的武力是很大的。

那两个日本人到哈密的任务，和尧乐博士接洽了四个条件：第一，该日本人到二里子河建筑飞机场，以备进攻新疆之用；第二，探采由绥远到二里子河，由二里子河到新疆的路线，以备进兵之用；第三，与尧某订约，若新疆占了，归到日本帝国手里时，新疆的重要职务皆由尧某、麻某、和某担任；第四，由日本帝国派皇帝到新疆。尧某说“日本人若将新疆占了，对我们回教特别的作保障，与我们维族宗教有很大的利益，能保守回教永远坚固，能保守自己私人财产，提倡宗教，待我们回教平等自由，不受其他任何人的统治。不久日本帝国就能到新疆的，有此等等利益，所以我们信仰回教者皆要欢迎日本人来新疆的。同时，尧某又说：我们决以抱定坚决心理去亲日的。假如新疆被日本人占去，马上我们就能成立回教国了。

尧乐博士与日本人的军事计划：将中国内地各省希望日本帝国占去；第二，欢迎日帝以军力到新疆援助尧乐博士进攻新疆；第三，尧乐博士担任在哈密与日本修筑飞机场，准备日帝飞机到哈密；第四，若新疆被日帝侵占了，成立了回教国，由日本派回教国大皇帝，以解放回教之痛苦，提倡宗教；第五，若将新疆成立回教国以后，就准备进攻苏联。进攻苏联的计划，是因为在日本国内有白俄主要人西米尔诺夫，他是白俄之首领，现在日本国内有一大部分白俄人，到那时西米尔诺夫带领全部白俄到新疆来，一方有日帝的后援，一方有我们作帮助，合力起来进攻苏联。若将苏联侵占后，成立白俄罗斯大皇帝国，但是皆由日本统治的。

那两个日本人回内地后，未到一个月，尧某就暗派了一个奇台县回族人，姓马（宗教名马尤苏）往绥远去接洽日本人，因为绥远有日本人之机关。马尤苏到绥远去的任务：是尧某派去与日本人接洽，尧某现实行所订的条约，所有新疆方面的事情，由尧某担任。对于麻木提与和加尼牙孜皆由尧某联络，就是军事上决定要日本帝国来援助。马尤苏被尧某派赴绥远后，马又由绥远往日本去了，至今尚未回来。

日本帝国对于新疆的基本军事计划，用三个力量进攻新疆：第一、利用内蒙力量，由草地使德王代领蒙军进攻新疆之镇西、奇台；第二、利用甘省、青海、宁夏的回民进攻南疆、和阗、婼羌；第三、日本帝国之基本军队，由绥远出发，经过二里子河进攻哈密前防，以尧乐博士作前线。那时把新疆侵占以后，成立回教国，集合力量去进攻苏联。但进攻苏联时，就以在日本的白俄首领西米尔诺夫为军事首领去进攻苏联。

尧乐博士与日本帝国订了这个条约以后，未曾通知和加尼牙孜，因恐他有泄漏。

在肃州有几个库车、喀什的维族人给日本侦探机关工作，受艾沙伯克指导。在甘州有两个日本人，系作侦探工作的均化装汉族（艾沙伯克受日帝收买，假冒新疆回民代表，隐匿中央，对新疆造谣中伤，出刊《边铎》杂志，维名《支那土耳其呼声》)。同时与居住天津之日探塔塔尔族人哈那非下库洛夫联络，又与住法之德法西斯走狗依斯哈科夫机关报（《新民族之路》取得亲密联系。《边铎》与《新民族之路》不啻姐妹刊物，其内容主张以民族自决的烟幕，在德日卵翼下成立回教国。艾沙伯克并带领新疆旅京维族学生伪称新疆代表团，到印度、埃及、土耳其、阿拉伯大肆活动。特别当一九三六年、一九三七年新疆维、哈族朝汉〔汗〕时，艾沙伯克派其弟携带日寇使命活动甚力，和加尼牙孜之弟巴克尔尼牙孜带来之信及阿不都海米提照片，与艾沙伯克有极密切关系。

在哈密、镇西方面之哈族，有阿力司汗为首领，阿某系亲日分子，受尧某指挥，现在已逃甘肃。

尧某叛变政府失败后，原拟逃往绥远，因为汽车坏了才逃向青海。

一九三五年春季，麻木提由喀什暗派一个维族名叫依明阿吉协衣唐者，由婼羌到敦煌接洽日本在肃州的侦探海比本拉。依明阿吉协衣唐回到哈密时向尧某报称：日本帝国已经准备好了，等候进攻新疆。他们说：见了尧、麻二人，叫他们迅速准备。尧某听到报告，派亲信人名叫阿的由小路到喀什去见麻木提，促使极力准备军事上的一切。

尧某在一九三六年秋天开会宣布反对政府时，对苏皮大耳瓜说过亲日的详细情形。

尧乐博士是实现日本之“回教国”计划在新疆的总负责人，一切内地的消息完全由安西之海山乡约，肃州之海比本拉、艾拜都拉，甘州之宰尼同拉、喀司木阿洪（奇台乌受尔阿洪的经理），绥远之德和堂，迪化博达书馆，哈密新绥汽车分公司等方面给尧传递。尧将这些消息令其副官克林木拜克以经商为名，从一九三四年起直至尧潜逃为止，每月由哈密往吐鲁番三堡来一两次。克林木拜克到三堡与麻某之亲戚哈生木、古素里等人接洽，又经麻某亲戚等将尧的消息往喀什传递。尧某对于迪化传递秘密消息的工作，则由其子牙胡甫（即尧道宏）与副官阿的等传递。

艾沙伯克与尧某联系是经过肃州的海比本拉等。自一九三四年起给尧某每月寄支那土耳其斯坦瓦孜（东土耳斯坦之呼声，即边铎）杂志十本，内容纯系反对新政府与苏联的。有谓：新政府已将新疆出卖给苏联了，新疆回教徒应为回教之巩固，群起反对新政府与苏联。

尧乐博士对于反对政府与亲日的宣传上是很诡密的，他在作这种宣传时，多半吞吞吐吐的说话。他对于各头目人说：现政府对于宗教要慢慢的消灭，因为亲苏政策是很不正确的政策，可是日本对于本省的计划是逐渐实现着，我们目前可以暂且忍受几天，不久的将来，日本到来，我们就能得到解放。

司马益大头：司马益大头于一九三七年在朝汗地点与日帝侦探木合新接洽过。

孝昌等：孝昌领导着依沙、特列五尕孜、拉以木张、巴彦等，形成哈族反动集团，给日本当侦探，并与土地阿洪、麻木提、和加尼牙孜、沙里福汗等有密切联系。

“反汗救教”匪团：以满素尔县长、那吉木丁为首领，与艾沙伯克有联系，并受其指挥，与和加尼牙孜发生关系，提倡组织回教国，并宣传日本与中国作战时，让回教帮助日本。

伊犁反动集团：他们主要目的是与英日当侦探，以土地阿洪、阿不都艾吉孜等为首领，并吸收密探向英日两方面供给材料，并实行亲日亲英工作，反对政府。

归化反动集团：这个集团组织，专以与英日及满洲国充侦探，刺探新疆军政情形，向英日等国报告，其主要者有皆阔斯夫斯铁旁、伊万诺夫格里国里、魏雅特肯等。

汗回族反动组织：以张馨、冯梁、马绍武等为首，给英日帝国主义当走狗，并接受巨额款项，吸收多人，实行反对政府工作。

在中国抗战后，日本帝国主义为了遮断与封锁中国西北通欧洲，特别是通尽力援助中国抗战的社会主义国家苏联的交通要道。为了破坏中国抗战的最重要后方，为了推翻六大政权起见，曾经过中国的汉奸头目汪精卫派遣杜重远来新疆活动，杜氏抵新任新疆学院院长后，乃利用与本人有多年的友谊关系与院长的地位，采取左右倾的行动与言词，秘密进行拉拢各族各界的对政治认识薄弱的人们尤其是青年人及思想落后对六大政策不甚理解的老年人，并托匪残余分子与日英两帝国主义在新疆隐藏的侦探走狗等，组织反革命力量，企图谋刺本人，唆使沙里福汗鼓动阿山哈族暴动，唆使阿不都大毛拉、库尔班、库尔班尼牙孜等进行组织与策动维族暴动，以期达成日本帝国主义与汪逆精卫阴谋推翻六大政策政权和破坏抗战后方的目的。

（一九四一年九月八日脱稿）

〔国民政府蒙藏委员会档案〕

14. 蒋介石为新疆对苏外交及移民诸问题致孔祥熙代电

（1942年8月29日）

代电　侍秘安第13668号

孔副院长庸兄勋鉴：兹据盛督办世才、朱司令长官绍良函呈，关于新疆问题，各项意见前来。查所陈（一）外交意见第一、二、三各项可予照办，并先设立外交特派员，使苏联在新外交入于正规，至第四项收回飞机制造厂事，亦可准备提出交涉；（二）政治方面，关于设立监察使意见，可予照办；（三）关于移民问题，所陈输送难民五千名一节，可予照办，其余亦可即着手筹备，先设移民局核定经费，预定十年内移足百万人口；（四）关于新币与内地汇款，暂时准以美金折合，并与法币亦规定比率。以上各项，除关于输送壮丁五千名及收回飞机制造厂暨其他有关军事事项，已并分电本会何总长知照外，兹将原函呈随文抄转，即希召集有关各部会协商，决定分别负责办理，并具复为要。中正。未。艳。侍秘。附抄件一份。

中华民国三十一年八月二十九日

抄盛督办世才朱长官绍良八月十七日函呈

委员长钧鉴：敬禀者：窃查新疆幅员辽阔，物产丰富，为我国西北边疆最重要之区域，如果能利用其优良的自然条件，从事开发，不仅新疆一省前途有无限之发展，并且对于强大之国防亦具有重要之意义。兹谨按照各方面关系，参照新疆实际情形，拟具充实国防后方新疆如下：

甲、外交方面

一、新疆在外交方面，最主要对象厥惟苏联，应保持现存关系，遇事使之过得去，一面积极作充实边防工作。

二、苏联现正需要英美援助，我们应欢迎英美人士时常来新疆，更希望英国在迪化设立领事，必要时亦可聘请英美技术人才和顾问，借助英美人力财力开发新疆资源。

三、现值新印航线开办之际，应尽可能使英国人往新疆来。

四、中苏两国前在迪化附近设立之农具制造厂（即中苏合办之飞机制造厂），规模相当宏大，装配各种飞机零件，于训练空军关系甚大，拟请中央设法交涉，及早予以解决，以利空军发展。

乙、政治方面　除前已由职绍良面请派省政府秘书长、教育厅长、外交办事处长和办党务人员而外，在政治机构方面，还请作如次之措施：

一、拟请在迪化设立监察使公署，其监察使人选拟请中央派素著声望而资深之党员充任之。同时在喀什设立监察副使管理喀什、莎车、阿克苏、和阗四区，其人选亦请中央派资深之党员充任之。

二、喀什、莎车、阿克苏、和阗四区在南区，地处重要，所有各该区行政长（即行政督察专员），拟请中央派员分别接充之。

三、新疆文化落后，大中学校教员极感缺乏，拟请中央遴派能教数理化及国文之男女教员来新以利教育。

丙、移民问题　新疆民族，汉人最少，虽号称五十万，实际不满二十万，其他各民族，信仰各异，言语隔阂，易受挑拨，亟应实行移民，以增加汉人成分，移民虽费巨款，但如欲保障新疆永久为中国领土，则所得利益，宁可以数计。且新疆矿藏丰富，如能设法开采，则是大利可获，区区移民之资，不患无所取偿也。现值移民良机，希望中央专设机关，大量移民。

一、请即以输送难民名义输送壮丁五千人来新参加本省维族国民兵队，以增强新省力量。

二、在今年落雪前，最好能移民三、五万人，以后再陆续来新，至少须达百万人以上，方能有济。

三、此项移民可利用来新运输军需品汽车装载。

丁、经济方面　为防止新疆物价高涨，民生困苦之现象发生起见，谨拟具意见如下：

一、美金每元折合新币三元三角，但法币须二十余元购美金壹元，是新币与法币差价甚远，应请中央以适当办法解决，以免民生痛苦。

二、新疆矿产，如石油矿、五金矿及有关军需工业之稀金属，如钨、锑、镍、白金、水银等矿，无不应有尽有，应请中央设法开采。

〔国民政府行政院档案〕

15. 蒋介石为新疆省币制改革致孔祥熙代电

（1942年8月30日）

代电　侍秘字第13683号

孔副院长庸兄勋鉴：前据翁部长文灏签呈称：新疆盛督办迭与朱司令长官及文灏面商，盛督办谓从前新疆币制复杂，现已整齐划一，外汇价格每新币叁元贰角合美金一元，省方历年收购生金作准备，经营至此，颇为不易，甚望中央俯念，币制关系民生，至为重大，妥筹善法维持。至具体兑换办法，盛督办仍请中央筹定，省方并无成见，但新省财政厅长彭吉元拟具办法，折呈盛督办，盛督办抄送一份作为参考，仍请中央筹核，特抄附彭厅长折呈一份呈请鉴核等语。查处理新疆币制问题，就表面观察盛督办此项要求，自欠妥适。但从切实掌握新疆及悦服新疆民心，使其效力抗战，永保边圉起见，实不能不本远大眼光，特谋从权之应付。尤以新疆民族复杂，在宗教信仰上，则向与土耳其相接近；在政治地理关系上，则久为外力所操纵。今当新疆当局倾诚内心之际，如中央对新省现行币制不予维持，而立即彻底推行法币，则结果必使新疆物价立即提高，人民生活立感严重压迫，则必引起新省人民对中央发生甚大之怨望，而授外人及奸伪煽惑之机会，此实极堪注意之点。故处理此事，应必本下列两种原则进行：（一）对盛督办此项要求，不妨尽量容纳，以保持新疆物价之安定，则中央将来在新事业推进之后，亦克因物价安定而节省开支；（二）中央此时应一方容纳盛之要求，一方即确定步骤，进谋对新疆金融财政之掌握。例如新币对美金之换算汇兑，应使其改归中央银行办理，其新疆省银行并应由财政部设置监理官。此项办法，就目前新疆之实际局势而论，当不难顺利完成。迨将来中央新省金融财政关系更增繁复时，则更可由中央设置新省财政监理处，或迳派财政厅长统一其财政。照此方针进行，则无论今日对新拨给若干美金，而结果仍在中央统制范围之内，不惟无损，而反有利。特抄附彭厅长折呈一份，希即切实核办，并盼核拟办法，速复为要。中正手启。未。陷。侍秘。

附抄彭厅长摺呈一件。

中华民国卅一年八月卅日

抄彭吉元厅长折呈　七月廿九日

督办钧鉴：近闻中央政府开始以大批汽车经常通过本省，运输物资，所有招待及一切费用，虽由本省垫付，日后中央如数归还，但以法币与新币价格悬殊，同时本省用品大部分系以美金及土产，由苏新贸易公司购买或交换而来，新币每叁元贰角即合美金壹元，而新币与法币实际又复为一与六之比，如悉数以法币归还，则本省财政将恐难于维持，伏以本省处于抗战后方，且为西北交通要道，设如本省财政一旦无法维持，则整个抗战前途亦多影响。中央在此抗建期间，支用浩繁，财政虽然困难，但总较地方为裕，应请钧座转请中央顾及本省困难情形，俯予扶持，以示体恤。谨将关于上项垫款归还办法拟具意见如次：

（一）中央拟百分之五十付给美金（新币每叁元贰角折合美金壹元）；

（二）新疆茶、糖、布匹及杂货等均感缺乏，请按百分之三十付给以上各货；

（三）下余百分之廿请按一比六折率付给法币；

（四）中央如因运输不便，对于上列百分之三十货物难以购运来新，即按新法币折率改付法币亦可。

以上所拟办法，是否有当，敬祈核夺，不胜待命之至。

〔国民政府行政院档案〕

16. 经济部为新疆省币制改革等事项致行政院秘书处公函

（1942年9月7日）

经济部公函　密世秘字第196号

准贵处九月五日机字第一六二一号函称，奉院长未艳侍秘代电内开：据盛督办世才、朱司令长官绍良函呈，关于新疆各项意见，分项核定方针，即希召集有关各部会协商决定，分别负责办理具复为要等因；相应抄同原附件密达查照办理，并盼见复，以便转陈等因。查新疆各事，属于本部主管及与本部职务有关者，计可分为币制、矿产及移民三项，文灏在新疆时，曾与盛督办及朱司令长官有所洽谈，兹遵照委员长代电所示意旨，并参照当地情形，拟具办法如左：

一、币制　此事宜即先规定具体办法，庶其他各项工作，可有款以资进行，窃谓中央宜先由财政部派员赴新，与盛督办商洽。（一）中央银行等国币钞券，能否在新疆与新币一律通用。（二）新币壹元应折合国币若干。（三）以国币钞券兑换新币，应缴美金若干成，此款应可以关金券抵充，但新疆建设如确需要美金时，自当由中央实行兑发。（四）在开始时期，关金券应可在新疆通行，宜即商订与新币兑换比例，同时政府应令由中央及中国两银行，迅即在新疆设立分行，以资发行及汇兑之任务。查新疆省外贸易，以对苏联为最多，故新币与内地迄少联系，币制办法如不确定，不但各事办理为难，抑且时有主权旁落之虞。惟重要办法，中央拟订后，宜先行派员赴新与盛督办洽谈，征其意见，以符委员长对于边防要员殷勤藉重之意，并期使办法规定之后，易于实行。

二、矿产　新疆各项矿产中，宜遵照委员长迭次令示，先注意于石油矿，其中独山油矿，因苏联方面派员送器，设备已成，应由外交部向苏联提议商订合办，由本部参加核议，（其重要办法本部前已呈奉核定），俾早划定，矿区订立合同改善状况，此矿所出汽油，可供给天山北路运输，除此一矿外，其他各油皆应由中国自行办理。其在天山南路者，库车油田油苗较旺，疏勒、莎车间，亦可望有油，宜先派员测勘，然后再筹采炼，以供天山南路运输之用。所有新疆全省油矿，以后采炼事业，一律应由中央主办。文灏在新时，业与盛督办面为商定，此外，各煤铁金铜储矿，新疆皆较为丰富，锡锑钨镍铂汞亦有产地，但尚未知情形如何，自宜由本部派遣地质矿产得力人员，组织新疆矿产查勘队，前往查察报告，俾可藉以筹划开发。

三、移民　新疆异族甚多，汉人特少，故盛督办及朱司令长官皆认有实行移民之必要。惟甘肃河西各县，人口亦不甚繁，嘉峪关以西三县，为数尤为稀少，故汉人来源不能不出于河南、陕西二省，河南人口较多，气候亦相差无几，尤可注意。现在委员长已提交行政院漾史年拨一千万元，兴修河西各县之水利工程，所需工人除由当地人民承当外，宜由政府设法运送豫陕农工前往，此项所移人民之一部分，即可迳行送往新疆，移民一事，在新疆前途，实有极大关系，不仅为目前一时之计，不可不郑重视之，且新疆其他民族，习性不同，办理不慎，又甚易发生误会，致起纷纠，故实行办法，又不可不妥慎筹订。

以上各项意见，相应函请贵处查照转陈，至纫公谊。此致

行政院秘书处

部长　翁文灏

中华民国三十一年九月七日

〔国民政府行政院档案〕

17. 财政部为新疆省币制改革办法四项致行政院秘书处公函

（1942年9月24日）

财政部密公函　渝钱币字第44812号
　　　　　　　中华民国卅一年九月廿四日

案准贵处九月五日机字第一六二〇号笺函，以奉院长未陷代电，为据翁部长文灏签呈：据盛督办谈新省币制，现已整齐划一，甚望中央妥筹善法维持，附新省彭财政厅长折呈盛督办关于新省垫款偿还办法之折呈一份，请鉴核等情。电饬对于处理新省币制问题，应本远大眼光，谋从权之应付，并指示进行原则二项，希切实核议办法，速复等因。抄同原附折呈请查照办理。又同日机字第一六二一号笺函，以奉院长未艳代电，为据盛督办、朱长官函呈，关于新疆问题各项意见前来，除输送壮丁、收回飞机厂暨其他有关军事事项已分电军事委员会何总长外，抄转原函呈，希召集有关部会协商，分别办理等因。抄同原附件请查照，就有关事项办理见复各等由到部。查关于解决新省币制问题一案，本部先后准运输统制局八月未微代电，暨奉委座未文代电，孔副院长交下翁部长文灏签呈等件，当以兹事体大，牵涉又广，经即由部邀集有关机关代表作初步商讨，复经本部详加研究，认为新省现行对美汇率，新省府虽称为美金一元合新省币三元二角，实际上此项汇率仅系新省府与苏联在贸易上之记帐标准，并无直接关系，至新省府彭厅长所拟法币六元合新省币一元之要求，于法币之体制亦有未合。惟抗战以来，新省物价尚称稳定，且新省各族杂处，稳定物价，安定民生，所关边防甚巨，处理新省币制问题，特自应遵照委座文、陷两电之指示，予以顾及。经本一面维持新省币现有之地位，一面逐渐推行法币二原则，拟定解决新省币制问题办法四项如下：一、中央银行即往新省设行发行关金券，与新省币同时流通，并暂定关金券三十分折合新省币一无，凡腹地各省与新省之汇兑，及新省境内公私收付以及一切交易以关金券收付者，均照上项定率办理。二、新省府如有正当用途，需要外汇，可以关金券申请中央银行（按关金一元折合美金一元之汇率）供给外汇。三、由本部贸易委员会、食糖专买局供给新省以茶糖等日用品。四、过渡期间，新省商业银行所发省币暂仍照常流通，必要时再依照统一发行办法办理，但即照章派遣驻行监理员执行监理，除电陈委座鉴核示遵外，相应函复查照转陈院长鉴核，仍将核定情形转部遵照为荷。此致

行政院秘书处

财政部长　孔祥熙

〔国民政府行政院档案〕

18. 蒋介石为新省督办盛世才等对移民币制改革意见致孔祥熙代电

（1942 年 10 月 14 日）

国民政府军事委员会代电　侍秘字第 14177 号

行政院孔副院长，陈秘书长，政务处蒋处长均鉴：密。据新疆省盛督办世才会同朱长官绍良呈称：职等八月十七日会呈建议书蒙核准，分饬照办。兹谨按日前新疆实际情形，复就管见所及，敬陈鉴核：（一）奉批第九项移民意见，即可着手筹办，先设移民局核定经费，预定十年内移足百万人口一节。遵查移民实边为新省目前当务之急，惟办理伊始，要成立专局，诚恐引起对方嫉恨，益促其对新省积极行动，甚或居中挑拨破坏，尤堪顾虑，（因新疆二十一年变乱即为移民而起），职等掘见，为避免别生枝节，早日顺利完成移民计划，在办理此项移民时，拟请利用秘密方式，不公开成立专局，可择一适当机关，着其兼办，较为周密。（二）奉

批第十项新币与内地汇款暂以美金折合并与法币亦规定比率各节。遵查今后各处旅新人士愈益频繁，纸币折率无明确规定，在行使上诸多不便，更兼新省民族复杂，不仅直接可以影响民生，并且间接可影响政治，关于上项办法，拟请饬有关机关提前予以解决等语。希即研究核办为要。中正。酉。寒。侍秘。
中华民国卅一年十月十四日

〔国民政府行政院档案〕

19. 财政部为新疆省币制改革办法致行政院秘书处公函

（1942年10月14日）

财政部密公函　渝钱币字第45469号
　　　　　　　中华民国卅一年十月十四日

案奉蒋委员长酉冬侍秘字第一四〇〇〇号代电开：所拟解决新省币制问题办法四项，可准照办，但应将此项办法由财政部先行电商盛督办同意后，再行实施。等因。查本部所拟解决新省币制问题办法四项，业由部于本年九月二十四日以渝钱币字第四四八一二号函密请贵处查照，转陈在案。兹复由部详加研究，为节省中央在新支出起见，拟将原办法第一项关于关金券三十分折合新省币一元之规定，酌改为关金券二十五分折合新省币一元。奉电前因，除抄同酌改后之解决办法四项，分别电达盛督办世才征求同意见，朱司令长官绍良转为洽商，俟复到再为办理，并函达查照。暨先行陈复外，相应先行函达，即希查照转陈为荷。此致
行政院秘书处

财政部长　孔祥熙

〔国民政府行政院档案〕

20. 新疆省督办盛世才为同意解决新省流通货币暂行办法四项致财政部电

（1942年11月18日）

财政部勋鉴：渝钱币（1847）（10．14）电敬悉。密。承示拟定解决新省流通货币暂行办法四法，新省对于各项完全同意，希请公布施行为盼，特电奉复。新疆边防督办盛世才。酉。巧。秘。印。

〔国民政府行政院档案〕

21. 财政部为中央银行在新疆设立分行致行政院代电

（1942年11月24日）

财政部快邮代电　渝字第七四二二七号

行政院钧鉴：查关于新省流通货币暂行办法一案，前经由部公布实施，呈请钧院鉴核备案，并于通行案内电行新疆省政府查照分别转饬办理，并对中央银行在新设行予以协助在案。兹准新疆省政府十一月一日电复称：承示制定新省流通货币暂行办法刻已饬财政厅及商业银行明令实行，所有由腹地各省往来新疆人士之汇兑均按每关金券一元折合新币四元，每法币五元折合新币一元，并通令各机关遵办在案。（二）中央银行在新设立分行，自应尽力协助，并望提早来新组设，惟中央机关对新疆汇兑应请贵部转达有关各院部会。自十一月一日起，按照前项规定办理向新汇兑，均请汇交兰州中央银行分行，转汇来新，并已电该分行对上项汇款办理记入本省户内，以便清算。（三）供给新省茶糖等日用品，已饬本省土产公司负责专办，并请转饬食糖局将供给之品名、数量、价值以及供给办法，开示方案，以凭饬知该公司遵办洽商。

（四）派员来新监理各节，至所欢迎，尚请早日莅临，以利工作。特电奉达，并乞示复等由到部。除由部以查自新省流通货币暂行办法公布实施后，当经由部于通行案内函请中央银行，并令饬本部贸易委员会及川康区食糖专卖局，迅就原办法规定妥为筹划，办理在案。兹准前电，关于中央银行提早在新设立分行一节，兹已由部函请该行迅为办理，并转饬该行兰州分行，对于中央各机关汇新汇款办理转汇手续，一面由部分陈行政院军事委员会鉴核，转饬各政军机关，嗣后汇新款项应先汇至兰州中央银行转汇，并分别令饬本部贸易委员会、川康区食糖专卖局，对于供给新省茶糖等日用品一节，克速妥拟具体办法呈核，至由部派遣驻行监理员一节，现正由部专案办理。除俟中央银行将在新设行日期确定，暨贸易委员会、食糖专买局，将供给茶糖办法拟定再为奉达外，相应电复查照等语，电复并分行外，谨电陈鉴核，转饬各行政机关。嗣后汇新款汇应先汇至兰州中央银行转汇，实为公便。财政部叩。渝钱币（2568）（11. 20）印。

〔国民政府行政院档案〕

22. 中国国民党新疆省执行委员会工作报告

（1943年1月—1945年3月）

壹 前言

民国三十二年一月丨六日本年成立以来，迄今业已两年有余。其间工作情形，值兹第六次全国代表大会开会之期，理合编具报告，敬请大会鉴察。兹为简明起见，先就本省环境及本会成立与改组之经过略述如次：

新疆远处边陲，外毗强邻，向为国防之重镇。而以省内宗教复杂，变乱频仍，党化未渐，思想纷歧，致有岌岌不保，危及国基之势。中央明鉴及此，乃于民国三十一年改组省府，成立党部。

当经第五届中央执行委员会第二一七次常务委员会决议：派盛世才为新疆省执行委员会主任委员，黄如今、洪轨、张大同、于振瀛、林伯雅、张志智为委员，并以黄如今兼书记长。后经加派李英奇、李溥霖、程东白、何耿光为本会委员。除洪委员轨、张委员大同等二人迄未到职外，主任委员及全体委员均于三十二年一月十六日宣誓就职。中央特派梁委员寒操代表监誓。典礼隆重，民情欢洽，本会于焉正式成立。同年三月，复奉总裁核准委员李溥霖、程东白免职，遗缺由宋念慈、刘永祥接充。六月委员张大同、洪轨免职，遗缺由徐观余、童世荃接充。三十三年一月，委员于振瀛辞职，中央加派金绍光、王立亭为本会委员。同年四月，委员何耿光、宋念慈因案离职，遗缺由盛世骥、张光前接充。六月本会因业务开展，工作繁冗，奉准改科改处。书记长黄如今兼任秘书处长，委员林伯雅兼任组训处长，委员童世荃兼任宣传处长。八月十一日本省政局发生重大变故，委员兼书记长黄如今、委员兼处长林伯雅、童世荃，委员张志智、秘书陈涛、科长汪祖惠、杭炎甫、会计主任易克秉、组长霍汉琦、县书记长邹明诚、张羽、鹿宏勋、俞志远等十三人，及各直属区党分部委员及党员多人相继入狱，本会工作无形停顿。九月主任委员盛世才离新，职务暂由朱长官绍良代理，会内事务暂由委员王立亭会同委员徐观余、金绍光共同负责。十月吴主席忠信抵新兼代本会主任委员职务。十一月经中央第二六八次常务委员会议决议：新疆省执行委员会主任委员盛世才调离新，遗缺派吴忠信继任。兼书记长黄如今因案不能执行职务，派陈希豪代理。委员黄如今、张志智、林伯雅、童世荃、刘永祥因案不能执行职务，派高伯玉、孙浮生、万昌言、周昆田、朱拥华代理。又委员李英奇另有任用，遗缺派谢永存接充。本会于是正式改组书记长陈希豪兼任秘书处长，委员谢永存、孙浮生，复经中央核定，分任组训、宣传两处处长，均于三十四年一月先后到职。到职之先，书记长职务暂由委员金绍光代理，组训、宣传两处处长职务，分由委员王立亭、徐观余暂行代理。委员黄如今、张志智、童世荃、林伯雅，亦均先后返渝。委员张光前久未到职，委员盛世骥已于三十三年冬离新赴渝，委员万昌言来新不久即返渝，现尚未归。委员高伯玉兼任省第六区行政督察专员，驻留承化。委员朱拥华尚在来新途中。本会内部人事本现已调整就绪，各县党部书记长亦已大部调整，并多兼任县长，各项工作正继续开展中。

综上所述，本会工作可分四期：(一) 三十二年一月至十二月为初创时期。虽在人力、物力及其他环境限制之下，工作进展尚称顺利，所订计划大部完成。(二) 三十三年一月至八月为开展时期。各项工作均按年度计划积极展开。自六月改科设处之后，工作进行尤为紧张。(三) 三十三年八月至十二月为中落时期。以本省政局动荡，会中重要人员多失自由，不能执行职务，甚至本会印信亦遭厄运，羁狱二月。会中缺乏正式实际负责人员，各项工作，遂不得不暂告停滞。本省党务创办未久，遭此波折，实是中落，实深惋惜。(四) 三十四年一月起为复兴时期。本会正式改组，陈书记长希豪、谢处长永存、孙处长浮生到职以后，会中各事负责有人，工作乃重新开始继续推动，且复力求改进继创新元，复兴之垂，近已大征。唯以本省匪患尚未肃清，交通情况亦极困难，而物价高昂、经费支绌，问题至为严重，前途发展，尚有待于加倍之努力。

贰　工作实施概况

甲、总务工作

一、文书方面

1. 收发文件

本会三十二年一月十六日成立以来，至三十四年三月三十一日止，共收文一七〇九四件，发文一二八〇一件（发文中之通案均作一件计算)。为求行文迅速起见，曾自三十三年起拟订复文单一种代替指令，手续简捷，存档方便，今尚继续行使。

2. 编印本党会务通讯

本会为使所属党部明瞭本会工作情形及全省党务概况，计自三十四年起编印党务通讯一种，分发阅览。内容除将本会工作情形及各所属单位概况外，并将重要通转法令载入，以省行文手续。

3. 整理档案

本会成立后，文卷与日俱增，为妥善保管、调阅便利起见，已饬专人积极整理，现已大体就绪。

二、事务方面

1. 建修房舍

本会地址，系接收前反帝会旧址，环境虽辽阔而房屋零星散乱，殊不适于办公之用，且年久失修，多已破坏不堪。当本党于三十二年始创之初，以环境特殊，于部务及人事均难按照编制建设，故仅能因陋就简，加以修葺，布置各办公室及员工宿舍。嗣以实感不敷支配，乃于三十二年秋季建筑办公室十四间，警卫室三间，传达间三间，马厩五间。并同时购置委员宿舍一所，以应需用。此外并将大礼堂、图书馆、办公室、职员宿舍以及其他墙壁、火炉，各房屋门窗等之修补粉刷工程，亦均于三十三年秋季以前陆续办理完竣。

2. 印刷文件书刊及办公文具用具之购置

本会在新省因系创办，所有一切法规表册书刊，均须一一印制备用，除重要部份由各主管处科负责编印外（多系石印或铅印)，其余次要之件及文稿纸类等，尽量缮付油印，以资樽节。至于办公用具（包括宿舍家具)，如办公桌椅，书架书柜、卷柜及办公文具等设备，亦均随时添置。

3. 制发员工服装

本会根据三十二年执行委员会决议，曾制发维哈蒙族受训学员服装，计皮大衣、棉服、油靴、棉袜、衬衣、皮手套、氈筒等各三十四套。职员每年各发给夏冬服各一套。工役亦按冬夏两季，每人发给棉夹衣各一套，并每两年各发给被褥、氈筒及车马伕皮大衣、皮帽、油靴等项。

4. 购置交通工具

本会为对所属各级组织之指导及与机关之连系，并依当地习惯之必要，陆续购置小汽车一辆、皮包车五辆、六根棍车一辆、水车一辆、轹马共十一匹，以备需用。

乙、组训工作

一、组织方面

1. 征求党员

本会成立以来，即对此项工作积极推进，迄今已征求新党员二万一千六百九十六人。其中以族别计，维族占百分之四四·四，汉族占百分之三五·三，汉回及哈族各占百分之五·七，其余蒙古等十族合占百分之八·九。以性别计，妇女党员以本省妇女教育殊为落后，风气未开，故仅占百分之九弱。以职业计，公务员、教职员及学生为最多，占百分之五八，农工分子亦与日俱增，现已占四分之一，唯其中工人较少，农牧居多耳。以教育计，私塾及小学合占百分之四五·四，初中及相当于初中者占百分之三七·三，高中以上仅占百分之六，而未受教育者则占百分之一一·三。此乃本省文化教育落后之一明证。

2. 清理党籍

本会自成立以来，新征党员均经宣誓。对于党员移转登记尤为认真，经通令所属切实办理，严予督导。计登记移转学员一八四九人。并印就党员检查卡片，制妥卡片箱，准备加强登记工作。

3. 筹设县党部

本会三十二年六月间开始筹设县党部，是年成立者计有迪化等三十一县。至三十三年计划筹设四十一县党部，不幸八月间政局变革，工作中断，兼之匪氛四起，交通阻塞，仅成立鄯善等二十三县党部。本年度本会恢复工作后，除对各县党部工作人员予以调整外，复派员筹设尉犁、温宿、岳普湖、和靖、泽普、柯坪、乾德、呼图壁等八县党部。现已成立县党部之县份为迪化、哈密、塔城、承化、伊宁、阿克苏、焉耆、疏勒、莎平、和阗、奇召、绥来、吐鲁番、博乐、霍尔果斯、特克斯、精河、乌苏、布尔津、镇西、库平、拜城、乌什、巴楚、蒲犁、叶城、墨玉、于阗、吉木乃、库尔勒、婼羌（以上三十一县为三十二年度筹设成立者）、鄯善、托克逊、木垒河、孚远、巩留、绥定、宁西（即河南）、温泉、昭苏、巩哈、英吉沙、乌恰、伽师、阿图什、沙雅、沙湾、额敏、策勒、皮山、轮台、伊吾、裕民、和丰（以上二十三县为三十三年度筹设成立者）等五十四县。其中因受匪患骚扰，有为匪伙盘踞工作完全停顿者计为：伊宁、巩留、巩哈、绥定、温泉、霍尔果斯、宁西、特克斯、昭苏、博乐等十县。三十三年十一月七日，哈匪起事，先后攻占巩哈、巩留两县，继又攻占伊宁、绥定、昭苏、宁西、霍尔果斯、特克斯、温泉、博乐、新源（党务机构尚未成立）等县局，伊犁一区现仅存精河一县尚未沦陷。各县党部书记长除巩哈桑书林同志，温泉县高柏青同志或被剖腹或被火焚均已壮烈殉难外，霍尔果斯县关宏波同志，巩留县托伦拜同志，宁西县荣禄同志，特克斯县司马依力同志等及工作人员情况均尚不明，昭苏县郭聚宝同志随政府撤退南疆参加军队工作颇著成绩，各县党部公物损失殆尽，影响党务甚大。本会自哈匪肇事后即采取紧急措施，拟定匪区县党部应行准备注意事项及安置工作人员及眷属办法，统筹处理救济。同时又拟定匪区县党部工作纲要，指示配合军政工作，动员民众，俾共努力收复失地，一面复作匪平后复员之准备。

4. 划编成立区党分部

本年自三十二年成立以来，迄今已成立区党部一四七个，区分党部八四四个。内有学校区党部六□□，□□党部一个。本年恢复工作以来各区党分部，均予重新改组，加强组织，以利工作。

5. 划编成立小组

本会对于小组训练素极重视，故对小组划编向即认真办理。自三十二年本会成立以来，三十三年八月以后工作虽曾一度中断，迄今所编小组总计已有二二五八个，均能经常开会，进行研讨工作。

6. 设置各区党务指导员

本省地域辽阔，交通不便，时于各县党部实际工作之督导，殊为困难。故本会乃注意于各行政督察专员区，每区设置党务指导员，由专员兼任。惟第一行政督察区向无专人负责，且所属各县距省均近，以凭便督导，故未设置。其余九区已先后加派各区行政督察专员兼任区党务指导员，助理并就近指导所属各县党务工作之进行。

二、训练方面

1. 训练县党务干部

本会成立以来，除自办党务讲习会二期外，经与中央训练团新疆分团合作，训练各县党部所需干部。总计已训练三八五人，正在训练中者十八人。

2. 训练基层干部

本会对于基层干部训练，除与中训分团合作，经常在各期学员课业中，增加实施党务工作演习，演习节目自筹设县党部起，经过成立区党分部，实施小组训练。进行党团活动，以及公文处理，重要法令讲读。直至召开全县代表大会正式成立县党部为止，使全体学员对基层党务工作能有一整个系统之了解，并经常召集本会直属各区党分委员、书记、小组组长举行工作检讨会议，即席予以指示及解释，以期达到训练之旨，并拟定基层干部训练计划与实施办法，令饬各县分别办理。本会自成立迄今，计共训练基层干部四〇三人。

3. 训练新党员

本会办理新党员训练，其方式系三十二年以小组训练方式施行，三十三年起依照本会所订新党员训练实施办法之规定，并按照新党员教育程度分等：甲、乙、丙三种实施，自本会成立迄今，计共训练新党员一六〇〇〇人。

4. 办理党员通讯训练

本会自成立以来，随党员人数之增加，增设通讯党员，实施通讯训练。现已有通讯党员一五〇人。训练方式系依照本会所须党员通讯训练实施办法之规定，各通讯党员按月迳向本会通讯，并予以党的理论及技术上之指示。自三十四年起，并通令各县党部重新选订通讯党员实施训练。

5. 设立中山室

本省地处边陲，交通阻滞，文化食粮至感缺乏。故本会对于所属各级党部中山室之成立，及至内室之充实，迭经督促积极办理。先后据报已成立一百零一室，并由本会印发书刊七六三九册，转发书刊二一五二三册，以充实其内容。

6. 制颁小组会议研讨大纲及政治情报

本会自成立以来，转颁中央所编研讨大纲并自行制颁研讨大纲，作为小组会议研讨之章本，计共三十五种。转发政治情报六十四种，均经译为维文，以便维族党员应用。

7. 编印训练书刊

本会编印训练书刊，计：《党员须知》、《新党员训练纲要》、《集会常识》等三种，共一〇〇〇册。

三、党团指导方面

1. 策动党员组织人民团体

本省三十二年原有各族文化促进会总会、区会分会二百二十三处，省教育会一处，工商联合总会及县工商会七十三处。三十三年度经策动成立之人民团体为：迪化市磨坊业同业公会一处、艺术研究会一处、边声商社一处（详见附表七）。原订三十三年计划策动改组工商会为工会及商会，成立各县农会及教育会，并发动组织各业同业公会及学术团体。嗣以事故中断工作，未能彻底完成计划，唯改组工商会为工会商会一项，各项准备工作，皆已发动筹备就绪，经于本年一月一日及三月十六日分别策动改组成立商会及总工会各一处，各县工商会改组事，本年内当可次第完成。

2. 加强党政联系

本会成立之后，自三十二年五月起即举行省党政联席会议及省特别小组会议，用以加速本省党政之联系。至于各县特别小组会议，经先后设置召开会议者，计为：迪化、绥来、鄯善、吐鲁番、托克逊、伊宁、精河、霍城、绥定、宁西、博乐、昭苏、巩哈、特克斯、温泉、疏勒、巴楚、英吉沙、乌恰、蒲犁、阿克苏、沙雅、拜城、乌苏、额敏、沙湾、裕民、和阗、于阗、墨玉、策勒、婼羌、轮台、库尔勒、镇西、伊吾、莎平、叶城等三十八县。又本会书记长及各县党部书记长亦已依法分别列席省府委员会议及县政会议，并遵照中央指示，经商同省政府实行县书记长兼任县长，及县长兼任书记长者，计有二十三县。上项原则实施以来，省县党政关系已逐渐一元化，对于本党政纲政策以及政府一切政令，皆能彻底执行。

3. 协助推行地方自治

三十三年度省府通令各区县编查保甲，本会经派视察戴基成、李楚实、郑善猷三同志，分赴本省第三、四、十三行政督察区协助编查保甲工作，以建立地方自治基础，同时并视察该三区各县务工作，故经先后完成。

丙、宣传工作

一、指导方面

1. 指导下级党部宣传工作

三十二年本会筹备成立各县党部后，除经常转发中央宣传部所发宣传指示宣传通报，并按月审核各县党部工作报告分别予以指示外，计颁发县党部筹备期间宣传要点，县党部宣传工作纲要，三项运动宣传大纲，七七抗战，孔子诞辰、国庆、总理诞辰等各纪念日报告大纲，本年各种纪念集会日期及举行办法表及各项纪念日报告大纲等件。如遇纪念日前有临时指示时，则另行通电示知。

2. 参加广播宣传

本省电信管理局于迪化市设有线广播电台一座。全市装置收音机数约三百。本会自三十二年五月起，即在该台每日参加特别节目两项，内容以总理遗教及总裁训示为主，约占百分之五十，时事、专论及常识约占百分之三十，故事、音乐、歌咏约占百分之二十，并为适应听众要求计，若干节目分别以维、蒙、哈等语播讲。

3. 举行各种纪念集会

本会成立以来，于各革命纪念日及国定纪念日均经分别在省会召集各直属区党分部代表、各机关法团首长及各学校学生，举行纪念大会，作有关报告及讲演，并电各县党部举行纪念大会。

4. 举办各种竞赛会、演奏会、展览会、座谈会。

本会成立以来，先后举行国防科学运动讲演竞赛二次，青年节讲演竞赛一次，总理诞辰纪念讲演竞赛一次，邀请迪化中学等以上学校选派学生参加，结果均极良好。举办三民主义论文竞赛一次，分在迪化、伊宁、塔城、阿克苏、疏附等五地同时公布试题，结果收到论文一百三十四份。评判之后计取十名，分别给奖。举行迪化大中学校学生党义测验一次，结果尚佳。举办三民主义文化建设座谈会一次。到教育界、文化界名流四十余人，讨论甚详。举行音乐演奏会二次。邀集迪化各族音乐名家及各校歌咏团体参加表演，盛况空前。举行美术展览二次，表现我国固有之美术，并反映本省各族同胞之生活，观众均极拥挤。举行盟国新闻照片展览二次，内容除同盟各战场之军事照片外，尚有蒋主席就职典礼，检阅驻印盟军，参加开罗会议等留影，观众甚多，所得印象至佳。

二、编审方面

1. 印行宣传书刊

印行宣传书刊，为开展宣传之重要工作。本会自成立以来，对于翻译、编印党义书刊工作均极重视。计翻印书籍十二种，共八万三千五百册，发出八万零五百册。编印书籍十一种，共六万三千册，发出六万册。译印书籍十一种，共八万九千册，发出六万三千五百册。编印国文《新新疆》月刊一种，共出十五期，计六万二千册，发出六万一千册。维文《新新疆》月刊一种，共出三期，计一万四千册，发出一万四千册。总计印行书刊三十六种三十一万一千五百册，发出二十七万九千册（详见附表）。又自三十四年起本会复出刊《边风》时报一种，已出七期，每期分国文及宗教文两版，内容充实新颖，颇受一般民众之欢迎。

2. 审查图书杂志、电影戏剧。

本会于三十三年一月成立后，各机关学校团体自动将所藏图书杂志送请本会审查，迄今三十三年十二月为止，总数达三万五千余册。其中多系国文、维文及拉丁化文字之各种反动书籍刊物。本会将应予没收之书籍除检存一、二册以备考之用外，其余悉转送造纸厂造纸用。

木省各书店经售图书，三十二及三十三两年亦经本会予以审查。计三十二、三十三两年度中送审之书刊共六百余种，内决定禁售者共八十余种，由本部检藏。

至剧本审查方面，先后经各县党部、各族文化会、各机关、学校、剧团送审之剧本，共一百四十余种，其中决定禁演者十五种。至本省所放映之电影，几全为苏联影片，三十二年共审查一百四十八部，内禁演者二十二部，修剪后准演者八部。至国产影片多系民国二十年左右所摄制，二年来共审查七部，无禁演者。

民国三十四年一月，本省图书杂志审查处正式成立，此后审查业务，维经划归该处办理。而该处全部工作人员均由本会同志兼任，是项工作较前更形加紧。

3. 成立新疆书刊供应社

本会为大量供应本省精神食粮计，特开设新疆书刊供应社一处，专司出售本会出版之书刊，贩运内地出版之书籍、报章、杂志，现已开幕，业务甚佳。唯所需内地书刊尚待源之运新，方能有济。

丁、社会工作

一、设立社会服务处

本会于三十二年成立之际，即筹备成立迪化社会服务处一处。三十三年及本年，除将该处业务予以发展并充实外，经先后筹备成立吐鲁番、伊宁、霍城、博乐、巴楚、伊吾、布尔津、和阗、轮台等社会服务处九处。迪化市社会服务处成立以来，成绩颇佳，但规模不大，设备不周，一切设施，未能尽如亦眷。现因省府社会处成立，已决定于四月一日移归社会处办理。

二、推行新生活运动

1. 编印《新生活运动纲要》。本会于推行本项运动之初，除在《新疆日报》刊登新生活运动宣传大纲外，并就实际需要，搜集有关言论编印新生活运动纲要两册。复搜集推行有关材料，编新生活运动推行办法辑要三千册，分赠各区县及本市各机关学校以广宣传，而利推行。

2. 推行民族健康运动。九月为民族健康月。本会【为】促进国民健康，发挥民族精神起见，于三十二年九月上旬（三十三年因八一一事件未办），会商各有关机关订定办法，扩大宣传民健工作，并发动举办：（一）特出专刊。（二）举办篮球、排球表演。（三）发动各大中小学校举行讲演会，并规定大中学校学生讲演，题为《民族健康与民族复兴》。小学校生为《怎样养成清洁习惯》。(四) 举办临时清洁大扫除及大检查。(五) 举行广播讲演及街市壁报，并分令各县党部发动举办。

3. 由本会会同有关机关组织省新生活运动促进会，，于三十二年十一月十七日正式成立，并发动各县新生活运动促进会及各机关、学校新生活运动委员会，迄今组织完成者，计有县新生活运动促进会五十七处，迪化市机关、法团新生活运动委员会十二处，并组织新生活运动推行劝导队分赴各处宣传。

4. 发动各种运动比赛。本会会同民众教育馆，举办篮球、排球、越野赛跑、溜冰比赛等多次。

三、推行国策总动员运动

本省国民月会，每月按时召开，本会及各县党部经常分别派员指导并讲演，均能根据国民精神总动员纲领、法令讲习大纲及宣传指示等，使各族民族对于政府法令及时事得有正确之了解。并印发《国民精神总动员手册》五千册，以利推行。

四、发动各项慰劳捐款运动

1. 鞋袜劳军

共募得代金国币八百二十三万二千一百元，业于七七抗战六周年纪念日前汇解中央。

2. 推销同盟及胜利公债

共销同盟公债国币一千万元，胜利公债国币一千六百六十六万元，合计国币二千六百六十六万元，均已按期完成，汇解国库。

3. 鄂西、湘北大捷劳军捐款

共募得国币二十万元，已汇解中央。

4. 一县一机运动捐款

本省七十九县局共募得二千八百四十三万三千七百五十八元八角，均已汇解中央。

5. 伤兵之友捐款

共募得国币二百九十二万四千二百一十四元陆角五分，已汇解中央。

6. 敬恒奖学金

共募得国币三十一万一千一百四十九元，已汇解中央。

以上共募国币六千六百六十六万一千二百二十二元四角五分。

戊、妇运工作

一、组织方面

成立省妇女运动委员会，领导全省妇运工作。并先后成立各县妇运会，推广工作。除经常介绍优秀妇女加入本党外，复指导省县妇女会工作。

二、训练方面

本省文化落后，妇女干部，特别缺乏。经举办妇女干部党务讲习会一期，训练基层干部五十二名。并与中训分团合作选拔本省优秀妇女一九一人参加中训分团第五期受训，成绩颇佳。

三、宣传方面

策动妇女会组织宣传队、座谈会、讲演会等，利用公余及课余时间讲演、广播、演剧、出刊壁报，召开座谈会及学术讲演会，向各族妇女灌输党义及妇运常识。并编印《新疆妇女》月刊一种，已出五期，共九千册。

己、人事工作

一、成立人事室

本会成立之后以工作人员奇缺，人事室直至三十四年三月开始成立。在人室成立之先，所有关于人事方面工作，统由组织工作人员及秘书兼办。

二、办理人事登记

编订调查表册，对于本会及所属党部工作人员加以调查并予登记，以作考核、调整之根据。

三、办理人事考核

此项工作经常进行，并于三十三年底对本会工作人员办理总考核一次，分别予以奖惩。

四、调整各级人事

本会改科设处时，对本会人事曾略予调整，三十三年一月对各县党工作人员亦略予调整。至年底及三十四年一、二、三三月，因三十三年八月工作中断，人事变动甚大，急待调整，为开展工作计，乃对本会人事及各县党部书记长人选加以调整，现已大体就绪。

五、办理员工福利

最先成立员工业余进修会，开辟游艺室、球场，举办球赛、旅行、维文班、工友补习班等。后以员工生活日渐困难乃成立员工福利委员会（进修会改为进修组），拟藉以维持员工生活，提高工作情绪。不意成立未久，工作人员多因本省八月政变辞职，未著成效。三十四年乃重加改组并拨款新币二十万元作为基金，现正积极筹备消费合作社中。

庚、会计工作

一、三十二年度新疆省党务经费，由中央核定为法币叁千万元，内中央列支二千万元，本省列支一千万元。

（一）预算分配

1. 本会经常费六百六十三万三千七百元。
2. 本会事业费三百四十六万五千元。
3. 本会开办费三百一十七万六千一百元。
4. 县党经常费三百八十四万四千二百元。
5. 县党开办费一百八十九万五千元。
6. 中训分团经费一千零四十万元。
7. 中央分社经费五十八万六千元。

（二）经费支出

本年度经费支出合计二千五百七十七万二千八百七十三元五角。

1. 本会经常费三百七十一万七千九百四十元一角五分。

2. 本会事业费二百六十九万三千五百三十二元一角。

3. 本会开办费二百七十二万二千二百零一元六角五分。

4. 县党部经常费三百八十四万四千二百元。

5. 县党部开办费一百八十九万五千元。

6. 中训分团与中央社分社经费，由各该机关直接报销。

（三）结余经费

1. 本会经常费二百九十一万五千七百五十九元八角五分。

2. 本会事业费七十七万一千四千六十七元九角。

3. 本会开办费四十三万三千八百九十八元三角五分。

合计本会经临各费结余四百一十二万七千一百二十六元一角，已移充三十三年度所成立县党部开办费。

二、三十三年度新疆省党务经费，奉中央核定为国币三千八百一十六万二千一百二十六元一角，内中央列文贰千万元，本省列支一千四百万元（内四百万元系事业费），由三十二年结余移支四百一十六万二千一百二十六元一角。

（一）预算分配

1. 本会经常费八百九十五万五千五百元。

2. 本会事业费四百万元。

3. 县党部经费一千二百四十八万四千五百元。

4. 县党部开办费二百四十一万二千一百二十六元一角。

5. 中训分团经费九百万元。

6. 中央分社经费四十一万元。

7. 特别党部经费九十万元。

（二）经费支出

本年度经费支出合计二千四百二十万零二千七百六十七元八

角五分。

1. 本会经常费六百万三千三百六十三万七角。

2. 本会事业费三百三十万零二千七百七十八万零五分。

3. 县党部经费一千二百四十八万四千五百元。

4. 县党部开办费二百四十一万二千一百二十六元一角。

5. 中训分团与中央分社经费由各该机关直接报销。

（三）结余经费

本年度自八月份起，因工作停顿，结余经费三百六十四万九千三百五十八元一角五分。

1. 本会经常费二百九十五万二千一百三十六元三角。

2. 本会事业费六十九万七千二百二十一元九角五分，除由结余项下动支工作同志冬季服装费四十万元外，尚余三百二十四万九千三百五十八元二角五分，拟作三十四年度新成立县党部开办费。

又各县因交通不便，公文往返，时日甚长，故尚未全部办理报销，其结余一时无法估计。

三、三十四年度本省党务经费奉中央核定为法币三千六百四十万元，另由省府拨一千五百万元，合为五千一百四十万元，内指定中训分团贰千一百万元，中央迪化分社三十二万七千六百元，军队特别党部一百八十万元，省及县党部为二千八百二十七万二千四百元，较之去年似已增加不少，而本省匪患起后，交通梗塞，供求不应，一时物价较高三十余倍，此数实尚不后上年度五分之一。现省政府县经临费，已照去年增加三倍，生活补助费平均加五倍，冬炭费增加十倍。本会现有 54 县，党部经费若仅照去年一倍，即需二千八百万元，本会经常费及事业费不得不按实际情形申请增加，爰经省执行委员会议，省县党务经临各费预算暂照一万万元偏列，呈请中央追加。计省县党务经费共九千九百九十七万九千八百元。

1. 省党部经常费四千七百八十八万四千八百元。

2. 附属机关经费二千九百八十一万五千元。

3. 县局开办费四百七十八万元。

4. 事业费一千七百五十万元。

叁　工作检讨

甲、优点

一、工作勤慎：本会全体工作同志均能本着夙夜不匪懈之启迪，同心同德，上下一心，勇于服务，非仅能按时到公，且惟日不足，则继之以夜，确实做到一人作两人之事，一钱当两钱之用，对于党员大会、小组会议及业务会议，出席同志，皆能详审明辨，献可替否，并利用公余暇时组织时事座谈会、业余进修会、维文补习班、讲演比赛会、艺术研究会等，全体同志勇于求知之精神，至为可嘉。自去年八月十一日事件发生后，本会负责干部十余人离职，本会及各县党部低级工作人员短期离职者，几至半数。本会以极少数之人才，维持草创未固之基础，指挥各级党部继续工作，全体同志皆能自动自治在本省环境旧习中，实为难能可贵。

二、党政军联系密切，本省党政军之联系，至为密切，各县亦复如是，故各项工作，易于推行。

乙、缺点

一、本省交通困难，邮传迟缓，各项有时间性之工作，不易克期完成。

二、本省需要精神食粮，唯纸张缺乏，印刷困难，翻译人才能兼通国文者复寥寥无几。本会历年翻印各种有关主义宣传书刊，均限于人力、物力等条件之不足，虽经极度努力，然尚未达到实际需要之数量，今后自当锐意筹计解决此项问题。

丙、困难

一、干部人员缺乏。本省宗族复杂，语言互异，党员成份各族皆有，各种文告规章，均需译成各族文字，方足使用，而本省翻译人员不易遴选，以致影响工作，效率迟缓。复以本省教育落后，工作人员奇缺，所属各级党部干部甚至对于公文处理及法令规章亦未能彻底娴熟与明了，以致各项程序每易颠倒，各种手续未能尽合。故本会对于各级党部批复文件，指导工作尚须着重教育观点，藉以辅助训练。

二、交通困难。本省与内地之交通固极困难，而省内交通尤为梗塞。加之省区辽阔，地方不靖，交通工具益形缺乏，所有物价上涨，公文迟缓，工作人员调动不便等问题，莫不根源于此。

三、地方不靖。本省匪患起后，阿山区富蕴、青阿□海三县党部未能筹设成功，吉木乃县党部近亦无法工作，而伊犁区除精河县党部仍能随军工作外，其余十余县局均沦匪手，党务人员几全殉职，工作停止无法推进，全省党务工作所受影响至巨。

四、印刷困难。本省印刷所仅有二处（新疆日报社铅印，新疆印刷社石印），纸张供给复极缺乏。不唯印刷费用奇昂，抑且不能大量承印，及时出版，宣传工作之一大困难也。

五、物价高昂，经费支绌。本省物价三十二年度尚称平稳，惟自卅三年一月之后，即日涨□已□突飞猛涨，迄未稍遏。现已高出涨市，甲于全国，非特员工生活艰苦，而本会三十四年度之经费乃大成问题，中央核定数目不及三月之用，尚待中央体念边情之特殊，根据实际之需要，从宽核发。然根本问题仍在于匪乱之平定，交通之疏畅，与夫币制之改革耳。

丁、改进意见

一、扩大征求党员工作。为配合实施宪政，巩固党基，本党现有党员尚嫌不足，急须继续大量征求党员，发展组织。

二、切实办理新党员训练。本省人民过去曾受异党思想长期之薰染，加入本党之后极须彻底予以基本训练，方足一新头脑，确定终身之信仰，成为本党革命之斗士。

三、加强编译工作。本省宗教复杂，语言互异，所有训练、宣传等材料均须译成宗族文字，方能收到实效。今后自当克服团难，努力此项工作。

四、大量贩运宣传书刊。本省文化落后，思想纷歧，党义宣传书刊，需要迫切。除本会业已印行多种外，数量尚嫌不足，加之本省印刷困难，急须由内地大量贩运来省，以应需求。

五、增加经费。本省物价奇昂，所有专业事务各费均感不足，影响工作，莫此为甚。本年度为本省党务复兴之年，需款孔急，本省经费自宜针对实际需要大量增加，以利工作。

六、安定员工生活。本省物价陡涨未已，一般工作人员生活，几至不能维持。为提高工作情绪和工作效率，自宜对工作人员之生活，设法予以安定。此则有赖中央及地方政府之协助焉。

以上各点意见，有关本省党务前途至切。本会自当加倍努力，以求本省党务之开展，不负中央之殷望，而于各种困难之解决，尚待中央及地方之鼎助焉。

〔国民政府中央执行委员会秘书处档案〕

23. 伊敏等关于新疆纷乱原因及新疆人民愿望致蒋介石呈

(1945年4月21日)

谨陈者：窃民等近蒙钧座两次召见，于国事繁忙之际，给予数小时之陈述机会，实为感奋而荣幸。钧座并垂示民等将陈述之事具文呈阅，故特归纳两次所陈，以文述之。窃新疆近来情势不安，因之中央分心远顾，同时，新疆人民亦因之而在种种因难之中。民等藉隶新疆，对于新疆素极关怀，因些对于新疆最近发生之事甚觉不安。当此全民抗战之际，新疆人民实可出师卫国，参加圣战，而今中央复操心远顾，思之痛心，其有原因在焉。查此次新疆发生之事，并非新生事件，因在种种方式之下，继续存在，由来已久。至于新疆屡次发生事情之原因，已往之报道及推测皆因蒙4蔽及辗转相传而不正确，因之对于发生事件之处置，常使人民失望，致潜伏未来不幸情况之因，而此次发生之事，苟处置不慎，则堪虑也。兹愿就民等所知之新疆事情之真正原因，恭为钧座陈之。新疆纷乱之真正原因，初为满清之腐败政治，与其余孽杨增新、金树仁之黑暗压迫；近则为盛世才之极度暴虐之所致，其经过情形大致如下所陈。

满清政府与杨、金、盛诸人在新省所设施之政治，无论事实大小，毫未令当地人民参加，所有新疆有识之士曾以种种诬陷，加以残害，而授权土豪劣绅，藉彼等以压迫人民，横征暴敛，无恶不作。对于地方建设及教育、卫生等等公益事件，亦未办理，地方报纸及印刷事业均受禁止。对于人民未曾有任何协助，且实行人民之同化及仇斗之提倡，将内地同胞与土著人民分为主奴阶级，而杨、金、盛等之自私自利，一昧图己权之扩大，并将引狼入室，丧权辱国，不顾民族国家利益。如将人民财富完全攫取，终饱私囊。如人民请求不予接纳。如封锁新疆人民与中央之往来。如虐待残杀中央派往之人员等等。彼等罪行不一而足，乃使新疆人民痛恨之情甚为根深也。于是常被迫而有实际行动以反对矣。此中央欲远救因封锁而不能也。

此外，新疆与俄属西土耳其斯坦在种族、言语、宗教各方面均无分别，但二者所受之情状，则绝不相同。当帝俄时代，新疆街长未能由土著人民充任之时，西土耳其斯坦之重要官员已由当地人民充任；新疆地方设一小学即遭禁止时，西土耳其斯坦由当地人民设立之学校与因其自己文字出版之书籍、报章已甚普遍。因此，新疆所用必需书籍，均系由西土耳其斯坦输入，其侨寓新疆各地之西土耳其斯坦儿童由俄国之协助，曾设有学校。故彼等在新疆之各种事业，极得俄国之多方帮助，此乃对于新疆人民刺激甚大。因此，已往曾有甚多之新疆人民自愿进入俄国国籍。现今苏联政府为联合俄国境内及世界各地之民族起见，已予西土耳其斯坦成立数个联邦共和国，承认彼等之语言、文字为其国语、国文。所有学校均用自己之语言、文字教授，仅在中等以上学校始省俄文各种书籍、报纸，皆用各自文字出版，不受禁阻，并由该共和国人民自己管理政治。且苏联为向新疆人民宣传起见，曾由西土耳其斯坦之乌孜别克共和国用新疆口音出有《东方真象》杂志一种。同时，西土耳其斯坦之各大学、中学内收有新疆青年从事读书，其用心可知。似此西土耳其斯坦人民得种种待遇，而新疆人民则渴望而不可得，此相距不远之人民，竟因国籍不同而遭受天壤之别。故新疆人民常于心戚戚，不满新疆当局。此乃中央所不知也。

此外，新疆人民至近东国家见彼等人民于种种方面皆较自己为优，心中亦有异样感觉。以上种种情况，对于新疆人民影响甚巨，为自求挽救起见，曾向新疆省政府请愿要求改善待遇，均遭拒绝而受重刑。因此，地方人民深觉向省政府请求，定属无效，且或遭受危险，故不敢再有请求，而结果只有被迫对已往之残暴新疆省当局出之于反抗，此乃杨、金、盛诸人对于人民之意愿与请求，不肯降尊研究，不求设法解决，而一昧目之为土匪，加之以重罪之所致也。实则新疆人民对于彼等之行动与以前内地同胞对满清与军阀之救国行动，并无分别。最近新疆发生事件之真象及发动该事人民之要求与目的，民等虽不知其详，但以情理度之，不出以上所言之原因。窃民等藉隶新疆，对于本省人民之心理、性情及其愿望与忧虑，知之甚切，尚能免其忧虑，遂其愿望，则新疆问题当可解决也。

兹不揣遇陋，以新疆人民内心之愿望，缕陈如左：

一、首先拟请我中央政府承认新疆民族之存在。

说明：新疆人民与内地人民在政治上虽属一统，但彼等自属另一民族，为世界学术界所公认。今日我国内地人士对于新疆民族之一般论，说新民发生疑惑与恐惧，然此种疑惑与恐惧，足以形成分离之心理。倘我中央承认彼等为一民族，则彼等之疑惧可以消失，分离心理无由形成。

二、拟请国民党宣布实行建国大纲及第一次全国代表大会宣言中所允许之边疆自治。

说明：此种允许国民各民族自治诺言，似为一般人所遗忘。同时，使新疆人民对本党期望甚久之给予自治渐感失望。故望中央即早宣布新疆自治实行时日，则新民必对本党信仰坚定而心安矣。且他人欲煽惑利用，亦无法使其技俩矣。而世界各弱小民族必景怀我政府之贤明，进而倾向也。将来我国在世界民族问题上能为有力之发言。

三、拟请在新疆未实行自治之前，由即日起，所有新疆党政大小人员按人口比例，多数派用本地人民充任之，以培养自治人才。

说明：已往新疆政治，本地人民皆被拒绝参加，而西土耳其斯坦政府之党政人员，多以当地人士充任之。此点刺激于新疆人民，对政府极为失望，尚而今能扶植新疆进入自治之途，许其参与政治工作并党务工作，则新民欢慰何似。

关于办理党务，以新疆本地人民担任最为恰当，因语言、文字可以不生隔阂，而宣传主义之时，易为一般人民接受，则本党三民主义必深入新疆人民之间而有广大基础，其发展前途无限也。同时，于政治方面，培养自治人才，为新疆未来实行自治之准备。

四、拟请中央以法律规定，明令新疆教育用其自己语言、文字教授，由中等学校起学习中文。

说明：前于满清及杨、金时代，新疆完全强迫用中文教授，新疆人民因怕同化；同时，中文甚为难学，不易进步，故相率不入官立学校，因之人民学识落后。及盛世才时代，新疆学校实行用新疆语言、文字教授，于是人民皆大欢喜，争进学校。自此以后，人民自来恐惧与同化之心理，均行消除，咸感生存已有保障，而衷心日与中央相接近，教育事业因之日益进步。由中学开始学习中文，人民可以学得实用之知识，而政府之推行国语亦可得以实现。

五、拟请政府确定大量经费，拨交教育部，令为专办新疆教育，并特别提倡。

说明：新疆人民所受教育极为落后，使其与内地同胞共求进步，实属必要。新疆人民向以自己所受教育远逊于西土耳其斯坦及印度为遗憾，我政府今若提倡培植彼等以教育，则人民自甚欢慰，而倾心中央。

六、拟请所有参政员、中央全会与国民大会等等议会应有之新疆代表，请全以新疆土著人民充任之。

说明：上举各种议会代表向无新疆本地人民，已往所有前来代表无不欺蒙中央，对于新疆人民情况与需要亦未曾向中央陈述。今后倘新来代表，俱属地方公正人士，必将报告地方实况，归后亦必将中央德政转告人民，则中央政府与新疆人民间之感情必日益亲密。

七、拟请将新疆无辜被拘人民全数释放，没收财产一律发还。

说明：盛世才曾经监禁新疆人民十三万名，其中八万人被其杀害，而所有无辜被拘人民，多属知识分子。此种人民之遭害，非但系人民甚深之恶感，且亦为国家之损失，而拘人民今虽被释一部，尚有一部未被释放。被没收财产亦毫未发还，人民对政府之希望，如成泡影，则其影响于人民心理者甚大矣。

八、拟请中央准许因逃避盛世才之暴虐而流亡于内地或其他地方之新民归还家乡，并请资助无力还乡之新民。

说明：新民迄今欲还乡而未得允许者为数甚多，此事彼等颇有怨言，恳请钧座特别矜悯，令新疆省政府开禁归之令，俾使骨肉团聚。而在印度之新籍人民，流亡甚久，极思家乡，而无路费。前八中全会时，钧座曾允接济新民，然尚未见有司实行，故望给予流亡印度之新民路费，使其还乡，则我国于印度方面必得好誉也。

九、拟请减轻人民赋税之负担，取消盛世才所设之专买商业，改为自由买卖，保护人民经济及商业，以增加人民购买力，调济新疆日用品，以平衡物价。

说明：盛世才盘踞新省之际，所加捐税为数无算，人民商业尽被剥夺而陷于贫困之境，一切物品均感缺乏，故人民在经济方面需要政府救助与扶导，因人民痛苦不解除，生活无法安定也。

十、为安抚新疆人民及平息新省事情，拟请钧座派民等前往新疆办理。

说明：民等以为新疆问题乃我国内部问题之一，欲新疆问题之解决，必认识新疆乃我国国土之一部，人民乃中国人民，故必须依新疆永为国土，而人民得获合法权益之方策为解决之准绳。民等已往即确定此项意志，且认为必须与中央一致行动，始为有效，而正确之政治途径因而来至中央，以便陈述而待命也。今新疆已有事情，民等自觉责无旁贷，恭请钧座俯赐信任，准许衔命前往，并请赐助。则民等必能完成任务，俾得对于国家、对于桑梓稍尽职责，因苟若新疆常此发生事情，不但人民伤亡，地方一切事业皆罹摧毁，而新民与国家间感情亦恶化也。而新民所顾望者乃本党以前所允诺之自治，非敢另有企望。民等亦感新疆与内地乃一体，故将尽全力以使此次事情消除，而使新疆安定。

十一、新疆此次事情之参与者若接受政府和平提议而顺从来归者，拟请宣布特赦，永不追究。

说明：杨、金、盛诸人对于接受和平、顺从来归之人曾予哄骗，全行杀害。故望中央不取彼等办法，而示以高尚民主作风。如此则人民自易归顺，而免彼等逃亡国外，为人利用。

十二、拟请钧座惠施天恩，使新疆人民之痛苦与愿意得以迳达钧座听闻。

说明：已往新疆人民有痛苦与愿望，中央无法知晓，致不能为新民解决问题，新民于是自相解决，遂有不幸之事。若钧座给予新民直接陈诉机会，则中央与人民隔阂不存在，新疆必安定。

十三、拟请中央于首都成立民族委员会，处理国内各民族问题。

说明：国内各民族一律平等之语，国父及钧座均皆言之。查我中华民国系多数民族组合而成，而新疆民族乃构成之主要分子之一，然迄今似无人过问。因政府对新疆民族并无专管机构，新民前来首都，咸感徬徨失望。中央虽有数人对新民甚为热心，然此为私人之帮助，并非正式政府工作，而内地人士对于新疆风土民情及其历史、地理亦皆隔膜。拟请政府成立民族委员会以处理新疆民族问题及国内各民族之事，并作研究计划，联络宣传之民族问题工作。同时，希望中国国内各民族之代表参与此民族委员会工作。

十四、新疆卫生行政几如无有，而人民则迫切需要，拟请在新疆设立相当数目之医院，以救新民之痛苦之境。

说明：请中央拨巨款在新疆设立医院，使新民有病痛者得有治所，一扫过去有病无法医之可怕现象，则人民必感祷中央也。

十五、拟请对于新疆之牧畜、农业及工业等项，予以协助，使其发展。

说明：新疆一切生产事业皆系土法，因技术不良，设备简单，致生产低落，日用品无法维持。拟请中央拨款，并派员前往协助新疆牧畜改良，农业改进及工业建设，则新疆之大好山河，必为国家极有用之地域也。谨呈

委员长　蒋

穆罕默德伊敏

麦斯武德　谨呈

艾沙

卅四年四月廿一日

〔国民政府蒙藏委员会档案〕

24. 伊敏等为请求增拨新疆同乡会款项致蒋介石呈

（1945年4月19日）

谨陈者：窃新疆人民前来首都者，均蒙钧座垂顾，铭感难忘。而新疆同乡会于首都复蒙钧座及中央之有关机关要员援助而能使之存在，此同乡等所感祷也。今新疆同志会有请求各点，而钧座曾面允援助解决者分陈于后，以邀垂鉴。

一、查新疆同乡会曾于两年前建设会所一座，共有房间四间，本不敷用，因当时限于建筑费，故无法加添。今新疆同乡前来内地者日多，因无住处，致徬徨街头，或露宿于外，使人甚为不安，且因无住处，致使夫妻分离，一在甘肃，一在重庆者。望钧座援助拨给建筑费，使同乡会房屋加建十间，以为新疆同乡等来渝之临时居所，则彼等必感戴也。

二、新疆同乡会每月均蒙拨一万五千元为会务费，然因近年一切费用均涨，故过去可以维持之费用，而今亏短多矣。拟请钧座提增新疆同乡会会务费至五万元以为维持，是为至祷。

三、目前，新疆同乡会之工作人员已有十二人，每月米、面、油、煤所用亦多，而同乡会所有活动经费则甚微，恳钧座令有司发给平价物，以为维持。新疆同乡会谨希粮食部每月拨平价米三担、平价面三袋，经济部每月拨平价油廿斤、平价煤五担，如斯则可以维持。所请均恳钧座恩准，是为至盼。谨呈

委员长　蒋

穆罕默德伊敏

麦斯武德　谨呈

艾沙

三十四年四月十九日

〔国民政府蒙藏委员会档案〕

25. 国民政府军事委员会关于增拨新疆同乡会款项致蒙藏委员会代电

（1945年5月24日）

代电　侍秘字第27888号

蒙藏委员会罗委员长勋鉴：四月廿七日渝字第585卯感代电及附件均悉。兹分别核示如次：（一）新疆同乡会所房屋所费太巨，目前不必添建。（二）新疆同乡会补助费准自五月份起增加为每月五万元（连原发每月一万六千元在内），已饬侍从室公费股照发，迳送麦斯武德等具领。（三）所请饬主管部发给新疆同乡会各项平价物品一节。查公粮照规定不能发给，如该会请购官价米、面、油、煤等物，可迳与主管部接洽。（四）关于新疆问题之建议意见十五项，已分别抄交吴秘书长铁城及吴主席忠信注意参考矣。以上各项，统希转知麦斯武德诸同志为盼。中正。辰敬。侍秘。

中华民国卅四年五月廿四日

〔国民政府蒙藏委员会档案〕

二、新疆哈民流亡甘青案

1. 行政院关于设法处理哈民入甘事宜致蒙藏委员会训令

（1936年5月2日）

行政院训令　字第二七三八号

令蒙藏委员会

案查前准中央执行委员会秘书处二十五年四月一日忠字第四零六零号公函，以据甘肃省党部函，为马鬃山由新省迁来哈萨民族甚伙，请设法处置一案，奉批交院，函达查照，等由，准此，经交甘肃省政府查明，妥为处理具报，并函复在案。兹据甘肃省政府二十五年四月二十日民三卯呈字第一六号呈复哈萨民族入境经过情形前来，除函达中央执行委员会秘书处查照转陈，暨指令该省政府妥为处理，将详情续报备核外，合行抄发原呈，令仰该会知照。此令。

计抄送原呈一件

院长　蒋中正

中华民国廿五年五月二日

抄　原　呈

案准钧院秘书处第二五一一号笺函，奉院长谕：中央执行委员会交办甘肃省党部函，为马鬃山由新省迁来哈萨民族甚伙，请设法处置一案，应交甘肃省政府查明，妥为处理具报，并函复等因。除由院函复中央执行委员会秘书处查照转陈外，相应抄同原件函达查照，等因，准此。查哈萨民族由新疆省迁入马鬃山一案，前据安西县长谢璧文电报，该哈萨头人爱利斯哈率众五百余幕到马鬃山住牧，并奉肃州马旅长步康电饬保护优待等情。当饬严查其行动，并分电西宁马军长转饬驻军查明详情具复，并电饬该县长将入境哈萨连同妇孺确有若干，有无轨外行动具复。一面随时妥为安抚，并严密监视各在案。兹据本府民政厅厅长刘广沛于巡视途中鱼电报告，据马团总报称，哈萨民族已到马鬃山一百家。该县距山遥远，地方安靖，复向各方调查，均云入境哈萨仍住马鬃山，并无轨外行动，详情俟到安西查明电呈等语。除详情俟据续报另文详呈外，理合先将哈萨民族入境及处理经过情形呈请鉴核。谨呈

国民政府行政院院长蒋

甘肃省政府主席　于学忠

〔国民政府蒙藏委员会档案〕

2. 行政院为抄送甘省请求救济哈民电致蒙藏委员会函

（1939年　月　日）

甘肃省政府主席绍良本年二月寒日电院，请拨款救济由新疆来甘之哈萨克人一案，奉院长谕：由赈济委员会拨款两万元救济，并召集内政、军政两部及蒙藏委员会、赈济委员会妥议善后，等因。兹定于三月三日下午四时在本院开会讨论，除分函并由院电复朱主席外，相应抄同原电，函请查照，届时派员出席。此致

蒙藏委员会

附抄送原电一件

行政院秘书长　魏道明

中华民国二十八年　月　日

抄　原　电

重庆。行政院〇密：去年由新入甘哈萨克民五〇〇〇余人，聚居玉门鱼儿红地方，业经派员宣抚，拨款救济，并由本府设置哈民管理局就近管理在案。现该族由新省追击，又复相继来甘，计帐房八〇余顶，约二〇〇〇余人，携有枪械，由肃北转赴玉门，后来者络绎于途，闻有两万之谱。此类民性慓悍，与各族极不相容，刻闻已有劫掠情事，本府为招徕远人，宣扬中央德意，经饬七区专员曹启文会同当地驻军马步康督同哈民管理局及玉门、肃北两县局妥为安置，核示原则如次：（一）新到哈民一律遣送鱼儿红地方，由哈民管理局登计人数，妥为安顿，以收集中管理之效。

（二）由本府拨款筹办给养，酌量救济。（三）哈民枪支酌量情形予以缴收，惟本省财政支绌，拨款有限，而哈民人数众多，杯水车薪，实难宏济，且哈民性悍人多，一省之力，未易使其就范。理合电恳拨款救济，俾能积极安抚，藉消边患。是否有当，伏候电示遵行。职朱绍良。民一丑。寒。印。

〔国民政府蒙藏委员会档案〕

3. 行政院等为安置由新入甘哈萨克人案审查会纪录

（1939年3月3日）

（一）时间：二十八年三月三日下午四时

（二）地点：行政院

（三）出席：内政部陈屯

外交部林定平

军政部徐均良

蒙藏委员会方家巽

赈济委员会周一夔

行政院张平群

（四）主席：张平群

（五）纪录：吴德馨

（六）审查纪录：

本案除已由院令饬赈济委员会拨款两万元救济外，关于善后方面，拟具意见四项如次：

（一）朱主席以此次由新来甘哈民，为数不少，从前来甘哈民所住之鱼儿红地方，周围不过千余里，哈民复与该地接壤之汉、蒙、藏各族，积不相容，拟就敦煌、安西、玉门各县可资游牧之区域，调查明白，分区安插，办法尚妥，似可准予照办。

（二）此次来甘哈民，先后共有若干，朱主席电码不明，仅称估计人数当在二万以上。另据蒙藏委员会报告，哈民二万人东来，为新省派兵追击，被拦回者一万余人，究竟确数若干，尚无翔实统计。又该哈民性情慓悍，此次来甘者，牲畜粮食均无，生计发生问题，抢劫势所难免，拟请电令朱主席详细调查东移哈民确数具报。已发救济费两万元倘感不敷，可斟酌实际需要，请中央再予补助。

（三）哈民体魄强健，精于骑射，在此抗战期间正可资为杀敌卫国之用，拟请电令朱主席查明来甘哈民中，有若干人可服兵役，或以之补充骑兵部队，拟具切实报告，呈院核办。

（四）中央派员宣抚一节，拟暂缓置议，并请责成朱主席就近办理。

〔国民政府蒙藏委员会档案〕

4. 国民政府军事委员会关于哈萨克人在新疆被压迫痛苦致蒙藏委员会电

（1939年9月26日）

国民政府军事委员会代电　办四渝字第9241号

蒙藏委员会公鉴：案据尧乐博士代电，略以迭接哈萨报告，伊等在新所受之压迫痛苦，译成汉文，敬祈鉴核等情。附报告一件。据此，除分电军令部外，相应抄同原报告电达查照为荷。渝军事委员会办公厅。办四。寝。印。

附抄哈萨头目等原报告一件

中华民国二十八年九月廿六日

附　报　告

尧司令钧鉴：哈萨头目及男女百姓等谨向钧座请安。自钧座离开哈镇后，哈萨等所受之痛苦与当局之压迫报告于后：(一)森林及骆驼、牛羊牲畜，公家如征收捐用，即服从照给。(二)房屋家俱如公家征用，亦照给。(三)公家征用柴草，即往城内运送。(四)用计将哈萨台吉阿伯都拉海巴尔、台吉赛亦梯比等六十人捕入城内，无下落。(五)盛督办命令哈镇一带哈萨移阿尔山一带居住，不准住于哈镇。服从命令第一批数百家，先行迁往，走至北塔山，即被外蒙军及盛军包围，枪声四起，伤亡大半，逃回阿南巴一与副行政长阿努瓦尔等二十五代表出面调解，将哈萨所有枪支全数缴出。又移住镇西(廿七年八月事也)，又镇西刘司令尔保县长将哈萨头目何家亩比耳台吉及色哈伯千户长金四项则八叶多尼达等十八人诱捕，无下落。(六)命令哈镇一带哈萨送青年子弟入学读书，已照送。(七)命令所有哈萨一律缴枪，已遵照命令缴枪。(八)青年女子亦须送入学校读书，不满二十者不许结婚，经典不许读与宗教太不符合。(九)二十七年十一月二十七日，命令哈萨大台吉、千户长及百姓等集合在努尔阿力总管处开会三天，宣扬新疆政府德意及苏联友好一切好感。第一天夜半，有镇西出发军队数连将哈萨等包围，用武力解决，哈萨等惊惶四散，伤亡甚多，至天明始跑至南山口，盛并有飞机数架用机关枪扫射及投弹轰炸。哈萨等始终服从命令，当局设法杀害，终无法留居新疆，故迁入甘肃，行至半途，盛派有骑兵及新式机械化军队及外蒙所派骆驼队五百人追击，以致将牛羊马牲、家俱、人口损失过半，饥寒交迫，始抵甘肃境内，哈萨受此痛苦，不知所犯何罪，务请代转呈中央作主，以伸深冤。总之，镇西哈萨所受之痛苦，系阿八一督统、阿宝县长、行政长阿奴瓦尔等所陷害，所以不避艰难逃至甘肃，统是大中华民国国民，一切请命中央。

萨布巴尔夷台吉

努力阿力总管

户赛因台吉

阿牙买提旅长

苏鲁资协力夫台吉
资牙他夷
〔国民政府蒙藏委员会档案〕

5. 行政院秘书长魏道明关于哈萨克人民流亡甘青两省情形及慰问方案致蒙藏委员会函

（1940年2月14日）

奉发下中央执行委员会组织部本月二月三日函送军事委员会参议尧乐博士报告哈萨克人民流亡甘青两省情形及慰问方案一件，除分函各有关机关外，相应抄同原件，函达查照。此致
蒙藏委员会

附抄送原报告及慰问方案各一件

行政院秘书长　魏道明

中华民国廿九年二月十四日

抄原报告〔略〕

慰问流亡西北新疆哈萨克同胞方案

（一）绪言

我国西北玉门一带有新疆哈萨克人四千余户居住其中，此辈流亡群众均系本人僚属，系自民国二十六年以后陆续由新疆迁来，其生活至为困苦，而其内心甚为纯洁，只知有困难有领袖，不知其他，对本人所极信任，常有报告寄来，本人于国于乡，均宜亲去看视，唯以种种不便，未能如愿，殊为遗憾。兹谨就管见所及，草拟方案，以作中枢救济边民之参考。

（二）哈萨克同胞概况

（1）哈萨克流亡西北之源委　哈萨克系新疆民族之一种，原

住阿尔泰山，聚族而居，畜牧为生，历有年所。后因不堪杨增新虐待，曾拔族迁往外蒙古谋生，时外蒙方盛行苏维埃政策，与该哈萨人信仰大相迳庭，遂又迁回新疆，投奔哈密亲王，时本人任委员，乃妥为安置，颇得哈民信任，至今不渝。民廿六年，本人因拥护中央，东来陈述边民痛苦，而该民等即欲来甘，经本人多方安慰，嘱其服从政府，勿轻举妄动，其议始寝。迨廿七年因新省政府对该民之措施失当，以致被迫离乡。其详情见转呈报告中。

（2）哈萨克之户口数字　根据该民等迭次报告，知其流亡甘青一带人民共为四批，约四千一百余户，二万二千三百五十余口。此次前去慰问，当更详加调查。

（3）哈萨克之生活状况　一般生活均甚困苦，因该民多系畜牧为业，而所居玉门、安西一带地区，缺乏水草，地质硗瘠，不能生产。前此来甘之哈萨人尚有若干牲畜，而后苏里坦协里夫等率领来内地者，所有牲畜、财产均已损失殆尽，情况凄惨，生活困窘。前批哈萨因救济此辈，亦逐渐中落，而悉为贫困矣。

（4）哈萨克之居住地点　目前哈民因所居地方不适生存，乃纷纷迁往青海都兰一带居住。查哈民不迁往别处，而迁于青海者，揆其民意，殆为另求保护，便于行动。本人前旅居兰州时，闻一部哈民欲由西藏而入印度，在彼辈单纯脑筋中，以为中央不愿解除彼辈痛苦，昭雪冤抑，未免失望。本人曾令其头目善言抚慰，服从中央，静候处置，此事贺贵严先生知之颇稔。现哈民居住地点为：一、青海都兰县南大河坝，约一千一百余户，头目人为札依朴、苏里坦两台吉。二、该县西南约五百余户，头目人为阿都巴一、伊里斯汉两台吉。三、距县北一站地方约四百余户，头目人为孔基巴一、土鲁木巴一等。四、距县北二站地方七百余户，头目人为撒补尔巴一台吉。五、鱼儿浑、妥那一（肃州交界）七百余户，头目人为努尔阿里总管，毋卡提利台吉。六、掖马泉六百余户，头目人为艾牙买提旅长、胡赛因台吉等。

（5）哈萨克之头目　哈萨头目分台吉、千户长、百户长等。兹将其重要头目与本人之关于略述于下：艾牙买提旅长随本人已三十余年。依里斯汉、阿都巴一系杨增新时归附本人，已二十余年。努尔阿里、阿齐巴一系由外蒙回来投奔本人，已十余年。苏里坦协力夫、撒补尔巴一、胡赛因在本人部下亦已七年余，前后共八千余户。其他千户、百户乡总、乡约尚多，不及备录。

（三）慰问哈萨克之办法

（1）组织慰问团　查哈萨克东来之目的，原为向中央陈述苦情，请求中央解除彼等痛苦，因限于经济能力，未能觐见，但对领袖则备极拥护，对抗战情形，异常关切，于报告中一再表示愿输将报国，战胜敌人，实属深明大义。我中央对此应即派员前往慰问，藉以表示中央眷顾边民之意。慰问团之组织，拟请中央令派尧道昌负责组织之，人选由该员罗致。中央派员辅助亦可。并请青海马主席派员参加，以便协助一切，盖马主席对该民甚为优待也。

（2）慰问方法，分为三项。A. 宣传中央德威及抗战情形，其材料由组织部颁发，并由该团搜集汇编。B. 馈赠头目物品。C. 赈济穷苦哈民。查哈民多属困苦之人，亟待中央赈济，今若不予以实惠，仍不能服其心，而收怀柔之效。

（3）经济概算　哈萨克头目人共一百七十余人，平均每人赠以百元之慰品（如大衣、衣料、茶等类），共需一万七千余元，穷苦人民约九千余口，每人平均赈以三十元，共需二十七万余元。至于慰问团之经费，请由中央组织部核定。

（四）对哈萨克之措施

（1）设立专员，管理哈民　查哈萨人民，系游牧民族，文化低下，教育落后，且不通汉语。关于其管教养种种措施，非设专员办理不可。凡哈民对政府有何请求，悉由专员负责承转，而专员人选，当以精通哈民语言，且能获得该民信任者为宜。庶几此数万生灵，将来均能效忠党国，不致为边地患。

（2）召见哈民头目　查哈民头目久欲觐见中枢领袖，卒未达成愿望。今藉慰问之便，偕其头目若干人赴国府觐见主席暨委座，使其开拓眼界，观光我国文物，并使国人一睹边民容貌，藉增民族感情。

（3）赐委哈民头目名义　我中央对此热情拥戴中央之边民，除特别招待外，并委重要头目以名义，以示中央优遇边民之至意，则民众对其头目益加服从，且传闻乡邦，更使边民悦服也。

〔国民政府蒙藏委员会档案〕

6. 行政院秘书长魏道明关于陈荫章慰问哈民及建议事项致蒙藏委员会函

（1940年2月20日）

笺函　阳字第3467号

中央执行委员会秘书处函据陈荫章呈报慰问河西边民考查所得情形及建议处置事项一案，奉院长谕：交内政、军政、教育三部，蒙藏、赈济两委员会及甘肃、青海两省政府。除分函外，相同抄同原件，函达查照。此致

蒙藏委员会

附抄送中央秘书处原函一件

行政院秘书长　魏道明

中华民国廿九年二月廿日

抄原函

据党政训练班第三期毕业学员陈荫章呈节称：奉派赴河西慰问边民，查得由新迁入某省西部之哈萨民族，共有二万一千一百八十七口，富者牛羊成群，贫者日不得一饱。又于肃州遇哈萨派往新

疆之代表据称：新省当局甚盼迁入某省之该民族即日回新，前被新省当局查封哈萨之财产，亦一律准备发还，其已回新者约有百余人，现大部份均迁往青海都兰大河坝等处谋生。至居留该处之民族，现正由甘青当局设法安置中。又查留居甘青西部哈萨同胞，前在新疆时，亦系极有组织力量之民族，以不堪该省当局之压迫，且倾向中央心切，即于二十五、六、七等年相率至甘肃西部。该处多系荒山沙漠，水草稀少，不合于生活条件，数年来不但贫者无法谋生，即富有者亦逐渐贫穷，似不宜任其流落，使感绝望。其措施办法拟分：一、成立哈萨政治局，以资管理。内设局长、副局长各一人。副局长可在哈萨民族中选有资望者充任之。现有哈萨管理局即可改为政治局，因彼等一闻管理二字，多表示不满，以为并非牲畜，何得管理？若改称政治局，即可免此种误会。二、宜予贷款救济，以示中央对彼等之优遇。三、中央或甘省政府选定适合生活条件之地方，使之居住。四、设立学校，使受教育，藉以增厚其国家观念、民族意识等情。相应函达，即希查照参考为荷。此致

行政院

〔国民政府蒙藏委员会档案〕

7. 行政院秘书长魏道明关于哈萨克人与肃州驻军冲突情形致蒙藏委员会函

（1940年10月18日）

笺函　阳贰字第2149号

奉发下中央组织部二十九年九月二十六日爰渝边字第二五七六五号函告哈萨人与肃州驻军冲突情形，相应抄同原件函达查照。此致

蒙藏委员会

附抄送原报告一件

行政院秘书长　魏道明

抄原报告

哈萨人与肃驻军冲突情形

关于哈萨族抢劫并与敦煌驻军冲突事：兹悉于七月间马步芳曾派肃州副旅长韩进宝带骑兵数十人入山缉捕，适值强壮哈萨人大半入山牧畜，老弱留守，遂未费力将大头领胡萨人敖都捐依擒获，并俘匪卅余。韩曾搜括苛索，夺取骆驼五百余只，马六百余匹，枪数十枝及其他财物甚多，均已运往青海，并押解胡萨因等赴正流。适有胡部强壮哈萨百余人闻讯，半途贿送韩等马匹、骆驼、猞猁、貍貉等皮及金银财物，乃允随同至青，恳求释放。韩等贪贿，疏于防范，于八月廿日行至都兰附近，哈萨乘其不意，于拂晓酣睡中，将韩等官佐廿余人所居帐房猝然拉倒，以力棒将其全行击毙，仍将各物悉数抢劫而去。所率骑兵因无人统率指挥，均观望不前。都兰县政府得讯后，急以电话报告马步芳，刻肃甘驻军正积极准备入山粮秣，闻将痛剿。查哈萨人性本凶悍猝猾，杀人越货，习以为常，苟施以怀柔之策，恩威并用，未始不可就范，乃青驻肃军队威迫苛夺，贪求无厌，数年来，剥削枪枝约三千枝，骆驼五千只，马六七千匹，牛羊四五万头，及其他财物甚多，故哈萨与马步芳军队已成大仇，结怨甚深，与中央安抚意旨实相悖谬云。

〔国民政府蒙藏委员会档案〕

8. 行政院为抄送组织部关于哈萨克变乱原因及现况情报致蒙藏委员会通知单

(1941年1月17日)

通知单　忠字第八六二号
　　　　中华民国三十年一月十七日

右案奉院长谕：抄交蒙藏委员会，相应通知蒙藏委员会。

行政院秘书长　魏道明

抄原函

据本部边疆通讯员报告青海哈萨克变乱之原因及现况等情前来，相应抄附原报告，送请查照参考为荷！此致

行政院

附抄原报告一件

部长　朱家骅

抄原边疆通讯

青海哈萨变乱之原因及现况

新疆哈萨克人因政治关系，于二十七年开始内移，中途曾被驻军纵匪抢劫，财产、牲畜损失殆尽。幸蒙中央电令青海省政府指定垦区，并拨专款作为购置生产工具之用，然青海省政府竟将此款吞没，且驱哈民于大河坝一带拨充矿工，哈民以不习于此种工作，屡求改善生活环境，均未获允，且被停给食粮。彼等迫于生计，挺而走险，致时与当地藏民发生械斗。据近自都兰脱险来兰之商人谈：彼曾目击哈萨抢掠财货，烤食人肉之惨状。青海当局曾派旅长马忠义率部往剿，而哈萨则积极准备抵抗。当地藏民亦不满政府措置，且有叛变之势。

〔国民政府蒙藏委员会档案〕

9. 行政院关于设法安抚通天河哈萨克人致蒙藏委员会训令

（1941年2月　日）

行政院训令　字　号
中华民国三十年二月　日

令蒙藏委员会

查自青海通天河西徙之哈萨克人，亟待设法办理，经召集关系机关会商后，应准如会商意见办理。原办法第二项着赈济哈萨委员程树荣与甘肃、青海两省政府及第八战区司令长官部妥商安抚办理。除令饬赈济委员会遵办，并电令青海省政府对于该项哈萨停止追击，暨行知关系机关外，合亟抄发会商纪录，令仰知照。此令。

计抄发安抚由通天河西徙之哈萨克人案会商纪录一份。

院长　蒋中正

安抚由通天河西徙之哈萨克人案会商纪录

（一）时间　三十年二月十五日上午九时

（二）地点　行政院会议厅

（三）出席　军事委员会杨文玺
中央执行委员会组织部李永新
内政部吴祖楠
蒙藏委员会李炜、吴景敖
行政院陈之迈

（四）主席　陈之迈

（五）纪录　沈乘龙

（六）会商纪录

查自新疆内移之哈萨克人，原约三万人，前曾由侍从室第二处决定两项处置办法：（一）着令返新，由新疆省政府安插。（二）其不愿返新者，可留居甘新边境，俟机返新。嗣该项哈萨展转入青，其一部约三千人，枪二千支，因不惯筑路、开矿等工作，并有抢劫西北公路汽车货运情事。经青军剿捕，遂由通天河西徙，并有青军两千余人尾击。现该项哈萨留滞于青海、新疆、西藏边境之黑河（拉萨东北七站路），有窜藏模样，实有加以安抚之必要。

按西北游牧民族之管辖，依照向例，均由所在地方政府负责。自哈萨入青以来，前曾由赈济委员会派青赈济哈萨委员程树棠携带赈款拾万元入青赈济，并由院责成马主席安抚，此次仍本此原则，拟具安抚办法三项：

一、哈萨之安置，以送新疆省政府自行处理为最高原则。

二、哈萨之不愿返新者，暂在甘青边境划地驻牧，不得入藏。该地区并应远离公路，以免影响国际交通，其具体办法，由中央派员以赈济哈萨名义前往与青甘两省政府及第八战区长官司令部商洽后再定。

三、由军事委员会电令八十二军马军长，行政院电令青海省政府，对于哈萨不再追击，俟另筹安抚办法。

〔国民政府蒙藏委员会档案〕

10. 行政院为抄送组织部关于逃往藏境哈民情报致蒙藏委员会通知单

（1941年2月24日）

通知单 忠字第四一五四号
中华民国三十年贰月廿四日

右案奉院长谕：抄交蒙藏委员会。查此案已由院函达军事委员会，奉谕前因；相应通知蒙藏委员会。

行政院秘书长　魏道明

逃往藏境哈萨克人情形

逃往藏境哈萨克人抵党水河后，生活极困，死亡亦众。驻防该地藏军乘机收缴一部枪械，有一部不缴向他处窜去。而被缴械部份仍寄留党水河，曾用土耳其文呈西藏政府，略称：彼等系新疆甲康地方游牧民族，因事变不支，乃逃至青海，转来藏境。今环境恶劣，生活困难，恳钧府安插为感，等语。签署人有阿新麻萨等六名。闻尚未决定处理办法，但有应加注意者，西藏政府如将其收容，必安插在各营寨及军队中。因西藏贫富不均，贫人甚多，其中有共产分子，则西藏将步入危局。

〔国民政府蒙藏委员会档案〕

11. 蒙藏委员会派驻天山调查组关于敦境涉及哈胞案件纪要致蒙藏委员会呈

（1941年8月11日）

敦煌介居甘青新边区，为哈萨窜扰之最理想区，故年来时有哈案发生，除境内草大坂哈民三十余户已编列保甲，相安无事，另文记述外，特再将有关敦境涉及哈胞事件，根据敦煌县府档案，择其要者，列举如下：

一、防哈招募壮丁一案

二十八年七月二十九日，一百师二九八旅旅长马步康电敦煌郭县长招送壮丁二十名，以增防哈力量，其原文如下：查新疆所属哈萨民族，自前岁陆续东来，至今络绎不断，尚有接踵来者，计前后帐房数千项，人口两万有余，虽经甘肃省府指令鱼儿混、讨赖各处分扎居住，与我肃属边境接壤。唯该民族生性习悍，蛮横异常，亦时与我接境良民发生冲突，前线危险，殊属堪虞。本旅长为防患未然起见，呈奉军部准添募骑兵一团，以资防范，而兼镇慑。查该团现已编就三营，尚短一营之数，无法招募，刻因抗战关头，特此电请台端体念后方治安，在贵治地方招送壮丁二十名，解交来部，以资补充，时势如此，台端爱国心热，当能赞助也。专此电托，即颂暑祺。郭县长当提出县务会议讨论，通过照办。

二、关外哈萨由金在冶负责一案

二十八年十月三日，朱主席绍良致郭县长电曰：寝电悉……

东来哈民已派金专员前往劝导返新，仰就近协商，并案办理。

三、哈萨猛扑猩峡，防止乱窜一案

二十八年十二月五日，七专署郭县长称：据安西县长潘健荪秘亥江电称：酒泉专员曾并请译转旅长马勋鉴：任密。据闻二日晚，有哈萨克二百余人，猛扑猩猩峡，意图劫夺乱猩，前驻峡边务处公安分局查觉，前备战经过，果获该匪马七匹、骆驼二头，向何窜，容俟同军长马福浩探确续报外，闻应何理电示祗遵，等情。据此，合亟电仰该县长会同当地驻军严密防范，随时具报为要。

四、围剿西湖哈萨一案

二十九年五月十二日，敦府电省府：……县属西湖哈萨，经会同驻军围剿后，于友日退窜安敦交界河头，是役哈萨伤七十余人，我方前后共死亡士兵四名，伤三名。文日县属新店子又有哈萨三十余肆扰，亦经派警驱散，现地方安谧。

五、调查哈萨窜扰婼羌一案

二十九年六月十一日，曾专员电敦县府：奉省电，有哈匪五六百向新省婼羌一带窜扰，仰查明详情并头目姓名，电复为要。敦县府当于同月二十三日电复如下：肃州专员曾钧鉴：婼羌在新疆南路，距敦甚远，消息不明，闻三月马才提旧部与布鲁特叛据喀什西南，旋为省军剿平，现入敦哈匪，未闻向婼窜扰，除再派干部密查外，谨先电复。

六、保不拉捕获哈匪一案

此案详记于保不拉受任敦煌县边区自卫队队长经过。专题报告之二报告，此不再赘。

七、协助驻军出击台吉乃哈萨一案

二十九年七月间，驻军连长马正财奉令将去台吉乃剿哈，致函县政府：迳启者，顷奉旅座寒电内开：查哈萨贼首阿里思汗，沙布力八一等众，现至台吉乃地方，仰即作速准备，候命出发，等因；奉此。查敝连马掌及驼运方面，一时准备不及，仰即贵府商同农商会暂借马掌（随带掌钉）三百付，急备兵马，再派骆驼二百只，骡马一百头，以便运输粮秣，而资应付哈萨。马正财于七月底到达海子，以敦县所派运粮牲畜疲乏，兼秋收农忙，改雇蒙人牲畜，其致敦县章县长函说得清楚：章公县长钧鉴，谨呈者，自违德颜，时深慕念，近维公私纳祜，德威远播，至当欣颂。唯弟此次奉命出发，人马已至海子，所运粮秣之牲畜，在大坝土沟疲乏，至今未到。若是迟延，大与命令有关，唯实无法，同陶会长及海子、宗都等头目商酌，暂雇蒙人马六十三匹，往大坝土沟迎接，言定每匹马脚价洋五元，又想第二次一月粮秣。现至秋收农忙之时，运粮不便，暂雇马一百零五匹，每匹定脚价洋拾六元，此马不日来敦运粮，望我公将前后两次脚价筹划，当面付清……，再将所钉马掌四十五付，钉子两千，与两次运粮一同带来等语。章县长当复以当经召集会议，佥以此次贵连运粮秣，由地方派车运送至海子，因第一批征集不及，曾由地方垫去二千余元，雇驴运去。现在各乡所派大车四十八辆，已到城候运，并已陆续出发，将第二批粮秣运往南湖，再由南湖驼业会转运前来矣。兹除另雇之六十三匹脚价由地方筹付外，所云再雇蒙马一〇五匹……，请即体恤免雇，以苏民困，再承示尚需马掌四十五付，业经照数交清。

马正财连长旅又奉上峰命令须三月粮秣，又函县长照办，原函如下：顷转奉旅座漾戌电开，顷奉军座养二参电开，韩副旅长等商办哈民事宜，恐部队无多，不敷应用，仰兄再选派骑兵星夜驰往应援协剿等因。现韩副旅长已率四百余骑兵，于养日午后六时由柯鲁沟出发向台吉乃追缉。该连长即派骑兵八十名，星夜起程，向台吉乃前进，带三月给养，向县府要马驼车运，帐房向地方借用等语。等因，奉此。查本连遵于月之回日出发，携带一月粮秣，现又计运二月粮秣，青稞五十石，麦面五千斤，可能敷用等语。青海马军长步青为此事曾电敦县予以协助，原电为：章县长朗轩兄，马连长正财奉命前往台吉乃，请兄对该连运输给养事，特加协助为感。弟马步青有叩。章当复电，自当协助等语。

马正财去后，敦煌驻军由韩参谋辅臣负责，九月四日韩致章县长一函：奉旅长东戍电开，韩参谋长辅臣兄，今年奉军长万急电开，据都兰陈县长报告，古七月十七日早三时哈匪起事，韩指挥及官兵十四人阵亡，匪已窜逃，令弟派队追击等因，已电复由此间派韩团长得朋带安西炮连前往，请速转令马正财来回在要隘地方截击，宜特别小心，并令保不拉备蒙兵若干名堵击，因用帐房六七顶，即与章县长商议，速缝送去为要。等因，奉此。相应函请贵县长速令商会筹办，并令农会采买麦子一百石，两会备妥骆驼一百只前往台吉乃运粮，是为盼祷。

敦煌县除自行协助外，并函海子及马海蒙古头目接运。兹抄其全文如下：顷接驻敦煌陆军第八十二军第一百师二九八旅步炮连长马正财函称：顷奉旅座马转奉西宁军长马电令，略以哈萨头目阿力思汗、沙布里八义等窜至台吉乃地方，着该连星夜出发，制止具报。等因，奉此。敝连准于七月二十二日由敦煌出发，所需驼马等项，除由敦煌至海子，就敦煌附近征集外，关于海子至马海，由马海至台吉乃地方两处，请转函蒙古宗都哥那、宋因不石呼等代为借用骆驼六十头，马四十匹，预备运输粮秣，并请派前商会长陶尚义前往交涉，免误戎机为盼等情。据此，除派陶会长尚义前来接洽外，特地函达台端查照，希即预备骆驼六十头，马四十匹，一俟马连长到达海子，即将上项驼马借给使用，事关军运，幸勿延误为盼。此致蒙古宗都哥那、宋因不石呼霍硕藏更（七月二十二日）。按陶尚义在蒙地经商多年，与蒙民均处极熟，并在左翼盟长下应一和硕章盖（即旗员之意）差事，故派其持函前往交涉。可称人选相当。

查派往台吉乃剿哈之马连长，事毕即调防他处，未再返敦。现敦煌改为骑五师第十三团驻扎。

八、哈犯应上手肘一案

二十九年八月一日，看守所所官孙元魁签呈县长：顷奉钧府科长陈面谕，‘看守所管押哈萨沙力等甚为强悍，前在新疆监狱管押时，将监狱打开，竟行逃跑，现在宜上手肘，严为防止，等因。职奉谕之下，不胜恐惧之至。查职所向无手肘，无法防制，可否拨款购置手肘手铐等具之处，理合具文签呈钧府鉴核。县长批以令商会就临时费内制脚镣手铐各五付应用。

九、喇嘛操哈语一案

二十九年七月二十七日，驻军特务长函敦县府称：又奉旅长转发密电内示，今安西县西南祈连山麓之盐池湾地方发现喇嘛三人，操蒙汉哈语言甚利，假医病为名，持甘新公路图，多方探询该路运输情形，……查缉具报等因，奉此。仰请贵政府赶派干警赴查，以资具复，而重要公，实为公便。县府当派钟警目吉祥往查，回报：奉命于城乡密秘调查，有由安西县西南祁连山等处来的喇嘛三人，装扮汉蒙哈之形象，伪称医病游行等情。遵令即为前往城乡并庵馆寺院密秘侦查，并询问乡间幼童老叟，均言旬日内并未见过喇嘛之形象，我亦搜查我敦境内，确无喇嘛之影踪等语。

十、哈萨有亲敌言论及窜赴绥远企图一案

二十九年七月三十一日，甘七区专署电敦煌云：……奉军委会办四梗事权电开，据报哈萨中有亲敌言论及窜赴绥远企图等因，……注意防范，并设法消弭为要。查哈萨自入甘以后，在安、敦、玉各县迭次劫掠，犹藉口为穷所迫，省政府为怀柔远人计，派金专员在冶专事安抚。若果有此等轨外行动，实属无可原谅。切实注意，随时探报，无稍疏忽。事实上，其时盐池湾哈萨，确有迁移绥远之意念，并称甘省对他们不好，他们到绥远地方去，日本对他们很好之说。但结果以路途遥远，且沿途困难，而我方防范亦严，并未实现。

十一、发放被哈民抢劫损失一案

二十九年十一月六日，甘七区专署令敦县：案奉甘肃省政府训令，内开：案据金专员在冶呈称，窃职奉令宣抚哈萨，迭据安、敦、玉各县人民呈控哈萨抢劫牲畜，请求赈恤，并附损失表等情前来。查哈萨秉性凶悍，向以劫夺为能事，原陈各节，多系事实。除对将来维持治安，另拟办法，呈候核夺外，关于关外居民所受损失，拟请钧长鉴核，酌予赈抚，以资生活，而恤民艰等情。并附各县损失表单原呈等件。据此。查各该地方民生凋敝，夙称极苦，突遭损害，殊堪悯恻。兹特由本府在哈萨赈抚费项下拨发洋壹万元，交由该专员查收，协同各该县长查明地方损失情形，比例分配，妥速散放，俾维民生，等因。计附发损失单一件，原呈及损失表十件，办毕仍缴，奉此。本署业将拨发赈款一万元，如数领到，并经按照损失各物数目列表比例分配，计玉门二千八百七十一元二角，安西六千一百九十六元二角，敦煌三百五十六元六角，肃北设治局五百八十二元。仰该县长遵照会同本署委员传集各被损失人等按名同面发放，取据赍署，以凭报核。专署委员袁毅于三十年春三月至敦煌散放清楚，计损失骡马二八匹，发一七三六元，骆驼五只，发五五元，麦面二〇〇斤，发四元，国币四百元，发一二四元。

十二、西湖匪案疑是哈萨所为一案

三十年二月间，缠民伊德新报告：有缠商由新疆来敦，至县属西湖地方被土匪抢劫，恐系哈萨所为。嗣经县府派警佐田子奇调查，回称：匪已远飏，人少未便追。查该匪据云系新疆派出押卡之警察等语云云。

十三、哈萨抢劫安南坝蒙民一案

三十年三月二十八日南湖保长孙继祖报告敦县府：有职保所属多把沟户民李正明来南湖报告，于古二月十六日有哈萨匪人持枪来安南坝、尔之西、野马泉、苦水河等处，将蒙民龙登等数家之壮驼四十余只，壮马壹百余匹赶走，向西南方走了，因无枪枝，不敢去追。县府据报后，除呈报上峰外，即派田警佐率警四名前往，会同边区自卫队追剿。旅四月十四日又接孙保长报告称：情因职保第一甲甲长姬兴周报告，南湖地方逃来蒙民二十八家，言哈萨将他牲畜完全抢去，杀人二名（内有岷县人一个，名殷占奎），地点离南湖一百八十里路（湖罗斯太）。敦县府为求追剿实效，更商请驻军查照办理，哈匪原属抢劫性质，追剿兵到，则已远窜他处矣。嗣查抢劫安南坝之哈萨，系向西南尕斯窜去，计有四百余顶帐房云。一说只百余人。

最近甘省府为关念蒙民灾难，犹电令专署转令敦县府详查安南坝蒙民被灾情况，其原电云：据报敦煌安南坝一带，蒙人四十余家，近被南疆边境尕市哈萨忽英色部劫去马一千二百余匹，骆驼五百余只，硬币纹银共计壹万余元，帐幕约一百余顶，仍向尕斯逸去。复报酒泉山中被剿散哈匪百余人，又窜至南山马海地方，抢去蒙人骆驼千余只，马骡二百余匹，财政无数，杀死五人，受伤五人，附近海子、盐池湾两地，亦遭相当损失等情。据此，合行令仰该专员饬属查明具报为要。敦县府转奉此命后，乃乘中央采购军马委员张希畴入山买马之便，且其须经历海子、盐池湾等处，故即托其代为调查安南坝一案，想待张之调查寄来呈报后，即可告一结束。

十四、结论

细阅上述各项案件，虽属敦境一部份，然亦察出甘省对哈胞之态度。初存赈抚之意，特派金专员在冶全权办理。乃赈抚不能，惟有继之以剿，转将赈抚哈萨之款，拨以散放被其劫害之民。唯哈萨性极强悍顽固，剿亦不易，遂有增募壮丁，以防哈之举。而哈萨出没，互相传报，甚至本非哈萨之匪案，亦疑为哈萨所为。再如哈萨有亲敌言论，以及喇嘛操哈语等等情报，俨同不可终日者。其出击台吉乃一役，更见哈萨恰非易处。现哈萨大部居于台吉乃、尕斯南山一带，活动于台吉乃、尕斯、安南坝、马海附近，适为甘新青边区三不管处。当地蒙民又极软弱，不敢与抗，演成今日视该区为危险区。一般谈哈情者，又咸论哈萨民族，实在野蛮，无法理喻。但吾人若平心静气以求，果能给以良好牧地，辅以足够之镇压武力，特派专家前往治理，未始不可走上正轨，徒认为抚已绝望，日求剿防之道，以省为单位，或振振有辞，然岂治理全国民族之道哉。右呈调查室主任吴转呈
委员长吴

三十年八月十一日于敦之文庙巷二十号

（附注：抄文中有字句不通处，系录原文，并非抄错。）

〔国民政府蒙藏委员会档案〕

12. 行政院为抄发甘青两省哈民安抚及管理暂行纲要致蒙藏委员会训令

（1942年6月22日）

行政院训令 顺贰字第12126号
中华民国卅一年六月廿二日

令蒙藏委员会

准军事委员会本年六月十一日办四二边字第二九一六三号公函送甘青两省哈民安抚及管理暂行纲要过院。除分行外，合行抄发原件，令所知照。此令。

计抄发军事委员会原函一件

原附甘青两省哈民安抚及管理暂行纲要一份

院长　蒋中正

附抄军事委员会原函

据第八战区司令长官部三十一年五月十二日秘机字第一四六号代电节称：谨拟定甘青两省哈民安抚及管理暂行纲要草案，呈

乞核定示遵，等情。附甘青两省哈民安抚及管理暂行纲要草案一份。据此，除指令并分令军令部、军政部照准外，相应抄同原纲要函请查照，并转饬所属有关机关知照为荷。此致
行政院

甘青两省哈民安抚及管理暂行纲要

第一条　甘青两省哈民安抚及管理遵照委座办四二边巧电示，由第八战区司令长官部（以下称长官部）督同甘青两省政府（以下称省政府）依本纲要之规定办理。

第二条　安抚哈民以招抚为先决之条件，但肆行枪杀或抗不就抚者，于必要时应分别清剿镇压，藉维治安。

第三条　招抚哈民应先统制其头目，用单纯诚挚之手段使其安心率部就抚，服从管理。

第四条　招抚哈民以化整为零、化聚为散为原则，在甘青边界内各县择定距公路较远、水草丰富、宜于畜牧耕垦之适当区域，划分若干地段，分配游牧，但每县分配哈民之总额，至多不得逾五百帐户（每帐平均五人，即二千五百人）。

第五条　招抚哈民如因情形特殊必需分配于地广人稀之处，或因便利游牧之广场，与县政府距离过远时，得由该管县长派员切实管理，其分配哈民之数额由省政府拟定，呈请长官部核办。前项哈民之分配如因地理或人数之关系，必须增强管理力量时，得加派驻军或地方团队扼要防守，以资镇摄。

第六条　哈民经收抚后，所有枪枝、马匹应由该管县长彻底查明，列册详报长官部，省政府查核。如有收缴枪马之必要时，由省政府估定价格，呈经长官部核准后拨款收缴，即以缴价款购发牛羊牧具，促其生产。

第七条　哈民经收抚后，所有帐户、人口、牛羊、骆驼等目数，应由该管县长查明，就分配区域内指定帐户常搭地点，钉定

户牌，列入保甲编制，不准任意移徙，并分别列册，呈报长官部，省政府查核。

第八条　哈民经收抚后，应以两年为期，由该管县长督令变游牧为耕垦，改帐户为住房（以帐户变价改搭草棚为标准），如为无力而有补助款项或籽种之必要时，得由省政府拟具方案，呈请长官部核办。

第九条　前已收抚有案拨地游牧之哈民，应依本纲要第四条至第八条之规定分别加以整理。

第十条　管理哈民及办理教育、救济等福利事业，应由该区行政督察专员督同该管县长加强政治力量，负责办理，并由省政府列入考核，严格奖惩。如有发现哈民大批逃亡或枪杀窜扰等情事，该管专员、县长应负相当责任，由省政府专案议处，呈请长官部核办。

第十一条　散处甘青新边界含有匪性之哈民，应由两省政府派员会查明确，于短期内配合军政相当力量，先行统制头目，设法招抚。同时，对于顽抗之部落，拟具两省剿堵方案，呈请长官部核办。

第十二条　因剿堵或镇压等计划而有调遣军队之必要时，应由省政府呈请长官部核准，以命令行之。

第十三条　应剿之哈匪经清剿后，除主动及惯行抢掠之分子应依法惩治外，其因胁从或悔过而愿服从管理者，得依本纲要第四条至第八条之规定办理。

第十四条　关于办理教育、救济及其他福利事业，暨备价收缴枪马等所需款项，应由省政府各就本省实际情形，拟具预算，经长官部审核加具意见，呈候军事委员会核定，并请准予核发应用。

第十五条　依本纲要规定而有必须订定细则或补充计划者，得由省政府察酌拟定，呈请长官部查核转呈军事委员会备案。

第十六条　本纲要自呈奉军事委员会核准之日施行，修正时亦同。

〔国民政府蒙藏委员会档案〕

13. 哈萨克人入甘青纪要

(1942年12月 日)

一、概述

哈萨克本为中亚游牧民族，性骁勇善战，曾随元太祖成吉思汗西征，并为帝俄开拓西伯利亚。前清乾隆年间，除北部并入帝俄外，正式内随我国，且不断由中亚移居中俄边境，转徙新疆阿尔泰一带。依据咸丰十年之北京条约及光绪十七年之伊犁条约，中俄订立之各种界约，哈萨克地区泰半割让于俄。哈萨克人内徙益众，繁衍日多，其分布区域，遂伸张至镇西一带。

哈萨克人大别为克里尔、乃蛮两部。克里尔部又分十二族，曰蒋的街、亚的克、噶拉噶斯、默洛给、伊的依粥、沙拉巴希、齐鲁齐、齐泊尔、亚依格尔、昆沙塔尔、齐莫莫温、美力克特、武瓦克。乃蛮族又分九族，曰脱尔脱古尔、打吉格、阿尔根、鱼松、托克八克、推尔斯丹巴、麦龙、噶拉台依、布来。新疆全省哈萨克人口达七十余万。

哈萨克人内附之初，清廷以其与蒙古之关系甚深，遂以对卫拉特之待遇待之，官制略仿蒙古。唯因语言各别，名称上遂有出入。鼎革以还，各级职位大抵仍沿旧贯。其名称如次：

(一)郡王　系世袭职，始受册封者仅阿布赉一人，其弟二世曰克克大依，第三世曰阿吉，第四世曰噶斯木汗，第五世曰成吉斯汗，第六世曰爱楞脱尔，今犹在位。

(二)公　郡王下设镇国公二人，辅国公三人，皆世袭职。

(三)翁布　克里尔部每三族设置翁布一人，系先由民众推送，再由郡王任命。

（四）台吉　初为闲散贵胄之通称，至杨增新主新时，始于每族中设置台吉一员，位在乌库尔台上。

（五）乌库尔台　义为总管，每族设置一人，由民众选任之，综理本族政务，所辖民众约三千户至五千户，其下设扎兰二人（清末哈萨克首领有自俄境率众来归者改称千户长，待遇相当于乌库尔台，其下设副千户长、百户长、五十户长等职）。

（六）扎兰　承乌库尔台之命，办理事务，其下有章盖二员。

（七）章盖　或译为“章京”，亦称“乡约”，系直接与人民接近之人员，由郡王、台吉或地方政府遴派之。

以往郡王府每年年终召开会议，以上人员均须出席，除报告外，并共筹下年度之设施计划。自设台吉以后，县政府节制渐力，王府会议停开。

哈萨克人信奉回教，其最大之宗教领袖称为凯日开朗，总管全族宗教事宜，兼理教育、司法，郡王重要措施，亦必与其会商决定。凯日开朗统属十二大毛拉，分别掌理各族教务。

哈萨克人文化水准较低，习性不羁，然体魄健强，秉赋机敏，擅长骑术，不畏艰难，富有尚武精神。

二、哈萨克人入甘之原因

自民国廿五年一月至廿八年二月，新疆哈萨克人东徙入甘者络绎于途，总计约二千四百余户。其迁徙原因有二：

（一）“新政”之实施　哈萨克在新省游牧，向例对政府无甚负担，政府对之亦不加以约束。新省自实施“新政”以来，畜牧者皆须缴纳草额税及其他税捐，哈民颇感负担太重。同时，省政府对各族儿童施以强迫教育，哈民愚顽固执，恐儿童受新式教育后，不复笃守宗教上之信仰。此外，如省政府派医士注射人畜防疫血清等举，亦为哈民所误解。

（二）人事之影响　居于镇西一带之哈萨克人，原属哈密警备司令尧乐博士管辖，因同教关系，颇为相得。廿六年夏，尧乐博士离新，哈萨克人失所凭依，于是惶惧益甚。省政府亦恐哈民不稳，乃有征用驼马、收缴枪枝之措施，哈民遂相率先后入甘矣。

三、哈萨克人分期入甘之概况

哈萨克人最早入甘在民国十七年，其时有哈民四十余幕。自新疆前来甘肃省西北境之马鬃山，时有劫掠情事。安西县政府因命马鬃山团总宝拉布剿之，大战于滚坡泉西之白石头，哈民败走。是后七年间，无续来者。

自廿五年一月起，哈萨克人乃大批分期向甘境移动，共可分为四期。兹分述之于次：

（一）第一期哈民入甘，在民国廿五年一月。其首领为爱力斯汉及阿德巴依，率领一百一十三户，计五百一十五人，嗣因爱力斯汉返新，遂由阿德巴依一人统率。初于马鬃山西北明水一带放牧，后以酒泉驻军之劝告，渐次南移至祁连山麓玉门县属鱼儿混一带。

该部原在新疆阿尔泰山西部聚族游牧，阿尔泰行政长沙里夫汗曾一度收编，粗加部勒。后有某首领为沙所杀，部众逃往阿尔泰山东部，与外蒙科布多蒙民发生冲突。又于廿四年因抢掠俄商，为俄机轰炸死伤甚重，遂转徙镇西一带。省当局曾予招抚，迄未就范。

阿德巴依为爱力斯汉之叔父，入甘时年六十余岁，不识哈文，在新为章盖。廿六年秋经甘七区专署委为乌库尔台，后经青省府委为台吉。

（二）第二期哈民入甘，在民国廿六年七月。其首领为爱力斯汉，该部行抵中途，被新省军队截回六十余户。入甘者为爱力斯汉所率领之一百三十六户，计六百八十余人，及阿齐巴依所率领之四十二户，计二百一十人。总共一七八户，计八九〇人。经马鬃山移牧鱼儿混一带。

爱力斯汉系民国廿二年被金树仁枪毙之乌库尔台阿勒甫之子，通哈文。廿三年，由镇西县长安守仁委为千户长。廿五年春，曾因误信谣言，与阿德巴依同来甘西，旋为新省府所召回。嗣派代表去迪化开会，新省府始准袭其父职。廿六年夏，哈密事件发生，尧乐博士离新。新省府为策安全计，收缴缠哈枪枝，哈民顿感不安。爱力斯汉遂率众再度入甘，时年廿六岁。廿六年十月，甘省委为驻鱼儿混哈民台吉，旋经青海马主席步芳委为哈民总台吉。

（三）第三期哈民入甘，在民国廿六年秋，其首领为札依甫。该部于廿六年九月离镇西，循山道东移，于十月中旬到达鱼儿混。除札依甫直接率领之二三三户，计一一六五人外，尚有通古斯巴依部一二一户，计六〇五人；额默尔体部七〇户，计三五〇人，噶斯木部十户，计五十人；依斯玛伍部八十户，计四百人。总共六〇五户，计二五七〇人。

札依甫入甘时六十岁，不通哈文。在新为乡约，到镇西约五年。廿六年秋，因案离新省，率部入甘西，其部众多为纳尔哈利之旧部。是年十一月，甘七区专署委为新到哈民台吉。

（四）第四期哈民入甘，在民国廿八年春。其首领为胡赛音。该部行至中途，被新省军队截回一万余人。入甘者除胡氏直接率领之九十八户，计四百九十人外，有阿雅买特率领之一百户，计五百人；纳尔塔利率领之三四七户，计一八七〇人；沙卧尔率领之二四一户，计一八〇五人；苏鲁通希热布率领之一百户，计五百人；沙拉赫定率领之一四〇户，计七百人；阿布尔海里率领之一八三户，计九一五人；依兰汗率领之一二五户，计六二五人；支雅大率领之一七〇户，计八五〇人。总共一五三一户，计八二五五人。入甘后游牧鱼儿混付来川一带。

胡赛因入甘时卅七岁，通哈文。廿岁时继父职为乡约，马仲英入新时委为哈萨营长，廿三年新疆督办盛世才委为台吉。廿七年曾往迪化参加全疆大会。胡氏为入甘哈民头目中最富于新知识者。其入甘之原因，系因误信谣言。

以上四期，总共二四二七户，计一一六八〇人。

四、哈萨克人入甘后之动态

（一）民国廿五年　蒙藏委员会据报，第一期哈民入甘后，当即呈报行政院及军事委员会，并迭经函电甘青两省当局查核办理，以劝令返新为原则。嗣以返新在事实上颇感困难（但据报阴历五月入甘哈民有一部返新），遂函青海马军长步芳，除尚未入甘哈民，应由甘青两省设法劝阻外，余请转饬关外驻军，妥为安抚，以示体恤，而靖地方。

十一月，赈济委员会派专员杜延年在玉门县属鱼儿混一带，发放哈萨振款约二千余元，蒙藏委员会派驻酒泉调查组调查员王国鼎协助调查及放振。

（二）民国廿六年　蒙藏委员会据报第二期哈民入甘后，当即呈请行政院令知甘省府就近考查。如无特殊情事，宜速设法安插并救济，以坚其内向之心。甘省府经电饬七区专员曹启文本怀柔之旨，协同驻防酒泉旅长马步康妥为安抚，俾有归依，并派边务研究所学员郭曙南，携尧乐博士慰抚之函，前往会同相机办理，发放振款一千元。并由七区专署委派哈萨克头目为台吉、乡约等职，划鱼儿混地方东至大泉口，北至二道河，南至讨来，为入甘哈民牧地，准其免税三年。

第三期哈民入甘后，甘七区专署除加委头目，拨发振麦三石外，仍指定鱼儿混一带为其牧地。

是年冬，入甘哈民移居讨来。十二月，阿德巴依部多数自讨来入青海都兰。

（三）民国廿七年　本年一月，甘省府派郭曙南及伊斯玛伊尔安抚第三期入甘哈民札依甫等部，发放振款一千五百元。

二月，甘省府设置哈民管理局，直隶七区专署，委孙华庭为局长。该局于四月间成立，局长以下设助理员一人，股员二人，录事一人，警察九人，每月经费四百元，由省库直发。局址原系玉门县属之昌马地方，后迁上赤金。

该局成立后，划分水草安置牧地，每月召集哈民头目开会一次，力倡废除旧习，励行自治，创立小学，改善牧畜，办合作社，设交易所，严禁高利贷，防范奸细等事，并按月巡视各部，晓以三民主义及抗战建国纲要。

七月，札依甫部徙居讨来川及甘青交界地。

（四）民国廿八年　第四期哈民入甘后，当经甘省府饬七区专员曹启文会同当地驻军旅长马步康督同哈民管理局及玉门、肃北两县局，妥为安置，并核示原则如次：（1）新到哈民一律遣送鱼儿混地方，由哈民管理局登记人数，妥为安顿，以收集中管理之效。（2）由省府拨款筹办给养，酌量救济。（3）哈民枪枝酌量情形，予以缴收。后以鱼儿混地方周围不过千余里，东南两方与藏蒙两族牧地交界，积久恐不相容，拟调查敦、安、玉各县可资游牧区域，分区安插。且以此次来甘哈民牲畜粮食俱无，不得不代筹短时间之生活费用，藉资安定。于是电恳中央派员宣抚，并拨发大宗款项，筹办给养。行政院除令饬赈济委员会拨款两万元救济外，关于善后事宜，于三月三日召集内政、外交、军政三部及蒙藏、赈济两委员会，派员开会审查，拟具意见四项如次：（1）分区安插办法尚妥，似可准予照办。（2）请电令朱主席详查东移哈民确数具报，原发赈款倘感不敷，可斟酌实际需要，请中央再予被助。（3）请电令朱主席来甘哈中可服兵役人数，呈院核办。

（4）宣抚事宜请责成朱主席就近办理，均奉行政院核准施行。

二月，甘七区专署派程得善、韩景福两员携款，会同哈民管理局安抚哈萨，并劝令返新，二九八旅旅部派参议马金科协同办理，实放赈款七七八四元。

斯时，二九八旅因奉命增编骑兵一团，需要马匹，除向祁连山藏民预征外，乃向哈民收缴马匹，以充军马，并藉此削弱哈民之势力。四月廿四日，马金科奉派赴讨来收马，与爱力斯汉部某哈民发生口角，马枪伤该哈民腿部，当被哈民扣留并加虐待，旋即释放。爱力斯汉畏罪率部逃往青海都兰。此事发生之前二日，玉门驻军亦有一兵，被阿雅买特部哈民戕害之事。

是月，甘省府为劝导哈民返新，慰劳马旅长步康，散发慰劳哈民物品，妥筹安置哈民办法，派第八战区司令长官司令部少将参议金在冶为哈萨宣抚专员，前往宣抚，并准新疆盛督办世才电派新疆学院院长杜重远及公安管理处副处长阿宝会同劝导，其愿返新者由甘省府发给旅费，派员护送。金专员于四月廿三日抵酒泉，当即慰劳马旅长步康，接洽宣抚办法，令哈民集中听命，并候新疆代表杜重远、阿宝暨赈济委员会委员朱庆澜、程林荣同行出关。旋以杜、朱等一时不能前来，仍于五月廿一日向二九八旅借调传令兵十二名作护卫，并率随行人员十余人出关，蒙藏委员会派驻酒泉代理组长王德淦奉命前往协助。当日抵玉门关赤金堡。廿四日经二道河、石油河、鱼儿混、昌马，在山散发甘省府慰劳哈萨物品，计绸缎廿丈（送各头目），茶砖乙百十五块，布壹百卅七丈及小麦乙百卅石（以上由各部头目分领，按各户贫富情形分配之）。并宣扬中央德意，劝令哈民返新。除印发哈文劝导之外，并召集哈萨头目暨民众代表谈话，当时到会头目计有纳尔哈利、沙卧尔、胡赛音、沙拉赫定。各代表陈述哈民被迫逃甘之原因，请求准予在甘西留居，劝导返新一时不得要领。六月廿八日，金专员在冶率领哈民代表七人，乘车赴兰，向朱主席献旗致敬，并报告请示一切。

七月初，二九八旅旅长参谋长入山收哈民马匹，共得骟马四百二十匹。

九月，金专员在冶曾与青新两省分途商洽哈民安置办法。

本年五月，爱力斯汉率部入青。六月，札依甫、阿齐巴依、苏鲁通希热布诸部悉数入青。依斯玛伍、通古斯巴依两部半数入青。十月至十二月，其余各部徙至甘青交界等处，遂渐入青，住于都兰一带。青省府请准赈济委员会拨发赈款一万元，汇交配发。

（五）民国廿九年二月，金专员在冶来渝谈哈民安置办法，谓：

(1) 将愿返新者遣回原牧。(2) 迁居青海部分已由行政院饬拨赈款十五万元，交马主席救济管理。

留居甘肃部分，据本年夏之调查，计有纳尔哈利部九十幕，胡赛因部八十幕，沙拉赫定部四十幕，依兰汗部三十幕，通古斯巴依部三十幕，穆罕默德部二十幕，以上均居疏勒、讨来两川。此外，居敦煌哈拉淖尔附近者卅一幕居鱼儿混者三十幕，居甘大马营者三十五幕，均属混合部落。

六月，敦煌哈民与驻军冲突，互有损失。八月，二九八旅副旅长韩进宝奉命带领骑兵数十人越祁连山，捕获哈民大首领爱力斯汉等，解至正流。青年哈民百余人闻讯赶至，贿请随行至青，恳请释放。八月廿日，行至都兰附近，哈民于拂晓韩等酣睡时，出其不意，将官佐廿余人所居帐房猝然拉倒，用刀棒将其全行凶毙，仍将原物抢回，并捣毁都兰电台，杀害职员数人而去。

入青哈民，原住大河坝一带，嗣以不惯开矿、筑路工作，移牧于茶卡、都兰等处，时与藏民发生械斗，并有抢掠都兰西部青藏大道行旅之事。青省当局出而调解哈藏纠纷，爱力斯汉不服，省方出兵讨之。六月战事开始，八月稍停。九月，大部在青哈民团结一致，在柴达木叛变，省军往剿。至十一月底，哈民抵抗中止，除一部投诚外，其余在逃。胡赛因率部逃往黄河、长江上源，所部有廿余幕逃至新疆婼羌。爱力斯汉部逃至通天河。服从政府者有阿齐巴依等族，共四百家；徙回甘西者有阿德巴依等部五百余家。青西当局鉴于留居甘西及青甘交界处哈民亦有扰乱肃甘公路秩序，在安西、玉门、盐池一带抢掠事件，即饬马旅长步康就近派兵三百余，饬该哈民等移至距离公路较远地带居住，所有枪枝马匹于可能范围内收下，以防不测，并饬今后不得再有侵害蒙藏同胞之行为，并应交出学龄儿童就学。愿接受者有阿德巴依等部，约三百余家，呈请安置，以便农耕，与蒙藏人民和睦共处，当即安置在苏勒一带居住，收下马匹，酌发价洋，并交出学生六十余人。野沈沟一带哈民一百余户，青省当局饬甘州韩师长起功，就近派员宣示。

（六）民国三十年 二月，甘省府鉴于哈民管理局职权之行使不无困难，爰将该局裁撤，改置哈民管理督导员，仍派孙华亭氏继任，孙氏未就。

三月，行政院因据报逃至通天河哈民继续西徙，并有青军二千余人尾击。该哈民等留滞于青新藏边境之黑河（拉萨东北七站路），有窜藏模样，实有加以安抚之必要。爰于十五日约集军事委员会及中央组织部派员，召集内政部及蒙藏委员会派员会同拟具安抚办法三项：（1）哈萨之安置以送还新疆省政府自行处理为最高原则。（2）其不愿返新者，暂在甘青边境划地驻牧，不得入藏。该地区并须远离公路，以免影响国际交通。（3）由军事委员会电令八十二军马军长，行政院电令青省府，对于哈萨不再追击，俟另筹安抚办法。

留滞青新藏边境之哈萨，除一部他去外，旋被藏军缴械，遂散在藏北游牧。

（七）民国三十一年 本年春，甘省府委派宋宇平继任哈民管理督导员，担任政治救济等工作，其治安管理事项，则由驻军担任。

五月，第八战区司令长官司令部拟定哈民安抚及管理暂行纲要草案，呈奉军事委员会核准施行。依照该项纲要之规定，哈民之安抚及管理，遵照蒋委员长指示，由第八战区司令长官部督同甘青两省政府办理，以招抚为先决条件，必要时应分别清剿镇压，其方法为统制头目，化整为零，编制保甲，变牧为耕，以两年为期限。主旨在统一事权，而收军事、政治、经济并进之效。

五、处理哈萨克问题几点意见

（一）哈萨东来，无论其是否为备受新省当局虐待，或缘自不安分所致，其不见容于新疆环境，则为显明之事实。为彻底解决哈萨问题，新省与中央之关系，应切实谋其进步，俾便妥筹办法而免南辕北辙之弊。

（二）东迁哈民之安插管理，应有一致之主张与计划，甘青两省当局非协同办理不可。若坚守门户之见，将使哈萨流离转徙，无法收拾。河西政治之早日清明，尤为安定边民之前提，固不仅对哈民而已。

（三）哈萨人民，游牧为生，文化程度较为低落，管教养卫各种措施，似非有专门机构或指定专门人才为之处理，不易收功。哈民管理局或哈民政治局之类组织可暂为设立，以熟谙哈情者董其事，精通哈语者副之，专办安抚事宜，并筹办哈民教育。导之以德，齐之以礼，实有必要。

（四）中央对于哈萨东迁，始终采安抚政策，足见政府对哈民之重视，但安抚为暂时治标之法，而非永久治本之图。目前新省之门渐开，河西情形转变，中央应如何把握时机，开发边疆，畅通国际路线，以利抗战，自属当务之急；而此数年未得彻底解决之哈萨问题，为西北问题中之重要一环，实亦应于此时机再作通盘打算，详细拟具处理哈民之妥善办法，付诸实施，而奠定安内固本之基。

〔国民政府蒙藏委员会档案〕

14. 行政院为转发甘青新三省安抚哈民实施办法致蒙藏委员会训令

（1944年6月10日）

行政院训令 义贰字第12889号
中华民国卅三年六月十日

令蒙藏委员会

甘青新三省安抚哈民实施办法业经军事委员会核定，并行知到院，除分令外，合亟抄发原件，令仰遵照，并转饬遵照。此令。

计抄发军事委员会二羽辰回代电一件，原附甘青新三省安抚哈民实施办法一件。

院长　蒋中正

抄原电

行政院公鉴：案据朱司令长官呈送甘青新三省安抚哈民实施办法到会，经核尚属可行，除准予备案外，特抄同原办法电请查照为荷。军事委员会令。二羽辰回。印。附甘青新三省安抚哈民实施办法一件。

甘青新三省安抚哈民实施办法

第一条　本办法以甘青新三省安抚哈民彻底解决为主旨，遵照委座前核准之甘青两省哈民安抚及管理暂行纲要（以下称纲要），并针对现实之需要订定之。

第二条　甘青新三省安抚哈民，除遵照委座办四二边巧电指示各点及纲要有关各条文切实办理外，其实施计划依本办法行之。

第三条　本办法所称安抚哈民，凡散处甘青新三省境内或交界边境之哈萨克民，由甘青新三省政府（以下称三省政府）个别或协同安抚者，均包括之。

第四条　安抚哈民之权限由第八战区司令长官部（以下称长官部）督同三省政府负责办理，其与军事有关者经长官部核定，以命令行之。

第五条　安抚哈民之方针采用抚剿兼施，以抚为主，剿为辅，并在规定实施期内办理完成。

第六条　安抚哈民之步骤，三省政府取一致之行动，且实施方法有因时地制宜之必要时，得就异轨同归之原则分别办理。

第七条　安抚哈民分为就抚部份、待抚部份，按照实施计划，同时并进，藉收一劳永逸之效。

第八条　关于就抚部份之哈民，由三省政府各就实际情形加强政治力量办理之。其实施办法如左：

（一）就抚期间在两年以上，经收缴枪马，拨地游牧或耕垦确能安居乐业者，遵照纲要第七条至第十条之规定，并加强管理，训练教育、生产等事宜，于六个月内办理完成，呈报长官部转呈军事委员会（以下称军委会）核示。

（二）就抚期间在两年以内，经拨地游牧或耕垦尚未收缴枪马，或因生活问题由政府发粮救济者，遵照纲要第六条至第八条及第十条之规定，并加强管理，训练教育、生产等事宜，于六个月内办理完成，呈报长官部转呈军委会核示。

发粮救济之哈民，其发粮时不得超过两年，但遇有特殊情形得呈由长官部转呈军委会核办。

第九条　关于待抚部分之哈民，由长官部督同三省政府各就实际情形，配合军政力量办理之。其实施办法如左：

（一）在三省境内招抚哈民，由当地政府特派专员遵照纲要第十一条至第十三条之规定，于六个月内办理完成，呈报长官部转呈军委会核示。

（二）在两省以上边界招抚哈民，由长官部特派专员指导，有关各省所派专员遵照纲要第十一条至第十三条之规定，于六个月内办理完成，呈报长官部转呈军委会核示。

（三）招抚时统制头目，遵照纲要第三条之规定，并加强诱导宣传，派员深入宣抚，藉资速效。

（四）招抚时首先就抚者，对其头目特别奖励，给予荣誉或优待金，并对该部哈民设法优慰，以昭激劝。

（五）甘心就抚之哈民，除愿缴呈枪马，领取代价者外，关于收缴枪马，遵照纲要第六条之规定办理。

（六）招抚时抗不就抚者，由有关各省指定电台联络情报，同时在其外围设置严密监视线，紧防逃窜，监视线之划定，由长官部以命令行之。

外围监视线除甘青新边界外，凡易窜入蒙藏之边界一律划入线内，严密防范。

（七）对于抗不就抚之哈民，严施经济封锁，并督饬附近居民充实自卫，防御抢掠，使其无法窜扰，率部就抚。

（八）招抚时因迫于情势必须进剿时，由长官部配备陆空军力量，将计划呈请军委会核定后实行痛剿，至完全肃清之日为止。

（九）在招抚或堵截期内，如哈民四出抢掠窜扰，无论何时何地军政机关均得迎头痛击，藉维治安。

（十）经堵剿后而率部就抚者，遵照纲要第十三条之规定办理，但以立时收缴枪马为必要之条件。

（十一）招抚时招抚后所需经费及食粮，按照现实需要及目前生活之水准核实，编制预算，呈由长官部转呈军委会核办。

第十条　本办法规定之实施日期以呈奉军委会核准，经长官部以命令到达之日起算。

实施日期如因特殊情形，得由长官部转呈军委会核准延长之。

第十一条　本办法自呈奉军委会核准之日施行，修正时亦同。

〔国民政府蒙藏委员会档案〕

15. 行政院关于增拨安抚哈民期间经费致蒙藏委员会训令

（1944年7月13日）

行政院训令　义嘉字第15643号
中华民国卅三年七月十三日

令蒙藏委员会

查甘肃省请延长安抚哈民期间，并增拨经费一案，业经召集审查，并据报告，审查意见尚可。除报请国防最高委员会将增拨经费概算核定，并分行外，合行抄发审查意见，令仰知照。此令。

抄发甘肃省请延长安抚哈民期间，并增拨经费案审查意见一份。

院长　蒋中正

甘肃省请延长安抚哈民期间并增拨经费案审查意见

甘肃省安抚哈民期间原规定自三十一年九月至三十二年十二月，计共十五个月，经费及食粮分二次拨发。经费第一次拨发一四四四二八〇元，第二次拨发一七四四一四〇元。小麦第一次拨发一〇四一六市石，第二次拨发二二九九八市石。嗣后据呈准延长期间九个月，至本年八月为止，增发食麦二〇〇四八市石四斗。此次所请延长安抚期间及增拨经费，爰经分别审议如次：

一、安抚期间准再延长一年，至三十四年八月为止。

二、经费以一年计算，一次拨发，其数字按原呈概算调整如下：

科　目	原请数	调整数	备　考
建修房屋费	二，五〇〇，〇〇〇	二，〇〇〇，〇〇〇	
垦殖费	二，〇〇〇，〇〇〇	一，〇〇〇，〇〇〇	原有三八三三人已先后发给羊只费及耕垦费一百四十八万元，新增之二百户，拟每户发垦殖费二千元，共四十万元，并加发六十万元买耕牛，按千户平均分配。
哈民学校建筑购置费	一，〇五〇，〇〇〇	一，〇五〇，〇〇〇	
修筑水渠费	一，〇〇〇，〇〇〇	五〇〇，〇〇〇	按每户添置铁洗张计算

续表

科　目	原请数	调整数	备　考
指导员 助理员薪津	一，一〇九，七六〇	五五四，八八八	按一年计算
指导 助理员旅费办公费	一九二，〇〇〇	九六，〇〇〇	按一年计算
活动费	八〇，〇〇〇	五〇，〇〇〇	
合　计	七，九三一，七六〇	五，二五〇，八八〇	

三、本年度九个月以后之食粮由粮食部在三十三年度田赋征实项下拨发，按照现有哈民四千八百另六名，每名每月拨给小麦四市斗配发一年。唯在三十四年度田赋起征以前，无粮可拨期间，由甘肃省政府筹垫。

四、哈民生活及安抚效果应由甘肃省政府派员切实督导考核，并将就抚情形、人数据实呈报行政院查考。

五、安抚经费五，二五〇，八八〇元，拟予专案追加汇报院会。

〔国民政府蒙藏委员会档案〕

中華民國史檔案資料滙編

第五輯 第二編 政治（二）

中國第二歷史檔案館編

鳳凰出版傳媒集團 鳳凰出版社

图书在版编目（CIP）数据

中华民国史档案资料汇编. 第5辑. 第2编. 政治 / 中国第二历史档案馆编. -- 南京 : 凤凰出版社, 1998.4 (2024.2重印)
ISBN 978-7-80519-961-0

Ⅰ. ①中… Ⅱ. ①中… Ⅲ. ①档案资料－汇编－中国－民国②政治－档案资料－汇编－中国－民国 Ⅳ. ①K258.063

中国版本图书馆CIP数据核字(2010)第085912号

书　　名	中华民国史档案资料汇编 第五辑　第二编　政治(共五册)
编　　者	中国第二历史档案馆
责任编辑	杜基顺　尹亚伟
责任监制	程明娇
出版发行	凤凰出版社(原江苏古籍出版社) 发行部电话025-83223462
出版社地址	江苏省南京市中央路165号,邮编:210009
印　　刷	上海世纪嘉晋数字信息技术有限公司 上海市汇金路899号,邮编:201700
开　　本	850毫米×1168毫米　1/32
印　　张	135.125
字　　数	3390千字
版　　次	1998年4月第1版
印　　次	2024年2月第4次印刷
标准书号	ISBN 978-7-80519-961-0
定　　价	1290.00元(全五册)

(本书凡印装错误可向承印厂调换,电话:021-69214197)

说　明

《中华民国史档案资料汇编》(1912～1949年)，是为了适应中国近现代史的科学研究与教学需要，就馆藏历史档案中具有一定史料价值的资料编辑而成的一套综合性资料汇编。

本档案资料汇编，系以前副馆长王可风生前主持编辑的《中国现代政治史资料汇编》(1919～1949年)初稿为基础，进行修订补充的，全书扩编为五辑：第一辑《辛亥革命》(1911年)；第二辑《南京临时政府》(1912年)；第三辑《北洋政府》(1912～1927年)；第四辑《从广州军政府至武汉国民政府》(1917～1927年)；第五辑《南京国民政府》(1927～1949年)。

本档案资料汇编第五辑《南京国民政府》的主编为施宣岑、方庆秋。

第五辑分为三编：第一编为《南京国民政府的建立与十年内战》(1927．4～19737．7)；第二编为《第二次国共合作与八年抗战》(1937．7～1945．8)；第三编为《蒋介石发动全面内战与南京国民政府的覆灭》(1945．8～1949．9)。以上每编各按政治、军事、外交、财政经济、文化教育等分为若干分册。

本分册为第五辑第二编的政治分册。全书分为九个部分：〔一〕国民政府的战时体制；〔二〕战时重要方针政策法令；〔三〕国民党历次重要会议概况；〔四〕国民参政会与地方参议会和国民大会；〔五〕国民党制造反共摩擦事件概况；〔六〕党派与社团；〔七〕少数民族与华侨事务；〔八〕民众运动；〔九〕重大惨案。

本分册以蔡鸿源为责任编辑，负责初稿的统编、审校。档案资料的选辑校对：第一、二部分为蔡鸿源；第三部分的第一项为蔡鸿源，第二、三、四项为蒋耘；第四部分为谢国富；第五部分为蔡鸿源；第六部分的第一项为方庆秋，第二、三项为胡震亚；第七部分的第一、三项为刘慕燕，第二、四、五项为谢国富；第八部分为胡震亚；第九部分为蔡鸿源。最后，全书由施宣岑、方庆秋审阅统编定稿。本分册在编辑过程中，还蒙唐彪、陈长河等承担部分审稿工作。

本辑资料汇编篇幅大，涉及面广，我们限于水平，在史料的选材、加工、编排等方面难免有缺点和错误。谨希读者批评指正。

编　例

一、本汇编所选资料，为保持档案文件原貌，原文照录。但对少数文件因内容重复及与主题无关者，则酌予删节。资料出处，于文件篇后注明之。

二、本汇编所选资料，按类项并以文件形成时间先后为序。但属综合性或追述性的资料，则按其内容酌加调整。

三、本汇编所选资料，一般以一件为一题。但同属一事，彼此间又有直接联系者，则以一事为一题。文件标题、标点，均为编者所加，沿用原标题、原标点者，则予篇目之后加注说明之。

四、本汇编所选资料，一般均用简体字，但遇有可能引起文义歧异者，则保留原有繁体字。

五、本汇编所选资料、排印格式一律采用横排，凡竖排原件文中有“如左”“如右”者，文中一律保留。

六、本汇编所选资料，凡有破损缺漏或字迹不清者，以□号代之；错字、别字和衍文的校勘以及简单注释，均加在正文之后，以〔　〕号标明之；较长的注释，在正文之后以①②等号标明之；增补的字，以【　】号标明之；文件内容删节者，以……符号标明之；待考的字，以〔?〕符号标明存疑。

南京国民政府时期

第二编

政　　治

目　　录

（三）省市组织概况

（四）新县制实施与保甲制度的加强

（二）对日和战态度与措施

〔三〕国民党历次重要会议概况

(三) 中国国民党第六届全国代表大会

(二) 省县参议会

(三) 所谓实施"宪法"与国民大会

〔一〕国民政府的战时体制

（一）国民政府西迁

1. 国民政府移驻重庆办公宣言令

（1937年11月20日）

国民政府训令　第七五一号

令国民政府政务官惩戒委员会

为令知事：查国民政府移驻重庆办公，业经于十一月二十日发表宣言，文曰“自芦沟桥事变发生以来，平津沦陷，战事蔓延，国民政府鉴于暴日无止境之侵略，爰决定抗战自卫。全国民众，敌忾同仇，全体将士忠勇奋发，被侵各省均有极急剧之奋斗，极壮烈之牺牲，而淞沪一隅，抗战亘于三月，各地将士闻义赴难，朝命夕至，其在前线以血肉之躯，筑成壕堑，有死无退，暴日倾其海陆空军之力，连环攻击，阵地虽化煨烬，军心仍如金石，临阵之勇，死事之烈，实足昭示民族独立之精神，而奠中华复兴之基础。迩者，暴日更肆贪黩，分兵西进，逼我首都，察其用意，无非欲挟其暴力要我为城下之盟，殊不知我国自决定抗战自卫之日，即已深知此为最后关头，为国家生命计，为民族人格计，为国际信义与世界和平计，皆已无屈服之余地，凡有血气无不具宁为玉碎，不为瓦全之决心。国民政府兹为适应战况，统筹全局长期抗战起见，本日移驻重庆，此后将以最广大之规模，从事更持久之战斗，以中华人民之众，土地之广，人人本必死之决心，以其热血与土地凝结为一，任何暴力，不能使之分离，外得国际之同情，内有民众之团结，继续抵抗，必能达到维护国家民族生存独立之目的。特此宣言，惟共勉之”等语。除通行外，合即令仰知照，并转饬所属一体知照。此令。

中华民国二十六年十一月二十日

主　　　席　林　森
行政院院长　蒋中正
立法院院长　孙　科
司法院院长　居　正
考试院院长　戴传贤
监察院院长　于右任

〔国民政府档案〕

2. 江西省南昌市党部等竭诚拥护国府移渝进行持久抗战电

(1937年11～12月)

(1) 江西省南昌市党部电 (11月23日)

重庆。国民政府钧鉴:暴日侵凌,举国同愤。读哿日宣言,敬悉钧府为持久抗战移驻重庆,匪特兆民有托,抑且国际同情,最后胜利必自我操,民族复兴于兹奠定,本部谨率全市党员暨三十万民众竭诚拥护,伏乞垂察。中国国民党江西省南昌市党部叩。梗。印。

(2) 广九铁路特别党部等电 (11月24日)

重庆。中央党部、国民政府钧鉴：南京军事委员会委员长蒋钧鉴：奉读号日宣言，敬悉我中央政府为适应战况统筹全局长期抗战移驻重庆，此后将以最广大之规模，从事更持久之战争，使暴日无所施其要胁。从兹士气弥坚，制敌之胜算在握，中枢巩固，民族之复兴可期。恭聆宣言，益感兴奋，誓率全路员工竭诚拥戴，愿以热血为政府抗敌后援。谨电奉陈，伏乞睿鉴。中国国民党广九铁路特别党部、广九铁路员工抗敌后援会、广九铁路工会暨全路员工叩。敬。印。

(3) 汕头御侮救亡会电 (11月25日)

重庆。国民政府主席林钧鉴:拜读号电,敬悉国府迁渝,无任感奋。夫中枢为全国首脑,统筹全局,策划于帷幄之中,指挥作战,决胜于千里之外;用持久作战之略,收聚敌而歼之功,外得国际之同情,内坚国民之团结,职会誓率汕头民众服从政府命令,参加抗敌工作。敬布赤忱,诸维亮察。汕头御侮救亡会叩。有。印。

(4) 四川乐至县电 (11月26日)

重庆。国民政府主席林钧鉴:捧读钧府哿日宣言,并奉本省省政府漾电,敬悉钧座本日莅渝。伏以我政府为适应战况,统筹全局,长期抗战计,移驻蜀中,奠复兴之根据,坚抗战之精神。正义同情于友邦,胜筹可操于指顾。窃在末属敢不力图奋勉,益励忠贞,竭献曝之诚,效涓埃之报。谨于本日召集全县机关法团暨四十万民众开欢迎大会,竭诚拥护并由到会全体民众提具议案如下:(一) 请政府正式对日宣战;(二) 实行本省刘主席提供政府采纳之后方国防基本建设各案;(三) 实行统制全国经济,充实战费;(四) 实行焦土抗战;(五) 正法张自忠、刘汝明及不战自退之将领,以肃军纪。以上各案,恳予俯赐采纳,分别实施,以张挞伐而扬国威。谨电致敬;伏乞睿察。四川乐至县县长臧尔寿暨全县机关法团并四十万民众谨叩。寝午。印。

(5) 九江各界抗敌总动员大会 (11月26日)

重庆。国民政府钧鉴:倭寇跳梁,进犯畿辅,人神同愤,覆载难容。钧府统筹全局,移驻重庆,国步艰难,共励扶天之志,邦图有永,益坚抗敌之心。属县民众情殷报国,誓效忠忱,业于本月二十六日召集全县民众总动员大会，一致奋兴以为后援，绵华夏万年之祚，所冀灵武中兴，复春秋九世之仇，会看金瓯重整。谨电拥护，伏祈垂察。九江各界抗敌总动员大会叩。宥。印。

（6）前参众两院议员李国定等电（11月28日）

国民政府林主席钧鉴：国府移渝，政躬莅止，以破釜沉舟之决心，蕲长期抗战之胜利，血气之伦，罔不感奋。国定等无衣忝赋，谬同议政于故都，风雨漏舟，谨献曝忱于东道。肃电欢迎，无任钦迟。前参众两院议员李国定、邱仲青、黄云鹏、黄汝鉴、余绍琴、张瑾雯、杨肇基、余芹、萧德明、刘泽龙叩。俭。

（7）潘林雄等电（11月29日）

巴县。国民政府钧鉴：暴日侵凌，实逼处此，我中央政府统筹全局，于号日宣言移驻重庆，国都已定，抗战益坚，奋无上之神威，获最后之胜利。蜀云西望，拥护情殷。中山为总理生长之邦，为革命策源之地，凡属民前革命同志暨全邑党员民众均抱牺牲之决心，以为政府后盾，誓以血诚拥护大计，奋斗到底，以救危亡。临电神驰，伏维钧鉴。中国同盟会纪念会、民前革命同志国难服务团中山分团常务委员潘林雄、秦竹裴、何功敏、李振邦、谭兰芬、李森伯、梁栋，执行委员钱鸿翥、梁培、何绍初、郑以孚、毛波，监察委员阮谓樵、刘汉华、吴东华、杨忠汉、江达廷、高胜湖、高克夷暨全体团员仝叩。艳。印。

（8）安徽省党部韩应埅等电（12月1日）

重庆。国民政府主席林钧鉴：阅报敬悉国府西迁，暂作长期抗敌之准备，为民族争生存，凡我国民莫不竭诚拥护。属县于十二月一日在县立公共体育场举行抗日自卫宣传大会，当场一致议决电呈主座，藉申拥护之忱。谨此电达，伏希鉴察。安徽省党部抗日自卫宣传大队第三分队长韩应堃、繁昌县党部特派员洪添铭、繁昌县政府县长陈立本等。东。叩。

(9) 龚伯凯等电（12月6日）

万急。重庆。国民政府主席林及各院院长钧鉴：此次倭寇侵华，占我平津，更进而胁迫我首都，政府西迁，表示长期抗战决心，宁为玉碎不为瓦全，为民族争生存，为国家争人格，无任钦仰，特派本会委员陈范畴同志代表前来欢迎并致敬礼。四川省抗敌后援会、中华国民拒毒会四川分会支会常务委员龚伯凯、申价屏。鱼。叩。

(10) 西康各界欢迎国民政府移渝大会电（12月6日）

重庆。国民政府主席林钧鉴：钧府号日移渝，以更大之决心为持久之抗战，逖听之余，无任振奋，谨于本月在康定开欢迎大会，所有到会民众咸具敌忾同仇之心，誓为竭诚拥护之举。谨此电闻，伏维明鉴。西康各界欢迎国民政府移渝大会叩。鱼。叩。

(11) 河南省唐桐县党部等电（12月8日）

重庆。国民政府主席林钧鉴：暴日肆虐，无端起衅，既占华北，复胁首都，为持久抗战起见，钧府迁都重庆，旌节西指，示御侮之坚决，去劫持之目标，从此发动更广大之民众，以与暴敌周旋，再接再厉，保卫民族，复兴国家。无任钦感，谨电拥护。中国国民党河南省唐桐县党部率全体党员及唐河县商会县民船业工会、县建筑业工会、县织染工会率全体会员同叩。齐。

(12) 中国妇女慰劳自卫抗战将士重庆分会电(12月10日)

国民政府主席林钧鉴：日寇肆虐，背叛公约，置国际同情者之谴责于不顾，乘我军备尚未完成而来袭占我疆土，侮我人民，理性遭其毁灭，人类受其残害，全国共愤，精诚团结在钧座暨蒋委员长领导指挥之下一致奋起，沐血抗战，屡挫凶锋，震惊世界，痛绝寰宇。今我政府移渝，统筹全局，表示长期抗战到底，益坚战士之勇气，愈增国民之决心。分会成立甫定，谨率全市妇女竭诚欢迎，敬候策驱，誓争最后之胜利，不惜一切之牺牲。谨此上达，恭叩崇安，伏维为国珍重。

中国妇女慰劳自卫抗战将士重庆分会谨上　十二月十日

〔国民政府档案〕

3. 四川铜梁县民众大会欢迎国府迁渝宣言呈

(1937 年 12 月 1 日)

十一月二十四日奉第三区专员公署转到省府漾电恭悉国府移蜀，元首莅渝，昭示杀敌之决心，坚定长期之抗战，从此居高临下，旌旗争荼火之光，扫穴犁庭，声威挟风雷之气，最后胜利，必操诸黄帝子孙，现在迁移实是为国家至计，遥瞻宇水，无任欢迎，当即召集各机关法团会商筹备一切，即于宥日在职县中市运动场开民众欢迎元首莅渝大会，届时到者千六七百人，莫不欢欣鼓舞，竭诚拥戴，除当日肃电欢迎外，理合检陈开会照片，并抄呈对文宣言标语具文呈报伏候钧座鉴核示遵，无任屏营待命之至。谨呈国民政府主席林

计呈照片一张、对文、宣言、标语各一件

四川铜梁县县长计显麟

中华民国二十六年十二月一日

铜梁县民众大会欢迎元首莅渝宣言

我们民众，在这与暴日全面抗战期中，而东西两战场，即频

频传来“上海和太原的华军，因战略关系，相继退出”的警报，大家对于抗战的前途，不是很危虑的，很疑惧的么？可是现今的消息很好了，尤其是我们疾首蹙额的四川民众，得到空前的福音了，大家尽可一致的加紧抗战，不必有甚么忧虑疑惧了，倘还不信，我敢将报端的揭载，和长官的电令宣告出来：

（甲）报端的揭载有五：

1. 国府移渝为适应战况统筹全局；

2. 国府移渝为坚定长期抗战的决心；

3. 国府移渝宁为玉碎毋为瓦全；

4. 国府移渝办公处决设高工校、各院部设陶园；

5. 国府移渝主席官邸设李子坝刘主席私邸。

（乙）本区专员公署的电令有二：

1. 国府元首准于宥日（廿六）莅渝。

2. 饬由县局召集民众大会表示欢迎。

蒋委员长说：“四川为最后民族复兴的根据地”，今果实现了。今天元首莅渝，已算是最后胜利的决定了，就很值得我们的集会欢迎，很解得我们的忧虑疑惧了。历史告诉我们，民族斗争，有战无和，假如似宋对金和战不定，抗战不终，必至亡国无疑。我国府今既移渝，坚定长期抗战的决心，便和欧战时的法都，从巴黎移住宝图，得到最后的胜利一样，不是很好的消息么？我们四川向来僻处西陲，事事落后，年来虽然厉行新政，总多是虚有其名，未得实效。从今元首莅渝，凡有缺漏的地方，定会健全起来，凡被剥削的利益，定会复兴起来，不更是空前是福音么？只是消息既好，福音又到，我们民众就该在欢迎元首莅渝声中，全体动员，积极致力于农工商学各业务，来做长期军实的补充，来做抗战到底的准备，尤其要把现在的财力物力人力尽量献给国家，来做复兴民族的先驱，来做最后胜利的后劲。谨此宣言，希各努力。廿六年十一月廿六日印发。

国府移渝标语

1. 国府移渝是为适应战况，统筹全局。

2. 国府移渝是为坚定长期抗战决心。

3. 国府移渝是宁为玉碎毋为瓦全。

欢迎元首莅渝各处对文

亲爱精诚　欢迎元首（讲演台）

千军用命万众决心

国人皆曰时日害不丧
元首明哉天风与之来　欢迎场

旋乾转坤庆明星于元首
通权达变负巨任以仔肩　县政府

元首莅渝抗战表示到底
中原多难一致拥戴起来　征收局

〔国民政府档案〕

4. 博罗民众御侮救亡会等拥护国府迁都抗战到底电

（1937年12月）

（1）博罗各界民众御侮救亡会电（12月5日）

博罗民众御侮救亡会提案——拥护国府迁都抗战到底——

万急。国民政府钧鉴：奉读中枢号日宣言移渝，足见我政府与领袖抗战决心，策划周到。际此敌狂益炽，绝续存亡，非抗战无以自存，稍妥协立见亡灭。今我政府与领袖既坚决抗战到底，我三十余万民众誓以热血头颅竭诚拥护，任何牺牲在所不惜。谨以电陈，伏祈察鉴。博罗各界民众御侮救亡示威运动大会叩。微。印。

（2）国民党驻菲律滨第二支部等电（12月8日）

重庆。探呈国民政府林主席钧鉴：顷诵钧府宣言，以寇兵西进，逼我首都，钧府为统筹全局，长期抗战起见，即日移驻重庆，此后将以最广大之规模，从事更持久之战斗，逖听之下，无任感奋。海山等惟有集合同志与侨界各团体益加努力于公债、药物用品各种运动工作，以援助中央持久抗战，俾制侵略者之死命。昨阅报章，恭悉钧车由京莅渝，神明奉护，民众欢迎。海山等虽在海外，亦已昕夕馨香，遥祝钧座一国元首，伏维为全民族自重。临电祷企，肃候勋安。

中国国民党驻菲律滨第二支部黄海山。印。叩

菲律滨新中国报陈官明。印。叩。齐。

中华民国廿六年十二月八日

〔国民政府档案〕

5. 重庆各界庆祝重庆陪都建立筹委会关于庆祝重庆陪都建立宣传大纲函

（1940年9月27日）

庆祝重庆陪都建立宣传大纲

一、重庆陪都建立之经过

自我伟大神圣民族抗战展开以来，我政府为统筹全局坚持长期战争，毅然移都重庆。驹光飘瞥，忽忽已届三年！在此三年中，敌寇无日不想破坏我抗战建国之中枢，于去年“五三”、“五四”两日起开始向我战时首都施行惨无人道之轰炸！渝市人民在四十余次之残酷轰炸下，沉着应变，奋斗不懈，愈励敌忾之心，益坚抗战之志！此种伟大坚忍之精神，可以寒敌胆而正国际视听。我政府俯纳人民之要求，顺应抗战之趋势。爰于本年元月六日明定重庆为陪都，并督饬有关机关筹谋久远之规模，恢闳之建设，当不

难早观厥成也。

二、庆祝陪都建立之意义

尝考史籍，一国都之建立，古今中外不乏先例。昔俄罗斯帝国曾以莫斯科为陪都，倭寇以西京为陪都。我国西周时代亦以雒阳为陪都，前清时代以盛京为陪都，其意义均在准备应付非常事变，适应战争需要。重庆绾毂西南，控扼江汉，在战略上有进攻退守之便利，在经济上有自足自给的宝藏，在交通上有水陆空运之建设，无论天时地利人力均占优势。今蒙政府明定为陪都，不仅使我重庆市民获得极大之光荣，尤其对于抗战建国获得一根据地，其必胜必成之功，盖可操左券之保证也。

三、陪都人民当前应有之急务

陪都各界定于十月一日举行热烈庆祝大典，吾人于欢欣鼓舞之余，除诚恳接受中央此种光荣赐予，矢志拥戴之外，尤应注意努力完成下列当前急务，以副中央期许，以答全民渴望。

1. 积极建设：陪都过去惨遭敌机轰炸，亟应充实空防力量，扩大建设空军，以打击敌寇。当此建设陪都声中，吾人必须厉行“有钱出钱”、“有力出力”之抗建原则。努力航空建设，增加生产运动。踊跃参加兵役，建全自卫组织等。尽我国民天职，促进抗战胜利。

2. 节约储蓄：节约储蓄为建设之本。无论人力财力物力，节约一分即多储蓄一分。以之进行建设始无匮乏之虞。四川为天府之国，物资丰富，然因一时未及普遍开发，尚有待吾人继续努力，今在“军事第一”、“胜利第一”目标下，吾人必须为事撙节，提倡俭约，以暂时拮据换取将来永远无穷之享受。一切醉生梦死之生活，皆应彻底革除。踊跃购买救 国储蓄券，自身既直接可获，稳固保证，国家亦间接增加巨大财富，诚属一举数德。

3. 繁荣市面：近来市间发现极不合理现象，即各物货格飞涨不已，影响市面至巨。此殆由于一般奸商罔识大义，囤货居奇，投机取巧之所致。其行为之危害国家，直无殊于汉奸。凡我陪都人民，均负有平抑物价与检举奸商之任务，切望一致努力清除败类，然后市场赖以安定正常秩序藉以维持。而陪都之真正繁荣始可期也。

上述当前任务固极艰苦，但抗战愈益接近胜利之时其艰苦程度亦愈加增。行都人民本其既往坚忍不拔之奋斗精神，在最高统帅直接领导之下，咬紧牙关向前迈进，为全国表率，达成吾人伟大之任务，而中华民族革命史中将留万世景仰之事迹自无待言矣！

重庆各界庆祝重庆陪都建立筹备委员会印发

〔国民政府档案〕

（二）中央机关组织概况

1. 国防最高委员会关于军委会与行政院调整所属机关组织与隶属关系致国民政府函

（1938年2月7日）

迳启者：据行政院函开："查军事委员会有关行政之各附属机关及本院各部性质相同之附属机关，依照中央调整机构案，业经本院与军事委员会往复商定，并经提出本院第三四八次会议议决，分别改隶或归并办法如左：'一、农产工矿两调整委员会及资源委员会一律改隶经济部，并以农产调整委员会归并于农本局，但农产调整委员会职掌中关于农产输出国外之贸易事宜，划归贸易调整委员会办理；二、原属财政部之粮食运销局，归并于经济部之农本局；三、贸易调整委员会及对外易货委员会既重庆行营管辖之禁烟督察处，一律改隶财政部；四、原属经济部之国际贸易局，归并于贸易调整委员会；五、农产、工矿、贸易三调整委员会所设之运输联合办事处，改隶交通部；六、禁烟委员会总会改隶内政部，军事委员会委员长解除兼禁烟总监职务，嗣后该总会仍设常务委员主管会务，原派各省之禁烟特派员一律撤销，其职务交由各省民政厅办理。'上列办法所有与军事委员会有关事项，业经军事委员会径令各该机关及各省政府遵照。其关于改隶，或归并，及接办一切手续，由本院各主管部拟订，报院核定。除呈报国民政府备案，并分令各关系部遵照办理具报外，相应函请查照。"等由。经报告本会议常务委员第四十九次会议决议："准予备案"，相应函达，请烦查照为荷。此致

国民政府

国防最高会议

27年2月7日

〔国民政府档案〕

2. 国民政府公布修正内政部组织法训令

(1938年2月~1941年9月)

(1)国民政府训令(1938年2月11日)

国民政府训令　渝字第五〇号

令文官处

为令知事:查内政部组织法,前经制定公布,并迭经修正各在案。兹将该法再加修正,应即通饬施行。除公布并分行外,合行抄发此次修正全文,令仰知照,并转饬所属一体知照。此令。

计抄发内政部组织法一份。

内政部组织法　二十七年二月十一日修正公布

第一条　内政部管理全国内务行政事务。

第二条　内政部对于地方最高级行政长官执行本部主管事务,有指示监督之责。

第三条　内政部就主管事务,对于各地方最高级行政长官之命令或处分,认为违背法令或逾越权限者,得提经行政院会议议决后,停止或撤销之。

第四条　内政部置左列各司、处、署、会:

一、总务司;二、民政司;三、警政司;四、地政司;五、礼俗司;六、统计处;七、卫生署;八、禁烟委员会。

第五条　内政部经行政院会议及立法院之议决,得增置裁并各司处及其他机关。

第六条　卫生署、禁烟委员会组织条例另定之。

第七条　总务司掌左列事项：
一、关于收发分配，撰拟文件事项；
二、关于部令之公布事项；
三、关于典守印信事项；
四、关于档案之整理及保管事项；
五、关于本部及附属各机关职员之任免及成绩考核事项；
六、关于本部法规之汇编及公报等刊物之编辑、发行事项；
七、关于本部官产、官物及图书之管理事项；
八、关于本部经费之出纳事项；
九、关于本部庶务及其他不属各司处事项。
第八条　民政司掌左列事项：
一、关于地方行政及经费事项；
二、关于地方行政区划事项；
三、关于地方官吏之任免及成绩考核事项；
四、关于户籍行政事项；
五、关于选举事项；
六、关于地方自治事项；
七、关于赈灾、救贫及其他慈善事项；
八、关于国籍事项；
九、关于自来水公司之登记、工厂与水管之设置及其他不属各部会职掌民营公用事业之监督、管理事项。
第九条　警政司掌左列事项：
一、关于警察制度之厘订及其他机关设置事项；
二、关于警察官吏任免及成绩考核事项；
三、关于警察经费事项；
四、关于警察教育事项；
五、关于行政警察事项；
六、关于征兵、征发事项；

七、关于地方自卫事项；

八、关于出版品登记及著作权注册事项。

第十条　地政司掌左列事项：

一、关于地政机关之组织及经费事项；

二、关于地政人员之训练、任免、考核、奖惩事项；

三、关于土地调查、测量及登记事项；

四、关于土地使用事项；

五、关于土地估价及土地税率事项；

六、关于土地征收事项；

七、关于都市计划及建筑事项；

八、关于移民实边事项。

在土地法所定之中央地政机关未成立前，关于土地行政及土地调查、测量、登记、估价之筹备事项，暂由地政司掌理之。

第十一条　礼俗司掌左列事项：

一、关于厘订礼制事项；

二、关于审订乐典事项；

三、关于改良风俗事项；

四、关于纪念典礼事项；

五、关于褒扬事项；

六、关于名胜古迹及古物之调查、登记、保管事项；

七、关于先哲、先烈祠宇及寺庙、僧道之管理、登记事项；

八、关于宗教团体之管理事项。

第十二条　统计处掌左列事项：

一、关于民政统计事项；

二、关于警政统计事项；

三、关于土地统计事项；

四、关于礼俗统计事项；

五、关于户籍变动及人口出生、死亡等统计事项；

六、关于统计材料之编制及刊行事项；

七、关于内政统计人员之成绩考核事项；

八、关于其他内政统计事项。

第十三条　内政部部长综理本部事务，监督所属职员及各机关。

第十四条　内政部政务次长，常务次长辅助部长处理部务。

第十五条　内政部设秘书六人至八人，分掌机要文电及长官交办事项。

第十六条　内政部设参事四人至六人，撰拟审核关于本部之法案、法令。

第十七条　内政部设司长五人，分掌各司事务。

第十八条　内政部设科长十八人至二十四人，科员九十人至一百十人，承长官之命，分掌各科事务。

第十九条　内政部设技正八人，技士十二人，承长官之命，办理技术事务。

第二十条　内政部设编审八人，承长官之命，分掌编辑内政图书及审查出版品事务。

第二十一条　内政部设视察十人至十六人，承长官之命，分赴各省、市、县视察及指导内政事宜。

第二十二条　内政部设统计长一人，会计主任一人，办理本部之岁计、会计、统计事项。受内政部部长之指挥、监督，并依国民政府主计处组织法之规定，直接对主计处负责。

统计处及会计室需用佐理人员，由内政部及主计处就本法第十七条及第十八条所定人员名额中，会商支配之。

第二十三条　内政部部长特任。次长、参事、司长、统计长、秘书二人，技正二人，视察一人至三人简任。其余秘书、技正及科长、会计主任、编审、视察均荐任，科员技士委任。

第二十四条　内政部因事务上之必要，得酌用雇员。

第二十五条　内政部处务规程以部令定之。

第二十六条　本法自公布日施行。

中华民国二十七年二月十一日

国民政府主席　林　森

立法院　院长　孙　科

(2) 国民政府训令（1940年10月11日）

国民政府训令　渝字第九二八号

令文官处

为令知事：查内政部组织法前经修正公布在案。兹将该法第八条条文酌加修正，应再通饬施行。除明令公布并分行外，合行抄发修正条文，令仰知照，并转饬所属一体知照。此令。

计抄发修正内政部组织法第八条条文一份

国民政府主席　林　森

立法院　院长　孙　科

修改内政部组织法第八条条文　二十九年十月十一日公布

第八条　民政司掌左列事项：

一、关于地方行政及经费事项；

二、关于地方行政区划事项；

三、关于政方官吏之任免及成绩考核事项；

四、关于户籍行政事项；

五、关于选举事项；

六、关于地方自治事项；

七、关于国民工役事项；

八、关于地方建仓积谷之监督及管理事项；

九、关于国籍事项；

十、关于自来水公司之登记、工厂与水管之设置及其他不属各部会职掌民营公用事业之监督管理事项。

（3）修正内政部组织第八条条文（1941年9月5日）

第八条　民政司掌左列事项：

一、关于地方行政及经费事项；

二、关于地方行政区划事项；

三、关于地方官吏之任免及成绩考核事项；

四、关于户籍行政事项；

五、关于选举事项；

六、关于地方自治事项；

七、关于国民工役事项；

八、关于国籍事项；

九、关于自来水公司之登记工厂与水管之设置及其他不属各部会职掌民营公用事业之监督管理事项。

〔国民政府档案〕

3. 国民党中执会秘书处为临时全国代表大会代表詹朝阳等所提关于紧缩政治机构提案致行政院函

（1938年4月）

中国国民党中央执行委员会秘书处公函　武全字第五四号

查本党临时全国代表大会关于调整政治机构，增进行政效率之提案，计有：（一）詹代表朝阳提：紧缩中央省市政府组织，充实县政；（二）江西省党部提：改革地方政治机构，以整刷地方政治，增加行政效能；（三）周代表厚钧等提：改革战时县政机构，促进行政效率，以增抗战力量；（四）苏代表郇圃等提：抗战期内政治、经济应如何策动；（五）陈委员仪等提：改进行政机构，以推进抗战时期政治、经济设施等五案，合并讨论，认为调整政治机构，增进行政效率，以加强抗战力量，至为切要，所陈意见亦多可采。经大会决议："原则通过。交行政院详拟实施办法。"在案，相应录案，并检同原提案各一件，函达，即希查照办理为荷。此致

行政院

附送原提案五件

紧缩中央省市政府组织充实县政案　提案第九号

詹代表朝阳

理由：

查吾国自奠都南京以迄于今，中央政府各部、院、会、省、市政府及各厅、处、局组织庞大，职员众多，复有骈枝机关，层见叠出，所需经费，及临时开支，为数甚夥。而县政府经费之少，实与上级机关不成比例，即以河北省言，一等县，行政经费，自民国18年按八折扣发后，每月实发一千另数十元；二等县为八百二十余元；三等县为六百七十八元，下至政务、警察、工役之工资，上至县长、秘书、科长之薪俸，均在此数以内，除薪工杂费以外，几无事业费可言。其经费预算书内，亦无事业费一项之规定。其他省份情形虽不尽同，而经费过少，则初无二致，故终日只能办理书面工作，敷衍上峰。至地方事业，如自卫、自治及经济建设等人民需要之事项，则均无力过问。至秘书、科长等重要职员，以待遇微薄，亦不能延揽真正人才以相助，以故中央一切政治理想与推行方案，一到下层，则均成泡。此无他，人力、财力均集中于上级机关，而忽略实际推行政务之下层，有以致之也。吾人既和政治与人民脱节之关键，则头重足轻之畸形状态，自须设法改善。况当兹抗战期间，县政之重要，尤逾平时，应如何设法调整，以增进行政效能，实为当前之切要问题。

办法：

1. 增加县政府经费：中央政府各部、院、会、省、市政府及

各厅、处、局应尽量减少员额，并尽量裁撤骈枝机关，以所有节余之款，补助县政府经费。又各县政府征解正杂各款，多有提出百分之二或百分之三征解费之规定，以河北省言，大县每年可提万元以上，小县亦可提二三千元，总计各县应提之款为数甚巨。惟此项提成，实际用于征解者，恐不及三分之一，余数均成为县长之补助费，应将此项提支之款，完全化私为公，由省府统筹支配，一并作为补助县政府经费之需，不再由县长自行提支。如此办理，各县政府每月增加行政经费一千元，当非难事。

2. 提高待遇并规定事业费：查河北省县长薪俸，按一、二、三等县计，为二百四十元、二百元、一百六十元；秘书、科长之薪俸，月支八十、六十不等，政务、警察之工资月仅六七元，其他省份，县政府员警之俸给，或亦同样感觉微薄，如取消正杂各款提成之规定，县长薪俸自须特别提高，同时为延揽真正人才计，亦必须提高秘书、科长之待遇，政务、警察工资亦须酌量提高，以免再向民间勒索。兹拟以增加行政经费内百分之四十作为提高俸给之款，其余百分之六十，则专作为事业费，以便推动地方各项政务，并认真实行会计独立制度，以免县长对于经费有不当之动支。如此，则县政府之组织，日见健全，经费亦较前充裕，于政治前途当有莫大裨益也。

提案人詹朝阳

改革地方政治机构，以整刷地方政治，增加行政效能案

提案第三六号（办法）

（甲）省政府组织

（一）改委员制为省长制，省长以下设省政务委员会，以决定全省施政方针及政务设施，为一省政治机构之核心。

（二）省政务委员会应确定由同级党部委员参加，二分之一人数，由中央党部提定，人选由国民政府委任，在中央举行宣誓，绝

对受党的指导及命令。

（三）缩小省政府组织，裁撤各厅，设秘书处、保案处暨民政、财政、教育、经济等科。

（四）省设参议会，以为一省之民意机关，省参议会选举及组织，由中央以法令颁布施行，但在抗战时期先成立战时动员委员会，其委员应由人民选举三分之二，其选举法另订之。

（乙）省以下组织

（一）扩大专员公署组织，县长应由专员呈荐，省长核定，转呈行政院任免。

（二）专员公署应设秘书二人，并分设民政、财政、教育、经济等科及视察员若干人。

（三）扩大县政府组织，县长以下设县务会议，决定全县推行政令事项。

（四）县务委员由同级县党部委员参加，二分之一人数由上级指定，经省长任命，并举行宣誓。

（五）县政府设政务秘书、常务秘书各一人，并分设民政、财政、教育、经济等科。

（六）县设县参议会，以为一县之民意机关，参议员选举法及组织法由中央制定，以法令颁布之。

但在抗战时期先设战时动员委员会，应由民选三分之二，其选举法另定之。

（丙）县以下组织

（一）县以下实行自治制，废除区署。

（二）县以下乡镇为单位，废除联保，改为乡镇组织，乡镇以下为保甲。

（理由）：

（一）现行地方政治制度之缺点：政治之改进，首在有健全之机构，现在政治制度之最大缺点，即在于上重下轻。就一省而言，今省政府之组织甚大，而县之组织太小。夫县为临政亲民之行政机关，省政之基础乃在各县，凡政令之施行，必须赖县政府，始能达于民众。今省政府组织之庞大，与县政府组织之简缩，两相权衡，轻重悬殊，无怪县政有竭蹶之虞，施行无显著之效，皆由基础未臻稳固，机构未臻健全。其次，现行省区太大，政制层级太多，省县之间增设行政督察专员，虽云督察，而实效未见，等于冗设机关。而在县与省之间，更须经过区行政专员一级，层级繁复，行政上更失其指挥灵活之便，而县以下分区设署，亦属不必需要。现在一般之流弊，区署俨然成为乡村中之小官府，为地方谋利则不足，而为害民众则有余，故区署之设置实属利少而弊多。为谋地方政治之彻底改革，以增强领导抗战动员之政治力量起见，对于现行政治机构之不健全及其缺点，实有加以根本改造与矫正之必要。

（二）改造政治机构之方针：

(1) 现行省府委员制，表面上为会议制，而实际上则一省之政治权力集中于主席一人，不如改设省长制，使省长在名义上与实际上均为一省之行政最高长官，但省长以下应组设省政务委员会，以增强省政推动力，亦以补助省长制之所不及，而兼采委员制之所长。省政委会之设置不特为一省之决议机关，而且应使成为全省政治机构之核心，一切省政之发动力量。

(2) 省政务委员会，应为党政联合组成之机关。盖现在党政不相联系，遇事扞隔，今后应使党政间建立合理的关系，使党能实际上领导监督政治，以提高党的权力，庶足以使党政融一体，密切合作。而党政联系之增进，实为使地方政治能合理的统一于整个国策之下进行，故省政务委员会委员，应由同级党部委员参加，三分之二由中央党部指定之，并在中央举行宣誓，以昭慎重。

（三）过去地方政治之缺点，首在于省的组织大，而县的组织小，以致形成上重下轻，只有上层组织，而无下层基础之流弊。此亦为行政效率减低之一大原因。为改正此种流弊，应缩小省政府，扩大县政府组织。省政府各厅应予裁撤，改设秘书、保安二处，民政、财政、教育、经济等科。裁厅改科，紧缩政费，裁汰冗员，其不必要之机关，亦应加以裁撤，在抗战时期并另设战时动员委员会为推行战时全省人力、物力、财力精神之总动员机关。

（四）实行民主政治，为本党革命建国之一大目标。在此非常时期，欲实施民主政治，固属违反国家环境之需要，然为谋政治之刷新，仍应有民意机关，以为辅助。此不特不致分散政治力量，而且更足以增强政府权力，使政府有民众拥护，而得顺利领导抗战工作。故省应召集参议会，以为民意之代表机关，其组织法及其职权，均应由中央以法令规定之。

（五）省以下设行政督察专员，分区设署，原为增进各县行政效能，以补助省政府之所不及。然而，现行之行政督察专员形同虚设，无关紧要。今后省政府职权，要特别缩小，行政区署之权特别扩大，任命县长均由专员呈荐省长核转行之，如是虽未有缩小省区之名，而已缩小省区之效，故专员公署应设秘书二人，及民政、财政、教育等科，并视察员若干人，以收分工合作及视察指导之实效。

（六）县政组织为一省政治之基干，必须有巩固之基础，始能树立良好之政治，故县政府组织应予以扩大，县长以下设县政会议，使一切县政决议权、督促实行权，均赋予于县政会议，以增强推行县政力量。县政会议不仅为全县决议机关，而且应为全县政治机构之核心，一切要政之施行，均应由此而发动。

（七）县政会议与省政务委员会同样为省、县党政联系机构，县政务委员应由同级党部委员参加，三分之二人数由上级党部指定，经省政府任命，并举行宣誓，以昭慎重。

（八）现在县政府组织甚简，人力、财力均感缺乏，而一县县政头绪纷繁，且处处直接与地方民众发生关系，欲求百废俱兴，实不可能，故县政府组织应予扩大，县长以下设政务秘书、常务秘书各一人，并分设公安、财政、教育、经济、地政等科，以收分任各部门工作之效。

（九）县政之兴革，亦应民意机关以为监督：总理遗教，主张以县为自治单位，即为建设新县政之基本，故县亦应设县参议会，以为代表全县民意机关，其组织法及职权，由中央法令规定之。

（十）县政之革新，应以总理关于地方自治之遗教为根本原则，在非常时期，县以下应在可能范围内实行自治制，首先应废除区署。关于全县政令之推行，如恐县政府力量有所不及，可改设县政督导员，分区督导，以资辅助，固不必多设骈枝机关，徒然耗费公帑。

（十一）各县现行保甲组织，其方法亦多未尽善，如保联不采用，地域之自然区分，不以地名为名称，而以数目字代之，既不简明，复嫌繁复，往往使乡村民众不易通晓。今后欲谋民众组织之健全，对于下层基干之保甲组织函应加以整理与改革，保联一级，应以地域之自然区分代替过去以数字代地名之缺憾，使民众组织更增自然与健全，保甲组织改以乡村为单位，废除保联改为乡镇，自乡镇以下为各保各甲，以十进数字区别之。

提案人江西省党部

改革战时县政机构促进行政效率以增抗战力量案

提案第七七号

（周厚钧等廿九代表）

（理由）

近世之国际，为两国国力之决斗，不仅赖武器之威力，军事之筹划，而社会之安定，民众之组织，物力之充实，更为决定胜败之先决条件。前者为负责军事人员之责，后者数事则有赖于县政之推行，故县政之重要，不仅为国家行政之基础，而负责县政之各县县长，实为决定胜败国防第一线之战斗员。

此次全面抗战，我国欲求最后胜利，必须发动全民力量，适应天然地形，运用广大之民众自卫战，方足制敌死命。诚如领袖明示“人人敌忾，步步设防，则四千万方里国土以内，到处皆造成有形、无形之坚强壁垒”。欲达到“人人敌忾，步步设防”之原则，仍必须从县政作起，普遍战时教育，完成壮丁军训，发动全民自卫战，各以其身家存亡为利害，其利害必切，各以其乡里为战场，其地理必熟，动则为兵，散则为民，敌来则予以围剿，其力量之伟大，实足予敌人绝大威胁。

各县县长为国家行政之基干人员，亦即民众之低级领袖，其平时对民众训练组织，正可于战时发挥应用，在各县县长之心理，多以为军事与行政截然两事，每有因战事迫切，或县城失守，即以为为其责任终了之时。此因为各县县长心理上之错误，而不能运用民众，致敌人敢于深入，实为行政机构弱点之暴露。苟能将行政军事化，行政与军事打成一片，各县县长行政措施以适应战时需要为原则，各县县长率领所属军警及已训练组织之壮丁协助国军办理后方军事工作，县境失守后，即潜伏民间，发动广泛之自卫抗战，抱与县共存共亡之决心，县长敢于牺牲，民众为国为家更愿效死。如是，全国皆兵，敌自不敢深入，故战时县政机构及行政方针不加改进，实不足以谈长期抗战，仅将管见所及，摘其纲要列条提出，恭请讨论。

（办法）

（一）政府明令各县县长兼任自卫司令，统率全县军警及壮丁，于平时专事保卫乡里，维护社会秩序，县境失守后，即发动有组织之自卫战争，县以下设区自卫队长，以区长任之，分队长由乡镇长任之。

（二）失守各地县长、区长、乡镇长决对不得退出县境，违者军法论处。

（三）政府应限期督令各县县长绘制全县精密军事地图各项有关军事之统计，并拟定各该县实施自卫战争之策略，呈送各该战区司令长官审核。

（四）县长之任用，应以有为国牺牲之精神为先决条件。

（五）县政府应设立军事科，平时专办壮丁，训练兵役、督促警卫等事宜，作战时即为自卫司令部之参谋部，办理作战计划各项军事管制及设立情报网等事宜。

（六）县长应集中训练一月，教以自卫战术，不能集训之县长，应派员指导之。

（七）战区内之县长应授以军法之特权，得随时惩治汉奸及有意退避而办事不力之所属人员。

（八）普遍战时教育。

（九）厉行民食管理，消费统制，平衡物价。

（十）严厉办理壮丁，分区紧急训练。

（十一）征集民枪，平均支配。

（十二）政府应统筹办理将各地之自卫战队官长眷属，养于安全地带。

提案人

周厚钧　刘志平　周绍成　赵连登
杨一峰　胡维藩　曾济宽　张导民
王秉钧　张善兴　胡伯岳　倪　弼
马愚忱　谷署吟　潘秀仁　鲁荡平
齐世英　叶秀峰　江述之　彭国钧
韩清沦　李　汾　陇体要　刘百闵
黄季陆　李任仁　黄仲翔　邵汉元
吴以海

抗战期内政治经济应如何策动案

甲、理由

战局甫开，敌即挟其优良之武器，期以速战速决之手段而败我。我国因准备不充，器械未全，乃以消耗战，长期战以抵抗之。半载以还，战线延长数千里，流离失所之难民，几达数十万，因战祸而荒芜之土地已达数万顷，经营数十年之近代经济，几全部殉国。遭受此无限度之损失，虽早在我当局意料之中，而敌犹复不足，且在其占领区域内制造傀儡政权，成立伪联合准备银行，掠夺我经济权益，又更欲运用其毒辣之手段，企图无形灭亡民族，我国家而后已。处此危局，固然收复失地，有我武装之陆空将士负其责，而对付此无形政治、经济之侵蚀，则赖我良好之政治经济设施以抵抗也。抵抗之法为何，爰申述如左：

乙、办法：

（一）政治方面：

1. 策动原则：

子、政治机构单纯化：现在政治机构太复杂，纵之组织已不少，而横之组织又嫌太多，结果纵与纵相冲突，横与横相磨擦，姑以县政为例，县长之上要服从省政府、各厅处、省军事最高机关、省党部、直属专员之命，中间犹须应付军队之需要，及一切同等机关之接洽，层层叠叠，不一而足。有时上级所命令执行办理者，而当地机关反对之；当地机关所请求办理者，而上级又不予核准，县长处上下包围之中。试问有为之士，何能展其抱负？因此之故，一切政治上之累赘，皆须废去，县政除秉承省府之功令外，其他一切皆无须理问，以免政治受无谓之牵制。

丑、政治权力应合一化：凡推行任何事务，必须集中所有之力量，如力量一分散，则事务之进行即蒙受无限之影响。今日之县政，多懦弱而无力，譬如一县之常备大队长，系由县长兼任，而大队副则由上级机关所委派，因关系之不同，县长之指挥监督，往往缺乏灵活，在此抗战期内，县长在在有指挥作战之环境，倘一旦负实际责任之军事官不听指挥，岂不陷军事于失败之地。因此之故，必须使军政权力合而为一，务宜使县长能充分支配而后已。

寅：政治干部分子应专家化：现今一切政治部门，均须一切专门学问，例如开荒、筑路、采矿、造林、种植等之工作，俱须技能纯熟之分子，如用之不得当，则一切皆为之浪费。平时如此，战时更甚。目前抗战正殷，后方政治干部尤须各个专家分别负责擘画也。

2. 策动方法设计：

子、罗致政治人才：一省一县之中，人才辈出，有经验丰富之老年政治家，有学术宏达之青年学问家，如能罗致为政治之用，其贡献之收获不可以数计。罗致之法，尽可在省县设立各种之特种会，各人性质之所近，学术之所长，分别延引，久而久之，自然会使政治得一无形之效果也。

丑、巩固下层基础：我国政治向患头重脚轻之病，以致上层则人才有余，而下层则滥竽充数，因此上层虽有融会贯通之方案，而下层则无切实奉行之干部。在平时，固感一切建设事业难以推动，而在战时，尤感下层运用大为呆滞。现正抗战途中，中央各省市裁撤疏散闲居之人员甚多，此项人才，皆系经验宏富，学识充实之辈，如能降级选用，较于与现在之政治基础多有力量。例如闲散之各部会长，降为各厅厅长；各厅厅长，降为区专员；各区专员及部司长、科长，降为各县县长；各县县长及各厅处职员，降为各区区长；各区区长及县政佐治人才，降为乡镇长保甲长之类。如是，则下层自然不感有人才之缺乏及运用之呆滞矣。

二、经济方面：

1. 开发内地各县：沿海沿江被占，江南肥沃之地不免荒芜，而在内地各县，所有农村壮丁，又因抽调兵役，生产力不免缩小。因抗战时间不久，粮食尚未起恐慌，故在恐慌未成熟以前，函宜由省政治当局，派遣专家从事垦植工作设计，需要人力工作时，目下难民甚多，可移难民前往垦荒。

2. 统制日用物品：日用物品为人生日用之所需，抗战未久，内地食盐均发生恐慌，假任抗战再持久一年以上，食盐必成为珍宝，若成此形势，无须敌用兵力，而我自己已无生路，故在此时，省县政府应将日用物品严格统制，禁止市侩任意抬高价格，无使日用品断绝来源也。

3. 奖励民营事业：抗战时期，政府经纬万端，绝无余力顾虑及经营细小事业，而一切事业，又不可一旦搁置，处此时期，凡属一切小规模之事业，如棉织、造纸、垦植等，可奖励民众经营之，一旦有成，则他日抗战胜利之后，日常一切来源，皆可畅达销售矣。

4. 巩固中央币制：北平伪联合准备银行业已开幕，敌之所举，欲运用其经济上之手段，以打击我，处此局势，除军事上应特别努力以牵制外，尤宜巩固中央币制。现沪及江浙虽被占，然犹不失为市场之中枢，故在此时，亟宜保闽粤二省，因闽粤二省，为我国之债权区，如能无虞，币制则不致形成若大问题也。

5. 速建设西南：西南诸省为我国之政治后方，又为绝对之安全地带。自沿江沿海失陷，分布不匀之工业，有已殉国者，有已迁移者。殉国者，固属痛惜；而迁移者，又不能不设法安排。现抗战期间，迁移之工业界，仍存观望，一切笨重之机械，皆停放中途，对此生产工具之遗弃，殊不经济，故政府应速将西南诸省交通构通，劝令各工业界移往经营。如此，不但抗战有利，而且为将后一切建国之根本大计也。

以上是否有当，敬候公决。

提案人　苏郇圃

改进行政机构以推进抗战时期政治经济设施案　提案第20号

陈委员仪

（办法）

一、国民政府设战时设计委员会，各省政府设战时设计室，聘请专家，主管全国、全省各种施政计划之草拟审核事宜。
（理由）任何政治经济的设施，事前有精详的设计施行时，才有所依据，施行后才易考核成绩。惟设计工作，须用全体的眼光，有综合的头脑，而且要经过调查研究，如专设机关办理，效能较大。

二、关于地方政府实施左列二事：

甲、省的一切行政，全隶属于省政府；县的一切行政，全隶属于县政府。而中央、省、县三级政府的职权，加以详细的画分与规定，在规定的职权范围内的事，各级政府得自由处理。
（理由）

行政机构愈综合化、一元化，事权即愈统一，动作即愈灵敏，效率即随之增加。现在上级政府往往把许多政令，统统交给下级政府办理，下级政府感到政令的繁多、重复、纷歧，很难应付。不办，则违令；办理，则人力、财力均不够。其结果，只能敷衍。又各省、各县的经济状况，文化程度，参差不齐，高下不同，以画一的办法，不顾实际情况，强令各地普遍实施，其结果，仍办不通。如能照右列办法，一方面既不致将许多政令完全推在下级政府身上，一方面下级政府尚有因地因时制宜的余地。那末上列两种弊病，或者可以减少。

乙、各省政府设人事管理处，主办全省公务人员及教育人员、技术人员的登记、选拔、训练、任用、考绩、奖惩、补习、教育、储蓄、抚恤及其他关于福利事业事宜。
（理由）行政机关好像是一部机器，行政人员好像是司机，人对司机，人如没有好好管理，机器效能即会因之减少，所以人事管理，在行政上是一件紧要的工作，而且是一件很繁重的工作。一方面人事管理，要公平，要均衡，要统筹，而要达到这目的，必须集中办理，要增加“人”的效能，须注重人事管理，要注重人事管理，须有一专设的集中的人事管理机关。

三、各省政府设战时教育委员会，聘请专家严格督导大学、中学、小学及民众学校厉行国民教育。所谓国民教育，注重左列三点：

甲、国民的精神教育，务使每一学生，具有强烈的民族意识，深厚的国家思想，以及互助团结服务社会的习惯。

乙、国民的体格教育，务使每一学生，具有强健的体格。

丙、国民的技术教育，务使每一学生，都有一种技能，能帮助与抗战有直接、间接关系的各种工作。

各种学校教育，均应以右列三者为中心，凡教本、教学法、训导等等均应集中于此三点，务使一切学生能于短期间内，在道德、体力、技能上具备一中华民国国民的资格，能爱国、卫国。

（理由）吾国所以受别国侵略的原因之一，是缺乏国民的教育。此次抗战要取得最后胜利，必先十分注意国民教育，使凡是受过教育的人，都能出力，以贡献国家，保卫国家，确能尽中华民国的一份子的责任。要达到此目的，必须对于教科书、教学方法、训育方法等有彻底的改革。而此种工作，不是教育厅所能单独担负的，因此应专设一战时教育委员会，负督导各学校励行国民教育之责。

四、关于经济，应有左列二种组织：

甲、各种经济工作，依地理、运输、资本、需要等，就中央与各省为适当的支配，例如重工业及有大量需要的消费工业，由中央主办；小工业、农业等由各省主办，各省建设厅改为经济厅，负主持全省经济之责。

（理由）经济工作统盘筹画，较为经济。经济是目的，中央与省有适当的工作分配，效率较大。至于经济工作范围较大，非建设所能包括，中央既合并各建设机关成立经济部，各省亦可改建设厅为经济厅。

乙、中央应设立一贸易公司，统制全国对外贸易。

（理由）抗战时间，如果任国内各商家自由对外贸易，对于经济金融均有很大妨碍，因此，对外贸易，须统制，须有一贸易总机关。

提案人　陈仪

附注：原案关于经济教育部分经大会另案决议分交行政院及教育部参考。

〔国民政府行政院档案〕

4. 国防最高会议秘书处关于处理国民参政会要求改革行政机构提案意见及国民政府训令

（1938年9月—1939年5月）

（1）国防最高会议附原提案（1938年9月15日）

径启者：前准国民参政会秘书处函送该会第一次大会关于罗参政员隆基等建议调整机构，集中人才，以增加行政效率一案之决议案。当经陈奉国防最高会议常务委员第九十五次会议议决、交法制专门委员会审查。兹该专门委员会报告称："本案应先送行政院、考试院各就主管部分提出意见，再行详细审核"。复经国防最高会议常务委员第九十七次会议决议："照审查意见通过"。除函考试院外，相应录案并检附原建议案函达，即希查照办理见复为荷。此致

行政院

附原建议案一件

国防最高会议秘书处

27. 9. 15.

调整机构集中人才以增加行政效率案（提案第一零四号）

（一）提案原文　参政员罗隆基等廿四人提

说明：

中央行政关系国家抗敌建国之前途甚大，行政上非有良美的效率不足以保证抗战之胜利，行政上非有合理的机构与适合科学原则之人事管理，更不足以建立现代国家的基础。我国中央政府，

从南京转迁重庆，行政之机构与人事曾经过一度调整，行政组织确已比较简单化，唯证诸半年来事实，前次调整仍未臻完善境地。以现状言，行政上存留之缺点尚多，在组织上，职权不分明，职务不清楚，责任综错，系统纷乱，同一机关，可以事事都管，同一事件，可以机关重重，机关既无事不办，彼此间不能分工，机关复各行其是，彼此间不能合作，这是现代行政所最忌，然此已成中国行政之普遍现象。在人事管理上，公开考试制，科学考绩制，以及公务员之任用升迁保障等等制度，到今日依然徒具虚文，毫无成绩。人事上之弊端尚有甚于此者，一人可兼长数十职位，一身可遥领无数差缺，公务业集，万端延误，在抗战期间以裁员为动员，因减官而减政，人才遗弃于野，事务停滞于上，此种现象，其影响于抗战建国之前途，实不可思议。

凡上所言，实为当前行政上应立求改革之点。关于改革办法，谨列举数端，敬候公决。

办法

A. 关于机构，应依下列原则调整：

（甲）凡机关之职权与事务划分，应遵守“机能一致”之原则，凡同性质之事务及工作，应完全划归一机关；

（乙）凡一机关之事务与工作，与另一机关之事务与工作性质重复者，应立即将机关裁并；

（丙）任何机关不得从事职权范围以外之事务与工作，如有此项事件，应加以取缔；

（丁）凡因人设事之骈枝机关或工作，受战事影响不能进行之机关，应立即停办或撤消。

B. 关于人事，应依下列原则调整：

甲：官吏（政务官与事务官）应以一人一职为原则，凡有身兼无数重要职差者，应辞去兼职，以专责成；

乙：抗战时期，政府机关应以平均减薪，并开展工作，代替裁员减政；

丙：政府为实现“有力者出力”原则起见，应负责在全国普遍登记各项专门技术人才及失业之知识分子，并负责与以适当工作；

丁：政府为集中人才起见，政府对机关重要负责人员之任用，应本“因事求才”原则，破格用人，凡才不适位，成绩缺乏，信望不孚之官吏，应加以撤换。

C. 调整步骤：

甲：政府应立即组织“调整行政委员会”，以便依据上项原则，拟具调整行政详细计划；

乙：调整行政委员会以五人组织之，由参政会推选三人，由行政院推定二人；

丙：调整委员会之任务：

（一）关于调整行政机关之设计与建议；

（二）关于人事上限制兼差及技术合作等项之建议；

（三）其他有关增进行政效率之计划与建议。

丁：调整行政委员会非执行机关，任期以抗战时期为限。

D. 治本方法：

甲：政府对已有之官规法令，如公务员任用法、考绩法、惩戒法、限制兼差法等应切实实施；

乙：公务员之选拔、应实行公开考试制度；

丙：政府应指定经费，聘请专家组织行政研究会，切实研究改革中国行政制度之一切问题。

提案人　罗隆基

连署人　周士观　张君劢　卢　铸

梁实秋　邹韬奋　史　良

陈　时　许孝炎　张申府

徐傅霖　董必武　陆鼎□〔揆〕

王造时　梁漱溟　秦邦宪
程希孟　沈钧儒　冷　遹
陈博生　晏阳初　许德珩
刘叔模　章伯钧

（二）国民参政会决议文

一、原办法：A项：甲款内："职权与事务"五字修正为"职务"二字。"事务及工作"五字修正为"职务"二字。乙款内："事务与工作"字样均修正为"职务"二字。丙款改为丙款。余通过。

二、B项：丙款删去。丁款改为丙款。

三、C项：乙款删去。丙款改为乙款。其第一点中"与建议"三字删去。丁款亦删去。

四、D项：通过。

（2）各部会签注意见（11月10日）

兹将各部会对于调整机构，集中人才案所签注之意见，分别开列如左：

1. 内政部意见：

查原提案说明现在行政组织存留之各项缺点，确中时弊，而所拟办法亦切体要，其目的在调整行政机构，加强行政效率，实为不可刻缓之图。关于调整行政机构，中央对地方各级政府行政机构缺点，正在积极改善，加以调整。至人事方面原提案之主要论点，大半于公务员任用法、考绩法、惩戒法及历次政府颁行之整饬法纪令文中已有规定，通饬遵守，衹须按照上述法令，切实奉行，似不必另颁法令。又原提案主张成立行政研究会及调整行政委员会，两者性质似乎相同，且均院原有行政效率研究会之设置，如为加强该项组织，或再就各有关机关增调人员，共同参加研究，当可达成此项任务。

2. 外交部意见：

查原提案中A、B两项，关于调整机构及人事之各项原则均中肯要，似可依照原建议案。C项调整步骤中之规定组织“调整行政委员会”，依据各该项原则拟具调整行政详细计划。其关于机构之调整者，自应以“机能一致”为最高原则，力求健全灵活。凡现有机关间有性质重复，或工作受战争影响不能进行者，亦应分别停办，或撤销，俾事权得以集中，经费亦无虚糜之弊。其关于人事之调整者，限制兼职及撤换不称职人员各节，自为增加行政效能之重要前提。至抗战时期政府应以平均减薪，并开展工作以代替裁员减政一节，查各机关对于疏散人员，因事务上必要，已多有恢复者，惟办法殊不一致，似应通盘筹画，以免人才有所遗弃，公务有所废弛。

又原建议案D项所列各项，治本办法亦属妥善，惟于切实执行现有各项官规法令外，对于事务官似亦应确立保障制度，以为革新吏治之基础。至公务员之任用，应实行公开考试一节，各机关并应随时斟酌实际需要情形，举行各项特种考试，罗致优秀人才。

3. 财政部意见：

（原建议）

A. 调整机构：（甲）同性质之职务应完全划归一机关；（乙）职务性质重复之机关应即裁并；（丙）骈枝机关或因受战争影响不能行使职务之机关应即停办或撤销。

（签注意见）：查中央各机关迭经调整，未能彻底，甚至一面裁并，一面添设，仍不免有重复骈冗之处。上列调整原则三款，均甚允当，似应照办，并于实施时，扩充其范围，不以行政机关为限。

（原建议）

B. 调整人事：（甲）政务官、事务官应以一人一职为原则，凡有身兼数职者，应辞去兼职。（乙）抗战时期，政府应以平均减薪，并开展工作，代替裁员减政。（丙）政府对机关重要负责人员之任用，应本“因事求才”原则，破格用人，凡才不适位，政绩缺乏，信望不孚之官吏，应加撤换。

（签注意见）：查官吏兼职，于行政效率颇多影响，自宜予以限制，惟间有因职务上相联关系，以兼职为便者。上列（甲）款意在取缔兼职，似宜明定标准。关于政府裁员，早经实行，但并未减政，在此一面抗战，一面建国之时，政事之繁，甚且倍于往昔，故裁员而影响工作之推进，自所不宜。惟裁员除因限于经费外，尚有其他因素，如裁汰冗员，藉经政府负担，仍应严格执行。上列（乙）款原则上尚属允当，建议平均减薪一节，则于必要时，似应仍与裁员相辅而行。至（丙）款，关于用人应本“因事求才”原则一节，正与修正公务员任用法第五条“公务员之任用，除依同法第二、第三、第四各条规定资格外，并依其学识、经验、健康与其所任职务相当者为限”之规定相符，似应与其原建议D项，关于切实实施政府已有之官规法令一款，一并执行。

（原建议）

C调整步骤：（甲）组织行政调整委员会。（乙）规定调整委员会之任务三则。

（签注意见）上列（甲）款，拟组织行政调整委员会为便于统筹规划调整起见，似可照办。该会似宜由国防最高会议派员组织，隶属于国防最高会议，俾加强其力量。至该会任务，应再详予规定。

（原建议）

D治本方法：（甲）政府应切实已有之官规法令；（乙）公务员之选派，应实行公开考试制度；（丙）政府应指定经费，聘请专家组织行政研究会，切实研究改革中国行政之一切问题。

（签注意见）上列（甲）、（乙）两款，既一为政府现行之法令，一为政府现行之制度，且均系改善行政之切要措施，自应责成各机关切实办理。至（丙）款，拟组织之行政研究会，似可就均院原有之行政效率研究委员会予以改组，扩大其研究范围，并使其与前项行政调整委员会取得联络，俾可以研究所得付诸规划，免贻徒托空言之讥。

4. 经济部意见：

一、原案A关于调整机构者：

查原决议案A所列（甲）、（乙）、（丙）三款，取机能一致为原则，确为行政上必要之主旨，自应采用切实整理，惟查自本年一月行政机构改变以来，业将同性质之职务划归一机关办理，其性质重复者，亦早分别裁并，在本部所属范围之内，尚无此三款问题。

一、原案B，关于调整人才者：

查原决议案所列甲款兼职问题，应以一人一职为原则，诚为不刊之论，惟查兼职中亦有应分晰之点，如（一）法定兼职；（二）因执行职务上便利之兼职；（三）因节省经费上之兼职。目前此类事实不胜枚举，均以不兼薪俸为原则，倘一概限制，恐所费较多，而事务上转感不便，似当有例外规定。

一、原案C，关于调整步骤者：

查原决议C，关于调整步骤之议，似应由院督率各部会分别切实整理，至于有无设置调整行政委员会之必要，拟请钧院核定。

一、原案D，关于治本方法者：

查原决议（甲）、（乙）、（丙）三款中，（甲）、（乙）两款自应切实施行；（丙）款所称指定经费，聘请专家组织行政研究会一节，在学理上，商榷旧制，启发新知，广益集思，固为增进行政效率之要务，惟目前是否有此需要，自应仍候钧院核定。

5. 教育部意见：

查该建议案所列办法中关于A项（甲）、（乙）、（丙）三款者，政府已于本年一月一日起切实施行。关于B项甲款者，国民政府于本年八月二十七日第四四二号训令切实取缔在案。关于B项乙款者，政府亦早已实施，如军事委员会各部之组织，即为显例。关于B项丙款者，似与D项甲款冲突，因既称破格用人，当必不拘于已有之法规，如公务员任用法等等，在事实上，本部于战争开始，即行陆续登记战区退出之各项教育工作人员，陆续分配其适当之工作。最近奉钧院令，会同有关部会组织中央建教合作委员会，对于专门技术人才之登记与介绍，亦正在筹画中。关于C项甲款及D项丙款者，查在战前中央政治会议及钧院均聘有专家切实研究，自战后，则国防最高会议之法制内政专门委员会均负有研究改革行政之任务。至关于D项乙款者，此乃立国之本，报国之阶，似可照行。

6. 交通部意见：

本案目的在提高行政效率。(A）项关于机构，(B）项关于人事实为两大纲领，极中肯綮，窃意宜补弃“关于公务处理方法之科学化”一项。盖以往公务处理方法，浮文太多，手续太繁，以致笨重而无条理，人工时间大半虚縻于无用之地，实为增进行政效率之一大障碍，非亟图改革，则积弊愈深，补救愈难，其害不亚于人事之紊乱。此项原则，如蒙采纳，其内可分三款：(甲）各机关内公务之分配，务使各佀官吏责任极其明显，无因循推诿，及安插闲员之余地；(乙）尽量减少浮文及无谓手续；(丙）改革处理文卷方法，俾日趋科学化。

7. 蒙藏委员会意见：

查中央行政机构已经大加调整，虽仍不免如原提案所云：“证诸半年来之事实，前次调整仍未臻完善境地，以现状言，行政上存留之缺点尚多”，但此不纯是机构本身的问题，而是很复杂的运用问题。本会以为，现应在不碍及行政效率之下，随时注意补救，目前政治上所流露之缺点，不宜再作行政机构之根本调整，使后方机构时时动摇，工作停顿，致影响抗战之力量。对于原提案：

A项（甲）款认为切要，但须先查明职务相同之机关，由该机关等共同之上级机关督促，妥商归并办法，逐渐归并，庶不影响现有工作，仍能完全达到机能一致之目的。(乙）款及（丁）款改（丙）款所列机关自“国难时期各项支出紧缩办法”，施行后，事实上均已停发经费，加以裁并，其裁撤原因发生在后者，亦经陆续裁撤，如最近报载财政部全部移渝办公，即裁撤四川财政特派员是。

B项（甲）款应厉行限制官吏兼职案，减少不必要之兼职。（乙）款原则亦有可采，但须顾及不妨碍工作效率。（丁）款改（丙）款，政府应于任免重要人员时予以注意。C项各款，本会既认为不宜再作行政机构之根本调整，故亦不主张组织调整委员会，其增进行政效率之计划，可由行政效率研究会切实研究实施。

D项（甲）、（乙）两款应切实实行。（丙）款拟请将行政效率研究会恢复工作，继续研究改革行政制度一切问题。

8. 侨务委员会意见：

一、对于原建议A项甲、乙、丙三款之意见：

原建议A项甲款略谓：“凡同性质之职务应完全画归一机关”云云。在原则上，似属可行，但在非常时期，有因地方上之关系，或因应付临时需要，其职务性质虽同，而事实上有不能即行画归一机关办理者，属于此类机关，似应不在限制之列。

二、对于原建议B项甲、乙、丙三款之意见：

原建议B项甲款略谓：“凡有身兼无数重要职差者，应辞去兼职，以专责成”云云。理论虽甚切当，惟按之事实、尝有因政务或事务之联系，或领导上之关系而身兼数职者，以其驾轻就熟，指挥裕如，反觉事半功倍，特于联系领导无关，而滥兼数职，无裨于事者，不可漫无限制，于此又觉野人献曝，不无可取调整之法，似宜就联系或领导关系上得兼职外，其余一律限制兼职，以专责成。其因联系或领导关系上而兼职者，亦应砥砺廉隅，厉行兼职不兼薪之功令。如此，既可限制兼职，又可顾全事实。原建议B项乙款谓：“抗战时期政府机关应以平均减薪，并开展工作代替裁员减政”云云，查自抗战以来，各机关各已平均减薪，同时加紧工作，其疏散职员亦经由服务团举行登记，派赴各地服务，一切与原建议相符，似无须另行计议。

至于丙款所述用人标准甚为切要，似可参酌执行。

三、对于原建议C项甲、乙、两款略谓："政府应立即组织调整行政委员会，拟具调整行政计划"云云。查行政院已有行政效率研究会之设，原计划所列调整设计人事技术诸端，可由该会策画，似无须另组调整行政委员会，以免重复。

四、对于原建议D项甲、乙、丙三款可交行政院行政效率研究会拟具办法，切实施行。

9. 振济委员会意见：

一、原办法B项丁款，即国民参政会决议文修正之丙款"破格用人"一点，语涉含混，且与D项甲款切实实施公务员任用法等法规之精神未尽相符，似应删去。

二、原办法D项甲款所列限制兼差法，从未奉令公布，拟请删节。

三、原办法D项丙款所拟组织行政研究会研究改革行政制度一切问题，自属有利无弊，惟所拟聘请专家一节，似应酌量规定资格，须于现行法令及行政设施较为熟悉，庶免隔阂。

四、原办法D项丙款所拟行政研究会，如果设置，则依照C项所拟调整行政委员会之任务，本无特殊紧急处置之意义，无另设临时机关必要，该调整行政委员会即可无庸设置，所有有关之设计与建议，即由行政研究会办理。

（3）行政院签注意见　（11月14日）

国防最高会议交办国民参政会第一次大会建议调整机构，集中人才一案，经交各部会签注意见。兹综合各部会意见如左：

一、关于调整机构部分：

查原建议案关于此部分之办法，不外职务之划分，应机能一致，性质重复者，应立即将机关裁并，因人设事之骈枝机关，或工作及战事影响不能进行之机关，应立即停办，或撤销等项，在原则上自属不易之理，惟自抗战军兴，经先后颁布国难时期各项支出办法，本院各机关均已遵照实行，上年十一月复经颁布非常时期中央党政军机构调整及人员疏散办法，其中关于党政军机构之裁并以及人员之去留，均有详细之规定，本年一月中央行政机构并经实行调整，本院各机关能裁并者，已经裁并，不能裁并者，亦已尽量缩小其范围，并无骈枝机关。自政府西迁以来，各机关工作，因迁移而停顿者，已属不少，若裁并靡常，则各机关忙于更动而无暇处理事务，此于行政效率方面影响甚巨，为求政局安定，事务照常进行，不致影响抗战起见，对于目前行政上存留之缺点，似宜逐渐设法徐图补救，不宜多所更张，致滋纷扰。

二、关于调整人事部分：

查原建议案，对于此部分之办法，在原则上亦属不刊之论。（甲）兼职办法业经国防最高会议议定公务员兼职不兼薪办法六项，由政府通行遵照，惟查兼职中亦有应分晰之点：如（一）法定兼职；（二）因执行职务上便利兼职；（三）因节省经费上之兼职，目前此类事实不胜枚举，均以不兼薪俸为原则。此类兼职似不可一律限制。（乙）平均减薪业已实行，裁员减政，固不可，然若人浮于事，不但浪费，而且减少行政效率。本院服务团之设，即所以展开工作，此亦不可不注意者也。（丙）因事求才，政府向来本此原则，多方罗致，但各种人事法规亦不能完全不顾，正如原案D、（甲）所言。

三、关于调整步骤部分：

查原建议案，关于此部分建议政府组织“调整行政委员会”，各部会签注意见：对于此点多未能完全赞同。盖调整机构，实即政府组织法之修改，宜由国防最高会议策动，自本年正月调整工作完成以后，是否有再度调整之必要，不无疑问。至于一般行政效率之加增，似可责成本案末项之行政效率促进委员会。

四、关于治本方法部分：

查原案关于此部分除请政府切实实施已有之官规法令外，建议政府指定经费，聘请专家组织行政研究会，切实研究改革中国行政制度之一切问题，各部会对于此点之签注意见，多主张就本院原有之行政效率促进委员会加以扩充。查该委员会对于行政上一切问题，曾有切实之研究，可资政府提高行政效率之参考。惟该会所有职员根据原定规程，均由本院人员兼充，抗战以来，本院人员疏散颇多，故该会工作之推进颇形困难，如能加以充实，延聘行政专家，并在院属部会之高级职员中择其与该会所办事务有关者，派为委员协力进行，而于考核以外并注重计划及调查则裨益行政效率，当非浅鲜，究应如何扩充之处，拟具修正该会组织规程草案提请院会决定后，再行报告国防最高会议。

(4) 行政院函（11月18日）

行政院公函　渝9482号　中华民国廿七年十一月十八日

国防最高会议交办国民参政会第一次大会建议调整机构集中人才一案云云。照签呈叙，则裨益行政效率，当非浅鲜，爰经拟具修正行政院行政效率促进委员会组织规程草案，提出本院第三八九次会议决议："通过。报告国防最高会议"。查该会组织规程前经中央政治委员会备案，现除由院将修正之第五条及第七条条文公布施行外，相应抄同修正规程函请查照转陈。　此致

国防最高会议秘书处

计抄送修正行政院行政效率促进委员会组织规程一件。

修正行政院行政效率促进委员会组织规程

第一条　行政院为促进中央及地方之行政效率，设置行政效率促进委员会。

第二条　本会秉承院长办理左列事项：

一、考核中央及地方各行政机关之组织与职权分配，并调整其相互间关系。

二、考核中央及地方各行政机关之财务、收支，并促进其合理化与经济化。

三、考核中央及地方各行政机关之官吏任用、奖惩办法及办事效率，并督促其改进。

四、编印行政效率研究刊物，以广播行政效率之智识与技能。

第三条　本会为明了中央及地方行政实况，得签请院长派员实地视察，或委托各机关代为调查，必要时，并得通知各机关派员说明。

第四条　本会为促进中央与地方之行政效率，得签请院长定期开会讨论，并得由有关各机关派员出席本会会议。

第五条　本会设主任委员一人，以本院秘书长，或政务处长兼任，委员四人，由院长指派本院高级职员兼任。

本条条文拟修正如左：

本会设主任委员一人，以本院秘书长或政务处长兼任，委员十人至十二人，由院长指派本院及所属各部会高级职员兼任。前项委员之外，得设聘任委员若干人。

第六条　本会得设专门委员为名誉职。前项专门委员其常川在本会任事，而未兼任其他有给职务者，得酌支薪津，但以一人至三人为限。

第七条　本会所需之办事人员，就本院职员中调充之。

本条条文拟修正如左：

本会设调查员若干人，秘书一人至三人，办事员七人至九人，得就本院及所属各部会职员中调充之。

第八条　本规程自公布之日施行。

附记：本草案除第五第七两条条文拟酌加修正外，余均拟仍原案条文，合并记明。又原规程曾送经中央政治委员会备案，本案如经院会通过。拟连同调整机构，集中人才一案意见，报告国防最高会议。

（5）国民政府训令（1939年5月1日）

国民政府训令　渝字第二四三号

令行政院

为令知事：案准国防最高委员会27年4月22日国治字第一一二八号公函开：查接管卷内国民参政会第一次大会建议调整机构，集中人材一案，经国防最高会议交行政院议复，据该院综合各部会意见函复国防最高会议，爰将修正行政院行政效率促进委员会组织规程核准备案，函国民政府饬遵，并将其余各节交法制专员委员会审查。兹据法制专门委员会报告称："查原建设案，计分调整机构，调整人事，调整步骤，治本方法四部分：（一）所拟调整机构办法，为职务之划分机能一致，性质重复者，应即行裁并，骈枝机关或工作受战事影响不能进行之机关，应停办或撤销，所见固属正当，惟自抗战军兴以来，政府于26年9月即颁布国难时期支出紧缩办法，各机关一致遵行，同年11月复颁有非常时期中央党政军机构调整及人员疏散办法，27年1月中央行政军事机构实行调查各机关应裁并者，业经分别裁并，不能裁并者，亦已缩小范围。现在行政机构固不能谓为已臻完善，然自政府西迁以来，各机关工作因屡经迁移，已受影响不少，若裁并靡常纷更不已，正常公务必致停滞，在公人员亦难安心工作。原建议案所拟调整机构一节，似无须再行拟定计划。（二）所拟调整人事原则三项。查平均减薪，业经实行，开展工作，业经注意。因事求才及所拟治本方法内，公务员选拔，应实行公开考试制度，政府用人向来本此原则。关于考试、任用、考绩、惩戒及限制兼职各项，早经制定法规颁布施行。最近颁布之非常时期特种考试暂行条例，程序简捷，经费节省，尤足以应战时之需要。至才不适位，政绩缺乏，信望不孚之官吏，自应随时撤换，似无增订办法之必要。（三）原案调整步骤中所拟组织调整行政委员会，及治本方法中所拟组织行政研究会两点，查行政院参照该建议案，拟具修正行政效率促进委员会组织规程，充实该会组织，业经国防最高会议核准备案，除研究增进行政效率外，所有改革行政制度事宜，似可并由该会切实研究，不必另设机关。（四）再关于限制兼职一节，拟请函国民政府重申前令，训令各机关依照现行法令所定之限制，切实执行，并随时检查，予以纠正，以肃纪纲。”等语。经本会第四次常务会议决议第四项照办，余照审查意见通过，除函国民参政会及关于审查报告第四项另文函请办理外，相应函请查照，并饬各院知照。等由。准此。除函复并分令外，合行令仰该院知照。此令。

中华民国 28 年 4 月 29 日

国民政府主席　林　森
行政院院长　孔祥熙
立法院院长　孙　科
司法院院长　居　正
考试院院长　戴传贤
监察院院长　于右任

〔国民政府行政院档案〕

5. 国防最高委员会秘书厅检送国防最高委员会组织大纲致国民政府文官处函

（1939 年 2 月 25 日）

大函以国防最高委员会组织大纲国府档案内尚付缺，如嘱检送一份过处备查等由。查国防最高委员会组织大纲系由中央执行委员会第五届第三次全体会议决议通过，并经中央执行委员会于二十八年二月四日检同该项大纲，以渝俭机字第二五一号函送国民政府查照分行有案。准函前由，相应抄同原大纲函请察收密存为荷。此致

国民政府文官处

国防最高委员会秘书厅启

二月廿五日

机　密

国防最高委员会组织大纲

第一条　中央执行委员会于抗战期间设置国防最高委员会，统一党、政、军之指挥，并代行中央政治委员会之职权。中央执行委员会所属之各部、会及国民政府五院、军事委员会及其所属之各部、会兼受国防最高委员会之指挥。总动员委员会直隶于国防最高委员会。

第二条　国防最高委员会设委员长一人，由本党总裁任之。

第三条　国防最高委员会以左列人员为委员，并由委员长于委员中指定十一人为常务委员：

一、中央执行委员会常务委员、监察委员会常务委员；

二、国民政府五院院长、副院长；

二、军事委员会委员；

四、由委员长提出，经中央执行委员会常务委员会通过者。

第四条　国防最高委员会为执行决议案，以左列人员为执行委员。

一、中央党部秘书长、各部部长、训练委员会主任委员、中央政治委员会秘书长；

二、国民政府文官长；

三、行政院秘书长、各部会长；

四、军事委员会参谋总长、副参谋总长、各部部长、军事参议院院长、军法执行总监办公厅主任、航空委员会主任、海军总司令；

五、总动员委员会主任委员、副主任委员；

六、战地党政委员会主任委员、副主任委员。

前项执行委员，经委员长之指定，得列席于国防最高委员会常务会议。

第五条　国防最高委员会会议，以委员长为主席，因故不能出席时指定常务委员一人代理之。

第六条　国防最高委员会常务会议每星期开会一次，全体会议由委员长定期召集之。会议规则另定之。

第七条　国防最高委员会常务会议，除依法出席之委员外，其他有关人员必要时得由委员长指定列席。

第八条　国防最高委员会委员长对于党、政、军一切事务得不依平时程序，以命令为便宜之措施。

第九条　国防最高委员会组织系统及编制另定之。

第十条　本大纲由中央执行委员会通过施行。

〔国民政府档案〕

6. 国民政府抄发国家总动员设计委员会组织大纲令

(1939年11月4日)

国民政府训令　渝密字一贰八号
中华民国28年11月4日发

令文官处

为令知事：案准国防最高委员会二十八年十一月一日国机字第三七六七号公函开：“据国家总动员设计委员会呈拟该会组织大纲请鉴核施行到会，当经酌加修改，并令饬遵照在案。相应抄同国家总动员设计委员会组织大纲，函达请烦查照密令通知遵照。”

等由。准此。自应照办。除分行外，合行抄发原附组织大纲，令仰知照，并密饬所属一体知照。此令。

计抄发原附国家总动员设计委员会组织大纲一份

国民政府主席　林　森
行政院院长　孔祥熙
立法院院长　孙　科
司法院院长　居　正
考试院院长　戴传贤
监察院院长　于右任

国家总动员设计委员会组织大纲

第一条　国防最高委员会为主持国家总动员业务之研究、设计及指导、督促、考核各级动员委员会业务进行，设置国家总动员设计委员会。(以下简称本会)

第二条　本会直隶于国防最高委员会。

第三条　本会设主任委员一人、副主任委员一人，依照国防最高会议第四十一次常务会议决议以行政院院长、军事委员会参谋总长分别兼任之，并以左列人员为委员：

一、中央党部秘书长、社会部长、训练委员会主任委员；

二、行政院秘书长、政务处处长、内政部部长、财政部部长、军政部部长、经济部部长、交通部部长、教育部部长、赈济委员会委员长；

三、军事委员会副参谋总长、办公厅主任、政治部部长、战地党政委员会副主任委员。

第四条　本会为研究问题及审查计画，分设四组，其职掌如左：

第一组　主管兵役、慰劳、抚恤、伤兵管理、军队卫生等事项；

第二组　主管教育、宣传及民众组训等事项；

第三组　主管地方行政、难民救济、社会卫生等事项；

第四组　主管财政、金融、经济、交通及国防工业等事项；

第五条　各组设组长一人，由主任委员指派；组员五人至七人，由主任委员派充，分掌各组事项并得酌设办事员及雇员。

第六条　本会为考核各级动员工作起见，设督导员四人至六人，由主任委员派充之。

第七条　本会秘书处分左列各股：

一、总务股；

二、文书股；

三、编审股；

四、统计股；

第八条　秘书处设主任秘书一人，由主任委员指派，承主任委员、副主任委员之命处理本会事务。

第九条　秘书处设秘书四人，股长四人，股员十二人至十六人，办事员十人至十四人，并得酌用雇员。

第十条　本会审议各项总动员业务方案，应附具意见呈请国防最高委员会核定施行。

第十一条　本会得随时指定委员或督导员分赴各省市动员委员会指导督察，并参加各省市动员委员会会议。

第十二条　本会督导员及秘书处职员以专任为原则。

第十三条　本会办事细则另定之。

第十四条　本大纲自核准之日施行。

〔国民政府档案〕

7. 蒋介石自兼国民政府行政院长时对于各部会工作之指示

（1939年12月）

今天召集行政院各部会首长会议，是要检讨去年工作的成绩，确定今年工作的重心。关于前者，各部会不必作普遍概括的陈述，有类官样文章，只要就去年一年中具有确实成绩的工作，可以列举事实，或数字者，提出一二件来说明。对其部会内员司工作之考核，亦应如何，以求实在。关于后者，不仅对各部会本身整个之中心工作，应有规定，即对其所属各厅、各局或各司、各署，亦要依照整个计划，确定工作重心，以为集中努力之目标。

其次，关于裁并骈枝机关与冗员。其要旨所在，国防最高委员会已有指示，各位可以依照实行，今天不必赘述。但有一点，必须说明的，即自抗战以来，我们一般公务人员追随政府转徙内地，同难苦，共患难，志行至堪嘉尚，此次调整人事与机构，对于此辈公务人员并非无故裁撤弃之不顾，而是于充实政府组织与增进行政效能的原则之下，将中央裁并多余的人员，派往地方或乡村服务，以促进党政基层建设或从事边疆之开发，他们去到地方或边省，仍给予他在中央时原有之薪饷待遇，而且工作之调派亦可根据他自己的志愿来决定。即如内政部最重要的工作在督导考核地方行政与实施新县制，我们中央公务人员无讼此次被裁与否，都可以填具志愿请求调派分赴各地从事实际工作。此项具体办法与调派方式，各部会应遵照国防最高委员会的指示，妥善规定，切实施行。

复次，现在政府所办的公用事业，外间常有许多批评，各部会主官必须严格考核，彻底整顿。本来公用事业之设立，系为适应民生需要，创造公共福利，并非纯以赚钱为目的。故其年度盈亏如何？初不必过于重视，一事业之组织与经营必求其合理化，而预定应尽之职责，尤须切实尽到，而不可使机关成为衙门，闲杂无用之人麇集其间。现代各国公用事业，都富有企业经营的精神，要在以最少的人力、财力能发生最大的经济效益。而在我国往往人家一人可以作好的事情，我们二三个人还作不好，尚不免闲散之人滥竽其中，如此，一般事业未有不发生流弊者。夫公用事业，能否生利，以报解国库，抑或蚀本亏累，尚须增加国库负担。此其原因，或非一端，姑且置之不论，但如因滥用无用之人到耗损公帑，有碍事业，则实为至不合理，有负职责，有负国家之事，希望各部会负责主官本此要旨，切实整顿。对于人员与经费，须从新加以检讨，务求裁减冗员，节省经费，庶几社会民众对于政府公用事业，观感为之一新，能够发生信仰。此事行政院亦应派遣参事等朝员严格考察，以期彻底改进。

以上各点，各位已护通知，而为今日所应议定实行者，除此之外，尚有几件重要的事项，要对各位说明：

第一、本院所属各部部长与各委员会委员长，都是政务官。政务官主要之职责在决定政策，在指导行政，以实现其政策。但现在各部会主官之工作，关于庶务与事务者太多，而对于政策之决定与运用，业务之考核与督导未能充分注意，以致事业之进行都设有一定政策可循，而考核结果，更缺乏实在之成就。由是在整个政府之中，各部门都是各自为政，形同一盘散沙，甚至不免磨擦冲突。如此，即不成为科学化之政府，更不能建立现代的国家。故各级主官对于其所管业务之全部方针，必须决定一贯之政策，以求运用之适当，切不可以业务之关系而改变政策，须知业务之推进，乃所以谋政策之实现也。过去军事、政治、无具体之政策，无永久之方针，全部工作用之应付，实无异舍本而逐末。从今以后各部会主管必就其所管之业务，拟定具体政策，而行政院更须综揽全局，确定一全盘指导的政策，使各部会之业务，在此全盘指导政策之下，互相联系，密切合作，以实现我政府整个之政策，则庶几得免于各自为政一盘散沙之讥。此后行政院每一政策之决定，各部会均须集中于此，即根据此整个政策，拟定其本身应取的政策，部会以下之各厅、司、又须秉承部会之政策，而决定其工作，应取的方针与重点。如此，各部门之工作，方不致杂乱空虚，因循废弛，甚至自相磨擦，自相牵制。总之，今后政治上与军事上皆须使技术跟着政策走，而不可使政策跟着技术走。近年以来，政府施政殊无成绩所言，考其原因，即由于工作无重心施政无政策，甚至轻重倒置，缓急不分之故。此各主管同志所宜切实注意，一致改正者。

第二、现在一般机关公务人员，有许多固然工作甚忙，但亦有许多闲暇度日，无实际工作可作者。此种人员，在工作上固无成就，即其本身之学问事业亦无进步，且往往因久任公务人员，反使其精神涣散，一事无成，此乃我国政治不能进步之最大原因。本年度各部会政策之中，有一点必须注意者，即我一部一会之人事，必须作系统的组织，切实的调整，各部长虽不能亲自逐一考核所有之科长、科员，但必须责成各厅长、司长、科长等分层负责，对于其管辖之人员，必使其人人皆有具体的工作，时间项目皆须为之适当分配。各部会主官应知我高级干部之主要责任，在为国家造就人才，因此对于部下工作人员，于日常工作之外，每周每月还须指定一定的科目，使其从事研究，以求学术的进步。外国一般机关，研究之风特重，尤其是所有额外人员，如顾问、专员等，不仅学有专长，且在机关里面人人皆须担负一部分专题的研究。而在我国额外人员仅挂名义，领乾薪而已，不仅额外人员如此，即一般科长、科员亦无研究之习惯，无切实之进修。今缓各机关欲求业务之改进，人事之健全，则上自次长，下自科员，人人皆须就其业务或兴趣之所近，拟定专题，精勤研究，及期报告。而由各级主官予以考核，择其成绩优良者，予以保举，全部各厅、各司之间，最好每月能举行一次考核会报，对于全部人事，作一次综合的批评，何人成绩最优，何人成绩最劣，信赏必罚，功过分明，如此，则机关里面的工作精神，必能活泼常新，而工作人员亦必力求进步。各位须知，今后一切建国事业，百端待举，如一般公务人员在像今日之只求应付日常工作，而不在学术上、能力上有进步，则将来必致无法担负如此艰巨的建国工作。以后各机关必须充实研究工作，其部属人员，于业务之外，研究有成绩，有心得者，即可就其所研究之事项，派其工作，不必久留原职，致成疲玩。机关里面总要有生机，工作精神总要求提高，而要作到此一地步，则必须各主官革除官僚的风气与积习，对于部下诱掖有道，督促有方，使人人皆有事作，人人皆能进步，尤须综核名实，信赏必罚，有功者升，有过者退，新陈代谢，则庶几整个机关生机蓬勃，工作精神能够经常振奋。总之，各部会今年工作，所应着重之点，首在人事之调整，即求我机关之生机蓬勃，与行政效能之增进，司与司，部与部之间皆能联系合作，而不致冲突磨擦。此为我改进人事之要图，亦即我改良工作之第一步。此点希望各部会长官责成各主管部属，尤其常务次长切实负责，彻底整理为要。

第三、人事经费之调整，即铨叙与会计之改进，必就其易生流弊之处，特别注意，着手改革，各级主官如能任劳任怨，切实整顿，则经办一二件事之后，必能转移风气，养成部下笃实守法之精神。现在一般主管对于公务人员谎报欺骗，阳奉阴违之事，往往随便看过，不加纠正，即以一般公务员领米贴而论，现在因有年龄规定，遂致虚报年岁以便多领。现在地方户口调查不清，稽核为难，但我一部之内，职员眷属若干，年龄统计如何，我主官不可不知，此等公众之事，如不能严正办理，则一切事皆必无轨道可循。须知凡事流弊所生，即由于问题之不可究诘，此乃我主官最大之耻辱。我一部之职员，人数有限，部长为其直属之主官，道义上应与部属同难苦共患难，不仅应知其家属之人数，即其家庭之状况，亦须了如指掌，部长纵不能一一知之，总务司必须负此责任。而现在各部总务司长往往只办部长一人之杂务，形同部长之私人，此由为不知职责之所在，今后必须切实改正。各部总务司与人事科对于所有职员，须有切实之调查，其家庭之状况、人口之多寡，皆必有详明的登记，随时可以查考。国家之建设，首须建立制度，树立风气，然后一切事业始可推动，此我各级主官之职责，切不可以承上启下，应付例行公事为满足也。

第四、我中央各部会对于各省地方政府，究应采如何态度，今日亦须扼要说明。现在各地方政府，对于中央各部会观感之不好，信心之未立，实无可讳言。其原因所在，即由于中央政府对于地方之一贯的政策，即以监督指导者之地位，以增加其业务之便利，协助其工作之成功。因之，凡事业之有地方性质者，应由地方政府举办，即我中央与地方均可举办之事业，亦以交地方办理为宜，我中央政府切不可揽权争利，与地方政府争事作。否则，如地方政府已办之事业，我中央政府不顾范围系统，任意揽夺，而办理之成绩又复不如地方政府，如此不仅将为地方政府所轻视，且于整个之建国事业，亦必大有妨碍。故我中央之于地方，只宜指示其工作之原则与方案，规定其业务之范围与时限，从旁协助，按时考成而已。事实上我中央无如许之人才，可以担负全国各地方之事业，即现在中央派在各地工作之人员，其操守是否可靠，能力有无专长，各主官尤必勤加考核，始能有切实之把握也。

第五、现在本院各部会皆驻重庆，对于此战时首都之建设，我各部会主官应就其有关的业务指导，并辅助市政府切实改进，力求发展，即如重庆市公安局所管的警察、户籍等工作，即与内政部有关，社会局所办的业务，与社会部、经济部有关，财政局所管的业务，即与财政部、经济部有关，其他卫戍、宪警等事，又与中央军事机关有关。我各部会主官即应根据中央施政整个政策，与建国精神，督导市政府有关各局负责人员，就其实际业务，锐意刷新全力推进，以树立全国楷模，为各省地方示范，否则如我首都所在的重庆市一切市政工作与社会情况，不能改良，不能进步，甚至各种应兴应革事宜，尚不及各省地方所举办者之容易收效，则其影响所及，将使整个建国工作无形之中受到莫大的妨碍。现在各部会公务人员工作有甚清闲者，即可派遣其就地指导，并协助市内有关事业之进行，务使中央所定的政策与所颁的政令，在重庆市能够首先贯彻，完全实现，发生模范作用，则其于推行及全国其他各地之际，必更容易收到效果。故在本年度内，我们一方面要整顿部务，充实部务，一方面要改革重庆，建设重庆，如此方能转移一般风气，振作全国精神，切盼各部会本此要旨，一致作到为要。

第六、各部会对于勤务差役之整顿，最为重要，亦最难收到成效，以故现在各机关差役之腐败情形，实不下于从前北京政府时代，即如各部会机关里面，或各主管官舍与公馆之内，其传达听差与听电话五人等，大都缺乏训练，不知礼节，服务时态度之傲慢，气焰之嚣张，真是到了极点，甚至藉势招采贿赂，以及赌博、经商等种种弊端，不一而足……〔此下原卷残缺〕

〔国民政府行政院档案〕

8. 国民政府公布稽勋委员会组织规程令

（1941年12月4日）

国民政府训令

令文官处

查稽勋委员会组织规程，业经制定，明令公布，应即通饬施行。除分行外，合行抄发该规程，令仰知照，并转饬所属一体知照。此令。

计抄发稽勋委员会组织规程一份

国民政府主席　林　森

稽勋委员会组织规程　三十年十二月四日公布

第一条　本规程依照勋章条例第十二条第三项之规定制定之。

第二条　稽勋委员会（以下简称本会）直隶于国民政府，依照勋章条例第十二条第一项之规定，行使其职权。

第三条　本会依照勋章条例第十二条第二项之规定，设委员十一人至十五人，以内政部部长、外交部部长、侨务委员会委员长、铨叙部部长为当然委员，其余七人至十一人，由国民政府遴联，并设常务委员三人，由委员中自行推定。

第四条　本会设秘书二人至三人，承常务委员之命，处理日常事务，干事三人至五人，承常务委员之命及秘书之指导分办各项事务。

第五条　前条职员，依照勋章条例第十二条第三项之规定，除由国民政府文官处职员中调用外，并得由内政、外交、铨叙各部及侨务委员会职员中调用之。

第六条　本会于元旦及革命政府纪念日，（五月五日）前一个月内开常会，必要时得开临时会，由常务委员全体名义召集之。

第七条　本会办事细则另定之。

第八条　本规程自公布日施行。

〔国民政府档案〕

9. 国民政府关于国防最高委员会与立法院关系之调整办法训令

（1942年2月）

国民政府训令　渝文字　二一五号

令文官处

据本府文官处签呈称：准国防最高委员会秘书厅三十一年二月十四日国纲字第二四零四三号公函开：查关于中央行政机构与职权之调整，前经委员长手令中央设计局王秘书世杰、党政工作考核委员会张秘书长厉生，约集各院部会指派人员详加研究，分别拟具调整办法，呈核在案。兹奉交下国防最高委员会与立法院关系之调整办法一件，内开：

1. 国防最高委员会决定之“立法原则”，立法院如有意见，应尽速向国防最高委员会陈述之。

2. 法律案，如无紧急或特殊情形及国防最高委员会组织大纲第八条规定之事实，仍应交立法院审议。

关于前项紧急或特殊情形之存在，应由提案机关以书面详述理由，呈由国防最高委员会核定之。

3. 国民政府依国防最高委员会决定公布之法令，应令知立法院，立法院对于此项法令毋庸再行议。等因。并奉谕，由厅函文官处转行立法院及其他院会查照办理，相应函达贵处，请烦查照转陈分行。等由。理合签请鉴核。等情。据此。应即转行查照，除饬复并分行外，合行令仰该处查照办理。此令。

国民政府主席　林　森
行政院院长　蒋中正
立法院院长　孙　科
司法院院长　居　正
考试院院长　戴传贤
监察院院长　于右任

〔国民政府档案〕

10. 国民政府修正公布内政部组织法

（1942年6月8日）

内政部组织法　三十一年六月八日修正公布

第一条　内政部掌理全国内务行政事务。

第二条　内政部对于地方最高级行政长官执行本部主管事务有指示监督之责。

第三条　内政部就主管事务对于各地方最高级行政长官之命令或处分，认为违背法令或逾越权限者，得提经行政院会议议决后停止或撤销之。

第四条　内政部置左列司会：

一、总务司；二、民政司；三、户政司；四、警政司；五、礼俗司；六、营建司；七、禁烟委员会。

第五条　内政部经行政院决议及立法院之决议，得增置裁并各司会及其他机关。

第六条　禁烟委员会之组织另以法律定之。

第七条　总务司掌左列事项：

一、关于部令之公布事项；

二、关于印信之典守事项；

三、关于本部及附属机关之人事管理事项；

四、关于文件之收发分配撰行事项；

五、关于档案之整理及保管事项；

六、关于本部法规及公报等刊物之编辑发行事项；

七、关于本部官产官物及图书之管理事项；

八、关于本部经费之出纳事项；

九、关于本部庶务及不属其他各司事项。

第八条　民政司掌左列事项：

一、关于地方行政组织之厘订改进事项；

二、关于地方行政之指示监督事项；

三、关于地方行政区域及自治区域之划分、调整、勘测事项；

四、关于地方各级行政区域设治地点及名称之厘订事项；

五、关于地方行政人员之任免、训练、考核、奖惩事项；

六、关于地方自治人员之任用、训练、考核、奖惩事项；

七、关于地方自治之规划、监督、指导事项；

八、关于选举事项；
九、关于地方行政计划及否作裁并之审核事项；
十、关于地方行政概算之审核事项；
十一、关于设治及边民辅导事项；
十二、关于地方各级行政机关印信颁发事项。
第九条　户政司掌管左列事项：
一、关于户籍行政制度之厘订事项；
二、关于户籍行政设施之计划督导事项；
三、关于户籍行政人员之任免、训练、考核、奖惩事项；
四、关于户籍行政图表册籍之设计审核事项；
五、关于更姓改名事项；
六、关于国民身份证之规划事项；
七、关于协助征兵征发事项；
八、关于国民工役事项；
九、关于侨居国外人民国籍证明书之核发事项；
十、关于国籍变更事项；
十一、关于外国侨民居留之调查登记事项。
第十条　警政司掌左列事项：
一、关于警察制度之厘订事项；
二、关于警察官吏任免考核奖惩事项；
三、关于警察经费事项；
四、关于警察教育及警察智力测验事项；
五、关于行政警察事项；
六、关于地方自卫事项；
七、关于出版品登记及著作权注册事项；
八、关于国境警察之计划管理事项。
第十一条　礼俗司掌左列事项：
一、关于礼制乐典之行政事项；

二、关于服制之厘订事项；

三、关于纪念典礼事项；

四、关于民俗之改善辅导事项；

五、关于人民之褒扬奖励抚恤事项；

六、关于国葬公葬及公墓事项；

七、关于划一时历事项；

八、关于公共娱乐场所设施之指导事项；

九、关于不属其他司会职掌之宗教事项；

十、关于先哲先烈祠宇及寺庙之管理登记事项；

十一、关于名胜古迹及古物之调查登记保管事项。

第十二条　营建司掌左列事项：

一、关于营建工程行政之计划考核事项；

二、关于都市工程建设之计划审核事项；

三、关于乡村工程建设之指导事项；

四、关于公私建筑之指导事项；

五、关于乡村道路、堤坝建设之指导事项；

六、关于公有建设标准图案之计划审核事项；

七、关于平民住宅建筑工程之计划指导事项；

八、关于自来水工程、沟渠工程及其他市政工程之指导事项；

九、关于不属其他各部会职掌民营公用事业之监督事项。

第十三条　内政部部长综理本部事务，监督所属职员及机关。

第十四条　内政部政务次长、常务次长辅助部长处理部务。

第十五条　内政部设参事四人至六人撰拟审核关于本部之法案命令及计划方案。

第十六条　内政部设秘书六人至八人，分掌机要文件及长官交办事项。

第十七条　内政部设司长六人，分掌各司事务。

第十八条　内政部设科长二十二人至二十八人，科员一百人至一百三十人承长官之命，分掌各科事务。

第十九条　内政部设技正八人、技士十二人，承长官之命办理技术事务。

第二十条　内政部设编审八人，承长官之命，分掌编辑内政图书及审查出版品事务。

第二一条　内政部设视察十人至十六人，承长官之命分赴各省市县视察及指导内政事务。

第二二条　内政部设统计长一人，会计主任一人，办理统计、岁计、会计事项，受内政部长之指挥、监督并依国民政府主计处组织法之规定，直接对主计处负责。

统计处及会计室需用佐理人员名额，由内政部及主计处就本法所定荐任、委任人员及雇员名额中会同决定之。

第二三条　内政部部长特任，次长、参事、司长、秘书二人，技正四人，视察二人简任，其余秘书、技正、视察及科长、编审均荐任，科员、技士委任。

第二四条　内政部得酌用雇员。

第二五条　内政部处务规程以部令定之。

第二六条　本法自公布日施行。

〔国民政府档案〕

11. 蒋介石对于“行政院会议及院部间关系之研究”与行政院往来文电

（1942年7—9月）

（1）蒋中正电　（7月17日）

行政院陈秘书长、政务处蒋处长均鉴：据党政工作考核委员会张秘书长厉生呈，拟对于“行政院会议及院部间关系之研

究”意见一则，前来。查核所陈甚属重要，特随文抄发，务于两星期内审查完毕，呈核为要。中正。午筱。侍秘。附抄发原意见一件

对于行政院会议及院部间关系之研究

按行政院为国民政府最高行政机关，凡国家政令之推行，行政计划之实施，与所属各部、会、署之指挥监督，行政院实负有统筹督率之责。依据行政院会议规则第六条之规定，关于提出于立法院之法律案、大赦案、宣战媾和案，及其他重要国际事项，荐任以上官吏之任免，各部、会间不能解决之事项，及其他依法律或院长认为应付议决之事项，均须行政院会议议决，行政院会议之重要于此可见。加之军兴以来，因适应战时需要，行政机构屡有增设，政务纷繁，自不待言。行政院应如何统筹兼顾，督率所属机关推行战时行政院会议应如何与各部、会保持密切联系，以求各部会间工作之均衡与协调，实为当今之急务。但揆诸事实，行政院与各部、会间权限不清，关系不明，致行政院未能尽量发挥其统率之功能。行政院会议虽按期举行，但各部、会、署或以消极之态度应付会议，或为自身之利益尽量苛求，各自为谋，互不关联，机体因之失效，作用亦不显明，兹就平日调查及研究所得，对于行政院会议及院、部间之关系，提供改进意见如左：

甲、行政院与各部、会之关系：

一、加强行政院之责权：

1. 行政院对于所属各部、会之行政计划，应切实负责，统筹策划。

各部、会之行政计划，必须由行政院作整个之统筹与设计，力避各自为政支离分散之现象。各部、会间工作之均衡与联系，亦须由行政院作合理之筹划，以免畸形发展，互相脱节之现象。

2. 行政院对于所属各部、会之工作，应切实负责，策动推行。

行政院对于所属各部，会之行政计划，既须通盘筹划，对各部、会工作之实施，亦应经常负有策动推行之责，使各部，会工作能依照进度如限完成，不致中途懈息，发生停滞现象。同时行政院对于各部、会主管或有关事件，亦有径为处理之权。

3. 行政院对于所属各部、会之工作应切实负责督导考核。

各部、会之工作须经常由行政院予以督导与考核，各部、会之中心工作，在进行已告一段落时，应向行政院作具体之报告，以观其工作之是否确实。至各部、会之工作报告与年度政绩，行政院均负有审定与考核之责。

二、改进院、部间之关系：

1. 行政院与各部、会权限之划分：

行政院对于各省、市有直接指挥监督之权，各部、会就主管事务，对各省、市亦有直接之监督权，但何者应由各部、会径自处理，何者应先呈院请示，权限上并未划清；各省、市政府之呈清，何者应径呈院，何者须由部转院，何者须分向院、部并行，法令上亦无明确之规定，权限不清，关系不明，行文凌乱，争执殊多，直接影响行政效率，间接影响政府威信，故院、部、会间之权限应即划分清楚，俾使各有依据。

2. 行政院命令之付署应名实相符：

依行政院副署办法之规定：行政院对于人民及各省、市政府之命令，行经各关系部部长之副署始生效力。此种副署作用，乃表示院长与关系部长共同负责，并表示关系部长对于此种事件亦曾参与意见，但实际上副署一事已成形式，关系部长或关系部对于副署之事件，事先即毫无所闻，事后亦未接通知，且依法应副署而不副署者亦所有皆是，名实不符，责任不清，法律上既有副署之规定，而副署办法亦系沟通意见及促进院部间关系之联锁，仍应依照副署之规定切实施行，以求名实相符。

3. 各部、会对于行政院之政务应全部了解。

行政院有综核各部会职掌之权，但各部、会对于院内全部之政务无法了解，实为施政上之一缺点。行政院处理政务，除召集有关部、会共同审查及举行行政院会议外，其他尚无联系办法彼此沟通意见，以致各部、会对于院内整个政务情形，隔膜不能窥其全豹，为集思广益，促进政治，行政院本身之工作情形，应使各部、会全部了解，院部间关系密切，则一切行政之实施必事半而功倍。

乙、行政院会议：

一、行政院会议之性质：

1. 行政院院长非内阁制下之国务总理，彼与各部、会长既不负连带责任，亦不与各部、会长立于同等地位，分任行政事务，而彼实处于各部会长之上，为全国最高之实际行政首长，故行政院会议之性质，实类是总统制之国务会议，而非内阁制之内阁会议。

2. 行政院所属各部、会、署乃为管理事的纵的系统，而行政院会议且有综合性与统一性，乃为管理事的横的系统。

3. 依照行政三联制的理论，行政院所属各部、会乃为依既定方针之执行机构，而行政院会议实具有设计与考核之作用。

二、行政院会议之改进：

1. 提会事项，除法定者外，应订定标准：

提会事项国民政府组织法第廿四条已有明文规定．其中关于“院长认为应付行政院会议议决事项”，确占议案中之最多数。实际上，此种事项办理者向无标准可循，往往同一性质之事件，有提院会讨论者，有仅报告院会者，亦有事后始提会报告者，亦有不提会而径送国民政府或国防最高委员会者，因此，提会事项缺乏标准，纷歧凌乱，无可讳言。故关于院长认为应付议决之事项，应分别性质，订定标准，何者应提会报告，何者应提会讨论，应有具体之规定，以为处理事项之依据。

2. 提会议案事先应有充分准备：

依据行政院组织法第八条，行政院政务处有掌理行政院会议事项之规定，故凡提会议案，须先由行政院指定专人研究提案内容，拟定讨论要点，编列议案程序，并应搜集与提案有关之资料，以供各出席人之参考，如某项案件内容复杂，事前可约定有关人员列席说明，俾各出席人能明了案件之真象，讨论时容易把握重点，解决案件亦较正确而迅速。

3. 议事日程应提前编送：

现院会之议事日程，仅于前一日或仅数小时前送达各出席人及列席人员，时期匆促，无法详加研究，故讨论时各出席人发言甚少，勉强应付，致会议效用不能尽量发挥，为使出席及列席人员事前有充分研究，讨论时能发抒意见，议事日程应尽量提前编送。

4. 议决案之执行应报告院会：

行政院会议规则第廿三条仅规定会议议事记录，应于次期开议前分送各出席人员，惟议决案之执行情形及其进行程限，在院会中向无报告之规定，为求检讨业务，加强会议之功能起见，应于一定期间内，将各次议决案之执行状况分门分类作综合与具体之报告，以为工作之检讨与施政之改进。

（2）行政院签注　（7月21日）

兹遵批：对于张秘书长条陈意见签注如下：

一、关于加强行政院之责权：查行政院为各部、会所组成。行政院院长处于各部、会长之上，为全国之最高实际行政首长。行政院会议则为横的联系机构，此为当前行政制度组织之系统。现在各部、会各有其组织法，各有其法定之职权，分工致为细密，而如何切取联系，以求通盘筹画，则诚有待于改进。过去行政院关于此事，所用之方法有二：一为审核各部、会、署之预算，一为审核其工作计划，即使各部门之工作能切实配合，至于临时发生之事务，则召集各有关机关会商或审查，然后由行政院会议作最后之决定。惟自抗战以来，环境变化甚速，年度预算及计划，往往需要中途变更，以致追加预算及变更计划之案，加增甚多，且须迅速为之处理，而各部、会间又往往以其本身立场为出发点，坚持其主张，致使通盘筹划之旨，未易贯彻，今后似宜本原条陈之主张，加强行政院之权责，在院内设立专管机构与会计处，负责审核各部会之工作计划及预算，并监督其执行，（上年本院曾有设立一审核委员会之议；嗣未经国防最高委员会核定）以供院长及行政院会议作最后决定。

二、关于改进院部间之关系：查行政院对于各省、市政府可以命令、指挥、监督；各部、会、署对之则仅有指导监督之责，此在各部、会、署组织法中均有明文规定。惟过去各部、会、署往往直接对于省、市政府所属之所、处、局用令，甚有与现行法令相矛盾者。近来中央每添设一机关，该机关例必要求同时在各省、市及各县政府中添设机构，其用意固有可原，但其结果则使省、市、县之机构骈冗难出，中央机关各自对省、市机关下令，亦使政令纷歧冲突，此为当前行政上最大之缺点。今后似宜由行政院于“调整省政机构办法”核定后，切实厉行合署办公及分级负责之制，一方面严格限制省政机构不得超过调整办法所规定之十四个单位，一方面决定各部、会、署凡须以命令通行各省、市政府之事务，一律由行政院转令，如是，则院、部之职权可以确定，而行政院亦得发挥统筹全局之机能。

关于副署制度，过去行政院对于一切案件，无论性质如何，问题大小，或则交主管部、会、署核议，或召集审查，而由行政院会议或院长作最后之决定，是行政院一切措施，各主管部、会均有发表主张及意见之机会，院部之间，原有密切之联系，故副署只为发布命令时之一种形式，矧我国行政院院长负有实际政治责任，各部、会长官之副署行政院命令之意义，与西洋国家中各部部长之副署元首命令亦自有不同。

关于各部、会对于行政院全部政务，除行政院会议及召集审查外，别无联系办法一点，原条陈未举出具体办法，惟行政院重要之政务设施，具见之于每年之预算案中，其决定均由各部、会长官参加。此外，则临时重要案件，均经行政院会议决定，各部、会对于全般政务应有相当之了解（各部会并可参阅行政院之各种工作报告），且过去行政院会议除必有之军事、外交报告外，各部、会遇有重大之设施，亦不乏特别提出报告之例，此种办法，如能推广，遇有重要案件，即由主管部、会长官提出报告，似亦足资困应。

三、关于提出行政院会议议案之标准一点，仅查依法应行提交行政院会议讨论之议案，如各种法令、章则及有关预算之案件实占最大多数，原条陈称：院长交议案件确占议案中最多数，查与事实不符，过去院长交议之案件，大都有关政策之决定，而报告事项则包括业经院长核定之案件，其中亦有一定之标准。此外不经行政院会议而径呈国民政府之案件，类为主管部会业经核定而原则上无问题之案件（举例如更改县名）。至径送国防最高委员会之案件，类为转报各主管部、会办理某项案件之情形（举例如中全会决议案或国民参政会建议案之办理情形），或系国防最高委员会发交签注意见之案件（举例如县各级组织纲要草案），此外则无径行呈府或函达国防最高委员会之例。

关于议案事先准备一点，谨查过去提出院会之案，除各部会长官自行携带到会提出之临时案件外，均经行政院秘书政务处加以研究，或召集有关机关审查，或将各种有关事实制成签注以供参考，原条陈所建议者与事实不复相符。

关于议案之提前编送一点，在抗战以前，即系如此办理。战争发生后，因临时紧急案件数目增多，至未能将议事日程先期编送。今后似可恢复以前之办法，于开会前二日，以议事日程分送各出席及列席人员，以便开会时有所准备。

关于议决案执行情况应先报告院会一点，似可在上述各主管之报告中为之，盖行政院会议大部分之决议案，如法规案，经费案及任免案均无所谓执行情形，故亦无提出报告之必要也。

（3）蒋中正电　（9月8日）

行政院陈秘书长、蒋处长均签：七月廿九日第309号签呈悉。除所陈第（2）项内，关于各部会署凡须以命令通行各省、市政府之事务，一律由行政院转令一节，应提交院议讨论外，其余准如所议办理可也。中正。未庚。侍秘。

（4）行政院会议决议案（9月8日）

行政院第五八〇次会议　民国卅一年九月八日

讨论事项（密）第一案。

决议：照现行办法办理，无庸变更。

仪　九·九

讨论事项

院长交议：张秘书长厉生对于行政院会议及院部间关系之研究案

秘书政务处签注：前奉院长交下张秘书长厉生对于行政院会议及院部间关系之研究条陈意见，主张行政院会议应谋各部门工作之联系与均衡，调整院部间之关系，加强由行政院之责权。各部会之行政计划，应由行政院作整个之统筹与设计，各部会之工作应由行政院切实□导与考核等语。经将本院会议及院与各部会署之联系情形，就过去及现在之事实分别签明呈复，并为求院与各部会署间之关系益加密切起见，拟规定各部、会、署凡须以命令通饬各省、市政府之事务均由行政院专令，俾使院与部会署之职权可以比较明确，而行政院亦可因此取得统筹全局之实效，关于此点，经奉院长代电饬提出院会讨论。谨将经过签明如上，当否敬呈核定。

〔国民政府行政院档案〕

12. 国民政府修正“中华民国国民政府组织法”第十三条第二项条文令

（1943年5月29日）

国民政府训令　渝文字三八五号
中华民国32年5月30日

令文官处

查中华民国国民政府组织法第十三条，现经修正于原文后增加一项，明令公布，应即通饬施行，除分行外，合行抄发该项条文，令仰知照，并转饬所属一体知照。此令。

计抄发中华民国国民政府组织法第十三条第二项条文一份

国民政府主席　林　森
行政院院长　蒋中正
司法院院长　居　正
监察院院长　于右任
立法院院长　孙　科
考试院院长　戴传贤

中华民国国民政府组织法第十三条第二项，32年5月29日公布，国民政府主席因故不能视事时，由行政院院长代理之。

〔国民政府档案〕

13. 国民政府行政院组织法历次修正经过概况

（1943年6月29日）

第一次修正

民国18年8月1日国民政府训令修正第七条第二款条文：

“二、参事四人至六人简任。”

第二次修正

民国19年6月10日国民政府训令修正第一条、第五条、第七条、第八条条文：

“第一条　行政院以左列各部各委员会组织之：

一、内政部

二、外交部

三、军政部

四、海军部

五、财政部

六、农矿部

七、工商部

八、教育部

九、交通部

十、铁道部

十一、卫生部

十二、建设委员会

十三、蒙藏委员会

十四、劳工委员会

十五、禁烟委员会

第五条　秘书处置左列各职员：

一、秘书长一人简任

二、秘书六人至十人其中四人简任余荐任
三、科员十人至二十人委任但其中四人得为荐任
第七条　政务处置左列各职员：
一、政务处长一人简任。
二、参事四人至六人简任。
三、科员十人至二十人委员但其中六人得为荐任。
第八条　政务处掌左列事项：
一、关于本院会议事项。
二、关于应提出于国务会议或国务会议发交本院之决议事项。
三、关于应提出于立法院或立法院咨送本院事项。
四、关于诉愿事项。
五、撰拟命令事项。
但属秘书处主管者不在此限。”
第三次修正
民国 22 年 8 月 3 日国民政府训令修正第一条、第五条、第七条条文
“第二条　行政院以左列各部各委员会组织之：
一、内政部
二、外交部
三、军政部
四、海军部
五、财政部
六、实业部
七、教育部
八、交通部
九、铁道部
十、司法行政部
十一、蒙藏委员会

十二、侨务委员会

十三、禁烟委员会

十四、劳工委员会

第五条　秘书处置左列各职员：

一、秘书长一人简任。

二、秘书八人至十四人其中八人简任余荐任。

三、科员十八人至二十人委员但其中四人得为荐任。

第七条　政务处置左列各职员：

一、政务处长一人简任。

二、参事六人至十人简任。

三、科员十人至二十人委任但其中六人得为荐任。”

第四次修正

民国 25 年 5 月 12 日国民政府训令修正行政院组织法全文：

“（照附卷：2/2第一册内字字 13340 号附排印本行政院组织法自第一条抄至第十六条末尾止。）”

第五次修正

民国 27 年 1 月 14 日国民政府训令修正第一条条文：

“第一条　行政院以左列各部及委员会组织之：

一、内政部

二、外交部

三、军政部

四、财政部

五、经济部

六、教育部

七、交通部

八、蒙藏委员会

九、侨务委员会

各部及各委员会之组织法另定之。”

（按二十五年修正公布之组织法全文：经此次修正第二条条文后即为现行法。）

〔国民政府行政院档案〕

14. 司法行政部呈送公布修正司法行政部组织法函稿

（1943年8月17日）

司法行政部公函　公参字第二七二九号

案准贵处本年六月二十九日仁壹字第一四七二三号笺函开：准中央设计局秘书处函开：本处为研究中央各机关组织演变情形，拟请将贵院及所属各部会署历次组织演变经过概况与法规惠予见示，藉资参考。等由。除由处将本院组织法历次修正经过，先行抄送，并分行外，相应函请贵部查照，将成立日期暨组织法规历次修正经过概况□□□□□□□等由准此。司法行政部组织法历次修正经过概况（照括弧内抄）。查本部系由十六年七月成立之司法部演变而来。十七年十一月十九日，国民政府公布司法行政部组织法，自此司法部遂改为司法行政部，直隶于司法院。十八年四月十七日，国民政府修正公布司法行政部组织法。二十年十二月第四届中央执行委员会第一次全体会议于改革中央政制案内议决，司法行政部改隶于行政院。二十三年十月，复经中央政治委员会第四二八次会议议决，仍隶属于司法院。二十五十一月三日，为施行超然主计制度，修正公布司法行政部组织法第六条及第十七条条文。三十一年七月二十八日，为添设人事司，复将司法行政部组织法修正公布。三十一年十二月，第五届中央执行委员会第十次全体会议，为适应当前需要起见，议决将司法行政部改隶行政院，自本年一月一日起实行，并于三十二年二月十三日修正公布司法行政部组织法。准函前由，相应检同历次修正之本部组

织法规全文四份，送请查照为荷。此复

行政院秘书处。

附送历次修正之司法行政部组织法四份(略三，留一)

谢冠生

修正司法行政部组织法　三十二年二月十三日公布

第一条　司法行政部管理全国司法行政事务。

第二条　司法行政部对于各地方最高级行政长官执行本部主管事务，有指示监督之责。

第三条　司法行政部就主管事务，对于各地方最高级行政长官之命令或处分认为有违背法令或逾越权限者，得提经行政院会议议决后停止或撤销之。

第四条　司法行政部置左列各司：

一、总务司；二、人事司；三、民事司；四、刑事司；五、监狱司。

第五条　司法行政部经行政院会议及立法院之议决，得增置裁并各司处及其他机关。

第六条　总务司掌左列事项：

一、关于收发、分配、撰辑、保存文件事项；

二、关于部令之公布事项；

三、关于典守印信事项；

四、关于图书刊物之出版、征集、管理事项；

五、关于本部所管之官产官物事项；

六、关于法院、监狱、看守所及保安处分处所之修建事项；

七、关于经费之出纳事项；

八、关于本部庶务及其他不属各司事项。

第七条　人事司掌左列事项：

一、关于法院组织事项；

二、关于职员之任免、奖惩、抚恤事项；
三、关于职员之考绩事项；
四、关于职员之训练教育事项；
五、关于律师事项；
六、关于人事登记事项；
七、关于其他人事事项。
第八条　民事司掌左列事项：
一、关于民事诉讼、审判之行政事项；
二、关于非讼事件事项；
三、关于公证事项；
四、关于司法机关所管之登记事项；
五、关于其他民事事项。
第九条　刑事司掌左列事项：
一、关于刑事诉讼、审判及检察之行政事项；
二、关于特赦、减刑及复权事项；
三、关于执行刑罚及缓刑事项；
四、关于国际引渡罪犯事项；
五、关于其他刑事事项。
第十条　监狱司掌左列事项：
一、关于监狱、看守所及保安处分处所设置、废止及审〔管〕理事项；
二、关于监狱、看守所及保安处分处所管理人员之监督事项；
三、关于犯罪人之感化、假释及出狱人保护事项；
四、关于保安处分处执行之指导监督事项；
五、关于犯罪人异同识别事项；
六、关于犯罪人卫生及工作事项。
第十一条　司法行政部设部长一人，综理本部事务，监督所属职员及各机关。

第十二条　司法行政部设政务次长、常务次长各一人，辅助部长处理部务。

第十三条　司法行政部设秘书四人至六人，分掌部务会议及长官交办事务。

第十四条　司法行政部设参事二人至四人，撰拟审核本部之法案命令。

第十五条　司法行政部设司长五人，分掌各司事务。

第十六条　司法行政部设科长二十人至二十八人，科员八十人至一百二十人，书记官三十人至五十人。

第十七条　司法行政部部长特任，次长、参事、司长及秘书二人简任，其余秘书及科长荐任，科员、书记官委任。

第十八条　司法行政部得设编审八人至十二人荐任，承长官之命审核裁判书类，技正一人或二人荐任，技士三人至五人委任，承长官之命办理技术事务。

第十九条　司法行政部设会计主任一人，统计主任一人，办理会计岁计统计事项，受司法行政部部长之指挥监督，并依国民政府主计处组织法之规定，直接对主计处负责。会计室、统计室需用佐理人员名额由司法行政部及主计处就本法所定委任人员及雇员名额中会同决定之。

第二十条　司法行政部于必要时，得设司法人员训练机关。

第二十一条　司法行政部因事务上之必要，得聘用专门人员七人至十五人。

第二十二条　司法行政部得酌用雇员。

第二十三条　司法行政部处务规程，由司法行政部定之。

第二十四条　本法自公布之日施行。

〔国民政府行政院档案〕

15. 国民政府修正“中华民国国民政府组织法”第八条第十条第十一条第十三条第十四条及第十五条条文令

（1943年9月15日）

国民政府训令　渝文字五八八号
中华民国三十二年九月十五日

令文官处

查中华民国国民政府组织法第八条、第十条、第十一条、第十二条、第十三条、第十四条、第十五条条文现经修正明令公布、应即通饬施行，除分令外，合行抄发修正条文，令仰知照并转饬所属一体知照。此令。

计抄发修正中华民国国民政府组织法第八条、第十条、第十一条、第十二条、第十三条、第十四条及第十五条条文一份

代理国民政府主席　蒋中正
行政院院长　蒋中正
立法院院长　孙　科
司法院院长　居　正
考试院院长　戴传贤
监察院院长　于右任

中华民国国民政府组织法第八条第十条第十一条第十二条第十三条第十四条及第十五条条文

（32年9月15日修正公布）

第八条　国民政府以左列五院分别行使行政、立法、司法、考试、监察五种治权：

一、行政院；

二、立法院；

三、司法院；

四、考试院；

五、监察院。

前项各院得依据法律发布命令。

第十条　国民政府设主席一人，委员二十四人至三十六人，由中国国民党中央执行委员会选任之。

第十一条　国民政府主席为中华民国元首，对外代表中华民国。

第十二条　国民政府主席为陆海空军大元帅。

第十三条　国民政府主席任期三年，连选得连任，但于宪法实施后依法当选之总统就任时，即行解职。

国民政府委员任期同。

国民政府主席因故不能视事时，由行政院院长代理之。

第十四条　国民政府公布法律、发布命令，由国民政府主席依法署名行之。

前项公布之法律，发布之命令，由关系院院长副署之。

第十五条　国民政府五院院长、副院长，由国民政府主席于国民政府委员中提请中国国民党中央执行委员会选任之。

国民政府主席对中国国民党中央执行委员会负责。五院院长对国民政府主席负责。

〔国民政府档案〕

16. 国民政府公布修正之中华民国国民政府组织法

（1943年9月15日）

中华民国国民政府组织法

第五届中央执行委员会第六次大会修正，三十二年九月十五

日国民政府公布

第一章　总则

第一条　国民政府依据中华民国训政时期约法第七十七条之规定制定中华民国国民政府组织法。

第二章　国民政府

第二条　国民政府总揽中华民国之治权。

第三条　国民政府统率陆海空军。

第四条　国民政府行使宣战媾和及缔结条约之权。

第五条　国民政府公布法律，发布命令。

第六条　国民政府行大赦、特赦及减刑复权。

第七条　国民政府授与荣典。

第八条　国民政府以左列五院分别行使行政、立法、司法、考试、监察五种治权：

一、行政院；二、立法院；三、司法院；四、考试院；五、监察院。

前项各院得依据法律发布命令。

第九条　国民政府于必要时得设置各直属机关，直隶于国民政府，其组织以法律定之。

第十条　国民政府设主席一人，委员二十四人至三十六人，由中国国民党中央执行委员会选任之。

第十一条　国民政府主席为中华民国元首，对外代表中华民国。

第十二条　国民政府主席为陆海空军大元帅。

第十三条　国民政府主席任期三年，连选得连任，但于宪法实施后依法当选之总统就任时即行解职。

国民政府委员任期同。

国民政府主席因故不能视事时，由行政院院长代理之。

第十四条　国民政府公布法律，发布命令，由国民政府主席依法署名行之。

前项公布之法律，发布之命令，由关系院院长副署之。

第十五条　国民政府五院院长、副院长，由国民政府主席于国民政府委员中提请中国国民党中央执行委员会选任之。国民政府主席对中国国民党中央执行委员会负责，五院院长对国民政府主席负责。

第三章　国民政府委员会

第十六条　国民政府委员会以国民政府主席及委员组织之。

第十七条　院与院间不能解决之事项，由国民政府委员会议决之。

第十八条　国民政府委员会会议规程另订之。

第四章　行政院

第十九条　行政院为国民政府最高行政机关。

第二十条　行政院设各部，分掌行政之职权，关于特定之行政事宜，得设委员会掌理之。

第二十一条　行政院各部，设部长一人，政务次长、常务次长各一人；各委员会设委员长、副委员长各一人，委员若干人。

行政院各部长、委员长之人选，由行政院院长提请国民政府主席依法任免之。

各部之政务次长、常务次长及各委员会之副委员长，由行政院院长提请国民政府主席依法任免之。

第二十二条　行政院院长因事故不能执行职务时，由副院长代理之。

第二十三条　行政院会议由行政院院长、副院长、各部部长、各委员会委员长组织之，会议时以行政院院长为主席。

第二十四条　左列事项应经行政院会议议决：

一、提出于立法院之法律案；

二、提出于立法院之预算案；

三、提出于立法院之大赦案；

四、提出于立法院之宣战媾和案；

五、荐任以上行政司法官吏之任免；

六、行政院各部及各委员会间不能解决之事项；

七、其他依法律或行政院院长认为应付行政院会议议决事项。

第二十五条　行政院所有命令及处分，其关于一般行政者，须经全体部长之副署；其关于局部行政者，须经各关系部部长之副署，始生效力。

第二十六条　行政院之组织以法律定之。

第五章　立法院

第二十七条　立法院为国民政府最高立法机关。立法院有议决法律案、预算案、大赦案、宣战案、媾和案及其他重要国际事项之职权。

第二十八条　立法院院长因事故不能执行职务时，由副院长代理之。

第二十九条　立法院会议时，各院院长及行政院各部会长得列席说明。

第三十条　立法院设立法委员四十九人至九十九人，由立法院院长提请国民政府主席依法任免之。

第三十一条　立法院委员任期二年，但得连任。

第三十二条　立法院委员不得兼其他官职。

第三十三条　立法院会议以立法院院长为主席。

第三十四条　立法院之组织以法律定之。

第六章　司法院

第三十五条　司法院为国民政府最高司法机关。

第三十六条　司法院设最高法院、行政法院及公务员惩戒委员会。

第三十七条　最高法院院长得由司法院院长兼任，公务员惩戒委员会委员长得由司法院副院长兼任。

第三十八条　司法院院长对于行政法院及公务员惩戒委员会之审判认为有必要时得出庭审理之。

第三十九条　司法院院长因事故不能执行职务时，由副院长代理之。

第四十条　司法院关于主管事项，得提出议案于立法院。

第四十一条　司法院之组织以法律定之。

第七章　考试院

第四十二条　考试院为国民政府最高考试机关，依法行使考试、铨叙之职权。

第四十三条　考试院院长因事故不能执行职务时，由副院长代理之。

第四十四条　考试院关于主管事项得提出议案于立法院。

第四十五条　考试院之组织以法律定之。

第八章　监察院

第四十六条　监察院为国民政府最高监察机关，依法行使弹劾、审计之职权。

第四十七条　监察院院长因事故不能执行职务时，由副院长代理之。

第四十八条　监察院设监察委员二十九人至四十九人，由监察院院长提请国民政府主席依法任免之。

第四十九条　监察委员之保障，以法律定之。

第五十条　监察院会议以监察委员组织之，监察院院长为监察会议之主席。

第五十一条　监察委员不能兼任其他公职。

第五十二条　监察院关于主管事项，得提出议案于立法院。

第五十三条　监察院之组织以法律定之。

第九章　附则

第五十四条　本法自公布日施行。

〔国民政府档案〕

17. 国民政府抄发修正中央设计局组织大纲等训令

（1944年8月2日）

国民政府训令

令文官处

据本府文官处签呈称：准国防最高委员会秘书厅三十三年七月二十一日国纲字第四六二五九号函开：准中央设计局设秘（33）字第一四三〇四号公函开：查本局以适应业务之需要，组织略有调正，所有各有关组织法规亟应分别修订。兹拟具修正本局组织大纲草案，并依组织大纲之规定，拟订审议会组织规程及政治、经济两计划委员会组织规程，相应备函一份送请查照转陈鉴核备案，并希见复等由。附修正中央设计局组织大纲草案、中央设计局审议会组织规程、中央设计局政治计划委员会组织规程暨中央设计局经济计划委员会组织规程各一份，到厅，经转陈提出国防最高委员会第一百四十次常务会议决议修正中央设计局组织大纲等四种法规准予备案。除分函中央秘书处查照转陈外，相应抄同原件函达查照，转陈分行知照。等由，理合签请鉴核等情。据此，应即照办。除饬复并分行外，合行抄发原附各件令仰知照，并分别转饬知照。此令。

计抄发修正中央设计局组织大纲一份、中央设计局审议会组织规程一份、中央设计局政治计划委员会组织规程一份、中央设计局经济计划委员会组织规程一份。

国民政府主席　蒋中正

行政院院长　蒋中正
立法院院长　孙　科
司法院院长　居　正
考试院院长　戴传贤
监察院院长　于右任

修正中央设计局组织大纲

第一条　国防最高委员会为主持国家建设之设计及审订各类计划与预算，设中央设计局（以下简称本局）。

第二条　本局设总裁，由国防最高委员会委员长兼任之。

第三条　本局设审议会，置审议员若干人。其组织另定之。

第四条　本局设秘书长一人，承总裁之命处理局务，副秘书长二人至三人协助之。

第五条　本局设设计委员若干人，由总裁遴派或聘任之。

设计委员得分组办事。分组办事通则另定之。

第六条　本局设政治、经济两计划委员会。其组织另定之。

第七条　本局设计委员会议，由秘书长召集。其议事规则另定之。

第八条　本局设预算委员会。其组织另定之。

第九条　本局设专门委员专员各若干人，助理设计工作。

第十条　本局得聘请国外专家为顾问，以备咨询。

第十一条　本局设秘书处，置处长一人。其组织另定之。

第十二条　本局设调查研究处，置主任、副主任各一人，研究员、助理研究员、统计员各若干人，办理有关设计资料之调查研究事项。

第十三条　本局于必要时得设置各临时特种委员会。其组织另定之。

第十四条　本局各级办事人员名额，另以编制表定之。

第十五条　本局办事细则另定之。

第十六条　本大纲自公布日施行。

中央设计局审议会组织规程

第一条　中央设计局依据修正组织大纲第三条之规定，设审议会（以下简称本会）为本局最高审议机关。

第二条　本会审议事项如左：

一、关于政治、经济之重要政策；

二、关于各种总计划或重要方案及其预算；

三、国防最高委员会或本局总裁交议事项。

第三条　本会设审议员七人至十一人，由总裁遴派之。

第四条　本会开会时，由总裁主席。其议事规则另定之。

必要时，得指定有关人员列席本会会议。

第五条　本会审议事项，得视其性质分为政治、经济两类，分组审议。

第六条　本会一切文书纪录等事务，由本局秘书处办理。

第七条　本规程自核定之日施行。

中央设计局政治计划委员会组织规程

第一条　中央设计局依据修正组织大纲第六条之规定，设置政治计划委员会（以下简称本委员会）。

第二条　本委员会之职掌如左：

一、关于政治建设各项政策之拟订；

二、关于本会各组计划之审核；

三、关于国际政治合作之筹划；

四、其他交议事项。

第三条　本委员会由总裁指派本局设计委员若干人组织之。本会各组召集人为当然委员。

第四条　本委员会设常务委员三人至五人，由总裁就委员中指定之，内以一人为主席。

第五条　本委员会每月开会一次，必要时得由主席召集临时会议。其议事规则另定之。

本局秘书长、副秘书长得随时出席本会会议。

本局经济计划委员会委员于必要时得邀请列席本会会议。

第六条　本委员会各组工作，依本局办事细则之规定办理之。

第七条　本委员会文书事务，由本局秘书处办理。

第八条　本规程自核定之日施行。

中央设计局经济计划委员会组织规程

第一条　中央设计局依据修正组织大纲第六条之规定，设置经济计划委员会（以下简称本委员会）。

第二条　本委员会之职掌如左：

一、关于经济建设各项政策之拟订；

二、关于本会各组计划之审核；

三、关于国际经济合作之筹划；

四、其他交议事项。

第三条　本委员会由总裁指派本局设计委员若干人组织之。本会各组召集人为当然委员。

第四条　本委员会设常务委员三人至五人，由总裁就委员中指定之，内以一人为主席。

第五条　本委员会每月开会一次，必要时得由主席召集临时会议。其议事规则另定之。

本局秘书长、副秘书长得随时出席本会会议。

本局经济计划委员会委员于必要时得邀请列席本会会议。

第六条　本委员会各组工作依本局办事细则之规定办理之。

第七条　本委员会文书事务由本局秘书处办理。

第八条　本规程自核定之日施行。

〔国民政府档案〕

18. 国民政府修正公布行政法院组织法

（1945年4月16日）

行政法院组织法　三十四年四月十六日修正公布

第一条　行政法院掌理全国行政诉讼审判事务。

第二条　行政法院置院长一人，综理全院行政事务，兼任评事，并充庭长。

第三条　行政法院分设二庭或三庭，每庭置庭长一人，除由院长兼任者外，就其余评事中遴充之，监督各该庭事务，并定其分配。

第四条　行政法院每庭置评事五人，掌理审判事务。

每庭评事，应有曾充法官者二人。

第五条　行政法院之审判，以评事五人之合议行之。

合议审判，以庭长为审判长，庭长有事故时，以评事之资深者充之。

第六条　行政法院评事，非具备左列各款资格者，不得充任：

一、对于三民主义有深切研究者；

二、在教育部认可之国内外专科以上学校修习政治法律学科三年以上毕业，并曾任简任公务员二年以上，确有成绩者；

三、年满三十岁者。

第七条　行政法院置书记官长一人，书记官十二人至二十一人，分别掌理纪录、编案撰拟、收发典守印信及搜集编审法规等事务。

第八条　行政法院设会计主任一人，统计员一人，办理岁计会计统计事项，受行政法院院长之指挥监督，并依国民政府主计处组织法之规定直接对主计处负责。

会计统计佐理人员名额，由行政法院及主计处就本法所定委任人员及雇员名额中，会同决定之。

第九条　行政法院设人事室，依人事管理条例之规定掌人事管理事项。

第十条　行政法院院长特任，评事简任，书记官长荐任或简任，书记官委任，其中八人得为荐任。

第十一条　评事之保障严用关于推事保障之规定。

第十二条　行政法院得酌用雇员及庭丁。

第十三条　行政法院处务规程，由司法院定之。

第十四条　本法自公布日施行。

〔国民政府档案〕

（三）省市组织概况

1. 国民政府修正公布市组织法训令

（1943年5月19日）

国民政府训令

令参军处

查市组织法，现经修正明令公布，应即通饬施行。除分令外，合行抄发修正市组织法，令仰知照，并转饬所属一体知照。此令。

计抄发修正市组织法一份

国民政府主席　林　森

立法院院长　孙　科

市组织法　三十二年五月十九日修正公布

第一条　市之自治，除本法规定外，准用关于县自治之规定。

第二条　市自治实施办法，由行政院定之。

第三条　凡人民聚居地方，具有左列情形之一者，设市，受行政院之指挥监督：

一、首都；

二、人口在百万以上者；

三、在政治、经济、文化上有特殊情形者。

第四条　凡人民聚居地方，具有左列情形之一者，得设市，受省政府之指挥监督：

一、省会。

二、人口在二十万以上者。

三、在政治、经济、文化上地位重要，其人口在十万以上者。

第五条　市之设置与废止，及市区域之划定或变更，应经国民政府之核准。

第六条　市以下为区，区内之编制为保甲，十户至三十户为甲，十甲至三十甲为保，十保至三十保为区，其依地方情势有酌量变更之必要者，应呈经上级机关之核准。

第七条　中华民国人民，在市区域内继续居住六个月以上，或有住所达一年以上，年满二十岁，经宣誓登记后，为市公民，有依法行使选举、罢免、创制、复决之权。

有左列情形之一者，不得有公民资格：

一、褫夺公权者。

二、亏欠公款者。

三、曾因赃私处罚有案者。

四、禁治产者。

五、吸用鸦片或其代用品者。

第八条　市设市政府、其职权如左：

一、办理市自治事项。

二、执行上级政府委办事项。

第九条　市政府于不抵触中央及上级政府法令范围内得发布市令。

第十条　市政府置市长一人，综理全市事务、并指挥监督所属机关及职员。

第十一条　市政府设局或科，掌理关于民政、财政、教育、建设、警察、卫生事项。设局或设科，由行政院依其事务之繁简定之。

市政府设局者，置局长、科长、科员；设科者，置科长、科员。

第十二条　院辖市市政府，置秘书长一人，省辖市市政府，置秘书主任一人，掌理文书、庶务及其他不属于各局科事项。

第十三条　院辖市市政府必要时得置参事一人或二人，掌理规章之撰拟事项。

第十四条　市政府因事务之需要，得置技术人员及视导人员。

第十五条　院辖市市长、秘书长、参事、局长简任、秘书科长荐任、科员委任。

省辖市市长荐任或简任、秘书主任、局长荐任、秘书科长委任或荐任、科员委任。

第十六条　市政府人员之员额及其职务之分配，按各该市人口之多寡及事务之繁简，于各该市市政府组织规程中规定之。

前项组织规程，由行政院定之。

第十七条　市政府得酌用雇员。

第十八条　市政府置主办会计人员、主办统计人员各一人，掌理岁计、会计、统计事项，受市长之监督指挥，并依国民政府主计处组织法之规定，直接对主计处负责。

会计、统计需用佐理人员名额，由各该市市政府及主计处就各该市市政府组织规程所定人员名额中、会同决定之。

第十九条　市政府设市政会议，以左列人员组织之：

一、市长。

二、秘书长或秘书主任。

三、参事。

四、局长或科长。

五、主办会计人员。

第二十条　左列事项应经市政会议议决：

一、提出于市参议会之案件。

二、市政府所属机构办事章则。

三、市政府所属机构间不能解决之事项。

四、市长交议事项。

五、其他有关市政之重要事项。

第二十一条　市政会议每月至少开会一次，由市长召集之，开会时市长主席。

第二十二条　市政会议议事细则，由该会议定之。

第二十三条　市设市参议会，由市公民及依法成立之职业团体选举市参议员组织之。但由职业团体选举之参议员，不得超过总额十分之三。

第二十四条　市参议会议长、副议长，由市参议员互选之。

第二十五条　市参议会之组织职权及选举方法，另以法律定之。

第二十六条　市财政、依财政收支系统及关系法令之规定。

第二十七条　区设区民代表会，区民代表与保民大会选举之，每保二人，任期二年，连选得连任。

区民代表违法或失职，由保民大会罢免之。

第二十八条　区民代表会之职权如左：

一、审议区规约及区与区相互间之公约。

二、议决区长交议及本区内公民建议事项。

三、选举或罢免区长、副区长。

四、听取区公所报告，及向区公所提出询问事项。

五、其他有关本区重要兴革事项。

第二十九条　区民代表会置主席一人，由代表互选之。开会时，得通知区长、保长列席。

第三十条　区民代表会每三个月开会一次，由主席召集之。必要时，得举行临时会议。

第三十一条　区民代表会，非有本区区民代表过半数之出席，不得开议。

议案之表决，以出席代表过半数之同意行之。可否同数时，取决于主席。

第三十二条　区民代表会决议案，送请区长分别执行，如区长延不执行，或执行不当，得请其说明理由，如仍认为不满意时，得报请市政府核办。

第三十三条　区长对于区民代表会之决议案，如认为不当，得附理由、送请复议。对于复议结果，如仍认为不当时，得呈请市政府核办。

第三十四条　区设区公所，置区长一人、副区长一人、由区民代表会选举之，受市政府之监督指挥，办理本区自治事项、及执行市政府委办事项。

区长、副区长任期二年，连选得连任。

第三十五条　区公所得置助理员及雇员。

第三十六条　保设保民大会，由本保每户推出一人组织之。其职权如左：

一、审议保甲规约及保与保相互间之公约。

二、议决保长交议及本保公民建议事项。

三、选举或罢免保长、副保长。

四、选举或罢免区民代表会代表。

五、听取保办公处工作报告，及向保办公处提出询问事项。

六、其他有关本保重要兴革事项。

第三十七条　保民大会开会时，保民主席，保长有事故时，副保长主席，保长、副保长俱有事故或与所议事项有利害关系时，由大会推举一人主席。

第三十八条　保民大会每二月开会一次，由保长召集之。必要时，得召集临时会议。

第三十九条　第三十一条、第三十二条及第三十三条之规定，于保民大会准用之。

第四十条　保设保办公处，置保长一人，副保长一人，由保民大会选举之，受区长之监督指挥，办理本保自治事项、及执行市政府委办事项。

第四十一条　甲设户长会议，由本甲各户户长组织之。户长有事故不能出席时，应派一人代表出席。

第四十二条　户长会议之职权如左：

一、选举或罢免甲长。

二、本甲内应兴革事项。

第四十三条　户长会议由甲长召集之，每月开会一次。必要时，经甲长或五户以上之请求，得举行临时会议。开会时，甲长主席，甲长有事故或与所议事项有利害关系时，由出席人推举一人主席。

第四十四条　户长会议，非有本甲户长过半数之出席，不得开会。

议案之表决，以出席人过半数之同意行之。可否同数时，取决于主席。

第四十五条　户长会议决议案，由甲长执行之。

第四十六条　甲长认为必要，或有本甲居民十人以上之连名请求时，应举行甲居民会议，讨论议决有关本甲兴革事项。

第四十七条　在区民代表会未成立之地方，区长、副区长由市政府委任；在保民大会未成立之地方，保长、副保长由区公所推定加倍人数，呈请市政府遴委。

第四十八条　区保应办事项，区民代表会及保民大会议事规则，由市政府定之。

第四十九条　本法施行细则，由行政院定之。

第五十条　本法自公布日施行。

〔国民政府档案〕

2. 国民政府修正公布省政府组织法训令

（1944年4月28日）

国民政府训令

令参军处

查省政府组织法，前经制定公布施行在案。　兹将该法酌加修正，应再通饬施行。除明令公布，并分行外，合行抄发该法修正条文，令仰知照，并转饬所属一体知照。此令。

计抄发省政府组织法一份

国民政府主席　蒋中正

立法院院长　孙　科

省政府组织法　三十三年四月二十八日修正公布

第一条　省设省政府，综理全省行政事务，并监督地方自治。

第二条　省政府于不抵触中央法令范围内，得依法发布命令。

第三条　省政府对于所属各机关及县市政府之命令或处分，认为有违背法令逾越权限或其他不当情形，得停止或撤销之。

第四条　省政府置委员七人至十一人，简任，由行政院会议议决，提请国民政府任命，组织省政府委员会，行使职权。

省政府置主席一人，由行政院会议议决，就省政府委员中提请国民政府任命之。

第五条　左列事项应经省政府委员会之议决：

一、关于发布命令事项。

二、关于停止或撤销所属各机关及县市政府之命令或处分事项。

三、关于建议中央增加或变更人民负担事项。

四、关于地方行政区划之确定或变更事项。

五、关于全省预算事项。

六、关于处分省公产或筹划省公营事业事项。

七、关于省行政设施或变更事项。

八、关于省政府所属全省荐任以上公务员或其他所属机关主管人员之任免事项。

九、关于咨调省内国军及督促所属团警绥靖地方事项。

十、关于地方自治监督事项。

十一、关于提出于省参议会之议案事项。

十二、关于主席或其他委员提议事项。

第六条　省政府主席之职权如左：

一、召集省政府委员会，于会议时为主席。

二、执行省政府委员会之议决案。

三、监督所属行政机关职务之执行。

四、处理省政府日常及紧急事务。

省政府主席因故不能执行职务时，得由省政府委员互推一人暂行代理主席职务，其期间以一个月为限。

第七条　省政府设左列各厅处：

一、民政厅。

二、财政厅。

三、教育厅。

四、建设厅。

五、秘书处。

六、会计处。

省政府于必要时，得由行政院提经立法院之议决，设置专管机关，隶属于主管厅。

各厅处之组织另定之。

第八条　民政厅掌左列事项：

一、关于县市政府行政人员之提请任免事项。

二、关于户籍行政事项。

三、关于土地行政事项。

四、关于警察及保卫事项。

五、关于卫生行政事项。

六、关于合作赈济及其他社会行政事项。

七、关于礼俗宗教事项。

八、关于禁烟禁毒事项。

九、关于选举事项。

十、关于地方自治事项。

十一、关于协助兵役事项。

十二、其他民政事项。

第九条　财政厅掌左列事项：

一、关于田赋管理事项。

二、关于公债金融事项。

三、关于公库收支事项。

四、关于粮食行政事项。

五、关于公产管理事项。

六、关于自治财政之监督及改进事项。

七、关于国税稽征之协助事项。

八、其他财政事项。

第十条　教育厅掌左列事项：

一、关于学校教育事项。

二、关于社会教育事项。

三、关于教育及学术团体的事业监督事项。

四、关于图书馆、博物馆、公共体育场筹划及管理事项。

五、其他教育行政事项。

第十一条　建设厅掌左列事项：

一、关于建设工程事项。

二、关于农林、蚕桑、渔牧、矿业事项。

三、关于农田水利及垦殖事项。

四、关于农业经济改良事项。

五、关于工商业之保护监督及奖励事项。

六、关于度量衡之检查及推行事项。

七、关于农会、工会、商会、渔会及其他农业、工业、商业、渔业、矿业团体的事业之监督事项。

八、关于不属土地行政之测量事项。

九、其他建设行政事项。

第十二条　秘书处掌左列事项：

一、关于一切机要及会议事项。

二、关于文书收发、编制分配及保管事项。

三、关于人事管理事项。

四、关于典守印信事项。

五、关于规章审核事项。

六、关于审查各机关行政计划及工作报告事项。

七、其他不属各厅处事项。

第十三条　会议处掌左列事项：

一、关于全省岁计事项。

二、关于全省会计事项。

三、关于全省统计事项。

第十四条　各厅置厅长一人，由行政院会议议决，就省政府委员中提请国民政府任命，秘书处置秘书长一人，会计处置会计长一人，均简任，分别综理各该厅处事务，指挥监督所属职员及机关。

第十五条　各厅于不抵触中央法令及省政府委员会议决之范围内得就主管事务，对所辖机关发布命令。

第十六条　各厅处间发生权限争议时，由省政府呈请行政院裁决之。

第十七条　省政府委员会议事规则，由行政院定之。各厅处办事细则，由省政府委员会议定之。

第十八条　本法自公布日施行。

〔国民政府档案〕

3. 国民政府公布战时各省政府设置行署条例训令

（1944年7月19日）

国民政府训令　渝文字404号

令参军处

查战区各省政府设置行署条例，现经制定，明令公布，应即通饬施行。除分令外，合行抄发该条例令仰知照，并转饬所属一体知照。此令。

计抄发战区各省政府设置行署条例一份

国民政府主席　蒋中正

立法院院长　孙　科

战区各省省政府设置行署条例　三十三年七月十九日公布

第一条　行政院为适应战时情况，得依本条例设置各省省政府行署。

各省政府认为有设置行署必要时，亦得呈请行政院设置之。

第二条　省政府行署受省政府之指挥监督，在管辖区内代行省政府职权，但对外行文以行署名义行之。

前项管辖区及行署驻在地，由省政府拟订，呈请行政院核定之。

第三条　省政府行署置主任一人，由行政院就省政府委员中遴请简派，综理行署事务，并指挥监督所属职员及机关。

第四条　省政府行署得视事务之繁简，设秘书、政务、警保三处，各置处长一人，荐派或简派。

行署各处得分科办事，置秘书、科长、科员及其他办事人员，均由省政府调充，必要时得酌置专任人员。

第五条　省政府行署组织规程，由省政府拟订，送由内政部转呈行政院核定之。

第六条　本条例自公布日施行。

〔国民政府档案〕

（四）新县制实施与保甲制度的加强

1. 行政院颁布非常时期各地举办联保连坐注意要点

（1938年2月）

非常时期各地举办联保连坐注意要点

（二十七年二月行政院颁布）

（甲）凡已办保甲之各市（包括院辖市）县，应依原有联保切结方式，加紧工作，关于原定联保切结文内，加列“同保各户，绝无作汉奸间谍盗匪，及扰乱地方等情事，并随时共负防范搜查之责”等字样。

（乙）凡有特殊情形，及从未编组保甲之地方，其联保连坐之方式，得依左列之方法办理：

一、联保以户为单位，由各户户长联合甲内毗邻各户户长，或由各户户长联合乡镇村内各户户长，至少五户，共具联保连坐切结。

二、公共户应由主管人员负监督全责，免具联保切结，但应出具户长切结，径对保长负责（未编保甲地方，对乡镇长负责）。

三、寺庙户应与同保内之寺庙联具切结，保内仅一寺庙者，令具户长切结。

四、船户应与同保内之船户联具切结，保内仅一船户者，令具户长切结，径对保长负责。

五、临时户必须甲内土著予以联保。

六、在城市地方邻居多不相识，或其地客民多於土著，良莠难分，彼此不愿联保者，得令就保内各觅五户签具联保，或由县市内殷实商号或富户，或现任公务员二人，出具保证书，其责任与联保同，前项联保切结及保证书式样，依内政部所订者办理之，不论已未办理保甲地方，其连坐处罚，均应依照修正剿匪区内各县编查保甲户口条例第三十五条之规定办理。

（丙）联保事项，在乡村地方，由保甲人员负责办理，在城市地方，由警察机关与保甲人员协同办理，各县市政府并应派员分赴各区，予以协助或抽查之。

（丁）无人担保或无户联保之户，应另登册稽核，并报县市政府核办。

〔国民政府档案〕

2. 白崇禧关于安徽省保甲组织剥削和危害民众情形致蒋介石电

（1939年5月10日）

桂林。重庆委员长蒋：战密。顷据皖省廖主席江电称：查本省保甲组织在抗战期间多未能尽领导发动民众之职能，反乘战事征工、征兵、募债等等机会，鱼肉民众，黑幕重重，徒增民众困苦，对政府之不满，迄至本省战事吃紧的，各保甲人员，或弃职逃匿，或为汉奸，各处保甲悉皆破坏。考具致此之由，实缘于保甲长职务，责重事繁，暨无薪给又无地位，为公不能挂名受罚，往往有过无功，社会有志人士，都而不为，结果任保甲长者，类皆地痞流氓及昏庸老朽之流，出而塞责，成事不足，为害有余。近为调整政治机构，整饬吏治，办理国民自卫军训，建立兵役基础，推行战时政令，以支持抗战起见，省府同人，决计一面调整专署县府组织，一面集中全力改编乡镇保甲，藉以政治基础，因鉴以往保甲组织不健全之弊害，并征询全省各行署专员、县长及地方人士之结果，一致决定乡镇保公所员丁，应按最低生活，一律改为有给职，使能定心服务，并定选任乡镇保长资格，提高其能力、地位，交由主管民厅拟订章则，提请省府会议通过，于本年一月一日宣布实行，并报院核备在案。嗣复文战时政令，国民军训亟待普遍，保训经又遵照养成保训合一干部办法规定，设班训练基本干部，目下分发各县已达千余，各县令整编亦陆续完成。订全省乡镇保经费，每乡镇月六十余元，保十余元，全年共约八百万元，除原有保甲经费百余万外，计增六百余万元，该项经费前经陈请增加，迄未蒙核准。窃从乡镇人员为推行一切基干，既责成其推行政令，又严禁向民众需索，自应给以最低生活及办公费用，以资养廉。此次最低限度之保甲经费，实不应节省，使各乡保人员枵腹从公，坐令基层崩溃。且过去保甲人员名为无给，实际上藉口保甲经费，向民众暗中私行摊派，予取予求，人民负担之重，每超过赋税数百，此种事实，全省皆知。现改有给，依照合理负担原则，明定筹给办法，由县统一收支，实较过去私自摊派，人民负担反可减轻三倍，设非如此，政治难期进步，将予敌为乘势借题煽惑，于发动民众，支持长期抗战，固属不利，即助长流污，影响民族道德，亦属不小。本省乡镇保人员改为有给职，实属必要，实行以来，成绩已著，省府同人及地方人士均认为刷新政治胥愿乎此，否则整理基层行政势必中止，无法巩固抗战之政治基础，坐使民众失望。现在敌伪环伺，顺民动摇，前途甚虞，不敢不据实直陈。关于基层政治机构之充实，就目前试行实效昭示，前方较后方尤为切要，对控制敌伪，消灭顺民思想，发挥管教自卫效能，对付敌之怀柔政策与积极加强民众抗战力量，实曰有把握。职等对战区民众痛苦，见闻较近，又兵灾水患，无不仰体钧座及钧长旨意，尽量设法救济，减免田赋，余如严惩贪污，流动农村金融及战时经济建设各端，亦经先后办理陈报在案，以期改除民众痛苦，咸使归心，免为做伪利用。此次增加之乡保经费，实与抗战及民众利益均属有利，情形已如前述，决非增重人民负担，致违钧长爱国民之旨，以自取罪广。为此，谨再电请查核，并恳财部迅予明令核准，实为公便。等语。查乡保经费，对于推行基层行政组织，在此抗战期间极关重要，拟请钧座转请孔院长迅予核准，俾其早见功效，以利抗战，当否？仍乞示遵，以利抗战。桂。职白崇禧。行秘。蒸。印。

〔国民政府军令部战史会档案〕

3. 内政部等拟具"运用保甲组织防止'异党'活动办法"致国民精神总动员总会函

（1940年1月）

内　政　部
中央组织部 密函　渝民95号

案查前准军事委员会办公厅密函嘱会订运用保甲组织防止异党活动办法一案。经由本两部会商，拟具运用保甲组织，防止异党活动办法一种，函复该厅，请转委座核定在案。兹准代电复"奉谕照办，希查照，并切实推行"。等由。准此。除分饬所属省市党部，并分饬各省市政府遵办外，查原办法中第三五项，应请贵会办理，相应抄同原办法一份，函请查照办理见复为荷。此致国民精神总动员总会

附抄运用保甲组织防止异党活动办法一份

内政部部长　周钟狱

中央组织部部长　朱家骅

极机密

运用保甲组织防止异党活动办法

一、保甲内应尽量发展本党组织，保甲长除依非常时期保甲长选用办法选用外，并应以本党党员充任为原则，未入党者，设法介绍其入党。国民学校校长同。

二、保甲长就职时应举行宣誓，适用宣誓条例内自治职员誓词。

三、每月保民大会，应切实讲解国民精神总动员纲领精神之改造第五项所列各款，并由国民精神总动员总会编印关于上项之通俗小册子。

四、特殊地带，如陕北等地保甲长必须以党员充任，并负责侦查异党活动，随时分报上级党政机关核办。

五、中央调查统计局各地之情报网或特工人员，应与当地保甲长中之忠实同志（事先须经过严密考查）设法取得密切联系。

六、上级党政机关，对于保甲长之思想行动，应注意考查，如发现有错误者，应立予纠正或惩办。

〔国民精神总动员会档案〕

4. 杨廷佐为请改筹贵州松桃县保甲经费摊派弊端意见书及行政院训令等文件

（1940年6—12月）

（1）松桃县士绅杨廷佐意见书（6月5日）

为请改筹区保经费意见

查地方自治为建国之基础，自治事业完备，方能达宪政之域，况宪政期程将届，抗战工作紧张，一切进行，更不能容缓。惟金钱为万事之母，有充裕之财力，然后可以运用自如，以蒇其事。或谓自治事业，乃人民直接福利，举办自治事项，其财力应由人民负担，衡诸权利义务之说，自属正当。夫以百端待举之自治，需巨大之集财，施之富庶之省，或可胜任，行之于贫瘠之黔疆，其困苦恐难言者矣。

忆松桃自李前县奉行区保经费以来，当时预算，全年为十万余元，因按区摊派，配额失均，各区捐户，等第不实，差比额甚巨，几经更换册报，犹不能及额，又变等第为收益，令各区组织评议委员会，切实评定，仍往返不能足额，而办事需钱，不得已作为暂垫征收，藉济急需。后因催收激烈，与人民发生反感，而李前县适于此时被调，稽迟数月，区保办公无形停顿。嗣沭刘副司令开铭及华专员先后莅松，召集全县执事绅耆开会讨论，咸提议请酌量减少，或附加屠宰丁粮，以免手续麻烦，直接扰民，当云格于成例，未蒙许可转详，仅就收入支出核算，决定照比额作六成实收，可以足用，随即就其所列项目，逐一核减，全县全年减成七万余元，如此方告一段落。未几廖县视事，其预算多少，不可得知，仍按区分摊，饬令各联保造报捐户足数，几经册报，苦不能达额，始由县府自行增加，列榜制据，发各联保按季征收，派保安队协助，派工作队核算前任旧欠，勒收押追。李前任派款，既经大会议决，作六成实收，何以又派队勒令缴足，可见此层弊病太深，望省府体念小民，派员密查，务使点滴归公。客腊已将秋冬，一次收足，今春又督收春夏两季，但无形中又增加一万多元，布告榜示，未见声明，人民莫不诧异。此松桃办理区保经费之始未情形也。

维边民虽属愚昧，当此国难迫切，工作紧急之秋，耳闻目染，咸知以财力报国，奈此种办法不特上下纷扰，且摊派失平，救济实难，谨条列于后：

一、预算数目，是按区分摊，而各区大小不一，人口不等，地之肥硗不同，产物美恶各异，人民贫富不齐，虽摊略有分别，不过理想大概，故如中区有拥资数十万，每季纳捐不过二十元左右，外区农民，收益不过六七百运，每季纳捐，高至七八十元不等，以此比例，不平殊甚。

二、土地未经测量，资产未经登记，户口又不彻底，各保甲少具知识，不能任劳任怨，资产标准，概不确实，故柔懦明达者，从直报数，狡诘负势者，丝毫不出，互相容隐，大半加重于忠厚人民，言之心痛。

三、收集最多数花户之钱，以济公用，而保甲疲玩成性，缓不救急，时刻发生窘迫，势必分头派队按户坐收，纷扰甚众，保甲因之不能办地方事业，人民因之与保甲成仇雠，与建设宪政之意旨适得其反，且保甲常因欠款被拘押，以致公平廉明者，视为畏途，承充者，非败类，即赤贫，何以明白政令，推行政令。

四、因预算太巨，迭经造极，未能足额，系由县府任意增加，不知何所依据，所以怨声载道。

五、查松桃丁粮，不过万元，可见山多田少，地瘠民贫，兹区保经费，每年大过六七倍。为数实属惊人，且地方出产除薄具桐油外，别无所有，交通不便，生理不旺，全县人民，除城中少数商人外，皆以农为业，农村破产，不言可知。

六、查松桃位居黔东极边，与川楚连壤，民性复杂，素称难治，自改革以来，罹滥军土匪之剥削暴敛，烧杀掳掠者，所在皆是，十室九空，闾阎丘墟，天灾瘟疫，纷踏不已，自黔政光明，方庆休养生息之有日，任此重担，其何以堪。

综上所举，弊端既如此，而其收效果又如彼，政治以因地制宜为尚，譬之琴瑟不调，改弦更张，乃可鼓也。历任县政，不顾民间疾苦，只知扩大预算，以要声誉，此小民之所以含悲，下情之所以不能上达者也。谨条陈改善意见如左。

查川湘两省，与松桃接壤之秀山，永绥两县，对于区保经费，秀则完全由丁粮附加，仅各联保须设之自卫队，由该管人民供给；绥则附加屠宰，单作乡镇保经费，其余乡镇干部训练，社训开支，乡镇常备队之组织，向省府请发，省府于川盐入口，每包征税十元，藉作开支，未向人民征捐，咫尺之隔，办法不同，待遇各异，不能不呈请改善者也。

甲、拟请于全县食盐项下，每包征税四元，虽县府已征二元作为公称捐，与保警护路费，（此费谅不需这多）共为六元，与湘较亦不算重。

乙、如是项收入不敷，拟请于屠宰项下，每只猪附加二元，查松桃屠税省学两捐合共为一元六角，加为三元六角，此之永绥征四元稍减。

以上两端，虽是同一取诸人民，不过有直接间接之分，然与其真接而纷扰繁难，于事无济，不如间接简便，举措裕如之为愈也。

丙、如上拟二端，碍于实行，则请核减预算，乞省府酌量补助，人民单负区保甲开支，稍轻负担，一面严定资产标准，切实调查，庶免失平。

绅息影家园，本不应干与政事，不过生产斯土，窥破症结，咸属父老昆季，触目心酸，欲缄口不言，不特下失桑梓之望，上更负政府爱民图治之殷。刍荛之言，圣人采纳，敢表腹衷，冒昧上陈。是否有当？伏乞垂察集议，或另筹办法，批示通行，实沾德便。谨呈。

行政院院长

贵州松桃县六区绅耆前任广顺县长杨廷佐上

中华民国二十九年六月五日

（2）行政院训令　（6月28日）

训令阳　14286

令贵州省政府（内政财政两部部长副署）

案据松桃县杨廷佐呈拟改筹区保经费意见，并沥陈该县摊派弊端到院。查区保经费之筹措，采用摊派办法，流弊滋多，应急设法革除，改由县统筹收支，以苏民困，革除摊派后如有不敷，应切实整顿合法税捐，以资抵补。该省各县区保经费现在如何筹措，应由该省政府迅速查复，并拟具由县统收统支办法呈候核夺。至原呈乃陈松桃县摊派弊端，并仰查明纠正具报。此令。

计抄发原呈一件

(3)贵州省政府呈　(12月30日)

贵州省政府呈民二字第三四号
民国29年12月30日发

案查前奉钧院七月二日阳字第一四二八六号训令开：据本省松桃县民杨廷佐，呈拟改筹区保经费意见一案，饬将本省区保经费拟筹情形声复，并将松桃县摊派弊端查明，纠正具报。等因。奉此。查区保经费户捐为本省保甲经费唯一之收入，且系军训及保安警察队补助费之主要来源，若骤加废止，即无款可支。本府前为谋逐渐废去起见，特于二十九年度创办乡镇造产，以其收益作抵补豁免户捐之用，各县办理尚收成效。30年度除实施新县制之贵阳第十二县另案统筹外，其余七十县二十九年度乡镇造产收益，可望抵补废去户捐一部份。至征收户捐办法，三十年度拟重行修订，容当另呈鉴核。又松桃县区保经费之收支，所有该县民杨廷佐所呈各节，业经责令松桃县政府逐一查复。兹据该县政府呈复节称："所呈均非事实，缘该杨廷佐为松桃县之富绅，与其弟杨清如及姚雨珍占有该县北区土地之半数，但区保经费规定之征收对象为保甲内比较有力之居户，该杨廷佐等为图避免起见，不惜多方借词推诿，此次建议附加征收屠宰及食盐，亦系图减彼等区保经费之负担，并非真图改善。盖全县未负担区保经费之居户，约占百分之五三，如加征食盐及屠宰税，是赤贫亦须负担，而彼富户者，家虽富足，食盐肉有限，而负担反乃减少，不平殊甚，至称区保经费征收迟滞，使保甲人员与人民成仇雠，诚如该杨廷佐所云，然其所以致此者，乃系此辈为富不仁之守财虏，千万悭吝，百种刁难，致使保甲无法推行政令，达成使命"。等情。查所呈各节尚属实在，因区保经费之征收，并非立法之不良，乃地方豪富土劣因求避免而从中阻挠，致令办理不善，确属实情。兹据前情，理合其文呈复，敬祈鉴核备查。谨呈

行政院院长　蒋

贵州省政府主席　吴鼎昌

〔国民政府行政院档案〕

5. 陈一拟具“在新县制实施中所感到的九大问题及其解决之道”致行政院报告

（1941年1月28日）

报告　于四川省璧山县县政府秘书室

三十年元月二十八日

窃职于抗战前曾在邹平、江宁等地从事县政建设之研究，实验若干年，无时无刻不在谋新县政之实施，战后入川，又从事川省县政工作两年有余。二十九年三月起，更致力于新县制之实施，一年以来，于实干中对新制发现若干问题。兹本行政学术化之立场，一一提出，并根据研究所得，试拟其解决之道。谨草“在新县制实施中所感到的九大问题及其解决之道”一册，报请行政院院长蒋

附呈《新县制实施中所感到的九大问题及其解决之道》一册

璧山县政府秘书陈一

在新县制实施中所感到的九大问题及其解决之道　　陈一

自新县制实施以来，颇称顺利，但在实施中，亦发现若干实际问题。兹站在行政学术化之立场，一一提出，以供从事县政研究及关心地方行政实际问题者之参考：

（1）旧省制旧专员区制未能配合新县制——自新县制施行以来，可称县以下行政机构已较前合理化，县长权力亦能集中，但省与专员区二层行政机构，仍保旧制，未能与新县制配合施政，以致上级命令不一，妨碍新制推行甚多。如各县实行新制后，县兵

役优委会（事实上已改兵役协会）早遵省府合并入动委会，但军管区司令部仍时常饬令该会办理各种兵役任务。省府已规定整编保甲施行日期，而军事机关又令赶速办理，使下级人员无所适从。故地方行政制度之改革，自应整个施行。今新县制已行，专员区制、省制若仍不加改革，则新县制前途问题尚多。笔者对于省区制之改革意见，在廿五年春于江苏从事地方行政工作时，即发表一专册名“管教养卫合一之地方行政论”。（上海生活书店总经售可参阅）今虽经过四五年，但笔者之意见似仍有可行之处。兹再参以抗战以来之行政经验，扼要叙述笔者对改革省制区制之主张于次：（1）新省制本统一机构，集中力量，合署办公，实施管教养卫之原则，将现有之省机关（包括军政及各种委员会）分别调整，合并集中於省政府内，主席（或省长）以下分设秘书、会计两处，民政、财政、教育、建设、军事、地政、社会七厅，其新设之军事、地政、社会三厅，职掌要点，笔者意军事厅掌治安、兵役及军训暨其他有关军事事务及将原有之保安处、军管区司令部及其他以省为单位之军事机关等合并而成；地政厅掌地政，即以现有之地政局、土地陈报处等合并而成；社会厅掌社会运动、社会福利事业、救济人民团体之组织登记、民众训练及组织国民精神总动员新生活运动等，即以现有之物价平准处、动委会、振济会、新运会等合并，并将各厅、处及省党部原管之上项事务划入该厅。新专员区制——原则同新省制，即将专员区同级机关分别调整，合并入行政督察专署内，分设民（兼社）、财（兼地）、地、建、军五科，团管区司令部、区保安司令部等业务即并入军事各科办理，因专署本身即系代表省府督导各县政务之机关。（关于本节另以专文评论）

（2）下级干部缺乏——自实施新制以来，一般关心者，均已提出“人”“财”为新制中之最困难问题，诚然，但“人”之困难实过于“财”，因实行新制，省、县财政划分，中央亦有印花税等补助县方，若再以整理及造产，县财政前途必有可观，如璧山县实行新制后，支出较旧利时增加二三四，二五三元，然仍能收支平衡，三十年度全县总概算更增至一百四十万左右，收支亦仍平衡，其所以能平衡，人力亦占主因，故实施新制中“人”的问题颇有研究之必要。璧山县实施新制八月以来，上级人员（如县府职员等，虽尚无大问题，但区以下之下级干部，实感缺乏，如甄选保长，招考乡镇队付，粮食管理员等职员，国民教育师训班学员等，均经数次办理，实难足额，故今后教育机关，似应着力于新制干部之经常培养。

（3）新力量与旧力量——有新制施行，大批干部（尤其乡镇长）均系甄选合格青年，予以短期训练，分发各乡镇工作，数月以来，见其朝气蓬勃，努力服务，其苦干之精神，确强于过去之联保主任。惟问题之发生，亦即在此。盖青年人能力虽强，但乏“乡望”，老年人（指旧联保主任，当然也有少数青年有为者）工作虽不积极，但其号召力较力，故今日之乡村，即有新旧力量的问题。在吾人深知我国之社会，系论理情谊之社会，欲完全去旧力量，替以新力量，似不可能，故今后补救之道，即在怎样调和新旧力量（当然新旧力量中之缺点应先设法除之），使之完全有利于地方自治之完成（另再专文论述，请参阅梁著“乡村建设理论”一书）。

（4）三位一体与四位一体——三位一体产生于广西省（即该省原行之村卫长，国民基础学校校长民团队长由一人兼任）。今新县制中之乡镇长、中心学校校长、乡镇国民兵队队长由一人担任，保长保国民学校校长、保国民兵队队长由一人担任，亦即三位一体制也。此制成效若何？吾人於实施中所感者为：（A）站在人的才能方面，看一人三长，实难得此种富有管教养卫各项技能之全才。有的对教育有研究，而无政治经验；有的对军事颇有基础，而缺乏教育程度。如某县即有原任小学校长数人，因考取乡镇长，经受训后，颇喜于一干乡镇全般工作，但出任不到二月，便以我只能教书，办不了乡镇各项事务，更乏应付环境之能力，请求辞职者。（B）站在行政力量方面，为事权集中而统一，便于施政。（C）站在事业方面，为管教养卫各种事业，颇能因一人领导关系而联合实施，同时普遍的发展。（D）站在经费方面，如因联合办公，费用较为经济。根据以上之分析，吾人认为三位一体制，除人才（乡镇长实一小县长）有此问题外，其他均尚适合，惟目前亦有一部人士主张废改为四位一体。盖管（乡镇保长）教（校长）卫（队长）三位之外，尚缺养（?）的一位，似乎应再加上一主管（养）的什么长，吾人一考实际，如新制中之各级合作事业，及职业训练班暨乡镇经济股保经济干事等，均系养的方面之规定，似不必再於名称上多所计较，如定要加上与其他三位平行而一体之主管养的实施时，笔者意乡镇可增一经济建设所，由乡镇长兼所长，由乡镇公所经济股主任兼副所长，该所主管乡镇合作事业，乡镇农场及工矿事业、水利事业、造产等。

（5）区署向那里去？——区署是“剿匪”区内的产物，曾一度有人主张废去的。在川省为了存废问题，也发生了若干争议。实行新县制后，区署名虽存在，然其性质早非昔日之区署矣。昔日之区署，为县以下之一级。今日之区署为何？在县各级组织纲要第二十五条规定：区署为县政府之辅佐机关，代表县政府督导各乡镇办理各项行政及自治事务。在四川省各县乡镇公所组织规程第三条规定：乡镇公所直隶于县政府，承县政府之监督指挥，受该管区署之督导，办理本乡镇各项行政及自治事务。可见今日之区署，已是一个县政府之派出所——辅助机关，已非一实级，而为一虚级矣。吾人明悉过去区署之失败，人事关系为主要原因，制度本身尚在其次，今实行新县制后，区署人事已重加调整，训练制度本身亦有改进，其成效如何？事实告诉吾人，今日之区署发生了一个职权问题。忆本年六月，川省训练团第一期受训之全省区长、于工作讨论会中，大多数区长提出这一个问题，更有一部区长请求将这不死不活之区署取销为妥，否则，区长将无法干矣。盖现在之区长不能任免乡镇长（连选荐之权也没有），所以便指挥不动，乡镇长各种工作也难推动，进一步言，目前之区署已落于专署地位，区长已落于专员地位，过去专署与专员所发生之制度与职权问题，亦即今日区署与区长发生之问题。如专员之不能有县长任免（或选荐）权，故县长有时可不听专员命令，而去听民政厅长的话——乡镇长等于小县长，区长等于小专员，民政科长等于小厅长，亦是犯了同样的毛病——（主席同县长，当然握有最后决定权）。然则，区署究竟需要存在否？县以下督导人员可缺少否？答曰：现行之区署确不必存在，要存在，便要加强其职权，若区署不存在，县以下之督导人员在乡镇公所未绝，对健全以前尚不可无，且更宜普设此种督导人员。如何设置？笔者意不难，既不加经费，又不缺乏人选，即采用现行之不设区署之区而设之指导员制，加以改进之。如璧山现有三十四乡镇，原设二、三区署，一区为指导员制，一区仅辖五乡镇，由县政府派一指导员指导之，甚合适而有效。二、三两区之区署，因上项问题而可有可无，若能将现在之二、三区加以改划，以五乡镇为一区，每区设指导员一人督导之，则全县共划七区，共设指导员七人，除第一区已有外，尚需六人，以现在每一区署原有之指导员三人（二区共六人）分充，区长另调职务（实行新制后，人员缺乏之处甚多），区署即行裁撤（但有若干大县面积广大，人口众多之处，仍可设署（相当县府分署）治理之）。照上面缩小区域，增设指导员办法实行后，因指导员为县府之一员，随时来往于县乡间，县府举办一事，除令饬乡镇办理外，只需分令指导员指导或先召开一次指导会议，不必再派人下乡、（今日则不然，举办一事，反而还要派人下乡，到区署会同区长督导），工作必能迅速完成。

(6)现有各种委员会是否需要——查县以下各种委员会最多，

其主持人员又大部份系县长兼任，大约有一种新兴事业，即有一个委员会，使县长终日忙于开会，但查其内容空虚万分，任何一个会，开会时都是那一批人员，更不易纠正议而不决——决而不行的缺点，所以从事县政——改革者，都主张对各种委员会有调整的必要。中央及川省当局，亦有见及此，故本年实行新制，对于县内各种委员会特规定调整办法，如璧山县遵经将原有各种委员会，作下列之调整：一、将国民经济建设委员会、文献委员会、留学贷费委员会、民众教育委员会、义务教育委员会、禁烟委员会等一律裁撤，其业务由主管科办理；二、将抗敌后援会、优待委员会（即共役协会）并入动员委员会办理；三、将节约建国储金会、检查仇货委员会、评定物价委员会、疏散委员会合并成战时工作委员会，仍分股办事；四、新生活运动委员会、防空支会、航空协会、县仓义仓保管委员会、振济会、粮食管理委员会等继续存在，并加强组织，充实内容，如是似已较前合理，但再进一步论，则又发生“现有之各种委员会是否需要”的问题，及今后是否再需要有许多委员会产生的问题。根据笔者之经验，认为现存之各种委员会亦不需要，应即一律裁撤，其业务由县府主管科办理，及为迅速切实，各委员会原有之经费，可移一部增加县府经费，各主管科酌添一二科员或办事员，承办上项事务，今后更不需再产生若干县长兼理之委员会，如各县之节约建国储金委员会，已早遵令合并入战时工作委员会，目前因最高当局之倡节约建国，省当局忽又分令各县成立了二个组织（一是劝储委员会，一是储金团）。若考其实际是否需要，又发生了战工会与以上二组织职掌问题及犯了上面所论之有一新兴事业，即有一个委员会的毛病，何况节约建国运动久已实行，县中已有此组织。总之，新县制中，已有县参议会（在未成立前，川省有民意咨询委员会之组织），此实最完善之民意机关，并有党政军会报之规定。此又系最有效之各机关合作计划推动执行一切业务之组织，凡地方士绅及一般民众意见之采取，及各机关之联合，早已有办法，现存及今后各种委员会之是否需要，于此可得一答案。

（7）县各级组织关系图与实际关系——县各级组织关系图是新县制体系的根据，非常重要，但自新制实施以来，事实上的各级组织内容及关系，同原图已略有出入。如：A、自卫及兵役的组织，已非原图所定之壮丁总队——壮丁队联队——壮丁队——保壮丁分队——甲壮丁班制，而是国民兵团——国民兵区队——国民兵乡镇队——国民兵保队——国民兵甲班制；再青年团、妇女队等，已奉令并入国民兵团内。B、卫生组织，在县仍为卫生院，在区已非卫生所，而系卫生分院，乡镇增设卫生所，保并有卫生员之规定。C、警察组织，在无警察局之县，于县府内已另设警佐室，此原图并未规定者。区乡镇无变动。D、县府内已增设有秘书室。再笔者对原图于实施中所得到下列一点意见：A. 每一组织，其县区、乡镇、保甲各级应有一线相通，以示隶属关系；B、各级事业组织与其主管之行政组织，应有一指导线，如民政科之对卫生院，教育科之对学校图书馆，建设科之农场合作社等；C、因为有主管某部分行政之关系，其事业组织位置应低于主管行政之组织，如卫生院、中学图书馆等，应低于其主管科。盖省方卫生实验处及省图书馆、省合作事业管理处、省立中学等均属于民政、教育、建设等主管厅。

（8）新县制与国民兵团——国民兵团的前身是自卫总队与义壮常备队，均隶属于县府，一掌自卫壮训，一掌常备兵之经训，其系统甚盼。今合组而为国民兵团集，壮训自卫掌常备兵之组训于一种机构内，自甚合理，而较前进步。所成问题者，即与县府之关系，过去属于县府，今则与县府平行，虽县长兼团长，但与县府各科室已缺联系，尤其军事、民政两科，盖治安系军事科主管，而对自卫力量，及无权指挥，固然可呈请县长兼团长下令指挥，但又必多经手续，然县长公出，秘书代理县务时，问题更困难了，上峰规定，国民兵团团长公出由付团长代理，那末若有匪警，因代理县长职务之秘书无权指挥自卫力量，而要公函平行之国民兵团由代理团长职务之副团长来决定调动部队，则行政效率与效果定变绝大之影响，故国民兵团之仍属县府，是将来必然之合理改进。

(9) 新制度与新事业——旧县制的失败，固然在制度机构欠合理，但事业实施之不当，也是重要原因。旧县制下之保甲是成为万能，各方下令所办之事，均向保甲身上推，推到保甲办不动时，便产生了“万方有罪，罪在保甲”的恶果。这种问题是在县以上的解决之道，详第一节，但在县以下各级组织本身上也不是无过的，如有了机关人员而不注重事业之实施，今日完善之新制产生，而若仍忽视事业之实施，有了人，有了机关，有了经费，就算新制完成，那末新制与旧制有何异？乡镇长与联保有何不同？不过换联保处为乡镇公所，把主任改为长而已，故县制之成就。如何，在机构建立后，便是在有计划有中心的从事新事业之实施。(完)

二十九、十一、二、草于璧山白鹤岭

〔国民政府行政院档案〕

6. 国民政府司法院通饬施行“户口普查条例”训令

(1941年2月13日)

司法院训令 训字第一九六号
中华民国30年2月21日

案奉国民政府二月十三日渝文字第一六七号训令，内开：查“户口普查条例”，现经制定，明令公布，应即通饬施行。除分令外，合行抄发该条例令仰知照。并转饬所属一体知照。等因。奉此。除分令外，合行检发原附件，令仰知照。此令。

计附发户口普查条例一份

司法院院长　居正

户口普查条例　三十年二月十三日公布

第一条　各级政府为调查基本国势，健全地方自卫，与自治组织奠定户籍行政基础，举办户口普查，依本条例之规定。

第二条　本条例所称户口普查，谓普遍查记全国或一地域内全部户口，在指定时刻之静态。

第三条　本条例所称户，谓在同一处所，及同一主持人之下，共同生活，或共同营业，或共同办事者之集合体，分左列三种：

一、普通户；

二、营业户：商号、工厂、银行及其他营业组织均属之；

三、公共户：机关、学校、军营、监狱、寺庙、会馆及其他公共处所，均属之。

营业组织，或公共处所中之有普通户，及公共处所中之有营业组织者，各为一户，户以主持人为户长。

第四条　为户口普查时，左列人口均应查记：

一、普通户：户长、家属、雇工等；

二、营业户：户长、员工、伙计、学徒，及其他帮同营业之人；

三、公共户：户长、职员、工役、救济机关之留养人，公共医疗机关之就诊病人，及其他受管辖之人。

前报名户，为普查时遇有来客，亦应查记。

第五条　本条例所称常在人口，谓在所查户内常时住宿，或营业，或办事之人口；所称现在人口，谓于普查标准时刻，适在所查户内之人口。

第六条　户口普查，应查记常在与现在之人口，并至少应查记左列各事项：

一、户长姓名，为营业组织，或公共处所者其名称；

二、户内各人姓名及与户长之关系；

三、性别；

四、实足年龄及出生年月日；

五、未婚、有配偶、鳏寡或离婚；

六、教育程度与毕业，或肄业学校之名称；

七、从业或办事处所，与所任职务；

八、本籍为外国人者，其国籍；

九、现在或他往。

其他应查记事项，得视实际需要情形增加之。

第七条　户口普查表之格式，由国民政府主计处定之。

第八条　全国户口普查，至少每十年举办一次，各级政府得就其所辖地域，各别举行，但在全国户口普查之年，省、市、县不得单独举行；全省户口普查之年，省内各县、市不得单独举行。

户口普查之标准时刻与期限，以命令定之。

第九条　户口普查得用挨户查填，或户长自填方式，或并用之。

第十条　户口普查时，以户长或其代理人为申报义务人。

第十一条　各级政府举办户口普查，得设立临时机关，及调用各机关人员，并令当地人民协同办理之。

第十二条　举办县、市户口普查时，由县长或市长任县、市普查长，民政科长及统计主任分任副普查长，得设县、市户口普查处，派定临时人员，分组办事。

乡镇为户口普查区，由乡镇长任普查区主任，县派人员任副主任；保为户口普查分区，由保长任分区主任，乡镇所派人员任普查员。

县、市普查户口时，省政府应选派统计人员前往巡视指导，国民政府主计处，得派员前往视察指导。

第十三条　举办省户口普查时，由省政府主席任省普查长，民政厅厅长任省统计长官分任副查长，设省户口普查处，派定临时人员分组办事。

举办直隶于行政院之市户口普查时，由市长任普查长，警察局局长或社会局局长及市统计长官分任副普查长，设市户口普查处，派定临时人员分组办事。

省及直隶于行政院之市普查户口时，国民政府主计处，应派员前往巡视指导。

第十四条　举办全国户口普查时，由国民政府主计长任全国普查长，设全国户口普查处，派定临时人员分组办事。

第十五条　县、市户口普查之统计工作，应由省政府派定统计人员前往指导，集中于县、市政府办理之。

第十六条　省或直隶于行政院之市户口普查之统计工作，应由国民政府主计处派定统计人员前往指导，集中于各该省、市政府办理之。

第十七条　全国户口普查之统计工作，由国民政府主计处集中办理之。

第十八条　各级政府举办户口普查，应编造临时预算，必要时，上级政府对下级政府之普查经费得酌予补助。

第十九条　户口普查表之内容，除用于统计上之目的外，不得宣布。

第二十条　办理户口普查人员，无正当理由，泄漏普查所得结果者，科二十元以下罚锾。

第二十一条　人民对于户口普查有据实答复之义务，凡有意规避，或拒绝查记，或故意妄报者，科十元以下罚锾，阻挠他人申报，或诱迫妄报者，处十五元以下罚锾。

第二十二条　在外侨民，及外国使领馆之户口普查办法，由国民政府主计处定之。

第二十三条　设治局之户口普查，准用县政府户口普查之规定。

第二十四条　本条例施行细则，由国民政府主计处定之。

第二十五条　本条例自公布日施行。

〔国民政府行政法院档案〕

7. 国民政府公布“乡镇组织暂行条例”训令

（1941年8月）

国民政府训令

令文官处

为令知事：查“乡镇组织暂行条例”现经制定明令公布，应即通饬施行，除分令外，合行抄发原条例，令仰知照，并转饬所属一体知照。此令。

计抄发乡镇组织暂行条例一份

国民政府主席　林　森

立法院院长　孙　科

乡镇组织暂行条例　三十年八月九日公布

第一章　总纲

第一条　乡镇内之编制为保甲，每乡镇以十保为原则，不得少于六保，多于十五保；保以十甲为原则，不得少于六甲，多于十五甲；每甲以十户为原则，不得少于六户，多于十五户。

第二条　乡镇之划分，以人口、经济、文化、交通等状况为标准，由县政府拟订绘具图说，呈请省政府核准施行，汇报内政部备案。

现有之乡镇区划，如因历史关系及自然条件不适于依前条规定，编制时得由县政府酌量变通，拟订绘具图说，呈请省政府核准施行，报内政部备案。

第三条　乡镇区域发生争议时，由县长召集有关之乡镇长协商解决之。

第四条　凡二个乡镇以上，或乡与镇间有共同利益之事项，得订立公约联合办理之。

前项公约之订立及解除，由乡镇公所提交乡镇民代表会议决，在代表会未成立前，呈请县长核准，但仍应提交乡镇民代表会追认。

第五条　凡县公民应赴本乡镇公所举行宣誓，经登记后，有依本条例及其他法令所定行使选举、罢免、创制、复决之权。

誓词如左

○○○誓以至诚，奉行三民主义，拥护国民政府，服从最高统帅，履行公民应尽之义务，分担抗战建国之大业。谨誓。

中华民国　年　月　日○○○立誓

第六条　县公民宣誓后，经乡镇公所登记于公民宣誓名册，连同誓词，汇呈县政府备案。

第二章　乡镇民代表会

第七条　乡镇民代表会，由本乡镇之保民大会，各选举代表二人组织之。

第八条　乡镇民代表会之职权如左：

一、议决乡镇概算，审核乡镇决算事项；

二、议决乡镇公有财产及公营事业之经营与处分事项；

三、议决乡镇自治规约；

四、议决本乡镇与他乡镇间相互之公约；

五、议决乡镇长交议及本乡镇内公民建议事项；

六、选举或罢免乡镇长；

七、选举或罢免本乡镇之县参议员；

八、听取乡镇公所工作报告及向乡镇公所提出询问事项；

九、其他有关乡镇重要兴革事项。

乡镇民代表会议决之概算，应经县政府核准并编入县概算，其审核之决算，应经县政府复核并公布之。

第九条　乡镇民代表任期二年，连选得连任。

乡镇民代表违法，或失职，由保民大会罢免之。

第十条　乡镇民代表于任期内因事故去职或被罢免时，由该保候补当选人依次递补，无候补当选人时，依法另选，其任期以补足前任未满之期限。

乡镇民代表，如于一会期内均未出席而无正当理由者，视为辞职，依前项之规定办理。

第十一条　乡镇民代表为无给职，但在开会期内得酌给膳宿费。

第十二条　乡镇民代表会置主席一人，由乡镇民代表互选之。

乡镇民代表会开会时，主席对于与本身有利害关系之事件，应行回避。

第十三条　乡镇民代表会主席缺席，或依前条第二项之规定回避时，由出席乡镇民代表互推一人为临时主席。

第十四条　乡镇民代表会议场设在本乡镇公所或其所在地。

第十五条　乡镇民代表会，每三个月开会一次，由主席召集之。如遇特别事故，或乡镇民代表三分之一以上请求时，得举行临时会议，会期均不得逾三口。

第十六条　乡镇民代表会非有本乡镇全体乡镇民代表过半数之出席，不得开议。

议案之表决，以出席代表过半数之同意，行之可否同数时，取决于主席。

罢免案之成立，应有出席代表三分二以上之同意。

第十七条　乡镇民代表对于与本身有利害关系之议案，不得参与表决。

第十八条　乡镇民代表会会议公开之。

第十九条　乡镇民代表提案以书面行之，但开会时，遇有必要事件，得为临时动说。

第二十条　乡镇长提交乡镇民代表会之案件，以书面行之。

第廿一条　本乡镇内公民向乡镇民代表会建议时，应有十人以上之连署。

第廿二条　乡镇长对于乡镇民代表会，负左列各任务：

一、布置议场及办理会议记录；

二、报告经办事项；

三、答复乡镇民代表之询问。

前项会议纪录，得就乡镇公所职员中调派兼办之。

第廿三条　乡镇民代表会决议事项与现行法令抵触者，无效。

第廿四条　乡镇民代表会决议案送请乡镇长分别执行，如乡镇长延不执行，或执行不当，得请其说明理由，如仍认为不满意时，得报请县政府核办。

第廿五条　乡镇长对于乡镇民代表会之决议案，如认为不当，得附理由送请复议，对于复议结果，如仍认为不当时，得请县政府核办。

第廿六条　县政府对于乡镇民代表会之决议案，认为有违反三民主义，或国策情事者，得开明事实呈请省政府核准后，予以解散重选，并补报内政部备案。

第三章　乡镇公所

第廿七条　乡镇设乡镇公所，置乡镇长一人，受县政府之监督指挥，办理本乡镇自治事项，及执行县政府委办事项，置副乡镇长一人或二人襄助之。

第廿八条　乡镇长兼任乡镇中心学校校长及乡镇国民兵队队长，在经济教育发达之区域，得不兼任乡镇中心学校校长。

乡镇长不得兼任保长或甲长。

第廿九条　乡镇长、副乡镇长由乡镇民代表会就公民中具有左列资格之一者选举之，任期二年，连选得连任：

一、经自治训练及格者；

二、普通考试及格者；

三、曾任委任职以上者；

四、师范学校或初级中学以上学校毕业者；

五、曾办地方公益事务著有成绩者。

乡镇长选举实施日期，由省政府定之。

第卅条　乡镇长、副乡镇长由乡镇民代表会选出后呈报县政府，汇报省政府备案。

选举乡镇长、副乡镇长时，由县长或其代表莅场监督。

第卅一条　乡镇长、副乡镇长被罢免时，应即由乡镇民代表会依法改选。

第卅二条　在未定选举实施日期之地方，其乡镇长、副乡镇长得由县政府遴选合格人员委任之，报省政府备案。

前项乡镇长、副乡镇长违法或失职时，由县政府撤职另委。

第卅三条　乡镇公所设民政、警卫、经济、文化四股，每股各设主任一人。民政股、文化股、经济股各主任得由乡镇长、副乡镇长及中心学校教员分别兼任，如事实上不能兼任时，得由乡镇长遴聘；警卫股主任应由乡镇国民兵队队附兼任。

前项各股所属之事务，由省政府按照完成地方自治条件，各乡镇应办事务及县政府委办事务分别分配规定之，报内政部备案。

第卅四条　乡镇公所各股，视主管事务之繁简及地方实际之需要酌置干事，除户籍应有一人专办外，得由中心学校教员分别兼任，并置专任事务员一人或二人。

经费不充裕地方，各股得酌量合并，或仅设干事。

第卅五条　乡镇公所办理公共利益事项需用人力工作时，经乡镇民代表会之议决，得召集各保长、甲长，按保、按甲征调各户居民共同办理之。

第卅六条　乡镇公所办理公共利益事项需用物资时，应编制计划及概算，由乡镇民代表会议决，呈准县政府列入县概算，由乡镇口款开支。

第四章　乡镇务会议

第卅七条　乡镇务会议，由左列人员组织之：

一、乡镇长、副乡镇长；

二、乡镇中心学校校长；

三、乡镇国民兵队队长队附；

四、民政、警卫、文化、经济各股主任及干事；

五、专任事务员。

前项会议，本乡镇内与所议事项有关之保长，得列席。

第卅八条　乡镇务会议之事项如左：

一、乡镇务会举办之事项；

二、关于乡镇中心工作之实施事项；

三、县政府委办事件之执行；

四、乡镇民代表会议决案之执行；

五、提交乡镇民代表会之议案；

六、出席人员之提案；

七、本乡镇内公民十人以上之提议。

第卅九条　乡镇务会议由乡镇长召集，开会时乡镇长主席；乡镇长有事故时，由副乡镇长代理之。

第四十条　乡镇务会议每月开会一次，必要时得召集临时会议。

第五章　保民大会

第四十一条　保民大会由本保每户推出一人组织之，其职权如左：

一、议决本保保甲规约；

二、议决本保与他保间相互之公约；

三、议决本保人工征募事项；

四、议决保长交议及本保内公民五人以上提议事项；

五、选举或罢免保长、副保长；

六、选举或罢免乡镇民代表会代表；

七、听取保办公处工作报告及向保办公处提出询问事项；

八、其他有关本保重要兴革事项。

第四十二条　保民大会每月开会一次，由保长召集之。遇有特别事故，由保长或本保二十户以上之请求，召集临时会议。

第四十三条　保民大会非有本保各户出席人过半数之到会，不得开议。

议案之表决，以出席人过半数之同意行之，可否同数时，取决于主席。

罢免案之成立，应有出席人三分之二以上之同意。

第四十四条　保民大会出席人，对于与本身有利害关系之议案，不得参与表决。

第四十五条　保民大会开会时，保长主席。保长有事故时，副保长主席。保长、副保长俱有事故时，由大会推举一人主席。

第四十六条　保民大会开会时，保长、副保长对于与本身有利害关系之事件应行回避，由大会推举临时主席。

第四十七条　保长对于保民大会，负左列各任务：

一、布置议场及办理会议记录；

二、报告经办事项；

三、答复出席人之询问；

四、整理议决案件；

五、公布大会决议案。

第四十八条　保民大会决议事项，与现行法令抵触者，无效。

第四十九条　保民大会决议案，送请保长分别执行。如保长延不执行，或执行不当得，请其说明理由，如仍认为不满意时，得报请乡镇公所转呈县政府核办。

第五十条　保长对于保民大会之决议案，如认为不当，得附理由送请复议，结果如仍认为不当时，得呈报乡镇公所转呈县政府核办。

第五十一条　乡镇公所对于保民大会之决议案，认为有违反三民主义，或国策情事者，得开明事实，呈请县政府核准后，予以解散，另行召集，并由县政府呈报省政府备案。

第六章　保办公处

第五十二条　保设保办公处，置保长一人，受乡镇长之监督指挥，办理本保自治事项，及执行县政府委办事项，并置副保长一人，襄助之。

保办公处，应冠以所属乡镇名称。

第五十三条　保长兼任国民学校校长及保国民兵队队长，在经济、教育发达之区域，得不兼任保国民学校校长，保长不得兼任甲长。

第五十四条　保长、副保长由保民大会就公民中具有左列资格之一者选举之，任期二年，连选得连任：

一、师范学校，或初级中学毕业，或有同等之学力者；

二、曾任公务人员，或在教育文化机关服务一年以上，著有成绩者；

三、曾经训练及格者；

四、曾办地方公益事务者。

在未办理选举以前，保长、副保长由乡镇公所推定，呈请县政府委任。

第五十五条　选举保长、副保长时，由乡镇长、副乡镇长或其代表莅场监督。

第五十六条　保长、副保长被罢免时，应即由保民大会依法改选。委任之保长、副保长违法或失职时，由县政府撤职另委。

第五十七条　保办公处，设民政、警卫、经济、文化干事各一人。民政干事，得由副保长担任；警卫干事，由保国民兵队队附兼任；经济或文化干事，得由保国民学校教员担任之。

前任干事，若无相当人员时，得由一人兼任二职，在经费不充裕区域，得仅设干事一人，均由保长延聘，或由乡镇长商同保长延聘之。

第五十八条　保办公处办理本保公共利益事项，需要人力工作时，应召集各甲长，按甲召集各户居民共同办理之。

第七章　保务会议

第五十九条　保务会议由左列人员组织之：

一、保长、副保长；

二、保国民学校校长；

三、保国民兵队队长队附；

四、保民政、警卫、经济、文化各干事。

前项会议，本保内与所议事项有关之甲长，得列席。

第六十条　保务会议之事项如左：

一、议订保甲规约；

二、保民大会决议案之执行；

三、提交保民大会之议案；

四、出席人员之提案；

五、本保内公民五人以上之提议。

第六十一条　保务会议，由保长召集，开会时保长主席，保长有事故时，由副保长代理之。

第六十二条　保务会议，每月开会一次，于保民大会开会前五日召集之。必要时，得召集临时会议。

第八章　户长会议

第六十三条　甲设户长会议，由本甲各户之户长组织之。户长有事故不能出席时，应派一人代表出席。

第六十四条　户长会议之职权如左：

一、选举或罢免甲长；

二、政令之执行事项；

三、本甲内户口之稽查填报事项；

四、本甲内之清洁卫生事项；

五、本甲内应兴应革事项。

前项第一款，甲长之选举或罢免，由保办公处报乡镇公所备案。

第六十五条　户长会议，由甲长召集之。每月开会一次，必要时，经甲长或三户以上之请求，得举行临时会议。开会时，甲长主席。甲长有事故，或所议事项与甲长本身有利害关系时，由出席人推举一人主席。

前项会议，在甲长住宅，或保办公处举行。

第六十六条　户长会议，非有本甲户长过半数之出席不得开议，议案之表决，以出席人过半数之同意行之，可否同数时，取决于主席。

第六十七条　户长会议决议案由甲长执行之。

第六十八条　甲长认为必要，或有本甲居民十人以上之连名请求时，举行甲居民会议，讨论议决有关本甲重要兴革事项。

第九章　附则

第六十九条　乡镇应办事项，乡镇民代表会议事规则；保应办事项，保民大会议事规则，及乡镇保各项图记式样，均由内政部定之。

第七十条　本条例自公布日施行。

〔国民政府档案〕

8. 四川南川巴县等县民关于乡镇保甲征收派款扰害闾阎呈

(1941年8月21日)

呈为乡镇保甲征收派款，扰害闾阎，百弊丛生，垦准随粮附征，以省繁扰，而轻民累事：窃人民纳税为应尽之天职，期其公平，于民不扰，即取之稍重，人民决不称怨。从前防区时代，苛税百出，假手保甲经收，畸重畸轻，流弊滋甚，财政紊乱，民怨沸腾。今幸政治统一税捐一致，人民称庆，方喜来苏。殊近日又有由乡镇人员经收各项捐派之发现，如由乡镇保甲经收所谓之米津捐，教员与乡镇保甲之食米费，积谷捐，优待义丁谷巡逻队费、自卫队费、军服费、冬防费等种种名称，多以抽米征谷为目的，而不肖之乡镇人员则藉此题目愈多愈便浮收滥派，在表面认为细征之款，不足介意，而积土成山，实际较之正粮正税加重数倍。盖米谷价值太高，征米一升，较纳币拾元尤重，物价愈高，获利愈厚，利愈厚，流弊愈深而经收者侵蚀之念愈重，舞弊之手段愈巧。其最显著者，莫如每次保甲收款，多不给予收据，使无从质对，收后不录榜张贴，使无从稽核，甚至无底册可查。重收浮派种种弊端，难以枚举，虽政府迭令饬给收据，奈难贯彻实行，闾阎被其追收之扰，恨之刺骨，畏之如虎，敢怒而不敢言，每多乡镇人员任事未久，即与人民失和结怨，皆由征款之故，在一般乡镇人员希图征款，有利可图，乃专心研讨征抽渔利之方法，对于推行政令重要之职务废弃，是以年余以来，推行新制，无大效果，皆由于此，以致有贤者不为，为者不贤者之诮。盖乡镇保甲多由受训，而居心受训者，多属家寒无业，图免兵役，受训后即充任乡镇职务，又假以追收款项之权，寒士见财焉能保其清白，况当此生活高涨，纵欲守廉而不得，追收愈甚，与乡人之情感愈失，愈侵蚀，与乡人之结怨愈深。估计四川各县人民与乡镇保甲之诉讼几占十分之六七，下层行政人员不能与人民联为一气，长此以往，前途之危，不寒而栗。且以过去之陈案而论，如南川民廿一二年之自治经费，廿四五年之保甲经费，责由乡镇长经收，至令各悬欠数万，流入中饱，而人民之怨声载道，虽上峰迭令结束，奈清无可清，此种悬案，恐各县都有，非南巴数县独然。然思整理之方，莫如趁此粮税改征实物之际，实行一税制，款无论种类，无问巨细，均统计随粮附征，以昭平允而免繁扰，一次手续而省许多麻烦，扫除许多纠纷，且取之于民，用之于民，有国然后有民，求其取用适宜，纵什一之征，或什二之征，亦无不可，不为中饱，少生流弊，人民决不称怨，极端乐输。如仍由乡镇保甲征取，虽政府体恤人民，恐增民累，奈经手之下级人员，本道德良心者少，多一名称，则多一流弊，欲轻民累，反增民累矣。民等久处田间，深知乡人疾苦，又屡尝保甲人员征收款项之扰害，特本匹夫有责之义，刍荛之见冒昧上陈，欲求人民安业，闾阎不扰，于公有济，则非取一税制不可。凡属办理公务事项，所须经费，一律随粮附征，由最高财政机关统筹划拨，以减冗员，以轻担负，嗣后严禁乡镇保甲经收款项，庶政治前途可望刷新，下情如此，理合上达钧厅，如蒙充准，请通令全川遵行。人民幸甚。谨呈

国民政府行政院公鉴

四川南川县公民

张　金

罗　宏

黄　程

明天锡

彭　昌

罗敬宣

巴县公民

李用先

张金之
王　良
张德宣
陈吉荣
鲜连辉

〔国民政府行政院档案〕

9. 国民党九中全会议案研究委员会关于加强新县制之推行以完成地方“自治”议案

(1941年10月)

（案由）加强新县制之推行以完成地方自治案

（理由）新县制之推行，为改进基础组织，实现地方自治之唯一方案。当兹国家建设正在努力迈进之时，各级政府应竭尽全力以完成之。查县各级组织纲要，为推行新县制之基本法规，自应依据实施，惟仅为原则上之规定，详细办法尚待研究补充，且以各地现在实施情形言，其办理情形尚有未臻完善之处，为谋今后推行顺利起见，对于机构、工作人员、经费等各方面，必须再予调整改进以期加强力量，谋地方自治之迅速完成。兹特根据事实需要，拟具改进意见如下，是否有当，提请公决。

（办法）甲、关于机构之调整改革者：

1. 加强县政府行政力量，并充实其机构。县长兼职，应再予调整，尽量减少。原有各种不切要之委员会，应再尽量裁并，或将其工作并入于县政府有关各科内办理，以期集中力量办理自治工作，而免人力、物力之分散。

2. 确定以乡镇为自治之基层组织，为执行政令之最小单位，保甲为组成乡镇之细胞，保长甲长负协助乡镇长推行政令之责，乡镇公所为执行政令之最后机关，而非承转之机关，一切政令到达乡镇公所后，即须迅速执行，不得将执行责任诿卸于保甲。

3. 一切组织，如合作社、国民兵团、中心学校等，均以乡镇为最小单位，乡镇以下者，即认为系乡镇组织之支部。

4. 各中心学校校长应以专任为原则，其人选应以合于规定资格者充任，中心学校校长应兼任副乡镇长，以符合三位一体之精神。

5. 县社会教育机关应予调整，每县至少设置民众教育馆一所，为实施全县社会教育之中心机关，所有图书馆、体育场、公园等均应并入办理（但经费充裕之县份，经呈准后得单独设立并得添设民教馆分馆于各区署所在地），并依照乡镇区域划为若干社会教育推行区，隶属于县立民众教育馆，社教推行区主任，由中心学校民教部主任兼任，县立民众教育馆馆长应兼任县政府教育指导员或督导员，督导全县社会教育之责。

6. 县合作金库及县银行之组织应合并为一，县金融制度应以合作社为基础。

乙、关于工作之督导推进者：

7. 厘订县政府及乡镇公所推行地方自治之具体工作标准，及分年进度程序，以为推进考核之根据。

8. 乡镇建设应遵照总理“双手万能”之原则，动员人民自己力量，逐渐完成之。

9. 厉行义务教育及成年民众补习教育。中心学校、国民学校应将小学部、民教部并重，成人班、妇女班应开办足额，以谋基础教育之普及。

10. 充实及加紧民众教育馆工作，使配合新县制之推行，加紧实施，各馆应组织巡回施教队，利用音乐、戏剧、电影、播音等工具，常往各社会教育推行区巡回施教，并协助乡镇保甲长推行地方自治。

丙、关于人员及经费之规划筹措者：

11. 慎选县长，举行县长考试，甄拔优秀人员担任县长。

12. 县以下各级自治干部人员，应由师范学校负责培养，使寓教育于行政之内，而谋政教之彻底合一。

13. 仿照兵役、工役办法，制定教役，动员知识分子，使其参加自治及教育工作，以解决目前人才与经费之困难。

14. 彻底清理公款、公产，充裕地方收入。关于教育经费，在统收统支之原则下，仍应专户存储，以维持教育经费之独立精神。

15. 厉行造产运动，建立财政自给制度。

〔国民党中央执行委员会档案〕

10. 张群报告办理户籍及人事登记困难情形致行政院呈

（1943年9月）

四川省政府呈民四字第27952号
民国三十二年九月　日发

案查前奉钧院三十二年三月仁壹字第五八七六号训令：以各省市办理户籍及人事登记实施程序，业经公布施行，饬自本年七月一日起举办户籍及人事登记等因。当以民四字第一四九四零号呈申述本省困难情形，恳请暂缓举办，仍办户口异动登记在案。同年八月复奉钧院仁字第一五六二四号训令：饬按地方情形及法令规定，先求保甲编组之严密，再赓续举办户籍及人事登记，俾户籍要政，得以次第完成。各等因。自应遵照办理。惟举办户籍及人事登记所适用之各项法规，经详加研究，似觉尚有窒碍难行之处，兹特分别胪陈如次：

一、关于法令事实之不甚切合者

查无论推行何种政令，应以切合事实，简而易行为其主要条件。我国推行户政，为时甚暂，户籍及人事登记非不可行，第就目前事实言之，诚恐行之过早，反使户籍要政发生不良影响，举其要点约有三端：（一）依照户籍及人事登记应行登记之事项，计达二十一种之多，且无论何种登记，均须登记人自行声请，而声请复有一定之时间，一定的处所，我国教育尚未普及，文盲之多，至足惊人，此种精密繁复之户籍法令，实难期其普遍了解，切实奉行。纵使依照户籍法施行细则之规定。警察人员、保甲长及学校员生应予负责协助，但是项人员本身既不健全，且以责非专属，亦难期其尽量协助。（二）户籍及人事登记，不但应行登记事项甚多，而登记程序，尤为繁琐，即受理登记机关，于收到声请书类之后，首须编定号数，注明时期，然后分别本籍、寄籍、暂居户口及登记事项为之登记，或则须记入送交者之姓名处所，或则须记入送交机关之名称，或则须注销原登记，或则须变更原登记，或则须同时登记于数种登记簿，或则须於各种登记簿附记对照号数，偶有差错，即将无法补救。现有各级户政人员，办理程序简捷之户口异动登记，已属错误百出，纠正为难，在户政机构尚未充实，户政人事尚未健全以前，而令其办理项目较多手续较繁之户籍及人事登记，其结果如何，实难逆料。（三）户籍及人事登记，系以乡镇为其管辖区域，如登记事项涉及两管辖区域以上，受理登记之乡镇，除自为登记外，并应将声请书复本及其他关系书类寄交关系乡镇分别登记。此种办法，无论目前所有乡镇尚未十分健全，不克负此重任，且乡镇与乡镇间未尽通邮，此项文件，亦有无从寄达之苦。

二、关于现行法令之尚未完备者

以上系就法令事实之不甚切合者言之，即各种困难事实，得一适当解决，而户籍及人事登记之实施，亦尚有若干相关法令，亟须明令颁行，始能着手，兹举其亟须颁行之重要法令如次：（一）依照各省市办理户籍及人事登记实施程序第十条之规定，关于迁入徙出之人口登记，其办法另订之。查是项登记办法，迄未颁行，如照内政部另一解释在上项办法尚未颁行以前，暂用“剿匪”区内各县户口异动登记办法办理，殊觉是项办法与户籍及人事登记性质既异，办法亦迥不相同，率尔援引，恐将增加实施上之困难。(二) 依照各省市办理户籍及人事登记实施程序第四条之规定，保甲已编查完竣者，只办户口调查，户口调查计划另定之。查保甲编查办法所定之立户标准，与户籍法不同，即前者系以同一处所、同一主管人之下共同生活或共同营业或共同办事者为一户，后者系以一家为一户，在保甲编查后，自须另定与户籍法立户标准相同之调查户口办法，俾与户籍及人事登记紧相衔接，而户籍及人事登记，依法最迟应於本年七月一日开始实施，但上项户口调查计划，迄未奉颁到省，如由各省市自行拟订，势将各自为谋，殊有碍于户政之统一。

三、关于既定法令之重复抵触者

奉颁之各种户籍法令，固已极端缜密，但经详加研究，似觉尚有重复抵触之处，举其著者言之：(一)查依据修正户籍法施行细则制定之暂居户口登记办法，其第三条所定之登记事项，计分迁出、徙入、出生、结婚、离婚、死亡六种，出生登记依照户籍法之规定，须在出生地举行，是凡在乡镇辖区内之出生事件，皆应登记，初不论其为本籍、寄籍、暂居人口或流出生与本籍或寄籍人口之出生，须分别办理登记，则又与户籍法之规定抵触。(二)查结婚、有结婚、离婚登记之规定，既属暂居户口，当非住所所在地，是同一结婚、离婚，须在暂居地及住所所在地，同时声请登记，亦觉近于重复。如谓仅在暂居地举行登记，而由受理登记之乡镇将声请书复本寄交住所所在地之乡镇，则又与户籍法之规定抵触。其他暂居户口之死亡及迁徙登记，亦有同样情形。(三)查修正户籍法施行细则系户籍法之子法，就理论言之，似不应互相参差。但其内容，彼此歧异之点甚多，如关于登记簿者，在户籍法规定，是项副本应由乡镇膳送监督官署，而施行细则第十六条则规定由县(市)政府自行誊录。关于登记事项关系书类之保存，户籍法规定由监督官署负责，而施行细则则规定由乡镇公所负责。关于转籍登记之声请，户籍法规定应向本籍地户籍主任请求发给转籍证明书，且明定其不得向新籍地为之，施行细则则规定应分别向原籍及移转县(市)或设治局之该管乡(镇)声请为除籍及设籍之登记，其他出入之点，尚不只此。如依后法优于前法之原则，在适用上固应以户籍法施行细则为准，但户籍法施行细则究属子法，似不宜与其母法之户籍法有所差异。

上述各节，谨就推行户政所发生之情形略陈之，非欲对于现行户籍法令有所评论，更非藉口事实困难有所诿卸。窃以为户籍要政，关系国家根本大计，允宜体察法令事实，反复研求，期于至善，庶不至中道更张，致碍进行。兹再就研究所及，谨贡改进意见三点如左：

一、统一所有户籍法规

查推行户政不外三种目的：一在获得户口统计数字，以为施政之依据；一在组织民众，以期达到防止奸宄之要求；一在确定属籍证明身份，俾与现行民法之适用相配合。而目前各种户籍法规，因制定机关之不同，遂不免有所偏重。如内政部重在办理户籍及人事登记，但同时感觉保甲编组为不可忽，特配合户籍法制定暂居户口登记办法，复觉本籍、寄籍人口之异动，尚乏控制，又拟制定本籍、寄籍人口迁徙登记办法，其苦心孤诣，有足多者。惟是补苴罅漏，终非良法，似宜根据现行各种户籍法规，通盘检讨，另行厘定统一法规，俾免纷歧。

二、简化户籍法规内容

户政推行所及之范围甚广，而承办人员又属乡镇基层干部，如户籍法规过于繁复，不但一般人民无法了解，即各级承办人员，亦属无所适从，对于户政推行，窒碍极大。就现行户籍法规种类言之，由中央颁行者已达十余种，各省、市自订之单行办法，尚不在内，为使推行尽利起见，实有简化其内容之必要。至简化内容之法，就户籍及人事登记言之，似宜减少项目，户籍登记以设籍登记，以设籍、转籍、除籍三种为限；人事登记，则限于出生、死亡、结婚、离婚四种，另增“其他户口登记表，”举凡不属于上述各种之户籍及人事登记皆属之。同时将暂居户口登记办法、户口异动登记办法及拟订中之本籍寄籍人口迁徙办法一律废止，以免重复抵触。

三、减少户籍及人事登记表簿

户籍及人事登记事项，依照现行户籍法，计为户籍登记四种，人事登记十四种，益以变更更正及变更姓名登记，则为二十一种，似须酌量减少，已如上述。以言现有各种登记表簿，不但内容繁琐，不易填注详实，且表簿过多，所需纸张印刷，亦属相当耗费，衡诸节约之旨，似非所宜，似宜斟酌法令事实，删繁就简，期于易行。

户政为一切施政之基础，亟应积极推行，不容松懈。以此本省自实施县各级组织纲要以来，对于保甲户口之编查及户口异动登记之实施，已尽最大努力。意在先求保甲组织之健全，次求户口查记之确实，然后再度清查户口，改办户籍及人事登记，实事求是，循序渐进。奉令前因，除仍遵照奉颁法令及既定方针努力进行外，特将实施户籍及人事登记研究所得，分别胪陈，仰供采择。是否有当？伫候钧院核示祇遵。谨呈

行政院

兼理四川省政府主席　张群

〔国民政府行政院档案〕

11. 国民政府行政院草拟统一整理户政法令综合拟订户籍保甲法提案

（1943年）

请统一整理户政法令，综合拟订户籍保甲法，以彻底改善户

政之推行案。

理由：

年来推行户政，迭经三令五申，督促不遗余力，迄鲜成效可睹，揆厥原因，由于地方政府办理不力，固属有之。而由于法令纷歧，制度多轨，致推行困难，亦为主要症结所在。各地方推行户政，所感事实上之困难及法制上之缺点甚多，兹择要分陈于次：

（一）行政上之困难：如（甲）户籍法规定户籍及人事登记事项达二十余种之多，且各项登记事宜，均规定在一定时间、地点由登记人自动声请，各地教育尚未普及，文盲众多，此种精密繁复之户籍法令，实难家喻户晓，纵依户籍法施行细则（第九条）之规定，警察及保甲人员与夫学校员工可以协助户政，终以责任不专，仍少实效可言；（乙）户籍及人事登记程序甚繁，办理人员稍有差错，补救即感困难，现在各级户政人员尚欠健全，办理简易户口登记，犹且错误百出，实行依法登记，尤恐不能胜任；（丙）户籍法规定，凡登记事项涉及两管辖区域以上，受理登记之乡镇，除自为登记外，并须送关系乡镇分别登记，现在乡镇多未健全，欲求尽量互助，似太理想，他如地方政府之玩法畏难，少数人民之怀疑规避，均为推行户政之障碍。

（二）法令上之缺点：现行户政法令，颇多抵触重复，或竟陈义过高，不切实际。如（甲）户口普查条例（第三条）及县保甲户口编查办法（第五条）之立户标准，与户籍法（第八条）不同，前二者均规定以同一处所同一主管人之下共同生活或共同营业或共同办事者为一户，后者则规定以一家为一户，一家而异居者各为一户，出入颇大；（乙）修正户籍法施行细则与其母法户籍法之规定，亦不一致。关于办理户籍事务之机关，户籍法规定乡镇为乡镇长兼户籍主任及户籍员（第十条），施行细则规定为户籍干事（第二条）。又关于登记事项关系书类之保存，户籍法（第一百一十一条）规定由监督官署即县市政府保存，而施行细则（第十六条）规定由乡镇公所保存。又关于转籍登记之声请，户籍法（第四十四条）规定得向新籍地之户籍主任为之，系属随意规定，施行细则（第十四条）规定应向移转地，即新籍地乡镇声请为设籍登记，则系强行规定。他如户籍法条文内，无“设治局”字样，有“坊”及“坊公所”字样，施行细则有“设治局”字样而无“坊”及“坊公所”字样等，均其出入之点；（丙）户籍法及施行细则，与暂居户口登记办法，及迁徙户口登记办法，分户口为本籍、寄籍、暂居及流动四种，非常时期重要城市户口查报登记暂行办法，则分为固定及流动两种户口，标准亦觉参差；（丁）各项户政法规，立法时之目的不同，实施上之作用遂异，例如按照非常时期重要城市户口查报登记暂行办法查报户口，目的在防范奸宄，如在同一地区实施户籍法或县保甲户口编查办法，则不无抵触，但此种暂行办法，适用之地区异常广泛，普及于全国户口密集，交通便利，工商业发达区域，及其邻近市镇（第一条），此等地区为全国精华所在，倘仅为防范谍奸，办理简易之户口查报，而不办户籍及人事登记，则全国户政基础将难期普遍树立；（戊）户籍法、县保甲户口编查办法及非常时期重要城市户口查报登记暂行办法，三种法规之户口表册，内容繁简不同，体制性质互异，合而观之，类多重复冗沓，分而行之，又觉顾此失彼，徒引起执行者之徘徊观望，及填报者之眩惑疑虑；（巳）户籍法对于登记户口，务为繁密，而对于保甲，则付之不问，依据县各级组织纲要制定之县保甲户口编查办法，虽将户口保甲联为一贯，较为切实，而规定仍嫌简略，不足以适应目前户政之要求；（庚）户籍法之公布，早在民国二十年，其内容之失时代性者颇多，例如（第二十二条）规定户籍登记簿之阅览费，每次五分，誊本抄录费每百字一角，其罚则一章，规定声请义务人不为声请处五角以下，经催告不为声请处一元以下，呈报不实处二元或三元以下，各罚锾，声请诈伪处五十元至五百元之罚金等，大多已不能适用；（辛）现行户政法规中，立法原则颇不一致，有采常住人口政策者，如户籍法；有采现住人口政策者，如暂居户口登记办法；有注重人口动态者，如非常时期重要城市户口查报登记暂行办法及迁徙户口登记办法；有注重人口静态者，如户口普查条例。以往户政法规之未能整理，或因此种立法政策上之根本差异，而感觉踌躇，但细考纷歧之所由来，大抵囿于户政设施之目的不同，而遂各成其一套之办法，浸假遂成冲突重复之状态。须知户政之目的，在把握人口之全部现象，其测量人口之方式，无论从现住抑常住为立场，据动态或静态为观点，要非性质绝对不同，实由法制未尽妥善，今后整理户政法规，首宜打破此种成见，厉行改革，务期综合整理冶于一炉。

（三）制度上之流弊：户政、警政各成系统，户籍、保甲不能一致，亦为户政从来失败最重要之原因。关于户警之必须联为一体，其理至显。查维持治安为警察之最大任务，行政上多以保甲编查付之警察，但编组保甲之作用，一为掌握户口分布之实在情形，一为保持户口所在地之安宁秩序，二者并不可分。再就现行户政法令观察，由警察负担户籍工作者，其例至多，修正户籍法施行细则（第二条）规定省县以警察局及警佐为办理户籍事务之机关，户口普查条例规定以警察局长为副普查长（第十三条），非常时期重要城市户口查报登记暂行办法（第三条）规定户口查报工作，在省会市区由警察局办理，县由警察局或警佐办理，乡镇由户籍干事商承警卫股主任办理，区由区警察所办理，在在均足证户政与警政之不可分离，诚以办理户政之责任既大部付与警察，似不如完全划归警政之范围，不再另设机构，俾成为一个系统，考核及督察较易收效，而避免任务不专，联系不够等缺憾。至于保甲与户口之一致，更有必要。盖保甲如不随户口之查报登记而编组，则户口之管制不易确实，各户在办理户籍以后而不随即编组保甲，则户口成散漫之状态，保甲衔接户籍办理，而另立规模自行编组，则时间及人财物力之浪费，至不经济。今后户政、警政及保甲行政三者不特工作上应求一致，且应规划整个一贯之制度，以求运用上之合宜。

办法：废止户籍法，将保甲部份加入，综合制订户籍保甲法，仿民法体制，分为若干篇，将各级户籍事务完全规定由警察人员办理，其户籍及人事登记事项，与夫登记之手续，务宜简单。惟应将暂居及迁徙两种户口之登记一概并入，所有户口保甲之登记查报编组，规定须一致进行。至户口之定期普查，可列为专篇，在非常时期及特殊地带，不能照通常办法推行户政者，其户口保甲之登记查报编组应变通方式，亦设专篇规定。本法每篇各订施行细则，各篇以不同时实施为原则，施行甲篇之地区，不必同时实施乙篇，亦可指定某时某地施行某几篇，停止实施某几篇，其间如何伸缩裁量，由政府以命令定之。本法公布后，其他户政法规悉数废止，是否可行，敬请公决。

〔国民政府行政院档案〕

〔二〕战时重要方针政策法令

（一）抗建纲领与总动员法的制定

1. 国民政府公布修正危害民国紧急治罪法

（1937年9月4日）

修正危害民国紧急治罪法

（二十六年九月四日国民政府颁布）

第一条　以危害民国为目的，而有左列行为之一者，处死刑：

（一）私通敌国，图谋扰乱治安者；

（二）勾结叛徒，图谋扰乱治安者；

（三）为敌国或叛徒购办或运输军用品者；

（四）以政治上或军事上之秘密，泄漏或传递于敌国或叛徒者；

（五）破坏交通或军事场所者；

（六）煽惑军人不守纪律，放弃职务，或与敌国或叛徒勾结者；

（七）煽惑他人私通敌国，或与叛徒勾结，或扰乱治安者；

（八）造谣惑众，摇动军心，或扰乱治安者；

（九）以文字图画或演说为利于敌国或叛徒之宣传者；

受人煽惑犯前项之罪而自首者，得减轻或免除其刑。

第二条　明知其私通敌国，或为叛徒，而窝藏不报者，处五年以上有期徒刑。

犯前项之罪而自首者，减轻或免除其刑。

第三条　以危害民国为目的，而组织团体或集会者，处五年以上十五年以下有期徒刑。

第四条　于对外战争时，虽非以危害民国为目的，而以文字图画或演说，为足以有利于敌国之宣传者，处三年以下有期徒刑。

第五条　于对外战争时，传播不实之消息，足以扰乱治安或摇动人心者，处一年以下有期徒刑或拘役。

第六条　于对外战争时，未得政府允许，而与敌国人民通信者，处一年以下有期徒刑或拘役。

第七条　犯本法所定各罪者，由该区域最高军事机关审判之。

第八条　依本法判处各罪，应由该区域最高军事机关附具案由，报经该管上级军事机关核准后，方得执行。

第九条　军警机关逮捕本法所指犯罪行为之嫌疑犯时，应立即通知有关之主管机关。

第一〇条　本法未规定者，适用刑法之规定。

第一一条　本法自公布日施行。

〔国民政府档案〕

2. 国民政府关于集党政军权于军委会委员长统一指挥训令

（1937年9月17日）

国民政府训令　密第九二号

令中央研究院

为令遵事：案准中央政治委员会二十六年九月十三日函开：准中央执行委员会秘书处函称：兹经本会常务委员会第五十一次会议决议：（上略），由军事委员会委员长行使陆海空军最高统帅权，并授权委员长对于党政统一指挥。请查照等由。准此。相应函达，请烦查照密饬各院部会分别转饬遵照。等由准此。除函复并分令外，合行令仰知照，并分别转饬遵照。此令。

中华民国二十六年九月十七日

主　　席　林　森
行政院院长　蒋中正
立法院院长　孙　科
司法院院长　居　正
考试院院长　戴传贤
监察院院长　于右任

〔国民政府中央研究院档案〕

3. 国民政府关于由陆海空军大本营实施全国总动员计划大纲训令

(1937年10月29日)

国民政府训令　密第一二六号

令中央研究院

为令遵事：案准中央政治委员会二十六年十月二十七日密函开：准国防最高会议函开：查非常时期，关于党务政治，前经中央执行委员会决定，授权军事委员会委员长统一指挥，并由中央执行委员会暨国民政府分别令遵。又全国总动员计划大纲，经本会议常务委员第六次会议通过，密交陆海空军大本营负责实施，各主管机关为适应战事之各种特别设施，令行各省市地方党政机关办理者，统应先送军事委员会委员长核定施行。盖值此抗战期中，必须步调整齐，始足以免除分歧，而迅赴事功。第查近月以来党政方面各主管机关，多以勇于负责，不免各自为谋，往往同属一事，而主办之机关与推行之办法，竟至层见叠出。在各省地方政府必感政出多门，莫知适从，在中央方面形成法令繁歧，自乱步骤，而结果任何举办机关，徒费人力财力之周章，不能获预期之实效，殊有急速矫正切实改善之必要。爰经本会议常务委员第二十六次会议决议，函请中央执行委员会及中央政治委员会嗣后凡属中央党政各机关适应战时之各种特别设施，令行各省市地方党政机关办理者，概行先送军事委员会委员长核定施行。除函中央执行委员会外，相应录案函达请予照办。等由。准此。相应函请查照转令遵照。等由准此。应即通饬遵行。除函复并分行外，合行令仰遵照，并转饬所属一体遵照。此令。

中华民国二十六年十月二十九日

主　　　席　林　森
行政院院长　蒋中正
立法院院长　孙　科
司法院院长　居　正
考试院院长　戴传贤
监察院院长　于右任

〔国民政府中央研究院档案〕

4. 国民政府关于由国防最高会议代行中央政治委员会职权训令

（1937年12月6日）

国民政府训令　渝密字第壹号

令中央研究院

为令饬事：案准中央政治委员会二十六年十一月十七日函开：准中央执行委员会函开：本会第五十九次常务委员会决议，中央政治委员会暂行停止其职权，由国防最高会议代行，国防最高会议，应在军事委员会委员长所在地，函请查照。等由准此。除即日办理结束外，相应函请查照分饬知照。等由，准此。除函复并分行外，合行令仰知照。此令。

中华民国二十六年十二月六日

主　　席　林　森
行政院院长　蒋中正
立法院院长　孙　科
司法院院长　居　正
考试院院长　戴传贤
监察院院长　于右任

〔国民政府档案〕

5. 国民政府宣言

（1937年12月20日）

日本自侵略中国以来，占领我城市，屠杀我人民，凶焰日张。近复袭用在我东北四省与冀东各县故技，胁诱不肖之徒，为其爪牙，在非法占领之北平，设立伪组织，僭称“中华民国临时政府”。该项伪组织，完全为日本之傀儡，其参加此项组织人等，自应依国法惩处，而组织之存在与其行为，既全在日本控制之下，自应由日本负责，非寻常叛乱可比。日本此举，显系侵犯中国主权与领土行政之完整，为日本侵略中国日益扩大之重要证明。中华民国国民政府兹特郑重声明，在日本军队占领之北平或其他地方发现任何伪政治组织，皆为日本侵犯中国主权及领土行政完整之暴行，其一切行为，对内对外，当然无效。特此宣言。

〔国民政府档案〕

6. 国民政府通饬遵照抗战建国纲领训令

（1938年7月2日）

国民政府训令　渝字第三四七号

令文官处

为令遵事：案奉中央执行委员会二十七年六月十四日鄂感字第三四零号公函开：本党临时全国代表大会为集中意志，统一行动起见，特制订中国国民党抗战建国纲领，经大会议决公布在案。今后政治上一切措施，自应以此纲领为最高准绳，各主管机关尤应就职掌范围以内，悉以研究，以求贯彻。相应抄同纲领全文函达，即希查照通饬所属各机关一体遵照。等因，到厅，应即照办。除函复并分行外，合行抄发原附纲领全文，令仰遵照，并转饬所属一体遵照。此令。

计抄发原附抗战建国纲领一件。

中国国民党抗战建国纲领

中国国民党领导全国从事于抗战建国之大业，欲求抗战必胜，建国必成，固有赖于本党同志之努力，尤须全国人民戮力同心，共同担负。因此本党有请求全国人民捐弃成见，破除畛域，集中意志，统一行动之必要。特于临时全国代表大会制定外交、军事、政治、经济、民众、教育各纲领，议决公布，使全国力量得以集中团结而实现总动员之效能。纲领如左：

甲、总则

（一）确定三民主义暨总理遗教，为一般抗战行动及建国之最高准绳。

（二）全国抗战力量，应在本党及蒋委员长领导之下，集中全力，奋斗迈进。

乙、外交

（三）本独立自主之精神，联合世界上同情于我之国家及民族，为世界之和平与正义，共同奋斗。

（四）对于国际和平机构，及保障国际和平之公约，尽力维护，并充实其权威。

（五）联合一切反对日本帝国主义侵略之势力制止日本侵略，

树立并保障东亚之永久和平。

（六）对于世界各国现存之友谊，当益求增进以扩大对我之同情。

（七）否认及取消日本在中国领土内以武力造成之一切伪政治组织，及其对内对外之行为。

丙、军事

（八）加紧军队之政治训练，使全国官兵明了抗战建国之意义，一致为国效命。

（九）训练全国壮丁，充实民众武力，补充抗战部队，对于华侨回国效力疆场者，则按照其技能施以特殊训练，使之保卫祖国。

（十）指导及援助各地武装人民，在各战区司令长官指挥下，与正式军队配合作战，以充分发挥保卫乡土捍卫外侮之效能，并在敌人后方发动普遍的游击战，以破坏及牵制敌人之兵力。

（十一）抚慰伤亡官兵，安置残废，并优待抗战人员之家属以增高士气，而为全国动员之鼓励。

丁、政治

（十二）组织国民参政机关，团结全国力量，集中全国之思虑与识见，以利国策之决定与推行。

（十三）实行以县为单位，改善并健全民众之自卫组织，施以训练，加强其能力，并加速完成地方自治条件，以巩固抗战中之政治的社会的基础，并为宪法实施之准备。

（十四）改善各级政治机构，使之简单化合理化，并增高行政效率以适合战时需要。

（十五）整饬纲纪，责成各级官吏忠勇奋斗，为国牺牲，并严守纪律，服从命令，为民众倡导，其有不忠职守，贻误抗战者，以军法处治。

（十六）严惩贪污官吏，并没收其财产。

戊、经济

（十七）经济建设，以军事为中心，同时注意改善人民生活。本此目的，以实行计划经济，奖励海内外人民投资，扩大战时生产。

（十八）以全力发展农村经济，奖励合作，调节粮食，并开垦荒地，疏通水利。

（十九）开发矿产，树立重工业的基础，鼓励轻工业的经营，并发展各地之手工业。

（二十）推行战时税制，彻底改革财务行政。

（二十一）统制银行业务，从而调整工商业之活动。

（二十二）巩固法币，统制外汇，管理进出口货，以安定金融。

（二十三）整理交通系统，举办水陆空联运，增筑铁路、公路，加辟航线。

（二十四）严禁奸商垄断居奇，投机操纵，实施物品平价制度。

己、民众运动

（二十五）发动全国民众，组织农工商学各职业团体，改善而充实之，使有钱者出钱，有力者出力，为争取民族生存之抗战而动员。

（二十六）在抗战期间，于不违反三民主义最高原则及法令范围内，对于言论出版、集会结社，当与以合法之充分保障。

（二十七）救济战区难民及失业民众，施以组织与训练，以加强抗战力量。

（二十八）加强民众之国家意识，使能辅助政府肃清反动，对于汉奸严行惩办，并依法没收其财产。

庚、教育

（二十九）改订教育制度及教材，推行战时教程，注重于国民道德之修养，提高科学的研究，与扩充其设备。

（三十）训练各种专门技术人员，与以适当之分配，以应抗战需要。

（三十一）训练青年，俾能服务于战区及农村。

（三十二）训练妇女，俾能服务于社会事业，以增加抗战力量。

中华民国二十七年七月二日

国民政府主席　林　森
行政院院长　孔祥熙
立法院院长　孙　科
司法院院长　居　正
考试院院长　戴传贤
监察院院长　于右任

〔国民政府档案〕

7. 国民政府公布修正惩治汉奸条例

（1938年8月15日）

修正惩治汉奸条例

（二十七年八月十五日国民政府公布）

第一条　汉奸案件依本条例处断。

第二条　通谋敌国而有左列行为之一者为汉奸，处死刑或无期徒刑：

一、图谋反抗本国者；

二、图谋扰乱治安者；

三、招募军队或其他军用人工役夫者；

四、供给贩卖或为购办运输军用品或制造军械弹药之原料者；

五、供给贩卖或为购办运输谷米、麦面、杂粮或其他可充食粮之物品者；

六、供给金钱资产者；

七、泄漏、传递、侦察或盗窃有关军事、政治、经济之消息、文书、图画或物品者；

八、充任向导或其他有关军事之职役者；

九、阻碍公务员执行职务者；

十、扰乱金融者；

十一、破坏交通通讯或军事上之工事或封锁者；

十二、于饮水食品中投放毒物者；

十三、煽惑军人、公务员或人民逃叛通敌者；

十四、为前款之人犯所煽惑而从其煽惑者。

第三条　包庇纵容前条之罪犯者以共同正犯论。

第四条　明知为第二条之犯罪而窝藏不报者，处无期徒刑或七年以上有期徒刑。

第五条　故意陷害诬告他人，犯本条例各条之罪者，处以各该条之刑。

第六条　本条例之未遂犯罚之。

第七条　预备或阴谋犯第二条、第三条之罪者，处七年以上有期徒刑；犯第四条、第五条之罪者，处一年以上七年以下有期徒刑。

第八条　因犯本条例之罪所得，或供犯罪所用，或供犯罪预备之物，不问属于犯人与否没收之。

第九条　犯第二条之罪者，没收其财产之全部。

前项罪犯未获案前，经国民政府通缉者，单独宣告没收其财产之全部。

前项未获案之罪犯，未经国民政府通缉者，得由中央最高军事机关核准查封其财产之全部或一部。

第一〇条　依本条例没收或查封财产之全部时，应酌留家属生活费。

第一一条　依本条例应行没收或查封之财产，委托该管地方行政机关执行之。

前项执行机关，应即造具财产目录呈报中央最高军事机关。

第一二条　依第八条没收之财产，应移送或通知就近兵站或当地行政机关接收，并各呈报中央最高军事机关。

第一三条　依本条例没收或查封之财产，应由执行机关公告之。

第一四条　犯本条例之罪者，由有军法审判权之机关或部队审判之，其管辖有争执时，呈有中央最高军事机关核定。

第一五条　依本条例判决之案件，应于宣判后五日内缮具判决正本，并令被告人提出声辩书，连同卷证呈送中央最高军事机关核定，但有紧急处置必要者，得叙明犯罪事实适用法条及必须紧急处置理由电请核示。

在接战地域，前项案件授权于战区司令官代核补报备案。

第一六条　中央最高军事机关对于依前条呈核之案件，得行提审派员莅审或移转管辖。

第一七条　刑法总则刑事诉讼法之规定，与本条例不相抵触者适用之。

第一八条　犯本条例之罪于发觉前自首者，依汉奸自首条例办理之。

第一九条　本条例自公布日施行。

〔国民政府档案〕

8. 国民政府通饬全国党政军将称钧座为领袖者一律改称总裁令

（1939年4月7日）

国民政府训令　渝密字第三六号

令文官处

为令遵事：案据本府文官处签呈称：准中央执行委员会秘书处二十八年四月三日渝(28)文字第三六七一号函开：顷准军事委员会办公厅寝代电开：顷奉委员长蒋交下政治部陈部长签呈一件，为转据薛伯陵同志电请将称钧座为领袖者，一律改称总裁，并通令全国党政军遵照，请示等语。并奉批谕：查领袖称呼行之已久，各党各派皆无对立观念，在此抗战时期全国国民不宜悉使改换，惟可由中央秘书处令行全党党员、政府机关与本党军队行之可也。等因奉此，特电请查照办理，等由准此，自应照办。除通告各级党部外，特此函达，即希查照转陈饬遵等由，理合签呈鉴核。等情。据此，除饬处函复并分行外，合行令仰遵照，并转饬所属一体遵照。此令。

中华民国二十八年四月七日

国民政府主席　林　森
行政院院长　孔祥熙
立法院院长　孙　科
司法院院长　居　正
考试院院长　戴传贤
监察院院长　于右任

〔国民政府档案〕

9. 国民政府宣言重申概不承认汉奸集团僭发文告及与任何国家订立文件训令

（1939年10月12日）

国民政府训令　渝字五六一号

令文官处

为令知事：本府兹于本年双十节国庆纪念日发表宣言，勖勉军民并重行申明，凡叛逆汉奸集团僭发文告及与任何国家订立文件，一概无效，文曰："民国成立，迄今二十八载，念缔造之不易，懔职责之匪轻，爰于国庆令旦，揭橥数义，勖我军民。溯自芦沟桥事变暴发以来，吾前方将士，为救民族国家而奋斗，为保领土主权而牺牲，前仆后继，百折不回，英勇战绩，光辉史册，各地民众，忍受一切痛苦，毁家纾难，争先恐后，拥护国策，无间始终。凡此种种贡献，均为神圣爱国之心所表现，已使寇氛日炽，国威日张，最后胜利，非我莫属。自兹以往，尚望全国军民，毋骄毋馁，益励忠贞，务尽最大之努力，共完时代之使命。至于无耻叛逆，为敌傀儡，辱及祖先，遗累子孙，非徒人类所共弃，且为国法所不容。本府前于民国二十六年十二月二十日颁布宣言，凡在敌军侵占区内，发现任何伪政治组织，其一切行为，对内对外，当然无效。现我抗战已逾两年，敌知武力侵略之终不得逞，乃多方引诱败类，制造傀儡，希图供彼玩弄，淆乱听闻，合再重行申明，中华民国惟国民政府依法总揽治权，对内公布法令，对外缔结条约，主权完整不容破坏，倘有汉奸集团，傀儡组织，僭窃名义，擅发文告，或竟与任何国家订立文件，任在何时，概不承认，特此宣言”。等语。除通行外，合即令仰知照，并转饬所属一体知照。此令。

国民政府主席　林　森
行政院院长　孔祥熙
立法院院长　孙　科
司法院院长　居　正
考试院院长　戴传贤
监察院院长　于右任

〔国民政府档案〕

10. 国民政府公布非常时期维持治安紧急办法及该法第二第三条有关条文令函

（1940年7～8月）

（1）国民政府令　（7月24日）

国民政府训令

令国民政府政务官惩戒委员会

为令知事：查维持治安，保卫秩序，为国家施政之基础，值此非常时期，尤关重要。本府前经制定公布之各项特别刑事法规，虽因涉及军事、政治或经济建设方面，其性质各有不同，要皆以维持地方治安，增强抗战建国力量为依归。颁行以来，各地人民尚能仰体意旨，遵守秩序，维护安宁，惟间亦有不肖之徒，违法乱纪，破坏治安，此种行动，不仅为患地方，抑且妨害抗战。兹为指示军警机关彻底肃清奸宄，防遏乱萌起见，特再制定非常时期维持治安紧急办法，明令公布，对于违法人犯之侦察逮捕，非法集合之制止解散，违禁物品之检查扣押以及预备阴谋犯并共同嫌疑犯之并予处置等，均有明白规定，务期在事军警，共体斯旨，严格执行。除分行外，合行抄发该办法，令仰知照，并转饬所属一体知照。此令。

计抄发非常时期维持治安紧急办法一份。

国民政府主席　林　森

行政院院长　蒋中正

军政部部长　何应钦

非常时期维持治安紧急办法

二十九年七月廿四日公布

第一条　非常时期肃清奸宄，维持治安及保卫公共秩序适用本办法之规定。

第二条　左列各款人犯，军警应严密注意侦察逮捕，于必要时并得以武力或其他有效方法制止之：

一、惩治汉奸条例第二条各款之罪；

二、危害民国紧急治罪法第一条第一项各款之罪；

三、战时军律第七条之罪；

四、陆海空刑法第十七条、第二十七条、第七十九条及第八十二条之罪；

五、惩治盗匪暂行办法第三条及第四条各款之罪；

前项办法，对于预备或阴谋犯亦适用之。但以各该法有处罚之规定者为限。

第三条　左列各款人犯，军警应当场逮捕或解散，于必要时并得以武力或其他有效方法排除其抗拒：

一、战时军律第八条之罪；

二、惩治偷漏关税暂行条例第二条及第三条各款之罪；

三、非常时期农工商矿管理条例第三十条之罪；

四、刑法第一百四十九条至一百五十六条之罪及第一百七十三条至第一百九十条之罪。

第四条　对于违犯本办法所列举之人犯，得实施左列之处分：

一、搜索其身体、住宅或其他处所；

二、检查扣押其邮件、电报、印刷品、宣传品或其他文书及图画；

三、携带或收藏武器弹药、爆裂物、无线电机或其他供犯罪所用物品者，不问曾否受有允准扣押之；

第五条　违犯本办法所列举人犯之同居家属雇用人或受雇人有共犯嫌疑者得并予逮捕。

第六条　明知为违犯本办法所列举之人犯，而藏匿容留或使之隐避者得逮捕之。

第七条　军警为本办法之处理时，应立即报告该管上级长官。

逮捕之人犯或扣押之物品，应立即解送较近之宪兵队、保安队长官、警察局长、县长或检查官讯问后，分别情形依法办理。

第八条　本办法未规定之条款，而在其他法令上为犯罪并有扰乱治安之虞者，准用本办法处理。

第九条　军警依本办法处理时，并应注意一般人民之权利，迅速恢复秩序。

第十条　本办法自公布日施行。

（2）国民政府文官处函　（8月5日）

国民政府文官处公函　渝文字
中华民国二十九年八月五日

径启者，查非常时期维持治安紧急办法，前经国民政府于本年七月二十四日明令公布，并通饬施行在案。该办法第二条载：左列各款人犯，军警应严密注意侦察逮捕，于必要时并得以武力或其他有效方法制止之：（一）惩治汉奸条例第二条各款之罪；（二）危害民国紧急治罪法第一条第一项各款之罪；（三）战时军律第七条之罪；（四）陆海空军刑法第十七条、第二十七条、第七十九条及第八十二条之罪；（五）惩治盗匪暂行办法第三条及第四条各款之罪。前项办法对于预备或阴谋犯亦适用之，但以各该法有处罚之规定者为限。又第三条："左列各款人犯，军警应当场逮捕或解散，于必要时并得以武力或其他有效方法排除其抗拒：（一）战时军律第八条之罪；（二）惩治偷漏关税暂行条例第二条及第三条各款之罪；（三）非常时期农工商矿管理条例第三十条之罪；（四）刑法第一百四十九条至一百五十六条之罪及第一百七十三条至第一百九十条之罪。"各等语。兹奉主席谕："由处查案将上列有关之各项法规条文，录送各机关参考。"等因。查原办法第三条第三项所称非常时期农工商矿管理条例之农工商矿四字，实系农矿工商四字之误，应即更正。奉谕前因，相应抄同各该法规条文，一并函达查照并转行为荷。此致

国民政府政务官惩戒委员会

计抄送惩治汉奸条例第二条条文，危害民国紧急治罪法第一条条文，中华民国战时军律第七条第八条条文，〔以下略〕陆海空军刑法第十七条第二十七条第七十九条第八十二条条文，惩治盗匪暂行办法第三条第四条条文，惩治偷漏关税暂行条例第二条第三条条文，非常时期农矿工商管理条例第三十条（附注该条例第十一条）条文，中华民国刑法第一百四十九条至一百五十六条及一百七十三条至一百九十条条文各一件。

文官长　魏

惩治汉奸条例第二条全条条文

第二条　通谋敌国而有左列行为之一者为汉奸，处死刑或无期徒刑；

（一）图谋反抗本国者；

（二）图谋扰乱治安者；

（三）招募军队或其他军用人工役夫者；

（四）供给贩卖或为购办运输军用品，或制造军械弹药之原料者；

（五）供给贩卖或为购办运输谷米、麦面、杂粮或其他可允食粮之物品者；

（六）供给金钱资产者；

（七）泄漏传递侦查或盗窃有关军事、政治、经济之消息文书、图画或物品者；

（八）充任向导或其他有关军事之职役者；

（九）阻碍公务员执行职务者；

（十）扰乱金融者；

（十一）破坏交通通讯或军事上之工事或封锁者；

（十二）于饮水食品中投放毒物者；

（十三）煽惑军人、公务员或人民逃叛通敌者；

（十四）为前款之人犯所煽惑而从其煽惑者。

危害民国紧急治罪法

第一条　以危害民国为目的，而有左列行为之一者处死刑：

（一）私通敌国，图谋扰乱治安者；

（二）勾结叛徒，图谋扰乱治安者；

（三）为敌国或叛徒购办或运输军用品者；

（四）以政治上或军事上之秘密，泄漏或传递于敌国或叛徒者；
（五）破坏交通或军事场所者；
（六）煽惑军人不守纪律，放弃职务，或与敌国或叛徒勾结者；
（七）煽惑他人私通敌国，或与叛徒勾结，或扰乱治安者；
（八）造谣惑众，摇动军心，或扰乱治安者；
（九）以文字图画或演说为利于敌国或叛徒之宣传者。
受人煽惑，犯前项之罪而自首者，得减轻或免除其刑。

中华民国战时军律

第七条　意图妨害抗战，扰乱后方者处死刑。
第八条　意图妨害抗战，而造谣惑众，摇动军心者处死刑。

〔国民政府档案〕

11. 国民政府修正公布勋章条例训令

（1941年2月12日）

国民政府训令

令参军处

为令知事：查颁给勋章条例，现经修正为勋章条例，明令公布在案。应即通饬施行。除分令外，合行抄发该条例，令仰知照，并转饬所属一体知照。此令。

计抄发勋章条例一份

国民政府主席　林　森
立法院院长　孙　科

勋章条例　三十年二月十二日修正公布

第一条　中华民国人民有勋劳于国家或社会者，得由国民政府授予勋章。

国民政府为敦睦邦交，得授予勋章于外国人。

第二条　勋章除已授予之采玉勋章外，分左列四种：

采玉大勋章。

中山勋章。

乡云勋章。

景星勋章。

第三条　国民政府主席佩带采玉大勋章。

采玉大勋章得特赠友邦元首，并得派专使送。

第四条　有左列勋劳之一者，得授予中山勋章，由国民政府主席亲授之：

一、统筹大计，安定国家者。

二、翊赞中枢，敉平祸乱者。

三、其他对于建国事业有特殊勋劳者。

第五条　公务人员有左列勋劳之一者，得授予乡云勋章或景星勋章：

一、于国家行政、立法、司法、考试、监察制度之设施，著有勋劳者。

二、于国民经济、教育、文化之建设，著有勋劳者。

三、折冲樽俎，敦睦邦交，获得外交上之胜利者。

四、宣扬德化，怀远安边，克固疆圉者。

五、办理侨务，悉协机宜，功绩卓著者。

六、救济灾害，抚妥流亡，裨益民生者。

七、维持地方秩序，消弭祸患，成绩优异者。

八、中央或地方官吏在职十年以上，成绩昭著者。

九、襄助治理贤劳卓著，迭功赏者。

第六条　非公务人员有左列勋劳之一者，得授予乡云勋章或景星勋章：

一、有专门发明或伟大贡献，有利国计民生者。

二、慨捐巨款，以纾国难者。

三、创办救济事业，规模宏大，福利社会者。

四、兴办教育文化事业，历史深长，足资模范者。

五、保卫地方，防御灾患，屡著功效，足资矜式者。

六、经营企业，辅助政府，功在民生者。

七、学识渊深，著述精宏，有功文化教育者。

第七条　友邦人民有左列勋劳之一者，得授予乡云勋章或景星勋劳：

一、抑制强暴，伸张正义，有利我国者。

二、宣扬我国文化，成绩昭著者。

三、周旋坛坫，有助我国外交者。

四、促成其政府或人民与我国以物质上或精神上之援助者。

五、贡献各种伟大计划，有裨我国建设事业者。

六、创办教育或救济事业，有功于我国社会者。

第八条　凡有勋劳于国家社会、为前三条所未列举，而确应授予勋章者，亦得比照前三条之规定行之。

第九条　乡云勋章及景星勋章，得依勋绩分等，以绶为区别，绶分大绶、领绶、襟绶三种。

第十条　前条大绶勋章由国民政府主席亲授之。领绶勋章由国民政府发交主管部会授予之。襟绶勋章由国民政府递发该管长官授予之。

受勋人在外国者得递发当地大使馆、公使馆或领事馆授予之。

授予勋章应附发证书。

第十一条　授予勋章得因积功晋等，并得加授别种勋章。但一人不得同时授予两种勋章。

第十二条　勋绩之审核，由稽勋委员会行之。但国民政府主席特赠或特授者，不在此限。

稽勋委员会设委员十一人至十五人，其中以内政部部长、外交部部长、侨务委员会委员长，铨叙部部长为当然委员，余由国民政府遴聘。

稽勋委员会职员就国民政府文官处原有职员中调用，其详细组织，以命令定之。

第十三条　授予勋章，于元旦及革命政府纪念日行之。但特赠或特授者，不在此限。

第十四条　陆海空军军人之授勋，另以法律定之。

第十五条　因犯罪剥夺公权者，应缴还勋章及证书，

第十六条　本条例施行细则，由内政部、外交部、侨务委员会及铨叙部会同定之。

第十七条　本条例自公布日施行。

〔国民政府档案〕

12. 国民政府修正公布勋章条例第九第十条条文训令

（1942 年 3 月 25 日）

国民政府训令　渝文字 328 号

令参军处

查勋章条例，前经制定明令公布，并通饬施行在案。兹将该条例第九条及第十条条文，酌加修正。除公布并分行外，合行抄发修正条文，令仰知照。并转饬所属一体知照 。此令。

计抄发勋章条例第九条第十条条文一份

国民政府主席　林　森

立法院院长　孙　科

修正勋章条例第九条第十条条文

三十一年三月二十五日公布

第九条　卿云勋章及景星勋章，得依勋绩分等，并以大绶、不

用绶、领绶、襟绶附勋表、襟绶五种区别之。

第十条　前条大绶及不用绶勋章，由国民政府主席亲授之。领绶勋章由国民政府发文主管部会授予之。襟绶勋章由国民政府递发该管长官授予之。

受勋人在外国者，得递发当地大使馆、公使馆或领事馆授予之。

授予勋章，应附发证书。

〔国民政府档案〕

13. 国民政府颁布国家总动员法及施行日期训令

（1942年3～4月）

（1）令之一（3月29日）

国民政府训令　渝文字三七三号

令参军处

查国家总动员法，业经制定，明令公布，应即通令饬知。除分行外，合行抄同该法，令仰知照，并转饬所属一体知照。此令。

计抄发国家总动员法一份

国民政府主席　林　森
行政院院长　蒋中正
立法院院长　孙　科
司法院院长　居　正
考试院院长　戴传贤
监察院院长　于右任

国家总动员法　三十一年三月二十九日公布

第一条　国民政府于战时为集中运用全国之人力、物力，加强国防力量，贯彻抗战目的，制定国家总动员法。

第二条　本法所称政府，系指国民政府及其所属之行政机关而言。

第三条　本法称国家总动员物资，系指左列各款而言：

一、兵器、弹药及其他军用器材；

二、粮食、饲料及被服品料；

三、药品、医药器材及其他卫生材料；

四、船舶、车马及其他运输器材；

五、土木建筑器材；

六、电力与燃料；

七、通信器材；

八、前列各款器材之生产、修理、支配、供给及保存上所需之原料与机器；

九、其他经政府临时指定之物资。

第四条　本法称国家总动员业务，系指左列各款而言：

一、关于国家总动员物资之生产、修理、支配、供给、输出、输入、保管及必要之试验、研究业务；

二、关于民生日用品之专卖业务；

三、关于金融业务；

四、关于运输通信业务；

五、关于卫生及伤兵、难民救护业务；

六、关于情报业务；

七、关于妇孺老弱及有必要者之迁移及救济业务；

八、关于工事构筑业务；

九、关于教育训练与宣传业务；

十、关于征购及抢先购运之业务；

十一、关于维持后方秩序并保护交通之机关及防空业务；

十二、其他经政府临时指定之业务。

第五条　本法实施后，政府于必要时得对国家总动员物资征购或征用其一部或全部。

第六条　本法实施后，政府于必要时得对国家总动员物资之生产、贩卖或输入者，命其储存该项物资之一定数量，在一定期间非呈准主管机关，不得自由处分。

第七条　本法实施后，政府于必要时得对国家总动员物资之生产、贩卖、使用、修理、储藏、消费、迁移或转让加以指导、管理、节制或禁止。

前项指导、管理、节制或禁止，必要时得适用于国家总动员物资以外之民生日用品。

第八条　本法实施后，政府于必要时得对国家总动员物资及民生日用品之交易价格、数量加以管制。

第九条　本法实施后，政府于必要时在不妨碍兵役法之范围内得使人民及其他团体从事于协助政府或公共团体所办理之国家总动员业务。

第十条　政府征用人民从事于国家总动员业务时，应按其年龄、性别、体质、学识、技能、经验及其原有之职业等为适当之支配。

第十一条　本法实施后，政府于必要时得对从业者之就职、退职、受雇、解雇及其薪俸工资加以限制或调正。

第十二条　本法实施后，政府于必要时得对机关团体、公司、行号之员工及私人雇用工役之数额加以限制。

第十三条　本法实施后，政府于必要时得命人民向主管机关报告其所雇用或使用之人之职务与能力，并得施以检查。

第十四条　本法实施后，政府于必要时得以命令预防或解决劳动纠纷，并得对于封锁工厂、罢工、怠工、及其他足以妨碍生产之行为严行禁止。

第十五条　本法实施后，政府于必要时得对耕地之分配、耕作力之支配及地主与佃农之关系加以厘定，并限期垦殖荒地。

第十六条　本法实施后，政府于必要时得对货币流通与汇兑之区域及人民债权之行使，债务之履行加以限制。

第十七条　本法实施后，政府于必要时得对银行、信托公司、保险公司及其他行号资金之运用加以管制。

第十八条　本法实施后，政府于必要时得对银行、公司、工厂及其他团体行号之设立合并、增加资本、变更目的、募集债款、分配红利、履行债务及其资金运用加以限制。

第十九条　本法实施后，政府于必要时得奖励、限制或禁止某种货物之出口或进口，并得增征或减免进出口税。

第二十条　本法实施后，政府于必要时得对国家总动员物资之运费、保管费、保险费、修理费或租费加以限制。

第二十一条　本法实施后，政府于必要时得对人民之新发明专利品或其事业所独有之方法、图案、模型、设备命其报告试验并使用之。

关于前项之使用并得命原事业主供给熟练技术之员工。

第二十二条　本法实施后，政府于必要时得对报馆及通讯社之设立、报纸通讯稿及其他印刷物之记载加以限制、停止或命其为一定之记载。

第二十三条　本法实施后，政府于必要时得对人民之言论、出版、著作、通讯、集会、结社加以限制。

第二十四条　本法实施后，政府于必要时得对人民之土地、住宅或其他建筑物征用或改造之。

第二十五条　本法实施后，政府于必要时得对经营国家总动员物资或从事国家总动员业务者，命其拟订关于本业内之总动员计划并举行必要之演习。

第二十六条　本法实施后，政府于必要时得对从事国家总动员物资之生产或修理者，命其举行必要之试验与研究，或停止改变原有企业从事指定物资之生产或修理。

第二十七条　本法实施后，政府于必要时得对经营同类之国家总动员物资或从事同类之国家总动员业务者，命其组织同业公会或其他职业团体，或命其加入固有之同业公会，或其他职业团体。前项同业公会或职业团体主管机关应随时监督，并得加以整理改善。

第二十八条　本法实施后，政府对于人民因国家总动员所受之损失得予以相当之赔偿或救济，并得设置赔偿委员会。

本法实施停止时，原有业主或权利人及其继承人对于原有权利有收回之权。

第二十九条　本法实施时应设置综理推动机关，其组织另以法律定之。

关于国家总动员物资及业务，仍由各主管机关管理执行。

第三十条　本法实施时，前条综理推动机关为加强国家总动员之效率起见，得呈请将有关各执行机关之组织经费权限加以变更或调整。

第三十一条　本法实施后，政府对于违反或妨害国家总动员之法令或业务者，得加以惩罚。

前项惩罚以法律定之。

第三十二条　本法之公布实施与停止，由国民政府以命令行之。

（2）令之二（4月25日）

国民政府训令　渝之字四六四号

令国民政府政务官惩戒委员会

查国家总动员法，前经制定，明定公布，并通令饬知在案。兹将该法定自民国三十一年五月五日起施行。除公布并分行外，合行令仰知照，并转饬所属一体知照。此令。

国民政府主席　林　森

行政院院长　蒋中正

立法院院长　孙　科
司法院院长　居　正
考试院院长　戴传贤
监察院院长　于右任
〔国民政府档案〕

14. 国民政府关于饬遵国家总动员会议组织大纲训令

（1942 年 4 月 25 日）

国民政府训令 渝密字四六三号
中华民国三十一年四月二十五日发

令文官处

案据本府文官处签呈称：准国防最高委员会秘书厅三十一年四月二十日国纪字第二五六五七号公函开：查国家总动员法前奉国防最高委员会第八十次常务会议决议通过，业由厅函准贵处覆已陈奉明令公布在案。兹准行政院本年四月十六日机字第一四六七号函，为依照国家总动员法第二十九条拟具国家总动员会议组织大纲，请查照转陈迅予核定施行等由，到厅。复经陈奉国防最高委员会第八十二次常务会议决议，修正通过。相应抄同该项修正大纲及行政院原函函达，即希查照转陈分令饬遵等由，理合签呈鉴核。等情。据此，应即照办。除饬复并分行外，合行抄发原附大纲，令仰该处知照。此令。

计抄发国家总动员会议组织大纲一份

国民政府主席　林　森
行政院院长　蒋中正

国家总动员会议组织大纲

第一条　国民政府为综理推动国家总动员依国家总动员法第

二十九条之规定，特于行政院内设置国家总动员会议。(以下简称本会议)

第二条　本会议之职权如左：

一、策画国家总动员有关人力、物力、财力之统制、运用并推动其业务。

二、审查行政院所属各主管机关国家总动员有关之方案、计划与法令。

三、调协行政院所属各主管机关国家总动员工作之执行，并考核其成绩。

四、联系非行政院所属各机关国家总动员有关之工作。

第三条　本会议委员会分左列两种，由行政院院长指派或聘任之：

甲、指派之人员：

一、内政部部长；

二、外交部部长；

三、军政部部长；

四、财政部部长；

五、经济部部长；

六、教育部部长；

七、交通部部长；

八、农林部部长；

九、社会部部长；

十、粮食部部长；

十一、行政院秘书长；

十二、行政院政务处长；

十三、四联总处秘书长；

十四、其他由院长指派之人员。

乙、聘任之人员：

一、中央党部秘书长；
二、国防最高委员会秘书长；
三、中央设计局秘书长；
四、党政工作考核委员会秘书长；
五、国民政府主计长；
六、军事委员会参谋总长、副参谋总长；
七、军令部部长；
八、后方勤务部部长；
九、侍从室各处主任；
十、运输统制局主任；
十一、其他由院长聘任之人员。

第四条　本会议每月开全体会议一次，由行政院院长召集之，必要时得召集临时会议。

第五条　本会议设常务委员三人处理日常事务，由院长就委员中指定之。

第六条　本会议常务委员每星期开会一次，并应通知与讨论事项有关之委员出席。

第七条　本会议对外不行文，一切决议由行政院行之，但关于事务之处理得用会函或处函。

第八条　本会议设秘书处，处内设法制室、调查室、文书科、事务科、议事科，分掌各项事务。

第九条　本会议设军事、人力、财力、物力、粮盐、运输、检察、文化八组，分任各项研究审核及建议等工作。

第十条　本会议秘书处设处长一人，副处长一人，均简派，秘书二人至四人，简派或荐派，各室设主任一人，均简派，各科设科长一人均荐派，室科各设科员若干人，荐派或委派。

第十一条　本会议各组设主任一人，（必要时得设副主任）均简派，秘书一人，专员若干人，简派或荐派，组员二人至四人，荐派或委派。

第十二条　本会议秘书处及各组职员均以专任为原则，并得向各关系机关调用必要人员。

本会议得雇用办事员及书记，分派各科室组办事。

第十三条　本会议得设各种委员会，并得聘请专门人员。

第十四条　本会议各组设置业务小组会，由组主任召集各主管机关负责人员及本会议聘请之专门人员参加。其组织另定之。

第十五条　本会议处务规程另定之。

第十六条　本大纲经国防最高委员会议通过后施行。

〔国民政府档案〕

15. 国民政府公布国家总动员法实施纲要训令

（1942年6月22日）

国民政府训令

令国民政府政务官惩戒委员会

案据行政院三十一年六月二十二日动呈字第一五号呈称：查国家总动员法所定各项国家总动员业务必须迅付实施，兹为确定各项业务主管机关，并指示拟订国家总动员计划之要则，俾各主管机关及经营国家总动员物质或从事国家总动员业务之经济组织，暨有关国家总动员业务之人民团体，于拟订其实施计划时，有所依据，并期各部分计划，确能互相配合，以收最大效果起见，经由国家总动员会议常务委员拟具国家总动员法实施纲要草案，提出该会议第一次全体委员会议决议，原则通过。第二部分关于国家总动员法各条业务掌理机关，交常务委员斟酌补充后，由院呈请国民政府通过，并报告国防最高委员会，复经该会议邀集各关系机关长官参加第六次常务委员会议详商补充，纪录在卷。除报告国防最高委员会，并通令本院所属各机关遵照外，理合缮具该项纲要，呈请鉴核，俯赐分行中央党部，立法、司法监察、考试四院及军事委员会，转行所属一体遵照，并乞指令祗遵。等情。据此。除指令并函中央执行委员会暨分行外，合行抄发原纲要，令仰遵照，并转饬所属一体遵照。此令。

计抄发国家总动员法实施纲要一份

国民政府主席　林　森

行政院院长　蒋中正

国家总动员法实施纲要

第一　实施国家总动员法之使命与要领

国家总动员法之使命，在于集中全国人力、物力，达成军事第一、胜利第一之目标，其方法为增加生产限制消费，集中使用，因而管制物资之生产、分配、交易、储存乃至征购、征用实属急要之图。

国家总动员法之实施，必须努力使各部分齐头并进。盖任何部分之动员、均与其他部份有密切之连带关系，故应就人力、物力各项动员、拟定整个计划，使人民之业务劳动与物资之生产、交易、消费以及财政金融、运输等各部分，在共同目标之下，联系合作，完成使命。

国家总动员法之实施，又须努力使在全国任何地方普遍推进，惟以我国幅员广大，社会情形、物质分布、生产条件、经济组织，及至政治设施，均受地区之自然限制、而有发达不均之态势，为期推动之便利计，凡属国家总动员物资及业务之有全国性者，应于全国各地同时普遍实施，其有特殊性者，则应择时择地，分别推进，以期兼顾而省纷扰。

第二　实施国家总动员法之机构与业务分配

甲、中央主管国家总动员业务之机关与其分掌

国家总动员业务，应由主管部、会、署、局分掌，必要时得酌增人员，其无主管机关者，由行政院斟酌指定之。并得于必要时增设

专管机关，事涉两个机关以上者，应由关系机关会商分掌范围，并由院长指定其中一个机关负综合联系之责，至若各部门总动员业务之综理推动、联系配合、审议与考核，则由国家总动员会议总揽之。兹依国家总动员法所定业务，就主要有关机关按照下列规定分配掌理，行政院认为必要时，得指定其他有关机关加入。

1. 第五条："国家总动员物质之征购征用"。由经济部、粮食部、军政部、财政部、交通部、运输统制局、卫生署等掌理之。

2. 第六条："对国家总动员物质之生产、贩卖或输入者，命其储存该项物质之一定数量，在一定期间，非呈准主管机关不得自由处分。"由经济部、粮食部、军政部、财政部、交通部、运输统制局、卫生署等掌理之。

3. 第七条第一项："对国家总动员物质之生产、贩卖、使用、修理、储藏、消费、迁移或转让，加以指导、管理、节制或禁止。"由经济部、农林部、粮食部、军政部、财政部、交通部、运输统制局、卫生署等掌理之。

4. 第七条第二项："对国家总动员物质以外之民生日用品之生产、贩卖、使用、修理、储藏、消费、迁移或转让，加以指导、管理、节制、或禁止"，粮食由粮食部掌理，盐、糖、火柴等专卖品由财政部掌理，其余民生日用品由经济部掌理。

5. 第八条："对国家总动员物质之交易、价格、数量加以管制"，由经济部、粮食部、军政部、财政部、交通部、运输统制局、卫生署等掌理之。

第八条："对民生日用品之交易、价格、数量加以管制。"粮食由粮食部掌理，盐、糖、火柴等专卖品由财政部掌理，其余民生日用品由经济部掌理。

6. 第九条："在不妨碍兵役法之范围内，得使人民及其他团体从事于协助政府或公共团体所办理之国家总动员业务"及第十条："征用人民从事于国家总动员业务时，应按其年龄、性别、体质、学识、技能、经验及其应有之职业等，为适当之支配。”由社会部、经济部、军政部、农林部、粮食部、财政部、交通部、运输统制局、教育部、卫生署等掌理之。

7. 第十一条：“对从业者之就职、退职、受雇、解雇及其薪俸工资加以限制或调整”，由社会部、经济部、财政部、农林部、军政部、交通部、运输统制局等掌理之。

8. 第十二条：“对机关团体、公司行号使用员工之数额加以限制”。由社会部、经济部、财政部、交通部等掌理之。

第十二条：“对私人雇用工役之数额加以限制”。由社会部掌理之。

9. 第十三条：“命人民向主管机关报告其所雇用或使用之人之职务与能力，并得施以检查”。由社会部掌理之。

10. 第十四条：“以命令预防或解决劳工纠纷，并得对于封锁工厂怠工及其他足以妨碍生产之行为严行禁止”。国营事业之属于军政部及其他军事机关主管者，由军政部掌理之。国营事业及私人企业之属于其他各部、会、署、局主管者，由社会部掌理，各主管机关协助之。

11. 第十五条：“对耕地之分配，耕作力之支配及地主与佃农之关系加以厘定，并限期垦殖荒地”。由地政署、农林部、财政部、粮食部、社会部掌理之。

12. 第十六条：“对货币流通与汇兑之区域加以限制”。由财政部、四联总处掌理之。

第十六条：“对人民债权之行使，债务之履行加以限制”。由财政部掌理之。

13. 第十七条：“对银行、信托公司、保险公司及其他行号资金之运用加以管制”。由财政部、经济部、四联总处掌理之。

14. 第十八条：“对银行、公司、工厂及其他团体行号之设立、合其资金运用加以限制”。由财政部、经济部、四联总处掌理之。

15. 第十九条：“奖励限制或禁止某种货物之出口或进口，并得增征减免进出口税”。由经济部、财政部掌理之。

16. 第二十条：“对国家总动员物资之运费、保管费、保险费、修理费或租费，加以限制”。由交通部、运输统制局、军政部、经济部、财政部、粮食部等掌理之。

17. 第二十一条第一项：“对人民之新发明专利品或其事业所独有之方法、图案、模型、设备命其报告试验并使用之”。及第二项：“关于前项之使用并得命原事业主供给熟练技术之员工。”由经济部、军政部、教育部、交通部、运输统制局、农林部、卫生署、水利委员会、社会部等掌理之。

18. 第二十二条：“对报馆及通讯社之设立，报纸通讯稿及其他印刷物之记载加以限制、停止或命其为一定之记载”。由内政部、军事委员会战时新闻检查局及行政院中央图书杂志审查委员会掌理之。

19. 第二十三条：“对人民之言论、出版、著作、通讯加以限制”。由内政部、军事委员会战时新闻检查局、行政院中央图书杂志审查委员会、军事委员会邮电检查处掌理之。

第二十三条：“对人民集会、结社加以限制”。由社会部、内政部掌理之。

20. 第二十四条：“对人民之土地、住宅或其他建筑物征用或改造之”。由地政署、内政部、军政部掌理之。

21. 第二十五条：“对经营国家总动员物资或从事国家总动员业务者，命其拟订关于本业内之总动员计划并举行必要之演习”。由各主管部、会、署、局分掌之。

22. 第二十六条：“对从事国家总动员物资之生产或修理者，命其举行必要之试验与研究，或停止改变原有企业从事指定物资之生产或修理”。由经济部、军政部、交通部、运输统制局等掌理之。

23. 第二十七条第一项：“对经营同类之国家总动员物质，或从事同类之国家总动员业务者，命其组织同业公会或其他职业团体，或命其加入固有之同业公会或其他职业团体”及同条第二项：“前项同业公会或职业团体主管机关应随时监督，并得加以整理改善”。由社会部、经济部、财政部、交通部、农林部、粮食部、运输统制局、卫生署等掌理之。

24. 第二十八条第一项：“对于人民因国家总动员所受之损失得予以相当之赔偿或救济，并得设置赔偿委员会”。由行政院于必要时设置委员会掌理之。

第二十八条第二项：“本法实施停止时，原有业主或权利人及其继承人对于原有权利有收回之权”。其决定由原征购征用机关行之。

25. 第四条第五款中之一般卫生业务，由卫生署掌理。伤兵救护业务由军政部掌理。难民救护业务由振济委员会掌理。

26. 第四条第七款关于妇孺老弱及有必要者之迁移业务，由地方政府掌理。其救济业务由社会部、振济委员会掌理。

27. 关于协助各主管机关推行动员法令、检举违反动员法令案件，并执行各种动员业务之检察事项，由国家总动员会议检察机构掌理之。

28. 关于国家总动员物资之缉私，特种货运之稽查及保护，由财政部掌理之。

关于国家总动员法中所定业务之分掌、大体如右，尚有第四条中所定业务其主管机关至为明显，无须再为指明者，不另列举。而右定业务分掌，于必要时得由国家总动员会议依国家总动员法第三十条之规定，建议行政院加以变更或调整，各主管部、会、署、局亦得提出变更或调整之意见，呈请行政院交国家总动员会议审定后行之。

乙、省市主管国家总动员业务之机关与其权责

省、市、县政府为地方主管国家总动员业务之机关，应依照

中央主管机关所定各项动员计划与中央政府颁行之法令，切实办理各项动员业务，并监督所属各级机关努力执行。各省、市、县政府暨所属机关为办理动员业务必须增加人员时，应于报经行政院核准后行之，但不得新设机关。中央直属机关在各省市者，对于各该省市政府主管范围内之动员业务，应受各该省市政府之督导，并与各级地方机关密切联系，各省、市、县动员会议任推动联系、审议考核之责。

省及直辖市政府为奉行中央所颁国家总动员方案计划与法令，必要时得制订单行法令、规章或实施办法。其制订与施行，应经省市动员会议之审议，并依一般法令所定或惯行之手续，分别报请行政院或主管部会核定。

县市政府应切实奉行中央颁布之方案计划或命令内所定事项暨省政府颁布之省单行法令、规章或实施办法内所定事项，不得自行制订县市单行法规。

第三　国家总动员计划之要则

一、各主管部、会、署、局对于人力、物力、财力、应综合过去各方面之调查与统计，加以整理估计，以为策定计划之根据，同时迅即施行必要之调查。

二、关于军事需要，应由军事机关依照作战要求及建军需要，参酌以往调办情形，分别军需成品之征购及军需之生产，拟具供应计划、生产计划、与军事所需成品原料、生产工具等之军需总预计表及劳工预计表。

三、一般需用物资之机关，应就所管范围最小限度之需要物资提出需要物资预计表及劳工预计表。

四、关于劳力及技术人员之供需，应在不妨碍兵役范围内由主管机关拟定运用计划。

五、主管物资之机关，应就所管物资之生产、储藏及供需情形，并就军需总预计表及一般需要机关需要物资预计表、与各有关机关协定初步供应计划，其不敷分配之物资未能协定者，提出于国家总动员会议解决之。

六、关于财力、应就增加收入，节约不必要之支出，管制金融等必要之措施，拟定计划，并对于物资供需费用，应顾虑物价之波动，予以合理之规定。

七、主管运输机关，应按事实需要，努力增进运输效能，有效利用水陆联运，妥为计划。

八、总动员物资应按物品种类、生产情形以分区就近平均供应为原则，其需运济者，应妥筹运输方策。

九、精神总动员，应本意志集中、力量集中之最高原则，以文化力量增强民族力量，妥定计划。

十、各主管机关，应依照限期，将所拟各项计划，提出于国家总动员会议。

十一、国家总动员会议就军需民用及资源供应情形详加审议，作成综合国力之总动员计划，由行政院呈经国防最高委员会核定施行。

十二、在总动员计划未策定前，其应迅即提前办理之重要措施，由各主管机关先提出于国家总动员会议核定施行。

第四　从事国家总动员业务之经济组织

一、公营或民营之公司、工厂、行号等应遵照非常时期工商业及团体管制办法、限期为公司登记或商业登记，并限期组织同业公会，强制加入。

二、法令许可不为公司登记或商业登记之小规模营业，属经营公用或生活必需物品者，无论临时或永久设立，均应向各该业同业公会登记，并受其约束，履行非常时期工商业及团体管制办法之任务。

三、各级政府为管理动员上必要，得指定不同种类或不同地点之同业公会组织联合机构，各同业公会亦得自动声请组织，其办法由主管及关系机关商订之。

四、各县市政府，除依照县各级合作社组织大纲之规定，完成各级合作社之组织外，尤应注重消费合作社及产销合作，各级合作主管机关，并应次第限期组织县、省、中央联合社。

五、各级政府对上列各种经济组织，得命令其从事动员业务或授权办理指定之动员管理工作，并直接向政府检举违反动员法令规定之经济行为。

六、各级政府主管机关，对上述各种经济组织应随时督导考核，并得调训其工作干部或辅导自行训练其会员。

七、制定国家总动员法之意义，在加强国力，对于一切生产，力谋增殖，实施该法第五条之规定时，征用民营工厂当以违背动员法令及私人能力确难经营者为原则，其业有成效者应予以指导扶植。

第五　有关国家总动员业务之人民团体

一、各级主管社会行政机关，应限期完成各种职业团体、自由职业团体及其他与国家总动员业务有关之人民团体之组织，并分别强制或劝导各个人民、必须加入一种团体为会员。

二、各种与国家总动员业务有关之人民团体，法律已有上级联合会之规定者，主管机关须限期强制其组织或参加。

三、各级主管社会行政机关，得依据动员法或管理动员机关之合法委托，随时分配人民团体以动员业务，并得授权办理指定之动员管理工作。

四、各级主管社会行政机关，对各种人民团体应随时派员督导考核，并指导演习动员计划，或调训其干部，及辅导自行训练其会员，对职业团体并得派遣书记或补助经费。

五、自由职业团体之工程师、医师、会计师、药剂师、新闻记者等团体关系动员业务甚大，应特别注重其登记调查及培养调节，以备随时征调使用。

〔国民政府档案〕

16. 国民政府公布妨害国家总动员惩罚暂行条例及施行日期训令

（1942 年 6～7 月）

（1）令之一　（6 月 29 日）

国民政府训令

令国民政府政务官惩戒委员会

查妨害国家总动员惩罚暂行条例，现经制定，明令公布，应即通行饬知。除分行外，合行抄发原条例，令仰知照，并转饬所属一体知照。此令。

计抄发妨害国家总动员惩罚暂行条例一份。

国民政府主席　林　森
立法院院长　孙　科

妨害国家总动员惩罚暂行条例

三十一年六月二十九日公布

第一条　凡违反或妨害国家总动员之法令或业务者，依本条例惩罚之。

第二条　本条例公布前已经颁行之经济管制法令，有处罚较重之规定者，依其规定。

第三条　犯本条例之罪者，由有军法审判权之机关审判，呈由中央最高军事机关核准后执行。

第四条　关于管制动员物资及业务，其他法令已规定审判机关及程序者，仍依其规定，但情节重大，有特殊必要者，系由国家总动员会议决定，改由有军法审判权之机关审判。

第五条　有左列情事之一者，处七年以下有期徒刑，得并科十万元以下罚金：

一、违反或妨害依国家总动员法第五条、第十七条或第十八条规定所发之命令者。

二、违反或妨害依国家总动员法第七条第一项规定所发管理节制或禁止之命令者。

三、违反或妨害依国家总动员法第八条规定所发管制之命令者。

四、违反或妨害依国家总动员法第十四条规定所发禁止之命令者。

五、违反或妨害依国家总动员法第十九条规定所发限制或禁止之命令者。

犯前项第五款之罪，其进出口之货物，不问属于犯人与否，没收之。

第六条　有左列情事之一者，处三年以下有期徒刑，得并科五万元以下罚金：

一、违反或妨害依国家总动员法第六条、第二十条、第二十四条或第二十六条后半段规定所发之命令者。

二、违反依国家总动员法第七条第二项规定所发管理节制或禁止之命令者。

三、违反或妨害依国家总动员法第二十七条第一项规定所发之命令者。

第七条　犯前二条之罪，有妨害军事或治安，或因而扰乱金融，其情节重大者，处死刑或无期徒刑，并得没收其财产。

第八条　有左列情事之一者，处一年以下有期徒刑、拘役或三万元以下罚金：

一、拒绝或妨害依国家总动员法第十三条规定之检查者。

二、违反依国家总动员法第二十一条第一项规定所发之命令，而拒绝使用者。

三、违反或妨害依国家总动员法第九条、第十一条、第十二条或第二十三条规定所发之命令者。

第九条　有左列情事之一者，处六月以下有期徒刑、拘役或一万元以下罚金：

一、违反国家总动员法第十三条之规定，而怠于报告或为虚伪之报告者。

二、违反依国家总动员法第十六条规定所发之命令者。

三、违反国家总动员法第二十一条第一项规定，而不为报告或试验者；或违反同条第二项规定，不为熟练技术员工之供给者。

四、违反或妨害依国家总动员法第二十五条或第二十六条前半段规定所发之命令者。

第十条　违反依国家总动员法第二十二条规定所发之命令者。其处罚依出版法之规定，必要时，并得加重其刑至二分之一。

第十一条　泄漏或盗用有关国家总动员业务之秘密者，处三年以下有期徒刑。

公务员从事国家总动员业务，犯前项之罪者，处六月以上五年以下有期徒刑。

第十二条　受政府委托执行国家总动员业务之人，犯本条例之罪者，视同公务员。

第十三条　公务员假借职权，利用国家总动员之机会，发布命令，致人受损害者，处三年以上十年以下有期徒刑。

犯前项之罪，其情节重大者，处死刑或无期徒刑。

第十四条　公务员包庇他人犯本条例之罪者，依各该条规定处断，加重其刑至二分之一。

第十五条　本条例之公布实施与停止，由国民政府以命令行之。

(2) 令之二　(7月10日)

国民政府训令

令国民政府政务官惩戒委员会

查妨害国家总动员惩罚暂行条例，前经明令公布并通令饬知在案。兹将该条例定自三十一年八月一日起施行。除公布并分行外，合行令仰知照，并转饬所属一体知照。此令。

国民政府主席　林森

〔国民政府档案〕

17. 蒋介石为国家总动员会议组织条例修正草案送行政院会议核定致沈鸿烈电

（1942年12月7日）

国家总动员会议沈秘书长勋鉴：十二月二日签呈暨国家总动员会议组织条例修正草案均悉。兹经将修正条例草案核定附文附发，即希送院提明日会议核定可也。中正。亥虞。侍秘。附发国家总动员会议组织条例修正草案乙份。

中华民国卅一年十二月七日

国家总动员会议组织条例修正草案

第一条　国民政府为综理推动国家总动员，依国家总动员法第二十九条之规定，于行政院内设置国家总动员会议。

第二条　国家总动员会议之职权如左：

一、策划国家总动员有关人力、财力、物力之统制运用，并推动其业务；

二、审查行政院所属各主管机关国家总动员有关之方案计划与法案命令；

三、调协行政院所属各主管机关国家总动员工作之执行，并考核其成绩；

四、联系非行政院所属各机关国家总动员有关之工作。

第三条　国家总动员会议委员分左列两种，由行政院院长指派或聘任之：

甲、指派之人员：

一、行政院副院长；

二、内政部部长；

三、外交部部长；

四、军政部部长；

五、财政部部长；

六、经济部部长；

七、教育部部长；

八、交通部部长；

九、农林部部长；

十、社会部部长；

十一、粮食部部长；

十二、行政院秘书长；

十三、行政院政务处长；

十四、四联总处秘书长；

十五、本会议秘书长；

十六、其他由院长指派之人员。

乙、聘任之人员：

一、中央党部秘书长；

二、国防最高委员会秘书长；

三、中央设计局秘书长；

四、党政工作考核委员会秘书长；

五、国民政府主计长；

六、军事委员会参谋总长、副参谋总长；

七、军令部部长；

八、后方勤务部部长；

九、军事委员会委员长侍从室各处主任；

十、运输统制局主任；

十一、其他由院长聘任之人员。

第四条　国家总动员会议以左列各员为常务委员：

一、行政院副院长；

二、中央党部秘书长；

三、军政部部长；

四、财政部部长；

五、经济部部长；

六、交通部部长；

七、农林部部长；

八、社会部部长；

九、粮食部部长；

十、行政院秘书长；

十一、本会议秘书长；

十二、其他由院长指派之人员。

第五条　国家总动员会议每两星期开常务会议一次，必要时得召集临时会议。

第六条　国家总动员会议全体会议由行政院院长于必要时召集之。

第七条　国家总动员会议对外行文，凡一切决议，由行政院行之，其他事务之处理，用会议公函或秘书长名义行之。

第八条　国家总动员会议设秘书长一人，特派，秉承院长综理全会事务；副秘书长二人，均简派，辅助秘书长处理事务。

第九条　国家总动员会议设参事五人至八人，均简派，负本会业务综合设计研究及有关法令审核之责。

第十条　国家总动员会议设秘书四人至六人，简派或荐派，承长官之命办理指派事宜。

第十一条　国家总动员会议设秘书处，处内设文书科、事务科、会计科、议事科、宣传科，分掌各项事务。

第十二条　国家总动员会议设物资处，处设生产科、管制科、物价科、调查室，分掌各项事务。

第十三条　国家总动员会议设人力、财力、运输、检查四组，分任各项研究、审核及建议等工作。

第十四条　国家总动员会议附设经济检查总队，掌理国家总动员有关经济法令之纠查检举事项。其编制另定之。

第十五条　国家总动员会议秘书处设处长、副处长各一人，均简派。秘书二人，荐派。每科设科长一人，均荐派。科员十二人至十九人，荐派或委派。

第十六条　国家总动员会议物资处设处长、副处长各一人，均简派。专员二人，简派或荐派。室设主任一人，简派。每科设科长一人，均荐派。科员十二人至十九人，荐派或委派。

第十七条　国家总动员会议人力、财力、运输三组各设主任一人、副主任一人，均简派。专员二人，简派或荐派。组员四人至六人，荐派或委派。

检查组之编制，视其业务需要另定之。

第十八条　国家总动员会议各处组室科职员，除专任者外，得向有关机关调任必要人员。

第十九条　国家总动员会议得设各种委员会，并得聘请专门人员。

第二十条　国家总动员会议设置国民精神总动会，掌理关于激励国民精神及指导国民思想事项，其组织另定之。

第廿一条　国家总动员会议得在各省会或其他必要地点设置特派员或专员二人至四人，负调查联系督促之责。

第廿二条　国家总动员会议为处理事务便捷起见，得设置无线电通讯网，并任用电务人员。

第廿三条　国家总动员会议处务规程另定之。

第廿四条　本条例自公布日施行。

〔国民政府行政院档案〕

18. 国民政府检发五届十中全会对于政治报告决议案训令

(1942年12月19日)

国民政府训令　渝文字一〇九五号

令文官处

据本府文官处签呈称：准国防最高委员会秘书厅三十一年十二月十二日国纪字第三一四六一号函开：第五届中央执行委员第10次全体会议对于政治报告之决议一案，业由中央执行委员会秘书处函送到厅，经陈奉批：送国民政府令饬各主管机关切实规划办理。除已由中央执行委员会秘书处迳函行政院外，相应抄同原决议案函达，即希查照转陈饬遵等由，理合签请鉴核等情。据此，应即照案通饬各主管机关切实规划办理。除饬复并分行外，合行检发原决议案，令仰遵照并转饬遵照。此令。

计检发原附决议案一份

国民政府主席　林　森

行政院院长　蒋中正

立法院院长　孙　科

司法院院长　居　正

考试院院长　戴传贤

监察院院长　于右任

对于政治报告之决议案

本会议举行于九中全会后第十一月，适值反侵略战争已进入反守为攻，东西并进之阶段，举国上下，莫不一致振奋，冀以百倍艰辛，为争取胜利之代价，本会议检阅国民政府行政、立法、司法、考试、监察五院工作报告暨国防最高委员会对党政工作成绩考核报告，深知过去各部门工作，悉本既定国策，努力迈进。本年度国家政治，确已较上年进步，足以增强抗战建国之基础，良用欣慰！

本会议接受各项政治报告，并切实加以检讨，对于近年历次全会决议案之执行情形，暨各项适应抗战需要之重大紧急措施，如太平洋大战爆发后对日、德、义正式宣战，签订中美抵抗侵略协定，促成二十六国同盟宣言，颁行国家总动员法，改组动员机构，开始实施战时三年建设计划，加紧开发国防资源，继续推行新县制，促进基层政治建设，加强设计、执行、考核工作，树立行政三联制之基础，凡此荦荦诸端，认为悉合机宜，或已获相当成果，但一般工作情形，如与预定计划比较，亦有未能悉符进度，或不免有若干缺点者，兹为今后改进缺点，克服困难计，特就属于一般与各部门者，分别摘要提示如左：

甲、属于一般者：

本党对于国家大政方针之决定，凡属总理遗教所昭垂，总裁平时所指示与历次全会决议均至详备而确当不移，故今日之中心问题，实在于政策之彻底执行，亦即一般行政效率之提高。查一般行政之基本条件，不外人事、经费、机构与法令四端。历次全会，对此已惮反复提示，事实上亦多进步，惟揆诸“自强不息”、“日新又新”之义，仍有重为申述之必要：

（一）人事与行政之配合：用人行政关系国家政治之隆替，考试机关曾遵照中央所示“集中全国人才”、“健全人事制度”各项决策，悉心规划、实施，诸如普及任用人员考试，推广专门职业及技术人员考试，着手进行公职候选人考试，增订人事管理条例，调训各机关人事管理人员，均属要政。惟人才之任用考核考试机关总其成，仍有赖于各级行政机关之切实倡行，如机关人员应力求不超过编制，任用考绩必须依照法规办理，虽战时或因业务增多，需才急切，不无事实困难，未能悉循常格，但战时公务员任用补充条例业经颁行，今后对于各级公务人员之任用，务须合于法定标准，各级员司是否善尽职责，考核尤宜严格，他如“分层负责制”，应切实施行，俾权责分明，易资督率。凡此诸端，均在力求人事与行政工作之配合，务使“事得其人，人尽其才”，汰除冗滥，擢进贤能，以发挥人力之最高效率。

（二）经费与行政之配合：战时国家财政困难，而一切建设大计又万端待举，刻不容缓，故经费之预算与稽核，极关重要。过去主计机关对于缩减预算程序及时编成国家总预算，及审计机关加强事前审计与事后审计，推行就地审计与抽查审计，均已悉力办理。惟查上年度预算执行之情形，追加预算几及原预算数之一半。本年与下年度预算，则尤数字递增，岁出庞大，此固战时物价高涨，建设事业扩张，及国防紧急支付为主。因而，此后预算实应与施政计划密切配合，依照中心工作，确定预算之百分比，对于非急切需要或条件不充分之事业，应从缓办。至进行中之要政，应权衡缓急轻重，集中力量，期其必成。又主计机关原有规定适应物价变动，事先附具实物预算，作为以后追加标准，尤宜妥筹实施，以应战时行政之需要。至预算确定之后，应依照分配预算切实执行，并依法按月造具计算，按年编造决算，送由审计机关切实稽核。凡此诸端，实不应视为例行手续，致稍稽延，而应视为考核经费与行政工作是否配合之必要程序，力加整饬，务期节省行政上之浪费，发挥财力物力之最大效能。

（三）机构之合理调整：行政效率之增进，行政经费之撙节，有赖于机构之健全合理。六中全会曾提示：（一）机构之单一化，即机关相互间之调整；（二）机构之合理化，即机关本身之调整。又九中全会决议：“增进行政效能、厉行法治制度案”内，亦规定

“调整各种机构”。其原则为：“所有现存之政府各种机构及国营、省营事业机关，有业务性质相同而系统分歧者，合并之；业务因战时原因而失去原来对象者，裁撤之；业务与抗战无重要关系者，缩编之。嗣后总裁指定专人研究办理，暨国民政府编制三十一年度国家总预算时，裁并若干机构，已获初步之成效，今后应进一步由党政考核机关经常负责主持，除根据六中全会、九中全会决议各案继续办理外，并应注意非绝对必要，不新设机关”及“紧缩中央机构，充实基层政治组织”之原则。与各机关职权之划分，使纵的方面系统分明，指挥统一；横的方面分工合作，联系密切，各级机构之运用，可灵活而简捷。

（四）法规之统筹整理：目前中央法规与其他单行法规，不免有繁冗重复抵触之处，致使省县机关，每感法令纷繁，时多更易，畸轻畸重，无所适从，驯至因窒碍而成具文，法令执行因难，政务反多旷废，此实为目前政治上之一缺点。现国防最高委员会已着手整理编审各项法规，此后尤应与立法院密切联系，加以统筹整理，务使现行法令简单衔接，不致重复纷歧。而今后无论中央地方，一切法令规章之制颁，尤须事先考虑人力财力之能否适应，及其与现行法令有无抵触，以免扞格难行之弊。

上述人事、经费、机构、法令规章四端外，对于行政三联制，尤应继续推进，执行前有周详之设计，则人事经费与行政工作始能密切配合。执行之际，能依照计划切实办理，始能计日成功，迅速达成任务。执行之后，能实行自身之考核及对所属机关施行分级考核，始能明了人力财力是否发生预期之效能，机构是否健全，法令有何利弊，由循名责实，进而造成工作竞赛之风气，树立计划政治与计划经济之基础，此今后不能不切加注意者也。

乙、关于各部门者：

一、外交：

（一）自三十年十二月太平洋大战爆发，我国适应外交形势之重大开展，同时遵照抗战建国纲领所昭示："本独立自主之精神，联合世界上同情于我之国家及民族，为世界之和平与正义共同奋斗"，促成二十六国同盟，抵御轴心国家之暴力侵略，此为一年来外交上之重大成就。今后仍应继续增进英、美、苏及其他同盟友邦之密切协作，特重整个战略上之联系及争取军需物资与人力之援助，以建立反攻胜利之基础。

（二）三十一年十月英美同时宣布放弃治外法权及其有关权利，并已开始谈判。此固为我国国民艰苦奋斗所获之代价，今后应力行本党第一次全国代表大会所揭示政纲："一切不平等条约，如外人租借地、领事裁判权、外人管理关税权以及外人在中国境内行使一切政治权力，侵害中国主权者，皆当取消，重订双方平等互尊主权之条约"。对于准备各项外交资料，妥订废除不平等条约后重订新约之原则等，尤须及时规划。

（三）对于战后世界和平机构之重建，与保障东亚永久和平之原则及其他有关具体方案，应继续研究办法。

（四）对于中南美各国及其他国境内华侨之保护，与策动侨胞直接间接协助盟国抗战工作，以及对于南洋回国或转徙侨胞之救济等，应由外交侨务与海外党务机关切实联系办理。

二、内政：

（一）新县制之实施为完成地方自治，建设三民主义国家之基本工作，计自二十九年各省开始推行，中央规定三年完成之程限，即将届满，实施新县制之十九省，已完成县各级组织者，达总县数三分之二以上。但此为组织上之完成，而非实际的地方自治事业之完成，且若干县政设施，每因战时征兵征粮之急切，而忽视自治基本工作。今后应权衡先后本末，规定县政中心工作及分期推进地方自治事业之程限，督饬各省县拟订年度计划，切实施行。

（二）推行义务劳力制度，以劳力造产，为自治经费之泉源。此为总理在"地方自治开始实行法"所昭示。自改订财政收支系统后，县自治财政预算，中央拨补甚巨，而事业经费仍甚拮据，乡镇造产仍在初步办理，此后除从速清理公有款产外，亟应妥筹实施人民义务劳力制，因时因地办理垦荒、造林、造产等事宜，发挥“双手万能”之精神，藉以奠定自治经费之基础。

（三）推进基层政治，必须多量县乡镇保甲之基层干部。现各省区县训练机关所训练之人员，总数不过三十余万，与实际需要相差甚远。今后亟应设法培植多数县以下干部人员，除加强原有训练工作外，应实施奖励或征调曾受初中以上教育之智识分子，从事基层政治工作，并应普遍推行乡镇保长候选人检核考试，以作保民大会与乡镇民代表大会选举之准备。

（四）对于边疆各地之一切政务设施，应继续遵照八中全会所决议：“培养其自治能力，改善其生活，扶植其文化，以确定其自治之基础”。对于西北各地，尤应实施有计划及大规模之移民实边，但实施时，应兼顾当地经济实况及土著人民之利益。至主持移民之人员，尤须选拔志行纯笃、刻苦干练者充之，并予适当之训练。

（五）民众组训，为地方自治基本工作之一。今后应以全力完成乡村广大民众之组训，除现有国民兵团之训练，应加强政治训练及增加识字教育外，对于人民团体之组织，应以政治组织与经济组织密切配合为原则，除依自治区域所规定之范围运用农会、工会等团体，普遍发展乡镇保合作社，藉以增进生产，控制物价外，同时可运用此类团体实施民权初步之训练。

（六）心理建设与一切政治建设、经济建设、社会建设等有不可分离之关系。今后关于新生活运动之推行，国民精神总动员之策励及工作竞赛之倡导，均为抗战建国之基本力量，过去各地推行，既已普遍，继兹尤应多方策进，以赴事功，而收实效。

（七）关于振济工作。凡关各地义民、灾民、难童及归国侨胞之救济，应多采用积极方法，分别予以从事生产与教养之机会。

（八）关于卫生行政，除继续推行公医制度，加强防疫保建工作，力求药物自给，普设及改进医疗卫生院所设备外，尤应大量培养医事人才，加强巡回医疗队工作，并与社会教育机关密切联系，普遍推行简易之卫生教育，以期民族健康之增进。

综上数端，仅就当前最切要之工作列述要点，其他有关政治兴革设施之具体决定，则另有专案施行，抑有进者，国家政策之决定与执行，贵在前后一贯，彻底推行。其有不能责其速效者，应高瞻远瞩，逐步推进，以期达成任务。故本会议对于以往政治决议，着重检讨其执行情形，凡有策划，必求前后衔接，勿使中辍。而革命建国之大业，必须持以贞固不移、自强不息之精神，始克竟其全功，此尤愿与本党主持政务诸同志，共相策勉者也。

〔国民政府档案〕

19. 蒋介石为概述抗战经过及方针与国策发表告全国国民书

（1942年）

告全国国民书

敌人在鲁南会战以前，即已扬言进图武汉，追犯豫失利，侵皖受阻，乃倾其海陆空军全力，沿江急进，血战四月，我将士冒暑奋斗，民众踊跃效命，牺牲愈烈，精神益振，使敌军死亡，超过前期作战一年以来之总数，敌人计无复逞，乃不得不暴露其弱点，以发动华南之侵战，自兹抗战地区扩及全国，战局形势，显有变迁。临此成败胜负转移之关键，不能不为我全国同胞概述抗战经过之事实与将来之目标，特加阐明而申告之：第一、愿吾同胞认识当前战局之变化与武汉之关系，我国抗战根据，本不在平汉粤汉两路以东少数之据点，而最后决胜之战场，必在两路以西之地区，此为长期抗战唯一之方略，亦即中正入川之初五年以来始终一贯之政策也。武汉地位在过去十阅月抗战工作上之重要性，厥为掩护西部建设之准备与承接南北交通之运输。故保卫武汉之军事，其主要意义原在于限制敌军西进，消耗敌军实力，准备后方交通，运积必要武器，迁移我东南与中部之工业，以进行西北西南之建设。盖唯西北西南交通经济建设发展，始为长期抗战与建国工作坚实之基础，亦唯西北西南国际通路开辟完竣，而后我抗战实力及经济建设所需之物资始得有充分供给而无虞乎阻滞。今者我中部工业及东南之人力物力，皆已移植于西部诸省，西部之开发与交通建设，已具初步基础，此后抗战，乃可实施全部彻底之计划，而不争区区之点线，同时我武汉外围四阅月之苦战恶斗，已与敌人以重大打击而植立我民族复兴之自信心与发扬我军攻守战斗强劲不挠之新精神。故我守卫武汉之任务已毕，目的已达，且自敌人侵粤以后，粤汉交通既被截断，则武汉在一般局势上之重要性显已减轻。至就军事言之，武汉在战事上之价值，本不在其核心之一点，而实在其外围之全面，今我在武汉外围鄂豫皖赣主要之地区远及敌人后方之冀鲁苏浙各干线，均以就持久作战之计划，配置适宜之根据与兵力，一切部署，悉已完成，为此不唯无需于武汉之核心，且在抗敌之战略上言，亦不能斤斤于核心据点之保守而反致不能发展全面之实力。敌人用意，期在包围武汉歼灭我主力，使我长期作战陷于困顿，以达其速战速决之目的，因此我军之方略在空间言不能为狭小而忘广大之图，以时间言不能为一时之得失而忽久长之计，故决心放弃核心而着重于全面之战争。今疏散人口，转移兵力皆已完毕，作战之部署从新布置既经完成，乃即自动放弃武汉三镇核心之据点，而确保武汉四周外围之兵力，使我军作战，转入主动有利之地位，纵武汉暂被敌人占领，亦将一无所用。吾同胞应知此次兵力之转移，不仅为我国积极进取转守为攻之转机，且为彻底抗战转败为胜之枢纽，决不可误认为战事之失利与退却，盖抗战军事胜负之关键，不在武汉一地之得失，而在保持我继续抗战持久之力量也。第二、愿吾同胞深切记取我抗战开始时早已决定之一贯的方针与国策，从而益坚其自信。所谓一贯之方针与国策者：一曰持久抗战，二曰全面战争，三曰争取主动。此三义者，实为我克敌制胜之必要的因素、而实决定于抗战发动之初，年余以来，一循此旨，未尝少渝，自今以后，亦必本此意旨，贯彻始终。盖暴敌自九一八发动侵略，猖狂恣肆，野心日张，我中枢为保卫国家，察知最后牺牲关头之无可避免，故早已于西部诸省奠立今日对敌持久抗战之基础。凡我同胞应知今日之抗战，亦即为完成建国永久之基础；又应知不经此次长期之抗战，决不能获得建国自由之时期。凡兹由统一而抗战而建国之一贯政策与必经革命程序，早已确立于先，深信必能贯彻始终，以克底于成。吾同胞试从新检取中正日常之所言与所行而与十六个月来战事经过相印证，即可了然于抗敌战事之特质与我方决策之基点。在战事初发之时，中正在庐山讲演即谓“战事既起，唯有拼全民族之生命，牺牲到底，亦无中途停顿妥协之理，盖中途妥协条件必为整个屈辱整个灭亡之条件”。又说明“战端一开，地无分南北，人不分老幼，皆应抱定牺牲一切之决心”，此即持久抗战与全面战争之说明也。去年双十节更明告我同胞“此次抗战非一年半载可了，必经非常之困苦与艰难，始可获得最后之胜利”。此犹恐我同胞当时未明战事必经长期与必发展至全面之意义，故具体指陈以供全国之省察也。及后首都沦陷，人心震撼，中正又昭告同胞以“此次抗战为国民革命过程中所必经，为被侵略民族对侵略者争取独立生存之战争，与通常国际战争大异其趣，我之抗战，实为竟革命之功，成革命之业，故凭藉不在武器与军备而在英勇不屈之革命精神，最后决胜之中心，亦不在各大都市之少数据点，而在广大之内地与民心”。更为说明“战争成败之关键系于主动被动成分之多寡，我之所以待敌者，即为久战不屈使敌愈深入而愈陷于被动”。此则更就此次战事之特质充分指明抗战到底与争取主动之必然结果也。夫唯我国在抗战之始，即决定持久抗战，故一时之进退变化，绝不能摇我国抗战之决心，唯其为全面战争，故战区之扩大早为我国人所预期，任何城市之得失，绝不能影响于抗战之全局，且亦正唯我之抗战为全面长期之战争，故必须争取主动而避免被动，敌我之利害与短长，互相悬殊，我唯能□□立于主动地位，然后可以打击其速决之企图，消灭其宰割之妄念。以我土地之广，人民之众，物产之丰，战区面积愈大，我主动之地位愈坚，必使敌之进退动止，依于我之战略而陷于被动地位，而我之攻守取舍，则绝不受制于敌。今后之军事行动，已不复为在上海南京作战时因于地形与其他关系，而不得不受若干被动之牵制，敌人无论为何进攻与封锁，皆不能动摇吾人主动之方略与战术，最后胜利，更可操券以俟，只须吾全国军民，共矢持久不屈之决心，执行全面攻击之战略，不妥不挠，努力奋斗，则抗战弥久，精力弥充，战区愈广，敌力愈分，纵不问国际形势变化之为何，而敌人必以久战疲竭而复败。盖中正前已言之，我国抗战，绝非如普通历史上两国交战之政治战争，绝不相同。以我之抗战，在敌寇为欲根本吞并我国家与灭亡我民族，在我国则绝不能容许我国家民族之独立生存有丝毫之危害，故我之抗战，在战略上言，实为民族战争由完成国民革命之使命而言，亦即为革命战争。革命战争者，非时间与空间所能限制，非财政经济交通上外来之阻难所得而限制，更非毒气与炸药等一切武器兵力之悬殊，与伤亡牺牲之惨重所得而限制。革命战争无时限，战争日的达到之日，始为战争之终结。革命战争无区域之限制，整个国境随处皆得我之战场，亦不畏牺牲挫折与伤亡之严重，更不因物质供给之缺乏而影响于作战，即令武器经济全无供给，海上交通全被封锁，而我民族的国民革命之长期战争，未有不得以最后之胜利，此古今中外之历史，为美、为法、为俄、为土对侵略与压迫所之长期抗战终得国家独立民族自由之明证也。民族意识与革命精神不继焕发，必可奋斗到底，以迄于成功，而且于此次战争之过程中益可证明敌寇侵略之暴力愈肆，吾人之抵抗力亦必愈强，战争中伤亡消耗愈大，而吾新生力之发展亦必愈速，敌人之封锁愈严密而我之创造力与建设力亦愈以恢张。故我全国同胞当此抗战转入重要关键之时，但须追忆我抗战开始时所定之国策与我国府移驻重庆时之宣言，则必不因当前局势之变化而摇动其对于抗战之信心，但须认清持久抗 战与全面战争之真谛，则必能以更大努力承接战区扩大后之新形势而益励其奋斗与决心。同时更望吾同胞切认抗敌战事之特质，非仅胜败荣辱之所在，而实存亡生死之所关，自今伊始，必须更踏实，更刻苦，更坚忍，更猛勇奋进，以致努力于全面之战争与抗战根据地之充实，而造成最后之胜利，语有之“行百里者半九十”，最后之成功，必赖最艰辛之努力，与最无畏之奋斗，愿与我全国同胞共勉之。

〔中国国民党党部档案〕

20. 国民政府公布修正敌国人民处理条例及敌产处理条例训令

（1943年12月7日）

国民政府训令

令文官处

查敌国人民处理条例及敌产处理条例，现经修正明令公布，应即通饬施行。除分令外，合行抄发该两修正条例，令仰知照并转饬知照。此令。

计抄发修正敌国人民处理条例及敌产处理条例各一份。

国民政府主席　蒋中正

立法院院长　孙　科

敌国人民处理条例

三十二年十二月七日公布

第一条　居留中华民国领域内之敌国人民，除照公约规定处，依本条例处理之。

第二条　敌国人民应予集中收容，但遇有特殊情形，经内政、外交两部核准，得免予收容，准其继续居留，或退出国境。

第三条　敌国人民应受检查。

第四条　敌国人民有左列各款情事之一者，应送由军法机关依法处理：

一、侦察军情者；

二、有帮助敌军之企图或行动者；

三、有敌对抗拒行为者。

第五条　地方官署对于辖境内敌国人民，应令其办理登记手续。

第六条　敌国人民应自接到前条通知之日起，于五日内，将姓名、性别、年岁、职业、国籍、住所，报明该管地方官署、予以登记，并将原持有之护照呈缴，如携有军器及其他可供军用之物品图书者，应开单报明，听候转请检查扣押，逾期不照办者，予以强制处分。

旅行中之敌国人民，应于接到地方官署通知之日起停止旅行，依前项规定在当地办理登记手续。

第七条　地方官署于敌国人民登记后，应分别拟具处理办法，呈由上级官署转报内政、外交两部核准执行之。

应予集中收容、及免予收容准其继续居留之敌国人民，应给予登记执照载明该敌国人民姓名、性别、年龄、职业、国籍及原住所。

前项登记执照式样，由内政、外交两部会同定之。

第八条　免予收容，准其继续居留之敌国人民，应于第一次登记后，每十日重行登记一次。

第九条　前条敌国人民，应由该管地方官署妥为保护，严密监视，往来邮电应受检查，出入人等应受查询。

第十条　应予集中收容之敌国人民，应于登记后五日内，由该管地方官署送交敌国人民收容所。

第十一条　内政部应就便于防护管理之地方，设敌国人民收容所一处，或数处，其管理规则由内政部定之。

第十二条　凡雇用之敌国技术人员，应于解雇，送交敌国人民收容所。但雇方如遇有特殊情形，认为其人确属忠实可靠，且有留用之必要时，得报请内政、外交两部核办，经核准留用时，免予收容，应由雇方负责监视。

第十三条　免予收容，准其继续居留之敌国人民，不得移居。但遇有特殊情形，得呈请该管地方官署准许其移居，地方官署核准移居后，应报请内政、外交两部备案。

第十四条　退出国境之敌国人民，应经该管地方官署转请内政、外交两部核准后，发给护照，并指定行经路线。

第十五条　地方官署对于退出国境之敌国人民，沿途应妥为监护、递送，于行出辖境及国境时，应向该敌国人民取具平安出境字据，各由该管官署转报内政、外交两部。

第十六条　敌国传教士，除有间谍嫌疑，应依关于敌国人民之规定办理外，得在地方官署指定区域内继续传教，但不得出入于军事区域。

第十七条　敌国传教士不得参加教堂以外之集会行动，并不得刊行散发宗教范围以外之出版品，在教堂不得装设无线电机及收音机，其原有该项物件者，应由地方官署代为收存。

第十八条　关于敌国传教士之检查登记及管理，适用本条例第三条至第九条之规定，与免予收容准其继续居留之敌国人民同样办理。

第十九条　敌国传教士请求移居或退出国境者，适用本条例第十三条、第十四条及第十五条之规定。

第二十条　在本条例施行前，关于韩台琉侨之登记另有规定者，仍适用之。

第二十一条　本条例施行细则，由行政院定之。

第二十二条　本条例自公布日施行。

敌产处理条例

三十二年十二月七日公布

第一条　敌国公有及敌国人民私有财产之处理，除依国际惯例外，依本条例之规定。

第二条　敌国公有及敌国人民私有财产，均应举行登记。

第三条　左列各项敌国公有财产，可供军用者，得扣押使用或没收之：

一、不动产；

二、运输机械、船车、军火、粮食及其他可供军用之动产；

三、现款基金、有价证券及其他为国家而课之税项。

第四条　敌国人民私有财产，可供军用者，得扣押使用，或于必要时破坏之。

第五条　敌国公有及敌国人民私有森林、矿产、农垦及其他不可充军用之不动产，得管理之。其属于公有者，并得取其收益。

第六条　敌国教堂、学校、病院、美术馆、历史纪念物、艺术馆及其珍藏品，应为管理，不得转让或毁坏。

第七条　凡与中立国地方相连之电线及其他设备，非必要时，不得扣押或毁坏。

第八条　中华民国人民管理或占有属于敌国人民之财产，或与敌国人民有债权债务关系者，应于一个月内向该管地方官署登记。公司及商号之有敌国人民股本者亦同。

第九条　免予收容准其继续居留之敌国人民，得自行管理其财产，但应由该管地方官署予以监视。

奉准移居之敌国人民，其财产得呈准该管地方官署，委托中国人民代为管理。

第十条　送入收容所或退出国境之敌国人民，其财产应由该管地方官署予以管理，必要时并应予以清理。

第十一条　对于敌国公有、敌国人民私有债权，停付其本息。

第十二条　关于敌产之处理，应设立敌产处理委员会。其组织规程由行政院定之。

第十三条　本条例施行细则，由行政院定之。

第十四条　本条例自公布日施行。

〔国民政府档案〕

21. 宪政实施协进会关于发动全国人民研讨宪草致行政院秘书处函

（1943年12月—1944年1月）

（1）宪政实施协进会函（1943年12月29日）

宪政实施协进会公函　字41号

查关于发动全国人民研讨宪草一案，前经本处函送中华民国宪法草案及酌提研讨宪法草案各题暨参考法规目录各一份，请转知所属注意研讨，嗣以酌提研讨宪草各题文字有待修改之处，复经函请暂缓分发各在案。兹经本会第三次常务会员会决定"酌提研讨宪草各题暂缓发表，参考法规目录加入国父关于五权宪法之遗教"，相应检附发动全国人民研讨宪草办法一份（办法第一至第五项应由本处分别办理）函请查照，转陈通令各省、市、县政府及参议会遵照注意研讨，并将研讨结果于卅三年五月五日以前迳寄本会为荷。此致

行政院秘书处

附发动全国人民研讨宪草办法一份

中华民国三十二年十二月廿九日

发动全国人民研讨宪草办法

一、由宪政实施协进会秘书处（以下简称秘书处）向有关各机关及各书坊提集有关宪草资料，其重要者，如约法、国府组织法等，编印成册，分发参考。

二、由秘书处分函发列各机关转知所属各机关参加研讨工作：

甲、中央党部转知各级党部；

乙、行政院转知省市县政府及参议会；

丙、教育部转知各大学教授、各学术机关、各文化团体；

丁、社会部转知各团体。

三、本会发表告全国人民书同时将宪草发表。

四、广播　定三十三年元旦日起继续三天，每日广播一次，以后每二周一次，由秘书处向广播电台接洽。

五、举行演讲会：由秘书处随时举办并洽商有关机关办理，尤其有法学院系之大学，可由秘书处分函请其举办关于宪法之讲演。其有关研讨宪草之讲演词或文字应送由秘书处转交刊物发表。

六、发起研讨宪草运动，定三十三年元旦日开始，各方对宪草提出之意见，定五月五日以前送到重庆中华路一二一号宪政实施协进会秘书处。

七、人民或团体对于宪草提出意见之方式，应先提出意见主旨，须言简意明，如条文之形式须附具说明，避免冗长。

八、指定研究宪草之参考资料（见五五宪草及有关法规汇编，中国文化服务社印行）：

（1）中华民国宪法草案及说明书；

（2）国父关于五权宪法之遗教；

(3) 约法、建国大纲、训政纲领、抗战建国纲领；
(4) 国民政府组织法；
(5) 五院组织法；
(6) 国民代表大会选举法；
(7) 省市政府组织法；
(8) 县各级组织纲要，乡镇组织暂行条例；
(9) 参政会及省市县参议会组织条例；
(10) 立法程序纲领、法规制定标准法；
(11) □□法选及考试条例；
(12) 弹劾法；
(13) 审订法；
(14) 提审法；
(15) 出版法；
(16) 违警罚法；
(17) 各主要民主国家宪法条文。

(2) 行政院训令稿 (1944年1月11日)

训令 义壹547号

令各省市政府

兹抄发宪政实施协进会所订发动全国人民研讨宪草办法及中华民国宪法草案各一份，应由各省（市）县（市）政府及参议会注意研讨，并将研讨结果于卅三年五月五日从前迳寄该会。除分令外，合行令仰遵照，并转行该省市临时参议会及所属一体遵照。此令。

附中华民国宪法草案及发动全国人民研讨宪草办法各一份（该草案及办法须翻印）〔略〕。

〔国民政府行政院档案〕

22. 国民政府为宪政实施重申七项办法精神训令

(1944 年 7 月 31 日)

国民政府训令　渝密字四一五一号
中华民国三十三年七月卅一日

令国民政府政务官惩戒委员会

据行政院三十三年六月二十八日义捌字第一四五八〇号呈称:全国行政会议本院长交议重申法治精神,以利宪政实施案,经决议:通过。送请行政院转呈国民政府通令切实遵行。理合缮同原案呈请鉴核,通令遵行。等情。并于原案内列举办法七项:"(一)训政时期约法为当前之根本大法,凡所规定各级政府机关及人员必须恪守遵行。(二)切实执行惩治贪污暂行条例。(三)切实执行公务员惩戒法、公务员服务法及其他关于公务人员操守之法令。(四)各级政府机关及人员对于司法机关行使职权,应尽力予以协助,不得托故规避,更不得藉词干涉。(五)各级政府机关及人员对于人民依法提起诉愿,应予以各种便利,并切实受理。(六)各级政府制订单行法规及颁布命令不得与中央法令之条文及精神相违背。(七)各级政府人员应将各项法令随时研究,彻底明了,如有意见可呈请上级政府核办,不得任意变更或不依照执行。"查上列各项办法,为厉行法治,奠定宪政基础之必要措施,亟应由各级主管督饬所属切实遵行,并严加考核,藉以宏扬法治之精神。除指令并分行外,合行连同原案全文令仰该会遵照并转饬所属一体遵照。此令。

计抄发重申法治精神以利宪政实施案一份

国民政府主席　蒋中正
行政院院长　蒋中正
立法院院长　孙　科
司法院院长　居　正

考试院院长　戴传贤
监察院院长　于右任

重申法治精神以利宪政实施案

院长交议

理由：

去岁十一中全会决议国民政府应于战事结束后一年内召集国民大会制定宪法而颁布之，并由全民大会决定施行日期，在此时期自当加紧准备，俾国民革命之伟业得如期完成。查宪政之精义，依国父遗教之所示，端在建立民有、民治、民享之国家，而厉行法治，尤为宪政之根本。训政时期约法为今日国家之根本大法，颁行已历十有三年，其他法律亦已灿然大有，自当切实实行，举凡人民之权利、义务、行政设施悉应依照约法及其他法律之所订不容稍有逾越。复查五权宪法为今日政治之圭臬，现行制度，人民对于违法失职之官吏，可尚监察机关呈递书状，各级政府机关在执行职务时如有侵害人民权益之情事，人民更可依法提起诉愿及行政诉讼，法律上对于人民之权利保障不为不周，制度创立之用意不为不善，但衷考实际，则一般公务人员奉公守法者固为多数，而玩法自私者亦所难免，揆其本因，由于不明法令者十居六七，明知故犯者十仅三四，但即此少数亦足以损害法律之尊严，妨害政府之威信。兴言及此，殊深遗憾。近年以来，政府对于各级行政人员曾再三告诫，切实研究法令，务使人人能明了立法之真谛，严格奉行，凡为法律之所定，必须完全贯彻，毋得徇情规免，法律之外，不容加重人民之负担，庶几法治制度可以贯彻奠定宪政之基础。兹当全国行政会议之期，爰再申明此义，务望互相警惕，对于所属机关及人员今后必须严加考核，俾违法玩令者得所惩罚，恃势阻挠者不敢尝试，则法律之尊严，确立法治之昌明可期。

办法：

一、训政时期约法为当前之根本大法，凡所规定，各级政府机关及人员必须恪守遵行。

二、切实执行惩治贪污暂行条例。

三、切实执行公务员惩戒法、公务员服务法及其他关于公务人员操守之法令。

四、各级政府机关及人员对于司法机关行使职权应尽力予以协助，不得托故规避，更不得藉词干涉。

五、各级政府机关及人员对于人民依法提起诉愿，应予以各种便利，并切实受理。

六、各级政府制订单行法规及颁布命令不得与中央法令之条文及精神相违背。

七、各级政府人员应将各项法令随时研究，彻底明了，如有意见可呈请上级政府核办，不得任意变更或不依照执行。

〔国民政府档案〕

23. 国民政府饬所属机关对于政治报告决议案遵办令

（1944年9月6日）

国民政府训令　渝文字五三四号

令文官处

据本府文官处签呈称：准国防最高委员会秘书厅三十三年六月二十六日国纪字第四六七〇五号函开：第五届中央执行委员第十二次全体会议对于政治报告之决议一案，业由中央执行委员会秘书处函送到厅。经陈奉批，送国民政府令饬各主管机关切实遵办，相应抄同原决议案函达查照转陈令饬遵办等由，理合签请鉴核等情。据此，应即照办。除饬复并分行外，合行抄发原附决议案令仰遵照。此令。

计抄发原决议案一件

国民政府主席　蒋中正
行政院院长　蒋中正
立法院院长　孙　科
司法院院长　居　正
考试院院长　戴传贤
监察院院长　于右任

政治组审查委员会报告　第四号

对于政治报告之决议案草案

本会议检阅各院会工作报告及行政院实施宪政准备工作进程报告，深知过去半年间，各部门之工作，尚能依照既定国策及上次全会之指示循序进行。本年度国家施政方针亦属周洽允当，良用欣慰。至政治设施之重大方针，以往历次会议均有详明之提示。本会议不再有所胪述，惟期今后更能彻底执行过去决议案与各项计划，使本党政策得以贯彻到底。其间机关之简化、权责之划分、行政效率之提高、守法精神之激励以及公文手续之简约，尤为工作上之实际问题，均应切实检讨，力求确实。盖抗战胜利愈近，艰难愈甚，政治上之负荷亦愈重，惟有益加振奋、不矫不讳，以实事求是之精神，宏励精图治之绩效。

此次会议关于政治各提案，大会已周详研讨，分别决议，其荦荦大端而为吾人所应特加注意与努力者，厥为限期完成地方自治，确立宪政基础各案，确立中央与地方行政之关系案及收复沦陷区政治设施之准备案，此数案关系今后之政治者至巨。盖非加紧地方自治工作之推行，无以奠定宪政之基础；非切实厘定中央与地方行政之关系，无以划清权责而益密切上下之联系与均权之效用；非积极准备收复沦陷地区之政治设施，无以配合军事之反攻及战后之复兴，是皆根本之大计，且复兼容并包。涵盖政治方面之各项设施，允为此次会议最重要之提示，切望中央以至地方恪遵力行，以尽本党革命建国最大之责任。

召集人陈　仪

甘乃光

李宗黄

〔国民政府档案〕

（二）对日和战态度与措施

1. 钱大钧为蒋介石对阎锡山等所示抗日暧昧态度致熊斌电

（1937年7月12日）

南京参谋本部熊次长哲明兄：治密。兹将委座复阎副委员长及秦〇、张〇、冯〇灰、文二电，奉告如次：一、复阎云："当在不求战而必抗战之决心下，努力一切也"。二、复秦等云："守土应先具决死与战之决心及继续准备积极不懈而后可以不丧主权之原则，与之交涉方能贯彻主张，完成使命。惟我军以应战，而不求战之方针，当使全体官兵明了，一致遵守。谈判之时，尤应防其欺诈，刻刻戒备，勿受其欺。北平城使其不能任意出入为要。"特达。弟钱〇〇。牯。印。

〔国民政府军令部战史会档案〕

2. 蒋介石指示华北作战将领消极抗战意旨电

（1937年9月12日）

南京。清苑行营转任邱万副总司令暨全军将士：霆密。我军抗战之战术，必须以攻为守，以近为远，以积极进取之行动，方能达到消极抗战坚持到底之目的。开战至今已足一月，凡敌军之利器与其海陆空之全力，皆已全部使用，充其量亦不过利用其多数之飞机与大炮之威力，以其胁制我军之精神。换言之，仍不外乎威胁而已。须知战场作战之主兵种，全在步兵，而敌军步兵之怯弱，实不值我军之一击。此当为我全体官兵所共见而自信者也。每察战斗之经过，得一最大之教训，即我军如不自动撤退，则敌军决不敢深入我军阵地，更无击退我军之勇气。于此经验所得只要我军官兵固守其原有阵地，一面加强工事多设伪装，以减少我军之损伤，且我研究敌军每日所发现优点与劣点，以资我军战术逐渐之改正；一面沉着应战，坚忍不拔，虽至最后之一兵一弹，亦必在阵中抗战到底，至死不渝，则最后胜利必归于我也。我全军将士乎，凡我中国之寸土尺地，皆须洒满我中华民族黄帝子孙之血迹，使我世代子孙皆踏此抗倭血迹而前进，永久不忘倭寇今日侵略与屠杀之惨史，必使倭寇侵略之野心摧毁减绝而后已。吾知，以我将士今日牺牲之壮烈，必能功成我军复兴民族之使命。中正一息尚存，此志不懈，必与我全体将士同生死，必与我中华民族共存亡，决不负我全体将士之期许也。蒋中正手令。文未。侍参。京。印。

〔国民政府军令部战史会档案〕

3. 张建报告厦门要塞司令林国赓与日领勾结经过密呈

(1937年9月)

军政部军医署快邮代电　战字第2478号

军事委员会委员长蒋钧鉴：昨（卅一）接陆军第一五七师黄师长涛陷亥参电开：军政部军医署长：密。弟据密报：厦门要港司令林国赓与日领勾结，拟利用陆战队为工具，不惜以张自忠自居，以厦门为北平第二，一旦有机，即成立所谓厦门治安维持会，供日驱策，为日变相走狗。此次日领延宕撤退，实为此事。等情。经弟派员密查，林态度确属暧昧。□晚复据报称：日领有迫林率陆战队立即发动之讯，遂请林来厦团部暂住，并将在厦陆战队两营枪械暂行收管。当时因时机急迫，未及呈核。事后正拟呈报，忽接李师长延年、陈师长琪、赵处长伯飞兄等感酉电略开：请将林先恢复自由，所收枪枝归还李兼旅长世甲等由。除电复照办外，经将林某于俭日送出。至收管枪械，亦电请李兼旅长派员前来接收。请兄将此事经过代向李中长官解释是盼。弟黄涛。陷亥参。”等由。查黄师长所陈各节，当早在明鉴之中。厦门地居险要，环境复杂，黄师长驻守该处责任匪轻，虽事先未经请示，而时机所迫，处置或有可原，理合呈请鉴核。实为公便。职张建谨呈。冬。

〔国民政府军令部战史会档案〕

4. 邹琳关于国防会议密议对日停战问题密电

（1937年10月28日）

孔秘书刚父兄勋鉴：感电奉悉。定密。廿五日国防会议情形如下：（一）敬之报告：娘子关危急。廿三日上海方面，桂军出击，损失二万余人，现调后方整理。如二三日内，敌不来猛攻，可无危险。（二）停战问题，外部提出各种先例及方式研究，军部对于停战之利害意见如下：（甲）停战足以懈怠士气，于我不利。（乙）我方以后作战多系新兵，战斗薄弱，停战于我有利。（丙）我方械弹现将用完，可于停战期间待国外接济，于我有利。（丁）山东、山西、上海各处现在形势均佳。此时停战于我有利，又停战得以补充兵力，其利两方相同。至就组织民众，整理后方，补充械弹等综合观察，认为利多害少。所虑懈怠士气一层可藉口敌人撤退至某一线，我方停战为名，众无异议，俟临时决定。（三）上次会议决定，应训令出席代表文已由外部拟稿提会，如拟通过。（四）岳军提适应战时各种设施，令行各省市办理事项，均应先呈军委会核准案通过。再，部座系该会常委，以前弟系代表列席，以后应由部座亲自出席并及。弟琳叩。勘。

〔国民政府中央信托局档案〕

5. 孔令侃关于蒋介石暗示停止沪战对日妥协及德愿出调解等情电

（1937 年 11 月 12 日）

南京孔令俊小姐亲译。密呈部座钧鉴：（一）密息如李思浩此次来京将日妥协条件，我不予接受，将出任沪财政局长，以陈觉生为市长，及硝磺局游少章为公安局长。（二）闻委座已有暗示，允停止沪战，惟华北不停，沪市仍以俞为市长，市府雇用日本顾问。（三）据日人山某确报：现闸北仅有华人四十，故维持会决难组成。（四）沪租界甚安，决无碍，惟日人以小胜骄，甚恐不仍予重大打击，一时决不肯息手。（五）孙科、冯玉祥等人将进一步要求我方交出为不容共之切实保障，希将来收拾事局，日人对容共，甚表不满，谓钧座与陈立夫均明达者决不主此。（六）王延松、潘公展与职谈，谓我容共甚吃亏，因彼等能大事宣传，不必践行，可深得民心，在我则不能，恐久后将难于对付。（七）德愿出调解，因与彼有二利：甲、彼在华始占有经济基础，不愿放弃；乙、日本消耗一分实力，俄国即可抽调一分防东兵力，以对德，故德对日消耗实力甚为寒心。谨闻。侃。文。凤亲。

〔国民政府中央信托局档案〕

6. 胡鄂公向孔祥熙条陈抗战武力不足恃宜求政治途径密电

（1937 处 11 月 15 日）

南京孔公馆陈总恩兄亲译。呈部座钧鉴：密。顷接胡鄂公君密呈宜运用政治间谍，分化华北敌势，以补助长期抗战单纯武力之不足一文，略谓：敌军侵略华北，势如破竹，土地虽陷落，而我华北民众不甘亡国之心，潜痛极烈，仍不失为我中国之民众。应就敌人统制华北尚未成熟之时期，速施政治工作，使其分化敌势，潜为内附之暗应。查敌人在华北内部两派统制与少壮裂缝颇深，此时运用政治间谍工作，其效用有五：（一）可潜收内附之人心，使无武力之人望，站在对方作制敌救国之无形工作；（二）可利用汉奸挑拨少壮派与统制派暗斗，缓其经济侵略之完成；（三）观察国际之变化，利用人望及有良心之各界领袖，同抱维系祖国政治抵抗之决心；（四）假手统治派剪除衷心卖国之真汉奸，扶助有智识能力之忍辱份子，夺取其军财两政及生产权；（五）鲁晋如果战事不利，迟早必有变化，但战略上亦可便其效张庆余之故智，保全实力，待机发动。以上五策，在此抗战期间遽言之，似觉猛谬，然近代战，惟力是视，力不逮，待付牺牲，拼一死而为民族英雄，成仁甚易，忍耻痛而求最后忠复成功最难。为持久制胜计，舍单纯武力外，实当有政治抗战之途径可寻，广求政治间谍，向敌人在华北之核心施行政治工作，则失土不失人，仍可结各个方面成抗战线网。云云。谨电转陈。（原件另寄）职。叩。删。

〔国民政府中央信托局档案〕

7. 孔令侃为对日所采敌逼即退未败思和等决策致孔祥熙电

（1937年11月16日）

部座钧鉴：○密。仲辉兄亲译。（一）敌占上海后势焰嚣张。松井以重火力取胜占地为策，长谷川以分兵滋扰为策，进攻杭州湾。敌未占上海前，原意占沪即止，今因进攻过易，闻拟直逼南京。（二）大达公司经理杨管北言，在京闻邹秉文谈，主和空气甚浓，人心恐慌，敌讥我一溃即不可收拾，军容难振。我计在拖延消耗敌力，不当稍挫便馁，呈现溃状。沪上退兵，即以香烟税论，立即损失三百万，果能久守，即此收入不无补尝军需。目不救债，上海已无办法，宋会长亦即因之辞职，如不坚决抗战，民心殊难收拾，前谋尽弃矣。（三）钧座屡论，能守，始可言战；能战，始可言和。今若议和，条约束缚，不知伊于胡底，倘延期抗战，即大败之下敌方条件亦不过苛，如目前所传而已。（四）德顾问斯大力斯言敌以大炮威吓，我宜猛进，待两军近逼，敌炮即无可用武。职意我军不当永取守势，津浦线告急，平汉线不动，敌得从容抽调兵力，我则坐以待攻，既不能驰援，又不知袭敌，受逼即退，未败思和，是终无可战之时矣。职侃叩。铣。十二。

〔国民政府中央信托局档案〕

8. 孔祥熙关于妥协停战勾结反共致日本山本密电稿

（1937年11月19日）

南京。孔秘书：密。十五亥电悉。下电即交震初密转山本：中日为唇齿之国，亟应协力合作，以图共存共荣。年来与矾谷、喜多诸君晤叙，均以此相勉。此次东还，原拟绕道日本与日朝野会晤，不料旅次即闻平津沪战事之讯，只得作罢。现在情势愈恶真可慨叹。此后结果，实堪忧虑。倘日方不急悬崖勒马，必致两败俱伤，坐使渔人得利。此次战起，使中国民气日益激烈，沪战及太原之战双方损失皆巨，而现在日本已获相当面子，倘再事续进，则胜负无常，我方步步为营，拼死抗御，虽日军有犀利之武器，然后以中国之大，若深入内地，何能立获胜利，代价既巨，消耗必多，现在日本已处孤立，列强忌猜日甚，一旦有事，恐无力应付。年来日人口唱中日共存共荣，而行事乃共亡共枯。近来又盛倡反共，而行为反为造共，倘在不悔悟，恐不仅自耗防共之国力，且促使中国联共赤化，后患无穷，唇亡齿寒之意，甚望日本明达之士，注意及之，当此时势原不愿多言，因感友谊，故抒所见。十八日。

〔国民政府中央信托局档案〕

9. 王芃生关于日方运动津领事团出面诱降及日皇派员赴平津活动等情电

(1937年12月10日)

昆明—京委员长蒋：△密。（甲）天津勘、东密报：敌动员已近百万，其分配以四十万对俄警戒，约十万防伪满州义勇军，其半数皆用以对华作战，军费预算增加廿七亿，仅能维持到年底，兵力、财力均无法再增，国内经济恐慌，人民厌战已极，敌欲获一小胜后，向我求妥协。（乙）敌激烈派虽主张正式宣战及赶造伪国，然他派以为如此更促我展抗到底及中俄密结，且因国际攻击，于彼不利，主张以下列方式求妥协：一、在政治上不设伪国，以冀长纵为缓冲区，不准中国驻兵；二、取销冀东的伪组织而扩大冀察政权，即使冀察变为冀东；（三）广泛地获得华北五省等经济利益，对经济名实俱不放松。（丙）此种对华北名存实亡以求妥协之阴谋，数日前曾运动天津领事团，怂恿各该团使节使征我同意，最近日皇派侍从长赴平津亦为此事，并将派李思浩、陈中孚南下运动云云。据此事在彼正如九一八后币原原则及犬养新政权之主张，倘不成，仍将赶组伪国，并利用间谍，分途藉词煽惑，企图分化乱我阵地。但在我今已全国一致抗战情势既同，倘在钧座领导政策及接济补充上如属一时缓兵之必要，不妨密令妥员虚与委蛇，以懈敌心，而探其计谋及欲望深浅，藉便从容作大举反攻之布置，否则，可置不理，但须揭穿敌难持久妄冀妥协及将藉词挑拨之用心，密饬各部明了防范，务一致并力持久抗战，以保最后胜利。芃生。灰。印。

〔国民政府军令部战史会档案〕

10. 日本杉山关于密促蒋介石与日外相直接缔约维续反共谈话要领（译文）

（1937年）

经由李择一氏传达于蒋介石氏谈话要领，鄙人与阁下初次会面之后，对于阁下富于牺牲精神已有深切之认识。自是每欲以重要事项奉托今兹所谈之事，其动机发生于去年八月间，曾烦辜显荣氏渡支一行，迨辜氏归来，无日不盼阁下之早临，今则又盼阁下之早归，代陈鄙见于蒋介石氏，请其缜密研究之后于最短期间内惠赐答复，仆禀已老体又欠健，然一息犹存，极盼欢成此事，亦自信日本之内能负此重大任务者舍吾莫属。

就日本现状而言，因生产过剩，销场日促实蹈于绝命之境，欲谋生产剩余品之消化，惟有将之输入中国，供其消费，俾中国利用此生产剩余品而增进其文化。至于中国现况，诚如下子不做眼之棋局，讨伐长江流域共产党之军费，因租税收入之不确定，徒赖公债与借款以资支持。而公债与借款则因偿还甚难，终有崩溃之一日，但若放任共产党之蔓延不加讨伐，则更属非策。故依鄙见，中国租税收入必须达到确定之域，日本曾经长时日之光阴始克成就，中国当亦如是。转视共产党之行动亦属毫无意义，俄国共产党中主张赤化全世界政策之拖劳基已为主张赤化本国政策之斯大林所征，第一、第二两次之五年计划亦以赤化本国为树立目标。就主义上观察，似已放弃其对外宣传共产之政策，潜在国外之共产党因之亦失其根据。但中国方面，彼辈仍复作最后之挣扎，与蒋氏相持，一旦蒋氏不能支持，彼辈虽亦终归失败，但中国之前途则恐益复不堪设想，故此际不得不加以深甚之考虑。

就世界大势观察，鄙人主张日本应实行绝交的外交。盖世界各国均以生产过剩濒于破灭之境，日本对于此点勿庸附知，此时宁于东洋方面贯注眼光不与周旋，故决定脱退国联，废弃华府条件，近且有不参加军缩会议之意，一面更努力生产，将之输入中国，以谋两国之永久的共存共荣。若中国不予同意，则亲善自难实现，日本惟有趋于灭亡之一途。

蒋氏与辜显荣氏会见之时曾说：“宜重礼让与感情，不可再用强力相迫。”云云。鄙人极表赞同，自信向后日本方面之礼让，当较中国更加注重。此层外相亦已同意。但追溯既往无礼之始，实自中国，忆日清战争之前（明治二十四年），中国海军提督引牵世界的巨舰镇远、定远等四舰（或谓英国海军之扩充，系受建造此类巨舰之刺激），未经通告直抵长崎，若入无人之境，旋又不经通告通过东京湾口，无视观音崎炮台之信号，而投锚子品川湾，移其炮口锚向皇宫，日本国民为之愤激异常，当时日本之军舰系木造，樺山司令长官之坐舰，则为商船西京丸，幸而指挥得宜未致灭亡。顾事属过去，亦如满洲问题之已成事实，及今谈论，殊属无益。惟日本绝无领土野心，务乞予以十分谅解。此层且经天皇昭告中外，决无变更之理。至于日满关系，仅属遵循条约，接受满洲国之请愿，随时予以援助而已。日本统治台湾、朝鲜以来，感受痛苦不少，纵使再与土地亦无承受之意。满洲国之完成，必赖两国之协助而后可。若中国不以为然，则舍诉诸武力外，别无他途，然此乃极愚之举。如中国必以满洲问题为争议之焦点，则日本亦将根据从来所订之三百余条约，要求中国复行，此亦非计之得。总之，日本所处之地位，实较中国困难。日本缺乏“背后地”之故，舍中国外，实无消化生产剩余品之处。日本主张保全中国领土，非受中国之托，乃属自发的行动。盖恐列国一旦割据中国，日本必随之灭亡也。西南七省不割让条约缔结亦即以此。日本托背城借一之决心与俄开战，其发端乃基于此条约之拥护。过去既然如此，将来亦必继续不变，以求此条约之有效。日俄战争之际，中国领土丝毫未受侵犯，务请加以诚意的观察。明治天皇主张陆军二十五师团，海军八十五万吨，其动机亦在乎中国领土保全，日本国内之治安及其国防，国内之宪兵、警察、青年团、在乡军人已足维持，固无须此强大之海军也。

中国领土之能否保全，既为日本死活之关键；则日本之存亡，实系于中国意响之如何。中国无论如何不致灭亡，日本则否。但日本灭亡后，中国亦必感受痛苦。故两国之间非讲求共存共荣之策不可。其策维何，即彼此之间缔结条约，俾利用日本之生产剩余品，使中国永久繁荣是也。日本与中国相距甚迩，廉价之物品，在如山积，以之开发中国最为捷径。如日本善为模范，则感受痛苦之欧美各国亦得均沾。中国幅员甚广，全部开发，需时三世纪。在此期间之内，日本输入价廉物美之生产于中国，使其经济关系日趋密切，中日亲善，亦可不期而致，惟欲彻底实行非缔结基本条约不可。从来之借款政策，征诸已往经验，殊属不值一顾；袭用从来奔走论议之方法，或以军人之力亦无成就之可能，必采纳鄙人之方案，始克成就；尤其倡议对等之人，虽多至百人，于事亦属无济，因对等云云在中国必难办到。兹述鄙见如下，请为转达蒋氏，并恳其选派相当人物携带蒋氏自署之私信渡日。鄙人所要求者，果获一一嘉纳，则从来所缔结之三百有余条约或减为半数，或全部取消，均可办到，并自信鄙人与外相、首相互相讨论之结果，由外相首相上奏天皇后，可得直接裁可。至于废去条约，虽为日本国内之学者、军人、实业家等所反对，然吾人必须设法抑制之。盖非如此，两国之永久和平不可得也。

条约之条件要领如左：

一、中国与日本缔结永久不灭条约，其精神在于两国永久之共存共荣。

二、实行条约之时，日本须予以多大之援助，否则日本不能存在。

（译者注：此条系“日本资本及其生产品若不充分输入中国，

则日本生产益陷于过剩之境，于日本甚感困难”之意）

此条约实系双方悬命的条约，缔结之后，若因讨伐叛军而有日本兵力之必要，则日本应尽量出兵，一面并将日本所有之二十余亿物资资本悉数输入中国，经济上既经发生密切关系之后，则两者之间虽欲争斗，亦不可得。此项输入中国之物质资本之价银若还诸日本，则在经济上中日两国均所不利，故应由两国政府共同组织中日银行，贮留现银于设在中国领土内之中日机关银行，由日本政府保证其信用，在日本方面不过利用此信用而已。而在中国方面亦可赖此莫大之信用，吸收国内贮存之现银，其成绩必可超过汇丰银行过去所得者无疑。如是办法，对于中国全局方堪称为有意义之措置。此事无全国同时施行之必要，可先从江浙两省着手，渐次普及全国，但基本的条约之缔结，实为根本之要图。

关于此事，蒋氏如有意见或要求，务请尽量提出，鄙人必视力之所及，使其实现，俾可达到共存共荣之目的。

鄙人从来对中国人以不接见为主义，诚恐见面生情，不能采取公平处置，对中国事情十七岁即已密切注意。四十年前曾派大江卓前往云南，此次因欲采取公平处置，迄今未与何人会见。

蒋氏所称礼仪一节，实属重要。不论礼仪或金钱，日本皆愿多量提供，但恐供而不要。再，日本者乃利用外国原料，从事加工之工人因一面固愿吸收中国原料，一面亦欲尽其所有，以供中国之用。从来官方之不当见解，吾人当极力取缔之。中国全部之开发，虽需三世纪之时日，而吾人缔结之条约必须支持到底。若中国不以为然而所欲为，则无异驱日本于灭亡之途。对于上述各节，鄙人甚愿听最诚意之贵见。假使鄙人之提议，幸蒙采纳，而达至上奏之程度，则敢断定其必能成功。此时日本当与世界绝交，独与中国合作，惟此事只有鄙人可以促成，切盼生前睹其实现。

此问题若经泄漏，必无成功可能，务请严守秘密。日本之军人、学者与实业家等因自己利害关系，必反对废弃以来之条约，尤须格外防范。鄙人对于此事已经失败一次，若彼时幸而成功，则满洲问题当可不致发生。关于中日银行之设立，当时财相曾欲置诸自己权力之下，因有未能实现之经验，故除二三绝对可靠之人外，切勿漏泄为要。

极密附记（杉山氏自写）

此事须纯由日本外相与蒋氏自身才能成就，成就后，李氏杉山均即脱离关系。又日本国内有一部分为保全其地位起见，惟恐中国不乱之人，应加以切实注意。此即鄙人切愿促成此大事之原因也。

〔国民政府中央信托局档案〕

11．孔令侃向孔祥熙密报日寇正向其诱降情形电

（1938年1月3日）

院座钧鉴：○密。震初电称：（一）华北伪政，喜多主持，山本主谋，克敏受其支配。（二）百武言：松井极望和。谓：若钧座与汪、何出谈，当易妥洽，仍当保全我领土与主权完整，失此机缘，将来棘手云。松井对华北局面似不合作，以为此仅可限于北方，华中当另组织，别推首领，控制全局。樊告以华北拟设银行，发行纸币，此举实现，必使中国现金由外汇流入欧美，华人沦为无产党，则影响于日本至深且大。百武闻言感动，谓将游说松井诸人，并电东京，请废设立银行企图，若万不能止，亦只限纸币流行华北。又闻华北用“临时”字样，且不置外交等部，亦系期待和议云。谨闻。职侃叩。江。友四。

〔国民政府中央信托局档案〕

12. 胡南湖关于日烟俊六及英相张伯伦向国民政府提示中日“和谈”基本条件电

(1938年3月8日)

急电。三月八日晨发

刚父先生惠鉴:〇密。(一)据烟俊六大将语:满铁到沪视察某理事云:“关于中日和平谈判问题,中国政府方面,亦曾向日本非正式的提出四个基本条件,即:一、取消满洲国,所有满洲国现在领域,改为日本租借地。二、恢复芦沟桥“七七”事变以前状态。三、关于防共问题,不取中日联合暨协定形式,由中国自己处理。四、关于战争损失,中日两国,互不负赔偿责任。内阁暨军部于接到以上四条件情报后,曾予以极兴奋之考虑,认为中国此种条件,在中日和平前途上,应严密注意及之,惟日本政府之接到中国此种条件,系为一种情报性质,故无若何之行动”等语。(二)据烟大将司令部所接情报称:“英国政府自艾登外相解职后,首相张伯伦曾拟定一种调解中日战争和平方案,其内容计分三点,即:一、日本于平津留驻少数定额军队外,所有在华日军,扫数撤退,恢复芦沟桥事变以前状态。二、日本留驻华北等地特务机关完全撤销。三、上海所属南市闸北两地划为日本租借地”云。……南湖。齐。

〔国民政府中央信托局档案〕

13. 胡南湖关于与日松本接洽“议和”电

(1938年4月7日)

(1)阳电

幸密。松本履华多年,初在广东,继任松井与田俊六问事,彼先年化名与弟作情报，而我方情报员受彼津贴者，因论功赏，姓名近渐显明。松本夸弟愚忠，乃吐肝胆云：吾侪应做大事，莫如为中日将来之和平作奔走。能得先交换探讨双方私人之见地为基础，则将来调解时难关日少矣。且宋子文为未来政权企图计，亦有似此活动，愿君勉为之。弟熟计数日，恐坠人术，乃与胡谋，明知此事极密，演变尚不可卜，不应先与胡谋，但计及如果上峰准许活动，弟赴港汉面请机宜，又觉秽步，故昨日将经过托胡电陈我兄。此事动机，藉口机探讨日本真像，利之一；为院座将来收拾河山，和睦四邻，利之二。前途应如何，兄其教我。弟德叩。阳。

（2）虞电

王主任。密。亲译。鄂密。烦转电刚父先生惠鉴：日前贾君辛人于友人处得晤日人松本藏次，友人因为贾君介绍称：松本现供职日本田俊六大将处，旋又为松本介绍称：贾君前曾供职财政部，为今孔院长旧部。松本与贾君殷勤周旋，并约贾君至汇中饭店叙谈。松本遂告贾君云：中日之兵连祸结，都为中日之不幸，但早能以和平解决，则双方固可减少痛苦，否则，不为俄国收渔人之利，即为英国收渔人之利。君能与我出而为双方和平奔走，则你我此生不虚等语。贾君当答以我系一失业者，与中国政府中人无丝毫关系，且亦人微言轻，我不愿作此无效而且有危险之奔走。云云。松本谓：男子应作非常之事，危险可不顾。等语。是后，松本约晤贾君者凡四次，每次约晤贾君时，均以此种话向贾君如愿出面奔走，我可介绍君与田大将晤谈，但君之奔走系自动的，并非受中国政府或日本政府之托，因为中日政府均要顾全面孔云云。贾君因被松本纠缠不已，乃走商于弟，以谋应付之方。弟思松本此举究系何种企图，将欲假此争取中国情报耶？抑故为此企售其对我内部挑拨离间耶？或藉此而散布中国欲向日本求和空气耶？又故造陷窒以使贾君躬自蹈入耶？抑或藉此以自立功名耶？或者该政府及其某一派日人真汲汲于和平耶？弟告贾君，此后松本若再合君纠缠时，君可语松本曰：我系一失业之人，你如要我自动出而奔走和平，必有先决二事，即：一、你介绍田大将与我见面；二、田大将亲笔写信给蒋委员长后或孔院长后，我方可奔走，权作送信邮差。等语。同时弟使人调查松本是否在田大将处供职，并与日本某派接近。调查结果，松本确在田大将处任嘱托之职，而与萱野长知等一派接近。支日松本又约贾君至新亚饭店，未几，臼田宽三亦至。臼田与贾君作寒暄后，则云：田大将即来。有顷，田俊六果到。田俊六因历述孙总理同盟会时代日本人如何帮助孙总理革命，现在国民党人不思报达日本之恩惠，反与日本打仗，且极不仁道的，就是杀戮日本的夫兵，现在日本的对象已不是蒋委员长了，而是南京新成立的维新政府，但是蒋委员长、孔院长想到同盟会时日本人好意的援助中国革命而有所觉悟，亦未不可谈判和平云云。贾君因告田俊六，略谓：我在未见到田大将前，我曾对松本先生说过，我是个失业人，我与国民政府当局是没有任何关系的。说到此次中日战争一层，据我个人所知者而言，中国政府年来正在建设的途中，是没有与日本打仗的企图。因为日本要单打中国，所以中国不得不同日本打。中国和日本打，当然不得了。但是日本是国富兵强，本来是可以过着和平日子的，偏偏要来我中国，结果也怕弄得和中国一样的不得了。在这样双方不得了的情形之下，设若为着和平，田大将有修书蒋委员长或孔院长，我权且作送信的邮差倒可以的。贾君话毕，田俊六因与臼田宽三忽互作日本语，旋臼田电话毕，又与田俊六，乃语贾君曰：我介绍一位与中国国民党交好的萱野长知与贾君告谈。于是臼田乃偕贾君同乘汽车至乍浦路景林庐十五号萱野住宅，至臼田介绍贾君与萱野后，即告贾君云：请君与萱野君稍谈，我即来。臼田去后，萱野因历述他与先总理及党国诸当局及孔院长、孔夫人之熟识，并谓中日战争结果，必二者俱伤，我之到上海，是松本大将要我来中日间调和的，是时我要他们不打南京。他们一定打南京。他们虽然占领了南京，但是调和的机会也因此而失掉了。现在田大将要我写信给蒋委员长和孔院长调和，只要贾先生愿到汉口，我是可以写信的。不过我活到六十六岁，而看见日本人和中国人的感情弄到如此地步，萱野说到此，老泪横流，旋臼田亦哭。萱野乃转颜故作欣悦之状，臼田因与贾君曰：要是阁下到汉口，我看还是萱野先生写信的好，因为田大将若写信给蒋委员长和孔院长恐得不到答复。贾君说：我考虑后再说。此大概经过情形也。究应如何应付，希即电复而告贾先生。弟等上一个月津贴至今尚未领到，亦望早日寄下为盼。伯良。虞。

〔国民政府中央信托局档案〕

14. 外交部司长高宗武由汪精卫授意辞职赴沪与日使谷正之接洽投降等情报

（1938年7月2日）

急电。七月二日晨发

刚父先生惠鉴：密。（一）据接近谷正之之日本某要人云："谷正之此次之遄返东京，系与新被免职之中国外交部亚洲司长高宗武有关。高此次之辞职由港来沪，为汪精卫所授意。盖汪嘱高辞职后，俾高得以个人资格为汪与日本方面作和平之接洽，以冀汪将来在中日和议谈判时而取得有利汪之政治上特殊地位。谷正之此次返日，即向该国政府请示此种办法"。等语。又据接近高宗武之某福建人谈："高此次辞职来沪，以个人资格与日使谷正之接洽，此为中国政府当局所投定之一种计划，因藉此可以探讨日本政府对于中日和议所要求之条件既其态度"。云云。按高宗武之辞职来沪，与谷正之等接洽是否为中央政府一种计划，抑系为汪精卫个人之阴谋，或者为汪精卫假公以行其私，固不得而知，惟高来沪后之与谷正之接洽，及谷正之与高接洽后而返东京，确系事实，务望院座于此特别注意是幸。（二）上海文汇报股本，大公报曾加入万元，条件为文汇报社论由大公报人主持。上月廿一日文汇报社论题目为“一个建议”。主张英、美、法、苏召集世界和平会议，觅一具体方案，解决中日战争。该社论系汉口大公报撰就后，电沪假文汇报发表者，因此遂引起各报反对，认文汇报有响应宇垣、王克敏谈话之嫌。而导报、译报、华美报因连日著论攻击文汇报，销路大减。二十五日该报始再著论题为“重申我们的信念”。谓该报并无主张妥协之意，所谓希望英、美、法、苏提出具体办法者，盖指经济制裁而言。此亦上海报界近日关于中日问题最重要之一斗争云。弟伯良。冬。

〔国民中央信托局档案〕

15. 日帝重价收买华方高级军官供给如“黄河决口”等军事机密情报

（1938年8月）

（1）情报之一（8月17日）

（一）汉奸团体（大民会）近甚活跃，已在沪设立十三个支部，愚民被骗上钩者，已达万余人，主其事者为尚莫姜。

（二）据本方透露消息：日方近日不惜重价收买华方高级军官，嘱令出买军事消息。并约定：凡与日军大不利之消息须绝对供给。黄河决口消息，即系有某高级军官于事前报告日方，否则日方至少有十万大军被淹没，重武器亦可大部失去效力。

（三）文汇报总主笔英人克明，因于八一三社评中言沪英领应工部局要求，禁止各英商报纸出纪念八一三特刊，或刊登八一三文字，为英领所不满，故着该报更换总主笔，理由为挑拨中英邦交。

（四）近日被毁日舰运沪修理者较前愈多，于此可证明中国空军及炮兵确已建树不少功绩。云云。207。（筱）。

（2）情报之二（8月26日）

（一）外传何成濬已被枪决，一说为陈继承因渠及反对利用黄河作战，致将军机秘密泄于敌，敌逃出者甚多。又八十八师师长龙某某之被正法，亦因不遵从利用黄河作战各指示。

（二）现日军对于保护交通线外，并以各军守据点为基本战略。

（三）苏联大使廪干滋返华后，苏联顾问团即将随之来华。闻此顾问团组织完备，技术人才尤多。

（四）刘汝明论功行赏，名列第一者，因我军退出徐州时，由刘亲率精锐一营掩护，工作结果十余万大军得以平安退出，故名列第一。

（五）晋南日军忽东退，原因据谓：（A）调往长江；（B）集中铁路线；（C）集中冀鲁两省各要地；（D）换防性质；（E）防华南包围。207。宥。

〔中央信托局档案〕

16. 香港海外《呼声报》载“通敌祸闽陈仪的汉奸罪证”

（1938年8月30日）

通敌祸闽陈仪的汉奸罪证

驱逐陈仪救福建！

这一个明显、痛切，而具有历史意义的救亡口号，早已普遍地深印在每一个福建救亡志士的心坎里了。由于久久蓄积在内心的痛愤，进而实际表现的驱陈运动正在奔腾着于海内外各处，的确，福建人如不谋救乡救国则已，否则必须首先驱遂汉奸陈仪！自古未有内奸不除而能对外者，陈贼一日不去，吾人只好坐视乡邦沦丧而无可如何！

有一部分人不了解福建特殊情形，未尽悉陈仪的汉奸罪证，以为他无论如何，总是一省军政长官，当此抗战紧张中，似不应和他作对，以分散抗敌力量。这种说法，应用在中央统治下的其他任何地方，都是绝对应该接受的，但在福建则不然！我们既不应感情用事，尤不得有丝毫地方色彩。如果陈仪已在遵行中央命令，领导抗战，无论他与每一个福建人都有杀父之仇，福建人不只不能反对他，且应赤诚拥护他，不然则是客观上尽了汉奸任务！

那么陈仪究竟是不是汉奸？是的！绝对是的！福建人所以□驱逐他，就因为他是汉奸！在今日我们驱逐汉奸，反对汉奸政权，谁日不宜！

我们根据什么来断定陈仪确是汉奸？

根据事实，根据铁一般的事实，我们确定了陈仪是十足的汉奸！

谁个不知道陈仪是全国有数，鼎鼎大名的第一流亲日派人物！“天下老鸦一般黑”，殷汝耕、陈中孚一班坏蛋，你有什么方法叫他们不做汉奸？他们的思想意识，他们的历史背景，以至利害关系，除了汉奸一条路，简直就没有他们的政治生命，陈仪呢？自然一样！他已往的历史除亲日外，无历史可言，他的思想意识，除亲日外，亦无思想意识可言，他现有的政治地位是由对日关系得来，他的将来希望，亦只希望还能在日寇羽翼下展开他的政治前途！其汉奸罪证，远者小者且勿说，兹仅就抗战以来择其荦荦大者，分叙如下，以昭国人：

1. 敌方重要间谍何东修，在福州担任布置间谍机关，时当日侨匆匆撤退，何任务未完，不得同行，仍潜居福州秘密工作。及布置完妥通知陈仪，陈仪居然秘密用省府电船，派亲信数人，便衣武装，护送何谍到闽江口外乘轮出境！

2. 著名亲日派汉奸李择一、陈仪聘为高等顾问抗战后受舆论攻击，不能在省站足，陈乃特派省会警察局长李进德护送出境，李一到沪，即担任敌方重要任务，但一面仍月支省府薪金及特别费万余元，暗中与陈保持密切联络。京沪失陷，李乃公开活动，陈仪表面上难与来往，乃令其驻港代表李时霖负责联络，今二李函电代表，来往甚密，最近有人于李时霖处查悉李择一电彼云将来港晤谈。

3. 前省府外交科长关仲曦为陈仪亲信汉奸之一，乃离闽不久，即公开参加华中伪组织。一时舆论哗然，陈甚感不安，立派人晤关，坚嘱勿作正面活动致已反受不良影响。关乃遵嘱留港，暗中与策动华南伪组织之陈中孚密切联络，陈仪在港设立之贸易公司，内部所用重要人员，均由关介绍，表面虽是彼内弟钟某负责，实际则系关暗中主持，该公司即等于关之活动中心机关欲晤关者，均由钟某导引。最近该公司经营茶叶之本利一百五十余万元，均留存香港，为关等活动之经济基础！

4. 前厦门市长现任省府参议李时霖，偕陈公培（陈仪之侄母妻均日人）于七月初奉陈仪命来港负责对外联络，于经过厦门时，秘密派人约请敌驻厦间谍池田登轮密谈两小时之久，其中诡密，不难推知。李初拟往小吕宋马来亚各地，为陈仪宣传，嗣因奸行败露有所顾忌未行，至今仍逗留香港。

5. 与陈仪直接间接均有密切关系之在港汉奸群如陈宏声，谭培桀、谢镜波等，于本年一月七日在港组设一“一七”俱乐部，为敌方伪复兴社之外围组织，其口号即“拥护陈仪”、“保卫大福建”，而所谓保卫大福建者原则有三：（一）福建既无力对日作战，应尽可能和缓日本之进攻；（二）中日战事必有调解之一日，福建应极力避免无谓牺牲，（三）如华南发生战争，福建当以彼等为中心，对日取得一种谅解，以保境安民，该俱乐部暗中由陈仪按月津贴经费，广事拉拢亲日派参加。

6. 陈仪于本年春间当与敌方某要通信，某次被福州邮电检查所检获，陈预得报告大恐，收到折阅后，立即加封呈交中央，诏系敌人故意与己为难，但未闻敌人与他省主如此为难。

7. 当省厦敌侨撤退时，敌方有计划的遗留一部分台民，不令撤退，此等分子，人人尽知危险甚大，在理当局应即严密处置。陈仪初置不问，任由彼等自由活动，嗣受舆论责难，乃登报声明准其脱籍，脱籍后一切仍可自由，此无异给予彼等一重保障，彼等遂愈形活跃，甚至参加军训旅行内地，均不受禁止。果也，敌人进攻厦岛紧张时，彼等竟得穿起军训制服在市区扰乱，致厦岛迅速沦陷！诏非陈仪遵行敌人命令，纵容彼等以响应敌人，其谁信之，否则厦门前车可鉴，陈仪即应从速处置在省台奸，但彼等至今仍在陈仪妥适保护下，自由活动如昔！

8. 厦敌登陆警讯到省，陈态度从容，一若预知其事者，部属请示大计，陈只表示可守则守，否则放弃，不派一兵一卒赴援（但同时则派保安团两团往闽西围剿钟部）。二十小时之后，陈即命××师相机撤退，及××师请示可否于撤退前将一切重要建设，如电灯、自来水等予以破坏，陈立复不准，结果是把整个完好无损之锦绣河山，于三十六小时间，拱手授敌，此如诏非陈仪遵行敌方命令，敬谨奉送此一华南军事根据地，以资敌人，又谁敢相信？

9. 厦门陷后不久，敌方派人晤陈，嘱速易帜，陈答曰：“予实力不够，日方又未积极进攻福州，如冒昧为之，危险殊甚，予所能直接指挥之保安团队，改编未竣，而驻省之××部，对予监视又严，万一力不敌彼，必致偾事”。云云，从此之后，敌机犯省，乃不断轰击××部，省府×署则始终未尝一度光顾。（抗战以来，省府绥署未受敌机一击警报时，陈仪办公见客如常，妻子嬉戏于庭，一若不知空中有敌机者）。

10. 闽省民间藏枪之多，为全国冠，此种潜的力量，如政府运用得法，使在整个指导下，严密的组织起来，则将来制困敌人，必能发挥其伟大力量，陈以别有存心，直视此等力量如眼中钉，处心积虑，必使其完全消灭而后已，严令各县登记藏枪，登记之后，即行收缴，犹美其名曰“献枪运动”！计前后勒缴已达数万之多。当厦门初陷泉惠告急，两县民众，立起自卫，携枪协助军队，防守要隘、卒阻敌进犯，乃陈仪丧心病狂，竟于此时密令惠安县长高风，乘机收缴，一时民众愤火中烧，几酿重大事变！又其时敌舰不断炮轰长乐梅花，形势危急，驻军×师×部请准层峰，宣示民众，迅速携枪组织义勇队，民众素甚信仰×部，旦夕之间，集人枪千数，听候调遣，陈仪闻讯，立召×长责问，并限期将已集中之枪，缴交绥署，谓可由绥署统筹办理，×长闻命震骇，终以本部对民众信用关系，力恳从缓，结果×长终不得不令知驻长乐×部，解散了事，呜呼民气可用，陈仪必加摧残汉奸心肠，真拘彘不食！

11. 陈仪既阴谋叛国，势必预先树立基础，俾他日时机成熟，有所作为时，便可一呼百应，乃于去秋密令视信国家主义派张果为沈铭训叶镜允，王伯秋等，组织效忠团，一年来爪牙布满全省，拥护陈仪为最高领袖，以绝对效忠陈仪为神圣信条，除陈外，虽中央命令亦不接受（该团内容详本期陈仪阴谋叛国秘密组织效忠团一文）。

12. 抗战后陈仪痛心疾首于亲信汉奸×××等之被制裁，×××等之失踪，对中央在闽工作人员，忌恨入骨，处处阻挠破坏中央人员之工作布置，前保安处谍报股长张超，除奸不遗力，成绩几冠全国。张除奸愈力，陈怀恨愈深，最后终置超于死！张超死后，中央人员或逃或匿，爱国青年，四散逃亡，暗无天日，几同亡省！这才是汉奸陈仪，有声有色，忠实地执行着其主人日寇命令。

以上十二条，那一条不是事实？那一条不是铁一般的事实？陈仪和他的走狗们，现在都活着，没有死，他们能出来答辩其中任何一条之非事实吗？

事实是这样明白告诉我们陈仪是十足的汉奸了，我们还可能隐忍，还可能纵容他吗？难道真个要等到他把整个的福建断送给敌人后再来和他算帐吗？

所以问题是很是明显的，对汉奸是绝无宽恕的余地，对汉奸宽恕，便是对祖国不忠，对抗战未尽应尽的责任。

有些人还在希望陈仪或有改过迁善之一日，这是梦想，如果他是一时受敌人威迫蒙蔽或欺骗的话，我们还可以容许他改正错误，将功赎罪，陈仪非昏瞶者流，他的汉奸作为，绝不是偶然的、一时的错误，他是存心那样做，他是明知故犯，他是心甘卖国。我们对他如还存着善意的希望，只有上当，只有贻误乡帮，所以我们对于这个死有余辜的国贼，只有尽量揭破他，严厉打击他，毫无容情地驱逐他，必使全国上下，尽悉其无可恕的罪恶，群起而共弃之。

〔国民政府军令部战史会档案〕

17. 胡南湖关于日本伊藤等游说近卫坂垣宇垣各派承认以蒋介石为谈判对象电

（1938年8～11月）

（1）电之一（8月31日）

急电　八月三十一日发

刚父先生惠鉴：密。伊藤昨晚始来晤弟，据称：彼于上月廿八日由沪前赴大连，本月初由大连至长春，晤关东军副总参谋长石原莞尔少将。石原阅彼建议后，极端表示同意。且谓：此建议实与我主张相同。石原因于是晚通电东京，向坂垣陆相具述伊藤建议主张。坂垣亦欣然同意。因告石原曰：余自入阁以来，我等对华主张以形格事禁，至今无由实施，君可在关东军内提出此主张，使关东军对此主张一致通过，然后以关东军推动之力影响内阁，届时余运用其间，或可有成。因此石原竭一星期之力，乃于长春召集关东军主脑暨在满日本各领袖开会，检讨对华根本方针。关东军总参谋长为矶谷廉介，向与石原意见不合，至石原提出对华谈判具体主张：（甲）和平谈判应变更过去主张，而以蒋介石将军及国民政府为对象；（乙）防共一事，应听中国政府自由主张，不可作为日本要求条件；（丙）与中国谈判和平，日本应先具有扫数撤退在华日军之决心。同时，石原对于满洲则主张将伪满政权完全交伪满中国人治理，所有日人服务伪满政权下之官吏完全退出满洲等种种办法。矶谷一派表示绝端反对。石原谓：日本对华用兵愈持久，则国民担负愈重；愈深入，则日本必愈不可自拔。此次张鼓峰事件，苏联所持以威胁日本者，则以日本对华用兵故。日本忍辱屈服于苏联者，亦以日本对华用兵故。苏联现在根本政策，绝不敢与任何国家轻开战端。设日本一旦与中国和平，则日本即可威胁苏联，领导远东，保持一等强国地位。否则，于此而不改变对华政策略，必有不堪设想之一日云云。矶谷一派则以为石原此等主张有失日本帝国颜面。石原则谓：国家事当从根本利害打算，颜面之有无，固不关轻重。至此矶谷一派群言：应维护现有国策。其他与会者复从而和之，于是该会议即此结束。石原当时于愤慨之余，即于该会议中提出辞表。按辞表为日本文官辞职之用。日本现役武官照例只能请愿后备。石原之所以出此者，实有愤于该会议人之无识也。石原于辞表提出之翌日，即携眷遄赴大连以回东京。石原到大连时，适伊藤亦在大连。石原与伊藤晤面后，复与坂垣通电商议第二步办法。坂垣谓：梅津、土肥原一派于在华日军仍有潜伏势力，现我等既无法予以肃清，不如变更计划，善为利用，使之趋于正轨。军部为统一在华政治工作，调和陆海军意见计，特任土肥原为在华总特务机关长，以驻于青岛，今特加派津田、板西两中将分任其事，使津田常川驻沪，板西驻平，且土肥原为板西旧部，津田亦属海军前辈，当可影响土肥原使之同化。同时，现在日本一般所谓颜面问题者，设日军进攻武汉不下，胶着于江西、安徽之间，或日军攻下武汉战事无术结束时，则彼等自必觉悟，当舍颜面而谈利害矣。因此，坂垣令石原嘱伊藤返沪后与津田联得严密联系，同时对于我方关系嘱伊藤仍加紧进行。并谓：日本代表在沪接洽者的以船津为宜，惟船津因病痔疮，现住东京医院割治，病愈到沪时，亦嘱伊藤与之严密联系。此即坂垣、石原所决定第二步进行办法也。伊藤未离大连前，石原携眷已返东京。现坂垣决定拟以石原为陆军大学校长，备便就近匡理一切。伊藤于返沪后，当晤津田具述坂垣、石原今后对华计划。津田亦极表赞同，并言：俟船津病愈到沪时，再筹商积极办法也。弟按石原此次在关东军建议，虽未成功，而坂垣与石原所商第二步办法，现已开始进行，良以兹事体大，实非一蹴可成。用特专电详达，务望我兄查阅后转呈院座是幸。弟伯良。世。廿六。

(2) 电之二（10月23日）

急电　十月廿三日

刚父先生惠鉴：密。(一)伊藤于本月六日由沪往大连赴日各情形，前上鱼五八电谅荷察阅。当伊藤由沪起程之先，曾与弟约。彼到日向近卫、坂垣、宇垣等游说进行顺利时，当有电到沪约铃江赴大连面商后，彼当仍赴东京接洽，铃江亦即由大连回沪云云。昨日铃江接伊藤由东京来电。据称：彼日内即赴大连，嘱铃江亦即由沪前赴大连相晤。等语。铃江决于今日由沪附轮北上，拟到大连与伊藤相晤后，一旬即可返沪也。知注特闻。(二)报载路透社重庆廿一日电：汪精卫又大放和平空气，未识委员长院座对汪此种态度如何？设果将来中日和平由汪主持，不仅于国家民族与委员长院座咸蒙不利，即弟等与兄所进行之运动亦必成为画饼也。望我兄特别注意。(三)广州失守后，兄是否仍留香港？若有变动，望随时见告。弟伯良。漾。七十。

(3) 电之三（10月24日）

急电　十月二十四日发

刚父先生惠鉴：密。弟于本月十七日接到伊藤与石原、柴山等所商游说近卫、坂垣、宇垣之计划书后，现已译妥。其内容计分：A、在中国长期抵抗计划下，日本攻陷武汉、广州后，绝对不能使中国有屈服可能。B、日本如欲与中国实现永久和平之愿望，惟有承认与蒋介石将军进行和议谈判，始能达到其目的。因中国用以抵抗对日作战之威力咸属于蒋介石将军领导故也。否则，日本政府若舍蒋介石将军而以汪精卫暨其他领袖进行和议，实与北京临时政府王克敏、南京维新政府梁鸿志等谈判和议无以异也。如此不仅中日战争之形势仍然存在，亦即中日永久和平之目的无由达到。C、日本如欲中国反共，亦惟有以蒋介石将军为对象谈判和议，始有实现可能。因中国其他领袖反共之历史与经验及其彻底，均无有出其蒋介石将军以上者。但日本如欲蒋介石将军彻底执行反共，似不宜在中日和平谈判上有所拘束。以上三事，即为伊藤与石原、柴山等游说近卫、坂垣、宇垣各派计划大纲之总目，就中尤以A在中国长期抵抗计划下，日本攻陷武汉、广东后绝对不能使中国屈服可能一项较为详尽，兹照录如下。弟伯良。敬。七一。

1. 在抗日战争中，中国现在虽然失掉了一部分的领土，但这不过是战争进行中的一时的问题。另一方面，中国却正向着新的统一急剧地发展，例如无论在政治上或军事上，都确立了政府的中央集权，曾经存在过的“地方势力”的独立性也已在这统一的发展中消失了。而且中国政府对于内地新兴产业及新交通网的努力，正是着着建设，今后中国国民新经济生活的基础，不但这，中国在这过程中还得到了两个伟大的收获：第一是全国民众的政治的觉悟之飞跃的发展和全国人民对于政府之一致的拥护；第二是世界各国对于中国抗战实力的信任与同情。

2. 中国的长期抗战将要进到第二期战争——从南京失守到现在。这个过程是第一期战争。这对于中国是最困难的时期。固然自从徐州大战以来已经确立了中日长期战争的一般形势，但是在这个期间中国不能不以不充分的武力经常的和日本军队做主力战。就是说，不论有怎样大的牺牲，不论处于怎样恶劣的时机，不论准备怎样的不够，可是一刻也不能够回避主力战。中国政府在这个期间，一面尽可能地从事有效的抗战，一面努力准备第二期战争。就是说，一方面以重大的牺牲极力延缓日本军的前进，另一方面要求日本军队也有极大的牺牲，根本扫除他们对于前途之乐观的观念。这些和中国政府对于有组织的运动战与游击战的努力一样，都是第二期战争的基础工作。

3. 假若中国没有长期抗战的力量，而且动摇与崩溃可以使中国政府屈服的话，那这个屈服就应当在第一期（特别是第一期的前半期）出现。因为那时候中国无论在物质上或精神上都集中着千万种的困难，所以在中国已经将要成功地结束这不过是长期战争（即第二期战争）的准备工作的第一期战争的今天，再说什么中国的屈服与崩溃，那不过是梦想而已。

4. 第二期战争是在日本军队的进攻无论在地理上或政治上都达到了最高点以后的时期。假若将来不得已从汉口退出的话，那末第二期战争大体上就是指这撤退以后的时期，但是我们可以考虑到在这第二期中中国所处的最恶劣的状态，因此我们可以假定到了第二期战争的时候，中国要暂时的失掉包含广东省在内的全部的海岸线。

5. 在第二期战争中，中国就要从被强迫做主力战的状态下解放出来（即使不是绝对的），而且攻击与防守的地位也要反转过来。就是说，以极细长的线而进到中国内地的日本军，无论在前方大军的保持上，或后方的防备上，都要占在防守的立场。不但这，而且第二期战争的攻守关系，和第一期战争中的攻守关系的性质也不同。

6. 第一期战争中防守方面的中国，固然不可回避主力战，不能有一刻的休息余间，但是在这点上，攻击方面的日本也是一样的。当我们日本做攻击的时候，我们自己也没有一刻休息的余间。在第二期战争中，防守方面的日本在防御战上既不能有一刻的休息，同时也没有一刻能回避战争。所以，虽然前进的工作是停止了，可是还不能从现在的大军礼节省一个兵力。反之，在攻击方面的中国可以在他自己喜欢的时机，自己希望的范围与规模，自己方便的方面各种有利情形下，任意从事战斗的工作。换言之，在准备和时机不成熟的时候，可以依照自己的意思来回避战斗，没有像过去那样被强迫战争的事情，而且常常能够以最少的牺牲，最节省的军事规模，来完全剥夺日本全部军队的休息与安定。

7. 在攻守逆转的第二期战争中，中国一方面可以根本破坏日本的军事计划，同时对于日本的政治的经济的计划也开始同样的工作。就是说，中国以有组织的军事行动来阻碍日本军队在占领区中开源资源或运出土地的资财，努力使在占领地上投资的日本之巨大的牺牲，永远得不到任何的代价。同时，使民众的训练与组织之扩大的发展与地方游击战密切的结合起来，经常地陷日本的政治工作于希望的状态，使日本自觉到长期战争无论在政治上、经济上或军事上都是绝望的。中国政府为了确立这重大的长期战争的基础工作，在过去的一年中，就是在最困难的第一期战争中，曾经在日军占领区的重要地点配置下最优秀的部队，并禁止他们战斗的工作，集中全力来注意“指挥的统一，各部队组织的完成，以及各部队与民众的密切结合”等等的事情。这些部队在第二期战争中是运动战、游击战的基础，当把现在的前线变为后方，后方变为前线的时候，这些部队就是基本的部队。

8. 日本对付长期战争的一个方法，就是努力在占领区内组织两个傀儡政府，并企图把他们合并起来，形成新的中国政府。但是，即使这个计划真如日本的希望进行了，树立了所谓统一政府，唐绍仪、徐世昌、吴佩孚、段祺瑞一派等等现在过去的名流也全参加了，这个政府的成立，也丝毫不能威胁中国国民政府的基础及其抗战，同时也丝毫不能强化日本对于中国的努力，因为这个政府第一是没有人民的政府，第二是永远不能有自己的武装的政府。

9. 在日本占领区内，人民被剥夺去了表示他们自己的意志与行动的自由。但是，他们经常是中国国民政府的人民，中国国民政府的拥护者。现在他们显著地表示着他们政治的自觉与民族的自觉，而且这个自觉正是中国国民政府的新统一与抗日战争的基础。另一方面，以武力来对付中国国民政府对抗日战争的领导的，不是别个中国政府，永远是日本政府及其军队。在从前，外国为了要推翻他所不喜欢的中国政府，可以援助地方的反对势力，利用这地方势力的武装来达到他的目的。例如以皖系代替直系，就是这样。但是现在为了日本利益的新统一政府即成立起来了，也永远不能以自己的武力来解决他的反对者。因为这个政府如有自己的武力，那就等于反对这个政府与日本的武力的增加。日本若允许这个政府有一个兵士，那么这个兵士立刻就要把他的剑对准这个新统一政府。人民自觉的知道，他们全是中国国民政府的人民，而且以此为荣誉。因此日本虽然组织了对抗中国国民政府的新政府，还必须自己经常的在前线配置下百万的大军，况且这个政府并没有开发中国富源，把中国的资财运给日本的独立的能力与资格。为了这，对于日本的巨大牺牲不能给以任何的报答的政府，为了这，永久没有自己的人民与武装的政府，日本不但要不断的供给百万大军及其战费，而且在这永久没有独立性的政府的假领土与列国的关系上，日本还必须自己经常地负着直接的责任。

10. 当想象到中国失掉全海岸线的时候，我们承认中国在必要的物质的输出入上，会有重大的困难。因此，假若这个事情发生在第一期战争的前半期的话，也许不免会使人们发生不少的动摇与不安。但是到了今天，无论她会给与中国以怎样的一时的不便，也决不能阻碍中国政府抗战计划的进行。从来由广东得到的必要的物质，现在可以用其他的方法来得到，尤其是中国政府目前所努力要赶快完成的许多新国境交通线的成立，不但能解决大部分前面所说的困难，而且将要急激的促进以内地经济的发展及内地处女资源的开发为基础的中国新经济生活的繁荣。

11. 当中国失掉海岸线时，在武器的补充上多少会发生一些困难，这是事实。但是这一点不过是中国一时的部分的困难，中国政府不但对于今后的供给有充分的自信，而且就现在中国政府所有的准备说，也不急于要立刻就有输入，况且中国在从被强迫做主力战争的状态下解放出来的第二期战争中，并不要像在第一期战争那样焦虑着希望早些有大量的武器来补充。就是当开始新的行动的时候，延长准备的时间，也不会成为什么苦痛。

12. 总之，中国第一期战争是表示长期斗争所必要的准备时期，到了第二期才进到真正的长期战的阶段。在第一期战争的过程中，在中国政府的努力和民众的协作下不断的发展着，成为长期战的基础的政府的新经济政策。就是说，中国金融资本的主力已经向内地移动，而开发内地产业的新的基础也正在树立。和这相连带，不但内地的全部资力正在动员，而且列国也正在希望与信任之下协力帮助中国新经济的发展。中国在这新经济发展的建设工作上，能够毫无困难的支持第二期战争。日本虽然宣言过十年战争，但这不过是一句空话。反之，中国就是宣言五十年战争，一百年战争，也不是空话。

13. 对于欧洲战争开始的形势的问题，一般人们都热心的讨论着她对于中国将会有怎样的影响，然而，只要我们了解上面所说的中国抗战纲要的意义，确信战争最后的结果是于中国有利的，那末欧战的利与不利是不成问题的，因为中国抗战前途的光明是必定的。从同样的立场出发，在最近的将来，日本开始攻击广东也好，不攻击也好，这对于战争的将来都不会有什么变动。所以，假若日本想要以攻击广东来使中国政府对于抗战动摇或悲观，那是得不到任何良好结果的。

（4）电之四（11月5日）

特急电　十一月五日发

刚父先生惠鉴：密。铃江已于今日下午由大连返沪。据称：彼上月廿五日抵大连时，伊藤亦由东京赶到大连。伊藤在东京时，柴山、坂西、津田均已先后遄赴东京。伊藤、柴山、坂西、津田与石原会商之下，分二路进行：一、即将伊藤、石原、柴山等所拟游说日本当局三原则交由坂垣陆相以推动近卫及其他阁员；一、即由伊藤、石原、柴山、津田、坂西本其所拟三原则分途向日本朝野游说。结果，近卫首相因坂垣之推动与伊藤、石原、柴山、津田、坂西等各方游说之反应，于是近卫首相乃有五相会议之召集。因是时日本内阁适已决心积极攻下武汉、广州，同时又以日军若攻下武汉、广州后，正感对华速战速决策略仍无把握而苦闷故也。因此，近卫首相以为日本政府如改变对华策略而与中国蒋委员长国民政府谈判和平，非彼自动下野，内阁改组，则中日和平谈判无由实现。故近卫与坂垣密商结果，决于五相会议时，即有近卫提议：一、日本因感对华长久战争种种困难，日军于攻下武汉、广州后，应与中国蒋介石将军国民政府开始谈判和平，以结束中日战事；二、彼于日军攻武汉、广州时，即自动辞职下野，由继任内阁实行与中国政府谈和平。在近卫之意，日军攻下武汉、广州后，内阁改组，继任首相，实以坂垣陆相承乏为最适宜。惟海军方面，则属意于末次内相，因海军目的志在扩大日本海军主张，与英国正面冲突，盖彼以为中日战事延长，此种目的方可达到也。故五相会议，除陆外财拓四相一致赞同外，而海相独拥护一月十六日宣言原案而持异议。坂垣陆相以海军既持异议而欲以末次继任首相与已对立，因恐治丝愈纷纷，变更主张，仍以维持近卫内阁而使海军无所借口。此即日本政府在我武汉、广州未陷落前情形也。故前者铃江由沪到大连会晤伊藤后，致电与弟称：伊藤等与近卫接洽，谓目下环境诸多障碍，但非决无希望者，系指以上诸情形而言。亦即上月弟致兄俭七四电第一条者是也。伊藤与铃江在大连晤面后，即于上月廿七日遄返东京与石原、柴山、津田、坂西再谋继续进行。惟据伊藤在大连时告铃江云：汪精卫屡次派人与日本当局接洽，要求日本以彼为对象，于日军攻下武汉、广州后谈判中日和平，且谓：彼于日军攻下武汉、广州后，即改组国民政府，自任行政院长，彼即有权与日本谈判和平，蒋委员长决可下野云云。伊藤又告铃江云：日本政府对于汪精卫并不重视，因知汪在国民政府下毫无军政实力可言，日本不过借此以作分化中国内部手段耳。等语。又据铃江云：伊藤拟本月十日由东京返沪，当彼由大连返沪时，昨日于轮船中犹接伊藤由东京来电，称：渠此次到东京后，与石原、柴山、津田、坂西活动结果，极为完满。日本政府天长节之前夕所发表对华宣言，而承认国民政府为对象者，即其所收第一步之效果也，又谓：日本政府对华态度之改变，即以委员长为对象一事，只能取渐进的步骤，深盼委员长院座坚持自己主张，免为汪精卫阴谋所乘，则中日和平前途，不久当有实现可能云云。弟按伊藤不日即可由东京返沪，结果如何，届时另电奉达。弟伯良。微。八二。

(5) 电之五（11 月 6 日）

急电　十一月六日发

刚父先生惠鉴：密。微八二电谅荷查阅。昨午铃江复接伊藤由东京来电，据称：彼与石原、柴山、津田、坂西等向日本政府接洽，结果甚佳。现日本政府已指定专员与彼一同由东京来沪，与中国方面磋商中日和平条件。彼等一行于本月十日前后即可由东京起程来沪，并嘱弟迅即着手准备，俾其到沪后开始谈判云云。弟按伊藤致铃江电所称：日本政府指定专员到沪与中国谈判一节，想系指弟与伊藤等最初商定以中日在野名流，用私人资格作初步谈判之计划。惟此有数事应当注意者：一、即中国方面准备与日本谈判之人物，在初弟与伊藤等筹划之先，弟所拟定中国与日本谈判者，则以唐绍仪、吴佩孚私人资格为对日谈判之领袖人物，而实际与日方所谈判折冲者，则为江天铎、汤芗铭、罗家衡、易敦白等。今唐已被刺身死，吴佩孚又远处北平，汤芗铭又至今未曾到沪。现为应付日本专员谈判计，须视日本专员个人地位之高下，与人数之多寡而定。弟意设日本专员个人地位不高，与人数不多时，中国方面即以江天铎、罗家衡、易敦白等与日本谈判，否则，即将颜惠庆以及中国其他在野名流增加其间。二、关于谈判中日和平条件一事。弟意中日和平条件，第一步应由日本提出，俾使中国方面得以加予考虑与研究。中国方面除坚持日本政府必须以委员长国民政府为对象外，不得有任何条件提出。惟伊藤、石原、柴山、铃江、津田、坂西此次之中日和平运动，彼等惟一目标，即纠正日本政府一月十六日宣言之谬误。而主张中日和平谈判应以委员长国民政府为对象。日本政府既接受伊藤等之建议，所谓以委员长国民政府为对象一节，弟意应无问题也。三、在谈判过程中，若谈判顺利，则所谈判之情形及结果电呈中央时，中央政府对此谈判之领导与指示，似应敏快灵活，以便中国负谈判责任者，得以折冲应付。现在日本方面准备与中国谈判之专员在事实上虽为日本政府所指派，而表面仍系中日双方私人资格之谈判。设所谈判条件之结果，中日双方政府可以接受时，则可入于正式谈判也。弟日内正在积极准备中，望兄对此予以特别注意，此后发展如何，当不时电告。弟伯良。鱼。八三。

(6) 电之六（11月6日）

急电　十一月六日发

刚父先生惠鉴：密。(一) 接支酉情电，已敬悉一切。所嘱自当相机办理，惟汪精卫与参政会一部分人之阴谋，其酝酿极久，且其布置中外，关系极多，非对汪个人予以严重打击，决难收其彻底效果。弟前者在港时，对于广西方面，曾商有一种预定计划，即在必要时，抓著汪在抗日过程中不利于国家民族最高领袖，中央对由李宗仁、白崇禧联合其他各地将领通电反对汪精卫。弟顷接香港来函称：白崇禧、冯玉祥、唐生智等正拟具反汪电报，征求各地将领签名。现该电是否可以即日发出，尚不得而知。弟已复电促其积极推动李、白以便早日发表。(二) 前奉交电，敬悉一切。关于突击社事，第一期之进行现已暂告结束，除前领经费五百元用完外，弟尚垫用四十余元。弟意对于该社之技术进行，似不可仅以一人为目标，且不可作经常之活动，在必要时对于某人或某事而予以突击，方为有效，始符突击之名，最好能将第二三期经费一千元汇沪暂存弟手，以备必要时之用，而免临时迟滞，未识兄以为如何。弟伯良。麻。八四。

〔国民政府中央信托局档案〕

18. 胡南湖报告半年来中日各方接洽“和谈”活动情形电

(1938年9月12日)

刚父先生惠鉴：密。前接顺伯兄阳电，嘱将关于各方面活动和平情形，作一有系统报告。弟以为此种活动，自今春开始着手以来，历时已达半年之久，其间关于中日两方面各种情形，错综变化，实有作一系统报告必要，爰述其大概于次。弟之初着手对于中国方面之唐绍仪、吴佩孚与日本方面之伊藤、铃江等及与彼等有关系之活动分子，不过为争取情报之对象。此其为弟活动之第一步。第二步因了解彼等情伪之故，则于直间施以挑拨和破坏。第三步因罗家衡之来沪，则对于唐绍仪、吴佩孚等即计划使之稳定，以倾向中央。而于日本，由与伊藤、铃江等商议，使铃江之大连、东京、利用关东军与近卫内阁对立之故，运动石原莞尔以倒近卫内阁。迨六月初，弟至香港与罗家衡晤，适罗到汉晤院座张岳军。回港未久，弟于罗处得悉中央对于唐绍仪等情形。因此弟于返沪后仍计划进行唐、吴等一派，运用其私人资格而与日方谈判和平条件。本年七月，伊藤之赴大连，因石原以影响坂垣陆相，此即为第四步之计划。先是罗家衡未到沪之前，唐绍仪、吴佩孚因受日本之包围，态度极为动摇，吴曾一再向日人表示，彼之出任伪组织与否完全以唐绍仪为转移，而唐则间接答复日本谓：于日本攻下津浦，陇海两线和武汉后，彼即可以提出具体方案与日方讨论。至四月廿八日，罗家衡到沪晤唐，陈说利害后，唐于此拒绝日方一切往来，态度始为坚决。弟以稳定唐绍仪、罗家衡为不可少之人物，且罗拒绝伪司法教育部长，亦属大节不苟。又以罗之来沪，实与吴铁城、曾养甫、吴健陶有关，因电告我兄转陈院座，对罗加以怀柔及拉拢。六月初，弟由沪到港，始知罗到汉晤院座张岳军时，嘱罗返沪以与唐周旋。张并告罗于日人晤唐时，唐可以私人资格与日方试谈中日和平条件，惟不可涉及中国政府关系，但罗家衡坚欲中央派一负责人与彼一同到沪办理。因此，中央以罗主张与现行政策柄□凿，不允所请，故罗亦逗留香港，终无赴沪之意。弟在港旬日，再三向罗介释，谓：中央此等主张绝对正确。至此罗始允以个人赴沪，同罗晤面，并约定弟回沪将中日双方计划布置后，罗即来沪，因罗是时一　正病疽也。弟于六月廿二日乘法国邮船由港回沪，与张东荪、刘石生同船，因与张东荪约嘱张到北平时与吴佩孚、汤芗铭代表吴佩孚到沪，会同唐绍仪等以私人资格与日方折冲。张到平后，弟曾连电促汤南下，张、汤前后覆南咸谓：汤不日当可来沪。追弟接汤八月十三日由平来南，据称：汤因环境关系，暂难来沪，关于沪上一切事吴子玉已嘱江天铎代表办理，并告弟就近与汤接洽云云。当船津六月中旬之回日本也，伊藤送之于舟。船津告以此去向日本政府转述唐绍仪意见。伊藤问船津曾亲见唐面否？船津答以系据江天铎所言。因此，弟知江天铎确有动摇倾向。江与唐往来颇密。江动摇，则罗家衡前功尽弃矣。是时，梁甫兄适在沪，弟因为挽救江天铎动摇计，即与梁甫兄商议，嘱易敦白转告江，谓：院座以江一再拒绝伪命，大节凛然，院座曾推荐江为参政员，而未得主办者同意，落选。现院座拟聘江为行政院顾问，望江勿为固辞云云。江于聆悉之余，极为感动，江至此倾向中央效忠院座矣。现罗家衡已来沪，经常与江晤面。而于唐绍仪处，江、罗轮流间日往谈，故月来，唐少川已在江罗包围空气之下。惟江、罗对于院座及与我兄之关系，江不知罗，罗不知江也。此外。沪上一般活动于唐绍仪处暨日本方面份子受江天铎、罗家衡、易敦白和弟影响者，亦不乏其人。其目的均在团结而以唐吴为中心，以俟与日方对于中日和平，作私人之谈判。此关于中国方面活动经过情形也。至日本方面之活动，完全以伊藤、铃江、石原为基础。伊藤为满铁参事兼满铁上海社长，铃江为满铁顾问，均为日本有名作家，与弟相交有十五年之久，且对弟极为崇信。石原对于日本军界具有难一权威，任关东军副总参谋长，关于满朝防俄作战计划完全出彼一人之手。石原与伊藤、铃江好友极深，且均主张对华和平，故弟于罗家衡四月廿八日到沪后，知唐绍仪态度渐趋稳定，因商伊藤、铃江运动石原进行推倒近卫内阁计划。盖关东军之主张，向与近卫内阁对立，而石原又为坂垣一派之核心故也。弟与伊藤、铃江商妥后，铃江乃于五月初由沪前赴大连，以游说石原。

石原微得坂垣同意后，因代表关东军，于五月中旬与铃江先后由大连赴东京而联合宇垣、荒木、池田以及其他金融资本家进行倒阁计划。于是结果，乃有近卫内阁改组，宇垣、荒木、池田、坂垣等分任外文财陆诸相之事。在石原、坂垣等计划，方以为内阁改组后，近卫威信已失，第二步即可由宇垣以继近卫组阁，而进行中日和平计划。不意，近卫得此缓冲，即资以为恋栈手段。铃江于五月三十日由东京经大连返沪后，弟以石原等倒阁计划既有把握，中日和平希望即有实现可能。适兄有电召弟赴港，弟因于六月七日由沪南下于晤罗家衡后，因与我兄暨梁甫兄承商进行第二步中日名流以私人资格试谈和平条件事宜。弟于六月廿二日由港返沪，乃与伊藤、铃江商议推动石原，以影响坂垣。弟并代为伊藤拟具和平建议。伊藤因于七月廿八日由沪前赴大连，至八月初，又由大连至长春晤石原莞尔。石原阅建议后，极表示赞同。石原即于是晚通电东京，在电话中向坂垣具述伊藤建议情形。坂垣亦欣然同意。且告石原曰：余自入阁以来，我等对华和平主张，以形格事禁，至今无由实施，君可在关东军内提出此主张，俟关东军通过然后，以关东军之力影响内阁，届时余运用其间，或可有成。因此，石原竭一星期之力，乃于长春召集关东军领袖暨在满日本各界领袖开会，检讨对华根本方针。关东军总参谋长矶谷廉介向与石原意见对立，迨石原提出对华谈判具体主张三原则：即一、和平谈判应变更过去主张，而与蒋介石将军暨国民政府为对象；二、防共问题应听中国自由主张，不可作为日本要求条件；三、与中国谈判和平，日本应先具有扫数撤退在华日军之决心。此外，石原对于满洲并主张将伪政权完全交由伪满中国人治理，所有日人服务伪满政权下之官吏完全退出满洲等种种之办法，矶谷一派因表示绝端反对，以为石原此等主张有失日本帝国颜面。石原则谓：国家事当从根本利害打算，颜面之有无，固不关轻重，日本于张鼓峰问题对俄主张解决者，即为明证。矶谷一派，至此群言，应维护现有国策，其他与会者复从而和之。于是石原主张，乃告失败。石原当时于愤慨之余，即于会议后向关东军提出辞表。石原于辞表提出之翌日，即携眷遄返大连，以回东京。石原到大连时，适伊藤尚在大连。石原与伊藤晤面后，复与坂垣在电话中商议第二步办法。坂垣谓：梅津、土肥原一派于在华日军仍有潜伏势力，现我等既无法予以肃清，不如善为利用，使之趋于正轨。军部为统一在华政治工作，调和陆海军意见计，已任土肥原为在华总特务机关长，现加派津田、坂西两中将分任其事，使津田常川驻沪，坂西驻平，同时派柴山少将为土肥原总特务机关参谋长，且土肥原为坂西旧部，津田亦属海军前辈。柴山则对华始终主张和平，当可影响土肥原，使之同化。同时现日本一般所谓颜面问题者，设日军进攻武汉失败，或日军攻下武汉战事无术结束时，则彼等觉悟自必舍颜面而谈利害矣。因此，坂垣令石原转嘱伊藤返沪后与津田、坂西取得严密联系。而于中国关系嘱伊藤仍加紧进行，并谓：日本代表在沪接洽者，仍以船津为宜。此伊藤在大连与石原、坂垣接洽情形也。伊藤于八月廿四日返沪后，当将坂垣、石原意见转告津田，津田亦报表赞同。本月六日坂西偕同柴山由平来沪，伊藤以柴山为对于石原主张决表同情之人，且日军攻占热河时，柴山始终持反对态度，因此不见谅于日人，而赴欧洲。迨中日战事既起，日军于攻下南京后，自知对华政策失败，无法结束战事，柴山始由欧返日，任军部军务科长。此次复调任总务机关参谋长，盖与坂垣接近故也。因此，伊藤光向柴山告以坂垣、石原主张，并商议说服坂西之策。柴山谓：坂西为宇垣中国顾问。宇垣对华本主张和平，坂西自无问题，惟坂西性傲而浮，彼日内当与江天铎晤谈，俟彼与江谈话感觉失望后，再告以坂垣、石原主张，或可得其同意。昨日坂西已晤江天铎，要求江出作组织伪统一政府活动。且谓：只要反对蒋委员长暨国民政府，一切均无问题。江当答以此治丝愈纷之计，我无此职责，不敢闻命，言时极为坚决。坂西乃怏怏而退。坂西拟于本月十九日偕柴山由沪返平，伊藤于一二日间即举坂垣、石原主张以与坂西详商也。现伊藤、铃江准备与坂西商妥后再约集津田、坂西、柴山会商，以便分途向各方面活动。此又伊藤返沪后日方活动之情形也。关于唐绍仪方面，陈廉伯、冯自由暨粤桂失意军人、政客欲以保全粤桂为名而动摇唐绍仪，当为罗家衡、江天铎所知，罗、江因向唐切陈利害，唐乃领悟陈廉伯、冯自由辈欲藉此以骗取日本金钱也。惟唐云：月前冯自由由沪赴港时，告唐以此去当到广州晤余汉谋、吴铁城。唐并云：□接冯函称：本月十五日复由港来沪，情形如何，俟冯到沪时探明情形后再电告，惟唐已对罗、江等表示拒绝，与冯接近矣。再云：俟日本觉悟承认与国民政府为对象时再谈，并嘱罗、江严密注意各方情形，吴佩孚、汤芗铭、张东荪等方面，关于上海事原已托江天铎代表一切。日前汤忽派游晓章持汤函来沪晤弟。游到沪寓新亚酒店，知弟病，乃又转托诸青来晤弟，并询弟以二事：一、即活动和平情形如何？二、询以日军攻下武汉后，日本决组织湖北伪省政府，粤桂于武汉失守后，对于中央态度如何？国共是否有分裂前途？弟当一一予以解释。越两日，游晓章又以电话告弟称：汤芗铭一星期即可来沪，惟无政治作用云云。弟以日本所拟武汉攻下之候补湖北伪省长三人，除高凌蔚、陈宧外，汤芗铭亦为候补之一。弟是以疑汤之到沪，与湖北伪首长有关也。顷闻江天铎云：汤之到沪，则为前赴广西讲演佛学，然此中是否有其他作用，固不得而知。汤与张君劢；诸青来同为国社党三领袖，且张与李白颇为接近，汤之赴桂讲佛，必为张君劢所允容，弟以意度之，里面必有其他文章，好在广西属于中央统制之下，汤到桂时，弟自有对策，届时当详电奉商，或于弟等计划转而有利也。此又中国方面唐、吴等情形也。惟以兹事体大，故非一手一足之力所可奏效。又以弟在病中，凡所进行之处，自必多费周折，但中日双方现在确有眉目，于此尽力而积极为之，他日必可期其有成也，谨详电以闻。弟伯良。文。卅六。

〔国民政府中央信托局档案〕

19. 胡南湖关于汪精卫等与王克敏勾结及孔祥熙派员密赴平津进行勾结活动等密电

（1938年10月29日）

急电　十月廿九日

刚父先生惠鉴：密。（一）海通社北平廿八日电称：日本现已准备与中国开始和平谈判，其条件有五。而第一项，即为蒋介石上将之领袖地位转移于汪精卫，行政院长则以何应钦代之等语。据深悉日伪内容之日本朋友告弟曰：日本此种宣传，其意在响应汪精卫所发表之两次和平谈语，因汪之企图中日和平谈判成功自被者，盖汪即欲假此中日和平取委员长地位而代之故也。又云：日本此种宣传，同时确含有挑拨分化作用性质，惟汪精卫一派之与日本勾通，则为事实无疑。又云：汪精卫、宋子文等且与北平伪府王克敏亦有经常往还，其双方接洽地点则多在香港，当王克敏由沪北上就任伪职时，宋子文曾以巨款赠王为川资，王於就伪职后，汪、宋等与王亦时有亲笔函件往来，王在北平每与知交谈及国民政府时，对于与汪、宋往来一事亦毫无忌讳，因王此种行动，事先已得日方同意也。又云：汪、宋在某种情形下对于最高领袖前亦自承认与日伪往还而为政治手段，因欲藉此以作欺骗烟幕耳。云云。弟按上述情形，于中国政治未来前途确有可虑之处，未知院座与我兄亦有所闻否？弟前者为欲了解日伪内容与稳定吴佩孚一派暨华北在野名流而为院座效忠计，前曾拟江竞庵赴平津一行。是时，江已同意，后以种种原因，江忽态度消极。江自前日接得院座复电后，又复兴趣顿增，因彼以为现在即与院座发生直接关系，彼之艰苦冒险奋斗，他日在政治上始有前途可言。此亦人情之常也。弟拟日内会同易敦白与江详商进行办法，仍拟促其赴平津一行，且江之太夫人现亦留养天津，正可借省亲以为烟幕。江做事谨慎有方，一切可无扰虑。同时弟欲令江日内致电我兄，俾江与兄直接发生关系，为此江当更可安心努力奋斗也。希鉴察是幸。（二）关于新闻记者俱乐部，刻已改为新闻界联谊会，由各报各派代表一人共同组织，并已由国民党中央驻沪办事处会同市党部电渝请示，当即复电照准。梁士纯因为各方所不满，此后已与新闻界联谊会不生任何关系。特闻。（三）梁士纯于此次离沪前，曾与张宗麟、姚惠泉、吴耀宗、沈体兰、王任叔、郑振铎、萧宗俊、孙瑞璜及杨某等十人秘密组织一第三运动团体，其目的在造成一势力后，将来与救国会沈钧儒等七君子一派成立政党。在筹备期内，梁等对于这一组织非常秘密，梁等公开发表印刷物一纸，题为《怎样推进民众运动》，实则此印刷物之内容即为代表彼等秘密组织之纲领。该秘密组织之名称为民社，不许有任何党籍者参加。盖其手段在吸收国共两党外之份子。弟伯良。艳。七五。

〔国民政府中央信托局档案〕

20. 敌报谣传蒋介石派宋子文赴河内与汪精卫进行勾结活动有关情报

（1939年1月）

敌报造谣委座派宋晤汪

中国每一问题发生敌人辄乘机造谣无所不用其极，此次对汪案所放谣言甚多，最可注意者如下：

大每五日载（香港三日本社特电），蒋委员长前令许世英赴河内晤汪，密谈某种重要问题，琼属华侨代表会议，本由宋子文发起召集开会时宋竟未出席，各方对此非常怀疑。二日据香港财界中国最可信的某要人所言，宋氏昨曾奉蒋密令前往河内，对汪传达蒋氏如下意见：

“目下正在国共合作，长期抗战，汪竟努力攻击共党，这不仅妨碍抗战，且有分裂国共、挑起内战之虞。余（蒋）之立场，系将战况大势，导入和平之路，汪如此将使余更加困难，关于此点，请汪自重。”

宋将上述蒋氏意见转告汪氏之后，且谓“本人对汪先生之和平提案，在原则上亦表赞成。不过和平机会未到来之前，亦望汪先生自重，蒋对先生之工作十分同情，今后对先生之活动，不但予以财政上的帮助，将不惜极力予以支持”等语，并保障汪氏将来活动。

复据某要人言，蒋仍尊重汪氏秘密保持蒋汪关系，最大原因是目下欧局极坏，万一欧战爆发，英、法、苏均无暇东顾，蒋于此大悟云。

〔国民政府军令部战史会档案〕

21. 曾虚白呈报汪精卫投敌艳电与日汪密约内容要点及宣传要点致陈诚函

（1939年1月1日）

辞公部长赐鉴：兹觅得汪先生宣言原稿一份，特附呈以备参考耑此敬颂

勋绥

曾虚白　敬启　一月一日

重庆中央党部蒋总裁既中央执监委员诸同志均鉴：今年四月临时全国代表大会宣言，说明此次抗战之原因，曰“自塘沽协定以来，吾人所以忍辱负重以与日本周旋，无非欲停止军事行动，采用和平方法，先谋北方各省之保全，再进而谋东北四省问题之合理解决，在政治上以保持主权及行政之完整为最低限度，在经济

上以互惠平等为合作原则”。自去岁七月芦沟桥事变突发，中国认为此种希望不能实现，始迫而出于抗战。顷读日本政府本月二十二日关于调整中日邦交根本方针之阐明：

第一点，为善邻友好，并郑重声明日本对于中国无领土之要求，无赔偿军费之要求。日本不但尊重中国之主权，且将仿明治维新前例，以允许内地居住营业之自由为条件，交还租界，废除治外法权。俾中国能完全其独立，日本政府既有此郑重声明，则吾人依于和平方法，不但北方各省可以保全，即抗战以来沦陷各地亦可收复，而主权及行政之独立完整，亦得以保持。如此则吾人遵照宣言谋东北四省问题之合理解决，实为应有之决心与步骤。

第二点，为共同防共。前此数年，日本政府屡曾提议，吾人顾虑以此之故，干涉及于吾国之军事及内政。今日本政府既以阐明，当以日德义防共协定之精神，缔结中日防共协定，则此种顾虑可以消除，防共目的在防止共产国际之扰乱的阴谋，对苏邦交不生影响。中国共产党人既声明原为三民主义之实现而奋斗，则应即彻底抛弃其组织及宣传，并取消其边区政府及军队之特殊组织，完全遵守中华民国之法律制度。三民主义为中华民国立国之最高原则，一切违背此最高原则之组织与宣传，吾人必自动的积极的加以制裁，以尽其维护中华民国之责任。

第三点，为经济提携。此亦数年以来，日本政府屡曾提议者。吾人以政治纠纷尚未解决，则经济提携无从说起。今者日本政府既以郑重阐明，尊重中国之主权及行政之独立完整，并阐明非欲在中国实行经济上之独占，亦非欲要求中国限制第三国之利益。惟欲按照中日平等之原则，以谋经济提携之实现，则对此主张应在原则上予以赞同，并应本此原则，以商讨各种具体方案。

以上三点，北铭经熟虑之后，以为国民政府应即以此为根据，与日本政府交换诚意以期恢复和平。日本政府十二月三日之声明，已改变一月十六日声明之态度。如国民政府根据以上三点为和平之谈判，则交涉之途径已开。中国抗战之目的，在求国家之生存独立，抗战年余，创巨痛深倘犹能以合于正义之和平。而结束战事，则国家之生存独立可保，即抗战之目的已达。

以上三点为和平之原则，至其条理不可不悉心商讨，求其适当。其尤要者，日本军队全部由中国撤去必须普遍而迅速。所谓在防共协定期间内，在特定地点允许驻兵，至多以内蒙附近之地点为限。此为中国主权及行政之独立完整所关，必须如此。中国始能努力于战后之休养，努力于现代国家之建设。中日两国壤地相接，善邻友好，有其自然与必要。历年以来所以背道面驰，不可不深求其故，而各自明了其责任。今后中国应以善邻友好为教育方针，日本尤应令其国民放弃其侵华侮华之传统思想，而在教育上确立亲华之方针，以奠定两国永久和平之基础，此为吾人对于东亚幸福应有之努力。同时吾人对于太平洋之安宁秩序及世界之和平保障，亦必须与关系各国一致努力，以维持增进其友谊及共同利益也。谨此提议伏祈采纳。汪兆铭。艳。

日汪密约内容要点及宣传要点

日汪密约内容要点

甲、关于东北四省者

一、中国须承认伪“满州国”

二、中国须撤废并禁绝一切政治、外交、教育、宣传、交易等足以破坏对日“满”相互友谊的措置及原因，实行与日“满”相互提携的外交。

上二条是要中国不但须放弃东北四省，且永久不许稍存收复东北希望，条件之酷宁有偏比。

乙、关于华北及蒙古者

一、中国须在长城以南的河北省、山东省、山西省及黄河以北的河南省，设置“华北政务委员会”，享有财政、行政及对日

"满"外交上的自主权，采用日本顾问及职员处理供给以驻屯军队及开发利用埋藏资源的"特殊便利"，强化"日满蒙疆华北间"经济提携等事项。

二、中国须在长城以北，设置"蒙古联合自治政府"，享有行政立法司法军事及一部分外交的自立权。

三、中国须以"华北"及"蒙疆"在国防上及经济上为"日支强度结合地带"。

四、中国须同意日本军队永远驻屯"华北"及"蒙疆"要地。

五、中国须以日本以开发及利用"华北""蒙疆"的资源，尤其埋藏资源的"特殊便利"，并须与日本以开发及利用其他地域的特定资源的"必要便利"。

以上五条，即将华北及蒙疆完全脱离中国，军事及经济又完全在倭寇控制之下，与割让又有什么区别。

丙、关于扬子江流域者

一、中国须以扬子江下游地域在经济上为"日本强度结合地带"。

二、中国须同意倭寇舰船部队永久驻屯停泊长江沿岸的"特定地点"。

三、中国须同意倭寇现驻"华北"及长江下游的军队继续驻屯至"治安确定时为止"。

四、中国须与倭寇共同建设"新上海"。

以上四条，在经济方面既以"强度结合"四字完全为倭寇所垄断，而现驻倭军又肯撤退至更须承认其在"特定地点"永久驻兵权。则已名存而实亡了。

丁、关于华南及沿海岛屿者

一、中国须以厦门、海南岛为倭寇享有特殊地位的"特定地域"。

二、中国须同意倭寇舰船部队，永驻屯停泊于"华南特定岛屿”。

以上二条，表面虽不若华北的多，但沿海各重要据点，悉在敌人控制之下，则整个华南又成为他囊中之物了。

戊、其他的基本亡国条件

一、中国须与倭寇缔结“防空军事同盟”。

二、中国须同意倭寇派遣顾问及教官，并供给武器，以建设军队及警察。

三、中国须同意倭寇对于驻兵地域内的铁路、航空、电报、电话、港湾、水陆等，享有军事上的要求权与监督权。

四、在倭军驻屯区域内，中国警察及军队等武装团体的配置及军事设施，须以治安及国防上必要的最少程度为限。

五、中国须接受倭寇援助以确立财政、经济、政策，改良农业、发展全国航空、“华北”铁路，沿海口路、扬子江水运及“华北”与扬子江下游的电报、电话等事业。

六、中国须采用“妥当”关税及海关制度，以振兴“日支满间一般的通商”及使“日支满间尤其华北间”的物资需给便利。

七、中国“新中央政府”须接受日方所要派遣的顾问，特别在“强度结合地带”及“特定区域”的所要机关须由日本配置顾问及职员。

八、中国须赔偿“七·七”以来倭寇臣民在华的损失。

以上八条，可知中国外交权受限制了，警察及军队不但数目上受限制，且在倭寇顾问监视之下，一切交通工具完全受倭寇的干预，关税权亦被剥夺，这两年多的抗战，我国的物力财力悉被倭寇肆意摧残，而更要我们偿付赔款，势必子子孙孙永为牛马，且我国的军警大权悉任倭方操纵。

日汪协定宣传要点

一、纵观上述条文，可知在地域上从黑龙江到海南岛，从地下矿产到空中气象，从内河直到领海，从远代祖宗到世代子孙，我国的一切，无不在日本控制之中。在这种条件下，中国只有死路一条，这是日本与汪逆阴谋的总暴露。其内容之毒狼，足以亡国灭种而有余，这是每一个同胞应该彻底了解和认识的。

二、条文中所谓“善邻友好”，就是要“日支合并”；所谓“共同防空”，就是要“永远驻防”；所谓“经济提携”，就是要“经济独占”；所谓“浑然相提携”，就是不分彼此。中国的就是日本的，单从这几个名词上，中国便已成了日本的奴隶附庸。此外还要在所谓“强度结合地带”“特定地域”配置日本顾问及职员，让日本层层的监视我国，使我们永不翻身。而汪逆居然接受说“无害于中国独立自由，吾人当可查知日本手段之毒辣，与汪逆丧心病狂之程度。

三、汪逆一面倡言“和平无害于中国独立自由”，现在他狼毒贪劣的本来面目，随着卖国文件，一齐揭露出来。现在我们仔细想想，汪逆的甘言蜜语，那一句不是绝对的谎话。他假作慈悲关心同胞，原来就是要骗我们同胞世世子孙跌了万丈深渊；他自谓“一年以来殚心竭力和日本朝野开诚讨论的“和平”方案，无非是替日本建造灭亡我国的路子，是替日本构筑陷死中国国民的圈套。

四、汪逆向日本要求的，第一是钱“四千万元款项借支”；第二是命。因为有了钱，有了命，他就可以安心作傀儡，所以除此以外，一概可以不争。只有这二点，他可以低声下气的向日本请求他以四千万元的代价来出卖我们四万万五千万中国同胞。我们想想汪逆的毒心狗肺，简直就灭绝了人性。我们今天不扑灭汪逆，不支持抗战，便无其他生路。

五、汪逆既然丧尽良心出卖祖国，今后他当然是想粉墨登场，拉拢丑类，组织伪府，这是我们意料中的事。因为总裁曾经告诉我们：“无论敌人制造几十个伪组织，无论这种伪组织，假借任何名义，吾人只认为是日本之奴隶。其对内对外决不发生丝毫效用，亦绝不能损害我党国于毫末。”所以我们不用惊异，只要我们四万万五千万同胞抱定决心，任何力量，任何诡谋，绝对亡不了我们中国。

六、今后日本与汪逆只有死路一条，因为日本想借伪组织来以华宣告他的“事变结束”。可是我们不等日军全部撤退，亦决不停止战斗，现在我们既然一心抗战，直到消灭日本为止，他的主人既然消灭了，寄生虫的汪逆也就消灭了。

〔国民政府军令部战史会档案〕

22. 鲍观澄等报告以孔祥熙为中心与土肥原进行谈判经过电

（1939年2月）

（1）七五一（二〇二）致孔令侃电　（2月11日）

孔秘书：密。自奉电渝介绍原兄与鲍及土肥原等谈话所有经过，均由原兄专报。兹将个人所受感触情形，略陈鉴核。查土肥原此次希望似过深过急，初即声明已系代表政府，以原兄未为谈判代表，又未有书面证明颇有不愿深谈之意。光因说明原兄之来，实表我方极端重视此举：（一）可知汪系个人自私失败，而国府之门仍开；（一）可知院座关怀全国大局热诚，彼渐谅解，然犹对生人仍须说门面话，故仍以须求蒋下野之言，以为试探，经光以汪之失败即欲离蒋自为，而近卫不与蒋政府交涉声明，亦即年来日方之死锁，并说明委座数年“剿共”对东亚大局之贡献及今日委座在国内威力，与共党抛离主义投入国党，拥护领袖之实情，并今后收拾时局之重任，在中日和平过程中正宜倚特利用之重大关系。彼颇以为然。实则此等语早经光等多方向彼方解导，在近卫时已有专向委座求和之趋势，故光来以前此晤谈并未提及此点折之，遂无辞表示，只须其他有办法，此点可先置不提，然希望我提出办法，经光说明我方对彼方近时所称：对中国领土完整、主权独立、撤兵及不要求赔偿各节均已知悉，只须将前由鲍代渠所言之办法日皇下诏停战撤兵一节可以办到，自可设法洽商和平。因原兄来时即经传述已奉院座谕，赞同此举也。土称：已系一臣下，以天皇行为为条件，颇表为难之意。光则咬定鲍前曾代表渠来谈，既已将此意转呈院座赞同，且非此不足使我国人信任。彼后遂答：只须其他有办法，此事系一手续，亦可设法。光因与原兄询彼方确实办法。彼云：以近卫前宣言为根据。光则声明：该件系与汪勾结所发，为我国人所唾弃，况现在共党已抛弃主义投入国党，然所谓反共及经济合作亦俟和平后徐议，不必表面提出，请其另提办法。彼仍要求我提办法，并派负责代表正式谈判。此当日经过之情形也。嗣鲍又来晤，因晤原兄再谈。鲍又述土意只须我提有办法，所有蒋下野之点实可不提。又日皇下诏之举亦可设法或改换头面，由内阁开御前会议以奏准日皇发表声明行之。渠则以中国人立场，当努力在旁工作，期于国有益，以报院座并致景佩吾兄之意。光因邀其来港与兄面晤。渠谓：只须院座或兄有表示，彼愿趋晤。日内因租界暗杀案屡起，彼等心怀惴惴不敢外出，然犹冒险到法租界会晤，似可视为颇有诚心。至鲍之为人，兄所素知，前在港时曾奉面谕，设法收罗，虽原与敌方关系甚深，然前被迫误入岐途，近似实有归诚之意，似终须设法羁縻。土似不向中国谋和，已无他路可走。至其代表政府与中国谋和一节，曾经喜多方面游捷吉村等言明，似非虚伪，惟与板垣关系最深，除将来平沼内阁改组，坂垣被摈外，现尚不无力量。昨又派代鲍奔走之王成志来询消息，其希望仍似切迫，光以为现对敌方言和，诸人无论如何总当维持联络线，即此亦足使彼不失希望，懈其军心。究竟我方可否提出办法，是否可声明兄为院座代表，邀其来港面谈，并应如何应付之处，敬祈察核并核陈院座察示遵办。七五一。真申。一〇二一。

(2) 二〇二致孔令侃电　(2月11日)

孔秘书：密。何亚农称：今井前昨来沪。土肥原与在沪各要人于昨日开会讨论对华办法，经何等在旁策动，已决定一致不再助汪，此后并当停止其他活动，更不与其他方面接洽，完全以院座为中心，觅取和平途径，已派今井飞回东京向政府报告，闻回后专来弟处接洽。等语。如有妥实办法，拟即同来港向兄面详。再，何并云：敌军占海南岛，全系胁迫求和手段，并乞核陈院座鉴察为祷。二〇二。真午。一〇一九。

(3) 二〇二致孔令侃电 (2月15日)

盛局长转呈院长钧鉴：顷据二〇二删未电称：昨二一二报清水家谈：现在国民党要人代表在沪与板西、土肥原等正在严密会谈，关系极密切，不久国府内部或在惊人变化，较汪精卫出走尤为重大。等因。当即属二一二详查，并分头派人密探。适何亚农接清水电话约谈，遂属其探究确息。昨深夜据何报：清水密告：板西、土肥原等均到租界李择一家会张啸林及杜之代表金廷荪并张群、张公权、吴鼎昌等有代表与会，所关甚大，此后当有迅捷重要发展，因李向代表宋子文在沪联络，曾出示宋之电报，命其与日方设法联和，故诸人均极重视，拟拥宋进行和议。等情，极可注意。何又云：前两日在东京时，适吴佩孚事甚嚣尘上，王克敏恐地位摇动，派人往探影佐意旨。影佐复称：吴不成问题，惟宋出来时则渠溃退让。王因是有戒心，以是证之宋之联日决非无因，惟在敌方现正集中视线于院座时，我方忽又横生枝节，自相捣乱，实为险毒。且宋财广人多，挥霍奔走，势极众盛恐必妨我进行，大与国家前途不利。何益云：土肥原头脑纷乱，不能安静，故今井已独树一帜，昨日回东启程时又与何详谈，决离土以拥院座（我政府）为中心基础，回国与板垣、影佐会议，拟设法将土权收回，由东京自办。惟亦欲以近卫宣言为根据，希望院座速提出我方具体办法，彼即可来沪，或由何到东酌议进行。等情。并密陈乞核，陈院座察核示遵为祷。等情。谨电转陈。职。叩。

〔国民政府中央信托局档案〕

23. 汪精卫响应近卫宣言系得蒋介石默契情报

（1939年2月）

1. 二月二十二日晨，上海大民会负责人黄维刚出其寓门，即遇到四个少年问，你是姓黄？黄答我姓李，旋即逸去，至夜间方返家。二十三日晨六时，黄化装乘出租汽车逃到虹口蓝泉精家，现仍住其处，以近旬日以来恐怖案件太多，而大民会要角马木兰送其二子到虹口膣胁少佐家（膣胁在北平饭岛部队作事），又西村系大民会总本部之指导，十九日未申为"大民会上海联合支部"迁东熙华德路新址视察，闻四日人被刺伤事故不敢到租界来，上海联合支部及驻沪重要人员，均将移居东熙华德路（会址在工部局巡捕房对面）。

2. 外传汪精卫之响应近卫和平宣言，深得蒋默契全非事实，蒋以前对抗战意志曾发生动摇，如汉口未陷落前汪拟一和平宣言，呈蒋要求发表。蒋云："此宣言如果发表，必身败名裂，众叛亲离，为天下笑。"汉口既陷后，蒋乃致汪一函，请其收拾残局，□□稍带和平之意，但到重庆后，又对抗战坚定丝毫不谈和平，所以此次汪之和平阴谋未成逃走，蒋氏实未与闻。汪在河内，闻被开除党籍时，即拟将汉口失陷时蒋与伊之函件发表，嗣经周佛海等劝说而停止，又成都大学校长程天放有和汪共谋嫌疑被免职，后查明程为陈公博 所欺骗乃即复职，刻程与其沪上友人之信件中详述被骗之经过云。

3. 土肥原机关由土氏与津田、板西改组成。分三个部分，华北负责人大迫少将，华中负责人今井，香港华南负责人和知。此机关直属于大本营，又安清同盟属特务第一班指挥，大民会属宣传班指挥。

4. 南京通讯，南京城内日军不满一万人防卫却很紧张。各城门筑有炮垒及战壕，现中华门外及中山门外系新四军部队活动之地方，汤山、秣陵关、句容一带日军常有损失。该方面日军日夜均在战争状态，中央门内、许府巷及绿筠花圃一带为日军之军用汽车停车场，新式汽车数百辆停于该处，自“绥靖部”成立便在京招募绥靖队二千余名，此一般人多系扬州附近之旅京游民，现仍在招募中。燕子矶区为石有清部实行游击，石乃山东人，前在燕子矶乡间务农，为人慷慨仗义勇敢，日方甚畏惧之。现地方人民每月捐款补助，上周伪“市警厅”令警局办理石部人数枪械清册，警局向石部商量，石部踌躇不定迄今并无答复，八卦洲本为长江中心一孤岛，与七里洲连洲相接，现为董嘉珊、戈正明联络其清帮徒弟实行游击战争，我方在京附近沿江之炮台，现已被日毁拆已尽。

5. 梅思平来沪后已出版《民力周刊》，专为汪系鼓吹和平论调，现在上海各杂志有政治背景者，为《中国青年》是〇〇系力社干部份子所行，其写文章的主角为龙英木、章树钦等。《学生生活》、《团结》为共产党所办，专门鼓吹拥护蒋委员长抗战到底等政治口号。《救亡青年》是托洛斯基派所主办，专写推翻国民党，反对抗战之理论文章，与汪派不谋而同一唱一和。《冲锋》为蓝衣社之刊物，亦系主张抗战到底的刊物，与共产党相同论调。

6. 第三战区司令长官部刻又划分游击区域。京沪路、镇江以西地段为新四军活动区域。沪杭路及浙省境内，为青年铁血军及十集团军刘建绪部游击区域。京沪路及其自内包括上海近郊为忠义救国军游击区。又政治方面，尽可能委军事长官为地方官（指县长），大多以参谋及政训人员为主干。关于党务，照中央令，常务委员制增设主任委员，并添设下乡服务人员云。

7. 大场镇前任维持会会长张阿旭，于二月二十一日被日方捕去，查明乃系串通游击队，于二十四日被日方枪决。又大场镇南廿八图地方于二十日夜自卫团与日警备队黑夜误会冲突，死自卫团员一人，伤三人，日兵无死伤。大场镇现任维持会会长盛某曾一度被日方拘留，已于二月二十二日下午释去。

8. 前报真茹无线电台新到之日兵已于二月二十二日上半夜向西开走，据闻乃填防昆山、青浦、高境庙。兵房内有马队二百余，乃步兵第八十九师团之用石中队。

〔中央信托局档案〕

24. 高宗武携带汪精卫"和平"重要提案赴日活动情报

(1939年2月)

(1) 沪西曹家渡一带发现之"青年铁血锄奸团"，上海各报所载：时常在极司非而路康家桥附近捣毁赌窝情形，完全与事实不敷，此等组织都系日方特务机关收买流氓和一部分退伍警察所做之"恶作剧"。二月二十二日大美晚报标题袭击警备车等事，全系日方所为。因沪战我军撤退后，前市公安局之警察亦被解散，一部分已流向伪组织仍当警察，一部分则优闲散会事成为流氓，日方为破坏爱国团体，独占租界权益即行收买此等流氓份子与闲散警察约五十余人组成便衣部队，混用"青年铁血锄奸团"之名，即制造事实藉口向租界方面进攻，使工部局方面对爱国团体施行高压手段，日方即趁机攫夺租界之权益。此等手段本系日方一贯伎俩，特别利用英法之怯懦心情而再排演，其卑鄙已达极点。现闻英当局已对日方所提之条件大部接受，显然又被日方狡计所笼络。

(2) 刺伪外交部长陈箓者确为我特务队第四组所为，其技术非常高妙，时在废历正月初一日下午七时大雨淋漓，陈寓有廿五名之保标，寓所有三大铁栅，先以四名最精干之射击手冲进铁栅，将十二名保标全行缴械看守于一处，小警亭中二人即闯进客厅把陈篆击死客厅中，卅余宾朋均呆然观望，及事情完毕，从容退出之际，陈寓楼上之保标始开枪扫射，但毫无损伤，由进陈寓至退出共五分钟。负责者为一脱离共党之特务员陈某，系北平中国大学生。

（3）在沪战前江湾翔殷路立达学园中小学校长陶载良，本即○○之干部直属于潘公展。以战事发生即加入别动队。沪战退却，其高中部移于静安寺路、卡德路口四明银行三楼，初中小学则移设新闸路。在去年上半年，陶氏即负苏浙行动委员会情报员、特务员等工作，现在奚培文、吴杰等来沪筹备三民主义青年团上海分团，陶氏即大肆活动为青年团上海分团支队长。上周会，该校学生填入团志愿书，该书上印有四项信条：（一）拥护最高领袖；（二）反共；（三）实行三民主义；（四）对日抗战到底。学生见此志愿书即向陶氏质问："为什么反共？蒋委员长都和周恩来、朱德等来往，我们为什么反共？"陶答以，"你们学生年纪轻不懂国家大事"，学生继问"红军已早改编抗日的第八路军秦博古、王明等共党干部分子都为参政员，我们反共岂不违反抗战建国纲领与蒋委员长意志"？陶氏无所答。最后给学生说，"你们里面有赤化分子"，学生闻此言即纷纷退还志愿书，而不加入三民主义青年团。事后陶氏以在学生群中碰壁有失体面，即于二月十九日拉拢十数位学生在虞洽卿路口南京路之晋隆饭店吃大餐，并对学生说加入青年团每月有六元津贴等，于是只有八位学生为吃大餐赚钱起见，而填具志愿书加入青年团。

（4）戴笠为整顿忠义救国军起见，曾下令各队派代表二人赴香港开会，各支队代表于一月二十四日在沪齐集，廿六日抵港，戴氏派员先行个别谈话后，即假华侨巨子周某之香港大厦聚餐三次，并训话，席中大发皮气，指斥忠义救国军之游而不击，虐害人民等情，最后令各代表携其亲笔信致各支队司令。众代表二十四人于二月十八日始行抵沪，以度历年节，尚未返防。闻戴氏最厉害话句“如果你们再不整顿，你们都去当汉奸，我即下令解决你们”。又忠义救国军现在按照一人一枪重行编配发饷，有名无实冒充浮领者则即取缔。又该军第一支队已开至溧阳，第二支队已到武进，将来即在江阴、常熟、无锡之乡村中建立根据地，其总指挥亦置于该处，总指挥俞作柏因年迈力衰、精神不逮，以副指挥杨焕负责在前方处理指挥一切。又上海方面，该军负责者仍为何天风，何氏亦赴香港晤戴笠，于二月二十四上午十时始返沪。该军第九支队陈荫祖、第八支队丁锡山、第四支队于陶生等直辖何氏云。

(5) 第九支队陈荫祖部现驻于青浦、练塘镇，其第一大队长夏云飞已甘心降敌，在程万军部为伪支队司令。第二大队现被陈耀宗收缴。第三大队编为松青自卫队在练塘实行抽税勒捐。第四大队在高徐乡间只百余人，“按陈耀宗为四十五旅旅长，张鸾吉为团长，张率部奉令调赴后方整编，陈即暗兵不动，刻在芦墟、黎里一带，实行土匪生活”，其缴陈第九支队第二大队时，陈荫祖信其为可靠之正规军，派去第二大队接防而被陈耀宗解决云。

(6) 大民会在上海附近之引翔区先行试办“爱护村”，俟稍有成效，即扩充至江、浙两省。“爱护村”制度，在胶济路实行已久，因胶济路沿线人民对游而不击、抗日不干、扰民有余之土匪部队其痛苦已深，盼望中央军既不来，而八路军又未到。日方即窥此弱点实行“爱护村”办法，其口号“一人爱护铁路万民享福”。沿胶济路各村庄，日方即令其每村每夜派三十人就地看护铁路，如遇土匪通过或破坏即点燃火把，仿古时之烽火，顷刻传至车站上，日军即乘装甲车出击。而所谓土匪式之游击队，即行退却，铁路可保无虞。

(7) 上海日特务机关消息：(一) 最近该机关对上海各报，如申报、新闻报、文化报等言论，认为无须多加压力，因几个月来各报并无激烈抗日文章发表；（二）该机关中人对上海租界恐怖事件表示并无办法，尤感头痛，令后日伪人员在租界内之工作颇难着手云。

（8）高宗武于一月三十日离港去河内见汪精卫，二月九日回港带有汪精卫所审定呈交日政府之重要提案一份。其内容大概如下：a.“日本方面对华和平运动必需拉拢蒋介石”之方针，汪系自必赞同而促其实现；b. 日政府所曾决定对华北临时政府、华中维新政府以及拉拢吴佩孚等之继续维持与推进，汪系并不反对，但由汪系在野期间组织新政党；c. 将来由汪及汪系组织统一政府，汪精卫可允出场负责，关于此项附有条件数项（该条件刻尚不明）。二月十七日高宗武偕同日人西义显携带该项提案，乘香港、长崎间直达日轮（现应当抵达了）去东京向日政府接洽。闻高尚带有附带要求二项：（一）希望日方发动新的进攻，直捣西安、宜昌以及贵州，又其最主要者以为“西南方面龙云有发生叛变可能”，日方应特别注意，“如促使西南叛变”，如果云南发生变动，广东、广西的军政机构必然动摇，目前贵州方面中央军力甚雄厚，汪系方面颇希望日方能施以有效的打击，使其力量薄弱，然后龙云始能响应和平运动；（二）汪系拟成立新政党，其机关将设于上海（该新政党与全民党关系密切），现已规定由七人负责组织，此七人为陈公博、周佛海、高宗武、梅思平、傅式悦、陶希圣、曾仲鸣，高宗武此行带有随员二人均姓周（名不祥）（系前外交部情报课长），为北平大学教授。

（9）汪系和平运动消息。（一）日政府与汪系之联络办法极为慎密，日方人员与汪系人员并不能随便会见，交涉事宜均由日方代表西义显及汪系代表高宗武办理；（二）傅式悦行踪，于二月十五日前后搭轮离港，现在上海，同来者有暨大教授赵正平，闻赵正平不日将去华北。（三）日方供给汪系经费由土肥原机关人员市田中佐负责支给，二月三日曾一次付给一百万元（按市田刻为大本营参谋，八一三罗店战役市田任某联队参谋，该联队长为和知，现与今井同地位同职位）。

（10）杜月笙将来沪，据云；杜与日方有关系，与汪系有密切关系，此行负有特种任务（现尚不明），另说是为来保护汪系，使汪系将来可在沪安全活动。

（11）据云：日军对武汉附近以及南昌，现有积极准备（具体情况不详），最近日军部曾通知新闻界，令组织三个随军新闻班，准备随军出发（按新闻班为前所未有的组织）。

（12）虹口方面。旧历年元旦前后，虹口日军特别戒严，往来华人都受检查，闻其原因为日军获得情报，华方曾有计划以仟五百元赏金，使人破坏飞机场及纱厂云。

（13）无锡方面。旧历元旦前，驻锡日军及工作人员举行武装示威，据日人表示无锡游击队实力甚强，日军颇感头痛云。

（14）去年十二月底（阳历），重庆教育部陈立夫派遣周宪文（暨大教授）来沪，曾与日方经济研究所长山崎清纯在租界会见，周曾表示对日方态度有所怀疑，因从事和平运动及与日人会见接洽事务之华人自身安全颇守秘密，但重庆方面终能探悉露布，此项秘密或由日方泄露之例，如前陈立夫得蒋介石同意在南京设有艺文书院，由周负责。此中系专门研究防共问题。南京失陷后，该院迁移重庆，后来拟在上海设立一分院，经周与山崎商妥，由中日双方合办，由日方供给经费，表面上一切都是中国人办的，内中专门研究东亚协同体以及防共问题，但此事为重庆方面所露布，蒋委员长因此下令，禁止在上海设立该分院，亦因此对于陈立夫等今后活动极为不利云。

（15）二月廿三日上午八时，颜惠庆乘意邮船赴港，任务不明，送行者男女十余人。

（16）据闻第三战区县长专员于本月（二月）十日，在□溪开会通过一重要议案，即请示上峰派正规军来后方扫荡各地无名又及有名又而纪律不佳之游击队。

（17）据闻江北、通海、崇启一带专员张翼，系以前共党方面叛变份子孔荷宠之政治员，随孔叛变共党者，故对稍有色彩之部队，即加以无情的打击，现孔荷宠亦在顾祝同总司令部内任参议之职云。

〔中央信托局档案〕

25. 上海大陆报载称英国出任“调停”中日战事动机消息

（1939年3月18日）

重庆院长钧鉴：密。大陆报七日载称：英国现拟调停中日战事。盖英国向来态度，但知保护其在远东利益，甚至有谓：英国与日本有默契在中国各自划定其势力范围者，惟因日本之反英政策以及战事对英国利益之毁损以后，英国亦有不得不出而调停之意。惟英国将以何种条件为谈判基据乎？任何以调停自任者，皆须注意惟在光荣之和平条件下，中国始能接受。等语。谨闻。职〇叩。巧申。化。

〔国民政府中央信托局档案〕

26. 许性初关于汪精卫发表“举一个例”一文声称妥协投降乃国民党最高当局共同主张电

（1939年4月1日）

重庆主任钧鉴：〇密。本日南华日报载有汪精卫亲笔签名一文，题为《举一个例》。大意申述艳电，主张和平，但主和并非一人之主张，乃最高机关共同主张，且举一例以为证据，详录国防最高会议第五十四次常务委员会议（内载出席者姓名院长亦在列）徐次长谟报告德大使陶德曼调停经过全文，并谓此外证据尚多，为国家利害计，有严守秘密之必要。德使调停已成过去，不妨举出作例，于此发生三个拟问：（一）德使所说与近卫声明相比较，德使所说可以为和平谈判之基础，何以近卫声明不可以为谈判之基础？（二）德使调停时南京尚未陷落，已经认为和平谈判可以进行，何以近卫声明时南京、济南、徐州、开封、安庆、九江、广州、武汉均已陷落，长沙已自烧光，和平谈判及不可以进行？（三）德使调停时，国防最高会议诸人无论在京在汉主张均已相同，何以近卫声明时又会主张不同？末谓：当二月中旬重庆派中委某君给我护照，俾我出国，我托他转致几句话：（一）只要主张得蒙采纳，个人不成问题；（二）闻国府正在努力促成国际调停，这是可以的，但至少须与直接交涉同时并行，如此则我以在野之身从旁协助，亦不为无补；（三）如果国府始终不下决心，任这局面僵下去，我虽离国也会回来。最后谓：此文发表后说不定我会继曾仲鸣而死，我死后我的主张终有一日为全国人民乃至中日两国人民所采纳，则我可无憾。等语。除原文另剪函陈外，谨闻。性初叩。东亥。化。

〔国民政府中央信托局档案〕

27. 许性初关于报载英大使寇尔赴渝与蒋介石举行协议电

（1939年4月21日）

重庆主任钧鉴：○密。沪汉奸主办之新申报载：（一）寇尔大使赴渝与蒋举行重要协议，闻将以上海会谈结果为基础，据闻英两大使在沪会谈内容已于六日电英政府，英政府于七日有训令到沪。其内容对蒋政权此后态度之推移，决采静观态度，但对蒋政权之援助仍暂继续。如探明蒋政权对抗战前途有悲观时，英政府拟着手与日方折冲云。（二）最近党府领袖对于和平曾加以深刻考虑，此时寇尔赴渝恐系政局紧迫所波及英国远东政府之反响，党政府今后之动向似有某种转变，内部主战派与和平派之对立愈形激化。等语。谨闻。牲初叩。马。甲化。

〔国民政府中央信托局档案〕

28. 陈志汉关于陈立夫勾结汪精卫投敌主和内幕报告

（1939年4月24日）

请中央速即严拿汪陈诸逆绳以国法并清除党国中通敌主和之一切汉奸

我国对日抗战已到二十有二个月，沦陷区域波及十余省，牺牲生命多至数百万，损失财产更不可以数计。但是民气愈激愈愤，军事越打越强，外交上更获英美法俄各国之切实援助。我全国民众则在最高领袖蒋委员长领导之下，团结一致不惜任何牺牲，争取最后胜利，对于敌人速战速决的策略早已粉碎无遗，已使敌寇气馁暴露其总崩溃之局势。敌人自知征服中国之不易，乃改用分化政策以谋“速和速结”，利用巨量金钱收买我国负有声望之要人以为号召。然稍知自爱者，莫不同仇敌忾，不甘敌人利用，以为民族之大罪人。不料素有革命历史之汪精卫及同谋走狗陈立夫，竟利令智昏暗通敌寇主张和议，一再密派高宗武、周佛海、梅思平赴日接洽亡国条件，订定密约，由汪出面主和，陈则居间策应，总其所为不达亡国目的不止，实罪大而恶极，国法所不容。望中央当局干刚立断，速即严拿汪、陈诸逆绳以国法，并清除党国中通敌主和之一切汉奸，以救民族危亡。幸甚！幸甚！至汪、陈诸逆通敌事实，汉曾入幕知之甚深特揭举如下：

缘汪精卫之为人具领袖欲而不甘人下，早已自立门户，分庭抗礼，不洽于蒋委员长之抗战主张，时思蠢动。陈立夫兄弟假名党国自植羽翼，领导党务逾十载，消耗特别费壹万万元以上（陈氏在党部中经手不公开用途之特别费，每月百数十万元，以十年计算共壹万万元以上）。当沪战初起，时昆沪苏锡一带，党政全废，汉奸蜂起，叠受军事当局责斥自惭形愧，南京失陷后，思有以弥缝之。乃约同党羽签署和议意见，提请蒋委员长采纳未蒙许可，旋被中央撤去组织部长要职。更觉惭愧。乃厚脸攫长教育部，以学识无多（年前陈以中央党部资格赴平津，北平各大学以无资格学识拒绝讲演），不安于位，思结外援以自重，遂多方结纳汪精卫，随时挑拨蒋汪之意见，进而与汪密商和敌之计。盖陈以名望不足，汪以私党无多，遂互相利用狼狈为奸。会敌人“速战速决”之计不行，改用分化政策，以谋“速和速结”，去年七月，汪陈密商之下，遂派外交部亚洲司长高宗武赴沪与日本特别使节谷正之接洽投降条件，旋高与谷同至东京谒近卫商谈。当时汪陈要求仍用国民党名义青天白日旗帜，由汪、陈分任伪中央政府及党部要职加入“反共协定”，承认伪“满洲国”，共同开发中国富源，并在内蒙及八路军活动区域，由伊等请求日本留驻军队协同讨伐，其余区域日军应予撤退。“暂不反蒋”，任蒋委员长退至云、贵、川各省，一俟汪、陈所组织之伪中央政府成立后，如蒋委员长不就范，再由伊等下令讨伐，请日本出兵协助。当时近卫对“暂不反蒋”，一层断然拒绝，于是高宗武返沪至汉后，汪、陈即从事布置反蒋运动，并约定由陈居间策应，暂时不出头面。未几中央得知高宗武赴日求和事，拟撤其职而查办之。汪、陈即利用本身职权为之弥缝，于是国府命令发表，居然称高宗武“辞职照准”。十月十二日敌军在广州登陆及广州失陷，时汪氏两度发表和平谈话，乃为有计划之配合。武汉沦陷后，汪、陈更积极布置投降，且拟利用前线紧张将领不能返渝之际，于十二月半间召开五中全会，指使爪牙（汪之利用陈者此也）包围蒋委员长接受和议条件，蒋以总裁资格拒绝召开会议，汪、陈之计不售。于是汪乃公然出走河内响应近卫亡华毒计，留陈伏处中枢居间策应，其时中外各报盛传陈亦离渝者盖此也。本年一月汪、陈与日勾结更为积极，初敌以一千万元收买汪、陈，欲用政治手腕达到速和速结目的。因蒋委员长洞悉其奸严词拒绝，汪、陈等乃再派高宗武、梅思平赴沪与敌特务使谷正之再三接洽，增加收买费为七千万元，且已领过半数计三千余万元也。现伊等利用其巨量金钱，一面收买有关军队及招抚游击区内土匪建立军事势力，一面收买党政、教育、文化界及开办报馆（在港有南华日报；在沪正筹办民力日报），建立民众势力，并派萧某（陈派中委之一）、陈某（汪派要员）分赴海外联络华侨大肆活动，盖文武兼施双管齐下政策也。查汪精卫、陈立夫党羽现分布渝、越、港、沪公开或秘密活动者，计有周佛海（陈果夫主苏时任教育厅长兼中央宣传部部长，为陈氏老走狗）、高宗武（外交部亚洲司长，为汪氏老走狗）、梅思平、褚民谊、陶希圣、林伯生、陈公博、陈璧君、李尚武、胡兰成、古诗今、李圣五暨沈某、萧某、陈某、曹某诸人，或奔走敌国商订密约，或伏处中枢居间策应，或办报馆鼓吹宣传，或联络党羽侦查消息，计大小喽啰不下数百人，积其所为无一不是覆灭中华民族之行为。上月汪在河内开干部会议（曾仲鸣被刺时），到党羽甚多，萧某（陈之另一走狗）代表陈氏不远千里，由重庆赶到参加。二月初旬，周佛海（陈之私党）奉命赴沪向日请求轰炸南昌、襄阳、沙市、长沙、西安、韶关、贵阳、桂林、梧州、重庆、常德十一处都市，并领取经费壹千万元以收买军队改编“反共”同盟军，贵阳、桂林、万县、西安、长沙等处所以惨遭轰炸者即出于汪、陈之建议也。二月十七日，高宗武又奉命赴日接洽订定汪陈平沼秘密协定（见重庆大公报及各报）。现汪已赴沪寓日本海军司令部，陈之代表周佛海，亦赴沪寓礼查饭店，行将有更进一步的降敌宣言发表。闻其内容主张：a. 国事由汪、陈主持；b. 与日停战直接议和，不请英、法、德、意等国调停；c. 承认南京及北平伪地方政权，再协议建立伪中央政府；d. 蒋下野，党交汪、政交陈、军交〇〇；e. 与日订防共协定及经济协定等等，其卖国求荣莫此为甚。望中央当局速即严拿汪、陈绳以国法，并清除党国中通敌、通汪、通陈大小汉奸走狗，以救民族之危亡。幸甚！幸甚！

报告者　陈志汉

曾参入幕者

四月廿四日于河内

〔国民政府军令部战史会档案〕

29. 孔令侃摘呈周佛海发表《回忆与前瞻》一文和对战局看法并非反蒋行为等情电

（1939年7月1日）

重庆。盛局长转呈院长均鉴：〇密。周佛海在港南华日报及沪中华日报发表《回忆与前瞻》一文，业经电陈全文。兹再将原文大意摘要电陈：（一）周自称不是亲日派，这次行动不是受日人指使。十几年来承蒋先生提携栽成才有今日。过去蒋先生没有对我不起的地方，一旦离渝，丝毫没有反对蒋先生的意思。因主张不同，不能不处于对立地位，万分难受，牺牲私谊，以努力主张的实现和贯彻。（二）战前庐山会议后，当时有三种观察：（1）是战必大败，和必大乱；（2）是和必大乱，战未必大败；（3）是战必大败和未必大乱。我认为第三种看法是对的，相信即使英、法、苏同盟成功，美国中立法修正，要靠这两事实以完成中国的胜利是不可能的。如果战事延长下去，日本感着痒的时候，中国已感觉痛了；日本痛的时候，中国已会因痛而死了。（三）汪的主张与我们一致。汪的艳电和近卫声明，便是中日议和的根本原则。不割地、不赔款、不驻兵，这能说是亡国条件吗？为什么当日可以接受德使和解，现在却反对进行交涉？抗战到现在还能得到这样条件，平心静气，可以满足，相信将来开始正式谈判时，日本决不致于近卫声明各点之外再提出其他要求。（四）从各方面观察，十分之九赞成和平，但多是怀疑日人的诚意。此点，日人应自反省。如日兵打中国人的耳光，宣抚班长骂县长等事，如果不切实纠正，就是我们也要回到重庆去抗战，但我深信日本现在的当局和有识人士，是有诚意的。（五）结论：第一、和平条件不是亡国条件；第二、条件成立和履行，有相当保障；第三、日本当局和有识人士是有诚意的。同胞不要为共产劫持，不要为重庆威胁，不要为舆论所蒙蔽，一致奋起，参加和平运动等语。谨闻。职令。叩。东辰。化港。

回忆与前瞻（一）

自从去年十二月五号离开重庆，十九号离开昆明以后，一直到现在，没有公开的发表过言论。因为我的沉默所以引出了许多的揣测。有人以为这是汪先生和蒋先生演的双簧，否则，我不会离开重庆。有人以为是蒋先生派我出来，暗中监视汪先生的行动。但是无论如何揣测，据我所知道的，除掉共产党徒及恶意者以外，我的朋友和一般公平的观察者，对于下述两点意见是一致的：第一、以为我向来不是亲日派，向来和日本人没有往来，所以这次是行动，决不是受日本人的勾引。这种观察是对的。我虽然在日本读了七年书，但是没有一个日本朋友，平日只知道上讲堂，讲图书馆，绝对没有和日本同学交际过。回国以后，除掉两个朋友的太太是日本人，有时和他们见面以外，十六年之间，没有见过一个日本人。所以像我这样的日本留学生，实在是很希奇的。因此，说我向来和日本没有勾搭，这次不是受日本人的勾引，完全是对的。第二、以为我这次出来不是为的个人问题，一定另有一种见解和主张。这也是对的。我在中央不能算是失意，不能算是没有地位，一个毫无凭借的穷学生挣扎到当时的地位，不是一件容易的事。把十几年辛辛苦苦所获得的政治和社会的地位，轻轻的丢掉，去寻求一种渺茫空虚丝毫没有把握的个人权利和地位，世界上没有这样的蠢材。听说重庆有一部分朋友说我胆小怕死，所以逃出来。这尤其是笑话。像我这样地位的人，老实话，无论在何处，都是有很坚固的地下室可以躲避的。日本飞机，决不能轻容易炸到。而且空袭的时候，已有"空袭警报"叫我们从容的准备。不像现在，时时刻刻在共产党徒□□□□□□□□（八字被检）暗算之中，又没有"暗杀警报"叫我事前准备。所以现在所受恐怖分子的生命的威胁，比以前所受日本飞机的威胁要大得多。为着要命，为着怕死，反走上恐怖更多，危险更大的路，世界上也没有这样的蠢材。至于说到名誉，更不消说了。在共产党徒□□□□□□□□报纸杂志上，当然用不着汉奸、卖国通敌的种种罪名，尽量的加以毒骂和恶咒。所以这次举动，乃是牺牲地位，牺牲名誉，牺牲一切友谊和私情，牺牲一切历史和成绩，甚至牺牲性命的非常的举动。为着个人的问题，而要这样牺牲，世界上更没有这样的蠢材。

既然不是为的个人，也不是受着日本人的勾引。那么，为甚么要出来，为甚么要有这次的行动呢？这话说来很长，只好简单的说说。不过在百忙之中想到甚么，就写甚么，不能做系统的叙述和说明。

这次的中日战争，真是冤枉极了。因为是阴错阳差的打起来，就不能不糊里糊涂的打下去。在芦沟桥事变初起的时候，两国的当局何尝没有就地解决的意思，何尝不采取不扩大的方针。但是虽然都有不扩大之心而都处于不得不扩大的势。在日本方面当时在华的军人是气焰万丈的，他们以为中国仍旧是可以不战而屈的，仍旧是可以威胁成功的，所以尽管东京方面声明不扩大方针，而平津方面，则尽量采取扩大的行动。但是无论如何，就是当时的当地军人也没有把当时局部冲突演成现在这样全面战争的意思。在中国方面，当时的现象，更是可以痛心，朝野上下的调子，没有不高唱入云的。但是调子唱得很高的人，除着头脑极简单的糊涂虫以外，没有不明白继续打下去，中国决不能侥幸成功的道理。这些道理共产党、桂系及当时不满意中央的人没有不知道的，蒋先生尤其比任何人要清楚。大家都知道这战争不能扩大，不应继续，而偏偏都高唱持久的全面战争，这种悲惨的矛盾，决不是将来的历史家所能了解的。共产党、桂系以及一切失意份子，都很明白知□□□□□□□□□□□。□□□□□□□，所以高调持久的全面战争。蒋先生是绝顶聪敏的。这种把戏，那里瞒得过他，所以他们的调子唱得高，他的调子唱得更高，在他的意思以为他的调子一唱，一方面可以压服反对的人，□□□□□□□□□□□，同时对日本也表示自己的决心，使日本知道这次不是可以威胁成功，而促成日本的反省，以提早事件的解决。他的用心实在很苦，不过他这种用心和办法，不仅不容易获得他预期的结果，反足以作茧自缚，逼迫他走上他不愿意走的路，我在庐山谈话会的席上听见他发表关于芦沟桥事件的意见以后，立即就发生这种感想，当时我就对朋友说，弄假可以成真，玩火适足烧身，前途是未可乐观的。□□□□□□□□□□□，□□□□□□□□。□□□□□□□□□□□□□□□，□□□□□□□□。□□□□□□，□□□□□□□□□□。同时，蒋先生本想以高调威胁日本，而日本当时在华的军人，也不肯在蒋先生高调之下示弱。于是这边调子越高、那边态度越强。但是调子高是假的，态度强也是假的，无论调子如何高，态度如何强，当时都没有从事全面长期的战争的决心和准备。不过一方面没有想到高的调子虽然是假的，将来如何可以变低，别方面也没有想到强硬的态度虽然是假的，将来如何可以化软。于是两方面在假的空气之下，竟演成真的空前的惨剧，使共产党和俄国在旁鼓掌称快。我想中日两国的有识之士，应该抱头痛哭，彻底的忏悔和觉悟。我当时的意见以为在北方，我们决不能再和“九一八”一样的毫无抵抗，因为在北方如果不坚强的抵抗，既不能表示我国的决心和实力，就不能戢当时一部日本军人的气焰。我们要以实力表示我们是不可以不战而屈，我们要以实力使日本知难而退。但是我们要坚持一种政策，就是我们是为结束战争而抗战，不要为扩大战争而抗战，所以我们的抗战，只应限于北方，不应在北方以外的地方，自行挑战。自从庐山谈话会回到南京以后，就和许多朋友，研究如何在适当情形之下，可以结束北方的抗战，恢复和平的关系。当时有三个观察，一是战必大败，和必大乱，二是和必大乱，战未必大败，三是战必大败，和未必大乱。我研究的结果。竟得第三种看法是对的。为什么战必大败，只要是稍有常识，而不绝顶糊涂、稍为理性，而不纯粹感情用事的人，没有不明白的，用不着多说。主张最后胜利的人，也明知道中国的人的要素物的要素、组织的要素没有一件能和日本比拟。但是他们总觉得国际形势是会变化的，日本内部是会崩溃的。于是把整个民族的生死存亡，比天还大的问题，寄托在这两个镜花水月的幻想之中，他们强调只要继续抗战半年，俄国一定实际参战，英美一定对日制裁，日本财政一定崩溃。这些主张，我们且暂缓以理论来反驳，只要先看看过去的事实，就可以证明其荒谬。半年、一年、一年半，到现在两年了。国际的形势，变化到足以使我们得到最后胜利的程度没有？俄国参战了没有？英美对日制裁了没有？日本内部崩溃了没有？尽管国联接二连三的决议给中国以道德的同情，个别的援助，研究这些同情和援助，能不能使中国得到最后的胜利？对于俄国参战的迷梦，到现在也应该醒了。去年张鼓峰事件的时候，一般人如疯如狂的欢欣鼓舞，以为日俄大战一定爆发，我当时和一位朋友相赌，如果这次事件扩大，可以砍去我的头。侥幸史达林同志，和我要好，替我把头保住。现在满蒙边境的冲突一定又有许多人在那里怀着很大的期待。假使我又以头来相赌，我相信史达林同志仍旧还要和我要好，仍旧会替我保持的。至于俄国若断若续，拿来换我们的茶叶和钨等物的一点点飞机大炮，那何异医生打给气息奄奄的病人的盐水针。要靠这点东西去获得最后的胜利，岂不是痴人说梦。至于英美的对日制裁，这两年尤其表现得明白。唯一的结果，只要美国的政府劝告飞机商人不要卖货与日德意一类的国家。仅只这一点结果，能够帮忙中国打退日本吗？现在重庆方面，对于英法苏的同盟，美国中立法的修正，以及英法新加坡的会议，一定抱着很大的期待和兴奋，以为这样一来，国际形势一定可变化，抗战的胜利，一定可以达到，在那里自言自语的自己安慰。我相信即使英法苏同盟成功，美国中立法达正，要靠这两事实所引起的变化来完成中国的胜利，是绝对不可能的，何况这两件事的本身，还是前途辽远，难关重重呢。至于新加坡的会议，其性质全是守势的，那自然没有什么影响及中国了。总而言之，无论那个国家，各有各的利害，各有各的环境，不顾自己的环境和利害，单因为同情而替别的国家和另一国家打仗，只有我们中国，才做这种蠢事。路见不平，拔刀相助，在个人与个人之间，还不多见，怎能希望本国家与国家之间呢。或则有人以为日本要实行东亚门罗主义，破坏门户开放政策，所以英美为着自己的利益，一定会和日本打仗。这话可从两方面观察。第一，日本是不是要在中国排除第三国的权益。我以为日本的外交政策，决不致这样愚笨，最近会着日本朝野人士，更证明我的观察不错。小的磨擦，当然难免，根本要排除英美势力，日本现在确实没有这样打算。第二即使日本要这样做，英美也不会因为在华的权益和日本打仗，至多也不过经济制裁。而经济制裁是否能置日本于死地，又是很大的疑问。所以想从国际形势的变化中，去寻中国的最后胜利，不是空中楼阁是什么？至于日本是否崩溃，我现在不愿多说，以免为日本辩护，替日本宣传的嫌疑。但当时我就说过，如果战事延长下去，日本当然是要愈益困难的。但是日本感觉着痒的时候，中国已感觉着痛了，等到日本感觉着痛的时候，中国已会因痛而死了。这不是长他人之志气，减自己之威风，只要冷静的剖析一下客观事实，就可明了。所以日本也许崩溃，但是中国崩溃在前。因此，想日本崩溃之中，寻求中国的最后胜利，也何尝不是空中楼阁。以上所述的事实，虽然是事后回溯，也许说我是“事后有先见之明”，但是在当时确早已料到要从国际形势的变化和日本内部的崩溃之中，去求中国的最后胜利，是断没有希望的。只要是稍有民族思想和爱国精神的人，谁愿做 败北主义者，但是铁一般的事实，决不容我们的空想。□□，□□□□□□□□。

回忆与前瞻（二）

然而战必大败，和却未必大乱，当然，当时一现在仍旧如此一共产党，桂系和其他失意无聊的份子。都以抗日□□□□□□□，拿着抗日的题目，去逼迫蒋先生。但是如果蒋先生在适当的时候毅然主张和议，政府的力量，实在足以控制全国而有余，实在足以压服各种反对势力，使不致于大乱，不单是当时，就是现在，如果重庆方面一旦觉悟，停战议和，虽然共产党会拼命的反对和捣乱，但是决不致使政府动摇，决不致使天下大乱。这种理论和事实，只要是稍为明白各种情况，稍为有点常识的人，一定可以明了，此地不必多说。因此，在两年以前，我就断定和未必大乱。

在战必大败，和未必大乱的坚确的认识之下，我和几位朋友，就一面设法约人直接间接向蒋先生进言，一面设法传布我们的主张。汪先生的主张，是完全和我们一致的。在南京未陷落以前，汪先生为此事写给蒋先生的信，在十封以上，当面也谈过多次。所以我们当时就无形中以汪先生为中心，酝酿和平运动。凑巧主张相同的几位朋友，有些住在我家里，有些每日必来。于是空气渐渐传出，渐渐的引起了外面的注意了。但是我们毫不顾忌，而且把我们这个小小的团体。叫做“低调俱乐部”。有天在富贵山大地下室里面办公，熊天翼约我到一个秘密的房间，很严重对我说道，你要小心，不宜乱说话，□□□□□□□，□□□□□□□□□□□□。我谢谢天翼的好意，对他说，中国人只知自爱，是不知爱国。如果我们认为于国有利的主张，为甚么这样爱惜羽毛，藏在心中而不说出呢。

在当时我们当然知道立即停止战斗行为，不仅是不可能，而且是不应该。我们主张一面猛烈的抗战，一面不能断绝外交的线索。这种线索不仅不应断绝，而且应该渐渐的加强，以便于适当时期，接洽停战。同时，我们主张在坚强的军事抵抗之外，不宜从别的方面，再给日本以刺激，再授日本以口实，使们们作为扩大战争的理由。不幸我们所不愿意的现象，继续不断的发生了，中俄互不侵犯协定成立了，□□□□□□□□□□□。前者给日本以刺激，后者授日本以口实，是毫无疑义的。当中俄协定公布后的两三天，□□□□□□□□□□□□□，□□□□□□。□□□□□□，□□□□□□，□□□□□□□。□□□□□□□，□□□□□□□□□□。□□□□□□，□□□□□□□□□□□，□□□□□□□□。□□□□。□□□□□□□□，□□，终于发表了。于是我深刻的认识了抗日势必联俄，联俄必须容共的命运。因此更痛切的感觉，内有惟恐天下不乱的共党，外有图收渔人之利的苏联，战事一定扩大，一定延长，而使中日双方两败俱伤，而为他们的牺牲了。罗斯福忽然在芝加哥发表了演说。这种空炮在我们看起来，不仅于中国没有好处，而且还有不利的结果。因为一方面足以增加中国无知之徒的虚骄之气，一方面更给共产党及高调主义者以口实，同时实际的援助，却丝毫没有得着。所以结果适足以扩大中日的战争，而使之继续。因此罗斯福先生的用意，虽然和斯大林同志的不同，但其结果却是一样，但是召集九国公约国会议的消息，忽然的传播出来了，这却给我们低调俱乐部的同志以莫大的兴奋。我们的根本见解本来主张中日的关系，应由中日直接交涉来调整。九一八事变的根本错误，便在不直接交涉而委诸国联，否则事态决不致恶化到现在这个程度。所以这次事件，如果由九国会议来解决，无论日本不肯参加，就是参加，也一定得不到一个根本解决办法。但是慰情聊胜于无，也许比京会议能开一个和平之门，为中日两国造成直接交涉的机会和环境。同时我们以为美国一定和日本事前有相当的接洽和谅解，决不致冒冒失失的随便召集，因此，我们对于这个会，抱着相当的热情和期待。万想不到冒失的国家不单是中国，美国并未和日本有相当的接洽，更没有相当的谅解，也没有想到如果日本不参加，美国的面子怎样过得去，会议怎样能下台。于是比京会议，就此无疾而终了。

金山卫登陆了，前线崩溃了，中央议决撤退南京了。我于十一月十九日晚奉命离京。二十日一早，于凄风苦雨，愁云惨雾之中，驱车到陵园，向陵墓遥拜告辞，再绕市街一周，含泪上船。所谓仓皇辞庙的悲惨情形，不图亲身经历，也算是千载一时的机会了。离京后一直回到长沙。父老相告，“伤兵遍地，无恶不作，将来日本军队还没有来，我们恐怕在伤兵溃勇散匪的蹂躏之下，早已死无噍类了”。父老的言犹在耳，几个月之后，真的日本兵未来到，而长沙已烧得精光了。

正在坐困愁城的时候，汉口忽然来了一个电报，说是和局有望，要我立即到汉口。这却使我莫明其妙了。南京危在旦夕的时候，怎样会和！难道日本当局真和俾斯马克一样，屯兵城下，来和我们讲和吗！当晚打长途电话去问，才知道是陶德曼的调解。这中间的详情，请读者看汪先生的《举一个例》的论文。当时便立即拥挤上几无隙地的火车，到了汉口，但是不到几天，调解失败了，南京陷落了，各线都崩溃了。那个时候的情形，现在实不忍回忆。

陶德曼第二次调解又来了。我们一般低调的同志，当然也相当的兴奋，但是却没有怀着多大的期待。后来居然失败了。接着日本政府就发表一月十六日的声明。于是和平机运完全中断了。

我们觉得世无不和之战，英法若断若续的打了一百年，结果还是个和。要说不和而结束的战争，历史上当然也很多，最近的阿比西尼亚，就是一个例。我们当然不愿学阿比西尼亚，那么当然最后还是要讲和了。即使中国能够最后胜利，至多也只能把日本军队打出中国。我们要把日本做当阿比西尼亚，也是万万不可能的。然则结果还是要讲和。“抗仗到底”，底是甚么？底在那里？如果不愿谈和，那何异说要“抗仗到亡”呢？在这个基本认识之下，我们几个同志，虽然力薄势微，没有方法挽回劫运，但是我们不死心，不绝望，我们暗中努力，使和平之门不要全关，和平之线不要全断。这中间惨淡经营的经过，现在没有到公开的时期，只好留待将来了。

为着振奋人心起见，召集了代表大会和全体会议。我于是实际上便负起中央宣传部的责任了。这是我顶痛苦的一件事。我是相信抗战下去是要灭亡的，但是宣传上却不能不鼓吹最后胜利。我是主张和平之门不全关的，但是宣传上却要鼓吹抗战到底，反对中途妥协。于是我便想尽方法，向蒋先生辞职，拖了三个星期不去接事。结果未承蒋先生允许，只好勉强担任，□□□□□□□□□，□□□□。这是我对不起人民的大罪恶。最痛苦的是每周三种会议，一个是中宣部政治部和其他有关宣传的各机关的宣传会议，一个是召集外国记者的谈话会，一个是本国记者的谈话会。出席的政治部方面是部长陈诚、副部长周恩来、厅长郭沫若。中宣部是我和董显光萧同兹。每次会议，听着陈诚一知半解的政治理论，真使人啼笑皆非。听着周恩来、郭沫若等掐造事实，欺骗民众的报告，真使人切齿痛心。但是以我的地位，怎样针锋相对的明白反对。所以我当时的宣传方针，便提出科学和理性。我要大家根据理性运用科学中去认清事实，不可为盲目的感情所驱使。八月底到了重庆，在重庆的一个多月，大部份的精力和时间用在对共产党的斗争。当时欧洲风云非常紧急。于是重庆便发生了两派议论。一派以为欧仗一定发生，而且于中国有利。一派以为欧仗不会发生，如果发生于中国不利。我们是主张第二种见解的。昏天黑地的孙科及其党徒，鼓吹第一种议论。于是孙派对于宣传部虽然不敢明白的攻击，却慢慢的开始反对了。欧战是否发生，已有过去八九个月的事实证明，不必多说。但是就是现在，也还有许多人主张欧战于中国有利，而希望大战发生的。所以我们不能不说几句话。在他们的意思，以为英美法俄一条阵线和日德意一条阵线的战争，最初也许后者占优势，但是他们都是穷国，经济力决不及前者，所以最后的胜利，必属于前者。我们中国就可在这个世界战争中的总结算中，得到完全的胜利。像这样持之有故，言之并不成理的论调，或可用来作无聊时的安慰，如果真正用做抗战到底的根据，那实在太危险了。第一，假使这个推测一点没有错误，中国究竟能否支持到世界战争的总结算，不单是一个问题，而且可以说绝对不可能。支持到两年，已经是意外了。以后海口全被封锁，法币日益跌落，武器的供给，壮丁的征集，人心的涣散，没有一件事不比以前困难几倍。欧仗甚么时候发生，我们要等。发生之后，甚么时候才到总结算，我们又要等。我们能支持到这样的无穷期吗？打算画饼来充饥，结果，饼还没有画成，人早已饿死了。第二，美国是否参加，尤其是要紧的。日本是否参加，乃是决定要素。论者都是假定日美各会参加方的，这种假定能否成立，乃是一个绝大的问题。美国前次参加了欧洲大战上了一个大当，至今大部分人犹引为恨。所以孤立派的力量，实际上可以支配政治。理想主义固然是美国的特长，但是资本主义的国家算盘终是要打的，既然上了一次当，那里会再上第二次。至于日本，如果仔细的研究参加欧仗，于他们是没有好处的。至少在仗争发生之初，他们是不会参战的。在日本立场，一定应在有利的形势之下，才去参加。所以日本如果永久不参加，则欧战的谁胜谁负，决不致影响及中日战争。如果日本在有利的形势之下参加，则最后的胜利，必属于日德意。所以想从世界混战的总结算中间，去求中国的最后胜利，这个迷梦，实在可以醒了。

在重庆的共产党徒及□□□□□□□□。在宣传上和理论上奋斗了一个多月，九月底又飞到汉口了。那个时候。武汉的景象，已非常萧索。在四面楚歌的中间，召开庆祝双十节的民众大会。我当主席，我竟不知道说甚么话才好，勉强说几分钟违背良心的话。郭沫若忽然造个谣言，当众报告军令部来电话，南浔正面大捷，歼灭了八千多敌人，还有万多正在包围中，于是群众跳跃狂呼。像这样欺骗民众的举动，实在令人愤慨。但是当时我能当众说出这是捏造的吗？低调主义者已经是听着高调心烦意乱，还要跟着唱高调，我还能长久忍耐下去吗？

天外飞来的消息，广州失陷了。武汉的陷落已迫在目前了。照例当这种严重的局面，一定要颁布一个宣传方针、以安定人心，但是我实在找不出甚么理由可以说话。□□□□□□□□□□□，□□□□□□□□□□□□□□□，□□□□□□□，□□□□□□，□□□□□□□□□，假使有个老百姓问我鄙人忝为宣传部长，实在无词以对，在无可奈何的时候，找着陈博生商量拟了一个宣传方针，这个方针我自已都不能相信，那里能使别人相信呢。

武汉是十月二十五晚失陷的，我于廿四深夜昏黑之中，飞往成都，转回重庆。不到几天，长沙大火的消息又来了。当时苦闷、烦恼和焦急的心境，真非笔墨所能形容。但是一般的人心和情形怎样，没有一个人不想和，没有一个人敢说和。两个人关着门说话，没有不疾首痛心，咀咒战争，希望和平的。但是有了三个人，调子就高起来了。大家都怀着这种心理，就是和平，是千真万真，自己所希望所企求的，□□□□□□□□，□□□□。□□□□，□□□□□□□□□□□，□□□□□□，□□□□□□□□□□，□□□□□□□，□□□□□，□□□□□□□，□□□□□□□□□□□□□□□□□□□。像这样人人想和，人人不敢言和，人人心里希望别人言和，□□□□□□□□□□□□□□□□□□，如果任他继续下去，一定会把国家的生存，民族的命脉，断送得干干净净，可惜这种现象，□□□□、□□、□□、内地各地是这样，就是现在上海租界之内，大部份还是这样。国家到了这个情形，大家还是以个人为本位，以自己为前提，叫人怎么不痛心呢？

前面曾经说过，自从八一三以后，我们无形之中，就以汪先生为中心，企图以外交方式结束战争。现在到了这种严重局面，我当然要去请教汪先生。当时汪先生痛愤尤多感触更深。对外说老实话，共产党徒固不待说，□□□□□□□□□。一般同情的人，不仅不敢明白表示，□□□□□□，□□□□□□□□，始终没有确实的结果。但是在重庆有甚么办法呢，所以汪先生以毅然决然的精神，决定为国家为民族牺牲自己的一切，离开重庆，以便公开的发表和平主张，从事和平运动。我的主张既然和汪先生一样，又为汪先生的大无畏的牺牲精神所感动，所以也决心摆脱一切，追随汪先生，为国家民族，尽我应尽的责任了。

但是我的决心，是经过了一个月以上的考虑，有时甚至彻夜不能睡眠，然后才行决定的。国家的利害问题，我早已决定，因为我深信只有和平，才能救国，所以这一点，不必重行考虑。个人的利害，更不成问题。既要打破环境，以开风气之先，当然要牺牲个人的地位和名誉。所以这一点也没有费多大的考虑。最使我迟疑不决的。乃是情谊两个字。第一，十几年来，承蒋先生提携栽成，才得有今日。过去蒋先生决没有对我不起的地方。如果一旦脱离重庆，在我的居心，固然没有丝毫反对他的意思，但是因为主张不同，事实上不能不处于对立的地位。在私情上，是万分难受的。第二，在党部、政府、和军队之中，我的很好的朋友不少。此去不单音信难通，而且 后会无期。这也是足以使我留恋的一大原因。这一个月的光阴，经我经历有生以来未曾经过的痛苦，饱尝人世间少有的烦闷。但是经过了极端的烦闷和痛苦，我仍决定牺牲私情和友谊，脱离环境，以努力主张的实现和贯彻。我们的和平主张怎样才能贯彻，换句话说，我们的计划和步骤究竟怎样，这当然是读者所亟欲知道的，不过事关秘密，现在还没到公开的时期。现在只提出读者的几个疑问，一述个人的意见。第一个疑问，便是条件问题。和平的条件，是否会使中国失去独立，是否会使中国不能生存，这个疑问，是每个爱国的中国人所必有而应有的。如果日本真想以外交方式及和平条约来妨碍中国的独立与生存，那末汪先生和我们当然也要主张抗战到底的。因为既然战亡，和亦亡，当然与其和而屈服的亡，不如战而悲壮的亡，还可以在历史上留下可歌可泣的痕迹。但是不论日本居心如何，事实上他是不能灭亡中国的，既然不能，当然就要和。既然要和，当然应该提早，以免双方多受战争的损失。有人或以为抗战越久将来讲和的条件，必于吾国越有利。如果吾们的抗战形势优胜，这个话是对的，像过去一样的失城失地，恐怕抗战越久，亡国越快，那里还能希望有利的条件。

汪先生的艳电和近卫声明中所述的各点，便是中日议和的根本原则。近卫声明所述的各点，是不是亡国的条件？

不割地，不赔款，不驻兵，这能说是亡国的条件吗？我们试把近卫声明所提出的各点和二十六年十一月德大使陶德曼调解时所提出的各点（参看汪先生《举一个例》一文）对照比较一下。除着近卫声明中多一个日本人民在中国内地希望有居住及营业之自由，而日本可以放弃领事裁判权，甚至考虑交还租界以外，其余各点都是一样。对于陶德曼所提出的各点，□□□□□□□□□，既认为不是亡国条件（参看前举一文），何以对于近卫声明中所述各点，却说是足以使中国灭亡？我们再想一想时期。陶德曼的调解是在南京没有陷落之前，近卫声明是在丢了南京、失了广州、放弃了武汉、烧光了长沙以后，打仗打败到这个程度，而议和的条件，比以前却没有很大的苛刻，为甚么当日可以接受和解，现在却反对进行交涉？日本人民在中国内地杂居，自然是陶德曼调解时所未曾提出的，能够打销，当然希望打销。但是日本如果放弃了领事裁判权，并且交还租界，那末内地杂居，也不会使中国灭亡。因为日本既然放弃了领事裁判权，所有在华的日本人民，都要服从遵守中国的法律，我们可以国内法来管理他们，怎样会使我们亡国。

根据上述，可见议和调件，决不是亡国的。如果我们有最后胜利的充分把握，那当然是另外一个问题。否则，抗仗到现在这样的情形，还能够得到这样的条件，平心静气，也可以满足。我们主和的人，良心上也对得起国家，对得起人民了。

〔国民政府中央信托局档案〕

30. 许性初关于汉奸报载孔祥熙在重庆“国共会议”席上公开主张对日求和电

（1939年9月1日）

重庆盛局长赐鉴：〇密。沪汉奸主办之新申报载：自渝逃难至汉之某要人谈谓：院座在重庆国共会议席上曾率直开陈意见，列举游击区内资本与物资潜越重庆防遏之罗网，大量流进日军占区，民心已叛离政府，从速策动第三国以求对日媾和之道，陈立夫对此非难两方，大事激辩，致令会议流产。次日经蒋调停，始能继续会议。等语。谨闻。并请陈院座为祷。弟许性初叩。东。乙化。代。

〔国民政府中央信托局档案〕

31. 香港南华日报登载褚民谊向重庆国民政府劝降微电

(1939年9月5日)

中执会秘书长褚民谊

电渝中央执监委员

国内外情势不利于战而宜于和

望各同志速打开僵局结束战事

倘荷赞同派代表来沪当为斡旋

(本报上海特讯)中国国民党第六届执行委员会秘书长褚民谊氏于微（五）日通电敦促留渝中央执监委员即派代表来沪共商国事，各方得悉褚氏通电后均感兴奋，纷纷函电问讯褚氏并赞成。“微电之总答复”一文亦于十二日发表。兹将原电原文分录如次：

重庆中央监察委员会、中央执行委员会全体同志均鉴：溯自本党秉政以来，内扰外患迄无宁岁。本党同志秉承总理孙先生之遗教，努力奋斗，由军政时期进至训政时期，其间历经艰险，濒于颠覆，幸赖同志间之精诚团结，始得化险为夷。迨国府奠都南京，一切对内对外政治设施、功罪得失，世人已有定评。倘使国运昌隆，进入宪政阶段，还政与民，完成革命大业岂不懿欤。乃外患侵陵日甚，八一三事变既作，本党同志不得不领导全国军民奋起抗战，当时全国各党各派之团结，呈空前之现象。然而不幸危机潜伏，□□□当为各同志所深切感受之痛苦，且此种结果当时或为各同志始料之所及，然而坐令滋蔓难图而不预为之计，此本党之失策，而吾人当引以自责者也。□□□□□□□□□□□□□□□□□□□□□□□□□□实则统一大

业　攘外岂别无途径可循，而攘外亦岂也获得真正之统一耶。吾人为求生存为谋国家独立自主而抗战，其义至当，在两年前诚有不得不战之势。然国策无一成不变之理，须视时势之转移而转移。如果和平无害于国家之生存独立自主，而抗战反有趋于灭亡之势，则奚为不采取和平，而必欲战至国亡种灭而后已。□□□□□□英法百年战争终归不免于和。如意大利之侵阿比西尼亚始无和之可言。是故，可战则战，当和则和，自应熟权利害，善加选择。试思两年以来，国家与人民之损失已难以数字统计，长此相持，国不成国，民无噍类，人民忍痛牺牲虽无怨言，然群疑满腹，不知所谓抗战到底何时何地始谓之底，而最后胜利把握何在?□□□□□□□□□□□□且战事求其持久，目的在于胜利。试就过去以及现在之军事状况用以推测将来，以往每战必败，无庸讳言，目前守且不易遑论反攻，而谓今后胜算可操，□□□□□□□今中原腹地已尽沦陷，仅余边陲数省，而军事上经济上之困难日益加深，倘再不能支，则退无可退，将不免于瓦解，安见其能持久。思虑及此，不忍言矣。是故，吾人宜认定目标，无论和战，应以国家之兴亡为前提，两害相权取其轻，昔人所谓见机而作，不俟终日。近卫既声明无领土野心，不割地不赔款，不妨害吾之独立自主，是吾人抗战之目的已达，□□使和平立即实现，解除民众倒悬，庶几能发能收见其伟大。至对方经过两年之战事已认识吾人之国力，其所宣示系经御前会议决定，不易轻于变更。故吾人宜求彻底解决，共谋东亚百年之幸福，勿再蹈循环报复之覆辙。汪精卫同志有鉴及此，且认为机不可失，故响应近卫之声明，以在重庆不能自由伸张意志，故离开重庆，发表艳电建议，中央乃竟被目为通敌，加以种种非法处分。吾人平心而论，如言和，即系汉奸□□□□□□□□□□□□举一个例，系其明证。即民谊在沪，当汪同志未离渝前，□□□□□□□□□□□□□向对方洽商如何停战？如何谈判？如何撤兵？且曾以函电报告经过。民谊本良心之主张，认为和平早一日实现，人民早一日脱离痛苦，初不知主张和议，足以获罪也。今汪蒋两同志间仿佛回至民十六年反共宁汉分裂之时代，本党亦随之分裂，殊可痛心。惟昔日之情形，与今迥异，当时尚无外患，今当强兵压境之际，本党从而分裂，其影响之大，何堪设想。然宁汉分裂不久，即仍合作，今兹之事，若不及早补救，再求如宁汉之复合，恐不易得矣。□□□□□□□□□□□□□□□□□□□□□□□□□□□□□□□□□□□□□□然要当以民族国家为前提，□□□□□□□□□置民族国家之利害于不顾，应就全盘局势加以检讨，重复决定，国策急转直下，所谓最后胜利之渺茫，已如上述。再就国际援助而言，吾国所期待者为英美法与苏联数国。自德苏互不侵犯条约签订，国际视听移易，局势大变。苏联之对外政策亦既明显，彼既与侵略国家为反对我抗战之主义上精神上已失去同调。彼不愿置身战事漩涡，而谓可以实为援我，试问：两年来果何所得。至于英法既对德宣战，自顾不暇，安有余力顾及东方。美国虽有经济力量亦何致舍己芸人，而望其有多大援助。彼之主张公道，徒有口惠而已。日本在太平洋有举足重轻之地位，其于英法可以高价而妥协，其于美国可以乘机协调，以对欧局守中立，而收渔人之利。故此种形势，对中国不利于战，而宜于和。中日两国均应有及早结束战事以共保东亚和平之彻底觉悟，不应仍陷于国际纵横捭阖之漩涡不能自拔，尤应反对及防止苏俄乘机强加其延长中日战事之阴谋，以遂其赤化中国之野心。倘使双方大澈大悟，和平得能实现，则吾国可利用欧战之时机保持中立，力图复兴，事半功倍。是故和战之计决于俄顷，兴亡所系关于百世，各同志高瞻远瞩，宁不见及于此。所望毅然决然打开僵局，从速结束战事，依据近卫之所宣示以为直接谈判之基础。所幸汪同志见及机先数月来之努力，已有不少成就。□□□□□□□□□□□□□□□□□□□□□□□□□□□俾中央负责同志得以自由行使职权，共谋目前僵局之打开，庶几本党分而复合，前途日即于光明坦荡之途，与国家民族同其灿烂。语云：多难兴邦，剥复之机，端在于此，稍纵即逝。各同志均属贤达之士，此意倘荷赞同，即祈推派代表来沪共商国是，民谊当尽最大之努力，从中斡旋掬诚忠告。幸祈垂察，临电神驰，伫候明教。褚民谊叩。微。

〔国民政府中央信托局档案〕

32. 鲍观澄关于邀日本喜多来沪进行"和谈"情形与孔祥熙代表往来电

（1939年9月21～22日）

（1）电之一（9月21日）

陈秘书：密。烦速面呈。

刚兄秘鉴：(3190)○密。转呈院长钧鉴：据七五一鲍观澄来言：兹接喜多来电已到宁，并据称：由宁专人来言：喜本定日内来沪，惟因多田廿二日到平就军司令职，有电催归，或恐不及过沪，嘱其代向司徒雷登对王克敏所言：对派张群出来议和一节是否有其事？喜意以为，如我政府果有此意，总不及由院座代表，为能开诚布公，深得彼方信仰，因请询院座何时何地可以见喜，俾得倾诚谒谈。当告以须先有具体办法，是否能实行日皇下诏停战撤兵各事。鲍谓：两方如有诚意，商得头绪，则诸事系手续问题，谅可办到。惟恐喜或不能来沪，拟定即日赶宁面洽，务期拉喜来沪面洽一切。二十二日为临时，维新两伪府成立纪念，廿三日或可偕喜回申。惟喜若诚意而来，则院座究愿于何时何地准其谒谈之处。现日苏正在勾引，时机迫切，务祈先行请示，俾无耽误。等情。窃以喜多系汪之主斡，且最信仰院座，故希望对我中央速有办法，则可以遏止汪之行动。渠如确有诚意，商得具体办法，似院座有俯允所请之必要，究应如何应付之处，拟请察核，速陈院座核示遵行。七五一叩。哿未。1442。

(2) 复电稿（9月22日）

1124密。特751密。哿未1442电悉。当代转呈，俟喜来沪后可先与非正式洽谈，特复。哿申。秘。

〔国民政府中央信托局档案〕

33. 胡南湖关于与日本政府所遣谈判专员在沪进行"和谈"情形电

（1939年11～12月）

(1) 电之一（11月11日）

急电　十一月十一日

刚父先生惠鉴：密。（一）铃江昨晚接伊藤由东京来电称：本月十六日准可抵沪，弟日来正积极准备伊藤暨其政府所派遣之专员到沪后，与中国在野名流私人资格关于中日和平问题谈判之筹备，一俟筹备就绪，即当作一有系统之报告。现在对于伊藤暨其政府所派遣专员此次到沪之情形，虽难逆料，设果此来即为实现弟与伊藤等原定之计划，则关于中国前途者，至重且巨。因此事在中日两方关系人均极秘密，弟正谨慎努力进行，万望我兄对于此事抱着勇敢无畏之精神，与院座方面取得严密联络，若此种计划进行得手，即吾兄在政治上惊人表现也。（二）前接支电，当与共党上海负责人刘君接洽，刘君当即据情电告该党中央。顷据该党中央复刘君电云：谓汪精卫、张君劢等一派企图利用共党反对院座，以挑拨国共情感等阴谋亦早有所闻；秦邦宪对外记者所发表拥护委员长，信任国民党以及该党恐引起外国之误解，以为中国政府业已赤化，而未加入政府之谈话，即系针对汪张等阴谋所发。且云：该党在此抗战期间甚愿与院座接近云云。弟按在此全国大团结抗日期间，政治手段之运用实有必要，望我兄转呈院座对于该党代表分子予以相当注意是幸。弟伯良。真。八九。

(2) 电之二（11 月 15 日）

急电　十一月十五日

刚父先生惠鉴：密。(一) 昨铃江接伊藤由东京来电，据称：日本政府所派谈判专员，分两路由东京起程来沪：第一起已于昨日到沪；第二起本月十六日准到沪。至伊藤拟于本月十八日由东京乘飞机到大连，信宿即由大连乘飞机来沪。伊藤并嘱铃江于彼未到沪以前，可由铃江与已到沪之日本专员暨本月十六日到沪之日本专员等先事接洽。云云。但铃江以伊藤在东京与日本政府方面及其派来之专员等接洽经过详细情形无由而知，似未便于伊藤未到沪以前与该员等见面，故与弟商妥，决俟伊藤到沪询明情形后再行见面也。此外关于弟对于此次谈判计划，有系统之报告，仍当俟伊藤到沪后再详电达。惟兹事体大，望兄将弟今后此等电报统希转呈院座是幸。(二) 现在上海谣传称：有人代表院座与日本方面进行和平接洽，自此消息传出后，弟深恐引起各方对于院座之误会，除一面向传述消息者解释决无其事外，同时弟因设法探索此消息之来源。据谓：此消息由伪维新政府中人传出，且谓代表院座进行此事者并有伪维新政府重要份子王某。云云。弟所闻为此，并以奉闻。弟伯良。删。九二。

(3) 电之三（11 月 16 日）

急电　十一月十六日发

刚父先生惠鉴：密。(一) 铣电诵悉。日来陈中孚、符鼎一、蒋雁行、鲍观澄、唐蟒辈仰承土肥原意旨，包围吴佩孚，组织伪统一政府，进行甚为积极，因吴态度坚决，陈等且以金钱势力运动吴之夫人。而汤尔和因不见重于伪临时政府王克敏、朱深等，复与土肥原等联络，欲拥吴佩孚出为伪总统，以自寻出路。按以上情形观察，诚如尊电所云：江竟庵先生实有早日北上必要。弟昨晚在舍下与竟庵、敦白两公作竟夕商谈，决定竟庵于伊藤返沪时与日方所派之专员作一度谈判后，竟庵即买轮间关北上。至竟庵到平后，对吴暨吴之夫人与其左右如何入手方法，弟等已商之有数，只要在竟庵到平时，土肥原等计划未达完全实现之域，则吴自应付有策，必不致受其胁迫也。惟江此次北上，弟意院座最好赠以旅费若干，于以见中央对于此事之重视，且于江个人冒险兴趣及此事之进行均有裨益也。设院座暨我兄以为可行，务必以敏速为妥，因伊藤本月十九日准抵上海，竟庵离沪北上之期当在本月廿二日间也。现在弟等拟定与日方谈话者一组，共有八人，即：颜惠庆、江竟庵、罗家衡、陆子冬、易敦白、陶菊隐、钱纳水、胡南湖等。颜此次是否加入谈判，须俟日方之情形，始能决定，此刻不过作必要时之准备，故亦尚未与颜作事实之接洽。陆子冬为江苏省银行行长，在沪金融界关系颇多，且信仰院座而与弟及敦白兄私交颇深。陶、钱于参与准备谈判计划外，兼可预事舆论界之防御，至实际与日方谈判者，在竟庵一度谈判北上后，而继续谈判接洽则为弟与敦白、子冬二兄也。但关于此事有系统计划之报告，当仍俟伊藤到沪晤面后再详电闻。（二）删九二电第二条所述谣传有人代表院座与日方接洽一事，弟现探明，其一为伪维新政府部长王子惠；一为何世桢，据李国杰告江竟庵谓：王子惠与院座曾有信函往来，王先后接到院座三函，王以不谙中国文字，均由其机要秘书代作复函，王机要秘书数人，咸李所推荐，李盖得之于王机要秘书所云者，据李猜测王与院座间关系之拉拢人；一为王晓籁，因王留居香港，且与王子惠为联襟也；一为樊光，因王机要秘书曾闻王子惠平闲谈话间数次谈及樊光也。至何世桢自称代表中央与日本进行和议一事，盖当武汉尚未陷落时，何与陈寅生等会议于海格路范园何之私宅，何当场报告彼系受蒋委员长委托与日本进行和议，有座者诟何曰：汝为蒋委员长直接委托乎？何答曰：实间接耳，孔院长暨某某二人受蒋委员长之命，我则受孔院长等三人委托耳。以上情形系李国杰亲告竟庵者。竟庵当告李等谓：以情理度之，必决无其事。李谓：何以王子惠接到孔院长之函？竟庵谓：当此全国抗战情绪紧张之际，孔院长决不得出此该函，必为招谣者所伪造藉以骗取金钱及其他而已。李国杰等乃为释然。（三）鲍观澄与邓江澂等因日本在汉组织特机关，嘱其到汉代为布置军政谍报线索。鲍、邓等日内已由北澂平起程赴汉云。弟伯良。巧。九五。

（4）电之四（11月22日）

急电　十一月廿二日发

刚父先生惠鉴：密。二十一日电敬悉。竟庵先生已于昨日下午三时携其长公子江梁乘顺天轮北上，此行往返期以一月。竟庵于起程之前一日下午四时半由弟介绍彼暨敦白兄与伊藤、铃江及日本政府所派专员晤面，情形极好。据竟庵告弟，对于此次谈话印象为突破中日战争以来彼与任何日本人谈话之好现象，故竟庵此行极为兴奋，决拟彼到平后对于吴佩孚、汤芗铭暨其他关系人作彻底之稳定。弟与竟庵、敦白商议，为达到竟庵此次赴平目的计，决定请魏焯然兄于本月二十四日赴平一行，往返期以旬日。因魏为四川军界先进，且与吴佩孚有历史关系，同时川军将领对吴佩孚感情颇好，故魏君此去，对于竟庵亦有绝大帮助也。弟对江旅费之苦衷，诚如尊电所云。然弟之不敢轻于向兄启齿者，一恐院座因给江旅费而有政府直接派人之嫌；二际兹经济困难之际，恐院座以弟不能仰承其意旨咎弟者，因以咎及我兄。然欲举人毕生所经营之关系与其经验，一旦而为我用，固不能不优礼厚币以羁縻之。此弟所以为江向院座有旅费之请也。但江至今并未知有此事，盖欲使江知此系院座自动也。在江与伊滕及日本专员晤面之前，弟以分别与伊滕、铃江暨伊滕、铃江日本专员先后作长时间之谈话，更拟今晚约同罗厚生、陆子冬、易敦白、陶菊隐、钱纳水在舍下便餐，讨论一切，因弟一人之智虑有限，为万一谨慎计，不得不如此也。弟等对于此事一切极为秘密，望勿为念。弟伯良。漾。九九。

(5) 电之五 (11 月 27 日)

急电　十一月二十七日发

刚父先生惠鉴：密。(一) 念四日电敬悉。关于院座接见宾客事，参政会中亦以此作为非难，可见阴谋者无所不至，所嘱自当遵照办理勿念。(二) 念五日第一电敬悉。弟与日方专员等接洽一节，自当遵照院座所示妥慎为国不受敌人欺骗原则进行。自伊滕本月十九日返沪后，弟先于铃江处探悉日本政府此次派来专员经过情形及其内容后，始与伊滕晤谈，继复与其专员等晤谈，又复偕同竟庵、敦白等与其专员及伊滕、铃江等晤谈。本月廿五日弟因还宴铃江、伊滕及其专员等又复与之晤谈。但此种晤谈，弟完全为侦查其用意之真伪与其主张之内容，故纯系应酬性质意在廉得其真相后，藉作实际谈判时之准备。至昨日下午三时半，始由铃江、伊滕正式介绍与该专员等开始作初步之谈话，但此次谈话彼此虽已声明均属私人资格，然可告慰者，两方咸在中国领土主权完正，将来中日政府和平谈判时无疑义的日本政府以委员长国民政府为对象也。又昨日谈话间，日专员虽已微露日本政府所企图和平条件之目的，弟为避重就轻计，当将其话势移转方向，故昨日谈话尚未及于本题，弟嘱铃江已将谈话情形作有记录，一俟谈话结束正理后携港面陈。至弟对日之原则，仍本：一、争取情报；二、使其内部发生分化作用，俾其和平派得以迅速发展，而与主战派对立，结果使其主战派层服于和平派之下；三、即现在所谓私人之和平谈判也。盖无私人和平谈判，则日本和平主张者无所企图，日本和平势力无由发展，同时中国抗战之态度设稍动摇，则此辈和平主张者在其国内亦无所藉口，故此次运动而有现在初步之成功，虽云弟等努力所致，而实则我最高领袖暨全国一致抗战态度坚决所致，因抗战态度稍一动摇，或中国军对于日军之反攻稍一停止，则日本和平主张者即无发言之地，而中国政府亦永无与日本政府对等谈判之机会矣。弟以上所云实与中国前途关系甚大，务盼中央特别予以注意是幸。（三）念五日第二电敬悉。关于院座赠竟庵先生旅费一节，弟意以为一千元即可，因竟庵经济情形尚堪自给，有此则竟庵知院座体念下情，必更努力，但此数不可再少也。末识兄以为如何？弟伯良。感二。

（6）电之六（12月5日）

急电　十二月五日发

刚父先生惠鉴：密。（一）一日电敬悉。关于日本专员姓名，弟前上鄂密宥一电已详告我兄，未识收到否？日本此次派来专员二人：一为海军中将津田静枝；一为参谋本部中国科长今井武夫中佐。今井随同津田于上月念六日下午三时半与弟作第一次谈判后即于翌日飞返东京，此后谈判完全由津田一人负责。津田在日本海军界素孚众望。前次伊藤紫山到东京游说时，近卫、坂垣原已同意此种和平主张，因海军之反对，卒不果于行，迨津田由沪至日，陆海军始能同一意见，故日本政府派来谈判专员，除选派津田外，而以今井副之也。预计弟等与津田谈判大概本月十二日即可告一段落，弟赴港之期当在十五日前后也，一切俟面陈。（二）冬六电谅已收到，弟自得到日本五相会议，决以最大让步诱胁吴佩孚出任伪统一政府大总统后，其内心之焦灼实有不可名状之处。因吴身处敌境，凡其左右部曲，无一不欲吴出任伪组织者，而日本又以练兵诸条件诱惑之，吴仅坚决其势不无可虑，然江竟庵、魏焯然等是否已到达北平亦无从悬揣，弟所以有冬六电致兄也。昨午弟接到张国淦由津来电称：竟庵已于上月念九日抵平。并云：吴已坚决拒绝日本最后要求，同时竟庵世兄江梁亦由津来电，其内容与张电略同。且谓：魏焯然亦于昨日到达北平。按据该来电所云：弟与敦白、竟庵、焯然诸兄等计划已完全到达目的，吴今后自无问题，此堪告慰者。至所有详情，统俟弟到港时面详。弟伯良。微。七。

(7) 电之七（12月14日）

急电　十二月十四日

刚父先生惠鉴：密。关于中日谈判问题，连日双方各自研究第二次谈判时所取之态度及所谈判之范围与内容，同时并双方不断的交换意见，现在此项准备工作业已告一段落。弟昨日下午三时与伊藤、铃江开一准备会，讨论正式谈判时之程序与内容，结果已由双方拟定谈判程序，并决定于二、三日内弟与津田、伊藤、铃江正式谈判后，即由伊藤具名宴请中日双方在事人。中国方面被请赴宴者为陆子冬、易敦白、罗家衡、陶菊隐、钱纳水、胡南湖等，日本方面则为津田、伊藤、铃江、渡濑、持原等，所谓初步谈判，即以此告一段落。弟前者原拟本月十五日前后启程来港，兹因时间关系，决改定于本月二十日或二十二日由沪启程，至经过情形及谈判内容，俟弟到港时面陈。弟伯良。寒。二五。

(8) 电之八（12月18日）

急电　十二月十八日发

刚父先生惠鉴：密。（一）本月十六日下午二点半复与津田作第二次正式谈话时，伊藤、铃江亦在座，历时三小时之久，津田当提出各国在中国治外法权取消问题、中国防共问题、中日经济合作问题、委员长应负责下野等问题与弟交换意见。弟咸本中国领土完整、主权行政独立之精神与之折冲，尤以委员长应负责下野一问题谈话为最多。津田谓：关于委员长应负责下野一层，日本政府曾屡次发表宣言设遽尔取消，将置日本政府威信颜面於何地？弟谓：中国之与日本抗战，其武力与全国民众咸在委员长领导之下，委员长与中国武力及全国民众实无可分离之理，此在中国则为事实问题，日本政府如欲达到中日永久和平目地，除以委员长为对象谈判和平外，实无其它途径可寻。弟与津田对于此问题谈话结果，卒乃研究对于此一问题用如何补救方法以顾全两国体面。换言之，即在中日实现和平过程中用如何补救方法，俾便日本将此宣言无形取消也。故弟与津田此次谈话结果极为圆满，此堪告慰者。缓弟与津田、今井在上月念六日谈话后，今井翌日即乘海军机飞返日本，未几，津田复奉日本政府电召返日，至本月十二日始由日返沪，故两次谈话及至相距二十日之久，此种情形弟与津田此次谈话中方始得知也。弟意今井于第一次谈话后返日，必系向该政府陈述所谈情形。津田之奉召回日，则系日本政府授以第二次谈话之原则。彼等与弟上月二十六日第一次所谈者，据此以观不过交换一般意见暨观察谈判对象方面之情形而已。当第二次与津田谈话结束时，津田并告弟谓：彼于本月二十二、三日返日，俟开年后来沪与弟作第三度继续之谈判。且谓：在此次未返日以前，尚与弟见面一次，作为补充谈话云云。至弟与津田数次谈话之详细纪录及一切经过情形，现已着手整理，一俟整理就绪，即行来港面陈。（二）大英夜报因译报、导报等批评汪精卫焦土抗战、全面抗战等论文，乃作社论谓：攻击汪精卫者，即是汉奸。该报虽未将译报、导报等明白指出确系针对译导两报历次社论而发，前次徐蔚南、陈训畬代表中宣部与译、导两报总编辑钱纳水、恽逸群谈话，结果谓：该报等对于汪精卫或中枢要人此后言论有不满处，尽可去电质问，请其答复。贵报可由徐、陈等转致云云等。大英夜报忽对译、导两报加以攻击，未识置中宣部在沪工作人员说话威信于何地也？弟已嘱译、导两报总编辑钱、恽二君据情与徐蔚南、陈训畬说明该事经过，对于大英夜报暂无予以还击。又大英夜报近已被褚民谊收买，并及。弟伯良。巧。二八。

(9) 电之九（12 月 20 日）

急电　十二月二十日发

刚父先生惠鉴：密。(一) 津田拟二十三日返日，并决定二十二日上午九时半约弟作补充谈话。冈日上午十二时，由铃江出名设宴简请弟与津田一行暨陆子冬、易敦白、陶菊隐等，作为此次谈话告一段落。因此，弟改拟二十六日启程来港，届时再电告。(二) 前奉一日电嘱，调查钱新之私人秘书唐乃康是否为敌方工作一节，兹查得唐确系不稳份子，且惯招谣，并自称与日伪均有关系，钱新之因与唐旧有同事之谊，乃每月津贴唐二百元，藉作敷衍手段。究竟唐与日伪关系如何以及在日伪何机关作事？尚不得而知，俟继续查明后再电告。(三) 汪精卫近来对于上海新闻宣传事业极为注意，前以译报等在上海颇有影响作用，曾令褚民谊与陈志皋夫妇接洽，拟每月津贴款项若干，自被陈皋拒绝后，乃使褚民谊拉拢翁式平将大英夜报收买，现又决定恢复中华日报，用美商名义出版，已决定明年二月一日复刊。弟伯良。号。二九。

(10) 电之十（12 月 25 日）

［原缺一页］所谓进攻广西之说自不可不防也。(二) 漾电敬悉。弟与竟庵先生院薪承找兄暨魏秘书长关注至感。谨复。(三) 弟决于念六日乘芝巴德起程来港，同行者有铃江暨舍亲孙女士。铃江此来在表面上系弟约同游历性质，因在事实上弟认为有与我兄作私人见面必要，且此行极为谨慎，所购船票均系头等舱位。关

于谈判等经过材料并经整理就绪，一切俟到港时面陈。又弟等到港，仍拟寓九龙酒店并闻。弟伯良。径。一二一。

〔国民政府中央信托局档案〕

34. 中国国民党五中常会关于恢复汉奸陶希圣高宗武周斐成国民党籍纪录（摘录）

（1940年4月18日）

中央监察委员会函：为查党员周斐成三人前以附逆降敌，经分别议处，现既表示悔悟，自应予以自新，经提出本会第二十六次常会决议："周斐成、高宗武恢复党籍，留候全国代表大会追认，陶希圣免予开除党籍"在案，请查照公决执行案。

秘书处注：查陶希圣前经中央监察委员会议决，永远开除党籍，经本会暂予保留，尚未执行。

决议：周斐成恢复党籍照办。高宗武、陶希圣部分保留。

〔国民政府社会部档案〕

35. 军委会办公厅对朱德彭德怀电告石友三暗通敌伪事实辩护电

（1940年7月30日）

军令部徐部长勋鉴：奉交下朱、彭总副司令，冬、马电贰件。内容系诬报石友三暗通敌伪情形，除已承办会电复以"石军暗通敌伪各情，系敌伪反间，希仍本精诚团结之旨，努力抗敌勿信谗言"外，奉谕抄送原电以供参考，即希查照为荷。渝军事委员会办公厅办四。陷戌。三叩。附抄原电贰件。

抄原电

即到。渝委员长蒋：志密。加表。查石友三率所部并纠合杂军二万余人，公开在敌军掩护与让防之下，向冀鲁豫边区猛攻驻在该区之职军，职等曾电呈制止在案。兹据报职部在濮、范间遭石军猛烈攻击，职军之杨得志部不得已而还击，当缴获石军此次进攻职军事会议决案及本人通知所属各部队与日寇联络办法密函各一件。谨电呈如下：甲、石军军事会议议决案：（一）宗旨。本集团军此次北上为遵奉总裁蒋命令，为救国家，救民众，为本身生存及发展计，为铲除妨碍抗战之共匪，然后始能抗战，故目前第一阶段决定肃清共匪，第二阶段再决定执行抗战；（二）军事实施步骤。第一步以濮县为根据地，以范县、观城及清丰、南乐、濮阳以东地区为军事活动范围，部队先集中濮县四耻，给共匪以打击，并镇压民困，然后积极向外扩展；第二步训练人民展开民运，俟其成熟巩固，然后在清丰、南乐、濮阳以西地区，以本军全力开展之，就是稳扎稳打办法；第三步，待第二步工作成熟，即与平汉路以西国军取得连络，然后再向西南中心地开展；（三）部署。先以濮县为核心，以观城、范县及濮阳以东为支援，互成牛依角之势筑设坚固工事，并筑碉堡积极屯粮，然后在匪区内以旅（或加强团）为单位，按二、三十里之和旅（就是匪犯时能相互援助），各个据为星罗布置之团队工作事项：（1）首先在打击共匪搜查共产党潜伏份子，并用政治力量，现徒使本区民众统一向我；（2）设置情报网、连络站，使每界五里派出五人常常于出调查匪情，并在村中外查共匪份子及探子，并维持本军军纪，该员等将姓名、村落（用政治去做）造册传布，各军队随时指挥之（但不移动），此计划由参谋处详拟交县政府执行；（3）筑寨，每一单位据点必择形势打成五个至六个寨，由各村协助工作，只云为掩护各村用的，以资固守并屯粮；（4）搜得共匪重要份子即行枪决，其被迫者送县内，由县成立感化院感化之以示宽大。乙、石友三六月二十二日致各部队密函一件，内容系指示与日寇连络办法：

（一）开始与日军接近后勿发生误会，彼此渐趋融洽，双方派员连络说明；（二）飞机来时可用白布在屋顶上铺盖，不准射击；（三）各部队不准超界线界征发给养及团武装部队活动（受匪军压迫时，不在此限）；（四）昼间连络法用识别旗（或白旗）左右摇动，夜间用红电筒连络纵灭；（五）昼间行军应距其驻地十里（最小限制）；（六）在黄河以南行动应在日没前，不得在午后八时以后；（七）本军仅对匪压迫须向驻军区以外活动时，应一面活动，一面通知之；（八）彼已通知各驻军遇我须要派部队时，即随援助（但兵力不能限）。等情。据此，则石友三之通敌冲国，证据确凿，且石部现所据之濮县、范县、观城等城，皆系敌军让与者，尤为通敌明证，敢请钧座念时势之阽危，悟奸邪之蒙蔽，毅然罢免石友三本兼各职，明令讨伐，以正观听，而安人心为祷。职朱德、彭德怀。马有。印。

抄原电

委员长蒋钧鉴：据报石友三部与鲁西杂伪军约二万余人号新中央军。于上月底，由石友三亲自指挥，在敌机掩护之下向濮阳、濮县一带进攻，沿途摧毁当地抗日政权，捕杀我军工作人员，并与盘据大名、聊城、两濮一带之敌军相互策应，共同对该区之我军采取包围合击之姿势，向职军猛烈攻击。查石友三叛逆成性，反复无常，年来在冀南、鲁西地区公开与敌伪勾结破坏抗战阵营，职等洞烛其奸，迭电详呈，请予制止，惟因其狡猾掩饰，欺蒙层峰，以致忠奸莫辨。此次石部竟号称新中央军公开与汪逆结合，在敌伪配合之下，向职军大举围攻，丧心病狂，莫此为甚，若不及时制止，任其继续发展，徒使奸邪效尤，则抗战前途实甚危殆，职等心所谓危谨恳切陈词伏乞裁夺，并将截获石军之军事会议中之军事计划草案摘要另件电呈。职朱德、彭德怀叩。冬。

〔国民政府军令部战史会档案〕

36. 黄民星关于日本朝日新闻发表太平洋战争后国民党对日投降空气日浓消息签呈

（1942年2月4日）

签呈　中华民国三十一年二月四日

于第五处第四科

兹摘译日本第一流新闻（大阪朝日）发表关于重庆方面已吐露和平消息之文章一则，送请参考，谨呈处长陈转呈

总监何

职黄民星谨呈

濒死之重庆，充满和平空气，援渝路线毁灭，华侨叛离。

重庆自我国发动大东亚战争连战连捷后，已逐渐步入崩溃之危机，目前已几乎完全失去其战斗能力，对日媾和之主张已走上指导者之地位，最近其国民参政会委员公然向外籍记者明言，蒋政权应迅速单独对日媾和一事即其明证。

我国在大东亚战争中连战皆捷，重庆政权与我国作战，同时日趋溃灭之原因有五：

一、政权内各派，尤其抗战及媾和两派之暗斗：抗战已失去支配能力，由前述参政员之公然声明必须迅速媾和以及孙科之急速和平论等即可知其大概。

二、香港之陷落：香港为香韶路之起点，不仅为援渝路线之要点，且为英美方面之根据地，其陷落对重庆之抗战力有极大之影响，日本进占香港以后，百数十万之居民，皆对日军表示信任，且事前之抗日份子，亦多翻然悔悟，×××以下要人数百人皆努力于新东亚之建设，南洋华侨之巨头×××为首其他香港之华侨皆投其所有之资财，向共荣圈之确立迈进。

三、缅甸之进击：我军开始攻击缅甸，兰贡陷落之日期不远，兰贡为缅甸公路之起点，渝方如完全失去此公路，其输入路线，仅有残存之西北路线一线，日军进攻缅甸以后，除可截断援渝路线以外，可将缅甸境内之英渝之政治及军事策动完全铲除，英军对驻缅渝军完全以属领军队之态度对待，故英渝两方不免又生龃龉。

四、我军闪电战之结果，新加坡陷落在即，新加坡为英国之东亚根据地，且为渝方对英美南洋之策源地，ABCD包围阵多于此画策，华侨抗日募捐运动，亦以此为中心，故为重庆政权不可缺少之存在，故其陷落直接可使重庆政权灭亡。

五、南洋华侨之动向：南洋华侨占中国在外华侨总数之百分之八十约七百万，如皆协力于共荣圈之建设，不啻夺去重庆政权之生命线，泰国只百五十万，马水百八十万，兰印百三十万，佛印四十万，菲律滨十一万，英领婆罗洲八万。

以上五点将成为重庆政权溃灭之主要原因，重庆政权至今已步入最后之阶段矣。

摘录于一月二十八日之大阪朝日新闻

〔汪伪组织档案〕

37. 朱家骅等关于山西阎锡山通敌情形报告

(1942年2月19日)

兹有关于晋阎通议情形报告一件，相应抄同原报告，函请查照参考，为荷！此致

吴秘书长铁城

附抄原报告乙件。

局　长　朱家骅

副局长　徐恩曾

晋阎通敌情形

一、晋南各县城内之敌有拥护阎锡山及欢迎晋绥早归来标语，敌表示四十三军与八十三军已投降。稷山县翟店镇商业林立，为敌军事据点，于去岁十一月撤退，由三十四军、四十五师第三团接防，万泉敌亦大部撤退。当十月、十一月敌攻禹门时，闻四十三军、八十三军均派代表至运城开会议，敌向该部慰劳，发给幸福牌及十一月份军米。

二、今年一月十五日，太原之敌开欢迎晋、绥军及阎锡山返太原大会，汾阳伪组织亦响应举行，太原捐慰劳晋绥军二十万元，汾阳捐五万元（均系伪钞）。

三、四十师师长郭庆祥偕双河长官部军需郝居惠（驻洪洞县原上村），由洪洞赵城卫大车约二千辆，由敌方运粮至原上村，同时由该村附近之左家沟炭窑运至炭至洪洞城，又由汾阳、平遥、介休、孝义等县向显县运粮之大车每年不下二、三万辆，自去岁十二月中旬起至今年一月中旬止，犹陆续运送，但敌区之纸张、火柴亦由平遥县中之白太冲大批贩运。

四、离石县府及区署以不加盖印、信之公文，通知长峪附近各村民众，令向柳林附近敌区内煤窑驮炭，现民众多观望不前云。

〔国民党中央执行委员会档案〕

38. 军政部兵役署关于冀察各县敌伪地方部队给予名义经费进行反共电

（1943年1月19日）

军政部兵役署代电　渝信役文字第3471号

视察室鉴：奉本部渝务游字第六四二四八号，真代电开："准冀察战区蒋兼总司令子灰胜秋代电开：查冀察战区，自二十九年鹿钟麟、朱怀冰相继南撤后，所有敌后游击部队逐次为敌奸分化，或者潜伏活动，或者利用敌伪掩护保存实力打击奸匪，特机杀敌忠诚为国者颇不乏人。本部前为与敌奸争取各种武力，藉以配合将来大军反攻兼相机建立游击根据地计，当经冀察党政分会派员分别返冀察各地秘密工作发动潜伏武力，就中有与本部取得密切连系之伪军及在冀省活动尚无名义之抗日武力，拟按各该部实力大小给与冀察区挺进纵队支队名义配合活动赍给经费，以资羁縻。至联络人员，由本部委以名义，并依照敌后谍报组特约通信员之待遇酌发活动经费。谨将各该部实力及拟委名义分别如下：（一）沧石国道护路队李佩玉部人枪一千一百余，赵县警备队郭景山部人枪八百余，宁晋县警备队徐风春部人枪九百余，元氏县警备队高富贵部人枪五百余，敌饭沼部队李志鹏部人枪四百余，乐城警备队宋得胜部人枪五百余，以上各部约为本党同志李树三所领导在冀中一带颇有实力，拟委李树三为冀察挺进第五纵队司令，月发活动费一千元；（二）伪河间、大城、青县、献县剿共自卫军杜福祥部人枪二千二百余，伪静海、大城剿共自卫军张耀勋部人枪八百余，霸县警备团刘风全部人枪八百余，大城警备军张德广人枪七百余，大兴、通县间东进大队（该部以抗日为目的始终未与敌妥协）匡振纲部人枪六百余，以上各部均为本党同志林晓天所领导，拟委林晓天为冀察挺进第六纵队司令，月发活动费壹千元；（三）北平伪天先道总会会长江鸿涛党羽遍布平汉、津浦各路沿线，会员中多为武力组织与本部密有联络，前经呈奉委座战军世已虞电；准由本战区酌予名义遵，已委江鸿涛为冀察挺进第七纵队司令；（四）曹州、兰封、东明、长垣一带流动武力人枪二千七百余，为中央训练团十八期学员李佛光所领导，在冀南一带打击奸伪颇有成绩，拟委李佛光为冀察挺进第八纵队司令，月发活动费一千元；（五）伪渤海道警备队宋达民部人枪一千五百余，吴桥防共自卫军尤美王部人枪六百余，东光警备队竺友松部人枪六百余，东光、南皮、宁津、吴桥、沧县等五县剿匪军李文成部人枪五百余，华北剿匪自卫军多连奎部人枪七百余，以上各部拟编为冀察挺进第九纵队以宋达民为司令，联络人沈至诚、刘耀宗、陈蕴璞等委为本部联络员，各月发活动费三百元；（六）伪保安独立第六旅张子良部人枪四千余，分驻山东无隶、河北新海一带。拟委张子良为冀察挺进第十纵队司令，联络人阎实甫拟委为本部参议，月发活动费四百元；（七）伪华北绥靖军第九集团军富经武部人枪三千余，分驻冀东、唐山一带，拟委富经武为冀察挺进第十一纵队司令，联络人陈肇基拟委为本部联络员，月发活动费三百元；（八）青县、沧县、新海、静海四县联防自卫团杨相如部人枪三千七百余，华北反共救国军李景文部人枪一千余，拟合并为冀察挺进第十二纵队，委杨相如为司令，联络人杨丕绩、李明智拟委为本部联络员，各月发活动费；（九）涿县游击武力首长赵博衡部人枪一千五百余，拟委赵博衡为冀察独立第七支队长，月发活动费五百元；（十）宝坻、香河、三河、平谷一带地方武力人枪四千余，为战干四团七期学员陈哲夫所领导，拟委陈哲夫为冀察独立第八支队长，月发活动费五百元；（十一）新海、沧县、盐山、青县一带地方武力人枪二千余，为战干四团七期学员董重光所领导，拟委董重光为冀察独立第九支队长，月发活动费五百元；（十二）伪保安第三旅李秀山部人枪八百余，驻天津，沽河以南地区，拟委李秀山为冀察独立第十支队长，联络人张伯鲁、干永障拟委为本部联络员，月发活动费三百元；（十三）南宫警备独立大队刘栘青部人枪千余，武邑剿共军魏文诚部人枪三百余，冀县警备队张子耀部人枪六百余，束鹿、晋县边区清乡团李华林部人枪八百余，以上各部拟编为冀察独立第十一支队以刘栘青为支队长，联络人张桂州、崔耀奎、周可凤拟委为本部联络员，各月发活动费三百元；（十四）文安警备队柴恩波部人枪七百余，雄县警备队张德青人枪四百余，新城警备大队杨文凤部人枪六百余，以上各部拟编为冀察战区独立第十二支队以柴恩波为支队长，联络人崔静波、刘伯勋拟委为本部联络员，各月发活动费三百元；（十五）以上各部共计月发活动费八千八百元，请自三十二年元月份起支，敬乞赐准核备示遵。等由。除电复准予备案，并准自本年二月份起月发活动费共八千元外，特电遵照。等因。除分行外，合行电仰知照。程泽润，渝信役。文。

〔国民政府军令部战史会档案〕

39. 康翔等关于蒋介石利用孙殿英投敌勾结反共有关文电

（1943年4—5月）

（1）新五军副军长康翔电（4月25日）

总长何：4244密。(1)敌寇于筱日集中兵力约二万余，分十二路进犯陵川、林县，巧、皓两日林县、陵川相继失陷，本军七团、十二八团在塔岗、盘石头、石门等处经数日坚强抵抗伤亡惨重；(2)翔于敬日接孙军长转蒋长官电称：梗日所余部队无多死亦不可走，不可走久与戴雨农所派之文强同志商洽，暂时屈从图报将来，并请长官在领袖前系；此乃一时之针，并非丧心病狂，并嘱其眷属及河南部队均安住原地，长官已允许，维持河南人员及部队并保护其眷属；(3)翔孙军长电：以往洛办理补给及新兵问题，本月初已准备过河返部，因路阻不通，无法返洛，职曾率本军已历五载，无补时艰，咎有攸归，拟请钧座处分情肠如此，乞示。职康翔。印有。印。

送

军令部核办

钦　四月二十八日

（2）孙魁元电（4月23日）

即到。渝部长何、部长白、部长徐：429密。是晚电报，第十二团吃紧，已饬十一团二营增援，三师吃紧，职带特务、搜索两连及军委会各队前往，南北寨指挥，讵于昨夜中敌伏兵射击，搜、特两连伤亡百余，职又被敌包围走入绝境，职与敌之条件职可以死但气不馁，待部下与友军所有情况，政治部、党政纵队、破坏总队知之曾悉、绝非职丧心病狂，职如果死了落下不悉，如果继续去干落一个无意识的汉奸，现被一般朋友及部下包围，欲死不能，欲走不得，大家都说当汉奸比死了强一此，就算完了永不能再追随领袖及国家了，嗟，嗟，职之心迹是难表明，惟有国民与神明共鉴，惟钧座察之，职孙魁元。漾午。印。

（3）军令部鉴呈（4 月 30 日）

签呈　　中华民国三十二年四月三十日于第一厅第一处

一、新五军康副军长翔卯有电，大意：

翔于二十四日接孙军长魁元转蒋长官电称："梗日所余部队无多死亦不可走，不可走久与文强同志商洽，暂时屈从图报将来，并请长官在领袖前说，此乃一时之计，并非丧心病狂，并嘱其眷属及河南部队均安驻原地，长官已允许，维持河南人员及部队并保护其眷属等语。"

二、孙魁元漾午电，大意：

是晚（养晚）电报：第十二团吃紧，已饬第十一团二营增援，暂三师又吃紧，职带特务、搜索两连等前往南北寨指挥，于当夜中敌伏兵射击，部属伤亡百余，又被敌包围走入绝境，职与敌之条件为"职可以死但气不馁，须待部下及友军情况"，政治部、党政纵队等知之甚悉，绝非职丧心病狂，职如果死了下落不悉，如继续去干落一个无意识的汉奸，现被一般朋友包围欲死不能，欲走不得，大家都说当汉奸比死了强一此，就算完了永不能再追随领袖及国家了，嗟，嗟，职之心迹是难表明，惟有国民与神明共鉴，惟钧座察之等语。

三、意见具申

查孙魁元思想简单、性情爽直、缺乏学识，颇重义气，所属虽只两个师，但在华北尚有相当号召力，未便迅速处置此次事波，一方固为陷敌重围难以脱身，一方为被部曲所包围不得不然，且当时情况及未来可能之发展，目下参考资料甚少、本案拟俟，蒋长官有详报到会，再议办当否，乞示。

（4）暂七师长杨克猷等电（4 月 30 日）

林县随军电台

十万火急。委座蒋、总长何、副总长白、部长徐、长官蒋、副长官汤、西安办公厅主任胡、总司令庞钧鉴：自军长被俘后各自为战，指挥不一，常此以往危殆殊甚，谨秉承军长意旨，与事实需要特成立本军临时指挥部，并共推杨师长克猷主持本部事务，代行全军职权督导全体健儿继续杀敌，静待中央善后处理，如何之处，伏乞钧裁。暂七师长杨克猷、参谋长刘志英、政治主任胡业广、团长王启元、吴文光、徐维华，暂四师长王廷瑛、参谋长吴笃仁、政治主任秦普康、团长锡珂、刘廷杰、许志武同叩。卯。三十日。

（5）蒋鼎文电（4 月 28 日）

部长何：0561 密。卯有午詹誉电计呈。查此次敌军进犯太行。卯养马以来由房淇辉分路围攻，孙军之敌约五、六千名，养晚迫还临淇，孙军长率所属部队向南北寨转移之际不幸中途遇敌伏击，相从人员伤亡四散，孙军长魁元身陷重围被迫附敌似非己，除电庞更陈及有关各方设法争取挽回外，现孙之妻、妾、子女等直系亲属 10 余人仍留洛阳，其原留天津眷属于本卯月初亦送至洛阳，其子十二岁现在洛阳上学，事前并无任何异动及其他形迹事宜，孙并电其家属嘱勿惊避，似此孙或另有建白至甚明显，职已对孙眷以期其早日归来，敬电核备洛。职蒋鼎文。卯俭元詹涛。印。

一、复悉并将国府最近颁给孙军长殿英三等云麾勋章事告其眷属并转达委座及弟惦念彼等之意。

二、办后送军令部。

何应钦

（6）何应钦给蒋鼎文电（4 月 30 日）

洛阳蒋长官铭三兄：卯俭元詹诗电奉悉。4388 密。机密。前接孙军长卯漾电，深知中伏被俘原非得已，故国府两月前给予孙军长三等云麾勋章之决定，纵于此间得闻被俘之消息后犹复坚信不疑，照常于卯俭用府令颁给公布，希将此事告其眷属善为抚慰，并转达委座及弟惦念彼等之意为盼。何应钦。卯卅。叁。

（7）蒋鼎文电（5 月 2 日）

洛阳。

即到渝委员长蒋：功密。“综合连日报告孙军长魁元被俘后，所属师团长各级干部仍在率部与敌作战中，昨昼该军暂三师师长杨克猷、暂四师师长王廷瑛及各该师参谋长、政治部主任各团长，联名通电公推杨师长克猷主持全军事务代行军长职权，并分电钧座等情，兹为保持战力，确保太行在孙军长魁元不能执行职务期间，新五军军长职务已权令由暂三师师长杨克猷代理，所有该军长以下人员由杨代军长遴报核备除饬遵照，迅即掌握所部，振奋士气继续杀敌外，谨电核备。”洛职蒋鼎文。辰冬。申詹松克。印。

（8）蒋介石电（5 月 5 日）

即到。洛阳蒋长官：辰冬申詹松克电悉。敬密。所请五军军长职务权由暂三师师长杨克猷代理一节，应予照准，并转饬太行区各部队迅与该部切取连络协同作战为要。中。辰微。未令一元一。

(9) 蒋鼎文电（5月6日）

洛阳。

重庆委员长蒋：功密。据庞炳勋辰支已星鹏电称，据报孙军长被俘已解送新乡，为应付非常计暂派暂三师长杨克猷，暂四师长王廷瑛代理新五军正、副军长，除饬该员淬励所属在临淇东南地区进攻敌人外，谨请核备，除复饬就近慰勉，并设法掌握外，谨电核备。洛。职蒋鼎文。辰鱼。詹松封。印。

(10) 签呈（5月8日）

签呈　中华民国三十二年五月八日于第一处第一科

甲、蒋长官辰鱼詹松封电　大意：

转据庞总司令辰支已电："（1）孙军长被俘后已解送新乡；（2）为应付非常计，暂派暂三师长杨克猷、暂四师长王廷瑛代理新五军军长、副军长乞核备"，除复饬就近慰勉，并设法掌握外，谨电核备。

乙、审核意见：

一、查孙军长被俘后，蒋长官于辰冬申詹松克电，请以该军暂三师长杨克猷代理军长经会令、辰微未令一元一，电令照准在案。

二、兹据上电复，请以该军暂四师长王廷瑛代理该军长副军长一节拟亦予照准，当否乞示。

附注：查杨克猷于抗战前，曾在孙魁元部一度充任旅长历史攸久，与N5A各级干部关系甚深。T4D师长王廷瑛于抗战发生时，由孙军长找来而为中途加入孙部者。

(11) 蒋介石电（5月11日）

军政部何部长：
铨叙部林厅长：据蒋长官辰鱼詹松封电："新五军副军长职务，暂派暂四师长王廷瑛代理，谨电核备"等情。除以辰真令一元一电复蒋长官照准外，特电知照。中。辰真。令一元一。印。

（12）蒋鼎文电（5月12日）

洛阳。

特急。渝委员长蒋：宾密。据杨克猷巳支午电略称：经派员与刘、马两军连络，马军已南渡，刘军各部均散布太行西区，职部如西开似恐有被敌消灭可能，钧座如令职于人渡河赴洛随时可到或令集中实力待机究应如何之处乞示，等情，除饬杨克猷本人即来洛面示机宜外，谨闻。洛。职蒋鼎文。巳文。申詹松封。印。

（13）蒋鼎文电（5月16日）

部长何：0213密。顷据新五军政治部李科长叔晋脱险来洛面称：辰佳孙军长召集职及王科长面告，汝等速返洛代表我告请各级长官，相信我总有报效党国之一日，言时声泪俱下，并谓晋东南为反攻华北之主要地，于取得敌方信用后，第一步先肃清路东滑濬一带奸伪，第二步肃清陵川、武涉奸伪，第三步伸展到沁阳、博爱、济源一带，如此即可与中央取得连系，新五军名义希望中央撤消，免敌疑虑。后方部队尚有二团，希望缩为一团，保留后方眷属三百余口，希望照常发给养以使各官佐怀德图效，等语。查前奉到总长何佳秘电：对于孙今后之指示当即派员持函秘往新乡传谕一切，惟迭据报告暂四师现在路东，暂三师已到路西，给养全由敌方供给争取部队为机已迟，为表示信赖并使敌重任孙计：（一）拟请准予撤消该军及两师番号；（二）至保留缩编之一团及（三）维持该军官佐眷属生活两项亦请一并赐予照准，谨电核示。洛。职蒋鼎文。辰铣。亥亲三。印。

（14）签呈（5月22日）

签呈　中华民国三十二年五月二十二日于第一厅第一处

蒋长官辰铣亥亲三电大意：

据 N5A 政治部科长李叔晋脱险来洛面称："五月九日孙军长召职等面告：

1. '汝等速返洛代表我告请各级长官相信我，总有报效党国之一日'，言时声泪俱下，并谓'晋东南为反攻华北之主要地，待我取得敌方信用后，第一步肃清路东滑濬一带奸伪，第二步肃清陵川、武涉奸伪，第三步展至沁、博济一带，期与中央取得连络。

2. N5A 名义希望撤消免敌疑虑。

3. 后方部队尚有二个团希缩编为一团，保留后方眷属三百余口，望照常发给养，以使各官佐怀德图报"，等语，为表示信赖并使敌重任孙计，拟请（1）准予撤消该军及所属两师番号；（2）孙恳请缩编并保留之一团及维持该军眷属三百余口生活，两项亦请一并赐予照准。

核议意见：

查孙魁元此次附敌系于混战中被敌伏兵所俘协迫所致情尚可原，且彼慎重表示。

1. 丧心——总有报效党国之日预期密取连络。

2. 并愿在敌伪掩护下从事剿奸工作。

似尚可期待其有事实表现拟准如蒋长官所请当否乞示。　　奉谕可

何应钦　五月二十五日

（15）蒋介石电（5 月 24 日）

急。洛阳蒋长官：辰铣亥亲三电悉。敬密。（一）新五军及所属两师番号，均准予五月一日撤消；（二）该军现在后方两个团准缩编为一个团，保留于洛阳以西地区归长官部直辖；（三）该军官佐眷属三百余口口粮特准按月支给，以上三项除饬有关机关知照外，仰即遵照并将处理经过具报。中○。辰敬。令一元甲。

(16) 蒋介石电 (5月24日)

军政部何部长：
铨叙厅林厅长：(一)新五军及所属暂三、暂四两师番号、均予五月一日撤消；(二) 该军现在后方之两个团着缩编为一个团，暂予保留于洛阳附近归长官部直辖；(三) 该军留洛官佐眷属三百余口口粮特准按月支给以示宽大；”(四) 前饬 (对铨叙厅用) 发 杨克猷、王廷瑛二员暂代该军正、副军长各节应一并取消”。除电蒋长官将处理经过具报外，仰即知照。中〇。辰敬。令一元甲。

(17) 蒋鼎文电 (5月28日)

洛阳。

特急。重庆委员长蒋：倬密。辰敬令一元甲电奉悉。依据目前情况谨再申请如次：查前奉总长何佳秘电节开：为增加孙魁元在某方之地位并加重其被利用之条件计，新五军切不可由孙带去，应归杨克猷统率等因，当即密派妥员传谕据回报，孙已接受指示并饬杨即率部西开，近据杨辰巧辰皓各电节称：决于三、五日开往山内就职，一切绝对遵从钧命办理各等语。复据各方报告有新五军部队向太行山内开去，其原来下山者尚有一部至该军，各部番号、兵力、驻地及行动详确情形尚待查报，惟孙运用方法现有转变并有不带新五军之表示，该军部队仍有争取之必要，新五军番号拟请暂缓撤消，乞鉴核示遵。职蒋鼎文。辰俭。亥亲。印。

(18) 签呈 (5月31日)

签呈　中华民国三十二年五月三十一日第一厅第一处

关于新五军番号应予撤消一节已承办，会令。辰敬令一元电：分饬蒋长官及军政部、铨叙厅遵（知）照在案，兹据蒋长官辰俭亥亲电称：

一、总长何前对孙魁元行动曾有指示，兹据孙表示愿遵钧命，并饬杨克猷即率部西开往太行山内就职。

二、近据杨克猷辰巧皓各电，决于三、五日遵命行动。

三、复据各方报告连日有新五军部队向太行山开去。

依据目前情况新五军番号拟请暂缓撤消乞示，等情。新五军番号即予撤消一案，拟通知军政部、铨叙厅暂缓实施可否乞示。

（19）蒋介石电（6月3日）

军政部何部长：
铨叙厅林厅长：辰敬令一元甲电计达。兹据蒋长官辰俭亥亲电称：一、据报孙魁元愿饬杨克猷即率部西开往太行山内就职；二、近据杨克猷辰巧皓各电：决于三、五日遵命行动；三、复据各方报告，连日有新五军部队向太行山开去，依目前情况，新五军番号请暂缓撤消等情。新五军番号撤消一案，应予暂缓实施，仰即遵照为要。中〇。巳江。令一元甲。印。

（20）蒋介石电（6月3日）

急。洛阳蒋长官，密。辰俭亥亲电：悉新五军番号撤销一案，已饬暂缓实施矣。中〇。巳江。未令一元甲。

（21）蒋鼎文电（6月8日）

洛阳。

渝，委座蒋：宾密。据党政工作员李睿君巳江申电称：新五军全部投敌，暂三师杨克猷部分驻濬县属之小河、新镇、淇门各地区，暂四师仍驻林县原防归前暂三师师长刘月亭指挥与奸伪相持于林县东姚集以西地区，该军各部情绪尚佳等情。除对新五军仍在争取外，谨闻。洛。蒋鼎文。已齐。申，詹松俊。印。

（22）签呈（6月）

孙殿英投敌始末及其影响并孙、庞等最近动态

据报孙殿英与伪师长刘月亭素有往来，五月二十三日战事爆发时，敌白武队向临淇挺进，十七时到达北余、公台等地，孙即嘱所部放弃据点，待敌机掩护白部三百余人完成对孙部之包围形势，双方曾一度激战经二小时后，孙部阵地先后扬白旗及敌军旗，从此射击停止，敌派荒井中将见孙逆经接洽后，孙即令所属全部投敌，查孙逆此种行动显系事先有准备者，实非敌故作离间之宣传也，孙逆自投敌后积极企图扩充实力，曾派出大批爪子牙游说我游击队，此间不稳份子被煽动咸表犹豫态度，惟若有援军到达则仍可坚其意志挽回颓势。

近孙逆随汪逆由宁飞新乡，曾召集会议，汪、庞、孙等逆及豫晋边区敌军政要员均参加，内容不详，又闻汪逆已任庞为华北剿匪军总司令，所部仍驻原防与敌保持中立，孙则仍保新五军名义有汤阴、新乡、辉县一带整编云。谨呈

总长何

（23）蒋鼎文电（6月14日）

洛阳。

重庆委员长蒋、宾密。据谍报：（一）孙殿英现发表刘明德为伪独立第一旅长，王德霖为独立第二旅长，侯子固为独立第三旅长，张体安为独立第五旅长，独四旅长姓名不详，并委前二十一师八十四团团长李天玉为伪第三纵队司令；（二）据孙谈称，此次发表五个旅系暂时编制，至整个编制，俟庞由南京返防后决定。其编制旅辖三团，团辖三营、营辖三连，每连百二十人，机枪数挺，步枪八十支；（三）敌原指定庞、孙各部驻豫北封锁区内尚未实现，刻刘明德、王德霖、张体安等部暂驻道清以北陵川以南地区，伪四十军杜淑部分驻滑县、长垣、延津、原武一带，伪新五军分驻

滑县、临淇、新乡一带。等情。以上附敌各部队，除饬属与其密切连系并正在争取外，谨闻。洛蒋鼎文。午寒。詹竹梧。印。

（24）蒋鼎文（6月20日）

洛阳。

即到。重庆委员长蒋：季密。据报：（一）南京伪府于已回国防会议正式通过庞、孙为伪军委会委员；（二）伪二十四集团军编制及各重要主管经敌最后核定如次：1. 总司令庞炳勋、副总司令孙殿英；2. 暂五军长孙兼，第三师长杨克猷、第四师长牛瑞亭、第二十三师长路朝元；3. 暂六军长杜淑，副军长李鸣周，第六师师长杜兼，第七师长李兼，独一旅长邑扈全禄，独二旅长王国藩，独三旅长孙英德；4. 暂七军长刘月亭，副军长艾圣绪，第九师长范龙章，第十师长赵增祥，第十一师长侯如墉；5. 直属第三十九师长冯书堂、特务团长张义修、暂一旅长刘明德、暂二旅长王德霖，暂三旅长司华生，暂四旅长何化佛，太行山保安司令季同秀；（三）庞现派员在冀省境内积极招募部队；（四）敌决以主力压迫二十七军，另行抽调兵力封锁各渡口，以防二十七军南渡；（五）奸伪在太行区积极活动，敌正抽调兵力扫荡，现奸伪部队已遂渐北撤。又奸伪日来对外宣传，第三国际已取消，此后，绝对服从中央，另据报奸伪将发动第二次百团大战，地点为正太、平汉两路沿线等情。谨闻。洛蒋鼎文。午哿。詹竹梧。印。

（25）蒋鼎文电（6月）

总长何：7844密。综合佳灰情报豫皖边区：（一）甲、月初由海州开宿县敌二、三千，江由永开以南丹城敌千余，汽车七十余辆沿运河窜扰，有会犯涡蒙企图；（二）汴敌汤口联队一于未敬？宁（一说返国）由北平开来井线联队接防，另传系由关外开来之毕田、野扁两部三、四千接防，详情待证；（三）商邱附近仍驻敌小原部千五百均系新兵。乙、豫晋边区：（一）己江由小冀铁桥间铁轨？（二）微由安阳南开兵车两列，一载敌三百余、马百余、炮一门，一载五百余，马六十余匹，在新乡下车；（三）太行山、林陵两县仍在敌手，余多被奸伪占领；（四）支由平陆窜夏县之敌向稷王山窜去；（五）其他：（1）汴新运城北各重要城市，敌近多于防空演习；（2）据敌由各地抽调兵力十五万开关外防苏。洛蒋鼎文。申詹竹松。印。

〔国民政府军令部战史会档案〕

40. 延安各界庆祝联合国日大会呼吁团结实现民主政治打退敌寇保卫西北电

（1944年6月14日）

蒋主席：延安各界庆祝联合国日大会通电全中国的抗日将士和同胞、全世界反法西斯的将士和人民：延安的数万军民今天大会庆祝第三届联合国日，庆祝各反法西斯国家的团结，庆祝第二战场的开辟。大会同时号召全边区的军人和全中国的军民起来反对日本的新进攻，起来保卫西安，保卫西北，因为日本军阀正在进攻河南、湖南与广东，并且已经攻击潼关，威胁西安了。我们庆祝欧洲第二战场，因为这表示世界反法西斯力量的团结与强大，表示希特勒和一切反对第二战场的希特勒应声虫的失败，表示反希特勒斗争最后胜利的逼近。我们谨向领导反希特勒斗争的斯大林元帅、罗斯福总统和邱吉尔首相致敬！谨向苏、英、美、新法国、新意大利、新南斯拉夫及其他各国的反法西斯军民致敬！欧洲的胜利必然紧接着要带来太平洋与亚洲的战场上，由于最近美国和英国在海上和陆上的反攻，由于中国坚持七年抗战，特别是由于华北、华中、华南广大人民游击战争的发展，开辟了几个广大的敌后战场，日本军阀的困难已经一天一天严重。欧洲第二战场的开辟，更使日本帝国主义面对着消亡的前途，但是就在这样空前有利的世界形势中，日本却还在继续进攻中国。中国的正面战场，首先是西北的战场，目前正处在万分危急之中。为什么日本军阀在全世界反法西斯战争的高潮中还敢于这样的横行无忌呢？为什么中国的正面战场不但这样地和欧洲战场不相称，和太平洋战场不相称，而且也这样地和中国敌后战场不相称呢？一个最重要的原因，就是中国内部存在着令人痛心的裂痕。中国当局的国民党统治人士不能和中国的人民，中国的民主势力，中国共产党友好的团结一致，这下人们至今还不愿改革现状，实行民主，发动人民抗战力量。共产党现在在华北、华中、华南各个敌后战场上有效地领导着四十七万军队、二百万民兵和八千万被解放的属民积极地抗击敌伪军总数的几乎四分之三，在毫无接济孤军奋战的条件下，始终坚持再接再励。这是什么原故呢？没有别的，就是共产党、八路军、新四军始终与各界团结一致，依赖人民，实行民主。这些都是和正面战场的情况大不相同的。虽然共产党再三向国民党提议加强彼此的团结以阻止日本的进攻，并准备反攻，但是可惜至今，还没有结果。共产党的经验证明：中国人民和中国军队是有强大争斗力的，但是只有民主的方法才能动员他们的力量。正面战场不幸因为缺少必要的民主，争斗力日趋于丧失，而急于救死的日本军阀，今天就正是利用了这个弱点。这是中国的危机，也是整个太平洋与亚洲战场的危机。无论是为了保卫西安，保卫西北和保卫中国，还是为了准备对日本军阀的全线反攻，我们不能不趁今天再一次引起全中国人民和同盟各国的严重注意。我们向国民党当局及其大多数军队与党员痛切呼吁：当着正面战场如此危急的时候，请你们迅速满足全国人民的团结与民主的要求吧！只有团结与民主，才能够组织全国军民的抵抗。除此以外，再没有其他方法可以停止敌人的进攻了！另？危机是严重的，但危机完全是可以挽救的。只要团结与民主能够迅速实现打退敌人的进攻，是没有问题的。只要中央政府允许，我们全边区的军民愿意和陕西、河南的军民为共同保卫西北而战，我们八路军、新四军的全体指战员愿意到最前线去，与全国军民为打击一切敌人的进攻而战！另国共两党团结起来，打击敌人的进攻！另给八路军、新四军发饷、发弹、发药，释放叶挺将军及八路军、新四军一切被捕将士，让八路军、新四军队到敌人进攻的地方去，有效地打击敌人的进攻。另改革士兵的待遇与教育，动员全国的军队起来打击敌人的进攻。另实行民主政治，实行三民主义，给人民言论出版集会结社自由，解放一切政治犯，动员全国的人民起来打击敌人的进攻。

为保卫西北与西南而战，把进攻潼关的敌人打回去。打倒日本帝国主义，积极准备反攻，配合英美驱逐日寇出中国。自由民主的中国万岁！联合国万岁！全世界反法西斯战争胜利万岁！延安各界庆祝联合国日大会。六月十四日。印。

〔国民政府档案〕

41. 蒋鼎文等关于利用投敌之庞炳勋部情形电

(1943年10月)

(1) 蒋鼎文电（10月24日）

洛阳。

重庆委员长蒋：点密。据新乡酉号谍报（一）“伪南京会议从斡旋全面和平为主，其原则，请中央与英美断绝关系，日本即遵守中国领土完整，无条件撤兵，并取消一切不平等条约，按此会召于汪甫返自东京，日方授意为之。汪对庞表示，决不为全面和平之障碍，必要时可牺牲一切；（二）庞等任新职均系讹传，惟胡毓坤调伪军委会委员，驻华北专司军政联络，所部改为第二集团军，以张岚峰为总司令；（三）庞、孙部冬服已领到一半，点委郑大章、23日到新点毕再补发。惟杜淑、刘月亭两军虽可到点，但饷项服装无确实办法，久则难免解体等情。谨闻。职蒋鼎文。酉回。詹竹梧。印。

(2) 军令部第一厅第一处研究意见表（10月28日）

<table>
<tr><td colspan="2">蒋长官酉回电研究意见表</td><td>三十二年十月二十八日
第一厅第一处</td></tr>
<tr><td colspan="2">来电大意</td><td>研究意见</td></tr>
<tr><td colspan="2">据新乡酉号谍报
一、伪南京会议，以斡旋全面和平为主，其原则：
1. 请中央与英、美断绝关系；
2. 日本即遵守中国领土完整，无条件撤兵并取消一切不平等条约；
（按此会召于汪甫返自东京之后，日方授意为之）
汪对庞（炳勋）表示，决不为全面和平之障碍，必要时，可牺牲一切。
二、庞、孙（殿英）部冬服，已领到一半，伪方点委，十八日至新点毕再补发。惟杜淑（26A）、刘月亭（27A），虽可到点，但饷项服装，无确实办法，久则难免解体。</td><td>查敌寇不惜频频提出诱惑论调，妄图离间我与英、美同盟关系，足见其途穷技尽，我对于敌寇，此种阴谋，始终不值一顾，并应严密防制敌伪进行目的相同方式各异之诱惑离间等阴谋手段。
查敌对伪24AG，除与孙殿英部稍示优异外，对杜、刘各伪部，向甚疏慢，今各该部粮饷服装，尚成问题，自难免有瓦解之虞，此事颇堪注目。</td></tr>
<tr><td>拟
办</td><td colspan="2">1. 第一项拟呈报，并抄中宣部注意防范。
2. 第二项拟电蒋长官，对庞部伪军，应密取连系，暗中掌握，可否？乞示！</td></tr>
</table>

(3) 何应钦批（10月）

第（1）项不必办。

第（2）项如拟。

何应钦

〔国民政府军令部战史会档案〕

42. 何柱国等关于蒋介石指令汤恩伯负责勾结张岚峰等策动反共军事密电

(1944年2—3月)

(1) 何柱国电(2月29日)

军委会总长何：0843密(极机密)。据派赴敌后吴参议澍滋归报称：(一)敌鉴于战事不利，和平无望，少壮派向政府提议联苏容共方案，敌政府正研讨中，对华北奸伪自五月已停止剿击，并与奸伪签订互不侵犯条约，以三个月为限；(二)敌最感痛苦为华南海道、长江水道受我空军威协退路不安，仍有随时打通平汉路准备，正积极抽兵及备船中；(三)齐燮元虽下野，对伪治安仍能掌握，请中央加以安慰，将来仍有用处；刘一飞对该部颇有工作，敌曾请其出任要职，均经拒绝，但我方对平津若不能等有效办法，则由中央承认其出处，今日可牺牲，为保卫平津而出任伪职，可否，乞示。(四)寓平津之东北籍要人真有积极爱国心守正不屈，而仅王树常、于珍、刘一飞三人，而周垱翘实负全盘策划连系之责，乞钧座予以备案。(五)孙良诚、张岚峰、吴化文、庞炳勋、孙殿英等旧西北军有结合之图，推孙良诚为首，此中周垱翘亦妥有布置；(六)汪逆拟调王克敏长伪行政院，以陈公博长华北，敌方亦可同意，但因周佛海为伪副院长，且掌财权并有装备训练均好之税警团六个，又因受有中央特别任务，汪因此不敢更动至为苦闷；(七)在华中区联合敌伪剿奸传汪及其顾问均赞成等情。谨禀乞秘。职何柱国，亲叩。丑艳。机。印。

(2) 蒋鼎文电(3月3日)

总长何：极机密。据(N8A)军长胡伯翰丑有报告略称：(一)丑初旬二战区(61A)辖(48)及(37)两部由汾阳南越铁路渡汾河开至谢城、浮山坑、水阳城一带，丑23一部六、七百人包围望仙庄（垣曲北约三十公里），俘奸伪垣曲县长张培民；（二）判断晋南敌似有放弃小据点，将留守兵力集中较大据点，从我二战区部队南来镇压奸伪，以遂其节约兵力而便抽调使用之狡智等情。谨闻。职蒋鼎文。寅江。台震康。印。

（3）蒋介石电（3月6日）

军令部徐部长勋鉴：（密）。据报伪第二集团军总司令张岚峰派其参议牛星垣前来界首面称：该部自改编为伪第二集团军后，敌人迭次令其进犯涡阳、蒙城，企图打通津浦路西、陇海路南地区。该张因顾及涡蒙为我方通达苏北之补给线，故以装备未竣及新兵待训为辞时，倘敌逼迫过甚应付乏术不得已而虚作军事上之行动时，当先电告并乞谅解，现张部有官兵一万六千余员名，步枪一万零七百余枝，机枪三百余挺，炮九门，有率队反正之决心，但须中央决定总攻时方可发动，并表示可独任进占徐州及津浦路西北地带之责等情，即希研议具报为要。中正。（卅三）寅支。侍秦。

据汤总司令报告：伪2AG张岚峰部约二万驻商邱、拓城一带，曾派人来部接洽并暗助我方人员打入工作，我方现派高参施仲达前往连系，似已策动成熟，有待机反正之企图。

（4）何柱国电（3月8日）

总长何：0843密。据派赴南京情报员返称：（一）伪府顾问柴山兼次郎丑养自东京返态度已变，对伪府毫不客气竭尽人力物力准备决战；（二）在华敌侨征集预后备役及补充兵分区训练，敌商业机构停顿甚多；（三）因水运不安确有打通平汉路企图，并有进攻西安之议，运城将集结重兵；（四）鲍文越、张学铭与柴山顾问商议，国军开入苏鲁陷区剿匪，敌军不予妨害，原则同意，希望提出具体办法，（兵力经费、活动区、行政）四项互守秘；（五）汪逆病重，杉木永铃切腹说，敌否认；（六）开封情报，敌屡次派探侦察尉氏东南之吕潭、白潭口西岸情形，乞注意。除分报外，谨闻。职何柱国亲叩。寅齐。机。印。

（5）蒋鼎文电（3月9日）

急。渝。徐部长：翌密。据报：（一）敌计划于本年内在华北征集劳工一百八十万，以十万运往日本，余供伪满蒙疆及华北、华中各地之用；（二）敌决定由华中抽兵五万增援太平洋，另在华北抽调伪军五万至太平洋服后方勤务，被调伪军计有华北绥靖军一万二千名，庞炳勋、孙良诚、张岚峰三部各三千名，孙殿英、吴化文两部各一千五百名〔?〕，刘月亭部一千名；（三）奸伪新四军有于华中敌抽调之际，准备二十万人，于二月初开始移动夺取南京、上海附近地区，作向我政府要求政治地位之条件等情”，敬闻。蒋鼎文。寅佳。台震。印。

（6）徐永昌电（3月10日）

代电。委员长蒋钧鉴：（卅三）寅支侍秦代电奉悉。查伪第二集团军总司令张岚峰于二十八年即在豫东、皖北一带组织伪军，敌方为确实掌握计，将其家属监视于北平以为人质，张亦惟命是从，是以敌人对张较为信任，补充器械、饷弹均丰，年来该部伪军实力增长甚速，惟该张岚峰内向之心殊切，自二十九年以还不断派人与我方连络，国军及工作人员北上时亦予多方暗助，以其数年种种表现，具有反正决心，反正时期当在国军总反攻开始时为有利，目前应注意做到下列数点：一、汤副长官应秘派妥员暗中连系，掌握张岚峰部并令张整顿所部，勿使奸伪份子潜入；二、张部驻地现在豫东、皖北、津浦路西、陇海路南一带，除应暗中掩护我汜防搜转情报（敌情、奸情）外，并占领敌后次要据点，努力防剿奸伪，如敌撤守据点时，应立时接替之，免为奸伪所乘；三、如敌返会该部向我方窜扰而不已时，应事先通知我方，如敌大举进犯时，应乘机反正袭攻敌后争取胜利。以上所议，当否，谨电请核示。职徐〇〇。寅灰。令一元甲。

(7)何柱国、蒋鼎文等电核议表(3 月 14 日)

综合何柱国、蒋鼎文丑艳寅江等电核议表	三十三年三月十四日 于第一厅第一处	
来件摘要	核议意见	批示
甲、何柱国丑艳及寅齐电： 一、敌鉴于战争不利，少壮派军人向政府提议联苏容美方案，敌政府正研讨中，对华北奸伪自丑删起停止剿击，并签订互不侵犯条约，以三个月限。	一、敌为抽兵转用或于将来窜犯我平汉路免除后顾计，暂时缓冲，奸伪似有可能，惟二月十五日以后，华北敌奸仍有敌对行动，故本情报尚待证实。	
二、敌感华南海道、长江水道受我空军威胁，确有随时打通平汉路准备，并有进攻西安之议。	二、综合最近各方情报，华北活动频繁，拟在大规模换防或有窜犯平汉路之令，为我正戒备中，惟敌攻击西安尚不可能。	
三、前伪逆齐燮元等下野，对伪治安仍能掌握，请中央加以安慰。	三、齐燮元前因与敌酋　村意见不合被疑免职，我方为使其拢络平津伪军，免为奸伪分化计，对华北伪治安军似有注意□用之必要。	饬戴笠核办。
四、刘翼飞敌曾请其出任伪要职均经拒绝，我方对平津若不能等有效办法则由中央承认其出任伪职，以保卫平津。	四、刘翼飞于民十七年充任察省主席，并分任东北要职，似可考虑其在暗中掌握平津潜伏实力，唯中央不能承认其出任伪要职。	饬戴签核办并略示何柱国
五、寓平津之东北籍要人，真有爱国心、守正不屈者，仅有王树常、于珍、刘翼飞三人，而周垙翘实负策划全责，请予备案。	五、查王树常、于珍、刘翼飞均为东北要人，蛰伏平津数载仍忠贞不移，尚属可嘉，似应妥为连系慰勉之，惟周垙翘何许人，电码似有错误，拟饬何柱国查报。	勿庸查乃取翼翘，此人乃日本士官六期生，饬何柱国加以慰勉。

续表

综合何柱国、蒋鼎文丑艳寅江等电核议表		三十三年三月十四日 于第一厅第一处
来件摘要	核议意见	批示
六、伪逆孙良诚、张岚峰、吴化文、庞炳勋、孙殿英等旧西北军有结合之说，推孙良诚为首，周垸翘亦妥有安置。	六、拟饬蒋长官查报	缓办
七、伪逆鲍文越、张学铭与敌柴山商议国军开入鲁苏陷区，敌军不予妨害，原则同意，希望提具体办法。	七、国军抗敌剿匪并举毋须与敌我立若何谅解。	如拟不可有何谅解，须何柱国严词指斥
八、伪府顾问柴山丑养自东京返京，态度已变，对伪府毫不客气，声言竭尽人力物力准备决战。	八、敌在我陷区加紧劫取已达极点，如再进迫伪府将无术应付，尤以伪军被征出国将使陷区益加混乱，正予奸伪以难得之机会，此种趋势颇堪注意，我应预谋对策。	另案办
乙、蒋鼎文寅江佳电： 九、二战区61A于二月初旬渡汾河开至浮山一带，十八日以一部六、七百包剿垣曲北之望仙崖奸伪。 十、判断晋南敌似有放弃小据点，纵我二战区部队，南来镇压奸伪，以遂其节约兵力便利抽调使用之狡计。	十、十一、查敌鉴于太平洋方面盟方攻击日益加剧，抽调敌伪、征集劳工正转用中，至二战区方面因情况特殊，自可于敌相撤，小段点时进压奸伪。其他方面自不能仿行	
十一、敌在华北征集劳工一百八十万并由华北华中抽调敌伪各五万出海。	十二、同第八项办理。	另案办。
十二、奸伪新四军有于华中敌抽调之际准备二十万人夺取南京、上海附近地区作向我政府要求政治地位之条件。	十三、奸伪确有准备乘敌撤撤退之际，先占领要点要将，我除确实连系掌握伪军监视敌奸之间有无妥协阴谋外，并于总反攻开始时准备有力部队分别接近敌后各要点，要我以奇袭行动先制占领之。	另案办。

以上所报各节，如蒙批可，拟分饬有机关拟办核办。当否乞示。

如拟，但限于必须要使知悉之机关为要。

钦　一处办　三. 廿

(8) 蒋介石电 (3月21日)

军令部徐部长勋鉴：元字第三四五四号寅灰令一元甲代电悉。所拟策动伪军张岚峰部反正应注意准备事项已交汤总司令照办矣。中正。(卅三) 寅箇。侍秦。

(9) 何应钦电 (3月22日)

有线。沈邱。何总司令：丑艳机寅齐濐两电悉。密。(一) 对刘翼飞已令调统局派员连络，以便策应反攻，惟不可令彼任伪职；(二) 对王树常、于珍、戢翼翘等希转达慰勉；(三) 国军剿匪不能与敌有谅解，余已饬主管机关核办，特复。何〇〇。寅养。令二元一甲。

(10) 蒋介石电 (3月22日)

代电。

本会调查统计局戴副局长：据报：一、伪逆齐燮元虽被敌方迫使下野，我方仍可设法连系利用，并注意侦察其动向；二、刘翼飞蜷伏平津有意报效我，为使其在暗中掌握平津潜伏实力计，可派员秘与连系；三、王树常、于珍，闻有爱国心，戢翼翘负反正策应全责，可酌予慰勉联系之，希即分别密办具报。中〇。寅养。令一元甲。

(11) 蒋鼎文转温寿泉密函核议表（3月30日）

<table>
<tr><td colspan="2">蒋鼎文寅灰电转呈温寿泉密函核议表　　三十三年三月三十日
于第一厅第一处</td></tr>
<tr><td>来件摘要</td><td>审核意见</td></tr>
<tr><td>一、潜伏北平温寿泉、张壁、张恺（我方均已委以参议名义）等一致表示，目前华北之最大危机不在敌寇，而在奸伪，尔后敌寇撤退，在国军未到达前，黄河以北恐造成奸伪割据局面，望我方派遣军事人员由伊等掩护潜入伪军警机关，以期切实掌握伪军，策应将来反攻。

二、敌寇既策动、容共，复积极勾结阎百川，其交换条件为令阎氏领导华北，接管平津，惟阎力微心逆決不足恃，中央应遣得力员兵即进入晋积极活动，俾得呼应，平津果能如此，则敌寇总崩溃时我可先发制人，进占平津枢要，以奠定华北全局。</td><td>一、查敌寇在我陷区劫掠物资、抽征壮丁，苛暴已达极点，敌寇势必再事前迫伪府将无术应付，尤以伪军被征出国将使陷区益加混乱，正予奸伪以难得之机会，奸伪自必加紧争取伪军以壮大其势力。此际我方对于任何伪军均应设法联系掌握为宜，加以奸伪确有乘敌撤退之际先我占领要点要线之准备，我除于开始反攻时多派挺进部队及正规军挺进敌后外，亦唯有利用伪军就近逐步。接替敌军放弃之交通线及据点，为唯一对策。上述旨趣，拟饬调统局及第一战区长官部对华北及津浦路沿线伪军应全面加强策反。其策反方法，除遵照三十二年九月廿四日会颁辨制渝字第5603号修正办法外，并应注意下列各项：
1. 对实力较大内向心切之伪军，应秘派妥当专员暗中联系掌握之，并令各该伪部整顿所部勿使奸伪份子之潜入；
2. 应使伪军搜集情报（敌情奸情），并占领敌后次要据点，努力防剿奸伪，如敌撤守据点时应立时接替之，免为奸伪所乘，必要时掩护我守势作战；
3. 应乘机向敌伪请领装备，如敌大举进犯，或挟伪军窜犯，或抽调伪军出国时，应乘机杀敌反正，如敌全面崩溃时，应全力攻占据（要）点，固守之，以俟迎国军之到达。
二、敌寇与闫秘接洽，不过互有利用，似应饬调统局及胡副长官予以注意调查即可。</td></tr>
<tr><td>拟

办</td><td>查第一战区（含冀察战区）辖境包括冀察鲁豫全部及晋皖苏各一部，伪军数量约占全陷区伪军百分之六五（计三十二万），奸伪亦占全数百分之六十（计四十二万），为使该长官部处理策反伪军及防制奸伪业务完善计，似应饬由蒋长官指定高级人员二、三员专司特种业务，以保机密而专责成，（本会每月酌予津贴）并与汤副长官部及本会调统局密取联系。
上项意见，如蒙核可，拟分饬戴副局长及蒋长官遵照办理。当否，乞示。</td></tr>
</table>

〔国民政府军令部战史会档案〕

43. 陈公博自白书——《八年来的回忆》

（1946年）

八年来的回忆　　陈公博

我这篇回忆，是从二十七年离川写起，是一篇自白，也可以说是汪先生和平运动的简单实录，本来在今日大统一时候，我对于保存国家和地方人民元气的心事已尽，对于汪先生个人的心事已了，是非功罪可以置而不述，但既然奉命要写一篇简述，那么对于汪先生的心境我是不能不说的，不说明汪先生的心境，和平运动就无法说明它的起源；对于我的主张也不能不说的，不说明我的主张，这几年来的经过便无从说起，对于这几年来我的工作和心情也不能不说明的。不说明，便不知道这几年来此间人们的苦闷和挣扎，类于矫饰，而不是坦白的自白。我也知道，我参加和平运动的经过，由反对而卒之参加重庆的同志们都很了然，就是不写，大家都很明白。因此，我决定不诿过，不矫饰，很简单的写这一篇回忆。不过我对汪先生的心事算了了，然而至极大的遗憾的，就是我自民国二十年底回到南京以后，总想这次外有日本的侵君，内有共产党的捣乱，国民党忠不至于再有破裂了罢，若要不破裂，只有从我做起，所以由民国二十一年起，以至汪先生离重庆止，而且一直至到现在，我对党始终没有批评过，对于实际政治也没有批评过，然而还有汪先生离开重庆的一件事，更有组织南京政府的一件事，这是我梦想不到，而引为绝大遗憾的，以下分段说明这几年来的经过：

（一）汪先生的心境

关于汪先生的和平理论，我不打算写了，汪先生的和平理论，这几年来有出版的言论集，我要写的是汪先生由民国二十一年以至二十四年，尤其是民国二十五年以后的心境，明白了汪先生的心境，便可以知汪先生主张和平的动机。

汪先生在民国二十一年上海一二八之役，是主张抵抗的，在民国二十二年长城古北口之役，是主张抵抗的。在二十一年曾因张学良不愿意抵抗，而通电邀张学良共同下野，因此出国。在长城古北口之役，又匆匆自外归来，共赴国难，那时候汪先生总以为中国只有抵抗才有办法，可是也因长城古北口之役，最使汪先生所受的刺激太深，因为前方将领回来报告，都说官兵无法战争，官兵并非不愿战，实在不能战，因为我们的火力，比敌人的火力距离太远了，我们官兵看不见敌人，只是受到敌人炮火的威胁，汪先生听了这些报告，以后便慢慢有主和的倾向。

汪先生那时候不但主持行政院，还且兼了外交部长，我当时大不以为然，在南京的各同志也大不以为然，外间的批评都集中汪先生一人，以为主和的只是汪先生，所以当日许多人都劝过汪先生说上海的淞沪协定是汪先生所知的，而塘沽协定是事后才知道的，汪先生也应该分辩一下，汪先生说“我绝不分辩，谁叫我当行政院长，行政院是要负一切责任的”。汪先生这句话，可以表明他当日的心境，那时他还对我说，“武官是有责任的，他们绝不能说不能战，文官是没有打战的责任，他们当然唱高调主战，今日除我说老实话还有谁人。”我告诉他外间的批评很是恶劣，我希望汪先生事事慎重，汪先生所愤懑的答复我“我死且不惧何畏乎焉”，我只得默然了。

到了民国二十三年，环境更是一天一天恶劣了；当日的国事，我知道是蒋先生和汪先生共同负责的，然而外间的观察，显然已划分为两个分野，我也知道汪先生不惜牺牲，愿替国家负责，愿替蒋先生负责，可是据我观察，国事到是危险非常。第一，中国要战，该举国一致，中国要和，也应举国一致，如果把蒋先生和汪先生认为两种主张，那么国内不难明显的分为和、战两派，在大难当前，而有党内两个不同的见解，可以促成党的分裂；第二，国内捣乱的分子很多，惟恐国民党团结，惟恐蒋汪真正合作，有此分野，更另予挑拨者以机会。国的分裂，党的分裂，是我决不愿再见的。那时国内的报纸，对于汪先生的攻击，已渐渐明朗化了，例如南京有一家报纸载日本公使有吉归国，汪先生送他到车站，还哭了一场，报上还讥讽汪先生，登了两首诗，那两首诗的全文，我已忘记，只记得有两句“桃花潭水深千尺，不及汪伪送我情”。我那时真是苦闷极了，我不是不爱国，同时我也爱汪先生，极不愿汪先生就这样牺牲了，因此我又劝汪先生辞职，等到和战大计决定之后，再负责任也不为晚。

我正在劝汪先生辞职的时候，倏然听到一个消息，说汪先生的儿女也反对汪先生兼外交部长。有一晚，汪先生晚膳，喝酒难醉，家人又反对他兼外交部长，汪先生大哭说：“现在聪明人谁肯当外交部部长。”我听了之后非常难过，同时想起上海一二八之役，陈友仁离职以后，汪先生对我说：“蒋先生的意思，要我做外交部，我力辞不干，当时我不干有两个理由，第一因为英美报纸，久已宣传我是一个极端左翼分子，那时外交正在紧迫，不能不靠英美帮忙，如果我干外交部，恐怕和英美隔膜，于中国无利；第二我的性格最不喜欢应酬，而外交官第一个要件就在应酬，这样我干外交部，于公于私，都没有好处。”不过我听见汪先生这一句聪明人不肯干外交部的话，立刻想替汪先生分谤，顾不到英美的隔膜和我自己的性格了。第二天我遂见汪先生，提出我愿意干外交部的意思，汪先生说：“我现在干外交部，就是人家不听我的话，还得要考虑一下，如果你来干外交部，恐怕人家连考虑也不会考虑。”我说：“这样请汪先生向蒋先生说，我自告奋勇去干驻日公使怎样。”汪先生说：“你要替我分谤心事，我是明白的，可是外交部和驻日公使是一样的情形。”我听了之后，更无话可说。

至到民国二十三年下半年，我的确苦闷达于极点，除了一般人攻击汪先生主和之外，还有些人见了汪先生面时主和，离开汪先生便主战，还有些人力劝汪先生不要主和之外，还来见我要我告劝汪先生不要主和的，其实当时情势混沌达于极点，战固然说得太早，但和也无从说些，我劝汪先生以暂退为宜，末后我见汪先生坚持负责，我只好单独向汪先生提出辞职，可是我每一次辞职，汪先生总不否复，这样一直拖至民国二十四年夏天。

民国二十四年夏天，大概是六、七月罢，汪先生肝病复发，到上海进医院了，后来依医生的劝告，又到青岛养病，在八月初旬，我在南京接到汪先生一个电报说：黄季宽先生刚由重庆见过蒋先生回到上海，携有对日方案，定于八月五日，由沪起程来青岛，嘱我和黄季宽一同到青岛一谈，我遂于八月五日在南京飞机场等候黄季宽，当天飞到青岛，下午和季宽一同见汪先生，汪先生那时病得很消瘦，看了那个方案以后，没有说什么话，回头只对我说："公博，你是不是还要不干？"我说："是的。"汪先生说："这样也好。"我听见汪先生允许我不干，如释重负，如季宽一齐退出来，当夜便和青岛市长沈鸿烈痛饮一顿，第二天早夜均和朋友喝酒，没有去见汪先生，至于第三天中午还是喝酒，汪先生使人来找我了，我酒还没有大醒，去到海边一个别墅见汪先生，这次我自有生以来和汪先生面红耳热说话的算是第一次，过去我虽然常和汪先生讨论，有时免不了辩论，然而那一次简直可以算是吵起来，事后回想，真不胜悲源之至，汪先生一见我，便很严肃的问我："公博，你说不干，是真的不干吗？"我说："我不愿干，自去年已具决心，那还是假的。"汪先生说："我病还没有好，或许今天我说的话是病态的说话，我不独我要干下去，我劝你也要干下去。"我那时算是醉还未醒，我说："汪先生能否容许我说几句话？"汪先生说："当然可以。"我说："汪先生你说是病态的说话，我今日是醉态的说话，现在许多人都骂汪先生是秦桧，我今天就承认秦桧是好人罢，但秦桧是牺牲了，然而终无补于南宋之七，一般人都说汪先生卖国，但卖国还是有代价，象今日的情形，日蹙国土百里谈不上卖国，简直是送国罢了，我想不必你汪精卫送罢！”汪先生奋然说：“公博，你的话是为汪精卫说的，不是为中华民国说的，人家送国是没有限度的，我汪精卫送国是有限度的，公博，我已经五十多岁了，你也快到五十岁了。中国要复兴，起码要二十年，不要说我汪精卫看不见，连你陈公博也看不见。目前能够替国家保一分元气，以为将来复兴地步，多一分是一分，这是我知你的责任，因为不独我要干，我劝你也要干。”汪先生这番话，使得我无话可说，我只好说：“汪先生既然要挑水，难道我好站有傍边袖手吗。”我是在八月十日到南京；同时我知道，蒋先生将于二十左右回京，可是在十八日，我接到汪先生一个电报，他说决定辞职，我禁不得一喜一疑，喜的是汪先生肯辞，疑的是汪先生在青岛时那样坚决要干，不到十天，又决辞职。可是我的心情只求汪先生愿意不干，其中变化的情由，我也不再去问了。

那年十二月汪先生被刺于中央党部受伤了，更因受伤而出国疗治了，我对于汪先生受伤是极痛愤的，对于汪先生出国是极高兴的，汪先生出国一直到西安事变后才匆匆归国，自西安事变发生后，汪先生更是倾向和平，以为中国对日应该寻出一条和平之路，如果中日两国战争，结果在国际便宜了苏联，在国内只替共产党做机会。总括汪先生的心境，他的主张和远因，是受了长城古北口之役的影响，近因是受了西安事变的刺激，或者他人的观察和我不同，而我个人的观察还是相信比较正确的，关于汪先生的心境，我写得似乎太长了，但不详写汪先生的心境，便无从说明汪先生主和的症结，至于后来因主和而离开重庆，那时始料所不及，并且我前后反对了二十余小时还不能阻汪先生的离渝，那更是始料所不及。

（二）和平运动前后和我的主张

若如果有问我，汪先生的和平运动是什么时候开始的，我实在没有方法答复，因为我是今还不知昭于何时，在汪先生通知我的时候，我只尽我的力量反对，无暇探问始于何时，到后来事机已经成熟，我仍是反对，也懒得去探问始于何时，大概是二十七年的十一月初罢，时间我已经记忆不清，我正在成都计划如何训练党员，和公开在四川省党部召集在成都的中学生分期演讲“三民主义与科学”。我接到汪先生的电报说参政会开会在即，嘱我早一二天到重庆，本来我在党里是被指定为参政会内国民党党团的指导员，因此我即起程赴重庆，到达重庆，我还记得是早上去见汪先生的，当时汪先生通知我对日和平已有头绪，我真像丈二和尚摸不着头脑，我一句话也不能说，只听汪先生自己讲述，我心想真是大奇怪了，这样大的事情，为什么汪先生事前一点也不关照我，当时在座的人，我一时也记忆不清仿佛除了汪夫人之外，有周佛海、陶希圣、梅思平几位，我等他们走后，我听见汪先生所说，又仿佛蒋先生是不知道的，又仿佛说待时机成熟，汪先生还要离开重庆的，我听了之后，大不谓然，因为那是太反乎我的主张，我当时对汪先生陈述了几个理由，第一，是自从国民政府于十四年七月一日在广州成立，以至北伐成功，中国经过好几次党的分裂，好容易在民国二十年底宁粤合作，党复统一方今国家多难，党不容再破。第二，是对外问题，首在全国一致，战固然要一致，和也要一致，固然在战争时候，和战见解，国内或有不同，但尽管别党别派不同，而在国民党内，万不可有两种主张，否则易为别党所乘，党一失败，国亦不救。第三，日本情形，我绝不熟悉，但由过去数年交涉而论，日本绝无诚意，日本对中国的要求什么是他们限度，我们是没有方法知道的，对于一个国家，我们不知道他的对我要求至何限度，而卒然言和，是绝对一件危险的事，其他还有许多理由，我现在也记忆不清。要而言之，我固然反对汪先生言和，更反对汪先生离开重庆，这样辩论到了十一时，汪夫人说：你们辩论时间太久了，食过中饭，再来谈罢。我离开汪公馆，便一经到中商银行找佛海，并顺便找陶希圣，佛海对我说："你一定吓一跳罢。"我说："怎么不是呢，这样大的事情，为什么今天汪先生才通知我。"佛海说："我也对汪先生说过，应该通知公博。"可是汪夫人说："公博近来太懒，等到成功再通知他，若是我们都走，他是不能单独再留的。"佛海的说话这样，陶希圣也是一样，我听见这句话，默然无话可说只得长叹一声，心想那里怕我懒，只怕我反对罢了。下午食了午饭，我再见汪先生，力陈不能和，不能走的理由，这样又辩论到了黄昏，我才回旅馆。以后我每次见汪先生，都不赞成这个主张，后来汪先生说：这事虽有头绪，尚无结束，等到后来发展再谈罢。

说到此地，我可以说在自民国二十年年底至到离开重庆，甚至乎至到今日我的主张了，我的主张说起来很是简单，就是个人无论如何牺牲，最要紧党万不可再破裂，我还记得在扩大会议失败之后，我个人到欧洲住了半年，在二十年广州有非常会议召集，我即没有过问，到了九月我想这样住下去也是不了，到不如回国试试进行一种党的团结，归途刚抵锡兰的哥伦堡，即闻有沈阳九一八之变，我还记得当夜在船上做了一首诗："海上凄清曰感生，频年扰攘未休兵，独留肝胆对明月，老去方知厌党争。"自是决心追行党的团结，心中终以为党有办法，否则党一失败，固亦随之而亡，纵幸不亡，亦必衰败。

但要党团结，先从那里着手呢？我以为先须从本身着手，因此，我自二十年底回到南京以后，对于实际的政治从来不批评，对于党也从来不表示意见。老实说，我并不是没有批评和意见，但是再想，多一种意见，便多一种纠纷，而且更自己反省，我的意见是不是绝对好的，就是好是不是能行的，倘不是绝对的好，那更不必说，倘好而不能行，也不必说，我为谋党的统一和团结，先不必期之别人，还是先求之自己，我心中所祈求的，党万不容再分裂，蒋先生和汪先生千万须合作到底，这是我在二十年底回南京后以至今日的一贯主张。

而且当日国家实在也太危险了，中日问题时刻都有立刻战争可能，军需工业，中国谈不到，而且也不可一促而几，但中国每年缺食米一千六百万担怎么办?每年缺乏面粉二千万担怎么办?民国二十一年中国棉花产量只得七百万担怎么办?中国一有战事，衣食均缺，真可不战而屈，这都是我的实业部职权范围，我应该埋头于解决这些问题，党的问题，我为求团结，我且让其他同志干去。

我对党务求团结，不但我在实业部四年如此，就是我离开实业部也是如此，我还记得我离开实业部后，张岳军先生智奉蒋先生之命征求我做驻意大利大使的同意，我坚辞不就，固然我的母亲太老，我不愿意离开他，同时我深怕我离国太远，而汪先生又离国治疗，易为造谣者制造谣言的机会，党内的谣言一生，结果有时非意料所及，我离实业部以至八一三事变，始终未离京一步，这是我为力求党内团结的苦衷，当时或者没有人会了解的。

在民国二十七年我们退到汉口时候，党的统一呼声又起，我记得有一次陈立夫和陈辞修两位先生来德明饭店看我，陈辞修先生说："过去党的纠纷，我们三个人都应该负责任。"我说："在民国二十一年以前，可以说我应负完全责任，在二十一年以后，我绝不负任何责任。"立夫先生也说："这几年来公博先生实在没有责任。"党的统一是我极端赞同的，不必等到二十七年，我在二十一年已经开始以静默的态度，而等时机的光临了。其实在我历年的回忆，在每次纠纷当中，我都不是居干发动地位，而结果每一次都变成首要，例如十六年宁汉分裂，我在南京主张国府和吾司令部都迁汉，当时我知道共党没有多大力量，总想以国府与总部同时迁汉，可以镇压下去，但后来毕竟引起宁汉的分立，在十八年自革命评论停版之后，到了欧洲，本想作久居之计，后来汪先生和汪夫人日久促我回国，遂有张桂军之役和扩大会计，至今回想，自己也觉有些不可思议，我叙述这些经过，我并非诿过，并非卸责，因叙述之便，不禁引起这样的感想。

至二十七年十一月底罢？时间我已记忆不清了，我又接汪先生从重庆发来一个电报，叫我立刻至重庆，我到重庆时汪先生告诉我中日和平已经过成熟，近卫已表示了几个原则。一、承认满洲国。二、内蒙共同防共。三、华北经济合作。四、取消租界和领事裁判权。五、相互不赔款，中国如答应，则日本于两年内撤兵。我对第四、第五两原则没有意见外，其余第一、第二、第三等原则都不赞同。尤其不赞成的，是汪先生离开重庆，我的极大原则是，“党不可分国必统一”，党的分裂痛苦，我已受够了。我们要救国才组织党，今党不断分裂，救国更从何谈起。汪先生说：“现在中国的国力已不能再战了。非设法和平不可了，我在重庆主和，人家必误会以为是政府的主张，这是与政府不利的，我若离开重庆，则是我个人的主张，如交涉有好的条件，然后政府再接受，而且假使敌人再攻重庆，我们便要亡国，我们难道袖手旁观以待亡国吗？我们已无路再退，再退只有退西北，我们结果必为共产党的俘虏。”当时我已辩无可辩。我说：“我在二十六年底奉蒋先生之命至欧洲，当时原可以不急急归国，当日很多人在欧美多藉口办理外交或采购物资逍遥海外，以待世变，我不忍各同志在国内挣扎苦斗，故愿同甘共苦，匆匆求归，我的志愿如此，我宁愿直到了这过时期一同牺牲算了。”汪先生说：“我们革命党死何足惧，难道眼看几千万的老百姓也跟着我们同死吗？”汪夫人这时说：“好了！我们一定走的，你不走时你一个人留在此地好了。”我们辩论到了此时，已无法再辩，我已无法阻汪先生离渝，至于以后怎样，我不得不再考虑。

汪先生是决定于十二月二十左右离渝了，我回成都以后，苦闷达于极度，第一想到我不随汪先生走，不难人家看作我个人留在内地作汪先生的内应工作，就是不这样看法，我也不忍眼看各人在我面前大骂汪先生，第二想到我若跟汪先生走罢，数年来我苦心孤诣，隐忍自重，以求党的终一的苦衷，都尽付流水，第三我更想到倘然是和平成功，东北是丢了，内蒙共同防共也等于丢了，所谓华北经济合作也等于共有，于中国前途绝无好处。自回成都以后，每夜都不能合眼，我只有最后一个希望，即希望离川以后，以个人的努力，阻止汪先生组织政府，更希望党对汪先生的制裁能缓和，减少汪先生的冲动，这样我可以从容努力，如果汪先生能够中途中止他的行动，这是旦夕所祈求的，时日已记不清楚大约在十二月十三四左右，汪先生派一个副官，来成都通知我，叫我务于十八日到昆明，我因为天气关系，延至二十始由成都飞云南，但汪先生已先一日赴河内，我又只好赴河内，到了河内我写了一封信呈蒋先生托张岳军和朱骝先两位先生转呈，中间略述我的主张，并盼党能对汪先生宽大，使我能尽最后的努力。

在河内住了几天，近卫声明已发出，汪先生起草一个答复，交周佛海、陶希圣和我三个人，带香港发表。我临行之时，力劝汪先生不要离开河内，并且不要和日本人来往，以示无他，我回到香港以后，必想我的心愿已了，只求汪先生不要再有行动，或者可以得重庆各同志的谅解。

中央党部终于二十七年一月一日对汪先生下了处分，末后更有曾仲鸣之死，我想我劝汪先生不要离开河内的主张怕又会中变了，我那时算是感觉人微言轻，以我和汪先生二十年的关系不能阻其离渝，以六年来苦心孤诣以求党的团结统一而败于一旦，我尚有何话可说，恰直我的母亲病重，我遂闭门不出，更不表示意见，不久听见汪先生赴沪了，而且更听见汪先生要到日本了，我忍不住打一个电报给汪先生，那个电文我已不存，我只记得大意说：以先生的地位万不宜赴日，并且最后一句话说得很严重的，先生如此何以面国人。汪先生复我一电说：弟为国家人民而赴日，有何不可以面国人，而且在此国家破亡之时，更不计及个人地位。我接到这个电报，又只有长叹而已。

大概是二十八年夏天罢，汪先生到了广州，叫我到广州一行，并且派人对我说，他和日本已定有一种君子协定，他不求我赞成，只希望一见以使讨论，我到广州住了两三天，汪先生出示中日的君子协定，现在内容我还记不清，大致和近卫声明及后来的中日基本条约差不多，我总认为不满，非中国所能接受。

不久上海又召集干部会议，邀我和何炳贤出席，我决定不去，只是何炳贤赴沪，我嘱他最要是阻止汪先生组织政府，其余善后问题我再设法挽救，其后何炳贤的确极力反对组织政府，并且和当时出席的人起了非常激烈的辩论，我当日一种痴想，以为我什么都不参加，或者汪先生不致于组织政府，那里知道以我个人之力，阻不了汪先生的决心，更不能排除当日的群议呢！

到了十二日，汪先生又要我到上海一行，说中日基本条约的草约已开始讨论，如果不到上海，以后就是反对也来不及，我想这或者是一个关键罢？如果我逐一反对，那么组织政府可以延搁，以后就要和平也可以等到全国一致才举行，因此我又到上海住了半个月，那里知道我到上海时候所谓基本条约已讨论了一半，因此我知道汪先生是不必等我来才讨论了，我住了上海半个月，只是和须贺辩论些海军问题，这都是无关宏旨的虚话，我再无心逗留，终于十二月底又回到香港，在离开上海的几天中有一夜汪先生请我们食饭，我碰见影佐祯昭，我说：那里是基本条约，简直是日本要控制中国罢了，影佐答复我说，在目前不能说日本没有这个意思，饭后我把影佐的话报告汪先生，并希望汪先生慎重，汪先生奋然说，我们偏不使日本控制中国。

（三）南京政府的组织和我决定的原则

我是二十八年十二月三十回到香港的，当日我在上海时候，已听见有组织政府的消息，可是汪先生始终没有和我谈起，只是从旁听说某人预备做什么部，某人预备做什么部而已。我反正不愿闻，就不愿与闻到底，我心想赶快离开上海再说，同时我希望重庆同志急急想出一个办法，我不是说因为汪先生要组织政府，重庆不能不及早谋和而是重庆最好有一个表示，使上海一班人们，不至急于出以积极行动。可是我回到香港以后，我没有办法通知重庆，在香港谁人可以代表重庆，我是不知道的。我在十七年到欧洲时候，曾携张岳军一本“群密”，在八日时已知道不适用了，正在焦虑之中，在二十九年的一月初三，或初五罢，陶希圣和高宗武两位，早上忽来访我了，我吃了一惊，问他们什么时候来香港，他们说：我上船之后，他们也隔了一两日便走了。他们两人当时并没有说什么。只说：他们走后，汪先生便要找我了。我当时实在惊诧不已，找不出什么话可谈，等到第二天再找他们时，一个也找不到。我那时实在不知高、陶两位的意见，在沪他们对于佛海不满意，说了佛海许多闲话，我是知道的，至于对基本条约不满意，我始终没有机会听到，直至后来，他们公开发布基本条约的密约初稿，我方恍然大悟，我对基本条约不满，和反对组织政府，他们是很明白的，但为什么不对我说呢？不赞成汪先生组织政府，也为什么不早对我说呢？

汪先生毕竟赴青岛举行会谈了，在事前我毫无所闻，不过至今回想，就是事前有所闻，也是毫无用处，那时候似乎箭已离弦，扣弓无益，我心想汪先生实在太危险了，在一般和运的份子，我所稍为稔熟的，只有周佛海和陶希圣两人，佛海是我在民国十年认识，其后以职务上的不同，不止谈话很少，就是见面也很少，至于希圣是比稔熟人，汪先生脾气易于冲动，我是知道的，如果经情直行，对于汪先生的前途，对于中国的前途，我其抱莫大的忧虑。

我光是在家焦虑，如是又延到三月初旬，汪夫人说：“你对于这点赞成和反对，请你到上海当面对汪先生说。”我还记得在我临行之前数夕，曾和钱新之，和杜月笙两先生见一次面，他们问我是否要到上海，我率直答复是的，他们拜托我最好劝汪先生不要组织政府，我说当然要劝汪先生，同时我表示我实在对高、陶两位不满，倘然他们早些对我明白表示，或者合三人之力，可以阻止汪先生，来后我仍希望他两位转达蒋先生有无更好的办法，使我得以从中尽我最后的努力。

就是在三月十三、四到上海的，比到上海时候，还都南京一切都准备好了，我简直无法开口，我知道再劝也是无用，不过劝虽无用，也不能不劝，汪先生说政府再不组织，只有宣布和平运动失败，人也会散了，我知道事已至此，挽救是无法了，今后只有从事补救的一法，当时我向汪先生提出两点，第一点：战由蒋先生战，和亦当由蒋先生和，南京地位只好处在一个中间交涉的地位，换一句话说，南京极力向日本交涉，得到最优的条件，通知重庆，务必全国一致，然后乃和。第二点：南京对于日本在中国作战，应当极力阻止，尤其万勿命令所辖的军队参加作战，以免由外患转而变成内战的方式。这两点意见汪先生极为赞成，并且说我这些意见就是他的意见。

汪先生允许我的提议，并且要我干行政院，我坚辞不干，转而就立法院，我当时极愿以闲散之身，使得心胸稍稍宁静，徐谋补救，使国家和党复归统一，至于我本身又应该怎样呢？我自己也决定我应当作的几件事。

第一，是反对中日基本条约，在基本条约签定以前和在签定以后，我都一直反对。二十九年底算是正式签定了，在正式讨论时候，汪先生叫我参加讨论，那么签定以后，我再不好反对，我要保留反对的地位所以不肯参加，在签定后，阿部信行大将，其时是驻南京的大使，他问我基本条约会不会发生影响，我说：绝对不会发生影响，因为第一、所谓基本条约，顾名思义，应该谋中日两国友好的百年大计，照这个条约内容，连停战协定都够不上，更谈不上基本。第二、照近卫声明，口口声声说“东亚新秩序”，而基本条约内容，无一条不是旧秩序，而且是旧秩序中最坏的恶例；不过这个条约固然发生不了好影响，也不会再发生恶影响，阿部问这是何解？我说：一般现象已经恶极了，大众都已对日本不谅解，这个条约，不过是对日本不谅解中一个证明而已。其后无论本多、重光来任大使，我都这样反对，三十一年和东条英机见面，也是一样反对，并且对任何中日人士，我都这样解释和宣传，直至三十二年底，才把所谓中日基本条约废止。

第二，是反对华北特殊化，在基本条约中在华北中日经济合作，只是那么一句话，但事实上何止合作，简直是独立。在二十九年三月底，我得到美联社一个消息，说北平兴亚院的森冈，很怕南京政府还都影响到北方，曾秘密电东京，主张华北应该采取永久半独立状态，我在二十九年五月，以答礼的名义赴东京，首先对内阁总理米内，和有田外务大臣，提出质问，而且更对近卫文麿质问，米内和有田极力否认，而近已则因已下野，说是否有此事，他已不在其位，毫不知情；然而事实上华北何止独立，简直是一个国家，举凡政治、军事、经济、金融、交通无一而非独立，尤其特殊之特殊，南京和北平的文书、交涉和一切接洽，都要经日本的手，我在三十一年又写了一篇文章登在日本杂志，题目是《告日本国民》，当中一段攻击华北特殊化，并说我们绝无南北之见，要中国南北分立的不是中国，只是日本罢了，因为日本宣传说：中国南北的见解不同，似乎华北的特殊化是中国北方的要求，而不是日本故意使其分立，所以我有这么一篇公开的言论。华北独立，一直至基本条约废止之后，及日本采取所谓对华新政策，才慢慢有统一的倾向，然而也只有倾向为止，因为日本军人把持于上，商人把持于下，至日本投降时候，还是保持一种特殊的状态。

第三，是提倡民族主义，南京政府还都之后，三民主义重复在沦陷区内公开宣传，我尤其竭力提倡民族主义。我深怕人民习惯于日本统治，更怕军人习惯于日本支配，使得中国永远不能翻身，我对汪先生提议重复设立政治训练部，我的用意，因为在南京政府还都时候，一个兵都没有，所有的仅有任援道的绥靖军，和日本利用完了的谋略部队，这些部队在二十六年底即归日军支配，至到二十九年初已有两年多，日本所谓谋略部队，只求他们不对日本放枪，其他事情日本是不同的，因此部队中思想庞杂，纪律废弛，我深怕他们贻害人民，尤其怕他们倾向日本，则国家将贻无穷之患，因此我把各部队的军官抽调来京训练，灌输他们以民族思想，提倡不可靠人，更鼓励他们以国家自由独立精神，勿为外人利用，我就用在成都时对中学生讲演的《三民主义与科学》作蓝本，另外写一本《政治工作须知》，最注重"负责任、求知识、守尊严"。我所谓守尊严，固然一个军人一个国民不能骄傲，同时更不能卑屈，我当时实在看不惯有些人对日本那样卑屈的态度，我不独引为国民之耻，更可怕由此堕落而使民心不能自拔。

第四，是提倡廉洁政治。我最引为耻辱的，是在民国二十三、四年所到日本批评中国说：中国无一公忠体国的人，同时我更反省到，中国之受外侮，常因政治不修而起，我感悟到四书有句话："人必自侮而后人侮之，家必自毁而后人毁，国必自伐而后人伐之。"因此我想，我不来则已，既来应当示日本人中国并不是没有公忠体国之人，以此首倡廉洁政治，而为各人表率；而且我更出四句格言："复兴中国，从做人起，建树人格，从立志起。"我以为不会做人也无从救国，国家虽然衰败，如果人人能够立志做人，不以和平为发财的门径，或者中国还有出头的一天。不过我承认失败了，我虽然这样标榜，而且在上海实际干了四年，僚属发生不了很大的影响，贪污还要层见叠出，社会也发生不了影响，奢侈淫靡还是茫无止境，人们都如饮狂药，似世界末日将至，能够享乐一天算是一天，什么是中国危险，他们似乎不在乎，什么才可使中国复兴，他们更以为不干他们的事，这真是使我非常之痛心的。

南京政府五年半中，可以说无日不和日本斗争，除了和日本力争和平条件之外，在政治上争行政的自由和统一，在军事上争军事上的独立和脱离日本的束缚，在经济上争取物资的保存和国家人民的无气的保存。至于具体事实，我因为没有档案在手边，而且太长而琐碎，只好问各部门的负责者了。我还记得去年有人对我说：和平运动是失败了。我说：南京这几年中，对日本就没有和平过，无日不在那里斗争，和日本总军部斗争，和日本大使馆斗争，更和东京政府斗争，既然没有和平过，那么更谈不上失败不失败，至于全面和平更谈不上，这都是五年半的事实。

（四）敌性的南京和危险的南京

我所谓敌性的南京，是日本人眼中的南京，我所谓危险的南京，是我眼中的南京，现在我分段略述如下：

（甲）敌性的南京：日本人对于汪先生是相当尊敬的，同时也认为南京是含有敌性的，因为汪先生有汪先生的理想，而日本人有日本人的见解。汪先生的理想？以为我以诚待人，人总是有良心的，也会感格伪。近卫既然声明日本并无灭亡中国之心，那么日本在华军民也是一样的，因此日本应当让南京统一南北，使南京得到行政上的自由，使南京得以建树强有力的军队，以保持和平区的治安，使南京支配一切经济，以保持国家人民的元气，使南京可以自由处置贪官污吏，使人民可以安居乐业，数年以来的战争苦可以得稍苏息，使南京自己可以保护人民，排除日本宪兵的非法逮捕，以保存人民的生命。而日本的见解那就大不同了，许多军队和官吏曾受日本支持的，他们不得不继续支持，至于贪官污吏与否，是与日本无关，有的或者因为贪污，他们才更易利用，至于南北对立，更是他们夺取物资的机会，军队不必强有力，只须能够做到日本军的步哨为已足，南京政府军队有了力量，总有一天，联合重庆反攻日军。日军是以战养战，物资在所必需，倘然由南京支配，南京一定不肯尽量供给日本的需要。南京是知重庆休戚相关的，重庆份子南京必然掩护，而足妨客日军的安全，凡此种种，都是汪先生的理想，和日本的见解完全对立。日本在二十九年乃至三十年，还企图南京能够进行全面和平，及后慢慢认南京为含有敌性的政府，几年以来，除对汪先生表面尊重之外，发出一个批评，说重庆是武装抗战，南京是和平抗战。因为视南京为敌性政府，对于政治以前采一种半干涉的态度，不复再打算解除，对于军队的调动故意拖延，使南京无集中军力的机会，对于经济，以办统制，应由民间办理为名，要求南京在上海成立各种统制委员会，而实际上由日人把持处置。

除各种束缚以外，更发出南京毫无力量的宣传，由这种宣传，对于各地政府，以及物资处置，更采一种脱离运动。照我的观察，假使日本的军事不失败那样快，南京政府的存在，是很成一个问题，倘若美军登陆，南京的部队，无疑的先给日军缴械。

（乙）危险的南京：在去年，即三十三年三四月间，是南京最危险的时期，也是中国全局危险的时期，因为东条内阁末期，东京已有和共产党妥协的动议，我们且接有日本参谋本部有派人赴延安商议的情报，在中国方面有许多当地的日本军已实际和共产党默契，例如苏北清乡计划，日军事前先期通知新四军和八路军，日军和新四军实行交换物资了，新四军首领陈毅负伤，由日本宪兵护送到上海疗治，共产党的代表在上海公然活动，且公然住在沧州饭店，大使馆的书记官池田以托罗斯基派名义掩护出而为共产党宣传，谷正之大使馆，断然对我说共产党并不坏，其政治且较重庆和南京进步。汪先生是于三月二日赴日本治病，把军事委我负责，把行政院委佛海负责，我既然负军事上的责任，我不得不替中国的前途打算，不得不替地方治安打算，尤其不得不为中国统一后打算，因此我决心如果日本一定和共产党妥协，只有和日本破裂，同时我得到一个情报，说共产党决定以苏北的阜宁为第二根据地，这样东南经日军破坏后，更要经共产党一次蹂躏，我实在对不起国家，并且不能履行离重庆后呈蒋先生信内国必统一，党不可分的诺言，因此我一面决定一种军事计划，并一面召集各将领在南京会议。

日本的态度暧昧如此，而南京的军事情形怎样呢？除了任援道的第一方面军，分布于苏浙皖各不相联外，苏北的李长江旧部和原有的部队，自经项致庄改编以后成立两军，这此部队因为分防的关系，没有方法训练和教育，而且械弹缺乏，配备不完，我打开地图一看，我们没有一个部队不给共产党包围，而警卫一、二、三三个师，除了第一师刘启雄留守南京外，日本总以分防为词，不肯让我们集中；至于三个师的内容，配备比其他各师较优，一、三两师军官多数是军校学生，虽然反共的意识坚强，但是待遇方面因为不是地方部队，无特别的津贴，也以各师为薄，是以逃兵很多，兵额不足，我经过很长的时间考虑，暂时北以陇海路为限，南以钱塘江为限，先作一个防失区域的准备，因此同时将苏北、江苏、浙江三省长官更迭，将江苏交任援道，将苏北交孙良诚、将浙江交项致庄，企图将这个此带保持住，使东南得到一个安全区域，一旦有事，不致沦于匪手。

当日我召集各将领会议，我曾声明，为中国的前途，为未来的统一，我不能不作这个打算，重庆赞成联合剿共，我们也剿共；重庆不赞成联合剿共，我们也剿共；日本不和共产党妥协，我们也剿共；就是日本和共产党妥协，我们也剿共；我是不惜因为剿共问题和日本反脸的。当时我曾提出：（一）由河南调孙良诚的部队到苏北，增厚苏北兵力。（二）将苏北三个师调浙江，因浙江除了第一方面军程万军一师没有其他队伍。（三）集中第一方面军防守京沪沪线。（四）以上海交税警团和保安队。（五）将警卫三个师集中于南京，清剿茅山匪区，打破共产党三山一湖的计划，并防止共党渡江之路。我这计划是在三十三年四月提出，而孙良诚的部队于十二月才完全到达苏北，因为孙良诚的部队是驻在河南，而调动河南队伍，必须和华北军部商量，东一拖延，西一阻挠，竟费八个月的光阴才完成一部分的计划。中间尤其东条内阁倒台，日本和共产党妥协的计划又各停顿，否则今日之南京及东南三角地带成何状况，我是无从去悬想的，可是因为日本的种种障碍，共产军已得自由来往渡江，浙江各地的共产军曾一时非常猖獗，攻陷天目威胁于潜玉山，莫不由此，如果当日没有日军那样障碍或者可以早遏乱萌，也未可料的。

并于吴化文部队由山东调驻安徽还是今年的事，其初我想将吴化文调陇海，而将张启峰调安徽，末后也因日本障碍，没有实行。除了军队布置以外，最缺乏是子弹问题，日本是从来限制我们部队的子弹的。南京修械所是没有办法了，无烟药是买不到了，我只好嘱咐各军自行设法购买和制造，最好是不要让日军知道，以免又发生掣肘的事情，其次更密嘱各军于和中央部队联合剿共时，设法密送械弹过来，使得增厚剿共的战斗力，其余我等候中央部队的反应，使东南各地于日本退兵时，不致沦入匪手，致对统一又发生过多一重障碍。

以上所述的军事布置，都是事实，我今日不是以为还有功可言，更不是以共产党问题为投机的题目，政府可以询问各军，都可以知道我的布置和主张。

（五）汪先生逝世至日本投降

答汪先生终于三十三年十一月十日不治逝世了，我一方面非常悲，一方面更想我对汪先生的心事已了，但怎样可以结束这个局面以使中国复归于统一呢。南京政府不是我一个人主张就可以解散的，立刻解散，一定受到日本的胁害，同时也没有别的机关可以维持治安，如果东南一乱，我仍旧对不起国家，仍旧不能达到中国顺利统一的理想，因此我不肯就主席职务，只以代理名义维持，等待国家的统一，同时于十一月二十日发布声明宣言：“南京国民政府自迁都以来，自始即无与重庆为敌之心。”更强调声明：

"党不可分国必统一。"这个声明，是表示我数年来的思想，并且回应我离四川后呈蒋先生那封信，当时仍在日军扶持之下。我不惮率直的表明南京无与重庆为敌之心，而南京政府算是各党各派无党无派合作的，我也不惮明白表示党不可分的理论，我并不是今日要叙述我的勇气和决心，只是八年以来的一贯主张，到了我可以发言的时机，应该披肝沥胆与人以共见。

布置是差不多了，主张也表示过了，所苦的我不能和蒋先生通消息，原本我有两个电台，一个是我自己设立的，在上海开纳路的七十四号，那电台设于三十一年下半年，是供给蒋先生侍从室刘百川用的，那呼号是□□□，我从来没有直接消息报告蒋先生，因为总感到关于日本的普通情报，自然有人报告，关于日本谋和事件，总以这些条件，我自己都不满意，都能告诉蒋先生至关于个人问题，只有等候蒋先生命令我自己表示的必要，其次一个电台是戴雨农先生底下的陈东平的，那个电台一次为上海日本宪兵破获，把人全捕去了，我出面保释，并要求交回电台，叫陈东平继续设立。后来陈东平因为恐宪兵监视，或作或辍，多数电报都送往浦东，自我就位代理主席，刘百川早回内地，第一个电台经日本宪兵干涉了几次，终于把电台封闭了，剩下陈东平的电台，据说没有和蒋先【生】通电的密码，那时我竟直没有办法，只好企图蒋先生有人到京沪，可以使我表示我的心境，和在此地的布置。

我还记得，我见过几个人，一位是何世桢先生，一位是顾宝安先生，一位是两路党部负责人（姓名我已忘记，可以问传式说。）一位是胡鄂公先生，一位是赵冰谷先生，我都托他们把我的心情和布置转达蒋先生，告诉他们，我对于汪先生心事已了，责任已完，现在此间，正候蒋先生指示办法。至于防共我已尽我的力量，大致东南不至有什么问题，将来无论如何我绝不会割据，我绝对服从蒋先生，我极盼望党能团结，而国复归于统一 。何世桢是驻上海的，其余各人，或者要回内地，或者自己要去内地，并且我郑重告诉顾宝安先生，请他转告立夫先生，或可能时并明蒋先生派一位相当重要人来沪，这样可以直接联络，直接通电，可是至到我离京之时，我依旧没有方法和蒋先生通消息。

不过在军事方面，已和顾墨三和何雄国两位先生取得联络，大概今年五六月间有一位姓杨的湘人（名字我也忘记，可以问赵尊岳）奉陶广军长之命来见我，商量军事合作，共同剿共，我和佛海商量之后派陆军部训练处处长张海帆和陶先生的代表到浙江，张海帆不但见了陶军长，并且还见了顾墨三先生，顾先生还派高级参谋柏良来沪商议具体问题，我立刻叫参谋次长祝晴川至沪和柏先生商议军事共同行动几十纲领，后来我回京之后，听说柏先生又因路不通，逗留杭州，到日本投降时候，他已回达浙江没有，我不知道，除共同剿共问题，我曾和柏良谈起日本问题，我主张美军不必在日本本土登陆，只在台湾登陆，日本即会屈伏，在台湾登陆牺牲较少而成功则一，柏先生主张我派一代表往见蒋先生，可是我实在没有一个熟人可派，只请柏先生转告顾先生，请他代达我的意见。

何柱国的代表吴树滋也来南京见我了，并携有何先生一封信，说举蒋先生之命来联络共同剿共的，那位何先生是林柏生介绍的，我嘱军令部次长杨振和吴先生接洽，何先生并要求我派蚌埠绥靖公署参谋长郭尔珍和他接洽，可是郭尔珍患病未行，后来我到蚌埠，还催郭尔珍前往，并亲手写了一封信给何先生，我叫杨振在南京设立一个电台，和何柱国先生通电，并曾嘱张岚峰和何柱国先生见一面，商谈军事问题。

军事合作正在进行，日本投降了，以往的事，不过因叙述之便简单说一个大略，以下还简说我的心情，然说到南京政府，解散以后的一段故事。我自到南京，除前述几个原则之外，我决定第一，不批评抗战，更不愿意诽谤蒋先生，我总觉抗战是应该的，和平是不得已的，我是赞同蒋先生的主张的，因为和平到了南京，目睹日本的种种行为，我更感觉有抗战的必要，我还记得内地有人出来，传说南京的人们，以为抗战愈烈，和平愈有办法，这种传言，并不是谣言，的确是事实，也是南京的见解和主张；第二，我写文章不曾称过日本为友邦，因为我不认日本是为朋友，大家复按过去几年来我写的文章，可以知道我的心境；第三，不请重庆的同志和部队参加和运，我总以为我到此地是我和汪先生的私人关系，我是来补救的，是准备受苦，我更不愿拖其他同志受苦，至于部队，除了后来因联合剿共之外，我始终没有和一个内地的长官交通过，固然不愿意拆散抗战阵营，尤其不愿一个师长，或一个团长受日本一个尉官的指挥监视，我不愿和留在重庆一个同志或部队通过信，或者希望他们出来，除非同志已经出来，那我只好替他找一件工作，这是可以查考的，凡是重庆同志有被日军逮捕的，除非我不知道，或者出乎我力量之外，否则必定设法保释，我是藉此见谅同志而是援党不可分之义实行我的主张。第五，凡是被俘的军官，我都赞助汪先生设法安置，我总以为内地军官的民族意识和反共思想都比其他杂凑的队伍强烈得多，中国不幸而败，可以作复兴中国之基，幸而战胜，则这部分军队终可为国之用。第六，在上海范围以内，尤其在去年十一月以后，我对于重庆的情报人员，极力掩护并同意于各地军政人员和中央人员交通。

至于传达日本和平条件，我只有二次，两次都托那位朱文熊先生往内地报告。第一次，大概在前年底，时间记不清，比较具体的是去年小矶内阁发台以后，由柴山陆军次官携来五条，内容我已有些模糊，大致是中日对等和平，日本立刻全面撤兵，中国在和平后可以中立。我以为这些都不大相干，最要紧可以谈东北问题，撤消满洲国，柴山答复可以讨论，我认为比较具体，所以和佛海商量，又托朱先生重往重庆一行。朱先生是商人与政治无关，朱先生是在汪先生逝世前动身的，至到今年夏天才回上海，问日本更有无进一步的表示，那时距旧金山会议很近了，我劝日本大使谷正之最好日本托重庆调停，谷正之不敢作主，要报告东京。后来我在今年八月底到日本，才于报上得有消息，日本派近卫赴俄，托俄国调停。我当时主张由中国出面调停，以为可以增强中国的地位，增加中国的发言权，并且将来收复东北不致有其他意外，不料日本倒信苏联而蔑视我的提议。大概日本还以为日苏还有互不侵犯条约关系，而且在德苏战争正烈时候，日本不动，总以为苏联可以帮他的忙罢。

（六）南京政府解散和赴日归来的经过

日本是八月十五日公布投降消息，日皇和铃木内阁总理广播投降。南京政府决于十六日宣布解散，南京最危险的时期是十日至十三那几天。因为南部陆军大臣在十三日还发布继续作战命令，并勖励官兵努力作战，而在南京的日本总军部态度始终不明，我那几天分头和军部及大使馆接洽，以为中日感情如果要恢复，如果我们更要为中日两国前途计，应该服从日政府命令投降，并且千万勿在此时更留一恶劣印象在中国，使中日感情万劫不复。我当时所最忧虑的，有两件事，一件事是日军继续作战，如果日军不顾一切，那么中国一半地方必会糜烂不堪，人民伤亡更加惨重；一件事是日军和共产党联合，成为长期内战，因为日军部许久就放出谣言，万一无路可走，只有和延安携手，一直至八月十四，情形已比较安定。谷正之曾劝冈村，说投降已是不免，但日本能协助中国复兴使中国能为东亚领袖，则东亚尚有前途，而日本也可以依中国自存，这也是一种事业，这也是一个伟大理想。至到十四日谷正之正式来见，说明日本投降已没有问题，军部的今井少将，海军的小川少将，也分别来见，报告日军决以最大诚意履行投降条件，并表示一切设备都不破坏，俾得换取中国的好感，以留将来中日合作之基，至此我才放心。十六早上佛海也由上海来京，下午举行会议宣布南京政府解散，并发布宣言，勖各将领以统一为重，不得有轨外行为，更不得意图割据，宣言的全文已登在报纸及即夜广播，请大家去查考，我手边也没有这种原稿了。同时因为办理各部门的结束是要有机关的，于是成立一个南京临时政务委员会，维持各地的治安也要机关的，于是将以前的军事委员会，改为治安委员会。我连夜草了一个电报报告，蒋先生说明南京政府业已解散，并报告蒋先生几件事，那个电文我已没有存稿，大致第一件是说明日军投降没有问题，不过集中是需要时期，由小队归中队，中队归大队，集中于杭州、上海、南京、徐州，听候缴械归国，希望中国勿迫之太急，恐有意外。第二件是日本决定不再对共产军作战，因为冈村说共产军也是中国的部队，是与重庆军队无别的，也是战胜国的部队，除非共产军袭击否则日军必定退让，我特别请中央注意。第三件报告宣城已为新四军占领，燕湖被围，六合告急，南京岌岌可危，大意如此，并乞指示机宜。这个电报是写了，可是没有密码更是电台叫不通，十七日下午才交何世桢先生转译电呈蒋先生的。

南京政府解散的那夜，京沪行动总队发动了，我在下午六时接有报告，说周镐拟于是夜行动占领各机关，我只知周镐为佛海推荐为军委会的科长，后又推荐为无锡行政专员。我打一个电话给佛海，在此时治安是第一紧要，南京一乱，恐无法收拾，请他劝周镐不要随便举动，等候蒋先生派人来接收各机关，以免南京混乱，佛海说已派人找周镐来劝告了。不久警察总监李讴一又来报告，说周镐已张帖告示着银行不能提款，其他还有好几条，都可以摇动治安的，并揭那张告示来见。我与讴一去见佛海，请示办法，因为我那时已解除一切职务，所谓临时政务委员会、治安委员会，只是临时机关，就是指挥罢也只能指挥原有的机关，对于行动总队，我是无法处理的。我又以电话问佛海，佛海说找不到周镐。到了十一时，军官学校又来电话说有人至军官学校演说，要接收军校，这样四面八方报告，使我无法处理，如果要镇压，必至之刻冲突，以致刚在日本投降以后，同室操戈，如果不镇压，眼看南京立刻就成了混乱状态，我徘徊至天明，我想，支持南京残局是佛海和我共同负责的，佛海既无意见，想或者另有办法，我可以趁这时候卸责了。拂晓时，军官学校又来电话，说是否让人接收，我立刻答复倘然对于国家统有好处，于地方治安有好处，就听候接收罢！到了十七日八九时说萧叔宣受伤，赵尊岳、吴颂皋及其他许多人都已被捕，我只好回到西康路办公室等候事态的发展。我托人约周镐和祝晴川于十一时来一谈，我想接收机关没有什么大问题？但南京治安和一切善后，我倒想知道他们的办法。等到十一时，两人都不来，我决定三件事，一、再不打听消息；二、不向日本人要求援助；三、静坐办公室内等候逮捕，这样在办公室干坐，一直到十二时半方回家。

到了下午两点钟，军校全体学生都武装到西康路了，当时我还以为他们奉命来要我表示态度，或是来逮捕我的，我一问才知道他们是不肯改编，而来请示。我集合学生的代表，问他们有何要求，并且告诉他们在中国大统一时候，应该从服蒋委员长。他们说，他们绝对服从蒋委员长，但不愿受不知那里来的人收编。我只好向他们安慰，答应去电蒋先生，请示办法。同时佛海派人送来一信，说已由日军部小笠原出面调停，周镐已停止行动，此事已告一段落。然而经这次行动之后，南京真一日数驽，新街口新四军散发传单了，四郊的新四军也蠢动了，南京秩序，我只好勉强维持，十七日下午五时后，才会见佛海，我和他两人打了一个电报报告蒋先生，请即派大员来京维持以免纷乱，佛海终于十九日上午又匆匆回上海去了。

任援道在十四日以前曾派两次人来京，说已就蒋先生委任的先遣军总司令，维持京沪路及南京治安，我极盼他早日来京，商量一个办法。不知任先生从那里听来谣言，说我在南京集中兵力反抗，所以他原定十六日和佛海同来的，至时也不来，并且在苏州车站对佛海说："公博要干，那我是不能去的。"我想真是奇怪，我于去年十一月就已发布声明，党不可分国必说一，为什么援道还有这种怀疑，而且日本以一百多万的军队力量都投降了，我难道拥这些破残部队来反抗中央吗？我深深自叹，数年来的心情，而被人误会至此，真是无话可说，我在十六见援道不到，和佛海连名去电促其来京，恰巧援道也派他的军长徐朴诚来探听消息，我把我的心情告诉徐朴诚，并嘱其转知援道，立刻来京一行，共商维持治安办法。

援道是于十八下午到京的，可是局面又住了，第一，冈村说没有蒋先生的正式通知，不承认有先遣军可以执行职务，第二，警卫师刘启雄不愿受援道的改编，第三，海军不愿编入先遣军，要等候蒋先生的命令。我那时的地位已处于万难之境，南京治安是要维持的，治安委员会的地位是不够指挥的，军校的学生住在西康不肯撤退，正等蒋先生的后命，江北叠次告急，无兵可期，眼见南京感受极大的威胁，行动总队还要行动的消息每日还有这种情报，我还能指挥的，仅有军校一千余学生，宪兵和警察，倘然南京一旦有警，我是无法可对国家的，只有尽我个人之力去维持罢。我又草了一个电报报告蒋先生，说明以上情形，那电报是借市党部许志远密码打的，那个电稿我已不在手中，大概说明任援道不便指挥刘启雄，盼示机宜，海军最好仍暂以凌霄主持，等候交代军校，请蒋先生自兼校长，俟蒋先生到时再行解决。

最后想到我本身问题，国家能够统一，能够胜利，这是我数年来梦寐求之之事，蒋先生如果以我过去数年之事为有罪，我应该束身归罪，如果置数年之事不问，而认我终为统一的障碍，也请蒋先生定罪，因此我决定留京待罪，听候蒋先生命令。但任援道先生到京以后，告诉我许多消息，说蒋先生是对我谅解的，因此我不宜留京，老滞留南京，反使蒋先生处置困难，任先生直接劝我两次，间接劝我两次，当时我无法能得蒋先生的真意，而能通电的据说只有任先生，任先生还说，蒋先生要我离京是不会来电而且不好来电的，但我还是等候蒋先生的命令，而且我一离京，治安是否发生问题？殊不敢必，我非俟有人来京，我不好轻易离开。

至到二十四日今井少将已由芷江见了何敬之先生回京，报告赴芷江经过，并说：冷欣副总参谋长，将于二十六日抵京，中央部队将于二十七日由飞机输送抵京，何总司令可于三十日抵京，这样负责有人，我可以暂时离京了。在国家大统一的千载一时之机，我怎么可以使蒋先生为难，而且二十四日三时，任援道还带张海帆来见，海帆劝我急于放手，我想还有什么手可放，因此在二十四日下午五时与日本使馆接洽，借中华航空公司的飞机于二十五日离京，当时预定或飞青岛，等候海船赴日，或直飞日本，都没有决定，因为航路已发生种种障碍了。临行之我还留呈蒋先生一函说明我的心情，并谓钧座一有命令，公博当出而自首。那封信很长，并没于留稿。但回京之后，曾问肖毅肃参谋长，他说已经见过，那么一定，蒋先生也见到了。我那封信是留交浅海和冈田两顾问，转致何敬之和王东丞两位先生转呈的。我把那封信交浅海和冈田，是我不知我离京之后，南京再有何人留京，日军是等候缴械，不致走的，所以托了他们。此外留一函，给任援道和胡毓坤托他们维持治安，因为他们都是治安委员会的副委员长。我再留一函给冷副参谋长有云望兄之来，有望岁，请他召集原有军警机关，维持治安，我预料我二十五离京，冷副参谋长三十六抵京，南京治安没有问题，我也可以放心卸责了。

于此我附带说明几件事，第一，我离京是不是放弃责任？我记得何世桢先生在八月十六日到南京，携有顾墨三先生一个电报，是给周佛海、丁默邨、罗君强、任援道和我五个人的。那电报据说是侍从室打给他转的，说日本投降，叫我们协同国军缴日军的械。

可是那个电报并没有命令叫我维持南京治安之责。同时另外有一电报，是命佛海维持上海，委任援道为先遣军总司令，维持京沪线及南京治安。我立刻发生困难，因为援道已受命维持南京不必说，警卫第一师刘启雄也已接援道的通知为先遣军第一路指挥，负责有人，我再不能负责了。我呈蒋先生两个电报，一个是报告南京政府解散及日军动态情形，一个是报告警卫第一、第二、第三师海军及军校情形，中间免不了有所条陈，是极盼指示的。除第一个电报交何世桢先生代发，我恐怕辗转迟到，后来因重庆和南京电台已叫通，两个电报一起都借市党部许志远的密码再发，及后又以电台的密码再发（重庆电台和南京电台约好，暂以总理遗嘱作密码）。可是截至二十四日，我得不到蒋先生或侍从室的复电或指示，不过我认为任援道还未能履行先遣军的职务，依旧勉强维持。这九日以来，真是筋疲力竭，寝食不安，幸而据今井报告，冷副参谋长，可于二十六到了，中央部队也可于二十七日到了。我在二十四下午还召集宪兵和警察首脑会谈治安，这样我自问已尽了我个人应尽之力，而且我不但顾到南京治安，并且顾到各地治安。我深怕各军还有疑虑到没有保障，我于二十前后打一个通电给庞炳勋、孙良诚、张岚峰、吴化文、孙殿英、郝鹏举勉励他们，并嘱咐他们接受中央的命令，维持地方。同时更广播，叫各军接到蒋先生委任的，应该立刻接受和服从，没有接到委任的，请他们直接电呈蒋先生请示。这个广播词也登，各报都可以复按，这样布置完毕，我才准备离京。第二，我为什么赴日呢？因为当日京沪谣传，我还要拥兵反抗，援道疑我固不必说，而且援道对我说已有人报告蒋先生，蒋先生并说："公博断不至此"，可见有人报告我拥兵自卫是真的了。我要离京，最近的不外扬州、蚌埠、徐州那三个地方，都有南京前辖的部队，岂不又要发生谣言，使我无从自明。所以我想青岛是没有南京部队的，日本是打败战的国家，国军就要进驻的，这总可以免去拥兵反抗的嫌疑了。第三，我要说明的，这次同行的有五、六人之多，或者外间又会谣传有一种结党行动，其原因，因为林柏生和陈君慧在那天二十四日中午两个人的狗同时被人毒死了，这事太过于离奇，令各人不由得发生恐怖，他们都愿意受令法的裁判，而不愿受恐怖的威胁，所以一并暂离。而且当时我也曾声明，何时蒋先生有命，即何时回来，以此大家同去，大家也同返。

二十五日离京，飞机以天气关系，一直飞日本的米子，事前毫无联络，到了米子，才找旅馆。三月后日本外务省才派吉州科长来探视，我当日表明我到日本只是暂居何时，蒋先生有命即行归国，并不要求日本任何保护。九月初旬离米子赴京都，住在金阁寺，大概是中旬的十八九，外务省的大野局长来见，说何总司令有一个备忘录给冈村，说我自杀是假的，要日本护送归国。日本政府已指示冈村答复，说陈公博是爱国的，绝不会反对政府，希望中国重行考虑。我当时答复大野，我爱国不爱国，自有国人公评，日本无代为辩护的必要。可是我引为骇诧的，我已留呈蒋先生一函，为什么有我自杀的谣言，只有命令，我即自首，更何必备忘录。我问大野，我呈蒋先生一函，究浅海和冈田已交何总司令没有，他说不知道，我托他打电报问冈村，俟得消息，然后归国。九月二十四早，大野又亲说我那封信到了十九日，方由冈村交何总司令，至于何以延误，他不知道，并说了许多道歉词，他并说何总司令曾派钮处长见冈村，依旧希望我回国自首。我立刻草了一个电报交他回东京拍发，我又恐密码有错，再抄一份电文和致何总司令一封信，交他寄南京，因为他说最近将有交通机可以至京沪各地。我现在把函电的稿文抄录于下：

南京何总司令敬之兄勋鉴：并请转呈蒋主席钧鉴：公博于八月二十五日在离京之前，曾留呈一函，想达钧览。数年郁郁之私，一旦得达，殊快所怀。公博原决留京待罪，只以当日传闻，有谓公博宜早离京沪，庶免钧座处置困难，以故对于京中善后诸事，处理完毕，即匆遽离京。此打决非逃罪，故留呈函中，曾有钧座若有命令，即行出而自首之语。顿闻本月九日，总司令部对于公博之事，有一备忘录送至冈村，二十日复派钮处长，传达钧意，辗转传达，今始得悉。公博能回国自首，本为日夕祈祷以求。今既出钧意，归心更急，惟交通困阻，船机不通，伏望能派一中国飞机至日，俾得早日回国待罪。这夕之忱，尚希明鉴。陈公博叩。有敬之总司令吾兄勋鉴：八月二十五日曾于离京之前，留呈蒋先生一函，托兄收东丞兄转呈，内容想已达览。弟之离京，决非逃罪，只以当日传闻，谓弟若再留京沪，转使蒋先生处置困难，因是不得已匆逐离京，以待后命。顷闻总司令部，对弟归国之事，曾有备忘录送致冈村，复派钮处长，传达尊意，弟决本留呈蒋先生函中，原意归国自首。惟有一事，请兄代弟转达者。当日来京，本非夙心，惟无谓暂居国内何地，皆有军队，深恐予人口实，造作蜚语，蒋先生之意既明，弟归心更急，最好能由国内派一中国飞机来日，俾得早日成行。此种请求，或为逾分，然区区之心度亦为兄所深谅也。再者本月二十五日，弟为自首事曾有一电致兄，并请转呈蒋先生恐电报梗阻，文意或有不明，兹再抄录一份，尚已转呈为祷。此即请

勋祺

弟陈公博谨启　九月二十五日

托大野拍了这封电报，寄了这封信以后，渺无消息。直至九月三十夜间，外务省驻京都的办事人山木来说，已接外务省的长途电话，说中国飞机已到米子。因于十月一日夜间，乘火车到米子，翌日下午达于米子动身。因为风雨所阻，在福冈又住一夜，在十月三日回京。抵京以后，又听到两个离奇的消域〔息〕，一个谣言说我自杀是收买新闻记者故意放出的，一个谣言是我曾和一个共产党叫做马隆的接洽过，做一个谣言的，实在太不知道我的心情，我一生就没有收买过新闻记者，而且自杀是一种消极反抗。实

在说，汪先生逝世后，我对于汪先生的心事是了了，而对蒋先生的心事还未了，我所谓未了，是怎样才可以表示拥护统一和服从蒋先生，固然蒋先生用不着我拥护，但我终不愿有任何反抗的痕迹。自宁汉分立以后，或者蒋先生对我有误解，我不免对蒋先生也有误解。但自二十九年到南京以后，身受公私的痛苦，深知以往党的纠纷，并非我想的那么单纯，非身受其痛者，不能自知，所以我决定找一机会，向蒋先生有所表示知自见。在中国千载一时的大统一时候，我应束身待罪，任何处置，我甘受无词，我是自命主张党不可分国必统一的，而有反抗行为，那么共产党破坏统一，更使中央难于处置。至对于死生，我早付之度外，当二十九年来京，赤手空拳在敌人的势力下要保护人民，要保存物质，随时随地都可以死，不过以死而反抗蒋先生，我是不为的。我离京时留呈蒋先生一函说，若以过去数年为有罪，请蒋先生处置。就不以过去数年为罪，而认我足为将来统一障碍的，也请蒋先生处置。这是一种对蒋先生心事未了的心情，这也是我一种见解。至于说我和马隆接洽，任援道先生更对人说，他花了两百万才买到这个证据。我自十六年分共之后，即没有和共产党往来。前年我曾草过一篇《我与共产党》一文，登在《今古》杂志，可以参考。马隆是怎么样一个人，我不知道，共产党有无马隆其人，我更不知道。空穴来风，是丹非素，谣诼之来，我真不知什么原因和怎么一回事。

在日本一个月，所得的材料也不少，尤其日本在投降后的动态，更值得我们注意。我于十月三日抵京，在五日曾作一个简单报告，托何总司令转呈蒋先生。因我想我将来受处分是一件事，而我是一个国民，有向蒋先生报告日本情况的义务又是一件事，现在把那报告抄在下面：

蒋先生钧鉴：八月二十五日留呈一函，九月自首，有电谅达钧鉴，兹将居东一月以来观察所得择要报告，或于将来，对日政策，可供采纳。

（一）美国在华盛顿公表交马克隆执行处理日本方针，中有只利用日皇及现政府，而不一定支持日皇及现政府之语，则美国政策，至已明显。惟公博观察，日本皇室有一千余年之历史，自明治维新以来，人民□估已久，恐国体革命须期之第二代，而非目前可以一促即成。目前日本自投降之后，举国秩序尚大致安堵，军阀经已铲除，而社会尚无新生之力量可以继起，我国对日宜注意此点，不知钧意以为如何。

（二）日本降服之后，其政策绝对倾向美国，而感情则绝对倾向我国。以为日本已无力量，极盼我国成为实际之东亚领袖国家，不但可以使日本有靠，并可使东亚地位有一转机。其意甚诚，可谓举国朝野一致，不但日本本土如此，即在华之投降将领，亦复如此。惟日本国力已微，举措均感不便，例如对英之外交，本有渊源，今亦犹疑，不敢进行。因对某一联合国表示亲善，深虑其他一国不满。我国有四万万五千万人口，苟加上七千万之日本人怀诚，于中国前途，有莫大禅益。至于如何运用，则钧座想已有成竹在胸矣。

（三）联军初进驻日本之时，日本政府对于赤化，非常恐怖，恐美国极端提倡民主主义，或足煽动共产气焰。最近联军总部，曾秘密通知日政府，令其严防赤化，日本政府始告放心。此系近卫文麿亲对公博所言，谅为事实，亦殊可注意（公博居日一月，未急与日政府要人往来，上月底近卫以母丧并吊来京都，而公博亦决定十月一日离京都归国，于十月一日下午始允一见，合并陈明）。

（四）现在日本决履行波士坦宣告，朝野均且诚意。维其中尚有若干距离，联合国所希望要日本履行该宣言，最大之限度，而日本以国力太微，希望实行该宣言之最小限度。因此距离，后此内阁将不断更迭，闻言由已有组织，过度内阁蕴酿，将来日本内阁不断更动，政潮当然长在动荡之中，是否可以因此惹起向上之革命，抑因此而惹起反动，对于中国孰为有利，深望钧座预为考虑。

（五）日本国情，自降服后有相当之转变，举国上下，绝不矫饰，皆自省自责，全国报纸即在美军统制之前，亦公然承认错误，谴责军阀，并登载日军在外之暴行，使全国妇孺皆知愧怍，其余政府命令全国一致遵守，曾无异言。中间虽有一度八月十五日警卫师事件，然迅即平伏。公博对此，殊出意表，故对今后之日本，亦以不宜轻视，亟应定一对策。

右所报告，皆为在日所得，至于内政，公博不敢妄有所陈，不敢以待罪之身壅于工闻，谨此报告专请钧安。

陈公博谨肃　十月五日

关于日本问题，我可以不再说。不过我实在不能已于言，呈蒋先生的信还是很简单。可是我们不可不加以注意，日本有两个极大的难关，一个是每年缺乏食米三千万担，一个是将来解除武装之军人回国都失了业，于政治社会都有极大的威胁。除了两大问题以外，日本的组织力和教育科学仍是不能漠视。马克萨元帅曾发表谈话，说不使日本国力伸张于本土以外，日本已不能成一强国，但就以本土范围而论，无论你想也要，不想也要，日本总不失为东亚的领袖。我听他这几句话，心内有无穷的感想，我们现在也在讲复兴，日本也在讲复兴，但结果谁的收功快，我是有些不寒而栗的。日本如果成功比我快，我们至少精神上感受一种威胁。日本如果不成功，又增加了中国的负担，并且间接必受其累，这真是一个论理学上的两难论。我深盼蒋先生对日早定一个决策。

（七）结论

答：平情而论，南京政府组织以后对于国家和人民的元气保存不少，这也是事实。可是无论如何，我总不以为然，我不愿意汪先生离开重庆，不愿意眼看着汪先生牺牲，更不愿意汪先生受人批评，更不愿意蒋先生和汪先生有裂痕，致为别党所乘，这是我个人的心情。而汪先生认为我的理由是单为汪精卫而不是为中华民国的，但是为汪先生也罢，为中华民国也罢，我就是这样，不但民国二十七年如此，就是二十七年以至汪先生逝世也是如此。

汪先生现在逝世了，他的理想，我是不忍埋没的。他总以为中日两国是邻国，终不能永远打仗，应该找一个机会和平。他总以为中国国力不能抵抗，只求日本无灭亡中国之意，不妨讲和平；他总以为中国共产党要煽动中日战争，以收渔人之利，因此更应该求和平；他总以为日本常说中国没有诚意，这样可以成立中日间的真和平。中日能够真正和平，我汪精卫是任何牺牲在所不恤的。中国能够保存多一分元气以为国家复兴之基，我汪精卫就是受人唾骂也是甘受的。可是理想是常与事实相反的，我也承认日本无灭亡中国之心，可是她无灭亡中国之心，是她没有灭亡中国的力量，并且无灭亡中国的勇气。无灭亡中国的力量是大家所知的，至于无灭亡中国的勇气，就因为日本的文化大部分是由中国去的，大部分的日人，除了以武力自骄之外，心内总有日本文化胎于中国的思想，因此不由得起了对于中国有一种说不出的和潜伏的敬畏心。不过不灭亡中国是一件事，而要控制中国又是一件事，有了控制中国的心事，无论汪先生的理想如何远大，诚意如何其挚，总是格格不入。而且日本是还要战争的，在中国事变没有结束以前，仍然以军事为第一，因为军事第一，军需也是第一，任你的理论如何远大，日本还是搜括物资，压迫民众。

南京和日本无日不在斗争之中，中日协力是一个斗争的代名词，日本所谓对南京协力就是干涉，而南京所谓对日华协力就是争取。其初南京以中日合作为号召，日日向日本争回中国的物资，末后太平洋战争起后，更以参战的名义，日日向日本争回中国的物质，收回租界，撤消治外法权，取消辛丑驻兵条例，都是南京向日本斗争的一种体现。至于各部门的斗争，看各部门的档案，可以和〔知〕其大要。

斗争一天天的尖锐化，末后日本已采孤立南京，转而直接压迫民间的政策。所谓商统会，食粮统制委员会，棉纱布统制委员会等，都是日本孤立南京的一种奇妙方法。我认汪先生的理想失败了，以前我在二十八年十二月，也曾劝过汪先生，在中国军阀的军队占据的地方，尚且不能实施我们的理想，何况外国军队占领的地方，而可以□□我们的理想。无如汪先生有他的理想，有他的勇气，总以为精神所至，金石为开，以为日本总会觉悟，而且已慢慢的觉悟，他总有办法。

沦陷区的人民对日本痛恶极了。我此次在日本还看过日本报纸一片社评，说日本失败原因，和平区内的人民不信任日本比较抗战为更甚，这直是一针见血之论。不过觉悟太晚了，南京不止对日斗争失败，本身的行政也是失败，除了任免本身的官吏还比较自由外，各省的长官任免，是须当地日军同意的，各县的长官任免，是须各省的连络部征求军队同意的。因此各地有此不肖官吏，只知有连络部，不复知有政府，无论任何贪官污吏骄兵悍将，一有日军支持，不要想惩办他们。而日本又日日宣传，说南京政府怎样没有力量，时时都在那里鼓吹改组，物质是在日人手中，金融是在日人手中，交通也在日人手中，这样南京是失败了。然而还是斗争，一直到解散为止。自然如我上文所述，自有南京，国家和人民的元气保存不少，但保存至何程度，我是不好妄为臆测。其余军队是被日军监视很严，特工更可以由日本用一个梅机关直接支配。二十九年和三十年，我因为特工纲纪太过败坏，并且影响及于一般政治，报告汪先生应该注意，汪先生也曾太息过说：你今天还以为特工是我们自己的吗？汪先生这一句话实在非常痛愤。

日本失败在日本自己批评没有大政治家，在我看来，自从二二大事变以后，虽有善者，已未如何，因为权已下移，人各骄纵，日本的皇室不敢过问，而政府只好迁就军人。而所谓军人，权皆不在将官而在于佐官阶级，这一般佐官，对于政治是不懂的，对于经验是没有的，对于理想是盲动的，对于意气是固执的，因于这班骄横的佐官，日本就这样失败，而中国就给这班骄横的佐官们弄得天翻地复。

过去几年中南京交涉的对手是谁，也是一个最奇怪的谜。一切问题东京差不多无机处理，要问总军部和大使馆，过去更有所谓兴亚院，而这三个机关意见不同，有时积极的斗争，有时消极的推诿，就是总军部应该负责罢，还要向上海登陆部队的同意，登〔陆〕部队更要问苏州部队的同意。至于北方更不必说，华北不止对中国特殊化，就对日本的总军部也是特殊化，这样不止一个佐官，可以破坏一个政策，一个主任尉官也可以破坏一个政策。除了极少数的人和日本有私人经济关系以外，没有一个人不反日，甚至乎和日本有经济关系的人也在那里为日本，这是这几年来我在南京眼见的普遍现象。南京和东京，总军部大使馆斗争，各省政府和县政府是和各省的日本当地部队斗争，至于一班学校的青年和民众更是激烈的反日。我并不是替南京辨护，我是描写一种事实，我愿意大家平心静气去考虑。最近我听到南京各学校要解散，以备重新训练，我以为南京反日的情绪是够的，民族意识也够的。重新组织是必要，因为组织已经涣散了，可是重新训练，我以为应该慎重处理，因为他们本来反日的，青年有青年的心理，他们以为我是反日的，现在被视为亲日而重新训练，或者会引起一种异感。抚慰民众和青年是目前一件重要事情，我希望当局考虑我的意见。

我写了很长的事实，一切立言和观察，似乎我不是一个当事人，而是一个第三者。是的，因为要写事实，我不愿意矫饰，但同时也不诿过，陈列许多事实，听候蒋先生判罪。

我写得太长了，我应当就此结束，但经过这次战争，我还有些感想，我既然是一个国民，应当为中国前途着想，向当局陈述些意见。第一，在第一次欧战我没有经验，但在此次战争，我有很多不只是耳闻，而且是目睹的事实。我总以为世界还停滞在部落时代，没有进步，部落战争的结果，都是把敌人的财产和妇女掳采过来，以俟己用。而在此次战争，实际毫无所异，日本在中国和南洋的强奸妇女，苏联攻入柏林时候的行动，此次日本投降，美军进驻，也曾明令日本供给娼妓七万人，并指定七个美军分配一个娼妓，这都是见之报纸记载的。因此我想到世界文化进步是表面的，而骨子里还停滞在部落时代，以此中国对于军备极应注意，我们无疑的是爱好和平，不愿侵略，但为保持和平，防止侵略，注意我们不要再做被征服的部落，对于军备应该加紧整备。

第二，教育重要是老生常谈。我最近十余年以来是承认中国教育失败的，在政府不易得一个为公舍己的公务员，在军队不易得一个洁身自肃的军队，在社会不易得一个尽责守己的国民。以后教育方针怎定，教育方法怎样改良，我以为是当前一个严重问题。我极盼当局重新考虑教育方针，至于扫除文盲真要全国动员，不要再敷衍下去，我看见日本战后那样困苦，而人民那样镇定，我真不寒而栗，我不是说日本还能贻害中国，但中国怎样自立自强，才能领导东亚，极是一个问题。

第三，我在实业部时候，最迷信重工业。但经这次战争痛苦，我感觉我们基础不足，技术不够。不要说重工业，就是一般民生需要，立刻发生严重的威胁，我不是说重工业不应提倡，但是轻工业和化学工业也应同时并重。现在已经没有日本的胁迫，对于轻重工业不妨作一个长期慎密的打算。

最后更有一个严重问题，即是民德的堕落。自经此次中日战争，不独物质打完了，道德也打完了。内地怎么情形，我不深悉，但在沦陷区中，我觉得大众如趋狂澜如饮狂药，一切道德都沦丧尽了。大家不知有国家，有社食有朋友，只知有自己，不知道有明日，只知道有今天，不知道有理想，只知道享乐。我也想过，在一个国家破败之余，明日我将如何，我还不知，倒不如尽一日生命享乐，以求一时满足。但是这种风气所趋，恐非一时所能挽救。一个国家胜利，是不是全骄盈充骄盈之所至，会不会宴安淫逸，这是我引为极大忧虑的。

〔国民政府司法行政部档案〕

〔三〕国民党历次重要会议概况

（一）国民党临时全国代表大会

1. 中国国民党临时全国代表大会召开及经过

（1938年3月29日～4月1日）

第五次全国代表大会举行于二十四年十一月，依照总章规定，已届召集第六次全国代表大会之期，顾自对倭抗战以来，全国在总动员状态之下，筹备进行，诸感困难，第丁此重要关头，本党负荷艰巨，一切大计，均有待于全党同志之郑重检讨，爰经常务委员会第六十六次会议决议：

一、于二十七年三月二十九日召集临时全国代表大会；

二、代表之数额为五届原额三分之一；

三、代表之产生方法就五届代表中推定之；

四、关于临时全国代表大会组织法，推驻汉各常务委员起草。

嗣以代表数额及产生方法，施行时恐有困难，复经第六十八次常会决议予以变更，临时全国代表大会即以各地原出席第五次全国代表大会之代表组织之。并决议：

一、除中央候补执监委员外，原第五次全国代表大会额外列席人员，此次均毋庸再行列席；

二、原代表现已出缺或因故不能出席者，不再递补；

三、原代表名单在第五次全国代表大会中经核准递补者，即以递补者出席；

四、第五次全国代表大会军队额外代表十人，仍通知其出席。

所有临时全国代表大会之组织法，亦经同次常会通过颁行。大会议题则经第六十九次常会通过：（一）抗战时期本党组织应如何充实及进展；（二）抗战时期民众组织及训练应如何实施及推进；（三）抗战时期政治经济之设施应如何策进；以上三题通告各级党部研究，并推在汉各中委起草具体方案。

其后以晋冀豫方面军情紧急，其他各方亦有同样之顾虑，军事负责同志分身赴渝开会，恐有碍于军事之进行，经国防最高会议电请在武汉开会，以便就近调度。常会以兹事体大，经郑重讨论，认为此次大会原为长期抗战而召集，军事最高领袖及其他军政长官，与前方息息相关，丁此强敌进犯，前方晨夕奋斗，随时请命之际，此种抗战时期移地开会，自有必要，爰经第七十二次常会决议改在武汉集会，但开幕典礼仍在重庆举行，议事则在武昌，以期法律事实两可兼顾。

三月二十九日适为革命先烈殉国纪念，大会开会典礼于是日上午×时与纪念会同时在重庆国民政府大礼堂举行，由林委员森主席，行礼如仪，丁委员惟汾宣读蒋委员中正开会词，对于本党过去工作有深切之检讨，今后努力的方法，亦有明确之指示，词毕，礼成，散会。

是日下午八时在武昌珞珈山武汉大学议场开预备会议，出席代表二五五人，出席中央执监委员九八人，列席候补中央执监委员五〇人，临时主席汪兆铭，通过中央执行委员会提出以蒋中正等十七同志为大会主席团，追认中央执行委员会派叶楚伧同志为秘书长，王子壮同志等二十五人为秘书，宣读议事规则，并由秘书长报告会场席次，代表以报到先后为序，中央委员依原名单次序，及常会决定提案截止收受限期与印刷困难情形。

九时，续开第一次会议，主席于右任，全体起立为革命先烈及抗战阵亡将士死难同胞默念三分钟，叶楚伧同志党务报告，汪兆铭同志政治报告，王宠惠同志外交报告，通过提案审查委员会之组织，及慰勉蒋中正同志及全体抗战将士。

卅日下午八时开第二次会议，出席代表二六八人，出席中央执监委员九五人，列席候补中央执监委员三六人，主席居正，何应钦同志军事报告，孔祥熙同志财政报告，通过今后国家一切建设必须以军事为中心，及一致努力推行兵役制度案，又修正通过非常时期经济方案及战时各级教育实施方案纲要。

卅一日下午八时开第三次会议，出席代表二七二人，出席中央执监委员九八人，列席代表一一人，列席候补中央执监委员三九人，主席戴传贤、丁惟汾、居正。通过对于政治、党务、军事报告之决议，通过设置总裁、副总裁及青年团，通过在非常时期设一国民参政会，并议决提案审查委员会各组审查报告所列各案百余件。

四月一日下午八时开第四次会议，主席冯玉祥、孔祥熙、蒋中正，通过选蒋中正同志为本党总裁，汪兆铭同志为副总裁；通过抗战建国纲领及大会宣言；通过历年因政治关系受党纪制裁者由大会特准撤销其处分，交监察委员会查核执行；通过推举代表分赴各战区慰劳前方将士。议至此，大会议案已全部议毕，即宣告散会。休息十五分钟举行闭会式，由蒋总裁主席，行礼如仪，并致闭会词，词毕，奏乐，礼成，散会。

〔中国国民党中央执行委员会秘书处档案〕

2. 蒋介石在中国国民党临时全国代表大会上之开会词

（1938年3月29日）

各位代表同志：

此次举行临时代表大会，最主要的目的，是要检讨我们过去的工作，尤其是抗战以来我们党和党员的工作，由于检讨的结果，来决定我们今后努力的方法，以增加抗战的力量，使我们这个肩荷革命重责负有兴亡大任的本党，在这样艰难重大的时期中，能够担得起非常的使命。

大会所要讨论的，当然不止一端，但我以为根本最重要的一件事，就是本党自身的改进。关于这一点，今天有几句很迫切而坦直的话，首先向大会报告。

我请各位严重注意，我们的党差不多已成为一个空的躯壳而没有实质了，党的形式虽然存在，但党的精神差不多是完全消失了！我们每一个党员都应自反，大会代表对此更要有深刻的认识。我说这句话，心里很悲痛，很难过，但是现在的情形，我们革命不但是遇到挫折，而且差不多快要失败，本党不但逢到艰难而快要消失了，此时不说，将更没有说的机会，我们此时不忏悔，将更没有忏悔的机会。现在党外的人对于本党的现状和前途，都看得洞若观火，有的替我们叹息，有的替我们着急，我们自己若还讳莫如深，因循过去，怎样对得起我们的总理和先烈，怎样对得起我们的国家和痛苦的同胞，我实在不能不将我个人对于本党反省的所得，向全体同志开诚报告。我们的党是有光荣的历史的，我们总理和革命先烈为创造民国，曾经做了多少伟大的事业，遗留下多少壮烈的模范，这十几年来，许多先进同志和青年同志也有很多尽到了党员的责任，尤其困难发生以来，我们党内格外的精诚团结，含辛忍苦，很勇敢的一致赴难，在非常艰难复杂的环境中，埋头僇力，流汗流血去各尽自己的责任，这种精神当然是很可宝贵的。我在此不必列举，因为这是应该的，这些都是我们革命党的本务。我现在所要提醒大家的，就是我们要反省自己的缺点，我们实在是有不少的缺点，现在请坦白检查一下，党的缺点和党员本身的缺点。

我们党的缺点最显著的是组织松懈纪律废弛，以致党的精神衰颓散漫，党的基础异常空虚，我们不论在组织方面，训练方面，宣传方面，都没有深入而实在的成绩，各级党部的工作都流于形式化，机关都衙署化，我们现在只有形式组织而没有实际训练，只有党部存在而没有党员活动，也可以说只有党员而没有党的活动，我们只有文字上的党章而没有实在的纪律，只有议案而没有执行，整个党的工作不论上级下级，都是只有消极的应付，而没有积极的进行，只有形式上的承转而没有切实的考查。日常事务只是忙于人事应酬，在会议的时候，也只是决定一些例行事项，从没有积极的来计划本党的工作，至于主义与政策的推行，更无暇计及了。因此外面批评我们各级党部叫做党衙门，批评我们党部委员和党员称为党官，衙门和官吏不一定是不好的名词，但这里是明明含着轻看的意思的，这不能怪人家的刻薄，我们反躬自省，实在感觉惭愧，至少要有则改之，无则加勉。我们上级和下级之间没有密切的连系，党的训练不能贯注到各个党员，一般党员的精神和生活不能作民众的模范，当然不能感动民众，领导民众，以致党和党员不发生关系，党员和民众不发生关系。在纪律方面说：党从没有严格的纠正党员的错误或行使制裁。在组织和训练方面说：各级党部差不多都成为一个躯壳，对于党员的生活工作，没有调查，没有考察，没有实际的训练，也没有认真的举行党的会议，更没有切实规定要举行小组会议，几乎使得党员和非党员一些没有什么区别，除了列名党籍以外，看不出党员比较非党员更担负了一些什么义务和责任。如此松懈散漫，使得整个的党内容空虚，力量薄弱，在平时已有不能存在的危险，何况在此严重艰难的局面之下，更如何负得起非常的责任？这种情形的演成，当然不是一朝一夕之故，我个人担任了几届的中央常委，当然是感觉负疚最深责任最重的一人，今天对于代表同志，只有痛切承认自己没有尽到责任。但是要请大会注意的，我们决不能再这样的因循下去了，环境和责任都不能容许我们再这样因循。如果长此下去，再不改革，不但我们过去几十年光荣奋斗的历史将要不能继续，我们在抗战建国的最后革命历程上，将陷入于寸步不能前进的危险，我们将永成为党和国家的罪人，而无法自赎。我所说的这一段情形，不知道大会同志和我有同样深切的感觉吗？

党是党员组织而成的，机体不健全，当然是因为分子不健全，我们党的精神低落到如此地步，党的地位危险到如此地步，我们每一个党员都要引为自身的耻辱，都应该严切检查自身的缺点，用痛切忏悔的精神很勇敢的立定决心去改正。我本于同志规过的立场，要请大会再注意一下，本党废弛散漫的根本原因所在，换一句话说：就是要严格反省我们党员的缺点！

我们党员的缺点，就一般的说：实在是精神不够紧张，生活不够严格，一方面不能虚心以求自身和工作的进步，一方面不能刻苦踏实为民服务，实行主义，以取得民众的信仰，同时更不能像初期革命时代具有蓬勃热烈一往无前的朝气，和悲壮勇往牺牲奋斗的精神，多数的党员，大概都是意态消沉，生活松懈，兴趣淡漠，工作懒散，而且也同一般流俗一样耽安逸，讲享受，甚而至于争权利，闹私见，比起党外社会上一般自爱自好之士，尚且有愧色，如何能做一个革命的党员？如何能无愧于总理遗留给我们的历史与使命？

这种情形，如果先烈地下有知，将不知是怎样的痛哭。固然这不能一味责备党员，上级党部没有尽到训练督促和鼓励培养的努力，实在是一个重要的原因。但无论如何，我们不能不认为这是党的前途一个严重的问题。因为这样，党在社会上生不起作用，各级党部的委员及一般党员，都不能接近民众，既不知道民众的疾苦，也不知道解除民众的痛苦，党与民众隔离得很远。我们党员一方面不知道虚心求进，磨练自身的能力；一方面又不能苦心研究如何来为民众服务，但同时却要过问地方事务，用命令方式来指挥一切。人家只看见我们自大自夸，而不能自立自强，表面上虽敷衍我们，实际是轻视我们，疏远我们。我们既不能和实际社会与民众发生亲切的关系，于是党员几乎成为一个特殊的阶级，党在实际上不能够帮助民众，当然不能够领导民众，民众感觉不到党的存在于他们有什么好处，不但对党冷淡，甚至要生反感。在平时，已经如此，到了抗战既起，这是需要大家出死力的时候，除非平时已养成深厚团结的感情，才能够使民众乐于效命，愿意跟着我们为革命救国而奋斗，我们党员平时和民众的关系如此薄弱，又如何做得到呢？所以我说本党现在只有上层形式的组织，而没有下层实质的基础，这都是党员不能在民众中间尽义务的缘故，我以为主义成败，国家存亡，全看我们党员能不能实在做到“为国牺牲，为民服务，为主义奋斗”三句话，而现在这种精神差不多完全消失了，这真是本党莫大的危机，党员最大的耻辱。

更有一点最大最深的病根足以使党无法改进的，就是我们党员之间团结意识薄弱，个人成见和私见高于一切，以致一方面没有积极合作相勉为善的精神，一方面还要生出无谓的排拒冲突和摩擦。现在我们的党员比较持重一些的，则事事流于消极与冷淡，坐看着本党危机的加深，也不过付之悲忧叹息，不知党和党员的荣辱休戚完全一体，是一些也分不开来的，党的危机，就是个人的危机，党的耻辱，就是党员的耻辱，而且同志的错误和缺点，实际也就是自身切己的耻辱，我们现在差不多视同志如路人，不能规过劝善，明知党有缺点，并不积极去改革，看见同志错误，也不热心去纠正，或帮助他改正，这样党和党员之间，同志与同志之间，几乎是风马牛不相关，无论在亲爱精诚的意义上说不过去，而且团结意识如此消沉，则整个党的前途靠谁来负担呢？就我个人来说：我担负了如此重大的责任，自己知道能力有限，做错的事和说错的话一定很多，但使我们最痛心的，我很少听到我们同志尤其先辈同志能够正言规戒我，或是纠正我，我相信同志们决不会对我冷眼旁观，但我们同志之间这样缺乏规过劝善积极辅导的风气，真不能不为本党前途非常担忧。在另外一方面则是主观坚强，成见极深，各是其是，不能为党的利益而放弃自己的成见，把“牺牲小我以完成大我”的意义完全忘却了。关于这一点，我要从自己说起，我个人就有生性褊执的缺点，现在经过几十年努力克治的工夫，也还没有铲除净尽，想到克己之难，更觉得培养博大的胸怀，实在是我们革命党人最重要的训练，不幸现在很多同志，都犯了有己无人的错误，既不能顾全大体，更不知推己及人与提携共进的道理。在一个主义一个党之下，生出尔我彼此的分别来，互相歧视，互相非难，你看不起我，我看不起你，甚至你所是的我必以为非，你所非的我必以为是，各人意气凌轹，不可一世，对于和自己意见不相同的，不但不能相容，还要互相妨害，一天到晚都是忙于内部无谓之争，却把革命的本务党员的天职置之于九霄云外。这些人表面上并不是不努力，但所有热情和力量都用之不得其当，结果对人狭隘，对事放弃，不在事业和工作上求进步，却要在意气和地位上争雄长，弄到党的内部不是消极的敷衍应酬，就是成天的闹着冲突和摩擦，风气所被，使一般党员和青年不以工作与服务为目标，而以争夺与权位为目标，这样互相妨害，互相牵制，莫说我们的努力不够，就是有一些努力，也只有互相抵消，而决不能辅助事业的长成。互信一天天的消亡，互相合作的精神一些没有，纵然天天自命为同一主义而奋斗，试问没有互信，那有共信？这样，于党于国于革命有什么益处呢？我们现在党政军各方面不幸都已沾染了若干这种不良的风气，使得实际工作无法进行，系统破碎凌乱不堪，外患如何不加深？耻辱如何不加重？我们看看宋明末流亡国的惨祸是怎样造成的？我们再看看朝鲜在快要亡国的时候，朋党倾轧，尔猜我忌，几乎没有两个以上的韩人能找得出同一的意见，但最后的结果又是怎么样？说到这里，我真要为我们的革命前途痛哭！总之，一方面感情淡漠，视党的休戚如秦越人肥瘠之相视，一方面成见私见牢不可破，视异己者如水火之不相容，这两个病根，简直可以断送我们整个党的前途，断送我们总理几十年辛苦领导的革命事业！

现在国家危险民众痛苦已经达于极点了，这个重大的时机，将要决定我们国家民族千百年的兴亡祸福，本党承总理付托之重，负革命救国之责，此时若还顾忌因循，不加振作，不但不能领导革命，而且要牵累国家以俱亡。所以我们一方面务必要充实本党，恳切征求全国有志之士来共同担当这个非常艰巨的大任，同时必须彻底反省本党的缺点，坦白承认已往的错误，立刻加以改进。我认为唯有改进本党，才可以充实本党，而且改进本党，也正是充实本党。

现在我们既已觉察到党和党员有种种的缺点，就要完全虚心坦白，共同研究，以后应该如何改革，使我们的党恢复活力，恢复革命的精神，以重兴我们的革命事业，重辟我们努力的途径。我认为最切要的是要改善我们的组织，提高我们的纪律，加强我们的训练，要使上级和下级之间，造成紧密联结，脉络贯通的密切关系，要使党的意志能贯彻于各个党员，要使各个党员都能够亲爱团结，为整个革命利益而奋斗，要使各个党员尊重党的纪律，而且自动接受纪律，尤其重要的，是要振作革命精神，实行革命生活，不避劳怨，不计功过，埋头苦干，为民众服务，为主义尽忠，这样或可恢复本党的信用和地位。此外我们还要切实反省过去努力所以得不到效果，就因为不论党与政都是只注重上级而没有注重下级的缘故。以后必须注意于县以下党部的组织，厉行小组会议，规定参加小组会议为每一个党员必尽的义务，关于如何改革的具体方案，大会各同志一定能精详讨论，规定办法。但我认为上面的几个要点，是不能不特别注意的。

至于我们党员本身的缺点，我所提出的，或者太过于切直，但我们同志要知道我们是革命的家庭，与其让家庭以外的人来讥笑，倒不如由家人兄弟自己来责勉。我所诚恳要求于我们同志的，就是我们要勇于改过，而不可以怙过；要改造自身来战胜环境，不可以因循自误，而诿其责任于环境。论到环境困难，还有比过去总理创导革命时再困难的么？为什么我们先烈能披荆斩棘，再接再厉的造成光辉灿烂的历史呢？我们从今以后，务必要化小我为大我，贡献所有能力自由于本党，我们从今以后，务必提高互信，尊重同志，信赖同志，化除尔我彼此的分别，造成永久真实的团结。我们从今以后，一定要完全做事而不争地位，绝对尽责任而不享权利，绝对与民众同艰苦共患难，我们要本着先之劳之的精神，先民众犯难，后民众享乐，刻苦耐劳，从牺牲服务来领导民众。我们要更虚心求进，努力向上，时刻戒慎恐惧，唯恐自己的才能不够，修养不够，努力不够，唯恐有负于党，有负于国，有负于总理和先烈，有负于自己的责任！我们不但时刻求自己的能力和工作有进步，更要帮助同志共勉共进，使整个革命事业有进步。我们要立定抱负：誓必振衰起敝，挽回党誉，挽回国运，求得抗战胜利，排除暴敌侵略，使救国建国的工作由我们手里来完成。我相信我们同志都有过人的热情，也都有奋斗的能力，过去虽有缺点，患在不自觉察，一旦由痛切的感觉而起真实的忏悔，经一番洗练，增一分光明，革命前途，依然希望无限的！

大会同志们！我们在敌寇深入抗战剧烈的今天来举行这个大会，我们对于为国牺牲的将士和先烈，对于全国流离困苦受难受辱的同胞，都负有非常重大的责任。关于抗战大计以及政治军事与战时经济教育种种方面，当然要根据检查过去的结果，定出精详的方案来，共同努力以求其实现。但最根本而首要的还在于恢复本党的健全。我诚恳希望大会同志一致认识我所提出的几点之重要。我们要毫不犹豫，毫不瞻顾的改正已往缺点，开辟新的生机，重振我们的革命精神，奋勇无前的向着革命救国之大道而前进！

〔中国国民党中央执行委员会秘书处档案〕

3. 中国国民党临时全国代表大会通过重要决议案

（1938年3月31日—4月1日）

（1）对于政治报告之决议案（3月31日）

大会听取政治报告以后，深觉政府于国难深重之中，秉持五次全国代表大会所决定之方针，坚苦卓绝，肆应有方，尤以抗战以来，国家虽处危疑震撼之际，而政治处置，诸洽机宜，用能团结我全国之人心，运用我准备未充之国力，以应非常之需要，大会对此，深感慰佩，认为应予接纳，唯今后抗战，时日方长，诸般措置，经纬万端，益望本此精诚，淬厉以赴，大会所欲指陈者，厥有三义。

（一）抗战与建国宜同时并进，国家政治，宜于艰苦抗战之中，即奠立国家复兴之基础，以完成三民主义的国家之建设。盖抗战期间，凡百容易沦于破坏，抗战以后，建设更感困难，举凡安置流亡，恢复生产，措施稍不完善，即易引起来日之纠纷，故在抗战期间，一方面宜鼓励民心，促进团结，以谋国家之安定，一方面提倡节约，奖励劳苦，努力于扩大战时之生产，以树立一切建设之始基。

（二）抗战期间，须集中全国之人力物力与财力，以应国家非常之需要，为达此目的，必须全国能集中民意，齐一步伐，在地方能自治自卫，秩序不紊，于此认为过去国防参议会之设置，应更扩大其规模，俾在国民大会未克召集之时，有一国民参政机关，得以集中全国才智，共谋国是，而一方面更应以军事部勒之精神，利导民众，就管教养卫四项，为实际之练习，而加以训练，俾地方自治之条件，得以加速完成，如此始能植宪政之丕基，亦所以增厚国家之力量。

（三）各级行政机构，在抗战开始之时，即已迭谋其简单合理化，但职务与人事之调整，制度与相互关系之改进，宜有更进一步之研讨，而措之实施，务使一切行政，得收迅速确实之效果，各级公务人员，咸能发挥负责尽职之精神，今后政治运用，尤须使中央地方能达到一贯之效率，以与抗战之需要相适应，至于整饬纪纲，申明法纪，以保护战时艰苦之人民，而造成清明健实之政象，自尤必要。

当前政治，其利害得失，实关国族之安危，循此三端，切实迈进，必期有以保障过去忠勇牺牲所得之成绩，完成建设三民主义国家之伟业，而安慰我坚苦奋斗之同胞，此则大会之所深望也。

（2）对于党务报告之决议案（3月31日）

大会听中央执行委员会党务报告，深知本党在此过去二年有半期间所遭遇之艰难险阻，实为有史以来所仅见，而坚苦撑拄，力镇危局，所以安奠邦基，复兴民族者，负荷至重。大会同人既深悲痛，尤切感奋。瞻念来兹，对于以往之措施，固不得不加以忠实之检讨与批评，以为今后工作方针之借鉴，而其过去收获之巨大，尤不能不加以揭橥，使全党同志均了然于近两年来本党中央坚【艰】苦奋斗，蕲求党国生存之苦心，而益信本党主义之伟大，与必能贯彻到底，以达到国民革命之成功，跻国家于自由平等之境，用为今后振奋之循率，兹分别言之如次：

溯自九一八事变以后，暴日侵陵有加无已。当此之时，国内之统一，未臻稳固，益以情感激越，所处不同，主缓主急，立论遂歧。其中数经波折，几酿内争，国家之危，于兹为极。中央幸能盱衡全局，审慎事机，而负地方责任之同志，更应对外心理之共鸣，感于力量之不可分割，与夫对党的历史之共信，卒能一心一德，共济时艰。其后寇至益深，则团结之精神益固，自芦沟桥事变起，而国内统一之效率卒以大见，此大会所引为深幸者也。

前年西安事变，蒋中正同志蒙难，安危所系，举世震惊，中央为整肃纪纲，安定人心，不得不采严厉之措置，卒赖全国上下之昭揭大义，使谋乱者怀德畏威，而蒋同志安然出险，此足证蒋中正同志伟大革命精神之感应，而本党历史基础之坚定，党政军组织力之未致动摇，与夫集中力量以赴国难之心理共鸣，亦均可于此事件中证之，此中央因应艰巨卒能转危为安，更为大会所深许者也。

共产分子挟其不适合国情之主张，使国家人民在精神上与物质上遭受不可胜计之损害，本党负建国之重任，未能使救国之三民主义早日全部实施，以福利民生，滋深惭疚，是以奋斗不懈，冀其觉悟，幸于国难严重之际，彼等放弃其原有主张，发表宣言，确认本党三民主义为中国今日之必需，暂愿为其彻底实现而奋斗，并取消其苏维埃政府，改编其红军为国民革命军，悉受指挥，于是足证三民主义之伟大，与民族意识之建立，而全国统一之基，亦将于斯肇基，惟吾人鉴于过去所受之创痕，益当以本党三民主义之精神，极诚感格，使能贯彻其自动自觉之宣言，以自效于国家民族，此又大会所深念者也。

去年七月七日芦沟桥事变突起，中央始犹呼吁和平，促敌悔祸，追敌进攻不已，和平绝望，遂决抗战之策，一面成立国防会议，以为战时最高决策机关；一面授权军事委员会委员长，对于党政统一指挥，凡此措施，大会均认为深合上次大会决议之本旨。军兴而后，蒋中正同志总揽戎机，殚尽智虑，运政略战略之妙用，屡挫敌锋，各将士在统帅指挥之下，均能忠勇奋发，与敌周旋，抗战之志，历久弥坚，其间牺牲之壮烈，更足以焜耀古今，大会同人一致尽其热忱之崇敬与嘉慰，全国国民亦能一致奋起，共赴国难，于此益信本党主义之深入人心有以挽救危殆，更信蒋同志与诸将士必能竟其全功，早歼顽敌，所有成仁将士死难官员及流亡民众，国家允宜有优恤之典及安辑之方，此又大会所深切属望者也。

至于党务之整理推进，中央于此二年有半之期间，均能秉承五会大会之指示，努力以赴。尤其是抗战开始以还，全党同志在各地参加抗敌卫国之工作，中央亦确能订定纲领，颁布法规，予以适宜之领导，严密之督策。惟念本党秉承总理遗教，负革命建国之大任，当地抗战期间，国家民族，千钧一发，检讨过去党务之缺憾，自应为严格之自我批判，而未容讳疾忌医，大会认为抗战以来，党务之所以未能与军事为更圆满之配合者，自有其症结所在，而今后党务推进之动向，亦即可于此中求之。

一、就组织言，本党既为革命集团，自应有重心有干部，有生动之细胞，而后机构严密，运用灵活。乃自总理逝世以后，集团的重心始终未能有法定的建立，在事实上全国虽早有一致公认之领袖，而领导抗战建国之本党，反至今蹈故袭常，未有名实相符之规定。重心既未具体建立，以致所谓干部亦感散漫，中央既洞鉴乎此，授权于军事委员会委员长，对于党政统一指挥，以利抗战之进行，则本党尤应针对缺点，明确规定领袖制度，俾此革命集团有稳固之重心，更从而建立中央干部，商讨一切党政大计，以为领袖之辅弼。至于省、市、县、区、地方党部之组织，为运用灵敏计，亦宜于委员制度之中，寓统一事权之意，庶几过去纷歧推诿之病，可期有所补救。

二、就宣传言，党乃思想作战的军队，而宣传理论之供给，则有等于军需，固万不容轻视者。抗战期间，本党之宣传方略，可得而说明者如下：（一）在方针上应确认抗战为国民革命的历史任务之一，故必须是三民主义之成功，乃为抗战之胜利，而一般民众，尤应有'民族至上，国家至上'与'军事第一，胜利第一'之信念。（二）在运用上应渗透教育机关、文化机构及社会各种组织，使宣传与教育文化等打成一片，而避免显露党的宣传之痕迹，以深入人心。（三）在区域上尤应注意于国际及乡村宣传；一以增厚世界各国对我之同情，一以传播本党党义及政府设施于广大之民众。（四）在方式上应采积极的与间接的宣传，注重事实资料、图书、文艺作品之供给，并编印本党理论政策之著述，以收潜移默化之效。（五）在事业上应普及中央通讯社之通讯网，强化本党言论之领导机能，并掌握出版事业之重心，毋使足以妨害民族意识违反国家利益之言论文字，散见于日报及坊间出版物。

三、就训练言，本党各级党部负责同志，十年以来，譬诸军队作战，迄无调防整理之机会。迭次筹备庐山训练，均因时局关系，未克实施。中央为指导同志策动抗战工作计，自宜迅定办法，更番训练各地党部工作同志，使成为坚强忠实之地方干部，而全体党员之应由地方党部随时注意训练，俾均能为三民主义而努力奋斗，则更无待论。此党员训练之应切实办理者一也。抗战实力，寓于民众，而青年尤为国家民族之环宝，本党应取消预备党员制，另设青年团，征求全国优秀青年而训练之，使各成为三民主义之信徒，此青年训练之应全盘规划者二也。政府机关公务人员负推行本党政策之任务，本党自宜以政府之力训练之，使其言行符合乎党义；社会上各种团体之活动，直接影响于地方，间接影响于抗战，本党尤宜以党团运用各类之组织，收训练民众之效，此公务员训练及民众训练之应加紧推行者三也。

四、就党政关系言，本党执政以后，党政似成为两个重心，除中央有正常之党政关系外，各级地方，此两个重心始终处于似并而非并立之地位，因之地方政府之设施，与党部之工作，往往有未尽协调之处。今后宜切实予以调整，其调整之原则，不外：（一）中央采取以党统政的形态。（二）省及特别市采取党政联系的形态；（三）县市采取党政融化的形态。而如何实现其理想，则当有待于方案之颁订与实施矣。

大会深信：本党今后调整各级机构，使组织更形健全，揭示抗战纲领，使党员知所奋斗；则以有数十年革命历史之本党领导全国革命民众，团结全国各界力量，共同为三民主义之实现而与暴敌周旋到底，不惟抗战之最后胜利必属于我，即建国之大业，亦必因抗战之胜利，而告厥成功，惟我全党同志，奋勉图之。

（3）对于军事报告之决议案（3 月 31 日）

大会检讨此次军事报告，深悉数年来我国国防设备，及最近抗战情形，赖我全军将士在最高统帅统一指挥之下，努力迈进，曾不稍懈。如关于军队之整理，国防工事之构筑，军需工业之创办，兵工制造之改良，及弹药器材之储备补充，国民军训壮丁训练及兵役制度之推行，全国公路铁道之修筑，积谷保甲等之整顿，无一不在积极办理。而于日帝国主义者称兵内犯之际，更能忠勇用命，持久抗战，卒使敌军疲于奔命，且消耗其兵力物力财力至于不可胜纪，此皆最高统帅深谋荩虑，督率有方，各将士为其伟大人格所昭示，故得以短时间之准备与训练，出而与图我已数十年之强敌相周旋，声威所播，遐迩钦迟，大会眷念勋勤，弥用嘉慰。其各路阵亡将士不惜捐糜顶踵，视死如归，扬中华民族之精神，尽革命军人之天职，大会尤深致敬悼。惟是此次抗战，关系我国家民族之存亡者，至为重大，尚冀我全军将士，在本党及最高统帅领导之下，赓续奋斗，务期争得最后胜利，粉碎日帝国主义者侵略企图而后已。至于兵役制度应如何推行尽善，战斗兵员应如何补充，阵亡将士家属应如何抚恤，与夫出征军人家属应如何优待，以及前线作战士气并其他一切重要军事设施，大会认为宜交由主管机关分别职掌范围内，查其已施行者，务须认真督察，切实施行，未施行者，即为详细擘划，克期施行，庶我国国防军之基础，得以早日确立，而此历史上之重大使命，亦能迅速完成，有厚望焉。

（4）中国国民党抗战建国纲领（4月1日）

中国国民党领导全国，从事于抗战建国之大业，欲求抗战必胜，建国必成，固有赖于本党同志之努力，尤须全国人民，戮力同心，共同担负，因此本党有请求全国人民，捐弃成见，破除畛域，集中意志，统一行动之必要，特于临时全国代表大会制定外交、军事、政治、经济、民众、教育各纲领，议决公布，使全国力量，得以集中团结，而实现总动员之效能，纲领如左：

甲、总则

（一）确定三民主义暨总理遗教为一般抗战行动及建国之最高准绳。

（二）全国抗战力量，应在本党及蒋委员长领导之下，集中全力，奋励迈进。

乙、外交

（三）本独立自立之精神，联合世界上同情于我之国家及民族，为世界之和平与正义共同奋斗。

（四）对于国际和平机构，及保障国际和平之公约，尽力维护，并充实其权威。

（五）联合一切反对日本帝国主义侵略之势力，制止日本侵略，树立并保障东亚之永久和平。

（六）对于世界各国现存之友谊，当益求增进，以扩大对我之同情。

（七）否认及取消日本在中国领土内以武力造成之一切伪政治组织，及其对内对外之行为。

丙、军事

（八）加紧军队之政治训练，使全国官兵明了抗战建国之意义，一致为国效命。

（九）训练全国壮丁，充实民众武力，补充抗战部队，对于华侨回国效力疆场者，则按照其技能，施以特殊训练，使之保卫祖国。

（十）指导及援助各地武装人民，在各战区司令长官指挥之下，与正式军队，配合作战，以充分发挥保卫乡土捍御外侮之效能，并在敌人后方，发动普遍的游击战，以破坏及牵制敌人之兵力。

（十一）抚慰伤亡官兵，安置残废，并优待抗战人员之家属，以增高士气而为全国动员之鼓励。

丁、政治

（十二）组织国民参政机关，团结全国力量，集中全国之思虑与识见，以利国策之决定与推行。

（十三）实行以县为单位，改善并健全民众之自卫组织，施以训练，加强其能力，并加速完成地方自治条件，以巩固抗战中之政治的社会的基础，并为宪法实施之准备。

（十四）改善各级政治机构，使之简单化，合理化，并增高行政效率，以适合战时需要。

（十五）整饬纲纪，责成各级官吏，忠勇奋斗，为国牺牲，并严守纪律，服从命令，为民众倡导，其有不忠职守，贻误抗战者，以军法处治。

（十六）严惩贪污官吏，并没收其财产。

戊、经济

（十七）经济建设应以军事为中心，同时注意改善人民生活。本此目的，以实行计划经济，奖励海内外人民投资，扩大战时生产。

（十八）以全力发展农村经济，奖励合作，调节粮食，并开垦荒地，疏通水利。

（十九）开发矿产，树立重工业的基础，鼓励轻工业的经营，并发展各地之手工业。

（二十）推行战时税制，彻底改革财务行政。

（二十一）统制银行业务，从而调整工商业之活动。

（二十二）巩固法币，统制外汇，管理进出口货，以安定金融。

（二十三）整理交通系统，举办水陆空联运，增筑铁路公路，加辟航线。

（二十四）严禁奸商垄断居奇，投机操纵，实施物品平价制度。

己、民众运动

（二十五）发动全国民众，组织农工商学各职业团体，改善而充实之，使有钱者出钱，有力者出力，为争取民族生存之抗战而动员。

（二十六）在抗战期间，于不违反三民主义最高原则及法令范围内，对于言论出版集会结社，当与以合法之充分保障。

（二十七）救济战区难民及失业民众，施以组织及训练，以加强抗战力量。

（二十八）加强民众之国家意识，使能辅助政府肃清反动，对于汉奸严行惩办，并依法没收其财产。

庚、教育

（二十九）改订教育制度及教材，推行战时教程，注重于国民道德之修养，提高科学的研究，与扩充其设备。

（三十）训练各种专门技术人员，与以适当之分配，以应抗战需要。

（三十一）训练青年，俾能服务于战区及农村。

（三十二）训练妇女，俾能服务于社会事业，以增加抗战力量。

〔中国国民党中央执行委员会秘书处档案〕

4. 蒋介石在中国国民党临时全国代表大会上作《对日抗战与本党前途》讲演

（1938年4月1日）

对日抗战与本党前途

（四月一日总裁出席临时全国代表大会讲演）

主席，各位同志：

大会各项议案，现在即将讨论完毕。自会议开幕以来，兄弟因为军事纷繁，不能常来参加会议，很觉抱歉！今天趁大家相聚一堂的机会，要将此次对日抗战与本党的前途，对各位同志讲一讲。

这一次中日战争，其意义大家都已明了，不待兄弟再说。但有最重要的一点，凡我同志必须深切认识的，就是此次中日战争，是国民革命过程中无法避免的一战，也是日本蓄意灭亡中国的大陆政策和本党挽救中国的革命的对策绝对冲突的必然结果。本党这个革命的对策是我们总理所定下来的，过去本党历次代表大会，都不曾正式发表，到了现在，中日战争已经开始，趁本届大会，兄弟要将这个革命对策的由来向大会同志明白宣布。

要说明本党总理既定的革命的对策，先要明了日本帝国主义者侵略中国一贯相传的大陆政策，日本自明治以来，早就有一贯的大陆侵略计划，过去甲午之战，他侵占我们的台湾和琉球，日俄战后，吞并了朝鲜，侵夺我们旅顺和大连，就已完成了他大陆政策的初步；他就以台湾为南进的根据地，想从此侵略我们华南和华东；而以朝鲜和旅大为他北进的根据地，由此进攻我们的满蒙和华北，要想以长蛇封豕的姿势从大陆与海洋两方面来完成他包围中国灭亡中国，独霸东亚的野心。这种野心，我们只要看从前田中对满蒙积极政策的奏章，以及日本最近侵略华北华东和华南的事实，就可以完全明白。他既然定下了这个政策，处心积虑要求灭亡我们国家，我们总理在世的时候，早就看穿了日本这个野心，和中国所处地位的危险，也为本党定下一个革命的对策，就是要“恢复高台，巩固中华”，以垂示于全党同志。因为高丽（朝鲜）原来是我们的属国，台湾是我们中国的领土，在地势上说，都是我们中国安危存亡所关的生命线，中国要讲求真正的国防，要维护东亚永久的和平，断不能让高丽和台湾掌握在日本帝国主义者之手。中国几千年来是领袖东亚的国家，保障东亚民族树立东亚和平是中国义不容辞的责任。为要达成我们国民革命的使命，遏止野心国家扰乱东亚的企图，必须针对着日本积极侵略的阴谋，以解放高丽台湾的人民为我们的职志，这是总理生前所常常对一般同志讲的。总理的意思，以为我们必须使高台的同胞能够恢复独立和自由，才能够巩固中华民国的国防，奠定东亚和平的基础。

日本因为知道我们中国国民党有这个革命的对策，晓得我们总理在中国一天不失败，他虽然能够吞并了高丽，侵占了台湾和琉球，夺取了旅大，踏进了满蒙，也一天不能安心的！自从总理逝世到了现在，日本为什么一贯的要消灭我们国民党，推翻我们国民政府，也就是因为日阀知道本党和国民政府是秉承总理的遗志，要彻底实现总理的对策，所以他认为中国国民党如果一天不消灭，国民政府一天不推翻，这个政策便一天不会放弃，他的大陆政策便一天不能达到目的！日本既然定下了侵略中国的传统政策，而我们中国国民党秉承总理遗志，必须贯彻挽救中国的决心。彼此针锋相对，绝对冲突，因此，除非日本根本放弃他侵略的野心，撤退他侵略的暴力，中日战争是无法可以避免的！而且就中国方面来说，我们不想求得国家的独立和民族的解放则已，如果我们要实行总理的主义，贯彻本党救国的使命，使我们祖宗遗传下来的五千年悠久光荣的历史和文化，能够继续发扬光大，使我们广土众民物产富饶的泱泱大国，能够复兴强盛起来，就非打销日本侵略的野心，排除日本侵略的势力，不能达到我们革命的目的！我们为求得国家的自由平等和民族的独立生存，到了忍无可忍的最后关头，就非发动我们全国的力量与日本决战不可！自从抗战以来，国内有些同胞和外国人士评论中日大局，还以为中日纠纷可不诉诸战争，此次战争，在当初或者可以设法避免，这是不明了本党革命的使命与日本侵略野心和中国地位危险的错误见解。不知道去年芦沟桥事件发生，如果我们还不起而发动全面抗战，而要容忍放纵，让他占去平津，囊括华北，不仅我们国家大势已去，民气由此消沉，而且他日以暴力相恫吓，更要肆其宰割鲸吞的凶焰，我们要苟安一时亦不可能，结果非至亡国灭种不止，所以我们要认定此次事变为国家民族生死存亡的最后关头，毅然决然要担负此次革命的战争！要以抗战来遏止日本残暴的侵略，进而打破他大陆政策的迷梦，这是兄弟首先要向大会说明，要请各位同志特别注意的一点。

日本为贯彻他大陆侵略政策，几十年来他总是想尽方法来消灭我们中国国民党，以达到他灭亡中国和中华民族的目的。他为实行这个侵略政策，用尽了种种阴谋毒计，真是处心积虑，一言难尽，兄弟现在对各位同志按着顺序提出一个概括的说明。

他所用的第一个阴谋就是瓜分。当民国十六年我们党军北伐，打到南京的时候，他就藉口南京事件煽动列强，要想瓜分中国。本来瓜分之说，起于中日战争以后，当时中国以广土众民的大国，一战而败于蕞尔小邦的日本，列强看出中国内情的腐败，就纷纷强迫清廷，订立条约，划定各国势力范围，后来经过庚子义和团事件以后，瓜分之说，就无形打销。到了民国十六年南京事件发生，日本忽然重行提出瓜分的主张，他为什么要提出这个主张呢？就是知道日本此际虽不能夺得中国整个的利益，但一定可以多占瓜分的便宜，所以他在当时竭力引诱列强共同干涉要实行瓜分中国，一面向国际宣传说我们党军是赤化的军队，党军如北伐成功，就是中国全般赤化，如不消灭党军，实行瓜分，则将来赤祸蔓延，各国都感不安，一方面就派他驻华盛顿的大使联合英国驻美大使向美国政府提议，要实行瓜分中国。各位大家必然记得，那时候英国因省港罢工事件，对中国国民党感情不好，可是我们当时对日本的感情，并不怎样恶劣，而他偏要提出这件事来，就可以看出日本侵略的野心。此议提出以后，英国不置可否，静待美国的态度而定，当时美国政府为要坚持他门户开放机会均等的传统政策，反对日本的提议，瓜分之计，遂不得逞，这是十一年前日本对中国的一段侵略史！

日本知道瓜分中国的计划，既无实现的可能，就改变方式，要想独占。他这个独占的野心，我们只要看从九一八以来，他一面加紧侵略，一面声言凡是关于中日问题，都拒绝第三国干涉，就可以完全明白。他要实行独占，以达到完全灭亡中国的目的，最有利于他的方法，莫过于用蚕食的计划，逐步逐步的侵略，侵占我们的领土，分割我们的国家。当我们革命军第二期北伐开始的时候，他一方面阻止革命军进到黄河以北，一方面阴谋在华北成立一个傀儡政府，现在他所设立的华北伪组织，可以说在民国十六七年的时候，早已有此计划。他因为不许我们革命军北上，就在民国十七年革命军到达济南的时候，实行出兵山东，用暴力来阻挠，造成济南事变，在他们心目中总认为长江和长江以南是英国及其他各国的势力范围，黄河以北，一定要由日本支配。记得民国十六年我到日本的时候，田中义一公开向我表示，他说："你为什么一定要带兵北伐，你在南京不是可以成立一个政府吗？"他这个意思就是暗示我不让革命军到黄河以北，只能在黄河以南。我答复他说："革命势力是不能中止的，中国必须统一，在中国境内决不容许有两个政府存在，否则，中国不安，东亚亦不得安定。"但是他后来仍然派兵阻我北伐，占我济南，藉此恫吓，以为我们必不敢继续前进，他万万不料我们革命军在日军占据济南的时候，仍要渡过黄河，向北平挺进，终至克复平津，完成北伐。因之他分割华北的毒计，在那个时候，就受了一个很大的打击。

自从我们革命军到达北平以后，东三省自动易帜，响应革命，由是中国全国都统一于本党国民政府。这件事更出乎日本意料之外，原来日本从日俄战争以后，即将中国的满蒙，尤其是东三省，视为他的禁脔，锐意侵蚀，早成喧宾夺主之势，等到革命军到达平津，他以为本党革命势力就此停止，必不能再向东北进展，同时他为事先阻止起见，一方面发动皇姑屯的炸车案，一方面派出浪人，捣毁当地政府机关，以示威吓，而其实际目的就是要在东三省另外成立一个政府，使东北脱离国民政府而独立，根本不许我们革命力量发展到东北各省，但万不料彼时东三省当局自动要求统一于中央，由是国民政府统一全国的工作，能够顺理乘势，克底于成。我们革命力量如此大，北伐成功如此快，不仅在十三年以前，日本梦想不到，就是在民国十七年革命军打到平津以后，他也没有料想到！而东三省易帜，全国统一，更是予他蚕食中国的政策以莫大的打击。

他瓜分不遂，蚕食不成，但侵略中国的野心，转趋急进，田中去世以后，就由他狂妄的所谓少壮军人发动了。从前本党同志和一般国民，因为看了田中对满蒙积极政策的奏章，就以为田中是积极侵华的主谋，田中去世，侵略或可稍缓，其实不然，田中去世，还可以控制一般日本军阀，不致乱动，田中死后，日本军阀成了群龙无首，就如野马失羁，到了九一八的时候，果然不顾一切，称兵作乱，侵占我东北，造成举世震惊的大事变，使东亚和平乃至世界和平感受了莫大的威胁！

自从九一八以来，迄今六七年中，日本之侵略中国，真是得寸进尺，无有止境，既侵占我东北，又进扰我关内，侵入冀东，扰乱平津，长城之役，复夺取我察北，淞沪之役，竟威胁我首都，逐步南犯，蓄意分割，要想循蚕食的步骤，达到完全吞并中国的目的。他既然如此暴露其狰狞面目，侵犯不已，我们如还要抱着息事宁人的态度，要避免战争，图苟且偷安，这只是梦想！处此情势之下，我们要死中求生，挽救国家，就只有拼全民族的力量，与倭寇作殊死战，我们都要知道，这一个战争，如果无法避免，那么早发动一天，中国所受日本侵略的祸小，若迟发一天，我们所蒙的祸害更大！所以去年七月芦沟桥事件发生的时候，我们就确认中日和平已经绝望，我们国家民族已逼到了生死存亡的最后关头，此际就只有毅然决然发动全面长期的抗战，以打破他蚕食分割的毒计！但是我们实行全国抗战以后，日本帝国主义者知道蚕食的计划已不可能，就索性动员大批海陆空军，肆行武力侵略，要想实现他鲸吞中国的梦想。他这个“瓜分”不成，就想“独占”“蚕食”不遂，就想“鲸吞”，无非是要一贯实行其大陆侵略政策，以达其灭亡中国的目的。

日本逞其传统的侵略政策用来灭亡中国的方式，上面已经说明。至于他所用的办法，就是要“以华制华”与“不战而屈”。所谓“以华制华”，就是利用中国人来打中国人，以中国力量来消灭中国。他这个计划，最为毒辣。他为什么能够采用这个毒计呢？就是他看见我们中国一般人向来怯于外侮，勇于内争，尽可利用中国的内战，实行以华灭华，所以在民国十六年以前军阀混战的时候，就没有一次不是出于日本的煽动，等到北伐成功以后，各国都热心期待中国的统一，独有日本到处派遣特务人员，挑拨离间，造谣生事，惟恐中国统一。九一八以后，他更拚命攻击本党和国民政府，尽量挑拨中央与地方间以及政府与人民间的感情，千方百计要使我们国家成为四分五裂，即如在华北，他总想要造成一个半自治半独立的政府，以便时机一到就一举并吞北方各省，进而灭亡中国。但这几年以来，他看到中国国内团结统一日见增进，各地一致自动服从中央，尤其是国内党争的问题，也有了解决，从此中国无论在政治、经济、军事、财政、乃至于思想信仰各方面，都已完全统一，国家的力量，由于建设的进行，也一天一天强大，这就到了他侵略政策最危险的关头，因为中国如果依此建设强盛起来，他不仅永无吞并中国的机会，甚至连非法侵占满蒙的计划，都要无法贯彻，这真是日本在中国侵略势力生死存亡的关头，所以就悍然不顾，要以武力侵占华北，以便在占据华北之后，运用制造"伪满"的故智，劫持少数汉奸，以汉奸组织的名义压迫中国同胞，消灭中国民族，这就是他"以华制华"的毒计已穷，不得不出此最后的残毒技〔伎〕俩了。

他发动芦沟桥事变以后，调集大批海陆空军，进占平津，侵犯淞沪，声势汹汹，不惜出于一战，其实他的用意，还是一贯的袭用他民国二十四年以来的政策，想实行武力恫吓，以达"不战而屈"的目的。他看出我们国家统一未久，建设未成，对外政策又素主和平，以为我们必不能而且不敢与日本作战。尤其是这两三年来，他几次提出"伪满"问题和关税问题，诱迫我和他解决，我们因为不愿丧权辱国，宁使暂时不谈，他就以为我们国民政府外强中干，那有力量抵抗日本？所以他认为只要拿武力来威迫我们，就可以使我国屈服，好比他从前对袁世凯的办法一样，只要拿威吓的手段，提出哀的美敦书，就可以迫他签字，他自以为现在实际调动兵力，比对付袁世凯的办法更进一步，就不怕本党和国民政府不向之屈服，就一定可以达到他不费一兵一卒而灭亡中国的目的。他这种企图真是一个梦想。他不知道现代的中国，已不是廿几年前袁世凯时代的中国了。他没有料到总理伟大的主义信仰，已深入于人心；本党革命的势力，已植基于全国。尤其是他只看到我们的国防军备还没有完成，物质经济的力量，还没有尽量开发，因此在他动员武力侵略的时候，只计算到中国的军备武力以为敌不过他，而没有将我们地大物博人众一切无尽藏的潜力计算在战争力量之中，更没有将我们总理和革命先烈牺牲奋斗一贯相传的革命精神和三民主义的精神力量计算在战争力量之内，就以为凭他优势的武力和物质力量，一举就可以压制中国，屈服中国。这种见解，也不只是我们的敌人日本军阀作如此想，就是世界许多人士，也只从物质一方面观察，以为中国现在不能对日本作战，开战必要失败。殊不知此次中日战争，不是普通的国际战争，是中国民族为完成国民革命求得自由平等的革命战争。这种革命的战争，物质和武力不过是胜败所关的条件之一，而决定战争胜败的主要条件，还是精神。——就是革命的主义。只要我们对于主义的信仰不动摇，主义的力量不消灭，任何暴力，都不能灭亡我们。何况我们有五千年悠久光荣的历史，和伟大高尚的文化，我们有四万万五千万优秀的同胞，和四千万方里的土地，以我们的革命精神运用这些先天优厚的条件，八个月的抗战，已足警醒日本狂妄侵略的迷梦。他不仅不能达到不战而屈我的目的，就是倾其全力要求速战速决，亦不可能。我相信此战以后，不仅日本不敢再来侵略我们，世界上对于估计战争力量的标准，也要跟着改变，至少可使和平更得到尊重和保障。于此，我很佩服意国首相墨索里尼的见解高明，而可怜日本军阀的愚妄：记得墨索里尼年前曾嘱意大使来对我谈及中日问题，他说中国是一个有悠久历史和高尚文化的文明大国，如意大利处于日本的地位，必不侵略中国，因为一个民族的历史文化，是一个国家不可侵犯的力量。

这一句话，很少有人提到过，意大利实在较日本高明多了。我们此次对日抗战，初期虽不免挫失，但一切胜利条件和必胜的基础，我们样样具备，只要本党同志领导四万万同胞一心一德，团结一致，在一个主义一个政府指导之下努力奋斗，前进不懈，不仅一个日本不能奈何我们，就是三倍四倍于现在日本的力量，也不能打败我们，我们抗战一定胜利，中华民族一定复兴。(鼓掌)

以上是讲日本侵略中国的各种阴谋毒计，就范围来说，他不能“瓜分”，便要“独占”，不能“蚕食”，就想“鲸吞”；就方法来说，他不用“以华制华”，就用“不战而屈”，因我“战而不屈”，便想“速战速决”，总是想尽计划，以一贯推行其传统的大陆政策，要想达到他侵吞中国的目的。处此情势之下，我们无论如何含垢忍辱，委曲求全，只有助长他得寸进尺的侵略野心，决不能促起他的觉悟。而且我们如果一味忍让，任其宰割，不直接与他抗战，则我们国家民气消沉，内部不安，就正中了他的毒计；他就可不费牺牲而达到了侵略的目的。反之，如果我们领导全国，集中力量，不惜牺牲，坚决抵抗，迫使日本直接与我作真面目的决战，就可以打破他一切毒计阴谋，暴露他一切的弱点，这正是他最害怕的一件事情。记得前次欧战的时候，英国力劝中国参战，日本竭力反对，他对英国说，中国人口如此众多，土地如此广大，历史上又有如许雄图远略的遗规，如果因参加欧战而转移他内战的心理，引起对外战争的勇气和自信，将来东亚就不得安宁。他这些说话，表面上是指中国如统一强盛起来，就要向外发展，妨害其他国家；骨子里就是他最怕中国统一对外，惟恐他的侵略政策无法得逞。我们看出日本这个弱点，所以在去年他侵占我们平津的时候，毅然决然要集中我全国的力量，直接与他决战，一方面杜绝他挑拨离间我内部的危险，一方面暴露他侵略中国的野心，不仅使我们自国同胞一致警醒，共起抵御；同时也使世界各国都了然于日本之侵略中国，不只是要灭亡中国，而且是要独霸东亚；

不仅是排斥各国势力于东亚之外，而且要以强权与暴力来破坏和平，灭绝公理，充其野心之所极，还要征服世界。我们不仅揭破了日本全部的阴谋，由于坚决的长期抗战，也使日本的弱点尽量发露出来，使世界上认识日本这一个大言欺世的国家，其真相实力究竟是怎么样。我们以抵抗答复他侵略，以打击还他打击，总要战到使他觉悟绝信弃义，穷兵黩武，必有势穷力竭之时，到了最后，他总不能不翻然变计，撤消他侵略的狂想，来服从正义公理与世界和平。我可以告诉各位同志，我们战争的目的，就是在此！我们中国有句古训说："兵凶战危"，孙子在兵法上也开宗明义讲："兵者，国之大事，死生之地，存亡之道，不可不察也。"自本党当政以来，深惕于我们祖先这些遗教与和平之不可以轻易破裂，虽在日本百般挑衅之下，过去只是耐忍自强，促其觉悟，决不图快意一时，轻率冒险。但是我方虽如此存心，而日阀却步步侵逼，如果我们没有牺牲的决心，到了不能不战的时候，还不起而抗战，那就是畏惧日阀，认为无法抵御；中国怕日本，则列强都要害怕日本，如此，适足以助长他侵略的凶焰。结果，不但中国危亡，而且世界上从此没有公理，没有正义，没有尊重人道保障和平的力量，只让强权暴力逞其凶威，国际秩序，还凭什么来维持？所以各位同志必须明白，我们这一战，是形势上事理上万万无可避免的一战，是顺乎天理，应乎人心，为本国独立生存，为世界和平正义，而不能不奋斗的义战！再具体一些说，我们作战的目的，是要救中国救世界，是要以中国民族保卫独立的牺牲，来换得东亚和全世界的永久幸福！

以上是讲这一次抗战的意义与目的，现在再将最近战况和将来的趋势报告给各位，我们发动全面抗战，迄今已九个月了，在这九个月当中，寇敌蹂躏了我们冀察绥晋鲁苏浙等七省，但他仅能侵占我七省的省会，和七省中十分之三的城镇，而且只限于沿交通线的县城，其他在交通线以外的广大乡村和多数城市，他决无法侵占，就是在已被侵占的少数城市当中，他也只能局限于占领地内，逾此一步，连动都不敢动，随时有被我切断交通包围歼灭的危险，他用了五十万以上的兵力，耗三十万万元的金钱，费了八九个月的时间，而所得的结果是如此，以后敌人如再要进犯，他的困难愈多，危险更甚！现在他扬言要打通平汉津浦两路进犯武汉，我们依过去作战情形来说，他如要进攻武汉，非再增十师正规军，决不能来，且如不打破广东，切断我海外的交通线，他侵占了武汉，也无如何意义，广东是我们革命策源地，民心坚强，士气激昂，要攻取广东，至少要用八师的兵力，他如果同时攻武汉和广东，就得用十八师的兵力，而能否达到目的，尚不可必，我敢说，他一时必拿不出这样大的力量。就算他不顾一切，尽其力量来侵占我们武汉和广东，但他如不占领粤汉全线，他也不能在武汉或广东立足；他要占领粤汉路，又非再加八师以上的兵力不可。他即使打通了粤汉路，还要能够打通湘浙路，粤汉路的占领才有把握！他如再要打通湘浙路，又非再加六师的军队，无能为力。这样看来，敌人要打通平汉粤汉两路，实现他侵略华中华南的企图，如不增援三十师以上的兵力，决不能达到目的。即令退一步说，他能打通平汉路和粤汉路，他也不能占据两路沿线的全部土地，我们的军队，仍要留在各战区以内，随时要来攻击他消灭他。如同山西一样，他虽占领我同蒲路，但我们的兵力并没有损失，还是在山西境内活动，使敌人用了三四个师团，还不能维持他侵占地区的秩序。所以我们撇开土地、人口、文化、历史的力量不说，仅就军事力量来观察，日寇就倾其全力，也不能消灭我们军队，灭亡我们的国家！我今天可以明白告诉各位：我们原定的抗战根据地，还不在平汉和粤汉两路以东的地区，而在其以西地区，因此即令退一万步说，敌人果然使用三十师团以上的兵力，打通了粤汉路，我们仍要坚决奋斗，抗战到底，一定消灭敌人于我既定的决战地带！就军事的形势来说，我们是死中求生，为求生而战，民心士气，只有一天一天的强固，敌人是恃强侵略，送死异域，只有一天一天的厌战，战争愈持久，他愈感困难，而且他进入愈深，我们解决他的机会愈多，因此，他今后如不翻然变计，赶快回头，而要强行武力侵略，不仅不能灭亡中国，而且必致自趋灭亡！（鼓掌）

由于上面所说，各位对于中日战争的前途，以及我国持久抗战必胜的道理，一定已十分明了。现在再要附带说明一般认为此次战争有关的一个问题，在抗战发生前后，有许多中外人士都怀着一种见解，以为东北问题如果当时能设法解法，这次中日战争，就可以不发生。他们总以为我们武力没有准备充实，避免战争，实与中国有利，对于政府没有解决东北问题，总表示多少的惋惜，这是他们不明东北问题当时不能解决的真相，以致有此空想。我可以告诉各位，我们并不是不想解决东北问题，更不是不想避免战争，我刚才说过“兵凶战危”，古人常说“不得已而用之”。凡是真正懂得军事的人，一定不愿轻于作战，尤其自本党当政以来，一向以和平建设为职志，决不愿轻启战争，这是一定的道理。大家要知道，东北问题之不能解决，责任完全在日本。记得在去年战争发生以前，当时中外人士都以为中国已经完全统一，正需要和平建设，我中央政府可以设法解决东北问题，就是敌方政府当时也曾派人向我表示，说“日本政府认为现在是东北问题解决的机会，如果中国有决心解决这个问题，日本即可派人来商量。”我当即答复这个问题的关键在日本，首先要问日本政府有没有权力能负责解决这个问题，有没有力量统制他的军人，能不能保障在东北问题解决以后，他们的军人不再破坏信义，侵犯我领土主权，如果日本政府能负责任，有此把握，中国方面可以解决这个问题，而且我个人可以挺身负责，使这个问题得到合理的解决。他对于我这个问题，就不能作确切的答复。我可以断言日本政府绝对无权统制他的军阀，亦就是绝对不能负责和我国政府解决东北问题。即如前年双方为避免军事冲突而订的塘沽协定，条文和性质都是很明白的，可是我方始终遵守协定的义务，而日本驻屯军一再曲解条文，横生枝节，条文规定他不能驻兵的地方，他要擅自驻兵，不能干涉的事项，他偏要干涉，动辄作协定文字以外的无理要求，明明是一种停战协定，在他们心目中无异变成了他得步进步侵略中国的护符！如此简单明确的停战协定，日本军人都要随便破坏，日本政府都不能负责统制军人，使其确守协定，如何还能负责解决东北问题？解决了东北问题，又何能保障他们的军阀不再破坏？所以东北问题之不能解决，完全是由于日本军阀不讲信义，日本政府不能负责，解决之后，没有保障，因此当时就无法可以解决！后来芦沟桥事件发生，这个问题，就更无从提起了。我还可以告诉大家，我们这几年来一方面抱定保持我独立生存的决心，同时对于和平始终为最大的努力，也不但是东北问题，就是其他中日之间的悬案，我也常常表示，只要经过正当合法的外交方式，只要无害于中国国家的独立生存，我都可以负责解决，其理由就是保持和平为我们固有的理想，所以百事应着眼于民族久远的利害，而不在乎计较一时的恩怨得失，可是日阀用心，和我们适得其反，我们除了以坚决抗战来觉悟其迷惘以外，就没有其他方法来求取东亚的和平，现在战争既起，就必须我们全国下定决心，增强团结，始终一致，不屈不挠，来贯彻我们抗战的目的！

现在再要将关系本党前途最重要的国内党派问题，就个人所见，和各位同志说一说。中国国民党自从广东出师北伐，统一中国，本革命的三民主义，秉持国政以来，于今已有十年之久，按理，在本党统治的政府之下，已不会有第二个党存在，更不会在三民主义以外更有第二个主义产生，为什么到现在还有其他的主义存在其他的党派发生呢？这个与其说别人树立党派的不对，无宁反躬自省，承认自己不争气之所致！假使我们真已尽到了党员的责任，在这十年很长的时间以内，很可以把我们的主义宣传到穷乡僻壤，深入人心，也早就应该把我们的主义和总理遗教，全部实施，当然不会再有别的主义存在，也不会再有别的党派活动的余地了。唯其我们自身不能尽到责任，以致党没有力量，党的基础不能深植于民众中间，所以才有今日之现象，所以这件事情，应该反问诸己，而不能责怪他人。

现在敌人压境，国家到了非常时期，本党以外别树党派的人，已经明白宣言愿意抛弃已往的政策，服从本党政府，愿为三民主义而奋斗，这种态度，可以说是革命者很好的态度。本党同志即应宽宏大度，从国家利益上着想，开诚接纳，俾能共同一致以对外。如果他们已有这样觉悟的表示，而我们还要再事根究，不但多事，亦徒然损失领导革命的尊严。我们应该在法律范围以内，容许他们的自由，在本党三民主义指导之下，统一他们的行动。集中全国的力量，来为国效命！只要我们自身不懈不馁，向前努力，使得三民主义的力量，一天天的发扬，即使还有小小的痕迹存在，亦必自然归于完全消灭！要知道：本党为领导中国革命，负荷建国责任之唯一革命大党，我们应该以仁爱为革命之基础，以信义求全国之团结。我们全体同志一定要本着总理和平博大的精神，以严责己，以诚感人，使全国一致心悦诚服，愿为三民主义而奋斗到底，这才是本党应有的态度，才能够完成抗战建国的使命！

最后要讲到本党自身的改进，我们知道近年来各地同志因为整个的党务不能及时进展，不免感觉苦闷，在中央方面有许多事务，没有尽量作到，即如组织、宣传等工作，不能使全体同志完全满意，我们在中央负责的同志，觉得很惭愧！尤其是兄弟个人担任了几届的常务委员而没有尽到责任，格外觉得负疚于心！现在我们且不谈过去，只问将来，我以为今后要推进本党党务，第一个要件就是要党员恢复责任心。现在一切党务废弛，敷衍懈怠到此地步，最大的病根，就是各级委员没有尽到委员职务范围以内所应尽的责任，一般党员没有尽到党员所应尽的责任，以致党的工作，毫无成绩，党的权责，无形放弃，招致其他党派纷起攘夺，本党同志还要受尽他们的嘲笑！今后我们要复兴本党，必须负责知耻，发奋自强。我常说："主义不行，党员之耻！"我们有了这样一个大党，有了这样多的同志，又有本党悠久的革命历史，总理和一般先烈伟大人格的感召，更有我们博大精深切合时代需要的三民主义，只要我们全党同志能够勤奋惕励，负责实干，不仅国内其他党派不敢妨害我们，就是日本帝国主义者，亦要屈服于我们之前！我要请大家注意：现在日寇所以敢随便侵略中国，是不是因为本党同志没有尽到革命的责任？我们想一想，俄国革命，发动于我国之后，何以能成功于我们之先？中俄两国同与日本接邻，何以日本不敢侵略苏俄，而敢随便来压迫中国，这就是我们应该彻底反省的一个最大教训！所以我们今后要改进本党，充实本党，第一件事必须我们一般党员人人发挥责任心。除了负责尽职以外，第二个要件就是严肃党纪，振作精神。现在本党党务，几陷停滞，党权无形低落，最大的原因，就是党纪废弛，又是由于一般党员精神不振作，党员没有负责守纪的自觉，丧失革命者奋斗前进的精神，种种颓唐腐化的恶习，就因此而发生。其中最大的病根，就是"虚而不实"，"私而无公"，凡事只讲表面，个人重于一切，这种心理如不彻底改造，我们的党务，便无法改进！我们一定要奋发革命精神，森严党的纪律，造成全党大公无私，践履笃实的风气，才能够领导民众，为主义奋斗，为革命牺牲，来创造一个独立自由的国家，完成抗战建国的使命！

〔中国国民党中央执行委员会秘书处档案〕

5. 中国国民党临时全国代表大会宣言

（1938年4月1日）

中国现正从事于四千余年历史上未曾有的民族抗战，此抗战之目的，在于抵御日本帝国主义之侵略，以救国民族于垂亡；同时于抗战之中，加紧工作，以完成建国之任务。在中国历史上民族战争不乏其例，然其关系从未有如今日之深且巨者，日本帝国主义之侵略，在政治上将使中国失其独立与自由，在经济上将使中国永滞于产业落后之境遇，而为日本工商业之附庸，远非以前历史上一时的军事失败或失败可比，以此之故，吾人当竭其全力，为国家民族争取生存与独立，同时根据三民主义，继续不断，完成政治上经济上之建设，俾中国获得自由平等于世界。吾人亦知中国目前若能得和平之环境，则此等建设，完成当较易，然日本帝国主义之侵略著著深入，已使和平归于绝望，此次抗战，在事势上为必然发生，且无可避免，吾人不能望于和平中谋建设，惟当使抗战与建设同时并行，是则救亡的责任与建国的责任，实同时落于吾人之肩上，惟望全国同胞以一致之团结，为共同之负荷．使此捍御外侮复兴民族之使命，得以完全达到。临时全国代表大会之际，对于抗战以来殉职及殉难之同胞同志，深致哀敬，对于在被敌占领区域中备受苦难之同胞同志，深致慰勉，同时对于在各战区暨后方以至海外努力中之全体同志，竭其忠诚，贡献一言。

自去岁七月芦沟桥事变突发，蒋中正同志即昭告全国，认此为国家民族之最后关头，盖自塘沽协定以来，吾人所以忍辱负重，以与日本周旋，无非欲停止军事行动，采用和平方法，先谋北方各省之保全，而进而谋东北四省问题之合理解决，在政治上以保持主权及行政之完整为最低限度，在经济上以互惠平等为合作原则，日本于此悍然不顾，肆其压迫，而犹以无领土野心为言，抑知领土与主权不可分离，中国若于其领土以内不能保持其主权及行政之完整，则所谓领土失其意义；经济合作若不以互惠平等为原则，则将成为片面的掠夺，是以殖民地待中国而已。吾人虽备受横逆，仍愿以最大之忍耐，期待日本之觉悟。二十四年十一年第五次全国代表大会犹郑重声明：“和平未到完全绝望时期，决不放弃和平；牺牲未到最后关头，亦决不轻言牺牲；”迄于二十六年七月以前，本此方针，未尝少变。乃日本弃和平解决之方法而不用，突然以兵力进攻芦沟桥，继之以进陷北平，旁及平津，无故杀掠我人民生命财产，摧毁我文化经济之建设，为状之惨，世所罕见，其处心积虑，无非欲以残忍手段，威胁我民族，使我北方各省，先受其统制。夫北方各省之存亡，即中国之存亡也，北方各省为中国文化之发源地，经济之心脏区，有史以来，一切文化，皆自黄河流域以次扩及于长江流域西江流域，无北方各省，则中国之文化将归于枯涸。至于物产不特农产物为人民所资以为生，矿产如煤如铁尤为中国工业之所凭藉，无北方各省，则中国之经济无由发展以成为现代之国家，则无以自立于世界。故北方若不能保全，不特东北四省问题，永无合理解决之望，中国领土之全部，亦将沦胥以亡，吾人认此为国家民族最后关头，其意义具如此。当未至最后关头，曾以绝大之决心与勇气，从事于忍耐，既至最后关头，则不得不以绝大之决心与勇心，从事于牺牲。自全面抗战开始以来，将士死伤，为数逾五十万，非武装的人民，横被屠杀，为数尤不可纪，妇女同胞所受之残酷，更为吾人所口不忍言。至于政府人民一切心力物力之建设，亦为敌人破坏之对象而夷为灰烬。然吾同胞同志之血，必非徒流者，此次抗战为国家民族存亡所系，人人皆当献其生命，以争取国家民族之生命，吾同胞同志之血，一点一滴，皆所以使四万万五千万之人心凝结为一，以为中国之金城汤池，即此心力物力之夷为灰烬者，亦必于灰烬之中发生热力，为中国之前途燃其光明之炬，最后胜利之获得，不特领土主权及行政之完整可以确保，自由平等之国家亦可由此以实现，吾同胞惟有并力以赴，不达目的，决不中止。

抗战之目的，如上所述，吾人为达此目的，决不辞任何之牺牲，惟吾人郑重声明，吾人之本愿在和平，吾人之最终希望仍在和平，惟吾人所谓和平，乃合于正义之和平，必如是然后对内得以自立，对外得以共存，必如是始为真正之和平，永久之和平，若舍正义而言和平，非和平也，屈服而已。和平所以防止侵略，屈服则所以助长侵略，中国若怵于日本之暴力，以屈服谋一时之苛安，则将降为日本之殖民地，民族失其生存独立，国家之自由平等更无可望，为中国计，岂容出此；即为日本计，若遂其侵略之欲，则穷兵黩武，永无底止，势必重困其民，以害人者自害；而为世界计，此侵略之焰既煽扬于东亚，势必延烧及于世界，使各国人民同罹兵凶战危之祸；凡此皆助长侵略之必然结果，而为吾人所断然不为者。以此之故，中国对于日本既明示以抗战之目的，更本必死之决心，尽可能之努力，以赴此目的，必使日本了然于中国之目的，知中国终不可以暴力屈服，幡然变计，放弃其侵略主义，更与中国谋合于正义之和平，然后中日共存之希望始达，太平洋之危机始息，世界和平始得到真实之保障。中国此次抗战，实为东亚百年之大计，非惟对于日本国民无所仇恨，且期待其促成日本军阀最后之觉悟，以中国之广土众民，数十年来与各国之经济利益，已交织为不可分离之纲，日本无论其为蚕食，为鲸吞，惟有使太平洋之国际均衡不可得而再建，日本非徒自陷于中国境内长期抗战之困难，抑且自绝于世界爱好和平之人类，而自沦于孤危，日本国内明识之士，其亦怵然有所动于中乎。

欧洲大战以后，各国怵于战祸之重作，谋和平之永保，因以有国联盟约、九国公约及非战公约之规定，中国夙以和平为职志，自加入诸约以后，所致力者惟在于“尽文明国应尽之义务，以享文明国应享之权利”，一面尽其所能以从事于现代国家之建设，一面与各国和衷共济，以谋不平等条约之废除，数年以来，循此轨道，力向前进。不幸九一八事变突发，中国仍遵守盟约之规定，避免战争之手段，蕲得和平之解决。直至去岁七八月间，鉴于日本无止境之侵略，始决定自卫，从事抗战。从中国立场言，则为捍御外侮，为国家民族争取独立生存，从国际立场言，则为维护条约之尊严，对于破坏条约，甘为戎首者，予以坚决之抵抗；以是之故，凡爱好和平之国家，自政府以至人民，莫不同情中国，谴责日本。中国当此抗战期间，得此等道德上之同情与援助，至为感奋，徒以各国间各有其利害之冲突，对于维持和平反对侵略，虽知其义当有为，然即汲汲内顾，又徘徊于互相观望之中，遂不能以一致之努力，为共同之行动，此诚深可缺撼者。加以各国间或以政治上之主义与制度不同，或以经济上之立场与见地不同，已渐成对峙之形势，而繁然各殊之利害关系，又参伍错综于其间，遂使国际关系，益陷于复杂之境，其变迁离合之所至，或将酿成不可解之纠纷，此尤举世所引为深忧者。中国以立国的基本精神而论，自有三民主义为最高之信仰，惟当努力以求其实现，决不曲意诡随，以自丧其所守；以经济的建设而论，总理所著建国方略、实业计划，对于欢迎外资，开发利源，已有详明之提示。任何友邦，苟根据互惠平等之原则，以谋经济之合作，中国无不乐于接受，以期获得人类之共同繁荣，此为中国经济建设之已定方针，决不轻有所移易。中国今日对外关系，惟当谨守以下两原则：其一对于曾经参加之维持国际和平之条约，必确实遵守；其二对于世界各国既存之友谊，必继续不懈，且当更求其增进。中国自知为贫弱的国家，平日所汲汲者，惟在力自振发，以致中国于自由平等。际此空前之国难，亦惟有依靠自力艰苦奋斗，以自拔于危亡，决不稍存侥幸之念，以成倚赖之习。惟有当为世界各先进国家告者，世界和平不可分割，一部分之利害，即全体之利害，故每一国家谋世界之安全，即谋自国之安全，不可不相与戮力，以致力于保障和平，制裁侵略，俾东亚已发之战祸，终于遏止，而世界正在酝酿之危机，亦于以消弭，此则不惟中国实受其益，世界和平胥系于此矣。

以上所述，为外交方针，至于内政方针，实与外交方针相为表里，盖建国大业，以三民主义为最高指导原理，外交方针内政方针皆由此出发。从外交言之，致中国于自由平等，从内政言之，求所以致中国于自由平等之道，故其精神实为一贯。吾人本此精神，以从事抗战，盖吾人此次抗战，固在救亡，尤在使建国大业，不致中断，且建国大业，必非俟抗战胜利之后重行开始，乃在抗战之中，为不断的进行。吾人必须于抗战之中，集合全国之人力物力，以同赴一的，深植建国之基础，然后抗战胜利之日，即建国大业告成之日，亦即中国自由平等之日也。世人于此有所未察，以为建国大业，必有俟于抗战胜利之后，此不惟浪费中国之时间与精力，且不明抗战与建国之关系，盖非抗战则民族之生存独立且不可保，自无以遂建国大业之进行；而非建国则自力不能充实，将何以捍御外侮，以求得最后之胜利。吾人诚能究心三民主义之最高指导原理，则知抗战建国二者之相资相辅以相底于成，有必然者，兹揭其要点如左：

一、民族主义　第一次全国代表大会宣言中，关于民族主义有两方面之意义，一则中国民族自求解放，二则中国境内各民族一律平等。今先就第一方面言之，抗战之目的在于求民族之生存独立，必民族争回生存独立，然后此民族所建立之国家，始有自由平等之可望。从前国内之人道主义者，多抱世界主义的理想，社会主义者又往往信仰国际主义，曾不知民族精神若不能唤起，则思想为之混乱，意志为之散漫，情绪为之薄弱，其团结因以不能坚固，行动因以不能统一，外侮一至，内溃一象，立时呈现，历史上亡国之祸，胥由于此也。故吾同胞必当深切认识抗战之际，惟有本于民族主义，以发扬民族之固有道德，恢复民族之自信力，使此四万万五千万之人心，凝结为一，坚如金石，知政治之自由，为吾民族生存之保障，经济之自由，为吾民族生存之凭藉，惟能合吾民族之力以共保之，乃能合吾民族以共享之，民族主义于抗战期间能充分发挥其精神与力量，则此精神与力量为今日捍御外侮之要素，亦即他日复兴民族之基础也。就第二方面言之，中国境内各民族以历史的演进，本已融合而成为整个的国族，且第一次全国代表大会宣言中，已对于诸少数民族豫为之诺言矣，“于反对帝国主义及军阀之革命获得胜利以后，当组织自由统一的（各民族自由联合的）中华民国”，此实为对于诸少数民族最大之诺言，而此诺言之实践，必有待于此次抗战之获得胜利。盖惟根于自由意志之统一与连合，乃为真正之统一与连合，在未得胜利以前，吾境内各民族惟有同受日本之压迫，无自由意志之可言，日本口中之民族自决，语其作用，诱惑而已，煽动而已；语其结果，领土之零星分割而已，民众之零星拐骗而已；日本知此广大之领土，与繁庶之民众，非可以一口吞灭，故必取而脔切之，脔切愈细，吞灭愈易，其所以制造傀儡，惟日汲汲，如恐不及者，职由于此。故吾同胞必当深切认识，惟抗战乃能解除压迫，惟抗战获得胜利，乃能组织自由统一的即各民族自由联合的中华民国，各民族今日致力于抗战，即为他日享有自由之左券也。综此两方面言之，以民族主义充实抗战之力量，以抗战之获得胜利而民族主义之目的完全贯彻，于理于势，无可疑者。

二、民权主义　抗战之胜负，不仅取决于兵力，尤取决的民力，民力之发展，与民权之增进，相为因果，故组织民众训练民众为发展民力之必要工作，亦为增进民权之必要条件。惟有当注意者，第一组织训练之目的，在养成民众之自卫能力与自治能力，前者属于军事，后者属于政治，两当并重，无自卫能力，则所谓自治无发育之余地，而无自治能力，则所谓自卫亦失其根本，故抗战期间，对于民众授以军事组织军事训练，以养成军国民之资格，固为当务之急。而政治组织政治训练，则先之以地方自治条件之完备，继之以进而参预中央政事，凡建国大纲之所规定者，皆当于此谋其实现。第二组织训练必当有厘然之系统，然后能以简驭繁，有条不紊。盖民权主义与自由主义固相为因缘，然在革命已告功成之国家，政治之自由，犹当存在于不妨害国体政体之范围内，至于革命期间，则政治之统一，较政治之自由为急，军政训政实为势之所不容已，而当对外抗战，则虽在宪政时间之国家，亦必授权政府，俾得集中人民之力量，统一人民之言论与行动，以同赴于国家至上之目的。当此之际，在议会及在社会间，杂然各殊之政党，亦必相约为政治的休战，以一人民之心思耳目，盖自由与统一，似相反而实相成。无自由则人民无自发的情绪，以从事于同仇敌忾，无统一则意思之庞杂，而致行政之纷歧，抗战力量，由之减削，有必然者。以此之故，抗战期间政府对于人民之自由，必加以尊重。同时亦必加以约束，使得自由于一定限度之中。约束既定，政府人民共同努力，见之实行，庶几自由与统一，乃能兼顾。以上二者，为组织民众训练民众之指导原则，至于政治机构更有当郑重声明者，战事既起，第五次全国代表大会所议决关于国民大会之召集，宪法之制定颁布，不得已而延期，政府此时惟有依据国民会议所判定颁布之约法，以行使治权。惟为适应战时之需要计，应就各机关组织加以调整，使之趋于简单化，有力化，并应设置国民参政机关，俾集中全国贤智之士，以参与大计。惟值此非常时期，政府自不能不有紧急处分之权，俾临危处变，有所应付。要而言之，民众方面□□□□□□□之养成，政府方面□注意□□□□□□□，此固所以充实抗战之力量，而民权之基础，亦于此建立，则抗战胜利之日，结束军事，推行宪政，以完成民权主义之建设，为势固至顺也。

三、民生主义　总理民生主义中曾指出中国今日陷于赤贫，举国之中，只有大贫小贫之别。抗战既起，日本军队蹂躏所及，农村则庐舍为墟，田圃生产，化为烬余，都市则新兴工业悉被摧残，近年以来政府之所惨淡经营，以及私人企业家拮据捋荼之所得，皆荡析以尽。凡此苦痛，举国之中，无论何人，所同受也。日本帝国主义之侵略，其最大目的，莫过于凭藉军事的努力，以施行经济的掠夺，详言之则为原料之榨取，市场之垄断，在占领之区域内从事矿产及农产物之搜括，煤铁棉花羊毛尤取之惟恐不尽，同时破坏中国新兴之一切工业，纺织机器麦粉机器搬运一空，不能搬运者，则粉碎之无孑遗。凡此皆欲摧折中国现代工业之萌芽，使永远居于原料供给之地位，一切工业品皆仰其鼻息，不能自行制造也。循是以往，不但经济建设无从说起，国计民生，亦惟有日即于凋敝，生计既绝，生命随之，政治自由之丧失，其结果为亡国，经济自由之丧失，其结果将至于灭种，此不能以历史上之外患为例者也。中国为农业国家，大多数人民皆为农民，故中国之经济基础在于农村。抗战期间，首宜谋农村经济之维持，更进而加以奖进，以谋其生产力之发展。至于新兴工业，直接间接关系抗战至深且巨，必须合政府与人民之力，于最短期间谋其复兴。凡此增进战时农工生产，以奠立战后经济基础。语其条理，虽经纬万端，而扼要言之，不外三点：第一举国人民当以极端之节约、极端之刻苦，以从事于生产资本之累积与产业之振兴。近世新兴诸国，莫不循此，吾人所宜借镜者也。第二举国人民皆当认定此时所急，惟在抗战，惟在求抗战之胜利，一切产业复兴之计划，皆当集中于此。盖此次抗战为国家民族存亡所系，国家民族之利益，大于个人之利益，必当以国家民族之利益，为共同之目的，即使平日因其地位或其职业利害感情各有不同，然覆巢之下，断无完卵，惟有向共同之目的，而共同迈进，乃可以救国家，救民族，且即以自救。第三抗战期间关于经济之建设，政府必当根据民生主义之信条，施行计划经济。凡事业之宜于国营者，由国家筹集资本，从事兴办，务使之趋于生产的合理化，且必制节谨度，树之楷模；其宜于私人企业者，由私人出资举办，于国家的整个计划之下，受政府的指导及奖励，以为有利的发展，私人企业既因国家的银行与重工业及交通纲之发达而遂其生长，则于节制资本之目的既无违背，而私人企业心亦得所满足，不惟直接关系国防的经济事业，得以活泼进行，即关于社会普遍繁荣的经济事业，亦因以发展，使最大多数人民生活之水平线得以增高继长。以上三者，若能合政府与人民之力，见之实行，抗战力量由之充实，民生主义之基础由此奠定，有必然者。总理遗教关于民生主义之实行，谆谆以消弭阶级斗争为念，今若于此三端身体而力行之。抗战以前中国经济状态，尚无发生阶级斗争之可能，抗战期间，同仇敌忾，阶级斗争，更不容许其发生，抗战胜利以后，基于民生主义之计划经济，已使共有共治共享之理想臻于实现，尤无发生阶级斗争之必要。消弭之道，莫善于此。吾人谓民生主义之实行，当于抗战期间求之，且当于此求得抗战之胜利，决非俟抗战胜利之后始从事于民生主义之开始，其理由具如此。如上所述，吾人本于三民主义，一面抗战，一面建国，其事似难，其势至顺，倘能一其心志，始终不易，以不断之努力，克复困难，奋发前进，则抗战必胜，建国必成，有断然者。于此有当为吾党同志告者：总理致力国民革命凡四十年，临终之际，念革命尚未成功，勖我同志继续努力，以期贯彻。我同志秉承遗志，努力不懈，先之以扫荡军阀，完成统一，以结束国民革命前半期之工作，而后半期工作之开始，则在致中国于自由平等。自欧洲大战以后，各国皆汲汲于维持和平，中国尤欲在此和平环境中，完成其建国之工作。不幸有九一八事变，空前之国难，适集于吾党执政之时。虽此事变之发生，决非偶然，而吾党丁此之际，责任更无旁贷。数年以来，鉴于国力之未充，国际形势之未足以维持和平，制止侵略，忍尤含垢，以埋头苦干之精神，从事于必要之准备，同时期待日本之觉悟，乃准备未达吾人之所预期，而日本之侵略已迫中国至于最后关头，不能不领导全国，决然出于一战，国之存亡，种之兴灭，胥系于此。九阅月来，吾国破碎之山河，随处皆染有吾同志之血痕，而吾同胞在被敌占领区域内者，死固不得瞑目，生亦呻吟憔悴，无以为生，其哀痛迫切之情，与期望恢复之意，每一念及，心血沸腾，不能自已。吾同志惟有更提高革命之精神，更厚集革命之力量，以负起此重大之使命，而慰吾同胞之望。吾同志当地之际，必当自觉其过去之努力，有所未尽，而急于反省，尤当深念将来之困难必将更多，而毅然自任，刻苦精勤，以处万事，勇敢牺牲，以当危难。责己惟恐不厚，迁善惟恐不速。组织更求其精密，务深入民众，劳苦之事，以身先之；训练更求其深造，学问经验，日积月累，永无止境；纪律更求其森严，不以猜忌而成苛刻之风，亦不以姑息而生放纵之渐；凡此诸端，吾党同志所宜共喻，而相与身体力行之者也。

于此更有为全国有志之士告者，吾党欲谋三民主义之实现，其唯一希望在于有志之士一致加入，共同奋斗。回忆总理致力国民革命，精勤惕厉，四十年如一日，每经一次之挫折，必获一次之进步。固由主义政策，历时愈久而愈入人心，而诚求有志之士一致努力，使党之机体得遂其繁荣滋长之功用，以克负其重大之使命，亦为最要之原因。此总理所谓“夫事有顺乎天理，应乎人情，适合世界之潮流，合乎人群之需要，而为先知先觉者决志行之，则断无不成也”。乙酉以后，兴中会之倡导，同志寥寥而已，及乎乙巳而有中国同盟会之改造，海外志士及国内有志于革命者，无不与焉。其已成立组织者，如江浙之光复会，两湖之兴汉会，亦慨然解散，而一致加入。由是群策群力，卒成颠覆清廷，创建民国之业。元年以后，以破坏已终，建设伊始，易革命党为政党，爰有国民党之改造。二年失败以后，鉴于议会政治政党政治之有无无实，徒致祸乱，与革命性质的政党之亟宜恢复，爰又有中华革命党之改造。十三年以后，更改造为中国国民党，集合全国有志之士，共同奋斗，使扫荡军阀，统一中国之工作得以告成。凡此皆足证明倘其主义及政策能适乎世界之潮流，合乎人群之需要，则必能得有志之士加入团体，共负责任，以期主义及政策之实现，此易所谓“同声相应，同气相求”，诗所谓“嘤其鸣矣，求其友声”者。九一八以来，“精诚团结共赴国难”之口号，不惟普及于全党，且普及于全国。有志之士，平日虽与吾党政治见解有所异同，亦无不深体时艰，共维国是，此皆民族意识之表现，而时势之所需要也。昔者满清之季，全国人民对于专制政体痛心疾首，由是有志之士，集合于本党，以为革命之向导，遂以收复之效；十二三年间，全国人民对于军阀之恣睢暴戾深恶痛绝，由是有志之士，又集合于本党，以为革命之向导，遂以成统一之功；今者全国人民对于日本帝国主义之侵略，所受痛苦，如水益深，如火益热，人人有宁与偕亡之愿，有志之士奋然而起，相与集合于本党，同心戮力，以完成捍御外侮复兴民族之使命，此真全国人民之所喁喁而望，不独本党同志馨香祷祝而已也。

在全面抗战中，全国人民竭其所能，以从事于克敌制胜，不辞劳苦，不避危险，历八九月之久，而意志弥坚，精神弥厉；武装同志，日夕在枪林弹雨之下，以其生命与强敌相搏，恃精神为甲胄，恃血肉为堡垒，前仆后继，终始不渝；生产分子，通力合作，以其血汗所得，供应抗战之用，纾国家民族之难，农夫工人，尤为况瘁，对于此等劳苦之将士及民众，政府必当尽心尽力，加以爱护，凡出征军人家属之优待、残废军人之给养、伤兵之救护，难民之振恤，失业者之扶助，荦荦诸端，已举办及在筹办中者，务切实推进，俾臻完善，庶此等劳苦之将士及民众，得有所生息，而益以发挥其贡献于国家民族之能力，惟死者最大之安慰，生者最大之报酬，尤在于抗战必胜，建国必成。本党同志及全国有志之士，必当深念及此，务有以副其期望。今日之事，非抗战建国并行，无以解目前之倒悬，辟将来之坦途，非团结无以得抗战必胜建国必成之把握，非共同努力于三民主义之实现，无以得真正之团结，此诚所谓根本之图，所当同心同德，以期其奠定，且发荣滋长于无穷者也。

尚有二义，为抗战期间所必不可忽者：其一为道德之修养，其二为科学之运动，晚近以来，持急功近利之见者，往往以道德之修养，视为迂谈，殊不知抗战期间所最要者，莫过于提高国民之精神，而精神之最纯洁者，莫过于牺牲，牺牲小己以为大群，一切国家思想民族思想皆发源于此，而牺牲之精神，又发源于仁爱，惟其有不忍人之心，所以消极方面，己所不欲，勿施于人，积极方面，己欲立而立人，己欲达而达人，及其临于祸福关头，则充其不忍人之心，无求生以害仁，有杀身以成仁，此道德之信条，所谓亘万世而不易者也。国民若无此仁爱之心，则必流于残忍，习于自私自利，强则穷兵黩武，弱则偷生苟活，视国家民族之存亡，曾不以动其念，个人人格已不存在，国家元气，因此丧失，何以抗战，更何以建国。诚能于道德之修养，厚加之意，立仁爱以为之本，礼义廉耻，纲举目张，躬行实践，贯之以诚，则振作人心，蔚成风气，捷于影响，证之数年以来军队因受精神训练，对于捍御外侮，复兴民族，有同一之觉悟，同一之决心，故抗战开始，人人皆勇于赴敌，虽物质方面部队之机械化远不如敌，而能以精神弥其缺憾，因牺牲精神之激厉，抵抗力量与时俱进，用能撍拄强敌，百折而不挠其志，敌虽尽其挑拨离间引诱蛊惑之能事，绝无一人为之摇动。凡此皆抗战以来共见之事实，由此可知道德之修养，若更能普及，更能深造，则本实既茂，体用并备抗战必胜，建国必成，必由于此。至于科学之运动，在抗战期间，亦为最要，盖抗战为全国心力物力之总动员，亦为全国心力物力之总决赛，必当以沈毅勇壮之精神，脚踏实地，从事于心力物力之充实，在技术方面则提高自然科学的研究，俾军需军器得无缺乏；在社会制度方面，则适用社会科学的学理，使社会的组织与活动，趋于合理化，成为有计划有系统的发达；其施之于教育者，宜知战时的科学需要，较平时为尤急，科学的探讨与设备，为抗战持久及抗战胜利之决定因素；其施之于文化运动者，宜知所谓文化运动，不外谋全部人类生活之充实向上，当在科学方面使技术与社会制度相贯通，物质与精神相贯通，理智与感情相贯通，以求其平均发展，然后心力物力乃能日即充实，抗战必胜，建国必成，必由于此。

今日之国难，其严重为中国四千余年历史上所未曾有，今日之抗战，其伟大之意义，神圣之任务，亦为中国四千余年历史上所未曾有，具如上述。自抗战开始以来，中央执行委员会已以一致之决议，授权蒋中正同志，统一党政军之指挥，负抗战建国之大任，举国一致，受其领导，以向于必胜必成之光明大道而迈步前线，依数月来之奋斗经验，已明示吾人若能壹其心志，齐其步伐，矢勤矢勇，为国效命，则强敌未有不摧，目的未有不达者。临时全国代表大会谨以至诚至敬，布告海内外之同胞，自今以后，更当本于宝贵之经验，为加倍之努力，在共同信仰的三民主义之下，合四万万五千万人之心以为一心，合四万万五千万人之体以为一体，竭其忠诚，服从领导，使此至艰至巨之事业，至崇高至重大之使命，克底于成。总理在天之灵，实式凭之。三民主义万岁！中国国民党万岁！中华民国万岁！

〔中国国民党中央执行委员会秘书处档案〕

6. 蒋介石在临时全国代表大会上致闭幕词

（1938年4月1日）

临时全国代表大会闭幕词

——二十七年四月一日　总裁讲

这一次本党临时全国代表大会，今天议程完毕，圆满闭幕。此后我全党同志依照大会决议，彻底努力，党国前途实有无限的光明！兄弟承大会推选为总裁，自己感觉德业才能，均不足以副同志的期望，我们国家民族受此奇耻大辱，兄弟职责未尽，正自悚惧不遑，还要受大会付托以如此重任，格外觉得惶恐！特别是我们德高年长的各位老同志，这样的殷殷责勉，尤其觉得惭愧不安，不过现在是抗战时期，我们国家民族处于生死存亡关头，本党为充实力量，坚持抗战，以答复敌人阴谋侵略起见，特强化党的组织，设立总裁制度，以示本党负责尽职奋斗到底的决心，兄弟既受任于危难之际，大义所在，不敢推辞。今后惟望各位老同志时加督策，我全党党员共相勉励，俾本党能领导全国，共同一致，向前奋斗，来求得抗战的胜利，完成建国的使命！

关于对外抗战的问题，兄弟刚才已经提出报告，各位同志想必都已明了，现在大会既已通过抗战建国纲领，今后一切努力均已有所遵循，兄弟觉得目前比较重要的问题，还是国内团结的问题。如果我们国家内部能够团结一致，始终不渝，我们就没有什么不能克服的困难，也没有什么可怕的敌人！这半年外以来，我们国内团结，已有良好基础，现在问题就是如何巩固这个团结，造成统一的力量，为国家民族解当前的艰难，谋百世的福利，也就是本党如何领导全国团结各党派的问题。对于这个问题，我刚才已将个人的意见对大家说过，我以为本党是创造民国领导革命的唯一大党，对于国内各党派和全国国民，都要以先驱前导的地位，尽到提挈共进的责任。因此，我们一方面要豁达大度，尽量容纳；一方面要以大党的精神负起责任，竭诚指导。总理从前常引中国古诗‘以大事小，以小事大’的两句格言，来指示我们，以为中国古来的伦理观念，对人处世，实在是公恕忠诚，面面俱到，我们现在就要一刻不忘总理这个遗教，要拿‘以大事小’的道理来对待各党各派。本来我们中国在中西交通没有开辟的时候，一向就是拿这个态度来交接邻邦，领导东亚。所谓不侮鳏寡，不畏强御，所谓与人为善，责己以严，这是中国历史上固有的传统精神。本党同志要站在当政党的地位，发扬这种固有的精神，宽宏大度，至公至正，在三民主义最高原则之下来接纳各党派人士，感应全国国民，使共循革命正道；只要不违反三民主义，服从本党政府法令，都应该推诚相与，使大家与我们团结一致，共同为抗战建国来效命！现在国内实在也没有多少党派，过去与本党有过斗争历史比较长久的自然是共产党。我知道各位同志关于今后如何对共产党的问题，一定有许多的意见，但我以为共产党过去因为不察国情，企图消灭本党，以致遭受许多事实的教训。他们察前思后，一定已经知道他们以往为中国革命造成多少严重的错误，使中国革命力量无故受了多少的牺牲，他们当不是全没有理智的，现在中国的环境怎么样？国际形势怎么样？我想他们总能度势识时，履行他对本党的宣言。以后他对本党的态度如何，虽然为本党同志和全国国民所应该深切注意，但是我们是当政的惟一的大党，只要我们本党本身健全，能够负起抗战建国的责任，他们一定是要受本党的领导。所以这个问题的关键，完全要看本党同志今后能否自强自立，能否真正努力，由改造个人来改造本党，复兴本党；如果本党今后能日趋健全，日益充实，负得起革命建国的责任，不仅共产党要尊重本党，服从领导，国内现存一切党派，都必然消融于三民主义之下，共同为完成国民革命而努力，丝毫没有问题！

由于上面所说的理由，我始终认为当前问题，完全看我们党的本身能不能彻底改进。关于党的改进，我已说得很多，趁此闭会时候，我要唤起全体同志特别注意的，就是党纪问题。本党之所以空虚衰弱到现在这个地步，最主要的根本原因，就在于党纪不严，因为党纪不严，以致精神涣散，一切废弛！现在我们要改进党务，复兴本党，就要针对病根所在，从严整饬党纪。兄弟既负了总裁的责任，首先要向大会声明，一定以身作则，严守党纪，以为全党同志倡导。如果兄弟以后有违反党纪地方，那一个同志都可以检举我，请求党的公意来处罚我，我必绝对服从党的制裁；但亦恳切希望我全党同志从此振作精神，重视党纪，一致以牺牲个人，竭尽责任，互相劝勉，森严党的纪律，发挥党的力量，来领导全国，担当抗战建国的大任。现在大会闭幕，各位同志都要分别回去，兄弟临别赠言，没有别的话，只希望我们同志永远记着我们在抗战军事剧烈的中间，于民国二十七年黄花岗先烈成仁纪念日，在辛亥革命肇始地点的武昌，举行了为国为党创造新生命的临时全国代表大会，我们要使这一次大会成为中国革命建国史上极有意义的一个集会，希望各位同志回到各地告诉我们全体同志，各自珍重，一致努力，我们一定要做到大会宣言里面两句最重要的话，也就是我们全国四万万五千万同胞所一致期望实现的两句话："抗战必胜！建国必成！"

〔中国国民党中央执行委员会秘书处档案〕

(二)中国国民党第五届第四次至十二次中央全会

1. 中国国民党第五届中央执行委员会第四次全体会议通过重要决议案

(1938年4月6—8日)

(1) 总裁交议各级党的会议必须举行，每一党员均须确定隶属区分部，必须缴纳党费，并参加区分部或小组会议，其办法由常会订定之案（4月6日）

（民国二十七年四月六日第五届中央执行委员会第四次全体会议通过）

决议：通过。

(2) 总裁交议三民主义青年团组织要旨案（4月6日）

（民国二十七年四月六日第五届中央执行委员会第四次全体会议通过）

三民主义青年团组织要旨：

（一）为谋全国青年意志之统一，能力之集中，以充实国民革命之力量起见，依照本党总章第五条之规定，设立三民主义青年团（以下简称青年团）。

（二）青年团设团长一人，以本党总裁兼任之。

（三）青年团设评议长一人，评议若干人，组织评议会。

（四）青年团之干部由团长指派之。

（五）青年团为公开之团体。

(3) 改进服务并调整党政关系案（4 月 6 日）

（民国二十七年四月六日第五届中央执行委员会第四次全体会议通过）

（说明）本案系中央执行委员会提出，除其中关于设置总裁副总裁青年团及增设中央常务委员人数各点，经大会（临全大会）通过，并分别修正总章条文外，其余各点，经决议："交中央执行委员会依照本案原则妥议办法，由总裁核定施行。"

决议：

（一）通过各点如左：

（甲）关于中央党部部分

一、中央执行委员互选九人至十五人为常务委员，总裁副总裁不在其内。

二、五院院长得当选为常务委员。

三、常务委员开会时，总裁副总裁皆出席，由总裁主席，总裁因故不能出席时，由副总裁代理之。

四、中央执行委员会设秘书长一人，为专任职，由总裁提经中央执行委员会任命之，承总裁之命令与中央执行委员会或常务委员会议，掌理一切事务。

五、中央执行委员会各部部长副部长及各委员会主任委员由总裁提经中央执行委员会通过之。

六、中央执行委员会为训练青年设青年团，其方法另定之。

（乙）关于省党部部分者

一、采主任委员制，由中央于省党部执行委员中指定之，主任委员得由中央委员充之。

二、省党部以分区指导督察为原则，主任委员留省。

三、省党部委员得参加省政府会议。

四、省党部与省政府每月须开联席会议一次。

五、省党部监察制度照旧。

（二）原案（甲）关于中央党部部分第三项党务委员会政治委员会之组织，及（丙）（丁）关于县党部区党部部分（第十三至二十三项）的审查。（审查委员名略）

（三）原案（甲）关于中央党部部分第五项各部会之设置，呈总裁决定。

（四）原案（戊）监察及指导部分（第二十四至二十七项）交常务委员会。

（4）国民参政会组织条例案（4月7日）

（民国二十七年四月七日第五届中央执行委员会第四次全体会议通过）

临时全国代表大会交下中央执行委员会提国民参政会组织法大要案，胡代表健中等提组织非常时期国民参政会案，及潘委员公展等国民参政会会员产生方法案，合并讨论。

决议：一、国民参政会组织条例修正通过（全文附后）仍交常务委员会整理文字。

二、各省市应出参政员名额表，交常务委员会。

（附）国民参政会组织条例

第一条　国民政府在抗战期间，为集思广益，团结全国力量起见，特设国民参政会。

第二条　凡具有中华民国国籍之男子或女子，年满三十岁，暨第三条所列（甲）（乙）（丙）（丁）四项资格之一者，得为国民参政会参政员。

第三条　国民参政会置参政员总额一百五十名，其分配如左：

（甲）由曾在各省市（指行政院直辖市而言）公私机关或团体服务三年以上，著有信望之人员中，共选八十八名。

各省市所出参政员名额，依照附表之所定，并以有各该省市籍贯者为原则。

（乙）由曾在蒙古西藏地方公私机关或团体服务，著有信望，或熟谙各该地方政治社会情形，信望久著之人员中选任六名。（蒙古四名、西藏二名）

（丙）由曾在海外侨民居留地工作三年以上，著有信望，或熟谙侨民生活情形，信望久著之人员中选任六名。

（丁）由曾在各重要文化团体或经济团体服务三年以上，著有信望，或努力国事信望久著之人员中选任五十名。

第四条　国民参政会参政员之选任，依次列程序行之。

（一）候选人之推荐：

前条（甲）项参政员之候选人，由各省市政府及各省市党部联席会议，按其本省市应出参政员名额，加倍提出，国防最高会议亦得提出同额候选人。

在敌军完全占领之省市，前条（甲）项参政员候选人由国防最高会议按照各该省市应出名额加倍提出。

前条（乙）（丙）两项参政员候选人，由蒙藏委员会侨务委员会按照应出参政员名额加倍提出。

前条（丁）项参政员候选人，由国防最高会议按照应出参政员名额提出。

（二）候选人资格之审查

前条（甲）（乙）（丙）（丁）各项参政员候选人，经推出后，由国防最高会议选送中国国民党中央执行委员会，提付国民参政会参政员资格审议会审议，审议会审议完毕时，以其结果报告中国国民党中央执行委员会。

国民参政会参政员资格审议会，置委员九人，其人选由中国国民党中央执行委员会指定。

（三）参政员之选定：

中国国民党中央执行委员会于接受国民参政会参政员资格审

议会报告后，按照前条（甲）（乙）（丙）（丁）各项应出参政员名额，提出中国国民党中央执行委员会会议决定之。

第五条　在抗战期间，政府对内对外之重要施政方针，于实施前，应提交国民参政会决议。

前项决议案，经国防最高会议通过后，依其性质交主管机关制定法律，或颁布命令行之。

遇有紧急特殊情形，国防最高会议主席得依国防最高会议组织条例为便宜之措施，不受本条第一、二项之限制。

第六条　国民参政会得提出建议案于政府。

第七条　国民参政会有听取政府施政报告暨向政府提出询问案之权。

第八条　国民参政会之任期为一年，国民政府认为有必要时，得延长一年。

第九条　国民参政会每三个月开会一次，会期为十日，国民政府认为有必要时，得召开临时会或延长其会期。

国民参政会休会期间，设置国民参政会驻会委员会。

由参政员互选十五人至二十五人组织之，其任务以听取政府各种报告及决议案之实施经过为限。

第十条　国民参政会有该会参政员总额二分之一以上之出席，即得开议。

第十一条　中央各院部会长官得出席于国民参政会会议，但不参加其表决。

第十二条　现任官吏不得为国民参政会参政员。

第十三条　国民参政会置议长副议长各一人，由中国国民党中央执行委员会选任之。

第十四条　本条例未尽事宜，由国民政府另以命令定之。

第十五条　本条例自公布日施行。

各省市应出参政员名额表

江苏 浙江 安徽 江西 湖北 湖南 四川 河北 山东 河南 广东

（以上各出四人）

山西　陕西　福建　广西　云南　贵州

（以上各出三人）

甘肃 察哈尔 绥远 辽宁 吉林 新疆 南京市 上海市 北平市

（以上各出二人）

青海 西康 宁夏 黑龙江 热河 天津市 青岛市 西京市

（以上各出一人）

（附注）此件经整理后呈奉总裁核定。

（5）关于改进党务并调整党政关系案（4月8日）
（民国二十七年四月八日第五届中央执行委员会第四次全体会议通过）

决议：

（一）接受总裁所示关于改进党务及调整党政关系各要点。

（二）审查修正案照通过，仍俟总裁最后决定，由常务委员会分别计划切实施行。（修正案附后）

（三）原中央执行委员会组织大纲，授权常务委员会根据本会议决议及总裁之决定，加以修正，呈总裁核定。

（附）关于改进党务及调整党政关系案审查修正案

（一）关于中央党部者：

一、中央常务委员会决定党政大计。

二、中央常务委员会设党务计划委员及政治计划委员各若干人。

三、中央常务委员会开党务会议时，除中央党部各部会部长当然列席外，由总裁提经中央执行委员会通过之党务计划委员列席党务会议。

四、中央常务委员会开政治会议时，除国民政府所属有关各院部会最高长官（由总裁列举）当然列席外，由总裁提经中央执行委员会通过之政治计划委员列席政治会议。

（二）关于县党部部分者：

一、县党部设委员若干人，由全县代表大会选举之，即由省党部呈请中央指定其中一人为书记长，其在整理期间，可只暂设书记长，由中央分配曾经直接受训各同志交由省党部派充之。

二、县党部委员会议，以书记长为主席，对会议之决议，有最后决定权。

三、县党部之工作，须绝对受省党部委员常驻该区者之指导与督察。

四、县政府设地方自治指导员一人，由县党部书记长兼任之，协助县长指导地方自治之推进事宜，并增设社会科，受指导员之指导，专司民众组织与训练及推进地方自治事宜，其人选必须依照建国大纲遴选曾经训练考试合格之同志充任之。

五、各县须设地方自治推进委员会，由县党部及地方民众团体共同选举若干人组织之。

六、各县地方自治推进委员会成立后，应进行筹设县议会，为设立地方民意机关之准备，同时县党部即对外秘密。

七、县政府之预算决算及其施政方针，须经县参议会通过，在县参议会未成立前，即以地方自治推进委员会代行其职权。

以上各项之实施程序及必需之法规，交由中央常务委员会分别拟定施行。

（三）关于区党部区分部者：

一、区党部与区分部之组织仍旧，但改为秘密性质，如市县党部认为可以不设区党部时，得省略之。

二、区党部与区分部设委员若干人，由全区代表大会或区分部党员大会选举之，由委员互推一人为书记，在整理期间，区党部及区分部可只设书记一人。

三、区分部之划分，以党员所在地为准，必要时得参用职业为区别。

（6）总裁提出对于“改进党务并调整党政关系审查修正案”之修正意见案（4月8日）

（民国二十七年四月八日第五届中央执行委员会第四次全体会议通过）

决议：原审查修正案照左列各点再行修正：

一、中央执行委员会常务委员会之下，设党务委员会，主任委员一人，委员十四人至二十人，除各部部长副部长为当然委员外，余由总裁提经常务委员会通过之。

二、中央政治委员会组织仍旧，惟修正两点：（一）不设副主席，（二）以决议案报告于常务委员会。

三、县政府设地方自治指导员一人，得由县党部书记长兼任之，协助县长指导地方自治之筹备事宜，其人选必须依照建国大纲遴派曾经训练考试及格之人员充任之。

（附）修正中央执行委员会组织大纲

（民国二十七年四月二十一日第五届中央常务委员会第七十四次会议通过）

（一）中央执行委员会互选常务委员九人至十五人组织常务委员会，在中央执行委员会全体会议闭会期间，执行职权，对中央执行委员会负其责任。

（二）中央常务委员会开会时由总裁主席，总裁因故不能出席时，由副总裁代理之。

（三）中央执行委员会设秘书长一人，副秘书长一人，由总裁提经中央执行委员会任命之。秘书长承总裁之命令与中央执行委员会或常务委员会之决议，掌理一切事务。

秘书处之组织另定之。

（四）中央执行委员会设左列各部：

1. 组织部　掌理各级党部之组织与党员之训练事宜。

2. 宣传部　掌理宣传方针及宣传大纲之颁订与全国宣传机关之指导事宜。

3. 社会部　掌理各种民众团体中党员工作之指导协助，民众团体之组织，并策进其事业。

4. 海外部　掌理海外各级党部之组织与党员之训练及海外宣传事宜。

各部设部长一人，副部长二人，由总裁提经中央执行委员会通过之。

（五）中央执行委员会之下设抚恤委员会党史史料编纂委员会革命债务调查委员会革命勋绩审查委员会及华侨捐款保管委员会等特种委员会，各委员会设主任委员一人，副主任委员二人，委员若干人，掌理各委员会事宜。

（六）中央执行委员会设调查统计局，隶属秘书处，掌理党务之统计及纪律案件之调查事宜。

（七）中央执行委员会设党务委员会，掌理关于党务之审议设计及总裁或常务委员会交办事宜，并联系各部处之工作，以秘书长为主任委员，设委员十四至二十人，由总裁提经常务委员会通过之，并以各部部长为当然委员。

（八）中央执行委员会设训练委员会，委员长一人，由总裁兼任之，设委员若干人，主任委员一人，分□掌理本党中下级干部人员及全国政治军事经济教育机关公务人员及学校教职员之思想训练事宜。

（九）中央执行委员会设三民主义青年团，团长一人，由总裁兼任之。

（十）中央执行委员会设政治委员会，由中央执行委员会就中央执行委员中央监察委员推定，主席一人，委员十九人至二十一人组织之，为政治之最高指导机关，对中央执行委员会负责任。

政治委员会以决议案报告于常务委员会。

政治委员会开会时，中央执监委员会常务委员，国民政府主席，五院院长副院长，军事委员会委员长均应出席。

本会所属各专门委员会主任委员，及国民政府各部会长官，于必要时得由主席通知列席。

（十一）政治委员会设秘书处，置秘书长一人，副秘书长一人，由总裁提经中央执行委员会任命之，秘书处之组织另定之。

（十二）政治委员会之下得设各专门委员会，设主任委员一人，副主任委员一人，委员若干人，其组织另定之。

（十三）本大纲经中央执行委员会通过施行。

（附注）

一、原海外党务计划委员会、地方自治计划委员会、国民经济计划委员会、国民军事训练计划委员会、文化事业计划委员会及财务委员会均裁撤。

二、原中央统计处及组织部党务调查处归并调查统计局。

中央执行委员会组织系统图

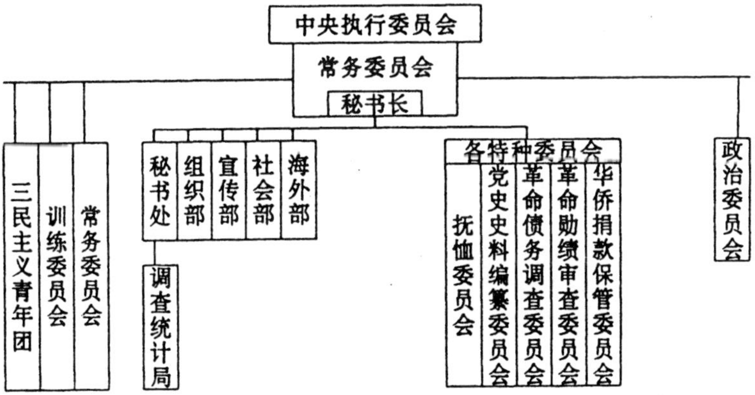

〔中国国民党中央执行委员会秘书处档案〕

2. 中国国民党第五届中央执行委员会第五次全体会议宣言

（1939年1月11日）

去年四月，临时全国代表大会后，本党根据大会决议及抗战建国纲领，率厉全国同胞，继续努力于神圣之抗战，同时即于抗战之中，进行建国之工作。十阅月来，军民一德，意志弥坚，战区虽有转移，国基益形巩固，及广州失守，武汉撤退，抗战局势乃由前期而转入后期。前期抗战之主旨，在于消耗敌人力量，暴露敌人阴谋，完成后期抗战之方略与布置，而后期抗战之任务，则在承接前期奋斗之成绩，发挥我前后方及被占地区内一切抗战力量，以期获得最后胜利与建国之成功。第五次中央全体会议适举行于抗战后期开始之今日，追念十八阅月来之战绩，及吾全国将士民众之光荣牺牲与贡献，深觉继此以后之奋斗，实为决定我民族存亡兴替之关键，爰就内外事实，详悉检讨，确立后期抗战方略，努力实行，兹为我全党同志全国同胞举其要旨，竭诚以告。

过去十阅月中之抗战，敌人侵略愈深，兵力愈竭，财政经济社会之危机愈加深重，自鲁南之战至江河两岸诸役，敌兵伤亡，又加五十余万，战费日增至九十余万万，国内政潮迭起，倾轧益深，至最近数月间，乃发表其所谓“建立东亚新秩序”之宣言，希图藉此狂论，掩其暴恶，然世界各国已无不洞烛其隐，我神圣抗战之目的，在求国家独立，民族生存。失地虽广，死伤虽多，而全国军民，同仇敌忾，精神益振，人人以必死之决心，为国家建永生之大业。吾国素为爱好和平之民族，今日之所以坚忍久战，不辞一切牺牲者，实为日本军阀不断以武力侵略，肆其蚕食鲸吞，逼我入于最后关头之结果。自九一八事变发生，日本悍然不顾一切，破坏九国公约，与国联盟约，非战公约，实行强占我东北四省，前年七月七日，更过其横暴，进攻芦沟桥，占领平津，我国脉民命，已至存亡绝续之时，全国上下，无可再忍，故虽自知兵备武器不如敌人，然为保持国家民族之生存，不得已而从事艰苦惨烈之抗战。和平尚有一线之望，绝不放弃和平，牺牲已至最后关头，自必决然牺牲，此吾党总裁再三申述之决心，亦我国民一致信守之国策。彼日本军阀，并吞大陆之野心，在外则为世界之公敌，在内则为人民所共恨，观乎九一八事件以后，数年之间，彼之首相被暗杀者三，藏相被暗杀者二，海陆军大将被暗杀者四五，大学教授被捕禁者近百人，人民之因反战而被刑僇者且无虑数千人，其今日所保持之统一，仅为军阀淫威之表现，古语有之曰："两军相遇，哀者胜矣"，我全国同胞，抵御侵略之悲愤，维护和平之正气，已足为克敌致胜之因素，际兹后期抗战开始之时，更为全国同胞共同一致坚持奋斗之要义，临时全国代表大会宣言有云："吾人之所求，为合乎正义之和平，非屈服之和平，屈服可以助长侵略，中国若怵于日本之暴力，以屈服谋一时之苟安，则将降为日本之殖民地，民族失其独立生存，国家之自由平等，更无可望"。至于抗战最后之目的，则临时全国代表大会更明白指出："为确立主权领土与行政之完整，实现平等自由之国家，不达目的，决不中止，我总理创造革命救国之三民主义，领导国民复兴中华，建立民国，为国家争独立，为民族争生存，为东亚谋永久之和平，为世界树尊严之正义，今之抗战，义亦如斯"。彼日本之文明，始则求之于高丽，继则学之于吾国，食衣住行之物，仁义道德之理，何一非吾所与，吾国以富强著于东亚者九十年，日本之强数十年耳，而高丽早已为其所灭，今更进而图并我中国，观彼军阀之狂言，直欲统治全球，臣服欧美，其退出国际联盟，撕裂九国公约，犹仅为施狂暴于世界之见端耳。吾国今日之所以坚决抗战者，其目的固在抵御侵略吾国之敌人，恢复我主权领土及行政之完整，实亦为惩创破坏条约尊严，危害世界和平之戎首。切望举世维护和平之友邦，发挥协同一致之精神，保障利害共同之条约，施有效之方法，消蔓延之战祸，尽必如此，乃可以求得世界人类之和平，增进人类之幸福，此吾四万万五千万人民共同之认识，坚定不移之决心。

综观一年来国际形势之演变紧张，颇有似于昔年欧战之前夕，而危机之深广，则远非欧战时可比。即以暴日侵略中国战事开始以来之情形例之，彼以空军轰炸不设防城市，扫射非战斗员之平民，焚烧城市乡村之文化建筑，其残暴凶猛之情景，均非欧战之所有。凡世界爱好和平崇尚正义之国家，政府人民无不同具迫切之感应，过去数年间仅欲以唇舌文字相号召重伸国际公法之效力，阻止战祸之蔓延者，今亦转变方针，同时谋以实力作自卫共卫之保障，盖时至今日，无论何人，还明知日本之侵略中国，即为威协太平洋印度洋间世界最大市场之开始。去秋敌军侵迫武汉，进袭广州，封锁长江珠江两大河流。国际联合会适于此际集合，英法苏俄等各友邦仗义戮力，一致声援，爰通过盟约十六条所规定之制裁适用于日本之侵略。最近国联行政院一月十九日之决议，复邀请与远东时局有关各国，相互协商，俾采取有效措施，予吾国之援助。而美国总统罗斯福，同于此际，力持九国公约对暴日作坚决之警告。英法继起，共维斯约。此其目的，不独在制止暴日之侵略，亦实在于消弭一切破坏世界和平之惨祸。吾国处艰危之际，对此扶颠特危之高谊，固深感不忘，亦确信吾中华民族竭尽其维护公理正义之精诚，所贡献于人类文明世界和平之前途者，必足以副各友邦之厚望。更确信吾中华民国具有足以消弭世界战争促进世界人类和平生活之本质。当欧战甫终，从事大战之各国，正苦于善后乏备之时，我总理即发表其发展中国实业之伟大计划，并认为惟此伟大之计划，乃能充实当时威尔逊总统所提倡之国际和平，消弥战后各国循商业战争出路而重造国际战争之原因，以扶国救民之心，倡救人救世之议。更于此伟大著作中，对于日本必加紧侵略中国，世界各国，世界各国沦陷于不能自解之困境，反复说明。虽言之于二十年前，而与现在所暴露之事实，无不一一吻合。我全国国民，人人遵奉总理之遗教，应人人共信此救国救世之典章，今美总统特举九国公纳，号召世界维护公约以图恢复东亚之和平，而国联会员诸国，亦皆知美总统之主张为世界共同幸福之前导。惟暴日之疯狂正烈，各国之行动不彰，欲竟抑制暴日之全功，须更加肯定公约之真义。查九国公约之重大原则有二：一为尊重中国主权领土及行政之完整，二为门户之开放与机会之均等，详察公约之精神，熟观目前之事实，则知非阐扬第一原则之大义，确保其实际之效力，则第二原则必无从实现。证以我总理二十年前建议于全世界之开发中国实业计划，更足确信吾国民不独赞助门户开放之原则，亦且愿以公平互助之原则，与世界各国作互助和平之合作。总理发展中国实业计划结论中最警切之语，一曰：“日本于每一战争之结局，辄获最厚之报酬，无怪日本军阀以战争为有利之事业。今中国即已醒觉，日本即欲实行其侵略政策，中国人亦必出面拒绝之，即不幸中国为日本所占领，不论何时何地，断非日本所能统治有利”。二曰：“列强之行动，如真实协力，为共同之利益计，则彼军国主义，欲为物质向中国战争者，自无所施其伎俩”。三曰：“为万国互助而谋共同开发中国经济者，自应实现，为个人或一民族之私利者，自当消灭于无形”。吾人遵奉总理遗教，熟察国际趋向，抗战必胜、建国必成之信念，即已确乎不可移易。当此神圣之牺牲，已发挥无上光明之今日，尤望全国军民，益振其奋斗之精神，勇猛前进，以争取抗战之胜利者，树立建设中华民国之根基。以与世界友邦在互助和平之原则下，作真诚之合作者，完成建设中华民国之伟业。必如是而后不负吾同胞千百万人之壮烈牺牲，且使吾全国国民与其子孙以及世界无穷之人类，共受我军民以生命所造成所保障之和平幸福于无穷。彼日本军阀狂悖之思想，狡毒之企图，残酷之行为，今日所施于吾国者，还将结成彼所自受更为悲惨之结果。九一八以后，彼国中所不断发生之悖逆事件，已暴露其端倪，七七事变以后，残暴行动所造成之恶果，恐较其用以残杀吾同胞之武器暴力为尤多也。

明乎以上所述，可知坚持抗战，为国民革命一贯之使命，亦为吾人救国救世唯一之真诚。暴敌狂悖狡毒之行，不仅徒劳，充其所极，必自陷于不拔之深阱。全体会议，认为后期抗战最终胜败之决定，其因素已早种之于前，而吾全国军民，自开战以至于今，其英勇忠诚，一德一心之精神，世界友邦，主持正义，拥护公约之行动，更已确立吾国必胜之基础。惟其如此，自今以后，吾人之责任益加艰巨，欲击破暴敌最后挣扎之猛烈侵略，更须竭尽吾全国国民所有之心力物力，共同致力于加强团结，积极奋斗，与努力建设三事，而提高民族精神与整饬革命纪律，更为上述三事成功之保障，谨揭要议如左：

一、所谓加强团结者，本会议认为团结必本于真诚，而革命精神必求其纯一。临时全国代表大会郑重申言，期望全国有志之士，集中本党，共同奋斗。本届会议，兹再恳切致言，国家艰危至此，必尽量增加抗战建国实力，以收众志成城之效。全国同胞，不问其过去政治见解与派别之如何，凡愿实行三民主义而参加本党，从事国民革命抗战建国之神圣事业者，无不诚挚欢迎。惟国民革命之目的在求得国家之独立与民族之生存，故必保持中国民族真诚统一之精神，而后国家之基础始能永固。本会议郑重声明，吾人绝不愿见领导革命之本党，发生二种党籍之事实，更不忍中国实行三民主义完成革命建国一贯之志业，因信仰不笃与意志不坚，致生顿挫。世界各国，当革命建国之始，无不由于举国一致，上下一心，乃能排除艰难，以底成功。中外古今，绝无二道，自今以后，吾同胞必当精诚团结，竭智尽忠，信行三民主义为后期抗战尽最善之努力，为建国伟业立不拔之基础。

二、所谓积极奋斗者，吾同胞当知“行百里者半九十”，最后行程，常最艰苦，吾人检讨过去一切工作，实犹未尽努力，所努力者，未尽确实，未尽协调，亦未能言行一致，始终一贯贡献其全力，以适应战时之要求。今之后期抗战，实为吾国与日本军阀最后成败之决赛。举凡前方后方，尤其在被占领区域或邻近战区之军民，一切思想行动，苟不能严加反省，严加检举，严加改正，以其能力自由生命完全贡献于国家，增加反攻之力量，则无数先烈牺牲奋斗之成绩，固功亏一篑，而我民族亦将不免于覆亡，故我同志同胞，自今以往，必须共矢忠诚，在最高统帅领导之下，绝无保留，绝无犹豫，勇往迈进，由此生死存亡之大战中，争取国家独立民族生存之成功。

三、关于加紧建设者，吾人须知建国之主力在于建军，非具坚如金石之国军，则民生无所保障，民权无从维持，民族无由生存，而心理建设，政治建设，与经济建设，实为建军之基础。所谓心理建设者，必当根据总理知难行易之学说，发挥总理军人精神教育之主旨，普及国民军训，增进教育效能，推广战时服务，使全国同胞，无一不为三民主义之革命战士，以不成功即成仁之精神，求得最后之胜利。所谓政治建设者，要在严明赏罚，综核名实，集中力量，增进效率，加强民众组织，统一民众行动，解除人民痛苦，改善人民生活，而在后期抗战开始，生死存亡所紧之关头，尤宜组成中央党政军统一指挥之机构，使全国党政工作，得与军事相切合，以收共同行动之效，故特设置国防最高委员会，以统一党政军之指挥。关于经济建设，不仅为抗战胜负所紧，亦为建国成败之关，必当依于战时人民生活之需要，分别轻重，斟酌缓急，实行统制经济，调节物资之生产消费，举凡抗战必需之军工业，矿业，民生日用必须之轻工业，手工业，急需之铁道航空线公路等，应竭力之所能，努力兴举，更以巩固币制，流畅金融，促公私产业之发展。他如农林畜牧之改进，内地蕴藏之开发，后方各省生产能力之增加，尤当合政府人民一切资本技术之力，切实加紧推行。此种经济建设，以凡充实抗战之实力，亦为实行民生主义之基础。至于在抗战期中，世界各友邦政府人民或以物力财力相协助，或为精神道义之声援，或抗济伤病饥寒之军民，或助我兴复被敌摧毁之学校，凡此高义，皆所永铭。深信吾国此次抗战之结果，必将恢复我国家主权领土及行政之完整，必能重振国联盟约、九国公约、非战公约之权威，岂独门户开放机会均等之原则得以实行，我总理二十年前建议于世界以国际和平互助之结合、共同开发中国实业之伟大计划，亦于是得以实现，以我原料之富，市场之广，战后建设需要之切，对于消纳外资与技术合作，即竭各工业国现有之能力，亦绝不虞其过量。而我全国国民，今日必多出一分之力，战后多获十百倍之利，盖凡真正之经济利益，于世界人类绝无所私也。

上述三事，为我全国所应积极努力之目标，而根本要义，尤在提高民族精神，整饬革命纪律，以实现革命建国之三民主义。

总理昔日讲述军人精神教育，痛切说明“人类有精神之用，非专恃物资之体”，“欲任非常之事业，必有赖非常之精神”，特举智仁勇为革命救国者必须具备之达德，唯“合于道义”之智，始为革命所需要之智。唯能“临事不避，一往无前”，有不夺不惧之决死精神，始为革命所需要之勇。亦唯“舍生救世，舍生救国，不问利害，竭尽责任”，始为革命事业所赖以成就之仁。无求生以害仁，有杀身以成仁，始于大智，终于大勇，始能建设国家，完成革命，以保我民族万世无疆之生命。我全国同胞，当此生死关头，惟有以成仁取义之决心，实行三民主义之大道，人人誓死，奋勇效忠，以吾人数十年必死之生命，立国家亿万年永生之根基，则抗战不患其不胜，建国不患其不成。其在本党同志与一切任国家军政之人员，尤当人人懔乎自身职责与革命纪律之严重，以身作则，为民前锋，必须确立森严之纪律，树信赏必罚之正义，而后乃能集众志为一心，合众力为一体。不因一隅之失，危及国家，一人之误，祸及公众，须知抗战杀敌，生死争于须臾，而建国大业，乃为永久不磨之工作，若不绳以严明之纪律，岂能收成功之实效。故革命纪律之严格执行，即为抗战精神之彻底振作，此实抗战建国胜利成功之最大保障，必须尽全力以实行者也。

本党本于革命建国之历史的使命，当国家民族危急存亡之秋，领导全民毅然负荷，责任愈重，使命愈艰。凡我同志，务以至诚，遵守决议，一心一德，接收总裁提高党德巩固党基之指示，振作精神，集中意志，坚定信仰，充实能力，深入民众，深入战地，深入沦陷区域，深入下层乡村，刻苦坚忍，以身作则，临难必先，赴义恐后，以此精神，竭尽职责，亦以此精神，感孚中外。至我全国同胞，闻义或有先后，行义绝无二致。此次抗战之能坚持不移、百折不挠者，实为我全国同胞人人奋发，不惜牺牲一切，以从事救国建国大业之伟绩。今抗战已入后期，大功只余一篑。得道多助，世界之同情已集于吾国，有志竟成，兴复之大功必归于吾民，行见抗战胜利之日，即建国告成之会。愿吾全党同志，全国同胞，共喻斯意，悉力赴之。

〔中国国民党中执会秘书处档案〕

3. 中国国民党第五届中执会第五次全体会议通过重要决议案

（1939年1月26—29日）

(1) 改进县以下党政机构之实施案（1月26日）

（民国二十八年一月二十六日第五届中央执行委员会第五次全体会议通过）

民国二十七年四月八日，总裁出席五届四中全会时，曾发表“改进党务与调整党政关系”之演词，表示“希望大家努力推行以下党政建设的基本事业，达成抗战建国的任务”。在此演词中，总裁曾拟有“县以下党政机构关系草图”明示县以下各级政治组织及党政间之关系。嗣经中央一再研究后，决定由川黔湘赣陕等省各划出三县，试行此项计划。兹为促进该计划之实施起见，特更提议如左：

（一）设置县政计划委员会　此项委员会可直隶于行政院，委员名额不宜过多，以便常川集会，实际上确能履行其职责（可暂定五人）。主任委员必须由一富有资望且长于行政学识之人员充任之，党部及内政部应各派一人为委员。委员会之职责约分三项：（一）拟订与新制有关之法规；（二）推广推行新制各县所必须之人才（包括县长）；（三）考察推行新制各县之实际情形并提出报告。

（二）试行新制之县应予增加，此次试行之目的，原期新制将来得以普遍推行。从前各省举办实验县，其经费与职权往往非普通县所能难企及，因之实验纵有成绩，其制度亦无法行诸一般县区。此次新制之试行，应力避特殊化，务使一县所能行者，他县大都亦能行之。本此原则，试行新制之县区，应就各省情形酌予增至六县或十县，试行之县分，实情如何，须规定查报办法，盖必如斯办理，始可于试行若干时候，断定新制之各部份何者确易推行，何者确有障碍，最终之抉策与修正，庶有充分根据。

（三）新制应由政府作成条例公布　新制虽已决定推行，但除原来之演词及略图外，尚无条例足资依据，此种情形，在实施上必有重大障碍。盖演词原非法文，引用自多不便，草图之解释，尤必不免纷歧，故条例之颁布，必不可少。惟新制现即尚作试行期间，此项条例于若干事项自宜采用强行之规定，俾试行新制各县仍得于一定范围以内，为个别之试验。

决议：变中央政治委员会从速统筹决定施行。

（2）西部各省生产建设与统制案（1月26日）〔略〕

(3) 改进国际宣传实施方案案（1 月 27 日）

（民国二十八年一月二十七日第五届中央执行委员会第五次全体会议通过）

决议：修正通过如左：

一、国际宣传应由中央宣传部领导，以专权责。

二、中央宣传部，中央海外部，外交部，军事委员会，政治部，军令部，应合织国际宣传委员会，通盘筹划国际宣传事宜。

三、派往海外担任宣传工作人员，应由国际宣传委员会选派并加指挥，每月呈送工作及经费报告，以凭考核，其他机关如因某种需要有派员出国宣传之必要时，应先通知中央宣传部及国际宣传委员会并切实联络。

四、中央宣传部应参酌需要，在驻外各使馆选荐专员从事文化宣传事宜，一方面承中央宣传部之命令指定当地宣传工作人员之活动，一方面与我外交人类之活动作密切之配合。

五、国内任何团体，以国际宣传为其任务者，应先在中央宣传部立案。

六、中央宣传部应促令中央通讯社，先在英美两国设置特派员，以期早日树立国外通讯网之基础。

(4)切实推进沦陷区域宣传工作并确定其经费案(1月27日)

（民国二十八年一月二十七日第五届中央执行委员会第五次全体会议通过）

要点：

本部迭奉总裁指示，对沦陷区域宣传工作应特加注意，过去因限于经费，未及作全盘规则，故未能为大规模之进展，今后拟：

一、酌量划区　如一为冀鲁晋区域，一为苏浙皖区域，一为闽粤沿海区域，一为豫鄂皖区域等，东北各省如有可能时，亦应特列一区。

二、专员负责　每区应设特派委员一人，主持一切，并可酌量选定天津上海香港汉口各地为各该区域之中心，以便策动工作。

三、工作概要　训练冒险犯难之大量青年同志，或追随最前线作战部队工作，或参加游击队工作，或深入敌后方工作，务利用一切时机环境，从事一切文字宣传、口头宣传，并应与中央所派一切特务机关取得密切联系。

四、确定经费　此项秘密工作，需费较巨，兹拟以每区月支万元计，应先确定每月划拨五万元。

决议：交战地党政委员会及中央训练委员会参考，并通过要点五项如左：

一、同一性质的工作应由各有关机构密切联系，例如党部政治部等宣传工作，除本部独有的固定工作外，应力谋联络。

二、战区内宣传工作，除对原有之机构人材加以充实外，应尽量利用该区内之教育机构及人才。

三、战区内宣传政策方针，应适应实际环境需要，由中央有关机关共同商定，随时指示。

四、战区内宣传工作区域之划分，除相当的与战区划分范围相配合外，于特殊地方如香港、上海、天津等，应由中央派员主持。

五、战区内宣传工具应多准备，宣传经费并应宽筹。

(5) 关于编辑三民主义读物案（1月27日）

（民国二十八年一月二十七日第五届中央执行委员会第五次全体会议通过）

编辑三民主义读物计划纲要案（陈委员诚等十二人提）、中央党部应设立党义丛书编纂委员会案（梁委员寒操等二十一人提），以上两案经党务组审查合并提出。

一、为阐扬三民主义，统一国民思想，以增强抗战建国力量起见，中央党部应设一三民主义丛书编纂委员会，负责编纂各种有关三民主义之丛书。

二、三民主义丛书分为专著及通俗两大类，其详细书目编修方法及进行步骤，由三民主义丛书编纂委员会详慎商订，呈请中央常务委员会核定后施行。

三、三民主义丛书编纂委员会委员人选由中央宣传部、中央社会部、中央政治学校、中山文化教育馆等有关机关遴员充任，另设编辑若干人，并指定专款，各负责机关并先筹集一部分，俾工作迅速进行。

决议：照审查意见，原则通过。

（6）改进党的工作方法案（1月28日）

（民国二十八年一月二十八日第五届中央执行委员会第五次全体会议通过）

一、前言

目前党的工作，未能如理想的推动，为一事实，其原因殆由于工作方法尚未能尽合实际需要。兹特订定本党今后工作原则及办法如下：

二、工作原则及办法

原则一　应多为有计划有系统的决定。

办法

（一）中央工作

甲、工作原则

（甲）中央常会决定年度工作原则，及临时工作原则；

（乙）订一整个工作原则，即订一组织，训练，宣传，民运等工作全面的原则。

乙、工作方案及限期进度计划。

（甲）各部处会根据常会所订原则，详拟年度及临时工作方案，及限期进度计划；

（乙）由常会核定后施行。

（二）省市工作

甲、工作原则

（甲）中央各部处会会同商订各省市年度整个工作原则及临时整个工作原则；

（乙）中央常会核定后以中央执行委员会名义发出。

乙、工作方案及限期进度计划

（甲）省市党部应根据中央所定原则，由该部处依据地方实际情形，合订详细年度的及临时的工作方案，与限期进度计画。

（乙）呈准中央执行委员会施行——有临时的工作，自可依中央所决定原则，订出计划，径自施行。

（三）县及县以下工作——原则及办法如上。

原则二　应多为主动的决定。

办法

（一）年度工作

甲、应就党及党员的毛病，正待发现尚未发现的一点倾向上，多做预防的工作——对于已发现的毛病，应做图谋补救的工作，自不待言；

乙、应就党的形势预测一年中党及其环境的趋势，把握住问题的倾向，订出若干工作。

（二）临时工作

应扼定问题的中心，立于主动的一点谋解决，而不是谋应付。

原则三　应多注意到工作的意义及其可能性

办法

（一）选择有意义及有实现可能性的工作，工作应分先后缓急以定去取，凡无意义或意义不甚重大的工作，应即不办，或缓办，例如不必要或无重大意义的书面工作。凡可能性较少的工作，应缓办，或不办，例如某委员或党员的能力做不到的工作，宁可另换人办。

（二）各级党部委员或负责人应开工作性质审查会，审查工作性质决定去取，此次全后后，应自中央做起，由常务委员召集各部处会负责，开会审查工作性质先由各部处会秘书处长科长等拟定去取意见。

原则四　应多指示委员党员做事的方法

办法

一、中央应订出各种指示途径及引导练习等类的手册及其他办法。举例说明如下：

甲、态度及手段应如何？

（甲）党在公开环境下，各人态度及手段应如何？党在秘密环境下，各人态度及手段应如何？

（乙）党在知识群众中，各人态度及手段如何？党在工人群众中，各人态度及手段应如何？

乙、能力培养应如何？

（甲）培养辩论能力的种种方法

（乙）培养研究能力的种种方法

（丙）培养活动能力的种种方法

（丁）培养斗争能力的种种方法

（戊）培养领导能力的种种方法

（二）上项手册编辑方法

甲、征集有价值的实际经验材料——征集党内前辈及其他关于某类工作做有成绩的同志，经验中各种方法的材料。

乙、根据主要而能实用的学理。

丙、综合实际经验的材料与主要而能实用的学理，分别编述各类手册。

原则五　应多用教育的方法开发工作——用行政的方法，如尚形式，如尚裁制，并非不重要，而更重要的似为用教育的方法开发工作。

办法

（一）发动工作，应详细说明发动此项工作之原因及其方法。

（二）纠正错误，应详细说明：（甲）此事应如何做？（乙）你是怎样做的？（丙）你犯了什么错误？（丁）你应得什么处分？（戊）你以后应该如何做？

原则六　应多用积极的方法鼓动工作

办法

（一）厘订委员及党员各种工作竞赛制度。

（二）选拨并重用有能力有办法而肯干的同志。

原则七　应多用视察的办法检查工作

办法

（一）中央应有计划的派中央委员分期分区往各地视察，中央常务委员有时亦轮流亲往各地视察。

（二）中央各部处会应有计划的选择一部分有视察能力的同志，时常派往各地各方面视察。

（三）省党部亦应如此。

（7）拟请通饬全国举行“国民抗敌公约”案（1月28日）

（民国二十八年一月二十八日第五届中央执行委员会第五次全体会议通过）

理由：

根据十八个月抗战之经验，深感前后方民众对于抗敌锄奸最低之任务，似未能普遍尽到，因此一般民众对抗战工作之参加，即欠积极，尤于我军转进敌人到达时，聚众迎敌，甘作顺民者，比比皆是，此实为民族意识之薄弱，抗战信念之不坚所致。为救此弊，似应使全国人民举行“国民抗敌宣誓”，以自发自动之精神，出为共信互信之誓约，是以加强必胜信念，增加抗战力量，关系至巨。总理历次革命，其能咸竟号召之功者，亦唯与革命同志共守誓约之所致。

际兹二期抗战开始，民众动员及待加强，是则全民精诚团结矢志救国之抗战宣言，自为极待普遍举行之要务矣。

办法：

拟请中央拟定“国民抗战公约”通饬各地党政机关加以宣传，然后由民众大会通过誓约，举行宣誓（附公约及举行办法）。是否可行，敬候公决。

国民抗敌公约暨宣誓实行公约办法

第二期抗战，业已开始，凡我国人，尤应精诚团结，矢志救国，各抱抗战必胜之决心，始能获得最后之胜利，兹制定“国民抗敌公约”及“宣传实行公约办法”，通饬各省党部政府及所属各机关各学校遵行，并应先由各级党部政府普遍宣传，指导民众一体举行，其誓约如次：

省　县（机关）（学校）　联保　保　甲

国民抗敌誓约

我等各本良心，服从最高领袖蒋委员长之领导，尽心尽力，报效国家，并代表全家宣誓遵守抗敌公约，不做汉奸，如有违背，甘受政府最严厉的处罚与民众的裁判。

抗敌公约如下：

一、不做敌国顺民。

二、不参加伪组织。

三、不做敌军官兵。

四、不为敌人带路。

五、不为敌人侦探。

六、不为敌人做工。

七、不用敌人纸币。

八、不买敌人货物。

九、不卖粮食及一切物品给敌人。

宣誓人

中华民国二十八年　　月　日

附宣誓实行公约办法

一、在举行宣誓之前，由各地党部、政府、学校校长教员学生等先作扩大普遍之宣传。

二、誓行公约以保甲为单位，由联保主任召集民众大会（规定由户主出席），先将公约用纱纸（或其他耐久之纸张）写好，提出大会宣读，有不懂者，由联保主任详加解释。

三、抗敌公约经民众大会通过后，即由联保主任将全体参加宣誓人之姓名写上。

四、宣读地点即在联保主任办事处，誓约贴于总理遗像之下。

五、宣读誓约时各举右手，由联保主任领导宣读，联保主任读一句，宣誓人读一句，直至读完为止。

六、宣读誓约完毕后，各宣誓人即就誓约上自己的名字下，亲自花押或盖章或打手模（右拇指），办好即由联保主任将誓约转送县府备案。

七、誓约全文有各县府翻印分发住户贴于墙上，父诫其子，兄诫其弟，妇诫其夫，亲戚互相告诫，切实遵守。

八、各机关，各学校由各当地长官领导联合举行宣誓，每机关一场。

九、如有公务员出差或外省旅居本省有户籍者，须一律参加宣誓。

十、如不参加者，处以一元之罚金，仍须勒令补行宣誓。

十一、宣誓后如有违背行为，由人民检举，呈请政府依法治罪。

决议：修正通过，由中央密令各省党部各省政府转令地方党部及地方政府人员，以适当方法暗示民众自动举行。

(8) 党政军各级人员应率先遣送应服兵役之子弟入营服役以资倡导而利抗战案（1月28日）

（民国二十八年一月二十八日第五届中央执行委员会第五次全体会议通过）

决议：所有党政军各级人员有合于兵役年龄（满十八岁至四十五岁）合格之子弟（免缓禁役除外）应率先遣送入营服任现役，其在缓役之列者，亦应自动应役，或入军事学校受训服役，为民表率，并由党部发起党政军各级人员服兵役运动，以资提倡，蔚为风尚。

(9) 奖勉调换现金白银与加强产金工作及效力案（1月28日）〔略〕

(10) 为提请提倡并奖助手工业生产以裕战时国民生计案（1月28日）〔略〕

(11) 调剂地方金融办法案（1月28日）〔略〕

(12) 巩固前方经济基础方案案（1月28日）〔略〕

(13) 改善对外出口贸易及售结外汇办法以维持生产加强持久抗战力量案（1月28日）〔略〕

(14) 加紧推进合作事业案（1月28日）〔略〕

(15) 第二期战时财政金融计划案（1月28日）〔略〕

（16）国防最高委员会组织大纲（1 月 28 日）

（民国二十八年一月二十八日第五届中央执行委员会第五次全体会议通过）

第一条　中央执行委员会于抗战期间设置国防最高委员会，统一党政军之指挥，并代行中央政治委员会之职权。中央执行委员会所属之各部会及国民政府五院军事委员会及其所属之各部会兼受国防最高委员会之指挥。

总动员委员会直隶于国防最高委员会。

第二条　国防最高委员会设委员长一人，由本党总裁任之。

第三条　国防最高委员会以左列人员为委员，并由委员长于委员中指定十一人为常务委员。

一、中央执行委员会常务委员，监察委员会常务委员。

二、国民政府五院院长副院长。

三、军事委员会委员。

四、由委员长提出经中央执行委员会常务委员会通过者。

第四条　国际最高委员会为执行决议案以左列人员为执行委员：

一、中央党部秘书长、各部部长、训练委员会主任委员、中央政治委员会秘书长。

二、国民政府文官长。

三、行政院秘书长、各部会长。

四、军事委员会参谋总长、副参谋总长、各部部长、军事参议院院长、军法执行总监、办公厅主任、航空委员会主任、海军总司令。

五、总动员委员会主任委员、副主任委员。

六、战地党政委员会主任委员、副主任委员。

前项执行委员经委员长之指定得到席于国防最高委员会常务会议。

第五条　国防最高委员会会议以委员长为主席。因故不能出席时，指定常务委员一人代理之。

第六条　国防最高委员会常务会议每星期开会一次。全体会议由委员长定期召集之。

会议规则另定之。

第七条　国防最高委员会常务会议除依法出席之委员外，其他有关人员必要时得由委员长指定列席。

第八条　国防最高委员会委员长对于党政军一切事务得不依平时程序以命令为便宜之措施。

第九条　国防最高委员会组织系统及编制另定之。

第十条　本大纲由中央执行委员会通过施行。

（17）对于党务报告之决议案（1月29日）

（民国二十八年一月二十九日第五届中央执行委员会第五次全体会议通过）

自临时全国代表大会及第四次中央全体会议闭会后，历时已十阅月，在此十阅月中，本党领导全国，一致努力，以负荷抗战建国之使命。虽艰难倍昔，而志气弥坚，挫折敌锋，稳固国本。今五中全会开会，适当第二则抗战开始之时，瞻念方来，益深惕励，故对过去工作，必详加检讨，以求其缺点，于今后工作，必周详策划，以求其改进，务使本党之基础益臻巩固，一切措施咸能与抗战建国之大计互相配合，以完成本党国民革命之大任。

抗战以来，国民革命已转入第二时期。前一期革命，在消灭军阀之势力，而奠定国家之统一，第二期革命，则在打倒日本帝国主义之侵略，争取国家民族之自由平等。值此国家民族危急存亡之际，本党同志更应竭其全力，为民前驱，盖国家民族之生命，实与本党之生命同其休戚，本党生命之充沛，即国家民族生命之绵延，第二期国民革命之完成，即国家民族独立自由之实现，此全党同志所应深切明了者也。

吾人既深切明了今后责任之重大，即须使本党之基础更加稳固，而本党之基础，实建立于党魂党德党史与党纪之上。凡我同志，应首先坚定其信仰，振奋其志气，发皇党魂，砥砺党德，光大党史，维护党纪，以充实凝固本党之精神。所有本党革命之理论、方略与步骤，均昭示于三民主义之中，本党同志应如何虔诚研究，努力阐扬。总理于精神教育中，更揭示智仁勇三达德，本党同志应如何相互勉励，躬践力行。至于本党党史，为本党数十年来，总理及本党先烈所共同为党努力奋斗之纪录，吾辈维志述事，对党史又应如何加以爱护发扬。即各个人对于过去为党努力之历史，亦应如何加以爱惜保持，以谋进一步对于党之贡献。党的基础之稳固，尤有赖于严明之纪律，盖党的纪律，为一切组织及工作所由维系。党员对于党之忠实，以及对于工作之成就，胥有赖于党的纪律为其最高约束，抗战期间，其关系益为重大。征诸往事，每因人事与感情之牵制而使纪律松弛，姑息者或不免缄口不言，执行者或不免嫌怨丛集，致党无整个纪律之表现，而党的工作，遂因以松懈。今后务宜深切体认纪律为全党生命之所寄，执行党之纪律，即为维持党之生命。今后本党全体同志，应如何互相检讨，认真考核，尤应如何破除过去一切人事感情之见，不避嫌疑，不稍徇情，务以纪律支配感情与人事，毋使感情与人事支配纪律。

党的责任，即各个党员之责任，惟有各个党员于实际工作中各尽厥职，然后综合各个党员之成绩，成为整个党的工作之成绩，如须达到此成功之途径，则必须确实发扬民主集权制之精神，凡在每一会议讨论任何议案时，党员应根据本党主义及政纲政策与一己之工作经验，尽量陈述意见，以尽其对于议案之初步责任。迨一经决议以后，见诸命令，则必须切实遵行，以尽其对于决议案及服从命令之责任，不得因个人意见之不同，而置身于决议案之外。要之会议之中，各人意见尚未集中决议案尚未成立之前，其意见为各个人之意见，意见一经集中，决议案一经成立，即为党的意见，而全体党员，只有服从决议案，只有服从党的命令，断不能稍有疑议者，此又为全体党员所应深切认识者也。

兹更就常务委员会及各部处会之报告，一检讨其过去之工作，而分别之评述：

一、关于常务委员会及各部处会者：

常务委员会十月阅来，依照临全大会及四中全会决议大计与各项决议案，主持党务政治军事之进行，指导各部处会之工作，凡所措施，均切体要。其尤著者，如三民主义青年团之组设，中央各部处会组织之调整，与下级工作之指导，以及国民参政会之召集，与各省临时参议会之策进，均能因应时代之需要，而与第二期抗战工作相配合，惟工作之效率与工作之方法，关系至为密切，过去工作，虽有相当成绩，但各部门之动作，尚少呼应，对工作之指示与考核，亦尚欠周密，今后犹有待于益加联系与改进者有如下述：

（一）常务委员除例行会议外，应着重专门商讨策动工作，考核工作之会议，以研讨新方针之确定，新提案之审查，及决议案执行之经过以及工作状况。

（二）各部处会进行工作应依常会所决定之原则，依据实际情形，订定工作方案，及限期进度计划。

（三）各部处会对常会书面及口头报告工作。均应详细说明实际情由办理经过，而常会应即予以详细之批评与指示。

二、关于党的全部工作者：

综核各部处会工作报告，均尚能依照上次全会之方针，及常会之指示，切实工作，惟就一般党务之观察，则须待改进之处尚多。爰就中央各报告中所体认之一般工作的缺点，及各议案之要求，旁及此次奉召来渝之地方党部负责同志之意见，提示下列各点：

（一）今后党应力谋本党新力量之增加与培养，过去本党吸收党员，培养同志，似犹未能充分努力。此后全党同志务须注意吸收社会有守有为的分子，以增加本党之新力量，而中央及省市党部尤应极力奖掖及选拔著有工作成绩之同志，以培养本党之人才。

（二）今后本党应力求在乡村社会力量之发展，过去本党组织仅偏重城市而忽略乡村，致广大之农民群众易为异说所乘。今后及应以乡村为发展组织与宣传之主要对象。于乡村社会中深植本党之势力，并于工作进程中吸收其忠实勇敢者为党员，以建立本党的农村干部。

（三）今后本党应着先力谋党的下层组织之健全。过去本党组织多注意上层，而下层组织，犹未能充分注意。现党员总报到行将完毕，党籍将有新的厘定，亦即为党的组织进谋健全之新机。因此今后谋党的组织健全，应首先力谋党的下层组织区分部区党部等之健全。

（四）今后本党应力求党员之切实训练。过去本党训练党员，虽亦着重，尚犹未能充分切实。今后党应多依据实际环境之需要，确实中心工作，指示工作方法，多与施以适当之训练。

（五）今后本党应力求革命理论之领导。党的革命理论之发展，其目的在求主义阐扬，以端正全国思想之趋向而实现本党的政纲政策。因此，今后本党应着重革命理论之宣传与领导，而使违反主义之思想无从流布于社会，而于战区及敌人后方，尤应特别注意。

（六）今后本党应力谋海外党部之发展。海外多爱国之士，尤多勇于牺牲为党奋斗之同志。今后本党应特别着重海外党务之发展，而于宣传方面尤应特别注意。

（七）今后本党应力谋党员服务精神之发扬。党员所有为国家服兵役，服工役，及其他社会服务，党员应本总理人生以服务为目的之遗教，首先踊跃服务，为民前锋，各级党部尤应极力督促全体党员服兵役，服工役，及服务其他社会事业，以发扬本党之服务精神。

（八）今后本党应力谋本党纪律之坚固。党员第一天职，即为服从党的纪律。今后凡有党的决议案，党的命令，所有全体党员，切应切实执行，切实服从。各级党部自中央党部起，尤应极力考核党员行动，极力执行纪律基础。

综上各节，为此次全会对于党务工作之检讨与提示，亦即今后党务工作之方针。深望全会以后，自中央以至地方党部，各个党员咸能循率迈进，党部以此为指示之原则，党员以此为奋进之途径，以期益愈振奋其坚苦卓绝之精神，而为改进党的工作之张本，庶使此第二期之国民革命大业。克底于成。

（18）对于政治报告之决议案（1月29日）

（民国二十八年一月二十九日第五届中央执行委员会第五次全体会议通过）

全会于听取国民政府国防最高会议及行政、立法、司法、监察、考试五院报告之后，认为过去十阅月来之政治工作，与本党既定之国策，尚能符合，一切措施不能适应过去抗战之需要，大会于此特深致嘉勉而予以接收。

抗战已进入第二时期，根据第一时期所得之经验与教训，今后政府之一切措施，更应急切注意并努力者，为下列数端：

其一、吾国积弱已久，建国之基未固，自九一八事变以来，遭逢此空前未有之国难，其赖以自存而永立者厥为总理之三民主义，已深植于全国之人心。全国人民共信共守之基础既立，自救救国之精神，斯蓬勃而不可遏抑。本党于此时期，领导全国人民抗战建国，虽其经过弥觉艰苦，而其发展日益迈进有断然者。为求抗战建国之成功，则今后更应确切努力于三民主义政治之实践，与本党政纲政策之推行尽善，政治指导机关及国民政府一切之措施，必须以此为首要。

其二、政治之隆替，为国家强弱兴废之关键。综观抗战十八月以来之经过，凡政治愈进步之地区，发动民众之组织与自卫亦愈易，其对于敌人之打击亦必坚强而持久，反之则敌未来而先自动摇者，必为政治成绩较逊之处，此盖事实之昭昭可鉴者，故在第二期抗战最大之特点，厥为加重注意于政治，以期抗战之胜利，尤赖政治上负责之同志，努力以赴之者也。

其三、自抗战军兴以来，政府机构历经调整，行政效率固因以日渐增进。惟以抗战所需要，其迫切与繁重倍于往日，则政治机构之应力求敏活，以谋行政效率之益加提高，实为必要，查现时政治之机构，其组织仍不免有重复繁冗之处，其职权亦难免划分未清之弊，大会深盼今后行政机构之调整能力矫此弊。

其四、吾国幅员广大，西南西北各省，产业文化亟须致力建设，今长江南北各省，既多数沦为战区，则今后长期抗战之坚持不懈，必有赖西南西北各省之迅速开发，以为支持抗战之后方。西部各省资源丰富，人力无穷，建设之首要，一面固为先谋交通运输之发展，一面更应于各省人力、物力、财力有合理之统制，以应抗战之需要。惟统制之要旨，在于发展生产，以利抗战，增进民生，以培国力，凡反乎此者悉与开发之意旨相违，尤不合今日抗战之需要。故开发建设西部各省以巩固抗战之后方，实与普遍奖掖国民经济之发展，同其重要也。

其五、自抗日军兴以来，敌人欲以其优势兵力，侵占我长江黄河各省，以进行其政治经济之各项企图，迄至今日，敌人此项企图，显已粉碎无余，盖抗战以来，被占之省区虽达数省之多，考其实际，敌人所获者，仅占据少数重要城市，各地大多数之乡村城镇，不为我游击部队活跃之地，即为我地方人民起而自卫之区，综观全局，战地既无前方后方之分别，而在敌人后方地区之政治工作，更有急切注意之必要。

上述诸端，为全会听取各项工作报告后，综合举其要点，以为今后应急切注意实行者，至于各项工作报告之审阅，将分别列举说明如后：

（一）关于国防最高会议工作者：

综合国防最高会议十阅月来之工作以观，认为确能适应当前抗战建国之需求而圆满行使其职权，用能团结全民集中国力于抗战建国之鹄的，使为有效之运用。惟现值抗战进入第二期，全国精神物质之总动员，已成为迫切之需要，而所以发挥总动员之效能者，尤赖于国防最高决定机关统筹全局，使全国之人力、财力、物力悉供献于抗战，今后工作更应加紧，爰概举应努力之方向如左：

一曰促成省市临时参议会以集中全国力量：中央遵奉临时全国代表大会之决议，已设置国民参政会，而该会两次大会精诚无闲，成效既著，在抗战期间为集中人民意见，推动地方行政计，对于省市临时参议会，尤宜依照已备之法令，加以督促，俾克早日实现，此应努力者一也。

二曰争取战区民众以巩固整个政权：敌人企图以军事为手段，造成其政治侵战之野心，更以政治为手段，达成其经济掠夺之目的，为粉碎敌人之企图起见，战区政权之强固，自属必要，虽战地党政委员会及分会之建置已见成议，而战地党政军工作应如何适当配合，职权如何明晰确定，计划如何督促实施，亟应加以切实调整，俾有紧密之联系，齐一之步趋，工作效率日益加强，于战地民众之组织、训练及救济等工作，尤应特别注意，使民众益激发其爱国心而发生最大之力量，此应努力者二也。

三曰提高文化水准以确立建国基础：过去关于教育文化方面之工作，约有三要点，一曰适应战时之需要，二曰参加国际之活动，三曰延续战区之文化生命，自应继续进行。惟我国文化水准，较诸先进国家，平时既不免相形见绌，值兹战时，尤有急起直追之必要，关于国际文化之如何沟通，民族意识之如何提高，科学技能之如何养成，精神修养之如何鼓励，均为教育文化上当务之急，尤应及时加以切实之注意，俾一民心，而作士气，此应努力者三也。

四曰注重物质建设以增强抗战力量：过去关于交通经济方面之工作，均能适应时势之需要为最大之努力。惟以现状而论，关于物质建设应集中力量于西部各省，其丰富之资源、与广大之劳力，以及由战区西迁之人力、财力、物力应如何开发，如何利用，均为当前要图，应定整个之计划为加紧之实施，以供应抗战建国之需要，此应努力者四也。

（二）关于行政院工作者：

行政院工作，除军政、财政、经济、教育、交通另有报告外，兹分别胪列意见于左：

一、内政方面　对于庶政，尚能统筹兼顾，分别并进；惟于户籍保甲，应更有彻底调查与整理之必要，当此抗战之时，兵员之征募，治安之维护，胥为户籍翔确，保甲健全是赖，至卫生医药，尤为当务之急，盖战区士兵，与流徙难民，均相需甚切，亟应由主管机关加以改进为充实也。

二、外交方面　关于外交上之一切措施，其重要者如国际联盟会议之应付，要求其集体行动，并分向远东有关各国要求个别行动，如国际宣传之配置上运用，如驻外领使馆之调整，如国际形势之剖晰与运用，均能多所努力，日与临时全国代表大会所定外交纲领之五项原则相配合，惟于此抗战进入第二期之际，期待外交上之努力，更为迫切，应益加策励，以达国际加紧助我制日之目的。

二、蒙藏方面　各种设施均合边情，并与抗战建国纲领相适合，际此抗战进入第二期之时，更应随时注意其内部情形，并由政府派员前往联络宣传，俾团结一致，以利抗战。

四、侨务方面　各种设施均适合抗战需要，惟宣传方面，此后更应随时遴简在海内外有资望之同志分别前往各侨胞所在地，宣扬政府意旨，加以抚慰，使对祖国敬爱之心与时俱进。

五、赈济方面　救济难民原□治本治标两种，主管机关所措施者，颇能标本兼筹，举措得当，惟在治本部分，应预筹防患之计，此后如事势需要，应于某地将划为战区前，设法将人民疏散至安全地带，尽量减少其受难之程度。

综核行政院工作，均颇能以抗战建国纲领为依归，而为有步骤有计划之设施，各主管机关尚属克尽厥职。

（三）关于立法院工作者

立法院十阅月来之工作，共议决法案八十二件，内计法律案五十三件，预算案及财政案二十件，条约九件，法律案中除修正法律案二十二件，其他法案五件属于事实上需要之通过工作外，其余二十六件有系为抗战时期之急切需要而修订者，有系因政府行政机构调整后组织有所改动而修订者，要皆抗战期间之重要工作，而适符合于抗战建国纲领之精神者也。至其规则今后工作部分如（一）现行各法规是否适合战时需要之检讨，（二）战时应行补充各法规之草拟，（三）战后法规草拟之准备，各项规划既能妥善，研究亦尚切要，就其既获之结果，成效亦已可观，深望益加振奋，继续努力，遵循总理遗教，依据抗战建国纲领，体察当前需要，以完成非常时期之立法使命，而达成抗战必胜，建国必成之目的。

（四）关于司法院工作者

司法院十阅月来之工作分为四项：（一）关于司法法规事项，（二）关于法院监所事项，（三）关于司法人员事项，（四）关于审判检察事项，各项工作进行均能振奋，就中法规方面如战区巡回审判办法，于上诉案件，予当事人以赴诉之便利，如法院监所方面，徒刑人犯移垦及改服兵役之实施计划，以疏通监狱增加生产及抗战力量，如非常时期监所人犯临时处理办法，使邻近战区之各地监狱看守所人犯，得以疏散，以策安全。司法人员方面，如战区司法人员之分发任用，以救济战区退出之司法人员，如法官律师参加伪组织之取缔，以绝叛逆而肃纲纪。审判检察方面，如历行检举汉奸，及舞弊事件，以杜绝不肖，而利抗战，尤能适应抗战时期之需要。其他关于司法上之推进与改革，亦能因应咸宜，尚望继续迈进，以赴事功。

（五）关于考试院工作者

当兹抗战建国时期，各方需才孔急，考试院本其职责，应当前需要，于普通考试照常举行外，复积极办理各项特种考试，选拔各项特种专门人才，以应各方之需要，又于非常时期规划变通铨叙办法，俾能人尽其才，不为通例所限制，登庸英俊，为国效命，凡此措施，询属尤当，他若重奖懋绩，以劝贤能，优恤伤亡，以昭忠义，适合抗战建国纲领之精神，适应非常时期之需要。惟当前对于铨叙方法之规定，虽不妨从宽，而于铨叙手续之执行，则应从严格。抑有进者，际此抗战进入第二期之时，战区政权急应使之强固，而需才殷切自不待言，如能设法巡回考试，就各省之需要，即在后方考选各种人才，以应前方任用，战区行政当有裨益，并由中央遵照第五次全国代表大会宣言，关于考选制度推行之决定，重申前令严切施行。

（六）关于监察院工作者

整饬纲纪，严惩贪污，为本党抗战建国纲领所规定，监察院及审计部在此非常时期，对于违法失职之举动，财政会计之检查工作，均属振奋，而纠举建议两项办法之实施，与中央各机关就地审计制度之推行，尤能适合环境需要，增加政治效率，抗战进入第二时期，政治之澄清，尤应与军事之进展配合，所需于监察工作之协同推进者，益为迫切，监察院及审计部当本其职责，益加奋勉，中央尤应本治权行使规律与之精神，以决心排除监察职权之障碍，保障平时及非常时期各种监察法规之充分实施，各机关对于监察院之调查、视察、纠举、建议等事项当予以精密之注意与翔实之答复，俾监察效能得以增进，即于抗战建国之必胜心成，亦有重大裨益。

（19）对于财政经济交通报告之决议案（1月29日）〔略〕

（20）对于军事报告之决议案（1月29日）〔略〕

（21）对于教育报告之决定案（1月29日）〔略〕

〔中国国民党中央执行委员会秘书处档案〕

4. 中国国民党第五届中央执行委员会第六次全体会议通过重要决议案

（1939年11月17—20日）

（1）修正各级党部执监委员就职宣誓条例第四条条文案（11月17日）

（民国二十八年十一月十七日第五届中央执行委员会第六次全体会议通过）

说明：本案系中央组织海外两部提出经中央第一二零次常会决议“暂不修改留俟下次全体会议或全国代表大会专议”原文及修正文如次：

（原文）各级党部执监委员宣誓时其誓愿如下：

余誓以至诚遵奉总理遗嘱，信仰本党主义，遵守本党纪律，服从本党命令，严守党的秘密，绝对不组织或加入其他政治团体，绝对不自私自利，绝对不以个人情感或意气用事。如有违背誓言，愿受本党最严厉之处分。谨誓。

（修正文）宣誓词之格式如下：

誓词

余誓以至诚遵奉总理遗嘱，信仰本党主义，严守本党党章，服从总裁命令，绝对不组织或加入其他政治团体，绝对不自私自利，绝对不以个人感情或意气用事。如有违背誓言，愿受本党最严厉处分。〇〇谨誓。

党务组审查意见：将原文“服从本党命令”，改为“服从总裁命令”，并移至原文“遵奉总理遗嘱”一句之下，余照旧。

决议：照审查意见通过。

(2)加紧吸收青年及农工群众入党以固党基案(11月17日)

刘委员峙等十二人提

(民国二十八年十一月十七日第五届中央执行委员会第六次全体会议通过)

理由：本党之基础应建立于民众之上，殆为毫无疑义；而任何政党非获得广大民众为基础则难以久存，更不可能为民众造福利，其理至明也。本党创造民国之成功，民众之力也；北伐之胜利，民众之力也；而目前本党严重危机之所在亦在于民众基础之日趋薄弱也。试举一例：据重庆市党部五月份工作报告，所列之统计，重庆市已登记之党员共计六、四五六人，其中按职业区分，则公务员占首位，计三、〇〇三人；党务工作者次之，计一、一〇四人；学生青年仅四〇七人，工人仅一五九人，农人无。此项统计已将本党之弱点暴露无遗，实为我中央同志不可不加深切注意者，此其一。据闻总裁会在中央党政训练班训示略谓“本党应以解除农工劳苦群众之痛苦为最中心之工作”。此实一针见血之箴言，盖非如此不足以获得广大民众之拥护，非如此亦不足获得本党之真正胜利也，此其二。青年为党之新生力量，为民众之先锋，以目前实际情况而谕，并非他党而对现状不满之纯洁青年　数不少，本党青年团成立后，虽已吸收优秀青年甚多，而党部之青年工作似仍有积极进行之必要，此其三。由此可知本党目前及须加紧吸收青年及农工群众，则党基巩固；本党之复兴，实利赖之，是否有当，敬候公决。

办法：

一、关于青年运动之指导暨广泛青年工作之进行仍应由党部负责，并应以所有非异党之纯洁青年为对象，采取各种诱导启发方式吸收之。

二、关于吸收农民党员应：(一) 训练保甲长，特别加强党之领导，并临时注意吸收优秀农民以作扩大农民党员之干部；(二) 由各级党部协助并指导组织"农民福利协进会"，认真进行，并须做到真正以为农民谋福利，为此项组织之工作重心；(三) 尽一切可能设法改善一般农民生活。

三、关于吸收工人党员：(一) 由各级党部协助并指导组织"工人福利协助会"，其作用与农会同；(二) 海员工人党部应加调整并改善工作。(三) 各技术专门学校如工业学校，航空机械学校，汽车人员训练班暨各级职业学校应加强其服务工作，俾能造成为将来技术工人党务工作之干部。(四) 各技术机关如公路局，运输处，航务处，邮政管理局等，应设法加强其党务工作并推行小组会议，必要时且可开设周期训练班，将优秀工人均可吸收进入本党。(五) 中央为适应需要起见应特设工人党务工作训练班专收刻苦耐劳具有决心，并对工人运动有兴趣之同志加以严格之训练，造成强有力之工作干部，俾可分发各工人机关，团体，学校，担任党务工作。

四、中央应对于谋农工福利之办法精密研究，制订纲领公布，以作本党为全国农工解除痛苦之号召。

党务组审查意见：

1. 学校青年及一般社会青年，年龄在二十五岁以下者入团，在二十五岁以上者入党，中央已有决议。惟关于领导青年之分工办法，可交由中央社会部及三民主义青年团详细拟定，呈送常务委员会核定施行。

2. 关于征求党员应采取原提案之意见，注意公务人员及党务人员以外如农工商各界之份子。

3. 原案所提供征求党员对象，例如原案中列举之各机关，或已设有党部，或正在筹备进行之中，应连同应举办之事项分交主管部斟酌实际情形、采择办理。

4. 原案及前项意见，拟并交常务委员会核交主管部采择施行。

决议：照审查意见通过。

（3）定期召集国民大会并限期办竣选举案（11 月 17 日）

中央常务委员会提

（民国二十八年十一月十七日第五届中央执行委员会第六次全体会议通过）

查国民大会之召集肇议于第五次全国代表大会旋经本届第一次全体会议议决，定二十五年十一月十二日为大会召集日期。当经制定国民大会组织法及代表选举法由政府公布施行，并设置选举总事务所办理选举事宜，乃以事属并举，法定手续复极繁重，大会代表之选举未能如期办竣，爰经常会决议：延期举行。

本届第三次全体会议根据常会报告，复决议：督促该管机关继续办理选举，暂延二十六年十一月十二日召开国民大会。选举总事务所秉承此旨，督饬所属积极从事，除河北、察哈尔，北平，天津因环境特殊，各种选举迄未能正式举办外。其余各均分别赶办，原期于八月中可将全部选举结束。不意七七芦沟桥事变突发，全面抗战于焉开始，选政进行不免蒙其影响，而大会之举行又因之而有第二次之延展。

大会之举行虽因事实上之障碍而一再延期，而本党企求宪政之早日实施，实始终无间，今抗战已历两载有余，赖全国人民于本党领导之下，同心一德，艰苦奋斗，最后胜利之期已不在远，揆之抗战建国同时并进之义，召集国民大会制定宪法以确立建国基础，虽有积极进行之必要。最近国民参政会曾有定期召集国民大会制定宪法之建议，亦足征国人对此期望殷切。

至于大会代表选举情形，近据选举总事务所报告：区域选举与职业选举（农工商团体），除冀、察、平、津尚未举办，山东已办而未报外，余均办理完竣。其尚未蒇事者，为自由职业团体之选举与特种选举中东四省选举及蒙藏海外军队选举之一部份。综计全部应选代表依法产生者，约达四分之三。所有未能依法办竣之选举，或因地方情势变迁，如冀、察、平、津、山东之类，或因事实上易合法定手续，如自由职业团体及东四省之类，其中自有不少困难，惟究属一部份之特殊情形，当可于法律事实兼筹并顾之中，妥谋补救之道。

依上述情形，常务委员会认为国民大会召集日期及应重行确定，并限期办竣选举，俾能如期集会，谨提供具体意见如左：

（一）国民大会会期为民国二十九年十一月十二日。

（二）大会代表之选举尚未办理完竣者，应即由选举总事务所督饬赶办，限于二十九年六月底以前结束一切选举手续，确定全部代表名单。

（三）其因地方情势变迁，或事实上之窒碍致选举发生困难者，由中央常务委员会妥筹补救办法。

以上所拟，是否有当谨附同选举总事务所办理选举情形之报告，提请公决施行。

决议：

一、国民大会定于民国二十九年十一月十二日召集之。

二、大会代表之选举，尚未办理完竣者，应即由选举总事务所督饬赶办，限于二十九年六月底以前结束一切选举手续，确定全部代表名单。

三、其因地方情形变迁，或事实上之窒碍致选举发生困难者，由中央常务委员会妥筹补救办法。

（4）请决定即行缩小省区案（11 月 17 日）

彭委员学沛等十八人提

（民国二十八年十一月十七日第五届中央执行委员会第六次全体会议通过）

理由：

一、吾国各省幅员太广，主席厅长在任期中即巡视一周，亦感困难，其所辖县份太多，精神难以贯注，离省城稍远之县份，即与省政府有隔阂之虞，县政府请示公函，往返费时，僻远地方甚至不感觉省政府之存在，各种应与应革事项，均无人督率照料。敌人私占东北，首将省区划小，可见敌人之处心积虑。世界各国无省区单位如是之广者。是从行政效率言，省区有缩小之必要也。

二、吾国现常训政时期，人民知识程度尚未充分发达，一切管教养卫要政，均待政府耳提面命，以最新之科学方法，灌注于一般人民，然后农工商矿卫生保卫诸事业，始能有迅速之发展，倘省政府处地过于辽远，则人民对于政府之训导及最新科学之恩惠，均不能享及，经济文化水准之提高仍遥遥无期，此从经济文化言，省区有缩小之必要也。

三、各省延揽人材极为困难，主席厅长人选固易于选拔真才，此外则无术延揽，一省政府之大其真有知识有眼光有魄力之人才寥寥数人而已。而返观国内，野有遗贤，其经沦满腹而位居闲散者尚不乏人。倘能缩小省区，动员此辈人才，以充实地方之行政，不独选贤任能之旨得以实现，人民受惠尤多。此从登庸人才言，省区有缩小之必要也。

四、数年以还，群觉数省接壤之区域，不易治理。每以距省城过远，而有无人过问之概。抗战军兴以后，各省多划分数区，设立行署，以救济道远之弊，此从目前事实上，省区已有缩小之事实也。

办法：

第一、中央即行将各省区缩小，分别划为二至四省。

第二、原有疆吏在本省历史特长成绩特优者，为使政事不受改变之影响而维持其持续性起见，得仿前清总督巡抚例，设置此省政府主席地位较高之大员，以督率数省之行政。

第三、省区之缩小划分具体办法，由国防最高会议迅行决定，并于一定限期内完成之。

是否有当，敬候公决。

政治组审查意见，关于缩小省区三届四中全会曾决议省区应重行划定，并酌量缩小，交中央政治会议详细研究，拟具方案有案。拟由国际最高委员会继续研究拟具方案。

决议：照审查意见通过。

(5) 统一关于经济资源之调查研究具体设计藉树计划经济之基础以利建国案（11 月 17 日）〔略〕

(6) 创办常平商店树立商业组织之核心以平抑物价并奠定今后民生主义计划经济制度中商业编制之基础案（11月17日）〔略〕

(7) 加强对敌经济斗争以粉碎敌人“以战养战”阴谋案(11 月 17 日)

（民国二十八年十一月十七日第五届中央执行委员会第六次全体会议通过）

理由：

二期抗战，政治重于军事，而经济斗争又为政治斗争之主要部门，两年以来在消极方面，关于抵制敌货禁运物品资敌及对敌经济游击等，皆各有规划布为法令，然日常用品不能自给，敌货遂不能彻底肃清，我方物资不能及时提价抢购，终于不免外流，且又无严刑峻法相辅为用，故政府关于经济斗争之章则法令规划虽多，而收效殊微，至于经济游击，原冀行之于沦陷区中，鞭策本已难施，奖劝又无规定，此又皆缺陷也。谨就目睹前方情形，认为有关经济斗争事在必行者数条，一以救法令之穷，一以应社会之需，用收经济斗争之实效，可否采纳，提候公决。

办法：

甲、统制贸易，严禁走私，并切实抢购物资。

一、由中央设国内贸易统制机关，配合地方力量统制各战区出入口贸易，对于进出口货物分别严加统制。

二、严厉禁止地方政府走私，征税弥补财政。

地方财政短绌者应请中央统筹弥补。

三、战区由战区司令长官负监督查禁走私之全责，各级党部各军队政治部宪警机关及民众团体合组检查机关，负检举告发之责，并准许人民自由举发。

四、严订惩治走私条例，犯者处以死刑，并没收其全部财产，文武公务人员如有包庇走私者实行连坐。

连坐法由国府另定之。

五、由经济部财政部中中交农四行及地方银行筹储的款切实抢购物资。

抢购物资价格不能与敌伪出价相差过巨，以收实效。

乙、保护及发展农村经济，并提倡小工业。

一、积极保护及发展农村经济，提倡耕种运动，加多耕作次数，鼓励播植杂粮，增加粮食生产。

二、采用国营或省营农场办法，集中各地难民，扩大荒地垦植。

三、战区各省应按照需要建立各种小工场提倡手工业，造各种日用必需物品。

四、规定农村贷款减低利息增加贴放资金，为中中交农四行及各地方银行之主要业务。

五、普设并改进农村及工业合作组织，以利农工生产。

六、由各省政府积极设法救济住屋、耕牛、农具、种子已被摧毁丧失之农民，俾得恢复耕作能力。

七、统制货物运输，战区设交通统制机关，统制货运，并仿驿站办法利用人力畜力筹设各地交通网。

丙、破坏敌伪生产建设

一、扩大改进经济游击队之组织运用并配合战地工农在敌伪统制区域内煽动罢工，怠工抗捐，抗税，抽丁，征役，破坏敌伪一切经济秩序。

二、经济游击另定奖励鼓办法优予奖励。

经改组审查意见：本案通过，送政府切实执行。

决议：照审查意见通过。

（8）改进县政完成地方自治应先整理县地方财政案（11月17日）

（民国二十八年十一月十七日第五届中央执行委员会第六次全体会议通过）

理由：

县为地方自治之单位，亦为全国行政之基层，推行政令，筹办自治，悉以县之一级能否健全为依归，而县政之健全，复以县财政之能否臻入轨范为先着，值此抗战建国时期，总裁对于促进地方自治，以实行宪政，业已昭示国人，及时推进，而地方自治之促进，首在整理地方财政，然后清查户口，整理地籍，讲求公共卫生，修筑县乡道路，普及教育，厉行建设，增加生产诸要政，乃得次第施行，以树立自治之基础，而促进宪政之完成。现在县各级组织纲要，中央业已颁行，健全县政机构加速完成地方自治，即为当前急务，则整理县财政工作，尤为刻不容缓之要图，揆诸实际情形，各省财政自国地收支划分以来，经各省政府之积极整理，其省库收入，年有增加，而县财政仍多紊乱，财部因于二十三年二月第四届四中全会提议整理田赋，先行举办土地陈报及减轻田赋附加，以救济农村两案，旨在标本兼治，主张减轻附加，先从确定地方预算入手，期使县财政收入激增，而人民痛苦亦得藉以解除，当经大会决议原则通过，交由国府令饬行政院通饬遵办，并于同年六月召集第二次全国财政会议，议决举办土地陈报，废除苛捐杂税，确立县预算等项办法，经财部督促各省切实执行，收效甚巨，今后对于省县财政收支，及须彻底划分，而整理县财政，尤宜自健全县预算，并确定其税源，严核其支出等项入手，各省原支军费，近年来因国地划分，均已改由中央担负，省方支出业已锐减，而其收入，除战区情形特殊外，率皆一如往年，且间有增加，是各省收支两抵，当足敷用，拟请大会决定，所有自二十九年度起，各县经整理后溢收之税款，在省库不受影响之原则下，全部划归县有，期达增加县库收入及充实县自治经费之目的，省库无减，县税大增，且以后县税收入之丰歉，直接关系地方事业之发展，利害关切，则地方人民协助之力，自然加强，抑亦运用民权之道，其于抗战建国前途，实深利赖。

办法：

一、健全县预算　自二十九年度起，所有各县预算，及应确实编制，力求收支平衡，其乡镇各项收支，均须悉数编入县预算，和盘托出，俾全县整个收支，有所稽考。

一、确定县税源　省县地方税源之划分，除营业税外，所有田赋，房捐，契税，屠宰税，各类牌照税等项捐税，其性质适宜于由地方协助征收者，应由县切实整理，除省原有之收入，仍照旧归省外，所有自二十九年度经整理　溢收之税款，大部划归县有。

一、整理县支出　县各项经费之支出，应恪遵预算之规定，对于行政经费与教育卫生经济建设生产等项事业费，应规定合理之比例，并使事业费之比例，逐年递增。

一、县设整理会　依照前两项原则之规定，县收入年增，而县事业费支出亦逐年递增，期使地方财政适合于取之于民用之于民之原则，县财政收支即与地方事业发生利害关系，各县应设立县财政整理会，由该县人士共同筹划全县财政应行兴革命事项，协助县府，切实整理。

一、训练县财务人员　整理县财务行政，除应健全财务行政机构外，应选调财务行政人员分期入中央训练团，加以训练，期使财务行政之机构日趋严密，而执行财务行政人员，益臻健全。

一、确定省对县之补助经费　各县贫富不一，财政收入，盈亏互殊，及应确定省补助县之经费标准，按照地方实际情形，规定分年补助办法。

一、实行会计公库制度　健全地方财务行政，应力求县会计公库之独立，并责成地方银行普设代理公库之分行，加速推行县公库，使财务行政机关，及征收机关，不得经手现金之收支事务。

以上所拟办法，是否有当，提请公决。

经济组审查意见　整理县财政为实行新县制，完成地方自治之先决问题，本案所拟办法均甚切实，拟请通过，送政府积极办理。

决议：照审查意见通过。

(9) 请政府迅即采取平抑各项必需品物价之有效办法藉以安定人心而利抗战建国案（11 月 17 日）

（民国二十八年十一月十七日第五届中央执行委员会第六次全体会议通过）

抗战两年余，后方各种物价，无不涨高数倍，尤以必需品之涨价惊人。战时物价高涨，原为必然之趋势，但任其自然发展，不加平抑，则影响所及，不但足以动摇　方社会之生活基础，而人心之不安，影响于抗战建国前途者更大。最近一周内生活必需品之飞涨，更属骇人听闻，兹将渝市最近各物涨价情形，列表如左，至附近小城市物价，较渝市更腾贵百分之十至二十不等。

品名	抗战开始时价格	现在价格	备注
风炭(每百斤)	六角	六元	涨九倍
菜汕(每斤)	三角	八角	涨二倍
青菜(每斤)	五分	一角六分	涨二倍
萝卜(每斤)	二分	一角二分	涨五倍
鸡蛋(每个)	二分	六分	涨二倍
猪肉(每斤)	二角	六角	涨二倍
粗布(每尺)	壹角五分	八角五分	涨五倍
(每双)	叁角	一元四角	涨四倍
洗衣肥皂(每块)	壹角	四角	涨三倍
面巾(每条)	叁角	一元二角	涨三倍

其他物品，不能一一例举，但亦同样增高价格。

上开各项物价，以后尚有继续增涨趋势，在此情形之下，整千百万之贫苦阶级，罹难同胞，以及各机关之低级公务人员，本可免强维持生活者，现将无法维持，于是必然发生以下两种情形，一，贫苦阶级入不敷出，为生活所迫，乃挺而走险，隆冬四乡之不安，盗匪之充斥，可以道料。二，来自沦陷区域之难胞，鉴于生活程度之日趋高涨，维持为难，与其将来做他乡饿殍，不如及早设法回乡，尚可苟延残喘，此类人数，决不在少，或因此而资敌利用者，亦所难免。政府有鉴及此，各地亦曾有评价委员会之组织，但成立以来，似未切实工作，各项物价，并未稍见减低，反而依然增高，最近一周来，且加速狂涨。平抑物价之根本办法，应须标本兼治，治标如切实评定物价之类，治本如组织公营商店消费合作社之类。为特提请决议转饬政府迅予积极实施各种有效的平抑物价办法，尤须切实工作，不断努力，藉以安定人心而利抗建前途，当否提请公决！

经济组审查意见　本案与陈委员果夫等所提创办常平商店平抑物价案意旨相同，拟请通过，交主管机关注意并案办理。

决议：通过，交主管机关注意办理。

(10)限期扫除全国文盲完成民众识字教育案(11月17日)〔略〕

(11) 生产消费不相配合人力不足物价高涨应计划补救以安社会而利抗战案 (11 月 18 日)

叶委员秀峰等十四人提

(民国二十八年十一月十八日第五届中央执行委员会第六次全体会议通过)

理由:

谨查迩来社会人民感受不安之事件,莫大于物价之高涨,就重庆而言,举燃料为例,以二十六年平均物价趸售总指数为一〇〇,则燃料自二十六年九月至二十七年九月自九九、一升至二一一、五,二十八年一月升至二五〇、九,截至目前各种物价更作不合理之增加,循至百物昂贵,其影响后方安定之心理,碍及抗战力量之充实者关系匪浅,讨论此问题者固有不少可贵之见解,政府于此亦有苦于补救之措施,然功效尚未大见,私就实际加以考察,此一问题所牵及之范围虽广,而补拙之道势不能从普遍着想,必须从重要而足为关键之点加以解决,同时治标治本更不能偏废。

目前困难一在于整个的不足,往往有重要物资为多方所需者,在彼此竞争状况之下,其价值继涨增高形成不合理之市价,其结果以现在开发生产力量,固未能以其价值之增于短期内,即可循自然趋势有以适应,其价值返常,而群相争竞形成增价之不已。一在于缓急多寡调整之失常,于供给不足状况之下,经营事业者之心理,往往视利之多寡为趋向,于抗战之所需,人民日常生活之所需,无所顾念,于是不足现状下及于普通简易必需品或及需之品复不能充分的适时的获得,再则在此投机交易事业得利速而轻易之时,游资所集均在于此,对于新兴工业企业节约储蓄均望而却步,以是希望由物价高涨而刺激生产者亦处不利地位焉。一则人力问题，复使种种事业困难，盖各种事业勃兴，头绪纷繁，技术人才不足，四川原属内地，技术工人亦极缺乏，故于竞争取得物资之外，复有竞争取得人力之趋势，公私事业莫不如此，于是人力代价之增高与物资价值之增高交相为用，其影响所及，新事业之创设，即人工一项所费倍增，亦属失常的消耗资本，而且时间的预计，受莫大之妨害，此或与有关军事之工程有碍更大，同时再于人力增价状况下技术水平减低，工作效能反见退步，工人服务道德以之败坏，大学毕业生之服务心理亦以之改观，影响所及良非浅鲜，综上种种推论，深觉中央必须妥谋补救，不能任情况之愈益下降，爰提供意见如次。

办法：

（一）生产与消费须配合统制，吾人今日无不知消费之应统制，而生产之必须努力增加，然于物资整个的缺乏，国事处于非常的状态之下，一切事均须从先后缓急上计算，故放任的消费固糜废力量，放任的生产亦未尝无碍，或则利归私人，害在社会，故需衡度需要情形节制次要之生产，鼓励必需之生产，其影响于消费之统制者，亦有相当力量焉。

（二）人力须统制，实为当务之急，先后技术工人登记以及于技术人员之登记，然后依事业分配，则于时间计算，技术改进，均可发生优良效果。

（三）依现实状况，一切物力人力以供给军事需要为第一位，以社会日常必需为第二位，而节制不必要的生产即所以统制不必要的消费。

（四）人力物力之统制，制定范围，择重要部门着手，而不必普遍施行，其影响所及，可由少数项目及于多种方面。

（五）发挥负责机关之效能，关于人力物力统制问题，实为计划经济之本体，吾国今日如予采行，亦可视为大规模计划经济之初步，关于计划经济在俄有计划经济委员会，在意有协同组合全国中央委员会与总会，在德有经济议会，在法有全国经济审议会，在英有经济顾问委员会，我国亦有类似性质之负责机关，惟似事权未一，能力自未易发挥也。

（六）计划增加国营事业投资，此时甚为重要，缘在目前状况下利用游资以兴事业，似难有显著功效，故如何增加国营事业资本与项目，仍为当务之急，考之苏俄之五年计划，即以全国人民收入之总和百分之46.8为投资数，此盖大于最富之美国人民投资事业之最高纪录，吾国今日固不宜完全仿效他人所为，然如从节约上计算抑制生活享受过高者之耗费，而投其资于国营事业，庸非事理之宜。

（七）人才训练须统一，于人力缺乏之时，各方每就各方需要，自行训练，固为急则治标办法，考苏俄之经济建设也，即就建设事业所需人才，就项目数目统一的筹划，即无过多过少之弊，且收技术标准化之功，俾益未来者实甚大也。

综上各节，仅就管见所及概略纾陈，是否有当，谨请公决。

经济组审查意见：原则通过交主管机关筹划施行。

决议：照审查意见通过。

（12）对于军事报告之决议案（11月18日）〔略〕

（13）对于教育报告之决议案（11月18日）〔略〕

（14）对于政治报告之决议案

（民国二十八年十一月十八日第五届中央执行委员会第六次全体会议通过）

本会议听取国民政府国防最高委员会及行政立法司法监察考试五院等报告后，认为过去十个月之政治工作，与抗战建国纲领临时全国代表大会暨五中全会决议各案，尚能符合，兹就各机关工作报告，综合加以检讨，并就今后工作应行注意各点提出于后。

一、关于检讨部分

（一）国防最高委员会成立以来，对于政治经济指挥督导，颇为有力。对于五中全会决议各案，遵照总裁指示，分别规定限期，督促实施，尤足矫正以前因循延缓之习。

（二）行政院工作，除军事财政经济教育交通另有报告外，内政方面对于实施新县制之准备工作，尽力规划，对禁烟及卫生事项，均能积极推进。外交方面，运用国策，应付事机均属得当。蒙藏方面于组织蒙民，及宣传联络工作，暨调整青藏纠纷，咸能适应情势。侨务方面对于海外宣传，侨民教育，俱著相当成效，鼓励侨胞回国服务及投资，亦颇努力。振济方面，于调整地方振济机构，教养难民，救济水灾，办理小本借贷，均能悉心筹划，督率进行。

（三）立法院工作，于议订各种法规之外，并能搜集资料，调整研究，以为战后调整法规之准备，其适抗战建国并进之需要。

（四）司法院工作，如战区巡回审判之推进，法院与监狱之增设，监犯调服兵役之厉行，及司法人员之调整，办理均甚得当。

（五）监察院工作，定有第二期战时监察审计工作实施纲要，及实施办法，于依法行使监察审计职权之外，复注意辅助行政机关第二期战时工作，尤于抗战时期多所裨补。

（六）考试院工作，如增订考铨法规举行特种考试，修改高等考试办法，及其他考选铨叙行政事宜，均能因时制宜，适应需要。

惟综核政府工作，系以第二期战时行政计划为中心，五中全会议决各案，或并入第二期战时行政计划办理，或各别施行，查其进度表及实施情形，多有未能依期办竣，或办理未尽切实者，据所报告固不无相当理由，但责任所在，仍当排除万难，设法进行。并由各考核机关严密考核，主管机关切实督促，以竟全功，而收实效。

二、关于今后工作之注意要点

（一）本党政治建设之目标，在实现宪政，实施五权宪法，以完成建国之大举，惟健全之宪政，必须有巩固之基础，当前之准备工作，厥有二端。

一、地方自治之实施：地方自治为训政中心工作，建国大纲所示以县政自治单位之精义，自当力求贯彻，县各级组织纲要，业经颁布，此新县制之普遍实施，即所以推进地方自治之工作，亦即为实行宪政之基础，中央及地方负责机关及各级负责同志，对于此项完成地方自治之基本工作，应各尽最大之努力，早树规模。

二、人才须训练：县以下各级干部人才，极为缺乏，依照县各级组织纲要之规定，所需人员至为繁夥，故欲推行地方自治，实施新县制，必须先培养各级干部人才，关于各级干部人才之训练，已由国防最高委员会制定大纲，应由中央督饬主管机关，刻期实行，以应当前需要。

（二）抗战以后，政府虽尽力调整各级机构提高行政效率，五中全会更决议力效组织重复，职权未清之弊，但尚未达完全合理之目的，今后抗战建设，较前益趋复杂紧张，则调整机构，提高效率，尤须积极进行，目前急须注意之事，约有四端：一为机构之单一化，即机关相互间之调整，凡事业及工作相同之机关，宜尽量合并，俾专责成而免重复。二为机构之合理化，即机关本身之调整，各机关内之人事工作与经费，须严密审核，务使职有专司，款无虚糜，以矫正浪费，泄畓之弊，尤须注意于机关之管理与连用。三为法令规章之系统化，政府在抗战前后所颁布之法令规章，其未宣告废止者，自应力求贯彻，其可稍涉纷歧白紊系统，使法令具有绝对性，以发扬法治精神。四为严考铨严考绩，五全大会宣言中，曾指出应严考铨之制，以立国家用人行政之本，今后仍应本此方针，使作育、考试、登庸三种程序，树立轨道，至于现行公务人员考绩奖惩各项法令，尤须彻底执行，此外努力战地党政机构之调整，加强党政军工作之联系，以收通力合作之效，尤为当前最急需之图。

（三）现时各地方人民最感切身利害之问题，一为兵役之推行，一为难民之救济，现在迭经改进，流弊渐祛，惟优待军人家属之办法，于军役关系尤大，盖优待军人家属，不仅纾出征者内顾之忧，亦以励在乡者请缨之志，急应以有效方法，普遍实施，中央法令规定虽周，而地方情形各殊，自应由地方政府根据法令妥定办法，务期军人家属普沾实惠。难民人数既多，年龄职业各不相同，政府于救济之外，尤应分别施以组织训练授以生产技术，使其有业可就，成为生产份子，以增强抗战力量。

（四）我国为自立和平而战，深得世界同情及友邦援助，关于外交政策，自当本一贯不变之方针，遵守总裁指示之四大原则，继续努力，惟自欧战发生以后，敌人及欲利用时机以小惠缓和各国，达其速战速决之梦，我国自应在各方面唤起各国注意，以打破敌人阴谋，同时应加强驻外使馆之情报工作，预为各种应付，此应特别注意者一。与远东東有特殊关系各国，对欧洲局势之政策虽不尽同，对远东问题均声明不变态度，惟随一般国际形势之发展，各国远东政策有日趋积极者，有一时因各种关系未能积极者，我国自当继续加强与美苏英法等各友邦之合作，以促成各国对远东之平行行动，使国际形势有利于我国抗战之发展，此应特别注意者二。

（五）海外侨胞为抗战建国力量源泉之一，而边疆与国防建设有重大关系，本党对于侨务边务素所注意，抗战期间其重要性尤倍于往日，关于侨务最重要者为谋保障侨胞之安全，及发挥侨胞之物力人力以用于抗战之事业。目前海外有排华及虐待华侨之事发生，（如暹逻）除负责机关业已进行援助外，今后仍须直接间接继续努力，设法交涉改善，并尽量筹谋安抚回国侨胞之办法，使居留海外者得有安全保障，其已回国者更能安心工作。至于发挥侨胞人力物力从事抗战建国之事业，一面应责成负责机关，切实进行，并订定优待保障侨胞投资条例，以及协助侨胞投资之具体方案，奖励侨胞投资建设事业，一面当指导侨胞子弟学习专门技术，俾得效力祖国。关于边务，首先当继续充实边疆政治，努力培养边疆建设人才，开发边疆交通，加强内地与边疆经济上之联系，并同时训练边省武装民众，俾能参加抗战。

（六）在此抗战期间，固应集中全力于战时工作，然抗战建国必须同时并进，故对于战后一切设施，亦宜同时注意，不能视为缓图，战后问题，其严重繁迹，不下于战时工作，大别之则为复兴问题，与善后问题，例如战后复员为善后问题，但问题中包括土地交通经济各项，亦即涉于复兴问题，推而论之战后之每一问题，皆关涉政治之多方面，不与此时早期准备，临时必无所措乎。故战后设施，非将来之问题，实当前之急务，虽整个复兴非一时所能拟定，但在此时间，应由各主管机关分别部门，调查事实，搜集材料，研究设计，为将来设施之准备，即今日一切政治上之措置，亦应随时注意，其与战后设施之影响欧洲各国战后情形，亦可资参考，此实合于抗战建国并重并进之指，政府工作，及应于此注意。

（15）调整党政军行政机构案（11 月 20 日）

（民国二十八年十一月二十日第五届中央执行委员会第六次全体会议通过）

案奉总裁指示党政军各行政机构及应加以调整，即组党政军行政机构调整委员会，（各略）当经集会商讨，并遵训示各点，详加拟议，谨将所拟各点胪陈于后：

一、社会部可改隶行政院，但其职权应明确规定，所有合作救济事业及养老慈幼等一切社会工作似应划归该部管理，而该部原管民众运动之指导等项，似仍应属之党务部门。

二、海外部改为海外党务委员会，为设计推进之机关，其织织宣传工作，应分别划归组织部宣传部主管以主划一。

三、设农林水利部，专司农垦水利事宜。

四、设置贸易部，专司国内外出口入口贸易及国外购料等事宜。

五、经济部仍照旧称，专司工矿事宜（商标局仍属之）。

六、地政暂不专设机关，可恢复土地专门委员会，并加强其研究工作。

七、运输暂不设部，所有军运及商运事宜，应由行政院军事委员会会订切实有效之联系办法。

八、关于国际条约，应特设机构专司研究之责。

九、卫生署可直属行政院。

十、关于军事机构之调整，由军事委员会妥拟调整办法，呈中央常务委员会核定。

右陈各点，仅属研议之所及，惟兹事体大，实非短时间所能周详计虑，且所拟增设与移并之机关，其职掌之厘定，权限之划分，损益之间，与原有机构，动多牵涉，不可不加以审慎，可否将所拟各点，仍交常务委员会重加规划，以臻妥善，是否有当，敬请公决。

决议：授权常务委员会规划办理。

（16）对于党务报告之决议案（11月20日）

（民国二十八年十一月二十日第五届中央执行委员会第六次全体会议通过）

自本届第五次中央全体会议闭会以后，迄今已十阅月，在此十阅月中，本党领导全国同胞，一致继续抗战，同仇敌忾之义愤，有加无已，忠勇壮烈之精神与日俱增，卒使顽敌叠遭重大挫折，势成强弩之末，抗战必胜之基础已坚定不摇，建国必成之工作亦规模渐备，今第六次中央全体会议开会，正值湘北大捷之后，第二期抗战转入胜利阶段之时，百里已行九十，大功祇余一篑，瞻念方来，益深惕励，此次会议对于过去工作之成绩，自应严加检讨，对于今后工作之方针，尤当审慎决定，务使本党今后之工作，更切合时代之需要，其所发挥之力量，更可以推动军事政治之进展。

一、过去工作之检讨

五中全会党务报告决议案中，对于党务工作方针，曾明确指示，有关于中央各部处会本身工作之联系，及其改进者三项，关于党的一般工作方针者七项，兹检查中央各报告，细核各项工作，大体均能一本前次决议案之指示，确定各项计划，分别执行。虽效果大小不齐，成绩多少不一，而竞竞业业力求进步之精神则无二致，兹分别陈述如下：

（一）前次决议曾明白提示：常会应着重策动工作考核工作，各部处会应详订工作方案，限期进度计划，并应详细陈述实际情由，办理经过各点，兹检阅中央各报告，认为中央各部处会工作大体均能依此原则进行，而工作计划之期订尤为详密切实，但尚有两点须加注意者；一为各项工作计划之制订，犹多各自为谋，未能充分注意于整个计划，及有系统之决定，一为一切工作的推行，犹未能充分注意于先后缓急之联系，以致工作效率，虽较以往有所增加，而究未能尽如所期。

（二)前次决议曾明白提示：本党应力谋新力量之增加与培养，兹检阅组织部及海外部报告，知五中全会以后征求新党员，半年之中，为数已达××××××××××××（内国内××××××××××人，海外×××××××××人，不可谓非一大成绩，惟前次决议曾明白提示，今后本党应力求在乡村及海外之发展，今据组织部报告，新征党员虽有相当数量，但其中农村份子为数不多，而据海外部报告，海外新征党员仅有××××××××人，祇及原定计划百分之二十五强，总报到人数仅有×××××××××人，且不及原有数目百分之二十四，尤为缺憾。

（三）前次决议曾明白提示：本党应首先力谋党的下层组织之健全，兹据组织部报告，现全国各地区分部及小组均已陆续编成，区分部数目达××××××，小组数目达××××××××××，各军队中之连队党部（即区分部）达××××××××，小组达××

××××××××，党的下层组织虽已有相当基础，但多数犹不免只具形式，而无工作，或有工作而不甚紧张，今后必须力谋补救。

（四）前次决议曾明白提示：本党应力求党员之切实训练，兹检阅十阅月来中央及地方训练工作，均在逐渐开展改善之中，其性质大半属于战时工作，亦合需要，然以训练机关纷然并举，未能充分准备，其训练旨趣与方法，又未尽一致，因而训练之效率，尚未能如所预期。

（五）前次会议曾明白提示：本党应力求革命理论之领导，十阅月来本党中央如制订战地宣传计划，编纂三民主义丛书，编纂青年知识丛书，以及建立发行网，文化驿站等重要工作，均为切合需要之图，亦有仅具计划尚未能见之施行，（如编纂三民主义丛书，尚未积极进行）或已行之犹未能贯彻，（如各战地宣传委员会尚未完全如期组织）尚须加以深切注意。

（六）前次决议曾明白提示：本党应力谋党员服务精神之发扬，兹检阅社会部报告，知各级党部设立之社会服务处，为数计二百四十五所，中央所规定之文化，经济，慈善，救济，卫生，体育，生活指导，及人事咨询等事项，大体亦能分别进行，余如协助兵役，服行兵役，各级党部亦尚能尽相当之责任，惟服务处之组织，各地尚未普遍设立，一般民众组训工作，今后尚须积极进行。

（七）前次决议曾明白提示：本党应力谋纪律之坚固，过去十阅月中，中央对于降敌附逆之徒，严予惩处，不稍宽假，即对于地方党部负责同志或以其工作不力，或以其品行不良，亦必予以免职，或请监察委员会予以更严励之处分，是中央对于森严纪律，已多致力，惟如何积极指导党员，使其了解纪律之重要，而自觉自动尊重纪律，今后应更加奋勉。

二、今后工作之提示

兹对本党过去工作之缺点，及适应将来政治之趋势，确定今后工作方针，计十二项，特提示于下：

（一）确定今后党务工作目标注重于民生主义之实践　总理昭示国人，建设之首要在民生，故本党所负之使命，不仅在于完成政治的革命，而尤在于完成社会经济的革命，今后党的工作，即应着重于改革社会改革经济，即政治上一切设施，一切改革，凡所规划，均应以此为指归，因此本党全体同志，务须明白今后党的一切活动，党员的一切活动，皆须以改善人民生活，保障社会生存，增进国民生计，发展群众生命为目标，所有小组会议区分部会议，所研究所讨论者，尤当注意此一要义，盖本党一切革命工作，实以此为中心也。

（二）党的政策及工作必须适应时代环境之需要　党的主义必须矢守勿渝，贯彻始终，而党的政策及工作方式，即当适应时代与环境之需要，而有所改进。当前时代，为本党发动民众奋起抗战之时代，同时亦为集中力量加紧建国之时代，故党的一切政策，及其一切工作，均应以适应此两大要求，组织，宣传，训练，均应竭尽全力，求其所以适应战时之需要，各项工作与政治之关系，亦应力求与地方新政制及政治新趋势相配合，党员之分布，普遍于各保，深入于农村，党员之工作，以地方自治为中心，党员之活动，以透彻政治为必要，总之今后党的一切工作内容及其方式，不当墨守成规，忘却时代之需要，应从时代着想，力求其适应抗战建国之两大要求。

（三）加紧吸收党员培植干部以发扬党之生命　党的生命在于新党员之继起增加，尤在于新干部之选拔培植，故今后全体同志务须注意继续努力征求新党员，当抱爱才如命求贤如渴之热忱，务使社会上有为有守之份子，尽为本党党员，即为本党承先启后之新生命，更须努力培植新干部，教育英才，奖掖后进，其热情挚望，应如培植子弟，期待后昆，以造成生生不息之新干部。

（四）督率党员严密组织历行团体生活以造成森严之纪律　党之权力，由党之组织发生，故凡为党员，决不能离开组织，必须能牺牲其个人之自由，融其个体之生命于团体组织之中，以造成全部之生命，必如此然后党乃能集党员之自由，以造成党之自由，集党员之能力，以造成党之能力，而担负永久伟大之使命，今后全体同志，无论其所负责任务为党，为政，为军，或为各种社会事业，务须时时无忘各人本身为一党员，不能离开党的组织，而自为生活，以对党尽忠为其第一责任，虽职务各有专司职业各有专事，而对于党之义务决无二致，盖负救国建国责任之党，时时与国家民族同在艰危之中，即与国家民族同其休戚，故负救国建国责任之党员，实随时随地为与敌决斗之战士，为民前锋之义，即是如此。总理于讲民权主义时再三以牺牲个人自由最吾人，而自与中会宣言，以至日夕佩涌之党歌，更皆以必忠必售一德一心教吾人者，亦即在此。故党有命令，党员祇有奉命惟谨，党有任使，党员祇有绝对服从，此严守党纪之精神，实为革命成功之唯一保证，断不容稍有背离轻忽者也。为达此任务起见，今后本党更应以全力谋区分部及小组之健全，尽量发挥层层节制，层层负责之机能，此为党的组织之基础，亦即党的纪律之根源。全体同志务须切实了解此义，自知其责任之重要，视区分部为自己家庭，视小组为自己事业，是非利害息息与共，然后本党救国建国之事业，乃能顺利推行，以获得永久伟大之成功也。

（五）发扬亲爱精诚之精神以巩固全党之团结　党的力量建立于森严纪律之上，而森严之纪律实发源于亲爱精诚的精神，今后全体同志其爱党之感情，应重于家庭，更使党部之内有家庭天伦之乐，同志之间有兄弟朋友之谊，以此情谊，不独可收互助合作之效，而且可同甘苦，可共生死，由各个同一之感情，发为集体统一之行动，其团结力量之伟大，自有非寻常可以计算者矣。

（六）发挥吾党为民前锋之精神以加强抗战之力量　党之力量源于党员，而尤赖于党的干部，故今后全体党员务须无分彼此，无间时日，一心一德，矢勤矢勇，临难必先，赴义恐后，以身作则，为民前锋，而本党之干部同志，尤应身先党员，以成仁取义之决心，立承先启后之大业，甘犯任何危险，不辞一切牺牲深入战区，深入敌后，以力杀敌，以智克敌，本党干部以此精神领导党员，党员必能感应，以发挥同样之精神，本党同志以此精神领导民众，民众亦必能相与感应，以发同样之精神，如此则党的力量，即成为伟大坚固之力量，而民族力量，亦因之成为伟大坚固之力量，抗战之功克成于今日，斯建国之业竟立于万代矣。

（七）激发党员之责任心，与自动精神，以加强本党行动之力量　当前时代，正为本党需要全体党员打开党的局面，展开党的阵容，以积极奋斗之时代，党的各级组织将来或有变更，党的工作方式将来或有新的确定，党与政的关系将来或有新的建立，凡此种种均为吾党今日所当悉力以图改进者，新时代的适应，全击乎此，新时代所创造，亦全击乎此，然而效果如何，并不决定于党外的力量，而完全决定于本党自身的力量，故今后本党全体同志务须深切明白，党员各人之责任心，及自动精神，为今后本党新的力量之源泉，中央对省，省对各县之适当指导则为今后本党新的力量之关键，而党的基本组织之健全，尤为今后本党新的力量之基础。

（八）恪守权能分立之原则以增加行政之效率　权能划分为总理政治学说之最高原理，遵之则分工合作，责任分明，必能提高行政效率，不遵则事权不一，责任不清，势必影响行政效率，以往地方党政关系，每每未臻圆满，即中央党政双方机构，亦每每未能尽其功用，其故皆由于未能遵行总理权能划分之遗教，今后党政分际必须建立于权能分立的原则之上，一切地方工作的发动，应由党部为之，一切地方工作的执行，应由政府为之，至于中央党政关系虽已依权能分立的原则而建立，然有时亦尚未能充分遵守，譬如政治会议下之各组委员会，其负责人又多为政府方面之负责人，因之能的作用有时过当，而权的作用有时又深感不及总之今后党政关系之确定，各项注意到权能分立之原则也。

（九）训练党员以科学管理的知识，技能以增进事业之成绩　总理遗教“政治就是管理众人之事”，本党同志应理解其意义之重要，凡无管理能力者，即不能从事政治，更不能从事党务，今后全体同志须了解管理二字之意义，均须修习管理机关之知识，加强管理机关之能力，使各人无论从事政治党务乃至经济或其他事业，使其所主管机关成为科学管理的机关，所主管的事业能成为科学管理的事业，庶乎人无废人，物无废物，时无废时，地无废地，以培厚本党无限之力量，此则吾党对于训练党员当加以特别之注意也。

（十）促成党员养党以树立稳固之国基　本党为我全体同志之党，党的生命之维持，应以我全体同志本身之力量发展之，党的生命之发展，亦应以我全体同志本身之力量发展之。即以党的经费而言，今后本党同志必须各视经济力量所及，踊跃贡献于党，使其赖以维持，赖以发展。至于本党所从事的教育文化及经济等事业，原为国家之事业，其费用应列为国家事业费。

（十一）阐扬三民主义之正确理论以为青年思想之领导　青年为国家民众之新兴的伟大力量，青年今日之爱好新思想，于国家民族之需要原无不合，其有陷于错误者不能归咎于青年本身，而实由于社会中悖谬思想之诱惑，尤因社会中无正当的思想之引导，今后本党应切实负起领导青年思想之责任，一面力辟戕贼青年身心乃至国家民族生命之思想，一面尤当不断的供给青年以正确的理论与必要之知识，以满足其求知之欲望，此为本会议所尤殷切期望于各级党部及三民主义青年团各级团部负责之同志者。

（十二）发展海外党务以为革命力量之后盾　海外侨胞素为本党革命极大之助力，总理倡导革命以还，海外侨胞加入本党者为数甚众，或捐躯报国，或毁家纾难，其忠勇牺牲之精神，已成光荣之史实。抗战以来，侨胞归国投效，时有所闻，而踊跃输将，尤慷慨足式，惜近来本党海外工作，未能充分展开，今后中央对于海外党务必须特加注意，务使海外爱国之士，有所归依，以为本党力量之后盾。

以上各节，为此次会议检讨过去工作之缺憾，所定今后本党工作之方针，深望会议以后，各级党部负责同志，以及本党一般同志，均能一本既定方针，以此指导一切工作，以此发动一切工作，实事求是，勇往迈进，以达抗战必胜建国必成之目的，而早日完成本党国民革命之使命。

（17）对于经济报告之决议案（11 月 20 日）〔略〕

〔中国国民党中央执行委员会秘书处档案〕

5. 中国国民党第五届中央执行委员会第六次全体会议宣言

（1939 年 11 月 21 日）

第六次中央全体会议，举行于抗战第三年之总理诞辰纪念日，聆取党务军事政治各部门之报告，以及慰劳前方与视察团各同志在战地与敌后所亲见亲闻之民心士气，深感此十阅月来之进步与胜利，实我前方将士忠贞勇敢与战地民众坚忍奋斗所造成，而后方负责人员，尤其技术专家，以及各级员工与服务民众之不避艰苦，为国努力，所助于战局之进展与建设之推进者，至为伟大，本会议对于先后诸战役之死事官兵，首致崇高之敬礼，对我前敌将士特致深切之慰劳，对海外同胞输财输力以贡献国家之热忱，深所敬佩而嘉慰。关于前后方受难同胞与流亡之老弱妇孺，国家必当竭其全力，以从事于慰恤与安置。至于抗战军人家属之教养护惜，宜有更切实有效之推进。业已作成决议督促政府特别注重提前实施，以彰崇德报功与救死扶伤之义而益励同仇之勇，溯自二期抗战开始至今，敌人则迷途愈深，奸伪则阴谋日著，而吾全国同胞，胥能发扬正气，坚定不摇，且更淬励奋发，视昔有加，由军民合作之进步，造成晋鄂赣湘迭次之光荣成绩，强敌之锐气已摧，胜利之基础益固，本会议开幕日总裁详切之指示指出敌人所以愈战愈绌之原因，指出吾民族所以自救救人之要务，指出吾一贯国策之正确不磨，指出欧战发生后吾国民应有之认识与努力，更使吾人确切今日吾国抗战成败，与世界祸福安危一致之原理，本会议在开会期间，深思熟察于国事之前途，以为军事胜利，更有确实之根基，而吾同胞所宜共信共行者，厥为遵奉总理遗教，贡献吾民族一切力量，竟抗战之伟业，成建国之全功，实现三民主义，完成国民革命，以负荷对民族前途，对世界人类伟大之革命，由今伊始，抗战必胜与建国必成之二语，已不仅为全国国民之决心，且为当仁不让之责任，自来御悔建国，必于同时观成，本会议一周以来之讨论，悉以加强奠立建国基础之一要旨为中心，亦愿吾同胞认识成败已败已分之灼然至理，勿推移于变幻之事态，勿假借于战时应重治标之口实，而当专心一意，从立国久远之基础上着想，竭我全国之心思才力，以人瘁于建国工作之推进，吾同胞必须确认抗战必胜，祇待努力，已无疑问，今日惟一之责任，即为于抗战紧张之中，急起直追，以完成建国事业之一切准则，对于今后政治经济文化及前方后方努力事项之改进，已本此主旨详为决议，付之实施，特就当前要计，与吾全国同胞在此时期如何善拟责任之途径，与今兹努力之方针，综其概略，而宣告之。

一、本党革命之使命，厥为救国建国以求民族之独立平等，今日长期的全面抗战之国策实决定于二十四年举行第五次全国代表大会国防建设渐有规模之时，为培植国家对外、对内建设之国力，爰有第五次全国代表大会所举十项之宣言，此一宣言，实为本党革命救国之政治纲领，亦即抗战建国之奋斗目标，其内容为汇合第一次代表大会以来历次之决议而成，亦即为临时代表大会制定抗战建国纲领之所本，举其要目，一曰崇道德以振人心，二曰兴实学以奠国本，三曰宏教育以培民力，四曰裕经济以厚民生，五曰慎考铨严考绩以立国家用人行政之本，六曰尊司法轻讼诉以重人民生命财产之权，七曰重监察励言官以肃官方而伸民意，八曰重边政弘教化以固国族而成统一，九曰开宪治修内政以立民国确实巩固之基础，十曰格遵总理遗教，恢复民族自信，确立正当对外关系，以保持国家平等独立之尊严，而达世界大同之目的。盖诚有见于抗战建国必为同时并举之伟业，亦为中国革命救国必经之历程，必须合全国国民之力，以恢复民族精神，实践革命道德，尤必集合政府人民之心力，一切政治、经济、文化上造成真实力量，以奠自立自强之基本，本党总裁于此次会议，特举斯文，谆切告勉，唤起全党同志，郑重注意于此早经确定之对内对外总方案，亦更要求吾全国同胞及一切在职人员，视此为救国建国共同努力之目标，其未实施者，务急起直追以从事，其未完成者，当排除万难以图成，至其实现之道，自以增强抗战力量与推进后方建设为中心，故一面必以军事部勒之精神，集中一切人力物力之使用，一面更当力求效率之提高与管理之改进，从愈战愈艰之状况下，造成全国各部门愈战愈强之力量，多难兴邦，殷忧启圣，此一真理，必以全国一致之努力证实之。盖战时之 打击暴敌，消灭奸伪，以排除革命之障碍，战后之复兴国家，贡献世界，以完成革命之全功，皆赖吾全国同胞，一体信行五全大会宣言所示之准则而奋斗，而三民主义之实现，亦全鉴于此也。

二、本会议对内最重要之决议，为定期召开国民大会，与加紧促成县政建设，此两者实有密切之关联，同为完成建国工作必需之步骤，召开国民大会，为本党多年一贯之期望，本党总裁在民国二十二年长城战役以后，即提出加紧完成训政提早开始宪政之主张，盖鉴于国难之严重，与世变之不测，认为必须早日完成建国大纲之程序，制定全国共循之永久大法，而后可以应付未来之变局，保障国家之生存，自民国二十二年开始起草宪法草案，二十三年公布初稿，二十四年及二十五年迭有关于国民大会之决议，徒以连年忧患，准备甫经着手，障碍辄復迭生，二十六年国民大会之召集，本已确定日期，抗战即起，卫国为先，选举事务，遂致停顿，本会议今特郑重决议，限于民国二十九年召集国民大会，以期早日制定宪法，俾于抗战胜利接近之日，完建国工作未竟之功，还溯总理与革命先烈奋斗之途径，近鉴于世变方殷，而吾国家犹未脱漂摇风雨之危境，本党以建立民国为历史的重大使命，其对于宪政实施之期望，更切于吾全国同胞，唯望吾同胞深念总理谋国之诚与救国之勇，认识总理革命目的在于建立民有民治民享之国家，以三民主义与建国大纲之三大要典，创后来居上之民国，在此国民大会即将召集之时，当从积极方面相互激勉，以履行吾人革命之义务，盖革命民权之获得，第一步在国民革命初期事业，即推翻军阀之成功，第二步在国民革命之后期，即以全国国民一致之努力，求得对日抗战之胜利，以保障国家之独立自由与平等者，保障我国民各个人之自由与利益，义务所在，权利随之，此非任何人所得而予，亦非任何人所得而靳，吾国近年国力衰弱民力散漫之现象，推其本源，实由忽略总理革命程序以县为自治单位之精义，与地方自治开始实行法之规定，因而筹备自治未彰其实效，一切政治建设，既未能确奠其基础，而组织民众训练民众之工作，遂未由惟进，抗战即起，此种缺陷，更见显著，中央爰于本年九月，有县各级组织纲要之颁布，期使管教养卫各事项，逐层贯注，由当地人民自身之努力，谋地方事业确实之推进，而以训练合格之人员，分配于县区乡镇，以为实际之辅导，于督劝民事之中，收培植民权之效，本会议认为此一法案，乃实行宪政真实之保障，亦为使中国造成近代国家必之途径，不惟后方各省，胥当全力进行，即战区各地，亦宜排除百难，普遍推动，所望全国贤智，一致提倡，各地同胞，共同致力，而后民力得以发扬，国力由是增进，而后长期的抗战，得因各地基础力量之培成，而益增其最后胜利之因素，因此而实施宪政，乃能使国基巩固，而五十余年来本党革命先烈与全国同胞为建立民国之牺牲奋斗，始不蹈于空虚，国家人民久远之福利，亦必造端于此。

三、对于抗战方针，本党总裁在开幕词中已明确揭示：一曰，日本一日不觉悟，则抗战一日不停止；二曰，信任友邦，自强自励，以求得抗战胜利，保障世界和平；三曰，遵守九一八以来所定一反对日本侵略，二尊重国际公约，三不参加防共协定，四外交独立自主，四大原则之国策，秉此奋斗，始终不渝，凡兹要义，已为我全国同胞所一致接受，吾人由此十阅月中之经验，回溯九国公约签字国与国联各友邦寄与我国以一贯的精神物质之援助，尤其对于伤兵难民之救济，不断以医药物品相馈赠，以技术资财相扶助，欧洲虽有战事，而对我国之同情关切，迄不少衰，且更增进，我全国军民对于如此始终仗义之各友邦与其人民，愿深切表示衷诚之感谢，更由此而深感于得道多助之至理，诚以敌国军阀之野心一日不戢，即世界共同之祸患一日不除，中国抗战两年余之经验，更使吾人确认今日世界一切国家安危祸福之不可分，举世乱，则一国不能独安，果各国之间胥以和平相安，则世界均蒙其福利。今日欧洲之战事方殷，人类之祸患莫测，本会议对世界前途，不能不更促全世界爱好正义与和平者之注意，吾人认定中国自尽其抗战之责任，必可以有助于战祸之缩小与世界之和平，同时更深切感觉此次东亚西欧战事结束之时，诚能产生一种包括全世界之有效的集体安全组织，则人类和平共存之光明，庶几随战争之终结而开始，深信此一切之感觉在东西两半球负责任具远见之政治家，必与吾人有其同感，吾人更希望世界一切爱好和平的力量，皆为此一崇高目的，即建立一有效的集体安全组织而努力也。

本会议对于抗战建国努力要点，及世界和平之观察，具如上述，最后尚欲为吾同胞同志一言者。吾国今日举国一致之奋斗，在事势上，为继往开来之必然过程，由责任言，则为扶危定倾责无旁贷之天职，抗战胜利之始基，即已由吾军民先烈无量牺牲而奠定，继此以后与日俱增之艰难重责，必须由吾侪后死者竭尽忠诚以毅然负荷。关于物质方面，固宜一致贡献我全国之物力财力善用一切智力与技能，以谋生产数量之增加，求抗战军需之不匮。然根本之计，必须人人自承为继述革命救国伟大事业不可或缺之一员，求国家至上民族至上之信条，发挥吾人革命之精神以坚持于最后，于此所首应注意者，在国民自身之修养而言，必须明礼仪，知廉耻，以严是非邪正之分别，而励百折不挠之勇气。在国民对国家之贡献而言，则必负责任守纪律，以维持国家政令军令之绝对的尊严，而后乃能精诚团结以求得国家之荣誉与光明。唯此四端、实为我同志同胞致力建国伟业之基本。今我国胜利之基础已立，敌人之惶惑无措更甚，临此重要时机，不唯本党同志宜回溯革命先烈奋斗之往绩，振作革命精神而为冒险犯难之前驱，即我全国同胞亦必须深思熟念于总理临殁时“不妥协不受骗”之遗教，发扬我至大至刚之民族精神，恢复我自立立人之民族道德，然后当前一切险阻艰难，皆可为三民主义之伟大力量所征服，内外环境任何变迁，胥不足以动摇吾人救国救世不屈不挠之意志，总之抗战建国，事无先后，抗战之目的，在于使敌军完全撤退吾国国境以外，建国之目的，必须真实努力以奠定宪政之基础，此为本党同志今兹努力之方针，亦望吾全国同胞黾勉同心，向前奋斗，以期三民主义由吾人而实现，民族百世无疆之光荣福利，由吾四万万五千万之黄帝子孙共创之。亦为吾四万万五千万之黄帝子孙共享之，谨掬诚悃，以相勖勉，凡我同胞，原矢勤矢勇以赴之。

〔中国国民党中执会秘书处档案〕

6. 中国国民党第五届中央执行委员会第七次全体会议经过

（1940年7月1—8日）

二十九年五月中旬，中央常务委员会第一四八次会议决议于二十九年七月一日召开第五届中央执行委员会第七次全体会议，当由秘书处发出通告，并分电各地中央委员届时出席。

全会于七月一日晨如期开幕，八日晚闭会，中经八日，共开预备会一次，正式会议六次，对于八阅月来党务、政治、军事、内政、外交、财政、经济、交通、教育等各项报告均有缜密之检讨，并于今后努力之方针分别为周详之指示，另见大会对于各项报告之决议案。至于对各项提案之讨论，亦备极周到，尤以关于战时经济问题，研讨至为详尽。大会议案共六十五件，关于党务者九件，关于政治者二十件，关于财政经济交通者二十三件，关于军事者十件，关于教育者三件。其决议各案中，对于党务、政治机构均有新的设施：在党务机构方面，决议中央设立妇女部，以促进全国妇女运动之发展；在政治机构方面，决议行政院增设经济作战部，以加强经济行政效率，适应长期抗战之需要，现有之经济部则改为工商部，专管工商及矿业事宜。此外并决议设置中央设计局，主持全国政治、经济、建设之设计及审核，另设置党政工作考核委员会，主持党政机关工作，经费、人事之考核，与中央设计局确切联系，以矫正设计、执行、考核分立之弊端，而树立行政三联制之基础。上述各种重要决议，于大会闭幕后均已分送中央常务委员会及政府各主管机关切实施行。兹将大会逐日会议经过择要分志如次：

七月一日大会于总理纪念周后举行开幕仪式，由总裁主席领导行礼，致开会词，于国际大势之归趋，敌寇实力之穷蹙，以及我国抗战建国已露胜利成功之机绪，指示周详，进而说明本次会议之重要任务。旋即举行预备会议，通过主席团人选，及各组审查委员会名单与召集人，并决定本次全会会期及收受提案截止日期。

七月二日上午六时，举行第一次会议，总裁主席，听取党务、政治两项报告，并决定分交各该组审查委员会审查。是日下午六时，举行第二次会议，主席于委员右任，决定宣言起草委员会人选及设立物价审查会，并指定其人选，听取外交、军事两项报告，分交政治、军事两组审查委员会审查。

七月三日下午六时，举行第三次会议，主席孔委员祥熙，通过要案十四件。

七月五日上午六时，举行第四次会议，总裁主席，讲述最近抗战形势及外交形势，均有详确之训示。决定组织决议案整理委员会，并通过其人选，听取经济、交通两项报告，均交经济组审查委员会审查。上午九时休息，下午六时继续开会，听取内政、教育两项报告，决议分交政治、教育两组审查委员会审查。通过对于军事报告之决议案及关于恢复设置中央妇女部等要案共三十一件。

七月六日上午六时，举行第五次会议，总裁主席，由孔兼部长祥熙作财政报告，大会决议交经济组审查委员会审查。通过对于党务、政治、财政、经济、交通报告之决议案，及关于物价审查委员会审查报告等要案二十四件。总裁于六中全会所讲改进党务、政治、经济之要点，及六中全会今后党政军当前急务唤起全会注意，各自检讨，尤于负责任、任劳任怨、立已与立人、健全人事组织、祛除迟滞诿卸之弊病诸端，再三申述，共资策励，详加提示，大会秉承斯旨，特于宣言中郑重引申惕励。

七月七日上午七时举行抗战建国三周年纪念，全体中委出席参加，由林主席领导行礼，并由吴委员敬恒作警惕扼要之报告。

七月八日上午七时举行总理纪念周，下午六时举行第六次会议，总裁主席，决定以全会名义致电慰劳抗战将士及海外侨胞，并通过对于教育报告之决议案及本次全体会议宣言。讨论完毕，总裁致闭会词，词毕，举行闭幕式，礼成，散会。

〔中国国民党中央执行委员会秘书处档案〕

7. 中国国民党第五届中央执行委员会第七次全体会议通过重要决议案

（1940年7月3—8日）

（1）恳请政府令饬各省推广工垦事业，救济此次对敌抗战之残废官兵及阵亡遗族案（7月3日）

（民国二十九年七月三日第五届中央执行委员会第七次全体会议通过）

（理由）抗战军兴，经已三年，吾国作战官兵五百余万，前仆后继，视死如归，取义成仁，可歌可泣，牺牲之大，至足惊人。据六中全会时军政部之报告，伤亡官兵××××××员名。查政府恤赏条例，除照章阵亡者按其阶级发一次特恤金外，年金一项，多未能照发，而统计调查，亦未详实，部队亦未照报。如广西征兵已七十余万，官佐参战者已一万六千余员，而各部队所报有数者仅官兵伤亡四万八千余，但实数决不止此。其他各部，当然可想。至重伤残废官兵，虽有教养院之设置，然挂一漏万，未能尽量收容，甚至遣散归农，生计无着，致一般官兵多无所事，有力未尽，有力未伸，生机戚然，凄惶可悯。而阵亡遗族，则更多流离颠连，备受饥寒，卖儿嫁妻，时有所闻。忠烈官兵，遭此结局，志士仁人，宁无恻忍。当此抗战建国之时，政府为酬庸抗战将士，抚恤阵亡遗族，诚宜予以安定生活，授以致力机会，俾人有恒业，自给自足，不时免除饥寒之苦，而社会生产，亦赖增加。况抗战官兵，大都来自民间，出自农工，为便于生活习惯，因势利导起见，拟请中央令饬各主管机关及各省政府尽量设法发展工业农垦，收容残废官兵、阵亡遗族，俾免饥寒，而慰英魂。是否有当，敬候公决。

办法：

（甲）关于工业救济者

（一）凡国立工厂应由军政部调查残废官兵、阵亡遗族（妇女老幼），查其能胜利工作者，征求同意，收容入厂。在其技术未尽驯熟时，仍应给以相当工　或年金，俾其安心学习，渐能进步，至成技术人材。

（二）各地公私设立之工厂，由军政部将残废官兵阵亡遗族，按其省籍，酌斟情形，其能胜任工作者，征求同意，设法介绍到各公私工厂练习工作，在其技术未精熟未能领得工资时，应由军政部给其相当生活费（或年金）。

（三）政府应令饬各国立工厂或公私立工厂主管人，对此般残废官兵阵亡遗族，须特别热诚训导，并加考核，随时呈报军政府，以便奖罚，而昭劝诫，并由军政部订办法执行。

（乙）关于农垦救济者

（一）由军政部令饬调查各残废官兵阵亡遗族有愿归农者，介绍到各主管农垦机关，尽量收容，并分给地亩，由其自耕或雇耕，农贷机关尤应特定优待办法。

（二）凡归农之残废官兵阵亡遗族，在请领开垦荒地未能生产自给时，政府应给以相当生活费及移垦时之补助费。

（三）政府应指定可以开垦之荒地，拨给款项设立军垦区，以便尽量收容残废官兵及阵亡遗族，分以土地或予以贷款，俾能自给。

（丙）关于经费意见

此项经费政府在抚恤上固应给与，在救济上亦当支用，可否由

（一）在振济委员会存款提拨

（二）由中央发起国内外捐金

（三）在庚子各国赔款内提拨

（四）指定农贷机关特予优待

政治组审查意见：本案关系重要，交军事委员会行政院宽筹

经费并饬各主管机关切实办理。

决议：照审查意见通过。

(2) 推进侨民教育案（7月3日）

陈委员树人等二十一人提

（民国二十九年七月三日第五届中央执行委员会第七次全体会议通过）

（说明）吾党倡导国民革命，海外侨胞，无役不与，尤能助以雄厚之资金，致革命事业蓬勃发展。其贡献于党国者至为伟大，故总理有“华侨为革命之母”之誉。抗战以还，我海外侨胞踊跃回国投效军旅，及服务交通运输机关者为数至多。其仍在海外者则尽量捐输助饷，或汇款回国增加外汇，据一般的估计，抗战以前侨汇年达三万万元以上，约是抵塞全年入超百分之六十。抗战以后，则年达七万万元以上，此庞大之外汇，对于祖国之抗战，实予以巨大之助力。故总裁每谓“海外侨胞们的牺牲精神与浴血抗战将士的精神，互相辉映”。惟时至今日，我海外侨胞所处地位，亦至为危殆。限制入境，取缔居留，粃政苛例，层见叠出，是为政治上之为危机。欧美人士竟逐于上，土著攘夺于下。大小实业，一落千丈，是为经济上之危机。暹罗停闭我侨校，荷印干涉我校政，最近马来亚当局复谋改变我课程，是为教育上之危机。敌寇南侵之传说甚嚣尘上，初则荷印告警，近则港越阽危，是为军事上之危机。妇女不易人口，侨民就地婚取，侨生日多，血统即已混杂，语言文字风格习惯又多土化洋化，民族要素难免丧失，是为民族上之危机。他党乘我侨胞极度关怀国事之际，潜入侨居地，籍抗战为号，大肆煽动，欺骗侨胞，阴谋削减本党力量，毁灭本党光荣历史，是为党务上之危机。吾党政府对此断难坐视而不加救助。救助之道为何？厥为教育。诚如总裁昭告吾人者“现在要挽救国家和民族的危亡，只有从教育上来努力，其他别无途径”。（见教育救国与救国的教育训询）盖由于侨胞教育之普及、公民训练之实施，民族意识当然高涨，自能爱护其民族与国家，即在侨居地亦能团结同胞，发挥其高度之自治能力，使居留地政府不敢轻视，横予压迫。至于职业教育之推行，更能使一般从事工商农矿各业之侨民，获得其应具有之职业智识与技能，进而谋取丰裕之经济生活，并能以其所余资金，汇回祖国，从事祖国之经济建设，登祖国于富强之境，侨民教育之重要，于此可见。爰就管见所及，依据实际需要拟订“推进侨民教育方案”，提请公决施行。至办理此项侨民教育所需经费每年不过二三百万元，当不及侨汇千分之五也。合并说明。

推进侨民教育方案（略）

教育组审查意见：推进侨民教育为目前急切要图，本案原则通过，办法由教育部及侨务委员会于采行时再详细酌量。

决议：照审查意见通过。

（3）改善兵役办理以利长期抗战案（7月3日）　〔略〕

（4）恢复设置妇女部以利妇女运动案（7月5—7日）

（民国二十九年七月五日七日第五届中央执行委员会第七次全体会议通过）

（理由）本党对于妇女运动，自来予以重视，过去革命，得力于妇女者亦甚多。民国十二年本党之组织系统，即有直属于本部之妇女委员会。民国十三年本党改组，在中央执行委员会之下，特设妇女部。嗣于民国十七年，本党组织，改以工作性质分部，妇女部乃与农民工人商人青年等四部，同时取消，另组民众训练委员会。其后关于民众训练之机构，迭有更动。至二十七年临时全国代表大会，决议设立社会部，总负民运之负。在该部民众组织处之下，设妇女科。另设妇女运动委员会，直属该部。以上关于妇女运动之组织及隶属，虽因时而置，而本党对于妇女运动之重视，固先后一贯也。自抗战以来，妇女从事各项抗建工作，甚为活跃，其直接或间接贡献于党国者亦至巨。妇运此后之发展，尤方兴未艾，及宜加强领导，积极争取，庶足扶助其进展，确立其基础。此与民国十七年情势似同而实异，所当因时制宜者也。现有关于妇女运动之组织，微嫌简单，不足以负此使命，为此提议，恢复设置妇女部，以专责成，而事发展。

决议：通过。

（5）物价审查委员会报告决议案（7 月 5 日）〔略〕

（6）鼓励海外华侨回国投资案（7 月 5 日）〔略〕

（7）对于军事报告之决议案（7 月 5 日）〔略〕

（8）总裁交议拟设置中央设计局统一设计工作并设置党政工作考核委员会以立行政三联制基础案（7月6日）

（民国二十九年七月六日第五届中央执行委员会第七次全体会议通过）

（理由）凡政治经济之设施，必经设计执行考核三者之程序，不有精密之设计，无以利事业之推行，不有切实之考核，未由察执行之进度。且在计划实施之际，尤贵有因时改进之宜。举凡人事经费诸端，皆为事实成亏所击，故设计执行考核三部分工作，尤赖随时随地，相济相成。近代国家趋重于计划政治，计划经济，关于设计之组织，考核之制度，日益详备。我国近年以来，建设事业日繁，中央党政各机关，亦有各种设计人员或组织之设置。惟无整个之体系，遂鲜分工合作之效能，且乏通盘筹划之功用。至于考核工作，除其上级主管机关外，别无综核之司，相互之间，缺乏联系，遂致一切设施，进度迟滞，成效难期。为救正上述之缺点于最高国防委员会设置中央设计局，主持全国政治经济建设之设计及审核，下设各种专门委员会，将现有之各项设计组织及中央政治委员会之各专门委员会合并于内，以收人才集中之效。并由中央设计局，主持预算之审定，使计划与预算不致分离。另设置党政工作考核委员会，主持党政机关工作、经济、人事之考核，与中央设计局，确实联系，以矫设计执行考核分立之弊，树行政三联制之基，举近代计划政治计划经济之实，庶可收综核名实之效，而应抗战建国之要求。如属可行，拟请交国防最高委员会，本此原则，详拟办法，送中央常务委员会决定施行，是否有当，仍候公决。

决议：原则通过，交常务委员会详拟办法决定施行。

（9）总裁交议拟于行政院增设经济作战部，并设置战时经济会议，加强经济行政效率，适应长期抗战需要案（7月6日）

（民国二十九年七月六日第五届中央执行委员会第七次全体会议通过）

（理由）我国抗战，已届三年，在此长期战事之中，举凡对外贸易对敌封锁，以及物资之调节，物价之平衡，千端万绪，息息相关，非有统一决策与集中管理之机构，无以达调节管制之任务。现在政府组织关于经济各部门，虽各有主管机关，但在平时行政体系之下，为应付战时需要，往往随事设置，临时补直，初无整个之计划。导致机构支出名目繁多，责任不清，事权不一，重叠矛盾，牵制磨擦之弊，因之而生。为适应长期抗战起见，及应确立战时经济行政体系，集中运用以求设计决策与执行督导之统一。并将现有机构加以调整，以祛机关骈立之弊。本此原则，拟于行政院增设经济作战部，以专责任，并设置战时经济会议。俾有关机关，切取联系，以资统筹。谨拟办法如左：

一、于行政院设战时经济会议，以行政院院长为主席，经济作战部、财政部、军政部、工商部、交通部、农林部部长为当然委员，并以四联总处理事会常务理事一人，运输统制局主任，后方勤务部部长为委员。

二、行政院增设经济作战部，现有之经济部，改为工商部，掌管工商及矿业事宜。

三、经济作战部除设参事秘书及其他设计调查人员外，应设左列各会处（署）：

（一）粮食管理处。

（二）贸易委员会，以现有之贸易委员会改隶。

（三）物资调节处（署）以行政院及现在经济部所属之战时物资管理调节机关改组。

（四）敌伪封锁处（署）以现有之对敌经济封锁委员会改组。

（五）物价委员会，物价之调查统计及平衡之设计等事项均属之。

（六）各战区经济委员会，现各战区经济委员会，按事务性质，受各主管部会之指导监督。在经济作战部成立后，应归该部管辖，以便指挥，而专责成。

以上所拟，系求战时经济行政之集中，并将现有机构加以调整，期收分工合作之效能，以应长期抗战之需要。如荷赞同，即请于原则通过后，交中央常务委员会核定组织，从速施行。是否有当，仍候公决。

决议：原则通过，交常务委员会妥议施行。

（10）请确定全国粮食管理政策并建立各级管理机构案（7月6日）〔略〕

（11）拟具四川省重庆市平抑物价原则及其实施办法提请采择案（7 月 6 日）〔略〕

（12）请集中本党一切力量从事组织民众以管理物价安定民生而利抗战案（7 月 6 日）〔略〕

（13）严防官僚资本主义之发展以免影响民生主义之推行案（7 月 6 日）〔略〕

（14）拟请设立中国土地银行以促进土地改革实现平均地权活泼农村金融改善土地利用案（7 月 6 日）〔略〕

（15）扩大游击区宣传事业，坚定民众抗战情绪案（7 月 6 日）

（民国二十九年七月六日第五届中央执行委员会第七次全体会议通过）

（理由）

查游击区以交通不便，抗战书报及各级学校课本之供应，至感困难。即或由后方设法供给，如文化站等之设立，不惟售价过昂，一般民众无力购买，抑且传递迟滞，难期普遍。以致各游击区之中央抗战刊物及报纸极少传布，而需要则特感迫切。据闻间有自后方携往大公报或中央日报等，虽每份售价至一元或二元，亦争相传阅，佥以一观为快，其需要情形已可概见。及宜扩大宣传，藉以宣达中央抗战国策，并坚定民众抗战情绪。

办法：

（一）国内各大报社，可由政府予以资助及奖励，在各战区印刷分版，廉价销售，或免费送阅，中央日报尤应在战区及游击区内设置分社或出刊分版，大量传布，以广宣传。

（二）由中央在华北筹设大规模印刷所，编印抗战书报，向游击区内大量输送。

（三）游击区内各专员公署各县政府，应一律安装收音机及无线电台，并由政府统筹资助编刊小型日报，廉价销售或免费送阅。

（四）游击区内各机关各学校，应在乡村通衢，编刊壁报，按日更换。

（五）游击区内各专员所在地，应一律设立文化分站，大量编选抗战书刊，领袖言论及各种问答，就地印发民众阅读。

（六）由教育部编辑抗战中小学课文及补充教材，以宣扬本党主义，宣达政府政策为中心，并统筹资助及奖励各级政府各团体私人大量翻印，廉价销售。

（七）游击区各级党部，应深入并扩大宣传。

党务组审查意见：本案建议各项办法均甚切实，拟请交由常会转令主管部按各地实际需要，切实计划，分别实施。

决议：照审查意见通过。

（16）对于党务报告之决议案（7月6日）

（民国二十九年七月六日第五届中央执行委员会第七次全体会议通过）

此次中央全体会议，聆取中央第六次全会以来之党务报告，并检阅中央各部会二十九年度之工作计划，深觉此半年间本党一切工作之推进，均能在中常会督导下，按照计划，逐步实施；一般同志之服务精神与战斗意志，亦确能随时代之进展而日益发扬，日益坚强，此诚可喜之现象。惟抗战胜利之时期愈近，抗战任务之艰巨愈甚，国家民族所需要于本党之领导，与夫本党所期望于一般同志之贡献其聪明才力，亦必更十百倍于往日。爰本自觉自反之旨，于检讨已往工作之余，对于未来工作，择其较为重大者，予以扼要之提示。至六中全会所指示各点，至今未能完全实现者，自应继续努力，无待赘言。

一、征求党员之数量，国内与海外，均较六中全会以前太有进步，而尤以军队党部为多。党的新生力量，日益滋长，党的发展基础，亦日益巩固，此皆显著之成绩。惟本党欲发展其组织，并须使党员之质与量并重，故大量征求之后，必当继之以继续不断之训练，而提高党的纪律，以保障组织之体，发挥组织之用，尤为万不可忽。目前区分部与小组之数量，固已增加不少，而一般会议之内容，尚不免空虚。分区督导与训练党员之工作，固已积极策动，而实际上基层党部内容之贫乏与工作之松懈，与夫一般党员与党部，仍缺乏深切的关系，尚未见有充分之改进。至党员之思想言论行动，亦往往有不受党的约束者，而党亦未尝绳之以纪律。若此，而欲求组织精神之表现，与组织力量之发挥，自去理想尚远。故今后中央组织部当更注意党员之训练，如何使党员视党部为家庭为学校；如何使党员在工作中学习一切为党活动的方法，如何使党员充分接受党的命令以影响其环境，诸如此类，必须悉心以求，努力以赴，则本党必更有蓬蓬勃勃的生机。至于各省党部委员，分区督导之办法，原为策进县以下各级党部工作之所系，无论如何必须严格执行。而一切党员的活动，党团的活动，尤必随时随地养成恪守纪律之习惯，尊重纪律之观念，万不能视为具文，形成党的命令不能控制党员之病态。

二、新县制之推行，为本党实行地方自治与推行宪政建设之基础，故此时党的工作，必须与之配合。就组织言，临全大会所谓县以下各级党部取“融党于政”之方式者，其真义乃在使党政合为一体，而非欲消灭党的组织与工作也。故今后之县以下各级党部对外宜改取秘密方式，以加强其活动力，对内则当力求党员选举罢免等权之实施，俾能自尊其在党内固有之地位。就训练言，必须使各省训练地方自治人员之工作，实质上即为党的训练工作，即在其他各种训练班中，亦均宜加强党的教育，使党与政之在各地，确能融洽于一炉，而后训练之目的始远。就宣传言，必须加紧其县市宣传工作，尤应注意于广大之农村，以增加一般人民自治之智识与能力。于此，通俗图书之流布，民间习尚之利用，自为尤应注意之点。就社会工作言，必须选择曾受训练之忠实同志，担负县政府主管社会事业之责任，以与党的指示和呼应，而各地方人民团体以及乡镇保甲之工作与活动，尤须由本党发动党员掌握其核心为积极之推进。

三、临全大会规定各省党政之关系为“党政联系”之方式，其所以贯彻之方法，一为在党取主任委员制，以求事权之集中，一为实行党政联席会议，以沟通双方之意思。在前者，主任委员在原则上必须专任，然后可以专心致志以规划党务，推进党务；在后者必须恪遵中央法令，严格履行，开诚布公，以求党的政策之遂行。中央今后宜严予督导，完全实践，务使临全大会决议之精神，得以充分表现。其次优秀党员从政，亦为中央一贯之政策，总裁尤重视乎此，中央今后更当厘定法规，加紧推进，务使对三民主义确有忠诚信仰之党员，得各按其才以服务于中央与地方之政治机构，然后党员与政治方能真切配合，而本党对于政治的实际领导，亦可日见其加强。

四、六中全会之指示，曾谓今后党务工作目标，当注重民生主义之实践，故党务工作之含义，当不限于党部以内之组织训练宣传而已。举凡政治经济等等一切工作，由党员秉承党的政策以推行者，由广义言之，实均为党的工作也。而党政人员之训练，乃成为推进党的工作之重要关键。凡政府各部门，尤其与民生主义经济政策有关之部门，一方固应策动忠实党员参加其工作，而一方尤须训练技能优良之公务员，使成为忠实党员，然后所设施之一切经济事业与社会事业，均能成为贯彻党的政策之事业。已往训练工作，诚已向此鹄的以迈进。如训练法规之颁订，训练内容之督导，均已奠具规模，随时改进。但事实上尚不免有各机关训练互不相谋之现象，而有关经济部门之业务执行者，似犹未尽明了本党主义之中心所在，此则中央训练委员会应切实执行法规，以收统一训练加强领导之宏效。

五、加强民众对于抗战必胜速国必成之信念，必有赖于本党主义理论之阐扬，故本党书刊报纸之大量发行，乃为目前最迫切之要求。盖惟有三民主义之光，可以扑灭汉奸之邪说，可以纠正分歧错杂之谬论。六中全会以后，中央宣传部在编印运输销售各方面，努力策动，视前已有相当之进步，然实际仍不能与需要相适应。今后本党书刊报纸之推销，宜要求价廉而普遍。而中央与地方所有书报审检机构之应绝对统制，服从党的命令，尤为无可旁贷之职责。至若工作计划中应行编印之丛书，与创办之日报，甚望其兼程猛进，能早日与国人相见。抑尤有言者：今日前线与战地，（沦陷区）一般军民之需要精神粮食，其迫切之情，尤为急不暇择。苟本党不急起直追，在各地分别大量印发书报，以救此求知之饥荒，则邪说谬论自必乘隙而入，更形彼猖。故中央宜宽筹经费，拨助各省分别翻印，此诚今后救急之要务也。

六、就社会工作而言，本党必须建立社会基础，以加强抗战建国之力量，此半年间，中央社会部之工作，按照计划积极推进，其尤著成绩者，为社会服务工作。虽各地成立之社会服务处为数尚不及四百，而抗战首都在空袭时之党员服务精神，已足树立风声，蔚为模范。惟是社会工作，首须注意于民众团体之组织健全，则团体法规，不能不有适应时代需要之修订。民运干部，不能不按照工作性质而培养，民众团体之经费，在政府尤不能不有相当之补助。其次，党的社会工作，必须与政府之社会政策、文化政策相配合。上以此号召，下以此响应，然后可以若合符节，事半功倍。故一切富于积极性之合作运动，对敌之经济斗争运动，以及文化社团抵拒邪说谬论之活动，均应由社会部积极策动，以与其他主管机关协力，完成推行本党政策之任务。而此种政策，则中央常会根据全会之决议，固应随时斟酌国家之情况，予以明确之指示也。

七、海外党务之一切设施，必须以协助发展侨务为依归，此为切合事实之中心概念。中央海外部于此半年间，根据此一概念，积极改进，成效虽尚未大观，而党员数量之增加，海外宣传之指导，侨胞援助抗战之策动，与夫干部人材之培植与训练。凡此革新之机运，实以露其端倪。现值欧战演变，势将扩大及于远东，南洋方面之党务，尤须乘此时会，协力于保侨护侨教侨之工作，故海外部所拟之应付南洋局势发展海外党务办法纲要，实为目前切要之中心工作，为求精密委实起见，宜与中央有关各部会，切实商讨，克期实施。

综上所言，中央各部会今后工作最宜注意之点，实已举其大要，而对于敌后沦陷区域之党务工作无论如何艰困，必须在组织训练宣传与社会各方面同时猛进，则更无待言。所愿中央常会秉承总裁历次关于党务之训示，切实督导，认真考核，务期吾全党同志，在此抗战胜利业已接近之时期，忧勤惕励，践履笃行，以尽职责，以赴事功；尤其各级党部之负责同志，更宜以身作则，为民前锋，则本党党务之开展，即为抗战必胜建国必成之左券。

（17）对于政治报告之决议案（7月6日）

（民国二十九年七月六日第五届中央执行委员会第七次全体会议通过）

本会议开会于第六次中央全体会议闭会后之第七个月，亦即抗战三年届满之期。外则国际形势正在剧变，内则国民大会瞬将召集，而当前军需及民生所关各问题，又急待解决，本会议对于国民政府、国防最高委员会及行政、立法、司法、监察、考试五院报告，认为过去七个月之政治工作，悉本本党即定国策，黾勉进行，用能克服艰难之环境，适应抗战建国之需要，良用嘉慰，应予接受。

本会议接受上述工作报告之后，对于过去工作，认为有综合检讨之点二：即（一）第六次全体会议之各决议案之执行情形如何？（二）在适应抗战需要原则下政治之效率如何？对于今后工作之方针，认为有审慎决定之点三：即（一）在国际情势剧变中之外交方针，（二）在召开国民大会之内政方针，（三）解决当前迫切需要之经济方针。至各机关于报告中所请提示要领各点，经详加审议，除关于党务军事经济教育各部门者外，认为有为总理遗教总裁言论及本党历次决议案已有明确指示者，有应由各主管机关自行研究或商决者，有应由主管机关拟定详细办法呈候核定者，其关于立法原则，财政计划各点，应交由国防最高委员会依代行中央政治委员会之职权，分别予以指示。

第一　关于检讨部分

一、上次全体会议各决议案，均关重要，经中央执行委员会分行各机关办理。当时曾遵总裁指示，分饬各机关明白规定每案之开始与完成期限，主办机关与负责人姓名及考核办法送中央执行委员会审核备案，此次各机关提出报告，并遵总裁指示，将（一）已办，（二）未办，（三）未办原因，（四）如何继续办理各点。分别列表。审阅列表各点，与报告尚无不符。至未办各案，核其声叙未办原因，亦尚不无理由。惟体察总裁迭次指示，原矫过去议而不决，决而不行之弊，此种实事求是之精神，实为推进政治之动力，本会议认为此种精神有贯彻之必要。现在继续办理中之各案，以及本会议各决议案交各机关办理者，切望各负责同志，恪遵总裁指示，对于切实执行一点，特别注意。

二、本会议根据总裁指示及上次大会决议检讨当前之工作，虽大体均可满意，然以国家情势之紧迫，认为工作之效率犹待改进者尚多。查各机关工作效率之迟滞，多由于责任不清，而责任之不清，有关于机构者，有关于职权者，有关于人事者，有关于技术者。五中全会六中全会迭次决议，应力矫组织重复职权未清之弊。六中全会决议，更提出当前急须注意之事四端：一为机构之单一化，即机关相互间之调整；二为机构之合理化，即机关本身之调整；三为法令规章之系统化；四为慎考铨严考绩。本会议特再郑重提起政府注意，务在最短期间，对于机关之调整，职权之划分，与夫人事之革新，彻底规画，以应付非常时期之必要。

第二　关于今后工作方针部分

一、抗战以来，我国以一贯不变之方针，应付瞬息万变之局势。敌虽多方求逞，终未得计。国际方面，除日本为我唯一之敌人外，对于其他各国，均本多求友少树敌之义，并联合在太平洋关系密切之国家，维护九国公约之尊严，安定太平洋之局势，此为我国一贯之外交方针。现在欧局突变，敌人妄冀利用此机会独霸东亚，然美与苏联均超然欧战之外。我自当本一贯之方针，加紧努力，增进相互间之合作，对于英法尽力维护固有之关系，对德意等国，不仅以维持现存友谊为满足，更宜积极改善邦交，以孤敌势，并打破敌人之阴谋，以期有裨我抗战建国之前途。综上所述，本会议深盼外交当局及驻外使节对于今日变动中之国际形势，密切注视，除依据一贯方针善为应付外，关于外交行动不宜限于消极的以维持现状为务，尤当积极的力图改善，以期适应大势。对于驻外使领馆更应力求充实，以期运用灵活，加强效率。

二、本年十一月十二日为国民大会召集之期，在建国进程中实为一重要阶段。在此期间，一切庶政尤宜尽力刷新，以践“抗战建国”之宣言，而奠宪政之基础。近年以来，内政方面，经总裁之督励与改善，各项要政，次第设施，进步颇为迅速。而禁烟一项，成绩尤著，国际观听，亦为之转移。但在树立宪政基础上，今后内政方面，尤当以地方自治为中心工作。自县各级组织纲要公布以后，除晋绥两省暂缓实施，先事准备外，其余各省，均经拟计划限期实施。上次全体会议在政治报告中之决议案内，即提出地方自治之实施，与人才之训练两点，诚以地方自治工作，所需人才为数綦众，非有充分之人才，必不能举此重要之工作。兹尚有为各级负责同志告者：一、地方自治以训练人民行使四权，完成管、教、养、卫之工作为目标，四权之行使为宪政时期人民必备之知能，管、教、养、卫之完成，为地方自治必备之条件，县各级组织纲要之精义，不外乎是；二、各省幅员广袤，风土习尚与生活经济各不相同，故县各级组织纲要之实施计画，由各省府自行拟订，以期适应地方之情形。今后各省地方对于地方自治之实施，自当于总理遗教政府法令范围之内，因地制宜，庶收实效。

三、抗战迄今，经济问题，日益重大，性质亦极复杂。除关于经济专门事项，另有决议外，本会议认为当前最重要者：一为粮食及物资问题，一为交通及工业建设问题，一为战地敌人经济掠夺问题。粮食物价关系民生及社会秩序最切，本会议对于当前民生不安之现象，极为关怀，深盼各主管机关精密调查，根据会议决议，采取切实有效之步骤，生事预防，随事补救，务使民食无恐慌之虞，物价收稳定之效。至于原有交通线之保持与改善，新交通线之增开，乃旧交通工具之利用，均为国防所开，而后方工厂及动力之安全，华侨资本之运用与集中全国资金于生产建设，均为抗战建国之根本问题，各主管机关务当切实规画，见诸施行。至于对抗敌人在战地之掠夺，更盼主管机关对战区经济委员会之工作，督导改进，粉碎敌人以战养战之阴谋。

以上所举，均就目前最切实要者言之，关于各院部会工作不再列举，又国民参政会第五次大会建议各案，均经国防最高委员会分别审核决定，交由政府机关办理，或采择施行。所有本党同志及政府同人，在此抗战建国期中，体察民意，广纳嘉言，本昔人集思广益之规，收全国上下一德一心之效，其于国家前途所关尤巨，而亦本会议所深望也。

（18）对于财政经济交通报告之决议案（7月6日）〔略〕

（19）对于教育报告之决议案（7月8日）〔略〕

〔国民党中央执行委员会秘书处档案〕

8. 中国国民党第五届中央执行委员会第七次全体会议宣言

（1940年7月8日）

本党第五届第七次中央全体会议，举行于神圣抗战第四年开始之时。外观世界变动之剧烈，内案我中国责任之重大，爰就半年来抗战建国之工作，彻底检讨，补其缺陷，促其改进，分别决议，付之实施。兹当会议完竣，特将我中国抗战与世界安危关系之切，及本党与吾同胞所以共同努力之道，撮其要旨，为吾全国同胞同志简切陈之。

其一，我国今日抗战，已成为保障国际正义和平最重要之力量。吾人自省对民族祖先，对世界人类之责任，便当坚守一贯国策，与暴敌抗战到底，非至驱逐敌军于我国境之外而不止。当三年以前，抗战开始，吾人即认定此次作战正义，不唯自保民族之生存，国家之独立，更所以维护国际正义与世界和平。诚以安定亚洲之重心，必为独立自由不受侵犯之中国；且必亚洲有真实之和平，而后世界始有安全之基础。去年二月本党第五次全体会议宣言，曾列举总理三十年前遗教之要义，指出“日本欲在中国实行侵略政策之绝不可能”；指出“列强之行动，若真实协力而为共同利益计，则彼欲为一民族之私利，而向中国战争者，必归消灭”，更复剀切指出日本侵略吾国，为威胁太平洋与印度洋间最大市场之开始。今欧战方酣，变动未已，日本经中国三年抗战，在国力大损之余，仍思竭其余力，在太平洋上试其威胁掠夺之伎俩。设无中国坚决抗战，则欧战一经发生，远东局势之危乱，自更不堪设想。日本即已在太平洋肆行劫夺，凶锋所至，野心无限。若不及时加以遏止，则世界任何国家不仅无以保存其在太平洋与印度洋上之权益与地位，且必将永无立足之余地。时至今日，彼日本之野心，决不仅限于东亚一隅，实欲遂行其田中奏摺所谓“征服中国以征服世界”之传统政策，盖已灼然而无疑。世界各国于此更应认识日本已为世界之公敌，与吾国抗战对世界和平关系之密切。吾人在最近欧洲局势剧变之中，更深切感觉吾人对安定远东与重建世界责任之重大。必当竭我全力，与世界各友好国家，讲信修睦，共济世变，以求有助于来日之光明，此我全国所必须认识，亦世界各友邦所宜周知者也。

其二，我二年抗战经过，已使暴敌之力重日衰，胜利之基础益固，吾人益信吾人族历史文化基础之深厚，与三民主义力量之伟大，我中华民族不可屈服之精神，已由事实昭示于世界。唯吾人奋斗目的，在以建国之成功，保证抗战之胜利，事艰责巨，必当使民族伟力愈战愈强。故就战事言，暴敌末日穷途，其必尽最后挣扎，固在吾人意计之中，而吾人鉴于最近之世变，更应知立国今日。凡凭籍愈厚，环境愈优者，尤须竭尽刻苦之努力，乃能保国基于巩固。总理昔日垂训吾人以凝结民力强固国防为国家一切建设之根本者，益证为绝对真理。而战时艰困之环境，实为吾人急起直追实现三民主义之良机，是以吾人今日应感念先烈之牺牲，珍重已得之成绩，认识后死者职责之艰巨，尤应坦白自知过去之刻苦不足，努力不足。自今伊始，必更加强在政治经济军事上之奋斗，尤应遵行本党总裁所昭示“一切行动军事化”之真义。一切党政工作，尤其各级行政，必须确实迅速，整齐严肃，廉洁勤慎，守法奉公，使时无虚耗，人无旷废。吾人检讨党政军学各级行政上所有不密接，不敏捷，不合理，不切事实，不应事机之现象，实为战时最大之缺点。此后更应彻底反省，迅速改正。凡我全体党员，与一切公务人员，必须痛切自检自觉，全神贯注，以求组织之严密，人事之调整，与工作效率之提高。关于工作之考核，必严必勤，命令之下达与执行，必求确实贯彻，工作之处理，必力避不必要之转折与繁冗，尤须事事为军事胜利人民生计着想。疏忽贻误者，在所必儆。泄沓因循者，在所必弃。则军事之胜利，民生之充实，建设之完成，与三民主义之实现，必皆有超越吾人预期之发展，可断言也。

以上二大要义，为本会议所特别举出，以告全国同胞与全党同志者。其他应行之具体事项，见之于大会各项决议及本党总裁最近在七七纪念日所发表之书告者，自皆为本党党员及吾军民同胞同志所宜切实遵行而无待于赘述。本会议更愿吾同胞当此世局变幻，抗战胜利日近之时，益深切信仰我总理数十年前为中国所定革命方略之确切不移。尤须知最后之成功，有赖于吾人之共同一致牺牲奋斗者，实至为远大。世界上唯至诚为不可磨，至公为不可破。惟一心一德自立自强，以赴救国家救世界之使命，为能经历一切巨变，克服一切艰难，最伟大最刚强之力量。是以吾人必愈坚定而愈奋勇，以坚忍之意志，当举世震惊之变局，以刚毅之努力，赴瞬息万变之时机。抗战胜利与建国大业之完成，必使中国立国精神三民主义之光辉照耀于世界，而永为人类文明之导炬。愿吾全国同胞同志，益坚自信，积极奋起以图之。

〔中国国民党中执会秘书处档案〕

9. 中国国民党第五届中执会第八次全体会议通过重要决议案

(1941年4月1～2日)

(1)增进各级党部与政府之联系并充实本党基础案(4月1日)

总裁会议

(民国三十年四月一日第五届中央执行委员会第八次全体会议修正通过)

自四中全会通过“改进党务并调整党政关系案”以来，中央常会先后颁行“省党部省政府联席会议要旨”及“县各级党政机关调整办法”等法规，以求党政联系之密切，惟体察各地情形，党政对立之现象，已逐渐消除，而分工合作之效能，迄未充分发挥。地方政府对于同级党部之关系，仍极疏远而不能融洽一体，同时地方党部对于如何领导民众，推动社会，协助政府，亦未克善尽其职责。兹为充实本党力量，增进各级党政联系，以求本党基础之确立与主义政策之彻底执行起见，除四中全会后迭次关于党政关系之决议仍应执行外，特提出□□意见八条，咨询全会，请本此旨详加研讨，作成决议，交常会详拟办法，以便实施。

一、省县党部除依照总章“稽核同级政府之施政方针及政绩是否根据本党政纲及政策外，对其一行行政机关，如行政督察专员公署县政府区署及乡镇公所，应根据中央颁布或核定之政令，协助督导并监察其实施。

督导监察之行使，如行政主管人员为党员时，以党部名义行之，但须随时函知政府，如行政人员非党员时，则由党部通知政府办理之。

二、省党部省政府联席会议，党政双方对下级干部人员。如发现有成绩低劣不能称职或违背党政协调原则，致阻挠党务与政令之推行者，得互相检举，提出联席会议，公同评判并商决其处分。

三、省政府之不兼应委员，以省党部委员充任为原则，经中央党部之提　后任命之。

四、省党部之主任委员与书记长及委员，应与担任省政府主席秘书长厅长及委员之党员，划编为一特别小组，直隶省党部实施党团办法。县党部书记长委员与当地担任县长科长之党员，在县各级党政关系调整办法未实施前，亦依照同样办理。

五、省党部对于担任下级行政职务之党员，得调查登记并考核其工作，被调查考核其党员有报告工作概况及答复查询之义务。

六、上项考核结果，认为成绩优良者，由党予以荣誉奖励，并商请省政府予以奖励，如发现有违反本党政纲政策而又不接受指导者，严予党纪处分，并商请省政府惩处之。

七、中央党部派任省党部主任委员委员书记长及省党部派任县党部书记长委员时，均应注意其资历能力。

八、省县党部均应随时考核党员之工作与能力，并每年选拔优秀党员汇报上级党部，经审核后发交政府任用，并悉心访询党外人才，向上级党部负责提荐，此项考核选拔与保荐办法，由中央党部详细规定之。

决议：照修正案通过（全文如上）

（2）恢复省县党部选举制度案（4月1日）

常务委员提

（民国三十年四月一日第五届中央执行委员会第八次全体会议通过）

查选举制度为激励党员，选拔干部，健全组织，发展党务之有效方法，本党中央委员，及区党分部委员，均系由选举而产生。省县两级，以往亦曾实施选举，惟因当时下级组织未臻健全，选举基础尚未确立，以致实施结果，不特未能收预期之成效，反兹生种种流弊，不无影响党务发展之虞。因此中央乃决定暂停选举，实行委派，以资整理，而谋改进，施行以远，利弊互见。现在后方各省党务整理已渐就绪，下级组织日趋健全，党员为党服务之情绪亦日益高涨。为适应此种情势，似宜逐渐恢复省县选举，以复常轨，而奠基础。况值兹训政宪政递嬗时期，本党负有训练民众行使四权之重大使命，若党部尚不能实行选举，将无以树立全民楷模。惟选举虽应恢复，而恢复后可能发生之流弊亦不可不预筹防止，以免再蹈覆辙，增多纠纷。兹经详加研讨，制定立法原则五项，以为实行恢复选举制度及修改各项选举法规之依据。

一、根据各地实际情形分别办理，各省环境不同，党务整理成绩颇为参差，即一省之内各县情形，亦大相迳庭，同时普遍实施选举，决非所宜，自应根据各地实情，分别先后缓急，斟酌办理，以收因地制宜之效。

二、由下而上逐步实施，凡一县区党分部组织确已健全者，始可实行县执监委员选举，一省有过半数以上县份已实行县党委选举者，始可实行省执监委员选举，如此由下而上，逐步实施，庶免步骤凌乱，基础空虚之弊。

三、规定候选人资格，被选举人之资格应予规定，同时在每次选举之前，应先推定候选人，并组织候选人资格审查委员会加以审查，审查合格后，始可参加竞选，以提高当选人品质。

四、采用无记名投票法，选举最大弊病在选举人易受利诱威迫或碍于情面，致不能自由表现其意志，而以采用记名投票法时为最甚，若改用无记名投票法，则各人投票内容，易守秘密，前述弊病，当可减少。

五、废除圈定办法，以前因普遍实施选举，故有时须采用“加倍选举由上级圈定”办法。以资慎重，但此种圈定办法，极易引起反感，现在省县选举即系逐步实现，对于不合选举条件之省县，尽可从缓办理，自不必再沿用圈定办法。

党务组审查意见：拟请大会通过。

决议：通过。

（3）加强人民团体内党的组织及活动案（4月1日）

（民国三十年四月一日第五届中央执行委员会第八次全体会议通过）

查扶助各种人民团体之发展，为本党一贯之政策，本党过去革命事业得力于各种人民团体之赞助者亦非浅鲜。顾本党与人民团体之关系，虽甚良好，而本党在各种人民团体中之组织，则尚未臻严密，本党在各种人民团体中之活动，亦尚未能完全适应抗战建国之要求。而自社会部改隶行政院后，本党与人民团体之法定关系即随而变更，则今后为确立本党对人民团体的领导权，尤应运用党团作用，加强本党在人民团体内的组织与活动，一面以党的力量促进人民团体之发展与健全，一面使各种人民团体如众星之拱北辰，咸成为拥护本党实行主义之坚强的组织，爰本此方针，订定办法如下：

一、各地党部应策动所属党员积极参加或发起各种人民团体，以充实其力量，发展其组织及活动。

二、各种人民团体一律由所在地党部指导其中党员组织党团，其尚无党员者，亦应多方访察其优秀分子介绍入党，组成党团以建立本党的领导权。党团负责人应督同所属党员，经常提拔扶助非党员之优秀份子，并吸收其入党，以巩固本党的领导权。

三、党团之运用，应注意民主集权之原则。但在行动上，党团负责人应绝对接受其指挥党部之命令，党员应绝对服从党团负责人之指挥，务使意志集中行动一致，以贯彻并实现本党之主张及决议。

四、党团负责人对于团体公益事项，应指导所属党员，努力负责切实办理，以发扬本党为人群服务之高尚精神。

五、党团负责人应策动所属党员，领导人民团体之各种对外活动，以增强抗战建国之力量。

六、人民团体中如发现有不利于国家民族之言行，党团负责人应督导所属党员运用团体力量，予以纠正及裁制。

七、党团负责人，应领导所属党员，协助政府推行关于各该社团之法令。

八、党团对团体福利事项。应请政府扶助者，或对于社会立法政策有所建议，得经由指导党部提供于主管机关。

九、在各种人民团体内之三民主义青年团团员，参加党团组织，由党部统一领导之。

党务组审查意见：修正通过。

决议：照修正案通过（全文如上）。

（4）加强政府机关内党的组织及活动案（4月1日）

中央组织部提

（民国三十年四月一日第五届中央执行委员会第八次全体会议通过）

附注：本案所称“政府机关”系采广义解释除军事机关及军队另案规定外所有政府机关国营金融经济机关及公营企业机关均包括在内。

查政府机关为国家权力之所寄托，亦即一切政令之所自出。在政府机关服务之党员，对党所负之任务，较之一般党员更为重大，而其与党之关系，亦应更为密切。顾过去本党在各级政府机关中，虽均有党员分布，惟以组织松弛，力量涣散，未能发生重大作用，驯至党与政府机关完全脱节。党员一入政府机关，即无形与党脱离。为贯彻主义政纲政策之执行起见，今后应加强本党在政府机关之组织与活动，即在各级政府机关内普遍建立党部，并采用“由党部指挥在机关中服务之党员”，由在机关中服务之党员，各自在其工作岗位上，将本党政纲政策及一切决议案表现为实际的设施之方式，以求本党主义之实现。兹特本此方针，制订加强政府机关内党的组织活动办法如下：

一、各政府机关内，普遍建立党的组织，即按其机关性质及党员人数多寡，分别设置区党部区分部。

二、政府机关内，党的组织，应协助机关主管人员，运用机关权力，加强所属职员之□义训练，所有职员必须阅读总理全部遗教与总裁言论以及其他经中央规定必读之书籍限期读毕，由该机关之党部，随时详加考核，并由中央订定考核奖惩办法，凡真正合乎入党条件者，应设法吸收入党。

三、在政府机关内服务之党员，应绝对服从该机关党部的命令，出席党的各种会议，执行党部所分配之工作，不得规避，否则以违反党纪议处。

四、政府机关内党的组织，应指导党员努力工作，尽忠职守，并自动担任最艰苦之工作，俾发生模范作用，如举行工作竞赛，党员应努力争先，对于机关中坏习气之肃清，党员应率先实行是。

五、政府机关之党部各种会议，检讨工作时，除党务工作外，应兼及机关本身工作及各党员在机关中所担任之工作。

六、在政府机关服务之党员，如有违反主义政纲政策之言行，该机关内党的组织应予切实纠正或向上级党部检举。

七、在政府机关服务之非党员，如有违反主义政纲政策等情事，该机关党的组织应向该机关主管人员提出意见，请予纠正。

八、政府机关内党的组织应经常将各该政府机关内职员素质及工作情况，随时告知主管人员，主管人员亦应运用其职权所及，协助党务之进行。

党务组审查意见：拟请大会照修正案通过。

决议：照修正案通过（全文如上）

（5）大量培植各级行政人才并制定党员从政办法藉以加强党政联系促进建国工作案（4月1日）

徐委员恩曾等十四人提

（民国三十年四月一日第五届中央执行委员会第八次全体会议通过）

本党负有完成抗建大业实行三民主义之伟大使命，欲谋建国之基础巩固，三民主义之早日实现，首须使本党优秀党员从事各行政部门工作，始克有济。乃查目前实况，党内人才奇缺，不仅科学与技术人才缺乏，即行政教育外交人才亦极感不足，尤以外交人员为特甚。近自实施新县制以来，而党员从政者仍属寥寥，概因本党对于党员从政缺乏整个计画，一任党员之自身活动，致人才之使用与分配，未臻妥善，鲜能发挥本党力量。又就培植高级科学行政教育外交人才而言，过去保送留学，多忽于党员之选拔，故留学生回国从政时，尚有未入党者，或有不知三民主义之内容者，此不仅影响于训政工作之完成，亦且有妨于三民主义之实现，兹订定办法数项，藉期发挥本党力量，巩固抗建基础，以促进三民主义之实现。

一、大量培植中下级行政干部，由中央决定整个计划，从速筹办。

二、培植科学行政教育外交等高级人才，由中央挑选学习优良经验宏富之党员，资助升学，俾资深造。

三、由中央制定党员从政办法，切实施行，除适宜于党务工作者外，其为党工作著有成绩或富有行政经验者，则由中央有计划的分发政府，俾从事行政工作。

党务组审查意见：拟请照修正案通过交常会办理。

决议：照审查意见通过，交常会办理（全文如上）

(6)“党务工作纲要草案”“改革党政建议书”及“健党纲领”案（4月1日）

（党务组报告）

（民国三十年四月一日第五届中央执行委员会第八次全体会议通过）

党务组审查意见：查中央组织部所拟“党务工作纲要草案”，及罗霞天同志等二百一十七人所拟“改革党政建议书”，中山学社所拟之“健党纲领”三件，奉总裁交本组研究。经审议认为内容多切中时要，原则自可接受，但其中尚有若干点，似尚须详加研讨，拟将此三件连同中央组织部所提“本党干部建设方案”，“动员全体党员征求百万党员案”，方委员觉慧等十九人提“调整本党各级机构案”，谢委员作民等二十一人提“选拔培养及任使革命干部案”，以及各地党部对党务之建议案，并交常务委员会提定委员若干人，组织审查委员会，限于两个月内，根据各案精神，合并制成一案，送由常会核定施行。

决议：照审查意见通过。

附注：另有张委员冲等十一人提：增加本党对全国经济领导案。及刘委员峙等十二人提：军队党工与政工之关系，应予彻底调整，藉以增高工作效率，而利党务发展案。两案亦经大会决议：交常会并本案审查。

(7)请中央组设中央出版联营公司或中央出版管理局集中本党出版力量扩大宣传案(4月1日)〔略〕

(8)严令党政军民各机关法团负责人员，必须忠诚遵循一切法令，一切议案，积极推进各种政务，以奠定国家建设之政治基础案（4月1日）

梅委员公任等十六人提

（民国三十年四月一日第五届中央执行委员会第八次全体会议通过）

法令者统治权行使之权力也，凡国家各级政府为执行各种法令之机关；凡各级政府之公务人员为执行各种法令之责任者；凡各级党政军民所有工作人员以及全国所有人民，咸为法令所统治之对象，亦即奉行法令之责任者。全国之党政官吏军人以及全国之国民，必使人人皆能守法行令，使家庭社会国家民族之一切一切，咸能纳于法令之轨道中，国家始能成治化致太平，四万万五千万之主人始克享受政治之福利安乐。国家所以设立政府者为此也，国民所以希望政府者亦为此也。

吾党考察中国先圣先王之论为政者，率以正己主义为主旨，亦即总裁主张以身作则主义也。如大学曰：“尧舜率天下以仁而民从之。桀纣率天下以暴而民从之。其所令反其所好而民不从，是故君子有诸己而后求诸人，无诸己而后非诸人，所藏乎身不恕而能喻诸人者，未之有也”。论语曰：“政者正也，子帅以正，孰敢不正？季康子患盗，问于孔子，孔子对曰：苟子之不欲，虽费之不私，…………其身正不令而行，其身不正虽令不从”。孟子曰：“惟大人能格君心之非，君仁莫不仁，君义莫不义，一正君而固定矣。…………有大人者正己而均正者也。”论语：“舜亦以命禹曰：予小子履敢用玄牡，敢昭告于皇皇后帝，有罪不敢赦，帝臣不蔽，简在常心，朕躬有罪，无以尔万方，万方有罪，罪在朕躬”。汤皓曰：“尔有善朕不敢蔽，罪当朕躬，弗敢自赦，惟简在上帝之心，其尔万邦有罪，在予一人，予一人有罪，无以尔万方”。伊尹训太甲曰：“一人元良，万邦以贞”，吾人由以上各先圣先王之为帝王为君臣，其治国平天下之政治方针，完全以“正已率下修己安人”为唯一之标准。故论语曰：“舜无为而治，恭己正南面而已矣”。中庸曰：“君子笃恭而天下平”。孟子曰：“君子修其身而天下平”。是以今日之为政者，欲人民之守法行令，亦必先由官吏能守法行令，以为人民之表率。然后人民必如云龙风虎，风行草偃，守法而行令矣。

又古者先圣先王之治天下也，以德治主义为实行王道之根本。如帝尧能克明佼法，以观九族，至于万邦，协和黎民于变时雍。帝尧文哲温恭，玄德升闻，至于凤凰来仪，百兽率舞，夏禹曰：德惟善政，政在养民，惠迪吉，从逆凶，至于文命，敷于四海，地平而天成。仲虺之之诰赞商汤曰：“德日新，万邦惟怀，志自满，九族乃离，王懋昭大德，建中于民”，故天下归心。如曰：“东征西夷怨，南征北狄怨，回缓予后，后来其苏”。伊尹曰：“天难堪，命靡常，厥德，保厥位，德匪常，九有以亡，…………非天私于有商，惟天佑于一德…………道之以政，齐之以刑，民免而无耻，道之以德，齐之以礼，有耻且格”。孟子曰：“德之流行，远于置邮而传令，当今之时，万乘之国行仁政，民之悦之，犹解倒悬也”。大学曰：“在明明德，在亲民，在止于至善，……………身修而后家齐，家齐而后国治，国治而后天下平”。中庸曰：为政在人，取人以身，修身以道，修道以仁，……………知斯三者，则知所以修身；知所以修身，则知所以治人；知所以治人，则知所以治天下国家矣”。由此观之，则知先圣先王之治天下也，以德化为本，亦正己率下修己安人之道也。

今日之国家，虽非古代之国家，今日之人民，虽非古代之人民，今日之政治，虽非古代之政治，政治之制度虽变，而修齐治平根本之大道大德，固犹万世莫渝也。故总理总裁皆以大学中庸之政治哲学，为先圣所发明之政治宝贝，极力提倡。希望本党之为官吏者，以此为修齐治平——亦即实现三民主义建设中华民国创造大同主义世界之法宝。故本党今日之为政者，必以德治主义为施行政务之根本。

中国古代之政治以德治为本，故崇尚贤人政治，主张有治人无治法。如中庸曰：“文武之政布在方策，其人存则其政举，其人亡则其政息”。在古代必须如此，在今日除德治人治外犹有法治政治，以德治为体，以为治为用，始克达到政治之目的。然欲实行政治之治化，必须养成守法奉令之精神责任，始克成功。若欧美各国所以治化安平者，即因其政府官吏国家人民皆有守法奉令之精神责任也。政府果颁一法律，则官民必拳拳守而弗背；政府果下一命令，则官民必孳孳行而不违。如是则法施而令行。凡国家所施之法律命令政教，无不切实推行。民之所好则好而为之，民之所恶则恶而去之。凡天下之利莫不为之兴，凡天下之害莫不为之除。如斯之政府，则人民视之如天地，爱之如父母，必能修身以守法，效死而奉命。人民对于法令如斯遵行，政有不修国有不治者乎？大学曰：“诗云，乐之君子，民之父母，民之所好好之，民之所恶恶之，此之谓民之父母”。孟子曰：“桀纣之失天下也，失其民也，失其民者，失其心也。得天下有道，得其民斯得天下矣，得其民有道，得其心斯得民矣，得其心有道，所欲与之聚之，所恶勿施尔也”。故政府之立法行令，必顺民心为民事，则法立而令行矣。

三皇时代，以无为为治；五帝时代，以道德为治；三王时代，以礼乐为治；五伯七爵以来，以法令为治。时异世变，固亦为政者不得已之苦坏也。然欧美已变成法治之国家， 收获法治之效果矣。中国二千年来，即恃法令为治，何以治日少而乱日多，竟未得法治之 果乎？盖欧美之执法行令者，自己先守法而从令，故其法施令行，人民承化受治；中国之 法行令者，只知督责人民之守法奉令，而自己不先守法不奉令，甚至不肖之官吏擅权纵势 枉法殃民，此桀纣所以亡天下，幽厉所以祸天下，王莽曹操所以篡天下，梁冀秦桧严嵩和 所以弄权祸国，又安能怪天下之治日少而乱日多，人民之福利少而祸害多也。

吾人洞观今日之中国，自满清末季变法维新以来，尤其自民国肇造以后，凡国家一切法律政令莫不集古今中外之大成，真所谓众美兼收，万善咸备，无所不尽其极矣。何以主义未实现，革命未成功，国家未建设，政治未修明乎？曰：违法背令之军阀官僚害之也。自本党北伐统一中国，实行党治以来，凡军阀时代之苛法虐政，皆已扫荡而廓清矣。凡可以治国平天下之法令，业已颁发而施行矣。凡可以实行三民主义完成国民革命之办法，业已屡令而公布矣。何以迄令主义仍未实行，革命仍未成功，国家仍未建设，民族仍未复兴，政治仍未修明乎？外有倭奴之侵略，内有叛逆之扰害，固有以致之，但如求其实际最大之原因，洵以各级政府之公务人员，未能完全积极名符其实奉行法令也。法者人作之，令者人发之，欲求法令之到达任务，必须执行法令之人，绝对服从之，忠诚奉行之，然后始克完成法令之任务。如果发布法令者责之切切，而奉行法令者听之藐藐，法令如何而发生效力，法令不发生效力，其与无法令何异！孟子曰：徒善不足以为政，徒法不能以自行。故有治法尤必须有治人，始能行治法以治国治民。

譬如中央政府对于各省政府，各省政府对于各县政府，各县政府对于各乡镇公所，各乡镇公所对于各保甲长，各保甲长对于各保甲之人民，无论对于任何政务，何尝不各有其法令，何尝不各上级政府层层严厉责成其各下级政府，执行法令；更何尝不各上级政府层层严厉监督其各下级政府，完成其政令，同时各下级政府又何尝不唯唯承受其上级政府之法令，又其下级政府更何尝不层层奉令唯谨，以执行其法令。并且其下级各政府亦何尝不层层转报其完成法令，夫法之威未尝不严，令之限未尝不急，而督责执行之责任，又未尝不重，宜其法立如泰山，令行若雷霆，法布必守，令施必行，一法一令，莫不达到其任务，而可以使法令通行全国，政治走入轨道，则国泰而民安矣。

然吾人就现在国家各省县乡镇保甲实际政治之情形，有不堪言者：假使吾人以中央政府所颁布之法令，以考核省政府之政治真相，则必有不相同者矣；假使吾人以省政府所颁布之法令，以考核县政府之政治真相，则多有不相符者矣；假使吾人以县政府所颁布之法令，以考核乡保甲之政治真相，竟有不可考核者矣。吾人以各上级政府之法令，考核各下级政府之政治真相，愈下级则相差愈甚，洵有毫厘千里之谬。夫法令者发于上级政府之权力也，实行法令者由于最下级政府之责任也，今考核之结果，实行法令之下级政府，或不知行，或不道而逆施，枉法而殃民，虫政以害国，执行法令者如此，则法令不但不能彻底实行，而且违而行之，假法令之权威以祸国而殃民矣，国家人民不但未得政府之福利而竟受其祸害，欲人民之遵守法令，遵重法令，奉行法令，是何异与虎谋皮，缘木求鱼乎？岂法令之不善邪？抑人民之邪恶耶？将执行法令者之罪戾耶？不待蓍龟肇占而知其真相矣！

吾人再反而言之，假使由县政府以考察乡保长之报告，则所有之法令，莫不如期尽行。由省政府以考察县府之报告，所有之法令莫不郎若列眉，如数家珍，完璧还赵，金瓯无缺，由中央政府以考察省政府之报告，莫不法张令行，政平治化，无疵可指，无懈可击。

吾人总括以上两方面之观察，则知今日之政治仍非真诚之政治，仍含有虚伪之成份，自上而顾考之，则愈下级而愈不符，是上诚而下伪也；自下级而逆察之，则愈上级而愈□□，是上诚信而下伪报也，上诚信而实际其伪，反不知其伪而以为诚，是上以伪信诚也；下伪报而竟得其诚，是下以伪为诚，而以伪欺其上也，上以伪为诚，以信其下，下以诚为伪，以欺其上，是上蔽于下而失其明，下欺其上而失其诚。为上者不明何以考察法令，为下者不诚何以执行法令？夫今日之国家，所恃以为治者，唯法令而已。上下不能以忠诚相贯，彻底负责，实行法令，何怪主义之不能实现，革命之不能成功，国家之不能建设，民族之不能复兴，政治之不能推动也哉？

吾前谓欧美各国所以恃法令而治国，以其官民有奉行法令之责任精神也，中国数千年来亦以法令治国，所以治日少而乱日多者，非法令不善不备也，乃由于中国执行法令之官吏不奉公守法耳。吾人试就满清以前之专制时代，民国以来之军阀时代，官愈大者愈不法法，为尊贵而以违法无人敢治为光荣，吾民在此种暴虐帝王官僚政治压迫之下，不知几世几年矣。至于中国人民为最醇良，最柔顺，最能安分守己，遵法奉令之人民，最易为治。如总裁在今后改进政治路线中谓：我们中国的人民实在是最纯良，对于政府，对于官吏，可以说最能服从守法的。这个意思总理在三民主义中就讲过的。中国人民最纯良，亦最守法，容易治理，我们只要就刻苦耐劳纯良守法这两点来看，就可以晓得中国的人民，真是再好也没有。因此我们晓得现在社会没有秩序，各地方不能安靖，不能怪土匪，更不能怪人民，实在是怪我们的政府不良，而政治之所以如此不良，又完全怪我们官吏不行。有这样纯良的人民，我们还不能自己治理自己，凡是负政治责任的人，真是个个都应当惭愧。由此吾人征信中国之所以不能以法令图治，非法令之不善，更非国家人民难治，大半由于负政治责任之官吏，缺乏遵守法令尊重法令，实行法令之精神与责任。致法令不能彻底，完全实行，而国家人民始不获早日享受安乐太平之福利。

吾人由以上各方面之情形，推论主义未能早日实现，革命未能早日成功，中华民国未能早日建设，中华民族未能早日复兴，可以归咎于政治未上轨道；政治未上轨道，可以归咎于法令未能实行；法令未能实行，必须由党政军民各界负责任之务级工作人员，共同认其罪过，共同负其责任。顾亭林曰："天下兴亡，匹夫有责"，总裁曰："主义不行，党员之耻"。孟子曰："爱仁不亲反其仁，治人不治反其智，礼人不答反其敬，行有不得者，皆反求诸己。其身正而天下归之。诗云，永言配命，凡政治得失善恶国家治乱安危，民族生死存亡，本党之同志，本党统治下之政府官吏，个个人皆责无旁贷。今后必须养成自己先遵守法令之精神，然后负责忠诚，执行法令，共同努力奋斗，以期完成吾等对于国家民族主义革命所担负之一切责任。公任本此革命之精神，提出此案，知我罪我，公任皆不能不负其责任。不过心有不忍，不能不率真认忠，提此议案。

1. 法令不能彻底实行之原因：

一、由于上级政府之原因：

（1）法令太繁华，下级政府无力执行。

（2）发布法令之机关太多，往往同一政令不能统一，下级政府无所遵从。

（3）各种法令不能尽适合于地方情形，往往不易推行。

（4）上级政府或有不知下级政府之真相而发布之法令不便遵行。

（5）上级政府对于法令未能认真监察。

（6）上级政府对于法令未能切实考核。

（7）上级政府对于执行法令者成效如何，未能综覆名实之赏罚，使贤者知所劝不肖者知所勉。

（8）上级政府之法令变动性较多，使下级政府应接不暇。

（9）上级政府所制定之法令适于精密，高深远大理想，科学名词，最下级负责人员无有领悟之知识程度，故往往不能奉行。

（10）上级政府组织健全，权力人力财力物力能力俱充实完善；所用之人非留学生即大学生，最低亦有高中程度，故上级政府譬如大学，县政府譬如中学，乡镇譬如小学，保甲譬如幼稚园，诸公试想由大学所制定之课程，县政府尚可勉强知而行之；至于乡镇长，更有不能全知音，若夫保甲长简直有莫名其妙著。总理虽主张知难行易，不知亦能行，是指一般事务，至于国家法令责成不知者去实行，不但行不通，而且不知如何借事误事矣。

二、由于县政府之原因：

（1）县政府之机构不甚健全，以现在之权力人力财力不足以推行法令政治。

（2）无力奉行，便发生敷衍塞责之弊病。

（3）为避免敷衍塞责之咎，进而为阳奉阴违。

（4）为避免阳奉阴违之咎，进而为虚伪之报告。

（5）官僚政治：对内老爷自居，对外应付官差。

（6）衙门方式：各公务员只知当差办公签到上班，对于法令如何，县政如何，人民疾苦如何，不过问也。

（7）上级机关太多，据各县长报告，直接对县政府下命令约有数十机关；使县政无力应付。如衡阳县原有各方驻衡机关七百余单位。现在稍减，尚有四百五六十单位，每单位遇事皆找县长，县长至无以应付，致全县政令不能推行。

（8）县长兼职太多，多者二十余职，少者亦十五职，无论有何精神能力，在时间上亦无法应付。每日间除批公文，接宾客，出席会议，即无休习学习思想计划指导推动督责监察纠正考核……之时间。故不能用整个之精神能力时间来办理政务，推行政令。

(9) 缺令布政训政之工作：吾人就周礼所载之王政，□子所载之霸政，皆有每年正月，地方官吏来王所君所朝见，当面授以政令纲领，各地方官承奉政令后，归至地方，又召集各级官吏，告之以政令；各级官吏接受政令后，各对所属之人民布告政令，虑人民之不能也，又为之讲解，此即为之布政训政。政令公布以后，王君即责成在朝公相卿大夫，中央政府即责成地方政府，地方上级政府即责成各下级政府，限令如期实行政令，同时又派人视察，如有不行政令违反政令变更政令未能完成政令者，皆随时诛罚有差。每年综各地方官皆至中央朝见王君，报告一年政绩，谓之会政。王君基于公相卿大夫之审察考核评判，然后施行赏罚，贤者进爵加禄，不肖者黜降诛罚。如是贤者进不肖者退，孰敢不奉政令？国家安能不治？天下安能不平？现在吾国之民众程度甚低，即乡镇保甲长之程度亦甚低。县政府事前不能用古人布政训政之方法，使下级官民皆明白法令，事后又不能监察督导会政考核，实行赏罚。任无能之乡镇保甲长自由为政，自由施行政令于无知之人民。则其政令效果如何，不问可知矣。

三、由于乡镇保长之原因：

(1) 县政府之机构已感不健全，无能力推行政令，至于乡政保之公所，在权力人力财力能力知力更微乎其小，安能担负如此繁重之政令？盖乡镇公所所办理之事务，除较县政府缩小外，而事务之项目，完全相同。所内则一乡镇长，两副乡长，一书长，三五名干事，十二元办公费，如何能胜其任。

(2) 乡镇保长程度低者，即不能了解各种法令政令之条文如何彻底推行。

(3) 即能理解法令条文，又应能力微薄，亦无力推行。

(4) 即无力推行，只得因循敷衍，苟且塞责。

(5) 即敷衍塞责，必阳奉阴违，作假报告。

(6) 不能普遍执行法令，讲解法令，使人民周知通知。

（7）不能监察人民，督导人民必须执行法令。

（8）地方之土豪劣绅，地痞流氓，阻碍法令；乡镇保长不敢惩治。湖南地方有谚语曰：“不怕老虎，最怕老太爷。”所谓老太爷者，即指各大官之父兄言也。

（9）家中有为大官者之父兄，子弟横行乡里，依势欺人，弁□法令，乡镇长亦无可如何。

（10）恶劣之乡镇保长，滥用职权，违反法令，营私舞弊，枉法贪赃，横摊乱捐，渔肉百姓，真像小朝廷土皇帝一样，可以自由捕人，可以自主杀人，兵马财赋，生杀予夺之大权，掌握在手中。非小朝廷土皇帝而何？如吾等在芷江时，县长谓吾等曰：此等甚难治，吾县长令行各乡，业已四五人矣，各乡长无有回答。又清理长沙来阳等监狱，由乡保长甚至保队副直接逮捕有仇怨之人，拘押于县政府监狱者多人。又由吾等巡察时三个半月所收到人民诉状的一千余件，控告乡镇保甲长者不下六七百件，贪污之多者有达十万元以上者，中者数万，少者数千数百，甚者通匪包庇，匪因此为利。据此可知今日之政治黑暗恶浊，不在省不在县，完全在乡镇保之基层中。吾民之痛苦冤□可想而知也。以如斯之乡镇保长，还希望其能执行法令耶。

（11）各乡镇保长何以竟有如此恶劣贪污之人乎？盖待遇微薄，责任繁重，地位甚低，有钱有势者不敢为；有学有才者不肯为；有德有品者不忍为；忠实笃厚者不敢为；上者中者即不可得，必须求其下者劣者等。吾人虽不敢妄断乡镇保长无贤德超众之人，但亦不敢妄断无恶劣贪污之人，由吾等所接受之诉状中，可以为其铁证。

2. 实行法令之改善办法：

一、上级政府改进之要点：

（1）以简易为原则；

（2）以统一为原则；

（3）以审察地方情形为适宜；

（4）以体察下级政府之能力为标准；

（5）要严厉监察；

（6）要精密考核；

（7）要赏罚严明公正；

（8）要少有变动；

（9）要浅近简明易行；

（10）要对于下级之报告严核批答；

（11）对于各种法令，均宜宽限期间，严加□成。

二、县政府改善之要点：

（1）健全县政府之机构，使其权力人力财力能力俱足以执行法令。

（2）责成县政府务须依期推行法令，革除过去一切因循苟目敷衍塞之弊习。

（3）要实事求是，躬行实践，革除过去阳奉阴违虚伪报告之恶习。

（4）打破官僚政治之恶习，要为人民之公仆，为人民服务。

（5）打破衙门之风气，要为地方办理公务之机关，所有工作人员，不是为长官当差，乃是为国家人民服务。

（6）设法减少上级政府直接对县政府下命令机关。

（7）严禁中央驻在各县之机关，不准障碍地方政府行政，宜协助之。

（8）减少县长之兼职，使有充裕精神时间，执行政务。

（9）不教而赦，是为弃之，不教而诛，是为暴政。故县长对于繁杂之法令，宜详明公布，先使乡镇长明了，然后再由乡镇长负责，告知保长，各保长转告甲长，各甲长转告于各户，使人人知晓，然后彻底实行。

（10）每年冬季，县长须召集各乡镇长来县府，举行会政报告，考核成绩，以为奖惩黜陟之标准。

（11）县政府对于乡镇长，负监察督导执行法令之责。

三、乡镇保公所改善之要点：

（1）健全乡镇保公所之组织，使其权力人力财力能力足以执行其任务。

（2）增高乡镇保工作人员之待遇，俾其能任用稍有学识之人才，以推动政务。

（3）慎审乡镇保长之人选，一般土劣流氓，万不可用。

（4）乡镇保长程度甚低，宜由省县政府分别分期训练，以增进其知能。

（5）严禁因循敷衍，苟且塞责之弊。

（6）严禁阳奉阴违虚伪报告之习。

（7）乡镇之中心小学，保之保学，教师学生宜协助乡镇保长推行政令。

（8）土方土豪劣绅地痞流氓，有不奉法令或阻挠法令者，必报告县政府，设法铲除，此种封建残骸，如不消灭，乡镇保之法令无法推行。

（9）贪赃枉法之乡镇保长，必严惩罚，为人民除害。

3. 实行法令推动政务之要点：

统观法令所以不能彻底实行之原因，最主要者在督察不严，奉行不力，其他皆小原因也。昔者总理痛恶假革命党员，以本党为升官发财之终南捷径，自然要官，要钱，不要主义，不要政党。又深愤对于主义不真认识之幼稚党员，以总理之理论高深远大，不易实行，因而脱党叛党，致主义不能早日实现，革命不能早日完成。于是发奋而著孙文学说，以知难行易之革命哲学，打倒知易行难误谬学说，即希望本党同志能认真实行主义，革命即易成功。总裁亦以为实现总理之革命主义，完成总理之革命事业，建设中华民国，复兴中华民族，亦根据总理知难行易之革命哲学，而提倡实干苦干快干硬干之力行哲学，以为达到革命救国使命之唯一动力。故要使人人能遵守法令，执行政务，必采取下列各要点：

一、布政训政　即先教知而后责行。

二、会政报政　即每年举行一次，其法如左：

（1）县政府之会政报政　每年十一月一日召集各乡镇长举行会政报政一次。

（2）省政府之会政报政　每年十二月一日省政府召集各县长，举行会政报政一次。

（3）国民政府之会政报政　每年一月一日国民政府召集中央各机关负责长官及各省主席，高等法院院长，监察使，各师师长，举行会政报政一次；同时即举行布政训政会议，以宣布今年之大政方针。

三、严正考核批评　不考核，不批评，有成绩者不能表扬；有劣迹者不能暴露，则善不彰而恶不除矣。

四、公平赏罚黜陟　自古先圣先王之治国平天下，所以能得贤良辅赞致国治而天下平者，无非赏罚公，黜陟明耳。故贤良者奖励而进陟，恶劣者惩戒而退黜，如舜举八元八凯命九官十二牧，逐四凶而后无为而治，论语曰："舜有天下，选于众，举皋陶，不仁者远矣，汤有天下，选于众，举伊尹，不仁者远矣"。即此理也。

五、四信主义

（1）信仰　对于主义，对于领袖，对于长官；

（2）信任　长官对于属官；

（3）互信　同僚之间；

（4）自信　个个自己要有自信力。

六、四干主义

（1）实干　实是求是，不阳奉阴违；

（2）苦干　埋头苦干，不争权利；

（3）快干　争取时间，不因循敷衍；

(4) 硬干　打破障碍，不怕失败。

七、四大纲维

(1) 明礼义；

(2) 知廉耻；

(3) 负责任；

(4) 守纪律。

八、正己主义　即躬行实践，以身作则之意义。

(1) 为己不为人；

(2) 修己而安人；

(3) 克己而为仁；

(4) 责己而恕人；

(5) 反己而不尤人；

(6) 正己而后正人。

4. 实行决议案之办法，我国近十余年来，无论党政军各机关及各种民众体团办事之方法，皆采取会议制度，设计方法。实合于“集思广益开诚布公民主精神”，亦合于“及事豫则立有备无患，好谋而成，虑而后动”之科学方法。在开会之际，设计之时，莫不聚精会神，尽心竭力，以讨论议案，研究设计，使之尽善尽美，圆满无缺。迨夫决议后公布实施时，便往往有不能遵照实行者，甚至有置而不行者。吾人试就近十余年来党政军民各机关法团所议决之议案与设计，详细检讨考核，其能相符者，能有几何；恐不兑现之空头纸币到处流行矣，故一般人详之曰：“会而不议，议而不决，决而不行，行而不力”。总裁深洞悉此弊习，年来每次大会或纪念周，莫不再三训诫党政军民各负责人员，必须实是求是，躬行实践，以身作则，埋头苦干，本总理知难行易哲学及总裁力行主义哲学，认真负责，执行决议案，完成设计方案，以打破坐而言不能起而行之弊习，收回过去滥发不兑现之纸币，以取得民众信仰。公任有慨于此，对此问题，提出下列几种办法：

一、议案设计议决公布后，限期实行。

二、公布后必严格监察考核其实行情况。

三、对于实行不力或阳奉阴违者，必予以相当惩罚。

四、凡每次会议之决议案，在下次会议时，必提出报告，检查各议案是否已实行，或实行至如何程度。对于未实行者必惩戒之，对于实行有障碍困难者，必设法改善，对于不能实行之议案设计，即宣布取消。如此则“会而必议，议而必决，决而必行，行而必成”。过去一切弊害，皆可革除矣。

公任所以提出此案者，非反对政府压恶官吏也；非妄评政治，以逞其私也；亦非法商韩之以法为治，学李斯之以吏为师，效景武之尚尚酷吏，效曹魏之喜好刑名也。

以吾人今日即不能法三皇之以无为而治，法五帝之以道德而治，三王之以礼乐而治，尤不能法五霸七雄秦政刘邦之雄霸盗奎而治。仁义道德礼乐政教既不足以觉化天下之官民，无已，唯有师法欧美各国之法治主义而已。考先王先圣之所以制刑罚者，乃所以辅助仁义道德礼乐之所不足耳，实不得已而为之也。公任之所以提此案者，意在欺欺！唯勇士见义而为，唯仁人尽忠进言，亦唯善人能受进言，亦唯贤者能纳直谏，愿大会同志亮而察之。管见如此，不敢自是，敬请大会公决。

政治组审查意见：本案为推行新县制之基本精神，拟请交行政院转交县政计划委员会参酌现行法令，注意办理。

决议：照审查意见通过。

(9) 请设法交涉荷印华侨法律地位案（4月1日）

中央海外部提

（民国三十年四月一日第五届中央执行委员会第八次全体会议通过）

荷印华侨人数，达一百五十余万。数百年来凭其心力血汗，惨淡经营，以辟革众，启山林，兴农牧，宏建设，用能造成今日荷印之繁荣。顾其在法律上之地位，则以中荷条约无切实之根据，未受最惠国条款之待遇，致有种种不平与岐视之苛例。举例言之，如诉讼事件，欧美人与日人均受正式法院之裁判，而华侨与土人则同其待遇，受地方行政官吏之审讯，上诉亦不能达于最高法院。而于检查住宅假押扣之程序，更少保障。在纳税方面，华人与欧美人又同其比率。重其义务，而轻其权力，事之不平，孰甚于此？我荷印侨胞颠连痛苦于此种不平苛例下者，已数百年于今。现当我国抗战，荷印当局，正与我有依存之关系，改善邦交，此正其时。敬请大会核交主管□部，从速与荷印当局，提出交涉，务达提高我华侨法律地位之目的，或根据平等互惠之原则，修订中荷条约，以坚荷印华侨内向之心，并示中央爱护侨胞之意，是否有当，敬候公决。

政治组审查意见：交行政院照办。

决议：交行政院照办。

(10)切实促进卫生建设以改进国民体格增进民族健康案(4月1日)〔略〕

(11)为实现本党土地政策应从速举办地价申报案(4月1日)〔略〕

(12)改进财政系统统筹整理分配以应抗建需要而奠自治基础藉使全国事业克臻平均发展案(4月1日)〔略〕

(13)筹办盐糖烟酒等消费品专卖以调节供需平准市价案(4月1日)〔略〕

(14)请克速实施战时计划经济以加强抗战
力量奠定建国基础案(4 月 1 日)〔略〕

(15)为平衡粮价调节民食拟利用并改善健全民间
粮盐交易基层机耕及其经营方法以奠立
粮盐专卖制度基础案(4 月 1 日)〔略〕

(16)请中央增拨补助经费以资推行
国民教育案(4 月 1 日)〔略〕

(17)增设师范学院造就健全中等教育师资俾能
实施三民主义教育案(4 月 1 日)〔略〕

(18)各省亟应设法切实改善师范生待遇并由中央筹拨专款
酌予补助以树立建国基础案(4 月 1 日)〔略〕

(19)大量编印注音汉字之通俗书报及刊物以供学非
注音符号之民众阅读发挥宣传及
训练之功效案(4 月 1 日)〔略〕

(20)积极推行注音识字运动期于五年内普及注音
识字彻底扫除文盲以宣扬三民主义促进
抗战必胜建国必成案(4 月 1 日)〔略〕

(21)请增拨文化事业基金交由本党正中书局大量
编印国民教育课本以配合国策而
奠定党化教育基础案(4 月 1 日)〔略〕

(22)改善专科以上学校军事训练案(4月1日)〔略〕

(23)加强学校训导工作,以期青年思想,均能导入三民主义正轨案(4月1日)〔略〕

(24)高等教育困难益甚请速筹拨巨款以资维持案(4月1日)〔略〕

(25)拟请分期实施总理十年国防计划案(4月1日)

张委员厉生等十人提

(民国三十年四月一日第五届中央执行委员会第八次全体会议通过)

理由：总理当革命破坏告成之际，建设发端之始，以生平之抱负与积年研究之所得，定为建国计画。除三民主义五权宪法建国大纲（革命方略）外，并草手草拟“十年国防计画书”，虽躬完成遽尔即世。但于民国十年七月八日致廖仲凯生生函中，列举六十二纲目，已见全部计划之梗概。总理生前颇致慨于党入误认为理想太高，遂致格而不行。吾人当兹抗战建国大业垂成之际，应如何恪遵遗教，继承遗志，精详擘划，彻底付诸实施。俾建国之理想，同时实现，此其一。本党自临全大会以来，即确定抗战建国同时并进之国策。今抗战将届最后胜利时期，遵照总裁训示：“应作更艰苦之打算，与最险恶之准备。故一切建设应在“国防第一”之原则下进行，而国防建设应有远大之目标，通盘筹划，的以赴。唤起全国国民，如火如荼之热情，一致勇往迈进，此其二。十年国防计画，虽非　就可几，但事实上可分期详订实施计画，分期切实推行，本党历届会议，对于军事政治经济教育诸大端，苟有所策画与决定，背应使之成为十年国防计划之一部分，分期实施，循序而进，以达成十年计画之总目标。此其三。

根据上述理由，特拟具十年国防计画，分期实施之原则及办法，要点如左：

一、遵照总理“国防十年计画书”纲目第五项所示“制定永远国防政策与永远国防军备充实建设为立国之政策”，先确定“国防之方针与国防政策。”。（纲目第二项）

二、根据国防政策及方针制定“国防建设大纲（纲目第四项），其内容规定各项建设事业之具体的总目标。例如纲目第四十五项：“训练国防基本人才三千万，计画训练国防物质工程技术人才一千万计画，”即可作为制定大纲之基准。

三、根据国防建设大纲，分为三期，拟订实施计画。第一期及第二期为三年计画，第三期为四年计画；分别根据抗战时期或战后之实际环境，于每一期计划实施完成以前一年内，拟定次一期之计画，即为十年计划之分期进度，最后一期计画，须达成国防建设大纲所定之具体的总目标。

四、第一期计画（三年计画）之实施要点如左：

（1）应根据客观环境及可能条件，确定中心建设工作，如国防工业应以重工业之建设为中心，国防教育应以提高科学教育为中心，军事建设应以提高机械化之程度为中心。

（2）应遵照总理遗教“操之在我”之训示，妥善运用外国之大量资本机器及技术人才，以加速建设。如此次欧战中已失独立之国家，其科学专家及技术人才，可大批延聘，（因无碍于我之国防秘密，同时可参考该国原有之国防设计。）又国防建设所需之资本及机器，可再由外国借贷，以将来工业资源之开发作为担保。

（3）计画实施时，除有关军事秘密部分外，应注意唤起全体国民热烈参加，并运用国民经济建设运动，国民精神总动员运动，新生活运动等原有之机构及实施办法，加强以国防建设为中心之宣传运动。

以上各项办法，是否有当，敬请公决。

附　总理十年国防计画书纲目

总理国防十年计画书
——民国十年七月八日致廖仲恺函

当革命破坏告成之际，建设发端之始，余乃不禁兴高采烈，欲以余生平之抱负与积年研究所得，定为建国计画，（三民主义五权宪法国防计画革命方略等）。举而行之，以求一路而登中国于富强之地焉。不期当时之党人，以余之理想太高，遂格而不行。至今民国建元，十年于兹，中国犹未富强如列强者，皆以不实行余之救国计划而已。余近日拟著一书（十年国防计画），以为宣传，使我全国国民了解余之救国计画也。兹举国防计画书之纲目如下：

一、国防概论；

二、国防之方针与国防政策；

三、国防之原则；

四、国防建设大纲；

五、制定永远国防政策与永远以国防军备，充实建设，为立国之政策。

六、国防与宪法；

七、太平洋国际政治与中国；

八、国防与三民主义，五权宪法，外交政策。中央政府，地方政府之关系；

九、国防与实业计划之关系；

十、发展国防工业计画；

十一、发展国防农业计画；

十二、发展国防矿业计画；

十三、发展国防商业计画；

十四、发展国防交通计画；

十五、发展国防教育计画；

十六、财政之整理；

十七、外交之政策与战时外交的政策；

十八、移民于东三省，新疆、西藏、内外蒙古、各边省计画；

十九、保护海外各地华侨之意见书；

二〇、各地军港，要塞，炮台，航空港之新建设计画；

二一、都市与乡村之国防计画；

二二、发展海军建设计画；

二三、发展航空建设计画；

二四、发展陆军建设计画；

二五、各项重要会议之召集，如开全国国防建设会议，海军建设会议，军事教育会议之属，由中央政府每年举行一次，以为整理国防建设。

二六、军事教育之改革与训练计画；

二七、军器之改善计画；

二八、军制之改革；

二九、军医与整理及改良，军人卫生之建设计画；

三〇、国防警察之训练；

三一、军用禽兽之训练；

三二、国防本部之进行工作；

三三、仿效各国最新国防计画；

三四、举行全国国防总集员之大演习计画，与全国空海陆军队，国防攻守战术之大操演；

三五、作战计画；

三六、遣派青年军校学生，留学欧美各国，学习各军事专门学校及国防科学物质工程专门学校之意见书；

三七、向列强定制各项海陆空新式兵器，如潜水舰，航空机，坦克炮车，军用飞机，汽球等，以为充实我国之精锐兵器与仿制兵器之需；

三八、奖励国民关于国防物质科学发明之方略；

三九、购买各国军事书籍，军用品，军用科学仪器，军用交通器具，军产大小机器等，以为整理国防之需；

四〇、组织考察世界各国军备建设团之意见书；

四一、聘请列强军事专门人员来华教练我国海陆空军事学生，及教练国防物质技术工程之意见计画书；

四二、收回我国一切丧失疆土及租借地租界割让地之计画；

四三、我国与各国国防实力比较表；

四四、抵御各国侵略中国计画之方略；

四五、训练国防基本人才三千万计画，训练国防物质工程技术人才一千万计画；

四六、完成十年国防计划重要建设计画一览表；

四七、新兵器之标准；

四八、组织海陆空军队之标准；

四九、扩张汉阳兵工厂如德国克鲁柏厂之计划；

五〇、国民代表大会关于国防计划书之修改，国防建设意见书；

五一、欧战战后之经验；

五二、国防与人口问题；

五三、国防与国权；

五四、指导国民研究军事学问之研究；

五五、实施全国精兵政策；

五六、军人精神教育与物质教育之比较；

五七、注重国际军备之状况；

五八、我国之海军建舰计画，航空建机计画，陆军之各种新式枪炮战车及科学兵器机械兵器建造计画；

五九、训练不败之海陆空军计画；

六〇、列强之远东远征空海陆军与我国国防；

六一、各国富强之研究；

六二、结论。

以上各计画，不过大纲而已。至于详细之计画，待本书脱稿，方可览阅。予鉴察世界大势及本国国情，而中国欲为世界一等大强国，及免重受各国兵力侵略，则须努力实行扩张军备建设也。若国民与政府，一心一德实行之，则中国富强，如反掌之易也。

军事组审查意见：查五届七中全会已有此项提案，正在国防最高委员会审议中，本案拟请交国防最高委员会并案审议。

决议：照审查意见通过。

（26）遵照总理国防计画发展海军建设案（4月1日）

陈委员绍宽等二十人提

（民国三十年四月一日第五届中央执行委员会第八次全体会议通过）

理由：总理国防计画，对于陆军海军空军之建设，指示周详。今陆军力量，早经雄厚；空军规模，亦已备具。惟海军尚未健全。抗战以来，牺牲甚大，舰队力量，更形薄弱。查我国东部滨海，腹部又有河流湖域。海岸既属绵长，港湾岛屿，复甚繁杂。故建设国防，必先海防；海防首要，即系军舰配置，以及沿海扼要设防，军港要塞，均属重要。兹事体大，需费甚巨，尤非短时期所能□事，必须不断努力，于二十年中，方克期其略具规模，此为攘外之设备，实不能再为稍缓。然攘外须先安内，卑有明训，历稽往事，用兵之后，必有睚患，江海湖流治安，势将受其影响，深恐国民因而不得安居乐业，是则维持国内及近海之水上安宁与夫护航护泊，实乃首先之要务。而两者相衡，则内河及近海之水上治安，尤为急切。以此之故，建设海军，应分为缓急难易，以次推进，庶可循序实行事半功倍。其办法拟分为三大阶设。

一、建立维持国内水上治安之海军，因此时期中，战事□毕，盗匪为患必烈，轻则商旅裹足，百业凋敝，影响民生，殊为不甚少。重则引起友邦责难，至必□□护卫，□失我国家独立自主之国权，尤为可虑。默揣战事告终之时，国家元气未复，财力不裕，只能从轻而易举之事为始，故先赶造小舰，以应治安之急需。同时且可藉此预练人才，以备日后大规模海军之应用，是一举两利，实多裨益。第一期爰以五年为限，过此以后，国家元气，渐就恢复，地方秩序，亦臻完整，财力必能随之转强，即进一步从事于护航护泊之海军建设，亦以五年为限，因护航护泊，系在海上工作，须配备富有凌波性之海舰，此时既□有海舰，则以之宣慰海外华侨，及访问友邦等，随时皆可兼顾。对于外交侨务，均有裨补。其需费因较首期稍大。俟至二期建设完备，则海军规模稍具，其人才亦因之增多，然□推进建设攘外之海军时期，约以十年为度。在此期间，建告作战军队，沿海分设防区，开辟军港要港等等，需款更巨。第自战事结束之后，历时十载，凡百事业，均趋发达，财政必已大加增进。于此时推行是项建设，必见较易。预算第一期造舰五万吨，需款五万万元。第二期造舰十万吨，约须十五万万元，而第三期以之造舰二十万吨，则需三十万万元。此期建设费虽较稍大，其实分期匀付，每年亦不过三万万元。固知建设海军，需款颇多，然一旦战事发生，尚无海军，必至束手坐视敌人进兵侵犯国家，损耗尤巨。例如此次暴日之侵略，即系我国数十年不建设海军，致国防实力不足，遂为敌寇所觊视，巧有今日之战事，综计抗战所耗，实较建设海军为尤大。前车之鉴，后事之师，宁不痛定思痛，故权衡利害，及时建设海军，以御外侮，实为上计。兹值充实国防建军伊始，敬陈管见，备供采择。以上各节，如属可行，拟请定为法案，限期实施，并交主管机关妥为办理。是否有当，敬请公决。

军事组审查意见：本案拟请交国防最高委员会，并张委员厉生等提分期实施总理十年国防计画案，从速审议。

决议：照审查意见通过。

（27）对于政治报告之决议案（4月1日）
（民国三十年四月一日第五届中央执行委员会第八次全体会议通过）

本会议开会之日，正值抗战紧要之关头与世界空前之变局，会议听取政府各项政治工作报告以后，认为各部门之措施，对于抗战建国纲领及七中全会决议各案，虽以各种原因未尽能充分实施，然均能黾勉努力，克服困难，循序前进，使抗战建国之事业，得有进一步之成绩，深为欣慰。兹择要提出应行检讨及注意事项如左：

一、过去工作之检讨

一、本会议对于国防最高委员会及行政立法司法监察考试五院之报告，大体均表满意。惟今日乃非常之局，自须吾党以及政府作非常之努力，始能达抗战最后胜利，国防绝对安全之远大目的，今后如何确立行政三联制之精神，提高行政之效率，如何加紧实施新县制，树立地方自治之基础，如何彻底完成禁政，如何有效保侨，如何划一现行法令，如何改进司法制度与培养司法人才，如何发挥监察效能，如何使考铨之制益趋普及与缜密，以及如何集中策进全国力量，谋国防建设之进步，在在均需各主管机关于制度人事两方面根据历次决议，以及工作经验，悉力改进期无遗憾。

二、检讨过去，策励将来，为全体会议之责任，本会议由于历次之经验，深感全体会议时期甚短，报告甚多，为使全体会议对于政府工作能充分研讨起见，已议决政府应根据分层负责分级考核之原则，改进今后工作报告之具体办法，即汇为综合报告，先行自□检讨，再行提出，尤盼对于过去决议执行之程度与执行之困难情形，及对于以后工作之具体计画于报告中有明晰叙述，庶全体会议□根据实际之问题，作深切之检讨，举集思广益之功，收明办笃行之效，其稗益于今后政务之兴革者必非浅鲜。

二、今后工作之方针

（一）关于外交者：

一、自去年九月敌人与德义正式缔结三个同盟高唱大东亚新秩序之谬论以后，国际形势为之一变。敌人独霸东亚之野心愈炽，各友邦对我抗战之同情援助亦愈增，因四年之血战，我国国际地位为之提高，而我国抗战为世界拨乱反正主力之一，亦为举世所公认。今后我国外交自应利用此有利之局势，益加扩大外交之运用，而以联合反对敌人所谓大东亚新秩序之国家共同奋斗，为主要之目标，对于美国英国当更增强联系密切合作，对于苏联，应本过去友好精神益求两国邦交之密切，以达共同制裁东亚祸首之目的。

二、目前敌人及□□进，而南洋固为我国国防生命线，亦一千万侨胞之第二故乡，吾人之目光自不得不注射于南太平洋之广大海阔，今后对于印度缅甸暹罗澳洲新西兰各地以至于中南美各国，应分别促进及树立邦交；一面打破敌人之阴谋，共建太平洋之合法秩序，一面对于侨胞之安全与产业，尽力予以维护。

三、本于上述原则，调整驻外使领馆，尤不容缓，深盼外交当局根据七中全会决议，斟酌目前环境，对驻外使节，作全盘规画，尤以南洋中南美以至中亚方面。其尚未设置使领馆者，应斟酌情形，从速增设，其应添设专门人员者，亦应加以扩充，以扩大外交活动之范围，适应当前实际之需要，至于灵通情报与培养人才，并须切实注意。

（二）关于内政者

一、实现民治为本党政治建设之目标，本届第六次全体会议宣言曾指示“必须早日完成建国大纲之程序制定全国共循之大法”，并决议限于民国二十九年召集国民大会，制定宪法，虽因事实上之困难，国民大会之选举，未能如期办竣。国民大会之召集，亦因而延期。五权宪法乃总理伟大之创制，国家长治久安于此是赖。故政府应本既定之方针，从速筹备召集国民大会，以促进民治之实施，完成建国之盛业。在国民大会未召集前，国民参政会为本党在战时领导民治之设施，诚能发挥效能，必大有助于政治之推进，政府并应予以注意。

二、地方自治为实施民治之基础，而新县制乃地方自治之实行，政府对于新县制之实施，尽力推进，本会议深表嘉慰。唯事属创始，且以各县地方教育程度、地理、交通、经济、生产及乡村人才种种之差异，平均发展，极感困难，非赖政府以全力指导督促，未易如期完成。惟新县制推行之困难，虽不一而足，而目前，一步着手应为各级行政机关之整理，各县地方情况虽不一致，而机关之庞杂，职权之混淆，与人才水准之低落，同为最大之症结，所盼政府对于县各级机关之机构职权，以及人选各种问题，根据以往之经验与当前之事实，悉力改善。此外对于县各级民意机关之筹设以及地方党政工作之联系，尤须深切注意，不独使新县纲迅速完成，且使本党之领导，深入于广大之农村，以立民治不拔之基。

三、抗战迄今，经济作战实较军事作战更为重要。欲求抗战之胜利，国防之巩固，民生之改善，以及行政效率之提高，必须政府对于经济问题以最大之注意作最大之努力，除关于财政经济交通问题已另有决议外，兹再郑重提请政府注意者：一即民生主义为本党经济政策之最高原则，政府机关与执行人员应对于民生主义之要义，深刻研究，本为经济建设之准绳。二即一切经济问题与政治问题息息相关，民生主义之成败，系于政治设施之良否，尤系于政府纪纲之振□，所盼政府注意一切建设应以国防建设为急务，各级政府人员之特别负经济责任者，首须廉洁奉公，克尽厥职，乃能履行经济建设之国策，并当深研经济问题备具因地制宜之知能，乃能在此经济战争之时代，作经济抗战之斗士。

（三）关于社会事项者

一、社会部之改隶行政院，意义甚为重大，盖在社会福利事业之中，同时谋民众组织与训练之健全，社会行政固以社会福利事业为主，然民众组训之健全，实为促进社会事业之前提。故社会部之工作仍须与党的工作取密切之联系。在社会事业之中，推进主义之宣传，加强党与团之组织，并须善于运用党团活动，使本党之主义，贯注于社会组织之中，使全体民众乃能晓然于有健全之民众组织，如能增进民众之福利，且深切认识本党为民众利益之真实保护。

二、国民精神总动员运动实施以来，颇著成效。今后除党政领导人员应以身作则外，社会部尤尚尽力推动并与新生活运动相配合，使此项运动普遍全国，在民众组训之中，发扬三大目标之要义，在社会事业推进之中，提倡新生活之精神，盖必须养成刚强尚武坚毅之民心士气，始能担负抗战建国之重任，生存于今日惊骇剧烈之世界，并盼各级政府人员深体此意，互相砥砺，为民表率，奋发新兴之朝气，蔚成兴国之精神。

三、人口之增加与国民之健康，为国防重要因素，必有广大之人口始有丰富之兵源，必有健全之国民始有健全之国家。故政府当采取各种步骤，以谋人民生活之安全与进步。例如卫生行政之推广及充实，学生及士兵营养之改善，救伤恤灾事业之推进。堕胎溺婴之取缔，孤儿弃婴之养育，以及对于无力抚育子女者之救济，均当规划实行。而对于国民体育，尤当普遍推进，并使体育与国防训练合而为一，凡此生聚教训之事业，实为立国之根本至计，未可视为缓图，政府当首加之意者也。

(28)对于财政经济交通农林报告之决议案(4 月 1 日)〔略〕

(29)对于教育报告之决议案(4 月 1 日)〔略〕

(30)对于军事报告之决议案(4 月 1 日)〔略〕

(31)"战时党政三年计划"(常务委员会提)及"国防工业战时三年计划纲要案"(总裁交议)(4月2日)

(民国三十年四月二日第五届中央执行委员会第八次全体会议通过)

以上两案经特种审查委员会合并审查提出其审查意见七点：

一、标题改为"战时三年建设计划"。

二、党务三年计划应制成一独立方案，但其实施计划，仍与行政计划密切配合。

三、第二项原则及本计划之主要任务与第三项实施程序大体通过。

四、第四、五、六、七项建设之方针，修正通过。至各项实施计划，交国防最高委员会审核施行。

五、国防工业战时三年计划纲要，并入本计划之国防经济建设丙款内，原计划之工矿商□部分，应即抽出。

六、国防经济建设计划关于工业部分，应特别注重军需工业，以应军事上之需要。关于农业部分，应以增加粮食生产为中心工作。

七、第八项党务三年计画方针，通过。其组织宣传训练海外各部分工作计划，交中央党务委员会核定实施。

决议：照审查意见通过。

附注：本案未能全部发表，兹将上举决议案中之三四七等点分为第一第二两部附录于次：

第一、上举决议案第三四两点关于"战时三年建设计划"之原文：

一、四年抗战总结

溯自本党领导抗战以来，迄今已及四载，当此期间，由于贯彻本党长期抗战以求最后胜利之国策，卒使国际国内之情势，与夫敌我力量对比，发生显著之变化，现在世界上凡属爱好和平之国家，靡不同情于我国之抗战，靡不憎恶于日寇之侵略，尤其日寇利用欧战以扩大侵略之企图，更为苏联美英所深恶痛绝，目前日寇在国际形势中，已因我国坚强之抗战，耗竭其厉力之大半，不仅成为配角，无足重轻，且以渺不可期之希冀，树敌于英美，不慊于苏联，而美英荷澳之联防，使日寇益陷孤立，失却主动之地位。反之，我国原已得道多助，经过四年之抗战，现更取得国际间无限之同情与广大之援助，此可告慰于本党同志及全国国民者一也。

当抗战之初，我国内部虽已团结，而尚未趋于坚实，虽已统一，而尚未趋于具体，国家观念，尚未普遍深入，民族意识，尚未充分发扬，及日寇之铁蹄，踏入我国之堂奥，全国同胞始怵于国难之严重。牺牲小我，一德一心，相率立于本党旗帜之下，以本党之三民主义，为唯一奋斗之指标，并奉本党之总裁为全国最高之领袖，全民尽力，三军效命，前方流血，后方流汗，前仆后继，甘之如饴，在敌后在战区各地同胞于敌伪压迫之下，不断奋起，创造无数灿烂光荣之事迹，写成无数可歌可泣之历史，举凡我国四千年来文化传统之幽光潜德，均由“汉贼不两立”之精神而表现，乃能以劣势之装备，抵抗日寇优势之武器，至于抗战过程中，加强国内之统一与团结，从而一扫过去中国分崩离析之危机，此可告慰于本党同志及全国国民者二也。

日寇谋我之政略，原冀“以华制华”，不战而胜，由其挠幸心理，演为错觉认识，根本既错，枝节全非，敌人“歼灭战术”已告失败，我国“磁铁战术”着着成功，敌人在战争之中，虽有点与线之占领，但并不能消灭战区人民爱国之情感与行动，虽有对我海岸之封锁，但并不能切断我国地理上多角之适应，虽有伪组织之建立，但适足以暴露其无法结束“中国事变”而徒作聊以解嘲自欺欺人之悲哀，故在政略与战略方面观之，敌人已自掘坟墓，自取灭亡，而我国则日益接近胜利。此可告慰本党同志及全国国民者三也。

敌人之失败，虽已确定，然为加速敌人之崩溃，吾人仍须于艰苦之中，尽量善之努力。回溯过去四年，吾人在党务方面所致力者，一为实际工作之策励，一为社会服务之倡导，在政治方面，一为宪政基础之确立，一为地方自治之推行，在经济方面，一为后方经济之开发，一为民族工业之兴建，在社会方面，一为精神总动员之倡导，一为生产与节约运动之推行，期在以精神补充物资，以勤劳克服困难，而在救死扶伤，振灾恤贫，以及一切伤病军民，与夫受灾同胞，蒙难儿童之救济工作，更竭尽全力与以推进，用能使抗战之后方与前方，凝为一体，共济艰危。此可告慰本党同志及全国国民者四也。

惟故土未复，强寇未除，傀儡待锄，国贼稽诛，而敌后同胞之呻吟于水深火热者，更延颈以待吾人之拯救，故为完成抗战之任务，驱逐侵略之敌寇，安慰牺牲之先烈，实现革命之使命，必须于此战时，加紧努力，奠立我建国之基础，培养我新生之力量，综结四年来所获宝贵之教训，爰特确立战时三年建设计画，以为全党同志与全国同胞奋斗之鹄的。

二、三年计画主要任务

吾人认为抗战必须争取最后胜利，建设必须达到国防绝对安全，本此两大原则订定三年计画，共策进行。总裁最近指示：

（甲）关于政治方面者：

“我全国同胞均须认识一切党派观念及所谓左倾右倾的意识理论，已经是陈腐落伍的旧时代空谈……所以今日惟有适于战斗之政治，始为新时代的政治，能够自卫始能保障民治，不能战斗即无民治可言……中国国民党一贯以凝结民力巩固国防为任务，……现在要组织起全国同胞，作空前自卫之血战，而为完成这一任务起见，本身绝无党派成见可言，在政府方面，自当整饬纪纲，与提高行政效率，推行地方自治，以确立民治根基，……同时不得不要求全国国民确认国族至上，国防第一的真理，放弃一切不合时代的旧观念，使全国成为一个统一强固的战斗体”。

（乙）关于经济方面者：

“在经济方面，必须趁此战时，树立国防经济的基础，而根据国内需要，迅速完成经济建设的工作，此种战时经济设施，不仅行于现在抗战时期，且必须延长至战后，以达到绝对安全的守势国防之日为止，为了完成这一目的，政府当采取各种步骤，以调整各种生产及金融，改进交通与运输。并要求全国同胞之普遍刻苦勤劳，集中资金，普及劳动”。总裁作综合之指示如下：

“总之，今天不能战斗，就一定灭亡，没有国防，就没有国家……我们一切政策，一切设施，都要以国防为中心，一切利害是非，要根据国防来判断，我们的军队，必须成为高度国防的武力，我们的政治，必须成为动员国防力量的总机构，我们的经济，必须是培养国防力量最大的根源，我们的同胞，也必须是个个具有战斗技能，决心为国效命并恪守国家法令的国民，一切文化教育事业，亦必须适合国防的需要，成为国防的一部分”。

综合总理遗教，抗战建国纲领，以及党与总裁最近之指示，特再规定三年计画之主要任务：

一、以充实军事政治经济社会等工作为前提，从而争取最后之胜利。

二、以扩大军事物资与民生物资之生产，从而满足抗战军事之需要，安定人民之生活。

三、各种有关国防之设施，在抗战期间，固须改进，即在战后，亦须延长其设施之内容，与依此设施之需要而建立之制度，在质与量上继续迈进。

四、加强政治组织，并特别注意于基层政治机构之建立，以奠定民治之基础。

五、依据本党之政纲政策，调整一切政治经济社会之组织，使其机构人事法令规章能成为动员国防力量之枢纽。

六、一切文化教育之事业均须适应国防之需要，各种人才之教育及训练，须与其他各部门计画配合，使人才准备与事业之进度相适应，一切计画可以按时完成。

三、计画之实施程序

三年计画之主要任务，即如上述，吾人应根据此项主要任务，分别订定各部门之计画，再行配合而成为三年战时建设计画，惟此处所谓计画，并非计划之本身，而系计画之大纲，由计画之大纲到实施计画，其间之程序如下：

一、本计划大纲实施期间，应由民国三十一年一月起，至三十三年年底止，因下一年度之计画及概算，现在各机关已开始拟编，本计画大纲即可为拟编之依据，三十年七月至十二月止为准备工作时期。

二、本计划大纲乃三年内建设工作之总路线，惟战时情形变幻莫测，如适应变动之环境起见，本计划大纲不侧重分年之计画及进度表，各部门应斟酌年度实际情形，分别分拟订其分年计画及工作进度。

三、本计划大纲内关于经费方面，祇能作一个总估计，故计画中所需之经费，不按年度列入计画大纲内，而各部门应按年编入其每年度预算之内，不特可以配合每年之财政情形，并且可以与物价之变动相适应。

四、本计画大纲乃根据各部门之计画草案所编成，欲使其成为有整个性之计画起见，应做到两种配合工作，一为三年计画大纲之总配合，二为每年度，年度计画及年度概算之配合工作，此两种工作均应由主管机关召集有关机关详细整理，使能收分工合作之效。

五、本计画大纲经决定之后，党政领导同志及各级党部应发起推进此三年计画之普遍发动，使本计画能够获得各期或提早之成功。

四、基层政治建设

依照建国大纲及地方自治开始实行法，树立基层政治组织，完成地方自治。

一、由基层政治组织注重卫生设施，办理地方警卫，普及国民军训，发动国民体育，以保卫地方，而求民族主义实现。

二、由基层政治组织注重普及教育，训练人民行使政权治权，以树立民治基础，而求民权主义之实现。

三、由基层政治组织注重举办生产事业，发展交通，普行合作制度，加强粮食管理，推行土地政策，促进耕者有其田，以发展国民经济，而求民生主义之实现。

五、国防经济建设

（甲）关于财政金融者：

一、财政及金融力量互相配合，开发经济，培养税源，以适应抗战建国之需要，并树立战后复兴之基础。

二、本普遍及公平之原则，推进并扩充直接税，以充实国税之主要体系。

三、推广改进现行间接税，并选择大宗日用物品，施行专卖制度，俾收国计民生双方兼顾之效。

四、省财政应由中央负责统筹调剂，县财政厅与省财政划分，力求自立，俾管教养卫诸政平衡发展，促进地方自治之完成。

五、充加法币准备，调节发行，以巩固其信用，健全金融组织，加强控制，以发挥其功能。

六、调整对外贸易以增进生产，促进外销，并利用易货及互惠制度，以增进友邦之商务取得其充分之援助。

（乙）关于交通者：

一、增加国际及通海路线，便利政府物资之输入。

二、改善及发展各省间交通运输，适应国民经济之需要。

三、加强后方联络交通，以为争取最后胜利之准备。

（丙）关于工业矿业者：

一、加速促进兵工需要原料及制品之生产，以应军事需要。

二、积极增加出口物资，换取外汇。

三、尽量培植民生必需品之生产，以维持各方人民生计。

四、建设基本工矿事业，以奠定工业化之基础。

五、进行程序，待最急迫需要而可期迅速完成者，尽先进行，务期便生产之增加，能与经费之支出相应。

六、经营方式，督促国营事业，护导民营事业，协力并进。

七、准备方法，除工业本身之设计外，并注重培发技术人员。

（丁）关于农林水利者：

一、应用科学方法，增加衣食原料，外销特产及耕牛役马之增产并改进其品质。

二、开发已有农林渔牧各项资源。

三、防除农林渔牧灾害之损失。

四、提倡农林渔牧产品、加工制造以适应国内国外需要。

五、辅导农民组织，改善农场经营，并改进农业金融及提倡副业，以发展农村经济。

六、国防社会建设

一、加强全国人民团体之组训，使能配合军事行动，以实现全民总动员。

二、力图社会福利事业之发展，安定人民生活，以巩固战时社会秩序。

三、推行合作事业，发展合作组织，以促进战时社会经济之发展。

四、积极救济难民，教养难童，加强组训，以辑流亡，而安人心。

五、积极推进保健及防疫工作，以充实抗战之人力。

七、国防教育文化建设

今后三年教育事业，更应依照本党第五次全国代表大会及临时全国代表大会所定方针，求与军事政治经济及社会建设工作密切配合，使事业发展与人才培养，并头迈进，以完成抗战建国大业之使命，其各校教育之设施，应依照下列之原则。

一、国民教育之推行，应与新县制相配合，在四川、西康、贵州、云南、陕西、甘肃、宁夏、青海、新疆、广东、广西、福建、江西、湖南、湖北、河南、浙江、安徽等省，三年内应完成每一乡镇设置中心学校一所，至少每二保有国民学校一所。

二、中等教育之设施，一方应求量的发展，同时应求质的改进，以期能与国民教育中等教育以及国防与生产事业各方面之需要相衔接，尤应注重师范教育与女子教育之扩充与改进。

三、高能教育应视人力财力所许可，及各种事业发展之需要，由中央统筹，酌量扩充，尤宜奖励各省设置专科学校，增设院校时，应注重各科之均衡发展，研究院所应予增设，至现有之院校，应力求设备之充实。

四、社会教育应特别注重人民生活之改进，民智民德之培养，抗战意识之增强，故除应将原有事业继续办理外，并应注重教材之编订，师资之培养，施教范围之扩大，以收普及教育之功。

五、边疆教育应宽筹经费，使之尽量扩展，并注重地方环境之适应，以奠定国族团结之基础。

六、游击区教育，应与军事党务密切联系，继续加紧推行。

七、侨民教育应用种种适应环境之方法，求□□□，首先注重师资之培养与教材之编订，并行视导制度，以加强国内外之联系。

第二、上举决议案第七点之党务三年计画之方针原文

在此三年之内，应积力发展党务的力量。以党的力量推动一切国防建设计划，党与政府之领导同志，应深切了解党政配合之深意，盖就政府方面言，党为现在政治之发动力及支持力，政府如不能与党配合，则一切政策无所依据，一切设施失其联系。就党的方面言，吾党为现在执政之党，如党与政府脱节，则党的政策不能由组织宣传训练等工作而渗透入于整个国家社会各阶层，

以期主义之实施，故在三年内党的发展，应依下例三个方针进行。

一、使党为推动三年计画之主要力量，特别注重配合地方自治及经济部门工作之发展。

二、推动社会唤起民众、积极的造成容易推行国防建设的环境，消极的扫除阻滞国防建设的障碍。

三、推动并鼓励任职政府机关之党员，特别努力于国防计画之实施工作。

(32)在行政院内设置贸易部与粮食部藉以加重其职权而增进其业务效能其原设之财政部贸易委员会及全国粮食管理局应予撤销案(4月2日)〔略〕

(33)关于加强国内各民族及宗教间之融洽团结以达成抗战胜利建国成功目的之施政纲要案(4月2日)〔略〕

(34)积极动员人力物力财力确立战时经济体系案(4月2日)〔略〕

(35)动员财力扩大生产实行统制经济以保障抗战胜利案(4月2日)〔略〕

(36)各省田赋暂归中央接管以便统筹而资整理案(4月2日)〔略〕

(37)对于党务报告之决议案(4月2日)

(民国三十年四月二日第五届中央执行委员会第八次全体会议通过)

自第七次中央全体会议迄今阅时八月，本党依主义之昭示，秉总裁之训督，倾导全国国民，凝注一心，排除万难，以致力于敌寇之戡除，并于国力之更生，奋勉赴事，各地方党务工作同志尤其在沦陷区域及战区之同志，于极困难环境中，沉毅努力，与敌伪反动势力相奋拒，□执则贞固不移，力竭则继之以死，前仆后继，为数已多。吾人就任务上谨严循省之意义言之，固为咸沦胥未复，诸端待理，极有待于今后之百倍勤劳，然兹次会议于听取中央自上次会议以来之党务报告，与中央各部会及三民主义青年团所提出之工作报告，各地方党部列席各同志之所陈述，从而考核其工作计画与进度后，深察此八阅月来之经过，本党各级组织机构，大体已具规模，工作方案亦有适当配拟，故认为本党现时所亟应致力者为加强实际工作之效能，而其要端则先在于加紧党员之训练，干部之培养，促进党政联系及党团活动之运用，然后制度合于需求，人才当于事业，分程致功，效绩可观。今力检查过去，砥砺将来，特就工作缺点及今后所应注意策进者，提示如下：

一、关于组织者　此期党部组织工作，在于确立制度，健全机构，一面继续以前任务，一面研究充实工作之办法，而求其发挥效能，对于完整各省市人事配置，尚能因地制宜，利便工作，而对于学校党部及工厂党部基于发展文化及振兴产业之相需，特有积极之推动，如派遣同志分地视察，并为主义之宣传，学术之讲演，甚足为开展党务之助。惟端于训练工作之加强，地方特殊困难之解除，党部业务之扩充，工作成绩之考核，优秀党员之选择，干部人才之训练培养与使用，地方自治及新县制实施之促进与考察，均应遵照总裁之指示，历次全体会议之决议及政府法令，按时期，定进度，切实领导执行，其应增加人才物力与联系协同诸方法者，尤当依据实际情形，分别予以决定。至一般组训工作，多有区分部及小组划分后，未能切实按其举行会议讨论者，此为党之精神所寄，关系异常巨重，而军队党部为使集团入党之官兵接受训练，则涵濡主义，讨论问题尤属重要，自宜特加注意，督促实行。其图战时情形特殊，地区交通散隔，而集会感觉困难者，亦应因地制宜，指示办法，俾组训不致空辍。又分区督导制度，使地方党务得有效之推动与切实之考核，且解决困难，协导工作，均易收效，各区成绩尤得互相比较，尤宜确实推行，惟督导人员之到达任事，务须时加稽考，以防疏懈。接近战事之区及沦敌区域，则督导人员及县党部工作人员，更应由上级考查其实在工作情况，以免工作潦革，有名无实。至于省以下各级党部人选，渐次改为选举制，实现本党在组织上求健全进步之要图，尤应特别谨慎将事者也。

二、关于征求党员者　中央委员介绍入党之党员超过预定名额，惟所征求之党员，素质未能尽如中央指示之标准，此项征求，原冀为本党充实人才培育后起，嗣后自宜精选萃拔为党致才，至一般征求情形，除军队之集团入党外，普通党员之比例，仍觉农工与妇女人数尚少，而上期征求小学教师之期□亦未能具达。至区乡镇保甲长任新县制实施时，工作地位极为重要，今后及宜恳切宣传加紧考查，从事征求党员，能超过额数外，其余党部即已经核减之数，亦未足额，组织部检讨其原因，曾于组织科股长会议详晰提示，且对素质之重视，不因扩大征求而有所改变可称得当，各省市应切实遵照办理。至于边疆同胞及海外侨民，亦觉过去征求入党之进度，失于缓少，应力谋推广，逐步增强。其次对于学校青年入党或入团，往往有交臂互失之处，又或虑思想不纯，行迹疑似，遂未　其恳切引导之职事，此为学生青年徘徊观望于党与团以外之原因，今后务当研究矫正。

三、关于训练者　实施训练轮流调训干部在精神上所收之效果甚大。中央各种训练及各省各种训练，为本党培养干部最切要之工作，仍宜继续推行，对于训练期间课程之排列，讲师之选择，训导之方法，学生品质之考查，以及受训人员卒业后工作成绩之考核，均须切实注意。对于边疆与海外干部人员之训练工作，尚应推广增强，至各级党部经常训练工作，如主义与政策之研讨，服务精神之提高，人事时地物之适当管理，以及各项工作之设计，法令规章之讲习，无一不为党员学术能力及对党任务之所关，故训练方针必须忠实遵守总理之遗教总裁之训示及本党历届大会及全会之决议。至各地党报及党义书刊自宜多所选材，定为组会讨论题目，以求信仰力行之进步，俾全党同志人人无愧于为一富有革命精神之党员。

四、关于宣传者　此期宣传工作，对于编印总理遗教总裁言论已大量竣事，其他出版工作亦复具有规画。上次全体会议所指示推广文化诸工作，已能创见于文化驿站之设立，至其他宣传门类与技术，则尚少显著之进步。如新闻之选择，言论之指示，关于对内对外诸要端，每觉事后之补救者多，而事前之领导者少，此至应注意改进者也。摄影电影广播各项工作，亦以规模过小效果不大，今后务求克制困难，尽量发挥应有之功能。对于战地军民鼓舞士气激励人心尤当格外致力。至于我国社会秩序□风俗，可藉以为抗战建国之助者甚多，皆可注意精神，示一畴范，使三民主义在民生日用方面，绵存于群众生命之中，镕铸为时代之新圣。又如青年思想之领导，切须于青年心理认真体察适应时代需求，造成笃信主义忠于国家爱护民族之风尚，他若国家文献，革命史实，此时搜罗整辑之功夫，即他日修史缵言之凭籍，汇编类书丛书之所取资，况在抗战期间，军事外交方略辞令誓告文书，铸骨血为精神，存世代之光烈，与夫军民忠勇节义之事迹，及应预立体制，以时征集，用昭抗战建国之盛。

五、关于海外党务者　上次全体会议，认为海外党务之一切设施，必须以协助发 展侨务为依归，此期工作之急切需要者为积极征求党员以充实力量，培养各级干部以发展组织，中央对海外党部所指示督促，与所举办之高级干部训练班，及调训之各级干部，咸致力于此，尤为今后海外党务健全进步之要图。海外部长亲往南洋各地视察指导，对侨务之协助与宣传之改进，均有裨效，并设立青年运动及妇女运动委员会，侨胞志力有所集中，而与青年团联系办法办经确订，行动领导不致纷歧。惟至应注意者，此时国际情势瞬息万变，本党措施，须使侨民生活意向有所秾循，明于是非之辨。而对于侨民回国工作及其子弟归受教育之设施，务使合其需要。因中生产交通诸事业当切实调查计画，策励侨胞兴办。

六、关于社会工作者　人民团体受社会部之管理监督，今社会部虽改隶行政院，而本党扶助各种人民团体之发展，原为一贯之政策，况在抗战建国要求下，人民心理之齐壹，工作之领导，关系尤属重要，本党之于人民团体，仍不能以法定关系之变更而异其责任，今后无论对于职业团体或社会团体，应扶助其工作，发展其业务。而在人民团体内活动之党员，应以努力负责，热诚服务牺牲小我普利人群之革命精神为众表率，对于不利国家民族之言动企图，则亦当为合法而有效之纠正。至现在之妇女运动委员会改属组织部，文化运动事项改属宣传部，在方针指示法规改定及工作联系各方面，极应由党部与政府之主管部通筹贯彻，以赴事功。

七、关于党与团之关系办法者　三民主义青年团组织与工作之发展，甚为迅速，对于青年学问修养服务活动，与对于革命方向之认识，工作之准备，均已树立正确之视模，然党与团之关系，基于过去之经验，求其密切合作，发挥思想领导与行动领导之实际效果，自需确定办法以为准绳，故于自然条件如年龄体力等，工作条件如能力范围等，均当作明确之规定，而要在训练活动之切实联系，与意志上之亲受精诚，庶几分二合作为一体。

八、关于党与政府关系者　党为领导政治之集体，而政府为国家权力之所寄。服务政府之党员，对于党所决定之政策与国家制定执行之法案，自行率先躬行，加倍努力，而务求效率之获得与增进。在于法纪之遵守，廉洁之互励，党员尤当树立风气，示范群伦。故为加强政府机关执行革命政治之意志与功能计，今后宜于各政府机关内普通加强党之组织，在训练方面，领导所有□□人员必须阅读总理遗教总裁言论，又凡最艰苦之工作，当由党员身先任之，涉险犯□□勇毅不辞，此则各机关内所设党部之主要使命，而尤有待于今后之努力者也。至于各级党部与政府之关系，历次全体会议均有讨论与指示，凡联席会议之方式，党政职务之互相□□，皆足使党务政治配合适当，相得益彰，过去抵触牵率之现象，自可一概廓清，抑尤有要者，第六次七次中央全体会议对于民生主义之实践，均有剀切之指示，举凡战时经济之统制，战后复兴工作与国防建设之筹画，党部政府同其责任，或为纲领之提挈，或为政策之检查，促进设施，研究效绩，则党与政府之关系，必须相需而相成，推之一般工作，应同此义。

以上检讨提示所及，为切合实际要求计，故于缺点则直率言之，事例侧无择于巨细，而总致期望于今后之党务工作者，正所以蕲求抗战之胜利与建国之成功。今本党全体同志，在三民主义革命大业中，在总裁督策之下，现当最关紧要之时机，忠诚奋发，宏济艰难，责任实无旁贷，而坚贞之志节，克制之精神，乃所以领导人民，完成使命。兹全体会议于接受报告之际，特致诚势之最勉。

〔国民党中央执行委员会秘书处档案〕

10. 中国国民党第五届中央执行委员会第八次全体会议宣言

（1941年4月2日）

本党中央执行委员会第八次全体会议，适举行于第三十周年黄花岗纪念之时，追维革命先烈之牺牲，实为中华民国诞生所托始，今民国纪元，瞬已三十载，而强敌压境，抗战方酣，国基初奠，世变正殷，我中华民族丁此艰难，宜如何加紧努力，急起直追，驱除寇敌，完成建国，以毋负我国父与先烈所遗留之使命。此本会同人认为今日本党与全体国民所当倍加惕励，责无旁贷者也。本会议集会十日，检讨七中全会后八阅月来之工作，研求我全国今后努力之途径，更复听取各地党务政治军事之工作报告，考其得失，究其利弊，业经分别讨论，作成决议，适当开会期中，而闻有鄂西赣北之大捷，感念前线将士之忠勇勤劳，树兹伟绩，既懔吾人责任之重大，益感前途希望之无穷。本会议于此，谨向我抗战以来英烈牺牲之将士与殉国殉职之同胞同志，特致其至高之崇敬，向我阵亡将士遗族与各战区受难之同胞，致其至深之眷念，更对我战区以内为国效命与侨居海外输忠祖国之同胞，致其至诚之慰勉。同时省察八阅月来内外情势之演变，证以地方党政负责同志及各战区将领在会议中提出之报告，更洞识敌寇之终于失败，已为其必然之命运。而吾前方愈战愈强之力量，实已奠定最后胜利之基础。吾人今后唯有益加戒慎益加蹈厉，集□意志，共同奋斗，务期早日完成抗战建国之使命。兹当会议完竣，爰综述吾人今后所当加倍致力之事，举其要义以告国人。

其一、吾国今日之抗战，已成为太平洋上裁制敌寇之基本力量，亦实为世界人类安危祸福之重要关键，其情势已回异于抗战之初期，中国抗战对于重建世界和平关系之深切，由于敌寇野心之日著，而更见彰明。吾人对于苏联与英美各友邦日益加强对我之同情与援助，固所感激，而兴奋，然如何而始能无负于友邦之所期，则唯在吾人之自励自强，以保卫我国家自身之独立生存，并尽吾人对于太平洋安宁，共同应负之责任。时至今日，彼日本军阀继“大东亚新秩序”之狂言，而到处鼓吹其“八纮一字”之谬说，此一名词之怪诞离奇，使欧美人士堂目而不知所解，其实彼所谓“八纮一字”者，即为“征服八方统一世界”，亦即田中奏摺中“征服世界”狂大野心之公开自白。今日敌寇之试图南进，在我中国固认识其主旨首在于侵华，然世界各国由此亦可知其狂妄企图之所极，应均勿为其任何之诡言巧辩所欺惑。今日之形势，有敌寇即无中国，有敌寇即无安宁之东亚，苟敌寇得逞其志于中国与南洋，即世界之祸患永无已时，而在另一方面，有中国之坚强抗战，即无敌寇逞其野心之余地。是以中国抗战之成败，与东亚安危及世界祸福已结为一体而不可分。我全国军民更宜自知使命之重大，任务之艰巨，势必再接再厉，予敌寇以彻底之打击，以永绝太平洋上之祸患，任何牺牲，均所不辞，任何困难，均所不顾，必以百折不挠之战斗，使世界咸知我中华民族自救救世坚强无比之决心，务使敌寇全部退出我国境之外而后已，务使其经此教训，不敢再存独霸东亚破坏世界和平之祸心而后已，此吾全国所当认识而努力者一也。

其二、国家民族之护持，端赖乎国防，而建国之工作，首在于建军。国民政府自统一全国以来，即以一贯不懈之精神，致力于国军之建立，用能使军政军令归于统一，军备军实，逐渐改进，始有今日抗战坚强之力量。惟尤当注意者，军队之生命实系于军队之纪律。而军队之纪律，则本于国家之纪纲。国家之纪纲，则又起于立国之主□。抗战建国纲领之总则，即明定我全国抗战行动与抗战力量集中迈进之最高准绳，而精神总动员纲领所揭示为克敌制胜之标准者，一曰不违背国民革命最高原则之三民主义，二曰不鼓吹超越民族之理想与损害国家绝对性之言论，三曰不破坏军政军令及行政系统之统一，四曰不利用抗战形势以达成国家民族利益以外任何企图，此尤为全国军民所宜节律遵循之信条，吾国今日从事于生死存亡之战争，必当使所有卫国之将士真诚奉行三民主义，服从最高统帅之指挥，而后可以作战，可以克敌。今日国军之全体，实为中华民国之长城。抗战四年以来，所以能提高军誉造成我国军坚如金石之战斗力量者，由于无数忠勇先烈之牺牲，与军令军纪之贯彻，此种建军建国之基础，凡吾全国军民，实应加以无上之爱护。须知今日争取胜利必要之前提，即为军令军纪绝对性之认识与奉行，苟有违背军令，蔑视军纪，而冀利用抗战形势，别有企图或自由行动者，实为我全民族之公敌，政府为整饬纪纲，维护军纪与军令，应予严厉制裁，绝不姑息，更无例外。同时更愿我海内外全体同胞，以严正之认识，一致维护军令军纪之绝对性，以保全我国军抗战光荣之历史，光大我国军艰贞奋斗之前功，建军之要旨，莫过于斯，最后胜利之关键，亦悉系于斯。此吾全国所当认识而努力者二也。

其三、抗战建国，同时并进，此为我抗战以来决定之国策，吾人今日所欲努力建成之国家，乃为三民主义之共和国，中华民国训政时期约法及民国二十五年政府宣布之宪法草案，已为明白之规定，民国以前之无数先烈，与民国以来之无数革命战士所为慷慨牺牲，成仁取义者，无非此物此志而已。在宪法草案中，更明定“中华民国各民族均为中华国族之构成分子”“中华民国人民在法律上一律平等”，“中华民国之主权属于国民全体”。益民有民治民享之国家，为国父毕生奋斗之目标，亦吾人忠诚继述之志事。故虽在战争紧张之际，而对于宪政之促成，仍尽其一贯不移之努力，国民参政会之召集，省市临时参议会之设置，均其明证。吾人促成民治之决心，盖历久而不渝，鉴于民国以来痛苦之经验，益知非迅速推行地方自治基层之工作，无以立民主政治坚固之基础。今后惟当一本建国方略建国大纲与地方自治开始实行法之所昭示，依照县各级组织纲要之规定，与接纳本届国民参政会设立全国县参议会之建议，动员全国国民共图实施。务期以最短之时间唤醒同胞，咸知为国事尽其天职，庶战事结束之日，即可籍此普遍确实之基础，以完成民有民治民享之中华民国。本会议认此为本党与国民同负之责任，及当协力以赴，不容再缓，此吾全国所当认识而努力者三也。

其四、建设之首要在于民生。战争之胜负，决于经济。今日中国经济之建设实与军力之扩充同其急要，而尤须知经济建设实为一切建设之根本。惟经济建设之目标不能不以充实整个国防力量为首要，盖必先能自卫，而后乃有所养。其理甚明，毋待费词。吾人于此有当慎思而明辩者，倘以改善生活为托词，而煽扬阶级之斗争，从足增加社会之不宁，倘阻挠经济之建设，且使全国心力物力因之分散，实为国家利益与军事原则所不容。倘以营业自由为籍口，为居奇垄断之护符，反对经济统制之政策，则无政府之经济状态，又必造成战时社会之危机。尤为三民主义的精神所不许。国父倡导之民生主义，其目的在为全国人民保障其生活之安全，故今日吾人于经济建设努力，在于充实国防之力量，以保障民族之生存，与统筹全国人民之生计，以维持社会之安定。即不容以提高个人生活者妨碍国防力量之增加强，亦不容以争持个人之自由者，影响后方社会之秩序，物质之消费，必须要严格之限制，农工之生产，必须为积极之增加。必使全国人民之一切经济活动完全受国家法令之保障与支配，然后可以支持长久之抗战，以求得最后之胜利。本会议根据国父遗教对战时经济政策，详加研讨，决定调整财政收支系统，将全国田赋统一于中央整理，以为实施建国大纲及本党土地政策之基本，并决定今后当努力推行粮食管理与各种人民生活必需主要物品之公卖，及统制经济政策，以期均衡人民生活需要之分配，凡此决议，不仅在稳固国家战时之财政，尤在力求经济设施之进步，奠立民生主义经济制度之初基。同时更督促政府于执行统制经济政策之时，必须立严峻之法律为周密之管理，以造成廉洁之官吏，杜绝流弊之滋生。兹事体大，必赖全国同胞与本党同志同心协力，力克有成。此吾全国所当认识而努力者四也。

上举四端，本会议今日谨郑重昭告全国，以为共同努力之方针。我全国亲爱同胞，当知我国今日抗战之力量，诚已视昔为加强，国际情势之演变，诚已较前为好转，然胜利之来，不可坐致。自今以后，希望吾同胞更坚定其卧薪尝胆之精神，更发皇其蓬勃热烈之朝气，人人刻苦节约，争自淬磨，一心一德，共同努力，使抗战达到胜利，建国克以完成。凡我全国教育界之人士我亲爱之男女青年，当知伟大之时代使命，实付托于吾人，三民主义之光辉，已由吾人之奋斗照耀于世界，中华民族之复兴，亦以吾人之努力见其曙光，吾人建国工作，经纬万端，青年报国之事功，正无限量。自今伊始，当更认识教育救国与学术救国任务之重大，勤求其科学之真知，普及其重秩序守纪律之风气，发扬其爱国家爱民族之热血，砥砺其为革命献身之壮志，以负荷此千载一时之使命。至我全党同志则当知主义不行，革命未成，为我党员之大耻，失土未复，民困未苏，为吾党党员之重责。尤当痛自警惕共知振奋，发扬黄花岗先烈犯难敢死之精诚，恪守吾党在同盟会与中华革命党时代誓愿牺牲其生命自由与权利以图革命成功之旨趣，刻苦努力，为天下先。厉行主义，为全国劝，必以树立我全国之新风气以竟抗战之全功，成建国之大业，然后无愧于国父与先烈，无愧于吾人革命救国之初忠。谨此宣言，惟其鉴之。

〔中国国民党中执会秘书处档案〕

11. 蒋介石在国民党五届九中全会上致训词

（1941 年 12 月 15 日）

此次全会举行之际，正值敌国发动太平洋战争之后，我中国抗战与世界反侵略战争，业已联成一片，此诚我中国转危为安，转败为胜，重要之时机，回想十年以前，我国首先遭受敌寇之侵略，我全国同胞，艰苦奋斗，百折不挠，积四年余之浴血抗战，始得与全世界爱好和平之友邦，共同从事于对侵略暴力之抵抗，此种悲壮奋斗之史积，实为我中华民族革命历史最光荣之一页。吾全党同志，对此必当宝贵珍惜而愈益奋勉，然此非谓我革命即已成功，国家前途即无危险，反之，本党同志务须认识目前实为我中华民族生死存亡最大之关键，本党革命大业，今后非成即败，吾人应以过去坐误革命时机为鉴戒，更须怀念我全国军民奋斗牺牲之壮烈，务必加倍策励紧张振奋，更须戒慎恐惧，黾勉努力，以竟我十载奋斗之全功，使国家民族起死回生，无负我同胞及全世界友邦之期望。

此次全会所负之责任特别重大，吾人应本亲爱精诚之旨，检讨过去之缺点与错误，谋切实之改进，凡过去未得解决之问题，此次必须求其解决，尚未完成之工作，必须求其完成。而同时为适应今后抗战建国之需要，尤应注意于下列二事，一为增强抗战力量，以期与反侵略友邦并肩作战，不愧为世界战争中之健全的战斗员。二为确立建国基础，当此抗战时机，即应根据我建国方针，确定我建国根本之政策。此两大目标，我全会同志务须集中精力，共同讨论，以期获得圆满之结论，并即见诸实行。

吾人欲增强战斗力量，克尽我在世界战争中之责任，必须举国家之全力而充分发挥之，所谓国家之全力，不外表现于军事、政治、经济、与社会各方面，然此四年半以来，我国之政治经济与社会，皆未能达到战时理想之要求，苟吾人今日严格检省过去之种种，则知我国家精神物资上所有之力量，至少有一半以上或十分之八九尚未能充分发挥。今日以后，吾人既与世界反侵略各友邦联合一致，与侵略暴力决真正之一战，即断不能再如过去之散漫因循。此诚我全党同志与全国同胞所应彻底认识而急起直追以努力者也。须知今后我国家胜败存亡之所系，全在于我一切军事政治经济与社会能否走上新时代之正轨，能否发挥其最大之力量以为断。而欲军事、政治、经济、与社会确臻于现代化之境地，以与战时要求相配合，则必须吾人一致发扬其革命精神，竭尽其工作效能，使本届全会所有之决议皆能切实贯彻，故如何奋发革命精神，加强战斗力量，实为本大会所应特别注重者也。

我国欲遂行战争之任务，必须恢弘建国之实效，断不能谓现当战时即谈不上建国，盖抗战即所以建国，亦唯努力建国乃斯能增进抗战实力，此为确当不移之至理，乘此举国振奋之时机，努力于三民主义与五权宪法政治基础之建立，实为刻不容缓之举。目前唯一要务，即在依据总理建国大纲之规定，与抗战建国纲领之精神，确立建国之根本政策，凡事应务其大者远者以为根本久远之计，而不可以徒为枝节零星之应付，具体言之，吾人目前一方面应就现有组织机构，设法调整其机能，充实其内容，一方面更应斟酌当前战时环境，检讨军事政治经济各种之基本政策与制度，重新厘定，务求其具体可行，关于此义，分别言之，厥有三点：

其一、充实基层力量。此为抗战建国之最大要务，吾人亟须切实努力于训练人民行使四权，以确立民权始基，故对于新县制之推行与各级地方自治之促进，中央与各省负责同志必须彻底认真打破一切困难，务求如期完成，俾于抗战胜利之后，即可实施宪政，以造成真正民有民治民享之国家。

其二、延揽全国人才。本党为完成抗战建国之使命，今后对于党外之人才，凡忠于抗战忠于国家而能服膺三民主义者，必须尽量吸收，多方延揽，俾能参与政治，共同担负国家之责任，更须一致认识全国军令政令，必须统一，如果军事不能统一于军令，而自由行动。政治不能听命于中央，而形同割据，则即为破坏抗战建国之大业，即为不忠于国家，不忠于民族，非特为本党与政府之所不容，亦必为全国同胞之所共弃，除此而外，本党在政治上无不尽量公开，凡忠义奋发之士，以及学术界经济界优秀份子，皆应使其贡献聪明才智以报效于国家，此乃我确立民治基础必循之途径，本届全会所必须从长讨论者也。

其三，进一步实行全民动员。自全面抗战发动以来，中央即提倡全国总动员，然过去四年工作之成效，迄未达到吾人之理想，今我国抗战既与世界战争联结一体，吾人必须摧毁全世界之侵略暴力，如此艰巨之任务，自非有坚强充实之力量不克完成，故今后如何动员全国所有之人力物力与地力，使其效果得以充分发挥，如何推动我社会、政治、经济，使其完成现代化之标准，实为本届全会最大之任务，须知我中国为世界上历史最久，土地最广，人口最多，物产最丰之国家，然经此四年抗战，而国力尚如此分散，国防建设尚如此落后者，其症结全在吾人有力量而未能发挥，有人力物力而未能集中，现在反侵略各国既已联合一致，则此后不仅军事上必须彼此协同，而人力，财力，与资源，更必须互助合作，吾人苟能趁此时机急起直追，发动社会力量，利用友邦技术人才，以发挥我土地物产之效用，则必可充实国力，求得最后胜利，且必能达成一富强康乐之新中国，达到我总理革命建国之理想，当此时机，吾人有一分力量，即须使用一分，不能再懈怠，不能再散漫，要在我全党同志同心同德贡献能，一致推动，方克有成者也。

此外，关于经济、政治、社会各方面实际业务之改进，全会必注意调整其机构，而对于一切法令规章，务望彻底检讨，使其简单明确，适合战时需要，以期行政效率得以提高，至于本党同志负有革命成败国家安危之重大责任，更必须反省缺点，力求进步，发挥我们的革命牺牲精神，总之，本届全会对于国家民族实负有除旧布新起死回生之之责任，全体同志，务本亲爱精诚之旨，集思广益，敬慎将事，决定今后抗战建国之政策与制度，以 完成本届全会所负之历史的使命。

〔中国国民党中执会秘书处档案〕

12. 中国国民党第五届中央执行委员会第九次全体会议经过

（1941 年 12 月 15—23 日）

自三十年三月二十四日八中全会举行迄今，已越八月，在此期间所有本党对内对外之政策，以及上次全会决议案之实施情形，依照党章，亟应召开九中全会，予以检讨，俾能适应内外环境之新形势及抗战建国之要求，爰经中央第一八四次常会决议，定于十一月五日在渝召开第五届中央执行委员会第九次全体会议，旋以各地中委不能如期莅临，又经中央第一八七次常会决议，改于十二月十五日举行，迨十一月抄，各地委员纷纷莅渝，倍极踊跃，全会即于十二月十五日如期开会，二十三日闭幕，其间除开会式、闭会式及预备会与审查会外，共举行大会十一次，其中五次为听取报告，一次为总裁训话，五次为讨论提案。大会议决案共六十七件，关于总裁交议者三件，关于党务者七件，关于政治者十五件，关于经济者十七件，关于教育者十五件，关于民运及社会文化者八件，关于军事者二件。为适应需要，对于战时土地政策之实施，总裁特交议案，由全会组织特种审查委员会详细审议，制成土地政策战时实施纲要通过施行，以期确立土地政策实施之基础。兹将大会逐日经过择要列述如次：

十二月十五日：上午九时在国民政府大礼堂举行开幕典礼，由总裁主席，领导行礼后，由吴秘书长铁城敬谨宣读（一）国民政府对日宣战布告；（二）国民政府对德意志、义大利宣战布告；（三）总裁告全国军民书。全体肃立静听。旋总裁致词，指示本次大会任务，略谓：今后为增强抗战力量，必须充实基层政治；确立建国基础，延揽全国人才；实行全民动员。词毕，休息十分钟后，举行预备会议，仍由总裁主席，当通过主席团人选，并决议组织各组提案审查委员会，其委员人选由主席团决定报告大会。

十二月十六日：上午九时开第一次大会，由于委员右任主席，主席团报告各组审查委员会人选，嗣即由居委员正代表常务委员会报告党务。并由组织部朱部长家骅、宣传部王部长世杰、海外部刘部长维炽，分别报告组织、宣传，海外各部工作。当经大会决议，交党务组审查。十二时十二分散会。

下午三时续开第二次大会，居委员正主席，如仪开会后，首由康处长泽报告三民主义青年团工作，次由王秘书长宠惠代表国防最高委员会报告，继由内政部周部长钟岳作内政报告，外交部郭部长泰祺作外交报告。均经大会分别决议分交党务组政治组审查，至晚六时二十分散会。

十二月十七日：上午九时举行第三次大会，孙委员科主席，继续听取行政院各部报告：分别由财政部俞次长鸿钧作财政报告；经济部翁部长文灏作经济报告；教育部陈部长立夫作教育报告；交通部张部长嘉璈作交通报告；当经大会决议，财政、经济、交通报告交经济组审查，教育报告交教育组审查。至十二时散会。

十二月十八日：上午九时开第四次大会，冯委员玉祥主席，主席团报告：一、组织宣言起草委员会，并推定戴委员传贤、顾委员孟余等为宣言起草委员；二、组织决议案整理委员会，推定戴委员传贤、吴委员铁城、李委员文范等为决议案整理委员。旋由何总长应钦作军事报告，历一小时始毕，经大会决议交军事组审查。休息十分钟后，十一时三十分继续开会，主席团提议为抗战阵亡将士暨死难同胞同志默哀三分钟，全场肃立致敬。继由社会部谷部长正纲报告社会部工作，经大会决议交政治组审查。十二时十分散会。

十二月十九日：上午九时开第五次大会，戴委员传贤主席，首由粮食部徐部长堪作粮食报告，经大会决议交经济组审查，继为各战区司令长官报告。随即讨论总裁交议战时土地政策纲领草案，当经决议组织特种审查委员会审查。十二时三十分散会。

午后三时继续举行第六次大会，总裁主席，由总裁训话，对今后党务、政治、经济各方面实施事宜作详切之指示。五时余散会。

十二月二十日：上午九时举行第七次大会，李委员文范主席，首由秘书处报告陈委员策自香港来电，及菲律滨中华总商会电陈当地侨胞协助友邦抗战情形，当经大会决议，由大会分电慰勉南洋各地同志同胞。继为各省市党务政治报告，由黄委员旭初报告广西党务政治，黄委员绍雄报告浙江政治，沈委员鸿烈报告山东党务政治。休息十分钟后，继续开会，讨论提案，当通过常务委员会提，确定本党今后党务推进之方针案，增进行政效能厉行法治制度以修明政治案，确定当前战时经济基本方针案。十二时十五分散会。

下午三时举行第八次大会，叶委员楚伧主席，继续听取各省市党务报告，当由赵澍同志报告云南省党务，卓衡之同志报告安徽省党务，×××同志报告江苏省党务，冷曝东同志报告西康省党务，谭赞同志报告驻美总支部党务，高廷梓同志报告港澳总支部党务。休息十分钟，继续开会，讨论提案多起。其较重要者有确定战时人民团体指导方针案，调整文化工作机构加紧文化建设案，征求及奖励三民主义著述鼓励党内外人士研究兴趣以加强本党宣传力量案。六时二十分散会。

十二月二十一日：（星期日）休会一日。

十二月二十二日：上午十一时举行第九次大会，居委员正主席。首由考试院戴院长传贤报告办理考铨行政之经过情形，继讨论提案三十五件，经决议通过较重要者为：确定社会救济制度以济民生而利建国案，推动民众协助政府管理物价案，工厂生产原料与器材政府应作有计划之购储分配以增加生产安定物价案等。十二时三十分散会。

下午三时举行第十次大会，陈委员果夫主席，首为各委员对于党政报告之询问，继即讨论提案，共讨论议案二十一件，其较重要者为，主席团提议接受总裁在全会开幕时之训示案，战时土地政策纲领案及对于教育、军事、财政、经济、交通、粮食、农林、水利等报告之决议案。七时散会。

十二月二十三日：上午十时举行第十一次大会，总裁主席，如仪开会后，即讨论提案，计通过总裁交议之：一、加强国家总动员实施纲领案，二、设置地政署直隶于行政院掌理土地行政案，三、于国防最高委员会内设置战时重要政务之赞襄审议机关案；次则通过对于政治报告之决议案，补推中央常务委员案，选任国民政府委员暨考试监察两院副院长之人选案，更调外交农林铨叙各部部长及行政考试两院秘书长之人选案，并通过本次大会宣言。至此议案全部讨论竣事，仍由总裁领导举行闭幕礼，九中全会乃圆满结束。

〔中国国民党中央执行委员会秘书处档案〕

13. 中国国民党第五届中央执行委员会第九次全体会议通过重要决议案

(1941年12月20—23日)

(1)确定本党今后党务推进之方针案

三十年十二月二十日第五届中央
执行委员会第九次全体会议通过

一、说明

党之政策，须透过政府而获实施，此为民主政治之基本原则。目前我国艰苦抗战，已获国际上盛大同情，然最后胜利，犹待我自身之努力，本党为保证三民主义暨其政纲政策之实现，亟应确定本党今后党务推进之方针及其实施办法。

本党为适应由训政时期而递嬗于宪政时期之实际需要，今后推进党务之原则，约举如左：

1. 党部今后工作应注重于组训党员，并严密党的组织，务须达成指导灵活确实之任务。

2. 党员须各就职业，绝对尊重党的命令与纪律，使所有政治部门与社会事业，均能由党的力量，尽量推动。

3. 党部对于本党政策之推行，应运用党团，使民众积极拥护，以达贯彻政策之目的。

4. 党部对于各机关团体内之党员，应运用党团，认真管理，严密考核，以保证本党政策之实行。

根据前述原则，本党目前主要任务，确如总裁最近手令所示，一为加强对党员组训考核与党团之运用，一为保证党之政策，确能一一透过政府而获实施，根据此两大任务，今后党务推进之方针如下：

1. 调整党部机构；

2. 严格管理党员；

3. 健全党团组织；

4. 厘定人事制度；

5. 规定中心工作；

6. 确定政治重心。

二、办法

1. 关于调整党部机构者：

甲、充实机构之内容；

乙、调协机构间之职责关系及其运用；

丙、避免机构之重复。

2. 关于严格管理党员者：

甲、厉行党的监察制度，以切实监察党务政务之推行；

乙、厉行考核登记。

3. 关于健全党团组织者：

甲、党团以奉行本党主义政纲政策，而求其贯彻为使命；

乙、党团之基本任务，在根据党的政策，决定工作方针，执行党的任务与纪律。

4. 关于厘定人事制度者：

甲、整理人事法规；

乙、严格训练人事行政人员；

丙、严行考绩；

丁、厉行奖惩。

5. 关于规定中心工作者：

党部目前之基本中心工作，为（1）平定物价；（2）检举贪污；（3）服务社会等三项。其具体办法如左：

甲、规定党员检举贪污，协助平定物价及社会之办法；

乙、规定各省市实施计划及推动竞赛办法；

丙、组织民众发动舆论，以为本党实行政策之后盾；

丁、推进国民教育社会教育，及社会福利工作。

6. 关于确定政治重心者：

甲、每一政治重心所在，及每一时期之政治方针，应注意运用党团组织，务使受中央或当地最高党部之绝对指挥；

乙、有关国防治安国计民生教育文化地方自治等部门之工作，应选拔干练党员从政，严密组织党团，使各事业部门，均能在党的领导之下负执行政策之责；

丙、应注意从速挑选忠贞干练而有资历之优秀党员，充任县长及县佐治人员，使本党主义及政策能贯彻实施于地方自治基本之县政。

（2）战时人民团体指导方针案

三十年十二月二十日第五届中央执行委员会第九次全体会议通过

（一）协助政府经济政策社会政策之推行，适应战时动员之需要，完成地方自治与社会建设为中心目标。

（二）扶植职业团体之发展，加强其组织与活动力量，切实施行中央颁布之〈非常时期职业团体会员强制入会与限制退会办法〉，并对职业团体之活动及其会员之工作，加以管制，使团体活动与政令推行，相辅而行。

（三）力求社会福利事业救济事业合作事业与职业团体之组训，相互间需要之适应，以福利事业救济事业合作事业之推行，加强职业团体之组训，运用职业团体之组训，推进福利事业救济事业合作事业之设施。

（3）增进行政效能厉行法治制度以修明政治案

三十年十二月二十日第五届中央执行委员会第九次全体会议通过

抗战建国兼程并进，而其利钝之枢机，端系于政治之修明，修明政治之道，当以增进行政效能，厉行法治制度，为其首要。总裁对于行政效率，夙所重视，训示告诫，剀切周详，例如行政三联制之倡导，分层负责制之规定，以至工作竞赛科学管理机构调整人事考核等项，无不提纲挈领，督导推行。默察年来，行政虽尚有进步，而仍不无疲玩迟滞之感，机构不免重复，既足启推诿之端，人事未上轨道，更难收奖惩之效，而机关主官未尽能恪遵，总裁训示，身体力行，尤为主要症结所在，揆厥原因，实难缕指，颓风不挽，流弊滋多。

本党临时全国代表大会有〈整饬纪纲申明法纪以保护战时艰苦之人民而造成清明健实之政象〉之决议，抗战建国纲领有〈严惩贪污官吏并没收其财产〉之明文，总裁于第二期作战开始时，更以〈政治重于军事〉谆谆训示，国民政府并先后明令整饬纪纲，颁布贪污治罪条例暨各种官规，法令规章不为不备，顾施行之际，或因监督未臻严密，或以方法未尽周详，遂使吏治未易澄清，法令难收实效。就制度言之，治权行使之规律，原为推进五权政治之基础，今值战时，国防最高委员会自须集中政权，以应万变，惟对于经常负责行使治权之机关，仍应督促其切实发挥能力，不使有越权废职之弊，始能于抗战进行之中，树立建国之基础。至于监察检察之职权，尚未能充分发挥其效能，以致吏治整饬工作极感艰辛，贪污腐恶，常逃法网，此尤为急待补救者也。

本党革命建国之目的，在于宪政之实施，抗战胜利后之要政，厥为召集国民大会，颁布宪法，总裁最近已再三昭示。惟宪政之开始，必有待于地方自治之完成，年来中央决定新县制，颁布县参议会法，业经开始施行，而地方自治基层组织之健全，尤为正本清源之道，故对于新县制之如何实施，县参议会之如何普设，以至地方自治之基层组织如何求其充实，均应切实明确规定，以期奠定宪政之始基。

综上所述，均为目前政治实际情况中之迫切问题。急需通盘筹措决定施行，俾政治之修明可期，建国之基础大定。兹更详举今后施政要端如左：

（一）调整各种机构。抗战以来，兴革万端，政府各种机构变动尤多，最近中央为适应环境增进效能，对于机构之整饬，业经屡有规定。而推行成果未臻完善，今后应本中央意旨，所现存之政府各种机构及国营省营事业机关，有业务性质相同而系统分歧者合并之，业务因战时原因而失去原来对象者裁撤之，业务与抗战无重要关系者缩编之，统须于最短时期由各该上级主管，分别负责，切实办理。既经调整之后，无论中央地方任何部门，非经特许，不得擅行添置机构，其各种业务性质相近，权责连带之机关，应根据事实需要，与法律规定，确定其职责，划分其权限。

（二）改进人事制度。人事制度，不能健全，行政效率即不能提高，年来各机关人员之任免升降，每欠准绳，以至时有事不得人，人不得事之苦。今后应由主管机关仰体中央建立人事制度之本旨，一切法令规章已有者应切实推行，未备者应妥速制定，凡公务员考试，训练、任免、调用、登记、保举、及专材储养等，均应悉遵固定之程序，不得任意增减升调，对于位置闲曹滥引姻戚，更应从严取缔，对于担负实际公务之人员，其薪津待遇，尤须遵照中央规定，妥筹提高改善及划一之办法，凡国家银行及国营省营等事业机关之人员，不得巧立名目特予优厚，以示平等。在确立人事制度，改进人员待遇之际，应特加注意者，即对于各机关人员政绩，业务、知能、操守，必须严加考核厉行奖惩。

（三）节缩预算程序。各机关预算关系国库之负担，值此财政困难，物价剧变之时，一面应尽量紧缩，一面应注意时效，惟现行预算之编审程序过多，每一机关之预算自其拟定提出至核定施行，费时过久，往往不能适应实际开支，以至逐次追加，国库负担反而加重，于是不得已常藉紧急命令补救，然与普通程序繁简迟速距离太远，且失国家紧急命令大权作用之本旨。今后应重新厘定预算编审程序，确定追加预算标准，其国营省营事业之营业预算，亦应依限编送，务求简捷合理，任何机关不得轻易追加或擅先动支，逾期不报。

（四）厉行监察检察职权。修明政治，首重□肃官方、监察与检察机关，关系至为重大。今后检察院应依照治权行使规律，充分行使职权，监察委员对于违法失职官吏，应无所瞻徇，严正纠弹，各监察使应以时出巡，检察官应充分行使其检举职权，务使贪劣者无以幸存，廉能者更知自励。

（五）推行地方自治。建立民国之法治基础在于地方自治，而健全地方自治组织之基础，更以实施新县制为起点。至其实施之步骤，必须恪遵国父遗教，举行公民宣誓及公职候选人员之考试，庶几乡镇保甲长及县参议员，均能确为三民主义之信徒，方克负荷完成地方自治之任务，至于地方自治开始实行法中所举列之清户口、立机关、定地价、修道路、垦荒地、设学校六端，尤为实施新县制推行地方自治之要务，自须认真举办，俾收实效。

（4）确定当前战时经济基本方针案（12 月 20 日）〔略〕

（5）接受总裁在全会开幕时之训示案（12 月 22 日）

三十年十二月二十二日第五届中央执行
委员会第九次全体会议通过

总裁在全会开幕时训示：（一）为增强抗战力量，以期与反侵略各友邦并肩作战，成为世界战争中之健全战斗员；（二）为根据总理遗教与抗战建国纲领之精神，以充实基层力量，加强国民总动员，集中全国人才，为建国根本政策；大会全体一致接受，确认此为当前最重要之根本政策，除大会已另有决议之方案外，交常会根据此两大政策，在总裁之指导与裁决之下整理一切法令规章，制定各项实施方案，以期完成抗战胜利建国成功之任务，与并肩作战之各友邦，共同建立世界和平。

（6）第五届中央执行委员会第九次全体会议对于党务报告之决议案（12月22日）

三十年十二月二十二日第五届中央执行委员会第九次全体会议通过

本会议听取党务报告以后，检讨过去，策励将来，特将今后最关重要之方针提示如下：

一、关于组织者：党的组织工作应注意于对内加强组织力量，对外开展党的活动。就加强力量言，必须提高党员素质，健全各级机构，森严党的纪律，尤须加强机关学校军队及经济事业部门之党的组织，俾党务得与政治教育军事及经济事业相配合，对于妇女运动，并宜特加注意。就开展活动言，宜使党部克尽领导党员之职责，并发挥党团的效用，以期党政配合，策励人民团体在三民主义之下，一致为抗战建国而努力。党员之训练，当在工作中增进其信仰，磨炼其能力，然后根据工作成绩，选拔优秀干部，适当配备，以期人尽其才。至于鼓励党员从政，以及参加地方自治工作，尤为贯彻党的政策促进政治建设之重要步骤；必须多方筹画，积极推进。

二、关于宣传者：党的宣传工作，首当力求指导方针之统一。凡与宣传有关之部门，悉应由宣传部采取适当方式，相互沟通，使一切设计与指导得以完全一致。其次，太平洋大战爆发，国际宣传更形重要。举凡国际宣传品之编印，国外通讯网之发展与国际广播之增强等等应亟图人力物力之充实。复次战区与敌后之宣传，其与维系人心，所关甚大，而当此敌寇行将崩溃之际，更应加强其力量，以与军事上之反攻相配合。至若在边远省区，筹设中央直辖党报，前方必要地方创办小型简报，以及中央通讯社之逐步扩展，各种宣传书刊之大量编印与发行，各县市一般宣传之切实推进，广播与电影戏剧等事业之设法推广，均为发扬革命精神之必要工作，允宜按照计划逐一实施。

三、关于训练者：党的训练工作，其主旨原为造就各种干部人才，而欲达到此目的，首宜划一训练机关之体系，俾收上下一贯，运用灵便之效。尤当以办理中央训练团之成规，积极推行于各省市，并使训练工作与学校教育及机关教育，圆满配合，则中央以至地方各种部门所需要之健全干部，庶几可以逐渐养成。其次，各种训练机关，必须于知识技能而外，加强党的训练，务使本党之主义与政纲政策，能为国家一切干部所信守而力行。最后，训练经费宜厘定适当标准，指列专款，循序办理，然后国家所需要之各种干部人才，不致时有缺乏之虞。

四、关于海外党务者：海外党务在平时当以发扬民族意识，增进侨胞福利为依归，而在战时当以领导侨胞，协助友邦消灭共同敌人为职志。由前者言，必须扩展党的组织于侨胞社会之各阶层各团体各职业界，使我海外侨胞，尽沐三民主义之薰陶，亲爱精诚合作互助。由后者言，必须发动党员力量，策励侨胞各竭其能，一致参加当地各种抗战工作，以造成祖国之荣誉。吾海外侨胞，数十年来对祖国之贡献，昭昭在人耳目，而太平洋战事发生以后，侨胞之老弱妇孺，或有不免因战事而流离失所者，本党同志，自应尽其全力，充分援助，此为吾人服务人众之天职，责无旁贷。海外部尤当指定人员，就地督导，切实进行，以策事功。

五、关于青年工作者：青年团工作就一般言，在组织训练宣传各方面，均有相当进步，而若干地方战地服务队之组织与空袭时期团员之服务成绩，尤能表现冒险犯难之精神。今后策进团务，应先注意于在学青年，务期以青年团之组织，造成普遍之良好学风，而敌后与海外之青年组织，亦均宜斟酌环境，积极策进。青年团团员之训练，除充分注意于三民主义之研究而外，举凡国防科学之修养，以及体格锻炼生活指导等等，要当兼筹并顾，日期精进，庶能于达到规定年龄以后，尽成为本党之优秀党员。

以上各点，希望全体同志悬为今后共同努力之目标。中央各部会暨青年团主管同志，尤当秉承总裁之督导，常会之指示，切实执行，力求奋发，对于各级工作人员，必须勤加考核，计程课功，对于 各下级机构之经费，必须设法宽筹，及时发放。如此，则人安于位，事无不举，抗战力量之增强，建国基础之确立，俱可操券而待。

(7)对于财政经济交通粮食农林水利报告之决议案(12月22日)〔略〕

(8)对于军事报告之决议案(12月22日)〔略〕

(9)对于教育报告之决议案(12月22日)〔略〕

(10)确定社会救济制度以济民生而利建国案(12月22日)

三十年十二月二十二日第五届中央执行委员会第九次全体会议通过

一、从速颁定社会救济法，规定救济对象划一救济措施。

二、调整并统一社会救济之行政机构。不分消极积极临时经常，统一规画与实施，以宏救济之效用。

三、政府应宽筹救济经费，在各级预算中提高其百分比。

四、积极整顿并扩充救济事业，刷新内容力求完备。

五、切实整理并监督各地方慈善团体，责由主管官署另定整理办法，及监督办法以期改进。

六、奖励个人及团体办理社会救济事业，使其普遍发展。

(11)土地政策战时实施纲要(12月22日)〔略〕

(12) 推动民众协助政府管理物价案

三十年十二月二十二日第五届中央执行委员会第九次全体会议通过

一、确定管理物价，为本党党员目前急要任务。

二、就管理物价问题所需之必要知识，编印专册，分发各地党员研究阅读，并于小组会议中详细讨论，务求完全明了，必要时各级党部得择地施行简单训练。

三、在全国各大小城镇乡村普遍成立管理物价机构，以稳定物价为目的，并令各地党员就所在地之处发动民众组织是项机构，根据政府法令协助执行管理任务。

四、凡从事工商生产事业之党员，应在同业中或同业公会中组织党团，接受党的命令，发生领导作用，推行平价法令。

五、对于每一党员，无论居于何地，从事何项职业，均予以有关管理物价之任务，此项任务，必须具体明确，限期作到。

六、制订惩奖办法，严行监督考核，务期各地发生竞赛作用。

(13)工厂生产原料与器材政府应作有计划之购征分配以增加生产安定物价案(12月22日)〔略〕

(14)倡导民族健康运动以巩固〔略〕

(15)奖励母教发扬母德以宏家庭教育培养优秀国民奠定建国基础案(12月22日)〔略〕

(16)救济战时高等教育以宏人才之造就案(12月22日)〔略〕

(17)第五届中央执行委员会第九次全体会议对于政治报告之决议案(12月23日)

三十年十二月二十三日第五届中央执行委员会第九次全体会议通过

本会议听取政府各项政治报告以后，检讨过去，策励将来，特将认为最关重要者提示如左：

（一）检讨部分

一、关于内政部者：新县制经两年来之推行，规模初俱，今后对于干部人员之训练，行政经费之筹画，固属重要，而户口之调查，地籍之整理，以及教育治安卫生救济诸项，尤宜权衡需要，根据以往决定，逐步推进。其次，土地政策为民生主义重要部分，查土地陈报，仅供土地征税之需，应成立专管地政机关，从速实施本党土地政策。复次，根绝烟毒为近年最大治绩之一，主管机关黾勉力行，唯少数偏僻地区，仍有违法种运售吸情事，今后仍望依据法令，认真查禁，以去恶务尽之决心，完成禁政之大计。

二、关于社会者：社会部成立时仅一年，对于拟定法规，训练干部，组织民众，创导社会福利，发展合作事业，均已初具规模，又难循序渐进。又推行精神动员，提倡节约储蓄，慰劳士兵及抗战家属等项，今后仍当继续努力，尽利推行。唯有宜特别注意者，一、职业团体之组织应配合战时三年建设计画，求其普遍充实，务使全国人民咸纳于健全组织之内，始能在战时作有效之动员，战后固自治之基础，如工商同业公会及工会之健全，关系经济管制之推行，而农会之健全，关系粮政及地方自治，均非浅鲜。二、救济事业及社会福利事业，固当增加经费，普遍推行，尤当对于固有之救济机关及慈善团体，予以调整充实，而纾地方之财力，救济地方之疾苦，以地方之正士主持地方之善政，群策群力，成效易睹，尤宜奖励提倡。三、合作事业为新县制要义之一，推行较久，基础渐立，今后须期普遍发展，对贫瘠边区，尤须特别注意。

三、关于振〔赈〕济委员会者：振〔赈〕济工作与社会部如何合作分工，尚有调整必要，例如难民之教养救济小本借贷等项，以划归社会部主管为宜，该会今后宜专司紧急振〔赈〕济事项，并宜延揽国内外人士，参加专任劝募工作。

四、关于蒙藏委员会者：太平洋战事爆发以后，蒙藏政务更加重要，原报告所列方针大体均甚切要，仍盼切实推行，又八中全会关于加强国内各民族团结之施政纲要，尤当切实执行，以副各民族之期望。

五、关于卫生署者：查卫生署本年工作以推行公医制度，充实卫生机构，训练干部，防止疟疾，制销医药器材为主，尚属切要，今后应特别注意者，一、公立医院办理尚多欠缺，今后应严加整顿。二、职业医师分配不均，诊费无定，亟宜加以组织，施行管理。三、太平洋战事发生后，药品来源困难，药商难免垄断，顾足影响国民健康，今后药品如何供应，如何登记分配，应切实规画。四、中医之如何奖进管理，中医如何精选应用，亦应妥为筹画。

（二）指示部分

一、关于外交者：

一、国际形势已分为侵略与反侵略两大战线。今后外交上所当努力者，一为战时如何加强各同盟友邦协同作战之效能，以争取反侵略战争之胜利，一为如何与各友邦加强合作，以确立保障世界永久和平之组织，外交当局与有关机关，应本此方针，多方策画，至于战后与各友邦条约之改订，以及运用外资开发我国工业，均为我国一贯国策，亦当预为规画。

二、暴敌妄图独霸东亚，我国为亚洲最大最古之国，负有奠定太平洋长治久安之责，今后对于东亚各民族，自当力求增进邦交，加强合作，对于受敌人宰割被敌胁迫之国家，尤须尽力扶持拯救，俾由暴敌威压之下获得解放。

三、我国在南洋侨胞，现已身受莫大威胁，总裁已昭示海外侨胞应协助友邦政府反抗共同敌人，本会议切盼外交及侨务当局暨海外部，对于策进侨胞安全及组织侨胞协助抗战各种事宜，迅定有效办法，并与友邦政府密切联络，切实行动。至于侨胞生活上之困难，以及侨汇断绝后侨胞家属之救济，亦应由有关机关迅定有效办法，切实施行。

四、八中全会对于调整使领馆人事，曾经详细指示，外交当局对于内外调用及人事刷新尚能致力，今后对于人事改进及人才培养，仍应继续努力。对于中南美及中亚方面参加对日宣战之国家，尤当及时增设使领，加强联络。

二、关于内政者：

一、年来中央机关因业务画分之故，增加主管单位甚多，因之每将省县原有机关业务另行画出，自成系统，自田赋收归中央及财政收支系统画分后，省之权责地位，已有重予调整必要，否则，人力物力难免浪费，日指挥不便，监督难周，影响行政效率，殊非浅鲜。故现行省府组织应重新厘定，务使权责分明，指挥灵活，以收指臂相使之效。

二、县长为亲民之官，铨选必须适当，任用必须审慎，职权必须重视，此后无论驻军或过境部队，除因直接有关作战之紧急措置，得由战区司令长官当地卫戍或警备司令等经行令县，以适应时机外，其一切通常政令，均应转请省政府令县办理，以重地方行政之系统。

国家设官分职各有专司，今后军队之指挥官，不得兼任行政，俾职权专一，责任分明。

三、抗战以后，政府曾叠有总动员之计画与设施，及国民精神总动员之推行，由四年半之英勇战绩，证明我同胞对国家已作莫大之贡献。唯今日在全世界国际战争中，尚须举国作更艰苦之奋斗，充分发挥我民族雄厚之实力，以完成更伟大之任务，本会议已制定加强国家总动员实施纲领，务使全国国民竭其全力共争国家民族之生存发展。惟总动员法案之实施，对于社会秩序之安宁，亦须特别注意。

四、完成地方自治实施宪政，为本党建国一贯之方针，今后新县制必须如期完成，地方民意机关，亦应随新县制推行之程度普遍设立，至现时所设各级民意咨询机关，应与各级政府共同奉行本党政策，接受本党指导，并与政府共负完成地方自治之责任。

（18）加强国家总动员实施纲领案（12月23日）

三十年十二月二十三日第五届中央执行
委员会第九次全体会议通过

现代战争，乃国家总力之决斗，必须集结全国任何一人一物，悉加以严密组织与合理运用，使成为一坚强之战斗体系，以保持战力之雄厚贯彻战争之胜利。

我国自抗战以来，已四年有余，检讨以往，深觉全国各方面动员之程度，距战争之要求，相差尚远，于潜蕴之国力，犹未能充分发挥。今值太平洋战争爆发，侵略之凶焰，弥漫全世，我国与各友邦并肩戮力，共赴反侵略之圣战，斯诚百世成败之转捩，存亡绝续之所关，自应把握时机，彻底加强全国总动员工作，使每一国民，皆能更尽其对战斗之任务，每一物质，咸能更发挥其对战争之效用，庶我战斗之力量，不弱于任何友邦，克以确保我国家民族之独立生存。共同肩负维护全世界人类正义文明之责任。

目前动员工作，应以最大之努力，达到左列之要求：

一、全国人民力量充分发挥合理使用；

二、士兵之粮秣械弹供应无缺；

三、土地之使用竭尽其利；

四、一切物力之补充继续不匮；

五、全国人民之生活，能维持健康之水准；

我中华民族，立国世界，已五千年，此次之战，胜则树百世不拔之基，败则蹈万劫不复之域；上列五项之要求，实目前维持战斗力量之最低限度，无论环境如何困难，应以最坚强之决心，最迅速之效率，运用一切方法，求其彻底完成，俾敌寇早日崩溃，胜利早日实现；全世界之文明秩序，早日恢复。兹根据上述五项要求，订定加强国家总动员实施纲领如左：

加强国家总动员实施纲领

第一、全国上下无论政府与人民，团体或个人，应同心同德，夙夜匪懈共同努力于下五项目标，以求军事之胜利。

（一）全国人民力量充分发挥合理使用；

（二）士兵之粮秣械弹供应无缺；

（三）土地之使用竭尽其利；

（四）一切物力之补充继续不匮；

（五）全国人民之生活，能维持健康之水准。

第二、全国上下无论公私机关团体，暨服务人员及所有男女壮健国民，直接间接皆有其本位之战斗任务，不得稍有规避，并应铲除一切自私自利与苟且偷安之行为。

第三、全国公私从业人员及技术人员，皆应对某业务锐意振作，提高工作效能，增进物资生产，务使以同样之人力与设备，产生更大更优之成果，以充分供应战争之需要，其成绩特殊者，并由政府奖励表扬之。

第四、无论何人其劳力之所获，或其所有之物资，除供给其本人及其他节约合理之需要外，应悉为国家战斗之用，并应尽量提供政府征购或借用，不得私作无益消耗，或囤积隐藏之行为。

第五、全国土地应受国家之统制，由政府调整其分配，支配其使用，并规定私有土地地租之收益成数，及限期垦殖荒地，务期地尽其利。

第六、全国各地国民生活必需品之物价，以能适合国民经济与维持健康水准为原则，应由政府负责管制，绝对不许有违法抬价之行为，无论何人均有严切奉行，并检举违法之义务。

第七、运用金融之权力，完全属于国家，人人有遵行政府金融政策，巩固法币信用之义务，并不得对于金融作无助于战斗事业之运用。

第八、全国人民应切实服从军令政令，并依法令规定，有使用其体力物力财力于前方后方一切有关战斗活动之义务。

第九、海外侨胞应一律遵从政府指示，各在当地贡献人力物力，负担应尽责任，协助友邦打击共同敌人。

第十、中央应设置全国总动员机构，综理推动各项动员业务，原有之国民精神总动员委员会及新生活运动总会，及其他有关动员之机构，应合并工作。

(19) 设置地政署案（12月23日）〔略〕

〔中国国民党中执会秘书处档案〕

14. 中国国民党第五届中央执行委员会第九次全体会议宣言

(1941年12月23日)

今年三月，本党第八次中央全体会议，曾昭告国人，谓："吾国抗战，已成为太平洋上制裁敌寇之基本力量，亦为世界人类安危祸福之重要关键，必以百折不挠之战斗，使世界咸知我中华民族自救救世坚强无比之决心，务使敌寇全部退出我国境之外而后已，务使其经此教训不敢再存独霸东亚破坏世界和平之祸心而后已"。九阅月来，我举国军民，在总裁领导之下，同心一德，毕矢精诚，喋血抗战，再接再厉，已使敌寇疲于奔命，愈陷于泥淖而不能自拔。至今年十二月八日，敌寇竟以十年前突袭我沈阳之故智，袭击英美，爆发太平洋之战事，其积年破坏世界和平之野心，乃终于无由挽救，而演成人类空前之罪行。吾国既于事变翌日，即对日本及其同盟国之德义正式宣战，总裁更昭告全国军民与海外侨胞，今后誓当竭其全力，与英美苏联及各友邦并肩作战，除此人类之公敌。本党第九次中央全体会议，适逢此世界巨变之时，回顾四年余之苦斗，远瞩世界之前途，深觉我中华民国当前之使命，至为神圣而光明，而吾人今日所负之任务，则弥见其艰辛而重大，诚有使吾人兴奋惕励而不能自已者，谨将吾国革命建国之方针，国民当前应有之认识，与政府人民今后所应黾勉致力之途径，为国人恳切陈之。

其一、愿吾全国对于立国之三民主义，有更深刻坚定之信仰，奋斗到底，以达成吾中华民族之神圣责任也。国父倡导国民革命，其毕生奋斗领导国民，百折不回，以求实现者，厥为救国救世之三民主义，盖有见于人类社会之进化，实以人民生活问题为中心，而近代人类之生活方式，随知识与能力之扩展而演进，又实归宿为民族民权民生之三大问题。数百年来，世界之纷扰变革，无一而非由于此三大问题未得合理之解决。良以人类在民族政治经济三方面，皆非循守和平之义，使人与人，国与国，或民族与民族之间，咸能平等而协作，即不能臻于共同生存发展之途。而我国为世界上人口最多之国家，倘不能获得真正之自由平等，即世界亦决无从获得真正之安定。国父本于吾民族五千年来忠孝仁爱信义和平之美德，与继绝举废，治乱持危之大义，更汇合欧美自由平等博爱之精神，以谋人类生活之彻底改革，乃有三民主义之创立。其本此主义领导革命，则以“建民国而进大同”为最大最高之职志，此伟大之主义，为东西文化之总汇，人类生活至高无上之真理。观于本年六月德国侵苏以后，美国总统罗斯福与英国首相邱吉尔联合宣言，标举八大原则，为将来重奠世界和平之方针，其所包含关于民族自由，政治独立，经济平等及全面合作以求经济进步与社会安全之要义，悉与吾三民主义之原理，若不符节，吾政府与人民，既予以热烈之赞同，更认为今日各民主国家对侵略国家之战争，胥应以此为共同之目标。必使凡被侵略之国家，于此次大战结束之后，咸得独立自由平等之保障，庶几今后人类不再受战争之惨祸。吾人今日既深幸此一真理之日益昌明，自当举我国之人力物力，为达成共同目标而奋斗。故吾人当前之急务，即在以安危与共患难相扶之精神，与反侵略各友邦迅速成立统一强国之阵营，力谋军事、政治、经济之密切合作，相互提携，团结一致，决不为单独之媾和，必期达到解除侵略国之武装，保证人类经济生活之机会平等，与重奠世界永久和平秩序之目的。回忆吾国父于民国成立之日，发表告友邦书，曾谓“今后当与各国交相提携，勉进世界文明于无穷”，此一伟大之志事，一致遵奉三民主义，认识我中华民族对世界人类贡献之重要，发扬蹈厉，奋勇无前，与反侵略各友邦，携手并肩于历史上未有之义战，以扑灭侵略之恶魔，建设正义和平之世界，乃为无负吾人所处之时代，无负我友邦与世界上爱好和平人类，数年来对我抗战之同情也。

其二、愿我全国对于战时之生活行动，有更紧张严肃之觉悟，加强我全国总动员，以争取吾反侵略阵营之胜利也。吾国四年半以来之对日抗战，其意义曾历次宣言，不独为图民族之生存独立，实并为求世界之正义和平，与人类永远之福祉。今日寇，既由逞凶于东亚，转而肆虐于全球，轴心国之同恶相济，已形成为凶残无比之寇盗集团，而民主国家，亦益加紧密团结，筑成伟大坚强之壁垒，就此两大阵营观察，我仁彼暴，我直彼曲，胜负之数固无待于蓍龟。然兵凶战危，不可轻忽，胜利之来，万无坐致，以吾国人力物力之富，四年来抗战虽已陷敌于泥淖之中，而尚未能逐敌于国门之外，此在我全国朝野诚当加以严格之反省。须知现在战争，乃国家总力之决斗，欲期战争之胜利，必须集结全国所有之人力物力，统一全国之精神意志力量与行动，悉为国家而效命，供战斗之使用。我过去四年半以来，全国各方面之动员，其与战争之要求，实相距甚远，而国民精神总动员纲领所揭橥“国家至上民族至上，军事第一胜利第一，意志集中力量集中”之要义，吾人诚一加检讨，实亦探觉笃行之未逮。否则我抗战力量之增强，与国内政治经济社会各种建设事功之猛进，必当倍蓰于此时，可以断言。今者吾全国已与各友邦并肩共荷世界安危之重任，凡我国同胞，更应严肃紧张，共起真诚之觉悟，当知吾人此次战争之成败，不独为我国家民族存亡之所系，亦且为世界全体人类祸福之所关。际此反侵略各国共同担任战争任务，各自争献能力之时，吾中华民族之荣辱存亡，实胥视吾人在最近将来淬砺濯磨之何若，自今伊始，必当加强全国总动员，使每一国民皆克尽其对于战斗之任务，每一物资，皆能增其对战斗之效用，人人牺牲自由贡献能力，使全国成为一统一坚强之战斗体，无论任何部门之工作，皆须适合于现代战争之条件，以配合友邦共同作战之行动，然后方无愧为世界战争中之一员，方为克尽我中华民族对世界所应尽之义务，所期举国一致，各自振奋，人民则服务奉公，官吏则负尽忠职守，将士则杀敌致果，而本党同志尤须抱坚苦卓绝之精神，为整齐严肃之行动，率先奋斗，为民前锋，务使全国人人，咸能提高战斗之意志，严守战时之纪律，以表现我中华民族五千年来抑强扶弱继绝举发之固有道德，而无忝其继往开来之大责任也。

其三、愿我国对于今次中央决定之战时各种政策与措施，有更忠诚笃实之践履，以树立国家民族生存独立之基础也。自国父逝世，本党为完成国民革命之使命，决以两大任务，分期贯彻，其一为求国家民族之统一，其二为求国家民族之自由平等，其于三民主义五权宪法及建国大纲建国方略之实施，虽以环境艰困，不能不斟酌其先后缓急之宜，而凡百决定，则无不以国父遗教为准绳。临时全国代表大会，既制定抗战建国纲领，而国民参政会又一致表示拥护，自兹吾国国是之前途，即已悬一鹄而同趋，而今日事变更亟，尤应以亲爱精诚之旨，团结全国之力量，以努力于实践躬行。此次全会，检讨过去工作，决定今后途径，对于军事政治经济教育及社会事业各方均已分别成立决议，而当前要政，尤为注重者，简括言之，厥有四端。一曰厉行基层建设，树立民治基础，在地方当限期完成新县制之实施，成立各级民意机关，训练人民行使四权，以充实民权自治基层之力量，在中央则集中人才，广罗贤俊，俾能共负国事之责任。二曰加强经济管制，保障国民生活，对于军需物资之生产与运输，力求其增进，对于民生必需品之分配与供给，严密其管理，对于物价工价之平定，囤积居奇之取缔，与粮食之供应管制，尤必严格执行，以安定军民之生活。三曰实施土地政策，发挥土地效用，于政府成立专管地政之机构，期于厘订地籍，平均地权，促进土地利用诸要项，充实各种法令与组织，以谋迅速之推行。四曰加强实施动员，发挥战时人力物力，对于全国总动员，重新订定实施纲领，对于兵役之推行，更求方法之完善，而于国民普服工役之义务，亦当大端，皆为战时之要务，建国大计，亦为吾国今日参加世界战争之所必要。政府当本至公至诚之态度，排除万难，以求战时措施与政策之实现，更期吾全国同胞，人人以战事为念，事事以战事为重，必使今日各级政治，成为战时之政治，全国经济，成为战时之经济，社会与教育，皆成为战时之社会与战时之教育，然后不愧为现代战时之国家，方能完成此次神圣战争之任务，而吾国家民族，始能具备独立平等之资格，以生存于今日之世界，而获战后之自由与光荣也。

总之，吾国从来之外患，实未见有如今日之严重，世界从来之战争，亦实未见如今日之凶残，而立国之道，则亦从未见有如国父三民主义之崇高博大而切实者。欧洲文艺复兴之运动，为代表人类自我之觉醒，既使人类之知识能力，有空前之飞跃，而我三民主义之运动，实为代表人类全体之觉醒，其必使人类之诸般生活，日臻于文明康乐之境，尤为吾人所深信而无疑。吾民族有此主义，真宜引以自豪，奉以自勉，五千年之古国，正在复兴，二十世纪之新世界，正在改建，救国救世之神圣任务，今已落于吾人之双肩。国父昭示"当以吾人数十年必死之生命，奠国家亿千万年不拔之根基"。总裁训勉国人以"生活之目的在增进全体人类之生活，生命之意义，在创造宇宙继起之生命。"吾人之信仰在此，吾人之希望亦在此，吾人之努力亦悉在于此，愿我中华民国全体同胞共勉之。

〔中国国民党中执会秘书处档案〕

15. 中国国民党第五届中央执行委员会第十次全体会议通过之重要决议案

（1942年11月24日—27日）

（1）积极建设西北以增强抗战力量奠定建设基础案（11月24日）

三十一年十一月二十四日第五届中央执行委员会第十次全体会议通过

抗战建国，同时并进，此为我抗战以来决定之国策；而如何于抗战中，奠定建国之基础，于建国中，加速抗战之成功，实本党同志与全国同胞当前之最大任务，故五年来坚苦抗战，吾人无日不在建国途中勇往迈进，此次总裁视察西北，复有"建国基础在西北"之启示，尤为本党同志与全国同胞今后从事建国努力之准绳。爰提示建设西北之基本原则，及主要事项如左：

甲、基本原则

一、建设西北，应接照西北各种客观条件，采取合理步骤，特别注意安定地方，修明政治。同时并应培养其人民自治能力，扶植其文化宗教，加强其基层机构，及文化团体之组织与指导，以树立民权主义之根基。

二、西北资源尚待开发，人民经济基础，至为落后，今后开发建设西北之一切经济设施，无论农林、工矿、交通、实业、经济、金融、与其他有关生产事业，应严格遵奉本党民生主义经济政策，期达厚殖国家资源增进人民乐利之目的，在执行方面尤须注意独占垄断剥削阻滞压迫等可能流弊之滋生。

乙、建设事项

一、建设项目及设计——建设西北，须有整个计划，其主要项目，如交通、植林、水利、移民、屯垦、畜牧、文化、教育、卫生、诸端，须即由有关主管机关共同研究设计，因其人力物力分别先后缓急，拟定整个方案，为有效之实施。

二、组织——合理建合之组织，为一切事业推进之动力，尤于人力物力万分艰困之际，更须特别注意执行机构之健全合理，然后可以集中权力，因应环境，争取时间，提高效率，以收事半功倍之效。如在行政上应加强负责主管之权责，使权责分明，放手任事，在经济上应由中央每年指定的款，专为建设开发西北之用。一面采取官民合作方式，组织林牧垦殖等公司，作为开发西北实习之机构，至因业务上必需设置之组织，则由各主管机关拟定办理金融机构之建立，更属重要。

三、人才——凡百事业，赖人而举，在此地广人稀之西北，如何集中人力，乃为建设西北之先决问题；故派遣人才前往工作，与实施移民从事垦殖，同属重要。西北各省，本不乏才智之士，或从事在外，或委屈未彰，更宜由中央明示奖励，训练甄拔，俾得致力桑梓，为国效用。如此，人才克集，牧宰得人，基层政治，庶可逐渐树立，士民众庶，得以相生相养，外处移民，自能次第安集，不致徙托空言，形同流放，此不惟边地人才得以充实，而西北建设可期，即战后安顿官兵，亦当可于此时预为准备也。

四、经费——建设经费务宜宽筹，尤贵能运用得当。各主管机关应就其业务需要，分别先后缓急，择要集中使用，俾各项必要建设，得按照预定计划，早观厥成。三十二年度用于建设西北之经费，应早为通筹确定。

五、宣传——建设开发西北，经纬万端，确定计划，完成组织，集中人才，宽筹经费，固为必要之步骤，而宣扬建设西北，与建国关系之重要，使国人深切了解与认识，以期群策群力，争相奋发，以达事半功倍之效，则扩大建设西北宣传运动，实有必要。此不惟鼓舞国人，认识国家基础之深厚，提高研究西北之情绪，与夫从事开发西北之努力，而唤起西北各省人民，使了然自身对于建国之责任，从而自觉自动，起为建设西北之先锋，意义尤为重要。

以上所举，乃其大要；至若交通事业，乃建设之前驱，设计调查，乃实业之发轫；在此抗战建国途中，经济时间，两不可忽；如何把握时间，善用财力，先其所急，计日成功。尤有待主管机关之特加努力，与吾党同志，我国同胞之知所奋发自励也。

（2）策进役政宏裕兵源案（11 月 25 日）

三十一年十一月廿五日第五届中央执行委员会第十次全体会议通过

兵役制度，乃立国之大本，允宜实施尽善；本年十月上旬总裁在全国兵役会议迭次训示，谓“兵役问题对于抗战全局之影响，实属异常重大，真是一个生死存亡的问题”，又谓役政“不能改良进步，将不仅使军队不能健全，抗战不能胜利，而且要牵累到整个国家的政治社会各方面，都不能进步，都不能发展”，又谓“兵役问题不仅是目前抗战的问题，且同时是将来建国的问题。

检讨役政现状，成绩远逊所期，是应责成役政各级负责人员，依照法令规章，彻底推行；本党领导抗建，关切役政，认为普遍训练国民兵，乃征兵入伍之本，鼓励优秀应征，乃提高新兵素质之本，而党员率先示范，尤足为一般人民激劝，党员之不合兵役条件者，亦应为推进役政而自效；爰提示办法如次：

办法：

（一）各县市政府应切实调查户口、举办户籍、健全基层组织。革除兵役弊端，于一年以内，办理完竣。

（二）由政府切实规划办理国民身份证，务于二年之内完毕，分期办理国民兵之训练，务于三年之内，全国至少须训练甲级壮丁六百万人。

（三）由政府重行厘正现行兵役法规，关于缓役，免役除役禁役停役等项规定与解释，一律从严限制。

（四）在抗战期间，政府应制定法令，凡壮丁每年应纳战时壮丁税，但已服现役者得免缴。

（五）违犯妨害兵役治罪条例者，悉交军事机关审理，从严惩儆。

（六）各地党部对于所属党员，除现役在营者外，务使每一党员为推进役政而经常担任左列任务之一项或数项：

1. 有关兵役之宣传工作；

2. 有关兵役之调查工作；

3. 参加役政机关工作；

4. 协助乡镇保甲长之役政工作；

5. 担任国民兵团之组训工作；

6. 对于出征军人家属之服务慰问工作。

（七）各地党员对本地役政办理实况与一般民意随时考察，据实报告，所属党部，必要时，得直接报告中央执行委员会，各级党部于接到此类报告后，须分别切实处理之。

（八）党政上级机关对于下级之考核，应以协助兵役之成绩，占考绩百分之三十五。

（3）对于军事报告之决议案（11月25日）〔略〕

（4）加强战时财政合理统筹政策以裕国计而利抗战案（11月25日）〔略〕

（5）三十二年度党务工作方针案（11月26日）

三十一年十一月廿六日第五届中央执行
委员会第十次全体会议通过

战时党务团务工作务须适应战时之需要，同时对于经常业务亦当尽量推进。兹遵照总裁指示及九中全会党务决议案，并检讨过去工作之成绩，研求今后之亟务，订定三十二年度党务工作方针如左：

一、关于党的运用者　对于一般党务工作，本年应特别注意：（一）法令之讲解与推行；（二）党政之紧密联系合作；（三）扩展社会服务，尤须注意出征军人家族；（四）党国运用之普遍与深入；（五）举行党员总考核选拔优秀党员；（六）征求社会优秀份子入党；（七）健全区分部等。

二、关于组织者　督率各省分别召开全省县书记长会议或全市区书记会议及县市代表大会，并充实整顿战地各省市路党务改订适合该地区之工作方案，增设工作据点及交通站，以期联络与运用之紧凑。

三、关于海外党务者　海外党务，除欧洲大部分沦为战区外，南洋各地仍继续策动秘密工作。本年度并应特别注重加强其他海外各地党务，使党部确能领导侨民参加战时工作，并开展国民外交。

四、关于三民主义青年团者　增加青年对三民主义及总裁训示之认识，发扬其革命尚武精神，增设并调整各级团部，务使质量并进，指导举行各支区团部及分团部工作会议，办理团员集中训练，举办夏令营及青年馆，并辅导团员活动及举办社会事业。

五、关于宣传者　对内应振作民心，发扬士气，以求国家总动员之实效，其具体项目，为发展文化运动，奖进新闻事业，继续编著及翻印各种书刊，并统一出版事业，管理加强书刊运售力量，使党的宣传普及各地。对外宣传，应力谋增进，各国对我国之认识，加强联合国间之团结，并扩大对敌宣传。

六、关于干部训练者　各级党政干部训练，仍应继续分级实施并办理高级干部之训练，尤应注重各级训练机关之充实，补充训练教材，增强党的训练，以提高训练的效率。

七、关于人事及会计者　完成各级党部人事机构，训练中央与地方人事管理人员，并完成中央及省市路党部之会计制度，催征党员月捐，以逐渐建立党员养党之基础。

八、关于设计及考核者　拟编年度施政方针，审编各机关年度工作计划，并草拟战后建设计划，考核中央暨各省市党政机关工作成绩，及工作进度，并完成分级考核工作。

九、关于监察者　推派委员分区执行监察职务，加强各省市路党部之监察机构，推进党员监察网。

（6）各级教育应以军事化为中心目标添设建设所必需之专门学校并注意边疆与侨民教育案（11月26日）〔略〕

（7）对于党务报告之决议案（11月27日）

三十一年十一月廿七日第五届中央执行委员会第十次全体会议通过

此次全体会议总裁曾以“继往开来”相期许，所负责任分外重大。关于健全本党从而推动国家建设之一切方针，均已有所决定。关于党的健全，其在精神方面，须全党同志惕厉奋勉，坚毅进取，发扬固有的革命精神。其在制度方面，更应根据民主集权制之原则，鼓励同志对党有真实之贡献；所有今后党务应如何推进建设，亦已另立专案。自中央以至地方各级负责干部，必须以身作则，率导同志，一致遵行。至已往十阅月间党务工作之情况，本会议聆取党务报告及审阅三民主义青年团工作报告之后，特为郑重之检讨，根据总裁之训示，以及九中全会之决议，深觉关于征求同志，开展组织，训练干部，指导青年，宣传国策，加强出版事业，推行社会服务，救助归国侨胞诸端，均有相当成效。惟综核各部分工作之实施，尚未能与吾人之期望相符。兹姑举其较为重大而犹待积极努力之点，作如下之提示。

一、基层组织　据报告县各级党部凡一二五八单位，其已完成选举呈报中央者仅七十三县市，不及百分之七，而三三四〇二区分部之中，不能按期开会，或未能召集开会者，占百分之六十八。可知本党之基层组织，尚未臻于健全。故指导县市党部，积极完成选举，及加强县以下各级机构之工作，宜为今后所最须注意者。至若总裁所训示县以下各级党部，应谋与地方自治组织相配合，使本党在地方上政治经济教育社会各事业部门中，均能成为动力之源泉，则尤应悬为加强本党基层组织之鹄的。

二、党团效用　省市党政联席会议与特别小组，为加强各地方党政联系便利推行政令之机构，亦即为发生党团正常作用之场所。虽有若干单位遵照举行，而内容与方法，仍待充实改进，至昧于此种设施主旨，推诿延宕，迄未奉行者，更须严加督促，破除梗阻。其在民众方面，则自社会部改隶行政院主管民众组训以后，本党对于人民团体之关系，更有赖于党团之运用。故开展党团活动，实为党与民众密切联系之主要工作。中央地方各级民意机关中，虽已俱有党团之组织，而对于全国性之各种文化团体，则尚未尽积极组织党团，尚有待于推进。各地方党部，间有注意及此，在当地民众团体中，指导党团活动，获有成效，良可嘉慰。惟范围尚未普遍，彼此亦少呼应。今后各地党员在一般民众团体中均应服从党团之指导，经常发挥党的力量，贯彻党的主张，以达成团结民众，协助政府，推行法令之任务。

三、干部训练　干部训练乃至一般党员及三民主义青年团团员训练之工作，年来中央及地方，均能按照计划，切实执行，确有相当进步。惜以经费人事之故，尚未能尽达预期之进度。惟训练革命战士之法，讲授固属重要，尤须在经常工作中，在平时生活中，在与腐恶势力奋斗的过程中，随地训练，随时训练。故为党务团务及一般政治之革新推进计，宜于集团训练而外、继之以经常不断之策励与考核，而明定党员团员之中心工作，尤应取为训练考核之准绳。党员团员之于中心工作，优异者选拔之，努力者鼓励之，懈怠者督策之，玩忽者敬戒之，然后党员团员乃可于工作中，求竞赛，得磨炼，而干部能力之培植，亦可于无形中树立其基础，今后对于规定党员团员之中心工作，应由党部团部切实督导，务使同志人人身体力行，方合从工作中训练干部之深意。

四、宣传指导　九中全会特别指示宣传之指导方针必须统一，目前虽可减少若干重复隔阂之病。惟以言绝对统一，则尚未达到。各部门所发文件，省县党部每以指示内容之未能完全一致，时有无所适从之感。而宣传部所发指示文告，则以邮电迟滞，动失时效，此皆为急须改善之事实。国际宣传，年来配合外交，指导正确，收效自显。惟今后应更注意于本党建国主义之宣扬，以正国际人士之视听。战地宣传及对敌宣传，与军事上之反攻关系殊切，目前工作，尚嫌不足。宣传工具中最重要之出版一项，则因编辑方针，及出版业务之指导机关，权责不清，坐使本党有关之出版事业，尚未能收统一管理加强力量之效。虽机构林立，而经营完善合理者不数数观。以致本党书刊，或苦数量缺乏，或感运输迟缓，不能取得宣传上之主动地位。尤可憾者，县市通俗宣传方案，虽订立已久，而以未能普遍筹拨经费之故，仅有少数地方勉力推行，可知基层工作之薄弱，实为一般现象。宣传之不能深入民间，此殆为其主因。新闻事业为宣传之主力，而本党日报，办理不善，立待整饬者殊多。陪都为舆论重心，更宜严加督导，积极奋发，以为社会舆论之领导。

五、文化运动　本党之文化运动，应以阐扬三民主义为根本任务，但已往虽致力于此，而限于人力与经费，尚未能充分达成。培植理论人才，宏奖研究著作，其事原甚重要，而九中全会奖励三民主义著述之决议，时阅十月，犹在议订办法之中，亟盼速树规模，以示倡导。三民主义丛书之编纂，工作经年，虽已有专著若干种，甚望能早日付梓，藉供国民及党员修习之需。至于党员研究主义，涉及哲学理论，往往见解各执，不免纷歧，中央亦当指定机构，负有统一指导解释之责任。他如曲解主义，妨碍国策，诋毁政府之谬论邪说，虽经取缔，而秘密流传，仍不无隐患潜伏，故审查书报以及纠正驳斥之工作，犹有待于中央与地方之普遍展开。

六、工作计划　党务三年计划方针，虽由九中全会通过，而中央各部会之工作计划，则三十年度及本年度迄未能有整个之决定。事实上各部会之工作，几于各自拟议，各自执行，既失轻重缓急之分，复多重复浪费之弊。至县级党部，则向不甚重视，中心工作之推进，自难有效。今后党务之推进，必须改弦更张，重视基层之组训宣传工作，在经费与人事之配合下，厘定党务工作之全盘计划，切实执行，庶可望日起有功。

（8）党务改进案（11 月 27 日）

三十一年十一月廿七日本第五届中央执行委员会第十次全体会议通过

（一）健全党的组织

一、凡本党党员应一律参加区分部及小组会议，党部并应切实执行缺席之处分。

二、区分部区党部之活动不得公开，其组织应力谋与现行自治组织相配合，并应以教育机构如中心学校国民学校，或经济机构如合作社，或自治机构如乡镇保公所为活动场所。

三、县党部之内容应力求充实，工作人员数量、质素、待遇以及事业经费等均应谋合理之改进。

四、中央与省及县之组织，应力谋灵活运用，不独上下级之意见当力求沟通，即上下级之工作人员，亦应时作有计划之更调。

五、民主集权制原为本党组织之基本原则，今后各级党部应速完成选举，成立执监委员会。

六、党的革命精神必须充分发扬，以后征求党员，无论其人从事何种职业，应以选择富有爱国热忱及创造自动勇敢牺牲之精神者为标准。

七、党的意志务须贯彻，其有违背党的纪律者，无论何人，必须依法处分。

八、同志之间应绝对亲爱精诚，一致团结，不论服务党部团部军队政府或社会，莫不共同负有发展党的力量之责任，其有不明此义，妄分彼此，故造纠纷者，中央应予以适当之处分。

九、省党部主任委员，应以专任为原则，省党部并应慎选少数健全之县党部集中力量，推行主义，以为示范，其书记长以最优秀之同志充任，并得兼任县长。

十、地方党务工作同志成绩优良而志愿从政者，省县负政治责任之同志，应尽量引用。

（二）改进党的宣传

一、中央应即责令中央政治学校，加强本党理论研究部门，以培养理论建设人才。

二、三民主义丛书编纂委员会，应即积极进行本党基本理论编纂工作。上次全会所通过之“征求及奖励三民主义著述案”亦应积极进行，以激励国人对于本党主义之研究兴趣。

三、三民主义宣传工作应求普遍通俗，尤须确实到达县以下之各层。

四、国际宣传工作亦应加强，并应由中央遴选深明党义通晓国际情形之同志，分赴各同盟国任宣传工作。

五、本党所发行之报纸刊物，地域分配，或有未当，内部管理或未尽善，应即谋合理之调整。

六、中央出版事业管理委员会应定为统一管理党内出版事业之机构，其他党内类似组织，应一律裁并，一般出版事业管理重要原则，亦应由该会负责拟订。

七、目前本党宣传经费为数过少，亟应增加，省市县宣传经费尤应尽量增加。

（三）培养党的干部

一、对于凡曾任及现在本党中下级干部之同志，中央应即举行普查，以后并应经常调查，务使各人之经历、学识、能力、品行，有一较为确实之认识。其进行办法，由常务委员会从速决定施行。

二、中央对于上项优良同志，应依其能力及兴趣，或令从政或令从事经济教育事业，或令仍任党务工作，应作有计划之选拔。

三、党员总考核办法，务须认真举行，其特别优良同志，应依其能力兴趣，按照实际工作机会，或列为预备干部，或即选拔为干部。

四、各级干部考核，尤应详订妥善办理，认真执行。

五、凡对党工作特别努力之党员及干部同志，或于艰苦工作有特殊建树，或于党义研究有特殊表现，除依规定予以适当之选拔外，中央应每年公布各人姓名予以表扬，其特点并予以纪录，留为荣誉纪念。

（四）确定本党中心工作

一、实现总理实业计划及地方自治开始实行法，为本党全体党员今后一致奋斗努力迈进之工作目标。

二、建设农村为目前本党当务之急，应从政治及经济建设入手，党部当即发动同志深入农村，组训民众。尤应争先从事劳动服务，社会服务，其具体工作如社会教育，合作社以及医疗救济等事业应因时制宜分别明确规定。

三、国家总动员为抗敌期间最重要工作，本党党员应即领导全体国民竭力推动，尤应以身作则，争先服兵役。

四、沦陷区内以及异党活动猖獗之地方，各级党部应加强组织及宣传工作。

（9）对于政治报告之决议案（11月27日）

三十一年十一月廿七日第五届中央执行委员会第十次全体会议通过

本会议举行于九中全会后第十一月，适值反侵略战争，已进入反守为攻，东西并进之阶段，举国上下，莫不一致振奋，冀以百倍艰辛，为争取胜利之代价。本会议检阅国民政府行政、立法、司法、考试、监察五院工作报告，暨国防最高委员会对党政工作成绩考核报告，深知过去各部门工作，悉本既定国策，努力迈进。本年度国家政治，确已较上年进步，足以增强抗战建国之基础，良用欣慰！

本会议接受各项政治报告，并切实加以检讨，对于近年历次全会决议案之执行情形，暨各项适应抗战需要之重大紧急措施，如太平洋大战爆发后对日德义正式宣战，签订中美抵抗侵略协定，促成二十六国同盟宣言，颁行国家总动员法，改组动员机构，开始实施战时三年建设计划，加紧开发国防资源，继续推行新县制，促进基层政治建设；加强设计，执行考核工作，树立行政三联制之基础。凡此荦荦诸端，认为悉合机宜，或已获相当成果。但一般工作情形，如与预定计划比较，亦有未能悉符进度，或不免有若干缺点者。兹为今后改进缺点，克服困难计，特就属于一般与各部门者分别摘要提示如左：

甲、属于一般者

本党对于国家大政方针之决定，凡属总理遗教所昭垂总裁平时所指示与历次全会决议，均至详备而确当不移，故今日之中心问题，实在于政策之彻底执行，亦即一般行政效率之提高。查一般行政之基本条件，不外人事、经费、机构、与法令四端，历次全会，对此已不惮反复提示，事实上亦多进步；惟揆诸“自强不息”、“日新又新”之义，仍有重为申述之必要。

一、人事与行政之配合　用人行政，关系国家政治之隆替，考试机关曾遵照中央所示“集中全国人才”“健全人事制度”各项决策，悉心规划实施，诸如普及任用人员考试，推广专门职业及技术人员考试，着手进行公职候选人考试增订人事管理条例，调训各机关人事管理人员，均属要政；惟人才之任用考核，考试机关总其成，仍有赖于各级行政机关之切实倡行，如机关人员应力求不超过编制，任用考绩，必须依照法规办理。虽战时或因业务增多，需才急切，不无事实困难，未能悉循常格；但战时公务员任用补充条例，业经颁行。今后对于各级公务人员之任用，务须合于法定标准；各级员司，是否善尽职责，考核尤宜严格；他如“分层负责制”，应切实施行，俾权责分明，易资督率。凡此诸端，均在力求人事与行政工作之配合，务使“事得其人，人尽其才”，汰除冗滥，罗进贤能，以发挥人力之最高效率。

二、经费与行政之配合　战时国家财政困难，而一切建设大计，又万端待举，刻不容缓，故经费之预算与稽核，极关重要。过去主计机关对于缩小预算程序，及时编成国家总预算；及审计机关加强事前审计与事后审计，推行就地审计与抽查审计，均已悉力，则尤数字递增，岁出庞大，此固战时物价高涨，建设事业扩张及国防紧急支付为主因，而此后预算实应与施政计划密切配合依照中心工作确定预算之百分比，对于非急切需要或条件不充分之事业，应从缓办。至进行中之要政，应权衡缓急轻重，集中力量，期其必成。又主计机关原有规定适应物价变动，事先附具实物价预算，作为以后追加标准，尤宜妥筹实施以应战时行政之需要。至预算确定之后，应依照分配预算切实执行，并依法按月造具计算，按年编造决算，送由审计机构切实稽核。凡此诸端，实不应视为例行手续，致稍稽延，而应视为考核经费与行政工作是否配合之必要程序，力加整饬，务期节省行政上之浪费、发挥财力物力之最大效能。

三、机构之合理调整　行政效率之增进，行政经费之撙节，有赖于机构之健全合理。六中全会提示：（一）机构之单一化，即机关相互间之调整；（二）机构之合理化，即机构本身之调整。又九中全会决议，增进行政效能厉行法制制度案内，亦规定“调整各种机构”，其原则为：“所有现存之政府各种机构及国营省营事业机关，有业务性质相同而系统分歧者合并之，业务因战时原因而失去原来对象者裁撤之，业务与抗战而重要关系者缩编之。嗣后总裁指定专人研究办理。暨国民政府编制三十一年度国家总预算时，裁并若干机构，已获初步之成效。今后应进一步由党政考核机关经常负责主持，除根据六中全会九中全会决议各案继续办理外，并应注意“非绝对必要不新设机关”及“紧缩中央机构，充实基层政治组织”之原则与各机关职划之划分，使纵的方面，系统分明，指挥统一；横的方面，分工合作，联系密切；各机构之运用，可灵活而简捷。

四、法规之统筹整理　目前中央法规与其他单行法规不免有繁冗重复抵触之处，致使省县机关，每感法令纷繁，时多更易，畸轻畸重，无所适从，驯至因窒碍而成具文，法令执行困难，政务反多旷废，此实为目前政治上之一缺点。现国防最高委员会已着手整理编审各项法规，此后尤应与立法院密切联系。加以统筹整理，务使现行法令简单衔接，不致重复纷歧，而今后无论中央地方，一切法令规章之制颁，尤需事先考虑人力财力能否适应，及其与现行法令有无抵触，以免扞格难行之弊。

上述人事、经费、机构、法令规章，四端外，对于行政三联制，尤应继续推进，执行前有周详之设计，则人事经费与行政工作，始能密切配合；执行之际，能依照计划切实办理，始能计日程功，迅速达成任务；执行之后，能实行自身之考核及对所属机关施行分级考核始能明了人力财力是否发生预期之效能，机构是否健全，法令有何利弊，由循名责实进而造成工作竞赛之风气，树立计划政治与计划经济之基础；此今后不能不切加注意者也。

乙、关于各部门者

一、外交

（一）自三十年十二月太平洋大战爆发，我国适应外交形势之重大开展，同时遵照抗战建国纲领所昭示："本独立自主之精神，联合世界上同情于我之国家及民族，为世界之和平与正义共同奋斗"，促成二十六国同盟抗御轴心国家之暴力侵略，此为一年来外交上之重大成就。今后仍应继续增进英、美、苏及其他同盟友邦之密切协作，特重整个战略上之联系及争取军需物资与人力财力之援助，以建立反攻胜利之基础。

（二）三十一年十一月英美同时宣布放弃治外法权，及其有关权利并已开始谈判，此固为我国国民艰苦奋斗所获之代价。今后应力行本党第一次全国代表大会所指示政纲，"一切不平等条约，如外人租借地，领事裁判权，外人管理关税权，以及外人在中国境内行使一切政治权力，侵害中国主权者，皆当取消，重订双方平等互尊主权之条约"，对于准备各项外交资料妥订废除不平等条约后重订新约之原则等，尤须及时规划。

（三）对于战后世界和平机构之重建，与保障东亚永久和平之原则，及其他有关具体方案，应继续研究办理。

（四）对于南美各国及其他国境内华侨之保障，与策动侨胞直接间接协助盟国抗战工作以及对于南洋回国或转从侨胞之救济等应由外交侨胞，与海外党务机关切实联系办理。

二、内政

（一）新县制之实施，为完成地方自治建设三民主义国家之基本工作，计自二十九年各省开始推行，中央规定三年完成之程限，即将届满，实施新县制之十九省，已完成县各级组织者达总县数三分之二以上；但此为组织上之完成，而非实际的地方自治事业之完成，且若干县政设施，每因战时征兵征粮之急切，而忽视自治基本工作。今后应权衡先后本末，规定县政中心工作，及分期推进地方自治事业之程限，督饬各省县拟订年度计划，切实施行。

（二）推进义务劳力制度，以劳力与造产为自治经费之泉源，为此总理在“地方自治开始实行法”所昭示，自改订财政收支系统后，县自治财政预算，中央拨补甚巨，而事业经费仍甚拮据，乡镇造产仍在初步办理，此后除从速清理公有款产外，亟应妥筹实施人民义务劳力制，因时因地办理垦荒、造林、造屋等事宜，发挥“双手万能”之精神，藉以奠定自治经费之基础。

（三）推进基层政治，必需多量县乡镇保甲之基层干部。现各省区县训练机关所训练之人员，总数不过三十余万与实际需要相差甚远，今后亟应设法培植多数县以下干部人员，除加强原有训练工作外，应实施奖励或征调曾受初中以上教育之智识分子，从事基层政治工作；并应普遍推行乡镇保长候选人检核考试，以作保民大会，与乡镇民代表大会选举之准备。

（四）对于边疆各地之一切政务设施，应继续遵照八中全会所决议“培养其自治能力，改善其生活，扶植其文化以确立其自治之基础，对于西北各地尤应实施有计划及大规模之移民实边，但实施时应兼顾当地经济实况，及土著人民之利益，并主持移民之人员尤须选拔志行纯笃刻苦干练者充之，并予适当之训练。

（五）民众组训为地方自治基本工作之一，今后应以全力完成乡村广大民众之组训。除现有国民兵团之训练，应加强政治训练及增加识字教育外，对于人民团体之组织，应以政治组织与经济组织密切配合为原则，除依自治区域所规定之范围运用农会工会等团体，普遍发展乡镇保合作社，藉以增进生产控制物价外，同时可运用此类团体，实施民权初步之训练。

（六）心理建设与一切政治建设、经济建设、社会建设，社会建设等有不可分离之关系。今后关于新生活运动之推行，国民精神总动员之策励，及工作竞赛之倡导，均为抗战建国之基本力量，过去各地推行，既已普遍，继兹尤应多方策进以赴事功，而收实效。

（七）关于振济工作，凡关各地义民、灾民、难童及归国侨胞之救济，应多采用积极方法，分别予以从事生产与教养之机会。

（八）关于卫生行政，除继续推行公医制度，加强防疫保健工作，办求药物自给普设改进医疗卫生院所设备外，尤应大量培养医事人才，加强巡回医疗队工作，并与社会教育机关密切联系，普遍推行简易之卫生教育以期民族健康之增进。

综上数端，仅就当前最切要之工作列述要点，其他有关政治兴革设施之具体决定，则另有专案施行，抑有进者。国家政策之决定与执行，责任前后一贯，彻底推行，其有不能责其速效者，应逐步推进，以期达成任务。故本会议对于以往政治决议，着重检讨其执行情形；凡有策划，必求前后衔接，勿使中辍。而革命建国之大业，必须持以贞固不移，自强不息之精神，始克竟其全功，此尤愿与本党主持政务诸同志共相策勉者也。

（10）对于行政三联制实施成绩之总检讨及党政工作考察报告之决议案（11月27日）

三十一年一月廿七日第五届中央执行委员会第十次全体会议通过

本会议聆取三十年度行政三联制实施成绩之总检讨及中央党政各机关工作成绩考察报告之后。认为此种制度，草创未久，虽推行尚未臻尽利，然已稍奠始基，加之努力，不难益宏实效；至三十年度各机关工作成绩，虽比照计划，多有未能达到预期进度者，然较之二十九年度工作，则一般具有确实之进步。兹将以上检讨及报告中应行注意及改进事项，撮要提示如次：

一、设计执行考核三方面对三联制之“联”字未能完全确实办到。

二、各机关三十年度行政计划，未能如限编送，设计局成立较迟，亦未能汇齐核编。至三十一年度行政计划，设计局亦因时间迫促，先行整理特别建设计划，于三十年十二月送呈国防最高委员会核定。三十一年一月根据核定之国家总概算，整理各机关三十一年度改编计划惟以各机关仍未能如限送设计院，故于三月中始整理完竣，此在过去，虽为一事实问题。但今后倘执行机关不重视设计，不先送计划与预算，则设计机关无从事前设计，既无设计从何执行，即考核机关，亦将何所依据而施行考核，从执行机关自有行政计划，亦与三联制之精神不符，则三联制将不免支节割裂，名不副实。

三、查行政总检查报告中，发现执行机关对设计与考核之表格，未能按时造送，乃由于行政下级机关对上级之命令，未能切实遵行，此后应如何使行政机构简单，命令有效，实为目前急切之图。

四、三联制施行以来，虽草创之初，不免种种缺陷，于行政效率未见显著进步，然可深信者，即此项制度定能增加行政效力，成为良规，目前补救缺陷，当注意下列四点：

甲、使各级机关了解三联制之作用与精神发生奉行之信心。

乙、不遵送计划与不遵照计划执行之主管与机关，应规定严格之惩处；能行惩处，则制度之功效，定有显明之表现。

丙、各级机关本身工作之设计考核，应指定专员，组织机构，在不增加人员经费原则下，统一办理。

丁、各级机关办理设计考核之人员，应由中央训练团召集训练，藉资研讨改进。

五、三十年度，中央党政各机关工作成绩考察报告中对于各机关工作建议改进各点，交由国防最高委员会核定，分饬照办。

总之，行政三联制确为改进行政效率之有效良规，制度本身毫无疑虑缺憾。今后惟在一面如何宣扬此种制度之作用与精神，使咸能发生奉行之信心，一面克服困难，切实推行，于设计方面，须特别注重计划与经费之配合；执行方面，须特别注重依照计划进度切实办理；考核方面，须特别注重推行分级考核；三者并进，不失时效，庶能以周详之设计，迅确之执行，严密之考核，以发挥人力财力之最大效能，提高行政工作之效率。

（11）经济组审查委员会对于财政工作报告之审查意见　（11月27日）〔略〕

（12）经济组审查委员会对于经济部工作报告之审查意见　（11月27日）〔略〕

（13）经济组审查委员会对于交通部及运输统制局工作报告之审查意见　（11月27日）〔略〕

（14）经济组审查委员会对于粮食部工作报告之审查意见　（11月27日）〔略〕

（15）经济组审查委员会对于农林部工作报告之审查意见　（11月27日）〔略〕

（16）经济组审查委员会对于水利委员会工作报告之审查意见　（11月27日）〔略〕

（17）关于国家总动工作之检讨与实施“加强管制物价方案”案　（11月27日）

三十一年十一月廿七日第五届中央执行委员会第十次全体会议通过

本届第九次全体会议通过“加强国家总动员实施纲领”案之前文有曰：“现代战争，乃国家总力之决斗，必须集结全国任何一人一物，悉加以严密组织与合理运用，使成一坚强之战斗体系，以保持战力之雄厚，贯彻战争之胜利。”并指示应以最大努力，达到五项要求：“一曰全国人民力量充分发挥，合理使用。二曰士兵之粮秣械弹，供应无缺。三曰土地之使用，竭尽其利。四曰一切物力之补充，继续不匮。五曰全国人民之生活能维持健康之水准。”政府根据此项决议成立国家总动员会议数月以来，对于各级动员机构之设置，与各项动员工作计划之策定，业已粗具规模，对于军需现品之供应亦已准备实施，良所欣慰；然而所以达到以上五项要求及十项纲领规定之实际业务，仍有待于各主管机关加紧努力。当前之经济状况，去战时必需之要求尚甚远，尤以反映于物价方面之现象，更为严重。

总裁有鉴于此，于忧劳丛集之中，手订加强管制物价之具体方案，体大思精，本末兼赅，实不啻为整个经济战斗体系之建立。其基本精神所在：第一全案目的，虽以平定物价为主，而其措施方法，实以坚强整个经济一切有关事业为经因果相连，脉络一贯，以视一般指陈物价问题之时论，实为得其全神。第二全案实施既为整个经济之大业，则实施之事功，即为整个政治机体共同之责任，就纵的体系言，自中央以至省县各级负责主管之意志必须一气贯通，就横的关系言，自中央各部以至省县各级同级机关之办法动作，必须步调一致，然后乃能以政府组织之力，彻底构成人民组织共赴一鹄之大效。今后全国果能踔厉奋发，恪切奉行，不惟对当前严重之物价，不难得臻安定，即封于发挥全国战时总力，奠立战后经济基础，均必先克致伟大之成就。正与本会全体同人之愿望悉同符契。所当至诚至敬。接受全案。尤应与全党同志共矢精诚，全力推行，务于最短期间，促其实现者也。

惟是今日物价问题既甚严重，而从政治经济配合措施补救之业务，又甚艰巨，欲求迅挽狂澜，立收实效，则其本末先后之程序，与其力量集中之重点，自应先有切实谨严之探讨。本会议深维过去审察得失，特更就今后所应注意与致力之要，分别提举于次：

（一）关于错误观念之应矫正者：

近年以来对管制物价法令规章多有颁行对于统制经济计划办法，亦多详备。然而未见大验明效，实有两种错误观念为极重要之症结：一为个人利害观念，对于执行法令及推进业务方面不肯任劳任怨为勇锐之措施，对于个人生活方面，不肯降低水准，适应战时之艰难。为机关利害观念一方对所属机构人员及不急事业，务求扩张而不肯裁节；一方对于损及本机关权利，而足助成其他机关事业裨利整个国计者，亦惮于牺牲，不肯相济相成，凡此两病，今后必须彻底排除，则管制物价之工作乃能涤荡障碍，而日起有功。

（二）关于管制物价机构职责之加强者：

甲、中央管制物价机构必须使其对军需民生之主要物品，确能负统筹供应分配之全责，尤须对于负责主官赋予充分之权力，俾专其责成。

乙、各省管制物价，应责成各省政府负责遵照中央法令同时办理，应否设置机构或就原有机关调配任务，得由各省政府因地制宜。中央所设省级有关管制物资业务与检查机关，应受省政府监督指挥。

丙、关于违犯管制法令之处办事项，应确定省县两级之执法机关，并充实其组织。

（三）关于实施管制方针首须集中努力者：

甲、实施限价，应以粮监价格为年定一物价之标准，由政府本此原则，分别就当地时拟定粮监与其他物价之比例标准。其超过粮监比例标准价格之物品，应令停止买卖，并得由政府如数征购。凡属于奢侈品，则彻底禁止销售。

乙、掌握物资应再扩大征实征购之范围，凡能征课实物之税收，应即尽量改征实物。同时并应由各主管机关订立生产计划，提高全国人力及机械之生产效力，构成产业联合之组织，并积极向沦陷区抢购物资，厉行对敌封锁，以开辟掌握物资之来源，并塞有用物资之外流。

丙、节约消费应积筹划定量分配与凭证购物之实施，俾必需物品克为适量供应。同时并应迅即制定国民生活标准，务符简单俭朴之要则，以扫除一切无谓之消耗。此外对于现时军粮公粮之虚浮与浪费，更应责成各方负责主官，立即重加核实。

丁、紧缩预算，自三十二年度起，必须严格厉行，凡机关有可归并，人员有可裁遣者，应由党政军各主管机关认真统筹，率先实施，并分别督责所属机关切实遵行，至无关国防及非战时必需之新办事业，应即停止举办。

戊、改善检查业务，对于交通及稽征之检查，应注意于扼要集中，以免阻碍正当商运，使货物得畅其流。对于执行管制之检查工作，应注意于制裁对象与执行手续之明确，以引导商民服从管制为主旨，使货物得归于市，并规定对检查人员违法舞弊之受理机关，公告人民，俾有伸诉之处。同时并应注意于发动消费民众之相互监督检举，健全掌握产业职工及同业公会之组织，以扩大破灭屯积居奇，及肃清黑市之实力。

（四）关于党员应特加努力者：

甲、各级党部暨全体党员，对于实施管制物价及一切有关经济业务之推行协助，应负最大之职责，在本身应率先遵行，对社会应负责领导，从示范中努力宣传，策动群力，以致转移风气，全国景从之实效。

乙、全体党员均应各就本位率先厉行战时生活，从本人及其家属切实刻苦节约，同时并应实行业余服务，参加生产事业，党政军各级机关之高级负责同志，对于节约消费，尤须矢志力行，表里一致，以为自上而下之模楷。

丙、全体党员应本社会服务之精神，以协助推行管制物价之各项法令。凡遇有违反管制法令者，不问其为官吏为人民，或与自身之亲疏关系，均视其情节轻重予劝戒，或迳予检举。凡身任公职之党员，尤应恪遵法令，绝对不营商业。

以上四项条目，虽较简单，而力行极为平实，凡我同志果能笃践履，勉忍痛苦，克服艰难，以促其一一实现，则总裁与本会议有关管制物价及发展经济各项方案之一切事业，均深信必能推此及彼，全部完成，所望我全体同志一德一心，矢勤矢勇，共奋剑及履及之精神，以达必信必成之大业，国家民族，实利赖之。

(18)关于实施限价之决议案(11月27日)〔略〕

(19)发展农业金融业务完成农村经济组织以造成经济管制并奠立本党基础案(11月27日)〔略〕

(20)对于教育部工作报告之指示(11月27日)〔略〕

附一　总裁对于各地党政报告及党政工作检讨提示之意见

(一) 关于革新本党精神策进党政工作者

一、提倡公开批评与自我批评——各级会议与小组会议举行时，须各自检讨缺点，并欢迎公开批评，诚意接受，相互规过劝善，以共策精神与工作之进步。

二、党员应有休戚相共荣辱一体之忠党精神——对党内可尽量公开批评，对党外之言论行动，必须坚守党员立场，认清党员地位，勿以第二者自居，作冷眼旁观之讥评，或随同附和，无形中受反党言论之控制。

三、今后每一工作必须注重于基层——中央一切设施必须着眼于省县以下基层之贯彻，——基层组织之充实与合理化。

四、机构之调整与设置，应注重于组织之原则（指挥单位不可过多），与机关本身之充实（员额与业务必须相当使工作紧凑，精神振奋，无冗闲废弛之弊）。

五、特别提倡分工合作之精神——痛革各自为谋，不相合作之风气。

甲、党务政治必须表里为用，打成一片。

乙、各部会横的联系之加强——党政军各部次长会议之举行。

六、确立今后之工作对象。

甲、以实行总理实业计划与地方自治开始实行法为总目标。

乙、以建设乡村训练民众行使四权为推行新县制与完成建国事业之基本工作。

丙、以实践总动员法令，并全力平定物价为目前最急要之工作。

七、积极负责与笃实力行之提倡——中央用人方针，必以贤能为标准，杜绝□缘干进之恶习，尤须特别简拔积极负责之分子。

八、恢复本党冒险牺牲与排难奋斗之精神——对殉职死事者应予表扬，对尽责奋斗者应予奖拔。——扫除党内消积颓废畏难苟安之现象。

九、加强党员之理论训练与宣传技能——定期征文并举行论文竞赛，奖进著作与理论研究。

十、设计并实施对于党员之教育（开会党员通讯皆为教育之一种）——以锻炼坚忍、刻苦、秘密、警觉之习惯，发扬对危害本党者之斗争精神，励行党德党纪，养成独立不倚人格，俾能示范民众，为党员教育之方针。

十一、关于各级之训练应严督勤训，不专重形式，而重精神与实际。——注重启发与鼓舞，多用小组会议及公开批评，与讨论之方式。

十二、从速规划沦陷区党务之重建，并订定培养派遣游击区党务干部之标准，通令前方各省党部一致遵行。

十三、党务与教育打成一片——重在掌握其精神与重点，不必拘于形式。

十四、尽量吸收女界优秀分子为党员，并注重妇女之组训。

十五、行政三联制应切实推行，由国防最高委员会负责总持，推动其实施。

十六、人事之改进，法规之整理及各级机构之调整，应从速进行，限期完成。

十七、三民主义文化运动与国防科学运动之积极推行。

十八、行政院各部会对各省发布命令，皆须经行政院转发。

十九、中央在各省之机关应尽量裁并，其人员应尽量裁减，由各主管机关于本年内拟定办法，限期实施。

二十、中央在各省机关所有人员之薪给，应与当地公务人员之薪给标准一律。

廿一、对于核定款项之发放与汇兑，应力求手续简单，拨付迅速，由主计处审计部财政部会同研讨，拟定改善办法，从速实施。

廿二、中央训练团调训地方公务员，应先商得其上级机关之同意，但地方机关务允其应调受训，非有万不得已之情形，不得声请缓调。

廿三、中央各机关应紧缩员额，裁汰冗员，派往乡村与边省工作——各机关应于年内拟定应裁减员额之成数。

（二）关于地方党务者

一、省党部今后除加强吸收优秀党员，与宣传本党主义政策之工作外，应遵照下列各点积极实施。

二、省党部应视政令之推行与地方建设之推进，即为党的基本事业，而省政府应视省县各级党部为督导推动地方重要工作（尤其地方自治各基本工作）之机构，故对于省党部之工作，应尽量予以协助，并解除其困难，对于县以下之党务，应尽量助其发展——务使党政密切合作，表里为用，以达成党政一体之目的。

三、省党部应经常实施分区督导，并分区召集县党部书记长指示其工作之进行，同时注意识拔地方党务积极负责之干部。（每县每年并须选拔每县优秀党员三人至十人呈保省党部汇集存记考核，但省县党部委员不在保荐之列。）

四、省党部对于县党部之业务，应加强考核，分组分区轮流巡视实地考察。

五、前方各省党部应遵照中央指示以重建沦陷区党务首要工作，尤应注重训练精选游击区党务干部。

六、县以下党务之充实与发展。

甲、提高县党部书记长之地位与人选标准，以书记长兼任县长为原则。

乙、以区党部书记兼任乡镇长或中心学校国民学校之校长，实施即教即行与党政学三者合一方针。

丙、县以下之党务工作以励行自治，建设乡村，组训壮丁，培养人民行使四权为要务。

丁、县以下各级人员，如合作、卫生、教育及壮丁训练所等主持人员，与乡镇保学校之教育，须担任党务工作，为党服务。

戊、县以下之区党部区分部可设于乡镇保公所，或中心学校国民学校内，对外不公开。

七、基层党部经费之筹措

甲、党员除缴纳党费外，并应踊跃担任乐捐。

乙、规定公务人员与自治人员必须为党工作，使党政人员与工作打成一片，如此即可利用行政机关或自治机构之经费人才与设备，以节省党部经费之开支（并可改变过去以办党为专业之观感）。

八、县以下基层党部应以实行选举制为原则。

九、县级以下党政人员互调与升迁之程序，应从速拟订，以工作年限与工作成绩为升调之标准。

十、县以下之基层党部，对为党殉难同志家属之调查抚恤与抗属之慰问救济，应列为重要之工作。

（三）关于地方行政者

一、各省应一律实行巡回督导团（以厅长与省委领导），按期分区出发督导，对各项重要政务，实地督察，就地指示——未实行者，应一律实行，已实行者，应继续举行，更求实效。

二、各省应视中央与地方实为一体，对中央派往各省之机关，应负责督导，不加歧视。

三、各省训练干部，应特别注重严格与实在，——训练不重在形式，而重在精神，以后训练方针，不在数量之发展，而求质量之精实。

四、各省财政厅照预算规定数，量入为出，统盘支配，务须共体国库与经济之艰难，不可对财政统一政策，有所异议。

五、禁烟工作，应继续厉行，务期彻底禁绝。

六、兵役与粮政为战时两大要政，各省应尽力督导，务求贯彻，并实地视察，切实研究，尽量革除其弊端（对于缚解新兵之恶习，更应速予戒除）——对征购踊跃及办理兵役确有成效之县份，应由省府先予奖励。

七、各省应积极执行经济管制之法令，切实平抑物价，并特别发展驿运事业（各省各县拟定标准定期竞赛）。

八、加强各县国民兵团之组训——对甲级壮丁务作三年内训练完毕之切实有效计划，并应特别注重政治训练，识字教育与生产常识之训练。

九、尽量利用国民月会之机会以训练民众——各级国民月会，应积极推行，并须每会事先预备讲题，使人民洞悉法令，了解其应尽之义务。

十、各地遇有水旱灾情，应由地方负责自筹救济，并发动社会协助，非至不得已时，不请求中央补助。

十一、各省除积极清除盗匪安定地方外，对于扰民之游击队及散兵游勇，应由省府负责肃清，兵力不敷时，得由战区指拨部队交省府指挥协剿（此应由军委会研究决定）。

十二、县政业务与县政府机构应由中央限期检讨调整——各省对各县应斟酌实际情况，分别指定中心工作，并督饬编定年度计划。

十三、发动地方造产，从优拨给自治税收，力谋乡镇级经费之充实，并将财政预算与乡镇经费，明确划分。

十四、厉行考绩与竞赛并年终给奖，以鼓舞地方公务人员之服务精神，对工作努力而家计困难者得给予奖金。

十五、尽量发动民众之劳力，鼓励应征工友，并实行义务劳动，发展地方生产。

十六、实施有计划之妇女劳动工作。

附二　政治组审查委员会对于总裁指示全会注意事项之研究结果

（甲）原指示事项第二项“规定县政及乡镇保之中心工作事项并督饬编订年度计划并令各县限期呈复”。

关于县政及乡镇保之中心工作，拟仍依照现行“县各级组织纲要”及“地方自治实施方案”规定之要目。除役政粮政等战时设施外，并特别注重户籍、地政、教育、合作、造产、交通、警察、卫生等基本工作。并拟衔接新县制各级组织三年完成之程限，由行政院再拟定，推进地方自治事业三年计划大纲，督饬各省县依照程限与中心工作，先拟定三十二年度计划，限期呈复“其计划并须与预算配合。”

（乙）原指示事项第三项“关于基本组织之增强者”乙款：“政治与经济之组织应以健全乡镇保甲为重点，全力解决乡村广大民众之组训问题，并限期完成（对全国甲级壮丁首先施以训练期于三年内完成）。

关于建全乡镇保甲，拟以人员之健全充实先者，除县以下地方自治干部已由县设所训练，应督饬加强工作外，依照“县各级训练纲要”规定，乡镇保甲长，须由保民大会及乡镇民代表大会选举充任，现考试院正从事拟讨“乡镇长及保长候选人考试暂行条例”，似应迅付实施，以为选举之准备；至于民众组训，现有县（市）国民兵团之组织（包括甲级壮丁在内），乡镇保长兼任队长，甲长兼任班长，今后拟加强训练。除军事训练外，并特别注重政治训练与识字教育，拟由军政部军训部政治部教育部会同拟具三年训练计划。此外，乡镇保合作社组织，除依照县各级组织纲要规定与自治区域配合外，并应配合农会工会等人民团体，普遍建立，使经济组织与政治组织打成一片；人民休戚相关，团结自固，并可运用此类团体，实施民权初步之训练，拟由社会部妥筹办理。

（丙）原指示事项第四项“培植党政干部具体计划之研讨”。

目前为完成新县制，推进基层政治起见，中下级行政干部（包括地方自治干部人员）之培植，尤为切要。据内政部报告：现全国省训练团，区训练班，县训练所，已训练人员共为三十二万一千六百十六人，据估计实施新县制之十九者，至少需五百万干部。惟此种干部，门类颇多，不必出于一途，兹拟定培植干部之步骤与要领如左：(一)由主管机关再核实估计所需各类干部人数。（二）确查已有干部人数（包括已训练及一部分未训练之优秀分子）。（三）加强并扩大省区县干部训练工作。（四）奖励或征调曾受初中以上教育之大量智识分子，参加基层政治工作。（五）从职业团体及其他人民团体中选拔干部。（六）推行乡镇保长候选人考试。（七）学校教育与地方行政配合统筹毕业学生之出路。

以上各项拟由中央训练委员会考试院内政部教育部妥定实施办法。

（丁）原指示事项第五项："法规之整理与检讨""此项工作应从速进行限期完竣，务使现行法规简单衔接，无重复抵触及扞格难行之弊。"

查国防最高委员会秘书厅前奉令整理编审各项法规，经商定由中央党部，行政院，军事委员会分别办理后，送国防会汇办，国防民生，确系窒碍难行者，并随时与立法院切实联系，迅速办理。

（戊）原指示事项第六项："政治机构合理化——军政机关之调整与机关之裁并""为增加行政效率与调节经费，必须使政治机构合理化，关于调整党政机构，厘定机关权责，以及拟议机关之设立与裁并，应由党政考核委员会经常负责主持，特别注重机构之充实与职权之划分，使各级机构之运用灵活而简捷。"

查党政工作考核委员会近曾奉令研究现行行政机构及其职权之调整，规定每半年具报一次，现正遵办中，拟仍照前案，由党政工作考核委员会负责办理，并请加派有关机关负责人员及专家参加工作。

（己）原指示第七项"检讨行政工作之要点：（甲）已决定者是否已行，（乙）已行者是否完成，或已成几分，（丙）行不通者应如何改善，（丁）推行之机构何缺点，（戊）推行之主官是否尽责，并应如何奖惩。"

查检讨行政工作之成败，对于人事经费及法令实施利弊与机构是否健全等先决问题，应特加注意；而执行前之设计与执行后之考核，尤关重要；此次大会对于党政工作之检讨，已遵照办照。今后并拟请重申前令，切实推行"行政三联制"，使各机关均能注意提高行政效率之基本条件，并切实执行自身之考核与分级考核，产〔铲〕除一切因循敷衍之恶习，至奖惩事宜，拟由上级直辖机关参照考核结果酌予奖惩。

又补充指示六项：

（一）加强关于经费与人事之考核：查审计部对于送审机关之抽查，就地审计之扩展，集中购置之稽察，财物与现金之盘查，较前确有进步；党政工作考核委员会，曾于本年五月遵令召集审计部及各有关机关商订加强考核督导实施办法四项，暨领用建设事业专款机关实地考核及审计联系办法六条，呈奉国防最高委员会核准实行。惟各机关经费报销，尚多未能按期造送，亟应加强考核，以期一致遵循；又人事考核，党政工作考核委员会曾于本年四月遵令拟具加强中央党政各机关人事考核办法，呈经国防最高委员会核准转行各机关有案，惟各机关人员，不免有超过定额及未经铨叙情事，亦应加强考核，纳入正规；以上两项，应由行政院监察院考试院转饬所属各机关注意遵办，并由党政工作考核委员会加意考核。

（二）军事机关考核业务隶属问题之决定：查军事机关业务，多关机密，战时尤为重要，仍应由军事委员会所设之考核委员会继续负责考核，不必有所更张。

（三）复员业务之筹备及其主持机关之筹设：查复员业务，与军事政治经济均有关连，似宜责成军政交通经济农林各部会商，事前妥为筹划，俟战事将告结束之际，再行酌量情形，筹设专管机关办理。

（四）各级司法之改进与整顿：查各级司法之改进与整顿，依据党政工作考核会考察报告，关于战区巡回审判之推行，战区检察官工作之考核，实验法院之设置，法院人员待遇之改善，各司法人员之调整，执达员法警检验员之训练，公设辩护人制度之推行，以及各省司法状况之视察，各县司法机构之整顿，司法行政部三十年度工作皆曾注意及此；惟全国司法经费，自三十年度改归国库负担，限于财力，未能达到预期目的，现领事裁判权正议取消，关于各级司法之改进与整顿，自不容缓，似宜由司法行政部酌量情形，拟订分期改进计划，并酌拨经费以便逐步实施。

（五）国防工业技术研究机关之设置：我国工业落后，技术研究，亟须倡导。惟以此项人才缺乏，不敷分配，各厂矿方面，现尚供不应求，而试验器材，购备不易。此时设置综合的国防工业技术研究机关，恐非一蹴可几，似宜就现有之有关研究机构或厂矿，加强充实其研究业务。以中央设计局、国防工业设计委员会主持国防工业技术研究之设计事宜，视业务研究种类，由各研究机关，如中央研究院，中央工业试验所，矿冶研究所，弹道研究所等，分担研究，或委托补助各学校，与优良厂矿研究，明订工业技术联系竞赛考核奖励办法，积极进行，其由厂矿方面研究者，且可收业务与研究互助之效，较之新设机构，易收效益，至于在研究上或业务上尚未办理之事项，宜斟酌缓急，分别兴举，并设法向同盟国延聘技术人员，以资借助。

（六）业务管理教育之创设：1. 各大学法学院政治系，应增有关行政管理之课程，如机关管理，文书管理，人事管理，财务管理，物料管理，行政调查等，以充实学生行政管理之智能，为服务公务机关之准备。2. 各大学商学院内应普设工商管理系，如大学内无商学院者，可于法学院内增设工商管理系，或于经济系内增设有关工商管理之课程，以充实学生管理事务之智能，为服务事务机关之准备。3. 中央政治学校，除设有新闻专修科、会计专修科外，增设行政管理科，专收高中毕业生，修业三年，以培植实际行政之干部人才。4. 各大学之法学院内，可酌量添设行政管理科，专收现任实际行政工作人员，修业二年，施以业务管理之教育。5. 为造就多量行政人才，以为建设新中国之准备，不妨创设行政学院（如德国在全国各适中地点均有行政学院之设立），应由教育部酌量情形，筹划进行。

〔中国国民党中执会秘书处档案〕

16. 中国国民党第五届中央执行委员会第十次全体会议宣言

（1942年11月27日）

我国抗战，逾时五载，牺牲虽重，众志弥坚，民族精诚，因而昭著。今岁国庆纪念日，乃得吾盟邦美国、英国宣告自动废弃其在华所享各种不平等之特权。此实我国父毕生致力而临终不忘之遗志，亦吾后起者所共矢绍述以求实现之急务。吾中国国民革命运动，至此乃更见光明，五十年来之努力奋斗，于今益证为成功。本会议以国父诞辰七十六周年纪念日集会于陪都，盱衡世局，瞻望前途，愿将所见，为国人告。

我国父自民国纪元前十八年创立兴中会，提倡革命，其动机实为救亡而图存。盖目击当时吾国在满清统治下之危象，上则“因循苟且，粉饰虚张，下则蒙昧无知，鲜能远虑”，国命系于一缕，外侮迫于崇朝，非团结奋斗，必将有亡国灭种之虞。乃号召一切具有革命志愿之同志，毅然负起解放民族拯救国家之神圣使命。其间仁人志士，杀身毁家，百折不回，前仆后继，造成悲壮热烈之史绩，莫非我民族高尚文化与坚强意志之表现。自兴中会至中国同盟会，凡经十八载之苦斗，而始推翻满清专制，以有中华民国之创立。自民元组织国民党至中华革命党以至改组为中国国民党，而有北伐之役，亦凡经十八年之苦斗，而始打破军阀统治，以有统一之告成。自民国十七年以还，国民政府锐意建设，力图自强，而强邻日寇，动加妨害。我全国国民由济南五三事变所受之痛切印象，以迄九一八，遭受大举侵略之国难，咸知抗日图存之一战，为复兴民族所必经。及芦沟桥事变之爆发，国家命运已至最后关头，本党乃提挈全国国民以共起。五年余以来，英勇将士之浴血牺牲，全国同胞之冒险犯难，再接再厉，愈久愈奋，然后敌寇乃始认识中国为不可侵略之民族，而友邦对我乃有此尊重中国自由平等之具体表示。吾人所获取消不平等条约之初步成就，其奋斗盖若是其悠久，其得之盖若是之艰难，倘吾人稍存苟且侥幸之心，不能乘此良机发愤图强，积极奋斗，则失之亦复至易，是以今日之国事，正在成败兴废绝继之关头，而吾人所应惕厉省察者即为如何乃能负荷此继往开来之大任。此愿郑重为我同志同胞首先提示者，至于今后对内对外努力之要义，综而举之，具如下述：

一、确立国际政策。我国民革命所一贯崇奉之最高原则为救国而兼救世之三民主义。中国之复兴，实与世界和平有密切之关系。“措国基于永固，维世界之和平。”为建立中华民国之铭言，而“以建民国，以进大同”之训示，则为吾国今日家弦户诵之国歌，世界战局，今已演成为一切爱好和平民主国家共同抵抗侵略国家之大战，按诸国父生前观测世变之预言，丝毫不爽。公理必须伸张，强权必须扑灭，全世界人类必须获得真正之平等自由，而无复有被侵略被压迫之痛苦。此为今日东西人士共同之蕲向，决非任何强暴势力之所能遏阻。观于吾盟邦苏联红军保卫史城之艰苦强韧，美国海空军所罗门海战之英勇迈进与美英联军北非战役之坚锐神速，皆不徒为战争武器优于敌人之所致，而实为人类革命精神发抒之效果。良足使吾人欢欣鼓舞，而弥增其前途胜利之信心，往者人类以错误罪恶而造成之痛苦世界，是否将由此次人类之奋斗，而进化为正义和平之世界。国父三民主义救人救世之抱负，是否将由人类之觉醒而见诸事实，胥视乎吾反侵略全体联合国家今后继续努力之何如。吾国对于世界战争之责任与未来之希望，本党总裁已迭次宣示于世界，其主张即时成立国际平等互助之团体，以实现和平与公道，永绝战争罪恶之根源，宜必为世界有识之政治家所共信。吾人当此战争急剧之时，将如何更开展其锐厉无前之奋斗，到战争结束之后，将如何更发挥其光明磊落之精神，以竟吾国民革命之全功，此愿吾国民当仁不让亟起以图之者也。

二、加强抗战力量。吾人今日正在与敌寇作殊死之战斗，当前之战局，虽日见有利，而作战之努力，宜更谋加强，欲求整个反侵略战争胜利之完成，必先由吾中国自尽其在东亚大陆上主力作战之重任。吾人应知国家之存亡成败以及今后千百年升沈兴替之前途，悉系于吾人在此次战斗中成就之何若。更应知最后胜利达成以前必须经过最艰苦最猛烈之一大决战方能消灭敌寇，永绝祸根。此一决战，断非抗战初期与过去五年之规模所可比拟，是以吾人此日，不可徒悬想于世界之未来而忘却自身当前之重任，不可推诿于环境之艰难而弛懈其应尽之天职，更不可只观察世界战局之演进而遽存空洞之乐观。吾人自抗战开始以来，一贯守定自力更生之要义，作最后艰苦之打算。吾全国军民当知百余万蹂躏神州之敌寇，非他人所能代为驱除，十余省为寇军占领，奴辱之土地与同胞，非他人所能代为匡复而解救。抑且由战后之世界以言，若非吾人以自身最大之牺牲造成最后彻底之胜利，则国家将来仍不能获得真正平等之地位。吾人今日尤应矢忠矢勇，急起直追，集中全国四万万五千万人之全力于战斗，而人人立志作最后决战之牺牲；执行国家总动员法令，所以求军事最后之胜利；节衣缩食，实行战时生活，所以求军事最后之胜利；奉公守法，厉行经济管制，所以求军事最后之胜利；履行兵役工役，充实人力物力，所以求军事最后之胜利；延长工作时间，增进生产数量，革新服务精神，提高行政效率，亦莫非为求得军事最后之胜利。一切均为前线，誓死乃能求生，此愿吾国民真诚一致，速起努力者也。

三、确定建国要务。抗战与建国，本为一事而不可分，“建国于抗战之中”，不仅事半而功倍，亦为不易之定理。回溯吾全国志士仁人五十年来为国效命之经过，其第一阶段为扫除复兴之障碍，求得国家之统一，此事既由北伐成功而完成。其第二阶段为解放民族之束缚，求得国家之独立，此事今犹在吾人奋斗之中将随抗战胜利而迎刃以解。其紧接而至之问题，则为如何由救国而建国，造成吾中国为三民主义之现代国家。使民族主义实现之后，民权民生问题亦随之而得圆满之解决，而后中华民国乃能表里光盈，永久适存于世界。本会议深思熟计认为以中国地域之广大，人口之繁庶，民众知识能力与生活水准之悬殊，非把握重点，不足以确立中心，非著重基层，不足以求致实效。爰决定以实行国父实业计划与完成地方自治，为今后一切努力之总目标，各级政治与经济咸集中于发动劳力贡献能力，以建设乡村，俾乡村民众于集体劳动之中，增进地方之生产，改善个人之生活，提高知识之水准，习练四权之行使；必基层建设确有基础，而后国家力量得有寄托，必乡村人民具备现代国民之初步训练，而后乃有能力以参与国家之政治，克尽国民之义务。简言之即在健全地方基层之政治组织与经济组织，以为实行民权主义与民生主义之基础。以劳力创造资本，以劳力开发土地，合四万万五千万人之心力与劳力，以达成我国父兼顾国防民生建立现代国家之宏愿。兹事体大，非全国一致改变其昔日空虚无当之积习，与迷恋都市之心理，而痛下刻苦切实从基层努力之决心，难冀其有成，此愿明举以告吾国民者也。

四、集中建国意志。回忆民国成立以来，吾国家之所以备尝忧患，人民之所以饱经痛苦与牺牲，实皆由于未能举国一致真诚笃信我国父救国救世的三民主义之所致。大道在迩而求之于远，真理唯一而旁骛自纷；国力由此而斫丧，民力由此而削弱，标新立异之结果，私图未遂而国事之贻误已深。今我国已经五年余艰苦之抗战，而世界思潮亦已随第二次大战之演进而丕然改变。由于吾人废除不平等条约努力之成就，更可确知国父所指示革命救国之主义与方略实为我中国自救自存之唯一要道。前乎此者，已步步证实为成功，测诸将来，亦必将力破群疑而实现。我神明华胄，孰无爱国之赤诚，所未能一致真诚归向，而尚有貌合神离或阳奉阴违之现象者，非囿于成见，即蔽于自私。吾人认为国事蹉跎，不容再误，今日吾国欲起死回生，勿负此千载一时之良机，则对外必须互相合作，实现人类平等之公理，对内尤必须共同团结，共矢精诚无间之决心。是以吾人愿呼吁全国爱国人士，对吾国最近五十年革命奋斗之历史，作一真切之回溯，必能发现国父手定之三民主义与革命方略，非仅中国国民党一党之典则，而实为我中华民国全体国民求得生存必循之途径。顺此者必昌，逆此者必败。中国至于今日，已不应再有所谓政见之异同，亦不容同在兴亡关头之国民，再有互相猜疑，互相排拒，互相牵制妨碍之现象。吾人愿昭示全国，凡能诚意信仰三民主义，不危害抗战之进行，不违背国家之法令，无扰乱社会之企图与武装割据之事实者，我政府与社会应不问其过去思想行动之如何，亦不问其为团体或为个人，而一体尊重其贡献能力，效忠国家之机会，必有举国一致之真诚团结而后乃能负起空前艰巨之使命。此尤愿特为标揭，以冀引起我全国有识人士之共鸣者也。

以上四端，为吾人目前革命工作基本之鹄的，愿与全国同胞同心一德以赴之。惟立国之根本要道，精神与物质必须并重而不可偏废。是以本党临时全国代表大会曾特举道德修养与科学发展之二义，告吾国人以不可忽视。盖必道德与科学二者相互配合，而后个人乃能真正有所贡献于国家，而后其国家乃能真正有助于人类之进步。我国父昔日以迎头赶上科学勖吾国人，而开宗明义，则谓应昌明我民族固有之道德，恢复我民族固有之精神。诚以现代进步科学技术之成果，必须与真正理解仁爱和平之道德精神，配合而为用，然后人生乃能支配科学，利用科学以求人类共同之福祉，而非为科学役使人生，鼓励人类自私之欲念，以造恶。吾国以科学落后之故，而陷于积弱，侵略国家以误用科学成果，而为祸世界以自趋绝灭，皆为世界最大之痛史；今者西方具有科学基础之反侵略国家，皆已觉悟于人类道德文化有发扬扶持之必要，世界未来之光明，将因东西各国道德的觉醒而开启。吾人于此，宜补救自身对于科学之所短，宜光大我国有文化之所长。故对于科学知识之研求，科学技术之深造，科学教育之普及，必须于抗战中集中精神积极推进，以促成我中华民国之现代化与工业化。而同时更须恢张我忠孝仁爱信义和平固有之道德信条，实践我推己及人明礼重义，与至公无私之美德，为国家牺牲，为人类服务，以此精神与道德为立国立人之基础，乃能完成抗战建国之使命，克尽吾人对于时代之责任。此又吾全国有教育之责者，在此世局更新之际，所宜特别认识者也。

本会议举行于此非常之时会，抚前策后，弥觉吾党同志革命天职之未尽，弥觉吾国家今日所处时代之重要与前途之远大。本会议所特别警惕者，吾人当此难得易失之时机，若或因循坐误，自坠前功，则将为先烈之罪人，民族之不肖。所欣奋策励者，则我民族已由半世纪之奋斗而开一新临之时代，正待吾人从头努力，以发扬革命之前绪，完成建国之全功。民族兴衰与个人功罪，盖悉系于此时。临事而惧，既当懔九仞一篑之言，有志竟成，愿益励填海移山之勇。特摅其忠诚，撮举要义，以告全国，惟我全党同志，全国同胞共勉之。

〔中国国民党中执会秘书处档案〕

17. 蒋介石在国民党五届十一中全会上致训词

（1943年9月6日）

各位先生，各位同志：

今天本党第五届中央执行委员会第十一次全体会议开幕，再过几天，就是“九一八”第十二周年纪念了。而七七抗战六周年纪念，也已过了两个月了。这六年多以来，我们全国的同胞同志前仆后继，牺牲奋斗，可以说受尽了一切艰难痛苦。尤其是沦陷区——特别是东北——的同胞，颠沛流离，在敌人的铁迹之下，过着奴隶牛马暗无天日的生活。这种痛苦和耻辱，我们全国同胞都应该时刻在念，永志不忘。而我们自从九一八以来含垢忍羞，饱受耻辱。我们各同志更应知此次全会对党对国，对总理与先烈以及对全国军民同胞，更是负有重大的责任。我们更应该困心衡虑，共同努力，以保障我们抗战六年来全国军民牺牲奋斗所得的结果，完成我们总理组党以来所遗留给我们未竟的使命。在这次全会期间，各位同志务必要深切追念我们过去身受的痛苦与耻辱，省察我们自身所负的责任，针对抗战的局势，决定政府党务经济等各种方针，以达成这次全会的任务。

这六年多以来，我们全国同胞同志所以不惜牺牲，不辞痛苦，从事艰苦抗战者，唯一目的，就是希望我们能获得抗战的最后胜利，并于抗战胜利之后，能够建立一个三民主义的新中国。现在最后胜利业已在望，而今后如何建立起一个富强康乐的新中国，应该是这次全会各位同志所集思广益切实研讨的主题。我可以告诉各位，由于这六年来全国军民同志牺牲奋斗的结果，我们民族生命的危机确已度过，国家基础亦已稳定。当然，我们以后要完成抗战建国的大业，还需要经过更大的牺牲和努力，然而我们现在已经临到胜利的前夕了，所以各位同志在这次全会期中，特别要集中心力于建国的问题，以期得到一个圆满的方案，将来抗战结束之后，立刻可以付诸实施。反之，如果我们在这抗战时期，不将建国的方案预先决定，一旦战事结束，诸事均无准备，不仅工作无法推进，而且因为建国的失败，连我们抗战胜利的收获都要随之丧失无余。所以这次全会，我们讨论的重点，应该特别注重于建国的问题。对于今后战事，党务，政治，经济，发展的途径以及三民主义的建设如何实行，都应该充分研讨，作一个具体明确的决定，以为战后努力的标准。

先说抗战全局和国际形势。今日国际形势固然是很可乐观，但是亦不可过于乐观。至于最近抗战的局势，尤其是太平洋形势演进，我可以断言我们最后胜利的时期，快则就在这一年之内，迟则或要在一年之后。这句话再明白一些说，就是根据同盟国今日的作战方略与决心，先在太平洋上击溃倭寇，这是毫无问题的。但是什么时候可以消灭倭寇，这是时间迟早的问题，所以尚有说明的必要。我个人以为这个倭寇失败时间迟早的问题，他的关键完全在倭寇的本身，这就是要看倭寇今后的战略如何而定。如果他对于我们同盟国的战略，不能配合其作战的条件，那他的战略就犯了错误，如果他对于我们同盟国的战略，不能配合其作战的条件，那他的战略就犯了错误，如果他的战略一经错误，则崩溃随之，不必要到一年，甚至于在这半年以内就可以使他失败。否则他的战略如果没有错失，那作战时间就要延长到一年以后，亦未可知。总之，战争结束的时间无论一年以内或延长到一年以后，而这两个时期是很容易过去的。在这个时期之中，如果我们国内不能加倍的努力，使各种事业，尤其是军事政治经济事业不能进步充实，建设工作没有切实的准备，那抗战就是得到胜利，敌寇虽然是被我们打败，而我们自己最后仍旧是要受到失败的危险。这就是古语所说的“虽胜犹败”。那我们真是做了抗战的罪人了。所以我们要在此时期，格外勤劳奋勉，一面加强抗战力量，一面积极准备建国的工作，这是此次全会最重要的任务。

建国工作千头万绪，事项很多。但第一要紧的就是要先确立我们的政治建设，而政治建设的基础，就在宪政的实施。实行宪政，完成建国，本来是本党国民革命努力的最大目标，亦是本党五十年来一贯的宗旨，所以此次全会对于国民大会应如何召集，以及宪法的制定与颁布应如何进行各问题，必须根据国家实际环境与需要，作成一个确切的决议。

第二，宪政实施以后，本党还政于民，那时候本党所处的地位以及本党对于国家的责任如何，也是此次全会所应详细讨论的一个问题。我们必须决定一个方针，使一般党员有所遵循，使一般民众更能了解。关于这个问题，本席个人的意见，认为宪政实施以后，在法律上本党应该与一般国民和普通政党处于同等的地位，在法定的集会结社言论出版自由的原则之下，享同等的权利，尽同等的义务，受国家同等的待遇。但是本党为革命建国的政党，在历史和道义上负有巩固民国基础，保障主义实行的责任，这个特殊的任务是革命历史所遗留，而为本党同志所不容诿卸的。因之在宪政实施以后，本党虽退处于平民的地位，但本党同志更是要继续我们过去一贯的努力，贯彻我们实现三民主义，保育中华民国的使命。换言之，本党与一般政党，其地位相同，而其任务则比之其他政党特别重大。因为本党负有革命历史的使命，不能不肩负特殊的义务，所以如何能使本党完成这个使命，而使民国的基础可以永远巩固，这一点是我们本党责任所在，各位同志万不能忽略，而且要加以特别的研讨。

第三，是关于经济问题，也是此次全会应该注重研讨的问题。现在一般同志对于我们经济情形十分关心，认为前途不无忧虑，这是当然的。但我可以告诉大家，我们经济的困难虽然还在加重，但要知道我们时至今日，经济的危机实已过去。这是我负政治经济责任的当局，可以负责保证而决不是随便空谈的。尤其要知道经济与军事是密切相关的，我们经济的形势必然随着国际战事的胜利而进展的，因此，以后只要我们比过去更刻苦节俭，努力奋斗，那么我们军事的情形一天天的接近胜利，我们经济上的形势，也必一天天的发展。而且今日已经有许多地方足以证明我们经济前途是可以特别乐观的。我现在只举出两件事来说明：第一是今年全国各地丰收，军粮民食皆不虞欠缺，而且棉花的收成甚佳，尤其是四川种棉的成绩更比往年要增加几倍。依照最近岁收情形看来，我们全体军民的衣食至少可以继续供给到三十四年夏季，无虞匮乏。但是唯一的条件，就是还要我们全体军民格外节俭，这“节俭”二字是我们民生的根本问题，务须特别注意。第二是我们盟邦美国为援助我们战时经济的困难，要使我们通货收缩，币值提高，生产增多，物价平定，所以已决定在去年五万万美金借款之中，提出了二万万美元数量的黄金来供给我国整理币制平定物价之用。因此大家对于通货膨胀的一个问题，是不必要再顾虑了。然而我们经济危机虽已过去，但是经济的困难还是一天天加重，我对于现在经济形势可用两句话来说明，就是“现在的经济，并不是没有困难，但是决没有危险”。所以我们无论对经济，对军事，此时万不可以国际形势好转，而过存奢望，过于乐观，万事全要自力更生，这一点要请各位同志深切注意。

举此二端现实的事实，就可以保证我们抗战在今后二年之内，经济的危机确是减少了。我常说，我们中国并不是没有物资，问题只在我们有了物资，如何来发挥他的功效。换言之，就是看我们是否能尽其应有的努力来运用运用得法。如果我们能运用得法，一面实行节约，一面增进生产，实行战时法令，则战时经济就没有问题。不过我们讲到经济，决不能只看到战时经济，只注意如何维持现状，渡过难关。我们此时就要准备战后经济的建设，实行总理民生主义与实业计划，这就要确立两个主要的目标：（一）要促成中国工业化。（二）要提高人民生活。为实现这两大目标，我们一方面要自力更生，刻苦努力，同时一方面也要与国际经济相配合，与世界友邦密切合作，这就是要利用外资与技术来完成我们的建设。所以此次全会对于国际经济合作政策及对外贸易等各种方针，也要有一个妥善的决定。

以上是本席个人对于今后战事，政治，宪法，党务，经济各方面简单的意见，希望全会同志在此次会议期中，集思广益，从长讨论。我们这次全体会议，可以说是一个建国的准备会议，大家要殚精竭虑，尽量贡献。目前我们抗战虽已有必胜的把握，然而胜利的获得，还有待于我们更进一步的努力和准备更大的牺牲。如果我们今日不能积极努力甚至因循怠忽，以为可以苟安一时，那我们建国的前途必然会遇到意外的挫折。所以要知道我们抗战在这个时候真是最困难的时候，希望各位同志要认识建国的工作比抗战事业更为复杂，乘此集合一堂的机会，共同一致，切实研究党务应如何努力，政治应如何充实，军事应如何加强，经济如何发展，民生应如何增进，求得一个具体而正确的方案来领导全国同志同胞共同一致努力建设，求其彻底实现。这样，才能洗雪我们民族从甲午年以来所受的耻辱，也才能奠定我们实行主义的基础，完成我们此次全会的使命。

〔中国国民党中执会秘书处档案〕

18. 中国国民党第五届中央执行委员会第十一次全体会议经过

（1943年9月6—13日）

自三十一年十一月十二日十中全会后，为时已阅九月，本年八月九日中央第二三六次常会决议于九月六日召开第十一次全体会议。全会于六日如期开幕，到中央执监委员、候补执监委员一百五十六人，并有各省市党部主任委员、书记长十余同志列席参加。会期原定五日，嗣经延长三日，九月十三日闭幕，除预备会审查会及开幕闭幕式外，共举行大会九次。全会提案计三十五件，关于党务六件，政治十件，经济十四件，教育五件，除重要议案专案审查或经提大会讨论外，一律分交各组审查委员会审查，拟具审查意见提出大会讨论。兹将会议经过情形择要略志如下：

九月六日上午九时，全会于国民政府大礼堂举行开幕式，总裁主席，领导行礼如仪，即席致训词。首谓世界大战，我联合国已操胜算，中国抗战最后胜利之期日益接近，此次中央全会宜多注意于战后建国工作之研讨。继就建国工作有所指示，尤注重于政治建设与经济建设二端。政治建设应以促进宪政之实施为目标。

经济建设应一面自力更生，一面与国际合作，实现国父之实业计划，提高人民之生活程度，希望全会同志缜密讨论，有所决定。旋即礼成。休息五分钟，举行预备会议，仍由总裁主席。当经通过主席团人选，组织审查委员会，并决定大会会期。十时三十分散会。

下午三时举行第一次大会，于委员右任主席，全体首为林故主席及死难同胞阵亡将士默哀三分钟。旋决定审查委员会各组审查委员名单。随即听取党务报告，由中央常务委员居正报告，分述组织，训练、宣传、海外党务、人事、财务及青年团团务概况，并检讨上次全会关于党务各决议案实施进度。其次军事报告，由军事委员会委员何应钦报告，对陆军建军整军、兵役补充、教育训练、经济卫生及空军海军、后方勤务各部门近况，暨我军作战概况、近期重要战役经过、盟军各战场近态，阐述甚为详尽。六时卅分散会。

九月七日上午九时举行第二次大会，居委员正主席，听取政治报告。由国防最高委员会委员孔祥熙报告，分述国防最高委员会、行政院、立法院、司法院、考试院、监察院工作概况。尤对行政院内政、外交、军政、财政、经济、教育、交通、农林、社会、粮食、司法行政、蒙藏、侨务，振〔赈〕济、水利、卫生、地政及限政工作，报告甚为详尽。十一时四十五分散会。下午各组分别举行审查会。

九月八日上午各组举行审查会，下午三时举行第三次大会，孙委员科主席。常务委员会提出关于实施宪政工作进程之总报告宗，当经通过从速召开国民大会颁布宪法实施办法四项。嗣讨论议案，通过党务组五件，政治组六件，经济组十件。又对于军事报告之决议案一件，会场情绪甚为热烈，各委员对于议案踊跃发言，咸作缜密之研讨，至六时十五分散会。晚八时复举行谈话会，戴委员传贤主席，各委员就重要时事问题相互交换意见，深夜始散。

九月九日为总理第一次起义纪念，上午九时全会举行纪念仪式，总裁主席并致训词。十时廿分举行第四次大会，孔委员祥熙主席，首先听取国家总动员会议秘书长沈鸿烈关于限政工作报告，分述办理经过，实施检讨，暨今后努力方针，甚为详尽。各委员乃就各地实施限价利弊得失纷纷发言，均针对现实促予改进。旋讨论议案，通过教育类六件，又对于教育报告之决议案一件，十二时十五分散会。下午各组举行审查会。

九月十日上午举行第五次大会，邹委员鲁主席，讨论吴敬恒等四十五委员临时动议请召集第六次全国代表大会案，当决议：本党第六次全国代表大会应于事实上可能时尽速召开，至迟亦应于战争结束后半年内召开之。次讨论常务委员会提战后工业建设及外人在华投资办法两案，经决议推戴传贤、徐堪、贺耀组、沈鸿烈、萧同兹、徐恩曾、甘乃光、叶秀峰、傅汝霖、曾养甫、熊式辉、彭学沛、朱家骅等十三委员审查，由徐堪、贺耀组、沈鸿烈三委员召集。正午十二时散会。

下午三时举行第六次大会，李委员文范主席，讨论常务委员会提修正国民政府组织法案，当经决议修正通过。至六时散会。

九月十一日上午九时举行第七次大会，叶委员楚伧主席，除通过对于"政治"、"党务"、"经济"报告之决议案外，曾讨论（一）战后工业建设纲领案，决议修正通过，交政府切实规划实施，并应与交通发展之建设相配合。（二）确定战后奖励外资发展实业方针案。（三）切实推行加强管制物价方案稳定战时经济案，均经决议修正通过。今日讨论意见缜密，各委员对议案咸殚精竭虑，再三研讨而后决定。十二时一刻散会。

九月十二日为星期，休会，全体中央执监委员于下午四时恭奠林故主席。

九月十三日上午九时举行总理纪念周，由总裁领导行礼，并即席训话。对于今后党政机关工作精神与方针有所指示。礼成后继开第八次大会，总裁主席。秘书处提出关于中国共产党破坏抗战危害国家案件总报告，全会听取报告后，各委员对此问题分别发言，总裁亦有所指示，旋即通过对于上开总报告之决议案。下午一时散会。下午四时举行第九次大会，由居委员正主席。首由主席团提出选任国民政府主席案，当经一致通过选任蒋总裁为国民政府主席，继即选任孙科、居正、戴传贤、于右任、孔祥熙、叶楚伧、覃振、朱家骅、刘尚清为国民政府委员。并通过蒋总裁兼行政院院长，孔祥熙为行政院副院长，孙科为立法院院长，叶楚伧为立法院副院长，居正为司法院院长，覃振为司法院副院长，戴传贤为考试院院长，朱家骅为考试院副院长，于右任为监察院院长，刘尚清为监察院副院长。随即通过大会宣言及慰勉全体将士、慰勉沦陷区同胞，慰勉海外侨胞文电。五时举行闭幕典礼，当总裁莅临礼堂时，全场掌声雷动历五分钟始息，盖以总裁甫经选任国民政府主席也。闭幕典礼系由总裁主席，领导行礼如仪，并由戴委员传贤宣读大会宣言，旋即礼成，全会乃圆满闭幕。

〔中国国民党中央执行委员会秘书处档案〕

19. 中国国民党第五届中央执行委员会第十一次全体会议通过重要决议案

（1943年9月8—13日）

（1）关于实施宪政总报告之决议案（9月8日）

三十二年九月八日第五届中央执行委员会第十一次全体会议通过

本届全会开幕之时总裁训示谆谆，以“促进宪政实施”，勖勉同志。本会议于聆取实施宪政工作进程之总报告以后，深觉关于实施宪政之工作，虽在日寇侵略，国难严重之际，仍能继述总理遗志，发扬数十年来本党为宪政牺牲奋斗之一贯精神，克服困难，努力迈进。于中央省市县及县以下各级民意机关之设立，虽在军事倥偬，交通梗阻种种困难交织之中，仍竭尽全力，积极推进，以扶植民权发展，建立宪政之基础。今抗战胜利在望，宪政基础已立，全国上下，自应集中意志力量，争取胜利，巩固统一，本抗战建国之精神，恪遵总理手订建国大纲之规定，从速召开国民大会，颁布全国共信共守之大法，以完成建国之大业。特郑重决议如下：

一、全国党政机关，除后方各省应就原有基础加紧推行地方自治之工作外，今后随各地之恢复，应积极辅导各该地人民，加速完成地方自治，及职业团体组织，确立宪政之基础，并以为复员建国之中心工作。

二、国民政府应于战争结束后一年内，召集国民大会制定宪法而颁布之，并由国民大会决定施行日期。

三、凡前次依法产生之国民大会代表，除因背叛国家或死亡及因他故而丧失其资格者外，一律有效，前次选举未竣或未及举办选举之各区与各职业团体，均应依法补选，至迟于国民大会召集之前三个月，办理完竣。

四、关于筹备国民大会及开始实施宪政各项应有之准备，由政府督饬主管机关负责办理。

附：关于实施宪政工作进程之总报告

本党总理创造三民主义、五权宪法、领导全国国民，努力革命，建立民国。中国数千年之专制政体，所以易为民主共和，中华民族所以成为亚洲各国民主的先驱者，实乃吾党先烈与全国志士仁人，在此伟大主义之下牺牲流血灌溉培植之结果。吾人鉴于缔造之艰难，弥感使命之重大。爰将本党关于实施宪政工作之进程，为忠实的检讨。

本党历史的任务，厥在推翻专制，建立民国，实行三民主义，创制五权宪法。吾党本此主义，领导全国国民，前仆后继，推翻数千年之帝制，此实中国政治史上之划期转变。总理于中华民国元年一月一日就任中华民国大总统之时，总发布宣言，愿“尽扫除专制之流毒，确立共和，普利民生”，“以诚挚纯洁之精神，战胜其所遇之困难，必使中华民国之基础，确立于大地”。同年八月十三日，国民党组党宣言，复明示宗旨，“巩固共和实行平民政治”。乃袁氏窃国，帝制自为；继之以复辟之乱，我国宪政，遂入黑暗时期，民国六年，总理领导全国，起而护法，坚苦奋斗，凡历五载。民国法统，赖以维系不坠。

十三年一月本党改组，总理手订建国大纲，于建民国，实行民权，作具体精密之规定，此实为今日中国宪政之一大基石。十三年，总理北上，发表宣言主张召开国民会议，为解决时局之主体。不幸总理中道崩殂，临终遗嘱，又复谆谆叮咛，务须于最短期间，召开国民会议。此伟大之精诚，当为天下万世所共仰。

民国十六年，本党既以武力推倒军阀扫除实行宪政之障碍，即于十七年十月三日制订训政纲领，主张“依照总理建国大纲所定选举、罢免、创制、复决四种政权，训练国民，逐渐行使，以立宪政之基础”。民国十八年三全大会，复通过“确立训政时期行使政权治权之分际及方略案”。十八年六月三届二中全会又通过“治权行使之规律案”。民国二十年五月，于首都召开国民会议，制定中华民国训政时期约法，用期共同遵守，促成宪政，授政于民选之政府。凡此训政时期之措施，实已奠定宪政常轨，民权体制之基础。盖三民主义之民权主义，以及五权宪法之基本精神，不在因袭代议政治之遗规旧制，而尤在对于代议政治遗规旧制之改造与革新。故本党宪政之实施，不以召开形式会议，颁布空洞宪章为已足，而特致力于训练人民有切实应用普通行使民权之充分能力与实际经验，庶不致徒托空言，重蹈以往宪政失败之覆辙。用是本党建国之程序，不求宪法形式之骤成；而重宪政实际之建立。故本党之历史使命，在于建立民国，而其中心任务，则在负责训政。

易言之，宪政为训政之最高目的，而训政乃宪政之实践方法也。

本党经数十年艰苦奋斗，始克扫除宪政之障碍，奠定统一之基础。乃日本帝国主义者，处心积虑，必欲破坏我国家之统一，阻挠我建国工作之进展。如“五三”济南惨案，如“九一八”以来之侵略暴行，皆其阴谋之暴露。吾国遭此厄运，而本党建立民国，期成宪政之初志，则绝未一日稍懈。十余年来，事实昭然；一加检讨，俱可实证。

（一）二十一年十二月二十日四届三中全会决议“拟定二十四年三月开国民大会议决宪法，并决定宪法颁布日期，立法院应从速起草宪法草案发布之，以备国民之研讨”。

（二）二十三年十二月立法院遵将草案起草完竣，送经四届五中全会决议定二十四年十一月召开第五次全国代表大会，关于国民大会，举行日期，提请五全大会决定之。

（三）二十四年十月五全大会决议：“宣布宪法草案，及召集国民大会日期，由大会授权于中央执行委员会决定之”。

（四）二十四年十二月五届一中全会决议：“二十五年五月五日宣布宪法草案。十一月十二日开国民大会，国民大会代表之选举，应于十月十日以前办竣”。

（五）二十五年五月五日国民政府宣布宪法草案。

同年十月十五日五届二十三次常会据国民大会代表选举总事务所呈，各省市办理选举事务，按诸原定程限，势难如期办竣。经决议“国民大会代表选举，既未能如期依法办竣，大会应延期举行；一俟全国各地代表依法选出，即行定期召集”。

（六）二十六年二月五届三中全会决议：“督促该管机关，继续办理选举，于二十六年十一月十二日，召开国民大会，制定宪法，并决定宪法施行日期。乃日寇即于是年七月大举进犯，阻挠我宪政之进展。然本党实施宪政之意志，百折不挠，历久弥坚，绝未以此稍形中辍。

（七）二十八年十一月五届六中全会决议："国民大会定于民国二十九年十一月十二日召开之"。

（八）二十九年九月十八日五届一五七次常会，以各地交通，因受战事影响颇多不便。如依原限召集，不无重大困难，并经国民参政会多数参政员之要求，展期至战后再行召集。经详加考虑，认为国民大会之召集日期，应俟另行决定，至一切未完选举事宜，仍应由政府责成该选举总事务所积极办理。所有关于会场建筑等事宜，并应特设国民大会筹备委员会负责主持。

（九）三十年四月一日五届八中全会，对于政治报告之决议案，关于国民大会者："实现民治为本党政治建设之目标，本届第六次全体会议宣言，曾指示："必须早日完成建国大纲之程序，制定全国共循之大法"。并决议限于民国二十九年召集国民大会制定宪法；嗣因事实上之困难，国民大会之选举，未能如期办竣，国民大会之召集，亦因而延期。惟五权宪法，乃总理伟大之创制，国家长治久安，于此是赖。故政府应本既定方针，从速筹备召集国民大会，以促进民治之实施，完成建国之盛业。在国民大会未召集前，国民参政会，为战时领导民治之设施，诚能发挥效能，必大有助于政治之推进，政府并应予以注意。

（十）二十九年十二月，国民大会堂建筑完成。三十年七月九日下午三时，敌机集中轰炸，国民大会堂全部建筑，竟成灰烬。及太平洋战争爆发，国内交通，益形困难，大会之筹备，更受影响。三十一年十月十九日一九三次常会，因是决定关于国民大会筹备委员会之经办事项。由内政部设置国民大会事务处办理之。

至关于办理选举事务，以及筹备国民大会之详细经过，国民大会选举总事务所及国民大会筹备委员会，于五届九中全会，已另有详细报告，兹不复赘。

国民大会之召开，虽以日寇侵略，迭遭梗阻。惟于实施宪政之基础工作，则仍照常进行，绝未以抗战而稍形松懈。民国二十七年四月，临全大会通过之抗战建国纲领，其关于实施宪政者，一则曰：“组织国民参政机关，团结全国力量，集中全国之思虑与识见，以利国策之决定与推行。”再则曰：“实行以县为单位，改善并健全民众之自卫组织，施以训练，加强其能力，并加速完成地方自治条件，以巩固抗战中之政治的社会的基础，并为实施宪政之准备。”自本纲领颁布以后，战事日趋紧张，中央于危急存亡之际，军事倥偬之秋，对于纲领所悬之目标，兼程并进，勉力以赴。其事实成绩，分陈如次：

（一）关于中央民意机关之建立者：民国二十六年夏，日寇进犯之初，中央早经筹议。旋经中央政治委员会决议，设立国防参议会，赋以听取政府关于军事、外交、财政等报告，及期成意见书，建议政府之权，延聘声望卓著之各届代表二十四人为会员。二十七年夏，即根据纲领，组织国民参政会，其名额现已自一百五十人增至二百四十人；其产生方法，初则均为推荐遴选，自省市临时参议会设立以后，省市应出之参政员，已渐改由为参议会选举，方法已益趋民主。至其职权，亦较国防参议会为扩大具体。其重要者：（一）政府重要施政方针于实施前应提交国民参政会决议；（二）得提建议案于政府；（三）听取政府报告并向政府提出询问案。

（二）关于省市民意机关之建立者：以中国幅员之广，尤以战事方殷，各处交通之艰，各省市民意机关之建立，本较困难；但赖上下协力，其经先后筹设者：已有四川、西康、云南、广东、广西、贵州、湖南、湖北、江西、河南、青海、甘肃、陕西、宁夏、安徽、福建、浙江、山东、重庆等省市。均能发抒民意，于赞襄抗战，贡献特多。

（三）关于地方自治工作之推进，以及地方民意机关之建立者：此尤为宪政实施之重要基础。依建国大纲之规定：“宪政实施之最大前提，厥为地方自治之完成。而地方自治之完成，则须全县人口调查清楚，全县土地测量完竣，全县警卫办理妥善，四境纵横之道路修筑成功，而其人民曾受四权使用之训练，而完毕其国民之义务，誓行革命之主义者，得选举县官，以执行一县之政事；得选举议员，以议立一县之法律，始成为完全自治之县。”（建国大纲第八条）中央秉承遗教，尤以此事关系宪政之完成特切，故于新县制之建设特列为要政，限期完成。据三十一年九月行政院报告，两年余来，全国实施新县制之数，凡达九四九县，已及全国大半。此实为推行地方自治建立地方民意机关之重要基础。故在临时县参议会组织成立之处，其收效之速，远过预期。据四川省政府检讨报告：如促进自治建设，协助推行政令，调和地方意见，确立民主监察制度，成绩颇著，殊足欣慰。中央以兹事重大，复筹议正式地方民意机关之设立，并经拟订施行步骤五项，经国防最高委员会一〇二次常会通过如下：（一）保民大会开会六次以上，经政府考核无异者，得成立乡镇民代表大会。（二）乡镇民代表会开会四次以上，经政府考核无异者，得成立县参议会。（三）乡镇代表及县参议员候选人之试验或检核应由考试院督促积极办理。（四）县参议会组织暂行条例，县参议员选举条例，及乡镇民代表选举条例，由国民政府连同实施步骤，明令于三十二年五月五日起施行。（五）凡县参议会正式成立之县份，临时参议会应即取消。

综上所陈，可知数十年来，本党一贯之主张与期望，不断之奋斗与牺牲，唯在建立民国，实施宪政。又可知中国宪政实施之阻力，其属于革命的前期者，为军阀官僚；其属于革命的后期者，则为日本帝国主义。本党既已艰苦奋斗，艰难缔造，奠定统一之基础，建立宪政之宏规。现阶段革命之任务，自当集中力量击溃日寇，以扫除建国最大之障碍，完成本党历史的使命。故此次抗战，其目的不仅在求战争之胜利，尤在求和平之胜利，而和平基础之永固，端赖民主体制之建立。用是于抗战之中扶植民权，扩张民权，力求民主政治之建设，宪政基础之奠定。当此作战时期，促进民权发展之努力，实本党为宪政奋斗为民主奋斗一贯精神之所在。

制定宪法，实施宪政，为本党数十年来无数先烈牺牲奋斗之唯一目的。全国国民，秉此精诚，努力以赴。兹值全面抗战胜利在望，国基已奠之际，自应集中全力，再接再厉，以谋此革命建国伟大任务之加速完成，永固我中华民国自由平等万世无疆之基础。谨请大会对于今后工作方法，实施程序，详加讨议，切实指示。谨此报告。

（2）战后社会救济原则案（9月8日）

三十二年九月八日第五届中央执行委员会第十一次全体会议通过

（本案系谷委员正纲等提出经全会通过）

一、战后社会救济，应与国家复员计划及建设生产计划配合进行，以减少受救济人之数量，并培养其自力更生之能力，以发挥救济之最高效能。

二、对于遭受战事破坏之城市乡镇，致无适当住所之居民，应予以合理之住宅救济，由政府出资或贷款，普遍倡办各种经济卫生住宅，使人民得以复居。

三、对于遭受战事或天灾及其他非常灾变之灾民难民、流亡在外者，应由政府资助其回籍，或移送人口稀少地区，及配置于各种建设部门辅导其复业、就业或改业。

四、对于穷苦无依之老弱残疾难童孤儿，或资送回籍，或留养当地经常救济设施，应为有计划之措置，并采用积极救济方法，俾化无用为有用，变消费为生产。

五、对于受灾农民及失业劳工，应大量举办农贷、工贷、合作贷款等。必要时，予以生活必需之救济，并举办耕牛种籽农具之贷与，及普设职业介绍机构，举办失业人员调查、登记、训练及调剂事项。

六、对于因战事归国之侨胞一俟原居留地回复自由，应即予以种种便利，协助其返还，并施以救济。

七、战后社会救济应与国际救济机构密切联系，必要时得合作举办。

八、战后社会救济应由政府特拨专款并接受国际救济款物，同时发动社会力量，积极推行。

九、战后社会救济应由主管机关遵照上列各项原则，分别对象或区域，详订办法，统筹实施。

（3）对于军事报告之决议案（9月8日）〔略〕

（4）对于教育部工作报告之指示（9月9日）（略）

（5）国民政府组织法修正条文（9月10日）

三十二年九月十日第五届中央执行
委员会第十一次全体会议通过

第八条　国民政府以左列五院，分别行使行政立法司法考试监察五种治权。

一、行政院
二、立法院
三、司法院
四、考试院
五、监察院

前项各院，得依据法律发布命令。

第十条　国民政府设主席一人，委员二十四至三十六人，由中国国民党中央执行委员会选任之。

第十一条　国民政府主席，为中华民国元首，对外代表中华民国。

第十二条　国民政府主席，为陆海空军大元帅。

第十三条　国民政府主席任期三年，连选得连任，但于宪法实施后，依法当选之总统就任时，即行解职。

国民政府委员任期同。

国民政府主席，因故不能视事时，由行政院院长代理之。

第十四条　国民政府公布法律发布命令，由国民政府主席依法署名行之。

前项公布之法律，发布之命令，由关系院院长副署之。

第十五条　国民政府五院院长副院长，由国民政府主席于国民政府委员中，提请中国国民党中央执行委员会选任之。

国民政府主席对中国国民党中央执行委员会负责，五院院长对国民政府主席负责。

（6）对于党务报告之决议案（9月11日）

三十二年九月十一日第五届中央执行委员会第十一次全体会议通议

本会议聆取党务报告以后，详加检讨，认为各部门工作，大体均能遵奉总裁训示，依据十中全会决议，努力工作，著有相当效果。兹特举其较为重大而犹待积极努力之点，提示如下：

一、基层组织。十中全会后，十阅月来，据报告征得党员为数达一五一，〇九〇人，量的方面显有进步。小组会议、区分党部会议党团活动，亦均较以往活跃。但全国各县市党部本年度核准办理选举者五百七十五县市，已办理选举者尚仅为一百七十四单位，而各省市已定期准备办理选举者，仅福建一省，故县以下各级党部之应速谋健全，俾各省市正式党部得以及早成立，实为党务之急，而良好民主风气之培养，尤须务为注意。至于县以下各级党部之应力谋与地方自治相配合，仍当继续循此迈进。

二、战地党务。战地党务工作同志，不避艰险，坚忍奋斗，其中为党牺牲者不在少数，尤为难能可贵。但战地党政军机构，迄未能联系得当，致工作效率不宏。今后党政军应如何确立合理关系，使各方行动统一，力量集中，而发挥伟大之反攻力量，实为当前战地党务亟待解决之问题。他如战地干部同志之如何补充选拔，战地党务经费之如何适合需用充分筹拨，亦应有一适当解决。

三、宣传工作。今后宣传工作所应特别注意者有三：一、为健全宣传机构，二、为培养宣传干部，三、为努力文化运动。各地党报年来虽有相当改进，但缺点尚多。此后不但仍应继续力谋编辑印行方面之改进，而如何联系各党报之组织，使成为有组织之宣传网，并发挥其事业精神，实为至要。国际宣传更感机构与人才之不足，亦当力求充实。他如对敌宣传与战地宣传，应设法调整宣传机构，统筹宣传工作，俾能配合战局进展，而收打击敌人之实效。宣传干部人才不敷需要，不独国际宣传为然，即在国内各类宣传工作，亦深感干部不足。今后应如何积极培养多方罗致，亦至重要。中央过去于文化运动工作，虽曾叠有决议，并为不断之努力，而为经费及人力所限，犹未能充分开展。今后自应积极注意培植理论人才，奖励研究著作，编印三民主义丛书，而文化运动纲领之制订，使今后文化运动有一适当发展之趋向，尤为不可或缓。至于出版事业之管理，仍应本既定方针，集中管理党办出版事业，但今后出版事业经费，如何求其充实，与如何统筹支配，亦宜速筹妥善办法。

四、训练工作。年来干部训练，一般党员训练以及青年团训练，中央及地方均收相当效果。惜有时训练，时间太短，形式纵或达到要求，而功效难期垂之久远。若基层训练，又每每以人才及经费条件未臻完备，致未能尽如预期。今后除集体训练，仍应继续努力而外，尤当注意经常个别之训练，继之以鼓励与选拔，或不失培养干部基础之一法。至于青年团团员，尤当多方鼓励其乐于接受“中国之命运”中所指示之建国基本训练。

五、海外党务。年来海外党务，尚能积极推进，总支部及支分部数量已逐渐增多，惟所有工作人员，大都以其业务时间兼理党务，每感人力缺乏。重以战事发生后，经费筹募不易。凡此困难，今后均应速谋妥善补救之策。至于战后海外党务之重建与加强，尤须多方及时准备，而于侨胞之复员工作，更当多所准备。

六、经费问题。年来党务工作范围日见扩充，业务开展，要求迫切，而经费每每不能与工作计画相配合，致不能顺利进行，自不免影响其效率。今后无论组织宣传训练或其他部门，每一工作，必须事前详加研讨，对于工作要求、工作计画、工作经费三者，必须切实配合，事后尤应严加考核，以节糜费，而增效能。

（7）对于政治报告之决议案（9月11日）

三十二年九月十一日第五届中央执行委员会第十一次全体会议通过

本会检阅国防最高委员会暨行政、立法、司法、考试、监察五院工作报告，深悉所属各部门尚能本既定国策及上届会议之指示，精勤将事，良用欣慰。惟进度未尽如所期，尚待努力。特分别提示如次：

（一）废除不平等条约为国民革命大业中重要工作之一，中美中英中巴平等新约，经已签订，荷兰比利时挪威及英属自治领加拿大澳洲南非联邦等友邦亦已先后提出约稿，进行谈判。惟于尚待改订之新约以及保留随时交涉之问题，主管机关均应积极进行，早竟全功。

（二）我国战后外交政策，厥在维持世界和平，俾我国及其他各国，得在和平环境之中，从事建设。为达到此目的，必须组织强有力之国际和平机构，用以保持国际安全。在今日并须尽力促成中美英苏诸国，政治经济军事合作机构之实现。

（三）关于各院部会工作有尚在拟具办法中者，有在拟订方案中者，有在会商讨论中者，有在督促办理中者，有在继续进行中者，亦有良法美制，行之反少实效者，亟应由国防最高委员会令党政工作考核委员会，深究其利病得失之所在，以为改进之张本。至工作报告中所列已办事项成绩如何；未办事项原因及责任何在；续办事项应如何督导之处；尤应严密考核，切实指示。

（四）设置各级民意机关，健全县以下各级组织，建立公职候选人考试制度，皆所以扶植民权之发展，树立宪政之基础。检阅报告，大率能依照预算计划，办有相当成绩。今后对于各县参议会及保民大会、乡镇民代表会，除应依照行政院所定五项步骤，限期在民国三十三年内一律完成外；并应由地方党政各机关，倾导人民，在生产竞赛、物价管制及组织各种职业团体等具体工作中，完成民权初步之训练。至公职候选人之考试检核，自应切实推行，并应妥订适当变通办法，俾不因公职候选人之考试检核需时，致误各级民意机关完成之限期。

（五）沦陷区内民众爱国抗战之情与日俱深，此实我民族精神历劫愈强之表现，最足嘉尚。党政军各机关亟应缜密筹划，俾能随军事之进展，尽其协助反攻之能力，并能随失地之收复，陆续完成地方自治之组织。至于接办将来收复各省县市政治之人才机构，及一切手续，亦应预为准备用赴事功。

（六）安定国民生活，维持国民生活最低水准，救济灾黎，年来政府尚为尽力，并未因战时种种困难与阻碍而疏怠其职责。惟尚须提高国民经济建设之效率，力避推行政令时之烦扰，并巩固后方之治安，使国民生活愈得安定。国民生活最低水准之维持，厥为实行民生主义之初步工作。尤应在增加生产，疏通运销，管制物价各方面，为有效之设施。至天灾兵燹之救济，行之宜敏速，赈之宜普徧，并宜标本兼治，使具有劳动能力之国民，仍有自食其力之机会。

（七）改善公教人员待遇，为增进行政效率，促进教育学术应有之措施，政府过去固已尽其最大之努力。然因物价日趋高涨，生活仍感困难。今后对于公教人员生活之安定，仍应妥筹切实有效之办法。以资救济。

（八）边省建设，至关重要，本党于此，迭有昭示。年来西北各省政治财政金融教育交通军事，以及党务建设之进步，实为中央与地方协力图治之所致。翘首前途，希望无穷。惟边省事业之发展，经纬万端，仍有待于中央与边省负责人员及地方人士，协同努力，务臻上理。中央对于派赴边省工作人员，尤应本人地相宜，才职相称之原则，慎加选择。

（8）对于经济报告之决议案（9月11日）〔略〕

（9）战后工业建设纲领案（9月11日）〔略〕

（10）确定战后奖励外资发展实业方针案（9月11日）

三十二年九月十一日第五届中央执行委员会第十一次全体会议通过

查实现国父实业计划，为本党革命之重要目的，而依国父计划，发展中国实业，又须欢迎国际合作。兹者胜利在望，准备不容再缓，向来对于中外合资之限制，应予修正，以表示与友邦密切合作之精神。今后中外合办实业，外国方面投资数额之比例，应不加固定之拘束，公司组织，除董事长外，其总经理人选，亦不限定为本国人。上项条件，以由双方洽商，经过政府之核准而生效。同时凡外人遵依中国之法令规定，经政府核准者，亦得投资为单独之经营。又国营事业之对外借款，并应统一洽借。民营事业，则可由人民自行商洽，经政府之核准即可实行。至于将来国营事业之中，何者可由外国投资，何者可向外国借款，应由政府早日妥为分别决定。

（11）切实推行“加强管制物价方案”稳定战时经济案（9月11日）

三十二年九月十一日第五届中央执行委员会第十一次全体会议通过

自十中全会决议管制物价方案以来，虽因我国幅员广大，各地客观环境之不同，实施容有弛张，成效未能大著，幸本年全国各地多庆丰收，明年食粮已不虞缺乏，且最近已向美国购进二万万美元之黄金，约合五百七十万两，尤有助于我国社会经济之稳定。惟抗战愈近胜利，处境自愈艰难，目前物价高涨之原因，原不限于一端，而掌握物资，便利运输，紧缩预算，管制金融诸端，均为“加强管制物价方案”所明示，而为目前巩固经济根本之要图，兹特举其要点如左：

一、增加物资。欲谋稳定物价，首在充裕货源，生产购储分配三端，俱须调整计划，以期供需相应。于生产则妥定种类数量，并控制原料，宽筹资金。于购储则利用租借法案，如布匹药品等，为我所急需者，须商请友邦大量供给，同时扩大征实，加紧抢购，于分配则改善军公教人员待遇，以维生活水准。一面斟酌民间需要，切实调剂市场，并励行节约，减少消费。

二、便利运输。运输不便，则货流不畅，有无未能相通，物价仍失平衡。补救之道，在一面统一交通管理，节省运输力量。同时改善检查方法，简化税收手续。至于交通工具，应予加强，驿运业务，急待整理，并须宽筹经费，悉力以赴。

三、增加收入紧缩开支。战时预算，难期平衡，我国目前财政，虽税收已占相当数量，支应仍感不足，急须增加收入，以开其源，紧缩开支，以节其流，故一面应整理税收，摊派公债。同时将不急之事业，酌于停止，即急需之业务，亦应力求节约，务期国家之财政，不致影响金融，则经济巩固自可立待。

四、吸收通货安定金融。游资充斥，金融乃失常轨，美国既允以大批黄金协助，我国自当妥为运用。若能以黄金控制物资，再以物资吸收通货，则法币可以回笼，物价自趋稳定，至于钱庄行号，每以高利吸收存款，扩大信用，并须切实稽核，严予管理，务使运用于生产事业，以免助长投机。

以上所述，仅举大要，其他各项治标治本办法，“加强管制物价方案”指示已详，应责令各主管机关，统筹规划，切实办理，如有执行不力者，查明详处，务求步骤统一，力量集中，俾物价可趋稳定。

(12) 关于中国共产党破坏抗战危害国家案件总报告之决议案 (9月13日)

三十二年九月十三日第五届中央执行委员会第十一次全体会议通过

本会议听取关于中国共产党破坏抗战危害国家案件总报告之后，备悉中国共产党对本会十中全会决议所采取宽大容忍之态度，不但毫无感动觉悟之表现，反变本加厉，加紧进行其危害国家，破坏抗战之种种行为，殊深惋痛。

我神圣抗战历六年余之艰苦奋斗，举国一致所企待之伟大胜利，业已在望，中央为争取国家民族永远之自由幸福，把握抗战之最后胜利，深感非先谋巩固国家之统一，即无以完成抗建之大业，所以对中国共产党，只冀其不破坏国家统一，不妨害抗战胜利，不惜再三委屈求全，加以涵容。兹仍当本此一贯之精神，交常会负责处理，详为开导，促其觉悟，希望中国共产党能幡然自反，切实遵守其在二十六年九月二十二日所宣言：“(一)为实现三民主义而奋斗；(二)取消暴动政策与赤化运动；(三)取消苏维埃政府，期全国政权统一；(四)取消红军，改编为国民革命军，受国民政府军事委员会之统辖”等四项诺言。以拥护国家民族之利益，军令政令之贯彻，俾抗建大业，确获胜利成功之保障，庶慰国民热切之企望。至于其他问题，本会议已决议于战争结束后一年内召开国民大会，制颁宪法，尽可于国民大会中提出讨论解决。本会于贯彻执行完成国家统一，把握抗战胜利之坚决的意志之中，不惜寄予最殷切之期待也。

附：总裁对于本案之指示

本席听取中央秘书处关于中共案件之报告，及各委员所发表之意见后，个人以为全会对于此案之处理方针，要认清此为一个政治问题应用政治方法解决。如各位同意余之见解，则吾人对共党之言论，无论其如何百端诬蔑，其行动无论如何多方扰乱，吾人始终一本对内宽容之旨，期达精诚感召之目的。当仍依照十中全会之宣言，“凡能诚意信仰三民主义，不危害抗战之进行，不违背国家之法令，无扰乱社会之企图与武装割据之事实者我政府与社会，应不问其过去思想行动之如何，亦不问其为团体为个人，一体尊重其贡献能力，效忠国家之机会”。本此方针，始终容忍，竭诚期待该党之觉悟，并应宣明中央对于共党亦别无任何其他要求，只望其放弃武力割据，暨停止其过去各地袭击国军，破坏抗战之行为，并望其实践二十六年共赴国难之宣言，履行该宣言中所举之四点：即（一）为实现三民主义而奋斗；（二）取消一切推翻国民党政权的暴动政策及赤化运动，停止以暴力没收地主土地的政策；（三）取消现在的苏维埃政府，实行民主政治，以期全国政权之统一；（四）取消红军名义及番号，改编为国民革命军，受国民政府军事委员会之统辖，并待命出动，担任抗日前线之职责”。共党果能真诚实践，言行相符，则中央可视其尚有效忠抗战之诚意，自当重加爱护，俾得共同努力，完成抗战建国之大业。

〔中国国民党中执会秘书处档案〕

20. 中国国民党第五届中央执行委员会第十一次全体会议宣言

（1943年9月13日）

三十二年九月十三日第五届中央执行委员会第十一次全体会议通过。

本会议之举行，距第十次中央全体会议之期，凡十阅月。在此期间，我国于解除不平等条约之束缚以后，签订平等互惠新约，奠立国家民族独立自由之基础，举国上下，莫不鼓舞奋发，加紧抗战工作，以求取最后胜利之早临。而同盟国家对于世界整个之战局，且已周详筹计，分途并进，向侵略国家积极反攻，东西各战场，捷音频传，尤足振奋吾人之精神。义大利投降以后，纳粹之势已孤，必难为困兽之斗，日寇力量，更已呈再衰三竭之象。一旦总反攻开始，无论敌寇如何挣扎，其覆败之期，当不在远。顾胜利之局难定，而如何把握时机，确保胜利，则尤为吾人所应警惕努力者也。回溯六年来之神圣抗战，我同胞同志，牺牲奋斗，历尽艰辛，尤以在沦陷区内之颠沛流离，茹辛忍辱，永系吾人之怀念。此次全会，追念过去所受之痛苦与耻辱，省察本身所负责任之重大，遵循总裁在开会日之训示，根据当前国家民族最急切之需要，集中讨论，认为首应竭尽吾人之力量，以达最后决战之胜利，并于抗战之中，致力于宪政实施之准备，与经济建设之推进。期能刻苦力行，巩固国基，保障六年来全国军民牺牲奋斗所得之战果。谨就目前所亟应积极致力之要务，为我同志同胞剀切言之。

一曰，加强抗战力量，以争取最后之胜利。当此反侵略国家争取最后胜利之时，吾中国实负东亚大陆上主力作战之责任，必须统一全国之精神意志，集结全国所有之人力物力，悉为国家民族而效命，始能与盟邦取得军事上之配合，达成决战之任务。我全国同胞，应知最后胜利愈接近之日，亦即抗战工作愈艰苦之时，非经过最艰苦最猛烈之大决战，绝不能消灭敌寇，永绝祸根。自助人助，为不易之至理，惟有吾人贡献我四万万五千万人之人力物力与生命，不辞冒死犯难之任何牺牲，始能无愧与盟邦相合作，而求得我国家民族永久之自由。本党自抗战以来，历次会议之宣言所希望于国人者，无非集中全力，奋斗牺牲于军事第一，胜利第一之目标下，遵守国家总动员法令，实行战时生活，以自动自觉之精神，坚苦卓绝，共赴五千年来空前伟大之事功。积六年余全国军民之流血奋斗，始有今日接近胜利之局势。必人人立志作最后决战更大之牺牲，方克确保最后胜利之获得。

二曰，促进民权政治以完成建国之使命。本党之历史的任务，为建立三民主义之共和国，自总理领导同志努力革命，五十年来，本党不断之奋斗与牺牲，唯在建立民国，实施宪政。其在军政训政两时期，所有设施，皆为达成此项伟大之任务而努力。乃征诸往事，凡革命建国之工作，每当规模甫具之际，即艰危业集之时。当北伐完成以后，本党即积极训政以扶植革命民权，以期宪政之早日实现，而国民大会，召集有期，即有芦沟桥之变。抗战开始，以迄今兹，吾人之艰苦奋斗，以与日寇作殊死战者，厥为扫除建国之障碍，保障革命之根据。故于集中力量击溃日寇之际，凡所以促进地方自治，增设民意机关，力求民国体制之建设，宪政基础之奠定者，仍复继续进行，未尝稍懈。盖此次抗战，其目的不仅求战争之胜利，而尤在求和平之胜利，不仅在求敌寇之消除，而尤在求建国之完成。此种在作战时期发扬民权之事实，尤征本党为宪政奋斗一贯精神之所在。值兹胜利在迩，吾人益当精勤努力，于最短期间，完成施行宪政之一切准备，务于抗战结束后之一年内，召开国民大会，制颁宪法，实行总理所主张之民权政治。

三曰，实行实业计划，以改进人民之生活。总理所著实业计画，即为吾国经济建设之方略。此一计画，当第一次世界大战以后，总理尝议于世界，主张以国际合作之方式，发展中国之实业，欲以战后剩余之机器及人工，利用为中国之开发，亦以助各国战后经济复员问题之解决。其精义所在，不仅为谋中国物资之增进，实欲由此奠立世界经济之和平基础。惜当时世界人士久困战争，未加注意，使总理之远识宏谟未克实现。吾国资源之开发，固因此失去良机，日寇独霸东亚之野心亦由此而益肆。今当反侵略战争胜利在握之时，总理此一伟大计画之实现，在吾国言，固为完成建国之要图，在世界言，亦为共同繁荣之所系。吾国于战后全国人民必须以最大决心，埋头苦干，自力更生，向现代工业化之目标，迎头赶上，以改善全体人民之生活，提高其食衣住行之水准。尤愿与一切友邦，推诚合作，借助其技术人才与机器，以收突飞猛进之功。吾人深信欲建立永久和平之世界，国际间之政治合作，必建基于经济合作之上，而后国际政治之集体安全，始有强固之保障。是以本会议于议决巩固战时经济与工业建设纲领案之外，又复决定奖励外资发展实业之方针，期于战争结束之后，立付实施。使总理于二十年余前向世界建议之伟大计画，得以实现，而致中华民国于富强康乐之境，更奠世界和平人类幸福之基。

上述诸端，本会议均有详尽之商讨。综其要旨，则皆关革命建国之大计，盖必集中民力，把握胜利，始克早立宪政之规模，必致力经济建设，实施实业计画，始克于建国中充裕民生，而有裨于战后世界之重建。总之，国民革命之鹄的在建设三民主义之国家。临此最后决战之重要时期，必需全国军民，一致服从中央之领导，继续六年来奋斗牺牲之精神，以确保国家之自由平等，实现总理之民族主义，同时于加紧抗战，迎取最后胜利之中，为民治之继续培植，宪政之积极准备，以促民权主义之实现，并厉行经济建设，以求民生主义之贯彻。全会于此，既已揭橥其要义确定其途径，所望全国同胞，拥护国策，共同戮力，永怀卧薪尝胆之心，共励履薄临深之意，勤劳刻苦，实行战时生活，积极奋斗，克服一切艰难，竟抗战之全功，成建国之伟业，以永固我中华民族自由平等万年有道之基。谨此宣言，愿共勉焉。

〔中国国民党中执会秘书处档案〕

21. 蒋介石在中国国民党五届十二中全会上致开会词

(1944年5月20日)

各位同志：

今天我们第五届第十二次全体会议开幕，距离去年九月间十一中全会的举行，已有八个月了。这八个月中间，我们抗战的局势和国内外情势有很多的演变和发展。而我们抗战七年，到了现在真是所谓“行百里者半九十”的时候，亦是最后胜利以前必须经过最艰苦战斗的阶段。战斗不仅在前线，一切军事、政治、经济，无论物质与精神，都要能与作战要求相配合。我们全党同志全国人民的战时努力，此时更要作最大的发挥，以完成军民先烈未竟的事功。临到这个重要的时期，我们这一次全会的任务，真是特别的重大。

全会同志应该彻底检讨当前的国际形势，尤其要详尽检讨我们的军事、政治、经济和我们的党务，以诚恳忠实的自我批评和互相批评，来寻求其成败得失之故而作积极的建议，有优点应继续发挥，有缺点应迅谋改进，而尤其重要的是要发扬我们革命的历史，坚定我们抗战建国的信心。因之我今天特别要就本党的革命历史与环境，以及我们应负的责任和应具的信心，向各位同志说明。

今年正是我们兴中会成立以来的五十年，回溯本党五十年来革命的历史，可以说是一部茹苦饮痛忍辱负重流血牺牲的奋斗史。本党在革命的过程中，历尽险阻艰危，无不是从失败中求得成功，从挫折中求得发展，亦无不是从危疑震撼，谤毁纷乘之中力求自立自强，不屈不挠，以表现我们革命的精神。总理在世领导的时候是如此，总理逝世以后我们同志大家同艰苦共患难的经过也是如此。从兴中会到同盟会以后的奋斗，经大小几十次的失败，终于推翻专制政府，有辛亥革命的成功，这是一个阶段。后来军阀败国，本党孤危奋斗，组织了中华革命党以巩固革命的根本，乃至奠定了广东革命根据地，以迄民国十三年本党的改组，这又是一个阶段。此后总理逝世，内忧外患，潜伏丛生，本党力排万难，毅然北伐，这中间内有蓄意害党存心祸国的反革命者从中破坏，又遇到日本帝国主义者的公然阻挠，幸而我们全党同志一心一德，坚定奋斗，以有十六年北伐的完成，这又是一个阶段。自从奠都南京以后，本党统一全国，实施训政，准备御侮，其间疑谤纷乘，困难丛集，都是在场同志所亲历的，这又是一个阶段。从七七抗战到如今七年之久，革命的主义益见昌明，我们同志的血和全国军民的血合流在一起，以求国家民族自由平等最后的成功，我们的任务格外重大，而革命的阻力自必与之俱增，我们以贯彻始终的精神，要将抗战建国毕其功于一役，这是目前尚未完成的一个阶段。历溯以往各个阶段，可以说无时无刻不在反革命势力层层包围重重破坏之中艰苦迈进。然而我们每经一度挫折，必有一度成功，多受一分艰难，即多获一分进展，这不能就当前表面的迹象来说，而要就革命全局和国事前途来作整个的观察，究竟我们领导国民革命建国是在进步呢还是在退步呢？我敢说是正在加速的前进。只要以各种事实今昔相比，就不难证明。我们要确信革命事业终是前进的。只要我们坚忍奋斗，百折不挠，是没有不成功的道理。我再要申言一句，本党革命的历史，就是茹苦饮痛，忍辱负重，以求进步成功的历史。

推求本党五十年来愈挫折愈发展的主要因素究竟何在呢？我要告诉我们同志，是在于本党光明纯洁的精神和一贯不变的方针。我们除革命救国以外无他念，除完成三民主义的共和国以外无他求，除总理遗教和本党主义政纲之外决不纷驰旁骛，除遵守既定的革命方略以外决不随人俯仰，本党无论历尽任何艰苦困难，而主义政纲是始终不变的，革命的目的和程序是表里如一始终一致的。我们不因他人的谤毁而自馁，不因外来的刺激而易志，也决不因环境的拂逆而有所动摇。本党之所以能保持革命基础于不坠而步步趋向成功者，即在于此，总括言之，本党的历史是忍辱负重茹苦饮痛的历史，本党的特点是不摇不夺纯洁一贯的精神。

把握了上面两个基本的认识以后，我们就可以来观察现时革命的环境而定我们努力的方针。现在抗战的阶段，实在是国家民族争生死存亡的关头，是需要举国一致、殊死奋斗的时期。然而我们国内的人心，尤其是最近社会一般的言论思想，还没有一致认识我们总理三民主义的真谛，所有在抗战名义之下一时潜伏的反革命力量，正想乘抗战艰危之际，来动摇我们革命的根本。而我们本党的力量，既未能深入于民间，党务和政治也尚有很多的缺点，本党为国负责的一切设施和苦心，又未能得到一般社会的了解，因之我们同志尤其中央委员所负的责任是特别的重大，我们不仅要对七年抗战流血牺牲的军民先烈负责任，也要对我们共同作战的盟邦负起贯彻抗战的责任。在这个时期，我觉得我们同志最要紧的：第一必须有自信心，要认识革命的历史，坚定自身的立场，不为众论纷纭所摇惑。第二必须有责任心，要共同一致，挺身担当一切的艰危，无论生死荣辱成败得失，都要有痛痒相关同舟共济的精神。第三必须有忍耐心，要能忍受一切谤毁和诬辱，但要以闻过则喜从善如流的精神，反省自身，改进自身，更要忍受一切物质上精神上的痛苦，坚忍沉着，不夺不摇，向着革命成功的目标而迈进。我希望这次全会对抗战建国的工作有切实的检讨，我更希望我们自身以这三点来作自我的检讨而共相策勉。至于最近国内国外对我们革命不能明了而所加于我们的批评，其间有关于我们抗战建国的前途成败者，不外以下几点，我要为各位同志约略分析而申述之。

其一，关于国内的就是民主问题。外界对于本党常有误解的批评。这种误解其实是不应该有的。实在说，本党的革命，最初即以推翻数千年专制、建立民国为目的。我们若不为实行民主，为什么有五十年来前仆后继的牺牲奋斗？就这次的抗战来说，我们抗战是明明反抗法西斯，要打倒轴心侵略国，以维护世界的正义与自由。如果说我们不要民主，难道我们革命先烈和抗战军民的血是白流的么？在实施的方面来说，十一中全会既有抗战结束后一年内召集国民大会制定宪法的决议，而我们数年来行政中心工作，正在积极推行新县制，加紧督促地方自治以及限期设置省县参议会，促进乡镇民代表大会及保民大会，这种种设施都是依照建国大纲：要建立民主的基本工作。要知道我们有总理遗留下来的革命既定程序，在实施的进展上，当然要因应时宜，加速推进，而既定的程序是不可以违反的。我们所要建立的是真实而有基础的民主，不是虚伪空洞而无基础的民主，我们所要建立的是有法纪有秩序的民主，而不是无法纪无秩序的陷于无政府状态的假民主。本党是要为国家民族负责任的，决不能眩惑于假民主的宣传，而自毁我们总理所手订的遗教，以重蹈民国初年时代之覆辙。我们不能因为社会不负责任的批评而苟且迎合，以贻国家无穷的祸患，而害及世代的子孙。最近本党同志对民主问题也有许多议论，我相信其动机完全是爱国爱党的一片赤诚，但是我们愈在众论纷纭的时候，愈要坚定我们的自信，决不能因为外界说我们不民主，就焦急起来，以为我们真有什么不民主，更不能随声附和别人有作用的中伤，而在无意之中自乱其步骤。至于在此抗战时期，如何维护人民的自由，尊重人民的自由，在事实可能之中，我们中央正在积极设法以求改善，我们同志当然也应该提供意见，共同讨论，但这种意见应该是积极的建议，而不是消极的责难，各位都知道：中国国民党与国民政府，是各位同志自己的党和自己的政府，无论我们有没有担任政府的职务，都是身在局中，绝无处在旁观地位的可能。各位中央委员必须明白我们自身对党国的地位和责任所在，如有意见，都应该向党内来作积极负责的贡献，而不好对党外去作消极的批评。本来规过劝善是朋友间应尽的职责，何况同患难共荣辱的同志之间，更是没有不可尽言的；但是我们抗战到了现阶段，情形更是复杂，我诚恳希望同志们对外的言论要格外慎重，切莫授人以隙，而使本党革命受了无形的损失。大家必然记得自从民国十四年总理逝世以后，凡是反对本党或要毁灭本党的反动派，是没有一次不以独裁或不民主为攻击我们的武器，然而每一次的恶意中伤，都不能损害本党的信誉，我们有我们的主义信仰与历史，事实所在，我敢信公正无私的全国国民自能辨别。我们只要遵照着总理的遗教与革命建国的程序，遵照着国民会议所制定的训政时期约法，与国民参政会所通过的抗战建国纲领，以及遵照着全国代表大会所通过的党章来做，就决非任何恶意的诬蔑所能中伤，我们也决不因这种恶意的诬蔑而自弃责任，我们只知道法治为民主与自由的唯一基础。以上所述的各种法规，都是由全国国民的代表或全党党员的代表以民主的精神与正式的程序来制定的，如果我个人有违反这些法规，任何同志都可以对我指摘与纠正，我无不竭诚接受，否则我只知道遵守国民代表及党员代表所制定的一切法规，竭尽职责，以表示我履行民主的忠诚，绝不为外面任何诬蔑口号所动摇。我可以明告各位同志的：本党敌人的惯技，总是要打击我们的自信，离间我们同志的情谊，妄想以国民党之矛来攻国民党之盾，在这个抗战大业需要保障的时候，我们更要坚定我们的自信，发扬我们的互信和共信。我常说，我们同志之间，对党对主义的关系，不仅要同荣辱共甘苦，还要共安危同生死；我个人决不因横逆毁谤而动摇其革命信心，也决不因任何攻击而有所推诿牵就，以放弃我们革命的天职。我们大家在今天只有照革命的大义和既定的正常程序来为国家尽瘁努力，不可因忧时之心过切而有所动摇，这一点十分紧要，希望各同志特别的注意。

其二，关于国外的就是国际的舆论，最近对我国有许多的批评，更有许多的责难，较之二年以前称颂我国的情形固然大不相同，而且这种苛求责备和不合事实的评论纷至沓来，也是半年以前所没有的现象。各位同志对于这一点想必大家都已注意，我个人对于这件事的感想，也要对大家说一说。我认为盟邦舆论界的批评，其出发点大概是并无恶意的，我们要承认我国有许多的缺点，我们也要认识我们本来是积弱之国，在卅一年联合国宣言发布，我国被认为四强之一，我从那时候起就无日不戒慎警惕，惟恐名不符实，我常说中国是弱国，应该自己认识自己的地位，听到他人的过誉，就要反省戒惧，所以今日国际舆论对我国的责备，我也认为毫无足异，有从前过分的期许，过分的赞誉，当然会有今日的过分批评。我们要认为“他山之石，可以攻错”，凡是毁谤之来，必有其原因所在，我们能诚恳反省，则外界的批评，正是我们求进步最难得的机会。其合乎事实的忠言，应该接受的当然要接受，即使是不符事实的误解，我们也不必因此愤慨而不安。邹南皋说：“横逆之来，愚者以为遭辱，智者以为拜赐”，我们现在外患当前，正应该刻苦磨励〔砺〕，自反自强，一切诽谤只宜忍受，以待事实的大白。可是国外批评如果触及我们国家的尊严，或损及我们军队的荣誉的，我们就不能不特别的注意，又如他们现在批评我们民主不民主，反对我们新闻检查制度等等，这就涉及到国家制度和主权问题，是我们所不能随便看过的。我认为外国舆论批评我们物质落后，或行政效能不高，或经济管制不善，这种种我们只有自反自责，力求改进，但是我们七年抗战，军民死伤牺牲如此惨重，我们是反抗侵略的最先锋，而外国舆论乃以我们所要打倒的“法西斯”诬加于我们中国，这就不是寻常的误解，而是绝对的诬蔑！我们每一同志听到这类的诬蔑，就应该认为国家的耻辱，也要当作每一同志自身的耻辱，断不能置身事外，无动于衷，随便看过。又如新闻检查制度，并非我国所独有，事实上其他盟邦所执行的检查，尽有比我们还严的，何以外国舆论不批评他国而独责难我国？这就因为我们是贫弱国家，外国人对我们还没有改正其传统的看法，更没有了解我国的复杂情形和实际环境。我可以说：我们所检扣的国外新闻，大多数是毫无事实根据的谣言，此外都是些曲解事实的报导，除此之外，我们并没有检扣什么新闻。所以关于检查新闻一事，在技术上方法上我们容许要考虑改进，但我们决不能因为外国舆论的责难而人云亦云。这不过随便举一二例子，我的意思是要指出我们对公正的批评固然要虚心接纳，但是非不可不明，事实不可淆乱，而尤其我们自尊自重之心不可以丧失。现在国外的批评虽多，而盟邦政府的态度并无改变。我们对外相处之道，还是要不亢不卑，不忮不求，我们中国向来是践约守信的国家，我们自国府成立至今，从未违反我们的条约义务，而联合作战以来，我们更绝无委卸责任之事，我们对外要求应有的尊重，但问题的根本，还在乎我们本身能负责知耻，自勉自强。

总之，今日革命的环境，无论内外形势如何困难，若将本党已往五十年来所经过史实一加比较，就可知道我们今日环境之优裕，为已往任何时期所不及。如果回溯最近二十年来，本党所遭过的内忧外患，经过的危险与挫折，更足以证明今日革命局势只有乐观与兴奋，我们以积弱的国家，抗战到了七年，尚有这样良好的环境，此为任何国家在革命建国期中所未有，亦非吾人初料之所及。然而，就我们的责任来说，现在我们抗战确已到了最后决胜的关头，而本党革命的成败，也将决定于此时。临此革命事业"将毕也巨"的时机，我们要维护国家民族的生存，首先要保障革命建国的基础，这就先要从号召全国加强抗战入手，也先要从巩固本党健全本党入手。因之我盼望这一次全会，对于政治经济一切问题，都要以"军事第一、胜利第一"之要旨，尽量检讨，切实建议，力谋改进，以适应现阶段抗战的需要，同时我们全体中央委员更必须警觉现在确是本党处境最艰难、责任最重大的时机，我们必须发挥大无畏的革命精神，处变若定，准备一切危险之来临，矢勇矢勤，努力奋斗，方可以保障国家的基础，继承总理的志业。根据我们五十年革命历史所昭示，革命计划不免有失败，而革命的信心不可以动摇，革命工作不免有挫折，而革命的志气不可以丧失，革命党的生活当然是痛苦与穷困，而革命的精神与革命道德，必须再接再厉，愈挫愈奋。大家必须确信以我们中国国民党的历史与精神，一定能够彻底完成我们抗战建国的使命。我们决不可妄自菲薄，更不可轻自暴弃，愈在危险困难的时候，愈要发扬我们患难与共生死一致的精神，来担当国家民族安危的重任，这是本席所时刻自勉也愿与各位同志共勉的。

〔中国国民党中央执行委员会秘书处档案〕

22. 中国国民党第五届中央执行委员会第十二次全体会议经过

(1944年5月20—26日)

自上次全会迄今为时已逾八月，中央执行委员会常务委员会爰于本年四月十七日第二五三次会议决定于五月二十日召开第十二次全体会议，并为使全会获得充分准备起见，于全会开幕前召集在渝中央委员举行谈话会，对于全会应行商讨事项，先行交换意见，嗣又决定改为提案研究会，就党务、政治、经济各项问题，分别研议，计自四月十四日起，先后开会六次，并将研究所得结果汇呈常务委员会及提案委员会参考。全会当于五月廿日如期开幕，到中央执监委员、候补执监委员一百五十人，迄廿六日闭幕，除预备会开幕式及闭幕式外，共举行大会六次，收到提案共三十三件，内关于政治者十六件，经济者十三件，军事者一件，党务者二件，教育者一件，均分由各组审查委员会审查，拟具意见，提出大会讨论，对于党务、政治、经济、军事各项重大措施，均由各主管机关详为报告，并经大会切实检讨，分别通过各项决议案，所有会议经过情形，略志如次：

开幕典礼系于廿日上午八时在国民政府大礼堂举行，总裁主席并致开幕词（开幕词全文另载），全词历三十五分钟始毕，礼成后接开预备会议，仍由总裁主席，首由秘书处报告到会委员人数，次提出常会修正之全会议事规则第二条条文，经决议通过，当有委员提出关于候补执行委员递补缺额问题，主席宣告出席执行委员虽已超过半数，其缺席之额，仍可依照总章第三十七条之规定，以到会候补执行委员依次递补，在会议中有临时表决权，众无异议，嗣即决定各组审查委员会之组织及大会会期，并选举主席团，由监察委员何思源、邓青阳、王子壮、谭道源监选，结果戴传贤、孙科、居正、邹鲁、冯玉祥、孔祥熙、李文范、叶楚伧、何应钦、陈立夫、潘公展等十一委员当选为主席团，十时四十分散会。

二十一日上午八时举行第一次大会，冯委员玉祥主席，首全体起立，为全国抗战阵亡将士及国内外死难同胞默哀致敬，次听取党务报告，由中央常务委员居委员正报告，分述组织、训练、宣传、海外等工作概况，各委员旋就党务提出质询，经由各部会首长分别答复，十二时散会，下午各组审查委员会分别开会审查提案。

二十二日上午八时举行总理纪念周，总裁主席并致词，指示革命前途之光明，勉励同志对军事外交政治经济情势应有根本认识，加强革命信心，发扬革命精神。九时举行第二次大会，居委员正主席，听取政治报告，由国防最高委员会王秘书长宠惠报告行政立法司法监察考试五院施政概况，各委员旋提出关于政治之质询，十二时十分散会。下午各组审查委员会分别开会，继续审查提案。

二十三日上午八时举行第三次大会，邹委员鲁主席，继续对于政治之质询，各委员发言颇多，因时间关系，改由主管长官书面答复，休息十分钟后，听取军事报告，由军事委员会何参谋总长应钦报告，十二时十分散会。

二十四日上下午连续举行第四次大会，上午由李委员文范主席，下午由叶委员楚伧主席，何总长应钦继续军事报告，各委员提出关于兵役及士兵生活等质询，经何总长分别答复，次听取外交部宋部长子文外交报告，及国家总动员会议端木代秘书长恺物价管制报告，各委员提出质询，亦均分别答复，再次为省政府施政概况报告，浙江省政府主席黄绍竑，甘肃省政府主席谷正伦，福建省政府主席刘建绪，四川省政府主席张群，广西省政府主席黄旭初，贵州省政府主席吴鼎昌，江西省政府主席曾浩森，西康省政府主席刘文辉相继报告，各委员对各省年来役政粮政征工等之成绩，推行新县制之进步，甚表欣慰。六时散会。

二十五日上下午继续举行第五次大会，上午由孔委员祥熙主席，下午由何委员应钦主席，讨论各组审查提出之议案多件，其重要者为：（一）关于地方自治案；（二）确立中央与地方行政之关系案；（三）改善出版检查制度案；以及对于政治军事教育党务报告之决议文四件。五时十分散会。

二十六日上午举行第六次大会，孙委员科主席，讨论总裁交议加强管制物价方案紧要措施案，此案前经一度提交大会讨论，以关系重大，爰组织特种审查委员会，除经济组委员全体参加外，各委员可自行声请参加，本日大会即依据特种审查委员会数度开会研究制成之修正案，提出讨论修正通过，并决议稳定经济管制物资亟应特设一强有力之机构，俾得集中事权，统一指挥，交中央常会迅即决定办法施行。又通过对于财政经济交通农林水利粮食地政各部门工作报告之决议文，及大会宣言。

最后，总裁提出中央组织部长朱家骅同志恳请辞职，以陈委员果夫继任，经大会决议通过。十时半散会，十一时举行闭幕典礼，总裁主席并宣读大会宣言，随即礼成，全会至此圆满闭幕。

〔中国国民党中央执行委员会秘书处档案〕

23. 中国国民党第五届中央执行委员会第十二次全体会议通过重要决议案

（1944 年 5 月 25—26 日）

（1）对于党务报告之决议案（5 月 25 日）

三十三年五月二十五日第五届中央执行委员会第十二次全体会议通过

本会议检阅党务报告并详加检讨，认为各部门尚多能遵照总裁指示与上次全会决议，切实实施。惟以种种原因，推进困难，绩效未著者，亦复不少。嗣后应遵照本党一切已成规章及临时全国代表大会暨中央全体会议之决议，努力推进党务。兹特举其要点如下：

甲、关于组织者

（一）年来本党组织日见增加，惟仍须加强今后区党分部各种会议。如何指导党员踊跃参加，热烈讨论，使党员有充分发表意见之机会，党能收集思广益之实果，以沟通上下之意志，并发扬真正亲爱精诚之精神，亟应妥订办法，切实推行。

（二）征求党员数量颇有可观，而职业分配，尚未能尽如所期，今后党员征收应特别着重农工分子，并针对环境需要选定中心工作。如农工矿同志，尤应以发扬民生主义，增加生产为目前要务。

（三）战地党员之征收在标准方式与训练内容上，应由中央斟酌实情另订详细办法。在组织上，应更加强纵的指导减少横的联系。在干部选派上，应以当地有历史关系，且对敌伪等之奋斗有相当经验者为准。在战略上，应注重面的争取，而不限于点。在工作技术上，应特别研究随时指导下级党部如何深入敌区，而交通通信尤应有确实办法，对被捕或牺牲之同志，应设法维持其家庭生活。至冒险犯难回至后方之同志，尤应妥为安顿，俾能人尽其才。

（四）党务干部之培养选拔与登降黜陟，应以服膺主义及实际工作表现为标准。下级优秀工作同志应切实选拔，经常考核注重纪律之执行，使人事管理与组训工作，适当的分工联系，相互的配合运用。如有因人地不宜或工作不力而更调之同志，并应分别奖惩，或斟酌另派其他工作。关于党员从政，亦应有整个计划与严格管理办法。

（五）宪政实施为期不远，今后本党组织工作必须及早准备。如何与之适应配合，一方面从速健全省以下各级党部，成立正式党部，充实其组织，提高其人选，俾领导基层党部，发挥潜在之能力，以巩固本党之基础。一方面积极指导党员，参加各级民意机关及人民团体之选举，并考核其推行本党政纲政策之成绩，以切实把握本党将来在宪政时期之领导力量。

（六）为谋党务之积极推进与其适应实施宪政之需要，党部负责人员，确应集中心力，方克有济，中央党部各部处负责主管人员及省市党部主任委员，均应以专任为原则。

（七）直属中央之学校党部，工矿党部等，应尽可能划归地方最高党部管辖，以便利指挥监督。

（八）党费自给制度之建立及党营事业之发展，应即切实筹划，积极准备。

乙、关于宣传者

（一）本党宣传工作，应更求事权与机构之相当的统一与合理的联系，以期效率之加强。

（二）宣传资料应更设法充实，宣传技艺尤应多方改进，以期各项业务之推进，均能因应事实之需要。

（三）宣传为每一党员之基本任务，而通俗宣传尤为实施宪政完成地方自治之重要工作。今后应即发动全体党员及教育界人士，普遍切实推行，并特别加重县以下各级党部宣传之责任。

（四）对敌伪宣传虽有设计指导机关，但因事实限制，其效果尚未能达到预期之标准，亟应予以充实与加强。至对敌后工作，尤须加以注意。

（五）对于国际宣传应集中人才宽筹经费，多作正面宣传，争取主动，以增加我在国际上之信誉。

（六）保障言论出版自由，为本党党纲之一，抗战以还为保证军事胜利计，不能不酌采审检制度，以保护国家机密，集中国民意志。今胜利在望，宪政即将实施，本党自应更进一步遵照一贯政策，顺应时势要求改善审检办法，以纳言论于正轨。

（七）对于三民主义之阐扬，应发动党员及三民主义青年团团员就各种学科如哲学政治经济等为系统的研究与编著。

丙、关于干部训练者

（一）各地之干部训练工作，应由中央训练主管机关加以统筹，而指导各地现有训练机关就地实施，各地训练机关之训练办法与内容，并应有一致之规定，以贯彻统一训练之初旨。至中央各机关之训练工作，尤应由主管训练之机关统筹办理。

丁、关于海外党务者

（一）海外党部因战事关系交通梗塞，中央殊不易派遣人员实地督导，宜选派当地资深同志兼任指导视察之责，必要时中央亦应选派适当人员前往督导。

（二）海外敌人侵占区内之党务，应力图开展。而海外党务之复员工作，亦宜积极规划准备。

（三）为加强宣传力量应充实海外各党报并促进其联系，积极推动国民外交工作，以增进友邦人士对我之了解。

（四）海外党务与侨务行政及外交业务关系密切，应切实规划配合联系之运用方式，以便分工合作，对于使领馆人员及侨胞优秀分子，并应尽量征求入党。

戊、关于三民主义青年团者

（一）三民主义青年团自召集第一次全国代表大会以后，对于团结全国青年工作日益开展。惟征收团员，今后除学校青年外应加重对社会青年之注意。

（二）对于青年之训练应力求与教育相配合，培养其革命救国之精神，以期振起社会风气，并负荷未来之任务。

（2）对于政治报告之决议案（5月25日）

三十三年五月二十五日第五届中央执行委员会第十二次全体会议通过

本会议检阅各院会工作报告及行政院实施宪政准备工作进程报告，深知过去八阅月间各部门之工作，尚能依照既定国策及上次全会之指示，循序进行。本年度国家施政方针，亦属周洽允当，良用欣慰。至政治设施之重大方针，以往历次会议均有详明之提示，本会议不再有所胪述，惟期今后更能彻底执行过去决议案与各项计划，使本党政策得以贯彻到底。其间机关之简化，权责之划分，行政效率之提高，守法精神之激励，以及公文手续之简约，尤为工作上之实际问题，均应切实检讨，力求确实。盖抗战胜利愈近，艰难愈甚，政治上之负荷亦愈重，惟有益加振奋，不矫不讳，以实事求是之精神，宏励精图治之绩效。

此次会议，关于政治各提案，大会已周详研讨分别决议，其荦荦大端而为吾人所应特加注意与努力者，厥为限期完成地方自治，确立宪政基础各案，确立中央与地方行政之关系案及收复沦陷地区政治设施之准备案。此数案关系今后之政治者至巨，盖非加紧地方自治工作之推行，无以奠定宪政之基础。非切实厘定中央与地方行政之关系，无以划清权责，而益密切上下之联系与均权之效用。非积极准备收复沦陷地区之政治设施，无以配合军事之反攻及战后之复兴。是皆根本之大计，且复兼容并包，涵盖政治方面之各项设施，允为此次会议最重要之提示，切望中央以至地方恪遵力行，以尽本党革命建国最大之责任。

(3) 对于军事报告之决议案(5月25日)〔略〕

(4) 对于教育报告之决议案(5月25日)〔略〕

(5) 确立中央与地方行政之关系案(5月25日)

三十三年五月二十五日第五届中央执行委员会第十二次全体会议通过

说明:本案系行政院拟提交全国行政会议之案,奉总裁谕:该案内容涵义重大,特先交全会研讨。当经全会审议,除原案办法,关于中央政府对于省行政之指挥监督权限及省施政计划之核定两项,仍交全国行政会议讨论外,其余各项,经分别修正,通过如次:

一、省政府为一省最高行政机关,奉行中央法令,综理全省行政事务,并监督地方自治。

二、省政府设秘书处及民政财政教育建设四厅,但经行政院核定,得增设其他行政及事业机关。

三、凡依法应由国家办理或须呈经中央核准各省始得办理之事项,各省政府不得自行举办,凡依法律应由省政府办理之事项,中央政府机关不得进行办理。

四、中央政府各机关设在各省境内之机关,由各主管机关直接指挥监督,但其属于行政范围者,同时由省政府主席予以指导监督,中央设在各省之机关,其主管事务与省政府各处厅职掌重复者,应即将其机关连同经费裁并于各厅处之内。

五、依照上列各项原则,由立法院修正省政府组织法,各省依照修正之省政府组织法,分别制定省政府各处厅组织规程。所有一切省级行政机构,均于组织规程内明定其职权及员额。

（6）加强推行地方自治案（5月25日）

三十三年五月二十五日第五届中央执行
委员会第十二次全体会议通过

一、限民国三十四年底以前，除有特殊情形地方外，各县市民意机关应一律完成，公职候选人员之检核手续，力求简单，切实办理。

二、保民大会及乡镇民代表会，应依法实施选举，其完成自治条件者，得举行县市长选举。

三、陪都及各省政府所在之县市与各省所指定之示范县市，应提早完成自治。

四、迅即制定行使四权之法规及其实施程序。

五、地方自治条件，应规定最低必要之标准，于二年以内完成，中央应派员分赴各县协助办理。

六、原有自治经费，应明确规定，切实整理，并设法增加其来源。

七、加速各级自治人员干部训练，以适应实际需要，并与教育密切配合。

八、各县办理自治成绩之优劣，应列为考绩之首要。

（7）改进出版检查制度案（5月25日）

（8）遵照临全大会通过“改进党务并调整党政关系案”之规定各省市党部主任委员应由中央委员担任并负责主持各省市代表大会案（5月25日）

三十三年五月廿五日第五届中央执行
委员会第十二次全体会议通过

一、各省市党部主任委员，应遵照临全大会之决议由中央执行委员会特派中央委员一人担任，其正式选举之党部，亦应仍由中央委员担任主任委员。

二、今后各省市召开代表大会以前，应遵照临全大会之决议一律选派中央委员为主任委员，俾便负责主持代表大会，避免自身竞选，以昭大公。

三、如中央委员不敷分派时，得由中央执行委员会遴选资历相当之同志担任，其人选标准另定之。

(9) 对于财政经济交通农林水利粮食地政各部门工作报告之决议案 (5月26日) 〔略〕

(10) 加强管制物价方案紧要措施案 (5月26日) 〔略〕

〔中国国民党中执会秘书处档案〕

24. 中国国民党第五届中央执行委员会第十二次全体会议宣言

(1944年5月26日)

溯自十一中全会迄今历时八月，在此期间，我中华抗战，始则有常德会战之胜利与滇西之激战，最近则有中原之苦斗与强渡怒江之成功。我远征军与英美盟军密切配合，向缅甸战场之敌人奋勇作战。全世界战局在太平洋上，则美国积极展开其攻势，在欧洲则苏联与英美加紧夹击纳粹，收获重大之战果。同时此八阅月间，我联合国之共同合作，益见加强。英美苏中四国关于普遍安全之宣言，明示我联合国消灭侵略永奠和平之共同决心，而开罗会议之声明，更复将对敌作战之具体目标，昭宣于世界，我中国对于整个战局成败利钝所负之任务，乃弥见其重大。十一中全会，曾郑重宣示："必人人立志作最后决战更大之牺牲，方克确保最后胜利之获得。"此次全会集会于抗战即满七年之时，因应当前之事势，研议吾人努力之方针，咸认为一切力量均应为达成军事胜利而贡献，一切设施，均应集中于“军事第一胜利第一”之目标，而检讨得失，自反自强，尤应以坦率真诚与国人相共勉。吾人今日不应讳言艰难，应有勇气以克服艰难，更不应忽视缺点，而当切实改善其缺点。我中国抗战在各联合国中准备最为薄弱，时期最为悠久，而全国军民，忍艰茹苦，决心弥坚。惟此坚忍不拔之精神，乃为胜利成功之保障，允宜加以培护，加以发扬。爰就检讨内外局势与军政设施之结果，揭橥要旨，摅其忠悃，剀切以陈。

其一、关于加强战力，贯彻胜利，以争取世界永久之和平者。我中国抗战目的，为捍卫我国家之生存，亦为维护世界正义与奠立永久和平。今我联合国彻底消灭侵略之战争，既已具同一之目标，为协同一致之进行，而吾人所一贯期望于战争未结束前建立国际和平机构之组织，以保障世界之安全者，其原则亦已为四国宣言所确认，实足与吾人以莫大之兴奋。诚以今日之世界，安危治乱，密切相关，无分地域、九一八星星之火，终于蔓延而成为举世所共罹之浩劫。是知此次战事，非彻底摧毁侵略之祸首，不足以弭战祸之再起，非国际有公正永久而有实力之机构，不足以保障人类集体之安全。此次惨痛之教训，已使举世爱好和平人士一致觉悟此理，而作共同之奋斗，则吾人为实现此一崇高之理想，自当不辞任何之牺牲。综观今日反侵略战争，已无东西战场先后轻重之分，而太平洋战场及东南亚战场更与我中国战场成败与共。敌寇日本之残暴侵略，最初向我中国发其端，最终亦必在我中国大陆上自食其溃败之果。我中国对敌作战，以劣势之装备，作持久之苦斗，在单独作战之时，既已突破种种艰难，为世界伸张正义之权威，在共同作战之今日，更当通往直前，毅然担当联合国一员一切应负之义务。敌寇今后之挣扎，势将竭尽其前所未有之凶残，吾人惟有从最激烈之战斗中，发挥我最坚强之毅力，乃可求得最后之成功。同时深信与我共同作战之盟邦，必能察知中国战局已入重要之时期，对我陆空军力作战必须之装备，与巩固战时经济所最缺乏之物资，与以更多量而迅速之补助。我全国军民同胞，应知九仞之功，待此一篑。务当以见危授命之决心，作恶战苦斗之准备，将士则奋勇牺牲，有进无退，民众则协同军队，踊跃效命，前线应厉兵秣马，充实战力，后方应输财输力，一致动员，自军队而推及人民，由政府以至于社会，事事皆当为战争而贡献，人人皆当为决战而努力。

其二、关于巩固经济稳定物价，以保障国民生活者。我国以工业落后之国家，临此空前未有之长期抗战，七载稽持，所以能历久不疲者，全赖我国民有忍艰耐苦，坚韧不拔之优良德性。然而战时愈久，消耗日增，补充非易，加以管制技术素无经验，通力协作未臻密切，遂使供求失其均衡，物价继续上涨，国民生活固受影响，而战士之艰辛与一般依薪给为生者，处境之困苦，尤堪怀念。本会议检讨现状，深觉巩固经济，稳定物价，实为当前之急务，吾人今日首宜改善前线官兵与公教人员之生活，并安定一般国民之生计，而根本之图，厥在贯彻国家总动员法令与切实执行此次全会所决议。关于物价之紧要措施，政府应具最大之决心，排除困难，力求实效。一面改进征实，控制物资，以统筹供应。一面宜奖励储蓄、管理金融，厉行节约，以平衡度支。尤应不惜财力补助生产，便利运输，对于日用必需品之价格，应竭尽一切可能，使其稳定。而工业经营，更应予以有效之补助，俾战时得以维持，战后得以扩展。其有假名工业，而以囤积牟利者，应严予取缔，使物资与金融不致交受其敝，而正当工业获得保障。如此分途并进，然后经济基础克臻稳固，人民生活得有最低限制之保障，裨益战时必非浅鲜。

其三、关于提高行政效率，贯彻战时法令，以实施国家总动员者。战时政治设施，事项繁复远过平时，而国家之要求于国民者，亦益见其繁重，故战时政治之特质，为处事之迅速与确实，为政令之普遍有效的执行，此皆须有极高之行政效率，乃克迅速赴事功。我国幅员广阔、交通迟滞、人民习于散漫、安于故常，一切生活行动，均不能叱拟于已臻现代化之国家。军兴以来，对于战时服务，间有若干区域、若干事项，以领导得人，确有显著进步。而一般战时政令、按之事实、尚未能切实下达、彻底执行。诚宜刷新风习、振作精神、简化程序、分明权责，自中央以至于省县各级机关，均须努力提高其行政效率，务使事无壅滞、令无稽留、人无旷废、时无虚耗，以振厉奋发之精神，整齐严肃之步骤，公正不偏之态度，率导全国国民，一致贡献其能力，以实行国家总动员，庶几由民力之集中，而造成国力之增进。抗战之胜利，实基于此，建国之成功，亦有赖于此。

其四、关于加紧推行自治，健全民意机关，以立宪政之基础者。自十一中全会决议战事结束后一年以内制颁宪法，开始宪政之治，群情奋发，期待至殷。本会议认为民主政治之实行，为国民革命一贯祈求之鹄的，而宪治基础之奠立，则有赖于基层自治之健全。政府对于实施新县制及县以下各级基层组织，年来督策进行，不遗余力。综计乡镇民代表会已成立者，已逾一万一千处，保民大会已成立者，将达三十万处。亟宜循此程序，加紧推行，尤当勤加考核，稽其实绩。一面更宜秉既定之方针，限期完成各级正式民意机关之设置，健全其组织，并酌量扩大其职权，俾能辅助政治建设之进行。总之，推行应求其普遍，而基础必求其确实。此则更有赖于国内明达，以推诚置信之精神，为国家策长治久安之大计也。

其五、关于厉行法治、保障民权、尊重舆论、宣达民隐、以慰国民之愿望者。抗战军兴以来，战区同胞之颠沛流离，全国军民之忍艰茹苦，其为国牺牲，亦既深且久矣。然而军事殷紧、督察难周，各地人民不免有因各种服务人员之玩忽职务而受意外之损害者，或因逾越职权之措施而遭法外之苛扰者。本会议以国家当此战时，有权要求人民负担其法令所课之一切义务，但必须贯彻法治精神，决不容有违法失职之举，以损害人民之权益，加重人民之负担，更不容豪强有力之徒，逃避其对国家应有之义务。故对于行政诉讼与诉愿之案件，必须迅速处理，而各级法院之检察官，亦应严格执行其保障人权之职责。对于公正舆论，能自负其言论之责任者，应与尊重，俾能抉发时弊，宣达民隐，以为政府整肃吏治，解除民困之助，此又本会议所愿为国人明告者也。

上述五端，为本会议所欲明揭以告全国之同胞同志者。其他事项，具见决议。回溯七年抗战，吾人所经历之险阻艰难，何可胜计，然而历次之艰难，无不为吾人之勇气与毅力所克服，抑且每克服一度艰难，抗战前途必有一次之进展，整个局势必有一度之更新，而全国之信心，亦随之而增强。由此可信吾人能作坚苦之奋斗，则艰难适为成功之母。今后胜利愈近，艰危益增，最大之阻挠挫折，均在吾人预计之中。吾人惟征诸往续，益固自信，秉坚定之意志，矢牺牲之决心，以应付任何之艰危，而竟我抗战建国之全功。本会议盱衡现势，检讨过去，瞻望方来，既深自反自励之怀，弥懔履薄临深之戒，愿布赤诚，相与黾勉，矢忠矢信，共赴事功。所愿全国同胞吾党同志同德同心，再接再厉，为抗战先烈成未竟之志业，为国家民族立不朽之根基。谨此宣言，惟共鉴之。

〔中国国民党中执会秘书处档案〕

25. 中国国民党第五届中央常会第276次会议通过召开第六次全国代表大会组织法

（1945年1月26日）

三十四年一月二十六日第五届中央常务
委员会第二七六次会议通过

第一条　本党第六次全国代表大会，（以下简称大会）以依大会代表选举法所产生之代表组织之。

代表之资格，由中央执行委员会组织代表资格审查委员会审查决定。

第二条　大会开会时，中央执行委员中央监察委员得出席，中央候补执行委员中央候补监察委员得列席。

第三条 本党总裁为大会主席。

大会设主席团，由总裁提出若干人经大会通过组织之。

第四条 大会设秘书处，承大会主席团之命处理一切事务。其组织另定之。

第五条 大会会期定为十日，但于必要时得延长之。

第六条 大会须有代表过半数之出席方得开会，大会之议事，以出席者过半数之同意决定之，可否同数时取决于主席。

第七条 大会之会议，于必要时经主席团之决定或代表四十人以上之请求，得开秘密会议。

第八条 大会议事规则另定之。

第九条 大会设提案审查委员会，宣言起草委员会及决议案整理委员会，均由大会推举委员组织之。

第十条 本组织法经中央执行委员会议决施行。

〔中国国民党中央执行委员会秘书处档案〕

26. 中国国民党第五届中央常会第276次会议通过召开第六次全国代表大会代表选举法

(1945年1月26日)

三十四年一月二十六日第五届中央常务
委员会第二七六次会议通过

第一条 本党第六次全国代表大会代表之选举，依本法行之。

三民主义青年团出席大会代表之选举法，由中央另订之。

第二条 大会代表总额定为六百人，其分配如附表。

第三条 省及中央直属党部代表之选举，采复选制。

省以县（市）党部为初选机关，省党部为复选机关。

特别市以区党部或直属区分部为初选机关，特别市党部为复选机关。

海外以支部或分部为初选机关，总支部或直属支部为复选机关。

铁路、公路及海员以区党部或直属区分部为初选机关，特别党部为复选机关。

军队以军队特别党部及直属区党部为初选机关，以中央分区指定之单位为复选机关。

蒙旗以旗党部为初选机关，特派员办事处为复选机关。

学校、工矿以区党部为初选机关，以中央分区指定之单位为复选机关。

第四条　初选代表每单位得选一人至五人，其名额由复选机关按照党员人数多寡分别规定，其党员人数过少之单位，得与其他单位联合选举。

第五条　大会代表由初选代表分区或于复选机关所在地集合选举之。

第六条　军队党部之代表选举，必要时得用通讯方法选举。

第七条　凡因战事关系不能由党员选举代表之地方，除军队党部外，其代表之产生，由主持复选之党部依下列人选标准，提出各该地方代表名额之加倍人选，送由主管部转送中央所设之代表候选人提名委员会，核请中央常务委员会决定之。

一、现任或曾任各该地方之省或其他直属中央之党部委员书记长。

二、各该地方之县或其他下一级之党部委员及工作有成绩之党员。

三、各该地方对党有历史之党员。

第八条　凡因战事关系不能办理选举之海外党部，其代表之产生，由主管部依照前条规定之人选标准，提出各该党部代表名额之加倍人选，送由代表候选人提名委员会核请中央常务委员会决定之。

第九条　凡逾选举截止日期十日，而代表尚未选出之地方，其代表之产生，由代表候选人提名委员会，依上条所举之人选标准，提出各该地方代表人选，呈请中央常务委员会核定。

第十条　外蒙西藏地方之代表，由代表候选人提名委员会，就各该地方本籍之党员，提出各该地方代表人选，呈请中央常务委员会决定。

第十一条　代表候选人提名委员会由中央常务委员会推定委员九人组织之。

第十二条　初选选举人及被选举人，均以各该初选党部所属具有党籍与党权之党员为限，但大会代表不以初选代表及党籍在各该地方者为限。

第十三条　凡具有党籍之三民主义青年团团员如在党部服务者，得参加党部选举。

第十四条　凡三十四年一月八日以后申请入党者，无参加本届代表选举及被选举之权。

第十五条　各级党部应自奉到本法之日起，至代表选出之日止，暂停党员移转及报到。

第十六条　初选代表用无记名单记投票法。

复选代表用无记名限制连记投票法，其连记人数，以半数为原则，如规定名额为五人，应连记三人，十人应连记五人，余类推。

第十七条　选举票由各办理选举机关制发之。

第十八条　初选机关办理选举完毕后，应将各当选人姓各及通讯地址报告复选机关。

复选机关办理选举完毕后，应将当选人及同额之次多数当选人姓名履历及所得票数等，呈报中央，并发给各当选人证明书。

第十九条　开票应于上级监选员在场时举行，开票结果得票相同者，由办理选举机关抽签决定。

第二十条　凡选举之代表，经查明其当选确有违法情事者，应由中央撤销其资格，以该党部之次多数当选人依次递补，并得按照情节轻重予以相当处分。

第二十一条　凡选出之代表，经其本人呈明因病或因故不能出席大会，或经查明其人业已开除党籍或停止党权者，应由中央决定撤销其代表资格，并以该党部之次多数当选人依次递补之。

第二十二条　大会代表之选举，以三十四年三月三十一日为截止日期，初选代表选举期限，由复选机关分别规定之。

第二十三条　本选举法之最高解释权属于中央执行委员会。

第二十四条　本选举法经中央执行委员会决议施行。

第六次全国代表大会代表名额分配表

甲、省市党部共二百七十七人

党部名称	代表名额	附　　注
四　川	十二人	其中一人限于妇女党员当选
西　康	四人	
云　南	八人	
贵　州	九人	其中一人限于妇女党员当选
广　东	十一人	同上
广　西	九人	同上
福　建	九人	同上
浙　江	十一人	其中一人限于妇女党员当选
江　西	八人	
湖　北	九人	其中一人限于妇女党员当选
湖　南	十人	同上
安　徽	十人	同上
河　南	九人	同上
陕　西	八人	
甘　肃	七人	
宁　夏	四人	
青　海	四人	
新　疆	六人	

（续）

党部名称	代表名额	附　　注
重　庆	九人	其中一人限于妇女党员当选
辽　宁	八人	
吉　林	五人	
黑龙江	五人	
热　河	四人	
察哈尔	四人	
河　北	十人	其中一人限于妇女党员当选
山　东	九人	同上
山　西	八人	
绥　远	五人	
江　苏	十人	其中一人限于妇女党员当选
上　海	九人	同上
南　京	九人	同上
北　平	九人	同上
广　州	九人	同上
汉　口	七人	
天　津	五人	
青　岛	二人	
哈尔滨	二人	

乙、边疆党部　共十九人

党部名称	代表名额	附　　注
外蒙	三人	
西　藏	五人	
内蒙、绥远蒙旗	三人	
察哈尔蒙旗	一人	
热河蒙旗	一人	
辽宁蒙旗	一人	
黑龙江蒙旗	一人	
各边疆直属区党部	三人	
台　湾	一人	

丙、特别党部　共二十五人

党部名称	代表名额	附　　注
西南公路	二人	
西北公路	二人	
湘桂铁路	一人	
川滇铁路	一人	
黔桂铁路	一人	
粤汉铁路	一人	
陇海铁路	一人	
平汉铁路	二人	
平绥铁路	一人	
津浦铁路	二人	
北宁铁路	一人	
正太同浦路	一人	
胶济铁路	一人	
京沪沪杭路	一人	
广九铁路	一人	
东北铁路	一人	
道清铁路	一人	
江淮淮南铁路	一人	
海　　员	三人	

丁、学校党部　共十三人

党部名称	代表名额	附　　注
中央政治学校	三人	
中央大学	一人	
中山大学	一人	
西北大学	一人	
西北师范学院 西北工学院 西北农学院 黄河水利专科学校 西北医学院	一人	五单位合选一人

（续）

党部名称	代表名额	附　　注
西南联合大学 云南大学	一人	二单位合选一人
交通大学 复旦大学 江苏医学院 上海医学院	一人	四单位合选一人
朝阳学院 女子师范学院 四川省教育学院 国立音乐院	一人	四单位合选一人
武汉大学 重庆大学	一人	二单位合选一人
浙江大学 湖南大学 同济大学	一人	三单位合选一人
东北大学 厦门大学 暨南大学	一人	三单位合选一人

戊、海外党部　共八十九人

党部名称	代表名额	附　　注
驻美国总支部	三人	
驻加拿大总支部	三人	
驻古巴总支部	三人	
驻檀香山总支部	二人	
驻澳洲总支部	三人	
驻印度总支部	三人	
驻墨西哥第一直属支部	一人	
驻墨西哥第二直属支部	一人	
驻墨西哥第三直属支部		免选
驻墨西哥第四直属支部	一人	
驻墨西哥第五直属支部	一人	
驻直地马拉直属支部 驻尼加拉瓜直属支部	一人	二单位合选一人

（续）

党部名称	代表名额	附　　注
驻巴拿马直属支部	一人	
驻千里达直属支部	一人	
驻智利直属支部	一人	
驻巴西直属支部	一人	
驻秘鲁直属支部	一人	
驻苏里南直属支部	一人	
驻南非直属支部	一人	
驻毛里斯直属支部	一人	
驻马达格斯加直属支部	一人	
驻伦敦直属支部 驻利物浦直属支部	一人	二单位合选一人
驻大溪地第一直属支部 驻大溪地第二直属支部 驻大溪地第三直属支部	二人	三单位合选二人
驻皆因直属支部	一人	
驻威灵顿直属支部		免选
驻委内端拉直属支部	一人	
驻哥伦比亚直属支部		免选
驻宏都拉斯直属支部		免选
驻米美加直属支部		免选
驻埃及直属支部		免选
驻佐治城直属支部		免选
驻安南海防直属支部 驻安南河内直属支部 驻安南会安直属支部 驻安南谅山直属支部 驻安南高棉直属支部 驻安南美荻直属支部 驻安南芹直直属支部 驻安南西提直属支部 驻安南机木知直属支部 驻安南永隆直属支部 驻安南东川直属支部 驻安南潘臻直属支部 驻安南薄寮直属支部 驻安南金瓯直属支部	九人	十四单位合选九人

（续）

党部名称	代表名额	附　注
驻泰国曼谷直属支部 驻泰国纳帕直属支部 驻泰国北柳直属支部 驻泰国青迈直属支部 驻泰国陶公直属支部 驻泰国万磅直属支部 驻泰国色梗港直属支部 驻泰国博文浪直属支部 驻泰国华富里直属支部 驻泰国彭世洛直属支部 驻泰国通和直属支部 驻泰国合艾直属支部 驻泰国万仑直属支部 驻泰国程浪直属分部 驻泰国万西直属分部 驻泰国北标直属分部	七人	十六单位合选七名
驻菲列宾总支部	五人	
驻港澳总支部	五人	
驻缅甸总支部	五人	
驻法国总支部	一人	
驻丹麦直属支部		免选
驻英属新加坡直属支部 驻英属槟榔屿直属支部 驻英属霹雳邦直属支部 驻英属吉打邦直属支部 驻英属马六甲直属支部 驻英属柔佛直属支部 驻英属森美兰直属支部 驻英属雪兰峨直属支部 驻英属北婆罗洲直属支部 驻英属沙磅磅越直属支部	十人	十单位合选十人

（续）

党部名称	代表名额	附　　注
驻荷属巴达维亚直属支部 驻荷属万隆直属支部 驻荷属井里汶直属支部 驻荷属万鸦佬直属支部 驻荷属三宝珑直属支部 驻荷属麻里柏极直属支部 驻荷属的鹿直属支部 驻荷属山口羊直属支部 驻荷属喃吧哇直属支部 驻荷属坤甸直属支部 驻荷属日里直属支部 驻荷属孟加锡直属支部 驻荷属泗水直属支部 驻荷属巨港直属支部 驻荷属万里洞直属支部 驻荷属巴东直属支部 驻荷属打板努里直属支部 驻荷属邦加岛直属支部 驻南洋帝文直属支部	十人	十九单位合选十人
驻德图直属支部		免选
驻东京直属支部 驻神户直属支部 驻仙台直属支部 驻长崎直属支部 驻横滨直属支部 驻朝鲜直属支部	一人	六单位合选一人

己、工矿党部　共七人

党部名称	代表名额	附　　注
直属甘肃油矿区党部	一人	
直属重庆豫丰纱厂党部 直属渝鑫钢铁厂党部 直属中国兴业公司党部	一人	三单位合选一人
直属裕华纱厂党部 直属申新纱厂党部 直属民生机器厂党部	一人	三单位合选一人

（续）

党部名称	代表名额	附　　注
直属中国毛织厂党部 直属沙市纱厂区党部 直属宝源煤矿党部	一人	三单位合选一人
直属宝鸡申新四厂党部 直属西安大华纱厂党部 直属永利碱厂党部	一人	三单位合选一人
直属天府煤矿党部 直属合川豫丰纱厂党部 直属广元大华纱厂党部 直属三才生煤矿党部	一人	四单位合选一人
直属云南纺纱厂党部 直属个旧锡矿党部 直属湘南矿务局党部 直属平桂矿务局党部 直属中央机器厂党部	一人	五单位合选一人

庚、军队党部　共一百一十人

辛、三民主义青年团　共六十人

以上代表总额六百人

〔中国国民党中央执行委员会秘书处档案〕

27. 中国国民党第五届中执会向第六次全国代表大会所做党务报告

（1945年5月1日）

自临时全国代表大会迄今七年，国内外局势日在剧急转变之中，本党领导国民抗战建国，责任艰巨，史无前例。本党秉承上次大会决定之方针及总裁之指示，兢业从事，以期无负全党同志付托之重。凡所设施，虽未能尽臻完满，其□□□未能尽如预期，所幸本党主义随抗战之进展而益见昌明，革命目标亦因不断之努力而逐步实现。兹值大会集议于胜利在望之际，谨就七年来奋党奋斗之成果与党务进行之概要，胪陈于后，用备检讨。

第一章　七年来本党奋斗之成果

二十七年四月，本党临时全国代表大会集会于武汉，其时国际局势正在危机四伏震荡不定之际，敌人力图犯我中原。大会为统一抗战行动，团结全国力量，特揭橥抗战建国纲领，以为全党同志全国国民一致奋斗之准绳。同时对于确立党的重心，改进党务政治，均有重要之决定，士气人心倍加振奋，因以奠定七年来抗战建国之基础。

其在军事方面：自武汉撤退后，战局即入相持状态，我最高统帅决定后期抗战方略，一面运用机动战术，消耗敌人，一面整训国军准备反攻。嗣以欧战发生，敌人野心日炽，一面封锁我海口，轰炸我后方城市，利用汪逆伪组织，加紧对我政治经济的进攻，以图速和速结。一面到处窜扰，高唱以战养战。政略战略，始终陷于错乱。敌寇虽于二十九年六月侵入宜昌，三十一年五月侵入金华，然历次战役，均未获逞。如三次湘北战役，二十九年二月邕宁之役，三十二年鄂西常德之会战，去岁滇缅之战更予敌以重大之打击。近年以世界战局渐入最后决战阶段，反攻时机已将成熟，为充实作战力量，对于部队之整编训练，以及提高士兵待遇，改善兵役行政，发动知识青年从军，无不悉力以赴。敌人自知难免最后失败之命运，冀图打通中国大陆交通线，以苟延其失败之时间，并妄图动摇我抗战之重心，竟于去年四月乘我准备尚未完成之际，抽调其关东驻军，向我大举进攻。首犯豫洛，继侵湘桂，终且窜扰黔边。幸我最高统帅镇定指挥，得以挫其凶焰。而衡阳守军之坚苦抗战，尤足以发扬我革命军人之精神。最近西南国际交通路线业已畅通，反攻力量渐次充实，而盟军节节胜利，敌人垂死之挣扎，势成弩末。今后自当急起直追，以期配合盟军，予敌以致命之打击，俾能早日达成最后之胜利。

其在外交方面，在太平洋战争发动以前，国际局势瞬息万变，反侵略阵线尚未形成。本党坚守即定国策，痛斥敌人阴谋，积极争取友邦之同情与援助。二十九年十二月八日敌寇发动太平洋战争，我国乃于事变翌日，对日本及德义宣战。至是我国单独作战之局，乃进而与盟邦共同作战。三十一年一月全世界反侵略各国，在华盛顿签订共同宣言，确定共同作战之目的，我国抗拒暴力侵略，维护国际正义之精神，乃更伸张于世界，而本党废除不平等条约之主张亦得以次第实现。是年国庆日美英盟邦正式向我宣告放弃其在华所享不平等条约之特权，成立平等互惠之新约。本党五十年来革命之最大目标，得以达到，实为频年艰苦抗战之最大收获。三十二年八月我参加魁北克会议，十月我与美英苏在莫斯科发表四国宣言，宣示以共同行动进行战争及保障普遍安全之决心。此尤与我国一贯主张相符合。十一月总裁亲赴开罗与英美领袖会晤，声明中国将对敌作战之具体目标，昭宣于世界，我国并取得收复满洲台湾澎湖群岛之切实保证。最近我与盟邦美英及苏联邀请各联合国举行旧金山会议，期以奠立世界永久和平之基础，今后自更应再接再励，自立自强，以求争取和平的胜利。

其在财政经济方面：第二期抗战开始之际，国内经济尚称稳定。惟自宜昌金华相继失守。内地物资渐臻艰困。本党力持自力更生之方针，一面致力于增加生产，管制物资，稳定物价；一面调整财政收支系统，将全国田赋统一于中央，并改征实物，以求充裕财源，安定民生。近得盟邦之协助，并竭力扩大战时生产，同时彻底改进财政经济之设施。良以抗战愈久，国力消耗日甚，七年来艰苦支持。凡所以开源节流，利国便民者，无不适时改进，唯力是视，用是物价虽高而人心安定，经济基础，尚称稳固。

其在政治方面：七年来坚持抗战建国同时并进之国策，积极迈进。二十七年底汪逆精卫叛党附敌，本党为统一党政军之指挥以期集中意志与力量起见，乃设置国防最高委员会，并发布国民精神总动员纲领。一面推行新县制，分期设立各级民意机关，以改进地方政治。一方面实施行政三联制，励行设计考核工作，以提高行政效率。

至于实施宪政为本党一贯之方针，六中全会原已定于二十九年十一月十二日召开国民大会。嗣以战时交通困难，并经国民参政会之要求，经决定展期至战后再行召集。三十二年九月十一中全会复经决议确定于战争结束后一年内召开国民大会，同时并扩充国民参政会之职权，完成各级民意机关，努力推行地方自治，保障言论出版之自由，俾以建立实施宪政之基础。最近总裁以胜利在望，迭次宣告拟于本年召开国民大会，以期宪政之早日实施，建国大业之加速完成。

第二章　中央执行委员会概况

第一节　中央内部组织

甲、常务委员会

常务委员会在中央执行委员会全体会议闭幕期间，秉承总裁主持党政大计。临时全国代表大会决定常务委员名额增为九人至十五人，国民政府五院院长得当选为常务委员，当经四中全会推定丁惟汾、居正、于佑任、戴传贤、孔祥熙、孙科、阎锡山、冯玉祥、叶楚伧、邹鲁、陈果夫、何应钦、李文范、白崇禧、陈公博十五同志为常务委员。迄六中全会复经决议以国民政府五院院长为常务委员当然委员，不计在规定名额之内。除行政院院长蒋总裁、立法院院长孙科同志，司法院院长居正同志，考试院院长戴传贤同志，监察院院长于佑任同志为当然委员外，当推定王法勤、丁惟汾、邹鲁、孔祥熙、冯玉祥、阎锡山、陈果夫、李文范、何应钦、白崇禧、陈济棠、陈树人、张厉生、王泉笙、邓家彦十五同志为常务委员。常务委员名额，乃实际增为二十人。洎十中全会，常务委员改用选举方法，除五院院长仍为当然常务委员外，由出席执行委员用记名投票法，选举陈果夫、何应钦、孔祥熙、张厉生、白崇禧、宋子文、邹鲁、叶楚伧、丁惟汾、李文范、冯玉祥、陈济棠、吴忠信、潘公展、邓家彦十五同志为常务委员。常务委员会通常每两星期开会一次，必要时加开临时会、计自临时全大会迄今，共开会二百十一次。又自去年八月起为集思广益起见，每月复举行中央委员谈话会一次，凡在渝中央委员一律参加。

乙、各部会处之组织

中央执行委员会各部会处之组织，七年以来，颇多变更。临全大会后，除秘书处外，初设组织、宣传、社会、海外四部，各部设部长一人，副部长二人。另设训练委员会由总裁兼任委员长，掌管全国党政干部训练事宜。设党务委员会，以秘书长为主任委员，各部部长及副部长等为当然委员，掌理关于党务之审议设计事项。并设政治委员会，为政治之最高指挥机关。二十八年一月五中全会决议，设置国防最高委员会，统一党政军之指挥，并代行中央政治委员会之职权。社会部则于二十九年十二月改隶政府。此外为办理特定事务，分设有抚恤委员会，党史史料编纂委员会，革命债务调查委员会，革命勋绩审查委员会，及华侨捐款保管委员会。二十九年五月并恢复财务委员会，负党务经费审核之责。三十年春，八中全会决议，设置三民主义丛书编纂委员会。三十年六月，增设党务人员从政资格审查委员会。三十一年六月，为统一出版事业之管理，爰有出版事业管理委员会之设置。嗣为调整机构，复于三十三年四月裁撤，其工作划归宣传部接管。革命债务调查及华侨捐款保管两委员会，亦先后裁撤。关于三民主义丛书编纂委员会，则于是年六月改归宣传部管辖。至临全大会以来各部会处历任负责主管人员、表列如左：

一、秘书长	朱家骅	二十七年四月	四中全会任命
	叶楚伧	二十八年十一月	六中全会任命
	吴铁城	三十年三月	八中全会任命(现任)
副秘书长	甘乃光	三十七年四月	四中全会任命

狄　膺　三十一年十二月　二十五次常会任命(现任)

二、组织部部长

张厉生　二十七年四月　四中全会任命

朱家骅　二十八年十一月　六中全会任命

陈果夫　三十三年五月　十二中全会任命

陈立夫　三十三年十一月　二〇七次常会任命(现任)

副部长

谷正纲　二十七年四月　四中全会任命

吴开先　二十七年四月　四中全会任命

马超俊　二十八年十一月　六中全会任命(现任)

张冲　三十年三月　八中全会任命

张强　三十一年十二月　二一五次常会任命

余井塘　三十三年六月　二五九次常会任命(现任)

三、宣传部部长

顾孟馀　二十七年四月　四中全会任命

叶楚伧　二十八年一月　五中全会任命

王世杰　二十八年十一月　六中全会任命

张道藩　三十一年十二月　二一五次常会任命

梁寒操　三十二年十月　二三九次常会任命

王世杰　三十三年十一月　二七〇次常会任命(现任)

副部长

周佛海　二十七年四月　四中全会任命

董显光　二十七年四月　四中全会任命(现任)

潘公展　二十八年二月　一一四次常会任命

程沧波　三十一年十二月　二一五次常会任命

许孝炎　三十三年二月　二四九次常会任命(现任)

四、海外部部长

陈树人　二十七年四月　四中全会任命

吴铁城　二十八年十一月　六中全会任命

刘维炽　三十年四月　一七四次常会任命

张道藩　三十二年十月　二三九次常会任命

梁寒操　三十三年十一月　二七〇次常会任命

陈庆云　三十四年一月　二七四次常会任命(现任)

副部长

周启刚　二十七年四月　四中全会任命

萧吉珊　二十七年四月　四中全会任命

陈庆云　三十年四月　一七四次常会任命

戴愧生　三十年四月　一七四次常会任命(现任)

赖琏　三十四年一月　二七四次常会任命(现任)

五、训练委员会
主任委员

陈诚　二十七年五月　七七次常会任命

段锡朋　三十三年七月　二六一次常会任命(现任)

副主任委员

周亚卫　二十八年三月　一一七次常会任命

段锡朋　二十八年三月　一一七次常会任命

朱怀冰　三十三年七月　二六一次常会任命(现任)

何联奎　三十三年七月　二六一次常会任命

六、党务委员会
主任委员

朱家华

注:依该会办事规程规定以秘书长为主任委员

叶楚伧

吴铁城(现任)

七、抚恤委员会
主任委员

王法勤　临全大会以前任命

丁惟汾　三十年六月　一七七次常会任命(现任)

副主任委员

李文范　临全大会以前任命(现任)

洪陆东　临全大会以前任命(现任)

八、党史史料编纂委员会主任委员

张维　临全大会以前任命(现任)

副主任委员

梅公任　临全大会以前任命

罗家伦　临全大会以前任命(现任)

杨庶堪　二十九年十二月　一六五次常会任命

徐忍茹　三十一年十月　二一二次常会任命(现任)

九、革命勋绩审查委员会主任委员

林森　二十七年五月　七七次常会任命

吴敬恒　三十三年十二月　二七三次常会任命(现任)

十、财务委员会主任委员

孔祥熙　二十九年五月　一四七次常会任命(现任)

十一、党务工作人员从政资格审查委员会主任委员

吴铁城　(现任)

注：依该会组织条例规定主任委员副主任委员由中央执行委员会秘书长分别兼任

副主任委员

狄　膺(现任)

第二节　历次全体会议

自临时全国代表大会后，本会召开全体会议九次，计自第四次起迄十二次止，兹略述其概况如左：

(一) 第四次全体会议：此次会议承临时全国代表大会之后，

会议三日，秉承大会决议，对于党政制度，为具体的规划。其重要决议案，计有改进党务与调整党政关系案，三民主义青年团组机要旨案，国民参政会组织条例案。

（二）第五次全体会议：于二十八年一月二十一日开幕，会期十日。时适在第二期抗战开始之际，汪逆叛党附逆，全会决定设置国防最高委员会，并颁布国民精神总动员纲领，及第二期战时行政计划与财政金融计划等案，以期统一指挥，集中意志，为自力更生之图。

（三）第六次全体会议：于二十八年十一月十二日开幕，廿日闭幕，中经九日。时欧战爆发未久，敌伪之迷途愈深。总裁于国际大势之归趋，党政工作之方针，特予谆谆告勉。全会除对于军事政治经济教育诸端，为缜密之规划外，为求于抗战时期奠立建国基础起见，特决议于二十九年十一月十二日召开国民大会，并推总裁兼任行政院院长，总揽军政，积极迈进。

（四）第七次全体会议：于二十九年七月一日开幕，会期八日。此次会议举行于抗战第四年开始之际，时西欧德军猖獗，敌寇对我加紧封锁，国内经济渐臻困难。全会特设物价审查委员会，对于平抑物价加强经济统制，有切实之规划。此外并决议设立中央设计局及党政工作考核委员会，推行行政三联制，以期提高党政工作效率。

（五）第八次全体会议：于三十年三月二十四日开幕，四月二日闭幕。时欧战正酣，敌寇企图南进，太平洋局势日臻严重，全会盱衡内外局势，于过去党政工作检讨至为详尽。除中央党务政治报告外，并由地方党政负责同志及战区司令长官分别就各地情形作详细报告，彻底检讨。其重要决议案有战时三年建设计划案，动员财力扩大生产实行经济统制案，各省田赋暂归中央接管案，及关于加强国内各民族及宗教间融洽团结之施政纲要等案，于战时经济体制及边疆政策，有重大之决定。全会宣言对于统一军政巩固团结，以求自立自强之义，并有郑重之宣示。

（六）第九次全体会议：于三十年十二月十五日开幕，二十三日闭幕。此次会议适在太平洋战争爆发之后，全会因应内外环境之新形势，除详细检讨党政工作报告分别予以切实之决定外，并通过加强国家总动员实施纲领案，增进行政效能厉行法治制度案，确定战时经济基本方针案，确定社会救济制度案。并为适应战时情况，推动土地政策起见，特组织特种审查委员会，详细审议，制成土地政策战时实施纲要通过施行。

（七）第十次全体会议：于三十一年十一月十二日开幕，会期十六日。共举行大会十四次，其中九次为听取中央及各省市党政报告。并特定时间举行党政工作检讨及质询，热烈和谐，充分表现民主精神。复特设审查委员会以检讨历次大会宣言及决议案之实施。盖其时适英美对我宣布废除不平等条约，全会为继往开来，循名责实，以求进步，故特种检讨。其重要决议除对于中央各机关报告分别作详尽之指示外，关于改进党务，建设西北，策政役政，加强战时财政，以及管制物价，实行限制政策，均因应时势需要，有具体的规划。

（八）第十一次全体会议：于三十二年九月六日开幕，十三日闭幕，时世界战局益趋好转。我抗战胜利之期日益接近，全会特重战后建国工作之研讨，关于实施宪政及中央问题，并有详细之报告。其重要决议案，计有关于宪政实施总报告之决议案，中共问题决议案，及战后工业建设纲领案，确定战后奖励外资发展实业方针案，战后社会救济原则等案。此外并修改国民政府组织法，一致推选蒋总裁为国民政府主席。

（九）第十二次全体会议：于三十三年五月二十日开幕，二十六日闭幕。时河南告警，滇西正在激战，且以抗战已入最后决战阶段，为应我军事之需要，政治经济设施之整饬，尤属急迫。全会除通过加强管制物价方案紧急措施案，以期安定民生外，经决定确立中央与地方行政之关系案，加强推进地方自治案，改进出版检查制度等案。于励行法治保障民权诸端，有重要之决定。

第三章　党务设施概况

第一节　关于组织者

甲、征求党员与健全组织

（一）举办党员报到及征求新党员：临全大会取消预备党员制度，为谋清理党籍，经决定举行党员及预备党员总报到，限于二十七年十二月底结束。其不能如限报到者，并续订补行报到办法，至三十年始先后结束。所有预备党员报到后，即晋升为正式党员，计后方各地党部报到党员二十八万二千五百十一人，至军人党员及普通党员服务军队者，概免报到，即予编入军队党部。

在举办党员报告期间，即制定征求新党员办法。自二十八年起，按年订定工作计划，督导实施，三十二年并经合并改订征求办法。分别订为申请入党办法及征求党员办法，并废止特许登记办法。截至本年三月止，统计后方各省市路学校工矿及边疆各党部所属党员共有一百九十七万零一百八十人，各军队党部共有军官佐学员学生党员九十七万二千八百三十四人，士兵党员三百二十五万九千一百八十四人。

（二）健全各级党员组织：本届四中全会通过“改进党务并调整党政关系案”后，本会即颁行各级党部整理办法及省县执行委员会组织条例，并先后派定各省市党部主任委员及执行委员。各县市亦陆续遵照新制改组，并制定县执行委员会书记长任用暂行办法县（市）党务计划委员会组织规程，及省执行委员分期分区轮流督导各县党务实施纲要未设党部地方筹设党部办法，分饬实施。截至本年三月止，川、滇、黔、陕、甘、青、宁、闽、粤、桂、湘，十二省共先后筹设有县市设治局党部一百七十单位，而在三十二年度开始成立之新疆省党部，亦新设有县党部五十五单位。复以行政区较多之省，执行委员往往以兼任军政职务，未能出发督导或因执委名额不敷分区之分配，爰于二十九年起，各省添设专任督导人员。截至本年三月，除青海新疆两省外，其余后方十三省共分一百十六区实施督导，专任督导人员凡九十三人。三十一年以后各地党务日形发展，省县党部之业务逐渐纷繁，爰调整省县党部之编制，于省执行委员会分设秘书、组训、宣传三处，由书记长及执行委员分别兼任处长，并设置秘书一人，县执行委员会亦得指定干事一人，兼任秘书，并按照县等级分别设置工作人员。三十三年十二中全会决议，省执行委员会主任委员应由中央委员担任，中央委员不敷分配时，亦得遴派资历相当之同志充任，依此修正省执行委员会组织条例，省县两级机构渐臻充实。

此外关于区党部及区分部组织办法，党员大会开会程序，均经予以改进。十中全会以后，为谋县以下各级党部与当地政治教育文化机构之配合运用，复订颁“增设地方区党部办理要点”。并规定县党部工作目标，以普遍基层组织，协助推行地方自治两项为主。截至本年三月，各地党部依照上述各项法令发展下层组织结果，宁夏青海两省所属区党分部与乡镇保之配合，已达到百分之八十，陕、闽、甘、桂等省所属区党分部之增加比率，亦有可观。

三十年以后，基层组织渐臻整饬，爰决定于省县两级逐渐实施选举，以期发挥民主集权制之精神，巩固党的基础。经先后制定省县代表大会代表及执监委员会选举法立法原则，分别修订代表及执监委员选举法，并由组织部订定实施进度及经费预算，分别实施。三十三年起并经指导边疆各党部及军事机关学校党部试行选举。截至最近，省市党部已召集代表大会选举执监委员者，计有闽、赣、甘、`宁、黔、川、浙、滇、青、渝、各省、市、县市党部，已召集代表大会选举执监委员者，计五百四十三单位，特别党部实施选举者有西南公路特别党部，及军事机关学校特别党部四十单位，至边疆各党部则以进行困难，暂缓办理。

乙、军队边疆及职业党务之推进

（一）军队党务：二十八年三月总裁电饬恢复各级军队党部，当即订定军队党务工作实施纲要，规定分特别党部，团或区党部，连党部或区分部三级，连党部之下得设小组，各军事机关学校部队辖属单位，有不能成立区党分部者得设直属小组。嗣即制定各级党部组织条例，并规定工作人员以各该级主管及政治工作人员兼任为原则。截至最近，所有机关学校及正规部队内大抵均已成立党部。惟特别党部为数众多，指挥困难，爰制订“中央授权各高级军事机关特别党部指挥监督所属部队党部工作办法”施行。最近并订定调整军队党部机构实施办法正在实施。

（二）边疆党务：二十八年先后成立察绥蒙旗党务特派员办事处，及拉卜楞松理茂两区党部。二十九年复将察绥蒙旗党部划分为两办事处，并于辽热黑三省蒙旗地方设立党务机构。三十年并于宁夏之阿拉善及额济纳地方分设区党部各一。

（三）铁路公路党务：二十八年后方各铁路公路渐次兴开，经先后筹设湘桂铁路，及西南西北两公路特别党部。三十年筹设黔桂叙昆两铁路特别党部，迄三十三年，为应事实需要，将叙昆滇越两铁路党部予以合并，改为川滇滇越两铁路党部。各路党务，经历年之努力，渐具基础，但自去年湘桂战役后，湘桂黔桂两路员工撤退，党务自受影响，现正积极整理，以便复员。

（四）学校党务：二十七年以后，为积极发展学校党务，经先后制定办法，分别实施。国立大中学多由中央直接指导，截至三十二年春中央直属学校党部已增至九十六单位。为避免指导困难起见，经先后将大部分学校划为省市党部管辖。迄至最近，直属之学校党部仍有二十七单位，至隶属省县党部者将及三千单位。

（五）工矿党务：二十九年组织部开始着手工矿党部之筹设，时逾一载，成效未彰。三十一年，乃举办工矿党务训练，期于训练中吸收优秀精干分子入党，建立党的组织。随于是年三月开始在重庆近郊较大工矿场中设班施训，自三十二年起派员分往各省试办。并自三十三年起辅导各省市路党部自办，其厂矿性质重要，党员人数较多，经成立区党部直隶本会者，九二十二单位。至直属于省市县之工矿区分部，约有二百单位。

丙、关于党员之训练与考核

（一）普通党员训练：小组为训练党员之主要机构，四中全会后即制订小组会谈办法试行，以党员自动集合为原则。嗣以成效未著，经重新订颁小组训练纲领，关于小组之划编及会议与考核之方法，均详予规定。组织部并按时颁发讨论大纲及训练材料。二十九年七月起并按周编发政治情报，并订颁竞赛办法。三十年以后根据试行结果，迭有改进。截至本年三月止，各党部所属党员除依新颁办法可以免除划小组者外，共编成十二万六千八百十八个小组。

（二）军人党员训练：军人党员训练亦以小组为主，其他方式为辅。截至本年三月止，各军队党部共成立有直属小组一万零四百六十二个，小组十万一千三百九十六个。此外组织部为扫除士兵文盲暨增进官兵身心修养起见，经督饬各军队党部成立认字班，并设置中山堂，中山室，党员俱乐部等，其中认字班计五万七千余班，受教人数共计二百余万人。

（三）举办党员总考核：三十一年冬，遵照总裁指示，订颁党员总考核办法。规定自三十二年度起，按年考核党员工作，依其成绩优劣，分别奖惩。截至三十三年五月，依照规定造送成绩优劣党员名册者，凡十三省一市，七路十二直属区党部，共三十三个单位，总计参加三十二年考核之党员凡五十三万人，其间成绩最优之党员五千五百二十五人，成绩最劣之党员三千零八十七人，经分别核定奖惩。至三十三年度开始总考核日期，则经核定为去年十二月二十日，各地党部现正在办理中。

丁、战地党务之推进

（一）征求党员整理党籍：战地情形特殊，关于党员之征求，党籍之整理，均另订办法办理。截至最近，战地党部整理及征求结果，共有党员六十七万七千九百八十九人。

（二）建立并调整各级机构：战地党部机构，因时受破坏，自须随时调整，其情形特殊者，则合并组织党部，或划归附近党部兼管。各省市指导机构，经历年努力，多已建立，台湾党部亦于去年筹备完竣。至县市以下党部组织，亦多重建，惟工作形式自不能与后方相同。去年冬为加强战地党政军之联系，经制定战地党政军组织配合运用办法。自今年一月起，苏鲁冀等省已照新颁办法调整完竣。

（三）指导开展工作：战地党务要在动员民众，展开对敌伪政治斗争，经先后订定各项办法施行。如布置内线，侦取情报，破坏敌伪组织，建立民众武力，争取敌伪反正，制裁奸伪等工作，颇著成绩，因此历年工作人员之牺牲甚多。计自抗战迄今，干部同志被敌伪逮捕经各党部呈报有案者，计一千四百四十二人，其中经脱险者二百四十五人，尚在狱中者六百四十二人，殉难者五百五十五人。对于被捕及殉难同志与其家属，除随予抚恤救济外，并经订定沦陷区党务工作人员被捕殉难残废家属生活救济办法通饬施行。自三十一年起，凡县书记长以上人员，并于每届年终汇呈总裁颁发年终抚慰金一次，以示恤励。至殉职人员死事惨烈者，均经转函国民政府予以褒扬。

戊、海外党部之推进

（一）机构之调整：海外党务历史悠久，具有优良传统。关于组织制度，除于总支部支部增设青年及妇女运动两委员会外，无甚变更。临全大会后，以国际局势，迭有变迁，党务组织发展困难，尤以党员众多之南洋一带，因太平洋战争之影响，原有基础亦无法维持。本会因应环境情势，分别督导，其环境优良者则委派当地有资望之同志或驻外使领就近指导，或分区督导其工作，并由中央派任书记长及秘书，俾以提高其工作效能。其组织松懈或地区沦陷者，则由中央委派干练人员整理推进，并于回国党员聚居之地，临时分别组织区党部，以资训练。盖海外党务工作，多系由同志业余兼办，干部极为缺乏，海外部发一面举办干部训练班及讲习会，以训练新进人员，一面遴选原有干部，保送中央训练团受训。以上两种人员，计前后各一百二十人，均分派海外工作。同时并督促各地党部自行调集当地基层干部随时讲习，于推动工作，颇著成效。

（二）党籍清理与征求党员：关于原有党员党籍之清理，亦系采用党员报到办法。惟海外情形特殊，并因战争影响，各处均系随时办理。历年共计报到党员三万四千七百六十三人。至新党员之征求，海外部虽严加督促，以受战事及征调之影响，工作殊感困难，计七年来新征党员为五万二千八百五十二人。

（三）党员训练与工作督导：关于党员训练，以党员居住分散集合不易，小组会议推行颇为困难，而小组组长人才尤不易得。南洋及菲律滨各地党部，曾举办组长训练班，据报成立之小组，合计约六百余组，惟海外党员大抵爱国心切，对于实际工作颇能努力，于行动之中颇收训练之效。

至于工作之督导，以战争影响，交通阻梗，邮电迟滞，中央对于海外之指示，除邮电外多利用广播方法，以资迅捷。复以海外党务与侨务及外交行政关系密切，故力求加紧联系，以收分工合作之效。爰制定海外党部使领馆联席会谈要旨，经常举行会谈，各地使领同志亦多担任党部委员，党政一体，关系较前密切。太平洋战事爆发后，海外部并邀集中央各有关机关举行海外工作会议，订定战时海外工作纲要，一致推动，颇著成效。

第二节　关于宣传者

甲、宣传方略之改进

（一）一般工作方针：战时宣传对外以争取友邦同情与援助，对内以协助政府推行战时政令为主旨，俾以增强战力，争取胜利，而基本工作则在阐扬本党之主义，宣传抗战建国之国策，俾以统一意志，集中力量。其工作方法则在充实宣传之机构，改进宣传之技术。七年以来配合军事与政治之设施，适应国内外时局之发展，统一指示，督导工作，决策尚无大误。

（二）国内宣传之改进：武汉撤退后，汪逆附敌，战区日广，物资渐感困难，国内宣传之主要方针，为打击敌伪邪说，阐明战时军政策略。关于精神总动员，实施新县制，推行兵役粮政，取缔囤积居奇等项，均为宣传之中心工作。嗣以美英盟邦宣告取销不平等条约，国际局势渐趋好转，抗战胜利之期日益接近，为求自力自强并巩固建国基础起见，对于战时经济建设，战后复员工作，以及实施宪政，推行地方自治，建立各级民意机关，无不尽力宣传，而于励行法治，统一军政之要义，尤为宣传之主要原则。同时对于新闻图书之审检并经放宽标准，改进方法，以期扶植健全舆论，导扬民主精神。

（三）国际宣传之开展：在太平洋战争爆发以前，我国对日单独作战，国际局势瞬息万变。本会坚持即定国策，审慎应付，其主要方针，为阐明我国抗战之主旨与实况，暴露敌人之阴谋与罪行，并鼓吹世界和平之不可分，以及集体安全之必要。而尤侧重于对美之宣传。嗣我与盟国并肩作战，国际形势明显，宣传工作更积极开展。顾以国内军事经济渐臻艰苦，加以奸伪之恶意宣传，一时美英舆论，对我不免苛责。爰本事实胜于雄辨之旨，一面尽量说明事实之真相，一面彻底改革军政效能。迄于最近，国际观感，渐以转移。今后胜利在望，战后和平之保障，尤为重要，自当坚持国策，积极迈进。

乙、工作之督导

（一）宣传工作之指导与考核：对于全国各级党部与言论机关每周颁发“宣传通报”，并随时配合军政设施，颁发政令宣传纲要。如有临时事件发生，则颁发临时指示，或宣传纲要，为统一宣传方针，宣传部并随时约集有关机关会商。关于图书杂志新闻报纸之审检，虽由政府办理，但仍由宣传部随时指导。至对于各下级之工作督促，除审核其报告外，并派员实地视察指导。同时由中央直接举办各种刊物，以为宣传工作之辅导。

（二）各级党部宣传机构之充实：二十八年订定县市宣传组织及工作纲要，规定县市党部设立宣传委员会，及乡村宣传队之组织与工作，三十一年为开展通俗宣传起见，特于宣传部增设通俗宣传科，并由中央指定各县市之通俗宣传经费，普遍设立民众讲堂。截至去年底止，计全国县市宣传委员会共一一四二单位，宣传队共三七二六四单位，民众讲堂共一三〇八所。惟各县市经费仅列五百元至一千五百元，工作仍未能切实推动。

（三）宣传书刊之编印，自抗战军兴以来，各地咸感宣传书刊之缺乏，宣传部于三十年将部内出版室扩充改为出版处，并于衡阳、上饶、（后改设永安）西安等冲要地点，设立书刊供应处，为翻印分发之据点。历年以来，计共印行国父遗教总理言论各共十五万五千部，又增印国父遗教七万部。（仍在继续增印）此外曾印发各种宣传书刊共计八百七十种，计五、七一二、八〇〇册。（自三十年至三十三年）并于二十九年成立编审室，至三十三年止，计共编就“党义丛书”六十一种，“时事问题丛书”一百〇二种，“驳斥谬论丛书”二十四种，“文艺丛书”四十三种，护国贤豪传记七种，国民常识通俗小丛书八十四种，共计三百二十一种。此外在二十八年并曾编就青年基本知识丛书十六种，将本党主义融化各种社会科学之中。当交正中书局印行。此项丛书颇受社会欢迎。

丙、宣传机构之充实

（一）扩充各地党报：自中央西迁以来，直辖党报仅有十一处，嗣后陆续增加，目前共有十七处，计重庆、昆明、贵阳、成都、安徽、福建、广西、湖南等地中央日报，福建中央日报漳州分社、曲江中山日报、恩施武汉日报及其汉口分社，（在黄冈）西京日报及其南郑分社，青海、宁夏、西康之民国日报，于组织及业务，经督促改进。二十七年中央并成立党报社论委员会，约请党内专家担任撰述，每周开会一次，撰发社论及专论，分发各地直辖党报登载，此外于偏僻地方先后由宣传部主办实验简报，各省党部主办小型简报，计各四十家。

（二）加强广播宣传：广播为宣传利器，战前各台，虽均已拆迁，七年以来，仍在艰苦之中先后建成贵州、国际、昆明、康定（嗣并装西昌台）上饶（现改称流动台）西昌（现改称西康台）等台，并加装中央台短波机二座，中波机一座，福建台短波机一座，贵州台中波机一座。其在筹建中者尚不在内。至于设备方面，防加强防空设备，完成大发音室，添设发电厂分设干扰机件，添置录音机外，并设立中央无线电器材厂，广播器材修造厂，及电波研究所等项设备。至于播音节目之排定，一以宣传与教育为主，约可分为新闻、宣传、教育、乐剧四类，而以新闻占第一位。所用言语，除国语外。计有闽、粤、琼、潮、客、沪、川、厦等方言，蒙、藏、回、台等边语，英、法、苏、日、西、荷、泰、韩、缅、越、菲、马来等外国语。如有重要节目，则由中央国际两台联播各地分台转播。其有国际性者，则经常与英美各大电台互相联转。最近各台每日播音时间，共计为六四小时二四分。此外收音机之设置，中央广播事业管理处原拟有设置收音网计划，特以需费浩大，器材不足，只能就财力所及，分期设施。据最近调查，各地确在工作之收音机约共一一七七架，其中由中央补助者，九八〇架，分布于川、桂、粤、湘、豫、赣、筑、滇、皖、陕、康、鄂、宁、青、闽、绥、晋、新、浙、苏、等省。

（三）扩展中央通讯社业务：中央通讯社所设置之通讯网，计有国内十八处，随军通讯组二十组，特派员及通讯员六人。其在国外，则有纽约、印度、莫斯科、伦敦四分社，华盛顿、加尔各答、日内瓦、巴黎四办事处。及尼米兹、蒙巴顿、麦克阿瑟等及欧洲盟军总部，中国战区盟军总部等六特派员。频年来该社工作虽日有进展，但以经费不充，设备器材不足，仍在艰苦挣扎之中。

（四）改进文艺宣传：文化工作原归社会部主管，嗣该部改隶政府。三十年二月乃于中央宣传部设立文化运动委员会，以联络文化界人士，策动文化运动，十一中全会并通过文化运动纲领，于工作之目标与原则，指示周详。惟文化建设经纬万端，要在蔚成风气，渐图效绩。此外关于电影戏剧之宣传系由中央电影摄影场负责，以经费艰难，经常以摄制新闻片及纪录为主。近年该场与美英等盟邦合组联合国影闻宣传处，摄制幻灯影片，制合幻灯机，分发宣传，于普及宣传，颇收宏效。

（五）改进战地及对敌宣传：二十八年制订“战地宣传工作计划”及“战地宣传方略”于上海、天津、香港三处成立宣传专员办事处。并于冲要地点，分别设立宣传据点，每一据点设指导员一人，宣传员及助理人若干人，每县至少一人。各据点均配置收音机一架及油印机一架。自施行以来，在上海方面，则以推动新闻界与敌伪斗争，最为壮烈。天津方面则以传播中央消息，编发流动小报为最有成效，该地以敌人控制綦严，工作同志因而被捕及牺牲者亦不少。至于香港方面，则侨胞宣传及搜集情报，颇著效果。自太平洋战争爆发以后，上海办事处迁至屯溪改为东南区办事处，香港办事处，始则迁至广州湾，继又迁至广东兴宁，改为闽粤区办事处。至于天津方面，因上年敌伪举行大搜索，党中工作同志大部被捕，该区电台亦被破获，无法重建，与中央交通，颇为困难，然其工作则仍在积极进行。东南区闽粤区则以所辖地域辽阔，人力不足，颇感困难，今后为配合反攻，与对敌宣传同时展开起见，实有改弦更张积极充实之必要。

对敌宣传工作：原属国际宣传处主管，（军委会政治部亦办理对敌军宣传）三十一年九月为统一工作起见，宣传部特设对敌宣传会，约请各有关机关代表为委员，负指导设计联系及编译之责。

其主要工作，则在利用广播，对于敌国本土，在华敌军，及敌人占领区域经常广播宣传，颇有相当效果。此外则编印各种传单、小册、标语等，设法请有关机关运往敌后散发。其他如对敌宣传方针及原则之指示，敌情之研究分析，有关敌伪暴行新闻之撰拟，皆为该会之经常工作。目前以对敌反攻在即，该部正在网罗人才，宽筹经费，加紧展开工作。

丁、国际宣传之推进

（一）驻外机构：宣传部国际宣传处，在国外设有伦敦、纽约、华盛顿、芝加哥、旧金山办事处，并于昆明设一办事处。各驻外机构除加尔各答外，均以文多拉收音站为总枢纽。每日由重庆国际广播电台播送新闻资料及特稿数万字，由该收音站收录后，即用各种迅速方法，分寄各办事处运用宣传。

各驻外机构之工作，除编发各种定期刊物，拟发新闻文稿及其他联络活动外，以举行公开演讲为最多。

（二）文字宣传：关于定期刊物方面，其在国外出版之英文刊物，计在纽约出版月刊一种，半月刊二种，每日刊一种，在华盛顿、芝加哥、旧金山、墨西哥、蒙德里尔各刊行每日刊一种。在伦敦、加尔各答各刊行周刊一种，在雪黎刊行三日刊一种。其在国内刊行者，计有日刊一种，及“重庆新闻”英文周刊一种，供盟邦在华人士阅读。此外尚有俄文每日刊一种，系应在华苏联人士之要求而刊行者，于二十八年创刊，现仍继续发行。

关于宣传书册一项，迄三十三年止其出版书籍三十七种，小册三百七十六种。此外并广印三民主义及实业计划英文本。建国大纲亦已译竣待用。自抗战开始时起所有总裁重要言论，均经英译成册，在国外发行。并于三十二年时编印年鉴类之英文“战时中华志”一种，颇为外国人士所欢迎。

（三）联络活动：国际宣传处设立记者招待所，与外籍记者密切联络，协助其采访，检查其发往国外之新闻电讯，并于每周举行外国记者新闻会谈二次，由我党政军负责长官轮流出席主持。至于盟邦在华军事情报人员，亦由该处与之密切联络，不拘形式，随时咨谈。

（四）广播摄影：国际广播，在二十九年以前，原假交通部无线电台及中央短波广播电台播送。嗣后国际电台成立，即由该台传音科推进此项工作。每日广播总时间平均约为十小时，用十三种语言，分对美、对欧、对南洋、对东亚、对敌等类。各项节目中以对美为主要，并与盟国各大电台取得联络互相转播。仅就美国而论，此项经常转播节目，每日即有两三次，听众当在数百万以上。

至摄制电影及照片，送往国外放映或登载刊物，自二十八年起，即已开始进行，尚有相当成绩。

（五）训练人才：为训练国际宣传人才起见，前奉总裁特谕创立中央政治学校新闻学院，于三十二年九月正式成立，招考第一届学员三十人，每届训练一年，实习半年，第一届已于去年十月结业，第二届学员三十人，亦于三十三年十月开学。

第三节　关于干部训练者

甲、机构与设施

自临会大会有干部训练之决定，本届四中全会议决，“由常会修改中央执行委员会组织大纲，设立训练委员会，掌理本党中下级干部人员及全国政治军事经济教育机关公务人员及学校教职员之思想训练事宜”。该会随于五月五日在武昌成立。将军官训练团改组为中央训练团。旋因战事关系，辗转迁移入川，至二十八年春，始开展工作。是年九月，“县各级组织纲要”公布后，行政院颁布“县各级干部人员训练大纲”，规定各省一律设置地方行政干部训练委员会及省训团，区训班，县训所，分别筹划实施地方行政干部人员之训练，该会及内政部为其主管机关。于是各级训练机构，逐渐成立，虽在沦陷地区，亦多能设置。三十年，原属军事委员会之兰州西北干部训练团及西安战时工作干部训练团，先后奉准改隶该会。三十一年，中央筹办新疆省党务，同时决定于迪化设立中央训练团新疆分团，于三十二年二月成立。至于中央各机关所主办之其他各种训练机关，统受该会之指导。

训练委员会之主要工作，为对于训练机关之督导及有关训练书刊之编审，其工作方针，悉遵中央决议及总裁指示，因应党政设施，配合实际需要。七年来重要设施，约如下述：

（一）训练业务之统一：抗战初期，各地训练机关纷纷设立，办法颇多歧异，特制定“统一各地训练机关办法”及“全国各地训练机关训练纲领”颁行，于辅导之中，推行管理之权。嗣后“县各级干部人员训练大纲”颁布，自中央以迄省区县训练机关之组织及训练对象，均有规定，各地同性质之训练机关，一律裁并。其兵役，教育，等项人员之短期训练或讲习，主管机关原另有规定者，为避免重复，亦陆续商订办法，合并实施。此外如各级训练机关之训练方针、组织编制、人事任免、课程纲要与教育方法，均经渐次厘订法规，督饬办理。

（二）训练实施之督导：各地训练机关之设施，其初大抵各自为政。自中央训练团开办党政训练班，由该会主持设计，于类别人数，始有长期之系统的计划。于教育方面，亦能发生示范作用，推行全国。三十年间，遵令拟订战时三年计划，确定分年实施进度，以县各级干部为重心，而配合新县制之实施。自是以后，年度计划，按年责令依照程序办理，事前为详密之指示，执行中随时切实督导，年度完毕，复予以考核。每年并派遣专员，分赴各地认真视导。以各地从事训练工作人员之不断努力，实施情形，年有进展，优良工作方法与经验，亦日渐累积，党的训练，藉各级训练机构，传播于各类各级工作人员，尚能获得相当之效果。

（三）训练书刊之编审：为增进各级训练机关之教学效率，着手训练书刊之编审。编印方面，计印发训练教程三九种，训练丛书三二种，县各级教材二一种，参考资料三种。其中训练教程丛书着重于总理遗教，总裁言论及本党政纲之阐扬。县各级教材，初注意于县级，渐及于乡保干部之需要。此外并经常编印训练通讯，以宣达中央政令，讨论有关问题。已发行至八十二期。总计编印书刊一〇九种，凡一千六百余万字。征审方面，以审查教材为主，计各训练机关送审书刊凡三，九二三种，按年集中审查，汇编检讨报告印发，俾资参照改进。

乙、训练实施概况

全国训练机关，依其隶属及训练范围，可分为（一）中央训练机关，为中央训练团及新疆分团、西北干部训练团，战时工作干部训练团；（二）地方训练机关，为各省党务干部训练班及地方行政干部训练团班所；（三）其他训练机关，为中央各机关或其附属机关主办之各种训练机关。七年来实施成绩，约如下述：

（一）中央训练机关

1. 中央训练团，以举办党政训练班为主，调训全国党政军及其他中上级干部。现已举办三十一期，共训练二三，七五二人，已超出原计划。该班训练类别，遍及于各部门，结业后并有通讯组织，督导修正。三十二年，举办党政高级训练班，选调曾在党政训练班受训之成绩优良者，施以较长期之训练，已办二期，训练三〇〇人，第三期在训练中。除党政训练班及高级训练班外，该团并应中央机关之请求，举办各特种班，训练各部门中级干部。先后共办理十七种，四九期，训练一一，三六三人，其较重要者为兵役社工等班。

2. 西北干部训练团，成立于二十七年，除短期训练外，兼办一年以内之养成教育。改隶后以代训甘肃省地方行政干部人员为主，计共举办党政军教各班凡三八期，训练二二，二二三——人。共分设之第一第二两边疆青年训练班，共举办七期，训练五二〇人。

3. 战时工作干部训练团，亦成立于二十七年，以训练战时工作干部及招训战区失学失业青年为主。其施训情形，大抵按招训人员之教育水准，分为员生两级，施以较长时期之党政及基本训练，继依需要，分班施以专业训练，毕业后商请各部队机关分发任用，计举办各项班次二六种，六二期，训练三九，二〇七人。

4. 中央训练团新疆分团，自成立后，举办党政班五期，训练各类干部一，四七七人，受训人员包括汉维哈等各族。

（二）地方训练机关

1. 各省党务干部训练，以训练省党部中级以下及县党部工作人员为主。各省训练团成立后，以由省党部会商附设特班训练为原则。其单独设班办理者，仅居少数。三十一年以后，中央核列专款，各省始按年普遍办理。计前后共训练一三，二三一人，约完成原计划估计数百分之九一。

2. 各省地方行政干部训练团，为省级训练机关，以训练区指导员以上之县各级干部为主，并兼训练党团务及其他各类干部。自省训练委员会归并后，又为全省训练之督导机关，已成立施训者有川，康，滇，黔，湘，鄂，粤，桂，赣，闽，浙，苏，皖，豫，鲁，冀，晋，陕，绥，宁，青等二十一省，近冀宁两团已停顿，陕团已归并。合计历年共训练一一五，四八九人。

3. 各省各区地方行政干部训练班为区级训练机关，以训练乡镇干部为主，原为得设之规定，不设区班者，应训人员分别划归省训练团县训练所训练。曾经设置区训练班者有川，黔，粤，桂，鄂，闽，浙，皖，豫，鲁，绥等十一省，均为部分的，合计历年共训练六三，三七七人。

4. 各省各县地方行政干部训练所，为县级训练机关，以训练保干部及甲长为主。已成立省训练团各省，均已次第筹设。以三十二年为较多，达七〇六所。合计历年共训练一，六七三，七四九人。

关于省以下地方行政及自治干部之训练，各省以交通情况之不同，及因区班或设或不设，各级训练阶层，不尽符合规定。上述已训人数，如以规定阶层计算，则较之原定计划估计数，省级约完成百分之八十，区级约完成百分之四十，县级保干部约完成百分之四十五，甲长约完成百分之二十五。

（三）其他训练机关，此项训练机关，在二十九年以前，设置颇多。嗣经分别裁并，已大为减少。合计历年呈报有案者，共七四单位，训练一二五，五〇六人。

总计历年训练人数，中央训练机关为九八、八四二人，地方训练机关为一，九六五，〇二二人，其他训练机关为一二五，五〇六人，共为二，一八九，三七〇人。训练对象，初期注意战时工作人员，继乃转趋于地方行政及自治人员。近两年中对于自治人员，尤为着重，训练机关之设置，由上级而趋于下级，日趋于普遍，训练人数亦年有增加。惟三十三年内因战区之扩大，训练机关与训练人数均受相当影响。

丙、中央政治学校

该校为本党培养党政干部之唯一学校，成立以来成绩卓著。抗战以前原设有大学部，分设行政，法律，财政，经济，外交，教育，新闻七系，另设地政，计政，合作三学院，并附设蒙藏学校，边疆分校，及研究部。抗战以后西迁先后在庐山及芷江复课，二十八年一月始迁入渝郊之南泉。计政，地政及合作三学院先后停办，改设计政，地政两专修科。蒙藏及边疆学校亦移归教育部办理。二十八年九月中央以抗战期间，公务员之训练，尤有必要，爰决议文官考试分为初试再试，初试及格人员一律送由该校训练，高考及格者训练六个月，普通考试及格者训练一年，司法官及格者亦送该校受训一月，该校乃添设公务员训练部，大学部并曾停止招生两年，以便专办此项训练。三十年度起复恢复招生，设法政，经济，外交三系，及地政，新闻，统计三专修科。近年复将地政，新闻两科改入大学部，停办统计科，添设语文专修科，注重东方民族语言，凡此均所以适应需要。至其他管训设施均有改进。

第四节　关于会社工作者

（甲）人民团体之组训

关于人民团体之组训，原于中央设立社会部主管其事。嗣奉总裁指示，此项工作以改由政府主管较为便利，该部即于二十九年十二月正式改隶行政院，所有人民团体之指导监督事宜，亦即改由政府办理。爰经先后规定关于党政机关对于社会工作之联系，与职权之分际办法，并修改有关法规，各级党部对于社会工作之方式，为指导人民团体中党员之工作及党团之活动，协助政府对人民团体之组训工作与社会福利事业，同时于中央组织部设立党团指导委员会，以为联系及运用之枢纽，省县党政机关对于此项工作之运用，则于省县特别小组会议行之，并得随时举行会报，协力办理。各级社会行政主管人员以训练合格之人员充任，并由政府委派合格人员担任人民团体中之书记，以利推动。历年各级党政机关，尚能密切联系，分工合作。关于人民团体中之党团组织及运用，亦迭经改进，计由中央指导之全国性党团共四十七单位。由省县党政部指导之党团有六千二百二十二单位。其中属于民意机关者凡五百十三，其活动亦较为积极。

（乙）社会服务

社会服务为接近民众之事业，各级党部原多已设立社会服务处，近年虽于经费困窘之中仍积极推进，浙粤赣闽各省尤著成绩。各地并因应需要，举办特定事业。如浙省之合作社，宁夏之小本借贷，湖南之林场，甘省之植树等事业，均著成效。此外边疆党部且多以举办卫生畜牧事业，为开展党务活动之途径。

（丙）妇女运动

七中全会原有设立妇女部之议，嗣以条件未备，迄未成立。爰于中央组织部及各省县党部设立妇女运动委员会，以为指导机构。三十年四月组织部并曾召集各地妇运同志，举行会议，研议进行方法。嗣复制颁省市设置战时妇女服务团，及妇女福利社办法施行，去年并曾调集妇女同志入中训团受训，召集渝市附近各大学女生举行夏令讲习会、并训练各工厂女工。

（丁）海外党部社会工作

关于海外侨民团体之指导，实际多由党部负责海外部成立后，即订海外各地救国团体工作纲要。对于战时工作，积极进行，劝募公债捐款，尤著成绩。并遵照总裁指示督导侨胞参加友邦战时工作，南洋沦陷后，归国侨胞日多，关于救济抚慰教育工作，尤尽力办理。此外于推进国民外交，发动侨胞精神动员，防止敌伪活动，亦均制定办法，努力进行。至于其他经常服务工作，除侨胞众多地区设有社会服务处者外，多数党部设有侨民夜校，于国语国文之训练，党议之宣传，颇收效益。

第五节 关于财务与人事管理者

甲、财务管理

（一）财务制度之建立：临全大会后，全国党务经费预算之核定，原由常会迳予审议。嗣为确立财务制度，仍恢复中央财务委员会，审议一切经费预算，并整理已往颁行有关财务之各项法规。截至三十三年底止，所增订之法规，较重要者计有中央执行委员会处理财务办法，党务机关预算规程，党务机关决算规程，党务机关会计室组织通则等五种根本法规，其他施行办法，或单行法规，亦陆续颁行十余种，制度渐臻完备。

（二）会计机构之充实：依照处理财务办法之规定，中央秘书处会计处，为党务机关总会计。该处负有综审综计综核全国党务经费，及指导监督各级会计人员之责，并为考核党员月捐，筹划党费基金计，另设一科，专司其事。再党务工作人员战时生活补助费食米或代金，亦由会计处统筹核发。至各单位会计室，除沦陷地区或战区外均已陆续组织成立，会计主任，系由中央遴派。所有各会计室总干事以上人员，亦均由中央甄核任用，或迳予派遣。为储备会计人员起见，中央秘书处随时办理短期训练，分别委派。

去年并设立会计人员训练班，施以六个月之训练，除本党主义，会计制度外，并作会计学术之研讨，会计实务之演习。现此项训练班学员，业已毕业，且已分发工作，各级党部之会计机构，可逐渐充实。

（三）财务之一般设施：本党之经费来源，在抗战以前，中央部分，系由国库支出，省市党部则由省市政府拨补，职业党部，则由各该机关或团体拨补，海外党部，则由各该所在地党员分担。中央并订定统筹统支办法，由中央对扩款机关，迳行签发拨款通知，将应拨之款，拨存各该地国家银行之中央存户，再由中央对领款党部，签发支付书，向存款银行付款，办法甚为严密，施行颇著成效。自三十一年，国家财政收支系统变更，地方省县之党务经费，乃改由国库拨发。另为办理县市地方社会事业起见，经中央决议，在各省之县市自治经费收入项下，指定百分之一，交各该县市党部应用，由行政院分饬各省遵照办理。一面由中央饬知各省党部，此项事业费，绝对不准拨补党部经常费之不足，至各铁公路党部，除战地外，后方各单位经费，仍照向例，由路局拨补。关于中央拨付一切党务经费，经订定中央监察委员会签发经费支付书办法。并为严格稽核计，规定前后方各党务机关之报销期间，共逾期不造送报销者，即停发其经费，收支系统，遂日增严密。

复查比年以来，一切物价高涨，全国党务经费，数字甚为庞大，不久实施宪政，党务自应力求自给，究应如何开源节流，此则有待于大会之详加研讨者也。

乙、人事管理

党的人事管理，至关重要，过去虽有规制，迄未建立完整制度。二十八年奉总裁指示，特于秘书处设立人事处，专责办理，其首要工作，在于制订统一管理之法规，充实各级管理之机构，次则进行调查登记甄审等实务，以渐求发挥管理运用之实效。

（一）人事法规之制定与整理：关于法规之整理与制订，经历年之努力，已制定四十余种。计关于选举与任用者九种，关于职等与薪级者五种，关于考绩者二种，关于奖惩抚恤及进修者九种，关于人事管理及机构者十三种，关于转官及互调者五种。所有应用法规，已渐完备。惟党的人事管理之主要对象厥为一般党的干部，宪政实施后，尤必以干部活动为运用之关键，究应如何适应需要以确立干部管理政策，此则尤待于今后之详加研讨者。

（二）管理机构之充实：人事统一管理之制度总裁至为重视，国防最高委员会颁布党政军各机关人事机构统一管理纲要施行，经先后制订关于中央及直辖党部之实施办法，充实各级人事机构，计中央及附属机关已设置管理机构四十五单位，各直辖党部已设立管理机构五十五单位。关于管理人员之考核，亦特定办法严格实施，并先后与政府有关机关会同举办人事管理人员训练班。

（三）办理党务人员从政资格甄审：为便利党务人员取得从政资格起见，经于三十一年六月设置党务工作人员从政资格甄审委员会，并制订甄审条例，积极办理，预计于本年年底截止办理。盖关于党务人员之任用法规，业已重订，本年二月开始施行，于任用时即依照规定严加审查，嗣后凡经任用合格之人员，即取得从政之相等资格，开送考试完登记，无须再行甄审也。

（四）干部之调查与登记：为明了党内干部状况调查与登记至关重要，爰特订定党务工作干部调查纲要及干部选储登记实施纲要，并制备卡片表格，积极进行。惟以交通困难，兼以一般缺乏认识，进行颇为迟滞。此外关于干部之管理，选拔及进修等事，亦正在详细拟议办法中。

第六节　三民主义青年团

甲、团务组织制度

（一）中央团部：二十七年三月临时全国代表大会决议组织三民主义青年团，由总裁兼任团长。同年六月十六日公布团章，七月由团长选派干事三十一人，设置中央临时干事会，并就干事中选派常务干事九人，就常务干事中选派书记长一人，下设书记长办公处及总务、组织、训练、宣传、经济、社会服务等七处，旋于九月十五日呈准调整内部，改设书记长办公室及组织宣传二处。二十八年中央团部，由汉口移设重庆，七月十七日临时中央干事会举行第四次会议，决议修改团章，并增设临时中央监察会。经团长选派干事三十七人（内常务干事九人）候补干部十五人，监察三十五人（内常务监察五人）干事监察两会各设书记长一人，干事会下设书记长办公室，及总务，组织，训练，宣传，经济，社会服务六处，监察会仅设书记长办公室。二十九年四月十一日本团召开临时中央干事监察第一次联席会议，又决议在中央干事会之下增设女青年处。九月十日以后，又调整为中央干事会之下书记长室及组织，训练，宣传，社会服务，女青年五处。

三十年十一月中央干事名额增为三十五人至四十九人，后补干事为十一人至十九人，常务干事为十一人，监察名额皆不变更。又为增强团务指导起见，增设指导员九人至十五人，由团长聘请党国先进担任。中央干事会内部组织，亦调整为中央干事会之下设秘书，组织，训练，宣传四处，视导，编审二室，法规审查、人事甄核、财务、女青年工作指导、体育运动指导五委员会。

三十二年三月二十九日召集第一次全国代表大会后，选举第一届中央干事会，设干事七十二人，候补干事二十五人，常务干事十五人，中央监察会设监察四十九人，候补监察十九人，常务监察九人，干事监察两会各设书记长一人，中央团部指导员名额为二十五人，并设置评议会，由团员聘任评议员三十五人至四十九人。中央干事会下设秘书，组织，训练，宣传，服务，青年工作管理，女青年七处，视导编审二室，及法规审查，人事甄核，文化运设运动，团防科学技术运动，体育指导，海外团务计划六委员会，中央监察会之下改设秘书处，迄今尚无变更。

（二）地方团队，（1）支团部：各省市设支团部，支团干事会由干事九人至十五人，候补干事五人至七人组织之，监察会由监察七人至九人，候补监察三人至五人组织之。(2) 区团部：凡辽阔之省区，或有特殊情形之区域部门，得设立区团部，秉承上级团部命令，指导监督并考核所属团队之工作。(3) 分团部：各县市各专科以上学校设分团部，分团部设干事会，由分团代表大会或团员大会选举干事五人至七人，候补干事三人组织之，监察会由监察三人至五人候补监察二人组织之。目前分团监察会，暂不设立 (4) 区队：区队设区队长，区队附各一人，由区队团员大会选举之。(5) 分队：分队为本团之基层组织，以团员八人至十五人组织之，分队长分队附各一人，由分队团员互选之。(6) 小组：在国外组织中，凡有团员三人以上，经分团批准，得成立小组。

乙、重要设施

(一)团队建立与团员征收：截至三十四年二月底止，计共建立支团二五处，区团(包括中央直属与地方所属)三五处，分团九九五处，合计一〇五五单位，内设于行政区者九一五处，战区者一九处，海外者二五处，学校者七二处，其他区域者三处。征收团员人数共为九九二，二九五人，除去死亡二、〇一三人，开除团籍三、八二五人，(内有一三人已恢复)及因在转移中失联络者一六〇，九七八人外，现实有团员八二五，四七九人。并组织区队九、九一五队，分队四四，一二二队。为完成团的组织程序曾于三十二年三月以前依照团章规定，由各级举行团员大会(或代表大会)选举干事监察，成立各级正式团部，并于三十二年三月二十九日召开第一次全国代表大会，始由筹备时期进入正式成立阶段。

(二) 制定团纲：为使社会人事明了本团性质，并使团员及干部认识本团任务俾其思想行动有所归趋起见，特遵照第一次全国代表大会决议，组设团纲起草委员会。经第一届中央干事监察第二次联席会议修正通过，俟奉核定，即可颁布。

(三)制定发展团务十年计划：第一次全国代表大会制定“发展

团务十年计划总纲”,为本团今后工作之总方案。举凡加强团的组织,训练,宣传及服务各要项,配合实际情势,预定分三期实施。

（四）厘订干部政策：为选贤任能，以加强领导，健全组织起见，特厘订“干部政策纲要”。其内容分干部，干部为领导干部、工作干部及社会干部三种，领导干部由选举产生。工作干部，从团员中，按其资历及功绩，逐级保选，不断选拔，并得采用考试方法。社会干部，一面应在各事业部门中尽量奖拔，并扶持其事业之发展；一面应经常选拔，并辅助优秀团员参加各事业部门工作。各级干部对团务工作，应视为荣誉与义务。惟工作干部得有一定之服务期限，期满后，回复其职业本位。此外对于干部之任用，培养，考核，待遇，保障以及人事制度之建立等，均有扼要之规定。三年以来，大体尚能按照实施，颇收成效。

（五）干部训练与团员训练：训练目标在养成从事五项建设之领导干部与工作干部,及为实现三民主义而奋斗之战士与信徒,故干部训练以精神及技术训练为中心，以增进其领导能力；团员训练以政治及军事训练为中心，以充实本团之组织。关于干部训练方面，二十七年八月创办干部训练班第一期于武昌珞珈山，训练优秀青年，派充各级干部。嗣续办于重庆马家寺，自三十年三月至三十二年二月止，共办四期，总计五期毕业学员一、五二八人。又为造就各部门的广大青年干部，以奉行团长所昭示之五项建设起见,第一次全国代表大会决议扩大干部训练班为中央干部学校，三十二年十二月一日成立，先后设立研究部，专修部，及东北青年训练班，现共有学员九百〇二人。自三十年度起，并由支团或直属区团在各省干训团办理团务干部训练班，未设干训团或相当机关之省市，则举办团务讲习会，迄至三十三年度止，举办者有七十六单位，受训者共为七、二七九人。此外二十九年十一月会同教育部及航委会在成都设立滑翔干部训练班。二十九年七月创立重庆成都两青年劳动服务营，训练技术工作干部，共计训练学生一四二〇人。为使各级干部检讨过去工作得失，策划未来团务发展起见，特于二十九年十月指示各级举行干部工作会议，中央并于三十年七月召开全国干部工作会议一次。为经常训练干部起见，于三十二年度指示各级举行小组会议，中央团部各单位亦按照规定举行。其次关于团员训练方面，除举办入团训练，并藉作初步之考核外，以分队会议为经常训练团员之主要方式，内容分工作讨论、读书报告、生活批评等项。三十一年五月指示各级团部举办团员讲习班或工作训练班至三十三年度止，共办七二班，受训者四、五七二人。此外办理读书指导生活指导体育及康乐活动指导并利用时机举办团员集中训练，团员检阅等，成效均颇良好。

（六）青年夏令营：为对在学青年实施集体训练，加强思想领导起见，自二十八年度开始举办青年夏令营，训练科目，以精神训练，生活训练为主，技术训练，服务训练为辅。自创办以来，由中央以致地方，其数量靡不逐年增加，其效果亦靡不逐年扩大。迄至三十三年度止，全国计共先后举办四十七营，调训在学青年，中小学教师及团务干部共二三、二八五人。此外为加紧边区及战区在学青年训练曾于三十一年度，特许甘肃支团部直属苏北及鲁苏豫皖两区团部，利用各校寒假时期，各办青年冬令营一营，训练内容方式与夏令营略同，受训学生共为七五八人。

（七）宣传工作：宣传工作之对象，以青年为主，而在地区方面，则以乡村学校国际为主。内容初以发扬组织为中心，在第一次全国代表大会以后，遵照团长指示，以号召全国革命青年参加第三次大结合为中心。去年以推进知识青年志愿从军运动为中心，目前则以青年远征军为主要对象，并配合世界情势，展开对国际青年之宣传工作。此外在建立宣传机构方面，曾于西安、桂林、赣州等重要地点，设立文化工作站，各地学校分团设立中正室，同时更编印各种定期刊物，奖助各地团办刊物，举办学术讲座巡回讲演国内外广播，推广青年剧社，发动各种运动及文化活动等。

（八）青年馆及青年服务社：团成立之初，即于各重要地区组织青年服务社，规模较大者并有宿社、食堂、合作社、诊疗所等设备，以供应团员及一般青年生活上之需要。至三十三年度止全国其有四十三社，社员总数达一万一千二百余人，惟以服务社机构，由于创立时规模较小，成效难如预期。三十一年度起更于大学区域内建立青年馆，目的在辅导在学青年之各种课外活动。嗣后逐渐扩大至大城市内其目的在举办青年福利事业，倡导各种文化康乐活动，并倡导青年互助，充实青年德、智、体、群、乐等各种训育，使之成为各地青年生活与活动之中心。迄至三十三年度止，已有十五馆，规模以陪都青年馆较大，其成效均甚显著。

（九）战地服务：服务队之组织，每队设队长一人，队员自二十人至数十人不等，工作分宣传、慰劳、救护、情报等四类。举凡抗属之慰问与服务，荣誉军人及前方将士之慰劳与招待，抢运敌后青年及领导战区青年参加服务工作，协助军队运输、通讯、向导、救护、救济、维持秩序、疏散人口等莫不努力进行。其中更不少忠勇团员在战地壮烈牺牲。迄至三十三年度止，全国战地服务队共为一百二十八队，共有社员九五，〇二四人，其分布数以河南、湖南、广东、广西、福建、浙江等战地为较多，各队成绩以湖南为最著。

（十）青年辅导：为辅导失学失业青年，在战区特设置青年招待所，在后方特设置青年升学就业辅导所，招待所收容失业失学青年，供给膳宿，编队训练，以自动管教为原则，优秀者吸收为团员。迄至三十二年度止，各招待所招待人数共为七二，六八一人，其中升学者占百分之三三，受训者占百分之一六。就业者占百分之三五，自三十三年度起，是项工作已移并战地失学失业青年招致训练委员会办理，至升学就业辅导所，辅导之青年，迄至三十三年度止，共为五七，一八五人。

（十一）女青年工作：团于成立之初，即规定吸收团员比率，女性不得少于百分之二十。除于二十九年在中央干事会之下增设女青年处外，并特别注重女学校，女工厂团队之组织。迄至三十三年度止，建立女青年团队共六十五单位。各级团部设立女青年机构者，共一三六单位，征收女团员人数共为六一，一一六人比数量距规定之比率尚远，今后在提高团员素质之原则下，更须广为征求。此外如女干部及女青年之训练，家政训练班，识字班，暑期补习班之举办，女青年书刊之编印等，各级团部推行亦颇尽力。关于妇婴儿童福利方面，则有妇婴诊疗所，托儿所及法律咨询处之设置，业务均渐有进展。

（十二）团务视导及巡回学术讲座：为明了各地团务实际情形及改进各地团务缺点，必须分别实地视导，中央及各支团，各直属区团部均设置视导人员，经常出发办理此项工作。三十二年为号召全国青年参加本团从事建团工作，曾派高级干部分赴各地宣导。至巡回学术讲座，乃三十三年度所创设，预定每年举行两期，聘请各大学著名教授分赴各地专科以上学校讲演。第一期于三十三年四月至六月举行，以阐扬团长“中国之命运”所提示之五项建设为中心，计讲演七十五次，听讲者达四万余人。第二期讲题以政治、历史、地理、法律等为范围，阐明“中国之命运”所指示“中国民族之长成”“平等新约之意义”及“自由法治观念之养成”等要旨。现在正继续进行中。

第四章　各地党务概况

第一节　后方各省市党部

省市党部后方：四川、西康、云南、贵州、广西、广东、福建、浙江、江西、湖南、陕西、甘肃、宁夏、青海、新疆、及重庆。以上十五省党部，共辖县党部一千零九一，市党部十七，特别党部十一，区党部四千一百七十三，区分部四万二千零十一。重庆市党部辖区党部八十三，区分部五百二十七，此十六省市党部共有党员一百九十二万七千一百一十二人，除按照小组训练办法规定不必划编小组者外，其余经划编为十二万四千二百三十一小组。又江西、浙江、湖南、三省为便于指导各该省区内情形特殊地方之县市党务，经分别设置有赣化、浙西、湘西三办事处。

第二节　战地党部

战地：江苏、山东、山西、河北、河南、安徽、湖北、热河、察哈尔、绥远、辽宁、吉林、黑龙江十三省，南京、上海、广州、汉口、天津、北平、青岛七市、及台湾党部共二十一单位，辖属县党部八百五十九，市党部四，区党部二千一百八十六，区分部一万六千七百三十九，计有党员六十三万五千二百三十五人经划编为三万九千〇七十六小组，其间有若干小组，系为代替区分部，又江苏、安徽、湖北、河南、山东、山西六省。经呈准设有苏北、皖南、鄂东、鄂南、豫北、鲁东、鲁西、鲁北、鲁南、晋北等办事处共十一处。

第三节　边疆学校及职业党部

（一）边疆党部：在热河、察哈尔、绥远、辽宁、黑龙江五省之蒙旗地方，经分设有等于省党部之蒙旗党务特派员办事处五单位，此五单位共辖有等于县党部之旗党部七十二，区党部十，区分部二百四十三。另在宁夏省之阿拉善、额济纳，青海省之拉卜楞，四川省之松理茂地方，分设有直属区党部四单位，共辖区分部一百一十三，以上边区地方党部九单位，共有党员一万一千一百五十四人，经划编为八百二十七小组。

（二）铁路公路及海员特别党部：铁路公路特别党部之在后方者，为湘桂、黔桂、及川滇滇越两路等铁路特别党部三单位，西南及西北公路特别党部两单位，其在战地者为粤汉、陇海、平汉、平绥、津浦、北宁、正太、同蒲、胶济、京沪沪杭甬、道清、广九、德石、浙赣及东北等铁路特别党部十四单位，江淮公路特别党部一单位，海员特别党部亦属战地范围，以上各特别党部除正在筹备经派有筹备员者外，其余均设有执行委员会，采主任委员制。统计各该党部所属下级党部及党员数量，后方五单位共辖区党部八十三，区分部六百五十八，党员一万八千一百四十人。编有九百一十二小组。至战地之十六单位，则共辖区党部一百一十三，区分部一千一百八十七，党员四万二千四百二十八人，编成三千一百五十三个小组。

（三）直属学校党部：各专科以上学校设置党部直隶中央者，凡二十七单位。其间中央政治学校以有党员二千五百人，性质殊异，准将特别党部编制，辖有区党部五，区分部四十五个外，其余均照区党部编制，共辖区分部一百五十五。以上各直属学校党部二十七单位，计有党员六千八百八十人，划编为三百八十五个小组。

（四）直属工矿党部：后方工厂矿场设置党部直隶中央者二十二单位，均照区党部编制，共辖有区分部二百九十五，党员六千八百九十四人，编为四百六十三个小组。战地矿场成立直属党部者两单位，均采特别党部编制，共辖有区党部十三，区分部三十八，党员三百二十六人，编为一百九十二个小组。

第四节　军队党部

各军事机关学校部队及战区司令部补充兵训练处，成立特别党部直属团或区党部者，计特别党部七百一十二单位，直属团或区党部六十六单位，共计七百七十八单位，共辖有团党部一千六百二十七，营党部一千〇八十五，区党部一千一百二十二，连队党部二万一千六百四十七，直属连队连部二千一百八十九，区分部四千一百四十三，直属区分部一千〇七十三，小组十万〇一千三百九十六个，直属小组一万〇四百六十二个，军官军佐学员学生党员，凡九十七万二千八百三十四人，士兵党员三百二十五万九千一百八十四人。

第五节　海外党员部

海外党部计总支部十，其经常活动者为加拿大，美国，古巴，檀香山，澳洲，印度，法国等七处，其在战区者为港澳、缅甸、菲律滨三处，直属支部为九十处，其经常活动者仅有二十七处，多在南美及非洲一带，在战区者五十六处，停止活动者七处。支部计四十七处，经常活动者三十一，在战区者十六，分部为九百九十处，直属分部五处，经常活动者三二八处，在战区者六二九处，停顿者三十八处，此外有区分部十八个，通讯处一六八个，归侨区党部十八个。

至于党员总数，截至本年三月止共计八万九千〇十五人，其中商人约占百分之三十五农工约百分之二十八公教人员约百分之七，学生百分之三，其他约百分之十七。

第六节　青年团各级团部

团于成立之初，因缺乏干部，组织之发展较迟，迨武汉转进，迁移重庆：组织发展，异常迅速。二十七年，计吸收团员九二〇七人，成立直属第一，第二区团重庆，广西、山西、山东等支团，直属长沙、洛阳、苏北、兰州、成都江汉等区团，及第一分团，怀宁分团，及地方分团十一处。

二十八年计吸收团员八〇四五七人，成立湖南、四川、甘肃、陕西、贵州、广东、浙江、江西、青海、河北、上海、安徽、福建、平津、第三战区、第五战区等支团，并成立甘肃庆阳区团，训练班区团二处，大学分团十七处，训练班分团十三处，地方分团九五处，海外分团一处，又派遣战地及海外组织员，通讯员十余人。

二十九年，计吸收团员一六九四八三人，成立绥远、云南、西康、（西昌分团改设）河南等支团，（洛阳区团改设）及直属湘鄂赣边区区团，蒙旗区团，与直属海外区团十一处，直属学校机关分团三六处，地方分团二七四处。

三十年计吸收团员一六二〇一四人，成立直属宁夏区团，直属鲁苏战区分团及地方分团六十九处，学校机关分团三六处，改组正式成立地方分团七九处，学校分团十二处，局部调整支团一处，地方分团四七处，学校机关分团十六处，并增设海外区团一处。

三十一年计吸收团员一一六五四五人，成立直属支团，及地方分团二十七处学校机关分团十六处，团务筹备员二人，并改组正式成立地方分团四十三处，学校机关分团三处，移建地方分团十八处，海外区团一处，海外团务筹备员一人，局部调整学校分团十五处，撤销直属湘鄂赣边区区团，直属蒙旗区团。

三十二年计吸收团员八二七五五人，增建区团六处，分团六十八处，直属区队一一六处，团务筹备员六〇单位，正式成立支团十八处，直属区团二处，直属分团五二处，地方分团二四九处。

三十三年计吸收团员二六七四〇四人，增建支团二处，直属区团一处，地方区团十二处，分团二七〇处，学校直属区团一处，直属分团三三处，地方学校分团七四处，海外直属区团一处，直属分团二处，分团四处。

截至三十四年二月底止，计有支团二五处，区团（包括中央直属与地方所属）三五处，分团九九五处，合计一〇五五单位，内设于行政区者九一五处，战区者一九处，海外者二五处，学校者七二处，其他区域者三处。

征求团员人数截至三十四年二月底止，为九九二二九五人，除去死亡二零一三人，开除三八二五人（内有一三人已恢复团团籍）及因在转移中，暂失去联络者一六〇九七八人外，现有团员八二五四七九人，并组织区队九九一五队，分队四四一二二队。

吸收团员成份

甲、性别：男性占 91.18%，女性占 8.73%，其比例约为 11∶1。

乙、年龄：十六岁至三十岁合计占 94.54%，三十岁以上者合计占 5.46%，平均年龄为 21.41 岁。

丙、籍贯：以湖南为最多，占 14.38%，四川次之，占 14.37%，湖北广东甘肃江西又次之均各占 6%，以蒙古西藏新疆等地为最少。惟已普遍全国矣。

丁、教育程度：中等程度为最多，合计占 63.42%，初等程度合计占 27.94%，高等程度合计占 8.64%。

戊、职业：以尚未就业之学校学生为最多，占 44.87%，受训学生占 9.29%，军警人员占 9.82%，教育人员占 8.34%，农工分子合计占 4.3%，自由职业者占 0.5%。

已、党籍：团员兼为本党党员者占 15.7%。

结　　论

综上所述。七年来本党之艰苦奋斗，已获致应有之成果。其在党务方面，如发展组织，训练干部，提高党员质量。健全基层组织。实施省县选举，调整党政关系，改进宣传政策诸端，均不无相当进步。顾以环境艰难，运用未周，犹未能发挥其最大成效，党员数量虽有增加。而质量则犹欠合理发展。基层组织虽渐普遍，而工作则犹未克积极推进，干部训练虽加紧办理，而管理考核犹欠切实。宣传政策虽迭有改进，而运用方法犹未尽恰当。至于党务与军政之配合运用，党与团之分工合作，则犹未能臻于灵活一致密切无间之程度。本党负有革命建国之历史使命，与国家同其利害。宪政实施以后本党虽退处于普通政党之地位，实仍负有维护民国基础，保障实行主义之重责。今后党务设施应如何策励改进，以期继往开来，完成革命建国大业，则有待于大会之详细检讨。谨此报告，敬乞公鉴。

第五届中央执行委员会

中华民国三十四年五月一日

〔中国国民党中央执行委员会秘书处档案〕

（三）中国国民党第六届全国代表大会

1. 蒋介石在中国国民党第六次全国代表大会上致开会词

（1945年5月5日）

各位代表同志，今天我们举行本党第六次全国代表大会。各地同志，当此军事紧张、交通困难的时候，齐集战时首都，研讨党国大事，应该针对当前抗战的需要，确定今后的方针，为本党负相当责任，为国家开辟新的机运。我们这一次代表大会，距离第五次全国代表大会已有十年，距离在武昌举行的临时全国代表大会也已经七年。这七年中间，我们中国由单独对日抗战，进而与爱好和平各盟邦，对轴心德日共同作战，奠定了第二期国民革命胜利的基础。第二期国民革命最大的任务，就是要实现总理遗嘱所付托于各同志的取消不平等条约的遗志，这一个遗志已于两年之前实现了。同时，全国同胞对于国家的责任心，亦随着抗战进度而普遍的增强，三民主义已成为举国拥护的国策，因之实施宪政有提前的必要。我们这一次开会，正在抗战胜利在望，与建国大业开始之际，也正在我们已与各友邦成立了平等新约，而共同致力于建立正义和平与国际安全机构之时，我们本党革命的责任，无论为国家为世界，到今天又是进入了一个崭新的阶段。我们这一次代表大会，真是中华民族五千年历史上划时代的大会。我们要创造新中国，以奠定富强康乐的宏基，要建立新世界，以谋取人类的福利。这一次大会的使命是特别重大，而责任也特别艰巨，各位代表同志要认识目前环境，为国家为民族为世界人类而负起空前无比的新责任。

我首先要提示大会同志的，就是我们必须回忆本党奋斗的历史。爱护本党革命的历史，惟有能爱护过去奋斗的历史，才能够视党如家庭，视党若生命，才能够使本党充实发扬，负起新的革命使命。本党五十年来的历史，是革命先烈用热血写成的光荣史，也是历尽险阻艰难而百折不磨的奋斗史。本党在民国成立以前，几经失败，而始有辛亥革命的成功。

及至民国成立，迄今卅四年，内忧外患迄无宁岁，革命事业屡遭顿挫。只见有革命的破坏，不见革命的建设，我们只要看总理在孙文学说自序中所言之痛切，就可知干革命事业所受的顿挫与革命领导者身受的痛苦。这都是因为民国成立之始，一般国人的识见难随总理远瞩的目光，甚至本党党员也不能全体一致，真诚服从总理的命令。至于总理逝世以后，这二十年中间的艰险阻困，厄难挫折，内扰外患更有在坐同志所亲历而深知的，不待详说。但是，本党革命历史有一特点，就是每经一次挫折，必获一度进展，每遭一次破坏必有一次进步与成功。这就是总理所说世间万事惟坚忍乃能成功，也就是总理所说“最艰危困苦的时代即为吾人当努力进取的时代。只须有少数人毅力不屈，奋勇向前，不久必有光明的到来。”我们本党五十年来的革命史，实在是一部含垢饮痛的伤心史，而我们革命的进展，却就是从这种层层艰难险阻之中，冲破黑暗，力排万难，以获得步步的成功。其间志士仁人的殚精竭虑，革命先烈的舍生取义，精诚丹心，前仆后继，都是我们后起者应该普遍效法为典型，也是我们到达成功道路最宝贵的垂范，我们现在的革命环境，当然远胜于总理在世之时，然而今后建国事业责任艰巨，必将远过于五十年来革命的任何时期，何况当此敌寇未歼，河山未还的时候，更不能不戒慎警惕，奋发黾勉，我们同志为达成任务，贯彻始终，必须深切爱护本党悠久光辉的历史，笃信主义，洞识事势，砥砺志节，突破艰难，以尽我们继往开来的责任，完成总理与先烈未竟的事功。

我们总理组党革命的目的，是要救国救民，并且救世界。总理创造三民主义，倡导国民革命，建立民国，其目的在求中国的自由平等，使中国成为独立强盛的国家，与世界各国并驾齐驱，共谋人群进化与世界大同。在总理的遗教中，屡次提出中国不能进步，则世界更没有安全的道理，我们总理更认为“举国之内，一物不得其所，就是我们革命的责任未尽，民国一天没有建设成功，我们就要奋斗一天。”现在抗战已满八年，最后胜利基础，虽已确立，但是要达成歼除敌寇的目的，收得最后胜利的成果，还需要振奋比以往八年更旺盛、更炽烈的牺牲精神，同时我们的抗战，清除建国的障碍，更要于抗战之中，努力建国，使抗战胜利与建国完成，毕其全功于一役，我们必须将心理建设、伦理建设、以及政治建设与经济建设，在战时确立其基础与规模，而后我们在战争结束之后，对内才可以加速完成我们国家整个的建设，减少饱受战争牺牲的人民之痛苦，对外才能够与并肩作战的反侵略盟邦，共同负起维护正义和平与国际安全的责任。我们的使命是无比的艰巨，我们的任务是空前的沉重，这个使命和任务，要全国四万万五千万同胞，同心同德来担当。更要我们身为总理信徒，负责革命建国的本党，能够鞠躬尽瘁，率先奋斗，不惜牺牲，以贯彻我们革命的天职。我们这次大会，除了检讨过去工作以外所应该集中注意者，无过于下面的三点：

（一）加强战斗力量，争取抗战最后胜利。我们这次抗战，历时八年，前线将士的牺牲，根据最近统计，已在三百一十万人以上。各地民众为敌人所残害，本党同志因抗敌而死亡者，更不胜数。经过如此惨重的牺牲，奠定我们最后胜利的基础。现在对日决战机运已熟，在纳粹祸首已经消灭，欧洲战争，瞬将结束的今日反侵略的主要战场，即将移到东亚，日寇穷途末路，惟有在中国大陆上拼死挣扎，妄想延缓其崩溃。今后我们的抗战，就是要突破最后胜利，以最大的危险和最后的艰难，完成我们九仞一篑的工作。自从临时代表大会以来，我们即提出“军事第一，胜利第一”的口号。我们到了今日，更要知道“万事皆以适乎作战为第一”，尤其是决战的今日，最后胜利系于最后五分钟，如果懈此须臾，不但前功尽弃，八年苦斗等于虚掷，已死军民不能瞑目，我们中国的前途，固然不堪设想，而世代子孙，也将陷于奴隶牛马而万劫不复了。所以我们代表大会必须确证今天真是抗战成败，国族存亡，革命绝续的唯一关键，如何加强战斗力量，如何改革以往缺点，使前方后方军队人民的力量联结得更紧密，使战斗和生产配备的更有效，使政治与军事呼应得更灵活，都是我们这次大会同志所应该根据已往经验，积极研讨策划的主题。我们更知道，革命党员冒死犯难的精神，在此争取最后胜利的时机，更须坚强勇敢，负起先烈革命的天职，我们必须策励我们的党员，以视死如归的决心，效命陈前，驰驱敌后，向最危险方面，勇猛奋斗，把一切艰难扫除，最后完成我们重大的使命。

（二）确定实施宪政，完成革命建国大业。我在国民参政会开会时以及今年元旦，对全国的广播两次说明我们结束训政实施宪政的决心。三月一日我对宪政实施协进会致词，更具体表示，要在本年十一月十二日，总理八十诞辰，召集国民大会，以实现宪政。候代表大会通过，即可正式决定。我今天特向大会陈述，希望代表诸君，对我这一主张正式予以接受。各位同志，要知道临时全国代表大会付与我们抗战建国的两重责任，我们如不能颁布宪法，实行宪政，则建国就无基础。所以召集全国代表大会，必须使如期集会，不可展缓，即使遇到任何困难或阻力，本党亦应毅然决然执行我们革命建国的使命，力排万难，促其实现。我们国民革命，一贯以实行五权宪法的民主宪法的民主宪政为目标，宪政一天没有实施，便是总理的遗志还一天没有完成，也就是本党一天没有贯彻革命的主张。我们这十余年来，受了日寇侵略的阻扰，以致地方自治与民权训练的工作，没有依照建国大纲的程序而完成。抗战以来，我们同胞，在流离颠沛之中，更是不遑宁处，这都是不必否认的事实，然而本党还政于民的初衷，从不因战事激烈而片刻忘怀。

从民国二十年国民会议以后一切措施以及迭次决议迭次宣示，无不是迫切祈求早日实施宪政，归政于民，愈速愈好，纪录具在，可以覆按。此心此志，可质天日。徒以阻碍重叠而来，国事不容儿戏，大愿未偿，目的未达。一般不察竟至惑于莠言，以贯彻革命的本党为不革命，以切求民主的本党为不民主，而实际妨碍总理建国程序者，反得以民主先驱自居，真伪倒置，黑白不分。我们为国负责，自始不避劳怨，国内有识之士，自能洞察事实，我们深信今日大多数人士之要求宪政，多出于谋国纯洁的至诚，且符合本党革命的初衷，更足征国人关心国事的迫切。为了鼓舞全国国民共同对国事负责的热诚，为了确立国家的百年大计，我们觉得在总理倡导国民革命已满五十年的今年，有提早实施宪政的必要。我们明知一般人民对于民权主义宪政所需的条件，还没有完备，也惟有从实施宪政的实际工作进行中，锻炼人民行使四权的能力，提高其对于政治认识，养成其履行国民义务的习惯。只要社会贤达各界领袖，都能为国为民负起指导扶持的责任，我们相信中国宪政的进行，与人民政治能力的提高，必能事半而功倍。本党遵奉总理遗教，在训政时期，对于保育民国的一片耿耿精诚。在还政于民之后，决不是弃置而不顾，本党已往所以忍辱负重，为国民尽忠，为国家负责者，原所以防止野心家，假借民主名义盗窃民权，便利私图，陷国事以紊乱无主的状态。所以我们同志，一方面应该自觉，本党既创造民国于先，必须尽保障民国的天职，而策国家久远的安全。同时更必须唤起一般同胞，切不可轻忽放弃其对国家的责任和义务，以毁灭我们总理与革命先烈缔造民国的基础。总之我们实施宪政，还政于民，乃是执行我们一贯的政策。今本党负责建国的苦心，大白于天下，决不更轻易诿卸，我们应负此责任。换言之，在实施宪政以后，本党的责任，不但因之减轻，而无宁更为加重，所不同者，只是从今以后，本党不居于训政的地位，而要尽扶翼的义务，这是我们大会同志所必须认识的。

（三）增进人民生活，贯彻革命终极目标。总理创制的三民主义，本是一体而不可分，从目的与对象来说，则是民族主义为求得国际的平等，民权主义为求得政治平等，民生主义为求得经济的平等，这个伟大精深的三民主义，是我们中国革命抗战力量的源泉，也符合这一次大战中反侵略盟邦作战的理想和目标，所以我们党员以及国民最大的责任，无过于实行三民主义。我们从总理遗教中来研究三民主义的本末先后，可以发现两点：其一是民族主义为革命建国的基本起点，如果民族生存失其保障，则民权与民生就无所寄托，所以总理三民主义的演讲，以民族主义为先。其二，是民生主义为革命建国的终极目标，这就是说，民族主义和民权主义，都所以保障和促进民生主义的实施。所以，总理的建国大纲明白揭示“建设首要在民生，其次为民权，其次为民族。”我们抗战八年，民族地位已经提高，但是民权主义和民生主义，如不能完全实现，便是我们民族主义的目的没有贯彻，我们今后必须使民权主义与民生主义同时并进，才可以完成建国的大业。尤其我们要明了我们国民革命的目的，在谋全体人民的利益，所以我们在决定实施宪政之时，必须彻底实行民生主义，增进全体人民的生活。我们要防制资本垄断的发生，要消除阶级斗争的原因，要确立社会普遍的安全，要提高国民的生活水准和文化水准，要全体同胞都能满足其生活。一方面必须厉行平均地权，节制资本的政策，消灭一切兼并剥削的现象。同时又必须遵照，总理实业计划，进行我们的物质建设与经济建设，务使此种建设，在战时能确立基础，在战后乃可加速推进，而此种经济建设所得的结束，应使其为全体人民所享有，以符合民生主义的本旨。这一点意义，十分重要，我们要知道，人民所真正需要的，是实际上能满足其生活的需求，而不是任何空洞的理论与口号。我们要知道，战争进行之时，尤其是战后复兴之际，一切破坏均待重建，正是我们彻底实行民生主义最良好的机会。我们要安慰抗战牺牲的先烈和痛苦的同胞，为完成总理建国的大业，这次大会更不可不着重于此点。

我们代表大会所要检讨而研究的，当然有很多的事项，但上面所举的三点，实在是本党今日最主要的任务。大会各同志必须觉悟到过去五十年来，我们中国的安危兴替与本党有不可分离的关系。今后我们要完成国民革命的伟业，要感召全国国人共策国家的长治久安，本党所负的使命，更千百倍于往时。我们首先必须健全本党，充实本党，检讨本党的得失，改正本党的弱点，使本党有继起新生的力量，有整齐严肃的纪律，有坚苦卓绝的操守，有奋厉无前的勇气，才能够继承总理和先烈的遗志，完成我们抗战建国的责任。为达此目的，我以为最根本的一点，还在于发扬我们一贯的革命精神。

我们革命党的精神，就是大公和无畏。所谓大公，就是革命者心目中，只有国家安危和民生疾苦，以一片至诚恻怛之心，担当救国救民的重任。我们同志更须明白我们是立志牺牲救国的革命党，我们以国家民族利益为前提，并无一党一派的利益。只要有利于国家，一定有利于本党。所以全党同志应该以本党的热情毅力，进而团结全国爱国志士与社会贤俊，同在一个目标之下，为国家艾除荆棘，开拓光明。所谓无畏，就是不怕危险，不避困难，不辞劳怨，不因一时的挫折而灰心，不以意外的毁谤而易志。我们的主义正确，目标远大。只要全党同志都有坚强自信，我们的任务，必可以圆满达成。我们同志必须自信本党一定能复兴中国，自信一定能对国家对革命尽最大的责任，必须知道三民主义与最伟大的力量，也是我们革命最坚强的武器，我们秉此武器，向前奋斗，必信必忠，力行不懈，则任何敌人没有不可克服的道理，因此我们更要坚定“三民主义战胜一切”的信心。这八年以来，日寇竭尽全力，要消灭我们中国，尤其是要消灭我们本党，然而我们今天仍然是挺立不撼，并且已经奠定了最后胜利的基础，这就是三民主义“靡坚勿摧”的明证。今天各位同志所必须警惕的就是，我们胜利愈接近，今后的险阻必愈纷至叠来。我们必须要以极大的信心与耐心，发挥我们总理垂训的大无畏精神，在任何危疑震撼环境之中，坚忍奋斗，不撼不摇，遵循我们主义与正纲所指示的坦途而迈进。我们更须知道革命事业是史无前例的事业，所凭藉者就在我们真诚纯洁牺牲奋斗的精神。只要我们发挥这个一贯的精神，以个人数十年必死的生命，为国家创造亿万年不朽的基业，则任何力量不能阻碍我们革命的发展，任何诽谤不能影响我们工作的进行，抗战胜利与建国成功，必能因我们的努力奋斗而完成。

大会同志们，在我们代表大会举行的期间，全世界爱好和平反抗侵略的国家，正在太平洋彼岸，举行缔造国际安全机构的会议，人类历史从此将开辟一新纪元，正如我们中国革命历史，将开辟一光明灿烂的新页。旧金山会议是改造世界创造人类福祉的会议，而我们代表大会，是要完成五十年革命功业创造我们中华民国无限光明的会议。总理有言，“所谓革命成功，非一人一党的成功，乃中华民国由艰危而巩固而发扬光大之谓”。我们必须记取这一段宝贵的垂训，我们一定要以严正坦白的自省，来改进本党，健全本党，贯彻我们革命救国的方针，更必须以博大的胸襟，诚挚的精神，光明磊落的态度，感应我全国热诚爱国的同胞，集中我们求进步向上的一切力量，共同奋斗，以竟我们抗战建国的全功。必如此，然后我们才对得起我们总理和革命先烈与抗战中殉国军民死难同志的英灵，才能无忝于本党一贯相持的历史才能不负国内外对于本党殷切的期望，谨祝大会的成功。

〔中国国民党中执会秘书处档案〕

2. 中国国民党第六次全国代表大会经过

（1945年5月5—21日）

（一）开幕典礼

中国国民党第六次全国代表大会开幕典礼，暨革命政府成立纪念会于五日上午四时在复兴关青年干部学校隆重举行。蒋总裁主席领导行礼后，即席致词，指示大会使命及应注意研讨之点，全词历卅五分钟始毕，全场热烈鼓掌近三分钟。礼成后召开预备会议讨论议事规程日程，组织提案审查委员会，选举主席团。此次大会以中国国民党五十余年来努力奋斗革命建国之事业，经八年艰苦抗战，即将成功。近则决定提前召开国民大会，实施宪政各项有关事宜，如（一）召开国民大会，（二）宪法草案，（三）政治纲领，（四）总章修订等，多待详尽缜密之决议。先此中央常务委员会，于决定五月五日召开代表大会后，曾将各项重要议提交付中央委员谈话会讨论。谈话会先后曾举行十一次，制成研究报告，复组本大会有关三项审议会审议，各出席代表自四月廿七日开始报到后，复分七组，每日举行谈话会，仍就上项议题充分交换意见。至大会出席中央委员、各党部代表、及列席候补中央执监委员报到人数，共达六百七十余人。

（二）预备会议

大会开幕礼成卅分钟后，举行预备会议。仍由蒋总裁主席，到中央委员暨代表吴敬恒、居正、于右任、戴传贤、孙科、张继、邹鲁等六百七十三人，通过：（一）大会议事规则。（二）中央执行委员会提请追认派吴铁城同志为大会秘书长，狄膺同志为副秘书长。（三）中央候补执监委员改为出席大会，按依照大会组织法，规定中央候补执监委员得列席，惟本届中央候补执监委员，膺选已阅十年，对党均多贡献。爰经全体决议，一律改为出席。（四）

推选居正、于右任、戴传贤、孙宋庆龄、孙科、冯玉祥、邹鲁、陈果夫、张继、邵力子、王世杰、李宗仁、陈诚、张厉生、潘公展、张治中、王季陆、爱斯武德、迪鲁瓦士丹、参烈、梅友卓、林庆年、周炳琳、向傳义、王宗山、冯友兰、齐世英、李锡恩、范予遂、刘瑶章、刘冠儒、马元放、吴绍澍、张邦翰、陈剑如、张炯等卅六同志组织主席团。（五）组织提案审查委员会，分党务、政治、经济、教育、军事、外交等六组，另设总章审议委员会，其委员名额及人选，均由主席团提请大会决定。（六）决定大会会期十天。（七）提案截止日期，定为七日下午十二时，十一时卅分散会。主席团旋即开会，决定议事日程等事宜。

（三）主席团会议

六全代会主席团于六日上午九时在中央党部举行第二次会议，居正主席，讨论主席团分组事宜、提案审查委员会、总章审议委员会、宣言起草委员会名单及七日大会议事日程。 主席团将分四组，于蒋总裁不出席大会时，轮流主持大会。第一组为居正、孙宋庆龄、李宗仁、邵力子、麦斯武德、梅友卓、刘瑶章、陈剑如、黄季陆等九人。第二组为于右任、邹鲁、陈果夫、张厉生、迪鲁瓦、林庆年、李锡恩、刘冠儒、张邦翰等九人。第三组为戴传贤、张继、陈诚、王世杰、土丹参烈、港予遂、王宗山、马元放等九人。第四组为冯玉祥、孙科、张治中、潘公展、齐世英、向傳义、冯友兰、吴绍澍、张炯等九人。又各委员会名单亦经决定，将提七日第一次大会通过。

提案审查委员会分六组：（一）党务组，召集人张道藩、贺东寒、谷正鼎、王启江、陈耀垣等五人。（二）政治组，召集人甘乃光、郑彦棻、李肇甫、穆罕默德、伊敏、张继等五人。（三）经济组，召集人熊式辉、萧铮、孙超琦、巴文峰、吴尚鹰等五人。（四）教育组，召集人张默君、梅贻琦、方治、徐箴、傅启学等五人。（五）军事组，召集人程潜、白崇禧、邓锡侯、周至柔、卢汉等五人。（六）外交组，召集人王正廷、郭泰祺、云梯、彭学沛、何浩若等五人。

又总章审议委员会，召集人程天放、王子壮、梁寒操、萧同兹、康泽、宣言起草委会，召集人戴传贤、孙科、叶楚伧。

（四）第一次大会

六全大会七日上午九时举行总理纪念周，总裁主席。行礼后，总裁致词，大意谓，此次到会各代表，在庄严的总理纪念周中，恭读总理遗嘱，应该痛切检讨反省，无论在工作上行动上、言论上，特别应该痛切改正，务以总理之心为心，总理之志为志，尤应时时想念前方将士浴血抗战、同胞颠沛流离之痛苦，最后指示各同志，亲爱精诚，加强党的组织，培养人才，加强党的力量。词毕，领导宣读党员守则。礼成休息十五分钟，随即举行第一次会议，仍由总裁主席。首先为抗战阵亡将士殉职殉难同志及死难人民暨盟邦阵亡将士及死难人民的默念。第二报告事项：一、宣读预备会议记录。二、秘书处报告文件。三、代表资格审查委员会报告。四、主席团提出各委员会委员名单，报请公决。（一）提案审查委员会，党务组、政治组、经济组、教育组、军事组、外交组委员名单。（二）宣读起草委员会委员名单。五、党务报告，吴秘书长铁城报告。六、政治报告，吴文官长鼎昌报告。七、军事报告，程代参谋总长汻报告。

（五）第二次大会

六全代会七日下午三时举行第二次大会，到会中央委员及代表五百十四人，由蒋总裁主席，听取吴文官长鼎昌政治报告及程代参谋总长汻军事报告。六时半散会。

（六）第三次大会

六全代会八日晨九时举行第三次大会，由戴传贤主席。行礼后，秘书处报告文件。主席团及一部分代表临时动议，德国投降，世界战事已完一半，正在本大会开会期间，应作欢欣表示，拟由大会电各盟邦致贺。全体通过，电文由秘书处拟就，送请总裁核定发出。程代总长继作军事报告，报告毕，大会作党务之检讨与质询。

（七）第四次大会

六全代会第四次大会，九日晨九时举行。到会中委及代表六百七十四人，由孙科主席。秘书处报告文件后，通过大会复谢旧金山会议各国代表贺电。首先讨论张钫同志等临时动议两件。（一）请政府迅予救济现由战地逃出之难民案。（二）请政府明令嘉奖协助国军作战之地方团队，并充分预以救济，以励民气而利抗战案。决议通过，送交政府办理。旋即继续作党务检讨质询，先后发言者达五十二同志，各就政纲、政策、组织、训练、宣传、海外党务战地党务、民众运动、妇女运动、基层组织、人数制度、监察工作等项，提出检讨质询。十二时半散会。

（八）第五次大会

九日下午三时举行第五次大会，居正主席。作政治检讨与质询发言者亦有五十余同志，曾就政策与施政方针、行政二联制，党政工作考核，监察弹劾权，司法检察权，节制资本、平均地权、财政、税收、粮食、田赋管理、劳工运动、澄清吏治，整饬军纪，严惩贪污，裁并骈枝机构，提高行政效率，改善士兵公教人员生活，推行地方自治，外汇管理与改进侨汇，改良农贷放款，黄金政策，花纱布管制局业务失职案，黄金涨价消息泄露案，台湾行政机构问题等提出质询。六时散会。明日上午举行第六次大会，作关于军事检讨质询。又宣言起草委员会于今日下午三时在中央党部开会。大会秘书处已收到提案四百五十余件。

（九）第六次大会

十日上午九时举行第六次大会，出席六百一十三人，邹鲁主席。报告事项完毕，即进行关于军事之检讨与质询。各代表先后提出询问廿七件，多着重欧战结束后，我军与盟军配合反攻计划与整军建军改善军队待遇及役政，增强青年军装备，发动华侨参加盟军作战，优待征属及残废军人，救护伤病官兵，动员妇女等总题。质问完毕，总裁莅会致训，勖勉各代表多提供根本问题而有建设性意见，并指示今后工作方针致词毕。

主席团提出中央委员选举办法，全体无异议通过。至十二时半散会。第六届中委总额定为三百六十名，计执行委员一百六十名，候补执委八十名，监察委员八十名，候补监察委员四十名。

（十）第七次大会

六全代表大会，十一日上午九时举行第七次大会，到会中委及代表六百四十四人，张继主席。秘书处报告收到各方贺电及文件后，翁部长文灏经济报告，说明作战八年来，政府对于经济建设之措施。旋讨论提案，通过抚恤抗战阵亡将士遗族、增强沦陷区反攻力量等有关军事议案四件。最后听取上海、北平、南京、天津、汉口等市党部代表工作报告。十二时正散会，下午主席团及各组审查委员会，继续分别开会。

（十一）第八次大会

六全代会十二日上午九时举行第八次大会，到中委暨代表六百四十一人，李宗仁主席，继续听取山东、山西、河北、浙江等省四党部党务工作报告。旋通过组织特种审查委员会，由潘公展、王世杰、张治中为召集人。十二时散会，下午各组审查委员会开会。六全大会一部当选代表，因交通困难未能及时赶到，依法由候补递补，续经代表资格审查委员会通过，递补代表有萧白诚、刘修如、周天贤、王汝阜、梁敦厚、马步青、高桂滋、钱公来、格桑泽仁、施奎龄、马愚忱、张彝金、周伟龙、魏益三、钱卓伦、邹作华、韩佛、岑彰善、杨麟等。

（十二）第九次大会

六全代会十四日上午九时举行总理纪念周，蒋总裁主席。领导行礼后，即席作施政总报告，历时一时廿分。全场恭聆报告后，深感国家经此八年艰苦抗战，内政外交，均多进步，革命建国，成功在迩。同胞同志今后更应自重自爱，自立自强，淬励奋发，以建民国，以进大同。人人充满欣慰兴奋之情。十时卅分举行第九次大会，冯玉祥主席。讨论议案，于国民大会召集日期、暨其他有关问题案。经决议，（一）国民大会之召集日期，应依照总裁宣示，定于本年十一月十二日。（二）关于国民大会之职权问题及其他与国民大会召集有关各问题，交中央执行委员会或中央常会慎重研讨后决定之。

（十三）第十次大会

十四日下午三时举行第十次大会，陈果夫主席，首先听取中国战区陆军总司令何应钦报告。中国陆军总司令部成立以来，所辖部队之整编及此次湘西会战人员，何总司令适往前线督战来渝，今日初次参加大会，带来湘西会战捷报。全场听取报告，先后鼓掌达七次之多。报告毕，继续讨论关于宪法草案。全体聚精会神，祥尽研讨近三小时，佥以大会会期短促，宪草范围甚广，且关系重要，势难详尽周密之讨论，而作硬性之规定。故决议（一）将所有各代表意见及宪政实施协进会等团体对宪章之修正意见，并交下届中央执行委员会，组织宪法草案研讨委员会，详慎研讨整理，此项整理案于国民大会讨论五五宪草时，以适当方式，提供国民大会采择。（二）国民大会开会时，仍应以国民政府公布之五五宪法草案为讨论基础。六时卅分散会。明日大会将讨论政纲政策及修改总章问题。

大会以召开国民大会实施宪政，为本党一贯努力之方针。本年元旦总裁对时局认为，抗战迄今，国家意识与义务观念已深入人心，三民主义普遍为国人所崇奉。为鼓舞国民共同建国，并早日确定国家宪政基础计，故提示一俟军事形势稳定，反攻基础确立，最后胜利更有把握时，即及时召集国民大会，颁布宪法。三月一日总裁复在宪政实施协进会宣示，预定于本年十一月十二日国父八十诞辰召集国民大会，以实现宪政。中央执行委员会秉此指示，列为大会重要主题之一，通告全体党员，详尽研讨。大会依据各级党部各代表提案与所发表意见、政治组审查报告，乃决议正式接受总裁在本大会开幕日之指示，确定本年十一月十一日为国民大会召集日期，并以其他有关问题，交中央执行委员会或中常会，慎重研讨决定。本案通过后，继续讨论关于宪法草案。首请立法院院长孙科报告五五宪草起草经过及各方对五五宪草修正意见。按宪法草案于起草过程中，历经中央参酌实际政治经验，并博采国民意见，慎重考虑，稿经数易。自廿五年五月五日公布以来，全国各界续有意见提供。卅三年元旦宪政实施协进会复发动全国人民从事研讨，先后收到各方意见三百余件。经综合整理研讨，结果作成意见书。今日孙院长即就此提会报告，谓第一章总纲第一条“中华民国为三民主义共和国”条文，不仅为国内各党各派人士所拥护，且为全世界一致公认。足见三民主义已普植于全国人心，宏扬于世界之云。全场聆悉，热烈鼓掌。复次，孙院长报告各方对其他条文之修正意见。十二时卅分散会。

（十四）第十一次大会

六全代会，十五日晨九时，举行第十一次大会，于右任主席。听取战地党部党务报告，旋讨论总章。

（十五）第十二次大会

六全代会，于十五日下午举行第十二次大会，由邵力子主席。除继续听取江苏省党部等单位战地党务报告外，整日讨论本党总章修正案，决议就各委员暨代表今日所提修正意见，汇交总章审议委员会，重加整理研讨后，再提大会讨论通过。

（十六）第十三次大会

六全代会，十六日讨论政纲政策，修改总章及有关地方自治与侨务问题诸案。大会因议案繁重，决延期三天，至十九日闭幕。十三次大会，上午九时举行，黄季陆主席。讨论总裁交议国民党政纲案，各委员会代表提出修正案者达四十余人。十九注重民生主义节制资本与平均地权之精神及民权主义，严惩贪污澄清吏治之法制。辩论热烈，前所未见。一般印象认为国民党主义之发扬，与时代同时前进。讨论至十二时卅分，决议另组政纲审查委员会，将总裁交议案及当时各委员各代表意见并付审查，整理后再提大会通过。

（十七）第十四大会

十六日下午三时举行第十四次大会，居正主席。首听取驻菲律宾总支部书记长柯俊智工作报告，旋通过总章修正案，复次讨论有关地方自治提案。六时卅分散会。

（十八）第十五次大会

全代会于十七日上午九时举行第十五次大会，到中央委员暨代表吴敬恒、张继、居正、于右任、戴传贤、孙科、冯玉祥、邹鲁、丁惟汾、邵力子、陈果夫、陈济棠、何应钦、叶楚伧、邓家彦、李宗仁等六百五十一人，于右任主席。领导行礼后，依照修正总章第六章第二十一条“本党设总裁，由全国代表大会选举之，行使第五章所规定总理之职权。”选举总裁，先由吴委员敬恒报告本党设总裁制及民国廿七年临时全国代表大会选举总裁经过。次由于主席致词，略谓：各位同志，自总理领导革命，创制三民主义、五权宪法，以求新中国之实现，毕生奋斗，虽然推翻了数千年的专制局面，而革命尚未成功，即溘然长逝。蒋同志继承总理，出师北伐，统一全国。惟训政时期即遭日寇的侵略。自武昌临全大会后，总裁神武天纵，领导全国，沉着应战，为世界卫正义，为民族争自由。八年以来，不独国际地位日益增高，并为世界上争取自由之民族展开无穷希望。本届大会，总裁复谦让为怀，请各同志重行选举，此虽为我国古代之揖让大道，亦为对吾同志之重大启示——即时代之趋向民主精神，亦即吾党五十年来同志血肉奋斗所追求者。吾于此，为中国的民主，与民主的中国，预祝成功。尚望各位同志，本此启示，益为努力，并使吾党主义，宏扬于世界。词毕，宣称，凡赞成选任蒋中正同志为本党总裁者，请起立，全场全体起立，一致通过。于主席当即领导欢呼“三民主义万岁”、“中华民国万岁”、“世界和平万岁”。随后掌声四起，会场热情奔放于庆贺之余，全体同志今后更当一德一心，在总裁领导下，共同奋斗，完成伟大之使命。至此休息十分钟，大会秘书即以此项选举结果，函达蒋总裁。

（十九）第十六次大会

十七日午后之时举行第十六次大会，张治中主席。讨论关于人事问题、宣传问题、民众运动及如何健全党务等重要议案。

（二十）第十七次大会

十八日上午九时举行十七次大会，到蒋总裁等六九七人，孙科主席。值陈英士烈士逝世纪念日，乃由主席领导全体起立默念。旋请蒋总裁继续作施政总报告，至十时五十分休息。继续开会后，讨论议案，通过总裁交议本党政纲政策案及前方省区施政方案等重要议案。十二时散会。

（廿一）第十八次大会

十八日下午三时举行第十八次大会，王世杰主席。讨论总裁交议之“促进宪政实现各种必要措施案”，全体一致通过。此案通过后，听取政治军事质问之答复，六时十分散会。

（廿二）第十九次大会

十九日上午九时举行第十九次大会，于右任主席。通过第六届中央执监委员名额增加至四百六十。通过电文：（一）慰劳前线全体将士，（二）慰问荣誉军人及抗属，（三）慰问沦陷区同胞及敌后工作同志，（四）慰问海外侨胞，（五）慰问湘西将士。旋讨论提案，通过（一）确立民主主义之经济纲领，（二）工业建设纲领，（三）农业政策纲领，（四）土地政策纲领，（五）土地资金化，（六）战士授田等案。继即选举第六届中央执监委员。投票完毕后，当场将票柜密封。至廿日上午九时，仍在会场开票，分十六组办理，由于委员右任等监票，于氏竟日在场主持，毫无倦容，迄晚间犹未竣事。廿日上午九时起开票，总裁、于委员右任、戴委员传贤、张委员继、陈委员立夫、吴秘书长铁城、狄副秘长膺及大会主席团多人，均到场监视。开票工作分组进行，颇称顺利。

（廿三）第二十次大会

廿一日上午十时举行总理纪念周，蒋总裁主席。领导行礼，即席致词，阐述孙文学说知难行易的道理，勖勉力行。礼成后举行第廿次大会，蒋总裁主席。宣布第六届中央执监委员选举结果后，讨论议案，通过对于军事报告之决议文及大会宣言草案。十二时散会，嗣即举行开幕典礼，蒋总裁领导行礼后，宣读第六次全国代表大会宣言，全场起立鼓掌、礼成。

〔中国国民党中执会秘书处档案〕

3. 吴鼎昌在中国国民党第六次全国代表大会上做政治总报告

（1945年5月7日）

本席现奉命作政治总报告，报告的内容，时间自民国二十七年四月临全大会闭幕之后起，迄本年三月止，历时凡七年。范围以国民政府所属的各机关为限，设计、考核、国民参政、宪政协进等工作，国防最高委员会另有报告，军事部门亦有专题报告，兹不重述。惟国府五院及所属部会署，又均已有详细书面报告印送大会，本人仅就其荦荦大端，择要综合述之。

民国二十七年四月临全大会曾通过抗战建国纲领三十二条，并对政治报告决议三点：

（一）抗战与建国，宜同时并进，国家政治宜于艰苦抗战之中，即奠立国家复兴之基础，以完成三民主义之国家建设。

（二）抗战期间须集中全国之人力物力与财力，以应国家非常之需要，必须全国能集中民意，齐一步伐，地方能自治自卫，秩序不紊，植宪政之丕基，厚国家之力量。

（三）各级行政机关职务与人事之调整，制度与相互关系之改进，宜有更进一步之研讨而措之实施，务使一切行政得收迅速确实之效果，各级公务人员咸能发挥负责尽职之精神。

以上两项文献，实为七年来政府一切设施之最高准绳。

抗战时期，军事第一，军事部分既另有报告。七年以来，与军事之发展齐头并进，开百年来历史之新页，值得首先向大会报告者，厥为外交。外交方面之重大措施，可分为太平洋战事爆发以前及爆发以后两个阶段：

（一）在太平洋战事爆发以前，我与日寇单独作战，外交政策，即本抗建纲领所示："对世界各国现存之友谊，益求增进，以扩大对我之同情。""联合一切反日本帝国主义侵略之势力，以制止日本侵略"之原则，努力进行。结果：（甲）苏联：除在抗战前即与之订立互不侵犯条约外，抗战后于二十七年二十八年订立三次信用贷款协定，为订购苏联军械飞机之用。（乙）美国：七七事变后，我即相机活动美方对日施行制裁，并予我物资援助，美国始则修改中立法案，继则废止美日商约，并于二十七年二十九年先后四次对我贷款。（丙）英国：自我沿海各港陆续封锁后，滇缅路又复中断，乃与英国交涉。一面恢复滇缅路交通，内运物资。一面于三十年将昆仰航空货运，扩至加尔各答。至经济援助，除平衡基金五百万英镑外，复于二十八年对我信用贷款，以为我在英订购器材之用。

（二）太平洋战事爆发以后，我复本抗建纲领所示之原则，联合各盟邦为世界和平与正义而奋斗，并努力和平机构之组织，以维世界永久和平。其具体事实可得而言者：（甲）联合作战，相互援助。三十年十二月八日太平洋战事爆发，我国于九日立即正式宣布对德义宣战，与美英苏取同一之行动；至盟邦互助方面，美国于三十一年复对我贷款五万万美元，美国国会通过租借法案，太平洋战事爆发后，即适用于中国。三十一年六月，与我签订中美抵抗侵略互助协定，源源以物资助我。三十三年并派专家来华，助我战时生产。英国复于三十三年贷我巨款五千万英镑，并订有租借物资协定。加拿大与我订立互助协定，以物资助我。苏联自苏德开战后，虽难再以物资假我，但相互间之同情日增，一本以往有好精神，多方觅取途径，以加强双方关系。法国虽于欧战开始，被德蹂躏，但我为表示支持法国恢复其原有地位起见，始则与美英同时承认法国民族委员会，后又承认其临时政府。（乙）取消不平等条约，订立新约。抗战而后，我国际地位提高，所有各国在华所享特权，力图废止，另订新约。除日德义与我所订不平等条约，业因对各该国宣战而废除，中法不平等条约，以维琪政府之不法行为，经我声明归于消灭外，中美、中英首于三十二年一月十二日订立平等新约，其后中巴、中比、中那、中加、中墨、中瑞，均先后签订新约。并为加强与近东及中南美各国之外交关系起见，在近东方面，曾与伊拉克及阿富汗，在中南美方面，曾与多明尼加、古巴、哥斯大黎加等国，先后订立友好条约，均一本平等原则。（丙）主席出席开罗会议：三十二年十一月，蒋主席亲自出席开罗会议，决定对日联合行动，并确保我收复甲午以后之失地。此为我近代外交史上最大之成功，亦为我长期抗战应得之结果。（丁）参加联合国共同行动，促进和平机构组织；1. 三十一年一月一日，我首次与英美苏签订联合国宣言，赞同大西洋宪章。2. 三十二年中美英苏在莫斯科发表共同宣言，采取一致行动，维护和平与安全。3. 三十三年中美英苏四国在华府商谈和平组织问题，共同发表国际组织建议案，现已由四国共同召集联合国大会，于四月二十五日起在旧金山举行。4. 此外我于联合国救济善后总署第一次全会时，与美英苏当选为中央委员会委员，同时我并为远东区域委员会主席。联合国粮食会议我方当选临时委员会执行委员。国际劳工组织第二十届国际劳工大会我方被选为常务理事。战罪审查委员会经我方请求在重庆设置远东及太平洋分会，我方为主席。其他联合国货币金融及国际民用航空等会议，我国均派代表参加。总之，我之国际地位，已因八年来艰苦抗战重大牺牲有以感召世界而自然增高，岂偶然哉?!

战争之道，以足食足兵为先，兵役部分，归入军事总报告范围之中，请言粮政。粮食为人民生活所必需，其在战争时期，一切生产运销，不能维持正常状态，尤值重视。二十六年十月，成立农产调整机构，增加生产储备。二十七年夏，先后颁布“战区粮食管理办法大纲”及“非常时期粮食调节办法”。二十九年夏，物价步涨，影响粮价，中央乃于八月间成立粮食管理局。三十年七月，复裁局特设粮食部，提高其地位，加强其力量。四年以来，其重要措施为：(一) 征集粮食，掌握实物。自三十年起，实行田赋征收实物，并同时办理定价征购，是年共征获谷麦四千五百余万市石。三十一年度将征率提高，共征得六千六百余万市石。三十二年度川滇康陕甘闽桂粤浙九省改征购为征借，皖省自动改征购为捐献，共征得六千四百余万市石。三十三年度更将各省征购一律改为征借，同时加办累进征借。是年度起截止本年三月止，已征获五千余万市石，预计至六月底止，可达六千六百余万市石之配额。其他因军事需要，另再拨款就地采购，其在接近敌区，则以高价抢购，此项采购抢购之数，亦年达百万市石。此种大宗粮食之掌握，不但军粮民食，赖以供应无缺，亦为战时经济上一大安定力量。(二) 改善生活，军公粮供应实物。抗战后政府为改善士兵生活，实施粮饷划分主食公给制度。至三十年以后，所有前后方部队及军事机关学校医院工厂官兵夫役，一律办理。以三十三年度而论，军粮数量，达米九百八十三万余大包，麦五百九十五万余大包，其他委购部分及全国知识青年志愿军，尚不在内。又自民国二十九年以后，公教人员薪给，不足维持生活。三十年七月，颁布改善公务员生活办法，规定中央公务员及其眷属，得购领平价米。三十一年十月起，公粮一律免费配发，陪都及各省，亦以发实物为原则。县级人员公粮自三十二年度起，随赋带征。以三十四年论，除发代全省份外，中央公粮共约需谷四百五十余万市石，麦三十五余万市石，省级公粮约需谷麦六百余万市石，县级公粮一千万市石左右。有此大宗食物之供应，公教人员之生活，得以勉强维持。

为弥补战时粮食之不足，并奠定农业生产之永久基础起见，自二十七年起，中央协助各省推广优良种子及防治病虫害等。三十年起扩大办理，一方面推广冬耕，规定农户在冬季不能将稻田空置不用，每年七月，各省即发动办理。三十三年度统计后方冬作面积，已比战前增加百分之二十，约计五千余万市亩。除推广面积以外，更督促办理粮食增产。现已有改良稻种一百三十种，推广约三百万市亩，每亩增产约六十市斤，改良麦种约五十种，推广约二百万市亩，每亩增产约四十市斤。此种改良种，其受农民欢迎。

粮食而外，财政金融，亦为战争命脉之所系。我国财政，经常前历次之整理，培养税源，整理间接税，同时树立直接税体系。抗战以后，遵照中央决策，接管田赋及营业税，提高税率，开征新税，并将关、盐、统各税，施行从价征收，同时筹办消费品专卖，以裕收入。自二十七年以来，货物税因战事关系，税收锐减。迨三十年九月，改为从价征收。三十三年实收数为五十六亿二千余万元，约当二十八年实收数一百一十倍。至直接税方面，推广所得税，举办利得税及遗产税，调节印花税率，扩大直接税体系，增收财政租赁及出卖所得税，税收渐增。以三十三年与二十六年比较，已增至三百余倍。盐税为重要税源，三十年九月改为从价征收，三十一年改为专卖，三十二年十月就食盐开征战时附税，每担三百元，三十三年三月加征国军副食费每担一千元，三十四年一月，停办专卖，改征盐税，划一征率为每担一百一十元，并调整战时附税征率为每担一千元，同年三月增税每担五千元。截至目前，盐税征率，连同国军副食费每担共为七千一百一十元。至于土地税包括土地税及地价税两种，至三十三年底止，后方开征地价税者，计有十七省市。专卖事业自三十年十月开办，至本年一月，熟权利弊，决定停办，仍征统税。

财政之筹维，除努力增加税收外，举债亦为战时主要财源之一，请分内债外债各别言之。（甲）内债：历年发行军需建设及同盟胜利各种国币及外币公债，自二十六年战事发生以来，共合国币一百五十余亿元，关金一亿元，英金二千万镑，美金二亿元。三十年起遵照八中全会发行田赋实物库券之决议，发行各省粮食库券，至三十三年止，共计发行五千六百余万市石。（乙）外债：二十八年五中全会决议第二期战时财政金融计划案有云："为弥补支出计，除仰给内债及银行借垫外，并须筹借外债，以资补充"。财政部即于二十八年与美国洽订桐油借款，与英国洽订滇缅路购车借款及第一次信用借款，与苏联洽订第三次借款，嗣复与英美先后商订钨砂借款、锡借款、金属借款，五亿美元借款及五千万英镑借款等十二种，连同苏联第一二两次借款，总额计美金八亿七千万元，英镑五千八百余万镑。以上各债，类多易货性质，以我国农矿产品运售抵付。粤、汉、湘、豫相维沦陷，财政支绌，物资匮乏，而各种必须器材，仍得源源输入，使前方械弹无缺，后方生产竭不，自得力于外债不少。

我国财政收支，二十六年事变发生时，仅各为二十一亿零三百余万元。此后为支持长期战争，逐渐增加，三十年度收支各一百零八亿九千余万元。三十一年度，因配合军事反攻，供应远征军军需，修建飞机场，加强兵工武器生产，提高官兵待遇，改善交通路线及设备，故支出达二百六十亿零一百余万元。三十三年度达一千七百二十九亿九千余万元，较之战前约增加八十二倍之多，而取给于租借法案者尚未计入。本年度国家总预算，原核定支出数为二千六百三十八亿四千余万元。自年度开始后，固军事建设之需要，临时支出，不免增加，实在开支，恐将超过总预算所列之数。至于收入预算，为一千八百余亿元，而物资售价约占三分之一。（新近盐税每担增加五千元，约有五百亿元未计在内）将来盟邦物资内运，将较预计增加，用以弥补国库亏短，可望渐近平衡，而于平定物价，尤有裨益。财政收支增大，欲谋战时金融与物价之稳定，则稳定通货实为要着。我国实施法币政策后，管理通货之基础，虽已奠定，于战时支应浩繁，收支不能平衡，通货不免增发，敌伪之阴谋破坏亦及，政府为提高法币信用，（一）充实法币准备。于二十九年九月规定，除金银及外汇外，得加入短期商业票据，货物栈单及生产事业之投资，一面努力收兑金银，吸收侨汇。（二）统一发行。三十一年七月一日起，法币发行由中央银行集中办理。为节省法币，并责成中央银行办理票据交换。（三）吸收游资，以推行储蓄及运用黄金为主。储蓄方面，四行两局至三十三年十二月止，共吸收一百五十三亿二千余万元，运用黄金方面，至三十四年三月止，收回法币四百四十三亿二千余万元。其他如设立机构，管理外汇，加强四联总处之组织，实施四行专业化，整理地方银行系统，管理银行信用，连同输入物资，加强供给，皆为战时管制金融物价之重要措施。

战事延长战区扩大之结果，经济界与产业界所受之影响，至为巨大。上届临全大会通过“非常时期经济方案”，指示周详，政府即本此原则，以从事于战前工业基础之保存，战时生产之增进，以及战后工业化之计划与准备。

（一）战前我国工业，均集中江海沿岸及铁路沿线。战事初起，政府即决定协助各工厂内迁，共计有厂矿四百四十八家，机器材料七万零九百吨。惟上年湘桂战事，因交通极度困难，政府虽竭力协助西迁，仍有若干运至金城江独山后无法续运，以至毁坏不少。至资金方面，或投资或贷款，政府均尽力为之。其贷款重心二十七年至二十八年之间，以资助迁移为主。二十九年至三十年，以资助各厂矿建筑及完成设备为主。三十一年以后，则以协助营运为主。其中由经济部贷款者为二万四千万元，经济部核转四联总处贷款者为十二万万元，由经济部工矿调整处投资者为二万三千万元。材料方面，工矿调整处二十八年以来，均向国外设法购入，供应各厂。以最近两年论，三十二年供应总值十万万元，三十三年达五十三万万元。(二) 后方工业基础，原极薄弱，政府力排万难，努力增产，不无成效。就矿业言，煤之生产，二十七年为四百七十万吨，至三十二年已达六百六十万吨，三十三年湘桂矿区沦陷，总产量仍达五百五十万吨。铁之生产，二十七年为四万吨，三十二年已达七万吨，三十三年又因湘桂战事及灰口铁增产回跌至四万吨。石油则战前国内全无生产，政府于抗战后即排除万难，于甘肃石门开采石油，二十八年开始产油，逐年递增，现已有油井十八口，年产汽油四百万加仑，煤油二百万加仑，柴油一百五十万加仑，为抗战期中之重要成就。其他后方工业，七年之中，均有进步。二十七年后方发电仅七千万度，现已达一万七千万度。二十七年钢之生产为九百吨，现为一千三百吨。二十七年酒精仅产三十万加仑，本年可望达二千万加仑。二十七年纯碱仅产九百吨，现产三千七百吨。水泥原产一百二十万桶，现产二百四十万桶。机械工厂，后方原少设置，至三十二年各厂拥有工具机四千二百部。电工器材，由湘迁川，其产品质量，已可与外国生产者相颉颃。纺织工业，二十七年仅有二万五千锭，现已有二十五万锭矣。(三) 政府为战后工业化之筹划，侧重于工业技术之奖励，与工业标准之厘订。其基础工作，如地质调查，矿冶研究，工业试验，均在积极进行。三十二年四月曾开工业建设计划会议，已拟订战后十年建设计划初稿。三十三年复就原计划各项目分别矿产、冶炼、机械、电器、电力、化工、民生工业各项拟定具体实施方案，将来经再度检讨，当即能付诸实行。而政府为计划复员工作，已制定敌国资产处理办法及沦陷区工矿事业接收整理办法，以期战事一告结束，即可配合实施。

我国战时后方工业，虽已渐具规模，但因各种工业，分隶若干机关，未集中指挥，不免发生供求不能相应之现象。若干产品，量虽不多，尚有过剩；若干产品为作战必需，而后方又不能供应；若干生产事业因受环境影响，去年竟不免紧缩减少。去年秋，美国前战时生产局局长纳尔逊来华，曾与我政府当局商谈，加强我国战时生产工作，决定设立战时生产局。三十三年十一月，纳尔逊二次来华，该局亦正式成立，为综理战时生产事务之最高机关，以达到军用及主要民用物资之最大生产为目标。凡军用及民用主要物资之生产，国内外主要器材之购办，器材及工业人员之支配，器材之国内及国际运输之优先次序，生产技术之改进，生产器材之节约或限制使用，原料成品之购储征用及生产，及增置工业器材设备所需资金之决定，均在该局职掌范围之内。

战区内移，各种交通，因战事之延长而日感困难。七年以来，在材料缺乏与经费困难之状况下应付军运，兼顾民运，辛苦支撑，勉达任务。其重要设施，有如下述：

（一）铁路：我国铁路，在战前共有一万二千余公里，现仅存旧路七一八公里。新筑路线，悉照中央指示，第一择可通海口或可接邻邦之国际路线，如湘桂、滇缅等路；第二择后方补充之必要路线，如湘黔、綦江等路，第三择后方国防政治重心之交通路线，如黔桂、叙昆、宝天等路。以上各路，多在山岭区域，施工极为困难，但七年来已完成者，总计一八七五公里，约当战前铁路里程百分之十六。此项新路，现已沦陷或拆除破坏者一三九九公里，仅存四七六公里。三十二年八月，与法国维琪政府绝交，接管滇越铁路滇段二八六公里，现照常通车。

(二) 公路：战前公路共有十一万余公里，截止现在，旧路尚存四万二千余公里，战时新筑者十一万六千余公里，计属于(甲) 国际公路者，西北方面有自兰州至猩猩峡之甘新线，再经哈密迪化入苏境，接通土西铁路。西南方面有自衡阳至九龙之湘粤线，及自衡阳经南宁至镇南关之湘桂线，同时赶筑滇缅公路，自昆明以达畹町。(乙) 属于国内干线者，在西北有汉白公路之安(康) 白 (河) 段，自天水至双石铺之天双路，与川陕路北段衔接，在西南有川湘公路之川段，川滇东路及川中乐西、西祥、桂穗、贺连等路。(丙) 属于边疆公路者，计有南疆公路，自甘肃之西安，以达新疆之库尔勒，为接通新印之要道，现仅敦煌至□羌一段未完。青藏公路起自西宁至玉树，为青海入藏干线，已于去年九月完工。另有康青公路，自康定以达歇武，与青藏路衔接，亦于去年十月通车。

滇缅公路于三十一年五月被敌切断后，年来我军与盟军合力反巩，路工随军抢修，去年九月就滇境分段兴工，今年一月，全线克复，而全路亦随即通章。

美方助我赶修中印公路，同时沿线敷设油管，自印缅境至昆明总长三千余公里。国外部分，由美方办理。国内部分由我办理，自云南驿至国界，约六百公里，业已铺就，云南驿至昆明，本年六月底，即可接通。

(三) 空运：抗战以来，为争取国外物资，对于国际空运之改线，颇费筹维。初则加强渝港线，开辟渝河 (内) 线，并利用渝昆、昆河两线，以与法国阿港线衔接。越南陷后，我方事先开辟昆仰线，仰光失守，又辟昆印线，最近三年来，担负内运重要物资总计三万二千一百吨，其运量不亚于昔日滇缅路畅通时期。三十二年复辟丁江宜宾线，俾物资卸宜后，可藉水道运输，近更筹辟丁江泸州线，至中苏国际空运，仍照常开行。

现在空运进口物资，每月约二千余吨，为加强运量，现正与美方洽商调拨最新式之C—46运输机，并增加机数。至国内空运，亦正向美方洽拨运输机，以期加强运量。

（四）航运：七年来除加强后方各河流水运外，并在嘉陵江设绞滩站，及炸除险滩，现小轮可驶南充，浅水轮亦可达广元，并利用金沙江宜宾至屏山航线，同时并沟通西南西北水陆运输。三十一年开辟至衡阳以达广元之川湘水陆联运，对后方运输，颇有贡献。至于就整个后方言，整个航道之工程，在水利委员会统筹进行中。七年以来，已施工之水道，总计为六三一七公里，其中有开国际运输路线者，如珠江流域之桂江、黎汉、左江、郁江、右江、都柳江以及扬子江上游之金沙江等，有关军事运输及物资运输者，如扬子江流域之川江、岷江、马边河、赤水河、嘉陵江、綦江、沅水、酉水、清水江、清江、暨黄河流域之洮河、湟水，以及闽江上游之沙溪，与韩江上游之梅河等。目前重心工作，则为扬子江与黄河两水系。

船舶方面，战前原有轮船约六十万吨，现有者不过十一万吨左右。三十二年起，政府曾迭次拨款补助各商船公司赶修江轮。此外国营招商局驶入川江之大型商轮六艘，亦在加紧整修中。被炸江轮约有三万四千吨，大小木船四万一千余吨，均经政府补助或贷款修复。现复计划建造浅水轮一百五十艘，拖驳一百艘，及各级木船五百只，浅水轮所需引擎，已向美国洽购，约本年秋冬运到。

战事乃国家人力与物力之总动员，在此抗战时期，发挥社会组织力量，维护一般国民生活、济困恤孤、养老抚幼、鼓励民心士气、安定社会秩序、所关至为重要。二十八年中央决议将中央社会部改隶行政院，旨在藉政府之功令，以推行党的社会政策，将及四年有半，其重要工作，有如下述：

（一）人民团体组训：三十一年政府公布“非常时期人民团体组织法，社会部即据以举办人民团体总登记，登记结果，除沦陷各地区外，计有团体数一万七千二百五十个。最近两年来继续派员督导，更谋发展。至三十三年十二月底止，计有团体数二万六千一百二十六个。工商业团体，更实施管制，使协助推行战时经济政府，至社会运动□以征募慰劳为重心，年来丰次战役，均能及时发动慰劳工作。

（二）社会福利：历年设施之主要方针，为“倡导并改进各种社会救济社会福利事业，以应战时及战后社会之需要”，历年已先后颁布社会救济法、职工福利金条例、农民福利社设置办法、工厂检查法、职业介绍法、社会服务设施纲要等法规。其一贯精神，在以国家责任观念，代替慈善观念，力求实行民生主义。

（三）人力动员：国家总动员法所规定之人力动员业务，于三十一年九月开始，三十二年十二月，颁布“国民义务劳动法”，实施仅及一年，各省市已组织义务劳动服务团三百四十二团，征召义务劳动者二千九百零八万九千九百八十八人，工作一万三千四百零六万七千九百六十二工。

（四）合作事业：截至本年二月底止全国乡镇保合作社，及专营合作社省联合社，总计为十七万二千一百六十九社，社员一千六百十四万九千四百八十四人，社股金八万零二百六十三万二千八百八十一元，合作金库条例，亦已明令公布。不久合作事业之金融体制，亦以奠立。

欲动员人力，则人力之培养，实为先务之急。我国各地医药设备，本极简陋，疾病丛生，影响健康。况当战时，疫疠之流行尤为可虑，故政府虽在万分艰辛之中，对于卫生建设，仍推进不遗余力。可列举如下：

（一）卫生机关：二十九年五月，制定县各级卫生组织大纲。同年十二月，公布县卫生工作实施纲领，各县设县卫生院，分区设县卫生分院，乡镇设卫生所，保设卫生员。截至三十三年底，后方一，三七七县，已设立县卫生院九七八所，卫生分院二三〇所，卫生所一，三八五所。

各省卫生机构，浙赣皖闽湘鄂粤桂滇黔川康豫陕甘青宁新等十八省，均设有卫生处，省立医院五三所，省立传染病院七所，省立卫生试验所十所，卫生材料厂二十所，卫生队及防疫队二十一队，其他卫生机关一三三所。

（二）救护工作：自二十六年八月以来，先在淞沪设置救护医院二十四个，特约医院十六个，收容伤兵治疗达一万七千余人。另设救护队十队，急救队八队，专在前线救护伤兵，计达四万二千余人。自首都退出，即将各队在长沙改组。二十七年二月成立手术队绷扎队等共计三十六队，旋扩编为六十二队，另设材料库八所，运输汽车队十二队，船舶队四队。二十八年迁至贵阳，其所属救护总队部计共有四个大队部，二十个中队，七十五个医务队，包括医疗队医防队及卫生队等，协助主要伤兵输送线上之兵站医院后方医院及收容所等，办理医疗防疫工作，另设十八个运输队及八个材料库，以输送伤兵医务工作人员材料及置备储藏分发各种药品器材。其分配地点，依战局而移动，红十字会总会并在重庆设置医疗机构五所，办理培都及郊区民众医疗工作，救护总队部所属各医疗队，至三十三年计共有九个大队，一〇三个医队，分布于赣、闽、浙、皖、粤、桂、黔、鄂、陕、湘、川、滇各省。

各地教会医院，自抗战以来，竭力协助收治伤病军民，由卫生署予以经费及药械之补助，每年受此项补助之医院，最多时达二百二十二个，最少时亦有五十二个，发出之补助费三十一年一百一十万元，三十二年八十七万元，三十三年一百十余万元。

（三）防疫设施：我国过去传染病流行甚剧，惟在二十九年之前，并无全国性之完全统计。二十九年起，卫生署军医署中国红十字会及后方勤务部卫生处合组战时防疫联合办事处，统筹军民防疫。关于防疫工作，二十七年七月于长沙成立医疗防疫队二十五队，防疫医院十所。二十八年另成立细菌检验队及卫生工程队，以后迭有改组。至三十三年底为止，共有医疗防疫大队四，巡回队十六，防疫医院四。三十四年初，为顾及西北各省及豫西战区，复增一队，以汉中为大队驻地。

关于防疫器材药品，如疫苗血清抗毒素及诊断所用生物制品，有中央防疫处西北防疫处负责供应。惟北平沦陷后，中央防疫处北平制造所为敌占有，其在南京本处设备，亦因辗转迁移，颇多损失。至二十八年始迁至昆明！近年迭经充实设备，生产能力已复旧观。

教育为建国基本工作，此七年虽在抗战之中，对于教育事业之重视，迄不少懈。其重要设施，可大别为三类：一为原有事业之维持与推进，二为战时特殊需要之配合，三为战后建设需要之适应。

（一）近年各级教育事业数量，年有增加。三十二学年度（自三十二年八月至三十三年七月）全国专科以上学校计一四一校，学生七三，六六九人，比之二十六学年度校数约增加不及二分之一，学生数则增加一倍以上。三十二学年度全国中等学校计三，四五五校，学生一，一〇一，〇八七人，比二十六学年度校数增加不及一倍，学生数增加几及两倍。三十二学年度全国国民教育计二五八，六六四校，学生一七，八〇一，六五五人，比二十六学年度校数增加十分之一强，而学生数则增加三分之一以上。

国民教育为实施新县制之基本工作，自三十年开始推行至三十三年底止，后方各省市平均已超过每乡镇有一中心国民学校，每三保有两所国民学校。中等教育方面则注重中学，师范学校及职业学校三类中等学校之比例设置，以矫正以往畸型发展之不合理现象。高等教育方面则一面注重科系之设置，务求适应国家之需要。（战时增设之学校，多为培养技术人才之专科学校，与规模较小之独立学院，至大学反较战前减少二校。）同时并注重内容之改进，关于课程与教材，务求能符合国情。

（二）配合战时需要，上年起又征用法律系毕业生。至一般毕业生之分派服务，历经由部统筹办理。关于青年从军，早经规定奖励办法。青年志愿从军运动倡导以后，各校学生踊跃参加，十万青年瞬已足额。其属于前方者，自二十七年起即派员深入陷区工作。关于战区中小学教师之救济，截至本年三月止，总计登记救济人数达一万八千六百余人。除安定其生活外，并分配工作。再则关于战区青年之招致与训练，亦系特加注意办理之事项，截至上年九月止，历年登记战区中等以上学生，达十六万八千余人。倘连招致战区之失业青年合计，则截至上年底止，共达二十四万九千余人。

（三）建设人才之培养，近年已加紧实施，如机电工程师之训练中等技术科，以及各种短期训练班等，办理已历五年。并注意建设与教育双方面之联合合作。又拟定十年经济建设人才培养计划，自去秋开始实行。除原有科班外，专科以上学校方面，就有关科系增加一百零八班；中等学校方面，亦增加科技班七十八班。本年仍应依照进度继续增办。

抗战延长至七八年，因战事而受牺牲之同胞，不可不有以救济，将来战事结束，救济善后，尤须先事筹维。兹分述之：

（一）战事发生地区之救济工作，包括临时之紧急救护运送配置以及收容组训等项。当振济委员会曾于二十七年四月二十七日在汉口成立之时，战事已蔓延至江淮各地，难民日众，特于各战区先后设立十个救济区，各救济区设置振抚工作队，随军抢救，施放急振。救济难民人数，自二十七年四月起，至三十三年十二月底止，统计各救济区救济难民人数为八百十四万七千二百零八人，各省市振济会救济难民人数为一千零七十一万六千一百五十四人，各慈善机关团体救济难民之人数为三千零一十五万一千五百三十一人，三项共计为四千九百零一万四千八百九十二人。难民疏散后方，配置于安全地区，俾其从事有利于战时之各项生产工作，因此设置运送配置难民总分站，先后计设立总站三十八处，自二十七年四月至三十三年十二月，计共配置二百六十五万一千九百九十八人。同期由各省市振济会收容之难民，计共三百九十一万四千零二十九人，均以老弱疾病为对象，其有谋身能力者，即于收容后设法为其介绍职业，或酌贷资金，使其经营小本负贩，自力更生。

自太平洋战事发生后，我侨居南洋各地同胞，归国者甚众，故于福建广东广西云南贵州五省，设有紧急救侨委员会分设办事处十处，护送站招待所二百二十九所，组织妇孺抢救队二十四队，分别办理归侨之抢救运送招待收容等事宜。南洋及缅境侨胞内迁，被救人数共达一百一十九万三千三百九十三人。

（二）联合国及在此次战争中，与联合国合作之诸国政府，决定任何区域，一经联合国武力予以解放或因敌人撤退而解放时，其居民应立即获得衣食住，以及为防止疫病，与恢复人民健康之援助与救济，对俘虏流亡难民之还乡，农工生产复业之协助，与主要公用事业之恢复，亦应有所准备与布置。三十二年十一月签订联合国救济善后协定，设立联合国救济善后总署，以为计划执行之总机构，并于远东欧洲分设二区域委员会，负责决定各该区域内救济具体标准。行政院为搜集资料准备战后我国各种救济及善后之需要，俾提出中国善后救济计划于联合国总署起见，于三十三年春设置善后救济调查设计委员会，联合国派专家三人参加该委员会工作，曾分别编订食粮、衣服、医药卫生、交通、运输、农业、工业、泛滥区域社会福利，及难民等九种专门报告，及中国善后救济总计划，于三十三年九月底送达总署。前项总计划说明中国战后需要之后先缓急，以运输及交通事业占第一位。医药占第二位，黄河堵口黄河泛区之恢复，及江堤河堤之修理列为第三位，总计划所列我国战后救济及善后二类，需要之物资经费分为二部，一为国外输入之部，计重一千万吨，计值美金二，五三〇，〇〇〇，〇〇〇元，一为国内需要经费，计国币二，七二七，〇〇〇，〇〇〇元，两项合计共值美金三，四三九，〇〇〇，〇〇〇元。

善后救济事业，各国均将设立专管机关执行，由联合国总署从旁协助。以我国抗战时期之久，敌人占领区域之大，及敌人行为之凶恶，此项事业，尤为复杂繁重，非有专办机构，难期顺利进行。爰于本年一月，将善后救济调查设计委员会撤销，另设善后救济总署，专司其事，工作已逐渐进行矣。

抗战与建国同时并进，为中央一贯之决策，而完成地方自治与准备实施宪政，为建国之两大重要工作。请分言之：

（一）完成地方自治：地方自治为宪政基础，乃训政时期政府工作之重心。二十八年九月十九日公布县各级组织纲要，由各省就实际情形拟具计划，呈奉核定先后实施者，计共二十二省。就中广西江西二省，定于三十年内完成，湖北湖南浙江福建云南陕西甘肃七省，定于三十一年内完成，四川西康贵州广东安徽河南青海宁夏等八省，定于三十二年内完成，新疆省则于三十三年开始实施，此外如江苏山东山西绥远四省，虽亦曾订有实施计划，但以情势变迁，未能全部实行。

在后方十七省中，共辖一千三百六十八县。其已实施县各级组织纲要者，为一千一百零三县。县政府均已充实组织，又实施新县制各省，共辖二万九千五百七十八乡镇，已建立乡镇公所二万七千三百零六所，共辖三十三万五千三百七十一保，已建立保办公处二十九万六千六百六十九所。

新县制实施以来，其困难所在，厥为人才与经费之缺乏。关于人才问题，现在后方各省均已设立各级训练机关，自二十九年先后开办以来，全国已训各级干部人员共达一百八十八万五千七百三十人。关于经费问题，财部依照五届八中全会决议，将财政划分为国家财政与自治财政两大系统，省级财政并入国家财政系统之内，地方自治财政，以县为单位，与国家财政分立，自治财政从此财源独立，并得分配国税，并由中央补助，基础益臻稳固。

关于民意机关，县各级组织纲要规定县设县参议会乡镇设乡镇民代表会，保设保民大会。计后方十七省，实施新县制之一千一百零三县中，已成立县参议会者十七县，已成立县临时参议会者七百八十四县，已成立乡镇民代表会者一万五千七百零三乡镇，已成立保民大会者三十三万二千六百八十九保。除有特殊情形之少数地方外，各县市民意机关，本年度内可期一律建立完成。

新县制之实施，其目的原在促进地方自治，地方自治之主要事业，在建国大纲第八条及地方自治开始实行法中已有规定，但因时代演进，及环境需要，自有补充之必要。内政部曾拟定"地方自治实施方案，规定完成地方自治条件十四项，呈经行政院于三十年十月五日公布施行。内政部三十三年度根据各省所报推行地方自治事业成绩，计后方十七省，已办清查户口者七百余县市局，已举办户籍及人事登记者五百县市局已办土地测量者一百六十县市局，已办土地登记者一百五十三县市局，已征收地价税者四十四县市局，已办土地陈报者一百二十二县市局，办竣规定地价及重估地价之城市，共有一千〇五十一处，农地办竣规定地价者八县，开垦荒地计二百七十九万八千二百六十市亩，已举办乡镇造产者二百四十八县市局，已整理财政者四百九十五县市局。国民兵训练人数共达一千五百一十八万二千五百零九人，已修筑乡镇道路计四千四百五十七公里，已成立中心学校二万四千四百三十所，已成立保国民学校十七万八千一百六十八所，已设县合作联合社一百六十一社、乡镇合作社五千四百零八社，保合作社一万六千八百六十社，已设警察局者七百七十四县，已设警佐室者三百二十六县。最近各省实施成绩数字已较增高，惟因尚未报齐，未能统计。

三十三年五月，行政院召开全国行政会议遵照五届十二中全会指示之原则，复经规定地方自治条件二年内应完成之最低标准九项，即（一）全县户口清查完竣，继续办理户籍及人事登记。（二）各重要城市土地测量，其他地区土地陈报办理完竣。（三）全县公民宣誓一律举行公职候选人检核足数。（四）各县城均设立警察机关，各乡镇保国民兵队一律完成组织及训练。（五）主要县道及乡村道路，均平治可以通行。（六）各县每乡镇设中心学校一所，每三保设国民学校二所。（七）每县设卫生院一所。（八）各县市政府及区乡镇公所，均依法令组织完成，其干部人员均经训练足以适应其业务。（九）全县职业团体依法完成组织，现正由内政部加紧督促各省依照上项最低标准，于本年度内积极完成，在人力财力较优地方，仍盼能按照地方自治实施方案规定之事项推进。

公职候选人必经考试铨定其资格，始足以济选举制度之躬，总理遗教指示綦详，实为五权宪政精义之所在。县各级组织纲要公布，规定设置民意机关，考试院即据具考试条例，呈府公布施行，于三十年六月正式开始举办。考试方法，分试验与检核两种，至本年三月底止，经检核及格者凡六十五万七千四百七十五人。

蒙古与西藏，其地理环境与社会文化，均有其特殊性，凡所设施，与内地各省自有不同。政府处理蒙藏事务，一以三民主义为最高原则，以各宗族一律平等为基点，进求融洽其文化习俗，消弭狭隘之部落界限。一面培养各宗族之自治能力。惟日寇对于蒙藏，时施挑拨离间之诡计，故政府以“团结蒙古”、“安定西藏”为战时治边方针。七年以来，对蒙古则派员协助蒙旗政务，加强联系，迁移成吉思汗灵榇，处理扎萨克事变。对西藏则选派大员宣慰，蒙藏委员长吴忠信，二十九年入藏主持第十四辈达赖坐床典礼，随即在藏设立办事处，各种悬案，均迎刃而解。一俟抗战结束，地方自治工作展开，边政方面，亦不难一新耳目。

（二）准备实施宪政：民意机关之设立，除县以下之机关，国民参政会另有报告外，政府于二十七年九月二十九日公布省临时参议会组织条例，及市临时参议会组织条例。现已依照规定成立者，有浙、皖、赣、鄂、湘、川、康、豫、陕、甘、宁、青、闽、粤、桂、滇、黔、鲁等十八省及重庆一市，新疆省刻正在筹设中。现省参议会组织条例，已于三十三年十二月五日公布，一俟各省成立条件具备，原条例设施行日期规定后，即可实施。

自五中第二次全会决议，中华民国二十五年五月五日宣布宪法草案，十一月十二日开国民大会。同年五月十四日，国民政府公布国民大会组织法及国民大会代表选举法，依法组设国民大会代表选举总事务所。于七月十五日成立各省市及各特种选举事务所，并先后依法组织开始选举，但因冀察等省数省区未能如期办竣，故改于二十六年十一月十二日召开国民大会。抗战军兴，延期举行。二十八年十一月，复定于二十九年十一月十二日召开国民大会，不幸战事方殷，交通不变，召集日期因此再延。所有一切未完成选举，仍由总事务所继续进行。会场建筑以及代表招待等事项，另设国民大会筹备委员会负责主持之。国民大会堂建筑工程，二十九年十二月全部完成。三十年八月九日遭敌机炸毁，三十一年裁撤国民大会代表选举总事务所及国民大会筹备委员会，各项未了事务，交内政部兼办。内政府添设办理国民大会代表选举事务处，各省市及各特种选举事务所同时结束。所有选举法上原属自由职业代表选举事务所及辽吉黑热四省代表选举事务所掌管之未了事务，由内政部兼理。原属蒙藏代表选举事务所掌管之未了事务，由蒙藏委员会兼理。原属在外侨民代表选举事务所掌管之未了事务，由侨务委员会兼理，原属军队代表选举事务所掌管之未了事务，由军事委员会兼理。原属各省市代表选举事务所及各区代表选举事务所掌管之未了事务，由各省民政厅各直辖市政府及原经派有选举监督之各行政长官公署分别兼理。已产生之代表，共九五〇名，尚未产生之代表，共计二百五十名。

本年三月一日，国政政府主席宣告于十一月十二日召集国民大会，如何进行，正待本大会之决定。

至代表中死亡及因故出缺者，依照法定程序办理注销递补等手续，截至三十四年二月底止，共计一六一起。遗失当选证书，依照规定补领者共计一二一起。

抗战建国，头绪纷繁。政府虽在军事第一要义之下，全力以赴，但于立法、司法、监察、考试诸工作，仍努力推进。请分言之：

（一）立法：立法院自二十七年三月临时全国代表大会开会后，截至三十四年三月十五日止，其间计开院会一五五次，议决法案七九一件。内计法律案四六三件，预算案二九七件，宣战案一件，条约案三〇件。其他工作，如宪法草案之宣传工作，在院内设中华民国宪法草案宣传委员会，于二十九年五月一日成立，宣传方式分为文字宣传与讲演宣传两种。除推定委员傅秉常、林彬等六人草拟宪法草案说明书，经全体委员会议修改完竣出书外，并由各委员撰著宪草论文，陆续在各报章杂志发表。并将汇集各方意见，草拟宪法草案修正案，以供采择。其次为明了各省市及边疆地方实际情况，以备立法之参考起见，特议订立法院考察团规则，由院长随时捐派立法委员组织考察团出发考察。其考察事项为（1）现行各种法令实施之情形，（2）省县市单行规章之订定及实施有无违反变更或抵触法律，（3）地方自治推行之实况，（4）边疆地方之风俗习惯，（5）兵役工役之办理情形，（6）土地行政，（7）司法状况，（8）赋税及县市财政，（9）公用及公营事业之办理情形，（10）物资供应之办理情形，（11）其他可供立法参考之事项。嗣即分组考察团出发，第一考察团考察川康两省，第二考察团考察豫陕甘宁青等省，第三考察团考察滇黔粤桂等省，第四考察团考察鄂湘赣浙闽等省，均已考察完毕，编有报告。

自不平等条约取消后，关于内政经济司法等法律，民法刑法等法典，有加以检讨厘订之必要，故立法院有涉外立法研究委员会之设立，研讨修订一切有关外国人民权益之法律，以期符合中美中英等新约之精神。成立以来，曾经先后拟具涉外立法原则草案四件。一、关于金融（外商银行）立法原则草案，二、关于外国人在中国经营实业立法原则草案，三、关于对外贸易及关税问题立法原则草案，四、关于外国人入境游历居留传教办学出境立法原则草案。均经院会通过，并已呈经国防最高委员会议决，将名称改为涉外事项法令原则。并将关于外国人入境游历、居留、出境、传教与办理慈善事业部分，密交行政院。其余部分，则仍由立法院会同各有关机关详加研究后，再行呈候核定。现正在研究中者有：一、法律适用，二、土地权，三、人民团体等问题。

（二）司法：抗战时期，司法负有时代之任务，其重要决策与设施，悉秉抗战建国纲领之所示。扼计有下列各端：（甲）抗战至现阶段，敌正在所谓占领区域，争取民众，以遂行其政治进攻之阴谋；而战区诉讼事件，人民疾苦所关，能否得到解决，人心之向背系焉。司法院爰有战区巡回审判制度之创设，所颁战区巡回审判办法，自二十八年开始实施后，战区司法颇能与行政军事打成一片。（乙）司法经费，向由省库负担，事权不一，丰啬各殊。凡所设施，动多牵制，司法秉承二十一年四届三中全会议决统一司法经费确定基金以靳司法改进案，暨二十四年五届一中全会议决地方司法经费改由中央负担案，督饬司法行政部迭与财政部磋商。经决定二十九年度先将非战区省份除新疆外，四川贵州云南广西陕西甘肃宁夏青海西康九省之正式法院及新式监所经费，改由国库负担。自三十年度起，不论战区非战区省份，已设未设法院及新旧监所，其经费概由国库负担，至是全国司法经费之统一，完全实现。现有各地法院，至上年底止，计高院二四，分院七六，地院二九六。（丙）长期抗战，社会上事事物物，渐呈剧烈之变动，非战前法规所能因应，就中以原颁民刑诉讼法，扞格难行之处尤多，用制非常时期民刑诉讼补充条例草案，于三十年七月一日公布施行。（丁）抗战胜利之期日近，战时所颁法规，将因战事之结束而失效或废止。应如何善其后，其属于民刑实体法或程序法者，问题固多，即其他关系法规，亦应预为修订之准备，司法院延揽专家，组设特种委员会，负研拟复员后司法制度上兴革方案及民刑诉讼补充法案之专责，计凡决议十四条。其中以复员时期民刑诉讼补充条例两草案，性质颇关重要。又依三十四年度国家施政方针，司法院应以研拟战后民刑法及民刑诉讼法修订或补充法案，暨收复地区人民私权纠纷处理方案为三十四年度中心工作。经将上述特种委员会改组成立，开始研拟工作，预定年底完成，必有具体意见，足供立法机关之参考也。（戊）自各国在华领事裁判权撤废后，我国法权复归完整，从前颁布之管理在华外国人实施条例，已明令废止。凡涉外案件管辖之变通，特别刑事法令之适用，以及外国人充任律师之限制，均经司法行政部拟具办法，呈准施行。九中全会曾有厉行检察职权之议，司法行政部已一再申令检察官应充分行使其检举职权，并将自诉范围扩大，内勤工作减少，俾有时间担负检举等特殊使命。去年特种刑事案件移归司法机关审判，保障人民身体自由办法颁布施行，益表示政府尊崇法治之精神，至如巡回审判制度，公设辩护人制度，平民法律扶助制度等。均为抗战发生以来之新设施，其目的均在谋诉讼当事人之便利，公证制度为保障人民私权澄清诉讼根源之良法，全国地方法院除极少数情形特殊者外，已一律成立公证处，占总数百分之九十七以上。

（三）监察：监察院依据抗建纲领所揭“整饬纪纲严惩贪污”之指示，据调整本身机构，设置两广、山陕、新疆各监察区监察使署，组织战区巡察团，制定办法，巡察战时首都，参加军风纪视察团，并举行一般的及各地之视察调查。二十九年十月及三十年二月，派员赴行政院视察第二期战时行政实施情形。二十七年派监察委员多人，视察武汉三镇陆军医院重伤医院后方医院病兵医院兵站医院伤兵收容所等十六所，及四川重庆各地之伤兵医院，并派员分赴安徽河南山西陕西及黄河决口被灾各地视察救济事宜。二十八年起，重庆、成都、万县、嘉定、贵阳、桂林各地遭敌机轰炸，均经派员视察救济。又以抗战以来，国营业务日繁，其办理之良善与否，关系国家之国防经济财政者至巨，迭经指派监察委员前往视察，至全国总动员、兵役、物价、粮政、交通、物资管制等事，并为特定调查之项目。

依弹劾法之规定，监察委员对于公务员违反或失职之行为应提出弹劾案。抗战以来，除依法受理人民呈诉公务员之书状因而提出弹劾者外，以视察调查巡察工作之普遍开展，发觉公务员违法之途径，亦较前增多。惟值此非常时期，战区及后方之公务人员，如有违失行为，及应随时加以纠正，庶免流弊滋深。若依照弹劾法程序，弹劾案提出后，尚须经审查及被弹劾人之申辩并惩戒机关之复查始能议决裁定。倘案中涉有刑事部分，则尤非短时期所能解决。为适应非常时期之需要，二十六年十二月，特颁行非常时期监察权行使暂行办法。依此规定，监察院对于公务员违法失职行为认为应予急速处分者，得以书面提纠出举，送交各该主管长官或其上级长官，各该主管长官或其上级长官于接受纠举书后，应即决定撤职或其他行政处分。如有认为不应处分者，亦应声复其理由。倘有不为行政处分又不声复理由，或虽声复而本院认为其理由不充分时，即以纠举文件作为弹劾案移付惩戒机关，且各该主官或上级长官于被弹劾人受惩戒时应同负责任。又公务员之违法行为有涉及刑事军法者，应由各该主管长官或其上级长官于接到纠举书后送交审判机关审理之。监察院亦得迳行送交审判机关审理，依同办法之规定，监察院对于各机关或公务员在非常时期所应办之事项，得向各该主管机关或其上级机关以书面提出建议，各该主管机关或其上级机关于于接受建议书后，应在最短期内为适当之计划与处置。盖纠弹劾案件之提出，在于公务员违失行为构成以后，虽足以整饬纪纲，严肃官常，然实际上国家已蒙受不当有之损失。若事前建议，启其觉悟，促其改善，防止违失行为之未遂，消弥国家损失于无形，与事后纠劾相互为用不可偏废，实施以来，颇著绩效。

监察院行使监察职权，旨在整饬纲纪严惩贪污，弹劾案件在未成立以前，依法不能宣泄。若成立以后复少披露之机，则弹劾案件不能公诸社会，使受害者知公道之得申，不肖者亦闻风而知惧，殊不足以尽惩儆之能事，以促成政治之澄清。爰经遵照五届九中全会“……弹劾案得由监察院公布”之决议，专案呈请国防最高委员会为积极性之决议，通令各机关对于监察院公布弹劾案件不得阻挠，庶能藉舆论之力量，增加监察之效能。

审计部隶监察院，为监督预算执行之机关。抗战以后，业务顺序进展，以推行就地审计为审计部之中心工作，办理县财务抽查为各省处中心工作。自二十八年起，开始派员驻重庆市政府及振济委员会办理就地审计，截至三十三年底止，现有办理就地审计机构三十三单位，三十四年又增四单位。至抽查县财务，订定步骤三项，一为送审之报表，二为抽查之范围，三为调查之事项，令发各处遵行，并将抽查结果，就地公告。二十六年起，中央为厉行经济建设，另立建设事业专款，其收支审核为保持秘密，另组审核委员会，审计部以此种办法，恐滋流弊，建议于三十一年归并部内接办，但以此类机构过多，散布全国，除审核会计报告外，并派员轮流前往就地查核，名曰巡回审计，颇著实效。

（四）考试：考试院为顺应非常时势之要求，于二十九年三月，在渝召集中央人事行政会议，决议各案，均已陆续实施。兹将重要工作分别述之：（甲）属于考选行政者：“（1）任命人员考试，任命人员分高等考试、普通考试及特种考试三种。自二十八年后，将高等考试及普通考试，分为初试再试，并加以专业之训练。抗建时期，政府各部门需材孔殷，已感不足肆应，因于二十七年制订非常时期特种考试暂行条例。再县为自治单位，为国家建设之基层，而县政之推行，端赖亲民之县长，尤以新县制实施后，县长地位，日益重要，允宜慎选贤良。自二十三年县长考试条例公布后，历年各省举行是项考试迄未中辍，二十八年高等考试再试时，遵奉总裁手谕，曾有挑选县长之举。因将此项办法，著为定制，就高等考试及格人员中，就其学验堪以服任县政者，分考后挑选与定年挑选两项，考后挑选，举行于每届高等考试放榜后，定年挑选，则就已往高考及格人员中加以挑选。自民国二十年迄今，总计高等考试及格人员二千四百六十七名，普通考试及格人员三千一百五十八名，（中央八六一名各省二二九七名，三十三年份考试及格人员尚未据报齐），各类特种考试及格人员三万六千七百九十三名，（三十三年及格人数，尚未据报齐），县长考试（挑选在内）及格二百十七名。（2）专门职业及技术人员考试。现代社会事业日趋发达，各类自由职业之专门人材，亦须经政府衡鉴，方能保障公共之福利。三十一年二月起依据三十年，公布律师法之规定，开始办理律师检核。同年九月专门职业及技术人员考试法公布后，即陆续办理会计师农工矿业技师医事人员等检核。计自三十一年二月起至三十四年三月底止，应律师、会计师、农业技师、工业技师、矿业技师、医事人员等检核者六千〇六十三人，合格者共五千〇十名。此外三十二年度尚办理首都高普考医事人员试验各一次，合格者十七名。（3）检定考试，原为甄拔一般无力升学，而自修有得之士，予以应考资格。计自二十年起至三十四年三月止，高等检定考试甲乙两类，全部及格者一千二百七十二人。普通检定考试甲乙两类全部合格者六百八十一人。（4）三十二年举办大学学生毕业成绩铨定资格之检核。据教育部已送检核者，有国立云南大学毕业生经检核合格者七名。（乙）关于铨叙行政者（1）任用制度之变通。任用为现行铨叙制度之核心，其所根据之法规，则为二十二年三月公布之公务员任用法。计算资历，概以铨叙合格人员为限。军兴以来，需要人材，较前倍增，故制定非常时期公务员任用补充办法，放宽任用标准，自公务员任用法施行以来，至三十四年三月底止，前后经任用审查合格者计五万六千八百四十六人，准予任用及派用者二千五百四十人，准予试用者共五千〇七十三人，准予权理者共六百八十九人，委任见习者共三百八十二人。统计六万五千五百三十人。(2) 公务员内外调任。内调外放，所以沟通中央与地方之政情，且使各级人员交换从政经验，以裨设施。三十年四月公务员内外互调条例公布三十二年会同行政院办理第一次互调，计简任内调外调各一人，荐任内调外调各十人。根据第一次办理经验，深感原条例尚有未尽妥适之处，复经修正为公务员内外调任条例，扩大调任范围，其互调期间，并分定期与不定期二种，互调应视为中央与地方人员迁调，而非此员与彼员之对调，以便运用灵活。(3) 分发制度之变更。二十八年高等考试改制后，凡初试及格人员，须经训练期满再试及格，方发给证书，依法任用。分发制度，遂亦同时变更，考列优等以上者，仍以荐任职，中等者，则先以高级委任职分发任用或学习。三十一年将分发机关。推广至国营事业机关，及其他组织法中无荐任委任官等规定机关。(4) 公营事业人员之管理。公营事业机关之服务人员，其职务之重要，责任之重大，及其与国家休戚相共之关系，与一般机关之公务员实无二致。考试院曾拟具公营事业人员管理纲要草案，呈奉国防最高委员会决议，先就邮政电务铁路公路诸事业规划试行。迭经会同各有关机关商订，“交通事业人员任用条例”，“国家银行职员任免、薪给、考绩、抚恤退养、酬勤金、服务奖惩、保证等各项条例规则，”，“卫生事业人员任用条例”，“公营工矿事业人员任用条例”，交通及工矿事业人员资位评分标准等十余种，其交通及银行人员各项条例，业经与行政院会呈国防最高委员会核交立法院审议，一俟完成立法程序，即可见诸实施。(5) 战时考绩之举办。考绩为铨叙行政中极重要之一部分。二十六年抗战军兴，公务员考绩奉令停止。至二十八年为申时奖罚，以促事功计，经决定举办全国公务员二十八年考绩，并同时补办二十七年考绩，俱依限办竣。二十九年至三十三年逐年举办。(6) 奖励之审核。关于公务人员请勋，系由铨叙部初审，送国民政府稽勋委员会复核，于每年元旦及五月五日举行。三十一年三十二年，均奉谕停办，三十三年元旦，始再举行，计三十二年办理奖励初审合格者共七百八十九件。三十三年办理奖励初审合格者共三百七十二件。三十四年一至三月份办理奖励初审合格者共十五件。(7) 退休制度之创立。现代各国，退休制度之精神，寓有新陈代谢与调剂人才之作用，发挥人事上新陈代谢之机能。以前公务员恤金条例中，虽有退休办法之规定，但简而不详，且并无强制退休之规定，未足以语健全之制度。故复制订退休法，以利施行。其内容大致分为声请退休与命令退休两种，退休金则分退休金及一次退休金。业于三十年十一月六日公布施行。自三十三年六月至三十四年三月止，中央及地方公务员声请及命令退休者凡九员名。(8) 人事管理制度之确立。人事管理为推进一切行政之本，自应加以统一管理。二十九年十二月颁行各机关人事管理暂行办法，调整机构，厘正权责。三十年复奉颁党政军各机关人事机构统一管理纲要，及党政军中央机关现任各级人事管理人员考核办法。上项办法实施后，即一面办理人事管理人员之考核，一面依纲要制定人事管理条例。于三十一年九月公布，自同年十一月一日起实施。先以中央机关及其直属单位为实施机关，二十二年六月底以前，以中央机关人事机构泰半均已依法设置完竣。复自同年七月一日起，各省政府及其所属亦一律实施，同时将各机关人事管理暂行办法予以废止。计截至现在止，中央及地方机关，依据人事管理条例设置之人事机构，共二千三百十一单位，今后人事人员之任免考核，悉由铨叙部依法办理，并直接予以指挥监督。

以上各项，仅就抗战建国各种基础工作，择其最要者简单叙述，时间所限，阙漏难免，好在各单位均另有工作报告印送，各位欲加七年来政治工作之详细状况，即请检阅为幸。

报告既竟，犹须特为申述者：我国抗战八年，为国家民族之生存而作特死之奋斗，其间劳民力，用民财者，与年俱增，然而人民含苦如辛，负担不辞。尤其沦陷区域，人民虽处敌骑蹂躏之下，贞固不移，久而弥坚。至于全国士兵，冒锋镝，忍饥寒，出生入死，杀敌致果，享受最低之生活，发挥最高之精神，实为世界其他国家之所无。即公教人员，政府一方面不得不课以效率，严其惩儆，顾同时以财政所限，纵密切注意提高公教人员之待遇，终未能与环境相适应。虽大义之所在，人各为其所当为，而政府每一检讨，实不胜其殷殷眷念之情，此则不得不向大会郑重报告者也。（完）

〔中国国民党中央执行委员会秘书处档案〕

4. 吴铁城在中国国民党第六次全国代表大会上做党务检讨报告

（1945年5月7日）①

党务检讨报告

报告者吴铁城

本党是代行政权的革命党，全国代表大会是本党最高的权力机关，在宪政实施前，也就是国家的最高权力机关。所以今天的党务报告分两部分，一部分是报告本党对于国家的决策，一部分是报告党务本身工作，现在扼要报告如下。至于详细情形，则请阅已印发的书面报告。

第一部分，报告并检讨本党对于国家的决策：

---

① 时间为编者考订。

自二十七年四月临时全国代表大会以来，至今七年间，本党一切的决策，自然在军事胜利第一的原则之下，来运筹定计。至于本党固有的政纲政策，又自然不免在权衡轻重缓急之中，加以斟酌损益。因此党内外贤达共认本党的战时政策，极切合时代需要，尤其总裁的指示，英明果断，此实为抗战建国必胜必成的本据。惟因种种复杂原因，执行的结果，尚未能尽如预期。

如上所言，决策与指示，原都是针对国家情势与需要，定出适应的方针方略，交付本党同志执行的。所以自九一八事变以后，本党御侮卫国，救亡图存的政策，开始便极适切。当时我国的国防设备，即没有充实，国际对日本侵略野心的认识，亦不够深刻，本党在此情势之下，对外则根据国联盟约九国公约，促进国际对日本的认识，共给日本以制裁，对内则在安内攘外的政策之下，整理军队，训练民众，运用国民新生活运动，国民经济建设运动等方式，明耻教战。其间虽经淞沪战役、长城战役，抵抗日本的节节进逼，但仍抱定“和平未至完全绝望时期，决不放弃和平，牺牲未至最后关头，决不轻言牺牲”的定策，一方面从外交上与日本周旋，他方面在国际上力求自求，本党领袖及同志，均不愿用口舌求谅解于各方，以自白备战于日本帝国主义者之前，极尽忍辱负重，埋头苦干的能事。及七七事变发生，敌人已侵入我国的心脏，牺牲已到最后关头，本党在总裁指示之下，毅然决然，剑及履及，决定——长期抗战全面抗战的国策。这一国策，执行至今，已表现出如响斯应的成效。我们回顾九一八事变至七七抗战一段历史，既然谁都承认当时决策的正确，也就可以帮助我们了解七七抗战至今八九年间，本党在军事政治外交经济教育各方面所定的政策，都有同样的正确性，亦都是针对国家情势与需要而决定的指导原则。不过现在检讨起来，总觉得我们同志在执行政策上的努力，有些地方配合不上政策。

第一、就军事方面的决策，和执行的结果来检讨。

临全大会决定“抗战建国两种工作同时进行”的国策，通过了“抗战建国纲领”，本党七年来的一切设施，一切行动，都以此为根据。

如兵役制度方面：在七七事变前，本已设法改进，其后又订立新兵役法。到三十二年三月，兵役法经过精密修正，益求适合于平等平允平均的三平原则。去年秋季，一方面尽力改善士兵待遇，增加副食费和食粮，他方面发动全国知识青年从军运动，第一期以十万为目标，不到半年，应征的知识青年，已超过十万。而各部队士兵营养改善的明效，亦渐从黔桂湘西等处的反攻上反映出来。至于优待出征军人家属，安置伤病残废士兵，更定种种办法，付之施行。只因社会条件不备，物质条件不足，国民总动员尚未彻底普遍，本党同志领导推进的力量，亦不见得充实，基层党部的组织，又不尽能深入农村。以是良好的法制，还没有能够完全实现，兵役方面的种种弊病，很难剔除干净。十二中全会开幕，秉承总裁的指示，经全体通过，特设兵役部，提高其职权，充实其机构，使得集中全力。办理役政，为期虽尚短浅，而兵役上的弊病，已能逐渐剔除。这些重大设施与改革，都是依据了历届大会的决议案，和总裁的指示而执行的。至今检讨一过，就本党同志方面言，总觉得还没有完全尽到为民前锋的责任，无论宣传、调查、倡导、协助等工作。都做得不够，故决议案所期望的成效，事实上还相差很远，正待继续努力之处，甚多甚多。至于详情，请各位听取军事方面的专题报告。

又如在军事方面：自武汉撤退后，战局已到了相持状态。本党便决定新的政略战略，一面运用机动战，消耗敌人。一面整训国军，准备反攻。在此决策之下，本党各地同志，虽大都能与军事配合工作，但密切联系，总嫌不够。尤其党的基层组织，比较松懈，战地党务，已经摧毁，不能适应军队的战时动作，故战地党务成绩，固不能认为满意，即后方党务，亦颇多缺憾。特别是共产党私据的军队，自由行动，益使本党的决策，不能处处见之实行。八中全会以前，新四军叛变，经最高统帅当机立断，整饬军纪，撤消番号，解散部队，并经八中全会一致决议，“凡不明大义之少数部队，仍应秉军令必须贯彻，纪纲必须维持之方针，严予纠正”，而本党同志的行动与宣传，亦总向着此方向努力，但至今还没有把他完全纠正过来，这是全党同志共认为抗战中一件最痛心的事。

三十年十二月，本党开九中全会时，日本已突向英美诸友邦开衅，而德义两国，又与暴日同恶相济。本党为了伸张国际正义，即又决定一个重大国策，“实行对日德义宣战”，并在九中全会中，决定一个急要的指示，“各战场应增强兵力，从事反攻，并努力与友邦军队策应作战”。同时希望“在滇缅公路上，配备重兵，节节控制，以保护国际通路。”又希望“积极改进运输方法，以求抢运物资”。此外“加强国家总动员实施纲领案”，亦经全会制定。无论军事交通社会各方面，都讲求与此一重大国策配合。这些重大决策，均切合当时需要，各方面都能尽力执行。其中至今还不见明效大验的，则为“国家总动员”，此虽由于社会组织的不健全，或其他条件的不完备，但本党各级负责同志，未能尽最善最大的努力，无论在动员人力物力财力那方面，不是一曝十寒，便是此作彼辍，不能持久，不能呼应，更不能以身作则，这是无容讳言的事实。

三十一年十中全会前后，国内各部队，在最高统帅领导之下，与盟军在欧非及太平洋等地和敌人搏斗之际，策应作战，牵制敌军，十中全会深致嘉慰。本党鉴于此一任务的急要，即又在健全党的组织方面，改进党的宣传方面，确定本党中心工作方面，详细研究，制定一个“党务改进案”，希望方案实行以后，更能配合作战。这一改进案，虽然各方都在执行，但执行的成效，还不能适合预期。尤其关于“发动同志深入农村，组训民众”一项，几乎成为空言，致使动员民众，应征兵役，增加生产，一切为作战服务的战时工作，不能与政治上的设施配合，不能与军事上的要求适应。因此，三十二年十一中全会中，又指示“战地党政军应确立合理关系”，希望从联系得当之中，能够增高组训民众，尽力抗战之效。就是十二中全会“对于军事报告之决议案”中，以及“宣言”中，亦念念不忘于此。总之，自临全大会以来，党的决策都很英明正确，但党务不尽能与军事配合。各级党部同志虽甚努力，但与军事不能紧密联系，则亦无可掩饰。

第二、就政治方面的决策，和执行的结果来检讨。

临全大会既决定“抗战与建国同时并进”，故在建国方面，既重视集中全国才智，共谋国是，于是扩大“国防参议会”的规模．在国民大会未召集之前，决议设置国民参政会。及四中全会中，便通过“国民参政会组织条例案”，付之实施。同时指示党政机关，“应尽力完成地方自治之基本工作”。凡省县参议会的设置，亦即秉此原则。尤其自五中全会起，每次会议，及其在政治方面的决议，都以“准备召集国民大会，制定宪法”为中心，一切决议、一切设施、一切努力，都环绕此一中心而行。可以说，政治方面的重大决策，党务方面的配合努力，除军事以外，要以“制定宪法，授政于民”为第一大事。故六中全会宣言，要“加紧促成县政建设”。七中全会宣言，要“审慎决定在召开国民大会前的内政方针”。八中全会宣言，重申“抗战建国同时并进”的决心。九中全会宣言，要“成立各级民意机关，训练人民行使四权，限期完成新县制。”十中全会宣言，力言“确定建国要务，集中建国意旨”的急要。十一中全会宣言，注重“促进民权政治，以完成建国之使命。”十二中全会宣言，注重“加紧推行自治，健全民意机关”。凡此均为本党决策的表白，亦即为本党努力的所在。检讨过去，政治上的重大决策。实能适应人民需要，切合国家情势。虽然省县级民意机关不尽健全，但已规模粗具，五权宪法的实现，已立下深厚的基础，适符总理全民政治由下而上的原则。欲知详情，请看政治报告。至于调整行政机构，提高行政效率，则为历届全会所注意，亦始终在不断努力之中，在十二中全会后，改革尤多，不过还没有达到本党所期望的程度。此外五中全会颁行的“国民精神总动员纲领”。则鉴于汪逆的叛党附逆而发，自此纲领颁行，国民的力量与意旨，渐能集中于抗战建国。只是纷岐错杂的思想言论，仍未能尽予纠正，此在宣传工作上，尚待努力之处甚多。

第三、就外交方面的决策，和执行的结果来检讨。

本党的外交政策，在“本独立自主之精神，联合同情于我之国家及民族，为世界之正义与和平，共同奋斗”。历届全会在外交方面的种种决议，都根据此一国策，在抗战初期，即与联苏订立互不侵犯条约，得到苏联的同情与援助，美国英国的同情，亦及时而至，我国外交政策的成效，已得初步表现。及国际形势动汤变迁，本党在总裁指示之下，即又决定“自力更生”，“以不变应万变”的政策，尽管国际形势如惊涛骇浪，本党总以光风霁月的态度处之，故能渡过难关，坚定信心。而友邦美国在物资经济武器各方面的援助，亦由此与日俱增，英国的同情与声援，亦以是逐渐表现于事实，苏联亦然。此固各盟邦同仇敌忾的表示，我国军民为世界正义和平而苦斗的收获，然亦显然是本党外交政策极正确的结果。要是饮水思源，则总理“联合世界上以平等待我之民族，共同奋斗”的遗嘱，实已预操胜算。及日本突袭海南岛，总裁立即指出“这是太平洋上的九一八”，最励军民，齐起与英美配合作战。并告语世界，“和平为不可分，孤立为不能有”。无论政府外交，国民外交，都向着“共同奋斗”的政策上迈进。此一政策的进行，遂产生了三十一年一月一日美京华盛顿签立二十六国共同宣言。跟着废除了一百年来的不平等条约，缔结了平等互惠的新约。使我次殖民地位的国家，在国际间一跃而得平等自由的地位。三十二年十月，与美英苏在莫斯科发表四国宣言，更确立共同奋斗的决心与计划。十一月开罗会议，又取得收复满洲台湾澎湖群岛的切实保证。到最近复得与美英苏共同为旧金山会议的邀请国，共同计划战后世界的永久和平。凡此成就，都得力于本党决策的正确，与总裁指示的精到，尤其总理垂训的宏远英明，正如烛照数计。而外交人员及有关机关的努力，亦迄未违反决策与指示。可说运筹坛玷，决胜疆场，无不双管齐下。其间如犹有可议之处，则亦不在政策而在力行。

第四、就财政经济金融方面的决策和执行的结果来检讨。

作战的三要素，一为金钱，二为金钱，其三仍为金钱。以我贫穷之国，当顽强之敌，作持久之战，要不是在财政经济金融上先有不败的政策，就必然表现出再衰三竭的财征。即此以观，便可认识到本党在财政金融各方面的政策，实有匠心独运，宏济艰危之处。其在事人员的任劳任怨，亦可想见。惟困全党同志所做家喻户晓的工夫，及发挥毁家纾难的意志，尚不能无缺憾，故在若干方面，还没有能够使良法美制的结果，充分表著。如五中全会决定的“改进财政系统，统筹整理分配案”，七中全会决定的“动员财力，扩大生产，实行经济统制案”，以及“各省田赋暂归中央接管，与改征实物案”，和九中全会决定的“确定战时经济基本方针案”，十中全会决定的“限价政策案”，十一中全会决定的“战后工业建设纲领案”，“确定战后奖励外资，发展实业方针案”，十二中全会决定的“加强管制物价方案紧急措施案”，以及其后的“战后第一期经济建设原则”，都是极重大的决议，足以适应战时与战后财政经济的需要。尤其是田赋改征实物的功效，不下于法币政策。此一政策的功效，在全部抗战史中，实有其不朽的纪录。但管制物价一事，因努力不足，物资不够、交通阻塞，供应失调，总不见大效，总不如改征实物的有效，这也是本党同志对动员工作，没有做得普遍彻底的明证。至于安定金融，增高生产，补助内迁工厂，节制私人资本，裁仰地主兼并，一切有关民生主义的方案，历届全会迭有决议，总裁尤不断指示，万分重视，然亦因物资短少，实力有限，交通困难之故，未能收获预期的效果。更因现实情势的牵制，不能不姑与迁就，急其所需。故虽然有详尽的“国家总动员法”，总呈现出“徒法不能以自行”的现象。总裁虽在三十一年十月指出“现在不但军事第一，也是经济第一”，而经济上的动员，依然缺憾不少。但本党的主义，革命的目的，始终锲而不舍，尽管千曲百折，决不离宗，此则凡是了解行政道术的人，所能鉴谅。至其详情，另在政治报告时说明。

第五、就教育方面的决策，和执行的结果来检讨。

战时的教育政策，一贯的依据“抗战建国纲领”尽力推行战时教育，并以建国人才的培养，为其本务。但因物资不足，影响到教师学生的营养，与身体的健康。即教科书参考书因印刷困难之故，亦不能满足教师学生的需求。科学仪器设备的缺乏，更不消说。十中全会有鉴于此，又进一步作周详的指示，“一须贯彻教育宗旨，二须加强训育管理，三须奖进各级师资，四须充实学校设备，五须实施计划教育，六须改善学生营养，七须加紧实施战时教育，八须宽筹教育经费。”对边疆教育，侨胞教育及扫除文盲运动，历届全会亦均有决议。在战时财政极度困难之下，而对于教师学生营养方面的补益，所拨的经费，已很可观，干戈满地，而弦诵不辍，真堪使人破涕为笑。其详情见于教育报告中，此中最值得称道的，莫过于各级学校的教师，虽衣食不继，而诲人不倦，虽颠沛转徙，而好学不厌，此实我民族不移不屈精神的表现，亦为抗战建国力量的源泉。但于扫除文盲一事，本党各级党部同志，均有可尽的力量，却未能尽到，亦未能如十二中全会的指示，“竭力推动。”尤其战时教育上消极的限制，与积极的指示，为战胜顽强敌人，防止反动势力所必要者，因本党同志宣传说明不足，或诚信未孚之故，尚未能使教育界文化界一致谅解。此就“革命成功，宣传力量居其九”的原则上说，实在更需要继续努力以求得共信共行。

第六、就对中国共产党问题的决策，和执行的结果来检讨。

中共问题，本是最棘手的问题，他本是一个企图推翻政府，夺取政权的党派。但本党始终采取宽大容忍的政策，只求他能够切实遵守其在二十六年九月二十二日的宣言，不破坏国家统一，不妨害抗战胜利，决不多所责求。故自新四军事件后，历届全会的决议，都本此一贯的方针。尤其总裁在十一中全会对于此一问题的指示，特别精切适当，要本党同志“认清此为一个政治问题，应用政治方法解决。”本党所用的政治方法，实已无所不用其极，但因中共的顽梗不化，野心难除，很少明效。惟因本党处置的公正得当，已使英美友邦遂渐认识中共的野心，与其妨害抗战的事实。不过英美一般国民的认识，远不能普遍深刻，仍有持本党同志的努力。尤其共产主义与阶级专政的不能适用于我国，军政军令分裂的不能抵御外侮，国家民族至上，军事胜利第一的真理，与三民主义的崇高博大性，中国国民党的革命性前进性宽大性，及其所负责任的重大，所处环境的艰苦，无一不需要每一同志随时随地切实说明，使猜疑本党的一部分人，和认识不清的青年，恍然大悟。至于严肃本党同志的纪律，紧密本党各级的组织，提高本党执政的效率，更需要急起直追，实事求是。就是共产党对我的批评，虽含有恶意，亦未尝不可借为泰山攻错之石，以表示本党的伟大性与能容性。特别是全面反攻的时期，已在眼前，本党从事战区政治工作的同志，必须提高警惕性，与民众和军队，密切合作，重振北伐时期的精神，争取比北伐之役更硕大的战果。能如此则共党前既不能妨害本党的统一全国，今日自亦不能阻挠本党的光复河山。至于详情，请听专案报告。

第二部分，报告并检讨党务本身工作。

本党是抗战建国的总发动机，其内部组织的健全与否，密切关联着国家民族的存亡安危。民国是本党产生的，建设民国本党尤负有特殊责任，故党内一般工作的检讨，其重要性不下于检讨政策。今就党务本身方面，略加检讨，则可喜的方面虽然很多，但缺陷之处，却亦不少。从临全大会至今，七年来党务的重要设施，大体都是遵照上次临全大会决定的方针。这方针是：

一、党部组织的原则，应切实发挥民主集权制的精神，除确立党的领袖制度外，在省市采取主任委员制，在县采取书记长制，在区以下，采取书记制，而加重其职权，以补救委员制的缺点。同时在区分部下，设立小组会议，以为训练党员的单位。

二、是取消预备党员制，设立青年团，以训练并团结全国的青年，同时藉此以吸收青年份子，增进党的活力。

三、是训练与工作的方针，由党直接训练各级干部，党的工作，都应积极运用政府的权力，与党团的作用，以发挥党的领导力量。

四、是调整党政关系的原则：（一）在中央采取以党统政的形态，（二）省市采取党政联系的形态，（三）县采取党政融化，即融党于政的形态。

中央执行委员会遵照临全大会的决议，随时秉承了总裁的指示。七年来努力的重点与结果，要不外如九中全会党务报告决议案的指示“对内加强组织力量，对外展开党的活动”，虽然还没有完全达到希望，但已有相当成绩。特别是自从蒋委员长担任本党总裁以后，本党数百万同志，便若纲在纲，如衣有袖，提振有人，精神立奋，使全党同志成为一坚强的战斗体，此一体制所奏的肤功，真与十中全会后总裁担任国府主席在国际上所增益的巨大力量相等。现在将工作的成绩和缺点，分为组织、宣传、训练、青年团及一般工作五类，扼要报告如左：

第一、就组织方面的工作来检讨。

（一）先检讨清理党籍，征求党员的成绩：自武汉撤退以后，战区日广，党员也多移动，所以第一步是一面清理党籍，一面征求新党员。清理的办法，是用总报到的方式，共计后方各省市报到的党员为二十八万二千五百余人，海外党员报到的为三万四千七百六十三人。然因战区县以下各级组织解体，与党员不完全能尊重组织等等原因，报到的党员，实在只及半数。至于征求党员，则历年来定为各地党部的中心工作。二十八年起，每年都由中央制订计划，分别核定各地征求的数量与成份，督促各地党部办理。征求的结果，截至最近止，连原有党员，共计：

一、后方各省市及学校工矿各党部共有党员一百九十七万零一百八十人。

二、战地党员六十三万五千二百三十五人。

三、军队党员——计官佐学生党员共九十七万二千八百三十四人，士兵党员三百二十五万九千一百八十四人。

四、海外党员八万九千零十五人。

以上各项党员，总计为六百九十二万六千四百余人。士兵党员数量，自然变动性较大，但是党员总数量的增加，比临全大会以前，已在一倍以上。以我国土地之广，人口之众，自然仍不算多，只占全人口百分之一. 五。各地发展的情形，亦不平均，党员的分布，显然城市较多，乡村特少。至于党员素质，依然是公务员与知识分子较多，而农工仅占百分之三十二，妇女仅占百分之四，距离原定的标准甚远。而且征求的时候，多半未经认真选择，严格审查，冗滥之弊，犹未能尽免。主管部虽有“宁缺毋滥”的指示，然尚未能确实做到。征求党员一事，异常重要，不但要能“不滥”，而且要做到“不缺”，这是最须注意的一个问题。尤其新入党者，未能完全编入区分部或小组，形成“有党证就是党员”的现象，此种现象，中央与地方，均可发现。党员为党的细胞，党员不受党管辖，不为党工作，不由党训练，何异游子不归故乡，浪子不理家务，此则最堪痛心而急须改正者。其次，我既为农业国家，农民占全国人口百分之八十以上，显然是推行地方自治事业最广大最基本的人物，今后必须使入党的农民，占总数百分之七八十，才能建立全民政治的基础，亦才能使平均地权的实施，不致窒碍难行，或隔靴搔痒。工人则无论手工业者或机械工业者，皆为建设现代国家工业不可缺乏的人才，必使先能接受本党主义的洗礼，才能做到劳资互助协作，亦才能遂行节制资本的政策，绝不容一误再误。

（二）再检讨党部组织的情况：抗战中对于各级党部的组织，不外三个步骤。第一步是遵照临全大会决定的原则，制定省县党部的组织法规，分别派遣人员。充实各级机构与人选。各省并实行分区督导制度。第二步是发展新的组织，普遍设立基层党部，以配合地方乡镇保甲为原则。第三步是普遍实施省级与县级的选举，以发挥民主的精神。巩固党的基础。截至最近止，各级组织的情形如左。

一、后方十六省市——计共辖（一）县党部一千零九十二个。（二）市党部十七个。（三）特别党部十一个。（四）区党部一千五百五十六个。（五）区分部四万二千五百三十八个。（六）小组有十二万四千二百三十一组。

二、战地党部——计有江苏、山东、山西、河北、河南、安徽、湖北、热河、察哈尔、绥远、辽宁、吉林、黑龙江、十三省、南京、上海、广州、汉口、天津、北平、青岛七市、及台湾党部共计二十一单位。

计辖（一）县党部八百五十九个，市党部四个。

（二）区党部二千一百八十六个。

（三）区分部一万六千七百三十九个。

（四）小组三万九千零七十六组。

三、边疆党部、计有九个单位，共辖旗党部七十二个，区党部十四个，区分部三百五十六个。

四、铁路公路党部、计有二十个单位，共有区党部一百九十六个，区分部一千八百四十五个，小组四千零六十五个，其中有三分之二，均在战区。

五、学校党部：近年积极发展，原来多由中央直接指导，嗣后为便利指导起见，分别改由各市党部管辖。现在由中央指导者二十七单位，由地方党部管辖者有三千多单位。

六、工矿党部，亦为近年积极开展的工作。计共有二十四个单位，辖有区分部三百三十三个。小组六百五十五个。

七、海外党部——计有总支部十个，直属支部九十个，支部四十七个，分部九百九十个，并有归国侨胞区党部十八个。

以上各级党部的组织，在量的方面说，的确是比较任何时期为多。不过在分布上，虽然是后方各省的发展，过于各战区，很难普遍平均。而且因为战区的转移，时常变动，有些数目，不一定确实。至于开会的情形，大体也是城市比较好。组织部于二十九年间，曾经就后方党部举行抽查，发现各区分部所属党员不能积极参加工作者占抽查全数二分之一，党员大会及小组会议不能按期举行者，占抽查全数五分之二，其后虽迭经改进，然仍未能使人感觉满意。就中最感不足的，就是开各种会议，无论区分部会议或小组会议，即使能如期举行，亦多流于形式主义，其真能按照民权初步，练习议会政治的规则，训练政治斗争的技术，以及学习选举、罢免、创制、复决四权的行使者，可说没有。转瞬实施宪政，本党同志如不具备此种本领，绝难领导民众，与其他党派堂堂正正展开政治上的斗争，这真是“必所谓危，不甘缄默”的一件大事。至于自我批评，相互批评的精神，亦显然不够，不是避重就轻，就是相互原谅，如此溺爱姑息，党务决难望进步。

此外关于省县实施选举的情形：三十年以后，各地基层组织渐有基础，于是决定于省县两级普遍实施选举，成立正式的执监委员会。截至现在止，各省市已办理完毕的，有福建、江西、甘肃、宁夏、贵州、四川、浙江、云南、青海、各省及重庆市。县市党部已办理选举者，有五百四十三单位。此外并有西南公路及军事机关学校党部四十单位。此事对于党员工作情绪的提高，党的民主精神的训练，确实收到相当的效果。但是少数地方，不免发生纠纷，或是运用不正当的竞选方法，有损同志间的亲爱精诚。今后宪政开始，选举为最基本的民权，要是党内选举，尚不能做得尽善尽美，本党同志便决不能为民前锋，作民师保。而各级党部办理选举成绩的所以不能尽令人满意，原因虽很复杂，但不能“选贤与能，讲信修睦，”奉行总理一生所追求的礼运大同篇中“天下为公”的要则，则为无可否认的主因。

第二、就宣传方面的工作来检讨。

（一）先检讨工作方针：战时宣传，对外以争取友邦同情与援助，和反对侵略主义。对内以协助政府推行战时政令，和纠正纷歧错杂的言论思想为主旨。而基本工作，就在经常阐扬主义，宣传抗战建国的国策。以求统一意志，集中力量。至于工作的方法，则努力于宣传机构的充实，宣传技术的改进。此一方针，虽很正确，但在执行之时，因见仁见智的不同，就有畸轻畸重的差别。工作方针，本不能决定于各个人的主观，而当决定于国内国外的客观事实，并使之与工作者的才能相配合。一切工作方针，固当如此决定，而在宣传方针则尤然。抗战中本党的宣传方针，虽没有违反此一原则，但确能明白此种原则的同志，并不普遍，故在对内对外的宣传上，有时因重点不同至于成效抵销，此种现象，在处置中共的态度上，最显得纷歧。今后如何相质相剂，共信互信，或殊途而同归，或一致而百虑，实有待于重新检讨。

（二）次检讨调整机构：本党中央方面为统一宣传起见，将与有关机关组织宣传委员会，按时会商。并随时召集各项会报或座谈会。为扩大编印书刊起见，特添设出版处，并于各重要地点设立书刊供应处。同时添设通俗宣传科，指定各县党部之宣传经费，以扩大通俗宣传。但是机构虽备，成效不彰，而其主要原因，则在人才的缺乏，与经费的艰绌。今后如何使人才与经费两方面，先加调整，厥为调整机构的先决条件。在下级党部方面，各县市普遍设立宣传委员会及宣传队，并设立民众讲堂。但亦因为经费困难，同时下级党部又多不能积极运用社会的人力与财力，所以亦不能发挥很大的效果。特别是宣传技术的呆板低劣，有时且不免弄得民众对于宣传人员，发生厌恶轻视的观念，致削弱了宣传的功效。至于各地党报，中央通讯社，广播电台，电影摄影厂。这些都是宣传的重要工具，都需要巨大的经费。而且有些器材，要由外国输入，而技术人才也不容易招致。中央在极度艰苦的物质条件下，尽力设法充实。无论在技术、设备，以及机构等方面，都有相当的进步。尤其中央通讯社，遍布国内外，成为本党最广大的宣传纲，最为难能可贵。惟因为事实的限制，现在的规模与成绩，自然与预期的目标还相差很远。特别是党办报级，虽逐渐做到自足自给，但编辑技术，发行方法，都还需要改进。关于这些机关发展的实际情形与数字，已有书面报告，兹不赘述。

（三）再检讨国内宣传政策：此处所指的，只是言论出版自由，以及对中共问题的宣传。为要防护国防军事外交的机密，战时检查制度的实行，原无问题。不过我们国家有一种特殊情形，一方面一般国民知识水准低，社会组织散漫，很难有健全的舆论。他方面国内又有一个别具野心的党派。在此情形之下，我们一方面要培养真正的舆论，发扬本党的民主风度。他方面又要维护国家的地位，巩固政府的基础，所以运用非常困难。中央对于每一个重要时事问题的发生，自然随时决策，迅速指示。但有时中央只能作原则的概括的指示，至于运用之妙，还是需要各级宣传干部的随机应变。所以很难运用恰当。加以邮电和印刷，都很困难，更不容易适应时机。即在方法技术方面，也很难做得恰到好处。有时在中央的立场上，只能作正面的指示，至于侧面的运用，还是需要各地干部因地制宜，相机而行。因此，在运用上亦不易收到预期的效果。总之我们过去对于宣传工作，缺乏主动的态度，机动的能力，这是不能否认的缺点。现在已经放宽言论标准，中央和地方同志所负的责任，所需要的警惕，更非已往可比。如何才能使宣传工作，做得确实而有效，实现总理“革命成功、宣传力量居其九”的教训，这是全党同志共负的责任，尤其要请大会精详的研讨。

（四）最后检讨国际宣传：在太平洋战争爆发以前，国际局势变化莫测，中央坚持既定方针，审慎应付，工作对象，侧重美国英国。太平洋战争爆发后，国际形势显明，宣传工作，决策较易。但是因为中共的反宣传，以及国内军事政治上的弱点，一时无法克服，盟邦对我不免苛责。近来因为我们改进宣传，同时国内政治军事的设施，亦渐有进步，国际观感，已经渐趋好。可是因为派在国外的宣传人才，实在不多，动员海外侨胞宣传的技术，不够精到，宣传经费亦不很充足，总感觉到我们的责任，还没有能够完全尽到。老实说，我们同志在国际上的宣传战，远不及将士在国内的军事战。今后怎样切实改进国际宣传，尤其在反攻日本时期，如何纠正共产党在国际上作欺骗的夸耀的恶毒的宣传。都需要详细的考虑，作进一步的开展。至于少数同志，为国际上“不虞之誉”而快然自足，受国际上“求全之毁”而嗒然若丧，一种不能自主自持的精神表现，尤为从事宣传工作者的大忌，殊与“闻胜勿骄闻败勿馁”的军事原则不相配合，急应各自涤除，方能制胜于笔舌之间，裨益于军旅之事。

第三、就干部训练工作来检讨。

临全大会后设立训练委员会，由党直接训练各级党政干部。这是一个重要的措施。关于各级训练的机构和制度，大家都很明白，现在只报告七年来训练的成果。第一：中央训练团党政训练班共举办三十一期，训练干部二万三千七百五十二人。同时并应中央各机关的请求，举办各种特班，先后计十七种，四十九期，训练一万一千三百六十三人。其中多为兵役及社会工作人员。第二：西北干训练，训练二万二千七百四十三人。第三：战时工作干部训练团，训练三万九千二百零七人，此团成立于二十七年，以训练战时干部，及招训之战区失学失业青年为主。第四新疆训练分团，训练一千四百四十七人。其受训练人员，包括新疆各民族。此外并举办高级班，已毕业两期，训练三百人。其次地方干部训练机关则有：

一、党务干部，训练一万三千二百三十一人。

二、由省训练团举办各地方行政干部。计十一万五千四百八十九人。

三、由区举办之干部训练，计共十一省。六万三千三百七十七人。

四、县训练所——训练者计一百六十七万三千七百四十九人。

五、其他训练机关——共十二万五千余人。

以上全国已受训之干部共计二百十八万九千余人。

历年训练对象，初期注重战时工作人员，次则注重地方行政及自治人员，近两年来对于自治人员，尤为着重。这都是适应政治设施的需要。

现在各级干部的训练，在中央及省级，虽然已经达到相当的成数。但是县级行政，尤其是地方自治的干部，因为变动性较大，正待训练的人数，仍然很多。今后为配合地方自治，准备实施宪政，还须加紧推进。此外关于县级训练机构本身，因为人才与经费缺乏的关系，还须切实改进。同时县级训练的对象，都是基层干部，人数最多。如乡镇保长之类，份子也较复杂，必须要有严格的选择与考核。所以关于此类基层干部的调训方法，更需要加意讲求。七年来实施的结果，对于各级干部的思想和生活的训练，以及机关业务的改进，确已收到相当的效果。惟精神方面的训练，与整个的社会风气极有关系。假如一般的风气不改进，这种短期训练的作用，可谓微乎其微，“一齐人传之，众楚人咻之”，决无善乐可得。因此必须加紧党的领导，以及机关本身的教育，使知识份子毅然以转移风气的重任自负，才能扩大训练的作用。对于受训练的干部过去虽然订有管理与联络的方法，惟因人数渐多，管理不容易周密，今后似乎该应该配合党的干部政策，切实予以改进。而且既言训练，则除短期的受训以外尤须注重各人不断的多方的练习，使言语行为，都变成合理的习惯。过去只注重训，不注重练，这是最大的缺点。百尺竿头，更进一步，实有待于大会的亲切指示，严正督饬。尤其是无论何种训练，只是造就人才的一种办法，亦只是作育人才的初步工作，并非短期受训。便成全才，便可供国家之用，更不是升官的终南捷径，这是错误的观念，亦需要切实纠正。

第四、就海外党务工作来检讨。

海外侨胞，自有本党以来，即有侨胞的血汗渗入其间，不必追述兴中会同盟会时代毁家助义献身本党的功绩，只就七七事变既起后看，我各地侨胞的推行救国月捐义捐及献金运动，即甚为努力，贡献金钱之多，决不输于国内任何一私人或一团体。此外如征募寒衣运动捐献药品运动，征求伤兵之友运动，航空救国运动，节约建国储蓄运动，以及抵制敌货，宣传抗战等工作，亦贤劳备至，成绩卓异。及太平洋战争既起，又义不附敌，转徒归来，各出其技术才能，为国家尽大忠，为民族尽大孝，其可歌可泣可崇拜的义烈行谊，实足以使鄙夫宽，薄夫敦。详情已载于中央海外部工作报告之中。

海外党部的组织，曾经遵照四中全会及总裁整顿党务的指示，积极规划整理，订定六个月工作计划实施方案，着重基层组织的调整，确定职掌及工作程序，努力之下，获有成绩。九中全会后，又“励行分区辅导制”，对各地的书记长或秘书，并予以特殊训练。故一至太平洋战事爆发，各战区的海外同志，颇能尽其捍卫地方抵御外侮的责任。而奔避到印度的千百侨胞，一经组织“留印海员战时工作队”，亦能各尽其力，参加越南泰国印度各地的战时工作，得盟军的赞许。但因为基层党部所在地，政情互异，国别不同之故，致工作指导，每感困难，故党团活动，未尽能恰到好处，侨胞的才能，未尽能适量发挥。

作海外宣传工具的党报，数量并不少，都为侨胞集资创办，或私人经营，经二十八年以后逐年调整与指导，成效颇著。但因敌伪与共产份子的活跃，及与祖国的远隔重洋之故，虽努力推进特种宣传，并随时编发宣传资料，拍发宣传指示，其功效亦终不及国内报纸。中央有鉴于此，曾于二十九年秋，派铁城出国南巡，至三十年三月返国。所至菲律滨、荷属东印度、英属马来亚、缅甸等地，历经七十余埠，大小城市一百五十余处，演讲凡三百次，宣扬总裁关于侨胞及同志的德意，并对各当地政府访问修好，与各地人民直接联谊，遂使亲睦融洽之情，洋溢南岛，侨胞及同志的自动所献之金达三千余万元，此则我侨胞爱国素性的表现，铁城实不敢“贪天之功，以为己力”。

海外各地党部与使领馆，过去因历史关系不相联系，甚至树立，对于推进党务殊多不变。海外部为矫正此弊，曾于二十八年拟定“海外党部使领馆联席会谈要旨”，通告每月举行一次，六年以来，关系日见融洽。及八中全会时，总裁对于增进各级党部与政府的联系，更剀切指示，遵行以后，为效益显。

至于调训海外工作同志，曾于二十八年以后尽力进行，其回国入中央训练团党政训练班受训者，与入所在地党部自办的训练班者，对动员侨胞协助抗战的工作，更能切实执行，虽然受训的人尚不甚多，但影响所及，确很广远。

第五、就青年团工作方面来检讨。

临全大会决定设立三民主义青年团，以训练并团结全国青年。在成立之初，因为干部缺乏，所以一面派员分赴各地筹备，征求团员，一面设班训练干部。中间经过四年，各级组织渐渐发展。及分别举行团员大会或代表大会选干事监察，成立各级正式团部。迄三十二年三月二十九日，召开第一次全国代表大会，才由筹备时期，进入正式成立的阶段。七年来组织发展的结果如左：

（一）团队组织

1. 支团——二十五处区团三十五处

分团——九百九十五处

2. 区队——九千九百十五队

分队——四万四千一百二十二队

3. 团员——共计八十二万五千四百七十九人

七年来吸收数十万青年入团。自然有可以称道之处，但是否确能做到青年不待劝勉，即自动入团，闻风来归的境地？能否使入团者皆为优秀的青年？既入团以后，确有乐得其所的感觉？尚待切实检讨努力追求。

至于工作方面，历年举办青年夏令营，成立战区服务队以及劳动服务营，青年服务社，以及辅导战地失学失业青年等工作，均著成绩。近来并于各重要地区，设立青年馆，以举办青年福利事业，倡导文化康乐运动，现已成立者有十五馆。至于宣传工作，主要对象，自然是青年。各学校分团多设中山室，于重要地区，设立文化服务站，或随时举行学术演讲。去年对于发动智识青年从军运动，尤著成绩。自该团成立以来，对于组训青年，确已发生成效。但是党与团的联系，无论从工作方面看，从精神方面看，还不能完全满意。虽然经过不少次的研究，制定种种办法，收效亦尚有限。尤其在实施宪政以后，本党应如何领导青年，以确实到团结青年训练的目的，更需要精密考虑。因此关于团的性质，及其与党的关系，在本届大会中，似乎要有一个新的决定。

第六、就一般工作方面来检讨。

党务活动的目的，在于推动政治，领导社会，以实行主义。所以党的本身的组织与训练，不过是一种手段。主要的目的，完全是政治的活动和运用，过去我们运用的方式，对于政府，在中央采用直接指导的方式，所谓“以党统政”。在地方是采取党政联系的方式，举行省县党政特别小组会议，随时商讨。同时使党政工作人员互相兼任，然因各地情形不同，或迁就人事关系、致运用不够圆满。关于党政小组会议，多数地方，虽能按期举行，其认真商讨，确能收到分工合作的效果者，还是不多。总之，党政各种会议，多偏于双方工作的报告，情感的联系，而缺少实际工作的检讨与配合运用，则为事实。党员如与政治脱节，将会使政治与主义脱节，主义与民众脱节。过去少数人对于政治成绩的不谅解，一般民众不能普遍得到政治上的恩泽，原因虽极复杂，而党政联系的不够密切，应该分负其责。

其次，党团活动，本党向甚重视，八中全会并决议“加强人民团体内党的组织与活动案”，修订“中国国民党党团组织及活动通则”督饬各级党部遵办。自从社会部改隶政府以后，完全是采取党团活动的方式，截至现在止，由中央指导的全国性党团，共四十七单位，由省县指导的党团有六千二百二十二单位，还没能普遍发展，其中属于民意机关者，有五百十三单位，活动比较积极。然县以下党团的书记，多数能力薄弱，很难发挥运用领导的功用。加以区党分部组织，无论中央省市县，总是机关党部较为健全，其平日活动范围，常限于其本身从业机关之内，与其住所附近的地方党员，很少相与往来的机会，与社会一般民众更少接近。如不尽力增加区域党部的组织，则党团活动决难在民众中开展。再加以能力声望较加的同志又多麕集于中央及省市，县以下人才极为寥落，如不急谋基层人才与经费的充实，则不但党团活动无从展开，即地方自治的协助推行，亦徒成虚语。但亦有差强人意的地方，不可一笔抹煞，其由各级党部直接举办一种社会服务事业，以为接近民众，宣传活动的机构者，亦不无成绩可指，如福建浙江、广东、江西等省是。又有因地方需要，推行一种特定事业者，如浙江的合作社，宁夏的小本借贷，湖南的林场，甘肃的植树，都堪称道。不过党的普遍活动，还是需要全体党员的动员，所谓干部也不仅是党政干部及人民团体中的活动份子，所有社会各阶层的党员，都是党的活动细胞，此细胞的活动，要在工作上表现，不贵在文书上传达。过去却犯此病，中央以文书通饬各级党部如何做，做什么，而各级党部亦如官僚衙门的照例承转，文书转到区分部或小组，便算大功告成。最要不得的，是中央及省市党部每月督令下级党部造报的表册，多至二三十种，在上级党部是不谅下级党部的人力财力，在下级党部即亦无暇辨别各种表册的轻重缓急，只是用“想当然”的情况或数字，造报上去，上下都缺乏实事求是的精神，致使一切党务工作，流于文书化，虚伪化。此则本党近年来的积弊，很需要彻底改变过来，拿出党的真精神来，做出党的真正工作来，显出党的真正作用来。中央为考核全体党员的工作起见，曾订有党员总考核办法，在每年度终，办理考核一次，分别奖惩。这个办法，未尝不是，但因所根据的考核材料，不完全可靠，有时易使奖惩不能完全得当。故自三十二年度起，虽已分别施行，不但认真办理的，为数并不很多，且不免被认为无关得失的例行公事。

说到各级党部的工作考核，是每年均根据其计划，规定考核百分比率，督使实行的。去年度据组织部考核的结果，后方各省市一般工作成绩，比较优良的，有福建、浙江、甘肃、宁夏、贵州等省。其次为陕西、湖南、青海、尚称努力。其成绩比较平常的，为广西、广东、江西、重庆市、四川、西康、云南、新疆等省。但是此中尚有一大问题，需要研究。好大喜功的工作同志，或不免在定工作计划时，列得多一些，及到年终，则因心长力绌之故，便很难及格。而其畏难就易者，又或减少其年度的工作项目，以求考核时，容易合度。此则除提高各地同志的工作信仰外，仍须赖党政工作考核委员会不断派得力人员亲赴各地勘验，并随时督导抽查。至于集中在中央的人才，尤宜用各种有效方法，使之愿意分散到各地去，从事下层工作，以救济地方人力财力的不足。

在对外抗战时期，本党更负有重大急切的任务，必须能成为国家总动员的枢纽，在抗战初期，虽曾选派中央各部会同志分赴战线服务，最近虽曾组织中央战时服务督导团，即海外党务虽亦曾派员前往督导，毕竟不是正本办法。这个缺陷的未能弥补，应由中央与地方同负其责。

此外关于沦陷区工作，完全是斗争的生活，不入虎穴不得虎子。抗战初期，本党同志，尚有勇往无前牺牲奋斗的精神，至今似乎已不如前，所以布置内线，侦取情报，破坏敌伪组织，建立民众武力，争取敌伪反攻等工作。虽有成绩，但终嫌不够。历年牺牲的党务工作人员据报告有案者，计殉难者五百五十五人，被拘捕者一千四百余人，现拘在狱中者，尚有六百四十余人，其余无案可稽者，自不在内。这些殉难同志，自然可敬可佩。尚在各战区奋斗的同志，也同样可敬可佩。但是总反攻的时期，已在目前，如何选派忠勇干部，分赴各地工作，如何指导潜伏在各地的同志，与军队切取联系，配合反攻，是需要精密研究的一个急要问题。沦陷区的工作，本需要党政军的配合运用，过去我们没有好好的运用，所以工作不能发展，新近为积极推进起见，特重新规划，采用党政军一元化的方式，制订“战地党政军组织配合运用办法”，江苏、山东、河北、广州等省市，已经照新办法实行。成效如何，不在制度本身而在同志的如何努力。

今后实施宪政，党的活动，更须再进一步，由党政一元化，进到党与社会合体化，因为那时候党的工作，不能完全依赖政治力量，尤其必须积极运用社会力量，以巩固党的领导地位。同时对于政治的运用，也不能用过去直接督导的方式，必须要透过干部，以执行党的政策。所以今后党的组织与活动方式，必须有彻底的革新。就是党的政纲政策，也必须适应时代的要求，有新的决定。这是本届大会的重要使命。

第七、总结论

以上夹叙夹议，也许零乱而少系统，浮廓而不扼要，请容许我，让我再作个总评来一个最后诊断。

就政策上的成功说，无论在党史上国史上，都占着灿烂光辉的重大篇幅。本党——中国国民党。在过去，肃清了封建势力的残余，奠定了全国真正的统一。在今日，展开了全面长期的抗战，争取得国家民族的独立自由平等，在不久的将来，实现五权宪法的宏规，完成世界和平的大业，这些伟大的功绩，无一非由于主义的灌溉，遂能结成政策的硕果，又无一非总理的垂示，总裁的指导，遂能成就同志的功业。

就党务本身上的缺点说，则在组织方面，在训练方面，在宣传方面，在党政联系方面，都显然存在着急须补救的缺点。

其缺点在组织方面者，便是上层臃肿，中层隔阂，下层虚弱。此缺点的由来，第一、由于征收党员，疏忽了基层社会的农民及工人，侧重于公教人员及自由职业者与商民，未能脚踏实地，争取社会基层的广大民众。第二，由于组织党分部的干部反转向都市中来，未能深入社会基层去做组织工作，未能如盖造房屋之先筑基础，而反先抢架屋顶。第三，由于党内人才。集中于上层之故，致党的领导权力，不能在下层建立起来，致使急求个人上进的同志，争向权力所在的上层集中，弄得下层愈益空虚。第四，由于党的干部政策与人事制度，还没有建立得完善，还没有做到“教养有道”“鼓励以方”“任使得法”“赏罚平明”的程度，遂使一般同志对于主持上级机关者的地位与权力情感，生出一种依靠心里，训致不少人向上奔竞，不肯向下工作。第五，由于领导者与被领导者或不免犯了“人重于党”的错误观念，很容易使人的关系超过党的关系、人的力量，超过党的考绩，造成整个组织上的障碍，丧失固有组织中的作用。第六，由于各种工作，需要分工，但因为领袖干部细胞三者不能完全密切联系之故，遂使一般同志不能在统一的指挥之下去执行任务，酿成分权的现象，生出彼此间的隔阂。第七，由于人才既偏集于上层，于是对于一切问题，上层的裁决，往往多于下层的讨论，下层的意见，不易反映到上层，致使党的命令，不易贯彻到下层，行到中层，便已变质，达到下层，竟成具文，而民主集权制的组织原则，因此不易保持。有此七种原因，便酿成“上层臃肿，中层隔阂，下层虚弱”的缺点，又正惟其有此缺点，自然不能使每一党员都能加入民众团体与社会组织中起核心的领导作用，自然导入下级党部把办理例行公文的承办工作，代替了训练党员组织党员发动党员的党务正常工作。

其缺点在训练方面者，可以“暂”“狭”“浅”三字包括之。无论集体训练举行半年一月，或数星期，然以缺乏个人自修自励的工夫，总不免呈露着“一日曝之，十日寒之”的现象，其远因为国民基本教育的不健全，其近因为同志间缺少互相批评互相学习的精神，其副因则在党员的考核办法与进升制度还没有完全确立，故训练的结果，表现为短暂而不经久。又无论何种训练，都不免限于特定的教材范围，与特定的人员对象，诚欲补救此种偏缺，全在各级党部，尤其区分部或小组中同志，能视各种会议，含有训练作用在内，一致认真举行。彼此批评，彼此指导，求得切磋之益，然而事实上则往往敷衍了事。此点既不被注意，自使各种特定的训练，限于极少的受训者。无法普及于全体同志。而入党后始终没有参加过党的活动，接受过党的训练者，到处可见。故此种训练的结果，表现为狭窄而不广博。有效的训练，在从每一同志的公私生活上，在从大小事业的进行上，抓住题材抓住机会切实与以教训，认真使之学习，其重要原则，不外因人因事因地因时而教督之，务使在消极方面，能改正行动上的错误，纠正心理上的缺点。在积极方面，能振奋革命的情绪，加强工作的兴趣，练习政治斗争的技术与经验，增高共信互信的意识，造成同患难，同生死，共荣辱，共成败的精神。但事实表现，训练的题材，不是限于特定范围，即属于偶发事项，甚或用笼统的一般的材料，施之于情感利害知能职业不尽相同的各个人。尤其在党团活动上，表现出极幼稚的行动，往往公开自己的身份，去参加各种人民团体及社会组织的活动，招致许多无谓的阻碍，不能随时随地持职业者的态度，以工作技能与革命的精神，在种种社会团体核心中，逐渐取得领导地位。同时因党团组织没有重视职业标准，致各种训练，不易与职业配合，切中其需要。故此种训练的结果，表现为肤浅而不深刻。因此之故，一般党员的精神教育，主义训练，还感觉到不够。并且有少数同志，不但不能把自己对于主义的信仰表现于行动上，并不能站在主义的立场上来衡量一切，批判一切，致使内面的腐化旧习，外面的恶化势力，遂得乘隙袭入，腐蚀了党的革命的精神。

其缺点在宣传方面者，是“浮”，是“拙”。空文标语的宣传，多于事实行动的宣传；城市的宣传，多于乡村的宣传；季节的宣传，多于日常的宣传；弄得上级尽管“宣”，下级却很少“传”，一到中层，不免搁止。而所用宣传方法，亦很少认真讲求的精神，有时不但文字不能使民众了解，即简短的标语口号，亦未能使民众完全明白其用意所在，甚或万弩齐发，众纲并举，弄得民众应接不暇，没有力量在同一时间内兼顾种种号召发动种种工作。推究浮拙的由来，主要由于宣传方略，未尽能着重于具体的政策，及事实的可能性。各项宣传工作，亦未能假手于各种社会职业团体，而徒用党部的名义出之。尤其办理宣传工作者，未尽改变“例行公事”的态度，未尽具备“实事求是”的精神，一遇到什么纪念日，或什么运动，匆匆发出文告标语或指示，便算大功告成，至于文告标语指示发出后，民间的反应如何？同志的倡率如何？收到的效果究竟有若干？如成效全无，其咎安在？在文告标语指示的不尽适切明了？还是在同志的未能以身作则？抑或别有其他原因？却很少有人检查过，考核过，反省过。因此之故，本党种种宣传，积极的未能充分发挥阐扬主义政策政令的作用，消极的未能完全克服一切恶势力的煽惑。

其缺点在党政联系方面者，恕我直率的指出，有若干方面，不免“貌合神离”。在中央方面，对于制度与人事问题，还能够表现“以党统政”的力量，但行政机关的公务员，还不能说一切工作与努力，都能根据党的主义，以贯彻党的意志。至于地方上，党政组织还没有密切配合，人事关系亦未能十分融洽，党务工作与政治工作，更谈不到互相呼应。即使人事上不生问题，然党政两方工作者的精神上，却总不免有见仁见智的差异。此其原因，一由于省市县各级党部工作同志的才能与人望，未必个个都好，使执政者愿意接受指导。二由于各级党部以组织松懈，并不能完全与行政系统配合，故其力量不足以节制政府，领导政治。三由于各级政府中人，或不尽为党员，或虽为党员而受党的训练不足，遂致行动与信仰，不能完全一致。四由于党的监察制度，在人事配备上与运用技术上，都还不能够完全发挥其作用。五由于忠实而有能力的党员，还没有尽量与以从政的机会，以充实各级政府。因此之故，党在政府中，还没有能够尽其“发动机”的作用，政府在党中，还没有能够尽其“工作机”的作用。

诸位，我们都是革命党的革命同志，都不愿只是表扬已成的功绩，都不怕坦白指出存在的缺点，讳疾忌医，隐恶扬善，决不是革命者的精神与作风。党中种种缺点的由来，谁也不能全辟其咎，但又谁也不能全负其责，总要全体同志有勇气来承认，有决心来改正。

诸位，我们回想临前大会的时候，国内是怎样的情况？国际是怎样的形势？敌人登堂入室，国家实际上是在孤立状态之中，是在狂风暴雨之中，是在岌岌不可终日，危险万状之中；那时候，本党在总裁领导之下，以最坚强的意志，以最坚定的政策，稳定了抗战建国的重心，然后克服种种困难，渡过重重难关，而到举行六全大会的今天！从过去的大成就，看现在的小缺点，就可断定全党同志必然能够改革现在的小缺点。

诸位，我们要审察举行六全大会的今天，国内是怎样的情况？国际是怎样的形势？敌人筋疲力尽了，敌人孤立了，敌人打败，敌人投降，只剩时间问题了！但是还有许多艰难困苦的工作，摆在国家民族的面前，摆在本党的面前，需要本党决策，需要本党同志努力，为国家，为民族，打开继往开来的局面，建立长治久安的局面，这是本党同志今天的责任，即是六全大会壮严伟大的使命！

〔中国国民党中央执行委员会秘书处档案〕

5. 中国国民党第六次全国代表大会通过重要决议案

（1945年5月16—19日）

（1）地方自治及有关侨务各案（5月16日）

十六日下午第十四次大会，除通过总章修正案外，并讨论（甲）有关地方自治九案，决议归纳各案精神及要点，制定办法六项，并交国府办理计（一）制定县（市）自治法，（二）颁布四权行使法，（三）充裕自治财源，（四）划分中央与地方事务，（五）厘定地方自治监督法，（六）确定扶植农工为县（市）施政重心。（乙）有关侨务提案七件。经并案讨论，决定厘定侨务方针，充实侨务机构，统一侨务事权，加强侨务行政。凡属当前要图，归纳各案所提办法如左，并交政府切实办理（一）厘定方针。一，本互尊互惠原则，与各国订立新约，保护侨胞。二，推进侨民移殖保育政策，对海外侨民文化教育事业，尤应积极发展。三，举办侨民福利及救济事业，对国内侨眷生活，尤应切实保护救济。（二）充实机构。一，健全各省侨务行政组织，并提高其地位，充实其工作，增加其经费，以提高侨务行政效率。（三）统一事权。一有关侨务事项，概由侨务行政机构主管，其他有关机关协助办理。二，凡与侨民权益有关事项，主管部会均应征询侨务行政机构意见。三，海外侨民团体及教育文化机构，均应以侨务行政机构为主管官署。四，海外侨胞经济事业之辅导，由侨务行政机构主管。五，国内侨民团体教育文化机构及经济事业，分别由主管部会主管侨务行政机构协助办理。(四）培养人才。一，在暨南大学增设侨务科系、课目，以培养侨务干部。二，奖助侨民研究侨务。三，侨务专才之调查登记延揽，应特加重视。

(2) 民族保育政策、劳工政策、农民政策、及战后社会安全设施诸纲领（5月17日）

六全代会于十七日上午第十五次大会，通过重要议案。(一)请确定民族保育政策纲领案。（二）请确定劳工政策纲领案。（三）请确定农民政策案。(四）请决定战后社会安全初步设施纲领案。(五）根据三民主义政纲，请明确承认各民族之民族地位，予以应得之权利案。(六）请大量增加教育经费、公粮、被帐、救济战区失学失业青年，并改善招训办法，以配合军事反攻，而利抗建案。办法：一、统一招训机构，各招致站应尽量移近前方，并多组织流动招致站，随军进入战地或敌后，办理招致事宜。二、凡战区内移失业失学青年，招致之后，应注重军事及政治训练，其志愿就业者，另予以短期专业训练，关于分发事宜，应由各招集机关与中央暨地方主管人事机关，协同办理，妥予安插。三、国立学校应扩充班次，尽量收容战区内移学生，各校不得藉故拒收，收容之后，应予爱护。四、宽筹教育经费，按照实际需要，增设公粮被帐衣服药品等项，由教育部呈行政院实拨，如予算不敷时，并应专案特别追加。(七)战后教育设施，以维持人类和平，宣扬我国文化案。(八)发展边疆教育案。(九)加强师范教育之设施，俾积极普及初中等教育案。(十)请督促政府，注意劳工教育之普遍实施案。(十一)增加学生公粮，每日定量为廿五市两，以资保健案。(十二)对于政治报告之决议。(十三)对于教育之决议等案。约四十件，通过民族保育政策、劳工政策、农民政策。战时社会安全初步设施四纲领原文如次：

(甲)民族保育政策纲领总则。

(一)提倡适当生育。一、增进国民健康，提高生活标准，减少灾病死亡，以期人口数量之合理增加。二、鼓励身心健全男女之繁殖，抑制遗传之缺陷份子之隔离环境，改进生养教育，以期人民得到充分智识。三、力求两性平衡，改善职业分配，促进机会均等，以期人口分布之适当调整。

(二)提倡及时婚姻。四、提高法定结婚年龄，明定男未满廿岁，女未满十八岁者，不得结婚，以矫正早婚之弊害。五、注意正常性教育，提高两性间正常社交，实施婚姻介绍指导，婚姻选择，以确保婚姻之美满。六、改善婚姻之缔结，实施婚后职业介绍，增加婚后生活之公共设备，以鼓励男女之及时结婚。

(三)健全家庭组织。七、厉行一夫一妻制，防止遗弃与草率离婚，以保障家庭组织之健全。八、注重家庭教育，及职业教育，培养美满家庭的观念，实施家庭问题之咨询，以期家庭生活之和谐。

(四)促进适当生育。九、鼓励健全夫妻之生育指导适当之节孕，维护孕妇及产妇之安全，以期优良子女之增加。十、实施婚前体格检查，防治性病，实行遗传缺陷分子之隔离或结婚，以杜不良种子之繁殖。十一、以普及儿童保育智识，增进儿童福利，以求生养教育之改善。

(五)增进国民健康。十二、改进国民营养，提高生活标准，普及国民体育，推广医药卫生，以期国民体格之增进。

（六）调剂两性比例。十三、矫正重男轻女积习，力求两性间之待遇平等，以维持两性比例之均衡。十四、调整乡市间农工业之分配，鼓励移民带眷，以减少区域间两性比例之差别。

（七）调整职业分配。十五、促进工业化，以吸收农业上之过剩人口，扩充适于女性之业，以增加全国人口之总生产。十六、实施计划教育，培养技术人员，推行职业指导与介绍，管制劳力分配，以调剂人力之供求。

（八）辅导人口迁徙。十七、平衡改进市乡间之生活状况实施区域间有计划之迁徙，以求人口之合理分布。十八、保护外国侨民，实施外侨入境之合理管制，促成国际间人口流动之互惠平等。

（九）扶植边区人口。十九、普及边区教育，改善边区习俗，发展边民生产事业，推广边民医药卫生，以提高边区文化水准，改善边民生活。廿、奖励杂居通婚，以加强国族团结。

（十）防止人口残害。廿一、严禁堕胎、杀婴、纳妾、蓄婢及人口之拐带与租卖，并缔娼妓，以防止人口之残害。

“决议”通过。交政府有关主管机关，妥拟初步实施办法。

（乙）劳工政策纲领。

（一）劳工政策之目标，在依国家民族至上之原则，与国际合作之精神，发展劳工组织，提高其他地位，改善其生活，并促进劳资合作，调节劳力供求，增进劳动效能，加强国际劳工联系，以确保社会安全，适应国防民生的需要。

（二）从事劳动之工人，除军火工业之劳工外，均应依员工混合组织制，分别组织，或加入工会，但负监督指挥责任之职员，不得加入。

（三）工会得有全国性之联合组织。

（四）取缔包工剥削制度，工资以同工厂同业为原则，各地并应分别规定最低工资率，工作时间以每周四十八小时为原则，每周应有连续廿四小时之休息，每年应有定期休假，假期内照给工资。

（五）女工及童工不得从事深夜及笨重危险工业，女工在生产前后，应给予适当之假期，与医药补助。

（六）厉行工矿检查制度，工厂矿场及其他重要工作场所之安全，及卫生设备之最低标准。

（七）厉行伤害赔偿，及死亡抚恤，并尽先创办疾病及伤害保险，逐渐推行其他各种社会保险。

（八）兴筑劳工住宅，改善劳工营养。提倡劳工正当娱乐，及劳工消费合作及其他公益互助设施。

（九）举办童工女工保护设施及劳工托儿所。

（十）推进劳工补习教育及其他文化设施，童工及学徒应有爱国民教育之机会。

（十一）实施劳工技术训练，规定标准生产率，举办工作竞赛，并奖励劳工发明。

（十二）工会有协约权，并规定标准团体协约，以调解及仲裁方式，处理劳资争议。

（十三）奖励劳工入股，并倡导劳工分红制。

（十四）处理劳工调查登记及统计，并实施劳工就业指导，职业介绍及协助劳工迁移。

（十五）提高劳工政治认识，并扶助劳工之参政。

（十六）参加国际劳工组织，促进国际劳工合作以维护国际社会之安全。

“决议”通过，作为实施本党政纲之具体劳工政策，并交党政主管部，迅速完成，或修订各种劳工法规，并切实执行。

（丙）农民政策纲领。

（一）农民政策，在发展农民，组织新农村政治，改革农村土地，改善农村经济，推进农民福利，以保障农民权益，提高农民生活，实现三民主义新农村社会。

（二）本纲领所称之农民，为直接从事农业生产之人民。

（三）确认农会为农民之中心组织，并扶助其发展。

（四）肃清妨碍农民利益恶势力，惩治贪污土劣，并训练农民行使四权，以推进农村自治之实现。

（五）普及农村国民教育，与补习教育，实行扫除文盲，以增进农民智能。

（六）以农民领导农民，选拔并培养优秀农民，使成为农村自治干部，充实农村领导力量。

（七）依“平均地权”及“耕者有其田”之原则，调节农地分配，规定标准农租，限制耕地之使用，招租分割，承继及公私土地，有权之转移。

（八）保障佃农，扶植自耕农，推行累进制，地价税，土地增值税，征收地主超额土地，并清理荒地，配与无耕地或耕地不足之农民。

（九）实行合理负担，严禁高利贷款，彻底取缔对农民之一切剥削。

（十）提倡机构生产，改进农业生产技术，以促进农业工业化。

（十一）倡办公营农场与合作农场，并建立农村合作网，以实现农村经济社会化。

（十二）发展农村合作金融，改善农贷办法，使资金融通之实惠，普及于切需之农民。

（十三）稳定农业价格，发展农业贸易，保持农工业产品价格之适当平衡。

（十四）推行义务劳动，提倡农村公共建设，并讲求水土保持，防止灾害。

（十五）切实普及农村医药及卫生设备。

（十六）改进并推广农村救灾、恤贫、安老、育幼等设施，切实普及农村医药及卫生设备。

（十七）创办社会保险，促进农村固有互助制度，举办农村职业指导，改良雇佣农民之待遇及生活。

（十八）善用农时与农暇，提倡农民体育及正当娱乐，提高农民生活水准，并改进其营养。

“决议”通过，作为实施本党政纲之具体农民政策，交党政主管机关切实施行。

（丁）战后社会安全初步设施纲领。

（甲）总则。

（一）战后社会安全设施之目的，在本国父民生主义之精神，维护并改善国民之生计，以保障并提高人民之生活，而达成社会之安全与进步。

（二）战后社会安全设施之主要工作。一、辅导就业。二、举办社会保险。三、加强社会救济。

（三）战后社会安全设施之对象，为生活急切需要救助及保障之人民，其对抗战有劳绩者，得有优先接受救助保障之权利。一、退役士兵及中下级官佐，二、自耕农与佃农，三、军需交通及生产员工，四、公教人员等。

（乙）辅导就业。

（四）战后社会安全设施，政府应兴办各类公共工程事业，直接为人民创造就业机会，间接刺激社会经济活动。

（五）政府应举办职业训练，提高人民就业水准，以优惠收益，便利其转业，以配合战后兴办之公共工程或事业，对于身心伤残，失去部分工作之人，尤应予以特殊训练，助其自力更生。

（六）政府应普遍办理职业介绍及职业指导，以达成人事配合，供求适应。

（丙）举办社会保险。

（七）战后社会安全设施，政府应举办社会保险。暂分一，伤害；二，老废死亡；三，疾病生育；四，失业四种。得分别或合并实施。

（八）社会保险，保险费除伤害保险，应由雇主负担外，均由被保险人与雇主分担，政府酌量津贴。

（九）社会保险给付，应按被保险人应以纳费之阶级标准报酬，为计算标准。

（丁）社会救济。

（十）战后社会安全设施，政府为补助职业介绍社会保险之不及，应加强社会救济法之实施，并运用社会力量，督导其配合政府政策。

（十一）社会救济之对象，除老弱无身心伤残者，应予救济外，对于遭受非常灾变及因其他障碍，临时失去生计者，尤应为紧急之救助措施。

（十二）社会救济之方法：一，医药卫生或其他服务。二，以工代赈。三，减免担负。四，贷放实物及现款。五，收容教养等。视对象之需要及实际情形，采一项或多项之救济。

“决议”（一）本案于战后社会建设甚关重要，照案通过。（二）交主管机关妥速筹划，以备战事结束时，随时实施。（三）举办社会安全设施之经费，应列入国家总预算，对于遗产税、所得税应采重累进税制，以其增收部分拨充之，以符社会协作之原则。一面与国际善后救济，切实配合，利用战后赔款。

(3)人事、宣传、健全党务、民众运动各案(5月17日)

十七日午后三时，举行第十六次大会，张治中主席。讨论议案，其中关系重要者，如人事问题之决议，对于党干部政策，决定提高各级党部工作人员素质，特别注重其经历人格学识与革命性，而各级党部主管部门，应切实注意各级干部及各类人才之调查选拔训练培植与分配，尤其着重于农工妇女青年等优秀人才之选拔，短期内举行全国干部总考核，登记其成绩及服务成绩以后，则彻底实行各级选举制度。又本案对于考核奖惩纪律抚恤救济各项，均有具体决定。

关于宣传问题者，决定原则：以普及三民主义宣传并切实改进宣传工作为今后各级党部宣传中心任务，而其主要对象为农工青年妇女及海外，力求理论与实施之互相配合，确立本党文化政策，为求三民主义之彻底实现，准备原则。在方法上，本党主义政纲政策，应尽量以有组织的方法。公开宣传，减少文化之方式，深入群众，并针对“人事”“时地”利用各种宣传工具，尤须重视各项艺术宣传，扩展文化运动。加强出版，辅导工作，改善书刊审查制度发行农工读物，撮制有关农工情况之电影，创办本党文化事业，实行党报企业化。

关于健全党务案，大量收容农工妇女青年侨胞与社会教育经济文化各界及边区优秀份子，定为今后工作重心，而在中央执行委员会，设专门管理各种民众运动机构，以为发展民众运动，在党务机构方面，上级党务机构，力求简单，下级党务机构，力求充实，以健全基层下级组织。而基本要务，注重新办理党员总登记，彻底整理党籍，严格考核，同时规定党员活动，应各依知识经验能力，参加各级行政机关及社会各界各团体工作，每人至少参加一种社会工作，并倡导义务劳动，树立社会风气，深入农村工厂各阶层。

关于民众运动案，确定民运方针：（一）抗战胜利，即在目前，国民革命已发展至另一阶段，建设大业，自此开始。三民主义新中国之完成，实为具有时代性的历史任务，应使民众致力于革命建设。（二）各级党部，应以适合于当前国家民族需要之理论，以具有示范作用行动，培植民众自觉意识及其自动能力，使其乐于赞成本党之主张，参加革命，辅助其组织农会工会商会学生自治会妇女会等团体，训练其行使四权，使所有民众，全纳入组织之主义能自谋其实利，改善其生活。故自组织方面，将修改有关民众团体现行法令，予以明文规定。除有特殊情形者外，准有全国性民众团体之组织。而工作要点，为扩大党务宣传，使农工青年妇女等对主义咸有正确之认识与信念，提倡党员“到民间去”的口号，党员人人参加社会活动，倡办或辅助农工青年妇女等公法团体教育文化、医药卫生、合作农场、工矿学校国内外之交换实习等福利工作，以谋改善其生活，增进其知识与技能。保障佃农，扶助自耕农，严格执行工厂检查制，社会保险工厂会议制，并妥善安置失业失学青年等，以谋社会秩序之安定，善用余智，提倡体育及正当娱实，使新生活运动，能普遍实践。此外通过何委员应钦等四十六人提议，拟请中央照会美国政府，查告我国在美各银行冻结存款详细数目及存户姓名，由美国或我国政府，予以公布，并由我政府将该款分别没收，或征用、征借，以助抗建案。当经决议，送国民政府迅速查核，切实办理。

（4）对于教育报告之决议案（5月17日）

六全代会通过对于教育报告之决议案云：

查教育工作，数年尚能遵照临全大会，暨历次中央全国之决议，努力实施，维持教育事业于不坠，就中如战区学校及文化机关之迁建，员生之招致与救济，国民教育之推进，各级学校数量之增加等，均属难能之事。现抗战已到最阶段，教育设施除应配合反攻，争取胜利外，尤应对于战后国家建设，实施宪政诸端，负重大之使命，兹检讨过去，策划将来，提示要点如次：

一、三民主义为我国立国最高原则，教育之实施，应以此为依据。自第三次全国代表大会决定教育方针以来，均能本此宗旨一贯施行，各种措施并具规模。此实施宪政，完成三民主义之建国理想，尤应本已定之教育方针，努力推进。

二、国民教育为奠定宪政基础，战时后方各省市国民教育数量，大有增加，殊堪嘉慰，然内容多待充实，对此各点，以后均应力谋改善，注意质量并进，其教学内容，务须适应切实新生活环境之需要，亦求达到改进生活，及行使四权之目的。

三、数年来中等教育之分区设置、装备及比例、设立原则尚属适当，惟各省未能充分实施。以后因建设需要，中等学校，必须大量扩充。除造就升学人材外，应重视社会中坚份子之培养，并采用多种方法，加强中级技术人员之造就，农工需要应兼筹并顾，课程教材应使精粹，并特别注重学生品格之陶冶与体格之锻炼。

四、战时专科以上学生之维持，颇具苦心。惟设备简陋，研究空虚，应切实加以改进，恢复原计划，尤应速予以统筹，注意合理之布置。大学内容应求整饬，并积极发展学术研究之机会，大量增加其经费，使自然科学与人文科学并重，理论学科应用学科兼顾，加重创作发明之奖励，增强国际文化之合作，为配合战后建设需要，应普设各类专科学校，以造就科学人材。

五、师范教育制度现已确立，数量与实际需要相差太远，师范生公费待遇既嫌不足，执行亦未贯彻，凡此均应特加注意。师范学校课程，应加检讨，避免繁琐。师范生之训练，尤应注意服务精神及教育风度之培养，并提高各级教师待遇，以安定其生活，藉以尊隆敬道。

六、边疆教育之改进，年来业以注意。惟实施尚嫌不能积极，以后设施应力谋适应边疆各族与地区之需要，尤须特重边校设备之充实，办理入学人员之精选，其沦陷较久，收复地区之教育，亟应着手规划，切实准备。

七、侨民教育，因受战争影响，近来未能切实推进，以后应按五届七中全会通过“推进侨民教育方案”，积极实施。

八、战时对于战区教育之督导，青年之招致，员生之救济，与青年从军之倡导等设施，尚有成效，在抗战未结束前，仍应继续实施，并须配合反对计划，从速建立沦陷区教育据点，以为收复失地后，恢复民族精神及扩充各级学校之基础。

九、战时教育经费，政府已努力维持。此后建设开始，教育为重要建设事业之一，各级学校之均应扩充，教育经费尤须大量增加，中央及省市教育文化费，必须占岁出预算相当比例。而技术人才之培养，国民教育之推进与复原时所需经费，均应特拨巨款。地方原有教育款产及热心人士对教育之捐输，应专项存备，不得移作别用，公费免费数额，应酌予扩充，以实现本党教育机会均等政策，以乃愿为全国同胞共策进行者也。

以上各点均属亟需，而关于固有文化之发展、科学之重视、农工教育之发展，尤须贯通，各级各类教育并特予注意。此外为谋基层教育之有效施行，应即恢复县市教育局制度，并提倡教育人员之专业精神，学校教职员校长兼地方行政职务。而学风之转移，实为当今要务，各级学校之教学，必须注重学生精神之陶冶，使富有国家民族观念，养成实践之风气，务使学校教育之人材，均得用以完成建国之重大使命。

（5）本党政纲政策案（5月18日）

十八日上午第十七次大会通过总裁交议本党政纲政策案。原文如次：

本党致力国民革命历五十年，自推翻帝制，扫除军阀，以致发动抗战。遵奉三民主义最高原则，为救国建国而奋斗。本党之任务，其见于第一次全国代表大会所决定之对内对外政策及临时全国代表大会通过之抗战建国纲领。其过去之成就，亦既昭昭为国人所共见。今后对于尚未完成之部分，自当加倍努力，见诸施行，务使抗战胜利，宪政完成，与提高人民生活，三者应于最短期间，求其实现。体察当前之需要，盼望未来之发展，用特列举现阶段之迫切要求，订为政纲政策，期全党同志循此努力，亦期我全国国民，齐一步趋，共信而力行之。

（甲）关于“民族主义者”，民族主义有两方面之意义。一则中国民族自求解放，二则中国境内各民族一律平等。而现阶段之中心要求，在于加速胜利，巩固国基，扶助边疆民族，以造成独立自由之统一国家，加强国际合作，而分担维护世界和平之责任。因此本党主张：（一）发挥一切国力，加紧对日作战，争取胜利，必使敌人无条件投降，并彻底解除敌人军事经济之武装，消灭其侵略思想。（二）实现开罗会议宣言，力谋国家领土主权与行政之完整，并扶助朝鲜之独立。（三）联合盟邦，建立国际安全机构，以维护世界永久和平。（四）与各盟邦订定互助协定，建立永久友好关系，尤致力于经济文化之合作，以共策世界之安全与繁荣。（五）本平等互助之原则，与有关各国订定通商条约，并促进侨胞地位之平等。（六）实现蒙藏各民族之高度自治，并扶助边疆各族经济文化之平衡发展，以奠定自由统一中华民国之基础。（七）维护并巩固国家统一，绝对禁止违背政府法令及在外交、军事、财政、交通、币制上有任何破坏统一之设施与行动。（八）积极充实国军装备，刷新军事教育，改进兵役行政，提高官兵生活，健全人事经理制度，以建设现代化之国军。（九）普遍提倡国民体育，扩大卫生保健事业，以增进民族健康。（十）配合国家建设需要，奖励科学研究，改进留学政策，并积极充实国内学术研究设备，以树立学术独立，发扬民族文化。

（乙）“关于民权主义者”，民权主义，于间接民权之外，复行直接民权。而现阶段之中心要求，在于提早实施宪政，完成地方自治，普及国民教育，保障妇女地位，使全体人民咸能行使民权，并建立文官制度，以提高政治效能，保障司法独立，以维护人民权益。因此本党主张：（一）召开国民大会，制定五权宪法，实施宪政。（二）保障人民言论、出版、集会结社、宗教信仰及学术研究自由。（三）依照国父“地方自治开始实行法”，推行各项自治事业，迅速普遍成立正式地方民意机构，并限期实行县市长民选，以完成地方自治。（四）实行义务劳动，为乡村造产，以供办理地方自治，及公益事业之用。（五）励行法治，严惩贪污，提高行政效能，实施廉能政治，并改善公教人员待遇，确定健康、保险、退休、养老等办法，以资保障。（六）力求行政机构之合理化，建立健全之文官制度，规定各级政务官任期，并提高基层自治人员之选用标准。（七）在经济上、社会上、政治上、教育上，力谋男女之实际平等。（八）限期普及国民教育，并推广成人补习教育，彻底扫除文盲。（九）教育机会均等，对中等以上学校清寒优秀学生及退役之从军青年，实施公费制度。（十）保障司法权之统一与独立，简化诉讼程序，改良监狱实施感化，并保护出狱者之生计。

（丙）“关于民生主义者”，民生主义最重要之原则有二，一曰平均地权，二曰节制资本。对于人民食、衣、住、行四大需要，政府当与人民协力，共谋农业之发展，以足民食；共谋织造之发展，以裕民衣；建筑大计划之屋舍，以乐民居；修治道路河川，以利民行。而现阶级之中心要求，在于增进战时生产，制定战后经济建设计划，扶助民营企业，欢迎国际资本与技术之合作，并保护农工之利益，均衡市乡之发展，筹划战后官兵及残废军人之就业，以保障社会安全，而提高人民生活水准。因此本党主张：（一）遵照国父实业计划，制定战后经济建设总计划，欢迎国际资本与技术之合作。此项总计划之制定与实施，应首先注重交通与动力之开发，并以工业农业平衡发展为目的。凡有独估性之企业及为私人之力所不能办者，均归国营或公营，其他工业，概奖助私人经营之。（二）以国际合作，稳定汇率及币值，革新金融政策，并依我国工业化及世界繁荣之需要，以促进我国之国际贸易。（三）改革税制，简化稽征程序，厉行直接税，按所得累进征收，并限制遗产数额。（四）都市土地，一律收归公有。农地除公营者外，应以最迅速有效之方法，实行耕者有其田。凡非自耕之土地，概由国家发行土地债券，逐步征购，并分配之。（五）发展农民组织，保障农民权益，改善农民生活，推行集体农场，并促进农业之工业化。（六）发展劳工组织，改善劳动合作，增进劳力效能，尤须保护童工与女工。（七）普遍推行社会保险及社会福利事业，特别注重失业保险与儿童之保育。（八）切实优待出征军人家属，筹划战后官兵之复业与授业，抚恤阵亡将士之遗族，保障残废官兵之生活，并扶助其就业。（九）对战区及收复地区之人民及侨胞因战事而蒙受损失者，迅速予以必要之救济。（十）登记并限制各级官吏及公营事业从业人员之资产，并彻底执行各级官吏，不得经营商业之规定。

（6）前方省区施政方案，安置荣誉军人及救济其家属各案（5月18日）

十八日第十七次大会除通过本党政纲政策外，并议决前方省区施政方案，安置荣誉军人及救济其家属等八案如后：

（一）迅定适切前方省区施政方针，以竟抗建全功案。议决：一、前后方情形悬殊，故其任务应分别订定。前方之民，重在卫国，后方之民，重在养国。依此政策，则前方省区之政策，应以掌握民心或争取民心为首要。亦依此定其考成之标准，后方省区之政府，应以增产物资，富裕民财，转输国用为要务。二、前方省区之征实、征借、献金、献粮，义务劳动、公益储蓄以及公债各项、征派其数额应与后方省区有等差之比例，俾合实情。三、兵役之配额，前后方省区应有等差之比例，因前方省区各种军事政治之劳役特多，加之壮丁纷纷自投国军及保安自卫警备等团队，实在之壮丁数自己有限。四、凡前方省区所不能办理及非必须之各项政治设施，应尽量减免。五、凡前方省区应行办理之事项，其办法上应作因地制宜之规定程序，手续力求简单。六、提高前方省区最高党政负责人之责权，付予因地制宜及紧急处置之全权，并严格考成，以期实效。七、加强前方省区军政监察机关之责权，严施纠劾，以整法纪。八、前方所需军粮及副食品特多，供求悬殊，应即变更就地配给之原则，由兵站统盘筹划，妥运挹注。九、前方省区各工作部门，所需浩繁，支用特多，故必须依其实际所需，随着整具预算，以免法外征派。十、总反攻在即，前方省区所需各种交通等器材，应由中央尽量配给，其他为配合盟军反攻所需之各项经费，应由中央依实际所需，充分拨给。十一、前方各部门工作，应遴选忠公体国、自知必须爱民之士担任，庶得掌握民心，维护国本，其有贪污渎职，虐民营私者，应当从严惩处，十二、前方省区之人民生存，已万分困难，应由中央迅拨巨款施赈资助。十三、前方军事上政治上为总反攻所需之各项工程费用，应由中央按实际需要核发，严禁就地任意征派。十四、以有效办法，严禁军事政治上法外勒派劳役，充任私务，决议通过，送国民政府办理。

（二）请政府指拨专款，积极安置荣誉军人及救济其家属案。办法：荣誉军人及其家属救助安置原则：甲，一等残荣军之安置。㈠由政府设立收容所机构，终身教养，并辅导办理轻便生产事业，以辅助生活。㈡其老幼缺乏生产能力之家属，由政府协助解决其生活。乙，二三等残及轻残誉军之安置。㈠安置之目的，辅导办理农物垦区工厂或工业合作社等，参加各种生产事业，或介绍各机关团体，使之自力更生，以谋自给自足，将来完全脱离政府之供养。㈡安置方式，从事生产者，由政府辅助或贷以资金，供给生活之物资及技术上之指导与经营上之种种优待，其志愿从事职业服务者，应由政府严令机关团体，按照规定员工比例，优先任用荣誉军人，并予以彻底之保障。㈢有职业及生产技能之荣军家属，应随同荣军予以安置。丙，普遍办理荣军职业及生产技术训练。丁，一，荣军及其所属愿回籍者，由政府资送，其残废者终身予以瞻恤。二，由政府根据上列原则，制定整个荣誉军人救济法案，以保障抗战负伤官兵及其家属之生活。三，荣誉军人直接受此次战事之影响最大，其残废不能重赴前线者应请善后救济总署，提前优先予以救济。四，救助荣军及其家属之生产资金，应请一次拨给，统筹支配，使有生产能力之全体荣军，均能同时安置，限期自给。

（三）读改进伤兵残废军人安置办法案。①请政府将现有荣军教养院一律改为职业训练机构，除重残废另行安置外，其余荣军全部施以职业训练。②请政府制定法令，凡各机关工业按规定比例征用荣军。③对于就业荣军应规定保障办法，或由政府办理荣军失业保险，由国家代为保险。④对于荣军眷属亦应附带施行职业训练或规定救济办法。以上两案，并案讨论，决议原则通过。交军事委员会对于荣誉军人及其家属宽筹经费，确定办法，切实救济及安置。

（四）复员及退伍士兵之处置案。办法：①制定还乡军人优先就业办法，分期容纳。②凡有家可归者，应遣送回家，并资助其继续原来职业。③凡无家可归者，应由国家指定地区，给予耕地耕牛农具居室，并资其结婚成家，实行总裁所主张之兵屯政策。④战后发展工业计划，总裁于“中国之命运”一书指示綦详。此时应将全国士兵予以测验登记，以作将来训练成为良好技术工人之准备，藉于实行总理兵工政策之主张。⑤对于残废军人应特设工作场所，其完全不能操作者、由国家终身抚养之。⑥对于复员归乡之军人，应规定各种荣誉之待遇，以示国家德意，而养成国民踊跃服兵役之风气。决议通过，交军委会行政院确商办理。

（五）请确定战后复员，士兵生活辅导，以尝有功，而安社会案。决议通过，并上案办理。

（六）请配合反攻计划，迅谋充实并改善医药救护设施，减轻伤病损失，使将士安于勇战，以加强国军战斗力案。办法：一、凡非正式医学院或军医学校出身之军医处长或军医院长，一律罢免，应以专门人员充任，并征用后方医药护士人员，充实野战医院之人事。二、速依租借法案，增加医疗机械及药品之输入，以充实军用药品及医疗机械，并严查察防止其走私及转售，以保军用医疗器械及药品之均得实用。三、由军医署协同各级司令部，宽筹经费，提高待遇，改善兼加强军事医药机构管理及应用，增进治疗机能，并严密监督，肃清流弊，俾伤病官兵均得实惠。四、敦请万国红十字会，增派医药人员，调往中国战场，协助各战场之伤病救护工作。决议通过，交军委会办理。

（七）请建设海军案，决议通过，交国防最高委员会统筹办理。

（八）主席团提议为纪念美故总统罗斯福，筹设罗斯福图书馆。决议通过，交政府办理。

（7）华侨救济方案（5 月 18 日）

大会关于华侨救济事宜，甚为注重，收到有关提案十余件。经过付讨论，制成决议，各案办法要点如此。

“甲”关于救济办法者，一，由海外部、侨务委员会、外交部及中国善后救济总署，会同组织华侨救济机构，负责筹划华侨救济善后之一切事宜。二，调查南洋华侨因受战祸之损害，并拟订整个具体之救济善后计划，切实执行。三，派遣熟悉民情宣慰大员，宣慰侨胞。

“乙”关于复兴华侨产业者，一，由政府拨出美金一兆元至五兆元，交中国银行贷放。二，对象以沦陷地区之华侨农工矿商业，遭受损失者为限。三，贷放方式除抵押放款外，并得作信用放款。四，贷款限期一年至三年，五，利率应较当地利率为低。

“丙”关于设立华侨银行者，一，由政府设立华侨银行。二，专办低利放款，辅助华侨经济事业之发展。

“丁”关于提高侨汇者，一，于现行定价及辅助之外另给救济费，并即通知政府迅速办理。二，国家银行在闽粤沦陷区附近成立办事处，沟通侨汇。

(8) 军人授田法及土地资金化案（5月18日）

六全代会决议“甲”军人授田法：(一) 抗战军人授田办法，应迅速制定颁布，藉以保障抗战军人战后生活。(二) 战后授田准备工作，应先着手办理，以便于战事结束后，立即实施。(三) 授田区域，应尽量集中，以便集体经营。(四) 抗战军人授田后，仍应分步科与术科之训练，以期寓兵于农，建立兵农合一之体制。

(乙) 土地资金化案，(一) 实行耕者有其田，以改善农民生活，遍用土地资金，以促进工业化，为目前必要措施，应由政府详订实行计划，切实推行。(二) 耕者有其田之推行，应先举办移农调查，及佃耕土地登记。(三) 应用土地资金，促进工业化，应设立专业银行，以利推行，(四) 联合征租与联合缴租及田赋负担之调整，应分交各主管机关分别设计进行。(五) 本案实施计划，与进行步骤交政府参照原案，妥切规定之。

(9)“促进宪政实现各种必要措施”案(5月18日)

十八日第十八次大会通过总裁交议之“促进宪政实现各种必要措施”案：

宪政之实现，需要适当之准备，本党现经决定召开国民大会，实施宪政。若干准备工作，必须即予完成，各种措施，凡可为未来宪政予立规模，而可提出实行者，宜于本届代表大会闭幕后，分别予以实施，以示本党实行宪政之真诚与决心，兼以保证未来宪政之顺利推进。基于以上考虑，中正特提议如左：(一) 本党在军队中原设之党部，一律于三个月取消。(二) 各级学校以内不设党部，三民主义青年团属于政府，担任训练青年之任务。(三) 在六个月内，后方各县市临时参议会，应依法选举，俾成为各县市正式民意机关。后方各省临时参议会，于所属各县市参议会，有过半数已经成立时，立即依法选举，俾成为各省正式民意机关。(四) 制定政治结社法，俾其他各政治团体，得依法取得合法地位。

（五）本党党部在训政时期所办理有关国家行政性质之工作，应于本届代表大会休会后，陆续移交政府办理。上列五项，交下届中央执行委员会负责办理。

(10)官吏财产登记及禁止官吏经商等案(5月19日)

十九日第十九次大会通过议案：六全代会决议发扬革命精神，实行民生主义，以解除国家经济建设之困难，而固国本案。办法：（一）举办党的重要干部及政府主要官吏之财产登记，并进而加以限制，使地主资本家，无法操纵政权，确保政府超然独立，不属于任何阶层之革命性，以获得三民主义之信徒及一切前进份子之信仰与拥戴。（二）彻底执行“官不经商”之决议。凡甘愿经商之官吏，勒令辞职，否则严惩。一则使国营事业，不因私人之企业而受务公为私之摧残。一则使民间正当之工商业，能有合理之保障，不因特殊势力之竞争，而无法存在，超过一定财产之富裕党员及政府官吏，应征收累进所得税，以充党费及社会救济之费用。（三）献金献粮，限于大户，由党的中央干部及政府要员，拥有资产者先行捐献，以资倡导。（四）严惩贪官污吏，规定没收财产之处分办法。（五）请明令调查国难期间过份利得充公案等二百余件。

(11)工业建设纲领实施原则(5月19日)

十九日通过之工业建设纲领实施原则，全文如下：

根据工业建设纲领，拟具实施原则案。

纲领（一）工业建设，根据实业计划，而为有计划的设施，由政府统筹之。

实施原则：一，工业建设乃在发达工业经济，建立自立更生之基础，彻底实行民生主义之政策，完成国防与民生之合一。二，民生主义之经济建设，乃本民享之原理，故必须达到资本国家化，享受大众化。三，工业建设之基本工作，必须于规定期间内完成，故应遵照国父之实业计划，以计划经济之有效方法，今以求新之科学技术，加速推进，俾能迎头赶上，完成建设。四，全部工作计划，应遵照国父实业计划及总裁中国之命运提示之纲要，详为拟具，同时应根据国民所得及外资可能利用之数目拟定初期计划，逐步实施，五，为发展国家资本，必须规定国营事业之制度，以树民生主义之眷柱，同时辅导鼓励人民资本，在国族整个计划下，参加工业建设工作，达成规定目标，于经济事业中，一切兼并剥削操纵垄断之行为以及足势政府，皆应节制调整，六，政府所定计划，应有数点，特别的重钢铁工业，及铜，锌，铅，机器，电气，电力，基本化学品，水泥等根本工业及关键工业之发展，同时各项工作，如纺织，面粉，皮革，木粕化学，纤维木材陶业，酒脂制糖，印刷等，亦关重要，应于兼顾民生工业中，如生丝，地毡，桐油，菜油，茶品等，大量出口物品，应尽先发放，以增对外支付能力，其他大量供国外市场之土产物资，亦应开发以利出口，七，动力工业为工业建设之先决条件，战后应依照计划，尽先筹设，从早完成，并应尽量利用后方原有之电力，完成电力网，以裕供应，同时裨益于农田水利，八，交通建设计划，必须与工业建设计划密切配合，并应尽先实施，并以各路之运输能力，应尽量依照各工业计划中之工矿生产数量，妥为设计务使货运畅通，以利工业计划之施行，九，国内缺乏之重要物资，应妥谋切实之补救办法，如铜硫及橡胶等，因限于外间条件，自产不易，战后应有计划及奖励进口，铁砂及他国废铁，应与有关欧美国，分别购运办法，又铝锰系为飞机制造之重要原料，亦应尽量购运，俾资发展，十，国内一部分宝贵之矿产资源，宝藏量有限，且各地有经敌人大事掠夺，业已损失不赀，战后务须注意保留，勿使荒费，如可炼冶金焦之煤矿，及发挥性高之煤矿，实属寥寥可数，皆应留为工业上之正当用途，不能轻易消耗，又国内重要油矿，自应认真采炼，但亦应相当保留，以应国防需要，战后不妨输入一部分汽油，以资提炼，或采取酒精代替一部分汽油之政策，以补国产汽油之不足，十一，政府为节约矿产原料，及增进农田利益，应鼓励工业，充分利用农林产品，为制造原料，并以提高农林产品利用之效率，农林产品之健全之组织与标准之品质，十二，各部门工业及整个工业应各有健全之组织，使能发挥组织集体之力量，提高工业本身效率促进工业本身之成长，保证与现代国际企业组织互相抗衡，十三，人力资源为工业建设要素之一，政府应有详密计划，使各经济部门之劳力能随需要而转移，同时对于劳工应有计划的提高其知识，增进其技能，使其能负工业建设之应负之任务，确定其应得之地位，十四，为拟具工业建设计划必须之资源调查，土壤调查，原料研究，水文气候之测候等等准备工作，必须设法扩展，限期完成以供计划之用。

纲领（二）政府计划在一定期内所需要之各部门工业产量，妥为配合，分地实施，以求国富民力之增进。

“实施原则”，政府在全部计划中，就各项重点，拟具实施计划，规定进度予计结果，以资执行，如有各部门工业计划，应有配合，并先求各项要点工业之配合，三，工业建设初期实施之时，根据计划，决难求其十分详确，应就有可靠基本数字者，及制造程序已有成就者，先付实施之后图补订，决不能以细目之不决，而影响计划之推进，四，凡工厂之设立，及矿区之开采，无论其国营或民营者，以及中外合营者，均应事先经由工矿主管机关核准，方可创设，审核时以该厂创设条件，（例如地点，材料，产量，组织等），是否合乎计划为标准，五，政府执行计划时，应分期分区考核其进度与成果，不能达到目标时，应采有效方法补足之。

纲领（三）工业建设区域，应由中央根据国家经济条件，交通概况，及资源分配情形，作全国整个之规划。

“实施原则”

政府根据全国资源分布，经济条件，交通概况，规划若干工业建设区域，各区域之建设，应与交通，农林，水利等配合，进而完成全国之配合计划，根据基本工业建设区域，应以符合国防条件为标准，及管理各工业建设区域，设置机构，执行予定计划，推行政府政策。

纲领（四）工业产品，应力求标准化。

“实施原则”一，政府应速制定标准法公布之，二，政府应设立标准局，制定全国标准及执行标准之实施，三，凡向国外公私厂商订购器材，不合我国标准者不准输入。四，现行度量衡市用制，因为过渡办法，应定期取消专用公制。

纲领（五）工业建设，政府应采取国营民营同时并进之政策，在整个工业计划下，分工协作，以期切实达到各部门予定之产量。

“实施原则”在政府整个工业建设计划下，既以规定宣布之期间工作期之进展，并规定各部门工业予定之产量，及各部门工业之配合，更应根据现代工业技术之进步、规定事业之经济规模，厂矿设计与设备之一般标准，及事业经营之合理规定，然后根据事业之性质，由国营民营分工协作合力并进，以期切实达到各部门确定之产量，完成各部门事业之配合，二，总计划各项建设内，属于国营之事业，政府应按照计划，如期如数拨款，主管机关应严格执行工作之进度，以期达到规定之目标，三，总计划内可由民营之事业，应尽量鼓励国内企业家按照计划如期推进，政府应切实给予各种协助，及鼓励，使民营事业达予定之进度与配合，四，无论国营或民营事业，如不能达到予定之产量与进度的，政府愿采有效办法，以资补足，（子）设法移转总计划以外，财力物力人力，集中于指定之事项，（丑）产量不足之器材，藉输入以资补足，（寅）原属民营之工业，产量未足定额时，由政府筹措经费，以期补充，此种补充及修改之设施，仍须顾全总计划所规定之必要配合。

纲领（六）国营与民营事业，应依其业别，各谋联系，以同业组合或其他产销合作方式，在政府指导之下，谋技术之改进，品质标准之统一，产运成本之减低，推销分配之统筹，及生产过剩之防免，凡工业之可以委诸个人或其交国家经营适宜者，应归民营，由国家奖励而以法律保护之，其不能委诸个人及有独占之性质者，应归国营，国营与民营之种类，应予以例举之规定。

“实施原则”（一）工矿交通事业，经营方式可有下列各种，一、国营（政府经营）二、民营（人民经营），三、政府与人民合营，四、中外合营（政府或人民与外人合营），五、特许外资独营，（二）工矿交通事业中，不能委托民营者应归国营如下列，一、直接涉及国防秘密者，其种类为海陆空军器弹药等制造事业，二、有独占性质者，其种类为铁路邮电公用事业及动力工业，三、其原料为有限之国防资源，不能任人开采，致妨国防安全者，其种类为冶金、焦煤、石油、铁、铝、铜、锌铅、锰、镁等，四、在国际市场有卡迭尔关系者，其种类如染料工业等，五、特种矿产有关国际贸易者，其种类为锑、钨、锡，（三）国营工矿交通事业之经营方式，可分下列两种，一、全由国库拨资建设经营者，二、组织国营公司兼招民股或外股经营者，（四）国营工矿交通事业，应力求效率之提高，成本之减低，一切管理经营标准，可以为全国之表率，所得盈利，应再投于生产事业，以期加厚国家资本，（五）除二条所指定者外，均属国营。

纲领（七）国营与民营工业，均应力求增进工业效率，采用最新技术，减轻出品成本，与提高品质标准，以求巩固事业之基础，达到迎头赶上之目的。

“实施原则”，一，凡在总计划中之工业，无论国营或民营，应采用近年来最新之工业技术与管理方法，以固事业之基础，达到迎头赶上之目的，二，各种工业，应采用机械化与电气化之方法，使能达大量与精确之制造，三，现代化学合成之技术，应尽量采用，以期充分利用国产原料，逐渐达自给之境地，四，厂矿工作环境，有关工作效率及安全者，应尽量采用现代设备，以期增进生产效率，五，工业所需之大量技工，政府应采现代最有效之训练方法，予以培养，应使能随工业技术之进步，提高其工作效率，六，工业产品之品质，应规定有效之检验办法，使其符合标准，并促使其标准逐渐提高，七，重要工矿产品，初办时成本不免较高，政府得特给补助或规定统销办法，以资维持，八，无论国营或私营事业，所需原料及机器设备，应尽先采用国产，政府应以此为审核结购外汇之准则，九，工矿交通建设，所需之大量材料，政府在税制运输方面，皆应特予便利。

纲领（八）民营工业建设计划之规定者，政府应特别奖励之，并予以技术上及运输上之便利，使之依照计划，如期发展。

“实施原则”，一，凡在总计划内之各部门，属于民营者，政府应予以资金汇兑运用之便利，水陆运输之协助，机器材料之分配，劳工福利进行，完成任务，二，凡在总计划中之各部门工业属于民营者，其初创时期不免困难，政府应予以适当公允之保息或保本，以巩固其投资之安全，三，同类事业，不论国营民营，应一律平等纳税，使成本不致差次，而影响效率之提高，四，政府规定水陆运费，对于国营及民营事业之同类货物，应同等待遇，五，政府对于民营工业，应以有效方法，作技术上之指导，使在整个计划下，能同步迈进。

纲领（九）政府对于手工业及工业合作组织，应予以扶助推进与改良，并使人民充分利用余暇，从事手工新生产。

“实施原则”，一，手工业及家庭工业，其产品有国际市场者，应由政府予以技术助其输出，二，固有之手工业及小工业其产品可以为工厂工业之半制品者，应设法予以组织，使与工厂受得适当之配合，三，新式工厂工业及产品，如精制之原料药品与机械设备副件等，均可以协助，固有手工业之积极改进，其可利用农村原有小手工业之组织，以收推广之效者，皆应提倡，使其互相配合，四，原有农间之手工业，应由政府协助其资金及设备，并完成适当组织，五，固有之手工业及小手工业，应充分鼓励，组成工业合作社，俾易于指导。

纲领（十）输出品工业，应提倡扶植，以增进国际贸易，并奖励人民经营。

“实施原则”，一，为增进偿债能力，以利外资之大量输入起见，应力求出口贸易之发达，国家由农业国，转入工业国时，对于输出品应特别注意下列各项工业品，（子）农矿原料之加工，使成为适合国际市场之精制品，（丑）能大量利用我国较廉人工之制造品，（寅）各种家庭及农村手工品，二，在整个贸易计划下，政府应尽力督导输出品工业，达到规定数额及员工，三，为增进吸收外资能力起见，应采有效方法开辟国产之国际市场，特别注重争取日本在南洋原有之棉纺织品巨大市场，四，政府对于进出之工业品，得规定价格及品质标准，并施行严格检验。

纲领（十一）政府与社会，应以有效方法，鼓励人民节储资力，投诸工业，并督导奖励，使工业利润，再投资于其本身，或其他工业。

“实施原则”，政府应就工业计划中，鼓励民营事业及国营事业之兼招民股者，二，政府应采有效方法，鼓励人民对于工业建设之兴趣，并励行有计划之节约及储蓄运动，以及指导人民投资之方面，三，政府应规定办法，使工业所得之利润，在总计划范围内，再投资于其本身事业或有关事业。

纲领（十二）国家财政与金融政策，必须与国家工业建设计划全盘配合，其各种税制与金融制度，应积极扶助发展国家工业建设。

“实施原则”，一，财政政策应配合工业建设计划之推行，并应规定工矿交通建设经费，占据其全部岁出之最低百分比，（使其五年内，不能少于百分之五十），二，关税政策，于促进国际贸易之繁荣中，应以实现迅速工业化为中心目的，凡工业之有特殊重要关系，并在幼稚时期者，暂采适当之保护关税政策，三，为鼓励生产事业，税制应力谋简化，并废除有关生产运销之一切阻碍，四，金融政策，以扶助工业建设为要务，（子）稳定币值，俾工业建设，得循序进展，（丑）加强中央银行机构，能负荷银行之使命，积极推行有关工业票据及放款之重贴现，再抵押业务，以灵活资金，扶助工业之发展，（寅）建立票据市场，融合发展工业所需要之短期资金，（卯）建立产业证券市场，以吸引国内游资，使纳于发展工业之途径。

纲领（十三）国家教育计划，必须与国家工业建设计划，全盘配合，每一工业，并应依照政府所规定之办法，训练工业人才。

"实施原则"一、大学工学院，应就可工业之需要，造就工业专才，如工科学校，应就各类工业及工业区域之需要，造就各类专才，二、各工业厂应照政府规定办法，有系统的训练各级工业人才，三、为使短期内能完成规定之工业建设计划，政府应选大学及工厂富有经验之人员，参酌外国之最有效办法，训练大批技术训导员，使能训练工作准确，而效率较高之工人，四、现代各种新式技术方法，应由政府设法，使中国员工有充分学习及实用之机会，俾工作能力，速为上进。

纲领（十四），政府与社会，应依有效方法，奖励发明，并加强科学技术策进之运动。

"实施原则"一、政府以专利及其他方法，奖励技术发明，并策进一切科学技术之进展，二、政府对于已经专利之发明，应监督并设法协助其实施，俾能广泛应用，三、政府应采国内急需要解决之技术问题，以奖励方式，征得备案后，经适当手续，使工厂采用，四、各部门工业同业中，应对于若干基本技术，商定共同使用专利办法，并按其交换技术资料，以资促进工业生产，五、工人对于技术之发明及建议，尤应提倡奖励，六、专利法应于抗战胜利后一年内，明令施行，并设置专管机构。

纲领（十五），全国工业建设有关之研究机关，应集中力量，作实际问题之研究，以求工业技术之进步，并协助解除工业所遭遇之困难。

“实施原则”一、全国与工业建设有关之研究机关，应根据工业之需要，积极研究工业原料之利用，以谋逐渐自给，改良工业制造之技术，以期自力更生，并设法解除工业所遭遇之各种技术困难，二、各工业研究机关，应密切联系，按期会商，检讨工作，避免重复，提高成效，三、工业技术研究机关，所得结果，应以推广示范方法，使工业有效采用，四、有关工管理之各项专门问题，亦应准以切实研究与推广，五、工矿事业之推行进度，每年应加考查，由政府予以奖惩。

纲领（十六）为加速工业计划之完成，应欢迎外国资本与技术。

“实施原则”一、外资之利用可分下列四种，甲、债务（债件或借款），乙、股份，（合资经营事业）丙、使用，（以机器或技术方法归中国使用，约定分期付款办法）丁、特许经营，二、向外发行工业债券应由政府机关或由政府指定之实业银行，或国营主管机关办理，私人组织经政府核准，亦得向外发行债券或借用外款，三、向外发行债券，所得资金，应由工矿主管机关，就具有关键性之国营及民营工矿事业，确切需要，善为支配，以收促进建设之效，四，除制造军器外，其他工矿事业，皆可容纳外股合营，五、中外合营事业，应以需要资本数量较多者为主体，国营事业，对于外资宜遵照国父遗教，特为欢迎合作，六、民营工矿事业之加入外股，其合作办法及条件，皆应先得政府之核准，其私立自订立，未经核准者，概为无效，七、外资在中国合营事业，充分受中国政府之保护，但除少数事业，经中国政府因中国实际需要而特别允许者外，所有外资，不得有华资所无之特权。八、以外国机器或技术方法，归中国国营及民营工矿事业使用，约定分期偿款者，所订契约，皆应经工矿主管机关之核准。九、外人在中国投资之独营事业，应先经中国政府之许可，并依照中国法令办理。十、外人在中国独营之事业，应尽量利用中国生产器材。

(12) 对于政治报告之决议文 (5月19日)

六全代会通过对于政治报告之决议案，全文如次：

本次大会听取政治报告后，特就七年来政府之措施，作缜密忠实之检讨。过去显著之政治，以珍重吾人历史的使命，并促使吾人更认识所负任务之艰巨，同时更求其缺陷之所在，期于严正之认识，力谋今后彻底之改进。为根据本党主义与政纲政策之范畴，分别自述于左：

就民族主义言之，本党领导全国对日抗战八年以来，我国由单独作战，进而与同盟国家并肩作战，循坚定不移之国策。内而喋血奋战，求彻底之胜利，外而昭宣正义，谋世界之和平。迄于今兹，义德两国已相继投降，侵略之阵线已摧，日寇之败覆不远。更因此悠久之奋斗，获友邦尊重我自由平等之具体表示，于三十二年一月廿五日中美中英平等新约之订立，其他各友邦亦先后与我签订友好条约，一以平等为原则，百年来我国所受不平等条约之束缚，至此乃告解除。总理遗嘱所期许于我全党同志者，盖已有一部分之实现。此实革命进展中，最辉煌之成绩，亦本党民族主义，最伟大之成功。惟于国内边疆各族之融合联系工作，尚鲜致力，对其政治经济文化之发展，与自治能力之增进，未能尽扶植之功，是民族主义中“中国民族自求解放”与“中国境内各民族一律平等”之两种意义，尚未能同时贯彻。有待于今后之继续努力，以期彻底实现自由统一之中华民国。

就民权主义言之，政府对于新县制之实施及建立各级民意机构，年来督策进行，虽多致力，但其实施，则地方自治仍未能完成。人民四权训练尤未能依据遗教，切实推行，此因受战时环境之影响。而数年来自治工作之未循，总理手订之地方自治开始实行法，认真办理，允为症结之所在。在此积极准备宪章时，地方自治之基本，未能确实建立，人民犹未能具备民权主义宪法之条件，实为训政时期，无可讳言之缺陷。抑尤有进者，具为自治之单位，在推行自治工作中，当以实现民权民生两主义为目的，使之不仅为一政治组织，亦并为一经济组织。此于地方自治开始实行法中条举阐述，至为详明，而现行自治法令，未能注意。使具兼基层经济单位，诚应及时增加以充实。要之。本党历史的任务，厥为建立三民主义之共和国，故所以促进地方自治，增设民意机关，力求宪政基础之奠定，皆当力行不懈，以彻底实现总理所主张之民权政治。

就民生主义言之，自临全大会通过非常时期经济方案，政府虽尚能依据实施，但言绩效，则与民生主义之经济政策，相悬尚远。溯自北伐完成，本党执教已十七年于兹，而民生主义所招示之节制资本与平均地权两基本原则，迄未完全实现。尤以抗战以来，政府关于财政经济金融贸易之政策，既不能相互配合，更未能贯彻发展国家资本及限制私人资本之主张，将令社会贞洁，日趋于畸形之集中，亟应严切注意，力挽颓风，扫除民生主义障碍。其次，在抗战期间，农人出钱出力，贡献最大，而生活最苦。乃自廿三年公布土地法及廿五年公布施行法，迄今已及十年，多未见诸实施。此次总报告，亦犹未述及。此国家规定有关民生之大法，诚应迅予切实执行，不容再事延缓。

此外，更就一般之行政言之，则关于行政效率之提高，尚鲜显著之进步。当此战时，政治设施事项繁复远较平时，必须有极高之行政效率，然后一切政令始能为普遍有效之执行，收迅速确实之效果。而按诸实际之行政现状，则事多拥滞，令多稽留，人员隳废，时有虚耗。推其原因，则机关法令程序之未臻简化，人事制度之未能确立，贪官污吏之未能肃清，在此均足以阻滞事功，影响整个政治之进展。今后惟有严整纲纪，认真考成，务使人有训教、事有考核，以增进行政之绩效。同时更须有计划培养政治人才，以充实各级行政干部，而力求人与事之配合，一面发挥所谓新陈代谢之作用。此皆为革新政治之要务，同所望于今后倍加致力者也。

（13）对于军事报告之决议文（5月19日）

六全代会通过对于军事报告之决议案全文如次：

本大会听取程代总长军事报告后，备悉八年以上之抗战经过及一切军事措施，在最高统帅领导之下，一本既定国策及五全大会临全大会与历届中央全会之指示，不断努力，艰苦奋斗，不惟已获得胜利之确实保证，更已使国际地位为之提高，不平等条约完全废除，不胜欣慰。及聆何兼总司令报告，中国陆军总司令部成立经过及此次湘西会战概况，备悉中美合作极为密切，而湘西之捷亦适与盟军，在各战场之胜利相辉映，尤觉兴奋。查日寇自发动侵略战争以来，初欲速战速决，企图于短时间内，迫我屈服。我国以尚未充实之国力，挺奋而起，独立应战，赖我最高统帅持久抗战之决策及贤明英断之领导，与全体将士之忠勇效命，遂能以空间换取时间，奠定胜利基础。使我独立支撑之战争，一变而为与盟军并肩之作战，此不仅打破敌人速战速决之迷梦，且使其不能以全力用之于太平洋各战场或北进以侵苏。盖历次战役，我军皆予敌人以重大打击。综计敌寇在我国战场之消耗达二百数十万，且其陆军二百万人迄今犹被牵制于我国境内。凡此种种皆为我最高统帅暨全体将士对党国之功绩，亦且为我国对于反侵略阵营及对维护世界正义和平之贡献，而不可抹煞者。今者轴心德义，皆已败亡，欧洲战争，业已结束。日寇之海军空军，受盟军之不断攻击之损失殆尽，其覆灭亦在指顾之间。惟敌人陆军残存于我国战场者，尚有二百万人。今后驱除敌寇，完成胜利，犹待吾人加之努力。故于今后反攻之准备，尤须积极进行，举凡反攻计划之策定，高级指挥官及幕僚人才之拔擢，精兵主义之实行，动员实施之普及，补给卫生之改善，军队人事之健全，与保障军事教育之改进，军需品之增产，军队政训之充实，空军之加强等等，皆为充实反攻战力不可或忽者，切盼政府以全力推动领导。同时使全国民众必须以军事为第一，胜利为第一，尽其所有力量，贡献国家，尤须促使知识分子，以平日爱国之热忱，实际参加军队各部门之工作。本党同志，尤须身先倡导，以提高军队素质，务期军队增强，俾与盟军配合，及时反攻，早获胜利。至于今后国防之建设，如国防计划之确定，陆海空军之整建，国防工业之建设，复员之全般计划与准备，以及荣誉军人之救济，退伍官兵之安置，遗族抚恤之实施等等，皆关国家百年大计，更望各主管机关强加检讨，积极进行，以完成抗战建国，安定东亚，保障世界永久和平之伟大使命。有厚望焉。

（14）对中共问题决议文（5月17日）

全代会于十二日举行第八次大会时，曾听取主席团潘委员公展关于中共问题之报告。旋经组织特种审查委员会审议报告及有关提案，经於十七日午后向第十六次大会提出对中共问题之审查报告，经大会决议通过。原文如左：

对中共问题之决议文。

大会听取中央关于中共问题之总报告，深以中央以往所采政治解决之方针为适当。本党领导全国军民艰苦抗战，无时不尽力于团结御侮，以求中国之自由平等。中共在民二十六年九月，亦曾有四项诺言之宣告。虽频年以来，中共仍坚持其武装割据之局，不奉中央之军令政令，而本党始终宽大容忍，委曲求全，其苦心已为中外人士所共见。现值国民大会召开在迩，本党实施宪政，还政于民之初愿，不久当可实现，为巩固国家之统一，确保胜利之果实。中央自应秉此一贯方针继续努力，寻求政治解决之道，所愿中共党员，亦能懔于民国缔造，原非易事。抗战胜利，犹得争取，共体时艰，实践宿诺，在不妨碍抗战，危害国家之范围内一切问题可以商谈解决，斯则国家民族之大幸。本党同志，应共喻此旨，以促成之。

〔中国国民党中执会秘书处档案〕

6. 中国国民党第六次全国代表大会选举执监委和候补执监委名单

(1945年5月19日)

中央执监委员名单，中央执行委员二百二十二名。

于右任、何应钦、叶楚伧、居正、孙科、陈诚、戴传贤、吴铁城、邹鲁、宋子文、丁惟汾、白崇禧、陈果夫、张治中、梁寒操、陈立夫、陈布雷、朱家骅、胡宗南、冯玉祥、朱绍良、贺衷寒、顾祝同、钱大钧、何成濬、马超俊、宋庆龄、程潜、阎锡山、张厉生、谷正伦、傅作义、谷正纲、麦斯武德、刘健群、杨杰、蒋鼎文、段锡朋、鹿钟麟、余井塘、潘公展、甘乃光、陈继承、焦易堂、李文范、吴忠信、于学忠、狄膺、方觉慧、刘维炽、王正廷、刘峙、曾扩情、周伯敏、余汉谋、黄旭初、黄季陆、方治、张群、卫立煌、薛笃弼、谷正鼎、张道藩、萧同兹、陈策、俞飞鹏、陈庆云、陈树人、徐源泉、柏文蔚、丁超五、熊式辉、傅秉常、洪兰友、林翼中、沈鸿烈、曾养甫、周启刚、李品仙、蒋伯诚、陈绍宽、罗家伦、马鸿逵、邓家彦、刘纪文、赖琏、何健、彭学沛、陈仪、刘建绪、李宗黄、朱齐青、李扬敬、洪陆东、顾孟余、缪培南、李任仁、戴愧生、陈济棠、张强、罗桑坚赞、唐生智、吴保丰、陈肇英、王泉笙、苗培成、茅祖权、夏斗寅、吴挹峰、叶秀峰、杨爱源、萧吉珊、赵允义、时子周、余俊贤、黄实、吴开先、萧铮、孔祥熙、徐堪、田昆山、傅汝霖、梅公任、林叠、王东原、罗卓英、骆美奂、蒋宋美龄、桂永清、宋希濂、关麟征、康泽、黄宇仁、顾维钧、蒋文灏、吴绍彻、周至柔、张强、黄仲翔、江耀武、邓文仪、郑介民、王启江、陈石泉、孙蔚如、马元放、顾希平、朱怀冰、俞鸿钧、李惟果、刘瑶章、李默庵、汤恩伯、郑彦棻、邓宝珊、冯钦哉、胡健中、卢汉、王缵绪、李翼中、范予遂、楼桐孙、庞镜塘、袁宋谦、李中襄、张之江、梅贻琦、万福麟、白云梯、甘家馨、邓飞黄、陈剑如、向傅义、邓锡侯、夏威、陈希豪、柳克述、张维、项字荣、燕化棠、吴尚鹰、沙克都尔札布、韩振声、潘公弼、彭昭贤、刘秀洪、程思远、齐世英、李书华、达理扎雅、许绍棠、杨端六、董显光、王宗山、方青儒，郭忏、王陵基、李大超、陈雪屏、张廷大、魏道明、李汉魂、徐箴、陈联芬、林学渊、罗霞天、陆福廷、周异斌、刘文辉、吕云章、沈莲、梅友卓、欧阳驹、陆昆仁、熊振、张嘉敖、张国焘、陈国础、陈访先、王懋功。

候补中央执行委员九十名，张钫、张贞、罗翼群、石敬亭、赵棣华、陈耀垣、谢作民、郑亦同、程天固、吴经熊、陈泮岭、赵丕廉、区芳甫、詹菊似、高桂滋、马占山、李士珍、毛邦初、宋宜山、郑洞国、黄镇球、张九如、朱玉堂、周兆棠、马绍武、杜聿明、邹志奋、马星野、王星舟、胡秋原、王芃生、胡次威、伍智梅、吴铸人、陈逸云、朱文斋、可辑五、张平群、何浩若、刘斟、邓龙光、白海风、罗时实、韦永成、傅启学、刘斐、张清源、谭伯羽、吴国桢、黄正清、王俊、郭寄峤、程中行、李觉、钱昌照、于望德、傅严、马继、周满、楚克扎木、唐纵、罗贡华、任卓宣、胡瑛、孙越琦、邹作华、李朴生、徐景唐、梁敦厚、刘攻芸、葛覃、郝任夫、倪文亚、张宝树、刘多荃、许惠东、杨维增、徐象枢、王隽英、吕于道、李先良、邢森洲、高宗秉、萨本栋、杜镇远、潘文华、王若僖、叶汎、彭善、潘秀红、张静愚。

中央监察委员一百〇四名。

吴敬恒、张继、王宠惠、李宗仁、邵力子、张发奎、王世杰、张人杰、商震、孙连仲、贺耀组、秦德纯、王子壮、雷震、程天放、杨虎、李烈钧、黄绍雄、徐永昌、闻亦有、何思源、薛岳、熊克武、张知本、覃振、林云陔、李敬斋、章嘉、刘文岛、李福林、张任民、张默君、香翰屏、王秉绪、李煜瀛、姚大海、谭道源、赵梓阳、彭国钧、邵华、龙云、鲁荡平、李嗣匆、许崇智、李次温、胡庶华、钮永建、黄少谷、李延年、吕奇伟、祝绍周、张伯苓、上官云相、冯治安、刘茂恩、尧乐博、许孝炎、蒋梦麟、张砻生、杨森、林蔚、李汝新、曾万钟、何柱国、蒋光鼎、王星拱、马洪宾、曹浩森、马步芳、万耀煌、雷殷、周震麟、朱经农、谢冠生、范汉杰、王靖国、李明扬、马法五、张邢翰、张式遵、贾景德、吴南轩、李梦庚、李培炎、李树森、吴鼎昌、林彬、袁雍、李肇甫、张植、霍捞彰、刘伯群、刘尚清、王宪章、朱述樵、陈方、崔震华、沈宗濂、罗良鉴、郭泰祺、黄麟书、陆幼刚。

候补中央监察委员四十四名。

胡文灿、孙镜亚、朱绮库、崔文秀、杨绩、穆罕默德·伊敏、孙震、熊斌、李铁军、格桑泽仁、刘汝、钟天心、喜绕嘉错、黄建绪、早衡古、王德溥、何联奎、王子弦、毛炳艾、赵兰抨、陈卓迪、鲁瓦、刘和鼎、黄天爵、陈固亭、甘仲廉、张伯谨、章监、陈大庆、许用和、张轸、叶溯中、周福成、祝秀侠、赵仲容、曾以鼎、刘廉克、陈绍贤、韩德勤、余成勋、张笃伦、丁德隆、刘成灿。

〔中国国民党中执会秘书处档案〕

7. 中国国民党第六次全国代表大会宣言

（1945年5月21日）

本党第六次全国代表大会，举行于我国抗战八年，最后胜利在望，宪政实行在迩之时，且适当世界全局拨乱反正、显露曙光之日。在欧洲，则纳粹德寇无条件投降，盟军已获彻底胜利。在东方，则四面楚歌之日寇，挫败于琉球，挫败于缅甸，又挫败于中国战场。我国对敌寇最后决战胜利，正赖我全国军民之最大奋斗以完成。而旧金山会议，正在缔造国际安全机构，为世界奠永久之和平。回顾第四次时及第五次全国代表大会时之险阻艰难，临时全国代表大会时之孤军奋斗，全国军民恃精神为甲胄，恃血肉为堡垒，地无分南北，人无分老幼，前仆后继，百折不回，拼全民族之生命，争取国家之生存。历八年重大之牺牲，以有今日共同作战胜利在望之局势。抚今追昔，弥觉我国父遗教之深切伟大，全国军民坚毅抗战正义力量之不磨，益凛然于吾人继往开来之负荷，实为无比之艰巨。五十年革命之史迹，十五年来艰苦之经过，固无待乎缕陈，而对于革命救国之要道，与今后努力奋斗之方针。谨愿综合大会检讨之结果，披沥诚悃，以告我全党同志与全国同胞。

我中国当前最急要之任务，无过于充实军队之配备，努力最后决战，消灭倭寇，竟抗战之全功。由五十年来之经过言之，其侵犯我国独立，妨害我中国生存，破坏中国革命，阻挠我中国复兴建设之大敌，厥惟日本之帝国主义。自甲午以迄辛亥，日寇无时不勾结列强，以遂其瓜分中国之毒计。自民初以迄民国十五年，军阀之混战及其一切摧残革命之举动，无一而非为日寇阴谋所策动。北伐之役，日寇竟出兵济南，悍然破坏我革命之进展。及统一完成之后，日寇更深嫉我国之复兴，陵逼愈深，暴横愈著，公然发动九一八之侵略，突击我东北，制造伪组织。由是得寸进尺，野心日炽。逮乎七七，乃进犯我平津，窥袭我淞沪，迫我至于最后关头，不能不起而作全面之抗战。由是可知，有中国革命建国之运动，即迟早不免与志在灭亡中国之日本决生死存亡之抗战，欲中国之独立生存，即不容有日本帝国主义之存在。此理昭然，久为全国所共喻。我八年苦战，庄严之领土为日寇兽蹄所蹂躏，数百万英勇作战之将士壮烈殉职，无论男女老幼同胞，为敌寇所凌辱而戕害，此种惨重之牺牲，惟有恢复一切失土，彻底消灭日本之帝国主义，乃为获得真正之报偿，务必使我沦陷最久之东北同胞重见天日，受日寇劫掠最早之台湾重归祖国，数千年自主之朝鲜，尤须恢复其独立，以永绝日寇侵略之根株，始为我抗战彻底之胜利。今日寇已丧失其同恶相济的伙伴，世界反侵略盟邦即移师东指，共歼暴敌，日寇穷途末路，势必将以我中国大陆其最后负隅之战场，作顽强死抗之挣扎。我全国同胞，必须彻底认识最后胜利以前之决战，必为过去八年来所未有最激烈最艰苦之战斗。必须万众一心，举国一致，加强战力，彻底动员，人人誓以必死之决心，突破一切不可预想之险阻艰难，前方后方踊跃效命，沦区同胞及时奋起，果敢作扫荡寇氛，以竟我神圣抗战之全功，此为我全国同胞告者一也。

我中国抗战，为排除革命建设之惟一障碍，既如上述。抗战始起，吾人即以保障吾国主权与独立，暨领土与行政之完整，与维护世界正义和平，遏止侵略戎首之意义，昭告于世界。八年以来，世界各盟国友邦，尤其美国英国苏联，对我主持正义、裁抑强暴之努力，寄与极大之同情，并与我以武器物资经济援助。凡此安危共仗，患难相扶之高谊，皆我中国军民所永诘深感而不忘，我全国此时惟倾其所有一切人力物力，以贡献于反侵略之战斗，贯彻我联合国一员应有作战之任务，履行联合国共同宣言与四国宣言，以争取抗战胜利，确立国际安全之机构。中国立国之精神，本在讲信修睦，求与世界各国和平互助，中国之所求，厥为世界永久巩固之和平，国父制定实业计划时有言，“中华民国之创造者，其目的本在和平”，又曰，“为万国互助者，当能实现，为个人或一民族之私利者，自当消灭于无形”。此一慈祥博大之遗训，实永留于吾人之心中。我中国今日已获得其应有之地位，其惟一为中国革命建国，与世界和平之最后障碍者，只余日寇，中国于扫除此最后障碍之时，必本亲仁善邻之夙旨，与我盟国益敦睦其永久之邦交，更将欢迎各国资本技术经验之合作，以实行我国父实业计划，期以互利互助，促进中国之建设，造成世界之繁荣，此为我全国同胞告者二也。

我全党同志与全国同胞，为全国民族效忠之途径，厥为完全实行三民主义，民族主义之目的，一曰中国民族自求解放，一曰国内各民族一律平等。我中国民族自求解放，以造成国际平等之努力，在抗战未起前，已立其初基。除日寇以外，世界各国或先或后，无不愿以平等待我，及抗战既起，由于军民同胞之英勇奋斗，而国父取消不平等条约、重订平等新约之遗志具体实现亦已两年。一俟扫除日寇，我中国民族之解放，即可底于完成。为贯彻民族主义之目的，大会特重申第一次代表大会时“于革命获得胜利以后，当组织自由统一的中华民国”之宣示，必以前力解除边疆各族所受日寇劫持之痛苦，亦必以全力，协助边疆各族经济文化之发展，尊重其固有之语言宗教与习惯，并予外蒙西藏以高度自治之权。民族主义彻底实行之日，即为我国家长治久安，永保团结之时，此为我全国同胞告者三也。

我国父遗教之民权主义，其目的在于实行彻底进步之民主政治。本党自领导革命以来，为民主宪政而奋斗，五十年如一日。本党之与清廷奋斗者以此，与保皇党及复辟派奋斗者以此，与叛国窃权之帝制及军阀政府奋斗者以此，乃致与帝国主义之日寇誓死战斗者亦以此。正惟本党为民主积年奋斗之真诚，故不避一切疑忌毁谤，然负创建保育民国之责任，亦惟本党积无数先烈之牺牲，始获创造民国之成果。故自民国十七年摧毁军阀政府之后，即无日不迫切期望归政于全民。今当抗战胜利在望之日，应为促成建国大业之时，本党总裁提议大会全体一致通过，以本年十一月十二日召开国民大会，制颁宪法，以实施宪政。现距国民大会之开幕不及半年，吾人应与全国真诚爱国之各方贤达，开诚布公，共同努力，排除困难，促成宪政之实现。本党同志应体认国父制定建国程序，具有极大之苦心，而吾人今日遵奉遗教，还政于民，实其最大之决心。今后半年，为制定宪法，实施宪政之前夕，亦即为决战最激烈之时期。举办战时民意之发扬，合法自由之尊重，自治基础之培植，均为我政府与全国国民对国家义不容辞之职责。吾人深信中国国民在血战中，既获得此独立自由之时机，断无任何力量能将中国历史逆转卅年，以破坏先烈缔造民国之基础，重陷国家于危乱。在军政训政之时期，本党以革命建国为职志，为全国国民忠实之公仆。在宪政开始以后，本党则与全国国民，一德一心，共负保障民权，实行三民主义之责任。吾人之态度坦白而光明，吾人之精神公忠而诚挚，树宪政健全之基础，定国家万年之大计，吾人必鞠躬尽瘁，全力以赴。此为我全国同胞告者四也。

“建国之首要在民生”，为国父宝贵之垂训。国民革命之终极目的，在于谋人民生活之均足，社会秩序之安全。本大会检讨往事，深感过去对民生主义之经济建设与平均地权节制资本两大政策，因种种障碍未克实施，实为革命建国之最大缺憾。抗战既起，各种反常现象随长期苦战而发生，致使前线之战士、劳苦之生产者，以及依薪给为生之国民，多不能维持其合理之生活，尤为本党所深切关怀。今者本党总裁特于本大会开会之日，作剀切明确之昭示。吾人今后工作，必当特别置重于民生主义之实施。举凡防止资本之垄断，扫除生产之障碍，抑制土地之兼并，实施耕者有其田之主张，以及提高前线将士之待遇，保障农工生产者与公教人员之生活，普及一般青年就学就业之机会，其已经实施者，当力求其贯彻。其尚未致力者，必竭诚以推行。吾人更须知，民生主义之基本工作，即为实现国父之实业计划。盖必生产力提高，而后生活方有普遍改善之可能。国父有言，“中国今后存亡问题，在实业发达之一事”。吾人今后必以迎头赶上之速率，遵奉建国大纲发展人民衣食住行四大需要之指示，接受国外资本技术之协助，以谋工业农业之平衡发展。故一时在国家经济建设总计划之下，鼓励人民从事企业之经营，一面更宜发达其资本，以经营大规模之经济建设，而尤以交通与动力为先。此种经济建设与企业发展之成果，必使为全体国民所享有，俾一般同胞均得有丰衣足食之生活，而敬老育幼，养生送死，以致文化娱乐、享受，均能满足其实际之需求。此为基本，亦惟如此，始能安慰我革命先烈，与抗战牺牲之军民，始能奠国家民族安宁发展之基础。此为我全国同胞告者五也。

本大会检讨经过，省察未来，瞻惟国事之前途，确定努力之方针，荦荦大端，已如上述。其他事项，另见决议。在本大会集会期间，国外良友祝贺之电报，络绎而至，期望勖勉，备极殷拳，为本党历届大会所未有，实为举国军民同胞戮力抗战所获之荣誉。本大会更觉抗战愈近胜利，则艰难愈增，革命将收全功，则责任益重。本党以救国为志成，为人民之公仆，规过攻错，愿受嘉赞，横逆毁谤，则□所计。中国今日正处安危存亡之前，沦陷区之同胞更受水深火热之痛，本党惟有，日新又新之铭言，励百折不回之素志，自反自惕，振作革命精神，健全革命力量，继先烈之遗志，竟革命之全功，为国家立永远之宏基，为国民谋普遍之福利，并使我中国善尽其对于世界对于时代之责任。所望我全国贤达，念国事之艰巨，人民之痛苦，同德同心，以亲爱无间之精诚，作锐利无前之奋斗，驱暴敌于国门之外，奠中国于磐石之安，敬掬愚诚，共予匡济。愿举国一致，黾勉以赴之。

〔中国国民党中执会秘书处档案〕

（四）中国国民党六届一中全会

1. 中国国民党第六届中央执行委员会第一次全体会议经过

（1945年5月28—31日）

自三十四年五月廿一日第六次全国代表大会选出第六届中央执监委员后，经总裁核定，于五月廿八日举行第六届中央执行委员会第一次全体会议开幕典礼及中央执监委员候补执监委员宣誓典礼。全会当于五月廿八日如期开幕，到中央执监委员、候补执监委员三二六人，迄三十一日闭幕。除预备会开幕式及闭幕式外，举行大会三次。此次全会承全国代表大会之后，其主要任务为处理大会交下事项并决定中央执行委员会之组织。其他提案不多，均关于议案之审查，仅设一提案审查委员会，不采分组办法。另组织第六次全国代表大会决议案整理委员会及中央执行委员会组织方案审议委员会，分负整理审议之责。所有会议经过情形，略志如次：

开幕典礼宣誓典礼暨总理纪念周，于二十八日上午九时假复兴关中央干部学校礼堂隆重举行。总裁主席、领导行礼后，首总裁宣誓、由吴委员敬恒监誓，其誓词曰："余誓以至诚遵奉总理遗教，忠心努力于全国代表大会所付托之职责，领导全党同志实行三民主义，以建设中华民国，促进世界大同。谨誓"。次全体中央执监委员候补执监委员宣誓，由总裁监誓，誓词曰"余誓以至诚遵奉总理遗嘱，服从总裁命令，信仰本党主义，遵守本党纪律，严守党的秘密，绝对不组织或加入其他政治团体，绝对不自私自利，绝对不以个人感情或意气用事、如有违背誓言、愿受本党最严厉的处分。谨誓。”总裁致开幕词并讲读建国方略孙文学说第六章，历一小时始毕。礼成后，接开预备会议，仍由总裁主席。首由总裁提出，推于右任、居正、戴传贤、孙科、冯玉祥、丁惟汾、邹鲁、叶楚伧、陈果夫、李文范、朱家骅十二同志为全体会议主席团，经决议通过。并决定提案审查委员会，第六次全国代表大会决议案整理委员会，中央执行委员会组织方案审议委员会之组织及大会会期。十一时散会。

二十九日上午九时举行第一次大会，居委员正主席。首全体肃立，为抗战阵亡将士殉职殉难同志及死难同胞暨盟邦阵亡将士及死难人民默念。次讨论中央执行委员会组织方案，经决议重付审查，十二时散会。下午各审查会分别开会审查各案。

三十日上午九时举行第二次大会，叶委员楚伧主席。讨论各审查会提出之议案多件，其较重要者为：(一)关于边疆问题请制定方案及健全主管机构案，(二)制颁水利建设纲领案。(三)规定中央委员为无给职案，(四)六全大会各项决议应责成中央常会指定同志妥为规划切实督导实施案，(五)对于沦陷区及后方各党部之工作及组织与人事应依照六全大会决议重加研究与调整案，(六)中央执行委员会组织大纲修正要点等六件。十二时十五分钟散会。

三十一日上午九时举行第三次大会，邹委员鲁主席。首选举中央执行委员会常务委员，次通过(一)关于六全大会通过本党政纲政策案之处理办法，(二)关于六全大会通过国民大会召集案之处理办法，(三)关于六全大会通过制定政治结社法案之处理办法，(四)国防最高委员会仍应设置案等四件。

最后总裁提出：(一)行政院兼院长蒋中正同志副院长孔祥熙同志辞职，拟予照准，(二)请选任翁文灏同志为国民政府委员，(三)请选任宋子文同志为行政院院长，翁文灏同志为副院长。经大会决议通过，十一时四十分散会。旋即举行闭幕典礼，总裁主席并致闭幕词，随即礼成，全会至此园满闭幕。

〔中国国民党中执会秘书处档案〕

2．中国国民党第六届中央执行委员会第一次全体会议通过重要决议案

（1945年5月28—31日）

（1）预备会议（5月28日）

时间：三十四年五月二十八日上午九时

地点：重庆复兴关全会议场

出席者：蒋总裁

中央执行委员一百七十一人

于右任　叶楚沧〔伧〕　居　正　孙　科　陈　诚　戴传贤　吴铁城　邹　鲁　丁惟汾　白崇禧　陈果夫　张治中　梁寒操　陈立夫　陈布雷　朱家骅　冯玉祥　贺衷寒　钱大钧　何成浚　马超俊　程　潜　张后生　谷正伦　傅作义　谷正纲　麦斯武德

刘健群　蒋鼎文　段锡朋　余井塘　潘公展　甘乃光　陈继承

焦易堂　李文范　吴忠信　于学忠　狄　膺　刘维炽　王正廷

曾扩情　周伯敏　黄旭初　黄季陆　方　治　张　群　薛笃弼

谷正鼎　张道藩　萧同兹　俞飞鹏　陈庆云　陈树人　徐源泉

丁超五　熊式辉　洪兰友　林翼中　沈鸿烈　周启刚　罗家伦

邓家彦　刘纪文　赖　琏　何　键　彭学沛　陈　仪　李宗黄

朱霁齐　洪陆东　戴愧生　陈济棠　张　强　唐生智　吴保丰

陈肇英　王泉笙　苗培成　夏斗寅　吴挹峰　叶秀峰　萧吉珊

赵允义　时子周　余俊贤　吴开先　邓文仪　萧　铮　徐　堪

田昆山　傅汝霖　梅公任　王东原　罗卓英　骆美奂　桂永清

宋希濂　关麟征　康　泽　黄宇人　翁文灏　吴绍澍　周至柔

张　镇　黄仲翔　郑介民　王启江　陈石泉　孙蔚如　马元放

顾希平　朱怀冰　俞鸿钧　刘瑶章　郑彦棻　邓宝珊　冯钦哉
胡健中　卢　汉　李翼中　范予遂　楼桐荪　庞镜塘　袁守谦
李中襄　张之江　万福麟　白云梯　甘家馨　邓飞黄　陈剑如
向传义　邓锡侯　夏　威　陈希豪　柳克述　张　维　项定荣
燕化棠　吴尚鹰　韩振声　潘公弼　彭昭贤　刘季洪　程思远
齐世英　李书华　达理扎雅　许绍棣　董显光　王宗山　方青儒
李大超　陈雪屏　张廷休　徐　箴　陈聊芬　林学渊　罗霞天
陆福廷　周异斌　刘文辉　吕云章　沈慧莲　梅友卓　李培基
龚自知　张国焘　陈国础　陈访先

列席者：候补中央执行委员五十八人

张　贞　罗翼群　石敬亭　陈耀垣　詹菊似　高桂滋　李士珍
郑洞国　黄镇球　张九如　周兆棠　马绍武　桂聿明　邹志奋
马星野　王星舟　胡秋原　胡次威　伍智梅　吴铸人　陈逸云
何辑五　张平群　何浩若　刘　戡　白海风　罗时实　韦永成
傅启学　刘　斐　张清源　谭伯羽　吴国桢　黄正清　王　俊
程中行　钱昌照　于望德　傅　岩　马继周　唐　纵　胡　瑛
孙越崎　邹作华　李朴生　葛　覃　郝任夫　倪文亚　刘多荃
杨继曾　王隽英　吕晓道　邢森洲　高宗禹　杜镇远　叶　汎
彭　善　潘秀仁　张静愚

中央监察委员六十六人

吴敬恒　张　继　王宠惠　李宗仁　邵力子　王世杰　贺耀组
秦德纯　王子壮　雷　震　程天放　杨　虎　李烈钧　徐永昌
闻亦有　张知本　覃　振　林云陔　李敬齐　章　嘉　刘文岛
张任民　张默君　香翰屏　王秉钧　姚大海　邵　华　鲁荡平
李嗣璁　李次温　胡庶华　钮永建　黄少谷　李延年　吴奇伟
张伯芬　尧乐博士　许孝炎　张砺生　林　蔚　李永新　曾万钟
王星拱　雷　殷　周　嵒　周振鳞　朱经农　谢冠生　张邦翰
贾景德　吴南轩　李梦庚　李培炎　吴鼎昌　林　彬　袁　雍

李肇甫　张维桢　霍揆彰　刘伯群　王宪章　宋述樵　陈　方
崔振华　罗良鉴　郭泰祺　黄麟书　陆幼刚

候补中央监察委员三十人

胡文烁　孙镜亚　李绮庵　崔广秀　穆罕默德伊敏　熊　斌　格
桑泽仁　刘蘅静　黄建中　卓蘅之　王德溥　何聊奎　王子弦
陈　焯　迪鲁瓦　刘和鼎　黄天爵　陈固亭　章　益　陈大庆
钱用和　叶溯中　周福成　祝秀侠　赵仲容　曾以鼎　刘廉克
陈绍贤　韩德勤　余成勋　张笃伦　刘成烁

主席：蒋总裁

秘书长：吴铁城　副秘书长：狄　膺

记录：许静芝　王子弦　汪公纪

主席恭读总理遗嘱——全体肃立

讨论事项：

（一）组织主席团案。

总裁提出：推于右任、居正、戴传贤、孙科、冯玉祥、丁惟汾、邹鲁、叶楚伧、陈果夫、李文范、朱家骅十一同志为全体会议主席团。

决议：通过。

（二）组织提案审查委员会案。

总裁提出：推张群、张厉生、邵力子、徐堪、胡庶华、翁文灏、郭泰祺、薛笃弼、吴忠信、余井塘、俞鸿钧、黄季陆、吴国桢、王东原、吴开先、吴尚鹰、钱昌照、吴鼎昌、吴秀峰、何浩若、徐箴、熊斌、黄宇人、陈剑如、闻亦有、钱大钧、王启江、刘季洪、伍智梅、黄少谷、马元放、甘家馨　傅严三十三同志为提案审查委员会委员，并以张群、张厉生、邵力子三同志为召集人。

决议：通过。

（三）组织第六次全国代表大会决议案整理委员会案。

总裁提出：推狄膺、张道藩、甘乃光、洪兰友、梁寒操、萧铮、郑彦棻七同志为第六次全国代表大会决议案整理委员会委员、并以狄膺同志为召集人。

决议：通过。

（四）组织中央执行委员会组织方案审议委员会案。

总裁提出：推张厉生、陈立夫、王世杰、段锡朋、陈庆云、谷正纲、甘乃光、张治中、马超俊、程天放、张道藩、萧同兹、王子壮、骆美奂、许孝炎、刘瑶章、康泽、宋宜山、李中襄、王启江、潘公弼、陈剑如二十二同志为中央执行委员会组织方案审议委员会委员，并以王世杰、陈立夫、甘乃光三同志为召集人。

决议：通过。

（五）全体会议会期案。

决议：全体会议会期、定为三日至五日。

（六）提案截止日期案。

决议：本日下午十二时截止收受提案。

十一时散会。

（2）第一次会议（5月29日）

时间：三十四年五月二十九日上午九时

地点：重庆复兴关全会议场

出席者：中央执行委员一百六十五人

于右任　叶楚伧　居　正　孙　科　陈　诚　戴传贤　吴铁城　邹　鲁　丁惟汾　白崇禧　陈果夫　张治中　梁寒操　陈立夫　朱家骅　冯玉祥　贺衷寒　钱大钧　马超俊　程　潜　张厉生　傅作义　谷正纲　麦斯武德　刘健群　蒋鼎文　段锡朋　余井塘　潘公展　甘乃光　陈继承　焦易堂　李文范　于学忠　狄　膺　王正廷　曾扩情　周伯敏　黄旭初　黄季陆　方　治　张　群　薛笃弼　谷正鼎　张道藩　萧同兹　陈庆云　陈树人　徐源泉　丁超五　熊式辉　洪兰友　林翼中　沈鸿烈　周启刚　蒋

伯诚　陈绍宽　罗家伦　邓家彦　刘纪文　赖　琏　何　键　彭学沛　陈　仪　李宗黄　朱齐青　洪陆东　戴愧生　陈济棠　张　强　吴保丰　陈肇英　王泉笙　苗培成　茅祖权　夏斗寅　吴挹峰　叶秀峰　萧吉珊　赵允义　时子周　余俊贤　吴玕先　萧　铮　徐　堪　田昆山　傅汝霖　梅公任　王东原　罗卓英　骆美奂　桂永清　宋希濂　关麟征　康　泽　黄宇人　翁文灏　吴绍澍　周至柔　张　镇　黄仲翔　邓文仪　郑介民　王启江　陈石泉　孙蔚如　马元放　顾希平　朱怀冰　俞鸿钧　刘瑶章　郑彦棻　邓宝珊　冯钦哉　胡健中　卢　汉　王缵绪　李翼中　范予遂　楼洞荪　庞镜塘　袁守谦　李中襄　张之江　梅贻琦　万福麟　白云梯　甘家馨　邓飞黄　陈剑如　向传义　邓锡侯　夏　威　陈希豪　柳克述　张　维　项定荣　燕化棠　韩振声　潘公弼　彭昭贤　刘季洪　程思远　齐世英　李书华　达理扎雅　许绍棣　杨端六　董显光　王宗山　方青儒　李大超　陈雪屏　张廷休　徐　箴　陈聊芬　林学渊　罗霞天　陆福廷　周异斌　刘文辉　吕云章　沈慧莲　梅友卓　李培基　龚自知　张国焘　陈国础

列席者：候补中央执行委员六十人

张　贞　罗翼群　石敬亭　赵丕廉　詹菊似　高桂滋　李士珍　宋宜山　郑洞国　黄镇球　张九如　李玉堂　周兆棠　马绍武　邹志奋　马星野　王星舟　胡秋原　王芃生　胡次威　伍智梅　吴铸人　陈逸云　何辑五　张平群　刘　戡　白海风　罗时实　韦永成　傅启学　刘　斐　张清源　谭伯羽　吴国桢　黄正清　程中行　钱昌照　于望德　傅　岩　马继周　唐　纵　罗贡华　胡　瑛　孙越崎　邹作华　李朴生　刘攻芸　葛　覃　郝任夫　倪文亚　刘多荃　杨继曾　徐象枢　王隽英　吕晓道　邢森洲　高宗禹　萨本栋　杜镇远　叶　汎　潘秀仁　张静愚

中央监察委员五十九人

张　继　邵力子　王世杰　秦德纯　王子壮　程天放　杨虎　徐永昌　闻亦有　张知本　李敬齐　刘文岛　张任民　张默君　香翰屏　王秉钧　姚大海　邵　华　鲁荡平　李嗣璁　李次温　胡庶华　钮永建　黄少谷　李延年　吴奇伟　张伯苓　尧乐博士　许孝炎　张砺生　林　蔚　李永新　曾万钟　王星拱　雷殷　周　喦　周震麟　朱经农　谢冠生　张邦翰　贾景德　吴南轩　李梦庚　张维桢　李培炎　吴鼎昌　林　彬　袁　雍　李肇甫　霍揆彰　刘伯群　王宪章　宋远樵　陈　方　崔震华　罗良鉴　郭泰祺　黄麟书　陆幼刚

候补中央监察委员三十人

胡文灿　孙镜亚　李绮庵　穆罕默德伊敏　格桑泽仁　刘蘅静　喜饶嘉错　黄建中　卓蘅之　王德溥　何聊奎　王子弦　毛秉文　陈焯　迪鲁瓦　刘和鼎　黄天爵　陈固亭　章　益　钱用和　叶溯中　周福成　祝秀侠　赵仲容　曾以鼎　刘廉克　陈绍贤　韩德勤　余成勋　张笃伦　吴成灿

主席：居正

秘书长：吴铁成　副秘书长：狄　膺

记录：许静芝　涂公遂　王子弦

主席恭读总理遗嘱——全体肃立

报告事项：

（一）宣读预备会议记录。

（二）秘书处报告文件。

（三）主席宣告：为抗战阵亡将士，殉职殉难同志及死难同胞暨盟邦阵亡将士及死难人民默念——全体肃立。

（四）秘书长报告：本日出席中央执行委员一百六十五人，其缺席之额，依照总章第三十五条之规定，应以到会候补执行委员张贞、罗翼群、石敬亭、赵丕廉、詹菊似、高桂滋、李士珍、宋宜山、郑洞国、黄镇球、张九如、周兆棠、马绍武、邹志奋、马星野、王星舟、胡秋原、胡次威、伍智梅、吴铸人、陈逸云、何辑五、张平群、刘戡、白海风、罗时实、韦永成、傅启学、刘斐、张清源、谭伯羽、吴国桢、黄正清、王俊、程中行、钱昌照、于望德、傅岩、马继周、唐纵、罗贡华、胡瑛、孙越崎、邹作华、李朴生、刘攻芸、葛覃、郝任夫、倪文亚、刘多荃、杨继曾、徐象枢、王隽英、吕晓道、邢森洲五十五同志依次递补，在会议中有临时表决权。

讨论事项：

(一)中央执行委员会组织方案审议委员会报告审议结果拟具草案请公决案。(王委员世杰说明)

决议：一、交审议委员会汇集各委员意见重行审议，再提下次会议。

二、对本案有意见之各委员，可以书面送交审议委员会，或自行参加审议。

十二时散会。

(3) 第二次会议（5月30日）

时间：三十四年五月三十日上午九时

地点：重庆复兴关全会议场

出席者：中央执行委员一百六十三人

于右任　叶楚伧　居　正　陈　诚　戴传贤　吴铁城　邹　鲁
丁惟汾　白崇禧　陈果夫　梁寒操　陈立夫　陈布雷　朱家骅
冯玉祥　贺衷寒　钱大钧　马超俊　程　潜　张厉生　谷正纲
麦斯武德　蒋鼎文　段锡朋　余井塘　潘公展　甘乃光　陈继承
焦易堂　孝文范　于学忠　狄　膺　方觉慧　刘维炽　王正廷
曾扩情　周伯敏　黄旭初　黄季陆　方　治　张　群　薛笃弼
谷正鼎　张道藩　萧同兹　陈庆云　陈树人　徐源泉　丁超五
熊式辉　洪兰友　林翼中　沈鸿烈　周启刚　邓家彦　刘纪文

赖　琏　何　键　彭学沛　陈　仪　李宗黄　朱齐青　洪陆东
戴愧生　陈济棠　张　强　唐生智　吴保丰　陈肇英　王泉笙
苗培成　茅祖权　夏斗寅　吴挹峰　叶秀峰　萧吉珊　赵允义
时子周　余俊贤　吴开先　萧　铮　徐　堪　田昆山　傅汝霖
梅公任　王东原　罗卓英　骆美奂　桂永清　宋希濂　关麟征
康　泽　黄宇人　翁文灏　吴绍澍　周至柔　张　镇　黄仲翔
邓文仪　王启江　陈石泉　孙蔚如　马元放　顾希平　朱怀冰
俞鸿钧　刘瑶章　郑彦棻　邓宝珊　冯钦哉　胡健中　卢　汉
王缵绪　李翼中　范予遂　庞镜塘　袁守谦　李中襄　张之江
梅贻琦　万福麟　白云梯　甘家馨　邓飞黄　陈剑如　向传义
邓锡侯　夏　威　陈希豪　柳克述　张　维　项定荣　燕化棠
韩振声　潘公弼　彭昭贤　刘季洪　程思远　齐世英　李书华
达理扎雅　许绍棣　董显光　王宗山　方青儒　李大超　陈雪屏
　张廷休　徐　箴　陈聊芬　林学渊　罗霞天　陆福廷　周异斌
　刘文辉　吕云章　沈慧莲　梅友卓　李培基　龚自知　张国焘
　陈国础　陈访先

列席者：候补中央执行委员五十九人

张　贞　罗翼群　石敬亭　陈耀垣　詹菊似　高桂滋　李士珍
宋宜山　邹洞国　黄镇球　张九如　周兆棠　马绍武　邹志奋
马星野　王星舟　胡秋原　王芃生　胡次威　伍智梅　吴铸人
陈逸云　何辑五　张平群　何浩若　刘　戡　白海风　罗时实
韦永成　傅启学　张清源　谭伯羽　吴国桢　黄正清　王　俊
程中行　钱昌照　于望德　傅　岩　马继周　唐　纵　罗贡华
任卓宣　孙越崎　邹作华　李朴生　刘攻芸　葛　覃　郝任夫
倪文亚　杨继曾　徐象枢　王隽英　吕晓道　邢森洲　高宗禹
杜镇远　叶　汎　彭　善　张静愚

中央监察委员五十九人

吴敬恒　张　继　邵力子　王世杰　秦德纯　王子壮　雷　震

程天放　杨　虎　徐永昌　闻亦有　张知本　林云陔　李敬齐
刘文岛　张任民　张默君　香翰屏　王秉钧　姚大海　邵　华
鲁荡平　李嗣璁　李次温　胡庶华　钮永建　黄少谷　李延年
吴奇伟　尧乐博士　许孝炎　张砺生　林　蔚　李永新　曾万钟
王星拱　雷　殷　周　喦　周震麟　朱经农　谢冠生　张邦翰
贾景德　吴南轩　李梦庚　李培炎　吴鼎昌　袁　雍　李肇甫
张维桢　霍揆彰　刘伯群　王宪章　宋述樵　陈　方　崔震华
罗良鉴　黄麟书　陆幼刚

候补中央监察委员二十八人

胡文灿　孙镜亚　李绮庵　崔广秀　杨熙绩　熊　斌　格桑泽仁
刘蘅静　黄建中　王德溥　何聊奎　王子弦　毛秉文　赵兰坪
陈　焯　迪鲁瓦　刘和鼎　黄天爵　陈固亭　章　益　钱　用
周福成　祝秀侠　赵仲容　曾以鼎　刘廉克　陈绍贾　韩德勤
余成勋　张笃伦　刘成灿

主席：叶楚伧

秘书长：吴铁成　副秘书长：狄　膺

记录：许静芝　涂公遂　王子弦　汪公纪

主席恭读总理遗嘱——全体肃立

报告事项：

（一）宣读第一次会议记录。

（二）秘书处报告文件。

（三）秘书长报告：本日出席中央执行委员一百六十三人，其缺席之额，依照总章第三十五条之规定，应以到会候补委员张贞、罗翼群、石敬亭、陈耀垣、詹菊似、高桂滋、李士珍、宋宜山、郑洞国、黄镇球、张九如、周兆棠、马绍武、邹志奋、马星野、王星舟、胡秋原、王芃生、胡次威、伍智梅、吴铸人、陈逸云、何辑五、张平群、何浩若、刘戡、白海风、韦永成、傅启学、张清源、谭伯羽、吴国桢、黄正清、程中行、钱昌照、于望德、傅岩、马继周、唐纵、罗贡华、孙越崎、邹作华、李朴生、刘攻芸、葛覃、郝任夫、倪文亚、杨继曾、徐象枢、王隽英、吕晓道、邢森洲五十四同志依次递补，在会议中有临时表决权。

讨论事项：

（一）提案审查委员会报告研议六全大会关于筹措党费等十案实施方案步骤结果，附具意见，请公决案。（张委员群说明）

一、关于筹措党费之决议案

研议意见：查原案对于筹措今后各级党部经费案办法，已甚具体，拟请即交常务委员会转主管机关，依照原案并参酌实际情形，逐步实施。务于召开国民大会前，分别完成。

二、关于本党干部政策之决议案

研议意见：原决议案列举各项，皆甚具体，似不必另订实施办法，拟请交常务委员会就党部及政府现行各种人事法规，分别研讨，依照原决议案，分别补充或修正，切实施行。

三、关于民众运动之决议案

研议意见：原决议案业已甚详尽，拟请交常务委员会照案办理。

四、关于地方自治之决议案

研议意见：原决议案第一项“制定县（市）自治法”，第二项“颁布四权行使法”，及第五项“厘定地方自治监督法”，拟请交常务委员会送国防最高委员会依立法程序办理，第四项“划分中央与地方事务”，及第六项“确立扶植农工为县（市）施政重心”，拟请交常务委员会送国防最高委员会办理，第三项“充裕自治财源”，拟请交常务委员会转政府迅速实施。

五、关于侨务行政之决议案

研议意见：本案拟请交海外部会同侨务委员会外交部等有关机关，拟定实施办法，至改善侨汇事属急要，六全大会已有决议，应交政府迅速切实办理。

六、关于迅定前方省区施政方针之决议案

研议意见：查本案六全大会决议系“原则通过送国民政府”，拟请照原决议案办理。

七、关于复员后退伍官兵处置之决议案

研议意见：查六全大会关于复员后退伍官兵之处置，有 1. 战士授田案，2. 复员后退伍士兵之处置案，3. 确定战后复员士兵生活辅导方案等案，拟请设置抗战官兵复员安置筹备委员会，根据六全大会决议各案，拟具实施办法，核定施行。

八、关于工业建设纲领实施原则之决议案

研议意见：拟具实施步骤如下：

1. 按照大会议决之工业建设纲领实施原则，由政府各部门尽可能在本年内分别订定或修改重要法规，（例如公司法、矿业法、工业法等）公布施行。

2. 在本年内政府应拟定工业建设总计划，尤须明定各机关业务之范围、并注意建设步骤。

3. 实施期内主管机关应分别将建设计划，呈报核定，并将办理成绩提出报告。

4. 各主管机关长官应以是否实行本案为考核标准。

九、关于土地资金化之决议案

研议意见：查六全大会此决议案共计五项，其第五项已规定“本案实施计划与进行步骤，交政府参照原案妥切规定之”。拟请照决议案办理。

十、关于发扬革命精神实行民主案

研议意见：查本案六全大会决议系“交常会参考”，拟请照决议案办理。

决议：通过。

（二）关于边疆问题请制定方案及健全主管机构案。

本案系格桑泽仁委员等十人提，经提案审查委员会审查提出。

决议：本案与边政关系重要，关于召集会议及充实机构两点，六全大会已有决议，应将本案并交常会交由政府迅速办理。

（三）请增拨新省党费暨调整党工人员薪津以利工作案。

本案系吴委员忠信等十二人提，经提案审查委员会审查提出。

决议：交中常会办理。

（四）请将中央公务员惩戒委员会划归监察院，司法行政部划归司法院，以一事权，而增政治效率案。

本案系焦委员易堂等十二人提，经提案审查委员会审查提出。

决议：交常会研究。

（五）请制颁水利建设纲领交付政府以为推行之基本准则案。

本案系薛委员笃弼等七人提，经提案审查委员会审查提出。

决议：照审查修正案通过。（水利建设纲领附后）。

（六）请指拨边疆党务预备费，藉以补济边疆各党部之实际需要而利工作案。

本案系刘委员廉克等五人提，经提案审查委员会审查提出。

决议：交常会曾酌办。

（七）请指拨专款饬由边疆各党部设立牧场及各种生产合作事业，以发展边疆经济增加边地生产、而奠边疆党部经济基础案。

本案系刘委员廉克等五人提，经提案审查委员会审查提出。

决议：交常会核办。

（八）慎选保甲人员，以便推行地方自治，实施政令法令，改善兵役等案。

本案系曾委员万钟等九人提，经提案审查委员会审查提出。

决议：交常会转主管机关参考。

（九）举办公学政教协力选拔优秀儿童，为国家培养优良专门干部案。

本案系曾委员万钟等九人提，经提案审查委员会审查提出。

决议：交常会转主管机关参考。

（十）主席团提：请规定中央委员为无给职案。

本党创始之时，各级工作同志，本无薪给，其后虽有少数在党部支领生活费用，但较政府人员待遇为低，今后自应本大会指示，再加撙节，为郑重表示起见，拟请全会决议自本届起，中央委员，一律为无给职。

决议：通过。

（十一）主席团提：六全大会决议，应责成中央常会指定同志妥为规划，切实督导实施案。

本党第六次全国代表大会举行于艰苦抗战胜利在望之际，同时为实施宪政准备之开始，所有各项决议，在本党在国家，均具有划时代之意义，中央常会在本会闭会期间，负全部执行推动之责，应按照决议性质，分别指定同志负责督导实施，其大会已定有实施期限者，务必如期求其实现，其有需详订方案与办法者，务必于本会闭会后一个月以内，分别拟定实施步骤与进程，逐步付诸实现，以副全党同志与全国同胞之殷切期望。

决议：通过。

（十二）主席团提：对于沦陷区及后方各党部之工作及组织与人事，应依照六全大会决议，重加研究与调整案。

此次大会负继往开来之使命，就抗战言，应配合盟军攻势，加强战力，彻底动员，以速敌寇之崩溃，就建国言，尤应遵奉遗教，排除万难，以促宪政如期实现，我沦陷区及后方各党部之工作与组织及人事，均应本此要求，依照大会之决议，重加研究厘定，切实调整，俾能负荷此艰巨之使命，为此拟请大会决议，交中央常会对此当前急切需要，特加注意，务期因应事势，采取适当措施，以达到抗战必胜，建国必成之目的。

决议：通过。

（十三）中央执行委员会组织方案审议委员会报告：重行参照各委员在第一次会议中发表之意见，详细研议，将原草案修正为

中央执行委员会组织大纲修正要点，请公决案。（陈委员立夫说明）

张委员默君等十五人提：请设立农工部，以加强本党基层组织，运用广大民众力量，俾国父农工政策见诸实施，并争取胜利推行宪政案，经提案审议委员会并案审议。

决议：修正通过。（全文附后）

十二时十五分散会。

附件：

一、水利建设纲领〔略〕

二、中央执行委员会组织大纲修正要点

（一）中央常务委员名额增为二十五人。不设当然委员。

（二）中常务委员会开会时，由总裁主席，总裁因事不能出席时，由常务委员互推一人为主席。

（三）中央执行委员会设左列各部处会：

（1）秘书处。

（2）组织部。——主管党部组织，党员训练，并指导党员在农工商妇女文化团体及民意机关中之活动，该部内部组织，应以此为划分标准。

（3）宣传委员会。——原宣传部所掌管有关国家行政之事项，移由政府设置宣传部或情报局办理。

（4）海外部。

（5）训练委员会。

（6）财务委员会。

组织海外两部之内，应各设委员会，其人数以五人至七人为限，审议各部门一切重要事项，其组织另定之。

（四）中央执行委员会设置左列各委员会：

（1）农工运动委员会。

（2）妇女运动委员会。

(3) 文化运动委员会。

(五) 中央执行委员会除各部会处外，应设置党务设计机构，或就党务委员会予以加强。

(六) 以上各机关之职权及组织，交由中央常务委员会妥为订定。

(4) 第三次会议 (5月31日)

时间：三十四年五月三十一日上午九时

地点：重庆复与〔兴〕关全会议场。

出席者：中央执行委员一百六十七人

于右任　叶楚伧　居　正　孙　科　陈　诚　戴传贤　吴铁城
邹　鲁　丁惟汾　白崇禧　陈果夫　张治中　梁寒操　陈立夫
陈布雷　朱家骅　贺衷寒　钱大钧　何成浚　马超俊　程　潜
张厉生　谷正纲　麦斯武德　刘健群　蒋鼎文　段锡朋　潘公展
甘乃光　陈继承　焦易堂　李文范　吴忠信　于学忠　狄　膺
方觉慧　刘维炽　王正廷　曾扩情　周伯敏　黄旭初　黄季陆
方　治　张　群　薛笃弼　谷正鼎　张道藩　萧同兹　陈庆云
陈树人　徐源泉　丁超五　熊式辉　洪兰友　林翼中　周启刚
罗家伦　邓家彦　刘纪文　赖　琏　何　键　彭学沛　陈　仪
李宗黄　朱霁青　洪陆东　戴愧生　陈济棠　张　强　吴保丰
陈肇英　王泉笙　苗培成　茅祖权　夏斗寅　吴挹峰　叶秀峰
萧吉珊　赵允义　时子周　余俊贤　吴开先　萧　铮　徐　堪
田昆山　傅汝霖　梅公任　王东原　罗卓英　骆美奂　桂永清
宋希濂　关麟征　康　泽　黄宇人　翁文灏　吴绍澍　周至柔
张　镇　黄仲翔　邓文仪　郑介民　王启江　陈石泉　孙蔚如
马元放　顾希平　朱怀冰　俞鸿钧　刘瑶章　郑彦棻　邓宝珊
冯钦哉　胡健中　卢　汉　王缵绪　李翼中　范予遂　楼桐荪
庞镜塘　袁守谦　李中襄　张之江　梅贻琦　万福麟　白云梯

甘家馨　邓飞黄　陈剑如　向传义　邓锡侯　夏　威　陈希豪
柳克述　张　维　项定荣　燕化棠　吴尚鹰　韩振声　潘公弼
彭昭贤　刘季洪　程思远　齐世英　李书华　达理扎雅　许绍棣
董显光　王宗山　方青儒　李大超　陈雪屏　徐　箴　陈聊芬
林学渊　罗霞天　陆福廷　周异斌　刘文辉　吕云章　沈慧莲
梅友卓　李培基　龚自知　张国焘　陈国础　陈访先

列席者：候补中央执行委员五十八人

张　贞　罗翼群　石敬亭　陈耀垣　谢作民　赵丕廉　詹菊似
高桂滋　李士珍　宋宜山　郑洞国　黄镇球　张九如　周兆棠
马绍武　邹志奋　马星野　王星舟　胡秋原　王芃生　胡次威
伍智梅　吴铸人　陈逸云　何辑五　张平群　何浩若　白海风
刘一戡　罗时实　韦永成　傅启学　刘　斐　张清源　谭伯羽
吴国桢　黄正清　王　俊　程中行　钱昌照　于望德　傅　岩
马继周　唐　纵　罗贡华　孙越崎　邹作华　李朴生　刘攻芸
葛　覃　郝任夫　倪文亚　刘多荃　杨继曾　徐象枢　王隽英
吕晓道　邢森洲　高宗禹　杜镇远　叶　汎　彭　善　潘秀仁
张静愚

中央监察委员六十六人

张　继　邵力子　王世杰　贺耀组　秦德纯　王子壮　程天放
杨　虎　徐永昌　闻亦有　张知本　林云陔　李敬齐　章　嘉
刘文岛　张任民　张默君　香翰屏　王秉钧　姚大海　邵　华
鲁荡平　李嗣璁　李次温　胡庶华　钮永建　黄少谷　李延年
吴奇伟　张伯苓　尧乐博士　许孝炎　张砺生　林　蔚　李永新
曾万钟　王星拱　雷　殷　周　碞　朱经农　谢冠生　张邦翰
贾景德　吴南轩　李梦庚　李培炎　吴鼎昌　林　彬　袁　雍
李肇甫　张维桢　霍揆彰　刘伯群　刘尚清　王宪章　崔震华
罗良鉴　郭泰祺　黄麟书　陆幼刚

候补中央监察委员三十一人

胡文灿　孙镜亚　李绮庵　崔广秀　穆罕默德伊敏　熊　斌　格桑泽仁　刘衡静　黄建中　卓衡之　王德溥　何聊奎　王子弦　毛秉文　陈　焯　迪鲁瓦　刘和鼎　黄天爵　陈固亭　章　益　钱用和　叶溯中　周福成　祝秀侠　赵仲容　曾以鼎　刘廉克　陈绍贤　韩德勤　余成勋　张笃伦　刘成灿

主席：邹　鲁

秘书长：吴铁成　副秘书长：狄　膺

记录：许静芝　涂公遂　王子弦　汪公纪

主席恭读总理遗嘱——全体肃立

报告事项：

（一）宣读第二次会议记录。

（二）秘书处报告文件。

（三）第六次全国代表大会决议案整理委员会报告：大会全部决议案经逐一校读整理报请公鉴。（报告附后）

（四）秘书长报告：本日出席中央执行委员一百六十七人，其缺席之额依照总章第三十五条之规定，应以到会候补执行委员张贞、罗翼群、石敬亭、陈耀垣、谢作民、赵丕廉、詹菊似、高桂滋、李士珍、宋宜山、郑洞国、黄镇球、张九如、周兆棠、马绍武、邹志奋、马星野、王星舟、胡秋原、王芃生、胡次威、伍智梅、吴铸人、陈逸云、何辑五、张平群、何浩若、刘戡、白海风、罗时实、韦永成、傅启学、刘斐、张清源、谭伯羽、吴国桢、黄正清、王俊、程中行、钱昌照、于望德、傅岩、马继周、唐纵、罗贡华、孙越崎、邹作华、李朴生、刘攻芸、葛覃、郝任夫、倪文夫、倪文亚、刘多荃、杨继曾、徐象枢、五十五同志依次递补，在会议中有临时表决权。

讨论事项：

（一）选举中央执行委员会常务委员案。

秘书长报告：中央执行委员会常务委员名额，业于中央执行委员会组织大纲修正要点案内规定为二十五人，其选举方法经奉总裁核定，仍采用提出加倍候选人，以记名连记法圈选之，并提出候选人丁惟汾、居正、于右任、孙祥熙、冯玉祥、李文范、邹鲁、叶楚伧、邓家彦、戴传贤、孙科、何应钦、陈济棠、陈果夫、宋子文、白崇禧、潘公展、张厉生、陈诚、吴铁城、张治中、梁寒操、陈立夫、陈布雷、朱家骅、贺衷寒、马超俊、程潜、谷正纲、麦斯武德、刘建华、刘健群、段锡朋、甘乃光、刘维炽、邓飞黄、李中襄、张道藩、萧同兹、朱齐青、熊式辉、罗家伦、彭学沛、李宗黄、王泉笙、徐堪、邓文仪、郑彦棻、楼桐荪、范予遂、白云梯五十同志为常务委员候选人，又奉主席团指定雷震、闻亦有、许孝炎、林彬、张维桢、祝秀侠、余成勋、刘蘅静、陈绍贤、卓衡之十同志为监票员，主席宣告开始选举，计在场中央执行委员一百六十七人，有临时表决权之候补执行委员五十五人，共二百二十二人，发选举票二百二十二张，当即投票完毕，主席宣告继续讨论议案，选举结果，俟开票完竣，再行宣布。

（二）关于六全大会通过本党政纲政策案之处理办法案，提案审查委员会以本案极关重要，爰建议处理办法三项，经主席团决定，提请公决。

一、中央应将大会议决之政纲政策案，送交国民政府区别性质分交院会部署，限于三个月内，切实订定实施方案，负责施行，其有须经立法程序者，应由主管院提出法案。

二、各主管院会部署，对于政纲政策之实施，是否切实执行，除由中央考核机关随时考核外，并由中央监察委员会依照职权，负责稽核，以为其奖惩之标准。

三、中央应命令各级党部，对于政纲政策案作广大继续之宣传，务使党员与国民皆能了解拥护，以期推行尽利。

决议：通过。

（三）总裁交议：关于六全大会通过国民大会召集之处理办法

案。

关于国民大会之召集日期，业经六全大会规定外，其他有关而未决问题，应由中央常会设置审议委员会，俾参酌各方面意见，拟具方案，提请中央常会决定之。

决议：通过。

（四）总裁交议：关于六全大会通过制定政治结社法案之处理办法案。

本案交由政府征询宪政实施协进会之意见后，再由国防最高委员会从速拟具政治结社之立法原则，依照立法程序，制定公布。

决议：通过。

（五）总裁交议：国防最高委员会仍应设置案。

一、国防最高委员会与中央执行委员会之关系及国防最高委员会之职权，均暂不变更。

二、中央执行委员会常务委员及中央监察委员会常务委员，均出席于国防最高委员会之常会。

三、国防最高委员会之地位与职权，如因情势必要有须变更时，以及其变更时，关于代行中央政治委员会职权一节，如何措置，由中央常会决定之。

决议：通过。

（六）总裁提出：（一）行政院兼院长蒋中正同志、副院长孔祥熙同志辞职，拟予照准。（二）请选任翁文灏同志为国民政府委员。（三）请选任宋子文同志为行政院院长，翁文灏同志为副院长案。

决议：通过。

秘书长报告：选举中央执行委员会常务委员结果，计于右任（二一三票）、居正（二一二票）、孙科（二一二票）、戴传贤（二〇九票）、陈果夫（二〇九票）、陈诚（二〇七票）、何应钦（二〇二票）、叶楚伧（一九七票）、邹鲁（一九五票）、吴铁城（一八九票)、宋子文(一八六票)、丁惟汾(一八五票)、白崇禧(一七八票)、冯玉祥(一七六票)、陈布雷(一五七票)、李文范(一五三票)、潘公展(一四五票)、张厉生(一三九票)、朱家骅(一三七票)、张治中(一三三票)、程潜(一三二票)、陈立夫(一三〇票)、段锡朋(一二二票)、张道藩(一一六票)、陈济棠(一一一票)当选为常务委员。

十一时十分散会。

附件

第六次全国代表大会决议案整理委员会报告

奉命整理六全大会决议案，经召集会议，将全部记录及决议案逐一校读，就文字上酌为整理，其比较重要者，为总章条文，整理各点如左：

一、各级代表大会之召集，仍照旧章规定。查全国代表大会之召集，总章审议委员会原修正案曾定为三年，旋经大会表决仍照旧章定为每二年举行一次，因此所有省县代表大会之举行，自应一律照旧章规定。

第四十五条　省代表大会每年举行一次。仍照旧章

第五十三条　县代表大会每六个月举行一次。仍照旧章

第六十一条　区党员大会或区代表大会每两月举行一次。修正案与旧章相同

二、关于中央执行委员会中央监察委员会全体会议及省党部县党部区党部区分部执行委员会会议者：

第三十五条　中央执行委员会全体会议每半年开会一次。仍照旧章

第四十条　中央监察委员会全体会议每半年开会一次。仍照旧章

第五十条　省执行委员会每星期开会一次。仍照旧章

第五十七条　县执行委员会每星期开会一次。仍照旧章

第六十四条　区执行委员会每星期开会一次。仍照旧章

第七十条　区分部执行委员会每两星期开会一次。修正案与旧章相同

三、区分部党员大会旧章每两星期至少开会一次，修正案改为每月开会一次，仍从修正案定为每月开会一次。

（理由）现因党员参加小组会议，区分部会议可以改少，年来事实上已多如此办理。

四、第十九条关于海外党部之系统修正案，原规定为“分部之下为区分部”，查海外党部原无区分部之设，该业内“分部之下设区分部”八字删去。

谨检附整理总章全部条文，报请公鉴。

〔中国国民党中央执行委员会秘书处档案〕

3. 蒋介石在国民党六届一中全会上致闭会词

（1945年5月31日）

我们在第六次代表大会之后，接开六届中央第一次全体会议，对于代表大会的一切决议进一步的分别检讨，来确定今后实施的步骤。今天全会闭幕，从此以后，我们中央执行委员会，就负起了全国代表大会决议的责任，尤其要适应当前抗战和反攻的需要，适应实施宪政以前的需要，完成我们革命的使命。我深深觉得本届中央的使命，是特别重大而艰巨。临此闭会之际，要特别为我们同志说明下列的几点：

第一、我们革命建国，要首先着重力行。我在代表大会及这次全会中间曾经特别提示总理知难行易学说的重要，我曾经为各同志朗读孙文学说的自序、第六章的全文，我更希望各位同志要特别体认总理这一篇遗教的伟大，尤其要将第五章知行总论，第六章能知必能行，第七章不知亦能行的三章，反复研究，融会贯

通，以一洗我们过去苟且因循的耻辱，从今以后一切问题要彻底努力于实行。过去我们的缺点，为一般所批评的，就是我们各种决议不能彻底的实行。这一次代表大会的决议案特别多，而且都是十分重要，如果我们依然是议而不行，或是行之而不贯彻，不但有亏我们的职责，而且时机不能等待，国家民族的前途也不容延误。因之我要促起大家的特别注意于总理孙文学说第五章和第七章所垂教的苦心，而共相黾勉于力行。总理告诉我们说："我们中国远祖所得的知识，都从冒险猛进而来，"而我们中国近代所以积弱不振者，都是误于行之惟艰的学说，以致"不知固不欲行，知之亦不敢行。"总理指出我们的缺点，是"去古已远，暮气太深，顾虑之念，畏难之心，较之新进各国为尤甚"的缘故。总理说："畏难本无害者"，但是要由此畏难之念，"导人于节劳省事，以取效呈功"，不可以因为畏难而根本就不去力行，所以总理接着就力言："科学为系统之学；为条理之学"，总理又再三说明理想和计划的重要。由这些遗教看来，我们不但要能力行，还要能决定出先后本末的次序，规定实施的步骤，确立计划而按照着来实行。总理为我们确定指出"中国可以一跃而进于富强康盛之地"，举出我们中国地大物博人众，而且文明高尚，我们中国国民的知识能力，本来并不低落，问题就在于不能力行，不敢力行，也不信力行的效果。所以自己有了宝藏，也不知道开辟，自己有了丰厚的基础，也不知道发扬光大，更因为多少年来闭关时代所造成的孤立之性，根深蒂固，不知道国际互助的必要与可能，不知道利用外国建设的规模和人力资本，使实业发达，民生畅遂。总理在孙文学说第五第六第七这三章中反复说明的道理，就是要指出我们之所以不能迎头赶上者，不在于不知，而在于不去力行，更不在于行不行，而在于欲不欲。这就是总理所说："吾心信其可行，虽填海移山之难，亦犹如反掌折枝之易"的意思。我认为抗战建国，经纬万端，一切问题，都必须从确立"力行"和"贯彻"的决心做起，我们当然要认清起点，认清目标，规定计划，确立步骤，但是对于已经决定的决议案与已定的计划步骤，就必须遵照总理的遗教，排除万难去施行，否则停顿徘徊，迟疑观望，就有亏于我们的天职。要知道中国的存亡安危，革命的最后成败，全看我们能不能力行。因为我在今天要首先提出这一点来勉励我们全体的同志。

第二、我们要加紧争取抗战胜利。全会同志必须知道这是我们当前最大而最紧要的任务，我们一切的设施，一切的努力，都要为了争取最后胜利"军事第一，胜利第一"的目标。在敌人一天没有驱除，失土一天没有恢复以前，我们时时刻刻要念兹在兹，而作为一切工作的重心的。抗战胜利断不能只是依靠前线的将士，而是要我们在政治经济社会各方面的努力，都能配合得上，我们要厉行整军计划，加紧全国动员，充实反攻力量，是为了争取抗战胜利，我们要提高行政效率，安定后方秩序，解除人民痛苦，是为了争取抗战胜利；我们要发动社会力量，号召青年从军，增加战时生产，加强战时运输，是为了争取抗战胜利；我们要深入战区工作，策动沦陷区同胞，及时反抗敌人，破坏敌人，是为了争取抗战胜利。更进一层说，我们要及早召集国民大会，提前实施宪政，团结全体同胞，集中全国意志，这固然为了完成建国大业，也同时为了争取我们抗战的胜利。上面这种种设施，要军事政治经济各方面各级的负责人员努力，也更要唤起全国同胞来共同努力，但是我们本党的同志，比之一般国民所负的责任特别重大，我们必须切记抗战初起时所订的"非常时期党员誓约"，到今天这个争取抗战最后胜利的阶段，我们同志更必须继续我们为抗战牺牲同志先烈的成绩，更进一步的发挥我们大无畏的牺牲精神，冒险犯难，为民先锋，一切最前线最艰难困苦的工作，要我们各位同志率先来担当，要我们各位同志回到各地号召全体同志加倍的努力，惟有这样，才能保持我们固有的光荣，完成我们对国家民族的天职。

第三、我们要认识实现民生主义的真谛。我们这一次代表大会通过的政纲政策，以民生主义部分最关重要，我们并且通过了农民政策纲领、劳工政策纲领、土地政策纲领等要案，我们要实施这种种政策纲领，首先要确立几点基本的认识：（一）中国国民革命在于为全民谋利益，总理常说三民主义的国民革命是求阶级利益的调和，不在阶级利益的冲突，我们中国只有大贫小贫之分，而实在没有真正的资本家，至于最近在后方和各都市所以有土地兼并和资本不合理集中的现象，乃是由于社会组织的未臻健全，战时政令的未能贯彻，这种畸形现象的存在，最显著的就是所谓发国难财的暴发户，实在还是极少的少数，而且他们根底并不深固，只要我们有贯彻政策的决心是不难于划除的。（二）大家知道我们中国人民最大多数是农民，农民不独是国家平时的支柱，在此次抗战中贡献人力物力也最多。至于手工业者和产业工人、职业工人以及企业界的员工，同样为战时生产而劳瘁。我们对于农民工人的痛苦，必须予以解除，对于他们的利益，必须予以保障。而对于劳资的关系，则必须予以调整。我们中国诚然如总理言，只大贫小贫之分，还没有贫富绝对悬殊的状态。如果我们能贯彻政令来取缔极少数非法的暴富，以发展经济来提高多数大贫者的生活，就决不会有阶级对立现象的发生。这是我们中国社会问题的特征，是我们研究本国社会问题与经济问题时所不能否认，也不应该忽略的。（三）我们八年抗战中间一般小康之家的中产阶级，为抗战而出钱出力，他们的贡献很大，民族意识也最强。至于一般拮据经营的企业者，他们千辛万苦的成就，正是我们将来工业建设的萌芽。所以我们一方面固然要裁抑兼并和节制资本，而对于农村中产阶级和正当守法的企业者，则必需予以适当的保障与扶持。（四）我们更要知道沦陷区的农民工人以及中产阶级，受敌人压迫最深，破坏最大，他们盼望解放的心理也最切，而随着失土的收复，一切社会秩序有待重建的时候，我们实行民生主义也就最容易。基于上述四点的认识，我们可以具体指出我们实施民生主义的政策的重点，就是（甲）在后方要贯彻战时政令，整顿税制，管制金融。一方面积极改良保甲兵役和粮政，切实推行地方自治，推广农贷，取缔高利贷，改善租佃关系，实行减租，以保障农民利益和农村秩序。一方面实行累进捐税，加重大地主和富商的负担，以减少中小地主与一般农民的痛苦。（乙）在收复区则乘收复的时机，彻底实施土地政策，整理地籍，平均地权，裁抑兼并，保护中小地主及自耕农，并积极扶助佃农，普遍改善农民的生活。（丙）对于工人问题，要认定工业资本与劳动阶级在产业发展过程中有其共同的利益，以此为本党劳工政策的基础。所以一方面要奖励生产，使无业者有业，失业者就业，而同时对于已就业的工人，则在发展工业的条件下求得劳工条件的改善，和工人生活的提高。总之我们要遵奉总理的遗教，认清现实的需要，一切关于民生主义政策的实施，都要以平均地权、节制资本为依归。我们的着眼点，在于整个社会的安全，全民福利的增进，劳苦农工的保护，和生产事业的发展。这是我们实行民生主义的真谛，也是我们巩固民族的要图。

第四、我们要厉行经济建设以促进我国的工业化。总理所定的实业计划，不仅有宏伟的规划，有远大的眼光，也有切实可行的根据；在这个世界上注重政治自由，同时提倡经济自由的时候，我们相信中国的经济建设亦即中国的工业化，不仅有必要，而且是可能。这因为（一）如果世界皆贫，则工业先进国不能独富。（二）我们中国地广人众，又有相当丰富的资源，中国自有先天的致富的潜力与可能。（三）中国必须能富，而后可以消纳工业的产品，成为世界主要的市场，成为世界经济繁荣的一个因素。（四）中国必须能富，而后可以提高一般人民的生活水准和文化水准，而后中国乃有普遍的社会安全，而后中国乃可以确实贡献于世界，成为世界和平的支柱。（五）但是要使中国能富必须中国能够工业化，中国工业化以后，民生主义的工业建设和农业建设乃可以实现，土地问题，乃可以根本解决。中国工业化以后，教育文化乃可以迅速普及，科学技术也自然提高。这几点意义，不仅为中国所自信，也为世界上工业先进的友邦所共信。我们这一次关于实行民生主义的决议都要以总理自民国初年以来所决定的与平等互惠欢迎外资主张为基础，要与我们已经颁行的第一期经济建设原则相符合。我们的主义，一贯不变，我们的精神，也一贯不变，我们要本此精神，留交我们常会来制定具体实施的办法，以促使中国经济建设的成功。现在世界对我们中国的认识与总理在民国八年撰著孙文学说的时代已大不相同，而我们中国对于欢迎外国资本技术人才的合作，也比之从前更为迫切。所以我们只要确立信心，恪遵总理的遗教，根据大会的决定，完成我们的准备，制定我们的计划，则总理实业计划的实现与我国工业化的成功，实在是有十分的把握的。总之，我们今后建国的工作，要以达成总理的实业计划为惟一主要的目标，全体同志不可不知，中央负责同志更不可不知。

上面所举的四点，前一点是我们努力的基本，后三点是我们努力的要项，这次代表大会的所有决议，都已为我们确定了实行的要领。只要我们中央同志不畏难，不惮烦，综核名实，任劳任怨，有周详的设计，有严格的督促，有大公无私的考核和奖惩，不徒尚形式，不只讲表面，率导全党同志，感召全国同胞，笃实践履，一致力行，使我们的主义和政策能够确实贯彻，既定的计划能够依限实施。我可以保证，我们抗战胜利之日，就是建国基业大定之时。这就全赖我们有再接再厉的奋斗和百折不回的决心。至于其他重要决议，不待我一一列举解说。总之，我们要知道“坐而言，不如起而行”。现在真是我们急起直追加紧努力的时机了，我以一片至诚，勖勉大家，愿共同一致，达成我们全会的使命。

〔国民党中执会秘书处档案〕

〔四〕国民参政会与地方参议会和国民大会

（一）国民参政会的召开

一、国民参政会组织概况

1. 国民政府公布国民参政会组织条例训令

（1938年4月12日）

国民政府训令　渝字第一三一号

令国民政府政务官惩戒委员会

为令知事：查国民参政会组织条例，现经制定，明令公布，应即通饬施行。除分令外，合行抄发该条例，令仰知照，并转饬所属一体知照。此令。

计抄发国民参政会组织条例一份。

中华民国二十七年四月十二日

国民政府主席　林　森
行政院院长　孔祥熙
司法院院长　居　正
监察院院长　于右任
立法院院长　孙　科
考试院院长　戴传贤

国民参政会组织条例

二十七年四月十二日公布

第一条　国民政府在抗战期间，为集思广益，团结全国力量起见，特设国民参政会。

第二条　凡具有中华民国国籍之男子或女子，年满三十岁暨第三条所列（甲）（乙）（丙）（丁）四项资格之一者，得为国民参政会参政员。

第三条　国民参政会置参政员，总额一百五十名，其分配如左：

（甲）由曾在各省市（指行政院直辖市而言）公私机关或团体服务三年以上，著有信望之人员中，共选八十八名；各省市所出参政员名额，依照附表之所定，并以有该省市籍贯者为原则。

（乙）由曾在蒙古、西藏地方公私机关或团体服务，著有信望或熟谙各该地方政治社会情形，信望久著之人员中，选任六名（蒙古四名，西藏两名）。

（丙）由曾在海外侨民居留地工作三年以上著有信望，或熟谙侨民生活情形，信望久著之人员中，选任六名。

（丁）由曾在各重要文化团体或经济团体服务三年以上，著有信望，或努力国事信望久著之人员中，选任五十名。

第四条　国民参政会参政员之选任，依次列程序行之。

（一）候选人之推荐。由各省市政府及各市党部联席会议，按其本省市应出参政员名额，加倍提出。国防最高会议亦得提出同额候选人。在敌军完全占领之省市，前条甲项参政员候选人，由国防最高会议按照各省市应出名额，加倍提出。前条乙、丙两项参政员候选人，由蒙藏委员会、侨务委员会按照应出参政员名额，加倍提出。前条丁项参政员候选人，由国防最高会议按照应出参政员名额，加倍提出。

（二）候选人资格之审查。前条甲、乙、丙、丁各项参政员候选人推出后，由国防最高会议汇送中国国民党中央执行委员会，提付国民参政会参政员资格审议会审议完毕时，以其结果，报告中国国民党中央执行委员会。国民参政会参政员资格审议会置委员九人，其人选由中国国民党中央执行委员会指定。

(三) 参政员之选定。中国国民党中央执行委员会于接受国民参政员资格审议会报告后，按照前条甲、乙、丙、丁各项应出参政员名额，提出中国国民党中央执行委员会会议决定之。

第五条　在抗战期间，政府对内对外之施政方针，于实施前，应提交国民参政会决议。前项决议案经国防最高会议通过后，依其性质，交主管机关，制定法律或颁布命令行之。遇有紧急特殊情形，国防最高会议主席得依国防最高会议组织条例，以命令为便宜之措施，不受本条第一、二项限制。

第六条　国民参政会得提出建议案于政府。

第七条　国民参政会有听取政府施政报告暨向政府提出询问案之权。

第八条　国民参政员之任期为一年，国民政府认为有必要时，得延长一年。

第九条　国民参政会每三个月开会一次，会期为十日，国民政府认为必要时，得召开临时会，或延长其会期。国民参政会休会期间，设置国民参政会驻会委员会，由参政员互选十五人至二十五人组成之，任务以听取政府各项报告及决议案之实施经过为限。

第十条　国民参政会有该会参政员总额二分之一以上之出席，即得开议。

第十一条　中央各院部会长官得出席于国民参政会会议，但不参加其表决。

第十二条　现任官吏不得为国民参政会参政员。

第十三条　国民参政会置议长、副议长各一人，由中国国民党中央执行委员会选任之。

第十四条　本条例未尽事宜，由国民政府另以命令定之。

第十五条　本条例自公布日施行。

各省市应出参政员名额表

江苏、浙江、安徽、江西、湖北、湖南、四川、河北、山东、广东，以上各出四人；山西、陕西、广西、云南、贵州，以上各出三人；甘肃、察哈尔、绥远、辽宁、吉林、新疆、南京市、上海市、北平市，以上各出二人；青海、西康、宁夏、黑龙江、热河、天津市、青岛市、西京市，以上各出一人。

〔国民政府档案〕

2. 国民政府公布国民参政会组织条例第三条修正全文

(1938年6月16日)

第三条　国民参政会置参政员总额二百名，其分配如下：

甲、由曾在各省市（指行政院直辖市而言）公私机关或团体服务三年以上著有声望人员中，共遴选八十八名；各省市所出参政员名额依照附表之所定，并以有各该省市籍贯者为原则。

乙、由曾在蒙古、西藏地方公私机关或团体服务，著有信望或谙熟各该地方政治社会情形，信望久著之人员中，遴选六名（蒙古四名，西藏二名）。

丙、由曾在海外侨民居留地工作三年以上，著有信望或熟谙侨民生活情形，信望久著之人员中，遴选六名。

丁、由曾在重要文化团体或经济团体服务三年以上，著有信望，或努力国事，信望久著之人员中，遴选一百名。

〔国民参政会档案〕

3. 国民政府公布国民参政会议事规则训令

(1938年7月1日)

国民政府训令　渝字第三三五号

令国民政府政务官惩戒委员会

为令知事：查国民参政会议事规则，现经制定，明令公布，应即能饬施行。除分行外，合行抄发该项规则，令仰知照，并转饬所属一体知照。此令。

计抄发国民参政会议事规则一份

中华民国二十七年七月一日

国民政府主席　林　森

行政院院长　孔祥熙

立法院院长　孙　科

司法院院长　居　正

考试院院长　戴传贤

监察院院长　于右任

国民参政会议事规则

二十七年七月一日公布

第一章　总　　则

第一条　本规则依据国民参政会组织条例第十四条之规定制定之。

第二条　国民参政会开会时，由主席恭读总理遗嘱，全体肃立。

第三条　国民参政会开会时，以议长为主席，如议长因故缺席，由副议长代理之。

第四条　国民参政会会议时，有参政员半数之出席，始得开议，有出席参政员半数之赞成，始得议决。

第五条　国民参政会之会议公开之，但有必要时，得由主席宣告改开秘密会议。

第六条　国民参政会之开会、休会及散会，由主席宣告之。

第七条　参政员在会场主席，依次抽签定之。

第八条　参政员在会场内得自由发表言论，不受会外之干涉，但在会场外发表其笔记或言论者，受一般法律之限制。

第九条　国民参政会之文件议案由秘书长呈经议长核定后发表之，凡未依前项程序核定发表之文件议案，参政员负有保守秘密之义务。

第十条　国民参政会开会时，秘书长及副秘书长应列席，并配置秘书及其他人员办理会场事务。

第二章　委员会

第十一条　国民参政会为审查议案，设置左列委员会，分配审查各项议案。

（一）第一审查委员会，审查关于军事及国防之议案。

（二）第二审查委员会，审查关于外交及国际事项之议案。

（三）第三审查委员会，审查关于内政事项之议案。

（四）第四审查委员会，审查关于财政经济事项之议案。

（五）第五审查委员会，审查关于文化等事项之议案。

第十二条　国民参政会得设特种委员会，草拟或审查特种事项之议案。

第十三条　第十一条及条十二条之委员会名额人选及召集人，由议长提交会议通过之。

第十四条　各委员会审查结果，应以书面报告于议长，由议长分别提出于会议。

第十五条　各委员会之秘书人员由秘书长配置之，秘书长及副秘书长得出席各委员会，但不参加表决。

第三章　提案及讨论

第十六条　凡与抗战建国有关之事项，均得提出为议案，但其内容不得抵触三民主义。

第十七条　参政员之议案应详具理由，并由参政员二十人之连署提出之。

第十八条　提案得由主席迳付会议讨论，或先交审查会审查，连同审查报告提付会议讨论。政府交议事项，适用前项规定。

第十九条　参政员得以书面提出临时动议，但须有参政员四十人之连署临时动议，由主席于议事日程所列各案议毕时，迳付会议讨论，但时间不容许时，得由主席提付下次会议讨论。

第二十条　讨论之进行，依议事日程所定之顺序，但依主席之决定或会议之决议得变更之。

第二十一条　参政员对于议事日程所列之议题欲发言时，应先将其席次姓名书面通知秘书长，未依前项通知者，须俟先已通知发言者发言完毕后，报告席次，经主席许可，始得发言。

第二十二条　凡关于提案之说明，或质疑或答复，其发言均以十五分钟为限；讨论者之发言，以五分钟为限。但发言取得主席之特许者，得以主席特许的时间为度。违反前项限制者，主席得终止其发言。

第二十三条　参政员每人就一个议题之发言，除经主席特许者外，以一次为限。

第二十四条　凡对于议案之修正，应以书面提出，并须有参政员十人以上之连署。

第二十五条　会议时，讨论结果如有数种意见，其表决之顺序，由主席定之。

第二十六条　凡表决由主席酌量以举手、起立，或投票行之，必要时，得举行反证表决。

第二十七条　会议时，无论何人对于他人之发言，不得以侮蔑式之声音举动表示反对。

第四章　报告与询问

第二十八条　政府施政报告，由主管机关长官以书面或口头为之。

第二十九条　政府之施政报告，得依主席之决定或参政员二十人之要求，加入议事日程移付讨论。

第三十条　参政员对政府有询问时，须有参政员五人之连署，以书面向主席提出，主席通知主管机关长官，定期答复。参政员对于施政报告如有疑义，得于主管机关报告后，经主席许可，为简单之口头询问。

第三十一条　参政员之询问事项，除因国家利益有不便宣答之重大理由者外，主管机关长官应为书面或口头之答复。

第五章　纪　　律

第三十二条　参政员全体有共同维护会议秩序之责任。

第三十三条　参政员于会议中有违背本规则妨碍会场秩序者，主席得警告或制止之。其情节重大者，得依主席之决定或会议之议决，组织惩戒委员会，为惩戒之审议。惩戒之方式，分为（一）谴责。（二）责令道歉。（三）停止一定时日之出席。

第三十四条　惩戒委员会审议结果，应提经会议表决之。

第六章　附　　则

第三十五条　本规则无特别规定者，适用《民权初步》之条理。

第三十六条　本规定如有未尽事宜，得由国民参政会议决修正，送请国民政府公布之。

第三十七条　本规则自国民政府公布之日施行。

〔国民政府档案〕

4. 国民政府公布国民参政会秘书处组织规则

（1938年7月1日）

第一条　国民参政会秘书处（以下简称本处），承议长之命，处理本会事务。

第二条　本处置秘书长一人，由国民政府特派之，掌理本处事务，并监督指挥所属各职员。本处置副秘书长一人，由国民政府特派之，襄助秘书长掌理本处事务。秘书长因故缺席时，由副秘书长代理之。

第三条　本处置秘书三人至五人，由议长派充之，承秘书长之命，分掌特定事务。

第四条　本处设左列各组：文书组、议事组、总务组、警卫组，各组得因其事务之性质，分设数科。

第五条　各组设主任一人，得由秘书兼任，主管各组事务；各科设科长一人，总干事、干事、助理，各若干人，分掌各科事务。各组主任由议长选派，余由秘书长选派之。

第六条　文书组掌左列事项：

（一）关于文电之收发、撰拟、缮校、编译及保管等事项。

（二）关于典守印信事项。

第七条　议事组掌左列事项：

（一）关于编制议事日程及会议记录事项。

（二）关于各种议案关系文件之编集事项。

（三）关于提案决议及审查报告整理之协助事项。

（四）关于会议及各委员会开会之准备及通知等事项。

（五）关于参政员出席缺席表决计数及其他协助议事日程进行中一切事项。

（六）关于新闻之发表暨新闻记者之接洽事项。

第八条　总务组掌左列事项：

（一）关于本会预算决算之编制事项。

（二）关于款项出纳事项。

（三）关于一切布置事项。

（四）关于物品购置及保管事项。

（五）关于各项出席列席旁听等证章之制发等事项。

（六）关于参政员报到之登记事项。

（七）关于印刷事项。

（八）不属于其他各组事项。

第九条　警卫组掌左列事项：

（一）会场所在地及交通线之警戒事项。

（二）会场出入之警戒。

（三）防空消防等事项。

（四）其他关于本会一切警卫事项。

第十条　本处得酌置雇员。

第十一条　本处职员，除必须常行驻会工作者外，以向各机关调用为原则。

第十二条　在国民参政会开会期间，议长认为有必要时，得遴用额外人员，襄理本处特种事务，但以向各机关调用者为限。

第十三条　警卫士兵，由本会会场所在地警察机关或卫戍机关调拨。

第十四条　本处办事细则由本处定之。

第十五条　本规则自公布日施行。

〔国民参政会档案〕

5. 国民参政会关于议事规则的解释

（1938年7月7日）

一、议案审查委员会之法定人数，议事规则未有规定，为使议案审查进行无碍起见，规定下列五项：

（一）审查会集会时，不因出席审查之参政员未过半数而延会。

（二）审查会之议决，以出席人之多数为之；但有必要时，召集人应酌将少数人之意见报告大会。

（三）审查会得因提案人之请求，或召集人之决定，请提案中第一列名人出席说明。

（四）审查会会议时，政府主管机关得派员列席发言，但不参加表决。

（五）审查案之内容，涉及两组或两组以上之审查范围者，得由关系审查会召集人商酌开联席审查会。

二、关于议事规则第十九条临时动议之解释：凡与本会职权无关之临时提议，不得视为临时动议。此类性质之提议，以迳向议长或秘书处商洽，不提出大会为宜。

〔国民参政会档案〕

6. 国民参政会驻会委员会规则

（1938年9月9日）

第一条　本规则依据国民参政会组织条例第九条第二项之规定订定之。

第二条　驻会委员会之任务如左：

（一）听取政府各种报告。

（二）听取国民参政会决议案实施经过。

第三条　驻会委员会开会，应先期通知政府，俾便派员出席报告。

第四条　驻会委员会，对于特种问题，经议长之许可，得请政府派员出席报告。

第五条　驻会委员会为研究政府报告，应为左列之分组：

（一）军事国防组。

（二）外交组。

（三）财政经济组。

（四）内政及教育文化组。

驻会委员会为研究便利计，得向政府机关征求必要资料。

第六条　前条分组由驻会委员自认之，每人得兼二组。每组至少须有五人。每组互推一人为召集人。议长认为有必要时，对于各组人选，仍得酌量分配。

第七条　驻会委员会会议，以驻会委员过半数之出席行之。

会议时，以议长为主席。议长因事缺席时，由副议长代理之。

第八条　驻会委员会会议，每周一次。有必要时，得由议长召集临时会议。

第九条　会议仪式遵照国民参政会议事规则第二条之规定。

第十条　国民参政会议事规则第二十五条、二十六条、二十七条、三十五条之规定，于会议时均适用之。

第十一条　驻会委员如因故不能出席会议，须以书面申明理由，向议长请假。

第十二条　驻会委员概不得以驻会委员会名义对外发表文字。

第十三条　驻会委员对于国民参政会议事规则第八条第九条之规定，均应遵守。

第十四条　本规则经驻会委员会议决后，送请政府备案。

〔国民参政会档案〕

7. 国民参政会全体审查委员会规则

（1938年10月30日）

一、本会对于特别重要议案，得组织全体审查委员会，以全体参政员为审查委员。

二、全体审查委员会以议长为主席，必要时，得由议长另行指定主席。

三、凡议案经参政员依议事规程提议，并经大会通过，或经议长认为必要时，得移付全体审查委员会审查，由议长决定日时召开之。

在大会讨论进行中，如经议长提议，并经大会通过，或经参政员依法提出临时动议并经大会通过，亦得临时停止大会，迳行改开全体审查委员会。

四、全体审查委员开会，不受大会法定出席人数之限制。

五、全体审查委员会开会时，各参政员对每一议题之发言，不得过二次，每次不得过十分钟。但取得主席特别许可者，不在此限。

六、提案人之说明，除取得主席特许者，以二十分钟为限。其答辩之次数，经主席许可，得多于二次。

政府代表报告，或说明，其时间由主席酌定，预告代表。

七、全体审查委员会之决议，以出席者之多数为之。有必要时，主席应并将少数之意见附带报告于大会。

〔国民参政会档案〕

8. 国民政府公布国民参政会组织条例第九条修正全文

（1939年4月28日）

第九条　国民参政会每六个月开会一次，会期为十日。国民政府认为有必要时，得召开临时会或延长其会期。

国民参政会休会期间，设置国民参政会驻会委员会，由参政员互选十五人至二十五人组织之。其任务以听取政府各种报告及决议案之实施经过为限。

〔国民参政会档案〕

9. 蒋介石在参政会第一届第四次大会上致开会词

（1939年9月9日）

参政会第四次大会开会词

张副议长、各位参政员同人：

自从本会第三次大会闭幕以后，这半年中间，抗战建国的工作，皆有很大进步，而国际形势的急剧变化，于我们抗战建国的进行，更有非常的发展。今天本会举行第四次大会，正值欧战发生的时候，各位同人所最关心的，当然是如何适应这个新局势，来执行我们抗战国策的问题。中〇特将我们此次会议所最应注意的几个要点，简单的向各位陈述。

我认为欧洲发生战事以后，我们对于抗战建国的工作，更可以进一层加强我们全国奋斗的精神。我们要自信中国抗战胜利，对今后这个大时代和新世界将有更伟大的贡献，同时要认识当此重大关头，真要格外谨慎，格外努力，把握重点，奠定根基，集中力量，使时间精力没有一丝一毫的浪费，使国家在抗战中一切设施都能迎头赶上，和最后胜利的目的相配合。因此我认为当前最切要的几件事是：（一）集中人才，建设后方。（二）加强军事，争取胜利。（三）注意国际形势，推进战时外交。

先从第一点集中人才建设后方来说：我们要达成抗战目的，必须巩固我们抗战的根据地，必须完成后方各种经济、产业、政治、文化，尤其是地方自治等等的建设，以强固我们抗战的本身，健全我们建国的基础，无论国际变化和时代演进如何迅速，而这是我们惟一的根本问题。我们中国无论在任何情况之下，深信必能贯彻抗战国策，粉碎敌人侵略野心，得到最后胜利。但是唯一的要件，就非得从速充实我们自力奋斗的国力不可。讲到后方建设，当然任何省份都是同样的重要，但凡事应有一个重点，我们开始建设的区域，应该是在西北与西南各省，而川康为西北和西南的中心地区，更为重要。我们在上一次开会的时候，决定设立川康建设期成会，同时组织川康建设视察团，这几个月来，各位参政员同人不惮溽暑，不辞跋涉，遍历川康各地，一面考察，一面宣传，对地方政府和民众给予以莫大的鼓舞，同时搜集了许多很切实丰富的材料，怎么样利用这个宝贵的收获来推进我们后方的建设，是这一次大会所要特别讨论的一个主题。诸位要尽量贡献，我相信政府必能充分采纳。谈到建设，首先要有适当的人才，我们参政会是集合全国优秀贤智之士的总机关，以各位参政员作中心，我们一定能将全国的人才集中一起，来推进一切的建设。目前真是中国争存亡决生死的关头，凡我国人有一分心，一分力，都要为国家来贡献，我盼望各位同人不但在开会期间作成良好的决议案，还要在开会以后，竭尽心力号召国人，声应气求，推举贤能，协助政府来完成抗战建国必需的一切建设。这是第一点。

其次就加强军事来说：自从上一次大会闭幕以后的军事经过，另有详细报告。现在简单扼要的说，这六个月中间，除了我们在南昌阵地撤退以外，敌人不但毫无所得，而且他连续受到很大的打击，敌寇不但没有进展，而且比之半年以前还要后退，例如在山西敌人以八个师团先后攻我们太行山和中条山脉，但自晋城被我军克复以后，他的计划就完全粉碎了。在鄂北，他企图攻我南阳襄樊，想消灭我们第五战区的军队，结果反被我军消灭，只可退守到信阳至汉口的铁路线上，不敢再越雷池一步。在长江以南，敌军本想从南昌直取长沙，结果他不但不能进取，而最重要的高安重镇，也反被我军克复了。其他在广东从化、新会、潮州等地，他也是屡得屡失，消耗了极大的兵力。总之，无论在北战场、东战场与南战场，都证明了敌人的兵力愈用愈绌。可以说我们自从汉口撤退以后，我方军事更形稳固，我在去年曾经预告国人我们以后持久抗战的战场，要在平汉与粤汉路线以西地区，更有胜利的把握，这半年来已有事实的证明了。我今天可以实在报告本会，我们的军事力量，不但已恢复到开战以前的程度，而且比之开战时要增加了一倍以上。至于军需军实也早经有充分的准备，但这并不是说我们以后对于抗战再没有顾虑或毫无缺点，更不能说是以后决无艰险的话，反之，为要打破敌人的最后挣扎，我们以后抗战的环境，必有更艰更险的遭遇。所以我们为要进行我军有利的反攻，达到最后的胜利，我们必须不失时机，尽量加强我们的军事以及政治、经济的力量。我们更要加紧训练，加紧补充，加紧努力，更要使各地兵役办有成绩，更要使军民密切联系，更要使地方自治发达。关于这种种问题，我们参政员同人来自各地，见闻较切，希望在会期中，尽量提出意见和报告，更希望在会期以后，就壮丁组织、地方自治和兵员训练等等的事项，努力进行，尽量协助。这是第二点。

最后要说到外交。这就是说欧洲战事发生以后，我们将怎样来适应这个新的局势，以贯彻我们的抗战国策，这个问题最为重大，特别要慎重的研讨。因为欧战的关系，不仅是世界人类千百年祸福所关，而实在是我们目前抗战的胜败与国家存亡的最大关键。我们都知道，中日战争问题，就是世界问题，而且是世界最大的问题。须知今日世界的战乱，完全是由日本侵略中国，破坏国际公约，扰乱世界和平的强暴行为所引起来的。我们中国的抗战，一方面固然是为保障本国的独立生存，而一方面实在为要制裁这个世界侵略战争的祸首一日本，维护世界的正义和平，因为如果中日战争一日不了，世界和平亦就永远不能恢复。简单说，中日战争，就是世界战争的起点，亦就是世界战局的重心，这是各位应特别注意的。何况我们中国有拥有全世界四分之一人口的国家，对于奠立世界永远的和平秩序，当然要负有重大的义务和责任。

自九一八以来，我们的一贯国策，是建立在下列几个原则之上的：（一）抵抗日本侵略，以保障我国主权与领土行政的完整；（二）遵守国际公约，尤其是国联盟约、九国公约与非战公约，以与世界爱好正义和平之国家共同维护世界秩序；（三）拒绝参加防共协定；（四）外交在自立自主，完全以本国立场与抗战利益为前提，不受任何拘束，以求得中国之自由平等，实现三民主义，重奠世界永久的和平。八年以来国民政府秉此奋斗，始终不渝。现在欧战既起，我们更要固守既定的方针不计前途的险易和利害，亦不计国际形势变化到如何程度，而必求我们一贯的方针贯彻到底。

在欧战既起以后，敌国的表示是不干涉欧洲战事，自称要专力解决“中日战事”。他所谓不干涉欧洲战事，换句话说，就是不许欧美干与中日战事，让他可以独霸东亚，建立他所谓“东亚新秩序”。这就是我平时所说的，敌人要在现在世界之外，另造一个世界，这岂不是要使他日本这一个国家的名称，不再存在于现在世界之上一样么？除非世界上以后没有日本这一个国名，否则无论东亚的中国或日本，皆不能脱离现在世界和国际关系，而能孤立独存的。然而敌人至今还在那里说这些“东亚新秩序”的梦话，于此更可见敌人趁火打劫的心理，是分外明显了。但是我们中国却是国策早经决定，立场始终一贯，我们早从最艰难的情况作打算，无论过去、现在和将来，从不存丝毫侥幸的心理。敌人如要想全力来解决中国战事，我们就可集中全力，来消灭敌人的这种野心，使之粉碎无余。实在说，敌人到今天，还说要以全力来“赶快结束中日战事”这一类的话，实在是等于痴人说梦，他不想想他在两年以前，集中全力来侵略中国，尚不能达到速战速决的目的，而在今日，其势已成为强弩之末的时候，还要说这些狂呓，这就是问他日本人自己恐怕亦不能相信吧！敌人现在兵力早已疲惫，内部尤为空虚，若在军事方面说，敌人早已失败，而且已陷于不能自拔的绝境。以后除了军事以外，他自然要加紧进行他所谓政治进攻和经济进攻，实行他所谓“助长支那新政权”和造成其所谓“更生的支那”的汉奸傀儡，奴隶中国的丑剧，除此以外，更没有第二个办法了。但是这半年以来，汉奸卖国的罪恶，更是暴露无遗，他们的毒计、诡谋和卑劣无耻的行动，不但为国民所共弃，亦已为世界所不齿，我们中国认定凡是在敌军卵翼之下所产生的组织，皆是敌人那所谓“兴亚院”的“联系部”，所组织的军用机关，无论他假借任何名义而我们抗战唯一的敌人只是对日本，凡受敌军命令或受其指使的，我们只认他是日本的奴隶，而决不认他是一个中国人。所以以后即使有十个百个汉奸的伪政府出现，甚至任何伪中央与敌人订立几百几千种伪条约，决不会发生丝毫的效力，而对于我们抗战更不能发生任何影响，而且相反的，更可加深我们全国军民的敌气，增强我们抗战的精神。所以我们现在的问题已不在敌人的强弱，或敌人何时失败的问题，实际上敌人是早已失败了。我们以后只在专心一志来充实我们建国的准备，健全我们抗战的本身，从种种方面奠立我们胜利的基础。这就是我们目前惟一的根本问题。

各位同人更要知道，目前是我们国家安危最重要的关键，国际形势，瞬息万变，我们今天的决策，实在有关于抗战成败，乃至于民族的百世祸福，我们所定的方针，若能正确无误，不仅军事的胜利更有把握，而抗战既定的目标，亦必可更快的达成。因此中〇十分希望本会同人于讨论决策之时，更要谨慎将事，不厌求详，一切都要依据我们根本的国策，从真正是非和国家百年的利害上贡献有效的方策，以定今后努力的途径。

本会会期不过十天，时限甚短，中〇认为最紧要的就是上面所说的几件急切的大事，甚望各位集中心力和时间，充分讨论，务使得有完满的结果，这是本席对大会所恳切期的。

〔国民党党务系统档案〕

10. 国民政府公布国民参政会组织条例第八条修正全文

（1940年4月16日）

第八条　国民参政会参政员任期为一年，国民政府认为有必要时，得延长之。

〔国民参政会档案〕

11. 国民参政会组织系统图

（1943年12月13日）

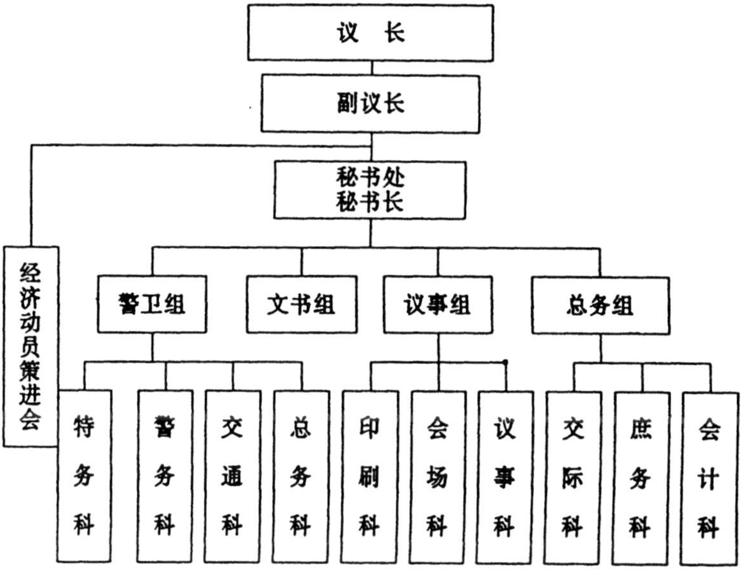

〔国民参政会档案〕

12. 国民政府公布国民参政会组织条例第十一条修正全文

（1944年4月5日）

第十一条　国民参政会每六个月开会一次，会期为十四日，国民政府认为有必要时，得延长其会期，或召开临时会。

〔国民参政会档案〕

13. 国民政府公布国民参政会议事规则第十七条修正全文

（1945年7月6日）

第十七条　参政员之提案，应详具理由，并由参政员五人之连署提出之。

〔国民参政会档案〕

二、国民参政会历次会议重要提案

1. 国民参政会秘书处报送国民参政会第一次大会宣言致国防最高会议秘书处公函

（1938年7月21日）

公函　字第三六号

迳启者，兹送上国民参政会第一次大会宣言一份，请烦查照转陈为荷！此致

国防最高会议秘书处

附国民参政会第一次大会宣言一份

中华民国二十七年七月廿一日

国民参政会第一次大会宣言

国民参政会成立于抗战周年之日，同人等深知在此国家民族兴亡荣辱之交，惟有整个民族，精诚团结，坚苦奋斗。故于本月十二日以全场一致郑重决议，拥护本年四月中国国民党临时全国代表大会所制定之抗战建国纲领，作为国民政府抗战时期施政方针，共同在最高统帅蒋委员长领导之下，努力奋斗以取得最后之胜利，而达到建国之成功。兹当本会第一次大会休会之日，更本全体公意，

作为下列之宣言。

我中国民族立国东亚，自古以和平为国是。民国以来，遵奉孙中山先生之三民主义，期以自由平等之中国，与世界各国共保和平。不料邻邦日本，竟以征服中国为国策，以武力侵略为手段。九一八之变，占我东北四省，撕毁公约，拒绝调解，否认国联调查团报告书，使我虽欲委曲退让，和平解决而不可得。追塘沽停战后，我政府忍辱负重，仍以和平外交，冀其转环。全国各界，亦勉仰悲愤，服从政府之指导。乃日本军阀，更变本加厉，蚕食冀察等省。卢沟桥案之起，证明敌阀用心，必欲步步并吞，使我完全丧失立国自存之凭藉而后快。我政府至此，始万不得已，决定为生存自卫而抗战。去年七月，蒋委员长在庐山之演词，即代表政府与全体国民最后之决心，永远守之弗渝者也。我中华民国本为统一完整之国家，国民政府实全国国民共戴之政府。自九一八以来，国难严重，不但一般无党派之国民更坚其拥护统一之心，即各党各派亦咸舍小异而趋大同，诩赞统一，共同救国。一年以来，我全体将士忠勇赴战，壮烈牺牲，我全体国民，包含边疆各民族，无分党派宗教职业，一致决心，忍受艰苦，奋斗到底。盖中国于敌寇凭陵之日，反得发扬其整个民族之爱国意识与牺牲精神，故日本军阀虽恃其海陆空之暴力猛烈进攻，而决不能屈中国民族自卫之意志。同人等膺选来会，集议经旬，本深知全民之公意，更熟察时势之要求，除决议及建议各案，提送国防最高会议依法处理外，谨再披沥悃诚，宣告中外。

其一：中国民族从不敌视日本人民，至今依然。中国抗战之目的，纯为自卫。中国必须恢复其领土主权行政完整，此乃任何国家立国自存之最小限度立场。中国全体国民，誓以一切牺牲达此目的；惟根据一年来之事实，不得不向全世界主持正义之各国人民与良知未泯之日本人民，切实宣达日本军阀万恶之罪状。当战事发动之始，敌阀犹诡称对中国无侵并之野心，且不与中国民众为敌。乃交战经年，万恶毕露，凡所占领之地，莫不残戮我人民，淫杀我妇女，焚掠我城市乡村，夺据我公私产业；且一年以来，敌机轰炸，肆意逞凶，老弱妇孺，日死百千，学校医院，并成焦土。综其凶行，不但志在消灭我国家之独立，并将毁灭我一切文化，夺取我一切资源，使中国民族，永远沦于无羞耻，无智识，无生活的奴隶地位而后快。本会兹特代表我全体国民壮严宣布：中国民族必以坚强不屈之意志，动员其一切物力人力，为自卫，为人道，与此穷凶极恶之侵略者长期抗战，以达到最后胜利之日为止。

其二：中国在过去一年中，得到世界公论之热烈的同情与援助，此乃我全体国民所感谢弗忘者。中国对世界本有其一贯的理想方针，即中国民族遵奉孙中山先生之遗教，相信欲求中国之自由平等，必须唤起民众及联合世界上以平等待我之民族共同奋斗。自去年抗战开始以来，世界多数国家之政府，与其最大多数之人民，莫不同情中国而谴责日本。在政府方面者，如美国与国联会员国政府当局之仗义执言；在人民方面者，如各国舆论与人民团体之援华反日，使我国民得精神之安慰，信正义之不孤。本会兹敢郑重声明：我四万万五千万之中国国民，必永远拥护国际和平组织，及一切国家和平公约；必永远赞助世界人士，为增进国际和平，人类进步之一切努力。同时则希望各友邦政府及人民，熟察世界和平不可分之事实，而各自实践其对于和平公约与人道上之责任；今后更继续的并扩大的同情中国，援助中国，而以一切可行之方法，孤立日本，制裁日本。此不但为正义计，且亦为利害谋。日阀有征服世界之野心，中国则为世界和平而奋斗。此各友邦朝野所深悉，应不待同人等之渎陈。

其三：更有特别声明者，敌阀于北平及南京擅设傀儡组织，又称不以国民政府为对手，并诋毁蒋委员长不遗余力。同时，则以中国行将赤化之说肆意宣传。凡其颠倒是非，造谣煽惑之用心，无非欲欺朦世界，以达其并吞中国之目的。本会同人，兹据实宣布：南北傀儡组织，乃敌阀之俘囚，吾族之败类，虽僭称政府，而无任何政权，仅供敌阀名义上之利用，决无言论行动之自由。此在国际法上，且远逊于丧失独立后之被保护国之地位。夫中华民国，独立自主之国家也，神圣不可侵犯之统治大权，既以国民公意托之国民政府，而蒋委员长则我国家之最高统帅，而全国军民所公认为代表我国家意志之领袖也。今敌阀否认我政府，仇视我领袖，大兵进攻，百端摧毁，一面则扬言将与其自设之伪组织提携，此徒证明其决心并吞中国，完全消灭中国之独立。一言蔽之，否认国民政府，即否认中国国家，而仇视我蒋委员长，即为仇视全中国民族之国家意识，而欲我全国军民投降屈服，甘为亡国之民而后快也。至于赤化之谣，亦属不攻自破。中国今日，全国一致，各党各派，在抗战建国纲领基本方针之下，共同奋斗，纲领具在，事实甚明，敌阀亦非不知，特为其便利侵略之计，不惜昧良造谣，以冀朦敝世界于万一耳。

以上三端，彰吾族之决心，布敌阀之罪状，盖将以增加世界公论之认识，而根本消灭敌阀在文明世界隐蔽煽惑之一切阴谋。然于此更有向我全国同胞掬诚相告者：九一八至今，敌阀对中国之蹂躏，乃吾民族之奇耻巨痛。今南北沦陷区域之同胞，方忍垢含羞，日祷祝国军之胜利，而我前线军民之浴血抗战者，方前仆后继，英勇牺牲，此诚存亡荣辱成败利钝之紧要关头。熟察大势，敌阀在军事上经济上外交上日陷穷途，覆亡可待，然其暴力犹在，正图最后一逞。故我全体国民，惟有继续并加强一年来之奋斗精神，更绝对认清国家民族之利益所在，以绝一与团结为一切行动之准绳。在军事上，更森严军令，砥砺技能；凡我将士，更恪尽任务，视死如归；凡我壮丁，俱踊跃从军，以为后继，务须继续求建军之完成，并发动沦陷区域之一切军事组织，以疲困及歼灭敌人。在政治上，须本抗战建国纲领，力求庶政之革新，树立民主政治之基础。目前施政中心，尤在救济并组织难民与失业失学者，使之贡献于抗战。在经济上，则务须厉行节约运动及劝募公债运动，一面集中一切智力资财，增进生产，加速建设，务期巩固金融，开发资源，以求军需之自给，并为民生之保障。凡此诸端，仅举概要，皆长期抗战之所必需，惟有全体国民一致努力，方可奏效。夫国难之险，险于覆舟，应战之急，急于救火，凡我同胞，安危相关，生死与共。惟有尽一切努力，忍一切牺牲，以求贯彻抗战之唯一目的。本会同人乘此休会之日，特声明今后愿与全国军民共同誓约：拥护国民政府，拥护最高统帅，拥护抗战建国纲领，一一见诸实行。并乘此机会，代表国民，致谕蒋委员长及全体将士之劳苦，敬礼一切为国牺牲之英灵，奉慰伤病残废之战士。其次，致谢在前方后方忠诚尽职有功抗战之一切公务员工，与服务各项抗战工作及参加自卫游击之各界男女老少同胞。再次，致谕海外全体侨胞关怀祖国援助抗战之热心，与中外慈善团体或个人对于救济事业之努力。同时，代表国民再郑重致谕各友邦政府及人民，对中国民族抗战之同情与援助。此外，同人等更代表全体同胞慰问一一切遭难流亡同胞及阵亡将士家族。而最后声明：凡为抗战建国之个人牺牲，皆为换取民族万代之自由及人类共同之福利，代价无穷，光荣不朽。至于抚恤善后一切事宜，国民誓共同永远负其全责。同人等谨以至悲至痛之心怀，宣布至大至刚之公意。中外共鉴，生死弗渝！谨此宣言。

〔国民参政会档案〕

2. 吴玉章等关于加强国民外交推动欧美友邦爱好和平的民众敦促各该国政府对日寇侵略者实施经济制裁提案

（1938年10月　日）

理由：

一、国联对日本侵华战争虽通过了采用盟约第十六条的决议，但决定各国自由采用，结果恐不生实效。其中症结所在，有因为有自已利害关系不愿意制裁日本者。因此美国在维持东亚和平，本负有条约上的义务如九国公约，亦感此牵制而袖手，我政府外交当局虽用极大的努力，终未能突破这些难关，使外交上得到欧美友邦更多的帮助。

二、欧美友邦虽无意实施国联盟约第十六条，但各友邦爱好和平的人民，却自动的决议不买日货和不卖货给日本，这是英国的合作社和援华委员会所进行过了的。英国利物浦的码头工人和坎拿大的码头工人都曾经拒绝日本船装卸货物，法国工会联合会为援助我国募捐，美国人民节食援助我国，印度人民组织救护队到我国来服务，世界和平大会和青年大会都决议援助我国抗战，这些都是我们开展国民外交极好的基础。

三、本会第一次大会对于外交报告的决议案中在第四项曾指出：今后应在政府指导之下，加强国民外交之活动，尤其活重随时资助社会各界适当人物赴国外工作，并由政府令驻外使馆人员，切实协助。国民外交可补政府外交的不足，这是本会第一次大会所确认的。

四、过去我国虽有个人出外作宣传联络工作，但无组织、无计划，收效不宏，所以我们提议组织民众的代表团，赴欧美各友邦与各友邦的民众团体联络。

办法：

一、我国派遣农工商学兵妇女青年职业文化各界代表一人及世界知名的人三五名，组织民众代表团，周游欧美各友邦，与各友邦政党和民众团体切实联络，实现真正的国民外交。

二、民众代表团须搜集日寇暴行和我国英勇抗战的事实，如图书照片、歌曲、文字及胜利品等材料，以供各友邦民众的阅览。

三、我民众代表团除在欧美各友邦与各国政党及民众团体联络外，其有国际组织者如第二国际、第三国际、亚姆斯特丹职工国际、世界和平大会、世界青年大会等尤须取得其援助。

四、我国驻在各友邦的领馆人员，应随时予代表团以实际的协助。

如能采取上列办法，一新我国国民外交的阵容，则同情我国抵抗侵略的欧美各国友邦，必能予我国人以更广泛更实际的援助，他们的政党社团可以决定不买日货和不卖货给日本，他们的工会可以决定不起卸或装运日货，他们更可以敦促其本国政府实行国际条约上所规定的义务，如国联会员国实施盟约第十六条，九国公约关系国货实行公约等。这于我国坚持持久战，争取抗战最后胜利有莫大的裨益，至于本会第一次大会议决之推派参政员前往欧美各国访问案及扩大国际宣传办法案，应请政府从速一并执行，是否有当，敬祈公决。

(1938年10月提交第一届第二次会议)

〔国民参政会档案〕

3. 陈绍禹等关于克服困难渡过难关持久抗战争取胜利问题提案

(1938年10月　日)

(一)目前抗战形势的困难和特点

自广州失陷武汉撤退以来，一方面由于战区扩大和敌军增加，另一方面由于沿海沿江的最后的两个最大的中心城市和重要交通线的损失，我国抗战形势已开始进入一个新的一个严重阶段。此阶段之主要特点，首先在于我国在军事方面(军力不敷分配和应用)、物力方面(军火接济，衣食供给，交通运输等)、财力方面(收入更减，支出仍增，法币外汇须更加大力维持等)和外交方面(首先是英国在慕尼黑会议时及在远东问题上所采取的对侵略者屈服的政策，及其国际关系上所生之不良影响)，均感受到比前此更大更多的困难；同时，与这些困难相伴而来的一部分人的悲观失望情绪的增长和妥协投降企图的加深，更增重了抗战工作的困难。但是，此阶段之特点，还在于不仅我国抗战形势发生更大的困难，同时，敌寇方面也发生比前此更大的困难，其主要困难为：(一)因战区扩大而更加感到兵力不敷分配之苦；(二)因战线延长和军力深入我腹地而更加容易遭受我国军民的随时随地的袭击，打击和消耗；(三)此后敌我作战地区，主要在山岳地带，敌之海军失其配合作用，空军及机械化部队，也相当减少效力；(四)此后敌军进入到现代交通主要工具(轮船铁道)缺乏的地区，对运兵运械运器材(汽油弹药)运粮发生重大的困难，特别在我游击运动在敌后方及战区大规模发展条件之下，敌寇在这方面将受到严重的打击和损失；(五)因战区扩大战事延期，敌国内人民和反战反法西斯军阀运动，将更高涨；(六)敌国财政经济将受莫大的消耗；(七)敌在国际上，首先在太平洋上更加孤立而遭受到列强的谴责和敌视。

(二)克服困难的主要办法在增加力量

十六个月来，我国军民在蒋委员长和国民政府领导之下进行英勇的民族自卫抗战，确实得到了不少的进步和成绩，全国在政治上统一在国民政府领导之下，在军事建立了统一的国民革命军，各党派各阶层各民族达到空前未有的精诚团结，全国各界人民达到空前未有的觉悟和政治觉醒，民族自信心和自尊心空前的提高，全民族一切有生力量经受着空前的锻炼而日益强固，民主政治的基础开始建立，政府与人民的关系有所改善，在我全体军民英勇奋斗中，消耗了敌人五十万以上的兵力，消耗了敌人百万万以上的经费，缩小了敌人的占领区和在敌军后方建立了许多抗日根据地，增加了敌人国内外的困难，提高了中华民族在国际上的威信和博得了一切先进人类对我的同情和援助。同时，敌寇在十六个月的侵略战争中，完全揭露了其非人残暴的狰狞面目，暴露了其国内外的严重困难和弱点，但是，应当坦白地承认一件事实，就是直到现在，敌人用来侵略的力量依然大过我国参加抗战的力量。我国抗战目前正遭遇着严重的困难，因此，全中华民族今天的中心任务，就在克服困难，而克服困难的主要办法，则在于坚决抗战行动中和在现有力量基础上增加力量，而增加抗战力量的唯一办法，在于认真地实行抗战建国纲领的原则规定，以达到军力、物力、财力和外援的增加。

第一、增加军力，其主要办法为：

(1)扩充现有军队的数量到适合于各大战区的需要，同时，努力建立三十个到五十个政治坚定武器优良的骨干国防师。

(2)改善现行征兵办法，主要地用政治动员和优待抗战军人家属等办法，使广大壮丁自动地应募应征，以提高军队的质量和战斗情绪。

(3)在军队中迅速建立起以达到官兵一体，军民一体，争取敌军为目的的抗战政治工作。

(4)以相当数量的正规军帮助民众，在敌后方和战区组织包括千百万人的游击队。

(5)采取运动战游击战为主而辅之以必要的阵地战的战略方针，以疲敝敌人、打击敌人、消耗敌人和歼灭敌人，使敌人不能继续前进深入。

第二、增加物力，其主要办法为：

(1)用一切力量恢复和建立国防工业(从大规模的兵工厂到小手工业的械弹制造和修理等)，以保证前线械弹的供给。

(2)增加农业生产，提高工业生产，以保证军民的衣食供给。

(3)尽一切可能增辟国际交通线及发展国内交通运输事业，首先在便利和保证前线的军火和军需供给。

第三、增加财力，其主要办法为：

(1)增加收入。(甲)认真征收财产累进税和所得累进税，实行按照财产及收入多寡为比例而推销公债的办法，使有钱者出钱的原则，成为实际。(乙)设法使存款外国银行之存户，以一部分资财购买公债或金公债。(丙)设法增加侨胞兑款回国数量及大量劝销公债及金公债。(丁)设法将庙产，祠产及其他公产之一部购销救国公债。（戊）用一切方法奖励国民献金运动。（己）努力进行对外借款和向国际友人方面进行大规模募捐运动。

（2）减少支出。（甲）认真推行节约运动，首先须从党政军领导机关及领导人本身做模范。（乙）实行裁并不必要的各种机关，实行按级减俸，逐渐做到衣食住由公家供给，各人只支最低限度的零用费。

第四、增加外援。我国抗战固然主要的以自力更生为原则，同时国际形势目前亦有相当的困难，但力争外援，仍为增加抗战力量的重要办法之一，目前争取外援之主要办法为：

（1）于加紧政府外交活动外，进行广泛有力的国民外交，与各国政府及国际的和各国的劳工团体亲密联络，依据国联最近通过的对日实施盟章第十六条及九国公约规定，对日寇侵略者认真实行经济制裁（不以军火，军事原料供给日寇，抵制日货，拒绝借款给日本政府等），同时使中国政府得到国际友邦更多的精神同情和物质援助（军火、军事原料医药卫生材料、专门军事技术人材、借款等）。

（2）努力保护和开辟国际交通线，以保护能真正得到国际友人的帮助。

只有增加抗战军力、物力、财力和外援，才能克服困难，渡过难关，进行持久抗战，停止敌之进攻，准备我之反攻，以达到争取最后胜利之目的。

（三）增加抗战力量的根本办法在于政治更进步

增加抗战军力、物力、财力和外援的根本办法，在于我国政治在蒋委员长和国民政府领导之下，求得向前更大的进步，目前政治向前更加进步的具体表现应为：

一、巩固和扩大各抗日党派的精诚团结　各党派承认国民党为领导抗战建国的第一大政党，用力帮助国民党力量的巩固和扩大；同时国民党对其他一切抗战党派，亦采取友谊和帮助其发展的态度。各党与党之间，互相尊重党格，党员与党员之间，互相尊重人格，以国家至上，民族至上，一切服从抗战胜利，一切为着抗战胜利的原则共赴国难，以共患难同生死的精神，共同奋斗，以期不仅在抗战期间携手合作，而且在抗战胜利后长期团结，建立三民主义的新中国。

二、巩固和扩大全民族的友爱团结　中国大多数的人民还未参加党派的组织，所以在有党派和无党派关系的各界同胞之间，应该建立起互相尊重互相信任互相友爱互相帮助的关系。同时在各阶层同胞之间，应该互让互助。劳苦同胞在国难期间已不采取反对佃主雇主的激烈手段，或克苦工作增加生产，或奔赴前线奋斗牺牲；政府应设法使佃主雇主方面相当保障和改善其生活，以提高他们的抗战热忱和生产热忱，并促进全民族力量的团结。

三、四万五千万同胞有组织才能有力量　我国为四万五千万人的伟大民族，客观上的确为世界上最伟大的力量，但是，中外事实证明：仅仅人口众多，并不能成为不可征服的力量，只有将广大民众认真地组织和动员起来，才能成为巨大无比取得事业胜利的力量。抗战建国纲领早已明白规定发动全国民众，组织农工商学各职业团体，改善而充实之。现在已到了必须认真动员和组织工农商学文化妇女青年儿童等群众的时候了。只有将各界同胞都动员和组织起来，才能增加抗战的军力、物力和财力，才是克服抗战的一切困难的根本源泉。而动员和组织千万万民众的主要关键，在于政府真正给民众以言论出版集会结社自由，在于政党及政府真正相信和爱护民众，在于政府能体念民众的疾苦而为民众服务。

（四）改善行政机构及改善政府与人民之关系　加强中央政府各部门的工作效能，改革省县两级的政治机构，改革区乡保甲制度，迅速成立省市县的参议会，严厉惩治贪污，实行廉洁政治。

（五）捐弃党派成见，实行人才主义　在各种政治工作中政府以大公无私的态度，吸收各党各派及无党无派的人材去担任工作，对他们加以信任，给他们以真正工作权利，只图与抗战建国有利，不计其他，如能将此点做到，则中国政治上一切症结问题，便皆迎刃而解，而增加抗战力量的艰难事业，便也因之而能顺利完成。

只有全国军民在蒋委员长和国民政府领导下，使政治上能有这些进步，才能使抗战力量增加的问题，得到解决的保证。

以上所举三点，为同人等对于目前抗战形势之认识及克服困难渡过难关持久抗战争取胜利之管见，特拟具提案提供政府采择参考，是否有当，敬祈公决。

（1938年10月提交第一届第二次会议）

〔国民参政会档案〕

4. 陶孟和等为应付持久战政府亟应以最大努力制止敌人利用沦陷区域经济资源提案

（1939年2月　日）

理由：

以经济资源论，我优于敌人。抗战前途端在使敌人有限之经济资源日趋枯竭。惟有抗战以来，沦陷区域扩大，敌人得努力于所谓对支长期建设，设立北支那开发及中支那振兴两株式会社，并施行封锁、统制诸手段，以图大规模掠夺我沦陷区域之经济资源，而敌我两国之经济力量之比例，遂将发生重大变化，敌之经济资源有将胜于我之趋势。此实为抗战中最严重之问题，政府及人民亟应以最大之努力应付之。政府年来对于后方之经济建设固已不遗余力，然沦陷区域之资源保持与后方建设同其重要，亟应多方设法，俾不致资敌之用。

按敌人利用我国资源之途，不外数端：（一）收取原料品以供其制造业之用。（二）收取军需用品，供其战争之用。（三）收取我国向来输出品以供其换取外汇之用。(四)收取我国法币、金银，以供其各种使用。至于收取之法除直接以武力劫夺如占领矿场及工厂，没收矿产，征发粮食、货币之外，可有下列各种方式：

(一)推行敌伪经济集团之经济政策，如在华北推行普遍种棉，统制出口贸易，设立伪货币制度是。

(二)推销日货，换取法币，或换取土货输出。

(三)推行日伪钞票，以日伪钞票收买土货输出，或以日伪钞票换取法币，然后在沪港之汇兑黑市场购买外汇。

我国为长期抗战，则针对以上诸端，慎筹对策，实为刻不容缓。惟敌人在华北、华中、华南之政治的军事的情形不同，其所采之手段不一，故我之对策亦必因地，因时而异。故首要之图，政府应设法在沦陷区域，设经济情报网，将敌方之经济企图及设施，迅速报告政府，而政府即根据各种情报，责由军委会，各游击区之指挥机关以及有关之各部会分别应付，以推动此广泛的经济游击战，务使敌人对于我资源无法利用。

经济抗战之方式应针对敌人之动作随时随地而异，已如上述，非本议案所能详述。兹始概括言之，以供参考。

(一)扩大游击战区，积极破坏敌伪一切经济设施，如对于矿场或工厂应为有效的破坏，务使敌人不能开采或开工。

(二)随时调查沦陷区内各工厂及其出口之商标。凡为敌伪占领或与敌伪有关之工厂出品，严禁输入内地及游击区。对租界内之民族工业则仍应扶植，分别与以种种便利与协助，使其出品在内地沦陷区域内得畅无阻。

(三)对于敌人在华北之植棉计划及在各沦陷区域之经济企图，应加紧政治宣传及武装游击破坏之。

(四)对于敌人利用敌伪钞票，以换取我国法币之企图，则须加强游击区之保障法币政策，严厉禁止日伪钞之流通。

同时更须健全我国银行在平津沪等地之机构及活动，有需要要时应设法增加沦陷【区】之法币发行额。沦陷区与内地间法币汇兑之通路应设法维持。沦陷区内民族工业外汇之需要，亦应予以便利。此外如保障我方在平津所存之白银，限制汇兑黑市场，以及劝诱租界当局及外商拒绝使用敌伪钞票，亦应分别设法进行。

（五）为防止敌人吸收我国土货，在消极方面，仅为拒绝使用敌伪纸币购货，抵制敌伪货品，或拒绝出售原料品。在华北敌人已统制出品贸易，上述消极方法自可适用于游击区域。在华中则政府应采用积极办法。其办法有二：一为利用租界外商秘密组织出口贸易公司，设法购办土货，集中上海，运销外洋，以换取外汇。二为改进后方交通方法，使游击区乃至沦陷区之土货得转入内地，经由浙闽之海口或滇越路线输出。

（六）交通为经济之命脉，游击队应随时随地破坏敌伪水陆交通，使其经济活动失却作用。

（1939年2月提交第一届第三次会议）

〔国民参政会档案〕

5. 王葆真等关于发动战地经济战以苏我民力而制敌死命提案

（1939年2月　日）

理由：

现代战争常规经济能力之优劣，为决定胜负之标准。日人侵略我国，尤以经济物力感觉缺乏，故利在速战速决。我军事当局，深知其弱点，故采用持久战以疲敝之，使日人抗战以来，消耗百万万元以上之物力财力，而不能有多大之掠获。倭寇因此已感受经济困绌与战争痛苦之滋味，国内反战者日渐增多，而军阀尚不省悟，既在国会提出军费案六十万万，复又企图肃清侵略地区，安定后方秩序，即夺取中国人民之财力税收及工农生产品，为其战时经济之资源，以补其军费之不足，以把握持久战之胜算，若果彼之计划成功，则我之民众穷蹙，兵力削弱，人心将见动摇，战地不能久守，影响抗战前途，关系甚巨，此不可不亟谋抵制之策也。查倭寇在战区已经实行之经济战策，约略如左：

一、滥发伪币，破坏我国金融。

1. 设联合准备银行，发行伪钞。

北平伪组织，以非法命令，强迫平津中国各银行，认定联合准备银行准备金，以发行伪钞，供应伪组织及日寇一切军事侵略、经济侵略、政治侵略之用，无异强迫各银行担保日寇掠夺骗取中国人民之财物劳力，即无异压迫中国人民为日寇负担战费。

2. 设立冀东银行，察南银行，使用无准备金之伪钞换取中中交农四行法币，盗卖我国外汇，以增加日寇向外国之购买力。

3. 强迫战区人民使用鲜钞、满钞、日钞。

4. 伪造中国法币一万万元以上，使用战区。

5. 强迫中国人民使用日本军用票。

6. 在战区榨取人民所储藏的金银正货。

7. 在华北禁止人民使用中国法币。

8. 在汉口人民使用法币，须加盖大日本帝国图章。

9. 在上海、北平、天津、青岛，低压中国法币价格，按八折或九折换算。

10. 盗取中国法币，在香港买换外币，购取货物。

二、工矿业之收买及统制。

1. 津沪汉各纺纱厂，一律收买为日人所有，或加入日本大半股份。

2. 平津各铁工厂及面粉厂、火柴公司、造碱公司，一律收买为日人 所有。

3. 划中国通商口岸为日人工业港。

4. 战地各种矿业，非与日人合办，不能开办，并强令供给矿产品。

5. 设立兴亚院与各种公司，以统制中国之经济，如华北兴中公司、华中开发公司、日满支经济合作协会、交通公司、盐业公司、铁砂公司、废铁公司。

6. 计划中国大小工业，一律归日人监督、合办、经营，或归日人专营。

三、农产物之经营。

1. 棉业的垄断，设立棉种改良团体，经营棉业贷款，划分棉产品，预以贱价买入大量之棉花。

2. 设立农村贷款及贷放种子，预约以粮食及农产品，还付债款，在东三省预约收买大豆，以贱价买入，已施行数年，现又计划推行于各战区。

3. 包办绥察牛羊皮毛之买卖，并经营牧畜事业。

4. 设立关于农牧生产品之组织，如棉业公司、粮食运输公司、驼绒羊毛出口公司。

四、渔业之垄断。

1. 侵略中国沿岸渔业区域及市场。

2. 残杀中国渔民，没收渔船。

五、商业市场之垄断。

日人所到之城市，日人商品充斥，商店林立，中国商品亦受日人操纵，中国商店亦即相继倒闭，对于民间经济关系密切之典当业，在平津曾经宣布官营，以垄断贷借资本之营业。

以上所列情形，仅举其概略，可见日人经济侵略下之区域，中国人民断无竞争生存之余地，倘令其计划完全成功，中国人民只有作农奴而已。敌人现在占领区域内，用不值一文之伪钞，换取中国有用之法币，以破坏中国之金融与财政，同时使用各种伪钞，以收买战地之棉铁皮毛丝茶粮食及各种工农生产品，更夺取大宗煤炭，制造煤油汽油，如是倭寇战时之经济，可以解决其大半。只不过日本未能制造之军器用品及汽油，尚需购自欧美，其需要现金则为数不多，如是倭寇虽改用持久战，亦不患无补救经济困绌之策。而我则失去战地之经济，即不能维持战地人民之生活，民心虽甚爱本国，民力甚于不能奋斗，其危险如何，恐有甚于今日十倍者，是故今日欲争取持久战之胜利，必先争取战地之经济权，其争取方法，在依发动广大之民众抗战武力，而实行战地经济之策略。兹举经济战之策略于左，请采择之。

甲项、消极的经济战

1. 通令战地人民，绝对禁止使用伪钞，违者得任意没收之。

2. 凡与倭寇有贸易关系之货物，战地人民得任意没收之。

3. 凡为倭寇直接间接经理工商业之人，应惩罚之。

4. 战区人民有必要倭寇之商品时，应经战区中国官厅许可，必需缴纳爱国捐，其额数照货物价格，规定一定不易之规则，由战地官厅公布之，如非必需品，仍得任意没收之。

5. 毁灭敌伪之金融机关及商店。

6. 毁敌伪之税收机关，并逮捕其官吏。

7. 毁灭敌伪之货物及其仓库工厂。

8. 毁灭敌伪之交通机关，断绝其经济的运输。

9. 以上各事，可令当地民众及游击队执行之。

10. 消极的经济战，在使敌伪绝对不能利用战地之经济物品为目的。

乙项、积极的经济战

1. 在战地党政委员会内，附设战地经济委员会，办理战地经济事宜。

2. 各地经济委员会委员，其人选以聘任当地绅耆为原则，由党政委员会及省政府共同推定委员若干人，协同当地绅耆成立分会。

3. 政府发行大量特种纸币，或发行战地流通券，以充实战地经济战之费用，特种法币及流通券，不至影响外汇及国内财政。

4. 改革战区地方金融机构，或用特种法币与流通券，或由省政府发行地方纸币，以吸收法币，既可使法币不致流入敌手，同时复能活泼民间金融之流通。

5. 贷款农民，使其收获之粮食及农作物，除留为该农民家用之额数外，一律售于中国官厅，设置秘密疏散之仓库，善为储藏，以防止敌人利用。

6. 沦陷战区，逃亡地主之田园或汉奸之田产，应设法分配耕种，使能尽其地利，增加生产，关于农具耕牛肥料种子，讲求合作办法，予以便利及贷款。

7. 沦陷战区地方政府，亟宜推进奖掖家庭手工业及农村副业，使战地民众能自足自给，且沦陷战区内当有不少之小工厂，多为资本及交通所限而停工，当地政府当设法复兴，并予贷款，收集当地之各种原料制造出产品。一、可防止富源资敌；二、可杜绝仇货；三、自给自足，以解民困；四、可将工业生产品作为抗战资源。

8. 设法招致战地工人，到后方工厂服务，以补救重庆附近各工厂迫切的需要。

9. 监察商店，取缔倭货，其有益于民族经济者扶助之，有害者停闭之。

10. 抗战军人之家属，及参加抗战绅民青年之家属，均设法赞助之，俾得谋求生活之术。

11. 救济战地灾民。

12. 对于民众或游击队，能破坏敌伪关于经济上有重要性质者，以巨额经济奖励之。

13. 如有没收敌伪之伪钞时，应交还经济委员会，而以法币奖励之。

14. 经济委员会将没收之伪钞，设法运至敌人后方重要城市，以贱价使用之。

15. 为达经济战消极的或积极的目的时，经济委员会得委托游击队，或民众办理其事，而以经济协助之。

16. 经济委员会为执行任务，得训练民众若干队，执行其事。

17. 在广泛之游击战区，务使与敌人占据之孤立城市，经济隔绝，并破坏其经济侵略之各种建设。

18. 战地经济委员会，以赞助中央抗战政策之施行，争取战地经济，保存战地民众生活奋斗之资源，而破坏敌伪之一切经济力量，为其任务。

右举各节，在战地（沦陷区域）实为紧急迫切之要求，亦即抗战前途胜败之关键，特提请审议，咨送国防最高委员会议采择施行，是否有当，敬希公决。

（1939年2月提交第一届第三次会议）

〔国民参政会档案〕

6. 沈钧儒等请政府重申前令切实保障人民权利提案

（1939年9月　日）

第一届所提请政府通令全国各军政机关切实保障人民权利案，业经政府训令各军政机关依法办理，如有违法滥权，侵害人民权利情事，除由依法告诉告发诉愿外，主管机关应注意监督，随时纠正在案。惟默察一年以来，一般社会民众之权利被侵害者，似仍不减于前，告诉告发诉愿之事件，则百不一闻，有时且因告诉告发诉愿，而其所谓权利，更受进一步之侵害，主管机关恬然不知负责。据见闻所及，如任意拘捕至于数月逾年之久，不予审问，或忽然遂无消息，或幸邀释出，而终茫然不知其所以被捕之由，或知之矣，而腐心啮指，申诉无门，畏祸吞声，逼成走险，小之为个人之不幸，大之酿社会之隐忧。其间关于下层机构之舞弊弄权，地方军警之毁法荡纪，人民知识低下，莫可如何，官厅办事颟顸，积重难返。最近川康视察报告，此类事实，言之綦详，一拾可得。窃意当不止川省一地为然。夫使人民于被捕后莫知所措，当不审所犯何罪，与被冤诬而有无可告诉之苦痛，一夫弗获，圣者是忧，是皆为我国民政府领导下所不应有之现象。其有之，则有司者之过也，否则亦必有应负其责者。地方行政腐败，其祸中于国家，甚于兵革之扰乱。提案人认为我政府必须痛下决心，期于彻底之改善而后可也。其他如法权之不统一，执行之有成见，同为一案而情报不必尽同，奉行公事而行动出于法外，欲加之罪，则任意假以恶名，既得其情，仍不免徇于私见，所谓主管机关之监督，盖荡然无复存在，人民权利至此尚何保障可言耶？为亟图挽救计，兹特拟具办法如左：

一、请政府抄录前案，重行通令全国各地各军政机关认真切实执行，勿得任意违背，以于咎戾。

二、同时严令各主管机关认真监督所属机关，不得再有违法滥权情事，一经发见，务须立即纠正或予以惩戒，如该主管机关私袒不予纠正，经中央或该机关所属地方上级机关发觉，应一并给以应得处分。

三、凡经中央发觉或由人民告发告诉及诉愿者，除依照法定手续应交法院侦讯者外，如为情节重大之事件，应即由中央遴派著名廉正人员驰赴查办，不得循例责令原管辖机关查复，或任听令自理，以滋流弊。

四、严禁用反动嫌疑、土匪、逃兵、汉奸等名色，任意栽害青年及一般良民，如有此类案情发觉，尤应依法加重惩处。

五、应请中央监察院以时遣派委员，代表中央巡视各地方，随事检举，切实行使其最高之监察权。

（1939年9月提交第一届第四次会议）

〔国民参政会档案〕

7. 邹韬奋等关于改善审查搜查书报办法及实行撤销增加书报寄费以解救出版界困难而加强抗战文化事业提案

（1939年9月　日）

理由：

我国神圣抗战已入第二时期，为加强动员民众争取最后胜利计，"宣传重于作战"，前后方及敌后民众均需要大量书报阅读，为全国出版界所应积极努力，迅速供应，但以印刷材料缺乏，交通运输困难，已感棘手，难于支持，加以审查搜查书报办法尚有未妥，增加书报寄费尚未撤销，更遭受深刻痛苦，重大损失，影响抗战文化事业之开展，实有急切补救之必要。

关于审查书报，在事实上较大缺点有二：（一）对于审查后认为应禁之书籍，不将书名及理由通告出版机关或著作人，同时亦不将书名及理由通知各书业机关，于是出版界徒在暗中摸索，无论出版者及代售者，非至书被没收，不知原委，即审查者有违反审查标准之处，在被禁者已含冤莫白，无从伸诉。（二）虽经审查通过之后，仍得不到统一的合法保障，往往虽经首都图书杂志审查委员会准许通过，发给审查证或经内政部审查通过发给注册证，而各地各种机关仍得任意没收。

关于搜查书报，较大缺点有：（一）迄今无统一的检查机关，有时有宪兵团，有时有警察局，有时有党部，有时有县政府，有时有便衣密探。负责审查之机关对所认为应禁之书报，对出版者既不通知书名及理由，已如上述。今搜查机关复如此杂乱，故搜查时出版界殊感无可遵循，听便任意取书，搜查者纷至沓来，亦无一定标准，今日甲机关来认为非禁书，明日乙机关来却认为禁书，甚至有机关借口检查，将大量书报满载而归，从不发还，亦不宣布审查结果。（二）搜查人员每多超过范围，依照中央规定，搜查书报以售卖者为范围，而实际上对私人卧室、箱箧、信件倾倒查抄，骚扰不堪，搜查机关并得随意拘捕人员，长期囚押，不送法院审讯，有违中央规定及法治精神。

关于增加书报寄费，自二十七年十月起，交通部邮政管理局新订增加书籍印刷品寄费办法，凡交由汽车运输之书籍印刷品，重二公斤者省内加收四角，省外加收八角，即照原来寄费增加百分之五百三十三，每使寄费超过书价，如此巨量寄费，出版界及一般读者均不堪负担，于抗战文化之推进，实为莫大之障碍。

办法：

一、查禁书报必须由负责机关将书单及理由通知出版者及著作人，如有不合审查标准之处，应给与出版者及著作人以伸诉之机会。搜查时须出示负责机关之证明文件及所公开颁布之查禁书单，对于未经查禁之书报不得任意取去，禁止阅看。如此出版界始能知所改善，检点守法，而避免无妄之灾。此点在本会第一届大会所通过之具体规定检查书报标准并统一执行案中即已提及，但迄今未见实行。

二、检查书报须有统一机关负责执行，且书报经过合法审查机关之许可通过，给与审查证或注册证后，须予以统一的合法保障，各地不得再任意扣留没收。关于检查书报须有统一机关负责执行一点，在本会第一届大会通过之具体规定检查书报标准并统一执行案中亦已提及，但亦迄今未见实行。

三、检查书报须根据出版法处理，不得横加苛虐，任意拘押人员。

四、关于撤销增加书报寄费，本会第三届〔次〕大会曾有请撤销增加书籍印刷品寄费以便普及教育增强抗战力量案，经大会通过，送请政府采择施行，但仅作参考，仍请切实执行。

抗战期间，国力艰难，人民原应充分谅解，唯本案所述均为避免不必要之消极的妨碍，即书报寄费，亦不敢请求减少，仅求勿作巨量之增加，俾得相当解救出版界困难而加强抗战文化事业。是否有当，尚希公决。

（1939年9月提交第一届第四次会议）

〔国民参政会档案〕

8. 董必武等关于拥护抗战到底反对妥协投降声讨汪逆肃清汪派活动以巩固团结争取最后胜利提案

（1939年9月　日）

我国抗战已进入第三年。日寇的色厉内荏和捉襟见肘的情形日益暴露，我国最后胜利的曙光已隐约可睹，国人正应当淬励奋发，克服任何困难，求达战胜日寇的目的。不幸在抗战阵营中，羼入了汉奸汪逆精卫，中途脱逃，公然响应寇酋近卫的诱降声明，主张汉奸的和平。他本身虽遭受了开除党籍和撤销职务的惩罚，但仍毫无悛悔，在港沪东京，进行其卖国的活动，泄露政府之机密，公开反蒋反共。汪的爪牙，更在我后方乘机造谣，见事生风，破坏我统一，分裂我团结，实行日寇以华制华的奸计。眼光短浅和不明大义分子，见日寇目前在正面军事进攻稍缓，以为日寇侵略已无能为力，而抗战下去，将遇见极大的困难，因此日寇诱降奸计，无妨接收，汪派和平运动可以利用。他们以为汪虽然反蒋，但仍可视为反共同志。自三次国民参政会大会以来，政治很少进步，到处发生磨擦，恰恰为日寇分裂我内部团结的阴谋张目。在七七抗战两周年纪念以前，后方到处弥漫着和平妥协的空气，军民震恐。直至蒋委员长在抗战二周年纪念日《告全国军民书》中，揭明我们对敌人今天只有胜利，只有完全达成我们抗战目的，除此以外，亦绝没有其他第二条可走的道路。否则中途投降，就是汉奸和平。换句话说便是奴隶的和平，灭亡的和平。以后，妥协和平的阴霾，虽渐消弭，但投降的危险，终未完全克服。汪逆及其爪牙，且益肆其诱降分裂的活动，最近在上海，公然成立伪党，企图形成伪府、伪军。潜伏在我后方之汪派余孽，因借少数不明大义分子的掩护，未曾受到应有的打击，仍时与日寇的动作相呼应，故投降的危险，不能认为已经过去。本会在第三次大会中，对汪逆及其余党，毫无公开指斥之事，至堪惋惜。同人等离别半年，现在重新集合，应再表明和战之立场，森严汉贼之分别，向全中国全世界表明我们精诚团结，抗战到底，始终不渝，以争取最大胜利之坚强意志。因此提议下列各项，请求决定：

一、继承本会历届大会坚持抗战的成规，决议拥护蒋委员长抗战二周年纪念日《告全国军民书》的精神，反对中途投降，坚持抗战到底。

二、严厉声讨汪逆精卫，反对其无耻媚寇，反蒋反共，成立伪党伪府伪军，投降卖国之行为，并请政府采取有效办法，以制裁汪派的活动，并肃清暗藏在抗战阵营中之汪派余孽。

三、对少数不明大义分子，或明或暗，掩护汪派作对内分裂，对敌投降活动的企图，随时加以国法之制裁。

是否有当，敬希公决。

（1939年9月提交第一届第四次会议）

〔国民参政会档案〕

9. 宋渊源等关于增进南洋华侨之战时筹款与投资提案

（1939年9月　日）

南洋各属华侨赞助抗战，其热列情况，已详于另具之《慰问南洋华侨并宣传抗战报告书》中，毋须赘述。兹将应如何使其增加筹款效率，促进回国投资，特分述如左：

一、增加筹款效率之方法

南洋华侨，其捐助祖国抗战之踊跃，多属于中产以下及无产阶级，而中产以上之家，则不免尚有依赖于当地法律之保障；而观望敷衍者，其间尤以侨生界占多数，此实因其生长异域，或从未回国，或且不识祖国之文字，未解原籍之语言，致对国内情形素甚隔阂，而未能启发其热情，未运用其力量，殊可惋惜。兹欲矫正上述现象，以增加筹款效率，则对于资产家及侨生界，不可不采用左列各方法：

甲、宣传与指导　各筹赈会对宣传固甚注意，唯特为侨生界宣传之英文报，因未得相当人才，迄今尚未办成，故不如迳由政府选派人才往办或先出版英文杂志，以助宣传。此外之推动方法，可组织巡回指导队，由政府派员前往主持组织，并就侨生界较热心者，及素为侨生界所信仰者，特予选聘参加，使分队巡回前往各埠，负责指导，以振起侨生界之爱国热诚，至对于一般资产家之宣传指导，尤当于妇女运动与青年运动中，特联络其家属，使从中感化促进之。

乙、稽查与奖励　马六甲及霹雳等处侨领，对于督促资产家出钱，曾主张从稽查奖励之方法上着手。兹参照马六甲座谈会之议案，特拟办法如下：（子）稽查助账成绩，分为资产界、职业界、劳动界、妇女界，制成稽查表，载明其所得与出钱之比例，以备宣扬及奖励，其奖励专章，应有政府就上述各界各别规定颁布。（丑）对于资产界之稽查，不论其助账多少，或观察规避不出钱，均应列入表内。此盖欲以稽查所及，备为社会舆论评判之标准，而促进资产家之觉悟。

二、促进回国投资之程序

吾国抗战胜利后，应依自力更生之原则，由海内外共同投资，以从事于大规模之经济建设，此为多数华侨之主张。即对于战时投资，亦非有必不可能之事，唯华侨对国内情形多隔膜，常愿处于被动地位，故如何设法促进之，则应注意左列之进行程序：

甲、拟示投资之各项之具体计划　华侨未明了国内情形，故望其回国投资，应先就各省市所需要之各种经济建设，分拟各个计划纲要，先行宣传，然后由其各依经验与学识，选择投资（槟榔屿座谈会所提议其大意亦如是），此项手续，应由中央主管机关，并分饬地方主管机关负责办理。

乙、筹组经济建设协会　海内外联合投资之呼吁，实为国民互助与合作之精神所表现，故应以组织方法，使海内外先成立经济建设之联络研究机关，如经济建设协会之类，可先由中央主管机关拟定筹备简章，并限期筹备；然后由中央各领袖以国民资格，联合华侨各领袖及朝野有信誉人物共同发起，而海内外分会之组织，尤应使各负实际责任，此俟诸详章规定之可也。

丙、召集经济建设会议　马六甲座谈会曾主张请中央召集经济建设会议，就滇省择定交通较利便之地开会，各属华侨得公推代表参加。此可俟甲项计划拟定，乙项亦筹备就绪，然后定期举行。右提办法，是否有当，敬候公决。

（1939年9月提交第一届第四次会议）

〔国民参政会档案〕

10. 梁上栋等关于改善兵役法规及办法提案

（1940年4月　日）

查我国全面抗战以来，全国人民均感到战事影响者，以兵役为第一。征兵不但关系战时兵源之补充，且可树立战后征兵制度之基础。以我国平时对于人口无精确的调查和统计，所以于推行征兵制度时，当然不免有种种困难，而各种弊端遂因之发生。谨以考查所及，列举于下，附以改善意见，用备采择。

一、兵役法规　查兵役法及其附带各条例，本甚详尽，惟条文繁多，除军师团各管区负责人员外，其余如乡镇保甲长以及一般人民，多不能十分了解。所以办理兵役各阶层人员，易于上下其手，各种弊端，因以发生。拟请主管兵役最高机关，将兵役法内关系人民应服兵役及缓役免役各条款，以及乡镇保甲长应负责各条款等等，分印白话小册，广事宣传，使民众均能了解，则弊端可以减少。

二、法令解释　法令最好能简单明了，不用解释。查各地办理兵役各下层机关，呈请解释者，连篇累牍，实属耗时误事，拟请将兵役法令各条款之有疑意者，由主管最高机关或加以修正，使之明了；或加以确当的注释，使之毫无疑问。

三、初入伍时之待遇　壮丁逃亡，原因甚多，而初入伍时之生活状况，关系最大。我国一般人民，本未受国民教育，对于国家及民族观念，本甚模糊。所以训练新兵工作较为烦重，徒恃严厉的军律，殊嫌不足。拟请于壮丁初入伍时之待遇及其生活，特加注意。

四、逃亡拉捕　运送壮丁或新兵，赴训练处所或部队之负责官长，因责任关系，每多于壮丁或新兵在中途逃亡之后，沿途强捕其他壮丁补充。不但扰民，而且对于被拉区域之役政，发生重大影响。拟请严行制止。

五、奖励办法　查兵役法令，有惩罚条例，而无奖励条例，赏罚似不分明。现在办理兵役人员，及服行兵役之壮丁，其奖励办法，或随时以命令规定数条，或指令援用其他法，则形式畸零，更不能切合事实，殊不足以昭激劝。拟请规定办理兵役各级人员奖励办法。

六、免役及缓役　查各地有已抽丁甚多，而影响到农田及小工业者，而地方之常备队、服务队、乡村警察等等，反得缓役，故其人数，均多超过规定数额。且有已愈十八岁之壮丁，百方运动入高小或初中以图免缓役者，殊欠公允。拟请对于免缓役各条，重新考虑规定。

七、优待出征军人家属　查各地表面上均有优待办法，不但未能一致，且多系有名无实。又查许多乡镇，夙称富裕，而中签出征之贫寒壮丁人数，并不甚多，由其他富户少出微资，并非难事。惟因督率不力，所以有力者出力，而有钱者不肯出钱，以致出征军人家属，无法生活者到处皆是。拟请督饬全国，对于出征军人家属，必须按期给予瞻养费用，以维持其最低生活之需要。

以上各节，可否于大会审核决议后，送请政府办理之处。敬请公决。

（1940年4月第一届第五次会议期间提）

〔国民参政会档案〕

11. 冷遹等关于调节劳力整理交通改善金融与粮食管理以平抑物价提案

（1941年3月　日）

自从物价增高，粮价剧变，人心固极度不安，政府亦殷忧綦切，于是设平民机关，平准物价，设粮食管理委员会，管理粮食。凡此措施，洵属法良意美。奈执行数月，成效犹微，溯本穷源，实以生产与消费两无精确之统计，而多数人员奉公洁己之精神亦未养成，地方各级机关之组织又欠精密，以如此繁难之事，欲收实效于极短之时间，诚不可能。以遹等之回忆，自（二十七年）兵役工役之事兴，生产事业日增，需要壮丁之数字加多，故二十八年秋间之工价，即已突增。迨廿九年春，农村短工，日需五元，且供伙食，农村如此，都市更甚。洎自宜昌失陷，秋成收集军粮，又值国际汇价变动，好事者遂造法币贬价之谣。缘此数事并集，凡社会上拥有资财者，皆以屯集实物为得计。加之交通工具缺乏，内地汇兑又受限制，货物无法流通，甲地乙地相悬至巨。去秋物价腾贵，固已轶出常轨，现时之激增，虽不致如过去之甚，然亦决无回跌之望，且隐有继长增高之势。兹为斟酌现势，谨具办法数则，建议政府采纳，切实施行。是否有当，敬请公决！

一、工役之改善。工程最大者，莫如筑路与筑飞机场。若将现在办法，略予变通，以各该县应摊工程，责令完成。再由县视工程之难易，分段责令于乡，以免县乡只知滥竽凑集人数，希图塞责，而不知应做之工程。工程处应于某乡之工程完成，即收某乡之工，俾乡民可以随时服役。至米价工价，应计其数目，一方公告于众，一方监督发放。如此，县府无所推诿，而人民亦知其应做之工，及应得之津贴，无可旁贷，无可规避，工作自可迅速。若能另定奖励之法，使县乡互相竞赛，更属有益。在公家或有按时计值加增经费之处，而工程可以早了，民怨可以不兴，两相权衡，仍属有利。闻乐西路汉西路汉源段，即采此办法，颇著成效。极可效法推行，以利役政而节人力。

二、交通整理与改进。年来交通工具不易补充，汽油又复缺乏，现有之车多难利用，人物流通，因之滞塞。若令运输机关连络密切，使各方车辆来往不空，亦多裨益。近闻煤气发动试验已经成功，果尔则公家自应迅予加资扩充，充分利用，使凡可运动之车辆装煤气。如此则远道交通，困难减少，人物均得畅通。即如渝市，若果加增运输车辆，不独节约人物运输过程，即劳力亦可大减。又如水路，轮船近多损坏，亟应奖励人民多造木船，加大运输之力。交通即便，货物自通，物价自定，不致更有甲地乙地之物价相差太甚之情形，而人工方面亦不致供求不能相应，工价亦可因而稍平。都市居民，亦便于移居就食，所谓食粮恐慌之心理，自可逐渐消失。

三、内汇不应有限制。内汇限制，闻因法币不易运输。但交通虽不甚便，何致不能运输法币。在银行免于麻烦，在物品即无由交换。既失有无供应之道，无怪甲地乙地之价悬殊太甚也。

四、应令银行吸收小额存款与小额支出，中国人民，夙鲜存储习惯，政府时有奖励宣传，银行亦应改进业务方法，多予存款者之便利，吸收存储，与宣传相呼应，以实行良善之政策。昔日上海商业储蓄银行，对于业务力求接近社会，而于吸收小额存款，尤极诱导之能事，成效显著，人所尽知，兹以渝市言之，虽一劳工而身藏法币辄复不少，商贩更不待言。若果优与利息，不计存额之巨细，不惜手续之麻烦，使无慢藏之祸，而存支又便，踊跃存储，必收大效。且法币得以返流，于金融之运用，法币之数量，关系尤巨。而于生产增进，物价平衡，亦多影响。

五、应设法使生产消费减少中间商人。减少商人过程，本为要政。抗战后方，以空袭频仍，货运困难，商人利欲，轶出常轨，货一经手，加价数成，甚至倍蓰。近有某工厂委托米商代卖长寿产米，计值每市担约与渝市相差三四十元之巨，地虽极近，而一经转手，价格大相悬殊，商人贪利，其事至显。应令社会部合作管理局劝导市民筹设合作社，自购自销，借以减低物价。

六、管理粮食之方法应当疏节阔目。现在管理机关，逐层已有组织，各乡县经训练人员实地调查，调查情形如何，虽不得知，然以情势推之，必不能认为确实。不但如此，并恐激刺乡民，藏粮之心，因而更甚。地亩生产调查，固不可一蹴而几，若使各级组织之人员，先查百担以上之存户，就四川言，自耕之农民极少，多方询查，不难明确。如此分别先后，按户征购，比较至易。

其他，关于战时经济汇兑管理，已有人具述意见，呈于政府。以川盐易湘米，褚参政员已有提案，若能采择施行，俾益物价，亦非浅鲜。

（1941年3月提交第二届第一次会议）

〔国民参政会档案〕

12. 齐世英等关于积极实施土地政策改革租佃制度以期根本解决粮食问题与社会问题提案

（1941年11月　日）

理由：

自粮价飞涨以来，后方地主不劳而获之增益日愈庞大，拥地百亩，悉成巨富。抗战军民生命所系之粮食，囤积于少数有地阶级之手，存储不放，以致市面米价一日数涨，地主因缘以渔利，且以所获赢利，兼并土地，以增加田租之收入，购积物资，以刺激物价之上涨，相激相荡，靡有止境。国家财政与消费大众，胥蒙其害，而实际从事耕作佃农，则悉索敝赋以供地主，终年辛劳终入，不足添置一衣一絮之所费。且抗战以来，工役兵役，事实上尽为农人之负担，地主对于国家曾无丝毫之贡献，而利用国难，坐致巨富。此种现象不仅为事理之至不平，且已引起后方社会人心之不安，而为抗战胜利之严重障碍，亟宜积极实施土地政策，以期根本解决粮食问题与社会问题，而巩固抗战胜利之基础。

办法：

一、国家迅即颁布法律，实行耕者有其田，凡现由佃农耕种之土地，悉令地主限期报价，由国家发行低利土地债券照价收买，分授佃农耕种。

二、佃农受田后，分年以谷缴归国家，国家逐年出售实物，即以所获资金收回土地债券。

三、土地债券收回之日，佃农即完全取得其土地之所有权。同时由国家制定法律限制其处分，并继续施行金融政策，予以经济上之援助，俾免再度因负债而丧失土地。

四、如地主报价过高，佃农不愿承购时，国家即依其报价逐年征购粮食。

（1941年11月提交第二届第二次会议）

〔国民参政会档案〕

13. 刘明扬等请调整政治机构健全人事行政以加强行政效率而完成抗建大业提案

（1942年10月　日）

查我国抗战已六年有余，同盟国战局日渐好转，我国对日军事亦极稳定。惟自遭敌人全面封锁而后，国民经济受重大打击，物价急剧增高，政府财政困难，人民生活不安，以是政府及国人视线，均集中于财政、经济及物价问题。对于战时政治之改进问题，已不如前此之重视。实则政治问题，因财政、经济问题之严重，而益增其重要性，盖解决财政经济问题全以政治为其手段。不有健全之政治，断无健全之财政、经济，政治问题，如得合理之解决，则财政、经济问题，亦必迎刃而解，否则将无异头痛医头，脚痛医脚，无有是处。

改进战时政治问题，提出已久，历届参政会关于此种问题之议决案甚多，讨论阶段，渐成过去，今后惟视政府如何实践。但目前吾人既感觉政治问题因经济及物价问题之严重而益趋严重，且参政会已一年未开，此一年中国内外情势剧变，战时政治问题随之添加若干新的意义。因此对于此种问题有重新加以检讨及全面加以检讨之必要。

凡百事物有体有用。政治亦然，机构为体，人事为用。机构人事健全乃为体用兼备之政治。须有体用兼备之健全政治而后始有最高之行政效率，而后始有调整经济平抑物价及支援军事以完成抗建大业之可能。因此拟具调整政治机构及健全人事行政若干办法，是否有当，敬候公决。

第一、调整政治机构

说明：吾国目前政治机构，约略言之，有四种缺点：一、权责不集中。二、权责不分明。三、机关重复。四、基础不稳固。权责不集中，则散漫拖沓，指挥不统一，行动不灵活，权责则不分明，则不免有侵权诿责之弊。机关重复，则互相牵掣。基础不稳定，则上重下轻，失却重力。凡此皆使政治发生不良之影响，减低行政效率，应本集中权责，划分权责，裁减骈枝机关，巩固基础四项原则，调整中央及地方各级政治机构。

甲、中央政治机构的调整

说明：中央政府为全国整个政治系统之首脑部，犹如机器之发动机。发动机之动力愈强，则全部机器之工作效率愈大。准此，中央政治机构以强力化为最高原则。

1. 国防最高委员会应扩大组织，加强统制，彻底贯彻政令。

2. 国防最高委员会与各院部会之权责，应切实划分。国防最高委员会主持关系抗建大计之重要国务；凡属关系抗建大计之重要国务，各院部会应呈请国防最高委员会裁决，但应属各院部会职权范围内之事务，仍应由各院部会自行负责处理，以专责成。

说明：国防最高委员会为行使治权之最高机关，凡属关系抗建大计之重要国务，一切权责，自应集中国防最高委员会，以加强其统制力量，但近年来各院部会每事无巨细，均向国防最高委员会请示，籍以规避责任；不特不能发挥各院部会应有之效能，迅速处理国务，且使国防最高委员会无暇尽心考虑国家要政，今后应切实划清权限，分层负责。

3. 考试院为全国最高人事行政机关，应扩大其组织及其权限，专门管理中央人事行政，并执行全国各机关人事行政之考核与统制。

说明：政府近年渐注重人事制度之树立，惟中央及全国人事行政尚未实行集中管理，各省人事机构与中央亦缺乏联系。今后全国各机关人事行政应有专管机关，实行人事行政专业化及统一化。各机关主管人员仅对其主管事务有计划执行及考核之权责，不得管理人事行政。考试院为全国人事行政最高机关，自应扩大其组织及其权限，负中央及全国人事行政之专责。

4. 各机关隶属关系不合理者，应加以调整，各骈枝机关及无实际工作或工作不甚重要之机关，应尽量裁并。

说明：中央隶属关系不合理之机关甚多，应加以调整。举例言之，如司法行政部应改隶行政部，水利委员会应改隶农林部，运输统制局应改隶交通部。此外中央各种骈枝机关及无实际工作之机关不能一一举例，应尽量裁并。

乙、省级政治机关的调整

说明：中央政府如机器之发动机关，县市政府为政府之基层，犹如机器之工作机关，省政府为中央政府及县市政府之承转枢纽，犹机器之联络机关，省级政治机构如不健全，必使最上层之政治机构与基层政治机构脱节，引起政治上之重大危机。其结果将使全国整个政治机构不能活动。譬如机器之连络机关发生故障，则发动机关不能发动，工作机关不能工作，整部机器必陷于停顿，故调整省级政治机构，实为目前改进战时政治之重大课题。

1. 省政府应改合议制为单一制。

说明：省政府与中央政府脱节，为我国抗战以前政治上之最大危机。抗战以后，已逐渐统一化，此为我国战时政治之最大进步，但省政府至今犹不免支离破碎，实有彻底调整之必要。省府现行合议制，权力不统一，责任不分明，运用不灵活，人事不协调，不能不加以改革。

2. 中央各部院会驻省机关，应隶属于省政府，或与省政府切实联系。

说明：省政府乃中央政府之驻省总机关，禀承中央政府执行政令。中央各院部会驻省机关，如系经常性质，自应隶属省政府；如系临时性质，亦应与省政府切实联系。乃近年来中央各院部会驻省机关，每每各自独立，与省政府不相联系，不仅不能维持省政之单一化，且不能推动工作，达成任务，应根据权责集中原则，加以改善。

3. 充实省级人事行政机构，并提高其地位。

说明：省政府人事行政机构承中央考试院之监督指挥，专门管理省政府各机构之人事行政，并对县级人事行政机构有统制考核之权责，任务重大，不能不提高其地位。

4. 划清省政府与中央政府及县市政府之权责，实行分层负责制度。

5. 尽量裁汰各种骈枝机关及冗员。

丙、行政督察区机构的调整

1. 裁撤行政督察专员。

说明：目前行政督察专员除对县级机关略尽督导考察的责任而外，并无其他实际工作，关于各县一切重要政务，督察专员不能处理，必须转呈省政府核示。县政府每用分呈办法，一事两文分呈省政府与专员公署。因此专员公署承转公文工作，亦不必需。至于督导视察工作，省政府已有视察组织，更不须有此重复机关。据行政经济原则及为节省政费起见，应将行政督察专员裁撤。

丁、县市级政治机构的调整

说明：县市级政治机构，指县市政府及乡镇保甲各种自治组织而言，此种基层政治组织为政府与全体人民之联络机关，亦为政府之实际工作机关，假使基层政治不健全，则政府与人民脱节；中央政府与省政府之法令规章必成具文，自实行新县制以来，基层政治渐具规模；但基础仍未巩固，上重下轻之政治形态，依照存在。故调县级政治机构以巩固政治基础，乃目前政治生活上最重要最急迫之工作，应以最大决心及最大努力，加以推动。

1. 扩大县市政府之组织，增加人员及经费。

说明：县市政府工作繁重，非扩大组织增加人员及经费不可。如将行政督察专员裁撤，即可以专员公署之经费，补助县政府，不足者再另行筹措。

2. 提高县市政府职权，慎重县市长人选。

3. 提高待遇，实施保障。

4. 从速设立县市级人事行政机构。

说明：县市级人事行政之健全与否，关系县市一般行政及自治事业之推动与发展最为密切，人民对政府之信任与否，悉以此为转移。近年县市吏治败坏已极，应速设立县市人事行政专管机关，健全县市人事行政，以挽颓风，而收人心。

5. 普设县市民意机关。

说明：县市政府既为政府与人民之联络机关，如无县市民意机关之协助，则县市政府绝难达成其任务。目前一般县市政府所以毫无成绩表现者，大都因无民意机关为之协助所致。且县市民意机关监督县市政府最为切实，可防制县市政府之贪污腐化。因此县市民意机关，除四川已经设立而外，全国应普遍设立，籍以巩固政治之基础。

6. 充实乡镇公所。

7. 健全保甲。

8. 实行警管区制，完成全县警卫设施。

说明：目前农村因受经济之压迫，流氓哥老横行，盗匪蚕起，人民之自卫工作，刻不容缓。故不能不实行警管区制，组织乡村警察，并完成全县之警卫设施。

第二、健全人事行政

说明：人事行政以科学化、专业化、专家化为原则，须专设机关负责管理，此种制度为澄清吏治，增加行政效率唯一无二之方法。政府近年逐渐推行此种制度，但进度太缓，不足以应付目前之需要。今后应以全力推进此种制度，期其能于最短期内有所成就。

甲、审慎选用

1. 登庸以用考试方法为原则，以访查、保举、自荐等方法辅之；但须严密审查，不合法定标准者不得任用。

说明：健全人事行政，首先应慎择人事的来源即所谓用人问题。选贤任能为用人的标准，人所共知，但贤能之选任，非有良善之方法不可。我国古代的科举及现代西洋的文官制度，皆以考试为选贤任能之手段，考试方法实为用人之最合理的方法，不过仍须以访查、保举、自荐等方法补其不足，就中国目前社会情形而论，尤不能不如此，但以合法定标准者为限。

2. 改善考试方法，除论文而外，应尽量采用科学化、标准化的新式测验方法，并采用心理测验，以测验其智力与品行。

3. 考试舞弊漏题之风，庄严加取缔。

说明：考试应关防严密，否则不足以拔取真才。近年考试舞弊漏题不一而足，一般人遂因此根本怀疑考试制度。今后对考试舞弊漏题之风应严格取缔，以符我国历代重视试政之精神。

乙、加强管理

1. 认真考绩，以实际工作为考绩标准。

说明：近年各机关对于人事管理，大都视为具文，考绩多以表报为依据，不察实际，工作流弊极多，亟应加以改正。

2. 严惩贪污，淘汰庸劣。

说明：近年贪污之风盛行，病国殃民，莫此为甚，今后应依公务员考绩奖惩条例及修正公务员考绩法施行细则严厉惩办。

3. 保障贤能，依法升迁。

说明：现代民主国家对事务职位均有保障，至于公务员之贤能者当加以保障，更无问题。我国公务员从无保障，贤能者亦多不安于位，影响吏治前途异常严重。今后应依公务员考绩奖惩条例，切实保障贤能，并依法升迁。

4. 厉行教导与训练。

说明：现在对公务员之集中训练，虽略具规模，但尚有充实调整之必要。至于各机关主管长官对于部属之教导，如关于业务研究，一般学术究研及修养方法等则绝少注意，今后应厉行教导，改变作风。

丙、提高待遇

说明：中国抗战已到最艰苦之时期，国家财政如此困难，公务员似不应于此日要求提高待遇。但目前物价变动急剧，一般公务员实不能维持最低生活，如不提高待遇，自必影响行政效率。目下经济之危机及军事之困难，均赖政治力量为之解除，自不能不需要公务员之艰苦奋斗。故提高公务员之待遇，实有必要，但以维持最低生活为标准。

1. 实行以物价指数为基准的活动俸给制。

说明：英国自一九二〇年施行依生活程序之升降为俸给之计算的活动俸给制以后，行政效率即大见增加。我国目前正宜实行此种办法，俾公务员之生活问题得一正式合理之解决，政府如能尽量裁撤骈枝机关及不必要之机关，尽量裁冗汰员，必能撙节大量之经费。此于公务员待遇问题之解决，不无裨益。

2. 实行职务分类制及同工同酬制。

说明：公务员待遇问题尚有其另一方面，即待遇平等之问题。公务员待遇不平等最足以减低行政效率；政府从不注意及此，最为失计。今后应实行同工同酬制，以求公务员待遇之平等。但欲实行同工同酬制，又不能不先实行职务分类制。据二十二年公布之暂行文官官等官俸表，我国仅有官等分类而无现代科学的职务分类，官等相同者工作性质不必相同，今后应就工作性质实行职务分类，使我国俸给制度，得由同官等同酬制改为同工作同酬制。

（1942年10月提交第三届第一次会议）

〔国民参政会档案〕

14. 江恒源等关于建议政府请特别重视大学专科训育规定各校设置学生生活指导部并慎重导师人选以期养成学生健全人格训练学生处世知能提案

（1943年9月　日）

理由：

目前大学专科教育，大都偏重在知识与技术之教授，而于学生健全人格，如何养成？学生处世知能，如何训练？似尚未能得有圆满解决办法，为学做人，两方不免偏枯，影响到将来建国大业，实属至重且巨，每一念及，良用忧惧！年来政府对于大学专科训育问题，十分重视，各校训道既特设专处，导师制度，亦实行多时，但考其实际，是否对于指导学生做人，即能得相当效果？颇成疑问。前届开会，恒源提有建议政府，请就目前教育上各项重要问题，详加考察，并从速设法解决，以期永固国本，裨益抗建进行案，其一大部分，即关涉此项问题。一年以来，默察各方情形，深觉此项问题，其严重性仍然照常存在。当然恒源对于目前各大学专科训育机构及导师办法，未敢妄下批评，唯粗浅以观，以一大学学生人数之众，仅有训导长一人，训导员数人，处理其事，欲其如何精密，如何周到，实为事实所不能。在训导处虽有生活指导一项，实行积极进行指导之事功，恐不多见。因此乃分属其责于各导师，而各导师又多为各教授所兼任，在各教授自身，教学研究，职务已极纷繁，有无余力，尽瘁于此，固是问题。而担任指导学生之教授，除道德学识为人敬仰外，其他条件；第一，要具有指导青年之特殊兴趣。第二，要具有相当的修养与技术。第三，更要能不断的热心考察学生实际实活，了解青年心理，并能利用种种机会，因事因时，施以利导。在各教授中当然不能人人皆具备上列各条件，若学校漫不加察，一无准备，随意指派若干人，分配若干学生，则结果如何，已不待问而可知矣。如此情形，在学校当局，固感到万分不安，太息办理困难，无从解决。在学生亦同样感到启示无人，异常苦闷。入校短短光阴三四载，转瞬即过。其天性较好，家庭教育较好，受过中等教育较好，自知反省，自知修养，毕业以后，尚可成为近于理想之青年，可惜此为比较的少数或为最少数；其次则努力读书，学识丰富，品格亦无大差，但对于人情世故，不甚了解，处世才能，更说不上，甚且性情孤僻，不能合群，以如此之人到社会任事，对上对下，服从指挥，均觉为难，然而还不失为好人也。若程度尚不及此，其对社会国家，影响将何如？所谓问题严重，要点即在于此。为今之计：（一）盼望政府能认明此项问题，万分重要，迅下最大决心设法谋圆满之解决。(二)盼望政府为解决此项问题，能扼住要点，从根本上做起。(三)盼望政府能认定进行解决办法时，对于各项困难之所在，谋为合理之排除，不妨宽假时日，按步进行，但办理时，必须注重实际详察。兹就愚见所及，谨拟具办法如次。

办法：

(一)特设机构　由政府规定各大学(包括独立学院)专科学校均于训导处外(或暂辖于训导处)，特设学生生活指导部，部设正副主任各一人，综揽其事，指导员若干人，分任其事。正副主任，由各指导员公推，学校加聘。各指导员由学校遴选聘任。凡任部主任及指导员之教授，均将原有任教时数减少一部分。

(二)慎选人员　各指导员选自各教授，平均分配，各系至少一人。平日由校长留心考察，并由院长系主任根据必要条件，向校长推荐(其为独立学院，则由系主任推荐)。各指导员于组成机构后，除执行各项规定事工外，得陈明校长及训导长，另约其他教授若干人，组成学生生活指导委员会，以为辅导机构，专用以帮同研究关于学生生活指导各问题，协助计划一切推行办法。例如：对于初入校一年级生之指导要点，对于将出校毕业之职业指导办法，对于学生旅行集会及服务之协助指导，对于一学期若干次纪念周作有系统有计划之讲演，乃至指导学生时应具必要之条件，与应守必要之戒律，又特殊事项发生时，需要他方共同动作协助进行等，均可籍此委员会以议定之。各指导员，因有此项会议之不断讨论研究，即可增进关于指导青年之知识与修养，更可鼓起指导青年之工作兴趣。

(三)制定办法　关于大学专科学生生活指导部及学生生活指导委员会之组织与夫一切进行办法，又各导师之选任办法，可由政府制大纲，指示原则，其详细具体事工，仍由各校根据本校历史及环境，自行拟定，呈部核准施行。

(四)按时报告，定期讨论　各校应向教育部将指导学生生活情形，按时报告；教育部对于各校指导事工，应不断施以考察，并于一定时期，召集会议，检讨究研，以期改进。

上述办法，是否有当？敬乞大会公决！

（1943年9月提交第三届第二次会议）

〔国民参政会档案〕

15. 黄炎培等关于重订国际贸易政策调整贸易委员会组织提案

（1944年9月 日）

研究战后经济问题，如何平衡国际收支是一要点。战后百孔千疮，国外大量物资，必将乘虚输入。设输出品不能伴之而增加，势必大反平衡原则。大战以后，敌人原有国际市场，一时无力供应，此为我争取发展之绝好机会。即为恢复空前之创伤计，尤需尽量扩展国内工农生产，同时扩展对外贸易，以资培补。以此种种，不能不承认国际贸易，在现时实有特殊重要性。

现时我国重要输出品，除钨、锑、锡、汞等矿产，归资源委员会主管外，所有丝、茶、桐油、猪鬃等，皆归贸易委员会。该会自民国二十年由军事委员会所属调查委员会变更组织，改隶财政部后，所有易货偿债，出口外汇，以及上开特产统购统销，改良增产等事，先后交由该会主管。六七年来，绝未达到预定目的。其间虽受若干客观条件限制，而因方针错误，办理不善，以致毫无成绩，只构成商民唯一之怨府。兹就调查所得实况缕述之。

该会初因办理易货偿债，指定丝、茶、桐油、猪鬃四项，为中央统制之出口货品，注重于掌握物资、调整价格，交由该会附设之业务机构富华、复兴两公司统购统销。该会既握统购统销大权，意欲争取商民之利，以利公家，遂降低其收购官价。不知商困而工农皆困，怨声四起。继而西南断路，香港陷落，输出困难，于是转移目标于内销，更不恤与民争利，冀以维持本身生命。除丝与猪鬃列入所谓调节管理范围以外，桐油则转售于国内汽车工厂，茶则辅以设店推销。又因手续麻烦，办理颟顸，无法获利，徒使社会固有之产制运销经济秩序与夫官民农商分工合作之联系阵线，尽行破坏。该会更图扩大范围，以挽颓势，于是设委员会，计划外销物资，增产推销。继又设一委员会，执行其计划。再设生丝、茶叶、桐油三个研究所，研究改良。终因不能克服外汇官价与收购官价过低之障碍，使两公司购货定价与实际成本，相距太远，长日与各省政，各地生产者及各地商家大起龃龉，无法合作。同时农产品价格日涨，坐视农家放弃其养蚕、榨油、摘茶等工作，甚至砍伐桑树、桐树、茶树，以充燃料，无法补救。而该会内部，尤是机关林立，规模庞大，开发浩繁，以迄于现在。

此为该会经过之大概，今且就该会主管之四种物资，分述其现况：

一、丝　抗战初期，丝商向该会缴结外汇，便可自由出口。初销英苏两国，珍珠港事变起，美亦向我采购。但因产区多半沦陷，仅持川丝应付。自该会开始统制外销，产量即因之大减。现时川丝产量，不及战前半数矣。其固因该会规定收购官价，托名鼓励外销，实际上比较内销市价之距离，年大一年。试以秋蚕论，每担官价比市场，二十七年差三百元，二十八年一千五百八十元，二十九年二千零五十元，三十年五千元，三十一年八千五百元。以此限制，不啻有意减削生产。至三十二年降为六千元，然已无及。而因外销锐减之故，无法供给同盟国之要求。美国对于制造降落伞唯一必要之原料，万不能任其缺乏，不得已，改向苏联订购。苏联何来生丝，只以苏日未曾宣战，尚有贸易往来，遂购之日本，以供美国。我不能打击敌人经济，而又间接扶助之，可云怪事。实则该会所谓生丝统购统销者，由复兴公司设特约商行六家，许其自行收购，而以复兴名义自行输出，不结外汇，准其将同一进出口货物之金额抵销，可云自乱其例。此项办法，最近始付公开。若丝价及早开放，则沦陷区所产大量之丝，皆可输归我有，岂不大大可惜。

二、茶　中国茶叶公司，原为全国性之官商合股公司。自民（国）二十九（年）茶叶规定统购统销，改为国营，隶于该会。茶之销路，砖茶为苏联及边区，绿茶为美国及北非洲。乃该公司民（国）三十一（年）与美订约应交之茶，至现在仅交百分之四，与苏联订约应交之茶，至现在所交不及百分之七。而尤可惜者，为北非市场。自美国主持世界大战军需给养全部供应工作以后，对于意大利战场之军粮，为求运输之便利，要求吾国供给绿茶，由英运往北非，换取其土产大小麦，就近供应。美国本可向英购取印度绿茶，每磅价值只美金四角五分，但因北非土人嗜我绿茶，愿以每磅九角六分向我收购，希望供应二千万磅。该公司允供一千万磅，但至现在，仅交五十万磅左右，只及约定数百分之五。某次苏联茶砖，误运绿茶，美国绿茶误运茶砖，其他报告虚诬，徇私舞弊等情事，业已专案提请彻查。

三、桐油　自美国借款指定桐油为偿还对象，民（国）二十八（年）该会遂宣布统购统销，但仍利用原有油厂及油商代办收购储炼，该会仅装桶运输。民（国）二十九（年），复兴公司主持业务，自行收购。一面禁止民间存油，存油人不依官价让售，即予没收。而因定价过低，山农非至农闲不采子、不榨油。又以其他农产价格日高，相形太绌，于是乡间有自砍桐树者，有投桐子于粪坑、令其自腐以充肥料者。以致民（国）二十九（年）出口仅达三千三百余公吨。民（国）三十（年）则仅二千三百余公吨，较之过去川省桐油总产量，不及其半。又以装桶不如法，中途被窃，以及车运颠簸损失，至目的地仅得百分之五十或六十。该公司无法自存，乃设为一法，由公司公布运油商须登记，而登记商号每家每月只准运五桶，自己则大量收购，高价出卖，以国营事业，乃与小商争利，怨言充塞。民（国）三十一（年），又创调节管理办法，分配桐油于各制造工厂，使炼成液体燃料，而供应不能如量，仅乃其需要额百分之二三十。各厂欲自行收购，则又受该公司转运登记之限制，终始川省二三十厂家，逐渐停业。现开工者仅存三五家矣。该公司所定桐油价与市价相差，民（国）三十一（年）每担为一百元，民（国）三十二（年）差至一千一百余元。今年厂家纷纷闭歇，内销锐减，外销又绝，乃抬高官价，使超过市场，而已无及。实则桐油统制，原为借款偿债而设。今借款业已还清，已不复有统购统销调节管理之必要，徒摧残生产耳。

四、猪鬃　此物虽微，欧美各国用以制刷，用以涂漆轧船，洗刷炮腔等等，战时需要更多。以其体积轻小，可利用回空飞机，输出外销，遂经复兴公司公布为统购统销品。该公司即特此以为生命线。查重庆市每年可能集中猪鬃至一万五千担。每担以三万五千元计，约需资金五万万元。该公司无此魄力，乃利用当地金融商业潜势力，狠狠以图利。该公司现特设约商号四家，定价则先由四家予以暗示，一般运商洗房，皆须受四家支配。此四家者，则皆当地巨商也。该货则由四家整理装箱后，交与复兴，复兴在叙府等地，交与美国收货代表，再由美方利用回空飞机运印转美。而此四家中亦有特许向复兴买回猪鬃，自行销美。所得外汇，所其自由处理者。实则猪鬃产于各地，以渝市论，业此者亦不止此特约四家。今则集渝市金融资本力量，辅以复兴行政助力，垄断操纵，剥小商以利大商，而官乃于中分取厚利，成何政体。

综观该会各项事业，根本上所犯错误，（一）隶属不合。明是经济行政，乃隶属于财务行政。（二）职权不清。即隶属财务行政系统，又侵犯工商行政农业行政职权。（三）滥用职权。利用行政权利，以与民争利，乃至勾结大商，以与小商争利。（四）认识错误。忘却本身使命为增加生产，推广外销，以之利民，以之利国。而徒欲扩大本机关业务，争取本机关利益，至不恤剥民以肥己。加之组织散漫，办事颟顸，有害于民，而无补于国，民间早有公论。

为今之计，应请政府大刀阔斧，彻底改组，重订方针，略拟原则如下：

一、关于国际贸易业务，应脱离财务行政系统，归入经济行政系统。所有增产改良，应分别划归工农业行政。

二、对外确定国际贸易政策，在不违反国家利益之下，允许商人自由输出，并设为特种方便以扶助之。

三、对内以增进外销特产数量，改进其品质，使之标准化为主要目的。采用计划、指导、奖励等积极性管制。废止统购统销，调节管理等失效有害无益之消极管制。

以制节谨度，代好大喜功。以脚踏实地，代浮夸粉饰。机关须尽量紧缩，手续须尽量简化。庶几适应未来局势下之迫切要求。

（1944年9月提交第三届第三次会议）

〔国民参政会档案〕

16. 傅斯年等关于彻查中央银行中央信托局历年积弊严加整顿惩罚罪人以重国家之要务而肃官常提案

（1945年7月　日）

谨案。中央银行实为一切银行之银行，关系国家之命脉。然其组织直隶国府，不属于财政部或行政院。历年以来，以主持者特具权势，道路虽啧啧烦言，政府并无人查问。而一有事实暴露，即为触犯刑章。如黄金案主角之郭景昆，已在法院取保矣，而国库局私自朋分成都未售美金公债一案，至今尚未送法院。由此例之，其中层层黑幕，正不知几许。至于中央信托局，亦每以触犯刑章闻。如前者之林土良案，今者黄金案中钟锷、黄华以下皆涉及。此等机关如不彻查严办，必不足以肃国家之政纪。谨拟办法如下：

一、彻查。由政府派定大员，会同专家，监察院委员，本会公推之代表（必为参政员）彻查其积年之帐目与事项，有涉及犯罪之嫌疑者，分别轻重，一律移送法院或文官惩戒委员会。此项彻查人员，得接受人民呈诉之项目。

二、改组。今之中央银行，俨然对国家而独立，实属不成事体，应使其改隶财政部或行政院，以便利政务。中央信托局应予取消，移交其业务于战时生产局。惟取消以前之帐目，仍须彻查。两者历年主持之人，在其主持下产生众多触犯刑章之事，应负责一齐罢免。其有牵涉刑事者，应一并送交法院。

（1945年7月提交第四届第一次会议）

〔国民参政会档案〕

17. 韩兆鹗等关于再请政府实行民主以利抗战建国提案

（1945年7月　日）

理由：

前次会议时，本席曾有请政府实行民主之提议，并经大会通过“送请政府实施”在案。时至今日，国人乃至世界，对于民主之要求，又倍于一年以前矣。中央曾宣布提早结束训政，召集国民大会，开始宪政，自当为国人庆；惟当宪政开始以前，人民应先享有训政时期约法所赋予之言论集会结社及身体等之基本自由，作为宪政开始前之准备。

国人经过八年痛苦牺牲，在盟友协力下，已经临近胜利。但这胜利，仍待我们尽最大的努力去争取。我们必须动员所有力量，准备反攻，进行反攻。而真正的动员，只能在民主的条件下，亦只有实行了民主，方能作有效的准备和进行反攻。因为只有民主，才能使每个人自愿地贡献出一切来。亦只有民主，方能使贪污敛迹，而增加政治的效能。

中国抗战能否胜利，建国能否成功，关键是民主；世界和平能否永保，关键亦莫不是民主。民主在今天已成为不可抗拒的巨流，我们一切不可落后，我们要迎头赶上。

办法：

一、允许人民言论出版集会结社思想信仰身体等自由，解除其束缚，作为发展个性，提高政治兴趣，培养独立人格，健全现代公民之准备。

二、承认各党派合法地位，奠定政党立宪政治之基础。

三、对一切文化经济事业，提高人民之自动性积极性，使发展文化增进生产，益有可能，而政府的责任亦因以减轻。

四、废除保甲长委任制，实行民选，以培植民主政治之基础。

（1945年7月提交第四届第一次会议）

〔国民参政会档案〕

18. 李芝亭等拟请政府迅速制订并公布金融复员计划早日改革币制稳定币值以期安定民生而固国本提案

（1946年3月　日）

理由：

查抗战胜利后，政府对复员工作，事前既无准备，事后复乏妥善计划，各方情形均呈紊乱状态，一切漫无头绪。尤以金融方面，因有种种困难，至今举棋不定，更形日趋恶化。盖战后政府不特未能作釜底抽薪之计，停止通货膨胀，且因流通区域较广，日益增发，数目已达惊人数字，币券印版种类之多，五光十色，实失划一之精神，而交易单位，动以千、万计算，已令人民对法币失去信任。再加各地各色伪钞，延不收回充斥市面，足以刺激物价上涨。且近来巨量游资，仍无正当出路，上海银号金店群趋投机，到处闯祸，并趋政府对安定金融之种种措施，未能决定前，利用手段造谣煽动，兴波作浪，从中渔利。一般正常工业之资金，无法立足，亦被牵动，逐渐脱离正途，加入投机，引起物价狂澜，社会金融忽松忽驰，极度不安。在此种情形之下，币值何能望其安定，如不急谋挽救，则人民以战后极度贫困饥馑之身，复陷于水深火热之中，何堪设想；且紊乱程度愈深，斲丧国家元气愈甚，故整理币制，稳定币值，使金融迅速复员，实不能再事拖延者也。

办法：

一、政府财政实行公开，一切经济措施，随时公布，使国民明了。

二、尽速完成裁军计划，裁撤骈枝机构，削减一切次要开支，减轻政府负担，切实整顿直接税，提高累进税率，扩大征课范围，厉行土地政策，推行地价税，土地增值税，向富裕阶级派销复员建设公债，征借国外逃避资金，责成敌国赔偿战争损失，没收敌伪财产，改进财务行政，剔除中饱，增加财政收入，平衡国家预算。

三、加强审计部职权，监督政府严格执行预算，停止增发通货。

四、从速改善黄金政策，停止低价抛售，有计划收购黄金，严禁出口，将黄金收归国有，用为整理币制之基础。

五、法币政策推行以来，已达成相当任务，至今因膨胀过度，已露破绽而陷于紊乱，似有改革币制之必要，政府应决心实施，如政治条例改善，交通恢复，金融财政好转，物价可望回跌，政府应俟物价稳定接近某一水准时，即可建立与美币发生联系之新币制，开始发行新币，明令通行全国，视当时之情况，确定新币之含金量与成色与旧币折合之比率，限期将前发币券一律收回。

六、以目前国内情形推论，政府似可确定新币为汇兑虚金本位币，又因我国外汇黄金均甚贫乏，可采行富有伸缩性之最高额发行制。

七、为兼顾国际国内情势，政府应采行温和的统制贸易政策，维护国内必需品工业，使后方已有相当基础之生产机构，免受摧残，接收区各工厂提前恢复大量生产，以资调剂供需。

八、开发资源，废除出口税，奖励出口物资，限止进口货物，以期平衡国际收支达到稳定外汇之目的。

（1946 年 3 月提交第四届第二次会议）

〔国民参政会档案〕

（二）省县参议会

1. 国民政府公布的省临时参议会组织条例

（1938年9月26日）

省临时参议会组织条例

二十七年九月二十六日公布

第一条　国民政府在抗战期间，为集思广益，促进省政兴革起见，特设省临时参议会。

第二条　中华民国之男子或女子年满二十五岁，曾受中等学校教育（或同等教育）暨有左列资格之一者，得为省临时参议会参议员。

（甲）具有各该省之籍贯，并曾在各该省所属之县市公私机关或团体服务二年以上著有信望者。

（乙）曾在各该省重要文化团体或经济团体服务二年以上著有信望者。

第三条　省临时参议会参议员依照本条例附表所定各该省名额，由各该省属县市住民中遴选十分之六（每一县或市所出此项参议员至多不得过一人，但所属之县少于二十县者，不受此限制），由曾在各该省重要文化团体或经济团体服务人员中遴选十分之四。

第四条　省临时参议会参议员之由各该省属县市住民中遴选者，其候选人由各该省属每一县市政府于征询该县市党部及地方团体意见后，各就该县市住民中具有第二条甲款资格者提出候选人二人于省政府。省临时参议会参议员之由该省文化团体、经济团体人员中遴选者，其候选人由各该省政府及省党部联席会议就各该省区内文化团体或经济团体人员中，具有第二条乙款资格者，提出加倍候选人（即该省规定名额十分之四之倍数）。

前二项候选人名单汇齐后，由省政府呈送行政院转呈国防最高会议决定之。

第五条　国防最高会议选定省临时参议会参议员时，得于各该省所呈送参议员候选人名单以外，选定若干参议员，但此项被选定人员仍须具有第二条所列参议员资格，具其名额不超过各该省参议员总额十分之二。

第六条　在抗战期间，省政府重要之施政方针于实施前，应提交省临时参议会决议，但在省临时参议会休会期内，遇有特殊紧急情形，须为紧急处置时，应呈行政院核定，并应于省临时参议会次期集会时，报告于省临时参议会。

第七条　省临时参议会对于省政兴革得提出建议案于省政府。

第八条　省政府对于省临时参议会依第六条、第七条所通过之议案，如认为不能执行时，至迟应于省临时参议会次期集会时，提交复议，复议时，如经法定出席参议员三分之二赞同原案或对原案予以修正时，省政府对于省临时参议会复议时之决议，除呈经行政院核准免予执行者外，应予执行。

第九条　省临时参议会有听取省政府施政报告之权。

第十条　省临时参议会参议员于开会时，有依议事规则向省政府提出询问之权。

第十一条　省临时参议会参议员任期一年，有必要时得由省政府呈准行政院延长一年。

第十二条　省临时参议会每六个月开会一次，每次会期为两星期。省政府认为有必要时，得延长其会期或召开临时会。

第十三条　省临时参议会集会时，有参议员总额过半数之出席，始得开议。有出席者过半数之赞同，始得决议。

第十四条　省临时参议会休会期间，设置省临时参议会驻会委员会，由参议员互选五人至九人组织之。其任务以听取省政府各种报告及省临时参议会决议案之实施经过为限。省临时参议会参议员总额不满三十名者，驻会委员名额不得超过五人。

第十五条　省政府主席、秘书长、各厅厅长及省政府委员得出席于省临时参议会，但不参加其表决。

第十六条　现任官吏不得为省临时参议会参议员，但办理地方自治人员及学校人员，不在此限。

第十七条　省临时参议会置议长、副议长各一人，由行政院就各项省议员中遴选，提请国防最高会议决定之。

第十八条　省临时参议会开会时，以议长为主席，议长因故缺席时，由副议长代理之。

第十九条　省临时参议会参议员为无给职，但开会时应给旅费。

第二十条　省临时参议会置秘书处，承议长之命办理参议会一切事务。

秘书处设置秘书长一人，由国民政府简派之。置秘书一人至二人，由议长派充之。

第二十一条　省临时参议会议事规则暨省临时参议会秘书处组织规则由国民政府另定之。

第二十二条　本条例于各省施行日期，由国民政府以命令定之。

附表

各省临时参议会参议员名额表

江苏　湖南　四川　河北　山东（其中威海卫行政区应出参议员一名）　河南　广山　以上各五十名

安徽　湖北　以上各四十五名

浙江　江西　以上各四十五名

山西　福建　广东　云南　以上各三十五名

陕西　贵州　以上各三十名

甘肃　宁夏　吉林　新疆　以上各二十五名

察哈尔　绥远　西康　青海　宁夏　黑龙江　热河　以上各二十名

〔国民政府最高法院档案〕

2. 山东省临时参议会宣言

(1940年8月28日)

参议会成立之际，适值中国抗战处于最严重之时机，敌人外受希特勒战胜之刺激，内受国内革命危机之威胁，目的在陷我荆宜，渡江西侵，狂炸重庆行都，封锁国际交通，迫我妥协，诱我投降，而我国少数妥协动摇分子，竟陷于利敌诱惑制造磨擦，阴谋分裂，以遂其事敌降敌之企图，陷我中华民族于万劫不复之境地。抗战三年来，今日之投降危险，实为空前之危险；今日之抗战困难，实亦空前之困难也。山东远处敌后，在□□□□力之配备，群治之进行，生活之改善，均远逊华北其他地区，而敌人以山东北控平津，南制徐海，西胁平汉，东近青烟，总管津浦、胶济，联系华中华北，形势重要，必欲全面占领，以巩固其华北之统制。而以鲁省党政当局处此危局，不思团结抗战，抵御暴敌，乃竟纠合落后阶层、顽固分子，制造磨擦，阴谋分裂，嫌贤害能，反对进步，称共产党为异党，任意捕杀人员，八路军屡遭围剿，又复破坏救亡组织，摧残抗日政权，竟至配合敌伪破坏抗战，外籍暴敌之力，内寻睨墙之争，愈演愈烈，徒便敌人。目前山东之情势更加危险，亦更加困难也。在空前困难与空前危险之时，国民党总裁蒋介石先生与中国共产党中央委员会均发表宣言，认为坚持抗战，克服投降危险为目前切要之任务。(缺)中共中央更着重指出，抗战到底，团结到底为今后奋斗之准绳。抗战团结方针之确定，即为克服困难危险有力之保证，循此努力，必抵于成功。

山东方面，抗战政党、军队、团体人士亦均深悉困难危险之严重，团结抗战之必要。本政府之宣示，应国共之号召，坚定抗战到底之决心，共为团结到底而努力，经三年之奋斗，得鲁人之拥护，坚持山东阵地，粉碎敌伪扫荡，奠定山东人民抗战必胜之信心。如无暗藏汉奸之挑拨，投降分子之破坏，与夫省当局放纵指使破坏坚持抗战，则精诚团结之国策，必可实现，而一切妥协投降，磨擦分裂，倒退逆流之现象，必可根绝。故今日山东政治形势之症结，在于如何消灭磨擦分裂倒退之逆流及粉碎其与敌伪明暗配合准备之阴谋，而此等艰苦任务，不惟有待于抗战政党军队之努力，更有待于山东全体人民之支持。为自救救国计，山东人民必须以自己的口舌，共同努力，发挥民意，行使民权，集中民力，为救亡图存而作最大之奋斗。全省民意机关之建立，诚为全省人民迫切之要求。我国府当局鉴于博采民意，实行民权，动员民力之重要，接受国民参议会第二次会议之建议，命令各省于民国二十八年一月一律成立省参议会。川、陕、赣、湘、皖、闽、冀、豫等省均经遵令后成立，而我鲁省政当局竟不顾中央法令，漠视民众要求，今已历一年有半，既未成立，更无召开之准备。但山东人民决不能因人之渎职，而置救亡存图及中央法令于不顾，乃本国府之法令，就敌后之情势之需要，于七月三十一日由山东各地区选出之国大代表及全省各地区工农青妇文化代表共三百余人，遵照全省二千八百万人民之委托，选出山东省临时参议会议员等八十一人，并公选范明枢为议长，马保三、刘民生为副议长，即于八日宣誓就职，宣告成立。现既按法令规定，抗战需要与全省人民之意志而成立，将亦必依法令之规定，抗战需要与全省人民意志而坚决奋斗。除呈报中央外，仅代表山东三千八百万人民之公意，执行省参议会之职权，誓必竭尽棉薄，以期不负全体人民之重托。在本会成立之初，愿以本会及全省人民之信守与奋斗目标努力方向，昭告于全国父老兄弟姐妹之前，奉行革命三民主义，实行抗战建国纲领，拥护国共合作，拥护统一战线，拥护国民政府，拥护蒋委长，拥护抗战到底及团结到底国策，消灭汪逆伪中央，此皆为本会及三千八百万人民共信共守之方针。至监督与决定省府军政财教之措置，推动战时工作与决定省府军政财教，使其适合于敌后之要求，战时需要，以增强抗日政权之力量，利用全省人力财力物力，团结与争取一切志切抗战之政党军队，坚持山东游击战争，巩固山东抗日阵地，乃本会当前奋斗之目标，亦即实行本会信守与奋斗之目标。除制定战时施政纲领外，特确定下列二者为本会今后之努力方向：坚持抗战，致力团结，反对投降，分裂山东抗日阵地之阴谋，迅即停止磨擦行动，号召一切抗战政党军队精诚团结，吸引徘徊犹豫之社会人才参加抗战，打击少数坚决投降、怙恶不悛之顽固分子，使其消灭。始此始能克服投降妥协之危机，坚持团结，坚持抗日阵营力求发展，力求扩大，力求进步，力求抗战法令之执行。抗日部队须有猛烈之发展，群众团体须有十倍之扩大，惟兵力民力之发展，抗战团结之堡垒益行巩固，危险困难之克服，始有保障。而实行民主，改善民生工作之开展与进步法令之执行，又为发展抗战力量之要因。故各级参议会必须成立，各级政权必须民选，非法捐税必须废除，减租减息必须实行，经济进攻必须粉碎，生产运动必须扩大，国民教育必须提倡。本会为本省三千八百万抗战军民所选出，本会之意志即为全山东人民之意志，仰望国府当局、英明领袖，鉴于敌后人民为收复失地，意切团结抗战之赤诚，确守加强团结，□□□□□政当局，应翻然改过，□□□□□战之意旨，下顺山东□□□□之舆情，制止磨擦，严禁□□□进步，防止倒退，以风雨□□精神，为坚持山东抗战而奋斗。□□山东三千八百万人民发扬民意，□□民权，集中民力，为实现本会之宣言（亦即山东人民之公意），抗战到底，团结到底，巩固山东抗日阵地，坚持山东游击战，争取中华民族解放之彻底胜利。

中华民国二十九年八月二十八日

〔国民政府军令部战史会档案〕

3. 国民政府公布的县参议会组织暂行条例

（1941年8月9日）

县参议会组织暂行条例

三十年八月九日公布

第一条　县参议会为全县人民代表机关。

第二条　县参议会之职权如左：

一、议决完成地方自治各事项。

二、议决县预算、审核县决算事项。

三、议决县单行规章事项。

四、议决县税、县公债及其他增加县库负担事项。

五、议决县有财产经营及处分事项。

六、议决县长交议事项。

七、建议县政兴革事项。

八、听取县政府施政报告及向县政府提出询问事项。

九、接受人民请愿事项。

十、其他法律赋予之职权。

县参议会议决之预算及有关人民权能义务之单行规章应报省政府备案，其审核之决算亦同。

第三条　县参议会议决事项与中央法令抵触者无效。

第四条　县参议会由乡镇民代表会选举县参议员组织之，并得加选依法成立之职业团体代表为县参议员。

第五条　县参议员由乡镇民代会选举者，除选举条例另有规定外，每乡镇一人，其未满七乡镇之县，仍应选出县参议员七人，由职业团体选举者，其名额不得超过总额十分之三。

第六条　县参议员任期二年，连选得连任。

第七条　县参议员得由原选举之乡镇民代表会代表，职业团体会员过半数之出席，出席人数三分之二议决罢免之。

第八条　县参议员于任期内，因事故去职时，由该乡镇或该团体候补当选人依次递补，其任期以补足前任未满之期为限。

第九条　县参议员如于一会期内均未出席，而无正当理由者，视为辞职，由该乡镇或该团体候补当选人递补。

第十条　县参议会署议长、副议长各一人，由县参议员用无记名投票互选人。

第十一条　县参议会每三个月开会一次，每次会期三日至七日，必要时得延长之。

第十二条　县参议会开会，由议长召集，第一次开会由县长召集之。

第十三条　县参议会开会时，议长主席。议员有事故时，副议长主席。议长、副议长均有事故时，由参议员互推一人为临时主席。

第十四条　县参议会非有全体参议员过半数之出席，不得开议。

议案之表决，以出席参议员过半数之同意行之，可否同数时，取决于主席。

第十五条　县参议员对于本身有利害关系之议案，不得参与表决。

第十六条　县参议会开会时，得请县长、县政府秘书、科长，或其他负责职员列席报告或说明。

第十七条　县参议会会议公函之。但主席或参议员三人以上提议，经会议通过时，得禁止旁听。

第十八条　县参议员为无给职。但在开会期内，得按照地方情形，酌给膳及交通费。

第十九条　县参议员在会议时，所发之言论及表决对外不负责任。

第二十条　县参议员除现行犯外，在会期内，非经县参议会之许可，不得逮捕或拘禁。

第二十一条　县参议会决议案咨请县长分别执行，如仍认为不满意时，得报请省政府核办。

第二十二条　省政府对于县参议会之决议案，认为有违反三民主义或国策情事者，得开明事实，咨由内政部转呈行政院核准后，予以解散重选。

第二十四条　县参议会置秘书一人，由省政府遴委。事务员、书记各一人至五人，由议长派充之。

第二十五条　县参议会开会期内，得向县政府调用人员。

第二十六条　县参议会议事规则，由内政部定之。

第二十七条　省辖市市参议会之组织，准用本条例之规定。

第二十八条　本条例施行日期，以命令定之。

〔国民政府社会部档案〕

4. 国民政府公布县参议会组织暂行条例和县参议员选举条例及行政院注释

（1941年8月—1945年12月）

（1）县参议会组织暂行条例

注一：本条例各条注释其效力与命令同。

注二：行政院及内政部对本条例所为解释与注释抵触者，以注释为准。

注三：本条例各条注释与司法院所为解释抵触者，以司法院介释为准。

第一条　县参议会为全县人民代表机关。

注一：县参议会既为全县人民代表机关，则县参议员即为全县人民代表，无论依区域选举选出，或职业团体选举选出，均取得同样资格，除当选后丧失县公民资格外，不因离开其原住乡镇或原职业团体而丧失县参议员资格。

第二条　县参议会之职权如左：

一、议决完成地方自治各事项。

二、议决县预算，审核县决算事项。

三、议决县单行规章事项。

四、议决县境县公债及其他增加县库负担事项。

五、议决县有财产之经营及处分事项。

六、议决县长交议事项。

七、建议县政兴革事项。

八、听取县政府施政报告，及向县政府提出询问事项。

九、接受人民请愿事项。

十、其他法律赋与之职权。

县参议会议决之预算及有关人民权利义务之单行规章应报省政府备案。其审核之决算亦同。

第三条　县参议会议决事项与中央法令抵触者无效。

第四条　县参议会由乡镇民代表会选举县参议员组织之，并得加选依法成立之职业团体代表为县参议员。

注一：尚未成立职业团体之县，无庸加选职业团体代表为县参议员。

注二：由乡镇遴定之乡镇民代表候选人，经当选后送考选委员会检核，不合格应撤销乡镇民代表资格，在未撤销以前参加选出之县参议员不因无效。

第五条　县参议员由乡镇民代表会选举者，除选举条例另有规定外，每乡镇一人，其未满七乡镇之县，仍应选出县参议员一人，由职业团体选举者其名额不得超过总额十分之三。

第六条　县参议员任期二年，连选得连任。

第七条　县参议员得由原选举之乡镇代表会代表或职业团体会员过半数之出席，出席人数三分之二议决罢免之。

第八条　县参议员于任期内因事故去职时，由该乡镇或团体候补当选人依次递补，其任期以补足前任未满之期为限。

注一：议长亦为县参议员，如有本条上半段情形时，自应依法递补参议员，并补选议长。

注二：县参议员出缺，以候补当选人递补时，通知递补即足无庸补发当选证书。

注三：县参议会候补当选人，仅得补为县参议员，不得代表不能出席之县参议员出席，虽县参议员因不可□责于其本人之事，由□不能出席时亦同。

第九条　县参议员如于一会期内均未出席，而无正当理由者，视为辞职，由该乡镇或该团体候补当选人递补。

第十条　参议会置议长、副议长各一人，由县参议员用无记名投票互选之。议长或副议长因事故去职时，应依前□规定补选。

注一：县参议会议长、副议长当选后，由选举监督加发当选证书。

注二：县参议会议长、副议长系两种职务，应分别选举，得以得票最多者为议长，次多者为副议长。

注三：议长、副议长在休会期间，均因事故去职时，其次期会议应由县长召集，另行补选。

注四：正副议长非常□驻会，不得按月支给膳、宿费及特别费。

第十一条　县参议会每三个月开会一次，每次会期三日至七日，必要时得延长。

注一：县参议会在休会期间，无庸设置常驻参议员。

第十二条　县参议会开会由议长召集，第一次开会由县长召集之。

注一：县参议会开会，第二次以后，议长如有事故时，副议长可代为召集。

第十三条　县参议会开会时，议长主席，议长有事故时，副议长主席，议长、副议长均有事故时，由参议员互推一人为临时主席。

第十四条　县参议会非有全体参议员过半数之出席，不得开议。

该案之表决，以出席参议员过半数之同意行之可否，同数时，取决于主席。

第十五条　县参议员对于本身有利害关系之议案，不得参与表决。

第十六条　县参议会开会时，得请县长、县政府秘书科长，或其他负责职员列席报告或说明。

第十七条　县参议会会议公开之，但主席或参议员三人以上提议，经会议通过时，得禁止旁听。

第十八条　县参议员为无给职，但在开会期内得按照地方情形酌给膳宿及交通费。

第十九条　县参议员在会议时，所谓之言论及表决，对外不负责任。

第二十条　县参议员除现行犯外，在会期内非经县参议会之许可，不得逮捕或拘禁。

第廿一条　县参议会决议案咨送县长分别执行，如县长延不执行或执行不当，得请其说明理由，如仍认为不满意时，得报请省政府核办。

第廿二条　县长对于县参议会之决议案，如认为不当，得附理由送请复议，对于复议结果，如仍认为不当时，得呈请省政府核办。

第廿三条　省政府对于县参议会之决议案，认为有违反三民主义或国策情事者，得开明事实，咨由内政部转呈行政院核准后，予以解散重选。

第廿四条　县参议会置秘书一人，由省政府遴委。事务员、书记各一人至五人，由议长派充之。

注一：本条所称县参议会置秘书一人，由省政府遴委，系由省政府遴选，适当人员委派之。但被任人员须受议长之指挥监督，如有不称职情事，得以议□开具理由，函由县政府转请免职，另行遴员接替。

注二：县参议会秘书办事处所，得称为秘书室，并得自拟办事细则，签请议长核准施行。

注三：县参议会秘书，以县政府内具有委任资格而有党员身份之现任人员，呈准省政府，兼任自无不可。

第廿五条　县参议会开会期内，得向县政府调用人员。

第廿六条　县参议会议事规则由内政部定之。

第廿七条　省辖市市参议会之组织，准用本条例之规定。

注一：市参议员选举条例已明令公布，本条因新法公布而失效。

注二：设□局设置参议会其组织准用本条例之规定。

第廿八条　本条例施行日期以命令定之。

（2）县参议员选举条例

三十年八月九日公布

三十三年十月四日修正第四条

三十四年八月二十二日修正第二条

（注同县参议会组织暂行条例）

第一章　总　　则

第一条　县公民年满二十五岁，经县参议员候选人试验或检核及格者，得被选为县参议员。

注一：一乡镇如无或仅有一人合于甲种公职候选人之资格，则该乡镇县参议员之产生，自可就省县公职候选人考试法第七条所到各款人员遴批汇转检核；如此项人员亦无法遴拟，应列举具体事实呈核。

注二：第一届县参议员选举期近之县，其业经检核及格之甲种公职候选人尚未足额时，应依省县公职候选人检核办法第十八条所定补行，检核程序由省县府遴拟，合格候选人发给临时证明书，先行候选。

注三：公职候选人检核及格人员中经查明、确有参加伪组织情事者，应即取销其资格。

第二条　左列各款人员停止其被选举权：

一、现任本县区域内之公务员。

二、现任军人或警察。

三、现在学校之肄业生。

前项第一款之限制，于各级公立学校校长不适用之。

注一：本条所称现任本县区域内之公务员，系指在本县区域内机关任职之公务员而言。其机关无论为本县，抑由中央与省所设立均属之。

注二：现任他县或中央或省级机关公务员当选为县参议员，或先任县参议员而后被派充上述公务员者，虽非不得为县参议员，然此项公务员受有俸给者，依公务员服务法第二十四条之规定应适用同法，依同法第十四条之规定不得兼任他项公职，则非辞去一职不得谓非违反公务员服务法之行为。

注三：乡镇保长及其他办理地方自治人员，现行法令称为公职人员，而不称公务员，自不在本条第一款所称公务员之内。此项办理自治人员当选并应选为县参议员后，以不妨碍其原有职权之行使者为限，得兼任原职。

注四：乡镇保长兼任县参议员，并不妨碍其原有职权之行使自得兼任。

注五：乡镇长为职业团体之会员，经该团体之选举当选为县参议员者，其当选自非无效。

注六：乡镇长参加县参议员选举候选人，暂可不加限制。

注七：非民选之乡镇长，虽由县政府委任，亦系办理自治人员，自不在本条所称公务员之内。

注八：依乡镇组织暂行条例第八条第一项第七款之规定：乡镇民代表会有罢免本乡镇之县参议员之职权；乡镇民代表如兼任县参议员，实足妨碍其原有职权之行使，自不得兼任县参议员，亦不得兼任省参议员。

注九：本条第一款所称之公务员，系指政府各机关公务员而言，县党部人员不包括在内。

注十：县训所服务人员应一律视为党务工作人员，不在本条第一款所称公务员之内。

注十一：不受被选限制之公务员，如当选为候补参议员，应俟其正式递补时再行辞去原职。

注十二：县银行依县银行法第一条之规定，系以县乡镇公款与人员合资设立为地方自治团体发展其经济事业之金融机关其服务人员应视为自治人员。

注十三：党部所设社会服务处之人员，非公务员服务法上之公务员，自非不得当选并兼任县参议员。

注十四：支领俸给公粮或米代金人员，如其服务机关之组织法设有此职者，虽已超过足额，仍为公务员，服务法上之公务员，惟组织法上并未设有此职，如省政府咨议、参议等不能认为公务员，服务法上之公务员，自非不得当选并兼任县参议员。

注十五：公立中小学校校长受有俸给者为公务员，服务法上之公务员虽得当选为县参议员，仍应择一职，不得兼任。至私立中小学校校长并非公务员，自非不得当选并兼任县参议员。

注十六：县参议员已受任为公务员，非辞去县参议员，不得就任所任职务。如已就任，应由监督机关或省政府以书面通知择一辞职。

注十七：县防护团副团长不在本条第一款公务员之内。

注十八：图书、民教两馆馆长应视同公立学校校长，不受停止被选举权之限制，其馆员亦同。

第三条　县参议员之选举，以民政厅厅长为选举监督。

第四条　于区域选举、职业选举均有选举权者，应参加区域选举。

于区域选举职业选举均有被选举权者，或□□□选举有二人以上□举权□□举权□应由本人于县政府开始编制选举人名簿之日以前，择定其愿参加之一方通知县政府逾期由县政府指定之。

前项名簿开始编制之日，应于十日前公告之。

注一：夫妻分居区地以取得当地公民资格为限，不受户籍法．妻以夫之本籍为本籍之限制，得参加当地选举。

注二：已登记之县公民转移他乡镇参加选举，不受居住时间之限制。

注三：本条所称选举人名簿开始编制之日期，与选举日期并无关系，尽可提前编制。

注四：现任公务员既停止其被选举权，其经甲种公职候选人检核及格者，不得一律编入候选人名簿，如在选举期前有辞准原职，依法得为候选人者，可申请补列候选人名簿。

第五条　县参议员选举事务，由县政府办理之。

第六条　县参议员之选举，全县各乡镇及各职业团体，应于星期日或例假日同时举行。

前项举行日期由县政府决定，于十五日前公告之。

注一：县参议员之选举既明定全县应同时举行，自不得分期举行。

第二章　区域选举及职业选举

第七条　区域选举由每一乡镇民代表会选出县参议员一人，但乡镇数超过一百之县，得由数乡镇合选参议员一人，未满七乡镇之县仍应选出县参议员七人，其名额分配办法由省府斟酌当地人口交通等情形定之，并报内政部备案。

注一：本条所定区域选举，系规定县参议员之产生方法，并非为某一乡镇参议员。

注二：本条所谓数乡镇合选，或使所有乡镇均与他乡镇合选，或使持定之数乡镇合选，法文既未限定，自可由省政府斟酌人口交通等情形定之。

第八条　乡镇民代表会选举县参议员，以乡镇公所为投票所，用集会之方式行之，以得出席代表总额过半数之投票者为当选，选举结果无人当选时，应举行再选，以得票较多者为当选。

注一：乡镇民代表会选举县参议员，既用集会方式，依乡镇组织暂行条例第十六条之规定：乡镇民代表会非有全体乡镇民代表过半数之出席不得开议，则选举县参议员自非有全体乡镇民代表过半数之出席不得投票。

第九条　关于县参议员选举投票、开票之事务，由乡镇公所职员任之，并由出席之代表互推三人至五人为监察员，在场监视。

第十条　职业团体应出县参议员之名额不得超过总额十分之三，以每一职业团体为一单位，各自由职业团体合为一单位，按会员多寡比照分配其应出之名额，但至少每一单位应分配一名，名额不足分配时，由各单位分别选出初选人，会同复选之各单位初选人名额，比照其会员人数定之。

注一：本条所称会员，系指各职业团体据以设立之法律所定会员而言。如法律明定会员为法人，自应以法人会员分配其应出县参议员之名额。

注二：本条后段选举初选人，系因职业团体应出之县参议员总名额不足六名，而职业团体又有六单位，致每一单位不能分配一名时，始由各单位分别选举初选人会同复选之。又此项初选人之选举，既未另定选举方法，自应依第十三条各款所定选举方法办理。至各单位初选人名额，既明定比照其会员人数定之，每单位至少应有初选人一名，其会员多者，可比照会员最少之单位比例增加之。

注三：本条所称每一职业团体为一单位，系指第十三条各种职业团体而言。依该条第五款之规定，教育会自为一单位，不在同条第六款自由职业团体之内。

注四：法人会员代表，须具有公民资格，如得代表法人参加职业团体选举。

第十一条　参加职业选举，以在选举前依法成立之各职业团体之会员，而实际从事该项职业三年以上者为限。

注一：本条限制包括职业团体之选举人及被选举人在内。

注二：本条所定从业年限不得免予核计，至此项从业年限之证明不限于户籍登记，凡足以证明其从业年限之证件，如公司行号之牌照、营业执照及自由职业之开始执照，教育人员之服务证件，均属有效即任何足以证明从业年限之证件亦无法取得，虽现为各种职业团体会员，亦不得参加职业团体选举。

第十二条　职业选举，应由县政府编定各团体选举人名簿，呈经选举监督核定于选举十五日前公告之。

注一：职业团体选举人名簿，可由选举监督派员就近代核，以期迅捷。

注二：本条所称于选举十五日前公告，系指选举人名簿编定后须于选举前十五日公告。至此项选举人名簿何时开始编制，并无限制，可由县政府斟酌行之。

第十三条　职业团体选举依左列之规定：

一、农会之选举，采复选制，每一乡农会选出三人为初选人，会同复选之；但一县仅有一乡农会时，由会员直接选举人。

二、渔会之选举，采直接选举制，由会员直接选举之。

三、工会之选举，采复选制，由每一工会选出三人为初选人，会同复选之；但一县仅有一工会时，由会员直接选举之。

四、商会之选举，采复选制，由每一公会会员选出三人，并由非公会会员合选三人为初选人，会同复选之；一县有二个以上商会时，由各该商会之初选人会同复选之。

五、教育会之选举，采直接选举制，由会员直接选举之。

六、自由职业团体之选举，采复选制，由每一团体选出三人为初选人，会同复选之；但有一县仅有一自由职业团体时，由会员直接选举之。

注一：商会系由公会会员之同业公会及非公会会员之公司、行号所组成。商会选举县参议员，应依本条第四款由各公会会员及非公会会员分别选举初选人，会同复选之。商会除此两种会员外，其本身不得□有选举权。

注二：商会非公会会员之公司、行号不满三家时，无庸参加商会选举，其应出县参议员初选人可予缺额。

注三：全由非公会会员设立之商会选举县参议员时，应依商会法第六条之规定，以所有非公会会员之公司、行号每满十家视同一公会，分别选举初选人，会同复选之。

第十四条　职业团体之初选人，以得票较多者为当选。

职业团体选举县参议员，由初选之复选者以得其初选人过半数人投票者为当选，选举结果，无人当选时，应举行再选，以得票较多者为当选。由选举人直接选举者，以得票较多者为当选。

注一：职业团体选举县参议员由初选人复选者，如无初选人过半数之到场投票，致选举结果无人当选，应举行再选，以实际到场投票者复选之，并以得票较多者当选，其应出之县参议员名额不止一人时，即由再选结果之次多数依次当选，不得连续举行多次之选举。

注二：职业团体选举县参议员，召集在三次以上无人到场投票，其应出之县参议员初选人或县参议员均听其缺额。

第十五条　职业选举应由县政府就各该团体会所设投票所，并于各该团体代表中指定一人为投票所事务主任，其他职员为事务员，分任关于投票、开票之事务。

每一投票所投监察员三人至五人，在场监视，由初选人推选之。直接选举者，由县政府就该团体选举人中指派之。

注一：教育会选举县参议员，应依本条前半段规定，于乡镇教育会会员所分设投票所不须集中县教育会投票。

第三章　选举人投票

第十六条　全县区域选举、职业选举应出之县参议员名额，由县政府于选举二十日以前公告，并裂选举票分发各乡镇及各团体具领。

注一：本条所称于选举二十日以前，而不称于开始编制选举人名簿二十日以前。所谓以前，系指选举期前一日而言。

第十七条　投票时除投票人及投票所职员外，他人不得擅入投票场所。

第十八条　票匦应当场启示，再将内层封固。

第十九条　票匦外层应于投票完毕后严加封锁。

第二十条　投票人领取选举票，应在选举人名簿本人姓名下签字或盖章。

第二十一条　投票用无记名单记法行之。

注一：投票既用无记名单记法行之，其选票不问是否自选本人，均属有效。

第二十二条　投票人于投票场所内，除关于投票方法得与事务人员问答外，不得与他人接谈。

第四章　开票及检票

第二十三条　投票完毕，应即日开票，监察员应监视之。

注一：开票时遇有选票所书被选人姓名与候选人姓名其中有一字音同字异者，不得计入该候选人应得票内。

第二十四条　检查票数应与到场投票人名簿核对有无错误。

第二十五条　选举结果，应由各乡镇民代表会及各职业团体投票所连同选举票，报送县政府查核。

第二十六条　县政府查核选举结果时，选举监督或其代表应莅场监视。

第二十七条　选举票有左列情形之一者无效：

一、写不依式者。

二、夹写他事者。

三、字迹模糊，不能认识者。

四、不同制发之选举票纸书写者。

第五章　当选及应选

第二十八条　区域选举之当选人，以本乡镇内之公民为限。其□数乡镇合选参议员一人时，以参加选举各乡镇内之公民为限。

职业选举之当选人，以各该团体之会员为限；会同复选时，以参加复选各团体之会员为限。

注一：本条所称区域选举之当选人，以本乡镇内之公民为限，系选举当时之资格限制。此项限制自不能及于选举以后，故甲乡镇公民当选，并应选为县参议员后迁居乙乡镇，虽依公民宣誓登记暂行办法第八条为转移之登记，现行法令并无取销其为县参议员资格之规定，自不得采用任何方式予以取销。

注二：父子兄弟同时当选为本县之参议员，现行法令并不禁止自得同时当选。

第二十九条　候补当选人以得票次多数者定之，其名额与当选人同票数相同时，以抽签定之。

注一：县参议员选举如初选再选有两人票数相同时，均可以抽签定之。

注二：县参议员选举如选票全部集中一人时，候补当选人自应另行选举。

第三十条　当选人及候补当选人姓名应由县政府分别揭示于各该乡镇公所及各团体事务所，并通知各该当选人。

注一：当选之县参议员，其姓名以与候选人名簿之姓名相符为准。

第三十一条　当选人愿否应选，应于接到县政府通知后，七日内答复，逾期不答复者视为愿选当选人。愿应选者由选举监督发给当选证书。

注一：当选须当选人愿应选由选举监督发给当选证书，其当选始行确定，如当选人不愿应选，则当选尚未确定，须另行选举，不得以候补当选人递补，当选无效者亦同。

注二：当选未确定，候补当选人自亦未确定，应与当选人同时另选。

第六章　选举无效当选无效及诉讼

第三十二条　有左列情事之一时，选举无效：

一、选举舞弊，涉及选举人名簿之人数达三分之一以上，经法院判决确定者。

二、办理选举违法，经法院判决确定者。

注一：选举舞弊之诉讼，应□判决后再行召集第一次会议，选举正付议长。

第三十三条　有左列情事之一时，当选无效：

一、死亡。

二、被选举人资格不符，经法院判决确定者。

三、当选票数不实，经法院判决确定者。

注一：当选无效之诉讼，自不得因少数人之被选资格或当选票数发生问题，迁延正副议长之选出。又涉讼人员在未经法院判法，其当选无效以前，仍应准其出席。

注二：当选无效之诉讼，经法院判决确定者，在未确定以前参加县参议会所为之表决，不因而无效。

第三十四条　选举无效，经法院判决后，应于十日内重行选举。

注一：选举无效经法院判决确定者，在未判决前由该县参议会选出之省参议员，亦属无效。

第三十五条　选举人确认为选举舞弊，或当选资格不符，或落选人认为应当选者，得提起诉讼，但应于选举结果揭示后七日内为之。

注一：本条提起诉讼人，应以选举人或落选人为限。

注二：候补当选人，亦为落选人。

第三十六条　选举诉讼应先于他种诉讼审判，并以一审终结。

第七章　附　　则

第三十七条　本条例之解释权属于选举监督。

注一：县参议员选举条例经选举监督解释后，无庸报核。

注二：选举监督对县参议员选举条例遇有疑义不能解释时，仍得请由行政院或内政部予以解释。

注三：司法院有统一解释法令之权，行政院及内政部选举监督所为解释非统一解释其不能解释者，自得请由司法院解释。

第三十八条　县政府应于选举完毕后十日内将当选人、候补当选人姓名及选举经过情形呈报选举监督，并将有效、无效之选举票保存之。保存期间为六个月。

选举监督应将当选人、候补当选人姓名呈省政府转报内政部备案。

第三十九条　省辖市市参议员之选举准用本条例之规定。

注一：市参议员选举条例已明令公布，本条因新法公布而失效。

注二：设治局设置参议会，其参议员之选举准用本条例之规定。

第四十条　本条例施行日期以命令定之。

〔国民政府行政院档案〕

5. 国民政府军事委员会关于公布县参议会组织县参议员选举及乡镇民代表选举条例训令

（1941年8月9日）

国民政府军事委员会训令　办字第二一二九二号

令重庆卫戍总司令部

案奉国民政府本年八月九日渝文字第七三三号训令内开：查县参议会组织暂行条例、县参议员选举条例、乡镇民代表选举条例现经制定，明令公布，应即通行饬知。除分令外，合行抄发各该条例，令仰知照，并转饬所属一体知照。此令，等因，奉此，除分令外，合行抄发原各例，令仰知照，并转饬所属一体知照。此令。

计抄发县参议会组织暂行条例、县参议员选举条例、乡镇民代表选举条例各一份。

中华民国三十年八月二十八日

委员长　蒋中正

县参议会组织暂行条例

三十年八月九日公布

第一条　县参议会为全县人民代表机关。

第二条　县参议会之职权如左：

一、议决完成地方自治各事项。

二、议决县预算、审核县决算事项。

三、议决县单行规章事项。

四、议决县税、县公债及其他增加县库负担事项。

五、议决县有财产之经营及处分事项。

六、议决县长交议事项。

七、建设县政兴革事项。

八、听取县政府施政报告及向县政府提出询问事项。

九、接受人民请愿事项。

十、其他法律赋予之职权。

县参议会议决之预算及有关人民权利义务之单行规章，应报省政府备案，其审核之决算亦同。

第三条　县参议会议决事项与中央法令抵触者无效。

第四条　县参议会由乡镇民代表会选举县参议员组织之，并得加选依法成立之职业团体代表为县参议员。

第五条　县参议员由乡镇民代表会选举者，除选举条例另有规定外，每乡镇一人，其未满七乡镇之县，仍应选出县参议员七人，由职业团体选举者，其名额不得超过总额十分之三。

第六条　县参议员任期三年，连选得连任。

第七条　县参议员得由原选举之乡镇民代表会代表或职业团体会员过半数之出席，出席人数三分之二议决罢免之。

第八条　县参议员于任期内因事故去职时，由该乡镇或该团体候补当选人依次递补，其任期以补足前任未满之期为限。

第九条　县参议员如于一会期内均未出席而无正当理由者，视为辞职，由该乡镇或该团体候补当选人递补。

第十条　县参议会置议长、副议长各一人，由县参议员用无记名投票互选之。议长或副议长因事故去职时，应依前项规定补选。

第十一条　县参议会每三个月开会一次，每次会期三日至七日，必要时得延长之。

第十二条　县参议会开会由议长召集，第一次开会由县长召集之。

第十三条　县参议会开会时，议长为主席，议长有事故时，副议长为主席。议长、副议长均有事故时，由参议员互推一人为临时主席。

第十四条　县参议会非有全体参议员过半数之出席，不得开议。

议案之表决以出席参议员过半数之同意行之可否，同数时，取决于主席。

第十五条　县参议员对于与本身有利害关系之议案，不得参与表决。

第十六条　县参议会开会时，得请县长、县政府秘书、科长或其他负责职员列席报告或说明。

第十七条　县参议会会议公开之，但主席或参议员三人以上提议经会议通过时，得禁止旁听。

第十八条　县参议员为无给职，但在开会期内，得按照地方情形酌给膳宿及交通费。

第十九条　县参议员在会议时，所为之言论及表决，对外不负责任。

第二十条　县参议员除现行犯外，在会期内，非经县参议会之许可，不得逮捕或拘禁。

第二十一条　县参议会决议案咨送县长分别执行，如县长延不执行或执行不当，得请其说明理由，如仍认为不满意时，得报请省政府核办。

第二十二条　县长对于县参议会之决议案，如认为不当，得附理由送请复议，对于复议结果，如仍认为不当时，得呈请省政府核办。

第二十三条　省政府对于县参议会之决议案，认为有违反三民主义或国策情事者，得开明事实，咨由内政部转呈行政院核准后，予以解散重选。

第二十四条　县参议会置秘书一人，由省政府遴委事务员、书记各一人至五人，由议长派充之。

第二十五条　县参议会开会期内，得向县政府调用人员。

第二十六条　县参议会议事规则由内政部定之。

第二十七条　省辖市市参议会之组织，准用本条例之规定。

第二十八条　本条例施行日期以命令定之。

县参议员选举条例

三十年八月九日公布

第一章　总　　则

第一条　县公民年满二十五岁，经县参议员候选人试验或检复及格者，得被选为县参议员。

第二条　左列各款人员停止其被选举权：

一、现任本县区域内之公务员。

二、现役军人或警察。

三、现在学校之肄业生。

第三条　县参议员之选举，以民政厅厅长为选举监督。

第四条　于区域选举职业选举均有选举权或被选举权者，应参加区域选举。于职业选举有二个月以上选举权或被选举权者，应由本人于县政府开始编制选举人名簿之日以前，择定其愿参加之一个团体，逾期由县政府指定之。

前项名簿开始编制之日期，应于十日前公告之。

第五条　县参议员选举事务，由县政府办理之。

第六条　县参议员之选举，全县各乡镇、各职业团体应于星期日或例假日同时举行。

前项举行日期，由县政府决定，于十五日前公告之。

第二章　区域选举及职业选举

第七条　区域选举由每一乡镇民代表会选出县参议员一人，

但乡镇数超过一百之县，得由数乡镇合选参议员一人。未满七乡镇之县，仍应选出县参议员七人，其名额分配办法由省政府斟酌当地人口交通等情形定之，并报内政部备案。

第八条 乡镇民代表会选举县参议员，以乡镇公所为投票所，用集会之方式行之，以得出席代表总额过半数之投票者为当选，选举结果无人当选时，应举行再选，以得票较多者为当选。

第九条 关于县参议员选举投票开票之事务，由乡镇公所职员任之，并由出席之代表互推三人至五人为监察员，在场监视。

第十条 职业团体应出县参议员之名额，不得超过总额十分之三，以每一职业团体为一单位，各自由职业团体合为一单位，按会员多寡比照分配其应出之名额，但至少每一单位应分配一名名额，不足分配时，由各单位分别选出初选人会同复选人，各单位初选人名额比照其会员人数定之。

第十一条 参加职业选举以在选举前依法成立之各职业团体之会员，而实际从事该项职业三年以上者为限。

第十二条 职业选举应由县政府编定各团体选举人名簿，呈经选举监督核定，于选举十五日前公告之。

第十三条 职业团体之选举依左列之规定：

一、农会之选举采复选制，每一乡农会选出三人为初选人，会同复选之，但一县仅有一乡农会时，由会员直接选举之。

二、渔会之选举采直接选举制，由会员直接选举之。

三、工会之选举采复选制，每一工会选出三人为初选人，会同复选之，但一县仅有一工会时，由会员直接选举之。

四、商会之选举采复选制，由每一公会会员选出三人，并由非公会会员合选三人为初选人会同复选之，一县有二个以上商会时，由各该商会之初选人会同复选之。

五、教育会之选举采直接选举制，由会员直接选举之。

六、自由职业团体之选举采复选制，每一团体选出三人为初选人，会同复选之，但一县仅有一自由职业团体时，由会员直接选举之。

第十四条　职业团体之初选人，以得票较多者为当选。职业团体选举县参议员由初选人复选者，以得有初选人过半数之投票者为当选。选举结果无人当选时，应举行再选，以得票较多者为当选，由选举人直接选举者，以得票较多者为当选。

第十五条　职业选举应由县政府就各该团体会所设投票所，并于各该团体代表中指定一人为投票所事务主任，其他职员为事务员，分任关于投票开票之事务。每一投票所设监察员三人至五人，在场监视。由初选人推选之直接选举者，由县政府就该团体选举人中指派之。

第三章　选举人投票

第十六条　全县区域选举、职业选举应出之县参议员名额，由县政府于选举二十日以前公告，并制选举票分发各乡镇及各团体具领。

第十七条　投票时除投票人及投票所职员外，他人不得擅入投票场所。

第十八条　票匣应当场启示，再将内层封固。

第十九条　票匣外层应于投票完毕后严加封锁。

第二十条　投票人领取选举票，应在选举人名簿本人姓名下签字或盖章。

第二十一条　投票用无记名单记法行之。

第二十二条　投票人于投票场所内，除关于投票方法得与事务人员问答外，不得与他人接谈。

第四章　开票及检票

第二十三条　投票完毕，应即日开票，监察员应监视之。

第二十四条　检查票数与到场投票人名簿，核对有无错误。

第二十五条　选举结果应由各乡镇民代表会及各职业团体投

票所连同选举票报送县政府查核。

第二十六条　县政府查核选举结果时，选举监督或其代表应莅场监视。

第二十七条　选举票有左列情形之一者无效：

一、写不依式者。

二、夹写他事者。

三、字迹模糊不能认识者。

四、不用制发之选举票纸书写者。

第五章　当选及应选

第二十八条　区域选举之当选人以本乡镇内之公民为限，其由各乡镇合选举参议员一人时，以参加选各乡镇内之公民为限。

职业选举之当选人以各该团体之会员为限，会同复选时，以参加复选各团体之会员为限。

第二十九条　候补当选人以得票次多数者定之，其名额与当选人同票数相同时，以抽签定之。

第三十条　当选人及候补当选人姓名应由县政府分别揭示于各乡镇公所及各团体事务所，并通知各该当选人。

第三十一条　当选人愿否应选，应于接到县政府通知后七日内答复，逾期不答复者，视为愿应选。当选人愿应选者，由选举监督发给当选证书。

第六章　选举无效当选无效及诉讼

第三十二条　有左列情事之一者，选举无效。

一、选举舞弊涉及选举人名簿之人数达三分之一以上，经法院判决确定者。

二、办理选举违法，经法院判决确定者。

第三十三条　有左列情事之一时，当选无效。

一、死亡。

二、被选举人资格不符合，经法院判决确定者。

三、当选票数不实，经法院判决确定者。

第三十四条　选举无效经法院判决后，于十日内重行选举。

第三十五条　选举人确认为选举舞弊，或当选资格不符，或落选人认为应当选者，得提起诉讼，但应于选举结果揭示后七日内为之。

第三十六条　选举诉讼应先于他种诉讼审判，并以一审终结。

第七章　附　　则

第三十七条　本条例之解释权属于选举监督。

第三十八条　县政府应于选举完毕后十日内，将当选人候补当选人姓名及选举经过情形呈报选举监督，并将有效无效之选举票保存之，保存期间为六个月。

选举监督应将当选人候补当选人姓名呈省政府转报内政部备案。

第三十九条　省辖市市参议员之选举准用本条例之规定。

第四十条　本条例施行日期以命令行之。

乡镇民代表选举条例

三十年八月九日公布

第一条　县公民年满二十五岁，经乡镇民代表候选人试验或检核及格者，得被选为乡镇民代表会代表。

第二条　左列各款人员停止其被选举权：

一、现任本乡镇区域内之公职人员。

二、现役军人或警察。

三、现在学校之肄业生。

第三条　乡镇民代表之选举，由各保保长在本保召集保民大会举行之。

第四条　选举事务由本乡镇公所指导各保保长办理之。

第五条　各保选举日期及时间应于选举前五日由乡镇长分别

在该保办公处公告之。

第六条　选举票应由乡镇公所制定并加盖乡镇公所图记，分发各保备用，其式样依附表之一所定。

各保选举人到选举场所后签名于选举人名簿，按签名人数发给选举票。

第七条　选举用无记名单记式。

第八条　投票完毕后应即当场开票。

第九条　当选人以得票数较多者定之，票数相同以抽签定之。

候选当选人应以前项票次多数者充之，其名额与当选人同。

第十条　选举完毕后应由乡镇公所指导保长将当选人姓名、年龄、资历所得票数，连同选举人名簿、选举票、选举经过送请乡镇长汇报县政府，由县长确定各保当选人、候补当选人后，公布其姓名及所得票数，并通知当选人、候补当选人。

第十一条　当选人愿否是选，应于接到通知书三日内答复，逾期不答复，视为愿应选。当选人不愿应选时，即以得票次多数之候补当选人递补。

第十二条　当选人愿应选后，应由县政府将当选人姓名列册汇报省政府备案。

第十三条　当选人证书由县政府发给，其式样依附表之所定。

第十四条　本条例施行日期以命令定之。

附表一　乡镇民代表会代表选举票式样

县	乡 镇	保
乡（镇）民代表会代表选举票		
		被选人○○○
		加盖乡镇公所图记

附表二　乡镇民代表会代表证书式样

<table>
<tr><td>存

根</td><td>兹查本县乡镇保于民国　　年　月　日　选举结果（○○○）当选为该保乡镇民代表会代表，除呈报及填给当选证书外，留此备查。

中华民国　　　年　月　日</td></tr>
</table>

字　第　　　县印　号

<table>
<tr><td>县政府　　　　　　　　　为
发给证书事。兹查本县乡镇保于民国　　年　月　日选举结果○○○当选为该保乡镇民代表会代表，除呈报外；合行给予证书为凭。　右给
中华民国　年　月　日</td></tr>
</table>

〔国民政府军令部战史会档案〕

6. 行政院关于县市参议员违法失职暂行处分办法致川省指令

（1942年6月23日）

行政院指令　　字第　　号

令四川省政府

三十一年五月民一字第一五一八二号代电请颁订县参议员惩戒法由代电悉。该省各县临时参议会参议员如有违法失职情事，应比照县市参议员违法失职暂行处分办法之规定办理，仰即知照该项办法抄发。此令。

附抄发县市参议员违法失职暂行处分办法一份（照附抄件）。

中华民国三十一年六月二十三日

县市参议员违法失职暂行处分办法

二十三年七月十日内政部以民字四一二号呈行政院核定

二十三年八月十一日奉行政院第四三二号训令通行

一、扶植自治及开始自治时期，对民选县市参议会之参议员及议会之议员（以下简称参议员）违法失职处分权，由上级监督机关行使之。

二、县市参议会议会之监督机关为民政厅，直属市参议会议会之监督机关为内政部。

三、上级监督机关对于县市参议员之违法失职处分为三种：

1. 申诫。

2. 停职。

3. 撤职。

四、停职处分不能超过三个月以上，撤职处分在民政厅应呈报省政府备案，在内政部应呈报行政院备案。

五、不服民政厅撤职处分之参议员得呈诉于省政府，不服内政部撤职处分之参议员得呈诉于行政院，省政府、行政院之决定为最后之决定。

六、本办法呈行政院核准公布后施行。

〔国民政府行政院档案〕

7. 行政院拟订的限期成立各省县参议会实施纲要及蒋介石电令

（1943年　月　日）

（1）行政院所拟纲要

（1943年　月　日）

限期成立各省县参议会实施纲要

一、方针

1. 贯彻民权主义精神。

2. 完成宪政基层建设。

3. 推行新县制。

4. 促进地方自治。

5. 充实建国力量。

二、成立时各县应积极推行事项。

1. 清查户口，办理户籍及人事登记（谨按国父遗教，立法机关一节曾言，户口既清之后，乃可办理选举，组织立法机关。又谓人口清查，户籍厘定，皆县自治最先之务，此事既办，然后可以言选举）。

2. 严密乡镇保甲组织。

3. 健全职业团体之组织及人事（依照县参议员选举条例）。

4. 保民大会须开会在六次以上，乡镇民代表大会须开会在四次以上者（依据县各级民意机关成立步骤）。

以上四项，应由内政部积极督饬办理，并由中央党部拟订办法，转饬县党部协助。

5. 民权初步之实习及四权使用之训练。

上项应由内政部商同中央党部拟订办法分别转饬县政府县党部，随时指导运用。

6. 县参议员及乡镇民代表候选人之试验与检核（依据县参议员选举条例等）。

上项应由考选委员会会同行政院有关各部及中央党部拟订办法督饬限期积极办理。

7. 其他重要之地方自治工作。

甲、加强国民教育。

乙、厉行新生活。

丙、修筑县内纵横之道路。

丁、办理地方警卫。

三、各县尚未实行新县制者应即按照各省既定程序逐步实施。

四、成立期限

1. 各省县参议会限期三十三年内成立，其省临时参议会尚未成立者，即须积极筹备成立。

2. 沦陷各县参议会限期于收复后一年以内成立，其全省沦陷之省临时参议会之成立期限同。

以上两项应由各省政府斟酌实际情形决定之，并呈报备案。

五、经费之筹画

1. 县参议会经费正式列入各该县年度预算。

2. 各县举办县参议员选举之事务费得作正开支。

六、选举之指导

1. 县参议员及乡镇民代表人选可由县党政秘密会议决定，予以运用，并报省政府、省党部特别小组备案。

2. 其他事项遵照县参议员及乡镇民代表选举条例办理。

七、成立后之指导

1. 县参议会之表现应发挥民权主义精神，完成宪政基层建设。

2. 县参议会必须与县政府协力推进地方自治。

3. 县参议员应为本党忠实同志，其未入党者应尽量介绍入党。

4. 其他事项遵照县参议会组织暂行条例办理。

以上四项，由内政部商同中央党部拟订指导办法，分别转饬县政府、县党部办理。

(2) 军委会代电（11月2日）

国民政府军事委员会代电　渝机字第一〇五〇二号

行政院张秘书长勋鉴：十月十四日505号签呈悉。所拟限期成立各省县参议会实施纲要，大体可行，准即召集有关机关商讨实施，并应注意下列二项：（一）中央前颁地方自治实施方案，原未规定完成期限，应另案规定，分期完成进度，以与民意机关之成立配合并进，但不必如此纲要内规定作为成立民意机关之先决条件，以免延滞成立期限（原纲要第二三两项应分别删并）。（二）关于县参议员及乡镇民代表候选人之考试与检核，考试院已制颁省县公职候选人考试法，唯实施考试与检核如何始能于最短期间，使各省县乡镇普遍获得足额人数，以应急需，及如何运用党的基层组织力量指挥选举，以避免不良分子之操纵，应特别注意研究。又原纲要包括党务方面之秘密运用在内，不必作为一法规公布，原拟第十项可删除。希商讨决定后，依此原则分别办理可也。中正。戌冬。侍秘丙。

〔国民政府行政院档案〕

8. 行政院拟订的关于成立县以下民意机关办法与步骤

（1943年　月　日）

成立县以下民意机关办法与步骤

一、县参议会及乡镇民代表会之成立，均采选举制。

二、县公职候选人考试未普遍举办前，县参议员及乡镇民代表得暂不经考试而由选举产生之，即称县临时参议会参议员（以下简称县议员）及乡镇民临时代表会代表（以下简称乡镇民代表）。

三、县参议员及乡镇民代表之选举，除候选人得暂免考试或检核外，按照已公布之县参议员选举条例及乡镇民代表选举条例办理之。

四、县参议员及乡镇民代表任期一年。

五、县临时参议会除县参议员任期另有规定外，按照已公布之县参议会组织暂行条例行使其职权。

六、乡镇民临时代表会除乡镇民代表任期另有规定外，按照已公布之乡镇组织暂行条例第一章乡镇民代表会之规定行使其职权，但免去执行该章内第八条第六项选举或罢免乡镇长之规定。

七、各省县临时参议会及乡镇民临时代表会限期三十三年内普遍成立。

其沦陷各县县临时参议会及乡镇民临时代表会俟各该县收复后，由各该省政府斟酌实际情，限期于收复后一年内成立。

八、县参议员及乡镇民代表任期届满，即须改选，以依法试验及格或验核及格之公职候选人充当之。

九、各省现正筹备中之县临时参议会拟以遴选方式产生县参议员者，今后须改采选举制。

十、各省现已成立之县临时参议会任期届满即须改选，并采选举制，届时各该县公职候选人考试已经举办者，即须选举依法验核及格之公职候选人充当之。

十一、配合各县设立县临时参议会及乡镇民临时代表会，政府应有之工作除遵照县各级民意机关成立步骤，督导乡镇保甲各项会议，并根据地方自治实施方案规定，分期进行进度，加紧完成，其具体工作如左：

1. 清查户口，着重复查抽查。

2. 严密乡镇保甲组织，办理公民宣誓。

3. 健全职业团体组织与人事。

4. 整顿国民教育。

5. 开辟县境以内纵横之道路交通。

6. 整顿地方警卫。

7. 整顿地方公产。

以上皆与办理选举有密切关系，且为地方自治之重要工作。

十二、配合各县设立县参议会及乡镇民代表会，党部应有之工作如左：

1. 对于有公职候选人资格者，切实普遍调查。

2. 代有公职候选人资格者声请应考试或检核。

3. 凡经考验或检核及格之公职候选人，其未入党者，必须设法介绍其入党。

4. 对于已有党籍之公职候选人应特别联系，并指示其如何指导人民运用选举，发扬民志。

以上四项，其要义在以党与公职候选人结合，以公职候选人与全体人民结合，果能做到如此地步，则一般人民与人民中之优秀者，皆与吾党结合，则选举可操胜算，庶不致为野心者所操纵，而民主力量可期纳入正轨矣。

〔国民政府行政院档案〕

9. 国民党五届中常会关于不准广西按照单行法产生各县临时参议员决议案

(1943年7月26日)

关于广西各县临时参议会参议员之产生请准照该省单行法规办理案。

说明：关于县临时参议会参议员产生方法，前经第二二二次常会决议，应由县党政秘密会议提出加倍人数，呈由省政府、省党部特别小组决定之在案。兹广西省政府以该省各县临时参议会早于二十八年间成立，历届参议员均依照该省县临时参议会参议员选举章程由临时乡镇民代表会或地方法团选举。现拟于三十四年成立正式县参议会，临时参议会存续期间甚短，为免纷更起见，关于该省县临时参议会参议员之产生请准仍照该省单行法规办理。经行政院转请核示前来，特提请核议。

决议：应仍照中央规定办理。

〔国民政府中央执行委员会档案〕

10. 宪政实施协进会关于建议政府从速完成并充实地方各级民意机关案致行政院秘书处公函

（1944年2月9日）

宪政实施协进会秘书处公函　　字第九四号

本会第二次全体会江委员恒源提建议政府从速设法完成并充实地方各级民意机关案，经决议通过交常会办理，复经常会决议抄送行政院。又江会员恒源提建议四项案，经决议交常会并案整理，经详查后案，用意与精神大部包含于前案中。兹依本会组织规则第七条之规定，抄附前案原文，送请查照，转陈办理为荷。此致

行政院秘书处

附抄建议案一件

中华民国三十三年二月九日

建议政府从速设法完成并充实地方各级民意机关案

江会员恒源提

理由：

地方自治之完成，为宪政筹备进行之第一要件，而所谓地方自治机关，实具有执行与议事两项。年来，各县举办管教养卫四大要政，关于执行一部分，由兼任地方自治行政之县长选任乡镇长组成乡镇公所，统辖各保办事处，努力各种应办事业。就大体言，已具有相当成效。惟关于议事一部分，目前尚在筹备过程中，多数未能完成，即勉强告成，多数内容亦未能充实。地方自治原分两轨，两轨未备，难言完成。以最基层之保民大会言，既非经过极有效之提导训练，不易表现成绩，而此项有效指导训练，又必依赖地方县政工作人员、党务工作人员、教育工作人员以及多数知识分子通力协作，事前订有适合地方需要之计划，依照计划

不懈进行，更须一秉公诚，扶植正义，严别是非，如此方可选出有德有能之乡镇民代表，进而组成乡镇民代表大会。乡镇民代表多数健全，再行选出县参议会参议员，自有健全之县参议会产生，果能如是，则执行与议事两部相辅相助，双轨并行，地方自治既告完成，而两机关之内容亦必异常充实矣。目前地方实际情形，就恒源粗浅观察所及，县政工作人员多数富有朝气努力工作外，地方知识分子对于县政多持冷淡态度。保民大会虽有形式之组成，而知识分子愿意参加热心研究民权初步者，恐不多见。省政府令县汇报县参议会参议员候选人及乡镇民代表大会候选人声请文件，以便定期考试，而志愿声请者，县参议会参议员候选人比较尚不少，而乡镇民代表大会代表候选人则异常寥落，一般心理对于乡镇工作之冷淡已可想见。在县自治三级议事机关中，乡镇一级实居重心地位，倘此层不能健全，则全盘自治事业即难有发展，希望此不能不认为宪政筹备进行中一个较严重而急待解决之问题。其所以如此情形，再就恒源粗浅观察所及，以为不外下列数因：（一）地方较有身分之士因有考试不愿受考。（二）年龄较长者不愿随同青年共事，一方且多数皆愿自办私事。（三）声请后虽在检复考试一项（即不受文字考试），但手续较繁。（四）更有县参议会参议员较高级，乡镇民代表较低级，比较之下，发生一种虚荣心理，不愿自居次等。一县之内，有资格作候选乡镇民代表之士既不愿参加县政，则平素对保民大会之指导训练，势必异常冷淡，可以推知，如此保民大会既无从健全县参议会，又无从充实，即使形式徒具，而内容不佳积极，不能辅助执行机关，消极或妨碍执行机关，此对于宪政前途宁不大可忧惧？在优良县长平日为执行县政中一部分地方自治行政，期其迅速便利固不必一定需要议事机关，但为尊重民意，完成宪政，总希望能由官治以度到民治，绝不愿双轨不完。同时，急切能盼望有健全充实之民意机关能与执行机关配合协助，相得益彰，绝不愿民意机关有幼稚现象发生，转使执行事工受其影响，是以目前问题关键。（一）如何能使地方知识分子鼓舞起社会服务的热情，愿意参加县政乡政，愿意参加保民大会，并予以指导。（二）如何能使一般县政工作人员咸能彻底了解民治之重要，能用有效方法鼓舞地方知识分子热心从事县政乡政，并对于保民大会能予以切实的指导训练。兹谨就愚见所及，拟具具体方法如次。

办法：

（一）乡镇民代表候选人应多罗致现任小学校长、教员，资格规不妨稍稍放宽，同时由县政工作人员对于地方教育界人士多下鼓舞奖励工夫，使之参加工作。

（二）引导本县中等学生于假期内参加乡政工作，并在校练习集团自治生活。

（三）由县政工作人员多方设法，引起地方公正人士参加公职活动之兴趣。

（四）由县政府联合党部，订定指导训练保民大会之详密计划，督同教育界人士及地方知识分子切实进行。同时并将参加会议时各员应守之道德及应戒之条律特别指出。

（五）以上办法有需要中央党部及有关部会预为编订纲要，颁发各省市，俾资遵行者，希望能从速编成，早日颁布。

〔国民政府行政院档案〕

11. 内政部关于张维翰视察广西等七省设立县各级民意机关情形报告书致行政院呈

（1944年3月11日）

内政部呈 渝秘〇〇二五号
中华民国三十三年三月十一日

本部政务次长张维翰于上年十一月九日前往广西、湖南、广东、江西、福建、浙江、贵州等七省视察内务行政，至本年二月十日公毕回部，业经先后呈报钧院鉴核备案各在案。张次长此次视察以上七省，除注意地方政务及自治事业之推进外，尤重视县各级民意机关之建立，并督导其一律依限完成。兹据张次长编具视察各该省设立县各级民意机关情形报告书前来，理合先行备文，赍呈鉴核。谨呈

行政院

附呈视察广西、湖南、广东、江西、福建、浙江、贵州等七省设立县各级民意机关情形报告书一份。

内政部部长　周钟岳

视察广西湖南广东江西福建浙江贵州等七省设立县各级民意机关情形报告书

内政部政务次长　张维翰

一、广西省因实施民团编练及严密基层乡镇村街甲之组织，著有成效。自二十五年起，即注意扶植民意机关，从最基层之村街着手，于是年十二月十八日公布广西省村街民大会规则，并定同日施行。至三十一年，该省政府以此数年来施行之结果，民众参加村街大会已达数十次，政治意识渐次提高，乃于是年八月公布广西省村街长及副村街长选举规程，各省各县分两期实施。第一期指定贺县、桂林、荔浦、柳江、宜山、思恩、苍梧、贵县、兴业、玉林、桂平、邕宁、武鸣、隆山、百色、靖西、龙津、临桂、兴安等十九县市首先实施，以自三十一年十月一日起至三十二年六月底止为完成期间。第二期实施区域为其余八十一县，以三十二年七月至十二月为完成期间。实施以来，大多数县份均能依照预定计划进度如期完成，虽有少数县份因事前准备欠周，致有延误者，然至三十二年底亦已分别完成。所谓村街实等保，所谓村街民大会实即保民大会。因村街二字，在该省已成习惯，名词各

异，而实同耳。至于临时乡镇民代表大会及县临时参议会之组织及选举，该省亦各订有单行法规，于二十八年一月一律成立。三十二年四月奉行政院三月二十七日仁壹字第七一九二号训令，县临时参议会参议员之产生方法可由党政秘密会议提出加倍人数，呈由省政府省党部特别小组会决定之等因。该省政府经加研讨，以为该省县临时参议会参议员选举章程所规定之选举方法，与国民政府三十年八月九日公布之县参议员选举条例大致相同，而五年来办理选举甚为顺利，一旦改用新法，颇易引起不良观感，矧此项产生方法为成立正式县参议会之过渡，该省距离成立正式县参议会之期，仅只□届，似无须多事更张，且省订县临时参议会参议员之选举仍沿用其施行已久之单行法规办理。并据称已将此情形呈复行政院鉴核在案，三十二年七月奉行政院五仁壹字第一〇七四九号训令，颁布成立各级民意机关步骤，并于十二月奉行政院十一月二十三日仁壹字第二五七四七号训令，限于三十三年内一律成立县参议会。该省奉令后决于三十三年度一律成立正式县参议会及乡镇民代表会，业经转令各县市遵照办理。其步骤系于三十三年一月内正式成立乡镇民代表会，至冬初举行第四次会议后，即依法成立正式县参议会。

二、湖南省过去对于县各级民意机关之筹设，虽觉较迟，但于办理县参议员及乡镇民代表候选人之检核尚属认真，计县参议员候选人由该省民政厅汇转者为一千一百四十一人，由各县迳送者八百人，乡镇民代表候选人由该省民政厅汇转者为一千一百五十三人，由各县迳送者三百九十九人，现正继续办理。当三十二年三月奉行政院敬一电，以奉国防最高委员会决议，在各省正式县参议会未成立前得设县临时参议会等因，即经拟订湖南省各县市临时参议会组织规程、议事规则等章则凡十种，呈请行政院核定。拟于三十二年度先行就各行政督察专员公署所在之浏阳、茶陵、彬县、常德、益阳、邹阳、零陵、永顺、乾城、会同等十县及长沙、衡阳两市成立县市临时参议会，并依成立各级民意机关步骤就成立县市临时参议会之县市成立保民大会，遂层建立各级正式民意机关。旋因所拟章则于六月二十五日呈请行政院核示，九月奉到指令，仅修正组织规程，其他章则未奉核定，且尚有拟义，请予解释。至十二月始奉亥敬电分别核复到省，经遵照行政院十一月仁壹字第二五七四七号训令，限一年内成立各级民意机关之规定，拟订湖南省各县市各级民意机关分期成立标准，将长沙等二十六县市列为第一期。自三十三年一月起成立县市临时参议会，并同时成立保民大会。于同年七月起成立乡镇民代表会，将平江等五十二县列为第二期。自三十三年七月起成立县临时参议会，并同时成立保民大会，于三十四年一月成立乡镇民代表会。

三、广东省对于县各级民意机关之筹设尚极努力，经广为宣传，切实督导，并曾编印保民大会须知，将宣传督导考核之各种方法及开会应行注意准备办理事项举例，详为解释，颁发各县区乡镇保长等，及各级主办人员，手□一册，饬令切实遵行。截至三十二年十月底止，凡实施新县制之六十六县具报已成立保民大会者有一万八千二百七十一保（约达该省三万一千一百九十七保之数百分之六十），其中开会至六次以上者亦过半数，至因区域广阔，村落疏散，交通不便，教育落后，召集较难者，业经加紧督促，并以之为县区指导员之指导中心工作，期能普遍成立，按期切实举行。至乡镇民代表会亦经订颁分期成立程序，凡二十九年度实施新县制者，限于三十三年一月底以前成立；三十年度实施新县制者，限于三十三年三月底以前成立；三十一年度实施新县制者，限于三十三年五月底以前成立，其于候选人之检核，亦经广为宣传，劝导声请。但至三十二年十月底，经该省民政厅汇转者，计三千四百四十一名，已奉考试院考选委员会检核及格发给证书者，仅一千四百零一人，与乡镇民代表总额相悬太远。该省政府为顾全事实计，迭经提示各县，如有候选人未达该县乡镇民代表总额二倍者，应依省县公职候选人检核办法规定，遴拟候选人，配定数额，由县先行发给审查合格临时证明书，一面补办检核手续，此亦不得已之权宜办法。至县参议员之候选人检核经汇转者为九百七十四人，经考选委员会认为合格者仅七百一十八人。该省政府现正加紧推行，期于乡镇民代表会开会四次以后，即依法选举，预计在三十四年三月以前成立正式县参议会，在未成立前后先设立县临时参议会，业经拟订县临时参议会组织规程、议事规则及成立步骤，呈请行政院核示，并已通饬各县，如照预先准备，期于三十三年三月以前一律成立。

四、江西省实施新县制各县之保民大会在三十一年度即已达到普遍成立之标准。三十二年度赓续督导，期能按期切实举行。据查报：开会六次以上已达八十县，仅九等等三县因战区情形尤为特殊，进行极感困难。至乡镇民代表会及县参议会之建立，该省对于候选人资格检核颇能积极办理，但截至三十二年十月底止，经核转之乡镇民代表候选人为六千六百二十一名，县参议员候选人为二千零十五名，数量相差尚远，故又订颁各县乡公职候选人检核最低名额表。规定甲种公职候选人每乡镇至少应有检核合格者三名至五名，职业团体每单位应有三名至六名，乙种公职候选人每保至少应有检核合格者四名至五名，令各县劝导，具有检核资格之人士踊跃声请。凡经省县公职候选人资格检核委员会审查认为合格者，先由省县发给临时证书。并一面暂设临时乡镇民代表会，俟成立后，考察代表之素质及会议之成就，进而办理选举，成立正式乡镇民代表会，并已遵照院会先行成立县临时参议会，所有各项章则，均经呈奉核准，令饬各县限于三十二年底一律成立。

五、福建省实施新县制六十七县市之保民大会，均于二十九年度普遍成立，截至三十二年十月底止开会至六次以上者已居多数，有开会至十次以上者，并于三十一年度先行设立临时乡镇民代表会。关于县参议员及乡镇民代表候选人之检核，则该省曾订有分期汇转程序，通饬各县市遵照办理。计第一期为闽侯等十七县，应检核县参议员候选人一千六百三十八名，乡镇民代表候选人二万三千三百六十四名。第二期为福清等二十二县，应检核县参议员候选人一千三百五十六名，乡镇民代表候选人一万九千四百一十六名。第三期为连江等二十八县，应检核参议员候选人一千一百四十六人，乡镇民代表候选人一万四千五百四十八名，全部限于三十三年十月底检核完竣。截至三十二年十月底，已经汇转考选委员会检核认为合格者，仅有县参议员候选人二千零九十九人，乡镇民代表候选人一千二百九十七人，与该省所定应行检核人数相差甚多，经商促该省政府转饬各县加速办理，并酌将限期缩短，期于三十三年度内成立乡镇民代表会，进而成立正式县参议会。至临时参议会之设立，该省曾经拟订章则，原拟于临时乡镇民代表会成立后，即行筹设，因奉行政院指令，须参照四川省单行章则修正，呈院准后，方可成立，即经参照修正。已呈奉院令核准，正依照规定分别遴选中，预定于三十三年一月内组织成立。

六、浙江省在二十七年即已倡导召开保民大会，并经订颁保民大会会议通则，咨准备案。此次会议之性质，偏重于训练与教育，得分保或联合同一村落之数保举行，凡壮丁免役缓役之审查，亦先提交保民大会公开审定，因此人民乐于参加之兴趣渐觉浓厚。二十八年九月，县各级组织纲要公布后，该省以其现行办法与纲要规定原则尚无出入，在中央对保民大会章则尚未颁布以前，仍暂适用，平均每保年可开会六次以上。旋以浙东烽火弥漫，各县均在应变之中，其能按期举行者遂觉甚少。迨浙东局势稍定，该省府即颁调查简表，分饬各区专员相机督导，并填报查核，除极少数县份召开次数不多或一部分乡镇所属之保未克召开外，其余多仍照常举行。至乡镇民代表会，该省于二十八年九月即订颁各县乡镇民代表会会议通则，令行各县遵照。旋奉颁县各级组织纲要，该省以其办法与纲要规定原则亦无出入，在乡镇组织规程未奉中央颁行以前，仍暂适用，但各县已举行会议呈送表报者，在二十九年度为三十一县，而三十年度仅为十七县，且各县遵行多有未合预定标准，亟待督导改进。二十九年十二月十六日，国民政府公布县参议员及乡镇民候选人考试暂行条例，规定县参议员及乡镇民代表须经试验与检核合格者，始得被选。又三十年八月，国民政府公布乡镇组织暂行条例及乡镇民代表选举条例，考选委员会咨送县政府汇转乡镇民代表候选人声请检核办法，经该省政府提交三十年度全省行政会议讨论，于该省县参议会筹备程序大纲中分别规定各乡镇民代表应限期改选，惟以候选人检核须由考选委员会核定，往返需时，预定于三十一年度第一期成立参议会之十县，复经呈准变通办理，得由县先予核定当选，再补行检核，其余各县仍由县汇呈考选委员会核定，复再行改选。嗣以事变未乞赓续办理，影响至大。但该省政府以乡镇代表会为基层民意机关，于地方自治关系甚巨，于三十年十一月令饬各县，于未依法改选以前，仍应设法就原有代表按期召集开会。三十二年以所颁乡镇民代表会会议暂行通则已明令废止，关于乡镇民代表经改选后，未满二年者准依乡镇组织暂行条例之规定延长其任期为二年，如已届满二年者应即依照规定，定期改选，并准援用，先予核定当选，再补行检核之办法，从新组织乡镇民代表会。施行以来，各县咸称便利，对乡镇民代表候选人之检核，亦能继续汇转。三十二年十二月奉行政院十一月仁壹字第二五七四七号训令，限于三十三年内成立县各级民意机关，该省政府经拟订实施步骤，规定乡镇民代表非经依法改选者不问曾否延长任期，均一律改选，并拟于三十三年度分期就非游击区各县成立县参议会，游击区各县成立临时参议会，已将所订实施步骤及县临时参议会组织规程通饬各县遵照，并咨呈备案各在案。

七、贵州省多数县份之保民大会，均于三十二年六月底以前普遍成立，其余因地方治安关系或有其他特殊情形之少数县份，经呈准延至同年十二月份完全成立。至乡镇民代表会，该省政府依奉颁成立各级民意机关步骤，第一项保民大会开会六次以上，经政府考核无异者得成立乡镇民代表会之规定，须于三十三年五月间查酌各县举行保民大会实际情形，分别督饬，依法成立。并于各县正式参议会未成立前，遵照院令设置县临时参议会，业经拟订贵州省各县临时参议会组织规程，呈奉核准公布，分期实施。并规定以贵阳市及第一二两期实施新县制之贵筑、盘县等三十八县于三十三年一月间成立。第三期实施新县制之岑巩、凤冈等四十县于三十四年一月成立。关于公职候选人之检核，该省政府督饬各县市办理亦极认真，预计全省各县应汇转检核总数共为十二万三千二百零二名，其中县参议员候选人二千八百八十六名，乡镇民代表及乡镇长候选人亦五万六千七百七十二名，保长候选人亦五万六千七百七十二名，而由省检核合格汇转考选委员会者一千五百五十八人，正在复审中者二千五百余人，距应汇转检核总数仅及三十分之一，相悬甚巨，实由人民声请检核者不甚踊跃之故。该省政府又一再令饬各县广为宣导，限于三十三年二月底及五月底分两批依配额如数送足，并饬就合格人士由县政府代请检核，以期迅速。

综上视察各省情形，县各级民意机关自可按其步骤，逐次普遍成立。惟实地抽查乡镇民代表会及保民大会开会时，状况一般，出席者于开会秩序尚多未能熟习，而民权初步及四权行使之训练尤感缺乏，除就地各予指导促进外，似应妥筹简易切实之训练办法，遵照加紧办理，以免虽经成立，亦仅徒具形式。又候选人之检核，因需要人数众多，而地方合格之人士又不踊跃参加，故各省中有不得不由县政府代为声请者，亦恐未必易于足额，似应请会商考试院妥筹救济办法，是否有当，敬缮衡核。

〔国民政府行政院档案〕

12. 国防最高委员会秘书厅关于请政府健全基层民意机关案致行政院公函

（1944年7月1日）

国防最高委员会秘书厅公函 国纪四六六九五号
中华民国三十三年七月一日

准宪政实施协进会第二五七号函称，本会第三次全体会江会员恒源建议请政府从速采用切实有效方法，健全基层民意机关，并发扬地方民气，转移社会人心，以巩固宪政基础案，经决议通过，送请政府参考。附原建议案请查照转陈参考等由。经陈奉批：交行政院参考。相应抄同原案函达，即希查照参考为荷。此致

行政院

附抄原建议案一件

建议请政府从速采用切实有效方法健全基层民意机关，并发扬地方民气，转移社会人心，以巩固宪政基础案

江会员恒源提

乃者恭读此次中央十二中全会大会宣言暨议决加强推行地方自治案，欣悉中央对于地方自治，主张加紧推行。坚决表示秉既定之方针，限期完成各级正式民意机关之设置，健全其组织，并酌量扩大其职权。同时昭示，年来乡镇民代表会已成立者逾一万一千处，保民大会已成立者将达三十万处，其在提案中经通过大会所决言之八项原则，可云无不关系重要。尤以宣言中对于民意机关之组织，所示推行必求其普遍，而基础必求其确实两语最为中肯、最扼要，凡属有识度，无一不感激兴奋。恒源区区之愚，认为关于推行地方自治问题，其真正中心并不在如何能使基层民意机关可以早日普遍设立，而在对于组织民意机关之分子如何能在较短时期内用最有效的方法使之多数健全。十二中全会宣言中所谓基础必求其

确实，意即在此。就恒源近年所闻之实际状况，综合以言，辄深深感觉到，不患地无有守有为之贤明县长，而患地方无多数能补助县长发展事业之有守有为之市民，不患地方事业不能发皇于一时，而患地方事业不能继续维持于永远，不患地方县乡两级执行机关无满意之公务人员，而患地方另有其他势力时时掣执行者之肘，不患地方基层民意机关不能如期成立，而患成立以后徒具形式，既不能对执行机关之县政府、乡镇公所为合理之监督辅助，或且徒逞意气而徇其私，转使行政当局增加困难，不患地方执行机关之公务人员不能热心猛进切实工作，而患地方负有声望之中坚公正人士气象销沉，不肯问事，甚且不患地方有营私渎职之官吏，而患地方无主持正论仗义敢言之人民，不患地方有不良之风俗，而患社会有安习故常不肯振作革新之人心。凡此种种，实皆为推行地方自治，组织民意机关之绝大障碍。障碍如不能除，即使有优良县长，有优良公务人员，有相当之建设事功，有县乡保三级依法成立之会议，而所谓真正之自治基础，则仍是如筑层楼于沙滩之上耳，此则心所为危，不忍不率直以言，实无殊于垂涕而道。

值此抗战建国同时进行之际，欲求宪政基础之地方自治迅速推行，使一县内三级民意机关在短时期中咸能臻于健全之域，并使全县之民气人心在短期内可以迅速转变，自非预定成为有组织有步骤有实际之具体办法，切实施行，无由缩短其过程，课责其实效。依恒源研究所得，谨拟具具体办法四项，有如次列：

一、特设各县辅导机构

为谋考察设计指导，督促考核供应各项工作之进行，便利联贯统一起见，在中央由内政、教育两部派员组成一中央地方自治设计委员会，（下文简称某某委员会，省县同），专司考察各省县地方自治推行实况，拟定进行方策，供给各地实用教材及参考资料。在省由省政府主席派定省府秘书及民政、教育、建设三厅适当人员组成一某省各县地方自治指导委员会，专司考察各县乡镇办理自治实况，及辅导其行动，指定其缺点，表扬其成绩。在县由政府指定适当人员，并加约地方对于自治事项有研究兴趣之公正人士组成一某县地方辅导委员会，考察本县各乡镇、乡镇民代表会、保民大会进行实况，并不断考核，指示负责指导保民大会及组训保民办法，而专负实际指导及组训之责者，则为各乡镇之中心小学、国民小学及在城镇之民众教育馆（此待次项再详述）。以上三级委员会必彼此联系（即中央与各省、省与各县间），除正式公文仍由会签呈主管长官行用正式公文外，其他均用书函彼此商洽，以期其简明，迅速畅达。各委员均义务职，除印件、邮件、纸笔外，不另支经费，会内各委员均择其对于地方自治问题，富有研究兴趣，且精力充足，服务热心，思想精密，稳练灵活，能自动出主意想办法者任之。如此一方面由主管行政机关正式督促，同时一方面由此项辅导机关协助推行，自可无不达之情，无不明之隐，有改进实质之效能，少徒形式之流弊。恒源认为此事关系极为重要，切盼政府能从速采用，予以实施。

二、特别重视保民大会组训保民

保民大会为地方自治体系内最基层之民意机关，实可能施行宪政根本之根本，其势必特加重视，务使其组成大会分子能多数健全，恒源认为此在今后筹备宪政中是第一件重要大事。健全之方就经常言，自应努力使地方文化教育程度不断迅速增高，会内新陈分子可以逐渐代谢；就临时言，则可采用实验已有成效之广义的社会教育方法，加紧陶冶训导，此其责应责之于各镇乡民众教育馆、中心小学及优良之国民小学。其下手办法由县辅导委员会拟定纲目，协助政府，乘学校假期召集小学校长、教员施行一个月的讲习，至实际施教办法，尽可酌察地方情形因时制宜，或用长期宣传讲演，或设置教育场，或组乡村改进会，凡前此平民教育促进会之在河北定县，中华职业教育社之在江苏昆山、上海所以施行之办法。又山东邹平之乡农学校设置，河南镇平之地方自治组织，均可就其一部分可取之意可行之法酌予采用，当然此项办法实施须由县委员会提陈县长，并由县呈省核定然后施行。同时，亦可由县委员会迳与省委员会通信商洽讨论，如能由中央委员会规定大纲，由省委员会依之，以规定细目再由县委员会依之，以规定具体施行办法，其势尤顺。惟各县社会不必尽同所规定之办法，务必多取弹性，并宜多侧重在实质及精神方面，如此能切实施行，有相当成效，此为推行地方自治最紧要之枢纽，亦为施行宪政最基本之础石。切盼政府能在上项所述三级委员会成立后，即予以迅速施行。

三、印行刊物普及民间

增进人民必要知识，激发人民服务精神，指示并纠正官吏及人民之思想习惯，既须有章法，亦须有工具。例如，官吏违法，人民非不欲举发也，但以法律常识不足，遂不免勇气消失矣。对于集会非不热心从事也，但以规章之不谙，手续之不明，遂兴趣减少，不愿出席矣。又如地方执行机关公务人员非不知民意机关之重要也，但以平日事务太忙，又无简明书籍指示，自治机关两轨必备之真义遂亦淡然漠然矣。切盼上项三级委员会成立以后，能对各地方多多供给，以适应读物。兹举目前较重要之数事言之。

(1) 希望能长期编印法律常识刊物一种，普遍发行，深入各地。关于约法、宪法、民刑各法，又其他有关人民生活、社会秩序重要规章以及官吏人民对于法律应有之认识，应持之态度，民意机关分子应备之德性，应守之诫律与社会道德，关系各点，均用浅近文字详为阐明，此在前次大会已有提案，并承议决通过，兹愿再为一言，盼早实现。

(2) 编印一种地方自治定期刊物，由中央委员会主持办理，材料采取范围务求其广博，体裁论列文字务求其谨严，且籍此以沟通各地方之声气，介绍各项有成效之办法，表彰有成绩之县镇乡，指示出应守应戒各条款，普及各地，影响所及，可断言，其效力十分宏大。

（3）其他如与地方自治有关及具有鼓舞地方人士服务公益事业效力之小型专册，亦可随时印行。

以上三项刊物只期多发，不计盈利，惟务求售价所得能供给稿纸费价、印工以及办事人员薪金不至有所亏欠。

四、多方设法发扬地方民气，激励社会人心

目前地方较有声望之中年以上人士，多持束身自好之态度，不肯参加地方公务，此其原因有多种，暂可勿论。惟如此情形，若任其演进不已，殊足为地方自治前途之隐忧，不惟目前乡镇民代表会组织分子失去此项人物，殊深遗恨，同时因民气消沉之结果，可以影响到地方正义之不易促张，地方风俗之不易改进。依恒源粗浅感觉所及，认为此一问题在目前实有相当之严重性，欲求其失，第一希望县长对于此项人士能多方设法鼓舞启发；第二在刊物中能特著论文，并介绍或表彰各地方有价值之人物，以资激励；第三中央政府及省政府当局对于此事特别有所表示；第四则在各级学校对于学生施行训育，如何使之正确其人生观，如何发展其为群服务精神，尤为根本要图，此则盼望教育行政当局能针对目前地方实际情形，加以注意与改正。

上述办法，是否有当，敬乞大会讨论公决。

〔国民政府行政院档案〕

13. 国防最高委员会秘书厅关于注意地方民意机关之土劣势力案致行政院公函

（1944年10月5日）

国防最高委员会秘书厅公函 国纪字第四八四八六号
中华民国卅三年十月五日

准宪政实施协进会本年十月第三二九号函，为本会第四次全体会议傅会员斯年提注意地方民意机关之土劣势力案，经决议本案针对时弊，送请政府切实注意，各委员意见并送参考。抄同提案及意见，请查照转陈注意等由。经陈奉批：交行政院。相应抄同附件，函请查照注意为荷。此致

行政院

附抄提案一件，意见一份。

注意地方民意机关之土劣势力案

谨案：各地方土劣势力年来以谷价高昂有增无减，县参议会为其把持者实不在少。今推行县民选举，更为彼辈之大好机会，将来与县长朋比把持，必为推行宪政之严重打击。更有若干少年新进，挟团体之力，有时胆大妄为之处。过于旧式土劣，在此推行宪政之始，似宜加意防范，必使地方民意机构有代表人民之实，而无把持操纵之弊，事关重要，应请政府注意，并详定办法以防之。敬请公决。傅斯年。

注意地方民意机关之土劣势力案各会员发表意见

（一）李会员璜：原案未提办法，我想唯一办法即是各党派公开在地方提出候选人竞选。

（二）燕会员树棠：中国县政到今日还是在官绅合作情形下进行，换句话说，县政还是由少数智识分子操纵着。如果官绅好，县政进行有些办法，而老百姓也可以少吃一点苦，不然县长与土劣勾结，老百姓真是冤苦无处可告。总之，人民没有智识，便无法抵抗土劣，所以最根本办法要从教育做起。

（三）李会员中襄：自从海通以来，中国有两大损失：（一）金钱由农村集中都市，流向外国，使国内金融枯塞。（二）智识分子亦由农村而城镇而大都市，以致乡村缺乏人才，造成到处土劣把持现象。因此想到可否由国家制定法律，规定青年在大学、中学毕业以后必须返乡，为桑梓服役若干时期，如担任乡镇长、保甲

长等工作，在平时不妨以此代替兵役。智识分子下乡是铲除土劣，防止土劣进入民意机关的好办法。

（四）褚会员辅成：我以为防止土劣的最好办法是自治与官治工作的切实划分，现在地方自治机构将自己应做的自治工作去帮助官厅办官治行政，如征兵征粮。这些工作只有土劣才办得了，地方官吏为了交差不能不与土劣联络，以致造成现在情势。自治与官治工作划分以后，自治人员专办自治事业，真正为人民谋福利，人民对于自治有了认识，才能努力从事于自治工作，才能防止土劣。

张会员道藩：本人同意燕树棠先生意见，认为这绝对是教育问题。

江会员一平：本案针对时弊，既无办法提出，可送请政府注意，限期根除。

吴会员铁城：确立地方自治基础，防止土劣势力，最要紧的办法是：（一）从教育着手，而且是要从乡村所需要的教育着手，一定要做到受教育的多能留在乡村服务。（二）乡村经济事业必须发达，方可以留得住有志青年。

王会员云五：本席以为只有用民主方法达到民主政治，所以相当赞成李会员的意见。

达会员浦生：教育确是根本办法，可是时间来不及，简便迅速而可收实效的即是由政府训练公正人士分赴各乡镇担任乡镇长职务。

钱会员公来：除了提高一般人民教育程度外，应确立警察制度，提高警察教育，改变人民对于警察的观念，恢复警察的自信心、自敬心，使警察真能代表国家执行业务。

黄会员炎培：总结各位意见：（一）治本的大家同意于教育，但是需要好的教育。（二）治标的本人原不赞成政党政治，但是大势所趋，并不坚持，但是希望无论在朝在野、大党小党、左派右派、乃至无党无派，都应当抱着好的定说好的，不好的定说不好的，决不因其为同党虽不好谓好，亦不可因其为别党虽好谓不好。

〔国民政府行政院档案〕

14. 国民政府公布市参议会组织条例

（1945年1月30日）

市参议会组织条例

三十四年一月三十日公布

第一条　市参议会为全市人民代表机关。

第二条　市参议会之职权如左：

一、议决完成地方自治各事项。

二、议决市单行规章事项。

三、议决市预算审核市决算事项。

四、议决市税市公债及其他增加市库负担事项。

五、议决市有财产之经营及处分事项。

六、议决市长交议事项。

七、建议市政兴革事项。

八、听取市政府施政报告及向市政府提出质询事项。

九、接受市民请愿事项。

十、其他法律赋与之事项。

市参议会议决之预算及直接有关市民权利义务之单行规章，应报上级政府备案，其审核之决算亦同。

第三条　市参议员议决事项，兴中央法令抵触者无效。

第四条　市参议员之名额定为九名。但人口超过十万者，按其超过之人口，每满三万增加一名。

第五条　市参议员任期二年，连选得连任。

第六条　市参议员得由原选区公民二十分一以上，或原团体会员十分一以上之连署，举行公民投票罢免之。

第七条　市参议员于任期内因事故去职时，由候补当选人依次递补，其任期以补足前任未满之期限为止。

第八条　市参议员如于一会期内全未出席，而无正当理由者，视为辞职，依前条规定递补之。

第九条　市参议会置议长副议长各一人，由市参议员用无记名投票互选之。

议长或副议长因事故去职时，应依前项规定补选。

第十条　市参议会第三个月开会一次，每次开会三日至七日，必要时得延长之。

市参议会于必要时，得召集临时会。

第十一条　市参议会非有全体参议员过半数之出席，不得开议，非有出席参议员过半数之同意不得议决，可否同数时，取决于主席。

第十三条　市参议员对于与本身有关系之议案，不得参与表决。

第十四条　市参议会为行使职权之便利，得设各种委员会，由市参议员分任委员。

第十五条　市参议会开会时，得请市长秘书长或秘书主任局长或科长列席报告或说明。

第十六条　市参议会会议公开之，但主席或参议员三人以上提议经会议通过时，得禁止旁听。

第十七条　市参议会开会时，以议长为主席，议长因事故不能出席时，由副议长代理之，议长副议长均因事故不能出席时，由出席参议员互推一人为临时主席。

第十八条　市参议员在会议时所为之言论及表决，对外不负责任。

第十九条　市参议员除现行犯外，在会期内，非得市参议会之许可，不得逮捕或拘禁。

第二十条　市参议会决议案，应送市政府执行，如市政府执行不当或延不执行，得请其说明理由，如仍认为不满意时，得报请上级机关核办。

第二十一条　市参议会对于市长，认为有违法或失职时，得向监察机关举发之。

第二十二条　市参议会决议案，如市长认为不当或执行因难时，得附具理由，送请复议结果如仍认为不满意时，得呈请上级机关核办。

第二十三条　市参议员为无给职，但在开会期内，得按照当地情形，酌给膳宿费及交通费。

第二十四条　院辖市市参议会置秘书长一人，省辖市市参议会置秘书主任一人，秘书一人或二人，事务员三人至九人，均由议长遴用之，必要时得向市政府调用人员。

第二十五条　市参议会议事规则，由市参议会定之。

第二十六条　本条例自公布日施行。

〔国民政府档案〕

15. 国民政府公布市参议员选举条例

（1945年1月30日）

市参议员选举条例

三十四年一月三十日公布

第一章　总　　则

第一条　市参议员之选举除市组织法有规定者外，依本条例之规定。

第二条　市公民年满二十五岁，经市参议员候选人试验或检核及格者，得被选为市参议员。

第三条　左列各款人员，停止其被选举权：

一、现任公务员。

二、现役军人或警察。

三、现在学校肄业之学生。

第四条　院辖市市参议员之选举,以内政部部长为选举监督,省辖市市参议员之选举，以民政厅厅长为选举监督。

第五条　于区域选举或职业选举均有选举权或被选举权者,或于职业选举有二个以上选举权或被选举权者，应由本人于市政府开始编制选举人名册及候选举人名册之日以前择定其一，逾期不自行择定者，由市政府指定之。

前项名册规定编制之日期，应于十日前公告之。

第六条　市参议员选举事务，由市政府办理之。

第七条　市参议员之选举全市各区及各职业团体应于星期日或例假日各区同时举行。

前项举行日期，由市政府报由选举监督核定后，于十五日前公告之。

第二章　区域选举及职业选举

第八条　市参议员之区域选举,以各该市原有之区为选举区,每区应选参议员之名额，依人口比例定之。

第九条　选举区中，有按人口比例不敷选出参议员一名，或于选出若干名外，仍有零数，致参议员名额分配困难时，应比较各选举区零数之多寡，将余额依次归零数较多之区选出之，如有两区以上零数相同时，以抽签定之。

第十条　各选举区市参议员名额之分配，由市政府依前两条之规定拟定,报由选举监督核准后,与举行选举日期同时公告之。

第十一条　市政府应于选举前一个月，办选举人及候选人登记。

前项选举人及候选人之登记名册，应于选举前十五日于各该区公告之。

第十二条　市公民对于登记公告之名册，如认为有错误或不确实，得于选举三日前于登记处所声请更正。

第十三条　区域选举于区内分设投票所公开行之，以得票较多者为当选。

开票集中在区公所行之。

第十四条　区域选举投票开票事务，由市政府派员会同区公所职员任之并由区民代表会互推监察员在场监视。

第十五条　职业团体应出市参议员之名额，不得超过总额十分之三，以每一职业团体为一单位，如有自由职业团体合为一单位，按会员多寡比照分配其应出之名额，但至少每单位应分配一名，名额不足分配时，由各单位分别选出初选人，会同复选之，各单位初选人名额比照其会员人数定之。

第十六条　参加职业选举，以在选举前依法成立之各职业团体之会员，而实际从事该项职业三年以上者为限。

第十七条　职业选举人名册及其应出参议员之名额，由市政府编制，报经选举监督核定后，于选举十日前在各该团体会所公告之。

第十八条　职业团体之选举，依左列之规定：

一、区农会之选举采复选制，每一区农会选出三人为初选人，会同复选之，但一市仅设有一区农会时，由会员直接选举之。

二、渔会之选举采直接选举制，由会员直接选举之。

三、工会之选举采复选举制，每一工会选出三人为初选人，会同复选之，但一市仅设有一工会时，由会员直接选举之。

四、商会之选举采复选制，由每一公会会员选出三人，并由非公会会员合选三人为初选人，会同复选之。

五、教育会之选举采直接选举制，由会员直接选举之。

六、自由职业团体之选举采复选制，每一团体选出三人为初选人，会同复选之，但一市仅设有一自由职业团体时，由会员直接选举之。

第十九条　职业团体之初选人，以得票较多者为当选。

第二十条　职业团体选举市参议员，由初选人复选者，以得有初选人过半数之投票者为当选，选举结果无人当选时，应举行再选，以得票较多者为当选，由选举人直接选举者，以得票较多者为当选。

第二十一条　职业选举，应由市政府就各该团体会所设投票所，并于各该团体高级职员中指定一人为投票所事务主任，其他职员为事务员，分任关于投票开票之事务。

每一投票所设监察员三人至五人，在场监视，由初选人推选之，直接选举者，由市政府就该团体选举人中指派之。

第三章　选举人投票

第二十二条　市政府应于选举十日前，将选举票，按照选举人名册登记之人数，发交各区公所及各职业团体具领。

投票人以左列名于选举人名册者为限。

第二十三条　投票人之选举票，应自写自投，其不能自写者，得请投票所临时指定之代书人于监察员监视之下代书之。

第二十四条　投票人领取选举票时，应于选举人名册本人姓名下签字，其不能签字者，得以本人指印或画十字或其他符号代替之。

第二十五条　投票时，除投票所职员及投票人外，他人不得擅入投票场所。

第二十六条　投票人于投票场所内，除关于投票方法得向事务人员询问外，不得与他人交谈。

第二十七条　投票用无记名单记式行之。

第二十八条　票柜应于投票前当场启示，再将内层封固。

第二十九条　票柜外层，应于投票完毕后严加封锁。

第四章　开票及检票

第三十条　投票完毕后，应于监察员监视下即日开票。

第三十一条　检查票数,应于到场投票人名册核对有无错误。

第三十二条　选举结果，应由各区区公所及各职业团体投票所，连同选举票，送市政府汇核。

第三十三条　市政府汇核选举结果时，选举监督或其代表应莅场监视。

第三十四条　选举票有左列情形之一者无效：

一、写不依式者。

二、夹写他事者。

三、字迹模糊不能辨认者。

四、不用制发之投票纸者。

第五章　当选及应选

第三十五条　区域代表当选人，以本区内公民为限。

第三十六条　职业代表当选人，以各该团体之会员为限，其系复选者，以参加复选各团体之会员为限。

第三十七条　候补当选人以得票次多数者定之，其名额与当选人同，票数相同者，以抽签定之。

第三十八条　当选人及候补当选人姓名，应由选举监督分别揭示于各该区公所及各该团体事务所，并通知各当选人。

第三十九条　当选人愿否应选,应于接到通知后七日内答复，逾期不答复者视为愿意应选。

第四十条　当选人确定后，应由选举监督发给当选证书。

第六章　选举无效当选无效及诉讼

第四十一条　有左列情事之一者，当选无效：

一、选举舞弊，涉及选举人名册之人数达三分一以上，经法院判决确定者。

二、办理选举违法，经法院判决确定者。

第四十二条　有左列情事之一者，当选无效：

一、死亡。

二、当选举人资格不符，经法院判决确定者。

三、当选票数不实，经法院判决确定者。

第四十三条　选举无效，应于法院判决后十日内重行选举。

第四十四条　选举人确认为选举舞弊或当选资格不符，或落选人认为应当选者，得提起诉讼，但应于选举结果揭示后七日内为之。

第四十五条　选举诉讼应先于他种诉讼审判，并以一审终结。

第七章　附　　则

第四十六条　本条例之解释权，属于选举监督。

第四十七条　市政府应于选举完毕后，将当选人候补当选人姓名及选举经过情形，报告选举监督，并应将有效无效之选举票保存六个月。

第四十八条　院辖市选举监督，应将当选人候补当选人姓名转报行政院备案，省辖市选举监督应将当选人候补当选人姓名，呈由省政府转报内政部备案。

第四十九条　本条例自公布日施行。

〔国民政府档案〕

（三）所谓实施“宪法”与国民大会

1. 国民政府关于国民党五届六中全会决议定期召集国民大会案训令

（1939年12月9日）

国民政府训令 渝字七〇二号
中华民国二十八年十二月九日

令文官处

为令知事：案奉中央执行委员会二十八年十二月五日俭机字第一五六一号公函开：第五届中央执行委员会第六次全体会议关于中央常务委员会提：定期召集国民大会，并限期办竣选举一案。经决议如左：一、国民大会定于民国二十九年十一月十二日召开之。二、大会代表之选举尚未办理完竣者，应即由选举总事务所督饬赶办，限于二十九年六月底以前结束一切选举手续，确定全部代表名单。三、其因地方情势变迁或事实上之窒碍，致选举发生困难者，由中央常务委员会妥筹补救办法。复经本会第一三五次常会决议，函国民政府查照办理，并饬选举总事务所迅即继续工作，如遇有第三项所举困难，应体察情形，附具意见专案，呈府转送本会核议在案，相应录案，并检附原提案函达，即希查照办理，等因到府。除令饬国民大会代表选举总事务所遵照办理，并通行饬知暨函复外，合行抄发原附提案，令仰知照，并转饬所属一体知照。此令。

计抄发原附提案一件

国民政府主席　林　森
行政院院长　孔祥熙
立法院院长　孙　科

司法院院长　居　正
考试院院长　戴传贤
监察院院长　于右任

定期召集国民大会并限期办竣选举案（提案第三号）

中央常务委员会提

查国民大会之召集，肇议于第五次全国代表大会，旋经本届第一次全体会议决议，定二十五年十一月十二日为大会召集之期，当经制定国民大会组织法及代表选举法，由政府公布施行，并设置选举总事务所办理选举事宜，乃以事属并举，法定手续复极繁重，大会代表之选举未能如期办竣，爰经常会决议延期举行。

本届第三次全体会议根据常会报告，复决议督促该管机关继续办理选举，重定二十六年十一月十二日召开国民大会，选举总事务所秉承此旨督饬所属积极从事，除河北、察哈尔、北平、天津因环境特殊，各种选举迄未能正式举办外，其余各地均分别赶办，原期于八月中可将全部选举结束，不意七月七日卢沟桥事变突发，全面抗战于焉开始，选政进行不免蒙其影响，而大会之举行，因之而有第二次之延展。

大会之举行，虽因事实上之障碍而一再延期，而本党企求宪政之早日实施实始终无间。今抗战已历两载有余，赖全国人民于本党领导之下，同心一德，艰苦奋斗，最后胜利之期已不在远揆之。抗战建国同时并进之，又召集国民大会制定宪法，以确立建国基础，实有积极进行之必要。最近，国民参政会曾有定期召期国民大会，制定宪法之建议，亦足征国人对此期望之殷切。

至于大会代表选举情形，近据选举总事务所报告，区域选举与职业选举（农工商团体）除冀察平津尚未举办，山东已办而未报外，余均办理完竣，其尚未蒇事者，为自由职业团体之选举与特种选举中，东四省选举及蒙藏、海外、军队选举之一部分，综计全部应选代表依法产生者，约达四分之三，所有未能依法办竣之选举，或因地方情势变迁，如冀察平津山东之类，或因事实上不易适合法定手续，如自由职业团体及东四省之类，其中自有不少困难，唯究属一部分之特殊情形，当可于法律事实，兼筹并顾之中妥谋补救之道。

依上述情形，常务委员会认为国民大会召集日期亟应重行确定，并限期办竣选举，俾能如期召集会议，提供具体意见如左：

（一）国民大会会期定为民国二十九年十一月十二日。

（二）大会代表之选举尚未办理完竣者，应即由选举总事务所督饬赶办，限于二十九年六月底以前结束一切选举手续，确立全部代表名单。

（三）其因地方情势变迁或因事实上之窒碍，致选举发生困难者，由中央常务委员会妥筹补救办法。

以上所拟，是否有当，谨附同选举总事务所办理选举情形之报告，提请公决施行。此上第六次全体会议

中央执行委员会常务委员会

附选举总事务所工作报告一件

国民大会代表选举总事务所工作报告

起廿五年七月十五日迄廿八年十月卅一日

一、办理选政经过情形

（一）中央决定之经过

民国二十四年十一月十二日第五次全国代表大会开会，其第三次大会讨论事项第二案，第四届中央执行委员会提召集国民大会及宣布宪法草案一案。经决议由主席团指定人员，组织审查委员会审查之。旋经第四次大会决定人员，从事组织举行审查。至第五次大会讨论事项第一案，召集国民大会及宣布宪法草案（召集国民大会及宣布宪法草案审查委员会审查提出），当经决议宣布

宪法草案及召集国民大会日期，由大会授权于第五届中央执行委员会决定之，唯务须于二十五年内实施。至同年十二月二日第五届中央执行委员会第二次会议讨论事项第五案，关于召集国民大会及宣布宪法草案，决议中华民国二十五年五月五日宣布宪法草案，十一月十二日开国民大会，国民大会代表之选举应于十月十日以前办竣。国民大会会期自经中央明定后，国民政府遂令立法院制定国民大会组织法，国民大会代表选举法，于二十五年五月十四日明令公布。复明令规定，选举法于七月二日施行。

（二）选政机关之组织

国民大会代表选举事务之进行，先由行政院设筹备委员会从事筹备。当经草定各项必要章则，先后呈奉国民政府明令公布或备案施行。同时并奉国民政府特派蒋作宾为本所主任，褚民谊为本所副主任，派叶楚伧为本所总干事，张道藩为本所副总干事，筹备会就绪，本所遂于二十五年七月十五日组织成立，依照编制，本所应设八组，除四组俟开会时设置外，余均一律设置。同时区域选举之各省市选举事务所、自由职业团体选举事务所、特种选举之各事务所，亦均先后依法组织开始进行。

（三）中央关于大会延期及定期召集之决定

办理选政机构完成之后，本所遵照中央决定限期，规定进行程序五项，于同年七月二十日分饬主管各项选举机关，切实遵办，并呈报国府备案。嗣据主管机关陆续呈报办理情形，并迭据陈报手续上发生各种困难，请予展限，本所默察实际状况，尚在实在。爰经缕陈国府鉴核，旋经转奉中央常务委员会第二十三次会议，决议国民大会代表选举既未能如期依法办竣，大会应延期举行，一俟全国各地代表依法选出，即行定期召集。本所奉令之后，立即令饬发生困难之少数省区设法推进，以期完成。至二十六年二月三中全会开会，对于国民大会召集一案，作原则上之指示：（一）督促该管机关继续办理选举，于今年十一月十二日召开国民大会制定宪法，并决定宪法施行日期。(二) 关于国民大会组织法及代表选举法，其有应行修正之处，授权常务委员会办理。(三) 所有关于国民大会之提案，均交常务委员会参考，常务委员会奉到是项决议，经将所有关于国民大会各方意见慎重研究决定，修正各点，其大要如次：(甲) 关于组织法者第一条，关于国民大会职权之规定，修改为国民大会制定宪法，并决定宪法施行日期。另增加本届国民大会于会期完毕，任务终了一条，并将第三、第四两条合并修正为一条，规定中国国民党中央执行委员、监察委员及候补执行、监察委员为当然代表，国民政府委员及国府各部院会之长官得列席大会。(乙) 关于选举法者。代表名额中增加国民政府指定者二百四十名，并将第六条以下由国民政府指定候选人之规定取消。又规定各种特种选举如无法举行选举，其代表得由国民政府指定之，立法院根据修正。至五月二十一日、六月四日，经国府先后将组织法、选举法及施行细则公布施行。

(四) 选政继续办理之经过

本所以国民大会召集之期既经中央决定，多项重要法令亦经修正公布，各项选举自应积极推进，以赴事功。爰即重订进行程序五项，于同年五月十五日通饬遵行，并呈明国府予以通饬，以期推进工作，而免延误。五项要点如下：各项选举如有候选人尚未推出者，赶推表册，尚未呈报者，赶报五月底为截止之期，定七月二十日、二十一日、二十二日为各项选举日期。八月十五日以前将选举结果公告，并呈报本所。九月底以前本所编造大会代表名册总册，报告大会。同时并依五项程序随时督促，以期如期完成。

唯河北、察哈尔、北平、天津四省市当本所办理选政开始时，迄未举办，函电商洽，亦无结果。适作宾视察北方内务行政之便，经与各该省市主管长官切实详谈后，始行着手办理，进行颇称迅速，依照当时情形，全国范围均可于七月内规定日期，同时选举，正深欣幸。讵意七月上旬，日寇于卢沟桥构衅，该四省市之各项选政遂告停顿。

至其他各省市之各项选举仍一律依期进行，虽其间因各省市事实上之关系日期，或小有参差，均经本所察酌情形，量为变通，并呈国府备案。讵至八月中旬，日寇复在上海构衅，吾国亦即起而抗战。其时虽在南北两方战云弥漫之间，而本所以大会选举攸关国家大信，仍依照程序督促所属赶速办理，所属亦均能依照规定分别遵办，故各项选举代表大部分均先后产生。

（五）各项选举之选举结果

在此情形之下，本所工作分为两部进行，其代表之已产生者，对于手续之阙累或错误一一予以指示或纠正，以期合法。其代表之尚未选出者，仍继续督促及早产生，俾得蒇事，以故对于各省市之各项选举，始则促其赶办选举，庶代表得以产生，继则于代表产生以后，审核其程序及手续，又须审核各代表之本身是否合法，必须一一符于法定，始告完成。唯以吾国区域辽阔，交通设备尚未普遍，行政机构、阶级又多，文电往返，较近省市亦须经旬，边远省市更自迟缓，而其时抗战日急，各省市工作繁忙，亦不无影响。然本所职责所系，仍继续设法进行，以期完成使命。故截至二十八年十月底止，所有全国各项选举，其代表已产生者计达十分之八而弱，状况如下：（一）区域选举全国共计三十省市，代表之已产生者都二十五省市。（二）职业选举、职业团体选举依省市之区域代表之已产生者，亦二十五省市。至自由职业团体之选举，其中如律师、会计师团体及医药师团体、新闻记者团体，亦经自由职业团体选举事务所将圈选结果，造具名册，报告到所。经本所复核后函复，将当选代表正式名册及履历造送，以凭办理，并经续催未据报告。至教育会暨各大学各独立学院教员团体代表，选举结果，续据该所函报。兹就已经具报到所之各省市教育会及各大学各独立学院教员团体选举情形，所有各代表得票数目分别开列清单报告到所，并附说明。查教育团体代表之选举属于教育会部分者，除川冀察三省暨平津西京三市未准具报无凭计算外，其已将选举结果送所者，计有江苏等十九省市。属于各大学各独立学院部分参加选举之学校共七十八个单位，依照所发选举票数，完全圈选者为山西大学等三十二校，仅圈选一部分者为交通大学等十七校。迄今尚未圈选者为北平大学等二十六校，自愿放弃者为中央大学等三校。所有上列各候选人得票数目即系截至本年（廿六年）九月三十日止，就已经报送到所者分别计算合并声明。经本部复核后，当即函复。查单尾说明一节，除中央大学等三校自愿放弃者外，其中交通大学等十七校仅属圈选一部分，北平大学等二十六校并未圈选，自应继续办理。如有困难，亦应声叙理由，以便转呈请示。并经续函催询，嗣准函复。查此案上年办理圈选时，正值暑假期间，各校教职员多有离校他往者，故进行不无困难，虽经本所电知各校请以通讯方式圈选，并节次电嘱依期送所，而限期届满，所获成绩亦仅如去岁十月间造送清单之数目。嗣复对于未经完全圈选以及并未圈选各校，一再电催，依然未准续送。揆厥原因，除上述各校教职员因暑假期中散处各地，圈选者不易办理外，以卢沟桥事变发生，上海战事继起，在平津及上海之各大学、各独立学院处此恶劣环境之下，学校正常事务，均已不能进行。对此，选举更觉无暇顾及，其他非战区之各大学、各独立学院当必以限期已逾，赶办不及，亦未继续办理。现在各大学、独立学院或迁移地址，或归并合办，一年以来，其原有教职员势已更动甚多，如仍催促圈选，事实上殊感困难，且投票限期早逾，实亦未便再行续办。至自由职业团体中之工程师团体选举，本所办理选政之始，经中国工程师学会请以职业团体参加大会选举，由中央秘书处将中央常会决定情形函知到所，并经国府令饬，妥拟救济办法。嗣后迭经筹议，结果本所爰密呈国府以应如何救济之处，拟请仍转中央核定。嗣并据该学会呈送候选人名单转自由职业团体选举事务所函报到所，本所以在未奉中央令示之前，暂存备查。至工程师学会中，有湖南矿业技师公会，经本所函征实业部意见，认为合法团体，并函复自由职业团体选举事务所查照办理。唯以该会是否依据法定手续登记，经本所函询中央民训部。嗣准函复，该会曾经当地党部转呈备案，自属合法，当即函自由职业团体选举事务所查照，并询河北、察哈尔、天津三省市有无同类合法团体，以便并案汇办，准复并无同类团体。本所当以工程师团体之选举，须整个解决，难以分别办理。关于工程师学会一案已呈请中央予以救济，则湖南矿业技师公会自亦包括在内，应静候中央核示。

（一）特种选举

子、辽宁吉林黑龙江热河四省选举

据辽宁、吉林、黑龙江、热河四省选举事务所报告：本所奉令成立办理东北四省旅居公民代表选举，所有一切悉遵法定程序依次进行。前准贵所转颁各该省代表候选人名单到所，经即依式制印选举票。根据各省市原报选民册分别寄发，俾凭遵期选举在案。唯各地寄居公民多寡不一，故票数亦有差别，统计辽吉黑热特共发给选举票三十八万三千五百零六张，顾以时间关系，预计能投票者不过江苏上海等廿二省市，所需票数计廿三万四千二百六十一张。此外，北平、天津、绥远、河北四省市计票亦在一十四万九千二百四十五张，均受日寇影响，恐非最近期间所能投出。查四省规定代表名额，辽宁十四名，按照寄发总票数平均计算，每名须一万三千八百四十五票，方可当选一人，就能投出票数，预计只能投出代出九人。吉林十一名，按照寄发总票平均计算，每名须一万二千零六十票，方可当选一人，就能投出票数，预计只能投出代表六人。黑龙江九名，按照寄发总票数平均计算，每名须四千零七十票，方可当选一人，就能投出票数，预计只能投出代表四人。热河九名，按照寄发总票数平均计算，每名须九百三十票，方可当选一人，就能投出票数，预计只能投出代表六人。特区二名，按照寄发总票数平均计算，每名须五千九百九十八票，方可当选一人，就能投出票数，预计只能投出代表一人。综上种种情况，预计结果，总共只能投出代表二十六名，核与规定名额尚缺代表十九名，几占全数之半，揆诸现势，无法进行，似非请转呈国民政府加以指定，实不能满足法定名额。再预计能投票之省市中，如陕甘等省，自西安事变后，人事变迁甚多，非至办理完竣，难知确数。西京市选举竟用自制之票，上海市虽有法定选举票，又擅自开票册报结果。新疆省虽报有寄居公民一万三千之谱，然未分籍贯，亦未造册，迭经本所电询代办，结果迄未得复。凡此情形，皆足以影响选政，如待选举办结，恐需时甚久。若草率从事，有违法章，所有前项各情，究竟应否先就已办选举各地依预计得票之标准产生代表一部分，其余未足数之代表额则请由国府在候选人中分别指定，籍资救济，抑或将各选举票姑置不开，呈由国府全数悉予指定，以免纷端之处，理合造具寄发各省市选举票数统计表，各省市办理辽吉黑热四省代表选举情况预计表各一份备函陈请，签核示遵。本所当以该所所陈困难，自应予以救济，唯如来函所拟办法，限制得票额数，则与选举法第七条以得票比较多数者当选为国民大会代表之规定显有抵触。查四省选举事务所发出选票共三十八万三千五百余张，就中平津绥冀因时局关系不能选举者已十四万九千二百余票。西京市未用四省总监督所发选票，与细则第六十六条之规定不符。上海市未将票柜汇送总监督开票，与选举法第二十七条之规定不符，办理均不合法。其两市选票合计十四万二千四百余张，依法应无效。再有新疆情形，迄今未据呈报，致所有该省选票一万三千张亦迄未发出。综上各数，计三十万零四千余张，与发票总数相较已达五分之四，以上是各省市之能依法选举者，至多不过七万八千张。根据事实，予以解决，似不外下列两法：（一）不能选举及不合法者，一律不计，即以合法选举之票，依选举法第七条之规定，以得票较多数者为当选，此与选举法令固无不合，然少数操纵多数之嫌又在所不免。（二）四省特种选举之无法举行者，既达全部选民五分之四以上，自可认为与选举法第五十七条之规定相合，呈请国府全部指定，俾免纠纷，彼时因时局关系，拟稍缓予以决定，其后抗战日急，战区日广，遂不克进行。

丑、蒙古西藏之选举

据蒙藏选举事务所报告：查本所所属各区选举已据呈报选出者，计有选举法第二十八条第一款之乌兰察布盟、伊克昭盟、青海左右两翼盟、土默特旗、绥东四旗等六处，其察哈尔部及同条第三、四款及第二十九条第二款之选举，亦经平津两选举事务所办理竣事。续据报告：阿拉善旗、额济纳旗选举亦已完竣，其未曾选出者，计尚有新疆各蒙部及锡林郭勒盟等两处。新疆方面，据报已如期举行，俟齐即报。锡林郭勒盟电信阻碍，屡催未复，恐已无法举行，将来拟照选举法第五十七条办理。嗣准函复新疆，已催尚未准复。依据该所报告：蒙古部分第二十八条第一款应出代表九名，锡林郭勒盟一名未能选出。同条第二款应出代表三名，是否已依法出，未据该所续报，西藏部分第二十九条第一条应出代表十名，未曾选出。

寅、在外侨民之选举

据在外侨民代表选举事务所报告：查国民大会在外侨民之选举共计二十四区，除菲律宾、非洲、荷属、暹罗等四区因环境特殊，业经贵所核准呈候国府指定外，其余二十区均已依法进行。现查檀香山、智利、秘鲁、墨西哥、古巴、中美、美国、加拿大、马来、印度、缅甸、欧洲、日本、朝鲜、澳洲、大溪地、香港、澳门、台湾等十九区，业经先后复选，并将选举结果及代表当选人、候选人票数电呈到所。唯安南一区尚未选出，经已电催，俟复到补送外，谨将檀香山等十九区代表名册及履历表函送查照。嗣后亦未准续报，依据该所报告，十九区代表计二十六名，均依法产生，仅安南区应出代表三名，是否产生，未准函知。又荷属区应出代表四名、菲律宾区应出代表二名、暹罗区应出代表四名、非洲区应出代表一名，计十一名，因环境特殊，自应依照选举法第五十七条办理。

卯、军队选举

据军队代表选举事务所报告：查军队代表选举自卢沟桥战事发生以后，冀察上海各方激战迭起，各军队调遣极大，日夜行军，遂致延搁，除一部分业已办妥具报外，相应复请查照。唯来函所称已办妥之一部分，本所亦未准送到。

（六）本所内部变迁之经过

查本所办理之始，以事务繁复，时间迫促，故经支颇巨，调用人员为数亦伙。旋因选政期曾一再紧缩，于所属各机关亦令饬同样办理。延至二十六年十月复为最后之紧缩，留极少数之必要人员支极少数之经费继续办理未了事务。迄于现在至本所副主任褚民谊甘心从逆，奉令免职，本所经已遵令办理。

各项代表选举进行概况

（一）各种选举代表总额合计一四四〇名

1. 区域选举　六六五名
2. 职业选举　三八〇名
3. 特种选举　一五五名
4. 国府指定　二四〇名

（二）区域选举

甲、已选出代表之各省市

苏	四四名	浙	三三名	皖	三五名
赣	二八名	鄂	四〇名	湘	四三名
川	四四名	康	九名	晋	二二名
豫	四四名	陕	二〇名	甘	一四名

青　九名　　闽　二二名　　粤　四四名

桂　二一名　　滇　二二名　　黔　一六名

绥　一〇名　　宁　九名　　新　一二名

京市　四名　　沪市　八名　　青岛市　二名

西京市　二名

乙、选而未报之者

鲁　四四名

丙、办而未竣之省市

冀　四三名　　察　一〇名　　平市　六名

津市　五名

（三）职业选举

1. 职业团体

甲、已选出代表之各省市

苏　二一名　　浙　一五名　　皖　一五名

赣　一八名　　鄂　一八名　　湘　二一名

川　二一名　　康　三名　　晋　八名

豫　二一名　　陕　一一名　　甘　五名

青　三名　　闽　九名　　粤　二一名

桂　七名　　滇　八名　　黔　七名

绥　三名　　宁　三名　　新　三名

京市　六名　　沪市　一二名　　青岛市　三名

西京市　三名

乙、选而未报之者

鲁　二一名

丙、办而未竣之省市

冀　二一名　　察　三名　　平市　六名

津市　六名

2. 自由职业团体

甲、各团体应出代表名额——计五八名

律师　一〇名　　会计师　　五名　　医药师　八名

新闻记者　一一名　　工程师　六名

教育会　一八名

乙、进行概况——据自由职业团体代表选举事务所报告，律师、会计师、医药师、新闻记者团体之选举已开列名册到所，教育团体办而未竣，至工程师团体之选举，候中央核示救济中。

（四）特种选举

1. 辽吉黑热四省选举

甲、各省应出代表名额——计四五名

辽　一四名　　吉　一三名　　黑　九名

热　九名

乙、进行概况——据四省代表选举事务所报告，各地选举多数未能合法，本所拟请核示。

2. 蒙藏选举——计四〇名

甲、蒙古部分

一、应出代表名额——二四名。

二、进行状况——已选出者二〇名，拟请指定者四名。

乙、西藏部分

一、应出代表名额——一六名

二、进行概况——已选出者六名，拟请指定者一〇名。

3. 在外侨民选举

甲、各地应出代表名额——计四〇名。

檀香山　一名　　秘鲁　一名　　墨西哥　一名

美国　三名　　加拿大　二名　　印度　一名

安南　三名　　欧洲　一名　　朝鲜　一名

大溪地　一名　　荷属　四名　　智利　一名

古巴　一名　　中美　一名　　菲律宾　二名

马来	四名	缅甸	二名	暹罗	四名
日本	一名	澳洲	一名	非洲	一名
香港	一名	澳门	一名	台湾	一名

乙、进行状况——据在外侨民代表选举事务所报告，除安南选举结果未据续报，非洲、荷属、暹罗、非律宾四区因环境特殊不能办理，本所拟请指定外，余均办竣。

4. 军队选举

甲、陆海空军及军事教育机关，应出代表名额计三〇名。

乙、进行概况——据报复选办而未竣。

〔国民政府档案〕

2. 国民党五届第一四三次中常会议关于国民大会代表产生问题议决案

（1940年3月31日）

（略）

（二）关于国民大会代表选举无法完成之补救办法案

说明：案准国民政府文官处转送国民大会代表选举总事务所呈：为关于无法产生之国民大会区域及职业代表，拟请由国民政府指定俾可补救法令，兼顾事实等情。查六中全会时，据该所报告，各种选举已依法完成者达五分之四，未完成者仅五分之一，而此五分之一中尤以冀察平津四省市之困难情形为特甚。大会曾决议未办理完竣者，应督饬赶办，限期结束。其因地方情势变迁或事实上之窒碍，致选举发生困难者，由常会妥筹补救办法在案。谨按此次国民大会之召集，事属创始，观感所系，关系綦重，故代表之产生选举法令不厌详密，指示进行力求审慎，所以示民意之依归，大会之尊严。过去各地选举虽发生不少困难，而卒因各级办理选举人员竞业从事，大体均能遵照法令办理。自抗战军兴以来，各地情势不免变迁，如冀察平津等省市，均已沦为战地，人民既多转徙，地方政府亦忙于应付军事，欲依照法令办理选举，在事实上实戛乎其难，倘草率从事，则反失法令之尊严。补救之法，唯有由政府就地方或职业界中声望素著之人士遴选充任，可否即请常会为下列之决议：国民大会代表选举法第二章第三章所列之区域选举及职业选举，如确因地方情形变迁或事实上窒碍，致不能依法完成时，其应出代表由国民政府遴选，其详细办法另定之。上项意见如何采纳，拟仍送请国防最高委员会议决交政府施行，是否有当，敬请公决。

决议：通过。

（二）关于国民大会辽吉黑热四省代表之产生方法案

说明：案准国民政府转据国民大会选举总事务所呈：为陈边国民大会辽吉黑热四省代表选举办理困难情形，请示如何办理等情。查东四省代表之选举，依照规定，系由四省旅居各地公民就中央指定之候选人选举之。唯办理以来，困难丛生，四省旅居选民总数，根据报告计核定为三十八万余，以时局关系，人事变迁，各地多未能依法办理，如平津冀绥等省市，选民十四万九千余，以环境特殊，无从办理。新疆办理情形，亦未据呈报，选票迄未发出。西京、上海两市选民十四万二千余，虽已办理，但西京市选举则未用法定选举票。上海市选举则迳自开票，依法均应作为无效计。此项无法选举及应作无效之票额已达四省选民五分之四。审察目前情形，继续催办，亦多困难，经详为研究，拟即依照依举法第五十七条之规定，所有四省代表全部由国民政府指定，其一部分已选出者，可作为指定人选之参考。是否有当，谨提请核议。

决议：通过。

〔国民政府社会部档案〕

3. 国民党中央常务委员会制订宪政问题集会结社言论暂行办法

（1940年4月18日）

宪政问题集会结社言论暂行办法

二十九年四月十八日第五届中央常务委员会第一四五次会议通过

第一条 凡关于宪政问题之集会与组织团体及发表言论，均应依本办法之规定。

第二条 凡关于宪政问题之集会，除由中央直接派人分赴各地办理外，得由各省市党部政府会同所在地参议会召集。其程序如左：

一、宪政问题集会前，应公告或登载新闻，征求参加。

二、集会时应作有系统之研究，并应印发讨论大纲，无论为座谈会、研究会、讨论会或演讲会，均以宪政问题为限。

三、集会时之主席以组织主席团为原则，如为演讲会时，并推举富有宪政问题之研究者主讲。

四、集会研究讨论宪政问题之结论可供采择者，由各该省市党部转呈中央，核提国民大会。

五、集会之时期，应自本办法施行后之六个月内举行，逾期时即停止之。

第三条 凡关于研究宪政问题之团体，由各省市党部政府会同所在地参议会组织之。其办法如左：

一、宪政问题之研究团体，依法定程序组织，并以一地成立一个团体为限，不得有纵的组织。

二、研究团体成立开会时之研究与讨论或讲演，均依本办法第二条规定办理。

三、研究团体成立之后，不得从事于该团体任务范围外之其他一切活动。

四、研究团体应在国民大会开会前一个月解散之，非经核准，不得继续存在。

第四条　凡关于述作宪政问题之言论，其范围如左：

一、宪政问题之言论，应以三民主义、五权宪法、建国大纲、训政纲领、训政约法、抗战建国纲领，总理、总裁有关宪政之指示，暨国民政府公布有关宪政法令为依据。

二、宪政言论有反对宪政及违反三民主义而曲解宪政者，应一律取缔之。

三、新闻杂志、图书发现前项言论时，各依其原定取缔及检查办法取缔之。

第五条　本办法自公布日施行。

〔国民政府社会部档案〕

4. 国民党中央宣传部拟制对于实施宪政问题指示

（1940年4月18日）

甲、实施宪政之意义

一、实施宪政为本党之一贯主张，总理毕生努力，总裁历年奋斗，胥以实施。宪政为主要方针，五十年来，抱定民生立宪之主张，始终不渝者，唯有本党。本党此次决定召集国民大会，实为实现本党数十年来一贯之主张，我全党同志以及全国上下，均应以至忠至慎之心临之。

二、宪政与训政之关系　军政训政宪政三时期之划分，虽含有循序渐进之意，但政府为因应时代之要求，促进政府的进步，自可于训政工作未完成以前施行宪政，仍将训政工作于宪政开始后继续完成，这是从总理遗教与总裁去年九月在国民参政会演说词中大家都能体会出来的。所以我们一方面要求实施宪政，一方面要求宪政实施后继续进行训政未完成的工作。

乙、国民大会之选举与职权

一、选举　国民大会组织法与国民代表选举法既经国民政府依立法手续郑重颁布，并已由国民政府遵照实施其选举法，选出之代表除附逆有据，应由政府依法办理外，自应一律有效。

二、职权　此次国民大会之任务，依组织法第一条之规定为制定宪法，并决定宪法施行日期，其性质纯为一制宪机关，至执行宪法上所赋予之权限，则尚有待于将来依照宪法规定所选出之国民大会，组织法所以不规定此次国民大会执行宪法所赋予之权限者，系因宪法由何项机关执行，自应由宪法规定。如组织法规定制宪的国民大会行使宪法所赋予之权限，无异以组织法决定宪法上所应决定之问题，以组织法限制制宪机关之权力，预定宪法之内容，而提前赋予之于制宪机关，于法理均有未合。

丙、宪法草案问题

一、宪法草案之合法性　国民政府明令宣布之宪法草案，系立法院集合全国公法学者，根据建国大纲及训政时期之施政成绩，竭两年之努力起草而成。初稿完成后，又有六个月之内公开征求全国人民之批评，然后由本党中央执行委员会详加研讨，尽量容纳全国人民意见，定为草案，送国民政府宣布。故草案之颁布，实已完成一切手续，其合法性有无疑问，国民政府依据建国大纲必须提出该草案于国民大会。

二、国民大会之决定权　国民大会对于宪法草案当然有决定之权，本党同志对宪法草案之意见可于一定期内，向中央贡献，由中央核定汇提国民大会、国民参政会、宪政期成会，对宪法草案之主张，经国民参政会通过后，将来自亦可送政府转提国民大会以备采纳。其他合法团体对宪法草案之意见，将来自亦不难依国民大会代表之介绍，或其他法定方式，提供国民大会考虑。

丁、宪政问题之讨论

一、集会　关于讨论宪政问题之集会，如座谈会、讨论会、讲演会等，在各省市由各省市党部政府会同所在地参议会召集，以期博采民意，并即以之为宪政宣传之助。

二、组织团体　在此战事未结束前，政府对于为研究宪政而组织团体之举，有亦不能不设定必要之限制，以防流弊。在重庆方面，国民参政会之宪政期成会为研究宪政，向政府贡献意见之合法机关，为集中意志起见，不必另有其他组织。其他各省市如有组织之必要，亦只须由各省市党部政府会同参议会组织宪政研究团体，领导各该地关于宪政问题之研讨。

三、言论范围　凡反对宪政及违反三民主义而曲解宪政之言论，自应在取缔之列。本党党员今后尤不可违背本党既定政策，发表反对宪政之言论。

〔国民政府社会部档案〕

5. 西京市党部反对延安各界主张改选国大代表决定行宪日期代电

（1940年6月9日）

快邮代电

国民精神动员委员会鉴：查实施宪政为我总理及总裁经历数十年奋斗企求之主要目的。近年为适应时代之需要与政治之进步，复力谋付诸实施，并提前召开国民大会。宪法草案经数年缜密之研究，溶合国人之意见，业已制定，由政府依立法手续明令公布，国民大会代表并依法选出。凡我国人应如何以善意与诚意，多加赞襄，促其实现。乃近阅延安各界宪政促进会宣言，竟尔多端诋毁，妄作背谬主张，其所持出之理由，谓前选之国民大会代表发现汉奸分子，如褚民谊等，应予改选及修改国民大会组织法，应决定国民大会闭会之日即为执行宪法机关等。查褚民谊甘心叛国，业由政府明令通缉，已失去中华民国国民一切公权，自不能以一、二人之自弃而推翻全部定案，削夺全部代表资格。至此，国民大会所以不规定宪法机关者，系因此项权力应待于将来依照宪法规定所选出之国民大会不便以组织法规定宪法之内容，限制制宪机关之权力，法理事实，昭然若揭，何可籍端混淆，妄生异议，该项宣言，显系别具心肝，另有所谋，假宪法之名，行窃政之实。为此，电请贵会一致痛加斥驳，以利宪政，而正视听，无任盼祷。中国国民党西京市党部率全体党员叩。佳。印。

〔国民政府国民精神总动员会档案〕

6. 国民政府司法院关于五中全会对实施宪政决议训令

（1943年11月24日）

司法院训令 明秘字第二五九四号
中华民国三十二年十一月二十四日

案奉国民政府三十二年十一月九日渝文字第七二〇号训令开：准中央执行委员会三十二年十月七日渝（卅二）机字第一八八五号公函开：本会第五届第十一次全体会议，中央常务委员会提出关于实施宪政工作进程之总报告，当经决议，本届全会开幕之时，总裁训示谆谆，以促进宪政实施，勖勉同志。本会议于聆取实施宪政工作进程之总报告以后，深感夫于实施宪政之工作，虽在日寇侵略国难严重之际，仍能继续总理遗志，发扬数十年来本党为宪政牺牲奋斗之一贯精神，克服困难，努力迈进，于中央、省、市、县及县以下各级民意机关之设立，虽在军事倥偬，交通梗阻种种困难交织之中，仍竭全力，积极推进，以扶植民权之发展，建立宪政之基础。今抗战胜利在望，宪政基础已立，全国上下自应集中意志力量，争取胜利，巩固统一，本抗战建国之精神，恪遵总理手订建国大纲之规定，从速召开国民大会，颁布全国共信共守之大法，以完成建国之大业。特郑重决议如下：一、全国党政各机关，除后方各省应就原有基础，加紧推行地方自治之工作外，今后随各地之恢复，应积极辅导各该地人民，加速完成地方自治及职业团体组织，确立宪政之基础，并以为复员建国之中心工作。二、国民政府应于战争结束后一年内，召集国民大会，制定宪法而颁布之，并由国民大会决定施行日期。三、凡前次依法产生之国民大会代表，除因背叛国家或死亡及因他故而丧失其资格者外，一律有效。前次选举未竣或未及举办选举之各区与各职业团体，均应依法补选，至迟于国民大会召集之前三个月办理完竣。四、关于筹备国民大会及开始实施宪政各项应有之准备，由政府督饬主管机关负责办理。除分令并分函国防最高委员会查照外，相应函达，即希查照办理，等由。准此，自应照办。除函复并分令外，合行令仰遵照，并转饬遵照。此令。等因，奉此，除遵照并分令外，合行令仰遵照。此令。

司法院院长　居正

〔国民政府行政法院档案〕

7. 宪政实施协进会关于发动全国研讨中华民国宪草函及行政院令

（1943年12月——1944年1月）

（1）宪政实施协进会致行政院秘书处公函（1943年12月29日）

宪政实施协进会公函　字第041号

查关于发动全国人民研讨宪草一案，前经本处函送中华民国宪法草案及酌提研讨宪法草案各一份，请转知所属注意研讨。嗣以酌提研讨宪草各题文字有待修改之处，复经函请暂缓分发各在案。兹经本会第三次常务委员会决定，酌提研讨宪草各题暂缓发表，参考法规目录加入国父关于五权宪法之遗教。相应检附发动全国人民研讨宪草办法一份（办法第一至第五项应由本处分别办

理）函请查照，转陈通令各省市县政府及参议会遵照注意研讨，并将研讨结果于卅三年五月五日以前迳寄本会为荷。此致
行政院秘书处

附发动全国人民研讨宪草办法一份

中华民国三十二年十二月廿九日

发动全国人民研讨宪草办法

一、由宪政实施协进会秘书处（以下简称秘书处）向有关各机关及各书坊搜集有关宪草资料，其重要者如约法、国府组织法等，编印成册，分发参考。

二、由秘书处分函左列各机关，转知所属各机关参加研讨工作。

甲、中央党部转知各级党部；

乙、行政院转知省市县政府及参议会；

丙、教育部转知各大学教授、各学术机关、各文化团体；

丁、社会部转知各团体。

三、本会发表告全国人民书，同时将宪草发表。

四、广播定三十三年元旦起，继续三天每日广播一次，以后每二周一次，由秘书处向广播电台接洽。

五、举行演讲会。由秘书处随时举办并洽商有关机关办理，尤其有法学院系之大学，可由秘书处分函请其举办。关于宪法之讲演，其有关研讨宪草之讲演词或文字，应送由秘书处转交刊物发表。

六、发起研讨宪草运动，定于三十三年元旦开始，各方对宪草提出之意见，定五月五日以前送到重庆中华路一二一号宪政实施协进会秘书处。

七、人民或团体对于宪草提出意见之方式，应先提出意见，主旨须言简意明。如条文之形式，须附具说明，避免冗长。

八、指定研究宪草之参考资料（见五五宪草及有关法规汇编，中国文化服务社印行）。

(1) 中华民国宪法草案及说明书 (2) 国父关于五权宪法之遗教 (3) 约法 建国大纲 训政纲领 抗战建国纲领 (4) 国民政府组织法 (5) 五院组织法 (6) 国民代表大会选举法 (7) 省市政府组织法 (8) 县各级组织纲要 乡镇组织暂行条例 (9) 参政会及省市县参议会组织条例 (10) 立法程序纲领 法规制定标准法 (11) 弹劾法选人考试条例 (12) 弹劾法 (13) 审订法 (14) 提审法 (15) 出版法 (16) 违警罚法 (17) 各主要民主国家宪法条文

(2) 行政院通令稿（1944年1月11日）

训令 义堂0547
中华民国卅三年一月十一日
令各省市政府

兹抄发宪政实施协进会所订发动全国人民研讨宪草办法及中华民国宪法草案各一份，应由各省（市）县（市）政府及参议会注意研讨，并将研讨结果于卅三年五月五日以前，迳寄该会，除分会外，合行令仰遵照，并转行该省市临时参议会及所属，一体遵照。此令。

附中华民国宪法草案及发动全国人民研讨宪草办法各一份（该草案及办法须翻印）。

〔国民政府行政院档案〕

8. 国民参政会第四届一次大会商讨国民大会问题中其他党派态度及意见

（1945年7月 日）

国民参政会第四届第一次大会综合分析

国民参政会第四届参政员选定后，于七月七日在渝召开第一次大会，会期两周，主要议题为商讨国民大会问题。兹将此次大会研讨意见及各党派之态度，综合分析并加检讨，缕陈于后：

（一）其他党派之态度及其意见的分析

实施宪政原为本党一贯之政策，但实施之过程循有一定之途径，本年本党六全大会循国人之要求，决定于本年十一月十二日召开国民大会，以实践结束训政，还政于民的诺言。政府亦决定对国民大会有关的问题，不提出任何具体的方案，授权四届一次参政大会加以充分讨论，提出意见，供政府采纳。

但此项重要决定宣示后，一般反对延展宪政实施至战争以后的人，今天对此又肆意攻击，大加反对。兹将一般之态度及其意见，综合分析于次：

一、中国共产党　渝市共党宣称：本年即将召开之国民大会，全为国民党所包办，百分之九十以上之代表，均为国民党及其收买分子，以如此之国民大会，实为变相之国民党的会议。既难制定合乎人民要求之宪法，更不可能产生合法的政府。名义上将来国民党还政于民，实际上不过变换一个名称而已。因此奸伪参政员此次断然发布声明，不出席本届参政会，并妄加攻讦。谓大会毫无意义，并假借名义，散发传单，希图鼓动其他小党派亦不参加大会，蓄意破坏，不遗余力。虽有七参政员赴延邀请之行，共党亦悍然不顾，置若罔闻，因之引起国人之严正批评。除渝市日报予以指责外，昆明青年界亦发出共党破坏团结之呼吁。

二、中国民主同盟　中国民主同盟方面亦宣称：二十四五年所已选出之代表难以反映经过八九年巨大变化之民意，且任期已满六年。认为旧代表应予改选，次谓战前十余岁之国民选举与被选举权无端被剥削，为事理所不通。继谓旧代表不能符合敌后区域新近之民意。末谓旧代表全为国民党所包办，其他党派几无人插足，主张改选旧代表。对四届参会之组织，亦认为不能反映各方之民意，对国大问题难期提出一公允之办法，因此该盟内部有人主张不出席此次参政会。尤以该盟云南支部罗隆基及救国会沈钧儒等，坚决主张同盟参政员应继共党之后，声明不出席参政会。惟此事被同盟中央否决，演成内部分裂之现象。故此次除张澜、章伯钧未出席外，其他同盟参政员、青年党左舜生等七人、职教派黄炎培等三人，余如谭平山、韩兆鹗均照常出席。据青年党分析，同盟参政员态度不一致之原因是由于此次国民参政员之选定，政府未将救国会及罗隆基等延纳所致，但该盟无论出席与不出席之参政员，均反对十一月十二日召开国民大会，此又一不谋而合之阴谋也。

三、青年党　青年党参政员除李璜、曾琦因故未出席外，其余左舜生、余家菊、周谦冲、陈启天、何鲁之、常乃德等七人均经常出席，惟质询发言不表意见。对国民大会之召开，不表示反对，主张缓期。在大会提出请政府实施民主措施，从缓召开国民大会，以保团结统一，而利抗战建国案。内中提出办法三点：一、由政府正式承认各党之合法地位，听其公开活动。二、尊重身体、言论、出版、集会、结社等之基本自由，解除一切不合法及不必要之束缚。三、由国民政府从速召集全国各党派及无党派人士所组成之政治会议，解决一切重大问题，包括改组政府，并重订召集国民大会之时期与具体办法等三个步骤。该党对此项提案之活动甚力，极力要求政府采纳，坚决表示，如不通过，将以退席抗议。综析此次青年党对大会之态度，极为圆滑中和，俨然以中间派自居。左舜生虽遭受民主同盟方面、救国会及云南支部之指责，及中共不出席之影响，其态度仍始终如一。盖使国内党派团结谈判问题能留有转环余地，惟恐在野党派与国民党形成更尖锐之对立，对彼等之政治活动大受妨碍之故所致也。

四、第三党　第三党章伯钧负责中国民主同盟中央组织委员会之责任，经常接受奸伪之津贴，此次对参政会态度仍以买空卖空作政治投机，甘为共党作应声虫。托词其弟病危不出席大会，并响应民主同盟云南支部之建设，发动渝市同盟直属区分部反对同盟参政员出席，对国民大会亦妄加讥评，受其鼓惑不出席参政会者有同盟主席张澜。该党与共党勾结之行动，由此次不出席与破坏国民大会之活动，更可窥见一般矣。

五、职教派　职教派方面参政员黄炎培、冷遹、江恒源三人均出席参加，对提案质询较青年党为积极，对国大问题初期表示反对，并发布声明，不出席讨论。青年党及一般人士之观测认为，若辈此举纯系骑墙派的作风，但最后对国民大会审查报告之决议，又表示拥护。

六、救国会　救国会沈钧儒、史良自参政员垮台后，攻击党国。此次彼等坚决反对同盟参政员出席，意在能以少数人不出席而破坏国民参政会在国内国际之信誉也。

七、其他方面的活动

1. 所谓中国国民党民主同志联合会　于会期散发传单一种，主张国民大会是在抗战胜利，军事结束，全国人民能本自由意志，实行普选所产生而能代表民意之代表所组成者。宣称参政会为御用的机关。认为本党所召开的国民大会是假国民大会之名，以遂行独裁之实的把戏，要求立即实行各种必须的民主改革，确实保障人民基本自由权利，以民主方式组织全国一致的民主政府，与奸伪主张遥相呼应。查此项活动，系中国民主同盟中委谭平山（本党党员）所主使者。

2. 王昆仑、钟天心等最近组织所谓民主建设座谈会，从事活动。该会第十次大会通过主张十项，印为传单，秘密散发，其大意系召开国民大会，应以结束国内政治纠纷，完成民主统一为任务，召开前确保人民自由，承认各党派之合法地位与活动，彻底革新党政机构及人事，设立国大筹备会，妥筹召开国大之各种事宜，国民党中委不应规定为当然代表，另设政党代表若干人，由各党派自行选派，增加妇女、边疆、华侨代表名额，本届国大之职权以制定并确定其施行日期为限。

（二）一般关于国大问题之主张

一、关于日期问题　均主张大会如期召开，其理由认为实施宪政乃国人及盟邦所渴望，政府既决定于十一月十二日召开，自应如期举行。主张缓开者，其理由以国内政治问题未解决以前召开国民大会，恐招致国内之分裂，且实施宪政之环境尚早，各项准备工作，尚未完成。

二、关于代表问题　一般主张旧有代表除死亡及附敌有据者外，均应保留资格，缺额应补充。新代表名额必须增加，选举方法可由遴选或指定，至各党派参加国民大会之代表，应以商谈方式求得解决。

三、关于职权问题　二十六年国大组织法规定，其职权仅是制定宪法。因之一般参政员以为，若国大如期召开，而行宪依然有待。故有主张国民大会如系普选而来，其职权可制宪兼行宪，如不然则仅能制宪不能行宪。

（三）国大问题解决之情况

以上各项主张，在十四日大会上争辩极烈，结果组织成立特种审查委员会，由委员三十人详加讨论，于十九日提出审查报告。其大意为：甲、召集日期请政府斟酌情形决定。乙、关于代表问题，请政府衡酌法律与事实，妥定办法，务使国民大会具有其完整之代表性。丙、宪法制定应即予实施。丁、国大召集前，政府应从速采取下列各项措施：（一）继续采取可能之政治步骤及协调之精神，求取全国统一团结。（二）保障人身自由。（三）依限完成后方各省各级民选机关之设置。此项报告于十九日提出通过，结果以一百八十七对九之多数通过拥护审查报告案。此一举国瞩目之重大问题，于此遂告一段落矣。

〔国民党中央党部档案〕